賞からたどる昭和100年

文学・映画・芸能

日外アソシエーツ

●編集担当● 松本 裕加／山岡 加奈
装丁：小林 彩子（flavour）

刊行にあたって

　本年令和7年（2025年）は、昭和元年（1926年12月25日改元）から数えて100年にあたり、戦後80年を迎える節目の年である。戦争の時代から終戦後の経済成長期まで、「激動の昭和」であった一方、戦後復興期の多様な文化は現在にも強い印象を残している。「昭和レトロ」人気はもはや定番になりつつあり、1970〜80年代に制作された「シティ・ポップ」は2020年前後から世界的なブームが続いており、最近では歌謡曲ダンスが流行るなど、昭和歌謡や平成J-POPが若者からの注目を集めている。

　本書は最近約100年間（1926〜2024年）の主な文学賞や大衆文化（ポップカルチャー）に関する賞の受賞記録を集約したデータブックである。第1部では年順・分野別に主要賞を収録、第2部では昭和期に活躍した主要人物1,300名の受賞歴を人物ごとに収録した。小説・詩歌・児童文学等の各種文学賞や、映画、テレビ番組、歌謡曲・ポップス、演劇・演芸、スポーツ、漫画・アニメ等の主要賞の受賞者・受賞作品をたどることで、「昭和カルチャー」を概観しつつ、平成・令和におよぶ約100年の流行史を通覧できる。巻末に、第1部・第2部を通して検索可能な「人名索引」「作品名索引」を備えた。

　昭和・平成期を懐かしむことはもちろん、歴史・文化史・社会学・人物史等の基礎調査および調べ学習にも活用可能なツールとして、幅広く利用いただけることを期待する。

　なお小社では、「日本の賞事典」「世界の賞事典」「最新文学賞事典」「最新音楽・芸能賞事典」等、各種「賞の事典」シリーズを刊行している。本書では紙幅の都合上掲載しきれなかった各賞の全受賞記録をたどる際には、併せてご利用いただければ幸いである。

2025年2月

日外アソシエーツ

目　次

凡　例 ………………………………………………… (6)

「賞からたどる昭和100年─文学・映画・芸能」

第1部（受賞年順）………………………………………… 1
第2部（受賞者別）………………………………………… 417

人名索引………………………………………………… 733
作品名索引……………………………………………… 825

凡　例

1. 本書の内容

　本書は1926年（昭和元年）以降の約100年間にあたる"昭和100年"に実施された文学や大衆文化に関する主要賞を収録したデータブックである。受賞年順の「第1部」および受賞者別の「第2部」で構成する。

2. 第1部（受賞年順）

　(1) 収録の対象
　　・1926年（大正15年／昭和元年）から2024年（令和6年）に国内で実施された賞のうち、文学および映画、テレビ番組、芸能（演芸以外の古典芸能除く）、ポピュラー音楽、漫画・アニメ、スポーツ等に関する主要な賞を対象とした。（2025年2月発表分まで）
　　・受賞数の多い賞は、上位賞や主要部門のみの掲載に留めた。
　　・対象とする分野以外の部門や受賞者は原則として収録しなかった。
　　・収録した賞は、別掲の「収録賞一覧（第1部）」を参照されたい。
　(2) 記載事項・排列
　　・1年ごとに大見出しを立て、該当年に実施された賞を分野別に収録した。「年度」表記の賞も「年」表記の賞と同じ扱いとした。
　　　例）令和5年度（3月発表）→令和5年　見出し下に掲載
　　・収録賞や部門を下記の5分野16種に分け、【　】囲みで分野別見出しを立てた。
　　　　文学全般／小説／詩歌／戯曲／評論・随筆／児童文学
　　　　映画・テレビ全般／映画／テレビ
　　　　芸能全般／音楽／演劇／演芸
　　　　漫画・アニメ
　　　　スポーツ
　　　　その他
　　・分野別見出しの下は、各賞を賞名の五十音順で排列し、受賞記録を記載した。
　　　　◇賞名／回次／部門・席次／受賞者名／受賞作品または受賞理由

3. 第2部（受賞者別）
   (1) 収録の対象
      ・第1部に収録した賞を受賞している人物のうち、昭和期に受賞歴がある個人を対象とした。
      ・複数の受賞歴がある人物を中心に、昭和期の文学や大衆文化に関わる1,300名を選定した。
      ・海外の賞や第1部に収録していない賞・部門も掲載しているが、個人の全受賞歴を網羅したものではない。
   (2) 記載事項・排列
      ・人名見出しを立て、人名よみ、生年、没年、肩書き等、別名等を記載した。排列は姓の読みの五十音順、同一姓のもとでは名の読みの五十音順とした。
      ・作品に対して贈られる賞（部門）は、受賞作品名ごとに、受賞データ（賞名／回次・年／部門・席次）をまとめた。作品名は受賞年が古いものから順に排列した。
      ・功績等に贈られる賞（部門）は、受賞年が古いものから順に排列し、まとめた。

4. 索引
   (1) 人名索引
      ・個人名やグループ名から本文での掲載頁を引けるようにした。
      ・第2部(受賞者別)に見出し立てしている人名および、その掲載頁は、太字で示した。
      ・排列は姓の読みの五十音順、同一姓のもとでは名の読みの五十音順とした。姓名区切りのない人物やグループ名は全体を姓とみなして排列した。
   (2) 作品名索引
      ・受賞作品名から本文での掲載頁を引けるようにした。
      ・排列は作品名読みの五十音順とした。
   (3) 排列時、読みの濁音・半濁音は清音とみなし、ヂ→シ、ヅ→スとした。促音・拗音は直音とみなし、長音（音引き）は無視した。

収録賞一覧（第1部）

※（　）内は賞開始年

【文学全般】

朝日賞
池谷信三郎賞（昭和11年）
伊藤整文学賞（平成2年）
円卓賞（昭和39年）
大佛次郎賞（昭和49年）
「改造」懸賞創作（昭和3年）
菊池寛賞
群像新人文学賞（昭和33年）
芸術選奨
サントリー学芸賞〔芸術・文学部門〕（昭和54年）
G氏賞（昭和13年）
司馬遼太郎賞（平成10年）
新潮社文学賞（昭和29年）
世界文学賞（昭和22年）
中央公論社文芸賞（昭和17年）
新田次郎文学賞（昭和57年）
日本芸術院賞（第2部・文芸）（昭和16年）

日本文化協会文芸賞（昭和15年）
日本文学大賞（昭和44年）
日本文芸大賞（昭和56年）
野間文芸賞（昭和16年）
婦人公論文芸賞（平成13年）
「文学評論」懸賞創作（昭和9年）
「文芸」懸賞創作（昭和8年）
文芸懇話会賞（昭和10年）
文壇アンデパンダン（昭和5年）
毎日芸術賞
毎日出版文化賞（昭和22年）
満洲文話会賞（昭和15年）
三島由紀夫賞（昭和63年）
三田文学賞（昭和10年）
水上滝太郎賞（昭和23年）
読売文学賞（昭和24年）
渡辺賞（昭和2年）

【小説】

芥川龍之介賞（昭和10年）
「朝日新聞」懸賞小説
　大朝短編小説（大正15年開催）
　朝日新聞長編現代小説（昭和8年開催）
　朝日新聞創刊50周年記念懸賞小説（昭和13年開催）
　朝日新聞1000万円懸賞小説（昭和38年開催）

泉鏡花文学賞（昭和48年）
一葉賞（昭和19年）
江戸川乱歩賞（昭和30年）
大藪春彦賞（平成10年）
オール新人杯（昭和27年）
オール讀物新人賞（昭和36年）
オール讀物推理小説新人賞（昭和37年）
オール讀物歴史時代小説新人賞（令和3年）

河合隼雄物語賞（平成25年）
川端康成文学賞（昭和49年）
木山捷平文学賞（平成9年）
講談倶楽部賞（昭和26年）
『このミステリーがすごい！』大賞（平成14年）
「サンデー毎日」懸賞小説（昭和7年）
サンデー毎日小説賞（昭和35年）
サンデー毎日新人賞（昭和45年）
「サンデー毎日」大衆文芸（大正15年／昭和1年）
サンデー毎日千葉賞（昭和24年）
時事文学賞（昭和28年）
柴田錬三郎賞（昭和63年）
小説現代新人賞（昭和38年）
小説現代長編新人賞（平成18年）
小説新潮賞（昭和30年）
小説すばる新人賞（昭和63年）
女流文学者賞（昭和22年）
女流文学賞（昭和37年）
新青年賞（昭和14年）
新潮社文芸賞（昭和13年）
新潮新人賞（昭和44年）
新鷹会賞（昭和29年）
すばる文学賞（昭和52年）
戦後文学賞（昭和25年）
大衆雑誌懇話会賞（昭和22年）
大東亜文学賞（昭和18年）
大陸開拓文学賞（昭和19年）
太宰治賞（昭和40年）
谷崎潤一郎賞（昭和40年）
探偵作家クラブ賞（昭和23年）

千葉亀雄賞（昭和11年）
中央公論原稿募集（昭和9年）
中央公論文芸賞（平成18年）
透谷文学賞（昭和12年）
同人雑誌賞（昭和29年）
直木三十五賞（昭和10年）
夏目漱石賞（昭和21年）
日本推理作家協会賞（昭和38年）
日本探偵作家クラブ賞（昭和30年）
日本ファンタジーノベル大賞（昭和64年／平成1年）
日本ホラー小説大賞（平成6年）
日本ミステリー文学大賞（平成9年）
野間文芸奨励賞（昭和16年）
野間文芸新人賞（昭和54年）
文學界新人賞（昭和30年）
文学報国賞（昭和19年）
文学報国新人小説（昭和18年）
文藝賞（昭和37年）
「文芸」推薦作品（昭和15年）
本屋大賞（平成16年）
松本清張賞（平成6年）
マドモアゼル読者賞（昭和39年）
紫式部文学賞（平成3年）
山田風太郎賞（平成22年）
山本周五郎賞（昭和63年）
ユーモア賞（昭和15年）
横溝正史賞（昭和56年）
横溝正史ミステリ大賞（平成13年）
横溝正史ミステリ＆ホラー大賞（平成31年／令和1年）
吉川英治文学賞（昭和42年）

【詩歌】
　　一路賞（昭和16年）
　　H氏賞（昭和26年）
　　小熊秀雄賞（昭和43年）
　　改造詩賞（昭和4年）
　　葛原妙子賞（平成17年）
　　現代歌人協会賞（昭和32年）
　　現代詩人賞（昭和58年）
　　現代詩花椿賞（昭和58年）
　　現代短歌大賞（昭和53年）
　　河野愛子賞（平成3年）
　　齋藤茂吉短歌文学賞（昭和64年／平成1年）
　　短歌研究社作品五十首募集（昭和29年）
　　詩歌文学館賞（昭和61年）
　　詩人会議賞（昭和48年）
　　詩人懇話会賞（昭和13年）
　　高見順賞（昭和45年）
　　高村光太郎賞〔詩部門〕（昭和33年）
　　啄木賞（昭和22年）
　　蛇笏賞（昭和42年）
　　沼空賞（昭和42年）
　　壺井繁治賞（昭和53年）
　　寺山修司短歌賞（平成8年）
　　藤村記念歴程賞（昭和59年）
　　中原中也賞（平成8年）
　　日本歌人クラブ賞（昭和49年）
　　俳人協会賞（昭和36年）
　　萩原朔太郎賞（平成5年）
　　晩翠賞（昭和35年）
　　文芸汎論詩集賞（昭和10年）
　　丸山薫賞（平成6年）
　　丸山豊記念現代詩賞（平成4年）
　　室生犀星詩人賞（昭和35年）
　　歴程賞（昭和38年）
　　若山牧水賞（平成8年）

【戯曲】
　　小野宮吉戯曲賞（昭和12年）
　　小野宮吉戯曲平和賞（昭和42年）
　　岸田演劇賞（昭和29年）
　　岸田國士戯曲賞（昭和54年）
　　芸術選奨
　　国民演劇脚本（昭和16年）
　　「新劇」戯曲賞（昭和30年）
　　「新劇」岸田戯曲賞（昭和36年）
　　大衆演劇「一幕物」脚本（昭和35年）
　　年鑑代表シナリオ（昭和24年）

【評論・随筆】
　　大宅壮一ノンフィクション賞（昭和45年）
　　大宅壮一メモリアル日本ノンフィクション大賞（平成29年）
　　開高健ノンフィクション賞（平成15年）
　　群像新人評論賞（平成27年）
　　講談社エッセイ賞（昭和60年）
　　講談社ノンフィクション賞（昭和54年）
　　講談社 本田靖春ノンフィクション賞（平成31年／令和1年）
　　小林秀雄賞（平成14年）
　　新潮学芸賞（昭和63年）
　　新潮ドキュメント賞（平成14年）
　　日本エッセイスト・クラブ賞（昭和28年）

【児童文学】

赤い鳥文学賞（昭和46年）　　　　小学館児童出版文化賞（平成8年）
NHK児童文学賞（昭和38年）　　　小学館児童文化賞（昭和27年）
講談社絵本賞（平成31年／令和1年）　小学館文学賞（昭和35年）
講談社出版文化賞（昭和45年）　　　童話賞（昭和13年）
国際アンデルセン賞国内賞（昭和36年）日本絵本賞（平成7年）
産経児童出版文化賞（昭和29年）　　日本児童文学者協会賞（昭和36年）
児童福祉文化賞（昭和33年）　　　　日本児童文芸家協会賞（昭和51年）
児童文学者協会児童文学賞（昭和26年）日本新人童話賞（昭和15年）
児童文学者協会新人賞（昭和26年）　野間児童文芸賞（昭和38年）
児童文化賞（昭和14年）　　　　　　ひろすけ童話賞（平成2年）
児童文芸新人賞（昭和47年）　　　　未明文学賞（昭和33年）
小学館絵画賞（昭和35年）　　　　　椋鳩十児童文学賞（平成3年）

【映画・テレビ全般】

エランドール賞（昭和31年）　　　　芸術選奨
菊池寛賞　　　　　　　　　　　　　文化庁メディア芸術祭
芸術作品賞　　　　　　　　　　　　毎日芸術賞

【映画】

朝日賞　　　　　　　　　　　　　　日刊スポーツ映画大賞・石原裕次郎賞
川喜多賞（昭和58年）　　　　　　　　（昭和63年）
菊池寛賞　　　　　　　　　　　　　日本アカデミー賞（昭和53年）
キネマ旬報賞（昭和30年）　　　　　ぴあテン〔映画部門〕（昭和47年）
キネマ旬報ベスト・テン（大正15年／ブルーリボン賞（昭和25年）
　昭和1年）〔第3回〕　　　　　　　報知映画賞（昭和51年）
キネマ旬報ベスト・テン個人賞（平成　毎日映画コンクール（昭和21年）
　24年）　　　　　　　　　　　　　毎日芸術賞
芸術選奨　　　　　　　　　　　　　牧野省三賞（昭和33年）
国民映画脚本（昭和16年）　　　　　三船敏郎賞（平成26年）
ゴールデングロス賞（昭和58年）　　優秀映画鑑賞会ベストテン（昭和35年）

【テレビ】
　朝日賞
　菊池寛賞
　ギャラクシー賞（昭和38年）
　芸術祭賞
　芸術作品賞
　芸術選奨
　テレビ大賞（昭和43年）
　日刊スポーツ・ドラマグランプリ
　　（平成9年）
　日本民間放送連盟賞（昭和44年）
　橋田賞（平成4年）
　放送文化基金賞（昭和50年）
　毎日芸術賞
　向田邦子賞（昭和57年）

【芸能全般】
　浅草芸能大賞（昭和59年）
　朝日賞
　菊池寛賞（昭和28年）
　芸術祭賞
　芸術選奨
　ゴールデン・アロー賞（昭和38年）
　毎日芸術賞
　松尾芸能賞（昭和55年）

【音楽】
　朝日賞
　あなたが選ぶ全日本歌謡音楽祭（昭和50年）
　ABC歌謡新人グランプリ（昭和50年）
　FNS歌謡祭グランプリ（昭和49年）
　ALL JAPAN リクエストアワード（平成13年）
　歌謡ゴールデン大賞新人グランプリ（昭和63年）
　銀座音楽祭（昭和50年）
　古賀政男記念音楽大賞（昭和55年）
　サンプラザ音楽祭（昭和48年）
　JASRAC賞（昭和57年）
　新宿音楽祭（昭和43年）
　全日本有線放送大賞（昭和51年）
　21世紀ヤング歌謡大賞新人グランプリ（昭和58年）
　日本演歌大賞（昭和50年）
　日本歌謡大賞（昭和45年）
　日本ゴールドディスク大賞（昭和61年）
　日本作詩大賞（昭和43年）
　日本作曲大賞（昭和56年）
　日本テレビ音楽祭（昭和50年）
　日本有線大賞（昭和43年）
　日本レコードセールス大賞（昭和43年）
　日本レコード大賞（昭和34年）
　ぴあテン〔音楽部門〕（昭和53年）
　ベストヒット歌謡祭（平成15年）
　毎日芸術賞
　メガロポリス歌謡祭（昭和57年）
　ヤング歌謡大賞新人グランプリ（昭和61年）
　横浜音楽祭（昭和49年）
　夜のレコード大賞（昭和43年）

【演劇】
　朝日賞
　菊田一夫演劇賞（昭和50年）
　紀伊國屋演劇賞（昭和41年）
　芸術祭賞
　芸術選奨
　ぴあテン〔演劇部門〕（昭和53年）
　文化庁メディア芸術祭
　毎日演劇賞（昭和23年）
　毎日芸術賞
　読売演劇大賞（平成5年）

【演芸】
　朝日賞
　花王名人大賞（昭和56年）
　上方お笑い大賞（昭和47年）
　上方漫才大賞（昭和41年）
　芸術祭賞〔演芸部門〕（昭和60年）
　日本放送演芸大賞（昭和46年）

【スポーツ】
　朝日賞
　朝日スポーツ賞（昭和64年／平成1年）
　朝日体育賞（昭和50年）
　菊池寛賞
　日本パラスポーツ賞（平成28年）
　日本プロスポーツ大賞（昭和43年）
　毎日スポーツ人賞（平成5年）

【その他】
　菊池寛賞
　「現代用語の基礎知識」選 ユーキャン新語・流行語大賞（平成16年）
　国民栄誉賞（昭和52年）
　将棋大賞（昭和49年）
　星雲賞（昭和45年）
　日本SF大賞（昭和55年）
　日本新語・流行語大賞（昭和59年）
　文化勲章（昭和12年）
　ベストドレッサー賞（昭和47年）

第1部　受賞年順

大正15年/昭和1年（1926）

【小説】

◇「朝日新聞」懸賞小説　大朝短編小説（大15年）　秋山正香「道中双六」　石川達三「幸不幸」　川上喜久子「或る醜き美顔術師」　平林たい子「残品」

◇「サンデー毎日」大衆文芸　第1回　●甲　角田喜久雄「発狂」　●乙　南郷二郎「りく平紛失」　加藤日出太「変な仇討」　小鹿進「双龍」　小流智尼〔一条栄子の筆名〕「そばかす三次」

【映画】

◇キネマ旬報ベスト・テン　第3回（大15年度）　●日本映画1位　「足にさはった女」（阿部豊監督）　●日本映画2位　「日輪」（村田実監督）　●日本映画3位　「陸の人魚」（阿部豊監督）　●外国映画1位　「黄金狂時代」（チャールズ・チャップリン監督）　●外国映画2位　「最後の人」（F.W.ムルナウ監督）　●外国映画3位　「ステラ・ダラス」（ヘンリー・キング監督）

昭和2年（1927）

【文学全般】

◇渡辺賞　第1回　葉山嘉樹　岸田國士

【小説】

◇「サンデー毎日」大衆文芸　第2回　●甲　山口源二「ボルネオ奇談・レシデントの時計」　荒木左右「唐島大尉の失踪」　●乙　村上福三郎「御符」　石上襄次「海豚」

【映画】

◇キネマ旬報ベスト・テン　第4回　●日本映画1位　「忠次旅日記 信州血笑篇」（伊藤大輔監督）　●日本映画2位　「彼をめぐる五人の女」（阿部豊監督）　●日本映画3位　「尊王攘夷」（池田富保監督）　●外国映画1位　「第七天国」（フランク・ボーザージ監督）　●外国映画2位　「ヴァリエテ」（E.A.デュポン監督）　●外国映画3位　「ビッグ・パレード」（キング・ヴィダー監督）

昭和3年（1928）

【文学全般】

◇「改造」懸賞創作　第1回　●1等　龍胆寺雄「放浪時代」　●2等　保高徳蔵「泥濘」

◇渡辺賞　第2回　片岡鉄兵　室生犀星　北村小松

【小説】

◇「サンデー毎日」大衆文芸　第3回　●甲　一刀研二「冥府から来た女」　柳井正夫「南国殉教記」　●乙　三好治郎「菌糸にからむ恋」　小林林之助「落武者」

【映画】

◇キネマ旬報ベスト・テン　第5回　●日本映画1位　「浪人街 第一話・美しき獲物」（マキノ正博監督）　●日本映画2位　「陸の王者」（牛原虚彦監督）　●日本映画3位　「新版大岡政談 第三篇・解決篇」（伊藤大輔監督）　●外国映画1位　「サンライズ」（F.W.ムルナウ監督）　●外国映画2位　「暗黒街」（ジョーゼフ・フォン・スタンバーグ監督）　●外国映画3位　「サーカス」（チャールズ・チャップリン監督）

昭和4年（1929）

【文学全般】
◇「改造」懸賞創作　第2回　高橋丈雄「死なす」　中村正常「マカロニ」　明石鉄也「故郷」
◇渡辺賞　第3回　大佛次郎　十一谷義三郎　平林たい子

【小説】
◇「サンデー毎日」大衆文芸　第4回（上期）　●甲　水足蘭秋「斑蝥（みちおしえ）」　木村政巳「守札の中身」　●乙　秋草露路「海底の愛人」　里利健子「牝鶏となった帖佐久・倫氏」
◇「サンデー毎日」大衆文芸　第5回（下期）　●甲　海音寺潮五郎「うたかた草紙」　木村清「黒鳥共和国」　●乙　村田等「山脇京」

【詩歌】
◇改造詩賞　第1回　●1等　近藤東「レエニンの月夜」　●2等　井上広雄「ペリカン」

【映画】
◇キネマ旬報ベスト・テン　第6回　●日本映画1位　「首の座」（マキノ正博監督）　●日本映画2位　「灰燼」（村田実監督）　●日本映画3位　「浪人街 第三話・憑かれた人々」（マキノ正博監督）　●外国映画1位　「紐育の波止場」（ジョーゼフ・フォン・スタンバーグ監督）　●外国映画2位　「四人の悪魔」（F.W.ムルナウ監督）　●外国映画3位　「人生の乞食」（ウィリアム・ウエルマン監督）

【演劇】
◇朝日賞〔演劇関係〕（昭4年）　●文化賞　坪内逍遙 "沙翁全集翻訳完成及び演芸博物館建設"

【スポーツ】
◇朝日賞（昭4年）　●体育賞　入江稔夫 "200m及び400m背泳による2つの公認世界記録"

昭和5年（1930）

【文学全般】
◇朝日賞〔文学関係〕（昭5年）　●文化賞　佐佐木信綱「万葉秘林」
◇「改造」懸賞創作　第3回　●1等　芹沢光治良「ブルジョア」　●2等　大江賢次「シベリア」
◇文壇アンデパンダン　第1回　北林透馬「街の国際娘」　野口活「偶像南京に君臨す」　田宮釧「左側を歩め」

【小説】
◇「サンデー毎日」大衆文芸　第6回（上期）　多々羅四郎「口火は燃える」　白石義夫「或戦線の風景」　中野隆介「手術綺談」　梶原珠子「鎌倉物語」　都田鼎「山中鹿之介の兄」
◇「サンデー毎日」大衆文芸　第7回（下期）　市橋一宏「不良少年とレヴューの踊り子」　那木葉二（車谷弘）「安政写真記」　南海日出子「女工失業時代」　林本光義「照見哲平」　吉田初太郎「武蔵野」

【映画】
◇キネマ旬報ベスト・テン　第7回　●日本・現代映画1位　「何が彼女をさうさせたか」（鈴木重吉監督）　●日本・現代映画2位　「若者よなぜ泣くか」（牛原虚彦監督）　「お嬢さん」（小津安二郎監督）　●日本・時代映画1位　「続大岡政談 魔像篇第一」（伊藤大輔監督）　●日本・時代映画2位　「旋風時代」（志波西果監督）　●日本・時代映画3位　「素浪人忠弥」（伊藤大輔監督）　●外国・発声映画1位　「西部戦線異常なし」（リュイス・マイルストン監督）　●外国・発声映画2位　「ラヴ・パレード」（エルンスト・ルビッチ監督）　●外国・無声映画1位　「アスファルト」（ヨーエ・マイ監督）　●外国・無声映画2位　「アジアの嵐」（フセヴォロド・プドフキン監督）　●外国・無声映画

3位　「帰郷」(ヨーエ・マイ監督)

【スポーツ】
◇朝日賞(昭5年)　●体育賞　鶴田義行 "200m平泳による公認世界記録"

昭和6年(1931)
【文学全般】
◇「改造」懸賞創作　第4回　田郷虎雄「印度」　騎西一夫「天理教本部」　太田千鶴夫「墜落の歌」

【小説】
◇「サンデー毎日」大衆文芸　第8回(上期)　野口健二「村正と正宗」　上津虔生「南郷エロ探偵社長」　小杉雄二(花田清輝)「七」　小島泰介「逃亡」　徳見茄子「波紋」
◇「サンデー毎日」大衆文芸　第9回(下期)　樺鼎太「ウルトラ高空路」　佐藤夏蔦「山水楼悲話」　長谷川信夫「浴室」　浮島吉之「都会の牧歌」　青木茂「山陽の憂鬱」　重見利秋「憐れまれた晋作」

【映画】
◇キネマ旬報ベスト・テン　第8回　●日本映画1位　「マダムと女房」(五所平之助監督)　●日本映画2位　「心の日月 烈日篇・月光篇」(田坂具隆監督)　●日本映画3位　「東京の合唱」(小津安二郎監督)　●外国映画1位　「モロッコ」(ジョーゼフ・フォン・スタンバーグ監督)　●外国映画2位　「巴里の屋根の下」(ルネ・クレール監督)　●外国映画3位　「市街」(ルーベン・マムーリアン監督)

【スポーツ】
◇朝日賞(昭6年)　●体育賞　南部忠平 "走巾跳による世界記録"　牧野正蔵 "800m自由泳による世界記録"　織田幹雄 "三段跳による世界新記録"

昭和7年(1932)
【文学全般】
◇「改造」懸賞創作　第5回　●1等　該当作なし　●2等　張(野口)赫宙「餓鬼道」　阪中正夫「馬」

【小説】
◇「サンデー毎日」懸賞小説　創刊10年記念長編大衆文芸　●時代物　海音寺潮五郎「風雲」　●現代物　清谷閑子「不死鳥」
◇「サンデー毎日」大衆文芸　第10回(上期)　志村雄「春とボロ自転車」　左文字勇策「浪人弥一郎」　久米薫「死期を誤った梶川」　橋爪勝「復讐」　田辺闘青火「償勤兵行状記」
◇「サンデー毎日」大衆文芸　第11回(下期)　沢享二「秋」　久米徹「K医学士の場合」　喬木言吉「慶安余聞「中山文四郎」」　木村荘十「血緑」　八田尚之「サラリーマン・コクテール」

【映画】
◇キネマ旬報ベスト・テン　第9回　●日本映画1位　「生れてはみたけれど」(小津安二郎監督)　●日本映画2位　「嵐の中の処女」(島津保次郎監督)　●日本映画3位　「忠臣蔵」(衣笠貞之助監督)　●外国映画1位　「自由を我等に」(ルネ・クレール監督)　●外国映画2位　「人生案内」(ニコライ・エック監督)　●外国映画3位　「三文オペラ」(G.W.パプスト監督)

【スポーツ】
◇朝日賞(昭7年)　●体育賞　西竹一 "第10回国際オリンピック大会における馬術競技の優勝"　宮崎康二, 遊佐正憲, 豊田久吉, 横山隆志 "第10回国際オリンピック大会における水上800mリレー世界公認記録"

昭和8年（1933）

【文学全般】
◇「改造」懸賞創作　第6回　●1等　該当作なし　●2等　荒木巍「その一つのもの」　角田明「女碑銘」
◇「文芸」懸賞創作　第1回　竹森一男「少年の果実」

【小説】
◇「朝日新聞」懸賞小説　朝日新聞長編現代小説　横山美智子「緑の地平線」
◇「サンデー毎日」大衆文芸　第12回（上期）　石河内城「鶴沢清造」　陣出達男「さいころの政」　鬼頭恭二「純情綺談」　溝口三平「空間の殺人」　金田勲衛「恋と拳闘」
◇「サンデー毎日」大衆文芸　第13回（下期）　吉田武三「新宿紫団」　松本清「サンパウリ夜話」　小杉謙后「桃太郎の流産」　扇田征夫「香具師仁義」　都島純「上州巷説ちりめん供養」

【映画】
◇キネマ旬報ベスト・テン　第10回　●日本映画1位　「出来ごころ」（小津安二郎監督）　●日本映画2位　「滝の白糸」（溝口健二監督）　●日本映画3位　「夜毎の夢」（成瀬巳喜男監督）　●外国映画1位　「制服の処女」（レオンティーネ・ザガン監督）　●外国映画2位　「巴里祭」（ルネ・クレール監督）　●外国映画3位　「犯罪都市」（リュイス・マイルストン監督）

【演劇】
◇朝日賞〔演劇関係〕（昭8年）　●文化賞　伊原敏郎 "日本演劇史, 近世日本演劇史, 明治演劇史三部作の完成出版"

【スポーツ】
◇朝日賞（昭8年）　●体育賞　北村久寿雄 "昭和8年8月13日明治神宮競泳場における1000m自由形の世界公認記録"

昭和9年（1934）

【文学全般】
◇「改造」懸賞創作　第7回　●1等　該当作なし　●2等　大谷藤子「半生」　酒井龍輔「油麻藤の花」
◇「文学評論」懸賞創作　第1回　楊達「新聞配達夫」　木村清治「毒」　荘司重夫「第三新生丸後日譚」
◇「文芸」懸賞創作　第2回　平林彪吾「鶏飼ひのコムミュニスト」

【小説】
◇「サンデー毎日」大衆文芸　第14回（上期）　沢木信乃（井上靖）「初恋物語」　沢鑓之助「前線部隊」　猪ノ鼻俊三「木喰虫愛憎図」　小山甲三「アメリカ三度笠」　藤川省自「伝蔵脱走」
◇「サンデー毎日」大衆文芸　第15回（下期）　山村巌「撮影所三重奏」　赤沼三郎「地獄絵」　滝川虔「鈴木春信」　山本徹夫「舗道に唱う」　青桐柾夫「あたしの幸福」
◇中央公論原稿募集　第1回（昭9年1月）　●2等　伊東祐治「葱の花と馬」　小山いと子「深夜」
◇中央公論原稿募集　第2回（昭9年7月）　島木健作「盲目」　平川虎臣「生き甲斐の問題」　石川鈴子「無風帯」　丹羽文雄「贅肉」

【映画】
◇キネマ旬報ベスト・テン　第11回　●日本映画1位　「浮草物語」（小津安二郎監督）　●日本映画2位　「隣の八重ちゃん」（島津保次郎監督）　●日本映画3位　「生きとし生けるもの」（五所平之助監督）　●外国映画1位　「商船テナシチー」（ジュリアン・デュヴィヴィエ監督）　●外国映画2位　「会議は踊る」（エリック・シャレル監督）　●外国映画3位　「にんじん」（ジュリアン・デュヴィヴィエ監督）

【スポーツ】
◇朝日賞（昭9年）　●文化賞　嘉納治五郎 "運動関係功労"　●体育賞　根上博 "昭和9年8月12日明治神宮競泳場における1500m自由形中1000mの世界新記録"　大島鎌吉 "昭和9年9月16日甲子園競技場における三段跳世界新記録"

昭和10年（1935）

【文学全般】
◇朝日賞〔文学関係〕（昭10年）　●文化賞　島崎藤村「夜明け前」
◇「改造」懸賞創作　第8回　●1等　該当作なし　●2等　湯浅克衛「焔の記録」　●佳作　三波利夫「ニコライエフスク」
◇「文学評論」懸賞創作　第2回　神庭与作「三代の分割」　左右田謙「若い歩み」　藤川すみ子「電鍵」　高木光「血」　佐伯二郎「良心」　鄭遇尚「声」
◇「文芸」懸賞創作　第3回　佐野順一郎「敗北者の群」
◇文芸懇話会賞　第1回　横光利一「紋章」　室生犀星「あにいもうと」
◇三田文学賞　第1回　石坂洋次郎「若い人」

【小説】
◇芥川龍之介賞　第1回（上期）　石川達三「蒼氓」
◇芥川龍之介賞　第2回（下期）　該当作なし（審査中止）
◇「サンデー毎日」大衆文芸　第16回（上期）　村爾退二郎「泣くなルヴィニア」　牛尾八十八「唐衣の疑問」　藤代映二「国旗」　北町一郎「賞与日前後」　浮世夢介「幇間の退京」
◇「サンデー毎日」大衆文芸　第17回（下期）　高円寺文雄「聖ゲオルギー勲章」　池辺たかね「鳴門崩れ」　井上靖「紅荘の悪魔たち」　小松滋「H丸伝奇」　岩田恒徳「蟷螂」
◇中央公論原稿募集　第3回　頴田島一二郎「待避駅」　大鹿卓「野蛮人」
◇直木三十五賞　第1回（上期）　川口松太郎「鶴八鶴次郎」
◇直木三十五賞　第2回（下期）　鷲尾雨工「吉野朝太平記」

【詩歌】
◇文芸汎論詩集賞　第1回（上期）　丸山薫「幼年」
◇文芸汎論詩集賞　第2回（下期）　伊東静雄「わがひとに与ふる哀歌」

【映画】
◇キネマ旬報ベスト・テン　第12回　●日本映画1位　「妻よ薔薇のやうに」（成瀬巳喜男監督）　●日本映画2位　「街の入墨者」（山中貞雄監督）　●日本映画3位　「お琴と佐助」（島津保次郎監督）　●外国映画1位　「最後の億万長者」（ルネ・クレール監督）　●外国映画2位　「外人部隊」（ジャック・フェデー監督）　●外国映画3位　「ロスチャイルド」（アルフレッド・ワーカー監督）

【スポーツ】
◇朝日賞（昭10年）　●体育賞　遊佐正憲, 石原田愿, 牧野正蔵, 根上博 "明治神宮プールにおける800mリレー競泳世界新記録"

昭和11年（1936）

【文学全般】
◇池谷信三郎賞　第1回（下期）　中村光夫「二葉亭四迷論」　保田与重郎「日本の橋」
◇文芸懇話会賞　第2回　徳田秋声「勲章」　関根秀雄「モンテーニュ随想録」

◇三田文学賞　第2回　今井達夫「青い鳥を探す方法」　南川潤「掌の性」ほか

【小説】

◇芥川龍之介賞　第3回（上期）　鶴田知也「コシャマイン記」　小田岳夫「城外」
◇芥川龍之介賞　第4回（下期）　石川淳「普賢」　冨沢有為男「地中海」
◇「サンデー毎日」大衆文芸　第18回（上期）　夏川黎人「解剖台を繞る人々」　室町修二郎「遭難」　芝村武男「名人」　山内史朗「神学生の手記」　木之下白蘭「撤兵」
◇「サンデー毎日」大衆文芸　第19回（下期）　松原幹「本朝算法縁起」　沢良太「わかさぎ武士」　長谷川更生「直助権兵衛」　宗久之助「男性審議会」　奥田久司「漂民」
◇千葉亀雄賞　第1回　●1席　金聖珉（金万益）「半島の芸術家たち」　井上靖「流転」　●2席　高円寺文雄「野獣の乾杯」　田中平六「天鼓」
◇直木三十五賞　第3回（上期）　海音寺潮五郎「天正女合戦」
◇直木三十五賞　第4回（下期）　木々高太郎「人生の阿呆」

【詩歌】

◇文芸汎論詩集賞　第3回　北川冬彦「いやらしい神」

【映画】

◇キネマ旬報ベスト・テン　第13回　●日本映画 1位　「祇園の姉妹」（溝口健二監督）　●日本映画 2位　「人生劇場 青春篇」（内田吐夢監督）　●日本映画 3位　「浪華悲歌」（溝口健二監督）　●外国映画 1位　「ミモザ館」（ジャック・フェデー監督）　●外国映画 2位　「幽霊西へ行く」（ルネ・クレール監督）　●外国映画 3位　「オペラ・ハット」（フランク・キャプラ監督）

【スポーツ】

◇朝日賞（昭11年）　●体育賞　田島直人"第11回国際オリンピック大会（ベルリン）における三段跳世界新記録"　孫基禎"第11回国際オリンピック大会（ベルリン）におけるマラソン競争最優秀記録"　遊佐正憲, 杉浦重雄, 田口正治, 新井茂雄"第11回国際オリンピック大会（ベルリン）における800mリレー競泳世界新記録"

昭和12年（1937）

【文学全般】

◇池谷信三郎賞　第2回（上期）　Q（津村秀夫）"映画批評の業績"
◇池谷信三郎賞　第3回（下期）　神西清"翻訳の業績"
◇「改造」懸賞創作　第9回　●1等　該当作なし　佳作　龍瑛宗「パパイヤのある街」　渡辺渉「霧朝」
◇文芸懇話会賞　第3回　川端康成「雪国」　尾崎士郎「人生劇場」
◇三田文学賞　第3回　該当作なし

【小説】

◇芥川龍之介賞　第5回（上期）　尾崎一雄「暢気眼鏡」ほか
◇芥川龍之介賞　第6回（下期）　火野葦平「糞尿譚」
◇「サンデー毎日」懸賞小説　創刊15周年記念長編　●時代物　沢良太「黄金火」　●現代物　早乙女秀「筑紫の歌」
◇「サンデー毎日」大衆文芸　第20回（上期）　木村みどり「国際会議はたはむれる」　南条三郎「明暗二人影」　武川哲郎「偽帝誅戮」　大池唯雄「おらんだ楽兵」　山崎公夫「御巣鷹おろし」
◇「サンデー毎日」大衆文芸　第21回（下期）　猪乃鼻俊三「柳下亭」　能木昶「おむら殉愛記」　帯刀収「信玄の遁げた島」　北園孝吉「明日はお天気」　鯱城一郎「お椅子さん」

◇透谷文学賞　第1回　中河与一「愛恋無限」
◇直木三十五賞　第5回（上期）　該当作なし
◇直木三十五賞　第6回（下期）　井伏鱒二「ジョン万次郎漂流記」

【詩歌】

◇文芸汎論詩集賞　第4回　菱山修三「荒地」　●詩業功労賞　西川満

【戯曲】

◇小野宮吉戯曲賞　第1回　久板栄二郎「北東の風」

【映画】

◇キネマ旬報ベスト・テン　第14回　●日本映画1位　「限りなき前進」(内田吐夢監督)　●日本映画2位　「蒼氓」(熊谷久虎監督)　●日本映画3位　「愛怨峡」(溝口健二監督)　●外国映画1位　「女だけの都」(ジャック・フェデー監督)　●外国映画2位　「我等の仲間」(ジュリアン・デュヴィヴィエ監督)　●外国映画3位　「どん底」(ジャン・ルノワール監督)

【スポーツ】

◇朝日賞(昭12年)　●体育賞　飯沼正明, 塚越賢爾 "亜欧連絡飛行世界記録"

【その他】

◇文化勲章(昭12年度)　長岡半太郎(物理学)　本多光太郎(金属物理学)　木村栄(地球物理学)　佐佐木信綱(和歌, 和歌史, 歌学史)　幸田露伴(文学)　岡田三郎助(洋画)　藤島武二(洋画)　竹内栖鳳(日本画)　横山大観(日本画)

昭和13年（1938）

【文学全般】

◇池谷信三郎賞　第4回（上期）　亀井勝一郎「人間教育」
◇池谷信三郎賞　第5回（下期）　外村繁「草筏」
◇菊池寛賞　第1回　徳田秋声「仮装人物」
◇G氏賞　第1回　小杉茂樹「麦の花」
◇三田文学賞　第4回　美川きよ「女流作家」　南川潤「風俗十日」ほか

【小説】

◇芥川龍之介賞　第7回（上期）　中山義秀「厚物咲」
◇芥川龍之介賞　第8回（下期）　中里恒子「乗合馬車」ほか
◇「朝日新聞」懸賞小説　朝日新聞創刊50周年記念懸賞小説　大田洋子「桜の園」
◇「サンデー毎日」大衆文芸　第22回（上期）　宇井無愁「ねずみ娘」　冬木憑「鹿鳴館時代」　赤沼三郎「脱走九年」　川端克二「海の花婿」　東条元「船若寺穴蔵覚書」
◇「サンデー毎日」大衆文芸　第23回（下期）　窪川稔「南十字星の女」　阪西夫左郎「その後のお滝」　藤野庄三(山岡荘八)「約束」　南条三郎「浮名長者」　奈良井一「明るい墓地」
◇新潮社文芸賞　第1回　●第1部　和田傳「沃土」　●第2部　浜本浩「浅草の灯」
◇透谷文学賞　第2回　保田与重郎「戴冠詩人の御一人者」　●賞牌のみ　島木健作「生活の探求」
◇直木三十五賞　第7回（上期）　橘外男「ナリン殿下への回想」
◇直木三十五賞　第8回（下期）　大池唯雄「兜首」「秋田口の兄弟」

【詩歌】

◇詩人懇話会賞　第1回　佐藤一英「空海頌」

◇文芸汎論詩集賞　第5回　中野秀人「聖歌隊」

【戯曲】
◇小野宮吉戯曲賞　第2回　久保栄「火山灰地」

【児童文学】
◇童話賞　第1回　槙本楠郎「母の日」

【映画】
◇キネマ旬報ベスト・テン　第15回　●日本映画 1位　「五人の斥候兵」(田坂具隆監督)　●日本映画 2位　「路傍の石」(田坂具隆監督)　●日本映画 3位　「母と子」(渋谷実監督)　●外国映画 1位　「舞踏会の手帖」(ジュリアン・デュヴィヴィエ監督)　●外国映画 2位　「オーケストラの少女」(ヘンリー・コスター監督)　●外国映画 3位　「ジェニーの家」(マルセル・カルネ監督)

【スポーツ】
◇朝日賞(昭13年)　●体育賞　天野富勝 "明治神宮水泳場における関東水上選手権にて1500m自由形及び1000m自由形世界記録"

昭和14年(1939)

【文学全般】
◇朝日賞〔文学関係〕(昭14年)　●文化賞　火野葦平 "戦争文学三部作の完成"
◇池谷信三郎賞　第6回(上期)　日比野士朗「呉淞クリーク」
◇「改造」懸賞創作　第10回　●1等　該当作なし　●2等　小倉龍男「新兵群像」　竹本賢三「蝦夷松を焚く」　井上薫「大きい大将と小さい大将」
◇菊池寛賞　第2回　武者小路実篤 "文学の業績"　里見弴 "文学の業績"　宇野浩二 "文学の業績"
◇G氏賞　第2回　吉野治夫「手記」
◇三田文学賞　第5回　石河穣治「蜂窩房」　横山重「書物捜索」

【小説】
◇芥川龍之介賞　第9回(上期)　長谷健「あさくさの子供」　半田義之「鶏騒動」
◇芥川龍之介賞　第10回(下期)　寒川光太郎「密猟者」
◇「サンデー毎日」大衆文芸　第24回(上期)　石井哲夫「アクバール・カンの復讐」　東条元「幻塔譜」　早乙女秀「色彩のある海図」　由布川祝「選ばれた種子」　川端克二「鳴動」
◇「サンデー毎日」大衆文芸　第25回(下期)　大庭さち子「妻と戦争」　林与茂三「双葉は匂ふ」　田原夏彦「風に添へた手紙」　中村獏「ブロオニングの照準」　北沢美勇「神と人との門」
◇新青年賞　第1回(上期)　久生十蘭「キャラコさん」
◇新青年賞　第2回(下期)　小栗虫太郎「大暗黒」
◇新潮社文芸賞　第2回　●1部　伊藤永之介「鶯」　●2部　坪田譲治「子供の四季」
◇千葉亀雄賞　第2回　●1席　森本平三「不人情噺」　南条三郎「断雲」　●2席　中山ちゑ「薫れ茉莉花」
◇透谷文学賞　第3回　岡崎義恵「日本文芸の様式」　●賞牌のみ　山岸外史「人間キリスト記」
◇直木三十五賞　第9回(上期)　該当作なし
◇直木三十五賞　第10回(下期)　該当作なし

【詩歌】
◇詩人懇話会賞　第2回　三好達治「艸千里」「春の岬」
◇文芸汎論詩集賞　第6回　村野四郎「体操詩集」　木下夕爾「田舎の食卓」　山本和夫「戦争」

【児童文学】

◇児童文化賞　第1回　●幼年物　浜田広介「ひらがな童話集」　●少年少女物　林巍（筆名・木々高太郎）「私達のからだ」　●童謡　与田準一「山羊とお皿」　●童画　横山隆一　木俣素　●編集　桜木俊晃「コドモアサヒ」

◇童話賞　第2回　小出正吾「太あ坊」

【映画】

◇キネマ旬報ベスト・テン　第16回　●日本映画1位　「土」（内田吐夢監督）　●日本映画2位　「残菊物語」（溝口健二監督）　●日本映画3位　「土と兵隊」（田坂具隆監督）　●外国映画1位　「望郷」（ジュリアン・デュヴィヴィエ監督）　●外国映画2位　「格子なき牢獄」（レオニード・モギー監督）　●外国映画3位　「ブルグ劇場」（ヴィリ・フォルスト監督）

【スポーツ】

◇朝日賞（昭14年）　●体育賞　南寿逸"第10回明治神宮国民大会における最軽量級重量挙げ世界記録"

昭和15年（1940）

【文学全般】

◇池谷信三郎賞　第7回　田中英光「オリンポスの果実」
◇菊池寛賞　第3回　室生犀星「戦死」　田中貢太郎 "生前の文学業績"
◇日本文化協会文芸賞　第1回　真山青果「元禄忠臣蔵」
◇満洲文話会賞　第1回　●作品賞　日向伸夫「第八号転轍器」　高木恭造「鴉の裔」　●G氏賞　城小碓 "文芸文化に功労"

【小説】

◇芥川龍之介賞　第11回（上期）　該当作なし
◇芥川龍之介賞　第12回（下期）　桜田常久「平賀源内」
◇「サンデー毎日」大衆文芸　第26回（上期）　草薙一雄（長崎謙二郎）「足柄峠」　村松駿吉「最後のトロンペット」　九谷桑樹「男衆藤太郎」　関川周「晩年の抒情」　坂田太郎「狐狸物語」
◇「サンデー毎日」大衆文芸　第27回（下期）　清水政二「沼地の虎」　星川周太郎「韓非子翼鼇」　村松駿吉「風俗人形」　城山三郎「応召と生活」
◇新青年賞　第3回（上期）　摂津茂和「愚園路秘帖」　など
◇新潮社文芸賞　第3回　●第1部　榊山潤「歴史」　●第2部　石森延男「咲き出す少年群」
◇透谷文学賞　第4回　萩原朔太郎「帰郷者」　●賞牌のみ　太宰治「女生徒」　赤木健介「在りし日の東洋詩人たち」
◇直木三十五賞　第11回（上期）　堤千代「小指」　河内仙介「軍事郵便」
◇直木三十五賞　第12回（下期）　村上元三「上総風土記」
◇「文芸」推薦作品　第1回（上期）　織田作之助「夫婦善哉」
◇「文芸」推薦作品　第2回（下期）　池田源尚「運・不運」
◇ユーモア賞　第1回　宇井無愁

【詩歌】

◇詩人懇話会賞　第3回　西村皎三「遺書」
◇文芸汎論詩集賞　第7回　岡崎清一郎「肉体輝燿」　竹内てるよ「静かなる愛」

【児童文学】

◇児童文化賞　第2回　●児童読物　藤田美津子「神様のお話」　●童謡　巽聖歌　●児童絵画　小山

内龍　●編集　「少女の友」　●児童映画　「ともだち」
◇童話賞　第3回　酒井朝彦「月夜の雉子」
◇日本新人童話賞　第1回　●1位　岡本良雄「八号館」　●2位　下畑卓「三十五人の小学生」

【映画】
◇キネマ旬報ベスト・テン　第17回　●日本映画 1位　「小島の春」（豊田四郎監督）　●日本映画 2位　「西住戦車長伝」（吉村公三郎監督）　●日本映画 3位　「風の又三郎」（島耕二監督）　●外国映画 1位　「民族の祭典」（レニ・リーフェンシュタール監督）　●外国映画 2位　「駅馬車」（ジョン・フォード監督）　●外国映画 3位　「最後の一兵まで」（カール・リッター監督）

【音楽】
◇朝日賞（昭15年）　●文化賞　山田耕筰 "交響楽運動と創作活動"

【その他】
◇文化勲章（昭15年度）　高木貞治（数学）　西田幾多郎（哲学）　川合玉堂（日本画）　佐々木隆興（生化学, 病理学）

昭和16年（1941）

【文学全般】
◇池谷信三郎賞　第8回　該当作なし
◇菊池寛賞　第4回　久保田万太郎 "文学の業績"　長谷川時雨 "文学の業績"　中村吉蔵 "生前の功労"
◇日本芸術院賞（第2部・文芸）　第1回　高村光太郎「道程」　川田順「鷲」「国初聖蹟歌」
◇野間文芸賞　第1回　真山青果
◇満洲文話会賞　第2回　●作品賞　北村謙次郎「ある環境」　●G氏功労賞　作文発行所 雑誌「作文」

【小説】
◇芥川龍之介賞　第13回（上期）　多田裕計「長江デルタ」
◇芥川龍之介賞　第14回（下期）　芝木好子「青果の市」
◇「サンデー毎日」大衆文芸　第28回（上期）　筑紫聡「炭比の人々」　伊藤沆「信長の首」　椿径子「早春」　小川大夢「啐啄の嘴」　橋本録多「仏法僧ナチス陣営に羽搏く」
◇「サンデー毎日」大衆文芸　第29回（下期）　由布川祝「有願春秋抄」　太田正「北回帰線」　真木純「寒菊抄」　物上敬「大阪作者」　阿賀利善三「水軍大宝丸」
◇新潮社文芸賞　第4回　●第1部　壺井栄「暦」　●第2部　北条秀司「閣下」
◇透谷文学賞　第5回　伊東静雄「夏花」　堀口捨己「利休の茶」　田中克己「楊貴妃とクレオパトラ」
◇直木三十五賞　第13回（上期）　木村荘十「雲南守備兵」
◇直木三十五賞　第14回（下期）　該当作なし
◇野間文芸奨励賞　第1回　笹本寅「会津士魂」　桜田常久「従軍タイピスト」　赤川武助「僕の戦場日記」
◇「文芸」推薦作品　第3回（上期）　該当作なし
◇「文芸」推薦作品　第4回（下期）　秋山恵三「新炭図」　三田華子「祖父」　中村正徳「七月十八日」　中村佐喜子「雪の林檎畑」
◇ユーモア賞　第2回　該当者なし

【詩歌】
◇一路賞　第1回　池原楢雄　鈴木庫治
◇文芸汎論詩集賞　第8回　近藤東「万国旗」　殿岡辰雄「黒い帽子」　北園克衛「固い卵」

【戯曲】

◇国民演劇脚本　第1回　●情報局総裁賞　秋月桂太「耕す人」　●情報局賞　松崎博臣「灯消えず」　真田与四男「松風記」

【児童文学】

◇日本新人童話賞　第2回　●1位　下畑卓「大河原三郎右衛門」　●2位　町本広「海の子供たち」

【映画】

◇キネマ旬報ベスト・テン　第18回　●日本映画 1位　「戸田家の兄妹」（小津安二郎監督）　●日本映画 2位　「馬」（山本嘉次郎監督）　●日本映画 3位　「みかへりの塔」（清水宏監督）
◇国民映画脚本　第1回　●情報局賞　小糸のぶ「母子草」　黒澤明「静かなり」　森田龍男「土生玄碩」

昭和17年（1942）

【文学全般】

◇朝日賞〔文学関係〕（昭17年）　●文化賞　岩田豊雄「海軍」
◇池谷信三郎賞　第9回　堺誠一郎「曠野の記録」　石塚友二「松風」　伊藤佐喜雄「春の鼓笛」
◇菊池寛賞　第5回　佐藤春夫「芬夷行」　上司小剣「伴林光平」
◇中央公論社文芸賞　第1回　堀辰雄「菜穂子」
◇日本芸術院賞（第2部・文芸）　第2回　野口米次郎
◇野間文芸賞　第2回　該当者なし

【小説】

◇芥川龍之介賞　第15回（上期）　該当作なし
◇芥川龍之介賞　第16回（下期）　倉光俊夫「連絡員」
◇「サンデー毎日」大衆文芸　第30回（上期）　関川周「怒濤の唄」　日高麟三「藁沓」　稲垣史生「京包線にて」　太田正「町人」
◇「サンデー毎日」大衆文芸　第31回（下期）　渡辺捷夫「熊と越年者」　阿波一郎「帰還学生」　緑川玄三「銀の峠」　関川周「安南人の眼」　宮崎一郎「マーシュ大尉の手記」
◇新潮社文芸賞　第5回　●第1部　大鹿卓「渡良瀬川」　●第2部　摂津茂和「三代目」　長谷川幸延「冠婚葬祭」
◇直木三十五賞　第15回（上期）　該当作なし
◇直木三十五賞　第16回（下期）　神崎武雄「寛容」　田岡典夫「強情いちご」
◇野間文芸奨励賞　第2回　棟田博「台児荘」　山岡荘八「海底戦記」　浜田広介「龍の目の涙」
◇「文芸」推薦作品　第5回（上期）　野村尚吾「岬の気」
◇「文芸」推薦作品　第6回（下期）　該当作なし

【詩歌】

◇一路賞　第2回　北浜正男　芝山永治
◇文芸汎論詩集賞　第9回　高祖保「雪」

【戯曲】

◇国民演劇脚本　第2回　●情報局賞　鍋田忠元「汪精衛」　久藤達郎「たらちね海」

【映画】

◇朝日賞〔映画関係〕（昭17年）　●文化賞　日本映画社 "戦記映画「マライ戦記」その他"
◇キネマ旬報ベスト・テン　第19回　●日本映画 1位　「ハワイ・マレー沖海戦」（山本嘉次郎監督）

●日本映画 2位　「父ありき」(小津安二郎監督)　●日本映画 3位　「将軍と参謀と兵」(田口哲監督)
◇国民映画脚本　第2回　●情報局賞　新藤兼人「強風」　沼沢伊勢蔵「雪国」　南条哲也「大地の詩」

【音楽】
◇朝日賞(昭17年)　●文化賞　信時潔作曲「海ゆかば」

【演劇】
◇朝日賞〔演劇関係〕(昭17年)　●文化賞　吉田栄三, 吉田文五郎 "舞台生活60年"

昭和18年（1943）

【文学全般】
◇朝日賞〔文学関係〕(昭18年)　●文化賞　川田順 "愛国和歌の研究"
◇菊池寛賞　第6回　川端康成「故園」「夕日」
◇中央公論社文芸賞　第2回　丹羽文雄「海戦」
◇日本芸術院賞(第2部・文芸)　第3回　該当者なし
◇野間文芸賞　第3回　幸田露伴

【小説】
◇芥川龍之介賞　第17回(上期)　石塚喜久三「纏足の頃」
◇芥川龍之介賞　第18回(下期)　東野辺薫「和紙」
◇「サンデー毎日」大衆文芸　第32回(上期)　緑川玄三「花火師丹十」　松崎与志人「少年工」　東郷十三「軍用犬」　横尾久男「赤い鳥」
◇「サンデー毎日」大衆文芸　第33回(下期)　穐村正治「大砲煎餅」　原田重久「みのり」　三好一知「弾性波動」　金川太郎「交流」
◇新潮社文芸賞　第6回　●第1部　森山啓「海の扇」　●第2部　添田知道「教育者」
◇大東亜文学賞　第1回　該当作なし　●賞　庄司総一「陳夫人」　大木惇夫「海原にありて歌へる」　石軍「沃土」　爵青「黄金的窄門」　予且「日本印象」　袁犀「貝殻」
◇直木三十五賞　第17回(上期)　該当作なし
◇直木三十五賞　第18回(下期)　森荘已池「蛾と笹舟」
◇野間文芸奨励賞　第3回　望月茂「佐久良東雄」　大林清「華僑伝」「庄内士族」「松ケ岡開懇」　須川邦彦「無人島に生きる十六人」
◇文学報国新人小説(昭18年)　●佳作　大原富枝「若い渓間」　松原一枝「大きな息子」　浜野健三郎「君子蘭」　西川清六「ガダルカナル」　井田誠一「かささぎ」

【詩歌】
◇詩人懇話会賞　第4回　蔵原伸二郎「戦闘機」
◇文芸汎論詩集賞　第10回　笹沢美明「海市帖」　野長瀬正夫「大和吉野」　杉山平一「夜学生」
　●名誉賞　田中冬二「橡の黄葉」

【戯曲】
◇国民演劇脚本　第3回　該当作なし

【映画】
◇国民映画脚本　第3回　●情報局賞　田辺新四郎「野戦軍楽隊」　田畠恒男「幹部候補生」　長江道太郎「いのちの饗宴」

【その他】
◇文化勲章（昭18年度）　伊東忠太（建築学）　鈴木梅太郎（農芸化学）　朝比奈泰彦（薬学, 植物化学）　湯川秀樹（原子物理学）　徳富蘇峰（歴史, 政治評論）　三宅雪嶺（社会評論）　和田英作（洋画）

昭和19年（1944）

【文学全般】
◇野間文芸賞　第4回　該当者なし

【小説】
◇芥川龍之介賞　第19回（上期）　八木義徳「劉広福」　小尾十三「登攀」
◇芥川龍之介賞　第20回（下期）　清水基吉「雁立」
◇一葉賞　第1回　辻村もと子「馬追原野」
◇新潮社文芸賞　第7回　●第1部　寺門秀雄「里恋ひ記」　森三千代「和泉式部」　●第2部　牧野英二「突撃中隊の記録」
◇大東亜文学賞　第2回　該当作なし　●次賞　鑓田研一「満州建国史」　梅娘「蟹」　古丁「新生」　ドック＝マイ＝ソッド「これぞ人生」（タイ）　ホセ＝エスペランサ＝クルサ「タロン・マリア」（フィリピン）
◇大陸開拓文学賞　第1回　大滝重直「解氷期」
◇直木三十五賞　第19回（上期）　岡田誠三「ニューギニア山岳戦」
◇直木三十五賞　第20回（下期）　該当作なし
◇野間文芸奨励賞　第4回　山手樹一郎「獄中記」「檻送記」「蟄居記」　檀一雄「天明」　権藤実「兵営の記録」
◇文学報国賞　第1回　豊田三郎「行軍」

【戯曲】
◇国民演劇脚本　第4回　●情報局賞　有馬頼義「晴雪賦」　千早梅「ともしび」　武田政子「筑紫合戦」

【その他】
◇文化勲章（昭19年度）　田中館愛橘（地球物理学, 航空学）　岡部金治郎（電気工学）　志賀潔（細菌学）　稲田竜吉（細菌学）　狩野直喜（中国文学）　高楠順次郎（インド哲学）

昭和20年（1945）

【文学全般】
◇野間文芸賞　第5回　小川未明

【小説】
◇野間文芸奨励賞　第5回　船山馨「笛」「塔」　北条誠「寒菊」「一年」「黄昏の旅」　太田黒克彦「小ぶなものがたり」

【スポーツ】
◇朝日賞（昭20年）　●体育賞　※中止

昭和21年（1946）

【小説】
◇「サンデー毎日」大衆文芸　第34回　中田龍雄「鮭姫」　南条三郎「艶影」　岩崎春子「海に与える書」
◇夏目漱石賞　第1回　●当選　渡辺伍郎「ノバルサの果樹園」　●佳作　西川満「会真記」

【映画】
◇キネマ旬報ベスト・テン　第20回　●日本映画 1位　「大曾根家の朝」（木下恵介監督）　●日本映画 2位　「わが青春に悔なし」（黒澤明監督）　●日本映画 3位　「或る夜の殿様」（衣笠貞之助監督）　●外国映画 1位　「我が道を往く」（レオ・マッケリー監督）　●外国映画 2位　「運命の饗宴」（ジュリアン・デュヴィヴィエ監督）　●外国映画 3位　「疑惑の影」（アルフレッド・ヒッチコック監督）
◇毎日映画コンクール　第1回　●日本映画賞　「或る夜の殿様」（衣笠貞之助監督）　●日本映画賞 大衆賞　「或る夜の殿様」　●監督賞　今井正「民衆の敵」　●脚本賞　久板栄二郎「大曾根家の朝」　●演技賞　小沢栄太郎「大曾根家の朝」

【スポーツ】
◇朝日賞（昭21年）　●体育賞　山内リエ "走高・幅跳における日本新記録ならびに世界的優秀記録"

【その他】
◇文化勲章（昭21年度）　中田薫（法制史，日本法制史）　宮部金吾（植物学）　俵国一（金属学）　仁科芳雄（原子物理学）　梅若万三郎（能楽）　岩波茂雄（出版）

昭和22年（1947）

【文学全般】
◇世界文学賞　第1回　渡辺一夫訳「パンタグリュエル物語」（フランソワ・ラブレー著）
◇日本芸術院賞（第2部・文芸）　第4回　折口信夫「古代感愛集」
◇毎日出版文化賞　第1回　宮本百合子, 文藝春秋新社「風知草」「播州平野」　谷崎潤一郎, 中央公論社「細雪」　河上肇, 世界評論社「自叙伝」

【小説】
◇「サンデー毎日」大衆文芸　第35回　該当作なし
◇女流文学者賞　第1回　平林たい子「かういふ女」
◇大衆雑誌懇話会賞　第1回　林房雄「妖魚」

【詩歌】
◇啄木賞　第1回　●次席　小原武雄「汚辱の日」

【映画】
◇キネマ旬報ベスト・テン　第21回　●日本映画 1位　「安城家の舞踏会」（吉村公三郎監督）　●日本映画 2位　「戦争と平和」（山本薩夫・亀井文夫監督）　●日本映画 3位　「今ひとたびの」（五所平之助監督）　●外国映画 1位　「断崖」（アルフレッド・ヒッチコック監督）　●外国映画 2位　「荒野の決闘」（ジョン・フォード監督）
◇毎日映画コンクール　第2回　●日本映画賞　「今ひとたびの」（五所平之助監督）　●監督賞　黒澤明「素晴らしき日曜日」　●脚本賞　植草圭之助「素晴らしき日曜日」　●演技賞 男優演技賞　森雅之「安城家の舞踏会」　●演技賞 女優演技賞　田中絹代「結婚」「女優須磨子の恋」「不死鳥」　●演技賞 新人演技賞　若山セツ子「おスミの持参金」

【演劇】
◇朝日賞〔演劇関係〕(昭22年)　●文化賞　劇団前進座 "演劇文化運動への貢献"
◇芸術祭賞〔演劇部門〕　第2回　大阪文楽座「摂州合邦辻」　新生新派「十三夜」　中村吉右衛門(1代) "近江源氏先陣館"の演技　尾上菊五郎(6代) "仮名手本忠臣蔵"の演技　尾上梅幸(7代) "仮名手本忠臣蔵"の演技　中村芝翫(6代)後・中村歌右衛門6代 "籠釣瓶花街酔醒"の演技

【スポーツ】
◇朝日賞(昭22年)　●体育賞　古橋廣之進 "400m自由形競泳における世界記録"

昭和23年(1948)

【文学全般】
◇朝日賞〔文学関係〕(昭23年)　●文化賞　谷崎潤一郎「細雪」
◇世界文学賞　第2回　竹友藻風訳「神曲」(ダンテ著)
◇日本芸術院賞(第2部・文芸)　第5回　半田良平「幸木」
◇毎日出版文化賞　第2回　きだみのる, 吾妻書房「気違い部落周游紀行」　竹山道雄, 中央公論社「ビルマの竪琴」
◇水上滝太郎賞　第1回　原民喜「夏の花」　鈴木重雄「黒い小屋」　加藤道夫「なよたけ」

【小説】
◇「サンデー毎日」大衆文芸　第36回　津田伸二郎「羅生門の鬼」　七条勉「遠雷」　高橋八重彦「雲は還らず」
◇女流文学者賞　第2回　網野菊「金の棺」
◇大衆雑誌懇話会賞　第2回　梶野悳三「鰊漁場」
◇探偵作家クラブ賞　第1回　長篇賞　横溝正史「本陣殺人事件」　●短篇賞　木々高太郎「新月」　●新人賞　香山滋「海鰻荘綺談」

【詩歌】
◇啄木賞　第2回　●次席　布施杜生「鼓動短歌抄」　森川平八「北に祈る」　般若一郎「讃労」

【映画】
◇朝日賞〔映画関係〕(昭23年)　●文化賞　日本映画社教育映画部 "科学教育映画への貢献"
◇キネマ旬報ベスト・テン　第22回　●日本映画1位　「酔いどれ天使」(黒澤明監督)　●日本映画2位　「手をつなぐ子等」(稲垣浩監督)　●日本映画3位　「夜の女たち」(溝口健二監督)　●外国映画1位　「ヘンリー五世」(ローレンス・オリヴィエ監督)　●外国映画2位　「我等の生涯の最良の年」(ウィリアム・ワイラー監督)　●外国映画3位　「逢びき」(デヴィッド・リーン監督)
◇毎日映画コンクール　第3回　●日本映画賞　「酔いどれ天使」(黒澤明監督)　●監督賞　木下恵介「女」「肖像」「破戒」　●脚本賞　伊丹万作「手をつなぐ子等」　●演技賞 男優演技賞　笠智衆「手をつなぐ子等」　●演技賞 女優演技賞　田中絹代「夜の女たち」「風の中の牝鶏」　●演技賞 助演賞　宇野重吉「わが生涯のかがやける日」「破戒」　●特別賞　清水宏「蜂の巣の子供たち」

【演劇】
◇芸術祭賞〔演劇部門〕　第3回　松本幸四郎(7代) "操三番叟"の演技
◇毎日演劇賞　第1回　●劇団賞　俳優座 "黄色い部屋"「女学者」をはじめ1年間の全活動"　●個人賞 演出　小牧正英 "東京バレエ団「白鳥の湖」の演出"　●個人賞 演技　実川延若(2代目) "大阪中座1月「艦楼錦」の春藤治郎左衛門"　宮口精二 "文学座「女の一生」「あさくさばし」その他"　●特別賞　藤原義江歌劇団 "困難な欧劇団経営を克服して「ドン・ファン」上演にまで達した15年間の努力と成果"

【スポーツ】
◇朝日賞（昭23年）　●体育賞　古橋廣之進 "競泳300, 800, 1000, 1500m自由形における世界最高記録"　橋爪四郎 "競泳1000m自由形における世界最高記録"

【その他】
◇文化勲章（昭23年度）　木原均（遺伝学）　長谷川如是閑（評論）　安田靫彦（日本画）　朝倉文夫（彫塑）　上村松園（日本画）

昭和24年（1949）

【文学全般】
◇日本芸術院賞（第2部・文芸）　第6回　大佛次郎「帰郷」　山内義雄「チボー家の人々」（マルタン＝デュ＝ガールの翻訳）
◇毎日出版文化賞　第3回　●企画部門　中島敦, 筑摩書房「中島敦全集」全3巻　●文学・芸術部門　吉川逸治, 東京堂「中世の美術」
◇水上滝太郎賞　第2回　梅田晴夫「五月の花」
◇読売文学賞　第1回　●小説賞　井伏鱒二「本日休診」　●戯曲賞　該当作なし　●文芸評論賞　青野季吉「現代文学論」　●詩歌賞　斎藤茂吉「ともしび」　草野心平「蛙の詩」

【小説】
◇芥川龍之介賞　第21回（上期）　由起しげ子「本の話」　小谷剛「確証」
◇芥川龍之介賞　第22回（下期）　井上靖「闘牛」
◇「サンデー毎日」大衆文芸　第37回（上期）　曽我得二「なるとの中将」　奈良井一「異国の髭」　笠置勝一「愛の渡し込み」　藤田敏男「下宿あり」
◇「サンデー毎日」大衆文芸　第38回（下期）　津田伸二郎「英雄になりたい男」　石橋徹志「軍鶏流行」　藤田敏男「二等兵お仙ちゃん」
◇サンデー毎日千葉賞　第1回　●長篇　岩山六太「草死なざりき」　●短篇　曽我得二「なるとの中将」
◇女流文学者賞　第3回　林芙美子「晩菊」
◇探偵作家クラブ賞　第2回　●長篇賞　坂口安吾「不連続殺人事件」　●短篇賞　山田風太郎「眼中の悪魔」「虚像淫楽」
◇直木三十五賞　第21回（上期）　富田常雄「面」
◇直木三十五賞　第22回（下期）　山田克郎「海の廃園」

【詩歌】
◇啄木賞　第3回　小名木綱夫「太鼓」

【戯曲】
◇年鑑代表シナリオ　第1回　黒澤明, 菊島隆三「野良犬」　小津安二郎, 野田高梧「晩春」　新藤兼人「お嬢さん乾杯！」　黒澤明, 谷口千吉「ジャコマンと鉄」　今井正, 井手俊郎「青い山脈」　木下恵介, 小林正樹「破れ太鼓」　依田義賢「私の名は情婦」　稲垣浩「忘れられた子等」　新藤兼人「森の石松」「嫉妬」　黒澤明, 谷口千吉「静かなる決闘」　斎藤良輔「花の素顔」　八住利雄, 水木洋子「女の一生」

【映画】
◇キネマ旬報ベスト・テン　第23回　●日本映画 1位　「晩春」（小津安二郎監督）　●日本映画 2位　「青い山脈」（今井正監督）　●日本映画 3位　「野良犬」（黒澤明監督）　●外国映画 1位　「戦火のかなた」（ロベルト・ロッセリーニ監督）　●外国映画 2位　「大いなる幻影」（ジャン・ルノワール監督）　●外国映画 3位　「ママの想いで」（ジョージ・スティーブンス監督）

◇毎日映画コンクール　第4回　●日本映画賞「晩春」(小津安二郎監督)　●監督賞　小津安二郎「晩春」　●脚本賞　野田高梧,小津安二郎「晩春」　●演技賞 男優演技賞　志村喬「静かなる決闘」「野良犬」　●演技賞 女優演技賞　原節子「お嬢さん乾杯!」「青い山脈」「晩春」　●演技賞 助演賞　木暮実千代「青い山脈」　●特別賞　小雀劇団,ともだち劇団,手をつなぐ子等グループ「恐れられた子等」

【演劇】
◇芸術祭賞〔演劇部門〕　第4回　松本幸四郎(8代)"積恋雪関扉"の演技"　桐竹紋十郎(2代)"先代萩"の演技"　市川海老蔵(9代)(後・市川團十郎11代),大谷友右衛門(7代)"生玉心中"の演技"　田村秋子"ママの貯金」(文学座)の演技"
◇毎日演劇賞　第2回　●劇団賞　文学座「ママの貯金」その他1年間の活動"　●個人賞 演出　岡倉志朗「山脈」「夕鶴」　●個人賞 脚本　木下順二「夕鶴」　●個人賞 演技　市川寿海"次郎吉懺悔"の次郎吉その他1年間の演劇活動"　●個人賞 演技別賞　市川照蔵,中村吉之丞,市川荒次郎,尾上鯉三"歌舞伎座における脇役としての1年間の演技活動"

【スポーツ】
◇朝日賞(昭24年)　●体育賞　浜口喜博,丸山茂幸,村山修一,古橋廣之進"水泳800mリレー8分45秒4の世界新記録"

【その他】
◇文化勲章(昭24年度)　尾上菊五郎(6代)(歌舞伎)　鈴木大拙(仏教学)　津田左右吉(東洋哲学,日本古代史)　三浦謹之助(内科学)　岡田武松(気象学)　真島利行(化学)　谷崎潤一郎(文学)　志賀直哉(文学)

昭和25年(1950)

【文学全般】
◇「改造」懸賞創作　復活第1回　該当作なし
◇芸術選奨　第1回　●文学部門 文部大臣賞　竹山道雄「ビルマの竪琴」　石井桃子「ノンちゃん雲に乗る」
◇日本芸術院賞(第2部・文芸)　第7回　小川未明　小林秀雄　尾山篤二郎
◇毎日出版文化賞　第4回　辰野隆訳,要書房「フィガロの結婚」(ボオマルシェエ著)　●企画部門　堀辰雄,角川書店「堀辰雄作品集」全7巻
◇読売文学賞　第2回　●小説賞　宇野浩二「思ひ川」　●戯曲賞　該当作なし　●文芸評論賞　亀井勝一郎　●詩歌賞　高村光太郎「典型」　会津八一「会津八一全歌集」

【小説】
◇芥川龍之介賞　第23回(上期)　辻亮一「異邦人」
◇芥川龍之介賞　第24回(下期)　該当作なし
◇「サンデー毎日」大衆文芸　第39回(上期)　沖田一「酔蟹」　曲木磯六「青鳥発見伝」　神藤まさ子「ヒョタの存在」
◇「サンデー毎日」大衆文芸　第40回(下期)　石橋徹志「軍鶏師と女房たち」　森瀬一昌「右と左」　若狭滝「河原評判記」
◇サンデー毎日千葉賞　第2回　長篇　該当作なし　●短篇　沖田一「酔蟹」
◇戦後文学賞　第1回　島尾敏雄「出孤島記」
◇探偵作家クラブ賞　第3回　●長篇賞　高木彬光「能面殺人事件」　●短篇賞　大坪砂男「私刑」他
◇直木三十五賞　第23回(上期)　今日出海「天皇の帽子」　小山いと子「執行猶予」
◇直木三十五賞　第24回(下期)　檀一雄「長恨歌」「真説石川五右衛門」

【詩歌】

◇啄木賞　第4回　該当作なし

【戯曲】

◇年鑑代表シナリオ　第2回　黒澤明,谷口千吉「暁の脱走」　菊島隆三「栄光への道」　八木保太郎,山形雄策「暴力の街」　八住利雄,水木洋子「また逢う日まで」　舟橋和郎「きけわだつみの声」　猪又勝人「執行猶予」　斎藤良輔「てんやわんや」　野田高梧,小津安二郎「宗方姉妹」　池田忠雄「帰郷」　新藤兼人「偽れる盛装」

【映画】

◇キネマ旬報ベスト・テン　第24回　●日本映画1位　「また逢う日まで」(今井正監督)　●日本映画2位　「帰郷」(大庭秀雄監督)　●日本映画3位　「暁の脱走」(谷口千吉監督)　●外国映画1位「自転車泥棒」(ヴィットリオ・デ・シーカ監督)　●外国映画2位　「情婦マノン」(アンリ＝ジョルジュ・クルーゾー監督)　●外国映画3位　「三人の妻への手紙」(ジョゼフ・L.マンキウィッツ監督)
◇芸術選奨　第1回　●映画部門　日映「いねの一生」　岩波「蠅のいない町」　報道工芸 幻灯画「図説天文学」　全甲社 紙芝居「こねこちろちゃん」　日本紙芝居幻灯KK 紙芝居「お母さんの話」
◇ブルーリボン賞　第1回　●日本映画文化賞　「カルメン故郷に帰る」　●最優秀作品賞　「また逢う日まで」(今井正監督)　●脚本賞　黒澤明,橋本忍「羅生門」　●監督賞　今井正「また逢う日まで」　●演技賞　山村聡「宗方姉妹」ほか　淡島千景「てんやわんや」ほか　●新人演出賞　佐分利信「執行猶予」ほか　●特別賞　「稲の一生」の撮影スタッフ "同映画の微速度撮影に対し"
◇毎日映画コンクール　第5回　●日本映画賞　「また逢う日まで」(今井正監督)　●監督賞　吉村公三郎「偽れる盛装」　●脚本賞　新藤兼人「偽れる盛装」　●演技賞 男優演技賞　佐分利信「執行猶予」「帰郷」　●演技賞 女優演技賞　京マチ子「偽れる盛装」「羅生門」　●演技賞 助演賞　山村聡「帰郷」「宗方姉妹」「大利根の夜霧」

【芸能全般】

◇芸術選奨　第1回　●演劇部門　坂東三津五郎(7代)「義経千本桜」孤忠信の演技　山本安英 "新劇「夕鶴」の演技"　●放送脚本　長孝一郎「秋祭」　清水脩 楽曲「インド旋律による四楽章」

【演劇】

◇芸術祭賞〔演劇部門〕　第5回　該当者なし
◇毎日演劇賞　第3回　●劇団賞　該当者なし　●個人賞 脚本　森本薫「華々しき一族」(文楽座初演)　●個人賞 演技　中村時蔵(3代)"「箱根霊験躄仇討」の勝五郎,「妹背山婦女庭訓」の定高,「桂川連理柵」のきぬ"　中村芝翫"「娘道成寺」の花子,「妹背山婦女庭訓」の雛鳥"　田村秋子"「ヘッダ・ガブラー」のヘッダ"　●特別賞　大谷竹次郎 "東京歌舞伎座再興の努力に対して"

【スポーツ】

◇朝日賞(昭25年)　●体育賞　該当者なし

【その他】

◇文化勲章(昭25年度)　牧野英一(刑法,法理学)　田辺元(哲学)　藤井健次郎(植物学)　三島徳七(金属学)　小林古径(日本画)　土井晩翠(詩)　正宗白鳥(文学)

昭和26年(1951)

【文学全般】

◇「改造」懸賞創作　第2回　該当作なし
◇芸術選奨　第2回　●文学部門 文部大臣賞　壺井栄「母のない子と子のない母と」
◇日本芸術院賞(第2部・文芸)　第8回　川端康成「千羽鶴」　日夏耿之介「明治浪曼文学史」「日夏耿

之介全詩集」
◇毎日出版文化賞　第5回　原奎一郎編, 乾元社「原敬日記」全9巻　日夏耿之介, 山宮允, 矢野峰人, 三好達治, 中野重治編, 河出書房「日本現代詩大系」全10巻　田宮虎彦, 目黒書店「絵本」
◇読売文学賞　第3回　●小説賞　大岡昇平「野火」　●戯曲賞　三好十郎「炎の人―ゴッホ小伝」　●文芸評論賞　中村光夫　●詩歌賞　佐藤佐太郎「帰潮」

【小説】
◇芥川龍之介賞　第25回（上期）　石川利光「春の草」他　安部公房「壁」
◇芥川龍之介賞　第26回（下期）　堀田善衛「広場の孤独」「漢奸」ほか
◇講談倶楽部賞　第1回　池上信一「柳寿司物語」
◇「サンデー毎日」懸賞小説　創刊30年記念100万円懸賞小説　●現代小説（1席）　新田次郎「強力伝」　●現代小説（2席）　有馬範夫（南条範夫）「マルフーシャ」　●歴史小説（1席）　松谷文吾「筋骨」　●歴史小説（2席）　黒板拡子（永井路子）「三条院記」　●諷刺（1席）　木村とし子「幻住庵」　●諷刺（2席）　大森実「終油の遺物」
◇戦後文学賞　第2回　安部公房「赤い繭」
◇探偵作家クラブ賞　第4回　●長篇賞　大下宇陀児「石の下の記録」　●短篇賞　島田一男「社会部記者」他
◇直木三十五賞　第25回（上期）　源氏鶏太「英語屋さん」
◇直木三十五賞　第26回（下期）　久生十蘭「鈴木主水」　柴田錬三郎「イエスの裔」

【詩歌】
◇H氏賞　第1回　殿内芳樹「断層」

【戯曲】
◇年鑑代表シナリオ　第3回　野田高梧, 小津安二郎「麦秋」　田中澄江, 井手俊郎「めし」　新藤兼人「愛妻物語」「源氏物語」　猪又勝人「風雪二十年」「ああ青春」　木下恵介「カルメン故郷に帰る」　斎藤良輔「自由学校」　成沢昌茂「馬喰一代」　山内久, 馬場当「離婚結婚」

【児童文学】
◇児童文学者協会児童文学賞　第1回　岡本良雄「ラクダイ横丁」　壺井栄「柿の木のある家」
◇児童文学者協会新人賞　第1回　松谷みよ子「貝になった子供」

【映画】
◇キネマ旬報ベスト・テン　第25回　●日本映画1位　「麦秋」（小津安二郎監督）　●日本映画2位　「めし」（成瀬巳喜男監督）　●日本映画3位　「偽れる盛装」（吉村公三郎監督）　●外国映画1位　「イヴの総て」（ジョゼフ・L.マンキウィッツ監督）　●外国映画2位　「サンセット大通り」（ビリー・ワイルダー監督）　●外国映画3位　「わが谷は緑なりき」（ジョン・フォード監督）
◇芸術選奨　第2回　●映画部門　朝日新聞社文化事業団「中尊寺」　朝日光画「微少世界」（幻灯画）
◇ブルーリボン賞　第2回　●日本映画文化賞　「羅生門」「源氏物語」　●特別賞　教材映画製作協同組合 "社会科教材映画大系" 22篇の完成に対して」　●最優秀作品賞　「めし」（成瀬巳喜男監督）　●脚本賞　田中澄江「我が家は楽し」「少年期」「めし」　●監督賞　小津安二郎「麦秋」　●主演男優賞　三船敏郎「馬喰一代」「女ごころ誰かしる」　●主演女優賞　原節子「麦秋」「めし」　●助演男優賞　笠智衆「我が家は楽し」「麦秋」「命美わし」　●助演女優賞　杉村春子「めし」「命美わし」　●新人賞　三國連太郎「善魔」「海の花火」　●海外映画賞　「サンセット大通り」（ビリー・ワイルダー監督）
◇毎日映画コンクール　第6回　●日本映画賞　「麦秋」（小津安二郎監督）　「めし」（成瀬巳喜男監督）　●監督賞　成瀬巳喜男「めし」　●脚本賞　木下恵介「カルメン故郷に帰る」　●演技賞 男優演技賞　笠智衆「命美わし」「海の花火」　●演技賞 女優演技賞　原節子「めし」「麦秋」　●演技賞 女優助演賞　田村秋子「自由学校」「少年期」

【芸能全般】
◇芸術祭賞〔大衆芸能部門〕　第6回　●芸術祭賞　徳川夢声 "「風車」(新講談) の話芸"

【演劇】
◇芸術祭賞〔演劇部門〕　第6回　●芸術祭賞　滝沢修 "民芸「炎の人―ゴッホ小伝」の演技"
◇芸術選奨　第2回　●演劇部門　東山千栄子 "新劇「桜の園」の演技"　神西清 "「ワーニャ伯父さん」の舞台脚本としての翻訳"
◇毎日演劇賞　第4回　●劇団賞　尾上菊五郎劇団 "「なよたけ抄」「青砥稿花紅彩画」など丸本物における業績"　●個人賞 脚本　北条秀司「王将終篇」「霧の音」　●個人賞 演出　青山杉作「夜の来訪者」「椎茸と雄弁」　●個人賞 演技　滝沢修「楊貴妃」の高力士,「炎の人」のゴッホ　花柳章太郎 "「天守物語」における主導的演技"

【漫画・アニメ】
◇二科会 漫画部　第1回　●ほろにが賞　若林一男 (若林カズオ)

【スポーツ】
◇朝日賞 (昭26年)　●体育賞　該当者なし

【その他】
◇文化勲章 (昭26年度)　柳田国男 (民俗学)　光田健輔 (ライ医学)　西川正治 (原子物理学)　菊池正士 (原子物理学)　斎藤茂吉 (短歌)　武者小路実篤 (文学)　中村吉右衛門 (1代) (歌舞伎)

昭和27年 (1952)

【文学全般】
◇芸術選奨　第3回　●文学部門 文部大臣賞　浜田広介「ひろすけ童話集」
◇日本芸術院賞 (第2部・文芸)　第9回　三好達治 "詩壇に尽した業績"　服部担風 "漢詩界に尽した業績"　石川欣一訳「花ひらくニュー・イングランド」　土屋文明「万葉集私注」
◇毎日出版文化賞　第6回　野間宏, 河出書房「真空地帯」　長田新編, 岩波書店「原爆の子」
◇読売文学賞　第4回　●小説賞　阿川弘之「春の城」　●戯曲賞　福田恆存「龍を撫でた男」　●文芸評論賞　小林秀雄「ゴッホの手紙」　●詩歌俳句賞　佐藤春夫「佐藤春夫全詩集」

【小説】
◇芥川龍之介賞　第27回 (上期)　該当作なし
◇芥川龍之介賞　第28回 (下期)　五味康祐「喪神」　松本清張「或る『小倉日記』伝」
◇オール新人杯　第1回 (下期)　南条範夫「子守りの殿」
◇講談倶楽部賞　第2回 (上期)　井原敏「汽車の家」
◇講談倶楽部賞　第3回 (下期)　該当作なし
◇「サンデー毎日」大衆文芸　第41回 (上期)　本沢幸次郎「黒い乳房」　鶴木不二夫「女患部屋」　浜夕平「絹コーモリ」　相場秀穂「無常」
◇「サンデー毎日」大衆文芸　第42回 (下期)　伊藤恵一 (伊藤桂一)「夏の鶯」　楢八郎「蔵の中」　杉本苑子「燐の譜」　東山麓「解剖台」　津田伸一郎「むかしがたり」
◇サンデー毎日千葉賞　第4回　●短篇　伊藤桂一「夏の鶯」
◇女流文学者賞　第4回　吉屋信子「鬼火」　大田洋子「人間襤褸」
◇探偵作家クラブ賞　第5回　水谷準「ある決闘」　江戸川乱歩「幻影城」
◇直木三十五賞　第27回 (上期)　藤原審爾「罪な女」
◇直木三十五賞　第28回 (下期)　立野信之「叛乱」

【詩歌】
◇H氏賞　第2回　長島三芳「黒い果実」

【戯曲】
◇年鑑代表シナリオ　第4回　斎藤良輔「本日休診」　八木保太郎「山びこ学校」　水木洋子「おかあさん」　新藤兼人「原爆の子」　斎藤良輔, 猪又勝人「現代人」　小津安二郎, 野田髙梧「お茶漬の味」　黒澤明, 橋本忍, 小国英雄「生きる」　田中澄江「稲妻」　木下恵介「カルメン純情す」　山形雄策「真空地帯」

【児童文学】
◇児童文学者協会児童文学賞　第2回　該当作なし
◇児童文学者協会新人賞　第2回　前川康男「川将軍」「村の一番星」　さがわみちお「鷹の子」
◇小学館児童文化賞　第1回　●文学部門　奈街三郎「まいごのドーナツ」　住井すゑ「みかん」　土家由岐雄「三びきのこねこ」　●絵画部門　安泰"一連の作品"　井口文秀"一連の作品"　渡辺郁子"一連の作品"

【映画】
◇キネマ旬報ベスト・テン　第26回　●日本映画 1位　「生きる」（黒澤明監督）　●日本映画 2位　「稲妻」（成瀬巳喜男監督）　●日本映画 3位　「本日休診」（渋谷実監督）　●外国映画 1位　「チャップリンの殺人狂時代」（チャールズ・チャップリン監督）　●外国映画 2位　「第三の男」（キャロル・リード監督）　●外国映画 3位　「天井桟敷の人々」（マルセル・カルネ監督）
◇芸術選奨　第3回　●映画部門　該当者なし
◇ブルーリボン賞　第3回　●日本映画文化賞　石本統吉"「結核の生態」「せんたく」「火の炎」を製作, 困難な科学映画の製作に努力し立派な成績をあげた"　●最優秀作品賞　「稲妻」（成瀬巳喜男監督）　●脚本賞　斎藤良輔「本日休診」　●監督賞　成瀬巳喜男「稲妻」「おかあさん」　●主演男優賞　該当者なし　●主演女優賞　山田五十鈴「現代人」「箱根風雲録」　●助演男優賞　加東大介「決闘鍵屋の辻」「おかあさん」　●助演女優賞　中北千枝子「丘は花ざかり」「稲妻」　●教育文化短篇映画賞　日映科学映画製作所製作「結核の生態」
◇毎日映画コンクール　第7回　●日本映画賞　「生きる」（黒澤明監督）　●監督賞　渋谷実「現代人」「本日休診」　●脚本賞　黒澤明, 橋本忍, 小国英雄「生きる」　●演技賞 男優主演賞　佐分利信「波」「お茶漬の味」「慟哭」　●演技賞 女優主演賞　山田五十鈴「箱根風雲録」「現代人」　●演技賞 男優助演賞　加東大介「おかあさん」「決闘鍵屋の辻」　●演技賞 女優助演賞　中北千枝子「丘は花ざかり」「おかあさん」「稲妻」　●特別賞 演技特別賞　河村黎吉「三等重役」

【演劇】
◇芸術選奨　第3回　●演劇部門　千田是也"「オセロ」「ウインザーの陽気な女房たち」の演技"　戸板康二"「劇場の椅子」「今日の歌舞伎」の著作と評論"
◇毎日演劇賞　第5回　●劇団賞　中村吉右衛門劇団「お国と五平」「西郷と歌娘」　●個人賞 演出　千田是也「天使」「檻褸と宝石」　●個人賞 演技　市川海老蔵（9代）「若き日の信長」「源氏物語」「盲長屋梅加賀鳶」

【漫画・アニメ】
◇二科会 漫画部　第2回　●ほろにが賞　もりたなるお（森田成男）

【スポーツ】
◇朝日賞（昭27年）　●体育賞　石井庄八"第15回オリンピック大会レスリング・バンタム級優勝"　西村登美江, 山脇静"1952年度世界卓球選手権大会女子団体および個人ダブルスに優勝"　佐藤博治"1952年度世界卓球選手権大会男子個人選手権シングルス優勝"　林忠明"1952年度世界卓球選手権大会男子個人選手権ダブルス優勝"

【その他】
◇文化勲章（昭27年度）　梅原龍三郎（洋画）　熊谷岱蔵（結核医学）　佐々木惣一（憲法学, 行政学）　辻善之助（日本史, 仏教学）　朝永振一郎（原子物理学）　永井荷風（文学）　安井曽太郎（洋画）

昭和28年（1953）

【文学全般】
◇菊池寛賞　復活第1回　吉川英治「新・平家物語」
◇芸術選奨　第4回　●文学部門 文部大臣賞　サトウハチロー「しかられぼうず」
◇日本芸術院賞（第2部・文芸）　第10回　小宮豊隆「夏目漱石」改訂版
◇野間文芸賞　第6回　丹羽文雄「蛇と鳩」
◇毎日出版文化賞　第7回　柴田天馬訳, 創元社「聊斎志異」全10巻
◇読売文学賞　第5回　●小説賞　該当作なし　●戯曲賞　該当作なし　●文芸評論賞　河上徹太郎「私の詩と真実」　●詩歌俳句賞　松本たかし「石魂」　金子光晴「人間の悲劇」

【小説】
◇芥川龍之介賞　第29回（上期）　安岡章太郎「悪い仲間」
◇芥川龍之介賞　第30回（下期）　該当作なし
◇オール新人杯　第2回（上期）　八坂龍一「女郎部唄」
◇オール新人杯　第3回（下期）　白藤茂「亡命記」
◇講談倶楽部賞　第4回　小橋博「俘虜の花道」
◇「サンデー毎日」大衆文芸　第43回（上期）　楢八郎「犬侍」　宗任珊作「楽浪の棺」　山田赤磨「峠」　岩山六太「老猫のいる家」
◇「サンデー毎日」大衆文芸　第44回（下期）　大日向葵「ゲーテル物語」　楢八郎「右京の恋」　白石義夫「再会」
◇サンデー毎日千葉賞　第5回　●短篇　楢八郎「右京の恋」
◇時事文学賞　第1期　安岡章太郎「ハウスガード」
◇時事文学賞　第2期　該当作なし
◇女流文学者賞　第5回　大谷藤子「釣瓶の音」
◇探偵作家クラブ賞　第6回　該当作なし
◇直木三十五賞　第29回（上期）　該当作なし
◇直木三十五賞　第30回（下期）　該当作なし

【詩歌】
◇H氏賞　第3回　上林猷夫「都市幻想」

【戯曲】
◇年鑑代表シナリオ　第5回　木下恵介「まごころ」　斎藤良輔「やっさもっさ」　小国英雄「煙突の見える場所」　依田義賢「雨月物語」　新藤兼人「縮図」　八木保太郎「雲ながるる果てに」　木下恵介「日本の悲劇」　水木洋子「あにいもうと」　野田高梧, 小津安二郎「東京物語」　水木洋子, 井手俊郎「にごりえ」

【評論・随筆】
◇日本エッセイスト・クラブ賞　第1回　市川謙一郎「一日一言」　吉田洋一「数学の影絵」　内田亨「きつつきの路」

【児童文学】
◇児童文学者協会児童文学賞　第3回　該当作なし
◇児童文学者協会新人賞　第3回　大石真「風信器」
◇小学館児童文化賞　第2回　●文学部門　永井鱗太郎「お月さまをたべたやっこだこ」　二反長半「子牛の仲間」　伊藤永之介「五郎ぎつね」　●絵画部門　鈴木寿雄"一連の作品"　三芳悌吉"一連の作品"　倉金章介"一連の作品"

【映画】
◇菊池寛賞　復活第1回　水木洋子"映画のシナリオ"
◇キネマ旬報ベスト・テン　第27回　●日本映画1位　「にごりえ」(今井正監督)　●日本映画2位「東京物語」(小津安二郎監督)　●日本映画3位　「雨月物語」(溝口健二監督)　●外国映画1位「禁じられた遊び」(ルネ・クレマン監督)　●外国映画2位　「ライムライト」(チャールズ・チャップリン監督)　●外国映画3位　「探偵物語」(ウィリアム・ワイラー監督)
◇芸術選奨　第4回　●映画部門　成瀬巳喜男"あにいもうと"ほかの演出"　宮川一夫"雨月物語」ほかの撮影"
◇ブルーリボン賞　第4回　●日本映画文化賞　太田仁吉"文化映画「生きているパン」「稲の一生」「あげは蝶」の製作に対して"　●最優秀作品賞　「にごりえ」(今井正監督)　●脚本賞　木下恵介「日本の悲劇」「恋文」「まごころ」「愛の砂丘」　●監督賞　今井正「ひめゆりの塔」「にごりえ」　●音楽賞　芥川也寸志「煙突の見える場所」「雲ながるる果てに」「夜の終り」　●主演男優賞　該当者なし　●主演女優賞　乙羽信子「縮図」「欲望」「女の一生」　●助演男優賞　進藤英太郎「女の一生」「祇園囃子」　●助演女優賞　浪花千栄子「祇園囃子」　●新人賞　野村芳太郎「次男坊」「愚弟賢兄」「きんぴら先生とお嬢さん」　●大衆賞　長谷川一夫「花の講道館」「獅子の座」「地獄門」
◇毎日映画コンクール　第8回　●日本映画賞　「にごりえ」(今井正監督)　●監督賞　今井正「にごりえ」　●脚本賞　木下恵介「日本の悲劇」「まごころ」「恋文」　●演技賞 男優主演賞　上原謙「妻」「夫婦」　●演技賞 女優主演賞　望月優子「日本の悲劇」　●演技賞 男優助演賞　芥川比呂志「煙突の見える場所」　●演技賞 女優助演賞　杉村春子「にごりえ」「東京物語」

【芸能全般】
◇菊池寛賞　復活第1回　俳優座演劇部研究所"演劇活動"
◇芸術祭賞〔大衆芸能部門〕　第8回　●芸術祭賞　田辺南竜"「名月若松城」(講談)の話芸"
◇芸術選奨　第4回　●演劇部門　劇団ぶどうの会"新劇界の業績"　英太郎"新派の女形としての近業"

【演劇】
◇芸術祭賞〔脚本賞〕　第8回　高橋丈雄「明治零年」
◇毎日演劇賞　第6回　●劇団賞　該当なし　●個人賞 演出　戌井市郎「島」ほか　下村正夫「真空地帯」　●個人賞 演技　中村勘三郎(17代)"「鬼一法眼三略巻」の虎蔵,「其面影稲妻草紙」の名古屋山三,「明治零年」の川村隼人"　花柳章太郎「あぢさゐ」のきみ"　中村扇雀"「曾根崎心中」のお初"

【漫画・アニメ】
◇二科会 漫画部　第3回　●ほろにが賞　森熊猛「貴賓室」

【スポーツ】
◇朝日賞(昭28年)　●体育賞　山田敏蔵"ボストン・マラソンに2時間18分51秒の世界最高記録を樹立して優勝"

【その他】
◇文化勲章(昭28年度)　板谷波山(陶芸)　宇井伯寿(インド哲学)　香取秀真(鋳金)　喜多六平太(能楽)　羽田亨(東洋史)　矢部長克(地質学, 古生物学)

昭和29年（1954）

【文学全般】
◇菊池寛賞　第2回　石井桃子 "児童文学活動"
◇芸術選奨　第5回　●文学部門 文部大臣賞　斎田喬「斎田喬児童劇選集」　岩波少年文庫編集部 "諸外国の児童文学作品を新しい翻訳により良心的に編集し広く紹介した"
◇新潮社文学賞　第1回　三島由紀夫「潮騒」
◇日本芸術院賞（第2部・文芸）　第11回　鈴木信太郎「フランス詩法」　坪田譲治「坪田譲治全集」
◇野間文芸賞　第7回　川端康成「山の音」
◇毎日出版文化賞　第8回　畔柳二美, 講談社「姉妹」　住井すゑ, 新潮社「夜あけ朝あけ」
◇読売文学賞　第6回　●小説賞　佐藤春夫「晶子曼陀羅」　●戯曲賞　田中千禾夫 "「教育」を含む諸作品"　●文芸評論賞　高橋義孝「森鷗外」　●詩歌俳句賞　石田波郷「石田波郷全句集」

【小説】
◇芥川龍之介賞　第31回（上期）　吉行淳之介「驟雨」他
◇芥川龍之介賞　第32回（下期）　小島信夫「アメリカン・スクール」　庄野潤三「プールサイド小景」
◇オール新人杯　第4回（上期）　松浦幸男「宝くじ挽歌」
◇オール新人杯　第5回（下期）　柳田知怒夫「お小人騒動」
◇講談倶楽部賞　第5回　該当作なし
◇「サンデー毎日」大衆文芸　第45回（上期）　下山俊三「雪崩と熊の物語」　久志もと代「刺」
◇「サンデー毎日」大衆文芸　第46回（下期）　幕内克蔵「ハルマヘラの鬼」　小田武雄「絵葉書」　楢八郎「乱世」
◇サンデー毎日千葉賞　第6回　●短篇　小田武雄「絵葉書」
◇女流文学者賞　第6回　円地文子「ひもじい月日」
◇新鷹会賞　第1回　戸川幸夫「高安犬物語」
◇探偵作家クラブ賞　第7回　該当作なし
◇同人雑誌賞　第1回　石崎晴央「焼絵玻璃」（文脈）
◇直木三十五賞　第31回（上期）　有馬頼義「終身未決囚」
◇直木三十五賞　第32回（下期）　梅崎春生「ボロ家の春秋」　戸川幸夫「高安犬物語」

【詩歌】
◇H氏賞　第4回　桜井勝美「ボタンについて」
◇短歌研究社作品五十首募集　第1回　中城ふみ子「乳房喪失」
◇短歌研究社作品五十首募集　第2回　寺山修司「チェホフ祭」

【戯曲】
◇岸田演劇賞　第1回　木下順二「風浪」　飯沢匡「二号」
◇年鑑代表シナリオ　第6回　水木洋子「山の音」　木下恵介「女の園」　八住利雄, 五所平之助「大阪の宿」　黒澤明, 小国英雄, 橋本忍「七人の侍」　田中澄江, 井手俊郎「晩菊」　新藤兼人, 棚田吾郎「どぶ」　菊島隆三「黒い潮」　木下恵介「二十四の瞳」　依田義賢「近松物語」　楠田芳子「この広い空のどこかに」

【評論・随筆】
◇日本エッセイスト・クラブ賞　第2回　島村喜久治「院長日記」　秋山ちえ子「私のみたこと聞いたこと」（NHK放送）　須田栄「千夜一夜」

【児童文学】

◇産経児童出版文化賞　第1回　朝日新聞社編「少年朝日年鑑—昭和27年版」　城戸幡太郎ほか編「私たちの生活百科事典」全17巻　岩波書店編「科学の学校」全37巻　小川未明ほか編「日本児童文学全集」全12巻　国分一太郎ほか編「綴方風土記」全8巻　飯沢匡ほか製作「ヘンゼルとグレーテル」ほか　E.B.ホワイト作, G.ウィリアムス画, 鈴木哲子訳「こぶたとくも」　佐藤義美作「あるいた雪だるま—初級童話」　宮城音弥著, 稗田一穂画「眠りと夢」　A.ホワイト著, 後藤富男訳「埋もれた世界」

◇児童文学者協会児童文学賞　第4回　該当作なし

◇児童文学者協会新人賞　第4回　いぬいとみこ「ツグミ」

◇小学館児童文化賞　第3回　●文学部門　落合聡三郎「たんじょうかいのおくりもの」　●絵画部門　茂田井武 "「キンダーブック」に発表の作品"

【映画】

◇菊池寛賞　第2回　永田雅一 "日本映画の海外進出の活動"

◇キネマ旬報ベスト・テン　第28回　日本映画1位　「二十四の瞳」(木下恵介監督)　●日本映画2位　「女の園」(木下恵介監督)　●日本映画3位　「七人の侍」(黒澤明監督)　●外国映画1位　「嘆きのテレーズ」(マルセル・カルネ監督)　●外国映画2位　「恐怖の報酬」(アンリ=ジョルジュ・クルーゾー監督)　●外国映画3位　「ロミオとジュリエット」(レナート・カステラーニ監督)

◇芸術選奨　第5回　●映画部門　溝口健二 "「近松物語」と映画界の業績"　碧川道夫, 塚越成治, 横田達之 "「地獄門」において色彩映画製作技術の向上につくした業績"

◇ブルーリボン賞　第5回　●日本映画文化賞　永田雅一, 川喜多長政 "日本映画の海外進出に関する功績に対して"　●最優秀作品賞　「二十四の瞳」(木下恵介監督)　●脚本賞　木下恵介「二十四の瞳」「女の園」　●監督賞　溝口健二「近松物語」　●音楽賞　早坂文雄「七人の侍」「近松物語」　●主演男優賞　該当者なし　●主演女優賞　高峰秀子「二十四の瞳」「女の園」「この広い空のどこかに」　●助演男優賞　東野英治郎「黒い潮」「勲章」　●助演女優賞　望月優子「晩菊」　●新人賞　山村聡 "映画「黒い潮」の演出に対して"

◇毎日映画コンクール　第9回　●日本映画賞　「二十四の瞳」(木下恵介監督)　●監督賞　木下恵介「二十四の瞳」「女の園」　●脚本賞　木下恵介「二十四の瞳」「女の園」　●演技賞 男優主演賞　山村聡「山の音」「黒い潮」　●演技賞 女優主演賞　高峰秀子「二十四の瞳」「女の園」「この広い空のどこかに」　●演技賞 男優助演賞　宮口精二「七人の侍」　●演技賞 女優助演賞　久我美子「女の園」「この広い空のどこかに」「悪の愉しさ」「億万長者」

【芸能全般】

◇芸術祭賞〔大衆芸能部門〕　第9回　●芸術祭賞　桂文楽「素人うなぎ」

◇芸術選奨　第5回　●演劇部門　川尻清潭 "かぶきの演出"　郡司正勝 "かぶき界の業績"　中村勘三郎(17代) "「朝顔日記」の演技"

【演劇】

◇芸術祭賞〔脚本賞〕　第9回　内藤幸政「日本献上記」

◇毎日演劇賞　第7回　●劇団賞　花柳章太郎, 水谷八重子(1代), 大矢市次郎, 伊志井寛, 英太郎, 藤村秀夫, 瀬戸英一, 市川紅梅, 小堀誠, 喜多村緑郎ほか "新派俳優の緊密な結束による1年間の業績"　●個人賞 脚本　中野実「土曜日の天使」「おえんさん」「明日の幸福」　●個人賞 演出　菅原卓「セールスマンの死」　●個人賞 演出別賞　藤間勘十郎(6代) "歌舞伎劇(新作を含む)における振付の業績"　●個人賞 演技　市川左団次 "「絵本太功記」の操, 「義経腰越状」の関女, 「妹背山婦女庭訓」の求女, 「たぬき」の蝶作"　東山千栄子 "「女の平和」のリューシストラテー, 「かもめ」のアルカージナ"　●個人賞 演技別賞　毛利菊枝 "「肝っ玉おッ母ァとその子供たち」における演技ならびに関西新劇界につくした功績"

【漫画・アニメ】

◇菊池寛賞　第2回　横山泰三「プーサン」

◇二科会 漫画部　第4回　●ほろにが賞　今三喜

【スポーツ】

◇朝日賞（昭29年）　●体育賞　荻村伊智朗, 富田芳雄, 田桝吉二, 川井一男 "世界卓球選手権大会男子団体に優勝"　田中良子, 渡辺妃生子, 江口富士枝, 後藤英子 "世界卓球選手権大会女子団体に優勝"　荻村伊智朗 "世界卓球選手権大会男子シングルス優勝"　竹本正男 "世界体操選手権大会個人種目男子徒手に優勝"　田中敬子 "世界体操選手権大会個人種目女子平均台に優勝"　笹原正三 "世界レスリング選手権大会フェザー級に優勝"　長沢二郎 "水泳200m・バタフライに2分21秒6の世界記録を出す"　古川勝 "水泳200m平泳に2分35秒4の世界新記録を出す"　田中守 "水泳200m平泳に2分35秒2の世界新記録を出す"　長谷景治, 田中守, 長沢二郎, 谷訪 "水泳400m・メドレー・リレーに4分17秒2の世界新記録を出す"

【その他】

◇文化勲章（昭29年度）　勝沼精蔵（血液学, 航空医学）　鏑木清方（日本画）　金田一京助（アイヌ文学）　高浜虚子（俳句）　萩原雄祐（天文学）

昭和30年（1955）

【文学全般】

◇朝日賞〔文学関係〕（昭30年）　●文化賞　吉川英治「新・平家物語」
◇芸術選奨　第6回　●文学部門　文部大臣賞　椎名麟三「美しい女」　●評論等 文部大臣賞　吉田精一「自然主義の研究」「現代文学論大系」
◇新潮社文学賞　第2回　梅崎春生「砂時計」　山本健吉「芭蕉」
◇日本芸術院賞（第2部・文芸）　第12回　井伏鱒二「漂民宇三郎」ほか　昇曙夢「ロシヤ・ソヴェト文学史」
◇野間文芸賞　第8回　該当作なし
◇毎日出版文化賞　第9回　中野重治, 講談社「むらぎも」
◇読売文学賞　第7回　●小説賞　里見弴「恋ごころ」　幸田文「黒い裾」　●戯曲賞　該当作なし　●文芸評論賞　山本健吉「古典と現代文学」　唐木順三「中世の文学」　●詩歌俳句賞　該当作なし

【小説】

◇芥川龍之介賞　第33回（上期）　遠藤周作「白い人」
◇芥川龍之介賞　第34回（下期）　石原慎太郎「太陽の季節」
◇江戸川乱歩賞　第1回　中島河太郎「探偵小説辞典」
◇オール新人杯　第6回（上期）　池田直彦「二激港」
◇オール新人杯　第7回（下期）　清水正二郎「壮士再び帰らず」
◇講談倶楽部賞　第6回（上期）　該当作なし
◇講談倶楽部賞　第7回（下期）　氏家暁子「鈴」
◇「サンデー毎日」懸賞小説　大衆文芸30周年記念100万円懸賞　新田次郎「孤島」　町田波津夫（南条範夫）「あやつり組由来記」　早崎慶三「鯖」
◇「サンデー毎日」大衆文芸　第47回（上期）　早崎慶三「商魂」　小田武雄「うぐいす」　新田次郎「山犬物語」　寺内大吉「逢春門」
◇「サンデー毎日」大衆文芸　第48回（下期）　中川童二「ど腐れ炎上記」　田島啓二郎「汽笛は響く」　木山大作「過剰兵」
◇小説新潮賞　第1回　上坂高生「みち潮」
◇女流文学者賞　第7回　壺井栄「風」
◇新鷹会賞　第2回　●奨励賞　横倉辰次「東京パック」ほか　池波正太郎「太鼓」ほか
◇新鷹会賞　第3回　邱永漢「香港」

◇同人雑誌賞　第2回　三浦哲郎「十五歳の周囲」(非情)
◇直木三十五賞　第33回(上期)　該当作なし
◇直木三十五賞　第34回(下期)　新田次郎「強力伝」　邱永漢「香港」
◇日本探偵作家クラブ賞　第8回　永瀬三吾「売国奴」
◇文學界新人賞　第1回　石原慎太郎「太陽の季節」

【詩歌】
◇H氏賞　第5回　黒田三郎「ひとりの女に」
◇短歌研究社作品五十首募集　第3回　原幸雄「白い海」

【戯曲】
◇岸田演劇賞　第2回　福田恆存「シェイクスピア全集」の訳業　三島由紀夫「白蟻の巣」
◇「新劇」戯曲賞　第1回　該当作なし
◇年鑑代表シナリオ　第7回　水木洋子「浮雲」　井手俊郎「警察日記」　八尋不二,民門敏雄,三村伸太郎「血槍富士」　菊島隆三「男ありて」　八住利雄「渡り鳥いつ帰る」　八住利雄「夫婦善哉」　八木保太郎「自分の穴の中で」　八住利雄「浮草日記」　小国英雄,橋本忍,黒澤明「生きものの記録」　木下恵介「野菊の如き君なりき」

【評論・随筆】
◇日本エッセイスト・クラブ賞　第3回　木下広居「イギリスの議会」　片山広子「灯下節」

【児童文学】
◇産経児童出版文化賞　第2回　稲垣友美ほか編「学校図書館文庫第1期」全50巻　高橋健二ほか編「世界少年少女文学全集」全32巻　吉野源三郎ほか編「岩波の子どもの本」全24冊　桑原万寿太郎ほか編「ミツバチの世界」　須見五郎「日本人漂流ものがたり」　堀江誠志郎著,斎藤博之画「山ではたらく人びと」
◇児童文学者協会児童文学賞　第5回　国分一太郎「鉄の町の少年」
◇児童文学者協会新人賞　第5回　該当作なし
◇小学館児童文化賞　第4回　●文学部門　鶴田知也「ハッタラはわが故郷」　●絵画部門　中尾彰「ひつじさんとおしくら」ほか

【映画】
◇キネマ旬報賞　第1回　●日本映画監督賞　成瀬巳喜男「浮雲」　●女優賞　高峰秀子「浮雲」　●男優賞　森雅之「浮雲」
◇キネマ旬報ベスト・テン　第29回　●日本映画1位　「浮雲」(成瀬巳喜男監督)　●日本映画2位　「夫婦善哉」(豊田四郎監督)　●日本映画3位　「野菊の如き君なりき」(木下恵介監督)　●外国映画1位　「エデンの東」(エリア・カザン監督)　●外国映画2位　「洪水の前」(アンドレ・カイヤット監督)　●外国映画3位　「スタア誕生」(ジョージ・キューカー監督)
◇芸術選奨　第6回　●映画部門　久松静児"「警察日記」ほか4作品の演出"　●音楽部門　早坂文雄　映画「楊貴妃」ほかの作曲
◇ブルーリボン賞　第6回　●日本映画文化賞　岩波映画"教育文化映画にたいする功績"　●最優秀作品賞　「浮雲」(成瀬巳喜男監督)　●脚本賞　菊島隆三「男ありて」「六人の暗殺者」　●監督賞　豊田四郎「夫婦善哉」　●音楽賞　伊福部昭「美女と怪竜」　●主演男優賞　森繁久彌「夫婦善哉」　●主演女優賞　淡島千景「夫婦善哉」　●助演男優賞　加東大介「血槍富士」「ここに泉あり」　●助演女優賞　山田五十鈴「たけくらべ」「石合戦」　●新人賞　小林恒夫「暴力街」「終電車の死美人」　●大衆賞　片岡千恵蔵"東映映画「血槍富士」「飛竜無双」の演技と永年映画界に尽くした努力"
◇毎日映画コンクール　第10回　●日本映画賞　「浮雲」(成瀬巳喜男監督)　●監督賞　成瀬巳喜男「浮雲」　●脚本賞　八住利雄「夫婦善哉」「浮雲日記」「渡り鳥いつ帰る」　●演技賞 男優主演賞　森繁久彌「夫婦善哉」「渡り鳥いつ帰る」「警察日記」「人生とんぼ返り」　●演技賞 女優主演賞　高

峰秀子「浮雲」　●演技賞 男優助演賞　小林桂樹「ここに泉あり」　●演技賞 女優助演賞　左幸子「おふくろ」「人生とんぼ返り」

【テレビ】
◇芸術祭賞〔テレビ部門〕　第10回　NHK「追跡」

【芸能全般】
◇菊池寛賞　第3回　徳川夢声 "年毎に円熟を示している著述・話術・演芸などの活躍"
◇芸術祭賞〔大衆芸能部門〕　第10回　●芸術祭賞　藤間藤子 "「景清」(常磐津)の演技"

【演劇】
◇芸術祭賞〔演劇部門〕　第10回　●芸術祭賞　宇野重吉 "「西の国の人気者」の演技と統率力"
◇芸術祭賞〔脚本賞〕　第10回　韮山圭介「辺城の人」
◇芸術選奨　第6回　演劇部門　福田恆存「ハムレット」の訳・演出
◇毎日演劇賞　第8回　●劇団賞　文楽座「曾根崎心中」「長町女腹切」「鑓の権三重帷子」(大阪文楽座)において近松物復活に努力した功績"　●個人賞 脚本　北条秀司「山鳩」「太夫さん」「末摘花」など1年を通じての活躍"　●個人賞 演技　中村勘三郎(17代)"「鬼一法眼三略巻」の一条大蔵卿,「巷談宵宮雨」の龍達,「末摘花」の末摘花"　●個人賞 演技別賞　中村萬之助 "「足柄山紅葉色時」(山姥)の怪童丸,「戻駕色相肩」のかむろ"

【漫画・アニメ】
◇小学館漫画賞　第1回　馬場のぼる「ブウタン」
◇二科会 漫画部　第5回　●二科漫画賞　もりたなるお(森田成男)
◇文藝春秋漫画賞　第1回　谷内六郎「行ってしまった子」(「おとなの絵本」より)

【スポーツ】
◇朝日賞(昭30年)　●体育賞　浜村秀雄 "ボストン・マラソンに2時間18分22秒の大会新30年度世界最高記録で優勝"　田中利589"世界卓球選手権大会男子シングルスに優勝"　荻村伊智朗, 富田芳雄, 田中利明, 田桝吉二 "世界卓球選手権大会男子団体に優勝"　古川勝 "水泳平泳100m1分8秒2100ヤード1分1秒4220ヤード3分31秒9の世界新記録"　石本隆 "水泳バタフライ200m2分20秒8220ヤード2分21秒6の世界新記録"　鈴木弘, 谷訥, 後藤暢, 古賀学 "水泳400mリレーに3分46秒8の世界新記録"　長谷景治, 古川勝, 石本隆, 古賀学 "水泳400mメドレー・リレーに4分15秒7の世界新記録"

【その他】
◇文化勲章(昭30年度)　大谷竹次郎(演劇事業)　稀音家浄観(2代)(長唄)　平沼亮三(体育)　二木謙三(伝染病学)　前田青邨(日本画)　増本量(金属学)　和辻哲郎(倫理学)

昭和31年(1956)

【文学全般】
◇朝日賞〔文学関係〕(昭31年)　●文化賞　池田亀鑑「源氏物語大成」全8巻
◇菊池寛賞　第4回　長谷川伸 "多年の文学活動と「日本捕虜志」大衆文芸連載"
◇芸術選奨　第7回　●文学部門 文部大臣賞　石川淳「紫苑物語」　●評論等 文部大臣賞　臼井吉見「近代文学論争 上」
◇新潮社文学賞　第3回　幸田文「流れる」
◇日本芸術院賞(第2部・文芸)　第13回　幸田文「流れる」　和田芳恵「一葉の日記」　●恩賜賞　折口信夫「折口信夫全集」全30巻
◇野間文芸賞　第9回　外村繁「筏」

◇読売文学賞　第8回　●小説賞　三島由紀夫「金閣寺」　久保田万太郎「三の酉」　●戯曲賞　該当作なし　●詩歌俳句賞　西脇順三郎「第三の神話」　●文芸評論賞　吉田健一「シェイクスピア」

【小説】

◇芥川龍之介賞　第35回（上期）　近藤啓太郎「海人舟」
◇芥川龍之介賞　第36回（下期）　該当作なし
◇江戸川乱歩賞　第2回　早川書房"「ハヤカワ・ポケット・ミステリ」の出版"
◇オール新人杯　第8回（上期）　寺内大吉「黒い旅路」　森葉治「傍流」
◇オール新人杯　第9回（下期）　福永令三「赤い鴉」
◇講談倶楽部賞　第8回　畷文兵「遠火の馬子唄」　司馬遼太郎「ペルシャの幻術師」
◇「サンデー毎日」大衆文芸　第49回（上期）　洗潤「ゆらぐ藤浪」　小田武雄「北冥日記」　林吾一「風草」
◇「サンデー毎日」大衆文芸　第50回（下期）　織田正吾「雨の自転車」　洗潤「侍家坊主」
◇小説新潮賞　第2回　村上尋「大川図絵」
◇新鷹会賞　第4回　池波正太郎「天城峠」　●努力賞　小橋博「落首」
◇新鷹会賞　第5回　赤江行夫「長官」　●努力賞　穂積驚「勝烏」
◇同人雑誌賞　第3回　瀬戸内晴美（後・瀬戸内寂聴）「女子大生・曲愛玲」（「Z」）
◇直木三十五賞　第35回（上期）　南条範夫「灯台鬼」　今官一「壁の花」
◇直木三十五賞　第36回（下期）　今東光「お吟さま」　穂積驚「勝烏」
◇日本探偵作家クラブ賞　第9回　日影丈吉「狐の鶏」
◇文學界新人賞　第2回　堀内伸「彩色」

【詩歌】

◇H氏賞　第6回　鳥見迅彦「けものみち」
◇短歌研究社作品五十首募集　第4回　小崎碇之介「海の中を流るる河」

【戯曲】

◇岸田演劇賞　第3回　小山祐士「二人だけの舞踏会」
◇「新劇」戯曲賞　第2回　大橋喜一「楠三吉の青春」　小幡欣治「畸型児」
◇年鑑代表シナリオ　第8回　橋本忍「真昼の暗黒」　和田夏十「ビルマの竪琴」　八住利雄「猫と庄造と二人のをんな」　田中澄江, 井手俊郎「流れる」　野田高梧, 小津安二郎「早春」　菊島隆三「現代の欲望」　田中澄江「夜の河」　木下恵介「太陽とバラ」　松山善三「あなた買います」　八住利雄, 山形雄策「台風騒動記」

【評論・随筆】

◇日本エッセイスト・クラブ賞　第4回　小林勇「遠いあし音」　清水一「すまいの四季」　藤田信勝「不思議な国イギリス」

【児童文学】

◇産経児童出版文化賞　第3回　●賞　朝日新聞社編「たのしい観察―生きもののしらべかた」「たのしい採集―標本のつくりかた」　坪田譲治ほか編「日本のむかし話」全6巻　永井萠二作, 六浦光雄画「さ、ぶね船長」　那須辰造作, 大橋弥生画「緑の十字架」　福田豊四郎著・画「美しさはどこにでも」　●特別賞　平凡社児童百科事典編集部編「児童百科事典」全24巻
◇児童文学者協会児童文学賞　第6回　菅忠道「日本の児童文学」
◇児童文学者協会新人賞　第6回　今西祐行「ゆみこのりす」　長崎源之助「トコトンヤレ」「チャコベエ」　山中恒「赤毛のポチ」
◇小学館児童文化賞　第5回　●文学部門　小山勝清「山犬少年」　●絵画部門　岩崎ちひろ〔いわさ

きちひろ〕「夕日」

【映画・テレビ全般】
◇エランドール賞（昭31年度）　●新人賞　池内淳子　石原裕次郎　川口浩　草薙幸二郎　白川由美　杉田弘子　高倉健

【映画】
◇キネマ旬報賞　第2回　●日本映画監督賞　今井正「真昼の暗黒」　●女優賞　山田五十鈴「猫と庄造と二人のをんな」「流れる」　●男優賞　佐田啓二「あなた買います」
◇キネマ旬報ベスト・テン　第30回　●日本映画1位　「真昼の暗黒」（今井正監督）　●日本映画2位　「夜の河」（吉村公三郎監督）　●日本映画3位　記録映画「カラコルム」（林田重男・中村誠二撮影）　●外国映画1位　「居酒屋」（ルネ・クレマン監督）　●外国映画2位　「必死の逃亡者」（ウィリアム・ワイラー監督）　●外国映画3位　「ピクニック」（ジョシュア・ローガン監督）
◇芸術選奨　第7回　●映画部門　三浦光雄"白夫人の妖恋"ほかの撮影"
◇ブルーリボン賞　第7回　●日本映画文化賞　溝口健二"多年, 日本映画発達のために尽くした"　●最優秀作品賞　「真昼の暗黒」（今井正監督）　●脚本賞　橋本忍「真昼の暗黒」　●監督賞　今井正「真昼の暗黒」　●音楽賞　伊福部昭「ビルマの竪琴」「真昼の暗黒」「鬼火」　●主演男優賞　佐田啓二「あなた買います」「台風騒動記」　●主演女優賞　山田五十鈴「母子像」「猫と庄造と二人のをんな」「流れる」　●助演男優賞　多々良純「鶴八鶴次郎」「あなた買います」「台風騒動記」　●助演女優賞　久我美子「夕やけ雲」「女囚と共に」「太陽とバラ」　●新人賞　川頭義郎「子供の眼」「涙」　●大衆賞　市川右太衛門「旗本退屈男シリーズ」　●特別賞　松本久弥"ニュース・カメラマンとしての多年の功績"
◇毎日映画コンクール　第11回　●日本映画賞　「真昼の暗黒」（今井正監督）　●監督賞　今井正「真昼の暗黒」　●脚本賞　橋本忍「真昼の暗黒」「白扇」　●演技賞 男優主演賞　佐田啓二「あなた買います」「台風騒動記」　●演技賞 女優主演賞　山田五十鈴「流れる」「猫と庄造と二人のをんな」「母子像」　●演技賞 男優助演賞　東野英治郎「夜の河」「あやに愛しき」「夕やけ雲」　●演技賞 女優助演賞　沢村貞子「赤線地帯」「太陽とバラ」「現代の欲望」「妻の心」　●特別賞　溝口健二　三浦光雄

【テレビ】
◇芸術祭賞〔テレビ部門〕　第11回　NHK「どたんば」

【芸能全般】
◇菊池寛賞　第4回　淡島千景"本年度に於ける演技の著しい進歩"
◇芸術祭賞〔大衆芸能部門〕　第11回　●芸術祭賞　古今亭志ん生"「お直し」（落語）の話芸"
◇芸術選奨　第7回　●演劇部門　秋庭太郎「日本新劇史」

【演劇】
◇芸術祭賞〔演劇部門〕　第11回　●芸術祭賞　劇団民藝「アンネの日記」　松本幸四郎（8代）"「競伊勢物語」の演技"
◇芸術祭賞〔脚本賞〕　第11回　本田英郎「帰らぬ人」
◇芸術祭賞〔創作劇賞〕　第11回　文学座「肥前風土記」
◇毎日演劇賞　第9回　●劇団賞　文学座"「明暗」「ヤシと女」「肥前風土記」「鹿鳴館」を企画し, 演技などにも多大の進歩を示す"　●個人賞 演出　渋谷天外（2代）"「桂春団治」ほか松竹新喜劇における演出"　●個人賞 演技　松本幸四郎（8代）"「競伊勢物語」の紀有常「西山物語」の渡辺源太,「今様薩摩歌」の菱川源五兵衛などにおける演技"

【漫画・アニメ】
◇小学館漫画賞　第2回　石田英助「おやまのかばちゃん」ほか
◇二科会 漫画部　第6回　●二科漫画賞　横井蛙平

◇文藝春秋漫画賞　第2回　杉浦幸雄 "戦後一連の風俗漫画"

【スポーツ】

◇朝日賞（昭31年）　●体育賞　荻村伊智朗,富田芳雄,田中利明,角田啓輔 "世界卓球選手権大会男子団体に優勝"　荻村伊智朗,富田芳雄 "世界卓球選手権大会男子ダブルスに優勝"　大川とみ "世界卓球選手権大会女子シングルスに優勝"　槇有恒,今西寿雄,千谷壮之助,村木潤次郎,徳永篤司,日下田実,小原勝郎,辰沼広吉,加藤喜一郎,大塚博美,松田雄一,依田孝喜 "マナスルの登頂に成功（5月9日）"　笹原正三 "メルボルン・オリンピックでレスリング・フェザー級に優勝"　池田三男 "メルボルン・オリンピックでレスリング・ウェルター級に優勝"　古川勝 "メルボルン・オリンピックで水泳200m平泳に優勝"　小野喬 "メルボルン・オリンピックで体操・鉄棒に優勝"

【その他】

◇文化勲章（昭31年度）　安藤広太郎(農学)　坂本繁二郎(洋画)　新村出(言語学,国語学)　古畑種基(法医学)　村上武次郎(金属学)　八木秀次(電気工学)　山田耕筰(作曲)

昭和32年（1957）

【文学全般】

◇菊池寛賞　第5回　正宗白鳥 "いよいよ盛んな批評活動"
◇芸術選奨　第8回　●文学部門　文部大臣賞　井上靖「天平の甍」
◇新潮社文学賞　第4回　吉田健一「日本について」
◇日本芸術院賞(第2部・文芸)　第14回　川路柳虹「波」ほか　新関良三「ギリシャ・ローマ演劇史」全7巻
◇野間文芸賞　第10回　円地文子「女坂」　宇野千代「おはん」
◇毎日出版文化賞　第11回　いぬいとみこ,宝文館「ながいながいペンギンの話」　宮柊二,東京創元社「宮柊二全歌集」　中村吉右衛門著,波野千代編,演劇出版社「吉右衛門日記」
◇読売文学賞　第9回　●小説賞　室生犀星「杏っ子」　野上弥生子「迷路」　●戯曲賞　該当作なし　●評論・伝記賞　安倍能成「岩波茂雄伝」　●詩歌俳句賞　五島美代子「新輯母の歌集」　生方たつゑ「白い風の中で」

【小説】

◇芥川龍之介賞　第37回(上期)　菊村到「硫黄島」
◇芥川龍之介賞　第38回(下期)　開高健「裸の王様」
◇江戸川乱歩賞　第3回　仁木悦子「猫は知っていた」
◇オール新人杯　第10回(上期)　佐藤明子「寵臣」
◇オール新人杯　第11回(下期)　小田武雄「紙漉風土記」
◇講談倶楽部賞　第9回(上期)　上野登史郎「海の底のコールタール」
◇講談倶楽部賞　第10回(下期)　白石一郎「雑兵」
◇「サンデー毎日」大衆文芸　第51回(上期)　道俊介「蔵法師助五郎」　小川喜一「狗人」　後藤杉彦「犬神」
◇「サンデー毎日」大衆文芸　第52回(下期)　早崎慶三「堺筋」　小田武雄「窯談」
◇小説新潮賞　第3回　豊永寿人「遠い翼」
◇女流文学者賞　第8回　原田康子「挽歌」　大原富枝「ストマイつんぼ」
◇新鷹会賞　第6回　●努力特賞　小橋博「金と銀の暦」　野村敏雄「渭田開城記」
◇新鷹会賞　第7回　志智双六「告解」
◇同人雑誌賞　第4回　副田義也「闘牛」(クライテリオン)
◇直木三十五賞　第37回(上期)　江崎誠致「ルソンの谷間」

◇直木三十五賞　第38回（下期）　該当作なし
◇日本探偵作家クラブ賞　第10回　松本清張「顔」（短篇集）
◇文學界新人賞　第3回（上期）　菊村到「不法所持」
◇文學界新人賞　第4回（中期）　城山三郎「輸出」
◇文學界新人賞　第5回（下期）　沼田茂「或る遺書」

【詩歌】

◇H氏賞　第7回　井上俊夫「野にかかる虹」　金井直「飢渇」（私家版）
◇現代歌人協会賞　第1回　遠山光栄「褐色の実」
◇短歌研究社作品五十首募集　第5回　大寺龍雄「漂泊家族」

【戯曲】

◇岸田演劇賞　第4回　鈴木力衛「タルチュフ」（モリエール著）などフランス戯曲の訳業
◇「新劇」戯曲賞　第3回　該当作なし
◇年鑑代表シナリオ　第9回　斎藤良輔，馬場当「正義派」　八木保太郎「米」　依田義賢「大阪物語」　水木洋子「あらくれ」　依田義賢, 寺田信義「異母兄弟」　田中啓一，川島雄三，今村昌平「幕末太陽伝」　八住利雄「爆音と大地」　木下恵介「喜びも悲しみも幾年月」　水木洋子「純愛物語」　菊島隆三「気違い部落」

【評論・随筆】

◇日本エッセイスト・クラブ賞　第5回　小熊捍「桃栗三年」　中西悟堂「野鳥と生きて」　森茉莉「父の帽子」

【児童文学】

◇産経児童出版文化賞　第4回　「こどものとも」全11冊　高島春雄，黒田長久著，小林重三郎他画「鳥類の図鑑」　今泉篤男「西洋の美術」　谷川徹三他監修「少年少女日本文学選集」全30巻　浜田広介作, 安泰他画「浜田広介童話選集」全6巻　綿引まさ著, 伊原通夫画「私たちの相談室3 友だちのことでこまることはありませんか？」
◇児童文学者協会児童文学賞　第7回　該当作なし
◇児童文学者協会新人賞　第7回　杉みき子「かくまきの歌」　宮口しづえ「ミノスケのスキー帽」
◇小学館児童文化賞　第6回　●文学部門　打木村治「夢のまのこと」　●絵画部門　渡辺三郎「くもさん」

【映画・テレビ全般】

◇エランドール賞（昭32年度）　●新人賞　団令子　江原真二郎　川崎敬三　北沢典子　仲代達矢　森美樹　筑波久子

【映画】

◇菊池寛賞　第5回　依田孝喜 "記録映画「マナスルに立つ」のカメラマンとしての功績"
◇キネマ旬報賞　第3回　●日本映画監督賞　今井正「米」　●脚本賞　八住利雄「爆音と大地」「雪国」「智恵子抄」　●女優賞　山田五十鈴「蜘蛛巣城」「どん底」「下町」　●男優賞　フランキー堺「幕末太陽伝」
◇キネマ旬報ベスト・テン　第31回　●日本映画1位　「米」（今井正監督）　●日本映画2位　「純愛物語」（今井正監督）　●日本映画3位　「喜びも悲しみも幾歳月」（木下恵介監督）　●外国映画1位　「道」（フェデリコ・フェリーニ監督）　●外国映画2位　「宿命」（ジュールス・ダッシン監督）　●外国映画3位　「翼よ！あれが巴里の灯だ」（ビリー・ワイルダー監督）
◇芸術選奨　第8回　●映画部門　山田五十鈴 "蜘蛛巣城" ほかの演技　●教育映画部門　学研「雑草の観察」「花さかじいさん」「メダカの作品」　東映「白鳥物語」

◇ブルーリボン賞　第8回　●日本映画文化賞　マキノ光雄 "日活当時から満映、東映の生涯を通じて日本映画界に尽くした功績"　●最優秀作品賞　「米」(今井正監督)　●脚本賞　菊島隆三「気違い部落」　●監督賞　今井正「米」「純愛物語」　●音楽賞　団伊玖磨「雪国」「メソポタミア」　●主演男優賞　フランキー堺「幕末太陽伝」「倖せは俺等のねがい」　●主演女優賞　望月優子「米」「うなぎとり」　●助演男優賞　三井弘次「気違い部落」「どん底」ほか　●助演女優賞　淡路恵子「女体は哀しく」「下町」　●新人賞　石原裕次郎「勝利者」ほか　●大衆賞　渡辺邦男 "長年大衆に親しまれる映画を作った功績"　●特別賞　横山隆一 "「ふくすけ」を作ったおとぎプロの製作活動"　●最優秀外国映画賞　「道」(フェデリコ・フェリーニ監督)
◇毎日映画コンクール　第12回　●日本映画賞　「米」(今井正監督)　●監督賞　今井正「米」「純愛物語」　●脚本賞　依田義賢「大阪物語」「異母兄弟」　●演技賞 男優主演賞　三船敏郎「下町」「蜘蛛巣城」「どん底」　●演技賞 女優主演賞　高峰秀子「喜びも悲しみも幾歳月」「あらくれ」　●演技賞 男優助演賞　三井弘次「気違い部落」「正義派」「どん底」　●演技賞 女優助演賞　田中絹代「異母兄弟」「女体は哀しく」「地上」　●特別賞　マキノ光雄　林田重雄 "日映作品「南極大陸」「黒部峡谷」ほかの成果"

【テレビ】
◇芸術祭賞〔テレビ部門〕　第12回　ラジオ東京テレビ「ぶっつけ本番」「姫重態」「人命」

【芸能全般】
◇菊池寛賞　第5回　水谷八重子(1代) "常に新生面を拓く努力"　長谷川一夫 "三十年にわたるたゆまぬ精進"
◇芸術祭賞〔大衆芸能部門〕　第12回　●芸術祭賞　結城孫三郎一座「きりしとほろ上人伝」
◇芸術選奨　第8回　●演劇部門　該当者なし

【演劇】
◇芸術祭賞〔演劇部門〕　第12回　●芸術祭賞　該当なし
◇芸術祭賞〔脚本賞〕　第12回　藤本義一「つばくろの歌」
◇毎日演劇賞　第10回　●劇団賞　該当なし　●個人賞 演出　大木靖 "俳優座「蟹の町」その他最近の演出活動"　●個人賞 演技　島田正吾 "「牧野富太郎」「風林火山」「鳥辺山心中」「八幡祭小望月賑」「円朝」の演技"　山本安英 "「おんにょろ盛衰記」の老婆"　●特別賞　尾上梅朝 "歌舞伎女形の伝承"　坂東八重之助 "菊五郎劇団における殺陣の指導"

【漫画・アニメ】
◇小学館漫画賞　第3回　手塚治虫「漫画生物学」,「ぴいこちゃん」ほか
◇二科会 漫画部　第7回　●二科賞　宮下森
◇文藝春秋漫画賞　第3回　加藤芳郎「芳郎傑作漫画集」

【スポーツ】
◇朝日賞(昭32年)　●文化賞　金栗四三 "多年マラソン界につくした功績"　●体育賞　荻村伊智朗、田中利明、角田啓輔、宮田俊彦 "世界卓球選手権大会で男子団体に優勝"　江口富士枝、渡辺妃生子、大川とみ、難波多慧子 "世界卓球選手権大会で女子団体に優勝"　江口富士枝 "世界卓球選手権大会で女子シングルスに優勝"　荻村伊智朗、江口富士枝 "世界卓球選手権大会で混合ダブルスに優勝"　石本隆 "水泳100mバタフライに1分1秒0の世界新記録"　富田一雄、石本隆、古川勝、石原勝記 "水泳400mメドレーリレーに4分17秒8の世界新記録"

【その他】
◇文化勲章(昭32年度)　牧野富太郎(植物学)　緒方知三郎(病理学)　久保田万太郎(小説、劇作)　小平邦彦(数学)　西山翠嶂(日本画)　山田孝雄(国語学)　吉住小三郎(長唄)

昭和33年（1958）

【文学全般】
◇菊池寛賞　第6回　野村胡堂 "庶民の英雄「銭形平次」を主題として、27年に渡り420余編を創作した功績"　川端康成 "世界ペン大会開催への努力と功績"　昭和女子大学近代文学研究室 "共同研究「近代文学研究叢書」54巻刊行への真摯なる態度"
◇群像新人文学賞　第1回　●小説　該当作なし　●評論　足立康「宝石の文学」
◇芸術選奨　第9回　●文学部門 文部大臣賞　上林暁「春の坂」
◇新潮社文学賞　第5回　遠藤周作「海と毒薬」
◇日本芸術院賞（第2部・文芸）　第15回　井上靖「氷壁」ほか　吉田精一「自然主義の研究」　●恩賜賞　木村荘八「東京繁昌記」
◇野間文芸賞　第11回　小林秀雄「近代絵画」
◇毎日出版文化賞　第12回　石光真清、竜星閣「城下の人」「曠野の花」　野上丹治、野上洋子、野上房雄、理論社「つづり方兄妹」　大牟羅良、岩波書店「ものいわぬ農民」　神西清訳、中央公論社「チェーホフ戯曲集」　青野季吉、筑摩書房「文学五十年」　遠藤周作、文藝春秋新社「海と毒薬」
◇読売文学賞　第10回　●小説賞/戯曲賞　該当作なし　●評論・伝記賞　中村光夫「二葉亭四迷伝」　千谷道雄「秀十郎夜話」　●詩歌俳句賞　吉野秀雄「吉野秀雄歌集」　堀口大学「夕の虹」

【小説】
◇芥川龍之介賞　第39回（上期）　大江健三郎「飼育」
◇芥川龍之介賞　第40回（下期）　該当作なし
◇江戸川乱歩賞　第4回　多岐川恭「濡れた心」
◇オール新人杯　第12回（上期）　田中敏樹「切腹九人目」
◇オール新人杯　第13回（下期）　酒井健亀「窮鼠の眼」
◇講談倶楽部賞　第11回　左館秀之助「鳥ぐるい抄」
◇「サンデー毎日」大衆文芸　第53回（上期）　中川童二「鮭と狐の村」　大道二郎「河岸八町」　斧冬二「架線」
◇「サンデー毎日」大衆文芸　第54回（下期）　滝口康彦「異聞浪人記」　中原吾郎「紫陽花」　黒岩重吾「ネオンと三角帽子」
◇小説新潮賞　第4回　小田武雄「舟形光背」
◇女流文学者賞　第9回　宇野千代「おはん」
◇新鷹会賞　第8回　●特別奨励賞　真鍋元之「炎風」
◇新鷹会賞　第9回　該当作なし
◇同人雑誌賞　第5回　神崎信一「大宮踊り」（文学山河）
◇直木三十五賞　第39回（上期）　山崎豊子「花のれん」　榛葉英治「赤い雪」
◇直木三十五賞　第40回（下期）　城山三郎「総会屋錦城」　多岐川恭「落ちる」
◇日本探偵作家クラブ賞　第11回　角田喜久雄「笛吹けば人が死ぬ」
◇文學界新人賞　第6回（上期）　仁田義男「墓場の野師」
◇文學界新人賞　第7回（下期）　深田祐介「あざやかなひとびと」

【詩歌】
◇H氏賞　第8回　富岡多恵子「返礼」
◇現代歌人協会賞　第2回　田谷鋭「乳鏡」
◇高村光太郎賞〔詩部門〕　第1回　会田綱雄「鹹湖」

【戯曲】
◇岸田演劇賞　第5回　安部公房「幽霊はここにいる」　青江舜二郎「法隆寺」
◇「新劇」戯曲賞　第4回　堀田清美「島」
◇年鑑代表シナリオ　第10回　橋本忍「張込み」　木下恵介「楢山節考」　白坂依志夫「巨人と玩具」　和田夏十, 長谷部慶次「炎上」　橋本忍「鰯雲」　野田高梧, 小津安二郎「彼岸花」　新藤兼人「裸の太陽」　水木洋子「裸の大将」　井手雅人「点と線」　小国英雄, 橋本忍, 黒澤明「隠し砦の三悪人」

【評論・随筆】
◇日本エッセイスト・クラブ賞　第6回　大牟羅良「ものいわぬ農民」　佐々木祝雄「38度線」　松村緑「薄田泣菫」

【児童文学】
◇産経児童出版文化賞　第5回　平凡社世界の子ども編集部編「世界の子ども」全15巻　少年少女学習百科大事典編集部編「少年少女学習百科大事典 理科編」　石森延男作, 鈴木義治画「コタンの口笛」全2冊　福田清人作, 鴨下晁湖画「天平の少年」　市川槇男他著「子どもの舞台美術―舞台装置・小道具・扮装・照明・効果」　柳内達雄著, 島崎政太郎画「私たちの詩と作文―みんなでやろう」
◇児童福祉文化賞　第1回　●出版物部門　佐々木たづ「白い帽子の丘」　●紙芝居部門　童心社「お月さまいくつ」
◇小学館児童文化賞　第7回　●文学部門　西山敏夫「よこはま物語」　●絵画部門　太田大八「いたずらうさぎ」ほか
◇未明文学賞　第1回　石森延男「コタンの口笛」(2冊)

【映画・テレビ全般】
◇エランドール賞(昭33年度)　●新人賞　浅丘ルリ子　叶順子　桑野みゆき　大空真弓　佐久間良子　佐藤充　千之赫子

【映画】
◇キネマ旬報賞　第4回　●日本映画監督賞　木下恵介「楢山節考」　●脚本賞　橋本忍「隠し砦の三悪人」「夜の鼓」「張込み」　●女優賞　田中絹代「楢山節考」　●男優賞　市川雷蔵(8代)「炎上」
◇キネマ旬報ベスト・テン　第32回　●日本映画1位　「楢山節考」(木下恵介監督)　●日本映画2位　「隠し砦の三悪人」(黒澤明監督)　●日本映画3位　「彼岸花」(小津安二郎監督)　●外国映画1位　「大いなる西部」(ウィリアム・ワイラー監督)　●外国映画2位　「ぼくの伯父さん」(ジャック・タチ監督)　●外国映画3位　「老人と海」(ジョン・スタージェス監督)
◇芸術選奨　第9回　●映画部門　楠田浩之　"「楢山節考」「この天の虹」の撮影"
◇ブルーリボン賞　第9回　●日本映画文化賞　阿部慎一　"多年にわたって教育映画に尽くした功績"　●最優秀作品賞　「隠し砦の三悪人」(黒澤明監督)　●脚本賞　橋本忍「張込み」「鰯雲」ほか　●監督賞　田坂具隆「陽のあたる坂道」　●音楽賞　芥川也寸志「裸の太陽」　●主演男優賞　市川雷蔵(8代)「炎上」「弁天小僧」ほか　●主演女優賞　山本富士子「白鷺」「彼岸花」　●助演男優賞　中村鴈次郎(2代)「炎上」「鰯雲」　●助演女優賞　渡辺美佐子「果しなき欲望」　●新人賞　今村昌平「盗まれた欲情」「果しなき欲望」　●大衆賞　中村錦之助(後の萬屋錦之介)「一心太助 天下の一大事」　●特別賞　東映「白蛇伝」　●最優秀外国映画賞　「老人と海」(ジョン・スタージェス監督)
◇毎日映画コンクール　第13回　●日本映画賞　「楢山節考」(木下恵介監督)　●監督賞　木下恵介「楢山節考」　●脚本賞　橋本忍「張込み」「鰯雲」「夜の鼓」　●演技賞　男優主演賞　小林桂樹「裸の大将」　●演技賞　女優主演賞　淡島千景「螢火」「鰯雲」　●演技賞　男優助演賞　中村鴈治郎(2代)「炎上」「鰯雲」　●演技賞　女優助演賞　岡田茉莉子「悪女の季節」　●特別賞　東映「白蛇伝」動画技術部門における成果"
◇牧野省三賞　第1回　片岡千恵蔵

【テレビ】
◇芸術祭賞〔テレビ部門〕　第13回　ラジオ東京テレビ「私は貝になりたい」

【芸能全般】
◇菊池寛賞　第6回　市川寿海 "劇壇の最長老として益々新鮮にして円熟のその演技"
◇芸術祭賞〔大衆芸能部門〕　第13回　●芸術祭賞　宮城まり子 "第11回東横寄席のヴォドビル「12月のあいつ」の成果"　西川たつ "第107回三越名人会の俗曲「たぬき」の演奏"
◇芸術選奨　第9回　●演劇部門　市川中車(8代) "「熊谷陣屋」ほかの演技"

【演劇】
◇芸術祭賞〔演劇部門〕　第13回　●芸術祭賞　尾上多賀之丞(3代) "「伽羅先代萩」「助六曲輪菊」の演技"
◇毎日演劇賞　第11回　劇団賞　該当者なし　●個人賞 脚本　川口松太郎 "「銀座馬鹿」をはじめとする新派劇への寄与"　●個人賞 演出　千田是也 "「幽霊はここにいる」"　●個人賞 演技　実川延二郎 "「女殺油地獄」の与兵衛、「樽屋おせん」の樽屋庄介、「むすめごのみ帯取池」の左馬之介"　中村福助 "「半七捕物帳・春の雪解」の誰が袖「二人道成寺」の白拍子、「真景累ケ渕」の豊志賀"　●特別賞　田中良 "「歌舞伎定式舞台図集」完成にいたる資料収集・研究の努力"

【漫画・アニメ】
◇小学館漫画賞　第4回　センバ太郎「ちびくろさんぼ」「しあわせの王子」ほか
◇二科会 漫画部　第8回　●特選　久里洋二
◇文藝春秋漫画賞　第4回　久里洋二「久里洋二漫画集」(自費出版)

【スポーツ】
◇朝日賞(昭33年)　●文化賞　飛田忠順 "学生野球への功労"　●体育賞　山中毅 "200m自由形に2分3秒0の世界新記録"

【その他】
◇文化勲章(昭33年度)　北村西望(彫塑)　近藤平三郎(薬学,薬化学)　野副鉄男(有機化学)　松林桂月(日本画)

昭和34年(1959)

【文学全般】
◇群像新人文学賞　第2回　●小説　該当作なし　●評論　佐野金之助「活力の造型」
◇芸術選奨　第10回　●文学部門 文部大臣賞　安岡章太郎「海辺の光景」
◇新潮社文学賞　第6回　河上徹太郎「日本のアウトサイダー」
◇日本芸術院賞(第2部・文芸)　第16回　火野葦平「革命前後」ほか
◇野間文芸賞　第12回　室生犀星「かげろふの日記遺文」
◇毎日芸術賞　第1回　●大賞　井上靖「敦煌」「楼蘭」
◇毎日出版文化賞　第13回　高見順, 文藝春秋新社「昭和文学盛衰史 1・2」　佐藤暁, 講談社「だれも知らない小さな国」　山本周五郎(辞退)「樅ノ木は残った 上・下」　室生犀星, 中央公論社「我が愛する詩人の伝記」　木下順二, 中央公論社「ドラマの世界」
◇読売文学賞　第11回　●小説賞　正宗白鳥「今年の秋」　中野重治「梨の花」　●戯曲賞　該当作なし　●評論・伝記賞　長与善郎「わが心の遍歴」　●詩歌俳句賞　村野四郎「亡羊記」

【小説】
◇芥川龍之介賞　第41回(上期)　斯波四郎「山塔」

昭和34年（1959）

◇芥川龍之介賞　第42回（下期）　該当作なし
◇江戸川乱歩賞　第5回　新章文子「危険な関係」
◇オール新人杯　第14回（上期）　高橋達三「匙（ローシカ）」
◇オール新人杯　第15回（下期）　滝口康彦「綾尾内記覚書」
◇講談倶楽部賞　第12回（上期）　有城達二「殉教秘闘」
◇講談倶楽部賞　第13回（下期）　小林実「天使誕生」
◇「サンデー毎日」大衆文芸　第55回（上期）　高石次郎「川の掟」　砂田弘「二つのボール」　洗潤「一向僧兵伝」
◇小説新潮賞　第5回　妻屋大助「焼残反故」
◇女流文学者賞　第10回　該当作なし
◇新鷹会賞　第10回　平岩弓枝「鏨師」「狂言師」ほか
◇同人雑誌賞　第6回　田木敏智「残された夫」（無名誌）
◇直木三十五賞　第41回（上期）　渡辺喜恵子「馬淵川」　平岩弓枝「鏨師」
◇直木三十五賞　第42回（下期）　司馬遼太郎「梟の城」　戸板康二「団十郎切腹事件」
◇日本探偵作家クラブ賞　第12回　有馬頼義「四万人の目撃者」
◇文學界新人賞　第8回（上期）　石川信乃「基隆港」
◇文學界新人賞　第9回（下期）　岡松和夫「壁」

【詩歌】
◇H氏賞　第9回　吉岡実「僧侶」
◇現代歌人協会賞　第3回　塚本邦雄「日本人霊歌」　真鍋美恵子「玻瑠」
◇高村光太郎賞〔詩部門〕　第2回　山之口貘「定本山之口貘詩集」　草野天平「定本草野天平詩集」

【戯曲】
◇岸田演劇賞　第6回　田中千禾夫「マリアの首」
◇「新劇」戯曲賞　第5回　該当作なし
◇年鑑代表シナリオ　第11回　松山善三, 小林正樹「人間の條件 第1, 2部」　依田義賢「荷車の歌」　八木保太郎, 新藤兼人「第五福竜丸」　水木洋子「キクとイサム」　成沢昌茂「浪花の恋の物語」　八住利雄「暗夜行路」　岡本喜八「独立愚連隊」　八木保太郎「人間の壁」　池田一郎, 今村昌平「にあんちゃん」　和田夏十「野火」

【評論・随筆】
◇日本エッセイスト・クラブ賞　第7回　竹田米吉「職人」　曽宮一念「海辺の熔岩」　村川堅太郎「地中海からの手紙」

【児童文学】
◇産経児童出版文化賞　第6回　前川文夫編「夏の植物」「秋・冬の植物」「春の植物」　八杉竜一編「人間の歴史」　槇有恒著, 福田豊四郎画「ピッケルの思い出」　吉野源三郎著, 向井潤吉画「エイブ・リンカーン」　平野威馬雄作, 鈴木義治画「レミは生きている」　木下順二文, 吉井忠画「日本民話選」
◇児童福祉文化賞　第2回　●出版物部門　坂本遼「きょうも生きて」　●紙芝居部門　教育画劇「めがね」　童心社「三日めのかやのみ」
◇児童文学者協会児童文学賞　第8回　該当作なし
◇児童文学者協会新人賞　第8回　岩崎京子「さぎ」　森宣子「サラサラ姫の物語」　立原えりか「人魚のくつ」　小笹正子「ネーとなかま」
◇小学館児童文化賞　第8回　●文学部門　佐伯千秋「燃えよ黄の花」　●絵画部門　柿本幸造「みなと」「おやまのがっこう」ほか
◇未明文学賞　第2回　該当作なし

昭和34年(1959)

【映画・テレビ全般】
◇エランドール賞(昭34年度)　●新人賞　本郷功次郎　星輝夫　水木襄　中谷一郎　夏木陽介　清水まゆみ　山本豊三

【映画】
◇キネマ旬報賞　第5回　●日本映画監督賞　今井正「キクとイサム」　●脚本賞　和田夏十「野火」「鍵」　●女優賞　新珠三千代「『人間の条件』第1部, 第2部」　●男優賞　船越英二「野火」
◇キネマ旬報ベスト・テン　第33回　●日本映画1位　「キクとイサム」(今井正監督)　●日本映画2位　「野火」(市川崑監督)　●日本映画3位　「にあんちゃん」(今村昌平監督)　●外国映画1位　「十二人の怒れる男」(シドニー・ルメット監督)　●外国映画2位　「灰とダイヤモンド」(アンジェイ・ワイダ監督)　●外国映画3位　「さすらい」(ミケランジェロ・アントニオーニ監督)
◇芸術選奨　第10回　●映画部門　水木洋子"「キクとイサム」の脚本と映画界の業績"
◇ブルーリボン賞　第10回　●日本映画文化賞　該当者なし　●最秀秀作品賞　「キクとイサム」(今井正監督)　●脚本賞　水木洋子「キクとイサム」　●監督賞　市川崑「鍵」「野火」　●音楽賞　林光「第五福竜丸」「荷車の歌」「人間の壁」　●主演男優賞　長門裕之「にあんちゃん」ほか　●主演女優賞　北林谷栄「キクとイサム」　●助演男優賞　小沢昭一「にあんちゃん」　●助演女優賞　新珠三千代「人間の條件」「私は貝になりたい」　●新人賞　該当者なし　●大衆賞　月形龍之介"長年にわたり娯楽映画につくした功績"　●特別賞　東映"「警視庁物語」シリーズのスタッフおよびキャストの連作の労とその集団演技に対して"　●最秀秀外国映画賞　「十二人の怒れる男」(シドニー・ルメット監督)
◇毎日映画コンクール　第14回　●日本映画賞　「キクとイサム」(今井正監督)　●監督賞　山本薩夫「荷車の歌」「人間の壁」　●脚本賞　水木洋子「キクとイサム」　●演技賞 男優主演賞　船越英二「野火」　●演技賞 女優主演賞　北林谷栄「キクとイサム」　●演技賞 男優助演賞　宇野重吉「人間の壁」　●演技賞 女優助演賞　吉行和子「才女気質」「にあんちゃん」　●特別賞　杉山公平　●演技特別賞　高橋恵美子, 奥の山ジョージ「キクとイサム」
◇牧野省三賞　第2回　玉木潤一郎(製作者)

【テレビ】
◇菊池寛賞　第7回　NHKテレビ芸能局"「私の秘密」企画の苦心とその成功"
◇芸術祭賞〔テレビ部門〕　第14回　ラジオ東京テレビ「いろはにほへと」

【芸能全般】
◇菊池寛賞　第7回　真山美保"新劇の大衆化, 特に文化に恵まれない地方公演の成果"
◇芸術祭賞〔大衆芸能部門〕　第14回　●芸術祭賞　松竹歌劇団「日本の太鼓」
◇芸術選奨　第10回　●演劇部門　田中千禾夫"「マリアの首」「千鳥」の脚本"

【音楽】
◇日本レコード大賞　第1回　●大賞　水原弘歌, 永六輔詞, 中村八大曲「黒い花びら」　●歌唱賞　フランク永井「夜霧に消えたチャコ」　●童謡賞　石井亀次郎, ほおずき会児童合唱団歌, 加藤省吾詞, 八洲秀章曲「やさしい和尚さん」

【演劇】
◇芸術祭賞〔演劇部門〕　第14回　●芸術祭賞　千田是也"「千鳥」(俳優座)の演出"　三益愛子"「がめつい奴」(東宝現代劇)の演技"

【漫画・アニメ】
◇小学館漫画賞　第5回　太田じろう「こりすのぽっこ」ほか　上田としこ「ぼんこちゃん」「フイチンさん」ほか
◇文藝春秋漫画賞　第5回　長新太「おしゃべりなたまごやき」(作・寺村輝夫)

【スポーツ】

◇朝波賞(昭34年)　●体育賞　荻村伊智朗, 村上輝夫, 星野展弥, 成田静司, 江口富士枝, 山泉和子, 難波多慧子, 松崎キミ代 "世界卓球選手権大会の男子・女子団体に優勝"　荻村伊智朗, 村上輝夫, 松崎キミ代, 難波多慧子, 山泉和子 "世界卓球選手権大会の男子ダブルス, 女子シングルス, 女子ダブルスに優勝"　山中毅 "水泳400m自由形に4分16秒6の世界新記録"　梅本利三, 藤本達夫, 福井誠, 山中毅 "水泳800mリレーに8分21秒6の世界新記録"　山中毅, 福井誠, 見上勝紀, 藤本達夫 "水泳800mリレーに8分18秒7の世界新記録"　田中聡子 "水泳女子200m背泳に2分37秒1の世界新記録"　三宅義信 "重量あげバンタム級のスナッチに107キロの世界新記録"　山崎弘 "重量あげライト級のジャークに160キロの世界新記録"

【その他】

◇文化勲章(昭34年度)　川端龍子(日本画)　小泉信三(経済学)　丹羽保次郎(電気工学)　里見弴(小説)　吉田富三(病理学)

昭和35年(1960)

【文学全般】

◇群像新人文学賞　第3回　●小説　古賀珠子「魔笛」　●評論　秋山駿「小林秀雄」
◇芸術選奨　第11回　●文学部門　文部大臣賞　島尾敏雄「死の棘」
◇新潮社文学賞　第7回　庄野潤三「静物」
◇日本芸術院賞(第2部・文芸)　第17回　石川淳　川上徹太郎
◇野間文芸賞　第13回　安岡章太郎「海辺の光景」　大原富枝「婉という女」
◇毎日芸術賞　第2回　丹羽文雄「顔」
◇毎日出版文化賞　第14回　坪田譲治ほか編, 大日本図書「新美南吉童話全集」全3巻　大原富枝, 講談社「婉という女」
◇読売文学賞　第12回　●小説賞　外村繁「澪標」　●戯曲賞　該当作なし　●評論・伝記賞　福田恆存 "「私の国語教室」と昨年度の諸作品"　青柳瑞穂「ささやかな日本発掘」　●詩歌俳句賞　小沢碧童「碧童句集」

【小説】

◇芥川龍之介賞　第43回(上期)　北杜夫「夜と霧の隅で」
◇芥川龍之介賞　第44回(下期)　三浦哲郎「忍ぶ川」
◇江戸川乱歩賞　第6回　該当作なし
◇オール新人杯　第16回(上期)　幸川牧生「懸命の地」
◇オール新人杯　第17回(下期)　中村光至「白い紐」
◇講談倶楽部賞　第14回(上期)　大正十三造「槍」
◇講談倶楽部賞　第15回(下期)　阪本佐多生「海士」
◇サンデー毎日小説賞　第1回(上期)　●第1席　早崎慶三「干拓団」　●第2席　木戸織男「夜は明けない」　名草良作「省令第105号室」
◇サンデー毎日小説賞　第2回(下期)　該当作なし
◇小説新潮賞　第6回　該当作なし
◇女流文学者賞　第11回　梁雅子「悲田院」
◇新鷹会賞　第12回　該当作なし
◇新鷹会賞　第13回　該当作なし
◇同人雑誌賞　第7回　佐江衆一「背」(文芸首都)
◇直木三十五賞　第43回(上期)　池波正太郎「錯乱」
◇直木三十五賞　第44回(下期)　寺内大吉「はぐれ念仏」　黒岩重吾「背徳のメス」

昭和35年（1960）

◇日本探偵作家クラブ賞　第13回　鮎川哲也「黒い白鳥」「憎悪の化石」
◇文學界新人賞　第10回（上期）　該当作なし
◇文學界新人賞　第11回（下期）　福田道夫「バックミラーの空漠」

【詩歌】

◇H氏賞　第10回　黒田喜夫「不安と遊撃」
◇現代歌人協会賞　第4回　長沢一作「松心火」
◇高村光太郎賞〔詩部門〕　第3回　岡崎清一郎「新世界交響楽」
◇晩翠賞　第1回　鎌田喜八「エスキス」
◇室生犀星詩人賞　第1回　滝口雅子「青い馬」「鋼鉄の足」

【戯曲】

◇岸田演劇賞　第7回　中村光夫「パリ繁昌記」
◇「新劇」戯曲賞　第6回　小林勝「檻」　早坂久子「相聞」
◇大衆演劇「一幕物」脚本　第1回　出雲隆「石の壺」
◇年鑑代表シナリオ　第12回　菊島隆三「女が階段を上る時」　橋本忍「黒い画集」　大島渚，石堂淑朗「太陽の墓場」　小国英雄，久板栄二郎，黒澤明，菊島隆三，橋本忍「悪い奴ほどよく眠る」　木下恵介「笛吹川」　水木洋子「おとうと」　依田義賢，山形雄策「武器なき戦い」　野田高梧，小津安二郎「秋日和」　菊島隆三，広沢栄「筑豊のこどもたち」　山内久「豚と軍艦」

【評論・随筆】

◇日本エッセイスト・クラブ賞　第8回　高橋喜平「雪国動物記」　中尾佐助「秘境ブータン」　萩原葉子「父・萩原朔太郎」

【児童文学】

◇産経児童出版文化賞　第7回　●特別出版賞　「こどものとも」　坂本遼作，秋野卓美画「きょうも生きて」全2冊　大谷省三「自然をつくりかえる」　小峰書店編集部編「目で見る学習百科事典」全8巻　菅井準一「科学の歴史」　阿川弘之著，萩原政男他写真「なかよし特急」　滑川道夫編「少年少女つづり方作文全集」全10巻
◇児童福祉文化賞　第3回　●出版物部門　山中恒「赤毛のポチ」　国分一太郎「日本クオレ 1～3」　●紙芝居部門　童心社「少年と子だぬき」
◇児童文学者協会児童文学賞　第9回　該当作なし
◇児童文学者協会新人賞　第9回　加藤明治「鶴の声」　佐藤さとる（佐藤暁）「だれも知らない小さな国」　古田足日「現代児童文学論」
◇小学館絵画賞　第9回　深沢邦朗「ぞうのはなはなぜながい」ほか
◇小学館文学賞　第9回　新川和江「季節の花詩集」
◇未明文学賞　第3回　塚原健二郎「風と花の輪」

【映画・テレビ全般】

◇エランドール賞（昭和35年度）　●新人賞　赤木圭一郎　藤巻潤　星由里子　川口知子　松方弘樹　三上真一郎　吉田輝雄

【映画】

◇キネマ旬報賞　第6回　●日本映画監督賞　市川崑「おとうと」　●脚本賞　橋本忍「黒い画集 あるサラリーマンの証言」「悪い奴ほどよく眠る」　●女優賞　山本富士子「女経」「濹東綺譚」　●男優賞　小林桂樹「黒い画集 あるサラリーマンの証言」
◇キネマ旬報ベスト・テン　第34回　●日本映画1位　「おとうと」（市川崑監督）　●日本映画2位　「黒い画集 あるサラリーマンの証言」（堀川弘通監督）　●日本映画3位　「悪い奴ほどよく眠る」（黒

澤明監督）　●外国映画1位　「チャップリンの独裁者」(チャールズ・チャップリン監督)　●外国映画2位　「甘い生活」(フェデリコ・フェリーニ監督)　●外国映画3位　「太陽がいっぱい」(ルネ・クレマン監督)
◇芸術選奨　第11回　映画部門　小津安二郎,野田高梧"コンビによる映画界の業績"
◇ブルーリボン賞　第11回　●日本映画文化賞　該当者なし　●最優秀作品賞　「おとうと」(市川崑監督)　●監督賞　市川崑「おとうと」　●音楽賞　真鍋理一郎「太陽の墓場」　●主演男優賞　三國連太郎「大いなる旅路」ほか　●主演女優賞　岸惠子「おとうと」　●助演男優賞　織田政雄「笛吹川」「濹東綺譚」　●助演女優賞　中村玉緒「ぼんち」「大菩薩峠」　●新人賞　大島渚　●大衆賞　小林桂樹"一連のサラリーマンものによる"　●特別賞　武器なき斗いの製作スタッフ　●最優秀外国映画賞　「渚にて」(スタンリー・クレイマー監督)
◇毎日映画コンクール　第15回　●日本映画賞　「おとうと」(市川崑監督)　●監督賞　市川崑「おとうと」「女経(第2話)」　●脚本賞　橋本忍「黒い画集」「いろはにほへと」　●演技賞　男優主演賞　小林桂樹「黒い画集」　●演技賞　女優主演賞　岸惠子「おとうと」　●演技賞　男優助演賞　森雅之「おとうと」「悪い奴ほどよく眠る」　●演技賞　女優助演賞　田中絹代「おとうと」
◇牧野省三賞　第3回　月形龍之介
◇優秀映画鑑賞会ベストテン　第1回　●日本映画1位　「悪い奴ほどよく眠る」(黒澤明監督)　●日本映画2位　「おとうと」(市川崑監督)　●日本映画3位　「裸の島」(新藤兼人監督)　●外国映画1位　「人間の運命」(セルゲイ・ボンダルチュク監督)　●外国映画2位　「誓いの休暇」(グレゴリー・チュフライ監督)　●外国映画3位　「チャップリンの独裁者」(チャールズ・チャップリン監督)

【テレビ】

◇菊池寛賞　第8回　東芝日曜劇場"KRテレビ開局以来一貫した正統演劇を放送し,テレビ番組の質的向上をめざした製作関係者及びスポンサーの努力"
◇芸術祭賞〔テレビ部門〕　第15回　関西テレビ「青春の深き淵より」

【芸能全般】

◇菊池寛賞　第8回　菊田一夫"ロングラン新記録「がめつい奴」の脚本,演出の努力"
◇芸術祭賞〔大衆芸能部門〕　第15回　●芸術祭賞　宝塚歌劇団「華麗なる千拍手」　三遊亭円生(6代)"第28回東横落語会の「首提灯」の話芸"
◇芸術選奨　第11回　●演劇部門　菊田一夫"芸術座公演に示した企画・運営"

【音楽】

◇日本レコード大賞　第2回　●大賞　松尾和子とマヒナスターズ歌,川内康範詞,吉田正曲「誰よりも君を愛す」　●歌唱賞　美空ひばり「哀愁波止場」　●新人賞　橋幸夫「潮来笠」　●童謡賞　水上房子,子鳩会歌,小林純一詞,中田喜直曲「ゆうらんバス」

【漫画・アニメ】

◇小学館漫画賞　第6回　該当者なし
◇文藝春秋漫画賞　第6回　荻原賢次"「えへ」2号収録作品および一連の時代物漫画"

【スポーツ】

◇朝日賞(昭35年)　●体育賞　竹本正男,小野喬,相原信行,遠藤幸雄,鶴見修治,三栗崇"第17回オリンピック大会体操男子団体優勝の日本チーム"　小野喬"第17回オリンピック大会体操個人種目跳馬で優勝"　相原信行"第17回オリンピック大会体操個人種目徒手で優勝"

【その他】

◇文化勲章(昭35年度)　岡潔(数学)　佐藤春夫(小説,詩)　田中耕太郎(商法,法哲学)　吉川英治(小説)

昭和36年(1961)

【文学全般】
◇菊池寛賞　第9回　伊藤正徳 "太平洋戦争外史ともいうべき一連の作品"
◇群像新人文学賞　第4回　●小説 当選作　該当作なし　●小説 最優秀作　成相夏男「逆縁」　●評論　成相夏男(上田三四二)「斎藤茂吉論」
◇芸術選奨　第12回　●文学部門　文部大臣賞　網野菊「さくらの花」
◇新潮社文学賞　第8回　大岡昇平「花影」
◇野間文芸賞　第14回　井上靖「淀どの日記」
◇毎日芸術賞　第3回　●大賞　吉川英治「私本太平記」
◇毎日出版文化賞　第15回　柳田泉, 勝本清一郎, 猪野謙二編, 岩波書店「座談会・明治文学史」　大岡昇平, 中央公論社「花影」　岡本太郎, 中央公論社「忘れられた日本」　大村喜吉, 吾妻書房「斎藤秀三郎伝」　寺村輝夫, 理論社「ぼくは王さま」
◇読売文学賞　第13回　●小説賞　該当作なし　●戯曲賞　三島由紀夫「十日の菊」　●評論・伝記賞　竹山道雄 "海外紀行文一般"　●詩歌俳句賞　宮柊二「多く夜の歌」

【小説】
◇芥川龍之介賞　第45回(上期)　該当作なし
◇芥川龍之介賞　第46回(下期)　宇能鴻一郎「鯨神」
◇江戸川乱歩賞　第7回　陳舜臣「枯草の根」
◇オール讀物新人賞　第18回(上期)　該当作なし
◇オール讀物新人賞　第19回(下期)　野火鳥夫「灌木の唄」
◇講談倶楽部賞　第16回(上期)　蒲池香里「釘師」
◇講談倶楽部賞　第17回(下期)　由岐京彦「雉子」
◇サンデー毎日小説賞　第3回　会田五郎「二番目の男」　椎ノ川成三「戦いの時代」
◇小説新潮賞　第7回　名和一男「自爆」
◇女流文学者賞　第12回　芝木好子「湯葉」　倉橋由美子「パルタイ」
◇同人雑誌賞　第8回　河野多惠子「幼児狩り」
◇直木三十五賞　第45回(上期)　水上勉「雁の寺」
◇直木三十五賞　第46回(下期)　伊藤桂一「蛍の河」
◇日本探偵作家クラブ賞　第14回　水上勉「海の牙」　笹沢左保「人喰い」
◇文學界新人賞　第12回(上期)　該当作なし
◇文學界新人賞　第13回(下期)　該当作なし

【詩歌】
◇H氏賞　第11回　石川逸子「狼・私たち」
◇現代歌人協会賞　第5回　該当作なし
◇高村光太郎賞〔詩部門〕　第4回　山本太郎「ゴリラ」　手塚富雄「ゲオルゲとリルケの研究」
◇俳人協会賞　第1回　石川桂郎「含羞」
◇晩翠賞　第2回　粒来哲蔵「舌のある風景」
◇室生犀星詩人賞　第2回　富岡多惠子「物語の明くる日」　辻井喬「異邦人」

【戯曲】
◇「新劇」岸田戯曲賞　第7回　該当作なし
◇大衆演劇「一幕物」脚本　第2回　該当作なし
◇年鑑代表シナリオ　第13回　松山善三「名もなく貧しく美しく」　水木洋子「あれが港の灯だ」　菊

島隆三, 黒澤明「用心棒」　木下恵介「永遠の人」　八住利雄, 木村武「世界大戦争」　井手雅人「妻は告白する」　伊藤大輔「反逆児」　松山善三「二人の息子」　田村孟「飼育」

【評論・随筆】
◇日本エッセイスト・クラブ賞　第9回　塚田泰三郎「和時計」　宮本常一「日本の離島」　庄野英二「ロッテルダムの灯」

【児童文学】
◇国際アンデルセン賞国内賞　第1回　松谷みよ子作, 久米宏一画「龍の子太郎」　佐藤さとる(佐藤暁)作, 若菜珪画「だれも知らない小さな国」　いぬいとみこ作, 吉井忠画「木かげの家の小人たち」
◇産経児童出版文化賞　第8回　●大賞　安倍能成他監修「世界童話文学全集」全18巻　新美南吉作, 坪田譲治他編, 市川禎男, 立石鉄臣版画「新美南吉童話全集」全3巻　松谷みよ子作, 久米宏一画「龍の子太郎」　浜田広介作, いわさきちひろ画「あいうえおのほん一字をおぼえはじめた子どものための」　寺田和夫, 石田英一郎著, 中西竜太画「人類の誕生」　井尻正二「地球のすがた」
◇児童福祉文化賞　第4回　●出版物部門　早船ちよ「キューポラのある街」　●紙芝居部門　童心社「からすのあかちゃん」
◇小学館絵画賞　第10回　遠藤てるよ「なつかしの友」「うらない」ほか
◇小学館文学賞　第10回　該当作なし
◇日本児童文学者協会賞　第1回　鈴木実, 高橋徳義, 笹原俊雄, 槙仙一郎, 植松要作「山が泣いてる」
◇未明文学賞　第4回　該当作なし

【映画・テレビ全般】
◇エランドール賞(昭36年度)　●新人賞　岩下志麻　加山雄三　三田佳子　田宮二郎　山崎努　吉永小百合

【映画】
◇菊池寛賞　第9回　岡田桑三 "氏を中心とする科学映画への貢献"　NHKテレビバス通り裏スタッフ "多くの家庭で親しまれ, 700回を越えるそのスタッフ一同の努力"
◇キネマ旬報賞　第7回　●日本映画監督賞　羽仁進「不良少年」　●脚本賞　水木洋子「婚期」「もず」「あれが港の灯だ」　●女優賞　若尾文子「女は二度生まれる」「妻は告白する」　●男優賞　三船敏郎「用心棒」「大阪城物語」　●特別賞　永田雅一「70ミリ映画「釈迦」製作, 日本映画前進に特別貢献」
◇キネマ旬報ベスト・テン　第35回　●日本映画 1位　「不良少年」(羽仁進監督)　●日本映画 2位　「用心棒」(黒澤明監督)　●日本映画 3位　「永遠の人」(木下恵介監督)　●外国映画 1位　「処女の泉」(イングマール・ベルイマン監督)　●外国映画 2位　「素晴らしい風船旅行」(アルベール・ラモリス監督)　●外国映画 3位　「土曜の夜と日曜の朝」(カレル・ライス監督)
◇芸術選奨　第12回　●映画部門　高峰秀子 "名もなく貧しく美しく" 等の演技
◇ブルーリボン賞　第12回　●日本映画文化賞　該当者なし　●最優秀作品賞　「豚と軍艦」(今村昌平監督)　●脚本賞　松山善三「名もなく貧しく美しく」「二人の息子」　●監督賞　伊藤大輔「反逆児」　●音楽賞　佐藤勝「はだかっ子」「用心棒」　●主演男優賞　三船敏郎「用心棒」「価値ある男」　●主演女優賞　若尾文子「女は二度生まれる」「妻は告白する」「婚期」　●助演男優賞　山村聡「あれが港の灯だ」「河口」　●助演女優賞　高千穂ひづる「背徳のメス」「ゼロの焦点」　●新人賞　岩下志麻　●大衆賞　美空ひばり "長年にわたり大衆に親しまれてきたことによる"　●特別賞　三船敏郎 "国際的な活躍による"　●最優秀外国映画賞　「ふたりの女」(ヴィットリオ・デ・シーカ監督)
◇毎日映画コンクール　第16回　●日本映画賞　「人間の條件 完結編」(小林正樹監督)　●監督賞　小林正樹「人間の條件」　●脚本賞　松山善三「人間の條件」「名もなく貧しく美しく」「二人の息子」　●演技賞 男主演賞　仲代達矢「人間の條件 完結篇」「永遠の人」　●演技賞 女主演賞　高峰秀子「永遠の人」「名もなく貧しく美しく」　●演技賞 男助演賞　三國連太郎「はだかっ子」「飼育」　●演技賞 女助演賞　新珠三千代「小早川家の秋」「南の風と波」
◇毎日芸術賞　第3回　小林正樹 "人間の條件 3部作" の監督

◇牧野省三賞　第4回　市川右太衛門
◇優秀映画鑑賞会ベストテン　第2回　●日本映画1位　「名もなく貧しく美しく」(松山善三監督)　●日本映画2位　「はだかっ子」(田坂具隆監督)　●日本映画3位　「用心棒」(黒澤明監督)　●外国映画1位　「草原の輝き」(エリア・カザン監督)　●外国映画2位　「ラインの仮橋」(アンドレ・カイヤット監督)　●外国映画3位　「素晴らしい風船旅行」(アルベール・ラモリス監督)

【テレビ】
◇芸術祭賞〔テレビ部門〕　第16回　北海道放送「オロロンの島」　朝日放送「釜ケ崎」

【芸能全般】
◇芸術祭賞〔大衆芸能部門〕　第16回　●芸術祭賞　宝塚歌劇団「火の島」　服部伸"古典講談老若競演会における「大石東下り」の話芸"
◇芸術選奨　第12回　●演劇部門　宇野重吉"「イルクーツク物語」の演出"　●評論等　青山圭男"「トウランドット」の演出と多年にわたるオペラ舞踊等の演出活動"　早稲田大学坪内博士記念演劇博物館「演劇百科大事典」
◇毎日芸術賞　第3回　藤間勘十郎(6代)"「勘十郎の会」における佐野源左衛門常世"

【音楽】
◇日本レコード大賞　第3回　●大賞　フランク永井歌, 時雨音羽詞, 佐々紅華曲, 寺岡真三編曲「君恋し」　●歌唱賞　アイ・ジョージ「硝子のジョニー」　●新人賞　該当者なし　童謡賞　楠トシエ歌, 高田三九三詞, 山口保治曲「かかしのねがいごと」

【演劇】
◇朝日賞〔演劇関係〕(昭36年)　●文化賞　長谷川伸「長谷川伸戯曲集」の完結と大衆文学ならびに演劇につくした多年の功労"
◇芸術祭賞〔演劇部門〕　第16回　●芸術祭賞　劇団俳優座「夜の祭典」　森光子「放浪記」の演技"

【漫画・アニメ】
◇小学館漫画賞　第7回　秋玲二「サイエンス君の世界旅行」
◇文藝春秋漫画賞　第7回　岡部冬彦「アッちゃん」「ベビー・ギャング」

【スポーツ】
◇朝日賞(昭36年)　●体育賞　岡田とみ, 伊藤和子, 松崎キミ代, 関正子"第26回世界卓球選手権大会女子団体優勝の日本チーム"　星野展弥, 木村興治"第26回世界卓球選手権大会男子ダブルスで優勝"　荻村伊智朗, 松崎キミ代"第26回世界卓球選手権大会混合ダブルスで優勝"　三宅義信"重量挙げ(フェザー級スナッチ)で世界記録"
◇菊池寛賞　第9回　三原修"作戦統率の妙を得て, 最下位球団をしてよく優勝させた努力"

【その他】
◇文化勲章(昭36年度)　川端康成(小説)　鈴木虎雄(中国文学)　堂本印象(日本画)　富本憲吉(工芸)　福田平八郎(日本画)　水島三一郎(化学)

昭和37年(1962)

【文学全般】
◇菊池寛賞　第10回　子母沢寛"「逃げ水」「父子鷹」「おとこ鷹」等, 幕末明治を時代的背景にした一連の作品"　ドナルド・キーン"古典並びに現代日本文学の翻訳による海外への紹介"
◇群像新人文学賞　第5回　●小説　西原啓「日蝕」　●評論　大炊絶(小笠原克)「私小説論の成立をめぐって」

◇芸術選奨　第13回　●文学部門　文部大臣賞　木山捷平「大陸の細道」
◇新潮社文学賞　第9回　江藤淳「小林秀雄」
◇日本芸術院賞（第2部・文芸）　第19回　獅子文六　福原麟太郎
◇野間文芸賞　第15回　尾崎一雄「まぼろしの記」
◇毎日芸術賞　第4回　●大賞　谷崎潤一郎「瘋癲老人日記」
◇毎日出版文化賞　第16回　金田一京助、荒木田家寿、東都書房「アイヌ童話集」　川端康成、新潮社「眠れる美女」　花田清輝、講談社「鳥獣戯話」　赤座憲久、岩波書店「目のみえぬ子ら」　喜多村緑郎、演劇出版社「喜多村緑郎日記」
◇読売文学賞　第14回　●小説賞　安部公房「砂の女」　●戯曲賞　該当作なし　●評論・伝記賞　山本健吉「柿本人麻呂」　安東次男「澱河歌の周辺」　●詩歌俳句賞　三好達治「三好達治全詩集」

【小説】
◇芥川龍之介賞　第47回（上期）　川村晃「美談の出発」
◇芥川龍之介賞　第48回（下期）　該当作なし
◇江戸川乱歩賞　第8回　戸川昌子「大いなる幻影」　佐賀潜「華やかな死体」
◇オール讀物新人賞　第20回（上期）　稲垣一城「花の御所」
◇オール讀物新人賞　第21回（下期）　原田八束「落暉伝」
◇オール讀物推理小説新人賞　第1回　高原弘吉「あるスカウトの死」
◇講談倶楽部賞　第18回（上期）　俵元昭「京から来た運孤」
◇講談倶楽部賞　第19回（下期）　杉山宇宙美「疑惑の背景」
◇サンデー毎日小説賞　第4回　志図川倫「流氷の祖国」
◇小説新潮賞　第8回　由起しげ子「沢夫人の貞節」
◇女流文学賞　第1回　網野菊「さくらの花」
◇同人雑誌賞　第9回　多岐一雄「光芒」（新現実）
◇直木三十五賞　第47回（上期）　杉森久英「天才と狂人の間」
◇直木三十五賞　第48回（下期）　山口瞳「江分利満氏の優雅な生活」　杉本苑子「孤愁の岸」
◇日本探偵作家クラブ賞　第15回　飛鳥高「細い赤い糸」
◇文學界新人賞　第14回（上期）　該当作なし
◇文學界新人賞　第15回（下期）　阿部昭「子供部屋」
◇文藝賞　第1回　高橋和巳「悲の器」　田畑麦彦「嬰へ短調」　西田喜代志「海辺の物語」

【詩歌】
◇H氏賞　第12回　風山瑕生「大地の一隅」
◇現代歌人協会賞　第6回　倉地与年子「乾燥季」
◇高村光太郎賞〔詩部門〕　第5回　田中冬二「晩春の日に」
◇俳人協会賞　第2回　西東三鬼「変身」
◇晩翠賞　第3回　斎藤庸一「雪のはての火」

【戯曲】
◇「新劇」岸田戯曲賞　第8回　宮本研「日本人民共和国」　八木柊一郎「波止場乞食と六人の息子たち」
◇大衆演劇「一幕物」脚本　第3回　青山伯「あげくの果」
◇年鑑代表シナリオ　第14回　菊島隆三、小国英雄、黒澤明「椿三十郎」　水木洋子「にっぽんのお婆ちゃん」　和田夏十「破戒」　今村昌平、浦山桐郎「キューポラのある街」　吉田喜重「秋津温泉」　安部公房「おとし穴」　橋本忍「切腹」　新藤兼人「人間」　和田夏十「私は2歳」　小津安二郎、野田高梧「秋刀魚の味」　●特別賞　今村昌平、長谷部慶次「にっぽん昆虫記」

昭和37年（1962）

【評論・随筆】
◇日本エッセイスト・クラブ賞　第10回　小門勝二「散人」（私家版）　小島亮一「ヨーロッパ手帖」　大平千枝子「父阿部次郎」

【児童文学】
◇産経児童出版文化賞　第9回　早船ちよ作，竹村捷画「ポンのヒッチハイク」　安藤美紀夫作，山田三郎画「白いりす」　フェリックス・ザルテン作，実吉健郎他訳「ザルテン動物文学全集」全7巻　安倍能成他監修「少年少女世界伝記全集」全15巻　畠山久尚他著「地球の科学」
◇児童福祉文化賞　第5回　●出版物部門　松田道雄「君たちの天分を生かそう」　中川李枝子「いやいやえん」　●紙芝居部門　童心社「つきよとめがね」
◇小学館絵画賞　第11回　該当者なし　●佳作賞　赤羽末吉「日本の神話と伝説」ほか　北田卓史「こどものせかい」表紙ほか
◇小学館文学賞　第11回　花岡大学「ゆうやけ学校」
◇日本児童文学者協会賞　第2回　早船ちよ「キューポラのある街」
◇未明文学賞　第5回　該当作なし

【映画・テレビ全般】
◇エランドール賞（昭37年度）　●新人賞　倍賞千恵子　浜美枝　浜田光夫　姿美千子　千葉真一　山本圭

【映画】
◇キネマ旬報賞　第8回　●日本映画監督賞　市川崑「私は二歳」　●脚本賞　新藤兼人「青べか物語」「しとやかな獣」　●女優賞　岡田茉莉子「今年の恋」「霧子の運命」　●男優賞　仲代達矢「切腹」「椿三十郎」
◇キネマ旬報ベスト・テン　第36回　●日本映画1位　「私は二歳」（市川崑監督）　●日本映画2位　「キューポラのある街」（浦山桐郎監督）　●日本映画3位　「切腹」（小林正樹監督）　●外国映画1位　「野いちご」（イングマール・ベルイマン監督）　●外国映画2位　「ニュールンベルグ裁判」（スタンリー・クレイマー監督）　●外国映画3位　「怒りの葡萄」（ジョン・フォード監督）
◇芸術選奨　第13回　●映画部門　市川崑 "破戒" "私は二歳" の演出"
◇ブルーリボン賞　第13回　●日本映画文化賞　該当者なし　●最優秀作品賞　「キューポラのある街」（浦山桐郎監督）　●脚本賞　橋本忍「切腹」　●監督賞　市川崑「私は二歳」「破戒」　●音楽賞　武満徹「切腹」ほか　●主演男優賞　仲代達矢「切腹」　●主演女優賞　吉永小百合「キューポラのある街」ほか　●助演男優賞　伊藤雄之助「忍びの者」　●助演女優賞　岸田今日子「破戒」「秋刀魚の味」　●新人賞　浦山桐郎　●大衆賞　伴淳三郎 "長年喜劇を通じて大衆に親しまれたことによる"　●特別賞　大河内伝次郎 "長年にわたって日本映画界に尽した功績による"　●最優秀外国映画賞　「怒りの葡萄」（ジョン・フォード監督）
◇毎日映画コンクール　第17回　●日本映画賞　「切腹」（小林正樹監督）　●監督賞　市川崑「私は二歳」「破戒」　●脚本賞　和田夏十「私は二歳」「破戒」　●演技賞 男優主演賞　殿山泰司「人間」　●演技賞 女優主演賞　岡田茉莉子「秋津温泉」「今年の恋」　●演技賞 男優助演賞　東野英治郎「秋刀魚の味」「キューポラのある街」　●演技賞 女優助演賞　岸田今日子「破戒」「秋刀魚の味」「忍びの者」　●大藤信郎賞　手塚治虫「ある街角の物語」
◇牧野省三賞　第5回　鈴木炤成（製作者）
◇優秀映画鑑賞会ベストテン　第3回　●日本映画1位　「キューポラのある街」（浦山桐郎監督）　●日本映画2位　「私は二歳」（市川崑監督）　●日本映画3位　「切腹」（小林正樹監督）　●外国映画1位　「怒りの葡萄」（ジョン・フォード監督）　●外国映画2位　「太陽はひとりぼっち」（ミケランジェロ・アントニオーニ監督）　●外国映画3位　「ニュールンベルグ裁判」（スタンリー・クレイマー監督）

【テレビ】
◇芸術祭賞〔テレビ部門〕　第17回　東京放送「煙の王様」

【芸能全般】
◇菊池寛賞　第10回　伊藤熹朔 "40年にわたる舞台美術確立と後進育成の功績"
◇芸術選奨　第13回　●演劇部門　菅原卓「るつぼ」の翻訳・演出
◇毎日芸術賞　第4回　内村直也「ラジオ・ドラマ「マラソン」「煙立阿蘇外輪山」ほか"　坂東三津五郎(8代)「大商蛭子島」の文覚ほか"　西川鯉三郎「西川鯉三郎創作舞踊発表会」

【音楽】
◇日本レコード大賞　第4回　●大賞　橋幸夫,吉永小百合歌,佐伯孝夫詞,吉田正曲「いつでも夢を」　●歌唱賞　三橋美智也「星屑の町」　●新人賞　北島三郎「なみだ船」　倍賞千恵子「下町の太陽」　●童謡賞　ボニージャックス歌,サトウハチロー詞,中田喜直曲「ちいさい秋みつけた」

【演劇】
◇朝日賞〔演劇関係〕(昭37年)　●文化賞　花柳章太郎 "完成された演技と多年の演劇界への貢献"

【漫画・アニメ】
◇小学館漫画賞　第8回　藤子不二雄「すすめロボケット」「てぶくろてっちゃん」
◇文藝春秋漫画賞　第8回　長谷川町子「サザエさん」

【スポーツ】
◇朝日賞(昭37年)　●文化賞　岡部平太 "マラソンを中心に多年スポーツ界につくした功労"　●体育賞　渡辺長武 "世界アマチュア・レスリング選手権大会でフリースタイル・フェザー級に優勝"　市口政光 "世界アマチュア・レスリング選手権大会グレコローマンスタイル・バンタム級に優勝"　小野喬,遠藤幸雄,三栗崇,相原信行,山下治広,鶴見修治,阿部和雄 "世界体操選手権大会で男子団体に優勝"　相原信行,遠藤幸雄 "世界体操選手権大会徒手に優勝"　小野喬 "世界体操選手権大会鉄棒に優勝"　三宅義信 "世界重量あげ選手権大会バンタム級に優勝"　三宅義信 "重量あげ(フェザー級3種目総合)で世界新記録を樹立"　福島滋雄,重松盛人,佐藤好助,藤本達夫 "水上440ヤードメドレー・リレーで世界新記録を樹立"　福島滋雄 "水上220ヤード背泳で世界新記録を樹立"　重松盛人 "水上220ヤード背泳で世界新記録を樹立"　大松博文,河西昌枝,増尾光枝,宮本恵美子,谷田絹子,半田百合子,松村好子,山田暉,青木洋子,松村勝美,本田憲子,磯辺サタ,篠崎洋子 "世界バレーボール選手権大会女子種目に優勝"

【その他】
◇文化勲章(昭37年度)　梅沢浜夫(微生物学)　奥村土牛(日本画)　桑田義備(植物細胞学)　中村岳陵(日本画)　平櫛田中(木彫)

昭和38年(1963)

【文学全般】
◇菊池寛賞　第11回　伊藤整「日本文壇史」
◇群像新人文学賞　第6回　小説　沢江隆一「重い車」　●評論　月村敏行「中野重治論序説」
◇芸術選奨　第14回　●文学部門　文部大臣賞　梅崎春生「狂ひ凧」
◇新潮社文学賞　第10回　高見順「いやな感じ」
◇日本芸術院賞(第2部・文芸)　第20回　水原秋桜子　亀井勝一郎
◇野間文芸賞　第16回　広津和郎「年月のあしおと」
◇毎日芸術賞　第5回　舟橋聖一「ある女の遠景」
◇毎日出版文化賞　第17回　平野謙,河出書房新社「文芸時評」　広津和郎,講談社「年月のあしおと」　桂ユキ子,光文社「女ひとり原始部落に入る」　岡潔,毎日新聞社「春宵十話」
◇読売文学賞　第15回　小説賞　井上靖「風濤」　●戯曲賞　該当作なし　●評論・伝記賞　福原

麟太郎「チャールズ・ラム伝」　●詩歌俳句賞　浅野晃「寒色」

【小説】
◇芥川龍之介賞　第49回(上期)　後藤紀一「少年の橋」　河野多惠子「蟹」
◇芥川龍之介賞　第50回(下期)　田辺聖子「感傷旅行(センチメンタル・ジャーニイ)」
◇「朝日新聞」懸賞小説　朝日新聞1000万円懸賞小説　三浦綾子「氷点」
◇江戸川乱歩賞　第9回　藤村正太「孤独なアスファルト」
◇オール讀物新人賞　第22回(上期)　武田八洲満「大事」　黒郷里鏡太郎「紐付きの恩賞」
◇オール讀物新人賞　第23回(下期)　該当作なし
◇オール讀物推理小説新人賞　第2回　西村京太郎「歪んだ朝」　野上竜「凶徒」
◇サンデー毎日小説賞　第5回　該当作なし
◇小説現代新人賞　第1回(下期)　中山あい子「優しい女」
◇小説新潮賞　第9回　藤原審爾「殿様と口紅」
◇女流文学賞　第2回　佐多稲子「女の宿」　瀬戸内晴美(後・瀬戸内寂聴)「夏の終り」
◇同人雑誌賞　第10回　鴻みのる「奇妙な雪」(シジフォス)
◇直木三十五賞　第49回(上期)　佐藤得二「女のいくさ」
◇直木三十五賞　第50回(下期)　安藤鶴夫「巷談本牧亭」　和田芳恵「塵の中」
◇日本推理作家協会賞　第16回　土屋隆夫「影の告発」
◇文學界新人賞　第16回(上期)　該当作なし
◇文學界新人賞　第17回(下期)　該当作なし
◇文藝賞　第2回　真継伸彦「鮫」

【詩歌】
◇H氏賞　第13回　高良留美子「場所」
◇現代歌人協会賞　第7回　該当作なし
◇高村光太郎賞〔詩部門〕　第6回　高橋元吉「高橋元吉詩集」　田村隆一「言葉のない世界」　金井直「無実の歌」
◇俳人協会賞　第3回　小林康治「玄霜」
◇晩翠賞　第4回　寒河江真之助「鞭を持たない馭者」
◇室生犀星詩人賞　第3回　会田千衣子「鳥の町」　磯村英樹「したたる太陽」
◇歴程賞　第1回　伊達得夫 "「ユリイカ抄」と生前の出版活動に対して"

【戯曲】
◇「新劇」岸田戯曲賞　第9回　山崎正和「世阿弥」
◇大衆演劇「一幕物」脚本　第4回　戸口茂美「毒蛇」
◇年鑑代表シナリオ　第15回　小国英雄,菊島隆三,久板栄二郎,黒澤明「天国と地獄」　石堂淑朗,浦山桐郎「非行少女」　橋本忍「白と黒」　鈴木尚之,依田義賢「武士道残酷物語」　井上雅人「独立機関銃隊未だ射撃中」　清水邦夫,羽仁進「彼女と彼」　和田夏十「太平洋ひとりぼっち」　鈴木尚之,田坂具隆「五番町夕霧楼」　井手俊郎「江分利満氏の優雅な生活」　●特別賞　星川清司「暴動」

【評論・随筆】
◇日本エッセイスト・クラブ賞　第11回　新保千代子「室生犀星」　林良一「シルクロード」　石井好子「巴里の空の下オムレツのにおいは流れる」

【児童文学】
◇NHK児童文学賞　第1回　●奨励賞　中川李枝子「いやいやえん」　香山美子「あり子の記」　吉田とし「巨人の風車」

◇国際アンデルセン賞国内賞　第2回　いぬいとみこ作, 久米宏一画「北極のムーシカミーシカ」　浜田広介作, 深沢邦朗画「ないた赤おに」
◇産経児童出版文化賞　第10回　●大賞　「こどものとも」37年3月号～38年2月号
◇児童福祉文化賞　第6回　●出版物部門　子どもの家同人「つるのとぶ日」
◇小学館絵画賞　第12回　清水勝「科学図説シリーズ『昆虫と植物』」
◇小学館文学賞　第12回　大石真「見えなくなったクロ」　万田卓「おやだぬきとこだぬきのうた」
◇日本児童文学者協会賞　第3回　香山美子「あり子の記」
◇野間児童文芸賞　第1回　石森延男「パンのみやげ話」　●推奨作品賞　石川光男「若草色の汽船」　中川李枝子「いやいやえん」

【映画・テレビ全般】

◇エランドール賞(昭38年度)　●新人賞　和泉雅子　加賀まりこ　北大路欣也　中川ゆき　中尾ミエ　高田美和　高橋幸治

【映画】

◇キネマ旬報賞　第9回　●日本映画監督賞　今村昌平「にっぽん昆虫記」　●脚本賞　今村昌平「にっぽん昆虫記」「サムライの子」　●女優賞　左幸子「にっぽん昆虫記」「彼女と彼」　●男優賞　勝新太郎「座頭市シリーズ」「悪名シリーズ」
◇キネマ旬報ベスト・テン　第37回　●日本映画1位　「にっぽん昆虫記」(今村昌平監督)　●日本映画2位　「天国と地獄」(黒澤明監督)　●日本映画3位　「五番町夕霧楼」(田坂具隆監督)　●外国映画1位　「アラビアのロレンス」(デヴィッド・リーン監督)　●外国映画2位　「奇跡の人」(アーサー・ペン監督)　●外国映画3位　「シベールの日曜日」(セルジュ・ブールギニョン監督)
◇芸術選奨　第14回　●映画部門　新藤兼人　シナリオ「しとやかな獣」「母」　●評論等　川喜多かしこ "日仏交換映画祭における業績"
◇ブルーリボン賞　第14回　●日本映画文化賞　小津安二郎 "日本映画芸術に尽くした功績"　●最優秀作品賞　「にっぽん昆虫記」(今村昌平監督)　●脚本賞　今村昌平, 長谷部慶次「にっぽん昆虫記」　●監督賞　今村昌平「にっぽん昆虫記」　●音楽賞　武満徹「古都」ほか　●主演男優賞　中村錦之助(後の萬屋錦之介)「武士道残酷物語」　●主演女優賞　左幸子「にっぽん昆虫記」「彼女と彼」　●助演男優賞　河原崎長一郎「五番町夕霧楼」　●助演女優賞　南田洋子「競輪上人行状記」「サムライの子」　●新人賞　佐藤純弥演出「陸軍残虐物語」　●大衆賞　勝新太郎「座頭市シリーズ」　●特別賞　川島雄三 "数々の異色作を残した功績"　●最優秀外国映画賞　「シベールの日曜日」(セルジュ・ブールギニョン監督)
◇毎日映画コンクール　第18回　●日本映画賞　「天国と地獄」(黒澤明監督)　●監督賞　今村昌平「にっぽん昆虫記」　●脚本賞　小国英雄, 菊島隆三, 久板栄二郎, 黒澤明「天国と地獄」　●演技賞 男優主演賞　小林桂樹「白と黒」「江分利満氏の優雅な生活」　●演技賞 女優主演賞　左幸子「にっぽん昆虫記」「彼女と彼」　●演技賞 男優助演賞　長門裕之「古都」　●演技賞 女優助演賞　中村玉緒「越前竹人形」　●大藤信郎賞　東映動画わんぱく王子の大蛇退治製作スタッフ
◇毎日芸術賞　第5回　新藤兼人「母」(近代映画協会作品)の製作監督
◇牧野省三賞　第6回　伊藤大輔(監督)
◇優秀映画鑑賞会ベストテン　第4回　●日本映画1位　「太平洋ひとりぼっち」(市川崑監督)　●日本映画2位　「五番町夕霧楼」(田坂具隆監督)　●日本映画3位　「天国と地獄」(黒澤明監督)　●外国映画1位　「シベールの日曜日」(セルジュ・ブールギニョン監督)　●外国映画2位　「アラビアのロレンス」(デビット・リーン監督)　●外国映画3位　「奇跡の人」(アーサー・ペン監督)

【テレビ】

◇ギャラクシー賞　第1回　●テレビ　フジテレビ「山本富士子アワー『にごりえ』」　日本テレビ放送網「ノンフィクション劇場『忘れられた皇軍』」　日本放送協会「三池炭坑爆発・鶴見電車事故に示した報道活動」

【芸能全般】
◇菊池寛賞　第11回　川口松太郎 "30年に渡り作者と同時に指導者として「新派」を育成し続けた功績"
◇芸術選奨　第14回　●演劇部門　文学座 "ウェスカー作「調理場」等のアトリエ活動の業績"
◇ゴールデン・アロー賞　第1回　●大賞　江利チエミ　●話題賞　山本富士子　●取材協力賞　クレージー・キャッツとその奥さまたち　●新人賞　舟木一夫　●特別賞　石原裕次郎, 石原プロモーション

【音楽】
◇日本レコード大賞　第5回　●大賞　梓みちよ歌, 永六輔詞, 中村八大曲「こんにちは赤ちゃん」　●歌唱賞　フランク永井「逢いたくて」「赤ちゃんは王様だ」　●新人賞　舟木一夫「高校三年生」「学園広場」　三沢あけみ「島のブルース」「私も流れの渡り鳥」　●童謡賞　真理ヨシコ歌, 野坂昭如, 吉岡治詞, 越部信義曲「おもちゃのチャチャチャ」

【演劇】
◇芸術祭賞〔演劇部門〕　第18回　●芸術祭賞　劇団雲「聖女ジャンヌ・ダーク」
◇毎日芸術賞　第5回　ミュージカル「マイ・フェア・レディ」上演関係者

【漫画・アニメ】
◇小学館漫画賞　第9回　関谷ひさし「ファイト先生」「ストップ！ にいちゃん」
◇文藝春秋漫画賞　第9回　六浦光雄 "銅版画風の庶民的な一連のルポ作品"

【スポーツ】
◇朝日賞（昭38年）　●体育賞　田中聡子 "水泳女子110ヤード背泳および220ヤード背泳に世界新記録"　高橋栄子 "水泳女子220ヤード・バタフライに世界新記録"　藤本達夫, 山中毅, 岡部幸明, 福井誠 "水泳男子800m・リレーに世界新記録"　伊藤和子, 山中教子, 松崎キミ代, 関正子 "世界卓球選手権大会女子団体に優勝"　松崎キミ代 "世界卓球選手権大会女子個人シングルスに優勝"　松崎キミ代, 関正子 "世界卓球選手権大会女子ダブルスに優勝"　木村興治, 伊藤和子 "世界卓球選手権大会混合ダブルスに優勝"　堀内岩雄 "世界アマチュア・レスリング選手権大会フリースタイル・ライト級に優勝"　円谷幸吉 "陸上2万mに世界新記録, 陸上1時間競走に世界新記録"　三宅義信 "世界重量あげ選手権大会フェザー級に優勝, 重量あげフェザー級3種目トータルに世界新記録"　一ノ関史郎 "重量あげバンタム級スナッチに世界新記録"
◇菊池寛賞　第11回　堀江謙一 "単身ヨットを駆って世界最初の太平洋横断をした快挙"

【その他】
◇文化勲章（昭38年度）　久野寧（生理学）　古賀逸策（電気工学）

昭和39年（1964）

【文学全般】
◇朝日賞〔文学関係〕（昭39年）　●文化賞　中勘助 "中勘助全集の完結と多年にわたる文学上の業績"　大佛次郎 "「パリ燃ゆ」の完結と多年にわたる文学上の業績"
◇円卓賞　第1回　萩原葉子「木馬館」
◇菊池寛賞　第12回　日本近代文学館の設立運動 "高見順, 小田切進らを中心として開館にまで漕ぎつけた努力と功績"
◇群像新人文学賞　第7回　●小説　三好三千子「どくだみ」　●評論　松原新一「亀井勝一郎論」
◇芸術選奨　第15回　●文学部門 文部大臣賞　芹沢光治良「人間の運命」
◇新潮社文学賞　第11回　大江健三郎「個人的な体験」
◇野間文芸賞　第17回　中山義秀「咲庵」　高見順「死の淵より」

◇毎日芸術賞　第6回　三島由紀夫「絹と明察」　伊馬春部"ラジオ・ドラマ「鉄砲祭前夜」「穂打ち乙女」ほか"
◇毎日出版文化賞　第18回　岸本英夫,講談社「死をみつめる心」　北杜夫,新潮社「楡家の人びと」　青野季吉,河出書房新社「青野季吉日記」　至光社「おはなしのえほん」全5巻
◇読売文学賞　第16回　●小説賞　上林暁「白い屋形船」　●戯曲賞　中村光夫「汽笛一声」　●評論・伝記賞　深田久弥「日本百名山」　●詩歌俳句賞　蔵原伸二郎「岩魚」

【小説】
◇芥川龍之介賞　第51回（上期）　柴田翔「されどわれらが日々―」
◇芥川龍之介賞　第52回（下期）　該当作なし
◇江戸川乱歩賞　第10回　西東登「蟻の木の下で」
◇オール讀物新人賞　第24回（上期）　明田鉄男「月明に飛ぶ」
◇オール讀物新人賞　第25回（下期）　中川静子「幽囚転転」
◇オール讀物推理小説新人賞　第3回　柳川明彦「狂った背景」
◇小説現代新人賞　第2回（上期）　長尾宇迦「山風記」
◇小説現代新人賞　第3回（下期）　八切止夫「寸法武者」
◇小説新潮賞　第10回　有吉佐和子「香華」
◇女流文学賞　第3回　野上弥生子「秀吉と利休」
◇同人雑誌賞　第11回　津村節子「さい果て」
◇直木三十五賞　第51回（上期）　該当作なし
◇直木三十五賞　第52回（下期）　永井路子「炎環」　安西篤子「張少子の話」
◇日本推理作家協会賞　第17回　河野典生「殺意という名の家畜」　結城昌治「夜の終る時」
◇文學界新人賞　第18回（上期）　長谷川敬「青の儀式」　五代夏夫「那覇の木馬」
◇文學界新人賞　第19回（下期）　該当作なし
◇文藝賞　第3回　該当作なし
◇マドモアゼル読者賞　第1回　有吉佐和子「連舞」

【詩歌】
◇H氏賞　第14回　石原吉郎「サンチョ・パンサの帰郷」
◇現代歌人協会賞　第8回　清水房雄「一去集」
◇高村光太郎賞〔詩部門〕　第7回　山崎栄治「聚落」
◇俳人協会賞　第4回　千代田葛彦「旅人木」
◇晩翠賞　第5回　吉田慶治「あおいの記憶」
◇室生犀星詩人賞　第4回　薩摩忠「海の誘惑」　吉原幸子「幼年連禱」
◇歴程賞　第2回　辻まこと「虫類図譜」

【戯曲】
◇芸術選奨　第15回　●演劇部門　北条秀司「北条秀司戯曲選集」全8巻
◇「新劇」岸田戯曲賞　第10回　人見嘉久彦「友絵の鼓」　菅竜一「女の勤行」
◇大衆演劇「一幕物」脚本　第5回　該当作なし
◇年鑑代表シナリオ　第16回　安部公房「砂の女」　新藤兼人「傷だらけの山河」　熊井啓「帝銀事件死刑囚」　八木保太郎「越後つついし親不知」　長谷部慶次,今村昌平「赤い殺意」　松山善三「われ一粒の麦なれど」　水木洋子「甘い汗」　佐治乾,川辺和夫「非行少年」　井手雅人「五弁の椿」　新藤兼人「鬼婆」　●特別賞　菊島隆三「ある日本人」

【評論・随筆】
◇日本エッセイスト・クラブ賞　第12回　片岡弥吉「浦上四番崩れ」　錦三郎「蜘蛛百態」　関山和夫「説教と話芸」

【児童文学】
◇NHK児童文学賞　第2回　若谷和子「小さい木馬」
◇産経児童出版文化賞　第11回　●大賞　高島春雄他著「科学図説シリーズ」全12巻
◇児童福祉文化賞　第7回　●出版物部門　清水えみ子「ちがうぼくととりかえて」　新井勝利絵, 内藤濯話「絵本いっすんぼうし」
◇小学館絵画賞　第13回　井江春代「かえるのけろ」ほか
◇小学館文学賞　第13回　山本和夫「燃える湖」
◇日本児童文学者協会賞　第4回　庄野英二「星の牧場」　神宮輝夫「世界児童文学案内」
◇野間児童文芸賞　第2回　庄野英二「星の牧場」　松谷みよ子「ちいさいモモちゃん」

【映画・テレビ全般】
◇エランドール賞（昭39年度）　●新人賞　藤村志保　本間千代子　市川染五郎（6代）　加藤剛　香山美子　松原智恵子　吉村実子

【映画】
◇朝日賞〔映画関係〕（昭39年）　●文化賞　東京シネマ（代表・岡田桑三）"科学映画製作における国際的業績"
◇キネマ旬報賞　第10回　●日本映画監督賞　勅使河原宏「砂の女」　●脚本賞　水木洋子「怪談」「甘い汗」　●女優賞　京マチ子「甘い汗」　●男優賞　山村聡「傷だらけの山河」
◇キネマ旬報ベスト・テン　第38回　●日本映画1位　「砂の女」（勅使河原宏監督）　●日本映画2位「怪談」（小林正樹監督）　●日本映画3位　「香華」（木下恵介監督）　●外国映画1位　「かくも長き不在」（アンリ・コルピ監督）　●外国映画2位　「突然炎のごとく」（フランソワ・トリュフォー監督）　●外国映画3位　「去年マリエンバートで」（アラン・レネ監督）
◇芸術選奨　第15回　●映画部門　木下恵介 "「香華」の演出"
◇ブルーリボン賞　第15回　●日本映画文化賞　該当者なし　●最優秀作品賞　「砂の女」（勅使河原宏監督）　●脚本賞　国弘威雄「幕末残酷物語」　●監督賞　勅使河原宏「砂の女」　●主演男優賞　小林桂樹「われ一粒の麦なれど」　●主演女優賞　岩下志麻「五弁の椿」　●助演男優賞　西村晃「赤い殺意」ほか　●助演女優賞　吉村実子「鬼婆」　●新人賞　緑魔子「二匹の牝犬」ほか　●大衆賞　吉永小百合「愛と死をみつめて」ほか　●特別賞　佐田啓二 "映画人としての業績"　●最優秀外国映画賞　ユナイト「野のユリ」
◇毎日映画コンクール　第19回　●日本映画賞　「砂の女」（勅使河原宏監督）　●監督賞　勅使河原宏「砂の女」　●脚本賞　八木保太郎「越後つついし親不知」「愛と死をみつめて」　●演技賞 男優主演賞　西村晃「赤い殺意」　●演技賞 女優主演賞　京マチ子「甘い汗」　●演技賞 男優助演賞　三木のり平「香華」　●演技賞 女優助演賞　楠侑子「赤い殺意」「おんなの渦と淵と流れ」　●特別賞　帰山教正　佐田啓二　●大藤信郎賞　和田誠「殺人MURDER」
◇牧野省三賞　第7回　内田吐夢（監督）
◇優秀映画鑑賞会ベストテン　第5回　●日本映画1位　「砂の女」（勅使河原宏監督）　●日本映画2位　「赤い殺意」（今村昌平監督）　●日本映画3位　「鬼婆」（新藤兼人監督）　●外国映画1位「かくも長き不在」（アンリ・コルピ監督）　●外国映画2位　「ハムレット」（グリゴーリ・コージンツェフ監督）　●外国映画3位　「軽蔑」（ジャン＝リュック・ゴダール監督）

【テレビ】
◇ギャラクシー賞　第2回　●テレビ　日本テレビ放送網「30分劇場」　東京放送「カメラルポルタージュ『F104と人間開発』」　日本放送協会「NHK特派員報告」
◇芸術祭賞〔テレビ部門（ドラマ）〕　第19回　中部日本放送「父と子たち」　●奨励賞　NHK「恐山

宿坊　NHK「ふたたび五月が」　九州朝日放送「幾星霜」　RKB毎日「目撃者」　NHK「約束」

【芸能全般】
◇菊池寛賞　第12回　宝塚歌劇団 "レビュー、ショーの先駆として50年健全な娯楽を提供し続けた努力と多数の女優を輩出した功績"　三宅周太郎 "永年劇評を続け、且つ文楽の保護など斬界に尽くした功績"
◇ゴールデン・アロー賞　第2回　●大賞　吉永小百合　●話題賞　美空ひばり　●取材協力賞　勝新太郎, 中村玉緒　●新人賞　市原悦子　林美智子　●特別賞　有馬稲子

【音楽】
◇日本レコード大賞　第6回　●大賞　青山和子歌, 大矢弘子詞, 土田啓四郎曲「愛と死をみつめて」　●歌唱賞　岸洋子「夜明けのうた」　●新人賞　西郷輝彦「君だけを」「17歳のこの胸に」　都はるみ「アンコ椿は恋の花」　●童謡賞　「ワン・ツー・スリー・ゴー」　●特別賞　三波春夫「東京五輪音頭」

【演劇】
◇芸術祭賞〔演劇部門〕　第19回　●芸術祭賞　長岡輝子 "大麦入りのチキンスープ"（文学座アトリエ）の演出・演技"

【漫画・アニメ】
◇小学館漫画賞　第10回　赤塚不二夫「おそ松くん」
◇文藝春秋漫画賞　第10回　梅田英俊 "アサヒグラフ連載漫画"

【スポーツ】
◇朝日賞（昭39年）　●体育賞　第18回オリンピック東京大会　大松博文, 河西昌枝, 宮本恵美子, 谷田絹子, 半田百合子, 松村好子, 磯辺サタ, 松村勝美, 篠崎洋子, 佐々木節子, 藤本佑子, 近藤雅子, 渋木綾乃 "優勝・女子バレーボール"　竹本正男, 塚脇伸作, 小野喬, 遠藤幸雄, 鶴見修治, 三栗崇, 山下治広, 早田卓次, 相羽安弘 "体操競技男子団体"　遠藤幸雄 "体操男子個人総合"　遠藤幸雄 "体操男子個人種目平行棒"　早田卓次 "体操つり輪"　山下治広 "体操跳馬"　三宅義信 "重量あげフェザー級に優勝"　中谷雄英 "柔道競技軽量級に優勝"　岡野功 "柔道中量級に優勝"　猪熊功 "柔道重量級に優勝"　吉田義勝 "レスリング競技フリー・スタイル、フライ級に優勝"　上武洋次郎 "レスリング・フリー・スタイルバンタム級に優勝"　渡辺長武 "レスリング・フリー・スタイルフェザー級に優勝"　花原勉 "レスリング・グレコローマン・スタイル、フライ級に優勝"　市口政光 "レスリング・グレコローマン・スタイルバンタム級に優勝"　桜井孝雄 "ボクシング競技バンタム級"

【その他】
◇文化勲章（昭39年度）　茅誠司（物理学）　大佛次郎（小説）　藪田貞治郎（農芸化学）　吉田五十八（建築）　我妻栄（民法）

昭和40年（1965）

【文学全般】
◇円卓賞　第2回　財部鳥子「いつも見る死」　吉行理恵「私は冬枯れの海にいます」
◇菊池寛賞　第13回　亀井勝一郎 "「日本人の精神史研究」をはじめ、永年にわたる日本人の魂の遍歴を考察した功績"　大宅壮一 "マスコミにおける評論活動生活50年"
◇群像新人文学賞　第8回　●小説　黒部亨「砂の関係」　●評論　渡辺広士「三島由紀夫と大江健三郎」
◇芸術選奨　第16回　●文学部門　文部大臣賞　丸岡明「静かな影絵」「街の灯」　●評論等　文部大臣賞　尾崎秀樹「大衆文学論」
◇新潮社文学賞　第12回　吉行淳之介「不意の出来事」

昭和40年（1965）

◇日本芸術院賞（第2部・文芸）　第22回　中山義秀「咲庵」ほか　永井龍男「一個その他」ほか　山本健吉「芭蕉」ほか　舟木重信「詩人ハイネ・生活と作品」
◇野間文芸賞　第18回　永井龍男「一個その他」
◇毎日芸術賞　第7回　野口冨士男「徳田秋声伝」
◇毎日出版文化賞　第19回　梅崎春生, 新潮社「幻化」　本多秋五, 新潮社「物語戦後文学史」3巻
◇読売文学賞　第17回　●小説賞　庄野潤三「夕べの雲」　●戯曲賞　北条秀司「北条秀司戯曲選集」　●評論・伝記賞　柳田泉「明治初期の文学思想」　●詩歌俳句賞　那珂太郎「音楽」　柴生田稔「入野」

【小説】

◇芥川龍之介賞　第53回（上期）　津村節子「玩具」
◇芥川龍之介賞　第54回（下期）　高井有一「北の河」
◇江戸川乱歩賞　第11回　西村京太郎「天使の傷痕」
◇オール讀物新人賞　第26回（上期）　今村了介「蒼天」
◇オール讀物新人賞　第27回（下期）　富永滋人「ぽてこ陣屋」
◇オール讀物推理小説新人賞　第4回　該当作なし
◇小説現代新人賞　第4回（上期）　竹内松太郎「地の炎」
◇小説現代新人賞　第5回（下期）　伏見丘太郎「悪い指」
◇小説新潮賞　第11回　野村尚吾「戦雲の座」
◇女流文学賞　第4回　該当作なし
◇太宰治賞　第1回　該当作なし
◇谷崎潤一郎賞　第1回　小島信夫「抱擁家族」
◇同人雑誌賞　第12回　渡辺淳一「死化粧」（くりま）
◇直木三十五賞　第53回（上期）　藤井重夫「虹」
◇直木三十五賞　第54回（下期）　新橋遊吉「八百長」　千葉治平「虜愁記」
◇日本推理作家協会賞　第18回　佐野洋「華麗なる醜聞」
◇文學界新人賞　第20回（上期）　高橋光子「蝶の季節」
◇文學界新人賞　第21回（下期）　該当作なし
◇マドモアゼル読者賞　第2回　上坂冬子「BG講座」

【詩歌】

◇H氏賞　第15回　沢村光博「火の分析」
◇現代歌人協会賞　第9回　該当作なし
◇高村光太郎賞〔詩部門〕　第8回　中桐雅夫「中桐雅夫詩集」
◇俳人協会賞　第5回　鷹羽狩行「誕生」
◇晩翠賞　第6回　中村俊亮「愛なしで」
◇室生犀星詩人賞　第5回　那珂太郎「音楽」　寺門仁「遊女」　新川和江「ローマの秋・その他」
◇歴程賞　第3回　金子光晴「IL」

【戯曲】

◇「新劇」岸田戯曲賞　第11回　該当作なし
◇大衆演劇「一幕物」脚本　第6回　該当作なし
◇年鑑代表シナリオ　第17回　鈴木尚之「飢餓海峡」「冷飯とおさんとちゃん」　井手雅人, 小国英雄, 菊島隆三, 黒澤明「赤ひげ」　武田敦「にっぽん泥棒物語」　井手雅人「証人の椅子」　熊井啓「日本列島」　須崎勝弥「太平洋奇蹟の作戦・キスカ」　水木洋子「怪談」　新藤兼人「悪党」　高良留美子, 吉田喜重「水で書かれた物語」　●特別賞　山内久「おまえが棄てた女」

【評論・随筆】
◇日本エッセイスト・クラブ賞　第13回　佐々木たづ「ロバータさあ歩きましょう」　阪田貞之「列車ダイヤの話」　秋吉茂「美女とネズミと神々の島」

【児童文学】
◇NHK児童文学賞　第3回　奨励賞　松谷みよ子「ちいさいモモちゃん」　稲垣昌子「マアおばさんはネコがすき」　岡野薫子「銀色ラッコのなみだ」
◇国際アンデルセン賞国内賞　第3回　石井桃子作、朝倉摂画「三月ひなのつき」　福田清人作、寺島龍一画「春の目玉」　椋鳩十作、須B寿画「孤島の野犬」
◇産経児童出版文化賞　第12回　●大賞　アンデルセン作、初山滋他画、大畑末吉他編訳「アンデルセン童話全集」全8巻
◇児童福祉文化賞　第8回　●出版物部門　加藤明治「水つき学校」
◇小学館絵画賞　第14回　中谷千代子「かばくんのふね」ほか　●特別賞　谷俊彦
◇小学館文学賞　第14回　久保喬「ビルの山ねこ」
◇日本児童文学者協会賞　第5回　稲垣昌子「マアおばさんはネコがすき」　たかしよいち「埋もれた日本」
◇野間児童文芸賞　第3回　いぬいとみこ「うみねこの空」　●推奨作品賞　おのちゅうこう「風は思い出をささやいた」　岡野薫子「ヤマネコのきょうだい」

【映画・テレビ全般】
◇エランドール賞(昭和40年度)　●新人賞　江波杏子　藤純子(後・富司純子)　内藤洋子　小川真由美　竹脇無我　渡哲也

【映画】
◇朝日賞〔映画関係〕(昭和40年)　●文化賞　黒澤明 "日本映画を国際的地位に高めた功績"
◇キネマ旬報賞　第11回　●日本映画監督賞　黒澤明「赤ひげ」　●脚本賞　熊井啓「日本列島」　●女優賞　若尾文子「清作の妻」「波影」「妻の日の愛のかたみに」　●男優賞　三國連太郎「にっぽん泥棒物語」　●特別賞　本宮方式映画教室運動の会 "映画教育の実践、文化運動の真のありかたを示す"
◇キネマ旬報ベスト・テン　第39回　●日本映画 1位　「赤ひげ」(黒澤明監督)　●日本映画 2位　「東京オリンピック」(市川崑監督)　●日本映画 3位　「日本列島」(熊井啓監督)　●外国映画 1位　「8 1/2」(フェデリコ・フェリーニ監督)　●外国映画 2位　「明日に生きる」(マリオ・モニチェリ監督)　●外国映画 3位　「野望の系列」(オットー・プレミンジャー監督)
◇芸術選奨　第16回　●映画部門　内田吐夢「飢餓海峡」の演出
◇ブルーリボン賞　第16回　●日本映画文化賞　市川崑「東京オリンピック」　●最優秀作品賞　「赤ひげ」(黒澤明監督)　●脚本賞　鈴木尚之「飢餓海峡」　●監督賞　山本薩夫「にっぽん泥棒物語」「証人の椅子」　●音楽賞　黛敏郎「東京オリンピック」　●主演男優賞　三船敏郎「赤ひげ」　●主演女優賞　若尾文子「清作の妻」「波影」　●助演男優賞　田村高廣「大映・兵隊やくざ」ほか　●助演女優賞　二木てるみ「赤ひげ」　●新人賞　熊井啓脚本・演出「日本列島」　●大衆賞　植木等　●特別賞　本宮方式映画教室 "良い映画をみる運動の推進"
◇毎日映画コンクール　第20回　●日本映画賞　「赤ひげ」(黒澤明監督)　●監督賞　内田吐夢「飢餓海峡」　●脚本賞　鈴木尚之「飢餓海峡」「冷飯とおさんとちゃん」　●演技賞 男優主演賞　三國連太郎「飢餓海峡」「にっぽん泥棒物語」　●演技賞 女優主演賞　左幸子「飢餓海峡」　●演技賞 男優助演賞　伴淳三郎「飢餓海峡」　●演技賞 女優助演賞　奈良岡朋子「証人の椅子」　●特別賞 監督賞　市川崑「東京オリンピック」　●特別賞　東京オリンピック撮影集団　●大藤信郎賞　久里洋二　村治夫、岡本忠志、ふしぎなくすり電通映画社製作グループ
◇毎日芸術賞　第7回　市川崑 "記録映画「東京オリンピック」の演出"
◇牧野省三賞　第8回　勝新太郎
◇優秀映画鑑賞会ベストテン　第6回　●日本映画 1位　「赤ひげ」(黒澤明監督)　●日本映画 2位

「東京オリンピック」(市川崑監督)　●日本映画 3位　「怪談」(小林正樹監督)　●外国映画 1位「その男ゾルバ」(ミカエル・カコヤニス監督)　●外国映画 2位　「明日に生きる」(マリオ・モニチェリ監督)　●外国映画 3位　「わかれ道」(ラリー・ピアース監督)

【テレビ】

◇ギャラクシー賞　第3回　●テレビ　フジテレビ「若者たち」　関西テレビ「カラハリ」　大山勝美 "TBSテレビ「楡家の人びと」を中心とするテレビドラマの演出"　シオノギ製薬「シオノギ・テレビ劇場」「ミュージックフェア'66」　金井克子「NHK『歌のグランドショー』」

◇芸術祭賞〔テレビ部門(ドラマ)〕　第20回　毎日放送「海より深き」　●奨励賞　日本テレビ「二十年目の収穫」　NHK「はらから」　NET「岐路」　東京放送「東京見物」

【芸能全般】

◇芸術選奨　第16回　●演劇部門　市川団蔵(8代)"国姓爺合戦"の演技"
◇ゴールデン・アロー賞　第3回　●大賞　市川染五郎(6代)　●話題賞　市川崑　●取材協力賞　長門裕之,南田洋子　●新人賞　緒形拳　水前寺清子　●特別賞　橋幸夫

【音楽】

◇日本レコード大賞　第7回　●大賞　美空ひばり歌,関沢新一詞,古賀政男曲「柔」　●歌唱賞　越路吹雪「ワン・レイニー・ナイト・イン・トーキョー」　●新人賞　バーブ佐竹「女心の唄」　田代美代子「幸せがいっぱい」「愛して愛して愛しちゃったのよ」　●童謡賞　天地総子,ゆりかご会歌,阪田寛夫詞,服部公一曲「マーチング・マーチ」　●特別賞　東海林太郎「歌ひとすじに35年」

【演劇】

◇芸術祭賞〔演劇部門〕　第20回　●芸術祭賞　三島由紀夫 "紀伊国屋ホール・演劇集団NLT第2回提携公演「サド侯爵夫人」の脚本"

【漫画・アニメ】

◇小学館漫画賞　第11回　前川かずお「パキちゃんとガン太」ほか
◇文藝春秋漫画賞　第11回　井上洋介 "一連のナンセンス漫画"

【スポーツ】

◇朝日賞(昭40年)　●文化賞　中沢良夫,佐伯達夫 "アマチュア野球,ことに高校野球の育成発展に多年尽くした功績"　●体育賞　深津尚子 "世界卓球選手権大会女子シングルスに優勝"　木村興治,関正子 "世界卓球選手権大会混合ダブルスに優勝"　吉田嘉久 "世界アマチュア・レスリング選手権大会フリースタイル・フライ級に優勝"　福田富昭 "世界アマチュア・レスリング選手権大会フリースタイル・バンタム級に優勝"　重松森雄 "ポリテクニック・マラソンに優勝,世界最高記録"　一ノ関史郎 "重量あげバンタム級総計に世界新記録(全日本選手権大会)"　大内仁 "重量あげミドル級スナッチと総計に世界新記録を樹立(全日本学生選手権大会)"　松田博文 "世界柔道選手権大会軽量級優勝"　岡野功 "世界柔道選手権大会中量級優勝"　猪熊功 "世界柔道選手権大会無差別級優勝"

【その他】

◇文化勲章(昭40年度)　赤堀四郎(生物有機化学)　小糸源太郎(洋画)　諸橋轍次(漢文学)　山口蓬春(日本画)　山本有三(小説,戯曲)

昭和41年(1966)

【文学全般】

◇朝日賞〔文学関係〕(昭41年)　●文化賞　沢瀉久孝「万葉集注釈」全20巻
◇菊池寛賞　第14回　司馬遼太郎 "新鮮な史眼による小説「竜馬がゆく」全5巻,「国盗り物語」全4巻の完結に対して"　石坂洋次郎 "常に健全な常識に立ち,明快な作品を書きつづけた功績"

◇群像新人文学賞　第9回　●小説 当選作　該当作なし　●小説 優秀作　畑山博「一坪の大陸」
　●評論　該当作なし
◇芸術選奨　第17回　●文学部門 文部大臣賞　吉行淳之介「星と月は天の穴」　●評論等 文部大臣賞　島本久恵「明治の女性たち」　唐木順三「応仁四話」
◇新潮社文学賞　第13回　阿川弘之「山本五十六」　萩原葉子「天上の花」
◇日本芸術院賞（第2部・文芸）　第23回　伊藤整　中村光夫
◇野間文芸賞　第19回　井伏鱒二「黒い雨」
◇毎日出版文化賞　第20回　木下順二, 講談社「無限軌道」　木戸日記研究会 (代表・岡義武) 校訂, 東京大学出版会「木戸幸一日記 上・下」　児島襄, 中央公論社「太平洋戦争 上・下」
◇読売文学賞　第18回　●小説　丹羽文雄「一路」　●戯曲賞　該当作なし　●評論・伝記賞　後藤亮「正宗白鳥」　●詩歌俳句賞　木下夕爾「定本木下夕爾詩集」

【小説】
◇芥川龍之介賞　第55回（上期）　該当作なし
◇芥川龍之介賞　第56回（下期）　丸山健二「夏の流れ」
◇江戸川乱歩賞　第12回　斎藤栄「殺人の棋譜」
◇オール讀物新人賞　第28回（上期）　菅野照代「ふくさ」
◇オール讀物新人賞　第29回（下期）　山村直樹「破門の記」
◇オール讀物推理小説新人賞　第5回　該当作なし
◇小説現代新人賞　第6回（上期）　五木寛之「さらばモスクワ愚連隊」　藤本泉「媼繁昌記」
◇小説現代新人賞　第7回（下期）　淵田隆雄「アイヌ遊俠伝」
◇小説新潮賞　第12回　芝木好子「夜の鶴」
◇女流文学賞　第5回　円地文子「なまみこ物語」
◇太宰治賞　第2回　吉村昭「星への旅」
◇谷崎潤一郎賞　第2回　遠藤周作「沈黙」
◇同人雑誌賞　第13回　斉藤せつ子「健やかな日常」(土偶)
◇直木三十五賞　第55回（上期）　立原正秋「白い罌粟」
◇直木三十五賞　第56回（下期）　五木寛之「蒼ざめた馬を見よ」
◇日本推理作家協会賞　第19回　中島河太郎「推理小説展望」
◇文學界新人賞　第22回（上期）　野島勝彦「胎」
◇文學界新人賞　第23回（下期）　宮原昭夫「石のニンフ達」　丸山健二「夏の流れ」
◇文藝賞　第4回　金鶴泳「凍える口」

【詩歌】
◇H氏賞　第16回　入沢康夫「季節についての試論」
◇現代歌人協会賞　第10回　足立公平「飛行絵本」
◇高村光太郎賞〔詩部門〕　第9回　生野幸吉「生野幸吉詩集」
◇俳人協会賞　第6回　磯貝碧蹄館「握手」　稲垣きくの「冬濤」
◇晩翠賞　第7回　宝譲「冬の雨」他3編
◇室生犀星詩人賞　第6回　加藤郁乎「形而情学」　松田幸雄「詩集1947-1965」
◇歴程賞　第4回　安西冬衛 "生前の詩業に対して"

【戯曲】
◇「新劇」岸田戯曲賞　第12回　川俣晃自「関東平野」　広田雅之「砂と城」
◇大衆演劇「一幕物」脚本　第7回　関川周「奥地の鶯」　西川清之「蝸牛の少将」
◇年鑑代表シナリオ　第18回　井手俊郎「女の中にいる他人」　今村昌平, 沼田幸二「人類学入門」

中島貞夫「893愚連隊」　久板栄二郎「紀ノ川」　田村孟「白昼の通り魔」　新藤兼人「本能」　大橋喜一, 小林吉男「愛と死の記録」　橋本忍「白い巨塔」　吉田憲二, 石森史郎「私は泣かない」　鈴木尚之「湖の琴」　●特別賞　岡本喜八「肉弾」

【評論・随筆】

◇日本エッセイスト・クラブ賞　第14回　白崎秀雄「真贋」　西山夘三「住み方の記」　阿部孝「ばら色のバラ」

【児童文学】

◇NHK児童文学賞　第4回　●奨励賞　小沢正「目をさませトラゴロウ」　今西祐行「肥後の石工」　庄野英二「雲の中のにじ」

◇産経児童出版文化賞　第13回　●大賞　加藤陸奥雄「少年少女日本昆虫記」全5巻

◇児童福祉文化賞　第9回　●出版物部門　佐藤さとる「おばあさんのひこうき」　中川李枝子作, 山脇百合子絵「ぐりとぐらのおきゃくさま」

◇小学館絵画賞　第15回　福田庄助「百羽のツル」「そんごくう」

◇小学館文学賞　第15回　西沢正太郎「青いスクラム」

◇日本児童文学者協会賞　第6回　今西祐行「肥後の石工」　那須田稔「シラカバと少女」　●短編賞（第1回）　和田登「虫」

◇野間児童文芸賞　第4回　福田清人「秋の目玉」

【映画・テレビ全般】

◇エランドール賞（昭41年度）　●新人賞　栗塚旭　黒沢年男　大原麗子　山口崇　山本陽子　安田道代（現・大楠道代）

【映画】

◇キネマ旬報賞　第12回　●日本映画監督賞　山本薩夫「白い巨塔」　●脚本賞　橋本忍「白い巨塔」　●女優賞　司葉子「紀ノ川」「ひき逃げ」「沈丁花」　●男優賞　小沢昭一「人類学入門」

◇キネマ旬報ベスト・テン　第40回　●日本映画1位　「白い巨塔」（山本薩夫監督）　●日本映画2位　「"エロ事師たち"より 人類学入門」（今村昌平監督）　●日本映画3位　「紀ノ川」（中村登監督）　●外国映画1位　「大地のうた」（サタジット・レイ監督）　●外国映画2位　「市民ケーン」（オースン・ウェルズ監督）　●外国映画3位　「幸福」（アニエス・ヴァルダ監督）

◇芸術選奨　第17回　●映画部門　田坂具隆　"湖の琴"の演出

◇ブルーリボン賞　第17回　●最優秀作品賞　「白い巨塔」（山本薩夫監督）　●脚本賞　橋本忍「白い巨塔」　●監督賞　山田洋次「運が良けりゃ」　●音楽賞　武満徹「紀ノ川」ほか　●主演男優賞　ハナ肇「運が良けりゃ」　●主演女優賞　司葉子「紀ノ川」　●助演男優賞　中村嘉葎雄「湖の琴」　●助演女優賞　乙羽信子「本能」　●新人賞　渡哲也 "総合実績"　●大衆賞　加山雄三「若大将シリーズ」ほか　●特別賞　三船敏郎 "「グラン・プリ」出演とスタジオ建設で示した日本人俳優としての情熱"　●最優秀外国映画賞　「男と女」（クロード・ルルーシュ監督）

◇毎日映画コンクール　第21回　●日本映画賞　「白い巨塔」（山本薩夫監督）　●監督賞　山本薩夫「白い巨塔」　●脚本賞　橋本忍「白い巨塔」　●演技賞 男優主演賞　小沢昭一「エロ事師たち―人類学入門」　●演技賞 女優主演賞　司葉子「紀ノ川」　●演技賞 男優助演賞　三橋達也「女の中にいる他人」　●演技賞 女優助演賞　坂本スミ子「エロ事師たち―人類学入門」　●特別賞　下村兼史 "「或る日の干潟」「ライチョウ」など数々の生物記録映画の製作"　●大藤信郎賞　手塚治虫 "展覧会の絵"の成果"

◇牧野省三賞　第9回　岡田茂（製作者）

◇優秀映画鑑賞会ベストテン　第7回　●日本映画1位　「白い巨塔」（山本薩夫監督）　●日本映画2位　「他人の顔」（勅使河原宏監督）　●日本映画3位　「紀ノ川」（中村登監督）　●外国映画1位　「パリは燃えているか」（ルネ・クレマン監督）　●外国映画2位　「大地のうた」（サタジット・レイ監督）　●外国映画3位　「オセロ」（スチュアート・バージ監督）

【テレビ】
◇ギャラクシー賞　第4回　東京放送「七人の刑事」　日本教育テレビ「題名のない音楽会」　虫プロダクション"国産動画に尽くした功績"　青森放送"「トベカベ・ジョッキー」「ふるさとのうた」等のラジオ番組において"　藤岡琢也"「横堀川」の演技"　中村玉緒"「おもろい夫婦」「夜のひまわり」「オーイ・ わーい・チチチ」の演技"　萩元晴彦"現代の主役"
◇芸術祭賞〔テレビ部門（ドラマ）〕　第21回　●奨励賞　関西テレビ「柚子家の法事」　東京放送「わが顔を」　NHK「大市民」　NET「ある勇気の記録」第1話　東海テレビ「砂あらし」　中部日本放送「秋の蝶」

【芸能全般】
◇芸術祭賞〔大衆芸能部門〕　第21回　●芸術祭賞　桂文楽"第164回三越落語会における「富久」の話芸"
◇芸術選奨　第17回　●演劇部門　片岡仁左衛門（13代）"「廓文章」「伊勢音頭」「鰻谷」等演技"
◇ゴールデン・アロー賞　第4回　●大賞　加山雄三"自作自演の歌と映画で幅広く活躍し、健康的な魅力によって爆発的なブームをまきおこした"　●話題賞　三島由紀夫"映画「憂国」をはじめ、歌や舞台にユニークなタレントとして活動し、芸能界に話題をまいた"　●取材協力賞　芦田伸介　●新人賞　由美かおる"フレッシュタレントとして、テレビ・映画に新風を吹きこんだ"　内藤洋子"清純な娘役として、映画・テレビでめざましい進境をとげた"　●特別賞　樫山文枝"テレビ「おはなはん」で、愛される人間像を好演し、大衆を魅了した"

【音楽】
◇日本レコード大賞　第8回　●大賞　橋幸夫歌，宮川哲夫詞，利根一郎曲，一ノ瀬義篤編曲「霧氷」　●歌唱賞　舟木一夫「絶唱」　●新人賞　加藤登紀子「赤い風船」　荒木一郎「空に星があるように」　●童謡賞　石川進歌，東京ムービー企画部詞，広瀬健次郎曲「オバケのQ太郎」　●特別賞　加山雄三"自作自演の一連の歌によって幅広く大衆の支持を得た"

【演劇】
◇朝日賞〔演劇関係〕（昭41年）　●文化賞　滝沢修"「セールスマンの死」などの演技と、新劇界への貢献"
◇紀伊國屋演劇賞　第1回　●団体賞　劇団青俳「オッペンハイマー事件」「あの日たち」「地の群れ」の上演"　個人賞　秋浜悟史"「ほらんばか」の作・演出　米倉斉加年"「ゴドーを待ちながら」「私のかわいそうなマラート」「ラヴ」　馬場恵美子"「マリアの首」　村松英子"「リュイ・ブラス」
◇芸術祭賞〔演劇部門〕　第21回　●芸術祭賞　劇団新人会「マリアの首」
◇毎日芸術賞　第8回　滝沢修「セールスマンの死」「オットーと呼ばれる日本人」

【演芸】
◇上方漫才大賞　第1回　漫才大賞　かしまし娘　●奨励賞　島田洋介　今喜多代　●新人賞　若井はんじ，若井けんじ

【漫画・アニメ】
◇小学館漫画賞　第12回　該当者なし
◇文藝春秋漫画賞　第12回　サトウサンペイ"「アサカゼ君」「フジ三太郎」等のサラリーマン風俗漫画"　クロイワ・カズ「Eye For Eye」（自費出版）

【スポーツ】
◇朝日賞（昭41年）　●体育賞　小宮淳宏，福井正康，高木紀子，横山満子，横井文子，天野博江，後藤和子，高橋とも子"第4回ユーバー杯世界女子バドミントン選手権大会に優勝"　金子正明"1966年度世界アマチュア・レスリング選手権大会フリースタイル・フェザー級に優勝"　竹本正男，塚脇伸作，遠藤幸雄，鶴見修治，三栗崇，松田治広，中山彰規，加藤武司，渡辺雅幸"第16回世界体操選手権大会男子

団体に優勝" 中山彰規 "第16回世界体操選手権大会鉄棒・徒手に優勝" 松田治広 "第16回世界体操選手権大会跳馬に優勝"

【その他】
◇文化勲章（昭41年度） 井伏鱒二（小説） 德岡神泉（日本画） 仁田勇（結晶化学）

昭和42年（1967）

【文学全般】
◇菊池寛賞 第15回 吉屋信子 "半世紀にわたる読者と共に歩んだ衰えない文学活動"
◇群像新人文学賞 第10回 ●小説 近藤弘俊「骨」 ●評論 宮内豊「大岡昇平論」 利沢行夫「自己救済のイメージ—大江健三郎論」
◇芸術奨励 第18回 ●文学部門 文部大臣賞 吉野秀雄「含紅集」 藤枝静男「空気頭」 ●文学部門新人賞 加賀乙彦「フランドルの冬」 ●評論等 文部大臣賞 森有正 随筆「遙かなノートルダム」
◇新潮社文学賞 第14回 三浦朱門「箱庭」
◇日本芸術院賞（第2部・文芸） 第24回 網野菊 "多年にわたる作家としての業績に対し"
◇野間文芸賞 第20回 中村光夫「贋の偶像」 舟橋聖一「好きな女の胸飾り」
◇毎日芸術賞 第9回 司馬遼太郎「殉死」
◇毎日出版文化賞 第21回 中野好夫, 新潮社「シェイクスピアの面白さ」 神川信彦, 潮出版社「グラッドストン 上・下」 安岡章太郎, 講談社「幕が下りてから」 藤沢衛彦編, 盛光社「おとぎばなし」全10巻
◇読売文学賞 第19回 ●小説賞 網野菊「一期一会」 ●戯曲賞 飯沢匡「五人のモヨノ」 ●随筆・紀行賞 団伊玖磨「パイプのけむり 正・続」 ●評論・伝記賞 富士川英郎「江戸後期の詩人たち」 ●詩歌俳句賞 土屋文明「青南集」「続青南集」

【小説】
◇芥川龍之介賞 第57回（上期） 大城立裕「カクテル・パーティー」
◇芥川龍之介賞 第58回（下期） 柏原兵三「徳山道助の帰郷」
◇江戸川乱歩賞 第13回 海渡英祐「伯林―1888年」
◇オール讀物新人賞 第30回（上期） 土井稔「隣家の律義者」
◇オール讀物新人賞 第31回（下期） 該当作なし
◇オール讀物推理小説新人賞 第6回 該当作なし
◇小説現代新人賞 第8回（上期） 佐々木二郎「巨大な祭典」
◇小説現代新人賞 第9回（下期） 高橋宏「ひげ」
◇小説新潮賞 第13回 青山光二「修羅の人」
◇女流文学賞 第6回 有吉佐和子「華岡青洲の妻」 河野多惠子「最後の時」
◇太宰治賞 第3回 一色次郎「青幻記」
◇谷崎潤一郎賞 第3回 大江健三郎「万延元年のフットボール」 安部公房「友達」
◇同人雑誌賞 第14回 山下郁夫「南溟」（塔）
◇直木三十五賞 第57回（上期） 生島治郎「追いつめる」
◇直木三十五賞 第58回（下期） 三好徹「聖少女」 野坂昭如「アメリカひじき」「火垂るの墓」
◇日本推理作家協会賞 第20回 三好徹「風塵地帯」
◇文學界新人賞 第24回（上期） 桑原幹夫「雨舌」
◇文學界新人賞 第25回（下期） 該当作なし
◇文藝賞 第5回 該当作なし
◇吉川英治文学賞 第1回 松本清張 "「昭和史発掘」「花氷」「逃亡」ならびに幅広い作家活動"

【詩歌】
◇H氏賞　第17回　三木卓「東京午前三時」
◇現代歌人協会賞　第11回　岡野弘彦「冬の家族」
◇高村光太郎賞〔詩部門〕　第10回　中村稔「鵜原抄」　富士川英郎「江戸後期の詩人たち」
◇蛇笏賞　第1回　皆吉爽雨 "「三露」とこれまでの業績"
◇沼空賞　第1回　吉野秀雄 "「やわらかな心」「心のふるさと」を含むこれまでの全業績"
◇俳人協会賞　第7回　菖蒲あや「路地」　及川貞「夕焼」
◇晩翠賞　第8回　村上昭夫「動物哀歌」
◇室生犀星詩人賞　第7回　関口篤「梨花をうつ」　河合紗良「愛と別れ」　高田敏子「藤」
◇歴程賞　第5回　岩田宏「岩田宏全詩集」

【戯曲】
◇小野宮吉戯曲平和賞　復活第3回　山田民雄「かりそめの出発」「北赤道海流」
◇大衆演劇「一幕物」脚本　第8回　安達靖利「艀、海徳丸」
◇年鑑代表シナリオ　第19回　藤田繁矢, 蔵原惟繕「愛の渇き」　大島渚, 田村孟, 佐々木守「日本春歌考」　橋本忍「上意討ち」　広瀬襄, 藤田繁矢「陽の出の叫び」　今村昌平「人間蒸発」　新藤兼人「性の起源」　橋本忍「日本のいちばん長い日」　新藤兼人「華岡青洲の妻」　山田信夫「乱れ雲」　山内久「若者たち」　●特別賞　田村孟「少年」

【評論・随筆】
◇日本エッセイスト・クラブ賞　第15回　宮本又次「関西と関東」　安住敦「春夏秋冬帖」　佐藤達夫「植物誌」

【児童文学】
◇国際アンデルセン賞国内賞　第4回　今西祐行作, 井口文秀画「肥後の石工」　佐藤さとる作, 村上勉画「おばあさんのひこうき」小峰書店　安藤美紀夫作, 水四澄子画「ボイヤウンベ物語」福音館書店　古倫不子詞, 初山滋作版「もず」至光社
◇産経児童出版文化賞　第14回　●大賞　与田準一作, 朝倉摂他画「与田準一全集」全6巻
◇小学館絵画賞　第16回　村上勉「おばあさんのひこうき」ほか
◇小学館文学賞　第16回　吉田とし「じぶんの星」
◇日本児童文学者協会賞　第7回　古田足日「宿題ひきうけ株式会社」　●短編賞（第2回）　山下夕美子「二年2組はヒヨコのクラス」
◇野間児童文芸賞　第5回　香川茂「セトロの海」　佐藤さとる「おばあさんのひこうき」

【映画・テレビ全般】
◇エランドール賞（昭42年度）　●新人賞　梓英子　栗原小巻　中山仁　小川知子　酒井和歌子　杉良太郎

【映画】
◇キネマ旬報賞　第13回　●日本映画監督賞　小林正樹「上意討ち・拝領妻始末」　●脚本賞　橋本忍「上意討ち・拝領妻始末」「日本のいちばん長い日」　●女優賞　岩下志麻「智恵子抄」「あかね雲」「女の一生」　●男優賞　市川雷蔵（8代）「華岡青洲の妻」「ある殺し屋」
◇キネマ旬報ベスト・テン　第41回　●日本映画1位　「上意討ち―拝領妻始末」（小林正樹監督）　●日本映画2位　「人間蒸発」（今村昌平監督）　●日本映画3位　「日本のいちばん長い日」（岡本喜八監督）　●外国映画1位　「アルジェの戦い」（ジロ・ポンテコルヴォ監督）　●外国映画2位　「欲望」（ミケランジェロ・アントニオーニ監督）　●外国映画3位　「戦争は終った」（アラン・レネ監督）
◇芸術選奨　第18回　●映画部門 大臣賞　三船敏郎 "「上意討ち」「グラン・プリ」等内外の映画活動"　●映画部門 新人賞　竹村博 "「惜春」等の撮影"

◇毎日映画コンクール　第22回　●日本映画賞　「上意討ち―拝領妻始末」(小林正樹監督)　●監督賞　今村昌平「人間蒸発」　●脚本賞　山内久「若者たち」　●演技賞　男優主演賞　田中邦衛「若者たち」　●演技賞　女優主演賞　岩下志麻「智恵子抄」「あかね雲」　●演技賞　男優助演賞　山本圭「若者たち」「君が青春のとき」「陽のあたる坂道」　●演技賞　女優助演賞　左幸子「女の一生」「春日和」　●大藤信郎賞　久里洋二「二匹のサンマ」「部屋」において独自の作風をうちたてた"

◇牧野省三賞　第10回　田坂具隆 (監督)

◇優秀映画鑑賞会ベストテン　第8回　●日本映画1位　「上意討ち」(小林正樹監督)　●日本映画2位　「日本のいちばん長い日」(岡本喜八監督)　●日本映画3位　「華岡青洲の妻」(増村保造監督)　●外国映画1位　「アルジェの戦い」(ジロ・ポンテコルボ監督)　●外国映画2位　「わが命つきるとも」(フレッド・ジンネマン監督)　●外国映画3位　「真実の瞬間」(フランチェスコ・ロージ監督)

【テレビ】

◇菊池寛賞　第15回　宮田輝 "ふるさとの歌まつり」での軽妙な司会と丹念な構成企画"

◇ギャラクシー賞　第5回　長崎放送 "エンタープライズ佐世保入港に際する取材活動"　日本放送協会「ニューギニアの自然」　朝日放送「日本この100年」「激動の日本」　水尾比呂志 "愛と修羅" その他の脚本　黛敏郎 "題名のない音楽会」「NNNワイドニュース」の出演"　九重佑三子 "コメットさん"の演技, "紅白歌合戦"等の司会　長山藍子「旅路」その他の演技　伊庭長之助 "CMフィルムの制作"

◇芸術祭賞〔テレビ部門（ドラマ）〕　第22回　奨励賞　NHK「小さな世界」　広島テレビ「百日紅の花」　東京放送「鳥が…」　中部日本放送「赤井川家の客間」　RKB毎日「子守唄由来」　北海道放送「わかれ」

◇芸術選奨　第18回　●放送部門　大臣賞　和田勉 "テレビ「文五捕物絵図」ほかの演出"　●放送部門　新人賞　兼高かおる "テレビ「兼高かおる世界の旅」の構成・解説"

【芸能全般】

◇芸術選奨　第18回　●演劇部門　大臣賞　中村芝翫(7代) "鳴神」「野崎村」等の演技"　●演劇部門　新人賞　広渡常敏 "「蛙昇天」等の演出"　●評論等　新人賞　河竹登志夫「比較演劇学」　●大衆芸能部門　大臣賞　三遊亭円生(6代) "落語「首提灯」「鹿政談」等の話芸"　●大衆芸能部門　新人賞　小島秀哉 "松竹新喜劇「下積みの石」等の演技"

◇ゴールデン・アロー賞　第5回　●大賞　三船敏郎 "「上意討ち」「グラン・プリ」「黒部の太陽」など内外にわたる映画活動への努力と成果"　●話題賞　浜美枝 "ボンド・ガールとして国際的な話題をまいた"　●取材協力賞　日色ともゑ　水原弘, 水原名奈子　●新人賞　黛ジュン "新人歌手としてのめざましい躍進をとげた"　●特別賞　ジャッキー吉川とブルー・コメッツ "グループサウンズの中心的存在として独創性を発揮した"　●グラフ賞　西野バレエ団　金井克子　由美かおる　原田糸子　奈美悦子

【音楽】

◇日本レコード大賞　第9回　●大賞　ジャッキー吉川とブルー・コメッツ歌, 橋本淳詞, 井上忠夫曲, 森岡賢一郎編曲「ブルー・シャトウー」　●歌唱賞　水原弘「君こそ我が命」　伊東ゆかり「小指の想い出」　●新人賞　永井秀和「恋人と呼んでみたい」　佐良直美「世界は二人のために」　●童謡賞　杉並児童合唱団歌, 近江靖子詞, 寺島尚彦曲「うたう足の歌」　●特別賞　石原裕次郎 "10年間連続ヒットを出し歌謡界に貢献"

【演劇】

◇紀伊國屋演劇賞　第2回　●団体賞　東京演劇アンサンブル(旧・三期会) "「蛙昇天」「マクバード」「グスコー・ブドリの伝記」などの上演"　●個人賞　中村伸郎 "朱雀家の滅亡"　伊藤孝雄 "白い夜の宴」「汚れた手"　今井和子 "友達」「極楽金魚"　吉田日出子 "あたしのビートルズ」「赤目"

◇芸術祭賞〔演劇部門〕　第22回　●芸術祭賞　劇団雲「榎本武揚」

【演芸】
◇上方漫才大賞　第2回　漫才大賞　海原お浜, 海原小浜　●奨励賞　京唄子, 鳳啓助　●奨励賞 特別賞　砂川捨丸, 中村春代　●新人賞　横山やすし, 西川きよし

【漫画・アニメ】
◇小学館漫画賞　第13回　石森章太郎(後・石ノ森章太郎)「佐武と市捕物控」「ジュン」
◇文藝春秋漫画賞　第13回　牧野圭一「牧野圭一漫画集」

【スポーツ】
◇朝日賞 (昭42年)　●体育賞　吉田節子, 山田暉子, 松井勝美, 篠崎洋子, 佐々木節子, 熊坂和香子, 岩原豊子, 小野沢愛子, 芳賀栄子, 生沼スミエ, 高山鈴江, 宍倉邦枝 "第5回世界バレーボール女子選手権大会に優勝・日本代表チーム"　木村興治, 長谷川信彦, 錠本肇, 河野満, 河原智 "第29回世界卓球選手権大会男子団体に優勝"　山中教子, 深津尚子, 森沢幸子, 広田佐枝子 "第29回世界卓球選手権大会女子団体に優勝"　長谷川信彦 "第29回世界卓球選手権大会男子シングルスに優勝"　森沢幸子 "第29回世界卓球選手権大会女子シングルスに優勝"　森沢幸子, 広田佐枝子 "第29回世界卓球選手権大会女子ダブルスに優勝"　長谷川信彦, 山中教子 "第29回世界卓球選手権大会混合ダブルスに優勝"　重岡孝文 "第5回世界柔道選手権大会軽量級に優勝"　湊谷弘 "第5回世界柔道選手権大会軽中量級に優勝"　丸木英二 "第5回世界柔道選手権大会中量級に優勝"　佐藤宣践 "第5回世界柔道選手権大会軽重量級に優勝"　松永満雄 "第5回世界柔道選手権大会無差別級に優勝"　大内仁 "国際スポーツ大会重量あげライトヘビー級スナッチに世界新記録を樹立"　中田茂男 "1967年度世界アマチュアレスリング・フリースタイル選手権大会フライ級に優勝"　金子正明 "1967年度世界アマチュアレスリング・フリースタイル選手権大会フェザー級に優勝"　佐々木精一郎 "第2回国際マラソン選手権大会に世界最高記録を樹立"

【その他】
◇文化勲章 (昭42年度)　小林秀雄 (文芸評論)　坂口謹一郎 (微生物学, 酵素学)　林武 (洋画)　村野藤吾 (建築)　山県昌夫 (造船工学)

昭和43年 (1968)

【文学全般】
◇菊池寛賞　第16回　海音寺潮五郎 "歴史伝記文学作家としての努力と功績"
◇群像新人文学賞　第11回　●小説 当選作　大庭みな子「三匹の蟹」　●小説 優秀作　深井富子「ドン・ペドロ二世ホテル」　●評論　該当作なし
◇芸術選奨　第19回　●文学部門 文部大臣賞　中谷孝雄「招魂の賦」　石田波郷「酒中花」　●文学部門 新人賞　辻邦生「安土往還記」　●評論等 文部大臣賞　髙橋健二「グリム兄弟」
◇日本芸術院賞 (第2部・文芸)　第25回　芹沢光治良「人間の運命」　髙橋健二 "ドイツ文学の翻訳ならびに研究評論の多年にわたる業績に対し"
◇野間文芸賞　第21回　河上徹太郎「吉田松陰」
◇毎日出版文化賞　第22回　開高健, 新潮社「輝ける闇」　富士正晴, 河出書房新社「桂春団治」
◇読売文学賞　第20回　●小説賞　河野多惠子「不意の声」　瀧井孝作「野趣」　●戯曲賞　該当作なし　●随筆・紀行賞　永井龍男「わが切抜帖より」　●評論・伝記賞　塩谷賛「幸田露伴」　●詩歌俳句賞　入沢康夫「わが出雲・わが鎮魂」　飯田龍太「忘音」

【小説】
◇芥川龍之介賞　第59回 (上期)　大庭みな子「三匹の蟹」　丸谷才一「年の残り」
◇芥川龍之介賞　第60回 (下期)　該当作なし
◇江戸川乱歩賞　第14回　該当作なし
◇オール讀物新人賞　第32回 (上期)　豊田行二「示談書」

◇オール讀物新人賞　第33回（下期）　高森真士「兇器」　川崎敬一「麦の虫」
◇オール讀物推理小説新人賞　第7回　伍東和郎「地虫」
◇小説現代新人賞　第10回（上期）　岩井護「雪の日のおりん」
◇小説現代新人賞　第11回（下期）　見矢百代「サント・ジュヌビエーブの丘で」
◇小説新潮賞　第14回　船山馨「石狩平野」
◇女流文学賞　第7回　平林たい子「秘密」
◇太宰治賞　第4回　三浦浩樹「月の道化者」
◇谷崎潤一郎賞　第4回　該当作なし
◇直木三十五賞　第59回（上期）　該当作なし
◇直木三十五賞　第60回（下期）　早乙女貢「僑人の檻」　陳舜臣「青玉獅子香炉」
◇日本推理作家協会賞　第21回　星新一「妄想銀行」および過去の業績"
◇文學界新人賞　第26回（上期）　犬飼和雄「緋魚」　斉藤昌三「拘禁」
◇文學界新人賞　第27回（下期）　加藤富夫「神の女」
◇吉川英治文学賞　第2回　山岡荘八「徳川家康」全26巻

【詩歌】
◇H氏賞　第18回　鈴木志郎康「罐製同棲又は陥穽への逃亡」　村上昭夫「動物哀歌」
◇小熊秀雄賞　第1回　枯木虎夫「鷲」
◇現代歌人協会賞　第12回　該当作なし
◇蛇笏賞　第2回　加藤楸邨 "まぼろしの鹿" とこれまでの業績　秋元不死男 "万座" とこれまでの業績
◇迢空賞　第2回　鹿児島寿蔵 "故郷の灯" とこれまでの業績
◇俳人協会賞　第8回　上田五千石「田園」
◇晩翠賞　第9回　前原正治「作品, 緑の微笑」他5編
◇歴程賞　第6回　宗左近「炎える母」

【戯曲】
◇小野宮吉戯曲平和賞　第4回　大橋喜一「ゼロの記録」
◇「新劇」岸田戯曲賞　第13回　別役実「マッチ売りの少女」「赤い鳥の居る風景」
◇大衆演劇「一幕物」脚本　第9回　該当作なし
◇年鑑代表シナリオ　第20回　武田敦, 小島美史「ドレイ工場」　田村孟, 佐々木守, 深尾道典, 大島渚「絞死刑」　井手雅人, 熊井啓「黒部の太陽」　新藤兼人「藪の中の黒猫」　寺山修司, 羽仁進「初恋・地獄篇」　橋本忍「首」　広沢栄「日本の青春」　岡本喜八「肉弾」　今村昌平, 長谷部慶次「神々の深き欲望」　鈴木尚之, 清水邦夫「祇園祭」　●特別賞　橋本忍, 山田洋次「砂の器」

【評論・随筆】
◇日本エッセイスト・クラブ賞　第16回　団藤重光「刑法紀行」　泉靖一「フィールド・ノート」　畑正憲「われら動物みな兄弟」

【児童文学】
◇産経児童出版文化賞　第15回　●大賞　千葉省三作, 関英雄他編, 岡野和他画「千葉省三童話全集」全6巻
◇児童福祉文化賞　第11回　●出版物部門　渡辺茂男「寺町三丁目十一番地」　石井桃子作, 中川宗弥画「ありこのおつかい」
◇小学館絵画賞　第17回　瀬川康男「やまんばのにしき」ほか
◇小学館文学賞　第17回　斎藤隆介「ベロ出しチョンマ」

◇日本児童文学者協会賞　第8回　長崎源之助「ヒョコタンの山羊」
◇野間児童文芸賞　第6回　まど・みちお「てんぷらぴりぴり」　●推奨作品賞　あまんきみこ「車のいろは空のいろ」　瀬尾七重「ロザンドの木馬」

【映画・テレビ全般】

◇エランドール賞（昭43年度）　●新人賞　生田悦子　中山麻理　丘みつ子　高橋悦史　谷隼人　峰岸隆之介（峰岸徹）

【映画】

◇キネマ旬報賞　第14回　●日本映画監督賞　今村昌平「神々の深き欲望」　●脚本賞　田村孟, 佐々木守, 深尾道典, 大島渚「絞死刑」　●女優賞　若尾文子「不信のとき」「濡れた二人」「積木の箱」　●男優賞　三船敏郎「黒部の太陽」「祇園祭」「山本五十六」
◇キネマ旬報ベスト・テン　第42回　●日本映画1位　「神々の深き欲望」（今村昌平監督）　●日本映画2位　「肉弾」（岡本喜八監督）　●日本映画3位　「絞死刑」（大島渚監督）　●外国映画1位　「俺たちに明日はない」（アーサー・ペン監督）　●外国映画2位　「ロミオとジュリエット」（フランコ・ゼフィレッリ監督）　●外国映画3位　「質屋」（シドニー・ルメット監督）
◇芸術選奨　第19回　●映画部門 大臣賞　今村昌平「神々の深き欲望」の製作・演出"　●映画部門 新人賞　森谷司郎「首」の演出"
◇毎日映画コンクール　第23回　●日本映画賞　「神々の深き欲望」（今村昌平監督）　●監督賞　岡本喜八「肉弾」　●脚本賞　今村昌平, 長谷部慶次「神々の深き欲望」　●演技賞 男優主演賞　寺田農「肉弾」　●演技賞 女優主演賞　乙羽信子「藪の中の黒猫」「強虫女と弱虫男」　●演技賞 男優助演賞　嵐寛寿郎「神々の深き欲望」　●演技賞 女優助演賞　山岡久乃「眠れる美女」「女と味噌汁」「カモとねぎ」　●大藤信郎賞　学習研究社 "人形アニメーション映画「みにくいあひるのこ」の成果"
◇牧野省三賞　第11回　鶴田浩二
◇優秀映画鑑賞会ベストテン　第9回　●日本映画1位　「神々の深き欲望」（今村昌平監督）　●日本映画2位　「黒部の太陽」（熊井啓監督）　●日本映画3位　「祇園祭」（山内鉄也監督）　●外国映画1位　「俺たちに明日はない」（アーサー・ペン監督）　●外国映画2位　「異邦人」（ルキノ・ビスコンティ監督）　●外国映画3位　「卒業」（マイク・ニコルズ監督）

【テレビ】

◇ギャラクシー賞　第6回　日本放送協会「文芸劇場」（「楢山節考」「濹東綺譚」を中心とする）　フジテレビ「みつめていたり」　裕川雅雄 "ニッポン放送「フジセイテツコンサート」のプロデュース"　蒲谷鶴彦「朝の小鳥」（文化放送）　小林亜星 "「イエ・イエ」「エメロンシャンプー」その他CM音楽の作曲"　早坂暁「アイウエオ」「石狩平野」「契りきな」の脚本"　鈴木健二「こんにちわ奥さん」「出合い」「昭和の放送史」その他特別番組の司会"　中畑道子「あしたこそ」の演技"
◇芸術祭賞〔テレビ部門（ドラマ）〕　第23回　東海テレビ「飛騨古系」　●奨励賞　関西テレビ「青やからわたったんや」　日本テレビ「日本の幸福」　NHK「ふたり」
◇芸術選奨　第19回　●放送部門 大臣賞　吉田直哉 "テレビ・ドキュメンタリー「明治百年」シリーズの構成"　●放送部門 新人賞　沖野瞭 "ラジオドラマ「愛と修羅」等の演出"
◇テレビ大賞　第1回　●最優秀ドラマ番組賞　NHK「文五捕物絵図」　●最優秀歌謡番組賞　NHK「ふるさとの歌まつり」　●バラエティー・喜劇番組賞　TBS, 国際放映「コメットさん」　●最優秀社会教養番組賞　東京12チャンネル「ドキュメンタリー・青春」　●主演男優賞　宇津井健　●主演女優賞　浅丘ルリ子　●助演男優賞　山口崇　●助演女優賞　長山藍子　●新人賞　藤田弓子　高橋長英　●特別賞　コント55号

【芸能全般】

◇菊池寛賞　第16回　渋谷天外（2代）"新喜劇のリーダーとして, 同時に優れた作者館直志として永年に渡り大衆に健全な笑いを提供してきた"
◇芸術祭賞〔大衆芸能部門〕　第23回　●大衆芸能部門（1部）芸術祭賞　林家正蔵 "東西交流落語会の「淀五郎」の話芸"　●大衆芸能部門（2部）芸術祭賞　宝塚歌劇団 "「ウエスト・サイド物語」（ミュー

昭和43年(1968)

ジカル)の舞台成果"
◇芸術選奨　第19回　●演劇部門　大臣賞　小山祐士「小山祐士戯曲選集」4巻および多年の業績"　●演劇部門　新人賞　沢村精四郎"「白石噺」「暗闇の丑松」の演技"　●大衆芸能部門　大臣賞　吉田正"作曲生活20周年リサイタル"に集大成された作曲活動"　●大衆芸能部門　新人賞　金原亭馬生"落語「鰍沢」等の話芸"
◇ゴールデン・アロー賞　第6回　●大賞　浅丘ルリ子"テレビ「水色の季節」ほか,映画「狙撃」などで,女優として見事な成熟ぶりを見せ,新生面を切りひらいた"　●話題賞　青島幸男"議員タレントとして誌面をにぎわした"　●取材協力賞　宇津井健,宇津井千恵子　●新人賞　ピンキーとキラーズ"恋の季節"で歌謡界に新風を吹きこんだ"　●特別賞　中村錦之助(後の萬屋錦之介)"「祇園祭」製作に対する熱意と充実した舞台活動"　コント55号"独創的なギャグと現代感覚あふれる動きで新しい笑いを創造した"　●グラフ賞　丸山明宏
◇毎日芸術賞　第10回　●杉村春子"文学座「女の一生」(全国巡演)の演技"　茂木草介"ドラマ「流れ雲」などの作品"

【音楽】
◇新宿音楽祭　第1回　●金賞　矢吹健「あなたのブルース」　はつみかんな「この胸のときめきを」　久保内成幸とロマネスクセブン「新宿エトランゼ」
◇日本作詩大賞　第1回　●大賞　星野哲郎「いつでも君は」(歌・水前寺清子)　●新人大賞　永井ひろし
◇日本有線大賞　第1回　●大賞　森進一「盛り場ブルース」　●スター賞　黒沢明とロスプリモス「ラヴユー東京」　青江三奈「伊勢佐木町ブルース」　●新人賞　矢吹健「あなたのブルース」　ピンキーとキラーズ「恋の季節」　●特別賞　千昌夫「星影のワルツ」
◇日本レコードセールス大賞　第1回　●ゴールデン賞　森進一
◇日本レコード大賞　第10回　●大賞　黛ジュン歌,なかにし礼詞,鈴木邦彦曲「天使の誘惑」　●歌唱賞　菅原洋一「誰もいない」　青江三奈「伊勢佐木町ブルース」　鶴岡雅義と東京ロマンチカ「旅路のひとよ」　●新人賞　矢吹健「あなたのブルース」　久美かおり「くちづけが怖い」　ピンキーとキラーズ「恋の季節」　●童謡賞　長谷川よしみ歌・曲,名村宏詞「ペケのうた」　●10周年記念賞　古賀政男　服部良一
◇夜のレコード大賞　第1回　●大賞　森進一「盛り場ブルース」　●スター賞　青江三奈　黒沢明とロスプリモス　●新人賞　矢吹健　今陽子　●特別賞　千昌夫

【演劇】
◇朝日賞〔演劇関係〕(昭43年)　●文化賞　杉村春子"「女の一生」の全国巡演をはじめとする多年にわたる演劇活動"
◇紀伊國屋演劇賞　第3回　●団体賞　劇団青年座"「坂本龍馬についての一夜」「友達」「蝙蝠」「夜明けに消えた」「禿の女歌手」などの上演"　●個人賞　東野英治郎「あらいはくせき」　吉野佳子「美しきものの伝説」　加賀まりこ「夏」　草間靖子「汚れた手」(再演)　村井志摩子"「線路の上にいる猫」「スラビークの夕食」におけるチェコの戯曲の翻訳と演出"
◇芸術祭賞〔演劇部門〕　第23回　●芸術祭賞　秋元松代"劇団演劇座公演「常陸坊海尊」の脚本"

【演芸】
◇上方漫才大賞　第3回　●漫才大賞　中田ダイマル,中田ラケット　●奨励賞　マンガトリオ　●奨励賞　特別賞　三遊亭小円,木村栄子　●新人賞　若井ぼん,若井はやと

【漫画・アニメ】
◇小学館漫画賞　第14回　川崎のぼる「アニマル1」「いなかっぺ大将」
◇文藝春秋漫画賞　第14回　小島功「日本のかあちゃん」「7-8=1」

【スポーツ】

◇朝日賞（昭43年）　●体育賞　第19回オリンピック・メキシコ大会優勝者　三宅義信 "重量あげフェザー級に優勝"　中田茂男 "レスリング競技フリースタイル・フライ級に優勝"　上武洋次郎 "レスリング・フリースタイル・バンタム級に優勝"　金子正明 "レスリング・フリースタイル・フェザー級に優勝"　宗村宗二 "レスリング・グレコローマンスタイル・ライト級に優勝"　塚脇伸作, 遠藤幸雄, 加藤沢男, 加藤武司, 監物永三, 中山彰規, 塚原光男, 早田卓次 "体操競技男子団体に優勝"　加藤沢男 "体操競技男子個人総合, 床運動に優勝"　中山彰規 "体操競技男子鉄棒, つり輪, 平行棒に優勝"

◇日本プロスポーツ大賞　第1回　●大賞　西城正三（プロボクシング）　●殊勲賞　玉の海正夫（大相撲）　江夏豊（プロ野球）　沢村忠（キックボクシング）

【その他】

◇文化勲章（昭43年度）　堅山南風（日本画）　黒川利雄（内科学）　鈴木雅次（土木工学）　浜田庄司（陶芸）

昭和44年（1969）

【文学全般】

◇菊池寛賞　第17回　石川達三 "社会派文学への積年の努力"　大佛次郎 "「三姉妹」に代表される劇作活動"
◇群像新人文学賞　第12回　●小説　李恢成「またふたたびの道」　●評論　柄谷行人「〈意識〉と〈自然〉─漱石試論」
◇芸術選奨　第20回　●文学部門 文部大臣賞　有吉佐和子「出雲の阿国」　庄野潤三「紺野機業場」　●文学部門 新人賞　黒井千次「時間」　●評論等 大臣賞　竹下英一「岡鬼太郎伝」　●評論等 新人賞　小島信一「運命の歌＝万葉集」
◇日本文学大賞　第1回　井上靖「おろしや国酔夢譚」　稲垣足穂「少年愛の美学」
◇野間文芸賞　第22回　中野重治「甲乙丙丁」
◇毎日芸術賞　第11回　平野謙「文芸時評 上・下」
◇毎日出版文化賞　第23回　もろさわようこ, 未来社「信濃のおんな 上・下」　長谷川四郎, 晶文社「長谷川四郎作品集」全4巻　宇野要吉, 理論社「新劇・愉し哀し」　坪田譲治編, 東都書房「びわの実学校名作選幼年・少年」
◇読売文学賞　第21回　●小説賞　耕治人「一条の光」　小沼丹「懐中時計」　●戯曲賞/随筆・紀行賞　該当作なし　●評論・伝記賞　草野心平「わが光太郎」　田中美知太郎「人生論風に」　●詩歌俳句賞　山本太郎「覇王紀」

【小説】

◇芥川龍之介賞　第61回（上期）　庄司薫「赤頭巾ちゃん気をつけて」　田久保英夫「深い河」
◇芥川龍之介賞　第62回（下期）　清岡卓行「アカシヤの大連」
◇江戸川乱歩賞　第15回　森村誠一「高層の死角」
◇オール讀物新人賞　第34回（上期）　黒岩龍太「裏通りの炎」　会田五郎「チンチン踏切」
◇オール讀物新人賞　第35回（下期）　前田豊「川の終り」
◇オール讀物推理小説新人賞　第8回　加藤薫「アルプスに死す」
◇小説現代新人賞　第12回（上期）　笠原淳「漂泊の門出」
◇小説現代新人賞　第13回（下期）　渡辺利弥「とんがり」
◇女流文学賞　第8回　阿部光子「遅い目覚めながらも」
◇新潮新人賞　第1回　北原亜以子「ママは知らなかったのよ」
◇太宰治賞　第5回　秦恒平「清経入水」（私家版）
◇谷崎潤一郎賞　第5回　円地文子「朱を奪うもの」「傷ある翼」「虹と修羅」
◇直木三十五賞　第61回（上期）　佐藤愛子「戦いすんで日が暮れて」

◇直木三十五賞　第62回（下期）　該当作なし
◇日本推理作家協会賞　第22回　該当作なし
◇文學界新人賞　第28回（上期）　内海隆一郎「雪洞にて」
◇文學界新人賞　第29回（下期）　森内俊雄「幼き者は驢馬に乗って」
◇文藝賞　第6回　該当作なし
◇吉川英治文学賞　第3回　川口松太郎「しぐれ茶屋おりく」

【詩歌】
◇H氏賞　第19回　石垣りん「表札など」　犬塚堯「南極」
◇小熊秀雄賞　第2回　友田多喜雄「詩法」
◇現代歌人協会賞　第13回　大内与五郎「極光の下に」　小野茂樹「羊雲離散」
◇蛇笏賞　第3回　大野林火「潺潺集」とこれまでの業績"
◇沼空賞　第3回　近藤芳美"「黒豹」とこれまでの業績"
◇俳人協会賞　第9回　相馬遷子「雪嶺」
◇晩翠賞　第10回　岩泉晶夫「遠い馬」
◇歴程賞　第7回　大岡信「蕩児の家系」

【戯曲】
◇小野宮吉戯曲平和賞　第5回　高橋治「告発」
◇「新劇」岸田戯曲賞　第14回　秋浜悟史「幼児たちの後の祭り」
◇大衆演劇「一幕物」脚本　第10回　深沢幸雄「包丁野郎」
◇年鑑代表シナリオ　第21回　橋本忍, 国弘威雄「風林火山」　八木保太郎「橋のない川」　山内久「若者はゆく―続若者たち」　富岡多恵子, 武満徹, 篠田正浩「心中天網島」　田村孟「少年」　橋本忍「人斬り」　森崎東, 山田洋次「男はつらいよ」　山内久「私が棄てた女」　新藤兼人, 関功「かげろう」　広沢栄「わが恋わが歌」　●特別賞　広沢栄「十三妹（シイサンメイ）中国忍者伝」

【評論・随筆】
◇日本エッセイスト・クラブ賞　第17回　佐貫亦男「引力とのたたかい―とぶ」　戸井田道三「きものの思想」　坂東三津五郎（9代）「戯場戯語」

【児童文学】
◇国際アンデルセン賞国内賞　第5回　石森延男"氏の業績に対して"　太田大八"氏の業績に対して"
◇産経児童出版文化賞　第16回　●大賞　該当作なし
◇小学館絵画賞　第18回　鈴木義治「まちのせんたく」「ネコのおしろ」
◇小学館文学賞　第18回　山下夕美子「二年2組はヒヨコのクラス」
◇日本児童文学者協会賞　第9回　来栖良夫「くろ助」　山中恒（辞退）「天文子守唄」
◇野間児童文芸賞　第7回　宮脇紀雄「山のおんごく物語」（自費出版）　今西祐行「浦上の旅人たち」
　●推奨作品賞　佐々木たづ「わたし日記を書いたの」

【映画・テレビ全般】
◇エランドール賞（昭44年度）　●新人賞　渥美マリ　沖雅也　尾崎奈々　太地喜和子　高橋紀子　橘ますみ

【映画】
◇キネマ旬報賞　第15回　●日本映画監督賞　篠田正浩「心中天網島」　●脚本賞　田村孟「少年」　●女優賞　岩下志麻「心中天網島」　●男優賞　渥美清「男はつらいよ」
◇キネマ旬報ベスト・テン　第43回　●日本映画1位　「心中天網島」（篠田正浩監督）　●日本映画2

昭和44年（1969）

位　「私が棄てた女」（浦山桐郎監督）　●日本映画 3位　「少年」（大島渚監督）　●外国映画 1位「アポロンの地獄」（ピエル・パオロ・パゾリーニ監督）　●外国映画 2位　「真夜中のカーボーイ」（ジョン・シュレシンジャー監督）　●外国映画 3位　「ifもしも…」（リンゼイ・アンダーソン監督）

◇芸術選奨　第20回　映画部門 大臣賞　山田洋次 "「男はつらいよ」「喜劇・一発大必勝」等の演出"　●映画部門 新人賞　金宇満司 "「栄光への5000キロ」の撮影"　放送部門 大臣賞　河野宏 "テレビ「ながい坂」「不貞ということ」の演出"　放送部門 新人賞　佐良直美 "「NHK世界の音楽」「TBS歌のグランプリ」等の司会・歌唱"

◇毎日映画コンクール　第24回　●日本映画賞　「心中天網島」（篠田正浩監督）　●監督賞　山田洋次「喜劇・一発大必勝」「男はつらいよ」「続・男はつらいよ」　●脚本賞　田村孟「少年」　●演技賞 男優主演賞　渥美清「男はつらいよ」「続・男はつらいよ」「喜劇 女は度胸」　●演技賞 女優主演賞　岩下志麻「心中天網島」「わが恋わが歌」　●演技賞 男優助演賞　中村嘉葎雄「わが恋わが歌」「尻啖え孫市」「新選組」　●演技賞 女優助演賞　小山明子「少年」　●大藤信郎賞　虫プロダクション "「やさしいライオン」の成果"

◇牧野省三賞　第12回　市川雷蔵（8代）

◇優秀映画鑑賞会ベストテン　第10回　●日本映画 1位　「心中天網島」（篠田正浩監督）　●日本映画 2位　「少年」（大島渚監督）　●日本映画 3位　「私が棄てた女」（浦山桐郎監督）　●外国映画 1位「アポロンの地獄」（ピエル・パオロ・パゾリーニ監督）　●外国映画 2位　「真夜中のカーボーイ」（ジョン・シュレシンガー監督）　●外国映画 3位　「フィクサー」（ジョン・フランケンハイマー監督）

【テレビ】

◇ギャラクシー賞　第7回　日本テレビ放送網「NNNワイドニュース」　日本短波放送 "「重い障害児のために」「精薄相談室」等の身障者向番組"　中国放送 "長期にわたる原爆関係のラジオ番組"　広島テレビ放送 "「碑」等の原爆関係番組の提供"　三井グループ "「兼高かおる世界の旅」の提供"　浅丘ルリ子 "「朱鷺の墓」「90日の恋」の演技"　三田佳子 "「京の川」「アーラわが君」「ただいま同居中」の演技"　露木茂 "「小川宏ショー」の司会"

◇芸術祭賞〔テレビ部門（ドラマ）〕　第24回　●優秀賞　NHK「時のなかの風景」「走れ玩具」「真夜中のぶるうす」　広島テレビ「碑」

◇テレビ大賞　第2回　●テレビ大賞　NET、東宝「ながい坂」　●優秀番組賞　広島テレビ「碑」　NHK「NHKアポロ11号関連番組 天と地と」「一の糸」　TBS「パンとあこがれ」　●優秀タレント賞　中山千夏　中村吉右衛門　高松英郎　栗原小巻　●タレント新人賞　中村光輝　宇津宮雅代　●特別賞　大橋巨泉

◇日本民間放送連盟賞（昭44年度）　●番組部門（テレビ社会・教養番組）金賞　朝日放送、三菱グループ「ドキュメント─今・この時に─ある日突然」　●番組部門（テレビ娯楽番組）金賞　北海道放送、東京芝浦電気、東芝商事「東芝日曜劇場─ダンプかあちゃん」

【芸能全般】

◇芸術祭賞〔大衆芸能部門〕　第24回　●大衆芸能部門（1部）大賞　桂小南 "「桂小南独演会」における話芸"

◇芸術選奨　第20回　●演劇部門 大臣賞　市川翠扇 "「蛍」「巷談宵宮雨」等の演技"　●演劇部門 新人賞　片岡孝夫 "「熊谷陣屋」「仮名手本忠臣蔵」等の演技"　●大衆芸能部門 大臣賞　該当者なし　●大衆芸能部門 新人賞　市川染五郎（6代）"ミュージカル「ラ・マンチャの男」の演技"

◇ゴールデン・アロー賞　第7回　●大賞　岩下志麻 "映画「心中天網島」、舞台「オセロ」などで最も充実した仕事をした"　●話題賞　津川雅彦 "最も大きな話題を提供し、誌面をにぎわした"　●新人賞　ピーター "特異なタレントとしてはなばなしく登場した"　●映画賞　該当者なし　●演劇賞　平幹二朗 "「ハムレット」「狂気と天才」「結婚物語」などですぐれた演技をみせた"　●音楽賞　森山良子 "「禁じられた恋」などで歌謡界に新しいジャンルを開いた"　●放送賞　中山千夏 "司会・ドラマ・歌などの幅広い活動によって視聴者を魅了した"　●特別賞　森進一 "独特な歌唱法で演歌の心を見事にうたいあげた"　●グラフ賞　浅丘ルリ子

【音楽】
◇新宿音楽祭　第2回　●金賞　斉条史郎「夜の銀狐」　高田恭子「みんな夢の中」　はしだのりひことシューベルツ「風」
◇日本作詩大賞　第2回　●大賞　川内康範「花と蝶」(歌・森進一)　●新人大賞　有馬三恵子
◇日本有線大賞　第2回　●大賞　森進一「港町ブルース」　●GOLDENスター賞　青江三奈「池袋の夜」　●スター賞　北島三郎「仁義」　●新人賞　内山田洋とクール・ファイブ「長崎は今日も雨だった」
◇日本レコードセールス大賞　第2回　●ゴールデン賞　森進一　●新人賞　由紀さおり
◇日本レコード大賞　第11回　●大賞　佐良直美歌, 岩谷時子詞, いずみたく曲・編曲「いいじゃないの幸せならば」　●最優秀歌唱賞　森進一「港町ブルース」　●最優秀新人賞　ピーター「夜と朝のあいだに」　●童謡賞「うまれたきょうだい11人」
◇夜のレコード大賞　第2回　●金賞　青江三奈「長崎ブルース」　●銀賞　奥村チヨ　●優秀スター賞　北島三郎、弘田三枝子　●新人賞　内山田洋とクール・ファイブ　カルメンマキ　●話題賞　藤純子(後・富司純子)　●特別功労賞　森進一

【演劇】
◇紀伊國屋演劇賞　第4回　●団体賞　劇団三十人会 "「喜劇・秋浜悟史」(英雄たち, りんごの秋, しらけおばけ)「おもて切り」の公演におけるアンサンブルのとれた劇団活動"　●個人賞　芥川比呂志「ブリストヴィルの午後」「薔薇の館」の演出　安部真知「狂人なおもて往生をとぐ」「棒になった男」の装置　佐藤信 "「おんなごろしあぶらの地獄」「鼠小僧次郎吉」の作・演出および劇団自由劇場の劇団活動を推進"　奈良岡朋子「しあわせな日々」「かもめ」　ニコラ・バタイユ「15の未来派の作品」の演出
◇芸術祭賞〔演劇部門〕　第24回　●大賞　井川比佐志 "第1回紀伊国屋演劇公演「棒になった男」における演技"
◇毎日芸術賞　第11回　秋元松代「かさぶた式部考」(戯曲)

【演芸】
◇上方漫才大賞　第4回　●漫才大賞　夢路いとし, 喜味こいし　●奨励賞　フラワーショウ　●新人賞　正司敏江, 正司玲児

【漫画・アニメ】
◇小学館漫画賞　第15回　水野英子「ファイヤー！」
◇文藝春秋漫画賞　第15回　鈴木義司 "一連の時事・風俗漫画"　和田誠 "一連の似顔画その他の作品"

【スポーツ】
◇朝日賞(昭44年)　●体育賞　田中忠道 "1969年度世界アマチュアレスリング・フリースタイル選手権大会57キロ級に優勝"　森田武雄 "1969年度世界アマチュアレスリング・フリースタイル選手権大会62キロ級に優勝"　三宅義行 "1969年9月の世界重量あげ選手権大会フェザー級に優勝"　大内仁 "1969年9月の世界重量あげ選手権大会ライトヘビー級に優勝"　河野満, 伊藤繁雄, 長谷川信彦, 笠井賢二, 田阪登紀夫, 井上哲夫 "第30回世界卓球選手権大会男子団体に優勝"　伊藤繁雄 "第30回世界卓球選手権大会男子シングルスに優勝"　小和田敏子 "第30回世界卓球選手権大会女子シングルスに優勝"　長谷川信彦, 今野安子 "第30回世界卓球選手権大会混合ダブルスに優勝"　湯木博江, 高木紀子, 天野博江, 高橋とも子 "第5回世界女子バドミントン選手権大会に優勝"　園田義男 "第6回世界柔道選手権大会軽級に優勝"　湊谷弘 "第6回世界柔道選手権大会軽中量級に優勝"　園田勇 "第6回世界柔道選手権大会中量級に優勝"　笹原富美雄 "第6回世界柔道選手権大会軽重量級に優勝"　須磨周司 "第6回世界柔道選手権大会重量級に優勝"　篠巻政利 "第6回世界柔道選手権大会無差別級に優勝"
◇日本プロスポーツ大賞　第2回　●大賞　読売巨人軍　●殊勲賞　金田正一(プロ野球)　小林弘(プロボクシング)　清国忠雄(大相撲)

【その他】
◇文化勲章（昭44年度）　N.A.アームストロング（アポロ11号宇宙船船長）　E.E.オルドリン, Jr.（アポロ11号宇宙船操縦士）　M.コリンズ（アポロ11号宇宙船操縦士）
◇文化勲章（昭44年度）　獅子文六（小説，戯曲）　落合英二（薬化学）　正田建次郎（数学）　東山魁夷（日本画）

昭和45年（1970）

【文学全般】
◇菊池寛賞　第18回　松本清張 "「昭和史発掘」を軸とする意欲的な創作活動"　江藤淳 "評伝「漱石とその時代」の優れた業績に対して"
◇群像新人文学賞　第13回　●小説　勝木康介「出発の周辺」　●評論　該当作なし
◇芸術選奨　第21回　●文学部門 文部大臣賞　石原慎太郎「化石の森」　岩崎京子「鯉のいる村」
◇日本芸術院賞（第2部・文芸）　第27回　富安風生　唐木順三
◇日本文学大賞　第2回　伊藤整「変容」
◇野間文芸賞　第23回　吉田健一「ヨオロッパの世紀末」　江藤淳「漱石とその時代」
◇毎日出版文化賞　第24回　上田正昭, 岩波書店「日本神話」　北小路健, 芸艸堂「木曽路・文献の旅」　なだいなだ, 中央公論社「お医者さん」　塩野七生, 新潮社「チェーザレ・ボルジア あるいは優雅なる冷酷」　寺田透, 河出書房新社「芸術の理路」　●特別賞　松永伍一, 法政大学出版局「日本農民詩史 上・中・下」
◇読売文学賞　第22回　●小説賞　吉田健一「瓦礫の中」　●戯曲賞　該当作なし　●随筆・紀行賞　里見弴「五代の民」　●評論・伝記賞　該当作なし　●詩歌俳句賞　緒方昇「魚仏詩集」　初井しづ枝「冬至梅」（歌集）　野沢節子「鳳蝶」

【小説】
◇芥川龍之介賞　第63回（上期）　古山高麗雄「プレオー8の夜明け」　吉田知子「無明長夜」
◇芥川龍之介賞　第64回（下期）　古井由吉「杳子」
◇江戸川乱歩賞　第16回　大谷羊太郎「殺意の演奏」
◇オール讀物新人賞　第36回（上期）　古屋甚一「潮の齢」
◇オール讀物新人賞　第37回（下期）　稲村格「はしか犬」
◇オール讀物推理小説新人賞　第9回　久丸修「荒れた粒子」
◇サンデー毎日新人賞　第1回　●時代小説　舛山六太「降倭記」　●推理小説　井口泰子「東名ハイウエイバス・ドリーム号」
◇小説現代新人賞　第14回（上期）　加embly秀三「町の底」　亀井宏「弱き者は死ね」
◇小説現代新人賞　第15回（下期）　赤江瀑「ニジンスキーの手」　新宮正春「安南の六連銭」
◇女流文学賞　第9回　大谷藤子「再会」　大原富枝「於雪―土佐一条家の崩壊」
◇新潮新人賞　第2回　倉島斉「老父」
◇太宰治賞　第6回　海堂昌之「背後の時間」
◇谷崎潤一郎賞　第6回　埴谷雄高「闇のなかの黒い馬」　吉行淳之介「暗室」
◇直木三十五賞　第63回（上期）　結城昌治「軍旗はためく下に」　渡辺淳一「光と影」
◇直木三十五賞　第64回（下期）　豊田穣「長良川」
◇日本推理作家協会賞　第23回　陳舜臣「玉嶺よふたたび」「孔雀の道」
◇文學界新人賞　第30回（上期）　前田隆之介「使徒」
◇文學界新人賞　第31回（下期）　樋口至宏「僕たちの祭り」　田中泰高「鯉の病院」
◇文藝賞　第7回　黒羽英二「目的補語」　小野木朝子「クリスマスの旅」
◇吉川英治文学賞　第4回　柴田錬三郎 "「三国志 英雄ここにあり」を中心とした作家活動"

昭和45年（1970）

【詩歌】
◇H氏賞　第20回　知念栄喜「みやらび」
◇小熊秀雄賞　第3回　萩原貢「悪い夏」
◇現代歌人協会賞　第14回　川島喜代詩「波動」
◇高見順賞　第1回　三木卓「わがキディ・ランド」　吉増剛造「黄金詩篇」
◇蛇笏賞　第4回　福田蓼汀 "「秋風挽歌」とこれまでの業績"
◇迢空賞　第4回　加藤克巳 "「球体」とこれまでの作歌, 評論活動に対して"
◇俳人協会賞　第10回　石田あき子「見舞籠」　林翔「和紙」
◇晩翠賞　第11回　高橋兼吉「真珠婚」
◇歴程賞　第8回　粟津則雄「詩の空間」「詩人たち」

【戯曲】
◇小野宮吉戯曲平和賞　第6回　飯沢匡「もう一人のヒト」
◇「新劇」岸田戯曲賞　第15回　唐十郎「少女仮面」
◇年鑑代表シナリオ（昭45年度）　井上光晴, 熊井啓「地の群れ」　山田正弘, 吉田喜重「エロス＋虐殺」　小川紳介「日本解放戦線三里塚」　森谷司郎, 井手俊郎「赤頭巾ちゃん気をつけて」　石堂淑朗「無常」　山田洋次, 宮崎晃「男はつらいよ」　山田洋次, 宮崎晃「家族」　新藤兼人, 関功, 松田昭三「裸の19才」　黒澤明, 小国英雄, 橋本忍「どですかでん」　山内久「若者の旗」

【評論・随筆】
◇大宅壮一ノンフィクション賞　第1回　尾川正二「極限のなかの人間」
◇日本エッセイスト・クラブ賞　第18回　仲田定之助「明治商売往来」　島田謹二「アメリカにおける秋山真之」　芥川比呂志「決められた以外のせりふ」　菊池誠「情報人間の時代」

【児童文学】
◇講談社出版文化賞　第1回　●絵本部門　中谷千代子「まちのねずみといなかのねずみ」
◇産経児童出版文化賞　第17回　●大賞　坪田譲治作, 小松久子画「かっぱとドンコツ」
◇児童福祉文化賞　第13回　●出版物部門　広島テレビ放送編「いしぶみ」
◇小学館絵画賞　第19回　小野木学「おんどりと二枚のきんか」ほか
◇小学館文学賞　第19回　武川みづえ「空中アトリエ」
◇日本児童文学者協会賞　第10回　前川康男「魔神の海」
◇野間児童文芸賞　第8回　岩崎京子「鯉のいる村」　●推奨作品賞　後藤竜二「大地の冬のなかまたち」

【映画・テレビ全般】
◇エランドール賞（昭45年度）　●新人賞　原田大二郎　森田健作　夏純子　岡田裕介　岡本信人　堺正章　佐藤オリエ　武原英子　梅田智子　渡瀬恒彦　八並史男
◇毎日芸術賞　第12回　山田洋次 "「家族」「男はつらいよ　望郷篇」の作・演出"　広島テレビ放送制作関係者「光と風の生涯」(テレビ・ドキュメンタリー)

【映画】
◇キネマ旬報賞　第16回　●日本映画監督賞　山田洋次「家族」　●脚本賞　山田洋次, 宮崎晃「家族」「男はつらいよ　望郷篇」　●女優賞　倍賞千恵子「家族」「男はつらいよ　望郷篇」　●男優賞　井川比佐志「家族」「どですかでん」
◇キネマ旬報ベスト・テン　第44回　●日本映画1位　「家族」(山田洋次監督)　●日本映画2位　「戦争と人間」(山本薩夫監督)　●日本映画3位　「どですかでん」(黒澤明監督)　●外国映画1位　「イージー・ライダー」(デニス・ホッパー監督)　●外国映画2位　「サテリコン」(フェデリコ・フェリーニ監督)　●外国映画3位　「Z」(コスタ＝ガヴラス監督)

◇芸術選奨　第21回　●映画部門 大臣賞　倍賞千恵子 "「家族」の演技"　●映画部門 新人賞　森崎東 "「男はつらいよ フーテンの寅」「喜劇男は愛嬌」等の演出"　●評論等 大臣賞　飯島正「前衛映画理論と前衛芸術」　●放送部門 大臣賞　川崎洋 "ラジオドラマ「ジャンボアフリカ」の脚本"
◇毎日映画コンクール　第25回　●日本映画賞　「家族」(山田洋次監督)　●監督賞　山本薩夫「戦争と人間」　●脚本賞　山田洋次「家族」　●宮崎晃「男はつらいよ 望郷篇」　●演技賞 男優主演賞　井川比佐志「家族」　●演技賞 女優主演賞　倍賞千恵子「家族」「男はつらいよ 望郷篇」　●演技賞 男優助演賞　笠智衆「家族」　●演技賞 女優助演賞　奈良岡朋子「地の群れ」「どですかでん」　●大藤信郎賞　岡本忠成ほか製作スタッフ "「花ともぐら」「ホーム・マイホーム」の成果に対し"　●大藤信郎賞 大藤賞委員会特別賞　日本動画 "「漫画誕生—日本漫画映画発達史」(2部作) 製作に対し"
◇牧野省三賞　第13回　宮川一夫(撮影監督)
◇優秀映画鑑賞会ベストテン　第11回　●日本映画1位　「戦争と人間」(山本薩夫監督)　●日本映画2位　「家族」(山田洋次監督)　●日本映画3位　「どですかでん」(黒澤明監督)　●外国映画1位　「Z」(コスタ＝ガヴラス監督)　●外国映画2位　「M★A★S★H マッシュ」(ロバート・アルトマン監督)　●外国映画3位　「イージー・ライダー」(デニス・ホッパー監督)

【テレビ】

◇ギャラクシー賞　第8回　日本放送協会「日本史探訪」「現代の映像」　牛山純一 "テレビドキュメンタリーのプロデュース"　瀬川昌昭 "「70年代われらの世界」その他の制作"　奈良岡朋子 "「ゼロの焦点」「五彩の女」「酒場の扉」等の演技"　ミヤコ蝶々 "「夫婦善哉」「ナイトショー」の司会「待ってますわ」「わたしはカモメ」の演技"　夢路いとし、喜味こいし "「がっちり買いまショー」の司会"　石井ふく子 "「東芝日曜劇場」のプロデュース"
◇芸術祭賞〔テレビ部門(ドラマ)〕　第25回　●大賞　中部日本放送「海のあく日」　●優秀賞　NHK「遺書配達人」　毎日放送「わが父北斎」　NHK「七人みさき」
◇テレビ大賞　第3回　●テレビ大賞　TBS、木下恵介プロ「冬の旅」　●優秀番組賞　NHK「日本史探訪」「70年代われらの世界」　フジテレビ、虫プロ「ムーミン」　日本テレビ「ドキュメント'70」　東京12チャンネル「人に歴史あり」　●優秀タレント賞　露木茂　堺正章　富士真奈美　川口晶　●タレント新人賞　山本亘　岡崎友紀　丘みつ子　●特別賞　今福祝(アナウンサー)

【芸能全般】

◇芸術祭賞〔大衆芸能部門〕　第25回　●大賞　該当なし
◇芸術選奨　第21回　●演劇部門 大臣賞　宇野信夫「柳影沢蛍火」の作・演出"　●演劇部門 新人賞　坂東玉三郎(5代) "「妹背山婦女庭訓」等の演技"　●評論等 新人賞　阿部優蔵「東京の小芝居」　●大衆芸能部門 大臣賞　フランク永井 "リサイタル等の歌唱"　●大衆芸能部門 新人賞　藤代暁子 "SKD「夏の踊り」「秋の踊り」における振付"
◇ゴールデン・アロー賞　第8回　●大賞　藤圭子 "演歌の心を歌いあげ、年間を通じて大衆の幅広い支持を受けた"　●映画賞　山田洋次 "「家族」「男はつらいよ」シリーズで映画の真価を高めた"　●演劇賞　坂東玉三郎(5代) "若手女形として充実した舞台成果をあげた"　●音楽賞　なかにし礼 "ヒット曲を数多く作詞し歌謡界に貢献した"　●放送賞　ザ・ドリフターズ "五人の個性をいかした演技でテレビに活躍した"　●新人賞　関根恵子 "映画女優不振の中で大型新人として活躍した"　●特別賞　堺正章 "喜劇演技で茶の間に明るさをもたらした"　●グラフ賞　辺見マリ

【音楽】

◇新宿音楽祭　第3回　●金賞　野村真樹「一度だけなら」　日吉ミミ「男と女のお話」
◇日本歌謡大賞　第1回　●大賞　藤圭子「圭子の夢は夜ひらく」
◇日本作詩大賞　第3回　●大賞　藤田まさと「恋ひとすじ」(歌・森進一)
◇日本有線大賞　第3回　●大賞　内山田洋とクール・ファイブ「うわさの女」　●スター賞　藤圭子「命あずけます」　菅原洋一「今日でお別れ」　●新人賞　辺見マリ「経験」　野村真樹「一度だけなら」
◇日本レコードセールス大賞　第3回　●セールス大賞　藤圭子　●ゴールデン賞　内山田洋とクール・ファイブ　森進一　●男性新人賞　野村真樹　●女性新人賞　安倍律子　●グループ新人賞

ソルティ・シュガー ●作品賞 「黒ネコのタンゴ」 「圭子の夢は夜ひらく」 「ドリフのズンドコ節」 「女のブルース」 「手紙」

◇日本レコード大賞 第12回 ●大賞 菅原洋一歌, なかにし礼詞, 宇井あきら曲, 森岡賢一郎編曲「今日でお別れ」 ●最優秀新人賞 にしきのあきら「もう恋なのか」 ●歌唱賞 内山田洋とクール・ファイブ「噂の女」 岸洋子「希望」 由紀さおり「手紙」 森進一「波止場女のブルース」 ●童謡賞 「ムーミンのテーマ」

◇夜のレコード大賞 第3回 ●金賞 内山田洋とクール・ファイブ「噂の女」 ●銀賞 渚ゆう子「京都の恋」 ●優秀スター賞 藤圭子「命預けます」 ヒデとロザンナ「愛は傷つきやすく」 ●新人賞 辺見マリ「経験」 南有二とフルセイズ「おんな占い」 ●健闘賞 日吉ミミ「男と女のお話」 ●特別賞 鶴田浩二「同期の桜」

【演劇】

◇紀伊國屋演劇賞 第5回 ●団体賞 テアトル・エコー "昭和45年における井上ひさしの作品を中心に新しい喜劇の方向をうち出した劇団活動" ●個人賞 別役実「街と飛行船」「不思議の国のアリス」その他の脚本 長岡輝子「メテオール」 大滝秀治「審判」 中村たつ「冬の花」 荒木かずほ「志村夏江」

◇芸術祭賞〔演劇部門〕 第25回 ●大賞 該当なし
◇毎日芸術賞 第12回 東野英治郎「冒険・藤堂作右エ門」

【演芸】

◇上方漫才大賞 第5回 ●漫才大賞 横山やすし, 西川きよし ●奨励賞 平和ラッパ, 平和日佐丸 ●新人賞 コメディNo.1 鳳らん太, 鳳ゆう太

【漫画・アニメ】

◇講談社出版文化賞 第1回 ●児童漫画部門 手塚治虫「火の鳥」
◇小学館漫画賞 第16回 秋竜山「ギャグおじさん」「親バカ天国」 わたなべまさこ「ガラスの城」
◇文藝春秋漫画賞 第16回 東海林さだお "タンマ君」「新漫画文学全集」などを中心とした一連のサラリーマン漫画"

【スポーツ】

◇朝日賞(昭45年) ●体育賞 鈴木恵一 "5ヵ国対抗スケート大会で世界記録を樹立" 柳田英明 "1970年度世界レスリング選手権大会で優勝・フリースタイル57kg級" 藤本英男 "1970年度世界レスリング選手権大会で優勝・グレコローマンスタイル62kg級" 遠藤幸雄, 早田卓次, 中山彰規, 加藤武司, 監物永三, 塚原光男, 本間三二雄, 笠松茂 "第17回世界体操選手権大会で優勝・男子団体・日本男子チーム" 監物永三 "第17回世界体操選手権大会で優勝・男子個人総合・鉄棒" 中山彰規 "第17回世界体操選手権大会で優勝・男子個人床運動・つり輪・平行棒" 塚原光男 "第17回世界体操選手権大会で優勝・男子個人跳馬" 宇佐美彰朗 "第5回国際マラソン選手権大会で優勝"

◇日本プロスポーツ大賞 第3回 ●大賞 大鵬幸喜(大相撲) ●殊勲賞 三浦雄一郎(プロスキー) 小林弘(プロボクシング) 中山律子(ボウリング)

【その他】

◇星賞 第1回 ●日本長編部門 筒井康隆「霊長類 南へ」 ●日本短編部門 筒井康隆「フル・ネルソン」 ●映画演劇部門 「プリズナーNo.6」 ラルフ・ネルソン「まごころを君に」
◇文化勲章(昭45年度) 沖中重雄(内科学, 神経学) 棟方志功(版画)

昭和46年(1971)

【文学全般】

◇菊池寛賞 第19回 水上勉 独自の伝記文学「宇野浩二伝」 ハロルド・ストラウス "出版編集人と

◇群像新人文学賞　第14回　●小説　小林美代子「髪の花」　広川禎孝「チョーク」　●評論　該当作なし
◇芸術選奨　第22回　●文学部門 文部大臣賞　金子光晴「風流尸解記」　●評論等 文部大臣賞　中村真一郎「頼山陽とその時代」
◇日本芸術院賞（第2部・文芸）　第28回　宇野千代 "多年にわたる作家としての業績に対し"　●恩賜賞　平林たい子 "多年にわたる作家としての業績に対し"
◇日本文学大賞　第3回　河上徹太郎「有愁日記」　福田恆存「総統いまだ死せず」
◇野間文芸賞　第24回　庄野潤三「絵合せ」
◇毎日芸術賞　第13回　大岡昇平「レイテ戦記」
◇毎日出版文化賞　第25回　陳舜臣，中央公論社「実録アヘン戦争」　峠三吉，風土社「にんげんをかえせ・峠三吉全詩集」　堀田善衞，筑摩書房「方丈記私記」　儀間比呂志，岩崎書店「ふなひき太良」
◇読売文学賞　第23回　●小説賞/戯曲賞　該当作なし　●随筆・紀行賞　花森安治「一銭五厘の旗」　井伏鱒二「早稲田の森」　●評論・伝記賞　大岡信「紀貫之」　●詩歌俳句賞　吉野弘「感傷旅行」　坪野哲久「碧巖」（歌集）

【小説】

◇芥川龍之介賞　第65回（上期）　該当作なし
◇芥川龍之介賞　第66回（下期）　李恢成「砧をうつ女」　東峰夫「オキナワの少年」
◇江戸川乱歩賞　第17回　該当作なし
◇オール讀物新人賞　第38回（上期）　藤沢周平「溟い海」
◇オール讀物新人賞　第39回（下期）　石井博「老人と猫」
◇オール讀物推理小説新人賞　第10回　高柳芳夫「黒い森の宿」
◇サンデー毎日新人賞　第2回　●時代小説　黒部亨「片思慕の竹」　●推理小説　該当作なし
◇小説現代新人賞　第16回（上期）　北川修「幻花」
◇小説現代新人賞　第17回（下期）　岡本好吉「空母プロメテウス」
◇女流文学賞　第10回　宇野千代「幸福」ほか
◇新潮新人賞　第3回　須山静夫「しかして塵は—」
◇太宰治賞　第7回　三神真彦「流刑地にて」
◇谷崎潤一郎賞　第7回　野間宏「青年の環」全5巻
◇直木三十五賞　第65回（上期）　該当作なし
◇直木三十五賞　第66回（下期）　該当作なし
◇日本推理作家協会賞　第24回　該当作なし
◇文學界新人賞　第32回（上期）　河野修一郎「探照灯」　長谷川素行「鎮魂歌」
◇文學界新人賞　第33回（下期）　東峰夫「オキナワの少年」　大久保操「昨夜は鮮か」
◇文藝賞　第8回　本田元弥「家のなか・なかの家」　後藤みな子「刻を曳く」
◇吉川英治文学賞　第5回　源氏鶏太 "「口紅と鏡」「幽霊になった男」ならびに作家活動"

【詩歌】

◇H氏賞　第21回　白石かずこ「聖なる淫者の季節」
◇小熊秀雄賞　第4回　小野連三「鰻屋闇物語」
◇現代歌人協会賞　第15回　佐佐木幸綱「群黎」
◇高見順賞　第2回　粕谷栄市「世界の構造」
◇蛇笏賞　第5回　右城暮石 "「上下」とこれまでの業績"　平畑静塔 "「壺国」とこれまでの業績"
◇迢空賞　第5回　葛原妙子 "「朱霊」とこれまでの業績"
◇俳人協会賞　第11回　岡本眸「朝」

昭和46年（1971）

◇晩翠賞　第12回　中寒二「尻取遊び」
◇歴程賞　第9回　本郷隆「石果集」　岡崎清一郎「岡崎清一郎詩集」

【戯曲】
◇小野宮吉戯曲平和賞　第7回　該当作なし
◇「新劇」岸田戯曲賞　第16回　佐藤信「鼠小僧次郎吉」
◇年鑑代表シナリオ（昭46年度）　伊藤大輔「真剣勝負二刀流開眼」　東陽一，前田勝弘「やさしいにっぽん人」　土本典昭「水俣―患者さんとその世界」　鈴木尚之「婉という女」　森崎東，熊谷勲「女生きてます」　笠原和夫「女渡世人 おたの申します」　峰尾基三，大和屋竺，藤田敏八「八月の濡れた砂」　今子正義，伊藤昌洋，増村保造「遊び」　清水邦夫，田原総一朗「あらかじめ失われた恋人たちよ」　山田洋次，朝間義隆「男はつらいよ寅次郎恋歌」

【評論・随筆】
◇大宅壮一ノンフィクション賞　第2回　イザヤ・ベンダサン〔山本七平の筆名〕「日本人とユダヤ人」　鈴木俊子「誰も書かなかったソ連」
◇日本エッセイスト・クラブ賞　第19回　池宮城秀意「沖縄に生きて」　大谷晃一「続関西名作の風土」

【児童文学】
◇赤い鳥文学賞　第1回　椋鳩十「マヤの一生」「モモちゃんとあかね」
◇講談社出版文化賞　第2回　●絵本部門　斎藤博之「しらぬい」　油野誠一「おんどりのねがい」
◇国際アンデルセン賞国内賞　第6回　推薦せず
◇産経児童出版文化賞　第18回　●大賞　藤森栄一著，脇谷紘画「心の灯―考古学への情熱」
◇小学館絵画賞　第20回　池田浩彰「ちっちゃな淑女たち」
◇小学館文学賞　第20回　おおえひで「八月がくるたびに」
◇日本児童文学者協会賞　第11回　砂田弘「さらばハイウェイ」
◇野間児童文芸賞　第9回　土家由岐雄「東京っ子物語」　●推奨作品賞　岸武雄「千本松原」　吉行理恵「まほうつかいのくしゃんねこ」

【映画・テレビ全般】
◇エランドール賞（昭46年度）　授賞なし（実施月12月から翌年1月に変更のため）
◇菊池寛賞　第19回　黛敏郎 "テレビ番組「題名のない音楽会」の卓抜な企画と独創的な司会に対して"

【映画】
◇キネマ旬報賞　第17回　●日本映画監督賞　大島渚「儀式」　●脚本賞　大島渚，田村孟，佐々木守「儀式」　●女優賞　藤純子（後・富司純子）「緋牡丹博徒・お命戴きます」「女渡世人 おたの申します」　●男優賞　佐藤慶「儀式」
◇キネマ旬報ベスト・テン　第45回　●日本映画1位　「儀式」（大島渚監督）　●日本映画2位　「沈黙」（篠田正浩監督）　●日本映画3位　「婉という女」（今井正監督）　●外国映画1位　「ベニスに死す」（ルキノ・ヴィスコンティ監督）　●外国映画2位　「ライアンの娘」（デヴィッド・リーン監督）　●外国映画3位　「小さな巨人」（アーサー・ペン監督）
◇芸術選奨　第22回　●映画部門 大臣賞　篠田正浩「沈黙」の演出　渥美清「男はつらいよ」シリーズの演技　●映画部門 新人賞　岡本忠成 アニメーション映画「チコタン」
◇毎日映画コンクール　第26回　●日本映画賞　「沈黙」（篠田正浩監督）　●監督賞　篠田正浩「沈黙」　山田洋次「男はつらいよ純情篇」「男はつらいよ奮闘篇」「男はつらいよ寅次郎恋歌」　●脚本賞　佐々木守，大島渚「儀式」　●演技賞 男優演技賞　勝新太郎「顔役」「いのちぼうにふろう」「狐のくれた赤ん坊」「新座頭市・破れ！ 唐人剣」　●演技賞 女優演技賞　藤純子（後・富司純子）「緋牡丹博徒・お命戴きます」　●大藤信郎賞　ビデオ東京 "てんまのとらやん"の成果
◇優秀映画鑑賞会ベストテン　第12回　●日本映画1位　「水俣―患者さんとその世界」（土本典昭監

督） ●日本映画2位 「儀式」（大島渚監督） ●日本映画3位 「沈黙」（篠田正浩監督） ●外国映画1位 「ベニスに死す」（ルキノ・ヴィスコンティ監督） ●外国映画2位 「小さな巨人」（アーサー・ペン監督） ●外国映画3位 「ジョー・ヒル」（ボー・ウィデルベルイ監督）

【テレビ】

◇ギャラクシー賞 第9回 日本放送協会「若い広場」「NHK特派員報告」 毎日放送「対話1972」 フジテレビ,フジプロダクション「ママとあそぼう！ ピンポンパン」 「11PM」月曜日の企画制作スタッフ,大橋巨泉,日本テレビ放送網

◇芸術祭賞〔テレビ部門（ドラマ）〕 第26回 ●大賞 NHK「さすらい」 ●優秀賞 東京放送「父」 NHK「入場無料」

◇芸術選奨 第22回 ●放送部門 大臣賞 牛山純一 "テレビドキュメンタリー「南太平洋―クラ遠洋航海の記録」の制作等" 小野田勇 "テレビドラマ「男は度胸」の脚本" ●放送部門 新人賞 佐々木昭一郎 "テレビドラマ「さすらい」「マザー」の構成・演出"

◇テレビ大賞 第4回 ●テレビ大賞 朝日テレビ,国際放映「天皇の世紀」 ●優秀番組賞 NHK「天下御免」 東京12チャンネル,今井昌平プロ「金曜スペシャル・未帰還兵を追って」 毎日放送「ヤングおー！おー！」 ●優秀タレント賞 小川真由美 十朱幸代 ザ・ドリフターズ 二谷英明 ●タレント新人賞 近藤正臣 小鹿ミキ ●特別賞 石井ふく子 木下恵介 小川宏

◇日本民間放送連盟賞（昭46年） ●番組部門（テレビ社会・教養番組）金賞 RKB毎日放送「ドキュメンタリー―仮の世」 ●番組部門（テレビ娯楽番組）金賞 青森放送,明星食品「津軽竹山節」

【芸能全般】

◇芸術選奨 第22回 ●演劇部門 大臣賞 安部公房 "未必の故意" 等の舞台成果" ●演劇部門 新人賞 別役実 戯曲集「そよそよ族の叛乱」 井上ひさし 戯曲集「道元の冒険」 ●評論等 新人賞 山崎正和 "劇的なる日本人" ●大衆芸能部門 大臣賞 越路吹雪 "越路吹雪ロングリサイタル"の成果" ●大衆芸能部門 新人賞 古今亭志ん朝(3代) "今戸の狐」「宮戸川」の話芸"

◇ゴールデン・アロー賞 第9回 ●大賞 越路吹雪 ●映画賞 篠田正浩"独立プロ作品「沈黙」" ●演劇賞 劇団テアトル・エコー "道元の冒険" ほか" ●音楽賞 尾崎紀世彦「また逢う日まで」などヒット" ●放送賞 井上順之 ●新人賞 小柳ルミ子「わたしの城下町」などヒット" ●特別賞 鶴田浩二 ●話題賞 野末陳平 ●グラフ賞 池玲子

【音楽】

◇新宿音楽祭 第4回 ●金賞 五木ひろし「よこはまたそがれ」 南沙織「17才」 ●審査員特別奨励賞 いとのりかずこ「女の旅路」

◇日本歌謡大賞 第2回 ●大賞 尾崎紀世彦「また逢う日まで」

◇日本作詩大賞 第4回 ●大賞 西沢爽「おんなの朝」（歌・美川憲一）

◇日本有線大賞 第4回 ●大賞 鶴田浩二「傷だらけの人生」 ●新人賞 五木ひろし「よこはまたそがれ」 小柳ルミ子「わたしの城下町」 ●スター賞 渚ゆう子「さいはて慕情」 美川憲一「おんなの朝」 ●功労賞 松尾和子「再会」

◇日本レコードセールス大賞 第4回 ●セールス大賞 加藤登紀子 ●ゴールデン賞 渚ゆう子 鶴田浩二 ●男性新人賞 五木ひろし ●女性新人賞 小柳ルミ子 ●グループ新人賞 はしだのりひことクライマックス ●作品賞 知床旅情 わたしの城下町 傷だらけの人生

◇日本レコード大賞 第13回 ●大賞 尾崎紀世彦歌,阿久悠詞,筒美京平曲・編曲「また逢う日まで」 ●最優秀歌唱賞 森進一「おふくろさん」 ●最優秀新人賞 小柳ルミ子「わたしの城下町」 ●童謡賞 ひばり児童合唱歌,金井喜久子曲「沖縄のわらべ歌『じんじん』」

◇夜のレコード大賞 第4回 ●金賞 鶴田浩二「傷だらけの人生」 ●銀賞 五木ひろし「よこはまたそがれ」 ●優秀スター賞 美川憲一「おんなの朝」 いしだあゆみ「砂漠のような東京で」 ●新人賞 小柳ルミ子「わたしの城下町」 湯原昌幸「雨のバラード」 ●国際賞 欧陽菲菲「雨の御堂筋」 ●特別賞 加藤登紀子「知床旅情」

昭和47年（1972）

【演劇】
◇紀伊國屋演劇賞　第6回　●団体賞　劇団青年座 "「抱擁家族」「写楽考」を上演した舞台成果"　●個人賞　矢代静一「パレスチナのサボテン」「写楽考」の脚本　早野寿郎「新劇寄席」などの演出　名古屋章「釘」　伊藤牧子「鎮魂歌抹殺」「おもて切り」　栗原小巻「そよそよ族の叛乱」　松江陽一「ファンタスティックス」の企画・制作

【演芸】
◇上方漫才大賞　第6回　●漫才大賞　島田洋介,今喜多代　●奨励賞　横山ホットブラザーズ　●新人賞　レッツゴー三匹　中田カウス,中田ボタン
◇日本放送演芸大賞　第1回　柳家小さん(5代)

【漫画・アニメ】
◇講談社出版文化賞　第2回　●児童漫画部門　真崎守「ジロがゆく」「はみだし野郎の子守唄」
◇小学館漫画賞　第17回　永島慎二「花いちもんめ」ほか　吉田竜夫「みなしごハッチ」
◇文藝春秋漫画賞　第17回　山藤章二 "「抽象」「エロトピア」「世相あぶり出し」など一連のイラストから発したすぐれた漫画的画技及び鋭い世相諷刺"　砂川しげひさ "「寄らば斬るド」「ジュウベー」「テンプラウェスタン」などの独創的ナンセンス漫画"

【スポーツ】
◇朝日賞(昭46年)　●体育賞　川口孝夫 "第7回世界柔道選手権大会軽量級に優勝"　津沢寿志 "第7回世界柔道選手権大会軽中量級に優勝"　藤猪省三 "第7回世界柔道選手権大会中量級に優勝"　小和田敏子,大関行江,大場恵美子,今野安子 "第31回世界卓球選手権大会女子団体に優勝"
◇日本プロスポーツ大賞　第4回　●大賞　長嶋茂雄(プロ野球)　●殊勲賞　尾崎将司(男子プロゴルフ)　大場政夫(プロボクシング)　長池徳二(プロ野球)

【その他】
◇星雲賞　第2回　●日本長編部門　小松左京「継ぐのは誰か？」　●日本短編部門　筒井康隆「ビタミン」　●映画演劇部門　ジェリー・アンダーソン制作「謎の円盤UFO」
◇文化勲章(昭46年度)　赤木正雄(砂防計画学)　荒川豊蔵(陶芸)　野上弥生子(小説)　安井琢磨(近代経済学)

昭和47年（1972）

【文学全般】
◇菊池寛賞　第20回　永井龍男 "市民生活の哀歓をみごとに結晶させた作家活動"
◇群像新人文学賞　第15回　●小説　該当作なし　●評論　西村亘「ギリシア人の歎き―悲劇に於ける宿命と自由との関係の考察」
◇芸術選奨　第23回　●文学部門　文部大臣賞　打木村治「天の園」全6巻　高橋新吉「高橋新吉全詩集」　●文学部門 新人賞　古山高麗雄「小さな市街図」　●評論等 文部大臣賞　小島信夫「私の作家評伝 1, 2」
◇日本芸術院賞(第2部・文芸)　第29回　庄野潤三　中村白葉
◇日本文学大賞　第4回　円地文子「遊魂」　福永武彦「死の島」
◇野間文芸賞　第25回　佐多稲子「樹影」
◇毎日芸術賞　第14回　辻邦生「背教者ユリアヌス」
◇毎日出版文化賞　第26回　梅原猛,新潮社「隠された十字架」　服部正也,中央公論社「ルワンダ中央銀行総裁日記」　福島鋳郎編著,日本エディタースクール出版部「戦後雑誌発掘」　島尾敏雄,創樹社「硝子障子のシルエット」　杉浦明平,朝日新聞社「小説渡辺華山 上・下」　野村尚吾,六興出版「伝記谷崎潤一郎」　庄野潤三,岩波書店「明夫と良二」

◇読売文学賞　第24回　●小説賞　永井龍男「コチャバンバ行き」　●戯曲賞　矢代静一「写楽考」　●随筆・紀行賞　白洲正子「かくれ里」　●評論・伝記賞　山崎正和「鴎外、闘う家長」　●詩歌俳句賞　岡崎清一郎「詩集春鴬囀」　玉城徹「樛木」

【小説】

◇芥川龍之介賞　第67回（上期）　宮原昭夫「誰かが触った」　畑山博「いつか汽笛を鳴らして」
◇芥川龍之介賞　第68回（下期）　郷静子「れくいえむ」　山本道子「ベティさんの庭」
◇江戸川乱歩賞　第18回　和久峻三「仮面法廷」
◇オール讀物新人賞　第40回（上期）　平忠夫「真夜中の少年」　難波利三「地虫」
◇オール讀物新人賞　第41回（下期）　川村久志「土曜の夜の狼たち」
◇オール讀物推理小説新人賞　第11回　木村嘉孝「密告者」
◇サンデー毎日新人賞　第3回　●時代小説　鈴木新吾「女人浄土」　●推理小説　冬木鋭介「腐蝕色彩」
◇小説現代新人賞　第18回（上期）　有明夏夫「FL無宿のテーマ」
◇小説現代新人賞　第19回（下期）　上段十三「TOKYOアナザー鎮魂曲」　志野亮一郎「拾った剣豪」
◇女流文学賞　第11回　芝木好子「青磁砧」
◇新潮新人賞　第4回　山本道子「魔法」
◇太宰治賞　第8回　該当作なし
◇谷崎潤一郎賞　第8回　丸谷才一「たった一人の反乱」
◇直木三十五賞　第67回（上期）　井上ひさし「手鎖心中」　綱淵謙錠「斬」
◇直木三十五賞　第68回（下期）　該当作なし
◇日本推理作家協会賞　第25回　該当作なし
◇文學界新人賞　第34回（上期）　該当作なし
◇文學界新人賞　第35回（下期）　広松彰「塗りこめられた時間」　黎まやこ「五月に―」
◇文藝賞　第9回　尾高修也「危うい歳月」
◇吉川英治文学賞　第6回　司馬遼太郎　"「世に棲む日日」を中心とした作家活動"

【詩歌】

◇H氏賞　第22回　粒来哲蔵「孤島記」
◇小熊秀雄賞　第5回　川田靖子「北方沙漠」
◇現代歌人協会賞　第16回　大家増三「歌集・アジアの砂」
◇高見順賞　第3回　中江俊夫「語彙集」
◇蛇笏賞　第6回　安住敦　"「午前午後」とこれまでの業績"
◇迢空賞　第6回　前川佐美雄　"「白木黒木」とこれまでの業績"
◇俳人協会賞　第12回　岸田雅魚「筍流し」
◇晩翠賞　第13回　及川均「及川均詩集」
◇歴程賞　第10回　鷲巣繁男「定本鷲巣繁男詩集」

【戯曲】

◇小野宮吉戯曲平和賞　第8回　本田英郎「朝鮮海峡」
◇「新劇」岸田戯曲賞　第17回　井上ひさし「道元の冒険」（テアトル・エコー上演台本）
◇年鑑代表シナリオ（昭47年度）　新藤兼人, 長田紀生, 深作欣二「軍旗はためく下に」　石森史郎「約束」「旅の重さ」　長谷部慶次, 熊井啓「忍ぶ川」　鈴木尚之「海軍特別年少兵」　神波史男, 松田寛夫「女囚701号さそり」　野上龍雄「木枯し紋次郎関わりござんせん」　神代辰巳「一条さゆり 濡れた欲情」　山田洋次, 宮崎晃「故郷」　新藤兼人「讃歌」

昭和47年（1972）

【評論・随筆】
◇大宅壮一ノンフィクション賞　第3回　桐島洋子「淋しいアメリカ人」　柳田邦男「マッハの恐怖」
◇日本エッセイスト・クラブ賞　第20回　堀淳一「地図のたのしみ」　角川源義「雉子の声」

【児童文学】
◇赤い鳥文学賞　第2回　庄野潤三「明夫と良二」　関英雄「白い蝶の記」「小さい心の旅」
◇講談社出版文化賞　第3回　●絵本部門　朝倉摂「日本の名作スイッチョねこ」
◇産経児童出版文化賞　第19回　●大賞　北畠八穂作,加藤精一画「鬼を飼うゴロ」
◇児童文芸新人賞　第1回　小沢聡「青空大将」　若林利代「かなしいぶらんこ」
◇小学館絵画賞　第21回　小坂しげる「おりひめとけんぎゅう」ほか　斎藤隆之「がわっぱ」ほか
◇小学館文学賞　第21回　杉みき子「小さな雪の町の物語」
◇日本児童文学者協会賞　第12回　関英雄「小さい心の旅」　藤田圭雄「日本童謡史」
◇野間児童文芸賞　第10回　北畠八穂「鬼を飼うゴロ」　●推奨作品賞　さねとうあきら「地べたっこさま」　上種ミスズ「天の車」

【映画・テレビ全般】
◇エランドール賞（昭和47年度）　●新人賞　池玲子　近藤正臣　三船史郎　榊原るみ　関根恵子　山口果林　吉沢京子　●特別賞　篠田正浩
◇菊池寛賞　第20回　山田洋次"庶民感覚にあふれる映画「男はつらいよ」シリーズに対して"
◇芸術選奨　第23回　●映画部門 大臣賞　熊井啓「忍ぶ川」の演出"　●映画部門 新人賞　石森史郎"映画「約束」「旅の重さ」の脚本"　●放送部門 大臣賞　高橋玄洋"連続テレビドラマ「繭子ひとり」等の脚本"　●放送部門 新人賞　大木本実"ラジオドラマ「闇の信号」「鬼にて候」の音響効果"

【映画】
◇キネマ旬報賞　第18回　●日本映画監督賞　熊井啓「忍ぶ川」　●脚本賞　神代辰巳「一条さゆり 濡れた欲情」「白い指の戯れ」　長谷部慶次,熊井啓「忍ぶ川」　●女優賞　伊佐山ひろ子「一条さゆり 濡れた欲情」「白い指の戯れ」　●男優賞　井川比佐志「忍ぶ川」「故郷」
◇キネマ旬報ベスト・テン　第46回　●日本映画 1位　「忍ぶ川」（熊井啓監督）　●日本映画 2位　「軍旗はためく下に」（深作欣二監督）　●日本映画 3位　「故郷」（山田洋次監督）　●外国映画 1位　「ラスト・ショー」（ピーター・ボグダノヴィッチ監督）　●外国映画 2位　「フェリーニのローマ」（フェデリコ・フェリーニ監督）　●外国映画 3位　「死刑台のメロディ」（ジュリアーノ・モンタルド監督）
◇ぴあテン〔映画部門〕　第1回　1位　「時計じかけのオレンジ」（スタンリー・キューブリック監督）　●2位　「ゴッドファーザー」（フランシス・フォード・コッポラ監督）　3位　「わらの犬」（サム・ペキンパー監督）
◇毎日映画コンクール　第27回　●日本映画賞　「忍ぶ川」（熊井啓監督）　●監督賞　斎藤耕一「約束」「旅の重さ」　●脚本賞　石森史郎「約束」「旅の重さ」　●演技賞 男優演技賞　地井武男「海軍特別年少兵」「どぶ川学級」　●演技賞 女優演技賞　栗原小巻「忍ぶ川」　●大藤信郎賞　川本喜八郎"鬼"の成果"
◇牧野省三賞　第14回　俊藤浩滋（製作者）
◇優秀映画鑑賞会ベストテン　第13回　●日本映画 1位　「忍ぶ川」（熊井啓監督）　●日本映画 2位　「旅の重さ」（斎藤耕一監督）　●日本映画 3位　「軍旗はためく下に」（深作欣二監督）　●外国映画 1位　「死刑台のメロディ」（ジュリアーノ・モンタルド監督）　●外国映画 2位　「恋」（ジョセフ・ロージー監督）　●外国映画 3位　「わらの犬」（サム・ペキンパー監督）

【テレビ】
◇ギャラクシー賞　第10回　東海テレビ報道制作局"四日市公害に関する一連の報道制作番組"　RKB毎日"老人問題としての「仮の世」「リア王―或る老人心理劇の記録」"　朝日放送「おはようパーソ

ナリティ 中村鋭一です」　レナート・カステラーニ"「レオナルド・ダ・ヴィンチの生涯」の演出"　緒形拳"「必殺仕掛人」の演技"　北林谷栄"「らっこの金さん」「静かなる爆薬」ほかの演技"
◇芸術祭賞〔テレビ部門（ドラマ）〕　第27回　●優秀賞　NHK「ぜんまい仕掛けの柱時計」「らっこの金さん」　毎日放送「絆」
◇テレビ大賞　第5回　●テレビ大賞　TBS，テレパック「ありがとう」　●優秀番組賞　NHK「赤ひげ」「静かなる爆薬」　TBS，テレビマンユニオン「オーケストラがやって来た」　●優秀タレント賞　中村敦夫　山岡久乃　佐野浅夫　大原麗子　●タレント新人賞　大和田伸也　松坂慶子　●特別賞　水前寺清子　よしだたくろう　毎日放送，東映「仮面ライダー」　東海テレビ「四日市公害裁判」
◇日本民間放送連盟賞（昭47年）　●番組部門（テレビ社会番組）最優秀　関西テレビ「冬の海—部落解放への道」　●番組部門（テレビ娯楽番組）最優秀　中部日本放送「東芝日曜劇場—おりょう」

【芸能全般】

◇菊池寛賞　第20回　倉林誠一郎"労作「新劇年代記 全3巻」の完成"　武原はん"地唄舞の今日の隆盛をもたらした功績"
◇芸術祭賞〔大衆芸能部門〕　第27回　●大衆芸能部門（1部）大賞　三遊亭円生（6代）"「三遊亭円生独演会」における話芸の成果"
◇芸術選奨　第23回　●演劇部門 大臣賞　中村富十郎（5代）"「ひらがな盛衰記」等の演技"　●演劇部門 新人賞　水谷良重（現・水谷八重子（2代））"「春風物語」「深川不動」の演技"　●大衆芸能部門 大臣賞　小月冴子"「東京踊り・津軽の祭り」の舞台成果"　●大衆芸能部門 新人賞　大西睦美"ミュージカル「スイート・チャリティ」の演技"　●評論等 新人賞　中原弓彦「日本の喜劇人」
◇ゴールデン・アロー賞　第10回　●大賞　勝新太郎，勝プロダクション"「子連れ狼」をはじめ，劇画ブームを巧みに取り入れた映画作りで大いに気を吐いた"　●映画賞　栗原小巻"「忍ぶ川」における意欲的な演技によって，停滞した日本映画に大きな実績を残した"　●演劇賞　宝田明"ミュージカル「ファンタスティックス」でみせた演技と，全国巡演などの積極的な活動に対して"　●音楽賞　平尾昌晃"「瀬戸の花嫁」など一連のヒット曲で歌謡界にディスカバージャパンの新風を吹きこんだ"　●放送賞　TBS・ありがとう・スタッフ"庶民的且つ良心的なドラマで，視聴率の新記録を樹立した功績に対して"　●新人賞　松坂慶子"「若い人」をはじめ，多くのテレビドラマに出演し，フレッシュな魅力を発揮した"　●特別賞　天地真理"すがすがしい歌声で「ひとりじゃないの」などをヒットさせ大きく大衆にアピールした"　●話題賞　中村敦夫"「紋次郎」ブームを起こし，その個性的な演技で，大きな話題をもたらした"　●グラフ賞　山本リンダ

【音楽】

◇新宿音楽祭　第5回　●金賞　麻丘めぐみ「芽ばえ」　森昌子「せんせい」　●審査員特別奨励賞　藤原誠「自由への道」
◇日本歌謡大賞　第3回　●大賞　小柳ルミ子「瀬戸の花嫁」
◇日本作詩大賞　第5回　●大賞　千家和也「終着駅」（歌・奥村チヨ）
◇日本有線大賞　第5回　●大賞　欧陽菲菲「雨のエアポート」　●新人賞　麻丘めぐみ「芽ばえ」　三善英史「雨」　森昌子「せんせい」
◇日本レコードセールス大賞　第5回　●セールス大賞　小柳ルミ子　●男性新人賞　三善英史　●女性新人賞　麻丘めぐみ　●グループ新人賞　青い三角定規　●作品賞　「瀬戸の花嫁」「さよならをするために」「旅の宿」
◇日本レコード大賞　第14回　●大賞　ちあきなおみ歌，吉田旺詞，中村泰士曲，高田弘編曲「喝采」　●最優秀歌唱賞　和田アキ子「あの鐘を鳴らすのはあなた」　●最優秀新人賞　麻丘めぐみ「芽ばえ」　●童謡賞　「ピンポンパン体操」
◇夜のレコード大賞　第5回　●金賞　内山田洋とクール・ファイブ「この愛に生きて」　●銀賞　宮史郎とぴんからトリオ「女のみち」　●優秀スター賞　山本リンダ「どうにもとまらない」　●新人賞　欧陽菲菲「夜汽車」　森昌子「せんせい」　あがた森魚「赤色エレジー」　●特別賞　橋幸夫「子連れ狼」　よしだたくろう「旅の宿」

【演劇】

◇朝日賞〔演劇関係〕(昭47年)　●文化賞　水谷八重子(1代) "国立劇場「滝の白糸」の演技および近年の演劇活動"

◇紀伊國屋演劇賞　第7回　●団体賞　該当者なし　●個人賞　飯沢匡「沈氏の日本夫人」「騒がしい子守唄」の戯曲　北林谷栄「泰山木の木の下で」　大橋也す「人命救助法」の演出　阪上和子「写楽考」(再演)「カンガルー」　坂部文昭「沈氏の日本夫人」「騒がしい子守唄」　●特別賞　俳優座劇場舞台美術部 "長年にわたる新劇の舞台美術製作につくした努力"

◇毎日芸術賞　第14回　宇野重吉 "劇団民藝「三人姉妹」の演出の成果"

【演芸】

◇上方お笑い大賞　第1回　●大賞　笑福亭松鶴, 桂米朝(3代)　●金賞　コメディNo.1　●銀賞　海原千里, 海原万里　●功労賞　桜川末子

◇上方漫才大賞　第7回　●漫才大賞　宮川左近ショウ　●奨励賞　チャンバラトリオ　●新人賞　浮世亭三吾, 浮世亭十吾

【漫画・アニメ】

◇講談社出版文化賞　第3回　●児童漫画部門　松本零士「男おいどん」

◇小学館漫画賞　第18回　あすなひろし「とうちゃんのかわいいおヨメさん」(少年ジャンプ)ほか

◇文藝春秋漫画賞　第18回　ヒサクニヒコ「戦争——漫画太平洋史」(自費出版)　赤塚不二夫 "「天才バカボン」をはじめとする一連の児童漫画"

【スポーツ】

◇朝日賞(昭47年)　●体育賞　笠谷幸生 "第11回冬季オリンピック札幌大会優勝・70m級純ジャンプ"　遠藤幸雄, 加藤沢男, 監物永三, 笠松茂, 中山彰規, 塚原光男, 岡村輝一 "第20回オリンピック・ミュンヘン大会優勝・体操競技男子団体"　加藤沢男 "第20回オリンピック・ミュンヘン大会優勝・体操競技男子個人総合・平行棒"　中山彰規 "第20回オリンピック・ミュンヘン大会優勝・体操競技男子つり輪"　塚原光男 "第20回オリンピック・ミュンヘン大会優勝・体操競技男子鉄棒"　田口信教 "第20回オリンピック・ミュンヘン大会優勝・水泳男子100m平泳"　青木まゆみ "第20回オリンピック・ミュンヘン大会優勝・水泳女子100mバタフライ"　川口孝夫 "第20回オリンピック・ミュンヘン大会優勝・柔道軽量級"　野村豊和 "第20回オリンピック・ミュンヘン大会優勝・柔道軽中量級"　関根忍 "第20回オリンピック・ミュンヘン大会優勝・柔道中量級"　加藤喜代美 "第20回オリンピック・ミュンヘン大会優勝・レスリング・フリースタイル52キロ級"　柳田英明 "第20回オリンピック・ミュンヘン大会優勝・レスリング・フリースタイル57キロ級"　松平康隆, 中村祐造, 南将之, 猫田敏敏, 木村憲治, 森田淳悟, 横田忠義, 大古誠司, 佐藤哲夫, 鳩岡健治, 深尾吉英, 野口泰弘, 西本哲雄 "第20回オリンピック・ミュンヘン大会優勝・男子バレーボール・チーム"

◇日本プロスポーツ大賞　第5回　●大賞　松本勝明(自転車競技)　●殊勲賞　堀内恒夫(プロ野球)　大場政夫(プロボクシング)　坂口征二(プロレス)

【その他】

◇星雲賞　第3回　●日本長編部門　半村良「石の血脈」　●日本短編部門　荒巻義雄「白壁の文字は夕陽に映える」　●映画演劇部門　ロバート・ワイズ監督「アンドロメダ…」

◇文化勲章(昭47年度)　内田祥三(建築学, 防災工学)　岡鹿之助(洋画)　小野清一郎(刑事法学)　早石修(生化学)

◇ベストドレッサー賞　第1回　●政治・経済部門　砂田重民　佐治敬三　●学術・文化部門　千宗室　黛敏郎　古波蔵保好　●スポーツ・芸能部門　西城正三　長谷川勝利　布施明　大辻伺郎　都倉俊一

昭和48年（1973）

【文学全般】
◇朝日賞〔文学関係〕（昭48年）　●文化賞　坪田譲治 "児童文学に長年の業績と童話雑誌「びわの実学校」10年の実績"
◇菊池寛賞　第21回　吉村昭 "「戦艦武蔵」「関東大震災」など一連のドキュメント作品"　小林秀雄 "「八丈実記」の原本を10年がかりで公刊した業績"
◇群像新人文学賞　第16回　●小説　該当作なし　●評論　本村敏雄「傷痕と回帰―〈月とかがり火〉を中心に」
◇芸術選奨　第24回　●文学部門 文部大臣賞　田中澄江「カキツバタ群落」　木俣修「木俣修歌集」　●文学部門 新人賞　平林英子「夜明けの風」　●評論等 新人賞　川村二郎「銀河と地獄―幻想文学論」
◇日本文学大賞　第5回　武田泰淳「快楽」
◇野間文芸賞　第26回　大江健三郎「洪水はわが魂に及び」
◇毎日出版文化賞　第27回　阿部昭、講談社「千年」　きたむらえり、福音館書店「こぐまのたろの絵本」全3冊　●特別賞　小田切進編著、明治文献「現代日本文芸総覧」全4巻
◇読売文学賞　第25回　●小説賞　中里恒子「歌枕」　安岡章太郎「走れトマホーク」　●戯曲賞　該当作なし　●随筆・紀行賞　石川桂郎「俳人風狂列伝」　●評論・伝記賞　丸谷才一「後鳥羽院」　●詩歌俳句賞　該当作なし

【小説】
◇芥川龍之介賞　第69回（上期）　三木卓「鶸」
◇芥川龍之介賞　第70回（下期）　森敦「月山」　野呂邦暢「草のつるぎ」
◇泉鏡花文学賞　第1回　森内俊雄「翔ぶ影」　半村良「産霊山秘録」
◇江戸川乱歩賞　第19回　小峰元「アルキメデスは手を汚さない」
◇オール讀物新人賞　第42回（上期）　該当作なし
◇オール讀物新人賞　第43回（下期）　中林亮介「梔子の草湯」　葉狩哲「俺達のさよなら」
◇オール讀物推理小説新人賞　第12回　弘田静憲「金魚を飼う女」　康仲吉「いつも夜」
◇サンデー毎日新人賞　第4回　●時代小説　福田螢二「宿場と女」　里生香志「草芽枯る」　●推理小説　麗羅「ルバング島の幽霊」
◇小説現代新人賞　第20回（上期）　松木修平「機械野郎」　皆川博子「アルカディアの夏」
◇小説現代新人賞　第21回（下期）　南原幹雄「女絵地獄」
◇女流文学賞　第12回　幸田文「闘」
◇新潮新人賞　第5回　泉秀樹「剝製博物館」　太田道子「流密のとき」
◇太宰治賞　第9回　宮尾登美子「櫂」
◇谷崎潤一郎賞　第9回　加賀乙彦「帰らざる夏」
◇直木三十五賞　第69回（上期）　長部日出雄「津軽世去れ節」「津軽じょんから節」　藤沢周平「暗殺の年輪」
◇直木三十五賞　第70回（下期）　該当作なし
◇日本推理作家協会賞　第26回　夏樹静子「蒸発」　森村誠一「腐蝕の構造」
◇文學界新人賞　第36回（上期）　青木八束「蛇いちごの周囲」
◇文學界新人賞　第37回（下期）　高橋揆一郎「ぽぷらと軍神」　吉田健至「ネクタイの世界」
◇文藝賞　第10回　該当作なし
◇吉川英治文学賞　第7回　水上勉 "「北国の女の物語」「兵卒の鬃」を中心とした作家活動"

【詩歌】
◇H氏賞　第23回　一丸章「天鼓」
◇小熊秀雄賞　第6回　川口昌男「海の群列」
◇現代歌人協会賞　第17回　該当作なし
◇詩人会議賞　第1回　村上国治「村上国治詩集」
◇高見順賞　第4回　吉原幸子「オンディーヌ」「昼顔」
◇蛇笏賞　第7回　阿波野青畝 "「甲子園」とこれまでの業績"　松村蒼石 "「雪」とこれまでの業績"
◇迢空賞　第7回　香川進 "「甲虫村落」とこれまでの業績"　岡野弘彦 "「滄浪歌」とこれまでの業績"
◇俳人協会賞　第13回　成瀬桜桃子「風色」
◇晩翠賞　第14回　沢野紀美子「冬の桜」　北森彩子「城へゆく道」
◇歴程賞　第11回　石原吉郎「望郷と海」

【戯曲】
◇小野宮吉戯曲平和賞　第9回　勝山俊介「風成の海碧く」　土屋清「河」
◇年鑑代表シナリオ（昭48年度）　笠原和夫「仁義なき戦い」　別役実「戒厳令」　山田洋次、宮崎晃、朝間義隆「男はつらいよ寅次郎忘れな草」　橋本忍「人間革命」　松田昭三「時計は生きていた」　神代辰巳「四畳半襖の裏張」　加藤泰「日本俠花伝」　土方鉄、須藤久「狭山の黒い雨」　中島丈博、斎藤耕一「津軽じょんがら節」　橋本忍「日本沈没」

【評論・随筆】
◇大宅壮一ノンフィクション賞　第4回　鈴木明「『南京大虐殺』のまぼろし」　山崎朋子「サンダカン八番娼館」
◇日本エッセイスト・クラブ賞　第21回　鳥羽欽一郎「二つの顔の日本人」　斎藤真「瞽女」　樋口敬二「地球からの発想」

【児童文学】
◇赤い鳥文学賞　第3回　安藤美紀夫「でんでんむしの競馬」　●特別賞　松谷みよ子「松谷みよ子全集」全15巻
◇講談社出版文化賞　第4回　●絵本部門　赤羽末吉「（源平絵巻物語）衣川のやかた」　梶山俊夫「いちにちにへんとおるバス」
◇国際アンデルセン賞国内賞　第7回　筒井敬介「かちかち山のすぐそばで」　長新太絵「おしゃべりなたまごやき」
◇産経児童出版文化賞　第20回　●大賞　筒井敬介作、瀬川康男画「かちかち山のすぐそばで」
◇児童文芸新人賞　第2回　真鍋和子「千本のえんとつ」
◇小学館絵画賞　第22回　赤坂三好「十二さま」ほか
◇小学館文学賞　第22回　安房直子「風と木の歌　童話集」
◇日本児童文学者協会賞　第13回　久保喬「赤い帆の舟」　安藤美紀夫「でんでんむしの競馬」
◇野間児童文芸賞　第11回　与田準一「野ゆき山ゆき」　安藤美紀夫「でんでんむしの競馬」　●推奨作品賞　田中博「日の御子の国」　山下明生「うみのしろうま」

【映画・テレビ全般】
◇エランドール賞（昭48年度）　●新人賞　藤岡弘、本田みち子、真木洋子、松坂慶子、村野武範、杉本美樹、志垣太郎、田中真理、宇津宮雅代、山本亘　●協会賞　石井ふく子、山本武　●特別賞　山田洋次
◇芸術選奨　第24回　●映画部門　大臣賞　斎藤耕一 "映画「津軽じょんがら節」の監督"　●映画部門新人賞　成島東一郎 "「青幻記」の監督"　●放送部門　大臣賞　久野浩平 "連続テレビドラマ「幸福という名の不幸」の演出"　●放送部門 新人賞　山田太一 "テレビドラマ「それぞれの秋」「河を渡っ

たあの夏の日々」の脚本"

【映画】

◇キネマ旬報賞　第19回　●日本映画監督賞　斎藤耕一「津軽じょんがら節」　●脚本賞　笠原和夫「仁義なき戦い」　●女優賞　江波杏子「津軽じょんがら節」　●男優賞　菅原文太「仁義なき戦い」　●読者選出日本映画監督賞　深作欣二「仁義なき戦い」

◇キネマ旬報ベスト・テン　第47回　●日本映画1位　「津軽じょんがら節」(斎藤耕一監督)　●日本映画2位　「仁義なき戦い」(深作欣二監督)　●日本映画3位　「青幻記 遠い日の母は美しく」(成島東一郎監督)　●外国映画1位　「スケアクロウ」(ジェリー・シャッツバーグ監督)　●外国映画2位　「ジョニーは戦争へ行った」(ドルトン・トランボ監督)　●外国映画3位　「ブラザー・サン シスター・ムーン」(フランコ・ゼフィレッリ監督)

◇ぴあテン〔映画部門〕　第2回　●1位　「スケアクロウ」(ジェリー・シャッツバーグ監督)　●2位　「ジョニーは戦場へ行った」(ドルトン・トランボ監督)　●3位　「ポセイドン・アドベンチャー」(ロナルド・ニーム監督)

◇毎日映画コンクール　第28回　●日本映画賞　「津軽じょんがら節」(斎藤耕一監督)　●監督賞　山田洋次「男はつらいよ寅次郎夢枕」「男はつらいよ寅次郎忘れな草」　●脚本賞　山田洋次,宮崎晃,朝間義隆「男はつらいよ寅次郎忘れな草」　●演技賞 男優演技賞　丹波哲郎「人間革命」　●演技賞 女優演技賞　賀来敦子「青幻記」　●大藤信郎賞　エコー"南無一病息災"の成果"

◇牧野省三賞　第15回　マキノ雅弘(監督)

◇優秀映画鑑賞会ベストテン　第14回　●日本映画1位　「青幻記」(成島東一郎監督)　●日本映画2位　「股旅」(市川崑監督)　●日本映画3位　「津軽じょんがら節」(斎藤耕一監督)　●外国映画1位　「ジョニーは戦場へ行った」(ドルトン・トランボ監督)　●外国映画2位　「スケアクロウ」(ジェリー・シャッツバーグ監督)　●外国映画3位　「サウンダー」(マーチン・リット監督)

【テレビ】

◇ギャラクシー賞　第11回　札幌テレビ放送"「海は見えない」等で示したアイヌ文化の掘り下げ"　東京放送,木下恵介プロダクション「それぞれの秋」　朝日放送,国際放映「天皇の世紀」　倍賞千恵子"「遙かなるわが町」「お姉ちゃん」の演技,「ワンマンショー」の歌唱力"　鈴木久雄"「シリーズ特集」「金曜スペシャル」のドキュメンタリー制作"

◇芸術祭賞〔テレビ部門(ドラマ)〕　第28回　●優秀賞　東京放送「愛といのち」　NHK「河を渡ったあの夏の日々」「赤ひげ―ひとり」　北海道放送「ばんえい」

◇テレビ大賞　第6回　●テレビ大賞　TBS,木下恵介プロ「それぞれの秋」　●優秀番組賞　TBS「金日成の国と"よど号"の犯人たち」　NHK「北の家族」「新八犬伝」　日本テレビ,ユニオン映画「ガラス細工の家」　●優秀個人賞　小林桂樹　山口淑子　山本陽子　●新人賞　火野正平　研ナオコ　●特別賞　今村昌平　山内久司　冨田勲　三波伸介　●週刊TVガイドデスク賞　和田アキ子,デストロイヤー　左とん平,ゴーゴーガール

◇日本民間放送連盟賞(昭48年)　●番組部門(テレビ社会番組) 最優秀　大分放送「黄土色の記憶」　●番組部門(テレビ娯楽番組) 最優秀　中部日本放送「東芝日曜劇場―祇園花見小路」

【芸能全般】

◇菊池寛賞　第21回　北条秀司"演劇協会の創始者として,また劇作家として演劇文化に貢献"

◇芸術祭賞〔大衆芸能部門〕　第28回　●大衆芸能部門(2部) 大賞　春日八郎"「演歌とは何だろう―春日八郎ショー」の成果に対し"

◇芸術選奨　第24回　●演劇部門 大臣賞　島田正吾"「雨の首ふり坂」「霧の音」「湯葉」の演技"　●演劇部門 新人賞　北大路欣也"「スルース(探偵)」「フェードル」の演技"　●大衆芸能部門 大臣賞　藤山寛美"「下積の石」「親バカ子バカ」の演技"　●大衆芸能部門 新人賞　小沢昭一　レコード「又日本の放浪芸」

◇ゴールデン・アロー賞　第11回　●大賞　高橋英樹　●最優秀新人賞　アグネス・チャン　●映画賞　深作欣二,菅原文太「仁義なき戦い」　●映画賞 新人賞　桃井かおり「赤い鳥逃げた」など　●演劇賞　浜木綿子「湯葉」　●音楽賞　五木ひろし「ふるさと」をはじめとする一連の演歌

昭和48年（1973）

- 音楽賞 新人賞　アグネス・チャン "「ひなげしの花」でデビュー、新鮮な歌唱でアイドルの座を獲得"　● 放送賞　高橋英樹 "「国盗り物語」で好演"　● 放送賞 新人賞　浅田美代子 "「時間ですよ」でデビュー、新風を吹き込んだ"　● 特別賞　渥美清 "「男はつらいよ」の寅さん役で映画界に大いなる貢献"　● 話題賞　吉永小百合、岡田太郎夫妻 "スター女優とサラリーマンの結婚で大きな話題"
- グラフ賞　由美かおる

【音楽】

- ◇サンプラザ音楽祭　第1回　● グランプリ　藤正樹　● アイドル賞　浅田美代子　● タレント賞　あべ静江
- ◇新宿音楽祭　第6回　● 金賞　アグネス・チャン「草原の輝き」　八代亜紀「なみだ恋」　● 審査員特別奨励賞　あべ静江「コーヒーショップで」
- ◇日本歌謡大賞　第4回　● 大賞　沢田研二「危険なふたり」
- ◇日本作詩大賞　第6回　● 大賞　石本美由起「おんなの海峡」(歌・都はるみ)
- ◇日本有線大賞　第6回　● 大賞　内山田洋とクール・ファイブ「そして神戸」　● 新人賞　アグネス・チャン「ひなげしの花」　藤正樹「忍ぶ雨」　ガロ「学生街の喫茶店」
- ◇日本レコードセールス大賞　第6回　● セールス大賞　ぴんからトリオ　● ゴールデン賞　天地真理　郷ひろみ　● 男性新人賞　藤正樹　● 女性新人賞　アグネス・チャン　● グループ新人賞　チューリップ　● 作品賞　「女のみち」　「女のねがい」　「学生街の喫茶店」
- ◇日本レコード大賞　第15回　● 大賞　五木ひろし歌、山口洋子詞、平尾昌晃曲、竜崎孝路編曲「夜空」　● 最優秀歌唱賞　由紀さおり「恋文」　● 最優秀新人賞　桜田淳子「わたしの青い鳥」　● 童謡賞　大慶太歌、滝口暉子詞、郷田新曲、小谷充編曲「ママと僕の四季」
- ◇夜のレコード大賞　第6回　● 金賞　ぴんからトリオ「女のみち」　● 銀賞　八代亜紀「なみだ恋」　● 優秀スター賞　沢田研二「危険なふたり」　金井克子「他人の関係」　● 新人賞　殿さまキングス「北の恋唄」　● 話題賞　梶芽衣子「怨み節」　● 特別賞　南こうせつとかぐや姫「神田川」　● 功労賞　内山田洋とクール・ファイブ「そして神戸」

【演劇】

- ◇紀伊國屋演劇賞　第8回　● 団体賞　劇団四季 "「スルース」「イエス・キリスト＝スーパースター」などの公演活動"　● 個人賞　渡辺浩子「血の婚礼」　江守徹「オセロー」　佐々木すみ江「移動」　吉行和子「焼跡の女俠」など
- ◇芸術祭賞〔演劇部門〕　第28回　● 大賞　中村伸郎 "ジャンジャン10時劇場シリーズ「授業」における「教授」の演技"

【演芸】

- ◇上方お笑い大賞　第2回　● 大賞　桂小文枝　● 金賞　花紀京　● 銀賞　トリオ・ザ・ミミック　● 功労賞　桜山梅夫、桜津多子
- ◇上方漫才大賞　第8回　● 漫才大賞　レッツゴー三匹　● 奨励賞　Ｗヤング　● 新人賞　はな寛太、いま寛大
- ◇日本放送演芸大賞　第2回　てんぷく集団

【漫画・アニメ】

- ◇講談社出版文化賞　第4回　● 児童漫画部門　水島新司「野球狂の詩」
- ◇小学館漫画賞　第19回　水島新司「男どアホウ甲子園」，「出刃とバット」(少年サンデー)
- ◇文藝春秋漫画賞　第19回　馬場のぼる「バクサン」「11ぴきのねことあほうどり」　小林治雄「ヒトクチ漫画」

【スポーツ】

- ◇朝日賞（昭48年）　● 体育賞　南喜陽 "第8回世界柔道選手権大会軽量級に優勝"　野村豊和 "第8回世界柔道選手権大会軽中量級に優勝"　藤猪省三 "第8回世界柔道選手権大会中量級に優勝"　佐藤宣践

"第8回世界柔道選手権大会軽重量級に優勝" 高木長之助 "第8回世界柔道選手権大会重量級に優勝" 二宮和弘 "第8回世界柔道選手権大会無差別級に優勝" 浜田美穂 "第32回世界卓球選手権大会ルーマニアのマリア・アレキサンドルとペアを組み,女子ダブルスに優勝"
◇日本プロスポーツ大賞　第6回　●大賞　沢村忠（キックボクシング）　●殊勲賞　輪島功一（プロボクシング）　阿部道（自転車競技）　王貞治（プロ野球）

【その他】
◇星雲賞　第4回　●日本長編部門　広瀬正「鏡の国のアリス」　●日本短編部門　小松左京「結晶星団」　●映画演劇部門　スタンリー・キューブリック監督「時計仕掛けのオレンジ」
◇文化勲章（昭48年度）　石原謙（宗教史）　勝木保次（生理学）　久保亮五（統計力学）　瀬藤象二（電気工学）　谷口吉郎（建築）
◇ベストドレッサー賞　第2回　●政治・経済部門　佐藤栄作　梁瀬次郎　●学術・文化部門　草柳大蔵　佃公彦　●スポーツ・芸能部門　二谷英明　生沢徹　尾崎紀世彦

昭和49年（1974）

【文学全般】
◇大佛次郎賞　第1回　中野好夫「蘆花徳冨健次郎」　梅原猛「水底の歌」
◇菊池寛賞　第22回　丹羽文雄"多年にわたり「文学者」を主宰し,後進育成につくした努力"
◇群像新人文学賞　第17回　●小説　高橋三千綱「退屈しのぎ」　飯田章「迪子とその夫」　森本等「或る回復」　●評論　勝又浩「我を求めて―中島敦による私小説論の試み」
◇芸術選奨　第25回　●文学部門 文部大臣賞　足立巻一「やちまた」　細見綾子「伎芸天」　●文学部門 新人賞　鷹羽狩行「平遠」　●評論等 文部大臣賞　渋川驍「宇野浩二論」　高木健夫「新聞小説史・明治篇」
◇日本芸術院賞（第2部・文芸）　第31回　●恩賜賞　中里恒子"小説「わが庵」など一連の作品に対し"
◇日本文学大賞　第6回　瀧井孝作「俳人仲間」
◇野間文芸賞　第27回　大岡昇平「中原中也」
◇毎日芸術賞　第16回　荒正人「漱石研究年表」
◇毎日出版文化賞　第28回　大佛次郎,朝日新聞社「天皇の世紀」全10巻　城山三郎,新潮社「落日燃ゆ」　中村真一郎,新潮社「この百年の小説」
◇読売文学賞　第26回　●小説　和田芳恵「接木の台」　●戯曲賞　安部公房「緑色のストッキング」　●随筆・紀行賞　該当作なし　●評論・伝記賞　池田健太郎「プーシキン伝」　●詩歌俳句賞　小野十三郎「拒絶の木」

【小説】
◇芥川龍之介賞　第71回（上期）　該当作なし
◇芥川龍之介賞　第72回（下期）　阪田寛夫「土の器」　日野啓三「あの夕陽」
◇泉鏡花文学賞　第2回　中井英夫「悪夢の骨牌」
◇江戸川乱歩賞　第20回　小林久三「暗黒告知」
◇オール讀物新人賞　第44回（上期）　榊原直人「仏の城」
◇オール讀物新人賞　第45回（下期）　醍醐麻沙夫「『銀座』と南十字星」
◇オール讀物推理小説新人賞　第13回　桜田忍「艶やかな死神」
◇川端康成文学賞　第1回　上林暁「ブロンズの首」
◇サンデー毎日新人賞　第5回　●時代小説　赤木駿介「蟻と麝香」　●推理小説　該当作なし
◇小説現代新人賞　第22回（上期）　中戸真吾「海へのチチェローネ」　飯塚伎「屠る」　勝目梓「寝台の方舟」
◇小説現代新人賞　第23回（下期）　森田成男「頂」

◇女流文学賞　第13回　富岡多恵子「冥土の家族」
◇新潮新人賞　第6回　該当作なし
◇太宰治賞　第10回　朝海さち子「谷間の生霊たち」
◇谷崎潤一郎賞　第10回　臼井吉見「安曇野」全5巻
◇直木三十五賞　第71回（上期）　藤本義一「鬼の詩」
◇直木三十五賞　第72回（下期）　半村良「雨やどり」　井出孫六「アトラス伝説」
◇日本推理作家協会賞　第27回　小松左京「日本沈没」
◇文學界新人賞　第38回（上期）　該当作なし
◇文學界新人賞　第39回（下期）　春山希義「雪のない冬」
◇文藝賞　第11回　小沢冬雄「鬼のいる社で」
◇吉川英治文学賞　第8回　新田次郎 "「武田信玄」ならびに一連の山岳小説"

【詩歌】
◇H氏賞　第24回　郷原宏「カナンまで」
◇小熊秀雄賞　第7回　西岡寿美子「杉の村の物語」　小坂太郎「北の儀式」
◇現代歌人協会賞　第18回　竹内邦雄「幻としてわが冬の旅」
◇詩人会議賞　第2回　佐藤文夫「ブルースマーチ」
◇高見順賞　第5回　飯島耕一「ゴヤのファースト・ネームは」
◇蛇笏賞　第8回　百合山羽公 "「寒雁」とこれまでの業績"
◇沼空賞　第8回　田谷鋭 "「水晶の座」とこれまでの業績"
◇日本歌人クラブ賞　第1回　田谷鋭「水晶の座」　吉田松四郎「忘暦集」
◇俳人協会賞　第14回　村越化石「山国抄」
◇晩翠賞　第15回　佐藤秀昭「毛越寺二十日夜祭」
◇歴程賞　第12回　渋沢孝輔「われアルカディアにもあり」　高内壮介「湯川秀樹論」

【戯曲】
◇小野宮吉戯曲平和賞　第10回　該当作なし
◇「新劇」岸田戯曲賞　第18回　清水邦夫「ぼくらが非情の大河を下るとき」（桜社上演台本）　つかこうへい「熱海殺人事件」（文学座アトリエ公演台本）
◇年鑑代表シナリオ（昭49年度）　笠原和夫「仁義なき戦い—頂上作戦」　山田信夫「華麗なる一族」　中島丈博「しのび肌 続・四畳半襖の裏張り」　原一男「極私的エロス・恋歌1974」　内田栄一「妹」　新藤兼人「わが道」　長谷川和彦「宵待草」　寺山修司「田園に死す」　山田洋次, 朝間義隆「男はつらいよ寅次郎子守唄」

【評論・随筆】
◇大宅壮一ノンフィクション賞　第5回　後藤杜三「わが久保田万太郎」　中津燎子「なんで英語やるの？」
◇日本エッセイスト・クラブ賞　第22回　上田篤「日本人とすまい」　川田順造「曠野から」　早川良一郎「けむりのゆくえ」

【児童文学】
◇赤い鳥文学賞　第4回　舟崎克彦「ぽっぺん先生と帰らずの沼」
◇講談社出版文化賞　第5回　●絵本部門　田島征三「ふきまんぶく」
◇産経児童出版文化賞　第21回　●大賞　岸田衿子作, 中谷千代子画「かえってきたきつね」
◇児童文芸新人賞　第3回　川田進「たろうの日記」　松岡一枝「里の子日記」（自費出版）
◇小学館絵画賞　第23回　梶山俊夫「あほろくの川だいこ」ほか

◇小学館文学賞　第23回　小林清之介「野鳥の四季」
◇日本児童文学者協会賞　第14回　今江祥智「ぼんぼん」　岩崎京子「花咲か」
◇野間児童文芸賞　第12回　坪田譲治「ねずみのいびき」　●推奨作品賞　宮口しづえ「箱火ばちのおじいさん」

【映画・テレビ全般】

◇エランドール賞(昭49年度)　●新人賞　浅田美代子　大門正明　萩原健一　梢ひとみ　三浦友和　桃井かおり　中島ゆたか　仁科明子　関根世津子　島田陽子　高橋洋子　●協会賞　宮古とく子　大塚和　武田靖　●特別賞　高橋英樹　高野悦子
◇菊池寛賞　第22回　城戸四郎 "50数年にわたり、一貫して日本映画の発展につくした功績"
◇芸術選奨　第25回　●映画部門　大臣賞　田中絹代 "サンダカン八番娼館・望郷" 等の演技"　●映画部門　新人賞　寺山修司 "映画「田園に死す」の脚本・演出"　●放送部門　大臣賞　鈴木久尋 "ラジオドラマ「ひつきはあかしといへど(日月波安可之等伊倍謄)」の演出"　●放送部門　新人賞　中島洋 "テレビドキュメンタリー「昭和49年春大沢村」の撮影"

【映画】

◇キネマ旬報賞　第20回　●日本映画監督賞　熊井啓「サンダカン八番娼館・望郷」　●脚本賞　橋本忍, 山田洋次「砂の器」　●女優賞　田中絹代「望郷」(熊井啓監督)　●男優賞　萩原健一「青春の蹉跌」　●読者選出日本映画監督賞　野村芳太郎「砂の器」
◇キネマ旬報ベスト・テン　第48回　●日本映画1位　「サンダカン八番娼館」(熊井啓監督)　●日本映画2位　「砂の器」(野村芳太郎監督)　●日本映画3位　「華麗なる一族」(山本薩夫監督)　●外国映画1位　「フェリーニのアマルコルド」(フェデリコ・フェリーニ監督)　●外国映画2位　「叫びとささやき」(イングマール・ベルイマン監督)　●外国映画3位　「アメリカの夜—映画に愛をこめて」(フランソワ・トリュフォー監督)
◇ぴあテン〔映画部門〕　第3回　●1位　「スティング」(ジョージ・ロイ・ヒル監督)　●2位　「ペーパー・ムーン」(ピーター・ボグダノヴィッチ監督)　●3位　「砂の器」(野村芳太郎監督)
◇毎日映画コンクール　第29回　●日本映画賞　「砂の器」(野村芳太郎監督)　●監督賞　野村芳太郎「砂の器」　●脚本賞　橋本忍, 山田洋次「砂の器」　●演技賞 男優演技賞　三國連太郎「檻褸の旗」　●演技賞 女優演技賞　田中絹代「サンダカン八番娼館・望郷」「三婆」　●大藤信郎賞　川本喜八郎 "「詩人の生涯」の成果"
◇牧野省三賞　第16回　嵐寛寿郎
◇優秀映画鑑賞会ベストテン　第15回　●日本映画1位　「サンダカン八番娼館・望郷」(熊井啓監督)　●日本映画2位　「砂の器」(野村芳太郎監督)　●日本映画3位　「小林多喜二」(今井正監督)　●外国映画1位　「アメリカの夜」(フランソワ・トリュフォー監督)　●外国映画2位　「ペーパー・ムーン」(ピーター・ボグダノビッチ監督)　●外国映画3位　「叫びとささやき」(イングマール・ベルイマン監督)

【テレビ】

◇ギャラクシー賞　第12回　日本テレビ放送網報道局番組制作部「ドキュメント'74・'75」　毎日放送「華麗なる一族」　近畿放送「まり子のチャリティ・テレソン」　倉本聰 "「あゝ！新世界」の脚本, 「6羽のかもめ」原案, 脚本"
◇芸術祭賞〔テレビ部門(ドラマ)〕　第29回　●大賞　中部日本放送「灯の橋」　東京放送「真夜中のあいさつ」　●優秀賞　NHK「ユタとふしぎな仲間たち」
◇テレビ大賞　第7回　●テレビ大賞　TBS「寺内貫太郎一家」　●優秀番組賞　フジテレビ, ズイヨー映像「アルプスの少女ハイジ」　東京12チャンネル「シリーズ特集「美の美」」　●優秀個人賞　草笛光子　山内久　立原りゅう　中野良子　若尾文子　●新人賞　中村雅俊　檀ふみ　●特別賞　斉藤こず恵　テレビマンユニオン(代表・萩元晴彦), 日本テレビ　伊ної松郎　北海道放送VTRスタッフ　NHK「刑事コロンボ」「大相撲中継」　●週刊TVガイドデスク賞　山口百恵　坊屋三郎
◇日本民間放送連盟賞(昭49年)　●番組部門(テレビ社会番組)　最優秀　RKB毎日放送「ドキュメン

昭和49年（1974）

タリー――鉛の霧」　●番組部門（テレビ娯楽番組）最優秀　日本教育テレビ「名作劇場――冬の花・悠子 第1回」

【芸能全般】
◇芸能選奨　第25回　●演劇部門 大臣賞　芥川比呂志 "スカパンの悪だくみ」「海神別荘」等の演出"　●演劇部門 新人賞　小幡欣治 "「鶴の港」「菊枕」等の創作及び脚色"　●大衆芸能部門 大臣賞　該当者なし　●大衆芸能部門 新人賞　木の実ナナ "「天保十二年のシェイクスピア」等の歌・踊り・演技"
◇ゴールデン・アロー賞　第12回　●大賞　萩原健一　●最優秀新人賞　秋吉久美子　●映画賞　野村芳太郎ほか "「砂の器」のすぐれた企画・演出"　●映画賞 新人賞　秋吉久美子 "日活青春路線 三部作"　●演劇賞　財津一郎 "新劇・商業演劇での幅広い成果と「エノケン・ロッパ物語」での演技"　●演劇賞 新人賞　木の実ナナ "「天保十二年のシェイクスピア」「ショーガール」等での演技"　●音楽賞　梓みちよ「二人でお酒を」　●音楽賞 新人賞　中条きよし　●放送賞　萩原健一「勝海舟」ほか　●放送賞 新人賞　中村雅俊「飛び出せ青春」およびその主題歌「ふれあい」　●特別賞　山口百恵 "百恵ブームを巻き起した"　●話題賞　野坂昭如、永六輔、小沢昭一 "中年御三家として話題を提供"　●グラフ賞　西城秀樹
◇毎日芸術賞　第16回　山田五十鈴 "東宝現代劇「たぬき」の演技"

【音楽】
◇FNS歌謡祭グランプリ　第1回　●グランプリ　五木ひろし歌, 山口洋子詞, 平尾昌晃曲, 竜崎孝路編曲「みれん」　●最優秀歌謡音楽賞 上期　野口五郎「告白」　●最優秀歌謡音楽賞 下期　山口百恵「ひと夏の経験」　●最優秀歌唱賞 上期　布施明「積木の部屋」　●最優秀歌唱賞 下期　森進一「北航路」　●最優秀ホープ賞 上期　中条きよし「うそ」　●最優秀ホープ賞 下期　西川峰子「あなたにあげる」
◇サンプラザ音楽祭　第2回　●グランプリ　小坂明子　●アイドル賞　フィンガー5　●熱演賞　小坂明子　●専門審査員賞　フィンガー5
◇サンプラザ音楽祭　第3回　●グランプリ　伊藤咲子　●アイドル賞　荒川務　●熱演賞　テレサ・テン　小林美樹　●専門審査員賞　林寛子
◇新宿音楽祭　第7回　●金賞　中条きよし「うそ」　西川峰子「あなたにあげる」　●審査員特別奨励賞　芦川まこと「帰らざる夜想曲」　麻生よう子「逃避行」　伊藤咲子「ひまわり娘」　小坂明子「あなた」　テレサ・テン「空港」
◇日本歌謡大賞　第5回　●大賞　森進一「襟裳岬」
◇日本作詩大賞　第7回　●大賞　阿久悠「さらば友よ」（歌・森進一）
◇日本有線大賞　第7回　●大賞　八代亜紀「愛ひとすじ」　●新人賞　麻生よう子「逃避行」　中条きよし「うそ」　●会長賞　五木ひろし「別れの鐘の音」
◇日本レコードセールス大賞　第7回　●セールス大賞　殿さまキングス　●ゴールデン賞　フィンガー5　中条きよし　●男性新人賞　中条きよし　●女性新人賞　小坂明子　●LP大賞　井上陽水
◇日本レコード大賞　第16回　●大賞　森進一歌, 阿久悠詞, 猪俣公章曲, 森岡賢一郎編曲「襟裳岬」　●最優秀歌唱賞　五木ひろし「みれん」　●最優秀新人賞　麻生よう子「逃避行」
◇横浜音楽祭　第1回　●音楽祭賞　西城秀樹　森進一　山口百恵　●音楽祭特別賞　天地真理　海援隊　殿さまキングス　フィンガー5　●最優秀新人賞　中条きよし　●新人特別賞　伊藤咲子
◇夜のレコード大賞　第7回　●金賞　渡哲也「くちなしの花」　●銀賞　殿さまキングス「なみだの操」　●優秀スター賞　中条きよし「うそ」　八代亜紀「愛ひとすじ」　●新人賞　リリィ「私は泣いています」　グレープ「精霊流し」　●話題賞　藤竜也「花一輪」　●特別賞　梓みちよ「二人でお酒を」

【演劇】
◇朝日賞〔演劇関係〕（昭49年）　●文化賞　山本安英 "700回を超える「夕鶴」公演を含む半世紀にわたる演劇活動"
◇紀伊國屋演劇賞　第9回　●団体賞　劇団民藝 "「きぬという道連れ」「才能とパトロン」金芝河作品

などの上演"　●個人賞　仲代達矢「リチャード三世」「友達」　市原悦子「トロイアの女」　田中邦衛「緑色のストッキング」　太地喜和子「越後つついし親不知」「薮原検校」　高田一郎「才能とパトロン」の舞台装置
◇芸術祭賞〔演劇部門〕　第29回　●大賞　山田五十鈴 "東宝現代劇特別公演「浮世節立花家橘之助・たぬき」の演技に対し"

【演芸】

◇上方お笑い大賞　第3回　●大賞　笑福亭仁鶴　●金賞　Wヤング　●銀賞　横山たかし,横山ひろし
◇上方漫才大賞　第9回　●漫才大賞　三人奴　●奨励賞　人生幸朗,生恵幸子　●新人賞　トリオ・ザ・ミミック
◇日本放送演芸大賞　第3回　古今亭志ん朝(3代)

【漫画・アニメ】

◇講談社出版文化賞　第5回　●児童漫画部門　里中満智子「あした輝く」「姫がいく！」　矢口高雄「釣りキチ三平」
◇小学館漫画賞　第20回　楳図かずお「漂流教室」ほか
◇文藝春秋漫画賞　第20回　オグラトク一「マンガはがきギャラリー」(自費出版)　滝田ゆう "怨歌橋百景" ほか一連の作品

【スポーツ】

◇朝日賞(昭49年)　●体育賞　遠藤幸雄,笠松茂,監物永三,加藤沢男,塚原光男,梶山広司,本間二三雄,藤本俊 "男子・体操・世界選手権男子団体優勝"　笠松茂 "男子・体操・世界選手権男子個人総合優勝"　君原健二 "永年にわたるマラソン界への功労"　山田重雄,飯田高子,古田敏美,斎藤春枝,小山光枝,前田悦智子,岡本真理子,白井貴子,会田きよ子,金坂克子,荒木田裕子,矢野広美,横山樹理 "女子バレー・世界選手権優勝"　堀江謙一 "ヨットによる無寄港世界一周で世界新記録を樹立"
◇日本プロスポーツ大賞　第7回　●大賞　王貞治(大相撲)　●殊勲賞　柴田国明(プロボクシング)　北の湖敏満(大相撲)　尾崎将司(男子プロゴルフ)

【その他】

◇将棋大賞　第1回　●最優秀棋士賞　大山康晴　●特別賞　木村義雄　●新人賞　森安秀光
◇星雲賞　第5回　●日本長編部門　小松左京「日本沈没」　●日本短編部門　筒井康隆「日本以外全部沈没」　●映画演劇部門　リチャード・フライシャー監督「ソイレント・グリーン」
◇文化勲章(昭49年度)　石坂公成(免疫学)　江崎玲於奈(電子工学)　杉山寧(日本画)　永田武(地球物理学)　橋本明治(日本画)
◇ベストドレッサー賞　第3回　●政治・経済部門　木村俊夫　●学術・文化部門　野坂昭如　●スポーツ・芸能部門　北大路欣也

昭和50年(1975)

【文学全般】

◇朝日賞〔文学関係〕(昭50年)　大岡昇平 "「大岡昇平全集」の完結と戦後の文学への貢献"
◇大佛次郎賞　第2回　山川菊栄「覚書幕末の水戸藩」　吉田秀和「吉田秀和全集」
◇菊池寛賞　第23回　高木俊朗 "「陸軍特別攻撃隊」その戦争記録文学としての出色"
◇群像新人文学賞　第18回　●小説 当選作　林京子「祭りの場」　●小説 優秀作　小松紀夫「隠された声」　●評論　該当作なし
◇芸術選奨　第26回　●文学部門 文部大臣賞　佐藤佐太郎「開冬」　石原八束「黒凍みの道」　●文学部門 新人賞　竹西寛子「鶴」　●評論等 文部大臣賞　野田宇太郎「日本耽美派文学の誕生」　高橋英夫「役割としての神」

◇日本芸術院賞（第2部・文芸）　第32回　安岡章太郎 "作家としての業績に対し"　江藤淳 "評論家としての業績に対し"　●恩賜賞　司馬遼太郎 "小説「空海の風景」など一連の歴史小説に対し"
◇日本文学大賞　第7回　該当作なし
◇野間文芸賞　第28回　平野謙「さまざまな青春」(新潮社版「平野謙全集」第六巻)　尾崎一雄「あの日この日」
◇毎日出版文化賞　第29回　藤村信, 岩波書店「プラハの春モスクワの冬」　山室静, 新潮社「アンデルセンの生涯」　小松真一, 筑摩書房「虜人日記」　●特別賞　日本作文の会編, 岩崎書店「子ども日本風土記」全47巻　信多純一編著, 大学堂書店「のろまそろま狂言集成」
◇読売文学賞　第27回　●小説賞　檀一雄「火宅の人」　吉行淳之介「鞄の中身」　●戯曲賞　秋元松代「七人みさき」　●随筆・紀行賞　野口冨士男「わが荷風」　●評論・伝記賞　該当作なし　●詩歌俳句賞　吉田正俊「流るる雲」　角川源義「西行の日」

【小説】

◇芥川龍之介賞　第73回（上期）　林京子「祭りの場」
◇芥川龍之介賞　第74回（下期）　中上健次「岬」　岡松和夫「志賀島」
◇泉鏡花文学賞　第3回　森茉莉「甘い蜜の部屋」
◇江戸川乱歩賞　第21回　日下圭介「蝶たちは今…」
◇オール讀物新人賞　第46回（上期）　桧山芙二夫「ニューヨークのサムライ」　相沢武夫「戊辰謇女唄」
◇オール讀物新人賞　第47回（下期）　加野厚「天国の番人」
◇オール讀物推理小説新人賞　第14回　新谷識「死は誰のもの」
◇川端康成文学賞　第2回　永井龍男「秋」
◇サンデー毎日新人賞　第6回　該当作なし
◇小説現代新人賞　第24回（上期）　沢田ふじ子「石女」　和田顕太「密猟者」
◇小説現代新人賞　第25回（下期）　芦原公「関係者以外立入り禁止」　青木千枝子「わたしのマリコさん」
◇女流文学賞　第14回　大庭みな子「がらくた博物館」
◇新潮新人賞　第7回　宮本徳蔵「浮游」
◇太宰治賞　第11回　不二今日子「花捨て」
◇谷崎潤一郎賞　第11回　水上勉「一休」
◇直木三十五賞　第73回（上期）　該当作なし
◇直木三十五賞　第74回（下期）　佐木隆三「復讐するは我にあり」
◇日本推理作家協会賞　第28回　清水一行「動脈列島」
◇文學界新人賞　第40回（上期）　該当作なし
◇文學界新人賞　第41回（下期）　三好京三「子育てごっこ」
◇文藝賞　第12回　阿嘉誠一郎「世の中や」
◇吉川英治文学賞　第9回　城山三郎「落日燃ゆ」

【詩歌】

◇H氏賞　第25回　清水哲男「水甕座の水」
◇小熊秀雄賞　第8回　該当作なし
◇現代歌人協会賞　第19回　該当作なし
◇詩人会議賞　第3回　城侑「豚の胃と腸の料理」
◇高見順賞　第6回　谷川俊太郎（辞退）「定義」「夜中に台所でぼくはきみに話しかけたかった」
◇蛇笏賞　第9回　石川桂郎 "先年度の作句活動とこれまでの業績"
◇迢空賞　第9回　上田三四二 "「湧井」とこれまでの業績"
◇日本歌人クラブ賞　第2回　鐸静枝「流紋」　岡山たづ子「一直心」

◇俳人協会賞　第15回　赤松蕙子「白毫」　中山純子「沙羅」　山田みづえ「木語」
◇晩翠賞　第16回　高木秋尾「けもの水」
◇歴程賞　第13回　植村直己"未知の世界の追及・探険とその精神に対して"　山本太郎「ユリシーズ」（長編詩）,「鬼文」（詩集）

【戯曲】
◇「新劇」岸田戯曲賞　第19回　該当作なし
◇年鑑代表シナリオ（昭50年度）　いどあきお「実録・阿部定」　早坂暁,浦山桐郎「青春の雨」　笠原和夫「県警対組織暴力」　新藤兼人「ある映画監督の生涯 溝口健二の記録」　新藤兼人「昭和枯れすすき」　小野龍之助,佐藤純弥「新幹線大爆破」　山田洋次,朝間義隆「男はつらいよ寅次郎相合い傘」　鈴木則文,沢井信一郎「トラック野郎御意見無用」　田坂啓「金環蝕」　中島丈博「祭りの準備」

【評論・随筆】
◇大宅壮一ノンフィクション賞　第6回　吉野せい「洟をたらした神」　袖井林二郎「マッカーサーの二千日」
◇日本エッセイスト・クラブ賞　第23回　加古里子「遊びの四季」　木村尚三郎「ヨーロッパとの対話」　児玉隆也「一銭五厘たちの横丁」　松本重治「上海時代 上・中・下」

【児童文学】
◇赤い鳥文学賞　第5回　松谷みよ子「モモちゃんとアカネちゃん」　佐藤義美「佐藤義美全集」全6巻
◇産経児童出版文化賞　第22回　●大賞　山本和夫作,鈴木童治画「海と少年—山本和夫少年詩集」
◇児童文芸新人賞　第4回　矢崎節夫「二十七ばん目のはこ」
◇小学館絵画賞　第24回　赤羽末吉「ほうまんの池のカッパ」ほか
◇小学館文学賞　第24回　山下明生「はんぶんちょうだい」
◇日本児童文学者協会賞　第15回　高史明「生きることの意味」　●特別賞　横谷輝「児童文学論集第二巻児童文学への問いかけ」
◇野間児童文芸賞　第13回　小出正吾「ジンタの音」　●推奨作品賞　間所ひさこ「山が近い日」　飯田栄彦「飛べよ,トミー！」

【映画・テレビ全般】
◇エランドール賞（昭50年度）　●新人賞　秋吉久美子　檀ふみ　萩尾みどり　池上季実子　草刈正雄　中村雅俊　志穂美悦子　●協会賞　田中友幸　佐藤正之　●特別賞　田中絹代
◇芸術選奨　第26回　●映画部門 大臣賞　小林正樹"「化石」の監督"　●映画部門 新人賞　黒木和雄"「祭りの準備」の監督"　●放送部門 大臣賞　萩元晴彦"テレビ製作者としての「遠くへ行きたい」「オーケストラがやって来た」等の企画製作"　●放送部門 新人賞　木村栄文"テレビドキュメンタリー「祭りばやしが聞こえる」の演出"

【映画】
◇朝日賞〔映画関係〕（昭50年）　新藤兼人"独立プロによる映画製作の実績"
◇キネマ旬報賞　第21回　●日本映画監督賞　新藤兼人「ある映画監督の生涯 溝口健二の記録」　●脚本賞　中島丈博「祭りの準備」　●主演女優賞　浅丘ルリ子「男はつらいよ寅次郎相合い傘」　●主演男優賞　佐分利信「化石」　●助演女優賞　大竹しのぶ「青春の門」　●助演男優賞　原田芳雄「祭りの準備」　●読者選出日本映画監督賞　佐藤純弥「新幹線大爆破」
◇キネマ旬報ベスト・テン　第49回　●日本映画1位　「ある映画監督の生涯 溝口健二の記録」（新藤兼人監督）　●日本映画2位　「祭りの準備」（黒木和雄監督）　●日本映画3位　「金環蝕」（山本薩夫監督）　●外国映画1位　「ハリーとトント」（ポール・マザースキー監督）　●外国映画2位　「愛の嵐」（リリアーナ・カヴァーニ監督）　●外国映画3位　「アリスの恋」（マーチン・スコセッシ監督）
◇ぴあテン〔映画部門〕　第4回　●1位　「タワーリング・インフェルノ」（ジョン・ギラーミン監督）　●2位　「ジョーズ JAWS」（スティーブン・スピルバーグ監督）　●3位　「ザッツ・エンタテインメン

ト」(ジャック・ハイリー・Jr.監督)
◇ブルーリボン賞　第18回　●最優秀作品賞 邦画　「化石」(小林正樹監督)　●最優秀作品賞 洋画　「レニー・ブルース」(ボブ・フォッシー監督)　●監督賞　深作欣二 「仁義の墓場」「県警対組織暴力」　●主演男優賞　菅原文太 「県警対組織暴力」「トラック野郎」　●主演女優賞　浅丘ルリ子 「男はつらいよ 寅次郎相合い傘」　●助演男優賞　原田芳雄 「祭りの準備」「田園に死す」　●助演女優賞　倍賞千恵子 「男はつらいよ」シリーズ　●新人賞　三浦友和 「伊豆の踊子」ほか　大竹しのぶ 「青春の門」　●特別賞　山田洋次, 松竹 「男はつらいよシリーズ」
◇毎日映画コンクール　第30回　●日本映画賞 大賞　「化石」(小林正樹監督)　●監督賞　新藤兼人 「ある映画監督の生涯 溝口健二の記録」　●脚本賞　中島丈博 「祭りの準備」　●演技賞 男優演技賞　佐分利信 「化石」　●演技賞 女優演技賞　浅丘ルリ子 「男はつらいよ寅次郎相合い傘」　●大藤信郎賞　岡本忠成 "「水のたね」の成果"
◇牧野省三賞　第17回　八尋不二 (脚本家)
◇優秀映画鑑賞会ベストテン　第16回　●日本映画 1位　「化石」(小林正樹監督)　●日本映画 2位　「ある映画監督の生涯 溝口健二の記録」(新藤兼人監督)　●日本映画 3位　「金環蝕」(山本薩夫監督)　●外国映画 1位　「デルス・ウザーラ」(黒澤明監督)　●外国映画 2位　「ハリーとトント」(ポール・マザースキー監督)　●外国映画 3位　「チャイナタウン」(ロマン・ポランスキー監督)

【テレビ】

◇ギャラクシー賞　第13回　日本テレビ放送網 「明日をつかめ！ 貴くん」　英国放送協会 「ハーツ・アンド・マインズ」　日本教育テレビ, 毎日放送 「20世紀の映像」
◇芸術祭賞〔テレビ部門 (ドラマ)〕　第30回　●優秀賞　NHK 「遠い接近」　朝日放送 「現代浮かれ節考」　NHK 「わが美わしの友」
◇テレビ大賞　第8回　●テレビ大賞　フジテレビ, フジポニー 「欽ちゃんのドンとやってみよう！」　●優秀番組賞　NHK中国本部 「市民の手で原爆の絵を」　朝日テレビ, 日映新社 「ドキュメント昭和」　日本テレビ, テレビマンユニオン 「太平洋戦争秘話欧州から愛をこめて」　NHK 「となりの芝生」　TBS 「おはよう720」　●優秀個人賞　磯村尚徳　香山美子　茂木草介　島田陽子　倉本聰　●新人賞　三浦友和　大竹しのぶ　●特別賞　淀川長治　池松俊雄 「NETザ・スペシャル」　●CM賞　ライオン 「エメロンリンス」　●週刊TVガイドデスク賞　桂三枝　山城新伍　泉ピン子
◇日本民間放送連盟賞 (昭50年)　●番組部門 (テレビ社会番組) 最優秀　日本テレビ 「ドキュメンタリー—明日をつかめ！ 貴くん—4745日の記録」　●番組部門 (テレビ娯楽番組) 最優秀　北海道放送 「東芝日曜劇場—うちのホンカン」
◇放送文化基金賞　第1回　少年幼児番組　日本放送協会 「特撮昆虫記」
◇毎日芸術賞　第17回　倉本聰 「うちのホンカン」「ホンカンがんばる」(テレビドラマ放送台本)

【芸能全般】

◇芸術選奨　第26回　●演劇部門 大臣賞　仲代達矢 "「どん底」「令嬢ジュリー」の演技"　●演劇部門 新人賞　尾上辰之助 "「雷電不動北山桜」の演技"　●大衆芸能部門 大臣賞　林家正蔵 "「淀五郎」「双蝶々」等における話芸"　●大衆芸能部門 新人賞　柴田侑宏 "「フィレンツェに燃える」の制作・演出"　●評論等部門 新人賞　三田純市 "「道頓堀」"
◇ゴールデン・アロー賞　第13回　●大賞　萩本欽一　●最優秀新人賞　岩崎宏美　●映画賞　山本薩夫ほか "話題作「金環蝕」を生みだしたスタッフの意欲と成果"　●映画賞 新人賞　三浦友和 "「伊豆の踊子」「潮騒」「陽のあたる坂道」に主演"　●演劇賞　滝沢修 "「セールスマンの死」初演以来の主役と初の演出"　●演劇賞 新人賞　なべおさみ "初舞台「たいこどんどん」に出演"　●音楽賞　布施明, 小椋佳 "「シクラメンのかほり」が大ヒット"　●音楽賞 新人賞　岩崎宏美 "「二重唱」「ロマンス」などのヒット"　●放送賞　萩本欽一 "「欽ちゃんのドンとやってみよう！」ほか多くの番組に登場。ユニークな番組を作りあげた"　●放送賞 新人賞　三林京子 "「元禄太平記」のおとき役"　●芸能賞　桂米朝 (3代)　●芸能賞 新人賞　笑福亭鶴光　●特別賞　宝塚歌劇団 "「ベルサイユのばら」で "ベルばらブーム" を巻きおこした"　●話題賞　五月みどり "積極的に話題を提供しつづけた旺盛なタレント精神"　●グラフ賞　岡田奈々
◇毎日芸術賞　第17回　仲代達矢 "俳優座公演「どん底」「令嬢ジェリー」の演技"

【音楽】

◇あなたが選ぶ全日本歌謡音楽祭　第1回　●ゴールデングランプリ　布施明　●優秀新人賞　岩崎宏美　細川たかし　●ヤングアイドル賞　野口五郎　●ミドルエイジ賞　布施明　●ファミリー賞　森昌子　五木ひろし　●男性視聴者賞　八代亜紀　●女性視聴者賞　郷ひろみ　●年間話題賞　沢田研二　山口百恵　●ベストドレッサー賞　森進一　小柳ルミ子　●ベストアクション賞　桜田淳子　西城秀樹　●特別賞　ダウン・タウン・ブギウギ・バンド　美空ひばり

◇ABC歌謡新人グランプリ　第1回　●グランプリ　あいざき進也　●最優秀歌唱賞　麻生よう子　西川峰子

◇FNS歌謡祭グランプリ　第2回　●グランプリ　布施明歌、小椋佳詞・曲、萩田光雄編曲「シクラメンのかほり」　●最優秀歌謡音楽賞 上期　山口百恵「冬の色」　●最優秀歌謡音楽賞 下期　桜田淳子「天使のくちびる」　●最優秀歌唱賞 上期　野口五郎「哀しみの終わるとき」　●最優秀歌唱賞 下期　布施明「傾いた道しるべ」　●最優秀視聴者賞 上期・下期　五木ひろし　●最優秀新人賞 上期　細川たかし「心のこり」　●最優秀新人賞 下期　岩崎宏美「ロマンス」　●最優秀ヒット賞 上期　かまやつひろし「我が良き友よ」　●最優秀ヒット賞 下期　布施明「シクラメンのかほり」

◇銀座音楽祭　第4回　●グランプリ　太田裕美　●アイドル賞　片平なぎさ　●熱演賞　浜田良美

◇銀座音楽祭　第5回　●グランプリ　岩崎宏美「ロマンス」　●アイドル賞　岡田奈々「女学生」　●熱演賞　ジャニーズ・ジュニア・スペシャル「さよなら愛」

◇新宿音楽祭　第8回　●金賞　岩崎宏美「ロマンス」　細川たかし「心のこり」　●審査員特別奨励賞　小川順子「夜の訪問者」

◇日本演歌大賞　第1回　●大賞　五木ひろし　●古賀政男特別賞　内山田洋とクール・ファイブ　ちあきなおみ　●演歌名人賞　青江三奈　都はるみ　●演歌期待賞・演歌の星　森昌子　西川峰子　●演歌特別賞　水前寺清子　八代亜紀　●週刊平凡賞　五木ひろし　●演歌女心賞　中条きよし　藤圭子　●演歌友情賞　鶴岡雅義と東京ロマンチカ　三条正人　●ミリオンセラー賞　ぴんから兄弟　殿さまキングス　●特別功労賞　美空ひばり

◇日本歌謡大賞　第6回　●大賞　布施明「シクラメンのかほり」　●放送音楽特別連盟賞　五木ひろし「千曲川」　●放送音楽特別賞　ダウン・タウン・ブギウギ・バンド「港のヨーコ・ヨコハマ・ヨコスカ」ほか

◇日本作詩大賞　第8回　●大賞　小椋佳「シクラメンのかほり」（歌・布施明）

◇日本テレビ音楽祭　第1回　●グランプリ　五木ひろし「千曲川」　●金の鳩賞　伊藤咲子「乙女のワルツ」　●新人賞　細川たかし「心のこり」　岩崎宏美「ロマンス」

◇日本有線大賞　第8回　●大賞　野口五郎「私鉄沿線」　●会長特別賞　八代亜紀「おんなの夢」　●有線功労賞　五木ひろし「千曲川」　●最優秀新人賞　細川たかし「心のこり」

◇日本レコードセールス大賞　第8回　●セールス大賞　野口五郎　桜田淳子　●ゴールデン賞　沢田研二　ダウン・タウン・ブギウギ・バンド　●男性新人賞　細川たかし　●女性新人賞　岩崎宏美　●グループ新人賞　ダウン・タウン・ブギウギ・バンド　●LP大賞　井上陽水　●作品賞　「シクラメンのかほり」　「昭和枯れすすき」　「港のヨーコ・ヨコハマ・ヨコスカ」

◇日本レコード大賞　第17回　●大賞　布施明歌、小椋佳詞・曲、萩田光雄編曲「シクラメンのかほり」　●最優秀歌唱賞　五木ひろし「千曲川」　●最優秀新人賞　細川たかし「心のこり」

◇横浜音楽祭　第2回　●音楽祭賞　小坂恭子　桜田淳子　ダウン・タウン・ブギウギ・バンド　野口五郎　布施明　●地域・特別賞　ダ・カーポ　●最優秀新人賞　細川たかし　●新人特別賞　岩崎宏美　●新人賞　アローナイツ　小川順子　野川明美　響たかし　三田悠子

◇夜のレコード大賞　第8回　●金賞　さくらと一郎「昭和枯れす〻き」　●銀賞　細川たかし「心のこり」　●優秀スター賞　布施明「シクラメンのかほり」　八代亜紀「おんなの夢」　●新人賞　岩崎宏美「ロマンス」　笑福亭鶴光「うぐいす谷ミュージックホール」　●特別賞　ダウン・タウン・ブギウギ・バンド「港のヨーコ・ヨコハマ・ヨコスカ」　●功労賞　小林旭「昔の名前で出ています」

【演劇】

◇菊田一夫演劇賞　第1回　小幡欣治「安来節の女」「にぎにぎ」　●新人賞　安宅忍「山彦ものがたり」「真砂屋のお峰」　木の実ナナ「真夏の夜の夢」　●特別賞　益田喜頓　真木小太郎　大庭三郎

◇紀伊國屋演劇賞　第10回　●団体賞　該当なし　●個人賞　秋元松代「アディオス号の歌」の戯曲　細川ちか子「セールスマンの死」　鈴木忠志「夜と時計」の作・演出　新井純「阿部定の犬」　金井彰久 "矢代静一作・浮世絵師三部作（「写楽考」「北斎漫画」「淫乱斎英泉」）の企画・制作"
◇芸術祭賞〔演劇部門〕　第30回　●大賞　劇団四季 "西武劇場・劇団四季提携公演「エクウス（馬）」の成果に対し"

【演芸】

◇上方お笑い大賞　第4回　●大賞　海原お浜，海原小浜　●金賞　桂三枝　●銀賞　チグハグコンビ　●功労賞　一輪亭花咲
◇上方漫才大賞　第10回　●漫才大賞　Wヤング　●奨励賞　青芝フック，青芝キック　●新人賞　海原かける，海原めぐる　若井小づえ，若井みどり
◇日本放送演芸大賞　第4回　柳家小三治（10代）

【漫画・アニメ】

◇菊池寛賞　第23回　近藤日出造 "漫画で政治を大衆に近づけた多年の功績"
◇講談社出版文化賞　第6回　●児童漫画部門　ながやす巧画「愛と誠」
◇小学館漫画賞　第21回　●少年少女向け　萩尾望都「ポーの一族」「11人いる！」　●青年一般向け　さいとう・たかを「ゴルゴ13」
◇文藝春秋漫画賞　第21回　手塚治虫「動物つれづれ草」「ブッダ」　秋竜山「Ohジャリーズ‼」「ノッホホン氏」

【スポーツ】

◇朝日体育賞　第1回　高田裕司 "世界レスリング選手権大会フリースタイル52キロ級で2連勝"　藤猪省三 "世界柔道選手権大会中量級で3連勝"　上村春樹 "世界柔道選手権大会無差別級で優勝"　生井けい子 "第7回世界女子バスケットボール選手権大会で最優秀選手に選ばれた活躍"　釜本邦茂 "永年にわたる日本サッカー界への貢献"　坂田好弘 "永年にわたる日本ラグビー界への貢献"　島岡吉郎 "東京6大学野球リーグでの春秋連覇と学生野球への貢献"　沢登貞行 "永年にわたり市民スポーツの振興に尽くした功績"　小林則子 "太平洋横断ヨットレースで女性単独の無寄港世界最長記録を樹立"　エベレスト日本女子登山隊15名（久野英子，田部井淳子ほか）"女性登山隊として世界初のエベレスト登頂に成功"
◇日本プロスポーツ大賞　第8回　●大賞　広島東洋カープ（プロ野球）　●殊勲賞　村上隆（男子プロゴルフ）　沢松和子（テニス）　ガッツ石松（プロボクシング）

【その他】

◇将棋大賞　第2回　●最優秀棋士賞　中原誠　●特別賞　大山康晴　●新人賞　真部一男
◇星雲賞　第6回　●日本長編部門　筒井康隆「俺の血は他人の血」　●日本短編部門　山田正紀「神狩り」　●映画演劇部門　松本零士総監督「宇宙戦艦ヤマト」
◇文化勲章（昭50年度）　江橋節郎（薬理学）　小山敬三（洋画）　田崎広助（洋画）　中川一政（洋画）　広中平祐（数学）
◇ベストドレッサー賞　第4回　●学術・文化部門　三笠宮寛仁　石原慎太郎　●スポーツ・芸能部門　益田喜頓　●特別賞　木原光知子

昭和51年（1976）

【文学全般】

◇大佛次郎賞　第3回　陳舜臣「敦煌の旅」　加藤九祚「天の蛇―ニコライ・ネフスキーの生涯」
◇菊池寛賞　第24回　戸板康二 "近代批評を織り込んだ歌舞伎評を書いて30年，劇評の権威を貫いた功績"
◇群像新人文学賞　第19回　●小説　村上龍「限りなく透明に近いブルー」　●評論　該当作なし

◇芸術選奨　第27回　●文学部門 文部大臣賞　高井有一「夢の碑」　吉田瑞穂「しおまねきと少年」　●文学部門 新人賞　阿部昭「人生の一日」　●評論等 文部大臣賞　車谷弘「わが俳句交遊記」
◇日本芸術院賞(第2部・文芸)　第33回　海音寺潮五郎　宮柊二　戸板康二　●恩賜賞　平野謙
◇日本文学大賞　第8回　檀一雄「火宅の人」　埴谷雄高「死霊」
◇野間文芸賞　第29回　武田泰淳「目まいのする散歩」　三浦哲郎「拳銃と十五の短篇」
◇毎日出版文化賞　第30回　冨田博之, 東京書籍「日本児童演劇史」　田久保英夫, 講談社「髪の環」　田辺明雄, 北洋社「真山青果」　林竹二, 講談社「田中正造の生涯」
◇読売文学賞　第28回　●小説賞　八木義徳「風祭」　●戯曲賞/随筆・紀行賞　該当作なし　●評論・伝記賞　伊藤信吉「萩原朔太郎」　河野多惠子「谷崎文学と肯定の欲望」　●詩歌俳句賞　中村稔「羽虫の飛ぶ風景」

【小説】

◇芥川龍之介賞　第75回(上期)　村上龍「限りなく透明に近いブルー」
◇芥川龍之介賞　第76回(下期)　該当作なし
◇泉鏡花文学賞　第4回　高橋たか子「誘惑者」
◇江戸川乱歩賞　第22回　伴野朗「五十万年の死角」
◇オール讀物新人賞　第48回(上期)　小野紀美子「喪服のノンナ」　瀬山寛二「青い航跡」
◇オール讀物新人賞　第49回(下期)　桐部次郎「横須賀線にて」　山口四郎「たぬきの戦場」
◇オール讀物推理小説新人賞　第15回　石井龍生, 井原まなみ「アルハンブラの想い出」　赤川次郎「幽霊列車」　岡田義之「四万二千メートルの果てには」
◇川端康成文学賞　第3回　佐多稲子「時に佇つ」
◇サンデー毎日新人賞　第7回　●時代小説　該当作なし　●推理小説　中堂利夫「異形の神」
◇小説現代新人賞　第26回(上期)　該当作なし
◇小説現代新人賞　第27回(下期)　志茂田景樹「やっとこ探偵」　金木静「鎮魂夏」
◇女流文学賞　第15回　萩原葉子「蕁麻の家」
◇新潮新人賞　第8回　笠原淳「ウォークライ」
◇太宰治賞　第12回　村山富士子「越後瞽女唄冬の旅」
◇谷崎潤一郎賞　第12回　藤枝静男「田紳有楽」
◇直木三十五賞　第75回(上期)　該当作なし
◇直木三十五賞　第76回(下期)　三好京三「子育てごっこ」
◇日本推理作家協会賞　第29回　●長篇賞　該当作なし　●短篇賞　戸板康二「グリーン車の子供」　●評論その他の部門　権田万治「日本探偵作家論」
◇文學界新人賞　第42回(上期)　該当作なし
◇文學界新人賞　第43回(下期)　該当作なし
◇文藝賞　第13回　外岡秀俊「北帰行」
◇吉川英治文学賞　第10回　五木寛之「青春の門 筑豊篇」ほか

【詩歌】

◇H氏賞　第26回　荒川洋治「水駅」
◇小熊秀雄賞　第9回　片岡文雄「帰郷手帖」
◇現代歌人協会賞　第20回　細川謙三「楡の下道」
◇詩人会議賞　第4回　津布久晃司「生きている原点」　三田洋「回漕船」
◇高見順賞　第7回　吉岡実「サフラン摘み」
◇蛇笏賞　第10回　相生垣瓜人 "「明治草」とこれまでの全作句活動に対して"
◇迢空賞　第10回　宮柊二 "「独石馬」とこれまでの全作歌活動に対して"
◇日本歌人クラブ賞　第3回　阿部正路「飛び立つ鳥の季節に」　三浦武「小名木川」

◇俳人協会賞　第16回　堀口星眠「営巣期」　鈴木真砂女「夕蛍」
◇晩翠賞　第17回　相田謙三「あおざめた鬼の翳」　泉谷明「濡れて路上いつまでもしぶき」
◇歴程賞　第14回　安東次男「安東次男著作集」

【戯曲】
◇「新劇」岸田戯曲賞　第20回　石沢富子「琵琶伝」
◇年鑑代表シナリオ（昭51年度）　ジェームス三木「さらば夏の光よ」　高田宏治「新・仁義なき戦い組長最後の日」　白坂依志夫「大地の子守歌」　山田洋次,朝間義隆「男はつらいよ寅次郎夕焼け小焼け」　田中陽造「鳴呼!!花の応援団」　山田信夫「不毛地帯」　松田昭三「2つのハーモニカ」　佐治乾,斎藤信幸「暴行！」　田村孟「青春の殺人者」　長田紀生,日高真也,市川崑「犬神家の一族」

【評論・随筆】
◇大宅壮一ノンフィクション賞　第7回　深田祐介「新西洋事情」
◇日本エッセイスト・クラブ賞　第24回　中野孝次「ブリューゲルへの旅」　渡部昇一「腐敗の時代」　高峰秀子「わたしの渡世日記」

【児童文学】
◇赤い鳥文学賞　第6回　上崎美恵子「魔法のベンチ」「ちゃぷちゃっぷんの話」　野長瀬正夫「詩集・小さなぼくの家」　●特別賞　都築益世他「国土社の詩の本」全18巻
◇講談社出版文化賞　第7回　●絵本部門　安野光雅「かぞえてみよう」
◇産経児童出版文化賞　第23回　●大賞　佐藤有恒他著「科学のアルバム」全50巻・別巻2巻
◇児童福祉文化賞　第19回　●出版物部門　谷真介「台風の島に生きる」　村上亜土ほか「金の星子ども劇場 全6巻」　三芳悌吉絵と文「ひきがえる」（福音館書店）　瀬田貞二再話,瀬川康男絵「こしおれすずめ」（福音館書店）
◇児童文芸新人賞　第5回　竹田道子「父のさじ」　ひしいのりこ「おばけのゆらとねこのにゃあ」
◇小学館絵画賞　第25回　久米宏一「やまんば」「黒潮三郎」
◇小学館文学賞　第25回　吉田比砂子「マキコは泣いた」
◇日本児童文学者協会賞　第16回　鳥越信「日本児童文学史年表I」　まど・みちお「植物のうた」
◇日本児童文芸家協会賞　第1回　宮脇紀雄「ねこの名はヘイ」
◇野間児童文芸賞　第14回　野長瀬正夫「小さなぼくの家」（詩集）　●推奨作品賞　河合雅雄「少年動物誌」

【映画・テレビ全般】
◇エランドール賞（昭51年度）　●新人賞　東てる美　片平なぎさ　勝野洋　三林京子　根津甚八　岡田奈々　大竹しのぶ　早乙女愛　多岐川裕美　田中健　●協会賞　伊藤武郎　柳川武夫　●特別賞　渥美清　菅原文太
◇菊池寛賞　第24回　TBSテレビ時事放談スタッフ "巧みな話術で社会時評を一千回, 20年つづけ, 政治を市民に接近させた細川隆元ほかのスタッフの努力"
◇芸術選奨　第27回　●映画部門 大臣賞　該当者なし　●映画部門 新人賞　高林陽一「金閣寺」の構成・演出"　●放送部門 大臣賞　倉本聰 "ドラマ「幻の町」「前略おふくろ様」「うちのホンカン」などの脚本"　●放送部門 新人賞　辻村ジュサブロー "テレビ人形劇「真田十勇士」「たけくらべ」などの人形製作"

【映画】
◇キネマ旬報賞　第22回　●日本映画監督賞　長谷川和彦「青春の殺人者」　●脚本賞　田村孟「青春の殺人者」　●主演女優賞　原田美枝子「青春の殺人者」「大地の子守歌」　●主演男優賞　水谷豊「青春の殺人者」　●助演女優賞　太地喜和子「男はつらいよ 寅次郎夕焼け小焼け」　●助演男優賞　大滝秀治「不毛地帯」「あにいもうと」　●読者選出日本映画監督賞　市川崑「犬神家の一族」

◇キネマ旬報ベスト・テン　第50回　●日本映画 1位　「青春の殺人者」(長谷川和彦監督)　●日本映画 2位　「男はつらいよ 寅次郎夕焼け小焼け」(山田洋次監督)　●日本映画 3位　「大地の子守歌」(増村保造監督)　●外国映画 1位　「タクシー・ドライバー」(マーチン・スコセッシ監督)　●外国映画 2位　「カッコーの巣の上で」(ミロス・フォアマン監督)　●外国映画 3位　「トリュフォーの思春期」(フランソワ・トリュフォー監督)

◇ぴあテン〔映画部門〕　第5回　●1位　「カッコーの巣の上で」(ミロシュ・フォアマン監督)　●2位　「タクシー・ドライバー」(マーティン・スコセッシ監督)　●3位　「がんばれ！ベアーズ」(マイケル・リッチー監督)

◇ブルーリボン賞　第19回　●最優秀作品賞 邦画　「大地の子守唄」(増村保造監督)　●最優秀作品賞 洋画　「タクシー・ドライバー」(マーティン・スコセッシ監督)　●監督賞　山根成之　●主演男優賞　渡哲也　●主演女優賞　秋吉久美子　●助演男優賞　大滝秀治　●助演女優賞　高峰三枝子　●新人賞　原田美枝子　●特別賞　角川春樹と製作スタッフ

◇報知映画賞　第1回　●最優秀作品賞 邦画部門　「犬神家の一族」(市川崑監督)　●最優秀作品賞 洋画部門　「タクシー・ドライバー」(マーティン・スコセッシ監督)　●最優秀主演男優賞　藤竜也「愛のコリーダ」　●最優秀主演女優賞　秋吉久美子「あにいもうと」　●最優秀助演男優賞　大滝秀治「犬神家の一族」　●最優秀助演女優賞　太地喜和子「男はつらいよ 寅次郎夕焼け小焼け」　●最優秀新人賞　原田美枝子「大地の子守歌」「青春の殺人者」

◇毎日映画コンクール　第31回　●日本映画賞 大賞　「不毛地帯」(山本薩夫監督)　●監督賞　山本薩夫「不毛地帯」　●脚本賞　山田信夫「不毛地帯」　●演技賞 男優演技賞　渡哲也「やくざの墓場—くちなしの花」　●演技賞 女優演技賞　秋吉久美子「あにいもうと」　●大藤信郎賞　川本喜八郎「道成寺」の成果"　●日本映画ファン賞　「犬神家の一族」

◇牧野省三賞　第18回　葛井欣士郎（製作者）

◇優秀映画鑑賞会ベストテン　第17回　●日本映画 1位　「大地の子守歌」(増村保造監督)　●日本映画 2位　「不毛地帯」(山本薩夫監督)　●日本映画 3位　「ある子守の詩」(大森栄監督)　●外国映画 1位　「大統領の陰謀」(アラン・J.パクラ監督)　●外国映画 2位　「カッコーの巣の上で」(ミロス・フォアマン監督)　●外国映画 3位　「午後の曳航」(ルイス・ジョン・カルリーノ監督)

【テレビ】

◇ギャラクシー賞　第14回　岩手放送「岩手に生きる—No.12 いのち」　日本放送協会「ある綜合商社の挫折—ニューファンドランドの謎」　北日本放送「ドキュメンタリー『ある父の日』」　●大賞　RKB毎日「あいラブ優ちゃん」　●特別賞　富士ゼロックス "緊急特集, 代議士100人が一斉に証言する政治とカネのからみ方"「わが生涯の大統領—ルーズベルト夫人風雪の60年」「落日燃ゆ」等「ザ・スペシャル」の提供"

◇芸術祭賞〔テレビ部門（ドラマ）〕　第31回　●大賞　NHK「紅い花」　●優秀賞　北海道放送「幻の町」　日本教育テレビ「落日燃ゆ」

◇テレビ大賞　第9回　●テレビ大賞　NHK「雲のじゅうたん」　●優秀番組賞　日本テレビ, 渡辺企画「前略おふくろ様」　日本テレビ「木曜スペシャル」　TBS「料理天国」　東京12チャンネル「われらの主役・王貞治物語」　NHK「NHK特集・シーメンス事件」　フジテレビ「ひらけ！ポンキッキ」　●優秀個人賞　佐々木昭一郎　黒柳徹子　山口百恵　田向正健　●新人賞　江藤潤　浅茅陽子　●特別賞　牛山純一　しばたはつみ　額田やえ子　●CM賞　サクラカラー販売「サクラカラー24」　●週刊TVガイドデスク賞　志村けん　川谷拓三, 室田日出男, ピラニア軍団　フジテレビ, 京唄子, 鳳啓助「おもろい夫婦」

◇日本民間放送連盟賞（昭51年）　●番組部門（テレビ社会番組）最優秀　日本テレビ「ドキュメント'76—10年目のクラス討論—沖縄・困惑の中から」　●番組部門（テレビ娯楽番組）最優秀　毎日放送「ドラマ—青春の門」

【芸能全般】

◇芸術祭賞〔大衆芸能部門〕　第31回　●大衆芸能部門（2部）大賞　渡辺貞夫 "渡辺貞夫リサイタル" の演奏に対し"

◇芸術選奨　第27回　●演劇部門 大臣賞　浅利慶太 "「ジーザス・クライスト＝スーパースター」の演

技"　●演劇部門 新人賞　市川猿之助(3代)"歌舞伎「双生隅田川」「小笠原騒動」の演技"　●評論等 大臣賞　冨田博之「日本児童演劇史」　●大衆芸能部門 大臣賞　該当者なし　●大衆芸能部門 新人賞　友竹正則「ミュージカル「ボンソワール・オッフェンバッフ」「屋根の上のバイオリン弾き」などの演技」　●評論等 新人賞　関山和夫"落語鑑賞・研究団体「含笑長屋」の会の発足と大衆芸能の普及発展に貢献"

◇ゴールデン・アロー賞　第14回　●大賞　山口百恵　●最優秀新人賞　原田美枝子　●映画賞　市川崑"犬神家の一族"の円熟した演出"　●映画賞 新人賞　原田美枝子"「大地の子守歌」「青春の殺人者」での新鮮な演技"　●演劇賞　つかこうへい"つかこうへい事務所を主宰し「ストリッパー物語」「熱海殺人事件」を上演"　●音楽賞　都はるみ「北の宿から」　●音楽賞 新人賞　内藤やす子「弟よ」「想い出ぼろぼろ」　●放送賞　山口百恵"ドラマ「赤いシリーズ」で人気を確立"　倉本聰　●放送賞 新人賞　浅茅陽子「雲のじゅうたん」　●芸能賞　辻村ジュサブロー"人形芝居の伝統に、独自の人形制作技術と操りの技をとり入れ、新しい美を完成させた"　●芸能賞 新人賞　柳家小菊"新内の世界に青春を投じ、広く伝統芸能をみなおさせた"　●特別賞　森繁久彌"40年にわたる芸能活動で独自の芸風を完成"　●話題賞　川谷拓三"脇役の世界に徹したひたむきな演技で大衆に話題をまいた"　●グラフ賞　松本ちえこ

【音楽】

◇あなたが選ぶ全日本歌謡音楽祭　第2回　●ゴールデングランプリ　五木ひろし　●最優秀新人賞　新沼謙治　●ヤングアイドル賞　太田裕美　岡田奈々　●ミドルエイジ賞　山口百恵　岩崎宏美　●ファミリー賞　森昌子　細川たかし　●男性視聴者賞　五木ひろし　●女性視聴者賞　野口五郎　●年間話題賞　都はるみ　●ベストドレッサー賞　八代亜紀　郷ひろみ　●ベストアクション賞　西城秀樹　フォーリーブス　キャンディーズ　●特別賞　加山雄三　二葉百合子　松本ちえこ

◇ABC歌謡新人グランプリ　第2回　●グランプリ　岩崎宏美　●最優秀歌唱賞　細川たかし　●審査員奨励賞　内藤やす子　ジャニーズ・ジュニア・スペシャル　●アイドル賞　豊川誕　ザ・リリーズ

◇ABC歌謡新人グランプリ　第3回　●グランプリ　新沼謙治　●最優秀歌唱賞　角川博　●審査員奨励賞　吉田真梨　●アイドル賞　ピンク・レディー

◇FNS歌謡祭グランプリ　第3回　●グランプリ　都はるみ歌,阿久悠詞,小林亜星曲,竹村次郎編曲「北の宿から」　●最優秀歌謡音楽賞　研ナオコ「あばよ」　●最優秀歌唱賞　都はるみ「北の宿から」　●最優秀新人賞　内藤やす子「弟よ」　●最優秀視聴者賞　五木ひろし　●最優秀ヒット賞　子門真人「およげ！たいやきくん」

◇銀座音楽祭　第6回　●グランプリ　内藤やす子「想い出ぼろぼろ」　●アイドル賞　三木聖子「まちぶせ」　●熱演賞　朝田のぼる「渡り鳥のように」　●特別賞　宇崎竜童　阿木燿子　五木ひろし

◇新宿音楽祭　第9回　●金賞　内藤やす子「想い出ぼろぼろ」　新沼謙治「嫁に来ないか」　●審査員特別奨励賞　角川博「嘘でもいいの」

◇全日本有線放送大賞　第9回　●グランプリ　都はるみ「北の宿から」　●特別賞　子門真人「およげ！たいやきくん」　内藤国雄「おゆき」　八代亜紀「もう一度逢いたい」　●最優秀新人賞　内藤やす子「想い出ぼろぼろ」

◇日本演歌大賞　第2回　●大賞　森進一　都はるみ　●古賀政男特別賞　森昌子　●演歌名人賞　二葉百合子　内山田洋とクール・ファイブ　●演歌期待賞・演歌の星　内藤やす子　新沼謙治　●演歌ベストセラー賞　八代亜紀　●演歌新人ベストセラー賞　内藤やす子　●週刊平凡賞　細川たかし

◇日本歌謡大賞　第7回　●大賞　都はるみ「北の宿から」　●放送音楽特別賞　子門真人「およげ！たいやきくん」　フォーリーブス

◇日本作詩大賞　第9回　●大賞　阿久悠「北の宿から」(歌・都はるみ)

◇日本テレビ音楽祭　第2回　●グランプリ　野口五郎「きらめき」　●金の鳩賞　岩崎宏美「未来」　●新人賞　新沼謙治「嫁に来ないか」

◇日本有線大賞　第9回　●大賞　都はるみ「北の宿から」　●最優秀新人賞　内藤やす子「想い出ぼろぼろ」　●有線功労賞　野口五郎「むさしの詩人」

◇日本レコードセールス大賞　第9回　●セールス大賞　子門真人　●ゴールデン賞　山口百恵　太田裕美　●男性新人賞　因幡晃　●女性新人賞　内藤やす子　●グループ新人賞　古時計　●LP大賞　松任谷由実　●作品賞　「およげ！たいやきくん」　「北の宿から」　「木綿のハンカチーフ」

◇日本レコード大賞　第18回　●大賞　都はるみ歌, 阿久悠詞, 小林亜星曲, 竹村次郎編曲「北の宿から」
　●最優秀歌唱賞　八代亜紀「もう一度逢いたい」　●最優秀新人賞　内藤やす子「想い出ぼろぼろ」
◇横浜音楽祭　第3回　●音楽祭賞　五木ひろし　岩崎宏美　太田裕美　キャンディーズ　都はるみ
　●地域・特別賞　加山雄三　●最優秀新人賞　新沼謙治　●新人特別賞　吉田真梨　●新人賞　朝田のぼる　大塚博堂　角川博　田山雅充　西島三重子

【演劇】

◇菊田一夫演劇賞　第2回　十朱幸代「おしの」「おたふく物語」　内山恵司「千姫曼荼羅」「丙午」
　●大賞　森繁久彌「屋根の上のヴァイオリン弾き」　●特別賞　宝塚歌劇団「ベルばら」シリーズ　パディ・ストーン"ハッピー・トゥモロー"の振付
◇紀伊國屋演劇賞　第11回　●団体賞　劇団文学座"昭和51年における活発な劇団活動"　●個人賞　浅利慶太"ジーザス・クライスト=スーパースター"の演出　清水邦夫"夜よ、おれを叫びと逆毛で充す青春の夜よ"の戯曲　木の実ナナ「雨」　李礼仙「下町ホフマン」「おちょこの傘持てメリー・ポピンズ」　吉田日出子「盟三五大切」「天守物語」など　●特別賞　森繁久彌"ミュージカル「屋根の上のヴァイオリン弾き」のテヴィエの演技"
◇芸術祭賞〔演劇部門〕　第31回　●大賞　該当なし
◇毎日芸術賞　第18回　森繁久彌「屋根の上のヴァイオリン弾き」(ミュージカル)

【演芸】

◇上方お笑い大賞　第5回　●大賞　夢路いとし, 喜味こいし　●金賞　チャンバラトリオ　●銀賞　オール阪神, オール巨人　●功労賞　中田つるじ
◇上方漫才大賞　第11回　●漫才大賞　チャンバラトリオ　●奨励賞　上方柳次, 上方柳太　●新人賞　オール阪神, オール巨人
◇日本放送演芸大賞　第5回　二葉百合子

【漫画・アニメ】

◇講談社出版文化賞　第7回　●児童漫画部門　ちばてつや「おれは鉄兵」
◇小学館漫画賞　第22回　●少年少女向け　小山ゆう「がんばれ元気」(少年サンデー)　ちばあきお「キャプテン」「プレイボール」　●青年一般向け　水島新司「あぶさん」
◇文藝春秋漫画賞　第22回　園山俊二"「ギャートルズ」ほか一連の作品"　武田秀雄「もんもん」

【スポーツ】

◇朝日体育賞　第2回　北島忠治"ラグビー日本選手権優勝とラグビー界への貢献"　猫田勝敏"長年バレーボール界のトッププレーヤーとして活躍した功績"　植村直己"北極圏1万2000kmのひとり旅に成功"　●第21回オリンピック・モントリオール大会　山田重雄, 飯田高子, 岡本真理子, 前田悦智子, 松田紀子, 白井貴子, 加藤きよみ, 荒木田裕子, 金坂克子, 田ня真理子, 高柳昌子〔現・吉田昌子〕, 矢野広美, 横山樹理"バレーボール女子の部で優勝"　早田卓次, 加藤沢男, 監物永三, 塚原光男, 梶山広司, 藤本俊, 五十嵐久人, 笠松茂"体操男子団体総合で優勝"　高田裕司"レスリング・フリースタイル52キロ級で優勝"　伊達治一郎"レスリング・フリースタイル74キロ級で優勝"　園田勇"柔道中量級で優勝"　二宮和弘"柔道軽重量級で優勝"　上村春樹"柔道無差別級で優勝"　塚原光男"男子体操種目別の鉄棒で優勝"　加藤沢男"男子体操種目別の平行棒で優勝"
◇日本プロスポーツ大賞　第9回　●大賞　王貞治(プロ野球)　●殊勲賞　具志堅用高(プロボクシング)　樋口久子(女子プロゴルフ)　阪急ブレーブス(プロ野球)

【その他】

◇将棋大賞　第3回　●最優秀棋士賞　中原誠　●特別賞　大山康晴　●新人賞　青野照市
◇星雲賞　第7回　●日本長編部門　筒井康隆「七瀬ふたたび」　●日本短編部門　小松左京「ヴォミーサ」　●映画演劇部門　筒井康隆演出「スタア」
◇文化勲章(昭51年度)　井上靖(小説)　小野竹喬(日本画)　木村資生(遺伝学)　松田権六(漆芸)　森嶋

通夫〔理論経済学〕
◇ベストドレッサー賞　第5回　●学術・文化部門　入江相政　柴田錬三郎　●スポーツ・芸能部門　放駒清一郎　●特別賞　長嶋茂雄

昭和52年（1977）

【文学全般】
◇朝日賞〔文学関係〕（昭52年）　中野重治 "小説, 詩, 評論など多年にわたる文学上の業績"
◇大佛次郎賞　第4回　堀田善衞「ゴヤ」全4巻　丸山真男「戦中と戦後の間」
◇菊池寛賞　第25回　川崎長太郎 "私小説をひたむきに書きつづけて半世紀, 近作に実った精進の足跡"　E.G.サイデンステッカー "「源氏物語」英訳（完訳）をはじめ日本文学の研究紹介につくした功績"　畑正憲 "ムツゴロウものをはじめ, 数多の作品で人と動物の心のふれあいを描き, 北海道に "動物王国"を造るまで, その全生活を賭けた環境の文学"
◇群像新人文学賞　第20回　●小説　当選作　該当作なし　●小説　優秀作　山川健一「鏡の中のガラスの船」　倉内保子「とても自然な, 怯え方」　●評論　中島梓「文学の輪郭」
◇芸術選奨　第28回　●文学部門　文部大臣賞　戸川幸夫「戸川幸夫動物文学全集」　中村草田男「風船の使者」　●文学部門　新人賞　中上健次「枯木灘」　●評論等　文部大臣賞　福田英男「ゲーテの叙情詩—研究」　栗田勇「一遍上人—旅の思索者」　●評論等　新人賞　杉本秀太郎「文学演技」
◇日本文学大賞　第9回　和田芳恵「暗い流れ」　萩谷朴「枕草子・校注」
◇野間文芸賞　第30回　中島健蔵「回想の文学」全3巻
◇毎日芸術賞　第19回　寺田透「義堂周信・絶海中津」
◇毎日出版文化賞　第31回　山田智彦,文藝春秋「水中庭園」　中上健次,河出書房新社「枯木灘」　村上信彦,大和書房「高群逸枝と柳田国男」　●特別賞　鳥越信編,明治書院「日本児童文学史年表」全2巻
◇読売文学賞　第29回　●小説賞　島尾敏雄「死の棘」　●戯曲賞　該当作なし　●随筆・紀行賞　瓜生卓造「桧原村紀聞」　●評論・伝記賞　蓮實重彦「反日本語論」　●詩歌俳句賞　会田綱雄「遺言」（詩集）　森澄雄「鯉素」（句集）

【小説】
◇芥川龍之介賞　第77回（上期）　三田誠広「僕って何」　池田満寿夫「エーゲ海に捧ぐ」
◇芥川龍之介賞　第78回（下期）　宮本輝「蛍川」　高城修三「榧の木祭り」
◇泉鏡花文学賞　第5回　色川武大「怪しい来客簿」　津島佑子「草の臥所」
◇江戸川乱歩賞　第23回　梶竜雄「透明な季節」　藤本泉「時をきざむ潮」
◇オール讀物新人賞　第50回（上期）　軒上泊「九月の町」
◇オール讀物新人賞　第51回（下期）　堀和久「享保貢象始末」　小松重男「年季奉公」
◇オール讀物推理小説新人賞　第16回　島野一「仁王立ち」　胸宮雪夫「苦い暦」
◇川端康成文学賞　第4回　水上勉「寺泊」　富岡多恵子「立切れ」
◇サンデー毎日新人賞　第8回　●時代小説　中野青史「祭りに咲いた波の花」　●推理小説　該当作なし
◇小説現代新人賞　第28回（上期）　川上健一「跳べ, ジョー！ B.Bの魂が見てるぞ」　岩城武史「それからの二人」
◇小説現代新人賞　第29回（下期）　羽村滋「天保水滸伝のライター」
◇女流文学賞　第16回　高橋たか子「ロンリー・ウーマン」　宮尾登美子「寒椿」
◇新潮新人賞　第9回　高城修三「榧の木祭り」
◇すばる文学賞　第1回　該当作なし　●佳作　原トミ子「一人」
◇太宰治賞　第13回　宮本輝「泥の河」
◇谷崎潤一郎賞　第13回　島尾敏雄「日の移ろい」

◇直木三十五賞　第77回(上期)　該当作なし
◇直木三十五賞　第78回(下期)　該当作なし
◇日本推理作家協会賞　第30回　●長篇部門　該当作なし　●短篇部門　石沢英太郎「視線」　●評論その他の部門　山村正夫「わが懐旧的探偵作家論」
◇文學界新人賞　第44回(上期)　該当作なし
◇文學界新人賞　第45回(下期)　井川正史「長い午後」　三輪滋「ステンドグラスの中の風景」
◇文藝賞　第14回　星野光徳「おれたちの熱い季節」　松崎陽平「狂いだすのは三月」
◇吉川英治文学賞　第11回　池波正太郎 "「鬼平犯科帳」「剣客商売」「仕掛人・藤枝梅安」を中心とした作家活動"

【詩歌】

◇H氏賞　第27回　小長谷清実「小航海26」
◇小熊秀雄賞　第10回　津坂治男「石の歌」　沢田敏子「市井の包み」
◇現代歌人協会賞　第21回　河野裕子「ひるがほ」
◇詩人会議賞　第5回　滝いく子「あなたがおおきくなったとき」
◇高見順賞　第8回　粒来哲蔵「望楼」
◇蛇笏賞　第11回　山口草堂「四季蕭蕭」
◇沼空賞　第11回　齋藤史 "「ひたくれなゐ」とこれまでの業績"
◇日本歌人クラブ賞　第4回　小谷心太郎「宝珠」
◇俳人協会賞　第17回　下村ひろし「西陲集」
◇晩翠賞　第18回　香川弘夫「わが津軽街道」
◇歴程賞　第15回　斎藤文一「宮沢賢治とその展開—氷窒素の世界」(評論)　天沢退二郎「Les invisibles」

【戯曲】

◇「新劇」岸田戯曲賞　第21回　該当作なし
◇年鑑代表シナリオ(昭52年度)　高田宏治「やくざ戦争日本の首領」　熊谷禄朗「悶絶!!どんでん返し」　早坂暁, 浦山桐郎「青春の門自立篇」　新藤兼人「竹山ひとり旅」　久里子亭「悪魔の手毬唄」　橋本忍「八甲田山」　森崎東「黒木太郎の愛と冒険」　山田洋次, 朝間義隆「幸福の黄色いハンカチ」　長谷部慶次, 篠田正浩「はなれ瞽女おりん」　菅孝行「北村透谷わが冬の歌」

【評論・随筆】

◇大宅壮一ノンフィクション賞　第8回　木村治美「黄昏のロンドンから」　上前淳一郎「太平洋の生還者」
◇日本エッセイスト・クラブ賞　第25回　沢村貞子「私の浅草」　杉本秀太郎「洛中生息」　亀井俊介「サーカスが来た！」

【児童文学】

◇赤い鳥文学賞　第7回　庄野英二「アルファベット群島」　木暮正夫「また七ぎつね自転車にのる」
◇講談社出版文化賞　第8回　●絵本部門　長新太「はるですよ　ふくろうおばさん」　さのようこ(佐野洋子)「わたしのぼうし」
◇産経児童出版文化賞　第24回　●大賞　たかしよいち作, 太田大八画「竜のいる島」
◇児童文芸新人賞　第6回　末吉暁子「星に帰った少女」　千江豊夫「ほおずきまつり」
◇小学館絵画賞　第26回　安野光雅「野の花と小人たち」ほか
◇小学館文学賞　第26回　竹崎有斐「石切り山の人びと」
◇日本児童文学者協会賞　第17回　後藤竜二「白赤だすき小○の旗風」　竹崎有斐「石切り山の人びと」　冨田博之「日本児童演劇史」

昭和52年（1977）

◇日本児童文芸家協会賞　第2回　神沢利子「流れのほとり」
◇野間児童文芸賞　第15回　生源寺美子「雪ぼっこ物語」　今江祥智「兄貴」　●推奨作品賞　皿海達哉「チッチゼミ鳴く木の下で」

【映画・テレビ全般】

◇エランドール賞（昭52年度）　●新人賞　浅茅陽子　江藤潤　原田美枝子　岩城滉一　真野響子　●協会賞　椎野英之
◇芸術選奨　第28回　●映画部門　大臣賞　岡崎宏三 "映画「ねむの木の詩がきこえる」「アラスカ物語」の撮影"　●映画部門　新人賞　大竹しのぶ "映画「青春の門 自立篇」の演技"　●放送部門　大臣賞　大山勝美 "ドラマ「光る崖」「岸辺のアルバム」「あにき」「命もいらず名もいらず―西郷隆盛伝」などの演出"　●放送部門　新人賞　秋吉久美子 "ドラマ「花神」「海峡物語」等の演技"
◇毎日芸術賞　第19回　岩手放送「チャグチャグ馬っこ騒動記」「お父さん喜美恵と呼んで！」など "岩手に生きる" シリーズの成果　宮城まり子「ねむの木の詩がきこえる」

【映画】

◇キネマ旬報賞　第23回　●日本映画監督賞　山田洋次「幸福の黄色いハンカチ」　●脚本賞　山田洋次, 朝間義隆「幸福の黄色いハンカチ」　●主演女優賞　岩下志麻「はなれ瞽女おりん」　●主演男優賞　高倉健「幸福の黄色いハンカチ」「八甲田山」　●助演女優賞　桃井かおり「幸福の黄色いハンカチ」　●助演男優賞　武田鉄矢「幸福の黄色いハンカチ」　●読者選出日本映画監督賞　山田洋次「幸福の黄色いハンカチ」
◇キネマ旬報ベスト・テン　第51回　●日本映画1位　「幸福の黄色いハンカチ」（山田洋次監督）　●日本映画2位　「竹山ひとり旅」（新藤兼人監督）　●日本映画3位　「はなれ瞽女おりん」（篠田正浩監督）　●外国映画1位　「ロッキー」（ジョン・G.アビルドセン監督）　●外国映画2位　「ネットワーク」（シドニー・ルメット監督）　●外国映画3位　「鬼火」（ルイ・マル監督）　「自由の幻想」（ルイス・ブニュエル監督）
◇ぴあテン［映画部門］　第6回　1位　「ロッキー」（ジョン・G.アビルドセン監督）　●2位　「幸福の黄色いハンカチ」（山田洋次監督）　●3位　「007／私を愛したスパイ」（ルイス・ギルバート監督）
◇ブルーリボン賞　第20回　●最優秀作品賞　邦画　「幸福の黄色いハンカチ」（山田洋次監督）　●最優秀作品賞　洋画　「ロッキー」（ジョン・G.アビルドセン監督）　●監督賞　山田洋次「幸福の黄色いハンカチ」　●主演男優賞　高倉健「幸福の黄色いハンカチ」「八甲田山」　●主演女優賞　岩下志麻「はなれ瞽女おりん」　●助演男優賞　若山富三郎「姿三四郎」「悪魔の手毬唄」　●助演女優賞　桃井かおり「幸福の黄色いハンカチ」　●新人賞　大林宣彦　●特別賞　宮城まり子他スタッフ「ねむの木の詩がきこえる」
◇報知映画賞　第2回　●最優秀作品賞　邦画部門　「幸福の黄色いハンカチ」（山田洋次監督）　●最優秀作品賞　洋画部門　「スラップ・ショット」（ジョージ・ロイ・ヒル監督）　●最優秀主演男優賞　高倉健「八甲田山」「幸福の黄色いハンカチ」　●最優秀主演女優賞　岩下志麻「はなれ瞽女おりん」　●最優秀助演男優賞　加藤武「悪魔の手毬唄」「獄門島」　●最優秀助演女優賞　いしだあゆみ「青春の門 自立篇」　●最優秀新人賞　武田鉄矢「幸福の黄色いハンカチ」　●審査員特別賞　郷ひろみ「突然、風のように」
◇毎日映画コンクール　第32回　●日本映画賞　大賞　「幸福の黄色いハンカチ」（山田洋次監督）　●監督賞　山田洋次「幸福の黄色いハンカチ」　●脚本賞　山田洋次, 朝間義隆「幸福の黄色いハンカチ」　●演技賞　男優演技賞　高倉健「幸福の黄色いハンカチ」　●演技賞　女優演技賞　岩下志麻「はなれ瞽女おりん」　●大藤信郎賞　電通映画社「虹に向って」の成果　●日本映画ファン賞「八甲田山」
◇牧野省三賞　第19回　依田義賢（脚本家）
◇優秀映画鑑賞会ベストテン　第18回　●日本映画1位　「幸福の黄色いハンカチ」（山田洋次監督）　●日本映画2位　「はなれ瞽女おりん」（篠田正浩監督）　●日本映画3位　「竹山ひとり旅」（新藤兼人監督）　●外国映画1位　「放浪紳士 チャーリー」（リチャード・パターソン監督）　●外国映画2位　「ロッキー」（ジョン・G.アビルドセン監督）　●外国映画3位　「さすらいの航海」（スチュアート・ローゼンバーグ監督）

昭和52年(1977)

【テレビ】

◇ギャラクシー賞　第15回　日本テレビ放送網「ドキュメント'77『学校がこわいので学校にいきません—ある中学生の自殺』」　東京放送「岸辺のアルバム」　RKB毎日放送制作部"「記者ありき」「九大生体解剖三十三回忌」「引揚港博多湾」等の制作による"　●大賞　朝日放送「遠い島」　●特別賞　日本放送協会『日本の戦後』シリーズ」

◇芸術祭賞〔テレビ部門（ドラマ）〕　第32回　●大賞　NHK「男たちの旅路—シルバー・シート」　●優秀賞　全国朝日放送「時間よ、とまれ」　NHK「塚本次郎の夏」

◇テレビ大賞　第10回　●テレビ大賞　TBS「岸辺のアルバム」　●優秀番組賞　RKB毎日「記者ありき」　TBS,テレビマンユニオン「海は甦える」　NHK「NHK特集・日本の戦後」「NHK特集・ある総合商社の挫折」「ドラマ人間模様・冬の桃」　●優秀個人賞　山田太一　八千草薫　西田敏行　真野響子　中条静夫　●新人賞　国広富之　夏目雅子　●特別賞　ピンク・レディー　テレビ朝日"「ルーツ」を編成,放送した"　●CM賞　桃屋"三木のり平による一連のCM"　松下電器"高見山の「トランザム」"　●10周年記念審査委員特別賞　池内淳子　フジテレビ,フジ制作「スター千一夜」　日本テレビ「ドキュメント77」　東京12チャンネル「人に歴史あり」　●週刊TVガイドデスク賞　電線軍団(伊東四朗ほか)　真屋順子　ホリデーガールズ

◇日本民間放送連盟賞(昭52年)　●番組部門(テレビ社会番組)　最優秀　岩手放送「お父さん喜美恵と呼んで！」　●番組部門(テレビ娯楽番組)　最優秀　熊本放送「アングル'77—石の譜」

◇放送文化基金賞　第3回　●視聴者参加番組　フジテレビ「欽ちゃんのドンとやってみよう！」　日本放送協会「東京からおばんです」

【芸能全般】

◇菊池寛賞　第25回　宇野信夫"継承困難な歌舞伎劇の唯一の伝承者として、現在も活躍しつづける貴重な劇作・演出家"　●演劇部門　大臣賞　矢代静一"浮世絵師3部作「写楽考」「北斎漫画」「淫乱斎英紫」の連作"　●演劇部門　新人賞　中村吉右衛門"歌舞伎「隅田川花御所染」「怪談乳喰鳥」「海援隊」等の演技"　●大衆芸能部門　大臣賞　宝井馬琴"「宝井馬琴独演会」等における話芸"　●大衆芸能部門　新人賞　富樫雅彦"コンサート「富樫雅彦カルテット演奏会」レコード「エッセンス」「スケッチ」等の作曲・演奏"

◇ゴールデン・アロー賞　第15回　●大賞　高倉健　●最優秀新人賞　大竹しのぶ　●映画賞　高倉健"「八甲田山」「幸福の黄色いハンカチ」の演技"　●映画賞　新人賞　島村佳江「金閣寺」「西陣心中」　●演劇賞　坂東玉三郎(5代)"「班女」「天守物語」「オセロ」など"　●演劇賞　新人賞　大竹しのぶ「青春の門」「若きハイデルベルヒ」　●音楽賞　石川さゆり「津軽海峡冬景色」ほか一連のヒット　●音楽賞　新人賞　狩人「あずさ2号」　●放送賞　西田敏行"独特なタレント性とキャラクターで笑いをふりまき、茶の間をわかせた"　●放送賞　新人賞　国広富之「岸辺のアルバム」「赤い絆」　●芸能賞　長嶺ヤス子"「サロメ」フラメンコ・ダンサー第一人者"　●芸能賞　新人賞　東京ヴォードヴィルショー"「ギャグゲリラ・バカ田大学祭」など"　●特別賞　ピンク・レディー　●話題賞　千昌夫、ジェーン・シェファード夫妻"「トウチャン、カアチャン、イワテケン」の流行語を生む"　●グラフ賞　夏目雅子

【音楽】

◇あなたが選ぶ全日本歌謡音楽祭　第3回　●ゴールデングランプリ　沢田研二　●最優秀新人賞　狩人　●ゴールデンスター賞　石川さゆり　●ヤングアイドル賞　野口五郎　桜田淳子　太田裕美　●ミドルエイジ賞　石川さゆり　●ファミリー賞　森進一　五木ひろし　新沼謙治　●男性視聴者賞　八代亜紀　●女性視聴者賞　山口百恵　●年間話題賞　松崎しげる　●ベストドレッサー賞　沢田研二　小柳ルミ子　●ベストアクション賞　西城秀樹　ピンク・レディー　●特別賞　小林旭

◇ABC歌謡新人グランプリ　第4回　●グランプリ　清水健太郎　●最優秀歌唱賞　狩人　●アイドル賞　香坂みゆき　榊原郁恵

◇FNS歌謡祭グランプリ　第4回　●グランプリ　石川さゆり歌,阿久悠詞,三木たかし曲「津軽海峡冬景色」　●最優秀歌謡音楽賞　山口百恵「秋桜」　●最優秀新人賞　高田みづえ「硝子坂」　●最優秀歌唱賞　石川さゆり「津軽海峡冬景色」　●最優秀ヒット賞　ピンク・レディー「渚のシンドバッド」　●最優秀視聴者賞　石川さゆり

昭和52年(1977)

◇銀座音楽祭　第7回　●グランプリ　高田みづえ「硝子坂」　●アイドル賞　岸本加世子「北風よ」　●大衆賞　太川陽介「Lui Lui」　●熱演賞　荒木由美子「ヴァージンロード」　●特別賞　ピンク・レディー

◇新宿音楽祭　第10回　●金賞　狩人「コスモス街道」　清水健太郎「失恋レストラン」　高田みづえ「硝子坂」

◇全日本有線放送大賞　第10回　●グランプリ　小林旭「昔の名前で出ています」　●特別賞　フランク永井「おまえに」　ピンク・レディー「ウォンテッド」　李成愛「カスマプゲ」　●最優秀新人賞　清水健太郎「失恋レストラン」

◇日本演歌大賞　第3回　●大賞　八代亜紀　●演歌名人賞　森昌子　●演歌ベストセラー賞　石川さゆり　●古賀政男特別賞　内山田洋とクール・ファイブ　●演歌話題賞　千昌夫　●演歌期待賞・演歌の星　桂五郎　●演歌特別功労賞　春日八郎　●週刊平凡最多掲載賞　都はるみ

◇日本歌謡大賞　第8回　●大賞　沢田研二「勝手にしやがれ」　●放送音楽特別連盟賞　八代亜紀「愛の終着駅」

◇日本作詩大賞　第10回　●大賞　阿久悠「勝手にしやがれ」(歌・沢田研二)

◇日本テレビ音楽祭　第3回　●グランプリ　石川さゆり「津軽海峡冬景色」　●金の鳩賞　ピンク・レディー「渚のシンドバッド」　●新人賞　清水健太郎「恋人よ」

◇日本有線大賞　第10回　●大賞　沢田研二「勝手にしやがれ」　●最優秀新人賞　清水健太郎「失恋レストラン」　●特別賞　小林旭「昔の名前で出ています」

◇日本レコードセールス大賞　第10回　●セールス大賞　ピンク・レディー　●ゴールデン賞　山口百恵　沢田研二　●男性新人賞　清水健太郎　●女性新人賞　高田みづえ　●グループ新人賞　狩人　●LP大賞　小椋佳

◇日本レコード大賞　第19回　●大賞　沢田研二歌,阿久悠詞,大野克夫曲,船山基紀編曲「勝手にしやがれ」　●最優秀歌唱賞　八代亜紀「愛の終着駅」　●最優秀新人賞　清水健太郎「失恋レストラン」

◇横浜音楽祭　第4回　●音楽賞　石川さゆり　沢田研二　野口五郎　ピンク・レディー　八代亜紀　●地域・特別賞　阿木燿子　宇崎竜童　●最優秀新人賞　狩人　●新人特別賞　高田みづえ　●新人賞　榊原郁恵　清水健太郎　清水由貴子　神田広美　香坂みゆき

【演劇】

◇朝日賞〔演劇関係〕(昭52年)　千田是也 "長年にわたる現代演劇への貢献"

◇菊田一夫演劇賞　第3回　水谷良重(現・水谷八重子(2代))「滝の白糸」「祇園の女」　友竹正則「ラ・マンチャの男」「ファンタスティックス」　清水郁子「やどかり」「菊桜」　大藪郁子「ながれぶし」「紀ノ川」　●特別賞　三木のり平　織田音也

◇紀伊國屋演劇賞　第12回　団体賞　劇団未来劇場 "サンタ・マリアの不倫な関係"「猿」の舞台成果"　●個人賞　日下武史「汚れた手」「ヴェニスの商人」　新橋耐子「雨」「山吹」　西田敏行「写楽考」　今井和子「北斎漫画」　五十嵐康治「淫乱斎英泉」の演出　妹尾河童「ヴォイツェク」「レトナ通りにて」における舞台装置

◇芸術祭賞〔演劇部門〕　第32回　●大賞　東宝 "帝劇10月特別公演「愛染め高尾」の成果に対し"

【演芸】

◇上方お笑い大賞　第6回　●大賞　人生幸朗,生恵幸子　●金賞　桂枝雀(2代)　●銀賞　B&B　●功労賞　吉田留三郎　●秋田実賞　中田明成

◇上方漫才大賞　第12回　漫才大賞　横山やすし,西川きよし　●奨励賞　若井ぼん,若井はやと　●新人賞　浮世亭ジョージ,浮世亭ケンジ

◇日本放送演芸大賞　第6回　春日三球,春日照代

【漫画・アニメ】

◇講談社漫画賞　第1回　手塚治虫「ブラック・ジャック」「三つ目がとおる」　大和和紀「はいからさんが通る」　水木杏子,いがらしゆみこ「キャンディ♡キャンディ」

◇小学館漫画賞　第23回　少年少女向け　松本零士「銀河鉄道999」「戦場まんがシリーズ」　●青

年一般向け　ちばてつや「のたり松太郎」
◇文藝春秋漫画賞　第23回　福田繁雄 "住宅から玩具にいたる国際的ユーモア"　草原タカオ "「真夜中の子守唄」ほか一連のブラック・ユーモア作品"

【スポーツ】

◇朝日体育賞　第3回　河野満 "第34回世界卓球選手権男子シングルスで優勝"　高田裕司 "1977年度世界アマチュア・レスリング選手権フリースタイル52キロ級で優勝"　佐々木禎 "1977年度世界アマチュア・レスリング選手権フリースタイル57キロ級で優勝"　細谷治朗 "1977年度重量挙げ選手権56キロ級で優勝"　栂野尾悦子, 植野恵美子 "第1回世界バドミントン選手権, 第67回全英選手権両女子ダブルスで優勝"　湯木博恵 "第67回全英バドミントン選手権女子シングルスで優勝"　青木正純 "日本陸上競技選手権男子砲丸投げで10年連続優勝"　神戸市垂水区団地スポーツ協会（代表・蓮沼良造会長）"団地で独自のコミュニティ・スポーツの組織づくりに成功"
◇日本プロスポーツ大賞　第10回　●大賞　王貞治（プロ野球）　●殊勲賞　樋口久子（女子プロゴルフ）　具志堅用高（プロボクシング）　阪急ブレーブス（プロ野球）

【その他】

◇国民栄誉賞（昭52年）　王貞治
◇将棋大賞　第4回　●最優秀棋士賞　中原誠　●新人賞　田中寅彦
◇星雲賞　第8回　●日本長編部門　かんべむさし「サイコロ決死隊」　●日本短編部門　筒井康隆「メタモルフォセス群島」　●映画演劇部門　該当作なし
◇文化勲章（昭52年度）　桜田一郎（応用化学, 高分子化学）　田宮博（細胞生理化学）　中村元（インド哲学）　丹羽文雄（小説）　山本丘人（日本画）
◇ベストドレッサー賞　第6回　●政治・経済部門　荒船清十郎　麻生太郎　●学術・文化部門　植草甚一　●スポーツ・芸能部門　坂東玉三郎（5代）　●特別賞　高見山大五郎

昭和53年（1978）

【文学全般】

◇大佛次郎賞　第5回　近藤信行「小島烏水—山の風流使者伝」　高田宏「言葉の海へ」
◇菊池寛賞　第26回　木村毅 "明治文化研究者として一時代を画し, 文化交流に在野から幾多の貢献をし, 常に時代の先導的役割を果たした"　五味川純平「人間の條件」「戦争と人間」「ノモンハン」「御前会議」など一連の作品によって太平洋戦争の錯誤と悲惨を問い直す執念とその戦争文学としての結実"
◇群像新人文学賞　第21回　●小説　小幡亮介「永遠に一日」　中沢けい「海を感じる時」　●評論　該当作なし
◇芸術選奨　第29回　●文学部門 文部大臣賞　田久保英夫「触媒」　岡野弘彦「海のまほろば」　●評論等 文部大臣賞　村山古郷「明治俳壇史」　磯田光一「思想としての東京—近代文学史論ノート」
◇日本芸術院賞（第2部・文芸）　第35回　恩賜賞・日本芸術院賞　阿川弘之　●日本芸術院賞　遠藤周作　吉行淳之介
◇日本文学大賞　第10回　小林秀雄「本居宣長」　島尾敏雄「死の棘」
◇野間文芸賞　第31回　吉行淳之介「夕暮まで」
◇毎日芸術賞　第20回　有吉佐和子「和宮様御留」
◇毎日出版文化賞　第32回　土橋寛, 日本放送出版協会「万葉開眼 上・下」　田中千禾夫, 白水社「劇的文体論序説 上・下」　新川明, 大和書房「新南島風土記」　●特別賞　太平出版社「シリーズ・戦争の証言」全20巻　小田切秀雄ほか編, 創樹社「小熊秀雄全集」全5巻
◇読売文学賞　第30回　●小説賞　野口冨士男「かくてありけり」　●戯曲賞　木下順二「子午線の祀り」　●随筆・紀行賞　清岡卓行「芸術的な握手」　●評論・伝記賞　遠藤周作「キリストの誕生」　●詩歌俳句賞　田谷鋭「母恋」（歌集）

【小説】

◇芥川龍之介賞　第79回（上期）　高橋三千綱「九月の空」　高橋揆一郎「伸予」
◇芥川龍之介賞　第80回（下期）　該当作なし
◇泉鏡花文学賞　第6回　唐十郎「海星・河童」
◇江戸川乱歩賞　第24回　栗本薫「ぼくらの時代」
◇オール讀物新人賞　第52回（上期）　小堀新吉「兄ちゃんを見た」　黒沢いづ子「かべちょろ」
◇オール讀物新人賞　第53回（下期）　原田太朗「鶏と女と土方」　熙か志「二人妻」
◇オール讀物推理小説新人賞　第17回　横田あゆ子「仲介者の意志」
◇川端康成文学賞　第5回　和田芳恵「雪女」
◇小説現代新人賞　第30回（上期）　達忠「横須賀ドブ板通り」
◇小説現代新人賞　第31回（下期）　岑亜紀良「ハリウッドを旅するブルース」　山本多津「セカンド・ガール」
◇女流文学賞　第17回　津島佑子「籠児」　竹西寛子「管絃祭」
◇新潮新人賞　第10回　該当作なし
◇すばる文学賞　第2回　森瑤子「情事」　吉川良「自分の戦場」　●佳作　飯尾憲士「海の向こうの血」
◇太宰治賞　第14回　福本武久「電車ごっこ停戦」　●優秀作　朝稲日出夫「あしたのジョーは死んだのか」
◇谷崎潤一郎賞　第14回　中村真一郎「夏」
◇直木三十五賞　第79回（上期）　色川武大「離婚」　津本陽「深重の海」
◇直木三十五賞　第80回（下期）　宮尾登美子「一絃の琴」　有明夏夫「大浪花諸人往来」
◇日本推理作家協会賞　第31回　●長篇部門　大岡昇平「事件」　泡坂妻夫「乱れからくり」　●短篇部門　該当作なし　●評論その他の部門　石川喬司「SFの時代」　青木雨彦「課外授業」
◇文學界新人賞　第46回（上期）　岩猿孝広「信号機の向こうへ」　石原悟「流れない川」
◇文學界新人賞　第47回（下期）　松浦理英子「葬儀の日」
◇文藝賞　第15回　黒田宏治郎「鳥たちの闇のみち」
◇吉川英治文学賞　第12回　杉本苑子「滝沢馬琴　上・下」

【詩歌】

◇H氏賞　第28回　大野新「家」
◇小熊秀雄賞　第11回　福中都生子「福中都生子全詩集」　うちだ優「寄留地」
◇現代歌人協会賞　第22回　池田純義「黄沙」　三枝昂之「水の覇権」
◇現代短歌大賞　第1回　佐藤佐太郎「佐藤佐太郎全歌集」
◇高見順賞　第9回　長谷川龍生「詩的生活」
◇蛇笏賞　第12回　阿部みどり女「月下美人」
◇迢空賞　第12回　前登志夫 "「縄文紀」とこれまでの業績"
◇壺井繁治賞　第6回　鳴海英吉「ナホトカ集結地にて」
◇日本歌人クラブ賞　第5回　鈴木英夫「忍冬文」
◇俳人協会賞　第18回　殿村菟絲子「晩緑」
◇晩翠賞　第19回　庄司直人「庄司直人詩集」
◇歴程賞　第16回　飯島耕一 "「飯島耕一詩集」全2巻の達成に加えて「next」「北原白秋ノート」ほかさまざまなジャンルにわたる多彩な成果"　藤田昭子 "「出縄」をはじめとする最近の仕事"

【戯曲】

◇「新劇」岸田戯曲賞　第22回　太田省吾「小町風伝」　ちねんせいしん「人類館」
◇年鑑代表シナリオ（昭53年度）　野上龍雄, 松田寛夫, 深作欣二「柳生一族の陰謀」　大和屋竺, 橋浦

方人「星空のマリオネット」　朝間義隆,梶浦政男,斉藤貞郎,熊谷勲「イーハトーブの赤い屋根」　寺山修司「サード」　白坂依志夫,増村保造「曽根崎心中」　新藤兼人「事件」　佐治乾「人妻集団暴行致死事件」　藤田敏八,中岡京平「帰らざる日々」　山内久「聖職の碑」　井手雅人「鬼畜」

【評論・随筆】
◇大宅壮一ノンフィクション賞　第9回　伊佐千尋「逆転」
◇日本エッセイスト・クラブ賞　第26回　野見山暁治「四百字のデッサン」　藤原正彦「若き数学者のアメリカ」　長坂覚「隣の国で考えたこと」

【児童文学】
◇赤い鳥文学賞　第8回　宮川ひろ「夜のかげぼうし」　●特別賞　巽聖歌「巽聖歌作品集 上・下」
◇講談社出版文化賞　第9回　●絵本部門　岡野薫子,遠藤てるよ「ミドリがひろった ふしぎなかさ」
◇産経児童出版文化賞　第25回　大賞　久米旺生他訳「中国の古典文学」全14巻
◇児童文芸新人賞　第7回　木村幸子「二年生の小さなこいびと」　鶴岡千代子「白い虹」
◇小学館絵画賞　第27回　司修「はなのゆびわ」ほか
◇小学館文学賞　第27回　灰谷健次郎「ひとりぼっちの動物園」
◇日本児童文学者協会賞　第18回　斎藤隆介「天の赤馬」　長崎源之助「トンネル山の子どもたち」
◇日本児童文芸家協会賞　第3回　打木村治「大地の園(第1部～第4部)」
◇野間児童文芸賞　第16回　川村たかし「山へいく牛」　●推奨作品賞　赤木由子「草の根こぞう仙吉」

【映画・テレビ全般】
◇エランドール賞(昭53年度)　●新人賞　新井春美　浅野ゆう子　井上純一　永島暎子　夏樹陽子　清水健太郎　武田鉄矢　竹下景子
◇菊池寛賞　第26回　沢田美喜,日本テレビ "子供たちは七つの海を越えた" で,サンダースホームの歴史と現実を見事に映像化した"
◇芸術選奨　第29回　●映画部門 大臣賞　野村芳太郎 "映画「事件」「鬼畜」の演出"　●映画部門 新人賞　東陽一 "映画「サード」の演出"　●放送部門 大臣賞　岡崎栄 "ドラマ「逆転～アメリカの支配下・沖縄の陪審裁判」ドキュメンタリー「空からみたヒマラヤ」等の演出"　●放送部門 新人賞　檀ふみ "ドラマ「優しい時代」「兄とその妹」等の演技"

【映画】
◇キネマ旬報賞　第24回　●日本映画監督賞　東陽一「サード」　●脚本賞　新藤兼人「事件」　●主演女優賞　梶芽衣子「曽根崎心中」　●主演男優賞　緒形拳「鬼畜」　●助演女優賞　大竹しのぶ「事件」「聖職の碑」　●助演男優賞　渡瀬恒彦「事件」「赤穂城断絶」　●読者選出日本映画監督賞　藤田敏八「帰らざる日々」
◇キネマ旬報ベスト・テン　第52回　●日本映画 1位　「サード」(東陽一監督)　●日本映画 2位　「曽根崎心中」(増村保造監督)　●日本映画 3位　「愛の亡霊」(大島渚監督)　●外国映画 1位　「家族の肖像」(ルキノ・ヴィスコンティ監督)　●外国映画 2位　「ジュリア」(フレッド・ジンネマン監督)　●外国映画 3位　「グッバイガール」(ハーバート・ロス監督)
◇日本アカデミー賞　第1回　●最優秀作品賞　「幸福の黄色いハンカチ」(山田洋次監督)　●最優秀主演男優賞　高倉健「幸福の黄色いハンカチ」「八甲田山」　●最優秀主演女優賞　岩下志麻「はなれ瞽女おりん」　●最優秀助演男優賞　武田鉄矢「幸福の黄色いハンカチ」　●最優秀助演女優賞　桃井かおり「幸福の黄色いハンカチ」　●最優秀監督賞　山田洋次「男はつらいよシリーズ」「幸福の黄色いハンカチ」　●最優秀脚本賞　山田洋次,朝間義隆「男はつらいよシリーズ」「幸福の黄色いハンカチ」　●最優秀外国作品賞　「ロッキー」(ジョン・G.アヴィルドセン監督)
◇ぴあテン〔映画部門〕　第7回　●1位　「未知との遭遇」(スティーブン・スピルバーグ監督)　●2位　「スター・ウォーズ」(ジョージ・ルーカス監督)　●3位　「グッバイガール」(ハーバート・ロス監督)
◇ブルーリボン賞　第21回　●最優秀作品賞 邦画　「サード」(東陽一監督)　●最優秀作品賞 洋画　「家族の肖像」(ルキノ・ヴィスコンティ監督)　●監督賞　野村芳太郎「鬼畜」「事件」　●主演男優

昭和53年（1978）　　　　　　　　　　　　112　　　　　　　　　　　　　　　　第1部 受賞年順

賞　緒形拳「鬼畜」　●主演女優賞　梶芽衣子「曽根崎心中」　●助演男優賞　渡瀬恒彦「事件」「赤穂城断絶」　●助演女優賞　宮下順子「ダイナマイトどんどん」　●新人賞　永島敏行「サード」　●特別賞　川喜多長政, 川喜多かしこ夫妻 "50年にわたる映画界への貢献に対して"

◇報知映画賞　第3回　●最優秀作品賞 邦画部門　「サード」（東陽一監督）　●最優秀作品賞 洋画部門　「スター・ウォーズ」（ジョージ・ルーカス監督）　●最優秀主演男優賞　緒形拳「鬼畜」　●最優秀主演女優賞　梶芽衣子「曽根崎心中」　●最優秀助演男優賞　渡瀬恒彦「事件」「皇帝のいない八月」「赤穂城断絶」　●最優秀助演女優賞　大竹しのぶ「事件」「聖職の碑」　●最優秀新人賞　永島敏行「サード」「事件」「帰らざる日々」

◇毎日映画コンクール　第33回　●日本映画賞 大賞　「事件」（野村芳太郎監督）　●監督賞　野村芳太郎「事件」「鬼畜」　●脚本賞　新藤兼人「事件」　●演技賞 男優演技賞　緒形拳「鬼畜」　●演技賞 女優演技賞　梶芽衣子「曽根崎心中」　●日本映画ファン賞　「野性の証明」

◇牧野省三賞　第20回　萬屋錦之介

◇優秀映画鑑賞会ベストテン　第19回　●日本映画 1位　「事件」（野村芳太郎監督）　●日本映画 2位　「愛の亡霊」（大島渚監督）　●日本映画 3位　「鬼畜」（野村芳太郎監督）　●外国映画 1位　「ジュリア」（フレッド・ジンネマン監督）　●外国映画 2位　「ピロスマニ」（ゲオルギー・シェンゲラーヤ監督）　●外国映画 3位　「家族の肖像」（ルキノ・ヴィスコンティ監督）

【テレビ】

◇ギャラクシー賞　第16回　●大賞　該当者なし　日本放送協会「コロニアの歌声―ブラジル移民70年」　日本放送協会「月曜特集『戒厳指令…"交信ヲ傍受セヨ"2・26事件秘録』」　全国朝日放送「こちらデスク」　東京放送「土曜ワイド・ラジオTOKYO特集『素朴な疑問シリーズお願いねえおしえて』」　●特別賞　東京放送「ガルブレイス『不確実性の時代』を語る」

◇芸術祭賞〔テレビ部門（ドラマ）〕　第33回　●大賞　NHK「天城越え」　●優秀賞　中部日本放送「こぎとゆかり」　南海放送「わが兄はホトトギス」　NHK「極楽家族」

◇テレビ大賞　第11回　●テレビ大賞　日本テレビ「子供は七つの海を越えた―サンダースホームの1600人」　●優秀番組賞　NHK「ドラマ人間模様・夫婦」　TBS「ザ・ベストテン」「波―わが愛」　テレビ朝日, 石原プロモーション「浮浪雲」　テレビ朝日, 三船プロダクション「ザ・スペシャル 密約・外務省機密漏えい事件」　●優秀個人賞　桃井かおり　日色ともゑ　橋田壽賀子　泉ピン子　若山富三郎　●新人賞　永島敏行　藤真利子　●特別賞　古谷綱正　東野英治郎　吉田直哉　フジテレビ, フジプロダクション, 田宮企画「白い巨塔」　●CM賞　サントリービール「あんたが主役」　日清食品「きつねどん兵衛」　日立製作所「3時間ドラマのCM」

◇日本民間放送連盟賞（昭53年）　●番組部門（テレビ社会番組）最優秀　中京テレビ「中京北から南から―高く跳べ！ぼくらの先生」　●番組部門（テレビ娯楽番組）最優秀　朝日放送「ドラマ―鞍馬天狗の「家」」

◇放送文化基金賞　第4回　●児童・幼児向け番組　毎日放送「まんが日本昔ばなし」

◇毎日芸術賞　第20回　テレビ番組NHK特集の制作関係者 "「アマゾンの大逆流・ポロロッカ」「日本特別掃海隊」「炎の海―画家・青木繁の愛と死」などの成果"

【芸能全般】

◇芸術祭賞〔大衆芸能部門〕　第33回　●大衆芸能部門（2部）大賞　若山富三郎 "コマ・グランド喜劇「歌舞伎模様―天保六花撰」の演技に対し"

◇芸術選奨　第29回　●演劇部門 大臣賞　吉井澄雄 "オペラ「ペレアスとメリザンド」演劇「その妹」モダンダンス「小町」等の舞台照明"　●演劇部門 新人賞　波乃久里子 "「わかれ道」「芝桜」「女人哀詞」「紙屋治兵衛」等の演技"　●評論等 新人賞　池田健太郎 "「かもめ」評釈"　●大衆芸能部門 大臣賞　森繁久彌 "屋根の上のヴァイオリン弾き」「赤ひげ診療譚」の演技"　●大衆芸能部門 新人賞　春日宏美 "東京踊り」「夏のおどり」「秋の踊り」等の演技"

◇ゴールデン・アロー賞　第16回　●大賞　沢田研二　●最優秀新人賞　藤真利子　●映画賞　萬屋錦之介 "「柳生一族の陰謀」「赤穂城断絶」における本格的時代劇映画復興への貢献"　●映画賞 新人賞　永島敏行「サード」「事件」など　●演劇賞　若山富三郎「三文オペラ」「アニー」「天保六花撰」など　●演劇賞 新人賞　神崎愛 "無名塾公演「オイディプス王」"　●音楽賞　沢田研二 "「ダーリン

グ」「LOVE（抱きしめたい）」と2年連続ヒット"　●音楽賞　新人賞　石野真子　渡辺真知子　●放送賞　橋田壽賀子"「夫婦」「道」など"　●放送賞　新人賞　藤真利子"「飢餓海峡」「文子とはつ」で熱演"　●芸能賞　三遊亭円生（6代）　●芸能賞　新人賞　金沢明子　●特別賞　三橋美智也　●話題賞　郷ひろみ，樹木希林「林檎殺人事件」がヒット"　●グラフ賞　ピンク・レディー

◇毎日芸術賞　第20回　飯沢匡"夜の笑い"の脚色・演出"

【音楽】

◇あなたが選ぶ全日本歌謡音楽祭　第4回　●ゴールデングランプリ　沢田研二　●最優秀新人賞　渡辺真知子　●ヤングアイドル賞　榊原郁恵　●ミドルエイジ賞　森進一　●ファミリー賞　五木ひろし　八代亜紀　●男性視聴者賞　岩崎宏美　桜田淳子　●女性視聴者賞　野口五郎　●年間話題賞　研ナオコ　●ベストドレッサー賞　沢田研二　山口百恵　●ベストアクション賞　西城秀樹　ピンク・レディー　●特別賞　増位山太志郎

◇ABC歌謡新人グランプリ　第5回　●グランプリ　渡辺真知子　●最優秀歌唱賞　さとう宗幸　●審査員奨励賞　中原理恵　金井夕子　●アイドル賞　渋谷哲平

◇FNS歌謡祭グランプリ　第5回　●グランプリ　沢田研二歌，阿久悠詞，大野克夫曲，船山基紀編曲「LOVE（抱きしめたい）」　●最優秀視聴者賞　西城秀樹「ブルースカイブルー」　●最優秀新人賞　さとう宗幸「青葉城恋唄」　●最優秀ヒット賞　ピンク・レディー「UFO」　●最優秀視聴者賞　山口百恵　●栄誉賞　古賀政男

◇銀座音楽祭　第8回　●グランプリ　渡辺真知子「ブルー」　●アイドル賞　石野真子「失恋記念日」　●大衆賞　さとう宗幸「青葉城恋唄」　●石川ひとみ「くるみ割り人形」　●熱演賞　渋谷哲平「Deep」　●特別賞　ピンク・レディー　沢田研二

◇新宿音楽祭　第11回　●金賞　渡辺真知子「ブルー」　石野真子「失恋記念日」　●審査員特別奨励賞　渋谷哲平「Deep」

◇全日本有線放送大賞　第11回　●グランプリ　沢田研二「LOVE（抱きしめたい）」　●特別賞　アン・ルイス「女はそれを我慢できない」　渥美二郎「夢追い酒」　内山田洋とクール・ファイブ「さようならの彼方へ」　●最優秀新人賞　渡辺真知子「ブルー」

◇日本演歌大賞　第4回　●大賞　増位山太志郎　●演歌名人賞　畠山みどり　●演歌ロングセラー賞　八代亜紀　●演歌ベストヒット賞　石川さゆり　●古賀政男特別賞　島倉千代子　●演歌期待賞・演歌の星　渥美二郎　●週刊平凡最多掲載賞　美空ひばり

◇日本歌謡大賞　第9回　●大賞　ピンク・レディー「サウスポー」　●放送音楽特別連盟賞　内山田洋とクール・ファイブ　●放送音楽特別功労賞　古賀政男

◇日本作詩大賞　第11回　●大賞　星間船一「青葉城恋唄」（歌・さとう宗幸）

◇日本テレビ音楽祭　第4回　●グランプリ　ピンク・レディー「サウスポー」　●金の鳩賞　清水健太郎「きれいになったね」　榊原郁恵「夏のお嬢さん」　●新人賞　渡辺真知子「かもめが翔んだ日」　石野真子「わたしの首領」

◇日本有線大賞　第11回　●大賞　沢田研二「ダーリング」　●最優秀新人賞　さとう宗幸「青葉城恋唄」　●ベストヒット賞　増位山太志郎「そんな女のひとりごと」

◇日本レコードセールス大賞　第11回　●セールス大賞　ピンク・レディー　●ゴールデン賞　沢田研二　山口百恵　●LP大賞　アリス　●男性新人賞　原田真二　●女性新人賞　渡辺真知子　●グループ新人賞　世良公則＆ツイスト

◇日本レコード大賞　第20回　●大賞　ピンク・レディー歌，阿久悠詞，都倉俊一曲・編「UFO」　●最優秀唱賞　沢田研二「LOVE（抱きしめたい）」　●最優秀新人賞　渡辺真知子「かもめが翔んだ日」

◇ぴあテン〔音楽部門〕コンサート（昭53年度）　●1位　キャンディーズ　●2位　アリス　●3位　甲斐バンド

◇ぴあテン〔音楽部門〕レコード（昭53年度）　●1位　キャンディーズ「CANDIES FINAL CARNIVAL PLUS ONE」　●2位　アリス「栄光への脱出」　●3位　甲斐バンド「誘惑」

◇横浜音楽祭　第5回　●音楽賞　郷ひろみ　西城秀樹　沢田研二　ピンク・レディー　山口百恵　●20周年特別賞　桜田淳子　野口五郎　●地域・特別賞　五木ひろし　いしだあゆみ　●最優秀新人賞　渡辺真知子　●新人特別賞　さとう宗幸　●新人賞　石川ひとみ　石野真子　金井夕子　渋

谷哲平　中原理恵

【演劇】
◇菊田一夫演劇賞　第4回　蜷川幸雄「近松心中物語」　菅原謙次「大寺学校」「深川年増」　淀かおる「屋根の上のヴァイオリン弾き」　井川比佐志「おさん」「寒椿」　●大賞　秋元松代「近松心中物語」
◇紀伊國屋演劇賞　第13回　●団体賞　秋田雨雀・土方与志記念青年劇場"夜の笑い"「かげの砦」の舞台成果"　●個人賞　滝沢修「その妹」の演出及び演技　加藤剛「野鴨」　藤野節子「桜の園」「ひばり（雲雀）」　根岸とし江「ひものはなし」　藤原新平"海ゆかば水漬く屍"などの別役実作品の演出"　出口典雄"シェイクスピア・シアターにおける諸作品の演出活動"
◇芸術祭賞〔演劇部門〕　第33回　●大賞　東宝"公演「喜劇隣人戦争」の企画と成果に対し"
◇ぴあテン〔演劇部門〕（昭53年度）　●1位　東京キッドブラザース「失われた藍の色」　●2位　天井棧敷「奴碑訓」　●3位　状況劇場「河童」

【演芸】
◇上方お笑い大賞　第7回　●大賞　桂春団治（3代）　●金賞　ちゃっきり娘　●銀賞　ザ・ぼんち　●功労賞　中田ダイマル,中田ラケット　●秋田実賞　加納健男
◇上方漫才大賞　第13回　●漫才大賞　Wヤング　●奨励賞　B&B　●奨励賞 特別賞　ミスハワイ,暁伸　●新人賞　青芝まさお,青芝あきら
◇日本放送演芸大賞　第7回　星セント,星ルイス

【漫画・アニメ】
◇講談社漫画賞　第2回　川崎のぼる「フットボール鷹」　庄司陽子「生徒諸君！」
◇小学館漫画賞　第24回　●少年少女向け　古谷三敏「ダメおやじ」（少年サンデー）　●青年一般向け　ジョージ秋山「浮浪雲」
◇文藝春秋漫画賞　第24回　二階堂正宏"「二階堂正宏展」ほかにおける清新な諸作品"　マッド・アマノ"写真合成による一連のパロディー作品"

【スポーツ】
◇朝日体育賞　第4回　富山英明"1978年世界アマチュア・レスリング選手権大会フリースタイル57キロ級に優勝"　山下泰裕"嘉納治五郎杯国際柔道大会で95キロ超級と無差別級に優勝"　瀬古利彦"第13回福岡国際マラソン選手権大会で優勝"　鈴木良徳"長年にわたって日本でのオリンピック運動推進に貢献"　田中英寿"アマチュア相撲界で長年活躍し,すぐれた選手も育成"　湯木博恵、近藤小織、徳田敦子、高田幹子、植野恵美子、米倉よし子"第8回ユーバー杯女子バドミントン選手権大会で優勝"　早田卓次、監物永三、笠松茂、梶山広司、清水順一、塚原光男、白石伸三、岡村輝一"第19回世界体操競技選手権大会男子団体に優勝"　熊本走ろう会（代表・加地正隆会長）"楽しく走る運動を成功させ市民スポーツの振興に貢献"
◇菊池寛賞　第26回　植村直己"犬ぞりによる単独北極点到達とグリーンランド縦断—日本の青年の声価を内外に高めた二大冒険"
◇日本プロスポーツ大賞　第11回　●大賞　ヤクルトスワローズ（プロ野球）　●殊勲賞　具志堅用高（プロボクシング）　青木功（男子プロゴルフ）　北の湖敏満（大相撲）

【その他】
◇国民栄誉賞（昭53年）　古賀政男
◇将棋大賞　第5回　●最優秀棋士賞　中原誠　●新人賞　淡路仁茂
◇星雲賞　第9回　●日本長編部門　山田正紀「地球・精神分析記録」　●日本短編部門　小松左京「ゴルデイアスの結び目」　●映画演劇部門　アンドレイ・タルコフスキー監督「惑星ソラリス」　●コミック部門　竹宮恵子「地球へ…」
◇文化勲章（昭53年度）　尾崎一雄（小説）　楠部彌弌（陶芸）　杉村隆（癌生化学）　田中美知太郎（哲学, 西洋古典学）　南部陽一郎（理論物理学）

◇ベストドレッサー賞　第7回　●政治・経済部門　園田直　●学術・文化部門　広中平祐　●スポーツ・芸能部門　広岡達朗　西田敏行　●特別賞　郷ひろみ

昭和54年（1979）

【文学全般】

◇大佛次郎賞　第6回　河盛好蔵「パリの憂愁―ボードレールとその時代」　日向康「果てなき旅」
◇菊池寛賞　第27回　山口瞳 "独自の手法により、自分の家族の生涯を赤裸々に綴った私小説「血族」に対して"　文學界同人雑誌評グループ（久保田正文・駒田信二・小松伸六・林富士馬）"20数年にわたって同人雑誌評を試み、文学を志す者に大きな励みを与えるとともに、数多くの作家を育成した功績"
◇群像新人文学賞　第22回　●小説　村上春樹「風の歌を聴け」　●評論　該当作なし
◇芸術選奨　第30回　●文学部門　文部大臣賞　長部日出雄「鬼が来た」　伊藤信吉「望郷蛮歌 風や天」　●文学部門　新人賞　中村昌義「陸橋からの眺め」　●評論等　文部大臣賞　池田弥三郎「池田弥三郎著作集」
◇サントリー学芸賞〔芸術・文学部門〕　第1回　磯田光一「永井荷風」　酒井忠康「開化の浮世絵師 清親」を中心として"　長谷川堯 "「建築有情」を中心として"
◇日本芸術院賞（第2部・文芸）　第36回　●恩賜賞・日本芸術院賞　田中千禾夫　●日本芸術院賞　佐藤佐太郎
◇日本文学大賞　第11回　加賀乙彦「宣告 上・下」　山本健吉「詩の自覚の歴史」
◇野間文芸賞　第32回　藤枝静男「悲しいだけ」
◇毎日出版文化賞　第33回　田岡典夫、平凡社「小説野中兼山」全3巻　渡辺京二、朝日新聞社「北一輝」　佐原雄二、岩波書店「さかなの食事」
◇読売文学賞　第31回　●小説賞　島村利正「妙高の秋」　●戯曲賞　井上ひさし「しみじみ日本・乃木大将」「小林一茶」　●随筆・紀行賞　武田百合子「犬が星見た―ロシア旅行」　●評論・伝記賞　佐伯彰一「物語芸術論」　●詩歌俳句賞　竹中郁「詩歌ポルカマズルカ」

【小説】

◇芥川龍之介賞　第81回（上期）　重兼芳子「やまあいの煙」　青野聡「愚者の夜」
◇芥川龍之介賞　第82回（下期）　森礼子「モッキングバードのいる町」
◇泉鏡花文学賞　第7回　金井美恵子「プラトン的恋愛」　眉村卓「消滅の光輪」
◇江戸川乱歩賞　第25回　高柳芳夫「プラハからの道化たち」
◇オール讀物新人賞　第54回（上期）　沢哲也「船霊」　岡田信子「ニューオーリンズ・ブルース」
◇オール讀物新人賞　第55回（下期）　佐々木譲「鉄騎兵、跳んだ」
◇オール讀物推理小説新人賞　第18回　浅利佳一郎「いつの間にか・写し絵」
◇川端康成文学賞　第6回　開高健「玉、砕ける」
◇小説現代新人賞　第32回（上期）　白河暢子「ウイニング・ボール」　後藤翔如「名残七寸五分」
◇小説現代新人賞　第33回（下期）　森真沙子「バラード・イン・ブルー」　岡江多紀「夜更けにスローダンス」
◇女流文学賞　第18回　中里恒子「誰袖草」　佐藤愛子「幸福の絵」
◇新潮新人賞　第11回　該当作なし
◇すばる文学賞　第3回　松原好之「京都よ、わが情念のはるかな飛翔を支えよ」
◇谷崎潤一郎賞　第15回　田中小実昌「ポロポロ」
◇直木三十五賞　第81回（上期）　田中小実昌「浪曲師朝日丸の話」「ミミのこと」　阿刀田高「ナポレオン狂」
◇直木三十五賞　第82回（下期）　該当作なし
◇日本推理作家協会賞　第32回　●長篇部門　天藤真「大誘拐」　檜山良昭「スターリン暗殺計画」

●短篇部門　阿刀田高「来訪者」　●評論その他の部門　植草甚一「ミステリーの原稿は夜中に徹夜で書こう」
◇野間文芸新人賞　第1回　津島佑子「光の領分」
◇文學界新人賞　第48回（上期）　古荘正朗「年頃」
◇文学界新人賞　第49回（下期）　該当作なし
◇文藝賞　第16回　冥王まさ子「ある女のグリンプス」　宮内勝典「南風」
◇吉川英治文学賞　第13回　吉村昭「ふぉん・しいほるとの娘 上・下」

【詩歌】
◇H氏賞　第29回　松下育男「肴」
◇小熊秀雄賞　第12回　石毛拓郎「笑いと身体」
◇現代歌人協会賞　第23回　小池光「バルサの翼」
◇現代短歌大賞　第2回　長沢美津編「女人短歌大系」全6巻
◇高見順賞　第10回　渋沢孝輔「廻廊」
◇蛇笏賞　第13回　細見綾子「曼陀羅」
◇迢空賞　第13回　玉城徹"「われら地上に」（歌集・不識書院）とこれまでの業績"
◇壺井繁治賞　第7回　浅井薫「越境」
◇日本歌人クラブ賞　第6回　該当作なし
◇俳人協会賞　第19回　古舘曹人「砂の音」
◇晩翠賞　第20回　藤原美幸「普遍街夕焼け通りでする立ちばなし」
◇歴程賞　第17回　吉増剛造「熱風 A Thousand steps」（詩集）

【戯曲】
◇岸田國士戯曲賞　第23回　岡部耕大「肥前松浦兄妹心中」
◇年鑑代表シナリオ（昭54年度）　荒井晴彦「赫い髪の女」　馬場当「復讐するは我にあり」　小林龍雄「もっとしなやかにもっとしたたかに」　新藤兼人「絞殺」　服部佳「あヽ野麦峠」　シュレイダー, レナード, 長谷川和彦「太陽を盗んだ男」　高山由紀子「月山」　丸山昇一「処刑遊戯」　ガニオン, クロード「Keiko」　柳町光男「十九歳の地図」

【評論・随筆】
◇大宅壮一ノンフィクション賞　第10回　沢木耕太郎「テロルの決算」　近藤紘一「サイゴンから来た妻と娘」
◇講談社ノンフィクション賞　第1回　柳田邦男「ガン回廊の光と影」　立花隆「日本共産党の研究 上・下」
◇日本エッセイスト・クラブ賞　第27回　篠田桃紅「墨いろ」　斉藤広志「外国人になった日本人」　百目鬼恭三郎「奇談の時代」

【児童文学】
◇赤い鳥文学賞　第9回　はまみつを「春よこい」　小林純一「少年詩集・茂作じいさん」
◇講談社出版文化賞　第10回　●絵本賞　市川里美「春のうたがきこえる」
◇産経児童出版文化賞　第26回　●大賞　千国安之輔著・写真「オトシブミ」
◇児童福祉文化賞　第22回　●出版物部門　西村繁男作「にちようのいち」　まど・みちお「風景詩集」　渡辺可久人・絵「いわしのたび」　日比逸郎「第二の誕生」
◇児童文芸新人賞　第8回　広瀬寿子「小さなジュンのすてきな友だち」
◇小学館絵画賞　第28回　杉浦範茂「ふるやのもり」ほか
◇小学館文学賞　第28回　岸武雄「花ぶさとうげ」　さねとうあきら「ジャンボコッコの伝記」
◇日本児童文学者協会賞　第19回　神沢利子「いないいないばあや」

◇日本児童文芸家協会賞　第4回　野長瀬正夫「小さな愛のうた」(詩集)
◇野間児童文芸賞　第17回　神沢利子「いないいないばあや」　●推奨作品賞　竹下文子「星とトランペット」

【映画・テレビ全般】

◇エランドール賞(昭54年度)　●新人賞　藤真利子　国広富之　森下愛子　永島敏行　友里千賀子
◇芸術選奨　第30回　●映画部門　大臣賞　村野鉄太郎"映画「月山」独自の作品世界を創造"　●映画部門　新人賞　桃井かおり"映画「神様のくれた赤ん坊」「もう頬づえはつかない」等の演技"　●放送部門　大臣賞　早坂暁"ドラマ「修羅の旅して」「続・事件」などの脚本"　●放送部門　新人賞　福富哲"ドラマ「戦後最大の誘拐・吉展ちゃん事件」「判決—三十四年目の春」等の企画制作活動"

【映画】

◇キネマ旬報賞　第25回　●日本映画監督賞　今村昌平「復讐するは我にあり」　●脚本賞　馬場当「復讐するは我にあり」　●主演女優賞　桃井かおり「もう頬づえはつかない」　●主演男優賞　若山富三郎「衝動殺人・息子よ」　●助演女優賞　小川真由美「復讐するは我にあり」　●助演男優賞　三國連太郎「復讐するは我にあり」　●読者選出日本映画監督賞　長谷川和彦「太陽を盗んだ男」
◇キネマ旬報ベスト・テン　第53回　●日本映画1位　「復讐するは我にあり」(今村昌平監督)　●日本映画2位　「太陽を盗んだ男」(長谷川和彦監督)　●日本映画3位　「Keiko」(クロード・ガニオン監督)　●外国映画1位　「旅芸人の記録」(テオ・アンゲロプロス監督)　●外国映画2位　「木靴の樹」(エルマンノ・オルミ監督)　●外国映画3位　「ディア・ハンター」(マイケル・チミノ監督)
◇日本アカデミー賞　第2回　●最優秀作品賞　「事件」(野村芳太郎監督)　●最優秀主演男優賞　緒形拳「鬼畜」　●最優秀主演女優賞　大竹しのぶ「事件」　●最優秀助演男優賞　渡瀬恒彦「事件」　●最優秀助演女優賞　大竹しのぶ「聖職の碑」　●最優秀監督賞　野村芳太郎「事件」「鬼畜」　●最優秀脚本賞　新藤兼人「事件」　●最優秀外国作品賞　「家族の肖像」(ルキノ・ヴィスコンティ監督)
◇ぴあテン〔映画部門〕　第8回　1位　「ディア・ハンター」(マイケル・チミノ監督)　2位　「ロッキー2」(シルベスター・スタローン監督)　3位　「天国から来たチャンピオン」(ウォーレン・ビーティ監督)
◇ブルーリボン賞　第22回　●最優秀作品賞　邦画　「復讐するは我にあり」(今村昌平監督)　●最優秀作品賞　洋画　「ディア・ハンター」(マイケル・チミノ監督)　●監督賞　今村昌平「復讐するは我にあり」　●主演男優賞　若山富三郎「衝動殺人・息子よ」　●主演女優賞　桃井かおり「もう頬づえはつかない」「神様のくれた赤ん坊」「男はつらいよ 翔んでる寅次郎」　●助演男優賞　三國連太郎「復讐するは我にあり」　●助演女優賞　倍賞美津子「復讐するは我にあり」　●新人賞　金田賢一「正午なり」　●特別賞　高野悦子, 岩波ホール"内外の埋もれた名画を公開し, 実績を上げた活動に対して"
◇報知映画賞　第4回　●最優秀作品賞　邦画部門　「太陽を盗んだ男」(長谷川和彦監督)　●最優秀作品賞　洋画部門　「ディア・ハンター」(マイケル・チミノ監督)　●最優秀主演男優賞　沢田研二「太陽を盗んだ男」　●最優秀主演女優賞　宮下順子「赫い髪の女」「濡れた週末」　●最優秀助演男優賞　三國連太郎「復讐するは我にあり」　●最優秀助演女優賞　小川真由美「復讐するは我にあり」「配達されない三通の手紙」　●最優秀新人賞　小林薫「十八歳、海へ」　●審査員特別賞　「Keiko」(クロード・ガニオン監督)
◇毎日映画コンクール　第34回　●日本映画賞　大賞　「あゝ野麦峠」(山本薩夫監督)　●監督賞　長谷川和彦「太陽を盗んだ男」　●脚本賞　馬場当「復讐するは我にあり」　●演技賞　男優演技賞　若山富三郎「衝動殺人 息子よ」　●演技賞　女優演技賞　桃井かおり「もう頬づえはつかない」　●特別賞　山田洋次, 松竹映画男はつらいよシリーズ製作スタッフ『『男はつらいよ』シリーズ」　●大藤信郎賞　東京ムービー新社「ルパン三世—カリオストロの城」　●日本映画ファン賞　「太陽を盗んだ男」
◇牧野省三賞　第21回　衣笠貞之助(監督)
◇優秀映画鑑賞会ベストテン　第20回　●日本映画1位　「あゝ野麦峠」(山本薩夫監督)　●日本映画2位　「衝動殺人息子よ」(木下恵介監督)　●日本映画3位　「月山」(村野鉄太郎監督)　●外国映画1位　「木靴の樹」(エルマンノ・オルミ監督)　●外国映画2位　「ディア・ハンター」(マイケ

ル・チミノ監督）　●外国映画 3位　「旅芸人の記録」(テオ・アンゲロプロス監督)

【テレビ】

◇ギャラクシー賞　第17回　全国朝日放送「土曜ワイド劇場―戦後最大の誘拐・吉展ちゃん事件」　東京放送「3年B組金八先生『十五歳の母』」　日本放送協会「四季・ユートピアノ」　●大賞　日本放送協会「NHK特集」　●特別賞　日本映像記録センター"すばらしい世界旅行・アマゾンシリーズ"の制作スタッフ

◇芸術祭賞〔テレビ部門（ドラマ）〕　第34回　●大賞　朝日放送「葉蔭の露」　●優秀賞　NHK「親切」　NHK「あめりか物語 第3話」　朝日放送「戦後最大の誘拐吉展ちゃん事件」

◇テレビ大賞　第12回　●テレビ大賞　テレビ朝日，S・H・P「戦後最大の誘拐・吉展ちゃん事件」　●優秀番組賞　NHK「あめりか物語」「修羅の旅して」「NHK特集・戒厳指令"交信ヲ傍受セヨ"」　TBS「女たちの忠臣蔵」　フジテレビ「ルーヴル美術館」　●優秀個人賞　早坂暁　岸惠子　筑紫哲也　武田鉄矢　水谷豊　●新人賞　広岡瞬　藤山直美　●特別賞　寺島アキ子　NHK「世界のこども」　テレビ朝日，シンエイ動画「ドラえもん」　●CM賞　三洋電機「サンヨー・シルクロード」富士写真フイルム「心の写真シリーズ・運動会・由理ちゃん篇」

◇日本民間放送連盟賞（昭54年）　●番組部門（テレビ社会番組）最優秀　岩手放送「ヒューマンドキュメント―岩手に生きるNo.26―翔べ白鳥よ」　●番組部門（テレビ娯楽番組）最優秀　長崎放送「一線譜のこどもたち」

◇放送文化基金賞　第5回　●ドラマ番組　該当者なし

【芸能全般】

◇菊池寛賞　第27回　松竹演劇部・歌舞伎海外公演スタッフ"昭和3年の訪ソ公演より，15ケ国の海外公演を行ない「歌舞伎は旅する大使館」と賞讃されるまでに至った文化交流に尽くした努力"

◇芸術祭賞〔大衆芸能部門〕　第34回　●大衆芸能部門（2部）大賞　松本英彦"松本英彦音楽生活35周年記念リサイタル"の演奏に対し

◇芸術選奨　第30回　●演劇部門 大臣賞　滝沢修"新劇「アンネの日記」の卓抜な新演出と「子午線の祀り」における阿波民部重能の重厚な演技"　●演劇部門 新人賞　清水邦夫「戯曲冒険小説」　●大衆芸能部門 大臣賞　桂米朝(3代)"自作落語「一文笛」上方落語「地獄八景亡者戯」等の話芸"　●評論等 新人賞　三國一朗「徳川夢聲の世界」

◇ゴールデン・アロー賞　第17回　●大賞　さだまさし　●最優秀新人賞　該当者なし　●映画賞　沢田研二"「太陽を盗んだ男」での熱演"　●演劇賞　森光子"芸術座公演「おもろい女」の演技"　●演劇賞 新人賞　本田博太郎「近松物語」「ロミオとジュリエット」　●音楽賞　さだまさし"「関白宣言」「親父の一番長い日」などの創作とコンサート活動"　●音楽賞 新人賞　倉田まり子「グラジュエイション」「HOW！ワンダフル」　●放送賞　久米宏"トークタレントとしての新しいかたちを確立"　●放送賞 新人賞　白都真理"大河ドラマ「草燃える」の若狭局役でデビュー"　●芸能賞　古今亭志ん朝(3代)　●芸能賞 新人賞　ツービート　●特別賞　杉良太郎　●話題賞　山口百恵, 三浦友和　●グラフ賞　榊原郁恵

【音楽】

◇あなたが選ぶ全日本歌謡音楽祭　第5回　●ゴールデングランプリ　西城秀樹　●最優秀新人賞　倉田まり子　●最優秀歌唱賞　小林幸子　●最優秀タレント賞　山口百恵　●審査員奨励賞　ジュディ・オング　岩崎宏美　●特別賞　金田たつえ

◇ABC歌謡新人グランプリ　第6回　●グランプリ　井上望　●優秀歌唱賞　原あつ子　松原のぶえ　●審査員奨励賞　越美晴　●アイドル賞　倉田まり子

◇FNS歌謡祭グランプリ　第6回　●グランプリ　西城秀樹歌，あまがいりゅうじ訳，モラーリ，ジャック曲，大谷和夫編曲「YOUNG MAN」　●最優秀歌唱賞　ジュディ・オング「魅せられて」　●最優秀新人賞　倉田まり子「HOW！ワンダフル」　●最優秀ヒット賞　渥美二郎「夢追い酒」　●最優秀視聴者賞　山口百恵

◇銀座音楽祭　第9回　●グランプリ　竹内まりや「SEPTEMBER」　●アイドル賞　井上望「ルフラン」　●大衆賞　桑江知子「私のハートはストップモーション」　●熱演賞　宮本典子「エピロー

グ」　●特別賞　村木賢吉「おやじの海」　渥美二郎　小林幸子
◇新宿音楽祭　第12回　●金賞　竹内まりや「SEPTEMBER」　桑江知子「私のハートはストップモーション」　●審査員特別奨励賞　倉田まり子「HOW！ワンダフル」
◇全日本有線放送大賞　第12回　●グランプリ　小林幸子「おもいで酒」　●特別賞　渥美二郎「夢追い酒」　牧村三枝子「みちづれ」　田辺靖雄「よせばいいのに」　金田たつえ「花街の母」　●最優秀新人賞　村木賢吉「おやじの海」
◇日本演歌大賞　第5回　●大賞　千昌夫　●演歌名人賞　三橋美智也　●演歌ベストセラー賞　渥美二郎　●特別賞　遠藤実　島倉千代子　都はるみ　杉良太郎　渡哲也　●演歌期待賞・演歌の星　小林幸子　牧村三枝子　●週刊平凡最多掲載賞（話題賞）　森進一
◇日本歌謡大賞　第10回　●大賞　西城秀樹「YOUNG MAN」　●放送音楽特別賞　さだまさし　ゴダイゴ
◇日本作詩大賞　第12回　●大賞　阿木燿子「魅せられて」(歌・ジュディ・オング)
◇日本テレビ音楽祭　第5回　●グランプリ　西城秀樹「ホップ・ステップ・ジャンプ」　●金の鳩賞　石野真子「ワンダーブギ」　●新人賞　井上望「ルフラン」
◇日本有線大賞　第12回　●大賞　渥美二郎「夢追い酒」　●ベストヒット賞　小林幸子「おもいで酒」　●最優秀新人賞　ボロ「大阪で生まれた女」
◇日本レコードセールス大賞　第12回　●シングル大賞　ゴダイゴ　●LP大賞　ゴダイゴ　●男性新人賞　円広志　●女性新人賞　竹内まりや　●グループ新人賞　SHOGUN
◇日本レコード大賞　第21回　●大賞　ジュディ・オング歌，阿木燿子詞，筒美京平曲・編曲「魅せられて」　●最優秀歌唱賞　小林幸子「おもいで酒」　●最優秀新人賞　桑江知子「私のハートはストップモーション」　●ベストアルバム賞　アリス「栄光への脱出・アリス武道館ライブ」　サザン・オールスターズ「10ナンバーズ・からっと」　さだまさし「夢供養」
◇ぴあテン〔音楽部門〕コンサート(昭54年度)　●1位　吉田拓郎　●2位　アリス　●3位　太田裕美
◇ぴあテン〔音楽部門〕レコード(昭54年度)　●1位　久保田早紀「夢がたり」　●2位　サザン・オールスターズ「10ナンバーズ・からっと」　●3位　吉田拓郎「TAKURO TOUR 1979」
◇横浜音楽祭　第6回　●音楽祭賞　西城秀樹　サザン・オールスターズ　沢田研二　ジュディ・オング　山口百恵　●審査委員特別賞　渥美二郎　小林幸子　牧村三枝子　●地域・特別賞　南佳孝　●最優秀新人賞　宮本典子　●新人特別賞　倉田まりこ　●新人賞　杏里　井上望　桑江知子　越美晴　竹内まりや

【演劇】

◇菊田一夫演劇賞　第5回　藤間紫「男の紋章」「おさん茂兵衛」　酒井光子「おやじの女」　横沢祐一「草燃える」　尾藤イサオ「ファニー・ガール」　●大賞　該当者なし　●特別賞　岩谷時子
◇紀伊國屋演劇賞　第14回　●団体賞　オンシアター自由劇場“「上海バンスキング」などの作品を上演した劇団活動"　●個人賞　井上ひさし"しみじみ日本・乃木大将」「小林一茶」の戯曲"　小沢昭一"唸る，語る，小沢昭一の世界」「しみじみ日本・乃木大将」　野村万作「子午線の祀り」　渡辺美佐子「オッペケペ」「小林一茶」　松本典子「楽屋」「女中たち」　梅野泰靖亡命者
◇芸術祭賞〔演劇部門〕　第34回　●大賞　森光子, 芦屋雁之助「おもろい女」
◇ぴあテン〔演劇部門〕(昭54年度)　●1位　劇団四季「コーラスライン」　●2位　中野文吾プロデュース「つよきもの＋火いたずら」　●3位　パルコ・オペラ「フィガロの結婚」
◇毎日芸術賞　第21回　山本安英の会, 子午線の祀り上演関係者"「子午線の祀り」の実験的上演の試みとその成果"

【演芸】

◇上方お笑い大賞　第8回　●大賞　横山やすし, 西川きよし　●金賞　レッツゴー三匹　●銀賞　桂べかこ　●功労賞　広沢瓢右衛門　●秋田実賞　日向鈴子
◇上方漫才大賞　第14回　●漫才大賞　コメディNo.1　●奨励賞　ちゃっきり娘　●奨励賞 特別賞　中田ダイマル, 中田ラケット　●新人賞　ザ・ぼんち

◇日本放送演芸大賞　第8回　三遊亭円楽（5代）

【漫画・アニメ】
◇講談社漫画賞　第3回　柳沢きみお「翔んだカップル」　大島弓子「綿の国星」シリーズ
◇小学館漫画賞　第25回　●少年少女向け　竹宮恵子「地球へ…」「風と木の詩」　●青年一般向け　青柳裕介「土佐の一本釣り」
◇文藝春秋漫画賞　第25回　古川タク「ザ・タクン・ユーモア」　島添昭義 "動くイラスト・木造玩具"　徳野雅仁「不連続体」

【スポーツ】
◇朝日賞（昭54年）　田畑政治 "長年にわたる日本水泳界への貢献とオリンピック運動推進の功績"
◇朝日体育賞　第5回　小野誠治 "第35回世界卓球選手権大会男子シングルス優勝"　甲斐幸，小宮亮 "1979年470級ヨット世界選手権大会優勝"　香川清人 "第11回世界柔道選手権大会71キロ以下級優勝"　遠藤純男 "第11回世界柔道選手権大会無差別級優勝"　落合弘 "日本サッカーリーグで224試合連続出場記録"　小林定美 "永年にわたりホッケーの指導・振興に貢献"　梅村清明 "地方スポーツの振興と国際級選手の育成に貢献"　挽地喬子 "女性として広く市民スポーツの振興に貢献"　高橋通子 "女性登山家としての優れた業績"
◇日本プロスポーツ大賞　第12回　●大賞　具志堅用高（プロボクシング）　●殊勲賞　青木功（男子プロゴルフ）　中野浩一（自転車競技）　三重ノ海剛司（大相撲）

【その他】
◇将棋大賞　第6回　●最優秀棋士賞　米長邦雄　●新人賞　谷川浩司
◇星雲賞　第10回　●日本長編部門　眉村卓「消滅の光輪」　●日本短編部門　梶尾真治「地球はプレインヨーグルト」　●映画演劇部門　ジョージ・ルーカス監督「スター・ウォーズ」　●コミック部門　吾妻ひでお「不条理日記」　●アート部門　加藤直之
◇文化勲章（昭54年度）　今西錦司（霊長類学）　中村歌右衛門（6代）（歌舞伎）　沢田政広（木彫）　高橋誠一郎（経済学史）　堀口大学（詩，翻訳）
◇ベストドレッサー賞　第8回　●政治・経済部門　盛田昭夫　●学術・文化部門　糸川英夫　吉行淳之介　●スポーツ・芸能部門　西城秀樹　小林繁

昭和55年（1980）

【文学全般】
◇朝日賞〔文学関係〕（昭55年）　野上弥生子 "「野上弥生子全集」にいたる現代文学への貢献"
◇大佛次郎賞　第7回　朝永振一郎「物理学とは何だろうか 上・下」　加藤周一「日本文学史序説」
◇菊池寛賞　第28回　福田恆存 "昭和29年「平和論の進め方についての疑問」を発表以来26年間変らない言論を貫き通してきた毅然たる評論活動"　大岡信 "「折々のうた」によって朝日新聞第1面に活性を与え，歴史の流れに立って詩歌のこころと魅力を広く読者に植えつけた"　井上靖，NHKシルクロード取材班 "井上氏の西域小説にかけた永年の情熱が，NHKのドキュメンタリー制作陣によって世界で初めて映像化された"　講談社 "50有余年に渡り激動の時代を生き抜いてきた人々の感情を，「昭和万葉集」4万5千首の短歌に託した国民の昭和史全20巻の完成に対して"
◇群像新人文学賞　第23回　●小説　長谷川卓「昼と夜」　●評論 当選作　該当作なし　●評論 優秀作　川村湊「異様なるものをめぐって—徒然草論」
◇芸術選奨　第31回　●文学部門 文部大臣賞　川崎長太郎「川崎長太郎自選全集」　耕治人「耕治人全詩集」　●文学部門 新人賞　坂上弘「初めの愛」　●評論等 大臣賞　小田島雄志 "「シェイクスピア全集（全7巻）」の完訳"
◇サントリー学芸賞〔芸術・文学部門〕　第2回　小泉文夫 "「民族音楽研究ノート」を中心として"　谷沢永一 "「完本 紙つぶて」を中心として"　若桑みどり "「寓意と象徴の女性像」を中心として"
◇日本芸術院賞（第2部・文芸）　第37回　●恩賜賞・日本芸術院賞　飯田龍太　●日本芸術院賞　島尾

敏雄　生島遼一　福田恆存
◇日本文学大賞　第12回　古井由吉「栖」　結城信一「空の細道」
◇野間文芸賞　第33回　遠藤周作「侍」
◇毎日芸術賞　第22回　篠田一士「日本の現代小説」
◇毎日出版文化賞　第34回　吉田拡ほか, 教育出版センター「源氏物語の英訳の研究」　河竹登志夫, 講談社「作者の家」　早川一光, ミネルヴァ書房「わらじ医者京日記」　中川李枝子, 岩波書店「子犬のロクがやってきた」　●特別賞　信濃教育会編, 信濃毎日新聞社「一茶全集」全8巻・別巻1
◇読売文学賞　第32回　●小説賞/戯曲賞　該当作なし　●随筆・紀行賞　田中澄江「花の百名山」　●評論・伝記賞　河竹登志夫「作者の家」　石川淳「江戸文学掟記」　●詩歌俳句賞　葛原繁「玄三部作歌集」

【小説】

◇芥川龍之介賞　第83回（上期）　該当作なし
◇芥川龍之介賞　第84回（下期）　尾辻克彦「父が消えた」
◇泉鏡花文学賞　第8回　森万紀子「雪女」　清水邦夫「わが魂は輝く水なり」
◇江戸川乱歩賞　第26回　井沢元彦「猿丸幻視行」
◇オール讀物新人賞　第56回（上期）　大久保智曠「百合野通りから」　佐野文哉「北斎の弟子」
◇オール讀物新人賞　第57回（下期）　寺林峻「幕切れ」
◇オール讀物推理小説新人賞　第19回　もりたなるお「真贋の構図」　逢坂剛「虐殺者グラナダに死す」
◇川端康成文学賞　第7回　野口冨士男「なぎの葉考」　深沢七郎（辞退）「みちのくの人形たち」
◇小説現代新人賞　第34回（上期）　久和崎康「ライン・アップ」
◇小説現代新人賞　第35回（下期）　阿井渉介「第八東龍丸」
◇女流文学賞　第19回　曽野綾子（辞退）「神の汚れた手 上・下」
◇新潮新人賞　第12回　木田拓雄「二十歳の朝に」　運上旦子「ぼくの出発」
◇すばる文学賞　第4回　又吉栄喜「ギンネム屋敷」　●佳作　笹倉明「海を越えた者たち」
◇谷崎潤一郎賞　第16回　河野多惠子「一年の牧歌」
◇直木三十五賞　第83回（上期）　志茂田景樹「黄色い牙」　向田邦子「花の名前」「かわうそ」「犬小屋」
◇直木三十五賞　第84回（下期）　中村正軌「元首の謀叛」
◇日本推理作家協会賞　第33回　●長篇部門/短篇部門/評論その他の部門　該当作なし
◇野間文芸新人賞　第2回　立松和平「遠雷」
◇文學界新人賞　第50回（上期）　村上節「狸」
◇文學界新人賞　第51回（下期）　木崎さと子「裸足」
◇文藝賞　第17回　青山健司「囚人のうた」　田中康夫「なんとなく, クリスタル」　中平まみ「ストレイ・シープ」
◇吉川英治文学賞　第14回　黒岩重吾「天の川の太陽 上・下」　渡辺淳一「遠き落日 上・下」「長崎ロシア遊女館」

【詩歌】

◇H氏賞　第30回　一色真理「純粋病」
◇小熊秀雄賞　第13回　米屋猛「家系」
◇現代歌人協会賞　第24回　築地正子「花綵列島」
◇現代短歌大賞　第3回　該当作なし
◇高見順賞　第11回　安藤元雄「水の中の歳月」
◇蛇笏賞　第14回　斉藤玄「雁道」
◇沼空賞　第14回　生方たつゑ「野分のやうに」　窪田章一郎「素心臘梅」
◇壺井繁治賞　第8回　上手宰「星の火事」　宮崎清「詩人の抵抗と青春—槇村浩ノート」

昭和55年(1980)

◇日本歌人クラブ賞　第7回　植木正三「草地」　春日真木子「火中蓮」
◇俳人協会賞　第20回　細川加賀「生身魂」
◇晩翠賞　第21回　吉岡良一「暴風前夜」
◇歴程賞　第18回　谷口幸男"「アイスランド サガ」その他北欧古代中古文学の訳業"　中桐雅夫「会社の人事」

【戯曲】

◇岸田國士戯曲賞　第24回　斎藤憐「上海バンスキング」
◇年鑑代表シナリオ(昭55年度)　前田陽一, 南部英夫, 荒井晴彦「神様のくれた赤ん坊」　依田義賢「天平の甍」　田中陽造「ツィゴイネルワイゼン」　山田洋次, 朝間義隆「男はつらいよ 寅次郎ハイビスカスの花」　笠原和夫「二百三高地」　熊谷禄朗, 曽根中生「元祖大四畳半大物語」　浦山桐郎「太陽の子」　清水邦夫「幸福号出帆」　井手雅人「震える舌」　大森一樹「ヒポクラテスたち」

【評論・随筆】

◇大宅壮一ノンフィクション賞　第11回　春名徹「にっぽん音吉漂流記」　ハロラン芙美子「ワシントンの街から」
◇講談社ノンフィクション賞　第2回　亀井宏「ガダルカナル戦記」全3巻
◇日本エッセイスト・クラブ賞　第28回　三國一朗「肩書きのない名刺」　太田愛人「羊飼の食卓」　小松恒夫「百姓入門記」

【児童文学】

◇赤い鳥文学賞　第10回　宮口しづえ「宮口しづえ童話全集」全8巻
◇講談社出版文化賞　第11回　●絵本賞　杉田豊「うれしい ひ」
◇産経児童出版文化賞　第27回　●大賞　該当作なし
◇児童福祉文化賞　第23回　●出版物部門　宮川ひろ作「ケヤキの下に本日開店です」
◇児童文芸新人賞　第9回　大原興三郎「海からきたイワン」　河野貴子「机のなかのひみつ」
◇小学館絵画賞　第29回　原田泰治「わたしの信州」「草ぶえの詩」
◇小学館文学賞　第29回　今西祐行「光と風と雲と樹と」　香川茂「高空10,000メートルのかなたで」
◇日本児童文学者協会賞　第20回　松谷みよ子「私のアンネ＝フランク」
◇日本児童文芸家協会賞　第5回　今西祐行「光と風と雲と樹と」　香山彬子「とうすけさん 笛をふいて！」
◇野間児童文芸賞　第18回　長崎源之助「忘れられた島へ」　阪田寛夫「トラジイちゃんの冒険」
　●推奨作品賞　大原興三郎「海からきたイワン」

【映画・テレビ全般】

◇エランドール賞(昭55年度)　●新人賞　古手川祐子　熊谷真実　松平健　宮内淳　柴田恭兵
◇芸術選奨　第31回　●映画部門 大臣賞　鈴木清順"映画「ツィゴイネルワイゼン」の演出"　●映画部門 新人賞　川上皓一"映画「四季・奈津子」の撮影"　●放送部門 大臣賞　織田晃之裕"NHK特集「再会」「壁とよばれた少年」「黒澤明の世界」「難民たちの新天地」等及び「四季・ユートピアノ」の音響効果"　●放送部門 新人賞　市川森一"ドラマ「港町純情シネマ」「五・一五事件秘話・チャップリン暗殺計画」等の脚本"

【映画】

◇キネマ旬報賞　第26回　●日本映画監督賞　鈴木清順「ツィゴイネルワイゼン」　●脚本賞　田中陽造「ツィゴイネルワイゼン」「濡れた海峡」　●主演女優賞　大谷直子「ツィゴイネルワイゼン」　●主演男優賞　渡瀬恒彦「神様のくれた赤ん坊」「震える舌」　●助演女優賞　大楠道代「ツィゴイネルワイゼン」　●助演男優賞　山崎努「影武者」　●読者選出日本映画監督賞　舛田利雄「二百三高地」

昭和55年（1980）

◇キネマ旬報ベスト・テン　第54回　●日本映画1位　「ツィゴイネルワイゼン」(鈴木清順監督)　●日本映画2位　「影武者」(黒澤明監督)　●日本映画3位　「ヒポクラテスたち」(大森一樹監督)　●外国映画1位　「クレイマー, クレイマー」(ロバート・ベントン監督)　●外国映画2位　「ルードウィヒ　神々の黄昏」(ルキノ・ヴィスコンティ監督)　●外国映画3位　「地獄の黙示録」(フランシス・F・コッポラ監督)

◇日本アカデミー賞　第3回　●最優秀作品賞　「復讐するは我にあり」(今村昌平監督)　●最優秀主演男優賞　若山富三郎「衝動殺人・息子よ」　●最優秀主演女優賞　桃井かおり「神様のくれた赤ん坊」「もう頬づえはつかない」　●最優秀助演男優賞　菅原文太「太陽を盗んだ男」　●最優秀助演女優賞　小川真由美「配達されない三通の手紙」「復讐するは我にあり」　●最優秀監督賞　今村昌平「復讐するは我にあり」　●最優秀脚本賞　馬場当「復讐するは我にあり」　●最優秀外国作品賞　「ディア・ハンター」(マイケル・チミノ監督)　●話題賞　東映製作「銀河鉄道999」

◇ぴあテン〔映画部門〕　第9回　●1位　「クレイマー, クレイマー」(ロバート・ベントン監督)　●2位　「スター・ウォーズ/帝国の逆襲」(アービン・カーシュナー監督)　●3位　「地獄の黙示録」(フランシス・フォード・コッポラ監督)

◇ブルーリボン賞　第23回　●最優秀作品賞　邦画　「影武者」(黒澤明監督)　●最優秀作品賞　洋画　「クレイマー・クレイマー」(ロバート・ベントン監督)　●監督賞　鈴木清順「ツィゴイネルワイゼン」　●主演男優賞　仲代達矢「影武者」「二百三高地」　●主演女優賞　十朱幸代「震える舌」　●助演男優賞　丹波哲郎「二百三高地」　●助演女優賞　加賀まりこ「夕暮まで」　●新人賞　隆大介「影武者」　●特別賞　シネマ・プラセット「ツィゴイネルワイゼン」の映画製作・上映活動

◇報知映画賞　第5回　●最優秀作品賞　邦画部門　「影武者」(黒澤明監督)　●最優秀作品賞　洋画部門　「クレイマー, クレイマー」(ロバート・ベントン監督)　●最優秀主演男優賞　古尾谷雅人「ヒポクラテスたち」　●最優秀主演女優賞　倍賞千恵子「遙かなる山の呼び声」「男はつらいよシリーズ」　●最優秀助演男優賞　山崎努「影武者」　●最優秀助演女優賞　阿木燿子「四季・奈津子」　●最優秀新人賞　荻野目慶子「海潮音」　山田辰夫「狂い咲きサンダーロード」「鉄騎兵、跳んだ」　●審査員特別賞　シネマプラセット製作「ツィゴイネルワイゼン」

◇毎日映画コンクール　第35回　●日本映画賞　大賞　「影武者」(黒澤明監督)　●監督賞　黒澤明「影武者」　●脚本賞　田中陽造「ツィゴイネルワイゼン」　●演技賞　男優演技賞　仲代達矢「影武者」　●演技賞　女優演技賞　倍賞千恵子「遙かなる山の呼び声」　●大藤信郎賞　古川タク「スピード」　●日本映画ファン賞　「影武者」

◇牧野省三賞　第22回　稲垣浩(監督)

◇優秀映画鑑賞会ベストテン　第21回　●日本映画1位　「影武者」(黒澤明監督)　●日本映画2位　「天平の甍」(熊井啓監督)　●日本映画3位　「太陽の子　てだのふあ」(浦山桐郎監督)　●外国映画1位　「大理石の男」(アンジェイ・ワイダ監督)　●外国映画2位　「クレイマー, クレイマー」(ロバート・ベントン監督)　●外国映画3位　「マルシカの金曜日」(ヤロミール・イレシュ監督)

【テレビ】

◇ギャラクシー賞　第18回　東京放送「全国歌謡大調査　明治から昭和この100年史上最大のベストテン」　日本放送協会「NHK特集『旅立とう、いま"こずえさん20歳の青春"』」　毎日放送「ラジオ番組『戦争を知っている子供たち』」　●大賞　中国放送"原爆報道活動「ヒロシマ35年・未ダ補償ナシ」「原爆プレスコード」ほか"　●特別賞　古谷綱正"東京放送「ニュースコープ」のキャスターとして常に誠実・公正な報道姿勢を維持、テレビジャーナリズムの良心として20年に渉る時代を視聴者と共有"　資生堂"「光子の窓」「女性専科」から「おしゃれ」に至るまで、テレビ時代初期から一貫してハイセンスの番組を提供、また「国際女子マラソン中継」など、新しい女性像の創造に意欲を傾けている"

◇芸術祭賞〔テレビ部門（ドラマ）〕　第35回　●大賞　日本テレビ「ああ！　この愛なくば」　●優秀賞　中部日本放送「晴れた日に」　北海道放送「あかねの空」　NHK「夏の光に…」

◇テレビ大賞　第13回　●テレビ大賞　NHK「シルクロード」　●優秀番組賞　日本テレビ「小児病棟」　NHK「ザ・商社」「獅子の時代」　関西テレビ, 東阪企画「名人劇場」　TBS「報道特集」　●優秀個人賞　大竹しのぶ　せんぼんよしこ　深町幸男　滝田栄　岸本加世子　●新人賞　中尾幸世　佐藤浩市　●特別賞　テレビマンユニオン, テレビ朝日「ある結婚の風景」　●CM賞　富士写真フイルム「それなりにシリーズ」

昭和55年（1980）

◇日本民間放送連盟賞（昭55年）　●番組部門（テレビ社会番組）最優秀　日本テレビ「がんばれ太平洋新しい旅立ち―三つ子15年の成長記録1歳〜中学校卒業」　●番組部門（テレビ娯楽番組）最優秀　新潟放送「あなたのチャンネル利根川裕ズームイン―越後瞽女・小林ハルと竹下玲子」

◇放送文化基金賞　第6回　●ドラマ番組　日本放送協会　土曜ドラマ「サスペンスロマン・シリーズ（1）死にたがる子」

◇毎日芸術賞　第22回　木村栄文"テレビ・ドキュメンタリー「鳳仙花 近く遙かな歌声」の企画・演出"

【芸能全般】

◇芸術祭賞〔大衆芸能部門〕　第35回　●大衆芸能部門（1部）大賞　人形劇団プーク"怪談噺「牡丹灯籠」における林家正蔵の話芸と人形のアンサンブル"　●大衆芸能部門（2部）大賞　長嶺ヤス子"長嶺ヤス子の『娘道成寺』」の成果"

◇芸術選奨　第31回　●演劇部門 大臣賞　中村扇雀"通し狂言「宿無団七時雨傘」等の演技"　●演劇部門 新人賞　太地喜和子"元禄港歌」「雁の寺」の演技"　●大衆芸能部門 大臣賞　ジョージ川口"ジョージ川口JAZZ35周年記念リサイタル」、レコード「スーパー・ドラムス」等の演奏"　●大衆芸能部門 新人賞　柳家小三治(10代)"落語「厩火事」「もぐら泥」、レコード「小三治ライブ・シリーズ」等の話芸"

◇ゴールデン・アロー賞　第18回　●大賞　仲代達矢　●最優秀新人賞　ザ・ぼんち　●映画賞　仲代達矢"影武者」「二百三高地"　●映画賞 新人賞　烏丸せつ子"四季・奈津子"　樋口可南子"戒厳令の夜"　●演劇賞 新人賞　市村正親"コーラスライン」「かもめ」「エレファント・マン」など"　●演劇賞 新人賞　岸本加世子"雪まろげ"　●音楽賞　八代亜紀"雨の慕情"「港町絶唱」「舟唄」の哀恋三部作"　●音楽賞 新人賞　岩崎良美"赤と黒」「あなた色のマノン」　田原俊彦"哀愁でいと」「ハッとして！GOOD」が大ヒット"　松田聖子"青い珊瑚礁"など　●放送賞　武田鉄矢"3年B組金八先生」での真摯な教師役"　●放送賞 新人賞　三原順子"一連の"学園ドラマ"で脚光をあびた"　●芸能賞　桂枝雀(2代)　●芸能賞 新人賞　ザ・ぼんち　島田紳助、松本竜助　B&B　●特別賞　島田陽子"日米合作「将軍」のマリコ役"　●話題賞　たのきんトリオ"テレビ・歌・映画で爆発的なブーム"　●グラフ賞　河合奈保子

◇毎日芸術賞　第22回　河原崎国太郎"前進座小劇場公演「切られお富」の演技"　●特別賞　越路吹雪"六月西武劇場公演「古風なコメディ」の演技とシャンソン、ミュージカルにおける永年の功績"

◇松尾芸能賞　第1回　●大賞　杉良太郎　●優秀賞 演劇　市川猿之助(3代)　●優秀賞 音楽　小室等　●優秀賞 企画製作演出　石井ふく子　●優秀賞 企画製作　近藤晋　●新人賞 音楽　久保田早紀　●新人賞 講談　旭堂小南陵

【音楽】

◇あなたが選ぶ全日本歌謡音楽祭　第6回　●ゴールデングランプリ　五木ひろし　●最優秀新人賞　田原俊彦　●最優秀歌唱賞　八代亜紀　●最優秀タレント賞　西城秀樹　●審査員奨励賞　小林幸子　研ナオコ　●特別賞　もんた&ブラザーズ

◇ABC歌謡新人グランプリ　第7回　●グランプリ　松田聖子　●最優秀歌唱賞　松村和子　●服部良一特別賞　田原俊彦　●審査員奨励賞　岩崎良美　河合奈保子　伊藤典子　甲斐智枝美　柏原よしえ（後・柏原芳恵）　鹿取洋子　浜田朱里　松原みき　●アイドル賞　石坂智子

◇FNS歌謡祭グランプリ　第7回　●グランプリ　五木ひろし 歌、吉田旺詞、岡千秋曲、竹村次郎編曲「ふたりの夜明け」　●最優秀歌唱賞　五輪真弓「恋人よ」　●最優秀新人賞　田原俊彦「ハッとして！GOOD」　●最優秀ヒット賞　もんた&ブラザーズ「ダンシング・オールナイト」　●最優秀視聴者賞　八代亜紀

◇銀座音楽祭　第10回　●グランプリ　田原俊彦「ハッとして！GOOD」　●アイドル賞　田原俊彦「ハッとして！GOOD」　●大賞　岩崎良美「あなた色のマノン」　●熱演賞　河合奈保子「ヤングボーイ」　松原みき「真夜中のドア」　●特別賞　山口百恵

◇古賀政男記念音楽大賞　第1回　●プロ作品 大賞　星野哲郎作詞、船村徹作曲、丸山雅仁編曲、北島三郎歌唱「風雪ながれ旅」　●プロ作品 優秀賞　吉田旺作詞、岡千秋作曲、竹村次郎編曲、五木ひろし歌唱「ふたりの夜明け」　阿久悠作詞、中村泰士作曲、戸塚修編曲、石川さゆり歌唱「鷗という名の酒場」

◇新宿音楽祭　第13回　●金賞　田原俊彦「ハッとして！GOOD」　松田聖子「青い珊瑚礁」　審

査員特別奨励賞　岩崎良美「あなた色のマノン」
◇全日本有線放送大賞　第13回　●グランプリ　もんた&ブラザーズ「ダンシング・オールナイト」　●特別賞　都はるみ「大阪しぐれ」　真木ひでと「雨の東京」　川中美幸「ふたり酒」　島津ゆたか「花から花へと」　●最優秀新人賞　竜鉄也「奥飛驒慕情」
◇日本演歌大賞　第6回　●大賞　五木ひろし　●演歌名人賞　八代亜紀　●演歌ベストセラー賞　小林幸子　●特別賞　三沢あけみ　●演歌期待賞・演歌の星　川中美幸　島津ゆたか　●週刊平凡最多掲載賞　森進一
◇日本歌謡大賞　第11回　●大賞　八代亜紀「雨の慕情」　●放送音楽特別賞　もんた&ブラザーズ　●放送音楽特別功労賞　山口百恵　ピンク・レディー
◇日本作詩大賞　第13回　●大賞　吉岡治「大阪しぐれ」(歌・都はるみ)
◇日本テレビ音楽祭　第6回　●グランプリ　八代亜紀「雨の慕情」　●金の鳩賞　該当者なし　●新人賞　松田聖子「青い珊瑚礁」　田原俊彦「哀愁でいと」　岩崎良美「赤と黒」
◇日本有線大賞　第13回　●大賞　小林幸子「とまり木」　●最優秀新人賞　松村和子「帰ってこいよ」　●ベストヒット賞　ロス・インディオス&シルヴィア「別れても好きな人」　●特別功労賞　美空ひばり「おまえにほれた」　フランク永井「おまえに」
◇日本レコードセールス大賞　第13回　●シングル大賞　クリスタルキング　●LP大賞　イエロー・マジック・オーケストラ　●男性新人賞　田原俊彦　●女性新人賞　久保田早紀　●グループ新人賞　クリスタルキング
◇日本レコード大賞　第22回　●大賞　八代亜紀歌,阿久悠詞,浜圭介曲,竜崎孝路編曲「雨の慕情」　●最優秀歌唱賞　都はるみ「大阪しぐれ」　●最優秀新人賞　田原俊彦「ハッとして！GOOD」　●ベストアルバム賞　長渕剛「逆流」　イエロー・マジック・オーケストラ「ソリッド・ステイト・サヴァイヴァー」　山下達郎「MOON GLOW」
◇ぴあテン〔音楽部門〕コンサート(昭55年度)　●1位　イエロー・マジック・オーケストラ　●2位　オフコース　●3位　RCサクセション
◇ぴあテン〔音楽部門〕レコード(昭55年度)　●1位　イエロー・マジック・オーケストラ「増殖」　●2位　オフコース「We are」　●3位　レノン,ジョン,オノ・ヨーコ「ダブル・ファンタジー」
◇横浜音楽祭　第7回　●音楽祭賞　沢田研二　八代亜紀　五木ひろし　もんた&ブラザーズ　西城秀樹　●最優秀新人賞　岩崎良美　●新人特別賞　田原俊彦　松田聖子　松村和子　●新人賞　石垣智子　鹿取洋子　河合奈保子

【演劇】
◇菊田一夫演劇賞　第6回　草笛光子「和宮様御留」「女たちの忠臣蔵」　倍賞千恵子「屋根の上のヴァイオリン弾き」　三津田健「ドレッサー」　児玉利和「カール物語」「一絃の琴」　●大賞　長谷川一夫「東宝歌舞伎」　●特別賞　谷仲谷　山本紫朗「日劇ステージ・ショウ」
◇紀伊國屋演劇賞　第15回　●団体賞　劇団つかこうへい事務所"つかこうへい三部作(いつも心に太陽を,熱海殺人事件,蒲田行進曲)"の連続公演　●個人賞　宇野重吉「わが魂は輝く水なり-源平北越流誌」「古風なコメディ」の演出　北村和夫「結婚披露宴」「花咲くチェリー」　有馬稲子「はなれ瞽女おりん」「噂の二人」　河内桃子　佐藤慶　土岐八夫　●特別賞　砂田明"海よ母よ子どもらよ"の水俣乙女塚勧進公演
◇芸術祭賞〔演劇部門〕　第35回　●大賞　劇団青年座「第78回公演「五人の作家による連続公演」の企画・製作」
◇ぴあテン〔演劇部門〕(昭55年度)　●1位　劇団四季「エレファント・マン」　●2位　劇団四季「コーラスライン」　●3位　東宝ミュージカル「屋根の上のヴァイオリン弾き」

【演芸】
◇上方お笑い大賞　第9回　●大賞　桂枝雀(2代)　●金賞　オール阪神,オール巨人　●銀賞　笑福亭鶴瓶　島田紳助,松本竜介(後・松本竜助)　●功労賞　三人奴　●秋田実賞　志織慶太
◇上方漫才大賞　第15回　●漫才大賞　横山やすし,西川きよし　●奨励賞　青芝フック,青芝キック　●新人賞　島田紳助,松本竜介(後・松本竜助)

◇日本放送演芸大賞　第9回　春風亭小朝

【漫画・アニメ】
◇講談社漫画賞　第4回　永井豪「凄ノ王」　吉田まゆみ「れもん白書」
◇小学館漫画賞　第26回　●少年少女向け　高橋留美子「うる星やつら」　●青年一般向け　長谷川法世「博多っ子純情」「がんがらがん」　はるき悦巳「じゃりン子チエ」
◇文藝春秋漫画賞　第26回　前川しんすけ「中町銀座商店街」(自費出版)

【スポーツ】
◇朝日体育賞　第6回　瀬古利彦 "福岡国際マラソン選手権大会で3連勝"　坪井忠郎 "長年にわたりアマチュア野球の健全な発展に貢献"　中牟田喜一郎 "テニスをはじめ各種地域スポーツの振興に貢献"　豊根弓友会（代表・田原長衛）"弓道で, 過疎の進む村の生活に活力を与えた業績"
◇日本プロスポーツ大賞　第13回　●大賞　具志堅用高(プロボクシング)　●殊勲賞　青木功(男子プロゴルフ)　木田勇(プロ野球)　中野浩一(自転車競技)

【その他】
◇将棋大賞　第7回　●最優秀棋士賞　大山康晴　●新人賞　福崎文吾
◇星雲賞　第11回　●日本長編部門　山田正紀「宝石泥棒」　●日本短編部門　高千穂遙「ダーティペアの大冒険」　●メディア部門　リドリー・スコット監督「エイリアン」　●コミック部門　萩尾望都「スター・レッド」　●アート部門　生頼範義　●特別賞　武部本一郎
◇日本SF大賞　第1回　堀晃「太陽風交点」
◇文化勲章(昭55年度)　小倉遊亀(日本画)　小谷正雄(分子物理学, 生物物理学)　丹下健三(建築)　東畑精一(農業経済学)　中村勘三郎(17代)(歌舞伎)
◇ベストドレッサー賞　第9回　●政治・経済部門　柿沢弘治　●学術・文化部門　五木寛之　●スポーツ・芸能部門　若山富三郎　渡辺貞夫　●特別賞　立木義浩　青木功

昭和56年（1981）

【文学全般】
◇朝日賞〔文学関係〕(昭56年)　石川淳 "「石川淳選集」全17巻にいたる現代文学への貢献"
◇大佛次郎賞　第8回　阿部謹也「中世の窓から」　内田義彦「作品としての社会科学」
◇菊池寛賞　第29回　山本七平 "日本人の思想と行動を独自の視点からとらえたいわゆる「山本学」の創造に対して"　開高健 "「ベトナム戦記」から「アメリカ縦断記」に至る国際的視野に立つ優れたルポルタージュ文学に対して"
◇群像新人文学賞　第24回　●小説　笙野頼子「極楽」　●評論　小林広一「斎藤緑雨論」
◇芸術選奨　第32回　●文学部門 文部大臣賞　山田稔「コーマルタン界隈」　●評論等 文部大臣賞　小松伸六「美を見し人は—自殺作家の系譜」　●評論等 新人賞　山田一郎「寺田寅彦覚書」
◇サントリー学芸賞〔芸術・文学部門〕　第3回　中野三敏「戯作研究」　芳賀徹「平賀源内」
◇日本芸術院賞(第2部・文芸)　第38回　●恩賜賞・日本芸術院賞　芝木好子　●日本芸術院賞　小島信夫 "小説「別れる理由」ほか作家としての業績に対し"　野口冨士男　佐伯彰一
◇日本文学大賞　第13回　小島信夫「私の作家遍歴」
◇日本文芸大賞　第1回　勝目梓　●特別賞　中山千夏　●現代文学賞　渡辺一雄　●歴史文学賞　金川太郎　●女流文学賞　筆内幸子　●児童文学賞　楠田枝里子　●翻訳賞　佐伯洋
◇野間文芸賞　第34回　山本健吉「いのちとかたち」
◇毎日出版文化賞　第35回　滑川道夫, 東京書籍「桃太郎像の変容」　井上千津子, ミネルヴァ書房「ヘルパー奮戦の記—お年寄りとともに」
◇読売文学賞　第33回　●小説賞　井上ひさし「吉里吉里人」　司馬遼太郎「ひとびとの跫音 上・下」　●戯曲賞　該当作なし　●随筆・紀行賞　奥本大三郎「虫の宇宙誌」　●評論・伝記賞　高橋英夫

「志賀直哉」　●詩歌俳句賞　天野忠「詩集私有地」

【小説】
◇芥川龍之介賞　第85回（上期）　吉行理恵「小さな貴婦人」
◇芥川龍之介賞　第86回（下期）　該当作なし
◇泉鏡花文学賞　第9回　渋沢竜彦「唐草物語」　筒井康隆「虚人たち」
◇江戸川乱歩賞　第27回　長井彬「原子炉の蟹」
◇オール讀物新人賞　第58回（上期）　吉村正一郎「石上草心の生涯」
◇オール讀物新人賞　第59回（下期）　海庭良和「ハーレムのサムライ」
◇オール讀物推理小説新人賞　第20回　本岡類「歪んだ駒跡」　清沢晃「刈谷得三郎の私事」
◇川端康成文学賞　第8回　竹西寛子「兵隊宿」
◇小説現代新人賞　第36回（上期）　樋口修吉「ジェームス山の李蘭」　喜多嶋隆「マルガリータを飲むには早すぎる」
◇小説現代新人賞　第37回（下期）　高林左和「ワバッシュ河の朝」
◇女流文学賞　第20回　広津桃子「石蕗の花」
◇新潮新人賞　第13回　川勝篤「橋の上から」　小田泰正「幻の川」
◇すばる文学賞　第5回　本間洋平「家族ゲーム」
◇谷崎潤一郎賞　第17回　深沢七郎「みちのくの人形たち」　後藤明生「吉野大夫」
◇直木三十五賞　第85回（上期）　青島幸男「人間万事塞翁が丙午」
◇直木三十五賞　第86回（下期）　つかこうへい「蒲田行進曲」　光岡明「機雷」
◇日本推理作家協会賞　第34回　●長篇部門　西村京太郎「終着駅殺人事件」　●短篇部門　仁木悦子「赤い猫」　連城三紀彦「戻り川心中」　●評論その他の部門　中薗英助「闇のカーニバル」
◇野間文芸新人賞　第3回　村上龍「コインロッカー・ベイビーズ」　宮内勝典「金色の象」
◇文學界新人賞　第52回（上期）　峰原緑子「風のけはい」
◇文學界新人賞　第53回（下期）　南木佳士「破水」
◇文藝賞　第18回　堀田あけみ「1980 アイコ 十六歳」　ふくださち「百色メガネ」　山本三鈴「みのむし」
◇横溝正史賞　第1回　●大賞　斎藤澪「この子の七つのお祝いに」
◇吉川英治文学賞　第15回　船山馨「茜いろの坂 上・下」

【詩歌】
◇H氏賞　第31回　小松弘愛「狂泉物語」　ねじめ正一「ふ」
◇小熊秀雄賞　第14回　佐合五十鈴「仮の場所から」
◇現代歌人協会賞　第25回　道浦母都子「無援の抒情」
◇現代短歌大賞　第4回　五島茂「展く」「遠き日の霧」「無明長夜」
◇高見順賞　第12回　鷲巣繁男「行為の歌」
◇蛇笏賞　第15回　石原舟月「雨情」
◇沼空賞　第15回　前田透「冬すでに過ぐ」
◇壺井繁治賞　第9回　仁井甫「門衛の顔」　瀬野とし「なみだみち」
◇日本歌人クラブ賞　第8回　岡部文夫「晩冬」
◇俳人協会賞　第21回　橋本鶏二「鷹の胸」　古賀まり子「竪琴」
◇晩翠賞　第22回　佐々木洋一「星々」
◇歴程賞　第19回　岩成達也「中型製氷器についての連続するメモ」

【戯曲】
◇岸田國士戯曲賞　第25回　竹内銃一郎「あの大鴉,さえも」

◇年鑑代表シナリオ(昭56年度)　重森孝子「泥の河」　内田栄一「スローなブギにしてくれ」　神波史男「狂った果実」　須崎勝弥「連合艦隊」　田中陽造「陽炎座」　新藤兼人「北斎漫画」　桂千穂「蔵の中」　日高真也,大藪郁子,市川崑「幸福」　荒井晴彦「遠雷」　菊島隆三「謀殺・下山事件」

【評論・随筆】
◇大宅壮一ノンフィクション賞　第12回　該当作なし
◇講談社ノンフィクション賞　第3回　平尾和雄「ヒマラヤ・スルジェ館物語」　大村幸弘「鉄を生みだした帝国─ヒッタイト発掘」
◇日本エッセイスト・クラブ賞　第29回　関容子「日本の鶯」　古波蔵保好「沖縄物語」　両角良彦「1812年の雪」

【児童文学】
◇赤い鳥文学賞　第11回　岩本敏男「からすがカアカア鳴いている」
◇講談社出版文化賞　第12回　●絵本賞　太田大八「ながさきくんち」
◇産経児童出版文化賞　第28回　●大賞　やなぎやけいこ作,大野隆也画「はるかなる黄金帝国」
◇児童福祉文化賞　第24回　●出版物部門　岩崎京子「久留米がすりのうた」
◇児童文芸新人賞　第10回　長久真砂子「明るいあした」　おおたにひろこ「ちゅうしゃなんかこわくない」
◇小学館絵画賞　第30回　田島征彦「火の笛」「ありがとう」
◇小学館文学賞　第30回　該当作なし
◇日本児童文学者協会賞　第21回　かつおきんや「七つばなし百万石」　川村たかし「昼と夜のあいだ」
◇日本児童文芸家協会賞　第6回　おのちゅうこう「風にゆれる雑草」　●特別賞　渋沢青花「大正の『日本少年』と『少女の友』」
◇野間児童文芸賞　第19回　前川康男「かわいそうな自動車の話」　●推奨作品賞　吉田定一「海とオーボエ」

【映画・テレビ全般】
◇エランドール賞(昭56年度)　●新人賞　樋口可南子　金田賢一　神崎愛　岸本加世子　滝田栄
◇菊池寛賞　第29回　川喜多かしこ,高野悦子 "岩波ホールを拠点として世界の埋もれた名画を上映する「エキプ・ド・シネマ」運動の主宰者としての努力"
◇芸術選奨　第32回　●映画部門　大臣賞　該当者なし　●映画部門　新人賞　小栗康平 "映画「泥の河」の演出"　根岸吉太郎 "映画「遠雷」の演出"　●放送部門　大臣賞　岩間芳樹 "ドラマ「マリコ」「海峡に女の唄がきこえる」の脚本"　●放送部門　新人賞　鶴橋康夫 "ドラマ「五弁の椿・復讐に燃える女の怨念」「かげろうの死」の演出"

【映画】
◇キネマ旬報賞　第27回　●日本映画監督賞　小栗康平「泥の河」　●脚本賞　倉本聰「駅 STATION」　●主演女優賞　倍賞千恵子「駅 STATION」　●主演男優賞　永島敏行「遠雷」「幸福」　●助演女優賞　加賀まりこ「泥の河」「陽炎座」　●助演男優賞　中村嘉葎雄「陽炎座」「ラブレター」　●読者選出日本映画監督賞　降旗康男「駅 STATION」
◇キネマ旬報ベスト・テン　第55回　●日本映画1位　「泥の河」(小栗康平監督)　●日本映画2位　「遠雷」(根岸吉太郎監督)　●日本映画3位　「陽炎座」(鈴木清順監督)　●外国映画1位　「ブリキの太鼓」(フォルカー・シュレンドルフ監督)　●外国映画2位　「秋のソナタ」(イングマール・ベルイマン監督)　●外国映画3位　「普通の人々」(ロバート・レッドフォード監督)
◇日本アカデミー賞　第4回　●最優秀作品賞　「ツィゴイネルワイゼン」(鈴木清順監督)　●最優秀監督賞　鈴木清順「ツィゴイネルワイゼン」　●最優秀脚本賞　朝間義隆,山田洋次「遙かなる山の呼び声」「男はつらいよ 寅次郎ハイビスカスの花」　●最優秀主演男優賞　高倉健「動乱」「遙かなる山の呼び声」　●最優秀主演女優賞　倍賞千恵子「遙かなる山の呼び声」「男はつらいよ 寅次郎ハイビスカスの花」　●最優秀助演男優賞　丹波哲郎「二百三高地」　●最優秀助演女優賞　大楠道代

「ツィゴイネルワイゼン」「刑事珍道中」　●最優秀外国作品賞　「クレイマー，クレイマー」（ロバート・ベントン監督・脚本）　●特別賞　渥美清
◇ぴあテン〔映画部門〕　第10回　●1位　「エレファント・マン」（デビット・リンチ監督）　●2位　「レイダース 失われたアーク〈聖櫃〉」（スティーブン・スピルバーグ監督）　●3位　「スーパーマンⅡ 冒険篇」（リチャード・レスター監督）
◇ブルーリボン賞　第24回　●最優秀作品賞 邦画　「泥の河」（小栗康平監督）　●最優秀作品賞 洋画　「ブリキの太鼓」（フォルカー・シュレンドルフ監督）　●監督賞　根岸吉太郎「遠雷」「狂った果実」　●主演男優賞　永島敏行「遠雷」　●主演女優賞　松坂慶子「男はつらいよ浪花の恋の寅次郎」「青春の門 筑豊篇」　●助演男優賞　津川雅彦「マノン」　●助演女優賞　田中裕子「北斎漫画」　●新人賞　佐藤浩市「青春の門 筑豊篇」　●特別賞　にっかつ"ロマンポルノ10年間に亘る活動と功績"
◇報知映画賞　第6回　●最優秀作品賞 邦画部門　「遠雷」（根岸吉太郎監督）　●最優秀作品賞 洋画部門　「ブリキの太鼓」（フォルカー・シュレンドルフ監督）　●最優秀主演男優賞　永島敏行「遠雷」　●最優秀主演女優賞　松坂慶子「青春の門」「男はつらいよ 浪花の恋の寅次郎」　●最優秀助演男優賞　中村嘉葎雄「陽炎座」「ラブレター」　●最優秀助演女優賞　田中裕子「北斎漫画」　●最優秀新人賞　小栗康平「泥の河」　石田えり「遠雷」
◇毎日映画コンクール　第36回　●日本映画賞 大賞　「泥の河」（小栗康平監督）　●監督賞　小栗康平「泥の河」　●脚本賞　倉本聰「駅 STATION」　●演技賞 男優演技賞　田村高廣「泥の河」　●演技賞 女優演技賞　倍賞千恵子「駅 STATION」「男はつらいよ 浪花の恋の寅次郎」　●大藤信郎賞　オープロダクション「セロ弾きのゴーシュ」　●日本映画ファン賞　「駅」
◇毎日芸術賞　第23回　土本典昭"長編記録映画「水俣の図・物語」の制作・監督"
◇牧野省三賞　第23回　黒澤明（監督）
◇優秀映画鑑賞会ベストテン　第22回　●日本映画 1位　「泥の河」（小栗康平監督）　●日本映画 2位　「駅」（降旗康男監督）　●日本映画 3位　「教育は死なず」（板谷紀之監督）　●外国映画 1位　「ブリキの太鼓」（フォルカー・シュレンドルフ監督）　●外国映画 2位　「約束の土地」（アンジェイ・ワイダ監督）　●外国映画 3位　「普通の人々」（ロバート・レッドフォード監督）

【テレビ】
◇ギャラクシー賞　第19回　東京放送,テレビマンユニオン「印象派―光と影の画家たち」　フジテレビジョン「北の国から」　日本放送協会「FMラジオ ショパン―わが魂のポロネーズ」　●大賞　日本放送協会「NHK特集『日本の条件・食糧・地球は警告する』」　テレビ東京「ファニア歌いなさい」
◇芸術祭賞〔テレビ部門（ドラマ）〕　第36回　●大賞　NHK「川の流れはバイオリンの音」　●優秀賞　NHK「男子の本懐」　関西テレビ「きりぎりす」　東京放送「隣りの女―現代西鶴物語」
◇テレビ大賞　第14回　●テレビ大賞　フジテレビ「北の国から」　●優秀番組賞　RKB毎日「絵描きと戦争」　TBS「想い出づくり」　NHK「NHK特集・日本の条件・外交」「夢千代日記」「川の流れはバイオリンの音」　TBS,テレビマンユニオン「印象派―光と影の画家たち」　●優秀個人賞　緒形拳　中原理恵　タモリ　田中裕子　市岡康子　●新人賞　冨川元文　イモ欽トリオ　●特別賞　堂本暁子　テレビ東京「ファニア歌いなさい」「それからの武蔵」　●CM賞　サントリー「雨と犬」　●週刊TVガイド創刊20周年記念賞　萩本欽一　TBS「日曜劇場」　フジテレビ「夜のヒットスタジオ」
◇日本民間放送連盟賞（昭56年）　●番組部門（テレビ娯楽番組） 最優秀　北日本放送「エントリーナンバー・24」
◇放送文化基金賞　第7回　●ドラマ番組　日本放送協会「四季・ユートピアノ」

【芸能全般】
◇芸術選奨　第32回　●演劇部門 大臣賞　森光子"東宝現代劇「放浪記」における林芙美子の円熟した演技"　●演劇部門 新人賞　鈴木忠志"ミュージカル「スウィーニー・トッド」「バッコスの信女」の演出"　●大衆芸能部門 大臣賞　ダーク・ダックス"ダーク・ダックス結成30周年リサイタル"レコード「絆」の演奏"
◇ゴールデン・アロー賞　第19回　●大賞　榊原郁恵　●最優秀新人賞　近藤真彦　●映画賞　高倉健「駅 STATION」　●映画賞 新人賞　田中裕子「北斎漫画」「ええじゃないか」　●演劇賞　榊原郁恵「ピーターパン」　●演劇賞 新人賞　伊藤蘭"「少年狩り」「ゼンダ城の虜」で舞台に挑戦、女優への鮮

やかな変身をとげた" ●音楽賞 寺尾聰 "81年は「ルビーの指環」一色、他の追随を許さぬ独走ぶり" ●音楽賞 新人賞 近藤真彦 "「スニーカーぶるーす」から「情熱・熱風・せれなーで」まで連続スマッシュヒット" ●放送賞 萩本欽一、中原理恵、イモ欽トリオ「欽どん！ 良い子悪い子普通の子」「ハイスクールララバイ」 ●放送賞 新人賞 伊藤つかさ「3年B組金八先生」「鞍馬天狗」「少女人形」 ●芸能賞 タモリ「今夜は最高！」「夕刊タモリこちらデス」などで発揮した多彩なタレント性に対して" ●芸能賞 新人賞 九十九一 ●特別賞 西田敏行 "テレビ「おんな太閤記」「池中玄太80キロ」ほか舞台、歌のジャンルでも活躍" ●話題賞 石原裕次郎 "難病にたおれても奇跡の芸能界復帰をとげ、われわれに大きな衝撃と希望を与えた" ●グラフ賞 柏原よしえ（後・柏原芳恵）

◇松尾芸能賞 第2回 ●特別大賞 映画・演劇 長谷川一夫 ●優秀賞 演劇 坂東玉三郎（5代） ●優秀賞 歌謡芸能 原田直之 ●優秀賞 大衆芸能 小月冴子 ●特別賞 総合 宮城まり子 ●新人賞 歌謡芸能 松田聖子 ●新人賞 歌謡芸能特別 竜鉄也 ●新人賞 大衆芸能 松村和子

【音楽】

◇あなたが選ぶ全日本歌謡音楽祭 第7回 ●ゴールデングランプリ 寺尾聰 ●最優秀新人賞 近藤真彦 ●最優秀歌唱賞 岩崎宏美 ●最優秀タレント賞 沢田研二 ●審査員奨励賞 松田聖子 田原俊彦 ●特別賞 西田敏行

◇ABC歌謡新人グランプリ 第8回 ●グランプリ 近藤真彦 ●服部良一特別賞 早世ひとみ ●審査員奨励賞 山川豊 祐子と弥生 ●アイドル賞 竹本孝之 ひかる一平 ●グランプリ 寺尾聰歌、松本隆詞、寺尾曲、井上鑑編曲「ルビーの指環」 ●最優秀歌唱賞 岩崎宏美「れんげ草の恋」 ●最優秀新人賞 近藤真彦「ギンギラギンにさりげなく」 ●最優秀ヒット賞 竜鉄也「奥飛騨慕情」 ●最優秀視聴者賞 五木ひろし ●特別賞 五木ひろし

◇銀座音楽祭 第11回 ●グランプリ 近藤真彦「ギンギラギンにさりげなく」 ●アイドル賞 ひかる一平「可愛いデビル」 ●大衆賞 沖田浩之「はみだしチャンピオン」 ●熱演賞 竹本孝之「てれて Zin Zin」 ●特別賞 石原裕次郎

◇古賀政男記念音楽大賞 第2回 ●プロ作品 大賞 川内康範作詩、猪俣公章作曲・編曲、森進一歌唱「命あたえて」 ●プロ作品 優秀賞 荒木とよひさ作詩、浜圭介作曲、竜崎孝路編曲、森昌子歌唱「哀しみ本線日本海」 山口洋子作詩、弦哲也作曲、京建輔編曲、八代亜紀歌唱「女心は港の灯」

◇新宿音楽祭 第14回 ●金賞 近藤真彦「ギンギラギンにさりげなく」 山川豊「函館本線」 ●審査員特別奨励賞 堤大二郎「恋人宣言」

◇全日本有線放送大賞 第14回 ●グランプリ 山本譲二「みちのくひとり旅」 ●特別賞 石川ひとみ「まちぶせ」 北原由紀「かしこい女じゃないけれど」 三笠優子「夫婦川」 ●最優秀新人賞 近藤真彦「ギンギラギンにさりげなく」

◇日本演歌大賞 第7回 ●大賞 森進一 ●演歌名人賞 小林幸子 ●演歌ベストセラー賞 竜鉄也 ●35周年記念特別功労賞 美空ひばり ●特別功労賞 内山田洋とクール・ファイブ ●演歌期待賞・演歌の星 山本譲二 たかだみゆき ●週刊平凡最多掲載賞 石原裕次郎

◇日本歌謡大賞 第12回 ●大賞 寺尾聰「ルビーの指環」 ●放送音楽特別連盟賞 沢田研二「ストリッパー」

◇日本作詩大賞 第14回 ●大賞 阿久悠「もしもピアノが弾けたなら」（歌・西田敏行）

◇日本作曲大賞 第1回 ●大賞 松任谷由実「守ってあげたい」 ●G・クレフ賞 イエロー・マジック・オーケストラ 佐藤勝 ●音楽文化賞 谷村新司「群青」 ●日本作曲家協会賞 武谷光「横浜・坂道・未練坂」 小田裕一郎「グッドラックLOVE」

◇日本テレビ音楽祭 第7回 ●グランプリ 寺尾聰「ルビーの指環」 ●金の鳩賞 松田聖子「白いパラソル」 田原俊彦「キミに決定！」 河合奈保子「スマイル・フォー・ミー」 ●新人賞 近藤真彦「ブルージーンズメモリー」

◇日本有線大賞 第14回 ●大賞 竜鉄也「奥飛騨慕情」 ●最優秀新人賞 近藤真彦「ギンギラギンにさりげなく」

◇日本レコードセールス大賞 第14回 ●シングル大賞 近藤真彦 ●LP大賞 寺尾聰 ●男性新人賞 近藤真彦 ●女性新人賞 伊藤つかさ ●グループ新人賞 イモ欽トリオ

◇日本レコード大賞 第23回 ●大賞 寺尾聰歌・曲、松本隆詞、井上鑑編曲「ルビーの指環」 ●最優

昭和56年（1981）

秀歌唱賞　岩崎宏美「すみれ色の涙」　●最優秀新人賞　近藤真彦「ギンギラギンにさりげなく」　●ベストアルバム賞　オフコース「We are」　松任谷由実「水の中のASIAへ」　大滝詠一「A LONG VACATION」

◇ぴあテン〔音楽部門〕コンサート（昭56年度）　●1位　アリス　●2位　ジョエル, ビリー　●3位　RCサクセション

◇ぴあテン〔音楽部門〕レコード（昭56年度）　●1位　中島みゆき「臨月」　●2位　大滝詠一「A LONG VACATION」　●3位　寺尾聰「リフレクションズ」

◇横浜音楽祭　第8回　音楽祭賞　五木ひろし　岩崎宏美　田原俊彦　寺尾聰　松田聖子　●ラジオ日本演歌賞　川中美幸　三笠優子　山本譲二　●地域・特別賞　ダークダックス　●最優秀新人賞　近藤真彦　●新人特別賞　山川豊　●新人賞　沖田浩之　杉田愛子　堤大二郎　ひかる一平　矢野良久

【演劇】

◇菊田一夫演劇賞　第7回　奈良岡朋子「放浪記」「南の風」　鳳蘭「スウィーニー・トッド」　仲谷昇「二階の女」　佐藤富造「放浪記」「むかしも今も」　●大賞　森光子「放浪記」　●特別賞　浜田右二郎　成田菊雄

◇紀伊國屋演劇賞　第16回　団体賞　劇団シェイクスピア・シアター "シェイクスピア全37作品の上演を果した劇団活動"　個人賞　関弘子 "シリーズ語り近松門左衛門作品三連続上演の演技"　山崎努　松下砂稚子　辻由美子　松金よね子　●特別賞　本田延三郎 "五月舎を主宰し、永年にわたるプロデュース公演の成果"

◇芸術祭賞〔演劇部門〕　第36回　●大賞　東宝 "帝国劇場開場70周年記念公演「近松心中物語―それは恋」の成果"

◇ぴあテン〔演劇部門〕（昭56年度）　●1位　新宿コマ劇場「ピーター☆パン」　●2位　東京乾電池「恐るべき副作用」　●3位　劇団四季「エクウス」

【演芸】

◇花王名人大賞　第1回　●花王名人大賞　横山やすし、西川きよし　●名人賞　落語部門（東京）　三遊亭円楽（5代）　●名人賞　落語部門（大阪）　桂三枝　●名人賞　漫才部門（東京）　ツービート　●名人賞　漫才部門（大阪）　横山やすし、西川きよし　●名人賞　諸芸部門　広沢瓢右衛門　●最優秀新人賞　ザ・ぼんち　●新人賞　ザ・ぼんち　島田紳助, 松本竜助　春風亭小朝　●特別賞　芦屋雁之助　●大衆賞　林家三平　●功労賞　林家彦六

◇上方お笑い大賞　第10回　●大賞　桂三枝　●金賞　桂文珍　今いくよ・くるよ　●銀賞　太平サブロー, 太平シロー　●功労賞　桂福団治　●秋田実賞　大池晶

◇上方漫才大賞　第16回　漫才大賞　ザ・ぼんち　●漫才大賞 審査員特別賞　横山やすし, 西川きよし　●奨励賞　オール阪神, オール巨人　●新人賞　春やすこ, 春けいこ

◇日本放送演芸大賞　第10回　桂枝雀（2代）

【漫画・アニメ】

◇講談社漫画賞　第5回　小林まこと「1・2の三四郎」　雪室俊一, たかなししずえ「おはよう！ スパンク」

◇小学館漫画賞　第27回　●児童向け　藤子不二雄「ドラえもん」　●少年少女向け　鳥山明「Dr.スランプ」　●青年一般向け　西岸良平「三丁目の夕日」　●特別賞　小池一夫「魔物語」などの原作活動に対して

◇文藝春秋漫画賞　第27回　工藤恒美「ツッパラサール学園」（自費出版）　野田亜人「ペーパーイラストレーション」

【スポーツ】

◇朝日体育賞　第7回　山下泰裕 "第12回世界柔道選手権大会95キロ超級と無差別級で優勝"　柏崎克彦 "第12回世界柔道選手権大会65キロ級で優勝"　森脇保彦 "第12回世界柔道選手権大会60キロ級で

優勝"　朝倉利夫 "1981年世界レスリング選手権大会フリースタイル52キロ級で優勝"　具志堅幸司 "第21回世界体操選手権大会男子種目別決勝の平行棒で優勝"　小飼栄一監督ほか10人 "第9回女子世界バドミントン選手権大会(ユーバー杯)で優勝"　立山香代子(旧姓・林) "第65回日本陸上競技選手権大会女子砲丸投げで10連勝を達成"　早稲田大学K2登山隊(隊長・松浦輝夫) "世界第2の高峰,カラコルムのK2(8611m)の未踏で最難ルート西稜から世界初の登頂に成功"　小沢吉太郎 "長年にわたり,日本ヨット界の発展と普及に貢献"　岡仁詩 "長年にわたり,ラグビーフットボール競技の競技力向上に貢献"　松任スタークラブ(代表・山田三吉) "お年寄りが集まってスポーツ活動を日常化し,生活に活力を与えた"

◇日本プロスポーツ大賞　第14回　●大賞　中野浩一(自転車競技)　●殊勲賞　千代の富士貢(大相撲)　倉本昌弘(男子プロゴルフ)　中嶋常幸(男子プロゴルフ)

【その他】

◇将棋大賞　第8回　●最優秀棋士賞　二上達也　●新人賞　小林健二　●女流棋士賞　山下カズ子　蛸島彰子

◇星雲賞　第12回　●日本長編部門　川又千秋「火星人先史」　●日本短編部門　新井素子「グリーン・レクイエム」　●メディア部門　ジョージ・ルーカス製作総指揮「スター・ウォーズ/帝国の逆襲」　●コミック部門　水樹和佳(後・水樹和佳子)「伝説」　●アート部門　安彦良和

◇日本SF大賞　第2回　井上ひさし「吉里吉里人」

◇文化勲章(昭56年度)　高柳健次郎(電子工学,テレビジョン工学)　永井龍男(小説)　福井謙一(工業化学)　松本白鸚(1代)(歌舞伎)　山口華楊(日本画)　横田喜三郎(国際法学)

◇ベストドレッサー賞　第10回　●政治・経済部門　武藤嘉文　牛尾治朗　●学術・文化部門　浅井慎平　●スポーツ・芸能部門　世良譲　西本幸雄　湯原信光　タモリ

昭和57年(1982)

【文学全般】

◇朝日賞〔文学関係〕(昭57年)　中野好夫 "著作と実践を通しての平和と民主化への貢献"　司馬遼太郎 "歴史小説の革新"

◇大佛次郎賞　第9回　鶴見俊輔「戦時期日本の精神史」　河合隼雄「昔話と日本人の心」

◇菊池寛賞　第30回　宇野千代 "透徹した文体で情念の世界を凝視しつづける強靱な作家精神"　塩野七生 "イタリアの歴史を通して現代の日本に問いかける鋭い洞察力に富んだ「海の都の物語」その他の著作"

◇群像新人文学賞　第25回　●小説　当選作　該当作なし　●小説　優秀作　池田基津夫「うさぎ」　●評論　加藤弘一「コスモスの知慧」

◇芸術選奨　第33回　●文学部門　文部大臣賞　三浦朱門「武蔵野インディアン」　椋鳩十「椋鳩十の本」「椋鳩十全集」　●文学部門　新人賞　角川春樹「信長の首」(句集)　●評論等　文部大臣賞　前田愛「都市空間のなかの文学」　金田一春彦「十五夜お月さん―本居長世　人と作品」

◇サントリー学芸賞〔芸術・文学部門〕　第4回　海老沢敏「ルソーと音楽」を中心として"　辻佐保子「古典世界からキリスト教世界へ」　樋口忠彦「日本の景観」

◇新田次郎文学賞　第1回　沢木耕太郎「一瞬の夏」

◇日本芸術院賞(第2部・文芸)　第39回　●恩賜賞・日本芸術院賞　木俣修

◇日本文学大賞　第14回　井上靖「本覚坊遺文」　安岡章太郎「流離譚」

◇日本文芸大賞　第2回　神坂次郎　●特別賞　森繁久彌　●現代文学賞　南里征典　●女流文学賞　落合恵子　●脚本賞　小山内美江子　●ノンフィクション賞　黒柳徹子

◇野間文芸賞　第35回　小島信夫「別れる理由」全3巻

◇毎日芸術賞　第24回　佐多稲子「夏の栞―中野重治をおくる」

◇毎日出版文化賞　第36回　真壁仁,法政大学出版局「みちのく山河行」　長田弘,中央公論社「私の二十世紀書店」

◇読売文学賞　第34回　●小説賞　大江健三郎「『雨の木』（レイン・ツリー）を聴く女たち」　●戯曲賞　該当作なし　●随筆・紀行賞　黒田末寿「ピグミーチンパンジー」　本多秋五「古い記憶の井戸」　●評論・伝記賞　該当作なし　●詩歌俳句賞　山崎栄治「山崎栄治詩集」　谷川俊太郎「詩集 日々の地図」

【小説】

◇芥川龍之介賞　第87回（上期）　該当作なし
◇芥川龍之介賞　第88回（下期）　加藤幸子「夢の壁」　唐十郎「佐川君からの手紙」
◇泉鏡花文学賞　第10回　日野啓三「抱擁」
◇江戸川乱歩賞　第28回　中津文彦「黄金流砂」　岡嶋二人「焦茶色のパステル」
◇オール讀物新人賞　第60回（上期）　佐野寿人「タイアップ屋さん」　村越英文「だから言わないコッチャナイ」
◇オール讀物新人賞　第61回（下期）　竹田真砂子「十六夜に」　森一彦「シャモ馬鹿」
◇オール讀物推理小説新人賞　第21回　該当作なし
◇川端康成文学賞　第9回　色川武大「百」
◇小説現代新人賞　第38回（上期）　該当作なし
◇小説現代新人賞　第39回（下期）　多島健「あなたは不屈のハンコ・ハンター」　越沼初美「テイク・マイ・ピクチャー」
◇女流文学賞　第21回　永井路子「氷輪 上・下」
◇新潮新人賞　第14回　小磯良子「カメ男」　加藤幸子「野餓鬼のいた村」
◇すばる文学賞　第6回　三神弘「三日芝居」　伊達一行「沙耶のいる透視図」
◇谷崎潤一郎賞　第18回　大庭みな子「寂兮寥兮」
◇直木三十五賞　第87回（上期）　深田祐介「炎熱商人」　村松友視「時代屋の女房」
◇直木三十五賞　第88回（下期）　該当作なし
◇日本推理作家協会賞　第35回　長篇部門　辻真先「アリスの国の殺人」　●短篇部門　日下圭介「鶯を呼ぶ少年」　●評論その他の部門　該当作なし
◇野間文芸新人賞　第4回　村上春樹「羊をめぐる冒険」
◇文學界新人賞　第54回（上期）　田中健三「あなしの吹く頃」　●佳作　佐藤竜一郎「A・B・C…」
◇文學界新人賞　第55回（下期）　田野武裕「浮上」　山川一作「電電石縁起」
◇文藝賞　第19回　平野純「日曜日には愛の胡瓜を」
◇横溝正史賞　第2回　●大賞　阿久悠「殺人狂時代ユリエ」　●佳作　芳岡道太「メービウスの帯」
◇吉川英治文学賞　第16回　南条範夫「細香日記」

【詩歌】

◇H氏賞　第32回　青木はるみ「鯨のアタマが立っていた」
◇小熊秀雄賞　第15回　和田英子「点景」　阿部岩夫「不羈者」
◇現代歌人協会賞　第26回　時田則雄「北方論」
◇現代短歌大賞　第5回　木俣修"雪前雪後"並びに今日までの全業績」　篠弘「近代短歌論争史 明治・大正編」「近代短歌論争史 昭和編」
◇高見順賞　第13回　入沢康夫「死者たちの群がる風景」
◇蛇笏賞　第16回　滝春一「花石榴」
◇迢空賞　第16回　武川忠一「秋照」　大西民子「風水」
◇壺井繁治賞　第10回　中正敏「ザウルスの車」　小田切敬子「流木」
◇日本歌人クラブ賞　第9回　蒔田さくら子「紺紙金泥」
◇俳人協会賞　第22回　松崎鉄之介「信篤き国」
◇晩翠賞　第23回　小笠原茂介「みちのくのこいのうた」

◇歴程賞　第20回　宇佐美英治「雲と天人」(随筆集)　高橋睦郎「王国の構造」

【戯曲】
◇岸田國士戯曲賞　第26回　山崎哲「うお伝説」「漂流家族」
◇年鑑代表シナリオ(昭57年度)　たかいすみひこ「闇に抱かれて」　柳町光男「さらば愛しき大地」　剣持亘「転校生」　西岡琢也「TATTOOあり」　笠原和夫「大日本帝国」　中川信夫「怪異談生きている小平次」　神波史男, 大野靖子, 安倍徹郎「未完の対局」　古田求, 野村芳太郎「疑惑」　松田寛夫「誘拐報道」　井手俊郎, 森谷司郎「海峡」

【評論・随筆】
◇大宅壮一ノンフィクション賞　第13回　早瀬圭一「長い命のために」　宇佐美承「さよなら日本」
◇講談社ノンフィクション賞　第4回　徳永進「死の中の笑み」　松下竜一「ルイズ—父に貰いし名は」
◇日本エッセイスト・クラブ賞　第30回　足立巻一「虹滅記」　伊藤光彦「ドイツとの対話」　岡田恵美子「イラン人の心」

【児童文学】
◇赤い鳥文学賞　第12回　矢崎節夫「ほしとそらのしたで」　●特別賞　「校定新美南吉全集」全12巻
◇講談社出版文化賞　第13回　●絵本賞　寺村輝夫, 和歌山静子「おおきな ちいさいぞう」
◇産経児童出版文化賞　第29回　●大賞　角野栄子作「大どろぼうブラブラ氏」
◇児童文芸新人賞　第11回　白井三香子「さようならうみねこ」　三宅知子「空のまどをあけよう」　武谷千保美「あけるなよこのひき出し」
◇小学館絵画賞　第31回　村上豊「かっぱどっくり」ほか
◇小学館文学賞　第31回　伊沢由美子「かれ草色の風をありがとう」　浜野卓也「とねと鬼丸」
◇日本児童文学者協会賞　第22回　該当作なし
◇日本児童文芸家協会賞　第7回　森一歩「帰ってきた鼻まがり」
◇野間児童文芸賞　第20回　安房直子「遠いのばらの村」　●推奨作品賞　さとうまきこ「ハッピーバースデー」　伊沢由美子「かれ草色の風をありがとう」

【映画・テレビ全般】
◇エランドール賞(昭57年度)　●新人賞　古尾谷雅人　鹿賀丈史　夏目雅子　真田広之　田中裕子
◇芸術選奨　第33回　●映画部門 大臣賞　羽田澄子"記録映画「早池峰の賦」「歌舞伎の魅力—菅丞相・片岡仁左衛門」の演出"　●映画部門 新人賞　後藤俊夫"映画「マタギ」の演出"　●放送部門 大臣賞　山田太一"テレビドラマ「ながらえば」「終りに見た街」「男たちの旅路—戦場は遙かになりて」等の脚本"　●放送部門 新人賞　大谷直子"ドラマ「リラックス—松原克己の日常生活」「坂道」等の演技"

【映画】
◇キネマ旬報賞　第28回　●日本映画監督賞　深作欣二「蒲田行進曲」　●脚本賞　つかこうへい「蒲田行進曲」　●主演女優賞　松坂慶子「蒲田行進曲」「道頓堀川」　●主演男優賞　根津甚八「さらば愛しき大地」　●助演女優賞　小柳ルミ子「誘拐報道」　●助演男優賞　平田満「蒲田行進曲」　●読者選出日本映画監督賞　深作欣二「蒲田行進曲」
◇キネマ旬報ベスト・テン　第56回　●日本映画1位　「蒲田行進曲」(深作欣二監督)　●日本映画2位　「さらば愛しき大地」(柳町光男監督)　●日本映画3位　「転校生」(大林宜彦監督)　●外国映画1位　「E・T」(スティーヴン・スピルバーグ監督)　●外国映画2位　「1900年」(ベルナルド・ベルトルッチ監督)　●外国映画3位　「炎のランナー」(ヒュー・ハドソン監督)
◇日本アカデミー賞　第5回　●最優秀作品賞　「駅STATION」(降旗康男監督)　●最優秀監督賞　小栗康平「泥の河」　●最優秀脚本賞　倉本聰「駅STATION」　●最優秀主演男優賞　高倉健「駅STATION」　●最優秀主演女優賞　松坂慶子「青春の門 筑豊篇」「男はつらいよ 浪花の恋の寅次郎」　●最優秀助演男優賞　中村嘉葎雄「ブリキの勲章」「陽炎座」「ラブレター」「仕掛人梅安」

昭和57年(1982)

●最優秀助演女優賞　田中裕子「北斎漫画」「ええじゃないか」　●最優秀外国作品賞　「ブリキの太鼓」(フォルカー・シュレンドルフ監督)　●新人俳優賞　佐藤浩市　真田広之　中井貴一　石田えり　かとうかずこ　田中裕子

◇ぴあテン〔映画部門〕　第11回　●1位　「E.T.」(スティーブン・スピルバーグ監督)　●2位　「蒲田行進曲」(深作欣二監督)　●3位　「ロッキー3」(シルベスター・スタローン監督)

◇ブルーリボン賞　第25回　●最優秀作品賞　邦画　「蒲田行進曲」(深作欣二監督)　●最優秀作品賞　洋画　「E.T.」(スティーブン・スピルバーグ監督)　●監督賞　深作欣二「蒲田行進曲」　●主演男優賞　渥美清「男はつらいよ　花も嵐も寅次郎」　●主演女優賞　夏目雅子「鬼龍院花子の生涯」　●助演男優賞　柄本明「男はつらいよ　寅次郎あじさいの恋」　●助演女優賞　山口美也子「さらば愛しき大地」　●新人賞　美保純「ピンクのカーテン」

◇報知映画賞　第7回　●最優秀作品賞　邦画部門　「蒲田行進曲」(深作欣二監督)　●最優秀作品賞　洋画部門　「カリフォルニア・ドールス」(ロバート・アルドリッチ監督)　●最優秀主演男優賞　平田満「蒲田行進曲」　●最優秀主演女優賞　桃井かおり「疑惑」　●最優秀助演男優賞　柄本明「男はつらいよ　寅次郎あじさいの恋」「道頓堀川」　●最優秀助演女優賞　山口美也子「さらば愛しき大地」　●最優秀新人賞　小林聡美「転校生」　●審査員特別賞　シネマスクエアとうきゅう"商業劇場として都心にミニシアターを成功させた功績に対して"

◇毎日映画コンクール　第37回　●日本映画賞　大賞　「蒲田行進曲」(深作欣二監督)　●監督賞　深作欣二「蒲田行進曲」「道頓堀川」　●脚本賞　古田求、野村芳太郎「疑惑」　●演技賞　男優演技賞　西村晃「マタギ」　●演技賞　女優演技賞　松坂慶子「道頓堀川」　●大藤信郎賞　桜映画社、エコー「おこんじょうるり」　●日本映画ファン賞　「蒲田行進曲」

◇牧野省三賞　第24回　山田洋次(監督)

◇優秀映画鑑賞会ベストテン　第23回　●日本映画　1位　「ニッポン国古屋敷村」(小川紳介監督)　●日本映画　2位　「誘拐報道」(伊藤俊也監督)　●日本映画　3位　「未完の対局」(佐藤純弥監督)　●外国映画　1位　「炎のランナー」(ヒュー・ハドソン監督)　●外国映画　2位　「黄昏」(マーク・ライデル監督)　●外国映画　3位　「愛と青春の旅だち」(テイラー・ハックフォード監督)

【テレビ】

◇ギャラクシー賞　第20回　熊本放送「アングル'82―ある青年教師の死」　北海道放送「地底の葬列」　キネマ東京、読売テレビ放送「木曜ゴールデンドラマ『あふれる愛に』」　大賞　朝日放送「ジャパインドⅡ」　●特別賞　テレビ東京「星からの国際情報―大森実・ロス衛星中継」　●二十周年記念特別賞　毎日放送テレビ「真珠の小箱」　日本映像記録センター、日本テレビ放送網「すばらしい世界旅行」　テレビマンユニオン、東京放送テレビ「オーケストラがやって来た」　フジテレビジョン「ミュージックフェア」　沖縄テレビ放送「お茶の間郷土劇場」　山陽放送テレビ「瀬戸大橋時代を創る」　テレビ東京「邦楽百景」　テレビ静岡「テレビ寺子屋」　東京放送ラジオ「小沢昭一の小沢昭一的こころ」　ニッポン放送「いまラジオ時代」

◇芸術賞〔テレビ部門(ドラマ)〕　第37回　●優秀賞　関西テレビ「リラックス―松原克己の日常生活」　NHK「ながらえば」　東京放送「12年間の嘘―乳と蜜の流れる地よ」　中部日本放送「坂道」

◇テレビ大賞　第15回　●テレビ大賞　TBS「淋しいのはお前だけじゃない」　●優秀番組賞　日本テレビ、オフィス・トゥー・ワン「久米宏のTVスクランブル」　NHK「NHK特集・私は日本のスパイだった」「けものみち」　日本テレビ、テレビマンユニオン「ドキュメンタリー特集・生命潮流」　テレビ朝日「終りに見た街」　●優秀個人賞　鈴木健二　名取裕子　松尾嘉代　笠智衆　大山勝美　●新人賞　中井貴一　藤吉久美子　●特別賞　NHK「NHK特集」　フジテレビ「オレたちひょうきん族」　●CM賞　サントリー「サントリービールペンギン編」

◇日本民間放送連盟賞(昭57年)　●番組部門(テレビ娯楽番組)　最優秀　中部日本放送　東芝日曜劇場「鼓の女」

◇放送文化基金賞　第8回　●ドラマ番組　日本放送協会「マリコ」

◇向田邦子賞　第1回　市川森一「淋しいのはお前だけじゃない」

【芸能全般】

◇芸術祭賞〔大衆芸能部門〕　第37回　●大衆芸能部門(1部)　大賞　坂野比呂志"坂野比呂志の総て"

昭和57年（1982）

の成果に対し" ●大賞（2部） 宝塚歌劇団 "宝塚歌劇花組公演「夜明けの序曲」の成果に対し"
◇芸術選奨 第33回 ●演劇部門 大臣賞 渡辺美佐子 "新劇「化粧」の演技" ●演劇部門 新人賞 中村児太郎（5代）"歌舞伎「仮名手本忠臣蔵」「俊寛」の演技" ●大衆芸能部門 大臣賞 内海桂子、内海好江 "漫才「日本烈婦伝」「唐人お吉」「日本酒物語」等の話芸" ●大衆芸能部門 新人賞 桂枝雀（2代）"落語「鷺とり」「口入れ屋」「くしゃみ講釈」の話芸"
◇ゴールデン・アロー賞 第20回 ●大賞 松坂慶子 ●最優秀新人賞 シブがき隊 ●映画賞 松坂慶子 "話題作品「蒲田行進曲」「道頓堀川」に主演" ●映画賞 新人賞 武田久美子 "映画「ハイティーン・ブギ」のヒロイン" ●演劇賞 久野綾希子 "「エビータ」「アプローズ」の演技" ●演劇賞 新人賞 石田えり "初主演「ドリームガール」（ミュージカル）でみせた歌と踊り" ●音楽賞 近藤真彦 "「ハイティーン・ブギ」「ホレたぜ！乾杯」など全てヒットチャート初登場第1位" ●音楽賞 新人賞 シブがき隊 "「NAI NAI 16」「100%…SOかもね！」のヒット" 中森明菜 "「少女A」ほか 松本伊代 "抱きしめたい" ●放送賞 田中邦衛 "「北の国から」「不帰水道」「迷探偵コンビ・幽霊シリーズ」などのテレビドラマ ●放送賞 新人賞 渡辺徹 "「太陽にほえろ！」でデビュー。ニューアイドルの座を獲得" ●芸能賞 ビートたけし "ご存じ「タケちゃんマン」。日本中の笑いを独占" ●芸能賞 新人賞 山田邦子 "「オレたちひょうきん族」を中心にテレビ、舞台で大活躍" ●特別賞 中村雅俊 ●話題賞 泉谷しげる "映画「野球刑事」「赤い帽子の女」、舞台「好色一代男」" ●グラフ賞 美保純 ●ゴールデン・アロー賞20周年記念特別賞 芸能記者クラブグランプリ 萩本欽一 ●ゴールデン・アロー賞20周年記念特別賞 スーパーアイドル賞 たのきんトリオ
◇毎日芸術賞 第24回 松本幸四郎（9代）「アマデウス」 林康子 "藤原歌劇団公演「アンナ・ボレーナ」の演技と歌唱"
◇松尾芸能賞 第3回 ●大賞 劇作 橋田壽賀子 ●優秀賞 映画 高倉健 ●優秀賞 演劇 大川橋蔵 ●優秀賞 テレビ 佐久間良子 ●優秀賞 総合 西田敏行 ●特別賞 歌謡芸能 山本譲二 ●特別賞 大衆芸能 小野由紀子

【音楽】
◇あなたが選ぶ全日本歌謡音楽祭 第8回 ●ゴールデングランプリ 五木ひろし ●最優秀新人賞 シブがき隊 ●最優秀歌唱賞 岩崎宏美 ●最優秀タレント賞 沢田研二 ●審査員奨励賞 近藤真彦 西城秀樹 ●特別賞 松田聖子 田原俊彦
◇ABC歌謡新人グランプリ 第9回 ●グランプリ シブがき隊 ●服部良一特別賞 松本伊代 ●特別賞 三好鉄生 ●審査員奨励賞 原田悠里 早見優 ●アイドル賞 堀ちえみ 石川秀美
◇FNS歌謡祭グランプリ 第9回 ●グランプリ 松田聖子歌、松本隆詞、財津和夫曲、大村雅朗編曲「野ばらのエチュード」 ●最優秀歌唱賞 五木ひろし「契り」 ●最優秀新人賞 シブがき隊「100%…SOかもね！」 ●最優秀ヒット賞 岩崎宏美「聖母たちのララバイ」 ●最優秀視聴者賞 細川たかし
◇銀座音楽祭 第12回 ●グランプリ シブがき隊「100%…SOかもね！」 ●金賞 小泉今日子「ひとり街角」 堀ちえみ「待ちぼうけ」 ●大衆賞 シブがき隊「100%…SOかもね！」 ●特別賞 田原俊彦 松田聖子 近藤真彦
◇古賀政男記念音楽大賞 第3回 ●プロ作品 大賞 吉田旺作詩、浜圭介作曲、馬飼野俊一編曲、森昌子歌唱「立待岬」 ●プロ作品 優秀賞 阿久悠作詩、小林亜星作曲、京建輔編曲、五木ひろし歌唱「夢海峡」 石本美由起作詩、三木たかし作曲、佐伯亮編曲、石川さゆり歌唱「漁火挽歌」
◇JASRAC賞 第1回 ●国内 竜鉄也作詞・作曲ほか「奥飛騨慕情」 ●外国 永六輔作詞、中村八大作曲ほか「上を向いて歩こう」
◇新宿音楽祭 第15回 ●金賞 シブがき隊「100%…SOかもね！」 小泉今日子「ひとり街角」 ●審査員特別奨励賞 中森明菜「少女A」
◇全日本有線放送大賞 第15回 ●グランプリ 細川たかし「北酒場」 ●読売テレビ最優秀賞 沢田研二「6番目のユ・ウ・ウ・ツ」 ●審査委員会最優秀賞 サザン・オールスターズ「チャコの海岸物語」 ●最優秀新人賞 ヒロシ&キーボー「3年目の浮気」
◇日本演歌大賞 第8回 ●大賞 細川たかし ●演歌名人賞 北島三郎 ●演歌ベストセラー賞 川中美幸 ●特別賞 根津甚八 ●演歌期待賞・演歌の星 真咲よう子 尾形大作 ●週刊平凡最多掲載賞 都はるみ

◇日本歌謡大賞　第13回　●大賞　岩崎宏美「聖母たちのララバイ」
◇日本作詩大賞　第15回　●大賞　阿久悠「契り」(歌・五木ひろし)
◇日本作曲大賞　第2回　●大賞　中村泰士「北酒場」　●日本作曲家協会賞　小泉まさみ「散歌」　福田新一「海へ帰ろう」　●中山・西条記念賞　来生えつこ、来生たかお「シルエット・ロマンス」　●音楽文化賞　藤田まさと
◇日本テレビ音楽祭　第8回　●グランプリ　岩崎宏美「聖母たちのララバイ」　●金の鳩賞　近藤真彦「ハイティーン・ブギ」　●新人賞　シブがき隊「100%…SOかもね!」　小泉今日子「素敵なラブリーボーイ」
◇日本有線大賞　第15回　●大賞　細川たかし「北酒場」　●ベストヒット賞　細川たかし「北酒場」　●最多リクエスト歌手賞　サザン・オールスターズ　●最優秀新人賞　ヒロシ&キーボー「3年目の浮気」　●第15回記念特別賞　島倉千代子
◇日本レコードセールス大賞　第15回　●シングル大賞　近藤真彦　●LP大賞　オフコース　●男性新人賞　嶋大輔　●女性新人賞　薬師丸ひろ子　●グループ新人賞　あみん
◇日本レコード大賞　第24回　●大賞　細川たかし歌、なかにし礼詞、中村泰士曲、馬飼野俊一編曲「北酒場」　●最優秀歌唱賞　大橋純子「シルエット・ロマンス」　●最優秀新人賞　シブがき隊「100%…SOかもね!」　●ベストアルバム賞　中島みゆき「寒水魚」　松任谷由実「PEARL PIERCE」　サザン・オールスターズ「Nude Man」
◇ぴあテン[音楽部門]コンサート(昭57年度)　●1位　オフコース　●2位　サイモン&ガーファンクル　●3位　ダリル・ホール&ジョン・オーツ
◇ぴあテン[音楽部門]レコード(昭57年度)　●1位　中島みゆき「寒水魚」　●2位　サザン・オールスターズ「NUDE MAN」　●3位　オフコース「I LOVE YOU」
◇メガロポリス歌謡祭　第1回　●ポップスグランプリ　近藤真彦「ふられてBANZAI」　●最優秀新人ダイヤモンド賞　石川秀美「妖精時代」　シブがき隊「NAI NAI 16」　●演歌大賞　五木ひろし「愛しつづけるボレロ」　●特別賞　村田英雄
◇横浜音楽祭　第9回　●音楽賞　五木ひろし　岩崎宏美　川中美幸　細川たかし　松田聖子　●ラジオ日本演歌賞　小柳ルミ子　千昌夫　●音楽祭特別賞　ペギー葉山　八代亜紀　●地域・特別賞　エディ潘　●最優秀新人賞　中森明菜　●新人特別賞　尾形大作　シブがき隊　●新人賞　石川秀美　堀ちえみ　小泉今日子　叶和貴子

【演劇】

◇菊田一夫演劇賞　第8回　●金田龍之介「滝沢家の女たち」　池内淳子「おさん」　順みつき「キャバレー」　丸山博一「横浜どんたく一富貴楼おくら」　●大賞　山田五十鈴「たぬき(前・後編)」
◇紀伊國屋演劇賞　第17回　●団体賞　劇団民藝"昭和57年における小山祐士作「十二月」などの意欲的な公演活動"　●個人賞　北林谷栄　木村光一　大間知靖子　佐々木愛　加藤健一　●特別賞　中村伸郎"ジァン・ジァン10時劇場イヨネスコ作「授業」の10年間508回にわたる上演の成果"
◇芸術祭賞[演劇部門]　第37回　●大賞　劇団文化座"公演72「越後つついし親不知」の成果に対し"
◇ぴあテン[演劇部門](昭57年度)　●1位　つかこうへい事務所「蒲田行進曲」　●2位　新宿コマ劇場「ピーター☆パン」　●3位　東宝、帝国劇場「屋根の上のヴァイオリン弾き」

【演芸】

◇花王名人大賞　第2回　●花王名人大賞　桂三枝　●名人賞　落語部門(東京)　春風亭小朝　●名人賞　落語部門(大阪)　桂三枝　●名人賞　漫才部門(東京)　ツービート　●名人賞　漫才部門(大阪)　オール阪神、オール巨人　●名人賞　諸芸部門　江戸家猫八(3代)　●最優秀新人賞　今いくよ・くるよ　●新人賞　今いくよ・くるよ　明石家さんま　コント赤信号　●特別賞　山田五十鈴　●大衆賞　泉ピン子　西川きよし
◇上方お笑い大賞　第11回　●大賞　桂米朝(3代)　●金賞　山田スミ子　●銀賞　西川のりお, 上方よしお　●功労賞　織田正吉　秋田実賞　浜村淳, 上岡龍太郎
◇上方漫才大賞　第17回　●漫才大賞　オール阪神, オール巨人　●奨励賞　今いくよ・くるよ　●新人賞　太平サブロー, 太平シロー

◇日本放送演芸大賞　第11回　ビートたけし

【漫画・アニメ】
◇講談社漫画賞　第6回　●少年部門　村上もとか「岳人列伝」　●少女部門　美内すずえ「妖鬼妃伝」　●青年一般部門　里中満智子「狩人の星座」
◇小学館漫画賞　第28回　●児童向け　すがやみつる「ゲームセンターあらし」「こんにちは マイコン」　●少年少女向け　あだち充「みゆき」「タッチ」　●青年一般向け　やまさき十三, 北見けんいち「釣りバカ日誌」
◇文藝春秋漫画賞　第28回　山田紳 "一連の政治漫画その他"　すずき大和「哀MY展覧会」(自費出版)　植田まさし「フリテンくん」「まさし君」「かりあげクン」

【スポーツ】
◇朝日体育賞　第8回　室伏重信 "第66回日本陸上競技選手権大会ハンマー投げで9年連続, 通算10度目の優勝を達成"　須藤武幸 "第60回全日本ボート選手権大会エイトで東大の大会史上初の4連覇達成に貢献"　新日本製鉄釜石製鉄所ラグビー部 "第19回日本ラグビー選手権大会で大会史上初の4連覇を達成"　八幡八郎 "中条町町民の総スポーツ活動を推進し健康な町づくりに貢献"
◇日本プロスポーツ大賞　第15回　●大賞　落合博満（プロ野球）　●殊勲賞　広岡達郎（プロ野球）　中野浩一（自転車競技）　岡本綾子（女子プロゴルフ）

【その他】
◇将棋大賞　第9回　●最優秀棋士賞　加藤一二三　●新人賞　中村修　●女流棋士賞　蛸島彰子
◇星雲賞　第13回　●日本長編部門　井上ひさし「吉里吉里人」　●日本短編部門　新井素子「ネプチューン」　●コミック部門　大友克洋「気分はもう戦争」　●アート部門　長岡秋星　大会メディア部門賞　DAICON-3実行委員会「DAICON-3オープニングアニメーション」　●特別賞　宇宙塵
◇日本SF大賞　第3回　山田正紀「最後の敵」
◇文化勲章（昭57年度）　坂本太郎（日本史学）　高山辰雄（日本画）　津田恭介（薬学, 有機化学）　藤間勘十郎（6代）（邦舞）　吉識雅夫（船舶工学）
◇ベストドレッサー賞　第11回　●政治・経済部門　大賀典雄　●学術・文化部門　村松友視　藤田敏八　●スポーツ・芸能部門　原辰徳　堺正章　●特別賞　ビートたけし

昭和58年（1983）

【文学全般】
◇朝日賞〔文学関係〕（昭58年）　佐多稲子 "長年の作家活動による現代文学への貢献"
◇大佛次郎賞　第10回　大江健三郎「新しい人よ眼ざめよ」　志村ふくみ「一色一生」
◇菊池寛賞　第31回　竹山道雄 "一貫して時流を批判し, 常に人間とは何かを探り続けた勇気ある発言—著作集全8巻刊行を機として"　立花隆 "徹底した取材と卓抜した分析力により幅広いニュージャーナリズムを確立した文筆活動"
◇群像新人文学賞　第26回　●小説　伊井直行「草のかんむり」　●評論　井口時男「物語の身体—中上健次論」　千石英世「ファルスの複層—小島信夫論」
◇芸術選奨　第34回　●文学部門 文部大臣賞　伊藤桂一「静かなノモンハン」　北村太郎「犬の時代」　●文学部門 新人賞　平出隆「胡桃の戦意のために」(詩集)　●評論等 文部大臣賞　楠谷秀昭「保田与重郎」
◇サントリー学芸賞〔芸術・文学部門〕　第5回　郷原宏「詩人の妻」　小林忠「江戸絵画史論」　佐々木健一「せりふの構造」
◇新田次郎文学賞　第2回　若城希伊子「小さな島の明治維新—ドミンゴ松次郎の旅」
◇日本芸術院賞（第2部・文芸）　第40回　●恩賜賞・日本芸術院賞　中村草田男　●日本芸術院賞　河野多惠子　中村汀女　磯田光一

昭和58年（1983）

◇日本文学大賞　第15回　三浦哲郎「少年讃歌」
◇日本文芸大賞　第3回　山村美紗「消えた相続人」　阿木翁助「悪魔の侵略」　●特別賞　青木正久「世界のバラ」　●現代文学賞　戸川猪佐武「小説吉田学校」　●女流文学賞　近藤富枝「本郷菊富士ホテル」　●エッセイ賞　岸惠子「パリの空は茜色」　●ノンフィクション賞　檀ふみ「逢えばほのぼの」　●評論賞　石井富士弥「失われた原型を求めて」
◇野間文芸賞　第36回　丹羽文雄「蓮如」全8巻
◇毎日芸術賞　第25回　水上勉「良寛」
◇毎日出版文化賞　第37回　井上成美伝記刊行会「井上成美」　金田一春彦、三省堂「十五夜お月さん一本居長世 人と作品」　寺内大吉、毎日新聞社「念仏ひじり三国志―法然をめぐる人々」全5巻　●特別賞　臼井吉見ほか編、筑摩書房「明治文学全集」全99巻
◇読売文学賞　第35回　●小説賞　該当作なし　●戯曲賞　清水邦夫「エレジー」　●随筆・紀行賞　該当作なし　●評論・伝記賞　磯田光一「鹿鳴館の系譜」　川村二郎「内田百閒論」　●詩歌俳句賞　角川春樹「流され王」

【小説】

◇芥川龍之介賞　第89回（上期）　該当作なし
◇芥川龍之介賞　第90回（下期）　笠原淳「杢二の世界」　髙樹のぶ子「光抱く友よ」
◇泉鏡花文学賞　第11回　三枝和子「鬼どもの夜は深い」　小桧山博「光る女」
◇江戸川乱歩賞　第29回　高橋克彦「写楽殺人事件」
◇オール讀物新人賞　第62回（上期）　城島明彦「けさらんぱさらん」　二取由子「眠りの前に」
◇オール讀物新人賞　第63回（下期）　該当作なし
◇オール讀物推理小説新人賞　第22回　小杉健治「原島弁護士の処理」
◇川端康成文学賞　第10回　島尾敏雄「湾内の入江で」　津島佑子「黙市」
◇小説現代新人賞　第40回（上期）　飯嶋和一「プロミスト・ランド」
◇小説現代新人賞　第41回（下期）　該当作なし
◇女流文学賞　第22回　林京子「上海」
◇新潮新人賞　第15回　左能典代「ハイデラパシャの魔法」
◇すばる文学賞　第7回　平石貴樹「虹のカマクーラ」　佐藤正午「永遠の1/2」
◇谷崎潤一郎賞　第19回　古井由吉「槿」
◇直木三十五賞　第89回（上期）　胡桃沢耕史「黒パン俘虜記」
◇直木三十五賞　第90回（下期）　神吉拓郎「私生活」　高橋治「秘伝」
◇日本推理作家協会賞　第36回　●長篇部門　胡桃沢耕史「天山を越えて」　●短篇部門/評論その他の部門　該当作なし
◇野間文芸新人賞　第5回　尾辻克彦「雪野」
◇文學界新人賞　第56回（上期）　高橋一起「犬のように死にましょう」
◇文學界新人賞　第57回（下期）　赤羽建美「住宅」
◇文藝賞　第20回　若一光司「海に夜を重ねて」　山本昌代「応為坦坦録」
◇横溝正史賞　第3回　●大賞　平龍生「脱獄情死行」　●佳作　速水拓三「篝り火の陰に」
◇吉川英治文学賞　第17回　宮尾登美子「序の舞 上・下」

【詩歌】

◇H氏賞　第33回　井坂洋子「GIGI」　高柳誠「卵宇宙/水晶宮/博物誌」
◇小熊秀雄賞　第16回　大崎二郎「走り者」
◇現代歌人協会賞　第27回　沖ななも「衣裳哲学」
◇現代詩人賞　第1回　飯島耕一「夜を夢想する小太陽の独言」
◇現代詩花椿賞　第1回　安西均「暗喩の夏」

昭和58年（1983）

◇現代短歌大賞　第6回　山本友一「日の充実」「続・日の充実」
◇高見順賞　第14回　三好豊一郎「夏の淵」
◇蛇笏賞　第17回　柴田白葉女「月の笛」　村越化石「端坐」
◇迢空賞　第17回　岡井隆「禁忌と好色」
◇壺井繁治賞　第11回　大崎二郎「走り者」
◇日本歌人クラブ賞　第10回　上田三四二「遊行」　高嶋健一「草の快楽」
◇俳人協会賞　第23回　鷲谷七菜子「游影」
◇晩翠賞　第24回　有我祥吉「クレヨンの屑」
◇歴程賞　第21回　白石かずこ「砂族」

【戯曲】
◇岸田國士戯曲賞　第27回　渡辺えり子「ゲゲゲのげ」　山元清多「比置野（ピノッキオ）ジャンバラヤ」　野田秀樹「野獣降臨」
◇年鑑代表シナリオ（昭58年度）　馬場当「卍」　田中晶子,東陽一「セカンド・ラブ」　今村昌平「楢山節考」　井手雅人「きつね」　内田裕也,崔洋一「十階のモスキート」　中田信一郎,高際和雄,新城卓「オキナワの少年」　高田宏治「陽暉楼」　神山征二郎「ふるさと」　石堂淑朗「暗室」　鈴木明夫「龍二」

【評論・随筆】
◇大宅壮一ノンフィクション賞　第14回　小坂井澄「これはあなたの母」　小堀桂一郎「宰相鈴木貫太郎」
◇講談社ノンフィクション賞　第5回　塩田潮「霞が関が震えた日」
◇日本エッセイスト・クラブ賞　第31回　舟越保武「巨岩と花びら」　藤原作弥「聖母病院の友人たち」　志賀かう子「祖母, わたしの明治」

【児童文学】
◇赤い鳥文学賞　第13回　いぬいとみこ「山んば見習いのむすめ」　杉みき子「小さな町の風景」
◇講談社出版文化賞　第14回　●絵本賞　谷内こうじ「かぜのでんしゃ」
◇産経児童出版文化賞　第30回　●大賞　安野光雅「はじめてであう すうがくの絵本」全3冊
◇児童文芸新人賞　第12回　神戸俊平「ぼくのキキのアフリカ・サファリ」　薫くみこ「十二歳の合い言葉」　鈴木浩彦「グランパのふしぎな薬」
◇小学館絵画賞　第32回　丸木俊,丸木位里「みなまた海のこえ」
◇小学館文学賞　第32回　あまんきみこ「ちいちゃんのかげおくり」
◇日本児童文学者協会賞　第23回　上野瞭「ひげよ, さらば」　後藤竜二「少年たち」　●特別賞　瀬田貞二「落穂ひろい 上・下」
◇野間児童文芸賞　第21回　斎藤惇夫「ガンバとカワウソの冒険」　●推奨作品賞　堀内純子「はるかな鐘の音」

【映画・テレビ全般】
◇エランドール賞（昭58年度）　●新人賞　風間杜夫　紺野美沙子　中井貴一　名取裕子　隆大介
◇芸術選奨　第34回　●映画部門 大臣賞　浦岡敬一「映画「東京裁判」の編集"　●映画部門 新人賞　森田芳光 "映画「家族ゲーム」の演出"　●評論等 大臣賞　山本喜久男「日本映画における外国映画の影響」　●放送部門 大臣賞　香西久 "NHK「ラジオ名作劇場」シリーズ, ドラマ「架空実況放送〈関ヶ原〉」等々の企画・演出"　●放送部門 新人賞　堀川とんこう "ドラマ「ゼロの焦点」の制作,「聖母モモ子の受難」の制作・演出"

【映画】
◇川喜多賞　第1回　ドナルド・リッチー "日本映画の海外普及に努め, 諸外国における日本映画研究の

パイオニア的役割を果たして来た功績に対して"

◇キネマ旬報賞　第29回　●日本映画監督賞・脚本賞　森田芳光「家族ゲーム」　●主演女優賞　田中裕子「天城越え」　●主演男優賞　松田優作「家族ゲーム」「探偵物語」　●助演女優賞　永島暎子「竜二」　●助演男優賞　伊丹十三「家族ゲーム」「細雪」　●読者選出日本映画監督賞　大島渚「戦場のメリークリスマス」

◇キネマ旬報ベスト・テン　第57回　●日本映画1位　「家族ゲーム」(森田芳光監督)　●日本映画2位　「細雪」(市川崑監督)　●日本映画3位　「戦場のメリークリスマス」(大島渚監督)　●外国映画1位　「ソフィーの選択」(アラン・J.パクラ監督)　●外国映画2位　「ガープの世界」(ジョージ・ロイ・ヒル監督)　●外国映画3位　「ガンジー」(リチャード・アッテンボロー監督)

◇ゴールデングロス賞　第1回　●日本映画部門　金賞　ヘラルド東宝配給「南極物語」　●外国映画部門　金賞　C・I・C配給「E.T.」　●全興連特別功労大賞　東映「楢山節考」　●マネーメーキング監督賞　蔵原惟繕「南極物語」　●マネーメーキングスター賞　薬師丸ひろ子「探偵物語」

◇日本アカデミー賞　第6回　●最優秀作品賞　「蒲田行進曲」(深作欣二監督)　●最優秀監督賞　深作欣二「蒲田行進曲」　●最優秀脚本賞　つかこうへい「蒲田行進曲」　●最優秀主演男優賞　平田満「蒲田行進曲」　●最優秀主演女優賞　松坂慶子「蒲田行進曲」「道頓堀川」　●最優秀助演男優賞　風間杜夫「蒲田行進曲」　●最優秀助演女優賞　小柳ルミ子「誘拐報道」　●最優秀外国作品賞　「E・T」(スティーブン・スピルバーグ監督)　●新人俳優賞　石原良純　尾美としのり　平田満　小林聡美　田中美佐子　美保純　●特別賞　森繁久彌　山田洋次　渥美清　倍賞千恵子

◇ぴあテン［映画部門］　第12回　●1位　「戦場のメリークリスマス」(大島渚監督)　●2位　「スター・ウォーズ ジェダイの復讐」(リチャード・マーカンド監督)　●3位　「フラッシュダンス」(エイドリアン・ライン監督)

◇ブルーリボン賞　第26回　●最優秀作品賞　邦画　「東京裁判」(小林正樹監督)　●最優秀作品賞　洋画　「フラッシュ・ダンス」(エイドリアン・ライン監督)　●監督賞　森田芳光「家族ゲーム」　●主演男優賞　緒形拳「楢山節考」「陽暉楼」「オキナワの少年」「魚影の群れ」　●主演女優賞　田中裕子「天城越え」　●助演男優賞　田中邦衛「逃がれの街」「居酒屋兆治」　●助演女優賞　永島暎子「竜二」　●新人賞　原田知世「時をかける少女」　金子成次「竜二」　●特別賞　大島渚"戦場のメリークリスマス"によって合作映画に新しい道を開き、世界で評価されたことに対して"

◇報知映画賞　第8回　●最優秀作品賞　邦画部門　「家族ゲーム」(森田芳光監督)　●最優秀作品賞　洋画部門　「フラッシュダンス」(エイドリアン・ライン監督)　●最優秀主演男優賞　松田優作「家族ゲーム」「探偵物語」　●最優秀主演女優賞　夏目雅子「魚影の群れ」　●最優秀助演男優賞　伊丹十三「家族ゲーム」「細雪」「居酒屋兆治」「迷走地図」「草迷宮」　●最優秀助演女優賞　倍賞美津子「陽暉楼」ほか　永島暎子「竜二」　●最優秀新人賞　原田知世「時をかける少女」

◇毎日映画コンクール　第38回　●日本映画賞 大賞　「戦場のメリークリスマス」(大島渚監督)　●監督賞　大島渚「戦場のメリークリスマス」　●脚本賞　大島渚「戦場のメリークリスマス」　森田芳光「家族ゲーム」　●演技賞 男優主演賞　緒形拳「楢山節考」「陽暉楼」「魚影の群れ」　●演技賞 女優主演賞　田中裕子「天城越え」　●演技賞 男優助演賞　ビートたけし「戦場のメリークリスマス」　●演技賞 女優助演賞　由紀さおり「家族ゲーム」　●特別賞 演技特別賞　加藤嘉"「ふるさと」の名演と過去の功績について"　●大藤信郎賞　ゲンプロダクション「はだしのゲン」　●スポニチグランプリ新人賞　原田知世「時をかける少女」　崔洋一「十階のモスキート」「性的犯罪」　●スポニチグランプリ新人賞 特別賞　金子正次「竜二」　●洋画ベストワン賞　CIC「ソフィーの選択」　●日本映画ファン賞　「南極物語」

◇牧野省三賞　第25回　木下恵介(監督)

◇優秀映画鑑賞会ベストテン　第24回　●日本映画1位　「南極物語」(蔵原惟繕監督)　●日本映画2位　「細雪」(市川崑監督)　●日本映画3位　「ふるさと」(神山征二郎監督)　●外国映画1位　「ガンジー」(リチャード・アッテンボロー監督)　●外国映画2位　「評決」(シドニー・ルメット監督)　●外国映画3位　「ウォー・ゲーム」(ジョン・バダム監督)

【テレビ】

◇ギャラクシー賞　第21回　富山テレビ放送「報道ドキュメンタリー『信頼――一枚の診療明細書から』」　日本テレビ放送網「黒い雨―姪の結婚」　ニッポン放送「南北夢幻」　大賞　日本放送協

会「日本の面影」　●個人賞　浅丘ルリ子 "ドラマ「魔性」において示した,完璧で迫力のある演技"

◇芸術祭賞〔テレビ部門（ドラマ）〕　第38回　●大賞　日本テレビ放送網「波の盆」　●優秀賞　読売テレビ放送「あふれる愛に」　NHK「話すことはない」　読売テレビ放送「仮の宿なるを」　中部日本放送「夢の島」

◇テレビ大賞　第16回　●テレビ大賞　NHK「おしん」　●優秀番組賞　TBS「ふぞろいの林檎たち」　NHK「NHK特集・日本の条件・教育」「夕暮れて」　テレビ朝日,テレビマンユニオン「ふたりの約束」　NTV,テレビマンユニオン「波の盆」　●優秀個人賞　山田太一　レオナルド熊　浅丘ルリ子　タモリ　横沢彪　●新人賞　役所広司　斉藤ゆう子　●特別賞　秋田テレビ「日本海中部地震報道」　●CM賞　サントリー「ランボー編」

◇日本民間放送連盟賞（昭58年）　●番組部門（テレビ娯楽番組）最優秀　毎日放送「夜はクネクネ」

◇放送文化基金賞　第9回　●ドラマ番組　全国朝日放送「ロウソクが消えない—ママ・わたし話したいの」

◇向田邦子賞　第2回　山田太一「日本の面影」

【芸能全般】

◇芸術祭賞〔大衆芸能部門〕　第38回　●大賞（1部）　桂三枝 "創作落語の会・東京公演「落語現在派宣言Ⅲ」の口演に対し"

◇芸術選奨　第34回　●演劇部門 大臣賞　山田五十鈴 "「太夫さん」「たぬき（前・後編）」の演技"　●演劇部門 新人賞　市村正親 "「ユリディス」「エクウス」の演技"　●大衆芸能部門 大臣賞　該当者なし　●大衆芸能部門 新人賞　入船亭扇橋 "落語「鰍沢」「文七元結」「牡丹灯篭」などの口演"　夏木マリ「ナイン」「死神」「スイート・チャリティ」

◇ゴールデン・アロー賞　第21回　●大賞　緒形拳　●最優秀新人賞　THE GOOD-BYE　●映画賞　緒形拳 "「楢山節考」をはじめ、「陽暉楼」「魚影の群れ」などで見せた重量感あふれる演技は、高い評価を受けた"　●映画賞 新人賞　原田知世 "「時をかける少女」における新鮮な演技と個性的なキャラクターは、映画界に新風を吹きこんだ"　●演劇賞　渡辺美佐子 "「化粧」の舞台で見せた一人芝居の熱演と「もとの黙阿弥」での好演に対して"　●演劇賞 新人賞　永島敏行 "初舞台ながら「悲劇」のオレステウス役で見せた斬新、かつ堅実な演技に対して"　●音楽賞　松田聖子 "13曲連続ヒットチャート第1位の新記録と、アイドル歌手No.1としての実力を評価"　●音楽賞 新人賞　THE GOOD-BYE "多くの期待のなかで歌手デビュー。ニューサウンドのポップロックを生み出すなど、予想どおりの活躍をみせた"　岩井小百合「ドリーム・ドリーム・ドリーム」でデビュー、愛くるしい魅力で連続ヒット、作詩・作曲も手がけるなど、豊かな才能に期待して"　桑田靖子 "「脱・プラトニック」「愛・モラル」など確かな歌唱力は今後に期待をもたせる"　●放送賞　タモリ "笑っていいとも！" 他で全国に笑いの "輪" を広げ、エンターテイナーぶりをいかんなく発揮した"　●放送賞 新人賞　小林綾子 "TVドラマ「おしん」で茶の間の涙をさそい、ブームの火付け役となった、そのひたむきな演技は好評を博した"　●芸能賞　コント レオナルド "社会的矛盾を衝いた材料を駆使し、転換期のお笑い界の中で気を吐いた"　●芸能賞 新人賞　竹中直人 "芥川龍之助から遠藤周作まで、百面相と巧みな話術で抱腹絶倒の新しい笑いの世界を生んだ"　●特別賞　梅沢富男男 "歌って、踊って、芝居して、「下町の玉三郎」として、大衆演芸の底力を示し、ファンを魅了した"　●話題賞　田中裕子 "日本中をわかせたTVドラマ「おしん」、映画「天城越え」で好演。CMでも流行語を生むなど、幅広い話題をふりまいた"　●グラフ賞　田原俊彦

◇松尾芸能賞　第4回　●大賞 演劇　山本富士子　●優秀賞 映画・テレビ　田中裕子　●優秀賞 大衆芸能　桜井敏雄　●特別賞 演劇　島田正吾　辰巳柳太郎

【音楽】

◇あなたが選ぶ全日本歌謡音楽祭　第9回　●ゴールデングランプリ　松田聖子　●最優秀歌唱賞　沢田研二　●最優秀タレント賞　田原俊彦　●最優秀アイドル賞　近藤真彦　河合奈保子　●特別賞　都はるみ

◇FNS歌謡祭グランプリ　第10回　●グランプリ　細川たかし 歌,石本美由起詞,船村徹曲,薗広昭編曲「矢切の渡し」　●最優秀歌唱賞　松田聖子「ガラスの林檎」　●最優秀新人賞　THE GOOD-BYE「気まぐれONE WAY BOY」　●最優秀ヒット賞　大川栄策「さざんかの宿」　●最優秀視聴者賞

昭和58年（1983）

五木ひろし「細雪」　●10周年記念特別賞　沢田研二　西城秀樹　五木ひろし
◇銀座音楽祭　第13回　●グランプリ　THE GOOD-BYE「気まぐれONE WAY BOY」　●金賞　森尾由美「ごめんなさい♡愛してる」　桑田靖子「愛・モラル」
◇古賀政男記念音楽大賞　第4回　●プロ作品 大賞　麻生香太郎作詩、藤本卓弥作曲・編曲、八代亜紀歌唱「恋の彩」　●プロ作品 優秀賞　吉田旺作詩、三島大輔作曲、斉藤恒夫編曲、山本譲二歌唱「海鳴り」　杉本真人作詩・作曲、梅垣達志編曲、小柳ルミ子歌唱「お久しぶりね」
◇JASRAC賞　第2回　●国内　なかにし礼作詩、中村泰士作曲ほか「北酒場」　●外国　保富康午作詩、菊池俊輔作曲ほか「UFOロボグレンダイザー」
◇新宿音楽祭　第16回　●金賞　THE GOOD-BYE「気まぐれONE WAY BOY」　桑田靖子「愛・モラル」　岩井小百合「恋♡あなた♡し・だ・い！」
◇全日本有線放送大賞　第16回　●グランプリ　都はるみ、岡千秋「浪花恋しぐれ」　●読売テレビ最優秀賞　中森明菜「禁区」　●審査委員会最優秀賞　細川たかし「矢切の渡し」　●特別賞　欧陽菲菲「ラヴ・イズ・オーヴァー」　葛城ユキ「ボヘミアン」　●最優秀グループ賞　ラッツ＆スター「（め）組のひと」　●最優秀新人賞　梅沢富美男「夢芝居」
◇21世紀ヤング歌謡大賞新人グランプリ　第10回　●グランプリ　THE GOOD-BYE　●服部良一特別賞　桑田靖子　●審査員奨励賞　大沢逸美　小野さとる　●アイドル賞　岩井小百合　原真祐美
◇日本演歌大賞　第9回　●大賞　細川たかし　●ベストセラー賞　大川栄策　●栄光賞　大川栄策　●演歌期待賞・演歌の星　ヒロシ＆キーボー　佳山明生　日野美歌　●特別名人賞　島倉千代子　●特別賞　都はるみ
◇日本歌謡大賞　第14回　●大賞　田原俊彦「さらば…夏」　●最優秀放送音楽賞　松田聖子「ガラスの林檎」
◇日本作詩大賞　第16回　●大賞　松本隆「冬のリヴィエラ」（歌・森進一）
◇日本作曲大賞　第3回　●大賞　来生たかお「セカンド・ラブ」　●音楽文化賞　小泉文夫　蜷川幸雄　●日本作曲家協会賞　芳野藤丸「飛びそこない」　横山聖仁郎「倖せか」
◇日本テレビ音楽祭　第9回　●グランプリ　細川たかし「矢切の渡し」　●金の鳩賞　シブがき隊「Hey！ Bep-pin」　中森明菜「トワイライト」　●新人賞　岩井小百合「恋♡あなた♡し・だ・い！」
◇日本有線大賞　第16回　●大賞　都はるみ「浪花恋しぐれ」　●ベストヒット賞　都はるみ「浪花恋しぐれ」　●最多リクエスト歌手賞　中森明菜「禁区」　●最優秀新人賞　風見慎吾「泣いちっちマイハート」　●有線特別賞　幸幸夫「今夜は離さない」　●有線功労賞　内山田洋とクール・ファイブ
◇日本レコードセールス大賞　第16回　●シングル大賞　中森明菜　●LP大賞　中森明菜　●男性新人賞　風見慎吾　●女性新人賞　岩井小百合　●グループ新人賞　わらべ
◇日本レコード大賞　第25回　●大賞　細川たかし歌、石本美由起詩、船村徹曲、蘭広昭編「矢切りの渡し」　●最優秀歌唱賞　森昌子「越冬つばめ」　●最優秀新人賞　THE GOOD-BYE「気まぐれONE WAY BOY」　●ベストアルバム賞　サザン・オールスターズ「綺麗」　松田聖子「ユートピア」　松任谷由実「リ・インカーネイション」　●ゴールデンアイドル特別賞　中森明菜
◇ぴあテン〔音楽部門〕コンサート（昭58年度）　●1位　イエロー・マジック・オーケストラ　●2位　ボウイ、デビッド　●3位　松田聖子
◇ぴあテン〔音楽部門〕レコード（昭58年度）　●1位　ジョエル、ビリー「イノセント・マン」　●2位　中島みゆき「予感」　●3位　松田聖子「ユートピア」
◇メガロポリス歌謡祭　第2回　●ポップスグランプリ　田原俊彦「シャワーな気分」　●最優秀新人ダイヤモンド賞　岩井小百合「ドリーム・ドリーム・ドリーム」　大沢逸美「ジェームス・ディーンみたいな女の子」　●演歌大賞　細川たかし「矢切の渡し」　●特別賞　三橋美智也　佳山明生　日野美歌　箱崎晋一郎
◇横浜音楽祭　第10回　●音楽祭賞　大川栄策　田原俊彦　中森明菜　細川たかし　松田聖子　●ラジオ日本演歌賞　佳山明生　三笠優子　都はるみ　●ラジオ日本25周年特別賞　五木ひろし　西城秀樹　沢田研二　八代亜紀　●最優秀新人賞　桑田靖子　●新人特別賞　小野さとる　鳥羽一郎　原真祐美　●新人賞　大沢逸美　伊藤麻衣子　岩井小百合

【演劇】

◇菊田一夫演劇賞　第9回　曽我廼家鶴蝶 "「香華」の演技に対して"　上月晃 "「ラ・マンチャの男」の演技に対して"　いまむらいづみ "「エリザベス・サンダースホーム物語―ママちゃま」の演技に対して"　山口勝美 "「たぬき（前・後編）」「孤愁の岸」の演技に対して"　大賞　佐久間良子 "「唐人お吉」「松屋のお琴」の演技に対して"　●特別賞　白井鐵造 "長年の宝塚歌劇に対する貢献に対して"　島田正吾 "長年にわたる舞台演技に対して"　細雪上演関係者一同

◇紀伊國屋演劇賞　第18回　●団体賞　演劇集団円 "現役実作「うしろの正面だあれ」谷川俊太郎作「どんどこどん」などを上演した活発な劇団活動"　●個人賞　南美江　遠藤啄郎　平井道子　平淑恵　風間杜夫

◇芸術祭賞〔演劇部門〕　第38回　●大賞　山田五十鈴 "11月新派特別公演「大夫さん」の演技に対し"

◇ぴあテン〔演劇部門〕（昭58年度）　●1位　劇団四季「キャッツ」　●2位　三越ロイヤルシアター「あしながおじさん」　●3位　新宿コマ劇場「ピーター☆パン」

【演芸】

◇花王名人大賞　第3回　●花王名人大賞　桂枝雀（2代）　●名人賞　落語部門（東京）　春風亭小朝　●名人賞　落語部門（大阪）　桂枝雀（2代）　●名人賞　漫才部門（東京）　コント赤信号　●名人賞　漫才部門（大阪）　オール阪神、オール巨人　●名人賞　諸芸部門　山城新伍　●最優秀新人賞　桂文珍　●新人賞　桂文珍　ヒップアップ　山田邦子　●特別賞　森光子　●大衆賞　ビートたけし　●功労賞　三波伸介

◇上方お笑い大賞　第12回　●大賞　桂文珍　●金賞　若井小づえ，若井みどり　●銀賞　笑福亭鶴三　宮川大助，宮川花子　●功労賞　桂米之助　●秋田実賞　和多田勝

◇上方漫才大賞　第18回　●漫才大賞　オール阪神，オール巨人　●奨励賞　若井小づえ，若井みどり　●新人賞　ミヤ蝶美，ミヤ蝶子

◇日本放送演芸大賞　第12回　タモリ

【漫画・アニメ】

◇菊池寛賞　第31回　山藤章二 "独自のイラストによる「ブラック＝アングル」「世相あぶり出し」などの痛烈な風刺"

◇講談社漫画賞　第7回　●少年部門　三浦みつる「THE♡かぼちゃワイン」　●少女部門　山岸凉子「日出処の天子」　●一般部門　柴門ふみ「P.S.元気です，俊平」

◇小学館漫画賞　第29回　●児童向け部門　たちいりハルコ「パンク・ポンク」　●少年向け部門　村上もとか「六三四の剣」　●少女向け部門　吉田秋生「吉祥天女」，「河よりも長くゆるやかに」　●青年一般向け部門　手塚治虫「陽だまりの樹」

◇日本アニメ大賞・アトム賞　第1回　●作品賞　日本アニメ大賞　角川事務所「幻魔大戦」　●作品賞　アトム賞グランプリ　キティフィルム「うる星やつら」　●ファン大賞　竜の子プロ・ビックウエスト「超時空要塞マクロス」　●男性キャラクター賞　ジョウ（「クラッシャージョウ」）　●女性キャラクター賞　ラム（「うる星やつら」）

◇文藝春秋漫画賞　第29回　谷岡ヤスジ "一連のナンセンス・ギャグ"　はしもといわお「どてらネコ」

【スポーツ】

◇朝日体育賞　第9回　黒岩彰 "1983年スピードスケート世界スプリント選手権大会男子総合で日本人として初めて優勝"　江藤正基 "1983年世界レスリング選手権大会グレコローマンスタイル57キロ級で優勝"　山下泰裕 "第13回世界柔道選手権大会95キロ超級で大会史上同級初の3連覇を達成"　斉藤仁 "第13回世界柔道選手権大会無差別級で優勝"　日蔭暢年 "第13回世界柔道選手権大会78キロ級で優勝"　中西英敏 "第13回世界柔道選手権大会71キロ級で優勝"　北海道大学冬期ヒマラヤ遠征隊（総隊長・有馬純）"厳冬期のダウラギリー峰（8167m）に世界で初めて登頂に成功"　木田英夫 "長年にわたり，軟式テニスの普及と発展に貢献"　竹内愛子 "長年にわたり，婦人スポーツの振興と普及に尽力"

◇日本プロスポーツ大賞　第16回　●大賞　広岡達郎（プロ野球）　●殊勲賞　隆の里俊英（大相撲）　中野浩一（自転車競技）　中嶋常幸（男子プロゴルフ）

【その他】

◇将棋大賞　第10回　●最優秀棋士賞　中原誠　●新人賞　南芳一　●女流棋士賞　林葉直子
◇星雲賞　第14回　●日本長編部門　小松左京「さよならジュピター」　●日本短編部門　神林長平「言葉使い師」　●メディア部門　リドリー・スコット監督「ブレードランナー」　●コミック部門　萩尾望都「銀の三角」　●アート部門　天野喜孝　●大会メディア部門賞　DAICON・FILM「愛國戰隊・大日本」
◇日本SF大賞　第4回　大友克洋「童夢」
◇文化勲章（昭58年度）　山本健吉（文芸評論）　牛島憲之（洋画）　小磯良平（洋画）　服部四郎（言語学）　武藤清（建築構造学）
◇ベストドレッサー賞　第12回　●政治・経済部門　河野洋平　原清　●学術・文化部門　藤本義一　糸井重里　●スポーツ・芸能部門　藤田まこと　江本孟紀

昭和59年（1984）

【文学全般】

◇朝日賞〔文学関係〕（昭59年）　井上靖　"長年にわたる文学上の業績と国際文化交流への貢献"
◇大佛次郎賞　第11回　金石範「火山島」全3巻　芳賀徹「絵画の領分」
◇菊池寛賞　第32回　永井路子　"難解な事料をもとに複雑な中世社会のすがたを歴史小説に導入して新風をもたらした"　山本夏彦　"軽妙辛辣な文体で歪んだ世相を諷刺し，常識の復権に寄与し続ける現代稀少のコラムニスト"
◇群像新人文学賞　第27回　●小説　華城文子「ダミアンズ，私の獲物」　●評論　当選作　該当作なし　●評論　優秀作　松下千里「生成する『非在』―古井由吉をめぐって」　山内由紀人「生きられた自我―高橋たか子論」
◇芸術選奨　第35回　●文学部門　文部大臣賞　上田三四二「惜身命」　吉村昭「破獄」　●文学部門　新人賞　干刈あがた「ゆっくり東京女子マラソン」　●評論等　文部大臣賞　菅野昭正「詩学創造」
◇サントリー学芸賞〔芸術・文学部門〕　第6回　田中日佐夫「日本画　繚乱の季節」　三浦雅士「メランコリーの水脈」を中心として"　吉田敦彦　"ギリシァ文化の深層"を中心として"
◇新田次郎文学賞　第3回　辺見じゅん「男たちの大和　上・下」
◇日本文学大賞　第16回　●文芸部門　芝木好子「隅田川暮色」　●学芸部門　司馬遼太郎「街道をゆく22―南蛮のみち1」
◇日本文芸大賞　第4回　志茂田景樹「気笛一声」　●特別賞　利根川裕「十一世市川団十郎」「ホットアングル」　淡谷のり子「生きることそれは愛すること」　●現代文学賞　豊田行二「作家前後」　●歴史文学賞　石井計記「黎明以前―山県大弍」　●ノンフィクション賞　長谷川つとむ「魔術師ファウストの転生」　●エッセイ賞　加藤剛「海とバラと猫と」
◇野間文芸賞　第37回　該当作なし
◇毎日芸術賞　第26回　吉村昭「冷い夏，熱い夏」
◇毎日出版文化賞　第38回　阪田寛夫，河出書房新社「わが小林一三―清く正しく美しく」　●特別賞　日本児童文学者協会編，偕成社「県別ふるさとの民話」全47巻・別巻1
◇読売文学賞　第36回　●小説賞　吉村昭「破獄」　●戯曲賞　山崎正和「オイディプス昇天」　●随筆・紀行賞　木下順二「ぜんぶ馬の話」　●評論・伝記賞　ドナルド・キーン「百代の過客」（金関寿夫訳）　上田三四二「この世この生」　●詩歌俳句賞　田村隆一「奴隷の歓び」

【小説】

◇芥川龍之介賞　第91回（上期）　該当作なし
◇芥川龍之介賞　第92回（下期）　木崎さと子「青桐」
◇泉鏡花文学賞　第12回　赤江瀑「海峡」「八雲が殺した」
◇江戸川乱歩賞　第30回　鳥井加南子「天女の末裔」

◇オール讀物新人賞　第64回　三宅孝太郎「夕映え河岸」
◇オール讀物推理小説新人賞　第23回　該当作なし
◇川端康成文学賞　第11回　大江健三郎「河馬に嚙まれる」　林京子「三界の家」
◇小説現代新人賞　第42回（上期）　該当作なし
◇小説現代新人賞　第43回（下期）　該当作なし
◇女流文学賞　第23回　吉田知子「満洲は知らない」
◇新潮新人賞　第16回　青木健「星からの風」　高瀬千図「夏の淵」
◇すばる文学賞　第8回　該当作なし　●佳作　原田宗典「おまえと暮らせない」　冬木薫「天北の詩人たち」
◇谷崎潤一郎賞　第20回　黒井千次「群棲」　高井有一「この国の空」
◇直木三十五賞　第91回（上期）　連城三紀彦「恋文」　難波利三「てんのじ村」
◇直木三十五賞　第92回（下期）　該当作なし
◇日本推理作家協会賞　第37回　●長篇部門　加納一朗「ホック氏の異郷の冒険」　●短篇部門　伴野朗「傷ついた野獣」　●評論その他の部門　該当作なし
◇野間文芸新人賞　第6回　青野聰「女からの声」　島田雅彦「夢遊王国のための音楽」
◇文學界新人賞　第58回（上期）　海道鷹彦「端黒豹紋」　阿南泰「錨のない部屋」
◇文學界新人賞　第59回（下期）　悠喜あづさ「水位」　佑木美紀「月姫降臨」
◇文藝賞　第21回　渥美饒児「ミッドナイト・ホモサピエンス」　平中悠一「"She's Rain"（シーズ・レイン）」
◇横溝正史賞　第4回　該当作なし
◇吉川英治文学賞　第18回　伊藤桂一「静かなノモンハン」

【詩歌】

◇H氏賞　第34回　水野るり子「ヘンゼルとグレーテルの島」
◇小熊秀雄賞　第17回　岸本マチ子「コザ中の町ブルース」　大谷従二「朽ちゆく花々」
◇現代歌人協会賞　第28回　阿木津英「天の鴉片」
◇現代詩人賞　第2回　犬塚堯「河畔の書」
◇現代詩花椿賞　第2回　吉増剛造「オシリス、石ノ神」
◇現代短歌大賞　第7回　大野誠夫"水幻記"並びに生前の全業績　高安国世「光の春」並びに生前の全業績"
◇高見順賞　第15回　天沢退二郎「〈地獄〉にて」
◇蛇笏賞　第18回　橋閒石「和栲」
◇沼空賞　第18回　佐藤佐太郎「星宿」　島田修二「渚の日日」
◇壺井繁治賞　第12回　近藤十志夫「野性の戦列」　佐藤栄作「白い雲と鉄条網」
◇藤村記念歴程賞　第22回　吉岡実「薬玉」　菊地信義"装幀の業績に対して"
◇日本歌人クラブ賞　第11回　鈴木康文「米寿」　苫口万寿子「紅蓮華」
◇俳人協会賞　第24回　加倉井秋を「風祝」
◇晩翠賞　第25回　尾花仙朔「縮図」

【戯曲】

◇岸田國士戯曲賞　第28回　北村想「十一人の少年」
◇年鑑代表シナリオ（昭59年度）　松田寛夫「序の舞」　丸山昇一「すかんぴんウォーク」　神波史男、内田栄一、藤田敏八「海燕ジョーの奇跡」　田村孟「瀬戸内少年野球団」　市川崑、日高真也「おはん」　和田誠、沢井信一郎「麻雀放浪記」　金子正次、川島透「チ・ン・ピ・ラ」　太田省吾、小栗康平「伽倻子のために」　荒木晴彦、沢井信一郎「Wの悲劇」

昭和59年(1984)

【評論・随筆】
◇大宅壮一ノンフィクション賞　第15回　西倉一喜「中国・グラスルーツ」　橋本克彦「線路工手の唄が聞えた」
◇講談社ノンフィクション賞　第6回　本田靖春「不当逮捕」
◇日本エッセイスト・クラブ賞　第32回　吉行和子「どこまで演れば気がすむの」　尾崎左永子「源氏の恋文」　佐橋慶女「おじいさんの台所」

【児童文学】
◇赤い鳥文学賞　第14回　舟崎靖子「とべないカラスととばないカラス」
◇講談社出版文化賞　第15回　●絵本賞　梅田俊作,梅田佳子「このゆびとーまれ」
◇産経児童出版文化賞　第31回　●大賞　該当作なし
◇児童文芸新人賞　第13回　越智田一男「北国の町」　芝田勝茂「虹へのさすらいの旅」　丸井裕子「くやしっぽ」
◇小学館絵画賞　第33回　長新太「みんなびっくり」ほか
◇小学館文学賞　第33回　日比茂樹「白いパン」
◇日本児童文学者協会賞　第24回　佐々木赫子「同級生たち」
◇日本児童文芸家協会賞　第8回　遠藤公男「ツグミたちの荒野」
◇野間児童文芸賞　第22回　竹崎有斐「にげだした兵隊―原一平の戦争」　三木卓「ぽたぽた」　●推奨作品賞　日比茂樹「白いパン」

【映画・テレビ全般】
◇エランドール賞（昭59年度）　●新人賞　原田知世　中井貴恵　佐藤浩市　時任三郎　役所広司
◇菊池寛賞　第32回　橋田壽賀子 "家庭内における人情の機微と世相批評をみごとにドラマの中に再現し, 特に「おしん」はこの1年の話題をさらった"
◇芸術選奨　第35回　●映画部門 大臣賞　安藤庄平 "映画「麻雀放浪記」「伽倻子のために」の撮影技法"　●映画部門 新人賞　伊丹十三 "映画「お葬式」の脚本・演出"　●放送部門 大臣賞　佐々木昭一郎 "ドラマ「春・音の光」の演出"　●放送部門 新人賞　池端俊策 "ドラマ「私を深く埋めて」「危険な年ごろ」の脚本"

【映画】
◇川喜多賞　第2回　黒澤明
◇キネマ旬報賞　第30回　●日本映画監督賞　伊丹十三「お葬式」　●脚本賞　沢井信一郎, 荒井晴彦「Wの悲劇」　●主演女優賞　吉永小百合「おはん」「天国の駅」　●主演男優賞　山崎努「お葬式」「さらば箱舟」　●助演女優賞　三田佳子「Wの悲劇」　●助演男優賞　高品格「麻雀放浪記」　●読者選出日本映画監督賞　宮﨑駿「風の谷のナウシカ」
◇キネマ旬報ベスト・テン　第58回　●日本映画 1位　「お葬式」（伊丹十三監督）　●日本映画 2位　「Wの悲劇」（沢井信一郎監督）　●日本映画 3位　「瀬戸内少年野球団」（篠田正浩監督）　●外国映画 1位　「ワンス・アポン・ア・タイム・イン・アメリカ」（セルジオ・レオーネ監督）　●外国映画 2位　「ライトスタッフ」（フィリップ・カウフマン監督）　●外国映画 3位　「ナチュラル」（バリー・レヴィンソン監督）
◇ゴールデングロス賞　第2回　●日本映画部門 金賞　東宝配給「ドラえもん」　●外国映画部門 金賞　C・I・C配給「インディ・ジョーンズ 魔宮の伝説」　●マネーメーキング監督賞　山田洋次「男はつらいよ口笛を吹く寅次郎」　●マネーメーキングスター賞　吉永小百合「おはん」
◇日本アカデミー賞　第7回　●最優秀作品賞　「楢山節考」（今村昌平監督）　●最優秀監督賞　五社英雄「陽暉楼」　●最優秀脚本賞　高田宏治「陽暉楼」　●最優秀主演男優賞　緒形拳「楢山節考」「陽暉楼」ほか　●最優秀主演女優賞　小柳ルミ子「白蛇抄」　●最優秀助演男優賞　風間杜夫「陽暉楼」「人生劇場」　●最優秀助演女優賞　浅野温子「陽暉楼」「汚れた英雄」　●最優秀外国作品賞　「愛と青春の旅立ち」（テーラー・ハックフォード監督）　●新人俳優賞　金子正次　杉本哲太　宮川

昭和59年（1984）

一朗太　仙道敦子　原田知世　渡辺典子
◇ぴあテン〔映画部門〕　第13回　●1位　「インディ・ジョーンズ 魔宮の伝説」(スティーブン・スピルバーグ監督)　●2位　「風の谷のナウシカ」(宮崎駿監督)　●3位　「ゴーストバスターズ」(アイバン・ライトマン監督)
◇ブルーリボン賞　第27回　●最優秀作品賞 邦画　「瀬戸内少年野球団」(篠田正浩監督)　●最優秀作品賞 洋画　「ライト・スタッフ」(フィリップ・カウフマン監督)　●監督賞　伊丹十三「お葬式」　●主演男優賞　山崎努「さらば箱舟」「お葬式」　●主演女優賞　薬師丸ひろ子「Wの悲劇」　●助演男優賞　高品格「麻雀放浪記」　●助演女優賞　三田佳子「Wの悲劇」「序の舞」　●新人賞　吉川晃司「すかんぴんウォーク」
◇報知映画賞　第9回　●最優秀作品賞 邦画部門　「お葬式」(伊丹十三監督)　●最優秀作品賞 洋画部門　「ナチュラル」(バリー・レビンソン監督)　●最優秀主演男優賞　時任三郎「海燕ジョーの奇跡」　●最優秀主演女優賞　吉永小百合「おはん」「天国の駅」　●最優秀助演男優賞　高品格「麻雀放浪記」　●最優秀助演女優賞　菅井きん「お葬式」　●最優秀新人賞　和田誠「麻雀放浪記」　●審査員特別賞　宮本信子「お葬式」
◇毎日映画コンクール　第39回　●日本映画賞 大賞　「Wの悲劇」(沢井信一郎監督)　●監督賞　伊丹十三「お葬式」　●脚本賞　荒井晴彦, 沢井信一郎「Wの悲劇」　●演技賞 男優主演賞　山崎努「お葬式」「さらば箱舟」　●演技賞 女優主演賞　吉永小百合「天国の駅」「おはん」　●演技賞 男優助演賞　高品格「麻雀放浪記」　●演技賞 女優助演賞　三田佳子「序の舞」「Wの悲劇」　●特別賞　牛原虚彦　大藤信郎賞　徳間書店, 博報堂「風の谷のナウシカ」　●スポニチグランプリ新人賞　吉川晃司「すかんぴんウォーク」　佐倉しおり「瀬戸内少年野球団」　●洋画ベストワン賞　コロンビア映画「ドレッサー」　●日本映画ファン賞　「瀬戸内少年野球団」
◇牧野省三賞　第26回　市川崑(監督)
◇優秀映画鑑賞会ベストテン　第25回　●日本映画1位　「瀬戸内少年野球団」(篠田正浩監督)　●日本映画2位　「おはん」(市川崑監督)　●日本映画3位　「お葬式」(伊丹十三監督)　●外国映画1位　「愛と追憶の日々」(ジェームズ・L・ブルックス監督)　●外国映画2位　「ナチュラル」(バリー・レビンソン監督)　●外国映画3位　「テスタメント」(リン・リットマン監督)

【テレビ】

◇朝日賞(昭59年)　NHKシルクロード制作スタッフ「シルクロード」(テレビ番組)
◇ギャラクシー賞　第22回　日本放送協会「NHK特集『核戦争後の地球』」　テレビ西日本「ワルシャワをみつめた日本人形―タイカ・キワの45年」　山口放送「死者たちの遺言―回天に散った学徒兵の軌跡」　●大賞　日本放送協会「NHK特集『21世紀は警告する』」　●個人賞　津川雅彦"朝日放送「女の一生」の演技"　●特別賞　テレビマンユニオン"ことばは人を結び世界をつくる―愛ことば8万キロ"「宇宙からの証言・地球」など, 年間を通じ良質の作品を送り出した"
◇芸術祭賞〔テレビ部門(ドラマ)〕　第39回　●大賞　NHK「心中宵庚申」　●優秀賞　NHK「春・音の光―川(リバー)・スロバキア編」　関西テレビ放送「家族・この密なるもの」　東京放送「風にむかってマイウェイ」　読売テレビ放送「危険な年ごろ」　NHK「炎熱商人」
◇テレビ大賞　第17回　●テレビ大賞　NHK「NHK特集・核戦争後の地球」　●優秀番組賞　TBS「くれない族の反乱」　テレビ朝日, 東映「海よ眠れ」　NHK「心中宵庚申」「日本の面影」　RKB毎日「むかし男ありけり」　●優秀個人賞　中村嘉葎雄　鶴橋康夫　森口豁　いしだあゆみ　林隆三　●新人賞　三枝健起　小宮久美子　●特別賞　NHK 川本喜八郎を中心とする三国志のスタッフ　TBS「ニューススコープ」　●CM賞　三菱自動車「ミラージュ」
◇日本民間放送連盟賞(昭59年)　●番組部門(テレビ娯楽番組)最優秀　朝日放送「どこまでドキュメント・映画を食った男」
◇放送文化基金賞　第10回　●ドラマ番組　NHK名古屋放送局「ながらえば」
◇毎日芸術賞　第26回　佐々木昭一郎「春・音の光―川(リバー)・スロバキア編」(NHK総合)
◇向田邦子賞　第3回　池端俊策「私を深く埋めて」「羽田浦地図」「危険な年ごろ」

【芸能全般】

◇浅草芸能大賞　第1回　●大賞　田谷力三(オペラ歌手)　●奨励賞　海老一染之助(大神楽)　海老一染太郎(大神楽)　●新人賞　柳亭小燕枝(落語)

◇芸術祭賞〔大衆芸能部門〕　第39回　●大賞(1部)　松本源之助 "第19回江戸里神楽「松本源之助の会」の成果に対し"

◇芸術選奨　第35回　●演劇部門 大臣賞　平幹二朗 "「タンゴ・冬の終わりに」「王女メディア」の演技"　●演劇部門 新人賞　角野卓造 "「息子はつらいよ」「ハイキング」の演技"　●大衆芸能部門 大臣賞　幸田弘子 "「冬のわかれ」「一葉のゆうべ」の演技"　●大衆芸能部門 新人賞　イッセー尾形 "「イッセー尾形の都市生活カタログ」などの演技"

◇ゴールデン・アロー賞　第22回　●映画賞　吉永小百合 "「天国の駅」「おはん」で"二人の女"を見事に演じ、実力をいかんなく発揮した"　●映画賞 新人賞　佐倉しおり "「瀬戸内少年野球団」でのひたむき、かつ新人ばなれした演技と、女優としての将来性に対して"　●演劇賞　劇団四季 "ミュージカル「キャッツ」のユニークな舞台で1年間にわたるロングランを成功させ、同時に劇場を新設"　●演劇賞 新人賞　真田広之 "ミュージカル「ゆかいな海賊大冒険」「リトル・ショップ・オブ・ホラーズ」で新分野を開拓。今後の飛躍が期待される"　●音楽賞　中森明菜 "「北ウイング」「飾りじゃないのよ涙は」など連続ヒットを重ね、歌唱力ある個性派アイドルとして華やかに活躍"　●音楽賞 新人賞　吉川晃司 "「モニカ」で衝撃のデビュー。ダイナミックなステージでファンを熱狂させた"　岡田有希子 "「ファースト・デイト」「恋はじめまして」などで見せたキュートな笑顔と歌唱がさわやかな魅力をふりまいた"　SALLY "「バージンブルー」「悲しきYOUNG LOVE」などのフィフティーズ・サウンドのロックン・ロールでヤングのハートをつかんだ"　●放送賞　所ジョージ "テレビ・ラジオで活躍、"す・ご・い・デス・ネー"の流行語を生み出すなど、その過激なキャラクターが大衆にアピールした"　●放送賞 新人賞　工藤夕貴 "テレビCMやラジオなどでかれんにデビュー。その新鮮なイメージに期待"　●芸能賞　片岡鶴太郎 "声帯模写と面白トーク、型破りのファッションでテレビ芸能に新境地を開いた"　●芸能賞 新人賞　山口君と竹田君 "下積み時代に蓄えた芸とパワーが一気に爆発。独特のアクションとコントは幅広い層の笑いを誘った"　●特別賞　芦屋雁之助 "「裸の大将」など舞台・テレビでの演技、「娘よ」の大ヒットで歌謡界への新風、その努力と功績に対して"　●話題賞　近藤真彦 "海外コンサート、スピードレース、中森明菜との映画共演など、アイドルからの脱皮をはかるなかで、さまざまな話題をふりまいた"　●グラフ賞　小泉今日子

◇松尾芸能賞　第5回　●大賞 該当者なし　●優秀賞 大衆芸能　梅沢劇団　●優秀賞 演劇　木の実ナナ　●特別賞 演劇　英太郎　坂東八重之助　●特別賞 児童音楽　音羽ゆりかご会　●新人賞 演劇　中村児太郎(5代)

【音楽】

◇朝日賞(昭59年)　武満徹 "世界的な音楽の創造"

◇あなたが選ぶ全日本歌謡音楽祭　第10回　●ゴールデングランプリ　中森明菜　●最優秀新人賞　岡田有希子　吉川晃司　●最優秀歌唱賞　河合奈保子　●最優秀タレント賞　小柳ルミ子　●最優秀アイドル賞　堀ちえみ　●審査員奨励賞　森進一　小林幸子　美樹克彦　●特別賞　わらべ

◇FNS歌謡祭グランプリ　第11回　●グランプリ　五木ひろし歌、石本美由起作詞、岡千秋作曲、斉藤恒夫・たかたかし編曲「長良川艶歌」　●最優秀歌唱賞　安全地帯「ワインレッドの心」　●最優秀新人賞　岡田有希子「恋はじめまして」　●最優秀ヒット賞　中森明菜「十戒」　●最優秀視聴者賞　細川たかし「浪花節だよ人生は」

◇銀座音楽祭　第14回　●グランプリ　岡田有希子「恋はじめまして」　●金賞　吉川晃司「ラ・ヴィアンローズ」　長山洋子「シャボン」　●大衆賞　吉川晃司「ラ・ヴィアンローズ」　●特別賞　売野雅勇　マイケル・ジャクソン

◇古賀政男記念音楽大賞　第5回　●プロ作品 大賞　石原信一作詞、三島大輔作曲、斉藤恒夫編曲、山本譲二歌唱「奥州路」　●プロ作品 優秀賞　小椋佳作詞・作曲、馬飼野俊一編曲、新沼謙治歌唱「旅先の雨に」　水木れいじ作詞、松浦誠二作曲、竜崎孝路編曲、原大輔歌唱「恋暮色」

◇新宿音楽祭　第17回　●金賞　岡田有希子「恋はじめまして」　吉川晃司「ラ・ヴィアンローズ」　●審査員特別奨励賞　長山洋子「シャボン」

◇全日本有線放送大賞　第17回　●グランプリ　テレサ・テン「つぐない」　●読売テレビ最優秀賞

五木ひろし「長良川艶歌」　●審査委員会最優秀賞　中森明菜「北ウイング」　●特別賞　木村友衛「浪花節だよ人生は」　宮史郎「片恋酒」　●最優秀新人賞　芦屋雁之助「娘よ」
◇21世紀ヤング歌謡大賞新人グランプリ　第11回　●グランプリ　岡田有希子　●服部良一特別賞　辻沢杏子　●審査員奨励賞　君津旭　●アイドル賞　田中久美　山本ゆかり
◇日本演歌大賞　第10回　●特別功労賞　都はるみ　●皆勤賞　内山田洋とクール・ファイブ　●制定委員会特別賞　芦屋雁之助　日高正人　●演歌名誉歌手賞　五木ひろし　北島三郎　千昌夫　細川たかし　都はるみ　森進一　森昌子　八代亜紀　●ベストヒット賞　テレサ・テン「つぐない」　●有線期待賞　根本ひろし「夢灯り」　●有線注目曲　宮史郎「片恋酒」　島津ゆたか「片恋酒」
◇日本歌謡大賞　第15回　●大賞　五木ひろし「長良川艶歌」　●最優秀放送音楽賞　中森明菜「十戒」
◇日本作詩大賞　第17回　●大賞　阿久悠「北の螢」（歌・森進一）
◇日本作曲大賞　第4回　●大賞　佐藤隆「桃色吐息」　●最優秀作曲賞（特別賞）　玉置浩二「ワインレッドの心」
◇日本テレビ音楽祭　第10回　●グランプリ　中森明菜「十戒」　●金の鳩賞　該当者なし　●新人賞　吉川晃司「サヨナラは八月のララバイ」　岡田有希子「リトルプリンセス」
◇日本有線大賞　第17回　●大賞　テレサ・テン「つぐない」　●ベストヒット賞　テレサ・テン「つぐない」　●最多リクエスト歌手賞　中森明菜「十戒」　●最優秀新人賞　吉川晃司「ラ・ヴィアンローズ」
◇日本レコードセールス大賞　第17回　●シングル大賞　チェッカーズ　●LP大賞　松田聖子　●男性新人賞　吉川晃司　●女性新人賞　菊池桃子　●グループ新人賞　一世風靡セピア
◇日本レコード大賞　第26回　●大賞　五木ひろし歌、石本美由起詞、たかたかし詞、岡千秋曲、斉藤恒夫編「長良川艶歌」　●最優秀歌唱賞　細川たかし「浪花節だよ人生は」　●最優秀スター賞　中森明菜「北ウイング」　●最優秀新人賞　岡田有希子「恋はじめまして」　●アルバム大賞　高橋真梨子「Triad」
◇ぴあテン〔音楽部門〕コンサート（昭59年度）　●1位　サザン・オールスターズ　●2位　ジョエル、ビリー　●3位　松田聖子
◇ぴあテン〔音楽部門〕レコード（昭59年度）　●1位　サザン・オールスターズ「人気者で行こう」　●2位　中島みゆき「はじめまして」　●3位　ワム！「メイク・イット・ビッグ」
◇メガロポリス歌謡祭　第3回　●ポップスグランプリ　中森明菜「サザンウィンド」　●最優秀新人ダイヤモンド賞　岡田有希子「ファースト・デイト」　吉川晃司「サヨナラは八月のララバイ」　●演歌大賞　森進一「人を恋うる唄」　●特別賞　春日八郎　沢田研二
◇横浜音楽祭　第11回　●音楽祭賞　五木ひろし　河合奈保子　中森明菜　小柳ルミ子　柏原芳恵　●ラジオ日本演歌賞　角川博　川中美幸　●最優秀新人賞　吉川晃司　●新人特別賞　岡田有希子　●新人賞　青木美保　大里えり　荻野目洋子　辻沢杏子　渡辺桂子　小椋幸子　神野美伽　●審査員特別賞　田中久美　若山かずさ

【演劇】

◇菊田一夫演劇賞　第10回　淡島千景"「紅梅館おとせ」の演技に対して"　英太郎"「注文帳」の演技に対して"　遙くらら"「桜の園」の演技に対して"　二宮弘子"「芝桜」の演技に対して"　●大賞　芦屋雁之助"「裸の大将放浪記」「佐渡島他吉の生涯」の演技に対して"　●特別賞　東宝ゆかた会"10周年に対する努力に対して"　辻村ジュサブロー"「恐怖時代」衣裳デザインに対して"　高木史朗"長年の宝塚歌劇に対する貢献に対して"
◇紀伊國屋演劇賞　第19回　●団体賞　劇団転形劇場"太田省吾作・演出「水の駅」「小町風伝」「死の薔薇」の三部作連続上演、及びオーストラリア公演の成果"　●個人賞　小沢栄太郎　野中マリ子　松本典子　酒井洋子　角野卓造　●特別賞　劇団仲間"「乞食と王子」1479回、「森は生きている」1193回に及ぶ長期公演の成果"
◇芸術祭賞〔演劇部門〕　第39回　●大賞　劇団民藝"公演「セールスマンの死」の舞台成果に対し"
◇ぴあテン〔演劇部門〕（昭59年度）　●1位　劇団四季「キャッツ」　●2位　スーパー・エキセントリック・シアター「超絶技巧殺人事件」　●3位　サントリーブロードウェイミュージカル「ザ・ウィズ」
◇毎日芸術賞　第26回　●特別賞　山本安英"「夕鶴」昭和26年初演以来上演1000回の成果"

昭和59年（1984）

【演芸】
◇花王名人大賞　第4回　●花王名人大賞　横山やすし,西川きよし　●最優秀名人賞　桂文珍　●名人賞　桂文珍　コントレオナルド　オール阪神,オール巨人　三遊亭円楽(5代)　●新人賞　片岡鶴太郎　太平サブロー,太平シロー　竹中直人　ミスターマジックSAKOU&SAYO　●最優秀番組賞「爆笑!!ビートたけし独演会2」　●特別功労賞　桂三枝
◇上方お笑い大賞　第13回　●大賞　横山やすし　西川きよし　●金賞　ゼンジー北京　●銀賞　パート2　●功労賞　今規汰代,島田洋之介　●秋田実賞　檀上茂
◇上方漫才大賞　第19回　●漫才大賞　今いくよ・くるよ　●奨励賞　西川のりお,上方よしお　●新人賞　宮川大助,宮川花子
◇日本放送演芸大賞　第13回　該当者なし

【漫画・アニメ】
◇講談社漫画賞　第8回　●少年部門　大島やすいち「バツ＆テリー」　●少女部門　小野弥夢「LADY LOVE」　●一般部門　大友克洋「AKIRA」
◇小学館漫画賞　第30回　●児童向け部門　ゆでたまご「キン肉マン」　●少年向け部門　新谷かおる「ふたり鷹」「エリア88」　●少女向け部門　木原敏江「夢の碑」　●青年一般向け部門　矢島正雄,弘兼憲史「人間交差点」
◇日本アニメ大賞・アトム賞　第2回　●優秀作品賞　博報堂,徳間書店「風の谷のナウシカ」　●アトム賞　東映映画「とんがり帽子のメモル」　●ファン大賞　「銀河漂流バイファム」　●ファン大賞　男性キャラクター　ダバ・マイロード(「重戦機エルガイム」)　●ファン大賞　女性キャラクター　ガウ・ハ・レッシィ(「重戦機エルガイム」)
◇文藝春秋漫画賞　第30回　高橋春男「いわゆるひとつのチョーサン主義」「ひょうきんチャンネル」　千葉督太郎「いとしの田中角栄さま」「漂流」

【スポーツ】
◇朝日体育賞　第10回　蒲池猛夫"第23回夏季五輪ロサンゼルス大会のラピッドファイアピストルで優勝"　具志堅幸司"第23回夏季五輪ロサンゼルス大会の体操競技男子個人総合と種目別つり輪で優勝"　森末慎二"第23回夏季五輪ロサンゼルス大会の体操競技男子種目別鉄棒で優勝"　松岡義之"第23回夏季五輪ロサンゼルス大会の柔道65キロ級で優勝"　細川伸二"第23回夏季五輪ロサンゼルス大会の柔道60キロ級で優勝"　斉藤仁"第23回夏季五輪ロサンゼルス大会の柔道95キロ超級で優勝"　山下泰裕"第23回夏季五輪ロサンゼルス大会の柔道無差別級で優勝"　宮原厚次"第23回夏季五輪ロサンゼルス大会のレスリング・グレコローマンスタイル52キロ級で優勝"　富山英明"第23回夏季五輪ロサンゼルス大会のレスリング・フリースタイル57キロ級で優勝"　北沢欣浩"第14回冬季五輪サラエボ大会のスピードスケート男子500mで銀メダルを獲得"　金子智一"20年間にわたり「歩け歩け」の普及に尽力,健康づくり,コミュニケーション形成に貢献"　香椎瑞穂"長年にわたり,学生野球の監督として選手の指導,育成に貢献"　山口香"第3回世界女子柔道選手権大会52キロ級で優勝"
◇日本プロスポーツ大賞　第17回　●大賞　衣笠祥雄(プロ野球)　●殊勲賞　岡本綾子(女子プロゴルフ)　中野浩一(自転車競技)　渡辺二朗(プロボクシング)

【その他】
◇国民栄誉賞(昭59年)　長谷川一夫　植村直己　山下泰裕
◇将棋大賞　第11回　●最優秀棋士賞　米長邦雄　●特別賞　谷川浩司　●新人賞　高橋道雄　●女流棋士賞　林葉直子
◇星雲賞　第15回　●日本長編部門　神林長平「敵は海賊・海賊版」　●日本短編部門　神林長平「スーパー・フェニックス」　●メディア部門　ジム・ヘンソン共同監督,フランク・オズ共同監督「ダーク・クリスタル」　●コミック部門　大友克洋「童夢」　●アート部門　天野喜孝
◇日本SF大賞　第5回　川又千秋「幻詩狩り」
◇日本新語・流行語大賞　第1回　●新語部門　金賞　ジェーン・コンドン"オシンドローム"　●新語部門　銀賞　中曽根康弘"鈴虫発言"　●新語部門　銅賞　浅田彰"スキゾ・パラノ"　●流行語

部門 金賞　渡辺和博"「マル金マルビ」"　●流行語部門 銀賞　TBSテレビ金曜ドラマスタッフ"「くれない族」"　●流行語部門 銅賞　週刊文春編集部"疑惑"　●流行語部門 特別賞　森永製菓"「千円パック」"

◇文化勲章（昭59年度）　上村松篁（日本画）　奥田元宋（日本画）　貝塚茂樹（東洋史学）　高橋信次（放射線医学）　利根川進（分子生物学）

◇ベストドレッサー賞　第13回　●政治・経済部門　堤清二　●学術・文化部門　はらたいら　松平定知　●スポーツ・芸能部門　日野皓正　片山敬済　今野雄二　●特別賞　楠田枝里子

昭和60年（1985）

【文学全般】

◇大佛次郎賞　第12回　大江志乃夫「凩の詩」　三浦哲郎「白夜を旅する人々」

◇菊池寛賞　第33回　河盛好蔵 "明晰にして中正,旺盛な食欲と豊かな常識とを合わせもったモラリストとしての文筆活動"

◇群像新人文学賞　第28回　●小説 当選作　李起昇「ゼロはん」　●小説 優秀作　吉目木晴彦「ジパング」　●評論　該当作なし

◇芸術選奨　第36回　●文学部門 文部大臣賞　那珂太郎「空我山房日乗其他」　日野啓三「夢の島」　●文学部門 新人賞　岩橋邦枝「伴侶」　●評論等 文部大臣賞　佐伯彰一「自伝の世界」　野口武彦「『源氏物語』を江戸から読む」

◇サントリー学芸賞〔芸術・文学部門〕　第7回　大笹吉雄「日本現代演劇史 明治・大正篇」　玉泉八州男「女王陛下の興行師たち」　船山隆「ストラヴィンスキー」

◇新田次郎文学賞　第4回　佐藤雅美「大君の通貨―幕末『円ドル戦争』」　角田房子「責任―ラバウルの将軍 今村均」

◇日本芸術院賞（第2部・文芸）　第42回　●日本芸術院賞　富士川英郎　水上勉

◇日本文学大賞　第17回　●文芸部門　中村真一郎「冬」　●学芸部門　ドナルド・キーン「百代の過客」（金関寿夫訳）

◇日本文芸大賞　第5回　北方謙三「明日なき街角」　●特別賞　池部良「その人久慈見習士官」　●現代文学賞　大下英治「修羅の群れ」　●女流文学賞　尾形明子「作品の中の女たち」　●ノンフィクション賞　永畑道子「恋の華, 白蓮事件」　●ルポルタージュ賞　小倉貞男「カンボジアの悲劇・虐殺はなぜ起きたか」　●エッセイ賞　田中直隆「女性のための小さい会社のつくり方」

◇野間文芸賞　第38回　島尾敏雄「魚雷艇学生」　丸谷才一「忠臣蔵とは何か」

◇毎日芸術賞　第27回　竹西寛子「山川登美子―明星の歌人」

◇毎日出版文化賞　第39回　●特別賞　鈴木重三, 木村八重子, 中野三敏, 肥田晧三編, 岩波書店「近世子どもの絵本集 江戸篇 上方篇」

◇読売文学賞　第37回　●小説賞　高橋たか子「怒りの子」　田久保英夫「海図」　●戯曲賞　該当作なし　●随筆・紀行賞　佐多稲子「月の宴」　●評論・伝記賞　該当作なし　●詩歌俳句賞　齋藤史「渉りかゆかむ」

【小説】

◇芥川龍之介賞　第93回（上期）　該当作なし

◇芥川龍之介賞　第94回（下期）　米谷ふみ子「過越しの祭」

◇泉鏡花文学賞　第13回　宮脇俊三「殺意の風景」

◇江戸川乱歩賞　第31回　森雅裕「モーツァルトは子守唄を歌わない」　東野圭吾「放課後」

◇オール讀物新人賞　第65回　桐生悠三「チェストかわら版」

◇オール讀物推理小説新人賞　第24回　荒馬間「新・執行猶予考」

◇川端康成文学賞　第12回　高橋たか子「恋う」　田久保英夫「辻火」

◇小説現代新人賞　第44回（上期）　山崎光夫「安楽処方箋」

◇小説現代新人賞　第45回（下期）　該当作なし
◇女流文学賞　第24回　山本道子「ひとの樹」
◇新潮新人賞　第17回　米谷ふみ子「過越しの祭」
◇すばる文学賞　第9回　江場秀志「午後の祠り」　藤原伊織「ダックスフントのワープ」
◇谷崎潤一郎賞　第21回　村上春樹「世界の終りとハードボイルド・ワンダーランド」
◇直木三十五賞　第93回（上期）　山口洋子「演歌の虫」「老梅」
◇直木三十五賞　第94回（下期）　森田誠吾「魚河岸ものがたり」　林真理子「最終便に間に合えば」「京都まで」
◇日本推理作家協会賞　第38回　●長篇部門　北方謙三「渇きの街」　皆川博子「壁・旅芝居殺人事件」　●短篇部門　該当作なし　●評論その他の部門　佐瀬稔「金属バット殺人事件」　松山巌「乱歩と東京」
◇野間文芸新人賞　第7回　中沢けい「水平線上にて」　増田みず子「自由時間」
◇文學界新人賞　第60回（上期）　武部悦子「明希子」　米谷ふみ子「遠来の客」
◇文學界新人賞　第61回（下期）　早野貢司「朝鮮人街道」　中島俊輔「夏の賑わい」
◇文藝賞　第22回　山田詠美「ベッドタイムアイズ」
◇横溝正史賞　第5回　●大賞　石井龍生, 井原まなみ「見返り美人を消せ」　●佳作　中川英一「四十年目の復讐」　森雅裕「画狂人ラプソディ」
◇吉川英治文学賞　第19回　結城昌治「終着駅」

【詩歌】

◇H氏賞　第35回　崔華国「猫談義」
◇小熊秀雄賞　第18回　山本耕一路「山本耕一路全詩集」
◇現代歌人協会賞　第29回　鳥海昭子「花いちもんめ」
◇現代詩人賞　第3回　清岡卓行「初冬の中国で」
◇現代詩花椿賞　第3回　谷川俊太郎「よしなしうた」
◇現代短歌大賞　第8回　土屋文明「青南後集」
◇高見順賞　第16回　新藤凉子「薔薇ふみ」　岡田隆彦「時に岸なし」
◇蛇笏賞　第19回　能村登四郎「天上華」
◇沼空賞　第19回　山中智恵子「星肆」
◇壺井繁治賞　第13回　草野信子「冬の動物園」
◇藤村記念歴程賞　第23回　高橋新吉「高橋新吉全集」
◇日本歌人クラブ賞　第12回　野村清「皐月号」　君島夜詩「生きの足跡」
◇俳人協会賞　第25回　馬場移公子「峡の雲」
◇晩翠賞　第26回　菊地貞三「ここに薔薇あらば」

【戯曲】

◇岸田國士戯曲賞　第29回　岸田理生「糸地獄」
◇年鑑代表シナリオ（昭60年度）　高田宏治「櫂」　田中陽造「魔の刻」　渡辺寿, 中岡京平, 恩地日出夫「生きてみたいもう一度 新宿バス放火事件」　近藤昭二, 森﨑東, 大原清秀「生きてるうちが花なのよ死んだらそれまでよ党宣言」　荒井晴彦「ひとひらの雪」　石井隆「ラブホテル」　松田寛夫「花いちもんめ」　古田求「薄化粧」　筒井ともみ「それから」

【評論・随筆】

◇大宅壮一ノンフィクション賞　第16回　吉永みち子「気がつけば騎手の女房」
◇講談社エッセイ賞　第1回　野坂昭如「我が闘争 こけつまろびつ闇を撃つ」　沢木耕太郎「バーボン・ストリート」

昭和60年（1985）

◇講談社ノンフィクション賞　第7回　関川夏央「海峡を越えたホームラン」
◇日本エッセイスト・クラブ賞　第33回　関千枝子「広島第二県女二年西組」　北小路健「古文書の面白さ」　清水俊二「映画字幕六十年」

【児童文学】
◇赤い鳥文学賞　第15回　山本和夫「シルクロードが走るゴビ砂漠」
◇講談社出版文化賞　第16回　絵本賞　丸木俊, 丸木位里「おきなわ島のこえ」
◇産経児童出版文化賞　第32回　●大賞　日本作文の会編「日本の子どもの詩」全47巻
◇児童文芸新人賞　第14回　阿部よしこ「なぞの鳥屋敷」　佐藤州男「海辺の町から」　竹川正夫「美しい宇宙」(私家版)
◇小学館絵画賞　第34回　いわむらかずお「14ひきのやまいも」ほか
◇小学館文学賞　第34回　角野栄子「魔女の宅急便」
◇日本児童文学者協会賞　第25回　関英雄「体験的児童文学史」前・後編　●特別賞　竹中郁「子ども闘牛士」
◇日本児童文芸家協会賞　第9回　上崎美恵子「だぶだぶだいすき」
◇野間児童文芸賞　第23回　角野栄子「魔女の宅急便」　●推奨作品賞　和田英昭「地図から消えた町」

【映画・テレビ全般】
◇エランドール賞(昭60年度)　●新人賞　榎木孝明　石原真理子　藤谷美和子　和由布子　渡辺徹
◇菊池寛賞　第33回　山田太一 "家庭や職場等のごく平凡な日常を, 抜群のドラマに仕上げて, 人間愛を訴えつづけている"
◇芸術作品賞〔映画・テレビ関係〕　第1回　●映画 長編映画　自由工房「AKIKO―あるダンサーの肖像」　東映「それから」　●映画 短編映画　岩波映画「歌舞伎の魅力～おさん・茂兵衛大経師昔歴にみる」　英映画社「琵琶湖・長浜 曳山まつり」　●テレビ ドラマ　東京放送「イエスの方舟」　NHK「破獄」
◇芸術選奨　第36回　●映画部門 大臣賞　柳町光男 "「火まつり」の演出"　●映画部門 新人賞　栗山富夫 "「俺ら東京さ行ぐだ」「祝辞」の演出"　●放送部門 大臣賞　深町幸男 "「冬構え」「花へんろ―風の昭和日記」の演出"　●放送部門 新人賞　上坪隆 "「Oh！わがライン川」の演出"

【映画】
◇朝日賞〔映画関係〕(昭60年)　宮川一夫 "映画カメラマンとしての長年にわたる日本映画への貢献"
◇川喜多賞　第3回　大島渚 "「愛と希望の街」「愛のコリーダ」「戦場のメリークリスマス」等の活動を讃えて"
◇キネマ旬報賞　第31回　●日本映画監督賞　森田芳光「それから」　●脚本賞　筒井ともみ「それから」　●主演女優賞　倍賞美津子「生きてるうちが花なのよ死んだらそれまでよ党宣言」「恋文」　●主演男優賞　北大路欣也「火まつり」「春の鐘」　●助演女優賞　藤田弓子「瀬降り物語」「さびしんぼう」　●助演男優賞　小林薫「それから」　●読者選出日本映画監督賞　大林宣彦「さびしんぼう」
◇キネマ旬報ベスト・テン　第59回　●日本映画1位　「それから」(森田芳光監督)　●日本映画2位　「乱」(黒澤明監督)　●日本映画3位　「火まつり」(柳町光男監督)　●外国映画1位　「アマデウス」(ミロス・フォアマン監督)　●外国映画2位　「路」(ユルマズ・ギュネイ監督)　●外国映画3位　「ファニーとアレクサンデル」(イングマール・ベルイマン監督)
◇ゴールデングロス賞　第3回　●日本映画部門 金賞　東宝配給「ビルマの竪琴」　●外国映画部門 金賞　COL配給「ゴーストバスターズ」　●マネーメーキング監督賞　市川崑「ビルマの竪琴」　●マネーメーキングスター賞　渥美清「男はつらいよ寅次郎真実一路」「男はつらいよ寅次郎恋愛塾」　石坂浩二「ビルマの竪琴」　十朱幸代「櫂」「花いちもんめ」　中井貴一「ビルマの竪琴」　原田知世「天国にいちばん近い島」「早春物語」　薬師丸ひろ子「Wの悲劇」
◇日本アカデミー賞　第8回　●最優秀作品賞　「お葬式」(伊丹十三監督)　●最優秀監督賞　伊丹十三「お葬式」　●最優秀脚本賞　伊丹十三「お葬式」　●最優秀主演男優賞　山崎努「お葬式」

● 最優秀主演女優賞　吉永小百合「おはん」「天国の駅」　● 最優秀主演男優賞　高品格「麻雀放浪記」　● 最優秀助演女優賞　菅井きん「お葬式」　● 最優秀外国作品賞　「ワンス・アポン・ア・タイム・イン・アメリカ」(セルジオ・レオーネ監督)　● 新人俳優賞　吉川晃司　野村宏伸　田中隆三　和由布子　富田靖子　佐倉しおり

◇ぴあテン〔映画部門〕　第14回　● 1位　「バック・トゥ・ザ・フューチャー」(ロバート・ゼメキス監督)　● 2位　「アマデウス」(ミロス・フォアマン監督)　● 3位　「さびしんぼう」(大林宣彦監督)

◇ブルーリボン賞　第28回　● 最優秀作品賞 邦画　「乱」(黒澤明監督)　● 最優秀作品賞 洋画　「刑事ジョン・ブック 目撃者」(ピーター・ウィアー監督)　● 監督賞　黒澤明「乱」　● 主演男優賞　千秋実「花いちもんめ」　● 主演女優賞　十朱幸代「花いちもんめ」「櫂」　● 助演男優賞　ビートたけし「夜叉」　● 助演女優賞　藤真利子「薄化粧」「危険な女たち」　● 新人賞　斉藤由貴「雪の断章―情熱―」　● 特別賞　夏目雅子"花の盛りに惜しまれての急逝"　ヘラルド・エース"「乱」の合作を実現したコーディネイトに対して"

◇報知映画賞　第10回　● 最優秀作品賞 邦画部門　「それから」(森田芳光監督)　● 最優秀作品賞 洋画部門　「刑事ジョンブック 目撃者」(ピーター・ウィアー監督)　● 最優秀主演男優賞　北大路欣也「火まつり」「春の鐘」　● 最優秀主演女優賞　倍賞美津子「恋文」「生きてるうちが花なのよ死んだらそれまでよ党宣言」　● 最優秀助演男優賞　三浦友和「台風クラブ」　● 最優秀助演女優賞　三田佳子「春の鐘」「Wの悲劇」　● 最優秀監督賞　森田芳光「それから」　● 最優秀新人賞　門田頼命「愛しき日々よ」　● 審査員特別賞　千秋実「花いちもんめ」

◇毎日映画コンクール　第40回　● 日本映画賞 大賞　「乱」(黒澤明監督)　● 監督賞　黒澤明「乱」　● 脚本賞　中上健次「火まつり」　加藤祐司「台風クラブ」　● 演技賞 男優主演賞　北大路欣也「火まつり」「春の鐘」　● 演技賞 女優主演賞　倍賞美津子「恋文」「生きてるうちが花なのよ死んだらそれまでよ党宣言」　● 演技賞 男優助演賞　井川比佐志「乱」「タンポポ」　● 演技賞 女優助演賞　藤真利子「薄化粧」　● 特別賞　高峰三枝子　● 特別賞 演技特別賞　千秋実「花いちもんめ」の演技ほか"　● 大藤信郎賞　朝日新聞社、テレビ朝日、日本ヘラルド映画グループ「銀河鉄道の夜」　● スポニチグランプリ新人賞　斉藤由貴「雪の断章―情熱―」　チェッカーズ「TANTANたぬき」　● 洋画ベストワン賞　フランス映画社「田舎の日曜日」　● 日本映画ファン賞　「ビルマの竪琴」　● 田中絹代賞　吉永小百合

◇牧野省三賞　第27回　新藤兼人(脚本家、監督)

◇優秀映画鑑賞会ベストテン　第26回　● 日本映画 1位　「ビルマの竪琴」(市川崑監督)　● 日本映画 2位　「それから」(森田芳光監督)　● 日本映画 3位　「乱」(黒澤明監督)　● 外国映画 1位　「田舎の日曜日」(ベルトラン・タヴェルニエ監督)　● 外国映画 2位　「アマデウス」(ミロス・フォアマン監督)　● 外国映画 3位　「路」(ユルマズ・ギュネイ監督)

【テレビ】

◇ギャラクシー賞　第23回　テレビ西日本, テレビ長崎「かよこ桜の咲く日」　中部日本放送「ゴッホ―さまよえる情熱の魂」　東京放送「水曜ドラマスペシャル『恋人たちのいた場所』」　● 大賞　東京放送「シベリア大紀行・おろしゃ国酔夢譚の世界をゆく」　● 特別賞　ニッポン放送"「スーパーステーション」の期間活動"

◇テレビ大賞　第18回　● テレビ大賞　TBS「イエスの方舟」　● 優秀番組賞　NHK「国語元年」「しあわせの国青い鳥ばたばた」　テレビ東京「ミエと良子のおしゃべり泥棒」　テレビ朝日「ニュースステーション」　フジテレビ「プロ野球ニュース」　● 優秀個人賞　荻野目慶子　明石家さんま　藤田まこと　津川雅彦　星野仙一　● 新人賞　沢口靖子　コント山口君と竹田君　● 特別賞　ビートたけし　NTV、ユニオン映画「忠臣蔵」　● CM賞　アルマン「禁煙パイポ」

◇日本民間放送連盟賞(昭60年)　● 番組部門(テレビ娯楽番組) 最優秀　日本テレビ放送網「今夜は最高！」

◇放送文化基金賞　第11回　● ドラマ番組　日本放送協会 ドラマスペシャル「心中宵庚申」

◇向田邦子賞　第4回　早坂暁「花へんろ―風の昭和日記」

【芸能全般】

◇浅草芸能大賞　第2回　● 大賞　江戸家猫八(3代)(物まね)　● 奨励賞　内海桂子(漫才)　内海好江

(漫才)　●新人賞　古今亭志ん橋(落語)

◇芸術選奨　第36回　●演劇部門 大臣賞　尾上菊五郎(7代)"「伽羅先代萩」「鬼一法眼三略巻」の演技"　●演劇部門 新人賞　小林裕"「裸足で散歩」「ショートアイズ」の演出"　●大衆芸能部門 大臣賞　渡辺貞夫"「ブラバスクラブ'85」「ツアー'85」の演奏"　●大衆芸能部門 新人賞　春風亭小朝"「こんばんわ小朝です」「小朝独演会」の芸風"

◇ゴールデン・アロー賞　第23回　●映画賞　倍賞美津子"映画「恋文」で熟れた女の魅力を発揮, 個性あふれた演技力に対して"　●映画賞 新人賞　斉藤由貴"デビュー作「雪の断章—情熱—」で見せた初々しい演技, チャーミングな表現は, 今後の活躍が期待される"　●演劇賞　石橋蓮司, 緑魔子"「ビニールの城」で見せた卓抜な舞台成果と地道な演劇活動に対して"　●演劇賞 新人賞　天宮良"「ブライトン・ビーチ回顧録」「昨日, 悲別でオンステージ」の舞台で示した歌って踊れる多彩な演技力に対して"　●音楽賞　チェッカーズ"「ジュリアに傷心(ハートブレイク)」「俺たちのロカビリーナイト」他コンスタントにヒット曲を出し続けた実力を評価"　●音楽賞 新人賞　小林明子"「恋におちて」で衝撃的デビュー。豊かな歌唱は今後に期待できる"　本田美奈子"「殺意のバカンス」でデビュー。確かな歌唱力で連続ヒット。その実力を評価して"　中山美穂"「C」でデビュー, フレッシュな個性でヤングの圧倒的支持をうけた"　●放送賞　ビートたけし"「たけしのスポーツ大将」「天才・たけしの元気が出るテレビ!!」などテレビを中心に活躍, 演技の面でも評価を得た"　●放送賞 新人賞　沢口靖子"「澪つくし」で人気爆発。その可憐な容姿と明るくさわやかな演技で幅広くファンを魅了した"　●芸能賞　明石家さんま"ユニークな話術を駆使し, 流行語を生みだし, お茶の間に独特な笑いを提供した"　●芸能賞 新人賞　とんねるず"テレビ・ステージと, 芸能全般にわたって, 特異なキャラクターを発揮。若者の教祖としてもイッキに爆発"　●特別賞　笠智衆"永年にわたる俳優活動を通じて, 存在感あふれる演技で大衆に大きな感動を与えてきた功績に対して"　●話題賞　神田正輝, 松田聖子"電撃的な婚約から, そして結婚へと, 日本中に明るい話題を提供した"　●グラフ賞　沢口靖子

◇松尾芸能賞　第6回　●大賞 演劇　藤山寛美　●優秀賞 演劇　沢村宗十郎　一条久枝　●優秀賞 映画・演劇　北大路欣也　●特別賞 大衆音楽　ボニージャックス

【音楽】

◇あなたが選ぶ全日本歌謡音楽祭　第11回　●ゴールデングランプリ　近藤真彦「大将」　●最優秀新人賞　芳本美代子「雨のハイスクール」　●最優秀歌唱賞　中森明菜「SOLITUDE」　●最優秀タレント賞　アン・ルイス「六本木心中」　●最優秀アイドル賞　早見優「PASSION」　●審査員奨励賞　河合奈保子「ラヴェンダー・リップス」　柏原芳恵「し・の・び・愛」　●朝日新聞社賞　オフコース　●特別話題賞　とんねるず　●特別功労賞　五木ひろし

◇FNS歌謡祭グランプリ　第12回　●グランプリ　中森明菜歌, 康珍化詞, 松岡直也曲・編曲「ミ・アモーレ」　●最優秀新人賞　本田美奈子「Temptation」　●最優秀視聴者賞　五木ひろし　●最優秀ヒット賞　中森明菜「飾りじゃないのよ涙は」　●最優秀歌唱賞　安全地帯「悲しみにさよなら」　●特別賞　マニロウ, バリー　おニャン子クラブ　とんねるず　森進一

◇銀座音楽祭　第15回　●グランプリ　松本典子「さよならと言われて」　●金賞　本田美奈子「Temptation」　芳本美代子「雨のハイスクール」　●銀座音楽祭記念賞　坂本九

◇古賀政男記念音楽大賞　第6回　●プロ作品 大賞　里村龍一作詩, 浜圭介作曲, 桜庭伸幸編曲, 細川たかし歌唱「望郷じょんから」　●プロ作品 優秀賞　いではく作詩, 遠藤実作曲, 斉藤恒夫編曲, 森進一歌唱「昭和流れうた」　杉本真人作詩・作曲, 梅垣達志編曲, 小柳ルミ子歌唱「乾杯」

◇JASRAC賞　第3回　●国内　石本美由起作詞, 船村徹作曲ほか「矢切の渡し」　●外国　名木田恵子作詞, 渡辺岳夫作曲ほか「キャンディ・キャンディ」

◇新宿音楽祭　第18回　●金賞　中村繁之「カイショウ無いね」　本田美奈子「Temptation」　●審査員特別奨励賞　松本典子「さよならと言われて」　芳本美代子「雨のハイスクール」

◇全日本有線放送大賞　第18回　●グランプリ　テレサ・テン「愛人」　●読売テレビ最優秀賞　中森明菜「サンド・ベージュ—砂漠へ」　●審査委員会最優秀賞　五木ひろし「そして…めぐり逢い」　●特別賞　神野美伽「男船」　バラクーダ「演歌・血液ガッタガタ」　原田知世「早春物語」　●最優秀新人賞　とんねるず「雨の西麻布」

◇21世紀ヤング歌謡大賞新人グランプリ　第12回　●グランプリ　中村繁之　●服部良一特別賞　本

田美奈子　●審査員奨励賞　松本典子　芳本美代子
◇日本演歌大賞　第11回　●大賞　五木ひろし「そして…めぐり逢い」　●歌唱賞　細川たかし「望郷じょんから」　大月みやこ「かくれ宿」　●演歌希望の星賞　神野美伽「男船」　祭小春「命船」　門脇陸男「祝い船」　●特別賞　森進一「昭和流れうた」
◇日本歌謡大賞　第16回　●大賞　近藤真彦「大将」　●最優秀放送音楽賞　五木ひろし「そして…めぐり逢い」
◇日本作詩大賞　第18回　●大賞　里村龍一「望郷じょんから」（歌・細川たかし）
◇日本作曲大賞　第5回　●大賞　玉置浩二「悲しみにさよなら」　●ゴールデン・スコア賞（日本作曲家協会賞）　白川明「クール・レディ」　●音楽文化賞　ジョージ川口　坂本九
◇日本テレビ音楽祭　第11回　●グランプリ　近藤真彦「夢絆」　●金の鳩賞　岡田有希子「哀しい予感」
◇日本有線大賞　第18回　●大賞　テレサ・テン「愛人」　●ベストヒット曲賞　テレサ・テン「愛人」　●最多リクエスト歌手賞　中森明菜「SAND BEIGE」　●最優秀新人賞　とんねるず「雨の西麻布」　●有線功労賞　森進一「女もよう」
◇日本レコードセールス大賞　第18回　●シングル大賞　中森明菜　●LP大賞　松田聖子　●男性新人賞　森山達也　●女性新人賞　斉藤由貴　●グループ新人賞　おニャン子クラブ
◇日本レコード大賞　第27回　●大賞　中森明菜歌、康珍化詞、松岡直也曲・編曲「ミ・アモーレ」　●最優秀歌唱賞　石川さゆり「波止場しぐれ」　●最優秀スター賞　チェッカーズ　●最優秀新人賞　中山美穂「C」　●アルバム大賞　井上陽水「9.5カラット」
◇ぴあテン〔音楽部門〕（昭60年度）　●1位　サザン・オールスターズ　●2位　スプリングスティーン、ブルース　●3位　中島みゆき
◇メガロポリス歌謡祭　第4回　●ポップスグランプリ　近藤真彦「ヨイショッ！」　●最優秀新人ダイヤモンド賞　本田美奈子「殺意のバカンス」　松本典子「春色のエアメール」　●演歌大賞　五木ひろし「そして…めぐり逢い」　●特別賞　吉幾三　木村友衛　三波春夫
◇横浜音楽祭　第12回　●音楽祭賞　五木ひろし　河合奈保子　中森明菜　森昌子　近藤真彦　●ラジオ日本演歌賞　門脇陸男　川中美幸　牧村三枝子　松原のぶえ　三笠優子　●音楽祭特別賞　石川秀美　シブがき隊　早見優　堀ちえみ　●最優秀新人賞　本田美奈子　●新人特別賞　芳本美代子　●新人賞　井森美幸　岡本舞子　中村繁之　橋本美加子　松本典子　祭小春

【演劇】

◇朝日賞〔演劇関係〕（昭60年）　木下順二　"夕鶴"「子午線の祀り」など，長年にわたる劇作活動"
◇菊田一夫演劇賞　第11回　●大賞　該当者なし　八千草薫"「女系家族」「エドの舞踏会」の演技に対して"　堀越真"「エドの舞踏会」の脚本に対して"　山田芳夫"「女系家族」「お葬式」の演技に対して"　一条久枝"「婦系図」の演技に対して"　●特別賞　一の宮あつ子"長年の舞台の功績に対して"　サニー・ベイス，森繁久彌，賀原夏子，三上直也，淀かおる，坂上二之助，今村堅次，須賀不二男，宮琢磨，高橋郁子　益田喜頓"「屋根の上のヴァイオリン弾き」初演以来20年にわたる貢献に対して"
◇紀伊國屋演劇賞　第20回　●団体賞　こまつ座"「日本人のへそ」「頭痛肩こり樋口一葉」「きらめく星座─昭和オデオン堂物語」を上演した活発な公演活動"　●個人賞　嵐圭史　南風洋子　緑魔子　岡ווえ加代　後藤加代　野田秀樹　●特別賞　いずみたく"「洪水の前」「歌麿」など永年にわたる創作ミュージカルの制作・作曲の成果"　坂本長利"ひとり芝居「土佐源氏」の海外を含む809回におよぶ公演の成果"
◇芸術祭賞〔演劇部門〕　第40回　●芸術祭賞　朝倉摂"帝劇10月特別公演「にごり江」の装置に対し"　劇団ふるさときゃらばん"公演「親父と嫁さん」の成果に対し"　甲にしき"東宝現代劇9・10月特別公演「女系家族」の演技に対し"　広島の女上演委員会"女のひとり芝居3部作「広島の女」の企画と成果に対し"　ミュージカル劇団フォーリーズ"第15回本公演「歌麿」の成果に対し"　山村邦次郎"前進座公演「巷談小夜たぬき」の演技に対し"
◇ぴあテン〔演劇部門〕（昭60年度）　●1位　劇団四季「コーラスライン」　●2位　スーパー・エキセントリック・シアター「剣はペンより三銃士」　●3位　劇団四季「キャッツ」

【演芸】

◇花王名人大賞　第5回　●花王名人大賞　ビートたけし　●最優秀名人賞　オール阪神、オール巨人　●名人賞　オール阪神、オール巨人　太平サブロー、太平シロー　片岡鶴太郎　桂文珍　●最優秀新人賞　たけし軍団　●新人賞　たけし軍団　コント山口君と竹田君　マジックナポレオンズ　●最優秀番組賞　「年忘れ爆笑90分！ ビードたけし独演会4」　●功労賞　三遊亭円楽（5代）　●大衆賞　明石家さんま

◇上方お笑い大賞　第14回　●大賞　オール阪神、オール巨人　●金賞　桂朝丸（後・桂ざこば）　●銀賞　桂雀々　●功労賞　吉田茂　秋田実賞　古川嘉一郎

◇上方漫才大賞　第20回　●漫才大賞　オール阪神、オール巨人　●奨励賞　太平サブロー、太平シロー　●新人賞　ちゃらんぽらん　トミーズ

◇芸術祭賞〔演芸部門〕　第40回　●芸術祭賞　小金井芦洲 "「小金井芦洲独演会」の話芸に対し"　露乃五郎 "上方落語「露乃五郎の会—五郎怪異の世界」の成果に対し"　ボン・サイト "「ボン・サイト芸能生活40周年記念リサイタル」の成果に対し"　柳亭芝楽 "根津寄席「芝楽の会」の成果に対し"

◇日本放送演芸大賞　第14回　ビートたけし

【漫画・アニメ】

◇講談社漫画賞　第9回　●少年部門　しげの秀一「バリバリ伝説」　●少女部門　西尚美「まひろ体験」　●一般部門　やまさき十三, さだやす圭「おかしな二人」

◇小学館漫画賞　第31回　●児童向け部門　室山まゆみ「あさりちゃん」　●少年向け部門　尾瀬あきら「初恋スキャンダル」「とべ！ 人類Ⅱ」　●少女向け部門　川原由美子「前略・ミルクハウス」　●青年一般向け部門　岩重孝「ぼっけもん」

◇日本アニメ大賞・アトム賞　第3回　●アトム賞　東宝「タッチ」　●オリジナルビデオソフト最優秀作品賞　日本サンライズ「装甲騎兵ボトムズ ザ・ラスト・レッドショルダー」　●ファン大賞「機動戦士Zガンダム」　●ファン大賞 男性キャラクター賞　シャア・アズナブル（「機動戦士Zガンダム」）　●ファン大賞 女性キャラクター賞　フォウ・ムラサメ（「機動戦士Zガンダム」）

◇文藝春秋漫画賞　第31回　いしいひさいち "一連のナンセンス漫画"　西村宗「サラリ君」

【スポーツ】

◇朝日体育賞　第11回　服部道子 "第85回全米女子アマチュア・ゴルフ選手権大会で優勝"　正木嘉美 "第14回世界柔道選手権大会の無差別級で優勝"　須貝等 "第14回世界柔道選手権大会の95キロ級で優勝"　山蔭暢年 "第14回世界柔道選手権大会の78キロ級で優勝"　細川伸二 "第14回世界柔道選手権大会の60キロ級で優勝"　前田豊 "長年にわたり、バレーボールの普及、発展と競技力向上に貢献"　大西鉄之祐 "長年にわたり、日本ラグビー界の指導的役割を果たし、日本独特の戦術確立の基礎づくりに貢献"　福岡陸上競技協会（会長・安川寛）"長年にわたり、陸上競技の発展と選手育成に貢献"

◇日本プロスポーツ大賞　第18回　●大賞　ランディ・バース（プロ野球）　●殊勲賞　千代の富士貢（大相撲）　落合博満（プロ野球）　中嶋常幸（男子プロゴルフ）

【その他】

◇将棋大賞　第12回　●最優秀棋士賞　米長邦雄　●特別賞　加藤治郎　●新人賞　島朗　●女流棋士賞　林葉直子

◇星雲賞　第16回　●日本長編部門　神林長平「戦闘妖精・雪風」　●日本短編部門　該当作なし　●メディア部門　宮崎駿監督「風の谷のナウシカ」　●コミック部門　萩尾望都「X+Y」　●アート部門　天野喜孝　●ノンフィクション部門　石原藤夫「光世紀の世界」

◇日本SF大賞　第6回　小松左京「首都消失」

◇日本新語・流行語大賞　第2回　●新語部門 金賞　博報堂生活総合研究所 "分衆"　●新語部門 銀賞　石橋政嗣 "パフォーマンス"　●新語部門 銅賞　真藤恒「NTT」　●流行語部門 金賞　慶応義塾大学体育会 "イッキ！ イッキ！"　●流行語部門 銀賞　阪神タイガース私設応援団 "トラキチ"　●流行語部門 銅賞　山岸一平 "角抜き"

◇文化勲章（昭60年度）　円地文子（小説）　黒澤明（映画）　相良守峯（ドイツ語学, ドイツ文学）　西川寧（書）

和達清夫(地球物理学)
◇ベストドレッサー賞　第14回　●政治・経済部門　犬丸一郎　●学術・文化部門　鈴木清順　●スポーツ・芸能部門　柴田恭兵　松尾雄治　●特別賞　桂文珍　叶和貴子

昭和61年（1986）

【文学全般】

◇朝日賞〔文学関係〕（昭61年）　中村幸彦 "「中村幸彦著述集」に至る日本近世文学研究への多大な業績"
◇大佛次郎賞　第13回　井出孫六「終わりなき旅」　加賀乙彦「湿原」
◇菊池寛賞　第34回　野口冨士男 "感触的昭和文壇史"で著者みずからの見聞をもとに，多彩なエピソードをちりばめて生き生きと描いた"　澤地久枝 "ミッドウェー海戦を克明に跡づけるとともに，不明だった戦死者3419名を全く個人的な努力で掘り起こした"
◇群像新人文学賞　第29回　●小説　新井千裕「復活祭のためのレクイエム」　●評論　清水良典「記述の国家」
◇芸術選奨　第37回　●文学部門　文部大臣賞　該当者なし　●文学部門　新人賞　今村葦子「ふたつの家のちえ子」　玉井清弘「風箏」（歌集）
◇サントリー学芸賞〔芸術・文学部門〕　第8回　阿満利麿「宗教の深層—聖なるものへの衝動」　井上章一 "つくられた桂離宮神話"を中心として"　守屋毅「近世芸能興行史の研究」
◇新田次郎文学賞　第5回　岡松和夫「異郷の歌」
◇日本芸術院賞（第2部・文芸）　第43回　●恩賜賞・日本芸術院賞　三浦朱門　●日本芸術院賞　吉村昭　山口誓子　上田三四二
◇日本文学大賞　第18回　●文芸部門　北杜夫「輝ける碧き空の下で」第2部　野上弥生子「森」　●学芸部門　角田忠信「脳の発見」　NHK取材班「21世紀は警告する 1～6」
◇日本文芸大賞　第6回　尾崎秀樹「愛をつむぐ」　●特別賞　石井好子「東京の空のもとおむれつのにおいは流れる」　細川隆一郎「日本宰相列伝」　●現代文学賞　村上兵衛「陸士よもやま話」　●評論賞　木屋隆安「日本史異議あり」
◇野間文芸賞　第39回　上田三四二「島木赤彦」　大庭みな子「啼く鳥の」
◇毎日出版文化賞　第40回　天野忠，編集工房ノア「続天野忠詩集」　金時鐘,立風書房「在日のはざまで」　粟津キヨ,岩波書店「光に向かって咲け—斎藤百合の生涯」　蜂谷緑発,津田櫓冬画,佼成出版社「ミズバショウの花いつまでも　尾瀬の自然を守った平野長英」
◇読売文学賞　第38回　●小説賞　津島佑子「夜の光に追われて」　●戯曲賞　該当作なし　●随筆・紀行賞　宮本徳蔵「力士漂泊」　司馬遼太郎「ロシアについて」　●評論・伝記賞　江川卓「謎とき『罪と罰』」　●詩歌俳句賞　該当作なし

【小説】

◇芥川龍之介賞　第95回（上期）　該当作なし
◇芥川龍之介賞　第96回（下期）　該当作なし
◇泉鏡花文学賞　第14回　増田みず子「シングル・セル」
◇江戸川乱歩賞　第32回　山崎洋子「花園の迷宮」
◇オール讀物新人賞　第66回　渡辺真理子「鬼灯市」
◇オール讀物推理小説新人賞　第25回　浅川純「世紀末をよろしく」
◇川端康成文学賞　第13回　小川国夫「逸民」
◇小説現代新人賞　第46回（上期）　岸157信明「ファイナル・ゲーム」　松村秀樹「大脳ケービング」
◇小説現代新人賞　第47回（下期）　矢吹透「バスケット通りの人たち」
◇女流文学賞　第25回　杉本苑子「穢土荘厳　上・下」
◇新潮新人賞　第18回　該当作なし
◇すばる文学賞　第10回　本城美智子「十六歳のマリンブルー」

◇谷崎潤一郎賞　第22回　日野啓三「砂丘が動くように」
◇直木三十五賞　第95回（上期）　皆川博子「恋紅」
◇直木三十五賞　第96回（下期）　逢坂剛「カディスの赤い星」　常盤新平「遠いアメリカ」
◇日本推理作家協会賞　第39回　●長篇部門　岡嶋二人「チョコレートゲーム」　志水辰夫「背いて故郷」　●短篇部門　該当作なし　●評論その他の部門　松村喜雄「怪盗対名探偵」
◇野間文芸新人賞　第8回　岩阪恵子「ミモザの林を」　干刈あがた「しずかにわたすこがねのゆびわ」
◇文學界新人賞　第62回（上期）　藤本恵子「比叡を仰ぐ」
◇文學界新人賞　第63回（下期）　片山恭一「気配」　松本富生「野薔薇の道」
◇文藝賞　第23回　岡本澄子「零れた言葉」
◇横溝正史賞　第6回　該当作なし
◇吉川英治文学賞　第20回　井上ひさし「腹鼓記」「不忠臣蔵」　藤沢周平「白き瓶」

【詩歌】

◇H氏賞　第36回　鈴木ユリイカ「Mobile・愛」
◇小熊秀雄賞　第19回　藤本瑆「非衣」
◇現代歌人協会賞　第30回　真鍋正男「雲に紛れず」
◇現代詩人賞　第4回　原子朗「長編詩・石の賦」
◇現代詩花椿賞　第4回　嵯峨信之「土地の名―人間の名」
◇現代短歌大賞　第9回　中野菊夫「中野菊夫全歌集」　加藤克巳「加藤克巳全歌集」
◇詩歌文学館賞　第1回　●詩　清水哲男「東京」　●短歌　近藤芳美「祈念に」　●俳句　平畑静塔「矢素」　●特別賞　岩手県詩人クラブ "3年連続アンソロジー刊行"
◇高見順賞　第17回　川崎洋「ビスケットの空カン」
◇蛇笏賞　第20回　長谷川双魚「ひとつとや」
◇迢空賞　第20回　馬場あき子「葡萄唐草」
◇壺井繁治賞　第14回　赤山勇「アウシュビッツトレイン」　坪井宗康「その時のために」
◇藤村記念歴程賞　第24回　北村太郎「笑いの成功」（詩集）　長谷川龍生「知と愛と」（詩集）
◇日本歌人クラブ賞　第13回　山本かね子「月夜見」　来嶋靖生「雷」
◇俳人協会賞　第26回　森田峠「逆瀬川」
◇晩翠賞　第27回　糸屋鎌吉「尺骨」

【戯曲】

◇岸田國士戯曲賞　第30回　川村毅「新宿八犬伝・第1部」
◇年鑑代表シナリオ（昭61年度）　内田裕也,高木功「コミック雑誌なんかいらない！」　深作欣二,神波史男「火宅の人」　吉田喜重,宮内婦貴子「人間の約束」　市川崑,日高真也「鹿鳴館」　山田信夫「野ゆき山ゆき海べゆき」　石井隆「沙耶のいる透視図」　熊井啓「海と毒薬」　森田芳光「ウホッホ探険隊」　新藤兼人「落葉樹」

【評論・随筆】

◇大宅壮一ノンフィクション賞　第17回　杉山隆男「メディアの興亡」
◇講談社エッセイ賞　第2回　吉行淳之介「人工水晶体」　景山民夫「ONE FINE MESS 世間はスラップスティック」
◇講談社ノンフィクション賞　第8回　長尾三郎「マッキンリーに死す」　塚本哲也「ガンと戦った昭和史 上・下」
◇日本エッセイスト・クラブ賞　第34回　田村京子「北洋船団女ドクター航海記」　豊田正子「花の別れ」　中村伸郎「おれのことなら放っといて」

【児童文学】

◇赤い鳥文学賞　第16回　山下明生「海のコウモリ」
◇講談社出版文化賞　第17回　●絵本賞　甲斐信枝「雑草のくらし」
◇産経児童出版文化賞　第33回　●大賞　松田道雄他著「ちくま少年図書館」全100巻
◇児童福祉文化賞　第29回　●出版物部門　萩原信介, 高森登志夫「木の本」(福音館書店)
◇児童文芸新人賞　第15回　絵本研一郎「宇宙連邦危機いっぱつ」　野口すみ子「おとうさんの伝説」
◇小学館絵画賞　第35回　小野州一「にれの町」
◇小学館文学賞　第35回　まど・みちお「しゃっくりうた」
◇日本児童文学者協会賞　第26回　飯田栄彦「昔, そこに森があった」　加藤多一「草原—ぼくと子っこ牛の大地」
◇日本児童文芸家協会賞　第10回　該当作なし
◇野間児童文芸賞　第24回　末吉暁子「ママの黄色い子象」　今村葦子「ふたつの家のちえ子」

【映画・テレビ全般】

◇エランドール賞 (昭61年度)　●新人賞　菊池桃子　吉川晃司　沢口靖子　柳沢慎吾
◇芸術作品賞〔映画・テレビ関係〕　第2回　●映画 長編映画　全国朝日放送, 西友, キネマ東京「人間の約束」　N・C・P, ディレクターズ・C, 日本テレビ「ウホッホ探険隊」　●映画 短編映画　桜映画社, MOAプロ「よみがえる光琳屋敷」　プロコムジャパン「西出大三 截金の美」　●テレビドラマ　関西テレビ放送「松本清張サスペンス・隠花の飾り『記念に…』」　NHK「子どもの隣り」
◇芸術選奨　第37回　●映画部門 大臣賞　吉田喜重"「人間の約束」の演出"　●映画部門 新人賞　斉藤由貴"「恋する女たち」の演技"　●放送部門 大臣賞　樹木希林"「はね駒」の演技"　●放送部門 新人賞　三枝健起"「匂いガラス」「追う男」の演出"

【映画】

◇朝日賞〔映画関係〕(昭61年)　川喜多かしこ"日本映画の海外普及と映画を通じての国際文化交流"
◇川喜多賞　第4回　淀川長治"独特の話術と親しみやすい人柄によって若い世代にも映画の魅力を植えつけ, テレビの解説を通して映画ファンを拡大するなど, 映画の発展に努めた功績に対して"
◇キネマ旬報賞　第32回　●日本映画監督賞　熊井啓「海と毒薬」　●脚本賞　森田芳光「ウホッホ探険隊」　●主演女優賞　秋吉暢子「片翼だけの天使」　●主演男優賞　内田裕也「コミック雑誌なんかいらない！」　●助演女優賞　いしだあゆみ「火宅の人」　●助演男優賞　植木等「新・喜びも悲しみも幾歳月」　●読者選出日本映画監督賞　深作欣二「火宅の人」
◇キネマ旬報ベスト・テン　第60回　●日本映画 1位　「海と毒薬」(熊井啓監督)　●日本映画 2位　「コミック雑誌なんかいらない」(滝田洋二郎監督)　●日本映画 3位　「ウホッホ探険隊」(根岸吉太郎監督)　●外国映画 1位　「ストレンジャー・ザン・パラダイス」(ジム・ジャームッシュ監督)　●外国映画 2位　「カイロの紫のバラ」(ウッディ・アレン監督)　●外国映画 3位　「蜘蛛女のキス」(ヘクトール・バベンコ監督)
◇ゴールデングロス賞　第4回　●日本映画部門 金賞　東宝配給「子猫物語」　●外国映画部門 金賞　UIP配給「ロッキー4 炎の友情」　●マネーメーキング監督賞　深作欣二「火宅の人」　●マネーメーキングスター賞　松坂慶子「火宅の人」　●マネーメーキング特別賞　畑正憲「子猫物語」　●マネーメーキング話題賞　ビー・バップ・ハイスクール・チーム
◇日本アカデミー賞　第9回　●最優秀作品賞　「花いちもんめ」(伊藤俊也監督)　●最優秀監督賞　沢井信一郎「早春物語」「Wの悲劇」　●最優秀脚本賞　松田寛夫「花いちもんめ」　●最優秀主演男優賞　千秋実「花いちもんめ」　●最優秀主演女優賞　倍賞美津子「恋文」「友よ静かに瞑れ」　●最優秀助演男優賞　小林薫「恋文」「それから」　●最優秀助演女優賞　三田佳子「Wの悲劇」「春の鐘」　●最優秀外国作品賞　「アマデウス」(ミロス・フォアマン監督)　●新人俳優賞　河野美地子　沢口靖子　早見優　江夏豊　新藤栄作　山下規介
◇ぴあテン〔映画部門〕　第15回　●1位　「エイリアン2」(ジェームズ・キャメロン監督)　●2位　「ロッキー4 炎の友情」(シルベスター・スタローン監督)　●3位　「トップガン」(トニー・スコット

監督)
◇ブルーリボン賞　第29回　●最優秀作品賞 邦画　「ウホッホ探険隊」(根岸吉太郎監督)　●最優秀作品賞 洋画　「カラーパープル」(スティーブン・スピルバーグ監督)　●監督賞　熊井啓「海と毒薬」　●主演男優賞　田中邦衛「ウホッホ探険隊」　●主演女優賞　いしだあゆみ「火宅の人」　●助演男優賞　すまけい「キネマの天地」　●助演女優賞　大竹しのぶ「波光きらめく果て」　●新人賞　有森也実「キネマの天地」　●特別賞　内田裕也企画・脚本・主演「コミック雑誌なんかいらない!」　古川勝巳"乱"など外国との合作を実現させた功績"
◇報知映画賞　第11回　●最優秀作品賞 邦画部門　「コミック雑誌なんかいらない!」(滝田洋二郎監督)　●最優秀作品賞 洋画部門　「カイロの紫のバラ」(ウッディ・アレン監督)　●最優秀主演男優賞　内田裕也「コミック雑誌なんかいらない!」　●最優秀主演女優賞　いしだあゆみ「火宅の人」　●最優秀助演男優賞　すまけい「キネマの天地」　●最優秀助演女優賞　原田美枝子「火宅の人」　●最優秀監督賞　根岸吉太郎「ウホッホ探険隊」　●最優秀新人賞　斉藤由貴「恋する女たち」
◇毎日映画コンクール　第41回　●日本映画賞 大賞　「海と毒薬」(熊井啓監督)　●監督賞　熊井啓「海と毒薬」　●脚本賞　内田裕也,高木功「コミック雑誌なんかいらない!」　●演技賞 男優主演賞　奥田瑛二「海と毒薬」　●演技賞 女優主演賞　いしだあゆみ「時計」「火宅の人」　●演技賞 男優助演賞　植木等「新・喜びも悲しみも幾歳月」「愛しのチイパッパ」　●演技賞 女優助演賞　村瀬幸子「人間の約束」　●大藤信郎賞　宮﨑駿、他製作スタッフ「天空の城ラピュタ」　●スポニチグランプリ新人賞　鷲尾いさ子「野ゆき山ゆき海べゆき」　仲村トオル「ビー・バップ・ハイスクール」　林海象「夢みるように眠りたい」　●日本映画ファン賞　「植村直己物語」　●洋画ベストワン賞　ワーナーブラザーズ「カイロの紫のバラ」　●田中絹代賞　倍賞千恵子
◇牧野省三賞　第28回　野村芳太郎(監督)
◇優秀映画鑑賞会ベストテン　第27回　●日本映画1位　「火宅の人」(深作欣二監督)　●日本映画2位　「人間の約束」(吉田喜重監督)　●日本映画3位　「キネマの天地」(山田洋次監督)　●外国映画1位　「赤ちゃんに乾杯!」(コリーヌ・セロー監督)　●外国映画2位　「カラーパープル」(スチーブン・スピルバーグ監督)　●外国映画3位　「愛と哀しみの果て」(シドニー・ポラック監督)

【テレビ】
◇ギャラクシー賞　第24回　山形放送「ドキュメント'86『セピア色の証言—張作霖爆殺事件・秘匿写真』」　日本放送協会「ドラマスペシャル『少年』」　フジテレビジョン「ドラマスペシャル『北の国から'87初恋』」　●大賞　朝日放送「追跡ドキュメント『集団スリ逮捕—執念の報酬』」　●特別賞　日本テレビ放送網,テレビマンユニオン「木曜スペシャル『史上最大! アメリカ横断ウルトラクイズ10周年シリーズ』」
◇日本民間放送連盟賞(昭61年)　●番組部門(テレビ娯楽番組) 最優秀　中部日本放送「元禄サラリーマン考 朝日文左衛門の日記」
◇放送文化基金賞　第12回　●ドラマ番組　東京放送,カノックス 向田邦子・新春ドラマスペシャル「女の人差し指」
◇向田邦子賞　第5回　寺内小春「麗子の足」「イキのいい奴」

【芸能全般】
◇浅草芸能大賞　第3回　●大賞　浅香光代(女優)　●奨励賞　東八郎(コメディアン)　●新人賞　柳家小里ん(落語)
◇芸術選奨　第37回　●演劇部門 大臣賞　松本典子"「タンゴ・冬の終わりに」「夢去りて、オルフェ」の演技"　●演劇部門 新人賞　竹本葵太夫"「仮名手本忠臣蔵」「義経千本桜」等の竹本演奏"　●大衆芸能部門 大臣賞　汀夏子"「楼蘭」「さよならアラン」「舞台はまわる—にっぽん女剣劇物語」の演技"　●大衆芸能部門 新人賞　桜田淳子"「アニーよ銃をとれ」「エドの舞踏会」「十二月」の演技"
◇ゴールデン・アロー賞　第24回　●映画賞　いしだあゆみ"映画「火宅の人」で"静"、「時計アデュー・リベール」では、華麗な"動"と幅広く成熟した演技力に"　●映画賞 新人賞　有森也実"デビュー作「キネマの天地」で見せた演技はのびやかで新鮮。女優としての将来の活躍に期待"　●演劇賞　夏木マリ"ミュージカル「アニー」「ロッキー・ホラー・ショー」や「転落の後に」などの演技"　●演劇賞 新人賞　島田歌穂"「イーハトーボの劇列車」「花よりタンゴ」などの舞台で示した堅実な

演技に対して" ●音楽賞　中森明菜 "「DESIRE」「Fin」などが連続大ヒット" ●音楽賞 新人賞　少年隊 "アイドルNo.1の座を獲得。そのズバ抜けた人気と実績に対して" 石井明美 "大ヒット曲「CHA-CHA-CHA」で登場。個性的な魅力とリズミカルな歌唱力を評価して" 真璃子 "「私星伝説」でデビュー。「恋・みーつけた」「夢飛行」とヒット" ●放送賞　久米宏 "キャスターとして「ニュースステーション」を茶の間に定着させた" 後藤久美子 "ドラマ(「続たけしくん！ハイ」ほか)、CMなどに大活躍" ●芸能賞　片岡鶴太郎 "「プッツン」を全国的流行語にするなど、大衆芸能のリーダーとして活躍" ●芸能賞 新人賞　パワーズ "可能性を秘めたパワーある漫才、軽妙な司会などで急上昇" ●特別賞　小林旭 "「熱き心に」で旭節がロングヒット。30年にわたる幅広い芸能生活でマイトガイぶりをいかんなく発揮" ●話題賞　西川きよし、西川ヘレン ●グラフ賞　本田美奈子

◇松尾芸能賞　第7回 ●大賞　市川團十郎(12代) ●優秀賞 映画・演劇　三田佳子 ●特別賞 演劇　片岡仁左衛門(13代) ●新人賞 歌謡芸能　祭小春

【音楽】

◇あなたが選ぶ全日本歌謡音楽祭　第12回 ●ゴールデングランプリ　中森明菜「Fin」 ●最優秀新人賞　少年隊「仮面舞踏会」 ●最優秀歌唱賞　北島三郎「北の漁場」 ●最優秀タレント賞　本田美奈子「Help」 ●最優秀アイドル賞　荻野目洋子「ダンシング・ヒーロー」 ●特別功労賞　五木ひろし「浪花盃」 ●審査員奨励賞　細川たかし「さだめ川」　近藤真彦「Baby Rose」 ●朝日新聞社賞　美空ひばり「愛燦燦」 ●テレビ朝日賞　早見優「Love Station」　とんねるず「人情岬」 ●特別賞　小林旭「熱き心に」

◇FNS歌謡祭グランプリ　第13回 ●グランプリ　中森明菜歌,阿木燿子詞,鈴木キサブロー曲,椎名和夫編曲「DESIRE」 ●最優秀新人賞　少年隊「仮面舞踏会」 ●最優秀視聴者賞　五木ひろし ●最優秀ヒット賞　中森明菜 ●最優秀歌唱賞　小林旭「熱き心に」

◇銀座音楽祭　第16回 ●金賞　少年隊「仮面舞踏会」 ●特別賞　とんねるず　秋元康 ●功労賞　森昌子

◇古賀政男記念音楽大賞　第7回 ●プロ作品 大賞　中山大三郎作詩・作曲,斉藤恒夫編曲,森進一歌唱「ゆうすげの恋」 ●プロ作品 優秀賞　山川啓介作詩,和泉常寛作曲,川口真編曲,伊東ゆかり歌唱「HANAGUMORI」　池田充男作詩,近江孝彦作曲,池多孝春編曲,小林幸子歌唱「別離」

◇JASRAC賞　第4回 ●国内　藤田まさと作詞,四方章人作曲ほか「浪花節だよ人生は」 ●外国　永六輔作詞,中村八大作曲ほか「上を向いて歩こう」

◇新宿音楽祭　第19回 ●金賞　少年隊「仮面舞踏会」　真璃子「夢飛行」 ●審査員特別奨励賞　水谷麻里「乙女日和」

◇全日本有線放送大賞　第19回 ●グランプリ　テレサ・テン「時の流れに身をまかせ」 ●最多リクエスト賞　中森明菜「FIN」ほか ●最優秀歌唱賞　北島三郎「北の漁場」 ●読売テレビ最優秀賞　五木ひろし「浪花盃」 ●審査委員会最優秀賞　小林旭「熱き心に」 ●特別賞　渥美二郎「昭和時次郎」　原田悠里「木曽路の女」　河島英五「時代おくれ」 ●最優秀新人賞　石井明美「CHA-CHA-CHA」

◇日本演歌大賞　第12回 ●大賞　小林旭「熱き心に」 ●演歌名人賞　五木ひろし「浪花盃」 ●歌唱賞　石川さゆり「天城越え」　渥美二郎「昭和時次郎」　細川たかし「さだめ川」 ●演歌希望の星賞　浦上幹子「KUMIKO」　段田男「玄界灘」 ●特別賞　美空ひばり「愛燦燦」

◇日本歌謡大賞　第17回 ●大賞　中森明菜「Fin」 ●最優秀放送音楽賞　北島三郎「北の漁場」

◇日本ゴールドディスク大賞　第1回 ●The Grand Prix Artist of the Year賞 邦楽　中森明菜 ●The Grand Prix New Artist of the Year賞　少年隊 ●The Grand Prix Album of the Year賞 邦楽　中森明菜「BEST」

◇日本作詩大賞　第19回 ●大賞　中山大三郎「ゆうすげの恋」(歌・森進一)

◇日本作曲大賞　第6回 ●大賞　三木たかし「時の流れに身をまかせ」(テレサ・テン) ●日本作曲家協会賞　花形光「Home・Town」(内藤やす子) ●音楽文化賞　美空ひばり

◇日本テレビ音楽祭　第12回 ●グランプリ　中森明菜「DESIRE」 ●金の鳩賞　本田美奈子「Help」 ●新人賞　少年隊「仮面舞踏会」　西村知美「夢色のメッセージ」

◇日本有線大賞　第19回 ●大賞　テレサ・テン「時の流れに身をまかせ」 ●ベストヒット曲賞　テ

レサ・テン「時の流れに身をまかせ」　●最多リクエスト歌手賞　中森明菜「DESIRE」　●最優秀新人賞　石井明美「CHA-CHA-CHA」　●有線特別功労賞　小林旭「熱き心に」

◇日本レコードセールス大賞　第19回　●アーティストセールス大賞　中森明菜　●シングル部門大賞　中森明菜　●LP部門大賞　中森明菜　●新人部門男性新人賞　少年隊　●新人部門女性新人賞　新田恵利

◇日本レコード大賞　第28回　●大賞　中森明菜歌,阿木燿子詞,鈴木キサブロー曲,椎名和夫編曲「DESIRE」　●最優秀歌唱賞　北島三郎「北の漁場」　●最優秀新人賞　少年隊「仮面舞踏会」　●アルバム大賞　松田聖子「SUPREME」　●ベストアーチスト賞　中森明菜「DESIRE」ほか

◇ぴあテン〔音楽部門〕（昭61年度）　●1位　渡辺美里　●2位　KUWATA BAND　●3位　レベッカ

◇メガロポリス歌謡祭　第5回　●ポップスグランプリ　中森明菜「ジプシー・クイーン」　●最優秀新人ダイヤモンド賞　真璃子「恋・みーつけた」　水谷麻里「21世紀まで愛して」　●演歌大賞　小林旭「熱き心に」　●特別賞　服部良一　高峰三枝子　王堂宏　とんねるず　シブがき隊

◇ヤング歌謡大賞新人グランプリ　第13回　●グランプリ　少年隊「仮面舞踏会」　●服部良一特別賞　水谷麻里「乙女日和」　●審査員奨励賞　勇直子「センターラインが終わるとき」　真璃子「夢飛行」　山瀬まみ「Heartbreak Café」

◇横浜音楽祭　第13回　●音楽祭賞　河合奈保子　シブがき隊　中森明菜　早見優　細川たかし　●ラジオ日本演歌賞　北島三郎　●音楽祭特別賞　荻野目洋子　神野美伽　三笠優子　●最優秀新人賞　少年隊　●新人特別賞　真璃子　水谷麻里　●新人賞　勇直子　島津亜矢　清水香織　段田男　山瀬まみ

【演劇】

◇菊田一夫演劇賞　第12回　井上孝雄 "「遙かなり山河―白虎隊異聞」の西郷頼母の役の演技に対して"　吉田日出子 "「ドタ靴をはいた青空ブギー」の滝口絵梨子・ビューティ・スカイの役の演技に対して"　藤木孝 "「ロッキー・ホラー・ショー」「ブラック・コメディ」の演技に対して"　巌弘志 "「三味線お千代」の石原勇太の役の演技に対して"　●大賞　平岩弓枝 "「三味線お千代」「真夜中の招待状」の脚本の成果に対して"　●特別賞　竹内京子 "長年の舞台の功績に対して"

◇紀伊国屋演劇賞　第21回　●団体賞　該当者なし　●個人賞　川口敦子　三田和代　山崎哲　箕浦康子　佐藤B作　夏木マリ　イッセー尾形　市堂令

◇芸術祭賞〔演劇部門〕　第41回　●芸術祭賞　演劇集団円 "公演「悲劇フェードル」の成果"　鳳蘭 "帝劇10月 東宝ミュージカル特別公演「シカゴ」の演技"　片山九郎右衛門の会 "第6回東京公演「松風―見留」の成果"　加藤剛 "劇団俳優座第186回公演「心―わが愛」の演技"　中村雀右衛門（4代）,尾上梅五郎（7代）,片岡孝夫 "歌舞伎座芸術祭十月大歌舞伎における「加賀見山旧錦絵」の演技"　英の会 "第7回公演「ひとり芝居―金色夜叉」「遊女夕霧」の成果"

◇ぴあテン〔演劇部門〕（昭61年度）　●1位　劇団四季「キャッツ」　●2位　ブロードウェイ「コーラスライン」　●3位　スーパー・エキセントリック・シアター「活劇ウェスタン・リボンの騎士」

◇毎日芸術賞　第28回　北村和夫 "「欲望という名の電車」（文学座）のスタンレーの演技"

【演芸】

◇花王名人大賞　第6回　●花王名人大賞　ビートたけし　●最優秀名人賞　太平サブロー,太平シロー　●名人賞　太平サブロー,太平シロー　オール阪神,オール巨人　片岡鶴太郎　コント山口君と竹田君　たけし軍団　●最優秀新人賞　シティボーイズ　●ベスト新人賞　シティボーイズ　キッチュ　ハイヒール　パワーズ　宮川大助,宮川花子　●最優秀番組賞　「さだまさしとゆかいな仲間3」　●特別賞　横山やすし,西川きよし　●功労賞　柳家小さん（5代）

◇上方お笑い大賞　第15回　●大賞　今いくよ・くるよ　●金賞　月亭八方　●銀賞　まるむし商店　●功労賞　荒川キヨシ　●秋田実賞　梅林貴久生

◇上方漫才大賞　第21回　●漫才大賞　太平サブロー,太平シロー　●奨励賞　宮川大助,宮川花子　●新人賞　パート2

◇芸術祭賞〔演芸部門〕　第41回　●芸術祭賞　雷門助六 "「雷門助六独演会」の話芸"　神田ろ山 "「神田ろ山独演会」の話芸"　若手花形落語会 "「若手花形落語会鈴木余一会」の成果"

◇日本放送演芸大賞　第15回　明石家さんま

【漫画・アニメ】

◇講談社漫画賞　第10回　●少年部門　蛭田達也「コータローまかりとおる！」　●少女部門　一条ゆかり「有閑倶楽部」　●一般部門　手塚治虫「アドルフに告ぐ」　小林まこと「What's Michael？」

◇小学館漫画賞　第32回　●児童向け部門　ながいのりあき「がんばれ！　キッカーズ」　●少年向け部門　髙橋よしひろ「銀牙―流れ星銀―」　●少女向け部門　篠原千絵「闇のパープル・アイ」　●青年一般向け部門　雁屋哲, 花咲アキラ「美味しんぼ」

◇日本アニメ大賞・アトム賞　第4回　●アトム賞　日本アニメーション「愛少女ポリアンナ物語」　●オリジナルビデオソフト作品賞　キングレコード・オービー企画「エリア88 ACT Ⅲ 燃える蜃気楼」　●ファン大賞　「機動戦士ガンダムZZ」　●ファン大賞 男性キャラクター　ジュドー・アーシタ（「機動戦士ガンダムZZ」）　●ファン大賞 女性キャラクター　エルピー・プル（「機動戦士ガンダムZZ」）　●選考委員特別賞　宮崎駿　●声優部門特別演技賞　常田富士男 "長年にわたる声優活動と「天空の城ラピュタ」のポムじいさんの演技に対して"

◇文藝春秋漫画賞　第32回　該当者なし

【スポーツ】

◇朝日体育賞　第12回　児玉泰介 "1986年北京国際マラソンで2時間7分35秒の86年世界最高, 日本選手初の2時間7分台で初優勝"　伊藤国光 "1986年北京国際マラソンで2時間7分57秒の86年世界3位, 日本選手初の2時間7分台で2位入賞"　松下和幹 "アーチェリーの天津国際大会男子30mで357点の世界新記録を樹立"　室伏重信 "アジア競技大会陸上競技ハンマー投げで5連勝"　藤田明 "長年にわたり, 日本水泳界の育成と発展に貢献"　遠藤一雄 "長年にわたり, 野球で村おこし, 村民の健康づくりに貢献"

◇日本プロスポーツ大賞　第19回　●大賞　落合博満（プロ野球）　●殊勲賞　中野浩一（自転車競技）　浜田剛史（プロボクシング）　千代の富士貢（大相撲）

【その他】

◇将棋大賞　第13回　●最優秀棋士賞　谷川浩司　●特別賞　大山康晴　●新人賞　富岡英作　●女流棋士賞　中井広恵

◇星雲賞　第17回　●日本長編部門　高千穂遙「ダーティペアの大逆転」　●日本短編部門　野田昌宏「レモンパイお屋敷横町ゼロ番地」　●メディア部門　ロバート・ゼメキス監督「バック・トゥ・ザ・フューチャー」　●コミック部門　士郎正宗「アップルシード」　●アート部門　天野喜孝　●ノンフィクション部門　池田憲章「特撮ヒーロー列伝」

◇日本SF大賞　第7回　かんべむさし「笑い宇宙の旅芸人」

◇日本新語・流行語大賞　第3回　●新語部門 金賞　雁屋哲 "究極"　●新語部門 銀賞　鈴木昭 "激辛"　●新語部門 銅賞　山内溥「ファミコン」　●流行語部門 金賞　清原和博, 工藤公康, 渡辺久信 "新人類"　●流行語部門 銀賞　マイケル・サラモン "知的水準"　●流行語部門 銅賞　上山英介 "亭主元気で留守がいい"

◇文化勲章（昭61年度）　荻須高徳（洋画）　岡義武（政治史）　土屋文明（短歌）　名取礼二（筋生理学）　林忠四郎（宇宙物理学）

◇ベストドレッサー賞　第15回　●政治・経済部門　松浦均　●学術・文化部門　北方謙三　●スポーツ・芸能部門　小堺一機　陣内孝則　松本恵二　●女性部門　萬田久子

昭和62年（1987）

【文学全般】

◇大佛次郎賞　第14回　山田晶「アウグスティヌス講話」

◇菊池寛賞　第35回　村松剛 "「醒めた炎―木戸孝允」で維新三傑の一人・木戸孝允の思想と行動を通じて今まで無視されてきた日本精神史の部分を照射した功績"

◇群像新人文学賞　第30回　●小説　下井葉子「あなたについて わたしについて」　鈴木隆之「ポー

昭和62年（1987）

トレート・イン・ナンバー」　●評論　高橋勇夫「帰属と彷徨——芥川竜之介論」
◇芸術選奨　第38回　●文学部門 文部大臣賞　青野聰「人間のいとなみ」　中村稔「中村稔詩集」　●文学部門 新人賞　木崎さと子「沈める寺」　●評論等 文部大臣賞　川崎寿彦「森のイングランド——ロビンフッドからチャタレー夫人まで」　●評論等 新人賞　杉山正樹"著作『郡虎彦』の成果"
◇サントリー学芸賞〔芸術・文学部門〕　第9回　伊藤俊治「ジオラマ論」　井上和雄「モーツァルト 心の軌跡——弦楽四重奏が語るその生涯」　宮岡伯人「エスキモー——極北の文化誌」
◇新田次郎文学賞　第6回　長部日出雄「見知らぬ戦場」
◇日本芸術院賞（第2部・文芸）　第44回　●恩賜賞・日本芸術院賞　八木義徳
◇日本文学大賞　第19回　●文芸部門　開高健「破れた繭 耳の物語1」「夜と陽炎 耳の物語2」　●学芸部門　阿川弘之「井上成美」
◇日本文芸大賞　第7回　藤本義一「蛍の宿」　●特別賞　眉村卓「夕焼けの回転木馬」　幸田シャーミン「二十代は個性の冒険」　●脚本賞　ジェームス三木「独眼竜政宗」　●女流文学賞　三宅雅子「阿修羅を棲まわせて」　●文芸美術賞　佐藤清「シベリヤ虜囚の祈り」　●エッセイ賞　小牧璋子「私の震気楼は消ゆることなく」
◇野間文芸賞　第40回　森敦「われ逝くもののごとく」
◇毎日芸術賞　第29回　芝木好子「雪舞い」
◇毎日出版文化賞　第41回　立花隆、中央公論社「脳死」　杉森久英, 河出書房新社「近衛文麿」　●特別賞　高木健夫編, 国書刊行会「新聞小説史年表」
◇読売文学賞　第39回　●小説賞　渋澤龍彦「高丘親王航海記」　●戯曲賞　別役実「諸国を遍歴する二人の騎士の物語」　●随筆・紀行賞　近藤啓太郎「奥村土牛」　杉本秀太郎「徒然草」　●評論・伝記賞　望月洋子「ヘボンの生涯と日本語」　●詩歌俳句賞　岡野弘彦「天の鶴群」　高橋睦郎「稽古飲食」

【小説】

◇芥川龍之介賞　第97回（上期）　村田喜代子「鍋の中」
◇芥川龍之介賞　第98回（下期）　池澤夏樹「スティル・ライフ」　三浦清宏「長男の出家」
◇泉鏡花文学賞　第15回　倉橋由美子「アマノン国往還記」　朝稲日出夫「シュージの放浪」
◇江戸川乱歩賞　第33回　石井敏弘「風のターン・ロード」
◇オール讀物新人賞　第67回　味尾長太「ジャパゆき梅子」
◇オール讀物推理小説新人賞　第26回　宮部みゆき「我らが隣人の犯罪」　長尾由多加「夜の薔薇の紅い花びらの下」
◇川端康成文学賞　第14回　古井由吉「中上坂」　阪田寛夫「海道東征」
◇小説現代新人賞　第48回（上期）　加藤栄次「真作譚」
◇小説現代新人賞　第49回（下期）　杉元怜一「ようこそ『東京』へ」
◇女流文学賞　第26回　田辺聖子「花衣ぬぐやまつわる…」
◇新潮新人賞　第19回　図子英雄「カワセミ」
◇すばる文学賞　第11回　桑原一世「クロス・ロード」　松本侑子「巨食症の明けない夜明け」
◇谷崎潤一郎賞　第23回　筒井康隆「夢の木坂分岐点」
◇直木三十五賞　第97回（上期）　白石一郎「海狼伝」　山田詠美「ソウル・ミュージック・ラバーズ・オンリー」
◇直木三十五賞　第98回（下期）　阿部牧郎「それぞれの終楽章」
◇日本推理作家協会賞　第40回　●長篇部門　逢坂剛「カディスの赤い星」　高橋克彦「北斎殺人事件」　●短篇部門　該当作なし　●評論その他の部門　伊藤秀雄「明治の探偵小説」
◇野間文芸新人賞　第9回　新井満「ヴェクサシオン」
◇文學界新人賞　第64回（上期）　鷺沢萠「川べりの道」　尾崎昌躬「東明の浜」
◇文學界新人賞　第65回（下期）　谷口哲秋「遠方より」
◇文藝賞　第24回　笹山久三「四万十川——あつよしの夏」

◇横溝正史賞　第7回　●大賞　服部まゆみ「時のアラベスク」　●佳作　浦山翔「鉄条網を越えてきた女」
◇吉川英治文学賞　第21回　宮本輝「優駿」

【詩歌】

◇H氏賞　第37回　佐々木安美「さるやんまだ」　永塚幸司「梁塵」
◇小熊秀雄賞　第20回　岩渕欽哉「サバイバルゲーム」
◇現代歌人協会賞　第31回　坂井修一「ラビュリントスの日々」
◇現代詩人賞　第5回　新川和江「ひきわり麦抄」
◇現代詩花椿賞　第5回　木坂涼「ツッツッと」
◇現代短歌大賞　第10回　該当作なし
◇詩歌文学館賞　第2回　●詩　最匠展子「微笑する月」　●短歌　塚本邦雄「詩歌変」　●俳句　加藤楸邨「怒濤」
◇高見順賞　第18回　高橋睦郎「兎の庭」　松浦寿輝「冬の本」
◇蛇笏賞　第21回　森澄雄「四遠」
◇迢空賞　第21回　岡部文夫「雲天」
◇壺井繁治賞　第15回　芝憲子「沖縄の反核イモ」　くにさだきみ「ミッドウェーのラブホテル」
◇藤村記念歴程賞　第25回　辻征夫「天使・蝶・白い雲などいくつかの瞑想」「かぜのひきかた」　朝吹亮二「OPUS」
◇日本歌人クラブ賞　第14回　野北和義「山雞」　谷邦夫「野の風韻」
◇俳人協会賞　第27回　有馬朗人「天為」
◇晩翠賞　第28回　内川吉男「メルカトル図法」

【戯曲】

◇岸田國士戯曲賞　第31回　該当作なし
◇年鑑代表シナリオ（昭62年度）　荒井晴彦「ベッド・イン」　中岡京平,須川栄三「蛍川」　野上龍雄,深作欣二,中原朗「必殺4 恨みはらします」　原一男「ゆきゆきて、神軍」　鈴木則文,梶浦政男「塀の中の懲りない面々」　今村昌平,岡部耕大「女街」　小野龍之助「イタズ 熊」　菊島隆三,石上三登志,日高真也,市川崑「竹取物語」　渡辺文樹「家庭教師」

【評論・随筆】

◇大宅壮一ノンフィクション賞　第18回　猪瀬直樹「ミカドの肖像」　野田正彰「コンピュータ新人類の研究」
◇講談社エッセイ賞　第3回　尾辻克彦「東京路上探険記」
◇講談社ノンフィクション賞　第9回　吉岡忍「墜落の夏」
◇日本エッセイスト・クラブ賞　第35回　金森久雄「男の選択」　堀尾真紀子「画家たちの原風景」　渡辺美佐子「ひとり旅一人芝居」

【児童文学】

◇赤い鳥文学賞　第17回　該当作なし
◇講談社出版文化賞　第18回　●絵本賞　にしまきかやこ「えのすきなねこさん」
◇産経児童出版文化賞　第34回　●大賞　松野正子作「りょうちゃんとさとちゃんのおはなし」全5巻
◇児童福祉文化賞　第30回　●出版物部門　工藤直子「のはらうた1・2・3」
◇児童文芸新人賞　第16回　いわままりこ「ねこがパンツをはいたなら」　江崎雪子「こねこムーのおくりもの」
◇小学館絵画賞　第36回　スズキコージ「エンソくん きしゃにのる」
◇小学館文学賞　第36回　倉本聰「北の国から'87初恋」

昭和62年(1987)

◇日本児童文学者協会賞　第27回　岡田淳「学校ウサギをつかまえろ」　木暮正夫「街かどの夏休み」
◇日本児童文芸家協会賞　第11回　瀬尾七重「さようなら葉っぱこ」
◇野間児童文芸賞　第25回　堀内純子「ルビー色の旅」　三輪裕子「ぼくらの夏は山小屋で」

【映画・テレビ全般】
◇エランドール賞(昭62年度)　●新人賞　斉藤由貴　陣内孝則　渡辺謙　安田成美　中山美穂
◇芸術作品賞〔映画・テレビ関係〕　第3回　●映画 長編映画　松竹「男はつらいよ知床慕情」　東映、こぶしプロ「イタズ 熊」　●映画 短編映画　電通映画社「丹後の藤織り」　英映画社「ふるさとからくり風土記―八女福島の灯籠人形」　●テレビ ドラマ　フジテレビ「北の国から'87初恋」　NHK「絆」　NHK「橋の上においでよ」
◇芸術選奨　第38回　●映画部門 大臣賞　田村高廣"イタズ 熊"の演技"　●映画部門 新人賞　大森一樹"映画「トットチャンネル」「〈さよなら〉の女たち」の演出"　●放送部門 大臣賞　中島丈博"極楽への招待」「絆」の作風"　●放送部門 新人賞　佐藤幹夫"ドラマ「約束の旅」の演出"

【映画】
◇川喜多賞　第5回　セルジュ・シルベルマン"「小間使の日記」以後のルイス・ブニュエル監督のほとんど全部の作品をプロデュースし、黒澤明監督の「乱」に対して多額の製作費を提供。この大作の完成を見ることができたことへの感謝をこめて"
◇キネマ旬報賞　第33回　●日本映画監督賞・脚本賞　伊丹十三「マルサの女」　●主演女優賞　宮本信子「マルサの女」　●主演男優賞　時任三郎「永遠の1/2」　●助演女優賞　桜田淳子「イタズ 熊」　●助演男優賞　津川雅彦「マルサの女」「別れぬ理由」　●読者選出日本映画監督賞　原一男「ゆきゆきて、神軍」
◇キネマ旬報ベスト・テン　第61回　●日本映画 1位　「マルサの女」(伊丹十三監督)　●日本映画 2位　「ゆきゆきて, 神軍」(原一男監督)　●日本映画 3位　「1000年刻みの日時計 牧野村物語」(小川紳介監督)　●外国映画 1位　「グッドモーニング・バビロン！」(タヴィアーニ兄弟監督)　●外国映画 2位　「プラトーン」(オリバー・ストーン監督)　●外国映画 3位　「ハンナとその姉妹」(ウッディ・アレン監督)
◇ゴールデングロス賞　第5回　●日本映画部門 金賞　松竹富士配給「ハチ公物語」　●外国映画部門 金賞　UIP配給「トップガン」　●マネーメーキング監督賞　伊丹十三「マルサの女」　●特別賞　奥山和由「ハチ公物語」
◇日本アカデミー賞　第10回　●最優秀作品賞　「火宅の人」(深作欣二監督)　●最優秀監督賞　深作欣二「火宅の人」　●最優秀脚本賞　神波史男, 深作欣二「火宅の人」　●最優秀主演男優賞　緒形拳「火宅の人」　●最優秀主演女優賞　いしだあゆみ「火宅の人」「時計」　●最優秀助演男優賞　植木等「祝辞」「新・喜びも悲しみも幾歳月」　●最優秀助演女優賞　原田美枝子「火宅の人」「プルシアンブルーの肖像」　●最優秀外国作品賞　「バック・トゥ・ザ・フューチャー」(ロバート・ゼメキス監督)　●新人俳優賞　清水宏次朗　有森也実　黒木瞳　柳葉敏郎　斉藤由貴
◇ぴあてん〔映画部門〕　第16回　●1位　「アンタッチャブル」(ブライアン・デ・パルマ監督)　●2位　「プラトーン」(オリバー・ストーン監督)　●3位　「スタンド・バイ・ミー」(ロブ・ライナー監督)
◇ブルーリボン賞　第30回　●最優秀作品賞 邦画　「マルサの女」(伊丹十三監督)　●最優秀作品賞 洋画　「アンタッチャブル」(ブライアン・デ・パルマ監督)　●監督賞　原一男「ゆきゆきて、神軍」　●主演男優賞　陣内孝則「ちょうちん」　●主演女優賞　三田佳子「別れぬ理由」　●助演男優賞　三船敏郎「男はつらいよ知床慕情」　●助演女優賞　秋吉久美子「夜汽車」　●新人賞　高嶋政宏「トットチャンネル」
◇報知映画賞　第12回　●最優秀作品賞 邦画部門　「マルサの女」(伊丹十三監督)　●最優秀作品賞 洋画部門　「グッドモーニング・バビロン」(タヴィアーニ兄弟監督)　●最優秀主演男優賞　陣内孝則「ちょうちん」　●最優秀主演女優賞　大竹しのぶ「永遠の1/2」　●最優秀助演男優賞　津川雅彦「マルサの女」　●最優秀助演女優賞　桜田淳子「イタズ 熊」　●最優秀監督賞　原一男「ゆきゆきて、神軍」　●最優秀新人賞　高嶋政宏「トットチャンネル」
◇毎日映画コンクール　第42回　●日本映画賞 大賞　「マルサの女」　●監督賞　原一男「ゆきゆきて、神軍」　●脚本賞　伊丹十三「マルサの女」　●演技賞 男優主演賞　津川雅彦「マルサの女」

「別れぬ理由」　●演技賞 女優主演賞　十朱幸代「夜汽車」「蛍川」　●演技賞 男優助演賞　三船敏郎「男はつらいよ知床慕情」　●演技賞 女優助演賞　石田えり「ちょうちん」　●大藤信郎賞　手塚プロ「森の伝説」　●スポニチグランプリ新人賞　高嶋政宏「トットチャンネル」　南野陽子「スケバン刑事」　●日本映画ファン賞　「マルサの女」　●洋画ベストワン賞　ヘラルド・エース「バウンティフルへの旅」　●特別賞　石原裕次郎　八木保太郎　●田中絹代賞　三田佳子

◇牧野省三賞　第29回　三船敏郎
◇優秀映画鑑賞会ベストテン　第28回　●日本映画1位　「蛍川」(須川栄三監督)　●日本映画2位　「マルサの女」(伊丹十三監督)　●日本映画3位　「ハチ公物語」(神山征二郎監督)　●外国映画1位　「プラトーン」(オリバー・ストーン監督)　●外国映画2位　「スタンド・バイ・ミー」(ロブ・ライナー監督)　●外国映画3位　「グッドモーニング・バビロン!」(タビアーニ兄弟監督)

【テレビ】
◇ギャラクシー賞　第25回　テレビ東京, 国際ビデオ「土曜スペシャル『比叡山紀行・道はるかなり阿闍梨二千日を歩く』」　毎日放送「MBSサンデースペシャル 公開らくごラマ『大阪レジスタンス』」　●特別賞　鶴橋康夫"人間性の深奥を遠近感ある独特の俯瞰の構図で映像化して, 流麗なドラマ世界に誘う水準の高い作品を送り続けた"　●25周年記念特別賞 平和の賞　毎日放送「映像'80」　日本放送協会「NHK特集『世界の科学者が予見する・核戦場地の地球』」　●25周年記念特別賞 愛の賞　東京放送「兼高かおる世界の旅」　東海テレビ放送"一連の徳山村についてのドキュメンタリー"　フジテレビジョン「『北の国から』シリーズ」　●25周年記念特別賞 まなびの賞　テレビマンユニオン「『日本アイ・ビー・エム美術スペシャル』シリーズ」　市岡康子　●25周年記念特別賞 ユーモア賞　読売テレビ放送「『鳥人間コンテスト選手権大会』第1回〜第11回」　日本テレビ放送網, テレビマンユニオン「木曜スペシャル『史上最大!アメリカ横断ウルトラクイズ』第1回〜第11回」　全国朝日放送「『家政婦は見た!』シリーズ」　●25周年記念特別賞 出版賞　テレビ東京「証言・私の昭和史」
◇日本民間放送連盟賞(昭62年)　●番組部門(テレビ娯楽番組)　最優秀　東京放送「親子ジグザグ 第5話—鬼ババの危険なヒミツ」
◇放送文化基金賞　第13回　●テレビドラマ番組　日本放送協会　ドラマスペシャル「父の詫び状」
◇毎日芸術賞　第29回　深町幸男"ドラマ「今朝の秋」の演出"
◇向田邦子賞　第6回　田向正健「橋の上においでよ」

【芸能全般】
◇浅草芸能大賞　第4回　●大賞　益田喜頓(俳優)　●奨励賞　宝井馬琴(講談)　●新人賞　小堺一機(タレント)
◇菊池寛賞　第35回　笠智衆"昭和の時代とともに俳優生活を始め, その間愛される父親像の原型を演じ続けてきた名バイプレイヤー"
◇芸術選奨　第38回　●演劇部門 大臣賞　蜷川幸雄"「テンペスト」「NINAGAWA・マクベス」の演出"　別役実"戯曲「ジョバンニの父への旅」「諸国を遍歴する二人の騎士の物語」の作風"　●演劇部門 新人賞　坂東八十助(5代)"歌舞伎「人情・新文七元結」等の演技"　●大衆芸能部門 大臣賞　松本英彦"音楽生活四十周年記念リサイタル"の演奏"　●大衆芸能部門 新人賞　島田歌穂"ミュージカル「レ・ミゼラブル」の歌・演技"
◇ゴールデン・アロー賞　第25回　●映画賞　伊丹十三"「マルサの女」「マルサの女2」で見せた, 時代に斬り込んだあざやかな企画・演出力に対して"　●映画賞 新人賞　仲村トオル"「ビー・バップ・ハイスクール」シリーズ, 「新宿純愛物語」など, エネルギッシュな演技で, 若者たちを魅了した"　●演劇賞　田原俊彦"ロック・ミュージカル「ACB」で新境地を開拓。その華麗なステージと意欲に対して"　●演劇賞 新人賞　斉藤由貴"ミュージカル「レ・ミゼラブル」での確かな演技は, スケールの大きな舞台女優を期待させる"　●音楽賞　近藤真彦"「愚か者」「さすらい」「泣いてみりゃいいじゃん」の青春3部作の成長らしい歌唱力を評価して"　●音楽賞 新人賞　立花理佐"「疑問」でデビュー。キュートな笑顔と歌でヤングにアピールした"　光GENJI"「STAR LIGHT」でローラースケートに乗り, 歌謡界にスイ星のように登場。圧倒的な支持を得た"　酒井法子"「男のコになりたい」でデビュー。その安定した歌唱力は今後の飛躍を期待させる"　●放送賞　渡辺謙"「独眼竜政宗」で重厚な中にも若さあふれる戦国武将を熱演し, 高視聴率を獲得した"　●放送賞 新人賞　古村

比呂 "チョッちゃん"でさわやかかつ明朗快活な演技を披露, 大型新人への一歩をふみ出した"
●芸能賞 春風亭小朝 "古典落語で見せた才能豊かな話芸と,「小朝独演会」などでのユニークな活躍に対して" ●芸能賞 新人賞 清水ミチコ "抜群のギャグセンスと30人におよぶスターのものまねテクニックで, 新しいタイプのお笑いを提供した" ●特別賞 三田佳子 "映画, 舞台, テレビ, CMと, オールラウンドに活躍。その円熟した演技と魅力に対して" ●話題賞 後藤久美子 "正統派美少女の魅力をいかんなく発揮。ゴクミ語録で新感覚世代の代表的存在として話題をまいた" ●グラフ賞 南野陽子 ●特別功労賞 石原裕次郎 "三十数年にわたりスーパースターとして君臨。各年代のファンに夢と希望を与えつづけた功績に対して"

◇松尾芸能賞 第8回 ●大賞 演劇 市川猿之助(3代) ●特別賞 演劇 日本ろう者劇団

【音楽】

◇あなたが選ぶ全日本歌謡音楽祭 第13回 ●ゴールデングランプリ 近藤真彦「愚か者」 ●最優秀新人賞 酒井法子「ノ・レ・な・いTeen-age」 ●最優秀歌唱賞 石川さゆり「夫婦善哉」 ●最優秀タレント賞 荻野目洋子「さよならの果実たち」 ●最優秀アイドル賞 少年隊「君だけに」 ●審査員奨励賞 五木ひろし「追憶」 瀬川瑛子「命くれない」 ●朝日新聞社賞 石原裕次郎 ●テレビ朝日賞 早見優「Tokio Express」 聖飢魔II「EARTH EATEAR」 ●特別話題賞 中森明菜「難破船」

◇FNS歌謡祭グランプリ 第14回 ●グランプリ 近藤真彦歌, 伊達歩詞, 井上堯之曲, 戸塚修編曲「愚か者」 ●最優秀歌唱賞 中森明菜「難破船」 ●最優秀新人賞 BaBe「I Don't Know!」 ●最優秀ヒット賞 荻野目洋子「六本木純情派」

◇銀座音楽祭 第17回 ●最優秀新人賞・新人歌謡ポップス金賞 BaBe「Give me up」 ●新人フォーク&ロック金賞 THE BLUE HEARTS ●新人演歌 金賞 武山あきよ ●歌謡ポップス金賞 中森明菜 ●演歌金賞 瀬川瑛子 ●フォーク&ロック金賞 BOØWY ●音楽活動部門金賞 渡辺美里

◇古賀政男記念音楽大賞 第8回 ●プロ作品 大賞 阿久悠作詩, 三木たかし作曲, 若草恵編曲, 五木ひろし歌唱「追憶」 ●プロ作品 優秀賞 荒木とよひさ作詩, 三木たかし作曲, 川口真編曲, 森進一歌唱「悲しいけれど」 久仁京介作詩, 大倉百人作曲, 若草恵編曲, 新沼謙治歌唱「津軽恋女」

◇JASRAC賞 第5回 ●国内 湯川れい子作詞, 小林明子作曲ほか「恋におちて」 ●外国 永六輔作詞, 中村八大作曲ほか「上を向いて歩こう」

◇新宿音楽祭 第20回 ●金賞 酒井法子「ノ・レ・な・いTeen-age」 立花理佐「キミはどんとくらい」 ●審査員特別奨励賞 武山あきよ「白鳥の歌が聴こえますか」

◇全日本有線放送大賞 第20回 ●グランプリ 瀬川瑛子「命くれない」 ●最多リクエスト賞 中森明菜「難破船」ほか ●最優秀歌唱賞 大月みやこ「女の駅」 ●読売テレビ最優秀賞 五木ひろし「追憶」 ●審査委員会最優秀賞 チョー・ヨンピル「想いで迷子」 ●特別賞 石井明美「JOY」 大月みやこ「女の駅」 桂銀淑「すずめの涙」 森若里子「女の酒」 ●最優秀新人賞 鈴木聖美WITHラッツ&スター「ロンリー・チャップリン」

◇日本演歌大賞 第13回 ●大賞 瀬川瑛子「命くれない」 ●演歌希望の星賞 坂本冬美「あばれ太鼓」 武山あきよ「白鳥の歌が聴こえますか」 ●特別賞 三波春夫「チャンチキおけさ」

◇日本歌謡大賞 第18回 ●大賞 近藤真彦「泣いてみりゃいいじゃん」 ●最優秀放送音楽賞 中森明菜「難破船」

◇日本ゴールドディスク大賞 第2回 ●The Grand Prix Artist of the Year賞 邦楽 レベッカ ●The Grand Prix New Artist of the Year賞 邦楽 光GENJI ●The Grand Prix Album of the Year賞 邦楽 松任谷由実「ダイヤモンドダストが消えぬまに」 ●The Grand Prix Single of the Year賞 邦楽 光GENJI「ガラスの十代」

◇日本作詩大賞 第20回 ●大賞 中山大三郎「人生いろいろ」(歌・島倉千代子)

◇日本作曲大賞 第7回 ●大賞 林哲司「想い出のビーチクラブ」(稲垣潤一) ●作曲家協会賞 武谷光「幻のパイレードシープ」

◇日本テレビ音楽祭 第13回 ●グランプリ 近藤真彦「さすらい」 ●金の鳩賞 少年隊「stripe blue」 ●新人賞 立花理佐「大人はわかってくれない」 仁藤優子「おこりんぼの人魚」

◇日本有線大賞　第20回　●大賞　瀬川瑛子「命くれない」　●ベストヒット曲賞　瀬川瑛子「命くれない」　●最多リクエスト歌手賞　中森明菜「難破船」　●最優秀新人賞　坂本冬美「あばれ太鼓」
◇日本レコードセールス大賞　第20回　●アーティストセールス大賞　中森明菜　●シングル部門 大賞　南野陽子　●LP部門 大賞　安全地帯　●新人部門 男性新人賞　光GENJI　●新人部門 女性新人賞　渡辺満里奈
◇日本レコード大賞　第29回　●大賞　近藤真彦歌,伊達歩詞,井上堯之曲,戸塚修編曲「愚か者」　●最優秀歌唱賞　大月みやこ「女の駅」　●最優秀新人賞　立花理佐「キミはどんとくらい」　●アルバム大賞　長渕剛,東芝EMI「LICENSE」　●ベストアーチスト賞　少年隊「君だけに」ほか
◇ぴあテン〔音楽部門〕(昭62年度)　●1位　マイケル・ジャクソン　●2位　マドンナ　●3位　BOØWY
◇メガロポリス歌謡祭　第6回　●ポップス大賞　近藤真彦「さすらい」　●最優秀新人賞　立花理佐「疑問」　酒井法子「渚のファンタジイ」　●演歌大賞女性部門　石川さゆり「夫婦善哉」　●演歌大賞男性部門　五木ひろし「追憶」　●特別賞　吉田正　三島敏夫　島倉千代子
◇ヤング歌謡大賞新人グランプリ　第14回　●グランプリ　酒井法子「ノ・レ・な・いTeen-age」　●服部良一特別賞　立花理佐　●審査員奨励賞　坂本冬美　武山あきよ　BaBe
◇横浜音楽祭　第14回　●音楽祭賞　石川さゆり　五木ひろし　小泉今日子　近藤真彦　中森明菜　ラジオ日本演歌賞　瀬川瑛子　●音楽祭特別賞　荻野目洋子　三沢あけみ　●特別表彰　長与千種　三笠優子　●最優秀新人賞　酒井法子　●新人特別賞　坂本冬美　●新人賞　石上久美子　武山あきよ　立花理佐　テン・リー　仁藤優子　畠田理恵　BaBe

【演劇】

◇菊田一夫演劇賞　第13回　赤木春恵 "「お嫁に行きたい!!」の沢井トキ,「三婆」の武市松子の役の演技に対して"　松山政路 "「さぶ」「女坂」の岩本留次の役の演技に対して"　桜田淳子 "「女坂」の由美の役の演技に対して"　青木玲子 "「放浪記」の村野やす子の演技に対して"　●大賞　京マチ子 "「黄昏」のエセル・セイヤーの役の演技に対して"
◇紀伊國屋演劇賞　第22回　●団体賞　劇団第三舞台 "鴻上尚史作・演出「朝日のような夕日をつれて'87」の舞台成果に対して"　●個人賞　三津田健　八木柊一郎　大橋芳枝　大田創　渡辺えり子　●特別賞　沖縄芝居実験劇場 "大城立裕作「世替りや 世替りや」の舞台成果に対して"
◇芸術祭賞〔演劇部門〕　第42回　●芸術祭賞　劇団青年座 "第97回公演「国境のある家」の成果"　真田広之 "ミュージカル「リトル・ショップ・オブ・ホラーズ」の演技"　東宝 "SHISEIDOミュージカル「レ・ミゼラブル」の成果"　日本ろう者劇団 "ろう者喜劇の会「手話狂言―秋の会」の成果"　野村四郎の会 "第7回公演「求塚」の成果"　藤田まこと "藤田まこと特別公演「旅役者駒十郎日記人生まわり舞台」の演技"　三津田健,中村伸郎 "「ドン・キホーテより 諸国を遍歴する二人の騎士の物語」の演技"
◇ぴあテン〔演劇部門〕(昭62年度)　●1位　代々木体育館,大阪城ホール「スターライト・エクスプレス」　●2位　東宝,帝国劇場「レ・ミゼラブル」　●3位　スーパー・エキセントリック・シアター「ディストピア西遊記」
◇毎日芸術賞　第29回　宇野重吉一座「おんにょろ盛衰記」「三年寝太郎」

【演芸】

◇花王名人大賞　第7回　●花王名人大賞　オール阪神,オール巨人　●名人賞　オール阪神,オール巨人　宮川大助,宮川花子　太平サブロー,太平シロー　コント山口君と竹田君　今いくよ・くるよ　●最優秀新人賞　ダウンタウン　●新人賞　ダウンタウン　ハイヒール　伊奈かっぺい　パワーズ　若井小づえ,若井みどり　●最優秀番組賞　「吉幾三爆笑ライブ」　●特別賞　夢路いとし,喜味こいし
◇上方お笑い大賞　第16回　●大賞　桂枝雀(2代)　●金賞　宮川大助,宮川花子　●銀賞　清水圭,和泉修　●秋田実賞　相羽秋夫　●審査員特別賞　若井小づえ,若井みどり
◇上方漫才大賞　第22回　●漫才大賞　宮川大助,宮川花子　●漫才大賞 特別賞　夢路いとし,喜味こいし　●奨励賞　ダウンタウン　大木こだま,大木ひびき　●新人賞　非常階段

昭和62年（1987）

◇芸術祭賞〔演芸部門〕　第42回　●芸術祭賞　太田英夫 "太田英夫の会―浪花節変遷史" の成果　高岡良樹 "高岡良樹の歌物語―朱鷺絶唱" の成果　千藤幸蔵 "千藤幸蔵三味線リサイタル―大津絵節の系譜" の成果　灘康次 "灘康次芸能生活41周年記念公演における「ボーイズの歩み」" の成果　林家正雀 "正雀芝居噺の会における「真景累ケ淵―水門前の場」の話芸"

【漫画・アニメ】
◇朝日賞（昭62年）　手塚治虫 "戦後漫画とアニメ界における創造的な業績"
◇講談社漫画賞　第11回　●少年部門　前川たけし「鉄拳チンミ」　●少女部門　あさぎり夕「なな色マジック」　●一般部門　かわぐちかいじ「アクター」
◇小学館漫画賞　第33回　●児童向け部門　のむらしんぼ「つるピカハゲ丸」ほか　●少年向け部門　原秀則「ジャストミート」「冬物語」　●少女向け部門　惣領冬実「ボーイフレンド」　●青年一般向け部門　石ノ森章太郎「ホテル」「マンガ日本経済入門」
◇日本アニメ大賞・アトム賞　第5回　●最優秀作品賞　バンダイ「王立宇宙軍 オネアミスの翼」　●アトム賞　日本アニメーション「宇宙船サジタリウス」　●オリジナルビデオソフト最優秀賞　ジャパンホームビデオ「妖獣都市」　●ファン大賞 作品賞　「赤い光弾ジリオン」　●ファン大賞 男性キャラクター賞　JJ（「赤い光弾ジリオン」）　●ファン大賞 女性キャラクター賞　アップル（「赤い光弾ジリオン」）　●男性声優部門最優秀賞　千葉繁 "「ハイスクール！ 奇面組」の一堂零，「アニメ三銃士」のローシュフォールなど主役から脇役まで幅広い役柄を演じ切った"　●女性声優部門最優秀賞　水谷優子 "「マシンロボ・クロノスの大逆襲」のレイナ，「赤い光弾ジリオン」のアップルなど個性豊かなヒロインたちを明るく元気よく演じた"
◇文藝春秋漫画賞　第33回　安藤しげき「ヤッちゃんの勝ち!!」　わたせせいぞう「私立探偵フィリップ」

【スポーツ】
◇朝日体育賞　第13回　黒岩彰 "1987年世界スプリント選手権総合優勝"　小川直也 "1987年柔道世界選手権大会男子無差別級優勝"　須貝等 "1987年柔道世界選手権大会男子95キロ級優勝"　岡田弘隆 "1987年柔道世界選手権大会男子78キロ級優勝"　山本洋祐 "1987年柔道世界選手権大会男子65キロ級優勝"　中山竹通 "第22回福岡国際マラソン選手権大会で，1987年世界最高記録を出して優勝"　大儀見薫 "太平洋縦断メルボルン―大阪間ヨットレース優勝と外洋ヨット振興に貢献"　堀田哲爾 "少年サッカーの普及と国際交流に貢献"　小島仁八郎 "長年にわたり高校野球界の育成と発展に貢献"　近藤天 "長年にわたり「体操王国日本」の発展に貢献"　大阪ラグビースクール（校長・阿部幸作）"ラグビーを通じて小中学生の育成に貢献"
◇日本プロスポーツ大賞　第20回　●大賞　岡本綾子（女子プロゴルフ）　●殊勲賞　千代の富士貢（大相撲）　森祇晶（プロ野球）　衣笠祥雄（プロ野球）

【その他】
◇菊池寛賞　第35回　大山康晴 "15世名人，A級在位40年いまなお現役棋士として活躍する一方，将棋界の発展につくした"
◇国民栄誉賞（昭62年）　衣笠祥雄
◇将棋大賞　第14回　●最優秀棋士賞　高橋道雄　●特別賞　大内延介　●新人賞　羽生善治　●女流棋士賞　中井広恵　林葉直子
◇星雲賞　第18回　●日本長編部門　神林長平「プリズム」　●日本短編部門　谷甲州「火星鉄道一九」　●メディア部門　テリー・ギリアム監督「未来世紀ブラジル」　●コミック部門　高橋留美子「うる星やつら」　●アート部門　佐藤道明　●ノンフィクション部門　石原藤夫「石原博士のSF研究室」
◇日本SF大賞　第8回　荒俣宏「帝都物語」
◇日本新語・流行語大賞　第4回　●新語部門 金賞　伊丹十三, 宮本信子 "マルサ"　●新語部門 銀賞　杉浦喬也 "JR"　●新語部門 銅賞　森山信吾「第二電電」　●流行語部門 金賞　安部譲二 "懲りない○○"　●流行語部門 銀賞　辛坊治郎, 森たけし「なんぎやなぁ」　●流行語部門 銅賞　後藤久美子 "ゴクミ"
◇文化勲章（昭62年度）　池田遙邨（日本画）　岡田善雄（細胞遺伝学）　草野心平（詩）　桑原武夫（仏文学，評

論） 尾上松緑（2代）〔歌舞伎〕
◇ベストドレッサー賞　第16回　●政治・経済部門　徳山二郎　●スポーツ・芸能部門　夏木陽介　久米宏　九重勝昭　●女性部門　吉永小百合

昭和63年（1988）

【文学全般】

◇朝日賞〔文学関係〕（昭63年）　野間宏 "「野間宏作品集」（全14巻）をはじめとする戦後文学への貢献"　山口誓子 "俳句への功績"
◇大佛次郎賞　第15回　司馬遼太郎「韃靼疾風録」　山田慶児「黒い言葉の空間」
◇菊池寛賞　第36回　池波正太郎 "大衆文学の真髄である新しいヒーローを創出し、現代の男の生き方を時代小説の中に活写、読者の圧倒的支持を得た"　日本近代文学館 "設立以来25年にわたって「近代日本文学」の資料収集保存に献身し、文学振興に大きな役割を果たしてきた"
◇群像新人文学賞　第31回　●小説　石田郁男「アルチュール・エリソンの素描」　●評論　室井光広「零の力―JLボルヘスをめぐる断章」
◇芸術選奨　第39回　●文学部門　文部大臣賞　清水卓行「円き広場」（詩集）　三木卓「小咄集」　●文学部門　新人賞　吉本ばなな「キッチン」「うたかた　サンクチュアリ」　●評論等　文部大臣賞　蓮實重彥「凡庸な芸術家の肖像」
◇サントリー学芸賞〔芸術・文学部門〕　第10回　佐々木幹郎「中原中也」　原広司「空間〈機能から様相へ〉」　松木寛「蔦屋重三郎―江戸芸術の演出者」
◇新田次郎文学賞　第7回　海老沢泰久「F1地上の夢」　中野孝次「ハラスのいた日々」
◇日本芸術院賞（第2部・文芸）　第45回　●恩賜賞・日本芸術院賞　阪田寛夫
◇日本文芸大賞　第8回　佐藤愛子「こんなふうに死にたい」　●特別賞　林健太郎「外圧にゆらぐ日本史」　●放送作家賞　山田太一「異人たちとの夏」　●評論賞　水島毅「思想改造工場」
◇野間文芸賞　第41回　安岡章太郎「僕の昭和史」全3巻
◇毎日出版文化賞　第42回　小田切秀雄、集英社「私の見た昭和の思想と文学の五十年　上・下」　●特別賞　日本児童文学学会編、東京書籍「児童文学事典」
◇三島由紀夫賞　第1回　高橋源一郎「優雅で感傷的な日本野球」
◇読売文学賞　第40回　●小説賞　色川武大「狂人日記」　●戯曲賞　該当作なし　●随筆・紀行賞　陳舜臣「茶事遍路」　●評論・伝記賞　大岡昇平「小説家夏目漱石」　●詩歌俳句賞　北村太郎「港の人」

【小説】

◇芥川龍之介賞　第99回（上期）　新井満「尋ね人の時間」
◇芥川龍之介賞　第100回（下期）　南木佳士「ダイヤモンドダスト」　李良枝「由熙」
◇泉鏡花文学賞　第16回　泡坂妻夫「折鶴」　吉本ばなな「ムーンライト・シャドウ」
◇江戸川乱歩賞　第34回　坂本光一「白色の残像」
◇オール讀物新人賞　第68回　崎村亮介「軟弱なからし明太子」
◇オール讀物推理小説新人賞　第27回　該当作なし
◇川端康成文学賞　第15回　上田三四二「祝婚」　丸谷才一「樹影譚」
◇柴田錬三郎賞　第1回　高橋治「別れてのちの恋歌」「名もなき道を」
◇小説現代新人賞　第50回（上期）　ばばまこと「ルビー・チューズディの闇」
◇小説現代新人賞　第51回（下期）　薄井ゆうじ「残像少年」
◇小説すばる新人賞　第1回　山本修一「川の声」　長谷川潤二「こちらノーム」
◇女流文学賞　第27回　塩野七生「わが友マキアヴェッリ」　金井美恵子「タマや」
◇新潮新人賞　第20回　上田理恵「温かな素足」

◇すばる文学賞　第12回　該当作なし
◇谷崎潤一郎賞　第24回　該当作なし
◇直木三十五賞　第99回（上期）　西木正明「凍れる瞳」「端島の女」　景山民夫「遠い海から来たCOO」
◇直木三十五賞　第100回（下期）　杉本章子「東京新大橋雨中図」　藤堂志津子「熟れてゆく夏」
◇日本推理作家協会賞　第41回　●長篇部門　小杉健治「絆」　●短篇部門/評論その他の部門　該当作なし
◇野間文芸新人賞　第10回　吉目木晴彦「ルイジアナ杭打ち」
◇文學界新人賞　第66回（上期）　坂谷照美「四日間」　小浜清志「風の河」
◇文學界新人賞　第67回（下期）　梶井俊介「僕であるための旅」　浜口隆義「夏の果て」
◇文藝賞　第25回　飯嶋和一「汝ふたたび故郷へ帰れず」　長野まゆみ「少年アリス」
◇山本周五郎賞　第1回　山田太一「異人たちとの夏」
◇横溝正史賞　第8回　該当作なし
◇吉川英治文学賞　第22回　永井路子"「雲と風と」をはじめとする一連の歴史小説に対して"

【詩歌】

◇H氏賞　第38回　真下章「神サマの夜」
◇小熊秀雄賞　第21回　加藤文男「南部めくら暦」
◇現代歌人協会賞　第32回　加藤治郎「サニー・サイド・アップ」　俵万智「サラダ記念日」
◇現代詩人賞　第6回　高良留美子「仮面の声」
◇現代詩花椿賞　第6回　安藤元雄「夜の音」
◇現代短歌大賞　第11回　窪田章一郎「窪田章一郎全歌集」
◇詩歌文学館賞　第3回　●詩　鈴木ユリイカ「海のヴァイオリンがきこえる」　●短歌　前登志夫「樹下集」　●俳句　橋閒石「橋閒石俳句選集」
◇高見順賞　第19回　阿部岩夫「ベーゲェット氏」　高柳誠「都市の肖像」
◇蛇笏賞　第22回　該当作なし
◇迢空賞　第22回　吉田正俊「朝の霧」
◇壺井繁治賞　第16回　斎藤林太郎「斎藤林太郎詩集」（私家版）
◇藤村記念歴程賞　第26回　入沢康夫「水辺逆旅歌」（詩集）　川田順造「声」（評論集）
◇日本歌人クラブ賞　第15回　須永若江「忍冬文」　片山貞美「鳶鳴けり」
◇俳人協会賞　第28回　成田千空「人日」
◇晩翠賞　第29回　加藤文男「労使関係論」

【戯曲】

◇岸田國士戯曲賞　第32回　大橋泰彦「ゴジラ」
◇年鑑代表シナリオ（昭63年度）　中島丈博「郷愁」　長崎俊一,北原陽一「ロックよ、静かに流れよ」　宮崎駿「となりのトトロ」　高畑勲「火垂るの墓」　新藤兼人「さくら隊散る」　一色伸幸「木村家の人々」　黒木和雄,井上正子,竹内銃一郎「TOMORROW 明日」　鎌田敏夫「いこかもどろか」　市川森一「異人たちとの夏」　荒井晴彦「リボルバー」

【評論・随筆】

◇大宅壮一ノンフィクション賞　第19回　吉田司「下下戦記」
◇講談社エッセイ賞　第4回　嵐山光三郎「素人庖丁記」
◇講談社ノンフィクション賞　第10回　三神真彦「わがままいっぱい名取洋之助」
◇新潮学芸賞　第1回　角田房子「閔妃暗殺」　河合隼雄「明恵夢を生きる」
◇日本エッセイスト・クラブ賞　第36回　北見治一「回想の文学座」　田中トモミ「天からの贈り物」　山形孝夫「砂漠の修道院」

昭和63年(1988)

【児童文学】
◇赤い鳥文学賞　第18回　岡田淳「扉のむこうの物語」
◇講談社出版文化賞　第19回　●絵本賞　瀬川康男「ぼうし」
◇産経児童出版文化賞　第35回　●大賞　清水清文・写真「植物たちの富士登山」
◇児童福祉文化賞　第31回　●出版物部門　菊地澄子著, 高田三郎絵「わたしのかあさん」
◇児童文芸新人賞　第17回　糸賀美賀子「坂田くんにナイスピッチ」　角田雅子「ゆきと弥助」　戸田和代「ないないねこのなくしもの」
◇小学館絵画賞　第37回　井上洋介「ぶんぶくちゃがま」ほか
◇小学館文学賞　第37回　谷川俊太郎「いちねんせい」
◇日本児童文学者協会賞　第28回　皿海達哉「海のメダカ」
◇日本児童文芸家協会賞　第12回　鈴木喜代春「津軽の山歌物語」
◇野間児童文芸賞　第26回　谷川俊太郎「はだか」　●新人賞　いせひでこ「マキちゃんのえにっき」　斉藤洋「ルドルフともだちひとりだち」

【映画・テレビ全般】
◇エランドール賞(昭63年度)　●新人賞　後藤久美子　国生さゆり　富田靖子　仲村トオル　南野陽子
◇芸術作品賞〔映画・テレビ関係〕　第4回　●映画 長編映画　徳間書店「となりのトトロ」　ライトヴィジョンほか「TOMORROW 明日」　●映画 短編映画　岩波映画「ぶんきょうゆかりの文人たち」　学研「義太夫狂言の演技」　●テレビ ドラマ　日本テレビ「明日 1945年8月8日・長崎」　NHK「海の群星」　NHK「北の海峡」
◇芸術選奨　第39回　●映画部門 大臣賞　黒木和雄"映画「TOMORROW 明日」の演出"　宮崎駿"アニメーション「となりのトトロ」の作・演出"　●映画部門 新人賞　石田えり"映画「嵐が丘」「ダウンタウンヒーローズ」「釣りバカ日誌」の演技"　●評論等 大臣賞　高野悦子"岩波ホール総支配人及びエキプ・ド・シネマ運動を通じての映画界への貢献"　●放送部門 大臣賞　市川森一「明日」「もどり橋」等の作風"　●放送部門 新人賞　大原れいこ制作・演出"テレビドキュメンタリー「リヒャルト・シュトラウス―その愛と哀しみ」の成果"　津川泉"ラジオドラマ「うむまあ木の空」等の作風"

【映画】
◇朝日賞〔映画関係〕(昭63年)　淀川長治"長年の映画評論, 紹介活動による日本映画界への貢献"
◇川喜多賞　第6回　三船敏郎"「用心棒」「赤ひげ」でベネチア国際映画祭の男優賞を受賞, モントリオール映画祭審査員をつとめるなど国際親善に寄与している功績に対して"
◇キネマ旬報賞　第34回　●日本映画監督賞　黒木和雄「TOMORROW 明日」　●脚本賞　荒井晴彦「待ち濡れた女」「噛む女」「リボルバー」　●主演女優賞　桃井かおり「TOMORROW 明日」「木村家の人々」「噛む女」　●主演男優賞　真田広之「快盗ルビイ」　●助演女優賞　秋吉久美子「異人たちとの夏」　●助演男優賞　片岡鶴太郎「異人たちとの夏」　●新人女優賞　中川安奈「敦煌」　●新人男優賞　緒形直人「優駿」　●読者選出日本映画監督賞　宮崎駿「となりのトトロ」
◇キネマ旬報ベスト・テン　第62回　●日本映画 1位　「となりのトトロ」(宮崎駿監督)　●日本映画 2位　「TOMORROW明日」(黒木和雄監督)　●日本映画 3位　「異人たちとの夏」(大林宣彦監督)　●外国映画 1位　「ラストエンペラー」(ジェレミー・トーマス監督)　●外国映画 2位　「フルメタル・ジャケット」(スタンリー・キューブリック監督)　●外国映画 3位　「ベルリン・天使の詩」(ヴィム・ヴェンダース監督)
◇ゴールデングロス賞　第6回　●日本映画部門 金賞　東宝配給「敦煌」　●外国映画部門 金賞　松竹富士「ラストエンペラー」　●マネーメーキング監督賞　佐藤純弥「敦煌」　●マネーメーキングスター賞　舘ひろし, 柴田恭兵「あぶない刑事シリーズ」　●特別賞　徳間康快「敦煌」
◇日刊スポーツ映画大賞・石原裕次郎賞　第1回　●作品賞　「華の乱」(深作欣二監督)　●監督賞　黒木和雄「TOMORROW 明日」　●主演男優賞　渥美清「男はつらいよ 寅次郎物語」　●主演女優賞　吉永小百合「華の乱」　●助演男優賞　真田広之「快盗ルビイ」　●助演女優賞　秋吉久美子「寅次郎物語」「異人たちとの夏」　●新人賞　後藤久美子「ラブ・ストーリーを君に」　●外国作品

昭和63年(1988)

賞 「ラストエンペラー」 ●石原裕次郎賞 「敦煌」 ●石原裕次郎新人賞 緒形直人「優駿」

◇日本アカデミー賞 第11回 ●最優秀作品賞 「マルサの女」(伊丹十三監督) ●最優秀監督賞 伊丹十三「マルサの女」 ●最優秀脚本賞 伊丹十三「マルサの女」 ●最優秀主演男優賞 山崎努「マルサの女」 ●最優秀主演女優賞 宮本信子「マルサの女」 ●最優秀助演男優賞 津川雅彦「マルサの女」「夜汽車」 ●最優秀助演女優賞 かたせ梨乃「極道の妻たちⅡ」「吉原炎上」 ●最優秀外国作品賞 「プラトーン」(オリバー・ストーン監督) ●特別賞 中野昭慶,「首都消失」「竹取物語」の特殊技術スタッフ ●会長特別賞 石原裕次郎 鶴田浩二

◇ぴあテン[映画部門] 第17回 ●1位 「ラストエンペラー」(ベルナルド・ベルトルッチ監督) ●2位 「危険な情事」(エイドリアン・ライン監督) ●3位 「ベルリン・天使の詩」(ヴィム・ヴェンダース監督)

◇ブルーリボン賞 第31回 ●最優秀作品賞 邦画 「敦煌」(佐藤純弥監督) ●最優秀作品賞 洋画 「ベルリン・天使の詩」(ヴィム・ヴェンダース監督) ●監督賞 和田誠「快盗ルビイ」 ●主演男優賞 ハナ肇「会社物語」 ●主演女優賞 桃井かおり「木村家の人々」「噛む女」「TOMORROW 明日」 ●助演男優賞 片岡鶴太郎「異人たちとの夏」 ●助演女優賞 秋吉久美子「異人たちとの夏」 ●新人賞 緒形直人「優駿」 ●特別賞 徳間書店「となりのトトロ」企画製作スタッフ, 新潮社「火垂るの墓」製作スタッフ "優れたアニメーションで, 大衆にアピールした"

◇報知映画賞 第13回 ●最優秀作品賞 邦画部門 「TOMORROW 明日」(黒木和雄監督) ●最優秀作品賞 洋画部門 「ラスト・エンペラー」(ベルナルド・ベルトルッチ監督) ●最優秀主演男優賞 真田広之「快盗ルビイ」 ●最優秀主演女優賞 安田成美「マリリンに逢いたい」 ●最優秀助演男優賞 片岡鶴太郎「異人たちとの夏」 ●最優秀助演女優賞 石田えり「ダウンタウンヒーローズ」「嵐が丘」 ●最優秀新人賞 西川弘志「郷愁」

◇毎日映画コンクール 第43回 ●日本映画賞 大賞 「となりのトトロ」 ●監督賞 大林宣彦「異人たちとの夏」 ●脚本賞 鎌田敏夫「いこかもどろか」 ●演技賞 男優主演賞 ハナ肇「会社物語」 ●演技賞 女優主演賞 小泉今日子「快盗ルビイ」 ●演技賞 男優助演賞 大地康雄「マルサの女2」「バカヤロー!」「ほんの5g」ほか ●演技賞 女優助演賞 秋吉久美子「異人たちとの夏」 ●大藤信郎賞 宮﨑駿"「となりのトトロ」の成果" ●スポニチグランプリ新人賞 男闘呼組「ロックよ, 静かに流れよ」 片岡鶴太郎「異人たちとの夏」 宮沢りえ「ぼくらの七日間戦争」 ●洋画ベストワン賞 コロムビア映画「戦場の小さな天使たち」 ●日本映画ファン賞 「快盗ルビイ」 ●田中絹代賞 岩下志麻

◇牧野省三賞 第30回 深作欣二(監督) 吉永小百合

◇優秀映画鑑賞会ベストテン 第29回 ●日本映画1位 「敦煌」(佐藤純弥監督) ●日本映画2位 「TOMORROW 明日」(黒木和雄監督) ●日本映画3位 「さくら隊散る」(新藤兼人監督) ●外国映画1位 「ラストエンペラー」(ベルナルド・ベルトルッチ監督) ●外国映画2位 「ディア・アメリカ 戦場からの手紙」(ビル・コーチュリー監督) ●外国映画3位 「八月の鯨」(リンゼイ・アンダーソン監督)

【テレビ】

◇ギャラクシー賞 第26回 日本放送協会「NHK特集『泊まり続ける老人たち』」 東京放送「日曜特集新世界紀行『スフィンクスと34人のサムライ』」 フジテレビジョン「オレゴンから愛'88」 日本テレビ放送網, ネクサス「太古の森の物語」 札幌テレビ放送「水曜グランドロマン『海のごとくに花は咲き』」 日本放送協会「NHK特集『地球汚染』」 テレビ東京, 東北新社「ドラマ・スペシャル『宇宙飛行士エリソン・オニヅカと母』」 信越放送「俺は映画でロックンロールをやるんだ―小松隆志映画に賭ける青春」 ニッポン放送「スーパーステーション『永遠のジャック&ベティ』」 長渕剛 "「とんぼ」「うさぎの休日」の演技" ●大賞 全国朝日放送, テレコム・ジャパン「終戦の日特別企画『今日甦る! 幻の東京オリンピック』」 ●特別賞 琉球放送「RBC特集 報道部発『遅すぎた聖断―検証・沖縄戦への道』」

◇日本民間放送連盟賞(昭63年) ●番組部門(テレビ娯楽番組)最優秀 朝日放送「板東英二の撮影隊がやって来た」 ●番組部門(テレビドラマ番組)最優秀 読売テレビ放送「帰郷」

◇放送文化基金賞 第14回 ●テレビドラマ番組 日本放送協会 ドラマスペシャル「今朝の秋」

◇向田邦子賞 第7回 黒土三男「とんぼ」「うさぎの休日」

【芸能全般】

◇浅草芸能大賞　第5回　●大賞　渥美清(俳優)　●奨励賞　関敬六(コメディアン)　●新人賞　林家こぶ平(落語)

◇芸術選奨　第39回　●演劇部門 大臣賞　有馬稲子 "「はなれ瞽女おりん」「越前竹人形」の演技"　●演劇部門 新人賞　鵜山仁 "「作者を探す六人の登場人物」「雪やこんこん」「秋日和」の演出"　●評論等 新人賞　扇田昭彦 "「著作「現代演劇の航海」の成果"　●大衆芸能部門 大臣賞　桂小南 "「桂小南の会」「小南独演会」等の話芸"　●大衆芸能部門 新人賞　毬谷友子 "ミュージカル「Sessue 雪洲」の演技"

◇ゴールデン・アロー賞　第26回　●映画賞　西田敏行 "「敦煌」の野性味あふれた力強い演技が大衆を魅了した"　●映画賞 新人賞　緒形直人 "「優駿」で見せた清冽な演技と将来性豊かな個性に対して"　●演劇賞　木の実ナナ、細川俊之 "15年に及ぶ「SHOW GIRL」での円熟味ある演技と舞台成果を評価して"　●演劇賞 新人賞　沖本富美代、沖本美智代 "ミュージカル「ピーター★パン '88」でその素質を生かし、躍動感あふれる新鮮な演技をみせた"　●音楽賞　中山美穂 "「人魚姫 – mermaid – 」「Witches」など次々ヒットを飛ばし、表現力のある歌唱で実力派の歌手に成長"　●音楽賞 新人賞　男闘呼組 "「DAYBREAK」でデビュー。鮮烈なロックはミリオン・セラーを記録した"　藤谷美紀 "「転校生」でデビュー。正統派美少女時代の歌手として、今後の活躍が期待される"　大和さくら "「王将一代小春しぐれ」でデビュー。迫力ある歌唱力は、本格的演歌の担い手として期待される"　●放送賞　浅野温子 "ドラマ「あぶない刑事」「抱きしめたいの！」など、独創的な演技で幅広くお茶の間の人気を集めた"　●放送賞 新人賞　井森美幸 "軽妙・愉快なキャラクターでホンネテレビ時代のマルチアイドルとしての新分野を開拓した"　●芸能賞　とんねるず "巧みな話術とアクションで新しい笑いを次々と生み出し、若者の共感を得た"　●芸能賞 新人賞　ウッチャンナンチャン "フレッシュなコントがデビュー以来好評。ユニークなギャグのセンスは期待性十分"　●特別賞　島倉千代子 "芸能生活35周年、数々のヒット曲を生み、歌一筋に第一線で活躍。その努力と精進に対して"　●話題賞　光GENJI "音楽・テレビ・映画とスーパーアイドルのパワーをいかんなく発揮。日本中に旋風を巻き起こした"　●グラフ賞　浅香唯

◇毎日芸術賞　第30回　●特別賞　渥美清

◇松尾芸能賞　第9回　●大賞 演劇　水谷良重(現・水谷八重子(2代))　●新人賞 演劇　坂東橘太郎

【音楽】

◇FNS歌謡祭グランプリ　第15回　●グランプリ　中山美穂「Witches」　●最優秀歌唱賞　中森明菜「I MISSED "THE SHOCK"」　●最優秀新人賞　大和さくら「王将一代小春しぐれ」　●最優秀ヒット賞　光GENJI　●最優秀視聴者賞　五木ひろし　●15周年特別奨励賞　五木ひろし

◇歌謡ゴールデン大賞新人グランプリ　第15回　●グランプリ　大和さくら　●服部良一特別賞　仲村知夏　●15記念審査員特別賞　相川恵里　●審査員奨励賞　香西かおり　清水綾子

◇銀座音楽祭　第18回　●最優秀新人賞・新人歌謡ポップス金賞　仲村知夏「好きさ！」　●新人演歌金賞　大和さくら「王将一代小春しぐれ」　●新人フォーク＆ロック 金賞　Buck-Tick「セクシュアル」　●スター歌謡ポップス 金賞　中山美穂　●スター演歌 金賞　大月みやこ　●スターフォーク＆ロック 金賞　久保田利伸

◇古賀政男記念音楽大賞　第9回　●プロ作品 大賞　松本礼児作詩、幸耕平作曲、竹村次郎編曲、大月みやこ歌唱「乱れ花」　●プロ作品 優秀賞　中山大三郎作詩、望月吾郎作曲、斉藤恒夫編曲、細川たかし歌唱「北緯五十度」　吉岡治作詩、市川昭介作曲、斉藤恒夫編曲、石川さゆり歌唱「滝の白糸」

◇JASRAC賞　第6回　●金賞　吉岡治作詞、北原じゅん作曲ほか「命くれない」　●銀賞　吉幾三作詞・作曲ほか「雪国」　●銅賞　魚住勉作詞、馬飼野康二作曲ほか「男と女のラブゲーム」　●国際賞　羽田健太郎作曲ほか「宝島」

◇新宿音楽祭　第21回　●入賞　宮崎純　小田達也　小金沢昇司　高村典子　アンナ・アン　真帆香ゆり　仲村知夏　天竜太　相川恵里　レモンエンジェル　大和さくら　清水綾子　ウー・ショウイン　Pumpkin　美盛丸桜子　香西かおり　浦川智子　SHAGGY　岡本南　藤谷美紀

◇全日本有線放送大賞　第21回　●グランプリ　吉幾三「酒よ」　●読売テレビ最優秀賞　桂銀淑「夢おんな」　●審査委員会最優秀賞　小林幸子「雪椿」　●特別賞　坂本冬美「祝い酒」　桂銀淑「夢おんな」　小林幸子「雪椿」　●最優秀新人賞　伍代夏子「戻り川」

昭和63年（1988）

◇日本演歌大賞　第14回　●大賞　細川たかし「北緯五十度」　●演歌希望の星賞　香西かおり「雨酒場」　大和さくら「王将一代小春しぐれ」　●大衆愛唱歌賞　小林幸子「雪椿」
◇日本歌謡大賞　第19回（昭63年）　※中止
◇日本ゴールドディスク大賞　第3回　●The Grand Prix Artist of the Year賞 邦楽　BOØWY　●The Grand Prix New Artist of the Year賞 邦楽　男闘呼組　●The Grand Prix Album of the Year賞 邦楽　松任谷由実「Delight Slight Light KISS」　●The Grand Prix Single of the Year賞 邦楽　光GENJI「パラダイス銀河」
◇日本作詩大賞　第21回　●大賞　阿久悠「港の五番町」(歌・五木ひろし)　●特別賞　二葉あき子
◇日本作曲大賞　第8回　●大賞　中崎英也「静かにきたソリチュード」(今井美樹)　●作曲家協会賞　吉沢恵理「Stay With Me―ひとりにしないで」
◇日本テレビ音楽祭　第14回（昭63年）　※中止
◇日本有線大賞　第21回　●大賞　桂銀淑「夢おんな」　●最多リクエスト歌手賞　桂銀淑　●ベストヒット曲賞　田原俊彦「抱きしめてTONIGHT」　●最優秀新人賞　伍代夏子「戻り川」
◇日本レコードセールス大賞　第21回　●アーティストセールス 大賞　光GENJI　●シングル部門 大賞　光GENJI　●LP部門 大賞　BOØWY　●新人部門 男性新人賞　男闘呼組　●新人部門 女性新人賞　小川範子
◇日本レコード大賞　第30回　●大賞　光GENJI歌，飛鳥涼詞・曲，佐藤準編曲「パラダイス銀河」　●最優秀歌唱賞　島倉千代子「人生いろいろ」　●最優秀新人賞　男闘呼組「DAYBREAK」　●アルバム大賞　氷室京介，東芝EMI「FLOWERS for ALGERNON」
◇ぴあテン〔音楽部門〕（昭63年度）　●1位　久保田利伸　●2位　スティング　●3位　マイケル・ジャクソン
◇メガロポリス歌謡祭　第7回　●ポップス大賞　中森明菜「TATTOO」　●最優秀新人賞　仲村知夏「好きさ！」　大和さくら「王将一代小春しぐれ」　●演歌大賞女性部門　大月みやこ「乱れ花」　●演歌大賞男性部門　細川たかし「北緯五十度」　●特別賞　趙容弼　松尾和子　五月みどり
◇横浜音楽祭　第15回　●音楽祭賞　石川さゆり　荻野目洋子　中山美穂　細川たかし　堀内孝雄　●ラジオ日本演歌賞　桂銀淑　瀬川瑛子　八代亜紀　●演歌特別選奨　冠二郎　君夕子　五月みどり　鳥羽一郎　松尾和子　松原のぶえ　三笠優子　二沢あけみ　三船和子　村上幸子　山川豊

【演劇】

◇朝日賞〔演劇関係〕（昭63年）　朝倉摂　"優れた舞台空間の創造を通して，多年にわたり現代演劇に貢献"
◇菊田一夫演劇賞　第14回　乙羽信子「流れる」の内藤梨花，「古都憂愁」の大橋月子の役の演技に対して"　田村高廣"新版 香華"の桑田八郎の役の演技に対して"　小柳ルミ子"セイムタイム・ネクストイヤー"のドリスの役の演技に対して"　内山恵司"流れる"の宮脇進吉，"淀どの日記"の蒲生氏郷の役の演技に対して"　小幡欣治「恍惚の人」「夢の宴」の脚本の成果に対して"　●特別賞　レ・ミゼラブル上演関係者一同
◇紀伊國屋演劇賞　第23回　●団体賞　演劇集団ぐるーぷえいと"川崎照代作・藤原新平演出「塩祝申そう 一部/塩祝申そう 二部/鰹群」の公演活動に対して"　●個人賞　米倉斉加年　浅利香津代　岡部耕大　岸田理生　高畑淳子
◇芸術祭賞〔演劇部門〕　第43回　●芸術祭賞　加藤健一，高畑淳子"加藤健一事務所VOL.8「第二章」の演技"　劇団薔薇座"第21回公演「スイート・チャリティ」の成果"　茂山忠三郎，狂言の会"茂山忠三郎・狂言の会"の成果"　東宝"帝劇10月特別公演「五十鈴十種より/新版香華」の成果"　文学座"サンシャイン劇場開場十周年記念公演/松竹・文学座提携「近松女敵討」の成果"　宮本企画"SHOW STOPPER 1「I GOT MERMAN」の成果"
◇ぴあテン〔演劇部門〕（昭63年度）　●1位　劇団四季「オペラ座の怪人」　●2位　厚生年金会館ほか「MAMA, I WANT TO SING」　●3位　東宝，帝国劇場「レ・ミゼラブル」

【演芸】

◇花王名人大賞　第8回　●花王名人大賞　今いくよ，今いくよ　●名人賞　今いくよ・くるよ　宮川

大助, 宮川花子　太平サブロー, 太平シロー　若井小づえ, 若井みどり　正司敏江, 正司玲児　●最優秀新人賞　清水圭, 和泉修　●ベスト新人賞　清水圭, 和泉修　まるむし商station　栗田貫一　非常階段ポップコーン　●特別賞　林正之助　功労賞　内海桂子, 内海好江

◇上方お笑い大賞　第17回　●大賞　若井小づえ, 若井みどり　●金賞　桂べかこ　●銀賞　どんきほーて　●功労賞　楠本喬章　●秋田実賞　小佐田定雄

◇上方漫才大賞　第23回　●漫才大賞　若井小づえ, 若井みどり　●奨励賞　ダウンタウン　●新人賞　清水圭, 和泉修

◇芸術祭賞〔演芸部門〕　第43回　●芸術祭賞　神田小山陽"「第29回神田小山陽の会—義経を囲む人々・華と愁い」の話芸"　三遊亭円楽(5代)"「円楽独演会」の話芸"　藤山新太郎"GRAND MAGIC SHOW「しんたろうのまじっくNo.18」の成果"　リーガル天才・秀才"「第2回天秀の会—二人芸コンビコンビ」の成果"　若松若太夫"「若松若太夫—説経節の世界・小栗判官」の演奏"

【漫画・アニメ】

◇菊池寛賞　第36回　加藤芳郎"40年ナンセンス漫画一筋,「この人をおいて昭和の漫画は語れない」といわしめた異能の才"

◇講談社漫画賞　第12回　●少年部門　寺沢大介「ミスター味っ子」　●少女部門　松苗あけみ「純情クレイジーフルーツ」　●一般部門　いがらしみきお「ぼのぼの」　きうちかずひろ「BE-BOP-HIGHSCHOOL」

◇小学館漫画賞　第34回　●児童向け部門　小林よしのり「おぼっちゃまくん」　●少年向け部門　石渡治「B・B」　●少女向け部門　岡野玲子「ファンシィダンス」　●青年一般向け部門　牧美也子「源氏物語」

◇日本アニメ大賞・アトム賞　第6回　●最優秀作品賞　新潮社「火垂るの墓」　徳間書店「となりのトトロ」　●アトム賞　サンライズ「ミスター味っ子」　●オリジナルビデオソフト最優秀作品賞　バンダイ、東京ムービー新社、ムービック、鎌倉スーパーステーション「エースをねらえ！ 2」　●ファン大賞 作品賞「鎧伝サムライトルーパー」　●ファン大賞 男性キャラクター賞　響リョウ(「超音戦士ボーグマン」)　●ファン大賞 女性キャラクター賞　アニス・ファーム(「超音戦士ボーグマン」)　●日本アニメ大賞 男性声優部門最優秀賞　永井一郎"「サザエさん」の波平,「ゲゲゲの鬼太郎」の子泣きじじい等, 氏の幅広い演技と永年の功績に対して"　●日本アニメ大賞 女性声優部門最優秀賞　白石綾乃"「火垂るの墓」の節子の演技に対して"　●特別演技賞　糸井重里"「となりのトトロ」のお父さんの演技に対して"

◇文藝春秋漫画賞　第34回　杉浦日向子「風流江戸雀」

【スポーツ】

◇朝日体育賞　第14回　鈴木大地"ソウル五輪水泳男子100m背泳ぎで優勝"　斉藤仁"ソウル五輪柔道競技95キロ超級で優勝"　小林孝至"ソウル五輪レスリング・フリースタイル48キロ級で優勝"　佐藤満"ソウル五輪レスリング・フリースタイル52キロ級で優勝"　橋本聖子"カルガリー, ソウル冬夏五輪連続出場(冬季大会全5種目入賞)"　立石晃義"高校, 大学を通じて多くの跳躍選手を育て, 日本陸上界に貢献"　山崎鏡子"長年にわたりラジオ体操のピアノ伴奏者をつとめ, その普及・発展に貢献"　兵藤秀子(旧姓・前畑)"脳卒中を克服して水泳指導者として復活。ベルリン五輪女子200m平泳ぎで優勝, 日本女性初の金メダリストとなる"　黒田善雄"IOC医事委員会委員を20年間勤める"　岩手県大東町体育協会(会長・金康弘)"町ぐるみのバレーボールを中心としたスポーツ活動で住民の健康づくり, 地域の活性化に努力"

◇日本プロスポーツ大賞　第21回　●大賞　千代の富士貢(大相撲)　●殊勲賞　尾崎将司(男子プロゴルフ)　門田博光(プロ野球)　森祇晶(プロ野球)

【その他】

◇将棋大賞　第15回　●最優秀棋士賞　谷川浩司　●新人賞　森下卓　●女流棋士賞　清水市代

◇星雲賞　第19回　●日本長編部門　田中芳樹「銀河英雄伝説」　●日本短編部門　中井紀夫「山の上の交響曲」　●メディア部門　山賀博之監督「王立宇宙軍/オネアミスの翼」　●コミック部門　ゆうきまさみ「究極超人あ〜る」　●アート部門　末弥純　●ノンフィクション部門　矢野徹「ウィ

ザードリイ日記」
◇日本SF大賞　第9回　半村良「岬一郎の抵抗」　横田順彌, 会津信吾「快男児押川春浪」
◇日本新語・流行語大賞　第5回　●新語部門　金賞　ソロビエフ・ニコライビッチ"「ペレストロイカ」　●新語部門　銀賞　松屋"「ハナモク」"　●新語部門　銅賞　吉田憲治「トマト銀行」　●流行語部門　金賞　若尾文子"「今宵はここまでに」"　●流行語部門　銀賞　樋口広太郎「ドライ戦争」　●流行語部門　銅賞　久米豊「シーマ(現象)」
◇文化勲章(昭63年度)　今井功(流体物理学)　円鍔勝三(彫刻)　河盛好蔵(フランス文学)　末永雅雄(考古学)　西塚泰美(生化学)
◇ベストドレッサー賞　第17回　●政治・経済部門　千々岩雄平　●学術・文化部門　山藤章二　鈴木エドワード　●スポーツ・芸能部門　奥田瑛二　中嶋悟　●女性部門　浅野温子

昭和64年／平成1年（1989）

【文学全般】

◇朝日賞〔文学関係〕(平1年)　松本清張"社会派推理小説の創始, 現代史発掘など多年にわたる幅広い作家活動"
◇大佛次郎賞　第16回　西村三郎「リンネとその使徒たち」　原田正純「水俣が映す世界」
◇菊池寛賞　第37回　藤沢周平"江戸市井に生きる人々の思いを透徹した筆で描いて, 現代の読者の心を摑み, 時代小説に新境地をひらいた"　筑摩書房"「明治文学全集」で厳しい出版状況を克服して達成された明治の文化遺産の集大成, 索引を含む全100巻完成に対して"
◇群像新人文学賞　第32回　●小説　当選作　該当作なし　●小説　優秀作　上原秀樹「走る男」　●評論　当選作　該当作なし　●評論　優秀作　石川忠司「修業者の言語―中原中也試論」
◇芸術選奨　第40回　●文学部門　文部大臣賞　後藤明生「首塚の上のアドバルーン」(連作短編集)　藤沢周平「市塵」　●文学部門　新人賞　工藤直子「ともだちは緑のにおい」　●評論等　文部大臣賞　大岡信「詩人・菅原道真―うつしの美学」　大岡晋, 丸谷才一「光る源氏の物語」(対談集)
◇サントリー学芸賞〔芸術・文学部門〕　第11回　森洋子「ブリューゲルの『子供の遊戯』」　渡辺裕「聴衆の誕生」
◇新田次郎文学賞　第8回　入江曜子「我が名はエリザベス」
◇日本芸術院賞(第2部・文芸)　第46回　●恩賜賞・日本芸術院賞　新庄嘉章"多数のフランス文学の翻訳紹介につとめた業績"　●日本芸術院賞　中村真一郎"「蠣崎波響の生涯」ほか, 作家としての業績"
◇日本文芸大賞　第9回　平岩弓枝"小説, 脚本, 戯曲に関する作品の総て"　●特別賞　コロムビア・トップ「オレは芸人議員だ」　●エッセイ賞　吉永小百合「夢一途」
◇野間文芸賞　第42回　井上靖「孔子」
◇毎日出版文化賞　第43回　網野善彦ほか編, 福音館書店「瓜と龍蛇」　●特別賞　黒川洋一ほか編, 同朋舎出版「中国文学歳時記」全7巻　新潮社「新潮日本古典集成」全82巻
◇三島由紀夫賞　第2回　大岡玲「黄昏のストーム・シーディング」
◇読売文学賞　第41回　●小説賞　高井有一「夜の蟻」　古井由吉「仮往生伝試文」　●戯曲賞　該当者なし　●随筆・紀行賞　高田宏「木に会う」　●評論・伝記賞　中村真一郎「蠣崎波響の生涯」　山本夏彦「無想庵物語」　●詩歌俳句賞　清岡卓行「ふしぎな鏡の店」

【小説】

◇芥川龍之介賞　第101回(上期)　該当作なし
◇芥川龍之介賞　第102回(下期)　滝沢美恵子「ネコババのいる町で」　大岡玲「表層生活」
◇泉鏡花文学賞　第17回　石和鷹「野分酒場」　北原亞以子「深川澪通り木戸番小屋」
◇江戸川乱歩賞　第35回　長坂秀佳「浅草エノケン一座の嵐」
◇オール讀物新人賞　第69回　高橋和島「十三姫子が菅を刈る」

◇オール讀物推理小説新人賞　第28回　該当作なし
◇川端康成文学賞　第16回　大庭みな子「海にゆらぐ糸」　筒井康隆「ヨッパ谷への降下」
◇柴田錬三郎賞　第2回　隆慶一郎「一夢庵風流記」
◇小説現代新人賞　第52回(上期)　香里了子「アスガルド」
◇小説現代新人賞　第53回(下期)　都築直子「エル・キャプ」
◇小説すばる新人賞　第2回　花村萬月「ゴッド・ブレイス物語」　草薙渉「草小路鷹麿の東方見聞録」
◇女流文学賞　第28回　吉行理恵「黄色い猫」
◇新潮新人賞　第21回　杉山恵治「縄文流」
◇すばる文学賞　第13回　辻仁成「ピアニシモ」　奈良裕明「チン・ドン・ジャン」　●佳作　浅賀美奈子「夢よりももっと現実的なお伽話」
◇谷崎潤一郎賞　第25回　該当作なし
◇直木三十五賞　第101回(上期)　ねじめ正一「高円寺純情商店街」　笹倉明「遠い国からの殺人者」
◇直木三十五賞　第102回(下期)　星川清司「小伝抄」　原寮「私が殺した少女」
◇日本推理作家協会賞　第42回　●長篇部門　船戸与一「伝説なき地」　和久峻三「雨月荘殺人事件」　●短篇部門　小池真理子「妻の女友達」　●評論その他の部門　直井明「87分署グラフィティ―エド・マクベインの世界」
◇日本ファンタジーノベル大賞　第1回　●大賞　酒見賢一「後宮小説」　●優秀賞　山口泉「宇宙のみなもとの滝」
◇野間文芸新人賞　第11回　伊井直行「さして重要でない一日」
◇文學界新人賞　第68回(上期)　山里禎子「ソウル・トリップ」
◇文學界新人賞　第69回(下期)　中村隆資「流離譚」　滝沢美恵子「ネコババのいる町で」
◇文藝賞　第26回　比留間久夫「YES・YES・YES」　結城真子「ハッピーハウス」
◇山本周五郎賞　第2回　吉本ばなな「TUGUMI つぐみ」
◇横溝正史賞　第9回　●大賞　阿部智「消された航跡」　●佳作　姉小路祐「真実の合奏」
◇吉川英治文学賞　第23回　早乙女貢「会津士魂」全13巻

【詩歌】

◇H氏賞　第39回　藤本直規「別れの準備」
◇小熊秀雄賞　第22回　弓田弓子「大連」
◇現代歌人協会賞　第33回　米川千嘉子「夏空の櫂」
◇現代詩人賞　第7回　安西均「チェーホフの猟銃」
◇現代詩花椿賞　第7回　大岡信「故郷の水へのメッセージ」
◇現代短歌大賞　第12回　該当作なし
◇齋藤茂吉短歌文学賞　第1回　岡井隆「親和力」
◇詩歌文学館賞　第4回　●詩　吉岡実(辞退)　●短歌　馬場あき子「月華の節」　●俳句　村越化石「筒鳥」
◇高見順賞　第20回　岩成達也「フレベヴリイ・ヒツポポウタムスの唄」
◇蛇笏賞　第23回　三橋敏雄「畳の上」
◇迢空賞　第23回　塚本邦雄「不変律」
◇壺井繁治賞　第17回　みもとけいこ「花を抱く」
◇藤村記念歴程賞　第27回　中村真一郎「蠣崎波響の生涯」(評論集)　粕谷栄市「悪霊」
◇日本歌人クラブ賞　第16回　坂田信雄「寒崎」　伊藤雅子「ほしづき草」
◇俳人協会賞　第29回　村沢夏風「独坐」
◇晩翠賞　第30回　大坪孝二「今日よりも」　堀江沙オリ「Alone together」

【戯曲】
◇岸田國士戯曲賞　第33回　岩松了「蒲団と達磨」
◇年鑑代表シナリオ（平1年度）　山田洋次,桃井章「釣りバカ日誌」　ジェームス三木「善人の条件」　志村正浩,掛札昌裕,鈴木則文「文学賞殺人事件 大いなる助走」　長部日出雄「夢の祭り」　石堂淑朗,今村昌平「黒い雨」　斎藤博,崔洋一「Aサインデイズ」　金秀吉,金佑宣「潤の街」　依田義賢「千利休 本覚坊遺文」　阪本順治「どついたるねん」　中島吾郎「誘惑者」

【評論・随筆】
◇大宅壮一ノンフィクション賞　第20回　石川好「ストロベリー・ロード」　中村紘子「チャイコフスキー・コンクール」
◇講談社エッセイ賞　第5回　永倉万治「アニバーサリー・ソング」
◇講談社ノンフィクション賞　第11回　辺見じゅん「収容所（ラーゲリ）から来た遺書」　大泉実成「説得─エホバの証人と輸血拒否事件」
◇新潮学芸賞　第2回　原ひろ子「ヘヤー・インディアンとその世界」
◇日本エッセイスト・クラブ賞　第37回　河村幹夫「シャーロック・ホームズの履歴書」　酒井寛「花森安治の仕事」　平原毅「英国大使の博物誌」

【児童文学】
◇赤い鳥文学賞　第19回　浜たかや「風,草原をはしる」　●特別賞　長崎源之助「長崎源之助全集」全20巻
◇講談社出版文化賞　第20回　●絵本賞　きたやまようこ「ゆうたくんちのいばりいぬ」　康禹鉉,田島伸二「さばくのきょうりゅう」
◇産経児童出版文化賞　第36回　●大賞　川村たかし「新十津川物語」全10巻
◇児童福祉文化賞　第32回　●出版物部門　比嘉富子著,依光隆絵「白旗の少女」
◇児童文芸新人賞　第18回　エム・ナマエ「UFOりんごと宇宙ネコ」　宇田川優子「ふたりだけのひとりぼっち」　大谷美和子「ようこそスイング家族」
◇小学館絵画賞　第38回　熊田千佳慕「熊田千佳慕リトルワールドシリーズ」　田島征三「とべバッタ」
◇小学館文学賞　第38回　佐々木赫子「月夜に消える」
◇日本児童文学者協会賞　第29回　川村たかし「新十津川物語」全10巻　吉橋通夫「京のかざぐるま」
◇日本児童文芸家協会賞　第13回　赤座憲久「かかみ野の土」「かかみ野の空」
◇野間児童文芸賞　第27回　あまんきみこ「おっこちゃんとタンタンうさぎ」　三輪裕子「パパさんの庭」

【映画・テレビ全般】
◇エランドール賞（平1年度）　●新人賞　麻生祐未　緒形直人　高嶋政宏　三上博史　若村麻由美
◇菊池寛賞　第37回　NHKスペシャル「忘れられた女たち」のスタッフ "繁栄の影に忘れられ,40年も放置されてきた満州開拓団残留婦人の昭和を感動的にとらえた歴史的映像に対して"
◇芸術作品賞〔映画・テレビ関係〕　第5回　●映画 長編映画　今村プロダクション,林原「黒い雨」　松竹映像,博報堂,伊藤忠商事,勅使河原プロダクション「利休」　●映画 短編映画　桜映画社「有明海の干潟漁」　プロコムジャパン「土と炎と人と─清水卯一のわざ」　●テレビ ドラマ　関西テレビ放送「父子の対話」　NHK「NHKスペシャルドラマ『失われし時を求めて─ヒロシマの夢』」
◇芸術選奨　第40回　●映画部門 文部大臣賞　勅使河原宏 "映画「利休」の演出"　●映画部門 新人賞　阪本順治 "映画「どついたるねん」の演出"　●放送部門 文部大臣賞　河本哲也 "テレビドキュメンタリー「天安門・激動の40年─ソールズベリーの中国」の制作"　斎明寺以玖子 "ラジオドラマ「夢のまた夢」の演出"　●放送部門 新人賞　林宏樹 "ドラマ「出張の夜」の演出"

【映画】
◇川喜多賞　第7回　佐藤忠男 "卓抜な映画評論,映画史再検討などの業績のほか,アジア・アフリカ諸

国の映画の紹介などを通して国際親善に貢献した功績に対して" 佐藤久子 "佐藤忠男氏夫人として, 海外活動のほとんどに同行し, 来日外国人の日本映画研究に協力, 援助を惜しまなかった等の功績に対して"

◇キネマ旬報賞 第35回 ●日本映画監督賞 今村昌平「黒い雨」 ●脚本賞 依田義賢「千利休・本覚坊遺文」 ●主演女優賞 田中好子「黒い雨」 ●主演男優賞 三國連太郎「利休」 ●助演女優賞 相楽晴子「どついたるねん」 ●助演男優賞 原田芳雄「どついたるねん」「キスより簡単」「夢見通りの人々」「出張」 ●新人女優賞 川原亜矢子「キッチン」 ●新人男優賞 赤井英和「どついたるねん」 ●読者選出日本映画監督賞 宮崎駿「魔女の宅急便」

◇キネマ旬報ベスト・テン 第63回 ●日本映画1位 「黒い雨」(今村昌平監督) ●日本映画2位 「どついたるねん」(阪本順治監督) ●日本映画3位 「千利休 本覚坊遺文」(熊井啓監督) ●外国映画1位 「ダイ・ハード」(ジョン・マクティアナン監督) ●外国映画2位 「バベットの晩餐会」(ガブリエル・アクセル監督) ●外国映画3位 「紅いコーリャン」(張芸謀監督)

◇ゴールデングロス賞 第7回 ●日本映画部門 金賞 東映洋画部配給「魔女の宅急便」 ●外国映画部門 金賞 U・I・P・ファー・イースト配給「インディ・ジョーンズ 最後の聖戦」 ●マネーメーキング監督賞 宮崎駿 ●特別賞 藤子・F・不二雄

◇日刊スポーツ映画大賞・石原裕次郎賞 第2回 ●作品賞 「黒い雨」(今村昌平監督) ●監督賞 今村昌平「黒い雨」 ●主演男優賞 奥田瑛二「千利休 本覚坊遺文」 ●主演女優賞 十朱幸代「ハラスのいた日々」「社葬」 ●助演男優賞 板東英二「あ・うん」 ●助演女優賞 南果歩「夢見通りの人々」「蛍」 ●新人賞 北野武「その男、凶暴につき」 宮沢りえ「どっちにするの」 ●外国作品賞 「レインマン」(バリー・レビンソン監督) ●石原裕次郎賞 「利休」(勅使河原宏監督) ●特別賞 美空ひばり "約300本の映画に出演。常に時代の大衆に喜びと勇気を与えた" 松田優作 "「ブラック・レイン」の個性的な演技と日本映画への貢献"

◇日本アカデミー賞 第12回 ●最優秀作品賞 「敦煌」(佐藤純弥監督) ●最優秀監督賞 佐藤純弥「敦煌」 ●最優秀脚本賞 市川森一「異人たちとの夏」 ●最優秀主演男優賞 西田敏行「敦煌」 ●最優秀主演女優賞 吉永小百合「つる〈鶴〉」「華の乱」 ●最優秀助演男優賞 片岡鶴太郎「異人たちとの夏」「妖女の時代」 ●最優秀助演女優賞 石田えり「嵐が丘」「ダウンタウンヒーローズ」「華の乱」 ●最優秀外国作品賞 「ラストエンペラー」(ベルナルド・ベルトルッチ監督)

◇ぴあテン〔映画部門〕 第18回 ●1位 「インディ・ジョーンズ 最後の聖戦」(スティーブン・スピルバーグ監督) ●2位 「レインマン」(バリー・レビンソン監督) ●3位 「ダイ・ハード」(ジョン・マクティアナン監督)

◇ブルーリボン賞 第32回 ●最優秀作品賞 邦画 「どついたるねん」(阪本順治監督) ●最優秀作品賞 洋画 「ダイ・ハード」(ジョン・マクティアナン監督) ●監督賞 舛田利雄「社葬」 ●主演男優賞 三國連太郎「利休」 ●主演女優賞 田中好子「黒い雨」 ●助演男優賞 板東英二「あ・うん」 ●助演女優賞 南果歩「夢見通りの人々」「226」「蛍」 ●新人賞 川原亜矢子「キッチン」

◇報知映画賞 第14回 ●最優秀作品賞 邦画部門 「ウンタマギルー」(高嶺剛監督) ●洋画部門 「ダイ・ハード」(ジョン・マクティアナン監督) ●最優秀主演男優賞 三國連太郎「利休」「釣りバカ日誌」 ●最優秀主演女優賞 田中好子「黒い雨」 ●最優秀助演男優賞 原田芳雄「どついたるねん」 ●最優秀助演女優賞 吉田日出子「どついたるねん」 ●最優秀監督賞 舛田利雄「社葬」 ●最優秀新人賞 赤井英和「どついたるねん」 ●審査員特別賞 松田優作「ブラック・レイン」

◇毎日映画コンクール 第44回 ●日本映画賞 大賞 「黒い雨」 ●監督賞 舛田利雄「社葬」 ●脚本賞 松田寛夫「社葬」 ●演技賞 男優主演賞 三國連太郎「利休」「釣りバカ日誌」 ●演技賞 女優主演賞 田中好子「黒い雨」「ゴジラVSビオランテ」 ●演技賞 男優助演賞 原田芳雄「どついたるねん」「出張」「キスより簡単」「夢見通りの人々」 ●演技賞 女優助演賞 相楽晴子「どついたるねん」「ハラスのいた日々」 ●スポニチグランプリ新人賞 阪本順治「どついたるねん」 川原亜矢子「キッチン」 赤井英和「どついたるねん」 ●日本映画ファン賞 「あ・うん」 ●洋画ベストワン賞 ヘラルド・エース「ニュー・シネマ・パラダイス」 ●洋画ファン賞 UIP「レインマン」 ●アニメーション映画賞 「魔女の宅急便」 ●田中絹代賞 十朱幸代

◇毎日芸術賞 第31回 今村昌平 "映画「黒い雨」の監督"

◇牧野省三賞 第31回 今村昌平(監督)

◇優秀映画鑑賞会ベストテン 第30回 ●日本映画1位 「黒い雨」(今村昌平監督) ●日本映画2位

「千利休 本覚坊遺文」(熊井啓監督) ●日本映画 3位 「北京的西瓜」(大林宣彦監督) ●外国映画 1位 「ダイ・ハード」(ジョン・マクティアナン監督) ●外国映画 2位 「レインマン」(バリー・レビンソン監督) ●外国映画 3位 「ペレ」(ビレ・アウグスト監督)

【テレビ】

◇ギャラクシー賞 第27回 ●大賞 フジテレビ「失われた時の流れを」 ●特別賞 日本放送協会「NHKスペシャル『北極圏』」 ●個人賞 久米宏 "テレビ朝日「ニュースステーション」のキャスターとしての業績" 阿部牧郎 "近畿放送「話のターミナル」のパーソナリティーとして"

◇日本民間放送連盟賞(平1年) ●番組部門(テレビ娯楽番組) 最優秀 RKB毎日放送「桜吹雪のホームラン―証言・天才打者 大下弘」 ●番組部門(テレビドラマ番組) 最優秀 テレビ朝日「表通りへぬける地図」

◇放送文化基金賞 第15回 ●テレビドラマ番組 日本放送協会 ドラマスペシャル「うさぎの休日」 NHK大阪放送局 ドラマスペシャル「海の群星」 フジテレビ 男と女のミステリー「飢餓海峡」 ●テレビドラマ番組 特別賞 長渕剛、伊藤蘭 "昭和63年12月に放送されたテレビドラマ番組「うさぎの休日」(NHK)におけるマイホームを求める若い夫婦役の演技"

◇向田邦子賞 第8回 中島丈博「幸福な市民」「海照らし」「恋愛模様」

【芸能全般】

◇浅草芸能大賞 第6回 ●大賞 柳家小さん(5代)(落語家) ●奨励賞 毒蝮三太夫(タレント) ●新人賞 ウッチャンナンチャン(コメディアン)

◇芸術選奨 第40回 ●演劇部門 文部大臣賞 市川猿之助(3代) "「リュウオー―龍王」の企画、演出など" 木村光一 "夢・桃中軒牛右衛門の「この子たちの夏1945・ヒロシマ ナガサキ」などの演出" ●演劇部門 新人賞 加藤健一 "「マイ・ファット・フレンド」などの演出" ●大衆芸能部門 文部大臣賞 松本源之助 "江戸里神楽・松本源之助の会の成果" ●大衆芸能部門 新人賞 土居裕子 "ミュージカル「シャボン玉とんだ宇宙までとんだ」などの歌唱・演技"

◇ゴールデン・アロー賞 第27回 ●映画賞 ビートたけし "「その男、凶暴につき」で見せた個性的な演出と強烈な演技に対して" ●映画賞 新人賞 荻野目洋子 "「公園通りの猫たち」で見せたフレッシュな演技は、映画女優としての将来性十分" ●演劇賞 イッセー尾形 "世相を鋭くついた「とまらない生活」「都市生活カタログ」など、一人芝居の熱演が光った" ●演劇賞 新人賞 河合奈保子 "「THE LOVER in ME・恋人が幽霊」での新鮮な演技は、ミュージカル・スターとしての将来が期待される" ●音楽賞 米米クラブ "音のビジュアル化でロックの世界に新風を吹き込み、ひとつの方向性を示した" ●音楽賞 新人賞 田中美奈子 "「涙の太陽」でデビュー。個性派のアイドルとして、今後の活躍が期待される" 田村英里子 "「真剣・ほんき」で着実に人気を獲得。そのアイドル性は将来が期待される" マルシア "デビュー曲「ふりむけばヨコハマ」で、その歌唱力を開花させた" ●放送賞 浅野ゆう子 "「ハートに火をつけて」など、テレビで大活躍" ●放送賞 新人賞 相原勇 "「イカ天」の司会をはじめ、テレビ、ラジオで大活躍。その元気でフレッシュなキャラクターに対して" ●芸能賞 山田邦子 "軽妙なトークと温かいキャラクターで幅広い活躍を見せ、全国のお茶の間をわかせた" ●芸能賞 新人賞 B21スペシャル "スピード感あるコントで新鮮な笑いを提供。今後の活躍が注目される" ●特別賞 松田優作 "遺作となった「ブラック・レイン」での凄絶な演技とその足跡に対して" ●話題賞 Mr.マリック "「超魔術」で人気ふっとう。「ハンドパワー」等の流行語も生み出し、話題をまいた ●グラフ賞 井森美幸 ●特別功労賞 美空ひばり "戦後の歌謡史そのものともいえる存在で、今なお多くの日本人の心に夢を与えつづけている功績に対して"

◇松尾芸能賞 第10回 ●大賞 演劇 中村扇雀 中村勘九郎(5代) ●優秀賞 歌謡芸能 小林幸子 ●優秀賞 テレビ・映画 中井貴一 ●新人賞 演劇 市川右近 ●新人賞 歌謡芸能 坂本冬美

【音楽】

◇あなたが選ぶ全日本歌謡音楽祭 第14回 ●ゴールデングランプリ 光GENJI ●最優秀新人賞 田村英里子 マルシア ●最優秀歌唱賞 堀内孝雄 ●最優秀タレント賞 荻野目洋子 ●最優秀アイドル賞 光GENJI ●審査員奨励賞 石川さゆり 細川たかし ●朝日新聞社賞 美空ひばり ●特別話題賞 SHOW-YA ●特別功労賞 五木ひろし

◇FNS歌謡祭グランプリ　第16回　●グランプリ　光GENJI「太陽がいっぱい」　●最優秀歌唱賞　細川たかし「北国へ」　●最優秀新人賞　マルシア「ふりむけばヨコハマ」　●最優秀ヒット賞　プリンセス・プリンセス　●最優秀視聴者賞　石川さゆり

◇歌謡ゴールデン大賞新人グランプリ　第16回　●グランプリ　田村英里子「真剣(ほんき)」　●服部良一特別賞　マルシア　●審査員奨励賞　尾鷲義人　香田晋　川越美和

◇銀座音楽祭　第19回　●最優秀新人賞・新人歌謡ポップス金賞　田村英里子　●新人演歌 金賞　渡辺博美　●新人フォーク&ロック 金賞　BO GUMBOS　●特別栄誉賞　美空ひばり

◇古賀政男記念音楽大賞　第10回　●プロ作品 大賞　なかにし礼作詩、三木たかし作曲、若草恵編曲、石川さゆり歌唱「風の盆恋歌」　●プロ作品 優秀賞　麻生香太郎作詞、森進一作曲、前田俊明編曲、森進一歌唱「指輪」　大津あきら作詞、鈴木キサブロー作曲、椎名和夫編曲、内藤やす子歌唱「ひきょう」

◇JASRAC賞　第7回　●金賞　吉岡治作詞、北原じゅん作曲ほか「命くれない」　●銀賞　長渕剛作詞・作曲ほか「乾杯」　●銅賞　中山大三郎作詞・作曲ほか「無錫旅情」　●国際賞　菊池俊輔作曲ほか「UFOロボグレンダイザー」

◇新宿音楽祭　第22回　●金賞　田村英里子「真剣」　マルシア「ふりむけばヨコハマ」　●審査員特別奨励賞　香田晋「男同志」

◇全日本有線放送大賞　第22回　●グランプリ　WINK「淋しい熱帯魚」　●読売テレビ最優秀賞　坂本冬美「男の情話」　●審査委員会最優秀賞　桂銀淑「酔いどれて」　●特別賞　伍代夏子「水無川」　綾世一美「音無川」　内田あかり「好色一代女」　●最優秀新人賞　X「紅」

◇日本演歌大賞　第15回　●大賞　坂本冬美「男の情話」　●演歌名人位　細川たかし「北国へ」　●特別賞　和田弘とマヒナスターズ　●心の歌　美空ひばり　●演歌希望の星賞　マルシア「ふりむけばヨコハマ」　香田晋「男同志」

◇日本歌謡大賞　第20回　●大賞　光GENJI「太陽がいっぱい」　●最優秀放送音楽賞　細川たかし「北国へ」　●特別栄誉賞　美空ひばり

◇日本ゴールドディスク大賞　第4回　●The Grand Prix Artist of the Year賞 邦楽　サザン・オールスターズ　●The Grand Prix New Artist of the Year賞 邦楽　X　●The Grand Prix Album of the Year賞 邦楽　松任谷由実「LOVE WARS」　●日本レコード協会特別栄誉賞　美空ひばり

◇日本作詩大賞　第22回　●大賞　なかにし礼「風の盆恋歌」(歌・石川さゆり)　●特別賞　美空ひばり

◇日本作曲大賞　第9回　●大賞　猪俣公章「ふりむけばヨコハマ」(歌・マルシア)

◇日本テレビ音楽祭　第15回　●グランプリ　光GENJI「太陽がいっぱい」　●金の鳩賞　香西かおり　藤谷美紀　●新人賞　田村英里子　マルシア

◇日本有線大賞　第22回　●大賞　プリンセス・プリンセス「Diamonds(ダイアモンド)」　●最多リクエスト歌手賞　プリンセス・プリンセス　●最多リクエスト曲賞　竹内まりや「シングル・アゲイン」　●最優秀新人賞　X(現・X JAPAN)「紅」

◇日本レコードセールス大賞　第22回　●アーティストセールス 大賞　松任谷由実　●シングル部門 大賞　WINK　●LP部門 大賞　松任谷由実　●新人部門 男性新人賞　X　●新人部門 女性新人賞　宮沢りえ

◇日本レコード大賞　第31回　●大賞　WINK歌、及川眠子詞、尾関昌也曲、船山基紀編曲「淋しい熱帯魚」　●最優秀新人賞　マルシア　●アルバム大賞　杏里「CIRCUIT OF RAINBOW」　●アルバムニューアーティスト賞　BO GUMBOS　●美空ひばり賞　松原のぶえ

◇ぴあテン〔音楽部門〕(平1年度)　●1位　プリンセス・プリンセス　●2位　松任谷由実　●3位　米米CLUB

◇メガロポリス歌謡祭　第8回　●ポップス大賞　荻野目洋子「湘南ハートブレイク」　●最優秀新人賞　マルシア「ふりむけばヨコハマ」　香田晋「男同志」　●演歌大賞女性部門　島倉千代子「人生いろいろ」　●演歌大賞男性部門　五木ひろし「面影の郷」

◇横浜音楽祭　第16回　●音楽祭賞　荻野目洋子　近藤真彦　坂本冬美　堀内孝雄　吉幾三　ラジオ日本演歌賞　瀬川瑛子　細川たかし　八代亜紀　●演歌特別選賞　内田あかり　桂銀淑　角川博　冠二郎　三笠優子　三沢あけみ　村上幸子　米倉ますみ　●フレッシュ演歌賞　綾世一美　香西かおり　大和さくら　●最優秀新人賞　マルシア　●新人特別賞　香田晋　渡辺博美　●新人賞　麻

生詩織　尾鷲義人　川越美和　田村英里子　星野由妃

【演劇】

◇菊田一夫演劇賞　第15回　大地真央 "「マイ・フェア・レディ」のイライザの役の演技に対して"　大空真弓 "「人生は、ガタゴト列車に乗って…」の秋代の役の演技に対して"　西郷輝彦 "「葦火野」の河井準之助の役の演技に対して"　矢吹寿子 "「華岡青洲の妻」の於勝の役の演技に対して"　●大賞　浜木綿子 "「人生は、ガタゴト列車に乗って…」のマスの役の演技に対して"　●特別賞　渡辺正男 "東宝演劇、宝塚歌劇の舞台装置における功績に対して"

◇紀伊國屋演劇賞　第24回　団体賞　俳優座劇場 "「サムとハロルド」「十二人の怒れる男たち」などのプロデュース公演の成果に対して"　●個人賞　村瀬幸子　三國連太郎　宇野誠一郎　北村想　戸田恵子

◇芸術祭賞〔演劇部門〕　第44回　●芸術祭賞　滝沢修 "「炎の人―ゴッホ小伝」の演出・演技"　中村勘九郎(5代) "十月大歌舞伎「鏡獅子」の演技"　三田佳子 "「雪国」の演技"　山田礼子 "ぐるーぷぺいと公演「女の声」の演技"　劇団音楽座 "「とってもゴースト」の成果"　劇団青年座 "「盟三五大切」の成果"　博品館劇場, 劇団NLT "「毒薬と老嬢」の成果"

◇ぴあテン〔演劇部門〕(平1年度)　●1位　劇団四季「キャッツ」　●2位　劇団四季「オペラ座の怪人」　●3位　東宝, 帝国劇場ほか「レ・ミゼラブル」

◇毎日芸術賞　第31回　木下順二「シェイクスピア」全8巻, 「木下順二集」全16巻

【演芸】

◇花王名人大賞　第9回　●花王名人大賞　芦屋雁之助

◇上方お笑い大賞　第18回　●大賞　上岡龍太郎　●金賞　林家染二　●銀賞　ぜんじろう, 月亭かなめ　●審査員特別賞　宮川大助, 宮川花子　●秋田実賞　土井陽子　●話題賞　山田雅人, 森脇健児

◇上方漫才大賞　第24回　●漫才大賞　ダウンタウン　●奨励賞　トミーズ　●新人賞　ビッグブラザーズ

◇芸術祭賞〔演芸部門〕　第44回　●芸術祭賞　一龍斎貞山 "「一龍斎貞山の会」の企画と成果"　桂歌丸 "「桂歌丸独演会」の話芸"　桜井敏雄 "「桜井敏雄―これがヴァイオリン演歌だ」の成果"　新内仲三郎 "「新内仲三郎の会」の作曲(女猩々)と演奏"　立川志の輔 "「かってに志の輔コレクション」の企画と成果"　玉川勝太郎 "「オン・ステージ玉川勝太郎」の口演"　宮城まり子, 劇団虹 "「星が見える心…うたとおどりと和楽器と」の成果"

【漫画・アニメ】

◇講談社漫画賞　第13回　●少年部門　むつ利之「名門! 第三野球部」　●少女部門　鈴木由美子「白鳥麗子でございます!」　さくらももこ「ちびまる子ちゃん」　●一般部門　水木しげる「昭和史」

◇小学館漫画賞　第35回　●児童向け部門　上原きみこ「まりちゃんシリーズ」　●少年向け部門　なかいま強「うっちゃれ五所瓦」　●少女向け部門　榛野なな恵「Papa told me」　●青年一般向け部門　浦沢直樹「YAWARA」

◇日本アニメ大賞・アトム賞　第7回　●日本アニメ大賞作品賞　バンダイ, 東北新社「機動警察パトレイバー the Movie」　●アトム賞　東京ムービー新社「それいけ! アンパンマン」　●OAV賞　バップ, サンライズ「クラッシャージョウ 最終兵器アッシュ」　●ファン大賞 作品賞　「鎧伝サムライトルーパー」　●ファン大賞 男性キャラクター賞　真田遼(「鎧伝サムライトルーパー」)　●ファン大賞 女性キャラクター賞　那羅王レンゲ(「天空戦記シュラト」)　●男性声優部門最優秀賞　塩沢兼人 "「銀河英雄伝説」のオーベルシュタイン役,「変幻退魔夜行カルラ舞う!」の剣持司役,「ギャラガ」のランディ役ほかでニヒルな二枚目役を演じきった"　●女性声優部門最優秀賞　林原めぐみ "「魔神英雄伝ワタル」のヒミコ役ほか,「天空戦記シュラト」のレンゲ役ほかの演技"

◇文藝春秋漫画賞　第35回　堀田かつひこ「オバタリアン」

【スポーツ】

◇朝日賞(平1年)　清川正二 "戦後の日本水泳復興と国際スポーツ発展につくした功績"

◇朝日スポーツ賞（平1年度）　千代の富士貢 "歴代1位の通算勝ち星をあげ，角界の発展に貢献"　小川直也 "第16回世界柔道選手権大会で史上2人目の2階級制覇"　古賀稔彦 "第16回世界柔道選手権大会71キロ級優勝"　溝口和洋 "陸上の国際グランプリ大会男子やり投げで今季世界最高をマークして優勝"　伊藤みどり "フィギュアスケート世界選手権大会で日本人初の優勝"　北田スミ子 "バドミントン全日本選手権で8回優勝"　矢田香子 "約50年にわたる指導でバスケットボール王国，愛知の土台を築いた功績"

◇日本プロスポーツ大賞　第22回　●大賞　千代の富士貢（大相撲）　●殊勲賞　藤田元司（プロ野球）　武豊（中央競馬）　尾崎将司（男子プロゴルフ）

【その他】

◇国民栄誉賞（平1年）　美空ひばり　千代の富士貢
◇将棋大賞　第16回　●最優秀棋士賞　羽生善治　●新人賞　森内俊之　●女流棋士賞　中井広恵
◇星雲賞　第20回　●日本長編部門　堀晃「バビロニア・ウェーブ」　●日本短編部門　草上仁「くらげの日」　●メディア部門　宮崎駿監督「となりのトトロ」　●コミック部門　高橋留美子「人魚の森」　●アート部門　加藤洋之，後藤啓介　●ノンフィクション部門　野田昌宏「スペースオペラの書き方」　●特別賞　手塚治虫
◇日本SF大賞　第10回　夢枕獏「上弦の月を喰べる獅子」
◇日本新語・流行語大賞　第6回　●新語部門　金賞　河本和子 "セクシャル・ハラスメント"　●新語部門　銀賞　木滑良久「Hanako」　●新語部門　銅賞　井上美悠紀 "DODA/デューダ（する）"　●流行語部門　金賞　堀田かつひこ，土井たか子「オバタリアン」「オバタリアン旋風」　●流行語部門　銀賞　久米宏「ケジメ」　●流行語部門　銅賞　時任三郎 "24時間タタカエマスカ"
◇文化勲章（平1年度）　片岡球子（日本画）　鈴木竹雄（商法学）　富永直樹（彫刻）　西沢潤一（電子工学）　吉井淳二（洋画）
◇ベストドレッサー賞　第18回　●政治・経済部門　石川六郎　●学術・文化部門　景山民夫　●スポーツ・芸能部門　田原俊彦　芹沢信雄　●女性部門　三田佳子

平成2年（1990）

【文学全般】

◇伊藤整文学賞　第1回　●小説　大江健三郎「人生の親戚」　●評論　秋山駿「人生の検証」
◇大佛次郎賞　第17回　富士川英郎「菅茶山」　中村喜和「聖なるロシアを求めて」　宮下志朗「本の都市リヨン」
◇菊池寛賞　第38回　八木義徳 "純文学40有余年。私小説の精髄をひたむきに追求し，独自の境地を守り抜いた"　児島襄 "明治維新から太平洋戦争，さらに戦後まで—外交史，戦史をふまえた独自の視点から日本の現代史を詳細に書き続けた"　島田謹二 "日本における比較文学研究の創始者。「ロシヤ戦争前夜の秋山真之」において，秋山真之，広瀬武夫という2人の典型的な明治軍人の肖像をいきいきと描いた"
◇群像新人文学賞　第33回　●小説　高野亘「コンビニエンスロゴス」　●評論 当選作　森孝雅「『豊饒の海』あるいは夢の折り返し点」　●評論 優秀作　風丸良彦「カーヴァーが死んだことなんてだあれも知らなかった—極小主義者たちの午後」
◇芸術選奨　第41回　●文学部門　文部大臣賞　今西祐行「今西祐行全集」全15巻　森内俊雄「氷河が来るまでに」　●文学部門　新人賞　水村美苗「続 明暗」　●評論等 文部大臣賞　安東次男「風狂余韻」　加藤幸子「尾崎翠の感覚世界」
◇サントリー学芸賞〔芸術・文学部門〕　第12回　北沢憲昭「眼の神殿—『美術』受容史ノート」　鈴木博之「東京の『地霊』」　長谷川櫂「俳句の宇宙」
◇新田次郎文学賞　第9回　鎌田慧「反骨—鈴木東民の生涯」　佐江衆一「北の海明け」　早坂暁「華日記—昭和いけ花戦国史」
◇日本芸術院賞（第2部・文芸）　第47回　●恩賜賞・日本芸術院賞　佐藤朔 "評論・翻訳家としての業績"

平成2年(1990)

◇日本文芸大賞　第10回　田辺聖子 "「田辺聖子長編全集」をはじめとする全作品"　●10周年記念特別賞　松竹映画 "映画「男はつらいよ」シリーズ"　●エッセイ賞　三田佳子「てとテと手」　●ビジネスエッセイ賞　磯崎史郎「考えすぎる人は成功しない」　●ノンフィクション賞　湯川れい子「幸福へのパラダイム」　●歴史文学賞　奥田鉱一郎「孫子の経営訓」
◇野間文芸賞　第43回　佐々木基一「私のチェーホフ」
◇毎日芸術賞　第32回　本多秋五「志賀直哉 上・下」
◇毎日出版文化賞　第44回　●特別賞　野村純一ほか編, みずうみ書房「日本伝説大系」全15巻・別巻2
◇三島由紀夫賞　第3回　久間十義「世紀末鯨鯢記」
◇読売文学賞　第42回　●小説賞　森内俊雄「氷河が来るまでに」　●戯曲賞　つかこうへい「飛龍伝'90 殺戮の秋」　●随筆・紀行賞　該当者なし　●評論・伝記賞　大庭みな子「津田梅子」　●詩歌俳句賞　川崎展宏「句集 夏」

【小説】

◇芥川龍之介賞　第103回(上期)　辻原登「村の名前」
◇芥川龍之介賞　第104回(下期)　小川洋子「妊娠カレンダー」
◇泉鏡花文学賞　第18回　日影丈吉「泥汽車」
◇江戸川乱歩賞　第36回　鳥羽亮「剣の道殺人事件」　阿部陽一「フェニックスの弔鐘」
◇オール讀物新人賞　第70回　大江いくの「制服」
◇オール讀物推理小説新人賞　第29回　中野良浩「小田原の織社」　佐竹一彦「わが羊に草を与えよ」
◇川端康成文学賞　第17回　三浦哲郎「じねんじょ」
◇柴田錬三郎賞　第3回　皆川博子「薔薇忌」
◇小説現代新人賞　第54回(上期)　園部晃三「ロデオ・カウボーイ」
◇小説現代新人賞　第55回(下期)　二宮隆雄「疾風伝」　小川顕太「プラスチック高速桜(スピードチェリー)」
◇小説すばる新人賞　第3回　篠田節子「絹の変容」
◇女流文学賞　第29回　村田喜代子「白い山」　津村節子「流星雨」
◇新潮新人賞　第22回　藤枝和則「ドッグ・デイズ」　長堂英吉「ランタナの咲く頃に」
◇すばる文学賞　第14回　大鶴義丹「スプラッシュ」　清水アリカ「革命のためのサウンドトラック」　山室一広「キャプテンの星座」
◇谷崎潤一郎賞　第26回　林京子「やすらかに今はねむり給え」
◇直木三十五賞　第103回(上期)　泡坂妻夫「蔭桔梗」
◇直木三十五賞　第104回(下期)　古川薫「漂泊者のアリア」
◇日本推理作家協会賞　第43回　●長篇部門　佐々木譲「エトロフ発緊急電」　●評論その他の部門　鶴見俊輔「夢野久作」
◇日本ファンタジーノベル大賞　第2回　●優秀賞　鈴木光司「楽園」　岡崎弘明「英雄ラファシ伝」
◇野間文芸新人賞　第12回　佐伯一麦「ショート・サーキット」
◇文學界新人賞　第70回(上期)　河林満「渇水」
◇文學界新人賞　第71回(下期)　竹野昌代「狂いバチ, 迷いバチ」
◇文藝賞　第27回　芦原すなお「青春デンデケデケデケ」
◇山本周五郎賞　第3回　佐々木譲「エトロフ発緊急電」
◇横溝正史賞　第10回　●大賞　該当作なし　●優秀作　水城嶺子「世紀末ロンドン・ラプソディ」
◇吉川英治文学賞　第24回　尾崎秀樹「大衆文学の歴史 上・下」

【詩歌】

◇H氏賞　第40回　高階杞一「キリンの洗濯」
◇小熊秀雄賞　第23回　甲田四郎「大手が来る」

平成2年（1990）

◇現代歌人協会賞　第34回　辰巳泰子「紅い花」　水原紫苑「びあんか」
◇現代詩人賞　第8回　藤原定「言葉」
◇現代詩花椿賞　第8回　高橋順子「幸福な葉っぱ」
◇現代短歌大賞　第13回　該当作なし
◇齋藤茂吉短歌文学賞　第2回　本林勝夫「斎藤茂吉の研究―その生と表現」
◇詩歌文学館賞　第5回　●詩　吉野弘「自然渋滞」　●短歌　佐佐木幸綱「金色の獅子」　●俳句　佐藤鬼房「半跏坐」
◇高見順賞　第21回　小長谷清実「脱けがら狩り」　辻征夫「ヴェルレーヌの余白に」
◇蛇笏賞　第24回　角川春樹「花咲爺」
◇迢空賞　第24回　該当作なし
◇壺井繁治賞　第18回　筧槇二「ビルマ戦記」
◇藤村記念歴程賞　第28回　埴谷雄高 "小説, 詩, 評論にわたる今日までの業績に対して"
◇日本歌人クラブ賞　第17回　三宅千代「冬のかまきり」　清水房雄「銕開抄」
◇俳人協会賞　第30回　平井さち子「鷹日和」
◇晩翠賞　第31回　小山内弘海「一九八六年七月の朝飛行船を見に行った」　斎藤忠男「花のある雑学」

【戯曲】

◇岸田國士戯曲賞　第34回　該当作なし
◇年鑑代表シナリオ（平2年度）　旭井寧, 井筒和幸「宇宙の法則」　一色伸幸「病院へ行こう」　松岡錠司「バタアシ金魚」　西岡琢也「マリアの胃袋」　山田太一「少年時代」　佐藤繁子「白い手」　じんのひろあき「桜の園」　丸内敏治「われに撃つ用意あり」　斎藤博「さわこの恋」　野沢尚「さらば愛しのやくざ」

【評論・随筆】

◇大宅壮一ノンフィクション賞　第21回　辺見じゅん「収容所から来た遺書」　中野不二男「レーザー・メス 神の指先」　久田恵「フィリッピーナを愛した男たち」
◇講談社エッセイ賞　第6回　早坂暁「公園通りの猫たち」
◇講談社ノンフィクション賞　第12回　後藤正治「遠いリング」　木村裕主「ムッソリーニを逮捕せよ」
◇新潮学芸賞　第3回　鶴見良行「ナマコの眼」
◇日本エッセイスト・クラブ賞　第38回　沢口たまみ「虫のつぶやき聞こえたよ」　二宮正之「私の中のシャルトル」　山川静夫「名手名言」

【児童文学】

◇赤い鳥文学賞　第20回　長谷川集平「見えない絵本」　●特別賞　阪田寛夫「まどさんのうた」
◇講談社出版文化賞　第21回　●絵本賞　林明子「こんとあき」
◇産経児童出版文化賞　第37回　●大賞　神沢利子「タランの白鳥」
◇児童福祉文化賞　第33回　●出版物部門　市川信夫「ふみ子の海 上下」
◇児童文芸新人賞　第19回　泉久恵「マリヤムの秘密の小箱」　大塚篤子「海辺の家の秘密」
◇小学館絵画賞　第39回　山村輝夫「画文集・遠い日の村のうた」
◇小学館文学賞　第39回　森山京「あしたもよかった」
◇日本児童文学者協会賞　第30回　宮川ひろ「桂子は風のなかで」
◇日本児童文芸家協会賞　第14回　手島悠介「かぎばあさんシリーズ（全10巻）」
◇野間児童文芸賞　第28回　大石真「眠れない子」　村中李衣「おねいちゃん」　●新人賞　石原てるこ「友だち貸します」
◇ひろすけ童話賞　第1回　あまんきみこ「だあれもいない？」

平成2年(1990)

【映画・テレビ全般】

◇エランドール賞(平2年度) ●新人賞 柳葉敏郎 本木雅弘 南果歩 井森美幸 鈴木保奈美

◇菊池寛賞 第38回 兼高かおる "海外旅行がまだ夢であった昭和34年の第1回放映から30余年、「兼高かおる世界の旅」で未知の国々を紹介し、われわれの身近なものとした"

◇芸術選奨 第41回 ●映画部門 文部大臣賞 小栗康平「死の棘」の演出 ●映画部門 新人賞 中原俊 "「桜の園」の演出" ●放送部門 文部大臣賞 大原誠 "ドラマ「不熟につき……藤堂家城代家老の日誌より」(NHK)の演出" ●放送部門 新人賞 井沢満 "連続テレビドラマ「外科医・有森冴子」の脚本" ●評論等 文部大臣賞 兼高かおる「兼高かおる世界の旅」(TBS)

【映画】

◇川喜多賞 第8回 笠智衆

◇キネマ旬報賞 第36回 ●日本映画監督賞 中原俊「櫻の園」 ●脚本賞 じんのひろあき「櫻の園」 ●主演女優賞 松坂慶子「死の棘」 ●主演男優賞 岸部一徳「死の棘」 ●助演女優賞 香川京子「式部物語」 ●助演男優賞 石橋蓮司「浪人街」「われに撃つ用意あり」 ●新人女優賞 牧瀬里穂「東京上空いらっしゃいませ」「つぐみ」 ●新人男優賞 筒井道隆「バタアシ金魚」 ●読者選出日本映画監督賞 篠田正浩「少年時代」 ●読者賞 田山力哉「シネマ・ア・ラ・モード」

◇キネマ旬報ベスト・テン 第64回 ●日本映画 第1位 「櫻の園」(中原俊監督) ●外国映画 第1位 「非情城市」(侯孝賢監督)

◇ゴールデングロス賞 第8回 ●日本映画部門 金賞 東映配給「天と地と」 ●外国映画部門 金賞 UIP配給「バック・トゥ・ザ・フューチャーPART2」 ●マネーメーキング監督賞 角川春樹「天と地と」

◇日刊スポーツ映画大賞・石原裕次郎賞 第3回 ●作品賞 「少年時代」(篠田正浩監督) ●監督賞 神山征二郎「白い手」 ●主演男優賞 原田芳雄「浪人街」「われに撃つ用意あり」 ●主演女優賞 松坂慶子「死の棘」 ●助演男優賞 吉岡秀隆「男はつらいよ ぼくの伯父さん」 ●助演女優賞 小川真由美「白い手」「遺産相続」 ●新人賞 牧瀬里穂「東京上空いらっしゃいませ」「つぐみ」 ●外国作品賞 「ゴースト～ニューヨークの幻」(ジェリー・ザッカー監督) ●石原裕次郎賞 「オーロラの下で」(後藤俊夫監督) ●石原裕次郎新人賞 加勢大周「稲村ジェーン」 ●話題賞 松田聖子「どっちもどっち」

◇日本アカデミー賞 第13回 ●最優秀作品賞 「黒い雨」(今村昌平監督) ●最優秀監督賞 今村昌平「黒い雨」 ●最優秀脚本賞 石堂淑朗、今村昌平「黒い雨」 ●最優秀主演男優賞 三國連太郎「利休」ほか ●最優秀主演女優賞 田中好子「黒い雨」 ●最優秀助演男優賞 板東英二「あ・うん」 ●最優秀助演女優賞 市原悦子「黒い雨」 ●最優秀外国作品賞 「ダイ・ハード」(ジョン・マクティアナン監督) ●新人俳優賞 宍戸開 川原亜矢子 真木蔵人 深津絵里 本木雅弘 山田邦子 ●話題賞 俳優部門 ビートたけし「その男、凶暴につき」 ●話題賞 作品部門 徳間書店「魔女の宅急便」 ●特別賞 徳間書店「魔女の宅急便」 松田優作「ブラック・レイン」 ●会長特別賞 美空ひばり

◇ぴあテン〔映画部門〕 第19回 ●第1位 「ゴースト～ニューヨークの幻」(ジェリー・ザッカー監督)

◇ブルーリボン賞 第33回 ●最優秀作品賞 「少年時代」(篠田正浩監督) ●監督賞 篠田正浩「少年時代」 ●主演男優賞 原田芳雄「浪人街」「われに撃つ用意あり」 ●主演女優賞 松坂慶子「死の棘」 ●助演男優賞 柳葉敏郎「さらば愛しのやくざ」 ●助演女優賞 中嶋朋子「つぐみ」 ●新人賞 牧瀬里穂"「東京上空いらっしゃいませ」「つぐみ」の演技" 松岡錠司「バタアシ金魚」の演出 ●最優秀外国映画賞 「フィールド・オブ・ドリームス」(フィル・アルデン・ロビンソン監督)

◇報知映画賞 第15回 ●最優秀作品賞 「桜の園」(中原俊監督) 「フィールド・オブ・ドリームス」(フィル・アルデン・ロビンソン監督) ●最優秀主演男優賞 菅原文太「鉄拳」 ●最優秀主演女優賞 松坂慶子「死の棘」ほか ●最優秀助演男優賞 石橋蓮司「浪人街」 ●最優秀助演女優賞 樋口可南子「浪人街」 ●最優秀監督賞 市川準「つぐみ」 ●最優秀新人賞 牧瀬里穂「つぐみ」 松岡錠司「バタアシ金魚」

◇毎日映画コンクール 第45回 ●日本映画賞 大賞 「少年時代」 ●監督賞 市川準「つぐみ」 ●脚本賞 山田太一「少年時代」 ●演技賞 男優主演賞 古尾谷雅人「宇宙の法則」「パチンコ物

語」　●演技賞　女優主演賞　松坂慶子「死の棘」　●演技賞　男優助演賞　石橋蓮司「浪人街」「われに撃つ用意あり」　●演技賞　女優助演賞　つみきみほ「桜の園」　●大藤信郎賞　川本喜八郎「いばら姫またはねむり姫」　●スポニチグランプリ新人賞　牧瀬里穂「つぐみ」「東京上空いらっしゃいませ」　松岡錠司「バタアシ金魚」　●日本映画ファン賞　「天と地と」　●アニメーション映画賞　「走れ白いオオカミ」　●田中絹代賞　岸恵子　●特別賞　笠智衆　岡本忠成

◇牧野省三賞　第32回　岩下志麻
◇優秀映画鑑賞会ベストテン　第31回　●日本映画　第1位　「少年時代」(篠田正浩監督)　●外国映画　第1位　「フィールド・オブ・ドリームス」(フィル・アルデン・ロビンソン監督)

【テレビ】

◇ギャラクシー賞　第28回　●大賞　テレビ朝日,日本映像記録センター「終戦特集『真相・消えた女たちの村』」　●特別賞　日本放送協会,テレビマンユニオン「ベルリン美術館・もう一つのドイツ統一」　●個人賞　大地康雄 "テレビ朝日「東京湾ブルース」などの演技"
◇芸術作品賞〔テレビ関係〕　第6回　●テレビドラマ　日本放送協会「不熟につき…——藤堂家城代家老の日誌より」　中部日本放送「時の祭り」　読売テレビ放送「愛の世界」
◇日本民間放送連盟賞(平2年)　●番組部門(テレビ娯楽番組)　最優秀　読売テレビ放送 EXテレビ「視聴率調査機のある2600世帯だけにおくる限定番組」　●番組部門(テレビドラマ番組)　最優秀　フジテレビジョン「失われた時の流れを」
◇放送文化基金賞　第16回　●テレビドラマ番組　日本テレビ カネボウ・ヒューマン・スペシャル「光れ隻眼0.06—弱視教室の子どもたち」
◇向田邦子賞　第9回　山田信夫「去っていく男」

【芸能全般】

◇浅草芸能大賞　第7回　●大賞　内海桂子(漫才),内海好江　●奨励賞　中村勘九郎(5代)(歌舞伎俳優)　●新人賞　コロッケ(タレント)
◇菊池寛賞　第38回　永山武臣 "伝統歌舞伎を現代の演劇として国民の間に間に広く浸透させ,海外公演を積極的に推進し,文化交流と国際親善につくした功績"
◇芸術選奨　第41回　●演劇部門 文部大臣賞　日下武史 "「ひかりごけ」(劇団四季公演)ほかの演技"　清水邦夫 "弟よ一姉,乙女から坂本龍馬への伝言」(柊社公演)の脚本・演出"　●演劇部門 新人賞　堀越真 "「細雪」「終着駅」ほか大劇場演劇の作劇法を心得た脚本"　●大衆芸能部門 文部大臣賞　藤田まこと "ミュージカル「その男ゾルバ」の演技"　●大衆芸能部門 新人賞　太田英夫 "「王将一代」「忠太郎月夜唄」ほかの口演"　坂本冬美 "「男の情話」「能登はいらんかいね」ほかの歌唱力"
◇ゴールデン・アロー賞　第28回　●大賞　コロッケ　●最優秀新人賞　忍者　●映画賞　中原俊 "女子高生たちの生のきらめきを「桜の園」で鮮やかに描いてみせた,その演出に対して"　●映画賞 新人賞　牧瀬里穂 "「つぐみ」「東京上空いらっしゃいませ」と2本の映画に主演"　●演劇賞　森光子 "舞台「放浪記」で,30年,1116回主演の,女性演劇史上に輝く記録を打ちたてた"　●演劇賞 新人賞　芳本美代子 "ミュージカル「阿国」に初主演し,そのエネルギーあふれる新鮮な演技は,ミュージカル・スターとして将来性十分"　●音楽賞　B.B.クイーンズ "「おどるポンポコリン」の大ヒットで,日本中をピーヒャラ現象に巻き込んだ"　●音楽賞 新人賞　忍者 "デビュー曲「お祭り忍者」で新分野を開拓し,個性派のアイドルグループとして,ますますの活躍が期待される"　晴山さおり "デビュー曲「一円玉の旅がらす」は,世代を超えた人気を獲得,大型演歌歌手への成長が期待される"　ribbon "「Virgin Snow」でヒットチャート上位に進出するなど,その活躍が期待される女性アイドルグループ"　●放送賞　吉田栄作 "「クリスマス・イヴ」などドラマで大活躍"　●放送賞 新人賞　加勢大周 "「いつか誰かと朝帰りッ」をはじめとするトレンディ・ドラマに出演。その将来性は特筆される"　●芸能賞　コロッケ "意表をついたモノマネ,軽妙なトークで全国のお茶の間をわかせた芸能活動に対して"　●芸能賞 新人賞　森口博子 "だれからも好かれる,その明るいキャラクターで人気爆発。"新バラドル"として一層の活躍が期待できる"　●特別賞　美川憲一 "芸能生活25周年の記念の年に見事に復活し,CM,トーク番組などでも大活躍した"　●話題賞　植木等 "35年間,幅広い活動を続け,「スーダラ伝説」で一気にその個性を全国にアピールし,話題を呼んだ"　●グラフ賞　西田ひかる

平成2年（1990）

◇松尾芸能賞　第11回　●大賞 演劇　尾上菊五郎(7代)　●優秀賞 演劇　野村万作　●優秀賞 テレビ・映画　緒形拳　●優秀賞 歌謡芸能　石川さゆり　●特別賞 演劇　上村吉弥　●功労賞　石井英子　上野本牧亭

【音楽】

◇あなたが選ぶ全日本歌謡音楽祭　第15回　●ゴールデングランプリ　堀内孝雄「恋唄綴り」　●優秀新人賞　晴山さおり「一円玉の旅がらす」　忍者「お祭り忍者」　●特別話題賞　桂銀淑「真夜中のシャワー」　●最優秀アイドル賞　田中美奈子「Dancing in the shower」　●最優秀タレント賞　荻野目洋子「ギャラリー」　酒井法子「微笑みを見つけた」　●審査員奨励賞　坂本冬美「能登はいらんかいね」　吉幾三「酔歌」　●最優秀歌唱賞　香西かおり「恋舟」　●特別功労賞　八代亜紀　●テレビ朝日賞　森進一　●朝日新聞社賞　サザン・オールスターズ

◇FNS歌謡祭グランプリ　第17回　●グランプリ　B.B.クイーンズ「おどるポンポコリン」(BV)　●最優秀新人賞　忍者「お祭り忍者」

◇歌謡ゴールデン大賞新人グランプリ　第17回　●グランプリ　忍者　●服部良一特別賞　晴山さおり　●審査員奨励賞　服部浩子　藤あや子

◇銀座音楽祭　第20回　●最優秀新人賞　忍者　●新人歌謡ポップス 金賞　忍者　●新人演歌 金賞　晴山さおり　●新人フォーク＆ロック 金賞　BY-SEXUAL

◇JASRAC賞　第8回　●金賞　吉幾三作詞・作曲ほか「酒よ」　●銀賞　長渕剛作詞・作曲ほか「乾杯」　●銅賞　長渕剛作詞・作曲ほか「とんぼ」　●国際賞　坂本龍一作曲ほか「(THE) LAST EMPEROR」

◇新宿音楽祭　第23回　●金賞　忍者「お祭り忍者」　晴山さおり「一円玉の旅がらす」

◇全日本有線放送大賞　第23回　●グランプリ　堀内孝雄「恋唄綴り」「愛されてセレナーデ」　●読売テレビ最優秀賞　桂銀淑「真夜中のシャワー」　●審査委員会最優秀賞　香西かおり「恋舟」　●特別賞　北見恭子「浪花夢あかり」　香西かおり「恋舟」　B.B.クイーンズ「おどるポンポコリン」　●最優秀新人賞　ヤン・スギョン　●ゴールデン・ヒット賞　B.B.クイーンズ「おどるポンポコリン」

◇日本演歌大賞　第16回　●大賞　堀内孝雄「恋唄綴り」　●演歌希望の星賞　晴山さおり「一円玉の旅がらす」

◇日本歌謡大賞　第21回　●大賞　堀内孝雄「恋唄綴り」　●最優秀放送音楽賞　坂本冬美「能登はいらんかいね」

◇日本ゴールドディスク大賞　第5回　●ゴールドディスク大賞 邦楽　松任谷由実　●グランプリ・ニュー・アーティスト賞 邦楽　たま　●グランプリ・アルバム賞 邦楽　松任谷由実「天国のドア」　●グランプリ・シングル賞 邦楽　B.B.クイーンズ「おどるポンポコリン」

◇日本作詩大賞　第23回　●大賞　吉岡治「うたかた」(歌・石川さゆり)

◇日本作曲大賞　第10回　●日本作曲家協会グランプリ　岩上峰山「7時25分」

◇日本テレビ音楽祭　第16回　●新人賞　晴山さおり「一円玉の旅がらす」　忍者「お祭り忍者」　●金の鳩賞　マルシア「抱きしめて」　田村英里子「リバーシブル」

◇日本有線大賞　第23回　●大賞　堀内孝雄「恋唄綴り」　●最多リクエスト曲賞　堀内孝雄「恋唄綴り」　●最多リクエスト歌手賞　B'z　●有線音楽特別大衆賞　B.B.クイーンズ「おどるポンポコリン」　●最優秀新人賞　晴山さおり「一円玉の旅がらす」

◇日本レコードセールス大賞　第23回　●アーティストセールス 大賞　サザン・オールスターズ　●シングル部門 大賞　B.B.クイーンズ「おどるポンポコリン」ほか売り上げ131万枚　●アルバム部門 大賞　サザン・オールスターズ"売り上げ237万枚"　●新人部門 大賞　JITTERIN'JINN"売り上げ83万枚"

◇日本レコード大賞　第32回　●歌謡曲・演歌部門 大賞　堀内孝雄歌・曲、荒木とよひさ詩、川村栄二編曲「恋唄綴り」　●歌謡曲・演歌部門 最優秀歌唱賞　松原のぶえ「蛍」　●歌謡曲・演歌部門 最優秀歌謡曲新人賞　ヤン・スギョン「愛されてセレナーデ」　●歌謡曲・演歌部門 最優秀演歌新人賞　晴山さおり「一円玉の旅がらす」　●歌謡曲・演歌部門 アルバム大賞　桂銀淑「真夜中のシャワー」　●歌謡曲・演歌部門 美空ひばり賞　坂本冬美　●ポップス・ロック部門 大賞　B.B.クイーンズ歌、さくらももこ詞、織田哲郎曲・編曲「おどるポンポコリン」　●ポップス・ロック部門 最優秀ポップスボーカル賞　竹内まりや「告白」　●ポップス・ロック部門 最優秀ロックボーカル賞　サザン・

オールスターズ「真夏の果実」 ●ポップス・ロック部門 最優秀ポップス新人賞 忍者「お祭り忍者」 ●ポップス・ロック部門 最優秀ロック新人賞 たま「さよなら人類」 ●ポップス・ロック部門 アルバム大賞 ユニコーン「ケダモノの嵐」 ●ポップス・ロック部門 最優秀アルバムニューアーティスト賞 フリッパーズ・ギター「CAMERA TALK」
◇ぴあテン〔音楽部門〕 第19回 ●第1位 サザン・オールスターズ
◇メガロポリス歌謡祭 第9回 ●ポップス大賞 桂銀淑「真夜中のシャワー」 ●演歌大賞女性部門 坂本冬美「能登はいらんかいね」 ●演歌大賞男性部門 吉幾三「酔歌」 ●最優秀新人賞 晴山さおり「一円玉の旅がらす」 田中陽子「陽春のパッセージ」
◇横浜音楽祭 第17回 ●最優秀新人賞 晴山さおり「一円玉の旅がらす」 ●新人特別賞 忍者「お祭り忍者」 ●新人賞 アイリーン「未練ね」 天野里美「あなたしかいない」 北野都「女のほそ道」 北山加奈子「鹿児島本線」 服部浩子「御神火月夜」 ●音楽祭賞 桂銀淑「真夜中のシャワー」 伍代夏子「忍ぶ雨」 坂本冬美「能登はいらんかいね」 中山美穂 堀内孝雄「恋唄綴り」 ●演歌賞 香西かおり 小林幸子「天命燃ゆ」 山川豊「しぐれ川」 ●地域特別賞 青江三奈「HONMOKUブルース」 ●演歌奨励賞 半田浩二「ヨコハマ,コンチェルト」 滝里美「いでゆ橋」

【演劇】
◇菊田一夫演劇賞 第16回 新珠三千代 "「細雪」の幸子,「真夜中の招待状」のエドワード夫人の役の演技に対して" 波乃久里子 "「大つごもり」のみね,「遊女夕霧」の夕霧の役の演技に対して" 伊東四朗 "「雪之丞変化」の闇太郎の役の演技に対して" 三上直也 "「栄花物語」の佐野善左衛門,「松のや露八」の三条実美の役の演技に対して" ●大賞 三木のり平 "「放浪記」「雪之丞変化」の演出に対して" ●特別賞 森光子,小मुले番,青木玲子,児玉利和,佐藤富造,高橋郁子 "「放浪記」初演以来1116回にわたる貢献に対して"
◇紀伊國屋演劇賞 第25回 ●団体賞 文学座アトリエの会・グリークス・企画製作スタッフ ●個人賞 内田稔 寺田路恵 たかべしげこ 横山由和 黒木里美
◇芸術祭賞〔演劇部門〕 第45回 ●芸術祭賞 草村礼子 "一人芝居「じょんがら民宿こぼれ話」の演技" 遙くらら "「細雪」の演技" 加藤健一事務所 "「セイムタイム・ネクストイヤー」の成果" 劇工房ライミング "「ヴェニスの商人」の成果" 劇団夢の遊眠社 "「三代目,りちやあど」の成果" 東宝 "「放浪記」の成果"
◇ぴあテン〔演劇部門〕 第19回 ●第1位 劇団四季「オペラ座の怪人」
◇毎日芸術賞 第32回 森光子 "「放浪記」の演技"

【演芸】
◇上方お笑い大賞 第19回 ●大賞 宮川大助,宮川花子 ●金賞 トミーズ ●銀賞 ティーアップ ●審査員奨励賞 中田カウス,中田ボタン ●審査員特別賞 ミスハワイ,暁伸 ●秋田実賞 平戸敬二
◇上方漫才大賞 第25回 ●漫才大賞 宮川大助,宮川花子 ●奨励賞 中田カウス,中田ボタン ●新人賞 どんきほ〜テ
◇芸術祭賞〔演芸部門〕 第45回 ●芸術祭賞 桂小文枝 "「桂小文枝音曲芝居噺の世界」の企画と成果" 斎藤京子 "「第3回斎藤京子の会」の話芸" 玉川福太郎 "「第7回玉川福太郎独演会」の成果" 晴乃ピーチク "「色物にて候」における「似顔絵漫談」の話芸" 水田外史 "ガイ史即興人形劇場「ごんぎつね」の成果" 朱里ダンスカンパニー "「第6回朱里ダンスプロジェクト」の成果"

【漫画・アニメ】
◇講談社漫画賞 第14回 ●少年部門 川原正敏「修羅の門」 ●少女部門 万里村奈加「ブライド」 ●一般部門 かわぐちかいじ「沈黙の艦隊」 ハロルド作石「ゴリラーマン」
◇小学館漫画賞 第36回 ●児童向け部門 Moo.念平「あまいぞ!男吾」 ●少年向け部門 ゆうきまさみ「機動警察パトレイバー」 ●少女向け部門 細川知栄子あんど芙〜みん「王家の紋章」 渡辺多恵子「はじめちゃんが一番!」 ●青年一般向け部門 六田登「F—エフ」
◇文藝春秋漫画賞 第36回 小槻さとし「パラノ天国」ほか一連の作品 コジロー「ぶったまゲリラ」ほか一連の作品

【スポーツ】

◇朝日スポーツ賞（平2年度）　村田兆治 "右ひじ痛を克服，プロ野球界で40歳代投手としては41年ぶりに2ケタ勝利"　舟津圭三 "史上初の犬ぞりによる南極大陸横断に成功"　篠竹幹夫 "監督歴32年で17度の学生日本一，日本選手権（ライスボウル）でも4度の優勝"　青梅市陸上競技協会 "市民マラソン草わけの「青梅マラソン」を4半世紀にわたり育ててきた"

◇日本プロスポーツ大賞　第23回　●大賞　野茂英雄（プロ野球）　●殊勲賞　森祇晶（プロ野球）　千代の富士貢（大相撲）　尾崎将司（男子プロゴルフ）

【その他】

◇将棋大賞　第17回　●最優秀棋士賞　羽生善治　●特別賞　二上達也　●新人賞　屋敷伸之　●女流棋士賞　林葉直子

◇星雲賞　第21回　●日本長編部門　夢枕獏「上弦の月を喰べる獅子」　●日本短編部門　大原まり子「アクアプラネット」　●メディア部門　庵野秀明監督「トップをねらえ！」　●コミック部門　わかつきめぐみ「So What？」　●アート部門　道原かつみ　●ノンフィクション部門　ロバート・L.フォワード「SFはどこまで実現するか　重力波通信からブラックホール工学まで」

◇日本SF大賞　第11回　椎名誠「アド・バード」

◇日本新語・流行語大賞　第7回　●新語部門　金賞　三上遼太郎 "ファジィ"　●新語部門　銀賞　岡崎守恭 "ブッシュホン"　●新語部門　銅賞　中尊寺ゆつ子 "オヤジギャル"　●流行語部門　金賞　トーマス・リード「ちびまる子ちゃん（現象）」　●流行語部門　銀賞　表彰者なし「バブル経済」　●流行語部門　銅賞　本山英世 "一番搾り"　浅野温子，ソニー宣伝部 "パスポートサイズ"

◇文化勲章（平2年度）　石井良助（日本法政史）　市古貞次（国文学）　井上八千代（4代）（日本舞踊）　金子鷗亭（書道）　長倉三郎（物理科学）

◇ベストドレッサー賞　第19回　●政治・経済部門　橋本龍太郎　●学術・文化部門　宮本文昭　●スポーツ・芸能部門　中畑清　松岡修造　高嶋政伸　●女性部門　浅野ゆう子

平成3年（1991）

【文学全般】

◇朝日賞〔文学関係〕（平3年）　安岡章太郎 "1950年代より今日にいたる現代文学への貢献"　加藤楸邨 "長年の俳文学における業績"

◇伊藤整文学賞　第2回　●小説　三浦哲郎「みちづれ」　●評論　佐木隆三「身分帳」

◇大佛次郎賞　第18回　大笹吉雄「花顔の人―花柳章太郎伝」

◇菊池寛賞　第39回　山崎豊子 "大型社会派作家として「白い巨塔」「不毛地帯」「大地の子」―綿密な取材と豊かな構成力で多数の読者を魅了した"　思潮社 "困難な出版状況に耐え，現代詩文庫（第1期・100冊）をはじめとする詩作品の刊行を続けて35年，詩壇を支えてきた真摯な努力"

◇群像新人文学賞　第34回　●小説　多和田葉子「かかとを失くして」　●評論　当選　渡辺諒「異邦の友への手紙―ロラン・バルト『記号の帝国』再考」　●評論　優秀作　佐飛通俊「静かなるシステム」

◇芸術選奨　第42回　●文学部門　文部大臣賞　坂上弘「優しい碇泊地」　渋沢孝輔「啼鳥四季」（詩集）　●文学部門　新人賞　大久保房男「海のまつりごと」　増田みず子「夢虫」

◇サントリー学芸賞〔芸術・文学部門〕　第13回　鹿島茂「馬車が買いたい！―19世紀パリ・イマジネル」　五味文彦「中世のことばと絵―絵巻は訴える」　西垣通「デジタル・ナルシス―情報科学パイオニアたちの欲望」

◇新田次郎文学賞　第10回　宮城谷昌光「天空の舟」

◇日本文芸大賞　第11回　利根川裕「それぞれの方舟」　池部良「そよ風ときにはつむじ風」　●特別賞　森繁杏子「ばばの手紙」　●現代文学賞　野村正樹「シンデレラの朝」　●ノンフィクション賞　あいはら友子「いまマネー情報のつかみ方」

◇野間文芸賞　第44回　河野多恵子「みいら採り猟奇譚」

◇毎日芸術賞　第33回　高井有一「立原正秋」

◇毎日出版文化賞　第45回　鎌田慧, 岩波書店「六ケ所村の記録 上・下」
◇三島由紀夫賞　第4回　佐伯一麦「ア・ルース・ボーイ」
◇読売文学賞　第43回　●小説賞　坂上弘「優しい碇泊地」　青野聡「母よ」　●戯曲賞　該当者なし
　●随筆・紀行賞　金関寿夫「現代芸術のエポック・エロイク」　●評論・伝記賞　中村稔「束の間の幻影—銅版画家駒井哲郎の生涯」　●詩歌俳句賞　渋沢孝輔「啼鳥四季」

【小説】
◇芥川龍之介賞　第105回（上期）　辺見庸「自動起床装置」　荻野アンナ「背負い水」
◇芥川龍之介賞　第106回（下期）　松村栄子「至高聖所（アバトーン）」
◇泉鏡花文学賞　第19回　有為エンジェル「踊ろう, マヤ」
◇江戸川乱歩賞　第37回　鳴海章「ナイトダンサー」　真保裕一「連鎖」
◇オール讀物新人賞　第71回　大内曜子「光の戦士たち」
◇オール讀物推理小説新人賞　第30回　小林仁美「ひっそりとして, 残酷な死」
◇川端康成文学賞　第18回　安岡章太郎「伯父の墓地」
◇柴田錬三郎賞　第4回　宮本徳蔵「虎砲記」　北方謙三「破軍の星」
◇小説現代新人賞　第56回（上期）　小倉千恵「ア・フール」　三田つばめ「ウォッチャー」
◇小説現代新人賞　第57回（下期）　羽島トオル「銀の雨」
◇小説すばる新人賞　第4回　たくきよしみつ「マリアの父親」　藤水名子「涼州賦」
◇女流文学賞　第30回　須賀敦子「ミラノ 霧の風景」　山田詠美「トラッシュ」
◇新潮新人賞　第23回　小口正明「十二階」
◇すばる文学賞　第15回　釉木淑乃「予感」　●佳作　仁川高丸「微熱狼少女」
◇谷崎潤一郎賞　第27回　井上ひさし「シャンハイムーン」
◇直木三十五賞　第105回（上期）　芦原すなお「青春デンデケデケデケ」　宮城谷昌光「夏姫春秋」
◇直木三十五賞　第106回（下期）　高橋義夫「狼奉行」　高橋克彦「緋い記憶」
◇日本推理作家協会賞　第44回　●長篇部門　大沢在昌「新宿鮫」　●短篇部門　北村薫「夜の蟬」
　●評論その他の部門　竹中労「百怪・我ガ腸ニ入ル」　徳岡孝夫「横浜・山手の出来事」
◇日本ファンタジーノベル大賞　第3回　●大賞　佐藤亜紀「バルタザールの遍歴」　●優秀賞　原岳人「なんか島開拓誌」
◇野間文芸新人賞　第13回　笙野頼子「なにもしてない」
◇文學界新人賞　第72回（上期）　みどりゆうこ「海を渡る植物群」
◇文學界新人賞　第73回（下期）　市村薫「名前のない表札」
◇文藝賞　第28回　吉野光「撃壊歌」　川本俊二「rose」
◇紫式部文学賞　第1回　石丸晶子「式子内親王伝—面影びとは法然」
◇山本周五郎賞　第4回　稲見一良「ダック・コール」
◇横溝正史賞　第11回　●大賞　姉小路祐「動く不動産」
◇吉川英治文学賞　第25回　平岩弓枝「花影の花」

【詩歌】
◇H氏賞　第41回　杉谷昭人「人間の生活」
◇小熊秀雄賞　第24回　坂本つや子「黄土の風」
◇現代歌人協会賞　第35回　山田富士郎「アビー・ロードを夢みて」
◇現代詩人賞　第9回　那珂太郎「幽明過客抄」
◇現代詩花椿賞　第9回　稲川万人「2000光年のコノテーション」
◇現代短歌大賞　第14回　近藤芳美"「営為」並びに過去の全業績"
◇河野愛子賞　第1回　松平盟子「プラチナ・ブルース」

◇齋藤茂吉短歌文学賞　第3回　塚本邦雄「黄金律」
◇詩歌文学館賞　第6回　●詩　吉増剛造「螺旋歌」　●短歌　該当作なし　●俳句　永田耕衣「泥ん」
◇高見順賞　第22回　佐々木幹郎「蜂蜜採り」
◇蛇笏賞　第25回　該当作なし
◇迢空賞　第25回　安永蕗子「冬麗」
◇壺井繁治賞　第19回　片羽登呂平「片羽登呂平詩集」
◇藤村記念歴程賞　第29回　三浦雅士「小説という植民地」(評論集)　是永駿訳著「芒克詩集」
◇日本歌人クラブ賞　第18回　倉地与年子「素心蘭」　白石昂「冬山」
◇俳人協会賞　第31回　深見けん二「花鳥来」
◇晩翠賞　第32回　木村迪夫「まぎれ野の」

【戯曲】

◇岸田國士戯曲賞　第35回　坂手洋二「ブレスレス」
◇年鑑代表シナリオ (平3年度)　岡本喜八「大誘拐―RAINBOW KIDS」　高山由紀子「上方苦界草紙」　桂千穂「ふたり」　小島康史「らせんの素描」　高畑勲「おもひでぽろぽろ」　松本功, 田部俊行, 工藤栄一「泣きぼくろ」　山田洋次, 朝間義隆「息子」　丸内敏治「無能の人」　古田求「四万十川」　三谷幸喜と東京サンシャインボーイズ「12人の優しい日本人」

【評論・随筆】

◇大宅壮一ノンフィクション賞　第22回　家田荘子「私を抱いてそしてキスして」　井田真木子「プロレス少女伝説」
◇講談社エッセイ賞　第7回　須賀敦子「ミラノ　霧の風景」　伊藤礼「狸ビール」
◇講談社ノンフィクション賞　第13回　工藤美代子「工藤写真館の昭和」　高橋幸春「蒼氓の大地」
◇新潮学芸賞　第4回　立花隆, 利根川進共著「精神と物質」
◇日本エッセイスト・クラブ賞　第39回　岩城宏之「フィルハーモニーの風景」　林望「イギリスはおいしい」　山崎章郎「病院で死ぬということ」

【児童文学】

◇赤い鳥文学賞　第21回　清水たみ子「詩集・かたつむりの詩」　●特別賞　今西祐行「今西祐行全集」
◇講談社出版文化賞　第22回　●絵本賞　于大武, 唐亜明「ナージャとりゅうおう」
◇産経児童出版文化賞　第38回　●大賞　徳田雄洋作, 村井宗二絵「はじめて出会うコンピュータ科学」全8冊
◇児童福祉文化賞　第34回　●出版物部門　ひのまどか「モーツァルト―美しき光と影」
◇児童文芸新人賞　第20回　いとうひろし「マンホールからこんにちは」
◇小学館絵画賞　第40回　川原田徹「かぼちゃごよみ」　たむらしげる「メタフィジカル・ナイツ」
◇小学館文学賞　第40回　富安陽子「クヌギ林のザワザワ荘」
◇日本児童文学者協会賞　第31回　該当作なし　●特別賞　大石真「眠れない子」
◇日本児童文芸家協会賞　第15回　高橋宏幸「マンモス少年ヤム」「ローランの王女」「オオカミ王ぎん星」
◇野間児童文芸賞　第29回　今村葦子「かがりちゃん」　森忠明「ホーン峰まで」　●新人賞　大谷美和子「きんいろの木」　中沢晶子「ジグソーステーション」
◇ひろすけ童話賞　第2回　安房直子「小夜の物語―花豆の煮えるまで」
◇椋鳩十児童文学賞　第1回　石原てるこ「DOWNTOWN通信 友だち貸します」　ひこ・田中「お引越し」

【映画・テレビ全般】

◇エランドール賞 (平3年度)　●新人賞　工藤夕貴　高嶋政伸　中嶋朋子　野村宏伸　牧瀬里穂

第1部 受賞年順　　　　　　　　　　　　　平成3年（1991）

◇芸術選奨　第42回　●映画部門 文部大臣賞　高畑勲 "おもひでぽろぽろ"の演出"　●映画部門 新人賞　竹中直人 "無能の人"の演出"　●評論等 文部大臣賞　内藤篤「ハリウッド・パワーゲーム—アメリカ映画産業の法と経済」　●放送部門 文部大臣賞　相田洋 "テレビドキュメンタリー「電子立国日本の自叙伝」の演出"　久世光彦 "ドラマ「花迷宮—上海からきた女」「女正月」「向田邦子新春スペシャル」の演出"　●放送部門 新人賞　杉田成道 "テレビドラマ「1970 ぼくたちの青春」の演出"

【映画】

◇川喜多賞　第9回　インナ・Y.ゲンス "「刀とヒロシマ—日本映画の中の戦争」「剣劇と庶民劇—日本古典映画のジャンル」などを出版し，日ソ映画シンポジウムのメンバーとして5回来日した功績に対して"

◇キネマ旬報賞　第37回　●日本映画監督賞　山田洋次「息子」　●脚本賞　三谷幸喜,東京サンシャインボーイズ「12人の優しい日本人」　●主演女優賞　北林谷栄「大誘拐—RAINBOW KIDS」　●主演男優賞　三國連太郎「息子」　●助演女優賞　和久井映見「息子」「就職戦線異状なし」　●助演男優賞　永瀬正敏「息子」　●新人女優賞　石田ひかり「ふたり」「咬みつきたい」「あいつ」　●新人男優賞　唐沢寿明「おいしい結婚」「ハロー張りネズミ」　●読者選出日本映画監督賞　北野武「あの夏、いちばん静かな海。」　●読者賞　尾形敏朗「巨人と少年」

◇キネマ旬報ベスト・テン　第65回　●日本映画 第1位　「息子」（山田洋次監督）　●外国映画 第1位　「ダンス・ウィズ・ウルブズ」（ケビン・コスナー監督）

◇ゴールデングロス賞　第9回　●日本映画部門 金賞　東宝配給「ドラえもん のび太のドラビアンナイト/ドラミちゃん・アララ少年山賊団」　●外国映画部門 最優秀金賞　東宝東和配給「ターミネーター2」　●マネーメーキング監督賞　高畑勲「おもひでぽろぽろ」

◇日刊スポーツ映画大賞・石原裕次郎賞　第4回　●作品賞　「息子」（山田洋次監督）　●監督賞　山田洋次「息子」　●主演男優賞　三國連太郎「息子」　●主演女優賞　村瀬幸子「八月の狂詩曲」　●助演男優賞　永瀬正敏「息子」　●助演女優賞　和久井映見「息子」「就職戦線異状なし」　●新人賞　石田ひかり「ふたり」「咬みつきたい」　●外国作品賞　「ダンス・ウィズ・ウルブズ」（ケビン・コスナー監督）　●石原裕次郎賞　「大誘拐—RAINBOW KIDS」（岡本喜八監督）　●特別賞　今井正（故人）"戦争と青春"で最後まで情熱を燃やし続けた功績に"

◇日本アカデミー賞　第14回　●最優秀作品賞　「少年時代」（篠田正浩監督）　●最優秀監督賞　篠田正浩「少年時代」　●最優秀脚本賞　山田太一「少年時代」　●最優秀主演男優賞　岸部一徳「死の棘」　●最優秀主演女優賞　松坂慶子「死の棘」　●最優秀助演男優賞　石橋蓮司「浪人街」「われに撃つ用意あり」「公園通りの猫たち」　●最優秀助演女優賞　石田えり「飛ぶ夢をしばらく見ない」「釣りバカ日誌2・3」　●最優秀外国作品賞　「フィールド・オブ・ドリームス」（フィル・アルデン・ロビンソン監督）　●特別賞　落合保雄　田中美佐江　中尾さかゑ　浜村幸一　南とめ　●会長特別賞　高峰三枝子

◇ぴあテン〔映画部門〕　第20回　●第1位　「ターミネーター2」（ジェームズ・キャメロン監督）

◇ブルーリボン賞　第34回　●最優秀作品賞　「あの夏、いちばん静かな海。」（北野武監督）　●監督賞　北野武「あの夏、いちばん静かな海。」　●主演男優賞　竹中直人「無能の人」　●主演女優賞　工藤夕貴「戦争と青春」　●助演男優賞　永瀬正敏「息子」　●助演女優賞　風吹ジュン「無能の人」　●新人賞　石田ひかり「ふたり」「咬みつきたい」「あいつ」　●特別賞　今井正 "日本映画界における功績に対して"　●最優秀外国映画賞　「羊たちの沈黙」（ジョナサン・デミ監督）

◇報知映画賞　第16回　●最優秀作品賞　「息子」（山田洋次監督）　「羊たちの沈黙」（ジョナサン・デミ監督）　●最優秀主演男優賞　永瀬正敏「息子」「アイ・ラブ・ニッポン」「喪の仕事」　●最優秀主演女優賞　工藤夕貴「戦争と青春」　●最優秀助演男優賞　神戸浩「無能の人」　●最優秀助演女優賞　風吹ジュン「無能の人」　●最優秀監督賞　北野武「あの夏、いちばん静かな海。」　●最優秀新人賞　石田ひかり「ふたり」「あいつ」「咬みつきたい」　竹中直人「無能の人」

◇毎日映画コンクール　第46回　●日本映画賞 大賞　「息子」　●監督賞　山田洋次「息子」　●脚本賞　三谷幸喜,東京サンシャインボーイズ「12人の優しい日本人」　●演技賞 男優主演賞　永瀬正敏「息子」「喪の仕事」「アジアンビート アイ・ラブ・ニッポン」　●演技賞 女優主演賞　北林谷栄「大誘拐—RAINBOW KIDS」　●演技賞 男優助演賞　三浦友和「江戸城大乱」「仔鹿物語」「無能の人」　●演技賞 女優助演賞　風吹ジュン「無能の人」　●大藤信郎賞　桜映画社,エコー「注文

平成3年(1991)

の多い料理店」　●スポニチグランプリ新人賞　石田ひかり「ふたり」「咬みつきたい」「あいつ」　竹中直人「無能の人」　●日本映画ファン賞　「息子」　●アニメーション映画賞　「老人Z」　●田中絹代賞　樋口可南子　●特別賞　今井正 "日本映画界における功績"
◇牧野省三賞　第33回　舛田利雄(監督)
◇優秀映画鑑賞会ベストテン　第32回　●日本映画 第1位　「息子」(山田洋次監督)　●外国映画 第1位　「ダンス・ウイズ・ウルブズ」(ケビン・コスナー監督)

【テレビ】

◇ギャラクシー賞　第29回　●大賞　日本放送協会「電子立国日本の自叙伝」　●特別賞　テレビ朝日「ザ・スクープ」　●個人賞　笑福亭鶴瓶
◇芸術作品賞[テレビ関係]　第7回　●テレビドラマ　東京放送「西郷札」　日本放送協会「二本の桜」「のんのんばあとオレ」　北海道放送「サハリンの薔薇」
◇日本民間放送連盟賞(平3年)　●番組部門(テレビ娯楽番組)　最優秀　朝日放送"探偵！ナイトスクープ"全国アホ・バカ分布図の完成"　●番組部門(テレビドラマ番組) 最優秀　中京テレビ放送　木曜ゴールデンドラマ「夢と共に去りぬ」
◇放送文化基金賞　第17回　●テレビドラマ番組　日本放送協会 ドラマスペシャル「不熟につき……藤堂家城代家老の日誌より」　●テレビドラマ番組 特別賞　大竹しのぶ "「愛の世界」の演技"
◇向田邦子賞　第10回　冨川元文「二本の桜」「結婚しない女達のために」

【芸能全般】

◇浅草芸能大賞　第8回　●大賞　伊東四朗(タレント)　●奨励賞　坂東八十助(5代)(歌舞伎俳優)　●新人賞　林家ぺー(漫談)
◇芸術選奨　第42回　●演劇部門 文部大臣賞　加藤剛 "「わが愛」3部作(劇団俳優座公演)の演技"　●演劇部門 新人賞　鐘下辰男 "「tatsuya—最愛なる者の側へ」「1980年のブルースハープ」の脚本"　●大衆芸能部門 文部大臣賞　鳳蘭 "ミュージカル「ジプシー」「ハウ・ツウ・デイト」の演技"　●大衆芸能部門 新人賞　鈴木ほのか "ミュージカル「見はてぬ夢」「レ・ミゼラブル」「船長」の歌唱と演技"　林家染丸(4代) "落語「三十石夢の通路」「浮かれの屑より」の話芸"
◇ゴールデン・アロー賞　第29回　●大賞　竹中直人　●最優秀新人賞　SMAP　●映画賞　竹中直人 "初の監督作品「無能の人」の冴え渡った，演技力と独特の映像世界を創りあげた才能を評価"　●映画賞 新人賞　石田ひかり 映画「ふたり」で見せた優しさあふれる演技，また「咬みつきたい」での新鮮な表情。それらからうかがえる高い将来性"　●演劇賞　第三舞台 "朝日のような夕日をつれて'91」「天使は瞳を閉じて」などで，現代演劇にギャグやダンスシーンを取り入れ，幅広い層の支持を得た"　●演劇賞 新人賞　篠井英介 "心を繋ぐ6ペンス」での女役など，新しい可能性に挑戦。幅広い演劇ジャンルで活躍する，その将来性に期待して"　●音楽賞　KAN "「愛は勝つ」がミリオン・セラーを記録。その親しみやすい歌とキャラクターが，世代を超えた人気を獲得した"　●音楽賞 新人賞　SMAP "「Can't Stop!!－Loving－」でデビュー，ますますの活躍が期待される"　Mi-Ke "昔懐かしい曲をアレンジした「想い出の九十九里浜」で人気を博し，ヒットチャート上位に進出。今後の活躍が期待"　しじみとさざえ "「想い出の九十九里浜」をモチーフに，バラエティーに富んだモノマネで，全国のお茶の間をわかせ，新分野を開拓した"　●放送賞　武田鉄矢 "ドラマ「101回目のプロポーズ」「太平記」など"　●放送賞 新人賞　L.Lブラザーズ "「天才・たけしの元気が出るテレビ!!」の "ダンス甲子園" から飛び出したニュースター"　●芸能賞　ウッチャンナンチャン "ユニークなギャグとアイデアでバラエティーの世界に新領域を開拓し，若者を中心とした層に圧倒的な支持を得た"　●芸能賞 新人賞　ルー大柴 "テンションの高いしゃべりとパフォーマンスで人気沸騰。そのキャラクターは，コメディー界に新風を吹き込んだ"　●特別賞　北島三郎 "芸能生活30年。その間，トップスター歌手の座を維持し続け，また日本の演歌を広く海外にまでアピールしたその功績に対して"　●話題賞　山本リンダ "「どうにもとまらない」「狙いうち」で鮮やかな復活"　●グラフ賞　観月ありさ
◇松尾芸能賞　第12回　●大賞 演劇　中村吉右衛門　●優秀賞 演劇　藤田まこと　●優秀賞 歌謡芸能　牧村三枝子

【音楽】

◇歌謡ゴールデン大賞新人グランプリ　第18回　●グランプリ　中嶋美智代「とても小さな物語」　●服部良一特別賞　唐木淳　●優秀新人賞　胡桃沢ひろ子　Mi-Ke　●審査員特別賞　Mi-Ke　●ABCゴールデン大賞　山本リンダ

◇JASRAC賞　第9回　●金賞　長渕剛作詞・作曲ほか「乾杯」　●銀賞　吉岡治作詞, 市川昭介作曲ほか「ふたりの大阪」　●銅賞　さくらももこ作詞, 織田哲郎作曲ほか「おどるポンポコリン」　●国際賞　大谷和夫作曲ほか「CAT'S EYE（BGM）」

◇新宿音楽祭　第24回　●金賞　中嶋美智代「とても小さな物語」　Mi-Ke「想い出の九十九里浜」　●審査員特別奨励賞　唐木淳「やせがまん」（ビクターエンタテインメント）

◇全日本有線放送大賞　第24回　●グランプリ　沢田知可子「会いたい」　●読売テレビ最優秀賞　香西かおり「流恋草」　●審査委員会最優秀賞　KAN「愛は勝つ」　●特別賞　沢田知可子「会いたい」　中村美律子「しあわせ酒」　藤あや子「夜雨酒」　●最優秀新人賞　Mi-Ke「想い出の九十九里浜」

◇日本演歌大賞　第17回　●大賞　香西かおり「流恋草」　●演歌希望の星賞　唐木淳「やせがまん」　徳連駒子「ふたり舟」　●特別賞　北島三郎「北の大地」

◇日本歌謡大賞　第22回　●大賞　とんねるず「情けねぇ」　●最優秀放送音楽賞　香西かおり「流恋草」

◇日本ゴールドディスク大賞　第6回　●ゴールドディスク大賞　邦楽　CHAGE&ASKA　●グランプリ・ニュー・アーティスト賞　邦楽　Mi-Ke　●グランプリ・アルバム賞　邦楽　CHAGE&ASKA「TREE」　●グランプリ・シングル賞　邦楽　CHAGE&ASKA「SAY YES」

◇日本作詩大賞　第24回　●大賞　星野哲郎「北の大地」（歌・北島三郎）

◇日本作曲大賞　第11回　●日本作曲家協会グランプリ　立木恵章「もしもあなたなら」

◇日本有線大賞　第24回　●大賞　香西かおり「流恋草」　●最多リクエスト歌手賞　B'z　●最多リクエスト曲賞　沢田知可子「会いたい」　●最優秀新人賞　Mi-Ke

◇日本レコードセールス大賞　第24回　●アーティストセールス大賞　B'z　●シングル部門　大賞　CHAGE&ASKA「SAY YES」ほか売り上げ290万　●アルバム部門　大賞　B'z"売り上げ403万"　●新人部門　大賞　槇原敬之"売り上げ129万"

◇日本レコード大賞　第33回　●歌謡曲・演歌部門　大賞　北島三郎歌, 星野哲郎詞, 船村徹曲, 南郷達也編曲「北の大地」　●歌謡曲・演歌部門　最優秀歌唱賞　坂本冬美「火の国の女」　●歌謡曲・演歌部門　最優秀新人賞　唐木淳　●歌謡曲・演歌部門　アルバム大賞　堀内孝雄「GENTS」　●歌謡曲・演歌部門　美空ひばり賞　藤あや子「雨夜酒」　●ポップス・ロック部門　大賞　KAN歌・詞・曲・編曲, 小林信吾編曲「愛は勝つ」　●ポップス・ロック部門　最優秀歌唱賞　ASKA「はじまりはいつも雨」　●ポップス・ロック部門　最優秀新人賞　Mi-Ke　●ポップス・ロック部門　アルバム大賞　山下達郎「ARTISAN」　●ポップス・ロック部門　アルバムニューアーティスト賞　オリジナル・ラブ「LOVE！ LOVE！ ＆LOVE！」

◇ぴあテン〔音楽部門〕　第20回　●第1位　Dreams Come True

◇メガロポリス歌謡祭　第10回　●ポップス大賞　KAN「愛は勝つ」　●最優秀新人賞　中嶋美智代「ひなげし」　忍者「おーい！車屋さん」　●演歌大賞男性部門　北島三郎「北の大地」　●演歌大賞女性部門　香西かおり「流恋草（はぐれそう）」

◇横浜音楽祭　第18回　●最優秀新人賞　唐木淳　●新人特別賞　胡桃沢ひろ子　西田さゆり　Mi-Ke　●音楽祭賞　KAN　桂銀淑　香西かおり　坂本冬美　山川豊　●特別賞　北島三郎　●演歌賞　冠二郎　伍代夏子　神野美伽　藤あや子　●新人賞　亜沙美「ごめんねYuji」　太田幸希「本牧イン・ザ・レイン」　唐木淳「やせがまん」　胡桃沢ひろ子「スパーク・プラグ」　高恩愛「さまよう涙」　貴華しおり「あばれ船」　たかみ「水鏡」　西田さゆり「夢追川」　Mi-Ke「ブルーライトヨコスカ」

【演劇】

◇菊田一夫演劇賞　第17回　三田和代"「がめつい奴」の小山田初江役の演技に対して"　富田恵子"女三の宮"の小侍従,「芝櫻」のおせい役の演技に対して"　小池修一郎"華麗なるギャツビー"の脚本・演出の成果に対して"　今井清隆"「レ・ミゼラブル」のジャベール役の演技に対して"　●大賞　藤間紫"「墨東綺譚」のお玉役の演技に対して"　●特別賞　丸山弘"永年の小道具の製作お

平成3年(1991)

よび公演における功績に対して"
◇紀伊國屋演劇賞　第26回　●団体賞　該当者なし　●個人賞　杉村春子　朝倉摂　加藤剛　水原英子　佐藤オリエ　大谷亮介
◇芸術祭賞〔演劇部門〕　第46回　●芸術祭賞　今井雅之"「ザ・ウィンズ・オブ・ゴッド」の原作・脚本・演技"　梅若盛義"「望月―古式」の演技"　栗原小巻"「復活」の演技"　杉村春子"「ふるあめりかに袖はぬらさじ」の演技"　中村吉右衛門"「寺小屋」「天衣粉上野初花」の成果"　中村梅雀"「煙が目にしみる」の演技"　ふじたあさや, 中西和久"「ひとり芝居 しのだづま考」の成果"　松下砂稚子, 佐藤オリエ"「薔薇の花束の秘密」の演技"
◇ぴあテン〔演劇部門〕　第20回　●第1位　夢の遊眠社「透明人間の蒸気」

【演芸】

◇上方お笑い大賞　第20回　●大賞　月亭八方　●金賞　大木こだま, 大木ひびき　●銀賞　ベイブルース　●20周年記念特別賞　ミヤコ蝶々　●審査員特別賞　横山ホットブラザーズ　●秋田実賞　本多正識
◇上方漫才大賞　第26回　●漫才大賞　中田カウス, 中田ボタン　●奨励賞　トミーズ　●新人賞　ティーアップ
◇芸術祭賞〔演芸部門〕　第46回　●芸術祭賞　鎌田弥恵"「鎌田弥恵 物語の会」の成果"　小林久子"第22回ドラマチック歌曲」の成果"　春風亭小柳枝"「春風亭小柳枝の会」の話芸"　宝井馬琴"「John Mung―ジョン万次郎」の話芸"　村崎太郎"「猿まわし五人衆」の成果"

【漫画・アニメ】

◇講談社漫画賞　第15回　●少年部門　森川ジョージ「はじめの一歩」　●少女部門　逢坂みえこ「永遠の野原」　●一般部門　弘兼憲史「課長島耕作」　深見じゅん「悪女」
◇小学館漫画賞　第37回　●児童向け部門　こしたてつひろ「ドッジ弾平」　●少年向け部門　藤田和日郎「うしおととら」　●少女向け部門　藤田和子「真コール！」　●青年一般向け部門　柴門ふみ「家族の食卓」「あすなろ白書」　●審査委員特別賞　谷口ジロー「犬を飼う」
◇文藝春秋漫画賞　第37回　山井教雄「ブーイング！」　吉田戦車「伝染(うつ)るんです。」

【スポーツ】

◇朝日スポーツ賞(平3年度)　森祇晶"日本シリーズで監督として5回優勝"　荻村伊智朗"スポーツ界では史上初の, 韓国と朝鮮民主主義人民共和国(北朝鮮)による統一チームの結成と, 第41回世界卓球選手権参加への尽力"　司東利恵"第6回世界水泳選手権の女子200mバタフライで, 女子として史上初の2位入賞"　越野忠則"柔道の世界選手権60キロ級で優勝"　谷口浩美"第3回世界陸上競技選手権の男子マラソンで, 日本人として初めての優勝"　森田修一"第45回福岡国際マラソンで優勝"　山下佐知子"第3回世界陸上競技選手権の女子マラソンで2位入賞"　谷川真理"第13回東京国際女子マラソンで, 日本選手として2人目の優勝"
◇日本プロスポーツ大賞　第24回　●大賞　辰吉丈一郎(プロボクシング)　●殊勲賞　貴乃花光司(大相撲)　尾崎直道(男子プロゴルフ)　中嶋悟(F1)

【その他】

◇将棋大賞　第18回　●最優秀棋士賞　谷川浩司　●新人賞　佐藤康光　●女流棋士賞　林葉直子
◇星雲賞　第22回　●日本長編部門　大原まり子「ハイブリッド・チャイルド」　●日本短編部門　夢枕獏「上段の突きを喰らう猪獅子」　●メディア部門　NHK製作「銀河宇宙オデッセイ」　●コミック部門　横山えいじ「宇宙大雑貨」　●アート部門　横山えいじ　●ノンフィクション部門　早川書房編「SFハンドブック」
◇日本SF大賞　第12回　梶尾真治「サラマンダー殲滅」
◇日本新語・流行語大賞　第8回　●年間大賞　チャーリー浜"「…じゃあ～りませんか」　●新語部門 金賞　花田簡輔「火砕流」　●新語部門 銀賞　伊東亘「ひとめぼれ」　●新語部門 銅賞　表彰者なし"八月革命"　●流行語部門 金賞　花田憲子「若貴」　●流行語部門 銀賞　石破茂, 簗瀬進,

今津寛, 佐藤謙一郎 "「重大な決意」"　●流行語部門 銅賞　武井共夫 "「損失補塡」"
◇文化勲章(平3年度)　猪瀬博(電子工学)　江上波夫(アジア考古学)　蓮田修吾郎(鋳金)　福沢一郎(洋画)　森繁久彌(演劇, 映画)
◇ベストドレッサー賞　第20回　政治・経済部門　福原義春　●学術・文化部門　中沢新一　●スポーツ・芸能部門　織田裕二　●女性部門　桐島かれん　●テーマ部門　玉村豊男　加藤和彦

平成4年(1992)

【文学全般】

◇朝日賞〔文学関係〕(平4年)　陳舜臣 "中国と日本の歴史を踏まえた文学作品を通して日本文化に大きく貢献"
◇伊藤整文学賞　第3回　●小説　日野啓三「断崖の年」　●評論　川村二郎「アレゴリーの織物」
◇大佛次郎賞　第19回　厳安生「日本留学精神史—近代中国知識人の軌跡」　小西甚一「日本文芸史」全5巻
◇菊池寛賞　第40回　黒岩重吾 "古代に材をとり巷説伝承を越えて, 雄大な構想と艶やかな感情で, 時代に光芒を放つ新しい人間像を創出した一連の歴史ロマンに対して"
◇群像新人文学賞　第35回　●小説 当選作　該当作なし　●小説 優秀作　中野勝「鳩を食べる」　●評論　武田信明「二つの『鏡地獄』—乱歩と牧野信一における複数の『私』」　山城むつみ「小林批評のクリティカル・ポイント」
◇芸術選奨　第43回　●文学部門 文部大臣賞　清水邦夫「華やかな川, 囚われの心」　まど・みちお「まど・みちお全詩集」　●文学部門 新人賞　車谷長吉「鹽壺の匙」
◇サントリー学芸賞〔芸術・文学部門〕　第14回　川本皓嗣「日本詩歌の伝統—七と五の詩学」　中川真「平安京—音の宇宙」
◇新田次郎文学賞　第11回　大島昌宏「九頭竜川」　高橋揆一郎「友子」
◇日本芸術院賞(第2部・文芸)　第49回　●恩賜賞・日本芸術院賞　曽野綾子 "「遠来の客たち」を始めとする秀作, 幅広い作家活動などの業績"　●日本芸術院賞　石井桃子 "「クマのプーさん」の翻訳など児童文学者としての業績"
◇日本文芸大賞　第12回　小山内美江子「ヨルダン難民救援への旅」　●特別賞　綿貫民輔「至誠天に通ず」　越智宏倫「若さを長持ちさせる法」　●童話賞　武田鉄矢「夏のクリスマスツリー」　●ノンフィクション賞　小林充「プラスイメージ成功法」　田山敏雄「エスキモーに氷を売れ」
◇野間文芸賞　第45回　坂上弘「田園風景」
◇三島由紀夫賞　第5回　該当作なし
◇読売文学賞　第44回　●小説賞　中薗英助「北京飯店旧館にて」　●戯曲賞　堤春恵「仮名手本ハムレット」　●随筆・紀行賞　池澤夏樹「母なる自然のおっぱい」　●評論・伝記賞　吉田秀和「マネの肖像」　中沢新一「森のバロック」　●詩歌俳句賞　真鍋呉夫「雪女」

【小説】

◇芥川龍之介賞　第107回(上期)　藤原智美「運転士」
◇芥川龍之介賞　第108回(下期)　多和田葉子「犬婿入り」
◇泉鏡花文学賞　第20回　島田雅彦「彼岸先生」　鷺沢萠「駆ける少年」
◇江戸川乱歩賞　第38回　川田弥一郎「白く長い廊下」
◇オール讀物新人賞　第72回　高橋直樹「尼子悲話」　月足亮「北風のランナー」
◇オール讀物推理小説新人賞　第31回　青山瞑「帰らざる旅」
◇川端康成文学賞　第19回　吉田知子「お供え」
◇柴田錬三郎賞　第5回　白石一郎「戦鬼たちの海—織田水軍の将・九鬼嘉隆」
◇小説現代新人賞　第58回(上期)　水城昭彦「三十五歳, 独身」
◇小説現代新人賞　第59回(下期)　斉藤朱美「売る女, 脱ぐ女」

平成4年（1992）

◇小説すばる新人賞　第5回　吉富有「オレンジ砂塵」
◇女流文学賞　第31回　稲葉真弓「エンドレス・ワルツ」　岩橋邦枝「浮橋」
◇新潮新人賞　第24回　別当晶司「螺旋の肖像」　中山幸太「カワサキタン」
◇すばる文学賞　第16回　楡井亜木子「チューリップの誕生日」　●佳作　滝口明「惑う朝」
◇谷崎潤一郎賞　第28回　瀬戸内寂聴「花に問え」
◇直木三十五賞　第107回（上期）　伊集院静「受け月」
◇直木三十五賞　第108回（下期）　出久根達郎「佃島ふたり書房」
◇日本推理作家協会賞　第45回　●長篇部門　綾辻行人「時計館の殺人」　宮部みゆき「龍は眠る」　●短篇部門　該当作なし　●評論その他の部門　野崎六助「北米探偵小説論」
◇日本ファンタジーノベル大賞　第4回　●優秀賞　北野勇作「昔, 火星のあった場所」
◇野間文芸新人賞　第14回　リービ英雄「星条旗の聞こえない部屋」
◇文學界新人賞　第74回（上期）　安斎あざみ「樹木内侵入臨床士」　大島真寿美「春の手品師」
◇文學界新人賞　第75回（下期）　伏本和代「ちょっとムカつくけれど, 居心地のいい場所」
◇文藝賞　第29回　三浦恵「音符」
◇紫式部文学賞　第2回　江國香織「きらきらひかる」
◇山本周五郎賞　第5回　船戸与一「砂のクロニクル」
◇横溝正史賞　第12回　●大賞　羽場博行「レプリカ」　松木麗「恋文」　●特別賞　亜木冬彦「殺人の駒音」
◇吉川英治文学賞　第26回　陳舜臣「諸葛孔明 上・下」

【詩歌】

◇H氏賞　第42回　本多寿「果樹園」
◇小熊秀雄賞　第25回　佐川亜紀「死者を再び孕む夢」　●特別賞　金時鐘「野原の詩」
◇現代歌人協会賞　第36回　該当作なし
◇現代詩人賞　第10回　大木実「柴の折戸」
◇現代詩花椿賞　第10回　財部鳥子「中庭幻灯片」
◇現代短歌大賞　第15回　香川進 "香川進全歌集"並びに過去の全業績"
◇河野愛子賞　第2回　佐伯裕子「未完の手紙」
◇齋藤茂吉短歌文学賞　第4回　前登志夫「鳥獣虫魚」
◇詩歌文学館賞　第7回　●詩　清岡卓行「パリの五月に」　●短歌　大西民子「風の曼陀羅」　●俳句　阿波野青畝「西湖」
◇高見順賞　第23回　辻井喬「群青、わが黙示」　新井豊美「夜のくだもの」
◇蛇笏賞　第26回　桂信子「樹影」
◇沼空賞　第26回　森岡貞香「百乳文」
◇壺井繁治賞　第20回　鈴木文子「女にさよなら」
◇藤村記念歴程賞　第30回　中村稔「浮泛漂蕩」（詩集）　真鍋呉夫「雪女」（句集）
◇日本歌人クラブ賞　第19回　星野丑三「歳月」　林光雄「無碍光」　只野幸雄「黄楊の花」
◇俳人協会賞　第32回　青柳志解樹「松は松」　岡田日郎「連嶺」
◇晩翠賞　第33回　関富士子「飼育記」　宮静枝「山荘光太郎残影」
◇丸山豊記念現代詩賞　第1回　谷川俊太郎「女に」

【戯曲】

◇岸田國士戯曲賞　第36回　横内謙介「愚者には見えないラ・マンチャの王様の裸」
◇年鑑代表シナリオ（平4年度）　周防正行「シコふんじゃった。」　荒井晴彦「ありふれた愛に関する調査」　田代広孝「あふれる熱い涙」　東陽一, 金秀吉「橋のない川」　井手雅人「女殺油地獄」

新藤兼人「墨東綺譚」　阿賀に生きる製作委員会「阿賀に生きる」　石井隆「死んでもいい」　中島丈博「おこげ OKOGE」　松岡錠司「きらきらひかる」

【評論・随筆】

◇大宅壮一ノンフィクション賞　第23回　ドウス昌代「日本の陰謀」
◇講談社エッセイ賞　第8回　柴田元幸「生半可な学者」　出久根達郎「本のお口よごしですが」
◇講談社ノンフィクション賞　第14回　野田正彰「喪の途上にて」　渡瀬夏彦「銀の夢」
◇新潮学芸賞　第5回　ドウス昌代「日本の陰謀」
◇日本エッセイスト・クラブ賞　第40回　加藤雅彦「ドナウ河紀行」　山崎柄根「鹿野忠雄—台湾に魅せられたナチュラリスト」　山本博文「江戸お留守居役の日記」

【児童文学】

◇赤い鳥文学賞　第22回　加藤多一「遠くへいく川」
◇講談社出版文化賞　第23回　●絵本賞　武田美穂「となりのせきのますだくん」
◇産経児童出版文化賞　第39回　●大賞　木下順二作、瀬川康男絵「絵巻物語」全9巻
◇児童福祉文化賞　第35回　●出版物部門　池内了文、小野かおる絵「お父さんが話してくれた宇宙の歴史 全4巻」
◇児童文芸新人賞　第21回　美田徹「アカギツネとふしぎなスプレー」　岩田道夫「雪の教室」　中田よう子「ウエルカム！ スカイブルーへ」
◇小学館絵画賞　第41回　伊藤秀男「海の夏」
◇小学館文学賞　第41回　池澤夏樹「南の島のティオ」　岩瀬成子「『うそじゃないよ』と谷川くんはいった」
◇日本児童文学者協会賞　第32回　山下明生「カモメの家」
◇日本児童文芸家協会賞　第16回　該当作なし
◇野間児童文芸賞　第30回　松谷みよ子「アカネちゃんのなみだの海」　山下明生「カモメの家」　●新人賞　岡田なおこ「薫ing」
◇ひろすけ童話賞　第3回　茂市久美子「おちばおちばとんでいけ」
◇椋鳩十児童文学賞　第2回　森絵都「リズム」　●出版文化賞　講談社 "「リズム」の出版に対して"

【映画・テレビ全般】

◇エランドール賞(平4年度)　●新人賞　石田ひかり　仙道敦子　田中実　永瀬正敏　吉岡秀隆　和久井映見
◇菊池寛賞　第40回　NHKモスクワ支局 "「ソ連崩壊」など一連のニュース番組、その取材の前線を担当した功労に対して"
◇芸術選奨　第43回　●映画部門 文部大臣賞　大林宣彦 "「青春デンデケデケデケ」の演出"　●映画部門 新人賞　佐藤真 "「阿賀に生きる」の演出"　●放送部門 文部大臣賞　葛城哲郎 "ドラマ「冬の魔術師」の撮影"　松井邦雄 "ラジオドラマシリーズ「ラジオ図書館」ほかの演出"　●大衆芸能部門 文部大臣賞　ペギー葉山 "40周年記念リサイタル「Too Young！ ありがとう、素敵な歌たち」の歌唱"

【映画】

◇川喜多賞　第10回　宮川一夫 "「雨月物語」「西鶴一代女」「無法松の一生」「羅生門」「地獄門」などで海外でも高く評価されたほか、「夜の河」「沈黙」などでつねに斬新な試みに挑戦した功績に対して"
◇キネマ旬報賞　第38回　●日本映画監督賞　周防正行「シコふんじゃった。」　●脚本賞　石井隆「死んでもいい」　●主演女優賞　大竹しのぶ「死んでもいい」「復活の朝」「夜逃げ屋本舗」　●主演男優賞　原田芳雄「寝盗られ宗介」　●助演女優賞　藤谷美和子「寝盗られ宗介」「女殺油地獄」　●助演男優賞　村田雄浩「おこげ」「ミンボーの女」「ゴジラVSモスラ」　●新人女優賞　墨田ユキ「墨東綺譚」　●新人男優賞　大森嘉之「青春デンデケデケデケ」「墨東綺譚」「湾岸バッド・ボーイ・ブルー」　●読者選出日本映画監督賞　周防正行「シコふんじゃった。」　●読者賞　竹中直人

「竹中直人の少々おむづかりのご様子」

◇キネマ旬報ベスト・テン　第66回　●日本映画 第1位　「シコふんじゃった。」(周防正行監督)
●外国映画 第1位　「美しき諍い女」(ジャック・リヴェット監督)

◇ゴールデングロス賞　第10回　●日本映画部門 金賞　東宝配給「紅の豚」　●外国映画部門 金賞　ヘラルド配給「氷の微笑」　●マネーメーキング監督賞　宮崎駿「紅の豚」　●特別賞　三田佳子「遠き落日」

◇日刊スポーツ映画大賞・石原裕次郎賞　第5回　●作品賞　「シコふんじゃった。」(周防正行監督)
●監督賞　東陽一「橋のない川」　●主演男優賞　原田芳雄「寝盗られ宗介」　●主演女優賞　三田佳子「遠き落日」　●助演男優賞　村田雄浩「ミンボーの女」　●助演女優賞　中村玉緒「橋のない川」　●新人賞　清水美砂「未来の想い出」　●外国作品賞　「氷の微笑」(ポール・バーホーベン監督)　●石原裕次郎賞　「紅の豚」(宮崎駿監督)　●石原裕次郎新人賞　加藤雅也「落陽」

◇日本アカデミー賞　第15回　●最優秀作品賞　「息子」(山田洋次監督)　●最優秀監督賞　岡本喜八「大誘拐—RAINBOW KIDS」　●最優秀脚本賞　岡本喜八「大誘拐—RAINBOW KIDS」　●最優秀主演男優賞　三國連太郎「息子」「釣りバカ日誌4」　●最優秀主演女優賞　北林谷栄「大誘拐—RAINBOW KIDS」　●最優秀助演男優賞　永瀬正敏「息子」「喪の仕事」　●最優秀助演女優賞　和久井映見「息子」「就職戦線異状なし」　●最優秀外国作品賞　「ダンス・ウィズ・ウルブズ」(ケビン・コスナー監督)　●特別賞　上原謙　依田義賢　今井正　谷明憲　沼田和子　毛利清二　山崎華瑞　吉野桂子　●栄誉賞　森繁久彌

◇ぴあテン〔映画部門〕　第21回　●第1位　「美女と野獣」(ゲイリー・トゥルースデイル，カーク・ワイズ監督)

◇ブルーリボン賞　第35回　●最優秀作品賞　「シコふんじゃった。」(周防正行監督)　●監督賞　周防正行「シコふんじゃった。」　●主演男優賞　本木雅弘「シコふんじゃった。」　●主演女優賞　三田佳子「遠き落日」　●助演男優賞　室田日出男「修羅の伝説」「死んでもいい」　●助演女優賞　藤谷美和子「女殺油地獄」「寝盗られ宗介」　●新人賞　墨田ユキ「濹東綺譚」　●最優秀外国映画賞　「JFK」(オリバー・ストーン監督)

◇報知映画賞　第17回　●最優秀作品賞　「シコふんじゃった。」(周防正行監督)　「プリティ・リーグ」(ペニー・マーシャル監督)　●最優秀主演男優賞　本木雅弘「シコふんじゃった。」　●最優秀主演女優賞　清水美砂「シコふんじゃった。」「おこげ」「未来の想い出」　●最優秀助演男優賞　村田雄浩「おこげ」「ミンボーの女」　●最優秀助演女優賞　藤谷美和子「女殺油地獄」「寝盗られ宗介」　●最優秀監督賞　東陽一「橋のない川」　●最優秀新人賞　墨田ユキ「濹東綺譚」　大森嘉之「濹東綺譚」「青春デンデケデケデケ」

◇毎日映画コンクール　第47回　●日本映画賞 大賞　「シコふんじゃった。」　●監督賞　東陽一「橋のない川」　●脚本賞　丸山昇一「いつかギラギラする日」　●演技賞 男優主演賞　長塚京三「ザ・中学教師」「ひき逃げファミリー」　●演技賞 女優主演賞　藤谷美和子「寝盗られ宗介」「女殺油地獄」　●演技賞 男優助演賞　村田雄浩「ミンボーの女」「おこげ」　●演技賞 女優助演賞　乙羽信子「濹東綺譚」　●スポニチグランプリ新人賞　墨田ユキ「濹東綺譚」　大森嘉之「青春デンデケデケデケ」「濹東綺譚」「湾岸バッド・ボーイ・ブルー」　●日本映画ファン賞　「シコふんじゃった。」　●アニメーション映画賞　「紅の豚」　田中絹代賞　大竹しのぶ　●特別賞　田中友幸 "「ゴジラ」シリーズほかの映画製作活動"　大黒東洋士

◇牧野省三賞　第34回　三田佳子　●特別賞　五社英雄(故人)(監督)

◇優秀映画鑑賞会ベストテン　第33回　●日本映画 第1位　「おろしや国酔夢譚」(佐藤純弥監督)
●外国映画 第1位　「JFK」(オリヴァー・ストーン監督)

【テレビ】

◇ギャラクシー賞　第30回　●大賞　関西テレビ「ドラマスペシャル『裸の木』」　●特別賞　テレビ東京、クリエイティブネクサス「ドキュメンタリー人間劇場『最后の刻』」　●個人賞　筑紫哲也 "TBS「ニュース23」のキャスターとしての活躍から"　小室等 "パーソナリティーとしての活躍から"

◇芸術作品賞〔テレビ関係〕　第8回　●テレビドラマ　関西テレビ放送「裸の木」　日本放送協会「むしの居どころ」　フジテレビ「北の国から'92巣立ち後編」　読売テレビ放送「雀色時」

◇日本民間放送連盟賞(平4年)　●番組部門(テレビ娯楽番組) 最優秀　朝日放送「新婚さんいらっ

しゃい！22年のアルバム」 ●番組部門（テレビドラマ番組）最優秀 フジテレビジョン「北の国から'92 巣立ち 後編」
◇橋田賞 第1回 ●大賞 TBS「東芝日曜劇場」スタッフ ●橋田賞 NHK「小さな旅」スタッフ 内館牧子 "「ひらり」をはじめとして、新鮮でしかも心こまやかな脚本によってドラマの新しい地平を切り拓いてきた" 井上頌一 "「紅白歌合戦」をはじめ、音楽・ヴァラエティ番組の構成という、常に裏方である仕事の多年の功績に対して" 杉田成道 "「並木家の人々」をはじめとするドラマの演出" 安田成美 "「ローマの休日」「並木家の人々」をはじめとする数々の番組における演技に対して" ●特別賞 杉村春子 "優れた演技で日本のドラマに貢献されたのみならず、すべての演技者、製作者の心のささえとなった"
◇放送文化基金賞 第18回 ●テレビドラマ番組 テレパック「女相撲」 ●演技賞 木の実ナナ「女相撲」
◇毎日芸術賞 第34回 山田太一 "「チロルの挽歌」「悲しくてやりきれない」のシナリオ"
◇向田邦子賞 第11回 松原敏春「家族日和'93」

【芸能全般】

◇浅草芸能大賞 第9回 ●大賞 三遊亭円歌（3代）（落語家） ●奨励賞 ポール牧（喜劇役者） ●新人賞 中村橋之助（3代）（歌舞伎俳優）
◇菊池寛賞 第40回 島田正吾 "卒寿を前になお矍鑠。青春の追慕の「ひとり芝居・白野弁十郎」でパリ公演を果たし、伝統の旗を振りつづける執念"
◇芸術選奨 第43回 演劇部門 文部大臣賞 水谷良重（現・水谷八重子（2代））"新派「佃の渡し」「巷談本牧亭」の演出" ●演劇部門 新人賞 西川信広 "「マイ チルドレン！マイ アフリカ！」の演出" ●評論等 文部大臣賞 今尾哲也 "「役者論語 評註」 藤田洋「演劇年表」全3巻 ●大衆芸能部門 文部大臣賞 夢路いとし、喜味こいし "漫才「わが家の湾岸戦争」ほかの話芸" ●大衆芸能部門 新人賞 謝珠栄 "ミュージカル「リトルクッキーストーリー」ほかの構成・演出・振り付け"
◇ゴールデン・アロー賞 第30回 ●大賞 米米CLUB ●最優秀新人賞 裕木奈江 ●映画賞 伊丹十三 "映画「ミンボーの女」で、社会問題となりつつあった暴力団を、一般市民の視点から捉えたタイムリーな企画と演出に対して" ●映画賞 新人賞 中江有里 "初主演映画「奇跡の山」での演技は、豊かな将来性を感じさせ、新スター誕生を印象づけた" ●演劇賞 宮本邦門 "ミュージカル「アイ・ガット・マーマン」の演出、「変身」では役者にも挑戦。日本演劇界のニューリーダーとしての活躍を期待" ●演劇賞 新人賞 本田美奈子 "初舞台「ミス・サイゴン」で見せた迫真の演技は、ミュージカルスターとしての将来性十分" ●音楽賞 米米CLUB "「君がいるだけで」が年間ベストセラーを記録、また、意欲的なコンサート活動で多くのファンに感動と興奮を与えた" ●音楽賞 新人賞 小野正利 "ドラマの主題歌「You're the Only…」で、ミリオンセラーを記録。その豊かな歌唱力と才能に対して" 小林ひさし "人気劇画のテーマ曲として作られた「俺節」は、若い人の支持を得、今後の演歌の新しい方向性を示した" 田川寿美 "デビュー曲「女…ひとり旅」での歌唱力は、多くの演歌ファンを魅了し、大型歌手としての成長が期待される" ●放送賞 石田ひかり "ドラマ「悪女」「ひらり」などの熱演、「NHK紅白歌合戦」の紅組司会と、日本中の話題をさらいお茶の間にアピールした" ●放送賞 新人賞 裕木奈江 "「北の国から'92巣立ち」「ウーマンドリーム」などで見せた独特の表情と表現力の豊かさが、テレビドラマ界に新鮮な衝撃を与えた" ●芸能賞 藤山直美 "松竹新喜劇をはじめとする舞台で活躍、NHK「おんなは度胸」では、個性あふれるいびり役を演じるなどの幅広い芸能活動を評価して" ●芸能賞 新人賞 松村邦洋 "テレビ「笑撃的電影派」の体当たり過激レポートで一躍人気を博し、"バウバウ"とともに広く茶の間に受け入れられた" ●特別賞 太地喜和子 "女優として、数々の舞台、映画、テレビで活躍した功績とその惜しまれる才能に対して" ●話題賞 佐野史郎 "ドラマ「ずっとあなたが好きだった」で "冬彦さんブーム" を巻き起こし、数々の話題を提供した" ●グラフ賞 C.C.ガールズ ●第30回記念特別表彰 芸能記者クラブグランプリ 吉永小百合 "日本映画界を代表する女優として、常に話題作にチャレンジ、デビュー以来誌面を飾り続けた功績に対して" ●第30回記念特別表彰 ゴールデンスター賞 田原俊彦 "20回記念大会のスーパーアイドル賞受賞から10年間、その幅広い活躍で、スターとしての地位を確立した"
◇松尾芸能賞 第13回 ●大賞 森光子 ●優秀賞 演劇 坂東八十助（5代） ●優秀賞 歌謡芸能 伍代夏子 ●特別賞 歌謡芸能 佐伯亮

平成4年（1992）

【音楽】

◇歌謡ゴールデン大賞新人グランプリ　第19回　●グランプリ　永井みゆき「大阪すずめ」　●服部良一特別賞　田川寿美「女…ひとり旅」　●優秀新人賞　大石円「恋のしのび雨」　加藤紀子「今度私どこか連れていって下さいよ」　●審査員奨励賞　宮田愛「青春の顔」　●歌謡ゴールデン大賞　雪村いづみ

◇JASRAC賞　第10回　●金賞　小田和正作詞・作曲ほか「ラブ・ストーリーは突然に」　●銀賞　KAN作詞・作曲ほか「愛は勝つ」　●銅賞　長渕剛作詞・作曲ほか「乾杯」　●国際賞　横山菁児作曲ほか「聖闘士星矢（BGM）」

◇新宿音楽祭　第25回　●金賞　田川寿美「女…ひとり旅」　宮田愛「青春の顔」　永井みゆき「大阪すずめ」　●審査員特別奨励賞　大石円「恋のしのび雨」

◇全日本有線放送大賞　第25回　●グランプリ　米米CLUB「君がいるだけで」　●審査委員会最優秀賞　香西かおり「流恋草（はぐれ草）」　●読売テレビ最優秀賞　藤あや子「こころ酒」　●特別賞　中村美律子「酒場ひとり」　前川清「男と女の破片」　三門忠司「雨の大阪」　●最優秀新人賞　小野正利「You're the Only…」　●吉田正賞　五木ひろし「おしどり」

◇日本歌謡大賞　第23回　●大賞　香西かおり「花挽歌」　●最優秀放送音楽賞　大月みやこ「白い海峡」

◇日本ゴールドディスク大賞　第7回　●ゴールドディスク大賞　邦楽　CHAGE&ASKA　●グランプリ・ニュー・アーティスト賞　邦楽　小野正利　●グランプリ・アルバム賞　邦楽　Dreams Come True「The Swinging Star」　●グランプリ・シングル賞　邦楽　米米CLUB「君がいるだけで」

◇日本作詩大賞　第25回　●大賞　石本美由起「酒場ひとり」（歌・中村美律子）

◇日本有線大賞　第25回　●大賞　藤あや子「こころ酒」　●最多リクエスト歌手賞　藤あや子　●最優秀新人賞　田川寿美「女…ひとり旅」

◇日本レコードセールス大賞　第25回　●アーティストセールス大賞　CHAGE&ASKA　●シングル部門　大賞　CHAGE&ASKA「if」ほか売り上げ382万　●アルバム部門　大賞　B'z売り上げ546万　●新人部門　大賞　小野正利"売り上げ101万"

◇日本レコード大賞　第34回　●歌謡曲・演歌部門　大賞　大月みやこ「白い海峡」　●同　最優秀歌唱賞　山川豊「夜桜」　●同　最優秀新人賞　永井みゆき　●同　アルバム大賞　坂本冬美「男惚れ」　●同　美空ひばり賞　中村美律子　●ポップス・ロック部門　大賞　米米CLUB「君がいるだけで」　●同　最優秀歌唱賞　松田聖子「きっと、また逢える…」　●同　最優秀新人賞　小野正利　●同　アルバム大賞　サザン・オールスターズ「世に万葉の花が咲くなり」　●同　アルバムニューアーティスト賞　CHARA「SOUL KISS」

◇ぴあテン〔音楽部門〕　第21回　●第1位　Dreams Come True

◇メガロポリス歌謡祭　第11回　●最優秀新人賞　田川寿美「女…ひとり旅」　永井みゆき「大阪すずめ」　SMAP「負けるなBaby！」　●特別賞　三沢あけみ「島のブルース」　沢田知可子「ふたり」

【演劇】

◇菊田一夫演劇賞　第18回　山岡久乃"芸術座「流水橋」の新藤かね役の演技に対して"　山本学"東京宝塚劇場「雁金屋草紙」の市之丞，芸術座「晩菊」の板谷役の演技に対して"　剣幸"サンシャイン劇場「蜘蛛の巣」のクラリサ役の演技に対して"　杜けあき"日本青年館での「ヴァレンチノ」及び東京宝塚劇場「忠臣蔵」の大石内蔵助役の演技に対して"　●大賞　市村正親"帝国劇場のミュージカル「ミス・サイゴン」のエンジニア役の演技に対して"　●特別賞　今井直次"長年の舞台照明における功績に対して"　阿部米子"永年の衣裳の製作および公演における功績に対して"

◇紀伊國屋演劇賞　第27回　●団体賞　東京サンシャインボーイズ"「12人の優しい日本人」「もはやこれまで」などの公演の優れた成果"　●個人賞　中村美代子　新村礼子　すまけい　西川信広　毬谷友子

◇芸術祭賞〔演劇部門〕　第47回　●芸術祭賞　嵐圭史"前進座特別公演「怒る富士」の演技"　市村正親"「ミス・サイゴン」の演技"　草笛光子"「私はシャーリー・ヴァレンタイン」の演技"　水谷良重（現・水谷八重子（2代））"佃の渡し」の演技"　村井国夫（後・村井國夫）"「蜘蛛女のキス」の演技"　山岡久乃"「流水橋」の演技"　劇団昴"「セールスマンの死」の成果"

◇ぴあテン〔演劇部門〕　第21回　●第1位　帝国劇場「ミス・サイゴン」

【演芸】
◇上方お笑い大賞　第21回　●大賞　桂ざこば　●金賞　桑原和男　チャーリー浜　池乃めだか　●銀賞　雨上がり決死隊　審査員特別賞　桂文枝　秋田実賞　疋田哲夫
◇上方漫才大賞　第27回　●漫才大賞　トミーズ　●特別賞　ミスハワイ, 暁伸　●奨励賞　大木こだま, 大木ひびき　●新人賞　犬丸兄弟
◇芸術祭賞〔演芸部門〕　第47回　●芸術祭賞　入船亭扇遊"入船亭扇遊独演会"の成果"　大月みやこ"大月みやこ特別公演"の成果"　北口幹二彦"物真似―昭和のスター達"の成果"　北見マキ"北見マキ ミステリー空間"の成果"　林家正雀"林家正雀の会"の成果"

【漫画・アニメ】
◇講談社漫画賞　第16回　●少年部門　川三番地画, 七三太朗原作「風光る」　●少女部門　岩館真理子「うちのママが言うことには」　●一般部門　青木雄二「ナニワ金融道」
◇小学館漫画賞　第38回　●児童向け部門　青山剛昌「YAIBA」　●少年向け部門　椎名高志「GS美神 極楽大作戦!!」　●少女向け部門　田村由美「BASARA」　●青年一般向け部門　一丸「おかみさん」　新井英樹「宮本から君へ」
◇文藝春秋漫画賞　第38回　江口寿史「江口寿史の爆発ディナーショー」　中崎タツヤ「問題サラリーMAN」

【スポーツ】
◇朝日スポーツ賞（平4年度）　三ケ田礼一, 河野孝典, 荻原健司（スキー・ノルディック複合団体日本代表）"アルベールビル冬季五輪で20年ぶりの冬季五輪金メダル獲得"　古賀稔彦"バルセロナ五輪柔道男子71キロ級で優勝"　吉田秀彦"バルセロナ五輪柔道男子78キロ級で優勝"　岩崎恭子"バルセロナ五輪競泳女子200m平泳ぎで優勝"　森下広一"バルセロナ五輪男子マラソンで銀メダル"　有森裕子"バルセロナ五輪女子マラソンで銀メダル"
◇日本プロスポーツ大賞　第25回　●大賞　貴乃花光司（大相撲）　●殊勲賞　尾崎将司（男子プロゴルフ）　三浦和良（サッカー）　石井丈裕（プロ野球）

【その他】
◇国民栄誉賞（平4年）　藤山一郎　長谷川町子
◇将棋大賞　第19回　●最優秀棋士賞　谷川浩司　●特別賞　大山康晴　●新人賞　中田宏樹　●女流棋士賞　清水市代
◇星雲賞　第23回　●日本長編部門　菅浩江「メルサスの少年」　●日本短編部門　梶尾真治「恐竜ラウレンティスの幻視」　●メディア部門　ジェームス・キャメロン監督「ターミネーター2」　●コミック部門　星野之宣「ヤマタイカ」　●アート部門　士郎正宗　●ノンフィクション部門　NHK製作「電子立国日本の自叙伝」
◇日本SF大賞　第13回　筒井康隆「朝のガスパール」
◇日本新語・流行語大賞　第9回　●年間大賞　成田きん, 蟹江ぎん"きんさん, ぎんさん"　●新語部門 金賞　小林泰一郎「ほめ殺し」　●新語部門 銀賞　宇都宮健児「カード破産」　●新語部門 銅賞　井上修一「もつ鍋」　●流行語部門 金賞　佐野史郎, 野際陽子「冬彦さん」　●流行語部門 銀賞　唐沢寿明「ねぇ, チューして」　●流行語部門 銅賞　小林正「上申書」
◇文化勲章（平4年度）　青山杉雨（書道）　井深大（ソニー創業者, 電子技術開発）　大塚久雄（西洋経済史）　佐藤太清（日本画）　森野米三（構造化学）
◇ベストドレッサー賞　第21回　●政治・経済部門　小林陽太郎　●学術・文化部門　筑紫哲也　●スポーツ・芸能部門　小林稔侍　鈴木亜久里　●女性部門　伊達公子

平成5年(1993)

【文学全般】

◇朝日賞〔文学関係〕(平5年)　加藤周一 "戦後続けてきた旺盛な評論と創作活動"　藤沢周平 "「藤沢周平全集」をはじめとする時代小説の完成"
◇伊藤整文学賞　第4回　●小説　上西晴治「十勝平野 上・下」
◇大佛次郎賞　第20回　中村隆英「昭和史1・2」　多田富雄「免疫の意味論」
◇菊池寛賞　第41回　杉森久英 "数々の強烈な個性を的確且つ辛辣な筆致で描いて伝記小説に一時代を画し、現代も汪兆銘伝に取り組み新生面を開拓しつつある活力に"　中一弥 "歴史・時代小説の挿絵を時代に忠実に、情感豊かにひとすじに描き続けた努力に対して"　上坂冬子 "時代を直視し事物の正邪を率直勇敢に表現する旺盛な言論活動と，そのノンフィクション作家としての史眼に"
◇群像新人文学賞　第36回　●小説 当選作　該当作なし　●小説 優秀作　足立浩二「暗い森を抜けるための方法」　木地雅映子「氷の海のガレオン」　●評論　大杉重男「『あらくれ』論」
◇芸術選奨　第44回　●文学部門 文部大臣賞　岩阪恵子「淀川にちかい町から」(小説集)　辻征夫「河口眺望」(詩集)　宮城谷昌光「重耳」　●評論等部門 文部大臣賞　奥野健男「三島由紀夫伝説」　●評論等部門 新人賞　冨山太佳夫「シャーロック・ホームズの世紀末」
◇サントリー学芸賞〔芸術・文学部門〕　第15回　木下直之「美術という見世物―油絵茶屋の時代」　杉田英明「事物の声 絵画の詩―アラブ・ペルシャ文学とイスラム美術」　馬渕明子「美のヤヌス―テオフィール・トレと19世紀美術批評」
◇新田次郎文学賞　第12回　もりたなるお「山を貫く」　池宮彰一郎「四十七人の刺客」　半藤一利「漱石先生ぞな，もし」
◇日本芸術院賞(第2部・文芸)　第50回　●恩賜賞・日本芸術院賞　那珂太郎 "詩人としての業績"　●日本芸術院賞　竹西寛子 "作家、評論家としての業績"
◇日本文芸大賞　第13回　水野晴郎「母の愛，そして映画あればこそ」　黒川紀章「共生の思想」　●特別賞　深谷隆司「大臣日記」　名東孝二「ご破算！」　●エッセイ賞　高倉健「あなたに褒められたくて」
◇野間文芸賞　第46回　日野啓三「台風の眼」
◇毎日芸術賞　第35回　遠藤周作「深い河(ディープ・リバー)」
◇毎日出版文化賞　第47回　●特別賞　土呂久を記録する会,本多企画「記録・土呂久」
◇三島由紀夫賞　第6回　車谷長吉「鹽壺の匙」　福田和也「日本の家郷」
◇読売文学賞　第45回　●小説賞/戯曲賞/随筆・紀行賞　該当作なし　●評論・伝記賞　富岡多恵子「中勘助の恋」　張競「恋の中国文明史」　●詩歌俳句賞　馬場あき子「阿古父」　平出隆「左手日記例言」

【小説】

◇芥川龍之介賞　第109回(上期)　吉目木晴彦「寂寥郊野」
◇芥川龍之介賞　第110回(下期)　奥泉光「石の来歴」
◇泉鏡花文学賞　第21回　山本道子「喪服の子」
◇江戸川乱歩賞　第39回　桐野夏生「顔に降りかかる雨」
◇オール讀物新人賞　第73回　高木功「6000フィートの夏」
◇オール讀物推理小説新人賞　第32回　小松光宏「すべて売り物」
◇川端康成文学賞　第20回　司修「犬(影について・その一)」
◇柴田錬三郎賞　第6回　半村良「かかし長屋」
◇小説現代新人賞　第60回(上期)　延江浩「カスピ海の宝石」
◇小説現代新人賞　第61回(下期)　永石拓「ふざけんな，ミーノ」
◇小説すばる新人賞　第6回　佐藤賢一「ジャガーになった男」　村山由佳「春妃～デッサン」
◇女流文学賞　第32回　安西篤子「黒鳥」

◇新潮新人賞　第25回　野間井淳「骸骨山脈」
◇すばる文学賞　第17回　引間徹「19分25秒」
◇谷崎潤一郎賞　第29回　池澤夏樹「マシアス・ギリの失脚」
◇直木三十五賞　第109回（上期）　髙村薫「マークスの山」　北原亜以子「恋忘れ草」
◇直木三十五賞　第110回（下期）　大沢在昌「新宿鮫 無間人形」　佐藤雅美「恵比寿屋喜兵衛手控え」
◇日本推理作家協会賞　第46回　●長篇部門　髙村薫「リヴィエラを撃て」　●短篇及び連作短篇集部門　該当作なし　●評論その他の部門　長谷部史親「欧米推理小説翻訳史」　秦新二「文政十一年のスパイ合戦」
◇日本ファンタジーノベル大賞　第5回　●大賞　佐藤哲也「イラハイ」　●優秀賞　南条竹則「酒仙」
◇野間文芸新人賞　第15回　奥泉光「ノヴァーリスの引用」　保坂和志「草の上の朝食」
◇文學界新人賞　第76回（上期）　髙林杏子「無人車」
◇文學界新人賞　第77回（下期）　篠原一「壊音 KAI―ON」　中村邦生「冗談関係のメモリアル」
◇文藝賞　第30回　該当作なし　●佳作　大石圭「履き忘れたもう片方の靴」　小竹陽一郎「DMAC」
◇紫式部文学賞　第3回　石牟礼道子「十六夜橋」
◇山本周五郎賞　第6回　宮部みゆき「火車」
◇横溝正史賞　第13回　●大賞　該当作なし　●優秀作　打海文三「灰姫鏡の国のスパイ」　小野博通「キメラ暗殺計画」
◇吉川英治文学賞　第27回　田辺聖子「ひねくれ一茶」

【詩歌】
◇H氏賞　第43回　以倉紘平「地球の水辺」
◇小熊秀雄賞　第26回　宮本善一「郭公抄」
◇現代歌人協会賞　第37回　鳴海宥「BARCAROLLE・バカローレ（舟唄）」　三井修「砂の詩学」
◇現代詩人賞　第11回　田村隆一「ハミングバード」　堀場清子「首里」
◇現代詩花椿賞　第11回　高橋睦郎「旅の絵」
◇現代短歌大賞　第16回　塚本邦雄 "歌集「魔王」の刊行と過去の業績"
◇河野愛子賞　第3回　香川ヒサ「マテシス」
◇齋藤茂吉短歌文学賞　第5回　齋藤史「秋天瑠璃」
◇詩歌文学館賞　第8回　●詩　大岡信「地上楽園の午後」　●短歌　安永蕗子「青湖」　●俳句　能村登四郎「長嘯」
◇高見順賞　第24回　吉田加南子「定本 闇」
◇蛇笏賞　第27回　佐藤鬼房「瀬頭」
◇迢空賞　第27回　該当作なし
◇壺井繁治賞　第21回　津森太郎「食えない魚」
◇藤村記念歴程賞　第31回　岡本太郎"全業績に対して"　葉紀甫「葉紀甫漢詩詞集1, 2」（私家版）
◇日本歌人クラブ賞　第20回　御供平佶「神流川」　中野照子「秘色の天」
◇俳人協会賞　第33回　皆川盤水「寒靄」　中原道夫「顱頂」
◇萩原朔太郎賞　第1回　谷川俊太郎「世間知ラズ」
◇晩翠賞　第34回　千葉香織「水辺の約束」
◇丸山豊記念現代詩賞　第2回　伊藤信吉「上州おたくら―私の方言詩集」

【戯曲】
◇岸田國士戯曲賞　第37回　宮沢章夫「ヒネミ」　柳美里「魚の祭」
◇年鑑代表シナリオ（平5年度）　砂本量, 水谷俊之「ひき逃げファミリー」　一色伸幸「僕らはみんな生きている」　奥寺佐渡子, 小此木聡「お引越し」　北野武「ソナチネ」　末谷真澄「水の旅人」　石井輝男「ゲンセンカン主人」　市川準「病院で死ぬということ」　鄭義信, 崔洋一「月はどっちに

出ている」　岡本喜八「Coo 遠い海から来たクー」　天願大介「無敵のハンディキャップ」

【評論・随筆】

◇大宅壮一ノンフィクション賞　第24回　塚本哲也「エリザベート」
◇講談社エッセイ賞　第9回　林望「林望のイギリス観察事典」　和田誠「銀座界隈ドキドキの日々」
◇講談社ノンフィクション賞　第15回　井田真木子「小蓮の恋人」　立石泰則「覇者の誤算 上・下」
◇新潮学芸賞　第6回　塩野七生「ローマ人の物語1 ローマは一日にして成らず」　足立邦夫「ドイツ 傷ついた風景」
◇日本エッセイスト・クラブ賞　第41回　志村ふくみ「語りかける花」　鈴木博「熱帯の風と人と」　中野利子「父 中野好夫のこと」

【児童文学】

◇赤い鳥文学賞　第23回　堀内純子「ふたりの愛子」
◇講談社出版文化賞　第24回　●絵本賞　片山健「タンゲくん」
◇産経児童出版文化賞　第40回　大賞　まど・みちお作,伊藤英治編「まど・みちお全詩集」
◇児童福祉文化賞　第36回　●出版物部門　松岡達英「ジャングル」
◇児童文芸新人賞　第22回　湯本香樹実「夏の庭」　正道かほる「でんぐりん」
◇小学館絵画賞　第42回　斎藤隆夫「まほうつかいのでし」
◇小学館文学賞　第42回　丘修三「少年の日々」
◇日本児童文学者協会賞　第33回　舟崎靖子「亀八」　清水真砂子「子どもの本のまなざし」
◇日本児童文芸家協会賞　第17回　藤崎康夫「沖縄の心を染める」
◇野間児童文芸賞　第31回　山中恒「とんでろじいちゃん」　●新人賞　李相琴「半分のふるさと」
◇ひろすけ童話賞　第4回　今村葦子「まつぼっくり公園のふるいブランコ」
◇椋鳩十児童文学賞　第3回　もとやまゆうほ「パパにあいたい日もあるさ」

【映画・テレビ全般】

◇エランドール賞（平5年度）　●新人賞　赤井英和　加藤雅也　唐沢寿明　清水美砂　裕木奈江
◇芸術選奨　第44回　●映画部門 文部大臣賞　佐藤勝 "「わが愛の譜 滝廉太郎物語」の音楽"　相米慎二 "「お引越し」の演出"　●放送部門 文部大臣賞　田向正健「街角」(テレビドラマ)　●放送部門 新人賞　冨川元文 "ドラマ「牛の目ン玉」ほか"

【映画】

◇川喜多賞　第11回　飯島正 "映画批評および映画研究の確立者としての功績"
◇キネマ旬報賞　第39回　●日本映画監督賞　崔洋一「月はどっちに出ている」　●脚本賞　崔洋一,鄭義信「月はどっちに出ている」　●主演女優賞　ルビー・モレノ「月はどっちに出ている」　●主演男優賞　真田広之「僕らはみんな生きている」「眠らない街・新宿鮫」　●助演女優賞　桜田淳子「お引越し」　●助演男優賞　岸部一徳「僕らはみんな生きている」ほか　●新人女優賞　田畑智子「お引越し」　●新人男優賞　岸谷五朗「月はどっちに出ている」　●読者選出日本映画監督賞　相米慎二「お引越し」　●読者賞　関根勤「関根勤のサブミッション映画館」
◇キネマ旬報ベスト・テン　第67回　●日本映画 第1位　「月はどっちに出ている」(崔洋一監督)　●外国映画 第1位　「許されざる者」(クリント・イーストウッド監督)
◇ゴールデングロス賞　第11回　●日本映画部門 金賞　東宝配給「ゴジラVSモスラ」　●外国映画部門 金賞　UIP配給「ジュラシック・パーク」　●全興連会長特別賞　「REX・恐竜物語」「アラジン」
◇日刊スポーツ映画大賞・石原裕次郎賞　第6回　●作品賞　「学校」(山田洋次監督)　●監督賞　崔洋一「月はどっちに出ている」　●主演男優賞　西田敏行「学校」ほか　●主演女優賞　岩下志麻「新極道の妻たち・覚悟しいや」　●助演男優賞　田中健「望郷」(斎藤耕一監督)　●助演女優賞　竹下景子「学校」ほか　●新人賞　萩原聖人「学校」「教祖誕生」ほか　●外国作品賞　「許されざる者」(クリント・イーストウッド監督)　●石原裕次郎賞　「わが愛の譜・滝廉太郎物語」(沢井信一

郎監督）　●石原裕次郎新人賞　高嶋政伸「虹の橋」「修羅場の人間学」　●特別賞　萩本欽一「欽ちゃんのシネマジャック」

◇日本アカデミー賞　第16回　●最優秀作品賞　「シコふんじゃった。」（周防正行監督）　●最優秀監督賞　周防正行「シコふんじゃった。」　●最優秀脚本賞　周防正行「シコふんじゃった。」　●最優秀主演男優賞　本木雅弘「シコふんじゃった。」　●最優秀主演女優賞　三田佳子「遠き落日」　●最優秀助演男優賞　竹中直人「シコふんじゃった。」「死んでもいい」　●最優秀助演女優賞　藤谷美和子「女殺油地獄」「寝盗られ宗介」　●最優秀外国作品賞　「JFK」（オリバー・ストーン監督）

◇ぴあテン〔映画部門〕　第22回　●第1位　「ジュラシック・パーク」（スティーブン・スピルバーグ監督）

◇ブルーリボン賞　第36回　●最優秀作品賞　「月はどっちに出ている」（崔洋一監督）　●監督賞　滝田洋二郎「僕らはみんな生きている」　●主演男優賞　真田広之「僕らはみんな生きている」　●主演女優賞　ルビー・モレノ「月はどっちに出ている」　●助演男優賞　所ジョージ「まあだだよ」　●助演女優賞　香川京子「まあだだよ」　●新人賞　岸谷五朗「月はどっちに出ている」　遠山景織子「高校教師」　●外国映画賞　「ジュラシック・パーク」　●特別賞　萩本欽一「欽ちゃんのシネマジャック」

◇報知映画賞　第18回　●最優秀作品賞　「月はどっちに出ている」（崔洋一監督）　「許されざる者」（クリント・イーストウッド監督）　●最優秀主演男優賞　田中健「望郷」（斎藤耕一監督）　●最優秀主演女優賞　モレノ，ルビー「月はどっちに出ている」　●最優秀助演男優賞　岸部一徳「僕らはみんな生きている」「水の旅人」「病院で死ぬということ」「教祖誕生」　●最優秀助演女優賞　桜田淳子「お引越し」　●最優秀監督賞　崔洋一「月はどっちに出ている」　●最優秀新人賞　田畑智子「お引越し」

◇毎日映画コンクール　第48回　●日本映画賞　大賞　「月はどっちに出ている」　●監督賞　市川準「病院で死ぬということ」　●脚本賞　崔洋一，鄭義信「月はどっちに出ている」　松山善三「虹の橋」「望郷」　●演技賞　男優主演賞　岸谷五朗「月はどっちに出ている」　●演技賞　女優主演賞　ルビー・モレノ「月はどっちに出ている」　●演技賞　男優助演賞　田中健「望郷」（斎藤耕一監督）　●演技賞　女優助演賞　桜田淳子「お引越し」　●大藤信郎賞　たむらしげる「銀河の魚」　●スポニチグランプリ新人賞　田畑智子「お引越し」　袴田吉彦「二十才の微熱」　●日本映画ファン賞　「学校」　●アニメーション映画賞　「機動警察パトレイバー2」　●田中絹代賞　香川京子　●特別賞　川喜多かしこ

◇牧野省三賞　第35回　佐藤勝（作曲家）　●特別賞　滝沢一（故人）（映画評論家）

◇優秀映画鑑賞会ベストテン　第34回　●日本映画　第1位　「学校」（山田洋次監督）　●外国映画　第1位　「リバー・ランズ・スルー・イット」（ロバート・レッドフォード監督）

【テレビ】

◇ギャラクシー賞　第31回　●大賞　日本放送協会「雪」　●特別賞　東京放送，カノックス「向田邦子新春ドラマシリーズ」　●個人賞　山本肇 "NHKスペシャル「ドキュメント太平洋戦争」ほかのキャスターとして"

◇芸術作品賞〔テレビ関係〕　第9回　●テレビドラマ　東京放送「説得」　日本テレビ放送網「ちゃんめろの山里で」　日本放送協会「金曜時代劇　清左衛門残日録（第10回）『夢』」　日本放送協会「土曜ドラマ　街角（第2話）覗く青年」

◇日本民間放送連盟賞（平5年）　●番組部門（テレビ娯楽番組）最優秀　九州朝日放送　ドォーモ「山本かよの妊娠日記」　●番組部門（テレビドラマ番組）最優秀　フジテレビジョン「これから―海辺の旅人たち」

◇橋田賞　第2回　●橋田賞　竹山洋 "「清左衛門残日録」をはじめとし，オリジナル，脚色，単発，連続など幅広い分野での社会的かつ大衆的な脚本に対して"　日本テレビ「カネボウヒューマンスペシャル」スタッフ　テレビ東京「極める」スタッフ　NHK「NHKスペシャル　驚異の小宇宙：人体Ⅱ脳と心」スタッフ　山岡久乃 "本年度多くの人々の支持を得た「渡る世間は鬼ばかり」をささえてきた演技に対して"　藤岡琢也 "本年度多くの人々の支持を得た「渡る世間は鬼ばかり」をささえてきた演技に対して"　村上佑二 "本年度の「清左衛門残日録」やNHK大河ドラマなどにおける堅実で上質な演出に対して"　山川静夫 "アナウンサーのみならず，伝統文化を広く知らしめる放送ジャーナリス

トとしての長年の功績に対して"　●新人脚本賞　西荻弓絵 "ホームドラマを新しい目で捉えた「ダブル・キッチン」「スウィート・ホーム」の新鮮な脚本に対して"
◇放送文化基金賞　第19回　●演技賞　布施博, 田中好子「秋の駅」　●脚本賞　立原りゅう "NHK FMシアター「コールマンさん」の脚本"
◇毎日芸術賞　第35回　●特別賞　橋田壽賀子 "TVドラマ「おしん」「渡る世間は鬼ばかり」など一連の良質な脚本"
◇向田邦子賞　第12回　岩間芳樹「定年・長い余白」

【芸能全般】

◇浅草芸能大賞　第10回　●大賞　古今亭志ん朝(3代)(落語家)　●奨励賞　沢竜二(演劇役者)　●新人賞　三遊亭小円歌(漫談家)　●特別賞　松鶴家千代若, 松鶴家千代菊(漫才師)
◇朝日賞〔芸能関係〕(平5年)　山田五十鈴 "映画, 演劇出演を通じての大衆文化への貢献"
◇菊池寛賞　第41回　劇団四季(代表・浅利慶太) "創立40年, 築地小劇場以来の演劇体質を否定し, 斯界に新風を吹き込むとともに, はじめてミュージカルを日本に定着させ, 多数の観客動員に成功した"
◇芸術選奨　第44回　●演劇部門 文部大臣賞　沢村宗十郎「碁太平記白石噺」　●演劇部門 新人賞　大田創「馬かける男たち」(公演)　●大衆芸能部門 文部大臣賞　春野百合子「高田の馬場」「女殺油地獄」(浪曲)　雪村いづみ「クッキング・ガール」(ミュージカル)　●大衆芸能部門 新人賞　加藤敬二 "「クレイジー・フォー・ユー」の主役"　●評論等部門 文部大臣賞　三田純市「昭和上方笑芸史」
◇ゴールデン・アロー賞　第31回　●大賞　少年隊　●最優秀新人賞　桜井淳子　●映画賞　西田敏行「釣りバカ日誌」「学校」の演技　●映画賞 新人賞　遠山景織子「高校教師」　●演劇賞　少年隊 "8年間「少年隊ミュージカル」公演。個人での舞台にも意欲的に取り組んだ"　●演劇賞 新人賞　赤井英和「幻の街」　●音楽賞　高山巌 "「心凍らせて」がロングヒット"　●音楽賞 新人賞　山根康広 "デビュー曲「Get Along Together」でミリオンセラー"　国武万里「ポケベルが鳴らなくて」　木内美歩 "「無視線」でデビュー"　●放送賞　真田広之「高校教師」　●放送賞 新人賞　桜井淳子 "ドラマ「誘惑の夏」など"　●芸能賞　ダチョウ倶楽部　●芸能賞 新人賞　ホンジャマカ　●特別賞　逸見政孝　●話題賞　中山雅史　●グラフ賞　鈴木杏樹
◇松尾芸能賞　第14回　●大賞 演劇　山田五十鈴　●優秀賞 演劇　中村梅之助　植田紳爾　●優秀賞 歌謡芸能　三船和子　●特別賞 演劇　中村又五郎　●特別賞 歌謡芸能　松井由利夫　●新人賞 演劇　中村信二郎〔現・中村錦之助(2代目)〕

【音楽】

◇歌謡ゴールデン大賞新人グランプリ　第20回　●グランプリ　シュー・ピンセイ「パッシング・ラブ」　●服部良一特別賞　近藤千絵「別れのこよみ」　●第20回記念審査員特別賞　井上りつ子「南の恋祭り」　●優秀新人賞　藤川なお美「演歌はぐれ鳥」　三宅亜依「愛がすべてだった」　●歌謡ゴールデン大賞　服部良一
◇JASRAC賞　第11回　●金賞　飛鳥涼作詞・作曲ほか「SAY YES」　●銀賞　飛鳥涼作詞・作曲ほか「僕はこの瞳で嘘をつく」　●銅賞　米米CLUB作詞・作曲ほか「君がいるだけで」　●国際賞　吉川洋一郎作曲ほか「THE MIRACLE PLANET ON STRINGS (地球大紀行)」
◇新宿音楽祭　第26回　●金賞　シュー・ピンセイ「パッシング・ラブ」　井上りつ子「南の恋祭り」　●審査員特別奨励賞　平成おんな組「ビバ！結婚」
◇全日本有線放送大賞　第26回　●グランプリ　高山巌「心凍らせて」　●読売テレビ最優秀賞　藤あや子「むらさき雨情」　●審査委員会最優秀賞　THE虎舞竜「ロード」　●特別賞　高山巌「心凍らせて」　THE虎舞竜「ロード」　中西保志「最後の雨」　●最優秀新人賞　山根康広「Get Along Together～愛を贈りたいから～」　●吉田正賞　THE BOOM「島唄」
◇日本歌謡大賞　第24回　●大賞　堀内孝雄「影法師」　●最優秀放送音楽賞　長山洋子「なみだ酒」　●最優秀放送音楽新人賞　シュー・ピンセイ「パッシング・ラブ」
◇日本ゴールドディスク大賞　第8回　●ゴールドディスク大賞 邦楽　WANDS　●グランプリ・ニュー・アーティスト賞 邦楽　trf　●グランプリ・アルバム賞 邦楽　Dreams Come True「MAGIC」　●グランプリ・シングル賞 邦楽　CHAGE&ASKA「YAH YAH YAH」

◇日本作詩大賞　第26回　●大賞　三浦康照「むらさき雨情」(歌・藤あや子)　●最優秀新人賞　高塚和美「人恋紅葉」
◇日本有線大賞　第26回　●大賞　高山厳「心凍らせて」　●最多リクエスト歌手賞　高山厳「心凍らせて」　●最優秀新人賞　山根康広「Get Along Together」
◇日本レコードセールス大賞　第26回　●アーティストセールス大賞　ZARD　●シングル部門　大賞　ZARD　●アルバム部門　大賞　ZARD　●新人部門　大賞　DEEN
◇日本レコード大賞　第35回　●大賞　香西かおり「無言坂」　●最優秀新人賞　山根康広「Get Along Together」　●ヒットシングル賞　THE虎舞竜「ロード」　●ベストソング賞　THE BOOM「島唄」　●アルバム大賞　竹内まりや「Quiet Life」　●最優秀歌唱賞　前川清「別れ曲でも唄って」　●美空ひばりメモリアル選奨　谷村新司
◇ぴあテン〔音楽部門〕　第22回　●第1位　Dreams Come True
◇メガロポリス歌謡祭　第12回　●最優秀新人賞　シュー・ピンセイ「パッシング・ラブ」　Giri Giri☆GIRLS「あなたの事で すずしい渚」　●特別賞　小林幸子「一夜かぎり」　前川清「別れ曲でも唄って」

【演劇】

◇菊田一夫演劇賞　第19回　●大賞　該当者なし　●演劇賞　山本陽子"「おはん」の演技に対して"　中田喜子"「御いのち」のお袖役の演技に対して"　小鹿番"「ゆずり葉」の吉兵衛役の演技に対して"　寺本建雄"「サラリーマンの金メダル」「男のロマン女のフマン」の作曲の成果に対して"　●特別賞　小幡欣治"「熊楠の家」の戯曲の成果に対して"　ミス・サイゴン上演関係者一同
◇紀伊國屋演劇賞　第28回　●団体賞　音楽座「アイ・ラブ・坊っちゃん」及び三作品連続公演「マドモアゼル・モーツァルト」「とってもゴースト」「シャボン玉とんだ宇宙までとんだ」などの公演の舞台成果」　●個人賞　福田善之　仲代達矢　岩松了　デヴィッド・ルヴォー　春風ひとみ
◇芸術祭賞〔演劇部門〕　第48回　●芸術祭賞　勝田安彦"ミュージカル「コレット・コラージュ」の演出"　野村耕介"「大田楽一日枝赤坂」の構成・演出"　三田佳子"新橋演舞場十月特別公演「夢千代日記」の演技"　音楽座"ミュージカル「リトルプリンス」の成果"　木山事務所"「夢、クレムリンであなたと」の成果"　新宿梁山泊"「少女都市からの呼び声"　前進座「一本刀土俵入」(十月特別公演)
◇ぴあテン〔演劇部門〕　第22回　●第1位　帝国劇場「ミス・サイゴン」
◇読売演劇大賞　第1回　●大賞・最優秀作品賞　T.P.T.「テレーズ・ラカン」　●最優秀男優賞　加藤敬二「クレイジー・フォー・ユー」　●最優秀女優賞　藤間紫「父の詫び状」「濹東綺譚」　●最優秀演出家賞　木村光一「イーハトーボの劇列車」「はなれ瞽女おりん」

【演芸】

◇上方お笑い大賞　第22回　●大賞　トミーズ　●金賞　横山たかし,横山ひろし　●銀賞　ナインティナイン　●審査員特別賞　やしきたかじん　●秋田実賞　林千代　森西真弓
◇上方漫才大賞　第28回　●漫才大賞　トミーズ　●奨励賞　横山たかし,横山ひろし　●新人賞　トゥナイト
◇芸術祭賞〔演芸部門〕　第48回　●芸術祭賞　三遊亭鳳楽"「三遊亭鳳楽独演会」の成果"　宝井琴嶺"「第10回琴嶺の会」の成果"　八光亭春輔"「第20回八光亭春輔の会」の成果"　花柳衛彦"「衛彦の企画による会」の成果"　八王子車人形西川古柳座"八王子車人形西川古柳座公演における「宗吾と甚兵衛」の成果"

【漫画・アニメ】

◇講談社漫画賞　第17回　●少年部門　高田裕三「3×3 EYES (サザン・アイズ)」　●少女部門　武内直子「美少女戦士セーラームーン」　●一般部門　岩明均「寄生獣」
◇小学館漫画賞　第39回　●児童向け部門　赤石路代「ワン・モア・ジャンプ」　●少年向け部門　冨樫義博「幽☆遊☆白書」　●少女向け部門　吉村明美「薔薇のために」　●青年一般向け部門　坂田信弘,かざま鋭二「風の大地」
◇文藝春秋漫画賞　第39回　該当作なし

平成6年（1994）

【スポーツ】

◇朝日スポーツ賞（平5年度）　川淵三郎 "プロサッカー，Jリーグを発足させた功績"　浅利純子 "世界選手権女子マラソン優勝"　園田隆二 "世界柔道選手権男子60キロ級優勝"　中村行成 "世界柔道選手権男子65キロ級優勝"　中村佳央 "世界柔道選手権男子86キロ級優勝"　田村亮子 "世界柔道選手権女子48キロ級優勝"
◇日本プロスポーツ大賞　第26回　●大賞　三浦和良（Jリーグ）　●殊勲賞　曙太郎（大相撲）　古田敦也（プロ野球）　ラモス瑠偉（Jリーグ）
◇毎日スポーツ人賞（平5年度）　●グランプリ・国際賞　荻原健司（ノルデックスキー複合選手）　●文化賞　五十里武（茨城県鹿島町町長）　●感動賞　浅利純子（陸上競技女子長距離選手）　●新人賞　武双山正士（大相撲武蔵川部屋関取）　●ファン賞　ラモス瑠偉（サッカーJリーグ・ヴェルディ川崎選手）

【その他】

◇国民栄誉賞（平5年）　服部良一
◇将棋大賞　第20回　●最優秀棋士賞　羽生善治　●新人賞　郷田真隆　●女流棋士賞　中井広恵
◇星雲賞　第24回　●日本長編部門　柾悟郎「ヴィーナス・シティ」　●日本短編部門　菅浩江「そばかすのフィギュア」　●メディア部門　井内秀治監督「ママは小学四年生」　●コミック部門　樹なつみ「OZ」　●アート部門　水玉螢之丞　●ノンフィクション部門　ダニエル・キイス「24人のビリー・ミリガン」
◇日本SF大賞　第14回　柾恒郎「ヴィーナス・シティ」
◇日本新語・流行語大賞　第10回　●年間大賞　川淵三郎 "Jリーグ"　●新語部門 金賞　設楽りさ子 "サポーター"　●新語部門 銀賞　坂本一生 "新○○"　●新語部門 銅賞　落合信子 "FA"　●流行語部門 金賞　青木定雄 "規制緩和"　●流行語部門 銀賞　中野孝次 "清貧"　●流行語部門 銅賞　表彰者なし "天の声"
◇文化勲章（平5年度）　大野健一郎（商法，経済法）　小田稔（宇宙物理学）　帖佐美行（彫金）　司馬遼太郎（小説）　森田茂（洋画）
◇ベストドレッサー賞　第22回　●政治・経済部門　細川護熙　●学術・文化部門　米長邦雄　●スポーツ・芸能部門　東山紀之　武田修宏　●女性部門　小谷実可子

平成6年（1994）

【文学全般】

◇朝日賞〔文学関係〕（平6年）　堀田善衛 "人間と芸術を時空をこえて凝視した，長年の文学的業績"　大江健三郎 "核状況下，困難な主題を直視し，魂の救済まで描き出した真摯な創作活動"
◇伊藤整文学賞　第5回　●小説　小川国夫「悲しみの港」　●評論　池澤夏樹「楽しい終末」
◇大佛次郎賞　第21回　亀井俊介「アメリカン・ヒーローの系譜」　吉村昭「天狗争乱」
◇菊池寛賞　第42回　田辺聖子 "王朝期から現代まで幅広く多彩な文筆活動に加えて，「花衣ぬぐやまつわる…」「ひねくれ一茶」などの評伝作品に新たな達成を果たした"　エドウィン・マクレラン "こゝろ」「暗夜行路」などの優れた翻訳（英訳）の業績，幾多の研究者の育成"　中島みち "優れた評論により医療と法律の接点，及び医療・福祉の場の陽のあたらぬ部門の啓蒙・改善に尽くした功績，とくに「看護の日」の発案，制定への努力"　和田誠 "様々な分野で一級の業績を上げた上質かつ今日的なマルチタレントぶりに対して"
◇群像新人文学賞　第37回　●小説　阿部和重「生ける屍の夜」　●評論　池田雄一「原形式に抗して」　紺野馨「哀しき主―小林秀雄と歴史」
◇芸術選奨　第45回　●文学部門 文部大臣賞　青木玉「小石川の家」（エッセー集）　石和鷹「クルー」　●文学部門 新人賞　越水利江子「風のラヴソング」（連環短編集）　●評論等部門 文部大臣賞　渡辺保「四代目 市川団十郎」
◇サントリー学芸賞〔芸術・文学部門〕　第16回　今橋映子「異都憧憬 日本人のパリ」　玉虫敏子「酒井抱一筆 夏秋草図屛風―追憶の銀色」　尹相仁「世紀末と漱石」

◇新田次郎文学賞　第13回　岩橋邦枝「評伝 長谷川時雨」
◇日本芸術院賞(第2部・文芸)　第51回　●恩賜賞・日本芸術院賞　陳舜臣 "作家としての業績"　清岡卓行 "詩・小説・評論にわたる作家としての業績"　●日本芸術院賞　大岡信 "詩人および評論家としての業績"
◇日本文芸大賞　第14回　幸田シャーミン　●特別賞　丹波哲郎　大栗道栄　●エッセイ賞　古川のぼる　●評論賞　木村奈保子
◇野間文芸賞　第47回　阿川弘之「志賀直哉 上・下」　李恢成「百年の旅人たち 上・下」
◇毎日出版文化賞　第48回　阿川弘之, 岩波書店「志賀直哉 上・下」
◇三島由紀夫賞　第7回　笙野頼子「二百回忌」
◇読売文学賞　第46回　●小説賞　石井桃子「幻の朱い実」　黒井千次「カーテンコール」　●戯曲・シナリオ賞　福田善之「私の下町—母の写真」　●随筆・紀行賞　米原万里「不実な美女か貞淑な醜女か」　●評論・伝記賞　該当者なし　●詩歌俳句賞　鈴木真砂女「都鳥」

【小説】

◇芥川龍之介賞　第111回(上期)　笙野頼子「タイムスリップ・コンビナート」　室井光広「おどるでく」
◇芥川龍之介賞　第112回(下期)　該当作なし
◇泉鏡花文学賞　第22回　該当者なし
◇江戸川乱歩賞　第40回　中嶋博行「検察官の証言」
◇オール讀物新人賞　第74回　片野喜章「寛政見立番付」
◇オール讀物推理小説新人賞　第33回　伊野上裕伸「赤い血の果て」
◇川端康成文学賞　第21回　古山高麗雄「セミの追憶」
◇柴田錬三郎賞　第7回　伊集院静「機関車先生」
◇小説現代新人賞　第62回　和田徹「空中庭園」　広岡千明「猫の生涯」
◇小説すばる新人賞　第7回　上野歩「恋人といっしょになるでしょう」　冨士本由紀「包帯をまいたイブ」
◇女流文学賞　第33回　松浦理英子「親指Pの修業時代」
◇新潮新人賞　第26回　該当作なし
◇すばる文学賞　第18回　該当作なし
◇谷崎潤一郎賞　第30回　辻井喬「虹の岬」
◇直木三十五賞　第111回(上期)　海老沢泰久「帰郷」　中村彰彦「二つの山河」
◇直木三十五賞　第112回(下期)　該当作なし
◇日本推理作家協会賞　第47回　●長篇部門　中島らも「ガダラの豚」　●短篇及び連作短篇集部門　斎藤純「ル・ジタン」　鈴木輝一郎「めんどうみてあげるね」　●評論その他の部門　北上次郎「冒険小説論 近代ヒーロー像100年の変遷」
◇日本ファンタジーノベル大賞　第6回　●大賞　池上永一「バガージマヌパナス」　銀林みのる「鉄塔 武蔵野線」
◇日本ホラー小説大賞　第1回　●佳作　芹澤準「郵便屋」　カシュウタツミ「HYBRID」　坂東真砂子「蟲」
◇野間文芸新人賞　第16回　竹野雅人「私の自叙伝」
◇文學界新人賞　第78回(上期)　松尾光治「ファースト・ブルース」
◇文學界新人賞　第79回(下期)　木崎巴「マイナス因子」
◇文藝賞　第31回　雨森零「首飾り」
◇松本清張賞　第1回　葉治英哉「マタギ物見隊顛末」
◇紫式部文学賞　第4回　岩阪恵子「淀川にちかい町から」
◇山本周五郎賞　第7回　久世光彦「1934年冬—乱歩」

◇横溝正史賞　第14回　●大賞　五十嵐均「高原のDデイ」　●佳作　霞流一「おなじ墓のムジナ」
◇吉川英治文学賞　第28回　該当者なし

【詩歌】

◇H氏賞　第44回　高塚かず子「生きる水」
◇小熊秀雄賞　第27回　佐藤博信「俗名の詩集」
◇現代歌人協会賞　第38回　谷岡亜紀「臨界」　早川志織「種の起源」
◇現代詩人賞　第12回　該当者なし
◇現代詩花椿賞　第12回　入沢康夫「漂ふ舟」
◇現代短歌大賞　第17回　該当作なし
◇河野愛子賞　第4回　米川千嘉子「一夏」
◇齋藤茂吉短歌文学賞　第6回　近藤芳美「希求」
◇詩歌文学館賞　第9回　●詩　辻征夫「河口眺望」　●短歌　齋藤史「秋天瑠璃」　●俳句　中村苑子「吟遊」
◇高見順賞　第25回　井坂洋子「地上がまんべんなく明るんで」
◇蛇笏賞　第28回　中村苑子「吟遊」
◇迢空賞　第28回　佐佐木幸綱「滝の時間」
◇壺井繁治賞　第22回　柴田三吉「さかさの木」
◇藤村記念歴程賞　第32回　柴田南雄 "全業績に対して"
◇日本歌人クラブ賞　第21回　石川恭子「木犀の秋」
◇俳人協会賞　第34回　綾部仁喜「樸簡」　吉田鴻司「頃日」
◇萩原朔太郎賞　第2回　清水哲男「夕陽に赤い帆」
◇晩翠賞　第35回　清水哲男「夕陽に赤い帆」
◇丸山薫賞　第1回　菊田守「詩集 かなかな」
◇丸山豊記念現代詩賞　第3回　新川和江, 加島祥造「潮の庭から」

【戯曲】

◇岸田國士戯曲賞　第38回　鄭義信「ザ・寺山」
◇年鑑代表シナリオ(平6年度)　古田求, 深作欣二「忠臣蔵外伝 四谷怪談」　筒井ともみ, 宮沢章夫, 竹中直人「119」　柏原寛司「ゴジラVSスペースゴジラ」　田中陽造「居酒屋ゆうれい」　加藤正人「800 TWO LAP RUNNERS」　原一男, 小林佐智子「全身小説家」　神代辰巳, 伊藤秀裕「棒の哀しみ」　松浦理英子, 佐々木浩久「ナチュラル・ウーマン」　石井隆「ヌードの夜」　高畑勲「平成狸合戦ぽんぽこ」

【評論・随筆】

◇大宅壮一ノンフィクション賞　第25回　小林峻一, 加藤昭「闇の男 野坂参三の百年」
◇講談社エッセイ賞　第10回　池内紀「海山のあいだ」
◇講談社ノンフィクション賞　第16回　辺見庸「もの食う人びと」　下嶋哲朗「アメリカ国家反逆罪」
◇新潮学芸賞　第7回　アレックス・カー「美しき日本の残像」
◇日本エッセイスト・クラブ賞　第42回　伊吹和子「われよりほかに―谷崎潤一郎最後の十二年」　岸惠子「ベラルーシの林檎」　中山士朗「原爆亭折ふし」

【児童文学】

◇赤い鳥文学賞　第24回　該当作なし　●特別賞　安房直子「花豆の煮えるまで」
◇講談社出版文化賞　第25回　●絵本賞　井上洋介絵, 渡辺茂男作「月夜のじどうしゃ」
◇産経児童出版文化賞　第41回　●大賞　野村路子「テレジンの小さな画家たち」

◇児童福祉文化賞　第37回　●出版物部門　佐藤彰写真，戸田杏子文「みんなのかお」
◇児童文芸新人賞　第23回　木之下のり子「あすにむかって、容子」　横山充男「少年の海」
◇小学館絵画賞　第43回　大竹伸朗「ジャリおじさん」
◇小学館文学賞　第43回　松谷みよ子「あの世からの火」
◇日本児童文学者協会賞　第34回　八束澄子「青春航路ふぇにっくす丸」
◇日本児童文芸家協会賞　第18回　大原興三郎「なぞのイースター島」
◇野間児童文芸賞　第32回　後藤竜二「野心あらためず」　●新人賞　緒島英二「うさぎ色の季節」　小風さち「ゆびぬき小路の秘密」
◇ひろすけ童話賞　第5回　北村けんじ「しいの木のひみつのはなし」
◇椋鳩十児童文学賞　第4回　村山早紀「ちいさいえりちゃん」

【映画・テレビ全般】

◇エランドール賞〔新人賞〕(平6年度)　●新人賞　桜井幸子　鷲尾いさ子　墨田ユキ　筒井道隆　萩原聖人　村田雄浩　●特別賞　羽田澄子"数多くの記録映画を製作，また全国で老人ケア運動を展開"　TBS「高校教師」スタッフ　中村敦夫"俳優、作家、キャスターとしての実績"　増田久雄"1978年以来、多くの作品を製作"　笠智衆(故人)"俳優としての偉大な実績"
◇菊池寛賞　第42回　日本テレビ放送網"システィーナ礼拝堂の壁画修復作業費用を全額負担するかたわら、13年に及ぶ修復作業をくまなく映像で記録し、世界的文化財の保護と日欧友好に尽くした功績に対して"
◇芸術選奨　第45回　●映画部門　文部大臣賞　深作欣二「忠臣蔵外伝　四谷怪談」の演出　●映画部門　新人賞　広木隆一「800 TWO LAP RUNNERS」の演出　●放送部門　文部大臣賞　鎌田敏夫"テレビドラマ「29歳のクリスマス」の脚本"

【映画】

◇川喜多賞　第12回　マルセル・ジュグラリス"ユニフランス・フィルムの初代駐日代表を務め、フランス映画の紹介、日本映画のカンヌ映画祭出品など映画文化の交流に力を注いだ"
◇キネマ旬報賞　第40回　●日本映画監督賞　原一男「全身小説家」　●脚本賞　田中陽造「居酒屋ゆうれい」「夏の庭 The Friends」　●主演女優賞　高岡早紀「忠臣蔵外伝四谷怪談」　●主演男優賞　奥田瑛二「棒の哀しみ」「極道記者2・馬券転生篇」　●助演女優賞　室井滋「居酒屋ゆうれい」　●助演男優賞　中井貴一「四十七人の刺客」　●新人女優賞　鈴木砂羽「愛の新世界」　●新人男優賞　野村祐人「800 TWO LAP RUNNERS」　●読者選出日本映画監督賞　竹中直人「119」　●読者賞　和田誠「お楽しみはこれからだ」
◇キネマ旬報ベスト・テン　第68回　●日本映画 第1位　「全身小説家」(原一男監督)　●外国映画 第1位　「ピアノ・レッスン」(ジェーン・カンピオン監督)
◇ゴールデングロス賞　第12回　●日本映画部門　金賞　東宝配給「平成狸合戦ぽんぽこ」　●外国映画部門 最優秀金賞　「クリフハンガー」(レニー・ハーリン監督)　●マネーメーキング監督賞　高畑勲　●マネーメーキングスター賞　ゴジラ「ゴジラVSメカゴジラ」　●話題賞　「RAMPO 奥平版」
◇日刊スポーツ映画大賞・石原裕次郎賞　第7回　●作品賞　「忠臣蔵外伝　四谷怪談」(深作欣二監督)　●主演男優賞　佐藤浩市「忠臣蔵外伝　四谷怪談」　●主演女優賞　高岡早紀「忠臣蔵外伝　四谷怪談」　●助演男優賞　津川雅彦「忠臣蔵外伝　四谷怪談」　●助演女優賞　斉藤慶子「東雲楼 女の乱」　●監督賞　深作欣二「忠臣蔵外伝　四谷怪談」　●新人賞　鈴木京香「119」　●外国作品賞　「シンドラーのリスト」(スティーヴン・スピルバーグ監督)　●石原裕次郎賞　「ヒーローインタビュー」(光野道夫監督)　●石原裕次郎新人賞　木村拓哉「シュート！」
◇日本アカデミー賞　第17回　●最優秀作品賞　「学校」(山田洋次監督)　●最優秀監督賞　山田洋次「学校」「男はつらいよ　寅次郎の縁談」　●最優秀脚本賞　山田洋次、朝間義隆「学校」「男はつらいよ　寅次郎の縁談」　●最優秀主演男優賞　西田敏行「学校」「釣りバカ日誌6」　●最優秀主演女優賞　和久井映見「虹の橋」　●最優秀助演男優賞　田中邦衛「学校」「虹の橋」「子連れ狼　その小さき手に」　●最優秀助演女優賞　香川京子「まあだだよ」　●最優秀外国作品賞　「ジュラシック・パーク」(スティーブン・スピルバーグ監督)　●話題賞 作品部門　「水の旅人/侍KIDS」(大林宣彦

監督)　●話題賞 俳優部門　萩原聖人「学校」「教祖誕生」「月はどっちに出ている」　岸谷五朗「月はどっちに出ている」　田代まさし「乳房」「クレープ」　安達祐実「REX 恐竜物語」　遠山景織子「高校教師」　裕木奈江「学校」　●会長特別賞　佐々木康　マキノ雅広(雅弘)　ハナ肇　笠智衆

◇ぴあテン〔映画部門〕　第23回　●第1位　「シンドラーのリスト」(スティーブン・スピルバーグ監督)

◇ブルーリボン賞　第37回　●最優秀作品賞　「棒の哀しみ」(神代辰巳監督)　●監督賞　神代辰巳「棒の哀しみ」　●主演男優賞　奥田瑛二「棒の哀しみ」「極道記者2・馬券転生篇」　●主演女優賞　高岡早紀「忠臣蔵外伝 四谷怪談」　●助演男優賞　中村敦夫「集団左遷」　●助演女優賞　室井滋「居酒屋ゆうれい」　●新人賞　鈴木砂羽「愛の新世界」　●外国映画賞　「パルプ・フィクション」(クェンティン・タランティーノ監督)

◇報知映画賞　第19回　●最優秀作品賞　「全身小説家」(原一男監督)　「シンドラーのリスト」(スティーヴン・スピルバーグ監督)　●最優秀主演男優賞　萩原健一「居酒屋ゆうれい」　●最優秀主演女優賞　高岡早紀「忠臣蔵外伝 四谷怪談」　●最優秀助演男優賞　中井貴一「四十七人の刺客」　●最優秀助演女優賞　室井滋「居酒屋ゆうれい」　●最優秀監督賞　神代辰巳「棒の哀しみ」　●最優秀新人賞　山口智子「居酒屋ゆうれい」

◇毎日映画コンクール　第49回　●日本映画賞 大賞　「全身小説家」　●監督賞　神代辰巳「棒の哀しみ」　●脚本賞　田中陽造「居酒屋ゆうれい」「夏の庭 The Friends」　●演技賞 男優主演賞　奥田瑛二「棒の哀しみ」「極道記者2・馬券転生篇」　●演技賞 女優主演賞　吉永小百合「女ざかり」　●演技賞 男優助演賞　中村敦夫「集団左遷」　●演技賞 女優助演賞　室井滋「居酒屋ゆうれい」　●スポニチグランプリ新人賞　野村祐人「800 TWO LAP RUNNERS」　鈴木砂羽「愛の新世界」　●日本映画ファン賞　「四十七人の刺客」　●アニメーション映画賞　「平成狸合戦ぽんぽこ」　●田中絹代賞　久我美子

◇牧野省三賞　第36回　西岡善信(美術監督)

◇優秀映画鑑賞会ベストテン　第35回　●日本映画 第1位　「全身小説家」(原一男監督)　●外国映画 第1位　「スピード」(ヤン・デ・ボン監督)

【テレビ】

◇ギャラクシー賞　第32回　●大賞　東京放送「月曜ドラマスペシャル 松本清張特別企画『父系の指』」　●特別賞　日本放送協会, NHKクリエイティブ, テル ディレクターズファミリィ, ウォール・コーポレーション「BSスペシャル『もうひとつのヒーロー伝説─映像作家・佐藤輝の世界』」　●個人賞　島田正吾

◇芸術作品賞〔テレビ関係〕　第10回　●テレビ ドラマ　東海テレビ放送「二人の母」　日本放送協会「天上の青」　日本放送協会「雪」　フジテレビジョン「てやんでえッ!!」

◇日本民間放送連盟賞(平6年)　●番組部門(テレビ娯楽番組) 最優秀　福井テレビ放送「俵太の達者でござるスペシャル」　●番組部門(テレビドラマ番組) 最優秀　東京放送「或る「小倉日記」伝─松本清張1周忌特別企画」

◇橋田賞　第3回　●橋田賞　NHK名古屋「中学生日記」スタッフ　TBS「花王愛の劇場」スタッフ　テレビ朝日「世界の車窓から」スタッフ　浜木綿子"「おふくろシリーズ」におけるひたむきであたたかな演技に対して"　小林桂樹"ドラマ「君は今どこに」「お兄ちゃんの選択」「弁護士朝日岳之助シリーズ」「牟田刑事官事件ファイルシリーズ」の演技に対して"　国谷裕子"「クローズアップ現代」(NHK)に取り組むキャスターとしての姿勢と活躍に対して"　黒柳徹子"「徹子の部屋」においての、粘りとファイト、ゲストの魅力を引き出す聞き手としての巧みな話術とあたたかな人柄に対して"　鴨下信一"「忍ばずの女」をはじめとする数多くのドラマにおける技術だけでなく芸術性, 文学性, 大衆性を兼ね備えた演出の功績に対して"

◇放送文化基金賞　第20回　●テレビドラマ番組　フジテレビ 終戦48年特別企画「収容所(ラーゲリ)から来た遺書」　●演技賞　筒井道隆 松本清張一周忌特別企画「或る「小倉日記」伝」

◇向田邦子賞　第13回　鎌田敏夫「29歳のクリスマス」

【芸能全般】

◇浅草芸能大賞　第11回　●大賞　萩本欽一"故郷・浅草復興のため、多方面での活躍や若手芸人の育

成など、大衆芸能発祥の地・浅草の活性化に大きく貢献" ●奨励賞　三浦布美子 "舞台女優としての活躍と今秋の「新版 香華」での演技が光った" ●新人賞　柳家さん喬 "若手古典派として、じっくりと精進を重ね、今後の成長が期待される"

◇菊池寛賞　第42回　安田祥子, 由紀さおり "全国くまなく「童謡コンサート」の巡演を重ね, 日本童謡を次代に伝え, 正しい日本語を普及させるべく努めたこの10年間の精進と成果"

◇芸術選奨　第45回　●演劇部門 文部大臣賞　三田和代「滝沢家の内乱」　●演劇部門 新人賞　マキノノゾミ「MOTHER」　●大衆芸能部門 文部大臣賞　二葉百合子「二葉百合子ひとすじの道…」(芸能生活60周年記念リサイタル)

◇ゴールデン・アロー賞　第32回　●大賞　森光子　●最優秀新人賞　篠原涼子　●映画賞　萩原健一 "「居酒屋ゆうれい」で人情味あふれる板前役を好演。コミカルな中にも優しさと力強さのある自然体の演技は円熟を感じさせる"　●映画賞 新人賞　武田真治 "「NIGHT HEAD」で見せたナイーブで繊細な少年役の演技は, 将来の個性派俳優としての可能性を感じさせる"　●演劇賞　森光子 "「放浪記」1200回突破の大記録を達成。常に新鮮な演技で人々を感動させ, 演劇界のリーダーとして活躍"　●演劇賞 新人賞　石田ひかり "初舞台「飛龍伝'94」での堂々たる演技は, 映画やドラマとは一味違った新たな方向性を示した"　●音楽賞　Mr.Children "「innocent world」等すべての曲が爆発的なセールスを記録"　●音楽賞 新人賞　篠原涼子 "ソロデビュー曲「恋しさと せつなさと 心強さと」が150万枚を超える大ヒット"　EAST END×YURI "日本語とラップを融合させたユニークな曲「DA.YO.NE」で音楽界に新風を吹きこんだ"　●放送賞　安達祐実 "主演ドラマ「家なき子」が流行語を生むほどの大ヒット。その演技力と愛らしさでお茶の間の人気を独占した"　●放送賞 新人賞　葉月里緒菜 "ドラマ, CMにと大活躍, その独特の存在感は今までにない新しいタイプの女優の誕生を予感させる"　●芸能賞　松村邦洋 "「進め！電波少年」での, 無謀なアポなしレポートやドラマへの進出"　●芸能賞 新人賞　グレート・チキン・パワーズ "学園祭ノリのニュータイプのコメディアンとして登場。歌も歌えるアイドル的お笑いコンビとしてより一層の躍進が期待できる"　●グラフ賞　瀬戸朝香　●特別賞　泉谷しげる "音楽を通じて行った災害救済支援活動と奔放なキャラクターで多くの人々の心をつかんだ"　●話題賞　イチロー "年間210本安打というプロ野球界空前の大記録を達成し, スポーツ界のみならず社会現象としてのイチローブームを巻き起こした"

◇毎日芸術賞　第36回　幸田弘子 "「幸田弘子の会」における「たけくらべ」朗読の成果"

◇松尾芸能賞　第15回　●大賞 演劇　中村富十郎(5代)　●優秀賞 演劇　中村時蔵(5代)　●優秀賞 テレビ　坂本静香　●優秀賞 児童音楽　音羽ゆりかご会　●特別賞 演劇　嵐徳三郎(7代)　菅原謙次　●功労賞 演劇　小栗克介　●新人賞 演劇　市川笑三郎　●新人賞 歌謡芸能　長山洋子

【音楽】

◇JASRAC賞　第12回　●金賞　上杉昇, 中山美穂作詞, 織田哲郎作曲ほか「世界中の誰よりきっと」　●銀賞　松任谷由実作詞・作曲ほか「真夏の夜の夢」　●銅賞　坂井泉水作詞, 織田哲郎作曲ほか「負けないで」　●国際賞　高田弘作曲ほか「魔法のプリンセスミンキーモモ(BGM)」

◇新宿音楽祭　第27回　●金賞　水田竜子「土佐のおんな節」　西尾夕紀「海峡恋歌」　●審査員特別奨励賞　笹峰愛「オリオン座のむこう」　●敢闘賞　リン・ファンシェン「冬枯れの駅」

◇全日本有線放送大賞　第27回　●グランプリ　藤谷美和子, 大内義昭「愛が生まれた日」　●読売テレビ最優秀賞　やしきたかじん「東京」　●審査委員会最優秀賞　藤あや子「花のワルツ」　●特別賞　石原裕次郎, 川中美幸「逢えるじゃないかまたあした」　城之内早苗「酔わせてよ今夜だけ」　やしきたかじん「東京」　●最優秀新人賞　藤谷美和子, 大内義昭「愛が生まれた日」　●吉田正賞　郷ひろみ「言えないよ」

◇日本ゴールドディスク大賞　第9回　●日本ゴールドディスク大賞 邦楽　trf　●グランプリ・ニュー・アーティスト賞 邦楽　藤谷美和子　●グランプリ・シングル賞 邦楽　Mr.Children「Tomorrow never knows」　●グランプリ・アルバム賞 邦楽　竹内まりや「Impressions」

◇日本作詩大賞　第27回　●大賞　麻こよみ「蒼月」(歌・長山洋子)　●最優秀新人賞　篠瑠美子「ほっ」

◇日本有線大賞　第27回　●大賞　藤あや子「花のワルツ」　●最多リクエスト歌手賞　藤あや子　●最多リクエスト曲賞　Mr.Children「innocent world」　●最優秀新人賞　藤谷美和子, 大内義昭「愛が生まれた日」

平成6年（1994）

◇日本レコードセールス大賞　第27回　●アーティストセールス 大賞　trf　●シングル部門 大賞　Mr.Children　●アルバム部門 大賞　B'z　●新人部門 大賞　藤谷美和子
◇日本レコード大賞　第36回　●大賞　Mr.Children「innocent world」　●最優秀新人賞　西尾夕紀「海峡恋歌」　●アルバム大賞　桑田佳祐「孤独の太陽」　●最優秀歌唱賞　川中美幸「逢えるじゃないかまたあした」　●美空ひばりメモリアル選奨　島倉千代子
◇ぴあテン〔音楽部門〕　第23回　●第1位　Mr.Children
◇メガロポリス歌謡祭　第13回　●最優秀新人賞　西尾夕紀　水田竜子　門倉有希

【演劇】

◇菊田一夫演劇賞　第20回　●演劇賞　林与一 "「唐人お吉」の鶴松，「おしの」の青木千之助役の演技に対して"　大路三千緒 "「菊がさね」のお兼，「蔵」の田乃内むら役の演技に対して"　謝珠栄 "「Yesterday is … here」および「LAST DANCE」の振り付けの成果に対して"　荒井洸子 "「マイ・フェア・レディ」のピアス夫人，「屋根の上のヴァイオリン弾き」のフルマセーラ役の演技に対して"　●大賞　該当者なし　●特別賞　劇団四季 "「キャッツ」をはじめとするミュージカル公演の成果に対して"
◇紀伊國屋演劇賞　第29回　●団体賞　木冬社 "「悪童日記」「わが夢にみた青春の友」における優れたアンサンブル"　●個人賞　藤田傳　木山潔　加藤健一　宮田慶子　高橋紀恵
◇芸術祭賞〔演劇部門〕　第49回　●芸術祭賞　加藤健一「加藤健一事務所Vol.27『審判』」　佐久間良子「唐人お吉」(帝劇十月特別公演)　木山事務所「百三十二番地の貸家」「落葉日記」　劇団仲間「モモと時間どろぼう」　シアタープロジェクト・東京「エリーダ～海の夫人」　遊◎機械全自動シアター「ラ・ヴィータ～愛と死をみつめて」
◇ぴあテン〔演劇部門〕　第23回　●第1位　NODA・MAP「キル」
◇読売演劇大賞　第2回　●大賞・最優秀女優賞　杉村春子「ウェストサイドワルツ」「恋ぶみ屋一葉」「ふるあめりかに袖はぬらさじ」　●最優秀作品賞　「恋ぶみ屋一葉」　●最優秀男優賞　中村勘九郎（5代）「寺子屋」「四谷怪談」「魚屋宗五郎」　●最優秀演出家賞　三木のり平 "「放浪記」の演出"　●選考委員特別賞　ダムタイプ「S/N」

【演芸】

◇上方お笑い大賞　第23回　●大賞　桂南光　●金賞　ハイヒール　●銀賞　矢野,兵動　●審査員特別賞　露の五郎　●秋田実賞　中村進
◇上方漫才大賞　第29回　●漫才大賞　横山たかし,横山ひろし　●奨励賞　酒井くにお,酒井とおる　●新人賞　千原兄弟
◇芸術祭賞〔演芸部門〕　第49回　●芸術祭賞　春日井梅光「春日井梅光 名調子への挑戦」　神田山裕「神田山裕ひとり会」　林家染丸「染丸の会～上方噺はめものの世界」　藤山新太郎「しんたろうのまじっくNo.25」　柳貴家正楽「水戸大神楽・柳貴家正楽の会」

【漫画・アニメ】

◇講談社漫画賞　第18回　●少年部門　大島司「シュート！」　●少女部門　軽部潤子「君の手がささやいている」　●一般部門　山本康人「鉄人ガンマ」
◇小学館漫画賞　第40回　●児童向け部門　穴久保幸作「おれは男だ！くにおくん」　●少年向け部門　井上雄彦「SLAM DUNK」　●少女向け部門　羅川真里茂「赤ちゃんと僕」　●一般向け部門　森秀樹「墨攻」
◇文藝春秋漫画賞　第40回　山科けいすけ「C級さらりーまん講座」「中流図鑑」

【スポーツ】

◇朝日スポーツ賞（平6年度）　荻原健司 "ノルディックスキー複合ワールドカップ個人総合2連覇"　佐藤有香 "世界フィギュアスケート選手権女子シングルス優勝"　小山ちれ "広島アジア大会卓球女子シングルス優勝"　群馬県冬期サガルマータ南西壁登山隊 "世界最高峰エベレスト南西壁の冬季初登頂"　イチロー "210安打のプロ野球記録達成"　全国家庭バレーボール連盟 "全国家庭婦人バレー

ボール大会を四半世紀にわたり自主運営し、国内最大級の大会に育てた"
◇日本プロスポーツ大賞　第27回　●大賞　イチロー（プロ野球）　●殊勲賞　貴乃花光司（大相撲）　薬師寺保栄（プロボクシング）　南井克巳（中央競馬）
◇毎日スポーツ人賞（平6年度）　●グランプリ　イチロー（プロ野球オリックス外野手）　●文化賞　旭化成陸上部　●国際賞　伊達公子（プロテニス選手）　●感動賞　薬師寺保栄、辰吉丈一郎 "プロボクシング世界ボクシング評議会（WBC）バンタム級統一王座決定戦"　●新人賞　源純夏（競泳短距離選手）　●ファン賞　長嶋茂雄（プロ野球巨人軍監督）

【その他】
◇将棋大賞　第21回　●最優秀棋士賞　羽生善治　●特別賞　米長邦雄　●新人賞　深浦康市　●女流棋士賞　清水市代
◇星雲賞　第25回　●日本長編部門　谷甲州「終わりなき索敵」　●日本短編部門　大槻ケンヂ「くるぐる使い」　●メディア部門　スティーブン・スピルバーグ「ジュラシック・パーク」　●コミック部門　とり・みき「DAI-HONYA」　紫堂恭子「グラン・ローヴァ物語」　●アート部門　米田仁士　●ノンフィクション部門　野田昌宏「やさしい宇宙開発入門」
◇日本SF大賞　第15回　大原まり子「戦争を演じた神々たち」　小谷真理「女性状無意識」
◇日本新語・流行語大賞　第11回　●大賞、トップテン　宮沢りえ "すったもんだがありました！"　イチロー "「イチロー（効果）」"　安達祐実 "同情するならカネをくれ！"
◇文化勲章（平6年度）　朝比奈隆（指揮者）　岩橋英遠（日本画）　梅棹忠夫（民族学）　島秀雄（鉄道工学）　満田久輝（食糧科学）
◇ベストドレッサー賞　第23回　●政治・経済部門　梶原拓　安西邦夫　●学術・文化部門　宮本亜門　●スポーツ・芸能部門　中井貴一　ラモス瑠偉　●女性部門　山口智子

平成7年（1995）

【文学全般】
◇朝日賞〔文学関係〕（平7年）　谷川俊太郎 "現代詩を始め児童文学、言葉遊びなど幅広い分野での創作活動"
◇伊藤整文学賞　第6回　●小説　津島佑子「風よ、空駆ける風よ」　●評論　桶谷秀昭「伊藤整」
◇大佛次郎賞　第22回　小田久郎「戦後詩壇私史」　中薗英助「鳥居龍蔵伝」
◇菊池寛賞　第43回　柳田邦男 "ノンフィクションのジャンル確立をめざし、積み重ねてきた功績"
◇群像新人文学賞　第38回　●小説　当選作　該当作なし　●小説　優秀作　団野文丈「離人たち」　萩山綾音「影をめぐるとき」　●評論　該当作なし
◇芸術選奨　第46回　●文学部門　文部大臣賞　嵯峨信之「小詩無辺」（詩集）　瀬戸内寂聴「白道」　●文学部門　新人賞　八木幹夫「野菜畑のソクラテス」（詩集）　●評論等部門　文部大臣賞　塚越敏「リルケとヴァレリー」
◇サントリー学芸賞〔芸術・文学部門〕　第17回　今橋理子「江戸の花鳥画—博物学をめぐる文化とその表象」　川崎賢子「彼等の昭和—長谷川海太郎・潾二郎・濬・四郎」　張競「近代中国と『恋愛』の発見—西洋の衝撃と日中文学交流」
◇新田次郎文学賞　第14回　西木正明「夢幻の山旅」
◇日本文芸大賞　第15回　森繁久彌　丹波哲郎　●特別賞　渡辺みどり　●現代文学賞　楊興新　●女流文学賞　紺野美沙子
◇野間文芸賞　第48回　該当作なし
◇三島由紀夫賞　第8回　山本昌代「緑色の濁ったお茶あるいは幸福の散歩道」
◇読売文学賞　第47回　●小説賞　日野啓三「光」　村上春樹「ねじまき鳥クロニクル」　●戯曲・シナリオ賞　竹内銃一郎「月ノ光」　●随筆・紀行賞　安岡章太郎「果てもない道中記」　●評論・伝記賞　三浦雅士「身体の零度」　●詩歌俳句賞　伊藤一彦「海号の歌」

平成7年(1995)

【小説】

◇芥川龍之介賞　第113回(上期)　保坂和志「この人の閾」
◇芥川龍之介賞　第114回(下期)　又吉栄喜「豚の報い」
◇泉鏡花文学賞　第23回　辻章「夢の方位」
◇江戸川乱歩賞　第41回　藤原伊織「テロリストのパラソル」
◇オール讀物新人賞　第75回　宇江佐真理「幻の声」
◇オール讀物推理小説新人賞　第34回　柏田道夫「二万三千日の幽霊」
◇川端康成文学賞　第22回　三浦哲郎「みのむし」（『短編集モザイク2─ふなうた』所収）
◇柴田錬三郎賞　第8回　林真理子「白蓮れんれん」
◇小説現代新人賞　第63回　荒尾和彦「苦い酒」
◇小説すばる新人賞　第8回　早乙女朋子「バーバーの肖像」　武谷牧子「英文科AトゥZ」
◇女流文学賞　第34回　髙樹のぶ子「水脈」
◇新潮新人賞　第27回　冬川亘「紅栗」
◇すばる文学賞　第19回　広谷鏡子「不随の家」　茅野裕城子「韓素音(ハン・スーイン)の月」
◇谷崎潤一郎賞　第31回　辻邦生「西行花伝」
◇直木三十五賞　第113回(上期)　赤瀬川隼「白球残映」
◇直木三十五賞　第114回(下期)　小池真理子「恋」　藤原伊織「テロリストのパラソル」
◇日本推理作家協会賞　第48回　●長篇部門　折原一「沈黙の教室」　藤田宜永「鋼鉄の騎士」　●短篇及び連作短篇集部門　加納朋子「ガラスの麒麟」　山口雅也「日本殺人事件」　●評論その他の部門　各務三郎「チャンドラー人物事典」
◇日本ファンタジーノベル大賞　第7回　●優秀賞　藤田雅矢「糞袋」　嶋本達嗣「バスストップの消息」
◇日本ホラー小説大賞　第2回　●大賞　瀬名秀明「パラサイト・イヴ」　●短編賞　小林泰三「玩具修理者」
◇野間文芸新人賞　第17回　佐藤洋二郎「夏至祭」　水村美苗「私小説」
◇文學界新人賞　第80回(上期)　青来有一「ジェロニモの十字架」
◇文學界新人賞　第81回(下期)　清野栄一「デッドエンド・スカイ」　塩崎豪士「目印はコンビニエンス」　●奥泉光・山田詠美奨励賞　山田あかね「終わりのいろいろなかたち」
◇文藝賞　第32回　伊藤たかみ「助手席にて、グルグル・ダンスを踊って」　●優秀作　池内広明「ノックする人びと」　金真須美「メソッド」
◇松本清張賞　第2回　該当作なし　●佳作　岡島伸吾「さざんか」
◇紫式部文学賞　第5回　吉本ばなな「アムリタ」
◇山本周五郎賞　第8回　帚木蓬生「閉鎖病棟」
◇横溝正史賞　第15回　●大賞　柴田よしき「RIKO─女神の永遠」　●佳作　藤村耕造「盟約の砦」
◇吉川英治文学賞　第29回　阿刀田高「新トロイア物語」　津本陽「夢のまた夢」全5巻

【詩歌】

◇H氏賞　第45回　岩佐なを「霊岸」
◇小熊秀雄賞　第28回　坂井信夫「冥府の蛇」
◇現代歌人協会賞　第39回　大滝和子「銀河を産んだように」
◇現代詩人賞　第13回　嵯峨信之「小詩無辺」
◇現代詩花椿賞　第13回　八木幹夫「野菜畑のソクラテス」
◇現代短歌大賞　第18回　岡井隆 "岡井コレクション" 全8巻と過去の業績"
◇河野愛子賞　第5回　栗木京子「綺羅」
◇斎藤茂吉短歌文学賞　第7回　小暮政次「暫紅新集」
◇詩歌文学館賞　第10回　●詩　宗左近「藤の花」　●短歌　窪田章一郎「定型の土俵」　●俳句　沢

木欣一「眼前」
◇高見順賞　第26回　瀬尾育生「DEEP PURPLE」
◇蛇笏賞　第29回　鈴木六林男「雨の時代」
◇迢空賞　第29回　篠弘「至福の旅びと」
◇壺井繁治賞　第23回　金井広「人間でよかった」
◇藤村記念歴程賞　第33回　那珂太郎「鎮魂歌」
◇日本歌人クラブ賞　第22回　橋本喜典「無冠」
◇俳人協会賞　第35回　黒田杏子「一木一草」　山上樹実雄「翠微」
◇萩原朔太郎賞　第3回　吉原幸子「発光」
◇晩翠賞　第36回　徳岡久生「私語辞典」
◇丸山薫賞　第2回　秋谷豊「詩集 時代の明け方」
◇丸山豊記念現代詩賞　第4回　朝倉勇「鳥の歌」

【戯曲】

◇岸田國士戯曲賞　第39回　鴻上尚史「スナフキンの手紙」　平田オリザ「東京ノート」
◇年鑑代表シナリオ(平7年度)　伊藤和典「ガメラ 大怪獣空中決戦」　岩井俊二「Love Letter」　原田眞人「KAMIKAZE TAXI」　新藤兼人「午後の遺言状」　奥寺佐渡子「学校の怪談」　山内久,今井邦博「エイジアン・ブルー 浮島丸サコン」　桂千穂「あした」　大嶋拓「カナカナ」　野上龍雄「鬼平犯科帳」　橋口亮輔「渚のシンドバッド」

【評論・随筆】

◇大宅壮一ノンフィクション賞　第26回　桜井よしこ「エイズ犯罪 血友病患者の悲劇」　後藤正治「リターンマッチ」
◇講談社エッセイ賞　第11回　東海林さだお「ブタの丸かじり」　高島俊男「本が好き、悪口言うのはもっと好き」
◇講談社ノンフィクション賞　第17回　岩川隆「孤島の土となるも―BC級戦犯裁判」　合田彩「逃(TAO)―異端の画家・曹勇の中国大脱出」
◇新潮学芸賞　第8回　該当作なし
◇日本エッセイスト・クラブ賞　第43回　加藤恭子「日本を愛した科学者」　徐京植「子どもの涙」　星野慎一「俳句の国際性」

【児童文学】

◇赤い鳥文学賞　第25回　大洲秋登「ドミノたおし」
◇講談社出版文化賞　第26回　●絵本賞　あべ弘士絵, 木村裕一文「あらしのよるに」
◇産経児童出版文化賞　第42回　●大賞　今森光彦写真・文「世界昆虫記」
◇児童福祉文化賞　第38回　●出版物部門　秋元茂「ゆび一本でカメラマン」
◇児童文芸新人賞　第24回　杉本深由起「トマトのきぶん」
◇小学館絵画賞　第44回　ささめやゆき「ガドルフの百合」
◇小学館文学賞　第44回　梨木香歩「西の魔女が死んだ」
◇日本絵本賞　第1回　●大賞　あきやまただし作・絵「はやくねてよ」
◇日本児童文学者協会賞　第35回　那須正幹「お江戸の百太郎 乙松、宙に舞う」
◇日本児童文芸家協会賞　第19回　川村たかし「天の太鼓」
◇野間児童文芸賞　第33回　岡田淳「こそあどの森の物語」1〜3巻　●新人賞　森絵都「宇宙のみなごし」
◇ひろすけ童話賞　第6回　上崎美恵子「ルビー色のホテル」
◇椋鳩十児童文学賞　第5回　西崎茂「海にむかう少年」

平成7年(1995)

【映画・テレビ全般】

◇エランドール賞〔新人賞〕(平7年度) ●新人賞 岸谷五朗「この愛に生きて」「妹よ」「東京デラックス」 木村拓哉「シュート！」「若者のすべて」「愛ラブSMAP」「キスした？ SMAP」 鈴木杏樹「新空港物語」「長男の嫁」「若者のすべて」 豊川悦司「居酒屋ゆうれい」「NIGHT HEAD」「Love Letter」 羽田美智子「RAMPO」 山口智子「ダブル・キッチン」(TBS),「スウィート・ホーム」(TBS),「居酒屋ゆうれい」「29歳のクリスマス」(フジテレビ) ●特別賞 原一男"「全身小説家」など，稀有な衝撃的な題材によるユニークな題材の映画を世に問うている" NHK広島放送局 萩本欽一「シネマジャック」「シネマジャック2」など 小松沢陽一"東京国際ファンタスティック映画祭，ゆうばり国際冒険・ファンタスティック映画祭を画期的な催しに発展させることに成功"

◇芸術選奨 第46回 ●映画部門 文部大臣賞 市川準「東京兄妹」の演出" ●映画部門 新人賞 岩井俊二 "「Love Letter」の演出" ●評論等部門 文部大臣賞 佐藤忠男「日本映画史」全4巻 ●放送部門 文部大臣賞 今野勉「こころの王国 童謡詩人・金子みすゞの世界」(テレビ) 横光晃"ラジオドラマ「遙かなるズリ山」ほか ●放送部門 新人賞 井上由美子"テレビドラマ「この指とまれ!!」ほか"

【映画】

◇川喜多賞 第13回 登川直樹 "30年にわたってその研究成果を後進に教育し，映画界に寄与した"

◇キネマ旬報賞 第41回 ●日本映画監督賞・脚本賞 新藤兼人「午後の遺言状」 ●主演女優賞 杉村春子「午後の遺言状」 ●主演男優賞 真田広之「写楽」「EAST MEETS WEST」「緊急呼出し/エマージェンシー・コール」 ●助演女優賞 羽田信子「午後の遺言状」 ●助演男優賞 竹中直人「EAST MEETS WEST」「GONIN」ほか ミッキー・カーチス「KAMIKAZE TAXI」 ●新人女優賞 一色紗英「蔵」 ●新人男優賞 今井雅之「WINDS OF GOD」「静かな生活」ほか 塚本耕司「TOKYO FIST/東京フィスト」 ●読者選出日本映画監督賞 岩井俊二「Love Letter」 ●読者賞 田山力哉「シネマ・ア・ラ・モード」

◇キネマ旬報ベスト・テン 第69回 ●日本映画 第1位 「午後の遺言状」(新藤兼人監督) ●外国映画 第1位 「ショーシャンクの空に」(フランク・ダラボン監督)

◇ゴールデングロス賞 第13回 ●日本映画部門 金賞 東宝「耳をすませば」 ●外国映画部門 金賞 20世紀FOX「ダイ・ハード3」 ●マネーメーキング監督賞 近藤喜文「耳をすませば」 ●ゴールデングロス話題賞 東宝「学校の怪談」

◇日刊スポーツ映画大賞・石原裕次郎賞 第8回 ●作品賞 「写楽」(篠田正浩監督) ●監督賞 新藤兼人「午後の遺言状」 ●主演男優賞 真田広之「写楽」ほか ●主演女優賞 杉村春子「午後の遺言状」 ●助演男優賞 植木等「あした」 ●助演女優賞 名取裕子「マークスの山」 ●新人賞 石井竜也「河童」 岩井俊二「Love Letter」 ●外国作品賞 「スピード」(ヤン・デ・ボン監督) ●石原裕次郎賞 「蔵」(松方弘樹・浅野ゆう子) ●特別賞 乙羽信子(故人) "56年間の功績に対し"

◇日本アカデミー賞 第18回 ●最優秀作品賞 「忠臣蔵外伝 四谷怪談」(深作欣二監督) ●最優秀監督賞 深作欣二「忠臣蔵外伝 四谷怪談」 ●最優秀脚本賞 吉田求,深作欣二「忠臣蔵外伝 四谷怪談」 ●最優秀主演男優賞 佐藤浩市「忠臣蔵外伝 四谷怪談」 ●最優秀主演女優賞 高岡早紀「忠臣蔵外伝 四谷怪談」 ●最優秀助演男優賞 中井貴一「四十七人の刺客」 ●最優秀助演女優賞 室井滋「居酒屋ゆうれい」 ●最優秀外国作品賞 「シンドラーのリスト」(スティーブン・スピルバーグ監督) ●新人賞 佐伯日菜子「毎日が夏休み」 高岡早紀「忠臣蔵外伝 四谷怪談」 羽田美智子「RAMPO 奥山監督版」 ●話題賞 作品部門 「ヒーローインタビュー」(光野道夫監督) ●話題賞 俳優部門 吉岡秀隆「ラストソング」 ●特別賞 市川右太衛門 京マチ子 三船敏郎 山田五十鈴 後藤浩滋 「平成狸合戦ぽんぽこ」(高畑勲監督) 「全身小説家」(原一男監督)

◇ぴあテン〔映画部門〕 第24回 ●第1位 「フォレスト・ガンプ 一期一会」(ロバート・ゼメキス監督)

◇ブルーリボン賞 第38回 ●最優秀作品賞 「午後の遺言状」(新藤兼人監督) ●監督賞 金子修介「ガメラ 大怪獣空中決戦」 ●主演男優賞 真田広之「写楽」「緊急呼出し」ほか ●主演女優賞 中山美穂「Love Letter」 ●助演男優賞 萩原聖人「マークスの山」 ●助演女優賞 中山忍「ガメラ 大怪獣空中決戦」 ●新人賞 江角マキコ「幻の光」 ●外国映画賞 「マディソン郡の橋」(クリント・イーストウッド監督)

◇報知映画賞　第20回　●最優秀作品賞　「午後の遺言状」(新藤兼人監督)　「ショーシャンクの空に」(フランク・ダラボン監督)　●最優秀主演男優賞　真田広之「緊急呼出し/エマージェンシーコール」「写楽」「EAST MEETS WEST」　●最優秀主演女優賞　中山美穂「Love Letter」　●最優秀助演男優賞　豊川悦司「Love Letter」「NO WAY BACK/逃走遊戯」「トイレの花子さん」　●最優秀助演女優賞　梶芽衣子「鬼平犯科帳」　●最優秀監督賞　岩井俊二「Love Letter」　●最優秀新人賞　一色紗英「蔵」

◇毎日映画コンクール　第50回　●日本映画賞 大賞　「午後の遺言状」　●監督賞　新藤兼人「午後の遺言状」　●脚本賞　橋口亮輔「渚のシンドバッド」　●男優主演賞　役所広司「KAMIKAZE TAXI」　●女優主演賞　杉村春子「午後の遺言状」　●男優助演賞　松方弘樹「蔵」　●女優助演賞　鰐淵晴子「遙かな時代の階段を」「東京デラックス」「眠れる美女」　●大藤信郎賞　大友克洋「MEMORIES」における製作総指揮に対して　●スポニチグランプリ新人賞　一色紗英「蔵」　江角マキコ「幻の光」　室賀厚「SCORE」　●日本映画ファン賞　●アニメーション映画賞　「ユンカース・カム・ヒア」　●田中絹代賞　浅丘ルリ子　●特別賞　飯島正　乙羽信子 "日本映画におけるこれまでの優れた演技に対して"　高羽哲夫「男はつらいよ」「幸福の黄色いハンカチ」などの撮影に対して"　南とめ "永年にわたる映画のネガ編集に対する功績に対して"　●50周年記念特別表彰 特別功労賞　岡田茂　●50周年記念特別表彰 功労賞　小口禎三　鈴木進　石田敏彦　奥山融　高岩淡　德間康快

◇牧野省三賞　第37回　松方弘樹

◇優秀映画鑑賞会ベストテン　第36回　●日本映画 第1位　「午後の遺言状」(新藤兼人監督)　●外国映画 第1位　「マディソン郡の橋」(クリント・イーストウッド監督)

【テレビ】

◇ギャラクシー賞　第33回　●大賞　東京放送「金曜ドラマ『愛していると言ってくれ』」　●戦後50年特別賞　NHK「NHKスペシャル『戦後50年 その時日本は』シリーズ」　●個人賞　朱旭 "NHK「大地の子」の演技"　●CM大賞　ノヴァ, J.ウォルター・トンプソンジャパン「英会話スクールNOVA『NOVAの日 同僚編』」　●CM賞　二番工房「サンケイスポーツ『くしゃみ編カラーページ』」

◇芸術作品賞〔テレビ関係〕　第11回　●テレビドラマ　関西テレビ放送「風の迷走」　東京放送「父系の指」　日本放送協会「大地の子第二部・流刑/第五部・兄妹」　日本放送協会「百年の男」

◇日本民間放送連盟賞(平7年)　●番組部門(テレビ娯楽番組) 最優秀　読売テレビ放送「目玉とメガネスペシャル～きよし・文珍の爆笑漫才」　●番組部門(テレビドラマ) 最優秀　テレビ東京 テレビ東京開局30周年記念番組 山田太一ドラマスペシャル「せつない春」

◇橋田賞　第4回　●大賞　NHK「大地の子」　●新人賞　上川隆也　●橋田賞　小山内美江子　桜井よしこ　フジテレビ「なるほど！ ザ・ワールド」　NHK「NHKスペシャル 戦後50年その時日本は」

◇放送文化基金賞　第21回　●演技賞　田中美佐子「ひとさらい」　●脚本賞　田向正健脚本家「ひとさらい」　●演出・脚本賞　高橋直治日本放送協会, 福島泰樹歌人「紫陽花の家・富田良彦の告白」

◇毎日芸術賞　第37回　NHK映像の世紀制作スタッフ「NHKスペシャル『映像の世紀』全11回」

◇向田邦子賞　第14回　筒井ともみ「響子」「小石川の家」

【芸能全般】

◇浅草芸能大賞　第12回　●大賞　水谷八重子(2代)(女優)　●奨励賞　天海祐希(宝塚女優)　●新人賞　国本武春(浪曲師)

◇芸術選奨　第46回　●演劇部門 文部大臣賞　八木柊一郎 "「メリー・ウィドウへの旅」ほか"　●演劇部門 新人賞　栗山民也「GHETTO/ゲットー」　●大衆芸能部門 文部大臣賞　桂文治「文治の会」ほか　●大衆芸能部門 新人賞　堺正章 "「おしゃべり伝六 一番手柄」ほか"

◇ゴールデン・アロー賞　第33回　●大賞　豊川悦司　●最優秀新人賞　西田ひかる　●映画賞　豊川悦司「Love Letter」「トイレの花子さん」「undo」などの話題作に出演　●映画賞 新人賞　一色紗英 "映画初主演となった「蔵」で光を失った少女・烈を初々しく演じきり, 新たな才能の萌芽を感じさせた"　●演劇賞　天海祐希 "宝塚歌劇団月組のトップスターとして活躍。サヨナラ公演「ME AND MY GIRL」でも多くのファンを魅了"　●演劇賞 新人賞　西田ひかる "ミュージカル「楽園伝説」でははつらつとした演技を見せ, 本格派の舞台女優としての可能性をアピールした"　●音楽

賞　安室奈美恵 "「Body Feels EXIT」「Chase the Chance」と大ヒット曲を連発した" ●音楽賞 新人賞　上杉香緒里 "デビュー曲「風群」で発揮した力強く, のびやかな歌唱は正統派演歌の担い手として実力十分。その豊かな将来性に対して"　岡本真夜 "ドラマの主題歌となった「TOMORROW」が150万枚をこえる大ヒット。ニュータイプの女性シンガーソングライターとしての今後を期待させる" ●放送賞　ともさかりえ "「金田一少年の事件簿」「花嫁は16才!」などの人気ドラマに次々に主演, その演技で若手女優としての地位を確立した" ●放送賞 新人賞　竹野内豊 "ドラマ「星の金貨」で複雑な生い立ちの外科医役を好演。繊細な演技で視聴者を魅了, モデルから俳優へと大きく飛躍した" ●芸能賞　松本明子 "「進め!電波少年」をはじめバラエティ, ドラマなどレギュラー8本を持つ超売れっ子として八面六臂の大活躍, '95年の芸能分野をリードした" ●芸能賞 新人賞　神田うの "バラエティからトレンディドラマ, CM, 雑誌のグラビアまでこなすユニークなタレント性で人気沸騰" ●グラフ賞　雛形あきこ　●特別賞　ゴジラ "大長寿シリーズも「ゴジラVSデストロイア」でついに完結。国内外でも数々の話題を提供したスーパースターの41年間の偉業に対して" ●話題賞　イチロー

◇松尾芸能賞　第16回　●大賞 演劇　松本幸四郎 (9代)　●優秀賞 演劇　平幹二朗　藤山直美　●特別賞 歌謡芸能　二葉百合子　●新人賞 演劇　中村橋之助 (3代)　●新人賞 歌謡芸能　藤原浩

【音楽】

◇JASRAC賞　第13回　●金賞　小室哲哉作詞・作曲ほか「survival dAnce」　●銀賞　桜井和寿作詞・作曲ほか「イノセントワールド」　●銅賞　小室哲哉作詞・作曲ほか「BOY MEETS GIRL」　●国際賞　飛沢宏元作曲ほか「キャプテン翼 (BGM)」

◇全日本有線放送大賞　第28回　●グランプリ　シャ乱Q「ズルイ女」　●最優秀新人賞　華原朋美「I BELIEVE」　●吉田正賞　坂本冬美, 香西かおり, 伍代夏子, 藤あや子, 長山洋子「心の糸」

◇日本ゴールドディスク大賞　第10回　●日本ゴールドディスク大賞 邦楽　trf　●グランプリ・ニュー・アーティスト賞　MY LITTLE LOVER　●グランプリ・シングル賞 邦楽　Dreams Come True「LOVE LOVE LOVE」　●グランプリ・アルバム賞 邦楽　B'z「LOOSE」

◇日本作詩大賞　第28回　●大賞　市川睦月「桃と林檎の物語」(歌・美山純子)　●最優秀新人賞　さくまのりよし「あなたに」

◇日本有線大賞　第28回　●大賞　長山洋子「捨てられて」　●最多リクエスト曲賞　長山洋子「捨てられて」　●最多リクエスト歌手賞　シャ乱Q「ズルイ女」「シングルベッド」「空を見なよ」　●最優秀新人賞　華原朋美「I BELIEVE」

◇日本レコードセールス大賞　第28回　●アーティストセールス 大賞　trf　●シングル部門 大賞　Mr.Children　●アルバム部門 大賞　trf　●新人部門 大賞　MY LITTLE LOVER

◇日本レコード大賞　第37回　●大賞　trf「Overnight Sensation」　●最優秀新人賞　美山純子「桃と林檎の物語」　●アルバム大賞　新井英一「清河への道」～48番　●最優秀歌唱賞　山本譲二「夢街道」　●美空ひばりメモリアル選奨　さだまさし

◇ぴあテン〔音楽部門〕　第24回　●第1位　シャ乱Q

【演劇】

◇菊田一夫演劇賞　第21回　●演劇賞　南風洋子 "「新版 香華」の太郎丸の役の演技に対して"　島田歌穂 "「シー・ラヴズ・ミー」のイローナの役の演技に対して"　曽我廼家文童 "「駕篭や捕物帳」の後向きの弥太の役の演技に対して"　下村由理恵 "「回転木馬」のルイーズの役の演技に対して"　●大賞　鳳蘭 "「ラ・マンチャの男」のアルドンサ,「ラヴ」のエレンの役の演技に対して"　●特別賞　石浜日出雄 "永年の日劇及び宝塚歌劇をはじめとする舞台美術における功績に対して"

◇紀伊國屋演劇賞　第30回　●団体賞　地人会 "敗戦五十年目の夏に上演する連続3公演 (朗読劇「この子たちの夏 1945・ヒロシマ ナガサキ」, 構成劇「アンマーたちの夏」, 一人芝居ふたつ「瀋陽の月」「花いちもんめ」) の成果"　●個人賞　津嘉山正種　倉野章子　竹内銃一郎　栗山民也　ヴィッキー・モーティマー

◇芸術祭賞〔演劇部門〕　第50回　●大賞　二兎社 "二兎社公演22「パパのデモクラシー」の成果"

◇ぴあテン〔演劇部門〕　第24回　●第1位　劇団四季「CATS」

◇毎日芸術賞　第37回　兵庫現代芸術劇場「ひょうご舞台芸術第9回公演『GHETTO』」　●特別賞　都民劇場 "半世紀にわたる都民劇場の活動"

◇読売演劇大賞　第3回　●大賞・最優秀作品賞　ひょうご舞台芸術「GHETTO/ゲットー」　●最優秀男優賞　松本幸四郎(9代)「ラ・マンチャの男」　●最優秀女優賞　麻実れい「ハムレット」「エンジェルス・イン・アメリカ」　●最優秀演出家賞　栗山民也「GHETTO/ゲットー」

【演芸】

◇朝日賞(平7年)　桂米朝(3代)"上方落語の復活・継承・全国展開と後進の育成"
◇上方お笑い大賞　第24回　●大賞　中田カウス，中田ボタン　●金賞　桂吉朝　●銀賞　ジャリズム　●審査員特別賞　成瀬国晴　秋田実貫　藤田富美恵
◇上方漫才大賞　第30回　●大賞　ハイヒール　●奨励賞　里見まさと，亀山房代　●新人賞　中川家　●審査員特別表彰　ベイブルース
◇芸術祭賞〔演芸部門〕　第50回　●大賞　出雲蓉　"第5回「出雲蓉舞夢の世界」"の成果"

【漫画・アニメ】

◇講談社漫画賞　第19回　●少年部門　さとうふみや画，金成陽三郎原作「金田一少年の事件簿」　●少女部門　小沢真理「世界でいちばん優しい世界」　●一般部門　一色まこと「花田少年史」
◇小学館漫画賞　第41回　●児童向け部門　おのえりこ「こっちむいて！みいこ」　●少年向け部門　満田拓也「MAJOR」　●少女向け部門　神尾葉子「花より男子」　●青年一般向け部門　村上もとか「龍—RON—」　細野不二彦「太郎」
◇文藝春秋漫画賞　第41回　とり・みき「遠くへ行きたい」(「テレビブロス」連載)

【スポーツ】

◇朝日スポーツ賞(平7年度)　日本大学エベレスト登山隊　"唯一残されていた未踏の北東稜を経て世界最高峰エベレスト登頂に成功"　秀島大介　"柔道世界選手権千葉大会男子71キロ級で初優勝"　神戸製鋼ラグビー部　"ラグビー日本選手権7連覇"　岡部孝信　"ノルディックスキー世界選手権ジャンプのノーマルヒルで優勝"　浅利純子　"東京国際女子マラソンで優勝"　京都障害者スポーツ振興会　"四半世紀にわたり障害者スポーツの振興，普及に貢献"　●特別賞　青木半治　"アマチュアスポーツの発展に貢献"
◇菊池寛賞　第43回　野茂英雄　"快投が，暗い世相に沈む日本人の心に唯一明るい灯を点じ，いらだちを増す日米関係に好ましい影響を与えた"
◇日本プロスポーツ大賞　第28回　●大賞　イチロー(プロ野球)　●殊勲賞　尾崎将司(男子プロゴルフ)　貴乃花光司(大相撲)　伊達公子(テニス)
◇毎日スポーツ人賞(平7年度)　●グランプリ　イチロー(プロ野球オリックス外野手)　●文化賞　山際淳司(作家)　●国際賞　田村亮子(柔道選手)　●感動賞　浅利純子(マラソン選手)　●新人賞　鹿島丈博(体操選手)　●ファン賞　有森裕子(マラソン選手)

【その他】

◇将棋大賞　第22回　●最優秀棋士賞　羽生善治　●特別賞　谷川浩司　●新人賞　丸山忠久　●女流棋士賞　清水市代
◇星雲賞　第26回　●日本長編部門　山田正紀「機神兵団」　●日本短編部門　大槻ケンヂ「のの子の復讐ジグジグ」　●メディア部門　雨宮慶太監督「ゼイラム2」　●コミック部門　宮崎駿「風の谷のナウシカ」　●アート部門　水玉螢之丞　●ノンフィクション部門　野田昌宏「愛しのワンダーランド」
◇日本SF大賞　第16回　神林長平「言壺」　●特別賞　野田昌宏『「科学小説」神髄　アメリカSFの源流』
◇日本新語・流行語大賞　第12回　●大賞，トップテン　青島幸男"無党派"　野茂英雄"NOMO"　仰木彬"がんばろうKOBE"
◇文化勲章(平7年度)　遠藤周作(小説)　佐治賢使(漆芸)　団藤重光(法学)　花房秀三郎(生化学)　増田四郎(経済学)
◇ベストドレッサー賞　第24回　●政治・経済部門　藤田雄山　樋口広太郎　●学術・文化部門　服

部幸応　●スポーツ・芸能部門　萩原健一　加藤久　●女性部門　西田ひかる

平成8年（1996）

【文学全般】
◇朝日賞〔文学関係〕（平8年）　大岡信 "長期にわたる「折々のうた」の連載と詩作, 文芸批評における優れた業績"
◇伊藤整文学賞　第7回　●小説　松山巖「闇のなかの石」　●評論　柄谷行人「坂口安吾と中上健次」
◇大佛次郎賞　第23回　杉本秀太郎「平家物語」　山口昌男「『敗者』の精神史」
◇菊池寛賞　第44回　城山三郎 "「もう, きみには頼まない―石坂泰三の世界」などで伝記文学の新地平を開いた"　孤蓬万里編 "台湾にあって生活実感豊かな短歌を編集した"
◇群像新人文学賞　第39回　●小説　当選作　鈴木けいこ「やさしい光」　●小説　優秀作　堂垣園江「足下の土」　●評論　当選作　該当作なし　●評論　優秀作　川田宇一郎「由美ちゃんとユミヨシさん―庄司薫と村上春樹の『小さき母』」　高原英理「語りの自己現場」
◇芸術選奨　第47回　●文学部門 文部大臣賞　梅原稜子「海の回廊」　久世光彦「聖なる春」　●文学部門 新人賞　木坂涼「金色の網」（詩集）
◇サントリー学芸賞〔芸術・文学部門〕　第18回　飯沢耕太郎「写真美術館へようこそ」　兵藤裕己「太平記〈よみ〉の可能性―歴史という物語」
◇新田次郎文学賞　第15回　谷甲州「白き嶺の男」ほか
◇日本芸術院賞（第2部・文芸）　第53回　●恩賜賞・日本芸術院賞　森澄雄 "伝統俳句の代表的作家としての業績"　●日本芸術院賞　高橋英夫 "文芸評論家としての業績"
◇日本文芸大賞　第16回　ジェームス三木「八代将軍吉宗」（NHK）　高橋巌夫「永遠の蝶々婦人三浦環」　●特別賞　木村奈保子「女を読む本」　小野兼弘「釈尊, 救世の法則」　●エッセイ賞　高岡良樹「吟遊詩人, 歌の旅」　●女流文学賞　羽田令子「王城はいま…アユタヤ王朝秘話」
◇野間文芸賞　第49回　秋山駿「信長」
◇毎日芸術賞　第38回　馬場あき子「飛種」「馬場あき子全集」　古井由吉「白髪の唄」
◇毎日出版文化賞　第50回　●第1部門（文学・芸術）　秋山駿, 新潮社「信長」　●特別賞　石原慎太郎, 幻冬舎「弟」
◇三島由紀夫賞　第9回　松浦寿輝「折口信夫論」
◇読売文学賞　第48回　●小説賞および戯曲・シナリオ賞　該当者なし　●随筆・紀行賞　伊藤信吉「監獄裏の詩人たち」　●評論・伝記賞　川本三郎「荷風と東京」　松山巖「群衆」　●詩歌俳句賞　高橋順子「時の雨」　白石かずこ「現れるものたちをして」

【小説】
◇芥川龍之介賞　第115回（上期）　川上弘美「蛇を踏む」
◇芥川龍之介賞　第116回（下期）　柳美里「家族シネマ」　辻仁成「海峡の光」
◇泉鏡花文学賞　第24回　柳美里「フルハウス」　山田詠美「アニマル・ロジック」
◇江戸川乱歩賞　第42回　渡辺容子「左手に告げるなかれ」
◇オール讀物新人賞　第76回　乙川優三郎「藪燕」
◇オール讀物推理小説新人賞　第35回　税所隆介「かえるの子」
◇川端康成文学賞　第23回　大庭みな子「赤い満月」
◇柴田錬三郎賞　第9回　連城三紀彦「隠れ菊」
◇小説現代新人賞　第64回　岩井三四二「一所懸命」
◇小説すばる新人賞　第9回　森村南「陋巷の狗」
◇女流文学賞　第35回　田中澄江「夫の始末」
◇新潮新人賞　第28回　小山有人「マンモスの牙」
◇すばる文学賞　第20回　デビット・ゾペティ「いちげんさん」

平成8年(1996)

◇谷崎潤一郎賞　第32回　該当作なし
◇直木三十五賞　第115回（上期）　乃南アサ「凍える牙」
◇直木三十五賞　第116回（下期）　坂東真砂子「山妣」
◇日本推理作家協会賞　第49回　●長篇部門　京極夏彦「魍魎の匣」　梅原克文「ソリトンの悪魔」　●短篇及び連作短篇集部門　黒川博行「カウント・プラン」　●評論その他の部門　該当作なし
◇日本ファンタジーノベル大賞　第8回　●優秀賞　葉月堅「アイランド」　城戸光子「青猫屋」
◇日本ホラー小説大賞　第3回　長編賞　佳作　貴志祐介「ISORA」　●短編賞　佳作　桜沢順「ブルキナ、ファソの夜」
◇野間文芸新人賞　第18回　角田光代「まどろむ夜のUFO」
◇文學界新人賞　第82回（上期）　該当作なし　●島田雅彦・辻原登奨励賞　新堂令子「サイレントパニック」
◇文學界新人賞　第83回（下期）　大村麻梨子「ギルド」　最上場介「物語が殺されたあとで」
◇文藝賞　第33回　該当作なし　●優秀作　大鋸一正「フレア」　佐藤亜有子「ボディ・レンタル」
◇松本清張賞　第3回　森福都「長安牡丹花異聞」
◇紫式部文学賞　第6回　田中澄江「夫の始末」
◇山本周五郎賞　第9回　天童荒太「家族狩り」
◇横溝正史賞　第16回　●大賞　該当作なし　●優秀作　坂本善三郎「ノーペイン ノーゲイン」　●佳作　西浦一輝「夏色の軌跡」
◇吉川英治文学賞　第30回　高橋治「星の衣」

【詩歌】
◇H氏賞　第46回　片岡直子「産後思春期症候群」
◇小熊秀雄賞　第29回　倉内佐知子「新懐胎抄」
◇現代歌人協会賞　第40回　吉川宏志「青蟬」
◇現代詩人賞　第14回　阿部弘一「風景論」
◇現代詩花椿賞　第14回　辻征夫「俳諧辻詩集」
◇現代短歌大賞　第19回　扇畑忠雄　"扇畑忠雄著作集"全8巻と過去の業績"
◇河野愛子賞　第6回　永井陽子「てまり唄」
◇齋藤茂吉短歌文学賞　第8回　馬場あき子「飛種」
◇詩歌文学館賞　第11回　●詩　高橋睦郎「姉の島」　●短歌　島田修二「草木国土」　●俳句　金子兜太「両神」
◇高見順賞　第27回　白石かずこ「現れるものたちをして」
◇蛇笏賞　第30回　沢木欣一「白鳥」
◇迢空賞　第30回　該当作なし
◇壺井繁治賞　第24回　坂田満「盆地の空」
◇寺山修司短歌賞　第1回　小池光「草の庭」
◇藤村記念歴程賞　第34回　清岡卓行「通り過ぎる女たち」
◇中原中也賞　第1回　豊原清明「夜の人工の木」
◇日本歌人クラブ賞　第23回　高松秀明「宙に風花」
◇俳人協会賞　第36回　小原啄葉「滾滾」　星野麦丘人「雨滴集」
◇萩原朔太郎賞　第4回　辻征夫「俳諧辻詩集」
◇晩翠賞　第37回　時里二郎「ジパング」
◇丸山薫賞　第3回　中江俊夫「梨のつぶての」
◇丸山豊記念現代詩賞　第5回　みずかみかずよ「みずかみかずよ全詩集いのち」
◇若山牧水賞　第1回　高野公彦「天泣」

【戯曲】

◇岸田國士戯曲賞　第40回　鈴江俊郎「髪をかきあげる」　松田正隆「海と日傘」
◇年鑑代表シナリオ（平8年度）　周防正行「Shall we ダンス？」　布施博一「お日柄もよく ご愁傷さま」　鄭義信, 我妻正義「岸和田少年愚連隊」　村上龍「KYOKO」　長崎俊一「ロマンス」　斎藤久志, 小川智子「MIDORI」　北野武「キッズ・リターン」　田中陽造「新・居酒屋ゆうれい」　新和男「Focus」　森田芳光「（ハル）」

【評論・随筆】

◇大宅壮一ノンフィクション賞　第27回　佐藤正明「ホンダ神話 教祖のなき後で」　吉田敏浩「森の回廊」
◇講談社エッセイ賞　第12回　鹿島茂「子供より古書が大事と思いたい」　関容子「花の脇役」
◇講談社ノンフィクション賞　第18回　岩上安身「あらかじめ裏切られた革命」
◇新潮学芸賞　第9回　橋本治「宗教なんかこわくない！」　杉山隆男「兵士に聞け」
◇日本エッセイスト・クラブ賞　第44回　石坂昌三「小津安二郎と茅ケ崎館」　辻由美「世界の翻訳家たち」　柳沢桂子「二重らせんの私」

【児童文学】

◇赤い鳥文学賞　第26回　茶木滋「めだかの学校」
◇講談社出版文化賞　第27回　●絵本賞　いとうひろし「だいじょうぶ だいじょうぶ」
◇産経児童出版文化賞　第43回　●大賞　富山和子「お米は生きている」
◇児童福祉文化賞　第39回　●出版物部門　高楼方子「キロコちゃんとみどりのくつ」
◇児童文芸新人賞　第25回　江副信子「神々の島のマムダ」　岸本進一「ノックアウトのその後で」
◇小学館児童出版文化賞　第45回　今江祥智, 片山健「でんでんだいこ いのち」　長谷川博「風にのれ！ アホウドリ」
◇日本絵本賞　第2回　●大賞　該当作品なし
◇日本児童文学者協会賞　第36回　北村けんじ「ギンヤンマ飛ぶ」
◇日本児童文芸家協会賞　第20回　大谷美和子「またね」　●特別賞　岡本浜江 "英米児童文学の翻訳・紹介活動などに対して"
◇野間児童文芸賞　第34回　森山京「まねやのオイラ 旅ねこ道中」　●新人賞　上橋菜穂子「精霊の守り人」
◇ひろすけ童話賞　第7回　松居スーザン「ノネズミと風のうた」
◇椋鳩十児童文学賞　第6回　阿部夏丸「泣けない魚たち」

【映画・テレビ全般】

◇エランドール賞〔新人賞〕（平8年度）　●新人大賞　常盤貴子「まだ恋は始まらない」「愛していると言ってくれ」　●新人賞　一色紗英「蔵」　椎名桔平「いつかまた逢える」（フジテレビ）「Black Out」（ANB）　高橋克典「FOR YOU」（フジテレビ）「ひと夏のラブレター」（TBS）「ピュア」（フジテレビ）　鶴田真由「正義は勝つ」（フジテレビ）「写楽」（篠田正浩監督）「ストックホルムの密使」（NHK）　●特別賞　安達祐実 "主演したテレビドラマ「家なき子」は、大きな話題と社会的反響を呼び、ドラマの活性化に大きな貢献をした"　新藤兼人, 乙羽信子 "二人の協力の下、多くの優れた作品を発表し、映像文化の進展に多大の貢献をされた"　高羽哲夫 "カメラマンとして「寅さんシリーズ」をはじめ「学校」など多くの優れた作品を撮り、映画界に大きな業績を残した"　フランキー堺 "映画「写楽」の企画総指揮として、企画より公開まで厳しい製作環境と困難な条件を克服し、長年の構想を実現し、大きな成果を上げた"　宮尾登美子 "長年の作家活動で数多くの優れた作品を発表した中で、「蔵」は映画、テレビ、演劇の各分野で劇化されるという画期的成果をおさめた"
◇菊池寛賞　第44回　NHKテレビドラマ 大地の子制作スタッフ "日中近現代史を日中共同制作により映像化"
◇芸術選奨　第47回　●映画部門 文部大臣賞　東陽一「絵の中のぼくの村」　●映画部門 新人賞　周

防正行「Shall we ダンス？」」　●放送部門 文部大臣賞　重光亨彦 "ドラマ「存在の深き眠り」など"
●放送部門 新人賞　金沢敏子「赤紙配達人～ある兵事係の証言」(テレビドキュメンタリー)

【映画】
◇朝日賞〔映画関係〕(平8年)　山田洋次 "「男はつらいよ」48作など多年にわたる日本映画界への貢献"
◇川喜多賞　第14回　新藤兼人
◇キネマ旬報賞　第42回　●日本映画監督賞　小栗康平「眠る男」　●脚本賞・読者選出日本映画監督賞　周防正行「Shall we ダンス？」　●主演女優賞　原田美枝子「絵の中のぼくの村」　●主演男優賞　役所広司「Shall we ダンス？」「眠る男」「シャブ極道」　●助演女優賞　草村礼子「Shall we ダンス？」　●助演男優賞　渡哲也「わが心の銀河鉄道 宮沢賢治物語」　●新人女優賞　草刈民代「Shall we ダンス？」　●新人男優賞　安藤政信「キッズ・リターン」　●読者賞　立川志らく「立川志らくのシネマ徒然草」
◇キネマ旬報ベスト・テン　第70回　●日本映画 第1位　「Shall we ダンス？」　●外国映画 第1位　「イル・ポスティーノ」
◇ゴールデングロス賞　第14回　●日本映画部門 最優秀金賞　東宝「ゴジラVSデストロイア」　●外国映画部門 最優秀金賞　ユナイテッド・インターナショナル・ピクチャーズ・ファー・イースト「ミッション：インポッシブル」　●マネーメーキング監督賞　周防正行　●マネーメーキングスター賞　渥美清　●ゴールデングロス特別感謝賞　山田洋次 "映画「男はつらいよ」シリーズ全スタッフに対して"　藤子・F・不二雄
◇日刊スポーツ映画大賞・石原裕次郎賞　第9回　●作品賞　「Shall we ダンス？」(周防正行監督)　●監督賞　北野武「キッズ・リターン」　●主演男優賞　役所広司「Shall we ダンス？」ほか　●主演女優賞　浅丘ルリ子「男はつらいよ 寅次郎紅の花」　●助演男優賞　渡哲也「わが心の銀河鉄道 宮沢賢治物語」　●助演女優賞　草村礼子「Shall we ダンス？」　●新人賞　安藤政信「キッズ・リターン」　●外国作品賞　「デッドマン・ウォーキング」　●特別賞　渥美清
◇日本アカデミー賞　第19回　●最優秀作品賞　「午後の遺言状」　●最優秀監督賞　新藤兼人「午後の遺言状」　●最優秀脚本賞　新藤兼人「午後の遺言状」　●最優秀主演男優賞　三國連太郎「三たびの海峡」　●最優秀主演女優賞　浅野ゆう子「蔵」　●最優秀助演男優賞　竹中直人「EAST MEETS WEST」　●最優秀助演女優賞　乙羽信子「午後の遺言状」　●最優秀外国作品賞　「ショーシャンクの空に」(フランク・ダラボン監督)　●新人俳優賞　柏原崇　原田龍二　渡部篤郎　一色紗英　江角マキコ　酒井美紀　●話題賞 作品部門　「君を忘れない」　●話題賞 俳優部門　豊川悦司「Love Letter」　●会長特別賞　神代辰巳
◇ぴあテン〔映画部門〕　第25回　●第1位　「セブン」(デビッド・フィンチャー監督)
◇ブルーリボン賞　第39回　●最優秀作品賞　「岸和田少年愚連隊」(井筒和幸監督)　●監督賞　北野武「キッズ・リターン」　●主演男優賞　役所広司「Shall we ダンス？」「眠る男」ほか　●主演女優賞　該当者なし　●助演男優賞　渡哲也「わが心の銀河鉄道 宮沢賢治物語」　●助演女優賞　岸田今日子「学校の怪談2」「八つ墓村」　●新人賞　ナインティナイン「岸和田少年愚連隊」　●外国映画賞　「ミッション・インポッシブル」(ブライアン・デ・パルマ監督)　●特別賞　群馬県 "「眠る男」で地方自治体として初めて映画製作に出資した功績"　渥美清 "「男はつらいよ」などでの日本映画に対する貢献"
◇報知映画賞　第21回　●最優秀作品賞　「Shall We ダンス？」(周防正行監督)　●最優秀主演男優賞　役所広司「Shall we ダンス？」ほか　●最優秀主演女優賞　原田美枝子「絵の中のぼくの村」　●最優秀助演男優賞　渡哲也「わが心の銀河鉄道 宮沢賢治物語」　●最優秀助演女優賞　渡辺えり子「Shall we ダンス？」　●最優秀監督賞　森田芳光「(ハル)」　●最優秀新人賞　安藤政信「キッズ・リターン」　●特別賞　渥美清(故人)
◇毎日映画コンクール　第51回　●日本映画賞 大賞　「Shall weダンス？」　●監督賞　周防正行「Shall we ダンス？」　●脚本賞　周防正行「Shall we ダンス？」　●男優主演賞　役所広司「Shall we ダンス？」「眠る男」「シャブ極道」　●女優主演賞　高岡早紀「KYOKO」　●男優助演賞　吉岡秀隆「学校Ⅱ」　●女優助演賞　草村礼子「Shall we ダンス？」　●大藤信郎賞　N&Gプロダクション「るすばん」　●スポニチグランプリ新人賞　安藤政信「キッズ・リターン」　鈴木彩子「アトランタ・ブギ」　井坂聡「Focus」　●日本映画ファン賞　「Shall weダンス？」　●アニメー

ション映画賞 「ブラック・ジャック」 ●田中絹代賞 松坂慶子 ●特別賞 渥美清「男はつらいよ」ほかの演技に対して 小林正樹 佐藤正之 フランキー堺 藤子・F・不二雄"「オバQ」「ドラえもん」ほかアニメの制作とその映画化, テレビ化に対して" 武満徹
◇毎日芸術賞 第38回 小栗康平「眠る男」
◇牧野省三賞 第38回 高田宏治(脚本家) ●特別賞 渥美清(故人)
◇優秀映画鑑賞会ベストテン 第37回 ●日本映画 第1位 「学校2」 ●外国映画 第1位 「陽のあたる教室」

【テレビ】

◇ギャラクシー賞 第34回 ●テレビ部門 大賞 熊本県民テレビ, 西日本放送, 北日本放送, テレビ岩手, 札幌テレビ放送, 日本テレビ放送網「ドキュメント'96『列島検証 破壊される海』」 ●テレビ部門 個人賞 長富忠裕「火曜サスペンス劇場」(NTV) ●CM大賞 資生堂, ACA「資生堂企業広告『鳴門山上病院』」
◇芸術祭賞〔テレビ部門(ドラマ)〕 第51回 ●大賞 該当作なし ●優秀賞 テレビ東京「小石川の家」(ドラマスペシャル) 日本放送協会「我等の放課後」(土曜ドラマ) 日本放送協会大阪局「ちいさな大冒険」(土曜ドラマ) ●放送個人賞 岩井まつえ "信越放送「清姫曼陀羅―人形遣いが見た夢」の企画・制作"
◇日本民間放送連盟賞(平8年) ●番組部門(テレビ娯楽番組) 最優秀 静岡放送 静岡発! そこが知りたい「嗚呼! 懐かしの無声映画〜弁士渡辺錦声91歳」 ●番組部門(テレビドラマ) 最優秀 テレビ東京 初春ドラマスペシャル「小石川の家」
◇橋田賞 第5回 ●大賞 該当作・該当者なし ●新人賞 中居正広 "テレビ朝日「味いちもんめ」などの演技" 常盤貴子 "TBS「真昼の月」などの演技" ●橋田賞 大石静「ふたりっ子」 NHK「おかあさんといっしょ」「蔵」「クイズ日本人の質問」 毎日放送「世界ウルルン滞在記」 ●新人脚本賞 水橋文美江「みにくいアヒルの子」 ●新人脚本賞 入選 青山宥子「天使がいっぱい」
◇放送文化基金賞 第22回 ●テレビドラマ番組 NHK, 中国中央電視台「大地の子」 ●演技賞 上川隆也 朱旭 清水美砂
◇向田邦子賞 第15回 大石静「ふたりっ子」

【芸能全般】

◇浅草芸能大賞 第13回 ●大賞 春風亭小朝(落語家) ●奨励賞 あした順子, あしたひろし(漫才師) ●新人賞 尾上菊之助(5代)(歌舞伎俳優)
◇菊池寛賞 第44回 市川猿之助(3代) "スーパー歌舞伎の創造などでファン層を広げ, 若手俳優の育成にも功績を上げた"
◇芸術選奨 第47回 ●演劇部門 文部大臣賞 沢村田之助 "歌舞伎「妹背山婦女庭訓」など" ●演劇部門 新人賞 秋山直美「夫婦善哉」 ●評論等部門 新人賞 嶺隆「帝国劇場開幕」 ●大衆芸能部門 文部大臣賞 林英哲「"日本の太鼓"など」 ●大衆芸能部門 新人賞 林家正雀 "定席公演「中席」など"
◇ゴールデン・アロー賞 第34回 ●大賞 竹中直人 ●最優秀新人賞 松たか子 ●映画賞 周防正行 ●映画賞 映画新人賞 安藤政信 ●演劇賞 西村雅彦 ●演劇賞 演劇新人賞 奥菜恵 ●音楽賞 ウルフルズ ●音楽賞 音楽新人賞 PUFFY SPEED ●放送賞 竹中直人 ●放送賞 放送新人賞 松たか子 ●芸能賞 飯島直子 ●芸能賞 芸能新人賞 篠原ともえ ●特別賞 渥美清 ●話題賞 猿岩石 ●グラフ賞 広末涼子
◇毎日芸術賞 第38回 黒柳徹子「幸せの背くらべ」
◇松尾芸能賞 第17回 ●大賞 演劇 片岡孝夫 ●優秀賞 テレビ 岡崎栄 中村梅雀 ●特別賞 演劇 河原崎権十郎 ●特別賞 歌謡 白鳥園枝 ●新人賞 演劇 市川染五郎(7代)

【音楽】

◇JASRAC賞 第14回 ●金賞 小室哲哉作詩・作曲ほか「WOW WAR TONIGHT」 ●銀賞 小室哲哉作詩・作曲ほか「CRAZY GONNA CRAZY」 ●銅賞 小室哲哉作詩・作曲ほか「OVERNIGHT

SENSATION」 ●国際賞　島津秀雄作曲ほか「ジャングルブック　少年モーグリBGM」
◇全日本有線放送大賞　第29回　●グランプリ　シャ乱Q「涙の影」　●最優秀新人賞　PUFFY「アジアの純真」　●吉田正賞　安室奈美恵「SWEET 19 BLUES」　●読売テレビ・ゴールドアーティスト賞　華原朋美「I'm proud」
◇日本ゴールドディスク大賞　第11回　●日本ゴールドディスク大賞 邦楽　安室奈美恵　●グランプリ・ニュー・アーティスト賞 邦楽　PUFFY　●グランプリ・シングル賞 邦楽　Mr.Children「名もなき詩」　●グランプリ・アルバム賞 邦楽　globe「globe」　●特別表彰　「新世紀エヴァンゲリオン Genesis 0：1〜0：10」
◇日本作詩大賞　第29回　●大賞　中山大三郎「珍島物語」(歌／天童よしみ)　●最優秀新人賞　長山たかのり「春に一番近い町」(歌／立樹みか)
◇日本有線大賞　第29回　●大賞　シャ乱Q「涙の影」　●最多リクエスト歌手賞　シャ乱Q　●最多リクエスト曲賞　加門亮「霧情のブルース」　●最優秀新人賞　PUFFY「アジアの純真」
◇日本レコードセールス大賞　第29回　●アーティストセールス大賞　安室奈美恵　●新人部門 大賞 PUFFY　●シングル部門 大賞　安室奈美恵　●アルバム部門 大賞　安室奈美恵
◇日本レコード大賞　第38回　●大賞　安室奈美恵「Don't wanna cry」　●最優秀新人賞　PUFFY「アジアの純真」　●アルバム大賞　globe「globe」　●最優秀歌唱賞　天童よしみ　●美空ひばりメモリアル選奨　北島三郎
◇ぴあテン〔音楽部門〕　第25回　●第1位　PUFFY

【演劇】

◇菊田一夫演劇賞　第22回　●演劇大賞　劇団東宝現代劇75人の会 "「熊楠の家」上演の成果"　●演劇賞　江原真二郎 "「晩菊」の板谷の演技"　一路真輝 "「エリザベート」のトート、「王様と私」のアンナの演技"　光本幸子 "「明治の雪」の野々宮きく子、「女優」の渡瀬淳子の演技"　斎藤憐 "「カナリア　西条八十物語」の脚本"　●特別賞　中村啌夫 "長年のミュージカル演出の功績"
◇紀伊國屋演劇賞　第31回　●団体賞　劇団青年座「三文オペラ」「審判」「ベクター」などの舞台成果"　●個人賞　里居正美　片山万由美　永井愛　平淑恵　今井朋彦
◇芸術祭賞〔演劇部門〕　第51回　●大賞　木山事務所 "「私の下町―母の写真」の成果"
◇ぴあテン〔演劇部門〕　第25回　●第1位　劇団四季,赤坂ミュージカル劇場「美女と野獣」
◇読売演劇大賞　第4回　●大賞・最優秀女優賞　黒柳徹子「幸せの背くらべ」「マスター・クラス」　●最優秀作品賞　「笑の大学」　●最優秀男優賞　中村雁治郎(3代)「時雨の炬燵」「葛の葉」「妹背山婦女庭訓」　●最優秀演出家賞　蜷川幸雄 "「身毒丸」「近松心中物語—それは恋」「夏の夜の夢」「1996・待つ」の演出"　●選考委員特別賞　西川信廣

【演芸】

◇上方お笑い大賞　第25回　●大賞　大木こだま,大木ひびき　●金賞　酒井くにお,酒井とおる　●銀賞　こん松,せんべい　●25周年記念特別賞　川上のぼる,木川かえる　フラワーショウ(ゆり・ばら)　●秋田実賞　桂三枝
◇上方漫才大賞　第31回　●大賞　大木こだま,大木ひびき　●奨励賞　どんきほ〜て　●新人賞　ジャリズム　●審査員特別賞　横山やすし,西川きよし
◇芸術祭賞〔演芸部門〕　第51回　●大賞　横山ホットブラザーズ "「歌謡漫才フェスティバル」の成果"

【漫画・アニメ】

◇講談社漫画賞　第20回　●少年部門　寺沢大介「将太の寿司」　●少女部門　くらもちふさこ「天然コケッコー」　●一般部門　古谷実「行け！稲中卓球部」
◇小学館漫画賞　第42回　●児童向け部門　つの丸「みどりのマキバオー」　●少年向け部門　曽田正人「め組の大吾」　●少女向け部門　さいとうちほ「花音」　●一般向け部門　能条純一「月下の棋士」
◇文藝春秋漫画賞　第42回　けらえいこ「あたしンち(1)」　やくみつる「やくみつるの三面マンガ」「オニのやく目玉」

【スポーツ】

◇朝日スポーツ賞(平8年度)　野村忠宏"アトランタ五輪柔道男子60キロ級で優勝"　中村兼三"アトランタ五輪柔道男子71キロ級で優勝"　恵本裕子"五輪女子柔道で日本人初の優勝をアトランタ大会61キロ級で果たした"　重由美子,木下アリーシア"五輪ヨット競技で日本人初のメダル(銀)をアトランタ大会女子470級で獲得"　有森裕子"五輪女子マラソンでバルセロナ,アトランタの2大会連続でメダルを獲得"　藤村信子"東京国際女子マラソンで優勝"　伊達公子"ウィンブルドン選手権ベスト4など女子プロテニス選手としての国際的な活躍"　成田真由美"パラリンピック・アトランタ大会の水泳で金メダル2個を含むメダル5個を獲得"

◇菊池寛賞　第44回　有森裕子"バルセロナ五輪の銀メダル獲得後,足の故障や精神的悩みを克服してアトランタ五輪で銅メダルに輝き,さわやかな生き方で感動を与えた"

◇日本プロスポーツ大賞　第29回　●大賞　尾崎将司(男子プロゴルフ)　●殊勲賞　イチロー(プロ野球)　松井秀喜(プロ野球)　十文字貴信(自転車競技)

◇毎日スポーツ人賞(平8年度)　●グランプリ　オリックス・ブルーウェーブ(プロ野球パ・リーグ)　●文化賞　篠山紀信(写真家)　●国際賞　恵本裕子(柔道選手)　●感動賞　サッカー・アトランタ五輪日本代表チーム　●新人賞　千葉真子(陸上選手)　●ファン賞　有森裕子(マラソン選手)　●特別功労賞　北島忠治(ラグビー監督)

【その他】

◇国民栄誉賞(平8年)　渥美清"映画「男はつらいよ」シリーズを通じ人情味豊かな演技で広く国民に喜びと潤いを与えた功績"

◇将棋大賞　第23回　●最優秀棋士賞　羽生善治　●特別賞　羽生善治　●新人賞　行方尚史　●女流棋士賞　清水市代

◇星雲賞　第27回　●日本長編部門　眉村卓「引き潮のとき」　●日本短編部門　火浦功「ひと夏の経験値」　●メディア部門「ガメラ」　●コミック部門　岩明均「寄生獣」　●アート部門　山田章博　●ノンフィクション部門　と学会編「トンデモ本の世界」

◇日本SF大賞　第17回　金子修介「ガメラ2」

◇日本新語・流行語大賞　第13回　●大賞,トップテン　有森裕子"自分で自分をほめたい"　鳩山由紀夫"友愛/排除の論理"　長嶋茂雄"メークドラマ"

◇文化勲章(平8年度)　森英恵(服飾デザイン)　浅蔵五十吉(陶芸)　伊藤清永(洋画)　伊藤正男(神経学)　竹内理三(日本史学)

◇ベストドレッサー賞　第25回　●政治・経済部門　菅直人　谷本正憲　宮内義彦　●学術・文化部門　小林よしのり　●スポーツ・芸能部門　小室哲哉　有森裕子　●女性部門　安室奈美恵　●特別賞　石津謙介

平成9年(1997)

【文学全般】

◇朝日賞〔文学関係〕(平9年)　ドナルド・キーン"長年の日本文学の研究と海外紹介の功績"

◇伊藤整文学賞　第8回　●小説　石和鷹「地獄は一定すみかぞかし」　●評論　井口時男「柳田国男と近代文学」

◇大佛次郎賞　第24回　中西進「源氏物語と白楽天」　中島秀人「ロバート・フック ニュートンに消された男」

◇菊池寛賞　第45回　山田風太郎"「戦中派不戦日記」「忍法帖小説」などで大衆文芸に新たな面白さをもたらした"

◇群像新人文学賞　第40回　●小説 当選作　岡崎祥久「秒速10センチの越冬」　●評論 当選作　斎藤礎英「逆説について」　●評論 優秀作　丸川哲史「『細雪』試論」

◇芸術選奨　第48回　●文学部門 文部大臣賞　加賀乙彦「永遠の都」　津村節子「智恵子飛ぶ」　●文学部門 新人賞　池井昌樹「晴夜」(詩集)　●評論等 文部大臣賞　鈴木康司「闘うフィガロ」

- 評論等 新人賞　森まゆみ「鷗外の坂」

◇サントリー学芸賞〔芸術・文学部門〕　第19回　イ・ヨンスク「『国語』という思想—近代日本の言語認識」　稲賀繁美「絵画の黄昏—エドゥアール・マネ没後の闘争」　仁平勝"「俳句が文学になるとき」を中心として"

◇新田次郎文学賞　第16回　吉川潮「江戸前の男 春風亭柳朝一代記」

◇日本芸術院賞（第2部・文芸）　第54回　● 恩賜賞・日本芸術院賞　大原富枝 "作家としての業績"　● 日本芸術院賞　堀田善衛 "作家としての業績"　岡野弘彦 "歌人としての業績"　田村隆一 "詩人としての業績"

◇日本文芸大賞　第17回　南原幹雄「銭五の海」　● 特別賞　北林谷栄「蓮以子80歳」　● ノンフィクション賞　永川幸樹「善で動くべし」　歴史ノンフィクション賞　小川津根子「祖国よ—中国残留婦人の半世紀」　● エッセイ賞　武井秀夫「六兵衛の盃」

◇野間文芸賞　第50回　田久保英夫「木霊集」　富岡多恵子「ひべるにあ島紀行」

◇毎日芸術賞　第39回　入沢康夫「入沢康夫〈詩〉集成」上・下巻他の詩作"　金石範「火山島」全7巻　● 特別賞　別役実 "「雨が空から降れば」をはじめ100本以上の戯曲"

◇毎日出版文化賞　第51回　● 第1部門（文学・芸術）　立松和平, 東京書籍「毒—風聞・田中正造」　● 特別賞　妹尾河童, 講談社「少年H上・下」

◇三島由紀夫賞　第10回　樋口覚「三絃の誘惑」

◇読売文学賞　第49回　● 小説賞　村上龍「イン ザ・ミソスープ」　小島信夫「うるわしき日々」　● 戯曲・シナリオ賞　岩松了「テレビ・デイズ」　マキノノゾミ「東京原子核クラブ」　● 随筆・紀行賞　河盛好蔵「藤村のパリ」　● 評論・伝記賞　渡辺保「黙阿弥の明治維新」　● 詩歌俳句賞　前登志夫「青童子」

【小説】

◇芥川龍之介賞　第117回（上期）　目取真俊「水滴」
◇芥川龍之介賞　第118回（下期）　該当者なし
◇泉鏡花文学賞　第25回　京極夏彦「嗤う伊右衛門」　村松友視「鎌倉のおばさん」
◇江戸川乱歩賞　第43回　野沢尚「破線のマリス」
◇オール讀物新人賞　第77回　山本一力「蒼龍」
◇オール讀物推理小説新人賞　第36回　石田衣良「池袋ウエストゲートパーク」　南島砂江子「道連れ」
◇川端康成文学賞　第24回　坂上弘「台所」　小田実「『アボジ』を踏む」
◇木山捷平文学賞　第1回　佐伯一麦「遠き山に日は落ちて」
◇柴田錬三郎賞　第10回　帚木蓬生「逃亡」
◇小説現代新人賞　第65回　市山隆一「紙ヒコーキ・飛んだ」　宮崎和雄「洗濯機は俺にまかせろ」
◇小説すばる新人賞　第10回　荻原浩「オロロ畑でつかまえて」　熊谷達也「ウエンカムイの爪」
◇女流文学賞　第36回　北原亜以子「江戸風狂伝」
◇新潮新人賞　第29回　萱野葵「叶えられた祈り」
◇すばる文学賞　第21回　岩崎保子「世間知らず」　清水博子「街の座標」
◇谷崎潤一郎賞　第33回　保坂和志「季節の記憶」　三木卓「路地」
◇直木三十五賞　第117回（上期）　篠田節子「女たちのジハード」　浅田次郎「鉄道員」
◇直木三十五賞　第118回（下期）　該当者なし
◇日本推理作家協会賞　第50回　● 長篇部門　真保裕一「奪取」　● 短篇及び連作短篇集部門　該当作なし　● 評論その他の部門　共同通信社社会部編「沈黙のファイル」
◇日本ファンタジーノベル大賞　第9回　● 大賞　井村恭一「ベイスボイル・ブック」　● 優秀賞　佐藤茂「競漕海域」
◇日本ホラー小説大賞　第4回　● 大賞　貴志祐介「黒い家」　● 短編賞　沙藤一樹「D－ブリッジ・テープ」　● 長編賞　中井拓志「レフトハンド」
◇日本ミステリー文学大賞　第1回　佐野洋

◇野間文芸新人賞　第19回　町田康「くっすん大黒」
◇文學界新人賞　第84回（上期）　吉田修一「最後の息子」
◇文學界新人賞　第85回（下期）　橘川有弥「くろい、こうえんの」
◇文藝賞　第34回　鈴木清剛「ラジオ・デイズ」　星野智幸「最後の吐息」
◇松本清張賞　第4回　村雨貞郎「マリ子の肖像」
◇紫式部文学賞　第7回　村田喜代子「蟹女」
◇山本周五郎賞　第10回　真保裕一「奪取」　篠田節子「ゴサインタン―神の座」
◇横溝正史賞　第17回　該当作なし
◇吉川英治文学賞　第31回　野坂昭如「同心円」

【詩歌】

◇H氏賞　第47回　山田隆昭「うしろめた屋」
◇小熊秀雄賞　第30回　木津川昭夫「迷路の闇」
◇現代歌人協会賞　第41回　該当者なし
◇現代詩人賞　第15回　水橋晋「大梟を夫にもった曽祖母」
◇現代詩花椿賞　第15回　小池昌代「永遠に来ないバス」
◇現代短歌大賞　第20回　齋藤史 "齋藤史全歌集" 大和書房と過去の全業績"
◇河野愛子賞　第7回　小島ゆかり「ヘブライ暦」
◇齋藤茂吉短歌文学賞　第9回　吉田漱「『白き山』全注釈」
◇詩歌文学館賞　第12回　●詩　田中清光「岸辺にて」　●短歌　武川忠一「翔影」　●俳句　安東次男「流」
◇高見順賞　第28回　荒川洋治「渡世」
◇蛇笏賞　第31回　飯島晴子「儚々」
◇迢空賞　第31回　富小路禎子「不穏の華」
◇壺井繁治賞　第25回　茂山忠茂「不安定な車輪」
◇寺山修司短歌賞　第2回　永田和宏「華子」
◇藤村記念歴程賞　第35回　池井昌樹「晴夜」（詩集）　高柳誠「昼間の採譜術」「触感の解析学」「月光の遠近法」（詩画集）
◇中原中也賞　第2回　長谷部奈美江「もしくは、リンドバーグの畑」
◇日本歌人クラブ賞　第24回　石黒清介「雪ふりいでぬ」
◇俳人協会賞　第37回　清崎敏郎「凡」　宮津昭彦「遠樹」
◇萩原朔太郎賞　第5回　渋沢孝輔「行き方知れず抄」
◇晩翠賞　第38回　黒部節子「北向きの家」
◇丸山薫賞　第4回　香川紘子「DNAのパスポート」
◇丸山豊記念現代詩賞　第6回　安永稔和「秋山抄」
◇若山牧水賞　第2回　佐佐木幸綱「旅人」

【戯曲】

◇岸田國士戯曲賞　第41回　松尾スズキ「ファンキー！―宇宙は見える所までしかない」
◇年鑑代表シナリオ（平9年度）　矢口史靖, 鈴木卓爾「ひみつの花園」　中島哲也「夏時間の大人たち」　森岡利行「鬼火」　丸山昇一「傷だらけの天使」　冨川元文, 天願大介, 今村昌平「うなぎ」　宮崎駿「もののけ姫」　サブ「ポストマン・ブルース」　成島出「恋 極道」　荒井晴彦「身も心も」　原田眞人「バウンス ko GALS」

【評論・随筆】

◇大宅壮一ノンフィクション賞　第28回　佐野眞一「旅する巨人」　野村進「コリアン世界の旅」

◇講談社エッセイ賞　第13回　米原万里「魔女のユダース」
◇講談社ノンフィクション賞　第19回　野村進「コリアン世界の旅」　山田和「インド ミニアチュール幻想」
◇新潮学芸賞　第10回　加藤典洋「言語表現法講義―三島由紀夫私記」　徳岡孝夫「五衰の人」
◇日本エッセイスト・クラブ賞　第45回　中丸美絵「嬉遊曲、鳴りやまず」　松本仁一「アフリカで寝る」　山田稔「ああ、そうかね」　●特別賞　加藤シヅエ「百歳人 加藤シヅエ 生きる」

【児童文学】

◇赤い鳥文学賞　第27回　荻原規子「薄紅天女」
◇講談社出版文化賞　第28回　●絵本賞　いわむらかずお「かんがえるカエルくん」
◇産経児童出版文化賞　第44回　●大賞　香原知志「生きている海 東京湾」
◇児童福祉文化賞　第40回　●出版物部門　大石芳野「活気あふれて一長い戦争のあと」
◇児童文芸新人賞　第26回　藤牧久美子「ふしぎなゆきだるま」　笹生陽子「ぼくらのサイテーの夏」　タカシトシコ「魔法使いが落ちてきた夏」
◇小学館児童出版文化賞　第46回　内田麟太郎文, 荒井良二絵「うそつきのつき」　茂木宏子「お父さんの技術が日本を作った！」
◇日本絵本賞　第3回　●大賞　梅田俊作作・絵, 梅田佳子「しらんぷり」　●日本絵本賞読者賞　柳瀬房子作, 葉祥明絵「サニーのおねがい 地雷ではなく花をください」
◇日本児童文学者協会賞　第37回　該当作なし
◇日本児童文芸家協会賞　第21回　天沼春樹「水に棲む猫」
◇野間児童文芸賞　第35回　あさのあつこ「バッテリー」　●新人賞　ひろたみを「ジグザグ トラック家族」
◇ひろすけ童話賞　第8回　戸田和代「きつねのでんわボックス」
◇椋鳩十児童文学賞　第7回　坂元純「僕のフェラーリ」

【映画・テレビ全般】

◇エランドール賞〔新人賞〕(平9年度)　●新人大賞　松たか子　●新人賞　飯島直子　瀬戸朝香　上川隆也　西村雅彦　●特別賞　渥美清(故人)　竹中直人　大地の子制作スタッフ
◇芸術選奨　第48回　●映画部門 文部大臣賞　役所広司「うなぎ」「失楽園」などでの演技　●映画部門 新人賞　仙頭直美「萌の朱雀」　●放送部門 文部大臣賞　菊池浩佑「NNNドキュメント97」　●放送部門 新人賞　馬場明子「蛍の木」(ドキュメンタリー)

【映画】

◇川喜多賞　第15回　今村昌平
◇キネマ旬報賞　第43回　●日本映画監督賞　望月六郎「鬼火」　●脚本賞　三谷幸喜「ラヂオの時間」　●主演女優賞　桃井かおり「東京夜曲」　●主演男優賞　役所広司「うなぎ」「失楽園」　●助演女優賞　倍賞美津子「東京夜曲」「うなぎ」　●助演男優賞　西村雅彦「マルタイの女」　●新人女優賞　佐藤仁美「バウンス ko GALS」　●新人男優賞　鳥羽潤「瀬戸内ムーンライト・セレナーデ」
◇キネマ旬報ベスト・テン　第71回　●日本映画 第1位　「うなぎ」　●外国映画 第1位　「秘密と嘘」
◇ゴールデングロス賞　第15回　●日本映画部門 最優秀金賞　東宝「もののけ姫」　●外国映画部門 最優秀金賞　20世紀FOX「インデペンデンス・デイ」　●全興連特別功労大賞　徳間康快　宮崎駿　●全興連会長特別賞　角川歴彦　●ゴールデングロス賞　役所広司
◇日刊スポーツ映画大賞・石原裕次郎賞　第10回　●作品賞　「愛する」(熊井啓監督)　●監督賞　宮崎駿「もののけ姫」　●主演男優賞　渡哲也「誘拐」　●主演女優賞　黒木瞳「失楽園」　●助演男優賞　西村雅彦「マルタイの女」「ラヂオの時間」　●助演女優賞　鈴木京香「ラヂオの時間」　●新人賞　酒井美紀「愛する」「誘拐」「流れ板七人」ほか　●外国作品賞　「イングリッシュ・ペイシェント」　●石原裕次郎賞　「もののけ姫」(宮崎駿監督)
◇日本アカデミー賞　第20回　●最優秀作品賞　「Shall we ダンス？」　●最優秀監督賞　周防正行

「Shall we ダンス？」 ●最優秀脚本賞 周防正行「Shall we ダンス？」 ●最優秀主演男優賞 役所広司「Shall we ダンス？」 ●最優秀主演女優賞 草刈民代「Shall we ダンス？」 ●最優秀助演男優賞 竹中直人「Shall we ダンス？」 ●最優秀助演女優賞 渡辺えり子「Shall we ダンス？」 ●最優秀外国作品賞 「イル・ポスティーノ」 ●協会栄誉賞 渥美清 ●会長特別賞 小林正樹 佐藤正之 沢村貞子 藤子・F・不二雄 フランキー堺

◇ぴあテン〔映画部門〕 第26回 ●第1位 「もののけ姫」(宮崎駿監督)

◇ブルーリボン賞 第40回 ●最優秀作品賞 原田眞人監督「バウンス ko GALS」(原田眞人監督) ●外国映画賞 「タイタニック」(ジェームズ・キャメロン監督) ●監督賞 原田眞人「バウンス ko GALS」 ●主演男優賞 役所広司「うなぎ」「CURE」「失楽園」 ●主演女優賞 桃井かおり「東京夜曲」 ●助演男優賞 西村雅彦「マルタイの女」「ラヂオの時間」 ●助演女優賞 倍賞美津子「うなぎ」「東京夜曲」 ●新人賞 佐藤仁美「バウンス ko GALS」 三谷幸喜「ラヂオの時間」 ●特別賞 「もののけ姫」

◇報知映画賞 第22回 ●最優秀作品賞 「ラヂオの時間」(三谷幸喜監督) 「ザ・エージェント」 ●最優秀主演男優賞 役所広司「うなぎ」「失楽園」「バウンス ko GALS」 ●最優秀主演女優賞 黒木瞳「失楽園」 ●最優秀助演男優賞 西村雅彦「マルタイの女」「ラヂオの時間」 ●最優秀助演女優賞 倍賞美津子「東京夜曲」「うなぎ」 ●最優秀監督賞 原田眞人「バウンス ko GALS」 ●最優秀新人賞 松たか子「東京日和」 ●特別賞 「もののけ姫」

◇毎日映画コンクール 第52回 ●日本映画賞 大賞 「もののけ姫」 ●監督賞 今村昌平「うなぎ」 ●脚本賞 三谷幸喜「ラヂオの時間」 ●男優主演賞 原田芳雄「鬼火」 ●女優主演賞 桃井かおり「東京夜曲」など ●男優助演賞 田口トモロヲ「うなぎ」「鉄塔 武蔵野線」など ●女優助演賞 倍賞美津子「東京夜曲」「うなぎ」 ●スポニチグランプリ新人賞 三谷幸喜「ラヂオの時間」 広末涼子「20世紀ノスタルジア」 吉川ひなの「瀬戸内ムーンライト・セレナーデ」 ●日本映画ファン賞 「もののけ姫」 ●アニメーション映画賞 「もののけ姫」 ●田中絹代賞 淡島千景 ●特別賞 勝新太郎 杉村春子 姫田真左久 三船敏郎 萬屋錦之介

◇牧野省三賞 第39回 渡哲也

◇優秀映画鑑賞会ベストテン 第38回 ●日本映画 第1位 「うなぎ」 ●外国映画 第1位 「シャイン」

【テレビ】

◇ギャラクシー賞 第35回 ●大賞 NHK「NHKスペシャル『家族の肖像』シリーズ」 ●個人賞 大山勝美 "テレビ東京「おじいさんの台所」などの演出" ●CM大賞 全国牛乳普及協会「ミルクキャンペーン 給食待てない編」

◇芸術祭賞〔テレビ部門(ドラマ)〕 第52回 ●大賞 フジテレビジョン「町」 ●優秀賞 テレビ東京「市原悦子ドラマスペシャル『黄落』」 日本放送協会「土曜ドラマ『もうひとつの心臓』」 日本放送協会大阪放送局「生前予約～現代葬儀事情」

◇日刊スポーツ・ドラマグランプリ 第1回 ●主演男優賞 木村拓哉「ラブジェネレーション」 ●主演女優賞 常盤貴子「最後の恋」 ●助演男優賞 野村萬斎「あぐり」 ●助演女優賞 稲森いずみ「ビーチボーイズ」 ●作品賞 「ラブジェネレーション」(主演・木村拓哉)

◇日本民間放送連盟賞(平9年) ●番組部門(テレビドラマ) 最優秀 名古屋テレビ放送「劇的紀行 深夜特急'96熱風アジア編」

◇橋田賞 第6回 ●大賞 該当作・該当者なし ●橋田賞 清水有生 "「あぐり」(NHK)の脚本に対して" 竹下景子 "「付添人のうた」をはじめとし、「北の国から」などの演技に対して" 井下靖央 "ふぞろいの林檎たち」「渡る世間は鬼ばかり」などの演技に対して" 高橋善之 "大河ドラマなどNHK時代劇の障壁画、襖絵制作に携わってきた功績に対して" NHK「コメディーお江戸でござる」「日本テレビ24時間テレビ 愛は地球を救う」 ●新人賞 野村萬斎 "「あぐり」(NHK)の演技に対して" 一路真輝 "「番茶も出花」「毛利元就」の演技に対して" ●特別賞 森光子 "ジャンルを超えて永年に渡り放送文化に貢献してきた功績"

◇放送文化基金賞 第23回 ●演技賞 畠中洋「銃口・教師竜太の青春」 大竹しのぶ「存在の深き眠り」 ●脚本賞 ジェームス三木「憲法はまだか」「存在の深き眠り」

◇向田邦子賞 第16回 金子成人「魚心あれば嫁心」「終わりのない童話」

【芸能全般】

◇浅草芸能大賞　第14回　●大賞　ビートたけし(タレント)　●奨励賞　ボナ植木, パルト小石(奇術師)　●新人賞　春風亭昇太(落語家)

◇菊池寛賞　第45回　阿久悠 "30年にわたって約5千百の作詞をした"

◇芸術選奨　第48回　●演劇部門 文部大臣賞　東恵美子 "黄昏"「ジャンナ」での演技"　●演劇部門新人賞　永井愛 "見よ, 飛行機の高く飛べるを」など"　●大衆芸能部門 文部大臣賞　宝井馬琴 "宇多秀家八丈島配所の月」など"　●大衆芸能部門 新人賞　久石譲 "もののけ姫」のサウンドトラックの作曲, 演奏, プロデュースなど"

◇ゴールデン・アロー賞　第35回　●大賞　北野武　●最優秀新人賞　広末涼子　●映画賞　北野武　●映画賞 映画新人賞　三谷幸喜　●演劇賞　熊川哲也　●演劇賞 演劇新人賞　緒형たまき　●音楽賞　GLAY　●音楽賞 音楽新人賞　オーロラ輝子　SHAZNA　広末涼子　●放送賞　川島なお美　●放送賞 放送新人賞　さとう珠緒　●芸能賞　爆笑問題　●芸能賞 芸能新人賞　つぶやきシロー　●特別賞　三船敏郎　●グラフ賞　吉川ひなの

◇松尾芸能賞　第18回　●大賞　該当者なし　●優秀賞 演劇　市川左団次　麻実れい　●特別賞　落語　桂米朝(3代)　●新人賞 演劇　野村小三郎　寺島しのぶ

【音楽】

◇JASRAC賞　第15回　●金賞　小室哲哉作詞・作曲ほか「DEPARTURES」　●銀賞　桜井和寿作詞・作曲ほか「名もなき詩」　●銅賞　小室哲哉作詞・作曲ほか「I'm proud」　●国際賞　大野雄二ほか「新ルパン三世BGM」

◇全日本有線放送大賞　第30回　●グランプリ　GLAY「HOWEVER」　●最優秀新人賞　SHAZNA「Melty Love」　●吉田正賞　SPEED「WHITE LOVE」

◇日本ゴールドディスク大賞　第12回　●アーティスト・オブ・ザ・イヤー 邦楽　GLAY　●ベスト・ソング・オブ・ザ・イヤー 邦楽　安室奈美恵歌唱, 小室哲哉作詞・作曲・アレンジ「CAN YOU CELEBRATE?」

◇日本作詩大賞　第30回　●大賞　荒木とよひさ「人形(おもちゃ)」(歌・香西かおり)　●最優秀新人賞　紺野あずさ「時雨の宿」

◇日本有線大賞　第30回　●大賞　GLAY「HOWEVER」　●最多リクエスト歌手賞　河村隆一　●最多リクエスト曲賞　加門亮「麗子」　●最優秀新人賞　SHAZNA「Melty Love」　●特別功労賞　小林旭「惚れた女が死んだ夜は」

◇日本レコードセールス大賞　第30回　●アーティストセールス 大賞　GLAY　●新人部門 大賞　猿岩石　●シングル部門 大賞　安室奈美恵　●アルバム部門 大賞　GLAY

◇日本レコード大賞　第39回　●大賞　安室奈美恵「CAN YOU CELEBRATE?」　●最優秀新人賞　知念里奈　●最優秀歌唱賞　中村美律子　●アルバム大賞　GLAY「BELOVED」　●美空ひばりメモリアル選奨　大月みやこ

◇ぴあテン〔音楽部門〕　第26回　●第1位　GLAY

【演劇】

◇菊田一夫演劇賞　第23回　●演劇大賞　松本幸四郎(9代) "「ラ・マンチャの男」を750回上演, その演技の成果に対して"　●演劇賞　野田秀樹 "シアター・コクーン公演「キル」の作・演出"　富司純子 "「祇園の姉妹」の梅吉役"　淡路恵子 "「もず」の一恵役"　村田美佐子 "「ジンジャーブレッド・レディ」のエヴィ・ミエラ役"　●特別賞　柴田侑宏 "宝塚歌劇への貢献"

◇紀伊國屋演劇賞　第32回　●団体賞　兵庫県立ピッコロ劇団 "「風の中の街」「わたしの夢は舞う」の舞台成果"　●個人賞　北林谷栄　鳥次郎　キムラ緑子　鐘下辰男　堤真一

◇芸術祭賞〔演劇部門〕　第52回　●大賞　劇団青年座「見よ, 飛行機の高く飛べるを」

◇ぴあテン〔演劇部門〕　第26回　●第1位　NODA・MAP, シアターコクーン「キル」

◇読売演劇大賞　第5回　●大賞・最優秀演出家賞　鐘下辰男「PW」「温室の前」「仮釈放」「どん底」　●最優秀作品賞　「月の岬」　●最優秀男優賞　坂東玉三郎(5代)「壇浦兜軍記」の阿古屋役など

- 最優秀女優賞　三田和代「紙屋町さくらホテル」　● 選考委員特別賞　加藤剛「門―わが愛」など

【演芸】
◇上方お笑い大賞　第26回　● 大賞　池乃めだか　● 金賞　里見まさと,亀山房代　● 銀賞　シンクタンク　● 審査員特別賞　小松まこと　● 話題賞　山田花子
◇上方漫才大賞　第32回　● 大賞　酒井くにお,酒井とおる　● 奨励賞　おかけんた,おかゆうた　● 新人賞　海原やすよ,海原ともこ
◇芸術祭賞〔演芸部門〕　第52回　● 大賞　平野啓子「平野啓子『語り』の世界」

【漫画・アニメ】
◇菊池寛賞　第45回　東海林さだお "ナンセンス漫画の旗手としてサラリーマンの哀歓を描く一方,「丸かじり」シリーズなど雑誌読み物に新しい領域を開いた"
◇講談社漫画賞　第21回　● 少年部門　山原義人「龍狼伝」　● 少女部門　樹なつみ「八雲立つ」　● 一般部門　望月峯太郎「ドラゴンヘッド」
◇小学館漫画賞　第43回　● 児童向け部門　いがらしみきお「忍ペンまん丸」　● 少年向け部門　森末慎二原作,菊田洋之作画「ガンバ！Fly high」　● 少女向け部門　渡瀬悠宇「妖しのセレス」　● 一般向け部門　小山ゆう「あずみ」
◇手塚治虫文化賞　第1回　● マンガ大賞　藤子・F・不二雄「ドラえもん」　● マンガ優秀賞　萩尾望都「残酷な神が支配する」　● 特別賞　内記稔夫 "現代マンガ図書館の設立と運営に対して"
◇文化庁メディア芸術祭　第1回　● アニメーション部門 大賞　徳間書店,スタジオジブリ等「もののけ姫」　● マンガ部門 大賞　22名の漫画家「マンガ日本の古典」
◇文藝春秋漫画賞　第43回　黒鉄ヒロシ「新選組」　西原理恵子「ぼくんち(1)」
◇毎日芸術賞　第39回　宮崎駿 "アニメーション映画「もののけ姫」の原作・脚本・監督"

【スポーツ】
◇朝日スポーツ賞（平9年度）　鈴木博美 "世界陸上選手権アテネ大会女子マラソンで優勝"　伊藤真貴子 "東京国際女子マラソンで優勝"　阿武教子 "世界柔道選手権女子72キロ級で優勝"　サッカー日本代表チーム "1998年サッカーW杯への初出場を決める"　竹田昭夫 "日本大学ゴルフ部監督として,大学ゴルフの信夫杯で25連覇を達成"　大場満郎 "世界初の単独徒歩による北極海横断に成功"
◇日本プロスポーツ大賞　第30回　● 大賞　中田英寿(Jリーグ)　● 殊勲賞　辰吉丈一郎(プロボクシング)　古田敦也(プロ野球)　福嶋晃子(女子プロゴルフ)
◇毎日スポーツ人賞（平9年度）　● グランプリ　サッカー・ワールドカップ・アジア予選日本代表チーム　● 文化賞　野田知佑(カヌーイスト,エッセイスト)　● 国際賞　鈴木博美(マラソン選手)　● 感動賞　小錦八十吉(大相撲・元大関)　● 新人賞　塚原直也(体操選手)　● ファン賞　古田敦也(プロ野球・ヤクルト捕手)

【その他】
◇将棋大賞　第24回　● 最優秀棋士賞　羽生善治　● 特別賞　清水市代　● 新人賞　鈴木大介　● 女流棋士賞　清水市代
◇星雲賞　第28回　● 日本長編部門　森岡浩之「星界の紋章」　● 日本短編部門　草上仁「ダイエットの方程式」　● メディア部門　「ガメラ2」　● コミック部門　藤田和日郎「うしおととら」　● アート部門　開田裕治　● ノンフィクション部門　と学会編「トンデモ本の逆襲」
◇日本SF大賞　第18回　宮部みゆき「蒲生邸事件」　庵野秀明「新世紀エヴァンゲリオン」
◇日本新語・流行語大賞　第14回　● 大賞,トップテン　渡辺淳一,黒木瞳「失楽園」
◇文化勲章（平9年度）　宇沢弘文(経済学)　小柴昌俊(天文学)　千宗室(茶道)　高橋節郎(現代工芸)　向山光昭(化学)
◇ベストドレッサー賞　第26回　● 政治・経済部門　大西正文　● 学術・文化部門　野村萬斎　● スポーツ・芸能部門　長塚京三　西村雅彦　● 女性部門　飯島直子

平成10年（1998）

【文学全般】

◇朝日賞〔文学関係〕（平10年）　まど・みちお "長年にわたる優れた子供の詩や童謡の詩作活動"
◇伊藤整文学賞　第9回　●小説　受賞辞退　●評論　加藤典洋「敗戦後論」
◇大佛次郎賞　第25回　北杜夫「青年茂吉」「壮年茂吉」「茂吉彷徨」「茂吉晩年」
◇菊池寛賞　第46回　平岩弓枝「御宿かわせみ」シリーズ、「妖怪」など、歴史・時代小説に独自の世界を確立した"
◇群像新人文学賞　第41回　●小説 当選作　該当作なし　●小説 優秀賞　長田俊司「水のはじまり」●評論　鎌田哲哉「丸山真男論」　千葉一幹「文学の位置―森鷗外試論」　日比勝敏「物語の外部・構造化の軌跡―武田泰淳論序説」
◇芸術選奨　第49回　●文学部門 文部大臣賞　村田喜代子「龍秘御天歌」　吉増剛造「『雪の島』あるいは『エミリーの幽霊』」（詩集）　●文学部門 新人賞　佐藤洋二郎「岬の蛍」
◇サントリー学芸賞〔芸術・文学部門〕　第20回　岩佐壮四郎「抱月のベル・エポック―明治文学者と新世紀ヨーロッパ」　佐伯順子「『色』と『愛』の比較文化史」　高橋裕子「イギリス美術」
◇司馬遼太郎賞　第1回　立花隆 "旺盛な知的好奇心と探求心をもって今日的テーマを掘り下げ、常にジャーナリズム・学芸分野を刺激し続ける幅広い文筆活動に対して"
◇新田次郎文学賞　第17回　山崎光夫「藪の中の家―芥川自死の謎を解く」
◇日本芸術院賞（第2部・文芸）　第55回　●恩賜賞・日本芸術院賞　伊藤信吉 "評論家・詩人としての業績"　●日本芸術院賞　加賀乙彦 "作家としての業績"
◇日本文芸大賞　第18回　曽野綾子「ほくそ笑む人々」　●特別賞　尾崎秀樹, 井代恵子「時代を生きる―文学作品にみる人間像」（ぎょうせい）　●女流文学賞　志賀葉子「つらら椿」　●俳句賞　加藤郁乎「初昔」
◇野間文芸賞　第51回　津島佑子「火の山―山猿記」
◇毎日芸術賞　第40回　萩原葉子「蕁麻の家」3部作　森澄雄「花間」「俳句のいのち」
◇毎日出版文化賞　第52回　●第1部門（文学・芸術）　髙村薫, 毎日新聞社「レディ・ジョーカー 上・下」　●特別賞　筑摩書房「筑摩世界文学大系」全89巻・91冊
◇三島由紀夫賞　第11回　小林恭二「カブキの日」
◇読売文学賞　第50回　●小説賞　小川国夫「ハシッシ・ギャング」　辻原登「飛べ麒麟」　●戯曲・シナリオ賞　松田正隆「夏の砂の上」　●随筆・紀行賞　該当者なし　●評論・伝記賞　田辺聖子「道頓堀の雨に別れて以来なり」　●詩歌俳句賞　永田和宏「饗庭」

【小説】

◇芥川龍之介賞　第119回（上期）　藤沢周「ブエノスアイレス午前零時」　花村萬月「ゲルマニウムの夜」
◇芥川龍之介賞　第120回（下期）　平野啓一郎「日蝕」
◇泉鏡花文学賞　第26回　田辺聖子「道頓堀の雨に別れて以来なり」
◇江戸川乱歩賞　第44回　池井戸潤「果つる底なき」　福井晴敏「12〈twelve Y.O.〉」
◇大藪春彦賞　第1回　馳星周「漂流街」
◇オール讀物新人賞　第78回　三咲光郎「大正四年の狙撃手（スナイパー）」
◇オール讀物推理小説新人賞　第37回　明野照葉「雨女」　海月ルイ「逃げ水の見える日」
◇川端康成文学賞　第25回　村田喜代子「望潮」
◇木山捷平文学賞　第2回　岡松和夫「峠の棲家」
◇柴田錬三郎賞　第11回　夢枕獏「神々の山嶺」
◇小説現代新人賞　第66回　岡田孝進「レヴォリューションNO.3」　竹内真「神楽坂ファミリー」
◇小説すばる新人賞　第11回　池永陽「走るジイサン」　木島たまら「パンのなる海、緋の舞う空」
◇女流文学賞　第37回　米谷ふみ子「ファミリー・ビジネス」

◇新潮新人賞　第30回　青垣進「底ぬけ」
◇すばる文学賞　第22回　安達千夏「あなたがほしい jete veux」
◇谷崎潤一郎賞　第34回　津島佑子「火の山―山猿記」
◇直木三十五賞　第119回（上期）　車谷長吉「赤目四十八瀧心中未遂」
◇直木三十五賞　第120回（下期）　宮部みゆき「理由」
◇日本推理作家協会賞　第51回　●長篇部門　桐野夏生「OUT」　馳星周「鎮魂歌」　●短篇及び連作短篇集部門　該当作なし　●評論その他の部門　笠井潔編「本格ミステリの現在」　風間賢二「ホラー小説大全」
◇日本ファンタジーノベル大賞　第10回　●大賞　山之口洋「オルガニスト」　●優秀賞　沢村凛「ヤンのいた島」　涼元悠一「青猫の街」
◇日本ホラー小説大賞　第5回　●大賞・長編賞・短編賞　該当者なし
◇日本ミステリー文学大賞　第2回　中島河太郎
◇野間文芸新人賞　第20回　藤野千夜「おしゃべり怪談」
◇文學界新人賞　第86回（上期）　若合春侑「脳病院へまゐります。」
◇文學界新人賞　第87回（下期）　該当作なし　●奥泉光・島田雅彦奨励賞　三輪克巳「働かざるもの」
◇文藝賞　第35回　鹿島田真希「二匹」
◇松本清張賞　第5回　横山秀夫「陰の季節」
◇紫式部文学賞　第8回　齋藤史「齋藤史全歌集 1928―1993」
◇山本周五郎賞　第11回　梁石日「血と骨」
◇横溝正史賞　第18回　●大賞　山田宗樹「直線の死角」　●佳作　尾崎諒馬「思索せり我が暗号」　●奨励賞　三王子京輔「稜線にキスゲは咲いたか」
◇吉川英治文学賞　第32回　皆川博子「死の泉」　林真理子「みんなの秘密」

【詩歌】

◇H氏賞　第48回　貞久秀紀「空気集め」
◇小熊秀雄賞　第31回　長嶋南子「あんぱん日記」
◇現代歌人協会賞　第42回　渡辺松男「寒気氾濫」
◇現代詩人賞　第16回　片岡文雄「流れる家」
◇現代詩花椿賞　第16回　多田智満子「川のほとりに」
◇現代短歌大賞　第21回　該当作なし
◇河野愛子賞　第8回　河野裕子「体力」
◇齋藤茂吉短歌文学賞　第10回　佐佐木幸綱「呑牛」
◇詩歌文学館賞　第13回　●詩　新川和江「けさの陽に」　●短歌　築地正子「みどりなりけり」　●俳句　川崎展宏「秋」
◇高見順賞　第29回　塔和子「記憶の川で」
◇蛇笏賞　第32回　成田千空「白光」
◇沼空賞　第32回　清水房雄「旻天何人吟」
◇壺井繁治賞　第26回　彼末れい「指さす人」　稲木信夫「詩人中野鈴子の生涯」
◇寺山修司短歌賞　第3回　三枝昂之「甲州百目」
◇藤村記念歴程賞　第36回　川崎洋「日本方言詩集」「かがやく日本語の悪態」
◇中原中也賞　第3回　宋敏鎬「ブルックリン」
◇日本歌人クラブ賞　第25回　芝谷幸子「山の祝灯」　山本寛太「真菰」
◇俳人協会賞　第38回　加藤三七子「朧銀集」
◇萩原朔太郎賞　第6回　財部鳥子「烏有の人」
◇晩翠賞　第39回　平田俊子「ターミナル」

◇丸山薫賞　第5回　鈴木亨「火の家」
◇丸山豊記念現代詩賞　第7回　相沢史郎「夷歌」
◇若山牧水賞　第3回　永田和宏「饗庭」

【戯曲】

◇岸田國士戯曲賞　第42回　深津篤史「うちやまつり」
◇年鑑代表シナリオ（平10年度）　我妻正義「一生、遊んで暮らしたい」　薩川昭夫「D坂の殺人事件」　荒井晴彦「絆―きずな」　NAKA雅MURA「中国の鳥人」　阪本順治, 田村竜「愚か者 傷だらけの天使」　斎藤久志「フレンチドレッシング」　斉藤ひろし「SF サムライ・フィクション」　鄭義信「愛を乞うひと」　磯村一路「がんばっていきまっしょい」　山田洋次, 朝間義隆「学校Ⅲ」

【評論・随筆】

◇大宅壮一ノンフィクション賞　第29回　阿部寿美代「ゆりかごの死」
◇講談社エッセイ賞　第14回　六嶋由岐子「ロンドン骨董街の人びと」
◇講談社ノンフィクション賞　第20回　北島行徳「無敵のハンディキャップ―障害者がプロレスラーになった日」　中村智志「段ボールハウスで見る夢―新宿ホームレス物語」
◇新潮学芸賞　第11回　船橋洋一「同盟漂流」
◇日本エッセイスト・クラブ賞　第46回　岸田今日子「妄想の森」　小林和男「エルミタージュの緞帳」　細川俊夫「魂のランドスケープ」

【児童文学】

◇赤い鳥文学賞　第28回　森忠明「グリーン・アイズ」
◇講談社出版文化賞　第29回　●絵本賞　カナヨ・スギヤマ, カー・ウータン「ペンギンの本」
◇産経児童出版文化賞　第45回　●大賞　マリア・オーセイミ著, 落合恵子訳「子どもたちの戦争」
◇児童福祉文化賞　第41回　●出版物部門　岩崎書店「かいかたそだてかたずかん」(6〜10)
◇児童文芸新人賞　第27回　小川みなみ「新しい森」　浜野えつひろ「少年カニスの旅」
◇小学館児童出版文化賞　第47回　矢島稔「黒いトノサマバッタ」　結城昌子「小学館あーとぶっく」
◇日本絵本賞　第4回　●大賞　長谷川摂子再話, 片山健絵「きつねにょうぼう」　●日本絵本賞読者賞　いとうひろし作・絵「くもくん」
◇日本児童文学者協会賞　第38回　佐藤多佳子「イグアナくんのおじゃまな毎日」
◇日本児童文芸家協会賞　第22回　岡信子「花・ねこ・子犬・しゃぼん玉」
◇野間児童文芸賞　第36回　森絵都「つきのふね」　●新人賞　風野潮「ビート・キッズ―Beat Kids」　花形みつる「ドラゴンといっしょ」
◇ひろすけ童話賞　第9回　瀬尾七重「さくらの花でんしゃ」
◇椋鳩十児童文学賞　第8回　岡沢ゆみ「バイ・バイ―11歳の旅立ち」

【映画・テレビ全般】

◇エランドール賞〔新人賞〕(平10年度)　●新人大賞　菅野美穂　●新人賞　木村佳乃　田中美里　浅野忠信　内野聖陽　特別賞　もののけ姫製作スタッフ　野村萬斎　渡辺淳一　今村昌平
◇芸術選奨　第49回　●映画部門 文部大臣賞　北野武「HANA-BI」　●映画部門 新人賞　磯村一路「がんばっていきまっしょい」　●評論等 文部大臣賞　吉田喜重「小津安二郎の反映画」　●放送部門 文部大臣賞　山県昭彦「杯にひとひらの花」「どしてらば」(ラジオドキュメンタリー)　●放送部門 新人賞　五十嵐久美子"NHKスペシャル「なぜ隣人を殺したか〜ルワンダ虐殺と煽動ラジオ放送」など"　●大衆芸能部門 文部大臣賞　出雲蓉"舞踊作品「雷の道行Ⅱ」など"

【映画】

◇川喜多賞　第16回　羽田澄子

平成10年（1998）

◇キネマ旬報賞　第44回　●日本映画監督賞　平山秀幸「愛を乞うひと」　●脚本賞　鄭義信「愛を乞うひと」　●主演女優賞　原田美枝子「愛を乞うひと」　●主演男優賞　柄本明「カンゾー先生」　●助演女優賞　大楠道代「愚か者 傷だらけの天使」　●助演男優賞　大杉漣「HANA-BI」「犬、走る」ほか　●新人女優賞　田中麗奈「がんばっていきまっしょい」　●新人賞　黒田勇樹「学校Ⅲ」

◇キネマ旬報ベスト・テン　第72回　●日本映画 第1位　「HANA-BI」（北野武監督）　●外国映画 第1位　「L.A.コンフィデンシャル」（カーティス・ハンソン監督）

◇ゴールデングロス賞　第16回　●日本映画部門 最優秀金賞　東宝「ポケットモンスター ミュウツーの逆襲/ピカチュウのなつやすみ」　●外国映画部門 最優秀金賞　20世紀FOX「タイタニック」　●全興連特別功労大賞　20世紀FOX映画会社

◇日刊スポーツ映画大賞・石原裕次郎賞　第11回　●作品賞　「愛を乞うひと」（平山秀幸監督）　●監督賞　平山秀幸　●主演男優賞　柄本明「カンゾー先生」　●主演女優賞　大竹しのぶ「学校Ⅲ」　●助演男優賞　大杉漣「HANA-BI」ほか　●助演女優賞　倍賞美津子「秘祭」「ラブ・レター」　●新人賞　SPEED「アンドロメディア」　●外国作品賞　「L・A・コンフィデンシャル」　●石原裕次郎賞　「HANA-BI」（北野武監督）　●特別賞　黒澤明

◇日本アカデミー賞　第21回　●最優秀作品賞　「もののけ姫」　●最優秀監督賞　今村昌平「うなぎ」　●最優秀主演男優賞　役所広司「うなぎ」　●最優秀主演女優賞　黒木瞳「失楽園」　●最優秀助演男優賞　西村雅彦「ラヂオの時間」　●最優秀助演女優賞　倍賞美津子「うなぎ」　●最優秀脚本賞　三谷幸喜「ラヂオの時間」　●最優秀外国作品賞　「タイタニック」

◇ぴあテン［映画部門］　第27回　●第1位　「タイタニック」（ジェームズ・キャメロン監督）

◇ブルーリボン賞　第41回　●最優秀作品賞　「HANA-BI」（北野武監督）　●監督賞　北野武「HANA-BI」　●主演男優賞　ビートたけし「HANA-BI」　●主演女優賞　原田美枝子「愛を乞うひと」　●助演男優賞　大杉漣「HANA-BI」「犬、走る DOG RACE」ほか　●助演女優賞　余貴美子「学校Ⅲ」「あ、春」　●新人賞　田中麗奈「がんばっていきまっしょい」　●外国映画賞　「L.A.コンフィデンシャル」　●特別賞　木下恵介 "「二十四の瞳」など数多くの名作を残した功績"　黒澤明 "「七人の侍」「羅生門」などの名作で日本映画界をリードした功績"

◇報知映画賞　第23回　●最優秀作品賞　「HANA-BI」（北野武監督）　「タイタニック」　●最優秀主演男優賞　柄本明「カンゾー先生」　●最優秀主演女優賞　原田美枝子「愛を乞うひと」　●最優秀助演男優賞　大杉漣「HANA-BI」「犬、走る DOG RACE」　●最優秀助演女優賞　麻生久美子「カンゾー先生」　●最優秀監督賞　北野武「HANA-BI」　●最優秀新人賞　田中麗奈「がんばっていきまっしょい」

◇毎日映画コンクール　第53回　●日本映画賞 大賞　「愛を乞うひと」　●監督賞　平山秀幸「愛を乞うひと」　●脚本賞　中島丈博「ラブ・レター」「あ、春」　●男優主演賞　本木雅弘「中国の鳥人」　●女優主演賞　原田美枝子「愛を乞うひと」　●男優助演賞　大杉漣「HANA-BI」「犬、走る DOG RACE」　●女優助演賞　余貴美子「学校Ⅲ」「あ、春」　●スポニチグランプリ新人賞　田中麗奈「がんばっていきまっしょい」　中野裕之「SF サムライ・フィクション」　唯野未歩子「フレンチドレッシング」　●日本映画ファン賞　「踊る大捜査線 THE MOVIE」　●アニメーション映画賞　「ドラえもん のび太の南海大冒険」　●大藤信郎賞　白組「水の精 河童百図」　●田中絹代賞　藤村志保　●特別賞　木下恵介 "「二十四の瞳」ほかの成果"　黒澤明 "「七人の侍」ほかの傑作30本を監督した功績に対して"　碧川道夫　宮島義勇　淀川長治

◇優秀映画鑑賞会ベストテン　第39回　●日本映画 第1位　「愛を乞うひと」　●外国映画 第1位　「モンタナの風に抱かれて」

【テレビ】

◇ギャラクシー賞　第36回　●大賞　北日本放送「人生これおわら」　●特別賞　能村庸一　●個人賞　余貴美子 "テレビ朝日『兄弟』など"　●CM大賞　日立製作所「テープナビ・整理整頓OL編」

◇芸術祭賞〔テレビ部門（ドラマ）〕　第53回　●優秀賞　中部日本放送「スペシャルドラマ『幽婚』」　東京放送「烏鯉」　フジテレビジョン「大丈夫です、友よ」　●放送個人賞　若泉久朗 "日本放送協会「青い花火」の演出"

◇日刊スポーツ・ドラマグランプリ　第2回　●主演男優賞　堂本剛「青の時代」　●主演女優賞　江角マキコ「ショムニ」　●助演男優賞　上川隆也「お水の花道」　●助演女優賞　深田恭子「神様、

もう少しだけ」　●作品賞　「GTO」(主演・反町隆史)
◇日本民間放送連盟賞(平10年)　●番組部門(テレビ娯楽番組)　最優秀　長野放送 NBS月曜スペシャル「お寺はドイツだ！〜蓮華寺のオリンピック」　●番組部門(テレビドラマ)　最優秀　テレビ東京　山田太一ドラマスペシャル「奈良へ行くまで」
◇橋田賞　第7回　●大賞　該当作・該当者なし　●橋田賞　金子成人"「向田邦子シリーズ」「いねむり紋蔵」などの脚本"　井上由美子"「タブロイド」「新・腕におぼえあり」などの脚本"　池内淳子"「天うらら」などの演技"　篠原栄太「渡る世間は鬼ばかり」など　NHK「アイデア対決・ロボットコンテスト」　TBS「はなまるマーケット」　テレビ朝日「君の手がささやいている 第二章」　●新人賞　松嶋菜々子"「GTO」「救命病棟24時」の演技"　●特別賞　赤木春恵
◇放送文化基金賞　第24回　●テレビドラマ番組　NHK 土曜ドラマ「熱の島で―ヒートアイランド東京」　●テレビエンターテインメント番組　該当者なし　●演技賞　薬師丸ひろ子「熱の島で―ヒートアイランド東京」
◇向田邦子賞　第17回　野沢尚「結婚前夜」「眠れる森」

【芸能全般】

◇浅草芸能大賞　第15回　●大賞　森光子"舞台「放浪記」の1393回というロングランが評価された"　●奨励賞　片岡鶴太郎(タレント)　●新人賞　爆笑問題(漫才師)
◇菊池寛賞　第46回　木津川計"季刊「上方芸能」を刊行し続けて30年。上方の伝統芸能と大衆芸能の継承と発展に尽くし、次代を担う人材を育てた"
◇芸術選奨　第49回　●演劇部門 文部大臣賞　竹内銃一郎"「今宵かぎりは…」「風立ちぬ」(公演)　●演劇部門 新人賞　宮本慶子"公演「ディア・ライアー」の演出"　●大衆芸能部門 文部大臣賞　山下洋輔"映画「カンゾー先生」の音楽など"　●大衆芸能部門 新人賞　該当なし
◇ゴールデン・アロー賞　第36回　●大賞　L'Arc〜en〜Ciel　●最優秀新人賞　深田恭子　●映画賞　原田美枝子　●映画賞 映画新人賞　田中麗奈　●演劇賞　松たか子　●演劇賞 演劇新人賞　藤原竜也　●音楽賞　L'Arc〜en〜Ciel　●音楽賞 音楽新人賞　Kiroro　モーニング娘。　●放送賞　中村玉緒　●放送賞 放送新人賞　深田恭子　●芸能賞　ネプチューン　●芸能賞 芸能新人賞　ユースケ・サンタマリア　●特別賞　黒澤明　淀川長治　●話題賞　パイレーツ　●グラフ賞　優香
◇松尾芸能賞　第19回　●大賞　中村雀右衛門(4代)　●優秀賞 演劇　市村正親　茂山千之丞　●特別賞 演劇　戸部銀作　●特別賞 歌謡　水木かおる　●新人賞 歌謡　河合美智子

【音楽】

◇JASRAC賞　第16回　●金賞　小室哲哉作詞・作曲ほか「CAN YOU CELEBRATE？」　●銀賞　小室哲哉作詞・作曲、MARC作詞ほか「FACE」　●銅賞　TAKURO作詞・作曲ほか「HOWEVER」　●国際賞　有沢孝紀作曲ほか「美少女戦士セーラームーンBGM」
◇全日本有線放送大賞　第31回　●グランプリ　L'Arc〜en〜Ciel「HONEY」　●最優秀新人賞　Kiroro「長い間」　●吉田正賞　Every Little Thing「Time goes by」
◇日本ゴールドディスク大賞　第13回　●アーティスト・オブ・ザ・イヤー　B'z
◇日本作詩大賞　第31回　●大賞　山口洋子「アメリカ橋」(歌・山川豊)　●特別賞　水木かおる「二輪草」(歌・川中美幸)　●最優秀新人賞　阿多豊一「人生二勝一敗」(歌・島津亜矢)
◇日本有線大賞　第31回　●大賞　L'Arc〜en〜Ciel「HONEY」　●最多リクエスト歌手賞　L'Arc〜en〜Ciel　●最多リクエスト曲賞　川中美幸「二輪草」　●最優秀新人賞　Kiroro「未来へ」
◇日本レコードセールス大賞　第31回　●アーティストセールス大賞　B'z　●新人部門 大賞　Kiroro　●シングル部門 大賞　L'Arc〜en〜Ciel　●アルバム部門 大賞　B'z
◇日本レコード大賞　第40回　●大賞　globe「wanna Be A Dreammaker」　●最優秀新人賞　モーニング娘。　●最優秀歌唱賞　鳥羽一郎　●アルバム大賞　Every Little Thing「Time to Destination」　●吉田正賞　鈴木淳　●美空ひばりメモリアル選奨　五木ひろし
◇ぴあテン〔音楽部門〕　第27回　●第1位　GLAY

平成10年(1998)

【演劇】

◇菊田一夫演劇賞　第24回　●演劇大賞　ローマの休日スタッフ出演者一同 "「ローマの休日」の舞台成果"　●演劇賞　浅丘ルリ子 "「にごり江」の演技"　加藤治子 "「三婆」の演技"　沢口靖子 "「蔵」の演技"　大川婦久美 "「蔵」の演技"　●特別賞　鹿賀丈史, 滝田栄 "「レ・ミゼラブル」の初演以来活躍してきた功績"

◇紀伊國屋演劇賞　第33回　●団体賞　カクスコ "「空き室あり！」「見積無料」の舞台成果"　熊倉一雄 "「サンシャイン・ボーイズ」の演技"　岩崎加根子　沢田祐二 "「ポップコーン」「ルル」の照明"　若村麻由美 "「テレーズ・ラカン」の演技"　内野聖陽 "「みみず」「カストリ・エレジー」「野望と夏草」の演技"

◇芸術祭賞〔演劇部門〕　第53回　●大賞　大地真央 "ミュージカル「ローマの休日」の成果"

◇ぴあテン〔演劇部門〕　第27回　●第1位　劇団四季「美女と野獣」

◇毎日芸術賞　第40回　●千田是也賞　栗山民也 "「エヴァ、帰りのない旅」「今宵かぎりは…」の演出"

◇読売演劇大賞　第6回　●大賞・最優秀作品賞　ひょうご舞台芸術「エヴァ、帰りのない旅」　●最優秀男優賞　内野聖陽 「カストリ・エレジー」「野望と夏草」　●最優秀女優賞　岩崎加根子 「エヴァ、帰りのない旅」「あなたまでの6人」　●最優秀演出家賞　栗山民也 「エヴァ、帰りのない旅」「メッカへの道」　●杉村春子賞〔新人対象〕　宮本裕子 「エヴァ、帰りのない旅」　●選考委員特別賞　島次郎 "「いぬもあるけばぼうにあたる」「カストリ・エレジー」の美術"

【演芸】

◇上方お笑い大賞　第27回　●大賞　ハイヒール　●金賞　太平サブロー　●銀賞　アメリカザリガニ　●審査員特別賞　暁照夫　●審査員奨励賞　笑福亭福笑　●読売テレビ演芸文化賞　夢路いとし, 喜味こいし

◇上方漫才大賞　第33回　里見まさと, 亀山房代　●奨励賞　トゥナイト　●新人賞　ハリガネロック

◇芸術祭賞〔演芸部門〕　第53回　●大賞　藤山新太郎 "「しんたろうのまじっくNo.26」の成果"

【漫画・アニメ】

◇講談社漫画賞　第22回　●少年部門　藤沢とおる「GTO」　●少女部門　小花美穂「こどものおもちゃ」　●一般部門　福本伸行「カイジ」　王欣太, 李學仁「蒼天航路」

◇小学館漫画賞　第44回　●児童向け部門　あらいきよこ「エンジェルリップ」　●少年向け部門　皆川亮二「ARMS」　●少女向け部門　該当作なし　●一般向け部門　倉田よしみ, あべ善太「味いちもんめ」

◇手塚治虫文化賞　第2回　●マンガ大賞　関川夏央, 谷口ジロー「『坊っちゃん』の時代」　●マンガ優秀賞　青木雄二「ナニワ金融道」　●特別賞　石ノ森章太郎 "マンガとマンガ界への長年の貢献に対して"

◇文化庁メディア芸術祭　第2回　●アニメーション部門 大賞　たむらしげる「くじらの跳躍」　●マンガ部門 大賞　黒鉄ヒロシ「坂本龍馬」

◇文藝春秋漫画賞　第44回　針すなお "一連の似顔漫画"　大橋ツヨシ「かいしゃいんのメロディー(2)」

【スポーツ】

◇朝日スポーツ賞(平10年度)　清水宏保 "長野冬季五輪スピードスケート男子500mで金メダル"　西谷岳文 "長野冬季五輪ショートトラック・スピードスケート男子500mで金メダル"　里谷多英 "長野冬季五輪フリースタイルスキーの女子モーグルで金メダル"　船木和喜 "長野冬季五輪スキー・ジャンプのラージヒルで金メダル"　長野冬季五輪ジャンプ団体日本チーム(岡部孝信・斎藤浩哉・原田雅彦・船木和喜) "長野冬季五輪スキー・ジャンプ団体で金メダル"　長野冬季パラリンピックメダリストのみなさん(伴走者を含む20人)　高橋尚子 "バンコク・アジア大会の女子マラソンで驚異的な日本最高記録で優勝"　綾部美知枝 "清水市で二十余年にわたり少年サッカーの指導, 育成に尽力"

◇日本プロスポーツ大賞　第31回　●大賞　佐々木主浩(プロ野球)　●殊勲賞　中田英寿(Jリーグ)　中山雅史(Jリーグ)　イチロー(プロ野球)

◇毎日スポーツ人賞(平10年度)　●グランプリ　長野冬季五輪ノルディックスキー日本ジャンプチー

ム ●文化賞 日本放送協会NHKスペシャル・延長17回〜横浜 VS PL学園・戦いの果てに制作スタッフ ●国際賞 清水宏保(スピードスケート選手) ●感動賞 松江美季(アイススレッジ・スピードレース選手) ●新人賞 髙橋尚子(マラソン選手) ●ファン賞 佐々木主浩(プロ野球選手)

【その他】

◇国民栄誉賞(平10年) 吉田正 黒澤明
◇将棋大賞 第25回 ●最優秀棋士賞 谷川浩司 ●新人賞 真田圭一 ●女流棋士賞 清水市代
◇星雲賞 第29回 ●日本長編部門 神林長平「敵は海賊・A級の敵」 ●日本短編部門 大原まり子「インディペンデンス イン オオサカ」 ●メディア部門 円谷プロ「ウルトラマン・ティガ」 ●コミック部門 とり・みき「SF大将」 ●アート部門 水木しげる ●ノンフィクション部門 本田技研工業「自立歩行人間型ロボット(P2)」
◇日本SF大賞 第19回 瀬名秀明「BLAIN VALLEY」
◇日本新語・流行語大賞 第15回 ●大賞,トップテン 佐々木主浩"ハマの大魔神" 浅田好未,西本はるか"だっちゅーの"
◇文化勲章(平10年度) 芦原義信(建築) 岸本忠三(免疫学) 平山郁夫(日本画) 村上三島(書) 山本達郎(東洋史学)
◇ベストドレッサー賞 第27回 ●政治・経済部門 岩国哲人 ●学術・文化部門 田崎真也 ●スポーツ・芸能部門 三國連太郎 内藤剛志 川口能活 ●女性部門 吉川ひなの

平成11年(1999)

【文学全般】

◇朝日賞〔文学関係〕(平11年) 馬場あき子"長年にわたる優れた作歌,著述活動と,伝統文化継承にかかわる業績"
◇伊藤整文学賞 第10回 ●小説 河野多惠子「後日の話」 ●評論 多田道太郎「変身放火論」
◇大佛次郎賞 第26回 高井有一「高らかな挽歌」 丸谷才一「新々百人一首」
◇菊池寛賞 第47回 井上ひさし「東京セブンローズ」の完成,こまつ座の座付き作者としての活躍,ことばをめぐるエッセーなど,多岐にわたる文学活動の充実" 宮脇俊三"旧国鉄全線完乗をはじめ世界の鉄道に乗車を続け,これまでレールファンの読み物だった鉄道紀行を文芸の一ジャンルとして確立した"
◇群像新人文学賞 第42回 ●小説 該当作なし ●評論 当選作 該当作なし ●評論 優秀作 水谷真人「批評と文芸批評と」 山岡頼弘「中原中也の『履歴』」
◇芸術選奨 第50回 ●文学部門 文部大臣賞 佐佐木幸綱「アニマ」「逆旅」 中野孝次「暗殺者」 ●文学部門 新人賞 長堂英吉「黄色軍艦」
◇サントリー学芸賞〔芸術・文学部門〕 第21回 榎本泰子「楽人の都・上海」 佐藤道信「明治国家と近代美術」 永渕康之「バリ島」
◇司馬遼太郎賞 第2回 塩野七生"歴史家の能力と作家の資質を見事に結晶させ,史料実証主義を超越して刺激的な物語としての史書を創出した執筆活動に対して"
◇新田次郎文学賞 第18回 大村彦次郎「文壇栄華物語」
◇日本芸術院賞(第2部・文芸) 第56回 ●恩賜賞・日本芸術院賞 河竹登志夫"河竹登志夫歌舞伎論集"をはじめとする演劇評論・研究の業績" ●日本芸術院賞 小川国夫"小説家としての業績" 黒井千次"小説家としての業績" 日野啓三"小説および文芸評論家としての業績" 川村二郎"文芸評論家としての業績"
◇日本文芸大賞 第19回 津村節子「合わせ鏡」 ●特別賞 湯川れい子「幸福への旅立ち」 ●ノンフィクション賞 佐藤早苗「特攻の町知覧」 ●教育評論賞 鵜川昇「子供を喰う教師たち」 ●ルポライター賞 羽田令子「黄金の四角地帯」
◇野間文芸賞 第52回 清岡卓行「マロニエの花が言った」
◇毎日芸術賞 第41回 岡井隆"歌集「ヴォツェック/海と陸」の歌作と「短歌と日本人」全7巻の企画

編集" 河野多惠子「後日の話」　中野北溟「北欧叙事詩『カレワラ』の光彩―中野北溟の書作による神話世界」
◇毎日出版文化賞　第53回　●第1部門（文学・芸術）　エリア・カザン, 佐々田英則, 村川英訳, 朝日新聞社「エリア・カザン自伝 上・下」　●特別賞　赤瀬川原平, 筑摩書房「老人力」
◇三島由紀夫賞　第12回　鈴木清剛「ロックンロールミシン」　堀江敏幸「おぱらばん」
◇読売文学賞　第51回　●小説賞　筒井康隆「わたしのグランパ」　三木卓「裸足と貝殻」　●戯曲・シナリオ賞　該当者なし　●随筆・紀行賞　関容子「芸づくし忠臣蔵」　●評論・伝記賞　鹿島茂「パリ風俗」　●詩歌俳句賞　荒川洋治「空中の茱萸」

【小説】

◇芥川龍之介賞　第121回（上期）　該当作なし
◇芥川龍之介賞　第122回（下期）　玄月「蔭の棲みか」　藤野千夜「夏の約束」
◇泉鏡花文学賞　第27回　吉田知子「箱の夫」　種村季弘「種村季弘のネオ・ラビリントス 幻想のエロス」
◇江戸川乱歩賞　第45回　新野剛志「マルクスの恋人」
◇大藪春彦賞　第2回　福井晴敏「亡国のイージス」
◇オール讀物新人賞　第79回　平安寿子「素晴らしい一日」
◇オール讀物推理小説新人賞　第38回　北重人「超高層に懸かる月と、骨と」
◇川端康成文学賞　第26回　目取真俊「魂込め」　岩阪恵子「雨のち雨？」
◇木山捷平文学賞　第3回　柳美里「ゴールドラッシュ」
◇柴田錬三郎賞　第12回　池宮彰一郎「島津奔る」
◇小説現代新人賞　第67回　上野哲也「海の空 空の舟」　田原弘毅「洗うひと」
◇小説すばる新人賞　第12回　竹内真「粗忽拳銃」
◇女流文学賞　第38回　原田康子「蠟涙」
◇新潮新人賞　第31回　●小説部門　遠藤純子「クレア、冬の音」　●評論・ノンフィクション部門　酒井隆之「渦中であるといふこと―三島由紀夫と日本近代の青春」
◇すばる文学賞　第23回　中上紀「彼女のブレンカ」　楠見朋彦「零歳の詩人」
◇太宰治賞　第15回　冴桐由「最後の歌を越えて」
◇谷崎潤一郎賞　第35回　髙樹のぶ子「透光の樹」
◇直木三十五賞　第121回（上期）　佐藤賢一「王妃の離婚」　桐野夏生「柔らかな頬」
◇直木三十五賞　第122回（下期）　なかにし礼「長崎ぶらぶら節」
◇日本推理作家協会賞　第52回　●長篇部門　東野圭吾「秘密」　香納諒一「幻の女」　●短篇及び連作短篇集部門　北森鴻「花の下にて春死なむ」　●評論その他の部門　森英俊「世界ミステリ作家事典（本格派篇）」
◇日本ファンタジーノベル大賞　第11回　●大賞　宇月原晴明「信長 あるいは戴冠せるアンドロギュヌス」　●優秀賞　森青花「BH85」
◇日本ホラー小説大賞　第6回　●大賞　岩井志麻子「ぼっけえ、きょうてえ」　●長編賞佳作　牧野修「スイート・リトル・ベイビー」　●短編賞佳作　瀬川ことび「お葬式」
◇日本ミステリー文学大賞　第3回　笹沢左保
◇野間文芸新人賞　第21回　阿部和重「無情の世界」　伊藤比呂美「ラニーニャ」
◇文學界新人賞　第88回（上期）　松崎美保「DAY LABOUR（デイ・レイバー）」　羽根田康美「LA心中」　●浅田彰・山田詠美奨励賞　最向涼子「ひまつぶし」
◇文學界新人賞　第89回（下期）　該当作なし　●島田雅彦・辻原登奨励賞　水野由美「ほたる座」
◇文藝賞　第36回　浜田順子「Tiny, tiny」
◇松本清張賞　第6回　島村匠「芳年冥府彷徨」
◇紫式部文学賞　第9回　川上弘美「神様」

第1部 受賞年順　　　　　　　　　　平成11年（1999）

◇山本周五郎賞　第12回　重松清「エイジ」
◇横溝正史賞　第19回　大賞　井上もんた「化して荒波」　●佳作　樋口京輔「フラッシュ・オーバー」　●奨励賞　小笠原あむ「ヴィクティム」
◇吉川英治文学賞　第33回　白石一郎「怒濤のごとく」

【詩歌】

◇H氏賞　第49回　鍋島幹夫「七月の鏡」
◇小熊秀雄賞　第32回　嶋岡晨「乾杯」
◇現代歌人協会賞　第43回　大口玲子「海量」
◇現代詩人賞　第17回　山本十四尾「雷道」
◇現代詩花椿賞　第17回　池井昌樹「月下の一群」
◇現代短歌大賞　第22回　清水房雄　"歌集「老耄章句」と評論「斎藤茂吉と土屋文明」の業績"
◇河野愛子賞　第9回　花山多佳子「空合」
◇齋藤茂吉短歌文学賞　第11回　伊藤博「万葉集釈注」全11巻
◇詩歌文学館賞　第14回　●詩　三井葉子「草のような文字」　●短歌　岡井隆「ウランと白鳥」　●俳句　草間時彦「盆点前」
◇高見順賞　第30回　小池昌代「もっとも官能的な部屋」　野村喜和夫「風の配分」
◇蛇笏賞　第33回　鈴木真砂女「紫木蓮」
◇沼空賞　第33回　尾崎左永子「夕霧峠」
◇壺井繁治賞　第27回　佐々木洋一「キムラ」　遠山信男「詩の暗誦について」
◇寺山修司短歌賞　第4回　加藤治郎「昏睡のパラダイス」
◇藤村記念歴程賞　第37回　新川和江 "「はたはたと頁がめくれ…」および全業績"
◇中原中也賞　第4回　和合亮一「AFTER」
◇日本歌人クラブ賞　第26回　土屋正夫「鳴泉居」
◇俳人協会賞　第39回　石田勝彦「秋興」
◇萩原朔太郎賞　第7回　安藤元雄「めぐりの歌」
◇晩翠賞　第40回　藤井貞和「『静かの海』石、その韻き」　安水稔和「生きているということ」
◇丸山薫賞　第6回　なんばみちこ「蟻（いき）」
◇丸山豊記念現代詩賞　第8回　野田寿子「母の耳」
◇若山牧水賞　第4回　福島泰樹「茫漠山日誌」

【戯曲】

◇岸田國士戯曲賞　第43回　ケラリーノ・サンドロヴィッチ（別名・KERA）「フローズン・ビーチ」
◇年鑑代表シナリオ（平11年度）　中島丈博「あ、春」　新藤兼人「生きたい」　山田耕大「コキーユ～貝殻」　犬童一心「大阪物語」　大森寿美男「39 刑法第三十九条」　矢口史靖「アドレナリンドライブ」　奥寺佐渡子「学校の怪談4」　荒井晴彦「皆月」　塩田明彦「どこまでもいこう」　塩田明彦, 西山洋一「月光の囁き」　池端俊策「あつもの」

【評論・随筆】

◇大宅壮一ノンフィクション賞　第30回　萩原遼「北朝鮮に消えた友と私の物語」　小林照幸「朱鷺の遺言」
◇講談社エッセイ賞　第15回　阿川佐和子, 檀ふみ「ああ言えばこう食う」　いとうせいこう「ボタニカル・ライフ」
◇講談社ノンフィクション賞　第21回　高沢皓司「宿命『よど号』亡命者たちの秘密工作」
◇新潮学芸賞　第12回　小沢昭一「ものがたり 芸能と社会」　瀬戸正人「トオイと正人」
◇日本エッセイスト・クラブ賞　第47回　小塩節「木々を渡る風」　金森敦子「江戸の女性俳諧師『奥

の細道』を行く」　浜辺祐一「救命センターからの手紙」

【児童文学】

◇赤い鳥文学賞　第29回　桜井信夫「ハテルマ シキナ―よみがえりの島・波照間」
◇講談社出版文化賞　第30回　絵本賞　宮西達也「きょうはなんてうんがいいんだろう」
◇産経児童出版文化賞　第46回　●大賞　アリソン・レスリー・ゴールド著, さくまゆみこ訳「もうひとつの『アンネの日記』」
◇児童福祉文化賞　第42回　●出版物部門　今泉みね子「みみずのカーロシェーファー先生の自然の学校」
◇児童文芸新人賞　第28回　松原由美子「双姫湖のコッポたち」
◇小学館児童出版文化賞　第48回　末吉暁子「雨ふり花さいた」　あべ弘士「ゴリラにっき」
◇日本絵本賞　第5回　●大賞　水口博也写真・文「マッコウの歌 しろいおおきなともだち」
◇日本児童文学者協会賞　第39回　あさのあつこ「バッテリー2」　桜井信夫「ハテルマ シキナ―よみがえりの島・波照間」
◇日本児童文芸家協会賞　第23回　吉田比砂子「すっとこどっこい」
◇野間児童文芸賞　第37回　たつみや章「月神の統べる森で」
◇ひろすけ童話賞　第10回　森山京「パンやのくまちゃん」
◇椋鳩十児童文学賞　第9回　風野潮「ビート・キッズ―Beat Kids」

【映画・テレビ全般】

◇エランドール賞〔新人賞〕(平11年度)　●新人大賞　松嶋菜々子　●新人賞　柏原崇　金子賢　酒井美紀　深田恭子　●特別賞　金城武　北野武　東海テレビ帯ドラマ制作スタッフ　日本テレビ火曜サスペンス劇場制作スタッフ　黒澤明(故人)　淀川長治(故人)　木村恵介(故人)
◇芸術選奨　第50回　●映画部門 文部大臣賞　大島渚「御法度」　●映画部門 新人賞　中江裕司「ナビィの恋」　●放送部門 文部大臣賞　近藤晋「旅立つ人と」「女医」「ゲームの達人」　●放送部門 新人賞　岡田恵和「彼女たちの時代」

【映画】

◇川喜多賞　第17回　平野共余子
◇キネマ旬報賞　第45回　●日本映画監督賞　原田眞人「金融腐蝕列島『呪縛』」　●脚本賞　鈴木智, 高杉良, 木下麦太「金融腐蝕列島『呪縛』」　●主演女優賞　鈴木京香「39 刑法第三十九条」　●主演男優賞　高倉健「鉄道員」　●助演女優賞　富司純子「あ、春」「おもちゃ」　●助演男優賞　椎名桔平「金融腐蝕列島『呪縛』」ほか　●新人女優賞　池脇千鶴「大阪物語」　●新人男優賞　北村一輝「皆月」ほか　●読者選出日本映画監督賞　降旗康男「鉄道員」　●読者賞　立川志らく「立川志らくのシネマ徒然草」
◇キネマ旬報ベスト・テン　第73回　●日本映画 第1位　「あ、春」(相米慎二監督)　●外国映画 第1位　「恋におちたシェイクスピア」(ジョン・マッデン監督)
◇ゴールデングロス賞　第17回　●日本映画部門 最優秀金賞　東宝「踊る大捜査線」　●外国映画部門 最優秀金賞　ブエナビスタインターナショナルジャパン「アルマゲドン」　20世紀フォックス「スター・ウォーズ エピソード1/ファントム・メナス」　ワーナー・ブラザース「マトリックス」　ワーナー・ブラザース「アイズ・ワイド・シャット」　ユナイテッド・インターナショナル・ピクチャーズ・ファー・イースト「ジョー・ブラックをよろしく」　●ゴールデングロス話題賞　株式会社フジテレビジョン「踊る大捜査線」　●全興連会長特別賞　東映「鉄道員(ぽっぽや)」
◇日刊スポーツ映画大賞・石原裕次郎賞　第12回　●作品賞　「鉄道員(ぽっぽや)」(降旗康男監督)　●監督賞　深作欣二「おもちゃ」　●主演男優賞　本木雅弘「双生児」　●主演女優賞　富司純子「おもちゃ」　●助演男優賞　椎名桔平「金融腐蝕列島『呪縛』」ほか　●助演女優賞　田中裕子「お受験」「大阪物語」　●新人賞　広末涼子「鉄道員」「秘密」　●外国作品賞　「エリザベス」　●石原裕次郎賞　「梟の城」(篠田正浩監督)
◇日本アカデミー賞　第22回　●最優秀作品賞　「愛を乞うひと」　●最優秀監督賞　平山秀幸「愛を

乞うひと」　●最優秀脚本賞　鄭義信「愛を乞うひと」　●最優秀主演男優賞　柄本明「カンゾー先生」　●最優秀主演女優賞　原田美枝子「愛を乞うひと」　●最優秀助演男優賞　いかりや長介「踊る大捜査線」　●最優秀助演女優賞　麻生久美子「カンゾー先生」　●最優秀外国作品賞　「L.A.コンフィデンシャル」

◇ぴあテン〔映画部門〕　第28回　●第1位　「スター・ウォーズ エピソード1/ファントム・メナス」（ジョージ・ルーカス監督）

◇ブルーリボン賞　第42回　●最優秀作品賞　「御法度」(大島渚監督)　●監督賞　大島渚「御法度」　●主演男優賞　高倉健「鉄道員」　●主演女優賞　鈴木京香「39 刑法第三十九条」　●助演男優賞　武田真治「御法度」　●助演女優賞　富司純子「おもちゃ」　●新人賞　松田龍平「御法度」　●外国映画賞　「ライフ・イズ・ビューティフル」(ロベルト・ベニーニ監督)

◇報知映画賞　第24回　●最優秀作品賞　「金融腐蝕列島『呪縛』」　「恋におちたシェイクスピア」　●最優秀主演男優賞　三浦友和「M/OTHER」「あ、春」　●最優秀主演女優賞　風吹ジュン「コキーユ〜貝殻」「金融腐蝕列島『呪縛』」　●最優秀助演男優賞　椎名桔平「金融腐蝕列島『呪縛』」「なで肩の狐」　●最優秀助演女優賞　富司純子「あ、春」「おもちゃ」「ドリームメーカー」　●最優秀監督賞　該当者なし　●最優秀新人賞　池脇千鶴「大阪物語」　塩田明彦「月光の囁き」「どこまでもいこう」

◇毎日映画コンクール　第54回　●日本映画賞 大賞　「鉄道員」　●監督賞　森田芳光「39 刑法第三十九条」　●脚本賞　諏訪敦彦,三浦友和,渡辺真起子「M/OTHER」　●男優主演賞　小林桂樹「あの、夏の日—とんでろじいちゃん」　●女優主演賞　大竹しのぶ「生きたい」「黒い家」など　●男優助演賞　ヨシ笈田「あつもの」　●女優助演賞　小島聖「あつもの」　●スポニチグランプリ新人賞　忍足亜希子「アイ・ラヴ・ユー」　池脇千鶴「大阪物語」　塩田明彦「月光の囁き」「どこまでもいこう」　●日本映画ファン賞　「鉄道員」　●アニメーション映画賞　「人狼 JIN-ROH」　●大藤信郎賞　アレクサンドル・ペトロフほか「老人と海」　●田中絹代賞　富司純子　●特別賞　佐藤勝 "黒澤明監督作品をはじめとする数々の映画音楽を作曲した功績に対して"　宮川一夫「羅生門」「雨月物語」などを撮影した功績に対して"　持永只仁 "戦後初の1コマ撮り人形アニメを創造した功績に対して"

◇牧野省三賞　第40回　大島渚

◇優秀映画鑑賞会ベストテン　第40回　●日本映画 第1位　「鉄道員（ぽっぽや）」　●外国映画 第1位　「ライフ・イズ・ビューティフル」

【テレビ】

◇ギャラクシー賞　第37回　●大賞　読売テレビ「刑事たちの夏」　●個人賞　中谷美紀　●CM大賞　NTT-ME「Mr.Garland編」

◇芸術祭賞〔テレビ部門（ドラマ）〕　第54回　●優秀賞　東京放送「ディア・フレンド」　日本放送協会「日輪の翼」　フジテレビジョン「少年H」　●放送個人賞　加藤拓"NHKドラマ館「疾風のように」の演出"

◇日刊スポーツ・ドラマグランプリ　第3回　●主演男優賞　木村拓哉「ビューティフルライフ」　●主演女優賞　常盤貴子「ビューティフルライフ」　●助演男優賞　上川隆也「シンデレラは眠らない」　●助演女優賞　水野美紀「ビューティフルライフ」　●作品賞　「ビューティフルライフ」（主演・木村拓哉）

◇日本民間放送連盟賞(平11年)　●番組部門(テレビ娯楽番組) 最優秀　RKB毎日放送「哀しき千両役者〜博多淡海父子伝」　●番組部門(テレビドラマ) 最優秀　読売テレビ放送「刑事たちの夏」

◇橋田賞　第8回　●大賞　該当作・該当者なし　●橋田賞　北川悦吏子　いかりや長介　吉永春子　日本テレビ「はじめてのおつかい」　テレビ朝日「はぐれ刑事純情派」　テレビ東京「開運！なんでも鑑定団」　NHK「NHKスペシャル トルシエと若きイレブン」　●新人賞　江角マキコ　●特別賞　松村達雄

◇放送文化基金賞　第25回　●テレビドラマ番組　NHK「青い花火」　●テレビエンターテインメント番組　NHK「詩のボクシング〜鳴り渡れ言葉、一億三千万の胸の奥に」　●男優演技賞　宇崎竜童「海に帰る日」　●女優演技賞　桃井かおり,松尾れい子「青い花火」

◇向田邦子賞　第18回　北川悦吏子「ビューティフルライフ」

平成11年(1999)

【芸能全般】

◇浅草芸能大賞　第16回　●大賞　中村勘九郎(5代)(歌舞伎役者)　●奨励賞　金原亭馬生(落語家)　●新人賞　いっこく堂(腹話術師)

◇菊池寛賞　第47回　中村又五郎　"広い芸域の円熟に加え、30年にわたり国立劇場の伝承者養成事業に携わり伝統芸能の土台を支える後進の育成を続けた功績"

◇芸術選奨　第50回　●演劇部門 文部大臣賞　野田秀樹「パンドラの鐘」　●演劇部門 新人賞　松たか子「天涯の花」「セツアンの善人」　●大衆芸能部門 文部大臣賞　田井康夫, 野口鎮雄, 勅使河原貞昭, 吉村晴哉, 杉江浩平「Timeless」(CD)「Timeless Land」(コンサート)　●大衆芸能部門 新人賞　国本武春「雷の道行Ⅲ」「ザ・忠臣蔵」

◇ゴールデン・アロー賞　第37回　●大賞　松嶋菜々子　●最優秀新人賞　優香　●映画賞　浅野忠信　●映画賞 映画新人賞　松田龍平　●演劇賞　藤原竜也　●演劇賞 演劇新人賞　ともさかりえ　●音楽賞　モーニング娘。　●音楽賞 音楽新人賞　19　太陽とシスコムーン　ポルノグラフィティ　●放送賞　松嶋菜々子　●放送賞 放送新人賞　優香　●芸能賞　志村けん　●芸能賞 芸能新人賞　いっこく堂　●特別賞　松坂大輔　●話題賞　茂森あゆみ, 速水けんたろう　●グラフ賞　本上まなみ

◇毎日芸術賞　第41回　高倉健 "「鉄道員」の演技"　蜷川幸雄 "「リチャード三世」「リア王」の演出"　●千田是也賞　鵜山仁 "「おばかさんの夕食会」「夢の島イニシューマン」の演出"

◇松尾芸能賞　第20回　●大賞　蜷川幸雄　●優秀賞 演劇　片岡孝太郎　●優秀賞 歌謡　川中美幸　●新人賞 歌謡　門倉有希　●特別賞 演劇　音羽菊七　●特別顕彰 演劇　島田正吾

【音楽】

◇JASRAC賞　第17回　●金賞　五十嵐充作詞・作曲ほか「Time goes by」　●銀賞　伊秩弘将作詞・作曲ほか「White Love」　●銅賞　久石譲作曲ほか「もののけ姫BGM」　●国際賞　渡辺岳夫作曲「アタックNo.1 BGM」

◇全日本有線放送大賞　第32回　●グランプリ　GLAY「Winter, again」　●最優秀新人賞　Hysteric Blue「なぜ…」　●吉田正賞　安室奈美恵　●読売テレビ特別賞　浜崎あゆみ

◇日本ゴールドディスク大賞　第14回　●アーティスト・オブ・ザ・イヤー　宇多田ヒカル

◇日本作詩大賞　第32回　●大賞　池田充男「旅路の花」(歌・服部浩子)　●特別賞　田端義夫　●最優秀新人賞　宮本かずや「友情の海」(歌・西方裕之)

◇日本有線大賞　第32回　●大賞　GLAY「Winter, again」　●最多リクエスト歌手賞　GLAY　●最多リクエスト曲賞　藤あや子「女のまごころ」　●最優秀新人賞　島谷ひとみ「大阪の女」

◇日本レコードセールス大賞　第32回　●アーティストセールス 大賞　宇多田ヒカル　●新人部門 大賞　宇多田ヒカル　●アルバム部門 大賞　宇多田ヒカル

◇日本レコード大賞　第41回　●大賞　GLAY「Winter, again」　●最優秀新人賞　八反安未果　●アルバム大賞　宇多田ヒカル「First Love」　●最優秀歌唱賞　郷ひろみ　●吉田正賞　弦哲也　●美空ひばりメモリアル選奨　橋幸夫

◇ぴあテン〔音楽部門〕　第28回　●第1位　宇多田ヒカル

【演劇】

◇朝日賞〔演劇関係〕(平11年)　蜷川幸雄 "国際的な場を含む長年にわたる独創的な演出活動の業績"

◇菊田一夫演劇賞　第25回　●演劇大賞　池内淳子 "「月の光」「三婆」の演技"　●演劇賞　麻実れい "「二十世紀」「恋の三重奏」「リトルナイト・ミュージック」の演技"　上条恒彦 "「ラ・マンチャの男」の演技"　堀井康明 "「月の光」の脚本・演出,「天翔ける虹」の脚本"　竹内幸子 "「雪国」の演技"　●特別賞　山内晴雄 "長年の舞台照明における功績"

◇紀伊國屋演劇賞　第34回　●団体賞　木山事務所 "松田正隆3部作と「はだしのゲン」上演の企画と舞台成果"　●個人賞　岸田今日子　堀尾幸男　野田秀樹　宮本裕子　市川染五郎(7代)

◇芸術祭賞〔演劇部門〕　第54回　●大賞　長山藍子 "三越劇場10月劇団朋友公演「わがババわがママ奮斗記」の企画・演技"

◇ぴあテン〔演劇部門〕　第28回　●第1位　劇団四季「ライオンキング」

◇読売演劇大賞　第7回　●大賞・最優秀女優賞　森光子"「放浪記」の林芙美子役"　●最優秀作品賞　NODA・MAP「パンドラの鐘」　●最優秀男優賞　角野卓造「温水夫妻」「おお、星条旗娘！」　●最優秀演出家賞　坂手洋二「天皇と接吻」　●杉村春子賞〔新人対象〕　市川新之助「勧進帳」「天守物語」

【演芸】

◇上方お笑い大賞　第28回　●大賞　間寛平　●金賞　ちゃらんぽらん　●銀賞　スクラッチ　●審査員特別賞　旭堂小南陵　●秋田実賞　木村佳史　●話題賞　石田靖

◇上方漫才大賞　第34回　●大賞　おかけんた, おかゆうた　●奨励賞　ちゃらんぽらん　●新人賞　アメリカザリガニ

◇芸術祭賞〔演芸部門〕　第54回　●大賞　桂南喬 "「桂南喬ひとりっきり会創作噺の特集」の成果"

【漫画・アニメ】

◇講談社漫画賞　第23回　●少年部門　加瀬あつし「カメレオン」　●少女部門　上田美和「ピーチガール」　●一般部門　楠みちはる「湾岸ミッドナイト」

◇小学館漫画賞　第45回　●児童向け部門　ながとしやすなり「うちゅう人田中太郎」　●少年向け部門　河合克敏「モンキーターン」　ほったゆみ原作, 小畑健漫画「ヒカルの碁」　●少女向け部門　いくえみ綾「バラ色の明日」　●一般向け部門　該当作なし　●審査委員特別賞　日暮修一 "「ビッグコミック」の表紙イラスト"　村松誠 "「ビッグコミックオリジナル」の表紙のイラスト"

◇手塚治虫文化賞　第3回　●マンガ大賞　浦沢直樹「MONSTER」　●マンガ優秀賞　さそうあきら「神童」　●特別賞　夏目房之介 "マンガ批評の優れた業績に対して"

◇文化庁メディア芸術祭　第3回　●アニメーション部門 大賞　アレクサンドロ・ペトロフほか「老人と海」　●マンガ部門 大賞　石坂啓「アイ'ム ホーム」

◇文藝春秋漫画賞　第45回　Q・B・B (作・久住昌之, 絵・久住卓也)「中学生日記——一生で一番ダサイ季節」　小泉吉宏「ブッタとシッタカブッタ(3) なぁんでもないよ」

【スポーツ】

◇朝日スポーツ賞（平11年度）　篠原信一 "世界柔道選手権大会日本選手としては10年ぶりに2階級を制覇"　武豊 "競馬の日本ダービーで史上初の2連覇を達成。欧州GIレースでも2年連続の勝利"　山口衛里 "東京国際女子マラソンで驚異的な国内最高記録をマークして優勝"　犬伏孝行 "ベルリン・マラソンで13年ぶりに日本最高記録を更新"　郷司裕 "審判として半世紀にわたって高校・大学野球に貢献"

◇日本プロスポーツ大賞　第32回　●大賞　松坂大輔 (プロ野球)　●殊勲賞　武蔵丸光洋 (大相撲)　上原浩治 (プロ野球)　中田英寿 (Jリーグ)

◇毎日スポーツ人賞（平11年度）　●グランプリ　王貞治, 福岡ダイエーホークス球団　●文化賞　佐治敬三 (故人) (サントリー会長)　●国際賞　篠原信一 (柔道選手)　●感動賞　上原浩治 (プロ野球読売ジャイアンツ投手)　●新人賞　市橋有里 (マラソン選手)　●ファン賞　松坂大輔 (プロ野球西武ライオンズ投手)　●特別賞　沖縄尚学高等学校野球部

【その他】

◇将棋大賞　第26回　●最優秀棋士賞　羽生善治　●特別賞　村山聖　●新人賞　木村一基　●女流棋士賞　清水市代

◇星雲賞　第30回　●日本長編部門　笹本祐一「星のパイロット2 彗星狩り」　●日本短編部門　森岡浩之「夜明けのテロリスト」　●メディア部門　佐藤竜雄監督「劇場版 機動戦艦ナデシコ The Prince of Darkness」　●コミック部門　横山えいじ「ルンナ姫放浪記」　●アート部門　赤井孝美　●ノンフィクション部門　野田昌宏「NHK人間大学 宇宙を空想してきた人々」

◇日本SF大賞　第20回　新井素子「チグリスとユーフラテス」　●特別賞　光瀬龍

◇日本新語・流行語大賞　第16回　●大賞, トップテン　小渕恵三 "「ブッチホン」"　松坂大輔 "「リベンジ」"　上原浩治 "「雑草魂」"

◇文化勲章（平11年度）　阿川弘之 (小説)　秋野不矩 (日本画)　伊藤正己 (英米法, 憲法)　梅原猛 (日本文化

研究) 田村三郎(生物有機化学,地球環境生物科学)
◇ベストドレッサー賞　第28回　●政治・経済部門　石原慎太郎　●学術・文化部門　和泉元弥　●スポーツ・芸能部門　藤村俊二　織田裕二　L'Arc～en～Ciel　●女性部門　松嶋菜々子

平成12年（2000）

【文学全般】

◇朝日賞〔文学関係〕（平12年）　井上ひさし　"知的かつ民衆的な現代史を総合する創作活動"
◇伊藤整文学賞　第11回　●小説　川上弘美「溺レる」　●評論　四方田犬彦「モロッコ流謫」
◇大佛次郎賞　第27回　安岡章太郎「鏡川」
◇菊池寛賞　第48回　佐藤愛子 "欲望と情念に惑わされる佐藤一族の壮絶な生の姿を、12年の歳月をかけて20世紀の歴史のなかに描いた大河小説「血脈」の完成"　古山高麗雄 "大東亜戦争・ビルマ戦線での死者と生者のありのままを、「断作戦」「龍陵会戦」「フーコン戦記」の三部作に書き続け、戦争のむなしさを語り伝える作家活動"
◇群像新人文学賞　第43回　●小説　当選作　横田創「（世界記録）」　●小説　優秀作　中井佑治「フリースタイルのいろんな話」　●評論　当選作　該当作なし　●評論　優秀作　生田武志「つぎ合わせの器は、ナイフで切られた果物となりえるか？」
◇芸術選奨　第51回　●文学部門　文部科学大臣賞　池澤夏樹「すばらしい新世界」　辻井喬「風の生涯」　●文学部門　新人賞　東野光生「似顔絵」　●評論等　文部科学大臣賞　二宮正之「小林秀雄のこと」
◇サントリー学芸賞〔芸術・文学部門〕　第22回　蒲池美鶴「シェイクスピアのアナモルフォーズ」　成恵卿「西洋の夢幻画—イェイツとパウンド」　吉田憲司「文化の『発見』」
◇司馬遼太郎賞　第3回　宮城谷昌光 "古代中国の興亡に光をあて格調高く抑制のきいた文体で歴史上の人物に血肉をそそぎ入れ、現代によみがえらせた作家活動に対して"　宮﨑駿 "アニメーション映画の分野で独自の世界をつくり、子供だけでなく大人にも夢を与える創作活動に対して"
◇新田次郎文学賞　第19回　熊谷達也「漂泊の牙」　酒見賢一「周公旦」
◇日本芸術院賞（第2部・文芸）　第57回　●日本芸術院賞　菅野昭正 "文芸評論活動とフランス文学研究の業績"　●恩賜賞・日本芸術院賞　伊藤桂一 "長年にわたる小説と詩の業績"
◇日本文芸大賞　第20回　瀬戸内寂聴「源氏物語」　●短歌評釈賞　光本恵子「宮崎信義のうた百首」
◇野間文芸賞　第53回　林京子「長い時間をかけた人間の経験」
◇毎日芸術賞　第42回　黒井千次「羽根と翼」
◇毎日出版文化賞　第54回　●第1部門（文学・芸術）　池澤夏樹、文藝春秋「花を運ぶ妹」　●特別賞　ベルンハルト・シュリンク、松永美穂訳、新潮社「朗読者」
◇三島由紀夫賞　第13回　星野智幸「目覚めよと人魚は歌う」
◇読売文学賞　第52回　●小説賞　伊井直行「濁った激流にかかる橋」　山田詠美「A2Z」　●戯曲・シナリオ賞　永井愛「萩家の三姉妹」　●随筆・紀行賞　高島俊男「漱石の夏やすみ」　●評論・伝記賞　該当作無し　●詩歌俳句賞　多田智満子「長い川のある国」

【小説】

◇芥川龍之介賞　第123回（上期）　町田康「きれぎれ」　松浦寿輝「花腐し」
◇芥川龍之介賞　第124回（下期）　青来有一「聖水」　堀江敏幸「熊の敷石」
◇泉鏡花文学賞　第28回　多和田葉子「ヒナギクのお茶の場合」
◇江戸川乱歩賞　第46回　首藤瓜於「脳男」
◇大藪春彦賞　第3回　五条瑛「スリー・アゲーツ」
◇オール讀物新人賞　第80回　大西幸「相思花」　三田完「桜川イワンの恋」
◇オール讀物推理小説新人賞　第39回　大谷裕三「告白の連鎖」　清水芽美子「ステージ」
◇川端康成文学賞　第27回　車谷長吉「武蔵丸」(短編集『白痴群』所収)
◇木山捷平文学賞　第4回　目取真俊「魂込め」

平成12年（2000）

- ◇柴田錬三郎賞　第13回　西木正明「夢顔さんによろしく」　浅田次郎「壬生義士伝」
- ◇小説現代新人賞　第68回　犬飼六岐「筋違い半介」
- ◇小説すばる新人賞　第13回　常陽瞬一「Bridge」
- ◇女流文学賞　第39回　川上弘美「溺レる」
- ◇新潮新人賞　第32回　●小説部門　佐川光晴「生活の設計」　●評論・ノンフィクション部門　中島一夫「媒介と責任〜石原吉郎のコミュニズム」
- ◇すばる文学賞　第24回　大久秀憲「ロマンティック」　末弘喜久「塔」
- ◇太宰治賞　第16回　辻内智貴「多輝子ちゃん」
- ◇谷崎潤一郎賞　第36回　辻原登「遊動亭円木」　村上龍「共生虫」
- ◇直木三十五賞　第123回（上期）　金城一紀「GO」　船戸与一「虹の谷の五月」
- ◇直木三十五賞　第124回（下期）　重松清「ビタミンF」　山本文緒「プラナリア」
- ◇日本推理作家協会賞　第53回　●長篇及び連作短篇集部門　天童荒太「永遠の仔」　福井晴敏「亡国のイージス」　●短篇部門　横山秀夫「動機」　●評論その他の部門　小林英樹「ゴッホの遺言」
- ◇日本ファンタジーノベル大賞　第12回　●優秀賞　斉藤直子「仮想の騎士」
- ◇日本ミステリー文学大賞　第4回　山田風太郎
- ◇野間文芸新人賞　第22回　赤坂真理「ミューズ」　岡崎祥久「楽天屋」
- ◇文學界新人賞　第90回（上期）　受賞作なし　●辻原登奨励賞　福迫光英「ガリバーの死体袋」
- ◇文學界新人賞　第91回（下期）　都築隆広「看板屋の恋」
- ◇文藝賞　第37回　黒田晶「YOU LOVE US」　●優秀作　佐藤智加「肉触」
- ◇松本清張賞　第7回　明野照葉「輪廻（RINKAI）」
- ◇紫式部文学賞　第10回　三枝和子「薬子の京」
- ◇山本周五郎賞　第13回　岩井志麻子「ぼっけえ、きょうてえ」
- ◇横溝正史賞　第20回　●大賞　小笠原あむ「ホモ・スーペレンス」　小川勝己「葬列」
- ◇吉川英治文学賞　第34回　高橋克彦「火怨」

【詩歌】

- ◇H氏賞　第50回　龍秀美「TAIWAN」
- ◇小熊秀雄賞　第33回　松尾静明「丘」
- ◇現代歌人協会賞　第44回　該当なし
- ◇現代詩人賞　第18回　岩瀬正雄「空」
- ◇現代詩花椿賞　第18回　山崎るり子「だいどころ」
- ◇現代短歌大賞　第23回　森岡貞香 "「定本 森岡貞香歌集」及び過去の全業績"
- ◇河野愛子賞　第10回　水原紫苑「くわんおん」　中川佐和子「河野愛子論」
- ◇齋藤茂吉短歌文学賞　第12回　森岡貞香「夏至」
- ◇詩歌文学館賞　第15回　●詩　粕谷栄市「化体」　●短歌　篠弘「凱旋門」　●俳句　藤田湘子「神楽」
- ◇高見順賞　第31回　田口犬男「モー将軍」
- ◇蛇笏賞　第34回　津田清子「無方」
- ◇沼空賞　第34回　春日井建「友の書」「白雨」
- ◇壺井繁治賞　第28回　葵生川玲「初めての空」
- ◇寺山修司短歌賞　第5回　坂井修一「ジャックの種子」
- ◇藤村記念歴程賞　第38回　辻井喬「群青、わが黙示」「南冥・旅の終り」「わたつみ・しあわせな日日」（三部作）
- ◇中原中也賞　第5回　蜂飼耳「いまにもうるおっていく陣地」
- ◇日本歌人クラブ賞　第27回　春日井建「白雨」「友の書」

◇俳人協会賞　第40回　今井杏太郎「海鳴り星」　林徹「飛花」　本宮哲郎「日本海」
◇萩原朔太郎賞　第8回　江代充「梢にて」
◇晩翠賞　第41回　豊原清明「朝と昼のてんまつ」
◇丸山薫賞　第7回　小山正孝「十二月感泣集」
◇丸山豊記念現代詩賞　第9回　高良留美子「風の夜」
◇若山牧水賞　第5回　小高賢「本所両国」　小島ゆかり「希望」

【戯曲】
◇岸田國士戯曲賞　第44回　永井愛「兄帰る」
◇年鑑代表シナリオ（平12年度）　武田浩介「OLの愛汁 ラブジュース」　丸内敏治, 五十嵐匠「地雷を踏んだらサヨウナラ」　中江裕司, 中江素子「ナビィの恋」　井土紀州「HYSTERIC」　阪本順治, 宇野イサム「顔」　及川章太郎「東京ゴミ女」　青木研次「独立少年合唱団」　真辺克彦, 堤泰之, 黒木和雄「スリ」　田中陽造「天国までの百マイル」　新藤兼人「三文役者」

【評論・随筆】
◇大宅壮一ノンフィクション賞　第31回　高山文彦「火花」
◇講談社エッセイ賞　第16回　四方田犬彦「モロッコ流謫」
◇講談社ノンフィクション賞　第22回　ドウス昌代「イサム・ノグチ—宿命の越境者」　高山文彦「花火—北条民雄の生涯」
◇新潮学芸賞　第13回　大崎善生「聖の青春」
◇日本エッセイスト・クラブ賞　第48回　多田富雄「独酌余滴」　鶴ケ谷真一「書を読んで羊を失う」　八百板洋子「ソフィアの白いばら」

【児童文学】
◇赤い鳥文学賞　第30回　二宮由紀子「ハリネズミのプルプルシリーズ」
◇講談社出版文化賞　第31回　●絵本賞　荒井良二絵、長田弘文「森の絵本」
◇産経児童出版文化賞　第47回　●大賞　ジュリアス・レスター文, ロッド・ブラウン絵, 片岡しのぶ訳「あなたがもし奴隷だったら…」
◇児童福祉文化賞　第43回　●出版物部門　藤原一枝「雪のかえりみち」
◇児童文芸新人賞　第29回　みおちづる「ナシスの塔の物語」　河原潤子「蝶々、とんだ」
◇小学館児童出版文化賞　第49回　伊藤たかみ「ミカ」　飯野和好「ねぎぼうずのあさたろう その1」
◇日本絵本賞　第6回　●大賞　井上洋介作「でんしゃえほん」　●日本絵本賞読者賞（山田養蜂場賞）武田美穂作・絵「すみっこのおばけ」
◇日本児童文学者協会賞　第40回　上橋菜穂子「闇の守り人」　長崎夏海「トゥインクル」
◇日本児童文芸家協会賞　第24回　横山充男「光っちょるぜよ！ ぼくら」
◇野間児童文芸賞　第38回　那須正幹「ズッコケ三人組のバック・トゥ・ザ・フューチャー」
◇ひろすけ童話賞　第11回　神季佑多「わらいゴマまわれ！」
◇椋鳩十児童文学賞　第10回　みおちづる「ナシスの塔の物語」

【映画・テレビ全般】
◇エランドール賞〔新人賞〕（平12年度）　●新人大賞　中谷美紀　●新人賞　池内博之　石井正則　加藤晴彦　中村俊介　●特別賞　角川歴彦　中村玉緒　市川右太衛門（故人）
◇芸術選奨　第51回　●映画部門 文部科学大臣賞　吉永小百合「長崎ぶらぶら節」　●映画部門 新人賞　緒方明「独立少年合唱団」　●放送部門 文部科学大臣賞　竹山洋「菜の花の沖」　●放送部門 新人賞　村上雅通「記者たちの水俣病」

【映画】

◇川喜多賞　第18回　高野悦子

◇キネマ旬報賞　第46回　●日本映画監督賞　阪本順治「顔」「新・仁義なき戦い」　●脚本賞　阪本順治, 宇野イサム「顔」　●主演女優賞　藤山直美「顔」　●主演男優賞　原田芳雄「スリ」「ざわざわ下北沢」「PARTY7」　●助演女優賞　大楠道代「顔」　●助演男優賞　香川照之「独立少年合唱団」「スリ」　●新人女優賞　松田まどか「NAGISA なぎさ」　●新人男優賞　松田龍平「御法度」　●読者選出日本映画監督賞　阪本順治「顔」　●読者賞　君塚良一「脚本〈シナリオ〉通りにはいかない！」

◇キネマ旬報ベスト・テン　第74回　●日本映画 第1位　「顔」（阪本順治監督）　●外国映画 第1位　「スペース カウボーイ」（クリント・イーストウッド監督）

◇ゴールデングロス賞　第18回　●日本映画部門 最優秀金賞　東宝「ポケットモンスター ―結晶塔の帝王―/ピチューとピカチュウ」　●外国映画部門 最優秀金賞　ユナイテッド・インターナショナル・ピクチャーズ・ファー・イースト「M：I-2」　●マネーメーキングスター賞　織田裕二　●ゴールデングロス特別感謝賞　徳間康快

◇日刊スポーツ映画大賞・石原裕次郎賞　第13回　●作品賞　「十五才 学校Ⅳ」（山田洋次監督）　●監督賞　阪本順治　●主演男優賞　寺尾聰「雨あがる」　●主演女優賞　吉永小百合「長崎ぶらぶら節」　●助演男優賞　丹波哲郎「十五才 学校Ⅳ」　●助演女優賞　大楠道代「顔」　●新人賞　深田恭子「死者の学園祭」　●外国作品賞　「グラディエーター」　●石原裕次郎賞　「ホワイトアウト」（若松節朗監督）

◇日本アカデミー賞　第23回　●最優秀作品賞　「鉄道員」　●最優秀監督賞　降旗康男「鉄道員」　●最優秀主演男優賞　高倉健「鉄道員」　●最優秀主演女優賞　大竹しのぶ「鉄道員」　●最優秀助演男優賞　小林稔侍「鉄道員」　●最優秀助演女優賞　岸本加世子「菊次郎の夏」　●最優秀脚本賞　岩間芳樹, 降旗康男「鉄道員」　●最優秀外国作品賞　「シックス・センス」

◇ぴあテン〔映画部門〕　第29回　●第1位　「グリーンマイル」（フランク・ダラボン監督）　●若い才能賞　鈴木杏

◇ブルーリボン賞　第43回　●最優秀作品賞　「バトル・ロワイアル」（深作欣二監督）　●監督賞　阪本順治「顔」　●主演男優賞　織田裕二「ホワイトアウト」　●主演女優賞　吉永小百合「長崎ぶらぶら節」　●助演男優賞　香川照之「独立少年合唱団」「スリ」　●助演女優賞　宮崎美子「雨あがる」　●新人賞　藤原竜也「バトル・ロワイアル」「仮面学園」　●外国映画賞　「ダンサー・イン・ザ・ダーク」　●特別賞　徳間康快

◇報知映画賞　第25回　●最優秀作品賞　「顔」「スペース・カウボーイ」　●最優秀主演男優賞　織田裕二「ホワイトアウト」　●最優秀主演女優賞　藤山直美「顔」　●最優秀助演男優賞　浅野忠信「御法度」「五条霊戦記//GOJOE」　●最優秀助演女優賞　西田尚美「ナビィの恋」　●最優秀監督賞　中江裕司「ナビィの恋」　●最優秀新人賞　松田まどか「NAGISA なぎさ」

◇毎日映画コンクール　第55回　●日本映画賞 大賞　「顔」　●監督賞　阪本順治「顔」　●脚本賞　山田洋次, 朝間義隆, 平松恵美子「十五才 学校Ⅳ」　●男優主演賞　浅野忠信「地雷を踏んだらサヨウナラ」「五条霊戦記//GOJOE」「御法度」　●女優主演賞　藤山直美「顔」　●男優助演賞　香川照之「独立少年合唱団」「スリ」　●女優助演賞　松坂慶子「さくや 妖怪伝」「本日またまた休診なり」　●スポニチグランプリ新人賞　安藤希「さくや 妖怪伝」　松田龍平「御法度」　緒方明「独立少年合唱団」　●日本映画ファン賞　「ホワイトアウト」　●アニメーション映画賞　「おばあちゃんの思い出」　●大藤信郎賞　SME・ビジュアルワークス, ソニー・コンピュータエンタテインメント, アイジープラス, 情報処理振興事業協会「BLOOD THE LAST VAMPIRE」　●田中絹代賞　原田美枝子　●特別賞　徳間康快　工藤栄一　吉村公三郎

◇毎日芸術賞　第42回　大島渚"映画「御法度」の監督"　●特別賞　吉永小百合"映画「長崎ぶらぶら節」（東映系）の演技"

◇牧野省三賞　第41回　山田五十鈴

◇優秀映画鑑賞会ベストテン　第41回　●日本映画 第1位　「十五才 学校Ⅳ」　●外国映画 第1位　「初恋のきた道」

【テレビ】

◇ギャラクシー賞　第38回　●テレビ部門 大賞　NHK, NHKエンタープライズ21「トトの世界〜最後の野生児」　●テレビ部門 特別賞　テレビ東京, 日経映像「美の巨人たち」　●テレビ部門 個人賞　若村麻由美　●CM部門 大賞　「ジョージア 明日があるさ『登場編』」

◇芸術祭賞〔テレビ部門（ドラマ）〕　第55回　●優秀賞　日本放送協会「袖 振り合うも」　WOWOW「J・MOVIE・WARS5『楽園』」　日本テレビ放送網「カネボウヒューマンスペシャル『大地の産声が聞こえる〜十五才いちご薄書』」　東京放送「月曜ドラマスペシャル『義父のいる風景』」

◇日刊スポーツ・ドラマグランプリ　第4回　●主演男優賞　木村拓哉「HERO」　●主演女優賞　ともさかりえ「君が教えてくれたこと」　●助演男優賞　上川隆也「君が教えてくれたこと」　●助演女優賞　涼風真世「晴れ着ここ一番」　●作品賞　「HERO」（主演・木村拓哉）

◇日本民間放送連盟賞（平12年）　●番組部門（テレビエンターテインメント）最優秀　読売テレビ放送「Kissだけじゃイヤッ！」　●番組部門（テレビドラマ）最優秀　フジテレビジョン「少年H」

◇橋田賞　第9回　●大賞　TBS「百年の物語」　●橋田賞　NHK「プロジェクトX」　日本テレビ「伊東家の食卓」　西田敏行"NHK大河ドラマ「葵 徳川三代」の演技"　●新人賞　香取慎吾　竹内結子　●特別賞　香川京子

◇放送文化基金賞　第26回　●テレビドラマ番組　TBS「日曜劇場ビューティフルライフ〜ふたりでいた日々」　●テレビエンターテインメント番組　関西テレビ「ファイトマネー」　●男優演技賞　木村拓哉"日曜劇場ビューティフルライフ〜ふたりでいた日々」の演技"　●女優演技賞　常盤貴子"日曜劇場ビューティフルライフ〜ふたりでいた日々」の演技"　●企画・制作賞　北川悦吏子"日曜劇場ビューティフルライフ〜ふたりでいた日々」の脚本"

◇向田邦子賞　第19回　大森寿美男「泥棒家族」「トトの世界〜最後の野生児」

【芸能全般】

◇浅草芸能大賞　第17回　●大賞　島田正吾（俳優）　●奨励賞　昭和のいる, 昭和こいる（漫才）　●新人賞　氷川きよし（歌手）

◇菊池寛賞　第48回　金丸座のこんぴら歌舞伎"最古の芝居小屋「金丸座」での歌舞伎公演を昭和60年以来、町をあげて継続し、江戸文化の伝統を現代に蘇らせ、新しい息吹を与えた"　永六輔"放送タレントとしてTBSラジオ「土曜ワイド」などを担当し、庶民感覚あふれる内容と語り口でラジオ放送に一層の親しみと楽しみを与えつづけてきた活動"

◇芸術選奨　第51回　●演劇部門 文部科学大臣賞　白石加代子「グリークス」　●演劇部門 新人賞　市川新之助「源氏物語」　●大衆芸能部門 文部科学大臣賞　古今亭志ん朝(3代)「愛宕山」　●大衆芸能部門 新人賞　綾戸智絵"昨秋の全国21公演"

◇ゴールデン・アロー賞　第38回　●大賞　北野武　●最優秀新人賞　氷川きよし　●映画賞　北野武　●映画賞 映画新人賞　鈴木杏　●演劇賞　松尾スズキ　●演劇賞 演劇新人賞　今井絵理子　●音楽賞　サザン・オールスターズ　●音楽賞 音楽新人賞　安西ひろこ　氷川きよし　矢井田瞳　●放送賞　優香　●放送賞 放送新人賞　真中瞳　●芸能賞　藤井隆　●芸能賞 芸能新人賞　コージー冨田　●特別賞　田村亮子　●話題賞　飯島愛　●グラフ賞　釈由美子

◇松尾芸能賞　第21回　●大賞 演劇　高橋英樹　●優秀賞 演劇　真田広之　●優秀賞 歌謡　キム・ヨンジャ　●優秀賞 演劇　市川猿弥　●新人賞 演劇・テレビ　松たか子　●特別賞 演劇　沢村田之助　能劇の座

【音楽】

◇JASRAC賞　第18回　●金賞　宇多田ヒカル作詞・作曲ほか「Automatic」　●銀賞　宇多田ヒカル作詞・作曲ほか「Time Will Tell」　●銅賞　佐藤雅彦作詞, 内野真澄作曲, 堀江由朋作曲ほか「だんご3兄弟」　●国際賞　有沢孝紀ほか「美少女戦士セーラームーンBGM」

◇全日本有線放送大賞　第33回　●グランプリ　浜崎あゆみ「SEASONS」　●最優秀新人賞　氷川きよし「箱根八里の半次郎」　●吉田正賞　小柳ゆき「愛情」　●読売テレビ特別賞　モーニング娘。「ハッピーサマーウェディング」　●ミレニアム特別賞　安室奈美恵「NEVER END」

◇日本ゴールドディスク大賞　第15回　●アーティスト・オブ・ザ・イヤー　浜崎あゆみ

◇日本作詩大賞　第33回　●大賞　松井由利夫「箱根八里の半次郎」(歌・氷川きよし)　●特別賞　西沢爽　大泉逸郎　●最優秀新人賞　中子鶴「桜・道標」
◇日本有線大賞　第33回　●大賞　小柳ゆき「愛情」「be alive」　●最多リクエスト歌手賞　浜崎あゆみ　●最多リクエスト曲賞,最優秀新人賞　氷川きよし「箱根八里の半次郎」
◇日本レコードセールス大賞　第33回　●アーティストセールス大賞　浜崎あゆみ　●新人部門 大賞　倉木麻衣　●シングル部門 大賞　倉木麻衣　●アルバム部門 大賞　浜崎あゆみ
◇日本レコード大賞　第42回　●大賞　サザン・オールスターズ「TSUNAMI」　●最優秀新人賞　氷川きよし　●最優秀歌唱賞　香西かおり　●アルバム大賞　浜崎あゆみ「Duty」　●吉田正賞　岡千秋　●美空ひばりメモリアル選奨　小林幸子
◇ぴあテン〔音楽部門〕　第29回　●第1位　サザン・オールスターズ　●若い才能賞　矢井田瞳

【演劇】

◇菊田一夫演劇賞　第26回　●演劇大賞　エリザベート・スタッフ・出演者一同 "エリザベート"の高い舞台成果に対して"　●演劇賞　泉ピン子「渡る世間は鬼ばかり」の演技"　渡辺徹 "功名が辻～山内一豊の妻"と「あかさたな」の演技"　寺島しのぶ「ピカドン・キジムナー」と「グリークス」の演技　下山田ひろの "熊楠の家"の演技"　●特別賞　春日野八千代,松本悠里 "長年にわたる宝塚歌劇,日本舞踊への貢献"
◇紀伊國屋演劇賞　第35回　●団体賞　二兎社 "萩家の三姉妹"の優れた舞台成果"　●個人賞　小沢昭一　湯浅実　蜷川幸雄　麻実れい　小曽根真　鈴木裕美
◇芸術祭賞〔演劇部門〕　第55回　●大賞　劇団昴「怒りの葡萄」
◇ぴあテン〔演劇部門〕　第29回　●第1位　劇団四季「ライオンキング」　●若い才能賞　藤原竜也
◇毎日芸術賞　第42回　●千田是也賞　小池修一郎 "ミュージカル「エリザベート」の演出"
◇読売演劇大賞　第8回　●大賞・最優秀作品賞　Bunkamura「グリークス」　●最優秀男優賞　平幹二朗 "テンペスト」「グリークス"の演技"　●最優秀女優賞　三田和代 "夜への長い旅路"の演技"　●最優秀演出家賞　蜷川幸雄「テンペスト」「グリークス」の演出"　●杉村春子賞〔新人対象〕　目黒未奈「心破れて」「マイ・シスター・イン・ディス・ハウス」の演技"　●選考委員特別賞　木の実ナナ "ロス・タラントス"の演技"

【演芸】

◇上方お笑い大賞　第29回　●大賞　笑福亭鶴瓶　●最優秀技能賞　桂雀三郎　●話題賞　藤井隆　●最優秀新人賞　陣内智則
◇上方漫才大賞　第35回　●大賞　大西浩仁, 富好真(ちゃらんぽらん)　●奨励賞　海原はるか, 海原かなた　●新人賞　シンクタンク　●特別功労賞　夢路いとし, 喜味こいし
◇芸術祭賞〔演芸部門〕　第55回　●大賞　春風亭昇太「古典とわたし2000」

【漫画・アニメ】

◇講談社漫画賞　第24回　●少年部門　さいふうめい原作,星野泰視漫画「勝負師伝説 哲也」　●少女部門　池沢理美「ぐるぐるポンちゃん」　●一般部門　吉川英治原作,井上雄彦漫画「バガボンド」
◇小学館漫画賞　第46回　●児童向け部門　島袋光年「世紀末リーダー伝 たけし！」　●少年向け部門　青山剛昌「名探偵コナン」　西森博之「天使な小生意気」　●少女向け部門　篠原千絵「天は赤い河のほとり」　●一般向け部門　浦沢直樹「MONSTER」
◇手塚治虫文化賞　第4回　●マンガ大賞　諸星大二郎「西遊妖猿伝」　●マンガ優秀賞　望月峯太郎「ドラゴンヘッド」　●特別賞　フレデリック・L.ショット "日本マンガを広く海外に紹介した功績に対して"
◇文化庁メディア芸術祭　第4回　●アニメーション部門 大賞　北久保弘之「BLOOD THE LAST VAMPIRE」　●マンガ部門 大賞　井上雄彦「バガボンド」
◇文藝春秋漫画賞　第46回　しりあがり寿「時事おやじ2000」「ゆるゆるオヤジ」　唐沢なをき「電脳炎」

【スポーツ】

◇朝日スポーツ賞（平12年度）　田村亮子"シドニー五輪柔道女子48キロ級金メダル"　野村忠宏"シドニー五輪柔道男子60キロ級で二連覇"　滝本誠"シドニー五輪柔道男子81キロ級金メダル"　井上康生"シドニー五輪柔道男子100キロ級金メダル"　シドニーパラリンピック日本選手金メダリストのみなさん（13人）　藤田敦史"福岡国際マラソンで日本最高記録を樹立して優勝"　小嶺忠敏"高校サッカーで国見高を年度3冠に導いた指導力"　●特別賞　高橋尚子"シドニー五輪女子マラソンで日本女子陸上界初の金メダル"　小出義雄"指導者として、五輪女子マラソンにおいて3大会連続で銀、銅、金の各メダリストを育てた"

◇菊池寛賞　第48回　田村亮子"日本人の精神を高揚させたシドニー五輪での金メダル獲得。国民の期待を一身に背負い悲願を達成した，その弛まざる努力に対して"

◇日本プロスポーツ大賞　第33回　●大賞　松井秀喜（プロ野球）　●殊勲賞　佐々木主浩（プロ野球）　中村俊輔（Jリーグ）　畑山隆則（プロボクシング）

◇毎日スポーツ人賞（平12年度）　●グランプリ　高橋尚子　●文化賞　スポーツ・グラフィック ナンバー　●国際賞　井上康生　●感動賞　サッカー・アジアカップ日本代表チーム　●新人賞　藤田敦史　●ファン賞　田村亮子　●特別賞　成田真由美　小出義雄

【その他】

◇国民栄誉賞（平12年）　高橋尚子

◇将棋大賞　第27回　●最優秀棋士賞　羽生善治　●新人賞　堀口一史座　●最優秀女流棋士賞　石橋幸緒

◇星雲賞　第31回　●日本長編部門　神林長平「グッドラック 戦闘妖精・雪風」　●日本短編部門　野尻抱介「太陽の簒奪者」　●メディア部門　渡辺信一郎「カウボーイビバップ」　●コミック部門　水樹和佳子「イティハーサ」　●アート部門　鶴田謙二　●ノンフィクション部門　ソニー「エンタテインメントロボット"AIBO"」

◇日本SF大賞　第21回　巽孝之「日本SF論争史」

◇日本新語・流行語大賞　第17回　●大賞，トップテン　木下斉「IT革命」　慎吾ママ「おっはー」　●特別賞，トップテン　田村亮子「最高で金 最低でも金」

◇文化勲章（平12年度）　白川英樹（物質科学）　石川忠雄（現代中国研究）　大久保婦久子（皮革工芸）　杉岡華邨（書）　野依良治（有機化学）　山田五十鈴（演劇，映画）

◇ベストドレッサー賞　第29回　●政治・経済部門　水野誠一　依田巽　●学術・文化部門　浅田次郎　●スポーツ・芸能部門　伊藤英明　フィリップ・トルシエ　高橋尚子　●女性部門　浜崎あゆみ

平成13年（2001）

【文学全般】

◇朝日賞〔文学関係〕（平13年）　石牟礼道子"環境破壊による生命系の危機を訴えた創作活動"

◇伊藤整文学賞　第12回　●小説　増田みず子「月夜見」　●評論　中沢新一「フィロソフィア・ヤポニカ」

◇大佛次郎賞　第28回　津島佑子「笑いオオカミ」　萩原延寿「遠い崖—アーネスト・サトウ日記抄」

◇菊池寛賞　第49回　丸谷才一"創作，批評，書評，エッセイから対談，挨拶まで，多ジャンルにわたる知的にして旺盛な文筆活動により，日本文学に豊かな広がりをもたらした"

◇群像新人文学賞　第44回　●小説 当選作　荻原亨「蚤の心臓ファンクラブ」　●小説 優秀作　島本理生「シルエット」　●評論　青木純一「法の執行停止—森鷗外の歴史小説」

◇芸術選奨　第52回　●文学部門 文部科学大臣賞　宮部みゆき「模倣犯」　●文学部門 新人賞　小池光「静物」（歌集）　●評論等 文部科学大臣賞　三浦雅士「青春の終焉」

◇サントリー学芸賞〔芸術・文学部門〕　第23回　岡田暁生「オペラの運命—十九世紀を魅了した『一夜の夢』」　河合祥一郎「ハムレットは太っていた！」　田中優子「江戸百夢—近世図像学の楽しみ」

◇司馬遼太郎賞　第4回　関川夏央"「二葉亭四迷の明治四十一年」など，人間と時代を丹念に等身大で

捉えた評論の域を超えるその斬新な創作活動に対して" 青森県教育庁の岡田康博氏を中心とする三内丸山遺跡の官・民・学に支えられた発掘調査チーム "縄文時代を代表する三内丸山遺跡の発掘調査を通じて，日本の古代観を塗り替えた功績に対して"

◇新田次郎文学賞　第20回　杉山正樹「寺山修司・遊戯の人」
◇日本芸術院賞（第2部・文芸）　第58回　●恩賜賞・日本芸術院賞　高階秀爾"芸術文化に対する評論の業績"
◇野間文芸賞　第54回　瀬戸内寂聴「場所」
◇婦人公論文芸賞　第1回　田口ランディ「できればムカつかずに生きたい」
◇毎日芸術賞　第43回　加藤幸子「長江」　鷹羽狩行「十三星」「翼灯集」(句集)
◇毎日出版文化賞　第55回　●第1部門(文学・芸術)　富岡多恵子,岩波書店「釈迢空ノート」　●特別賞　宮部みゆき,小学館「模倣犯」
◇三島由紀夫賞　第14回　青山真治「ユリイカ EUREKA」　中原昌也「あらゆる場所に花束が…」
◇読売文学賞　第53回　●小説賞　荻篠アンナ「ホラ吹きアンリの冒険」　●戯曲・シナリオ賞　宮藤官九郎「GO」(映画)　●随筆・紀行賞　阿川弘之「食味風々録」　●評論・伝記賞　該当作無し　●詩歌俳句賞　天沢退二郎「幽明偶輪歌」

【小説】

◇芥川龍之介賞　第125回(上期)　玄侑宗久「中陰の花」
◇芥川龍之介賞　第126回(下期)　長嶋有「猛スピードで母は」
◇泉鏡花文学賞　第29回　久世光彦「蕭々館日録」　笙野頼子「幽界森娘異聞」
◇江戸川乱歩賞　第47回　高野和明「13階段」
◇大藪春彦賞　第4回　奥田英朗「邪魔」
◇オール讀物新人賞　第81回　山本恵子「夫婦鯉」
◇オール讀物推理小説新人賞　第40回　岡本真「警鈴」
◇川端康成文学賞　第28回　河野多惠子「半所有者」　町田康「権現の踊り子」
◇木山捷平文学賞　第5回　佐藤洋二郎「イギリス山」
◇柴田錬三郎賞　第14回　志水辰夫「きのうの空」
◇小説現代新人賞　第69回　綿引なおみ「弾丸迷走」　高尾光「テント」
◇小説すばる新人賞　第14回　松樹剛史「残影の馬」
◇新潮新人賞　第33回　●小説部門　鈴木弘樹「グラウンド」　●評論・ノンフィクション部門　該当作なし
◇すばる文学賞　第25回　大泉芽衣子「夜明けの音が聞こえる」
◇太宰治賞　第17回　小島小陸「一滴の嵐」
◇谷崎潤一郎賞　第37回　川上弘美「センセイの鞄」
◇直木三十五賞　第125回(上期)　藤田宜永「愛の領分」
◇直木三十五賞　第126回(下期)　山本一力「あかね空」　唯川恵「肩ごしの恋人」
◇日本推理作家協会賞　第54回　●長篇及び連作短篇集部門　東直己「残光」　菅浩江「永遠の森 博物館惑星」　●短篇部門　該当作なし　●評論その他の部門　井家上隆幸「20世紀冒険小説読本『日本篇』『海外篇』」　都筑道夫「推理作家の出来るまで」
◇日本ファンタジーノベル大賞　第13回　●大賞　粕谷知世「太陽と死者の記録」　●優秀賞　畠中恵「しゃばけ」
◇日本ホラー小説大賞　第8回　●大賞　伊島りすと「ジュリエット」　●長編賞　桐生祐狩「妙薬」　●短編賞　吉永達彦「古川」
◇日本ミステリー文学大賞　第5回　土屋隆夫
◇野間文芸新人賞　第23回　清水博子「処方箋」　堂垣園江「ベラクルス」
◇文學界新人賞　第92回(上期)　長嶋有「サイドカーに犬」　吉村萬壱「クチュクチュバーン」

◇文學界新人賞　第93回（下期）　該当作なし
◇文藝賞　第38回　綿矢りさ「インストール」
◇松本清張賞　第8回　三咲光郎「群蝶の空」
◇紫式部文学賞　第11回　富岡多恵子「釈迢空ノート」
◇山本周五郎賞　第14回　乙川優三郎「五年の梅」　中山可穂「白い薔薇の淵まで」
◇横溝正史ミステリ大賞　第21回　●大賞　川崎草志「長い腕」　●優秀賞　鳥飼久裕「中空」
◇吉川英治文学賞　第35回　宮城谷昌光「子産」

【詩歌】
◇H氏賞　第51回　森哲弥「幻想思考理科室」
◇小熊秀雄賞　第34回　こたきこなみ「星の灰」
◇現代歌人協会賞　第45回　永田紅「日輪」
◇現代詩人賞　第19回　以倉紘平「プシュパブリシュティ」
◇現代詩花椿賞　第19回　高貝弘也「再生する光」
◇現代短歌大賞　第24回　玉城徹「香貫」
◇河野愛子賞　第11回　大滝和子「人類のヴァイオリン」　久々湊盈子「あらばしり」
◇齋藤茂吉短歌文学賞　第13回　竹山広「竹山広全歌集」
◇詩歌文学館賞　第16回　●詩　安水稔和「椿崎や見なんとて」　●短歌　高野公彦「水苑」　●俳句　成田千空「忘年」
◇高見順賞　第32回　鈴木志郎康「胡桃ポインタ」　阿部日奈子「海曜日の女たち」
◇蛇笏賞　第35回　宇多喜代子「象」
◇沼空賞　第35回　高野公彦「水苑」
◇壺井繁治賞　第29回　市川清「記憶の遠近法」
◇寺山修司短歌賞　第6回　山田富士郎「羚羊譚」
◇藤村記念歴程賞　第39回　清水徹「書物について―その形而下学と形而上学」
◇中原中也賞　第6回　アーサー・ビナード「釣り上げては」
◇日本歌人クラブ賞　第28回　岩田正「和韻」
◇俳人協会賞　第41回　茨木和生「往馬」　神蔵器「貴椿」
◇萩原朔太郎賞　第9回　町田康「土間の四十八滝」
◇晩翠賞　第42回　松本邦吉「発熱頌」
◇丸山薫賞　第8回　菊地隆三「夕焼け小焼け」
◇丸山豊記念現代詩賞　第10回　高橋順子「貧乏な椅子」
◇若山牧水賞　第6回　河野裕子「歩く」

【戯曲】
◇岸田國士戯曲賞　第45回　三谷幸喜「オケピ！」
◇年鑑代表シナリオ（平13年度）　宮藤官九郎「GO」　宮崎駿「千と千尋の神隠し」　熊井啓「日本の黒い夏『冤罪』」　青島武「光の雨」　村上修「ターン」　橋口亮輔「ハッシュ！」　森らいみ「風花」　冨川元文, 天願大介, 今村昌平「赤い橋の下のぬるい水」　経塚丸雄「連弾」　古厩智之「まぶだち」

【評論・随筆】
◇大宅壮一ノンフィクション賞　第32回　平松剛「光の教会 安藤忠雄の現場」　星野博美「転がる香港に苔は生えない」
◇講談社エッセイ賞　第17回　小池昌代「屋上への誘惑」　坪内祐三「慶応三年生まれ七人の旋毛曲り」
◇講談社ノンフィクション賞　第23回　大崎善生「将棋の子」
◇新潮学芸賞　第14回　斎藤孝「身体感覚を取り戻す―腰・ハラ文化の再生」

◇日本エッセイスト・クラブ賞　第49回　青柳いづみこ「青柳瑞穂の生涯―真贋のあわいに」　三宮麻由子「そっと耳を澄ませば」　簾内敬司「菅江真澄 みちのく漂流」

【児童文学】

◇赤い鳥文学賞　第31回　はたちよしこ「またすぐに会えるから」　●特別賞　あまんきみこ「車のいろは空のいろ シリーズ」
◇講談社出版文化賞　第32回　絵本賞　大塚敦子文・写真「さよなら エルマおばあさん」
◇産経児童出版文化賞　第48回　●大賞　スティーブ・ヌーン絵, アン・ミラード文, 松沢あさか, 高岡メルヘンの会訳「絵で見る ある町の歴史」
◇児童福祉文化賞　第44回　●出版物部門　福音館書店「声で読む日本の詩歌166「おーい ぽぽんた」」
◇児童文芸新人賞　第30回　金治直美「さらば、猫の手」　草野たき「透きとおった糸をのばして」　西村祐見子「せいざのなまえ」
◇小学館児童出版文化賞　第50回　大塚敦子「さよなら エルマおばあさん」　畠山重篤「漁師さんの森づくり」
◇日本絵本賞　第7回　●大賞　柴田愛子文, 伊藤秀男絵「けんかのきもち」　●日本絵本賞読者賞(山田養蜂場賞)　デイビッド・シャノン作, 小川仁央訳「だめよ、デイビッド！」
◇日本児童文学者協会賞　第41回　最上一平「ぬくい山のきつね」
◇日本児童文芸家協会賞　第25回　該当作なし　●特別賞　久米みのる "翻訳書200冊刊行等の業績に対して"
◇野間児童文芸賞　第39回　花形みつる「ぎりぎりトライアングル」
◇ひろすけ童話賞　第12回　矢部美智代「なきむし はるのくん」
◇椋鳩十児童文学賞　第11回　安東みきえ「天のシーソー」

【映画・テレビ全般】

◇エランドール賞〔新人賞〕(平13年度)　●新人賞　伊藤英明　窪塚洋介　及川光博　池脇千鶴　加藤あい　矢田亜希子　●特別賞　徳間康快(故人)　カネボウ ヒューマンスペシャル　●作品賞　「十五才 学校Ⅳ」　「ビューティフルライフ」
◇菊池寛賞　第49回　NHK・プロジェクトX制作スタッフ "戦後日本を築き上げた名も無き人々の挑戦の物語を描き、元気を喪失している多くの日本人に明日への勇気を与えた"　双葉十三郎 "半世紀以上に及ぶ、高い見識とユーモア精神に溢れた映画批評の集大成「西洋シネマ大系―ぼくの採点表」全6巻の刊行"
◇芸術選奨　第52回　●映画部門 文部科学大臣賞　降旗康男「ホタル」　●映画部門 新人賞　古厩智之「まぶだち」　●評論等 新人賞　瀬川裕司「美の魔力 レーニ・リーフェンシュタールの真実」　●放送部門 文部科学大臣賞　野954尚「反乱のボヤージュ」(テレビドラマ)　●放送部門 新人賞　三村千鶴 "ラジオドラマ「潮騒の彼方から」など"

【映画】

◇川喜多賞　第19回　市川崑
◇キネマ旬報賞　第47回　●日本映画監督賞　行定勲「GO」「贅沢な骨」　●脚本賞　宮藤官九郎「GO」　●主演女優賞　片岡礼子「ハッシュ！」　●主演男優賞・新人男優賞　窪塚洋介「GO」「溺れる魚」　●助演女優賞　柴咲コウ「GO」「案山子 KAKASHI」　●助演男優賞　山崎努「GO」「女学生の友」「天国から来た男たち」「Go！」　●新人女優賞　真中瞳「ココニイルコト」　●読者選出日本映画監督賞　宮﨑駿「千と千尋の神隠し」　●読者賞　川本三郎「映画を見ればわかること」
◇キネマ旬報ベスト・テン　第75回　●日本映画 第1位　「GO」(行定勲監督)　●外国映画 第1位　「トラフィック」(スティーヴン・ソダーバーグ監督)
◇ゴールデングロス賞　第19回　●日本映画部門 最優秀金賞　東宝「千と千尋の神隠し」　●外国映画部門 最優秀金賞　ワーナー・ブラザース「A.I.」　●マネーメーキング監督賞　宮﨑駿　●全興連特別大賞　宮﨑駿　●ゴールデングロス話題賞　東映「バトル・ロワイアル」

◇日刊スポーツ映画大賞・石原裕次郎賞　第14回　●作品賞　「千と千尋の神隠し」(宮﨑駿監督)　●監督賞　行定勲「GO」　●主演男優賞　竹中直人「三文役者」「連弾」　●主演女優賞　岸惠子「かあちゃん」　●助演男優賞　山崎努「GO」　●助演女優賞　天海祐希「連弾」　●新人賞　柴咲コウ「バトル・ロワイアル」「GO」　●外国作品賞　「リトル・ダンサー」　●石原裕次郎賞　「ホタル」(降旗康男監督)　●石原裕次郎新人賞　窪塚洋介「GO」

◇日本アカデミー賞　第24回　●最優秀作品賞　「雨あがる」　●最優秀監督賞　阪本順治「顔」　●最優秀主演男優賞　寺尾聰「雨あがる」　●最優秀主演女優賞　吉永小百合「長崎ぶらぶら節」　●最優秀助演男優賞　佐藤浩市「ホワイトアウト」　●最優秀助演女優賞　原田美枝子「雨あがる」　●最優秀脚本賞　黒澤明「雨あがる」　●最優秀外国作品賞　「ダンサー・イン・ザ・ダーク」

◇ぴあテン〔映画部門〕　第30回　●第1位　「千と千尋の神隠し」(宮﨑駿監督)

◇ブルーリボン賞　第44回　●最優秀作品賞　「千と千尋の神隠し」(宮﨑駿監督)　●監督賞　行定勲「GO」　●主演男優賞　野村萬斎「陰陽師」　●主演女優賞　天海祐希「狗神」「連弾」「千年の恋 ひかる源氏物語」　●助演男優賞　山崎努「GO」　●助演女優賞　奈良岡朋子「ホタル」　●新人賞　柴咲コウ「GO」　●外国映画賞　「JSA」

◇報知映画賞　第26回　●最優秀作品賞　「GO」(行定勲監督)　「ギャラクシー・クエスト」　●最優秀主演男優賞　窪塚洋介「GO」　●最優秀主演女優賞　小泉今日子「風花」　●最優秀助演男優賞　山崎努「GO」「天国から来た男たち」「女学生の友」　●最優秀助演女優賞　柴咲コウ「GO」「バトル・ロワイアル」「案山子 KAKASHI」　●最優秀監督賞　宮﨑駿「千と千尋の神隠し」　●最優秀新人賞　真中瞳「ココニイルコト」

◇毎日映画コンクール　第56回　●日本映画賞 大賞　「千と千尋の神隠し」　●監督賞　宮﨑駿「千と千尋の神隠し」　●脚本賞　宮藤官九郎「GO」　●男優主演賞　三橋達也「忘れられぬ人々」　●女優主演賞　牧瀬里穂「ターン」　●男優助演賞　寺島進「みすゞ」「BROTHER」「空の穴」　●女優助演賞　荻野目慶子「三文役者」　●スポニチグランプリ新人賞　窪塚洋介「GO」　柴咲コウ「バトル・ロワイアル」「GO」　長沢雅彦「ココニイルコト」　●日本映画ファン賞　「千と千尋の神隠し」　●アニメーション映画賞　「千と千尋の神隠し」　大藤信郎賞　スタジオジブリ「くじらとり」　●田中絹代賞　倍賞美津子　●特別賞　伊藤武郎 "戦争と平和"「真空地帯」などの数々の名作を製作した功績に対して"　相米慎二「セーラー服と機関銃」「お引越し」「台風クラブ」など数々の優れた作品を監督した功績に対して"　左幸子「飢餓海峡」「にっぽん昆虫記」ほかの演技に対して"

◇優秀映画鑑賞会ベストテン　第42回　●日本映画 第1位　「日本の黒い夏『冤罪』」　●外国映画 第1位　「山の郵便配達」

【テレビ】

◇ギャラクシー賞　第39回　●テレビ部門 大賞　WOWOW、プログレッシブピクチャーズ、フジクリエイティブコーポレーション「TOYD」　●テレビ部門 特別賞　全国朝日放送「素敵な宇宙船地球号」　●テレビ部門 個人賞　阿部寛 "できちゃった結婚」「アンティーク～西洋骨董洋菓子店」「五弁の椿」などの演技"　●CM部門 大賞　福岡三越、アプト・クリエーション、電通九州「三越サマーセール『試着室篇』」

◇芸術祭賞〔テレビ部門(ドラマ)〕　第56回　●大賞　日本放送協会「ドラマ『僕はあした十八になる』」　●優秀賞　中部日本放送「山田太一スペシャル『再会』」　テレビ東京「21世紀特別企画『天国までの百マイル』」　毎日放送「毎日放送開局50周年記念『ごきげんいかが？ テディベア』」

◇日刊スポーツ・ドラマグランプリ　第5回　●主演男優賞　滝沢秀明「アンティーク～西洋骨董洋菓子店～」　●主演女優賞　深津絵里「恋ノチカラ」　●助演男優賞　上川隆也「新・お水の花道」　●助演女優賞　天海祐希「水曜日の情事」　●作品賞　「アンティーク～西洋骨董洋菓子店～」(主演・滝沢秀明)

◇日本民間放送連盟賞(平13年)　●番組部門(テレビエンターテインメント) 最優秀　朝日放送「探偵！ナイトスクープ」　●番組部門(テレビドラマ) 最優秀　ビーエス・アイ「告別」

◇橋田賞　第10回　●大賞　該当作なし　●橋田賞　テレビ朝日「張込み」　テレビ東京「壬生義士伝～新選組でいちばん強かった男」　NHK「日本人はるかな旅」　TBS「世界・ふしぎ発見！」　TBS美術スタッフ「明るいほうへ 明るいほうへ」　岡田惠和　松たか子　●新人賞　池脇千鶴

●特別賞　渡哲也　●10周年記念特別顕彰　NHK連続テレビ小説　TBS「水戸黄門」　フジテレビ「北の国から」

◇放送文化基金賞　第27回　●テレビドラマ番組　NHK大阪「土曜特集ドラマ ネット・バイオレンス～名も知らぬ人々からの暴力」　●テレビエンターテインメント番組　NHK, NHKエンタープライズ21, ホリプロ「BSスペシャル「世紀を刻んだ歌」ヘイ・ジュード～革命のシンボルになった名曲」　●男優演技賞　三上博史「ストレートニュース」の演技"　●女優演技賞　夏川結衣「土曜特集ドラマ ネット・バイオレンス～名も知らぬ人々からの暴力」の演技"　●出演者賞　月岡祐紀子 "「娘三味線へんろ旅～1400キロ・心を探す道」の出演"

◇向田邦子賞　第20回　岡田惠和「ちゅらさん」

【芸能全般】

◇浅草芸能大賞　第18回　●大賞　市川猿之助（3代）　●奨励賞　柳家権太楼（3代）　●新人賞　大和悠河（宝塚歌劇団）

◇芸術選奨　第52回　●演劇部門 文部科学大臣賞　池内淳子「空のかあさま」　●演劇部門 新人賞　高瀬久男「文学座公演「モンテ・クリスト伯」など"　●大衆芸能部門 文部科学大臣賞　日野皓正 アルバム「D・N・A」など　●大衆芸能部門 新人賞　桂吉朝 "「米朝・吉朝の会」の「七段目」など"

◇ゴールデン・アロー賞　第39回　●大賞　中村勘九郎（5代）　●最優秀新人賞　松浦亜弥　●映画賞　窪塚洋介　●映画賞 映画新人賞　妻夫木聡　●演劇賞　中村勘九郎（5代）　●演劇賞 演劇新人賞　山崎裕太　●音楽賞　つんく♂　●音楽賞 音楽新人賞　CHEMISTRY　w-inds.　松浦亜弥　●放送賞　米倉涼子　●放送新人賞　国仲涼子　●芸能賞　ココリコ　●芸能賞 芸能新人賞　品川庄司　●特別賞　宮﨑駿　●話題賞　小泉孝太郎　●グラフ賞　井川遥

◇松尾芸能賞　第22回　●大賞　舟木一夫　●優秀賞 演劇　大地真央　加藤敬二　●新人賞 演劇　市川新之助　●新人賞 歌謡　岩本公水　●特別賞 歌謡　デューク・エイセス

【音楽】

◇ALL JAPAN リクエストアワード　第34回　●グランプリ　浜崎あゆみ「M」　●最優秀新人賞　ZONE「secret base～君がくれたもの～」　●最優秀エンターテイメント賞　モーニング娘。「ザ☆ピ～ス！」　●最優秀歌唱賞　ゴスペラーズ「ひとり」　●読売テレビ特別表彰　氷川きよし「大井追っかけ音次郎」　Every Little Thing「fragile」

◇JASRAC賞　第19回　●金賞　桑田佳祐作詞・作曲ほか「TSUNAMI」　●銀賞　浜崎あゆみ作詞, D・A・I作曲ほか「SEASONS」　●銅賞　つんく♂作詞・作曲ほか「LOVEマシーン」　●国際賞　有沢孝紀ほか「美少女戦士セーラームーンBGM」

◇日本ゴールドディスク大賞　第16回　●アーティスト・オブ・ザ・イヤー　浜崎あゆみ

◇日本作詩大賞　第34回　●大賞　たかたかし「凛として」（歌・坂本冬美）　●特別賞　堀内孝雄「終止符」ほか　●最優秀新人賞　鈴木ちさと「春・夢綴り」（歌・黒木梨花）

◇日本有線大賞　第34回　●大賞　浜崎あゆみ「Dearest」　●最多リクエスト曲賞　氷川きよし「大井追っかけ音次郎」　●最多リクエスト歌手賞　浜崎あゆみ　●最優秀新人賞　ZONE「secret base～君がくれたもの～」　島谷ひとみ「市場に行こう」　浜崎あゆみ「Dearest」　モーニング娘。「ザ☆ピ～ス！」　Every Little Thing「fragile」　氷川きよし「大井追っかけ音次郎」　田川寿美「海鳴り」　チェウニ「星空のトーキョー」　冠二郎「酒に酔いたい」

◇日本レコードセールス大賞　第34回　●アーティストセールス部門 大賞　浜崎あゆみ　●新人部門 大賞　CHEMISTRY　●シングル部門 大賞　浜崎あゆみ　●アルバム部門 大賞　浜崎あゆみ

◇日本レコード大賞　第43回　●グランプリ　浜崎あゆみ「Dearest」　●最優秀新人賞　w-inds.「Paradox」　●最優秀歌唱賞　田川寿美「海鳴り」　●最優秀アルバム賞　ゴスペラーズ「Love Notes」　●吉田正賞　杉本真人

◇ぴあテン〔音楽部門〕　第30回　●第1位　桑田佳祐

【演劇】

◇菊田一夫演劇賞　第27回　●演劇大賞　十朱幸代 "「悪女について」の富小路公子, 「マディソン郡の

橋」のフランチェスカの演技"　●演劇賞　杉浦直樹 "あ・うん」の門倉修造の演技"　斉藤由貴 "空のかあさま」の金子みすゞの演技"　坂口良子 "質屋の女房」の田島蔦代の演技"　大塚道子 "放浪記」の林きしの演技など"　●特別賞　植田紳爾 "宝塚歌劇を発展させた功績"　藤岡琢也 "長年の舞台の功績"

◇紀伊國屋演劇賞　第36回　●団体賞　新国立劇場運営財団 "時代と記憶」連続上演シリーズおよび「コペンハーゲン」の優れた舞台成果"　●個人賞　加藤治子　鵜山仁　吉田鋼太郎　マキノノゾミ　秋山菜津子

◇芸術祭賞〔演劇部門〕　第56回　●大賞　茂山忠三郎 "忠三郎狂言会」における演技"

◇ぴあテン〔演劇部門〕　第30回　●第1位　劇団四季「キャッツ」

◇毎日芸術賞　第43回　麻実れい "サラ」の演技"　千田是也賞　宮田慶子 "赤シャツ」などの演出"

◇読売演劇大賞　第9回　●大賞・最優秀作品賞　新国立劇場「こんにちは、母さん」　●最優秀男優賞　平田満 "こんにちは、母さん」「アート」での演技"　●最優秀女優賞　加藤治子 "こんにちは、母さん」での演技"　●最優秀演出家賞　宮田慶子 "赤シャツ」「悔しい女」「セイムタイム・ネクストイヤー」などの演出"　●杉村春子賞〔新人対象〕　秋山菜津子 "プルーフ/証明」「ブルールーム」などでの演技"　●選考委員特別賞　高畑淳子 "セイムタイム・ネクストイヤー」「悔しい女」での演技"

【演芸】

◇上方お笑い大賞　第30回　●大賞　桂吉朝　●最優秀技能賞　中川家　●話題賞　なるみ　ますだおかだ　●最優秀新人賞　キングコング　●30周年記念特別賞　桂米朝(3代)　夢路いとし,喜味こいし

◇上方漫才大賞　第36回　●大賞　中田カウス,中田ボタン　●奨励賞　ますだおかだ　●優秀新人賞　COWCOW　●新人賞　キングコング

◇芸術祭賞〔演芸部門〕　第56回　●大賞　山崎陽子 "朗読ミュージカル "山崎陽子の世界Ⅳ」」の成果"

【漫画・アニメ】

◇朝日賞(平13年)　宮﨑駿 "優れたアニメーション映画の製作"

◇菊池寛賞　第49回　宮﨑駿 "世界的にも高水準のアニメーション作品を20年以上にわたって製作し,世代を越えて人々に感動を与えつづけた"

◇講談社漫画賞　第25回　●少年部門　赤松健「ラブひな」　●少女部門　高屋奈月「フルーツバスケット」　●一般部門　浦沢直樹「20世紀少年」

◇小学館漫画賞　第47回　●児童向け部門　竜山さゆり「ぶくぶく天然かいらんばん」　●少年向け部門　高橋留美子「犬夜叉」　●少女向け部門　吉田秋生「YASHA―夜叉」　清水玲子「輝夜姫」　●一般向け部門　武論尊原作,池上遼一作画「HEAT―灼熱」　●審査委員特別賞　黒鉄ヒロシ「赤兵衛」ほか

◇手塚治虫文化賞　第5回　●マンガ大賞　岡野玲子,夢枕獏原作「陰陽師」　●マンガ優秀賞　しりあがり寿「弥次喜多 in DEEP」　●特別賞　丸山昭 "トキワ荘に集った多くの作家を育てた功績に対して"

◇文化庁メディア芸術祭　第5回　●アニメーション部門 大賞　宮﨑駿「千と千尋の神隠し」　●マンガ部門 大賞　福山庸治「F氏の日常」　●特別賞　宮﨑駿

◇文藝春秋漫画賞　第47回　小田原ドラゴン「コギャル寿司(1)」　菊池晃弘「メカッピキ ポチ丸」

【スポーツ】

◇朝日スポーツ賞(平13年度)　長嶋茂雄 "選手・監督を通じ,国民的ヒーローとしてプロ野球の隆盛を築いた実績"　青木功 "海外を含めたプロゴルフツアーで優れた成績をあげ,通算1000試合出場を達成"　田村亮子 "世界柔道選手権女子48キロ級で前人未踏の5連覇を達成"　井村雅代,立花美哉,武田美保 "世界水泳選手権シンクロ・デュエットで日本勢初の金メダルを獲得"　室伏広治 "世界陸上選手権男子ハンマー投げで,投てき種目では日本選手初の銀メダルを獲得"　●特別賞　イチロー "米大リーグ・アメリカンリーグで日本人初の首位打者に輝いた"

◇菊池寛賞　第49回　イチロー "米国大リーグの選手として攻走守にわたる卓越した野球術を発揮し、日本人のみならず米国人まで魅了した活躍"
◇日本プロスポーツ大賞　第34回　●大賞　イチロー（プロ野球）　●殊勲賞　タフィー・ローズ（プロ野球）　伊沢利光（男子プロゴルフ）　古田敦也（プロ野球）
◇毎日スポーツ人賞（平13年度）　●グランプリ　長嶋茂雄　●文化賞　秋田ワールドゲームズ2001組織委員会　●国際賞　室伏広治　●感動賞　徳山昌守　●新人賞　為末大　●ファン賞　イチロー　●特別賞　貴乃花光司

【その他】

◇将棋大賞　第28回　●最優秀棋士賞　羽生善治　●新人賞　山崎隆之　●最優秀女流棋士賞　清水市代
◇星雲賞　第32回　●日本長編部門　菅浩江「永遠の森　博物館惑星」　●日本短編部門　梶尾真治「あしびきデイドリーム」　●メディア部門　SCEI、アルファシステム「高機動幻想ガンパレード・マーチ」　●コミック部門　CLAMP「カードキャプターさくら」　●アート部門　鶴田謙二　●ノンフィクション部門　長谷川裕一「もっとすごい科学で守ります！」
◇日本SF大賞　第22回　北野勇作「かめくん」
◇日本新語・流行語大賞　第18回　●年間大賞　小泉純一郎 "米百俵/聖域なき改革/恐れず怯まず捉われず/骨太の方針/ワイドショー内閣/改革の『痛み』"　●語録賞　武智三繁「人間て、なかなか死なないもんだ」　若松勉「ファンの皆さま本当に日本一、おめでとうございます」
◇文化勲章（平13年度）　井口洋夫（分子エレクトロニクス）　豊島久真男（ウイルス学）　中根千枝（社会人類学）　守屋多々志（日本画、古画再現）　淀井敏夫（彫刻）
◇ベストドレッサー賞　第30回　●政治・経済部門　石原伸晃　宇野康秀　●学術・文化部門　佐渡裕　●スポーツ・芸能部門　平井堅　新庄剛志　●女性部門　米倉涼子　●グランドベストドレッサー　渡辺貞夫

平成14年（2002）

【文学全般】

◇朝日賞〔文学関係〕（平14年）　城山三郎 "経済小説の分野を確立、組織と人間を描いてきた業績"
◇伊藤整文学賞　第13回　●小説　高橋源一郎「日本文学盛衰史」　●評論　三浦雅士「青春の終焉」
◇大佛次郎賞　第29回　長部日出雄「桜桃とキリスト」　亀山郁夫「磔のロシア」
◇菊池寛賞　第50回　五木寛之　杉本苑子
◇群像新人文学賞　第45回　●小説　寺村朋輝「死せる魂の幻想」　早川大介「ジャイロ！」　●評論　当選作　伊藤氏貴「他者の在処―芥川の言語論」　●評論　優秀作　安藤礼二「神々の闘争―折口信夫論」
◇芸術選奨　第53回　●文学部門　文部科学大臣賞　石牟礼道子「はにかみの国　石牟礼道子全詩集」　正木ゆう子「静かな水」（句集）　●文学部門　新人賞　佐藤亜紀「天使」
◇サントリー学芸賞〔芸術・文学部門〕　第24回　加藤徹「京劇―『政治の国』の俳優群像」　小谷野敦「聖母のいない国―The North American Novel」　沼野充義「徹夜の塊　亡命文学論」
◇司馬遼太郎賞　第5回　宮部みゆき　山内昌之
◇新田次郎文学賞　第21回　佐々木譲「武揚伝」
◇日本芸術院賞（第2部・文芸）　第59回　恩賜賞・日本芸術院賞　津村節子 "長年にわたる作家としての業績"　日本芸術院賞　まど・みちお "詩と童謡創作における長年の業績"　馬場あき子 "長年の歌人としての業績"　金子兜太「東国抄」（第13句集）,「金子兜太集」全4巻
◇野間文芸賞　第55回　高井有一「時の潮」
◇婦人公論文芸賞　第2回　岩井志麻子「チャイ・コイ」
◇毎日芸術賞　第44回　清岡卓行「一瞬」（詩集）,「太陽に酔う」（短編集）

◇毎日出版文化賞　第56回　●第1部門（文学・芸術）　石川九楊, 名古屋大学出版会「日本書史」
　●特別賞　斎藤孝, 草思社「声に出して読みたい日本語」
◇三島由紀夫賞　第15回　小野正嗣「にぎやかな湾に背負われた船」
◇読売文学賞　第54回　●小説賞　水村美苗「本格小説」　●戯曲・シナリオ賞　坂手洋二「屋根裏」
　●随筆・紀行賞　佐々木幹郎「アジア海道紀行」　●評論・伝記賞　野口武彦「幕末気分」　●詩歌
　俳句賞　長谷川櫂「虚空」（句集）

【小説】

◇芥川龍之介賞　第127回（上期）　吉田修一「パーク・ライフ」
◇芥川龍之介賞　第128回（下期）　大道珠貴「しょっぱいドライブ」
◇泉鏡花文学賞　第30回　野坂昭如「文壇」
◇江戸川乱歩賞　第48回　三浦明博「亡兆のモノクローム」
◇大藪春彦賞　第5回　打海文三「ハルビン・カフェ」
◇オール讀物新人賞　第82回　桜木紫乃「雪虫」
◇オール讀物推理小説新人賞　第41回　朱川湊人「フクロウ男」
◇川端康成文学賞　第29回　堀江敏幸「スタンス・ドット」　青山光二「吾妹子哀し」
◇木山捷平文学賞　第6回　平出隆「猫の客」
◇『このミステリーがすごい！』大賞　第1回　●大賞 金賞　浅倉卓弥「四日間の奇蹟」　●大賞 銀
　賞　東山魚良「タード・オン・ザ・ラン（TURD ON THE RUN）」　●優秀賞　ティ・エン「沈む
　さかな」　●読者賞　東山魚良「タード・オン・ザ・ラン（TURD ON THE RUN）」
◇柴田錬三郎賞　第15回　坂東真砂子「曼荼羅道」
◇小説現代新人賞　第70回　栗林佐知「券売機の恩返し」
◇小説すばる新人賞　第15回　関口尚「プリズムの夏」
◇新潮新人賞　第34回　●小説部門　犬山丈「フェイク」　中村文則「銃」　●評論部門　該当作なし
◇すばる文学賞　第26回　織田みずほ「スチール」　栗田有起「ハミザベス」　●佳作　竹邑祥太「プ
　ラスティック・サマー」
◇太宰治賞　第18回　小川内初枝「緊縛」
◇谷崎潤一郎賞　第38回　該当作なし
◇直木三十五賞　第127回（上期）　乙川優三郎「生きる」
◇直木三十五賞　第128回（下期）　該当作なし
◇日本推理作家協会賞　第55回　●長篇及び連作短篇集部門　山田正紀「ミステリ・オペラ」　古川日
　出男「アラビアの夜の種族」　●短篇部門　法月綸太郎「都市伝説パズル」　光原百合「十八の夏」
　●評論その他の部門　該当作品なし
◇日本ファンタジーノベル大賞　第14回　●大賞　西崎憲「ショート・ストーリーズ」　●優秀賞　小
　山歩「戒」
◇日本ホラー小説大賞　第9回　●大賞　該当作なし　●短編賞　該当作なし
◇日本ミステリー文学大賞　第6回　都筑道夫　●特別賞　鮎川哲也
◇野間文芸新人賞　第24回　佐川光晴「縮んだ愛」　若合春侑「海馬の助走」
◇文學界新人賞　第94回（上期）　北岡耕二「わたしの好きなハンバーガー」　蒔岡雪子「飴玉が三つ」
◇文學界新人賞　第95回（下期）　該当作なし　●佳作　河西美穂「ミネさん」
◇文藝賞　第39回　中村航「リレキショ」　岡田智彦「キッズ アー オールライト」
◇松本清張賞　第9回　山本音也「偽書西鶴」
◇紫式部文学賞　第12回　河野裕子「歩く」
◇山本周五郎賞　第15回　吉田修一「パレード」　江國香織「泳ぐのに、安全でも適切でもありません」
◇横溝正史ミステリ大賞　第22回　●大賞　初野晴「水の時計」　●テレビ東京賞　滝本陽一郎「逃げ
　口上」

◇吉川英治文学賞　第36回　伊集院静「ごろごろ」

【詩歌】

◇H氏賞　第52回　松尾真由美「密約―オブリガート」
◇小熊秀雄賞　第35回　玉川鵬心「花嫌い神嫌い」
◇現代歌人協会賞　第46回　岩井謙一「光弾」　真中朋久「雨裂」
◇現代詩人賞　第20回　粒来哲蔵「島幻記」
◇現代詩花椿賞　第20回　清岡卓行「一瞬」
◇現代短歌大賞　第25回　馬場あき子「世紀」
◇河野愛子賞　第12回　池田はるみ「ガーゼ」
◇齋藤茂吉短歌文学賞　第14回　藤岡武雄「書簡にみる斎藤茂吉」
◇詩歌文学館賞　第17回　●詩　伊藤信吉「老世紀界隈で」　●短歌　竹山広「竹山広全歌集」　●俳句　清水径子「雨の樹」
◇高見順賞　第33回　藤井貞和「ことばのつえ、ことばのつえ」
◇蛇笏賞　第36回　金子兜太「東国抄」
◇沼空賞　第36回　竹山広「射禱」（『竹山広全歌集』収録）
◇壺井繁治賞　第30回　伊藤真司「切断荷重」（三重詩話会）
◇寺山修司短歌賞　第7回　島田修三「シジフォスの朝」
◇藤村記念歴程賞　第40回　幸田弘子"古典から現代の小説・短歌・俳句などを朗読する「舞台朗読」という芸術ジャンルを確立"　藤井貞和「ことばのつえ、ことばのつえ」
◇中原中也賞　第7回　日和聡子「びるま」（私家版）
◇日本歌人クラブ賞　第29回　永田和宏「荒神」
◇俳人協会賞　第42回　大峯あきら「宇宙塵」
◇萩原朔太郎賞　第10回　入沢康夫「遠い宴楽」
◇晩翠賞　第43回　吉田文憲「原子野」
◇丸山薫賞　第9回　鎗田清太郎「詩集 思い川の馬」
◇丸山豊記念現代詩賞　第11回　まど・みちお「うめぼしリモコン」
◇若山牧水賞　第7回　三枝昂之「農鳥」

【戯曲】

◇岸田國士戯曲賞　第46回　該当作なし
◇年鑑代表シナリオ（平14年度）　荒井晴彦「KT」　万田珠実, 万田邦敏「UNLOVED」　西岡琢也, 佐々部清「陽はまた昇る」　成島出「笑う蛙」　山田耕大「ごめん」　鄭義信「OUT」　山田洋次, 朝間義隆「たそがれ清兵衛」　中村義洋, 鈴木謙一「LAST SCENE ラストシーン」　天願大介「AIKI」　丸山昇一「夜を賭けて」

【評論・随筆】

◇大宅壮一ノンフィクション賞　第33回　米原万里「嘘つきアーニャの真っ赤な真実」
◇講談社エッセイ賞　第18回　受賞作なし
◇講談社ノンフィクション賞　第24回　斉藤道雄「悩む力 べてるの家の人びと」　高木徹「ドキュメント 戦争広告代理店―情報操作とボスニア紛争」
◇小林秀雄賞　第1回　橋本治「『三島由紀夫』とはなにものだったのか」　斎藤美奈子「文章読本さん江」
◇新潮ドキュメント賞　第1回　高木徹「ドキュメント 戦争広告代理店―情報操作とボスニア紛争」
◇日本エッセイスト・クラブ賞　第50回　デビット・ゾペティ「旅日記」　日高敏隆「春の数えかた」　四方田犬彦「ソウルの風景」

【児童文学】

◇赤い鳥文学賞　第32回　沖井千代子「空ゆく舟」
◇講談社出版文化賞　第33回　●絵本賞　武建華絵,千葉幹夫文「舌ながばあさん」
◇産経児童出版文化賞　第49回　●大賞　ヘニング・マンケル作,オスターグレン晴子訳「炎の秘密」
◇児童福祉文化賞　第45回　●出版物部門　今泉吉晴「子どもに愛されたナチュラリスト「シートン」」
◇児童文芸新人賞　第31回　渡辺わらん「ボーソーとんがりネズミ」　三津麻子「どえらいでぇ！ミヤちゃん」
◇小学館児童出版文化賞　第51回　秋野和子,石垣幸代「サシバ舞う空」　佐野洋子「ねえ とうさん」
◇日本絵本賞　第8回　●大賞　塩野米松文,村上康成絵「なつのいけ」　●日本絵本賞読者賞（山田養蜂場賞）　さとうけいこ作,さわだとしき絵「てではなそうきらきら」
◇日本児童文学者協会賞　第42回　沖井千代子「空ゆく舟」　花形みつる「ぎりぎりトライアングル」
◇日本児童文芸家協会賞　第26回　竹内もと代「不思議の風ふく島」　●特別賞　浜野卓也 "「さよなら友だち」など20冊以上の著作に対して"
◇野間児童文芸賞　第40回　征矢清「ガラスのうま」
◇ひろすけ童話賞　第13回　さだまさし「おばあちゃんのおにぎり」
◇椋鳩十児童文学賞　第12回　河俣規世佳「おれんじ屋のきぬ子さん」

【映画・テレビ全般】

◇エランドール賞〔新人賞〕(平14年度)　●新人賞　国仲涼子　坂口憲二　竹内結子　妻夫木聡　藤木直人　米倉涼子　●特別賞　えなりかずき　平良とみ　西岡善信　伊藤武郎(故人)　俊藤浩滋(故人)　相米慎二(故人)　●作品賞　「千と千尋の神隠し」　「HERO」
◇菊池寛賞　第50回　倉本聰,フジテレビ・北の国から制作出演スタッフ "21年間に及ぶ前人未踏の長期シリーズにより日本人の原点を見つめなおし,世代を超えて感動を与えた"　国谷裕子,NHKテレビ・クローズアップ現代制作スタッフ "発足以来10年,1600回を超える番組で,身近な暮らしから政治,経済,国際情勢まで,現代が抱える諸問題を平易かつ的確にレポートし続けてきた功績"
◇芸術選奨　第53回　●映画部門　文部科学大臣賞　真田広之「たそがれ清兵衛」　●映画部門 新人賞　中田秀夫 "映画「リング」など"　●放送部門　文部科学大臣賞　吉岡雅春「アフリカの21世紀 隔離された人々」（ドキュメンタリー）　●放送部門 新人賞　宮藤官九郎 "ドラマ「木更津キャッツアイ」など"

【映画】

◇川喜多賞　第20回　西岡善信
◇キネマ旬報賞　第48回　●日本映画監督賞　山田洋次「たそがれ清兵衛」　●脚本賞　山田洋次,朝間義隆「たそがれ清兵衛」　●主演女優賞　宮沢りえ「たそがれ清兵衛」「うつつ」　●主演男優賞　真田広之「たそがれ清兵衛」「助太刀屋助六」　●助演女優賞　北林谷栄「阿弥陀堂だより」　●助演男優賞　香川照之「OUT」「KT」「刑務所の中」「ピービー兄弟」「歩く,人」「竜二 Forever」　●新人女優賞　小西真奈美「阿弥陀堂だより」「クロエ」「うつつ」　●新人男優賞　田中泯「たそがれ清兵衛」　●読者選出日本映画監督賞　山田洋次「たそがれ清兵衛」　●キネマ旬報読者賞　川本三郎「映画を見ればわかること」
◇キネマ旬報ベスト・テン　第76回　●日本映画 第1位　「たそがれ清兵衛」(山田洋次監督)　●外国映画 第1位　「ロード・トゥ・パーディション」(サム・メンデス監督)
◇ゴールデングロス賞　第20回　●日本映画部門 金賞　東宝「猫の恩返し」「ギブリーズepisode2」　●外国映画部門 金賞　ワーナー・ブラザース映画「ハリー・ポッターと賢者の石」　●ゴールデングロス話題賞　松竹「釣りバカ日誌13 ハマちゃん危機一髪！」　アスミック・エース エンタテインメント「ピンポン」　ニューセレクト「アメリ」
◇日刊スポーツ映画大賞・石原裕次郎賞　第15回　●作品賞　「たそがれ清兵衛」(山田洋次監督)　●監督賞　山田洋次「たそがれ清兵衛」　●主演男優賞　真田広之「たそがれ清兵衛」　●主演女優賞　鈴木京香「竜馬の妻とその夫と愛人」ほか　●助演男優賞　香川照之「OUT」「KT」「歩く,

人」ほか　●助演女優賞　宮沢りえ「たそがれ清兵衛」　●新人賞　宮崎あおい「害虫」ほか　●外国作品賞　「息子の部屋」(ナンニ・モレッティ監督)　●石原裕次郎賞　「陽はまた昇る」(佐々部清監督)　●石原裕次郎新人賞　長瀬智也「ソウル」

◇日本アカデミー賞　第25回　●最優秀作品賞　「千と千尋の神隠し」　●最優秀監督賞　行定勲「GO」　●最優秀主演男優賞　窪塚洋介「GO」　●最優秀主演女優賞　岸惠子「かあちゃん」　●最優秀助演男優賞　山崎努「GO」　●最優秀助演女優賞　柴咲コウ「GO」　●新人俳優賞　窪塚洋介「GO」　田中直樹「みんなのいえ」　妻夫木聡「ウォーターボーイズ」　野村萬斎「陰陽師」　加賀美早紀「プラトニック・セックス」　柴咲コウ「GO」　真中瞳「ココニイルコト」　八木亜希子「みんなのいえ」　●最優秀脚本賞　宮藤官九郎「GO」　●最優秀外国作品賞　「リトル・ダンサー」　●会長特別賞　俊藤浩滋　勅使河原宏　相米慎二

◇ぴあテン〔映画部門〕　第31回　●第1位　「ハリー・ポッターと秘密の部屋」

◇ブルーリボン賞　第45回　●最優秀作品賞　「たそがれ清兵衛」(山田洋次監督)　●監督賞　崔洋一「刑務所の中」　●主演男優賞　佐藤浩市「KT」「うつつ」　●主演女優賞　片岡礼子「ハッシュ！」　●助演男優賞　津田寛治「模倣犯」「劇場版 仮面ライダー龍騎 EPISODE FINAL」「Dolls」ほか　●助演女優賞　宮沢りえ「たそがれ清兵衛」「うつつ」　●新人賞　小西真奈美「阿弥陀堂だより」　中村獅童「ピンポン」　●外国映画賞　「少林サッカー」(チャウ・シンチー監督)　●特別賞　深作欣二

◇報知映画賞　第27回　●邦画部門 最優秀作品賞　「たそがれ清兵衛」(山田洋次監督)　●邦画部門 最優秀主演男優賞　田辺誠一「ハッシュ！」「害虫」　●邦画部門 最優秀主演女優賞　宮沢りえ「たそがれ清兵衛」　●邦画部門 最優秀助演男優賞　石橋凌「AIKI」「DOGSTAR」　●邦画部門 最優秀助演女優賞　菅野美穂「化粧師」「Dolls」　●邦画部門 最優秀監督賞　山田洋次「たそがれ清兵衛」　●邦画部門 最優秀新人賞　長嶋一茂「ミスター・ルーキー」　●洋画部門 最優秀作品賞　「モンスターズ・インク」

◇毎日映画コンクール　第57回　●日本映画賞 大賞　「たそがれ清兵衛」　●監督賞　平山秀幸「OUT」「笑う蛙」　●脚本賞　鄭義信「OUT」　●男優主演賞　真田広之「助太刀屋助六」「たそがれ清兵衛」　●女優主演賞　大塚寧々「笑う蛙」「うつつ」「歩く、人」　●男優助演賞　塚本晋也「とらばいゆ」「殺し屋1」「クロエ」「溺れる人」　●女優助演賞　宮沢りえ「たそがれ清兵衛」「うつつ」　●スポニチグランプリ新人賞　中村獅童「ピンポン」　市川実日子「とらばいゆ」　金守珍「夜を賭けて」　●日本映画ファン賞　「模倣犯」　●アニメーション映画賞　「クレヨンしんちゃん 嵐を呼ぶ アッパレ！戦国大合戦」　●大藤信郎賞　今敏「千年女優」　●田中絹代賞　吉行和子　●特別賞　清川虹子「楢山節考」「復讐するは我にあり」など269本の映画に出演した功労に対して"　蔵原惟繕"「俺は待ってるぜ」やドキュメンタリー「キタキツネ物語」「南極物語」ほかの作品をヒットさせた功績に対して"　富田功"「病院へ行こう」「桜の園」など編集者としての功績に対して"

【テレビ】

◇ギャラクシー賞　第40回　●岩田糸子賞　黒柳徹子　●放送批評懇談会創立40周年記念賞　ドラマのTBS　●テレビ部門 大賞　日本放送協会NHKエンタープライズ21「ETV2003『アウシュヴィッツ証言者はなぜ自殺したか』」　●テレビ部門 特別賞　毎日放送「映像'02/'03」　●テレビ部門 個人賞　鈴木京香 "月曜ドラマシリーズ「緋色の記憶」(NHK)の演技"　●CM部門 大賞　トヨタ自動車, ピクト, フロンテッジ, 電通「トヨタ自動車 カローラフィールダー『小野伸二篇』」

◇芸術祭賞〔テレビ部門(ドラマ)〕　第57回　●大賞　該当作なし　●優秀賞　名古屋テレビ, 電通「名古屋テレビ開局40周年記念『SABU～さぶ』」　日本放送協会「NHKスペシャル『焼け跡のホームランボール』」　日本放送協会「特集ドラマ『抱きしめたい』」　北海道テレビ放送「スペシャルドラマ『夏の約束』」

◇日刊スポーツ・ドラマグランプリ　第6回　●主演男優賞　木村拓哉「GOOD LUCK!!」　●主演女優賞　竹内結子「ランチの女王」　●助演男優賞　堂本光一「リモート」　●助演女優賞　矢田亜希子「僕の生きる道」　●作品賞　「GOOD LUCK!!」(主演・木村拓哉)

◇日本民間放送連盟賞(平14年)　●番組部門(テレビエンターテインメント)最優秀　テレビ西日本 日韓親善ライブ「笑ってチョゴリ！」　●番組部門(テレビドラマ)最優秀　毎日放送 毎日放送開局50周年記念 ドラマスペシャル「ごきげんいかが？テディベア」

◇橋田賞　第11回　●大賞　該当作なし　●橋田賞　NHK「課外授業ようこそ先輩」　NHK「鶴瓶の家族に乾杯」　テレビ朝日「人生の楽園」　田渕久美子 "NHK朝の連続テレビ小説「さくら」の脚本"　唐沢寿明 "NHK大河ドラマ「利家とまつ」の演技"　●新人賞　柴咲コウ　上戸彩　●特別賞　田中邦衛

◇放送文化基金賞　第28回　●テレビドラマ番組　毎日放送「毎日放送開局50周年記念ドラマスペシャル ごきげんいかが？ テディベア」　●出演者賞　市原悦子 "「長崎ぶらぶら節」の演技"　伊藤淳史 "特集 ドラマ 僕はあした十八になる」の演技"　●演出・脚本賞　藪内広之 "「ごきげんいかが？ テディベア」の演出・脚本"

◇向田邦子賞　第21回　倉本聰「北の国から2002遺言」

【芸能全般】

◇浅草芸能大賞　第19回　●大賞　永六輔(放送作家)　●奨励賞　木の実ナナ(女優)　●新人賞　林家いっ平(落語家)

◇菊池寛賞　第50回　松本幸四郎(9代) "「ラ・マンチャの男」千回上演を達成するなど充実した舞台活動に対して"

◇芸術選奨　第53回　●演劇部門 文部科学大臣賞　市村正親「海の上のピアニスト」(一人芝居)　●演劇部門 新人賞　市川染五郎(7代) "公演「アテルイ」など"　●大衆芸能部門 文部科学大臣賞　朝丘雪路 "劇「人生ふたりづれ」など"　●大衆芸能部門 新人賞　笑福亭鶴笑「不思議の星のアリス」(パペット落語)

◇ゴールデン・アロー賞　第40回　●大賞　松本幸四郎(9代)　●最優秀新人賞　上戸彩　●映画賞　菅野美穂　●映画賞 映画新人賞　中村獅童　●演劇賞　松本幸四郎(9代)　●演劇賞 演劇新人賞　井川遥　●音楽賞　平井堅　●音楽賞 音楽新人賞　RAGFAIR　●ソニン　中島美嘉　●放送賞　菊川怜　●放送賞 放送新人賞　上戸彩　●芸能賞　中川家　●芸能賞 芸能新人賞　三眠　●話題賞　ボブ・サップ　小池栄子　●グラフ賞　吉岡美穂　●40周年記念特別表彰 ゴールデン・スター賞(男性部門)　ビートたけし　●40周年記念特別表彰 ゴールデン・スター賞(女性部門)　松田聖子　●40周年記念特別表彰 ゴールデン・グラフ賞　優香

◇松尾芸能賞　第23回　●大賞 演劇・歌舞伎　中村勘九郎(5代)　●優秀賞 歌謡　冠二郎　●新人賞 演劇　市川亀治郎(2代)　●新人賞 歌謡　氷川きよし

【音楽】

◇ALL JAPAN リクエストアワード　第35回　●ポップス部門 グランプリ　浜崎あゆみ「Voyage」　●演歌・歌謡曲部門 グランプリ　氷川きよし「きよしのズンドコ節」　●最優秀新人賞　中島美嘉「STARS」　●最優秀エンターテイメント賞　モーニング娘。「ここにいるぜぇ！」　●最優秀歌唱賞　島谷ひとみ「亜麻色の髪の乙女」　●読売テレビ特別表彰　ポルノグラフィティ「Mugen」

◇JASRAC賞　第20回　●金賞　MISIA作詞, 松本俊明作曲ほか「Everything」　●銀賞　宇多田ヒカル作詞・作曲ほか「Can You Keep A Secret？」　●銅賞　野島伸司作詞, コモリタミノル作曲ほか「らいおんハート」　●国際賞　宮崎慎二作曲ほか「ポケットモンスターBGM」

◇日本ゴールドディスク大賞　第17回　●アーティスト・オブ・ザ・イヤー　宇多田ヒカル

◇日本作詩大賞　第35回　●大賞　阿久悠「傘ん中」(歌・五木ひろし)　●最優秀新人賞　北村けいこ「サロベツ原野の子守唄」(歌・長山千恵)

◇日本有線大賞　第35回　●大賞　浜崎あゆみ「Voyage」　●最多リクエスト歌手賞　浜崎あゆみ「Voyage」　●最多リクエスト曲賞　島谷ひとみ「亜麻色の髪の乙女」　●最優秀新人賞　中島美嘉「WILL」

◇日本レコード大賞　第44回　●大賞　浜崎あゆみ「Voyage」　●最優秀歌唱賞　森山良子「さとうきび畑」　●最優秀新人賞　中島美嘉「STARS」　●ベストアルバム賞　元ちとせ「ハイヌミカゼ」　●吉田正賞　水森英夫「星空の秋子」ほか

◇ぴあテン〔音楽部門〕　第31回　●第1位　元ちとせ

【演劇】

◇菊田一夫演劇賞　第28回　●演劇大賞　「モーツァルト！」のスタッフ出演者一同　●演劇賞　北大路欣也 "佐渡島他吉の生涯」の佐渡島他吉の演技"　山田和也 "「チャーリー・ガール」「ジキル＆ハイド」「ミー＆マイガール」の演出"　星由里子 "「佐渡島他吉の生涯」のおとらの演技"　轟悠 "「風と共に去りぬ」のレット・バトラーの演技"　●特別賞　ジャニー喜多川 "長年のショージビネスに対する多大な情熱と功績"

◇紀伊國屋演劇賞　第37回　●団体賞　文学座「大寺学校」をはじめとする三創立者記念公演などの活発な年間の活動に対して"　●個人賞　辻萬長　大竹しのぶ　松井るみ　坂手洋二　寺島しのぶ

◇芸術祭賞〔演劇部門〕　第57回　●大賞　中村吉右衛門 "芸術祭10月大歌舞伎「通し狂言 仮名手本忠臣蔵」における演技"

◇ぴあテン〔演劇部門〕　第31回　●第1位　「アテルイ」

◇毎日芸術賞　第44回　井上ひさし "「太鼓たたいて笛ふいて」などの劇作活動"　●千田是也賞　髙瀬久男 "「スカイライト」「アラビアン ナイト」の演出"

◇読売演劇大賞　第10回　●大賞・最優秀女優賞　大竹しのぶ "「売り言葉」「太鼓たたいて笛ふいて」の演技"　●最優秀作品賞　「太鼓たたいて笛ふいて」　●最優秀男優賞　木場勝己 "「最後の一人までが全体である」などの演技"　●最優秀演出家賞　坂手洋二 "「屋根裏」などの演出"　●杉村春子賞〔新人対象〕　中川晃教 "「モーツァルト！」の演技"　●芸術栄誉賞　浅利慶太

【演芸】

◇上方お笑い大賞　第31回　●大賞　トミーズ　●最優秀技能賞　アメリカザリガニ　桂雀々　●特別功労賞　桂春団治(3代)　●話題賞　未知やすえ　●最優秀新人賞　フットボールアワー

◇上方漫才大賞　第37回　●大賞　ますだおかだ　●優秀新人賞　フットボールアワー　●新人賞　ブラックマヨネーズ

【漫画・アニメ】

◇講談社漫画賞　第26回　●少年部門　野中英次「魁!!クロマティ高校」　ハロルド作石「BECK」　●少女部門　よしながふみ「西洋骨董洋菓子店」　●一般部門　かわぐちかいじ「ジパング」

◇小学館漫画賞　第48回　●児童向け部門　樫本学ヴ「コロッケ！」　●少年向け部門　雷句誠「金色のガッシュ!!」　●少女向け部門　矢沢あい「NANA」　渡辺多恵子「風光る」　●一般向け部門　浦沢直樹「20世紀少年」

◇手塚治虫文化賞　第6回　●マンガ大賞　井上雄彦「バガボンド」　●マンガ優秀賞　三浦建太郎「ベルセルク」

◇文化庁メディア芸術祭　第6回　●アニメーション部門 大賞　原恵一「クレヨンしんちゃん 嵐を呼ぶ アッパレ！ 戦国大合戦」　●マンガ部門 大賞　黒田硫黄「セクシーボイス アンド ロボ」　●特別賞　中国引揚げ漫画家の会「中国からの引揚げ 少年たちの記憶」　新海誠「ほしのこえ」(短編アニメーション)

【スポーツ】

◇朝日スポーツ賞(平14年度)　2002FIFAワールドカップ日本代表チーム, 日本サッカー協会 "日韓共催のサッカー・ワールドカップ(W杯)で初めて決勝トーナメント進出を果たし, 大会の成功にも寄与した功績"　北島康介 "釜山アジア大会の200m平泳ぎで世界新記録を樹立"　丸山茂樹, 伊沢利光 "男子ゴルフの国別対抗戦EMCワールドカップ(W杯)で日本勢として45年ぶりの優勝"　牧野直隆 "長年にわたり高校野球の改革と発展に貢献"　山野井泰史 "アルパイン・クライミングでの世界的な業績"　竹中治聡子(旧姓・田中) "水泳でぜんそく児の健康づくりに貢献"

◇日本プロスポーツ大賞　第35回　●大賞　2002FIFAW.C.日本選手団(サッカー)　●殊勲賞　松井秀喜(プロ野球)　丸山茂樹(男子プロゴルフ)　朝青龍明徳(大相撲)　●最高新人賞　石川雅規(プロ野球)

◇毎日スポーツ人賞(平14年度)　●グランプリ　北島康介　●文化賞　千葉ロッテマリーンズ応援団　●国際賞　サッカー・ワールドカップ日韓大会日本代表チーム　●感動賞　鏡山親方(元関脇寺尾)　●新人賞　和田毅　●ファン賞　松井秀喜

【その他】

◇将棋大賞　第29回　●最優秀棋士賞　羽生善治　●新人賞　松尾歩　●最優秀女流棋士賞　中井広恵
◇星雲賞　第33回　●日本長編部門　野尻抱介「ふわふわの泉」　●日本短編部門　田中啓文「銀河帝国の弘法も筆の誤り」　●メディア部門　テレビ朝日、東映「仮面ライダークウガ」　●コミック部門　幸村誠「プラネテス」　●アート部門　寺田克也　●ノンフィクション部門　増山久明「NHK少年ドラマシリーズのすべて」　●自由部門　宇宙開発事業団「H-IIAロケット試験機1号機」
◇日本SF大賞　第23回　古川日出男「アラビアの夜の種族」　牧野修「傀儡后」
◇日本新語・流行語大賞　第19回　●年間大賞、トップテン　佐々木裕司、黒住祐子"「タマちゃん」"　坂本休"「W杯（中津江村）」"　●特別賞　松井秀喜「Godzilla」
◇文化勲章（平14年度）　小宮隆太郎（国際経済学）　近藤次郎（宇宙航空工学,応用数学,環境科学）　新藤兼人（映画）　杉本苑子（小説）　田中耕一（質量分析学）　藤田喬平（ガラス工芸）
◇ベストドレッサー賞　第31回　●政治・経済部門　安倍晋三　●学術・文化部門　松永真理　●芸能部門　テリー伊藤　菊川怜　●スポーツ部門　宮本恒靖　●日本伝統文化部門　東儀秀樹　●インターナショナル部門　ケリー・チャン

平成15年（2003）

【文学全般】

◇朝日賞〔文学関係〕（平15年）　丸谷才一　"「輝く日の宮」にいたる多年の文学的業績"
◇伊藤整文学賞　第14回　●小説　多和田葉子「容疑者の夜行列車」
◇大佛次郎賞　第30回　山本義隆「磁力と重力の発見」
◇菊池寛賞　第51回　渡辺淳一"時代の抱えるテーマに果敢に挑み、多くの読者を獲得した"　沢木耕太郎"ノンフィクション作品においてユニークで清新なスタイルを確立"
◇群像新人文学賞　第46回　●小説　当選作　森健「火薬と愛の星」　●小説　優秀作　村田沙耶香「授乳」　脇坂綾「鼠と肋骨」　●評論　佐藤康智「『奇蹟』の一角」
◇芸術選奨　第54回　●文学部門　文部科学大臣賞　永田和宏「風位」（歌集）　宮本輝「約束の冬」　●文学部門　新人賞　内藤明「斧と勾玉」（歌集）　●評論等　文部科学大臣賞　梅津時比古「『セロ弾きのゴーシュ』の音楽論」　平出隆「伊良子清白」
◇サントリー学芸賞〔芸術・文学部門〕　第25回　飯島洋一「現代建築・アウシュヴィッツ以後」　宮崎法子「花鳥・山水画を読み解く─中国絵画の意味」
◇司馬遼太郎賞　第6回　杉山正明
◇新田次郎文学賞　第22回　津野海太郎「滑稽な巨人　坪内逍遙の夢」
◇日本芸術賞（第2部・文芸）　第60回　●恩賜賞・日本芸術院賞　中野孝次"「風の良寛」「ローマの哲人セネカの言葉」など"　●日本芸術院賞　富岡多恵子"幅広い創造活動"
◇日本文芸大賞　第21回　倉橋羊村「有時（うじ）」　●特別賞　大林宣彦「日日世は好日」　●歴史文芸賞　典厩五郎「真相里見八犬伝」　●現代短歌賞　大塚布見子「大塚布見子選集」
◇野間文芸賞　第56回　竹西寛子「贈答のうた」
◇婦人公論文芸賞　第3回　角田光代「空中庭園」
◇毎日芸術賞　第45回　桂信子「草影」（句集）　髙橋たか子「きれいな人」（長編小説）
◇毎日出版文化賞　第57回　●第1部門（文学，芸術）　川本三郎、新書館「林芙美子の昭和」　●特別賞　養老孟司、新潮社「バカの壁」
◇三島由紀夫賞　第16回　舞城王太郎「阿修羅ガール」
◇読売文学賞　第55回　●小説賞　小川洋子「博士の愛した数式」　●戯曲・シナリオ賞　唐十郎「泥人魚」　●随筆・紀行賞　若島正「乱視読者の英米短篇講義」　●評論・伝記賞　沼野充義「ユートピア文学論」　●詩歌俳句賞　栗本京子「夏のうしろ」

【小説】

◇芥川龍之介賞　第129回（上期）　吉村萬壱「ハリガネムシ」
◇芥川龍之介賞　第130回（下期）　綿矢りさ「蹴りたい背中」　金原ひとみ「蛇にピアス」
◇泉鏡花文学賞　第31回　丸谷才一「輝く日の宮」　桐野夏生「グロテスク」
◇江戸川乱歩賞　第49回　不知火京介「マッチメイク」　赤井三尋「二十年目の恩讐」
◇大藪春彦賞　第6回　垣根涼介「ワイルド・ソウル」　笹本稜平「太平洋の薔薇」
◇オール讀物新人賞　第83回　志川節子「七転び」　竹村肇「パパの分量」
◇オール讀物推理小説新人賞　第42回　門井慶喜「キッドナッパーズ」
◇川端康成文学賞　第30回　絲山秋子「袋小路の男」
◇木山捷平文学賞　第7回　小桧山博「光る大雪」
◇『このミステリーがすごい！』大賞　第2回　●大賞　柳原慧「夜の河にすべてを流せ」　●優秀賞　ハセノバクシンオー「ビッグボーナス」
◇柴田錬三郎賞　第16回　藤堂志津子「秋の猫」
◇小説現代新人賞　第71回　竹村肇「ゴーストライフ」　橘かがり「月のない晩に」
◇小説すばる新人賞　第16回　山本幸久「アカコとヒトミと」
◇新潮新人賞　第35回　●小説部門　青木淳悟「四十日と四十夜のメルヘン」　浅尾大輔「家畜の朝」
　●評論部門　松井博之「〈一〉と〈二〉をめぐる思考—文学・明治四十年前後」
◇すばる文学賞　第27回　千頭ひなた「ダンボールボートで海岸」　金原ひとみ「蛇にピアス」
◇太宰治賞　第19回　小林ゆり「たゆたふ蠟燭」
◇谷崎潤一郎賞　第39回　多和田葉子「容疑者の夜行列車」
◇直木三十五賞　第129回（上期）　石田衣良「4TEEN フォーティーン」　村山由佳「星々の舟」
◇直木三十五賞　第130回（下期）　京極夏彦「後巷説百物語」　江國香織「号泣する準備はできていた」
◇日本推理作家協会賞　第56回　長篇及び連作短篇集部門　浅暮三文「石の中の蜘蛛」　有栖川有栖「マレー鉄道の謎」　短篇部門　該当作なし　評論その他の部門　新保博久, 山前譲「幻影の蔵」
◇日本ファンタジーノベル大賞　第15回　●大賞　森見登美彦「太陽の塔／ピレネーの城」　●優秀賞　渡辺球「象の棲む街」
◇日本ホラー小説大賞　第10回　●大賞　遠藤徹「姉飼」　●長編賞　保科昌彦「怨讐の相続人」　●短編賞　朱川湊人「白い部屋で月の歌を」
◇日本ミステリー文学大賞　第7回　森村誠一
◇野間文芸新人賞　第25回　島本理生「リトル・バイ・リトル」　星野智幸「ファンタジスタ」
◇文學界新人賞　第96回（上期）　絲山秋子「イッツ・オンリー・トーク」
◇文學界新人賞　第97回（下期）　由真直人「ハンゴンタン」
◇文藝賞　第40回　羽田圭介「黒冷水」　生田紗代「オアシス」　伏見憲明「魔女の息子」
◇松本清張賞　第10回　岩井三四二「月ノ浦惣庄公事書」
◇紫式部文学賞　第13回　大庭みな子「浦安うた日記」
◇山本周五郎賞　第16回　京極夏彦「覘き小平次」
◇横溝正史ミステリ大賞　第23回　受賞作なし
◇吉川英治文学賞　第37回　原田康子「海霧 上・下」

【詩歌】

◇H氏賞　第53回　河津聖恵「アリア、この夜の裸体のために」
◇小熊秀雄賞　第36回　佐相憲一「愛、ゴマフアザラ詩」
◇現代歌人協会賞　第47回　渡英子「みづを搬ぶ」　島田幸典「no news」
◇現代詩人賞　第21回　木村迪夫「いろはにほへとちりぬるを」
◇現代詩花椿賞　第21回　野村喜和夫「ニューインスピレーション」

◇現代短歌大賞　第26回　前登志夫 "流轉" 並びに過去の全業績"
◇河野愛子賞　第13回　川野里子「太陽の壺」
◇齋藤茂吉短歌文学賞　第15回　清水房雄「独狐意尚吟」
◇詩歌文学館賞　第18回　●詩　財部鳥子「モノクロ・クロノス」　●短歌　岡部桂一郎「一点鐘」　●俳句　松崎鉄之介「長江」
◇高見順賞　第34回　中上哲夫「エルヴィスが死んだ日の夜」
◇蛇笏賞　第37回　草間時彦「滝の音」
◇沼空賞　第37回　岡部桂一郎「一点鐘」
◇壺井繁治賞　第31回　中山秋夫「囲みの中の歳月」
◇寺山修司短歌賞　第8回　渡辺松男「歩く仏像」　大辻隆弘「デプス」
◇藤村記念歴程賞　第41回　吉本隆明「吉本隆明全詩集」　井坂洋子「箱入豹」
◇中原中也賞　第8回　中村恵美「火よ！」
◇日本歌人クラブ賞　第30回　雨宮雅子「昼顔の譜」
◇俳人協会賞　第43回　藤本安騎生「深吉野」　黛執「野面積」
◇萩原朔太郎賞　第11回　四元康祐「噤みの午後」
◇晩翠賞　第44回　白石かずこ「浮遊する母、都市」
◇丸山薫賞　第10回　三谷晃一「河口まで」
◇丸山豊記念現代詩賞　第12回　金井雄二「今、ぼくが死んだら」
◇若山牧水賞　第8回　栗木京子「夏のうしろ」

【戯曲】
◇岸田國士戯曲賞　第47回　中島かずき「アテルイ」

【評論・随筆】
◇大宅壮一ノンフィクション賞　第34回　近藤史人「藤田嗣治『異邦人』の生涯」
◇開高健ノンフィクション賞　第1回　平岡泰博「虎山へ」　●優秀作　駒村吉重「ダッカへ帰る日―故郷を見失ったベンガル人」　姜誠「越境人たちのボランティア」
◇講談社エッセイ賞　第19回　到津伸子「不眠の都市」　関川夏央「昭和が明るかった頃」
◇講談社ノンフィクション賞　第25回　溝口敦「食肉の帝王 巨富をつかんだ男 浅田満」　渡辺一史「こんな夜更けにバナナかよ 筋ジス・鹿野靖明とボランティアたち」
◇小林秀雄賞　第2回　吉本隆明「夏目漱石を読む」　岩井克人「会社はこれからどうなるのか」
◇新潮ドキュメント賞　第2回　磯田道史「武士の家計簿　『加賀藩御算用者』の幕末維新」
◇日本エッセイスト・クラブ賞　第51回　上野創「がんと向き合って」　黒川鍾信「神楽坂ホン書き旅館」　古庄ゆき子「ここに生きる―村の家・村の暮らし」

【児童文学】
◇赤い鳥文学賞　第33回　広瀬寿子「そして、カエルはとぶ！」
◇講談社出版文化賞　第34回　●絵本賞　長谷川義史絵, 日之出の絵本制作実行委員会文「おたまさんのおかいさん」
◇産経児童出版文化賞　第50回　●大賞　ベッテ・ウェステラ作, ハルメン・ファン・ストラーテン絵, 野坂悦子訳「おじいちゃん わすれないよ」
◇児童福祉文化賞　第46回　●出版物部門　上橋菜穂子, 偕成社「神の守り人 来訪編・帰還編」
◇児童文芸新人賞　第32回　北川チハル「チコのまあにいちゃん」　松成真理子「まいごのどんぐり」
◇小学館児童出版文化賞　第52回　今泉吉晴「シートン」　上橋菜穂子「神の守り人 来訪編・帰還編」　森絵都「DIVE!!」
◇日本絵本賞　第9回　●大賞　高橋邦典写真・文「ぼくの見た戦争 2003年イラク」　●日本絵本賞読

者賞（山田養蜂場賞）　なかがわちひろ作「天使のかいかた」
◇日本児童文学者協会賞　第43回　岡田なおこ「ひなこちゃんと歩く道」　中川なをみ「水底の棺」
◇日本児童文芸家協会賞　第27回　広瀬寿子「まぼろしの忍者」　●特別賞　エム・ナマエ "失明後の多くの驚異的文筆活動を高く評価して"
◇野間児童文芸賞　第41回　いとうひろし「おさるのもり」
◇ひろすけ童話賞　第14回　阿部夏丸「オタマジャクシのうんどうかい」
◇椋鳩十児童文学賞　第13回　佐川芳枝「寿司屋の小太郎」

【映画・テレビ全般】

◇エランドール賞〔新人賞〕（平15年度）　●新人賞　小澤征悦　菊川怜　柴咲コウ　仲間由紀恵　藤原竜也　●特別賞　新藤兼人　笹沢左保（故人）　深作欣二（故人）　●作品賞　「たそがれ清兵衛」「北の国から2002～遺言」
◇芸術選奨　第54回　●映画部門　文部科学大臣賞　恩地日出夫「蕨野行」　鈴木文夫 "各地の映画祭での活躍"　●映画部門　新人賞　犬童一心「ジョゼと虎と魚たち」　●放送部門　文部科学大臣賞　石橋冠「ラブ・レター」（ドラマ）　●放送部門　新人賞　小泉今日子「センセイの鞄」（ドラマ）　●評論等部門　文部科学大臣賞　志賀信夫 "「年間テレビベスト作品」の出版"

【映画】

◇川喜多賞　第21回　山田洋次
◇キネマ旬報賞　第49回　●監督賞　黒木和雄「美しい夏キリシマ」　●脚本賞　荒井晴彦「ヴァイブレータ」　●主演男優賞　妻夫木聡「ジョゼと虎と魚たち」「さよなら、クロ」「ドラゴンヘッド」　●主演女優賞　寺島しのぶ「ヴァイブレータ」「赤目四十八滝心中未遂」　●助演男優賞　大森南朋「ヴァイブレータ」「赤目四十八滝心中未遂」「アイデン＆ティティ」「サル」　●助演女優賞　大楠道代「座頭市」「赤目四十八滝心中未遂」　●新人男優賞　柄本佑「美しい夏キリシマ」　●新人女優賞　寺島しのぶ「ヴァイブレータ」「赤目四十八滝心中未遂」「ゲロッパ！」　●読者選出日本映画監督賞　北野武「座頭市」　●読者賞　香川照之「日本魅録」
◇キネマ旬報ベスト・テン　第77回　●日本映画 第1位　「美しい夏キリシマ」（黒木和雄監督）　●外国映画 第1位　「戦場のピアニスト」（ロマン・ポランスキー監督）
◇ゴールデングロス賞　第21回　●日本映画部門　金賞　東宝「踊る大捜査線 THE MOVIE2 レインボーブリッジを封鎖せよ！」　●外国映画部門　金賞　ワーナー・ブラザース映画「ハリー・ポッターと秘密の部屋」　●ゴールデングロス特別賞　東宝 "「踊る大捜査線 THE MOVIE2～」の実写日本映画興行収入歴代新記録に対して"　ワーナー・ブラザース映画 "「ハリー・ポッター」シリーズ,「マトリックス」シリーズの記録的興行収入に対して"　●ゴールデングロス話題賞　東映「バトル・ロワイアルⅡ【鎮魂歌】」　東芝エンタテインメント「戦場のピアニスト」
◇日刊スポーツ映画大賞・石原裕次郎賞　第16回　●作品賞　「阿修羅のごとく」（森田芳光監督）　●監督賞　北野武「座頭市」　●主演男優賞　中井貴一「壬生義士伝」　●主演女優賞　寺島しのぶ「赤目四十八滝心中未遂」　●助演男優賞　菅原文太「わたしのグランパ」　●助演女優賞　八千草薫「阿修羅のごとく」　●新人賞　石原さとみ「わたしのグランパ」　●外国作品賞　「戦場のピアニスト」　●石原裕次郎賞　「踊る大捜査線THE MOVIE2」
◇日本アカデミー賞　第26回　●最優秀作品賞　「たそがれ清兵衛」　●最優秀主演男優賞　真田広之「たそがれ清兵衛」　●最優秀主演女優賞　宮沢りえ「たそがれ清兵衛」　●最優秀助演男優賞　田中泯「たそがれ清兵衛」　●最優秀助演女優賞　北林谷栄「阿弥陀堂だより」　●最優秀監督賞　山田洋次「たそがれ清兵衛」　●最優秀脚本賞　山田洋次,朝間義隆「たそがれ清兵衛」　●最優秀外国作品賞　「チョコレート」　●新人俳優賞　田中泯「たそがれ清兵衛」　長嶋一茂「ミスター・ルーキー」　中村獅童「ピンポン」　小西真奈美「阿弥陀堂だより」　鈴木杏「リターナー」　優香「恋に唄えば」　●会長特別賞　藤原緋　深作欣二　●協会栄誉賞　新藤兼人　●話題賞 作品部門　「仔犬ダンの物語」　●話題賞 俳優部門　鈴木杏
◇ぴあテン〔映画部門〕　第32回　●第1位　「踊る大捜査線 THE MOVIE 2 レインボーブリッジを封鎖せよ！」

◇ブルーリボン賞　第46回　●作品賞　荒戸源次郎監督「赤目四十八滝心中未遂」　●主演男優賞　西田敏行「ゲロッパ！」「釣りバカ日誌14」　●主演女優賞　寺島しのぶ「赤目四十八滝心中未遂」「ヴァイブレータ」　●助演男優賞　山本太郎「ゲロッパ！」「MOON CHILD」「精霊流し」　●助演女優賞　大楠道代「赤目四十八滝心中未遂」「座頭市」　●監督賞　森田芳光「阿修羅のごとく」　●新人賞　石原さとみ「わたしのグランパ」　●外国映画賞　アンドリュー・ラウ監督「インファナル・アフェア」　●特別賞　渡辺謙「ラスト サムライ」

◇報知映画賞　第28回　●邦画部門 最優秀作品賞　「刑務所の中」（崔洋一監督）　●邦画部門 最優秀主演男優賞　西田敏行「ゲロッパ！」「釣りバカ日誌14」　●邦画部門 最優秀主演女優賞　寺島しのぶ「赤目四十八滝心中未遂」　●邦画部門 最優秀助演男優賞　宮迫博之「13階段」「蛇イチゴ」　●邦画部門 最優秀助演女優賞　深津絵里「阿修羅のごとく」「踊る大捜査線THE MOVIE2 レインボーブリッジを封鎖せよ！」　●邦画部門 最優秀監督賞　恩地日出夫「蕨野行」　●邦画部門 最優秀新人賞　石原さとみ「わたしのグランパ」　●洋画部門 最優秀作品賞　「猟奇的な彼女」（クァク・ジェヨン監督）

◇毎日映画コンクール　第58回　●日本映画大賞　赤目製作所「赤目四十八滝心中未遂」　●男優主演賞　西田敏行「ゲロッパ！」「釣りバカ日誌14」　●男優助演賞　柄本明「花」「ドッペルゲンガー」「座頭市」ほか　●女優主演賞　寺島しのぶ「赤目四十八滝心中未遂」　●女優助演賞　大楠道代「赤目四十八滝心中未遂」「座頭市」　●田中絹代賞　八千草薫　●監督賞　崔洋一「刑務所の中」　●脚本賞　西川美和「蛇イチゴ」　深作健太、木田紀生「バトル・ロワイアルⅡ【鎮魂歌】」　●アニメーション映画賞　「東京ゴッドファーザーズ」　●大藤信郎賞　川本喜八郎"連句アニメーション「冬の日」における企画及び総合演出に対して"　●日本映画ファン賞　「踊る大捜査線THE MOVIE 2―レインボーブリッジを封鎖せよ！」

【テレビ】

◇ギャラクシー賞　第41回　●テレビ部門 大賞　東海テレビ放送「とうちゃんはエジソン」　●テレビ部門 特別賞　日本放送協会「NHKスペシャル『こども・輝けいのち』シリーズ」　●テレビ部門 個人賞　竹野内豊"ドラマ「タイムリミット」「ヤンキー母校に帰る」「流転の王妃・最後の皇弟」の演技"　●CM部門 大賞　ハウステンボス, アプト・クリエーション, 電通九州「ハウステンボス サマーカーニバル2003『作文篇』」

◇芸術祭賞〔テレビ部門〕　第58回　●大賞　TBS「さとうきび畑の唄」　●優秀賞　WOWOW「ドラマW『センセイの鞄』」　テレビ愛知「あかね空」　NHK「特集ドラマ『楽園のつくりかた』」　TBS「人間の戦場 タビデの歪んだ星」　NHK「NHKスペシャル『こども・輝けいのち』第1集『父ちゃん母ちゃん生きるんや～大阪・西成こどもの里』」　NHK「にんげんドキュメント『ただ一撃にかける』」　南日本放送「小さな町の大きな挑戦―ダイオキシンと向き合った川辺町の6年」

◇日刊スポーツ・ドラマグランプリ　第7回　●主演男優賞　中居正広「砂の器」　●主演女優賞　竹内結子「プライド」　●助演男優賞　上川隆也「白い巨塔」　●助演女優賞　小雪「僕と彼女と彼女の生きる道」　●作品賞　「砂の器」（主演・中居正広）

◇日本民間放送連盟賞（平15年）　●番組部門（テレビエンターテインメント）最優秀　信越放送「民教協スペシャル『いのちと向きあう一揆の宗・高橋住職の挑戦』」　●番組部門（テレビドラマ）最優秀　WOWOW「センセイの鞄」　●番組部門（テレビ）最優秀　石川テレビ放送"石川テレビ放送/自社PR『『石川さんだね』篇」（15秒）"

◇橋田賞　第12回　●大賞　該当作なし　●橋田賞　NHK「週刊こどもニュース」　NHK「盲導犬クイールの一生」　フジテレビ系「Dr.コトー診療所」　龍居由佳里"「砂の器」(TBS系)の脚本"　福沢克雄"「砂の器」の演出"　竹野内豊"「流転の王妃・最後の皇弟」などの演技"　宮沢りえ"「初蕾」（TBS系）の演技"　●新人賞　妻夫木聡　小雪　●特別賞　杉浦直樹

◇放送文化基金賞　第29回　●個別分野賞 出演者賞　松浦亜弥"「金曜エンタテイメント 天使の歌声～小児病棟の奇跡～」の演技"

◇向田邦子賞　第22回　木皿泉「すいか」

【芸能全般】

◇浅草芸能大賞　第20回　●大賞　桂歌丸（落語家）　●奨励賞　松井誠（俳優）　●新人賞　中村獅童（歌

舞伎俳優)
◇菊池寛賞　第51回　紀伊國屋ホール "若い演劇人に表現の場を与え、日本の演劇や芸能を地道に育てた"　長岡輝子 "長年にわたって舞台女優、演出家として活動、方言を生かした朗読で宮沢賢治の新たな魅力を引き出した"　夢路いとし、喜味こいし "60年以上第一線に立ち、近代漫才の本道をいく話芸で日本の大衆芸能を豊かにした"
◇芸術選奨　第54回　●演劇部門 文部科学大臣賞　麻実れい「AOI/KOMACHI」　加藤健一「木の皿」　●演劇部門 新人賞　石川耕士「四谷怪談忠臣蔵」(歌舞伎)　●大衆芸能部門 文部科学大臣賞　五木ひろし「ライブコンサート」　柳家小三治(10代)「青菜」　●大衆芸能部門 新人賞　桂文我「尻餅」
◇ゴールデン・アロー賞　第41回　●大賞　氷川きよし　●最優秀新人賞　石原さとみ　●映画賞　渡辺謙　●映画賞 映画新人賞　上戸彩　●演劇賞　広末涼子　●演劇賞 演劇新人賞　宮崎あおい　●音楽賞　氷川きよし　●音楽賞 音楽新人賞　女子十二楽坊　●放送賞　仲間由紀恵　●放送賞 放送新人賞　石原さとみ　●芸能賞　さまぁ〜ず　●芸能賞 芸能新人賞　はなわ　●特別賞　宮藤官九郎　●話題賞　綾小路きみまろ　●グラフ賞　井上和香
◇松尾芸能賞　第24回　●大賞 映画　山田洋次　●優秀賞 演劇　坂東竹三郎(5代)　石川耕士　平野啓子　●新人賞 演劇　尾上菊之助(5代)

【音楽】

◇JASRAC賞　第21回　●金賞　久石譲作曲ほか「千と千尋の神隠しBGM」　●銀賞　宇多田ヒカル作詞・作曲ほか「traveling」　●銅賞　橋本淳作詞、すぎやまこういち作曲ほか「亜麻色の髪の乙女」　●国際賞　宮崎慎二作曲ほか「ポケットモンスターBGM」
◇日本ゴールドディスク大賞　第18回　●アーティスト・オブ・ザ・イヤー 邦楽　浜崎あゆみ
◇日本作詩大賞　第36回　●大賞　吉岡治「おんなの一生〜汗の花〜」(歌／川中美幸)　●特別賞　山本譲二　●最優秀新人賞　佐野源左衛門一文「紙のピアノ」(歌／川野夏美)
◇日本有線大賞　第36回　●大賞　氷川きよし「白雲の城」　●最多リクエスト歌手賞　キム・ヨンジャ「北の雪虫」　●最多リクエスト曲賞　氷川きよし「白雲の城」　●最優秀新人賞　一青窈「もらい泣き」
◇日本レコード大賞　第45回　●大賞　浜崎あゆみ「No way to say」　●最優秀歌唱賞　氷川きよし「白雲の城」　●最優秀新人賞　一青窈「もらい泣き」　●ベストアルバム賞　中島美嘉「LOVE」　●吉田正賞　徳久広司
◇ぴあテン〔音楽部門〕　第32回　●第1位　SMAP
◇ベストヒット歌謡祭　第36回　●ポップス部門 グランプリ　浜崎あゆみ「No way to say」　●演歌・歌謡曲部門 グランプリ　氷川きよし「白雲の城」　●最優秀新人賞　一青窈「もらい泣き」

【演劇】

◇菊田一夫演劇賞　第29回　●演劇大賞　山口祐一郎「エリザベート」のトート、「レ・ミゼラブル」のジャン・バルジャン役"　●演劇賞　松平健「用心棒」の演技"　高畑淳子「越後吹雪物語」の演技"　藤真利子「プワゾンの匂う女」の演技"　和央ようか、花總まり「BOXMAN」のコンビに対して"　●特別賞　森光子 "1700回を超える舞台「放浪記」の成果に対して"
◇紀伊國屋演劇賞　第38回　●団体賞　ひょうご舞台芸術 "「ニュルンベルク裁判」の優れた舞台成果に対して"　●個人賞　唐十郎　藤木孝　久世龍之介　松たか子　藤原竜也
◇芸術祭賞〔演劇部門〕　第58回　●大賞　風間杜夫「ひとり芝居三部作『カラオケマン』『旅の空』『一人』」　京都芸術センター「京都ビエンナーレ2003演劇公演『宇宙の旅、セミが鳴いて』」
◇ぴあテン〔演劇部門〕　第32回　●第1位　「阿修羅城の瞳」
◇毎日芸術賞　第45回　●千田是也賞　松本修「AMERIKA」などの演出"
◇読売演劇大賞　第11回　●大賞・最優秀演出家賞　鵜山仁「兄おとうと」「Just Business」「ニュルンベルク裁判」　●最優秀作品賞　NODA・MAP「オイル」　●最優秀男優賞　風間杜夫 "死と乙女」のジェラルド役、「カラオケマン」「旅の空」「一人」の演技"　●最優秀女優賞　寺島しのぶ "さぶ」のおすえ役、「マッチ売りの少女」の女役、「世阿弥」の葛野の前役"　●杉村春子賞〔新人対象〕　藤原竜也「HAMLET」のハムレット役"　●芸術栄誉賞　永山武臣　●選考委員特別賞

加藤健一事務所「詩人の恋」

【演芸】
◇上方お笑い大賞　第32回　●大賞　桂ざこば　●最優秀技能賞　メッセンジャー　●話題賞　フットボールアワー　●特別賞　はな寛太,いま寛大　●特別功労賞　夢路いとし,喜味こいし　中田明成　●最優秀新人賞　ブラックマヨネーズ
◇上方漫才大賞　第38回　●大賞　横山ホットブラザーズ　●奨励賞　アメリカザリガニ　●優秀新人賞　チョップリン　●新人賞　笑い飯
◇芸術祭賞〔演芸部門〕　第58回　●大賞　柳家三語楼「柳家三語楼の会」　桂三枝「桂三枝の創作落語125撰ファイナル」

【漫画・アニメ】
◇講談社漫画賞　第27回　●児童部門　篠塚ひろむ「ミルモでポン!」　●少年部門　朝基まさし漫画,安童夕馬原作「クニミツの政」　●少女部門　羽海野チカ「ハチミツとクローバー」　小川弥生「きみはペット」　●一般部門　山下和美「天才 柳沢教授の生活」
◇小学館漫画賞　第49回　●児童向け部門　篠塚ひろむ「ミルモでポン!」　●少年向け部門　荒川弘「鋼の錬金術師」　橋口たかし「焼きたて!!ジャぱん」　●少女向け部門　中原アヤ「ラブ★コン」　●一般向け部門　山田貴敏「Dr.コトー診療所」
◇手塚治虫文化賞　第7回　●マンガ大賞　高野文子「黄色い本 ジャック・チボーという名の友人」　●新生賞　ほったゆみ作,小畑健画「ヒカルの碁」　●短編賞　いしいひさいち"「現代思想の遭難者たち」「ののちゃん」など一連の作品に対して"　●特別賞　水木しげる"独創的な画業と長年の活躍に対して"
◇文化庁メディア芸術祭　第7回　●アニメーション部門 大賞　川本喜八郎ほか「冬の日」(連句アニメーション)　●マンガ部門 大賞　比嘉渢「カジムヌガタイ―風が語る沖縄戦」

【スポーツ】
◇朝日スポーツ賞（平15年度）　北島康介"世界水泳選手権100m, 200m平泳ぎで世界新記録を樹立して優勝"　鈴木桂治"世界柔道選手権の無差別級で優勝"　鹿島丈博"世界体操選手権のあん馬で日本人選手初の優勝。鉄棒と併せ2冠を達成"　末続慎吾"世界陸上選手権200mで短距離種目では日本人選手初のメダルとなる銅を獲得"　星野仙一"阪神タイガースを18年ぶりのリーグ優勝に導き,国民の共感を巻き起こした功績"　古橋廣之進"水泳をはじめアマチュアスポーツの発展に長年にわたって尽力"
◇日本プロスポーツ大賞　第36回　●大賞　松井秀喜(プロ野球)　●殊勲賞　阪神タイガース(プロ野球)　不動裕理(女子プロゴルフ)　横浜F・マリノス(Jリーグ)　●最高新人賞　和田毅(プロ野球)
◇毎日スポーツ人賞（平15年度）　●グランプリ　末続慎吾(陸上)　●文化賞　日本郵政公社,NHK,全国ラジオ体操連盟(ラジオ体操)　●国際賞　松井秀喜(米大リーグ)　●感動賞　星野仙一と阪神タイガース(プロ野球)　●新人賞　太田由希奈(フィギュアスケート)　●ファン賞　北島康介(水泳)

【その他】
◇将棋大賞　第30回　●最優秀棋士賞　羽生善治　●特別賞　谷川浩司　●新人賞　渡辺明　●最優秀女流棋士賞　中井広恵
◇星雲賞　第34回　●日本長編部門　野尻抱介「太陽の簒奪者」　●日本短編部門　秋山瑞人「おれはミサイル」　●メディア部門　新海誠「ほしのこえ」(短編アニメーション)　●コミック部門　長谷川裕一「クロノアイズ」　●アート部門　新海誠　●ノンフィクション部門　笹本祐一「宇宙へのパスポート」　●自由部門　「HRP-2最終成果機 Promet」
◇日本SF大賞　第24回　冲方丁「マルドゥック・スクランブル」3部作
◇日本新語・流行語大賞　第20回　●年間大賞,トップテン　野中広務「毒まんじゅう」　テツandトモ"なんでだろう～"　北川正恭「マニフェスト」
◇文化勲章（平15年度）　大岡信(詩,評論)　緒方貞子(政治学,国際活動)　加山又造(日本画)　西島和彦(素粒子物理学)　森亘(病理学)

◇ベストドレッサー賞　第32回　●政治・経済部門　中村史郎　●学術・文化部門　葉加瀬太郎　●芸能部門　Gackt　長谷川京子　●スポーツ部門　星野仙一　●日本伝統文化部門　中村獅童　●インターナショナル部門　冨永愛

平成16年（2004）

【文学全般】

◇朝日賞〔文学関係〕(平16年)　中村稔 "「私の昭和史」にいたる、詩作や文学館活動による長年の業績"
◇伊藤整文学賞　第15回　●小説　阿部和重「シンセミア」　●評論　川村湊「補陀落 観音信仰への旅」
◇大佛次郎賞　第31回　佐伯一麦「鉄塔家族」　若桑みどり「クアトロ・ラガッツィ 天正少年使節と世界帝国」
◇菊池寛賞　第52回　宮城谷昌光 "中国古代王朝という前人未踏の世界をロマンあふれる雄渾な文体で描き、多くの読者を魅了した功績"
◇群像新人文学賞　第47回　●小説　当選作　十文字幸子「狐寝入夢虜」　●小説　優秀作　佐藤憲胤「サージウスの死神」　●評論　優秀作　中井秀明「変な気持」　和田茂俊「汽車に乗る中野重治」
◇芸術選奨　第55回　●文学部門　文部科学大臣賞　粕谷栄市「鄙唄」「転落」(詩集)　津島佑子「ナラ・レポート」　●文学部門　新人賞　絲山秋子「海の仙人」　●評論等　文部科学大臣賞　大室幹雄「ふくろうと蝸牛 柳田国男の響きあう風景」　樋口覚「書物合戦」　●評論等　新人賞　西成彦「耳の悦楽 ラフカディオ・ハーンと女たち」
◇サントリー学芸賞〔芸術・文学部門〕　第26回　田中貴子 "「あやかし考—不思議の中世へ」を中心として"　原研哉「デザインのデザイン」
◇司馬遼太郎賞　第7回　池澤夏樹
◇新田次郎文学賞　第23回　東郷隆「狙うて候—銃豪村田経芳の生涯」
◇日本芸術院賞(第2部・文芸)　第61回　●恩賜賞・日本芸術院賞　前登志夫 "歌集「鳥総立」をはじめとする長年の短歌における業績"
◇野間文芸賞　第57回　辻井喬「父の肖像」
◇婦人公論文芸賞　第4回　酒井順子「負け犬の遠吠え」
◇毎日芸術賞　第46回　中村稔「私の昭和史」　前登志夫「鳥総立」(歌集)
◇毎日出版文化賞　第58回　●第1部門(文学・芸術)　阿部和重，朝日新聞社「シンセミア 上・下」
◇三島由紀夫賞　第17回　矢作俊彦「ららら科学の子」
◇読売文学賞　第56回　●小説賞　松浦寿輝「半島」　●戯曲・シナリオ賞　該当作なし　●随筆・紀行賞　該当作なし　●評論・伝記賞　前田速夫「余多歩き 菊池山哉の人と学問」　●詩歌俳句賞　飯島耕一「アメリカ」(詩集)　岡井隆「馴鹿時代今か来向かふ」(歌集)

【小説】

◇芥川龍之介賞　第131回(上期)　モブ・ノリオ「介護入門」
◇芥川龍之介賞　第132回(下期)　阿部和重「グランド・フィナーレ」
◇泉鏡花文学賞　第32回　小川洋子「ブラフマンの埋葬」
◇江戸川乱歩賞　第50回　神山裕右「カタコンベ」
◇大藪春彦賞　第7回　雫井脩介「犯人に告ぐ」
◇オール讀物新人賞　第84回　永田俊也「ええから加減」
◇オール讀物推理小説新人賞　第43回　吉永南央「紅雲町のお草」
◇川端康成文学賞　第31回　辻原登「枯葉の中の青い炎」
◇木山捷平文学賞　第8回　堀江敏幸「雪沼とその周辺」
◇『このミステリーがすごい！』大賞　第3回　●大賞　水原秀策「スロウ・カーヴ」　古川敦史「果てなき渇きに眼を覚まし」
◇柴田錬三郎賞　第17回　大沢在昌「パンドラ・アイランド」　桐野夏生「残虐記」

◇小説現代新人賞　第72回　朝倉かすみ「肝、焼ける」
◇小説すばる新人賞　第17回　三崎亜記「となり町戦争」
◇新潮新人賞　第36回　●小説部門　佐藤弘「真空が流れる」　●評論部門　該当作なし
◇すばる文学賞　第28回　中島たい子「漢方小説」　朝倉祐弥「白の咆哮」
◇太宰治賞　第20回　志賀泉「指の音楽」
◇谷崎潤一郎賞　第40回　堀江敏幸「雪沼とその周辺」
◇直木三十五賞　第131回(上期)　奥田英朗「空中ブランコ」　熊谷達也「邂逅の森」
◇直木三十五賞　第132回(下期)　角田光代「対岸の彼女」
◇日本推理作家協会賞　第57回　●長篇及び連作短篇集部門　歌野晶午「葉桜の季節に君を想うということ」　垣根涼介「ワイルド・ソウル」　●短篇部門　伊坂幸太郎「死神の精度」　●評論その他の部門　千街晶之「水面の星座 水底の宝石」　多田茂治「夢野久作読本」
◇日本ファンタジーノベル大賞　第16回　●大賞　平山瑞穂「ラス・マンチャス通信」　●優秀賞　越谷オサム「ボーナス・トラック」
◇日本ホラー小説大賞　第11回　●大賞　該当作なし　●短編賞　大和王子「お見世出し」
◇日本ミステリー文学大賞　第8回　西村京太郎
◇野間文芸新人賞　第26回　中村航「ぐるぐるまわるすべり台」　中村文則「遮光」
◇文學界新人賞　第98回(上期)　モブ・ノリオ「介護入門」　●佳作　宮下奈都「静かな雨」
◇文學界新人賞　第99回(下期)　赤染晶子「初子さん」　●島田雅彦奨励賞　寺坂小迪「ヒヤシンス」
◇文藝賞　第41回　山崎ナオコーラ「人のセックスを笑うな」　白岩玄「野ブタ。をプロデュース」
◇本屋大賞　第1回　●第1位　小川洋子「博士の愛した数式」
◇松本清張賞　第11回　山本兼一「火天の城」
◇紫式部文学賞　第14回　俵万智「愛する源氏物語」
◇山本周五郎賞　第17回　熊谷達也「邂逅の森」
◇横溝正史ミステリ大賞　第24回　●大賞　村崎友「風の歌、星の口笛」　●優秀賞・テレビ東京賞　射坂裕二「みんな誰かを殺したい」
◇吉川英治文学賞　第38回　北方謙三「楊家将」

【詩歌】

◇H氏賞　第54回　松岡政則「金田君の宝物」
◇小熊秀雄賞　第37回　黒羽英二「須臾の間に」
◇現代歌人協会賞　第48回　本多稜「蒼の重力」　矢部雅之「友達ニ出会フノハ良イ事」
◇現代詩人賞　第22回　時里二郎「翅の伝記」
◇現代詩花椿賞　第22回　八木忠栄「雲の縁側」
◇現代短歌大賞　第27回　佐佐木幸綱 "「はじめての雪」並びに過去の全業績"
◇河野愛子賞　第14回　日高堯子「樹雨」
◇齋藤茂吉短歌文学賞　第16回　小池光「滴滴集」
◇詩歌文学館賞　第19回　●詩　安藤元雄「わがノルマンディー」　●短歌　山埜井喜美枝「はらりさん」　●俳句　森田峠「葛の崖」
◇高見順賞　第35回　相沢啓三「マンゴー幻想」　建畠晢「零度の犬」
◇蛇笏賞　第38回　福田甲子雄「草虱」
◇迢空賞　第38回　永田和宏「風位」
◇壺井繁治賞　第32回　猪野睦「ノモンハン桜」
◇寺山修司短歌賞　第9回　内藤明「斧と勾玉」
◇藤村記念歴程賞　第42回　安藤元雄「わがノルマンディー」　平出隆 "「伊良子清白」「伊良子清白全集」編纂の業績"

◇中原中也賞　第9回　久谷雄「昼も夜も」
◇日本歌人クラブ賞　第31回　三井修「風紋の鳥」　日高堯子「樹雨」
◇俳人協会賞　第44回　鈴木鷹夫「千年」
◇萩原朔太郎賞　第12回　平田俊子「詩七日」
◇晩翠賞　第45回　山崎るり子「風ぼうぼうぼう」
◇丸山薫賞　第11回　槙さわ子「祝祭」
◇丸山豊記念現代詩賞　第13回　中上哲夫「エルヴィスが死んだ日の夜」
◇若山牧水賞　第9回　米川千嘉子「滝と流星」

【戯曲】

◇岸田國士戯曲賞　第48回　倉持裕「ワンマン・ショー」

【評論・随筆】

◇大宅壮一ノンフィクション賞　第35回　渡辺一史「こんな夜更けにバナナかよ 筋ジス・鹿野靖明とボランティアたち」
◇開高健ノンフィクション賞　第2回　広川まさき「ウーマン アローン」
◇講談社エッセイ賞　第20回　荒川洋治「忘れられる過去」　酒井順子「負け犬の遠吠え」
◇講談社ノンフィクション賞　第26回　岩瀬達哉「年金大崩壊」「年金の悲劇—老後の安心はなぜ消えたか」　魚住昭「野中広務 差別と権力」
◇小林秀雄賞　第3回　佐野洋子「神も仏もありませぬ」　中沢新一「対称性人類学—カイエ・ソバージュV」
◇新潮ドキュメント賞　第3回　山本譲司「獄窓記」　日垣隆「そして殺人者は野に放たれる」
◇日本エッセイスト・クラブ賞　第52回　畠山重篤「日本〈汽水〉紀行」　松尾文夫「銃を持つ民主主義」　柳沢嘉一郎「ヒトという生きもの」

【児童文学】

◇赤い鳥文学賞　第34回　長谷川摂子「人形の旅立ち」
◇講談社出版文化賞　第35回　●絵本賞　スズキコージ「おばけドライブ」
◇産経児童出版文化賞　第51回　●大賞　マーク・ハッドン著, 小尾芙佐訳「夜中に犬に起こった奇妙な事件」
◇児童福祉文化賞　第47回　●出版物部門　栗田宏一, フレーベル館「土のコレクション」
◇児童文芸新人賞　第33回　梨屋アリエ「ピアニッシモ」　糸永えつこ「はるなつあきふゆもうひとつ」
◇小学館児童出版文化賞　第53回　神沢利子作, G.D.パヴリーシン絵「鹿よ おれの兄弟よ」
◇日本絵本賞　第10回　●大賞　中川ひろたか作, 長新太絵「ないた」　●日本絵本賞読者賞(山田養蜂場賞)　ケイト・ラム文, エイドリアン・ジョンソン絵, 石津ちひろ訳「あらまっ!」
◇日本児童文学者協会賞　第44回　伊藤遊「ユウキ」　●特別賞　砂田弘「砂田弘評論集成」
◇日本児童文芸家協会賞　第28回　井上こみち「カンボジアに心の井戸を」　こやま峰子「しっぽのクレヨン」「かぜのアパート」「ことばのたしざん」(詩集3部作)　●特別賞　北村けんじ"「クジャク砦からの歌声」などの創作実績に対して"
◇野間児童文芸賞　第42回　上橋菜穂子「狐笛のかなた」
◇ひろすけ童話賞　第15回　ねじめ正一「まいごのことり」
◇椋鳩十児童文学賞　第14回　長谷川摂子「人形の旅立ち」

【映画・テレビ全般】

◇エランドール賞〔新人賞〕(平16年度)　●新人賞　上戸彩　オダギリジョー　小雪　寺島しのぶ　中村獅童　山田孝之　●特別賞　井上由美子(脚本家)　松竹, NHK「生誕100年小津安二郎特集」　テレビ朝日「土曜ワイド劇場」　西村京太郎(作家)　TBS「水戸黄門」　●作品賞 TV Taro賞　映画部

門 「踊る大捜査線THE MOVIE2レインボーブリッジを封鎖せよ！」　●作品賞 TV ガイド賞 TV 部門　「流転の王妃・最後の皇弟」（テレビ朝日）

◇芸術選奨　第55回　●映画部門 文部科学大臣賞　宮沢りえ「父と暮せば」　森崎東「ニワトリはハダシだ」　●映画部門 新人賞　朝原雄三「釣りバカ日誌15 ハマちゃんに明日はない!?」　●放送部門 文部科学大臣賞　重延浩「テスト・ザ・ネーション」　鶴橋康夫「砦なき者」（ドラマ）　●放送部門 新人賞　真銅健嗣「奇跡の星」（ドラマ）

【映画】

◇川喜多賞　第22回　トニー・レインズ

◇キネマ旬報賞　第50回　●日本映画監督賞　崔洋一「血と骨」「クイール」　●脚本賞　崔洋一, 鄭義信「血と骨」　●主演女優賞　宮沢りえ「父と暮せば」　●主演男優賞　ビートたけし「血と骨」　●助演女優賞　YOU「誰も知らない」　●助演男優賞　オダギリジョー「血と骨」　●新人女優賞　土屋アンナ「下妻物語」「茶の味」　●新人男優賞　柳楽優弥「誰も知らない」　●読者選出日本映画監督賞　是枝裕和「誰も知らない」　●読者賞　川本三郎「映画を見ればわかること」

◇キネマ旬報ベスト・テン　第78回　●日本映画 第1位　「誰も知らない」（是枝裕和監督）　●外国映画 第1位　「ミスティック・リバー」（クリント・イーストウッド監督）

◇ゴールデングロス賞　第22回　●日本映画部門 金賞　東宝「世界の中心で、愛をさけぶ」　●外国映画部門 金賞　ワーナー・ブラザース映画「ラスト サムライ」　●マネー・メイキング監督賞　行定勲「世界の中心で、愛をさけぶ」　●マネー・メイキングスター賞　渡辺謙「ラスト サムライ」　●ゴールデングロス特別大賞　ドラえもん製作委員会　●話題賞　世界の中心で、愛をさけぶ製作委員会

◇日刊スポーツ映画大賞・石原裕次郎賞　第17回　●作品賞　「血と骨」（崔洋一監督）　●監督賞　黒木和雄「父と暮せば」「美しい夏キリシマ」　●主演男優賞　ビートたけし「血と骨」　●主演女優賞　小雪「嗤う伊右衛門」　●助演男優賞　中村獅童「いま、会いにゆきます」　●助演女優賞　鈴木京香「血と骨」　●新人賞　長澤まさみ「世界の中心で、愛をさけぶ」　●外国作品賞　「ラストサムライ」　●石原裕次郎賞　「半落ち」（佐々部清監督）　●石原裕次郎新人賞　オダギリジョー「血と骨」

◇日本アカデミー賞　第27回　●最優秀作品賞　「壬生義士伝」　●最優秀監督賞　森田芳光「阿修羅のごとく」　●最優秀脚本賞　筒井ともみ「阿修羅のごとく」　●最優秀主演男優賞　中井貴一「壬生義士伝」　●最優秀主演女優賞　寺島しのぶ「赤目四十八滝心中未遂」　●最優秀助演男優賞　佐藤浩市「壬生義士伝」　●最優秀助演女優賞　深津絵里「阿修羅のごとく」　●最優秀外国作品賞　「戦場のピアニスト」　●新人俳優賞　市原隼人「偶然にも最悪な少年」　オダギリジョー「あずみ」　藤木直人「g@me.」　石原さとみ「わたしのグランパ」　上戸彩「あずみ」　長澤まさみ「ロボコン」　●話題賞 作品部門　「踊る大捜査線 THE MOVIE2レインボーブリッジを封鎖せよ！」　●話題賞 俳優部門　上戸彩「あずみ」

◇ぴあテン〔映画部門〕　第33回　●第1位　「ロード・オブ・ザ・リング/王の帰還」

◇ブルーリボン賞　第47回　●作品賞　「誰も知らない」（是枝裕和監督）　●監督賞　是枝裕和「誰も知らない」　●主演男優賞　寺尾聰「半落ち」　●主演女優賞　宮沢りえ「父と暮せば」　●助演男優賞　オダギリジョー「この世の外へ クラブ進駐軍」「血と骨」　●助演女優賞　長澤まさみ「世界の中心で、愛をさけぶ」「深呼吸の必要」　●新人賞　森山未来「世界の中心で、愛をさけぶ」　土屋アンナ「下妻物語」「茶の味」　●外国映画賞　「ミスティック・リバー」

◇報知映画賞　第29回　●邦画部門 最優秀作品賞　「誰も知らない」（是枝裕和監督）　●邦画部門 最優秀主演男優賞　妻夫木聡「ジョゼと虎と魚たち」「きょうのできごと」「69 sixty nine」　●邦画部門 最優秀主演女優賞　松たか子「隠し剣 鬼の爪」　●邦画部門 最優秀助演男優賞　原田芳雄「美しい夏キリシマ」「父と暮せば」「ニワトリはハダシだ」　●邦画部門 最優秀助演女優賞　長澤まさみ「世界の中心で、愛をさけぶ」「深呼吸の必要」　●邦画部門 最優秀監督賞　崔洋一「クイール」「血と骨」　●邦画部門 最優秀新人賞　土屋アンナ「下妻物語」「茶の味」　●洋画部門 最優秀作品賞　「シービスケット」（ゲイリー・ロス監督）

◇毎日映画コンクール　第59回　●日本映画賞 大賞　「血と骨」　●監督賞　黒木和雄「美しい夏キリシマ」「父と暮せば」　●脚本賞　荒井晴彦「ヴァイブレータ」　●男優主演賞　ビートたけし「血と骨」　●女優主演賞　深田恭子「下妻物語」　●男優助演賞　オダギリジョー「血と骨」「この

世の外へ クラブ進駐軍」 ●女優助演賞 田畑智子「隠し剣 鬼の爪」「血と骨」 ●スポニチグランプリ新人賞 上野樹里「チルソクの夏」「スウィングガールズ」 土屋アンナ「下妻物語」「茶の味」 柳楽優弥「誰も知らない」 日本映画ファン賞 「ハウルの動く城」 ●アニメーション映画賞 「雲のむこう、約束の場所」(新海誠監督) ●大藤信郎賞 「マインドゲーム」 ●田中絹代賞 淡路恵子 ●特別賞 三橋達也 双葉十三郎

◇牧野省三賞 第42回 淡島千景 "最前線に立ち続けた華麗な芸歴により" ●特別賞 笠原和夫脚本家 "任侠もののパターンの成立と、多彩な作品執筆により"

【テレビ】

◇ギャラクシー賞 第42回 ●テレビ部門 大賞 日本テレビ放送網「笑ってコラえて！ 文化祭 吹奏楽の旅 完結編 一音入魂スペシャル」 ●テレビ部門 特別賞 テレビ東京「ワールドビジネスサテライト」 ●テレビ部門 個人賞 和久井映見 "プレミアムステージ特別企画『9.11』"「金曜時代劇『最後の忠臣蔵』」「金曜時代劇『華岡青洲の妻』」の演技" ●CM部門 大賞 タワーレコード, 東北新社, 電通「タワーレコード 企業シリーズ『神社篇』『牛丼篇』『タクシー篇』」

◇芸術祭賞[テレビ部門(ドラマ)] 第59回 ●優秀賞 日本放送協会「ハイビジョンドラマ館『七子と七生～姉と弟になれる日』」 WOWOW, ツインズジャパン「4TEEN」 北海道テレビ放送「スペシャルドラマ『六月のさくら』」 フジテレビジョン「フジテレビ開局45周年記念企画『海峡を渡るバイオリン』」

◇日刊スポーツ・ドラマグランプリ 第8回 ●主演男優賞 滝沢秀明「義経」 ●主演女優賞 天海祐希「離婚弁護士」 ●助演男優賞 亀梨和也「ごくせん」 ●助演女優賞 岡本綾「Mの悲劇」 ●作品賞 「義経」(主演・滝沢秀明)

◇日本民間放送連盟賞(平16年) ●番組部門(テレビエンターテインメント) 最優秀 関西テレビ放送「さらば征平！ 最後の挑戦」 ●番組部門(テレビドラマ) 最優秀 東京放送「さとうきび畑の唄」

◇橋田賞 第13回 ●大賞 テレビ朝日・石原プロモーション「弟」 ●橋田賞 NHK「ジイジ～孫といた夏」 NHK「秘境シルクロード 熟年ラクダ隊タクラマカン砂漠を行く」 TBS「世界遺産」 橋部敦子 "フジテレビ系「僕と彼女と彼女の生きる道」などの脚本" 和久井映見 "フジテレビ系「9・11」などの演技" 草彅剛 "フジテレビ系「僕と彼女と彼女の生きる道」などの演技" ●新人賞 えなりかずき ●特別賞 筑紫哲也 ●新人脚本賞 吉野洋「冬の花火」 景山貴之「14才のジゼル」

◇放送文化基金賞 第30回 ●テレビドラマ番組 NHK福岡放送局「福岡発地域ドラマ 玄海―わたしの海へ」 NHK, NHKエンタープライズ21「ハイビジョンドラマ館 蝉しぐれ 第1回『嵐』」 ●出演者賞 大東友紀 "福岡発地域ドラマ 玄海―わたしの海へ" の演技" 内野聖陽 "ハイビジョンドラマ館 蝉しぐれ 第1回『嵐』" の演技"

◇毎日芸術賞 第46回 ●特別賞 小山内美江子, 柳井満, 武田鉄矢, 3年B組金八先生制作関係者 "TBS系ドラマ「3年B組金八先生」の制作活動"

◇向田邦子賞 第23回 大森美香「不機嫌なジーン」

【芸能全般】

◇浅草芸能大賞 第21回 ●大賞 松平健(俳優) ●奨励賞 綾小路きみまろ(漫談家) ●新人賞 マギー審司(マジック漫談師)

◇菊池寛賞 第52回 木村光一, 地人会 "原爆の悲惨さを訴える朗読劇「この子たちの夏 1945・ヒロシマ ナガサキ」を20年にわたって全国で上演, 台本公開による自主上演への協力の実績" 中村勘九郎(5代) "「コクーン歌舞伎」「野田版研辰の討たれ」「平成中村座」など様々な試みを成功させ、ニューヨークでの公演を行うなど, 歌舞伎の魅力を世界に広げた功績"

◇芸術選奨 第55回 ●演劇部門 文部科学大臣賞 浅見真州「檜垣」「松風」 大竹しのぶ「太鼓たたいて笛ふいて」「喪服の似合うエレクトラ」 ●演劇部門 新人賞 長塚圭史「はたらくおとこ」「ピローマン」 ●大衆芸能部門 文部科学大臣賞 桂歌丸「栗橋宿」 都はるみ "新宿コマ劇場でのコンサート" ●大衆芸能部門 新人賞 東儀秀樹 "「SUPER ASIA アジアで出会った新しい風」の開催"

◇ゴールデン・アロー賞 第42回 ●映画賞 長澤まさみ ●演劇賞 中村獅童 ●音楽賞 松平健 ●放送賞(ドラマ部門) 米倉涼子 ●放送賞(バラエティー部門) くりぃむしちゅー ●新人賞 青木さやか 綾瀬はるか 波田陽区 ●話題賞 堀江貴文 ●スポーツ賞 古田敦也 ●芸能功労

賞　いかりや長介　●グラフ賞　岩佐真悠子
◇松尾芸能賞　第25回　●大賞 演劇　仲代達矢　●優秀賞 演劇　金田龍之介　中村東蔵　池畑慎之介　●新人賞 演劇　安蘭けい　●特別賞 演劇　野村又三郎　●特別賞 音楽　只野通泰　●特別賞 歌謡　八汐亜矢子

【音楽】

◇朝日賞（平16年）　穐吉敏子　"米国を拠点にピアニスト，ビッグバンドリーダーとしてジャズ発展に寄与した功績"
◇JASRAC賞　第22回　●金賞　槇原敬之作詞・作曲ほか「世界に一つだけの花」　●銀賞　菊池俊輔作曲ほか「ドラゴンボールZ BGM」　●銅賞　橋本淳作詞，すぎやまこういち作曲ほか「亜麻色の髪の乙女」　●国際賞　宮崎慎二ほか「ポケットモンスターBGM」
◇日本ゴールドディスク大賞　第19回　●アーティスト・オブ・ザ・イヤー 邦楽　ORANGE RANGE
◇日本作詩大賞　第37回　●大賞　木下龍太郎「釧路湿原」(歌・水森かおり)　●特別賞　松山恵子　●テレビ東京特別賞　五木ひろし　●最優秀新人賞　武内雅明「傍の夢物語」(歌・山口かおる)
◇日本有線大賞　第37回　●大賞　氷川きよし「番場の忠太郎」　●最多リクエスト歌手賞　EXILE　●最多リクエスト曲賞　氷川きよし「番場の忠太郎」　●最優秀新人賞　大塚愛「さくらんぼ」
◇日本レコード大賞　第46回　●大賞　Mr.Children「Sign」　●最優秀歌唱賞　夏川りみ「愛ぇ愛ょ」　●最優秀新人賞　大塚愛　●ベストアルバム賞　五木ひろし「おんなの絵本」　●吉田正賞　叶弦大
◇ぴあテン〔音楽部門〕　第33回　●第1位　平井堅
◇ベストヒット歌謡祭　第37回　●ポップス部門 グランプリ　EXILE「Carry On」　●演歌・歌謡曲部門 グランプリ　氷川きよし「番場の忠太郎」　●最優秀新人賞　大塚愛「さくらんぼ」

【演劇】

◇菊田一夫演劇賞　第30回　●演劇大賞　ミス・サイゴンのスタッフ・出演者一同　●演劇賞　段田安則 "「おもろい女」の玉松一郎，「幻に心もそぞろ狂おしのわれら将門」の三郎の演技に対して" 大浦みずき "「ナイン」「NEVER GONNA DANCE」の演技に対して" 永吉京子 "「細雪」のお春，「三婆」の花子の演技に対して"　●特別賞　橋田壽賀子，石井ふく子 "芸術座の歴史において一ジャンルを築き上げた優れた創作活動の成果に対して"
◇紀伊國屋演劇賞　第39回　●団体賞　tpt "「エンジェルス・イン・アメリカ」「ナイン THE MUSICAL」などの優れた舞台成果"　●個人賞　浜田寅彦　高橋巌 "青年座の下北沢5劇場同時公演のすべての音響"　立石涼子　千葉哲也　加藤忍
◇芸術祭賞〔演劇部門〕　第59回　●大賞　テアトル・エコー "テアトル・エコー公演126「ルームサービス」の成果"　松竹 "山本周五郎生誕百年記念「初蕾」の成果"
◇ぴあテン〔演劇部門〕　第33回　●第1位　「SHIROH」
◇毎日芸術賞　第46回　●千田是也賞　丹野郁弓 "「明石原人」「スポイルズ・オブ・ウォー」の演出"
◇読売演劇大賞　第12回　●大賞・最優秀男優賞　大滝秀治 "「巨匠」「浅草物語」の演技"　●最優秀作品賞　「赤鬼」(Bunkamura)　●最優秀女優賞　宮沢りえ "「透明人間の蒸気」の演技"　●最優秀演出家賞　野田秀樹「赤鬼」　●杉村春子賞〔新人対象〕　尾上菊之助(5代) "京鹿子娘二人道成寺」の演技など"　●芸術栄誉賞　宝塚歌劇団　●選考委員特別賞　「だるまさんがころんだ」(燐光群)

【演芸】

◇上方お笑い大賞　第33回　●大賞　辻本茂雄　●審査員特別賞　吉本新喜劇の歴代座員一同　●最優秀技能賞　林家染二　フットボールアワー　●話題賞　陣内智則　●最優秀新人賞　麒麟　秋田実苗　戸田学
◇上方漫才大賞　第39回　●大賞　フットボールアワー　●奨励賞　ティーアップ　●優秀新人賞　せんたくばさみ　●新人賞　チュートリアル
◇芸術祭賞〔演芸部門〕　第59回　●大賞　浅草21世紀 "「お笑い浅草21世紀」の成果"　はな寛太,いま寛大 "「はな寛太&いま寛大 漫才結成35周年記念公演」の成果"

【漫画・アニメ】

◇芸術選奨　第55回　●芸術振興部門 新人賞　宮崎吾朗 "「三鷹の森ジブリ美術館」の展示や企画"

◇講談社漫画賞　第28回　●児童部門　御童カズヒコ「ウルトラ忍法帖シリーズ」　●少年部門　沢田ひろふみ「遮那王―義経」　●少女部門　二ノ宮知子「のだめカンタービレ」　●一般部門　山田風太郎原作，せがわまさき漫画「バジリスク～甲賀忍法帖」

◇小学館漫画賞　第50回　●児童向け部門　吉崎観音「ケロロ軍曹」　曽山一寿「絶体絶命でんぢゃらすじーさん」　●少年向け部門　久保帯人「BLEACH」　●少女向け部門　芦原妃名子「砂時計」　小畑友紀「僕等がいた」　●一般向け部門　乃木坂太郎，永井明原案「医龍 Team Medical Dragon」　●審査委員特別賞　さいとう・たかを「ゴルゴ13」　秋本治「こちら葛飾区亀有公園前派出所」

◇手塚治虫文化賞　第8回　●マンガ大賞　岡崎京子「ヘルタースケルター」　●新生賞　もりもと崇「難波鉦異本」　●短編賞　秋月りす「OL進化論」など一連の作品に対して"　●特別賞　みなもと太郎 "歴史マンガの新境地開拓とマンガ文化への貢献に対して"

◇文化庁メディア芸術祭　第8回　●アニメーション部門 大賞　湯浅政明監督・脚本，ロビン西原作「マインド・ゲーム」　●マンガ部門 大賞　こうの史代「夕凪の街 桜の国」　●功労賞　山本順也(少女マンガ編集者)

【スポーツ】

◇朝日スポーツ賞(平16年度)　室伏広治 "アテネ五輪陸上男子ハンマー投げで金メダル"　野口みずき "アテネ五輪陸上女子マラソンで金メダル　北島康介 "アテネ五輪水泳男子100, 200m平泳ぎで金メダル"　柴田亜衣 "アテネ五輪水泳女子800m自由形で金メダル"　体操男子日本チーム "アテネ五輪体操男子団体総合で28年ぶり6度目の金メダル"　野村忠宏 "アテネ五輪柔道男子60キロ級で金メダルを獲得し，3連覇を達成"　内柴正人 "アテネ五輪柔道男子66キロ級で金メダル"　鈴木桂治 "アテネ五輪柔道男子100キロ超級で金メダル"　谷亮子 "アテネ五輪柔道女子48キロ級で金メダルを獲得し，2連覇を達成"　谷本歩実 "アテネ五輪柔道女子63キロ級で金メダル"　上野雅恵 "アテネ五輪柔道女子70キロ級で金メダル"　阿武教子 "アテネ五輪柔道女子78キロ級で金メダル"　塚田真希 "アテネ五輪柔道女子78キロ超級で金メダル"　吉田沙保里 "アテネ五輪レスリング女子55キロ級で金メダル"　伊調馨 "アテネ五輪レスリング女子63キロ級で金メダル"　成田真由美 "アテネ・パラリンピック水泳7種目で優勝，3大会通算15個目の金メダルを獲得"　土田和歌子 "アテネ・パラリンピック陸上女子5000m(車いす)で金，日本人初の冬夏の金メダリスト"　荒川静香 "世界フィギュアスケート選手権で日本選手3人目の金メダル"　三浦敬三 "100歳の現役スキーヤーで，生涯スポーツとしてのスキー普及に貢献"

◇日本プロスポーツ大賞　第37回　●大賞　松井秀喜(プロ野球)　●殊勲賞　阪神タイガース(プロ野球)　不動裕理(女子プロゴルフ)　横浜F・マリノス(Jリーグ)　●最高新人賞　和田毅(プロ野球)

◇毎日スポーツ人賞(平16年度)　●グランプリ　野口みずき(マラソン選手)　●文化賞　古田敦也(日本プロ野球選手会長)　●国際賞　野村忠宏(柔道選手)　●感動賞　アテネ五輪体操男子団体総合チーム　●新人賞　柴田亜衣(水泳選手)　●ファン賞　室伏広治(ハンマー投げ選手)　●特別賞　北島康介(水泳選手)

【その他】

◇「現代用語の基礎知識」選 ユーキャン新語・流行語大賞　第21回　●年間大賞，トップテン　北島康介 "チョー気持ちいい"

◇将棋大賞　第31回　●最優秀棋士賞　森内俊之　●新人賞　田村康介　●最優秀女流棋士賞　清水市代

◇星雲賞　第35回　●日本長編部門　小川一水「第六大陸」　●日本短編部門　梶尾真治「黄泉びと知らず」　●メディア部門　「ロード・オブ・ザ・リング/二つの塔」　●コミック部門　ひかわきょうこ「彼方から」　●アート部門　西島大介　●ノンフィクション部門　笹本祐一「宇宙へのパスポート〈2〉M-V&H-2Aロケット取材日記」　●自由部門　「王立科学博物館シリーズI」

◇日本SF大賞　第25回　押井守「イノセンス」　●特別賞　矢野徹

◇文化勲章(平16年度)　中村雀右衛門(4代)(歌舞伎)　小林斗盦(篆刻)　白川静(中国古代文化研究)　戸塚洋二(宇宙線物理学)　福王寺法林(日本画)

◇ベストドレッサー賞　第33回　●政治・経済部門　三木谷浩史　●学術・文化部門　千住博　●芸能部門　佐藤浩市　石川亜沙美　●スポーツ部門　野村忠宏　●インターナショナル部門　ペ・ヨンジュン

平成17年（2005）

【文学全般】

◇朝日賞〔文学関係〕（平17年度）　林京子 "「林京子全集」（全8巻）にいたる文学活動の業績"
◇伊藤整文学賞　第16回　●小説　笙野頼子「金毘羅」　●評論　富岡多恵子「西鶴の感情」
◇大佛次郎賞　第32回　富岡多恵子「西鶴の感情」　リービ英雄「千々にくだけて」
◇菊池寛賞　第53回　津本陽 "「乾坤の夢」「薩南示現流」など、歴史小説、剣豪小説に新境地を開き、さらに戦記文学へと幅を広げる旺盛な作家活動"
◇群像新人文学賞　第48回　●小説　当選作　樋口直哉「さよなら　アメリカ」　●小説　優秀作　望月あんね「グルメな女と優しい男」　●評論　優秀作　山田茂「赤坂真理」　水牛健太郎「過去　メタファー　中国—ある『アフターダーク』論」
◇芸術選奨　第56回　●文学部門　文部科学大臣賞　髙樹のぶ子「光抱く友よ」「HOKKAI」　宮内勝典「焼身」　●文学部門　新人賞　蜂飼耳詩人「食うものは食われる夜」（詩集）　●評論等　文部科学大臣賞　三枝昂之歌人「昭和短歌の精神史」　●評論等　新人賞　安藤礼二文芸評論家「神々の闘争　折口信夫論」
◇サントリー学芸賞〔芸術・文学部門〕　第27回　斎藤希史「漢文脈の近代」　柴田元幸「アメリカン・ナルシス」　宮下規久朗「カラヴァッジョ」
◇司馬遼太郎賞　第8回　松本健一 "「評伝　北一輝」全5巻によって完成させた独創的な近現代史研究の成果に対して"
◇新田次郎文学賞　第24回　中村彰彦「落花は枝に還らずとも—会津藩士・秋月悌次郎」
◇日本芸術院賞（第2部・文芸）　第62回　●恩賜賞・日本芸術院賞　辻井喬 "「父の肖像」などの小説群、近作をはじめとする小説群の旺盛な創作活動"
◇野間文芸賞　第58回　村上龍「半島を出よ　上・下」
◇毎日芸術賞　第47回　谷川俊太郎「シャガールと木の葉」（詩集），「谷川俊太郎詩選集　全3巻」　三木卓「北原白秋」（評伝）
◇毎日出版文化賞　第59回　●文学・芸術部門　村上龍，幻冬舎「半島を出よ　上・下」　●特別賞　佐藤優，新潮社「国家の罠」
◇三島由紀夫賞　第18回　鹿島田真希「六〇〇〇度の愛」
◇読売文学賞　第57回　●小説賞　堀江敏幸「河岸忘日抄」　宮内勝典「焼身」　●戯曲・シナリオ賞　菱田信也「パウダアーおしろいー」　●随筆・紀行賞　河島英昭「イタリア・ユダヤ人の風景」　●評論・伝記賞　筒井清忠「西條八十」　●詩歌俳句賞　小澤實「句集「瞬間」」

【小説】

◇芥川龍之介賞　第133回（上期）　中村文則「土の中の子供」
◇芥川龍之介賞　第134回（下期）　絲山秋子「沖で待つ」
◇泉鏡花文学賞　第33回　寮美千子「『楽園の鳥』カルカッタ幻想曲」
◇江戸川乱歩賞　第51回　薬丸岳「天使のナイフ」
◇オール讀物新人賞　第85回　野田栄二「黄砂吹く」
◇オール讀物推理小説新人賞　第44回　祐光正「幻景浅草色付不良少年団（あさくさカラー・ギャング）」
◇木山捷平文学賞　第9回　松浦寿輝「あやめ　蝶　ひかがみ」
◇『このミステリーがすごい！』大賞　第4回　●大賞　海堂尊「チーム・バチスタの崩壊」　●特別奨励賞　水田美意子「殺人ピエロの孤島同窓会」
◇柴田錬三郎賞　第18回　橋本治「蝶のゆくえ」

◇小説現代新人賞　第73回　狩野昌人「スリーピーホロウの座敷ワラシ」
◇小説すばる新人賞　第18回　飛鳥井千砂「はるがいったら」
◇新潮新人賞　第37回　●小説部門　田中慎弥「冷たい水の羊」　●評論部門　該当作なし
◇すばる文学賞　第29回　高瀬ちひろ「ゆびさきの恋」
◇太宰治賞　第21回　川本晶子「刺繍」　津村記久生「マンイーター」
◇谷崎潤一郎賞　第41回　町田康「告白」　山田詠美「風味絶佳」
◇直木三十五賞　第133回(上期)　朱川湊人「花まんま」
◇直木三十五賞　第134回(下期)　東野圭吾「容疑者Xの献身」
◇日本推理作家協会賞　第58回　●長篇及び連作短篇集部門　貴志祐介「硝子のハンマー」　戸松淳矩「剣と薔薇の夏」　●短篇部門　該当作品なし　●評論その他の部門　日高恒太朗「不時着」
◇日本ファンタジーノベル大賞　第17回　西條奈加「金春屋ゴメス」　●優秀賞　受賞辞退
◇日本ホラー小説大賞　第12回　●大賞　恒川光太郎「夜市」　●長編賞　大山尚利「チューイングボーン」　●短編賞　あせごのまん「余は如何にして服部ヒロシとなりしか」
◇日本ミステリー文学大賞　第9回　赤川次郎
◇野間文芸新人賞　第27回　青木淳悟「四十日と四十夜のメルヘン」　平田俊子「二人乗り」
◇文學界新人賞　第100回(上期)　該当作なし　●辻原登・松浦寿輝奨励賞　佐久吉忠夫「末黒野」
◇文學界新人賞　第101回(下期)　中山智幸「さりぎわの歩き方」
◇文藝賞　第42回　青山七恵「窓の灯」　三並夏「平成マシンガンズ」
◇本屋大賞　第2回　●第1位　恩田陸「夜のピクニック」
◇松本清張賞　第12回　城野隆「一枚摺屋」
◇紫式部文学賞　第15回　津島佑子「ナラ・レポート」
◇山本周五郎賞　第18回　荻原浩「明日の記憶」　垣根涼介「君たちに明日はない」
◇横溝正史ミステリ大賞　第25回　●大賞, テレビ東京賞　伊岡瞬「約束」
◇吉川英治文学賞　第39回　北原亜以子「夜の明けるまで」

【詩歌】

◇H氏賞　第55回　山本純子「あまのがわ」
◇小熊秀雄賞　第38回　寺田美由紀「かんごかてい」
◇葛原妙子賞　第1回　今野寿美「龍笛」
◇現代歌人協会賞　第49回　該当作なし
◇現代詩人賞　第23回　平林敏彦「舟歌」
◇現代詩花椿賞　第23回　藤井貞和「神の子犬」
◇現代短歌大賞　第28回　該当作なし
◇齋藤茂吉短歌文学賞　第17回　三枝昂之「昭和短歌の精神史」
◇詩歌文学館賞　第20回　●詩　飯島耕一「アメリカ」　●短歌　宮英子「西域更紗」　●俳句　林翔「光年」
◇高見順賞　第36回　伊藤比呂美「河原荒草」
◇蛇笏賞　第39回　鷲谷七菜子「晨鐘」
◇沼空賞　第39回　小池光「時のめぐりに」
◇壺井繁治賞　第33回　真栄田義功「方言札」
◇寺山修司短歌賞　第10回　伊藤一彦「新月の蜜」
◇藤村記念歴程賞　第43回　安氷稔和「蟹場まで」(詩集)　三木卓「北原白秋」(評伝)
◇中原中也賞　第10回　三角みづ紀「オウバアキル」
◇日本歌人クラブ賞　第32回　大下一真「足下」
◇俳人協会賞　第45回　大串章「大地」　鍵和田秞子「胡蝶」

◇萩原朔太郎賞　第13回　荒川洋治「心理」
◇晩翠賞　第46回　高岡修「犀」
◇丸山薫賞　第12回　柏木義雄「客地黄落」
◇丸山豊記念現代詩賞　第14回　森崎和江「ささ笛ひとつ」
◇若山牧水賞　第10回　水原紫苑「あかるたへ」

【戯曲】
◇岸田國士戯曲賞　第49回　岡田利規「三月の5日間」　宮藤官九郎「鈍獣」

【評論・随筆】
◇大宅壮一ノンフィクション賞　第36回　稲泉連「ぼくもいくさに征くのだけれど―竹内浩三の詩と死」　高木徹「大仏破壊―バーミアン遺跡はなぜ破壊されたのか」
◇開高健ノンフィクション賞　第3回　藤原章生「遠い地平」
◇講談社エッセイ賞　第21回　アーサー・ビナード「日本語ぽこりぽこり」
◇講談社ノンフィクション賞　第27回　奥野修司「ナツコ 沖縄密貿易の女王」　中川一徳「メディアの支配者」
◇小林秀雄賞　第4回　茂木健一郎「脳と仮想」
◇新潮ドキュメント賞　第4回　中川一徳「メディアの支配者」
◇日本エッセイスト・クラブ賞　第53回　久我なつみ「日本を愛したティファニー」　滝沢荘一「名優・滝沢修と激動昭和」　竹山恭二「報道電報検閲秘史 丸亀郵便局の日露戦争」

【児童文学】
◇赤い鳥文学賞　第35回　李錦玉「いちど消えたのは」
◇講談社出版文化賞　第36回　●絵本賞　G.D.パヴリーシン絵, 神沢利子作「鹿よ おれの兄弟よ」
◇産経児童出版文化賞　第52回　●大賞　小林克監修「昔のくらしの道具事典」
◇児童福祉文化賞　第48回　●出版物部門　水内喜久雄選著, 理論社「詩と歩こう 全10巻」
◇児童文芸新人賞　第34回　浅田宗一郎「さるすべりランナーズ」　童みどり「月のかおり」
◇小学館児童出版文化賞　第54回　あさのあつこ「バッテリー」(全6巻)
◇日本絵本賞　第11回　●大賞　ブラートフ・ミハイル再話, 出久根育文・絵「マーシャと白い鳥：ロシアの民話」　●翻訳絵本賞　マクノートン・コリン文, きたむらさとし絵, 柴田元幸訳「ふつうに学校にいくふつうの日」　●日本絵本賞読者賞(山田養蜂場賞)　カイラー・マージェリー作, S.D.シンドラー絵, 黒宮純子訳「しゃっくりがいこつ」
◇日本児童文学者協会賞　第45回　さとうまきこ「4つの初めての物語」　●特別賞　那須正幹「ズッコケ三人組」シリーズ
◇日本児童文芸家協会賞　第29回　越水利江子「あした、出会った少年―花明かりの街で」
◇野間児童文芸賞　第43回　吉橋通夫「なまくら」
◇ひろすけ童話賞　第16回　宮川ひろ「きょうはいい日だね」
◇椋鳩十児童文学賞　第15回　やえがしなおこ「雪の林」

【映画・テレビ全般】
◇エランドール賞〔新人賞〕(平17年度)　●新人賞　石原さとみ　伊東美咲　長澤まさみ　成宮寛貴　山本耕史　●作品賞 TV Taro賞 映画部門　「世界の中心で愛をさけぶ」　●作品賞 TV ガイド賞 TV部門　「白い巨塔」　●特別賞　黒木和雄　小林正彦　野沢尚
◇菊池寛賞　第53回　テレビマンユニオン
◇芸術選奨　第56回　●映画部門 文部科学大臣賞　犬童一心映画監督「メゾン・ド・ヒミコ」　藤原智子映画監督「ベアテの贈りもの」　●映画部門 新人賞　青木研次脚本家「いつか読書する日」　●放送部門 文部科学大臣賞　爆笑問題(太田光, 田中裕二)「爆笑問題のススメ」　●放送部門 新人賞　長

嶋甲兵テレビディレクター「詩のボクシング～鳴り渡れ言葉、一億三千万の胸の奥に」

【映画】
◇川喜多賞　第23回　堀越謙三
◇キネマ旬報賞　第51回　●日本映画監督賞　井筒和幸「パッチギ！」　●脚本賞　内田けんじ「運命じゃない人」　●主演女優賞　田中裕子「いつか読書する日」「火火」　●主演男優賞　オダギリジョー「メゾン・ド・ヒミコ」「オペレッタ狸御殿」「SHINOBI」「スクラップ・ヘブン」　●助演女優賞　薬師丸ひろ子「ALWAYS 三丁目の夕日」「オペレッタ狸御殿」「レイクサイド マーダーケース」「鉄人28号」　●助演男優賞　堤真一「ALWAYS 三丁目の夕日」「フライ、ダディ、フライ」　●新人女優賞　沢尻エリカ「パッチギ！」「阿修羅城の瞳」「SHINOBI」　●新人男優賞　石田卓也「蝉しぐれ」　●読者選出日本映画監督賞　山崎貴「ALWAYS 三丁目の夕日」　●読者賞　香川照之「日本魅録」
◇キネマ旬報ベスト・テン　第79回　●日本映画 第1位　「パッチギ！」（井筒和幸監督）　●外国映画 第1位　「ミリオンダラー・ベイビー」（クリント・イーストウッド監督）
◇ゴールデングロス賞　第23回　●日本映画部門 金賞　東宝「ハウルの動く城」　●外国映画部門 金賞　20世紀フォックス映画「スター・ウォーズ エピソード3／シスの復讐」　●マネーメイキング監督賞　宮崎駿「ハウルの動く城」　●ゴールデングロス話題賞　亀山千広「交渉人 真下正義」「容疑者 室井慎次」
◇日刊スポーツ映画大賞・石原裕次郎賞　第18回　●作品賞　「パッチギ！」（井筒和幸監督）　●監督賞　犬童一心「メゾン・ド・ヒミコ」「タッチ」　●主演男優賞　市川染五郎(7代)「阿修羅城の瞳」「蝉しぐれ」　●主演女優賞　小泉今日子「空中庭園」　●助演男優賞　堤真一「フライ、ダディ、フライ」「ALWAYS 三丁目の夕日」　●助演女優賞　薬師丸ひろ子「ALWAYS 三丁目の夕日」　●新人賞　沢尻エリカ「パッチギ！」ほか　●外国作品賞　「ミリオンダラー・ベイビー」（クリント・イーストウッド監督）　●石原裕次郎賞　「ALWAYS 三丁目の夕日」（山崎貴監督）
◇日本アカデミー賞　第28回　●最優秀作品賞　「半落ち」　●最優秀監督賞　崔洋一「血と骨」　●最優秀脚本賞　矢口史靖「スウィングガールズ」　●最優秀主演男優賞　寺尾聰「半落ち」　●最優秀主演女優賞　鈴木京香「血と骨」　●最優秀助演男優賞　オダギリジョー「血と骨」　●最優秀助演女優賞　長澤まさみ「世界の中心で、愛をさけぶ」　●最優秀外国作品賞　「ラスト・サムライ」　●新人俳優賞　平岡祐太「スウィングガールズ」　森山未来「世界の中心で、愛をさけぶ」　伊東美咲「海猫」　上野樹里「スウィングガールズ」　土屋アンナ「下妻物語」　一青窈「珈琲時光」　●会長特別賞　三橋達也　●話題賞 作品部門　「スウィングガールズ」　●話題賞 俳優部門　長澤まさみ「世界の中心で、愛をさけぶ」
◇ぴあテン〔映画部門〕　第34回　●第1位　「ALWAYS 三丁目の夕日」
◇ブルーリボン賞　第48回　●作品賞　「パッチギ！」（井筒和幸監督）　●監督賞　佐藤純弥「男たちの大和／YAMATO」　●主演男優賞　真田広之「亡国のイージス」　●主演女優賞　小泉今日子「空中庭園」　●助演男優賞　堤真一「ALWAYS 三丁目の夕日」ほか　●助演女優賞　薬師丸ひろ子「ALWAYS 三丁目の夕日」ほか　●新人賞　多部未華子「HINOKIO」「青空のゆくえ」　●外国映画賞　「ミリオンダラー・ベイビー」（クリント・イーストウッド監督）　●特別賞　岡本喜八 "喜劇を作る姿勢を貫いた功績"
◇報知映画賞　第30回　●邦画部門 最優秀作品賞　「ALWAYS 三丁目の夕日」（山崎貴監督）　●邦画部門 主演男優賞　市川染五郎(7代)「阿修羅城の瞳」「蝉しぐれ」　●邦画部門 主演女優賞　田中裕子「火火」「いつか読書する日」　●邦画部門 最優秀助演男優賞　堤真一「ALWAYS 三丁目の夕日」　●邦画部門 最優秀助演女優賞　薬師丸ひろ子「ALWAYS 三丁目の夕日」　●邦画部門 最優秀監督賞　内田けんじ「運命じゃない人」　●邦画部門 最優秀新人賞　沢尻エリカ「パッチギ！」　●海外作品部門 最優秀作品賞　「シンデレラマン」（ロン・ハワード監督）
◇毎日映画コンクール　第60回　●日本映画大賞　「パッチギ！」（井筒和幸監督）　●監督賞　緒方明「いつか読書する日」　●男優主演賞　浅野忠信「誰がために」「乱歩地獄」　●女優主演賞　田中裕子「いつか読書する日」「火火」　●男優助演賞　山下規介「運命じゃない人」　●女優助演賞　板谷由夏「運命じゃない人」　●スポニチグランプリ新人賞　石田法嗣「カナリア」　関めぐみ「恋は五・七・五！」「8月のクリスマス」　●アニメーション映画賞　「劇場版 鋼の錬金術師 シャンバラ

を征く者」 ●大藤信郎賞　岸本真太郎「tough guy！ 2005」　●田中絹代賞　若尾文子

【テレビ】

◇ギャラクシー賞　第43回　●テレビ部門 大賞　TBSテレビ「金曜ドラマ『タイガー＆ドラゴン』」　●特別賞　日本放送協会, NHKエデュケーショナル, 東京ビデオセンター「あの日 昭和20年の記憶」　●個人賞　天海祐希 "ドラマ「女王の教室」「離婚弁護士Ⅱ」「越路吹雪 愛の生涯」「キッチンウォーズ」の演技"　●CM部門 大賞　公共広告機構, シースリーフィルム, 大広「公共広告機構 エイズ予防『見えない連鎖篇』」

◇芸術祭賞〔テレビ部門（ドラマ）〕　第60回　●芸術祭優秀賞　北海道テレビ放送 スペシャルドラマ「うみのほたる」　朝日放送「零のかなたへ～THE WINDS OF GOD～」　WOWOW 戦後60年特別企画「祖国」　●芸術祭放送個人賞　井上由美子 "DRAMA COMPLEX「終戦60年スペシャルドラマ・火垂るの墓」の脚本"

◇日刊スポーツ・ドラマグランプリ　第9回　●主演男優賞　山下智久「野ブタ。をプロデュース」　●主演女優賞　天海祐希「女王の教室」　●助演男優賞　岡田准一「タイガー＆ドラゴン」　●助演女優賞　薬師丸ひろ子「1リットルの涙」　●作品賞　「エンジン」（主演・木村拓哉）

◇日本民間放送連盟賞（平17年）　●番組部門（テレビエンターテインメント）最優秀　BSフジ「HIT SONG MAKERS ～栄光のJ-POP伝説」　●番組部門（テレビドラマ）最優秀　WOWOW「4TEEN」

◇橋田賞　第14回　●大賞 該当作なし　●橋田賞　日本テレビ「火垂るの墓」　テレビ朝日「熟年離婚」　NHK「歴史の選択 赤穂浪士 討ち入り組VS討ち入り不参加組」　遊川和彦 "日テレ「女王の教室」などの脚本"　泉ピン子 "TBS「美空ひばり誕生物語」などの演技"　村田雄浩 "NHK「ハルとナツ」の演技"　米倉涼子 "テレ朝「黒革の手帖」などの演技"　仲間由紀恵 "日テレ「ごくせん」などの演技"　滝沢秀明 "NHK「義経」の演技"　●特別賞　宮川一郎 "脚本家としての長年の功績"

◇放送文化基金賞　第31回　●テレビドラマ番組　テレビ朝日「テレビ朝日開局45周年記念特別企画『砦なき者』」　●個別分野 出演者賞　篠原涼子 "「ウーマンズ・ビート ドラマスペシャル『溺れる人』」の演技"　役所広司 "テレビ朝日開局45周年記念特別企画『砦なき者』の演技"　●個別分野 音響効果賞　若林宏「FMシアター シリーズ・ベトナムの現代文学『戦争の悲しみ』」の音響効果

◇毎日芸術賞　第47回　●特別賞　NHK番組制作関係者「NHK『戦後60年企画』」

◇向田邦子賞　第24回　遊川和彦「女王の教室」

【芸能全般】

◇浅草芸能大賞　第22回　●大賞　島倉千代子(歌手)　●奨励賞　林家正蔵(落語家)　●新人賞　橘大五郎(俳優)

◇朝日賞〔芸能関係〕（平17年度）　小沢昭一 "俳優としての業績、及び日本の大道芸、放浪芸を記録・再評価した功績"

◇菊池寛賞　第53回　蜷川幸雄 "歌舞伎座7月公演「NINAGAWA十二夜」において、シェイクスピアと歌舞伎を見事に融合させた画期的な舞台を創造。歌舞伎の可能性を飛躍させた演出に対して"

◇芸術選奨　第56回　●演劇部門 文部科学大臣賞　串田和美演出家「コーカサスの白墨の輪」「桜姫」　山本則直能楽狂言方「楽阿弥」「武悪」　●演劇部門 新人賞　尾上菊之助（5代）「NINAGAWA十二夜」　●大衆芸能部門 文部科学大臣賞　桂三枝「妻の旅行」「背なで老いてる唐獅子牡丹」　中島みゆき「コンサートツアー2005」　●大衆芸能部門 新人賞　柳家喬太郎「錦の舞衣」

◇ゴールデン・アロー賞　第43回　●映画賞　井筒和幸　●演劇賞　松たか子　●音楽賞　倖田來未　●放送賞（ドラマ部門）　伊東美咲　●放送賞（バラエティー部門）　アンガールズ　●スポーツ賞　宮里藍　●新人賞　沢尻エリカ　原田泰造　WaT　堀北真希　南海キャンディーズ　●話題賞　レイザーラモンHG　●芸能功労賞　本田美奈子　●グラフ賞　安田美沙子

◇毎日芸術賞　第47回　奈良岡朋子 "「火山灰地」「ドライビング・ミス・デイジー」の演技"　●千田是也賞　松本祐子「ぬけがら」「ピーターパン」の演出

◇松尾芸能賞　第26回　●大賞 演劇　十朱幸代　●優秀賞 演劇　中村メイコ　●新人賞 演劇　市川段治郎　●特別賞 音楽　大石昌美

【音楽】

◇JASRAC賞　第23回　●金賞　槇原敬之作詞・作曲ほか「世界に一つだけの花」　●銀賞　森山良子作詞、BEGIN作曲ほか「涙そうそう」　●銅賞　佐橋俊彦作曲ほか「機動戦士ガンダムSEED（BGM）」　●国際賞　宮崎慎二作曲ほか「ポケットモンスター（BGM）」
◇日本ゴールドディスク大賞　第20回　●アーティスト・オブ・ザ・イヤー 邦楽　倖田來未　●日韓友情年2005特別賞　K　SE7EN　パク・ヨンハ
◇日本作詩大賞　第38回　●大賞　星野哲郎「大器晩成」（歌・島津亜矢）　●最優秀新人賞　落合博満「ほんま云うたら何やけど」（歌・金沢明子）　●特別賞　青木光一　●テレビ東京特別賞　山川豊
◇日本有線大賞　第38回　●大賞　氷川きよし「面影の都」　●最多リクエスト歌手賞　氷川きよし　●最多リクエスト曲賞　冠二郎「ほろよい酔虎伝」　●最優秀新人賞　伊藤由奈「ENDLESS STORY」
◇日本レコード大賞　第47回　●大賞　倖田來未「Butterfly」　●最優秀歌唱賞　水森かおり「五能線」　●ベストアルバム賞　ケツメイシ「ケツノポリス4」　●吉田正賞　三木たかし　●最優秀新人賞　AAA
◇ぴあテン〔音楽部門〕（平17年度）　●第1位　サザン・オールスターズ
◇ベストヒット歌謡祭　第38回　●ポップス部門 グランプリ　EXILE「EXIT」　●演歌・歌謡曲部門 グランプリ　氷川きよし「面影の都」　●最優秀新人賞　伊藤由奈「ENDLESS STORY」

【演劇】

◇菊田一夫演劇賞　第31回　●演劇大賞　鹿賀丈史　●演劇賞　内野聖陽　マルシア　新妻聖子　浦井健治　●特別賞　山口琇也"歌唱指導と音楽監督による永年のミュージカルへの功績"
◇紀伊國屋演劇賞　第40回　●団体賞　該当なし　●個人賞　平幹二朗　斎藤憐　梅沢昌代　浅野和之　野村萬斎　七瀬なつみ
◇芸術祭賞〔演劇部門〕　第60回　●芸術祭大賞（関東参加公演の部）　奈良岡朋子, 仲代達矢 "劇団民藝＋無名塾公演「ドライビング・ミス・デイジー」における演技"　●芸術祭大賞（関西参加公演の部）　佐伯紀久子之会 "「第5回佐伯紀久子之会別会能」の成果"
◇ぴあテン〔演劇部門〕　第34回　●第1位　「Endless SHOCK」
◇読売演劇大賞　第13回　●大賞・最優秀演出家賞　蜷川幸雄 "「幻に心もそぞろ狂おしのわれら将門」「メディア」「NINAGAWA十二夜」「天保十二年のシェイクスピア」の演出"　●最優秀作品賞　二兎社「歌わせたい男たち」　●最優秀男優賞　浅野和之 "「ブラウニング・バージョン」「12人の優しい日本人」の演技"　●最優秀女優賞　戸田恵子 "「歌わせたい男たち」の演技"　●杉村春子賞〔新人対象〕　井上芳雄 "「モーツァルト！」「エリザベート」の演技"　●芸術栄誉賞　唐十郎　●選考委員特別賞　仲代達矢 "「ドライビング・ミス・デイジー」の演技"

【演芸】

◇上方お笑い大賞　第34回　●大賞　大木こだま・ひびき　●最優秀技能賞　海原やすよ・ともこ　笑福亭三喬　●話題賞　レイザーラモンHG　友近　●審査員特別賞　かしまし娘　●最優秀新人賞　笑い飯　●特別功労賞　桂文枝（6代）　岡八朗　旭堂南陵　木川かえる　桂吉朝
◇上方漫才大賞　第40回　●大賞　中田カウス・ボタン　●奨励賞　メッセンジャー　●優秀新人賞　南海キャンディーズ　●新人賞　麒麟
◇芸術祭賞〔演芸部門〕　第60回　●芸術祭大賞（関東参加公演の部）　甲斐京子 "「甲斐京子の夢劇場 in ASAKUSA—ダンス・ソング・ドラマ・PART4—」の成果"

【漫画・アニメ】

◇講談社漫画賞　第29回　●児童部門　安野モヨコ「シュガシュガルーン」　●少年部門　曽田正人「capeta」　●少女部門　伊藤理佐「おいピータン!!」　ジョージ朝倉「恋文日和」　●一般部門　三田紀房「ドラゴン桜」
◇小学館漫画賞　第51回　●児童向け部門　前川涼「アニマル横町」　●少年向け部門　藤崎聖人「ワイルドライフ」　●少女向け部門　和泉かねよし「そんなんじゃねえよ」　●一般向け部門　かわぐ

ちかいじ「太陽の黙示録」　安部譲二原作,柿崎正澄作画「RAINBOW二舎六房の七人」
◇手塚治虫文化賞　第9回　●マンガ大賞　浦沢直樹作,手塚治虫原作,長崎尚志プロデュース,手塚眞監修,手塚プロダクション協力「PLUTO（プルートウ）」　●新生賞　こうの史代「夕凪の街 桜の国」　●短編賞　西原理恵子「上京ものがたり」「毎日かあさん」　●特別賞　川崎市市民ミュージアム"江戸から現代までのマンガ作品・資料の収集および企画展示などに対して"
◇文化庁メディア芸術祭　第9回　●アニメーション部門 大賞　榊原澄人「浮楼」　●マンガ部門　吾妻ひでお「失踪日記」

【スポーツ】

◇朝日スポーツ賞（平17年度）　冨田洋之 "世界体操選手権男子個人総合で日本選手として31年ぶりに優勝"　為末大 "世界陸上選手権男子400m障害で2度目となる銅メダルを獲得"　野茂英雄 "大リーグに挑む日本選手の先駆者であり,日米通算200勝を達成"　朝青龍明徳 "大相撲で史上初となる7連覇と年間6場所完全制覇を同時に達成"　宮里藍 "日本女子オープン最年少優勝など女子ゴルフブームを巻き起こした"　宇津木妙子 "指導者としての長年の貢献が評価され,国際ソフトボール殿堂入り"　●スーパーアスリート賞　髙橋尚子 "05東京国際女子マラソンで日本選手として6年ぶりに優勝"
◇日本プロスポーツ大賞　第38回　●大賞　朝青龍明徳（大相撲）　●殊勲賞　松中信彦（プロ野球）　浦和レッドダイヤモンズ（Jリーグ）　不動裕理（女子プロゴルフ）　●ジャパンアートプランニング杯最高新人賞　宮里藍（女子プロゴルフ）　●特別賞　イチロー（野球）　アテネ・オリンピック自転車チームスプリント銀メダルチーム
◇毎日スポーツ人賞（平17年度）　●グランプリ　朝青龍明徳（大相撲）　●文化賞　武豊（競馬）　●国際賞　為末大（陸上）　●感動賞　ボビー・バレンタインと千葉ロッテマリーンズ（プロ野球）　●ファン賞　金本知憲（プロ野球）　●新人賞　宮里藍（プロゴルフ）　●特別賞　冨田洋之（体操）

【その他】

◇「現代用語の基礎知識」選 ユーキャン新語・流行語大賞　第22回　●年間大賞　武部勤ほか4名「小泉劇場」　堀江貴文 "想定内（外）"
◇将棋大賞　第32回　●最優秀棋士賞　羽生善治　●新人賞　阿久津主税　●最優秀女流棋士賞　清水市代
◇星雲賞　第36回　●日本長編部門　笹本祐一「ARIEL」全20巻　●日本短編部門　飛浩隆「象られた力」　●メディア部門　谷口悟郎監督「プラネテス」　●コミック部門　川原泉「ブレーメンⅡ」全5巻　●アート部門　新海誠　●ノンフィクション部門　前田建設工業株式会社「前田建設ファンタジー営業部」　●自由部門　「ヴェネチア・ビエンナーレ第9回国際建築展」（国際交流基金）　●特別部門　矢野徹 "SFファンとしていち早く世界大会での交流を深め,プロとして精力的に活動した"
◇日本SF大賞　第26回　飛浩隆「象られた力」
◇文化勲章（平17年度）　青木龍山（陶芸家）　斎藤真（東京大学名誉教授・米国政治外交史）　沢田敏男（京都大学名誉教授・農業工学）　日野原重明（聖路加国際病院理事長）　森光子（俳優）
◇ベストドレッサー賞　第34回　●政治・経済部門　小池百合子（環境相）　藤田晋（サイバーエージェント社長）　●学術・文化部門　松任谷正隆（音楽プロデューサー）　●芸能部門　坂口憲二（俳優）　伊東美咲（女優）　●スポーツ部門　古田敦也（プロ野球ヤクルト選手兼監督）　●インターナショナル部門　マリア・シャラポワ（テニスプレーヤー）

平成18年（2006）

【文学全般】

◇朝日賞〔文学関係〕（平18年度）　田辺聖子 "「田辺聖子全集」（全24巻・別巻1）完結にいたる文学活動の業績"　村上春樹 "世界各国で翻訳され,若い読者を中心に同時代の共感を呼んだ文学的功績"
◇伊藤整文学賞　第17回　●小説部門　島田雅彦「退廃姉妹」　●評論部門　川西政明「武田泰淳伝」
◇大佛次郎賞　第33回　田草川弘「黒澤明vs.ハリウッド―『トラ・トラ・トラ！』その謎のすべて」　辻原登「花はさくら木」

平成18年（2006）

◇菊池寛賞　第54回　小林信彦 "多方面にわたってすぐれた作品を発表し、その文業の円熟と変わらぬ実験精神によって「うらなり」を完成させた"　八木書店「徳田秋声全集」
◇群像新人文学賞　第49回　●小説　木下古栗「無限のしもべ」　久保田凛香「憂鬱なハスビーン」　●小説 優秀作　深津望「煙幕」　●評論 優秀作　田中弥生「乖離する私—中村文則」
◇芸術選奨　第57回　●文学部門 文部科学大臣賞　川上弘美「真鶴」　栗木京子「水惑星」「けむり水晶」　●文学部門 新人賞　柴崎友香「その街の今は」　●評論等 新人賞　小川和也「鞍馬天狗とは何者か 大仏次郎の戦中と戦後」　●評論等 文部科学大臣賞　長谷川郁夫「美酒と革嚢（かくのう） 第一書房・長谷川巳之吉（みのきち）」
◇サントリー学芸賞〔芸術・文学部門〕　第28回　鈴木禎宏「バーナード・リーチの生涯と芸術—「東と西の結婚」のヴィジョン」　竹内一郎「手塚治虫＝ストーリーマンガの起源」
◇司馬遼太郎賞　第9回　北方謙三「水滸伝」（全19巻）
◇新田次郎文学賞　第25回　真保裕一「灰色の北壁」
◇日本芸術院賞（第2部・文芸）　第63回　●恩賜賞・日本芸術院賞　三木卓 "文学の諸分野にわたる長年の業績"
◇野間文芸賞　第59回　黒井千次「一日 夢の柵」
◇毎日芸術賞　第48回　篠弘、「緑の斜面（歌集）」「篠弘全歌集」　司修「ブロンズの地中海」
◇毎日出版文化賞　第60回　●文学・芸術部門　ポール・クローデル著, 渡辺守章訳, 岩波書店「繻子の靴 上・下」　●特別賞　半藤一利, 平凡社「昭和史 1926-1945」「昭和史 戦後篇」
◇三島由紀夫賞　第19回　古川日出男「LOVE」
◇読売文学賞　第58回　●小説賞　なし　●戯曲・シナリオ賞　西川美和「ゆれる」　野田秀樹「ロープ」　●随筆・紀行賞　宮坂静生「語りかける季語 ゆるやかな日本」　●評論・伝記賞　嵐山光三郎「悪党芭蕉」　●詩歌俳句賞　辻井喬「鷲がいて」

【小説】

◇芥川龍之介賞　第135回（上期）　伊藤たかみ「八月の路上に捨てる」
◇芥川龍之介賞　第136回（下期）　青山七恵「ひとり日和」
◇泉鏡花文学賞　第34回　嵐山光三郎「悪党芭蕉」
◇江戸川乱歩賞　第52回　鏑木蓮「東京ダモイ」　早瀬乱「三年坂 火の夢」
◇大藪春彦賞　第8回　ヒキタクニオ「遠くて浅い海」
◇オール讀物新人賞　第86回　乾ルカ「夏光」　小野寺史宜「裏へ走り蹴り込め」
◇オール讀物推理小説新人賞　第45回　牧村一人「俺と雌猫のレクイエム」
◇川端康成文学賞　第32回　角田光代「ロック母」
◇『このミステリーがすごい！』大賞　第5回　●大賞　伊園旬「トライアル＆エラー」　●優秀賞　増田俊成（後・増田俊也）「シャトゥーン」　高山聖史「暗闘士」
◇柴田錬三郎賞　第19回　小池真理子「虹の彼方」
◇小説現代長編新人賞　第1回　ヴァシ章絵「ワーホリ任侠伝」　●奨励賞　中路啓太「火ノ児の剣」
◇小説すばる新人賞　第19回　水森サトリ「でかい月だな」
◇新潮新人賞　第38回　●小説部門　吉田直美「ポータブル・パレード」
◇すばる文学賞　第30回　瀬戸良枝「幻をなぐる」　●佳作　吉原清隆「テーパー・シャンク」
◇太宰治賞　第22回　栗林佐知「峠の春は」
◇谷崎潤一郎賞　第42回　小川洋子「ミーナの行進」
◇中央公論文芸賞　第1回　浅田次郎「お腹召しませ」
◇直木三十五賞　第135回（上期）　三浦しをん「まほろ駅前多田便利軒」
◇直木三十五賞　第136回（下期）　該当作なし
◇日本推理作家協会賞　第59回　●長編および連作短編集部門　恩田陸「ユージニア」　●短編部門　平山夢明「独白するユニバーサル横メルカトル」（光文社「魔地図」所収）　●評論その他の部門　郷原宏

「松本清張事典 決定版」　柴田哲孝「下山事件 最後の証言」
◇日本ファンタジーノベル大賞　第18回　●大賞　仁木英之「僕僕先生」　●優秀賞　堀川アサコ「闇鏡」
◇日本ホラー小説大賞　第13回　●大賞　該当作なし　●長編賞　矢部嵩「紗央里ちゃんの家」　●短編賞　平松次郎「サンマイ崩れ」
◇日本ミステリー文学大賞　第10回　夏樹静子
◇野間文芸新人賞　第28回　中原昌也「名もなき孤児たちの墓」
◇文學界新人賞　第102回（上期）　木村紅美「風化する女」　●島田雅彦奨励賞　渋谷ヨシユキ「バードメン」
◇文學界新人賞　第103回（下期）　田山朔美「裏庭の穴」　藤野可織「いやしい鳥」
◇文藝賞　第43回　荻世いをら「公園」　中山咲「ヘンリエッタ」
◇本屋大賞　第3回　●大賞　リリー・フランキー「東京タワー オカンとボクと、時々、オトン」
◇松本清張賞　第13回　広川純「一応の推定」
◇紫式部文学賞　第16回　梨木香歩「沼地のある森を抜けて」
◇山本周五郎賞　第19回　宇月原晴明「安徳天皇漂海記」
◇横溝正史ミステリ大賞　第26回　●大賞　橋本希蘭「世界樹の枝で」　●テレビ東京賞　石原ナオ「オブリビオン〜忘却」
◇吉川英治文学賞　第40回　該当作なし

【詩歌】

◇H氏賞　第56回　相沢正一郎「パルナッソスへの旅」（詩集）
◇小熊秀雄賞　第39回　水島美津江「冬の七夕」
◇葛原妙子賞　第2回　大口玲子「ひたかみ」（歌集）
◇現代歌人協会賞　第50回　松木秀「5メートルほどの果てしなさ」　日置俊次「ノートル・ダムの椅子」
◇現代詩人賞　第24回　藤井貞和「神の子犬」（詩集）
◇現代詩花椿賞　第24回　辻井喬「鷲がいて」
◇現代短歌大賞　第29回　岡野弘彦「バグダッド燃ゆ」
◇齋藤茂吉短歌文学賞　第18回　花山多佳子「木香薔薇」
◇詩歌文学館賞　第21回　●詩　入沢康夫「アルボラーダ」　●短歌　稲葉京子「椿の館」　●俳句　深見けん二「日月」
◇高見順賞　第37回　岬多可子「桜病院周辺」
◇蛇笏賞　第40回　後藤比奈夫「めんない千鳥」
◇迢空賞　第40回　岩田正「泡も一途」　小島ゆかり「憂春」
◇壺井繁治賞　第34回　杉本一男「消せない坑への道」
◇寺山修司短歌賞　第11回　吉川宏志「海雨」（歌集）
◇藤村記念歴程賞　第44回　井川博年「幸福」（詩集）　高橋英夫 "評論集「時空蒼茫」を含む批評、評論の全業績"
◇中原中也賞　第11回　水無田気流「音速平和 sonic peace」
◇日本歌人クラブ賞　第33回　山名康郎「冬の骨」（歌集）　板宮清治「杖」（歌集）
◇俳人協会賞　第46回　西村和子「心音」
◇萩原朔太郎賞　第14回　松本圭二「アストロノート」
◇晩翠賞　第47回　和合亮一「地球頭脳詩篇」
◇丸山薫賞　第13回　山本博道「パゴダツリーに降る雨」
◇丸山豊記念現代詩賞　第15回　西沢杏子「ズレる？」
◇若山牧水賞　第11回　坂井修一「アメリカ」（歌集）　俵万智「プーさんの鼻」（歌集）

【戯曲】
◇岸田國士戯曲賞　第50回　佃典彦(劇団B級遊撃隊主宰)「ぬけがら」　三浦大輔(劇団ポツドール主宰)「愛の渦」

【評論・随筆】
◇大宅壮一ノンフィクション賞　第37回　奥野修司「ナツコ 沖縄密貿易の女王」　梯久美子「散るぞ悲しき 硫黄島総指揮官・栗林忠道」
◇開高健ノンフィクション賞　第4回　伊東乾「さよなら、サイレント・ネイビー──地下鉄に乗った同級生」
◇講談社エッセイ賞　第22回　野崎歓「赤ちゃん教育」　福田和也「悪女の美食術」
◇講談社ノンフィクション賞　第28回　沢木耕太郎「凍（とう）」　田草川弘「黒澤明vs.ハリウッド─『トラ・トラ・トラ！』その謎のすべて」
◇小林秀雄賞　第5回　荒川洋治「文芸時評という感想」
◇新潮ドキュメント賞　第5回　佐藤優「自壊する帝国」
◇日本エッセイスト・クラブ賞　第54回　小林弘忠「逃亡『油山事件』戦犯告白録」　内藤初穂「星の王子の影とかたちと」　中島さおり「パリの女は産んでいる」

【児童文学】
◇赤い鳥文学賞　第36回　高楼方子「わたしたちの帽子」
◇講談社出版文化賞　第37回　●絵本賞　鈴木まもる「ぼくの鳥の巣絵日記」
◇産経児童出版文化賞　第53回　●大賞　サラ・マクメナミー作, いしいむつみ(石井睦美)訳「ジャックのあたらしいヨット」
◇児童福祉文化賞　第49回　●出版物部門　越智典子, 沢田としき, 福音館書店「ピリカ、おかあさんへの旅」　●特別部門　加古里子
◇児童文芸新人賞　第35回　朽木祥「かはたれ」　野本瑠美「みたいな みたいな 冬の森」(私家版)
◇小学館児童出版文化賞　第55回　荻原規子「風神秘抄」　高楼方子「わたしたちの帽子」
◇日本絵本賞　第12回　●大賞　後藤竜二作, 武田美穂絵「おかあさん、げんきですか。」　●日本絵本賞読者賞(山田養蜂場賞)　後藤竜二作, 武田美穂絵「おかあさん、げんきですか。」
◇日本児童文学者協会賞　第46回　荻原規子「風神秘抄」　長谷川潮「児童文学のなかの障害者」
◇日本児童文芸家協会賞　第30回　芝田勝茂「ドーム郡シリーズ3 真実の種、うその種」
◇野間児童文芸賞　第44回　八束澄子「わたしの、好きな人」
◇ひろすけ童話賞　第17回　村上しいこ「れいぞうこのなつやすみ」
◇椋鳩十児童文学賞　第16回　香坂直「走れ、セナ！」

【映画・テレビ全般】
◇エランドール賞〔新人賞〕(平18年度)　●新人賞　伊藤淳史　内山理名　沢尻エリカ　速水もこみち　堀北真希　●作品賞 TV Taro 映画部門　「ALWAYS 三丁目の夕日」　●作品賞 TV ガイド賞 TV部門　「ごくせん」　●特別賞　森光子　喜八プロダクション　「電車男」　鈴木尚之　野村芳太
◇菊池寛賞　第54回　黒柳徹子「徹子の部屋」
◇芸術選奨　第57回　●映画部門 文部科学大臣賞　中島哲也「嫌われ松子の一生」　根岸吉太郎「雪に願うこと」　●映画部門 新人賞　李相日「フラガール」　●評論等 文部科学大臣賞　田草川弘「黒澤明vs.ハリウッド─『トラ・トラ・トラ！』その謎のすべて」　●放送部門 文部科学大臣賞　井上由美子「マチベン」「14才の母～愛するために生まれてきた～」　●放送部門 新人賞　大脇三千代「消える産声～産科病棟で何が起きているのか」「見過ごされたシグナル～検証・高速道路トラック事故」

【映画】
◇川喜多賞　第24回　鈴木清順

◇キネマ旬報賞　第52回　●監督賞　根岸吉太郎「雪に願うこと」　●脚本賞　西川美和「ゆれる」　●主演女優賞　中谷美紀「嫌われ松子の一生」「LOFT ロフト」「7月24日通りのクリスマス」　●主演男優賞　渡辺謙「明日の記憶」　●助演女優賞　蒼井優「フラガール」「虹の女神 Rainbow Song」「ハチミツとクローバー」　●助演男優賞　香川照之「ゆれる」ほか　笹野高史「武士の一分」「寝ずの番」　●新人女優賞　檀れい「武士の一分」　●新人男優賞　塚地武雅「間宮兄弟」　●読者選出日本映画監督賞　李相日「フラガール」　●読者賞　香川照之「日本魅録」

◇キネマ旬報ベスト・テン　第80回　●日本映画 第1位　「フラガール」(李相日監督)　●外国映画 第1位　「父親たちの星条旗」(クリント・イーストウッド監督)

◇ゴールデングロス賞　第24回　●日本映画部門 金賞　東宝「LIMIT OF LOVE 海猿」　●外国映画部門 金賞　ワーナー・ブラザース「ハリー・ポッターと炎のゴブレット」　●全興連会長特別賞、ゴールデングロス話題賞　「ダ・ヴィンチ・コード」

◇日刊スポーツ映画大賞・石原裕次郎賞　第19回　●作品賞　「フラガール」(李相日監督)　●監督賞　根岸吉太郎「雪に願うこと」　●主演男優賞　渡辺謙「明日の記憶」　●主演女優賞　松雪泰子「フラガール」　●助演男優賞　大沢たかお「地下鉄に乗って」など　●助演女優賞　富司純子「フラガール」　●新人賞　蒼井優「フラガール」など　●外国作品賞　「ブロークバック・マウンテン」(アン・リー監督)　●石原裕次郎賞「男たちの大和/YAMATO」(佐藤純弥監督)　●石原裕次郎新人賞　岡田准一「花よりもなほ」など　●特別賞　今村昌平

◇日本アカデミー賞　第29回　●最優秀作品賞　「ALWAYS 三丁目の夕日」(山崎貴監督)　●最優秀監督賞　山崎貴「ALWAYS 三丁目の夕日」　●最優秀脚本賞　山崎貴,古沢良太「ALWAYS 三丁目の夕日」　●最優秀主演男優賞　吉岡秀隆「ALWAYS 三丁目の夕日」　●最優秀主演女優賞　吉永小百合「北の零年」　●最優秀助演男優賞　堤真一「ALWAYS 三丁目の夕日」　●最優秀助演女優賞　薬師丸ひろ子「ALWAYS 三丁目の夕日」　●最優秀外国作品賞　「ミリオンダラー・ベイビー」(クリント・イーストウッド監督)　●新人俳優賞　勝地涼「亡国のイージス」　神木隆之介「妖怪大戦争」　塩谷瞬「パッチギ！」　沢尻エリカ「パッチギ！」　中島美嘉「NANA」　堀北真希「ALWAYS 三丁目の夕日」　●会長特別賞　石井輝男(故人,監督)　岡本喜八(故人,監督)　高村倉太郎(故人,撮影)　野村芳太郎(故人,監督)　松村達雄(故人,俳優)　●協会栄誉賞　森光子　●話題賞 作品部門　「NANA」　●話題賞 俳優部門　沢尻エリカ「パッチギ！」

◇ぴあテン〔映画部門〕　第35回　●第1位　「パイレーツ・オブ・カリビアン/デッドマンズ・チェスト」

◇ブルーリボン賞　第49回　●作品賞　「フラガール」(李相日監督)　●監督賞　西川美和「ゆれる」　●主演男優賞　渡辺謙「明日の記憶」　●主演女優賞　蒼井優「フラガール」「ハチミツとクローバー」　●助演男優賞　香川照之「ゆれる」「出口のない海」「明日の記憶」　●助演女優賞　富司純子「フラガール」「犬神家の一族」「寝ずの番」　●新人賞　塚地武雅「間宮兄弟」　檀れい「武士の一分」　●外国映画賞　「父親たちの星条旗」　●特別賞　今村昌平(故人)"カンヌ国際映画祭で2回最高賞を受賞するなど、映画界に貢献"

◇報知映画賞　第31回　●最優秀邦画作品賞　「フラガール」(李相日監督)　●最優秀海外作品賞　「父親たちの星条旗」(クリント・イーストウッド監督)　●最優秀主演男優賞　渡辺謙「明日の記憶」　●最優秀主演女優賞　中谷美紀「嫌われ松子の一生」「LOFT ロフト」など　●最優秀助演男優賞　香川照之「明日の記憶」「ゆれる」など　●最優秀助演女優賞　蒼井優「ハチミツとクローバー」「フラガール」など　●最優秀監督賞　根岸吉太郎「雪に願うこと」　●最優秀新人賞　松山ケンイチ「男たちの大和/YAMATO」「デスノート」など　●特別賞　「時をかける少女」(細田守監督)　黒木和雄(故人)「紙屋悦子の青春」など

◇毎日映画コンクール　第61回　●日本映画大賞　「ゆれる」(西川美和監督)　●男優主演賞　佐藤浩市「雪に願うこと」　●女優主演賞　中谷美紀「嫌われ松子の一生」　●男優助演賞　笹野高史「武士の一分」「寝ずの番」　●女優助演賞　蒼井優「フラガール」「虹の女神」「ハチミツとクローバー」　●スポニチグランプリ新人賞　塚地武雅「間宮兄弟」　檀れい「武士の一分」　●監督賞　根岸吉太郎「雪に願うこと」　●脚本賞　加藤正人「雪に願うこと」　●アニメーション映画賞　「時をかける少女」　●大藤信郎賞　「鉄コン筋クリート」　●田中絹代賞　草笛光子　●特別賞　今村昌平(故人)　風見章子

◇毎日芸術賞　第48回　●特別賞　木村威夫 "「紙屋悦子の青春」の美術監督をはじめとする長年の優

れた映画美術の功績"
◇牧野省三賞　第43回　中島貞夫(映画監督)"映画のダイナミズムを体現したことにより"

【テレビ】

◇ギャラクシー賞　第44回　●マイベストTV賞グランプリ　日本放送協会「土曜ドラマ『ハゲタカ』」　●テレビ部門 大賞　日本放送協会「NHKスペシャル『ワーキングプア～働いても働いても豊かになれない』」　●テレビ部門 特別賞　「Dr.コトー診療所」シリーズ(フジテレビジョン)制作チーム　●テレビ部門 個人賞　篠原涼子"ドラマ「花嫁は厄年ッ！」「アンフェア the special コード・ブレーキング 暗号解読」「ハケンの品格」の演技"　●CM部門 大賞　福岡ソフトバンクホークスマーケティング,アサツーディ・ケイ九州支社,ビデオステーションキュー「福岡ソフトバンクホークス コーチな人々『松中篇』『新垣篇』『川崎篇』」

◇芸術祭賞〔テレビ部門(ドラマ)〕　第61回　●芸術祭優秀賞　北海道テレビ放送 スペシャルドラマ「大麦畑でつかまえて」　東海テレビ放送「光抱く友よ」　WOWOW「対岸の彼女」　日本放送協会 土曜ドラマ「マチベン ファイル No.4 安楽死を裁けますか？」

◇日刊スポーツ・ドラマグランプリ　第10回　●主演男優賞　二宮和也「拝啓、父上様」　●主演女優賞　井上真央「花より男子2(リターンズ)」　●助演男優賞　松本潤「花より男子2(リターンズ)」　●助演女優賞　鈴木京香「華麗なる一族」　●作品賞　「花より男子2(リターンズ)」(主演・井上真央)

◇日本民間放送連盟賞(平18年)　●番組部門(テレビエンターテインメント) 最優秀　信越放送「SBCスペシャル『平吉さんの李平(すももだいら)』」　●番組部門(テレビドラマ) 最優秀　東京放送「広島・昭和二十年八月六日」

◇橋田賞　第15回　●大賞 該当者なし　●橋田賞　NHK「にっぽんの現場『おばあちゃんの葉っぱビジネス』」　NHK「毎日モーツァルト」　TBS系「情熱大陸」　吉田紀子脚本家「Dr.コトー診療所2006」　浅野妙子脚本家「純情きらり」　野際陽子　坂東三津五郎(10代)「功名が辻」　宮崎あおい　二宮和也「少しは、恩返しができたかな」　矢郷進(美術監督)　●新人賞　志田未来　●特別賞　宇津井健　小泉清子(セイコきもの文化財団理事長)

◇放送文化基金賞　第32回　●テレビドラマ番組　NHK「クライマーズ・ハイ」前編　●個別分野 出演者賞　天海祐希"女王の教室"第1回,最終回の演技"　佐藤浩市"クライマーズ・ハイ」前編の演技"

◇向田邦子賞　第25回　井上由美子「マチベン」

【芸能全般】

◇浅草芸能大賞　第23回　●大賞　三遊亭円楽(5代)(落語家)　●奨励賞　市川亀治郎(2代)(歌舞伎俳優)　●新人賞　ロケット団(漫才師)

◇芸術選奨　第57回　●演劇部門 文部科学大臣賞　小池修一郎「NEVER SAY GOODBYE—ある愛の軌跡—」　塩津哲生「石橋・三ツ臺」「楊貴妃」「葛城」　●演劇部門 新人賞　いのうえひでのり「メタルマクベス」　●大衆芸能部門 文部科学大臣賞　森山良子"40周年記念 森山良子コンサートツアー2006～2007"などの公演"　●大衆芸能部門 新人賞　上原ひろみ「東京JAZZ 2006」「スパイラル～ツアー・エディション」「ASIA TOUR 2006」など

◇ゴールデン・アロー賞　第44回　●映画賞　松雪泰子　●演劇賞　市村正親　●音楽賞　DJ OZMA　●放送賞(ドラマ部門)　宮崎あおい　●放送賞(バラエティー部門)　劇団ひとり　●スポーツ賞　新庄剛志　●新人賞　桜塚やっくん　檀れい　ザ・たっち　黒木メイサ　●話題賞　中川翔子　●芸能功労賞　丹波哲郎　●グラフ賞　ほしのあき

◇毎日芸術賞　第48回　中村吉右衛門 "元禄忠臣蔵」「引窓」「夏祭浪花鑑」の演技"　●千田是也賞　いのうえひでのり "メタルマクベス」の演出"

◇松尾芸能賞　第27回　●大賞 歌謡　小林幸子　●優秀賞 演劇　夏木マリ　島田歌穂　尾上菊十郎　●新人賞 演劇　片岡愛之助

【音楽】

◇JASRAC賞　第24回　●金賞　ORANGE RANGE作詞・作曲ほか「花」　●銀賞　吉田大蔵, 田中

亮, 河野健太, 大塚亮二作詞・作曲ほか「さくら」 ●銅賞 槇原敬之作詞・作曲ほか「世界に一つだけの花」 ●国際賞 宮崎慎二作曲ほか「ポケットモンスター（BGM）」

◇日本ゴールドディスク大賞 第21回 ●アーティスト・オブ・ザ・イヤー 邦楽 倖田來未 ●ニュー・アーティスト・オブ・ザ・イヤー 邦楽 絢香 ●ザ・ベスト・演歌/歌謡曲・アーティスト 氷川きよし 水森かおり

◇日本作詩大賞 第39回 ●大賞 池田充男「最北航路」(歌・香西かおり) ●特別賞 藤間哲郎 ●テレビ東京特別賞 水森かおり ●最優秀賞新人賞 保岡直樹「心の真んなか母がいる」(歌・北川大介)

◇日本有線大賞 第39回 ●大賞 倖田來未「夢のうた」 ●最多リクエスト歌手賞 倖田來未 ●最多リクエスト曲賞 氷川きよし「一剣」 ●最優秀新人賞 絢香「三日月」

◇日本レコード大賞 第48回 ●大賞 氷川きよし「一剣」 ●最優秀歌唱賞 倖田來未「夢のうた」 ●最優秀新人賞 絢香

◇ぴあテン〔音楽部門〕(平18年度) ●第1位 堂本光一

◇ベストヒット歌謡祭 第39回 ●ポップス部門 グランプリ 倖田來未「夢のうた」 ●演歌・歌謡曲部門 グランプリ 水森かおり「熊野古道」 ●最優秀新人賞 WaT「Ready Go！」

【演劇】

◇菊田一夫演劇賞 第32回 ●演劇大賞 該当者なし ●演劇賞 大竹しのぶ 村井国夫(後・村井國夫) 笹本玲奈 紅貴代 ●特別賞 吉崎憲治"永年の宝塚歌劇における音楽の功績に対して" 羽山紀代美"永年の宝塚歌劇における振付の功績に対して"

◇紀伊國屋演劇賞 第41回 ●団体賞 シス・カンパニー "父帰る"「ヴァージニア・ウルフなんかこわくない？」などを企画・製作" ●個人賞 鈴木瑞穂 たかお鷹 鈴木聡 島田歌穂 宮沢りえ

◇芸術祭賞〔演劇部門〕 第61回 ●大賞(関東参加公演の部) 雙ノ会, 田崎隆三, 石田幸雄 "第六回雙ノ会における能「大原御幸」、狂言「悪太郎」の成果" ●大賞(関西参加公演の部) 豊嶋三千春 "豊春690秋の能における能「錦木」の演技"

◇ぴあテン〔演劇部門〕 第35回 ●第1位 「メタル マクベス」

◇読売演劇大賞 第14回 ●大賞・最優秀男優賞 段田安則"「ヴァージニア・ウルフなんかこわくない？」「タンゴ・冬の終わりに」の演技" ●最優秀作品賞 シス・カンパニー「ヴァージニア・ウルフなんかこわくない？」 ●最優秀女優賞 寺島しのぶ「書く女」の演技" ●最優秀演出家賞 串田和美「東海道四谷怪談 北番」の演出" ●杉村春子賞〔新人対象〕 草彅剛"「父帰る」「屋上の狂人」の演技" ●芸術栄誉賞 小幡欣治

【演芸】

◇上方お笑い大賞 第35回 ●大賞 メッセンジャー ●最優秀技能賞 友近 ●話題賞 小籔千豊 ●最優秀新人賞 NON STYLE ●審査員特別賞 池乃めだか 上方落語協会

◇上方漫才大賞 第41回 ●大賞 大木こだま・ひびき ●奨励賞 安田大サーカス ●優秀新人賞 NON STYLE ●新人賞 アジアン

◇芸術祭賞〔演芸部門〕 第61回 ●大賞(関西参加公演の部) 林家染丸 "林家染丸独演会「船場はるあき」における「崇徳院」の話芸"

【漫画・アニメ】

◇菊池寛賞 第54回 いしいひさいち "「鏡の国の戦争」「忍者無芸帖」「ののちゃん」など鋭い風刺の効いた四コマ漫画を描き、多くの読者を楽しませてきた手腕に対して"

◇講談社漫画賞 第30回 ●児童部門 小林深雪原作, 安藤なつみ漫画「キッチンのお姫さま」 ●少年部門 大暮維人「エア・ギア」 ●少女部門 すえのぶけいこ「ライフ」 ●一般部門 漆原友紀「蟲師」

◇小学館漫画賞 第52回 ●児童向け部門 中原杏「きらりん☆レボリューション」 ●少年向け部門 田辺イエロウ「結界師」 ●少女向け部門 田村由美「7SEEDS」 ●一般向け部門 井浦秀夫「弁護士のくず」 ●審査委員特別賞 ホイチョイ・プロダクションズ「気まぐれコンセプト」

◇手塚治虫文化賞　第10回　●マンガ大賞　吾妻ひでお「失踪日記」　●新生賞　ひぐちアサ「おおきく振りかぶって」　●短編賞　伊藤理佐 "女いっぴき猫ふたり」「おいピータン‼」「おんなの窓」など一連の作品"　●特別賞　小野耕世 "長年の海外コミックの日本への紹介と評論活動に対して"
◇文化庁メディア芸術祭　第10回　●アニメーション部門 大賞　細田守「時をかける少女」　●マンガ部門 大賞　かわぐちかいじ「太陽の黙示録」　●功労賞　大工原章(作画監督)

【スポーツ】

◇朝日スポーツ賞(平18年)　荒川静香 "トリノ冬季五輪フィギュア女子で日本選手初の金メダルを獲得"　王貞治 "第1回ワールド・ベースボール・クラシックで日本代表を優勝に導いた"　中田英寿 "ワールドカップや欧州各国のリーグで活躍し日本サッカー界に貢献"　東海大学K2登山隊 "難峰のK2に2人が登頂し,日本女性初,最年少登頂を達成"　大日方邦子 "トリノ冬季パラリンピックで活躍(アルペン)"　小林深雪,小林卓司(ガイド) "トリノ冬季パラリンピックで活躍(バイアスロン)"　神戸コスモス "身体障害者野球の草分けとして普及とルールの確立に貢献"
◇日本プロスポーツ大賞　第39回　●大賞　WBC日本代表(野球)　●殊勲賞　日本ハムファイターズ(プロ野球)　浦和レッズ(Jリーグ)　朝青龍明徳(大相撲)　●最高新人賞　八木智哉(プロ野球・投手)　●特別賞　王貞治(プロ野球)　中嶋常幸(男子ゴルフ)　大山志保(女子ゴルフ)
◇毎日スポーツ人賞(平18年度)　●グランプリ　北海道日本ハムファイターズ(プロ野球)　●文化賞　秋田県にかほ市,TDK野球部(社会人野球)　●国際賞　吉田沙保里(レスリング選手)　●感動賞　王貞治とWBC日本代表(野球)　●新人賞　早稲田実業野球部(高校野球)　●ファン賞　荒川静香(フィギュアスケート選手)

【その他】

◇「現代用語の基礎知識」選 ユーキャン新語・流行語大賞　第23回　●年間大賞,トップテン　荒川静香(プロ・スケーター) "イナバウアー"　藤原正彦(数学者) "品格"
◇将棋大賞　第33回　●最優秀棋士賞　羽生善治　●新人賞　佐藤紳哉　●最優秀女流棋士賞　矢内理絵子
◇星雲賞　第37回　●日本長編部門　新城カズマ「サマー/タイム/トラベラー」　●日本短編部門　小川一水「漂った男」　●メディア部門　東映「特捜戦隊デカレンジャー」　●コミック部門　岡野玲子,夢枕獏原作「陰陽師」　●アート部門　村田蓮爾　●ノンフィクション部門　吾妻ひでお「失踪日記」　●自由部門　宇宙航空研究開発機構「MUSES-C「はやぶさ」サンプルリターンミッションにおけるイトカワ着陸"
◇日本SF大賞　第27回　萩尾望都「バルバラ異界」
◇文化勲章(平18年度)　荒田吉明(高温工学・溶接工学)　大山忠作(日本画)　篠原三代平(日本経済論)　瀬戸内寂聴(小説)　吉田秀和(音楽評論)
◇ベストドレッサー賞　第35回　●政治・経済部門　新浪剛史(ローソン代表取締役社長・CEO)　●学術・文化部門　リリー・フランキー(作家・イラストレーター・エッセイスト)　●芸術部門　黒木瞳(女優)　●芸能部門　渡辺謙(俳優)　●スポーツ部門　荒川静香(プロフィギュアスケーター)　●インターナショナル部門　ボビー・バレンタイン(千葉ロッテマリーンズ監督)

平成19年(2007)

【文学全般】

◇朝日賞〔文学関係〕(平19年度)　石井桃子 "「クマのプーさん」などの翻訳をはじめとする日本の児童文学への持続的な貢献"
◇伊藤整文学賞　第18回　●小説部門　青来有一「爆心」　●評論部門　出口裕弘「坂口安吾 百歳の異端児」
◇大佛次郎賞　第34回　吉田修一「悪人」　最相葉月「星新一 一〇〇一話をつくった人」
◇菊池寛賞　第55回　阿川弘之 "「阿川弘之全集」全二十巻に結実した六十年に及ぶ端正で格調高い文業と,今なお旺盛な執筆活動に対して"　講談社「全国訪問おはなし隊」"キャラバンカーに児童書を

積んで全国を巡回し各地のボランティアと共に、子どもたちと本との出会いの場をひろげている"
◇群像新人文学賞　第50回　●小説当選作　諏訪哲史「アサッテの人」　●小説優秀賞　広小路尚祈「だだだな町、ぐぐぐなおれ」　●評論当選作　該当なし　●評論優秀作　岩月悟「《無限》の地平の《彼方》へ～チェーホフのリアリズム」　橋本勝也「具体的（デジタル）な指触り（キータッチ）」
◇芸術選奨　第58回　●文学部門　文部科学大臣賞　島田雅彦「カオスの娘」　矢島渚男「百済野」（句集）　●文学部門　新人賞　齋藤恵美子「ラジオと背中」　●評論等　新人賞　田中純「都市の詩学―場所の記憶と徴候」
◇サントリー学芸賞〔芸術・文学部門〕　第29回　河本真理「切断の時代―20世紀におけるコラージュの美学と歴史」　三浦篤「近代芸術家の表象―マネ、ファンタン＝ラトゥールと1860年代のフランス絵画」　山本淳子「源氏物語の時代―一条天皇と后たちのものがたり」
◇司馬遼太郎賞　第10回　浅田次郎「お腹召しませ」　長谷川毅「暗闘 スターリン、トルーマンと日本降伏」
◇新田次郎文学賞　第26回　諸田玲子「奸婦（かんぷ）にあらず」
◇日本芸術院賞（第2部・文芸）　第64回　該当者なし
◇野間文芸賞　第60回　佐伯一麦「ノルゲ Norge」
◇毎日芸術賞　第49回　岡本眸「午後の椅子」（句集）　平岩弓枝「西遊記 上・下」
◇毎日出版文化賞　第61回　●文学・芸術部門　吉田修一、朝日新聞社「悪人」　●特別賞　ドストエフスキー著、亀山郁夫訳、光文社「カラマーゾフの兄弟（全5巻）」
◇三島由紀夫賞　第20回　佐藤友哉「1000の小説とバックベアード」
◇読売文学賞　第59回　●小説賞　松浦理英子「犬身」　●戯曲・シナリオ賞　三谷幸喜「コンフィダント・絆」（上演台本）　●随筆・紀行賞　川村湊「牛頭天王と蘇民将来伝説」　●評論・伝記賞　大笹吉雄「女優二代」　●詩歌俳句賞　岡部桂一郎「竹叢」（『岡部桂一郎全歌集』収録）

【小説】

◇芥川龍之介賞　第137回（上期）　諏訪哲史「アサッテの人」
◇芥川龍之介賞　第138回（下期）　川上未映子「乳と卵」
◇泉鏡花文学賞　第35回　立松和平「道元禅師」　●特別賞　大鷹不二雄「鏡花恋唄」
◇江戸川乱歩賞　第53回　曽根圭介「沈底魚」
◇大藪春彦賞　第9回　北重人「蒼火」　柴田哲孝「TENGU」
◇オール讀物新人賞　第87回　奥山景布子「平家蟹異聞」　島崎ひろ「飛べないシーソー」
◇オール讀物推理小説新人賞　第46回　向井路琉「白い鬼」
◇川端康成文学賞　第33回　小池昌代「タタド」
◇『このミステリーがすごい！』大賞　第6回　●大賞　拓未司「禁断のパンダ」　●優秀賞　桂修司「明治二十四年のオウガア」
◇柴田錬三郎賞　第20回　奥田英朗「家日和」
◇小説現代長編新人賞　第2回　田牧大和「花合せ―濱次お役者双六―」　●奨励賞　火田良子「東京駅之介」
◇小説すばる新人賞　第20回　天野純希「桃山ビート・トライブ」
◇新潮新人賞　第39回　●小説部門　高橋文樹「アウレリャーノがやってくる」　●評論部門　大澤信亮「宮澤賢治の暴力」
◇すばる文学賞　第31回　墨谷渉「パワー系 181」　原田ひ香「はじまらないティータイム」
◇太宰治賞　第23回　瀬川深「mit Tuba（ミット・チューバ）」
◇谷崎潤一郎賞　第43回　青来有一「爆心」
◇中央公論文芸賞　第2回　角田光代「八日目の蟬」
◇直木三十五賞　第137回（上期）　松井今朝子「吉原手引草」
◇直木三十五賞　第138回（下期）　桜庭一樹「私の男」

◇日本推理作家協会賞　第60回　●長編および連作短編集部門　桜庭一樹「赤朽葉家の伝説」　●短編部門　該当作なし　●評論その他の部門　小鷹信光「私のハードボイルド 固茹で玉子の戦後史」　巽昌章「論理の蜘蛛の巣の中で」
◇日本ファンタジーノベル大賞　第19回　●大賞　弘也英明「魘犬伝」　●優秀賞　久保寺健彦「ブラック・ジャック・キッド」
◇日本ホラー小説大賞　第14回　●大賞/長編賞　受賞作なし　●短編賞　曽根圭介「鼻」
◇日本ミステリー文学大賞　第11回　内田康夫
◇野間文芸新人賞　第29回　鹿島田真希「ピカルディーの三度」　西村賢太「暗渠の宿」
◇文學界新人賞　第104回（上期）　円城塔「オブ・ザ・ベースボール」　谷崎由依「舞い落ちる村」
◇文學界新人賞　第105回（下期）　楊逸「ワンちゃん」　●島田雅彦奨励賞　早川阿栗「東京キノコ」　●辻原登奨励賞　牧田真有子「椅子」
◇文藝賞　第44回　磯﨑憲一郎「肝心の子供」　丹下健太「青色讃歌」
◇本屋大賞　第4回　●大賞　佐藤多佳子「一瞬の風になれ」
◇松本清張賞　第14回　葉室麟「銀漢の賦」
◇紫式部文学賞　第17回　馬場あき子「歌説話の世界」
◇山本周五郎賞　第20回　森見登美彦「夜は短し歩けよ乙女」　恩田陸「中庭の出来事」
◇横溝正史ミステリ大賞　第27回　●大賞　大村友貴美「首挽村の殺人」　桂美人「ロス・チャイルド」　●テレビ東京賞　松下麻理緒「誤算」
◇吉川英治文学賞　第41回　宮部みゆき「名もなき毒」

【詩歌】

◇H氏賞　第57回　野木京子「ヒムル、割れた野原」
◇小熊秀雄賞　第40回　斎藤紘二「直立歩行」
◇葛原妙子賞　第3回　酒井佑子「矩形（くけい）の空」
◇現代歌人協会賞　第51回　棚木恒寿「天の腕」　都築直子「青層圏」
◇現代詩人賞　第25回　小長谷清実「わが友、泥ん人」
◇現代詩花椿賞　第25回　新川和江「記憶する水」
◇現代短歌大賞　第30回　武川忠一　"「窪田空穂研究」並びに過去の全業績"
◇齋藤茂吉短歌文学賞　第19回　永田和宏「後の日々」
◇詩歌文学館賞　第22回　●詩　池井昌樹「童子」　●短歌　岡野弘彦「バグダッド燃ゆ」　●俳句　小原啄葉「平心」
◇高見順賞　第38回　北川透「溶ける、目覚まし時計」　稲川方人「聖─歌章」
◇蛇笏賞　第41回　岡本眸「午後の椅子」
◇迢空賞　第41回　栗木京子「けむり水晶」
◇壺井繁治賞　第35回　久保田穣「サン・ジュアンの木」
◇寺山修司短歌賞　第12回　谷岡亜紀「闇市」（歌集）
◇藤村記念歴程賞　第45回　岡井隆　"「岡井隆全歌集 全4巻」を含む短歌や詩の評論などの全業績に対して"
◇中原中也賞　第12回　須藤洋平「みちのく鉄砲店」（私家版）
◇日本歌人クラブ賞　第34回　大島史洋「封印」　波汐國芳「マグマの歌」
◇俳人協会賞　第47回　大嶽青児「笙歌（しょうか）」　今瀬剛一「水戸」
◇萩原朔太郎賞　第15回　伊藤比呂美「とげ抜き 新巣鴨地蔵縁起」
◇晩翠賞　第48回　新井豊美「草花丘陵」
◇丸山薫賞　第14回　新藤凉子「薔薇色のカモメ」
◇丸山豊記念現代詩賞　第16回　井川博年「幸福」
◇若山牧水賞　第12回　香川ヒサ「Perspective」（歌集）

【戯曲】

◇岸田國士戯曲賞　第51回　該当作なし

【評論・随筆】

◇大宅壮一ノンフィクション賞　第38回　佐藤優「自壊する帝国」　田草川弘「黒澤明vs.ハリウッド―『トラ・トラ・トラ！』その謎のすべて」

◇開高健ノンフィクション賞　第5回　志治美世子「ねじれ 医療の光と影を越えて」

◇講談社エッセイ賞　第23回　青山潤「アフリカにょろり旅」　岸本佐知子「ねにもつタイプ」

◇講談社ノンフィクション賞　第29回　最相葉月「星新一 一〇〇一話をつくった人」　鈴木敦秋「明香（あきか）ちゃんの心臓〈検証〉東京女子医大病院事件」

◇小林秀雄賞　第6回　内田樹「私家版・ユダヤ文化論」

◇新潮ドキュメント賞　第6回　福田ますみ「でっちあげ―福岡『殺人教師』事件の真相」

◇日本エッセイスト・クラブ賞　第55回　植村鞆音「歴史の教師 植村清二」　畑中良輔「オペラ歌手誕生物語」　山口仲美「日本語の歴史」

【児童文学】

◇赤い鳥文学賞　第37回　佐藤さとる「本朝奇談 天狗童子」

◇講談社出版文化賞　第38回　●絵本賞　いせひでこ「ルリユールおじさん」

◇産経児童出版文化賞　第54回　●大賞　柏葉幸子作, ささめやゆき絵「牡丹さんの不思議な毎日」

◇児童文芸新人賞　第36回　香坂直「トモ、ぼくは元気です」

◇小学館児童出版文化賞　第56回　今森光彦「おじいちゃんは水のにおいがした」　市川宣子「ケイゾウさんは四月がきらいです。」

◇日本絵本賞　第13回　●大賞　及川賢治作・絵, 竹内繭子作・絵「よしおくんがぎゅうにゅうをこぼしてしまったおはなし」　●日本絵本賞読者賞（山田養蜂場賞）　みやにしたつや（宮西達也）作・絵「ふしぎなキャンディーやさん」

◇日本児童文学者協会賞　第47回　草野たき「ハーフ」

◇日本児童文芸家協会賞　第31回　名木田恵子「レネット 金色の林檎」

◇野間児童文芸賞　第45回　椰月美智子「しずかな日々」

◇ひろすけ童話賞　第18回　薫くみこ「なつのおうさま」

◇椋鳩十児童文学賞　第17回　藤江じゅん「冬の龍」

【映画・テレビ全般】

◇エランドール賞〔新人賞〕(平19年度)　●新人賞　蒼井優　綾瀬はるか　上野樹里　劇団ひとり　玉木宏　松山ケンイチ　●作品賞 TV Taro賞 映画部門　「フラガール」　●作品賞 TV ガイド賞 TV部門　「功名が辻」　●特別賞　久世光彦　実相寺昭雄　フジテレビジョン「のだめカンタービレ」

◇芸術選奨　第58回　●映画部門 文部科学大臣賞　周防正行「それでもボクはやってない」　たむらまさき(撮影)　●映画部門 新人賞　広末哲万「14歳」　●放送部門 文部科学大臣賞　菅野高至「風の果て」　水島宏明「ネットカフェ難民～漂流する貧困者たち～」　●放送部門 新人賞　金本麻理子「マニラ市街戦～死者12万 焦土への1ヶ月」

【映画】

◇川喜多賞　第25回　蓮實重彦(フランス文学者・映画評論家)

◇キネマ旬報賞　第53回　●監督賞　周防正行「それでもボクはやってない」　●脚本賞　周防正行「それでもボクはやってない」　●主演女優賞　竹内結子「サイドカーに犬」「クローズド・ノート」「ミッドナイトイーグル」　●主演男優賞　加瀬亮「それでもボクはやってない」「オリヲン座からの招待状」　●助演女優賞　永作博美「腑抜けども、悲しみの愛を見せろ」　●助演男優賞　三浦友和「転々」「松ヶ根乱射事件」「ALWAYS 続・三丁目の夕日」　●新人女優賞　蓮仏美沙子「転校生 さよならあなた」「バッテリー」　●新人男優賞　林遣都「バッテリー」　●読者選出日本映画監督賞

周防正行「それでもボクはやってない」 ●読者賞 川本三郎「映画を見ればわかること」

◇キネマ旬報ベスト・テン 第81回 ●日本映画 第1位 「それでもボクはやってない」(周防正行監督) ●外国映画 第1位 「長江哀歌」(ジャ・ジャンクー監督)

◇ゴールデングロス賞 第25回 ●日本映画部門 金賞 東宝「HERO」 ●外国映画部門 金賞 ウォルト・ディズニー「パイレーツ・オブ・カリビアン/ワールド・エンド」 ●ゴールデングロス特別賞 「ヱヴァンゲリヲン新劇場版:序」

◇日刊スポーツ映画大賞・石原裕次郎賞 第20回 ●作品賞 「それでもボクはやってない」(周防正行監督) ●監督賞 周防正行「それでもボクはやってない」 ●主演男優賞 木村拓哉「武士の一分」 ●主演女優賞 竹内結子「サイドカーに犬」 ●助演男優賞 笹野高史「武士の一分」 ●助演女優賞 樹木希林「東京タワー オカンとボクと、時々、オトン」 ●新人賞 新垣結衣「ワルボロ」「恋空」 ●外国作品賞 「硫黄島からの手紙」(クリント・イーストウッド監督) ●石原裕次郎賞 「武士の一分」(山田洋次監督) ●功労賞 北野武, 鈴木京香

◇日本アカデミー賞 第30回 ●最優秀作品賞 「フラガール」 ●最優秀アニメーション作品賞 「時をかける少女」 ●最優秀監督賞 李相日「フラガール」 ●最優秀脚本賞 李相日, 羽原大介「フラガール」 ●最優秀主演男優賞 渡辺謙「明日の記憶」 ●最優秀主演女優賞 中谷美紀「嫌われ松子の一生」 ●最優秀助演男優賞 笹野高史「武士の一分」 ●最優秀助演女優賞 蒼井優「フラガール」 ●最優秀外国作品賞 「父親たちの星条旗」 ●新人俳優賞 須賀健太「花田少年史 幽霊と秘密のトンネル」 塚地武雅「間宮兄弟」 速水もこみち「ラフ」 松山ケンイチ「男たちの大和/YAMATO」 蒼井優「フラガール」 檀れい「武士の一分」 山崎静代「フラガール」 YUI「タイヨウのうた」 ●会長特別賞 伊福部昭 今村昌平 田村高廣 丹波哲郎 永山武臣(松竹) 岡田茂賞 ロボット ●話題賞 作品部門 「フラガール」 ●話題賞 俳優部門 塚地武雅「間宮兄弟」

◇ぴあテン〔映画部門〕 第36回 ●第1位 「キサラギ」

◇ブルーリボン賞 第50回 ●作品賞 「キサラギ」(佐藤祐市監督) ●監督賞 周防正行「それでもボクはやってない」 ●主演男優賞 加瀬亮「それでもボクはやってない」 ●主演女優賞 麻生久美子「夕凪の街 桜の国」 ●助演男優賞 三浦友和「転々」「松ヶ根乱射事件」 ●助演女優賞 永作博美「腑抜けども、悲しみの愛を見せろ」 ●新人賞 新垣結衣「恋空」「恋するマドリ」「ワルボロ」 ●外国映画賞 「ドリームガールズ」 ●特別賞 植木等(故人)"長年の映画界への貢献をたたえて"

◇報知映画賞 第32回 ●最優秀邦画作品賞 「それでもボクはやってない」(周防正行監督) ●最優秀海外作品賞 「今宵、フィッツジェラルド劇場で」(ロバート・アルトマン監督) ●最優秀主演男優賞 加瀬亮「それでもボクはやってない」 ●最優秀主演女優賞 麻生久美子「夕凪の街 桜の国」 ●最優秀助演男優賞 伊東四朗「しゃべれども しゃべれども」「舞妓Haaaan!!!」 ●最優秀助演女優賞 永作博美「腑抜けども、悲しみの愛を見せろ」 ●最優秀監督賞 山下敦弘「天然コケッコー」「松ヶ根乱射事件」 ●最優秀新人賞 夏帆「天然コケッコー」

◇毎日映画コンクール 第62回 ●日本映画大賞 「それでもボクはやってない」(周防正行監督) ●男優主演賞 国分太一「しゃべれども しゃべれども」 ●女優主演賞 麻生久美子「夕凪の街 桜の国」 ●男優助演賞 松重豊「しゃべれども しゃべれども」 ●女優助演賞 高橋惠子「ふみ子の海」 ●スポニチグランプリ新人賞 松田翔太「ワルボロ」 成海璃子「あしたの私のつくり方」「神童」 ●監督賞 周防正行「それでもボクはやってない」 ●脚本賞 渡辺あや「天然コケッコー」 ●アニメーション映画賞 「河童のクゥと夏休み」 ●大藤信郎賞 「カフカ 田舎医者」 ●田中絹代賞 中村玉緒 ●特別賞 熊井啓(故人) 犬塚稔(故人)

【テレビ】

◇ギャラクシー賞 第45回 ●ギャラクシー賞45周年記念賞 永六輔 ●第2回マイベストTV賞グランプリ TBS「金曜ドラマ「歌姫」」 ●テレビ部門 大賞 東海テレビ放送「裁判長のお弁当」 ●テレビ部門 特別賞 倉敷ケーブルテレビ「くらしき百景 最終集」 ●テレビ部門 個人賞 宮﨑あおい"大河ドラマ「篤姫」(NHK)の演技" ●CM部門 大賞 ピースヒロシマ実行委員会, JWTジャパン, 東北新社「ピースヒロシマ実行委員会 Peace Hiroshima「ノーモア」」

◇芸術祭賞〔テレビ部門(ドラマ)〕 第62回 ●芸術祭大賞 テレビ朝日 テレビ朝日開局50周年記念

ドラマスペシャル「松本清張 点と線」第二部　●芸術祭優秀賞　日本放送協会 名古屋放送局 NHK スペシャル「鬼太郎が見た玉砕～水木しげるの戦争～」　WOWOW「恋せども、愛せども」　●放送個人賞　二宮和也 "東京放送「マラソン」における演技"

◇日刊スポーツ・ドラマグランプリ　第11回　●主演男優賞　赤西仁「有閑倶楽部」　●主演女優賞　堀北真希「花ざかりの君たちへ」　●助演男優賞　生田斗真「花ざかりの君たちへ」　●助演女優賞　香椎由宇「有閑倶楽部」　●作品賞　「有閑倶楽部」(主演・赤西仁)

◇日本民間放送連盟賞(平19年)　●番組部門(テレビエンターテインメント番組)最優秀　南海放送「あした、天気になあれ」　●番組部門(テレビドラマ番組)最優秀　日本テレビ放送網「14才の母～愛するために生まれてきた～」

◇橋田賞　第16回　●大賞　該当者なし　●橋田賞　水谷豊，寺脇康文「相棒」　関口知宏　石橋冠(演出家)「点と線」　君塚良一(脚本家)「はだしのゲン」　小松江里子(脚本家)「どんど晴れ」　草笛光子　中井貴一　●特別賞　山田太一　●新人賞　井上真央　小栗旬

◇放送文化基金賞　第33回　●テレビドラマ番組　NHK「土曜ドラマ ハゲタカ」　●個別分野 出演者賞　髙畑淳子 "「魂萌え！」の演技"　大森南朋 "「ハゲタカ」「チルドレン」の演技"　●個別分野 脚本賞　中園ミホ "「ハケンの品格」の脚本"　●個別分野 特別賞　小野智華子 "「まっすぐに智華子」の出演"

◇向田邦子賞　第26回　坂元裕二「わたしたちの教科書」

【芸能全般】

◇浅草芸能大賞　第24回　●大賞　松本幸四郎(9代)(歌舞伎俳優)　●奨励賞　マギー司郎(マジック漫談師)　●新人賞　上戸彩(女優)

◇菊池寛賞　第55回　桂三枝 "永年にわたり幅広い活躍を続け、また上方落語協会会長として六十年ぶりの落語定席「天満天神繁昌亭」の建設、運営に尽力、上方落語を隆盛にみちびく"　市川團十郎(12代) "様々の困難を乗り越えて、パリ・オペラ座での史上初の歌舞伎公演を成功させ、日本の伝統文化の価値を国際的に認識させた"　小沢昭一 "TBSラジオ「小沢昭一の小沢昭一的こころ」での三十五年にわたる活躍に対して"

◇芸術祭賞〔大衆芸能部門〕　第62回　●大賞(関東参加公演の部)　石川さゆり「石川さゆり音楽会～歌芝居「飢餓海峡」～の成果」　●大賞(関西参加公演の部)　笑福亭松喬「松喬ひとり舞台「噺・はなし・話」の会の成果」

◇芸術選奨　第58回　●演劇部門 文部科学大臣賞　桐竹勘十郎 "女形、立役、世話物の半兵衛、武将・光秀、団七など芸の多彩さと存在感に対して"　三谷幸喜「コンフィダント・絆」　●演劇部門 新人賞　唐沢寿明「コリオレイナス」　●大衆芸能部門 文部科学大臣賞　立川志の輔 "「立川談志との二人会」「夢一夜」「志の輔らくご in パルコ vol.11」「志の輔らくご in 下北沢 vol.14」「志の輔らくご ひとり大劇場」等"　細野晴臣 "「YMO」の復活、「細野晴臣と地球の仲間たち～空飛ぶ円盤飛来60周年・夏の音楽祭」開催、「フライング・ソーサー 1947」の発表"　●大衆芸能部門 新人賞　林家たい平 "「林家たい平 独演会」など"

◇ゴールデン・アロー賞　第45回　●映画賞　新垣結衣　●演劇賞　阿部サダヲ　●音楽賞　秋川雅史　●放送賞(ドラマ部門)　小栗旬　●放送賞(バラエティー部門)　タカアンドトシ　●スポーツ賞　石川遼　●新人賞　菊地凛子　北乃きい　福田沙紀　小島よしお　柳原可奈子　●話題賞　東国原英夫　●芸能功労賞　阿久悠　植木等　●グラフ賞　南明奈

◇毎日芸術賞　第49回　野田秀樹「THE BEE」の日本版とロンドン版の連続上演　森山良子 "デビュー「40周年記念年」の多彩な活動、「さとうきび畑」、「涙そうそう」"　●特別賞　三國連太郎 "「釣りバカ日誌」シリーズや「北辰斜にさすところ」など多くの作品での演技"　千田是也賞　鈴木裕美 "宝塚BOYS」「たとえば野に咲く花のように―アンドロマケ」の演出"

◇松尾芸能賞　第28回　●大賞 演劇　江守徹　●優秀賞 民謡・歌謡　山本謙司　●新人賞 演劇　市川春猿　●新人賞 歌謡　竹川美子　●特別賞 演劇　浅香光代　●功労賞 演芸　稲葉守治

【音楽】

◇JASRAC賞　第25回　●金賞　久石譲作曲ほか「ハウルの動く城(BGM)」　●銀賞　小渕健太郎作詞・作曲ほか「桜」　●銅賞　藤巻亮太作詞・作曲ほか「粉雪」　●国際賞　大野克夫作曲ほか「名探偵

コナン（BGM）」
◇日本ゴールドディスク大賞　第22回　●アーティスト・オブ・ザ・イヤー 邦楽　EXILE
　●ニュー・アーティスト・オブ・ザ・イヤー 邦楽　GReeeeN　●ザ・ベスト・演歌/歌謡曲・アーティスト　中森明菜　氷川きよし
◇日本作詩大賞　第40回　●大賞　松井由利夫「だんじり」（歌・中村美律子）　●特別賞　高野公男
　●テレビ東京特別賞　石川さゆり　●最優秀賞新人賞　松原高久「女の秋」（歌・井手せつ子）
◇日本有線大賞　第40回　●大賞　氷川きよし「きよしのソーラン節」　●最多リクエスト歌手賞　氷川きよし　●最多リクエスト曲賞　氷川きよし「きよしのソーラン節」　●最優秀新人賞　RSP「Lifetime Respect—女編」
◇日本レコード大賞　第49回　●大賞　コブクロ「蕾（つぼみ）」　●最優秀歌唱賞　EXILE　●最優秀新人賞　℃-ute
◇ぴあテン〔音楽部門〕（平19年度）　●第1位　コブクロ
◇ベストヒット歌謡祭　第40回　●ポップス部門 グランプリ　倖田來未「愛のうた」　●演歌・歌謡曲部門 グランプリ　水森かおり「ひとり薩摩路」　●最優秀新人賞　RSP「Lifetime Respect—女編」　●40周年記念特別賞　秋川雅史「千の風になって」

【演劇】
◇菊田一夫演劇賞　第33回　●演劇大賞　「Endless SHOCK」スタッフ・出演者一同　●演劇賞　涼風真世　井上芳雄　堀内敬子　鈴木裕美　●特別賞　堺正章"永年の舞台の功績に対して"
◇紀伊國屋演劇賞　第42回　●団体賞　NODA・MAP"THE BEE"（日本バージョン・ロンドンバージョン），「キル」の優れた舞台成果に対して"　●個人賞　別役実　服部基　木場勝己　竹下景子　松本修
◇芸術祭賞〔演劇部門〕　第62回　●大賞（関東参加公演の部）　たかお鷹"文学座公演「殿様と私」における演技"
◇ぴあテン〔演劇部門〕　第36回　●第1位　「カリギュラ」
◇読売演劇大賞　第15回　●大賞・最優秀作品賞　NODA・MAP「THE BEE」　●最優秀男優賞　野田秀樹"「THE BEE」の演技"　●最優秀女優賞　松たか子"「ひばり」「ロマンス」の演技"　●最優秀演出家賞　野田秀樹"「THE BEE」の演出"　●杉村春子賞〔新人対象〕　笹本玲奈"「ウーマン・イン・ホワイト」の演技"　●芸術栄誉賞　戌井市郎　●選考委員特別賞　橋爪功"「実験」「レインマン」の演技"

【演芸】
◇上方漫才大賞　第42回　●大賞　メッセンジャー　●奨励賞　矢野・兵動　●優秀新人賞　なすなかにし　●新人賞　のろし

【漫画・アニメ】
◇講談社漫画賞　第31回　●児童部門　小川悦司「天使のフライパン」　●少年部門　久米田康治「さよなら絶望先生」　八神ひろき「DEAR BOYS ACT II」　●少女部門　六花チヨ「IS（アイエス）」　●一般部門　ひぐちアサ「おおきく振りかぶって」
◇小学館漫画賞　第53回　●児童向け部門　村瀬範行「ケシカスくん」　●少年向け部門　寺嶋裕二「ダイヤのA」　●少女向け部門　青木琴美「僕の初恋をキミに捧ぐ」　●一般向け部門　黒丸作画，夏原武原案「クロサギ」　せきやてつじ「バンビ〜ノ！」
◇手塚治虫文化賞　第11回　●マンガ大賞　山岸凉子「舞姫 テレプシコーラ」　●新生賞　のぞゑのぶひさ作画，岩田和博企画・脚色「神聖喜劇」（幻冬舎，原作：大西巨人）　●短編賞　森下裕美「大阪ハムレット」
◇文化庁メディア芸術祭　第11回　●アニメーション部門 大賞　原恵一「河童のクゥと夏休み」　●マンガ部門 大賞　郷田マモラ「モリのアサガオ」　●功労賞　辻真先

【スポーツ】
◇朝日スポーツ賞（平19年）　野口みずき"東京国際女子マラソンで8年ぶりに大会記録を更新して優

勝" 安藤美姫"フィギュアスケートの世界選手権で優勝" 石川遼"史上最年少で男子プロゴルフツアー優勝" 国枝慎吾"車いすテニスで史上初の年間グランドスラムを達成" ●スーパーアスリート賞 谷亮子"柔道の世界選手権で7度目の優勝"
◇日本プロスポーツ大賞 第40回 ●大賞 浦和レッズ(Jリーグ) ●殊勲賞 松坂大輔(野球・レッドソックス) 中日ドラゴンズ(プロ野球) 武豊(競馬) ●最高新人賞 上田桃子(女子ゴルフ)
◇毎日スポーツ人賞(平19年度) ●グランプリ 浦和レッドダイヤモンズとサポーター(サッカー) ●文化賞 萩本欽一と茨城ゴールデンゴールズ(社会人野球) ●国際賞 松坂大輔(米大リーグ) ●感動賞 土佐礼子(マラソン) ●ファン賞 石川遼(ゴルフ) ●特別賞 佐賀県立佐賀北高校硬式野球部(高校野球)

【その他】

◇「現代用語の基礎知識」選 ユーキャン新語・流行語大賞 第24回 ●年間大賞,トップテン 東国原英夫(宮崎県知事)"「(宮崎を)どげんかせんといかん」" 石川遼(アマチュアゴルフ選手)"ハニカミ王子"
◇将棋大賞 第34回 ●最優秀棋士賞 佐藤康光 ●新人賞 糸谷哲郎 ●最優秀女流棋士賞 矢内理絵子
◇星雲賞 第38回 ●日本長編部門 小松左京,谷甲州「日本沈没 第二部」 ●日本短編部門 野尻抱介「大風呂敷と蜘蛛の糸」 ●メディア部門 細田守監督「時をかける少女」 ●コミック部門 芦奈野ひとし「ヨコハマ買い出し紀行」 ●アート部門 天野喜孝 ●ノンフィクション部門 笹本祐一「宇宙へのパスポート3 宇宙開発現場取材」 ●自由部門 宇宙航空研究開発機構「M-Vロケット」
◇日本SF大賞 第28回 最相葉月「星新一 一〇〇一話をつくった人」
◇文化勲章(平19年度) 岡田節人(発生生物学) 茂山千作(4代)(狂言) 中西香爾(有機化学) 中村晋也(彫刻) 三ケ月章(民事訴訟法学・裁判法学)
◇ベストドレッサー賞 第36回 ●政治・経済部門 桜井正光(リコー代表取締役会長執行役員) ●学術・文化部門 河瀬直美(映画作家) 古澤巌(ヴァイオリニスト) ●芸能・スポーツ部門 役所広司(俳優) 栗山千明(女優) ●インターナショナル部門 奥山清行(カーデザイナー) ●特別賞 市川海老蔵(歌舞伎役者)

平成20年(2008)

【文学全般】

◇朝日賞〔文学関係〕(平20年度) 澤地久枝"戦争へと至った昭和史の実相に迫るノンフィクションを著した業績"
◇伊藤整文学賞 第19回 ●小説部門 荻野アンナ「蟹と彼と私」 ●評論部門 穂村弘「短歌の友人」
◇大佛次郎賞 第35回 飯嶋和一「出星前夜」
◇菊池寛賞 第56回 宮尾登美子"「櫂」「一絃の琴」「松風の家」「錦」など,数々の名作を執筆し続けている" 安野光雅"絵画、デザイン、装幀、文筆など多方面にわたるすぐれた業績と、その結品ともいうべき「繪本平家物語」「繪本三国志」の刊行に対して" 北九州市立松本清張記念館 かこさとし"「だるまちゃんとてんぐちゃん」「からすのパンやさん」など絵本作家、児童文学者としてのユニークな活動と、「伝承遊び考」全四巻の完成"
◇群像新人文学賞 第51回 ●小説当選作 松尾依子「子守唄しか聞こえない」 ●評論当選作 武田将明「囲われない批評―東浩紀と中原昌也」
◇芸術選奨 第59回 ●文学部門 文部科学大臣賞 時田則雄「ポロシリ」(歌集) 南木佳士「草すべり」(短篇集) ●文学部門 新人賞 平野啓一郎「決壊」 ●評論等 文部科学大臣賞 津野海太郎「ジェローム・ロビンスが死んだ」 石井洋二郎「ロートレアモン 越境と創造」
◇サントリー学芸賞〔芸術・文学部門〕 第30回 奥中康人「国家と音楽―伊澤修二がめざした日本近代」 林洋子「藤田嗣治 作品をひらく―旅・手仕事・日本」
◇司馬遼太郎賞 第11回 山室信一「憲法9条の思想水脈」
◇新田次郎文学賞 第27回 見延典子「頼山陽」

◇日本芸術院賞（第2部・文芸）　第65回　●恩賜賞・日本芸術院賞　井上ひさし　"戯曲を中心とする広い領域における長年の業績"
◇野間文芸賞　第61回　町田康「宿屋（やどや）めぐり」
◇毎日芸術賞　第50回　永井路子「岩倉具視―言葉の皮を剥ぎながら」　吉増剛造「表紙 omote-gami」
◇毎日出版文化賞　第62回　●文学・芸術部門　橋本治著,中央公論新社「双調 平家物語（全15巻）」
◇三島由紀夫賞　第21回　田中慎弥「切れた鎖」
◇読売文学賞　第60回　●小説賞　黒川創「かもめの日」　●戯曲・シナリオ賞　小山薫堂「おくりびと」　●随筆・紀行賞　白石かずこ「詩の風景・詩人の肖像」　●評論・伝記賞　岡田温司「フロイトのイタリア」　●詩歌俳句賞　時田則雄「ポロシリ」

【小説】

◇芥川龍之介賞　第139回（上期）　楊逸「時が滲む朝」
◇芥川龍之介賞　第140回（下期）　津村記久子「ポトスライムの舟」
◇泉鏡花文学賞　第36回　南木佳士「草すべりその他の短編」　横尾忠則「ぶるうらんど」
◇江戸川乱歩賞　第54回　翔田寛「誘拐児」　末浦広海「訣別の森」
◇大藪春彦賞　第10回　近藤史恵「サクリファイス」　福澤徹三「すじぼり」
◇オール讀物新人賞　第88回　坂井希久子「虫のいどころ」　柚木麻子「フォーゲットミー、ノットブルー」
◇川端康成文学賞　第34回　稲葉真弓「海松（ミル）」　田中慎弥「蛹」
◇『このミステリーがすごい！』大賞　第7回　●大賞　柚月裕子「臨床真理士」　山下貴光「屋上ミサイル」　●優秀賞　塔山郁「毒殺魔の教室」　中村啓「霊眼」
◇柴田錬三郎賞　第21回　唯川恵「愛に似たもの」
◇小説現代長編新人賞　第3回　斎樹真琴「地獄番 鬼蜘蛛日誌」　●奨励賞　朝井まかて「実さえ花さえ」
◇小説すばる新人賞　第21回　千早茜「魚神（いおがみ）」　矢野隆「蛇衆」
◇新潮新人賞　第40回　飯塚朝美「クロスフェーダーの曖昧な光」
◇すばる文学賞　第32回　天埜裕文「灰色猫のフィルム」　●佳作　花巻かおり「赤い傘」
◇太宰治賞　第24回　永瀬直矢「ロミオとインディアナ」
◇谷崎潤一郎賞　第44回　桐野夏生「東京島」
◇中央公論文芸賞　第3回　ねじめ正一「荒地の恋」
◇直木三十五賞　第139回（上期）　井上荒野「切羽（きりは）へ」
◇直木三十五賞　第140回（下期）　天童荒太「悼む人」　山本兼一「利休にたずねよ」
◇日本推理作家協会賞　第61回　●長編および連作短編集部門　今野敏「果断 隠蔽捜査2」　●短編部門　長岡弘樹「傍聞き」　●評論その他部門　紀田順一郎「幻想と怪奇の時代」　最相葉月「星新一 一〇〇一話をつくった人」
◇日本ファンタジーノベル大賞　第20回　●大賞　中村弦「天使の歩廊 ある建築家をめぐる物語」　●優秀賞　里見蘭「彼女の知らない彼女」
◇日本ホラー小説大賞　第15回　●大賞　真藤順丈「庵堂三兄弟の聖職」　●長編賞　飴村行「粘膜人間の見る夢」　●短編賞　田辺青蛙「生き屏風」　雀野日名子「トンコ」
◇日本ミステリー文学大賞　第12回　島田荘司
◇野間文芸新人賞　第30回　津村記久子「ミュージック・ブレス・ユー!!」
◇文學界新人賞　第106回（上期）　北野道夫「逃げ道」
◇文學界新人賞　第107回（下期）　上村渉「射手座」　松波太郎「廃車」
◇文藝賞　第45回　喜多ふあり「けちゃっぷ」　安戸悠太「おひるのたびにさようなら」
◇本屋大賞　第5回　●大賞　伊坂幸太郎「ゴールデンスランバー」　●2位　近藤史恵「サクリファイス」　●3位　森見登美彦「有頂天家族」

◇松本清張賞　第15回　梶よう子「一朝の夢」
◇紫式部文学賞　第18回　伊藤比呂美「とげ抜き 新巣鴨地蔵縁起」
◇山本周五郎賞　第21回　今野敏「果断 隠蔽捜査2」　伊坂幸太郎「ゴールデンスランバー」
◇横溝正史ミステリ大賞　第28回　●大賞　該当作なし　●テレビ東京賞　望月武「テネシー・ワルツ」
◇吉川英治文学賞　第42回　浅田次郎「中原の虹」(全四巻)

【詩歌】

◇H氏賞　第58回　杉本真維子「袖口の動物」
◇小熊秀雄賞　第41回　新井高子「タマシイ・ダンス」　竹田朔歩「サム・フランシスの恁麼(にんま)」
◇葛原妙子賞　第4回　横山未来子「花の線画」
◇現代歌人協会賞　第52回　奥田亡羊「亡羊」
◇現代詩人賞　第26回　小柳玲子「夜の小さな標(しるべ)」
◇現代詩花椿賞　第26回　奥田春美「かめれおんの時間」
◇現代短歌大賞　第31回　島津忠夫"「島津忠夫著作集」全15巻並びに過去の全業績"
◇齋藤茂吉短歌文学賞　第20回　河野裕子「母系」
◇詩歌文学館賞　第23回　●詩　谷川俊太郎「私」　●短歌　清水房雄「巳哉微吟」　●俳句　鷹羽狩行「十五峯」
◇高見順賞　第39回　高貝弘也「子葉声韻」
◇蛇笏賞　第42回　鷹羽狩行「十五峯」
◇迢空賞　第42回　伊藤一彦「微笑の空」
◇壺井繁治賞　第36回　杉谷昭人「霊山 OYAMA」
◇寺山修司短歌賞　第13回　本多稜「游子」(歌集)
◇藤村記念歴程賞　第46回　北川透「中原中也論集成」(評論)
◇中原中也賞　第13回　最果タヒ「グッドモーニング」
◇日本歌人クラブ賞　第35回　松坂弘「夕ぐれに涙を」　三井ゆき「天蓋天涯」
◇俳人協会賞　第48回　淺井一志「百景」(私家版)　伊藤通明「荒神」
◇萩原朔太郎賞　第16回　鈴木志郎康「声の生地」
◇晩翠賞　第49回　水無田気流「Z境(ぜっきょう)」
◇丸山薫賞　第15回　新川和江「記憶する水」
◇丸山豊記念現代詩賞　第17回　古賀忠昭「血のたらちね」
◇若山牧水賞　第13回　日高堯子「睡蓮記」(歌集)

【戯曲】

◇岸田國士戯曲賞　第52回　前田司郎「生きてるものはいないのか」

【評論・随筆】

◇大宅壮一ノンフィクション賞　第39回　城戸久枝「あの戦争から遠く離れて 私につながる歴史をたどる旅」　山田和「知られざる魯山人」
◇開高健ノンフィクション賞　第6回　石川直樹「最後の冒険家」
◇講談社エッセイ賞　第24回　立川談春「赤めだか」
◇講談社ノンフィクション賞　第30回　城戸久枝「あの戦争から遠く離れて 私につながる歴史をたどる旅」　西岡研介「マングローブ テロリストに乗っ取られたJR東日本の真実」　原武史「滝山コミューン一九七四」
◇小林秀雄賞　第7回　多田富雄「寡黙なる巨人」
◇新潮ドキュメント賞　第7回　長谷川まり子「少女売買 インドに売られたネパールの少女たち」
◇日本エッセイスト・クラブ賞　第56回　堤未果「ルポ 貧困大国アメリカ」　山本一生「恋と伯爵と

大正デモクラシー」

【児童文学】
◇赤い鳥文学賞　第38回　たかしよいち「天狗」　●特別賞　脇坂るみ「赤い鳥翔んだ─鈴木スズと父三重吉─」
◇講談社出版文化賞　第39回　●絵本賞　石井聖岳, もとしたいづみ「ふってきました」
◇産経児童出版文化賞　第55回　●大賞　広瀬寿子作, ささめやゆき絵「ぼくらは『コウモリ穴』をぬけて」
◇児童福祉文化賞　第51回　●出版物部門　利倉隆, 二玄社「イメージの森のなかへ フェルメールの秘密・レオナルドの謎・ゴッホの魂・ルソーの夢」　●特別部門　中川李枝子, 山脇百合子 "長年にわたって、日本の絵本の発展に寄与し、児童の健全育成に貢献してきた活動"
◇児童文芸新人賞　第37回　宮下恵茉「ジジ きみと歩いた」
◇小学館児童出版文化賞　第57回　魚住直子「Two Trains」　長谷川義史「ぼくがラーメンたべてるとき」
◇日本絵本賞　第14回　●大賞　スズキコージ作・絵「ブラッキンダー」　●日本絵本賞読者賞（山田養蜂場賞）　村尾靖子文, 小林豊絵「クラウディアのいのり」
◇日本児童文学者協会賞　第48回　岩瀬成子「そのぬくもりはきえない」　間中ケイ子「猫町五十四番地」（詩集）
◇日本児童文芸家協会賞　第32回　該当作なし
◇野間児童文芸賞　第46回　工藤直子「のはらうたV」
◇ひろすけ童話賞　第19回　深山さくら「かえるのじいさまとあめんぼおはな」
◇椋鳩十児童文学賞　第18回　樫崎茜「ボクシング・デイ」

【映画・テレビ全般】
◇エランドール賞〔新人賞〕（平20年度）　●新人賞　新垣結衣　大森南朋　小栗旬　貫地谷しほり　檀れい　●作品賞 TV Taro賞 映画部門　「それでもボクはやってない」　●作品賞 TV ガイド賞 TV 部門　「ハゲタカ」　●特別賞　植木等　TBS「華麗なる一族」ドラマ制作スタッフ　映画「恋空」製作スタッフ　テレビ東京「新春ワイド時代劇」シリーズ制作スタッフ
◇芸術選奨　第59回　●映画部門 文部科学大臣賞　小泉今日子「グーグーだって猫である」「トウキョウソナタ」　滝田洋二郎「おくりびと」　●映画部門 新人賞　蒼井優「百万円と苦虫女」　●大衆芸能部門 文部科学大臣賞　小田和正「KAZUMASA ODA TOUR 二〇〇八 "今日もどこかで"」など　桂文珍「十夜連続独演会、リクエスト形式の独演会など」　●大衆芸能部門 新人賞　椎名林檎 "(生)林檎博'08〜10周年記念祭"　●放送部門 文部科学大臣賞　池端俊策「帽子」（ドラマ）　●放送部門 新人賞　柳川強「最後の戦犯」「鬼太郎が見た玉砕」（ドラマ）

【映画】
◇川喜多賞　第26回　香川京子
◇キネマ旬報賞　第54回　●監督賞　滝田洋二郎「おくりびと」　●脚本賞　小山薫堂「おくりびと」　●主演男優賞　本木雅弘「おくりびと」　●主演女優賞　小泉今日子「トウキョウソナタ」「グーグーだって猫である」　●助演男優賞　堺雅人「クライマーズ・ハイ」「アフタースクール」　●助演女優賞　樹木希林「歩いても 歩いても」　●新人男優賞　井之脇海「トウキョウソナタ」　●新人女優賞　甘利はるな「コドモのコドモ」　●読者選出日本映画監督賞　滝田洋二郎「おくりびと」　●読者賞　片桐はいり「もぎりよ今夜も有難う」
◇キネマ旬報ベスト・テン　第82回　●日本映画 第1位　「おくりびと」（滝田洋二郎監督）　●外国映画 第1位　「ノーカントリー」（ジョエル・コーエン, イーサン・コーエン監督）
◇ゴールデングロス賞　第26回　●日本映画部門 金賞　東宝「崖の上のポニョ」　●外国映画部門 金賞　パラマウント「インディ・ジョーンズ クリスタル・スカルの王国」　●マネーメーキング監督賞　宮崎駿「崖の上のポニョ」　●ゴールデングロス話題賞　「おくりびと」　「アースEARTH」
◇日刊スポーツ映画大賞・石原裕次郎賞　第21回　●作品賞　「おくりびと」（滝田洋二郎監督）　●監

督賞　滝田洋二郎「おくりびと」　●主演男優賞　中居正広「私は貝になりたい」　●主演女優賞　綾瀬はるか「ICHI」「僕の彼女はサイボーグ」「ハッピーフライト」　●助演男優賞　堺雅人「クライマーズ・ハイ」「アフタースクール」　●助演女優賞　夏川結衣「歩いても 歩いても」　●新人賞　夏帆「うた魂♪」「東京少女」ほか　●外国作品賞　「ノーカントリー」（ジョエル＆イーサン・コーエン監督）　●石原裕次郎賞　「クライマーズ・ハイ」（原田眞人監督）　●石原裕次郎新人賞　松田翔太「イキガミ」「花より男子ファイナル」

◇日本アカデミー賞　第31回　●最優秀作品賞　「東京タワー オカンとボクと、時々、オトン」　●最優秀アニメーション作品賞　「鉄コン筋クリート」　●最優秀監督賞　松岡錠司「東京タワー オカンとボクと、時々、オトン」　●最優秀脚本賞　松尾スズキ「東京タワー オカンとボクと、時々、オトン」　●最優秀主演男優賞　吉岡秀隆「ALWAYS 続・三丁目の夕日」　●最優秀主演女優賞　樹木希林「東京タワー オカンとボクと、時々、オトン」　●最優秀助演男優賞　小林薫「東京タワー オカンとボクと、時々、オトン」　●最優秀助演女優賞　もたいまさこ「それでもボクはやってない」　●最優秀外国作品賞　「硫黄島からの手紙」　●新人俳優賞　ウエンツ瑛士「ゲゲゲの鬼太郎」　林遣都「バッテリー」　三浦春馬「恋空」　新垣結衣「恋空」　内田也哉子「東京タワー オカンとボクと、時々、オトン」　夏帆「天然コケッコー」　北乃きい「幸福な食卓」　●会長特別賞　植木等　熊井啓　●話題賞 作品部門　「キサラギ」　●話題賞 俳優部門　新垣結衣「恋空」

◇ぴあてん〔映画部門〕　第37回　●第1位　「花より男子ファイナル」

◇ブルーリボン賞　第51回　●作品賞　「クライマーズ・ハイ」（原田眞人監督）　●監督賞　是枝裕和「歩いても 歩いても」　●主演男優賞　本木雅弘「おくりびと」　●主演女優賞　木村多江「ぐるりのこと。」　●助演男優賞　堺雅人「クライマーズ・ハイ」「アフタースクール」　●助演女優賞　樹木希林「歩いても 歩いても」　●新人賞　吉高由里子「蛇にピアス」　リリー・フランキー「ぐるりのこと。」　●外国映画賞　「ダークナイト」

◇報知映画賞　第33回　●最優秀邦画作品賞　「おくりびと」（滝田洋二郎監督）　●最優秀海外作品賞　「ダークナイト」（クリストファー・ノーラン監督）　●最優秀主演男優賞　堤真一「クライマーズ・ハイ」「容疑者Xの献身」　●最優秀主演女優賞　小泉今日子「グーグーだって猫である」「トウキョウソナタ」　●最優秀助演男優賞　堺雅人「アフタースクール」「クライマーズ・ハイ」「ジャージの二人」　●最優秀助演女優賞　樹木希林「歩いても 歩いても」　●最優秀監督賞　橋口亮輔「ぐるりのこと。」　●最優秀新人賞　長渕文音「三本木農業高校、馬術部〜盲目の馬と少女の実話〜」

◇毎日映画コンクール　第63回　●日本映画大賞　「おくりびと」（滝田洋二郎監督）　●男優主演賞　阿部寛「青い鳥」「歩いても 歩いても」　●女優主演賞　小池栄子「接吻」　●男優助演賞　堺雅人「アフタースクール」「クライマーズ・ハイ」「ジャージの二人」　●女優助演賞　松坂慶子「火垂るの墓」　●スポニチグランプリ新人賞　三浦春馬「奈緒子」　仲里依紗「純喫茶磯辺」　●監督賞　若松孝二「実録・連合赤軍 あさま山荘への道程」　●脚本賞　橋口亮輔「ぐるりのこと。」　●アニメーション映画賞　「スカイ・クロラ The Sky Crawlers」　●大藤信郎賞　宮崎駿「崖の上のポニョ」　●ファン賞 日本映画　「私は貝になりたい」　●ファン賞 外国映画　「レッドクリフ PartI」　●田中絹代賞　余貴美子　●特別賞　市川崑（故人）　緒形拳（故人）　楠田浩之（故人）

◇牧野省三賞　第44回　中岡源権（照明技師）

【テレビ】

◇ギャラクシー賞　第46回　●第3回マイベストTV賞グランプリ　TBSテレビ「金曜ドラマ「流星の絆」」　●テレビ部門 大賞　日本放送協会、NHKエンタープライズ、テムジン「ハイビジョン特集「認罪」〜中国撫順戦犯管理所の6年」」　●テレビ部門 特別賞　中村敏夫 "開局50周年記念ドラマ「風のガーデン」「ありふれた奇跡」（フジテレビ）プロデューサーとしての業績"　●テレビ部門 個人賞　二宮和也 "ドラマ「流星の絆」「DOOR TO DOOR」の演技"　●CM部門 大賞　読売新聞、シンガタ、電通、ギークピクチュアズ「読売新聞 企業 シリーズ駅伝・お正月家族「予告篇」「海外旅行篇」「セキュリティー篇」「映画篇」「ガム篇」「あたたかい家篇」「お弁当篇」」

◇芸術祭賞〔テレビ部門（ドラマ）〕　第63回　●芸術祭優秀賞　日本放送協会 広島放送局 広島発特集ドラマ「帽子」　テレビ東京 山田太一ドラマスペシャル「本当と嘘とテキーラ」　日本テレビ放送網「霧の火〜樺太真岡郵便局に散った9人の乙女たち」　●放送個人賞　宮本理江子 "フジテレビジョン「風のガーデン」の演出"

◇日刊スポーツ・ドラマグランプリ　第12回　●主演男優賞　大野智「魔王」　●主演女優賞　宮﨑あ

おい「篤姫」　●助演男優賞　錦戸亮「ラスト・フレンズ」　●助演女優賞　上野樹里「ラスト・フレンズ」　●作品賞　「魔王」(主演・大野智)

◇日本民間放送連盟賞(平20年)　●番組部門(テレビエンターテインメント)　最優秀　長崎放送「いつも心にジャグリング」　●番組部門(テレビドラマ)　最優秀　テレビ東京「山田太一ドラマスペシャル『本当と嘘とテキーラ』」

◇橋田賞　第17回　●大賞　該当者なし　●橋田賞　NHK「篤姫」　フジテレビ「風のガーデン」　TBS「Around40」　テレビ東京「ガイアの夜明け」　篠崎絵里子(脚本家)「Tomorrow—陽はまたのぼる」など　角野卓造　松坂慶子、堺雅人「篤姫」　高畑淳子「告知せず」　●特別賞　藤田太寅　●新人賞　瑛太　上野樹里　黒木メイサ

◇放送文化基金賞　第34回　●テレビドラマ番組　NHK名古屋放送局「NHKスペシャル 鬼太郎が見た玉砕～水木しげるの戦争～」　●個別分野 出演者賞　香川照之「鬼太郎が見た玉砕」の演技　山野井泰史, 山野井妙子 "夫婦で挑んだ白夜の大岩壁"の出演　●個別分野 演出賞　柳川強 "「鬼太郎が見た玉砕」の演出"

◇向田邦子賞　第27回　古沢良太「ゴンゾウ～伝説の刑事」

【芸能全般】

◇浅草芸能大賞　第25回　●大賞　西田敏行　●奨励賞　なぎら健壱　●新人賞　早乙女太一(大衆演劇)

◇芸術祭賞〔大衆芸能部門〕　第63回　●大賞(関西参加公演の部)　暁照夫 "「暁照夫記念公演～駆けぬけた芸道六十年 そして歩みだす明日へ～」の成果"

◇芸術選奨　第59回　●演劇部門 文部科学大臣賞　鄭義信「焼肉ドラゴン」　松本雄吉「呼吸機械〈彼〉と旅をする二十世紀三部作#2」　●演劇部門 新人賞　市川亀治郎(2代)「祇園祭礼信仰記～金閣寺」「色彩間苅豆」

◇毎日芸術賞　第50回　●千田是也賞　森新太郎 "「田中さんの青空」「孤独から一番遠い場所」の演出"

◇松尾芸能賞　第29回　●大賞 演劇　草笛光子　●優秀賞 演劇　中村芝雀　五大路子　●優秀賞 落語　桂歌丸　●優秀賞 歌謡　いではく　●特別賞 演劇　戌井市郎

【音楽】

◇JASRAC賞　第26回　●金賞　宇多田ヒカル作詞・作曲ほか「Flavor Of Life」　●銀賞　鷺巣詩郎作曲ほか「エヴァンゲリオン(BGM)」　●銅賞　松尾潔作詞ほか「LOVERS AGAIN」　●国際賞　菊池俊輔作曲ほか「ドラゴンボールZ(BGM)」(TV)

◇日本ゴールドディスク大賞　第23回　●アーティスト・オブ・ザ・イヤー 邦楽　EXILE　●ニュー・アーティスト・オブ・ザ・イヤー 邦楽　羞恥心　●ザ・ベスト・演歌/歌謡曲・アーティスト　ジェロ　氷川きよし　●ザ・ベスト・演歌/歌謡曲・アーティスト 特別賞　秋元順子　●特別賞　綾小路きみまろ

◇日本作詩大賞　第41回　●大賞　秋元康「海雪」(歌・ジェロ)　●特別賞　川内康範　テレビ東京特別賞　氷川きよし　●最優秀賞新人賞　篠原芳文「夢っ娘アカネの三度笠」(歌・沖田真早美)

◇日本有線大賞　第41回　●大賞　EXILE「Ti Amo」　●最多リクエスト歌手賞　EXILE　●最多リクエスト曲賞　氷川きよし「玄海船歌」　●最優秀新人賞　ジェロ「海雪」

◇日本レコード大賞　第50回　●大賞　EXILE「Ti Amo」　●最優秀歌唱賞　中村美律子　●最優秀アルバム賞　安室奈美恵「BEST FICTION」　●最優秀新人賞　ジェロ

◇ぴあテン〔音楽部門〕(平20年度)　●第1位　米寿司(堂本光一含む)

◇ベストヒット歌謡祭　第41回　●グランプリ　EXILE「Ti Amo」　●最優秀新人賞　ジェロ「海雪」

【演劇】

◇朝日賞〔演劇関係〕(平20年度)　別役実 "日本に不条理劇を定着させた長年にわたる優れた劇作活動"

◇菊田一夫演劇賞　第34回　●演劇大賞　「スカーレット ピンパーネル」スタッフ・出演者一同　●演劇賞　保坂知寿　シルビア・グラブ　吉野圭吾　玉野和紀　●特別賞　ジョン・ケアード "永年の日本演劇に対する貢献に対して"

◇紀伊國屋演劇賞　第43回　●団体賞　トム・プロジェクト 風間杜夫ひとり芝居「コーヒーをもう一

平成20年（2008） 　　　　　　　　　　　　314　　　　　　　　　　　　第1部 受賞年順

杯」など　●個人賞　金内喜久夫　樫山文枝　謝珠栄　鄭義信　深津絵里

◇芸術祭賞〔演劇部門〕　第63回　●大賞（関東参加公演の部）　劇団文化座 "文化座公演「てけれっつのぱ」の成果"　●大賞（関西参加公演の部）　茂山千五郎 "茂山狂言会三世千作 二十三回忌追善における狂言「通圓」の演技"

◇ぴあテン〔演劇部門〕　第37回　●第1位　新感線☆RX「五右衛門ロック」

◇読売演劇大賞　第16回　●大賞・最優秀作品賞　新国立劇場「焼肉ドラゴン」　●最優秀男優賞　平幹二朗 "「リア王」「山の巨人たち」の演技"　●最優秀女優賞　宮沢りえ "「人形の家」の演技"　●最優秀演出家賞　サイモン・マクバーニー "「春琴」の演出"　●杉村春子賞〔新人対象〕　中村勘太郎（2代）"「仮名手本忠臣蔵」の演技"　●芸術栄誉賞　TPT

【演芸】

◇上方漫才大賞　第43回　●大賞　ティーアップ　●奨励賞　海原やすよ・ともこ　●優秀新人賞　ギャロップ　●新人賞　鎌鼬（現・かまいたち）

【漫画・アニメ】

◇朝日賞（平20年度）　水木しげる "妖怪や戦争を題材にした幅広い創作による漫画文化への貢献"

◇芸術選奨　第59回　●メディア芸術部門 新人賞　井上雄彦「井上雄彦最後のマンガ展」

◇講談社漫画賞　第32回　●児童部門　PEACH-PIT「しゅごキャラ！」　●少年部門　田中モトユキ「最強！ 都立あおい坂高校野球部」　●少女部門　椎名軽穂「君に届け」　●一般部門　石川雅之「もやしもん」

◇小学館漫画賞　第54回　●児童向け部門　やぶうち優「ないしょのつぼみ」　●少年向け部門　あだち充「クロスゲーム」　●少女向け部門　桜小路かのこ「BLACK BIRD」　●一般向け部門　石塚真一「岳〜みんなの山」

◇手塚治虫文化賞　第12回　●マンガ大賞　石川雅之「もやしもん」　●新生賞　島田虎之介「トロイメライ」　●短編賞　大島弓子 "「グーグーだって猫である」で、愛猫との日常を通じて生と死の深奥なテーマを描き出した成果に対して"　●特別賞　大阪府立国際児童文学館 "貴重な資料となるマンガや児童書の収集と、こども文化の総合的研究などの四半世紀に及ぶ活動に対して"

◇文化庁メディア芸術祭　第12回　●アニメーション部門 大賞　加藤久仁生「つみきのいえ」（短編）　●マンガ部門 大賞　一色まこと「ピアノの森」（ストーリーマンガ）

◇マンガ大賞　第1回　●大賞　石塚真一「岳」

【スポーツ】

◇朝日スポーツ賞（平20年）　ソフトボール五輪日本代表 "北京五輪ソフトボールで初の金メダルを獲得"　浅田真央 "フィギュアスケートの世界選手権で日本選手最年少優勝"　●スーパーアスリート賞　北島康介 "北京五輪競泳男子平泳ぎで2種目連覇を達成"

◇日本プロスポーツ大賞　第41回　●大賞　石川遼（男子プロゴルフ）　●殊勲賞　埼玉西武ライオンズ（プロ野球）　白鵬翔（大相撲）　岩隈久志（プロ野球）　●最高新人賞　三浦皇成（中央競馬）

◇毎日スポーツ人賞（平20年度）　●グランプリ　北京五輪ソフトボール女子日本代表チーム（ソフトボール）　●文化賞　王貞治（プロ野球監督）　●国際賞　国枝慎吾（車いすテニス）　●感動賞　北京五輪陸上男子四百メートルリレー日本代表チーム（陸上）　●ファン賞　石井慧（柔道）　●特別賞　平井伯昌（競泳コーチ）　太田雄貴（フェンシング）

【その他】

◇菊池寛賞　第56回　羽生善治

◇「現代用語の基礎知識」選 ユーキャン新語・流行語大賞　第25回　●年間大賞，トップテン　天海祐希 "アラフォー"　エド・はるみ（タレント）"グ〜！"　●選考委員特別賞，トップテン　上野由岐子（ソフトボール北京オリンピック代表・ルネサス高崎）"上野の413球"

◇将棋大賞　第35回　●最優秀棋士賞　羽生善治　●優秀棋士賞　佐藤康光　●新人賞　村山慈明　●最優秀女流棋士賞　清水市代

◇星雲賞　第39回　●日本長編部門　有川浩「《図書館戦争》シリーズ」　●日本短編部門　野尻抱介「沈黙のフライバイ」　●メディア部門　磯光雄監督「電脳コイル」　●コミック部門　浦沢直樹, 長崎尚志「20世紀少年」「21世紀少年」　●アート部門　加藤直之　●ノンフィクション部門　最相葉月「星新一 一〇〇一話をつくった人」　●自由部門　宇宙クリプトン・フューチャー・メディア"初音ミク"

◇日本SF大賞　第29回　貴志祐介「新世界より」　磯光雄「電脳コイル」(アニメーション)　●特別賞　野田昌宏

◇文化勲章(平20年度)　伊藤清(数学)　小澤征爾(指揮)　小林誠(素粒子物理学)　下村脩(海洋生物学)　田辺聖子(小説)　ドナルド・キーン(日本文学)　古橋廣之進(スポーツ)　益川敏英(素粒子物理学)

◇ベストドレッサー賞　第37回　●政治・経済部門　吉越浩一郎(吉越事務所代表)　●学術・文化部門　井上雄彦(漫画家)　●芸能部門　市原隼人(俳優)　上戸彩(女優)　●スポーツ部門　田臥勇太(プロバスケットボールプレーヤー)　●特別賞　水谷豊(俳優・歌手)

平成21年(2009)

【文学全般】

◇伊藤整文学賞　第20回　●小説部門　リービ英雄「仮の水」　●評論部門　安藤礼二「光の曼陀羅」
◇大佛次郎賞　第36回　石川九楊「近代書史」
◇菊池寛賞　第57回　佐野洋　蓬田やすひろ "歴史・時代小説の挿絵画家・装丁家として永年にわたり活躍、独自の繊細で流麗な画風は多くの人に愛されている"
◇群像新人文学賞　第52回　●小説当選作　丸岡大介「カメレオン狂のための戦争学習帳」　●評論当選作　永岡杜人「言語についての小説―リービ英雄論」
◇芸術選奨　第60回　●文学部門 文部科学大臣賞　稲葉真弓「海松」(短編集)　柳宣宏「施無畏」(歌集)　●文学部門 新人賞　川上未映子「ヘヴン」　●評論等 文部科学大臣賞　西部邁「サンチョ・キホーテの旅」　齋藤愼爾「ひばり伝 蒼穹流謫」
◇サントリー学芸賞〔芸術・文学部門〕　第31回　伊東信宏「中東欧音楽の回路」　藤原貞朗「オリエンタリストの憂鬱」　矢内賢二「明治キワモノ歌舞伎 空飛ぶ五代目菊五郎」
◇司馬遼太郎賞　第12回　原武史「昭和天皇」
◇新田次郎文学賞　第28回　植松三十里「群青―日本海軍の礎を築いた男」
◇日本芸術院賞(第2部・文芸)　第66回　●恩賜賞・日本芸術院賞　粟津則雄 "文学を中心にした芸術各分野における長年の活動"
◇野間文芸賞　第62回　奥泉光「神器 軍艦「橿原」殺人事件 上・下」
◇毎日芸術賞　第51回　辻原登「許されざる者 上・下」　●特別賞　金子兜太 "句集「日常」至る長年の業績"
◇毎日出版文化賞　第63回　●文学・芸術部門　村上春樹著, 新潮社「1Q84(BOOK1, BOOK2)」　●特別賞　山崎豊子著, 文藝春秋「運命の人(全4冊)」
◇三島由紀夫賞　第22回　前田司郎「夏の水の半魚人」
◇読売文学賞　第61回　●小説賞　髙村薫「太陽を曳く馬」　●戯曲・シナリオ賞　鴻上尚史「グローブ・ジャングル『虚構の劇団』旗揚げ3部作」　●随筆・紀行賞　堀江敏幸「正弦曲線」　●評論・伝記賞　湯川豊「須賀敦子を読む」　●詩歌俳句賞　河野道代「花・蒸気・隔たり」

【小説】

◇芥川龍之介賞　第141回(上期)　磯﨑憲一郎「終の住処」
◇芥川龍之介賞　第142回(下期)　該当作なし
◇泉鏡花文学賞　第37回　千早茜「魚神」
◇江戸川乱歩賞　第55回　遠藤武文「プリズン・トリック」
◇大藪春彦賞　第11回　東山彰良「路傍」

平成21年（2009）

◇オール讀物新人賞　第89回　緒川莉々子「甘味中毒」　森屋寛治「オデカケ」
◇川端康成文学賞　第35回　青山七恵「かけら」
◇『このミステリーがすごい！』大賞　第8回　●大賞　太朗想史郎「トギオ」　中山七里「さよならドビュッシー」　●優秀賞　伽古屋圭市「パチプロ・コード」
◇柴田錬三郎賞　第22回　篠田節子「仮想儀礼（上・下）」　村山由佳「ダブル・ファンタジー」
◇小説現代長編新人賞　第4回　加藤元「山姫抄（さんきしょう）」
◇小説すばる新人賞　第22回　朝井リョウ「桐島、部活やめるってよ」　河原千恵子「白い花と鳥たちの祈り」
◇新潮新人賞　第41回　赤木和雄「神キチ」
◇すばる文学賞　第33回　木村友祐「海猫ツリーハウス」　●佳作　温又柔「好去好来歌」
◇太宰治賞　第25回　柄澤昌幸「だむかん」
◇谷崎潤一郎賞　第45回　受賞作なし
◇中央公論文芸賞　第4回　村山由佳「ダブル・ファンタジー」
◇直木三十五賞　第141回（上期）　北村薫「鷺と雪」
◇直木三十五賞　第142回（下期）　白石一文「ほかならぬ人へ」　佐々木譲「廃墟に乞う」
◇日本推理作家協会賞　第62回　●長編および連作短編集部門　道尾秀介「カラスの親指」　柳広司「ジョーカー・ゲーム」　●短編部門　曽根圭介「熱帯夜」　田中啓文「渋い夢」　●評論その他部門　円堂都司昭「「謎」の解像度　ウェブ時代の本格ミステリ」　栗原裕一郎「〈盗作〉の文学史　市場・メディア・著作権」
◇日本ファンタジーノベル大賞　第21回　●大賞　遠田潤子「月桃夜」　●優秀賞　小田雅久仁「増大派に告ぐ」
◇日本ホラー小説大賞　第16回　●大賞　宮ノ川顕「化身」　●長編賞　三田村志郎「嘘神」　●短編賞　朱雀門出「今昔奇怪録」
◇日本ミステリー文学大賞　第13回　北方謙三
◇野間文芸新人賞　第31回　村田沙耶香「ギンイロノウタ」
◇文學界新人賞　第108回（上期）　シリン・ネザマフィ「白い紙」
◇文學界新人賞　第109回（下期）　奥田真理子「ディヴィジョン」
◇文藝賞　第46回　大森兄弟「犬はいつも足元にいて」　藤代泉「ボーダー＆レス」
◇本屋大賞　第6回　●大賞　湊かなえ「告白」　●2位　和田竜「のぼうの城」　●3位　柳広司「ジョーカー・ゲーム」
◇松本清張賞　第16回　牧村一人「アダマースの饗宴」
◇紫式部文学賞　第19回　桐野夏生「女神記」
◇山本周五郎賞　第22回　白石一文「この胸に深々と突き刺さる矢を抜け」
◇横溝正史ミステリ大賞　第29回　●大賞　大門剛明「雪冤」　●テレビ東京賞　大門剛明「雪冤」　●優秀賞　白石かおる「僕と「彼女」の首なし死体」
◇吉川英治文学賞　第43回　奥田英朗「オリンピックの身代金」

【詩歌】

◇H氏賞　第59回　中島悦子「マッチ売りの偽書」
◇小熊秀雄賞　第42回　浜江順子「飛行する沈黙」
◇葛原妙子賞　第5回　小林幸子「場所の記憶」
◇現代歌人協会賞　第53回　駒田晶子「銀河の水」
◇現代詩人賞　第27回　辻井喬「自伝詩のためのエスキース」
◇現代詩花椿賞　第27回　岩成達也「みどり、その日々を過ぎて。」
◇現代短歌大賞　第32回　三枝昂之　"「啄木―ふるさとの空遠みかも」並びに過去の全業績"　竹山広　"「眠つてよいか」並びに過去の全業績"

◇齋藤茂吉短歌文学賞　第21回　伊藤一彦「月の夜声」
◇詩歌文学館賞　第24回　●詩　長田弘「幸いなるかな本を読む人」　●短歌　橋本喜典「悲母像」　●俳句　友岡子郷「友岡子郷俳句集成」
◇高見順賞　第40回　岡井隆「注解する者」　岸田将幸「〈孤絶―角〉」
◇蛇笏賞　第43回　廣瀬直人「風の空」
◇迢空賞　第43回　石川不二子「ゆきあひの空」　河野裕子「母系」
◇壺井繁治賞　第37回　小森香子「生きるとは」
◇寺山修司短歌賞　第14回　大下一真「即今」(歌集)
◇藤村記念歴程賞　第47回　鈴村和成「ランボーとアフリカの8枚の写真」など一連の紀行への評価"
◇中原中也賞　第14回　川上未映子「先端で、さすわ　ささられるわ　そらええわ」
◇日本歌人クラブ賞　第36回　安森敏隆「百卒長」
◇俳人協会賞　第49回　榎本好宏「祭詩」　栗田やすし「海光」
◇萩原朔太郎賞　第17回　松浦寿輝「吃水都市」
◇晩翠賞　第50回　斎藤恵子「無月となのはな」
◇丸山薫賞　第16回　木村迪夫「光る朝」
◇丸山豊記念現代詩賞　第18回　中本道代「花と死王」
◇若山牧水賞　第14回　大島史洋「センサーの影」(歌集)

【戯曲】
◇岸田國士戯曲賞　第53回　蓬莱竜太「まほろば」　本谷有希子「幸せ最高ありがとうマジで！」

【評論・随筆】
◇大宅壮一ノンフィクション賞　第40回　平敷安常「キャパになれなかったカメラマン ―ベトナム戦争の語り部たち　上・下」
◇開高健ノンフィクション賞　第7回　中村安希「インパラの朝　ユーラシア・アフリカ大陸 684日」
◇講談社エッセイ賞　第25回　青柳いづみこ「六本指のゴルトベルク」　向井万起男「謎の1セント硬貨　真実は細部に宿る in USA」
◇講談社ノンフィクション賞　第31回　佐野眞一「甘粕正彦　乱心の曠野」
◇小林秀雄賞　第8回　水村美苗「日本語が亡びるとき　英語の世紀の中で」
◇新潮ドキュメント賞　第8回　蓮池薫「半島へ、ふたたび」
◇日本エッセイスト・クラブ賞　第57回　平川祐弘「アーサー・ウェイリー　『源氏物語』の翻訳者」　池谷薫「人間を撮る―ドキュメンタリーがうまれる瞬間」

【児童文学】
◇赤い鳥文学賞　第39回　森山京「ハナと寺子屋のなかまたち―三八塾ものがたり」
◇講談社出版文化賞　第40回　●絵本賞　酒井駒子, 湯本香樹実「くまとやまねこ」
◇産経児童出版文化賞　第56回　●大賞　須藤斎「0.1ミリのタイムマシン」
◇児童福祉文化賞　第52回　●出版物部門　ひのまどか, リブリオ出版「メンデルスゾーン～美しくも厳しき人生～」　●特別部門　まど・みちお "長年にわたって、童謡をはじめとした作詞を通じて、児童の健全育成に貢献してきた活動"
◇児童文芸新人賞　第38回　久保田香里「氷石」
◇小学館児童出版文化賞　第58回　篠原勝之「走れUMI」　松岡達英「野遊びを楽しむ　里山百年図鑑」
◇日本絵本賞　第15回　●大賞　嶋田忠文・写真「カワセミ：青い鳥見つけた」　●翻訳絵本賞　ユリ・シュルヴィッツ作, さくまゆみこ訳「おとうさんのちず」　●日本絵本賞読者賞(山田養蜂場賞)　イーヴォ・ロザーティ作, ガブリエル・パチェコ絵, 田中桂子訳「水おとこのいるところ」
◇日本児童文学者協会賞　第49回　高橋秀雄「やぶ坂に吹く風」

◇日本児童文芸家協会賞　第33回　朽木祥「彼岸花はきつねのかんざし」
◇野間児童文芸賞　第47回　なかがわちひろ「かりんちゃんと十五人のおひなさま」
◇ひろすけ童話賞　第20回　福明子「ジンとばあちゃんとだんごの木」
◇椋鳩十児童文学賞　第19回　宮下すずか「ひらがな だいぼうけん」

【映画・テレビ全般】
◇エランドール賞〔新人賞〕(平21年度)　●新人賞　瑛太　黒木メイサ　戸田恵梨香　松田翔太　三浦春馬　宮﨑あおい　●作品賞 TV Taro賞 映画部門　「おくりびと」　●作品賞 TV ガイド賞 TV部門　「篤姫」　特別賞　市川崑　緒形拳　テレビ朝日・東映「平成仮面ライダー」シリーズ制作スタッフチーム　TBS「渡る世間は鬼ばかり」制作スタッフチーム
◇菊池寛賞　第57回　本木雅弘, 映画「おくりびと」制作スタッフ "映画化の企画・実現に尽力"
◇芸術選奨　第60回　●映画部門 文部科学大臣賞　川島章正「釣りキチ三平」「ジャイブ 海風に吹かれて」「ヴィヨンの妻 桜桃とタンポポ」「わたし出すわ」　種田陽平「ヴィヨンの妻～桜桃とタンポポ～」「空気人形」　●映画部門 新人賞　西川美和「ディア・ドクター」　●放送部門 文部科学大臣賞　塩田純「日本と朝鮮半島2000年」　●放送部門 新人賞　黒崎博「火の魚」(ドラマ)

【映画】
◇川喜多賞　第27回　松本正道(アテネ・フランセ文化センター主任)
◇キネマ旬報賞　第55回　●監督賞　木村大作「劍岳 点の記」　●脚本賞　西川美和「ディア・ドクター」　●主演男優賞　笑福亭鶴瓶「ディア・ドクター」　●主演女優賞　松たか子「ヴィヨンの妻～桜桃とタンポポ～」　●助演男優賞　三浦友和「沈まぬ太陽」　●助演女優賞　満島ひかり「愛のむきだし」「プライド」「クヒオ大佐」　●新人男優賞　西島隆弘「愛のむきだし」　●新人女優賞　川上未映子「パンドラの匣」　●読者選出日本映画監督賞　西川美和「ディア・ドクター」　●読者賞　香川照之
◇キネマ旬報ベスト・テン　第83回　●日本映画 第1位　「ディア・ドクター」(西川美和監督)　●外国映画 第1位　「グラン・トリノ」(クリント・イーストウッド監督)
◇ゴールデングロス賞　第27回　●日本映画部門 金賞　東宝「ROOKIES－卒業－」　●外国映画部門 金賞　ワーナー・ブラザース「ハリー・ポッターと謎のプリンス」　●全興連会長特別賞　「おくりびと」　●ゴールデングロス話題賞　「劍岳 点の記」　「マイケル・ジャクソン THIS IS IT」
◇日刊スポーツ映画大賞・石原裕次郎賞　第22回　●作品賞　「ディア・ドクター」(西川美和監督)　●監督賞　西川美和「ディア・ドクター」　●主演男優賞　笑福亭鶴瓶「ディア・ドクター」　●主演女優賞　松たか子「ヴィヨンの妻～桜桃とタンポポ～」　●助演男優賞　三浦友和「沈まぬ太陽」　●助演女優賞　余貴美子「ディア・ドクター」　●新人賞　岡田将生「僕の初恋をキミに捧ぐ」「重力ピエロ」ほか　●外国作品賞　「母なる証明」(ポン・ジュノ監督)　●石原裕次郎賞　「劍岳 点の記」(木村大作監督)　●特別賞　森繁久彌　●ファン大賞　「ごくせん THE MOVIE」　「マイケル・ジャクソン THIS IS IT」
◇日本アカデミー賞　第32回　●最優秀作品賞　「おくりびと」　●最優秀アニメーション作品賞　「崖の上のポニョ」　●最優秀監督賞　滝田洋二郎「おくりびと」　●最優秀脚本賞　小山薫堂「おくりびと」　●最優秀主演男優賞　本木雅弘「おくりびと」　●最優秀主演女優賞　木村多江「ぐるりのこと。」　●最優秀助演男優賞　山崎努「おくりびと」　●最優秀助演女優賞　余貴美子「おくりびと」　●最優秀外国作品賞　「ダークナイト」　●新人俳優賞　小池徹平「ホームレス中学生」　松田翔太「イキガミ」　アヤカ・ウィルソン「パコと魔法の絵本」　長渕文音「三本木農業高校、馬術部～盲目の馬と少女の実話～」　福田沙紀「櫻の園」　吉高由里子「蛇にピアス」　●会長特別賞　市川崑　緒形拳　●岡田茂賞　スタジオジブリ　●話題賞 作品部門　「容疑者Xの献身」　●話題賞 俳優部門　松山ケンイチ「デトロイト・メタル・シティ」
◇ぴあテン〔映画部門〕　第38回　●第1位　「マイケル・ジャクソン THIS IS IT」
◇ブルーリボン賞　第52回　●作品賞　「劍岳 点の記」(木村大作監督)　●監督賞　西川美和「ディア・ドクター」　●主演男優賞　笑福亭鶴瓶「ディア・ドクター」　●主演女優賞　綾瀬はるか「おっぱいバレー」　●助演男優賞　瑛太「ディア・ドクター」「ガマの油」「なくもんか」「のだめカンタービレ最終楽章」　●助演女優賞　深田恭子「ヤッターマン」　●新人賞　岡田将生「重力ピエ

ロ」「劔岳 点の記」「ホノカアボーイ」　木村大作「劔岳 点の記」　●外国映画賞　「グラン・トリノ」（クリント・イーストウッド監督）　●特別賞　「釣りバカ日誌」シリーズ
◇報知映画賞　第34回　●作品賞・邦画部門　「沈まぬ太陽」　●主演男優賞　渡辺謙　●主演女優賞　松たか子　●助演男優賞　瑛太　●助演女優賞　八千草薫　●監督賞　西川美和　●新人賞　岡田将生　満島ひかり　●作品賞・海外部門　「グラン・トリノ」　●特別賞　「マイケル・ジャクソン THIS IS IT」
◇毎日映画コンクール　第64回　●日本映画大賞　「沈まぬ太陽」（若松節朗監督）　●男優主演賞　松山ケンイチ「ウルトラミラクルラブストーリー」　●女優主演賞　小西真奈美「のんちゃんのり弁」　●男優助演賞　岸部一徳「大阪ハムレット」　●女優助演賞　八千草薫「ディア・ドクター」　●スポニチグランプリ新人賞　西島隆弘「愛のむきだし」　●監督賞　園子温「愛のむきだし」　●脚本賞　田中陽造「ヴィヨンの妻〜桜桃とタンポポ〜」　●アニメーション映画賞　「サマーウォーズ」　●大藤信郎賞　「電信柱エレミの恋」（中田秀人監督）　田中絹代賞　高橋惠子　●特別賞　森繁久彌　水の江瀧子

【テレビ】
◇ギャラクシー賞　第47回　●第4回マイベストTV賞グランプリ　TBSテレビ「日曜劇場「JIN—仁—」」　●テレビ部門 大賞　日本放送協会「ETV特集「死刑囚 永山則夫〜獄中28年間の対話」」　●テレビ部門 特別賞　日本放送協会「ETV特集「シリーズ 日本と朝鮮半島2000年」」　●テレビ部門 個人賞　笑福亭鶴瓶 "「A-Studio」「きらきらアフロ」「スジナシ」「鶴瓶の家族に乾杯」の出演"　●CM部門 大賞　郵便事業，電通，東北新社「郵便事業 平成22年用年賀はがき シリーズ「気づく（小栗さん・栄倉さん・寺尾さん）」ほか
◇芸術祭賞〔テレビ部門（ドラマ）〕　第64回　●芸術祭大賞　日本放送協会 広島放送局 広島発ドラマ「火の魚」　●芸術祭優秀賞　東海テレビ放送，共同テレビジョン 東海テレビ開局50周年記念スペシャルドラマ「長生き競争！」　TBSテレビ「官僚たちの夏」　日本放送協会 ドラマスペシャル「白洲次郎」第一回「カントリージェントルマンへの道」
◇日刊スポーツ・ドラマグランプリ　第13回　●主演男優賞　亀梨和也「ヤマトナデシコ七変化」　●主演女優賞　天海祐希「BOSS」　●助演男優賞　内野聖陽「JIN〜仁」　●助演女優賞　大政絢「ヤマトナデシコ七変化」　●作品賞　「ヤマトナデシコ七変化」（主演・亀梨和也）
◇日本民間放送連盟賞（平21年）　●番組部門（テレビエンターテインメント）最優秀　中部日本放送「家族記念日」　●番組部門（テレビドラマ）最優秀　WOWOW「空飛ぶタイヤ」
◇橋田賞　第18回　●大賞　該当者なし　●橋田賞　TBS「JIN—仁—」　大沢たかお　テレビ朝日「ちい散歩」　NHK「ダーウィンが来た！ 生きもの新伝説」　香川照之「坂の上の雲」　天海祐希「BOSS」　石坂浩二　●特別賞　若尾文子　●新人賞　綾瀬はるか
◇放送文化基金賞　第35回　●テレビドラマ番組　フジテレビジョン「フジテレビ開局50周年記念ドラマ 風のガーデン」　●テレビエンターテインメント番組　NHK，ヴィジュアルフォークロア，NHKエンタープライズ「ハイビジョン特集 築地市場大百科」　●個別分野 演技賞　久米明 "「お買い物」の演技"　渡辺美佐子 "「お買い物」の演技"　●個別分野 特別賞　緒形拳 "「風のガーデン」「帽子」の演技"　●個人・グループ部門 放送文化特別賞　筑紫哲也 "長年にわたり「NEWS23」キャスターとして独自の視点でニュースと人々をつなげた功績"
◇向田邦子賞　第28回　該当者なし

【芸能全般】
◇浅草芸能大賞　第26回　●大賞　吉永小百合　●奨励賞　中村勘太郎(2代)　●新人賞　ナイツ
◇菊池寛賞　第57回　坂東玉三郎(5代)
◇芸術選奨　第60回　●演劇部門 文部科学大臣賞　嵐圭史「江戸城総攻」　鵜山仁「ヘンリー六世」　●演劇部門 新人賞　前川知大「関数ドミノ」「奇ッ怪 小泉八雲から聞いた話」　●大衆芸能部門 文部科学大臣賞　坂本龍一「Ryuichi Sakamoto Playing The Piano 2009」　林家染丸(4代)"音曲ばなし「天下一浮かれの屑より」"　●大衆芸能部門 新人賞　寺井尚子 "CD「アダージョ」の発表等"　●芸術振興部門 新人賞　中島諒人 "「鳥の演劇祭2」などの事業展開"
◇毎日芸術賞　第51回　鳳蘭 "「COCO」「雨の夏，三十人のジュリエットが還ってきた」の演技"

平成21年（2009）

● 千田是也賞　山田和也 "「シラノ」「ラ・カージュ・オ・フォール」の演出"
◇松尾芸能賞　第30回　●大賞 演劇　坂東三津五郎（10代）　●優秀賞 演劇　前田美波里　松坂慶子　●優秀賞 歌謡　ボニージャックス　●新人賞 演劇　柚希礼音　●特別賞 演劇　淡島千景　●松尾國三賞 演劇　市川段四郎

【音楽】

◇JASRAC賞　第27回　●金賞　SoulJa作詞・作曲ほか「そばにいるね」　●銀賞　岩里祐穂作詞, 菅野よう子作詞・作曲ほか「創聖のアクエリオン」　●銅賞　GReeeeN作詞・作曲ほか「キセキ」　●国際賞　奥慶一作曲ほか「明日のナージャ（BGM）」
◇日本ゴールドディスク大賞　第24回　●アーティスト・オブ・ザ・イヤー 邦楽　嵐　●ニュー・アーティスト・オブ・ザ・イヤー 邦楽　Hilcrhyme　●ザ・ベスト・演歌/歌謡曲・アーティスト　氷川きよし　●特別賞　AKB48　けいおん！
◇日本作詩大賞　第42回　●大賞　水木れいじ「ときめきのルンバ」（歌・氷川きよし）　●特別賞　松井由利夫　●テレビ東京特別賞　五木ひろし　●最優秀新人賞　花咲ひみこ「春さがし」（歌・藤美詠子）
◇日本有線大賞　第42回　●大賞　氷川きよし「ときめきのルンバ」　●最多リクエスト歌手賞　氷川きよし　●最多リクエスト曲賞　氷川きよし「ときめきのルンバ」　●最優秀新人賞　BIGBANG「声をきかせて」
◇日本レコード大賞　第51回　●大賞　EXILE「Someday」　●最優秀歌唱賞　五木ひろし　●最優秀アルバム賞　GReeeeN「塩、コショウ」　●最優秀新人賞　BIGBANG
◇ぴあテン〔音楽部門〕（平21年度）　●第1位　堂本光一
◇ベストヒット歌謡祭　第42回　●グランプリ　EXILE「Someday」　●最優秀新人賞　遊助「ひまわり」

【演劇】

◇朝日賞〔演劇関係〕（平21年度）　野田秀樹
◇菊田一夫演劇賞　第35回　●演劇大賞　小池修一郎　●演劇賞　石井一孝　松たか子　香寿たつき　今村ねずみ　●特別賞　松竹, 劇団新派 "永年の伝統を踏まえた, 昨年の充実した舞台成果に対して" 堀尾幸男 "永年の舞台美術に対する貢献にたいして"
◇紀伊國屋演劇賞　第44回　●団体賞　流山児★事務所 舞台「ユーリンタウン」など　●個人賞　鳳蘭　市村正親　中嶋朋子　前川知大　浦井健治
◇芸術祭賞〔演劇部門〕　第64回　●大賞（関東参加公演の部）　大滝秀治 "劇団民藝公演「らくだ」における演技"
◇ぴあテン〔演劇部門〕　第38回　●第1位　「ムサシ」
◇読売演劇大賞　第17回　●大賞・最優秀作品賞　新国立劇場「ヘンリー六世」　●最優秀男優賞　市村正親 "炎の人" の演技"　●最優秀女優賞　鳳蘭 "雨の夏, 三十人のジュリエットが還ってきた」「COCO」「屋根の上のヴァイオリン弾き」の演技"　●最優秀演出家賞　鵜山仁 "「ヘンリー六世」の演出"　●杉村春子賞〔新人対象〕　浦井健治 "「ダンス オブ ヴァンパイア」「ヘンリー六世」の演技"　●芸術栄誉賞　井上ひさし

【演芸】

◇上方漫才大賞　第44回　●大賞　矢野・兵動　●奨励賞　シンデレラエキスプレス　●優秀新人賞　ジャルジャル　●新人賞　ダイアン

【漫画・アニメ】

◇芸術選奨　第60回　●メディア芸術部門 新人賞　細田守「サマーウォーズ」
◇講談社漫画賞　第33回　●児童部門　はやみねかおる原作, えぬえけい漫画「名探偵夢水清志郎事件ノート」　●少年部門　加藤元浩「Q.E.D.証明終了」　真島ヒロ「FAIRY TAIL」　●少女部門　いくえみ綾「潔く柔く」　●一般部門　藤島康介「ああっ女神さまっ」　●講談社創業100周年記念

特別賞　ちばてつや "漫画界の発展に寄与"
◇小学館漫画賞　第55回　●児童向け部門　永井ゆうじ「ペンギンの問題」　●少年向け部門　篠原健太「SKET DANCE」　●少女向け部門　岩本ナオ「町でうわさの天狗の子」　●一般向け部門　安倍夜郎「深夜食堂」　●審査委員特別賞　東宝
◇手塚治虫文化賞　第13回　●マンガ大賞　よしながふみ「大奥」　辰巳ヨシヒロ「劇画漂流」　●新生賞　丸尾末広「パノラマ島綺譚」　●短編賞　中村光 "「聖☆おにいさん」で宗教と日本人との結びつきを親しまれるコメディマンガに描き出した独創に対して"
◇文化庁メディア芸術祭　第13回　●アニメーション部門　大賞　細田守「サマーウォーズ」　●マンガ部門　大賞　幸村誠「ヴィンランド・サガ」　●特別功労賞　金田伊功 (アニメーター)
◇マンガ大賞　第2回　●大賞　末次由紀「ちはやふる」

【スポーツ】

◇朝日スポーツ賞 (平21年)　内村航平 "体操の世界選手権で日本選手最年少の個人総合王者"　杉山愛 "テニスの4大大会に最多62回連続出場"　田口弘 "日本スリーデーマーチの発展に尽力"　●スーパーアスリート賞　イチロー "大リーグ新記録の9年連続200安打達成"
◇菊池寛賞　第57回　高見山大五郎
◇日本プロスポーツ大賞　第42回　●大賞　石川遼 (男子プロゴルフ)　●殊勲賞　原辰徳 (プロ野球)　WBC日本代表 (野球)　白鵬翔 (大相撲)　●最高新人賞　摂津正 (プロ野球)
◇毎日スポーツ人賞 (平21年度)　●グランプリ　ワールド・ベースボール・クラシック (WBC) 日本代表チーム　●文化賞　NHKスペシャル「ONの時代」制作チーム　●国際賞　杉山愛 (プロテニス)　●感動賞　内村航平, 鶴見虹子 (体操)　●ファン賞　野村克也と東北楽天ゴールデンイーグルス (プロ野球)　●特別賞　松井秀喜 (米大リーグ)　●特別功労賞　古橋廣之進 (水泳)

【その他】

◇「現代用語の基礎知識」選 ユーキャン新語・流行語大賞　第26回　●年間大賞　鳩山由紀夫 (内閣総理大臣)「政権交代」
◇国民栄誉賞 (平21年12月)　森繁久彌
◇国民栄誉賞 (平21年1月)　遠藤実 (作曲家)
◇国民栄誉賞 (平21年7月)　村上美津 (森光子) "舞台「放浪記」において二千回を超える主演を勤めるなど永年にわたり多彩な活躍をし国民に夢と希望と潤いを与えた功"
◇将棋大賞　第36回　●最優秀棋士賞　羽生善治　●特別賞　中原誠　●新人賞　佐藤天彦　●最優秀女流棋士賞　清水市代
◇星雲賞　第40回　●日本長編部門　伊藤計劃「ハーモニー」　●日本短編部門　野尻抱介「南極点のピアピア動画」　●メディア部門　河森正治総監督, 菊地康仁監督「マクロスFrontier」　●コミック部門　内藤泰弘「トライガンマキシマム」　●アート部門　加藤直之　●ノンフィクション部門　日本SF作家クラブ編集, 小松左京監修「世界のSFがやって来た!! ニッポンコン・ファイル2007」
◇日本SF大賞　第30回　伊藤計劃「ハーモニー」　●特別賞　栗本薫「グイン・サーガ」
◇文化勲章 (平21年度)　飯島澄男 (材料科学)　桂米朝 (3代) (古典落語)　坂田藤十郎 (歌舞伎)　速水融 (社会経済史・歴史人口学)　日沼頼夫 (ウイルス学)
◇ベストドレッサー賞　第38回　●政治・経済部門　林文子 (横浜市長)　●学術・文化部門　滝田洋二郎 (映画監督)　●芸能部門　土屋アンナ (モデル・アーティスト)　●芸能・スポーツ部門　高橋克典 (俳優)　●インターナショナル部門　西本智実 (指揮者)

平成22年 (2010)

【文学全般】

◇朝日賞〔文学関係〕(平22年度)　池澤夏樹 "世界的視野に基づく創作・評論活動と文学全集の編集"
◇伊藤整文学賞　第21回　●小説部門　該当作品なし　●評論部門　高橋英夫「母なるもの—近代文

平成22年（2010）

学と音楽の場所」　宮沢章夫「時間のかかる読書」
◇大佛次郎賞　第37回　渡辺京二「黒船前夜―ロシア・アイヌ・日本の三国志」
◇菊池寛賞　第58回　筒井康隆 "作家生活50年、常に実験的精神を持って、純文学、SF、エンターテインメントに独自の世界を開拓"　金子兜太 "自由闊達な精神のもと、90歳を越えてなお旺盛な句作を続けて現代俳句を牽引し、その魅力を全身で発信"　中西進、「万葉みらい塾」"グローバルな視点から「万葉集」の研究・普及に務める"
◇群像新人文学賞　第53回　●小説当選作　淺川継太「朝が止まる」　野水陽介「後悔さきにたたず」　●評論当選作　当選作なし
◇芸術選奨　第61回　●文学部門 文部科学大臣賞　篠田節子 小説「スターバト・マーテル」　辻原登 小説「闇の奥」　●文学部門 新人賞　城戸朱理 詩集「幻の母」
◇サントリー学芸賞〔芸術・文学部門〕　第32回　石原あえか「科学する詩人ゲーテ」　北河大次郎「近代都市パリの誕生―鉄道・メトロ時代の熱狂」　古田亮「俵屋宗達―琳派の祖の真実」
◇司馬遼太郎賞　第13回　宮本輝「骸骨ビルの庭（上・下）」
◇新田次郎文学賞　第29回　帚木蓬生「水神」　松本侑子「恋の蛍」
◇日本芸術院賞（第2部・文芸）　第67回　●恩賜賞・日本芸術院賞　山崎正和 "戯曲および評論の長年の業績"
◇野間文芸賞　第63回　村田喜代子「故郷のわが家」
◇毎日芸術賞　第52回　大峯あきら「群生海」（句集）　村上龍「歌うクジラ 上・下」
◇毎日出版文化賞　第64回　●文学・芸術部門　浅田次郎著, 集英社「終わらざる夏（上・下）」　●特別賞　五木寛之著, 講談社「親鸞（上・下）」
◇三島由紀夫賞　第23回　東浩紀「クォンタム・ファミリーズ」
◇読売文学賞　第62回　●小説賞　桐野夏生「ナニカアル」　●戯曲・シナリオ賞　なし　●随筆・紀行賞　管啓次郎「斜線の旅」　梨木香歩「渡りの足跡」　●評論・伝記賞　黒岩比佐子「パンとペン 社会主義者・堺利彦と『売文社』の闘い」　●詩歌俳句賞　大木あまり「星涼」

【小説】

◇芥川龍之介賞　第143回（上期）　赤染晶子「乙女の密告」
◇芥川龍之介賞　第144回（下期）　朝吹真理子「きことわ」　西村賢太「苦役列車」
◇泉鏡花文学賞　第38回　篠田正浩「河原者ノススメ 死穢と修羅の記憶」
◇江戸川乱歩賞　第56回　横関大「再会」
◇大藪春彦賞　第12回　樋口明雄「約束の地」　道尾秀介「龍神の雨」
◇オール讀物新人賞　第90回　立花水馬「虫封じ⊠（マス）」
◇川端康成文学賞　第36回　髙樹のぶ子「トモスイ」
◇『このミステリーがすごい！』大賞　第9回　●大賞　乾緑郎「完全なる首長竜の日」　●優秀賞　喜多喜久「ラブ・ケミストリー」　佐藤青南「ある少女にまつわる殺人の告白」
◇柴田錬三郎賞　第23回　吉田修一「横道世之介」
◇小説現代長編新人賞　第5回　塩田武士「盤上のアルファ」　●奨励賞　吉川永青「我が糸は誰を操る」
◇小説すばる新人賞　第23回　畑野智美「国道沿いのファミレス」　安田依央「たぶらかし」
◇新潮新人賞　第42回　小山田浩子「工場」　太田靖久「ののの」
◇すばる文学賞　第34回　米田夕歌里「トロンプルイユの星」
◇太宰治賞　第26回　今村夏子「こちらあみ子」
◇谷崎潤一郎賞　第46回　阿部和重「ピストルズ」
◇中央公論文芸賞　第5回　江國香織「真昼なのに昏い部屋」
◇直木三十五賞　第143回（上期）　中島京子「小さいおうち」
◇直木三十五賞　第144回（下期）　道尾秀介「月と蟹」　木内昇「漂砂のうたう」
◇日本推理作家協会賞　第63回　●長編および連作短編集部門　飴村行「粘膜蜥蜴」　貫井徳郎「乱反

射」　短編部門　安東能明「随監」　●評論その他部門　小森健太朗「英文学の地下水脈　古典ミステリ研究―黒岩涙香翻案原典からクイーンまで―」

◇日本ファンタジーノベル大賞　第22回　●大賞　紫野貴李「前夜の航跡」　●優秀賞　石野晶「月のさなぎ」

◇日本ホラー小説大賞　第17回　●大賞　一路晃司「お初の繭」　●長編賞　法条遥「バイロケーション」　●短編賞　伴名練「少女禁区」

◇日本ミステリー文学大賞　第14回　大沢在昌

◇野間文芸新人賞　第32回　円城塔「烏有此譚（うゆうしたん）」　柴崎友香「寝ても覚めても」

◇文學界新人賞　第110回（上期）　鶴川建「乾燥腕」　穂田川洋山「自由高さH」

◇文學界新人賞　第111回（下期）　吉井磨弥「ゴルディータは食べて、寝て、働くだけ」

◇文藝賞　第47回　該当作なし

◇本屋大賞　第7回　●大賞　冲方丁「天地明察」　●2位　夏川草介「神様のカルテ」　●3位　吉田修一「横道世之介」

◇松本清張賞　第17回　村木嵐「マルガリータ」

◇紫式部文学賞　第20回　川上未映子「ヘヴン」

◇山田風太郎賞　第1回　貴志祐介「悪の教典」

◇山本周五郎賞　第23回　貫井徳郎「後悔と真実の色」　道尾秀介「光媒の花」

◇横溝正史ミステリ大賞　第30回　●大賞　伊与原新「お台場アイランドベイビー」　●テレビ東京賞　佐倉淳一「ボクら星屑のダンス」　●優秀賞　蓮見恭子「女騎手」

◇吉川英治文学賞　第44回　重松清「十字架」

【詩歌】

◇H氏賞　第60回　田原「石の記憶」

◇小熊秀雄賞　第43回　花崎皋平「アイヌモシリの風に吹かれて」

◇葛原妙子賞　第6回　川野里子「幻想の重量―葛原妙子の戦後短歌」

◇現代歌人協会賞　第54回　野口あや子「くびすじの欠片」　藤島秀憲「二丁目通信」

◇現代詩人賞　第28回　高橋睦郎「永遠まで」

◇現代詩花椿賞　第28回　有働薫「幻影の足」

◇現代短歌大賞　第33回　該当作なし

◇齋藤茂吉短歌文学賞　第22回　品田悦一「斎藤茂吉―あかあかと一本の道とほりたり―」

◇詩歌文学館賞　第25回　●詩　有田忠郎「光は灰のように」　●短歌　田井安曇「千年紀地上」　●俳句　星野麥丘人「小椿居（せうちんきょ）」

◇高見順賞　第41回　金時鐘「失くした季節」

◇蛇笏賞　第44回　真鍋呉夫「月魄」

◇沼空賞　第44回　坂井修一「望楼の春」

◇壺井繁治賞　第38回　宇宿一成「固い薔薇」

◇寺山修司短歌賞　第15回　真中朋久「重力」

◇藤村記念歴程賞　第48回　相沢正一郎「テーブルの上のひつじ雲/テーブルの下のミルクティーという名の犬」　高貝弘也「露光」

◇中原中也賞　第15回　文月悠光「適切な世界の適切ならざる私」

◇日本歌人クラブ賞　第37回　今野寿美「かへり水」　内田弘「街の音」

◇俳人協会賞　第50回　斎藤夏風「辻俳諧」

◇萩原朔太郎賞　第18回　小池昌代「コルカタ」

◇丸山薫賞　第17回　以倉紘平「フィリップ・マーロウの拳銃」

◇丸山豊記念現代詩賞　第19回　文月悠光「適切な世界の適切ならざる私」

◇若山牧水賞　第15回　島田修三「蓬歳断想録」（歌集）　川野里子「王者の道」（歌集）

【戯曲】
◇岸田國士戯曲賞　第54回　柴幸男「わが星」

【評論・随筆】
◇大宅壮一ノンフィクション賞　第41回　上原善広「日本の路地を旅する」　川口有美子「逝かない身体—ALS的日常を生きる」
◇開高健ノンフィクション賞　第8回　角幡唯介「空白の五マイル チベット、世界最大のツアンポー峡谷に挑む」
◇講談社エッセイ賞　第26回　長島有里枝「背中の記憶」　山川静夫「大向うの人々 歌舞伎座三階人情ばなし」
◇講談社ノンフィクション賞　第32回　中田整一「トレイシー 日本兵捕虜秘密尋問所」　堀川惠子「死刑の基準—「永山裁判」が遺したもの」
◇小林秀雄賞　第9回　加藤陽子「それでも、日本人は「戦争」を選んだ」
◇新潮ドキュメント賞　第9回　熊谷晋一郎「リハビリの夜」
◇日本エッセイスト・クラブ賞　第58回　秋尾沙戸子「ワシントンハイツ—GHQが東京に刻んだ戦後」

【児童文学】
◇赤い鳥文学賞　第40回　岩崎京子「建具職人の千太郎」
◇講談社出版文化賞　第41回　●絵本賞　おくはらゆめ「くさをはむ」
◇産経児童出版文化賞　第57回　●大賞　朽木祥作「風の靴」
◇児童福祉文化賞　第53回　●出版物部門　フレーベル館「地球最北に生きる日本人〜イヌイット大島育雄との旅」
◇児童文芸新人賞　第39回　井上林子「宇宙のはてから宝物」
◇小学館児童出版文化賞　第59回　柏葉幸子「つづきの図書館」　大西暢夫「ぶた にく」
◇日本絵本賞　第16回　●大賞　二宮由紀子ぶん、中新井純子え「ものすごくおおきなプリンのうえで」　●翻訳絵本賞　ジョン・バーニンガムぶん・え、福本友美子やく「ひみつだから！」　●日本絵本賞読者賞（山田養蜂場賞）　杉山亮作, 軽部武宏絵「のっぺらぼう」
◇日本児童文学者協会賞　第50回　魚住直子「園芸少年」　三田村信行「風の陰陽師（全4巻）」
◇日本児童文芸家協会賞　第34回　該当作なし　●特別賞　山本省三「動物ふしぎ発見（全5巻）」
◇野間児童文芸賞　第48回　市川宣子「きのうの夜、おとうさんがおそく帰った、そのわけは……」
◇ひろすけ童話賞　第21回　最上一平「じぶんの木」
◇椋鳩十児童文学賞　第20回　佐々木ひとみ「ぼくとあいつのラストラン」

【映画・テレビ全般】
◇エランドール賞〔新人賞〕（平22年度）　●新人賞　岡田将生　榮倉奈々　松田龍平　志田未来　水嶋ヒロ　多部未華子　●作品賞 TV Taro 映画部門　「沈まぬ太陽」　●作品賞 TV ガイド賞 TV部門　「天地人」　●特別賞　木村大作　テレビ朝日「刑事一代 平塚八兵衛の昭和事件史」制作チーム　松竹「釣りバカ日誌」シリーズ出演及び製作チーム　森繁久彌
◇菊池寛賞　第58回　NHKスペシャル「無縁社会」
◇芸術選奨　第61回　●映画部門 文部科学大臣賞　柄本明 "映画「悪人」の演技"　瀬々敬久 (映画監督) "映画「ヘヴンズ ストーリー」の成果"　●映画部門 新人賞　荻上直子 "映画「トイレット」の成果"　●評論等 文部科学大臣賞　晏妮 "著作「戦時日中映画交渉史」の成果"　●放送部門 文部科学大臣賞　西村与志木プロデューサー "ドラマ「坂の上の雲」の企画の成果"　●放送部門 新人賞　渡辺あや脚本家 "ドラマ「その街のこども」の脚本"

【映画】
◇川喜多賞　第28回　野上照代（スクリプター・作家）

◇キネマ旬報賞　第56回　●監督賞　李相日「悪人」　●脚本賞　吉田修一, 李相日「悪人」　●主演男優賞　豊川悦司「必死剣鳥刺し」「今度は愛妻家」　●主演女優賞　寺島しのぶ「キャタピラー」　●助演男優賞　柄本明「悪人」「桜田門外ノ変」「ヘヴンズ ストーリー」「雷桜」ほか　●助演女優賞　安藤サクラ「ケンタとジュンとカヨちゃんの国」「トルソ」「SRサイタマノラッパー2〜女子ラッパー☆傷だらけのライム」　●新人男優賞　生田斗真「人間失格」「ハナミズキ」ほか　●新人女優賞　桜庭ななみ「最後の忠臣蔵」「書道ガールズ!! わたしたちの甲子園」　●読者選出日本映画監督賞　中島哲也　●読者賞　川本三郎

◇キネマ旬報ベスト・テン　第84回　●日本映画 第1位　「悪人」(李相日監督)　●外国映画 第1位　「息もできない」(ヤン・イクチュン監督)

◇ゴールデングロス賞　第28回　●日本映画部門 金賞　東宝「借りぐらしのアリエッティ」　●外国映画部門 金賞　FOX「アバター」　●全興連会長特別賞　「アバター」　●全興連特別功労大賞　吉永小百合

◇日刊スポーツ映画大賞・石原裕次郎賞　第23回　●作品賞　「悪人」(李相日監督)　●監督賞　三池崇史「十三人の刺客」　●主演男優賞　妻夫木聡「悪人」　●主演女優賞　深津絵里「悪人」　●助演男優賞　稲垣吾郎「十三人の刺客」　●助演女優賞　蒼井優「おとうと」　●新人賞　仲里依紗「ゼブラーマン -ゼブラシティの逆襲-」「時をかける少女」　●外国作品賞　「ハート・ロッカー」(キャスリン・ビグロー監督)　●石原裕次郎賞　「THE LAST MESSAGE 海猿」(羽住英一郎監督)　●石原裕次郎新人賞　高良健吾「おにいちゃんのハナビ」「ソラニン」ほか　●ファン大賞「BANDAGE バンデイジ」

◇日本アカデミー賞　第33回　●最優秀作品賞　「沈まぬ太陽」　●最優秀アニメーション作品賞　「サマーウォーズ」　●最優秀監督賞　木村大作「劒岳 点の記」　●最優秀脚本賞　西川美和「ディア・ドクター」　●最優秀主演男優賞　渡辺謙「沈まぬ太陽」　●最優秀主演女優賞　松たか子「ヴィヨンの妻〜桜桃とタンポポ〜」　●最優秀助演男優賞　香川照之「劒岳 点の記」　●最優秀助演女優賞　余貴美子「ディア・ドクター」　●最優秀外国作品賞　「グラン・トリノ」　●新人俳優賞　岡田将生「ホノカアボーイ」「僕の初恋をキミに捧ぐ」「重力ピエロ」　水嶋ヒロ「ドロップ」　溝端淳平「赤い糸」　渡辺大知「色即ぜねれいしょん」　榮倉奈々「余命1ヶ月の花嫁」　志田未来「誰も守ってくれない」　平愛梨「20世紀少年〈第2章〉最後の希望」「20世紀少年〈最終章〉ぼくらの旗」　●協会栄誉賞　森繁久彌　●話題賞 作品部門　「アマルフィ 女神の報酬」　●話題賞 俳優部門　綾瀬はるか「おっぱいバレー」

◇ぴあテン〔映画部門〕　第39回　●第1位　「十三人の刺客」

◇ブルーリボン賞　第53回　●作品賞　「告白」(中島哲也監督)　●監督賞　石井裕也「川の底からこんにちは」　●主演男優賞　妻夫木聡「悪人」　●主演女優賞　寺島しのぶ「キャタピラー」　●助演男優賞　石橋蓮司「アウトレイジ」「今夜は愛妻家」　●助演女優賞　木村佳乃「告白」　●新人賞　生田斗真「人間失格」「ハナミズキ」　桜庭ななみ「最後の忠臣蔵」「書道ガールズ!!わたしたちの甲子園」　●外国映画賞　「第9地区」(ニール・ブロムカンプ監督)

◇報知映画賞　第35回　●作品賞・邦画部門　「悪人」　●主演男優賞　豊川悦司　●主演女優賞　深津絵里　●助演男優賞　柄本明　●助演女優賞　ともさかりえ　●監督賞　中島哲也　●新人賞　桜庭ななみ　三浦貴大　●作品賞・海外部門　「アバター」

◇毎日映画コンクール　第65回　●日本映画大賞　「悪人」(李相日監督)　●男優主演賞　堤真一「孤高のメス」　●女優主演賞　寺島しのぶ「キャタピラー」　●男優助演賞　稲垣吾郎「十三人の刺客」　●女優助演賞　夏川結衣「孤高のメス」　●スポニチグランプリ新人賞　遠藤要「イエローキッド」　徳永えり「春との旅」　●監督賞　三池崇史「十三人の刺客」　●脚本賞　佐藤有記「ヘヴンズ ストーリー」　●アニメーション映画賞　「カラフル」　●田中絹代賞　江波杏子　●特別賞　高峰秀子

◇牧野省三賞　第45回　森田富士郎(撮影監督)

【テレビ】

◇ギャラクシー賞　第48回　●第5回マイベストTV賞グランプリ　フジテレビジョン, 共同テレビジョン「フリーター、家を買う。」　●テレビ部門 大賞　秋田放送「NNNドキュメント'11『夢は刈られて 大潟村・モデル農村の40年』」　●テレビ部門 特別賞　テレビ朝日, 東映「相棒」　●テレビ部門

平成22年（2010）

個人賞　福山雅治 "大河ドラマ「龍馬伝」、NHKスペシャル「ホットスポット 最後の楽園」の出演"
● CM部門 大賞　ソフトバンクモバイル、シンガタ、電通、ギークピクチュアズ「ソフトバンクモバイル 企業 シリーズ白戸家「選挙シリーズ」」

◇芸術祭賞〔テレビ・ドラマ部門〕　第65回　● 芸術祭大賞　WOWOW ドラマWスペシャル「なぜ君は絶望と闘えたのか」（後編）　● 芸術祭優秀賞　テレビ東京 テレビ東京開局45周年記念ドラマスペシャル「シューシャインボーイ」　北海道テレビ放送 HTBスペシャルドラマ「ミエルヒ」　日本放送協会 名古屋放送局 NHKスペシャル「15歳の志願兵」

◇日本民間放送連盟賞（平22年）　● 番組部門（テレビエンターテインメント）最優秀　中部日本放送「『えんがわ』～18年目の春～」　● 番組部門（テレビドラマ）最優秀　TBSテレビ「日曜劇場『JIN―仁―』」

◇橋田賞　第19回　● 大賞　TBS「99年の愛～JAPANESE AMERICANS～」　● 橋田賞　NHK「証言記録 兵士たちの戦争」　坂元裕二脚本家「Mother」　福山雅治「龍馬伝」　● 特別賞　野村昭子「渡る世間は鬼ばかり」　● 新人賞　松下奈緒、向井理「ゲゲゲの女房」

◇放送文化基金賞　第36回　● テレビドラマ番組　NHK大阪放送局「阪神・淡路大震災15年 特集ドラマ その街のこども」　● 個別分野 演技賞　橋爪功「かわり目～父と娘の15年～」の演技　尾野真千子 "火の魚"の演技　● 個別分野 演出賞　黒崎博 "火の魚"の演出　● 個別分野 脚本賞　渡辺あや "その街のこども" "火の魚"の脚本　● 個別分野 美術賞　井上文太、神藤恵、菅澤敬一、山村エナミ「新・三銃士」の美術

◇向田邦子賞　第29回　宮藤官九郎「うぬぼれ刑事」

【芸能全般】

◇浅草芸能大賞　第27回　● 大賞　市川團十郎（12代）　● 奨励賞　坂本冬美　● 新人賞　Wコロン

◇芸術祭賞〔大衆芸能部門〕　第65回　● 大賞（関東参加公演の部）　東京太・ゆめ子 "漫才大行進"における話芸

◇芸術選奨　第61回　● 演劇部門 文部科学大臣賞　津嘉山正種 "公演「黄昏」の演技"　野澤錦糸（文楽三味線方）"公演「妹背山婦女庭訓」他の成果"　● 演劇部門 新人賞　鈴木裕美（演出家）"公演「富士見町アパートメント」の企画・演出"　● 大衆芸能部門 文部科学大臣賞　加山雄三「若大将50年！アリーナコンサート」他の成果"　宮川大助、宮川花子 "なんばグランド花月11月公演におけるYESと言おう！」他の成果"　● 大衆芸能部門 新人賞　平原綾香 "アルバム「my Classics2」の成果"

◇毎日芸術賞　第52回　● 特別賞　加山雄三 芸能活動50周年記念アルバム「若大将50年！」など　● 千田是也賞　熊林弘高 "おそるべき親たち"の演出

◇松尾芸能賞　第31回　● 大賞 演劇　鳳蘭　● 優秀賞 演劇　中村歌六　大竹しのぶ　● 優秀賞 演芸　藤山新太郎　● 特別賞 演劇　安井昌二　● 功労賞 音楽　原信夫

【音楽】

◇JASRAC賞　第28回　● 金賞　GReeeeN作詞・作曲ほか「キセキ」　● 銀賞　松尾潔作詞・作曲, Jin Nakamura作曲ほか「Ti Amo」　● 銅賞　及川眠子作詞、佐藤英敏作曲ほか「残酷な天使のテーゼ」　● 国際賞　菊池俊輔作曲ほか「ドラえもん（BGM）」

◇日本ゴールドディスク大賞　第25回　● アーティスト・オブ・ザ・イヤー 邦楽　嵐　● ニュー・アーティスト・オブ・ザ・イヤー 邦楽　少女時代　● ザ・ベスト・演歌/歌謡曲・アーティスト　坂本冬美　● 特別賞　植村花菜「トイレの神様」　徳永英明「VOCALIST」シリーズ

◇日本作詩大賞　第43回　● 大賞　水木れいじ「人生みちづれ」（歌・天童よしみ）　● 特別賞　吉岡治　● テレビ東京特別賞　長山洋子　● 最優秀新人賞　織田まり「オカンのしおむすび」

◇日本有線大賞　第43回　● 大賞　氷川きよし「虹色のバイヨン」　● 新人賞　Love「片思い」　レーモンド松屋「安芸灘の風」　● 特別賞　植村花菜「トイレの神様」

◇日本レコード大賞　第52回　● 大賞　EXILE「I Wish For You」　● 最優秀アルバム賞　いきものがかり「ハジマリノウタ」　● 最優秀歌唱賞　近藤真彦　● 最優秀新人賞　スマイレージ

◇ぴあテン〔音楽部門〕（平22年度）　● 第1位　SMAP

◇ベストヒット歌謡祭　第43回　● グランプリ　EXILE

【演劇】

◇菊田一夫演劇賞　第36回　●演劇大賞　平幹二朗　●演劇賞　山崎育三郎　大塚千弘　山路和弘　マキノノゾミ　●特別賞　大地真央 "600回を超える「マイ・フェア・レディ」のイライザ役での舞台の成果に対して"　堀尾幸男 "永年の舞台美術に対する貢献に対して"

◇紀伊國屋演劇賞　第45回　●団体賞　華のん企画 舞台「チェーホフ短編集1+2」など　●個人賞　大塚道子　中嶋しゅう　高瀬久男　古田新太　栗田桃子

◇芸術祭賞〔演劇部門〕　第65回　●大賞（関東参加公演の部）　シアタープロジェクト・東京「おそるべき親たち」

◇ぴあテン〔演劇部門〕　第39回　●第1位　新国立劇場演劇「象」

◇読売演劇大賞　第18回　●大賞・最優秀作品賞　NODA・MAP「ザ・キャラクター」　●最優秀男優賞　浅野和之 "シス・カンパニー「叔母との旅」のヘンリー・ブリング、トゥーリィ、オトゥール役などの演技"　●最優秀女優賞　麻実れい "幹の会+リリック「冬のライオン」、tpt「おそるべき親たち」での演技"　●最優秀演出家賞　蜷川幸雄 "埼玉県芸術文化振興財団/ホリプロ「ヘンリー六世」、さいたまネクスト・シアター「美しきものの伝説」の演出"　●杉村春子賞〔新人対象〕　多部未華子 "東京芸術劇場「農業少女」の百子役の演技"　●芸術栄誉賞　小田島雄志　●選考委員特別賞　熊倉一雄 "テアトル・エコー「日本人のへそ」の演出"

【演芸】

◇上方漫才大賞　第45回　●大賞　中川家　●奨励賞　笑い飯　●新人賞　スマイル

【漫画・アニメ】

◇講談社漫画賞　第34回　児童部門　やぶのてんや「イナズマイレブン」　●少年部門　寺嶋裕二「ダイヤのA（エース）」　●少女部門　東村アキコ「海月姫～くらげひめ～」　●一般部門　ツジトモ漫画, 綱本将也原案「GIANT KILLING」

◇小学館漫画賞　第56回　児童向け部門　松本夏実「夢色パティシエール」　●少年向け部門　佐々木健「KING GOLF」　●少女向け部門　よしながふみ「大奥」　●一般向け部門　小山宙哉「宇宙兄弟」　真鍋昌平「闇金ウシジマくん」

◇手塚治虫文化賞　第14回　●マンガ大賞　山田芳裕「へうげもの」　●新生賞　市川春子「虫と歌」　●短編賞　ヤマザキマリ「テルマエ・ロマエ」　●特別賞　米沢嘉博 "マンガ研究の基礎資料の収集と評論活動などの幅広い業績に対して"

◇文化庁メディア芸術祭　第14回　●アニメーション部門 大賞　湯浅政明「四畳半神話大系」（TV）　●マンガ部門 大賞　岩明均「ヒストリエ」　●功労賞　栗原良幸（マンガ編集者）

◇マンガ大賞　第3回　●大賞　ヤマザキマリ「テルマエ・ロマエ」

【スポーツ】

◇朝日スポーツ賞（平22年度）　2010FIFAワールドカップ日本代表チーム "サッカー・ワールドカップ（W杯）南アフリカ大会で16強入り"

◇日本プロスポーツ大賞　第43回　●大賞　白鵬翔（大相撲）　●殊勲賞　SAMURAI BLUE（サッカー日本代表）　千葉ロッテマリーンズ（プロ野球）　宮里藍（女子プロゴルフ）　●最高新人賞　長野久義（プロ野球）

◇毎日スポーツ人賞（平22年度）　●グランプリ　岡田武史とサッカー・ワールドカップ南アフリカ大会日本代表チーム "自国開催以外では初となるベスト16進出。決勝トーナメントでもPK戦にもつれ込む大接戦を演じ日本全国に夢と希望をもたらした"　●文化賞　西村雄一, 相楽亨（サッカー国際審判）　●国際賞　世界バレー全日本女子バレーボールチーム（バレーボール）　●感動賞　クルム伊達公子（テニス）　●特別賞　白鵬翔（大相撲）　興南高等学校野球部（高校野球）　杉本美香（柔道）　●特別功労賞　大沢啓二（野球）

【その他】

◇「現代用語の基礎知識」選 ユーキャン新語・流行語大賞　第27回　●年間大賞, トップテン　武良布枝（「ゲゲゲの女房」著者）"「ゲゲゲの～」"

◇将棋大賞　第37回　●最優秀棋士賞　羽生善治　●新人賞　戸辺誠　●最優秀女流棋士賞　里見香奈

◇星雲賞　第41回　●日本長編部門　栗本薫「〈グイン・サーガ〉シリーズ」　●日本短編部門　飛浩隆「自生の夢」　●メディア部門　細田守監督,マッドハウス制作「サマーウォーズ」　●コミック部門　手塚治虫,浦沢直樹,長崎尚志著,手塚眞監修「PLUTO」　●アート部門　加藤直之　●ノンフィクション部門　長山靖生「日本SF精神史―幕末・明治から戦後まで」　●自由部門　サンライズ企画,乃村工藝社制作「ガンダム30周年プロジェクト Real G 実物大ガンダム立像」

◇日本SF大賞　第31回　長山靖生「日本SF精神史」　森見登美彦「ペンギン・ハイウェイ」　●特別賞　柴野拓美　浅倉久志

◇文化勲章（平22年度）　有馬朗人(原子核物理学・学術振興)　安藤忠雄(建築)　鈴木章(有機合成化学)　蜷川幸雄(演劇)　根岸英一(有機合成化学)　三宅一生(服飾デザイン)　脇田晴子(日本中世史)

◇ベストドレッサー賞　第39回　●政治・経済部門　前田新造(資生堂代表取締役社長)　●学術・文化部門　溝畑宏(観光庁長官)　●芸能部門　沢村一樹(俳優)　武井咲(女優)　杉本彩(女優・作家・ダンサー)　●スポーツ部門　中澤佑二(プロサッカー選手)

平成23年（2011）

【文学全般】

◇伊藤整文学賞　第22回　●小説部門　角田光代「ツリーハウス」　宮内勝典「魔王の愛」　●評論部門　該当作品なし

◇大佛次郎賞　第38回　司修「本の魔法」

◇菊池寛賞　第59回　津村節子 "夫・吉村昭の闘病から壮絶な死までを描いた『紅梅』は、作家という存在の厳しさを改めて世に示し、多くの人々に深い共感と感銘を与えた"

◇群像新人文学賞　第54回　●小説当選作　中納直子「美しい私の顔」　●評論当選作　彌榮浩樹「1％の俳句――挙性・露呈性・写生」

◇芸術選奨　第62回　●文学部門　文部科学大臣賞　小池真理子 "「無花果の森」の成果"　藤井貞和(詩人)「春楡の木」　●文学部門　新人賞　梅内美華子(歌人) "「エクウス」の成果"

◇サントリー学芸賞〔芸術・文学部門〕　第33回　大和田俊之「アメリカ音楽史―ミンストレル・ショウ、ブルースからヒップホップまで」　輪島裕介「創られた「日本の心」神話―「演歌」をめぐる戦後大衆音楽史」

◇司馬遼太郎賞　第14回　楊海英「墓標なき草原（上・下）」

◇新田次郎文学賞　第30回　竹田真砂子「あとより恋の責めくれば　御家人南畝（なんぽ）先生」

◇日本芸術院賞（第2部・文芸）　第68回　●恩賜賞・日本芸術院賞　三浦雅士(評論・批評) "「青春の終焉」「漱石―母に愛されなかった子」「人生という作品」などの批評の業績に対し"

◇野間文芸賞　第64回　多和田葉子「雪の練習生」

◇毎日芸術賞　第53回　津島佑子「黄金の夢の歌」

◇毎日出版文化賞　第65回　●文学・芸術部門　山城むつみ著,講談社「ドストエフスキー」　●特別賞　北方謙三著,集英社「楊令伝」(全15巻完結)

◇三島由紀夫賞　第24回　今村夏子「こちらあみ子」

◇読売文学賞　第63回　●小説賞　なし　●戯曲・シナリオ賞　前川知大「太陽」(上演台本)　●随筆・紀行賞　星野博美「コンニャク屋漂流記」　●評論・伝記賞　鷲田清一「『ぐずぐず』の理由」　●詩歌俳句賞　粒来哲蔵「蛾を吐く」　佐佐木幸綱「ムーンウォーク」

【小説】

◇芥川龍之介賞　第145回（上期）　該当作なし

◇芥川龍之介賞　第146回（下期）　円城塔「道化師の蝶」　田中慎弥「共喰い」

◇泉鏡花文学賞　第39回　瀬戸内寂聴「風景」　夢枕獏「大江戸釣客伝」

◇江戸川乱歩賞　第57回　川瀬七緒「よろずのことに気をつけよ」　玖村まゆみ「完盗オンサイト」

平成23年（2011）

◇大藪春彦賞　第13回　平山夢明「ダイナー」
◇オール讀物新人賞　第91回　佐藤巖太郎「夢幻の扉」
◇川端康成文学賞　第37回　津村節子「異郷」
◇『このミステリーがすごい！』大賞　第10回　●大賞　法坂一広「弁護士探偵物語 天使の分け前」
　●優秀賞　友井羊「僕はお父さんを訴えます」
◇柴田錬三郎賞　第24回　京極夏彦「西巷説百物語」
◇小説現代長編新人賞　第6回　長浦縁真「赤刃（せきじん）」　吉村龍一「焔火（ほむらび）」
◇小説すばる新人賞　第24回　橋本長道「サラの柔らかな香車」
◇新潮新人賞　第43回　滝口悠生「楽器」
◇すばる文学賞　第35回　澤西祐典「フラミンゴの村」
◇太宰治賞　第27回　由井鮎彦「会えなかった人」
◇谷崎潤一郎賞　第47回　稲葉真弓「半島へ」
◇中央公論文芸賞　第6回　井上荒野「そこへ行くな」　乃南アサ「地のはてから 上・下」
◇直木三十五賞　第145回（上期）　池井戸潤「下町ロケット」
◇直木三十五賞　第146回（下期）　葉室麟「蜩ノ記」
◇日本推理作家協会賞　第64回　●長編および連作短編集部門　麻耶雄嵩「隻眼の少女」　米澤穂信「折れた竜骨」　●短編部門　深水黎一郎「人間の尊厳と八〇〇メートル」　●評論その他部門　東雅夫「遠野物語と怪談の時代」
◇日本ファンタジーノベル大賞　第23回　●大賞　勝山海百合「さざなみの国」　●優秀賞　日野俊太郎「吉田キグルマレナイト」
◇日本ホラー小説大賞　第18回　●大賞　受賞作なし　●長編賞　堀井拓馬「なまづま」　●短編賞　国広正人「穴（あな）らしきものに入る」
◇日本ミステリー文学大賞　第15回　高橋克彦
◇野間文芸新人賞　第33回　本谷有希子「ぬるい毒」
◇文學界新人賞　第112回（上期）　水原涼「甘露」　山内令南「癌だましい」
◇文學界新人賞　第113回（下期）　鈴木善徳「髪魚」　馳平啓樹「きんのじ」
◇文藝賞　第48回　今村友紀「クリスタル・ヴァリーに降りそそぐ灰」
◇本屋大賞　第8回　●大賞　東川篤哉「謎解きはディナーのあとで」　●2位　窪美澄「ふがいない僕は空を見た」　●3位　森見登美彦「ペンギン・ハイウェイ」
◇松本清張賞　第18回　青山文平「白樫の樹の下で」
◇紫式部文学賞　第21回　多和田葉子「尼僧とキューピッドの弓」
◇山田風太郎賞　第2回　高野和明「ジェノサイド」
◇山本周五郎賞　第24回　窪美澄「ふがいない僕は空を見た」
◇横溝正史ミステリ大賞　第31回　●大賞　長沢樹「消失グラデーション」
◇吉川英治文学賞　第45回　森村誠一「悪道」

【詩歌】
◇H氏賞　第61回　髙木敏次「傍らの男」
◇小熊秀雄賞　第44回　酒井一吉「鬼の舞」
◇葛原妙子賞　第7回　松村由利子「大女伝説」
◇現代歌人協会賞　第55回　光森裕樹「鈴を産むひばり」
◇現代詩人賞　第29回　高垣憲正「春の謎」
◇現代詩花椿賞　第29回　季村敏夫「ノミトビヒヨシマルの独言」
◇現代短歌大賞　第34回　岩田正 "「岩田正全歌集」並びに過去の全業績に対して"
◇齋藤茂吉短歌文学賞　第23回　篠弘「残すべき歌論—二十世紀の短歌論」

平成23年（2011）

◇詩歌文学館賞　第26回　●詩　須永紀子「空の庭、時の径」　●短歌　柏崎驍二「百たびの雪」
　●俳句　大峯あきら「群生海」
◇高見順賞　第42回　辺見庸「眼（め）の海」
◇蛇笏賞　第45回　黒田杏子「日光月光」
◇沼空賞　第45回　島田修三「蓬歳断想録」
◇壺井繁治賞　第39回　清水マサ「鬼火」　●詩人論賞　草倉哲夫「幻の詩集 西原正春の青春と詩」
◇寺山修司短歌賞　第16回　本田一弘「眉月集」（歌集）
◇藤村記念歴程賞　第49回　福間健二「青い家」　●特別賞　毛利衛, 山中勉"プロジェクト「宇宙連詩」への関わり"
◇中原中也賞　第16回　辺見庸「生首」
◇日本歌人クラブ賞　第38回　中根誠「境界（シュヴェレ）」
◇俳人協会賞　第51回　辻田克巳「春のこゑ」　山本洋子「夏木」
◇萩原朔太郎賞　第19回　福間健二「青い家」
◇丸山薫賞　第18回　山本みち子「夕焼け買い」
◇丸山豊記念現代詩賞　第20回　佐々木安美「新しい浮子 古い浮子」
◇若山牧水賞　第16回　大下一真「月食」（歌集）

【戯曲】

◇岸田國士戯曲賞　第55回　松井周「自慢の息子」

【評論・随筆】

◇大宅壮一ノンフィクション賞　第42回　角幡唯介「空白の五マイル―チベット、世界最大のツアンポー峡谷に挑む」　国分拓「ヤノマミ」
◇開高健ノンフィクション賞　第9回　水谷竹秀「日本を捨てた男たち―フィリピンでホームレス―」
◇講談社エッセイ賞　第27回　内澤旬子「身体のいいなり」　内田洋子「ジーノの家 イタリア10景」
◇講談社ノンフィクション賞　第33回　角岡伸彦「カニは横に歩く 自立障害者たちの半世紀」　森達也「A3」
◇小林秀雄賞　第10回　髙橋秀実「ご先祖様はどちら様」
◇新潮ドキュメント賞　第10回　堀川惠子「裁かれた命 死刑囚から届いた手紙」
◇日本エッセイスト・クラブ賞　第59回　田中伸尚「大逆事件―死と生の群像」　内田洋子「ジーノの家 イタリア10景」

【児童文学】

◇講談社出版文化賞　第42回　●絵本賞　高畠純「ふたりの ナマケモノ」
◇産経児童出版文化賞　第58回　●大賞　大西暢夫写真・文「ぶた にく」
◇児童福祉文化賞　第54回　●出版物部門　講談社「鉄のしぶきがはねる」
◇児童文芸新人賞　第40回　中西翠「クローバー」
◇小学館児童出版文化賞　第60回　佐藤多佳子「聖夜」　帚木蓬生「ソルハ」
◇日本絵本賞　第17回　●大賞　みやこしあきこ著「もりのおくのおちゃかいへ」　●翻訳絵本賞　パトリック・マクドネルさく, なかがわちひろやく「どうぶつがすき」　●日本絵本賞読者賞（山田養蜂場）　鈴木のりたけ作・絵「ぼくのトイレ」
◇日本児童文学者協会賞　第51回　石井睦美「皿と紙ひこうき」　吉田道子「ヤマトシジミの食卓」
◇日本児童文芸家協会賞　第35回　大塚篤子「おじいちゃん、わすれても…」
◇野間児童文芸賞　第49回　富安陽子「盆まねき」
◇ひろすけ童話賞　第22回　かつやかおり「うずらのうーちゃんの話」
◇椋鳩十児童文学賞　第21回　にしがきようこ「ピアチェーレ 風の歌声」

平成23年（2011）

【映画・テレビ全般】

◇エランドール賞〔新人賞〕（平23年度）　●新人賞　桐谷健太　吉瀬美智子　佐藤健　松下奈緒　向井理　満島ひかり　●作品賞 TV Taro賞 映画部門　「告白」　●作品賞 TVガイド賞 TV部門　「龍馬伝」　●特別賞　寺島しのぶ　日本放送協会「ゲゲゲの女房」制作チーム

◇菊池寛賞　第59回　新藤兼人"独立プロを率いて多くの傑作映画を世に送り出し、日本最高齢現役監督として「一枚のハガキ」を完成させた"

◇芸術選奨　第62回　●映画部門 文部科学大臣賞　新藤次郎プロデューサー "「一枚のハガキ」の製作" 成島出(映画監督)"「八日目の蟬」他の成果"　●映画部門 新人賞　砂田麻美(映画監督)"「エンディングノート」の成果"　●放送部門 文部科学大臣賞　阿武野勝彦プロデューサー "ドキュメンタリー「死刑弁護人」の制作"　●放送部門 新人賞　坂元裕二脚本家 "ドラマ「それでも、生きてゆく」他の脚本"　●メディア芸術部門 文部科学大臣賞　佐藤雅彦 "TV番組「0655」「2355」他の成果"

【映画】

◇川喜多賞　第29回　山形国際ドキュメンタリー映画祭

◇キネマ旬報賞　第57回　●監督賞　園子温「冷たい熱帯魚」「恋の罪」　●脚本賞　荒井晴彦，阪本順治「大鹿村騒動記」　●主演男優賞　原田芳雄「大鹿村騒動記」　●主演女優賞　永作博美「八日目の蟬」　●助演男優賞　でんでん「冷たい熱帯魚」　●助演女優賞　小池栄子「八日目の蟬」「RAILWAYS 愛を伝えられない大人たちへ」　●新人男優賞　松坂桃李「アントキノイノチ」「僕たちは世界を変えることができない。But, we wanna build a school in Cambodia.」　●新人女優賞　忽那汐里「少女たちの羅針盤」「マイ・バック・ページ」　●読者選出日本映画監督賞　成島出　●読者賞　立川志らく

◇キネマ旬報ベスト・テン　第85回　●日本映画 第1位　「一枚のハガキ」(新藤兼人監督)　●外国映画 第1位　「ゴーストライター」(ロマン・ポランスキー監督)

◇ゴールデングロス賞　第29回　●日本映画部門 金賞　東宝「SPACE BATTLESHIP ヤマト」　●外国映画部門 金賞　ワーナー・ブラザース「ハリー・ポッターと死の秘宝 part1, part2」　●全興連会長特別賞　「ハリー・ポッターシリーズ」　●全興連特別激励大賞　新藤兼人

◇日刊スポーツ映画大賞・石原裕次郎賞　第24回　●作品賞　「一枚のハガキ」(新藤兼人監督)　●監督賞　新藤兼人「一枚のハガキ」　●主演男優賞　松山ケンイチ「マイ・バック・ページ」「GANTZ」「うさぎドロップ」「ノルウェイの森」　●主演女優賞　宮﨑あおい「ツレがうつになりまして。」「神様のカルテ」　●助演男優賞　西田敏行「探偵はBARにいる」「はやぶさ/HAYABUSA」「ステキな金縛り」　●助演女優賞　加賀まりこ「洋菓子店コアンドル」「神様のカルテ」　●新人賞　井上真央「太平洋の奇跡 フォックスと呼ばれた男」「八日目の蟬」　●外国作品賞　「英国王のスピーチ」(トム・フーパー監督)　●石原裕次郎賞　「探偵はBARにいる」(橋本一監督)　●ファン大賞　「SPACE BATTLESHIP ヤマト」(山崎貴監督)

◇日本アカデミー賞　第34回　●最優秀作品賞　「告白」　●最優秀アニメーション作品賞　「借りぐらしのアリエッティ」　●最優秀監督賞　中島哲也「告白」　●最優秀脚本賞　中島哲也「告白」　●最優秀主演男優賞　妻夫木聡「悪人」　●最優秀主演女優賞　深津絵里「悪人」　●最優秀助演男優賞　柄本明「悪人」　●最優秀助演女優賞　樹木希林「悪人」　●最優秀外国作品賞　「アバター」　●新人俳優賞　芦田愛菜「ゴースト もういちど抱きしめたい」　大野百花「きな子〜見習い警察犬の物語〜」　仲里依紗「ゼブラーマン ゼブラシティの逆襲」「時をかける少女」　永山絢斗「ソフトボーイ」　三浦翔平「THE LAST MESSAGE 海猿」　三浦貴大「RAIL WAYS 49歳で電車の運転士になった男の物語」　●岡田茂賞　映像京都　●話題部門　「SP野望篇」　●話題賞 俳優部門　岡村隆史「てぃだかんかん〜海とサンゴと小さな奇跡〜」

◇ブルーリボン賞　第54回　●作品賞　「冷たい熱帯魚」(園子温監督)　●監督賞　新藤兼人「一枚のハガキ」　●主演男優賞　竹野内豊「太平洋の奇跡—フォックスと呼ばれた男—」　●主演女優賞　永作博美「八日目の蟬」　●助演男優賞　伊勢谷友介「あしたのジョー」「カイジ2〜人生奪回ゲーム〜」　●助演女優賞　長澤まさみ「モテキ」　●新人賞　芦田愛菜「うさぎドロップ」「阪急電車 片道15分の奇跡」　●外国映画賞　「ブラック・スワン」(ダーレン・アロノフスキー監督)　●特別賞　原田芳雄

◇報知映画賞　第36回　●作品賞・邦画部門　「八日目の蟬」　●主演男優賞　堺雅人　●主演女優

賞　永作博美　●助演男優賞　でんでん　●助演女優賞　宮本信子　●監督賞　園子温　●新人賞　砂田麻美　●作品賞・海外部門　「マネーボール」　●特別賞　新藤兼人　原田芳雄
◇毎日映画コンクール　第66回　●日本映画大賞　「一枚のハガキ」(新藤兼人監督)　●男優主演賞　森山未來「モテキ」　●女優主演賞　小泉今日子「毎日かあさん」　●男優助演賞　でんでん「冷たい熱帯魚」　●女優助演賞　永作博美「八日目の蝉」　●スポニチグランプリ新人賞　染谷将太「嘘つきみーくんと壊れたまーちゃん」　忽那汐里「マイ・バック・ページ」　●監督賞　富田克也「サウダーヂ」　●脚本賞　新藤兼人「一枚のハガキ」　●アニメーション映画賞　「蛍火の杜へ」　●大藤信郎賞　平林勇「663114」　●田中絹代賞　大楠道代　●特別賞　赤松陽構造(映画タイトルデザイナー)

【テレビ】

◇ギャラクシー賞　第49回　●第6回マイベストTV賞グランプリ　日本テレビ放送網「妖怪人間ベム」　●テレビ部門 大賞　日本放送協会 連続テレビ小説「カーネーション」　●テレビ部門 特別賞　日本放送協会 ETV特集「ネットワークでつくる放射能汚染地図」シリーズ　●テレビ部門 個人賞　小泉今日子 "ドラマ「最後から二番目の恋」「贖罪」の演技"　●CM部門 大賞　サントリーホールディングス シリーズ歌のリレー「見上げてごらん夜の星をA」「見上げてごらん夜の星をC」「上を向いて歩こうC」「上を向いて歩こうA」　●CM部門 特別賞　三陸に仕事を！プロジェクト実行委員会 "浜のミサンガ「環」岩手・宮城誕生篇"
◇芸術祭賞〔テレビ・ドラマ部門〕　第66回　●芸術祭大賞　関西テレビ放送「レッスンズ」　●芸術祭優秀賞　中部日本放送 CBC開局60周年記念 スペシャルドラマ「初秋」　日本放送協会 特集ドラマ「風をあつめて」　讀賣テレビ放送「ニセ医者と呼ばれて ～沖縄・最後の医介輔～」
◇日刊スポーツ・ドラマグランプリ　第15回　●主演男優賞　亀梨和也「妖怪人間ベム」　●主演女優賞　松嶋菜々子「家政婦のミタ」　●助演男優賞　鈴木福「妖怪人間ベム」　●助演女優賞　杏「妖怪人間ベム」　●作品賞　「妖怪人間ベム」(主演・亀梨和也)
◇日本民間放送連盟賞(平23年)　●番組部門 テレビドラマ 最優秀　テレビ東京「鈴木先生」
◇橋田賞　第20回　●大賞　該当者なし　●橋田賞　フジテレビ「マルモのおきて」　福田靖脚本家「DOCTORS～最強の名医」　黒土三男「居酒屋もへじ」など　渡瀬恒彦「おみやさん」など　水谷豊「相棒」など　阿部寛「坂の上の雲」など　●特別賞　市原悦子　●新人賞　長谷川博己「鈴木先生」　満島ひかり「それでも、生きてゆく」　●20周年特別顕彰　TBS「報道の日2011」記憶と記録そして願い」　NHKスペシャル「シリーズ巨大津波」作成チーム
◇放送文化基金賞　第37回　●テレビドラマ番組　テレビ朝日 ドラマスペシャル「遺恨あり 明治十三年最後の仇討」　●テレビエンターテインメント　毎日放送「クニマスは生きていた！ ～"奇跡の魚"はいかにして「発見」されたのか？～」　●演技賞　藤原竜也 ドラマスペシャル「遺恨あり 明治十三年最後の仇討」　寺島しのぶ 土曜ドラマ「岡本太郎生誕100年企画『TAROの塔』」　●演出賞　大友啓史 大河ドラマ「龍馬伝」　●個人・グループ部門 放送文化(特別賞)　児玉清
◇向田邦子賞　第30回　●岩井秀人「生むと生まれる それからのこと」

【芸能全般】

◇浅草芸能大賞　第28回　●大賞　北大路欣也　●奨励賞　東貴博　●新人賞　芦田愛菜
◇芸術祭賞〔大衆芸能部門〕　第66回　●大賞(関東参加公演の部)　川中美幸 "川中美幸特別公演の成果"　●大賞(関西参加公演の部)　旭堂南陵 "第1回 旭堂南陵独演会における「安宅勧進帳」の成果"
◇芸術選奨　第62回　●演劇部門 文部科学大臣賞　栗山民也 "「ピアフ」他の演出"　中村又五郎 "「菅原伝授手習鑑」の演技"　●演劇部門 新人賞　今井朋彦 "「破産した男」他の演技"　●大衆芸能部門 文部科学大臣賞　柳家権太楼(3代) "「柳家権太楼独演会」他の成果"　由紀さおり "アルバム「1969」の成果"　●大衆芸能部門 新人賞　サキタハヂメ(のこぎり演奏家・作曲家) "アルバム「SAW much in LOVE」他の成果"
◇毎日芸術賞　第53回　●特別賞　由紀さおり アルバム「1969」など　●千田是也賞　中津留章仁(劇作家・演出家)「背水の孤島」
◇松尾芸能賞　第32回　●大賞 歌謡　北島三郎　●優秀賞 演劇　中村翫雀　●優秀賞 テレビ　香川照之　●優秀賞 演劇　大空祐飛　●新人賞 演劇　瀬戸摩純　●新人賞 歌謡　植村花菜　●特別賞

演劇　渡辺美佐

【音楽】
◇朝日賞（平23年度）　冨田勲 "世界を舞台にした作曲家・音響クリエーターとしての活動"
◇JASRAC賞　第29回　●金賞　及川眠子作詞、佐藤英敏作曲ほか「残酷な天使のテーゼ」　●銀賞　木村カエラ作詞、末光篤作曲ほか「Butterfly」　●銅賞　松井五郎作詞、森正明作曲ほか「また君に恋してる」　●国際賞　神尾憲一作曲ほか「バーバパパ世界をまわる」
◇日本ゴールドディスク大賞　第26回　●アーティスト・オブ・ザ・イヤー　邦楽　AKB48　●ザ・ベスト・演歌/歌謡曲・アーティスト　氷川きよし　●ニュー・アーティスト・オブ・ザ・イヤー　邦楽　Kis-My-Ft2　●特別賞　VARIOUS「ソングス・フォー・ジャパン」
◇日本作詩大賞　第44回　●大賞　山上路夫「いくたびの櫻」（歌・ふくい舞）　●テレビ東京特別賞　坂本冬美　●最優秀新人賞　菊地勝「恋・・・・一夜」（歌・山本あき）
◇日本有線大賞　第44回　●大賞　ふくい舞「いくたびの櫻」　●新人賞　薫と友樹、たまにムック。「マル・マル・モリ・モリ！」　Fairies「More Kiss」
◇日本レコード大賞　第53回　●大賞　AKB48「フライングゲット」　●最優秀アルバム賞　小田和正「どーも」　●最優秀歌唱賞　坂本冬美　●最優秀新人賞　Fairies

【演劇】
◇菊田一夫演劇賞　第37回　●演劇大賞　三谷幸喜　●演劇賞　米倉涼子　石丸幹二　瀬奈じゅん　柚希礼音　●特別賞　こまつ座 "井上ひさしの優れた演劇世界を、演劇人の良心を注いで作り上げた永年の舞台製作における功績に対して"　司葉子 "当年度の「女の一生」の堤しずの役の演技を含む、永年の舞台の功績に対して"
◇紀伊國屋演劇賞　第46回　●団体賞　パルコ "「国民の映画」「猟銃」「想い出のカルテット」の優れた舞台成果に対して"　●個人賞　飯沼慧　橋爪功　三谷幸喜　中津留章仁　中谷美紀
◇芸術祭〔演劇部門〕　第66回　●大賞（関東参加公演の部）　萬歳楽座 "第4回 萬歳楽座 公演における能「道成寺 中之段数躙 無躙之崩」の成果"
◇読売演劇大賞　第19回　●大賞・最優秀演出家賞　前川知大 "「奇ツ怪 其ノ弐」「太陽」の演出"　●最優秀作品賞　「国民の映画」　●最優秀男優賞　小日向文世 "パルコ「国民の映画」のヨゼフ・ゲッベルス役の演技"　●最優秀女優賞　大竹しのぶ "シス・カンパニー「大人は、かく戦えり」、東宝「ピアフ」の演技"　●杉村春子賞〔新人対象〕　小川絵梨子 "オフィスコットーネ「12人」、響人「夜の来訪者」、tpt「プライド」の演出"　●芸術栄誉賞　別役実　●選考委員特別賞　TRASHMASTERS「背水の孤島」

【演芸】
◇上方漫才大賞　第46回　●大賞　ブラックマヨネーズ　●奨励賞　千鳥　●新人賞　銀シャリ

【漫画・アニメ】
◇芸術選奨　第62回　●メディア芸術部門 新人賞　長井龍雪「あの日見た花の名前を僕達はまだ知らない。」
◇講談社漫画賞　第35回　●児童部門　松本ひで吉「ほんとにあった！霊媒先生」　●少年部門　諫山創「進撃の巨人」　●少女部門　末次由紀「ちはやふる」　●一般部門　小山宙哉「宇宙兄弟」　羽海野チカ「3月のライオン」
◇小学館漫画賞　第57回　●児童向け部門　やぶのてんや「イナズマイレブン」　●少年向け部門　石井あゆみ「信長協奏曲」　●少女向け部門　嶋木あこ「ぴんとこな」　●一般向け部門　小玉ユキ「坂道のアポロン」
◇手塚治虫文化賞　第15回　●マンガ大賞　村上もとか「JIN―仁―」　松本大洋、永福一成「竹光侍」　●新生賞　荒川弘「鋼の錬金術師」　●短編賞　山科けいすけ "「C級さらりーまん講座」「パパはなんだかわからない」などサラリーマンを描いた一連の作品に対して"
◇文化庁メディア芸術祭　第15回　●アニメーション部門 大賞　片渕須直「魔法少女まどか☆マギカ」

（テレビアニメーション）　●マンガ部門　大賞　岩岡ヒサエ「土星マンション」（単行本・雑誌）　●功労賞　木下小夜子（アニメーション作家プロデューサー）
◇マンガ大賞　第4回　●大賞　羽海野チカ「3月のライオン」

【スポーツ】
◇朝日スポーツ賞（平23年度）　2011FIFA女子ワールドカップ日本代表チーム「なでしこジャパン」"サッカー・女子ワールドカップ（W杯）ドイツ大会で初優勝"
◇菊池寛賞　第59回　澤穂希"日本女子サッカーの歴史を切り拓き、「なでしこJAPAN」の中心選手として活躍、チームをまとめあげたリーダーシップに対して"
◇日本プロスポーツ大賞　第44回　●大賞　なでしこジャパン（サッカー）　●殊勲賞　福岡ソフトバンクホークス（プロ野球）　柏レイソル（Jリーグ）　白鵬翔（大相撲）　●最高新人賞　澤村拓一（プロ野球）
◇毎日スポーツ人賞（平23年度）　●グランプリ　サッカー女子ワールドカップドイツ大会日本代表チーム（サッカー）　●個人賞　室伏広治（陸上）　●団体賞　日本体育協会と日本オリンピック委員会　●文化賞　浅香山親方（元大関魁皇）（大相撲）　●特別賞　創志学園高等学校硬式野球部（野球）　松山英樹（ゴルフ）

【その他】
◇「現代用語の基礎知識」選 ユーキャン新語・流行語大賞　第28回　●年間大賞，トップテン　小倉純二（日本サッカー協会 会長）"なでしこジャパン"
◇国民栄誉賞（平23年8月）　FIFA女子ワールドカップドイツ2011日本女子代表チーム
◇将棋大賞　第38回　●最優秀棋士賞　羽生善治　●新人賞　豊島将之　●最優秀女流棋士賞　里見香奈
◇星雲賞　第42回　●日本長編部門　山本弘「去年はいい年になるだろう」　●日本短編部門　小川一水「アリスマ王の愛した魔物」　●メディア部門　ニール・ブロムカンプ監督ほか「第9地区」　●コミック部門　荒川弘「鋼の錬金術師」　●アート部門　加藤直之　●ノンフィクション部門　鹿野司「さばサイエンスのサ」　●自由部門　宇宙航空研究開発機構（JAXA）"小惑星探査機「はやぶさ」（第20号科学衛星MUSES-C）の地球帰還"
◇日本SF大賞　第32回　上田早夕里「華竜の宮」　●特別賞　横田順彌「近代日本奇想小説史 明治篇」　●特別功労賞　小松左京"日本SF作家クラブ設立者の一人として尽力し、日本SF発展の原動力として、生涯を通じて活躍した功績に対して"
◇文化勲章（平23年度）　赤﨑勇（半導体電子工学）　大樋年朗（陶芸）　丸谷才一（小説）　三谷太一郎（日本政治外交史）　柳田充弘（分子遺伝学・分子生理学）
◇ベストドレッサー賞　第40回　●政治・経済部門　黒岩祐治（神奈川県知事）　●学術・文化部門　石田衣良（作家）　●芸能部門　吉瀬美智子（女優）　東山紀之（俳優）　●スポーツ部門　古閑美保（プロゴルファー）　●インターナショナル部門　KARA（歌手）　超新星（ダンスヴォーカルグループ）　●特別賞（石津謙介賞）　テリー伊藤（演出家）

平成24年（2012）

【文学全般】
◇伊藤整文学賞　第23回　●小説部門　堀江敏幸「なずな」　●評論部門　川本三郎「白秋望景」
◇大佛次郎賞　第39回　水村美苗「母の遺産—新聞小説」
◇菊池寛賞　第60回　曾野綾子
◇群像新人文学賞　第55回　●小説当選作　岡本学「架空列車」　●評論当選作　該当作なし
◇芸術選奨　第63回　●文学部門 文部科学大臣賞　小川洋子「ことり」　多和田葉子「雲をつかむ話」　●文学部門 新人賞　大口玲子（歌人）「トリサンナイタ」
◇サントリー学芸賞〔芸術・文学部門〕　第34回　水野千依「イメージの地層」　堀まどか「「二重国籍」詩人 野口米次郎」

第1部 受賞年順　　　　　　　　平成24年（2012）

◇司馬遼太郎賞　第15回　伊藤之雄「昭和天皇伝 上・下」　辻原登「韃靼の馬」
◇司馬遼太郎賞　第16回　赤坂真理「東京プリズン」　片山杜秀「未完のファシズム 「持たざる国」日本の運命」
◇新田次郎文学賞　第31回　角幡唯介「雪男は向こうからやって来た」
◇野間文芸賞　第65回　山田詠美「ジェントルマン」
◇毎日芸術賞　第54回　高野公彦「河骨川」
◇毎日出版文化賞　第66回　●文学・芸術部門　赤坂真理著, 河出書房新社「東京プリズン」　●特別賞　加賀乙彦著, 新潮社「雲の都」
◇三島由紀夫賞　第25回　青木淳悟「私のいない高校」
◇読売文学賞　第64回　●小説賞　多和田葉子「雲をつかむ話」　松家仁之「火山のふもとで」　●戯曲・シナリオ賞　ヤン・ヨンヒ「かぞくのくに」(映画シナリオ)　●随筆・紀行賞　受賞作なし　●評論・伝記賞　池内紀「恩地孝四郎一つの伝記」　●詩歌俳句賞　和田悟朗「風車」

【小説】
◇芥川龍之介賞　第147回（上期）　鹿島田真希「冥土めぐり」
◇芥川龍之介賞　第148回（下期）　黒田夏子「abさんご」
◇泉鏡花文学賞　第40回　角田光代「かなたの子」
◇江戸川乱歩賞　第58回　高野史緒「カラマーゾフの妹」
◇大藪春彦賞　第14回　沼田まほかる「ユリゴコロ」
◇オール讀物新人賞　第92回　木下昌輝「宇喜多の捨て嫁」
◇川端康成文学賞　第38回　江國香織「犬とハモニカ」
◇『このミステリーがすごい！』大賞　第11回　●大賞　安生正「生存者ゼロ」　●優秀賞　新藤卓広「秘密結社にご注意を」　深津十一「「童（わらし）石」をめぐる奇妙な物語」
◇柴田錬三郎賞　第25回　角田光代「紙の月」
◇小説現代長編新人賞　第7回　仁志耕一郎「玉兎の望」　奨励賞　朝倉宏景「白球アフロ」
◇小説すばる新人賞　第25回　櫛木理宇「赤と白」　行成薫「名も無き世界のエンドロール」
◇新潮新人賞　第44回　高尾長良「肉骨茶」　門脇大祐「黙って喰え」
◇すばる文学賞　第36回　新庄耕「狭小邸宅」　高橋陽子「黄金の庭」
◇太宰治賞　第28回　隼見果奈「うつぶし」
◇谷崎潤一郎賞　第48回　高橋源一郎「さよならクリストファー・ロビン」
◇中央公論文芸賞　第7回　東野圭吾「ナミヤ雑貨店の奇蹟」
◇直木三十五賞　第147回（上期）　辻村深月「鍵のない夢を見る」
◇直木三十五賞　第148回（下期）　朝井リョウ「何者」　安部龍太郎「等伯」
◇日本推理作家協会賞　第65回　●長編および連作短編集部門　高野和明「ジェノサイド」　●短編部門　湊かなえ「望郷、海の星」　●評論その他部門　横田順彌「近代日本奇想小説史 明治篇」
◇日本ファンタジーノベル大賞　第24回　●優秀賞　三國青葉「かおばな憑依帖」　関俊介「ワーカー」
◇日本ホラー小説大賞　第19回　●大賞　小杉英了「御役（おやく）」　●読者賞　櫛木理宇「ホーンテッド・キャンパス」
◇日本ミステリー文学大賞　第16回　皆川博子
◇野間文芸新人賞　第34回　日和聡子「螺法四千年記」　山下澄人「緑のさる」
◇文學界新人賞　第114回（上期）　小祝百々子「こどもの指につつかれる」
◇文學界新人賞　第115回（下期）　守山忍「隙間」　二瓶哲也「最後のうるう年」
◇文藝賞　第49回　谷川直子「おしかくさま」
◇本屋大賞　第9回　●大賞　三浦しをん「舟を編む」　●2位　高野和明「ジェノサイド」　●3位　大島真寿美「ピエタ」
◇松本清張賞　第19回　阿部智里「烏に単は似合わない」

◇紫式部文学賞　第22回　岩橋邦枝「評伝 野上彌生子─迷路を抜けて森へ」
◇山田風太郎賞　第3回　冲方丁「光圀伝」　窪美澄「晴天の迷いクジラ」
◇山本周五郎賞　第25回　原田マハ「楽園のカンヴァス」
◇横溝正史ミステリ大賞　第32回　●大賞　菅原蛹「さあ、地獄へ堕ちよう」　河合莞爾「DEAD MAN」
◇吉川英治文学賞　第46回　夢枕獏「大江戸釣客伝 上・下」

【詩歌】

◇H氏賞　第62回　廿楽順治「化車」
◇小熊秀雄賞　第45回　該当作なし
◇葛原妙子賞　第8回　梅内美華子「エクウス」
◇現代歌人協会賞　第56回　柳澤美晴「一匙の海」
◇現代詩人賞　第30回　杉山平一「希望」
◇現代詩花椿賞　第30回　城戸朱理「漂流物」
◇現代短歌大賞　第35回　●大賞　該当なし　●特別賞　短歌研究社 "短歌研究創刊80周年"
◇齋藤茂吉短歌文学賞　第24回　秋葉四郎「茂吉 幻の歌集『萬軍』─戦争と齋藤茂吉」
◇詩歌文学館賞　第27回　●詩　須藤洋平「あなたが最期の最期まで生きようと、むき出しで立ち向かったから」　●短歌　佐藤通雅「強霜（こはじも）」　●俳句　宇多喜代子「記憶」
◇高見順賞　第43回　川上未映子「水瓶」
◇蛇笏賞　第46回　澁谷道「澁谷道俳句集成」
◇迢空賞　第46回　渡辺松男「蝶」
◇壺井繁治賞　第40回　秋村宏「生きものたち」
◇寺山修司短歌賞　第17回　田中拓也「雲鳥」（歌集）
◇藤村記念歴程賞　第50回　野村喜和夫「ヌードな日」「難解な自転車」「スペクタクルそして豚小屋」（英訳詩集）
◇中原中也賞　第17回　暁方ミセイ「ウイルスちゃん」
◇中原中也賞　第18回　細田傳造「谷間の百合」
◇日本歌人クラブ賞　第39回　中地俊夫「覚えてゐるか」
◇俳人協会賞　第52回　片山由美子「香雨」
◇萩原朔太郎賞　第20回　佐々木幹郎「明日」
◇丸山薫賞　第19回　北畑光男「北の蜻蛉」
◇丸山豊記念現代詩賞　第21回　市原千佳子「月しるべ」
◇若山牧水賞　第17回　大口玲子「トリサンナイタ」（歌集）

【戯曲】

◇岸田國士戯曲賞　第56回　ノゾエ征爾「○○トアル風景」　藤田貴大「かえりの合図、まってた食卓、そこ、きっと、しおふる世界。」　矢内原美邦「前向き！ タイモン」

【評論・随筆】

◇大宅壮一ノンフィクション賞　第43回　増田俊也「木村政彦はなぜ力道山を殺さなかったのか」　森健と被災地の子どもたち「つなみ 被災地のこども80人の作文集」「「つなみ」の子どもたち─作文に書かれなかった物語」
◇開高健ノンフィクション賞　第10回　佐々涼子「エンジェルフライト─国際霊柩送還士」
◇講談社エッセイ賞　第28回　平松洋子「野蛮な読書」
◇講談社ノンフィクション賞　第34回　大鹿靖明「メルトダウン ドキュメント福島第一原発事故」　安田浩一「ネットと愛国 在特会の『闇』を追いかけて」

◇小林秀雄賞　第11回　小澤征爾, 村上春樹「小澤征爾さんと、音楽について話をする」
◇新潮ドキュメント賞　第11回　増田俊也「木村政彦はなぜ力道山を殺さなかったのか」
◇日本エッセイスト・クラブ賞　第60回　井口隆史「安部磯雄の生涯」　小池光「うたの動物記」

【児童文学】

◇講談社出版文化賞　第43回　●絵本賞　コマヤスカン「新幹線のたび〜はやぶさ・のぞみ・さくらで日本縦断〜」
◇産経児童出版文化賞　第59回　●大賞　荒井良二「あさになったのでまどをあけますよ」
◇児童福祉文化賞　第55回　●出版物部門　農山漁村文化協会「農家になろう（全5巻）」
◇児童文芸新人賞　第41回　歌代朔「シーラカンスとぼくらの冒険」　堀米薫「チョコレートと青い空」
◇小学館児童出版文化賞　第61回　中田永一「くちびるに歌を」
◇日本児童文学者協会賞　第52回　那須正幹「ヒロシマ（三部作）「歩きだした日」「様々な予感」「めぐりくる夏」」
◇日本児童文芸家協会賞　第36回　該当作なし
◇野間児童文芸賞　第50回　石崎洋司「世界の果ての魔女学校」
◇ひろすけ童話賞　第23回　にしなさちこ「星ねこさんのおはなし ちいさなともだち」
◇椋鳩十児童文学賞　第22回　小浜ユリ「むこうがわ行きの切符」

【映画・テレビ全般】

◇エランドール賞〔新人賞〕（平24年度）　●新人賞　杏　高良健吾　井上真央　長谷川博己　吉高由里子　●特別賞　相棒制作チーム　3年B組金八先生制作チーム　"大河ドラマ50"
◇芸術選奨　第63回　●映画部門 文部科学大臣賞　内田けんじ（映画監督）「鍵泥棒のメソッド」の成果"　夏八木勲 "「希望の国」の演技"　●映画部門 新人賞　安藤サクラ「愛と誠」ほかの演技"　●放送部門 文部科学大臣賞　八木康夫プロデューサー "ドラマ「悪女について」の制作"　●放送部門 新人賞　宮本理江子（ドラマディレクター）"ドラマ「最後から二番目の恋」の演出"
◇毎日芸術賞　第54回　テレビマンユニオン "「開拓者たち」の制作をはじめとする映像文化への長年の貢献"

【映画】

◇川喜多賞　第30回　山村浩二（アニメーション作家）
◇キネマ旬報ベスト・テン　第86回　●日本映画 第1位　「かぞくのくに」（ヤン・ヨンヒ監督）　●外国映画 第1位　「ニーチェの馬」（タル・ベーラ監督）
◇キネマ旬報ベスト・テン個人賞　第86回　●監督賞　周防正行「終の信託」　●脚本賞　内田けんじ「鍵泥棒のメソッド」　●主演男優賞　森山未來「苦役列車」　●主演女優賞　安藤サクラ「かぞくのくに」　●助演男優賞　小日向文世「アウトレイジ ビヨンド」ほか　●助演女優賞　安藤サクラ「愛と誠」「その夜の侍」ほか　●新人男優賞　三浦貴大「ふがいない僕は空を見た」「あなたへ」「わが母の記」ほか　●新人女優賞　橋本愛「桐島、部活やめるってよ」「ツナグ」「Another アナザー」ほか
◇ゴールデングロス賞　第30回　●日本映画部門 金賞　東宝「BRAVE HEARTS 海猿」　●外国映画部門 金賞　パラマウント「ミッション：インポッシブル/ゴースト・プロトコル」　●全興連特別功労大賞　若松孝二　●全興連特別賞　「るろうに剣心」　●全興連特別話題賞　「最強のふたり」
◇日刊スポーツ映画大賞・石原裕次郎賞　第25回　●作品賞　「終の信託」（周防正行監督）　●監督賞　内田けんじ「鍵泥棒のメソッド」　●主演男優賞　高倉健「あなたへ」　●主演女優賞　吉永小百合「北のカナリアたち」　●助演男優賞　森山未來「北のカナリアたち」　●助演女優賞　樹木希林「わが母の記」「ツナグ」　●新人賞　武井咲「愛と誠」「るろうに剣心」　●外国作品賞　「レ・ミゼラブル」（トム・フーパー監督）　●石原裕次郎賞　「あなたへ」（降旗康男監督）　●石原裕次郎新人賞　松坂桃李「ツナグ」「麒麟の翼」　●特別賞　新藤兼人
◇日本アカデミー賞　第35回　●最優秀作品賞　「八日目の蟬」　●最優秀アニメーション作品賞　「コクリコ坂から」　●最優秀監督賞　成島出「八日目の蟬」　●最優秀脚本賞　奥寺佐渡子「八日

目の蝉」 ●最優秀主演男優賞 原田芳雄「大鹿村騒動記」 ●最優秀主演女優賞 井上真央「八日目の蝉」 ●最優秀助演男優賞 でんでん「冷たい熱帯魚」 ●最優秀助演女優賞 永作博美「八日目の蝉」 ●最優秀外国作品賞 「英国王のスピーチ」 ●新人俳優賞 熊田聖亜「さや侍」 桜庭ななみ「最後の忠臣蔵」 渡邉このみ「八日目の蝉」 上地雄輔「漫才ギャング」 高良健吾「軽蔑」 野見隆明「さや侍」 長谷川博己「セカンドバージン」 ●話題賞 作品部門 「モテキ」 ●話題賞 俳優部門 前田敦子「もし高校野球の女子マネージャーがドラッカーの『マネジメント』を読んだら」

◇ブルーリボン賞 第55回 ●作品賞 「かぞくのくに」(ヤン・ヨンヒ監督) ●監督賞 内田けんじ「鍵泥棒のメソッド」 ●主演男優賞 阿部寛「麒麟の翼」「テルマエ・ロマエ」「カラスの親指」 ●主演女優賞 安藤サクラ「かぞくのくに」 ●助演男優賞 井浦新「かぞくのくに」 ●助演女優賞 広末涼子「鍵泥棒のメソッド」 ●新人賞 マキタスポーツ「苦役列車」 ●外国映画賞 「レ・ミゼラブル」 ●特別賞 若松孝二

◇報知映画賞 第37回 ●作品賞・邦画部門 「鍵泥棒のメソッド」 ●主演男優賞 高倉健 ●主演女優賞 吉永小百合 ●助演男優賞 森山未來 ●助演女優賞 安藤サクラ ●監督賞 吉田大八 ●新人賞 満島真之介 能年玲奈 ●作品賞・海外部門 「アルゴ」

◇毎日映画コンクール 第67回 ●日本映画大賞 「終の信託」(周防正行監督) ●監督賞 吉田大八「桐島、部活やめるってよ」 ●脚本賞 ヤン・ヨンヒ「かぞくのくに」 ●男優主演賞 夏八木勲「希望の国」 ●女優主演賞 田畑智子「ふがいない僕は空を見た」 ●男優助演賞 加瀬亮「アウトレイジ ビヨンド」 ●女優助演賞 安藤サクラ「愛と誠」 ●スポニチグランプリ新人賞 東出昌大「桐島、部活やめるってよ」 三吉彩花「グッモーエビアン!」 田中絹代賞 田中裕子 ●アニメーション映画賞 「おおかみこどもの雨と雪」 ●大藤信郎賞 「火要鎮」 ●特別賞 黒澤満(映画プロデューサー)

◇牧野省三賞 第46回 高岩淡(映画製作者)"東映、東映太秦映画村において多彩な試みを陣頭指揮し、日本アカデミー協会へも多大な貢献をしたことにより"

【テレビ】

◇ギャラクシー賞 第50回 ●第7回マイベストTV賞グランプリ フジテレビジョン「鍵のかかった部屋」 ●テレビ部門 大賞 日本放送協会 NHKスペシャル シリーズ東日本大震災「追跡 復興予算19兆円」 ●テレビ部門 特別賞 テレビ朝日、田辺エージェンシー、ハウフルス「タモリ倶楽部」 ●テレビ部門 個人賞 堺雅人 "ドラマ「リーガル・ハイ」「大奥〜誕生[有功・家光篇]」の演技" ●CM部門 大賞 本田技研工業「負けるもんか(プロダクト)篇」

◇芸術祭賞〔テレビ・ドラマ部門〕 第67回 ●大賞 該当なし ●優秀賞 日本放送協会 土曜ドラマスペシャル「とんび」(前・後編) フジテレビジョン「遅咲きのヒマワリ〜ボクの人生、リニューアル〜」 WOWOW ドラマWスペシャル「尾根のかなたに〜父と息子の日航機墜落事故〜(後編)」

◇日刊スポーツ・ドラマグランプリ 第16回 ●主演男優賞 大野智「鍵のかかった部屋」 ●主演女優賞 堀北真希「梅ちゃん先生」 ●助演男優賞 佐藤浩市「鍵のかかった部屋」 ●助演女優賞 戸田恵梨香「鍵のかかった部屋」 ●作品賞 「鍵のかかった部屋」(主演・大野智)

◇日本民間放送連盟賞(平24年) ●番組部門 テレビエンターテインメント 最優秀 フジテレビジョン「ほこ×たて」 ●番組部門 テレビドラマ 最優秀 WOWOW開局20周年記念番組 三谷幸喜「short cut」

◇橋田賞 第21回 ●大賞 該当者なし ●橋田賞 TBS「金子みすゞ物語〜みんなちがってみんないい〜」 日本テレビ・NNNドキュメント「魂が眠っている 遺された赤紙」 中園ミホ脚本家「ドクターX〜外科医・大門未知子〜」など 尾崎也脚本家「梅ちゃん先生」 小林稔侍「税務調査官・窓際太郎の事件簿シリーズ」など 米倉涼子「ドクターX〜外科医・大門未知子〜」など ●新人賞 尾野真千子「カーネーション」 松坂桃李「梅ちゃん先生」など ●特別賞 北大路欣也

◇放送文化基金賞 第38回 ●テレビドラマ番組 NHK スペシャルドラマ「坂の上の雲」 ●個別分野 演技賞 本木雅弘 スペシャルドラマ「坂の上の雲」 小泉今日子 木曜劇場「最後から二番目の恋」 ●個別分野 出演者賞 山下達郎「山下達郎のTSUTAYAサンデー・ソングブック」

◇向田邦子賞 第31回 中園ミホ「はつ恋」「ドクターX〜外科医・大門未知子〜」

第1部 受賞年順　　　　　　　　　　　　　　　　　　　　　　　　平成24年（2012）

【芸能全般】

◇浅草芸能大賞　第29回　●大賞　高橋英樹(俳優)　●奨励賞　米倉涼子(女優)　●新人賞　古今亭文菊(落語家)
◇菊池寛賞　第60回　高倉健 "最新作「あなたへ」をはじめとする五十有余年におよぶ活躍と, 孤高の精神を貫き, 独自の境地を示す映画俳優としての存在感"
◇芸術祭賞〔大衆芸能部門〕　第67回　●大賞(関東参加公演の部)　宝田企画 "ブロードウェイ ミュージカル「ファンタスティックス」の成果"　●大賞(関西参加公演の部)　内海英華 "平成の女道楽 内海英華でございます in神戸」の成果"
◇芸術選奨　第63回　●演劇部門 文部科学大臣賞　川村毅劇作家 "4」の劇作"　観世清和(能楽師)"能「定家」ほかの成果"　●演劇部門 新人賞　井上芳雄「ダディ・ロング・レッグズ」ほかの演技　●大衆芸能部門 文部科学大臣賞　谷村新司 "谷村新司 40周年特別記念コンサート〜40Vibration〜」ほかの成果"　柳家さん喬(落語家)「さん喬十八番集成−柳家さん喬独演会−」ほか　●大衆芸能部門 新人賞　古今亭菊之丞(落語家)"「第七回 古今亭菊之丞独演会」ほかの成果"　●芸術振興部門 文部科学大臣賞　下山久(演劇プロデューサー)"「キジムナーフェスタ・2012」ほかの成果"
◇毎日芸術賞　第54回　谷村新司 "「NINE」と日中友好コンサートの成果, 震災遺児支援曲「風の子守歌」の作詞など"　●千田是也賞　伊ној東大 "「THAT FACE〜その顔」の演出"
◇松尾芸能賞　第33回　●大賞 演劇　三谷幸喜　●優秀賞 演劇　白石加代子　安奈淳　●優秀賞 歌謡　千昌夫　●優秀賞 演芸　国本武春　●新人賞 演劇　中村勘九郎(6代)

【音楽】

◇JASRAC賞　第30回　●金賞　秋元康作詞, 山崎燿作曲ほか「ヘビーローテーション」　●銀賞　秋元康作詞, 多田慎也作曲ほか「ポニーテールとシュシュ」　●銅賞　秋元康作詞, 井上ヨシマサ作曲ほか「Beginner」　●国際賞　菊池俊輔作曲ほか「ドラえもんBGM」
◇日本ゴールドディスク大賞　第27回　●アーティスト・オブ・ザ・イヤー 邦楽　AKB48　●ベスト・演歌/歌謡曲・アーティスト　由紀さおり　●ニュー・アーティスト・オブ・ザ・イヤー 邦楽　乃木坂46　●ベスト・演歌/歌謡曲・ニュー・アーティスト　臼澤みさき　●特別賞　由紀さおり＆ピンク・マルティーニ「1969」
◇日本作詩大賞　第45回　●大賞　なかにし礼「櫻」(歌・氷川きよし)　●作詩家協会特別賞　横井弘　●テレビ東京特別賞　つんく♂　●最優秀新人賞　広瀬ゆたか「昭和時代の忘れ物」(歌・おおい大輔)
◇日本有線大賞　第45回　●大賞　氷川きよし「櫻」　●新人賞　岩佐美咲「無人駅」　臼澤みさき「故郷〜Blue Sky Homeland〜」　●特別賞　秋元康「会いたかった」(AKB48),「片想いFinally」(SKE48),「ヴァージニティー」(NMB48),「ヘビーローテーション」(AKB48+SKE48+NMB48)　きゃりーぱみゅぱみゅ「つけまつける」　●有線功労賞　冠二郎「炎」
◇日本レコード大賞　第54回　●大賞　AKB48「真夏のsounds good！」　●最優秀アルバム賞　西野カナ「Love Place」　●最優秀歌唱賞　天童よしみ　●最優秀新人賞　家入レオ

【演劇】

◇朝日賞〔演劇関係〕(平24年度)　唐十郎 "幻想的な戯曲の創作とテント公演での独創的な舞台制作"
◇菊田一夫演劇賞　第38回　●演劇大賞　藤山直美, 高畑淳子　●演劇賞　安蘭けい　加藤健一　坂本真綾　井上るみ　●特別賞　浜木綿子 "芸能生活60年を数える, 永年の舞台の功績に対して"　黒柳徹子 "永年の翻訳劇に対する情熱と功績に対して"
◇紀伊國屋演劇賞　第47回　●団体賞　こまつ座「井上ひさし生誕77フェスティバル2012」における舞台成果"　●個人賞　東憲司　那須佐代子　神野三鈴　佐々木蔵之介　浜田信也
◇芸術祭賞〔演劇部門〕　第67回　●大賞　該当なし
◇読売演劇大賞　第20回　●大賞・最優秀演出家賞　蜷川幸雄 "さいたまネクスト・シアター「2012年・蒼白の少年少女たちによる『ハムレット』」, 埼玉県芸術文化振興財団/ホリプロ「シンベリン」の演出"　●最優秀作品賞　「NASZA(ナシャ) KLASA(クラサ)」　●最優秀男優賞　中村勘九郎(6代)"松竹・新橋演舞場「土蜘」の叡山の僧智籌実は土蜘の精役, 松竹・コクーン歌舞伎「天日坊」

の観音院弟子法策後に天日坊実は清水冠者義高役の演技" ●最優秀女優賞　高畑淳子 "東宝/コマ・スタジアム「ええから加減」, こまつ座＆ホリプロ「組曲虐殺」の演技" ●杉村春子賞〔新人対象〕中村七之助(2代) "松竹・平成中村座「於染久松色読販」の油屋娘お染など7役, 松竹・コクーン歌舞伎「天日坊」の盗賊人丸お六実は今井四郎娘かけはし役の演技" ●芸術栄誉賞　文学座アトリエの会

【演芸】

◇上方漫才大賞　第47回　●大賞　海原やすよ・ともこ　●奨励賞　シャンプーハット　●新人賞　プラス・マイナス

【漫画・アニメ】

◇芸術選奨　第63回　●メディア芸術部門 新人賞　沖浦啓之(アニメーション監督)「ももへの手紙」
◇講談社漫画賞　第36回　●児童部門　遠山えま「わたしに××しなさい!」　●少年部門　羅川真里茂「ましろのおと」　●少女部門　水城せとな「失恋ショコラティエ」　●一般部門　幸村誠「ヴィンランド・サガ」
◇小学館漫画賞　第58回　●児童向け部門　たかはしひでやす「怪盗ジョーカー」　●少年向け部門　荒川弘「銀の匙 Silver Spoon」　●少女向け部門　芦原妃名子「Piece」　●一般向け部門　花沢健吾「アイアムアヒーロー」
◇手塚治虫文化賞　第16回　●マンガ大賞　岩明均「ヒストリエ」　●新生賞　伊藤悠「シュトヘル」　●短編賞　ラズウェル細木 "酒のほそ道" など一連の作品"　●特別賞　あの少年ジャンプ
◇文化庁メディア芸術祭　第16回　●アニメーション部門 大賞　大友克洋「火要鎮」　●マンガ部門 大賞　Benoit Peeters, Francois Schuiten, 古永真一, 原正人訳「闇の国々」　●功労賞　小長井信昌(編集者)　大河原邦男(メカニックデザイナー)
◇マンガ大賞　第5回　●大賞　荒川弘「銀の匙 Silver Spoon」

【スポーツ】

◇朝日スポーツ賞(平24年度)　吉田沙保里 "ロンドン五輪レスリング女子55キロ級で大会3連覇を達成, 世界選手権10連覇"
◇菊池寛賞　第60回　伊調馨, 吉田沙保里 "ロンドン五輪の女子レスリングで金メダルを獲得し, 日本人女子として初の五輪三連覇という偉業を成し遂げた"
◇日本プロスポーツ大賞　第45回　●大賞　阿部慎之助(プロ野球選手)　●殊勲賞(NHK賞)　読売ジャイアンツ　●殊勲賞　サンフレッチェ広島(受賞代表者・森保一監督, 青山敏弘選手)　なでしこジャパン(受賞代表者・佐々木則夫監督)　●特別賞　日馬富士公平(大相撲選手)　●最高新人賞　野村祐輔(プロ野球選手)
◇毎日スポーツ人賞(平24年度)　●グランプリ　伊調馨(レスリング)　吉田沙保里(レスリング)　●個人賞　松本薫(柔道)　村田諒太(ボクシング)　●団体賞　「ロンドンパラリンピック・ゴールボール女子日本」チーム　「ロンドン五輪卓球女子団体日本」チーム　●文化賞　味の素ナショナルトレーニングセンター　●特別賞　田中康大(競泳)　JX-ENEOS野球部　●特別功労賞　松平康隆(バレーボール)

【その他】

◇「現代用語の基礎知識」選 ユーキャン新語・流行語大賞　第29回　●年間大賞　スギちゃん "ワイルドだろぉ"
◇国民栄誉賞(平24年11月)　吉田沙保里(レスリング選手)
◇将棋大賞　第39回　●最優秀棋士賞　羽生善治　●新人賞　菅井竜也　●最優秀女流棋士賞　里見香奈
◇星雲賞　第43回　●日本長編部門(小説)　小林泰三「天獄と地国」　●日本短編部門(小説)　野尻抱介「歌う潜水艦とピアピア動画」　●メディア部門　新房昭之監督, シャフトアニメーション制作「魔法少女まどか☆マギカ」　●コミック部門　安彦良和「機動戦士ガンダム THE ORIGIN」　●アート部門　鷲尾直広　●ノンフィクション部門　河出書房新社発行「吾妻ひでお〈総特集〉—美少女・SF・不条理ギャグ, そして失踪」
◇日本SF大賞　第33回　月村了衛「機龍警察 自爆条項」　宮内悠介「盤上の夜」　●特別賞　伊藤計

劃, 円城塔「屍者の帝国」
◇文化勲章（平24年度） 小田滋(国際貢献・国際法学者)　高階秀爾(美術評論・文化振興家)　松尾敏男(日本画家)　山田康之(植物分子細胞生物学・植物バイオテクノロジー学者)　山田洋次(映画人)　山中伸弥(幹細胞生物学者)
◇ベストドレッサー賞　第41回　●政治・経済部門　高岡浩三　市川猿之助(4代)　●芸能部門　剛力彩芽　藤木直人　●スポーツ部門　佐々木則夫　●インターナショナル部門　きゃりーぱみゅぱみゅ　●MFU推薦枠　川端友紀　●特別賞　舛地三郎

平成25年（2013）

【文学全般】

◇伊藤整文学賞　第24回　●小説部門　三木卓「K」　辻原登「冬の旅」　●評論部門　受賞作品なし
◇大佛次郎賞　第40回　乙川優三郎「脊梁山脈」
◇菊池寛賞　第61回　中川李枝子, 山脇百合子
◇群像新人文学賞　第56回　●小説当選作　波多野陸「鶏が鳴く」　●評論当選作　該当なし　●評論優秀作　木村友彦「不可能性としての〈批評〉―批評家 中村光夫の位置」　多羽田敏夫「〈普遍倫理〉を求めて―吉本隆明「人間の『存在の倫理』」論註」
◇芸術選奨　第64回　●文学部門 文部科学大臣賞　玄侑宗久「光の山」　澤好摩(俳人)「句集 光源」　●文学部門 新人賞　藤島秀憲(歌人)「すずめ」
◇サントリー学芸賞〔芸術・文学部門〕　第35回　岡田万里子(ミシガン大学客員研究員)「京舞井上流の誕生」　阿部公彦「文学を〈凝視する〉」
◇司馬遼太郎賞　第17回　沢木耕太郎「キャパの十字架」
◇新田次郎文学賞　第32回　澤田瞳子「満つる月の如し 仏師・定朝」
◇野間文芸賞　第66回　保坂和志「未明の闘争」
◇毎日芸術賞　第55回　佐伯一麦「還れぬ家」　長田弘「奇跡－ミラクル－」
◇毎日出版文化賞　第67回　●文学・芸術部門　天童荒太著, 幻冬舎「歓喜の仔」　●特別賞　林望著, 祥伝社「謹訳 源氏物語」　●書評賞　辻原登著, 筑摩書房「新版 熱い読書 冷たい読書」
◇三島由紀夫賞　第26回　村田沙耶香「しろいろの街の、その骨の体温の」
◇読売文学賞　第65回　●小説賞　村田喜代子「ゆうじょこう」　●戯曲・シナリオ賞　受賞作なし　●随筆・紀行賞　旦敬介「旅立つ理由」　栩木伸明「アイルランドモノ語り」　●評論・伝記賞　小笠原豊樹「マヤコフスキー事件」　●詩歌俳句賞　高野ムツオ「句集 萬の翅」

【小説】

◇芥川龍之介賞　第149回（上期）　藤野可織「爪と目」
◇芥川龍之介賞　第150回（下期）　小山田浩子「穴」
◇泉鏡花文学賞　第41回　磯﨑憲一郎「往古来今」
◇江戸川乱歩賞　第59回　竹吉優輔「襲名犯」
◇大藪春彦賞　第15回　柚月裕子「検事の本懐」
◇オール讀物新人賞　第93回　香月夕花「水に立つ人」　平岡陽明「松田さんの181日」
◇河合隼雄物語賞　第1回　藤原辰史「ナチスのキッチン」
◇川端康成文学賞　第39回　津村記久子「給水塔と亀」
◇『このミステリーがすごい！』大賞　第12回　●大賞　梶永正史「警視庁捜査二課・郷間彩香 特命指揮官」　八木圭一「一千兆円の身代金」
◇柴田錬三郎賞　第26回　東野圭吾「夢幻花」
◇小説現代長編新人賞　第8回　中澤日菜子「お父さんと伊藤さん」
◇小説すばる新人賞　第26回　周防柳「八月の青い蝶」

◇新潮新人賞　第45回　上田岳弘「太陽」
◇すばる文学賞　第37回　奥田亜希子「左目に映る星」　金城孝祐「教授と少女と錬金術師」
◇太宰治賞　第29回　岩城けい「さようなら、オレンジ」
◇谷崎潤一郎賞　第49回　川上未映子「愛の夢とか」
◇中央公論文芸賞　第8回　石田衣良「北斗 ある殺人者の回心」
◇直木三十五賞　第149回（上期）　桜木紫乃「ホテルローヤル」
◇直木三十五賞　第150回（下期）　朝井まかて「恋歌（れんか）」　姫野カオルコ「昭和の犬」
◇日本推理作家協会賞　第66回　●長編および連作短編集部門　山田宗樹「百年法」　●短編部門　若竹七海「暗い越流」　●評論その他の部門　諏訪部浩一『『マルタの鷹』講義』
◇日本ファンタジーノベル大賞　第25回　古谷田奈月「今年の贈り物」　優秀賞　冴崎伸「きのこ村の女英雄」
◇日本ホラー小説大賞　第20回　●大賞　受賞作なし　●優秀賞　倉狩聡「かにみそ」　●読者賞　佐島佑「ウラミズ」
◇日本ミステリー文学大賞　第17回　逢坂剛
◇野間文芸新人賞　第35回　いとうせいこう「想像ラジオ」
◇文學界新人賞　第116回（上期）　該当作品なし
◇文學界新人賞　第117回（下期）　前田隆壱「アフリカ鯰」　守島邦明「息子の逸楽」
◇文藝賞　第50回　桜井晴也「世界泥棒」
●本屋大賞　第10回　●大賞　百田尚樹「海賊とよばれた男」　●2位　横山秀夫「64（ロクヨン）」　●3位　原田マハ「楽園のカンヴァス」　●翻訳小説部門1位　テア・オブレヒト著, 藤井光訳「タイガーズ・ワイフ」
◇松本清張賞　第20回　山口恵以子「月下上海」
◇紫式部文学賞　第23回　赤坂真理「東京プリズン」
◇山田風太郎賞　第4回　伊東潤「巨鯨の海」
◇山本周五郎賞　第26回　小野不由美「残穢」
◇横溝正史ミステリ大賞　第33回　●大賞　伊兼源太郎「アンフォゲッタブル」
◇吉川英治文学賞　第47回　小池真理子「沈黙のひと」

【詩歌】

◇H氏賞　第63回　石田瑞穂「まどろみの島」
◇小熊秀雄賞　第46回　大江麻衣「にせもの」　与那覇幹夫「ワイドー沖縄」
◇葛原妙子賞　第9回　なみの亜子「バード・バード」
◇現代歌人協会賞　第57回　内山晶太「窓、その他」　山田航「さよならバグ・チルドレン」
◇現代詩人賞　第31回　池井昌樹「明星」
◇現代詩花椿賞　第31回　藤原安紀子「ア ナザ ミミクリ」
◇現代短歌大賞　第36回　宮英子 "青銀色" 並びに過去の全業績"
◇齋藤茂吉短歌文学賞　第25回　栗木京子「水仙の章」（歌集）
◇詩歌文学館賞　第28回　●詩　中上哲夫「ジャズエイジ」　●短歌　雨宮雅子「水の花」　●俳句　有馬朗人「流轉」
◇高見順賞　第44回　吉田文憲「生誕」
◇蛇笏賞　第47回　文挾夫佐恵「白駒」
◇沼空賞　第47回　米川千嘉子「あやはべる」
◇壺井繁治賞　第41回　照井良平「ガレキのことばで語れ」
◇寺山修司短歌賞　第18回　高島裕「饕餮の家」
◇藤村記念歴程賞　第51回　新藤涼子, 河津聖恵, 三角みづ紀「連詩・悪母島の魔術師（マジシャン）」

◇中原中也賞　第19回　大崎清夏「指差すことができない」
◇日本歌人クラブ賞　第40回　佐波洋子「時のむこうへ」
◇俳人協会賞　第53回　大石悦子「有情」
◇萩原朔太郎賞　第21回　建畠晢「死語のレッスン」
◇丸山薫賞　第20回　暮尾淳「地球（jidama）の上で」
◇丸山豊記念現代詩賞　第22回　秋亜綺羅「透明海岸から鳥の島まで」
◇若山牧水賞　第18回　晋樹隆彦「浸蝕」（歌集）

【戯曲】

◇岸田國士戯曲賞　第57回　赤堀雅秋「一丁目ぞめき」　岩井秀人「ある女」

【評論・随筆】

◇大宅壮一ノンフィクション賞　第44回　船橋洋一「カウントダウン・メルトダウン（上・下）」
◇開高健ノンフィクション賞　第11回　黒川祥子「誕生日を知らない女の子 虐待―その後の子どもたち」
◇講談社エッセイ賞　第29回　小川恵「銀色の月 小川国夫との日々」　永田和宏「歌に私は泣くだらう 妻・河野裕子 闘病の十年」
◇講談社ノンフィクション賞　第35回　角幡唯介「アグルーカの行方」　高野秀行「謎の独立国家ソマリランド」
◇小林秀雄賞　第12回　山口晃「ヘンな日本美術史」
◇新潮ドキュメント賞　第12回　佐々木実「市場と権力 『改革』に憑かれた経済学者の肖像」
◇日本エッセイスト・クラブ賞　第61回　尾崎俊介「S先生のこと」

【児童文学】

◇講談社出版文化賞　第44回　●絵本賞　アーサー・ビナード, 岡倉禎志「さがしています」
◇産経児童出版文化賞　第60回　●大賞　山崎充哲「タマゾン川」
◇児童福祉文化賞　第56回　●出版物部門　今森光彦, 童心社「今森光彦の昆虫教室―とりかた・みつけかた」「今森光彦の昆虫教室―くらしとかいかた」
◇児童文芸新人賞　第42回　巣山ひろみ「逢魔が時のものがたり」
◇小学館児童出版文化賞　第62回　伊藤遊「狛犬の佐助 迷子の巻」　鈴木のりたけ「しごとば 東京スカイツリー」
◇日本絵本賞　第18回　●大賞　ミロコマチコ著「オオカミがとぶひ」　●日本絵本賞読者賞（山田養蜂場賞）　tupera tupera作「しろくまのパンツ」
◇日本児童文学者協会賞　第53回　村中李衣「チャーシューの月」
◇日本児童文芸家協会賞　第37回　石崎洋司「世界の果ての魔女学校」
◇野間児童文芸賞　第51回　斉藤洋「ルドルフとスノーホワイト」
◇ひろすけ童話賞　第24回　市川宣子「あまやどり」
◇椋鳩十児童文学賞　第23回　石井和代「山の子みや子」

【映画・テレビ全般】

◇エランドール賞〔新人賞〕（平25年度）　●新人賞　染谷将太　尾野真千子　松坂桃李　武井咲　森山未來　真木よう子
◇菊池寛賞　第61回　NHKスペシャルシリーズ「深海の巨大生物」
◇芸術選奨　第64回　●映画部門 文部科学大臣賞　是枝裕和（映画監督）「そして父になる」の成果　鈴木敏夫プロデューサー "「風立ちぬ」「かぐや姫の物語」の製作"　●映画部門 新人賞　石井裕也（映画監督）「舟を編む」の成果　●評論等部門 文部科学大臣賞　四方田犬彦（映像・比較文化研究家）「ルイス・ブニュエル」の成果　●放送部門 文部科学大臣賞　水田伸生ディレクター「Woman」の演出

- 放送部門 新人賞　吉崎健ディレクター　"「日本人は何をめざしてきたのか第2回 水俣～戦後復興から公害へ～」の成果"

【映画】

◇川喜多賞　第31回　仲代達矢

◇キネマ旬報ベスト・テン　第87回　●日本映画 第1位　「ペコロスの母に会いに行く」(森崎東監督)　●外国映画 第1位　「愛、アムール」(ミヒャエル・ハネケ監督)

◇キネマ旬報ベスト・テン個人賞　第87回　●監督賞　石井裕也「舟を編む」　●脚本賞　荒井晴彦「共喰い」　●主演男優賞　松田龍平「舟を編む」　●主演女優賞　真木よう子「さよなら渓谷」「そして父になる」「すーちゃん まいちゃん さわ子さん」　●助演男優賞　リリー・フランキー「そして父になる」「凶悪」　●助演女優賞　田中裕子「はじまりのみち」「共喰い」　●新人男優賞　吉岡竜輝「少年H」　●新人女優賞　黒木華「舟を編む」「シャニダールの花」「草原の椅子」「まほろ駅前番外地」「くじけないで」

◇ゴールデングロス賞　第31回　●日本映画部門 金賞　東宝「風立ちぬ」　●外国映画部門 金賞　ウォルト・ディズニー「モンスターズ・ユニバーシティ」　●全興連特別功労大賞　宮﨑駿　●全興連特別賞　「そして父になる」

◇日刊スポーツ映画大賞・石原裕次郎賞　第26回　●作品賞　「舟を編む」(石井裕也監督)　●監督賞　是枝裕和「そして父になる」　●主演男優賞　松田龍平「舟を編む」　●主演女優賞　真木よう子「さよなら渓谷」　●助演男優賞　リリー・フランキー「そして父になる」「凶悪」　●助演女優賞　伊藤蘭「少年H」　●新人賞　黒木華「草原の椅子」　●外国作品賞　「最強のふたり」(エリック・トレダノ、オリビエ・ナカシュ監督)　●石原裕次郎賞　「少年H」(降旗康男監督)　●ファン大賞　「陽だまりの彼女」(三木孝浩監督)

◇日本アカデミー賞　第36回　●最優秀作品賞　「桐島、部活やめるってよ」　●最優秀アニメーション作品賞　「おおかみこどもの雨と雪」　●最優秀監督賞　吉田大八「桐島、部活やめるってよ」　●最優秀脚本賞　内田けんじ「鍵泥棒のメソッド」　●最優秀主演男優賞　阿部寛「テルマエ・ロマエ」　●最優秀主演女優賞　樹木希林「わが母の記」　●最優秀助演男優賞　大滝秀治「あなたへ」　●最優秀助演女優賞　余貴美子「あなたへ」　●最優秀外国作品賞　「最強のふたり」　●新人俳優賞　染谷将太「ヒミズ」「悪の教典」　チャンミン「黄金を抱いて翔べ」　東出昌大「桐島、部活やめるってよ」　松坂桃李「ツナグ」「麒麟の翼」「今日、恋をはじめます」　武井咲「るろうに剣心」「愛と誠」「今日、恋をはじめます」　二階堂ふみ「ヒミズ」「悪の教典」　橋本愛「桐島、部活やめるってよ」「HOME 愛しの座敷わらし」「Another アナザー」　●協会栄誉賞　山田洋次　●岡田茂賞　セントラル・アーツ　●話題賞 作品部門　「桐島、部活やめるってよ」　●話題賞 俳優部門　大島優子「闇金ウシジマくん」

◇ブルーリボン賞　第56回　●作品賞　「横道世之介」(沖田修一監督)　●監督賞　大森立嗣「ぼっちゃん」「さよなら渓谷」　●主演男優賞　高良健吾「横道世之介」　●主演女優賞　貫地谷しほり「くちづけ」　●助演男優賞　ピエール瀧「凶悪」「くじけないで」「そして父になる」　●助演女優賞　二階堂ふみ「地獄でなぜ悪い」「脳男」「四十九日のレシピ」　●新人賞　黒木華「舟を編む」「草原の椅子」「シャニダールの花」　●外国映画賞　「ゼロ・グラビティ」　●特別賞　大島渚　三國連太郎

◇報知映画賞　第38回　●作品賞・邦画部門　「舟を編む」　●主演男優賞　松田龍平　●主演女優賞　真木よう子　●助演男優賞　ピエール瀧　●助演女優賞　池脇千鶴　●監督賞　白石和彌　●新人賞　吉岡竜輝　●作品賞・海外部門　「42～世界を変えた男～」

◇毎日映画コンクール　第68回　●日本映画大賞　「舟を編む」(石井裕也監督)　●監督賞　石井裕也「舟を編む」　●脚本賞　荒井晴彦「共喰い」　●男優主演賞　松田龍平「舟を編む」　●女優主演賞　赤木春恵「ペコロスの母に会いに行く」　●男優助演賞　ピエール瀧「凶悪」　●女優助演賞　吉高由里子「横道世之介」　●スポニチグランプリ新人賞　星野源「箱入り息子の恋」　濱田ここね「おしん」　●田中絹代賞　加賀まりこ　●アニメーション映画賞　「かぐや姫の物語」　●大藤信郎賞　織田明「海に落ちた月の話」　●特別賞　福本清三

【テレビ】

◇ギャラクシー賞　第51回　●第8回マイベストTV賞グランプリ　日本テレビ放送網 24時間テレビ

ドラマスペシャル「今日の日はさようなら」　●テレビ部門 大賞　日本放送協会 連続テレビ小説「あまちゃん」　●テレビ部門 特別賞　日本放送協会 戦後史証言プロジェクト「日本人は何をめざしてきたのか」第1回〜第8回　●テレビ部門 個人賞　三浦春馬 "ドラマ「ラスト♡シンデレラ」「僕のいた時間」の演技"　CM部門 大賞　サントリーホールディングス ペプシNEX ZERO 桃太郎「Episode.ZERO篇」

◇芸術祭賞〔テレビ・ドラマ部門〕　第68回　●大賞　日本放送協会 特集ドラマ「ラジオ」　●優秀賞　TBSテレビ テレビ未来遺産ドラマ特別企画「こうのとりのゆりかご〜「赤ちゃんポスト」の6年間と救われた92の命の未来〜」　日本放送協会「テレビ60年記念ドラマ「メイド イン ジャパン」(第1回)」　WOWOW ドラマW「チキンレース」

◇日刊スポーツ・ドラマグランプリ　第17回　●主演男優賞　堺雅人「半沢直樹」　●主演女優賞　能年玲奈「あまちゃん」　●助演男優賞　片岡愛之助「半沢直樹」　●助演女優賞　柴咲コウ「安堂ロイド」　●作品賞　「半沢直樹」(主演・堺雅人)

◇日本民間放送連盟賞(平25年)　●番組部門 テレビエンターテインメント 最優秀　テレビ朝日「あの名曲を方言で熱唱！新春全日本なまりうたトーナメント」　●番組部門 テレビドラマ 最優秀　フジテレビジョン「最高の離婚」

◇橋田賞　第22回　●大賞　該当者なし　●橋田賞　テレビ朝日「オリンピックの身代金」　NHK「あまちゃん」　NHK「戦場で書く〜作家 火野葦平の戦争〜」　NHK「キッチンが走る！」　森下佳子脚本家「ごちそうさん」　岸井成格(ジャーナリスト)　●新人賞　綾野剛「空飛ぶ広報室」　能年玲奈「あまちゃん」　●特別賞　伊東四朗

◇放送文化基金賞　第39回　●テレビドラマ番組　フジテレビジョン,共同テレビジョン「リーガル・ハイ」　●テレビエンターテインメント　NHK NHKスペシャル「釜石の"奇跡" いのちを守る特別授業」　●個別分野 演技賞　瑛太「最高の離婚」　尾野真千子「最高の離婚」　●個別分野 脚本賞　古沢良太「リーガル・ハイ」　●個別分野 特別賞　原田正純 ETV特集「原田正純 水俣 未来への遺産」

◇向田邦子賞　第32回　森下佳子「ごちそうさん」

【芸能全般】

◇浅草芸能大賞　第30回　●大賞　水谷豊(俳優)　●奨励賞　春風亭一朝(落語家)　●新人賞　剛力彩芽(女優)

◇朝日賞〔芸能関係〕(平25年度)　仲代達矢 "長年の俳優活動と後進育成による演劇・映画界への貢献"

◇菊池寛賞　第61回　竹本住大夫 "文楽の人気太夫として活躍。戦後の文楽を牽引し,昨年,病気で倒れた後もリハビリを経て舞台に復帰,語り続ける情熱に対して"　サザン・オールスターズ "デビュー35周年の今日まで,その音楽性,キャラクター,メッセージで現代日本の文化に多大な影響を与えてきた"

◇芸術祭賞〔大衆芸能部門〕　第68回　●大賞(関東参加公演の部)　春風亭小柳枝 "第576回三越落語会における「二番煎じ」の話芸"　●大賞(関西参加公演の部)　京山小圓嬢 "一心寺門前浪曲寄席における「亀甲縞」の話芸"

◇芸術選奨　第64回　●演劇部門 文部科学大臣賞　吉田和生(文楽人形遣い) "通し狂言「伊賀越道中双六」お谷ほかの成果"　吉田鋼太郎 "「ヘンリー四世」におけるフォルスタッフの演技"　●演劇部門 新人賞　森新太郎(演出家) "「エドワード二世」ほかの演出"　●評論等部門 文部科学大臣賞　大笹吉雄(演劇評論家)「最後の岸田國士論」　●大衆芸能部門 文部科学大臣賞　小曽根真(ジャズピアニスト) "CD「TIME THREAD」ほかの成果"　五街道雲助(6代)(落語家) "第543回 落語研究会」における「お初徳兵衛」ほかの成果"　●大衆芸能部門 新人賞　水樹奈々(声優,歌手)「NANA MIZUKI LIVE CIRCUS 2013」ほか　●芸術振興部門 文部科学大臣賞　橋本隆雄(大道芸プロデューサー)「ひたち国際大道芸」の成果"

◇毎日芸術賞　第55回　平幹二朗 "「鹿鳴館」「唐版 滝の白糸」での演技"　●特別賞　永六輔 "遠くへ行きたい」など長年にわたるテレビ・ラジオへの貢献"　●千田是也賞　小川絵梨子 "「ピローマン」「帰郷 – The Homecoming」「OPUS/作品」の演出"

◇松尾芸能賞　第34回　●優秀賞 演劇　市川猿之助(4代)　笠原章　コロッケ　●優秀賞 演出　謝珠栄　●功労賞 演劇　湯川弘明

【音楽】

◇JASRAC賞　第31回　●金賞　秋元康作詞, 山崎燿作曲ほか「ヘビーローテーション」　●銀賞　秋元康作詞, すみだしんや作曲ほか「フライングゲット」　●銅賞　秋元康作詞, 井上ヨシマサ作曲ほか「Everyday、カチューシャ」　●国際賞　高梨康治作曲ほか「NARUTO－ナルト－疾風伝 BGM」

◇日本ゴールドディスク大賞　第28回　●アーティスト・オブ・ザ・イヤー 邦楽　AKB48　●ベスト・演歌/歌謡曲・アーティスト　氷川きよし　●ニュー・アーティスト・オブ・ザ・イヤー 邦楽　クリス・ハート　●ベスト・演歌/歌謡曲・ニュー・アーティスト　川上大輔

◇日本作詩大賞　第46回　●大賞　レーモンド松屋「博多ア・ラ・モード」(歌・五木ひろし)　●作詩家協会特別賞　たなかゆきを　●最優秀新人賞　北爪葵「春を抱いて眠りたい」(歌・林よしこ)

◇日本有線大賞　第46回　●大賞　氷川きよし「満天の瞳」　●新人賞　新里宏太「HANDS UP！」福田こうへい「南部蝉しぐれ」　●特別賞　KAN「愛は勝つ」

◇日本レコード大賞　第55回　●大賞　EXILE「EXILE PRIDE～こんな世界を愛するため～」　●最優秀アルバム賞　ゆず「LAND」　●最優秀歌唱賞　大月みやこ　●最優秀新人賞　新里宏太

【演劇】

◇朝日賞〔演劇関係〕(平25年度)　宝塚歌劇団 "宝塚歌劇100年の日本の舞台芸術への貢献"

◇菊田一夫演劇賞　第39回　●演劇大賞　「レ・ミゼラブル」スタッフ・出演者一同　●演劇賞　宮沢りえ　中村勘九郎(6代)　田代万里生　栗山民也　●特別賞　草笛光子 "永年の舞台の功績に対して"

◇紀伊國屋演劇賞　第48回　●団体賞　劇団東京ヴォードヴィルショー "「パパのデモクラシー」「その場しのぎの男たち」の優れた舞台成果"　●個人賞　草笛光子　池田成志　二村周作　小川絵梨子　林田麻里

◇芸術祭賞〔演劇部門〕　第68回　●大賞(関東参加公演の部)　歌舞伎座 "芸術祭十月大歌舞伎 通し狂言「義経千本桜」の成果"

◇読売演劇大賞　第21回　●大賞・最優秀演出家賞　森新太郎 "劇団昴「汚れた手」, 新国立劇場「エドワード二世」の演出"　●最優秀作品賞　「エドワード二世」　●最優秀男優賞　坂東三津五郎(10代) "松竹・歌舞伎座「髪結新三」の髪結新三役, 同「棒しばり」の次郎冠者役の演技"　●最優秀女優賞　中谷美紀 "パルコ「ロスト・イン・ヨンカーズ」のベラ役の演技"　●杉村春子賞〔新人対象〕満島ひかり "ホリプロ「100万回生きたねこ」, 五反田団, Age Global Networks「いやむしろわすれて草」の演技"　●芸術栄誉賞　朝倉摂　●選考委員特別賞　劇団チョコレートケーキ「治天ノ君」

【演芸】

◇上方漫才大賞　第48回　●大賞　千鳥　●奨励賞　テンダラー　●新人賞　プリマ旦那

【漫画・アニメ】

◇芸術選奨　第64回　●メディア芸術部門 文部科学大臣賞　諸星大二郎(漫画家)「瓜子姫の夜・シンデレラの朝」ほか

◇講談社漫画賞　第37回　●児童部門　雷句誠「どうぶつの国」　●少年部門　新川直司「四月は君の嘘」　●少女部門　河原和音原作, アルコ漫画「俺物語!!」　●一般部門　森高夕次原作, アダチケイジ「グラゼニ」(モーニング)　平本アキラ「監獄学園」

◇小学館漫画賞　第59回　●児童向け部門　いしかわえみ「絶叫学級」　●少年向け部門　大高忍「マギ」　●少女向け部門　青木琴美「カノジョは嘘を愛しすぎてる」　●一般向け部門　高橋のぼる「土竜の唄」　●審査委員特別賞　室山まゆみ「あさりちゃん」

◇手塚治虫文化賞　第17回　●マンガ大賞　原泰久「キングダム」　●新生賞　山本美希「Sunny Sunny Ann！」　●短編賞　業田良家「機械仕掛けの愛」

◇文化庁メディア芸術祭　第17回　●アニメーション部門 大賞　JUNG, Laurent Boileau「はちみつ色のユン」　●マンガ部門 大賞　荒木飛呂彦「ジョジョリオン―ジョジョの奇妙な冒険 Part8―」　●功労賞　中村公彦(コミティア実行委員会代表)

◇マンガ大賞 2013　吉田秋生「海街diary」

【スポーツ】

◇朝日スポーツ賞(平25年度)　東北楽天ゴールデンイーグルス　"球団創設9年目にしてプロ野球日本シリーズを初制覇。東日本大震災からの復興を目指す東北の人々に勇気と感動をもたらした"
◇日本プロスポーツ大賞　第46回　●大賞　田中将大(プロ野球選手)　●殊勲賞　東北楽天ゴールデンイーグルス(受賞者代表・立花陽三)　山中慎介(プロボクサー)　白鵬翔(大相撲選手)　●最高新人賞　小川泰弘(プロ野球選手)　●特別賞　佐藤琢磨(スーパーフォーミュラ選手)　井戸木鴻樹(プロゴルファー)　武豊(騎手)
◇毎日スポーツ人賞(平25年度)　●グランプリ　田中将大(プロ野球)　"シーズン無敗の24連勝という偉業を達成した功績"　●文化賞　東京2020オリンピック・パラリンピック招致委員会　"56年ぶりとなる東京オリンピック・パラリンピック招致を決めた功績"　●特別賞　東北楽天ゴールデンイーグルス　"球団創設9年目にして優勝を果たし東北地方の人々を勇気づけた功績"

【その他】

◇「現代用語の基礎知識」選 ユーキャン新語・流行語大賞　第30回　●年間大賞　林修(東進ハイスクール東進衛星予備校現代文講師)　"今でしょ！"　滝川クリステル(フリーアナウンサー)　"お・も・て・な・し"　宮藤官九郎(脚本家)、能年玲奈　"じぇじぇじぇ"　堺雅人(俳優)、TBS日曜劇場『半沢直樹』チーム　"倍返し"　●選考委員特別賞　楽天野球団 東北楽天ゴールデンイーグルス　"被災地が、東北が、日本がひとつになった 楽天、日本一をありがとう"
◇国民栄誉賞(平25年2月)　大鵬幸喜
◇国民栄誉賞(平25年5月)　長嶋茂雄(プロ野球選手, 監督)　松井秀喜(プロ野球選手)
◇将棋大賞　第40回　●最優秀棋士賞　渡辺明　●特別賞　羽生善治　●新人賞　永瀬拓矢　●最優秀女流棋士賞　里見香奈
◇星雲賞　第44回　●日本長編部門(小説)　円城塔、伊藤計劃「屍者の帝国」　●日本短編部門(小説)　神林長平「いま集合的無意識を、」　●メディア部門　佐藤竜雄監督、サテライト制作、モーレツ宇宙海賊製作委員会製作、笹本祐一原作「モーレツ宇宙海賊」　●コミック部門　星野之宣、ジェイムズ.P.ホーガン原作「星を継ぐもの」(「星を継ぐもの」シリーズ(創元SF文庫))　●アート部門　鶴田謙二　●ノンフィクション部門　後藤真孝ゲストエディタ「情報処理」2012年05月号別刷《特集》CGMの現在と未来：初音ミク、ニコニコ動画、ピアプロの切り拓いた世界」　●自由部門　京都大学iPS細胞研究所 "iPS細胞"
◇日本SF大賞　第34回　西島伝法「皆勤の徒」　●特別賞　大森望責任編集「NOVA」　宮内悠介「ヨハネスブルグの天使たち」
◇文化勲章(平25年度)　岩崎俊一(電子工者)　髙倉健(映画人)　髙木聖鶴(書家)　中西進(日本文学・比較文学者)　本庶佑(医科学・分子免疫学者)
◇ベストドレッサー賞　第42回　●政治部門　安倍晋三　●経済部門　橋谷有造　●学術・文化部門　百田尚樹　●芸能部門　夏木マリ　堀北真希　綾野剛　●スポーツ部門　佐藤琢磨　●インターナショナル部門　草間彌生　●特別賞　滝川クリステル

平成26年(2014)

【文学全般】

◇伊藤整文学賞　第25回　●小説部門　佐伯一麦「渡良瀬」　●評論部門　黒川創「国境」(完全版)
◇大佛次郎賞　第41回　長谷川郁夫「吉田健一」
◇群像新人文学賞　第57回　●小説当選作　横山悠太「吾輩ハ猫ニナル」　●評論当選作　該当作なし　●評論優秀作　坂口周「運動する写生―映画の時代の子規」　矢野利裕「自分ならざる者を精一杯に生きる―町田康論」
◇芸術選奨　第65回　●文学部門 文部科学大臣賞　出久根達郎「短篇集 半分コ」　●文学部門 新人賞　仲寒蟬(俳人) 句集「巨石文明」　●評論等部門 文部科学大臣賞　尾崎真理子(読売新聞編集委員)「ひみつの王国―評伝 石井桃子―」　●評論等部門 新人賞　前田恭二(読売新聞文化部次長)"絵のように 明治文学と美術」の成果"

◇サントリー学芸賞〔芸術・文学部門〕　第36回　互盛央(出版社勤務)「言語起源論の系譜」　長門洋平(国際日本文化研究センター機関研究員)「映画音響論」
◇司馬遼太郎賞　第18回　伊集院静「ノボさん 小説 正岡子規と夏目漱石」
◇新田次郎文学賞　第33回　幸田真音「天佑なり―高橋是清・百年前の日本国債 上・下」　川内有緒「バウルを探して―地球の片隅に伝わる秘密の歌」
◇日本芸術院賞(第2部・文芸)　第71回　●恩賜賞・日本芸術院賞　吉増剛造(詩歌(詩))"長年にわたって広い領域で詩の可能性を追求した業績"　●日本芸術院賞　鷹羽狩行(詩歌(俳句))"長年にわたる俳人としての業績"
◇野間文芸賞　第67回　笙野頼子「未闘病記―膠原病、『混合性結合組織病』の」
◇毎日芸術賞　第56回　鍵和田秞子「濤無限」
◇毎日出版文化賞　第68回　●文学・芸術部門　重松清著,新潮社「ゼツメツ少年」　●特別賞　佐藤賢一著,集英社「小説フランス革命」　●書評賞　立花隆著,文藝春秋「読書脳」
◇三島由紀夫賞　第27回　本谷有希子「自分を好きになる方法」
◇読売文学賞　第66回　●小説賞　川上弘美「水声」　星野智幸「夜は終わらない」　●戯曲・シナリオ賞　受賞作なし　●随筆・紀行賞　山崎佳代子「ベオグラード日誌」　●評論・伝記賞　富士川義之「ある文人学者の肖像 評伝・富士川英郎」　●詩歌俳句賞　高野公彦「歌集 流木」

【小説】

◇芥川龍之介賞　第151回(上期)　柴崎友香「春の庭」
◇芥川龍之介賞　第152回(下期)　小野正嗣「九年前の祈り」
◇泉鏡花文学賞　第42回　中島京子「妻が椎茸だったころ」　小池昌代「たまもの」
◇江戸川乱歩賞　第60回　下村敦史「闇に香る嘘」
◇大藪春彦賞　第16回　梓崎優「リバーサイド・チルドレン」　西村健「ヤマの疾風(かぜ)」
◇オール讀物新人賞　第94回　榛野文美「花村凜子の傘」
◇河合隼雄物語賞　第2回　角田光代「私のなかの彼女」
◇川端康成文学賞　第40回　戌井昭人「すっぽん心中」
◇『このミステリーがすごい!』大賞　第13回　●大賞　降田天「女王はかえらない」　●優秀賞　辻堂ゆめ「いなくなった私へ」　神家正成「深山の桜」
◇柴田錬三郎賞　第27回　木内昇「櫛挽道守」
◇小説現代長編新人賞　第9回　小島環「三皇の琴 天地を鳴動さす」
◇小説すばる新人賞　第27回　中村理聖「砂漠の青がとける夜」
◇新潮新人賞　第46回　高橋弘希「指の骨」
◇すばる文学賞　第38回　足立陽「島と人類」　上村亮平「みずうみのほうへ」
◇太宰治賞　第30回　井鯉こま「コンとアンジ」
◇谷崎潤一郎賞　第50回　奥泉光「東京自叙伝」
◇中央公論文芸賞　第9回　木内昇「櫛挽道守」
◇直木三十五賞　第151回(上期)　黒川博行「破門」
◇直木三十五賞　第152回(下期)　西加奈子「サラバ!」
◇日本推理作家協会賞　第67回　●長編および連作短編集部門　恒川光太郎「金色機械」　●短編部門　該当作品なし　●評論その他の部門　清水潔「殺人犯はそこにいる―隠蔽された北関東連続幼女誘拐殺人事件―」　谷口基「変格探偵小説入門」
◇日本ホラー小説大賞　第21回　●大賞　雪富千晶紀「死呪の島」　●佳作　岩城裕明「牛家」　●読者賞　内藤了「ON 猟奇犯罪捜査班・藤堂比奈子」
◇日本ミステリー文学大賞　第18回　船戸与一
◇野間文芸新人賞　第36回　松波太郎「LIFE」
◇文學界新人賞　第118回(上期)　諸隈元「熊の結婚」

◇文學界新人賞　第119回（下期）　板垣真任「トレイス」　小笠原淞「夜の斧」　森井良「ミックスルーム」
◇文藝賞　第51回　李龍徳「死にたくなったら電話して」　金子薫「アルタッドに捧ぐ」
◇本屋大賞　第11回　●大賞　和田竜「村上海賊の娘」　●2位　木皿泉「昨夜のカレー、明日のパン」　●3位　辻村深月「島はぼくらと」　●翻訳小説部門 1位　ローラン・ビネ著, 高橋啓訳「HHhH―プラハ、1942年」
◇松本清張賞　第21回　未須本有生「推定脅威」
◇紫式部文学賞　第24回　森まゆみ「『青鞜』の冒険 女が集まって雑誌をつくるということ」
◇山田風太郎賞　第5回　荻原浩「二千七百の夏と冬」
◇山本周五郎賞　第27回　米澤穂信「満願」
◇横溝正史ミステリ大賞　第34回　●大賞　藤崎翔「神様の裏の顔」
◇吉川英治文学賞　第48回　大沢在昌「海と月の迷路」　東野圭吾「祈りの幕が下りる時」

【詩歌】

◇H氏賞　第64回　峯澤典子「ひかりの途上で」
◇小熊秀雄賞　第47回　該当作なし
◇葛原妙子賞　第10回　百々登美子「夏の辻」
◇現代歌人協会賞　第58回　大森静佳「歌集 てのひらを燃やす」
◇現代詩人賞　第32回　甲田四郎「送信」
◇現代詩花椿賞　第32回　石牟礼道子「祖さまの草の邑」
◇現代短歌大賞　第37回　蒔田さくら子 "歌集「標のゆりの樹」並びに過去の全業績"
◇齋藤茂吉短歌文学賞　第26回　小島ゆかり「泥と青葉」（歌集）
◇詩歌文学館賞　第29回　●詩　北川朱実「ラムネの瓶、錆びた炭酸ガスのばくはつ」　●短歌　玉井清弘「屋嶋」　●俳句　柿本多映「仮生」
◇高見順賞　第45回　杉本真維子「裾花」
◇蛇笏賞　第48回　高野ムツオ「萬の翅」　深見けん二「菫濃く」
◇沼空賞　第48回　玉井清弘「屋嶋」
◇壺井繁治賞　第42回　熊井三郎「誰かいますか」
◇寺山修司短歌賞　第19回　藤島秀憲「すずめ」
◇藤村記念歴程賞　第52回　髙橋順子「海へ」
◇中原中也賞　第20回　岡本啓「グラフィティ」
◇日本歌人クラブ賞　第41回　佐伯裕子「流れ」
◇俳人協会賞　第54回　若井新一「雪形」
◇萩原朔太郎賞　第22回　三角みづ紀「隣人のいない部屋」
◇丸山薫賞　第21回　丸階杞一「千鶴さんの脚」
◇丸山豊記念現代詩賞　第23回　鈴木志郎康「ペチャブル詩人」
◇若山牧水賞　第19回　大松達知「ゆりかごのうた」（歌集）

【戯曲】

◇岸田國士戯曲賞　第58回　飴屋法水「ブルーシート」

【評論・随筆】

◇大宅壮一ノンフィクション賞　第45回　●書籍部門　佐々木実「市場と権力 『改革』に憑かれた経済学者の肖像」　●雑誌部門　神山典士「全聾の作曲家はペテン師だった！ ゴーストライター懺悔実名告白」
◇開高健ノンフィクション賞　第12回　田原牧「ジャスミンの残り香―「アラブの春」が変えたもの」

◇講談社エッセイ賞　第30回　末井昭「自殺」
◇講談社ノンフィクション賞　第36回　清武英利「しんがり 山一證券 最後の12人」
◇小林秀雄賞　第13回　山田太一「月日の残像」
◇新潮ドキュメント賞　第13回　清水潔「殺人犯はそこにいる―隠蔽された北関東連続幼女誘拐殺人事件―」
◇日本エッセイスト・クラブ賞　第62回　後藤秀機「天才と異才の日本科学史」　佐々木健一「辞書になった男」

【児童文学】

◇講談社出版文化賞　第45回　●絵本賞　ミロコマチコ「てつぞうはね」
◇産経児童出版文化賞　第61回　●大賞　村山純子「さわるめいろ」
◇児童福祉文化賞　第57回　●出版物部門　株式会社偕成社「世界のともだち」(第1期 全12巻、第2期 全12巻)
◇児童文芸新人賞　第43回　嘉成晴香「星空点呼 折りたたみ傘を探して」
◇小学館児童出版文化賞　第63回　朽木祥「光のうつしえ 廣島 ヒロシマ 広島」　ミロコマチコ「ぼくのふとんはうみでできている」
◇日本絵本賞　第19回　●大賞　樋勝朋巳文・絵「きょうはマラカスのひ：クネクネさんのいちにち」　●日本絵本賞読者賞(山田養蜂場賞)　志茂田景樹文、木島誠悟絵「キリンがくる日」
◇日本児童文学者協会賞　第54回　武鹿悦子「星 武鹿悦子詩集」
◇日本児童文芸家協会賞　第38回　該当作なし
◇野間児童文芸賞　第52回　岩瀬成子「あたらしい子がきて」
◇ひろすけ童話賞　第25回　西村友里「たっくんのあさがお」
◇椋鳩十児童文学賞　第24回　有沢佳映「かさねちゃんにきいてみな」

【映画・テレビ全般】

◇エランドール賞〔新人賞〕(平26年度)　●新人賞　綾野剛　木村文乃　東出昌大　能年玲奈　福士蒼汰　橋本愛　●特別賞　あまちゃん制作チーム
◇芸術選奨　第65回　●映画部門 文部科学大臣賞　小野寺修(録音監督)"「柘榴坂の仇討」の成果"　小泉堯史(映画監督)"「蜩ノ記」の成果"　●映画部門 新人賞　呉美保(映画監督)"「そこのみにて光輝く」の成果"　●放送部門 文部科学大臣賞　岡田惠和脚本家「さよなら私」ほか　●放送部門 新人賞　田中正ディレクター"「足尾から来た女」の成果"

【映画】

◇川喜多賞　第32回　PFF(ぴあフィルムフェスティバル)
◇キネマ旬報ベスト・テン　第88回　●日本映画 第1位　「そこのみにて光輝く」(呉美保監督)　●外国映画 第1位　「ジャージー・ボーイズ」(クリント・イーストウッド監督)
◇キネマ旬報ベスト・テン個人賞　第88回　●監督賞　呉美保「そこのみにて光輝く」　●脚本賞　高田亮「そこのみにて光輝く」　●主演男優賞　綾野剛「白ゆき姫殺人事件」　●主演女優賞　安藤サクラ「百円の恋」　●助演男優賞　池松壮亮「愛の渦(2014)」　●助演女優賞　小林聡美「紙の月」　●新人男優賞　東出昌大「アオハライド」　●新人女優賞　門脇麦「愛の渦(2014)」
◇ゴールデングロス賞　第32回　●日本映画部門 金賞　東宝「永遠の0」　●外国映画部門 金賞　ウォルト・ディズニー「アナと雪の女王」　●全興連特別大賞　ウォルト・ディズニー・ジャパン　●全興連特別賞　宮﨑駿　●全興連話題賞　吉永小百合「ふしぎな岬の物語」　●全興連ビックリ賞　「アナと雪の女王」
◇日刊スポーツ映画大賞・石原裕次郎賞　第27回　●作品賞　「永遠の0」(山崎貴監督)　●監督賞　山崎貴「永遠の0」　●主演男優賞　岡田准一「永遠の0」　●主演女優賞　宮沢りえ「紙の月」　●助演男優賞　池松壮亮「海を感じる時」「紙の月」「ぼくたちの家族」　●助演女優賞　広末涼子「柘榴坂の仇討」「想いのこし」　●新人賞　能年玲奈「ホットロード」　●外国作品賞　「アナと雪

の女王」(クリス・バック監督 ジェニファー・リー監督) ●石原裕次郎賞 「日本のいちばん長い日」(原田眞人監督) ●石原裕次郎新人賞 東出昌大「寄生獣」「クローズEXPLODE」 ●石原裕次郎特別功労賞 福本清三 ●ファン大賞 「永遠の0」(山崎貴監督)

◇日本アカデミー賞 第37回 ●最優秀作品賞 「舟を編む」 ●最優秀アニメーション作品賞 「風立ちぬ」 ●最優秀監督賞 石井裕也「風立ちぬ」 ●最優秀脚本賞 渡辺謙作「舟を編む」 ●最優秀主演男優賞 松田龍平「舟を編む」 ●最優秀主演女優賞 真木よう子「さよなら渓谷」 ●最優秀助演男優賞 リリー・フランキー「そして父になる」 ●最優秀助演女優賞 真木よう子「そして父になる」 ●最優秀外国作品賞 「レ・ミゼラブル」 ●新人俳優賞 忽那汐里「許されざる者」「つやのよる ある愛に関わった」「女たちの物語」 黒木華「舟を編む」「草原の椅子」 壇蜜「甘い鞭」 濱田ここね「おしん」 綾野剛「横道世之介」「夏の終り」 菅田将暉「共喰い」 星野源「箱入り息子の恋」「地獄でなぜ悪い」 吉岡竜輝「少年H」 ●協会栄誉賞 高倉健 ●話題賞作品部門 「真夏の方程式」 ●話題賞俳優部門 若林正恭「ひまわりと子犬の7日間」

◇ブルーリボン賞 第57回 ●作品賞 「超高速！参勤交代」 ●監督賞 呉美保「そこのみにて光輝く」 ●主演男優賞 浅野忠信「私の男」 ●主演女優賞 安藤サクラ「0.5ミリ」「百円の恋」 ●助演男優賞 池松壮亮「紙の月」「海を感じる時」「ぼくたちの家族」 ●助演女優賞 小林聡美「紙の月」 ●新人賞 小芝風花「魔女の宅急便」 ●外国映画賞 「ジャージー・ボーイズ」

◇報知映画賞 第39回 ●作品賞・邦画部門 「0.5ミリ」 ●監督賞 小泉堯史 ●主演男優賞 岡田准一 ●主演女優賞 宮沢りえ ●助演男優賞 津川雅彦 ●助演女優賞 大島優子 ●新人賞 小松菜奈 登坂広臣 西田征史 ●作品賞・海外部門 「ジャージー・ボーイズ」 ●特別賞 「アナと雪の女王」

◇毎日映画コンクール 第69回 ●日本映画大賞 「私の男」(熊切和嘉監督) ●監督賞 呉美保「そこのみにて光輝く」 ●脚本賞 安藤桃子「0.5ミリ」 ●男優主演賞 綾野剛「そこのみにて光輝く」 ●女優主演賞 安藤サクラ「0.5ミリ」 ●男優助演賞 伊藤英明「WOOD JOB！〜神去なあなあ日常〜」 ●女優助演賞 池脇千鶴「そこのみにて光輝く」 ●スポニチグランプリ新人賞 登坂広臣「ホットロード」 小松菜奈「渇き。」 ●田中絹代賞 鈴木京香 ●アニメーション映画賞 「ジョバンニの島」 ●大藤信郎賞 「澱みの騒ぎ」 ●特別賞 野上照代(元黒澤映画助手)

◇牧野省三賞(平26年) 木村大作
◇三船敏郎賞(平26年) 役所広司

【テレビ】

◇朝日賞(平26年度) 山田太一 "長年にわたって日本のテレビドラマ作りを牽引"

◇ギャラクシー賞 第52回 ●第9回マイベストTV賞グランプリ テレビ朝日 金曜ナイトドラマ「死神くん」 ●テレビ部門 大賞 琉球朝日放送 QABドキュメンタリー 扉2014「裂かれる海〜辺野古動き出した基地建設〜」 ●テレビ部門 特別賞 テレビ東京「ドラマ24」 ●テレビ部門 個人賞 杏 "ドラマ「花咲舞が黙ってない」「ドラマスペシャル『クロハ〜機捜の女性捜査官〜』」「デート〜恋とはどんなものかしら〜」の演技" ●CM部門 大賞 東海テレビ放送 公共キャンペーン・スポット「震災から3年〜伝えつづける〜」

◇芸術祭賞〔テレビ・ドラマ部門〕 第69回 ●大賞 テレビ朝日 テレビ朝日開局55周年記念 山田太一ドラマスペシャル「時は立ちどまらない」 ●優秀賞 中京テレビ放送「マザーズ」 日本放送協会「土曜ドラマ 足尾から来た女」(前・後編) BS-TBS「おやじの背中—第2話ウエディング・マッチ—」

◇日刊スポーツ・ドラマグランプリ 第18回 ●主演男優賞 大野智「死神くん」 ●主演女優賞 綾瀬はるか「今日は会社休みます。」 ●助演男優賞 渡部篤郎「銭の戦争」 ●助演女優賞 木村文乃「銭の戦争」 ●作品賞 「死神くん」(主演・大野智)

◇日本民間放送連盟賞(平26年) ●番組部門 テレビエンターテインメント 最優秀 長崎放送「人間神様」 ●番組部門 テレビドラマ 最優秀 日本テレビ放送網「Woman」

◇橋田賞 第23回 ●大賞 該当者なし ●橋田賞 テレビ朝日「ドクターX〜外科医・大門未知子」 TBS「おやじの背中」 NHK「花子とアン」 テレビ朝日「山田太一ドラマスペシャル 時は立ちどまらない」 興水泰弘脚本家「相棒」 岸部一徳「ドクターX〜外科医・大門未知子〜」など 沢口靖子「科捜研の女」 ●新人賞 杏「ごちそうさん」など ●特別賞 関口宏(司会者)「サンデーモー

ニング」など
◇放送文化基金賞　第40回　●テレビドラマ番組 最優秀賞　テレビ朝日 テレビ朝日開局55周年記念 山田太一ドラマスペシャル「時は立ちどまらない」　●テレビエンターテインメント番組 最優秀賞　NHK NHKスペシャル「足元の小宇宙 生命を見つめる植物写真家」　●個別分野 演技賞　堺雅人「半沢直樹」 満島ひかり「Woman」　●個別分野 演出賞　三角恭子, 水沼真澄 NHKスペシャル「足元の小宇宙 生命を見つめる植物写真家」　●個別分野 出演者賞　川手照子「In My Life 〜介護の仕事と ビートルズと〜」
◇向田邦子賞　第33回　前田司郎「徒歩7分」(プレミアムよるドラマ)

【芸能全般】

◇浅草芸能大賞　第31回　●大賞　中村吉右衛門(2代)(歌舞伎俳優)　●奨励賞　柳家さん喬(落語家)　●新人賞　能年玲奈(女優)
◇菊池寛賞　第62回　阿川佐和子 白石加代子 タモリ "「笑っていいとも！」をはじめ,「タモリ倶楽部」「ブラタモリ」など独自の視点をもつ数多いテレビ番組の「顔」として, 日本の笑いを革新した"
◇芸術祭賞〔大衆芸能部門〕　第69回　●大賞(関東参加公演の部)　三遊亭遊馬 "芸歴20周年特別記念☆三遊亭遊馬独演会の成果"　●大賞(関西参加公演の部)　キダ・タロー 「音の語り部キダ・タロー博覧」の成果"
◇芸術選奨　第65回　●演劇部門 文部科学大臣賞　中村歌六(5代)(歌舞伎俳優)「伊賀越道中双六」山田幸兵衛ほかの演技"　永井愛(劇作家, 演出家) "「鷗外の怪談」の成果"　●演劇部門 新人賞　片山九郎右衛門(10代)(観世流能楽師シテ方) "能「葵上」ほかの成果"　●大衆芸能部門 文部科学大臣賞　春風亭小朝(落語家) "「春風亭小朝 in 三座」の成果"　山下達郎 "「山下達郎 Maniac Tour〜PERFORMANCE 2014〜」の成果"　●大衆芸能部門 新人賞　桂吉弥(落語家) "「噺家生活20周年記念 桂吉弥独演会」ほかの成果"
◇毎日芸術賞　第56回　柳家小三治(10代) "江戸の古典落語を体現した一連の高座"　●千田是也賞　上村聡史 "「アルトナの幽閉者」「信じる機械—The Faith Machine—」「炎 アンサンディ」の演出"
◇松尾芸能賞　第35回　●大賞 演劇　波乃久里子　●優秀賞 演劇　尾上松緑(2代)　渋谷天外(3代)　●新人賞 歌謡　福田こうへい　●特別賞 音楽　ペギー葉山　●功労賞 演劇　中村小山三

【音楽】

◇JASRAC賞　第32回　●金賞　鬼龍院翔作詞・作曲ほか「女々しくて」　●銀賞　秋元康作詞, 山崎燿作曲ほか「ヘビーローテーション」　●銅賞　五十嵐充作詞・作曲ほか「Time goes by」　●国際賞　高梨康治作曲ほか「NARUTO−ナルト−疾風伝 BGM」
◇日本ゴールドディスク大賞　第29回　●アーティスト・オブ・ザ・イヤー 邦楽　嵐　●ベスト・演歌/歌謡曲・アーティスト　中森明菜　●ニュー・アーティスト・オブ・ザ・イヤー 邦楽　ジャニーズWEST　●ベスト・演歌/歌謡曲・ニュー・アーティスト　竹村こずえ
◇日本作詩大賞　第47回　●大賞　仁井谷俊也「ちょいときまぐれ渡り鳥」(歌・氷川きよし)　●作詩家協会特別賞　山口洋子　●テレビ東京特別賞　水前寺清子　●最優秀新人賞　ながいさつき「港じゃんがら 帰り船」(歌・松永ひとみ)
◇日本有線大賞　第47回　●大賞　水森かおり「島根恋旅」　●新人賞　西内まりや「LOVE EVOLUTION」　山崎ていじ「昭和男唄」　●特別賞　アナと雪の女王「Let It Go 〜ありのままで〜」(May J.)　●有線話題賞　妖怪ウォッチ「ゲラゲラポーのうた」「ようかい体操第一」
◇日本レコード大賞　第56回　●大賞　三代目 J Soul Brothers from EXILE TRIBE「R.Y.U.S.E.I.」　●最優秀アルバム賞　竹内まりや「TRAD」　●最優秀歌唱賞　EXILE ATSUSHI　●最優秀新人賞　西内まりや

【演劇】

◇菊田一夫演劇賞　第40回　●演劇大賞　宝塚歌劇団　●演劇賞　森公美子　佐々木蔵之介　濱田めぐみ　ケラリーノ・サンドロヴィッチ　●特別賞　渡辺美佐子 "今年度の「黄昏にロマンス−ロディオンとリダの場合−」のリダの役の演技を含む, 永年の舞台の功績に対して"

◇紀伊國屋演劇賞　第49回　●団体賞　劇団チョコレートケーキ"「○六○○猶二人生存ス」「サラエヴォの黒い手」「親愛なる我が総統」の優れた舞台成果"　●個人賞　加藤武　久保田民絵　平田満　旺なつき　伊藤雅子

◇芸術祭賞〔演劇部門〕　第69回　●大賞(関東参加公演の部)　せたがや文化財団"「炎 アンサンディ」の成果"

◇読売演劇大賞　第22回　●大賞・最優秀作品賞　「伊賀越道中双六」(国立劇場)　●最優秀男優賞　浦井健治"ニッポン放送、M・G・H「アルジャーノンに花束を」、新国立劇場「星ノ数ホド」の演技"　●最優秀女優賞　秋山菜津子"こまつ座「きらめく星座」の小笠原ふじ役の演技"　●最優秀演出家賞　上村聡史"シアター風姿花伝「ボビー・フィッシャーはパサデナに住んでいる」、世田谷パブリックシアター「炎 アンサンディ」の演出"　●杉村春子賞〔新人対象〕　藤田俊太郎"オフィス・ミヤモト「ザ・ビューティフル・ゲーム」の演出"　●芸術栄誉賞　加藤武　●選考委員特別賞　宇野亞喜良"新宿梁山泊「ジャガーの眼」の美術、結城座「オールドリフレイン」の人形美術"

【演芸】

◇上方漫才大賞　第49回　●大賞　笑い飯　●奨励賞　ダイアン　●新人賞　学天即

【漫画・アニメ】

◇芸術選奨　第65回　●メディア芸術部門 新人賞　岸本斉史(漫画家)「NARUTO－ナルト－」の成果

◇講談社漫画賞　第38回　●児童部門　小西紀行「妖怪ウォッチ」　●少年部門　勝木光「ベイビーステップ」　●少女部門　タアモ「たいようのいえ」　●一般部門　雲田はるこ「昭和元禄落語心中」

◇小学館漫画賞　第60回　●児童向け部門　小西紀行「妖怪ウォッチ」　●少年向け部門　田中モトユキ「BE BLUES！～青になれ～」　●少女向け部門　和泉かねよし「女王の花」　●一般向け部門　島本和彦「アオイホノオ」　こざき亜衣「あさひなぐ」

◇手塚治虫文化賞　第18回　●マンガ大賞　羽海野チカ「3月のライオン」　●新生賞　今日マチ子「アノネ、」「みつあみの神様」など　●短編賞　施川ユウキ"「鬱ごはん」「オンノジ」「バーナード嬢曰く。」に対して"　●特別賞　藤子不二雄A「まんが道」「愛…しりそめし頃に…」　●読者賞　小山宙哉「宇宙兄弟」

◇文化庁メディア芸術祭　第18回　●アニメーション部門 大賞　Anna Budanova「The Wound」　●マンガ部門 大賞　近藤ようこ、津原泰水原作「五色の舟」　●功労賞　小野耕世(映画評論家、マンガ評論家、外コミック翻訳家、海外コミック・アニメーション研究家)　渡辺泰(アニメーション研究者)

◇マンガ大賞 2014　森薫「乙嫁語り」

【スポーツ】

◇朝日スポーツ賞(平26年度)　羽生結弦"ソチ五輪フィギュアスケート男子で優勝し、この種目ではアジア勢初の金メダルを獲得"

◇日本プロスポーツ大賞　第47回　●大賞　錦織圭(プロテニス選手)　●殊勲賞　白鵬翔(大相撲選手)　福岡ソフトバンクホークス(受賞者代表・高田浩一郎)　金子千尋(プロ野球選手)　●最高新人賞　逸ノ城駿(大相撲選手)　●特別賞　樋口久子(プロゴルファー)　酒井武雄(プロボウリング選手)

◇毎日スポーツ人賞(平26年度)　●グランプリ　羽生結弦(フィギュアスケート)"ソチ冬期五輪フィギュアスケート男子シングルスで、日本初の金メダルを勝ち取った実績が高く評価された"　●新人賞　勝みなみ(ゴルフ)"熊本で行われたゴルフのKKT杯バンテリンレディースを15歳293日の時に制し、アマチュアながら女子ツアー最年少優勝記録を塗り替えた功績"　池愛里(パラ競泳)"初出場のアジアパラ大会競泳女子で、計4個のメダル(金1、銀1、銅2)を獲得した功績"　●文化賞　TBSドラマ「ルーズヴェルト・ゲーム」　●特別賞　萩野公介(競泳)"仁川アジア大会競泳で、4個の金メダルに加え、銀1、銅2の計7個のメダルを獲得。同大会のMVPにも選ばれた功績"

【その他】

◇「現代用語の基礎知識」選 ユーキャン新語・流行語大賞　第31回　●年間大賞　受賞者辞退"「集団的自衛権」"　日本エレキテル連合"「ダメよ～ダメダメ」"

◇将棋大賞　第41回　●最優秀棋士賞　森内俊之　●新人賞　大石直嗣　●最優秀女流棋士賞　里見

香奈

◇星雲賞　第45回　●日本長編部門（小説）　小川一水「コロロギ岳から木星トロヤへ」　●日本短編部門（小説）　谷甲州「星を創る者たち」　●メディア部門　ギレルモ・デル・トロ監督「パシフィック・リム」　●コミック部門　丸川トモヒロ「成恵の世界」　●アート部門　加藤直之　●ノンフィクション部門　あさりよしとお「宇宙へ行きたくて液体燃料ロケットをDIYしてみた 実録なつのロケット団」　●自由部門　大森望"『NOVA 書き下ろし日本SFコレクション』全10巻刊行"

◇日本SF大賞　第35回　藤井太洋「オービタル・クラウド」　長谷敏司「My Humanity」　●功績賞　平井和正

◇文化勲章（平26年度）　天野浩（電子・電気材料工学者）　河野多惠子（小説家）　竹本住大夫（義太夫節太夫）　國武豊喜（分子組織化学者）　中村修二（半導体工学者）　根岸隆（経済理論・経済学史学者）　野見山暁治（洋画家）

◇ベストドレッサー賞　第43回　●経済部門　豊田章男　●学術・文化部門　片岡愛之助　小山薫堂　●芸能部門　宮沢りえ　鈴木亮平　●スポーツ部門　福原愛　●特別賞　笹本恒子

平成27年（2015）

【文学全般】

◇朝日賞〔文学関係〕（平27年度）　金子兜太"戦後一貫して現代俳句を牽引"

◇大佛次郎賞　第42回　金時鐘「朝鮮と日本に生きる―済州島から猪飼野へ」

◇菊池寛賞　第63回　半藤一利"「日本のいちばん長い日」をはじめ、数々の優れた歴史ノンフィクションによって読者を啓蒙してきた"　本の雑誌

◇群像新人文学賞　第58回　●小説当選作　乗代雄介「十七八より」　●評論賞　該当作なし

◇芸術選奨　第66回　●文学部門 文部科学大臣賞　乙川優三郎「太陽は気を失う」　乃南アサ「水曜日の凱歌」　●文学部門 新人賞　津村記久子「この世にたやすい仕事はない」

◇サントリー学芸賞〔芸術・文学部門〕　第37回　安藤礼二「折口信夫」　大野裕之（日本チャップリン協会会長, 脚本家）「チャップリンとヒトラー」　吉田寛（立命館大学教授, ロンドン大学客員研究員）"「絶対音楽の美学と分裂する〈ドイツ〉」を中心として"

◇司馬遼太郎賞　第19回　飯嶋和一「狗賓童子の島」

◇新田次郎文学賞　第34回　尾崎真理子「ひみつの王国―評伝 石井桃子―」

◇日本芸術院賞（第2部・文芸）　第72回　●恩賜賞・日本芸術院賞　辻原登（小説）"小説を中心とする多年にわたる文学的業績"　●日本芸術院賞　宇多喜代子（詩歌（俳句））"長年にわたる俳界における実作・評論の業績"

◇野間文芸賞　第68回　長野まゆみ「冥途あり」

◇毎日芸術賞　第57回　伊藤一彦"「土と人と星」をはじめとする歌作と若山牧水研究の成果"　宮城谷昌光「劉邦」（全3巻）

◇毎日出版文化賞　第69回　●文学・芸術部門　黒川創著, 新潮社「京都」　●書評賞　角幡唯介著, 幻冬舎「探検家の日々本本」

◇三島由紀夫賞　第28回　上田岳弘「私の恋人」

◇読売文学賞　第67回　●小説賞　古川日出男「女たち三百人の裏切りの書」　●戯曲・シナリオ賞　荒井晴彦「この国の空」（原作・高井有一）　●随筆・紀行賞　別所真紀子「江戸おんな歳時記」　●評論・伝記賞　宮田毬栄「忘れられた詩人の伝記 父・大木惇夫の軌跡」　●詩歌俳句賞　小池光「思川の岸辺 小池光歌集」

【小説】

◇芥川龍之介賞　第153回（上期）　羽田圭介「スクラップ・アンド・ビルド」　又吉直樹「火花」

◇芥川龍之介賞　第154回（下期）　滝口悠生「死んでいない者」　本谷有希子「異類婚姻譚」

◇泉鏡花文学賞　第43回　長野まゆみ「冥途あり」　篠原勝之「骨風」

◇江戸川乱歩賞　第61回　呉勝浩「道徳の時間」

第1部 受賞年順　　　　　　　　　　　　　　　　　　　　　　　　　平成27年（2015）

◇大藪春彦賞　第17回　青山文平「鬼はもとより」　月村了衛「コルトM1851残月」
◇オール讀物新人賞　第95回　松田幸緒「中庭に面した席」
◇河合隼雄物語賞　第3回　中島京子「かたづの！」
◇川端康成文学賞　第41回　大城立裕「レールの向こう」
◇『このミステリーがすごい！』大賞　第14回　●大賞　一色さゆり「神の値段」　城山真一「ブラック・ヴィーナス 投資の女神」　●優秀賞　大津光央「たまらなくグッドバイ」
◇柴田錬三郎賞　第28回　中島京子「かたづの！」
◇小説現代長編新人賞　第10回　坂上琴「ヒモの穴」
◇小説すばる新人賞　第28回　渡辺優「ラメルノエリキサ」
◇新潮新人賞　第47回　高橋有機子「恐竜たちは夏に祈る」
◇すばる文学賞　第39回　黒名ひろみ「温泉妖精」　●佳作　竹林美佳「地に満ちる」
◇太宰治賞　第31回　伊藤朱里「変わらざる喜び」
◇谷崎潤一郎賞　第51回　江國香織「ヤモリ、カエル、シジミチョウ」
◇中央公論文芸賞　第10回　篠田節子「インドクリスタル」　中島京子「長いお別れ」
◇直木三十五賞　第153回（上期）　東山彰良「流」
◇直木三十五賞　第154回（下期）　青山文平「つまをめとらば」
◇日本推理作家協会賞　第68回　●長編および連作短編集部門　月村了衛「土漠の花」　早見和真「イノセント・デイズ」　●短編部門　該当作品なし　●評論その他の部門　喜国雅彦「本棚探偵最後の挨拶」　霜月蒼「アガサ・クリスティー完全攻略」
◇日本ホラー小説大賞　第22回　●大賞　澤村伊智「ぼぎわんが、来る」　●優秀賞　名梁和泉「二階の王」　●読者賞　織守きょうや「記憶屋」
◇日本ミステリー文学大賞　第19回　北村薫
◇野間文芸新人賞　第37回　滝口悠生「愛と人生」　古川日出男「女たち三百人の裏切りの書」
◇文學界新人賞　第120回　加藤秀行「サバイブ」　杉本裕孝「ヴェジトピア」
◇文藝賞　第52回　山下紘加「ドール」　畠山丑雄「地の底の記憶」
◇本屋大賞　第12回　●大賞　上橋菜穂子「鹿の王」　●2位　西加奈子「サラバ！」　●3位　辻村深月「ハケンアニメ！」　●翻訳小説部門 1位　ピエール・ルメートル著、橘明美訳「その女アレックス」
◇松本清張賞　第22回　額賀澪「ウインドノーツ」（刊行時「屋上のウインドノーツ」）
◇紫式部文学賞　第25回　佐藤愛子「晩鐘」
◇山田風太郎賞　第6回　佐藤正午「鳩の撃退法」
◇山本周五郎賞　第28回　柚木麻子「ナイルパーチの女子会」
◇横溝正史ミステリ大賞　第35回　●大賞　該当作なし
◇吉川英治文学賞　第49回　逢坂剛「平蔵狩り」

【詩歌】
◇H氏賞　第65回　岡本啓「グラフィティ」
◇小熊秀雄賞　第48回　中島悦子「藁の服」
◇葛原妙子賞　第11回　梶原さい子「リアス/椿」
◇現代歌人協会賞　第59回　服部真里子「行け広野へと」
◇現代詩人賞　第33回　八木忠栄「雪、おんおん」
◇現代詩花椿賞　第33回　最果タヒ「死んでしまう系のぼくらに」
◇現代短歌大賞　第38回　伊藤一彦 "歌集「土と人と星」「若山牧水」並びに過去の全業績"
◇齋藤茂吉短歌文学賞　第27回　柏崎驍二「北窓集」（歌集）
◇詩歌文学館賞　第30回　●詩　八木忠栄「雪、おんおん」　●短歌　来嶋靖生「硯」　●俳句　大牧広「正眼」

◇高見順賞　第46回　財部鳥子「氷菓とカンタータ」　川口晴美「Tiger is here.」
◇蛇笏賞　第49回　大峯あきら「短夜」
◇沼空賞　第49回　該当作なし
◇壺井繁治賞　第43回　おぎぜんた「時を歩く人」
◇寺山修司短歌賞　第20回　小高賢「秋の茱萸坂」
◇藤村記念歴程賞　第53回　福島県川内村 "草野心平を偲ぶ「天山祭り」を毎年開催し, 詩を尊ぶ精神を大切にしながら復興に取り組みへの評価"
◇中原中也賞　第21回　カニエ・ナハ「用意された食卓」(私家版)
◇日本歌人クラブ賞　第42回　楠田立身「白雁」
◇俳人協会賞　第55回　柏原眠雨「夕雲雀」
◇萩原朔太郎賞　第23回　川田絢音「雁の世」
◇丸山薫賞　第22回　細田傳造「水たまり」
◇丸山豊記念現代詩賞　第24回　若尾儀武「流れもせんで、在るだけの川」
◇若山牧水賞　第20回　内藤明「虚空の橋」(歌集)

【戯曲】

◇岸田國士戯曲賞　第59回　山内ケンジ「トロワグロ」

【評論・随筆】

◇大宅壮一ノンフィクション賞　第46回　●書籍部門　須田桃子「捏造の科学者 STAP細胞事件」
　●雑誌部門　安田浩一「ルポ 外国人『隷属』労働者」
◇開高健ノンフィクション賞　第13回　三浦英之「五色の虹 満州建国大学卒業生たちの戦後」
◇群像新人評論賞　第59回　●当選　荒木優太「反偶然の共生空間—愛と正義のジョン・ロールズ」
　●優秀作　高原到「ケセルの想像力」
◇講談社エッセイ賞　第31回　ジェーン・スー「貴様いつまで女子でいるつもりだ問題」
◇講談社ノンフィクション賞　第37回　眞並恭介「牛と土 福島、3・11その後。」
◇小林秀雄賞　第14回　小熊英二「生きて帰ってきた男—ある日本兵の戦争と戦後」
◇新潮ドキュメント賞　第14回　永栄潔「ブンヤ暮らし三十六年 回想の朝日新聞」
◇日本エッセイスト・クラブ賞　第63回　磯田道史「天災から日本史を読みなおす」

【児童文学】

◇講談社出版文化賞　第46回　●絵本賞　石川えりこ「ボタ山であそんだころ」
◇産経児童出版文化賞　第62回　●大賞　岩瀬成子「きみは知らないほうがいい」
◇児童福祉文化賞　第58回　●出版物部門　伊地知英信, 細島雅代, 株式会社岩崎書店「しもばしら」
　●特別部門　いわむらかずお "絵本を通じて児童文化の向上・普及に努め、児童の健全育成に貢献してきた活動"
◇児童文芸新人賞　第44回　髙森美由紀「いっしょにアンべ！」
◇小学館児童出版文化賞　第64回　福田幸広写真, ゆうきえつこ文「オオサンショウウオ」　斉藤倫「どろぼうのどろぼん」
◇日本絵本賞　第20回　●大賞　たじまゆきひこ(田島征彦)作「ふしぎなともだち」　●日本絵本賞読者賞(山田養蜂場賞)　ザ・キャビンカンパニー作・絵「だいおういかのいかたろう」
◇日本児童文学者協会賞　第55回　朽木祥「あひるの手紙」
◇日本児童文芸家協会賞　第39回　いとうみく「空へ」
◇野間児童文芸賞　第53回　村上しいこ「うたうとは小さないのちひろいあげ」
◇ひろすけ童話賞　第26回　石井睦美「わたしちゃん」

【映画・テレビ全般】

◇エランドール賞〔新人賞〕(平27年度)　●新人賞　池松壮亮　北川景子　斎藤工　黒木華　鈴木亮平　二階堂ふみ

◇菊池寛賞　第63回　NHKスペシャル「カラーでよみがえる東京」「カラーでみる太平洋戦争」"歴史的に貴重なモノクロ映像を国内外で収集し,徹底的な時代考証のうえで,最新のデジタル技術を駆使してカラー化に成功"

◇芸術選奨　第66回　●映画部門　文部科学大臣賞　芦澤明子(カメラマン)"「さようなら」「岸辺の旅」の成果"　髙屋齋(映画照明)"「龍三と七人の子分たち」の成果"　●映画部門　新人賞　濱口竜介(映画監督)"「ハッピーアワー」の成果"　●放送部門　文部科学大臣賞　矢島良彰プロデューサー"「女たちの太平洋戦争」ほかの成果"　●放送部門　新人賞　佐々木聰ディレクター"「奥底の悲しみ～戦後70年,引揚げ者の記憶～」の成果"

【映画】

◇川喜多賞　第33回　黒沢清(映画監督)

◇キネマ旬報ベスト・テン　第89回　●日本映画 第1位　「恋人たち」(橋口亮輔監督)　●外国映画 第1位　「マッドマックス 怒りのデス・ロード」(ジョージ・ミラー監督)

◇キネマ旬報ベスト・テン個人賞　第89回　●監督賞　橋口亮輔「恋人たち」　●脚本賞　橋口亮輔「恋人たち」　●主演男優賞　二宮和也「母と暮せば」　●主演女優賞　深津絵里「岸辺の旅」「寄生獣 完結編」　●助演男優賞　本木雅弘「日本のいちばん長い日」「天空の蜂」　●助演女優賞　黒木華「母と暮せば」「幕が上がる」「ソロモンの偽証 前篇・事件/後篇・裁判」　●新人男優賞　篠原篤「恋人たち」　●新人女優賞　広瀬すず「海街diary」

◇ゴールデングロス賞　第33回　●日本映画部門　金賞　東宝「妖怪ウォッチ 誕生の秘密だニャン！」　●外国映画部門　金賞　ウォルト・ディズニー「ベイマックス」　●全興連特別功労賞　ウィリアム・アイアトン　●全興連特別賞　パラマウント ピクチャーズ ジャパン　●全興連ビックリ賞　ギャガ「セッション」

◇日刊スポーツ映画大賞・石原裕次郎賞　第28回　●作品賞　「ソロモンの偽証」(成島出監督)　●監督賞　原田眞人「日本のいちばん長い日」　●主演男優賞　高良健吾「悼む人」「きみはいい子」　●主演女優賞　綾瀬はるか「海街diary」　●助演男優賞　本木雅弘「日本のいちばん長い日」「天空の蜂」　●助演女優賞　長澤まさみ「海街diary」　●新人賞　広瀬すず「海街diary」　●外国作品賞　「セッション」(デイミアン・チャゼル監督)　●石原裕次郎賞「日本のいちばん長い日」(原田眞人監督)　●特別功労賞　品田雄吉　●ファン大賞　「ジョーカー・ゲーム」(入江悠監督)

◇日本アカデミー賞　第38回　●最優秀作品賞　「永遠の0」　●最優秀アニメーション作品賞　「STAND BY ME ドラえもん」　●最優秀監督賞　山崎貴「永遠の0」　●最優秀脚本賞　土橋章宏「超高速！参勤交代」　●最優秀主演男優賞　岡田准一「永遠の0」　●最優秀主演女優賞　宮沢りえ「紙の月」　●最優秀助演男優賞　岡田准一「蜩ノ記」　●最優秀助演女優賞　黒木華「小さいおうち」　●最優秀外国作品賞　「アナと雪の女王」　●新人俳優賞　上白石萌音「舞妓はレディ」　小松菜奈「渇き。」　能年玲奈「ホットロード」　池松壮亮「紙の月」「愛の渦」「ぼくたちの家族」　登坂広臣「ホットロード」　福士蒼汰「イン・ザ・ヒーロー」「神さまの言うとおり」「好きっていいなよ。」　●話題賞 作品部門　「るろうに剣心 京都大火編/伝説の最期編」　●話題賞 俳優部門　岡田准一「永遠の0」

◇ブルーリボン賞　第58回　●作品賞　「日本のいちばん長い日」　●監督賞　橋口亮輔「恋人たち」　●主演男優賞　大泉洋「駆込み女と駆出し男」　●主演女優賞　有村架純「ストロボ・エッジ」「ビリギャル」　●助演男優賞　本木雅弘「日本のいちばん長い日」「天空の蜂」　●助演女優賞　吉田羊「ビリギャル」「脳内ポイズンベリー」「愛を積むひと」　●新人賞　石井杏奈「ガールズ・ステップ」「ソロモンの偽証 前篇・事件」　●外国映画賞　「マッドマックス 怒りのデス・ロード」

◇報知映画賞　第40回　●作品賞・邦画部門　「ソロモンの偽証 前篇・事件/後篇・裁判」　●監督賞　堤幸彦　●主演男優賞　佐藤浩市　●主演女優賞　樹木希林　●助演男優賞　本木雅弘　●助演女優賞　吉田羊　●新人賞　広瀬すず　藤野涼子　●作品賞・海外部門　「おみおくりの作法」　●特別賞　本広克行,ももいろクローバーZ

平成27年（2015）

◇毎日映画コンクール　第70回　●日本映画大賞　「恋人たち」（橋口亮輔監督）　●監督賞　塚本晋也「野火」　●脚本賞　原田眞人「駆込み女と駆出し男」　●男優主演賞　塚本晋也「野火」　●女優主演賞　綾瀬はるか「海街diary」　●男優助演賞　加藤健一「母と暮せば」　●女優助演賞　長澤まさみ「海街diary」　●スポニチグランプリ新人賞　野田洋次郎「トイレのピエタ」　藤野涼子「ソロモンの偽証　前篇・事件/後篇・裁判」　●田中絹代賞　桃井かおり　●アニメーション映画賞「百日紅〜Miss HOKUSAI〜」　●大藤信郎賞　「水準原点」　●特別賞　櫛桁一則（「シネマリーン」支配人）　橋本忍（脚本家）

◇毎日芸術賞　第57回　●特別賞　是枝裕和"「海街diary」の監督・脚本・編集"
◇牧野省三賞（平27年）　野上照代
◇三船敏郎賞（平27年）　仲代達矢

【テレビ】

◇ギャラクシー賞　第53回　●第10回マイベストTV賞グランプリ　テレビ朝日　木曜ドラマ「スペシャリスト」　●テレビ部門　大賞　テレビ朝日　報道ステーション「特集　ノーベル賞経済学者が見た日本」「特集　独ワイマール憲法の"教訓"」　●テレビ部門　特別賞　国谷裕子"「クローズアップ現代」（NHK）のキャスターとしての功績に対して"　●テレビ部門　個人賞　遠藤憲一"ドラマ「民王」「佐武と市捕物控」「お義父さんと呼ばせて」の演技"　●CM部門　大賞　KDDI au 三太郎シリーズ「auスマ得キャンペーン　桃太郎とかぐや姫篇」「au夏のトビラ・竜宮城篇」「au夏ラインナップ 乙姫登場篇」「auWALLET 竜宮城ポイント篇」「auガラホ 海の声篇」「auスマートバリュー かぐや姫の帰省篇」「au 竜宮城ぷるぷる篇」

◇芸術祭賞〔テレビ・ドラマ部門〕　第70回　●大賞　日本放送協会　土曜ドラマ「64（ロクヨン）」　●優秀賞　TBSテレビ TBSテレビ60周年特別企画「レッドクロス〜女たちの赤紙〜」　日本放送協会 スペシャルドラマ「洞窟おじさん」　毎日放送 新春ドラマ特別企画「わが家」

◇日刊スポーツ・ドラマグランプリ　第19回　●主演男優賞　山下智久「アルジャーノンに花束を」　●主演女優賞　石原さとみ「5→9〜私に恋したお坊さん〜」　●助演男優賞　山下智久「5→9〜私に恋したお坊さん〜」　●助演女優賞　栗山千明「アルジャーノンに花束を」　●作品賞　「アルジャーノンに花束を」（主演・山下智久）

◇日本民間放送連盟賞（平27年）　●番組部門 テレビエンターテインメント　最優秀　テレビ東京「家、ついて行ってイイですか？」　●番組部門　テレビドラマ　最優秀　中京テレビ放送　中京テレビ開局45周年記念ドラマ「マザーズ」

◇橋田賞　第24回　●大賞　該当者なし　橋田賞　TBS「天皇の料理番」　NHK「あさが来た」　大森美香(脚本家)「あさが来た」　古沢良太(脚本家)「デート〜恋とはどんなものかしら〜」　佐藤健「天皇の料理番」　鈴木亮平「天皇の料理番」　岸本加世子「居酒屋もへじ」など　●新人賞　吉田羊「コウノドリ」など　●特別賞　三田佳子

◇放送文化基金賞　第41回　●テレビドラマ番組　最優秀賞　テレビ朝日「相棒 season13」　●テレビエンターテインメント番組　最優秀賞　テレビ朝日「しくじり先生 俺みたいになるな!!」　●個別分野 演技賞　柄本明 松本清張二夜連続ドラマスペシャル「坂道の家」　宮沢りえ 連続ドラマW「グーグーだって猫である」　●個別分野 演出賞　石原大史「薬禍の歳月〜サリドマイド事件・50年〜」

◇向田邦子賞　第34回　藤本有紀「ちかえもん」（木曜時代劇）

【芸能全般】

◇浅草芸能大賞　第32回　●大賞　黒柳徹子（女優）　●奨励賞　市川染五郎（7代）（歌舞伎俳優）　●新人賞　春風亭一之輔（落語家）

◇菊池寛賞　第63回　吉永小百合　●大賞　該当なし　●演劇部門　文部科学大臣賞　ケラリーノ・サンドロヴィッチ（劇作家, 演出家）"「グッドバイ」の成果"　濱田めぐみ"「スコット＆ゼルダ」ほかの演技"　●演劇部門 新人賞　成田達志（能楽師）"「烏頭」「姨捨」ほかの成果"　●大衆芸能部門 文部科学大臣賞　オール阪神, オール巨人（漫才師）"オール阪神・巨人40周年記念公演「ふたりのW成人式」の成果"　松本隆（作編家）"コンサート「風街レジェンド2015」ほかの成果"　●大衆芸能部門 新人賞　柳家三三（落語家）"「月例三三独演」ほかの成果"　●芸術振興部門 新人賞　廣川麻子（シアター・アクセシビリティ・ネットワーク理事長）"シンポジウム「より良い観劇システムの構築に向けて、今できること」

ほかの活動"
◇松尾芸能賞　第36回　●大賞　歌謡　五木ひろし　●優秀賞　テレビ　室井滋　●優秀賞　演劇　井上芳雄　●新人賞　演劇　中村七之助(2代)　●特別賞　映画　戸田奈津子　●功労賞　演芸　根岸京子

【音楽】

◇JASRAC賞　第33回　●金賞　秋元康作詞, 伊藤心太郎作曲ほか「恋するフォーチュンクッキー」　●銀賞　澤野弘之作曲ほか「進撃の巨人BGM」　●銅賞　大野雄二作曲ほか「ルパン三世のテーマ'78」　●国際賞　菊池俊輔作曲ほか「ドラゴンボールZ BGM（TV）」
◇日本ゴールドディスク大賞　第30回　●アーティスト・オブ・ザ・イヤー　邦楽　嵐　●ベスト・演歌/歌謡曲・アーティスト　氷川きよし　●ニュー・アーティスト・オブ・ザ・イヤー　邦楽　[Alexandros]　●ベスト・演歌/歌謡曲・ニュー・アーティスト　クマムシ　●特別賞　「ラブライブ！」関連作品
◇日本作詩大賞　第48回　●大賞　久仁京介「独楽」(歌・島津亜矢)　●創立五十周年記念賞　高田ひろお「螢子」(歌・山川豊)　●テレビ東京特別賞　五木ひろし　●最優秀新人賞　夜美まこと「再会酒」(歌・湯原昌幸)
◇日本有線大賞　第48回　●大賞　三代目 J Soul Brothers from EXILE TRIBE「Summer Madness feat.Afrojack」　●新人賞　花岡なつみ「夏の罪」　LoVendoЯ「いいんじゃない？」　●有線話題賞　クマムシ「あったかいんだからぁ♪」
◇日本レコード大賞　第57回　●大賞　三代目 J Soul Brothers from EXILE TRIBE「Unfair World」　●最優秀アルバム賞　サザン・オールスターズ「葡萄」　●最優秀歌唱賞　松田聖子　●最優秀新人賞　こぶしファクトリー

【演劇】

◇菊田一夫演劇賞　第41回　●演劇大賞　花總まり　●演劇賞　梅沢昌代　駒田一　ソニン　小川絵梨子　●特別賞　竜真知子 "永年のミュージカルにおける訳詞の功績に対して"
◇紀伊國屋演劇賞　第50回　●団体賞　文学座「女の一生」から「白鯨」までの活溌な年間の活動"　●個人賞　高橋長英　いのうえひでのり　熊谷真実　田中哲司　小泉今日子
◇芸術祭賞〔演劇部門〕　第70回　●大賞(関東参加公演の部)　松本幸四郎(9代) "ミュージカル「ラ・マンチャの男」における演技"　●大賞(関西参加公演の部)　大阪松竹座 "松竹新喜劇錦秋公演「はるかなり道頓堀」の成果"
◇文化庁メディア芸術祭　第19回　●エンターテインメント部門 大賞　岸野雄一「正しい数の数え方」
◇毎日芸術賞　第57回　●千田是也賞　行定勲 "「ブエノスアイレス午前零時」「タンゴ・冬の終わりに」の演出"
◇読売演劇大賞　第23回　●大賞・最優秀男優賞　片岡仁左衛門(15代) "「菅原伝授手習鑑」「新薄雪物語」「一條大蔵譚」の演技"　●最優秀作品賞　「グッドバイ」(キューブ/KERA・MAP)　●最優秀女優賞　小池栄子 "「グッドバイ」の演技"　●最優秀演出家賞　鵜山仁 "「廃墟」「マンザナ, わが町」の演出"　●杉村春子賞〔新人対象〕　高畑充希 "「いやおうなしに」「青い種子は太陽のなかにある」の演技"　●芸術栄誉賞　奈良岡朋子　●選考委員特別賞　宮本宣子 "「冬の時代」「ヴェローナの二紳士」「白鯨」の衣装"

【演芸】

◇上方漫才大賞　第50回　●大賞　テンダラー　●奨励賞　学天即　●新人賞　吉田たち

【漫画・アニメ】

◇芸術選奨　第66回　●メディア芸術部門 新人賞　ヤマザキマリ(漫画家)「スティーブ・ジョブズ」
◇講談社漫画賞　第39回　●少年部門　鈴木央「七つの大罪」　渡辺航「弱虫ペダル」　●少女部門　海野つなみ「逃げるは恥だが役に立つ」　●一般部門　弐瓶勉「シドニアの騎士」　●特別賞　うえやまとち「クッキングパパ」
◇小学館漫画賞　第61回　●児童向け部門　吉もと誠「ウソツキ！ ゴクオーくん」　●少年向け部門

古舘春一「ハイキュー!!」　●少女向け部門　アルコ作画，河原和音原作「俺物語!!」　●一般向け部門　吉田秋生「海街diary」　松本大洋「Sunny」

◇手塚治虫文化賞　第19回　●マンガ大賞　ほしよりこ「逢沢りく」　●新生賞　大今良時「聲の形」　●短編賞　吉田戦車 "不条理ギャグから育児日記まで，独自の笑いのセンスにあふれた一連の作品に対して"　●特別賞　みつはしちかこ "「小さな恋のものがたり」を半世紀以上にわたり書き続け，完結させた業績に対して"

◇文化庁メディア芸術祭　第19回　●アニメーション部門 大賞　Boris Labbé「Rhizome」　●マンガ部門 大賞　東村アキコ「かくかくしかじか」　●功労賞　小田部羊一（アニメーター，作画監督，キャラクター・デザイナー），清水勲（漫画・諷刺画研究家）

◇マンガ大賞 2015　東村アキコ「かくかくしかじか」

【スポーツ】

◇朝日スポーツ賞（平27年度）　2015ラグビーワールドカップ日本代表チーム "ラグビーワールドカップ（W杯）イングランド大会で初めて1次リーグ3勝を達成"

◇菊池寛賞　第63回　国枝慎吾

◇日本プロスポーツ大賞　第48回　●大賞　ラグビー日本代表（受賞者代表・岡村正）　●スポーツ功労者文部科学大臣顕彰　杉本英世（ゴルファー）　鈴木康弘（騎手）　桑島孝春（騎手）　●殊勲賞　福岡ソフトバンクホークス（受賞者代表・高田浩一郎）　●最高新人賞　山﨑康晃（プロ野球選手）

◇毎日スポーツ人賞（平27年度）　●グランプリ　ラグビーワールドカップ2015日本代表　●ベストアスリート賞　内村航平（体操）　●新人賞　サニブラウン・アブデル・ハキーム（陸上）　三須穂乃香（パラ陸上）　●特別賞　ウィルチェアー（車いす）ラグビー日本代表　日本生命野球部　バスケットボール女子日本代表

【その他】

◇「現代用語の基礎知識」選 ユーキャン新語・流行語大賞　第32回　●年間大賞　柳田悠岐（福岡ソフトバンクホークス），山田哲人（東京ヤクルトスワローズ）"トリプルスリー"　羅怡文（ラオックス代表取締役社長）"爆買い"

◇将棋大賞　第42回　●最優秀棋士賞　羽生善治　●新人賞　千田翔太　●最優秀女流棋士賞　甲斐智美

◇星雲賞　第46回　●日本長編部門（小説）　藤井太洋「オービタル・クラウド」　●日本短編部門（小説）　飛浩隆「海の指」　●メディア部門　西﨑義展原作，出渕裕総監督，宇宙戦艦ヤマト2199製作委員会製作「宇宙戦艦ヤマト2199星巡る方舟」　●コミック部門　石川雅之「もやしもん」　●アート部門　水玉螢之丞　●ノンフィクション部門　牧眞司編集，大森望編集「サンリオSF文庫総解説」　●自由部門　島本和彦原作，福田雄一監督「アオイホノオ」（テレビ東京系「ドラマ24」）

◇日本SF大賞　第36回　谷甲州「コロンビア・ゼロ 新・航空宇宙軍史」　森岡浩之「突変」　●特別賞　牧野修「月世界小説」　●功績賞　生頼範義

◇文化勲章（平27年度）　大村智（天然物有機化学・薬学者）　梶田隆章（素粒子・宇宙線物理学者）　塩野宏（法律学・行政法学者）　志村ふくみ（工芸（染織）作家）　末松安晴（光通信工学者）　仲代達矢（俳優）　中西重忠（神経科学者）

◇ベストドレッサー賞　第44回　●政治部門　鈴木直道　●経済部門　澤島秀雄　●学術・文化部門　又吉直樹　●芸能部門　吉田羊　松坂桃李　●インターナショナル部門　シャーロット・ケイト・フォックス

平成28年（2016）

【文学全般】

◇大佛次郎賞　第43回　浅田次郎「帰郷」

◇菊池寛賞　第64回　北方謙三 "全51巻の北方版「大水滸伝」シリーズを完結させ，数多ある先人の水滸伝に正面から挑む斬新な解釈で平成の新たな読者を開拓した"

◇群像新人文学賞　第59回　●当選作　崔実「ジニのパズル」
◇芸術選奨　第67回　●文学部門 文部科学大臣賞　恩田侑布子(俳人) 句集「夢洗ひ」　小島ゆかり(歌人) 歌集「馬上」　●文学部門 新人賞　崔実「ジニのパズル」　●評論等部門 文部科学大臣賞　梯久美子「狂うひと―「死の棘」の妻・島尾ミホ」
◇サントリー学芸賞〔芸術・文学部門〕　第38回　池上裕子「越境と覇権」　沖本幸子「乱舞の中世」　金沢百枝「ロマネスク美術革命」
◇司馬遼太郎賞　第20回　葉室麟「鬼神の如く 黒田叛臣伝」
◇新田次郎文学賞　第35回　長谷川康夫「つかこうへい正伝 1968-1982」
◇日本芸術院賞(第2部・文芸)　第73回　●恩賜賞・日本芸術院賞　渡辺保(評論)"演劇全般, 特に伝統演劇の本質を綿密かつ精緻に探究した長年にわたる評論の業績"　●日本芸術院賞　髙樹のぶ子(小説)"様々な類型の人間関係の機微を緻密に考察し, 豊かな物語性を織りこんだ小説を造型した業績"
◇野間文芸賞　第69回　堀江敏幸「その姿の消し方」
◇毎日芸術賞　第58回　筒井康隆「モナドの領域」
◇毎日出版文化賞　第70回　●文学・芸術部門　島田雅彦著, 講談社「虚人の星」　●書評賞　荒川洋治著, みすず書房「過去をもつ人」
◇三島由紀夫賞　第29回　蓮實重彥「伯爵夫人」
◇読売文学賞　第68回　●小説賞　リービ英雄「模範郷」　●戯曲・シナリオ賞　ケラリーノ・サンドロヴィッチ「キネマと恋人」　●随筆・紀行賞　今福龍太「ヘンリー・ソロー 野生の学舎」　●評論・伝記賞　梯久美子「狂うひと―「死の棘」の妻・島尾ミホ」　●詩歌俳句賞　ジェフリー・アングルス「わたしの日付変更線」(詩集)

【小説】

◇芥川龍之介賞　第155回(上期)　村田沙耶香「コンビニ人間」
◇芥川龍之介賞　第156回(下期)　山下澄人「しんせかい」
◇泉鏡花文学賞　第44回　川上弘美「大きな鳥にさらわれないよう」
◇江戸川乱歩賞　第62回　佐藤究「QJKJQ」
◇大藪春彦賞　第18回　須賀しのぶ「革命前夜」
◇オール讀物新人賞　第96回　佐々木愛「ひどい句点」　嶋津輝「姉といもうと」
◇河合隼雄物語賞　第4回　いしいしんじ「悪声」
◇川端康成文学賞　第42回　山田詠美「生鮮てるてる坊主」
◇『このミステリーがすごい！』大賞　第15回　●大賞　岩木一麻「がん消滅の罠 完全寛解の謎」　●優秀賞　三好昌子「京の縁結び 縁見屋の娘」　柏木伸介「県警外事課 クルス機関」
◇柴田錬三郎賞　第29回　井上荒野「赤へ」
◇小説現代長編新人賞　第11回　泉ゆたか「お師匠さま、整いました！」　●奨励賞　城明「あの頃トン子と」
◇小説すばる新人賞　第29回　青羽悠「星に願いを、そして手を。」
◇新潮新人賞　第48回　鴻池留衣「二人組み」　古川真人「縫わんばならん」
◇すばる文学賞　第40回　春見朔子「そういう生き物」　●佳作　ふくだももこ「えん」
◇太宰治賞　第32回　夜釣十六「楽園」
◇谷崎潤一郎賞　第52回　絲山秋子「薄情」　長嶋有「三の隣は五号室」
◇中央公論文芸賞　第11回　東山彰良「罪の終わり」
◇直木三十五賞　第155回(上期)　荻原浩「海の見える理髪店」
◇直木三十五賞　第156回(下期)　恩田陸「蜜蜂と遠雷」
◇日本推理作家協会賞　第69回　●長編および連作短編集部門　柚月裕子「孤狼の血」　●短編部門　大石直紀「おばあちゃんといっしょ」　永嶋恵美「ババ抜き」　●評論その他の部門　門井慶喜「マジカル・ヒストリー・ツアー」

◇日本ホラー小説大賞　第23回　●大賞　受賞作なし　●優秀賞　坊木椎哉「きみといたい、朽ち果てるまで～絶望の街イタギリにて」　●読者賞　最東対地「夜葬」
◇日本ミステリー文学大賞　第20回　佐々木譲
◇野間文芸新人賞　第38回　戌井昭人「のろい男　俳優・亀岡拓次」
◇文學界新人賞　第121回　砂川文次「市街戦」　渡辺勝也「人生のアルバム」
◇文藝賞　第53回　町屋良平「青が破れる」
◇本屋大賞　第13回　大賞　宮下奈都「羊と鋼の森」　●2位　住野よる「君の膵臓をたべたい」　●3位　中脇初枝「世界の果てのこどもたち」　●翻訳小説部門1位　ガブリエル・ゼヴィン著,小尾芙佐訳「書店主フィクリーのものがたり」
◇松本清張賞　第23回　蜂須賀敬明「待ってよ」
◇紫式部文学賞　第26回　平田俊子「戯れ言の自由」
◇山田風太郎賞　第7回　塩田武士「罪の声」
◇山本周五郎賞　第29回　湊かなえ「ユートピア」
◇横溝正史ミステリ大賞　第36回　●大賞　逸木裕「虹を待つ彼女」
◇吉川英治文学賞　第50回　赤川次郎「東京零年」

【詩歌】
◇H氏賞　第66回　森本孝徳「零余子回報」
◇小熊秀雄賞　第49回　網谷厚子「魂魄風」
◇葛原妙子賞　第12回　河野美砂子「ゼクエンツ」
◇現代歌人協会賞　第60回　吉田隼人「忘却のための試論 Un essai pour l'oubli」
◇現代詩人賞　第34回　尾花仙朔「晩鐘」
◇現代詩花椿賞　第34回　伊藤悠子「まだ空はじゅうぶん明るいのに」
◇現代短歌大賞　第39回　大島史洋 "河野裕子論"並びに過去の全業績"
◇齋藤茂吉短歌文学賞　第28回　橋本喜典「行きて帰る」(歌集)
◇詩歌文学館賞　第31回　●詩　鈴木東海子「桜まいり」　●短歌　尾崎左永子「薔薇断章」　●俳句　茨木和生「真鳥」
◇高見順賞　第47回　齋藤恵美子「空閑風景」
◇蛇笏賞　第50回　矢島渚男「冬青集」
◇迢空賞　第50回　大島史洋「ふくろう」
◇壺井繁治賞　第44回　おおむらたかじ「火を入れる」
◇寺山修司短歌賞　第21回　島田幸典「駅程」
◇藤村記念歴程賞　第54回　石田瑞穂「耳の笹舟」　岩佐なを "銅版画家・詩人としての全業績"
◇中原中也賞　第22回　野崎有以「長崎まで」
◇日本歌人クラブ賞　第43回　島田幸典「駅程」
◇俳人協会賞　第56回　山尾玉藻「人の香」
◇萩原朔太郎賞　第24回　日和聡子「砂文」
◇丸山薫賞　第23回　金井雄二「朝起きてぼくは」
◇丸山豊記念現代詩賞　第25回　白井明大「生きようと生きるほうへ」
◇若山牧水賞　第21回　吉川宏志「鳥の見しもの」(歌集)

【戯曲】
◇岸田國士戯曲賞　第60回　タニノクロウ「地獄谷温泉　無明ノ宿」

【評論・随筆】
◇大宅壮一ノンフィクション賞　第47回　●書籍部門　堀川惠子「原爆供養塔　忘れられた遺骨の70

年」　●雑誌部門　児玉博「堤清二『最後の肉声』」
◇開高健ノンフィクション賞　第14回　工藤律子「マラス 暴力に支配される少年たち」
◇群像新人評論賞　第60回　●当選作　該当作なし　優秀作　川口好美「不幸と共存―シモーヌ・ヴェイユ試論」　宮澤隆義「新たな「方法序説」へ―大江健三郎をめぐって」
◇講談社エッセイ賞　第32回　横尾忠則「言葉を離れる」
◇講談社ノンフィクション賞　第38回　長谷川康夫「つかこうへい正伝 1968-1982」
◇小林秀雄賞　第15回　森田真生「数学する身体」
◇新潮ドキュメント賞　第15回　石井妙子「原節子の真実」
◇日本エッセイスト・クラブ賞　第64回　阿部菜穂子「チェリー・イングラム」　温又柔「台湾生まれ 日本語育ち」　原彬久「戦後政治の証言者たち」

【児童文学】

◇講談社出版文化賞　第47回　●絵本賞　こみねゆら「オルゴールのくるくるちゃん」
◇産経児童出版文化賞　第63回　●大賞　モリナガ・ヨウ作・絵「築地市場 絵でみる魚市場の一日」
◇児童福祉文化賞　第59回　●出版物部門　森枝卓土、株式会社フレーベル館「干したから・・・」
◇児童文芸新人賞　第45回　おおぎやなぎちか「しゅるしゅるぱん」　堀田けい「いくたのこえよみ」
◇小学館児童出版文化賞　第65回　にしがきようこ「川床にえくぼが三つ」　夢枕獏作, 山村浩二絵「ちいさなおおきなき」
◇日本絵本賞　第21回　●大賞　あきびんご作「30000このすいか」　●日本絵本賞読者賞(山田養蜂場賞)　メアリー・ルージュさく、パメラ・ザガレンスキーえ、浜崎絵梨やく「おひめさまはねむりたくないけれど」
◇日本児童文学者協会賞　第56回　岡崎ひでたか「トンヤンクイがやってきた」
◇日本児童文芸家協会賞　第40回　杉本深由起「ひかりあつめて」
◇野間児童文芸賞　第54回　柏葉幸子「岬のマヨイガ」
◇ひろすけ童話賞　第27回　ささきあり「おならくらげ」

【映画・テレビ全般】

◇エランドール賞〔新人賞〕(平28年度)　●新人賞　柄本佑　有村架純　菅田将暉　土屋太鳳　玉山鉄二　吉田羊
◇芸術選奨　第67回　●映画部門 文部科学大臣賞　庵野秀明(映画監督, アニメーション監督)"「シン・ゴジラ」の成果"　片渕須直(アニメーション監督)"「この世界の片隅に」の成果"　●映画部門 新人賞　深田晃司(映画監督)"「淵に立つ」の成果"　●評論等部門 新人賞　木下千花「溝口健二論 映画の美学と政治学」　●放送部門 文部科学大臣賞　宮藤官九郎(脚本家)"「ゆとりですがなにか」の成果"　●放送部門 新人賞　井上剛(ディレクター)"「トットてれび」の成果"
◇毎日芸術賞　第58回　石井ふく子「居酒屋もへじ－母という字－」「渡る世間は鬼ばかり」のプロデュース"　黒沢清"「クリーピー 偽りの隣人」「ダゲレオタイプの女」の監督"

【映画】

◇川喜多賞　第34回　戸田奈津子(字幕翻訳家)
◇キネマ旬報ベスト・テン　第90回　●日本映画 第1位　「この世界の片隅に」(片渕須直監督)　●外国映画 第1位　「ハドソン川の奇跡」(クリント・イーストウッド監督)
◇キネマ旬報ベスト・テン個人賞　第90回　●監督賞　片渕須直「この世界の片隅に」　●脚本賞　庵野秀明「シン・ゴジラ」　●主演男優賞　柳楽優弥「ディストラクション・ベイビーズ」　●主演女優賞　宮沢りえ「湯を沸かすほどの熱い愛」　●助演男優賞　竹原ピストル「永い言い訳」　●助演女優賞　杉咲花「湯を沸かすほどの熱い愛」「スキャナー 記憶のカケラをよむ男」　●新人男優賞　村上虹郎「ディストラクション・ベイビーズ」「夏美のホタル」　●新人女優賞　小松菜奈「溺れるナイフ」「ディストラクション・ベイビーズ」「黒崎くんの言いなりになんてならない」「ヒーローマニア－生活－」

◇ゴールデングロス賞　第34回　●日本映画部門 金賞　東宝「君の名は。」　●外国映画部門 金賞 ウォルト・ディズニー「スター・ウォーズ/フォースの覚醒」　●全興連特別功労賞　佐野哲章　●全興連特別賞　博報堂「ガールズ&パンツァー 劇場版」　●全興連ビックリ賞　東宝「君の名は。」

◇日刊スポーツ映画大賞・石原裕次郎賞　第29回　●作品賞　「64-ロクヨン-」(瀬々敬久監督)　●監督賞　新海誠「君の名は。」　●主演男優賞　佐藤浩市「64-ロクヨン-」　●主演女優賞　宮沢りえ「湯を沸かすほどの熱い愛」　●助演男優賞　妻夫木聡「怒り」「ミュージアム」「家族はつらいよ」「殿、利息でござる！」　●助演女優賞　宮﨑あおい「怒り」「バースデーカード」　●新人賞　有村架純「夏美のホタル」「何者」「アイアムアヒーロー」「僕だけがいない街」　●外国作品賞「スポットライト 世紀のスクープ」(トム・マッカーシー監督)　●石原裕次郎賞　「さらば あぶない刑事」(村川透監督)

◇日本アカデミー賞　第39回　●最優秀作品賞　「海街diary」　●最優秀アニメーション作品賞「バケモノの子」　●最優秀監督賞　是枝裕和「海街diary」　●最優秀脚本賞　足立紳「百円の恋」　●最優秀主演男優賞　二宮和也「母と暮せば」　●最優秀主演女優賞　安藤サクラ「百円の恋」　●最優秀助演男優賞　本木雅弘「日本のいちばん長い日」　●最優秀助演女優賞　黒木華「母と暮せば」　●最優秀外国作品賞　「アメリカン・スナイパー」　●新人俳優賞　有村架純「ビリギャル」　土屋太鳳「orange-オレンジ-」　広瀬すず「海街diary」　藤野涼子「ソロモンの偽証 前篇・事件/後篇・裁判」　篠原篤「恋人たち」　野田洋次郎「トイレのピエタ」　山﨑賢人「orange-オレンジ-」「ヒロイン失格」　山田涼介「映画 暗殺教室」　●協会栄誉賞　仲代達矢　●話題賞 作品部門　「バクマン。」　●話題賞 俳優部門　ももいろクローバーZ「幕が上がる」

◇ブルーリボン賞　第59回　●作品賞　「シン・ゴジラ」　●監督賞　片渕須直「この世界の片隅に」　●主演男優賞　松山ケンイチ「聖の青春」ほか　●主演女優賞　大竹しのぶ「後妻業の女」　●助演男優賞　リリー・フランキー「SCOOP！」「聖の青春」ほか　●助演女優賞　杉咲花「湯を沸かすほどの熱い愛」　●新人賞　岡村いずみ「ジムノペディに乱れる」　●外国映画賞　「ローグ・ワン/スター・ウォーズ・ストーリー」　●特別賞　「君の名は。」

◇報知映画賞　第41回　●作品賞・邦画部門　「湯を沸かすほどの熱い愛」　●監督賞　李相日　●主演男優賞　三浦友和　●主演女優賞　宮沢りえ　●助演男優賞　綾野剛　●助演女優賞　杉咲花　●新人賞　岩田剛典　中野量太　●作品賞・海外部門　「クリード チャンプを継ぐ男」　●特別賞「君の名は。」

◇毎日映画コンクール　第71回　●日本映画大賞　「シン・ゴジラ」(庵野秀明総監督)　●監督賞　西川美和「永い言い訳」　●脚本賞　向井康介「聖の青春」　●男優主演賞　本木雅弘「永い言い訳」　●女優主演賞　筒井真理子「淵に立つ」　●男優助演賞　香川照之「クリーピー 偽りの隣人」　●女優助演賞　市川実日子「シン・ゴジラ」　●スポニチグランプリ新人賞　毎熊克哉「ケンとカズ」　中条あやみ「セトウツミ」　●田中絹代賞　松原智恵子　●アニメーション映画賞　「君の名は。」　●大藤信郎賞　「この世界の片隅に」　●特別賞　島村達雄(白組社長)

◇牧野省三賞(平28年)　篠田正浩
◇三船敏郎賞(平28年)　阿部寛

【テレビ】

◇ギャラクシー賞　第54回　●第11回マイベストTV賞グランプリ　TBSテレビ 火曜ドラマ「逃げるは恥だが役に立つ」　●テレビ部門 大賞　日本放送協会 NHKスペシャル「ある文民警察官の死～カンボジアPKO 23年目の告白～」　●テレビ部門 特別賞　日本テレビ放送網「世界の果てまでイッテQ！」　●テレビ部門 個人賞　満島ひかり "ドラマ「トットてれび」「シリーズ・江戸川乱歩短編集Ⅱ 妖しい愛の物語」「カルテット」の演技"　●CM部門 大賞　静岡新聞社「超ドS 静岡兄弟篇」

◇芸術祭賞〔テレビ・ドラマ部門〕　第71回　●大賞　日本放送協会, AXON プレミアムドラマ「奇跡の人」　●優秀賞　テレビ朝日「山田太一ドラマスペシャル 五年目のひとり」　日本放送協会大阪放送局 木曜時代劇「ちかえもん」　WOWOW「ドラマW この街の命に」

◇日刊スポーツ・ドラマグランプリ　第20回　●主演男優賞　大野智「世界一難しい恋」　●主演女優賞　新垣結衣「逃げるは恥だが役に立つ」　●助演男優賞　香川照之「99.9―刑事専門弁護士―」　●助演女優賞　小池栄子「世界一難しい恋」　●作品賞　「世界一難しい恋」(主演・大野智)

◇日本民間放送連盟賞(平28年)　●番組部門 テレビエンターテインメント 最優秀　信越放送 SBCス

第1部 受賞年順　　　　　　　　　　　　　　　　　　　　　　　　　　　平成28年（2016）

ペシャル「鶴と亀とオレ」　●番組部門　テレビドラマ　最優秀　WOWOW ドラマW「この街の命に」
◇橋田賞　第25回　●大賞　該当者なし　●橋田賞　NHK「夏目漱石の妻」　TBS「ふつうが一番〜作家・藤沢周平 父の一言〜」　東海テレビ「人生フルーツ」　NHK「NHKこども幼児番組」　船越英一郎（俳優）　新垣結衣「逃げるは恥だが役に立つ」　●新人賞　高畑充希「とと姉ちゃん」　●特別賞　中村吉右衛門(2代)「鬼平犯科帳」　吉永春子（ドキュメンタリスト）「魔の731部隊」
◇放送文化基金賞　第42回　●テレビドラマ番組　最優秀賞　TBSテレビ 年末ドラマ特別企画「赤めだか」　●テレビエンターテインメント番組　最優秀賞　東海テレビ放送「人生フルーツ ある建築家と雑木林のものがたり」　●個別分野　演技賞　佐藤健 TBSテレビ60周年特別企画 日曜劇場「天皇の料理番」　樹木希林 福岡発地域ドラマ「いとの森の家」　●個別分野　演出賞　羽根井信英「100分de平和論」　●個別分野　脚本賞　瀬戸山美咲 FMシアター「あいちゃんは幻」
◇向田邦子賞　第35回　矢島弘一「毒島ゆり子のせきらら日記」

【芸能全般】

◇浅草芸能大賞　第33回　●大賞　加山雄三（俳優）　●奨励賞　ナイツ（漫才師）　●新人賞　尾上松也（歌舞伎俳優）
◇芸術祭賞〔大衆芸能部門〕　第71回　●大賞（関西参加公演の部）　桂文之助 "桂文之助独演会の成果"
◇芸術選奨　第67回　●演劇部門 文部科学大臣賞　金剛永謹（能楽師）「鞍馬天狗」ほかの成果"　橋爪功 "景清"における演技"　●演劇部門 新人賞　浦井健治「ヘンリー四世」ほかにおける演技"　●大衆芸能部門 文部科学大臣賞　桂ざこば（落語家）"桂ざこば独演会"ほかの成果"　●大衆芸能部門 新人賞　ナイツ（土屋伸之、塙宣之）（漫才師）"ナイツ独演会"ほかの成果"
◇毎日芸術賞　第58回　●特別賞　坂本冬美「ENKA〜情歌〜」　●千田是也賞　藤井ごう「カムアウト2016←→1989」「郡上の立百姓」「海ゆかば水漬く屍」の演出"
◇松尾芸能賞　第37回　●大賞 演劇　平幹二朗　●優秀賞 演劇　一路真輝　●新人賞 演劇　尾上松也

【音楽】

◇JASRAC賞　第34回　●金賞　STY作詞, STY作曲, Maozon作曲ほか「R.Y.U.S.E.I.」　●銀賞　秋元康作詞, 伊藤心太郎作曲ほか「恋するフォーチュンクッキー」　●銅賞　中島みゆき作詞・作曲ほか「糸」　●国際賞　菊池俊輔作曲「キテレツ大百科BGM」
◇日本ゴールドディスク大賞　第31回　●アーティスト・オブ・ザ・イヤー 邦楽　嵐　●ザ・ベスト・演歌/歌謡曲・アーティスト　氷川きよし　●ニュー・アーティスト・オブ・ザ・イヤー 邦楽　欅坂46　●ベスト・演歌/歌謡曲・ニュー・アーティスト　羽山みずき
◇日本作詩大賞　第49回　●大賞　久保真見「空蟬の家」（歌・堀内孝雄）　●日本作詩家協会作品賞　久仁京介「阿吽の花」（歌・島津亜矢）　●日本作詩大賞審査会 特別賞　下地亜記子　●テレビ東京特別賞　林部智史　●最優秀新人賞　岸かいせい「船折瀬戸」（歌・水田竜子）
◇日本有線大賞　第49回　●大賞　西野カナ「Dear Bride」　●新人賞　エドアルド「母きずな」　林部智史「あいたい」　ふわふわ「晴天HOLIDAY」　●有線大衆賞　市川由紀乃「心かさねて」　●有線話題賞　ピコ太郎「PPAP（ペンパイナッポーアッポーペン）」　RADIO FISH「PERFECT HUMAN」　●特別賞　桐谷健太「海の声」　THE YELLOW MONKEY「SPARK」「砂の塔」
◇日本レコード大賞　第58回　●大賞　西野カナ「あなたの好きなところ」　●最優秀アルバム賞　宇多田ヒカル「Fantôme」　●最優秀歌唱賞　鈴木雅之　●最優秀新人賞　iKON　●特別話題賞　ピコ太郎「PPAP（ペンパイナッポーアッポーペン）」　●特別栄誉賞　船村徹

【演劇】

◇菊田一夫演劇賞　第42回　●演劇大賞　麻実れい　●演劇賞　中川晃教　小池徹平　新橋耐子　藤田俊太郎　●特別賞　勝柴次朗 "永年の舞台照明デザインにおける功績に対して"
◇紀伊國屋演劇賞　第51回　●団体賞　シーエイティプロデュース "End of the RAINBOW"「クレシダ」「テイクミーアウト」の優れた舞台成果"　●個人賞　佐藤誓　ケラリーノ・サンドロヴィッチ　詩森ろば　高田聖子　市川猿之助(4代)
◇芸術祭賞〔演劇部門〕　第71回　●大賞（関東参加公演の部）　梅若万三郎 "橘香会 能「朝長」にお

ける演技"
◇読売演劇大賞　第24回　●最優秀作品賞　「ジャージー・ボーイズ」　●最優秀男優賞　中川晃教"ジャージー・ボーイズ"の演技"　●最優秀女優賞　鈴木杏"「イニシュマン島のビリー」「母と惑星について、および自転する女たちの記録」の演技"　●最優秀演出家賞　ケラリーノ・サンドロヴィッチ"「8月の家族たち August：Osage County」の演出"　●杉村春子賞〔新人対象〕　三浦春馬"「キンキーブーツ」の演技"　●芸術栄誉賞　吉井澄雄　●選考委員特別賞　三浦基"「ヘッダ・ガブラー」「桜の園」の演出"

【演芸】

◇上方漫才大賞　第51回　●大賞　オール阪神, オール巨人　●奨励賞　銀シャリ　●新人賞　コマンダンテ

【漫画・アニメ】

◇朝日賞(平28年度)　萩尾望都　"漫画表現の革新と長年にわたる創作活動"
◇菊池寛賞　第64回　秋本治
◇芸術選奨　第67回　●メディア芸術部門　文部科学大臣賞　秋本治(漫画家)「こちら葛飾区亀有公園前派出所」
◇講談社漫画賞　第40回　●少年部門　安田剛士「DAYS」　●少女部門　ぢゅん子「私がモテてどうすんだ」　●一般部門　鈴ノ木ユウ「コウノドリ」
◇小学館漫画賞　第62回　●児童向け部門　五十嵐かおる「いじめ」　●少年向け部門　ONE「モブサイコ100」　●少女向け部門　椎名チカ「37.5℃の涙」　●一般向け部門　石塚真一「BLUE GIANT」　松田奈緒子「重版出来！」　●審査委員特別賞　高井研一郎"1956年のデビュー以来, 漫画界への長年に渡る貢献に対して"
◇手塚治虫文化賞　第20回　●マンガ大賞　一ノ関圭「鼻紙写楽」　あずまきよひこ「よつばと！」　●新生賞　安藤ゆき「町田くんの世界」　●短編賞　中崎タツヤ「じみへん」　●特別賞　京都国際マンガミュージアム　"10年にわたり博物館と図書館の両面からマンガ文化に貢献した活動に対して"
◇マンガ大賞 2016　野田サトル「ゴールデンカムイ」

【スポーツ】

◇朝日スポーツ賞(平28年度)　伊調馨"リオデジャネイロ五輪レスリングで女子個人種目として史上初の4連覇を達成"　日本財団パラリンピックサポートセンター"パラリンピックの競技団体に事務所スペースを無償提供するなど活動を支援"
◇菊池寛賞　第64回　髙橋礼華, 松友美佐紀"リオ五輪決勝の最終ゲームにおける逆転劇で国民を大いに魅了し, 金メダルをもたらした。その歴史的成果と東京五輪での活躍に期待をこめて"
◇日本パラスポーツ賞　第1回　●大賞　木村敬一(身体障害者水泳, 日本身体障がい者水泳連盟)　●優秀賞　ボッチャ日本代表チーム　ウィルチェアーラグビー日本代表チーム　●新人賞　佐藤友祈(陸上選手, 日本パラ陸上競技連盟)　辻沙絵(陸上選手, 日本パラ陸上競技連盟)
◇日本プロスポーツ大賞　第49回　●大賞　大谷翔平(プロ野球選手)　●スポーツ功労者文部科学大臣顕彰　内田棟(ゴルファー)　橋口弘次郎(騎手)　石田佳員(大相撲選手)　●殊勲賞(NHK賞)　広島東洋カープ(受賞者代表・鈴木清明)　●殊勲賞　北海道日本ハムファイターズ(受賞者代表・大野奨太)　●最高新人賞　髙梨裕稔(プロ野球選手)
◇毎日スポーツ人賞(平28年度)　●グランプリ　リオデジャネイロ五輪陸上男子400メートルリレー日本代表"88年ぶりの快挙となる陸上トラック種目での銀メダルを獲得した功績"　●ベストアスリート賞　木村敬一(パラ競泳)"リオパラリンピックでは銀2, 銅2のメダルを獲得した功績"　●新人賞　佐藤友祈(パラ陸上)"リオパラリンピックで2種目の銀メダルを獲得した功績"　畑岡奈紗(ゴルフ)"日本女子オープンで国内女子公式戦初のアマチュア優勝した功績"　●文化賞　臼井二美男(義肢装具士)"スポーツ用義足製作の第一人者。切断障がい者の陸上クラブ「ヘルスエンジェルス」の創設者でもある"　●功労賞　平尾誠二(ラグビー)"「ミスター・ラグビー」と呼ばれた名選手であり, 高校・大学・社会人で日本一になった功績"

【その他】

◇「現代用語の基礎知識」選 ユーキャン新語・流行語大賞 第33回 ●年間大賞 緒方孝市(広島東洋カープ監督), 鈴木誠也(広島東洋カープ外野手)"神ってる" ●選考委員特別賞 熊本市"復興城主"
◇国民栄誉賞(平28年10月) 伊調馨(レスリング選手)
◇将棋大賞 第43回 ●最優秀棋士賞 羽生善治 ●新人賞 斎藤慎太郎 ●最優秀女流棋士賞 里見香奈
◇星雲賞 第47回 ●日本長編部門(小説) 梶尾真治「怨讐星域」 ●日本短編部門(小説) 山本弘「多々良島ふたたび」 田中啓文「怪獣ルクスビグラの足型を取った男」 ●メディア部門 水島努監督, 「ガールズ＆パンツァー劇場版」製作委員会製作「ガールズ＆パンツァー 劇場版」 ●コミック部門 弐瓶勉「シドニアの騎士」 ●アート部門 生賴範義 ●ノンフィクション部門 水玉螢之丞「SFまで10000光年」「SFまで10万光年以上」 ●自由部門 早川書房"〈宇宙英雄ローダン・シリーズ〉500巻出版達成"
◇日本SF大賞 第37回 白井弓子「WOMBS(ウームズ)」 ●特別賞 庵野秀明総監督, 樋口真嗣監督, 尾上克郎准監督・特技統括「シン・ゴジラ」
◇文化勲章(平28年度) 大隅良典(細胞生物学者) 草間彌生(絵本・彫刻家) 中野三敏(日本近世文学者) 原田朋子(集団遺伝学者) 平岩弓枝(小説家) 福田博郎(作曲家)
◇ベストドレッサー賞 第45回 ●政治部門 小池百合子 ●経済部門 岡崎忠彦 ●学術・文化部門 荒木飛呂彦 ●芸能部門 松下奈緒 菅田将暉 ●スポーツ部門 伊調馨 ●インターナショナル部門 別所哲也

平成29年(2017)

【文学全般】

◇朝日賞〔文学関係〕(平29年度) 瀬戸内寂聴 "女性の地位を向上させた作家活動や平和への社会活動"
◇大佛次郎賞 第44回 髙村薫「土の記」
◇菊池寛賞 第65回 夢枕獏 "「陰陽師」「餓狼伝」「キマイラ」など映像化, 舞台化, マンガ化が絶えない人気シリーズに加え, 多彩な文筆活動で40年にわたり読者を魅了し続けた" 奥本大三郎 "ファーブル「昆虫記」全10巻20冊を, 30年の月日をかけ翻訳した"
◇群像新人文学賞 第60回 ●当選作 該当作なし ●優秀作 上原智美「天袋」 李琴峰「独り舞」
◇芸術選奨 第68回 ●文学部門 文部科学大臣賞 金井美恵子(小説家, 詩人)「カストロの尻」 松家仁之(小説家, 編集者)「光の犬」 ●文学部門 新人賞 上田岳弘「塔と重力」 ●評論等部門 新人賞 村上克尚(日本学術振興会特別研究員)「動物の声, 他者の声 日本戦後文学の倫理」
◇サントリー学芸賞〔芸術・文学部門〕 第39回 加藤耕一「時がつくる建築―リノベーションの西洋建築史」 金子遊(批評家, 映像作家)「映像の境域―アートフィルム/ワールドシネマ」
◇司馬遼太郎賞 第21回 奥山俊宏「秘密解除 ロッキード事件」
◇新田次郎文学賞 第36回 原田マハ「リーチ先生」
◇日本芸術院賞(第2部・文芸) 第74回 ●恩賜賞・日本芸術院賞 芳賀徹(評論・翻訳) 著書「文明としての徳川日本 一六〇三 - 一八五三年」
◇野間文芸賞 第70回 髙村薫「土の記 上・下」
◇毎日芸術賞 第59回 有馬朗人 "句集「黙示」並びに現代俳句の発展と国際化に果たした功績" 髙村薫「土の記 上・下」
◇毎日出版文化賞 第71回 ●文学・芸術部門 古処誠二著, KADOKAWA「いくさの底」
◇三島由紀夫賞 第30回 宮内悠介「カブールの園」
◇読売文学賞 第69回 ●小説賞 東山彰良「僕が殺した人と僕を殺した人」 ●戯曲・シナリオ賞 受賞作なし ●随筆・紀行賞 保苅瑞穂「モンテーニュの書斎 『エセー』を読む」 ●評論・伝記賞 米本浩二「評伝 石牟礼道子 渚に立つひと」 ●詩歌俳句賞 山口昭男「木簡 山口昭男句集」

【小説】

◇芥川龍之介賞　第157回（上期）　沼田真佑「影裏」
◇芥川龍之介賞　第158回（下期）　石井遊佳「百年泥」　若竹千佐子「おらおらでひとりいぐも」
◇泉鏡花文学賞　第45回　松浦理英子「最愛の子ども」
◇江戸川乱歩賞　第63回　受賞作なし
◇大藪春彦賞　第19回　長浦京「リボルバー・リリー」
◇オール讀物新人賞　第97回　三本雅彦「新芽」
◇河合隼雄物語賞　第5回　今村夏子「あひる」
◇川端康成文学賞　第43回　円城塔「文字渦」
◇『このミステリーがすごい！』大賞　第16回　●大賞　蒼井碧「オーパーツ 死を招く至宝」　●優秀賞　田村和大「筋読み」　くろきすがや「感染領域」
◇柴田錬三郎賞　第30回　花村萬月「日蝕えつきる」
◇小説現代長編新人賞　第12回　吉森大祐「幕末ダウンタウン」　●奨励賞　小原周子「ネカフェナース」
◇小説すばる新人賞　第30回　安壇美緒「天龍院亜希子の日記」
◇新潮新人賞　第49回　佐藤厚志「蛇沼」　石井遊佳「百年泥」
◇すばる文学賞　第41回　山岡ミヤ「光点」　●佳作　兎束まいこ「遊ぶ幽霊」
◇太宰治賞　第33回　サクラ・ヒロ「タンゴ・イン・ザ・ダーク」
◇谷崎潤一郎賞　第53回　松浦寿輝「名誉と恍惚」
◇中央公論文芸賞　第12回　森絵都「みかづき」
◇直木三十五賞　第157回（上期）　佐藤正午「月の満ち欠け」
◇直木三十五賞　第158回（下期）　門井慶喜「銀河鉄道の父」
◇日本推理作家協会賞　第70回　●長編および連作短編集部門　宇佐美まこと「愚者の毒」　●短編部門　薬丸岳「黄昏」
◇日本ファンタジーノベル大賞 2017　柿村将彦「隣のずこずこ」
◇日本ホラー小説大賞　第24回　●大賞　受賞作なし　●優秀賞　木犀あこ「奇奇譚編集部 ホラー作家はおばけが怖い」　山吹静吽「迷い家」　●読者賞　野城亮「ハラサキ」
◇日本ミステリー文学大賞　第21回　夢枕獏
◇野間文芸新人賞　第39回　今村夏子「星の子」　高橋弘希「日曜日の人々（サンデー・ピープル）」
◇文學界新人賞　第122回　沼田真佑「影裏」
◇文藝賞　第54回　若竹千佐子「おらおらでひとりいぐも」
◇本屋大賞　第14回　●大賞　恩田陸「蜜蜂と遠雷」　●2位　森絵都「みかづき」　●3位　塩田武士「罪の声」　●翻訳小説部門 1位　トーン・テレヘン著，長山さき訳「ハリネズミの願い」
◇松本清張賞　第24回　滝沢志郎「明治乙女物語」
◇紫式部文学賞　第27回　津村記久子「浮遊霊ブラジル」
◇山田風太郎賞　第8回　池上永一「ヒストリア」
◇山本周五郎賞　第30回　佐藤多佳子「明るい夜に出かけて」
◇横溝正史ミステリ大賞　第37回　●大賞　該当作なし　●優秀賞　染井為人「悪い夏」
◇吉川英治文学賞　第51回　藤田宜永「大雪物語」

【詩歌】

◇H氏賞　第67回　北原千代「真珠川 Barroco」
◇小熊秀雄賞　第50回　山田亮太「オバマ・グーグル」
◇現代歌人協会賞　第61回　鳥居「キリンの子 鳥居歌集」
◇現代詩人賞　第35回　中村稔「言葉について」

◇現代詩花椿賞　第35回　井坂洋子「七月のひと房」
◇現代短歌大賞　第40回　永田和宏"永田和宏作品集Ⅰ"並びに過去の全業績"
◇齋藤茂吉短歌文学賞　第29回　大辻隆弘「景徳鎮」(歌集)
◇詩歌文学館賞　第32回　●詩　来住野恵子「ようこそ」　●短歌　波汐國芳「警鐘」　●俳句　後藤比奈夫「白寿」
◇高見順賞　第48回　貞久秀紀「具現」
◇蛇笏賞　第51回　髙橋睦郎「十年」　正木ゆう子「羽羽」
◇沼空賞　第51回　橋本喜典「行きて帰る」
◇壺井繁治賞　第45回　玉川侑香「戦争を食らう」
◇中原中也賞　第23回　マーサ・ナカムラ「狸の匣」
◇日本歌人クラブ賞　第44回　久我田鶴子「菜種梅雨」
◇俳人協会賞　第57回　櫂未知子「カムイ」　須賀一惠「銀座の歩幅」
◇萩原朔太郎賞　第25回　岡本啓「絶景ノート」
◇丸山薫賞　第24回　井川博年「夢去りぬ」
◇歴程賞　第55回　倉橋健一「失せる故郷」　黒岩隆「青蚊帳」
◇若山牧水賞　第22回　三枝浩樹「時禱集」(歌集)

【戯曲】

◇岸田國士戯曲賞　第61回　上田誠「来てけつかるべき新世界」

【評論・随筆】

◇大宅壮一メモリアル日本ノンフィクション大賞　第1回　●大賞　森健「小倉昌男 祈りと経営―ヤマト「宅急便の父」が闘っていたもの」　●読者賞　菅野完「日本(にっぽん)会議の研究」
◇開高健ノンフィクション賞　第15回　畠山理仁「黙殺 報じられない"無頼系独立候補"たちの戦い」
◇群像新人評論賞　第61回　●当選作　石橋正孝「なぜシャーロック・ホームズは永遠なのか―コンテンツツーリズム論序説」
◇講談社エッセイ賞　第33回　小泉今日子「黄色いマンション 黒い猫」　穂村弘「鳥肌が」
◇講談社ノンフィクション賞　第39回　梯久美子「狂うひと―「死の棘」の妻・島尾ミホ」　中村計「勝ち過ぎた監督 駒大苫小牧 幻の三連覇」
◇小林秀雄賞　第16回　國分功一郎「中動態の世界―意志と責任の考古学」
◇新潮ドキュメント賞　第16回　ブレイディみかこ「子どもたちの階級闘争 ブロークン・ブリテンの無料託児所から」
◇日本エッセイスト・クラブ賞　第65回　鳥海修「文字を作る仕事」　原田國男「裁判の非情と人情」

【児童文学】

◇講談社出版文化賞　第48回　●絵本賞　青山邦彦「大坂城 絵で見る日本の城づくり」
◇産経児童出版文化賞　第64回　●大賞　「世界のともだち 全36巻」
◇児童福祉文化賞　第60回　●出版物部門　福田正己, 株式会社誠文堂新光社「マンモス―絶滅の謎からクローン化まで―」
◇児童文芸新人賞　第46回　戸森しるこ「ぼくたちのリアル」
◇小学館児童出版文化賞　第66回　市川朔久子「小やぎのかんむり」　舘野鴻「つちはんみょう」
◇日本絵本賞　第22回　●大賞　荒井良二著「きょうはそらにまるいつき」　●日本絵本賞読者賞(山田養蜂場賞)　矢野アケミ作・絵「どうぶつドドド」
◇日本児童文学者協会賞　第57回　ひこ・田中「なりたて中学生」初級編・中級編・上級編
◇日本児童文芸家協会賞　第41回　該当作なし
◇野間児童文芸賞　第55回　山本悦子「神隠しの教室」

◇ひろすけ童話賞　第28回　萩原弓佳「せなかのともだち」

【映画・テレビ全般】
◇エランドール賞〔新人賞〕（平29年度）　●新人賞　坂口健太郎　高畑充希　ディーン・フジオカ　波瑠　星野源　広瀬すず　●特別賞　「逃げるは恥だが役に立つ」制作チーム
◇菊池寛賞　第65回　映画「この世界の片隅に」に関わったチーム一同　チューリップテレビ報道制作局　"富山市議会の強引な議員報酬引き上げへの不信から、地道な調査報道で政務活動費に関する不正を暴き、全国の自治体での政活費チェックへと繋がった"
◇芸術選奨　第68回　●映画部門 文部科学大臣賞　黒沢清（映画監督）"「散歩する侵略者」の成果"　永瀬正敏"「光」ほかの演技"　●映画部門 新人賞　菅田将暉"「あゝ、荒野」ほかの演技"　●放送部門 文部科学大臣賞　坂元裕二（脚本家）"「カルテット」の脚本"　●放送部門 新人賞　加藤拓（ドラマディレクター）"「眩～北斎の娘～」の成果"
◇文化庁メディア芸術祭　第20回　●エンターテインメント部門 大賞　庵野秀明,樋口真嗣「シン・ゴジラ」

【映画】
◇川喜多賞　第35回　山田宏一（映画評論家）
◇キネマ旬報ベスト・テン　第91回　●日本映画 第1位　「夜空はいつでも最高密度の青色だ」(石井裕也監督)　●外国映画 第1位　「わたしは、ダニエル・ブレイク」(ケン・ローチ監督)
◇キネマ旬報ベスト・テン個人賞　第91回　●監督賞　大林宣彦「花筐/HANAGATAMI」　●脚本賞　石井裕也「映画 夜空はいつでも最高密度の青色だ」　●主演男優賞　菅田将暉「あゝ、荒野 前篇」「火花」「帝一の國」「キセキ―あの日のソビト―」　●主演女優賞　蒼井優「彼女がその名を知らない鳥たち」　●助演男優賞　ヤン・イクチュン「あゝ、荒野 前篇/後篇」　●助演女優賞　田中麗奈「幼な子われらに生まれ」　●新人男優賞　山田涼介「ナミヤ雑貨店の奇蹟」「鋼の錬金術師」　●新人女優賞　石橋静河「映画 夜空はいつでも最高密度の青色だ」「PARKS パークス」「密使と番人」
◇ゴールデングロス賞　第35回　●日本映画部門 金賞　東宝「名探偵コナン から紅の恋歌(ラブレター)」　●外国映画部門 金賞　ウォルト・ディズニー「美女と野獣」　●全興連特別賞　東京テアトル「この世界の片隅に」
◇日刊スポーツ映画大賞・石原裕次郎賞　第30回　●作品賞　「あゝ、荒野」(岸善幸監督)　●監督賞　石井裕也「夜空はいつでも最高密度の青色だ」　●主演男優賞　菅田将暉「あゝ、荒野」「キセキ―あの日のソビト―」「帝一の國」「火花」　●主演女優賞　蒼井優「彼女がその名を知らない鳥たち」「アズミ・ハルコは行方不明」　●助演男優賞　役所広司「三度目の殺人」　●助演女優賞　尾野真千子「ナミヤ雑貨店の奇蹟」　●新人賞　浜辺美波「君の膵臓をたべたい」「亜人」　●外国作品賞「ダンケルク」(クリストファー・ノーラン監督)　●石原裕次郎賞　「アウトレイジ 最終章」(北野武監督)　●石原裕次郎新人賞　竹内涼真「帝一の國」
◇日本アカデミー賞　第40回　●最優秀作品賞　「シン・ゴジラ」　●最優秀アニメーション作品賞「この世界の片隅に」　●最優秀監督賞　庵野秀明総監督,樋口真嗣監督「シン・ゴジラ」　●最優秀脚本賞　新海誠「君の名は。」　●最優秀主演男優賞　佐藤浩市「64-ロクヨン-前編」　●最優秀主演女優賞　宮沢りえ「湯を沸かすほどの熱い愛」　●最優秀助演男優賞　妻夫木聡「怒り」　●最優秀助演女優賞　杉咲花「湯を沸かすほどの熱い愛」　●最優秀外国作品賞「ハドソン川の奇跡」　●新人俳優賞　杉咲花「湯を沸かすほどの熱い愛」　高畑充希「植物図鑑 運命の恋、ひろいました」　橋本環奈「セーラー服と機関銃-卒業-」　岩田剛典「植物図鑑 運命の恋、ひろいました」　坂口健太郎「64-ロクヨン-前編/後編」　佐久本宝「怒り」　千葉雄大「殿、利息でござる！」　真剣佑「ちはやふる-上の句-」「ちはやふる-下の句-」　●話題賞 作品部門　「君の名は。」　●話題賞 俳優部門　岩田剛典「植物図鑑 運命の恋、ひろいました」
◇ブルーリボン賞　第60回　●作品賞　「あゝ、荒野」　●監督賞　白石和彌「彼女がその名を知らない鳥たち」　●主演男優賞　阿部サダヲ「彼女がその名を知らない鳥たち」　●主演女優賞　新垣結衣「ミックス。」　●助演男優賞　ユースケ・サンタマリア「あゝ、荒野」「泥棒役者」　●助演女優賞　斉藤由貴「三度目の殺人」　●新人賞　石橋静河「映画 夜空はいつでも最高密度の青色だ」　●外国映画賞　「ドリーム」

第1部 受賞年順　　　　　　　　　　　　　　　　平成29年（2017）

◇報知映画賞　第42回　●作品賞・邦画部門　「あゝ、荒野」　●監督賞　三島有紀子　●主演男優賞　菅田将暉　●主演女優賞　蒼井優　●助演男優賞　役所広司　●助演女優賞　田中麗奈　●新人賞　北村匠海　浜辺美波　●作品賞・海外部門　「美女と野獣」　●アニメ作品賞　「SING/シング」　●特別賞　北野武　スティーブン・ノムラ・シブル

◇毎日映画コンクール　第72回　●日本映画大賞　「花筐/HANAGATAMI」（大林宣彦監督）　●監督賞　富田克也「バンコクナイツ」　●脚本賞　石井裕也「映画 夜空はいつでも最高密度の青色だ」　●男優主演賞　菅田将暉「あゝ、荒野」　●女優主演賞　長澤まさみ「散歩する侵略者」　●男優助演賞　役所広司「三度目の殺人」　●女優助演賞　田中麗奈「幼な子われらに生まれ」　●スポニチグランプリ新人賞　高杉真宙「散歩する侵略者」　伊東蒼「島々清しゃ」　●田中絹代賞　水野久美　●アニメーション映画賞　「こんぷれっくす×コンプレックス」　●大藤信郎賞　「夜明け告げるルーのうた」　●特別賞　佐藤忠男（映画評論家）

◇牧野省三賞（平29年）　新藤次郎

◇三船敏郎賞（平29年）　浅野忠信

【テレビ】

◇ギャラクシー賞　第55回　●ギャラクシー賞55周年記念賞　倉本聰　●第12回マイベストTV賞グランプリ　TBSテレビ 日曜劇場「陸王」　●テレビ部門 大賞　毎日放送 映像'17「教育と愛国～教科書でいま何が起きているのか」　●テレビ部門 特別賞　バカリズム「架空OL日記」（読売テレビ）の原作・脚本・主演」　●テレビ部門 個人賞　高橋一生 "ドラマ「おんな城主 直虎」「民衆の敵」「わろてんか」の演技"　●CM部門 大賞　資生堂ジャパン 表情プロジェクト シリーズ「表情プロジェクト」

◇芸術祭賞〔テレビ・ドラマ部門〕　第72回　●大賞　日本放送協会 特集ドラマ「眩～北斎の娘～」　●優秀賞　日本放送協会 土曜ドラマ「夏目漱石の妻」　読売テレビ放送 スペシャルドラマ「愛を乞うひと」　朝日放送 ABC創立65周年記念スペシャルドラマ「氷の轍」

◇日刊スポーツ・ドラマグランプリ　第21回　●主演男優賞　松本潤「99.9－刑事専門弁護士－SEASON2」　●主演女優賞　石原さとみ「アンナチュラル」　●助演男優賞　香川照之「99.9－刑事専門弁護士－SEASON2」　●助演女優賞　木村文乃「99.9－刑事専門弁護士－SEASON2」　●作品賞　「99.9－刑事専門弁護士－SEASON2」（主演・松本潤）

◇日本民間放送連盟賞（平29年）　●番組部門 テレビエンターテインメント 最優秀　北日本放送 KNBふるさとスペシャル「エジソンは夢の途中～93歳 カネコ式ライフ～」　●番組部門 テレビドラマ 最優秀　TBSテレビ 火曜ドラマ「逃げるは恥だが役に立つ」

◇橋田賞　第26回　●大賞　該当者なし　●橋田賞　NHK「戦慄の記憶 インパール」　TBS「コウノドリ」　岡田惠和（脚本家）「最後の同窓会」など　松たか子「カルテット」　阿川佐和子（エッセイスト）「サワコの朝」など　桂文珍（落語家）「居酒屋もへじ」　●新人賞　有村架純「ひよっこ」　竹内涼真「陸王」など　●特別賞　石原浩二「やすらぎの郷」など　大杉漣「相棒」など

◇放送文化基金賞　第43回　●テレビドラマ番組 最優秀賞　NHK 土曜ドラマ「トットてれび」　●テレビエンターテインメント番組 最優秀賞　かわうそ商会, NHKエンタープライズ, NHK ザ・プレミアム「寅さん、何考えていたの？ 渥美清・心の旅路」　●個別分野 演技賞　満島ひかり 土曜ドラマ「トットてれび」　長谷川博己 土曜ドラマ「夏目漱石の妻」　●個別分野 演出賞　柴田岳志, 榎戸崇泰 土曜ドラマ「夏目漱石の妻」

◇向田邦子賞　第36回　バカリズム「架空OL日記」

【芸能全般】

◇浅草芸能大賞　第34回　●大賞　石坂浩二（俳優）　●奨励賞　市川中車（9代）（歌舞伎俳優）　●新人賞　ホンキートンク（漫才師）

◇芸術祭賞〔大衆芸能部門〕　第72回　●大賞　該当なし

◇芸術選奨　第68回　●演劇部門 文部科学大臣賞　杉市和（能楽師）"「檜垣」ほかの成果"　宮城聰（演出家）"「アンティゴネ」ほかの成果"　●演劇部門 新人賞　詩森ろば（劇作家、演出家）"「アンネの日」ほかの成果"　●大衆芸能部門 文部科学大臣賞　石川さゆり（歌手）"「45周年記念リサイタル」ほかの成果"　入船亭扇遊（落語家）"「入船亭扇遊 独演会」ほかの成果"　●大衆芸能部門 新人賞　桃月庵白酒（落語家）"「桃月庵白酒25周年記念落語会的な」ほかの成果"　●芸術振興部門 文部科学大臣賞　細川

展裕(演劇プロデューサー)"「髑髏城の七人」ほかの成果"
◇毎日芸術賞　第59回　山路和弘「江戸怪奇譚〜ムカサリ」「喝采」の演技　●特別賞　熊川哲也(バレエダンサー,芸術監督)"バレエ「クレオパトラ」全2幕の制作・演出に至る長年の功績"　●千田是也賞　野村萬斎(狂言師)"「子午線の祀り」の演出"
◇松尾芸能賞　第38回　●大賞　邦楽(太鼓)　林英哲　●優秀賞　大衆演劇　沢竜二　●優秀賞　歌謡　堀内孝雄　●優秀賞　演劇　中村錦之助(2代)　●特別賞　映画　澤登翠

【音楽】

◇JASRAC賞　第35回　●金賞　中島みゆき作詞・作曲ほか「糸」　●銀賞　大野克夫作曲ほか「名探偵コナンBGM」　●銅賞　すぎやまこういち作曲ほか「ドラゴンクエスト序曲」　●国際賞　高梨康治作曲ほか「FAIRY TAIL BGM」
◇日本ゴールドディスク大賞　第32回　●アーティスト・オブ・ザ・イヤー　邦楽　安室奈美恵　●ザ・ベスト・演歌/歌謡曲・アーティスト　氷川きよし　●ニュー・アーティスト・オブ・ザ・イヤー　邦楽　NGT48　●ベスト・演歌/歌謡曲・ニュー・アーティスト　中澤卓也　●特別賞　荻野目洋子「ダンシング・ヒーロ ジ・アーカイブス」　BOØWY「"GIGS"CASE OF BOØWY-THE ORIGINAL-」
◇日本作詩大賞　第50回　●大賞　喜多條忠「肱川あらし」(歌・伍代夏子)　●最優秀新人賞　結木瞳「四畳半の蝉」(歌・あさみちゆき)
◇日本有線大賞　第50回　●大賞　氷川きよし「男の絶唱」　●新人賞　つばきファクトリー「初恋サンライズ」　NOBU「いま、太陽に向かって咲く花」　半﨑美子「サクラ〜卒業できなかった君へ〜」
◇日本レコード大賞　第59回　●大賞　乃木坂46「インフルエンサー」　●最優秀アルバム賞　Suchmos「THE KIDS」　●最優秀歌唱賞　天童よしみ　●最優秀新人賞　つばきファクトリー

【演劇】

◇菊田一夫演劇賞　第43回　●演劇大賞　「ビリー・エリオット〜リトル・ダンサー〜」上演関係者一同　●演劇賞　城田優　戸田恵子　神田沙也加　原田諒　●特別賞　甲斐正人"永年の作曲及び音楽活動の功績に対して"
◇紀伊國屋演劇賞　第52回　●団体賞　イキウメ"天の敵」「散歩する侵略者」の優れた舞台成果"　●個人賞　大竹しのぶ　温水洋一　佐川和正　森尾舞　乗峯雅宽
◇芸術祭賞〔演劇部門〕　第72回　●大賞(関東参加公演の部)　こまつ座「きらめく星座」　●大賞(関西参加公演の部)　松本幸四郎(9代)"「AMADEUS」における演技"
◇読売演劇大賞　第25回　●大賞・最優秀女優賞　宮沢りえ"足跡姫〜時代錯誤冬幽霊(ときあやまってふゆのゆうれい)〜」「クヒオ大佐の妻」「ワーニャ伯父さん」の演技"　●最優秀作品賞「子午線の祀(まつ)り」(世田谷パブリックシアター)　●最優秀男優賞　橋爪功"謎の変奏曲」の演技"　●最優秀演出家賞　永井愛"「ザ・空気」の演出"　●杉村春子賞〔新人対象〕　シライケイタ"実録・連合赤軍 あさま山荘への道程(みち)」「袴垂れはどこだ」の演出"　●芸術栄誉賞　仲代達矢　●選考委員特別賞　「ビリー・エリオット〜リトル・ダンサー〜」

【演芸】

◇上方漫才大賞　第52回　●大賞　海原やすよ,海原ともこ　●奨励賞　スーパーマラドーナ　●新人賞　トット

【漫画・アニメ】

◇芸術選奨　第68回　●メディア芸術部門 文部科学大臣賞　山村浩二(アニメーション作家)"「山村浩二 右目と左目でみる夢」の成果"
◇講談社漫画賞　第41回　●少年部門　カトウコトノ「将国のアルタイル」　●少女部門　三次マキ「PとJK」　●一般部門　南勝久「ザ・ファブル」
◇小学館漫画賞　第63回　●児童向け部門　篠塚ひろむ「プリプリちぃちゃん!!」　●少年向け部門　白井カイウ原作,出水ぽすか作画「約束のネバーランド」　●少女向け部門　咲坂伊緒「思い、思わ

れ、ふり、ふられ」　●一般向け部門　かわぐちかいじ「空母いぶき」　眉月じゅん「恋は雨上がりのように」
◇手塚治虫文化賞　第21回　●マンガ大賞　くらもちふさこ「花に染む」　●新生賞　雲田はるこ「昭和元禄落語心中」　●短編賞　深谷かほる「夜廻り猫」　●特別賞　秋本治 "こちら葛飾区亀有公園前派出所" 40年の連載完結に対して"
◇文化庁メディア芸術祭　第20回　●アニメーション部門 大賞　新海誠「君の名は。」　●マンガ部門 大賞　石塚真一「BLUE GIANT」　●功労賞　飯塚正夫(コンテンツ・マネージャー)　髙野行央(昭和漫画館青虫館長)
◇マンガ大賞2017　柳本光晴「響～小説家になる方法～」

【スポーツ】

◇朝日スポーツ賞(平29年度)　桐生祥秀 "陸上男子100mで9秒98の日本新記録を樹立"
◇菊池寛賞　第65回　浅田真央　岸惠子
◇日本パラスポーツ賞　第2回　●大賞　上地結衣(車いすテニス選手, 日本車いすテニス協会)　●優秀賞　デフバレー日本女子代表チーム　藤原慧(聴覚障害者水泳選手, 日本ろう者水泳協会)　●新人賞　前川楓(陸上選手, 日本パラ陸上競技連盟)
◇日本プロスポーツ大賞　第50回　●大賞　福岡ソフトバンクホークス(受賞者代表・内川聖一)　●スポーツ功労者文部科学大臣顕彰　菅原義正(日本プロスポーツ協会)　中嶋常幸(ゴルファー)　●殊勲賞(NHK賞)　村田諒太(プロボクサー)　●殊勲賞　デニス・サファテ(プロ野球選手)　佐藤琢磨(インディカー・シリーズ選手)　●最高新人賞　京田陽太(プロ野球選手)
◇毎日スポーツ人賞(平29年度)　●グランプリ　桐生祥秀(陸上)　●ベストアスリート賞　上地結衣(車いすテニス)　●新人賞　張本智和(卓球)　藤原慧(デフリンピック競泳)　●文化賞　B.LEAGUE(バスケット男子)

【その他】

◇「現代用語の基礎知識」選 ユーキャン新語・流行語大賞　第34回　●年間大賞　CanCam it girl「インスタ映え」　稲谷ミノル(ヘソプロダクション代表取締役)「忖度」　●選考委員特別賞　桐生祥秀(東洋大学)"9.98"　藤井聡太(将棋棋士)"29連勝"
◇将棋大賞　第44回　●最優秀棋士賞　佐藤天彦　●特別賞　加藤一二三　●新人賞　八代弥　●最優秀女流棋士賞　里見香奈
◇星雲賞　第48回　●日本長編部門(小説)　小林泰三「ウルトラマンF」　●日本短編部門(小説)　草野原々「最後にして最初のアイドル」　●メディア部門　庵野秀明総監督, 樋口真嗣監督・特技監督, 東宝製作「シン・ゴジラ」　●コミック部門　秋本治「こちら葛飾区亀有公園前派出所」　●アート部門　加藤直之　●ノンフィクション部門　池澤春菜「SFのSは、ステキのS」　●自由部門　113番元素研究グループ "ニホニウム" 正式名称決定
◇日本SF大賞　第38回　小川哲「ゲームの王国」　飛浩隆「自生の夢」　●功績賞　山野浩一
◇文化勲章(平29年度)　奥谷博(洋画家)　芝祐靖(雅楽家)　斯波義信(中国史学者)　藤嶋昭(光化学・電気化学者)　松原謙一(分子生物学者)
◇ベストドレッサー賞　第46回　●政治・経済部門　塚本能交　●学術・文化部門　村治佳織　●芸能部門　波瑠　尾上菊之助(5代)　●スポーツ部門　畠山愛理

平成30年(2018)

【文学全般】

◇大佛次郎賞　第45回　角幡唯介「極夜行」
◇菊池寛賞　第66回　佐伯泰英　明治書院「新釈漢文大系」
◇群像新人文学賞　第61回　●当選作　北条裕子「美しい顔」
◇芸術選奨　第69回　●文学部門 文部科学大臣賞　山尾悠子「飛ぶ孔雀」　吉田修一「国宝」　●文

学部門 新人賞　谷崎由依「鏡のなかのアジア」　●評論等部門 文部科学大臣賞　古井戸秀夫「評伝 鶴屋南北」
◇サントリー学芸賞〔芸術・文学部門〕　第40回　京谷啓徳「凱旋門と活人画の風俗史―儚きスペクタクルの力」　真鍋昌賢「浪花節 流動する語り芸―演者と聴衆の近代」
◇司馬遼太郎賞　第22回　朝井まかて「悪玉伝」
◇新田次郎文学賞　第37回　奥山景布子「葵の残葉」
◇日本芸術院賞（第2部・文芸）　第75回　●恩賜賞・日本芸術院賞　荒川洋治（詩・評論）　●日本芸術院賞　松浦寿輝（小説・詩・評論）
◇野間文芸賞　第71回　橋本治「草薙の剣」
◇毎日芸術賞　第60回　栗木京子 歌集「ランプの精」　宮本輝 "小説「流転の海」シリーズ完結"
◇毎日出版文化賞　第72回　●文学・芸術部門　奥泉光著, 中央公論新社「雪の階（きざはし）」
◇三島由紀夫賞　第31回　古谷田奈月「無限の玄」
◇読売文学賞　第70回　●小説賞　平野啓一郎「ある男」　●戯曲・シナリオ賞　桑原裕子「荒れ野」　●随筆・紀行賞　西成彦「外地巡礼「越境的」日本語文学論」　●評論・伝記賞　渡辺京二「バテレンの世紀」　●詩歌俳句賞　時里二郎「名井島」（詩集）

【小説】

◇芥川龍之介賞　第159回（上期）　高橋弘希「送り火」
◇芥川龍之介賞　第160回（下期）　上田岳弘「ニムロッド」　町屋良平「1R1分34秒」
◇泉鏡花文学賞　第46回　山尾悠子「飛ぶ孔雀」
◇江戸川乱歩賞　第64回　斉藤詠一「到達不能極」
◇大藪春彦賞　第20回　呉勝浩「白い衝動」　佐藤究「Ank：a mirroring ape」
◇オール讀物新人賞　第98回　榛原浩「母喰鳥」
◇河合隼雄物語賞　第6回　松家仁之「光の犬」
◇川端康成文学賞　第44回　保坂和志「こことよそ」
◇『このミステリーがすごい！』大賞　第17回　●大賞　倉井眉介「怪物の木こり」　●優秀賞　井上ねこ「殺戮図式」　●U-NEXT・カンテレ賞　登美丘丈「その男、女衒」
◇柴田錬三郎賞　第31回　奥泉光「雪の階（きざはし）」
◇小説現代長編新人賞　第13回　神津凛子「スイート・マイホーム」　●奨励賞　夏原エヰジ「Cocoon―修羅の目覚め」
◇小説すばる新人賞　第31回　増島拓哉「闇夜の底で踊れ」
◇新潮新人賞　第50回　三国美千子「いかれころ」
◇すばる文学賞　第42回　須賀ケイ「わるもん」
◇太宰治賞　第34回　錦見映理子「リトルガールズ」
◇谷崎潤一郎賞　第54回　星野智幸「焰」
◇中央公論文芸賞　第13回　朝井まかて「雲上雲下」
◇直木三十五賞　第159回（上期）　島本理生「ファーストラヴ」
◇直木三十五賞　第160回（下期）　真藤順丈「宝島」
◇日本推理作家協会賞　第71回　●長編および連作短編集部門　古処誠二「いくさの底」　●短編部門　降田天「偽りの春」　●評論・研究部門　宮田昇「昭和の翻訳出版事件簿」
◇日本ファンタジーノベル大賞2018　大塚已愛「鬼憑き十兵衛」
◇日本ホラー小説大賞　第25回　●大賞　秋竹サラダ「祭火小夜の後悔」　福士俊哉「黒いピラミッド」　●読者賞　秋竹サラダ「祭火小夜の後悔」
◇日本ミステリー文学大賞　第22回　綾辻行人　●特別賞　権田萬治（文芸評論家）
◇野間文芸新人賞　第40回　乗代雄介「本物の読書家」　金子薫「双子は驢馬に跨がって」
◇文學界新人賞　第123回　受賞作なし

◇文藝賞　第55回　日上秀之「はんぷくするもの」　山野辺太郎「いつか深い穴に落ちるまで」
◇本屋大賞　第15回　●大賞　辻村深月「かがみの孤城」　●2位　柚月裕子「盤上の向日葵」　●3位　今村昌弘「屍人荘の殺人」　●翻訳小説部門 1位　ステファニー・ガーバー著, 西本かおる訳「カラヴァル―深紅色の少女」　●ノンフィクション本大賞(第1回)　角幡唯介「極夜行」
◇松本清張賞　第25回　川越宗一「天地に燦(さん)たり」
◇紫式部文学賞　第28回　水原紫苑「えぴすとれー」
◇山田風太郎賞　第9回　真藤順丈「宝島」
◇山本周五郎賞　第31回　小川哲「ゲームの王国(上・下)」
◇横溝正史ミステリ大賞　第38回　●大賞　該当作なし　●優秀賞　犬塚理人「人間狩り」
◇吉川英治文学賞　第52回　帚木蓬生「守教」

【詩歌】

◇H氏賞　第68回　十田撓子「銘度利加」
◇小熊秀雄賞　第51回　該当作なし
◇現代歌人協会賞　第62回　佐藤モニカ「歌集 夏の領域」
◇現代詩人賞　第36回　清水茂「一面の静寂」
◇現代短歌大賞　第41回　春日真木子 "「何の扉か」並びに過去の全業績"
◇齋藤茂吉短歌文学賞　第30回　春日真木子「何の扉か」(歌集)
◇詩歌文学館賞　第33回　●詩　若松英輔「見えない涙」　●短歌　伊藤一彦「遠音よし遠見よし」　●俳句　岩淵喜代子「穀象」
◇高見順賞　第49回　時里二郎「名井島」
◇蛇笏賞　第52回　有馬朗人「黙示」　友岡子郷「海の音」
◇沼空賞　第52回　三枝浩樹「時禱集」
◇壺井繁治賞　第46回　勝嶋啓太「今夜はいつもより星が多いみたいだ」
◇中原中也賞　第24回　井戸川射子「する、されるユートピア」(私家版)
◇日本歌人クラブ賞　第45回　伊勢方信「ピアフは歌ふ」
◇俳人協会賞　第58回　伊藤伊那男「然々と」
◇萩原朔太郎賞　第26回　中本道代「接吻」
◇丸山薫賞　第25回　浜田優「哀歌とバラッド」
◇歴程賞　第56回　福田拓也「倭人伝断片」「惑星のハウスダスト」　岩木誠一郎「余白の夜」　●特別賞　北川健次 "表現者としての全業績"
◇若山牧水賞　第23回　穂村弘「水中翼船炎上中」(歌集)

【戯曲】

◇岸田國士戯曲賞　第62回　神里雄大「バルパライソの長い坂をくだる話」　福原充則「あたらしいエクスプロージョン」

【評論・随筆】

◇大宅壮一メモリアル日本ノンフィクション大賞　第2回　●大賞　森功「悪だくみ―「加計学園」の悲願を叶えた総理の欺瞞」　●読者賞　清武英利「石つぶて―警視庁 二課刑事(でか)の残したもの」
◇開高健ノンフィクション賞　第16回　川内有緒「空をゆく巨人」
◇群像新人評論賞　第62回　当選作　長﨑健吾「故郷と未来」
◇講談社エッセイ賞　第34回　こだま「ここは、おしまいの地」　高橋順子「夫・車谷長吉」
◇講談社ノンフィクション賞　第40回　旗手啓介「告白 あるPKO隊員の死・23年目の真実」　宮下洋一「安楽死を遂げるまで」
◇小林秀雄賞　第17回　南直哉「超越と実存―「無常」をめぐる仏教史」

◇新潮ドキュメント賞　第17回　古川勝久「北朝鮮 核の資金源―「国連捜査」秘録―」
◇日本エッセイスト・クラブ賞　第66回　内藤啓子「枕詞はサッちゃん―照れやな詩人、父・阪田寛夫の人生」　新井紀子「AI vs.教科書が読めない子どもたち」

【児童文学】
◇講談社出版文化賞　第49回　●絵本賞　佐々木マキ「へろへろおじさん」
◇産経児童出版文化賞　第65回　●大賞　たむらしげる「よるのおと」
◇児童福祉文化賞　第61回　●出版物部門　松田素子文, 川上和生絵, 株式会社講談社「ながいながい骨の旅」　●特別部門　工藤直子 "長年にわたり、児童向けの詩や童話を多く創作し、児童文化の向上・普及に努め、児童の健全育成に貢献してきた活動"
◇児童文芸新人賞　第47回　椎野直弥「僕は上手にしゃべれない」
◇小学館児童出版文化賞　第67回　今井恭子「こんぴら狗」　シゲリカツヒコ「大名行列」
◇日本絵本賞　第23回　●大賞　tupera tupera作・絵「わくせいキャベジ動物図鑑」　●日本絵本賞読者賞（山田養蜂場賞）　ザ・キャビンカンパニー作・絵「しんごうきピコリ」
◇日本児童文学者協会賞　第58回　今井恭子「こんぴら狗」
◇日本児童文芸家協会賞　第42回　おおぎやなぎちか「オオカミのお札（1）～（3）」
◇野間児童文芸賞　第56回　安東みきえ「満月の娘たち」
◇ひろすけ童話賞　第29回　にしかわおさむ「ツトムとネコのひのようじん」

【映画・テレビ全般】
◇エランドール賞〔新人賞〕（平30年度）　●新人賞　高橋一生　門脇麦　竹内涼真　杉咲花　ムロツヨシ　吉岡里帆　●特別賞　「精霊の守り人」制作チーム　「やすらぎの郷」制作チーム
◇菊池寛賞　第66回　東海テレビドキュメンタリー劇場 "ドキュメンタリー作品「ヤクザと憲法」「人生フルーツ」などの制作"
◇芸術選奨　第69回　●映画部門 文部科学大臣賞　黒澤和子（映画衣裳デザイナー）"「万引き家族」の成果"　塚本晋也（映画監督、俳優）"「斬、」の成果"　●映画部門 新人賞　山下敦弘（映画監督）"「ハード・コア」の成果"　●放送部門 文部科学大臣賞　伊藤純（プロデューサー）"「新日本風土記」の成果"　●放送部門 新人賞　野木亜紀子（脚本家）"「アンナチュラル」の脚本"

【映画】
◇朝日賞〔映画関係〕（平30年度）　是枝裕和 "カンヌ映画祭最高賞受賞など, 映画表現における達成"
　川喜多賞　第36回　岩波ホール
◇キネマ旬報ベスト・テン　第92回　●日本映画 第1位　「万引き家族」（是枝裕和監督）　●外国映画 第1位　「スリー・ビルボード」（マーティン・マクドナー監督）
◇キネマ旬報ベスト・テン個人賞　第92回　●監督賞　瀬々敬久「菊とギロチン」「友罪」　●脚本賞　相澤虎之助、瀬々敬久「菊とギロチン」　●主演男優賞　柄本佑「きみの鳥はうたえる」「素敵なダイナマイトスキャンダル」「ポルトの恋人たち 時の記憶」　●主演女優賞　安藤サクラ「万引き家族」　●助演男優賞　松坂桃李「孤狼の血」　●助演女優賞　木野花「愛しのアイリーン」　●新人男優賞　寛一郎「菊とギロチン」　●新人女優賞　木竜麻生「菊とギロチン」「鈴木家の嘘」
◇ゴールデングロス賞　第36回　●日本映画部門 金賞　東宝「劇場版 コード・ブルー ドクターヘリ緊急救命」　●外国映画部門 金賞　東宝東和「ジュラシック・ワールド/炎の王国」　●全興連特別賞　アスミック・エース、ENBUゼミナール「カメラを止めるな！」
◇日刊スポーツ映画大賞・石原裕次郎賞　第31回　●作品賞　「万引き家族」（是枝裕和監督）　●監督賞　白石和彌「止められるか、俺たちを」「孤狼の血」「サニー/32」　●主演男優賞　松坂桃李「娼年」「不能犯」　●主演女優賞　安藤サクラ「万引き家族」　●助演男優賞　高橋一生「空飛ぶタイヤ」「嘘を愛する女」「億男」　●助演女優賞　樹木希林「万引き家族」「モリのいる場所」「日日是好日」　●新人賞　平手友梨奈「響 -HIBIKI-」　●外国作品賞　「スリー・ビルボード」（マーティン・マクドナー監督）　●石原裕次郎賞　「カメラを止めるな！」（上田慎一郎監督）　●石原裕次郎

新人賞　岩田剛典「パーフェクトワールド 君といる奇跡」「去年の冬、きみと別れ」「Vision」

◇日本アカデミー賞　第41回　●最優秀作品賞　「三度目の殺人」　●最優秀アニメーション作品賞「夜は短し歩けよ乙女」　●最優秀監督賞　是枝裕和「三度目の殺人」　●最優秀脚本賞　是枝裕和「三度目の殺人」　●最優秀主演男優賞　菅田将暉「あゝ、荒野 前編」　●最優秀主演女優賞　蒼井優「彼女がその名を知らない鳥たち」　●最優秀助演男優賞　役所広司「三度目の殺人」　●最優秀助演女優賞　広瀬すず「三度目の殺人」　●最優秀外国作品賞　「ラ・ラ・ランド」　●新人俳優賞　中条あやみ「チア☆ダン～女子高生がチアダンスで全米制覇しちゃったホントの話～」　浜辺美波「君の膵臓をたべたい」　北村匠海「君の膵臓をたべたい」　竹内涼真「帝一の國」　●話題賞 作品部門　「君の膵臓をたべたい」　●話題賞 俳優部門　菅田将暉「帝一の國」

◇ブルーリボン賞　第61回　●作品賞　「カメラを止めるな！」　●監督賞　白石和彌「孤狼の血」「止められるか、俺たちを」「サニー/32」　●主演男優賞　舘ひろし「終わった人」　●主演女優賞　門脇麦「止められるか、俺たちを」　●助演男優賞　松坂桃李「孤狼の血」　●助演女優賞　松岡茉優「万引き家族」「ちはやふる−結び−」　●新人賞　南沙良「志乃ちゃんは自分の名前が言えない」　●外国映画賞　「ボヘミアン・ラプソディ」

◇報知映画賞　第43回　●作品賞・邦画部門　「孤狼の血」　●監督賞　大森立嗣　●主演男優賞　役所広司　●主演女優賞　篠原涼子　●助演男優賞　二宮和也　●助演女優賞　樹木希林　●新人賞　南沙良　蒔田彩珠　●作品賞・海外部門　「ワンダー 君は太陽」　●アニメ作品賞　「名探偵コナン ゼロの執行人」　●特別賞　「カメラを止めるな！」

◇毎日映画コンクール　第73回　●日本映画大賞　「万引き家族」(是枝裕和監督)　●監督賞　上田慎一郎「カメラを止めるな！」　●脚本賞　野尻克己「鈴木家の嘘」　●男優主演賞　柄本佑「きみの鳥はうたえる」　●女優主演賞　安藤サクラ「万引き家族」　●男優助演賞　塚本晋也「斬、」　●女優助演賞　樹木希林「万引き家族」　●スポニチグランプリ新人賞　玉置玲央「教誨師」　木竜麻生「菊とギロチン」　●田中絹代賞　白川和子　●アニメーション映画賞　「若おかみは小学生！」　●大藤信郎賞　「リズと青い鳥」　●特別賞　戸田奈津子(字幕翻訳家)

◇毎日芸術賞　第60回　●特別賞　大林宣彦監督「花筐/HANAGATAMI」

◇牧野省三賞(平30年)　降旗康男

◇三船敏郎賞(平30年)　佐藤浩市

【テレビ】

◇ギャラクシー賞　第56回　●第13回マイベストTV賞グランプリ　日本放送協会, NHKエンタープライズ, 共同テレビジョン「チコちゃんに叱られる！」　●テレビ部門 大賞　日本放送協会 ETV特集「静かで、にぎやかな世界～手話で生きる子どもたち～」　●テレビ部門 特別賞　日本放送協会, えふぶんの壱, NHKエンタープライズ BS1スペシャル「ボルトとダシャ マンホールチルドレン20年の軌跡」　●テレビ部門 個人賞　菅田将暉 "ドラマ「dele」「菅田将暉TV」「3年A組―今から皆さんは、人質です―」の演技"　●CM部門 大賞　スカパーJSAT スカパーJSAT 基本プラン シリーズ「スカパー！ 堺議員シリーズ」

◇芸術祭賞〔テレビ・ドラマ部門〕　第73回　●大賞　日本放送協会 ドラマ10「透明なゆりかご」　●優秀賞　名古屋テレビ放送「メ～テレ開局55周年記念ドラマ 乱反射」　読売テレビ放送「天才を育てた女房～世界が認めた数学者と妻の愛～」　●放送個人賞　志尊淳 "ドラマ10「女子的生活」における演技"

◇日刊スポーツ・ドラマグランプリ　第22回　●主演男優賞　田中圭「おっさんずラブ」　●主演女優賞　綾瀬はるか「義母と娘のブルース」　●助演男優賞　林遣都「おっさんずラブ」　●助演女優賞　内田理央「おっさんずラブ」　●作品賞　「おっさんずラブ」(主演・田中圭)

◇日本民間放送連盟賞(平30年度)　●番組部門 テレビエンターテインメント 最優秀　日本BS放送「北斎ミステリー 幕末美術秘話 もう一人の北斎を追え！」　●番組部門 テレビドラマ 最優秀　日本テレビ放送網「過保護のカホコ」

◇橋田賞　第27回　●大賞　該当者なし　●橋田賞　山田洋次(脚本家, 映画監督)「あにいもうと」　松坂慶子「西郷どん」など　内藤剛志「警視庁捜査一課長」など　大泉洋「あにいもうと」　宮﨑あおい「あにいもうと」　岡田将生「昭和元禄落語心中」　菅田将暉「トドメの接吻」など　安住紳一郎(アナウンサー)「ぴったんこカン・カン」など　●新人賞　永野芽郁「半分、青い。」

◇放送文化基金賞　第44回　●テレビドラマ番組 最優秀賞　ドリマックス・テレビジョン, TBSテレビ 金曜ドラマ「アンナチュラル」　●テレビエンターテインメント番組 最優秀賞　TBSテレビ「クレイジージャーニー」　●個別分野 演技賞　宮﨑あおい 特集ドラマ「眩～北斎の娘～」　中井貴一 新春ドラマスペシャル「娘の結婚」　●個別分野 脚本賞　野木亜紀子 金曜ドラマ「アンナチュラル」　●個別分野 出演者賞　加藤英明「クレイジージャーニー」

◇向田邦子賞　第37回　野木亜紀子「獣になれない私たち」

【芸能全般】

◇浅草芸能大賞　第35回　●大賞　草笛光子(女優)　●奨励賞　林家たい平(落語家)　●新人賞　神田松之丞(講談師)

◇菊池寛賞　第66回　松任谷由実

◇芸術祭賞〔大衆芸能部門〕　第73回　●大賞(関西参加公演の部)　ザ・ぼんち "「ザ・ぼんち芸道46年分の漫才」の成果"

◇芸術選奨　第69回　●演劇部門 文部科学大臣賞　豊竹呂勢太夫(文楽太夫) "「本朝廿四孝」ほかの成果"　藤山直美 "「おもろい女」の成果"　●演劇部門 新人賞　蒼井優 "「アンチゴーヌ」ほかの成果"　●大衆芸能部門 文部科学大臣賞　笑福亭鶴瓶(落語家) "「笑福亭鶴瓶落語会」ほかの成果"　竹内まりや「souvenir the movie」ほか　●大衆芸能部門 新人賞　宇多田ヒカル "アルバム「初恋」ほかの成果"　●芸術振興部門 新人賞　菅原直樹(俳優, 介護福祉士) "「よみちにひはくれない」ほかの成果"

◇松尾芸能賞　第39回　●大賞 演劇　坂東玉三郎(5代)　●優秀賞 歌謡　森昌子　●新人賞 演劇　尾上右近　●特別賞 演劇　高田次郎

【音楽】

◇JASRAC賞　第36回　金賞　星野源作詞・作曲ほか「恋」　●銀賞　すぎやまこういち作曲ほか「ドラゴンクエスト序曲」　●銅賞　阿久悠作詞, 都倉俊一作曲ほか「UFO」　●国際賞　菊池俊輔作曲ほか「ドラゴンボールZ BGM (TV)」

◇日本ゴールドディスク大賞　第33回　●アーティスト・オブ・ザ・イヤー 邦楽　安室奈美恵　●ザ・ベスト・演歌／歌謡曲・アーティスト　氷川きよし　●ニュー・アーティスト・オブ・ザ・イヤー 邦楽　King&Prince　●ベスト・演歌／歌謡曲・ニュー・アーティスト　辰巳ゆうと　●特別賞　DA PUMP「U.S.A.」

◇日本作詩大賞　第51回　●大賞　万城たかし「天竜流し」(歌・福田こうへい)　●BSテレビテレビ東京特別賞　北島三郎　●最優秀新人賞　はまだゆうこう「噂の湘南漁師町」(歌・北川大介)

◇日本レコード大賞　第60回　●大賞　乃木坂46「シンクロニシティ」　●最優秀アルバム賞　米津玄師「BOOTLEG」　●最優秀歌唱賞　MISIA　●最優秀新人賞　辰巳ゆうと

【演劇】

◇菊田一夫演劇賞　第44回　●演劇大賞　大竹しのぶ　●演劇賞　橋爪功　若村麻由美　古川雄大　生田絵梨花　●特別賞　高田次郎 "永年の松竹新喜劇における舞台の功績に対して"

◇紀伊國屋演劇賞　第53回　●団体賞　劇団文化座 "「夢たち」「反応工程」「太陽の棘」の優れた舞台成果"　●個人賞　野村昇史　段田安則　前田文子　長田育恵　蒼井優

◇芸術祭賞〔演劇部門〕　第73回　●大賞(関東参加公演の部)　藤山直美「おもろい女」における演技

◇毎日芸術賞　第60回　金森穣(演出振付家, 舞踊家) "Noism公演「Mirroring Memories それは尊き光のごとく」, Noism×SPAC「Romeo&Juliets (ロミオとジュリエットたち)」の演出・演技"　永井愛 "二兎社公演「ザ・空気 ver.2 誰も書いてはならぬ」の作・演出"

◇読売演劇大賞　第26回　●大賞・最優秀演出家賞　栗山民也「チルドレン」「母と暮せば」の演出"　●最優秀作品賞　ナイロン100℃「百年の秘密」　●最優秀男優賞　岡本健一「岸 リトラル」「ヘンリー五世」の演技"　●最優秀女優賞　蒼井優 "「アンチゴーヌ」「スカイライト」の演技"　●杉村春子賞〔新人対象〕　松下洸平 "「母と暮せば」「スリル・ミー」の演技"　●芸術栄誉賞　木村光一　●選考委員特別賞　「ザ・空気 ver.2 誰も書いてはならぬ」

【演芸】
◇上方漫才大賞　第53回　●大賞　ダイアン　●奨励賞　和牛　●新人賞　祇園

【漫画・アニメ】
◇芸術選奨　第69回　●メディア芸術部門　文部科学大臣賞　荒木飛呂彦　"荒木飛呂彦原画展 JOJO冒険の波紋" ほかの成果"

◇講談社漫画賞　第42回　●少年部門　板垣巴留「BEASTARS」　●少女部門　沖田×華「透明なゆりかご」　●一般部門　草水敏原作、恵三朗漫画「フラジャイル」　おざわゆき「傘寿まり子」

◇小学館漫画賞　第64回　●児童向け部門　まいた菜穂「12歳。」　●少年向け部門　稲垣理一郎原作、Boichi作画「Dr.STONE」　●少女向け部門　河原和音「素敵な彼氏」　●一般向け部門　柳本光晴「響～小説家になる方法～」　柏木ハルコ「健康で文化的な最低限度の生活」

◇手塚治虫文化賞　第22回　●マンガ大賞　野田サトル「ゴールデンカムイ」　●新生賞　板垣巴留「BEASTARS」　●短編賞　矢部太郎「大家さんと僕」　●特別賞　ちばてつや "18年ぶりの単行本「ひねもすのたり日記」(小学館)刊行と、長年の業績、マンガ文化への貢献に対して"

◇文化庁メディア芸術祭　第21回　●アニメーション部門　大賞　片渕須直「この世界の片隅に」　湯浅政明「夜明け告げるルーのうた」　●マンガ部門　大賞　池辺葵「ねぇ、ママ」　●功労賞　竹内オサム (マンガ研究者、同志社大学教授、マンガ家)

◇マンガ大賞 2018　板垣巴留「BEASTARS」

【スポーツ】
◇朝日スポーツ賞(平30年度)　大坂なおみ "テニスの全米オープンで日本勢初4大大会シングルス優勝"　NPO法人日本ブラインドサッカー協会 "視覚障がい者と健常者が協力してプレーする競技の特長を生かし「共生社会」への理解を促進"

◇日本パラスポーツ賞　第3回　●大賞　村岡桃佳(日本障害者スキー連盟)　●優秀賞　新田佳浩(日本障害者スキー連盟)　国枝慎吾(日本車いすテニス協会)　●新人賞　宇津木美都(日本身体障がい者水泳連盟)

◇日本プロスポーツ大賞　第51回　●大賞　大谷翔平(プロ野球選手)　●スポーツ功労者文部科学大臣顕彰　陳清波(プロゴルファー)　野村双一(大相撲力士)　的場文男(騎手)　尾形尚弘(騎手)　二ノ宮敬宇(騎手)　●殊勲賞(NHK賞)　井上尚弥(プロボクサー)　●殊勲賞　サッカー日本代表(Jリーグ)　福岡ソフトバンクホークス(プロ野球)　●最高新人賞　東克樹(プロ野球選手)

◇毎日スポーツ人賞(平30年度)　●グランプリ　大谷翔平(野球)　●ベストアスリート賞　大坂なおみ(テニス)　●新人賞　北園丈琉(体操)　倉橋香衣(車いすラグビー)　●文化賞　NPO法人スポーツコミュニティー軽井沢クラブ(総合型地域スポーツクラブ)　●功労賞　衣笠祥雄(野球)

【その他】
◇「現代用語の基礎知識」選 ユーキャン新語・流行語大賞　第35回　●年間大賞　ロコ・ソラーレ "そだねー"

◇国民栄誉賞(平30年2月)　羽生善治(将棋棋士)　井山裕太(囲碁棋士)

◇国民栄誉賞(平30年7月)　羽生結弦(フィギュアスケート選手)

◇将棋大賞　第45回　●最優秀棋士賞　羽生善治　●特別賞　藤井聡太　●新人賞　藤井聡太　●最優秀女流棋士賞　里見香奈

◇星雲賞　第49回　●日本長編部門(小説)　宮内悠介「あとは野となれ大和撫子」　●日本短編部門(小説)　柴田勝家「雲南省スー族におけるVR技術の使用例」　●メディア部門　たつき監督ほか「けものフレンズ」　●コミック部門　石黒正数「それでも町は廻っている」　●アート部門　永野のりこ　●ノンフィクション部門　くられ「アリエナクナイ科学ノ教科書 ～空想設定を読み解く31講～」　●自由部門　聖悠紀「超人ロック」生誕50周年トリビュート企画

◇日本SF大賞　第39回　山尾悠子「飛ぶ孔雀」　円城塔「文字渦」　●功績賞　横田順彌　四本裕子 "人の脳における機能と構造の可塑性に関する研究"

◇文化勲章(平30年度)　一柳慧(作曲家)　今井政之(陶芸家)　金子宏(租税法学者)　長尾真(情報工学者)　山崎正和(劇作家、評論家)

◇ベストドレッサー賞　第47回　●政治・経済部門　津賀一宏　●学術・文化部門　吉俣良　●芸能部門　有村架純　高橋一生　●スポーツ部門　中嶋一貴　●特別賞　石川康晴　●MFU推薦枠　アルケミスト

平成31年/令和1年（2019）

【文学全般】

◇朝日賞〔文学関係〕（令元年度）　多和田葉子　"日本語とドイツ語を自在に行き来する越境的な創作活動"

◇大佛次郎賞　第46回　黒川創「鶴見俊輔伝」

◇菊池寛賞　第67回　浅田次郎　"1991年のデビュー以来、幅広いジャンルにわたって、平成の文学界を牽引し続けてきた"

◇群像新人文学賞　第62回　●当選作　石倉真帆「そこどけあほが通るさかい」

◇芸術選奨　第70回　●文学部門 文部科学大臣賞　佐伯一麦「山海記」　吉川宏志「石蓮花」　●文学部門 文部科学大臣新人賞　宮内悠介「遠い他国でひょんと死ぬるや」　●評論等部門 文部科学大臣賞　井口時男「蓮田善明 戦争と文学」

◇サントリー学芸賞〔芸術・文学部門〕　第41回　桑木野幸司「ルネサンス庭園の精神史―権力と知と美のメディア空間」　鈴木聖子「〈雅楽〉の誕生―田辺尚雄が見た大東亜の響き」

◇司馬遼太郎賞　第23回　林新, 堀川惠子「狼の義 新 犬養木堂伝」

◇新田次郎文学賞　第38回　伊与原新「月まで三キロ」

◇日本芸術院賞（第2部・文芸）　第76回　該当者なし

◇野間文芸賞　第72回　松浦寿輝「人外」

◇毎日芸術賞　第61回　宇多喜代子 "第8句集「森へ」をはじめとする、これまでの句業"　逢坂剛 "小説「百舌落とし」刊行に伴う小説「MOZU」シリーズ完結 全7巻"

◇毎日出版文化賞　☆第73回　●文学・芸術部門　川上未映子「夏物語」　●特別賞　ブレイディみかこ「ぼくはイエローでホワイトで、ちょっとブルー」

◇三島由紀夫賞　第32回　三国美千子「いかれころ」

◇読売文学賞　第71回　●小説賞　島田雅彦「君が異端だった頃」　●戯曲・シナリオ賞　松尾スズキ「命、ギガ長ス」　●随筆・紀行賞　津野海太郎「最後の読書」　●評論・伝記賞　礒崎純一「龍彦親王航海記 澁澤龍彦伝」　●詩歌俳句賞　川野里子「歓待」（歌集）

【小説】

◇芥川龍之介賞　第161回（上期）　今村夏子「むらさきのスカートの女」

◇芥川龍之介賞　第162回（下期）　古川真人「背高泡立草」

◇泉鏡花文学賞　第47回　田中慎弥「ひよこ太陽」

◇江戸川乱歩賞　第65回　神護かずみ「ノワールをまとう女」

◇大藪春彦賞　第21回　河﨑秋子「肉弾」　葉真中顕「凍てつく太陽」

◇オール讀物新人賞　第99回　由原かのん「首侍」

◇河合隼雄物語賞　第7回　三浦しをん「ののはな通信」

◇『このミステリーがすごい！』大賞　第18回　●大賞　歌田年「紙鑑定士の事件ファイル 模型の家の殺人」　●優秀賞　朝永理人「幽霊たちの不在証明」　●U-NEXT・カンテレ賞　貴戸湊太「そして、ユリコは一人になった」

◇柴田錬三郎賞　第32回　姫野カオルコ「彼女は頭が悪いから」

◇小説すばる新人賞　第32回　上畠菜緒「しゃもぬまの島」　佐藤雫「言の葉は、残りて」

◇新潮新人賞　第51回　中西智佐乃「尾を喰う蛇」

◇すばる文学賞　第43回　高瀬隼子「犬のかたちをしているもの」

◇太宰治賞　第35回　阿佐元明「色彩」

第1部 受賞年順　　平成31年/令和1年(2019)

◇谷崎潤一郎賞　第55回　村田喜代子「飛族」
◇中央公論文芸賞　第14回　吉田修一「国宝 上・下」
◇直木三十五賞　第161回(上期)　大島真寿美「渦 妹背山婦女庭訓魂結び」
◇直木三十五賞　第162回(下期)　川越宗一「熱源」
◇日本推理作家協会賞　第72回　●長編および連作短編集部門　葉真中顕「凍てつく太陽」　●短編部門　澤村伊智「学校は死の匂い」　●評論・研究部門　長山靖生「日本SF精神史【完全版】」
◇日本ファンタジーノベル大賞 2019　髙丘哲次「約束の果て―黒と紫の国―」
◇日本ミステリー文学大賞　第23回　辻真先
◇野間文芸新人賞　第41回　古谷田奈月「神前酔狂宴」　千葉雅也「デッドライン」
◇文學界新人賞　第124回　奥野紗世子「逃げ水は街の血潮」　田村広済「レンファント」
◇文藝賞　第56回　宇佐見りん「かか」　遠野遥「改良」
◇本屋大賞　第16回　●大賞　瀬尾まいこ「そして、バトンは渡された」　●2位　小野寺史宜「ひと」　●3位　深緑野分「ベルリンは晴れているか」　●翻訳小説部門 1位　アンソニー・ホロヴィッツ著、山田蘭訳「カササギ殺人事件」　●ノンフィクション本大賞(第2回)　ブレイディみかこ「ぼくはイエローでホワイトで、ちょっとブルー」
◇松本清張賞　第26回　坂上泉「明治大阪へぼ侍 西南戦役遊撃壮兵実記」
◇紫式部文学賞　第29回　山崎佳代子「パンと野いちご 戦火のセルビア、食物の記憶」
◇山田風太郎賞　第10回　月村了衛「欺す衆生」
◇山本周五郎賞　第32回　朝倉かすみ「平場の月」
◇横溝正史ミステリ&ホラー大賞　第39回　●大賞　該当作なし　●優秀賞　北見崇史「血の配達屋さん」　●読者賞　滝川さり「お孵(かえ)り」
◇吉川英治文学賞　第53回　篠田節子「鏡の背面」

【詩歌】

◇H氏賞　第69回　水下暢也「忘失について」
◇小熊秀雄賞　第52回　柴田三吉「旅の文法」
◇現代歌人協会賞　第63回　小佐野彈「メタリック」　山下翔「温泉」
◇現代詩人賞　第37回　齋藤貢「夕焼け売り」
◇現代短歌大賞　第42回　高野公彦「明月記を読む 上・下」
◇齋藤茂吉短歌文学賞　第31回　吉川宏志「石蓮花」
◇詩歌文学館賞　第34回　●詩　和田まさ子「軸足をずらす」　●短歌　小島ゆかり「六六魚」　●俳句　三村純也「一(はじめ)」
◇高見順賞　第50回　江代充「切抜帳」
◇蛇笏賞　第53回　大牧広「朝の森」
◇沼空賞　第53回　内藤明「薄明の窓」
◇壺井繁治賞　第47回　目次ゆきこ「歩く」
◇中原中也賞　第25回　水沢なお「美しいからだよ」
◇日本歌人クラブ賞　第46回　本田一弘「あらがね」　春日いづみ「塩の行進」
◇俳人協会賞　第59回　小川軽舟 句集「朝晩」
◇萩原朔太郎賞　第27回　和合亮一「QQQ」
◇丸山薫賞　第26回　清水哲男「換気扇の下の小さな椅子で」
◇歴程賞　第57回　岩阪恵子「鳩の時間」　以倉紘平「遠い蛍」
◇若山牧水賞　第24回　松村由利子「光のアラベスク」(歌集)　黒岩剛仁「野球小僧」(歌集)

【戯曲】

◇岸田國士戯曲賞　第63回　松原俊太郎「山山」

【評論・随筆】

◇大宅壮一ノンフィクション賞　第50回　河合香織「選べなかった命 出生前診断の誤診で生まれた子」　安田峰俊「八九六四(はちきゅうろくよん)「天安門事件」は再び起きるか」
◇開高健ノンフィクション賞　第17回　濱野ちひろ「聖なるズー 動物性愛者、種も暴力も超えるセックス」
◇群像新人評論賞　第63回　●当選作　該当作なし
◇講談社 本田靖春ノンフィクション賞　第41回　松本創「軌道 福知山線脱線事故 JR西日本を変えた闘い」
◇小林秀雄賞　第18回　平山周吉「江藤淳は甦える」
◇新潮ドキュメント賞　第18回　河合香織「選べなかった命 出生前診断の誤診で生まれた子」
◇日本エッセイスト・クラブ賞　第67回　ドリアン助川「線量計と奥の細道」　小堀鴎一郎「死を生きた人びと 訪問診療医と355人の患者」

【児童文学】

◇講談社絵本賞　第50回　五味太郎「つくえはつくえ」　●特別賞　いもとようこ
◇産経児童出版文化賞　第66回　●大賞　豊田直巳写真・文「それでも「ふるさと」」全3巻
◇児童福祉文化賞　第62回　●出版物部門　佐藤真澄、株式会社汐文社「ヒロシマをのこす 平和記念資料館をつくった人・長岡省吾」
◇児童文芸新人賞　第48回　森埜こみち「わたしの空と五・七・五」
◇小学館児童出版文化賞　第68回　小手鞠るい「ある晴れた夏の朝」　田中清代「くろいの」　おくはらゆめ「わたしといろんなねこ」
◇日本絵本賞　第24回　●大賞　アヤ井アキコ作、川田伸一郎監修「もぐらはすごい」
◇日本児童文学者協会賞　第59回　安田夏菜「むこう岸」
◇日本児童文芸家協会賞　第43回　森川成美「マレスケの虹」
◇野間児童文芸賞　第57回　戸森しるこ「ゆかいな床井くん」
◇ひろすけ童話賞　第30回　北川チハル「ふでばこから空」

【映画・テレビ全般】

◇エランドール賞〔新人賞〕(令1年度)　●新人賞　志尊淳　葵わかな　田中圭　永野芽郁　中村倫也　松岡茉優　●特別賞　「万引き家族」製作チーム
◇菊池寛賞　第67回　NHK「おかあさんといっしょ」"幼児向テレビ番組の先駆けとして1959年に放送を開始し、長年にわたり子どもと親の情操を育み続ける"
◇芸術選奨　第70回　●映画部門 文部科学大臣賞　長田達也(照明技師)「カツベン！」ほかの成果"　筒井真理子「よこがお」ほかの成果"　●映画部門 文部科学大臣新人賞　白石和彌(映画監督)「凪待ち」ほかの成果"　●放送部門 文部科学大臣賞　源孝志(脚本家・演出家)「スローな武士にしてくれ」ほかの成果"　●放送部門 文部科学大臣新人賞　岡野真紀子(プロデューサー)「坂の途中の家」ほかの成果"
◇文化庁メディア芸術祭　第22回　●エンターテインメント部門 大賞　『チコちゃんに叱られる！』制作チーム「チコちゃんに叱られる！」　●エンターテインメント部門 新人賞　大森歩「春」

【映画】

◇川喜多賞　第37回　市山尚三(プロデューサー、東京フィルメックス・ディレクター)
◇キネマ旬報ベスト・テン　第93回　●日本映画 第1位　「火口のふたり」(荒井晴彦監督)　●外国映画 第1位　「ジョーカー」(トッド・フィリップス監督)
◇キネマ旬報ベスト・テン個人賞　第93回　●日本映画監督賞　白石和彌「ひとよ」「凪待ち」「麻雀放浪記2020」　●脚本賞　阪本順治「半世界」　●主演男優賞　池松壮亮「宮本から君へ」　●主演女優賞　瀧内公美「火口のふたり」　●助演男優賞　成田凌「愛がなんだ」「さよならくちびる」「チワワちゃん」「翔んで埼玉」「人間失格 太宰治と3人の女たち」　●助演女優賞　池脇千鶴「半世界」

新人男優賞　鈴鹿央士「蜜蜂と遠雷」「決算！忠臣蔵」　●新人女優賞　関水渚「町田くんの世界」　●読者選出日本映画監督賞　阪本順治「半世界」　●特別賞　和田誠

◇ゴールデングロス賞　第37回　●日本映画部門 金賞　東宝「天気の子」　●外国映画部門 金賞　FOX「ボヘミアン・ラプソディ」　●全興連特別賞　東映「翔んで埼玉」　FOX「ボヘミアン・ラプソディ」

◇日刊スポーツ映画大賞・石原裕次郎賞　第32回　●作品賞　「新聞記者」(藤井道人監督)　●監督賞　真利子哲也「宮本から君へ」　●主演男優賞　池松壮亮「宮本から君へ」　●主演女優賞　松岡茉優「蜜蜂と遠雷」　●助演男優賞　渋川清彦「閉鎖病棟」「半世界」「WE ARE LITTLE ZOMBIES」　●助演女優賞　市川実日子「よこがお」「初恋～お父さん、チビがいなくなりました」　●新人賞　清原果耶「愛唄—約束のナクヒト—」「デイアンドナイト」「いちごの唄」　●外国作品賞　「グリーンブック」(ピーター・ファレリー監督)　●石原裕次郎賞　「アルキメデスの大戦」(山崎貴監督)　●石原裕次郎新人賞　成田凌「翔んで埼玉」「チワワちゃん」「愛がなんだ」「さよならくちびる」「人間失格」

◇日本アカデミー賞　第42回　●最優秀作品賞　「万引き家族」　●最優秀アニメーション作品賞　「未来のミライ」　●最優秀監督賞　是枝裕和「万引き家族」　●最優秀脚本賞　是枝裕和「万引き家族」　●最優秀主演男優賞　役所広司「孤狼の血」　●最優秀主演女優賞　安藤サクラ「万引き家族」　●最優秀助演男優賞　松坂桃李「孤狼の血」　●最優秀助演女優賞　樹木希林「万引き家族」　●最優秀外国作品賞　「ボヘミアン・ラプソディ」　●新人俳優賞　上白石萌歌「羊と鋼の森」　趣里「生きてるだけで、愛。」　平手友梨奈「響－HIBIKI－」　芳根京子「累－かさね－」「散り椿」　伊藤健太郎「コーヒーが冷めないうちに」　中川大志「坂道のアポロン」「覚悟はいいかそこの女子。」　成田凌「スマホを落としただけなのに」「ビブリア古書堂の事件手帖」　吉沢亮「リバーズ・エッジ」　●話題賞 作品部門　「カメラを止めるな！」　●話題賞 俳優部門　伊藤健太郎「コーヒーが冷めないうちに」

◇ブルーリボン賞　第62回　●作品賞　「翔んで埼玉」　●監督賞　真利子哲也「宮本から君へ」　●主演男優賞　中井貴一「記憶にございません！」　●主演女優賞　長澤まさみ「コンフィデンスマンJP ロマンス編」　●助演男優賞　吉沢亮「キングダム」　●助演女優賞　MEGUMI「台風家族」「ひとよ」　●新人賞　関水渚「町田くんの世界」　●外国作品賞　「ジョーカー」

◇報知映画賞　第44回　●作品賞・邦画部門　「蜜蜂と遠雷」　●監督賞　佐藤信介　●主演男優賞　中井貴一　●主演女優賞　長澤まさみ　●助演男優賞　成田凌　●助演女優賞　小松菜奈　●新人賞　鈴鹿央士　玉城ティナ　●作品賞・海外部門　「ジョーカー」　●アニメ作品賞　「天気の子」　●特別賞　「翔んで埼玉」

◇毎日映画コンクール　第74回　●日本映画大賞　石川慶監督「蜜蜂と遠雷」　●監督賞　石川慶「蜜蜂と遠雷」　●脚本賞　阪本順治「半世界」　●男優主演賞　成田凌「カツベン！」　●女優主演賞　シム・ウンギョン「新聞記者」　●男優助演賞　吉澤健「凪待ち」　●女優助演賞　池脇千鶴「半世界」　●スポニチグランプリ新人賞　鈴鹿央士「蜜蜂と遠雷」　関水渚「町田くんの世界」　●田中絹代賞　風吹ジュン　●アニメーション映画賞　渡辺歩監督「海獣の子供」　●大藤信郎賞　川尻将由監督「ある日本の絵描き少年」　●特別賞　宮本まさ江(衣装)

◇牧野省三賞(令1年)　津川雅彦
◇三船敏郎賞(令1年)　中井貴一

【テレビ】

◇ギャラクシー賞　第57回　●マイベストTV賞 第14回グランプリ　テレビ東京 松竹「きのう何食べた？」製作委員会 ドラマ24「きのう何食べた？」　●テレビ部門 大賞　テレビ信州 チャンネル4「カネのない宇宙人 閉鎖危機に揺れる野辺山観測所」　●テレビ部門 特別賞　フジテレビジョン，読売広告社，東映アニメーション「ゲゲゲの鬼太郎」テレビアニメ化50周年記念・第6期　●テレビ部門 個人賞　伊藤沙莉 "ETV特集「反骨の考古学者 ROKUJI」，ドラマ10「これは経費で落ちません！」「ペンション・恋は桃色」「映像研には手を出すな！」「全裸監督」その他の演技"　●CM部門 大賞　カネボウ化粧品「カネボウ/KANEBO シリーズ「I HOPE.」」

◇芸術祭賞〔テレビ・ドラマ部門〕　第74回　●大賞　日本放送協会 土曜ドラマ「サギデカ」　●優秀賞　日本放送協会 土曜ドラマ「デジタル・タトゥー」　日本放送協会「スローな武士にしてくれ～京

都 撮影所ラプソディー〜」 東北放送株式会社 TBCテレビ60周年記念ドラマ「小さな神たちの祭り」

◇日刊スポーツ・ドラマグランプリ 第23回 ●主演男優賞 田中圭「あなたの番です」「あなたの番です－反撃編－」「おっさんずラブ－in the sky－」 ●主演女優賞 戸田恵梨香「スカーレット」 ●助演男優賞 濱田岳「インハンド」 ●助演女優賞 菜々緒「インハンド」 ●作品賞 「インハンド」(主演・山下智久)

◇日本民間放送連盟賞(令1年度) ●番組部門 テレビドラマ 最優秀 北海道テレビ放送 HTB開局50周年ドラマ「チャンネルはそのまま！」

◇橋田賞 第28回 ●大賞 該当なし ●橋田賞 連続テレビ小説「なつぞら」(NHK) 「ブラタモリ」(NHK) 「サザエさん」(フジテレビ) 山本むつみ(脚本家) 松重豊 岡田准一 橋爪功 ●橋田賞新人賞 田中圭 広瀬すず

◇放送文化基金賞 第45回 ●テレビドラマ番組 最優秀賞 NHK名古屋放送局 NHKスペシャル「詐欺の子」 ●テレビエンターテインメント番組 最優秀賞 共同テレビジョン, NHK, NHKエンタープライズ「チコちゃんに叱られる！」 ●個別分野 演技賞 桃井かおり NHKスペシャル「詐欺の子」 濱田岳 ドラマ24「フルーツ宅配便」 広末涼子 ラジオドラマ「ストリッパー物語」 ●個別分野 脚本賞 高田亮 NHKスペシャル「詐欺の子」

◇毎日芸術賞 第61回 ●特別賞 今野勉 "NHK「宮沢賢治 銀河への旅」の演出と、長年にわたるテレビへの貢献"

◇向田邦子賞 第38回 金子茂樹「俺の話は長い」

【芸能全般】

◇浅草芸能大賞 第36回 ●大賞 三宅裕司(喜劇役者) ●奨励賞 氷川きよし(歌手) ●新人賞 江戸家小猫(動物ものまね)

◇芸術祭賞〔大衆芸能部門〕 第74回 ●大賞(関東参加公演の部) 琉球芸能大使館 "五月九月」の成果"

◇芸術選奨 第70回 ●演劇部門 文部科学大臣賞 内野聖陽 "「最貧前線」ほかの演技" 茂山七五三(能楽師狂言方) "「枕物狂」の成果" ●演劇部門 文部科学大臣新人賞 瀬戸山美咲(劇作家・演出家)「THE NETHER」ほかの成果" ●大衆芸能部門 文部科学大臣賞 春風亭一朝(落語家)「淀五郎」ほかの話芸" 林家正楽(3代)(紙切り師)「鈴本演芸場5月下席夜の部」ほかにおける紙切りの芸" ●大衆芸能部門 文部科学大臣新人賞 江戸家小猫(演芸家)「花形演芸会」ほかにおける動物ものまねの成果"

◇松尾芸能賞 第40回 ●大賞 演劇 野村萬 ●優秀賞 歌謡 氷川きよし ●新人賞 演劇 中村壱太郎 ●特別賞 演劇 ひとみ座乙女文楽 ●松尾國三賞 演劇 市川寿猿(2代) ●松尾波儔江賞 演劇 中村寿治郎

【音楽】

◇JASRAC賞 第37回 ●金賞 今井了介作詞・作曲, SUNNY BOY作詞・作曲ほか「Hero」 ●銀賞 阿久悠作詞, 都倉俊一作曲ほか「UFO」 ●銅賞 中島みゆき作詞・作曲ほか「糸」 ●国際賞 菊池俊輔作曲ほか「ドラゴンボールZ BGM（TV）」

◇日本ゴールドディスク大賞 第34回 ●アーティスト・オブ・ザ・イヤー 邦楽 嵐 ●ベスト・アーティスト 演歌/歌謡曲 氷川きよし ●ニュー・アーティスト・オブ・ザ・イヤー 邦楽 King Gnu ●ザ・ベスト・演歌/歌謡曲・アーティスト 新浜レオン ●アルバム・オブ・ザ・イヤー 邦楽 嵐「5×20 All the BEST!! 1999-2019」 ●アニメーション・アルバム・オブ・ザ・イヤー 天気の子「天気の子」 ●シングル・オブ・ザ・イヤー AKB48「サステナブル」 ●ベスト・ミュージック・ビデオ 邦楽 嵐「5×20 All the BEST!! CLIPS 1999-2019」 ●特別賞 Official髭男dism 米津玄師

◇日本作詩大賞 第52回 ●大賞 松岡弘一「最上の船頭」(歌・氷川きよし) ●最優秀新人賞 吉井省一「ひとり酔いたくて」(歌・石原詢子)

◇日本レコード大賞 第61回 ●大賞 Foorin「パプリカ」 ●最優秀アルバム賞 THE YELLOW MONKEY「9999」 ●最優秀歌唱賞 市川由紀乃 ●最優秀新人賞 BEYOOOOONDS

【演劇】

◇菊田一夫演劇賞　第45回　●演劇大賞　堂本光一　●演劇賞　岡本健一　川平慈英　高橋一生　朝夏まなと　●特別賞　酒井澄夫 "永年の宝塚歌劇における作・演出の功績に対して"

◇紀伊國屋演劇賞　第54回　●団体賞　劇団桟敷童子 "骨ノ憂鬱" 「獣唄」の優れた舞台成果"　●個人賞　村井國夫　土居裕子　松本祐子　亀田佳明　広瀬すず

◇芸術祭賞〔演劇部門〕　第74回　●大賞（関西参加公演の部）　人形劇団クラルテ "近松人形芝居「女殺油地獄」の成果"

◇毎日芸術賞　第61回　草笛光子 "舞台「ドライビング・ミス・デイジー」のデイジー・ワーサンの演技"

◇読売演劇大賞　第27回　●大賞・最優秀男優賞　橋爪功　●最優秀作品賞　「『Q：A Night At The Kabuki』inspired by A Night At The Opera」　●最優秀女優賞　神野三鈴　●最優秀演出家賞　松本祐子　●杉村春子賞〔新人対象〕　菅田将暉　●芸術栄誉賞　劇団四季「キャッツ」　●選考委員特別賞　岡田利規「プラータナー：憑依のポートレート」

【演芸】

◇朝日賞（令1年度）　柳家小三治（10代）"江戸落語の継承と自在な話芸"
◇上方漫才大賞　第54回　●大賞　中川家　●奨励賞　かまいたち　●新人賞　ミキ

【漫画・アニメ】

◇芸術選奨　第70回　●メディア芸術部門 文部科学大臣新人賞　東村アキコ「偽装不倫」

◇講談社漫画賞　第43回　●少年部門　春場ねぎ「五等分の花嫁」　大今良時「不滅のあなたへ」　●少女部門　有賀リエ「パーフェクトワールド」（Kiss）　●一般部門　よしながふみ「きのう何食べた？」　●講談社創業110周年特別賞　弘兼憲史「島耕作」シリーズ　森川ジョージ「はじめの一歩」

◇小学館漫画賞　第65回　●児童向け部門　環方このみ「ねこ、はじめました」　●少年向け部門　小山愛子「舞妓さんちのまかないさん」　●少女向け部門　コナリミサト「凪のお暇」　●一般向け部門　小林有吾「アオアシ」　赤坂アカ「かぐや様は告らせたい～天才たちの恋愛頭脳戦～」　●審査委員特別賞　藤子・F・不二雄プロ　沢田ユキオ「スーパーマリオくん」

◇手塚治虫文化賞　第23回　●マンガ大賞　有間しのぶ「その女、ジルバ」　●新生賞　山田参助「あれよ星屑」　●短編賞　小山健「生理ちゃん」　●特別賞　さいとう・たかを "代表作『ゴルゴ13』の連載50年達成と、長年にわたるマンガ文化への貢献に対して"

◇文化庁メディア芸術祭　第22回　●アニメーション部門 大賞　Labbé, Boris「La Chute」　●マンガ部門 大賞　Boichi「ORIGIN」　●功労賞　池田宏（アニメーション監督, アニメーション研究者）　呉智英（評論家）

◇マンガ大賞 2019　篠原健太「彼方のアストラ」

【スポーツ】

◇朝日スポーツ賞（令1年度）　渋野日向子 "ゴルフの全英女子オープンで、日本勢として42年ぶりに海外メジャー大会を制覇"　2019ラグビーワールドカップ日本代表チーム "ワールドカップ日本大会で初の決勝トーナメントに進出、8強入りを達成"

◇菊池寛賞　第67回　ラグビー日本代表チーム

◇日本パラスポーツ賞　第4回　●大賞　佐藤友祈（陸上）　●優秀賞　山口尚秀（知的障害者水泳）　川除大輝（スキー）　喜多美結（聴覚障害者テニス）　●新人賞　里見紗李奈（バドミントン）

◇毎日スポーツ人賞（令1年度）　●グランプリ　ラグビー日本代表　●ベストアスリート賞　渋野日向子（ゴルフ）　●新人賞　村上宗隆（野球）　山口尚秀（パラ競泳）　●文化賞　岩手県釜石市　●特別賞　TBSドラマ「ノーサイド・ゲーム」

【その他】

◇「現代用語の基礎知識」選 ユーキャン新語・流行語大賞　第36回　●年間大賞　ラグビー日本代表チーム "ONE TEAM"

◇将棋大賞　第46回　●最優秀棋士賞　豊島将之　●新人賞　大橋貴洸　●最優秀女流棋士賞　里見香奈

◇星雲賞　第50回　●日本長編部門(小説)　飛浩隆「零號琴」　●日本短編部門(小説)　草野原々「暗黒声優」　●メディア部門　雨宮哲監督ほか「SSSS.GRIDMAN」　●コミック部門　つくみず「少女終末旅行」　●アート部門　加藤直之　●ノンフィクション部門　筒井康隆著,日下三蔵編集「筒井康隆、自作を語る」　●自由部門　「はやぶさ2」プロジェクト「MINERVA－Ⅱ1のリュウグウ着地及び小惑星移動探査」

◇日本SF大賞　第40回　小川一水「天冥の標」(全10巻)　酉島伝法「宿借りの星」　●特別賞　大森望,日下三蔵編「年刊日本SF傑作選」(全12巻)　●功績賞　吾妻ひでお　眉村卓　●会長賞　小川隆(翻訳家)　星敬(評論家・編集者)

◇文化勲章（令1年度）　甘利俊一(数理工学者)　坂口志文(免疫学者)　佐々木毅(政治学者)　田沼武能(写真家)　野村萬(狂言師)　吉野彰(電気化学者、ノーベル賞受賞者)

◇ベストドレッサー賞　第48回　●政治部門　世耕弘成　●経済部門　三木谷浩史　●学術・文化部門　小松美羽　藤舎貴生　●芸能部門　杏　ムロツヨシ　●スポーツ部門　羽根田卓也　●特別賞　西川悟平

令和2年（2020）

【文学全般】

◇大佛次郎賞　第47回　内海健「金閣を焼かなければならぬ　林養賢と三島由紀夫」

◇菊池寛賞　第68回　林真理子　佐藤優

◇群像新人文学賞　第63回　●当選　該当作なし　●優秀作　湯浅真尋「四月の岸辺」

◇芸術選奨　第71回　●文学部門 文部科学大臣賞　朝井まかて「類」　●文学部門 文部科学大臣新人賞　李琴峰「ポラリスが降り注ぐ夜」

◇サントリー学芸賞〔芸術・文学部門〕　第42回　李賢晙「「東洋」を踊る崔承喜」　中嶋泉「アンチ・アクション―日本戦後絵画と女性画家」

◇司馬遼太郎賞　第24回　佐藤賢一「ナポレオン」(全3巻)

◇新田次郎文学賞　第39回　河﨑秋子「土に贖う」

◇野間文芸賞　第73回　小川洋子「小箱」

◇毎日芸術賞　第62回　髙樹のぶ子「小説伊勢物語　業平」　水原紫苑　歌集「如何なる花束にも無き花を」

◇毎日出版文化賞　第74回　●文学・芸術部門　藤井貞和「〈うた〉起源考」

◇三島由紀夫賞　第33回　宇佐見りん「かか」

◇読売文学賞　第72回　●小説賞　受賞作なし　●戯曲・シナリオ賞　岡田利規「未練の幽霊と怪物　挫波/敦賀」　●随筆・紀行賞　中村哲郎「評話集　勘三郎の死」　●評論・伝記賞　井上隆史「暴流の人　三島由紀夫」　坪井秀人「二十世紀日本語詩を思い出す」　●詩歌俳句賞　池田澄子「此処」(句集)

【小説】

◇芥川龍之介賞　第163回(上期)　遠野遥「破局」　高山羽根子「首里の馬」

◇芥川龍之介賞　第164回(下期)　宇佐見りん「推し、燃ゆ」

◇泉鏡花文学賞　第48回　髙樹のぶ子「小説伊勢物語　業平」

◇江戸川乱歩賞　第66回　佐野広実「わたしが消える」

◇大藪春彦賞　第22回　赤松利市「犬」

◇オール讀物新人賞　第100回　高瀬乃一「をりをり よみ耽り」

◇河合隼雄物語賞　第8回　該当作品なし

◇『このミステリーがすごい！』大賞　第19回　●大賞　新川帆立「元彼の遺言状」　●文庫グランプリ　亀野仁「暗黒自治区」　平居紀一「甘美なる誘拐」

◇柴田錬三郎賞　第33回　伊坂幸太郎「逆ソクラテス」
◇小説現代長編新人賞　第14回　鯨井あめ「晴れ、時々くらげを呼ぶ」　パリュスあや子「隣人Ｘ」
　●奨励賞　中真大「無駄花」
◇小説すばる新人賞　第33回　鈴村ふみ「櫓太鼓がきこえる」
◇新潮新人賞　第52回　小池水音「わからないままで」　濱道拓「追いつかれた者たち」
◇すばる文学賞　第44回　木崎みつ子「コンジュジ」
◇太宰治賞　第36回　八木詠美「空芯手帳」
◇谷崎潤一郎賞　第56回　磯﨑憲一郎「日本蒙昧前史」
◇中央公論文芸賞　第15回　桜木紫乃「家族じまい」
◇直木三十五賞　第163回（上期）　馳星周「少年と犬」
◇直木三十五賞　第164回（下期）　西條奈加「心淋し川」
◇日本推理作家協会賞　第73回　●長編および連作短編集部門　呉勝浩「スワン」　●短編部門　矢樹純「夫の骨」　●評論・研究部門　金承哲「遠藤周作と探偵小説 痕跡と追跡の文学」
◇日本ファンタジーノベル大賞 2020　●優秀賞　岸本惟「迷子の龍は夜明けを待ちわびる」
◇日本ミステリー文学大賞　第24回　黒川博行
◇野間文芸新人賞　第42回　李龍德「あなたが私を竹槍で突き殺す前に」
◇文學界新人賞　第125回　三木三奈「アキちゃん」
◇文藝賞　第57回　藤原無雨「水と礫（れき）」　●優秀作　新胡桃「星に帰れよ」
◇本屋大賞　第17回　●大賞　凪良ゆう「流浪の月」　●2位　小川糸「ライオンのおやつ」　●3位　砥上裕將「線は、僕を描く」　●翻訳小説部門 1位　ソン・ウォンピョン著, 矢島暁子訳「アーモンド」　●ノンフィクション本大賞（第3回）　佐々涼子「エンド・オブ・ライフ」
◇松本清張賞　第27回　千葉ともこ「震雷の人」
◇紫式部文学賞　第30回　中島京子「夢見る帝国図書館」
◇山田風太郎賞　第11回　今村翔吾「じんかん」
◇山本周五郎賞　第33回　早見和真「ザ・ロイヤルファミリー」
◇横溝正史ミステリ＆ホラー大賞　第40回　●大賞　原浩「火喰鳥を、喰う」　●読者賞　阿泉来堂「ナキメサマ」
◇吉川英治文学賞　第54回　受賞作なし

【詩歌】
◇Ｈ氏賞　第70回　髙塚謙太郎「量」
◇小熊秀雄賞　第53回　長田典子「ニューヨーク・ディグ・ダグ」
◇現代歌人協会賞　第64回　川島結佳子「感傷ストーブ」　佐佐木定綱「月を食う」
◇現代詩人賞　第38回　野村喜和夫「薄明のサウダージ」
◇現代短歌大賞　第43回　久保田淳「藤原俊成 中世和歌の先導者」「「うたのことば」に耳をすます」
◇齋藤茂吉短歌文学賞　第32回　大島史洋「どんぐり」
◇詩歌文学館賞　第35回　●詩　藤原安紀子「どうぶつの修復」　●短歌　花山多佳子「鳥影」　●俳句　鍵和田秞子「火は禱り」
◇蛇笏賞　第54回　柿本多映「柿本多映俳句集成」
◇迢空賞　第54回　三枝昂之「遅速あり」
◇壺井繁治賞　第48回　清野裕子「賑やかな家」
◇中原中也賞　第26回　小島日和「水際」
◇日本歌人クラブ賞　第47回　久々湊盈子「麻裳よし」
◇俳人協会賞　第60回　野中亮介 句集「つむぎうた」
◇萩原朔太郎賞　第28回　マーサ・ナカムラ「雨をよぶ灯台」

◇丸山薫賞　第27回　相沢正一郎「パウル・クレーの〈忘れっぽい天使〉を だいどころの壁にかけた」
◇歴程賞　第58回　細見和之「ほとぼりが冷めるまで」　岡田幸文「そして君と歩いていく」および同氏の詩壇への貢献に
◇若山牧水賞　第25回　谷岡亜紀「ひどいどしゃぶり」(歌集)

【戯曲】

◇岸田國士戯曲賞　第64回　市原佐都子「バッコスの信女―ホルスタインの雌」　谷賢一「福島三部作（「1961年：夜に昇る太陽」「1986年：メビウスの輪」「2011年：語られたがる言葉たち」）」

【評論・随筆】

◇大宅壮一ノンフィクション賞　第51回　小川さやか「チョンキンマンションのボスは知っている―アングラ経済の人類学」
◇開高健ノンフィクション賞　第18回　河野啓「デス・ゾーン 栗城史多のエベレスト劇場」
◇群像新人評論賞　第64回　●当選作　該当作なし　●優秀作　内山葉杜「事後と渦中―武田泰淳論」
◇講談社 本田靖春ノンフィクション賞　第42回　片山夏子「ふくしま原発作業員日誌 イチエフの真実、9年間の記録」　吉田千亜「孤塁 双葉郡消防士たちの3・11」
◇小林秀雄賞　第19回　斎藤環,與那覇潤「心を病んだらいけないの？―うつ病社会の処方箋―」
◇新潮ドキュメント賞　第19回　横田増生「潜入ルポ amazon帝国」
◇日本エッセイスト・クラブ賞　第68回　岩瀬達哉「裁判官も人である 良心と組織の狭間で」　上野誠「万葉学者、墓をしまい母を送る」

【児童文学】

◇講談社絵本賞　第51回　竹下文子文, 町田尚子絵「なまえのないねこ」
◇産経児童出版文化賞　第67回　●大賞　花形みつる「徳治郎とボク」
◇児童福祉文化賞　第63回　●出版物部門　前川貴行写真・文, 新日本出版社「ハクトウワシ」　●特別部門　せなけいこ「長年にわたり児童文化の向上・普及に努め、児童の健全育成に貢献してきた活動"
◇児童文芸新人賞　第49回　村上雅郁「あの子の秘密」
◇小学館児童出版文化賞　第69回　村山純子「さわるめいろ」シリーズ　椰月美智子「昔はおれと同い年だった田中さんとの友情」
◇日本絵本賞　第25回　●大賞　田中清代さく「くろいの」
◇日本児童文学者協会賞　第60回　佐藤まどか「アドリブ」
◇日本児童文芸家協会賞　第44回　森埜こみち「蝶の羽ばたき、その先へ」
◇野間児童文芸賞　第58回　いとうみく「朔と新」

【映画・テレビ全般】

◇エランドール賞〔新人賞〕(令2年度)　●新人賞　神木隆之介　安藤サクラ　横浜流星　清原果耶　吉沢亮　橋本環奈　●特別賞　映画「新聞記者」製作チーム
◇芸術選奨　第71回　●映画部門 文部科学大臣賞　諏訪敦彦(映画監督)"「風の電話」の成果"　伊藤進一(音響効果技師)"「海辺の映画館―キネマの玉手箱」ほかの成果"　●映画部門 文部科学大臣新人賞　小田香(映画監督)"「セノーテ」の成果"　●評論等部門 文部科学大臣賞　上島春彦「鈴木清順論」　●放送部門 文部科学大臣賞　伊東英朗(ディレクター)"「クリスマスソング 放射線を浴びたX年後」の成果"　●放送部門 文部科学大臣新人賞　塚原あゆ子(ディレクター・プロデューサー)"「MIU404」の成果"

【映画】

◇川喜多賞　第38回　宮﨑駿(映画監督)
◇キネマ旬報ベスト・テン　第94回　●日本映画 第1位　「スパイの妻〈劇場版〉」(黒沢清監督)　●外国映画 第1位　「パラサイト 半地下の家族」(ポン・ジュノ監督)
◇キネマ旬報ベスト・テン個人賞　第94回　日本映画監督賞　大林宣彦「海辺の映画館―キネマの

玉手箱」 ●脚本賞 濱口竜介, 野原位, 黒沢清「スパイの妻〈劇場版〉」 ●主演男優賞 森山未來「アンダードッグ」 ●主演女優賞 水川あさみ「喜劇 愛妻物語」「滑走路」 ●助演男優賞 宇野祥平「罪の声」「本気のしるし〈劇場版〉」「恋するけだもの」「37セカンズ」「星の子」 ●助演女優賞 蒔田彩珠「朝が来る」 ●新人男優賞 奥平大兼「MOTHER マザー」 ●新人女優賞 モトーラ世理奈「風の電話」 ●読者選出日本映画監督賞 田中光敏「天外者」 ●特別賞 野上照代

◇ゴールデングロス賞 第38回 ●日本映画部門 金賞 東宝, アニプレックス「劇場版『鬼滅の刃』無限列車編」 ●外国映画部門 金賞 ウォルト・ディズニー「アナと雪の女王2」

◇日刊スポーツ映画大賞・石原裕次郎賞 第33回 ●作品賞 「罪の声」(土井裕泰監督) ●監督賞 黒沢清「スパイの妻」 ●主演男優賞 小栗旬「罪の声」 ●主演女優賞 長澤まさみ「MOTHER マザー」「コンフィデンスマンJP プリンセス編」 ●助演男優賞 妻夫木聡「浅田家!」「Red」「一度も撃ってません」 ●助演女優賞 渡辺真起子「浅田家!」「37セカンズ」 ●新人賞 服部樹咲「ミッドナイトスワン」 ●外国作品賞 「はちどり」(キム・ボラ監督) ●石原裕次郎賞 「鬼滅の刃 無限列車編」(外崎春雄監督) ●石原裕次郎新人賞 岡田健史「ドクター・デスの遺産―BLACK FILE―」「弥生、三月―君を愛した30年―」 ●特別賞 渡哲也

◇日本アカデミー賞 第43回 ●最優秀作品賞 「新聞記者」 ●最優秀アニメーション作品賞 「天気の子」 ●最優秀監督賞 武内英樹「翔んで埼玉」 ●最優秀脚本賞 徳永友一「翔んで埼玉」 ●最優秀主演男優賞 松坂桃李「新聞記者」 ●最優秀主演女優賞 シム・ウンギョン「新聞記者」 ●最優秀助演男優賞 吉沢亮「キングダム」 ●最優秀助演女優賞 長澤まさみ「キングダム」 ●最優秀外国作品賞 「ジョーカー」 ●新人俳優賞 鈴鹿央士「蜜蜂と遠雷」 森崎ウィン「蜜蜂と遠雷」 横浜流星「愛唄―約束のナクヒト―」「いなくなれ, 群青」「チア男子!!」 岸井ゆきの「愛がなんだ」 黒島結菜「カツベン!」 吉岡里帆「見えない目撃者」「パラレルワールド・ラブストーリー」 ●話題賞 作品部門 「決算! 忠臣蔵」 ●話題賞 俳優部門 星野源「引っ越し大名!」

◇ブルーリボン賞 第63回 ●作品賞 「Fukushima 50」(若松節朗監督) ●監督賞 中野量太「浅田家!」 ●主演男優賞 草彅剛「ミッドナイトスワン」 ●主演女優賞 長澤まさみ「コンフィデンスマンJP プリンセス編」「MOTHER マザー」 ●助演男優賞 成田凌「スマホを落としただけなのに 囚われの殺人鬼」「糸」「窮鼠はチーズの夢を見る」 ●助演女優賞 伊藤沙莉「劇場」「十二単衣を着た悪魔」「ホテルローヤル」 ●新人賞 奥平大兼「MOTHER マザー」 ●外国作品賞 「パラサイト 半地下の家族」(ポン・ジュノ監督)

◇報知映画賞 第45回 ●作品賞・邦画部門 「罪の声」 ●監督賞 河瀬直美 ●主演男優賞 小栗旬 ●主演女優賞 水川あさみ ●助演男優賞 星野源 ●助演女優賞 蒔田彩珠 ●新人賞 服部樹咲 宮沢氷魚 ●作品賞・海外部門 「TENET テネット」 ●アニメ作品賞 「劇場版『鬼滅の刃』無限列車編」 ●特別賞 「三島由紀夫vs東大全共闘〜50年目の真実〜」

◇毎日映画コンクール 第75回 ●日本映画大賞 大森立嗣監督「MOTHER マザー」 ●監督賞 河瀬直美「朝が来る」 ●脚本賞 丸山昇一「一度も撃ってません」 ●男優主演賞 森山未來「アンダードッグ」 ●女優主演賞 水川あさみ「喜劇 愛妻物語」 ●男優助演賞 宇野祥平「罪の声」 ●女優助演賞 蒔田彩珠「朝が来る」 ●スポニチグランプリ新人賞 上村侑「許された子どもたち」 佳山明「37セカンズ」 ●アニメーション映画賞 佐藤順一, 鎌谷悠監督「魔女見習いをさがして」 ●田中絹代賞 梶芽衣子 ●特別賞 大林恭子(映画プロデューサー)

◇牧野省三賞(令2年) 大林宣彦
◇三船敏郎賞(令2年) 小林稔侍

【テレビ】

◇ギャラクシー賞 第58回 ●マイベストTV賞 第15回グランプリ テレビ東京 木ドラ25「30歳まで童貞だと魔法使いになれるらしい」 ●テレビ部門 大賞 フジテレビジョン「世界は3で出来ている」 ●テレビ部門 特別賞 日本電波ニュース社 "22年間にわたり, 中村哲医師の活動を記録し続け, 多くのドキュメンタリー作品でその精神を伝えてきた功績に対して" ●テレビ部門 個人賞 サンドウィッチマン "卓抜な芸人力で人々の気持ちと向き合い, 笑いの力で人々を励まし, 東北の「心の復興」に並走してきたことに対して" ●CM部門 大賞 大塚製薬 ポカリスエット「ポカリNEO 合唱 2020(フル)篇」

◇芸術祭賞〔テレビ・ドラマ部門〕 第75回 ●大賞 日本放送協会 スペシャルドラマ「ストレン

ジャー〜上海の芥川龍之介〜」　●優秀賞　株式会社CBCテレビ「スナイパー時村正義の働き方改革」　関西テレビ放送 U-NEXT presents「あと3回、君に会える」　日本放送協会「完本 怪談牡丹燈籠」
◇日刊スポーツ・ドラマグランプリ　第24回　●主演男優賞　長谷川博己「麒麟がくる」　●主演女優賞　綾瀬はるか「天国と地獄〜サイコな2人〜」　●助演男優賞　染谷将太「麒麟がくる」　●助演女優賞　二階堂ふみ「エール」　●作品賞　「半沢直樹」(主演・堺雅人)
◇日本民間放送連盟賞(令2年度)　●番組部門 テレビエンターテインメント 最優秀　鹿児島テレビ放送「テレビで会えない芸人」　●番組部門 テレビドラマ 最優秀　CBCテレビ「スナイパー時村正義の働き方改革」
◇橋田賞　第29回　●大賞　該当なし　●橋田賞　連続テレビ小説「エール」(NHK)　新春ドラマ特別企画「あしたの家族」(TBS)　「ポツンと一軒家」(朝日放送)　池端俊策(脚本家)　長谷川博己　二階堂ふみ　松原耕二(キャスター)　●橋田賞新人賞　賀来賢人　上白石萌音　●橋田特別賞　坂本冬美(歌手)
◇放送文化基金賞　第46回　●テレビドラマ番組 最優秀賞　NHK大阪拠点放送局 土曜ドラマ「心の傷を癒すということ」　●テレビエンターテインメント番組 最優秀賞　フジテレビジョン、イースト・エンタテインメント「奇跡体験！ アンビリバボー 仲間たちとの12年越しの約束SP」　●個別分野 演技賞　柄本佑 土曜ドラマ「心の傷を癒すということ」　桜井ユキ よるドラ「だから私は推しました」　●個別分野 出演者賞　八木勝自 KNBふるさとスペシャル「19人を殺した君と 重い障がいのある私の対話」　杉田秀之「奇跡体験！ アンビリバボー 仲間たちとの12年越しの約束SP」　アーサー・ビナード 文化放送報道スペシャル「戦争はあった」　●個別分野 演出賞　加藤拓 スペシャルドラマ「ストレンジャー〜上海の芥川龍之介〜」
◇毎日芸術賞　第62回　●特別賞　TBSドラマ「半沢直樹」の制作者、出演者 "TBS系ドラマ「半沢直樹」(7〜9月放送)の企画・制作"
◇向田邦子賞　第39回　橋部敦子「モコミ〜彼女ちょっとヘンだけど〜」

【芸能全般】

◇浅草芸能大賞　第37回　●大賞　天海祐希(女優)　●奨励賞　爆笑問題(漫才師)　●新人賞　玉川太福(浪曲師)　●特別功労賞　志村けん(コメディアン)
◇菊池寛賞　第68回　滋賀県立芸術劇場 びわ湖ホール
◇芸術祭賞 [大衆芸能部門]　第75回　●大賞(関東参加公演の部)　京山幸枝若(2代) "「京山幸枝若独演会」の成果"　●大賞(関西参加公演の部)　林家染二 "「林家染二独演会」における「中村仲蔵」の成果"
◇芸術選奨　第71回　●演劇部門 文部科学大臣賞　岡本健一 "「リチャード二世」の成果"　松本祐子(演出家) "「五十四の瞳」の成果"　●演劇部門 文部科学大臣新人賞　鈴木杏 "「殺意 ストリップショウ」ほかの成果"　●大衆芸能部門 文部科学大臣賞　宮本浩次「ROMANCE」ほか　柳亭市馬(落語家) "「穴泥」ほかの成果"　●大衆芸能部門 文部科学大臣新人賞　米津玄師「STRAY SHEEP」ほか
◇松尾芸能賞　第41回　●大賞 邦楽　宮田哲男　●優秀賞 演劇　明日海りお　●新人賞 演劇　中村梅枝(4代)　●新人賞 歌謡　中澤卓也

【音楽】

◇朝日賞(令2年度)　細野晴臣 "ポピュラー音楽に大きな革新をもたらした音楽活動"
◇JASRAC賞　第38回　●金賞　米津玄師作詞・作曲ほか「Lemon」　●銀賞　すぎやまこういち作曲ほか「ドラゴンクエスト序曲」　●銅賞　中島みゆき作詞・作曲ほか「糸」　●国際賞　高梨康治作曲ほか「NARUTO−ナルト−疾風伝 BGM」
◇日本ゴールドディスク大賞　第35回　●アーティスト・オブ・ザ・イヤー 邦楽　嵐　●ベスト・アーティスト 演歌/歌謡曲　氷川きよし　●ニュー・アーティスト・オブ・ザ・イヤー 邦楽　SixTONES　●ベスト・演歌/歌謡曲・ニュー・アーティスト　二見颯一　●アルバム・オブ・ザ・イヤー 邦楽　米津玄師「STRAY SHEEP」　●アニメーション・アルバム・オブ・ザ・イヤー　V.A 刀剣乱舞-ONLINE- 歌曲集と物語「あなたと 私と」　●シングル・オブ・ザ・イヤー　SixTONES vs Snow Man「Imitation Rain/D.D.」　Snow Man vs SixTONES「D.D./Imitation Rain」　●特別賞　瑛人「香水」　LiSA

◇日本作詩大賞　第53回　●大賞　吉田旺「なごり歌」(歌・市川由紀乃)　●審査員特別賞　松井五郎「はじめて好きになった人」(歌・竹島宏)　●最優秀新人賞　中山正好「居酒屋「昭和」」(歌・八代亜紀)

◇日本レコード大賞　第62回　●大賞　LiSA「炎」　●最優秀歌唱賞　福田こうへい　●最優秀新人賞　真田ナオキ　●特別栄誉賞　嵐

【演劇】

◇菊田一夫演劇賞　第46回　●演劇大賞　風間杜夫　●演劇賞　加藤和樹　海宝直人　咲妃みゆ　高畑充希　●特別賞　鳳蘭 "「屋根の上のヴァイオリン弾き」をはじめとする永年の演劇界への功績に対して"

◇紀伊國屋演劇賞　第55回　●団体賞　該当なし　●個人賞　中村ノブアキ　岡本健一　眞鍋卓嗣　松岡依都美　鈴木杏

◇芸術祭賞〔演劇部門〕　第75回　●大賞　該当なし

◇毎日芸術賞　第62回　鵜山仁 "舞台「リチャード二世」の演出とシェークスピア歴史劇シリーズ完結"

◇読売演劇大賞　第28回　●大賞・最優秀女優賞　鈴木杏「殺意 ストリップショウ」「真夏の夜の夢」の演技"　●最優秀作品賞　「リチャード二世」　●最優秀男優賞　山崎一「十二人の怒れる男」「23階の笑い」の演技"　●最優秀演出家賞　藤田俊太郎「天保十二年のシェイクスピア」「NINE」「VIOLET」の演出"　●杉村春子賞〔新人対象〕　小瀧望「エレファント・マン」の演技"　●芸術栄誉賞　緒方規矩子(衣装デザイナー)　●選考委員特別賞　「現代能楽集X『幸福論』〜能『道成寺』『隅田川』より」

【演芸】

◇上方漫才大賞　第55回　●大賞　シャンプーハット

【漫画・アニメ】

◇芸術選奨　第71回　●メディア芸術部門 文部科学大臣賞　湯浅政明「映像研には手を出すな！」　●メディア芸術部門 文部科学大臣新人賞　吾峠呼世晴「鬼滅の刃」

◇講談社漫画賞　第44回　●少年部門　和久井健「東京卍リベンジャーズ」　●少女部門　ろびこ「僕と君の大切な話」　●総合部門　山口つばさ「ブルーピリオド」

◇小学館漫画賞　第66回　●児童向け部門　松本しげのぶ「デュエル・マスターズ」シリーズ　みづほ梨乃「ショコラの魔法」　●少年向け部門　山本崇一朗「からかい上手の高木さん」　藤本タツキ「チェンソーマン」　●少女向け部門　藤沢志月「柚木さんちの四兄弟。」　●一般向け部門　浅野いにお「デッドデッドデーモンズデデデデデストラクション」　泰三子「ハコヅメ〜交番女子の逆襲〜」

◇手塚治虫文化賞　第24回　●マンガ大賞　高浜寛「ニュクスの角灯」　●新生賞　田島列島「水は海に向かって流れる」「田島列島短編集ごあいさつ」　●短編賞　和山やま「夢中さ、きみに。」　●特別賞　長谷川町子

◇マンガ大賞 2020　山口つばさ「ブルーピリオド」

【スポーツ】

◇朝日スポーツ賞(令2年度)　アーモンドアイ, 国枝栄 "競馬のジャパンカップなどGⅠレースで3勝し、自らの芝のGⅠ最多勝記録を9に伸ばした"　一般社団法人スポーツを止めるな "新型コロナウイルス感染症の影響でプレーする場を失った高校生たちが競技を続けられるように支援"

◇毎日スポーツ人賞(令2年度)　●グランプリ　佐藤琢磨(レーシングドライバー)　●新人賞　大谷桃子(車いすテニス)　田中希実(陸上)　●文化賞　池江瑠花子(競泳)　●功労賞　野村克也(野球)

【その他】

◇「現代用語の基礎知識」選 ユーキャン新語・流行語大賞　第37回　●年間大賞　小池百合子(東京都知事)"3密"

◇将棋大賞　第47回　●最優秀棋士賞　渡辺明　●特別賞　木村一基　●新人賞　本田奎　●最優秀

女流棋士賞　里見香奈

◇星雲賞　第51回　日本長編部門（小説）　小川一水「天冥の標」　●日本短編部門（小説）　菅浩江「不見の月」　●メディア部門　安藤正臣監督，篠原健太原作，Lerche制作「彼方のアストラ」　●コミック部門　道満晴明「バビロンまでは何光年？」　久正人著, DC COMICSキャラクター・監修「ニンジャバットマン」　●アート部門　シライシユウコ　●ノンフィクション部門　宮崎哲弥「NHK 100分de名著『小松左京スペシャル 「神」なき時代の神話』」　●自由部門　EHT（Event Horizon Telescope）プロジェクト"史上初のブラックホールの撮影"

◇日本SF大賞　第41回　菅浩江「歓喜の歌 博物館惑星Ⅲ」　林譲治「星系出雲の兵站」（全9巻）　●特別賞　立原透耶"立原透耶氏の中華圏SF作品の翻訳・紹介の業績に対して"　●功績賞　小林泰三（作家）

◇文化勲章（令2年度）　橋田壽賀子（脚本家）　奥田小由女（人形作家）　久保田淳（日本文学者）　近藤淳（物性物理学者）　澄川喜一（彫刻家）

◇ベストドレッサー賞　第49回　●政治・経済部門　鈴木善久　●学術・文化部門　尾上菊之丞　●芸能部門　田中みな実　中村倫也　●スポーツ部門　ときど

令和3年（2021）

【文学全般】

◇朝日賞〔文学関係〕（令3年度）　俵万智"現代短歌の魅力を伝え，すそ野を広げた創作活動"　松岡和子"シェークスピア全戯曲の翻訳"

◇大佛次郎賞　第48回　堀川惠子「暁の宇品 陸軍船舶司令官たちのヒロシマ」

◇菊池寛賞　第69回　小川洋子　松岡和子

◇群像新人文学賞　第64回　●当選作　石沢麻依「貝に続く場所にて」　島口大樹「鳥がぼくらは祈り、」　●優秀作　松永K三蔵「カメオ」

◇芸術選奨　第72回　●文学部門 文部科学大臣賞　中島京子「ムーンライト・イン」「やさしい猫」　水林章「壊れた魂」　●文学部門 文部科学大臣新人賞　堀田季何「人類の午後」

◇サントリー学芸賞〔芸術・文学部門〕　第43回　川瀬慈「エチオピア高原の吟遊詩人―うたに生きる者たち」　堀井一摩「国民国家と不気味なもの―日露戦後文学の〈うち〉なる他者像」

◇司馬遼太郎賞　第25回　石川禎浩「中国共産党、その百年」

◇新田次郎文学賞　第40回　永井紗耶子「商う狼―江戸商人 杉本茂十郎―」

◇日本芸術院賞（第2部・文芸）　第78回　●恩賜賞・日本芸術院賞　筒井康隆（小説）"SF作品から純文学作品まで幅広い創作活動による傑出した文学的業績に対し"

◇野間文芸賞　第74回　リービ英雄「天路」

◇毎日芸術賞　第63回　高橋睦郎 詩集「深きより 二十七の聲」　皆川博子「インタヴュー・ウィズ・ザ・プリズナー」

◇毎日出版文化賞　第75回　●文学・芸術部門　河尻亨一「TIMELESS 石岡瑛子とその時代」　●特別賞　工藤正廣「チェーホフの山」

◇三島由紀夫賞　第34回　乗代雄介「旅する練習」

◇読売文学賞　第73回　●小説賞　川本直「ジュリアン・バトラーの真実の生涯」　●戯曲・シナリオ賞　受賞作なし　●随筆・紀行賞　小澤實「芭蕉の風景 上下」　平松洋子「父のビスコ」　●評論・伝記賞　山本一生「百間、まだ死なざるや」　●詩歌俳句賞　須永紀子「時の鍾り。」（詩集）

【小説】

◇芥川龍之介賞　第165回（上期）　李琴峰「彼岸花が咲く島」　石沢麻依「貝に続く場所にて」

◇芥川龍之介賞　第166回（下期）　砂川文次「ブラックボックス」

◇泉鏡花文学賞　第49回　村田喜代子「姉の島」

◇江戸川乱歩賞　第67回　伏尾美紀「北緯43度のコールドケース」　桃ノ雑派「老虎残夢」

◇大藪春彦賞　第23回　坂上泉「インビジブル」
◇オール讀物歴史時代小説新人賞　第101回　出崎哲弥「装束ゑの木」
◇河合隼雄物語賞　第9回　寺地はるな「水を縫う」
◇川端康成文学賞　第45回　千葉雅也「マジックミラー」
◇『このミステリーがすごい！』大賞　第20回　●大賞　南原詠「特許やぶりの女王 弁理士・大鳳未来」　●文庫グランプリ　鴨崎暖炉「密室黄金時代の殺人 雪の館と六つのトリック」
◇柴田錬三郎賞　第34回　朝井まかて「類」　朝井リョウ「正欲」
◇小説現代長編新人賞　第15回　珠川こおり「檸檬先生」　●奨励賞　仲村燈「梔梧の雪」
◇小説すばる新人賞　第34回　永原皓「コーリング・ユー」
◇新潮新人賞　第53回　久栖博季「彫刻の感想」
◇すばる文学賞　第45回　永井みみ「ミシンと金魚」　●佳作　石田夏穂「我が友、スミス」
◇太宰治賞　第37回　山家望「birth」
◇谷崎潤一郎賞　第57回　金原ひとみ「アンソーシャル ディスタンス」
◇中央公論文芸賞　第16回　山本文緒「自転しながら公転する」
◇直木三十五賞　第165回（上期）　佐藤究「テスカトリポカ」　澤田瞳子「星落ちて、なお」
◇直木三十五賞　第166回（下期）　今村翔吾「塞王の楯」　米澤穂信「黒牢城」
◇日本推理作家協会賞　第74回　●長編および連作短編集部門　坂上泉「インビジブル」　櫻田智也「蟬かえる」　●短編部門　結城真一郎「＃拡散希望」　●評論・研究部門　真田啓介「真田啓介ミステリ論集 古典探偵小説の愉しみ（「Ⅰフェアプレイの文学」「Ⅱ悪人たちの肖像」）」
◇日本ファンタジーノベル大賞 2021　藍銅ツバメ「鯉姫婚姻譚」
◇日本ミステリー文学大賞　第25回　小池真理子
◇野間文芸新人賞　第43回　井戸川射子「ここはとても速い川」
◇文學界新人賞　第126回　青野暦「穀雨のころ」　九段理江「悪い音楽」
◇文藝賞　第58回　澤大知「眼球達磨式」
◇本屋大賞　第18回　●大賞　町田そのこ「52ヘルツのクジラたち」　●2位　青山美智子「お探し物は図書室まで」　●3位　伊吹有喜「犬がいた季節」　●翻訳小説部門 1位　ディーリア・オーエンズ著、友廣純訳「ザリガニの鳴くところ」　●ノンフィクション本大賞（第4回）　上間陽子「海をあげる」
◇松本清張賞　第28回　波木銅「万事快調」
◇紫式部文学賞　第31回　黒田夏子「組曲 わすれこうじ」
◇山田風太郎賞　第12回　米澤穂信「黒牢城」
◇山本周五郎賞　第34回　佐藤究「テスカトリポカ」
◇横溝正史ミステリ＆ホラー大賞　第41回　●大賞　新名智「虚魚」　●読者賞　秋津朗「デジタルリセット」
◇吉川英治文学賞　第55回　村山由佳「風よ あらしよ」

【詩歌】

◇H氏賞　第71回　石松佳「針葉樹林」
◇小熊秀雄賞　第54回　冨岡悦子「反暴力考」　高岡修「蟻」
◇現代歌人協会賞　第65回　川野芽生「Lilith」　北山あさひ「崖にて」
◇現代詩人賞　第39回　鈴木ユリイカ「サイードから風が吹いてくると」
◇現代短歌大賞　第44回　外塚喬「鳴禽」
◇齋藤茂吉短歌文学賞　第33回　岡野弘彦「岡野弘彦全歌集」
◇詩歌文学館賞　第36回　●詩　森本孝徳「暮しの降霊」　●短歌　俵万智「未来のサイズ」　●俳句　宮坂静生「草魂（くさだま）」
◇蛇笏賞　第55回　大石悦子「百囀（ひゃくてん）」
◇迢空賞　第55回　俵万智「未来のサイズ」

◇壺井繁治賞　第49回　白根厚子「母のすりばち」
◇中原中也賞　第27回　國松絵梨「たましいの移動」
◇日本歌人クラブ賞　第48回　大口玲子「自由」
◇俳人協会賞　第61回　津川絵理子 句集「夜の水平線」
◇萩原朔太郎賞　第29回　岸田将幸「風の領分」
◇丸山薫賞　第28回　山本かずこ「恰も魂あるものの如く」
◇歴程賞　第59回　小田久郎 "思潮社を創立し、詩誌「現代詩手帖」などを世に送った同氏の、戦後日本の詩と詩壇への貢献に対し"
◇若山牧水賞　第26回　黒瀬珂瀾「ひかりの針がうたふ」(歌集)

【戯曲】
◇岸田國士戯曲賞　第65回　該当作なし

【評論・随筆】
◇大宅壮一ノンフィクション賞　第52回　石井妙子「女帝 小池百合子」
◇開高健ノンフィクション賞　第19回　平井美帆「ソ連兵へ差し出された娘たち」
◇群像新人評論賞　第65回　●当選作　渡辺健一郎「演劇教育の時代」　●優秀作　小峰ひずみ「平成転向論 鷲田清一をめぐって」
◇講談社 本田靖春ノンフィクション賞　第43回　細田昌志「沢村忠に真空を飛ばせた男―昭和のプロモーター・野口修 評伝」　村山祐介「エクソダス―アメリカ国境の狂気と祈り」
◇小林秀雄賞　第20回　岡田暁生「音楽の危機《第九》が歌えなくなった日」
◇新潮ドキュメント賞　第20回　石井光太「こどもホスピスの奇跡―短い人生の「最期」をつくる―」
◇日本エッセイスト・クラブ賞　第69回　さだまさし「さだの辞書」　柳田由紀子「宿無し弘文 スティーブ・ジョブズの禅僧」

【児童文学】
◇講談社絵本賞　第52回　富安陽子文, 松成真理子絵「さくらの谷」
◇産経児童出版文化賞　第68回　●大賞　八尾慶次「やとのいえ」
◇児童福祉文化賞　第64回　●出版物部門　岩瀬成子, 株式会社PHP研究所「わたしのあのこ あのこのわたし」　●特別部門　角野栄子 "長年にわたり、児童文化の向上・普及に努め、児童の健全育成に貢献してきた活動"
◇児童文芸新人賞　第50回　眞島めいり「みつきの雪」　松素めぐり「「保健室経由、かねやま本館。」シリーズ」
◇小学館児童出版文化賞　第70回　高畠那生「うしとざん」
◇日本絵本賞　第26回　●大賞　該当なし
◇日本児童文学者協会賞　第61回　石川宏千花「拝啓パンクスノットデッドさま」　山口進「万葉と令和をつなぐアキアカネ」
◇日本児童文芸家協会賞　第45回　中山聖子「雷のあとに」　神戸遥真「「恋ポテ」シリーズ」　●特別賞　すとうあさえ「はじめての行事えほん」シリーズ
◇野間児童文芸賞　第59回　たかどのほうこ「わたし、パリにいったの」
◇ひろすけ童話賞　第31回　いとうみく「きみひろくん」

【映画・テレビ全般】
◇エランドール賞〔新人賞〕(令3年度)　●新人賞　賀来賢人　伊藤沙莉　北村匠海　上白石萌音　窪田正孝　浜辺美波　成田凌　森七菜　●特別賞　日曜劇場「半沢直樹」制作チーム　劇場版「鬼滅の刃」無限列車編 製作委員会　映画「今日から俺は!! 劇場版」
◇芸術選奨　第72回　●映画部門 文部科学大臣賞　江川悦子(特殊メイクアーティスト) "「信虎」「マスカ

レード・ナイト」の成果"　濱口竜介(映画監督)「ドライブ・マイ・カー」ほかの成果"　●映画部門 文部科学大臣新人賞　吉田恵輔(映画監督・脚本家)「BLUE/ブルー」「空白」　●評論等部門 文部科学大臣新人賞　遠山純生「〈アメリカ映画史〉再構築」　●放送部門 文部科学大臣賞　礒山晶(プロデューサー)"「俺の家の話」の成果"　●放送部門 文部科学大臣新人賞　安達奈緒子(脚本家)「おかえりモネ」

【映画】

◇川喜多賞　第39回　坂本龍一(作曲家)

◇キネマ旬報ベスト・テン　第95回　●日本映画 第1位　「ドライブ・マイ・カー」(濱口竜介監督)　●外国映画 第1位　「ノマドランド」(クロエ・ジャオ監督)

◇キネマ旬報ベスト・テン個人賞　第95回　●日本映画監督賞　濱口竜介「ドライブ・マイ・カー」　●脚本賞　濱口竜介, 大江崇允「ドライブ・マイ・カー」　●主演男優賞　役所広司「すばらしき世界」　●主演女優賞　尾野真千子「茜色に焼かれる」「ヤクザと家族 The Family」　●助演男優賞　鈴木亮平「孤狼の血 LEVEL2」「燃えよ剣」「土竜の唄 FINAL」　●助演女優賞　三浦透子「ドライブ・マイ・カー」「スパゲティコード・ラブ」　●新人男優賞　和田庵「茜色に焼かれる」　●新人女優賞　河合優実「サマーフィルムにのって」「由宇子の天秤」「偽りのないhappy end」　●読者選出日本映画監督賞　濱口竜介「ドライブ・マイ・カー」　●特別賞　佐藤忠男　立川志らく

◇ゴールデングロス賞　第39回　●日本映画部門 金賞　東宝, 東映, カラー「シン・エヴァンゲリオン劇場版」　●外国映画部門 金賞　東宝東和「ワイルド・スピード ジェットブレイク」　●全興連特別賞　東宝, アニプレックス「劇場版『鬼滅の刃』無限列車編」　松竹「滝沢歌舞伎 ZERO 2020 The Movie」

◇日刊スポーツ映画大賞・石原裕次郎賞　第34回　●作品賞　「ドライブ・マイ・カー」(濱口竜介監督)　●監督賞　吉田恵輔「BLUE/ブルー」　●主演男優賞　西島秀俊「ドライブ・マイ・カー」　●主演女優賞　天海祐希「老後の資金がありません!」　●助演男優賞　鈴木亮平「孤狼の血 LEVEL2」「土竜の唄 FINAL」「燃えよ剣」　●助演女優賞　清原果耶「護られなかった者たちへ」　●新人賞　駒井蓮「いとみち」　●外国作品賞　「ノマドランド」(クロエ・ジャオ監督)　●石原裕次郎賞　「燃えよ剣」(原田眞人監督)　●石原裕次郎新人賞　眞栄田郷敦「東京リベンジャーズ」「ヒノマルソウル〜舞台裏の英雄たち〜」　●ファン大賞　三浦春馬「天外者」

◇日本アカデミー賞　第44回　●最優秀作品賞　「ミッドナイトスワン」　●最優秀アニメーション作品賞　劇場版「鬼滅の刃」無限列車編　●最優秀監督賞　若松節朗「Fukushima 50」　●最優秀脚本賞　野木亜紀子「罪の声」　●最優秀主演男優賞　草彅剛「ミッドナイトスワン」　●最優秀主演女優賞　長澤まさみ「MOTHER マザー」　●最優秀助演男優賞　渡辺謙「Fukushima 50」　●最優秀助演女優賞　黒木華「浅田家!」　●最優秀外国作品賞　「パラサイト 半地下の家族」　●新人俳優賞　服部樹咲「ミッドナイトスワン」, 蒔田彩珠「朝が来る」, 森七菜「ラストレター」岡田健史「望み」「ドクター・デスの遺産—BLACK FILE—」「弥生、三月-君を愛した30年—」奥平大兼「MOTHER マザー」, 永瀬廉「弱虫ペダル」　●協会栄誉賞　岡田裕介　●話題賞 作品部門　劇場版「鬼滅の刃」無限列車編　●話題賞 俳優部門　小栗旬「罪の声」

◇ブルーリボン賞　第64回　●作品賞　「孤狼の血 LEVEL2」　●監督賞　西川美和「すばらしき世界」　●主演男優賞　岡田准一「ザ・ファブル 殺さない殺し屋」「燃えよ剣」　●主演女優賞　永野芽郁「そして、バトンは渡された」「地獄の花園」　●助演男優賞　仲野太賀「すばらしき世界」「ONODA 一万夜を越えて」「あの頃。」　●助演女優賞　三浦透子「ドライブ・マイ・カー」　●新人賞　河合優実「サマーフィルムにのって」「由宇子の天秤」　●外国作品賞　「007/ノー・タイム・トゥ・ダイ」

◇報知映画賞　第46回　●作品賞・邦画部門　「護られなかった者たちへ」　●監督賞　前田哲　●主演男優賞　木村拓哉　●主演女優賞　永野芽郁　●助演男優賞　鈴木亮平　●助演女優賞　寺島しのぶ　●新人賞　Fukase　片山友希　堀貴秀監督　●作品賞・海外部門　「007/ノータイム・トゥ・ダイ」　●アニメ作品賞　「漁港の肉子ちゃん」　●特別賞　岡田裕介(東映)

◇毎日映画コンクール　第76回　●日本映画大賞　濱口竜介監督「ドライブ・マイ・カー」　●監督賞　濱口竜介「ドライブ・マイ・カー」　●脚本賞　吉田恵輔「空白」　●男優主演賞　佐藤健「護られなかった者たちへ」　●女優主演賞　尾野真千子「茜色に焼かれる」　●男優助演賞　仲野太賀「すばらしき世界」　●女優助演賞　清原果耶「護られなかった者たちへ」　●スポニチグランプリ新人賞　和田庵「茜色に焼かれる」　片山友希「茜色に焼かれる」　●アニメーション映画賞　川面真也

監督「岬のマヨイガ」　●大藤信郎賞　八代健志監督「ブックラポッタと森の時間」　●田中絹代賞　宮本信子　●特別賞　岩波ホール
◇牧野省三賞（令3年）　武正晴
◇三船敏郎賞（令3年）　桐谷健太

【テレビ】

◇ギャラクシー賞　第59回　●マイベストTV賞 第16回グランプリ　毎日放送 ドラマ特区「美しい彼」　●テレビ部門 大賞　福島中央テレビ「1Fリアル あの日、原発の傍らにいた人たち」　●テレビ部門 特別賞　日本放送協会 よるドラ「恋せぬふたり」　●テレビ部門 個人賞　草彅剛 "大河ドラマ「青天を衝け」(NHK) の演技"　●CM部門 大賞　サントリーホールディングス, 電通, DASH, J.C.SPARK サントリーホールディングス ほろよい「ほろよい飲んで、なにしよう？」

◇芸術祭賞〔テレビ・ドラマ部門〕　第76回　●大賞　日本放送協会「土曜ドラマ「今ここにある危機とぼくの好感度について」」　●優秀賞　関西テレビ放送株式会社「大豆田とわ子と三人の元夫」　日本放送協会 NHKスペシャル「ドラマ こもりびと」　日本放送協会 終戦ドラマ「しかたなかったと言うてはいかんのです」拡大版

◇日刊スポーツ・ドラマグランプリ　第25回　●主演男優賞　相葉雅紀「和田家の男たち」　●主演女優賞　波瑠「ナイト・ドクター」「愛しい嘘～優しい闇～」　●助演男優賞　岸優太「ナイト・ドクター」　●助演女優賞　蒔田彩珠「おかえりモネ」　●作品賞「和田家の男たち」(主演・相葉雅紀)

◇日本民間放送連盟賞（令3年度）　番組部門 テレビエンターテインメント 最優秀　山口放送「俺たち ウォーターボーイズ!!」　番組部門 テレビドラマ 最優秀　福島中央テレビ「浜の朝日の嘘つきどもと」

◇橋田賞　第30回　大賞　該当なし　橋田賞　「阿佐ヶ谷姉妹ののほほんふたり暮らし」(NHK)「日本沈没―希望のひと―」(TBS)　橋本裕志 (脚本家) "「エアガール」「日本沈没」など、脚本家としての第一線での活躍に対して"　東山紀之 "「刑事7人」「サンデーLIVE!!」などや橋田作品「御いのち」「源氏物語」など) の活躍に対して"　中田喜子 "「渡る世間は鬼ばかり」でおなじみ。「プレバト!!」などバラエティでも活躍"　仲野太賀 "ドラマ「コントが始まる」「#家族募集します」の演技"　井上貴博 "「Nスタ」(TBS) のキャスターとして、多くの視聴者の共感を得た"　●橋田賞新人賞　杉咲花 "ドラマ「恋です！　～ヤンキー君と白杖ガール～」「おちょやん」の演技"　吉沢亮 "大河ドラマ「青天を衝け」(NHK) での演技"

◇放送文化基金賞　第47回　●テレビドラマ番組 最優秀賞　NHK仙台拠点放送局 宮城発地域ドラマ「ペペロンチーノ」　●テレビエンターテインメント番組 最優秀賞　中京テレビ放送「ウマい！安い！おもしろい！ 全日本びっくり仰店グランプリ」　●個別分野 演技賞　草彅剛 宮城発地域ドラマ「ペペロンチーノ」　池脇千鶴 オトナの土ドラ「その女、ジルバ」　●個別分野 脚本賞　一色伸幸 宮城発地域ドラマ「ペペロンチーノ」

◇向田邦子賞　第40回　吉田恵里香「恋せぬふたり」(よるドラ)

【芸能全般】

◇浅草芸能大賞　第38回　●大賞　神田松鯉 (講談師)　奨励賞　中村七之助 (2代) (歌舞伎俳優)　●新人賞　春風亭ぴっかり☆ (落語家)

◇菊池寛賞　第69回　仲代達矢 "89歳を迎える本年、「役者七十周年」全国公演を開始。みずから私塾「無名塾」を主宰し、後進の育成にも尽力"

◇芸術祭賞〔大衆芸能部門〕　第76回　●大賞 (関東参加公演の部)　隅田川馬石 "「奮闘馬石特別編 中村仲蔵通し公演」の成果"　●大賞 (関西参加公演の部)　笑福亭松喬 "「笑福亭松喬 還暦独演会」における「らくだ」の話芸"

◇芸術選奨　第72回　●演劇部門 文部科学大臣賞　竹本千歳太夫 (人形浄瑠璃文楽太夫) "「ひらかな盛衰記」ほかの成果"　マキノノゾミ (劇作家、演出家) "「昭和虞美人草」の成果"　●演劇部門 文部科学大臣新人賞　尾上松緑 (2代) (歌舞伎俳優・日本舞踊家) "「土蜘」ほかの成果"　●大衆芸能部門 文部科学大臣賞　桂南光 (落語家) "「らくだ」ほかの成果"　佐野元春 (ロック・ミュージシャン)「THE COMPLETE ALBUM COLLECTION 1980-2004」ほか　●大衆芸能部門 文部科学大臣新人賞　藤井風 (ミュージシャン)「きらり」「燃えよ」ほか　●芸術振興部門 文部科学大臣賞　川口隆夫 (ダンサー・パフォー

マー）"コロナ禍における表現者としての活動"
◇松尾芸能賞　第42回　●大賞 歌謡 八代亜紀　●優秀賞 落語・劇作家 小佐田定雄　●優秀賞 演劇 花總まり 藤田俊太郎　●新人賞 演劇 中村米吉(5代)　●特別賞 演劇(人形) 結城孫三郎(12代)　●功労賞 演芸 沢村豊子

【音楽】

◇JASRAC賞　第39回　●金賞 LiSA作詞, 草野華余子作曲ほか「紅蓮華」　●銀賞 藤原聡作詞・作曲ほか「Pretender」　●銅賞 米津玄師作詞・作曲ほか「Lemon」　●国際賞 高梨康治作曲ほか「NARUTO-ナルト-疾風伝BGM」
◇日本ゴールドディスク大賞　第36回　●アーティスト・オブ・ザ・イヤー 邦楽 Snow Man　●ベスト・アーティスト BTS　●ザ・ベスト・演歌/歌謡曲・アーティスト 氷川きよし　●ニュー・アーティスト・オブ・ザ・イヤー 邦楽 優里　●ベスト・演歌/歌謡曲・ニュー・アーティスト 真田ナオキ　●アルバム・オブ・ザ・イヤー 邦楽 Snow Man「Snow Mania S1」　●アニメーション・アルバム・オブ・ザ・イヤー 鬼滅の刃 TVアニメ「鬼滅の刃」竈門炭治郎 立志編 オリジナルサウンドトラック　●シングル・オブ・ザ・イヤー Snow Man「Grandeur」　●特別賞 Aimer YOASOBI
◇日本作詩大賞　第54回　●大賞 幸耕平「君がそばにいるから」(歌・純烈)　●審査員特別賞 麻こよみ「下町銀座」(歌・長山洋子)　●最優秀新人賞 小山内圭「男泣かせの雨が降る」(歌・大川栄策)
◇日本レコード大賞　第63回　●大賞 Da-iCE「CITRUS」　●最優秀歌唱賞 MISIA　●最優秀新人賞 マカロニえんぴつ

【演劇】

◇菊田一夫演劇賞　第47回　●演劇大賞 舞台「千と千尋の神隠し」上演関係者一同　●演劇賞 佐藤B作「サンシャイン・ボーイズ」アル・ルイス役 土居裕子「リトルプリンス」 木下晴香「モーツァルト！」「王家の紋章」「彼女を笑う人がいても」 森新太郎「ジュリアス・シーザー」「冬のライオン」の演出　●特別賞 松本白鸚(2代)"「ラ・マンチャの男」の主演を半世紀以上にわたり務めた功績に対して"
◇紀伊國屋演劇賞　第56回　●団体賞 劇団俳優座「正義の人びと」「雪の中の三人」「インク」「戒厳令」「面と向かって」の優れた舞台成果　●個人賞 ひびのこづえ「フェイクスピア」の衣裳 松尾貴史「鷗外の怪談」緒川たまき「砂の女」吉田羊「ジュリアス・シーザー」上村聡史「Oslo（オスロ）」「森 フォレ」の演出
◇芸術祭賞〔演劇部門〕　第76回　●大賞(関東参加公演の部) 劇団新派"十月新派特別公演"における「太夫さん」の成果"　●大賞(関西参加公演の部) 兵庫県立ピッコロ劇団"第71回公演「いらないものだけ手に入る」の成果"
◇毎日芸術賞　第63回　風間杜夫 "「女の一生」「セールスマンの死」「白昼夢」「ベンガルの虎」「帰ってきたカラオケマン」の演技"
◇読売演劇大賞　第29回　●大賞・最優秀作品賞 NODA・MAP「フェイクスピア」　●最優秀男優賞 高橋一生「フェイクスピア」の演技　●最優秀女優賞 緒川たまき "「砂の女」の演技"　●最優秀演出家賞 上村聡史「OSLO」「森 フォレ」の演出　●杉村春子賞〔新人対象〕那須凜「アルビオン」「春の終わりに」「ザ・ドクター」の演技"　●芸術栄誉賞 本多劇場グループ

【演芸】

◇上方漫才大賞　第56回　●大賞 かまいたち　●奨励賞 プラス・マイナス　●新人賞 ネイビーズアフロ

【漫画・アニメ】

◇芸術選奨　第72回　●メディア芸術部門 文部科学大臣新人賞 よしながふみ「大奥」「きのう何食べた？」
◇講談社漫画賞　第45回　●少年部門 金城宗幸原作, ノ村優介漫画「ブルーロック」　●少女部門 森野萌「花野井くんと恋の病」　●総合部門 入江喜和「ゆりあ先生の赤い糸」

◇小学館漫画賞　第67回　●児童向け部門　該当作なし　●少年向け部門　オダトモヒト「古見さんは、コミュ症です。」　●少女向け部門　ひねくれ渡, アルコ作画「消えた初恋」　●一般向け部門　高瀬志帆「二月の勝者 ―絶対合格の教室―」　田村由美「ミステリと言う勿れ」
◇手塚治虫文化賞　第25回　●マンガ大賞　山下和美「ランド」　●新生賞　山田鐘人原作, アベツカサ作画「葬送のフリーレン」　●短編賞　野原広子「消えたママ友」「妻が口をきいてくれません」　●特別賞　吾峠呼世晴「鬼滅の刃」
◇マンガ大賞 2021　山田鐘人原作, アベツカサ作画「葬送のフリーレン」

【スポーツ】

◇朝日スポーツ賞（令3年度）　大谷翔平 "大リーグ・エンゼルスで、投打の「二刀流」として著しい成績を残した"
◇日本パラスポーツ賞　第5回　●大賞　道下美里（陸上）　●優秀賞　杉村英孝（ボッチャ）　杉浦佳子（自転車）　車いすバスケットボール男子日本代表（車いすバスケットボール）　●新人賞　山田美幸（身体障害者水泳）
◇毎日スポーツ人賞（令3年度）　●グランプリ　水谷隼・伊藤美誠組（卓球混合ダブルス）　●ベストアスリート賞　道下美里（陸上女子マラソン）　●新人賞　西矢椛（スケートボード女子アスリート）　●文化賞　和合由依（東京パラリンピック開会式出演）　●特別賞　河島テイヤナ（東京オリンピック大会スタッフ）　●功労賞　古టつ稔彦（故人）（柔道）

【その他】

◇「現代用語の基礎知識」選 ユーキャン新語・流行語大賞　第38回　●年間大賞　大谷翔平（ロサンゼルス・エンゼルス所属）"リアル二刀流/ショータイム"
◇将棋大賞　第48回　●最優秀棋士賞　藤井聡太　●新人賞　池永天志　●最優秀女流棋士賞　里見香奈
◇星雲賞　第52回　●日本長編部門（小説）　林譲治「星系出雲の兵站」　柴田勝家「アメリカン・ブッダ」　池澤春菜著, 堺三保原作「オービタル・クリスマス」　●メディア部門　田口清隆メイン監督「ウルトラマンZ」　●コミック部門　吟鳥子著, 中澤泉汰作画協力「きみを死なせないための物語」　江口夏実「鬼灯の冷徹」　●アート部門　シライシユウコ　●ノンフィクション部門　瀬名秀明「NHK 100分de名著『アーサー・C・クラークスペシャル ただの「空想」ではない』」　●自由部門　妖怪アマビエ
◇日本SF大賞　第42回　よしながふみ「大奥」（全19巻）
◇文化勲章（令3年度）　岡崎恒子（分子生物学者）　岡野弘彦（歌人）　川田順造（文化人類学者）　絹谷幸二（洋画家）　尾上菊五郎（7代）（歌舞伎俳優）　長嶋茂雄（元プロ野球選手, 元プロ野球監督）　牧阿佐美（舞踊家, 振付家, 舞踊指導者）　眞鍋淑郎（気象学・気候学者, ノーベル賞受賞者）　森重文（数学者）
◇ベストドレッサー賞　第50回　●政治・経済部門　設楽洋　●学術・文化部門　伊集院静　●芸能部門　吉岡里帆　田中圭　●スポーツ部門　鳥海連志　●インターナショナル部門　マンリオ・カデロ　●特別賞　草野仁

令和4年（2022）

【文学全般】

◇大佛次郎賞　第49回　星野博美「世界は五反田から始まった」
◇菊池寛賞　第70回　宮部みゆき "デビューから35年、数々の優れたエンタテインメント小説を発表"
◇群像新人文学賞　第65回　●当選作　小砂川チト「家庭用安心坑夫」　平沢逸「点滅するものの革命」
◇芸術選奨　第73回　●文学部門 文部科学大臣賞　滝口悠生「水平線」　渡辺松男「牧野植物園」　●文学部門 文部科学大臣新人賞　九段理江「Schoolgirl」　●評論等部門 文部科学大臣新人賞　佐藤未央子「谷崎潤一郎と映画の存在論」
◇サントリー学芸賞〔芸術・文学部門〕　第44回　邵丹「翻訳を産む文学、文学を産む翻訳―藤本和子、村上春樹、SF小説家と複数の訳者たち」　奈倉有里「アレクサンドル・ブローク 詩学と生涯」

を中心として　村島彩加「舞台の面影―演劇写真と役者・写真師」
◇司馬遼太郎賞　第26回　平山周吉「満洲国グランドホテル」
◇新田次郎文学賞　第41回　玉岡かおる「帆神―北前船を馳せた男・工楽松右衛門―」
◇日本芸術院賞(第2部・文芸)　第79回　●恩賜賞・日本芸術院賞　北川透(詩・文芸評論)"9年間に及ぶ「現代詩論集成」1巻より5巻までの果敢なる独走に対し"　●日本芸術院賞　藤井貞和(詩・国文学)"「よく聞きなさい、すぐにここを出るのです。」をはじめとする長年にわたる優れた文学的業績に対し"
◇野間文芸賞　第75回　松浦理英子「ヒカリ文集」
◇毎日芸術賞　第64回　桐野夏生 小説「燕は戻ってこない」　永田和宏 歌集「置行堀」
◇毎日出版文化賞　第76回　●文学・芸術部門　岡崎乾二郎「感覚のエデン」
◇三島由紀夫賞　第35回　岡田利規「ブロッコリー・レヴォリューション」
◇読売文学賞　第74回　●小説賞　佐藤亜紀「喜べ、幸いなる魂よ」　●戯曲・シナリオ賞　山内ケンジ「温暖化の秋 - hot autumn - 」(上演台本)　●随筆・紀行賞　沢木耕太郎「天路の旅人」　●評論・伝記賞　尾崎真理子「大江健三郎の『義』」　●詩歌俳句賞　藤井貞和「よく聞きなさい、すぐにここを出るのです。」(詩集)

【小説】

◇芥川龍之介賞　第167回(上期)　高瀬隼子「おいしいごはんが食べられますように」
◇芥川龍之介賞　第168回(下期)　佐藤厚志「荒地の家族」　井戸川射子「この世の喜びよ」
◇泉鏡花文学賞　第50回　大濱普美子「陽だまりの果て」
◇江戸川乱歩賞　第68回　荒木あかね「此の世の果ての殺人」
◇大藪春彦賞　第24回　武内涼「阿修羅草紙」　辻堂ゆめ「トリカゴ」
◇オール讀物歴史時代小説新人賞　第102回　米原信「盟(かみかけて)信(しん)が大切」
◇河合隼雄物語賞　第10回　いとうみく「あしたの幸福」
◇川端康成文学賞　第46回　上田岳弘「旅のない」
◇『このミステリーがすごい!』大賞　第21回　●大賞　小西マサテル「名探偵のままでいて」　●文庫グランプリ　美原さつき「禁断領域 イックンジュッキの棲む森」　くわがきあゆ「レモンと殺人鬼」
◇柴田錬三郎賞　第35回　青山文平「底惚れ」　金原ひとみ「ミーツ・ザ・ワールド」
◇小説現代長編新人賞　第16回　宇野碧「レペゼン母」　●奨励賞　実石沙枝子「きみが忘れた世界のおわり」
◇小説すばる新人賞　第35回　青波杏「楊花(ヤンファ)の歌」
◇新潮新人賞　第54回　黒川卓希「世界地図、傾く」
◇すばる文学賞　第46回　大谷朝子「がらんどう」
◇太宰治賞　第38回　野々井透「棕櫚を燃やす」
◇谷崎潤一郎賞　第58回　吉本ばなな「ミトンとふびん」
◇中央公論文芸賞　第17回　青山文平「底惚れ」
◇直木三十五賞　第167回(上期)　窪美澄「夜に星を放つ」
◇直木三十五賞　第168回(下期)　小川哲「地図と拳」　千早茜「しろがねの葉」
◇日本推理作家協会賞　第75回　●長編および連作短編集部門　芦辺拓「大鞠家殺人事件」　●短編部門　逸木裕「スケーターズ・ワルツ」　大山誠一郎「時計屋探偵と二律背反のアリバイ」　●評論・研究部門　小森収「短編ミステリの二百年 一〜六」
◇日本ミステリー文学大賞　第26回　有栖川有栖
◇野間文芸新人賞　第44回　町屋良平「ほんのこども」
◇文學界新人賞　第127回　年森瑛「N/A」
◇文藝賞　第59回　安堂ホセ「ジャクソンひとり」　日比野コレコ「ビューティフルからビューティフルへ」
◇本屋大賞　第19回　●大賞　逢坂冬馬「同志少女よ、敵を撃て」　●2位　青山美智子「赤と青とエ

スキース」　●3位　一穂ミチ「スモールワールズ」　●翻訳小説部門 1位　ソン・ウォンピョン著、矢島暁子訳「三十の反撃」　●ノンフィクション本大賞（第5回）　川内有緒「目の見えない白鳥さんとアートを見にいく」

◇松本清張賞　第29回　天城光琴「凍る大地に、絵は溶ける」
◇紫式部文学賞　第32回　奈倉有里「夕暮れに夜明けの歌を 文学を探しにロシアに行く」
◇山田風太郎賞　第13回　小川哲「地図と拳」
◇山本周五郎賞　第35回　砂原浩太朗「黛家の兄弟」
◇横溝正史ミステリ＆ホラー大賞　第42回　●大賞　該当作なし　●優秀賞　鵺野莉紗「君の教室が永遠の眠りにつくまで」　●読者賞　荒川悠衛門「異形探偵メイとリズ 燃える影」
◇吉川英治文学賞　第56回　京極夏彦「遠巷説百物語」　中島京子「やさしい猫」

【詩歌】

◇H氏賞　第72回　うるし山千尋「ライトゲージ」
◇小熊秀雄賞　第55回　津川エリコ「雨の合間」
◇現代歌人協会賞　第66回　北辻一展「無限遠点」　平岡直子「みじかい髪も長い髪も炎」
◇現代詩人賞　第40回　倉橋健一「無限抱擁」
◇現代短歌大賞　第45回　小池光「サーベルと燕」
◇齋藤茂吉短歌文学賞　第34回　佐藤通雅「岸辺」
◇詩歌文学館賞　第37回　●詩　田中庸介「ぴんくの砂袋」　●短歌　志垣澄幸「鳥語降る（ちょうごふる）」　●俳句　遠山陽子「遠山陽子俳句集成 未刊句集「輪舞（ろんど）」」
◇蛇笏賞　第56回　該当作なし
◇迢空賞　第56回　大下一真「漆桶（しっつう）」
◇壺井繁治賞　第50回　うえじょう晶「ハンタ（崖）」
◇中原中也賞　第28回　青柳菜摘「そだつのをやめる」
◇日本歌人クラブ賞　第49回　久保田登「手形足形」　古谷智子「ベイビーズ・ブレス」
◇俳人協会賞　第62回　森賀まり 句集「しみづあたたかをふくむ」
◇萩原朔太郎賞　第30回　川口晴美「やがて魔女の森になる」
◇丸山薫賞　第29回　阿部はるみ「からすのえんどう」
◇歴程賞　第60回　峯澤典子「微熱期」
◇若山牧水賞　第27回　奥田亡羊「花」（歌集）

【戯曲】

◇岸田國士戯曲賞　第66回　福名理穂「柔らかく揺れる」　山本卓卓「バナナの花は食べられる」

【評論・随筆】

◇大宅壮一ノンフィクション賞　第53回　鈴木忠平「嫌われた監督―落合博満は中日をどう変えたのか」　樋田毅「彼は早稲田で死んだ―大学構内リンチ殺人事件の永遠」
◇開高健ノンフィクション賞　第20回　佐賀旭「虚ろな革命家たち―連合赤軍 森恒夫の足跡をたどって」
◇講談社 本田靖春ノンフィクション賞　第44回　鈴木忠平「嫌われた監督―落合博満は中日をどう変えたのか」　中日新聞編集局、秦融「冤罪をほどく "供述弱者" とは誰か」
◇小林秀雄賞　第21回　竹内康浩, 朴舜起「謎ときサリンジャー―「自殺」したのは誰なのか―」
◇新潮ドキュメント賞　第21回　鈴木忠平「嫌われた監督―落合博満は中日をどう変えたのか」
◇日本エッセイスト・クラブ賞　第70回　松本俊彦「誰がために医師はいる クスリとヒトの現代論」

【児童文学】

◇講談社絵本賞　第53回　堀川理万子「海のアトリエ」
◇産経児童出版文化賞　第69回　●大賞　岡田淳「こそあどの森のおとなたちが子どもだったころ」
◇児童福祉文化賞　第65回　●出版物部門　神戸遥真, 株式会社講談社「笹森くんのスカート」
◇児童文芸新人賞　第51回　いけだけい「カメくんとイモリくん 小雨ぼっこ」　土屋千鶴「カイトとルソンの海」
◇小学館児童出版文化賞　第71回　髙柳克弘「そらのことばが降ってくる 保健室の俳句会」　堀川理万子「海のアトリエ」
◇日本絵本賞　第27回　●大賞　しおたにまみこ作「たまごのはなし」
◇日本児童文学者協会賞　第62回　安東みきえ「夜叉神川」　田中哲弥「オイモはときどきいなくなる」
◇日本児童文芸家協会賞　第46回　横田明子「聞かせて、おじいちゃん―原爆の語り部・森政忠雄さんの決意」
◇野間児童文芸賞　第60回　福田隆浩「たぶんみんなは知らないこと」
◇ひろすけ童話賞　第32回　魚住直子「だいじょうぶくん」

【映画・テレビ全般】

◇エランドール賞〔新人賞〕(令4年度)　●新人賞　仲野太賀　江口のりこ　柳楽優弥　川口春奈　山田裕貴　広瀬アリス　●特別賞　映画「ドライブ・マイ・カー」製作委員会
◇菊池寛賞　第70回　NHK「映像の世紀バタフライエフェクト」
◇芸術選奨　第73回　●映画部門 文部科学大臣賞　尾上克郎(特撮監督)"「シン・ウルトラマン」ほかの成果"　宮本まさ江(衣装デザイナー)"「キングダム2 遥かなる大地へ」ほかの成果"　●映画部門 文部科学大臣新人賞　早川千絵(映画監督)"「PLAN 75」の成果"　放送部門 文部科学大臣賞　藤本有紀 脚本家"「カムカムエヴリバディ」の成果"　放送部門 文部科学大臣新人賞　佐野亜裕美(ドラマプロデューサー)"「エルピス―希望、あるいは災い―」ほかの成果"

【映画】

◇川喜多賞　第40回　定井勇二(ビターズ・エンド)
◇キネマ旬報ベスト・テン　第96回　●日本映画 第1位　「ケイコ 目を澄ませて」(三宅唱監督)　●外国映画 第1位　「リコリス・ピザ」(ポール・トーマス・アンダーソン監督)
◇キネマ旬報ベスト・テン個人賞　第96回　●日本映画監督賞　高橋伴明「夜明けまでバス停で」　●脚本賞　梶原阿貴「夜明けまでバス停で」　●主演男優賞　沢田研二「土を喰らう十二ヵ月」　●主演女優賞　岸井ゆきの「ケイコ 目を澄ませて」「神は見返りを求める」「犬も食わねどチャーリーは笑う」「やがて海へと届く」　●助演男優賞　三浦友和「ケイコ 目を澄ませて」「線は、僕を描く」「グッバイ・クルエル・ワールド」　●助演女優賞　広末涼子「あちらにいる鬼」「バスカヴィル家の犬 シャーロック劇場版」「コンフィデンスマンJP 英雄編」　●新人男優賞　目黒蓮「月の満ち欠け」「おそ松さん」　●新人女優賞　嵐莉菜「マイスモールランド」　●読者選出日本映画監督賞　三宅唱「ケイコ 目を澄ませて」　●特別賞　小林信彦 川本三郎 "連載「映画を見ればわかること」により"
◇ゴールデングロス賞　第40回　●日本映画部門 金賞　東映「ONE PIECE FILM RED」　●外国映画部門 金賞　東和ピクチャーズ「トップガン マーヴェリック」　●全興連特別賞　東宝「劇場版 呪術廻戦0」　松竹「ARASHI Anniversary Tour 5×20 FILM "Record of Memories"」　ポニーキャニオン 映画「五等分の花嫁」　ハピネットファントム・スタジオ「PLAN 75」
◇日刊スポーツ映画大賞・石原裕次郎賞　第35回　●作品賞　「ハケンアニメ！」(吉野耕平監督)　●監督賞　李相日「流浪の月」　●主演男優賞　阿部寛「とんび」「異動辞令は音楽隊！」　●主演女優賞　倍賞千恵子「PLAN75」　●助演男優賞　柄本佑「ハケンアニメ！」「川っぺりムコリッタ」「夜明けまでバス停で」　●助演女優賞　清野菜名「キングダム2 遥かなる大地へ」「異動辞令は音楽隊！」「ある男」　●新人賞　河合優実「冬薔薇(ふゆそうび)」「PLAN75」「ある男」「女子高生に殺されたい」　●外国作品賞　「トップガン マーヴェリック」(ジョセフ・コシンスキー監督)　●石原裕次郎賞　「キングダム2 遥かなる大地へ」(佐藤信介監督)　●石原裕次郎新人賞　道枝駿佑「今夜、世界からこの恋が消えても」　●ファン大賞　道枝駿佑「今夜、世界からこの恋が消えても」

◇日本アカデミー賞　第45回　●最優秀作品賞　「ドライブ・マイ・カー」　●最優秀アニメーション作品賞　「シン・エヴァンゲリオン劇場版」　●最優秀監督賞　濱口竜介「ドライブ・マイ・カー」　●最優秀脚本賞　濱口竜介, 大江崇允「ドライブ・マイ・カー」　●最優秀主演男優賞　西島秀俊「ドライブ・マイ・カー」　●最優秀主演女優賞　有村架純「花束みたいな恋をした」　●最優秀助演男優賞　鈴木亮平「孤狼の血 LEVEL2」　●最優秀助演女優賞　清原果耶「護られなかった者たちへ」　●最優秀外国作品賞　「007／ノー・タイム・トゥ・ダイ」　●新人俳優賞　今田美桜「東京リベンジャーズ」　西野七瀬「孤狼の血 LEVEL2」　三浦透子「ドライブ・マイ・カー」　吉川愛「ハニーレモンソーダ」　磯村勇斗「ヤクザと家族 The Family」「劇場版『きのう何食べた？』」　尾上右近「燃えよ剣」　宮沢氷魚「騙し絵の牙」　Fukase「キャラクター」　●岡田茂賞　京都アニメーション　東映アニメーション　●特別追悼　福本清三　前田米蔵(撮影)　●話題賞 作品部門「シン・エヴァンゲリオン劇場版」　●話題賞 俳優部門　菅田将暉

◇ブルーリボン賞　第65回　●作品賞　「ある男」　●監督賞　早川千絵「PLAN 75」　●主演男優賞　二宮和也「ラーゲリより愛を込めて」「TANG タング」　●主演女優賞　倍賞千恵子「PLAN 75」　●助演男優賞　飯尾和樹「沈黙のパレード」　●助演女優賞　清原菜名「キングダム2 遙かなる大地へ」「異動辞令は音楽隊！」「ある男」　●新人賞　Kōki,「牛首村」　●外国作品賞　「トップガン マーヴェリック」

◇報知映画賞　第47回　●作品賞・邦画部門　「ある男」　●監督賞　片山慎三　●主演男優賞　福山雅治　●主演女優賞　有村架純　●助演男優賞　横浜流星　●助演女優賞　尾野真千子　●新人賞　白鳥晴都　嵐莉菜　●作品賞・海外部門　「トップガン マーヴェリック」　●アニメ作品賞　劇場版「四畳半タイムマシンブルース」

◇毎日映画コンクール　第77回　●日本映画大賞　三宅唱監督「ケイコ 目を澄ませて」　●監督賞　三宅唱「ケイコ 目を澄ませて」　●脚本賞　早川千絵「PLAN 75」　●男優主演賞　沢田研二「土を喰らう十二ヵ月」　●女優主演賞　岸井ゆきの「ケイコ 目を澄ませて」　●男優助演賞　窪田正孝「ある男」　●女優助演賞　伊東蒼「さがす」　●スポニチグランプリ新人賞　箱家一路「サバカン SABAKAN」　嵐莉菜「マイスモールランド」　●アニメーション映画賞　伊ండ瑞希監督「高野交差点」　●大藤信郎賞　湯浅政明監督「犬王」　田中絹代賞　寺島しのぶ　●特別賞　中島貞夫(映画監督)

◇牧野省三賞（令4年）　北大路欣也

◇三船敏郎賞（令4年）　竹野内豊

【テレビ】

◇ギャラクシー賞　第60回　●放送批評懇談会60周年記念賞　タモリ　●マイベストTV賞 第17回グランプリ　毎日放送 ドラマイズム「美しい彼」(シーズン2)　●テレビ部門 大賞　関西テレビ放送「エルピス―希望、あるいは災い―」　●テレビ部門 特別賞　日本放送協会「映像の世紀バタフライエフェクト」　●テレビ部門 個人賞　長澤まさみ "「エルピス―希望、あるいは災い―」の演技、大河ドラマ「鎌倉殿の13人」のナレーション"　●CM部門 大賞　大塚製薬, 博報堂, catch, ENOAD, AOI Pro. 大塚製薬 カロリーメイト「狭い広い世界で篇」

◇芸術祭賞〔テレビ・ドラマ部門〕　第77回　●大賞　日本放送協会「忠臣蔵狂詩曲No.5 中村仲蔵 出世階段」　●優秀賞　日本放送協会 よるドラ「恋せぬふたり」　株式会社WOWOW 連続ドラマW「いりびと−異邦人−」　●放送 個人賞　伊藤沙莉 "特集ドラマ「もも さんと7人のパパゲーノ」における演技"

◇日刊スポーツ・ドラマグランプリ　第26回　●主演男優賞　平野紫耀「クロサギ」　●主演女優賞　安藤サクラ「ブラッシュアップライフ」　●助演男優賞　三浦友和「クロサギ」　●助演女優賞　黒島結菜「クロサギ」　●作品賞　「クロサギ」(主演・平野紫耀)

◇日本民間放送連盟賞（令4年度）　●番組部門 テレビエンターテインメント 最優秀　CBCテレビ「やったぜ！ じいちゃん」　●番組部門 テレビドラマ 最優秀　TBSテレビ「最愛」

◇橋田賞　第31回　●大賞　該当なし　●橋田賞　「silent」(フジテレビ)　「プレバト!!」(毎日放送)　小池栄子「鎌倉殿の13人」(NHK)の高い演技力"　長澤まさみ「エルピス―希望、あるいは災い―」での演技"　●橋田賞新人賞　目黒蓮 "「silent」「舞いあがれ！」での好演に対して"　伊藤沙莉 "ドラマ「拾われた男」「ミステリと言う勿れ」の演技に対して"　生方美久(脚本家) "「silent」の繊細な世界

を感動とともに描いた高い筆力に対して" ●橋田特別賞　草笛光子 "長年の放送界での活躍と功績に対して"　加山雄三(歌手・俳優) "長年の放送界での活躍と功績に対して" ●野村昭子賞　いまむらいづみ "テレビドラマで長年、その高い演技力で存在感のある役を演じてこられた、その功績に対して"

◇放送文化基金賞　第48回　●テレビドラマ番組 最優秀賞　日本テレビ放送網 水曜ドラマ「ハコヅメ～たたかう！ 交番女子～」　●テレビエンターテインメント番組 最優秀賞　TBSテレビ「水曜日のダウンタウン おぼん・こぼん THE FINAL」　●個別分野 演技賞　永野芽郁 水曜ドラマ「ハコヅメ～たたかう！ 交番女子～」　笑福亭鶴瓶　プレミアムドラマ「しずかちゃんとパパ」　●個別分野 脚本賞　藤本有紀 連続テレビ小説「カムカムエヴリバディ」　●個別分野 出演者賞　岩田功次「瀬戸内海がゴミ箱になる日」

◇向田邦子賞　第41回　三谷幸喜「鎌倉殿の13人」(大河ドラマ)

【芸能全般】

◇浅草芸能大賞　第39回　●大賞　ナイツ(漫才師)　●奨励賞　劇団ひとり(タレント・監督)　●新人賞　桂宮治(落語家)

◇菊池寛賞　第70回　三谷幸喜

◇芸術祭賞〔大衆芸能部門〕　第77回　●大賞(関西参加公演の部)　林家菊丸 "第八回三代目林家菊丸独演会"の成果"

◇芸術選奨　第73回　●演劇部門 文部科学大臣賞　尾上菊之助(5代)(歌舞伎俳優) "「義経千本桜」ほかの成果"　段田安則 "「セールスマンの死」ほかの成果"　●演劇部門 文部科学大臣新人賞　枝元萌 「あつい胸さわぎ」ほか　●評論等部門 文部科学大臣賞　中野正昭 "「ローシー・オペラと浅草オペラ」の成果"　●大衆芸能部門 文部科学大臣賞　京山幸枝若(2代)(浪曲師) "「天保水滸伝・笹川の花会」ほかの成果"　鈴木慶一(ミュージシャン)「It's the moooonriders」ほか　●大衆芸能部門 文部科学大臣新人賞　東京03(飯塚悟志、角田晃広、豊本明長)(コントグループ) "「ヤな覚悟」ほかの成果"

◇松尾芸能賞　第43回　●大賞 能狂言　野村萬斎　●優秀賞 落語　春風亭小朝　●優秀賞 演劇　シルビア・グラブ　●新人賞 演劇　坂東巳之助　●特別賞 演劇　伊東四朗　●功労賞 演劇　坂東竹三郎(5代)

【音楽】

◇JASRAC賞　第40回　●金賞　LiSA作詞, 草野華余子作曲ほか「紅蓮華」　●銀賞　梶浦由記, LiSA作詞, 梶浦由記作曲ほか「炎」　●銅賞　優里作詞・作曲ほか「ドライフラワー」　●国際賞　高梨康治作曲ほか「NARUTO－ナルト－疾風伝 BGM」

◇日本ゴールドディスク大賞　第37回　●アーティスト・オブ・ザ・イヤー 邦楽　Snow Man　●ベスト・アーティスト　BTS　●ザ・ベスト・演歌/歌謡曲・アーティスト　氷川きよし　●ニュー・アーティスト・オブ・ザ・イヤー 邦楽　OCHA NORMA　●ベスト・演歌/歌謡曲・ニュー・アーティスト　田中あいみ　●アルバム・オブ・ザ・イヤー 邦楽　Snow Man「Snow Labo.S2」　●アニメーション・アルバム・オブ・ザ・イヤー　Ado「ウタの歌 ONE PIECE FILM RED」　●シングル・オブ・ザ・イヤー　King&Prince「ツキヨミ/彩り」　●特別賞　Ado　桑田佳祐　松任谷由実　吉田拓郎

◇日本作詩大賞　第55回　●大賞　松尾潔「帰郷」(歌・天童よしみ)　●審査員特別賞　さくらちさと「大阪ロンリネス」(歌・田中あいみ)　●最優秀新人賞　永田悦雄「淡月」(歌・原田悠里)

◇日本レコード大賞　第64回　●大賞　SEKAI NO OWARI「Habit」　●最優秀歌唱賞　三浦大知　●最優秀新人賞　田中あいみ

◇毎日芸術賞　第64回　加藤登紀子 "CDアルバム「果てなき大地の上に」の制作"

【演劇】

◇菊田一夫演劇賞　第48回　●演劇大賞　舞台「ハリー・ポッターと呪いの子」上演関係者一同　●演劇賞　天海祐希　坂本昌行　望海風斗　瀬戸山美咲　●特別賞　渥美博 "永年の舞台におけるアクション指導の功績に対して"

◇紀伊國屋演劇賞　第57回　●団体賞　名取事務所 "別役実メモリアル3部作上演および現代韓国演劇上演「そんなに驚くな」の優れた舞台成果"　●個人賞　柴田義之「夜の来訪者」「北の大地、南の

島。」　金守珍「下谷万年町物語」「青ひげ公の城」の演出　内藤裕子「ソハ、福（フク）ノ倚（ヨ）ルトコロ」の作・演出　枝元萌　成河
◇芸術祭賞〔演劇部門〕　第77回　●大賞（関東参加公演の部）　株式会社萬狂言"祖先祭 初世野村万蔵生誕三〇〇年"の成果　●大賞（関西参加公演の部）　松竹株式会社南座"女の一生"の成果
◇毎日芸術賞　第64回　加藤健一"舞台「スカラムーシュ・ジョーンズor七つの白い仮面」「サンシャイン・ボーイズ」の演技"
◇読売演劇大賞　第30回　●大賞・最優秀作品賞　劇団チョコレートケーキ「生き残った子孫たちへ　戦争六篇」　●最優秀男優賞　段田安則「セールスマンの死」「女の一生」　●最優秀女優賞　上白石萌音「千と千尋の神隠し」「ダディ・ロング・レッグズ」　●最優秀演出家賞　五戸真理枝「コーヒーと恋愛」「貴婦人の来訪」「毛皮のヴィーナス」　●杉村春子賞〔新人対象〕　大原櫻子「ミネオラ・ツインズ」「ザ・ウェルキン」　●芸術栄誉賞　草笛光子"長年の舞台での功績に対して"　●選考委員特別賞　舞台「ハリー・ポッターと呪いの子」

【演芸】
◇上方漫才大賞　第57回　●大賞　ミルクボーイ　●奨励賞　ミキ　●新人賞　ニッポンの社長

【漫画・アニメ】
◇芸術選奨　第73回　●メディア芸術部門 文部科学大臣賞　新海誠「すずめの戸締まり」　●メディア芸術部門 文部科学大臣新人賞　野田サトル「ゴールデンカムイ」
◇講談社漫画賞　第46回　●少年部門　伏瀬原作, 川上泰樹漫画, みっつばーキャラクター原案「転生したらスライムだった件」　●少女部門　リカチ「星降る王国のニナ」　●総合部門　泰三子「ハコヅメ〜交番女子の逆襲〜」
◇小学館漫画賞　第68回　●児童向け部門　黒崎みのり「初×婚」　●少年向け部門　コトヤマ「よふかしのうた」　阿久井真「青のオーケストラ」　●少女向け部門　をのひなお「明日、私は誰かのカノジョ」　●一般向け部門　つるまいかだ「メダリスト」
◇手塚治虫文化賞　第26回　●マンガ大賞　魚豊「チ。―地球の運動について―」　●新生賞　谷口菜津子「教室の片隅で青春がはじまる」「今夜すきやきだよ」　●短編賞　オカヤイヅミ「いいとしを」　オカヤイヅミ「白木蓮はきれいに散らない」
◇マンガ大賞 2022　うめざわしゅん「ダーウィン事変」

【スポーツ】
◇朝日スポーツ賞（令4年度）　2022FIFAワールドカップ日本代表チーム "7大会連続7回目出場のワールドカップで、初となる2大会連続の16強入りを果たした"
◇菊池寛賞　第70回　羽生結弦
◇日本パラスポーツ賞　第6回　●大賞　村岡桃佳（アルペンスキー）　●優秀賞　佐々木琢磨（聴覚障害者陸上）　茨隆太郎（聴覚障害者水泳）　川除大輝（クロスカントリースキー）　●新人賞　日向楓（競泳）
◇日本プロスポーツ大賞　第52回　●内閣総理大臣杯 大賞　井上尚弥（プロボクシング）　●殊勲賞・NHK賞　国枝慎吾（車いすテニス）　●殊勲賞　大谷翔平（大リーグ）　村上宗隆（プロ野球）　●特別賞　オリックス・バファローズ（プロ野球チーム）　森保一（サッカー日本代表監督）　●敢闘賞　富田宇宙（競泳：視覚障害クラス）　野尻智紀（モータースポーツ）　平野歩夢（スノーボード）　山下美夢有（プロゴルフ）　●功労賞 文部科学大臣顕彰　坂口征二（プロレスリング）　平忠彦（モーターサイクルスポーツ）　津田雅彦（競技ダンス）　長谷見昌弘（モータースポーツ）　星野一義（モータースポーツ）　武藤敬司（プロレスリング）

【その他】
◇「現代用語の基礎知識」選 ユーキャン新語・流行語大賞　第39回　●年間大賞　東京ヤクルトスワローズ（村上宗隆）「村神様」
◇将棋大賞　第49回　●最優秀棋士賞　藤井聡太　●新人賞　伊藤匠　●最優秀女流棋士賞　里見香奈
◇星雲賞　第53回　●日本長編部門（小説）　牧野圭祐「月とライカと吸血姫」　藤井太洋「マン・カインド」　●日本短編部門（小説）　小川哲「SF作家の倒し方」　●メディア部門　高橋敦史「ゴジ

ラS.P〈シンギュラポイント〉」　●コミック部門　椎名高志「絶対可憐チルドレン」　●アート部門　加藤直之　●ノンフィクション部門　東映株式会社監修、松井大監督、学研プラス編集・制作「学研の図鑑 スーパー戦隊」　●自由部門　庵野秀明"ヱヴァンゲリヲン新劇場版シリーズの完結"

◇日本SF大賞　第43回　荒巻義雄「SFする思考 荒巻義雄評論集成」　小田雅久仁「残月記」　●功績賞　鹿野司（サイエンスライター）　津原泰水（小説家）　八杉将司（小説家）

◇文化勲章（令4年度）　上村淳之（日本画家）　山勢松韻（箏曲家）　榊裕之（電子工学者）　松本白鸚（2代）（歌舞伎俳優）　別府輝彦（発酵学者）　吉川忠夫（中国思想史・中国史学者）

◇ベストドレッサー賞　第51回　●政治・経済部門　野本弘文　●学術・文化部門　長坂真護　●芸能・スポーツ部門　岩田剛典　杉咲花　メイガス　●特別賞　大水綾子　大谷翔平

令和5年（2023）

【文学全般】

◇大佛次郎賞　第50回　平山周吉「小津安二郎」

◇菊池寛賞　第71回　東野圭吾 "デビュー以来40年近くに亘り、ミステリー小説の世界を牽引。映像化、翻訳を通じて国内のみならず世界をも夢中にさせている"

◇群像新人文学賞　第66回　●当選作　村雲菜月「もぬけの考察」　夢野寧子「ジューンドロップ」

◇芸術選奨　第74回　●文学部門 文部科学大臣賞　柴崎友香「続きと始まり」　乗代雄介「それは誠」　●文学部門 文部科学大臣新人賞　高瀬隼子「いい子のあくび」

◇サントリー学芸賞〔芸術・文学部門〕　第45回　菱岡憲司「大才子 小津久足―伊勢商人の蔵書・国学・紀行文」　鷲谷花「姫とホモソーシャル―半信半疑のフェミニズム映画批評」

◇司馬遼太郎賞　第27回　岡典子「沈黙の勇者たち ユダヤ人を救ったドイツ市民の戦い」

◇新田次郎文学賞　第42回　梶よう子「広重ぶるう」

◇日本芸術院賞（第2部・文芸）　第80回　●恩賜賞・日本芸術院賞　多和田葉子 "小説を中心とする多年にわたる文学的業績に対し"　●日本芸術院賞　桐野夏生 "ミステリーから純文学作品まで幅広い創作活動による傑出した文学的業績に対し"

◇野間文芸賞　第76回　川上弘美「恋ははかない、あるいは、プールの底のステーキ」

◇毎日芸術賞　第65回　柿本多映 句集「ひめむかし」　北方謙三 "小説『チンギス紀』全17巻"

◇毎日出版文化賞　第77回　●文学・芸術部門　多和田葉子「太陽諸島」

◇三島由紀夫賞　第36回　朝比奈秋「植物少女」

◇読売文学賞　第75回　●小説賞　川上未映子「黄色い家」　●戯曲・シナリオ賞　坂元裕二「怪物」　●随筆・紀行賞　西加奈子「くもをさがす」　●評論・伝記賞　澤田直「フェルナンド・ペソア伝 異名者たちの迷路」　●詩歌俳句賞　正木ゆう子「玉響」（句集）

【小説】

◇芥川龍之介賞　第169回（上期）　市川沙央「ハンチバック」

◇芥川龍之介賞　第170回（下期）　九段理江「東京都同情塔」

◇泉鏡花文学賞　第51回　北村薫「水 本の小説」　朝比奈秋「あなたの燃える左手で」

◇江戸川乱歩賞　第69回　三上幸四郎「蒼天の鳥」

◇大藪春彦賞　第25回　赤神諒「はぐれ鴉」　安壇美緒「ラブカは静かに弓を持つ」

◇オール讀物歴史時代小説新人賞　第103回　小林尋「かはゆき、道賢」

◇河合隼雄物語賞　第11回　吉原真里「親愛なるレニー レナード・バーンスタインと戦後日本の物語」

◇川端康成文学賞　第47回　滝口悠生「反対方向行き」

◇『このミステリーがすごい！』大賞　第22回　●大賞　白川尚史「ファラオの密室」　●文庫グランプリ　遠藤かたる「推しの殺人」　浅瀬明「卒業のための犯罪プラン」

◇柴田錬三郎賞　第36回　池井戸潤「ハヤブサ消防団」

◇小説現代長編新人賞　第17回　水庭れん「うるうの朝顔」　朝霧咲「どうしようもなく辛かったよ」

◇小説すばる新人賞　第36回　逢崎遊「正しき地図の裏側より」　神尾水無子「我拶(がさつ)もん」
◇新潮新人賞　第55回　伊良刹那「海を覗く」　赤松りかこ「シャーマンと爆弾男」
◇すばる文学賞　第47回　大田ステファニー歓人「みどりいせき」
◇太宰治賞　第39回　西村亨「自分以外全員他人」
◇谷崎潤一郎賞　第59回　津村記久子「水車小屋のネネ」
◇中央公論文芸賞　第18回　川越宗一「パシヨン」　佐藤賢一「チャンバラ」
◇直木三十五賞　第169回(上期)　垣根涼介「極楽征夷大将軍」　永井紗耶子「木挽町のあだ討ち」
◇直木三十五賞　第170回(下期)　河﨑秋子「ともぐい」　万城目学「八月の御所グラウンド」
◇日本推理作家協会賞　第76回　●長編および連作短編集部門　芦沢央「夜の道標」　小川哲「君のクイズ」　●短編部門　西澤保彦「異分子の彼女」　●評論・研究部門　日暮雅通「シャーロック・ホームズ・バイブル 永遠の名探偵をめぐる170年の物語」
◇日本ファンタジーノベル大賞 2023　武石勝義「神獣夢望伝」
◇日本ミステリー文学大賞　第27回　今野敏
◇野間文芸新人賞　第45回　朝比奈秋「あなたの燃える左手で」　九段理江「しをかくうま」
◇文學界新人賞　第128回　市川沙央「ハンチバック」
◇文藝賞　第60回　小泉綾子「無敵の犬の夜」　●優秀作　佐佐木陸「解答者は走ってください」　図野象「おわりのそこみえ」
◇本屋大賞　第20回　●大賞　凪良ゆう「汝、星のごとく」　●2位　安壇美緒「ラブカは静かに弓を持つ」　●3位　一穂ミチ「光のとこにいてね」　●翻訳小説部門 1位　クリス・ウィタカー著, 鈴木恵訳「われら闇より天を見る」
◇松本清張賞　第30回　森バジル「ノウイットオール」
◇紫式部文学賞　第33回　角野栄子「イコ トラベリング 1948−」
◇山田風太郎賞　第14回　前川ほまれ「藍色時刻の君たちは」
◇山本周五郎賞　第36回　永井紗耶子「木挽町のあだ討ち」
◇横溝正史ミステリ&ホラー大賞　第43回　●大賞・読者賞・カクヨム賞　北沢陶「をんごく」
◇吉川英治文学賞　第57回　桐野夏生「燕は戻ってこない」

【詩歌】

◇H氏賞　第73回　小野絵里華「エリカについて」
◇小熊秀雄賞　第56回　鎌田尚美「持ち重り」
◇現代歌人協会賞　第67回　鈴木加成太「うすがみの銀河」　田村穂隆「湖(うみ)とファルセット」
◇現代詩人賞　第41回　河津聖恵「綵歌」
◇現代短歌大賞　第46回　該当作なし　●特別賞　竹柏会 "歌誌「心の花」の創刊以来125年にわたる全業績"
◇齋藤茂吉短歌文学賞　第35回　玉井清弘「山水」
◇詩歌文学館賞　第38回　●詩　齋藤恵美子「雪塚」　●短歌　小池光「サーベルと燕」　●俳句　星野高士「渾沌」
◇蛇笏賞　第57回　小川軽舟「無辺(むへん)」
◇迢空賞　第57回　水原紫苑「快樂(けらく)」
◇壺井繁治賞　第51回　北村真「朝の耳」
◇中原中也賞　第29回　佐藤文香「渡す手」
◇日本歌人クラブ賞　第50回　山中律雄「淡黄」
◇俳人協会賞　第63回　千葉皓史 句集「家族」　橋本榮治 句集「瑜伽」
◇萩原朔太郎賞　第31回　杉本真維子「皆神山」
◇丸山薫賞　第30回　桑田今日子「ヘビと隊長」
◇歴程賞　第61回　大木潤子「遠い庭」

◇若山牧水賞　第28回　永田紅「いま二センチ」(歌集)

【戯曲】
◇岸田國士戯曲賞　第67回　加藤拓也「ドードーが落下する」　金山寿甲「パチンコ(上)」

【評論・随筆】
◇大宅壮一ノンフィクション賞　第54回　伊澤理江「黒い海―船は突然、深海へ消えた」
◇開高健ノンフィクション賞　第21回　青島顕「MOCT(モスト)「ソ連」を伝えたモスクワ放送の日本人」
◇講談社 本田靖春ノンフィクション賞　第45回　伊澤理江「黒い海―船は突然、深海へ消えた」
◇小林秀雄賞　第22回　平野啓一郎「三島由紀夫論」
◇新潮ドキュメント賞　第22回　三浦英之「太陽の子―日本がアフリカに置き去りにした秘密―」
◇日本エッセイスト・クラブ賞　第71回　伊澤理江「黒い海―船は突然、深海へ消えた」　吉原真里「親愛なるレニー レナード・バーンスタインと戦後日本の物語」

【児童文学】
◇講談社絵本賞　第54回　たじまゆきひこ「なきむしせいとく 沖縄戦にまきこまれた少年の物語」
◇産経児童出版文化賞　第70回　●大賞　あまんきみこ「新装版 車のいろは空のいろ ゆめでもいい」
◇児童福祉文化賞　第66回　出版物部門　大竹英洋、株式会社福音館書店「もりはみている」
◇児童文芸新人賞　第52回　林けんじろう「星屑すぴりっと」
◇小学館児童出版文化賞　第72回　遠藤みえ子「風さわぐ北のまちから 少女と家族の引き揚げ回想記」　住野よる「恋とそれとあと全部」　みやこしあきこ「ちいさなトガリネズミ」
◇日本絵本賞　第28回　●大賞　荻田泰永文、井上奈奈絵「PIHOTEK：北極を風と歩く」
◇日本児童文学者協会賞　第63回　山本悦子「マスク越しのおはよう」
◇日本児童文芸家協会賞　第47回　歌代朔「スクラッチ」
◇野間児童文芸賞　第61回　該当作なし　●特別賞　はやみねかおる
◇ひろすけ童話賞　第33回　なかがわちひろ「やまの動物病院」

【映画・テレビ全般】
◇エランドール賞〔新人賞〕(令5年度)　●新人賞　中川大志　芦田愛菜　松下洸平　岸井ゆきの　間宮祥太朗　奈緒　●特別賞　「ONE PIECE FILM RED」製作委員会　大河ドラマ「鎌倉殿の13人」制作チーム　「silent」制作チーム
◇芸術選奨　第74回　●映画部門 文部科学大臣賞　岩井俊二(映画監督)"「キリエのうた」の成果"　佐藤浩市"「春に散る」「愛にイナズマ」ほかの成果"　●映画部門 文部科学大臣新人賞　池松壮亮"「せかいのおきく」「白鍵と黒鍵の間に」ほかの成果"　鶴岡慧子(映画監督)"「バカ塗りの娘」の成果"　●放送部門 文部科学大臣賞　野木亜紀子(脚本家)"「フェンス」の成果"　山﨑裕侍(プロデューサー)"「閉じ込められた女性たち～孤立出産とグレーゾーン～」ほかの成果"　●放送部門 文部科学大臣新人賞　石原大史(ディレクター)"「"冤罪"の深層～警庁公安部で何が～」ほかの成果"　長田育恵(脚本家・劇作家)"「らんまん」の成果"

【映画】
◇川喜多賞　第41回　是枝裕和(映画監督)
◇キネマ旬報ベスト・テン　第97回　●日本映画 第1位　「せかいのおきく」(阪本順治監督)　●外国映画 第1位　「TAR/ター」(トッド・フィールド監督)
◇キネマ旬報ベスト・テン個人賞　第97回　●日本映画監督賞　ヴィム・ヴェンダース「PERFECT DAYS」　●脚本賞　阪本順治「せかいのおきく」　●主演男優賞　役所広司「PERFECT DAYS」「ファミリア」「銀河鉄道の父」　●主演女優賞　趣里「ほかげ」　●助演男優賞　磯村勇斗「月」「正欲」「渇水」「最後まで行く」「波紋」「東京リベンジャーズ2 血のハロウィン編 －運命－」「東京リ

ベンジャーズ2 血のハロウィン編 －決戦－」 ●助演女優賞　二階堂ふみ「月」 ●新人男優賞　塚尾桜雅「ほかげ」 ●新人女優賞　アイナ・ジ・エンド「キリエのうた」 ●読者選出日本映画監督賞　瑠東東一郎「Gメン」

◇ゴールデングロス賞　第41回　●日本映画部門　金賞　東映「THE FIRST SLAM DUNK」 ●外国映画部門　金賞　東宝東和「ザ・スーパーマリオブラザーズ・ムービー」 ●全興連特別賞　ツイン「RRR」　太秦「福田村事件」　doodler「ぼくたちの哲学教室」

◇日刊スポーツ映画大賞・石原裕次郎賞　第36回 ●作品賞「月」(石井裕也監督) ●監督賞　石井裕也「月」「愛にイナズマ」 ●主演男優賞　鈴木亮平「エゴイスト」 ●主演女優賞　松岡茉優「愛にイナズマ」 ●助演男優賞　磯村勇斗「月」 ●助演女優賞　二階堂ふみ「月」 ●新人賞　井上雄彦監督「THE FIRST SLAM DUNK」 ●外国作品賞「バービー」(グレタ・ガーウィグ監督) ●石原裕次郎賞「THE FIRST SLAM DUNK」(井上雄彦監督) ●石原裕次郎新人賞　宮沢氷魚「エゴイスト」 ●ファン大賞　岸優太「Gメン」

◇日本アカデミー賞　第46回 ●最優秀作品賞「ある男」 ●最優秀アニメーション作品賞「THE FIRST SLAM DUNK」 ●最優秀監督賞　石川慶「ある男」 ●最優秀脚本賞　向井康介「ある男」 ●最優秀主演男優賞　妻夫木聡「ある男」 ●最優秀主演女優賞　岸井ゆきの「ケイコ 目を澄ませて」 ●最優秀助演男優賞　窪田正孝「ある男」 ●最優秀助演女優賞　安藤サクラ「ある男」 ●最優秀外国作品賞「トップガン マーヴェリック」 ●新人俳優賞　小野花梨「ハケンアニメ！」　菊池日菜子「月の満ち欠け」　生見愛瑠「モエカレはオレンジ色」　藤本莉子「今夜、世界からこの恋が消えうる」　有岡大貴「シン・ウルトラマン」　番家一路「サバカン SABAKAN」　松村北斗「ホリック xxxHOLIC」　目黒蓮「月の満ち欠け」 ●話題賞 作品部門「ONE PIECE FILM RED」 ●話題賞 俳優部門　松村北斗「すずめの戸締まり」(宗像草太役)「ホリック xxxHOLIC」(百目鬼静役)

◇ブルーリボン賞　第66回 ●作品賞「ゴジラ－1.0」 ●監督賞　石井裕也「月」「愛にイナズマ」 ●主演男優賞　神木隆之介「ゴジラ－1.0」「大名倒産」 ●主演女優賞　吉永小百合「こんにちは、母さん」 ●助演男優　佐藤浩市「愛にイナズマ」「せかいのおきく」など ●助演女優賞　浜辺美波「シン・仮面ライダー」「ゴジラ－1.0」 ●新人賞　黒川想矢「怪物」 ●外国作品賞「ザ・スーパーマリオブラザーズ・ムービー」

◇報知映画賞　第48回 ●作品賞・邦画部門「月」 ●監督賞　山崎貴 ●主演男優賞　横浜流星 ●主演女優賞　綾瀬はるか ●助演男優　磯村勇斗 ●助演女優賞　二階堂ふみ ●新人賞　アイナ・ジ・エンド ●作品賞・海外部門「グランツーリスモ」 ●アニメ作品賞「ザ・スーパーマリオ ブラザーズ・ムービー」

◇毎日映画コンクール　第78回 ●日本映画大賞　阪本順治監督「せかいのおきく」 ●監督賞　石井裕也「月」 ●脚本賞　阪本順治「せかいのおきく」 ●男優主演賞　鈴木亮平「エゴイスト」 ●女優主演賞　杉咲花「市子」 ●男優助演賞　宮沢氷魚「エゴイスト」 ●女優助演賞　広瀬すず「キリエのうた」 ●スポニチグランプリ新人賞　アフロ「さよなら ほやマン」　サリngROCK「BAD LANDS バッド・ランズ」 ●アニメーション映画賞　岡田麿里監督「アリスとテレスのまぼろし工場」 ●大藤信郎賞　宮崎駿監督「君たちはどう生きるか」 ●田中絹代賞　薬師丸ひろ子 ●特別賞　鈴木敏夫(スタジオジブリ プロデューサー)

◇牧野省三賞(令5年)　阪本順治
◇三船敏郎賞(令5年)　竹中直人

【テレビ】

◇ギャラクシー賞　第61回 ●マイベストTV賞 第18回グランプリ　TBSテレビ TBSスパークル 金曜ドラマ「不適切にもほどがある！」 ●テレビ部門 大賞　WOWOW NHKエンタープライズ 連続ドラマW「フェンス」 ●テレビ部門 特別賞　TBSテレビ TBSスパークル 金曜ドラマ「不適切にもほどがある！」 ●テレビ部門 個人賞　神木隆之介 "連続テレビ小説「らんまん」(NHK)の演技"

◇日刊スポーツ・ドラマグランプリ　第27回 ●主演男優賞　道枝駿佑「マルス－ゼロの革命－」 ●主演女優賞　奈緒「あなたがしてくれなくても」「春になったら」 ●助演男優賞　八木勇征「ホスト相続しちゃいました」「18/40～ふたりなら夢も恋も～」「ハイエナ」「婚活1000本ノック」 ●助演女優賞　吉川愛「真夏のシンデレラ」「マルス－ゼロの革命－」 ●作品賞「婚活1000本

ノック」(主演・福田麻貴)
◇日本民間放送連盟賞(令5年度) ●番組部門 テレビエンターテインメント 最優秀 テレビ静岡 テレビ静岡55周年記念「イーちゃんの白い杖」特別編 ●番組部門 テレビドラマ 最優秀 関西テレビ放送「エルピス―希望、あるいは災い―」
◇橋田賞 第32回 ●大賞 該当なし ●橋田賞 「ブラッシュアップライフ」(日本テレビ) 「ひとりぼっち―人と人をつなぐ愛の物語―」(TBS) 連続テレビ小説「らんまん」(NHK) 相葉雅紀 "ドラマ「ひとりぼっち―人と人をつなぐ愛の物語―」「今日からヒットマン」での熱演、音楽番組やバラエティ番組での幅広い活躍" 神木隆之介 "「らんまん」での演技力および長年の功績に対して" 北川景子 "ドラマ『どうする家康』『女神(テミス)の教室~リーガル青春白書~』の演技と、長年にわたる活躍に対して" バカリズム 「ブラッシュアップライフ」でのアイデアにあふれたオリジナル脚本に対して" 大下容子(テレビ朝日アナウンサー) ●橋田賞新人賞 浜辺美波 "「らんまん」における主人公の妻役の好演に対して" 趣里 "連続テレビ小説『ブギウギ』(NHK)での体当たりの演技に対して" ●橋田特別賞 井上順(タレント・歌手・俳優) ●野村昭子賞 大方斐紗子
◇放送文化基金賞 第49回 ●ドラマ部門 最優秀賞 関西テレビ放送「エルピス―希望、あるいは災い―」 ●エンターテインメント部門 最優秀賞 読売テレビ放送,中京テレビ放送「~この後どうする? 密着TV~終わりが始まり」 ●個別分野 演技賞 長澤まさみ「エルピス―希望、あるいは災い―」 満島真之介「ふたりのウルトラマン」 ●個別分野 脚本賞 森下佳子「ドラマ10 大奥」
◇向田邦子賞 第42回 源孝志「グレースの履歴」

【芸能全般】

◇浅草芸能大賞 第40回 ●大賞 林家正楽(3代)(紙切り) ●奨励賞 春風亭一之輔(落語家) ●新人賞 桂小すみ(音曲師)
◇菊池寛賞 第71回 片岡仁左衛門(15代)
◇芸術選奨 第74回 ●演劇部門 文部科学大臣賞 片岡愛之助「夏祭浪花鑑」ほかの成果" 山西惇 "エンジェルス・イン・アメリカ」ほかの成果" ●演劇部門 文部科学大臣新人賞 生田みゆき(演出家) "「占領の囚人たち」ほかの成果" 中村勘九郎(6代)(歌舞伎俳優) "「大江山酒呑童子」ほかの成果" ●大衆芸能部門 文部科学大臣賞 宝井琴調(講談師) "国立名人会「名月若松城」ほかの成果" 藤井フミヤ(歌手) "「40th Anniversary Tour 2023-2024」ほかの成果" ●大衆芸能部門 文部科学大臣新人賞 桂小すみ(音曲師) "「国立演芸場3月中席」ほかの成果" ねづっち(漫談家) "「ねづっちのイロイロしてみる60分」ほかの成果" ●評論部門 文部科学大臣賞 鈴木聖子「掬われる声、語られる芸 小沢昭一と『ドキュメント 日本の放浪芸』」
◇松尾芸能賞 第44回 ●大賞 演劇 市村正親 ●優秀賞 演劇 天海祐希 尾上菊之助(5代) ●優秀賞 歌謡 三山ひろし ●功労賞 演芸 林家正楽(3代)

【音楽】

◇JASRAC賞 第41回 ●金賞 優里作詞・作曲ほか「ドライフラワー」 ●銀賞 Ayase作詞・作曲ほか「夜に駆ける」 ●銅賞 aimerrhythm作詞、飛内将大作曲ほか「残響散歌」 ●国際賞 高梨康治作曲ほか「NARUTO-ナルト-疾風伝 BGM」
◇日本ゴールドディスク大賞 第38回 ●アーティスト・オブ・ザ・イヤー 邦楽 Snow Man ●ベスト・アーティスト SEVENTEEN ●ザ・ベスト・演歌/歌謡曲・アーティスト 氷川きよし ●ニュー・アーティスト・オブ・ザ・イヤー 邦楽 Travis Japan ●ベスト・演歌/歌謡曲・ニュー・アーティスト 木村徹二 ●アルバム・オブ・ザ・イヤー 邦楽 King&Prince「Mr.5」 ●アニメーション・アルバム・オブ・ザ・イヤー 「THE FIRST SLAM DUNK」オリジナルサウンドトラック ●シングル・オブ・ザ・イヤー King&Prince「Life goes on / We are young」 ●特別賞 新しい学校のリーダーズ King Gnu Vaundy
◇日本作詩大賞 第56回 ●大賞 いではく「北海港節」(歌・三山ひろし) ●審査員特別賞 深海弦悟「星くずセレナーデ」(歌・辰巳ゆうと) ●最優秀新人賞 吉津佳風「ルージュの蝶々」(歌・秋元順子)
◇日本レコード大賞 第65回 ●大賞 Mrs.GREEN APPLE「ケセラセラ」 ●最優秀歌唱賞 JUJU ●最優秀新人賞 FRUITS ZIPPER

【演劇】

◇菊田一夫演劇賞　第49回　●演劇大賞　「ラグタイム」上演関係者一同　●演劇賞　柿澤勇人　宮澤エマ　三浦宏規　ウォーリー木下　●特別賞　前田美波里 "永年のミュージカルの舞台における功績に対して"

◇紀伊國屋演劇賞　第58回　●団体賞　JACROW "「経済(せんそう)3篇」『ざくろのような』『焔〜ほむら〜』『つながるような』および「闇の将軍」四部作の優れた舞台成果"　●個人賞　吉原豊司　篠井英介　阿知波悟美　藤原章寛　三浦透子

◇毎日芸術賞　第65回　大竹しのぶ "舞台「GYPSY」「ヴィクトリア」「ふるあめりかに袖はぬらさじ」での演技"

◇読売演劇大賞　第31回　●大賞・最優秀作品賞　イキウメ「人魂を届けに」　●最優秀男優賞　山西惇「エンジェルス・イン・アメリカ」「闇に咲く花」　●最優秀女優賞　池谷のぶえ「我ら宇宙の塵」「無駄な抵抗」　●最優秀演出家賞　藤田俊太郎「ラビット・ホール」「ラグタイム」　●杉村春子賞〔新人対象〕　清原果耶「ジャンヌ・ダルク」　●芸術栄誉賞　松本白鸚(2代)　●選考委員特別賞　中村芝のぶ「極付印度伝 マハーバーラタ戦記」「新作歌舞伎 ファイナルファンタジーX」

【演芸】

◇上方漫才大賞　第58回　●大賞　プラス・マイナス　●奨励賞　吉田たち　●新人賞　カベポスター

【漫画・アニメ】

◇菊池寛賞　第71回　野沢雅子 "「鉄腕アトム」「ゲゲゲの鬼太郎」「銀河鉄道999」「ドラゴンボール」等人気作品の主役をつとめ、世代を超え愛され続ける"

◇芸術選奨　第74回　●メディア芸術部門 文部科学大臣賞　井上雄彦「THE FIRST SLAM DUNK」田村由美「ミステリと言う勿れ」　●メディア芸術部門 文部科学大臣新人賞　和田淳「いきものさん」

◇講談社漫画賞　第47回　●少年部門　硬梨菜原作, 不二涼介漫画「シャングリラ・フロンティア 〜クソゲーハンター、神ゲーに挑まんとす〜」　●少女部門　蒼井まもる「あの子の子ども」　●総合部門　高松美咲「スキップとローファー」

◇小学館漫画賞　第69回　山田鐘人原作, アベツカサ作画「葬送のフリーレン」　松井優征「逃げ上手の若君」　絹田村子「数字であそぼ。」　稲垣理一郎原作, 池上遼一作画「トリリオンゲーム」

◇手塚治虫文化賞　第27回　●マンガ大賞　入江喜和「ゆりあ先生の赤い糸」　●新生賞　ガンプ「断腸亭にちじょう」　●短編賞　やまじえびね「女の子がいる場所は」　●特別賞　楳図かずお

◇マンガ大賞 2023　とよ田みのる「これ描いて死ね」

【スポーツ】

◇朝日スポーツ賞(令5年度)　WBC日本代表「侍ジャパン」"ワールド・ベースボール・クラシック(WBC)で3大会ぶり3度目の優勝を果たした"　北口榛花 "陸上の世界選手権女子やり投げで、日本勢初の金メダルを獲得した"

◇菊池寛賞　第71回　栗山英樹 "野球日本代表「侍ジャパン」監督として、2023ワールド・ベースボール・クラシックで見事世界一に"

◇日本パラスポーツ賞　第7回　●大賞　小田凱人(車いすテニス)　●優秀賞　梶原大暉(バドミントン)　山口尚秀(知的障害者水泳)　●新人賞　福永凌太(陸上)　木下あいら(知的障害者水泳)

◇日本プロスポーツ大賞　第53回　●内閣総理大臣賞 大賞　侍ジャパン(プロ野球)　●殊勲賞・NHK賞　北口榛花(やり投げ陸上競技)　●殊勲賞　大谷翔平(大リーグ)　井上尚弥(プロボクシング)　●特別賞　阪神タイガース(プロ野球)　ヴィッセル神戸(Jリーグ)　●最高新人賞　小田凱人(プロ車いすテニス)　●功労賞　石川佳純(女子卓球)　イ・ボミ　●敢闘賞　宮田莉朋(モータースポーツ)　山下美夢有(女子プロゴルフ)　宮澤ひなた(女子プロサッカー)　●新人賞　熱海富士朔太郎(大相撲)　村上頌樹(プロ野球)　●スポーツ功労者/文部科学大臣顕彰　舘信秀(モータースポーツ)　綾部美知枝(女子プロサッカー)　東福寺保雄(モーターサイクルスポーツ)

【その他】
◇「現代用語の基礎知識」選 ユーキャン新語・流行語大賞　第40回　●年間大賞　岡田彰布(阪神タイガース監督)"「アレ(A.R.E.)」"
◇国民栄誉賞(令5年3月)　国枝慎吾(車いすテニス選手)
◇将棋大賞　第50回　●最優秀棋士賞　藤井聡太　●新人賞　服部慎一郎　●最優秀女流棋士賞　里見香奈
◇星雲賞　第54回　●日本長編部門(小説)　長谷敏司「プロトコル・オブ・ヒューマニティ」　●日本短編部門(小説)　春暮康一「法治の獣」　●メディア部門　樋口真嗣監、「シン・ウルトラマン」製作委員会製作「シン・ウルトラマン」　●コミック部門　魚豊「チ。―地球の運動について―」　●アート部門　鶴田謙二　加藤直之　●ノンフィクション部門　地球の歩き方編集室「地球の歩き方 ムー ～異世界(パラレルワールド)の歩き方～」
◇日本SF大賞　第44回　長谷敏司「プロトコル・オブ・ヒューマニティ」　●功績賞　石川喬司(評論家)　豊田有恒(作家)　聖悠紀(漫画家)　松本零士(漫画家)
◇文化勲章(令5年度)　井茂圭洞(書家)　岩井克人(経済学者)　川淵三郎(元日本サッカー協会会長)　塩野七生(作家)　谷口維紹(分子生物学・免疫学者)　玉尾皓平(有機合成化学・有機金属化学者)　野村万作(能楽師)
◇ベストドレッサー賞　第52回　●政治・経済部門　水口貴文　●学術・文化部門　隈研吾　●芸能部門　赤楚衛二　川口春奈　●スポーツ部門　栗山英樹　●特別賞　伊東玄晢

令和6年(2024)

【文学全般】
◇菊池寛賞　第72回　上橋菜穂子
◇群像新人文学賞　第67回　●当選作　豊永浩平「月ぬ走いや、馬ぬ走い」　●優秀作　白鳥一「遠くから来ました」
◇芸術選奨　第75回　●文学部門 文部科学大臣賞　野木京子「『廃屋の月』の成果」　町屋良平「『私の小説』の成果」　●文学部門 新人賞　井戸川射子「『無形』の成果」　西村麒麟 "『鴎』の成果"
◇サントリー学芸賞〔芸術・文学部門〕　第46回　片岡真伊「日本の小説の翻訳にまつわる特異な問題―文化の架橋者たちがみた「あいだ」」(中公選書)　呉孟晋「移ろう前衛―中国から台湾への絵画のモダニズムと日本」
◇司馬遼太郎賞　第28回　麻田雅文「日ソ戦争 帝国日本最後の戦い」
◇新田次郎文学賞　第43回　川端裕人「ドードー鳥と孤独鳥」
◇野間文芸賞　第77回　中村文則「列」
◇毎日芸術賞　第66回　奥泉光 小説「虚史のリズム」　小島ゆかり 歌集「はるかなる虹」
◇毎日出版文化賞　第78回　●文学・芸術部門　小林エリカ「女の子たち風船爆弾をつくる」
◇三島由紀夫賞　第37回　大田ステファニー歓人「みどりいせき」
◇読売文学賞　第76回　●小説賞　円城塔「コード・ブッダ 機械仏教史縁起」　●戯曲・シナリオ賞　受賞作なし　●随筆・紀行賞　奈倉有里「文化の脱走兵」　●評論・伝記賞　阿部賢一「翻訳とパラテクスト―ユングマン、アイスネル、クンデラ」　●詩歌俳句賞　黒木三千代「草の譜」(歌集)　●研究・翻訳賞　斎藤真理子訳「別れを告げない」(ハン・ガン著)

【小説】
◇芥川龍之介賞　第171回(上期)　朝比奈秋「サンショウウオの四十九日」　松永K三蔵「バリ山行」
◇泉鏡花文学賞　第52回　原田マハ「板上に咲く」
◇江戸川乱歩賞　第70回　霜月流「遊廓島心中譚」　日野瑛太郎「フェイク・マッスル」
◇大藪春彦賞　第26回　太田愛「未明の砦」　松下隆一「俠」
◇オール讀物歴史時代小説新人賞　第104回　和泉久史「佐吉の秩序」
◇河合隼雄物語賞　第12回　八木詠美「休館日の彼女たち」

令和6年(2024)

◇川端康成文学賞　第48回　町屋良平「私の批評」
◇『このミステリーがすごい！』大賞　第23回　●大賞　土屋うさぎ「謎の香りはパン屋から」　●文庫グランプリ　松下龍之介「一次元の挿し木」　香坂鮪「どうせそろそろ死ぬんだし」
◇柴田錬三郎賞　第37回　佐藤究「幽玄F」
◇小説現代長編新人賞　第18回　桜井真城「雪渡の黒つぐみ」
◇小説すばる新人賞　第37回　須藤アンナ「グッナイ・ナタリー・クローバー」
◇新潮新人賞　第56回　竹中優子「ダンス」　仁科敏「さびしさは一個の廃墟」
◇すばる文学賞　第48回　樋口六華「泡の子」　●佳作　新崎瞳「ダンスはへんなほうがいい」
◇太宰治賞　第40回　市街地ギャオ「メメントラブドール」
◇谷崎潤一郎賞　第60回　柴崎友香「続きと始まり」
◇中央公論文芸賞　第19回　荻原浩「笑う森」
◇直木三十五賞　第171回(上期)　一穂ミチ「ツミデミック」
◇日本推理作家協会賞　第77回　●長編および連作短編集部門　青崎有吾「地雷グリコ」　荻堂顕「不夜島(ナイトランド)」　●短編部門　坂崎かおる「ベルを鳴らして」　宮内悠介「ディオニソス計画」　●評論・研究部門　川出正樹「ミステリ・ライブラリ・インヴェスティゲーション 戦後翻訳ミステリ叢書探訪」　中相作編「江戸川乱歩年譜集成」
◇日本ファンタジーノベル大賞 2024　宇津木健太郎「猫と罰」
◇日本ミステリー文学大賞　第28回　東野圭吾
◇野間文芸新人賞　第46回　豊永浩平「月ぬ走いや、馬ぬ走い」
◇文學界新人賞　第129回　旗原理沙子「私は無人島」　福海隆「日曜日(付随する19枚のパルプ)」
◇文藝賞　第61回　待川匙「光のそこで白くねむる」　松田いりの「ハイパーたいくつ」
◇本屋大賞　第21回　●大賞　宮島未奈「成瀬は天下を取りにいく」　●2位　津村記久子「水車小屋のネネ」　●3位　塩田武士「存在のすべてを」　●翻訳小説部門 1位　ファン・ボルム著, 牧野美加訳「ようこそ、ヒュナム洞書店へ」
◇松本清張賞　第31回　井上先斗「イッツ・ダ・ボム」
◇紫式部文学賞　第34回　皆川博子「風配図 WIND ROSE」
◇山田風太郎賞　第15回　蟬谷めぐ実「万両役者の扇」
◇山本周五郎賞　第37回　青崎有吾「地雷グリコ」
◇横溝正史ミステリ＆ホラー大賞　第44回　●大賞　該当作なし　●優秀賞　浅野皓生「責任」　●読者賞　織部泰助「死に髪の棲む家」　カクヨム賞　岩口遼「神鳴り」
◇吉川英治文学賞　第58回　黒川博行「悪逆」

【詩歌】

◇H氏賞　第74回　尾久守侑「Uncovered Therapy」
◇小熊秀雄賞　第57回　姜湖宙「湖へ」
◇現代歌人協会賞　第68回　睦月都「Dance with the invisibles」
◇現代詩人賞　第42回　粕谷栄市「楽園」
◇現代短歌大賞　第47回　該当作なし
◇詩歌文学館賞　第39回　●詩部門　松岡政則「ぢべたくちべた」　●短歌部門　三井ゆき「水平線」　●俳句部門　正木ゆう子「玉響」
◇蛇笏賞　第58回　小澤實「澤(さわ)」
◇沼空賞　第58回　吉川宏志「雪の偶然」
◇壺井繁治賞　第52回　田中茂二郎, 田中美穂子　田中茂二郎 美穂子詩画集「世界は夜明けを待っている」
◇中原中也賞　第30回　高村而葉「生きているものはいつも赤い」
◇日本歌人クラブ賞　第51回　萩岡良博「漆伝説」

◇俳人協会賞　第64回　石田郷子「万の枝」(句集)　谷口智行「海山」(句集)
◇萩原朔太郎賞　第32回　最果タヒ「恋と誤解された夕焼け」
◇丸山薫賞　第31回　伊藤悠子「白い着物の子どもたち」
◇歴程賞　第62回　望月遊馬「白くぬれた庭に充てる手紙」
◇若山牧水賞　第29回　大辻隆弘「橡と石垣」(歌集)　高山邦男「Mother」(歌集)

【戯曲】

◇岸田國士戯曲賞　第68回　池田亮「ハートランド」

【評論・随筆】

◇大宅壮一ノンフィクション賞　第55回　春日太一「鬼の筆 戦後最大の脚本家・橋本忍の栄光と挫折」
◇開高健ノンフィクション賞　第22回　窪田新之助「対馬の海に沈む」
◇講談社 本田靖春ノンフィクション賞　第46回　大森淳郎、NHK放送文化研究所「ラジオと戦争 放送人たちの「報国」」　宋恵媛、望月優大、田川基成写真「密航のち洗濯 ときどき作家」
◇小林秀雄賞　第23回　池谷裕二「夢を叶えるために脳はある 「私という現象」、高校生と脳を語り尽くす」
◇新潮ドキュメント賞　第23回　小沢慧一「南海トラフ地震の真実」
◇日本エッセイスト・クラブ賞　第72回　園部哲「異邦人のロンドン」

【児童文学】

◇講談社絵本賞　第55回　降矢なな「クリスマスマーケット～ちいさなクロのおはなし～」
◇産経児童出版文化賞　第71回　●大賞　三品隆司構成・文「ビジュアル探検図鑑 小惑星・隕石 46億年の石」
◇児童文芸新人賞　第53回　山下雅洋「鈴の送り神修行ダイアリー」
◇小学館児童出版文化賞　第73回　最上一平「じゅげむの夏」　ザ・キャビンカンパニー「ゆうやけにとけていく」
◇日本絵本賞　第29回　●大賞　ザ・キャビンカンパニー「ゆうやけにとけていく」
◇日本児童文学者協会賞　第64回　ひこ・田中「あした、弁当を作る。」
◇日本児童文芸家協会賞　第48回　天川栄人「セントエルモの光 久閑野高校天文部の、春と夏」　天川栄人「アンドロメダの涙 久閑野高校天文部の、秋と冬」
◇野間児童文芸賞　第62回　長谷川まりる「杉森くんを殺すには」
◇ひろすけ童話賞　第34回　丸山陽子「いつもとちがう水よう日」

【映画・テレビ全般】

◇エランドール賞〔新人賞〕(令6年度)　●新人賞　磯村勇斗　今田美桜　眞栄田郷敦　小芝風花　目黒蓮　堀田真由　●特別賞　映画「THE FIRST SLAM DUNK」Film Partners　ドラマ「ブラッシュアップライフ」制作チーム　劇場版「名探偵コナン 黒鉄の魚影」製作委員会　映画「ゴジラ－1.0」プロデュースチーム
◇菊池寛賞　第72回　山崎貴、白組 "「ゴジラ－1.0」で日本映画として初めて第96回アカデミー賞視覚効果賞を受賞"　大石静 "脚本家として、40年近く第一線で活躍"
◇芸術選奨　第75回　●映画部門 文部科学大臣賞　石井岳龍 "「箱男」の成果"　土井敏邦 "「津島 福島は語る・第二章」の成果"　●映画部門 新人賞　河合優実 "「ナミビアの砂漠」「あんのこと」ほかの成果"　三宅唱 "「夜明けのすべて」の成果"　●放送部門 文部科学大臣賞　阿部サダヲ "不適切にもほどがある！"　村瀬史憲 "「掌で空は隠せない～1926木本事件～」ほかの成果"　●放送部門 新人賞　上田大輔 "「さまよう信念 情報源は見殺しにされた」の成果"　大島隆之 "「"一億特攻"への道 ～隊員4000人 生と死の記録～」の成果"

令和6年（2024）

【映画】

◇川喜多賞　第42回　役所広司

◇キネマ旬報ベスト・テン　第98回　●日本映画 第1位　「夜明けのすべて」(三宅唱監督)　●外国映画 第1位　「オッペンハイマー」(クリストファー・ノーラン監督)

◇キネマ旬報ベスト・テン個人賞　第98回　●日本映画監督賞　三宅唱「夜明けのすべて」　●脚本賞　野木亜紀子「ラストマイル」　●主演男優賞　松村北斗「夜明けのすべて」　●主演女優賞　河合優実「ナミビアの砂漠」「あんのこと」　●助演男優賞　池松壮亮「ぼくのお日さま」「ベイビーわるきゅーれ ナイスデイズ」　●助演女優賞　忍足亜希子「ぼくが生きてる、ふたつの世界」　●新人男優賞　越山敬達「ぼくのお日さま」　●新人女優賞　中西希亜良「ぼくのお日さま」　●読者選出日本映画監督賞　三宅唱「オッペンハイマー」

◇ゴールデングロス賞　第42回　●日本映画部門 金賞　東宝「名探偵コナン100万ドルの五稜星」　●外国映画部門 金賞　ウォルト・ディズニー「インサイド・ヘッド2」　●全興連特別賞　エイベックス「ルックバック」　未来映画社, ギャガ「侍タイムスリッパー」　ビターズ・エンド　東宝

◇日刊スポーツ映画大賞・石原裕次郎賞　第37回　●作品賞　「侍タイムスリッパー」(安田淳一監督)　●監督賞　安田淳一「侍タイムスリッパー」　●主演男優賞　山口馬木也「侍タイムスリッパー」　●主演女優賞　草笛光子「九十歳。何がめでたい」　●助演男優賞　藤竜也「大いなる不在」　●助演女優賞　山田杏奈「ゴールデンカムイ」　●新人賞　中西希亜良「ぼくのお日さま」　●外国作品賞　「関心領域」(ジョナサン・グレイザー監督)　●石原裕次郎賞　「ラストマイル」(塚原あゆ子監督)　●石原裕次郎新人賞　齋藤潤「カラオケ行こ！」　●特別賞　西田敏行　●ファン大賞　松村北斗「夜明けのすべて」

◇日本アカデミー賞　第47回　●最優秀作品賞　「ゴジラ-1.0」　●最優秀アニメーション作品賞「君たちはどう生きるか」　●最優秀監督賞　ヴィム・ヴェンダース「PERFECT DAYS」　●最優秀脚本賞　山崎貴「ゴジラ-1.0」　●最優秀主演男優賞　役所広司「PERFECT DAYS」　●最優秀主演女優賞　安藤サクラ「怪物」　●最優秀助演男優賞　磯村勇斗「月」　●最優秀助演女優賞　安藤サクラ「ゴジラ-1.0」　●最優秀外国作品賞　「ミッション：インポッシブル/デッドレコニング PART ONE」　●新人俳優賞　アイナ・ジ・エンド「キリエのうた」　桜田ひより「交換ウソ日記」　原菜乃華「ミステリと言う勿れ」　福原遥「あの花の咲く丘で、君とまた出会えたら。」　市川染五郎(8代)「レジェンド＆バタフライ」　黒川想矢「怪物」　髙橋文哉「交換ウソ日記」　柊木陽太「怪物」　●話題賞 作品部門　「キリエのうた」　●話題賞 俳優部門　山田裕貴

◇ブルーリボン賞　第67回　●作品賞　「侍タイムスリッパー」　●監督賞　入江悠「あんのこと」　●主演男優賞　山口馬木也「侍タイムスリッパー」　●主演女優賞　河合優実「あんのこと」「ナミビアの砂漠」　●助演男優賞　大沢たかお「キングダム 大将軍の帰還」　●助演女優賞　小泉今日子「海の沈黙」「碁盤斬り」など　●新人賞　早瀬憩「違国日記」「あのコはだぁれ？」　●外国作品賞　「オッペンハイマー」

◇報知映画賞　第49回　●作品賞・邦画部門　「正体」　●監督賞　塚原あゆ子　●主演男優賞　横浜流星　●主演女優賞　石原さとみ　●助演男優賞　奥田瑛二　●助演女優賞　吉岡里帆　●新人賞　越山敬達　中西希亜良　●作品賞・海外部門　「シビル・ウォー アメリカ最後の日」　●アニメ作品賞　「ルックバック」　●特別賞　草笛光子　平泉成

◇毎日映画コンクール　第79回　●日本映画大賞　三宅唱監督「夜明けのすべて」　●主演俳優賞　河合優実「あんのこと」「ナミビアの砂漠」　横浜流星「正体」　●助演俳優賞　池松壮亮「ぼくのお日さま」　カーセル麻紀「一月の声に歓びを刻め」　●スポニチグランプリ新人賞　越山敬達「ぼくのお日さま」　●監督賞　三宅唱「夜明けのすべて」　●脚本賞　濱口竜介「悪は存在しない」　●大藤信郎賞　伊藤里菜監督「私は、私と、私が、私を、」

◇毎日芸術賞　第66回　●ユニクロ賞　山中瑶子 映画「ナミビアの砂漠」

【テレビ】

◇日本民間放送連盟賞（令6年度）　●番組部門 テレビバラエティ 最優秀　信越放送 SBCスペシャル「寅や」　●番組部門 テレビドラマ 最優秀　関西テレビ放送「春になったら」

◇放送文化基金賞　第50回　●ドラマ部門 最優秀賞　NHKエンタープライズ, NHK　●エンターテインメント部門 最優秀賞　CBCテレビ 歩道・車道バラエティ「道との遭遇」　●個別分野 演技賞

河合優実　NHKスペシャル「シリーズ"宗教2世"神の子はつぶやく」　阿部サダヲ　金曜ドラマ「不適切にもほどがある！」　●放送文化基金50周年記念賞　黒柳徹子 "テレビ草創期から今日に至るまでテレビ出演者として放送文化を具現化"

【芸能全般】

◇浅草芸能大賞　第41回　●大賞　五街道雲助（6代）（落語家）　●奨励賞　神田伯山（6代）（講談師）　●新人賞　市川團子（5代）（歌舞伎俳優）
◇朝日賞（令6年度）　真田広之　米ハリウッドで切り拓いた国際的な俳優活動の実践
◇芸術選奨　第75回　●演劇部門 文部科学大臣賞　浅野和之 "「What If Only―もしも もしせめて」「リア王」の成果"　坂東彌十郎 "「髪結新三」「家主長兵衛ほかの成果"　●演劇部門 新人賞　江口のりこ "「ワタシタチはモノガタリ」「リア王」の成果"　藤田俊太郎 "「リア王の悲劇」「VIOLET」の成果"　●大衆芸能部門 文部科学大臣賞　立川談春 "「芸歴40周年記念興行 立川談春独演会」ほかの成果"　柳家喬太郎 "「喬太郎企画ネタ尽きました、お客様決めてください」ほかの成果"　●大衆芸能部門 新人賞　坂本頼光 "寄席定席における活弁の芸ほかの成果"　渡邊琢磨 "映画「ナミビアの砂漠」「Cloud クラウド」ほかにおける音楽の成果"
◇松尾芸能賞　第45回　●大賞 演劇　中村時蔵（5代）　●優秀賞 演劇　佐藤B作　古田新太　●新人賞 演劇　中村児太郎（6代）　●特別賞 歌謡　由紀さおり　●功労賞 演劇　林与一

【音楽】

◇JASRAC賞　第42回　●金賞　Ayase作詞・作曲ほか「アイドル」　●銀賞　shito作詞・作曲ほか「可愛くてごめん」　●銅賞　川上洋平作詞・作曲ほか「閃光」　●国際賞　高梨康治作曲ほか「NARUTO－ナルト－疾風伝 BGM」
◇日本作詩大賞　第57回　●大賞　吉田旺「TATSUYA」（歌・田中あいみ）　●審査員特別賞　合田道人「こしの都」（歌・五木ひろし）　●最優秀新人賞　榛澤洋子「月うるる」（歌・北山たけし）
◇日本レコード大賞　第66回　●大賞　Mrs.GREEN APPLE「ライラック」　●最優秀歌唱賞　milet　●最優秀新人賞　こっちのけんと　●日本作曲家協会名曲顕彰　坂本九歌手, 中村八大作曲, 永六輔作詩「上を向いて歩こう」　●特別アルバム賞　宇多田ヒカル「SCIENCE FICTION」

【演劇】

◇紀伊國屋演劇賞　第59回　●団体賞　新宿梁山泊 "「おちょこの傘持つメリー・ポピンズ」「ジャガーの眼」の優れた舞台成果に対して"　●個人賞　岩崎加根子　緒方晋　横山拓也　岡本圭人　那須凜
◇毎日芸術賞　第66回　市村正親 "ミュージカル「スウィーニー・トッド」「モーツァルト！」での演技"
◇読売演劇大賞　第32回　●大賞・最優秀作品賞　新宿梁山泊「おちょこの傘持つメリー・ポピンズ」　●最優秀男優賞　木場勝己「リア王の悲劇」「天保十二年のシェイクスピア」　●最優秀女優賞　岩崎加根子「慟哭のリア」　●最優秀演出家賞　前川知大「奇っ怪 小泉八雲から聞いた話」　●杉村春子賞〔新人対象〕　新原泰佑「インヘリタンス―継承―」「球体の球体」　●芸術栄誉賞　株式会社俳優座劇場　●選考委員特別賞　ブロードウェイミュージカル「カム フロム アウェイ」

【演芸】

◇上方漫才大賞　第59回　●大賞　笑い飯　●奨励賞　見取り図　●新人賞　天才ピアニスト

【漫画・アニメ】

◇菊池寛賞　第72回　ちばてつや
◇芸術選奨　第75回　●メディア芸術部門 文部科学大臣賞　青山剛昌 "「名探偵コナン」の成果"　●メディア芸術部門 新人賞　押山清高 "映画「ルックバック」の成果"
◇講談社漫画賞　第48回　●少年部門　山田鐘人原作, アベツカサ作画「葬送のフリーレン」　●少女部門　いちのへ瑠美「きみの横顔を見ていた」　●総合部門　つるまいかだ「メダリスト」
◇小学館漫画賞　第70回　とよ田みのる「これ描いて死ね」　武蔵野創「灼熱カバディ」　乃木坂太郎「夏目アラタの結婚」　まえだくん「ぷにるはかわいいスライム」

令和6年(2024)

◇手塚治虫文化賞　第28回　●マンガ大賞　ヤマザキマリ, とり・みき「プリニウス」　●新生賞　坂上暁仁「神田ごくら町職人ばなし」　●短編賞　益田ミリ「ツユクサナツコの一生」　●特別賞　コミティア実行委員会(吉田雄平代表)

◇毎日芸術賞　第66回　●特別賞　野沢雅子 "テレビアニメ「ドラゴンボールDAIMA」での主人公・孫悟空の声など長年の功績"

◇マンガ大賞 2024　泥ノ田犬彦「君と宇宙を歩くために」

【スポーツ】

◇朝日スポーツ賞(令6年度)　岡慎之助 "パリ五輪の体操男子団体、個人総合、種目別鉄棒で金メダルに輝き、日本勢52年ぶりの3冠を達成"　上地結衣 "パリ・パラリンピックの車いすテニス女子シングルスとダブルスで日本勢初の金メダルを獲得"

◇日本パラスポーツ賞　第8回　●大賞　車いすラグビー日本代表(車いすラグビー)　●優秀賞　上地結衣(車いすテニス)　木村敬一(身体障害者水泳)　ゴールボール男子日本代表チーム(ゴールボール)　●新人賞　鬼谷慶子(陸上)

◇日本プロスポーツ大賞　第54回　●内閣総理大臣杯 大賞　北口榛花(やり投陸上競技)　●殊勲章・NHK賞　小田凱人(プロ車いすテニス)　●殊勲章　井上尚弥(プロボクシング)　阿部一二三(男子柔道)　●特別賞　横浜DeNAベイスターズ(プロ野球)　ヴィッセル神戸(Jリーグ)　岡慎之助(男子体操)　●新人賞　大の里泰輝(大相撲)　藤波朱理(女子レスリング)　岩佐歩夢(モータースポーツ)　竹田麗央(女子プロゴルフ)

【その他】

◇「現代用語の基礎知識」選 ユーキャン新語・流行語大賞　第41回　●年間大賞　"「ふてほど」"(金曜ドラマ『不適切にもほどがある!』)

◇将棋大賞　第51回　●最優秀棋士賞　藤井聡太　●新人賞　藤本渚　●最優秀女流棋士賞　福間香奈(旧姓・里見)

◇星雲賞　第55回　●日本長編部門(小説)　高野史緒「グラーフ・ツェッペリンあの夏の飛行船」　●日本短編部門(小説)　久永実木彦「わたしたちの怪獣」　●メディア部門　山崎貴監督ほか「ゴジラ-1.0」　●コミック部門　九井諒子「ダンジョン飯」全14巻　●アート部門　麻宮騎亜　加藤直之　●ノンフィクション部門　東京創元社編集部「創元SF文庫総解説」　●自由部門　「日本の巨大ロボット群像—巨大ロボットアニメ、そのデザインと映像表現—」

◇日本SF大賞　第45回　●大賞　市川春子「宝石の国」　●特別賞　宮西建礼「銀河風帆走」　●功績賞　楳図かずお(漫画家)　住谷春也(翻訳家)　山本弘(作家)

◇文化勲章(令6年度)　江頭憲治郎(商法学者)　高橋睦郎(詩人・俳人・歌人)　田渕俊夫(日本画家)　ちばてつや(漫画家)　堤剛(チェロ奏者)　中西準子(環境リスク管理学者)　廣川信隆(細胞分子生物学者)

◇ベストドレッサー賞　第53回　●学術・文化部門　田中里沙(学校法人先端教育機構 事業構想大学院大学 学長)　●芸能部門　津田健次郎(声優、俳優)　Perfume(ミュージシャン)　MEGUMI(俳優、実業家)　●スポーツ部門　富樫勇樹(プロバスケットボール選手)　●インターナショナル部門　宅見将典(作曲家、第65回グラミー賞受賞アーティスト)　●特別賞(石津謙介賞)　高橋英樹

第 2 部　受賞者別

相原 信行　あいはら・のぶゆき
昭和9(1934)年〜平成25(2013)年
体操選手・指導者。ローマ五輪体操男子種目別徒手および団体総合金メダリスト。
朝日賞（昭35年）体育賞 "第17回オリンピック大会体操団体・個人徒手優勝"
朝日賞（昭37年）体育賞 "世界体操選手権大会団体・個人徒手優勝"
紫綬褒章（平9年）

青江 三奈　あおえ・みな
昭和20(1945)年〜平成12(2000)年
歌手
「伊勢佐木町ブルース」
　日本レコード大賞 第10回（昭43年） 歌唱賞
　日本有線大賞 第1回（昭43年） スター賞
「池袋の夜」
　日本レコード大賞 第11回（昭44年） 歌唱賞
　日本有線大賞 第2回（昭44年） GOLDENスター賞
「長崎ブルース」
　全日本有線放送大賞 第2回（昭44年度）
　夜のレコード大賞 第2回（昭44年度） 金賞
「国際線待合室」
　日本有線大賞 第3回（昭45年） 優秀賞
「レディ・ブルース」
　日本レコード大賞 第32回（平2年） 歌謡曲・演歌部門 優秀アルバム賞
「HONMOKUブルース」
　横浜音楽祭 第17回（平2年） 地域特別賞
夜のレコード大賞 第1回（昭43年度） スター賞
日本レコードセールス大賞 第2回（昭44年） シルバー賞
日本レコードセールス大賞 第3回（昭45年） シルバー賞
日本レコード大賞 第15回（昭48年） 大賞制定15周年記念賞
日本演歌大賞 第1回（昭50年） 演歌名人賞
メガロポリス歌謡祭 第9回（平2年） 審査員特別賞
日本レコード大賞 第42回（平12年） 日本作曲家協会特別功労賞

青木 功　あおき・いさお
昭和17(1942)年〜
プロゴルファー
日本プロスポーツ大賞 第11回（昭53年） 殊勲賞
日本プロスポーツ大賞 第12回（昭54年） 殊勲賞
ベストドレッサー賞 第9回（昭55年） 特別賞
日本プロスポーツ大賞 第13回（昭55年） 殊勲賞
朝日スポーツ賞（平13年度） "通算1000試合出場を達成"
紫綬褒章（平20年）
「現代用語の基礎知識」選 ユーキャン新語・流行語大賞 第31回（平26年） トップテン "レジェンド"
旭日小綬章（平27年）

青木 光一　あおき・こういち
大正15(1926)年〜
歌手
日本演歌大賞 第10回（昭59年） 演歌功労賞
日本レコード大賞 第40回（平10年） 功労賞
日本作詩大賞 第38回（平17年度） 特別賞

青島 幸男　あおしま・ゆきお
昭和7(1932)年〜平成18(2006)年
作家、タレント、作詞家、政治家。元・東京都知事
「鐘」
　カンヌ国際映画祭（昭41年） 批評家週間入選
「人間万事塞翁が丙午」
　直木三十五賞 第85回（昭56年上）
ゴールデン・アロー賞 第6回（昭43年） 話題賞
日本新語・流行語大賞 第12回（平7年） 大賞、トップテン "無党派"

赤川 次郎　あかがわ・じろう
昭和23(1948)年〜
推理作家
「幽霊列車」
　オール讀物小説新人賞 第15回（昭51年）
「悪妻に捧げるレクイエム」
　角川小説賞 第7回（昭55年）
「東京零年」
　吉川英治文学賞 第50回（平28年度）
日本ミステリー文学大賞 第9回（平17年度）

赤木 春恵　あかぎ・はるえ
大正13(1924)年〜平成30(2018)年
俳優
「新・となりの芝生」
　名古屋演劇ペンクラブ年間賞（昭61年度）
「お嫁に行きたい!!」「三婆」
　菊田一夫演劇賞 第13回（昭62年）
「ペコロスの母に会いに行く」
　毎日映画コンクール 第68回（平25年） 女優主演賞
紫綬褒章（平5年）
橋田賞 第7回（平10年） 特別賞
勲四等宝冠章（平10年）

赤座 憲久　あかざ・のりひさ
昭和2(1927)年〜平成24(2012)年
児童文学作家
「目のみえぬ子ら」
　毎日出版文化賞 第16回（昭37年）
「大杉の地蔵」

講談社児童文学新人賞　第5回（昭39年）
「雪と泥沼」　新美南吉文学賞　第13回（昭55年）
「雨のにおい　星の声」
　産経児童出版文化賞　第35回（昭63年）
　新美南吉児童文学賞　第6回（昭63年）
「かかみ野の土」「かかみ野の空」
　日本児童文芸家協会賞　第13回（平1年）

明石家 さんま　あかしや・さんま
　昭和30（1955）年～　タレント
花王名人大賞　第2回（昭57年）　新人賞
ゴールデン・アロー賞　第23回（昭60年）　芸能賞
テレビ大賞　第18回（昭60年度）　優秀個人賞
花王名人大賞　第5回（昭60年）　大衆賞
日本放送演芸大賞　第15回（昭61年）

赤瀬川 原平　あかせがわ・げんぺい
　昭和12（1937）年～平成26（2014）年
　画家、小説家。別名は尾辻克彦
「父が消えた」　芥川龍之介賞　第84回（昭55年下）
　芥川龍之介賞　第84回（昭55年下）
「雪野」　野間文芸新人賞　第5回（昭58年）
「東京路上探険記　講談社エッセイ賞　第3回（昭62年）
「老人力」
　日本新語・流行語大賞　第15回（平10年）　トップテン　※赤瀬川原平名義
　毎日出版文化賞　第53回（平11年）　特別賞　※赤瀬川原平名義

赤塚 不二夫　あかつか・ふじお
　昭和10（1935）年～平成20（2008）年
「おそ松くん」小学館漫画賞　第10回（昭39（1964）年度）
文藝春秋漫画賞　第18回（昭47（1972）年）　"天才バカボン"をはじめとする一連の児童漫画"
日本漫画家協会賞　第26回（平9年）　文部大臣賞
紫綬褒章　（平10年）

赤羽 末吉　あかば・すえきち
　明治43（1910）年～平成2（1990）年
　絵本画家
「日本の神話と伝説」
　小学館絵画賞　第11回（昭37年）　佳作賞
「ももたろう」
　産経児童出版文化賞　第12回（昭40年）
「白いりゅう黒いりゅう―中国のたのしいお話」
　産経児童出版文化賞　第12回（昭40年）
「スーホの白い馬」
　児童福祉文化賞　第10回（昭42年度）　出版物部門　奨励賞
　産経児童出版文化賞　第15回（昭43年）
　ブルックリン美術館絵本賞（米国）（昭50年）
「（源平絵巻物語）衣川のやかた」
　講談社出版文化賞　第4回（昭48年）　絵本部門
「ほうまんの池のカッパ」

小学館絵画賞　第24回（昭50年）
「日本の昔話」
　巖谷小波文芸賞　第19回（平8年）
茂田井賞　（昭34年）
小学館絵画賞　（昭37年・50年）
国際アンデルセン賞　（昭55年）　画家賞
ダイヤモンド・パーソナリティ賞（英国）　第1回（昭58年）

阿川 弘之　あがわ・ひろゆき
　大正9（1920）年～平成27（2015）年
　小説家。日本芸術院会員
「春の城」
　読売文学賞　第4回（昭27年）　小説賞
「なかよし特急」
　産経児童出版文化賞　第7回（昭35年）
「山本五十六」
　新潮社文学賞　第13回（昭41年）
「井上成美」
　日本文学大賞　第19回（昭62年）　学芸部門
「志賀直哉」
　毎日出版文化賞　第48回（平6年）
　野間文芸賞　第47回（平6年）
「食味風々録」
　読売文学賞　第53回（平13年）　随筆・紀行賞
日本芸術院賞　第35回（昭53年）　第2部 恩賜賞・日本芸術院賞
交通文化賞　（昭58年）
文化功労者　（平5年）
海洋文学大賞　第3回（平11年）　特別賞
広島県名誉県民　（平11年）
文化勲章　（平11年度）
菊池寛賞　第55回（平19年）

阿木 燿子　あき・ようこ
　昭和20（1945）年～
　作詞家、俳優、小説家、エッセイスト
「横須賀ストーリー」
　日本レコード大賞　第18回（昭51年）　作詩賞
　日本作詩大賞　第9回（昭51年度）　大衆賞
「想い出ぽろぽろ」
　日本作詩大賞　第9回（昭51年度）　作品賞
「プレイバックPART2」
　日本作詩大賞　第11回（昭53年度）　作品賞
「魅せられて」
　日本レコード大賞　第21回（昭54年）　大賞
　日本作詩大賞　第12回（昭54年度）　大賞
「四季・奈津子」
　報知映画賞　第5回（昭55年度）　最優秀助演女優賞
「DESIRE」

FNS歌謡祭グランプリ　第13回（昭61年）　グランプリ
日本レコード大賞　第28回（昭61年）　大賞

「春遠からじ」
　日本作詩大賞　第33回（平12年度）　優秀作品賞
FNS歌謡祭グランプリ　第3回（昭51年）　最優秀作詞賞
銀座音楽祭　第6回（昭51年）　特別賞
横浜音楽祭　第4回（昭52年）　地域・特別賞
日本レコードセールス大賞　第10回（昭52年）　作詩賞
日本レコードセールス大賞　第11回（昭53年）　作詩賞
　　第3位
FNS歌謡祭グランプリ　第6回（昭54年）　最優秀作詞賞
日本レコードセールス大賞　第12回（昭54年）　作詩賞
紫綬褒章（平18年）
岩谷時子賞　第10回（令1年）　特別賞

秋元 松代　あきもと・まつよ
　明治44（1911）年～平成13（2001）年
　劇作家

「常陸坊海尊」
　芸術祭賞　第15回（昭35年）　ラジオ部門　奨励賞
　田村俊子賞　第5回（昭39年）
　芸術祭賞　第23回（昭43年）　演劇部門
「かさぶた式部考」
　毎日芸術賞　第11回（昭44年）
「アディオス号の歌」
　紀伊國屋演劇賞　第10回（昭50年）　個人賞
「七人みさき」
　読売文学賞　第27回（昭50年）　戯曲賞
「近松心中物語」
　菊田一夫演劇賞　第4回（昭53年）　大賞
紫綬褒章（昭54年）
演劇功労者　第6回（昭60年）

秋元 康　あきもと・やすし
　昭和33（1958）年～
　放送作家、作詞家、プロデューサー、映画監督

「海雪」
　日本作詩大賞　第41回（平20年度）　大賞
「ヘビーローテーション」
　JASRAC賞　第30回（平24年）　金賞
　JASRAC賞　第31回（平25年）　金賞
　JASRAC賞　第32回（平26年）　銀賞
「ポニーテールとシュシュ」
　JASRAC賞　第30回（平24年）　銀賞
「Beginner」
　JASRAC賞　第30回（平24年）　銅賞
「会いたかった」「片想いFinally」「ヴァージニティー」「ヘビーローテーション」
　日本有線大賞　第45回（平24年）　特別賞
「フライングゲット」

　JASRAC賞　第31回（平25年）　銀賞
「Everyday、カチューシャ」
　JASRAC賞　第31回（平25年）　銅賞
「Sugar Rush」
　アニー賞（平25年）　音楽賞
「恋するフォーチュンクッキー」
　JASRAC賞　第33回（平27年）　金賞
　JASRAC賞　第34回（平28年）　銀賞
FNS歌謡祭グランプリ　第13回（昭61年）　最優秀作詞賞
銀座音楽祭　第16回（昭61年）　特別賞
日本レコードセールス大賞　第19回（昭61年）　作詩賞
日本レコードセールス大賞　第20回（昭62年）　作詞賞
　　第1位
日本レコードセールス大賞　第25回（平4年）　作詞賞
　　第2位
日本レコード大賞　第51回（平21年）　特別賞　※
　　AKB48と秋元康として
渡辺晋賞　第5回（平22年）
日本レコード大賞　第54回（平24年）　作詩賞　"「UZA」「ギンガムチェック」「真夏のSounds good！」など"
紫綬褒章（令4年）

秋山 駿　あきやま・しゅん
　昭和5（1930）年～平成25（2013）年
　文芸評論家。日本芸術院会員

「小林秀雄」
　群像新人文学賞　第3回（昭35年）　評論
「人生の検証」
　伊藤整文学賞　第1回（平2年）　評論
「信長」
　毎日出版文化賞　第50回（平8年）　第1部門（文学・芸術）
野間文芸賞　第49回（平8年）
「神経と夢想 私の『罪と罰』」
　和辻哲郎文化賞　第16回（平16年）　一般部門
旭日中綬章（平16年）

秋吉 久美子　あきよし・くみこ
　昭和29（1954）年～
　俳優

「あにいもうと」
　ブルーリボン賞（昭51年）　主演女優賞
　報知映画賞　第1回（昭51年度）　最優秀主演女優賞
　毎日映画コンクール　第31回（昭51年）　演技賞　女優演技賞
「挽歌」
　アジア映画祭（昭51年）　主演女優賞
「夜汽車」

ブルーリボン賞 第30回（昭62年） 助演女優賞
「異人たちとの夏」
　キネマ旬報賞 第34回（昭63年） 助演女優賞
　くまもと映画祭 第13回（昭63年度） ヤングシネマ部門 日本映画女優賞
　ブルーリボン賞 第31回（昭63年） 助演女優賞
　毎日映画コンクール 第43回（昭63年） 演技賞 女優助演賞
「寅次郎物語」「異人たちとの夏」
　日刊スポーツ映画大賞・石原裕次郎賞 第1回（昭63年） 助演女優賞
「深い河」
　山路ふみ子映画賞 （平7年） 女優賞
　日本映画批評家大賞 第5回（平7年度） 女優賞
「透光の樹」
　日本映画批評家大賞 第14回（平16年度） 主演女優賞
　ゴールデン・アロー賞 第12回（昭49年） 映画賞 新人賞
　ゴールデン・アロー賞 第12回（昭49年） 最優秀新人賞
　エランドール賞 （昭50年度） 新人賞
　ブルーリボン賞 第19回（昭51年） 主演女優賞
　芸術選奨 第28回（昭52年） 放送部門 新人賞 ※ドラマ「花神」「海峡物語」等

阿久 悠　あく・ゆう
　昭和12（1937）年～平成19（2007）年
　作詞家，小説家
「また逢う日まで」
　日本レコード大賞 第13回（昭46年） 大賞
「ジョニィへの伝言」
　日本レコード大賞 第15回（昭48年） 作詩賞
「さらば友よ」
　日本作詩大賞 第7回（昭49年度） 大賞
「襟裳岬」
　日本レコード大賞 第16回（昭49年） 大賞
「時の過ぎゆくままに」
　日本作詩大賞 第8回（昭50年度） 大衆賞
「乳母車」
　日本レコード大賞 第17回（昭50年） 作詩賞
「北の宿から」
　FNS歌謡祭グランプリ 第3回（昭51年） グランプリ
　日本レコード大賞 第18回（昭51年） 大賞
　日本作詩大賞 第9回（昭51年度） 大賞
「勝手にしやがれ」
　日本レコード大賞 第19回（昭52年） 大賞
　日本作詩大賞 第10回（昭52年度） 大賞
「津軽海峡冬景色」
　FNS歌謡祭グランプリ 第4回（昭52年） グランプリ
　日本作詩大賞 第10回（昭52年度） 大衆賞
「LOVE（抱きしめたい）」
　FNS歌謡祭グランプリ 第5回（昭53年） グランプリ
　日本作詩大賞 第11回（昭53年度） 大衆賞
「UFO」
　日本レコード大賞 第20回（昭53年） 大賞
　JASRAC賞 第36回（平30年） 銅賞
　JASRAC賞 第37回（令元年） 銀賞
「雨の慕情」
　日本レコード大賞 第22回（昭55年） 大賞
「鴎という名の酒場」
　古賀政男記念音楽大賞 第1回（昭55年度） プロ作品優秀賞
　日本作詩大賞 第13回（昭55年度） 作品賞
「もしもピアノが弾けたなら」
　日本作詩大賞 第14回（昭56年度） 大賞
「契り」
　日本作詩大賞 第15回（昭57年度） 大賞
「殺人狂時代ユリエ」
　横溝正史賞 第2回（昭57年） 大賞
「夢海峡」
　古賀政男記念音楽大賞 第3回（昭57年度） プロ作品優秀賞
「北の蛍」
　日本作詩大賞 第17回（昭59年度） 大賞
「夏ざかりほの字組」
　日本レコード大賞 第27回（昭60年） 作詩賞
「熱き心に」
　日本レコード大賞 第28回（昭61年） 作詩賞
「追憶」
　古賀政男記念音楽大賞 第8回（昭62年度） プロ作品大賞
　日本作詩大賞 第20回（昭62年度） 優秀作品賞
「港の五番町」
　日本作詩大賞 第21回（昭63年度） 大賞
「花束（ブーケ）」
　日本レコード大賞 第32回（平2年） 歌謡曲・演歌部門 作詩賞
「花のように鳥のように」
　日本レコード大賞 第36回（平6年） 作詞賞
　日本作詩大賞 第27回（平6年度） 優秀作品賞
「蛍の提灯」
　日本レコード大賞 第38回（平8年） 作詩賞
「詩小説」
　島清恋愛文学賞 第7回（平12年）
「傘ん中」
　日本作詩大賞 第35回（平14年度） 大賞

日本レコードセールス大賞 第4回（昭46年） 作詩賞

日本レコード大賞 第13回・18回・19回・20回・22回（昭46年・51年・52年・53年・55年）大賞
日本レコードセールス大賞 第5回（昭47年）作詩賞
日本レコードセールス大賞 第6回（昭48年）作詩賞
日本レコード大賞 第15回・17回・27回・28回・36回・38回（昭48年・50年・60年・61年・平成6年・8年）作詩賞
日本レコードセールス大賞 第7回（昭49年）作詩賞
日本作詩大賞 第7回・9回・10回・14回・15回・17回・21回・35回（昭49年・51年・52年・56年・57年・59年・63年・平成14年）大賞
FNS歌謡祭グランプリ 第2回（昭50年）最優秀作詞賞 下期
日本レコードセールス大賞 第8回（昭50年）作詩賞
日本レコードセールス大賞 第9回（昭51年）作詩賞
日本レコード大賞 第18回（昭51年）西条八十賞
FNS歌謡祭グランプリ 第4回（昭52年）最優秀作詞賞
日本レコードセールス大賞 第10回（昭52年）作詩賞
FNS歌謡祭グランプリ 第5回（昭53年）最優秀作詞賞
日本レコードセールス大賞 第11回（昭53年）作詩賞 第1位
日本レコードセールス大賞 第12回（昭54年）作詩賞
古賀政男記念音楽大賞 第1回・3回（昭55年・57年）プロ作品・優秀賞
菊池寛賞 第45回（平9年）
スポニチ文化芸術大賞 第7回（平11年）グランプリ
紫綬褒章（平11年）
正論新風賞 第3回（平14年）
ゴールデン・アロー賞 第45回（平19年度）芸能功労賞
スポニチ文化芸術大賞 第16回（平19年度）特別賞
正論特別賞（平19年）
日本レコード大賞 第49回（平19年）特別賞
日本レコード大賞 第59回（平29年）特別賞

芥川 比呂志　あくたがわ・ひろし
大正9（1920）年～昭和56（1981）年
俳優, 演出家

「煙突の見える場所」
　毎日映画コンクール 第8回（昭28年）演技賞 男優助演賞
「ハムレット」
　名古屋演劇ペンクラブ賞（昭30年）
「ブリストヴィルの午後」「薔薇の館」（劇団雲公演）
　紀伊國屋演劇賞 第4回（昭44年）個人賞
「決められた以外のせりふ」
　日本エッセイスト・クラブ賞 第18回（昭45年）
「スカパンの悪だくみ」「海神別荘」等
　芸術選奨 第25回（昭49年）演劇部門 大臣賞
「海神別荘」
　芸術祭賞 第29回（昭49年）演劇部門 優秀賞

芥川 也寸志　あくたがわ・やすし
大正14（1925）年～平成1（1989）年
作曲家, 指揮者

「煙突の見える場所」
　毎日映画コンクール 第8回（昭28年）音楽賞
「煙突の見える場所」「雲ながるる果てに」「夜の終り」
　ブルーリボン賞 第4回（昭28年）音楽賞
「裸の太陽」
　ブルーリボン賞 第9回（昭33年）音楽賞
「砂の器」
　毎日映画コンクール 第29回（昭49年）音楽賞
「八甲田山」「八つ墓村」
　日本アカデミー賞 第1回（昭53年）最優秀音楽賞
「小林純一・芥川也寸志遺作集 こどものうた」
　日本童謡賞 第25回（平7年）特別賞
ブルーリボン賞（昭28年・33年）音楽賞
毎日映画コンクール（昭28年・49年）音楽賞
ザルツブルクオペラ賞（昭43年）
日本童謡賞（昭48年）
鳥井賞 第8回（昭51年度）
紫綬褒章（昭60年）
日本放送協会放送文化賞 第37回（昭60年）
レコード・アカデミー賞（昭62年）大賞

アグネス・チャン
昭和30（1955年）～
歌手, 作家

「ひなげしの花」
　日本有線大賞 第6回（昭48年）新人賞
「草原の輝き」
　新宿音楽祭 第6回（昭48年）金賞
　日本レコード大賞（昭48年）新人賞
　日本歌謡大賞 第4回（昭48年）放送音楽新人賞
　ゴールデン・アロー賞 第11回（昭48年）音楽賞 新人賞
　ゴールデン・アロー賞 第11回（昭48年）最優秀新人賞
　日本レコードセールス大賞 第6回（昭48年）シルバー賞
　日本レコードセールス大賞 第6回（昭48年）女性新人賞
IYY世界平和シンポジウム特別賞（昭59年）
日本婦人放送者懇談会SJ大賞（昭61年）
日本新語・流行語大賞 第5回（昭63年）流行語部門 大衆賞 "アグネス（論争）"
ペスタロッチー教育賞 第14回（平17年）
日本レコード大賞 第50回（平20年）特別賞
旭日小綬章（平30年）

麻丘 めぐみ　あさおか・めぐみ
昭和30(1955)年～
俳優, 歌手

「芽ばえ」
　新宿音楽祭 第5回(昭47年) 金賞
　日本レコード大賞 第14回(昭47年) 最優秀新人賞
　日本有線大賞 第5回(昭47年) 新人賞

「私の彼は左きき」
　日本レコード大賞 第15回(昭48年) 大衆賞
　日本歌謡大賞 第4回(昭48年) 放送音楽賞

日本レコードセールス大賞 第5回(昭47年) 女性新
　人賞
日本有線大賞 第5回(昭47年) 新人賞
日本レコード大賞 第15回(昭48年) 大衆賞
日本歌謡大賞 第4回(昭48年) 放送音楽賞

朝丘 雪路　あさおか・ゆきじ
昭和10(1935)年～平成30(2018)年
俳優, 日本舞踊家, 歌手

「雨が止んだら」
　日本有線大賞 第4回(昭46年) 特別賞

「第3回深水会」
　芸術祭賞 第36回(昭56年) 大衆芸能部門(1部) 優
　秀賞

「人生ふたりづれ」
　芸術選奨 (平14年度) 文部科学大臣賞

日本有線大賞 第4回(昭46年) 特別賞
きもの文化賞 (平10年)
名古屋演劇ペンクラブ賞 (平13年)
芸術選奨 第53回(平14年) 大衆芸能部門 文部科学大
　臣賞
旭日小綬章 (平23年)

浅丘 ルリ子　あさおか・るりこ
昭和15(1940)年～
俳優

「朱鷺の墓」「90日の恋」
　ギャラクシー賞 第7回(昭44年)

「男はつらいよ 寅次郎相合い傘」
　キネマ旬報賞 第21回(昭50年) 主演女優賞
　ブルーリボン賞 第18回(昭50年) 主演女優賞
　毎日映画コンクール 第30回(昭50年) 演技賞 女優
　演技賞

「仮りの宿なるを」「知床の子」
　テレビ大賞 (昭58年) 優秀個人賞

「魔性」(ドラマ)
　ギャラクシー賞 第21回(昭58年) 個人賞

「男はつらいよ 寅次郎紅の花」
　日刊スポーツ映画大賞・石原裕次郎賞 第9回(平8
　年) 主演女優賞

「にごり江」

菊田一夫演劇賞 第24回(平10年) 演劇賞
「濹東綺譚」
　名古屋演劇ペンクラブ賞年間賞 (平11年)

エランドール賞 (昭33年度) 新人賞
テレビ大賞 第1回(昭43年度) 主演女優賞
ゴールデン・アロー賞 第6回(昭43年) 大賞
ゴールデン・アロー賞 第7回(昭44年) グラフ賞
キネマ旬報賞 (昭50年) 主演女優賞
ブルーリボン賞 (昭50年) 主演女優賞
毎日映画コンクール (昭50年) 女優演技賞
テレビ大賞 第16回(昭58年度) 優秀個人賞
都民文化栄誉賞 (平1年)
毎日映画コンクール 第50回(平7年) 田中絹代賞
紫綬褒章 (平14年)
旭日小綬章 (平23年)

浅香 光代　あさか・みつよ
昭和3(1928)年～令和2(2020)年
俳優

浅草芸能大賞 第3回(昭61年度) 大賞
日本新語・流行語大賞 第16回(平11年) トップテン
　"ミッチー・サッチー"
松尾芸能賞 第28回(平19年) 特別賞 演劇
旭日双光章 (平21年)

朝倉 摂　あさくら・せつ
大正11(1922)年～平成26(2014)年
舞台美術家, 画家, イラストレーター

「働く人」
　上村松園賞 第3回(昭28年)

「三月ひなのつき」
　国際アンデルセン賞国内賞 第3回(昭40年)

「与田凖一全集」
　産経児童出版文化賞 第14回(昭42年) 大賞

「日本の名作スイッチョねこ」
　講談社出版文化賞 第3回(昭47年) 絵本部門

「近松心中物語」「盟三五大切」
　テアトロ演劇賞 (昭54年度)

「夜叉ケ池」
　日本アカデミー賞 第3回(昭55年) 最優秀美術賞

「にごり江」
　芸術祭賞 第40回(昭60年) 演劇部門

「薔薇の花束の秘密」「蜘蛛女のキス」
　紀伊國屋演劇賞 第26回(平3年) 個人賞

「泣かないで」
　読売演劇大賞 第2回(平6年) 最優秀スタッフ賞

紫綬褒章 (昭62年)
東京都民文化栄誉賞 (昭62年)
朝日賞 (昭63年)
ザ・ジョン・D.ロックフェラー3世賞 (平7年)

エイボン女性大賞　第26回（平16年）
文化功労者　第59回（平18年度）
読売演劇大賞　第21回（平25年度）　芸術栄誉賞

浅田 美代子　あさだ・みよこ
　昭和31（1956）年〜
　俳優

ゴールデン・アロー賞　第11回（昭48年）　放送賞 新
　人賞
サンプラザ音楽祭　第1回（昭48年）　アイドル賞
日本レコード大賞　第15回（昭48年）　新人賞
エランドール賞　（昭49年度）　新人賞

浅野 温子　あさの・あつこ
　昭和36（1961）年〜
　俳優

「陽暉楼」「汚れた英雄」
　日本アカデミー賞　第7回（昭59年）　最優秀助演女
　　優賞
ゴールデン・アロー賞　第26回（昭63年）　放送賞
ベストドレッサー賞　第17回（昭63年）　女性部門
テレビジョンATP賞　（平1年）　特別賞
日本新語・流行語大賞　第7回（平2年）　流行語部門
　銅賞

浅野 ゆう子　あさの・ゆうこ
　昭和35（1960）年〜
　俳優

「恋はダンダン」
　日本レコード大賞　第16回（昭49年）　新人賞
「ムーンライト」
　日本有線大賞　第9回（昭51年）　企画賞
「蔵」
　日本アカデミー賞　第19回（平8年）　最優秀主演女
　　優賞
日本有線大賞　第9回（昭51年）　企画賞
エランドール賞　（昭53年度）　新人賞
ゴールデン・アロー賞　第27回（平1年）　放送賞
テレビジョンATP賞　（平1年）　特別賞
ベストドレッサー賞　第19回（平2年）　女性部門
フランス政府観光局女性親善大使賞　第1回（平3年）

浅利 慶太　あさり・けいた
　昭和8（1933）年〜平成30（2018）年
　演出家，演劇プロデューサー

「アンドロマック」
　テアトロン賞　第12回（昭42年）
「みんなのカーリ」「冒険者たち」「ユタと不思議
　な仲間たち」
　児童福祉文化賞　（昭43年・51年・52年）
「青い鳥」

東京都優秀児童演劇賞　（昭44年）
「探偵」「ジーザス・クライスト＝スーパー
　スター」
　紀伊國屋演劇賞　（昭49年・51年）
「エクウス（馬）」
　芸術祭賞　（昭50年）　演劇部門 大賞
「ジーザス・クライスト＝スーパースター」
　紀伊國屋演劇賞　第11回（昭51年）　個人賞
　芸術選奨　第27回（昭51年）　演劇部門 大臣賞
「ウェストサイド物語」
　芸術祭賞　（昭52年）　優秀賞
「蝶々夫人」
　アッピアーティ賞　（昭60年）　イタリア音楽批評家賞
ドイツ連邦共和国一等功労勲章　（昭44年）
シェイクスピア演劇賞　（平5年）　サー・デイヴィッ
　ド・オー賞
外務大臣表彰　（平5年）
菊池寛賞　第41回（平5年）
友誼賞　（平8年）　中国
読売演劇大賞　第10回（平14年）　芸術栄誉賞
文化交流貢献賞　（平14年）　中国
財界賞　（平16年）　特別賞
経済界大賞　（平20年）

芦屋 雁之助　あしや・がんのすけ
　昭和6（1931）年〜平成16（2004）年
　喜劇俳優

「おもろい女」
　芸術賞　第34回（昭54年）　演劇部門 大賞
「娘よ」
　銀座音楽祭　第14回（昭59年）　ラジオディスクグラ
　　ンプリ
　全日本有線放送大賞　第17回（昭59年度）　最優秀新
　　人賞
　日本有線大賞　第17回（昭59年）　有線大衆賞
「裸の大将放浪記」「佐渡島他吉の生涯」
　菊田一夫演劇賞　第10回（昭59年）　大賞
花王名人大賞　第1回（昭56年）　特別賞
ゴールデン・アロー賞　第22回（昭59年）　特別賞
全日本有線放送大賞　第17回（昭59年）　最優秀新人賞
日本レコード大賞　第26回（昭59年）　特別賞
日本演歌大賞　第10回（昭59年）　制定委員会特別賞
日本有線大賞　第17回（昭59年）　大衆賞
テレビジョンATP賞　（平1年）　特別賞
花王名人大賞　第9回（平1年）　花王名人大賞
名人大賞　第9回（平1年）
大阪市民表彰　（平11年）

梓 みちよ　あずさ・みちよ
　昭和18（1943）年〜令和2（2020）年
　歌手

「こんにちは赤ちゃん」
　日本レコード大賞　第5回（昭38年）　大賞
「二人でお酒を」
　ゴールデン・アロー賞　第12回（昭49年）　音楽賞
　全日本有線放送大賞　第7回（昭49年度）　特別賞
　日本レコード大賞　第16回（昭49年）　大衆賞
　日本歌謡大賞　第5回（昭49年）　放送音楽賞
　日本有線大賞　第7回（昭49年）　優秀賞
　夜のレコード大賞　第7回（昭49年度）　特別賞
　ゴールデン・アロー賞　第12回（昭49年度）　音楽賞
　日本歌謡大賞　第5回（昭49年）　放送音楽賞
　日本有線大賞　第7回（昭49年）　優秀賞
　日本レコード大賞　第45回（平15年）　功労賞
　日本レコード大賞　第62回（令2年）　特別功労賞

吾妻 ひでお　あずま・ひでお
　昭和25（1950）年〜令和1（2019）年
　漫画家
「不条理日記」
　星雲賞　第10回（昭54年）　コミック部門
「失踪日記」
　日本漫画家協会賞　第34回（平17年）　大賞
　文化庁メディア芸術祭　第9回（平17年度）　マンガ部門
　手塚治虫文化賞　第10回（平18年）　マンガ大賞
　星雲賞　第37回（平18年）　ノンフィクション部門
　グラン・グイニージ賞　（令1年）　イタリア
　手塚治虫文化賞　第10回（平18年）　マンガ大賞
　日本SF大賞　第40回（令1年）　功績賞

渥美 清　あつみ・きよし
　昭和3（1928）年〜平成8（1996）年
　俳優
「男はつらいよ」
　キネマ旬報賞　第15回（昭44年）　男優賞
　芸術選奨　第22回（昭46年）　映画部門　大臣賞
　ブルーリボン賞　（昭57年度）　主演男優賞
「男はつらいよ」「続・男はつらいよ」「喜劇女は度胸」
　毎日映画コンクール　第24回（昭44年）　演技賞 男優主演賞
「男はつらいよ 花も嵐も寅次郎」
　ブルーリボン賞　第25回（昭57年）　主演男優賞
「男はつらいよ 寅次郎真実一路」「男はつらいよ 寅次郎恋愛塾」
　ゴールデングロス賞　第3回（昭60年度）　マネーメーキングスター賞
「男はつらいよ 寅次郎物語」
　日刊スポーツ映画大賞・石原裕次郎賞　第1回（昭63年）　主演男優賞
　キネマ旬報賞　（昭44年度）　主演男優賞

　ゴールデン・アロー賞　第11回（昭48年）　特別賞
　エランドール賞　（昭51年度）　特別賞
　日本アカデミー賞　第4回（昭56年）　特別賞
　日本アカデミー賞　第6回（昭58年）　特別賞
　葛飾区民栄誉賞　（昭60年）
　紫綬褒章　（昭63年）
　浅草芸能大賞　第5回（昭63年度）　大賞
　毎日芸術賞　第30回（昭63年）　特別賞
　浅草芸能大賞　第5回（平1年）
　ゴールデン・アロー賞　第34回（平8年）　特別賞
　ゴールデングロス賞　第14回（平8年度）　マネーメーキングスター賞
　ブルーリボン賞　第39回（平8年）　特別賞
　国民栄誉賞　（平8年）
　柴又名誉町民賞　（平8年）
　日刊スポーツ映画大賞・石原裕次郎賞　第9回（平8年）　特別賞
　日本アカデミー賞　第20回（平8年度）　協会特別賞
　報知映画賞　第21回（平8年度）　特別賞
　牧野省三賞　第38回（平8年）　特別賞
　毎日映画コンクール　第51回（平8年）　特別賞
　エランドール賞　（平9年度）　特別賞
　日本アカデミー賞　第20回（平9年）　協会栄誉賞

渥美 二郎　あつみ・じろう
　昭和27（1952）年〜
　歌手。旧芸名・渥美健
「夢追い酒」
　全日本有線放送大賞　第11回（昭53年度）　特別賞
　日本有線大賞　第11回（昭53年）　敢闘賞
　FNS歌謡祭グランプリ　第6回（昭54年）　優秀歌謡音楽賞・最優秀ヒット賞
　全日本有線放送大賞　第12回（昭54年度）　特別賞
　日本レコード大賞　第21回（昭54年）　ロングセラー賞
　日本有線大賞　第12回（昭54年）　大賞
「釜山港へ帰れ」
　日本有線大賞　第16回（昭58年）　注目曲
「昭和時次郎」
　全日本有線放送大賞　第19回（昭61年度）　特別賞
　日本演歌大賞　第12回（昭61年）　歌唱賞
　日本演歌大賞　第12回（昭61年）　演歌スター賞
　日本演歌大賞　第4回（昭53年）　演歌期待賞・演歌の星
　横浜音楽祭　第6回（昭54年）　審査委員特別賞
　銀座音楽祭　第9回（昭54年）　特別賞
　日本レコードセールス大賞　第12回（昭54年）　シングルシルバー賞
　日本演歌大賞　第5回（昭54年）　演歌ベストセラー賞
　日本演歌大賞　第6回（昭55年）　演歌スター賞
　日本演歌大賞　第10回（昭59年）　演歌スター賞

阿刀田 高　あとうだ・たかし
　昭和10(1935)年～
　小説家
「ナポレオン狂」
　直木三十五賞　第81回(昭54年上)
「来訪者」
　日本推理作家協会賞　第32回(昭54年)　短篇部門
「新トロイア物語」
　吉川英治文学賞　第29回(平7年)

紫綬褒章　(平15年)
旭日中綬章　(平21年)
文化功労者　第71回(平30年度)

阿部 昭　あべ・あきら
　昭和9(1934)年～平成1(1989)年
　小説家
「子供部屋」
　文學界新人賞　第15回(昭37年下)
「千年」
　毎日出版文化賞　第27回(昭48年)
「人生の一日」
　芸術選奨　第27回(昭51年)　文学部門　新人賞

安部 公房　あべ・こうぼう
　大正13(1924)年～平成5(1993)年
　小説家、劇作家。アメリカ芸術院名誉会員
「赤い繭」
　戦後文学賞　第2回(昭26年)
「壁」
　芥川龍之介賞　第25回(昭26年上)
「幽霊はここにいる」
　岸田演劇賞　第5回(昭33年)
「おとし穴」
　年鑑代表シナリオ　第14回(昭37年度)
「砂の女」
　読売文学賞　第14回(昭37年)　小説賞
　年鑑代表シナリオ　第16回(昭39年度)
「友達」
　谷崎潤一郎賞　第3回(昭42年)
「未必の故意」
　芸術選奨文部大臣賞　第22回(昭46年)　文学・評論部門
「緑色のストッキング」
　読売文学賞　第26回(昭49年)　戯曲賞
芸術選奨　第22回(昭46年)　演劇部門　大臣賞

阿部 豊　あべ・ゆたか
　明治28(1895)年～昭和52(1977)年
　映画監督、俳優。芸名はジャック阿部
「足にさはった女」
　キネマ旬報ベスト・テン　第3回(大15年度)　日本映画 1位
「陸の人魚」
　キネマ旬報ベスト・テン　第3回(大15年度)　日本映画 3位
「彼をめぐる五人の女」
　キネマ旬報ベスト・テン　第4回(昭2年度)　日本映画 2位
「結婚二重奏」
　キネマ旬報ベスト・テン　第5回(昭3年度)　日本映画 8位
「太陽の子」
　キネマ旬報ベスト・テン　第15回(昭13年度)　日本映画 10位
「燃ゆる大空」
　キネマ旬報ベスト・テン　第17回(昭15年度)　日本映画 8位
「南海の花束」
　キネマ旬報ベスト・テン　第19回(昭17年度)　日本映画 5位
「細雪」
　キネマ旬報ベスト・テン　第24回(昭25年度)　日本映画 9位

天沢 退二郎　あまざわ・たいじろう
　昭和11(1936)年～令和5(2023)年
　詩人、フランス文学者
「Les invisibles」
　歴程賞　第15回(昭52年)
「〈地獄〉にて」
　高見順賞　第15回(昭59年)
「《宮沢賢治》鑑」
　岩手日報文学賞　第2回(昭62年)　賢治賞
「幽明偶輪歌」
　読売文学賞　第53回(平13年)　詩歌俳句賞
「ヴィヨン詩集成」
　日仏翻訳文学賞　第9回(平14年)

宮沢賢治賞　第11回(平13年)
紫綬褒章　(平14年)
瑞宝中綬章　(平22年)
巖谷小波文芸賞　第37回(平26年)

天地 真理　あまち・まり
　昭和26(1951)年～
　タレント、歌手
「ひとりじゃないの」
　日本レコード大賞　第14回(昭47年)　大衆賞
　日本歌謡大賞　第3回(昭47年)　放送音楽賞
　日本有線大賞　第5回(昭47年)　大衆賞

ゴールデン・アロー賞　第10回(昭47年)　特別賞
日本レコード大賞　第14回(昭47年)　大衆賞

日本有線大賞　第5回（昭47年）　大衆賞
日本レコードセールス大賞　第6回（昭48年）　ゴールデン賞
横浜音楽祭　第1回（昭49年）　音楽祭特別賞

あまん きみこ
　昭和6（1931）年〜
　児童文学作家

「車のいろは空のいろ」
　日本児童文学者協会新人賞　第1回（昭43年）
　野間児童文芸賞　第6回（昭43年）　推奨作品賞
　産経児童出版文化賞　第70回（令5年）　大賞
「ひつじぐものむこうに」
　産経児童出版文化賞　第26回（昭54年）
「こがねの舟」
　旺文社児童文学賞　第3回（昭55年）
「ちいちゃんのかげおくり」
　小学館文学賞　第32回（昭58年）
「おっこちゃんとタンタンうさぎ」
　野間児童文芸賞　第27回（平1年）
「だあれもいない？」
　ひろすけ童話賞　第1回（平2年）
「車のいろは空のいろ シリーズ」
　赤い鳥文学賞　第31回（平13年）　特別賞
「きつねのかみさま」
　日本絵本賞　第9回（平15年）　日本絵本賞
「ゆうひのしずく」
　産経児童出版文化賞　第53回（平18年）　推薦
京都府あけぼの賞　第2回（平2年）
ヒューマンかざぐるま賞　第9回（平9年）
紫綬褒章　（平13年）
旭日小綬章　（平19年）
日本児童文芸家協会児童文化功労賞　（平22年）
東燃ゼネラル児童文化賞　第51回（平28年）

網野 菊　あみの・きく
　明治33（1900）年〜昭和53（1978）年
　小説家。日本芸術院会員

「金の棺」
　女流文学者賞　第2回（昭23年）
「さくらの花」
　芸術選奨　第12回（昭36年）　文学部門　文部大臣賞
　女流文学賞　第1回（昭37年）
「一期一会」
　読売文学賞　第19回（昭42年）　小説賞
日本芸術院賞　第24回（昭42年）　第2部

荒川 洋治　あらかわ・ようじ
　昭和24（1949）年〜
　現代詩作家。日本芸術院会員

「水駅」
　H氏賞　第26回（昭51年）
「渡世」
　高見順賞　第28回（平9年）
「空中の茱萸」
　読売文学賞　第51回（平11年）　詩歌俳句賞
「忘れられる過去」
　講談社エッセイ賞　第20回（平16年）
「心理」
　萩原朔太郎賞　第13回（平17年）
「文芸時評という感想」
　小林秀雄賞　第5回（平18年）
「過去をもつ人」
　毎日出版文化賞　第70回（平28年）　書評賞
「北山十八間戸」
　鮎川信夫賞　第8回（平28年度）
日本芸術院賞　第75回（平30年度）　第2部　恩賜賞・日本芸術院賞
大岡信賞　第5回（令6年）

荒木 とよひさ　あらき・とよひさ
　昭和18（1943）年〜
　作詞家, 歌手, 作曲家, 映画監督

「哀しみ本線日本海」
　古賀政男記念音楽大賞　第2回（昭56年度）　プロ作品優秀賞
　日本作詩大賞　第14回（昭56年度）　大衆賞
「悲しいけれど」
　古賀政男記念音楽大賞　第8回（昭62年度）　プロ作品優秀賞
「ガキの頃のように」
　日本レコード大賞　第30回（昭63年）　作詩賞
「恋唄綴り」
　日本レコード大賞　第32回（平2年）　歌謡曲・演歌部門　大賞
　日本作詩大賞　第23回（平2年度）　優秀作品賞
「男と女の破片」
　日本作詩大賞　第24回（平3年度）　優秀作品賞
「夢一秒」
　日本レコード大賞　第34回（平4年）　歌謡曲・演歌部門　作詩賞
「心凍らせて」
　日本レコード大賞　第35回（平5年）　作詩賞
　日本作詩大賞　第26回（平5年度）　優秀作品賞
「天文カラットの星から」
　古関裕而記念音楽祭　第2回（平6年度）　古関裕而音楽賞・金賞
「人形（おもちゃ）」
　日本作詩大賞　第30回（平9年度）　大賞
「カラスの女房」

日本レコード大賞　第40回（平10年）　作詩賞
「竹とんぼ」
　日本レコード大賞　第40回（平10年）　作詩賞
　日本作詩大賞　第31回（平10年度）　優秀作品賞
「いつかA列車に乗って」
　日本映画批評家大賞　第13回（平15年度）　監督賞
紫綬褒章　（平17年）

嵐　寛寿郎　　あらし・かんじゅうろう
　明治36（1903）年〜昭和55（1980）年
　俳優。大正時代から活躍した時代劇五大スター
「神々の深き欲望」
　毎日映画コンクール　第23回（昭43年）　演技賞　男優助演賞
　牧野省三賞　第16回（昭49年）

新珠　三千代　　あらたま・みちよ
　昭和5（1930）年〜平成13（2001）年　　俳優
「人間の条件」「私は貝になりたい」
　ブルーリボン賞　第10回（昭34年）　助演女優賞
「人間の条件」第1部，第2部
　キネマ旬報賞　第5回（昭34年）　女優賞
「小早川家の秋」「南の風と波」
　毎日映画コンクール　第16回（昭36年）　演技賞　女優助演賞
「細雪」「真夜中の招待状」
　菊田一夫演劇賞　第16回（平2年）

宝塚歌劇団年度賞　（昭28年）　主演演技賞
キネマ旬報賞　（昭34年）　女優賞
ブルーリボン賞　（昭34年）　助演女優賞
毎日映画コンクール　（昭36年）　女優助演賞

有馬　稲子　　ありま・いねこ
　昭和7（1932）年〜　　俳優
「わが愛」ホワイト・ブロンズ賞　（昭35年）　主演女優賞
　コーク映画祭　（昭35年）　主演女優賞
「はなれ瞽女おりん」「噂の二人」
　紀伊國屋演劇賞　第15回（昭55年）　個人賞
「雨」　芸術祭賞　第38回（昭58年）　演劇部門　優秀賞
　芸術祭賞　第38回（昭58年）　演劇部門　優秀賞
「はなれ瞽女おりん」「越前竹人形」
　芸術選奨　第39回（昭63年）　演劇部門　大臣賞
ゴールデン・アロー賞　第2回（昭39年）　特別賞
川崎市民劇場賞　（平4年）　俳優賞　紫綬褒章（平7年）
日本映画批評家大賞　第23回（平25年度）　ダイヤモンド賞　　勲四等宝冠章　（平15年）

有馬　頼義　　ありま・よりちか
　大正7（1918）年〜昭和55（1980）年
　小説家
「晴雪賦」
　国民演劇脚本　第4回（昭19年）　情報局賞
「終身未決囚」
　直木三十五賞　第31回（昭29年上）
「四万人の目撃者」
　日本探偵作家クラブ賞　第12回（昭34年）

有吉　佐和子　　ありよし・さわこ
　昭和6（1931）年〜昭和59（1984）年
　小説家，劇作家
「香華」
　小説新潮賞　第10回（昭39年）
「連舞」
　マドモアゼル読者賞　第1回（昭39年）
「華岡青洲の妻」
　女流文学賞　第6回（昭42年）
「出雲の阿国」
　芸術選奨　第20回（昭44年）　文学部門　文部大臣賞
「和宮様御留」
　毎日芸術賞　第20回（昭53年）

安房　直子　　あわ・なおこ
　昭和18（1943）年〜平成5（1993）年
　児童文学作家
「さんしょっ子」
　日本児童文学者協会新人賞　第3回（昭45年）
「風と木の歌」
　小学館文学賞　第22回（昭48年）
「遠いのばらの村」
　野間児童文芸賞　第20回（昭57年）
「風のローラースケート」
　新美南吉児童文学賞　第3回（昭60年）
「小夜の物語―花豆の煮えるまで」
　ひろすけ童話賞　第2回（平3年）
「花豆の煮えるまで」
　赤い鳥文学賞　第24回（平6年）　特別賞

泡坂　妻夫　　あわさか・つまお
　昭和8（1933）年〜平成21（2009）年
　推理小説家，紋章上絵師
「DL2号機事件」
　幻影城新人賞　第1回（昭51年）
「乱れからくり」
　日本推理作家協会賞　第31回（昭53年）　長篇部門
「喜劇悲奇劇」
　角川小説賞　第9回（昭57年）
「折鶴」
　泉鏡花賞　第16回（昭63年）
　泉鏡花文学賞　第16回（昭63年）
「蔭桔梗」
　直木三十五賞　第103回（平2年上）
石田天海賞　（昭43年）

淡路 恵子　あわじ・けいこ
　昭和8(1933)年～平成26(2014)年
　俳優
「女体は哀しく」「下町」
　ブルーリボン賞　第8回(昭32年)　助演女優賞
「新・夫婦善哉」
　NHK映画賞　(昭38年度)　助演女優賞
「もず」
　菊田一夫演劇賞　第23回(平9年)　演劇賞
　毎日映画コンクール　第59回(平16年)　田中絹代賞

淡島 千景　あわしま・ちかげ
　大正13(1924)年～平成24(2012)年
　俳優
「てんやわんや」
　ブルーリボン賞　第1回(昭25年)　演技賞
「夫婦善哉」
　ブルーリボン賞　第6回(昭30年)　主演女優賞
「蛍火」「鰯雲」
　毎日映画コンクール　第13回(昭33年)　演技賞 女優主演賞
「紅梅館おとせ」
　菊田一夫演劇賞　第10回(昭59年)
「螢」
　名古屋演劇ペンクラブ年間賞　(昭62年)

菊池寛賞　第4回(昭31年)
紫綬褒章　(昭63年)
日本映画批評家大賞　第4回(平6年度)　ゴールデングローリー賞
勲四等宝冠章　(平7年)
毎日映画コンクール　第52回(平9年)　田中絹代賞
日本映画批評家大賞　第14回(平16年度)　ダイヤモンド大賞
日本放送協会放送文化賞　第56回(平16年)
牧野省三賞　第42回(平16年)
松尾芸能賞　第30回(平21年)　特別賞 演劇

淡谷 のり子　あわや・のりこ
　明治40(1907)年～平成11(1999)年
　歌手
「昔一人の歌い手がいた」
　日本レコード大賞　第13回(昭46年)　特別賞
「生きることそれは愛すること」
　日本文芸大賞　第4回(昭59年)　特別賞

佐藤尚武郷土大賞　(昭47年)
紫綬褒章　(昭47年)
日本放送協会放送文化賞　第27回(昭50年)
青森市制施行八十周年記念文化賞　(昭53年)
日本レコード大賞　第20回(昭53年)　特別賞
勲四等宝冠章　(昭54年)
芸能功労者表彰　第9回(昭58年)

日本作詩大賞　第20回(昭62年)　特別賞
青森市名誉市民　(平10年)
日本レコード大賞　第41回(平11年)　特別功労賞

安東 次男　あんどう・つぐお
　大正8(1919)年～平成14(2002)年
　詩人，俳人，批評家
「澱河歌の周辺」
　読売文学賞　第14回(昭37年)　評論・伝記賞
「安東次男著作集」
　歴程賞　第14回(昭51年)
「風狂余韻」
　芸術選奨　第41回(平2年)　評論等 文部大臣賞
「流」
　詩歌文学館賞　第12回(平9年)　俳句

勲四等旭日小綬章　(平13年)

安藤 美紀夫　あんどう・みきお
　昭和5(1930)年～平成2(1990)年
　児童文学作家，イタリア児童文学研究家
「ピノッキオとクオーレ」
　高山賞　第1回(昭37年)
「白いりす」
　産経児童出版文化賞　第9回(昭37年)
「ポイヤウンペ物語」
　産経児童出版文化賞　第13回(昭41年)
　国際アンデルセン賞　第4回(昭42年)　国内賞
　国際アンデルセン賞国内賞　第4回(昭42年)
「でんでんむしの競馬」
　児童福祉文化賞　第15回(昭47年度)　出版物部門 奨励賞
　産経児童出版文化賞　第20回(昭48年)
　赤い鳥文学賞　第3回(昭48年)
　日本児童文学者協会賞　第13回(昭48年)
　野間児童文芸賞　第11回(昭48年)

安藤 元雄　あんどう・もとお
　昭和9(1934)年～
　詩人
「水の中の歳月」
　高見順賞　第11回(昭55年)
「夜の音」
　現代詩花椿賞　第6回(昭63年)
「めぐりの歌」
　萩原朔太郎賞　第7回(平11年)
「わがノルマンディー」
　詩歌文学館賞　第19回(平16年)　詩
　藤村記念歴程賞　第42回(平16年)

現代詩花椿賞　第6回(昭63年)
紫綬褒章　(平14年)
藤村記念歴程賞　第42回(平16年)

瑞宝中綬章 （平21年）
文化功労者 第75回（令4年度）

安野 光雅　あんの・みつまさ
　大正15（1926）年〜令和2（2020）年
　画家，絵本作家

「ABCの本」
　芸術選奨 （昭49年度）文部大臣新人賞
　ブルックリン美術館賞

「かぞえてみよう」
　講談社出版文化賞 第7回（昭51年）絵本部門

「あいうえおの本」
　ブラチスラバ国際絵本原画展（BIB）（チェコ）（昭52年）金のりんご賞

「野の花と小人たち」
　小学館絵画賞 第26回（昭52年）

「安野光雅の画集」
　ボローニャ国際児童図書展（昭53年）グラフィック大賞

「天動説の絵本」
　絵本にっぽん賞 第2回（昭54年）

「はじめてであう すうがくの絵本」
　産経児童出版文化賞 第30回（昭58年）大賞
　ケート・グリナウェイ賞（昭50年）特別賞
　ブラチスラバ国際絵本原画展（BIB）金のりんご賞（昭54年）
　ボローニャ国際児童図書展グラフィック大賞（昭54年）
　最も美しい50冊の本賞（米国）（昭55年）
　ボローニャ国際児童図書展エルバ賞（昭57年）
　国際アンデルセン賞（昭59年）画家賞
　紫綬褒章 （昭63年）
　勲四等旭日小綬章 （平9年）
　菊池寛賞 第56回（平20年）
　文化功労者 第65回（平24年度）

杏里　あんり
　昭和36（1961）年〜
　歌手

「オリビアを聴きながら」
　FNS歌謡祭グランプリ 第6回（昭54年）優秀新人賞
　日本有線大賞 第12回（昭54年）新人賞

「涙を海に返したい」
　銀座音楽祭 第9回（昭54年）専門審査員奨励賞

「SUMMER CANDLES」
　日本作曲大賞 第8回（昭63年）優秀作曲者賞

「CIRCUIT OF RAINBOW」
　日本レコード大賞 第31回（平1年）アルバム大賞
　ABC歌謡新人グランプリ 第6回（昭54年）シルバー賞
　FNS歌謡祭グランプリ 第6回（昭54年）優秀新人賞

　横浜音楽祭 第6回（昭54年）新人賞
　歌謡ゴールデン大賞・新人グランプリ 第6回（昭54年）シルバー賞
　日本有線大賞 第12回（昭54年）新人賞
　日本作曲大賞 第8回（昭63年）優秀作曲者賞
　日本レコード大賞 第31回（平1年）アルバム大賞

アン・ルイス
　昭和31（1956）年〜
　ロック歌手

「女はそれを我慢できない」
　全日本有線放送大賞 第11回（昭53年度）特別賞

「ラ・セゾン」
　日本有線大賞 第15回（昭57年）有線音楽賞

「六本木心中」
　あなたが選ぶ全日本歌謡音楽祭 第11回（昭60年）最優秀タレント賞
　あなたが選ぶ全日本歌謡音楽祭 第11回（昭60年）金賞
　FNS歌謡祭グランプリ 第12回（昭60年）優秀歌謡音楽賞
　日本有線大賞 第18回（昭60年）有線音楽賞

飯沢 匡　いいざわ・ただす
　明治42（1909）年〜平成6（1994）年
　劇作家，演出家，小説家。日本芸術院会員

「再会」
　NHKラジオ賞（昭18年）

「ヘンデルとグレーテル」
　産経児童出版文化賞 第1回（昭29年）

「二号」
　岸田演劇賞 第1回（昭29年）

「五人のモヨノ」
　読売文学賞 第19回（昭42年）戯曲賞

「みんなのカーリ」
　斎田喬戯曲賞 第5回（昭44年）

「もう一人のヒト」
　小野宮吉戯曲平和賞 第6回（昭45年）

「沈氏の日本夫人」「騒がしい子守唄」
　紀伊國屋演劇賞 第7回（昭47年）個人賞

「夜の笑い」
　毎日芸術賞 第20回（昭53年）

　日本放送協会放送文化賞 第9回（昭32年）

飯嶋 和一　いいじま・かずいち
　昭和27（1952）年〜
　小説家

「プロミスト・ランド」
　小説現代新人賞 第40回（昭58年上）

「汝ふたたび故郷へ帰れず」

文藝賞 第25回（昭63年）
「黄金旅風」
　本屋大賞 第2回（平17年） 第8位
「出星前夜」
　大佛次郎賞 第35回（平20年）
　本屋大賞 第6回（平21年） 7位
「狗賓童子の島」
　司馬遼太郎賞 第19回（平27年度）
　司馬遼太郎賞 第19回（平27年）

飯島 耕一　　いいじま・こういち
　昭和5（1930）年〜平成25（2013）年
　詩人。日本芸術院会員
「ゴヤのファースト・ネームは」
　高見順賞 第5回（昭49年）
「飯島耕一詩集」「北原白秋ノート」
　歴程賞　（昭53年）
「夜を夢想する小太陽の独言」
　現代詩人賞 第1回（昭58年）
「暗殺百美人」
　Bunkamuraドゥマゴ文学賞 第6回（平8年）
「アメリカ」
　読売文学賞 第56回（平16年） 詩歌俳句賞
　詩歌文学館賞 第20回（平17年） 詩
歴程賞 第16回（昭53年）

飯島 正　　いいじま・ただし
　明治35（1902）年〜平成8（1996）年
　映画評論家
「前衛映画理論と前衛芸術」
　芸術選奨 第21回（昭45年） 評論等 大臣賞
イタリア文化勲章（昭28年）
日本映画ペンクラブ賞（平4年）
川喜多賞 第11回（平5年）
毎日映画コンクール 第50回（平7年） 特別賞

いがらし みきお
　昭和30（1955）年〜
　漫画家
「あんたが悪いっ」
　日本漫画家協会賞 第12回（昭58年） 優秀賞
「ぼのぼの」
　講談社漫画賞 第12回（昭63年） 一般部門
「忍ペンまん丸」
　小学館漫画賞 第43回（平9年度） 児童向け部門
「I【アイ】」
　宮城県芸術選奨（平22年）
「羊の木」
　文化庁メディア芸術祭 第18回（平26年） マンガ部門 優秀賞
「誰でもないところからの眺め」
　日本漫画家協会賞 第45回（平28年） 優秀賞

井川 比佐志　　いがわ・ひさし
　昭和11（1936）年〜
　俳優
「棒になった男」
　芸術祭賞 第24回（昭44年） 演劇部門 大賞
「家族」
　毎日映画コンクール 第25回（昭45年） 演技賞 男優主演賞
「家族」「どですかでん」
　キネマ旬報賞 第16回（昭45年） 男優賞
「忍ぶ川」「故郷」
　キネマ旬報賞 第18回（昭47年） 男優賞
「おさん」「寒椿」
　菊田一夫演劇賞 第4回（昭53年）
「乱」「タンポポ」
　毎日映画コンクール 第40回（昭60年） 演技賞 男優助演賞
紫綬褒章（平14年）

池内 淳子　　いけうち・じゅんこ
　昭和8（1933）年〜平成22（2010）年
　俳優
「おさん」
　菊田一夫演劇賞 第8回（昭57年）
「天うらら」
　橋田賞 第7回（平10年度）
「月の光」「三婆」
　菊田一夫演劇賞 第25回（平11年） 演劇大賞
「空のかあさま」
　芸術選奨 第52回（平13年） 演劇部門 文部科学大臣賞
エランドール賞（昭31年度） 新人賞
日本映画製作者協会新人賞（昭31年）
日本放送作家協会女性演技者賞（昭37年）
テレビ大賞 第10回（昭52年度） 10周年記念審査委員特別賞
橋田賞 第7回（平10年） 橋田賞
日本放送協会放送文化賞 第50回（平10年）
紫綬褒章（平14年）
読売演劇大賞 第15回（平19年度） 優秀女優賞
旭日小綬章（平20年）

池澤 夏樹　　いけざわ・なつき
　昭和20（1945）年〜
　小説家, 詩人, 評論家, 翻訳家。日本芸術院会員
「オイディプス遍歴」（作詞）

芸術祭賞（昭59年）優秀賞
「スティル・ライフ」
　芥川龍之介賞　第98回（昭62年下）
　中央公論新人賞（昭62年）
「南の島のティオ」
　小学館文学賞　第41回（平4年）
「母なる自然のおっぱい」
　読売文学賞　第44回（平4年）随筆・紀行賞
「マシアス・ギリの失脚」
　谷崎潤一郎賞　第29回（平5年）
「楽しい終末」
　伊藤整文学賞　第5回（平6年）評論
「ハワイイ紀行」
　JTB紀行文学大賞　第5回（平8年）
「すばらしい新世界」
　芸術選奨　第51回（平12年）文学部門　文部科学大臣賞
「花を運ぶ妹」
　毎日出版文化賞　第54回（平12年）第1部門（文学・芸術）
「言葉の流星群」
　宮沢賢治賞　第13回（平15年）
「静かな大地」
　司馬遼太郎賞　第7回（平16年）
　親鸞賞　第3回（平16年）
「パレオマニア　大英博物館からの13の旅」
　桑原武夫学芸賞　第8回（平17年）
「池澤夏樹＝個人編集 世界文学全集（第Ⅰ・Ⅱ期）」
　毎日出版文化賞　第64回（平22年）企画部門
「池澤夏樹＝個人編集 日本文学全集」全30巻
　毎日出版文化賞　第74回（令2年）企画部門
司馬遼太郎賞　第7回（平16年）
紫綬褒章（平19年）
朝日賞（平22年度）
フランス芸術文化勲章オフィシエ章（令3年）
早稲田大学坪内逍遥大賞　第9回（令5年）

池波　正太郎　　いけなみ・しょうたろう
　　大正12（1923）年〜平成2（1990）年
　　小説家
「太鼓」
　新鷹会賞　第2回（昭30年前）奨励賞
「天城峠」
　新鷹会賞　第4回（昭31年前）
「錯乱」
　直木三十五賞　第43回（昭35年上）
「殺しの四人」

小説現代ゴールデン読者賞　第5回（昭47年）
「春雪仕掛針」
　小説現代ゴールデン読者賞　第7回（昭48年）
「市松小僧の女」
　大谷竹次郎賞　第6回（昭52年度）
吉川英治文学賞　第11回（昭52年）
紫綬褒章（昭61年）
菊池寛賞　第36回（昭63年）

池端　俊策　　いけはた・しゅんさく
　　昭和21（1946）年〜
　　脚本家
「仮の宿なるを」
　芸術祭賞　第38回（昭58年度）テレビドラマ部門　優秀賞
「私を深く埋めて」「羽田浦地図」「危険な年ごろ」
　向田邦子賞　第3回（昭59年）
「私を深く埋めて」「危険な年ごろ」
　芸術選奨　第35回（昭59年）放送部門　新人賞
「百年の男」
　上海国際テレビ祭（平8年）最優秀テレビドラマ賞
「あつもの」
　ベノデ国際映画祭　第1回（平11年）グランプリ
　釜山国際映画祭（平11年）批評家賞
　年鑑代表シナリオ（平11年度）
「帽子」
　芸術選奨　第59回（平20年度）放送部門　文部科学大臣賞
「約束の旅」
　プラハ国際テレビ祭　最優秀脚本賞
紫綬褒章（平21年）
日本放送協会放送文化賞　第62回（平22年度）
旭日小綬章（平29年）
橋田賞　第29回（令2年度）橋田賞
文化功労者　第75回（令4年度）

井坂　洋子　　いさか・ようこ
　　昭和24（1949）年〜
　　詩人
「GIGI」
　H氏賞　第33回（昭58年）
「地上がまんべんなく明るんで」
　高見順賞　第25回（平6年）
「箱入豹」
　藤村記念歴程賞　第41回（平15年）
「嵐の前」
　鮎川信夫賞　第2回（平23年）詩集部門
「七月のひと房」

現代詩花椿賞 第35回（平29年）

石井 明美　いしい・あけみ
昭和40（1965）年〜
歌手

「CHA-CHA-CHA」
全日本有線放送大賞 第19回（昭61年度） 最優秀新人賞
日本有線大賞 第19回（昭61年） 最優秀新人賞
日本有線大賞 第19回（昭61年） 新人賞

「JOY」
全日本有線放送大賞 第20回（昭62年度） 特別賞

「ランバダ」
メガロポリス歌謡祭 第9回（平2年） ポップスメガロポリス賞

ゴールデン・アロー賞 第24回（昭61年） 音楽賞 新人賞
FNS歌謡祭グランプリ 第13回（昭61年） 特別賞
全日本有線放送大賞 第19回（昭61年度） 最優秀新人賞
日本ゴールドディスク大賞 第1回（昭61年度） ベストニューアーティスト賞・ベストシングル賞
日本レコード大賞 第28回（昭61年） 特別賞（外国音楽賞）
日本有線大賞 （昭61年） 最優秀新人賞
全日本有線放送大賞 第20回（昭62年度） 特別賞

いしい ひさいち
昭和26（1951）年〜
漫画家

文藝春秋漫画賞 第31回（昭60（1985）年）
手塚治虫文化賞 第7回（平15年） 短編賞
日本漫画家協会賞 （平15年） 大賞
菊池寛賞 第54回（平18年）

石井 ふく子　いしい・ふくこ
大正15（1926）年〜
テレビプロデューサー, 舞台演出家

「なつかしい顔」
名古屋演劇ペンクラブ年間賞 （昭51年）

「ストーンウェル公演の演出」
名古屋演劇ペンクラブ年間賞 （平16年度）

「居酒屋もへじ－母という字－」「渡る世間は鬼ばかり」
毎日芸術賞 第58回（平28年度）

ギャラクシー賞 第8回（昭45年） "東芝日曜劇場"のプロデュース
テレビ大賞 第4回（昭46年度） 特別賞
日本映画テレビプロデューサー協会賞 （昭47年）
エランドール賞 （昭48年度） 協会賞
松尾芸能賞 第1回（昭55年） 優秀賞 企画製作演出
放送文化基金賞 第8回（昭57年） 個人・グループ部門

紫綬褒章 （平1年）
菊田一夫演劇賞 第30回（平16年） 特別賞
ギャラクシー賞 第51回（平25年度） 志賀信夫賞
岩谷時子賞 第9回（平30年） 功労賞

石井 桃子　いしい・ももこ
明治40（1907）年〜平成20（2008）年
児童文学作家, 児童文化運動家, 翻訳家。日本芸術院会員

「ノンちゃん雲に乗る」
芸術選奨 第1回（昭25年） 文学部門 文部大臣賞

「三月ひなのつき」
国際アンデルセン賞 第3回（昭40年） 国内賞

「ありこのおつかい」
児童福祉文化賞 第11回（昭43年度） 出版物部門

「燃えるアッシュ・ロード」
児童福祉文化賞 第11回（昭43年度） 出版物部門 奨励賞

「ピーターラビットの絵本」
児童福祉文化賞 第16回（昭48年度） 出版物部門 奨励賞

「ファージョン作品集 全6巻」
児童福祉文化賞 第18回（昭50年度） 出版物部門 奨励賞

産経児童出版文化賞 第23回（昭51年）

「幻の朱い実」
読売文学賞 第46回（平6年） 小説賞

「ミルン自伝 今からでは遅すぎる」
日本翻訳出版文化賞 第40回（平16年） 翻訳特別賞

菊池寛賞 第2回（昭29年）
サンケイ児童出版文化賞 （昭30年・41年・51年）
児童福祉文化賞 （昭44年・49年・51年）
日本翻訳文化賞 （昭49年）
子ども文庫功労賞 第1回（昭59年）
日本芸術院賞 第49回（平4年） 第2部
朝日賞 （平19年度）
杉並区名誉区民 （平20年）

石井 好子　いしい・よしこ
大正11（1922）年〜平成22（2010）年
シャンソン歌手, エッセイスト

「巴里の空の下オムレツのにおいは流れる」
日本エッセイスト・クラブ賞 第11回（昭38年）

「東京の空のもとおむれつのにおいは流れる」
日本文芸大賞 第6回（昭61年） 特別賞

フランス芸術文化勲章オフィシエ章 （昭47年）
モンマルトル名誉市民 （昭47年）
日本文芸大賞 第6回（昭61年） 特別賞
紫綬褒章 （昭62年）
東京都文化賞 第6回（平2年）
日本レコード大賞 第32回（平2年） ポップス・ロッ

ク部門 特別賞
ダイヤモンドレディ賞 第7回(平4年)
フランス芸術文化勲章コマンドール章 (平4年)
ルイーズ・ポメリー賞 第6回(平6年)
スポニチ文化芸術大賞 第16回(平20年) 優秀賞
日本レコード大賞 第50回(平20年) 功労賞
日本レコード大賞 第52回(平22年) 特別功労賞

石川 さゆり いしかわ・さゆり
昭和33(1958)年～
歌手

「津軽海峡冬景色」
　FNS歌謡祭グランプリ 第4回(昭52年) グランプリ・最優秀歌唱賞
　全日本有線放送大賞 第10回(昭52年度) 優秀スター賞
　日本テレビ音楽祭 第3回(昭52年) グランプリ
　日本レコード大賞 第19回(昭52年) 歌唱賞
　日本歌謡大賞 第8回(昭52年) 放送音楽賞
　日本有線大賞 第10回(昭52年) 有線ヒット賞

「鷗という名の酒場」
　古賀政男記念音楽大賞 第1回(昭55年度) プロ作品優秀賞

「漁火挽歌」
　古賀政男記念音楽大賞 第3回(昭57年度) プロ作品優秀賞

「波止場しぐれ」
　あなたが選ぶ全日本歌謡音楽祭 第11回(昭60年) 金賞
　日本レコード大賞 第27回(昭60年) 最優秀歌唱賞

「天城越え」
　日本テレビ音楽祭 第12回(昭61年) 優秀賞
　日本レコード大賞 第28回(昭61年) 金賞
　日本演歌大賞 第12回(昭61年) 歌唱賞
　日本演歌大賞 第12回(昭61年) 演歌スター賞
　日本歌謡大賞 第17回(昭61年) 放送音楽特別賞

「夫婦善哉」
　あなたが選ぶ全日本歌謡音楽祭 第13回(昭62年) 最優秀歌唱賞
　メガロポリス歌謡祭 第6回(昭62年) 演歌大賞女性部門
　メガロポリス歌謡祭 第6回(昭62年) 演歌メガロポリス賞女性部門
　FNS歌謡祭グランプリ 第14回(昭62年) 優秀歌謡音楽賞
　日本テレビ音楽祭 第13回(昭62年) 優秀賞
　日本テレビ音楽祭 第13回(昭62年) 歌唱賞
　日本レコード大賞 第29回(昭62年) 金賞
　日本歌謡大賞 第18回(昭62年) 放送音楽プロデューサー連盟賞

「滝の白糸」
　FNS歌謡祭グランプリ 第15回(昭63年) 優秀歌謡音楽賞
　古賀政男記念音楽大賞 第9回(昭63年度) プロ作品優秀賞

「風の盆恋歌」
　古賀政男記念音楽大賞 第10回(平1年度) プロ作品大賞
　日本テレビ音楽祭 第15回(平1年) 優秀賞
　日本テレビ音楽祭 第15回(平1年) 歌唱賞
　日本演歌大賞 第15回(平1年) 演歌スター賞

「平成浮世絵ばなし」
　日本レコード大賞 第34回(平4年) 歌謡曲・演歌部門 優秀アルバム賞

「二十世紀の名曲たち」
　日本レコード大賞 第42回(平12年) 企画賞

「石川さゆり音楽会2001秋～日本歌謡の源流を綴る」
　芸術祭賞 第56回(平13年) 演芸部門 優秀賞

「歌芝居・飢餓海峡」
　芸術祭賞 第62回(平19年度) 大衆芸能部門 大賞(関東参加公演の部)
　日本レコード大賞 第49回(平19年) 企画賞

日本演歌大賞 第2回(昭51年) 演歌スター賞
あなたが選ぶ全日本歌謡音楽祭 第3回(昭52年) ゴールデンスター賞
あなたが選ぶ全日本歌謡音楽祭 第3回(昭52年) ミドルエイジ賞
ゴールデン・アロー賞 第15回(昭52年) 音楽賞
FNS歌謡祭グランプリ 第4回(昭52年) 最優秀視聴者賞
横浜音楽祭 第4回(昭52年) 音楽祭賞
日本演歌大賞 第3回(昭52年) 演歌ベストセラー賞
FNS歌謡祭グランプリ 第5回(昭53年) FNS歌謡祭五周年記念特別賞
日本演歌大賞 第4回(昭53年) 演歌ベストヒット賞
日本演歌大賞 第5回(昭54年) 演歌スター賞
古賀政男記念音楽大賞 第1回・3回・9回・10回(昭55年・57年・63年・平成1年)
メガロポリス歌謡祭 第4回(昭60年) 演歌入賞
FNS歌謡祭グランプリ 第14回(昭62年) 特別賞
横浜音楽祭 第14回(昭62年) 音楽祭賞
日本ゴールドディスク大賞 第2回(昭62年) ベストアルバム賞
横浜音楽祭 第15回(昭63年) 音楽祭賞
あなたが選ぶ全日本歌謡音楽祭 第14回(平1年) 審査員奨励賞
メガロポリス歌謡祭 第8回(平1年) 演歌メガロポリス賞女性部門
FNS歌謡祭グランプリ 第16回(平1年) 最優秀視聴者賞
松尾芸能賞 第11回(平2年) 優秀賞 歌謡芸能
芸術祭賞 (平13年度) 演芸部門 優秀賞
日本作詩大賞 第40回(平19年度) テレビ東京特別賞

日本レコード大賞 第57回（平27年） 日本作曲家協会
　奨励賞
芸術選奨 第68回（平29年度） 大衆芸能部門 文部科学
　大臣賞
　芸術選奨 第68回（平29年度） 文部科学大臣賞
紫綬褒章 （令1年）
日本レコード大賞 第64回（令4年） 特別顕彰

石川 淳　いしかわ・じゅん
　明治32（1899）年～昭和62（1987）年
　小説家。日本芸術院会員
「普賢」
　芥川龍之介賞 第4回（昭11年下）
「紫苑物語」
　芸術選奨 第7回（昭31年） 文学部門 文部大臣賞
「江戸文学掌記」
　読売文学賞 第32回（昭55年） 評論・伝記賞
日本芸術院賞 第17回（昭35年） 第2部
朝日賞 （昭56年）
朝日賞 （昭57年）

石川 達三　いしかわ・たつぞう
　明治38（1905）年～昭和60（1985）年
　小説家。日本芸術院会員
「幸不幸」
　「朝日新聞」懸賞小説 大朝短編小説（大15年）
「蒼氓」
　芥川龍之介賞 第1回（昭10年上）
「私ひとりの私」
　文藝春秋読者賞 第26回（昭39年）
菊池寛賞 第17回（昭44年）
勲三等旭日中綬章 （昭53年）

石川 秀美　いしかわ・ひでみ
　昭和41（1966）年～
　元・歌手
「ゆ・れ・て湘南」
　新宿音楽祭 第15回（昭57年） 銀賞
　FNS歌謡祭グランプリ 第9回（昭57年） 優秀新人賞
「妖精時代」
　メガロポリス歌謡祭 第1回（昭57年） 最優秀新人ダ
　　イヤモンド賞
「Hey！ ミスター・ポリスマン」
　日本レコード大賞 第25回（昭58年） ゴールデンア
　　イドル賞
「熱風」
　FNS歌謡祭グランプリ 第11回（昭59年） 優秀歌謡
　　音楽賞
「愛の呪文」
　あなたが選ぶ全日本歌謡音楽祭 第11回（昭60年）
　　　金賞
　FNS歌謡祭グランプリ 第12回（昭60年） 優秀歌謡
　　音楽賞
　あなたが選ぶ全日本歌謡音楽祭 第8回（昭57年） 優
　　秀新人賞
　ABC歌謡新人グランプリ 第9回（昭57年） アイド
　　ル賞
　ABC歌謡新人グランプリ 第9回（昭57年） シル
　　バー賞
　FNS歌謡祭グランプリ 第9回（昭57年） 優秀新人賞
　横浜音楽祭 第9回（昭57年） 新人賞
　歌謡ゴールデン大賞・新人グランプリ 第9回（昭57
　　年） アイドル賞・シルバー賞
　銀座音楽祭 第12回（昭57年） 銀賞
　日本レコード大賞 第24回（昭57年） 新人賞
　日本レコード大賞 第25回（昭58年） ゴールデンアイ
　　ドル賞
　メガロポリス歌謡祭 第3回（昭59年） ポップス入賞
　メガロポリス歌謡祭 第4回（昭60年） ポップス入賞
　横浜音楽祭 第12回（昭60年） 音楽祭特別賞

石川 ひとみ　いしかわ・ひとみ
　昭和34（1959）年～
　歌手
「くるみ割り人形」
　新宿音楽祭 第11回（昭53年） 銀賞
　FNS歌謡祭グランプリ 第5回（昭53年） 優秀新人賞
　銀座音楽祭 第8回（昭53年） 大衆賞
「まちぶせ」
　全日本有線放送大賞 第14回（昭56年度） 特別賞
　日本有線大賞 第14回（昭56年） 有線音楽賞
　ABC歌謡新人グランプリ 第5回（昭53年） シル
　　バー賞
　横浜音楽祭 第5回（昭53年） 新人賞
　歌謡ゴールデン大賞・新人グランプリ 第5回（昭53
　　年） シルバー賞
　全日本有線放送大賞 第14回（昭56年） 特別賞
　日本有線大賞 第14回（昭56年） 有線音楽賞

石坂 浩二　いしざか・こうじ
　昭和16（1941）年～
　俳優
「ビルマの竪琴」
　ゴールデングロス賞 第3回（昭60年度） マネーメー
　　キングスター賞
「やすらぎの郷」
　橋田賞 第26回（平29年度） 特別賞
日本放送協会放送文化賞 第60回（平20年度）
橋田賞 第18回（平21年度） 橋田賞
浅草芸能大賞 第34回（平29年度） 大賞

いしだ あゆみ
昭和23(1948)年～
俳優、歌手

「ブルー・ライト・ヨコハマ」
　日本有線大賞　第2回(昭44年)　努力賞

「砂漠のような東京で」
　夜のレコード大賞　第4回(昭46年度)　優秀スター賞

「青春の門 自立篇」
　報知映画賞　第2回(昭52年度)　最優秀助演女優賞

「火宅の人」
　キネマ旬報賞　第32回(昭61年)　助演女優賞
　ブルーリボン賞　第29回(昭61年)　主演女優賞
　報知映画賞　第11回(昭61年度)　最優秀主演女優賞

「火宅の人」「時計」
　毎日映画コンクール　第41回(昭61年)　演技賞 女優主演賞
　日本アカデミー賞　第10回(昭62年)　最優秀主演女優賞

「火宅の人」「時計アデュー・リベール」
　ゴールデン・アロー賞　第24回(昭61年)　映画賞
　日本レコードセールス大賞　第2回(昭44年)　シルバー賞
　日本有線大賞　第2回(昭44年)　努力賞
　全日本有線放送大賞　第4回(昭46年)　優秀スター賞
　横浜音楽祭　第5回(昭53年)　地域・特別賞
　テレビ大賞　第17回(昭59年度)　優秀個人賞
　ゴールデン・アロー賞　第24回(昭61年度)　映画賞
　毎日映画コンクール　(昭61年度)　主演女優賞
　旭日小綬章　(令3年)

石堂 淑朗　いしどう・としろう
昭和7(1932)年～平成23(2011)年
脚本家、小説家

「太陽の墓場」
　年鑑代表シナリオ　第12回(昭35年度)

「非行少女」
　年鑑代表シナリオ　第15回(昭38年度)

「無常」
　年鑑代表シナリオ　(昭45年度)

「暗室」
　年鑑代表シナリオ　(昭58年度)

「黒い雨」
　アジア太平洋映画祭　第34回(平1年)　脚本賞
　年鑑代表シナリオ　(平1年度)
　日本アカデミー賞　第13回(平2年)　最優秀脚本賞

石野 真子　いしの・まこ
昭和36(1961)年～
俳優、歌手

「わたしの首領」
　日本テレビ音楽祭　第4回(昭53年)　新人賞

「失恋記念日」
　FNS歌謡祭グランプリ　第5回(昭53年)　優秀新人賞
　銀座音楽祭　第8回(昭53年)　アイドル賞
　新宿音楽祭　第11回(昭53年)　金賞
　日本歌謡大賞　第9回(昭53年)　放送音楽新人賞

「ワンダーブギ」
　日本テレビ音楽祭　第5回(昭54年)　金の鳩賞
　ゴールデン・アロー賞　第16回(昭53年)　音楽賞 新人賞
　ABC歌謡新人グランプリ　第5回(昭53年)　シルバー賞
　横浜音楽祭　第5回(昭53年)　新人賞
　日本レコード大賞　第20回(昭53年)　新人賞
　日本歌謡大賞　第9回(昭53年)　放送音楽新人賞
　ぴあテン　(昭54年度)　ぴあテン(コンサート) 4位
　日本テレビ音楽祭　第6回(昭55年)　トップ・アイドル賞

石ノ森 章太郎　いしのもり・しょうたろう
昭和13(1938)年～平成10(1998)年
漫画家。旧名は石森章太郎

「サイボーグ009」「ミュータント・サブ」
　講談社漫画賞　第7回(昭42年)

「佐武と市捕物控」「ジュン」
　小学館漫画賞　第13回(昭42(1967)年度)

「ホテル」「マンガ日本経済入門」
　小学館漫画賞　第33回(昭62(1987)年度)　青年一般向け部門

「マンガ日本経済入門」
　日本新語・流行語大賞　第4回(昭62年)　流行語部門大衆賞
　日本漫画家協会賞　第17回(昭63年)　大賞

日本酒大賞　第6回(平2年)
日本漫画家協会賞　第27回(平10年)　文部大臣賞
手塚治虫文化賞　第2回(平10年)　特別賞

石橋 蓮司　いしばし・れんじ
昭和16(1941)年～
俳優

「獣たちの熱い眠り」
　ヨコハマ映画祭　第3回(昭56年度)　助演男優賞

「ビニールの城」
　ゴールデン・アロー賞　第23回(昭60年)　演劇賞

「浪人街」
　キネマ旬報賞　(平2年度)　助演男優賞
　報知映画賞　第15回(平2年度)　最優秀助演男優賞

「浪人街」「われに撃つ用意あり」
　キネマ旬報賞　第36回(平2年)　助演男優賞
　報知映画賞　(平2年度)　助演男優賞
　毎日映画コンクール　第45回(平2年)　演技賞 男優助

演賞
「浪人街」「われに撃つ用意あり」「公園通りの猫たち」
　日本アカデミー賞　第14回（平3年）　最優秀助演男優賞
「アウトレイジ」「今夜は愛妻家」
　ブルーリボン賞　第53回（平22年度）　助演男優賞
　くまもと映画祭　第6回（昭55年度）　日本映画男優賞

石原　慎太郎　　いしはら・しんたろう
　昭和7（1932）年〜令和4（2022）年
　作家
「太陽の季節」
　芥川龍之介賞　第34回（昭30年下）
　文學界新人賞　第1回（昭30年）
「化石の森」
　芸術選奨　第21回（昭45年）　文学部門　文部大臣賞
「生還」
　平林たい子文学賞　第16回（昭63年）
「弟」
　毎日出版文化賞　第50回（平8年）　特別賞
　ベストドレッサー賞　第4回（昭50年）　学術・文化部門
　イエローリボン賞　（昭63年）
　日本新語・流行語大賞　第6回（平1年）　特別部門　語録賞
　ベストドレッサー賞　第28回（平11年）　政治・経済部門
　正論大賞　第15回（平11年）
　財界賞　第12回（平12年）　特別賞
　経済界大賞　第27回（平13年）
　海洋文学大賞　第6回（平14年）　特別賞
　旭日大綬章　（平27年）

石原　裕次郎　　いしはら・ゆうじろう
　昭和9（1934）年〜昭和62（1987）年
　俳優
「勝利者」
　ブルーリボン賞　第8回（昭32年）　新人賞
「太平洋ひとりぼっち」
　ブルーリボン賞　第14回（昭38年）　企画賞
「ブランデーグラス」
　日本レコード大賞　第23回（昭56年）　ロングセラー賞
「北の旅人」
　日本テレビ音楽祭　第13回（昭62年）　日本テレビ特別賞
「逢えるじゃないかまたあした」
　全日本有線放送大賞　第27回（平6年度）　特別賞
　エランドール賞　（昭31年度）　新人賞
　ブルーリボン賞　第8回（昭32年）　新人賞
　ゴールデン・アロー賞　第1回（昭38年）　特別賞

ブルーリボン賞　第14回（昭38年度）　企画賞
日本レコード大賞　第9回（昭42年）　特別賞
日本レコード大賞　第17回（昭50年）　特別賞
ゴールデン・アロー賞　第19回（昭56年）　話題賞
銀座音楽祭　第11回（昭56年）　特別賞
日本演歌大賞　第7回（昭56年）　週刊平凡最多掲載賞
日本有線大賞　第14回（昭56年）　特別賞
あなたが選ぶ全日本歌謡音楽賞　第13回（昭62年）　朝日新聞社賞
ゴールデン・アロー賞　第25回（昭62年）　特別功労賞
ブルーリボン賞　第30回（昭62年度）　特別賞
銀座音楽祭　第17回（昭62年）　特別賞
日本ゴールドディスク大賞　第2回（昭62年）　ベストアルバム賞・ベストアーティスト賞
日本レコード大賞　第29回（昭62年）　特別賞
毎日映画コンクール　第42回（昭62年）　特別賞
ゴールデン・アロー賞　第25回（昭63年）　特別功労賞
日本アカデミー賞　第11回（昭63年）　会長特別賞

石本　美由起　　いしもと・みゆき
　大正13（1924）年〜平成21（2009）年
　作詞家
「長崎の夜は悲しい」
　日本作詩大賞　第5回（昭47年度）　大衆賞
「おんなの海峡」
　日本作詩大賞　第6回（昭48年度）　大賞
「漁火挽歌」
　古賀政男記念音楽大賞　第3回（昭57年度）　プロ作品優秀賞
　日本作詩大賞　第15回（昭57年度）　作品賞
「矢切の渡し」
　FNS歌謡祭グランプリ　第10回（昭58年）　グランプリ
　JASRAC賞　第3回（昭60年）　国内
「矢切りの渡し」
　日本レコード大賞　第25回（昭58年）　大賞
「長良川艶歌」
　FNS歌謡祭グランプリ　第11回（昭59年）　グランプリ
　日本レコード大賞　第26回（昭59年）　大賞
　日本作詩大賞　第17回（昭59年度）　優秀作品賞
「愛傷歌」
　日本作詩大賞　第18回（昭60年度）　優秀作品賞
「女の舞」
　日本作詩大賞　第22回（平1年度）　優秀作品賞
「酒場ひとり」
　日本作詩大賞　第25回（平4年度）　大賞
「夜の雪」
　日本作詩大賞　第28回（平7年度）　優秀作品賞
　日本レコード大賞　第14回（昭47年）　特別賞
　日本作詩大賞　第5回（昭47年）　大衆賞
　日本レコード大賞　第20回（昭53年）　日本レコード大賞20周年記念顕彰

古賀政男記念音楽大賞　第3回（昭57年）
紫綬褒章　（昭59年）
日本レコード大賞　第32回（平2年）　功労賞
日本放送協会放送文化賞　第42回（平2年）
横浜文化賞　第42回（平5年）
勲三等瑞宝章　（平10年）
神奈川文化賞　（平14年）
日本レコード大賞　第51回（平21年）　特別功労賞

石森　章太郎　いしもり・しょうたろう

⇒石ノ森　章太郎（いしのもり・しょうたろう）　を見よ

石森　延男　いしもり・のぶお

明治30（1897）年～昭和62（1987）年
児童文学者、国語教育家

「咲き出す少年群」
　新潮社文芸賞　第3回（昭15年）　第2部
「コタンの口笛」
　産経児童出版文化賞　第5回（昭33年）
　小川未明文学賞　第1回（昭33年）
「パンのみやげ話」
　野間児童文芸賞　第1回（昭38年）

国際アンデルセン賞　第5回（昭44年）　国内賞
勲四等旭日小綬章　（昭45年）

伊集院　静　いじゅういん・しずか

昭和25（1950）年～令和5（2023）年
小説家、作詞家。別名・伊達歩

「愚か者」
　FNS歌謡祭グランプリ　第14回（昭62年）　グランプリ※伊達歩名義
　日本レコード大賞　第29回（昭62年）　大賞※伊達歩名義
「乳房」
　吉川英治文学新人賞　（平3年）
「受け月」
　直木三十五賞　第107回（平4年上）
「機関車先生」
　柴田錬三郎賞　第7回（平6年）
「ごろごろ」
　吉川英治文学賞　第36回（平14年）
「ノボさん　小説　正岡子規と夏目漱石」
　司馬遼太郎賞　第18回（平26年度）

紫綬褒章　（平28年）
ベストドレッサー賞　第50回（令3年）　学術・文化部門
野間出版文化賞　第3回（令3年）
日本レコード大賞　第65回（令5年）　特別功労賞

井筒　和幸　いづつ・かずゆき

昭和27（1952）年～
映画監督

「ガキ帝国」
　キネマ旬報ベスト・テン　第55回（昭56年度）　日本映画　7位
　日本映画監督協会新人奨励賞　（昭56年）
「宇宙の法則」
　年鑑代表シナリオ　（平2年度）
「岸和田少年愚連隊」
　ブルーリボン賞　第39回（平8年）　最優秀作品賞
「のど自慢」
　キネマ旬報ベスト・テン　第73回（平11年度）　日本映画　第6位
「パッチギ！」
　キネマ旬報ベスト・テン　第79回（平17年度）　日本映画　第1位
　キネマ旬報賞　第51回（平17年度）　日本映画監督賞
　ブルーリボン賞　第48回（平17年度）　作品賞
　高崎映画祭　（平17年）　監督賞
　日刊スポーツ映画大賞・石原裕次郎賞　第18回（平17年）　作品賞
　毎日映画コンクール　第60回（平17年度）　日本映画大賞
　ゴールデン・アロー賞　第43回（平18年）　映画賞
「ヒーローショー」
　キネマ旬報ベスト・テン　第84回（平22年度）　日本映画　第8位

いずみ　たく

昭和5（1930）年～平成4（1992）年
作曲家、演出家、プロデューサー

「見上げてごらん夜の星を」
　日本レコード大賞　第5回（昭38年）　作曲賞
「にほんのうた」
　日本レコード大賞　第8回（昭41年）　企画賞
　日本レコード大賞　第11回（昭44年）　特別賞
「恋の季節」
　日本レコード大賞　第10回（昭43年）　作曲賞
「いいじゃないの幸せならば」
　日本レコード大賞　第11回（昭44年）　大賞
「昔一人の歌い手がいた―いずみたくと十二人の作詩家による」
　日本レコード大賞　第13回（昭46年）　企画賞
「洪水の前」
　芸術祭賞　第37回（昭57年）　大衆芸能部門（2部）　優秀賞
「歌麿」
　紀伊國屋演劇賞　第20回（昭60年）　特別賞
　芸術祭賞　（昭60年）

日本レコードセールス大賞　第2回（昭44年）　作曲賞
紀伊國屋演劇賞　第20回（昭60年）　特別賞
日本レコード大賞　第34回（平4年）　日本作曲家協会特別功労賞

泉 ピン子　いずみ・ぴんこ
昭和22(1947)年～
俳優

「哀恋蝶」
全日本有線放送大賞　第10回(昭52年度)　新人賞
日本有線大賞　第10回(昭52年)　新人賞

「渡る世間は鬼ばかり」
菊田一夫演劇賞　第26回(平12年)　演劇賞

テレビ大賞　第8回(昭50年度)　週刊TVガイドデスク賞
テレビ大賞　第11回(昭53年度)　優秀個人賞
テレビ大賞　(昭54年)　最優秀個人賞
花王名人大賞　第2回(昭57年)　大衆賞
橋田賞　第14回(平17年度)　橋田賞
旭日小綬章　(令1年)

泉谷 しげる　いずみや・しげる
昭和23(1948)年～
ミュージシャン,俳優

「狂い咲きサンダー・ロード」
おおさか映画祭　第6回(昭55年度)　音楽賞
ブルーリボン賞　(昭55年度)　美術デザイン賞

「野獣刑事」
日本アカデミー賞　(昭57年度)　助演男優賞

「昭和の歌よ、ありがとう」
日本レコード大賞　第55回(平25年)　優秀アルバム賞

テレビ大賞　(昭54年)
芸術祭賞　(昭54年)　優秀賞
くまもと映画祭　(昭57年度)　特別賞
ゴールデン・アロー賞　第20回(昭57年)　話題賞
ぴあテン　第22回(平5年度)　第4位
ゴールデン・アロー賞　第32回(平6年)　特別賞
島原市徳行功労表彰　(平8年)

伊勢 英子　いせ・ひでこ
昭和24(1949)年～
絵本画家,児童文学作家,エッセイスト。別名＝いせひでこ

「だっくんあそぼうよシリーズ」
産経児童出版文化賞　第32回(昭60年)

「むぎわらぼうし」
日本の絵本賞　第8回(昭60年)　絵本にっぽん賞

「マキちゃんのえにっき」
野間児童文芸賞　第26回(昭63年)　新人賞

「アカネちゃんのなみだの海」
赤い鳥さし絵賞　第7回(平5年)

「グレイがまってるから」
産経児童出版文化賞　第41回(平6年)

「水仙月の四日」
産経児童出版文化賞　第43回(平8年)　美術賞

「ルリユールおじさん」
講談社出版文化賞　第38回(平19年)　絵本賞

伊丹 十三　いたみ・じゅうぞう
昭和18(1933)年～平成9(1997)年
映画監督,俳優

「家族ゲーム」「細雪」
キネマ旬報賞　第29回(昭58年)　助演男優賞

「家族ゲーム」「細雪」「居酒屋兆治」「迷走地図」「草迷宮」
報知映画賞　第8回(昭58年度)　最優秀助演男優賞

「お葬式」
芸術選奨　第35回(昭59年)　映画部門　新人賞
キネマ旬報ベスト・テン　第58回(昭59年度)　日本映画　1位
キネマ旬報賞　第30回(昭59年)　日本映画監督賞
ぴあテン　第13回(昭59年度)　9位
ブルーリボン賞　第27回(昭59年)　監督賞
藤本賞　第4回(昭59年)
日本アカデミー賞　第8回(昭59年度)　監督賞・脚本賞
報知映画賞　第9回(昭59年)　最優秀作品賞　邦画部門
毎日映画コンクール　第39回(昭59年)　監督賞
優秀映画鑑賞会ベストテン　第25回(昭59年度)　日本映画　3位
日本アカデミー賞　第8回(昭60年)　最優秀監督賞
日本アカデミー賞　第8回(昭60年)　最優秀脚本賞

「マルサの女」
キネマ旬報ベスト・テン　第61回(昭62年度)　日本映画　1位
キネマ旬報賞　第33回(昭62年)　日本映画監督賞・脚本賞
ゴールデングロス賞　第5回(昭62年度)　マネーメーキング監督賞
ぴあテン　第16回(昭62年度)　6位
ブルーリボン賞　第30回(昭62年)　最優秀作品賞　邦画
日本アカデミー賞　第11回(昭62年)　監督賞・脚本賞
報知映画賞　第12回(昭62年度)　最優秀作品賞　邦画部門
毎日映画コンクール　第42回(昭62年)　脚本賞
優秀映画鑑賞会ベストテン　第28回(昭62年度)　日本映画　2位
日本アカデミー賞　第11回(昭63年)　最優秀監督賞
日本アカデミー賞　第11回(昭63年)　最優秀脚本賞

「マルサの女」「マルサの女2」
ゴールデン・アロー賞　第25回(昭62年)　映画賞

「ミンボーの女」

ゴールデン・アロー賞　第30回（平4年）　映画賞
ぴあテン　第21回（平4年度）　第10位
優秀映画鑑賞会ベストテン　第33回（平4年度）　日本映画　第9位
山路ふみ子賞　第8回（昭59年）
日本新語・流行語大賞　第4回（昭62年）　新語部門　金賞
エランドール賞　（平5年度）　特別賞
日本映画テレビプロデューサー協会賞（平5年）　特別賞

伊丹 万作　いたみ・まんさく
明治33（1900）年～昭和21（1946）年
映画監督, 脚本家

「国士無双」
キネマ旬報ベスト・テン　第9回（昭7年度）　日本映画　6位

「武道大鑑」
キネマ旬報ベスト・テン　第11回（昭9年度）　日本映画　4位

「忠次売り出す」
キネマ旬報ベスト・テン　第12回（昭10年度）　日本映画　4位

「赤西蠣太」
キネマ旬報ベスト・テン　第13回（昭11年度）　日本映画　5位

「手をつなぐ子等」
毎日映画コンクール　第3回（昭23年）　脚本賞

市川 右太衛門　いちかわ・うたえもん
明治40（1907）年～平成11（1999）年
俳優。舞踊名＝藤間勘蔵, 尾上菊扇

「旗本退屈男シリーズ」
ブルーリボン賞　第7回（昭31年）　大衆賞

牧野省三賞　第4回（昭36年）
勲四等旭日小綬章　（昭54年）
芸能功労者(芸団協)　（平2年）
ゴールデングローリー賞　（平7年）
日本アカデミー賞　第18回（平7年）　特別賞
エランドール賞　第12回（平12年度）　特別賞

市川 崑　いちかわ・こん
大正4（1915）年～平成20（2008）年
映画監督

「ビルマの竪琴」
キネマ旬報ベスト・テン　第30回（昭31年度）　日本映画　5位
ベネチア国際映画祭　（昭31年）　サン・ジョルジョ賞
キネマ旬報ベスト・テン　第59回（昭60年度）　日本映画　8位
ゴールデングロス賞　第3回（昭60年度）　マネーメーキング監督賞
優秀映画鑑賞会ベストテン　第26回（昭60年度）　日本映画　1位

「炎上」
キネマ旬報ベスト・テン　第32回（昭33年度）　日本映画　4位

「鍵」
キネマ旬報ベスト・テン　第33回（昭34年度）　日本映画　9位
カンヌ国際映画祭　（昭35年）　審査員特別賞

「鍵」「野火」
ブルーリボン賞　第10回（昭34年）　監督賞

「野火」
キネマ旬報ベスト・テン　第33回（昭34年度）　日本映画　2位

「おとうと」
キネマ旬報ベスト・テン　第34回（昭35年度）　日本映画　1位
キネマ旬報賞　第6回（昭35年）　日本映画監督賞
ブルーリボン賞　第11回（昭35年）　監督賞
ブルーリボン賞　第11回（昭35年）　最優秀作品賞
優秀映画鑑賞会ベストテン　第1回（昭35年度）　日本映画　2位

「おとうと」「私は二歳」
キネマ旬報賞　（昭35年度・37年度）　監督賞

「おとうと」「女経」
毎日映画コンクール　第15回（昭35年）　監督賞

「黒い十人の女」
キネマ旬報ベスト・テン　第35回（昭36年度）　日本映画　10位

「私は二歳」
キネマ旬報ベスト・テン　第36回（昭37年度）　日本映画　1位
キネマ旬報賞　第8回（昭37年）　日本映画監督賞
ブルーリボン賞　第13回（昭37年）　企画賞
優秀映画鑑賞会ベストテン　第3回（昭37年度）　日本映画　2位

「私は二歳」「破戒」
芸術選奨　第13回（昭37年）　映画部門
ブルーリボン賞　第13回（昭37年）　監督賞
毎日映画コンクール　第17回（昭37年）　監督賞

「破戒」
キネマ旬報ベスト・テン　第36回（昭37年度）　日本映画　4位

「太平洋ひとりぼっち」
キネマ旬報ベスト・テン　第37回（昭38年度）　日本映画　4位
優秀映画鑑賞会ベストテン　第4回（昭38年度）　日本映画　1位

「東京オリンピック」

毎日芸術賞　第7回（昭40年）
カンヌ国際映画祭（昭40年）青少年向き最優秀映画賞
キネマ旬報ベスト・テン　第39回（昭40年度）日本映画 2位
ブルーリボン賞　第16回（昭40年）日本映画文化賞
毎日映画コンクール　第20回（昭40年）特別賞 監督特別賞
優秀映画鑑賞会ベストテン　第6回（昭40年度）日本映画 2位

「股旅」
　キネマ旬報ベスト・テン　第47回（昭48年度）日本映画 4位
　優秀映画鑑賞会ベストテン　第14回（昭48年度）日本映画 2位

「犬神家の一族」
　ゴールデン・アロー賞　第14回（昭51年）映画賞
　キネマ旬報ベスト・テン　第50回（昭51年度）日本映画 5位
　キネマ旬報賞　第22回（昭51年）読者選出日本映画監督賞
　ぴあテン　第5回（昭51年度）9位
　年鑑代表シナリオ　（昭51年度）
　報知映画賞　第1回（昭51年度）最優秀作品賞 邦画部門
　優秀映画鑑賞会ベストテン　第17回（昭51年度）日本映画 8位

「悪魔の手毬唄」
　キネマ旬報ベスト・テン　第51回（昭52年度）日本映画 6位
　優秀映画鑑賞会ベストテン　第18回（昭52年度）日本映画 9位

「幸福」
　キネマ旬報ベスト・テン　第55回（昭56年度）日本映画 6位
　年鑑代表シナリオ　（昭56年度）

「細雪」
　キネマ旬報ベスト・テン　第57回（昭58年度）日本映画 2位
　優秀映画鑑賞会ベストテン　第24回（昭58年度）日本映画 2位

「おはん」
　キネマ旬報ベスト・テン　第58回（昭59年度）日本映画 6位
　年鑑代表シナリオ　（昭59年度）
　優秀映画鑑賞会ベストテン　第25回（昭59年度）日本映画 2位

「鹿鳴館」
　年鑑代表シナリオ　（昭61年度）

「映画女優」
　キネマ旬報ベスト・テン　第61回（昭62年度）日本映画 5位
　優秀映画鑑賞会ベストテン　第28回（昭62年度）日本映画 6位

「竹取物語」
　年鑑代表シナリオ　（昭62年度）
　優秀映画鑑賞会ベストテン　第28回（昭62年度）日本映画 8位

「つる—鶴」
　優秀映画鑑賞会ベストテン　第29回（昭63年度）日本映画 5位

「四十七人の刺客」
　東京国際映画祭　第7回（平6年）インターナショナル・コンペティション 審査員特別賞
　優秀映画鑑賞会ベストテン　第35回（平6年度）日本映画 7位

ゴールデン・アロー賞　第3回（昭40年）話題賞
市川雷蔵賞　第2回（昭54年）
紫綬褒章　（昭57年）
牧野省三賞　第26回（昭59年）
エランドール賞　（昭61年度）特別賞
勲四等旭日小綬章　（昭63年）
文化功労者　（平6年）
ベルリン国際映画祭　第50回（平12年）ベルリナーレ・カメラ賞
山路ふみ子賞　第24回（平12年）文化賞
モントリオール世界映画祭　第25回（平13年）功労賞
川喜多賞　第19回（平13年）
日本映画ペンクラブ賞　（平15年度）
映画の日特別功労大章　第51回（平18年）
黒沢明賞　第3回（平18年）
東京国際映画祭　第19回（平18年）黒澤明賞
ブルーリボン賞　第51回（平20年度）特別賞
毎日映画コンクール　第63回（平20年度）特別賞
エランドール賞　（平21年度）特別賞
日本アカデミー賞　第32回（平21年）会長特別賞

市川 禎男　いちかわ・さだお
　大正10（1921）年〜平成5（1993）年
　童画家、版画家

「子どもの舞台美術—舞台装置・小道具・扮装・照明・効果」
　産経児童出版文化賞　第5回（昭33年）

「新美南吉童話全集」
　産経児童出版文化賞　第8回（昭36年）

「天の園」
　産経児童出版文化賞　第20回（昭48年）

「空を飛ぶクモ」
　産経児童出版文化賞　第22回（昭50年）

日本児童画会賞　（昭26年）

市川 準　いちかわ・じゅん
　昭和23(1948)年～平成20(2008)年
　映画監督, CMディレクター

「BU・SU」
　キネマ旬報ベスト・テン　第61回(昭62年度)　日本映画 8位

「つぐみ」
　キネマ旬報ベスト・テン　第64回(平2年度)　日本映画　第9位
　報知映画賞　第15回(平2年度)　最優秀監督賞
　毎日映画コンクール　第45回(平2年)　監督賞
　優秀映画鑑賞会ベストテン　第31回(平2年度)　日本映画 第9位
　おおさか映画祭　第16回(平3年)　監督賞

「病院で死ぬということ」
　キネマ旬報ベスト・テン　第67回(平5年度)　日本映画　第3位
　日本映画批評家大賞　(平5年)　作品賞
　年鑑代表シナリオ　(平5年度)
　毎日映画コンクール　第48回(平5年)　監督賞
　優秀映画鑑賞会ベストテン　第34回(平5年度)　日本映画　第2位
　高崎映画祭　第8回(平6年)　監督賞

「東京兄妹」
　芸術選奨　第46回(平7年)　映画部門　文部大臣賞
　キネマ旬報ベスト・テン　第69回(平7年度)　日本映画 第2位
　優秀映画鑑賞会ベストテン　第36回(平7年度)　日本映画 第10位

「トキワ荘の青春」
　キネマ旬報読者ベストテン　(平8年度)

「東京夜曲」
　モントリオール世界映画祭　第21回(平9年)　最優秀監督賞

「大阪物語」
　キネマ旬報ベスト・テン　第73回(平11年度)　日本映画　第8位

「トニー滝谷」
　ロカルノ国際映画祭　第57回(平16年)　審査員特別賞・国際批評家連盟賞・ヤング審査員賞
　高崎映画祭　第20回(平17年)　作品賞

「あしたの私のつくり方」
　キノトヨ映画祭　(平19年)　グランプリ

「buy a suit」
　東京国際映画祭　第21回(平20年)　日本映画・ある視点部門　作品賞

日本新語・流行語大賞　(昭60年)　大衆賞
ADC賞　(平1年・7年)
報知映画賞　(平2年度)　監督賞

市川 昭介　いちかわ・しょうすけ
　昭和8(1933)年～平成18(2006)年
　作曲家

「恋してるんだもん」
　日本レコード大賞　(昭36年)　作曲奨励賞

「浮草ぐらし」
　日本作曲大賞　第1回(昭56年)　優秀作曲者賞

「さざんかの宿」
　日本作曲大賞　第3回(昭58年)　金賞

「滝の白糸」
　古賀政男記念音楽大賞　第9回(昭63年度)　プロ作品優秀賞

「ふたりの大阪」
　JASRAC賞　第9回(平3年)　銀賞

「恋挽歌」
　日本レコード大賞　第33回(平3年)　歌謡曲・演歌部門　作曲賞

紫綬褒章　(平8年)
日本レコード大賞　第45回(平15年)　功労賞
旭日小綬章　(平16年)

市川 森一　いちかわ・しんいち
　昭和16(1941)年～平成23(2011)年
　脚本家, 作家

「黄金の日日」
　大谷竹次郎賞　第8回(昭54年度)

「港町純情シネマ」
　芸術選奨文部大臣新人賞　第31回(昭55年度)　放送部門

「十二年間の嘘—乳と蜜の流れる地よ」
　芸術祭賞　(昭57年)　テレビドラマ部門　優秀賞

「淋しいのはお前だけじゃない」
　ギャラクシー賞　第20回(昭57年度)
　テレビ大賞　第15回(昭57年度)
　向田邦子賞　第1回(昭57年)

「異人たちとの夏」
　年鑑代表シナリオ　(昭63年度)
　日本アカデミー賞　第12回(平1年)　最優秀脚本賞

「明日・1945年8月8日・長崎」
　芸術選奨文部大臣賞　第39回(昭63年度)　放送部門

「幽婚」
　モンテカルロ国際テレビ祭　(平11年)　最優秀脚本賞

「風の盆から」
　ゴールデンチェストドラマ番組国際コンクール(ブルガリア)　(平15年)　フィクション部門最優秀脚本賞

芸術選奨　第31回(昭55年)　放送部門　新人賞
芸術選奨　第39回(昭63年)　放送部門　大臣賞
日本放送協会放送文化賞　第54回(平14年)
紫綬褒章　(平15年)

いちかわ

旭日小綬章（平23年）
東京ドラマアウォード特別賞（平24年）

市川 團十郎（12代）　いちかわ・だんじゅうろう
昭和21（1946）年～平成25（2013）年
歌舞伎俳優。日本芸術院会員

「極付幡随長兵衛」
　芸術祭賞　第53回（平10年）　演劇部門　優秀賞

松尾芸能賞　第7回（昭61年）　大賞
日本芸術院賞　第45回（昭63年）　第3部
名古屋演劇ペンクラブ年間賞（平4年）
真山青果賞　第14回・19回（平7年・12年）
読売演劇大賞　第7回（平11年）　優秀男優賞
菊池寛賞　第55回（平19年）
紫綬褒章（平19年）

市川 雷蔵（8代）　いちかわ・らいぞう
昭和6（1931）年～昭和44（1969）年
俳優。初名は市川莚蔵（3代目）

「炎上」
　キネマ旬報賞　第4回（昭33年）　男優賞

「炎上」「弁天小僧」
　ブルーリボン賞　第9回（昭33年）　主演男優賞

「華岡青洲の妻」
　NHK映画（昭42年）　最優秀主演男優賞

「華岡青洲の妻」「ある殺し屋」
　キネマ旬報賞　第13回（昭42年）　男優賞

京都市民映画祭（昭44年）　マキノ省三賞
牧野省三賞　第12回（昭44年）

市原 悦子　いちはら・えつこ
昭和11（1936）年～平成31（2019）年
俳優

「びわ法師」
　新劇新人推賞　第1回（昭32年）

「千鳥」
　芸術祭賞　第14回（昭34年）　演劇部門　奨励賞

「三文オペラ」
　新劇演技賞　第8回（昭38年）

「ハムレット」
　ゴールデン・アロー賞　第2回（昭39年）　新人賞

「アンドロマック」
　テアトロン賞　第12回（昭41年）

「トロイアの女」
　紀伊國屋演劇賞　第9回（昭49年）　個人賞

「黒い雨」
　日本アカデミー賞　第13回（平2年）　最優秀助演女優賞

「その男 ゾルバ」
　名古屋演劇ペンクラブ年間賞（平5年）

「ディア・ライアー」
　読売演劇大賞　第6回（平10年度）　優秀女優賞

「昔話ふるさと人の旅」「東京ディズニーランド Club Disney スーパーダンシン・マニア～メガビート」
　日本レコード大賞　第42回（平12年）　企画賞

「長崎ぶらぶら節」
　放送文化基金賞　第28回（平14年）　個別分野賞　出演者賞

「蕨野行」
　山路ふみ子映画賞　第27回（平15年）　女優賞

ゴールデン・アロー賞　第2回（昭39年）　新人賞
東京都民文化栄誉賞（昭61年）
読売演劇大賞　第6回（平10年）　優秀女優賞
シネ・フロント賞　第28回（平15年度）　日本映画女優賞
読売演劇大賞　第16回（平20年度）　優秀女優賞
橋田賞　第20回（平23年度）　特別賞
日本アカデミー賞　第43回（令2年）　会長特別賞

市村 正親　いちむら・まさちか
昭和24（1949）年～
俳優

「かもめ」「エレファントマン」
　ゴールデン・アロー賞（昭55年）　演劇賞

「エクウス（馬）」「ユリディス」
　芸術選奨　第34回（昭58年）　演劇部門　新人賞

「ミス・サイゴン」
　菊田一夫演劇賞　第18回（平4年）　大賞
　芸術祭賞　第47回（平4年）　演劇部門
　読売演劇大賞　第12回（平16年度）　優秀男優賞

「ラ・カージュ・オ・フォール」「スクルージ」
　松尾芸能賞　第19回（平10年）　優秀賞

「ラ・カージュ・オ・フォール」
　名古屋演劇ペンクラブ年間賞（平11年）

「海の上のピアニスト」
　芸術選奨　第53回（平14年）　演劇部門　文部科学大臣賞

「ラ・カージュ・オ・フォール」「キーン」
　朝日舞台芸術賞　第8回（平20年度）　秋元松代賞

「ラ・カージュ・オ・フォール」（再演）
　ミュージカル・ベストテン（平20年度）　主演男優賞

「炎の人」
　紀伊國屋演劇賞　第44回（平21年）　個人賞
　読売演劇大賞　第17回（平21年度）　最優秀男優賞

「紳士のための愛と殺人の手引き」「NINAGAWA・マクベス」
　読売演劇大賞　第25回（平29年度）　優秀男優賞

「スウィーニー・トッド」「モーツァルト！」

毎日芸術賞　第66回（令6年）
ゴールデン・アロー賞　第18回（昭55年）　演劇賞
松尾芸能賞　第19回（平10年）　優秀賞 演劇
読売演劇大賞　第10回（平14年）　優秀男優賞
ゴールデン・アロー賞　第44回（平18年度）　演劇賞
紫綬褒章　（平19年）
読売演劇大賞　第16回（平20年度）　優秀男優賞
岩谷時子賞　第2回（平23年）　特別賞
森光子の奨励賞　（平28年）
旭日小綬章　（令1年）
松尾芸能賞　第44回（令5年）　大賞 演劇

五木 ひろし　いつき・ひろし
昭和23（1948）年〜
歌手

「よこはまたそがれ」
　新宿音楽祭　第4回（昭46年）　金賞
　日本歌謡大賞　第2回（昭46年）　放送音楽賞
　日本有線大賞　第4回（昭46年）　新人賞
　夜のレコード大賞　第4回（昭46年度）　銀賞

「待っている女」
　日本歌謡大賞　第3回（昭47年）　放送音楽賞
　日本有線大賞　第5回（昭47年）　歌唱賞

「あなたのともしび」
　日本有線大賞　第6回（昭48年）　歌唱賞

「ふるさと」
　日本歌謡大賞　第4回（昭48年）　放送音楽賞

「夜空」
　日本レコード大賞　第15回（昭48年）　大賞

「みれん」
　FNS歌謡祭グランプリ　第1回（昭49年）　グランプリ
　日本レコード大賞　第16回（昭49年）　最優秀歌唱賞

「浜昼顔」
　日本歌謡大賞　第5回（昭49年）　放送音楽賞

「別れの鐘の音」
　日本有線大賞　第7回（昭49年）　会長賞

「千曲川」
　日本テレビ音楽祭　第1回（昭50年）　グランプリ
　日本レコード大賞　第17回（昭50年）　最優秀歌唱賞
　日本歌謡大賞　第6回（昭50年）　放送音楽賞
　日本歌謡大賞　第6回（昭50年）　放送音楽特別連盟賞
　日本有線大賞　第8回（昭50年）　有線功労賞

「愛の始発」
　全日本有線放送大賞　第9回（昭51年度）　優秀スター賞

「おまえとふたり」
　全日本有線放送大賞　第13回（昭55年度）　優秀スター賞

「ふたりの夜明け」
　FNS歌謡祭グランプリ　第7回（昭55年）　グランプリ/優秀歌謡音楽賞
　古賀政男記念音楽大賞　第1回（昭55年度）　プロ作品優秀賞
　日本歌謡大賞　第11回（昭55年）　放送音楽賞
　日本有線大賞　第13回（昭55年）　有線音楽賞

「人生かくれんぼ」
　FNS歌謡祭グランプリ　第8回（昭56年）　優秀歌謡音楽賞
　日本歌謡大賞　第12回（昭56年）　放送音楽賞
　日本有線大賞　第14回（昭56年）　有線音楽賞

「愛しつづけるボレロ」
　メガロポリス歌謡祭　第1回（昭57年）　演歌大賞

「契り」
　FNS歌謡祭グランプリ　第9回（昭57年）　最優秀歌唱賞/優秀歌謡音楽賞
　日本テレビ音楽祭　第8回（昭57年）　敢闘賞
　日本歌謡大賞　第13回（昭57年）　放送音楽賞

「夢海峡」
　古賀政男記念音楽大賞　第3回（昭57年度）　プロ作品優秀賞

「細雪」
　FNS歌謡祭グランプリ　第10回（昭58年）　優秀歌謡音楽賞/最優秀視聴者賞
　日本レコード大賞　第25回（昭58年）　特別金賞
　日本有線大賞　第16回（昭58年）　有線音楽賞

「長良川艶歌」
　FNS歌謡祭グランプリ　第11回（昭59年）　グランプリ/優秀歌謡音楽賞
　日本レコード大賞　第26回（昭59年）　大賞
　日本歌謡大賞　第15回（昭59年）　大賞
　日本有線大賞　第17回（昭59年）　有線音楽賞

「そして…めぐり逢い」
　あなたが選ぶ全日本歌謡音楽祭　第11回（昭60年）　金賞
　メガロポリス歌謡祭　第4回（昭60年）　演歌大賞
　FNS歌謡祭グランプリ　第12回（昭60年）　優秀歌謡音楽賞
　全日本有線放送大賞　第18回（昭60年度）　審査委員会最優秀賞
　日本演歌大賞　第11回（昭60年）　大賞
　日本歌謡大賞　第16回（昭60年）　最優秀放送音楽賞
　日本有線大賞　第18回（昭60年）　有線音楽賞

「浪花盃」
　あなたが選ぶ全日本歌謡音楽祭　第12回（昭61年）　特別功労賞
　全日本有線放送大賞　第19回（昭61年度）　読売テレ

ビ最優秀賞
日本テレビ音楽祭 第12回（昭61年） 優秀賞
日本演歌大賞 第12回（昭61年） 演歌名人賞
日本歌謡大賞 第17回（昭61年） 放送音楽特別賞
日本有線大賞 第19回（昭61年） 有線音楽賞

「追憶」
 あなたが選ぶ全日本歌謡音楽祭 第13回（昭62年） 審査員奨励賞
 メガロポリス歌謡祭 第6回（昭62年） 演歌大賞男性部門
 FNS歌謡祭グランプリ 第14回（昭62年） 優秀歌謡音楽賞
 古賀政男記念音楽大賞 第8回（昭62年度） プロ作品大賞
 全日本有線放送大賞 第20回（昭62年度） 読売テレビ最優秀賞
 全日本有線放送大賞 第20回（昭62年度） 優秀スター賞
 日本テレビ音楽祭 第13回（昭62年） 日本テレビ特別賞
 日本演歌大賞 第13回（昭62年） 演歌スター賞
 日本有線大賞 第20回（昭62年） 有線音楽賞

「港の五番町」
 FNS歌謡祭グランプリ 第15回（昭63年） 優秀歌謡音楽賞
 全日本有線放送大賞 第21回（昭63年度） 優秀スター賞
 日本演歌大賞 第14回（昭63年） 演歌スター賞

「面影の郷」
 メガロポリス歌謡祭 第8回（平1年） 演歌大賞男性部門

「おしどり」
 全日本有線放送大賞 第25回（平4年度） 吉田正賞

「ライブコンサート」
 芸術選奨 第54回（平15年） 大衆芸能部門 文部科学大臣賞

「おんなの絵本」
 日本レコード大賞 第46回（平16年） ベストアルバム賞

「高瀬舟」
 日本レコード大賞 第48回（平18年） 作曲賞

「TRIVUTE 三大作詞家トリビュートアルバム～石本美由起、星野哲郎、吉岡治に捧ぐ～」
 日本レコード大賞 第53回（平23年） 企画賞

「船村徹 トリビュートアルバム～永遠の船村メロディー～」
 日本レコード大賞 第59回（平29年） 企画賞

日本レコードセールス大賞 第4回（昭46年） 男性新人賞
日本レコード大賞 第13回～17回（昭46年～50年） 歌唱賞
ゴールデン・アロー賞 第11回（昭48年） 音楽賞
日本レコードセールス大賞 第7回（昭49年） LPゴールデン賞
あなたが選ぶ全日本歌謡音楽祭 第1回（昭50年） ファミリー賞
FNS歌謡祭グランプリ 第2回（昭50年） 最優秀視聴者賞 上期・下期
日本演歌大賞 第1回（昭50年） 大賞
日本演歌大賞 第1回（昭50年） 週刊平凡賞
あなたが選ぶ全日本歌謡音楽祭 第2回（昭51年） ゴールデングランプリ
あなたが選ぶ全日本歌謡音楽祭 第2回（昭51年） 男性視聴者賞
FNS歌謡祭グランプリ 第3回（昭51年） 最優秀視聴者賞
横浜音楽祭 第3回（昭51年） 音楽祭賞
銀座音楽祭 第6回（昭51年） 特別賞
あなたが選ぶ全日本歌謡音楽祭 第3回（昭52年） ファミリー賞
FNS歌謡祭グランプリ 第4回（昭52年） 特別賞
あなたが選ぶ全日本歌謡音楽祭 第4回（昭53年） ファミリー賞
FNS歌謡祭グランプリ 第5回（昭53年） FNS歌謡祭五周年記念特別賞
横浜音楽祭 第5回（昭53年） 地域・特別賞
日本レコード大賞 第20回（昭53年） 古賀政男記念賞
日本レコード大賞 第21回～30回（昭54年～63年） 金賞
あなたが選ぶ全日本歌謡音楽祭 第6回（昭55年） ゴールデングランプリ
横浜音楽祭 第7回（昭55年） 音楽祭賞
古賀政男記念音楽大賞 第1回・3回（昭55年・57年） 優秀賞
日本レコードセールス大賞 第13回（昭55年） シングルゴールデン賞
日本演歌大賞 第6回（昭55年） 大賞
FNS歌謡祭グランプリ 第8回（昭56年） 最優秀視聴者賞
FNS歌謡祭グランプリ 第8回（昭56年） 特別賞
横浜音楽祭 第8回（昭56年） 音楽祭賞
日本テレビ音楽祭 第7回（昭56年） 日本テレビ特別賞
あなたが選ぶ全日本歌謡音楽祭 第8回（昭57年） ゴールデングランプリ
メガロポリス歌謡祭 第1回（昭57年） 演歌入賞
横浜音楽祭 第9回（昭57年） 音楽祭賞
日本演歌大賞 第8回（昭57年） 演歌スター賞
FNS歌謡祭グランプリ 第10回（昭58年） 10周年記念特別賞
横浜音楽祭 第10回（昭58年） ラジオ日本25周年特別賞
横浜音楽祭 第11回（昭59年） 音楽祭賞
日本演歌大賞 第10回（昭59年） 演歌名誉歌手賞
あなたが選ぶ全日本歌謡音楽祭 第11回（昭60年） 特別功労賞

メガロポリス歌謡祭 第4回（昭60年） 演歌入賞
FNS歌謡祭グランプリ 第12回（昭60年） 最優秀視聴者賞
横浜音楽祭 第12回（昭60年） 音楽祭賞
日本テレビ音楽祭 第11回（昭60年） 日本テレビ特別賞
FNS歌謡祭グランプリ 第13回（昭61年） 最優秀視聴者賞
メガロポリス歌謡祭 第6回（昭62年） 演歌メガロポリス賞男性部門
横浜音楽祭 第14回（昭62年） 音楽祭賞
FNS歌謡祭グランプリ 第15回（昭63年） 最優秀視聴者賞
FNS歌謡祭グランプリ 第15回（昭63年） 15周年特別奨励賞
日本レコード大賞 第30回（昭63年） 特別賞
あなたが選ぶ全日本歌謡音楽祭 第14回（平1年） 特別功労賞
メガロポリス歌謡祭 第8回（平1年） 演歌メガロポリス賞男性部門
日本レコード大賞 第33回（平3年） 特別賞
全日本有線放送大賞 第30回（平9年） 30周年記念最多出場功労賞
日本レコード大賞 第40回（平10年） 美空ひばりメモリアル選奨
芸術選奨文部科学大臣賞 第54回（平15年度） 大衆芸能部門
日本作詩大賞 第37回（平16年度） テレビ東京特別賞
紫綬褒章 （平19年）
日本レコード大賞 第51回（平21年） 最優秀歌唱賞
日本作詩大賞 第42回（平21年度） テレビ東京特別賞
日本レコード大賞 第56回（平26年） 特別歌謡音楽賞
松尾芸能賞 第36回（平27年） 大賞 歌謡
日本作詩大賞 第48回（平27年度） テレビ東京特別賞
旭日小綬章 （平30年）
日本放送協会放送文化賞 第71回（令1年度）
日本レコード大賞 第66回（令6年） 日本作曲家協会選奨
福井県民栄誉賞

五木 寛之　いつき・ひろゆき
昭和7（1932）年〜
小説家。日本芸術院会員

「さらばモスクワ愚連隊」
小説現代新人賞 第6回（昭41年上）
「蒼ざめた馬を見よ」
直木三十五賞 第56回（昭41年下）
「鳩のいない村」
日本作詩大賞 第3回（昭45年度） 作品賞
「青春の門 筑豊篇」
吉川英治文学賞 第10回（昭51年）
「生きるヒント」

新風賞 第28回（平6年）
「親鸞」
日本出版文化賞 第64回（平22年） 特別賞
毎日出版文化賞 第64回（平22年） 特別賞

ベストドレッサー賞 第9回（昭55年） 学術・文化部門
全日本文具協会ベスト・オフィス・ユーザー賞 （平3年）
龍谷特別賞 （平7年）
菊池寛賞 第50回（平14年）
仏教伝道文化賞 第38回（平16年）
日本放送協会放送文化賞 第61回（平21年度）
日本レコード大賞 第57回（平27年） 功労賞

イッセー尾形　いっせーおがた
昭和27（1952）年〜
俳優

「イッセー尾形の都市生活カタログPART3」
紀伊國屋演劇賞 第21回（昭61年） 個人賞
芸術選奨 第35回（昭59年） 大衆芸能部門 新人賞
（「イッセー尾形の都市生活カタログ」など）
ゴールデン・アロー賞 第27回（平1年） 演劇賞 （「とまらない生活」「都市生活カタログ」など）
スポニチ文化芸術大賞 第14回（平17年度） グランプリ

井手 俊郎　いで・としろう
明治43（1910）年〜昭和63（1988）年
シナリオライター

「青い山脈」
年鑑代表シナリオ 第1回（昭24年度）
「めし」
年鑑代表シナリオ 第3回（昭26年度）
「にごりえ」
年鑑代表シナリオ 第5回（昭28年度）
「晩菊」
年鑑代表シナリオ 第6回（昭29年度）
「警察日記」
年鑑代表シナリオ 第7回（昭30年度）
「流れる」
年鑑代表シナリオ 第8回（昭31年度）
「江分利満氏の優雅な生活」
年鑑代表シナリオ 第15回（昭38年度）
「女の中にいる他人」
年鑑代表シナリオ 第18回（昭41年度）
「赤頭巾ちゃん気をつけて」
年鑑代表シナリオ （昭45年度）
「海峡」

年鑑代表シナリオ （昭57年度）

いで はく
昭和16（1941）年～
作詞家

「昭和流れうた」
  古賀政男記念音楽大賞　第6回（昭60年度）　プロ作品
  優秀賞

「欅伝説」
  古関裕而記念音楽祭　第3回（平9年）　グランプリ

「置き手紙」
  日本作詩大賞　第41回（平20年度）　優秀作品賞

「比叡の風」
  日本レコード大賞　第51回（平21年）　作詩賞

「北海港節」
  日本作詩大賞　第56回（令5年度）　大賞

日本レコード大賞　第47回（平17年）　功労賞
松尾芸能賞　第29回（平20年）　優秀賞　歌謡

井手 雅人　いで・まさと
大正9（1920）年～平成1（1989）年
シナリオライター

「点と線」
  年鑑代表シナリオ　第10回（昭33年度）

「妻は告白する」
  年鑑代表シナリオ　第13回（昭36年度）

「五弁の椿」
  年鑑代表シナリオ　第16回（昭39年度）

「証人の椅子」
  年鑑代表シナリオ　第17回（昭40年度）

「赤ひげ」
  年鑑代表シナリオ　第17回（昭40年度）

「黒部の太陽」
  年鑑代表シナリオ　第20回（昭43年度）

「鬼畜」
  年鑑代表シナリオ　（昭53年度）

「震える舌」
  年鑑代表シナリオ　（昭55年度）

「きつね」
  年鑑代表シナリオ　（昭58年度）

「女殺油地獄」
  年鑑代表シナリオ　（平4年度）

伊藤 桂一　いとう・けいいち
大正6（1917）年～平成28（2016）年
小説家，詩人。日本芸術院会員

「夏の鶯」
  サンデー毎日千葉賞　第4回（昭27年度）　短篇
  「サンデー毎日」大衆文芸　第42回（昭27年下）

「蛍の河」

直木三十五賞　第46回（昭36年下）

「静かなノモンハン」
  芸術選奨　第34回（昭58年）　文学部門　文部大臣賞
  吉川英治文学賞　第18回（昭59年）

「連翹の帯」
  地球賞　第22回（平9年）

「ある年の年頭の所感」
  三好達治賞　第2回（平19年）

紫綬褒章　（昭60年）
日本芸術院賞　第57回（平12年）　第2部　恩賜賞・日本芸術院賞
勲三等瑞宝章　（平14年）

伊藤 咲子　いとう・さきこ
昭和33（1958）年～
歌手

「ひまわり娘」
  新宿音楽祭　第7回（昭49年）　審査員特別奨励賞

「乙女のワルツ」
  日本テレビ音楽祭　第1回（昭50年）　金の鳩賞

サンプラザ音楽祭　第3回（昭49年）　グランプリ
横浜音楽祭　第1回（昭49年）　新人特別賞
銀座音楽祭　第3回（昭49年）　グランプリ
新宿音楽祭　（昭49年）　審査員特別賞
日本テレビ音楽祭　第1回（昭50年）　金の鳩賞

伊藤 俊也　いとう・しゅんや
昭和12（1937）年～
映画監督

「女囚701号 さそり」
  日本映画監督協会新人奨励賞　（昭47年）

「誘拐報道」
  キネマ旬報ベスト・テン　第56回（昭57年度）　日本映画　9位
  モントリオール世界映画祭　（昭57年）　審査員賞
  優秀映画鑑賞会ベストテン　第23回（昭57年度）　日本映画　2位

「花いちもんめ」
  キネマ旬報ベスト・テン　第59回（昭60年度）　日本映画　10位
  優秀映画鑑賞会ベストテン　第26回（昭60年度）　日本映画　7位

紫綬褒章　（平15年）

伊藤 信吉　いとう・しんきち
明治39（1906）年～平成14（2002）年
詩人，評論家

「ユートピア紀行」
  平林たい子文学賞　第2回（昭49年）

「萩原朔太郎」

読売文学賞　第28回（昭51年）　評論・伝記賞
「天下末年一庶民考」
　多喜二百合子賞　第9回（昭52年）
「望郷蛮歌　風や天」
　芸術選奨　第30回（昭54年）　文学部門　文部大臣賞
「上州おたくら―私の方言詩集」
　丸山豊記念現代詩賞　第2回（平5年）
「監獄裏の詩人たち」
　読売文学賞　第48回（平8年）　随筆・紀行賞
「老世紀界隈で」
　詩歌文学館賞　第17回（平14年）　詩
日本芸術院賞　第55回（平10年）　第2部　恩賜賞・日本芸術院賞
高橋元吉文化賞　第20回

伊藤　整　いとう・せい
明治38（1905）年〜昭和44（1969）年
小説家, 評論家, 詩人。日本芸術院会員

「日本文壇史」
　菊池寛賞　第11回（昭38年）
「変容」
　日本文学大賞　第2回（昭45年）
日本芸術院賞　第23回（昭41年）　第2部

伊藤　大輔　いとう・だいすけ
明治31（1898）年〜昭和56（1981）年
映画監督

「下郎」
　キネマ旬報ベスト・テン　第4回（昭2年度）　日本映画　9位
「忠次旅日記　御用篇」
　キネマ旬報ベスト・テン　第4回（昭2年度）　日本映画　4位
「忠次旅日記　信州血笑篇」
　キネマ旬報ベスト・テン　第4回（昭2年度）　日本映画　1位
「血煙高田馬場」
　キネマ旬報ベスト・テン　第5回（昭3年度）　日本映画　10位
「新版大岡政談　第三篇・解決篇」
　キネマ旬報ベスト・テン　第5回（昭3年度）　日本映画　3位
「斬人斬馬剣」
　キネマ旬報ベスト・テン　第6回（昭4年度）　日本映画　6位
「素浪人忠弥」
　キネマ旬報ベスト・テン　第7回（昭5年度）　日本・時代映画　3位
「続大岡政談　魔像篇第一」
　キネマ旬報ベスト・テン　第7回（昭5年度）　日本・時代映画　1位
「続大岡政談　魔像解決篇」
　キネマ旬報ベスト・テン　第8回（昭6年度）　日本映画　9位
「お誂次郎吉格子」
　キネマ旬報ベスト・テン　第9回（昭7年度）　日本映画　4位
「丹下左膳」
　キネマ旬報ベスト・テン　第10回（昭8年度）　日本映画　6位
「堀田隼人」
　キネマ旬報ベスト・テン　第10回（昭8年度）　日本映画　9位
「王将」
　キネマ旬報ベスト・テン　第22回（昭23年度）　日本映画　8位
「反逆児」
　キネマ旬報ベスト・テン　第35回（昭36年度）　日本映画　6位
　ブルーリボン賞　第12回（昭36年）　監督賞
　年鑑代表シナリオ　第13回（昭36年度）
　優秀映画鑑賞会ベストテン　第2回（昭36年度）　日本映画　8位
「反逆児」「真剣勝負二刀流開眼」
　年鑑代表シナリオ　（昭36年度・46年度）
「真剣勝負二刀流開眼」
　年鑑代表シナリオ　（昭46年度）
紫綬褒章　（昭37年）
牧野省三賞　第6回（昭38年）
山路ふみ子賞　第2回（昭53年）　功労賞

伊藤　武郎　いとう・たけお
明治43（1910）年〜平成13（2001）年
映画プロデューサー

エランドール賞　（昭51年度）　協会賞
毎日映画コンクール　第56回（平13年）　特別賞
エランドール賞　（平14年度）　特別賞

伊東　ゆかり　いとう・ゆかり
昭和22（1947）年〜
歌手, 俳優

「小指の想い出」
　日本レコード大賞　第9回（昭42年）　歌唱賞
　日本レコードセールス大賞　第1回（昭43年）　シルバー賞
「陽はまた昇る」
　東京音楽祭　第1回（昭47年）　歌唱賞
「HANAGUMORI」
　古賀政男記念音楽大賞　第7回（昭61年度）　プロ作品優秀賞
「プレミアム・ベスト〜60カラットの愛の歌〜」

日本レコード大賞　第49回（平19年）　企画賞
日本レコードセールス大賞　第1回（昭43年）　シルバー賞
日本レコード大賞　第20回（昭53年）　日本レコード大賞20周年記念顕彰
日本レコード大賞　第45回（平15年）　功労賞

伊藤 蘭　いとう・らん
昭和30（1955）年〜
俳優、歌手。旧グループ名はキャンディーズ

「ヒポクラテスたち」
ヨコハマ映画祭　第2回（昭55年）　助演女優賞

「少年狩り」「ゼンダ城の虜」
ゴールデン・アロー賞　第19回（昭56年度）　演劇新人賞

「うさぎの休日」
放送文化基金賞　第15回（平1年）　テレビドラマ番組特別賞

「少年H」
日刊スポーツ映画大賞・石原裕次郎賞　第26回（平25年）　助演女優賞
日本映画批評家大賞　第23回（平25年度）　助演女優賞

「My Bouquet」
日本レコード大賞　第61回（令元年）　企画賞
ゴールデン・アロー賞　第19回（昭56年）　演劇賞 新人賞

稲垣 浩　いながき・ひろし
明治38（1905）年〜昭和55（1980）年
映画監督

「一本刀土俵入」
キネマ旬報ベスト・テン　第8回（昭6年度）　日本映画 4位

「弥太郎笠」
キネマ旬報ベスト・テン　第9回（昭7年度）　日本映画 4位

「海を渡る祭礼」
キネマ旬報ベスト・テン　第18回（昭16年度）　日本映画 8位

「江戸最後の日」
キネマ旬報ベスト・テン　第18回（昭16年度）　日本映画 5位

「独眼竜政宗」
キネマ旬報ベスト・テン　第19回（昭17年度）　日本映画 8位

「手をつなぐ子等」
キネマ旬報ベスト・テン　第22回（昭23年度）　日本映画 2位

「忘れられた子等」
キネマ旬報ベスト・テン　第23回（昭24年度）　日本映画 5位
年鑑代表シナリオ　第1回（昭24年度）

「宮本武蔵」
アカデミー賞（昭31年）　外国映画賞

「無法松の一生」
キネマ旬報ベスト・テン　第32回（昭33年度）　日本映画 7位
ベネチア国際映画祭（昭33年）　グランプリ

「ゲンと不動明王」
優秀映画鑑賞会ベストテン　第2回（昭36年度）　日本映画 10位

「風林火山」
キネマ旬報ベスト・テン　第43回（昭44年度）　日本映画 10位
優秀映画鑑賞会ベストテン　第10回（昭44年度）　日本映画 7位

牧野省三賞　第22回（昭55年）

戌井 市郎　いぬい・いちろう
大正5（1916）年〜平成22（2010）年
演出家

「島」
毎日演劇賞　第6回（昭28年）　個人賞 演出

大阪府市民劇場賞（昭27年）
名古屋演劇ペンクラブ賞（昭35年）
紫綬褒章（昭57年）
勲三等瑞宝章（昭62年）
演劇功労者（平7年）
芸能功労者表彰（日本芸能実演家団体協議会））　第23回（平9年度）
朝日舞台芸術賞　第2回（平15年）　特別賞
読売演劇大賞　第15回（平19年度）　芸術栄誉賞
松尾芸能賞　第29回（平20年）　特別賞 演劇

いぬい とみこ
大正13（1924）年〜平成14（2002）年
児童文学作家

「ツグミ」
児童文学者協会新人賞　第4回（昭29年）

「ながいながいペンギンの話」
毎日出版文化賞　第11回（昭32年）

「木かげの家の小人たち」
国際アンデルセン賞国内賞　第1回（昭36年）

「木かげの家の小人たち」「北極のムーシカミーシカ」
国際アンデルセン賞　第1回・2回（昭36年・38年）国内賞

「北極のムーシカミーシカ」
国際アンデルセン賞国内賞　第2回（昭38年）

「うみねこの空」

野間児童文芸賞　第3回（昭40年）
「雪の夜の幻想」
　産経児童出版文化賞　第29回（昭57年）
「山んば見習いのむすめ」
　産経児童出版文化賞　第30回（昭58年）
　赤い鳥文学賞　第13回（昭58年）
「白鳥のふたごものがたり」
　産経児童出版文化賞　第34回（昭62年）
路傍の石文学賞　第9回（昭62年）

井上 堯之　いのうえ・たかゆき
　昭和16（1941）年〜平成30（2018）年
　ギタリスト，作曲家。グループ名はザ・スパイダース，井上堯之バンド
「遠雷」
　おおさか映画祭　第7回（昭56年度）　音楽賞
　日本アカデミー賞　第5回（昭57年度）　優秀音楽賞
「カポネ大いに泣く」「恋文」「瀬降り物語」
　日本アカデミー賞　第9回（昭61年度）　優秀音楽賞
「さすらい」
　日本テレビ音楽祭グランプリ　第13回（昭62年）
「火宅の人」「離婚しない女」
　日本アカデミー賞　第10回（昭62年）　最優秀音楽賞
「愚か者」
　FNS歌謡祭グランプリ　第14回（昭62年）　グランプリ
　日本レコード大賞　第29回（昭62年）　大賞
　日本作曲大賞　第7回（昭62年）　優秀作曲者賞
「華の乱」「パンダ物語」
　日本アカデミー賞　第12回（平成1年度）　優秀音楽賞
「カーテンコール」
　全国映連賞　（平17年）　男優賞
日本レコード大賞　第60回（平30年）　特別功労賞

井上 ひさし　いのうえ・ひさし
　昭和9（1934）年〜平成22（2010）年
　小説家，劇作家。日本芸術院会員
「うかうか三十・ちょろちょろ四十」
　芸術祭賞　（昭35年度）脚本奨励賞
「十一ぴきのネコ」
　斎田喬戯曲賞　第7回（昭46年）
「道元の冒険」
　芸術選奨　第22回（昭46年）　演劇部門　新人賞
　岸田國士戯曲賞　第17回（昭47年）
　芸術選奨　（昭47年）　文部大臣新人賞
「新劇」岸田戯曲賞　第17回（昭47年）
「手鎖心中」
　直木三十五賞　第67回（昭47年上）
「しみじみ日本・乃木大将」「小林一茶」

紀伊國屋演劇賞　第14回（昭54年）　個人賞
読売文学賞　第31回（昭54年）　戯曲賞
「吉里吉里人」
　読売文学賞　第33回（昭56年）　小説賞
　日本SF大賞　第2回（昭56年）
　星雲賞　第13回（昭57年）　日本長編部門
　読売文学賞　第33回（昭57年）　小説賞
「腹鼓記」「不忠臣蔵」
　吉川英治文学賞　第20回（昭61年）
「昭和庶民伝」
　テアトロ演劇賞　第15回（昭63年）
「シャンハイムーン」
　谷崎潤一郎賞　第27回（平3年）
「四千万歩の男」
　土木学会賞　（平3年）　著作賞
「東京セブンローズ」
　菊池寛賞　第47回（平11年）
「太鼓たたいて笛ふいて」
　鶴屋南北戯曲賞　（平15年）
イーハトーブ賞　第9回（平11年）
菊池寛賞　第47回（平11年）
朝日賞　（平12年）
織部賞　第3回（平13年）
毎日芸術賞　第44回（平14年）
文化功労者　（平16年）
日本芸術院賞　第65回（平20年度）　第2部　恩賜賞・日本芸術院賞
日本放送協会放送文化賞　第60回（平20年度）
読売演劇大賞　第17回（平21年度）　芸術栄誉賞

井上 靖　いのうえ・やすし
　明治40（1907）年〜平成3（1991）年
　小説家。日本芸術院会員
「初恋物語」
　「サンデー毎日」大衆文芸　第14回（昭9年上）
「紅荘の悪魔たち」
　「サンデー毎日」大衆文芸　第17回（昭10年下）
「流転」
　千葉亀雄賞　第1回（昭11年）　1席
「闘牛」
　芥川龍之介賞　第22回（昭24年下）
「天平の甍」
　芸術選奨　第8回（昭32年）　文学部門　文部大臣賞
「氷壁」
　日本芸術院賞　第15回（昭33年）　第2部
「敦煌」「楼蘭」
　毎日芸術賞　第1回（昭34年）　大賞
「蒼き狼」

文藝春秋読者賞　第18回（昭35年）
「淀どの日記」
　野間文芸賞　第14回（昭36年）
「風濤」
　読売文学賞　第15回（昭38年）　小説賞
「おろしや国酔夢譚」
　日本文学大賞　第1回（昭44年）
「本覚坊遺文」
　日本文学大賞　第14回（昭57年）
「孔子」
　野間文芸賞　第42回（平1年）
文化勲章　（昭51年度）
文化功労者　（昭51年）
菊池寛賞　第28回（昭55年）
日本放送協会放送文化賞　第32回（昭55年）
朝日賞（昭59年）
ブルーレーク賞　（平1年）

井上　陽水　　いのうえ・ようすい
　昭和23（1948）年～
　　ミュージシャン
「氷の世界」
　日本レコード大賞　第16回（昭49年）　企画賞
「いっそセレナーデ」
　日本レコード大賞　第27回（昭60年）　作曲賞
　日本作曲大賞　第5回（昭60年）　優秀作曲者賞
「9.5カラット」
　日本レコード大賞　第27回（昭60年）　アルバム大賞
「ハンサム・ボーイ」
　日本レコード大賞　第32回（平2年）　ポップス・ロック部門　優秀アルバム賞
日本レコードセールス大賞　第7回（昭49年）　LP大賞
日本レコードセールス大賞　第8回（昭50年）　LP大賞
日本レコードセールス大賞　第9回（昭51年）　LPシルバー賞

井上　洋介　　いのうえ・ようすけ
　昭和6（1931）年～平成28（2016）年
　　絵本作家, 画家
「一連のナンセンス漫画」
　文藝春秋漫画賞　第11回（昭40年）
「三人泣きばやし」
　産経児童出版文化賞　第21回（昭49年）
「ちゃぷちゃっぷんの話」
　産経児童出版文化賞　第23回（昭51年）
「ぶんぶくちゃがま」
　小学館絵画賞　第37回（昭63年）
「月夜のじどうしゃ」
　講談社出版文化賞　第25回（平6年）　絵本賞
「でんしゃえほん」
　日本絵本賞　第6回（平12年）　日本絵本大賞
東京イラストレーターズ・クラブ賞　第4回（昭44年）

猪俣　公章　　いのまた・こうしょう
　昭和13（1938）年～平成5（1993）年
　　作曲家
「襟裳岬」
　日本レコード大賞　第16回（昭49年）　大賞
「命あたえて」
　古賀政男記念音楽大賞　第2回（昭56年度）　プロ作品大賞
「祝い酒」
　日本作曲大賞　第8回（昭63年）　優秀作曲者賞
「ふりむけばヨコハマ」
　日本作曲大賞　第9回（平1年）　大賞
「火の国の女」
　藤田まさと賞　第8回（平4年）
「無言坂」
　日本歌謡大賞　第24回（平5年）　放送音楽プロデューサー連盟賞　功労賞
日本レコードセールス大賞　第3回（昭45年）　作曲賞
日本作曲大賞　第8回（昭63年）　優秀作曲者賞
日本レコード大賞　第35回（平5年）　日本作曲家協会特別功労賞

伊福部　昭　　いふくべ・あきら
　大正3（1914）年～平成18（2006）年
　　作曲家
「日本狂詩曲」
　アレクサンドル・チェレプニン賞　（昭10年）　第1位
「美女と怪竜」
　ブルーリボン賞　第6回（昭30年）　音楽賞
「ビルマの竪琴」
　毎日映画コンクール　第11回（昭31年）　音楽賞
「ビルマの竪琴」「鬼火」
　ブルーリボン賞　第7回（昭31年）　音楽賞
「シン・ゴジラ」
　日本レコード大賞　第58回（平28年）　特別賞
「続警察日記」
　北海道新聞音楽賞
「大阪物語」
　京都芸能記者会音楽賞
紫綬褒章　（昭55年）
勲三等瑞宝章　（昭62年）
日本文化デザイン賞　（平8年）　大賞
文化功労者　（平15年）
日本アカデミー賞　第30回（平19年）　会長特別賞

井伏　鱒二　　いぶせ・ますじ
　明治31（1898）年～平成5（1993）年
　　小説家。日本芸術院会員

「ジョン万次郎漂流記」
　直木三十五賞　第6回（昭12年下）
「本日休診」
　読売文学賞　第1回（昭24年）　小説賞
「漂民宇三郎」
　日本芸術院賞　第12回（昭30年）　第2部
「黒い雨」
　野間文芸賞　第19回（昭41年）
「早稲田の森」
　読売文学賞　第23回（昭46年）　随筆・紀行賞
文化勲章　（昭41年度）
文化功労者　（昭41年）
東京都名誉都民　（平2年）

今 いくよ　いま・いくよ
　昭和22（1947）年～平成27（2015）年
　漫才師。コンビ名は今いくよ・くるよ
上方お笑い大賞　第10回（昭56年）　金賞
花王名人大賞　第2回（昭57年）　最優秀新人賞
花王名人大賞　第2回（昭57年）　新人賞
上方漫才大賞　第17回（昭57年）　奨励賞
上方漫才大賞　第19回（昭59年）　漫才大賞
上方お笑い大賞　第15回（昭61年）　大賞
花王名人大賞　第7回（昭62年）　名人賞
花王名人大賞　第8回（昭63年）　花王名人大賞
花王名人大賞　第8回（昭63年）　名人賞

今 くるよ　いま・くるよ
　昭和22（1947）年～令和6（2024）年
　漫才師。コンビ名は今いくよ・くるよ
上方お笑い大賞　第10回（昭56年）　金賞
花王名人大賞　第2回（昭57年）　最優秀新人賞
花王名人大賞　第2回（昭57年）　新人賞
上方漫才大賞　第17回（昭57年）　奨励賞
上方漫才大賞　第19回（昭59年）　漫才大賞
上方お笑い大賞　第15回（昭61年）　大賞
花王名人大賞　第7回（昭62年）　名人賞
花王名人大賞　第8回（昭63年）　名人賞

今井 和子　いまい・かずこ
　昭和5（1930）年～平成24（2012）年
　俳優
「8段」
　新劇演技賞　（昭35年度）
「極楽金魚」「友達」
　紀伊國屋演劇賞　第2回（昭42年）　個人賞
「北斎漫画」
　紀伊國屋演劇賞　第12回（昭52年）　個人賞
読売演劇大賞　第5回（平9年）　優秀女優賞
読売演劇大賞　（平10年）　優秀女優賞

今井 正　いまい・ただし
　明治45（1912）年～平成3（1991）年
　映画監督
「民衆の敵」
　毎日映画コンクール　第1回（昭21年）　監督賞
「青い山脈」
　キネマ旬報ベスト・テン　第23回（昭24年度）　日本映画2位
　年鑑代表シナリオ　第1回（昭24年度）
「また逢う日まで」
　キネマ旬報ベスト・テン　第24回（昭25年度）　日本映画1位
　ブルーリボン賞　第1回（昭25年）　監督賞
　ブルーリボン賞　第1回（昭25年）　最優秀作品賞
「また逢う日まで」「にごりえ」「真昼の暗黒」「米」「キクとイサム」
　キネマ旬報ベスト・テン　（昭25年度・28年度・31年度・32年度・34年度）　第1位
「どっこい生きてる」
　キネマ旬報ベスト・テン　第25回（昭26年度）　日本映画5位
「山びこ学校」
　キネマ旬報ベスト・テン　第26回（昭27年度）　日本映画8位
「にごりえ」
　キネマ旬報ベスト・テン　第27回（昭28年度）　日本映画1位
　ブルーリボン賞　第4回（昭28年）　最優秀作品賞
　毎日映画コンクール　第8回（昭28年）　監督賞
「ひめゆりの塔」
　キネマ旬報ベスト・テン　第27回（昭28年度）　日本映画7位
「ひめゆりの塔」「にごりえ」
　ブルーリボン賞　第4回（昭28年）　監督賞
「ここに泉あり」
　キネマ旬報ベスト・テン　第29回（昭30年度）　日本映画5位
「真昼の暗黒」
　キネマ旬報ベスト・テン　第30回（昭31年度）　日本映画1位
　キネマ旬報賞　第2回（昭31年）　日本映画監督賞
　ブルーリボン賞　第7回（昭31年）　監督賞
　ブルーリボン賞　第7回（昭31年）　最優秀作品賞
　毎日映画コンクール　第11回（昭31年）　監督賞
「真昼の暗黒」「米」「キクとイサム」
　キネマ旬報賞　第2回・3回・5回（昭31年度・32年度・34年度）　監督賞
「純愛物語」
　キネマ旬報ベスト・テン　第31回（昭32年度）　日本

映画 2位
ベルリン国際映画祭（昭33年）監督賞

「米」
キネマ旬報ベスト・テン 第31回（昭32年度）日本映画 1位
キネマ旬報賞 第3回（昭32年）日本映画監督賞
ブルーリボン賞 第8回（昭32年）最優秀作品賞

「米」「純愛物語」
ブルーリボン賞 第8回（昭32年）監督賞
毎日映画コンクール 第12回（昭32年）監督賞

「夜の鼓」
キネマ旬報ベスト・テン 第32回（昭33年度）日本映画 6位

「キクとイサム」
キネマ旬報ベスト・テン 第33回（昭34年度）日本映画 1位
キネマ旬報賞 第5回（昭34年）日本映画監督賞
ブルーリボン賞 第10回（昭34年）最優秀作品賞

「あれが港の灯だ」
キネマ旬報ベスト・テン 第35回（昭36年度）日本映画 7位

「にっぽんのお婆ぁちゃん」
キネマ旬報ベスト・テン 第36回（昭37年度）日本映画 9位

「武士道残酷物語」
キネマ旬報ベスト・テン 第37回（昭38年度）日本映画 5位
ベルリン国際映画祭（昭38年）グランプリ
優秀映画鑑賞会ベストテン 第4回（昭38年度）日本映画 5位

「越後つついし親不知」
キネマ旬報ベスト・テン 第38回（昭39年度）日本映画 6位
優秀映画鑑賞会ベストテン 第5回（昭39年度）日本映画 4位

「仇討」
キネマ旬報ベスト・テン 第38回（昭39年度）日本映画 9位
優秀映画鑑賞会ベストテン 第5回（昭39年度）日本映画 6位

「橋のない川」
キネマ旬報ベスト・テン 第43回（昭44年度）日本映画 5位
優秀映画鑑賞会ベストテン 第10回（昭44年度）日本映画 4位

「橋のない川 第二部」
キネマ旬報ベスト・テン 第44回（昭45年度）日本映画 9位
優秀映画鑑賞会ベストテン 第11回（昭45年度）日本映画 9位

「婉という女」
キネマ旬報ベスト・テン 第45回（昭46年度）日本映画 3位
優秀映画鑑賞会ベストテン 第12回（昭46年度）日本映画 4位

「あ、声なき友」
優秀映画鑑賞会ベストテン 第13回（昭47年度）日本映画 8位

「海軍特別年少兵」
キネマ旬報ベスト・テン 第46回（昭47年度）日本映画 7位
優秀映画鑑賞会ベストテン 第13回（昭47年度）日本映画 5位

「小林多喜二」
優秀映画鑑賞会ベストテン 第15回（昭49年度）日本映画 3位

「あにいもうと」
キネマ旬報ベスト・テン 第50回（昭51年度）日本映画 6位
優秀映画鑑賞会ベストテン 第17回（昭51年度）日本映画 6位

「子育てごっこ」
優秀映画鑑賞会ベストテン 第20回（昭54年度）日本映画 8位

「戦争と青春」
モントリオール世界映画祭（平3年）カトリック同盟プロテスタント映画賞
優秀映画鑑賞会ベストテン 第32回（平3年度）日本映画 第5位

ブルーリボン賞（昭25年度・28年度・31年度・32年度）最優秀作品賞
日本映画復興賞 第8回（平2年度）特別賞
ブルーリボン賞 第34回（平3年）特別賞
日刊スポーツ映画大賞・石原裕次郎賞 第4回（平3年）特別賞
毎日映画コンクール 第46回（平3年）特別賞
エランドール賞（平4年度）特別賞
日本アカデミー賞 第15回（平4年）特別賞

今江 祥智　いまえ・よしとも
昭和7（1932）年〜平成27（2015）年
児童文学作家

「海の日曜日」
児童福祉文化賞 第9回（昭41年度）出版物部門 奨励賞
産経児童出版文化賞 第14回（昭42年）
児童福祉文化賞 第9回（昭42年）

「ぼんぼん」
日本児童文学者協会賞 第14回（昭49年）

「兄貴」
野間児童文芸賞 第15回（昭52年）

「でんでんだいこ いのち」

小学館児童出版文化賞　第45回（平8年）
「いろはにほへと」
　日本絵本賞　第10回（平16年）　日本絵本賞
路傍の石文学賞　第10回（昭63年）
紫綬褒章　（平11年）
京都府文化功労賞　第20回（平14年）
旭日小綬章　（平17年）
エクソンモービル児童文化賞　第43回（平20年）

今西　祐行　いまにし・すけゆき
　大正12（1923）年〜平成16（2004）年
　児童文学作家
「ゆみこのりす」
　児童文学者協会新人賞　第6回（昭31年）
「肥後の石工」
　NHK児童文学賞　第4回（昭41年）　奨励賞
　日本児童文学者協会賞　第6回（昭41年）
　国際アンデルセン賞　第4回（昭42年）　国内賞
　国際アンデルセン賞国内賞　第4回（昭42年）
「浦上の旅人たち」
　児童福祉文化賞　第12回（昭44年度）　出版物部門　奨励賞
　野間児童文芸賞　第7回（昭44年）
「光と風と雲と樹と」
　小学館文学賞　第29回（昭55年）
　日本児童文芸家協会賞　第5回（昭55年）
「マタルペシュパ物語」
　路傍の石文学賞　第8回（昭61年）
「今西祐行全集」
　芸術選奨　第41回（平2年）　文学部門　文部大臣賞
　赤い鳥文学賞　第21回（平3年）　特別賞
モービル児童文化賞　第26回（平3年）
紫綬褒章　（平4年）
勲四等旭日小綬章　（平11年）
神奈川文化賞　（平13年）

今村　葦子　いまむら・あしこ
　昭和22（1947）年〜
　児童文学作家
「ふたつの家のちえ子」
　芸術選奨　第37回（昭61年）　文学部門　新人賞
　野間児童文芸賞　第24回（昭61年）
　坪田譲治文学賞　第2回（昭62年）
「ふたつの家のちえ子」「良夫とかな子」「あほうどり」
　路傍の石幼少年文学賞　第10回（昭63年）
「かがりちゃん」
　野間児童文芸賞　第29回（平3年）
「ぶな森のキッキ」
　日本の絵本賞　（平3年）　絵本にっぽん大賞
「まつぼっくり公園のふるいブランコ」
　ひろすけ童話賞　第4回（平5年）

今村　昌平　いまむら・しょうへい
　大正15（1926）年〜平成18（2006）年
　映画監督
「幕末太陽伝」
　年鑑代表シナリオ　第9回（昭32年度）
「盗まれた欲情」「果しなき欲望」
　ブルーリボン賞　第9回（昭33年）　新人賞
「にあんちゃん」
　キネマ旬報ベスト・テン　第33回（昭34年度）　日本映画　3位
　年鑑代表シナリオ　第11回（昭34年度）
「豚と軍艦」
　キネマ旬報ベスト・テン　第34回（昭35年度）　日本映画　7位
　ブルーリボン賞　第12回（昭36年）　最優秀作品賞
「キューポラのある街」
　年鑑代表シナリオ　第14回（昭37年度）
「にっぽん昆虫記」
　年鑑代表シナリオ　第14回（昭37年度）　特別賞
　キネマ旬報ベスト・テン　第37回（昭38年度）　日本映画　1位
　キネマ旬報　第9回（昭38年）　日本映画監督賞
　ブルーリボン賞　第14回（昭38年）　脚本賞
　ブルーリボン賞　第14回（昭38年）　監督賞
　ブルーリボン賞　第14回（昭38年）　最優秀作品賞
　毎日映画コンクール　第18回（昭38年）　監督賞
　優秀映画鑑賞会ベストテン　第4回（昭38年度）　日本映画　4位
「にっぽん昆虫記」「サムライの子」
　キネマ旬報　第9回（昭38年）　脚本賞
「にっぽん昆虫記」「人間蒸発」「うなぎ」
　毎日映画コンクール　（昭38年度・42年度・平成9年度）　監督賞
「赤い殺意」
　キネマ旬報ベスト・テン　第38回（昭39年度）　日本映画　4位
　年鑑代表シナリオ　第16回（昭39年度）
　優秀映画鑑賞会ベストテン　第5回（昭39年度）　日本映画　2位
「"エロ事師たち"より　人類学入門」
　キネマ旬報ベスト・テン　第40回（昭41年度）　日本映画　2位
「人類学入門」
　年鑑代表シナリオ　第18回（昭41年度）
　優秀映画鑑賞会ベストテン　第7回（昭41年度）　日本映画　6位
「人間蒸発」

キネマ旬報ベスト・テン　第41回（昭42年度）　日本映画 2位
年鑑代表シナリオ　第19回（昭42年度）
毎日映画コンクール　第22回（昭42年）　監督賞
優秀映画鑑賞会ベストテン　第8回（昭42年度）　日本映画 4位

「神々の深き欲望」
　芸術選奨　第19回（昭43年）　映画部門　大臣賞
　キネマ旬報ベスト・テン　第42回（昭43年度）　日本映画 1位
　キネマ旬報賞　第14回（昭43年）　日本映画監督賞
　芸術選奨文部大臣賞　第19回（昭43年）　映画部門
　年鑑代表シナリオ　第20回（昭43年度）
　毎日映画コンクール　第23回（昭43年）　脚本賞
　優秀映画鑑賞会ベストテン　第9回（昭43年度）　日本映画 1位

「復讐するは我にあり」
　キネマ旬報ベスト・テン　第53回（昭54年度）　日本映画 1位
　キネマ旬報賞　第25回（昭54年）　日本映画監督賞
　ブルーリボン賞　第22回（昭54年）　監督賞
　ブルーリボン賞　第22回（昭54年）　最優秀作品賞 邦画
　優秀映画鑑賞会ベストテン　第20回（昭54年度）　日本映画 4位
　日本アカデミー賞　第3回（昭55年）　最優秀監督賞

「ええじゃないか」
　キネマ旬報ベスト・テン　第55回（昭56年度）　日本映画 9位
　優秀映画鑑賞会ベストテン　第22回（昭56年度）　日本映画 10位

「楢山節考」
　キネマ旬報ベスト・テン　第57回（昭58年度）　日本映画 5位
　年鑑代表シナリオ　（昭58年度）
　優秀映画鑑賞会ベストテン　第24回（昭58年度）　日本映画 6位

「楢山節考」「うなぎ」
　カンヌ国際映画祭　（昭58年・平成9年）　グランプリ

「女街」
　キネマ旬報ベスト・テン　第61回（昭62年度）　日本映画 7位
　年鑑代表シナリオ　（昭62年度）
　優秀映画鑑賞会ベストテン　第28回（昭62年度）　日本映画 5位

「黒い雨」
　毎日芸術賞　第31回（平1年）
　アジア太平洋映画祭　第34回（平1年）　脚本賞
　キネマ旬報ベスト・テン　第63回（平1年）　日本映画 1位
　キネマ旬報賞　第35回（平1年）　日本映画監督賞
　マルティニ映画大賞　第2回（平1年）
　日刊スポーツ映画大賞・石原裕次郎賞　第2回（平1年）　監督賞
　日刊スポーツ映画大賞・石原裕次郎賞　第2回（平1年）　作品賞
　日本カトリック映画賞　第14回（平1年）
　年鑑代表シナリオ　（平1年度）
　優秀映画鑑賞会ベストテン　第30回（平1年度）　日本映画 1位
　日本アカデミー賞　第13回（平2年）　最優秀監督賞
　日本アカデミー賞　第13回（平2年）　最優秀脚本賞

「うなぎ」
　年鑑代表シナリオ　（平9年度）
　毎日映画コンクール　第52回（平9年）　監督賞
　日本アカデミー賞　第21回（平10年）　最優秀監督賞

「カンゾー先生」
　キネマ旬報ベスト・テン　第72回（平10年度）　日本映画 第4位

「赤い橋の下のぬるい水」
　キネマ旬報ベスト・テン　第75回（平13年度）　日本映画 第10位
　年鑑代表シナリオ　（平13年度）

ブルーリボン賞　（昭38年度・54年度）　監督賞
テレビ大賞　第6回（昭48年度）　特別賞
山路ふみ子賞　第3回・21回（昭54年・平成9年）
エランドール賞　第59年度　特別賞
牧野省三賞　第31回（平1年）
エランドール特別賞　（平9年度）
川喜多賞　第15回（平9年）
エランドール賞　（平10年度）　特別賞
東京都文化賞　（平10年）
ブルーリボン賞　第49回（平18年度）　特別賞
日刊スポーツ映画大賞・石原裕次郎賞　第19回（平18年）　特別賞
毎日映画コンクール　第61回（平18年度）　特別賞
日本アカデミー賞　第30回（平19年）　会長特別賞

入沢 康夫　いりさわ・やすお
昭和6（1931）年～平成30（2018）年
詩人，フランス文学者。日本芸術院会員

「季節についての試論」
　H氏賞　第16回（昭41年）

「わが出雲・わが鎮魂」
　読売文学賞　第20回（昭43年）　詩歌俳句賞

「死者たちの群がる風景」
　高見順賞　第13回（昭57年）

「水辺逆旅歌」

藤村記念歴程賞　第26回（昭63年）
歴程賞　第26回（昭63年）
「漂ふ舟」
　現代詩花椿賞　第12回（平6年）
「膨大な草稿から賢治の詩作過程を解明した」
　宮沢賢治賞　第9回（平11年）
「退い宴楽」
　萩原朔太郎賞　第10回（平14年）
「アルボラーダ」
　詩歌文学館賞　第21回（平18年）　詩
毎日芸術賞　第39回（平9年）
紫綬褒章　（平10年）

色川　武大　いろかわ・たけひろ
　昭和4（1929）年〜平成1（1989）年
　小説家。筆名は阿佐田哲也、井上志摩夫
「黒い布」
　中央公論新人賞　第6回（昭36年）
「怪しい来客簿」
　泉鏡花文学賞　第5回（昭52年）
「離婚」
　直木三十五賞　第79回（昭53年上）
「百」
　川端康成文学賞　第9回（昭57年）
「狂人日記」
　読売文学賞　第40回（昭63年）　小説賞

岩井　小百合　いわい・さゆり
　昭和43（1968）年〜
　タレント
「ドリーム・ドリーム・ドリーム」
　メガロポリス歌謡祭　第2回（昭58年）　最優秀新人ダイヤモンド賞
「恋♡あなた♡し・だ・い！」
　FNS歌謡祭グランプリ　第10回（昭58年）　優秀新人賞
　銀座音楽祭　第13回（昭58年）　銀賞
　新宿音楽祭　第16回（昭58年）　金賞
　日本テレビ音楽祭　第9回（昭58年）　新人賞
　日本歌謡大賞　第14回（昭58年）　優秀放送音楽新人賞
　ゴールデン・アロー賞　第21回（昭58年）　音楽賞 新人賞
　メガロポリス歌謡祭　第2回（昭58年）　最優秀新人ダイヤモンド賞
　21世紀ヤング歌謡大賞新人グランプリ　第10回（昭58年）　アイドル賞
　横浜音楽祭　第10回（昭58年）　新人賞
　日本レコードセールス大賞　第16回（昭58年）　女性新人賞
　日本レコード大賞　第25回（昭58年）　新人賞
　日本歌謡大賞　第14回（昭58年）　最優秀放送音楽新人賞

岩阪　恵子　いわさか・けいこ
　昭和21（1946）年〜
　小説家
「ミモザの林を」
　野間文芸新人賞　第8回（昭61年）
「画家小出楢重の肖像」
　平林たい子文学賞　第20回（平4年）
「淀川にちかい町から」
　芸術選奨　第44回（平5年）　文学部門 文部大臣賞
　紫式部文学賞　第4回（平6年）
「雨のち雨？」
　川端康成文学賞　第26回（平11年）
「鳩の時間」
　歴程賞　第57回（令1年）

岩崎　加根子　いわさき・かねこ
　昭和7（1932）年〜
　俳優
「この大いなる祈り」
　芸術祭賞　第15回（昭35年）　ラジオ部門 奨励賞
「あなたまでの6人」「エヴァ、帰りのない旅」
　紀伊國屋演劇賞　第33回（平10年）　団体賞
　読売演劇大賞　第6回（平10年）　最優秀女優賞
「エヴァ、帰りのない旅」「あなたまでの6人」
　紀伊國屋演劇賞　第33回（平10年）
　読売演劇大賞　第6回（平10年度）　最優秀女優賞
「犬やねこが消えた」「被爆樹巡礼」「慟哭のリア」
　紀伊國屋演劇賞　第59回（令6年）　個人賞
「慟哭のリア」
　読売演劇大賞　第32回（令6年度）　最優秀女優賞

岩崎　京子　いわさき・きょうこ
　大正11（1922）年〜
　児童文学作家
「さぎ」
　児童文学者協会新人賞　第8回（昭34年）
「しらさぎものがたり」
　講談社児童文学新人賞　第4回（昭38年）
「鯉のいる村」
　芸術選奨　第21回（昭45年）　文学部門 文部大臣賞
　野間児童文芸賞　第8回（昭45年）
「花咲か」
　日本児童文学者協会賞　第14回（昭49年）
「久留米がすりのうた」
　児童福祉文化賞　第24回（昭56年度）　出版物部門
　児童福祉文化賞　（昭57年）
「建具職人の千太郎」
　赤い鳥文学賞　第40回（平22年）
児童文化功労賞　第37回（平10年）
巖谷小波文芸賞　第29回（平18年）

岩崎 宏美　いわさき・ひろみ
昭和33(1958)年～
歌手

「ロマンス」
　FNS歌謡祭グランプリ　第2回(昭50年)　最優秀新人賞　下期
　銀座音楽祭　第5回(昭50年)　グランプリ
　新宿音楽祭　第8回(昭50年)　金賞
　日本テレビ音楽祭　第1回(昭50年)　新人賞
　日本レコード大賞　第17回(昭50年)　新人賞
　日本歌謡大賞　第6回(昭50年)　放送音楽新人賞
　日本有線大賞　第8回(昭50年)　新人賞
　夜のレコード大賞　第8回(昭50年度)　新人賞

「センチメンタル」
　全日本有線放送大賞　第9回(昭51年度)　優秀スター賞

「ドリーム」
　日本有線大賞　第9回(昭51年)　有線スター賞

「未来」
　日本テレビ音楽祭　第2回(昭51年)　金の鳩賞

「思秋期」
　FNS歌謡祭グランプリ　第4回(昭52年)　優秀歌謡音楽賞
　日本レコード大賞　第19回(昭52年)　歌唱賞
　日本歌謡大賞　第8回(昭52年)　放送音楽賞

「シンデレラ・ハネムーン」「万華鏡」「銀河伝説」「すみれ色の涙」「家路」
　日本レコード大賞　第20回・21回・22回・23回・25回(昭53年・54年・55年・56年・58年)　金賞

「すみれ色の涙」
　日本レコード大賞　第23回(昭56年)　最優秀歌唱賞

「れんげ草の恋」
　FNS歌謡祭グランプリ　第8回(昭56年)　最優秀歌唱賞
　FNS歌謡祭グランプリ　第8回(昭56年)　優秀歌謡音楽賞

「聖母たちのララバイ」
　FNS歌謡祭グランプリ　第9回(昭57年)　優秀歌謡音楽賞
　FNS歌謡祭グランプリ　第9回(昭57年)　最優秀ヒット賞
　日本テレビ音楽祭　第8回(昭57年)　グランプリ
　日本歌謡大賞　第13回(昭57年)　大賞
　日本有線大賞　第15回(昭57年)　有線音楽賞

「家路」
　FNS歌謡祭グランプリ　第10回(昭58年)　優秀歌謡音楽賞

「Dear Friends Box」
　日本レコード大賞　第52回(平22年)　企画賞

　あなたが選ぶ全日本歌謡音楽祭　第1回(昭50年)　優秀新人賞
　ゴールデン・アロー賞　第13回(昭50年)　音楽賞 新人賞
　ゴールデン・アロー賞　第13回(昭50年)　最優秀新人賞
　横浜音楽祭　第2回(昭50年)　新人特別賞
　日本レコードセールス大賞　第8回(昭50年)　女性新人賞
　あなたが選ぶ全日本歌謡音楽祭　第2回(昭51年)　ミドルエイジ賞
　ABC歌謡新人グランプリ　第2回(昭51年)　グランプリ
　ABC歌謡新人グランプリ　第2回(昭51年)　シルバー賞
　横浜音楽祭　第3回(昭51年)　音楽祭賞
　歌謡ゴールデン大賞・新人グランプリ　第2回(昭51年)
　日本レコードセールス大賞　第9回(昭51年)　シルバー賞
　日本有線大賞　第9回(昭51年)　有線スター賞
　日本レコードセールス大賞　第10回(昭52年)　シルバー賞
　あなたが選ぶ全日本歌謡音楽祭　第4回(昭53年)　男性視聴者賞
　あなたが選ぶ全日本歌謡音楽祭　第5回(昭54年)　審査員奨励賞
　あなたが選ぶ全日本歌謡音楽祭　第7回(昭56年)　最優秀歌唱賞
　横浜音楽祭　第8回(昭56年)　音楽祭賞
　東京音楽祭　第10回(昭56年)　世界大会銀賞
　日本テレビ音楽祭　第7回(昭56年)　敢闘賞
　あなたが選ぶ全日本歌謡音楽祭　第8回(昭57年)　最優秀歌唱賞
　横浜音楽祭　第9回(昭57年)　音楽祭賞
　日本レコードセールス大賞　第15回(昭57年)　シングルシルバー賞
　FNS歌謡祭グランプリ　第10回(昭58年)　優秀歌謡音楽賞
　日本テレビ音楽祭　第9回(昭58年)　日本テレビ特別賞
　岩谷時子賞　第3回(平24年)　特別賞

岩崎 良美　いわさき・よしみ
昭和36(1961)年～
俳優、歌手

「あなた色のマノン」
　FNS歌謡祭グランプリ　第7回(昭55年)　優秀新人賞
　銀座音楽祭　第10回(昭55年)　大衆賞
　銀座音楽祭　第10回(昭55年)　専門審査員奨励賞
　新宿音楽祭　第13回(昭55年)　審査員特別奨励賞
　日本レコード大賞　第22回(昭55年)　新人賞

「あなた色のマノン」「赤と黒」
　ゴールデン・アロー賞　第18回(昭55年)　音楽賞 新人賞

「赤と黒」

日本テレビ音楽祭　第6回（昭55年）　新人賞
「タッチ」
　日本レコード大賞　第27回（昭60年）　金賞
「愛がひとりぼっち」
　FNS歌謡祭グランプリ　第12回（昭60年）　優秀歌謡音楽賞
　ゴールデン・アロー賞　第18回（昭55年度）　音楽賞・新人賞
　ABC歌謡新人グランプリ　第7回（昭55年）　審査員奨励賞
　FNS歌謡祭グランプリ　第7回（昭55年）　優秀新人賞
　横浜音楽祭　第7回（昭55年）　最優秀新人賞
　東京音楽祭　第9回（昭55年）　世界大会国際友好賞
　東京音楽祭　第11回（昭57年）　世界大会ベストステージング賞
　FNS歌謡祭グランプリ　第12回（昭60年）　優秀歌謡音楽賞

岩下　志麻　いわした・しま
　昭和16（1941）年〜
　俳優
「わが恋の旅路」
　ブルーリボン賞　（昭36年度）　新人賞
「五弁の椿」
　ブルーリボン賞　第15回（昭39年）　主演女優賞
「智恵子抄」「あかね雲」
　毎日映画コンクール　第22回（昭42年）　演技賞 女優主演賞
「智恵子抄」「あかね雲」「女の一生」
　キネマ旬報賞　第13回（昭42年）　女優賞
「智恵子抄」「あかね雲」・「心中天網島」「わが恋わが歌」・「はなれ瞽女おりん」
　毎日映画コンクール　（昭42年度・44年度・52年度）　主演女優賞
「智恵子抄」他・「心中天網島」・「はなれ瞽女おりん」
　キネマ旬報賞　（昭42年度・44年度・52年度）　女優賞
「心中天網島」
　キネマ旬報賞　第15回（昭44年）　女優賞
「心中天網島」「わが恋わが歌」
　毎日映画コンクール　第24回（昭44年）　演技賞 女優主演賞
「はなれ瞽女おりん」
　キネマ旬報賞　第23回（昭52年）　主演女優賞
　ブルーリボン賞　第20回（昭52年）　主演女優賞
　日本アカデミー賞　第1回（昭52年度）　主演女優賞
　報知映画賞　第2回（昭52年度）　最優秀主演女優賞
　毎日映画コンクール　第32回（昭52年）　演技賞 女優演技賞
　日本アカデミー賞　第1回（昭53年）　最優秀主演女優賞
「新極道の妻たち・覚悟しいや」
　日刊スポーツ映画大賞・石原裕次郎賞　第6回（平5年）　主演女優賞
　エランドール賞　（昭36年度）　新人賞
　ブルーリボン賞　第12回（昭36年）　新人賞
　ゴールデン・アロー賞　第7回（昭44年）　大賞
　きもの京都大賞　第3回（昭62年）
　日本酒功労賞　（昭62年）
　毎日映画コンクール　第43回（昭63年）　田中絹代賞
　牧野省三賞　第32回（平2年）
　日本放送協会放送文化賞　第55回（平15年）
　紫綬褒章　（平16年）
　旭日小綬章　（平24年）

岩谷　時子　いわたに・ときこ
　大正5（1916）年〜平成25（2013）年
　作詞家, 訳詞家
「ウナ・セラ・ディ東京」
　日本レコード大賞　第6回（昭39年）　作詩賞
「逢いたくて逢いたくて」「君といつまでも」
　日本レコード大賞　第8回（昭41年）　作詩賞
「いいじゃないの幸せならば」
　日本レコード大賞　第11回（昭44年）　大賞
　日本作詩大賞　第3回（昭45年度）　大衆賞
「12人の女」
　芸術祭賞　（昭44年）　文部大臣奨励賞
「ミュージカルにおける訳詩」
　菊田一夫演劇賞　第5回（昭54年度）　特別賞
「歌声がきこえる」
　日本作詩大賞　第16回（昭58年度）　優秀作品賞
「ラストダンスは私に（シャンソン詩集）」
　日本レコード大賞　第34回（平4年）　企画賞
　菊田一夫演劇賞　第5回（昭54年）　特別賞
　勲四等瑞宝章　（平5年）
　日本レコード大賞　第42回（平12年）　功労賞
　渡辺晋賞　第1回（平18年）　特別賞
　文化功労者　第62回（平21年度）
　日本レコード大賞　第55回（平25年）　特別功労賞

岩橋　邦枝　いわはし・くにえ
　昭和9（1934）年〜平成26（2014）年
　小説家
「つちくれ」
　学生小説コンクール　第2回（昭29年）
「不参加」
　婦人公論女流新人賞　（昭30年）
「浅い眠り」
　平林たい子文学賞　第10回（昭57年）
「伴侶」

芸術奨励新人賞 （昭60年）
芸術選奨 第36回（昭60年） 文学部門 新人賞
「浮橋」
　女流文学賞 第31回（平4年）
「評伝 長谷川時雨」
　新田次郎文学賞 第13回（平6年）
「評伝 野上弥生子」
　紫式部文学賞 第22回（平24年）
　蓮如賞 第13回（平25年）

岩間 芳樹　いわま・よしき
　昭和4（1929）年～平成11（1999）年
　脚本家
「岩間芳樹ラジオドラマ選集」
　福島県文学賞 第5回（昭27年） 戯曲
「マリコ」「海峡に女の唄がきこえる」
　芸術選奨 第32回（昭56年） 放送部門 大臣賞
「ショパン・わが魂のポロネーズ」
　ギャラクシー賞 （昭57年） 大賞
「ビゴーを知っていますか」（NHK）
　エミー賞（昭58年） 国際優秀賞
「海からの声」（東北放送）
　民間放送連盟賞（昭58年）
「上海幻影路」（TBS）
　芸術祭賞（昭58年） 大賞
「炎の料理人・北大路魯山人」「童は見たり」
　放送文化基金賞（昭62年）
「植村直己物語」
　日本アカデミー賞 第10回（昭62年） 優秀作品賞
「林檎の木の下で」
　中国金虎賞 （平2年）
「冬の旅」
　モンテカルロテレビ祭賞 （平4年）
「定年・長い余白」
　向田邦子賞 第12回（平5年）
「鉄道員（ぽっぽや）」
　日本アカデミー賞 第23回（平12年） 最優秀脚本賞
　紫綬褒章 （平7年）

いわむら かずお
　昭和14（1939）年～令和6（2024）年
　絵本作家
「14ひきのあさごはん」
　絵本にっぽん賞 第6回（昭58年）
「14ひきのやまいも」
　小学館絵画賞 第34回（昭60年）
「ひとりぼっちのさいしゅうれっしゃ」
　産経児童出版文化賞 第33回（昭61年）
「かんがえるカエルくん」

　講談社出版文化賞 第28回（平9年） 絵本賞
　フランス芸術文化勲章シュバリエ章（平26年）
　児童福祉文化賞 第58回（平27年度） 特別部門
　児童文化功労賞 第54回（平27年）

植木 等　うえき・ひとし
　昭和1（1926）年～平成19（2007）年
　俳優、歌手。グループ名はクレージーキャッツ
「祝辞」「新・喜びも悲しみも幾歳月」
　日本アカデミー賞 第10回（昭61年度） 助演男優賞
　日本アカデミー賞 第10回（昭62年） 最優秀助演男優賞
「新・喜びも悲しみも幾歳月」
　キネマ旬報賞 第32回（昭61年） 助演男優賞
「新・喜びも悲しみも幾歳月」「愛しのチイパッパ」
　毎日映画コンクール 第41回（昭61年） 演技賞 男優助演賞
「スーダラ伝説」
　日本レコード大賞 第33回（平3年） 歌謡曲・演歌部門 優秀アルバム賞
　日本歌謡大賞 第22回（平3年） 特別賞
「あした」
　日刊スポーツ映画大賞・石原裕次郎賞 第8回（平7年） 助演男優賞
　ブルーリボン賞 第16回（昭40年） 大衆賞
　くまもと映画祭 （昭60年） 特別功労賞
　ゴールデン・アロー賞 第28回（平2年） 話題賞
　東海テレビ芸能選奨 第2回（平2年）
　ゴールデン・アロー賞 （平3年） 話題賞
　メガロポリス歌謡祭 第10回（平3年） TXNネットワーク縦貫記念特別賞
　日本歌謡大賞 第22回（平3年） 特別賞
　紫綬褒章 （平5年）
　勲四等旭日小綬章 （平11年）
　ゴールデン・アロー賞 第45回（平19年度） 芸能功労賞
　ブルーリボン賞 第50回（平19年度） 特別賞
　日本レコード大賞 第49回（平19年） 特別功労賞
　エランドール賞 （平20年度） 特別賞
　日本アカデミー賞 第31回（平20年） 会長特別賞

上田 三四二　うえだ・みよじ
　大正12（1923）年～平成1（1989）年
　歌人、文芸評論家、医師
「逆縁」
　群像新人文学賞 第4回（昭36年） 小説 最優秀作
「斎藤茂吉論」
　群像新人文学賞 第4回（昭36年） 評論
「佐渡玄冬」

短歌研究賞 第6回(昭43年)
「湧井」
　沼空賞 第9回(昭50年)
「眩暈を鎮めるもの」
　亀井勝一郎賞 第7回(昭50年)
「島木赤彦」
　「短歌」愛読者賞 第5回(昭53年)
　野間文芸賞 第39回(昭61年)
「うつしみ」
　平林たい子文学賞 第7回(昭54年)
「遊行」
　日本歌人クラブ賞 第10回(昭58年)
「この世この生」
　読売文学賞 第36回(昭59年)　評論・伝記賞
「惜身命」
　芸術選奨 第35回(昭59年)　文学部門 文部大臣賞
「祝婚」
　川端康成文学賞 第15回(昭63年)
沼空賞 第9回(昭50年)
日本芸術院賞 第43回(昭61年)　第2部
紫綬褒章 (昭62年)
日本芸術院賞 第43回(昭62年)

植村 直己　うえむら・なおみ
　昭和16(1941)年～昭和59(1984)年
　登山家, 冒険家
歴程賞 第13回(昭50年)
朝日体育賞 第2回(昭51年度)
菊池寛賞 第26回(昭53年)
バラー・イン・スポーツ賞(英国) (昭54年)
国民栄誉賞 (昭59年)
明治大学名誉博士号 (昭59年)

宇崎 竜童　うざき・りゅうどう
　昭和21(1946)年～
　音楽家, 俳優, 音楽プロデューサー
「想い出ぼろぼろ」
　日本レコード大賞 第18回(昭51年)　作曲賞
「駅」
　毎日映画コンクール 第36回(昭56年)　音楽賞
「駅 STATION」
　日本アカデミー賞 第5回(昭57年)　最優秀音楽賞
「TATOO〈刺青〉あり」
　ヨコハマ映画祭 (昭58年)　主演男優賞
「カムイの剣」(アニメ映画)の音楽
　日本アニメ大賞・アトム賞 第3回(昭60(1985)年)
　　日本アニメ大賞 部門別最優秀賞 音楽部門最優秀賞
「社葬」
　日本アカデミー賞 (平1年)　音楽賞
「海に帰る日」

　放送文化基金賞 第25回(平11年)　個別分野賞 男優演技賞
「ロック曽根崎心中」
　読売演劇大賞 第13回(平17年度)　優秀スタッフ賞
「天保十二年のシェイクスピア」
　ミュージカル・ベストテン (平17年度)　特別賞
FNS歌謡祭グランプリ 第3回(昭51年)　最優秀作曲賞
銀座音楽祭 第6回(昭51年)　特別賞
横浜音楽祭 第4回(昭52年)　地域・特別賞
日本レコードセールス大賞 第10回(昭52年)　作曲賞
読売演劇大賞 第13回(平17年度)　優秀スタッフ賞
岩谷時子賞 第10回(令1年)　特別賞

牛原 虚彦　うしはら・きよひこ
　明治30(1897)年～昭和60(1985)年
　映画監督, 劇作家, 映画評論家
「受難華」
　キネマ旬報ベスト・テン 第3回(大15年度)　日本映画 6位
「彼と東京」
　キネマ旬報ベスト・テン 第5回(昭3年度)　日本映画 5位
「陸の王者」
　キネマ旬報ベスト・テン 第5回(昭3年度)　日本映画 2位
「大都会 労働篇」
　キネマ旬報ベスト・テン 第6回(昭4年度)　日本映画 9位
「若者よなぜ泣くか」
　キネマ旬報ベスト・テン 第7回(昭5農11S＼1930‖
　昭和5年(1930) 日本・現代映画 2位
勲四等旭日小綬章 (昭43年)
毎日映画コンクール 第39回(昭59年)　特別賞

牛山 純一　うしやま・じゅんいち
　昭和5(1930)年～平成9(1997)年
　テレビプロデューサー
カンヌ国際映画祭 (昭37年, 39年) テレビ・フィルム部門入賞
ギャラクシー賞 第8回(昭45年)
芸術選奨 第22回(昭46年)　放送部門 大臣賞
芸術選奨文部大臣賞 (昭47年)　放送部門
テレビ大賞 第9回(昭51年度)　特別賞
スペイン放送協会国際プロフェッショナル賞 (昭52年)
日本記者クラブ賞 (昭59年)
放送文化基金賞 第17回(平3年)　個人・グループ部門
　ギャラクシー賞 第30回(平4年)　小谷正一記念賞
紫綬褒章 (平5年)

臼井 吉見　うすい・よしみ
　明治38(1905)年〜昭和62(1987)年
　文芸評論家, 小説家。日本芸術院会員
「近代文学論争」
　芸術選奨　第7回(昭31年)　評論等　文部大臣賞
　芸術選奨文部大臣賞　(昭31年度)　文学・評論部門
「安曇野」
　谷崎潤一郎賞　第10回(昭49年)
「明治文学全集」
　毎日出版文化賞　第37回(昭58年)　特別賞

日本放送協会放送文化賞　第18回(昭41年)

打木 村治　うちき・むらじ
　明治37(1904)年〜平成2(1990)年
　小説家, 児童文学作家
「夢のまのこと」
　小学館児童文化賞　第6回(昭32年)　文学部門
　小学館文学賞　第6回(昭32年)
「天の園」
　芸術選奨　第23回(昭47年)　文学部門　文部大臣賞
　芸術選奨文部大臣賞　第23回(昭47年)　文芸評論部門
　産経児童出版文化賞　第20回(昭48年)
「大地の園（第1部〜第4部）」
　日本児童文芸家協会賞　第3回(昭53年)

勲四等瑞宝章　(昭49年)

内田 栄一　うちだ・えいいち
　昭和5(1930)年〜平成6(1994)年
　劇作家, 演出家, 脚本家
「妹」
　年鑑代表シナリオ　(昭49年度)
「スローなブギにしてくれ」
　年鑑代表シナリオ　(昭56年度)
「海燕ジョーの奇跡」
　年鑑代表シナリオ　(昭59年度)

内田 吐夢　うちだ・とむ
　明治31(1898)年〜昭和45(1970)年
　映画監督
「生ける人形」
　キネマ旬報ベスト・テン　第6回(昭4年度)　日本映画　4位
「仇討選手」
　キネマ旬報ベスト・テン　第8回(昭6年度)　日本映画　6位
「人生劇場 青春篇」
　キネマ旬報ベスト・テン　第13回(昭11年度)　日本映画　2位
「限りなき前進」
　キネマ旬報ベスト・テン　第14回(昭12年度)　日本映画　1位
「裸の町」
　キネマ旬報ベスト・テン　第14回(昭12年度)　日本映画　5位
「土」
　キネマ旬報ベスト・テン　第16回(昭14年度)　日本映画　1位
「歴史」
　キネマ旬報ベスト・テン　第17回(昭15年度)　日本映画　7位
「血槍富士」
　キネマ旬報ベスト・テン　第29回(昭30年度)　日本映画　8位
「どたんば」
　キネマ旬報ベスト・テン　第31回(昭32年度)　日本映画　7位
「浪花の恋の物語」
　キネマ旬報ベスト・テン　第33回(昭34年度)　日本映画　7位
「飢餓海峡」
　キネマ旬報ベスト・テン　第38回(昭39年度)　日本映画　5位
　芸術選奨　第16回(昭40年)　映画部門
　毎日映画コンクール　第20回(昭40年)　監督賞
　優秀映画鑑賞会ベストテン　第6回(昭40年度)　日本映画　4位
「人生劇場 飛車角と吉良常」
　キネマ旬報ベスト・テン　第42回(昭43年度)　日本映画　9位
「真剣勝負」
　キネマ旬報ベスト・テン　第45回(昭46年度)　日本映画　6位
　優秀映画鑑賞会ベストテン　第12回(昭46年度)　日本映画　5位

紫綬褒章　(昭39年)
牧野省三賞　第7回(昭39年)
勲四等旭日小綬章　(昭43年)

内田 裕也　うちだ・ゆうや
　昭和14(1939)年〜平成31(2019)年
　ロック歌手, 俳優
「十階のモスキート」
　年鑑代表シナリオ　(昭58年度)
「コミック雑誌なんかいらない！」
　キネマ旬報賞　第32回(昭61年度)　主演男優賞
　ブルーリボン賞　第29回(昭61年)　特別賞
　年鑑代表シナリオ　(昭61年度)
　報知映画賞　第11回(昭61年度)　最優秀主演男優賞
　毎日映画コンクール　第41回(昭61年)　脚本賞

日本レコード大賞　第61回(令元年)　特別功労賞

宇津井 健　うつい・けん
　昭和6(1931)年〜平成26(2014)年
　俳優
ゴールデン・アロー賞　第6回(昭43年)　取材協力賞
テレビ大賞　第1回(昭43年度)　主演男優賞
橋田賞　第15回(平18年度)　特別賞

内海 桂子　うつみ・けいこ
　大正11(1922)年〜令和2(2020)年
　漫才師。コンビ名は内海桂子・好江
「日本烈婦伝」漫才研究会公演
　芸術祭賞　第16回(昭36年)　大衆芸能部門　奨励賞
NHK漫才コンクール優勝　(昭33年)
芸術選奨　第33回(昭57年)　大衆芸能部門　大臣賞
浅草芸能大賞　第2回(昭60年度)　奨励賞
日本放送演芸大賞　第15回(昭61年)　功労賞
花王名人大賞　第8回(昭63年)　功労賞
紫綬褒章　(平1年)
浅草芸能大賞　第7回(平2年度)　大賞
日本放送協会放送文化賞　第45回(平5年)
勲四等宝冠章　(平7年)

内海 好江　うつみ・よしえ
　昭和11(1936)年〜平成9(1997)年
　漫才師。コンビ名は内海桂子・好江
「日本烈婦伝」漫才研究会公演
　芸術祭賞　第16回(昭36年)　大衆芸能部門　奨励賞
芸術選奨　第33回(昭57年)　大衆芸能部門　大臣賞
浅草芸能大賞　第2回(昭60年度)　奨励賞
日本放送演芸大賞　第15回(昭61年)　功労賞
花王名人大賞　第8回(昭63年)　功労賞
浅草芸能大賞　第7回(平2年度)　大賞
日本放送協会放送文化賞　第45回(平5年)

宇野 浩二　うの・こうじ
　明治24(1891)年〜昭和36(1961)年
　小説家。日本芸術院会員
「思ひ川」
　読売文学賞　第2回(昭25年)　小説賞
菊池寛賞　第2回(昭14年)

宇野 重吉　うの・じゅうきち
　大正3(1914)年〜昭和63(1988)年
　俳優,演出家
「わが生涯のかがやける日」「破戒」
　毎日映画コンクール　第3回(昭23年)　演技賞 助演賞
「泥の中の稲」
　芸術祭賞　第7回(昭27年)　ラジオ部門　奨励賞
「西の国の人気者」
　芸術祭賞　第10回(昭30年)　演劇部門
「人間の壁」
　毎日映画コンクール　第14回(昭34年)　演技賞 男優
　助演賞
「イルクーツク物語」
　芸術選奨　第12回(昭36年)　演劇部門
「泰山木の下で」
　テアトロン賞　(昭39年)
「新劇・愉し哀し」
　毎日出版文化賞　第23回(昭44年)
「三人姉妹」
　毎日芸術賞　第14回(昭47年)
「わが魂は輝く水なり―源平北越流誌」「古風な
　コメディ」
　紀伊國屋演劇賞　第15回(昭55年)　個人賞
毎日演劇賞　(昭34年)
日本放送協会放送文化賞　第28回(昭51年)
テアトロ演劇賞　(昭53年)
紫綬褒章　(昭56年)
福井県民賞　(昭63年)

宇野 誠一郎　うの・せいいちろう
　昭和2(1927)年〜平成23(2011)年
　作曲家
「長編漫画・少年ジャックと魔法使い」
　毎日映画コンクール　第22回(昭42年)　音楽賞
「十一ぴきのネコ」
　紀伊國屋演劇賞　第24回(平1年)　個人賞
読売演劇大賞　第15回(平19年度)　優秀スタッフ賞

宇野 千代　うの・ちよ
　明治30(1897)年〜平成8(1996)年
　作家。日本芸術院会員
「おはん」
　野間文芸賞　第10回(昭32年)
　女流文学者賞　第9回(昭33年)
「幸福」
　女流文学賞　第10回(昭46年)
日本芸術院賞　第28回(昭46年)　第2部
勲三等瑞宝章　(昭49年)
菊池寛賞　第30回(昭57年)
文化功労者　(平2年)

梅崎 春生　うめざき・はるお
　大正4(1915)年〜昭和40(1965)年
　小説家
「ボロ家の春秋」
　直木三十五賞　第32回(昭29年下)
「砂時計」
　新潮社文学賞　第2回(昭30年)
「狂ひ凧」
　芸術選奨　第14回(昭38年)　文学部門　文部大臣賞
「幻化」

毎日出版文化賞　第19回（昭40年）

梅沢　富美男　　うめざわ・とみお
　昭和25（1950）年～
　俳優

「夢芝居」
　全日本有線放送大賞　第16回（昭58年度）　最優秀新人賞
　日本レコード大賞　第25回（昭58年）　企画賞
　日本有線大賞　第16回（昭58年）　有線音楽賞
　ゴールデン・アロー賞　第21回（昭58年）　特別賞

浦山　桐郎　　うらやま・きりお
　昭和5（1930）年～昭和60（1985）年
　映画監督

「キューポラのある街」
　キネマ旬報ベスト・テン　第36回（昭37年度）　日本映画　2位
　ブルーリボン賞　第13回（昭37年）　最優秀作品賞
　日本映画監督協会新人賞　第3回（昭37年）
　年鑑代表シナリオ　第14回（昭37年度）
　優秀映画鑑賞会ベストテン　第3回（昭37年度）　日本映画　1位

「非行少女」
　キネマ旬報ベスト・テン　第37回（昭38年度）　日本映画　10位
　モスクワ国際映画祭　（昭38年）　金賞
　年鑑代表シナリオ　第15回（昭38年度）

「私が棄てた女」
　キネマ旬報ベスト・テン　第43回（昭44年度）　日本映画　2位
　優秀映画鑑賞会ベストテン　第10回（昭44年度）　日本映画　3位

「青春の雨」
　年鑑代表シナリオ　（昭50年度）

「青春の門」
　優秀映画鑑賞会ベストテン　第16回（昭50年度）　日本映画　4位

「青春の門　自立篇」
　キネマ旬報ベスト・テン　第51回（昭52年度）　日本映画　5位
　年鑑代表シナリオ　（昭52年度）
　優秀映画鑑賞会ベストテン　第18回（昭52年度）　日本映画　5位

「太陽の子　てだのふあ」
　キネマ旬報ベスト・テン　第54回（昭55年度）　日本映画　10位
　年鑑代表シナリオ　（昭55年度）
　優秀映画鑑賞会ベストテン　第21回（昭55年度）　日本映画　3位

「夢千代日記」
　優秀映画鑑賞会ベストテン　第26回（昭60年度）　日本映画　9位
　ブルーリボン賞　第13回（昭37年）　新人賞
　シネ・フロント賞　第10回（昭60年）　監督賞
　日本映画復興賞　第3回（昭60年）　特別賞

永　六輔　　えい・ろくすけ
　昭和8（1933）年～平成28（2016）年
　放送作家，作詞家，随筆家，タレント

「黒い花びら」
　日本レコード大賞　第1回（昭34年）　大賞

「こんにちは赤ちゃん」
　日本レコード大賞　第5回（昭38年）　大賞

「上を向いて歩こう」
　JASRAC賞　第1回（昭57年）　外国
　JASRAC賞　第4回（昭61年）　外国
　JASRAC賞　第5回（昭62年）　外国
　日本レコード大賞　第66回（令6年）　日本作曲家協会名曲顕彰

「大往生」
　新風賞　第29回（平6年）
　日本新語・流行語大賞　第11回（平6年）　トップテン
　ゴールデン・アロー賞　第12回（昭49年）　話題賞
　日本放送協会放送文化賞　第43回（平3年）
　東京都民文化栄誉賞　（平6年度）
　菊池寛賞　第48回（平12年）
　浅草芸能大賞　第19回（平14年度）　大賞
　徳川夢声市民賞　第4回（平16年）
　スポニチ文化芸術大賞　第15回（平18年度）　優秀賞
　ギャラクシー賞　第45回（平19年度）　ギャラクシー賞45周年記念賞
　日本レコード大賞　第53回（平23年）　功労賞
　毎日芸術賞　第55回（平25年度）　特別賞
　日本レコード大賞　第58回（平28年）　特別功労賞

江戸家　猫八（3代）　えどや・ねこはち
　大正10（1921）年～平成13（2001）年
　ものまね芸人，俳優

「江戸家猫八独演会」
　芸術祭賞　第34回（昭54年）　大衆芸能部門（1部）　優秀賞

「従軍被爆体験記」
　花王名人大賞　（昭56年）　名人賞

「第2回江戸家猫八独演会」
　芸術祭賞　第36回（昭56年）　大衆芸能部門（1部）　優秀賞

芸術祭賞　（昭54年・56年）　優秀賞
花王名人大賞　第2回（昭57年）　名人賞　諸芸部門
浅草芸能大賞　第2回（昭60年度）　大賞
紫綬褒章　（昭63年）

江波 杏子　えなみ・きょうこ
昭和17(1942)年〜平成30(2018)年
俳優

「津軽じょんがら節」
　キネマ旬報賞　第19回(昭48年)　女優賞

エランドール賞 (昭40年度)　新人賞

毎日映画コンクール　第65回(平22年度)　田中絹代賞

柄本 明　えもと・あきら
昭和23(1948)年〜
俳優

「男はつらいよ・あじさいの恋」「道頓堀川」
　ブルーリボン賞 (昭57年度)　助演男優賞
　報知映画賞 (昭57年)　助演男優賞

「男はつらいよ 寅次郎あじさいの恋」
　ブルーリボン賞　第25回(昭57年)　助演男優賞

「男はつらいよ 寅次郎あじさいの恋」「道頓堀川」
　報知映画賞　第7回(昭57年度)　最優秀助演男優賞

「カンゾー先生」
　キネマ旬報賞　第44回(平10年)　主演男優賞
　日刊スポーツ映画大賞・石原裕次郎賞　第11回(平10年)　主演男優賞
　報知映画賞　第23回(平10年度)　最優秀主演男優賞
　日本アカデミー賞　第22回(平11年)　最優秀主演男優賞

「花」「ドッペルゲンガー」「座頭市」
　毎日映画コンクール　第58回(平15年)　男優助演賞

「油断大敵」「タカダワタル的」「ニワトリはハダシだ」
　ヨコハマ映画祭　第26回(平17年)　助演男優賞

「悪人」
　芸術選奨　第61回(平22年度)　映画部門 文部科学大臣賞
　キネマ旬報賞 (平22年度)　助演男優賞
　芸術選奨文部科学大臣賞　第61回(平22年度)　映画部門
　日本アカデミー賞　第34回(平23年)　最優秀助演男優賞

「悪人」「桜田門外ノ変」「ヘヴンズ ストーリー」「雷桜」
　キネマ旬報賞　第56回(平22年度)　助演男優賞

「悪人」「桜田門外ノ変」「雷桜」
　報知映画賞　第35回(平22年度)　助演男優賞

「坂道の家」
　放送文化基金賞　第41回(平27年)　個別分野 演技賞

報知映画賞　第35回(平22年度)　助演男優賞

紫綬褒章 (平23年)

江守 徹　えもり・とおる
昭和19(1944)年〜
俳優、演出家、劇作家、翻訳家

「オセロー」
　紀伊國屋演劇賞　第8回(昭48年) 個人賞

「アマデウス」
　テアトロ演劇賞 (昭57年度)

「シラノ・ド・ベルジュラック」「人生は、ガタゴト列車に乗って…」
　名古屋演劇ペンクラブ年間賞 (昭58年・平成3年)

「ウェストサイドワルツ」「恋ぶみ屋一葉」
　読売演劇大賞　第2回(平6年)　優秀演出家賞

松尾芸能賞　第28回(平19年)　大賞 演劇

江利 チエミ　えり・ちえみ
昭和12(1937)年〜昭和57(1982)年
歌手、俳優

「スター誕生」(コマ・ミュージカル)
　芸術祭賞　第17回(昭37年)　大衆芸能部門 奨励賞

「スター誕生」「チエミ大いに歌う」
　テアトロン賞　第8回(昭37年)

「ちいさこべ」
　京都市民映画祭 (昭37年)　助演女優賞

「マイ・フェア・レディ」
　ゴールデン・アロー賞 (昭38年)

江利チエミ特別公演「お染久松」
　芸術祭賞　第22回(昭42年)　大衆芸能部門(1部) 奨励賞

江利チエミ特別公演「白狐の恋」
　芸術祭賞　第26回(昭46年)　大衆芸能部門(1部) 優秀賞

江利チエミ特別公演「'72チエミ秋に唄う」
　芸術祭賞　第27回(昭47年)　大衆芸能部門(1部) 優秀賞

「酒場にて」
　日本有線大賞　第8回(昭49年)　敢闘賞

ゴールデン・アロー賞　第1回(昭38年)　大賞

円地 文子　えんち・ふみこ
明治38(1905)年〜昭和61(1986)年
小説家。日本芸術院会員

「ひもじい月日」
　女流文学者賞　第6回(昭29年)

「女坂」
　野間文芸賞　第10回(昭32年)

「なまみこ物語」
　女流文学賞　第5回(昭41年)

「朱を奪ふもの」「傷ある翼」「虹と修羅」
　谷崎潤一郎賞　第5回(昭44年)

「遊魂」
　日本文学大賞　第4回(昭47年)

文化功労者 (昭54年)

文化勲章（昭60年度）

遠藤 周作　えんどう・しゅうさく
　大正12(1923)年～平成8(1996)年
　小説家。日本芸術院会員
「白い人」
　芥川龍之介賞　第33回(昭30年上)
「海と毒薬」
　新潮社文学賞　第5回(昭33年)
　毎日出版文化賞　第12回(昭33年)
　日本アカデミー賞　第10回(昭62年)　特別賞　企画賞
「沈黙」
　谷崎潤一郎賞　第2回(昭41年)
「キリストの誕生」
　読売文学賞　第30回(昭53年)　評論・伝記賞
「侍」
　野間文芸賞　第33回(昭55年)
「深い河」
　毎日芸術賞　第35回(平5年)

聖シルベストロ勲章　(昭45年)
日本芸術院賞　第35回(昭53年)　第2部
文化功労者　(昭63年)
文化勲章　(平7年度)

遠藤 実　えんどう・みのる
　昭和7(1932)年～平成20(2008)年
　作曲家
「下町の青い空」
　日本レコード大賞　第16回(昭49年)　中山晋平西条
　八十賞
「昭和流れうた」
　古賀政男記念音楽大賞　第6回(昭60年度)　プロ作品
　優秀賞
　日本作曲大賞　第5回(昭60年)　優秀作曲者賞
「再見、杭州」
　杭州文芸奨励特別賞　第2回(昭63年)
「雪椿」
　藤田まさと賞　第4回(昭63年)　大賞
「福寿草」
　日本作曲大賞　第9回(平1年)　優秀作曲者賞

日本レコードセールス大賞　第1回(昭43年)　作曲賞
日本レコード大賞　第16回(昭49年)　中山晋平・西條
　八十賞
日本レコードセールス大賞　第12回(昭54年)　作曲賞
日本レコード大賞　第21回(昭54年)　特別賞
日本演歌大賞　第5回(昭54年)　特別賞
日本レコード大賞　第25回(昭58年)　特別賞
金星金曲賞　(昭63年)
紫綬褒章　(平2年)
日本レコード大賞　第36回(平6年)　功労賞
日本放送協会放送文化賞　第47回(平7年)

外務大臣賞　(平10年)
モンゴル国立芸術文化大学名誉博士号　(平12年)
勲三等旭日中綬章　(平14年)
文化功労者　(平15年)
日本レコード大賞　第46回(平16年)　特別選奨
国民栄誉賞　(平20年)
国民栄誉賞　(平21年1月)
杉並区名誉区民　(平21年)
日本レコード大賞　第51回(平21年)　特別功労賞

遠藤 幸雄　えんどう・ゆきお
　昭和12(1937)年～平成21(2009)年
　体操選手。東京五輪体操男子個人総合・団体総合
　金メダリスト
朝日賞　(昭35年)　体育賞
朝日賞　(昭37年)　体育賞
朝日賞　(昭39年)　体育賞　第18回オリンピック東京
　大会
朝日賞　(昭41年)　体育賞　第16回世界体操選手権大会
　男子団体優勝
朝日賞　(昭43年)　体育賞　第19回オリンピック・メキ
　シコ大会優勝者
朝日賞　(昭45年)　体育賞
朝日賞　(昭47年)　体育賞
朝日賞　(昭49年)　体育賞
紫綬褒章　(平8年)
旭日中綬章　(平20年)

王 貞治　おう・さだはる
　昭和15(1940)年～
　野球人。本塁打世界記録保持者
日本プロスポーツ大賞　第6回(昭48年)　殊勲賞
日本プロスポーツ大賞　第7回(昭49年)　大賞
日本プロスポーツ大賞　第9回(昭51年)　大賞
国民栄誉賞　(昭52年)
正力松太郎賞　(昭52年・平成11年・15年・18年)
日本プロスポーツ大賞　第10回(昭52年)　大賞
ベーブ・ルース・クラウン賞　(昭60年)
中華体育協会栄誉奨章　(平1年)
中国文化大学(台湾)名誉理学博士号　(平7年)
経済界大賞　第25回(平11年)　特別賞
台湾三等大綬景星勲章　(平11年)
毎日スポーツ人賞　(平11年度)　グランプリ
福岡市名誉市民　(平17年)
朝日スポーツ賞　(平18年)
日本プロスポーツ大賞　第39回(平18年度)　特別賞
日本放送協会放送文化賞　第58回(平18年度)
毎日スポーツ人賞　(平18年度)　感動賞　※王貞治と
　WBC日本代表　として受賞
西日本文化賞　第67回(平20年)
福岡県民栄誉賞　(平20年)
毎日スポーツ人賞　(平20年度)　文化賞
台湾二等大綬景星勲章　(平21年)

名誉都民章　（平21年）
文化功労者　第63回（平22年度）
墨田区名誉区民　（平22年）
目黒区名誉区民　（平22年）

逢坂　剛　おうさか・ごう
　　昭和18（1943）年～
　　小説家
「屠殺者グラナダに死す」
　オール讀物推理小説新人賞　第19回（昭55年）
「カディスの赤い星」
　直木三十五賞　第96回（昭61年下）
　日本推理作家協会賞　第40回（昭62年）　長篇部門
　日本冒険小説協会大賞　第5回（昭62年）
「平蔵狩り」
　吉川英治文学賞　第49回（平27年度）
「MOZU」「百舌落とし」
　毎日芸術賞　第61回（令元年度）
日本ミステリー文学大賞　第17回（平25年度）

欧陽　菲菲　おうやん・ふぃーふぃー
　　昭和24（1949）年～
　　歌手
「雨の御堂筋」
　日本レコード大賞　第13回（昭46年）　新人賞
　夜のレコード大賞　第4回（昭46年度）　国際賞
「雨のエアポート」
　日本歌謡大賞　第3回（昭47年）　放送音楽賞
　日本有線大賞　第5回（昭47年）　大賞
「夜汽車」
　全日本有線大賞　第5回（昭47年度）　新人賞
　夜のレコード大賞　第5回（昭47年度）　新人賞
「恋の追跡」
　日本有線大賞　第5回（昭47年）　優秀賞
「恋の十字路」
　日本有線大賞　第6回（昭48年）　優秀賞
「ラヴ・イズ・オーヴァー」
　日本レコード大賞　第25回（昭58年）　ロングセラー賞
　全日本有線放送大賞　第16回（昭58年度）　特別賞
　全日本有線大賞　第16回（昭58年度）　特別賞
台湾国民栄誉賞　（昭56年）
東京音楽祭　第13回（昭59年）　世界大会銀賞

大石　真　おおいし・まこと
　　大正14（1925）年～平成2（1990）年
　　児童文学作家
「風信器」
　児童文学者協会新人賞　第3回（昭28年）
「見えなくなったクロ」

　小学館文学賞　第12回（昭38年）
「ハンス・ペテルソン名作集」
　産経児童出版文化賞　第17回（昭45年）
「眠れない子」
　野間児童文芸賞　第28回（平2年）
　日本児童文学者協会賞　第31回（平3年）　特別賞
　日本児童文学者協会特別賞　（平3年）

大江　健三郎　おおえ・けんざぶろう
　　昭和10（1935）年～令和5（2023）年
　　小説家、評論家。ノーベル文学賞受賞者
「飼育」
　芥川龍之介賞　第39回（昭33年上）
「個人的な体験」
　新潮社文学賞　第11回（昭39年）
「万延元年のフットボール」
　谷崎潤一郎賞　第3回（昭42年）
「洪水はわが魂に及び」
　野間文芸賞　第26回（昭48年）
「『雨の木』（レイン・ツリー）を聴く女たち」
　読売文学賞　第34回（昭57年）　小説賞
「新しい人よ眼ざめよ」
　大佛次郎賞　第10回（昭58年）
「河馬に噛まれる」
　川端康成文学賞　第11回（昭59年）
「人生の親戚」
　伊藤整文学賞　第1回（平2年）　小説
「懐しい年への手紙」
　21世紀年度最優秀外国小説（中国）　第7回（平21年）
ユーロパリア89ジャパン文学賞　（平1年）
モンデッロ賞（イタリア）　（平5年）　五大陸賞
ノーベル文学賞　（平6年）
朝日賞　（平6年）
グランザネ・カブール（イタリア）　（平8年）
ハーバード大学名誉博士号　（平12年）
レジオン・ド・ヌール勲章コマンドール章　（平14年）

大岡　昇平　おおおか・しょうへい
　　明治42（1909）年～昭和63（1988）年
　　小説家、フランス文学者
「俘虜記」
　横光利一賞　第1回（昭24年）
「野火」
　読売文学賞　第3回（昭26年）　小説賞
「花影」
　新潮社文学賞　第8回（昭36年）
　毎日出版文化賞　第15回（昭36年）
「レイテ戦記」

毎日芸術　(昭46年)
　毎日芸術賞　第13回(昭46年)
「中原中也」
　野間文芸賞　第27回(昭49年)
「事件」
　日本推理作家協会賞　第31回(昭53年)　長篇部門
「小説家夏目漱石」
　読売文学賞　第40回(昭63年)　評論・伝記賞
朝日賞　(昭50年)
朝日賞　(昭51年)

大岡　信　　おおおか・まこと
昭和6(1931)年〜平成29(2017)年
詩人, 批評家。日本芸術院会員
「蕩児の家系」
　歴程賞　第7回(昭44年)
「紀貫之」
　読売文学賞　第23回(昭46年)　評論・伝記賞
「春 少女に」
　無限賞　第7回(昭54年)
「折々のうた」
　菊池寛賞　第28回(昭55年)
「故郷の水へのメッセージ」
　現代詩花椿賞　第7回(平1年)
「詩人・菅原道真―うつしの美学」
　芸術選奨　第40回(平1年)　評論等 文部大臣賞
「地上楽園の午後」
　詩歌文学館賞　第8回(平5年)　詩
「詩人および評論家としての業績」
　日本芸術院賞　(平6年度)　恩賜賞
フランス文学芸術勲章シュヴァリエ章　(平1年)
フランス芸術文化勲章オフィシエ章　(平5年)
東京都文化賞　第9回(平5年)
日本芸術院賞　第51回(平6年)　第2部
ストルガ祭(マケドニア)　(平8年)　り金冠賞
朝日賞　(平8年)
文化功労者　(平9年)
国際交流基金賞　(平14年)
文化勲章　(平15年度)
レジオン・ド・ヌール勲章オフィシエ章　(平16年)

大川　栄策　　おおかわ・えいさく
昭和23(1948)年〜
歌手。作曲家名は筑紫竜平
「さざんかの宿」
　FNS歌謡祭グランプリ　第10回(昭58年)　優秀歌謡音楽賞
　FNS歌謡祭グランプリ　第10回(昭58年)　最優秀ヒット賞
　全日本有線放送大賞　第16回(昭58年度)　優秀スター賞
　日本レコード大賞　第25回(昭58年)　ロングセラー賞
「恋吹雪」
　日本テレビ音楽祭　第9回(昭58年)　歌唱賞
　日本有線大賞　第16回(昭58年)　有線音楽賞
「舞酔い雪」
　メガロポリス歌謡祭　第7回(昭63年)　男性部門 演歌メガロポリス賞
「泣きむし蛍」
　日本作詩大賞　第54回(令3年度)　優秀新人賞
日本有線大賞　第15回(昭57年)　特別賞
メガロポリス歌謡祭　第2回(昭58年)　演歌入賞
横浜音楽祭　第10回(昭58年)　音楽祭賞
日本レコードセールス大賞　第16回(昭58年)　シングルシルバー賞
日本演歌大賞　第9回(昭58年)　ベストセラー賞
日本演歌大賞　第9回(昭58年)　栄光賞
日本演歌大賞　第10回(昭59年)　演歌スター賞
メガロポリス歌謡祭　第7回(昭63年)　演歌メガロポリス賞男性部門

大木　こだま　　おおき・こだま
昭和26(1951)年〜
漫才師。コンビ名は大木こだまひびき
NHK上方漫才コンテスト優秀話術賞　第8回(昭52年)
今宮子供えびすマンザイ新人コンクール福笑い大賞　第2回(昭56年)
上方漫才大賞　第22回(昭62年)　奨励賞
上方お笑い大賞　第20回(平3年)　金賞
上方漫才大賞　第27回(平4年)　奨励賞
上方お笑い大賞　第25回(平8年)　大賞
上方漫才大賞　第31回(平8年)　大賞

大木　ひびき　　おおき・ひびき
昭和30(1955)年〜
漫才師
NHK上方漫才コンテスト優秀話術賞　第8回(昭52年)
今宮子供えびすマンザイ新人コンクール福笑い大賞　第2回(昭56年)
上方漫才大賞　第22回(昭62年)　奨励賞
上方お笑い大賞　第20回(平3年)　金賞
上方漫才大賞　第27回(平4年)　奨励賞
上方お笑い大賞　第25回(平8年)　大賞
上方漫才大賞　第31回(平8年)　大賞

大楠　道代　　おおくす・みちよ
昭和21(1946)年〜
俳優
「ツィゴイネルワイゼン」
　キネマ旬報賞　第26回(昭55年)　助演女優賞
　ブルーリボン賞　(昭55年度)　助演女優賞
「ツィゴイネルワイゼン」「刑事珍道中」
　日本アカデミー賞　第4回(昭56年)　最優秀助演女

優賞
「愚か者 傷だらけの天使」
　キネマ旬報賞 第44回(平10年) 助演女優賞
「顔」
　キネマ旬報賞 (平12年度) 助演女優賞
　キネマ旬報賞 第46回(平12年) 助演女優賞
　高崎映画祭 第15回(平12年度) 最優秀助演女優賞
　日刊スポーツ映画大賞・石原裕次郎賞 第13回(平12年) 助演女優賞
　日刊スポーツ映画大賞・石原裕次郎賞 第13回(平12年) 助演女優賞
「赤目四十八滝心中未遂」「座頭市」
　キネマ旬報賞 第49回(平15年) 助演女優賞
　ブルーリボン賞 第46回(平15年) 助演女優賞
　毎日映画コンクール 第58回(平15年) 女優助演賞
エランドール賞 (昭41年度) 新人賞
毎日映画コンクール 第66回(平23年度) 田中絹代賞

大笹 吉雄　おおざさ・よしお
　昭和16(1941)年〜
　演劇評論家
「日本現代演劇史 明治・大正篇」
　サントリー学芸賞 第7回(昭60年) 芸術・文学部門
「花顔の人—花柳章太郎伝」
　大佛次郎賞 第18回(平3年)
「女優二代」
　読売文学賞 第59回(平19年度) 評論・伝記賞
「最後の岸田國士論」
　芸術選奨 第64回(平25年度) 評論等部門 文部科学大臣賞
日本新劇製作者協会賞 第50回(令4年)

大沢 逸美　おおさわ・いつみ
　昭和41(1966)年〜
　俳優
「ジェームス・ディーンみたいな女の子」
　メガロポリス歌謡祭 第2回(昭58年) 最優秀新人ダイヤモンド賞
「ダンシング・レディ」
　新宿音楽祭 第16回(昭58年) 銀賞
　FNS歌謡祭グランプリ 第10回(昭58年) 優秀新人賞
　日本レコード大賞 第25回(昭58年) 新人賞
　メガロポリス歌謡祭 第2回(昭58年) 最優秀新人ダイヤモンド賞
　21世紀ヤング歌謡大賞新人グランプリ 第10回(昭58年) 審査員奨励賞
　横浜音楽祭 第10回(昭58年) 新人賞
　歌謡ゴールデン大賞・新人グランプリ 第10回(昭58年) 審査員奨励賞
　銀座音楽祭 第13回(昭58年) 銀賞

大島 渚　おおしま・なぎさ
　昭和7(1932)年〜平成25(2013)年
　映画監督
「青春の深き淵より」
　芸術祭賞 (昭35年) テレビ部門
「青春残酷物語」
　ブルーリボン賞 (昭35年度) 新人賞
　日本映画監督協会新人賞 第1回(昭35年度)
「太陽の墓場」
　年鑑代表シナリオ 第12回(昭35年度)
　優秀映画鑑賞会ベストテン 第1回(昭35年度) 日本映画 9位
「日本の夜と霧」
　キネマ旬報ベスト・テン 第34回(昭35年度) 日本映画 10位
　優秀映画鑑賞会ベストテン 第1回(昭35年度) 日本映画 10位
「飼育」
　キネマ旬報ベスト・テン 第35回(昭36年度) 日本映画 9位
「忘れられた皇軍」
　ギャラクシー賞 第1回(昭38年)
「白昼の通り魔」
　キネマ旬報ベスト・テン 第40回(昭41年度) 日本映画 9位
　日本映画記者会賞 (昭41年) 最優秀作品賞
「日本春歌考」
　年鑑代表シナリオ 第19回(昭42年度)
「忍者武芸帳」
　キネマ旬報ベスト・テン 第41回(昭42年度) 日本映画 10位
「絞死刑」
　キネマ旬報ベスト・テン 第42回(昭43年度) 日本映画 3位
　キネマ旬報賞 第14回(昭43年) 脚本賞
　年鑑代表シナリオ 第20回(昭43年度)
　優秀映画鑑賞会ベストテン 第9回(昭43年度) 日本映画 9位
「絞死刑」「儀式」「戦場のメリー・クリスマス」
　キネマ旬報賞 (昭43年度・46年度・58年度) 脚本賞,日本映画監督賞・脚本賞,読者選出日本映画監督賞
「少年」
　キネマ旬報ベスト・テン 第43回(昭44年度) 日本映画 3位
　優秀映画鑑賞会ベストテン 第10回(昭44年度) 日本映画 2位
「新宿泥棒日記」
　キネマ旬報ベスト・テン 第43回(昭44年度) 日本映画 8位
「儀式」

キネマ旬報ベスト・テン 第45回（昭46年度）日本映画 1位
キネマ旬報賞 第17回（昭46年）日本映画監督賞
キネマ旬報賞 第17回（昭46年）脚本賞
毎日映画コンクール 第26回（昭46年）脚本賞
優秀映画鑑賞会ベストテン 第12回（昭46年度）日本映画 2位

「儀式」「戦場のメリー・クリスマス」
　毎日映画コンクール （昭46年度・58年度）脚本賞，監督賞・脚本賞

「愛のコリーダ」
　キネマ旬報ベスト・テン 第50回（昭51年度）外国映画 8位
　シカゴ国際映画祭 （昭51年）審査員特別賞
　英国映画協会賞 （昭51年）

「愛の亡霊」
　カンヌ国際映画祭 （昭53年）最優秀監督賞
　キネマ旬報ベスト・テン 第52回（昭53年度）日本映画 3位
　優秀映画鑑賞会ベストテン 第19回（昭53年度）日本映画 2位

「戦場のメリークリスマス」
　ブルーリボン賞 第26回（昭58年）特別賞
　キネマ旬報ベスト・テン 第57回（昭58年度）日本映画 3位
　キネマ旬報賞 第29回（昭58年）読者選出日本映画監督賞
　ぴあテン 第12回（昭58年度）1位
　ぴあテン 第12回（昭58年度）もあテン 3位
　毎日映画コンクール 第38回（昭58年）監督賞
　毎日映画コンクール 第38回（昭58年）脚本賞
　優秀映画鑑賞会ベストテン 第24回（昭58年度）日本映画 9位
　ぴあテン 第13回（昭59年度）もあテン 3位
　ぴあテン 第14回（昭60年度）もあテン 4位
　ぴあテン 第18回（平1年度）フラッシュ・バック80's 8位

「御法度」
　ブルーリボン賞 第42回（平11年）監督賞
　ブルーリボン賞 第42回（平11年）最優秀作品賞
　芸術選奨 第50回（平11年）映画部門 文部大臣賞
　毎日芸術賞 第42回（平12年）
　キネマ旬報ベスト・テン 第74回（平12年度）日本映画 第3位
　サンクトペテルブルク国際映画祭 （平12年）グランプリ

「タケノコごはん」
　日本絵本賞 第21回（平28年）日本絵本賞

ブルーリボン賞 第11回（昭35年）新人賞
ブルーリボン賞 （昭58年度）特別賞
川喜多賞 第3回（昭60年）
ハイビジョンアウォード特別功績者 （平10年）

牧野省三賞 第40回（平11年）
紫綬褒章 （平12年）
ブルーリボン賞 第56回（平25年度）特別賞
日本アカデミー賞 第37回（平26年）会長功労賞

大島 弓子　おおしま・ゆみこ
　昭和22（1947）年〜
　漫画家

「ミモザ館でつかまえて」
　日本漫画家協会賞 （昭48年）優秀賞

「綿の国星シリーズ」
　講談社漫画賞 第3回（昭54年）

「グーグーだって猫である」
　手塚治虫文化賞 第12回（平20年）短編賞

文化功労者 第74回（令3年度）

太田 大八　おおた・だいはち
　大正7（1918）年〜平成28（2016）年
　絵本画家

「いたずらうさぎ」
　小学館児童文化賞 第7回（昭33年）絵画部門

「『いたずらうさぎ』他」
　小学館絵画賞 （昭33年）

「寺町3丁目11番地」
　産経児童出版文化賞 第17回（昭45年）

「かさ」
　児童福祉文化賞 第18回（昭50年度）出版物部門 奨励賞

「竜のいる島」
　産経児童出版文化賞 第24回（昭52年）大賞

「ながさきくんち」
　講談社出版文化賞 第12回（昭56年）絵本賞

「見えない絵本」
　赤い鳥さし絵賞 第4回（平2年）

「だいちゃんとうみ」
　日本の絵本賞 第15回（平4年）絵本にっぽん賞

「絵本西遊記」
　産経児童出版文化賞 第45回（平10年）美術賞

「えんの松原」
　産経児童出版文化賞 第49回（平14年）

日本童画会賞 （昭30年）
国際アンデルセン賞 第5回（昭44年）国内賞
国際アンデルセン賞国内賞 第5回（昭44年）
ドイツ民主共和国ライプチヒ国際図書芸術展奨励賞（昭50年）
IBA国際図書芸術展金賞 （昭52年）
日本児童文芸家協会児童文化功労賞 第29回（平2年）
モービル児童文化賞 第34回（平11年）

大田 創　おおた・はじめ
昭和24(1949)年〜
舞台美術家

「ジェニーの肖像」「日射病」
　紀伊國屋演劇賞　第22回(昭62年)　個人賞

「シャボン玉とんだ宇宙まで飛んだ」
　赤いバラ賞　(平3年)

「馬かける男たち」
　伊藤熹朔賞　第21回(平5年度)　舞台部門 新人賞
　芸術選奨　第44回(平5年)　演劇部門 新人賞
　読売演劇大賞　第1回(平5年)　優秀スタッフ賞

「神の庭園」
　伊藤熹朔賞　第24回(平8年度)　舞台部門

「プロポーズ プロポーズ」「こんばんは、父さん」
　読売演劇大賞　第20回(平24年度)　優秀スタッフ賞

紀伊國屋演劇賞　第22回(昭63年)
読売演劇大賞　第9回(平13年)　優秀スタッフ賞

太田 裕美　おおた・ひろみ
昭和30(1955)年〜
歌手

「雨だれ」
　新宿音楽祭　第8回(昭50年)　銀賞
　日本有線大賞　第8回(昭50年)　優秀新人賞

「しあわせ未満」
　日本有線大賞　第9回(昭51年)　有線ヒット賞

「木綿のハンカチーフ」
　全日本有線放送大賞　第9回(昭51年度)　優秀スター賞

「九月の雨」
　FNS歌謡祭グランプリ　第4回(昭52年)　優秀歌謡音楽賞

「八番街西五十一丁目より」
　ニッポン放送青春文芸賞　優秀賞

銀座音楽祭　第4回(昭50年)　グランプリ
東京音楽祭　第4回(昭50年)　シルバーカナリ賞
日本レコード大賞　(昭50年)　新人賞
日本有線大賞　第8回(昭50年)　優秀新人賞
あなたが選ぶ全日本歌謡音楽祭　第2回(昭51年)　ヤングアイドル賞
横浜音楽祭　第3回(昭51年)　音楽祭賞
銀座音楽祭　第6回(昭51年)　ラジオディスク大賞
全日本有線放送大賞　第9回(昭51年度)　優秀スター賞
日本レコードセールス大賞　第9回(昭51年)　ゴールデン賞
あなたが選ぶ全日本歌謡音楽祭　第3回(昭52年)　ヤングアイドル賞
ぴあテン　(昭53年度)　ぴあテン(コンサート) 7位
ぴあテン(レコード)　(昭54年度) 9位
ぴあテン　(昭54年度)　ぴあテン(コンサート) 3位
ぴあテン　(昭54年度)　もあテン 7位

大滝 詠一　おおたき・えいいち
昭和23(1948)年〜平成25(2013)年
シンガー・ソングライター, 作曲家, 音楽プロデューサー

「A LONG VACATION」
　ぴあテン(レコード)　(昭56年度) 2位
　日本レコード大賞　第23回(昭56年)　ベストアルバム賞

日本レコード大賞　第26回(昭59年)　優秀アルバム賞
日本レコード大賞　第56回(平26年)　特別功労賞

大滝 秀治　おおたき・ひでじ
大正14(1925)年〜平成24(2012)年
俳優

「審判」
　紀伊國屋演劇賞　第5回(昭45年)　個人賞

「あにいもうと」「不毛地帯」
　キネマ旬報賞　第22回(昭51年度)　助演男優賞
　ブルーリボン賞　(昭51年度)　助演男優賞

「犬神家の一族」
　報知映画賞　第1回(昭51年)　最優秀助演男優賞

「不毛地帯」「あにいもうと」
　キネマ旬報賞　第22回(昭51年)　助演男優賞

「夏の盛りの蝉のように」,「君はいま、何処に…」
　読売演劇大賞　第1回(平5年)　優秀男優賞

「巨匠」「浅草物語」
　読売演劇大賞　第12回(平16年度)　大賞・最優秀男優賞

「CM出演」
　スポニチ文化芸術大賞　第14回(平17年度)　優秀賞

「審判—神と人とのあいだ第一部」
　読売演劇大賞　第14回(平18年度)　優秀男優賞

「らくだ」
　芸術祭賞　第64回(平21年度)　演劇部門 大賞(関東参加公演の部)

「あなたへ」
　日本アカデミー賞　第36回(平25年)　最優秀助演男優賞

名古屋ペンクラブ年間賞　(昭48年)
ブルーリボン賞　第19回(昭51年)　助演男優賞
紫綬褒章　(昭63年)
読売演劇大賞　第1回(平5年度)　優秀男優賞
勲四等旭日小綬章　(平7年)
読売演劇大賞　第14回(平18年度)　優秀男優賞
文化功労者　第64回(平23年度)

大竹 しのぶ　おおたけ・しのぶ
昭和32(1957)年〜
俳優

「青春の門」

キネマ旬報賞 第21回(昭50年) 助演女優賞
ブルーリボン賞 第18回(昭50年) 新人賞

「青春の門」「事件」
　キネマ旬報賞 (昭50年度・53年度) 助演女優賞

「若きハイデルベルヒ」「青春の門」
　ゴールデン・アロー賞 第15回(昭52年) 演劇賞 新人賞

「青春の門 自立篇」
　芸術選奨 第28回(昭52年) 映画部門 新人賞

「事件」「聖職の碑」
　キネマ旬報賞 第24回(昭53年) 助演女優賞
　報知映画賞 第3回(昭53年度) 最優秀助演女優賞

「事件」
　日本アカデミー賞 第2回(昭54年) 最優秀主演女優賞

「聖職の碑」
　日本アカデミー賞 第2回(昭54年) 最優秀助演女優賞

「波光きらめく果て」
　ブルーリボン賞 第29回(昭61年) 助演女優賞

「永遠の1/2」
　報知映画賞 第12回(昭62年度) 最優秀主演女優賞

「愛の世界」
　放送文化基金賞 第17回(平3年) テレビドラマ番組特別賞

「死んでもいい」「復活の朝」
　おおさか映画祭 第18回(平4年度) 主演女優賞

「死んでもいい」「復活の朝」「夜逃げ屋本舗」
　キネマ旬報賞 第38回(平4年) 主演女優賞

「存在の深き眠り」
　放送文化基金賞 第23回(平9年) 個別分野賞 演技賞

「学校Ⅲ」
　日刊スポーツ映画大賞・石原裕次郎賞 第11回(平10年) 主演女優賞

「生きたい」「黒い家」
　毎日映画コンクール 第54回(平11年) 女優主演賞

「鉄道員(ぽっぽや)」
　日本アカデミー賞 第23回(平12年) 最優秀主演女優賞

「太鼓たたいて笛ふいて」「売り言葉」
　読売演劇大賞 第10回(平14年) 大賞・最優秀女優賞

「太鼓たたいて笛ふいて」「売り言葉」「欲望という名の電車」
　紀伊國屋演劇賞 第37回(平14年) 個人賞

「ふくろう」
　モスクワ国際映画祭 第25回(平15年) 最優秀女優賞

「太鼓たたいて笛ふいて」「喪服の似合うエレクトラ」
　芸術選奨 第55回(平16年) 演劇部門 文部科学大臣賞

「スウィーニー・トッド」
　菊田一夫演劇賞 第32回(平18年度) 演劇賞

「ヘンリー六世」
　読売演劇大賞 第18回(平22年度) 優秀女優賞

「ピアフ」「大人は、かく戦えり」
　読売演劇大賞 第19回(平23年度) 最優秀女優賞

「一枚のハガキ」
　日本映画批評家大賞 第21回(平23年度) 主演女優賞

「シンベリン」「ふくすけ」
　読売演劇大賞 第20回(平24年度) 優秀女優賞

「後妻業の女」
　ブルーリボン賞 第59回(平28年度) 主演女優賞

「フェードル」「欲望という名の電車」
　紀伊國屋演劇賞 第52回(平29年) 個人賞

「ピアフ」
　菊田一夫演劇賞 第44回(平30年度) 演劇大賞

「GYPSY」「ふるあめりかに袖はぬらさじ」「ヴィクトリア」
　毎日芸術賞 第65回(令5年度)

テレビ大賞 第8回(昭50年度) 新人賞
エランドール賞 (昭51年度) 新人賞
ゴールデン・アロー賞 第15回(昭52年) 最優秀新人賞
ギャラクシー賞 第18回(昭55年) 選奨
テレビ大賞 第13回(昭55年度) 優秀個人賞
四川国際テレビ祭 第1回(平3年) 主演女優賞
毎日映画コンクール 第47回(平4年) 田中絹代賞
読売演劇大賞 第10回(平14年度) 最優秀女優賞
朝日舞台芸術賞 第2回(平15年) 舞台芸術賞
読売演劇大賞 第13回(平17年度) 優秀女優賞
松尾芸能賞 第31回(平22年) 優秀賞 演劇
紫綬褒章 (平23年)

大谷 竹次郎　おおたに・たけじろう
　明治10(1877)年～昭和44(1969)年
　実業家,演劇興行主
紺綬褒章 (大11年)
藍綬褒章 (昭3年)
緑綬褒章 (昭3年)
毎日演劇賞 第3回(昭25年) 特別賞
文化勲章 (昭30年度)
文化功労者 (昭30年)

大塚 和　おおつか・かのう
　大正4(1915)年～平成2(1990)年
　映画プロデューサー

「日本列島」
　ブルーリボン賞 第16回(昭40年) 企画賞

「海と毒薬」

日本アカデミー賞　第10回（昭62年）　特別賞 企画賞
ブルーリボン賞　（昭40年）　企画賞
ミリオンパール賞　（昭40年）
日本映画テレビプロデューサー協会賞　（昭48年）
エランドール賞　（昭49年度）　協会賞

大塚 道子　おおつか・みちこ
昭和5（1930）年〜平成25（2013）年
俳優

「三人姉妹」
　芸術祭賞　第11回（昭31年）　演劇部門　奨励賞
「放浪記」
　菊田一夫演劇賞　第27回（平14年）
「樫の木坂四姉妹」
　紀伊國屋演劇賞　第45回（平22年）　個人賞
　菊田一夫演劇賞　第27回（平13年）　演劇賞

大塚 勇三　おおつか・ゆうぞう
大正10（1921）年〜平成30（2018）年
児童文学者, 翻訳家

「リンドグレーン作品集」
　産経児童出版文化賞　第13回（昭41年）
「スーホの白い馬」
　児童福祉文化賞　第10回（昭42年度）　出版物部門　奨励賞
　産経児童出版文化賞　第15回（昭43年）

大月 みやこ　おおつき・みやこ
昭和21（1946）年〜
歌手

「かくれ宿」
　日本演歌大賞　第11回（昭60年）　歌唱賞
　日本有線大賞　第18回（昭60年）　協会選奨
「豊予海峡」
　日本歌謡大賞　第17回（昭61年）　放送音楽特別賞
「女の駅」
　全日本有線放送大賞　第20回（昭62年度）　最優秀歌唱賞
　全日本有線放送大賞　第20回（昭62年度）　特別賞
　日本テレビ音楽祭　第13回（昭62年）　優秀賞
　日本レコード大賞　第29回（昭62年）　最優秀歌唱賞
「乱れ花」
　メガロポリス歌謡祭　第7回（昭63年）　演歌大賞女性部門
　FNS歌謡祭グランプリ　第15回（昭63年）　優秀歌謡音楽賞
　古賀政男記念音楽大賞　第9回（昭63年度）　プロ作品大賞
　日本レコード大賞　第30回（昭63年）　金賞
　日本演歌大賞　第14回（昭63年）　演歌スター賞
「白い海峡」
　全日本有線放送大賞　第25回（平4年度）　優秀スター賞
　日本レコード大賞　第34回（平4年）　歌謡曲・演歌部門　大賞
　日本歌謡大賞　第23回（平4年）　最優秀放送音楽賞
　日本有線大賞　第25回（平4年）　有線音楽優秀賞
「愛にゆれて」
　全日本有線放送大賞　第27回（平6年度）　優秀スター賞
「恋ものがたり」
　藤田まさと賞　第10回（平6年）
「残菊物語」
　名古屋演劇ペンクラブ賞　（平8年）　年間賞
「いのちの海峡」
　日本レコード大賞　第55回（平25年）　最優秀歌唱賞
「霧笛の宿」
　日本有線大賞　第47回（平26年）　有線音楽優秀賞
「愛のかげろう」
　日本有線大賞　第48回（平27年）　有線音楽優秀賞
「紅の傘」
　日本有線大賞　第49回（平28年）　有線音楽優秀賞
「流氷の宿」
　日本有線大賞　第50回（平29年）　有線音楽優秀賞
　メガロポリス歌謡祭　第6回（昭62年）　演歌メガロポリス賞女性部門
　メガロポリス歌謡祭　第7回（昭63年）　演歌メガロポリス賞女性部門
　銀座音楽祭　第18回（昭63年）　スター演歌金賞
　日本歌謡大賞　第22回（平3年）　放送音楽特別連盟賞
　日本歌謡大賞　第22回（平3年）　放送音楽賞
　芸術祭賞　第47回（平4年）　演芸部門
　日本歌謡大賞　第23回（平4年）　放送音楽賞
　日本歌謡大賞　第24回（平5年）　放送音楽賞
　日本レコード大賞　第39回（平9年）　美空ひばりメモリアル選奨
　日本レコード大賞　第55回（平25年）　最優秀歌唱賞
　文化庁長官表彰　（平28年）
　旭日小綬章　（平29年）
　日本レコード大賞　第59回（平29年）　特別顕彰

大友 克洋　おおとも・かつひろ
昭和29（1954）年〜
アニメーション作家, 漫画家, 映画監督

「気分はもう戦争」
　星雲賞　第13回（昭57年）　コミック部門
「童夢」
　日本SF大賞　第4回（昭58年）
　星雲賞　第15回（昭59年）　コミック部門
「AKIRA」

講談社漫画賞　第8回（昭59年）　一般部門
「MEMORIES」
　毎日映画コンクール　第50回（平7年）　大藤信郎賞
「火要鎮」
　文化庁メディア芸術祭　第16回（平24年）　アニメーション部門　大賞
「火要鎮」（短編）
　メディア芸術祭賞（平24年）　アニメ大賞
　ヨコハマ映画祭（平3年度）　審査員特別賞
　マルチメディアグランプリMMCA会長賞　第14回（平11年）
　フランス芸術文化勲章シュバリエ章（平16年）
　紫綬褒章（平25年）
　アニー賞　第41回（平26年）　ウィンザー・マッケイ賞
　アングレーム国際漫画祭グランプリ　第42回（平27年）

鳳　蘭　おおとり・らん
　昭和21（1946）年～
　俳優
「スウィーニー・トッド」
　菊田一夫演劇賞　第7回（昭56年）
「シカゴ」
　芸術祭賞　第41回（昭61年）　演劇部門
「ジプシー」「ハウ・ツウ・デイト」
　芸術選奨　第42回（平3年）　大衆芸能部門　文部大臣賞
「ラ・マンチャの男」「ラヴ」
　菊田一夫演劇賞　第21回（平7年）　大賞
「COCO」「雨の夏、三十人のジュリエットが還ってきた」
　毎日芸術賞　第51回（平21年度）
「COCO」「雨の夏、三十人のジュリエットが還ってきた」「屋根の上のヴァイオリン弾き」
　読売演劇大賞　第17回（平21年度）　最優秀女優賞
「雨の夏、三十人のジュリエットが還ってきた」「COCO」「屋根の上のヴァイオリン弾き」
　読売演劇大賞　第17回（平21年度）　最優秀女優賞
「COCO」
　松尾芸能賞　第31回（平22年）　大賞
　芸術祭賞（昭61年）
　東京都民文化栄誉賞（昭62年）
　名古屋演劇ペンクラブ年間賞（平2年）
　紫綬褒章（平17年）
　紀伊國屋演劇賞　第44回（平21年）　個人賞　"雨の夏、三十人のジュリエットが還ってきた"などの演技"
　松尾芸能賞　第31回（平22年）　大賞　演劇
　岩谷時子賞　第2回（平23年）　特別賞
　旭日小綬章（平28年）
　菊田一夫演劇賞　第46回（令2年度）　特別賞

大野　克夫　おおの・かつお
　昭和14（1939）年～
　作曲家, キーボード奏者
「勝手にしやがれ」
　日本レコード大賞　第19回（昭52年）　大賞
「LOVE（抱きしめたい）」
　FNS歌謡祭グランプリ　第5回（昭53年）　グランプリ
「名探偵コナン（BGM）」
　JASRAC賞　第25回（平19年）　国際賞
　JASRAC賞　第35回（平29年）　銀賞
　FNS歌謡祭グランプリ　第5回（昭53年）　最優秀作曲賞

大野　雄二　おおの・ゆうじ
　昭和16（1941）年～
　ジャズ・ピアニスト, 作曲家, 編曲家
「犬神家の一族」
　毎日映画コンクール　第31回（昭51年）　音楽賞
「ミスティトワイライト」
　日本作曲大賞　第2回（昭57年）　優秀作曲者賞
「新ルパン三世BGM」
　JASRAC賞　第15回（平9年）　国際賞
「ルパン三世のテーマ'78」
　JASRAC賞　第33回（平27年）　銅賞

大庭　みな子　おおば・みなこ
　昭和5（1930）年～平成19（2007）年
　小説家。日本芸術院会員
「三匹の蟹」
　芥川龍之介賞　第59回（昭43年上）
　群像新人文学賞　第11回（昭43年）　小説　当選作
「がらくた博物館」
　女流文学賞　第14回（昭50年）
「寂兮寥兮」
　谷崎潤一郎賞　第18回（昭57年）
「啼く鳥の」
　野間文芸賞　第39回（昭61年）
「海にゆらぐ糸」
　川端康成文学賞　第16回（平1年）
「津田梅子」
　読売文学賞　第42回（平2年）　評論・伝記賞
「赤い満月」
　川端康成文学賞　第23回（平8年）
「浦安うた日記」
　紫式部文学賞　第13回（平15年）
　川端康成文学賞　第16回（平1年）
　勲三等瑞宝章（平14年）

大橋　喜一　おおはし・きいち
　大正6（1917）年～平成24（2012）年
　劇作家

「楠三吉の青春」
  新劇戯曲賞　(昭31年)
  「新劇」戯曲賞　第2回(昭31年)
「愛と死の記録」
  年鑑代表シナリオ　第18回(昭41年度)
「ゼロの記録」
  小野宮吉戯曲平和賞　第4回(昭43年)

大橋 純子　おおはし・じゅんこ
昭和25(1950)年～令和5(2023)年
歌手

「たそがれマイ・ラブ」
  日本レコード大賞　第20回(昭53年)　金賞
  全日本有線放送大賞　第11回(昭53年度)　優秀スター賞
「シルエット・ロマンス」
  全日本有線放送大賞　第15回(昭57年度)　優秀スター賞
  日本レコード大賞　第24回(昭57年)　最優秀歌唱賞
  FNS歌謡祭グランプリ　第9回(昭57年)　優秀歌謡音楽賞
ソウル音楽祭グランプリ　(昭53年)
東京音楽祭　第8回(昭54年)　最優秀歌唱賞
FNS歌謡祭グランプリ　第9回(昭57年)　優秀歌謡音楽賞
日本レコード大賞　第65回(令5年)　特別功労賞

大林 宣彦　おおばやし・のぶひこ
昭和13(1938)年～令和2(2020)年
映画監督

「喰べた人」
  ベルギー国際実験映画祭　(昭38年)　特別賞
「ハウス」
  ぴあテン　第6回(昭52年度)　10位
「転校生」
  キネマ旬報ベスト・テン　第56回(昭57年度)　日本映画 3位
  ぴあテン　第12回(昭58年度)　もあテン 9位
「時をかける少女」
  ぴあテン　第12回(昭58年度)　4位
  ぴあテン　第13回(昭59年度)　もあテン 8位
  ぴあテン　第14回(昭60年度)　もあテン 10位
「廃市」
  キネマ旬報ベスト・テン　第58回(昭59年度)　日本映画 9位
「さびしんぼう」
  キネマ旬報ベスト・テン　第59回(昭60年度)　日本映画 5位
  キネマ旬報賞　第31回(昭60年)　読者選出日本映画監督賞
  ぴあテン　第14回(昭60年度)　3位
  ぴあテン　第15回(昭61年度)　もあテン 3位
「異人たちとの夏」
  キネマ旬報ベスト・テン　第62回(昭63年度)　日本映画 3位
  毎日映画コンクール　第43回(昭63年)　監督賞
  優秀映画鑑賞会ベストテン　第29回(昭63年度)　日本映画 7位
「北京的西瓜」
  キネマ旬報ベスト・テン　第63回(平1年度)　日本映画 6位
  山路ふみ子映画賞　第13回(平1年)
  優秀映画鑑賞会ベストテン　第30回(平1年度)　日本映画 3位
「ふたり」
  おおさか映画祭　第17回(平3年度)　作品賞・監督賞
  キネマ旬報ベスト・テン　第65回(平3年度)　日本映画 第5位
  ぴあテン　第20回(平3年度)　第6位
  優秀映画鑑賞会ベストテン　第32回(平3年度)　日本映画 第2位
「青春デンデケデケデケ」
  芸術選奨　第43回(平4年度)　映画部門 文部大臣賞
  おおさか映画祭　第18回(平4年度)　作品賞・監督賞
  キネマ旬報ベスト・テン　第66回(平4年度)　日本映画 第2位
  芸術選奨文部大臣賞　第43回(平4年度)　映画部門
  優秀映画鑑賞会ベストテン　第33回(平4年度)　日本映画 第4位
「女ざかり」
  優秀映画鑑賞会ベストテン　第35回(平6年度)　日本映画 第8位
「水の旅人/侍KIDS」
  日本アカデミー賞　第17回(平6年)　話題賞 作品部門
「SADA」
  ベルリン国際映画祭　第48回(平10年)　国際映画批評家連盟賞
「風の歌が聴きたい」
  山路ふみ子映画賞　(平10年)　福祉賞
「日日世は好日」
  日本文芸大賞　第21回(平15年)　特別賞
「理由」
  キネマ旬報ベスト・テン　第78回(平16年度)　日本映画 第6位
  藤本賞　第24回(平16年度)　奨励賞
「野のなななのか」
  キネマ旬報ベスト・テン　第88回(平26年度)　日本映画 第4位
「花筐/HANAGATAMI」
  キネマ旬報ベスト・テン　第91回(平29年度)　日本

映画 第2位
　キネマ旬報ベスト・テン個人賞 第91回（平29年度）
　　監督賞
　毎日映画コンクール 第72回（平29年）日本映画大賞
　毎日芸術賞 第60回（平30年度）特別賞
「海辺の映画館―キネマの玉手箱」
　キネマ旬報ベスト・テン 第94回（令2年度）日本映画 第2位
　キネマ旬報ベスト・テン個人賞 第94回（令2年度）日本映画監督賞

ブルーリボン賞 第20回（昭52年）新人賞
紫綬褒章（平16年）
旭日小綬章（平21年）
東京国際映画祭 第32回（令1年）特別功労賞
文化功労者 第72回（令1年度）
キネマ旬報ベスト・テン日本映画監督賞 第94回（令2年度）
日本アカデミー賞 第44回（令2年度）会長特別賞
牧野省三賞（令2年）
日本アカデミー賞 第44回（令3年）会長特別賞
国際CM賞

大原 興三郎　おおはら・こうざぶろう
　昭和16（1941）年～
　児童文学作家
「海からきたイワン」
　講談社児童文学新人賞 第19回（昭53年）
　児童文芸新人賞 第9回（昭55年）
　野間児童文芸賞 第18回（昭55年）推奨作品賞
「なぞのイースター島」
　日本児童文芸家協会賞 第18回（平6年）

静岡県芸術祭 奨励賞

大原 富枝　おおはら・とみえ
　大正1（1912）年～平成12（2000）年
　小説家。日本芸術院会員
「若い渓間」
　文学報国新人小説（昭18年）佳作
「ストマイつんぼ」
　女流文学者賞 第8回（昭32年）
「婉という女」
　毎日出版文化賞 第14回（昭35年）
　野間文芸賞 第13回（昭35年）
「於雪―土佐一条家の崩壊」
　女流文学賞 第9回（昭45年）
勲三等瑞宝章（平2年）
日本芸術院賞 第54回（平9年）第2部 恩賜賞・日本芸術院賞

大村 雅朗　おおむら・まさあき
　昭和26（1951）年～平成9（1997）年
　作曲家、編曲家

「野ばらのエチュード」
　FNS歌謡祭グランプリ 第9回（昭57年）グランプリ
「SWEET MEMORIES」
　日本レコード大賞 第25回（昭58年）編曲賞

日本レコードセールス大賞 第12回（昭54年）編曲賞
FNS歌謡祭グランプリ 第7回（昭55年）最優秀編曲賞
日本レコードセールス大賞 第13回（昭55年）編曲賞
日本レコードセールス大賞 第14回（昭56年）編曲賞
日本レコードセールス大賞 第16回（昭58年）編曲賞
日本レコードセールス大賞 第17回（昭59年）編曲賞
日本レコードセールス大賞 第18回（昭60年）編曲賞

大森 一樹　おおもり・かずき
　昭和27（1952）年～令和4（2022）年
　映画監督、脚本家
「オレンジロード急行」
　城戸賞 第3回（昭52年）入賞
　おおさか映画祭 第4回（昭53年度）新人監督賞
「ヒポクラテスたち」
　キネマ旬報ベスト・テン 第54回（昭55年度）日本映画 3位
　年鑑代表シナリオ（昭55年度）
　優秀映画鑑賞会ベストテン 第21回（昭55年度）日本映画 4位
「ピポクラテスたち」
　年間シナリオ（昭55年度）
「恋する女たち」
　キネマ旬報ベスト・テン 第60回（昭61年度）日本映画 7位
　文化庁優秀映画賞（昭61年）
　おおさか映画祭（昭62年度）監督賞
「〈さよなら〉の女たち」「トットチャンネル」
　芸術選奨 第38回（昭62年）映画部門 新人賞
「わが心の銀河鉄道 宮沢賢治物語」
　日本アカデミー賞（平9年）優秀監督賞
「悲しき天使」
　おおさかシネマフェスティバル 第2回（平19年）監督賞

京都府文化賞 第13回（平7年）奨励賞

大山 勝美　おおやま・かつみ
　昭和7（1932）年～平成26（2014）年
　テレビプロデューサー、演出家
「若もの一努の場合」
　芸術選奨（昭38年）奨励賞
「真夜中のあいさつ」
　芸術祭賞（昭49年）テレビ部門大賞
「岸辺のアルバム」
　テレビ大賞（昭52年度）
「岸辺のアルバム」「風が燃えた」

芸術選奨（昭52年度）文部大臣賞
「こころ」
　放送文化基金賞　第21回（平7年）個別分野賞　映像・照明・美術賞
「テレビ東京『おじいさんの台所』などの演出」
　ギャラクシー賞　第35回（平9年）個人賞
　ギャラクシー賞　第3回（昭40年）テレビ
　芸術選奨　第28回（昭52年）放送部門　大臣賞
　日本映画テレビプロデューサー協会賞（昭54年）
　エランドール賞（昭55年度）協会賞
　テレビ大賞　第15回（昭57年度）優秀個人賞
　放送文化基金賞　第10回（昭59年）個人・グループ部門
　日本映画テレビプロデューサー協会賞（平1年）
　エランドール賞（平2年度）協会賞
　紫綬褒章（平6年）
　勲四等旭日小綬章（平15年）

大山 康晴　おおやま・やすはる
　大正12（1923）年〜平成4（1992）年
　棋士
　倉敷市名誉市民（昭45年）
　将棋大賞　第1回（昭49年）最優秀棋士賞
　将棋大賞　第2回（昭50年）特別賞
　将棋大賞　第3回（昭51年）特別賞
　日本放送協会放送文化賞　第30回（昭53年）
　最優秀棋士賞（昭54年）
　紫綬褒章（昭54年）
　将棋大賞　第7回（昭55年）最優秀棋士賞
　将棋大賞　第13回（昭61年）特別賞
　菊池寛賞　第35回（昭62年）
　東京都文化賞　第3回（昭62年）
　佐賀市政功労表彰（昭63年）
　文化功労者（平2年）
　将棋大賞　第19回（平4年）特別賞

岡 千秋　おか・ちあき
　昭和25（1950）年〜
　作曲家，歌手
「ふたりの夜明け」
　FNS歌謡祭グランプリ　第7回（昭55年）グランプリ
　古賀政男記念音楽大賞　第1回（昭55年度）プロ作品優秀賞
「浪花恋しぐれ」
　全日本有線放送大賞　第16回（昭58年度）グランプリ
　日本有線大賞　第16回（昭58年）有線音楽賞
「長良川艶歌」
　FNS歌謡祭グランプリ　第11回（昭59年）グランプリ
　日本レコード大賞　第26回（昭59年）大賞
　日本作曲大賞　第4回（昭59年）優秀作曲者賞
「命の恋」

　日本レコード大賞　第58回（平28年）作曲賞
　古賀政男記念音楽大賞　第1回（昭55年）
　日本作曲大賞　第4回（昭59年）優秀作曲者賞
　日本レコード大賞　第42回（平12年）吉田正賞

岡井 隆　おかい・たかし
　昭和3（1928）年〜令和2（2020）年
　歌人，文芸評論家，医師。日本芸術院会員
「土地よ痛みを負え」
　日本歌人クラブ推薦歌集　第8回（昭37年）
「海庭」
　「短歌」愛読者賞　第5回（昭53年）
「禁忌と好色」
　迢空賞　第17回（昭58年）
「親和力」
　齋藤茂吉短歌文学賞　第1回（平1年）
　斎藤茂吉短歌文学賞　第1回（平2年）
「岡井隆コレクション」
　現代短歌大賞　第18回（平7年）
「ヴォツェック／海と陸」「短歌と日本人」
　毎日芸術賞　第41回（平11年）
「ウランと白鳥」
　詩歌文学館賞　第14回（平11年）短歌
「馴鹿時代今か来向かふ」
　読売文学賞　第56回（平16年）詩歌俳句賞
「岡井隆全歌集」
　藤村記念歴程賞　第45回（平19年）
「ネフスキイ」
　小野市詩歌文学賞　第1回（平21年）
「注解する者」
　高見順賞　第40回（平21年）
「X（イクス）―述懐スル私」
　短歌新聞社賞　第18回（平23年）
　中日文化賞　第43回（平2年）
　現代短歌大賞　第18回（平7年）
　紫綬褒章（平8年）
　旭日小綬章（平16年）
　藤村記念歴程賞　第45回（平19年）
　東海テレビ文化賞　第41回（平20年）
　文化功労者　第69回（平28年度）

岡崎 宏三　おかざき・こうぞう
　大正8（1919）年〜平成17（2005）年
　映画撮影監督
「六条ゆきやま紬」
　ブルーリボン賞　第16回（昭40年）技術賞
「御用金」
　毎日映画コンクール　第24回（昭44年）撮影賞
「いのちぼうにふろう」

毎日映画コンクール 第26回 (昭46年) 撮影賞
「華麗なる一族」
　毎日映画コンクール 第29回 (昭49年) 撮影賞
「化石」
　毎日映画コンクール 第30回 (昭50年) 撮影賞
「ねむの木の詩がきこえる」「アラスカ物語」
　芸術選奨 第28回 (昭52年) 映画部門 大臣賞

ブルーリボン賞 (昭40年) 技術賞
毎日映画コンクール (昭44年・46年・49年・50年) 撮影賞
勲四等旭日小綬章 (平5年)
日本映画ペンクラブ賞 第22回 (平5年度)
山路ふみ子映画賞 第20回 (平8年) 映画功労賞

岡崎 栄　おかざき・さかえ
　昭和5(1930)年～
　テレビ演出家, 脚本家

「逆転」
　芸術選奨 (昭54年) 文部大臣賞

芸術選奨 第29回 (昭53年) 放送部門 大臣賞
紫綬褒章 (平8年)
松尾芸能賞 第17回 (平8年) 優秀賞 テレビ
ザ・ヒットメーカー'97 (平9年)
放送文化基金賞 (平14年)
放送文化基金賞 第29回 (平15年) 個人・グループ部門 放送文化
旭日小綬章 (平16年)
ギャラクシー賞 第60回 (令4年度) 志賀信夫賞

岡崎 清一郎　おかざき・せいいちろう
　明治33(1900)年～昭和61(1986)年
　詩人

「肉体輝燿」
　文芸汎論詩集賞 第7回 (昭15年)
「新世界交響楽」
　高村光太郎賞 第3回 (昭35年)
　高村光太郎賞〔詩門〕 第3回 (昭35年)
「岡崎清一郎詩集」
　歴程賞 第9回 (昭46年)
「詩集春鶯囀」
　読売文学賞 第24回 (昭47年) 詩歌俳句賞

勲四等瑞宝章 (昭47年)
足利市文化功労賞
栃木県文化功労賞

緒形 拳　おがた・けん
　昭和12(1937)年～平成20(2008)年
　俳優

「丹那隧道」
　芸術祭賞 第15回 (昭35年) 演劇部門 奨励賞
「必殺仕掛人」
　ギャラクシー賞 第10回 (昭47年)
「鬼畜」
　キネマ旬報賞 第24回 (昭53年) 主演男優賞
　ブルーリボン賞 第21回 (昭53年) 主演男優賞
　報知映画賞 第3回 (昭53年度) 最優秀主演男優賞
　毎日映画コンクール 第33回 (昭53年) 演技賞 男優演技賞
　日本アカデミー賞 第2回 (昭54年) 最優秀主演男優賞
「鬼畜」「復讐するは我にあり」
　日本アカデミー賞 (昭53年度・58年度・61年度) 主演男優賞
「楢山節考」「陽暉楼」「オキナワの少年」「魚影の群れ」
　ブルーリボン賞 第26回 (昭58年) 主演男優賞
「楢山節考」「陽暉楼」「魚影の群れ」
　毎日映画コンクール 第38回 (昭58年) 演技賞 男優主演賞
「楢山節考」「陽暉楼」
　日本アカデミー賞 第7回 (昭59年) 最優秀主演男優賞
「火宅の人」
　日本アカデミー賞 第10回 (昭62年) 最優秀主演男優賞
「百年の男」
　ゴールデンチェストドラマ番組国際コンクール (ブルガリア) (平8年) 最優秀男優賞
「風のガーデン」「帽子」
　放送文化基金賞 第35回 (平21年) 個別分野 特別賞

ゴールデン・アロー賞 第3回 (昭40年) 新人賞
ブルーリボン賞 (昭53年度・58年度) 主演男優賞
毎日映画コンクール (昭53年度・58年度) 男優演技賞
テレビ大賞 第14回 (昭56年度) 優秀個人賞
ゴールデン・アロー賞 第21回 (昭58年) 映画賞
ゴールデン・アロー賞 第21回 (昭58年) 大賞
松尾芸能賞 第11回 (平2年) 優秀賞 テレビ・映画
紫綬褒章 (平12年)
ブルーリボン賞 第51回 (平20年度) 特別賞
日本放送協会放送文化賞 第60回 (平20年度)
毎日映画コンクール 第63回 (平20年) 特別賞
エランドール賞 (平21年度) 特別賞
日本アカデミー賞 第32回 (平21年) 会長特別賞
放送文化基金賞 第35回 (平21年)

岡田 茂　おかだ・しげる
　大正13(1924)年～平成23(2011)年
　映画プロデューサー

牧野省三賞 第9回 (昭41年)
藍綬褒章 (昭59年)
勲二等瑞宝章 (平7年)

毎日映画コンクール 第50回(平7年) 50周年記念特別表彰 特別功労賞
日本アカデミー賞 第35回(平24年) 会長特別賞

岡田 淳　おかだ・じゅん
昭和22(1947)年～
児童文学作家

「放課後の時間割」
　日本児童文学者協会新人賞 第14回(昭56年)

「雨やどりはすべり台の下で」
　産経児童出版文化賞 第31回(昭59年)

「学校ウサギをつかまえろ」
　日本児童文学者協会賞 第27回(昭62年)

「扉のむこうの物語」
　赤い鳥文学賞 第18回(昭63年)

「びりっかすの神さま」「星モグラ サンジの伝説」
　路傍の石文学賞 第15回(平5年) 幼少年文学賞

「こそあどの森の物語」
　野間児童文芸賞 第33回(平7年)

「願いのかなうまがり角」
　産経児童出版文化賞 第60回(平25年) フジテレビ賞

「こそあどの森のおとなたちが子どもだったころ」
　産経児童出版文化賞 第69回(令4年) 大賞

緒形 直人　おがた・なおと
昭和42(1967)年～
俳優

「優駿」
　ゴールデン・アロー賞 第26回(昭63年) 映画賞 新人賞
　キネマ旬報賞 第34回(昭63年) 新人男優賞
　ブルーリボン賞 (昭63年度) 新人賞
　日刊スポーツ映画大賞・石原裕次郎賞 第1回(昭63年) 石原裕次郎新人賞
　日本アカデミー賞 第12回(平1年) 新人賞

ゴールデン・アロー賞 (昭63年) 映画賞新人賞
プロデューサー協会新人賞 (昭63年)
エランドール賞 (平1年度) 新人賞

岡田 奈々　おかだ・なな
昭和34(1959)年～
俳優

「女学生」
　新宿音楽祭 第8回(昭50年) 銀賞
　銀座音楽祭 第5回(昭50年) アイドル賞

ゴールデン・アロー賞 第13回(昭50年) グラフ賞
あなたが選ぶ全日本歌謡音楽祭 第2回(昭51年) ヤングアイドル賞
エランドール賞 (昭51年度) 新人賞
ABC歌謡新人グランプリ 第2回(昭51年) シルバー賞
歌謡ゴールデン大賞・新人グランプリ 第2回(昭51年) シルバー賞

岡田 茉莉子　おかだ・まりこ
昭和8(1933)年～
俳優

「悪女の季節」
　毎日映画コンクール 第13回(昭33年) 演技賞 女優助演賞

「今年の恋」「秋津温泉」
　毎日映画コンクール 第17回(昭37年) 演技賞 女優主演賞

「今年の恋」「霧子の運命」
　キネマ旬報賞 第8回(昭37年) 女優賞

日本アカデミー賞 第42回(平31年) 会長功労賞

岡田 裕介　おかだ・ゆうすけ
昭和24(1949)年～令和2(2020)年
映画プロデューサー, 俳優

エランドール賞 (昭45年度) 新人賞
日本アカデミー賞 第44回(令3年) 協会栄誉賞
報知映画賞 第46回(令3年度) 特別賞

岡田 有希子　おかだ・ゆきこ
昭和42(1967)年～昭和61(1986)年
歌手

「ファースト・デイト」
　メガロポリス歌謡祭 第3回(昭59年) 最優秀新人ダイヤモンド賞
　全日本有線放送大賞 第17回(昭59年度) 新人賞

「リトルプリンセス」
　日本テレビ音楽祭 第10回(昭59年) 新人賞

「恋はじめまして」
　FNS歌謡祭グランプリ 第11回(昭59年) 最優秀新人賞
　FNS歌謡祭グランプリ 第11回(昭59年) 優秀新人賞
　銀座音楽祭 第14回(昭59年) グランプリ
　新宿音楽祭 第17回(昭59年) 金賞
　日本レコード大賞 第26回(昭59年) 最優秀新人賞
　日本歌謡大賞 第15回(昭59年) 優秀放送音楽新人賞
　日本有線大賞 第17回(昭59年) 新人賞

「Love Fair」
　あなたが選ぶ全日本歌謡音楽祭 第11回(昭60年) 金賞
　FNS歌謡祭グランプリ 第12回(昭60年) 優秀歌謡音楽賞

「哀しい予感」
　日本テレビ音楽祭 第11回(昭60年) 金の鳩賞

あなたが選ぶ全日本歌謡音楽祭 第10回(昭59年) 最優秀新人賞
ゴールデン・アロー賞 第22回(昭59年) 音楽賞 新人賞
21世紀ヤング歌謡大賞新人グランプリ 第11回(昭59

年）グランプリ
歌謡ゴールデン大賞・新人グランプリ　第11回（昭59年）
メガロポリス歌謡祭　第4回（昭60年）ポップス入賞
FNS歌謡祭グランプリ　第12回（昭60年）優秀歌謡音楽賞

岡野 薫子　おかの・かおるこ
昭和4（1929）年〜令和4（2022）年
児童文学作家, エッセイスト

「世界の子どもへの贈りもの」
ラバルロ映画祭　（昭29年）入賞

「ピアノへの招待」
芸術祭賞（昭33年）文部大臣奨励賞・教育映画祭特別賞・日本紹介映画コンクール通産大臣賞

「受胎の神秘」
PR映画祭（昭33年）特別賞・パビア医学映画祭ピエトロカルニカ賞

「細胞のはたらき」「じんぞうのはたらき」
教育映画祭　（昭35年）特別賞

「耳のはたらき」
教育映画コンクール銀賞　（昭35年）

「世紀の金属アルミニウム」
都教育映画コンクール　（昭36年）銀賞

「銀色ラッコのなみだ」
NHK児童文学奨励賞　第3回（昭39年）
産経児童出版文化賞　第11回（昭39年）
動物愛護協会賞　（昭50年）

「ヤマネコのきょうだい」
野間児童文芸賞　第3回（昭40年）推奨作品賞

「銀色ラッコのなみだ―北の海の物語」
NHK児童文学賞　第3回（昭40年）奨励賞

「ミドリがひろった ふしぎなかさ」
講談社出版文化賞　第9回（昭53年）絵本部門

「岡野薫子の世界―文と絵と―」
教育映像祭　（平14年）優秀作品賞

児童文化功労賞　第53回（平26年）

岡野 弘彦　おかの・ひろひこ
大正13（1924）年〜
歌人, 国文学者。日本芸術院会員

「冬の家族」
現代歌人協会賞　第11回（昭42年）

「滄浪歌」
迢空賞　第7回（昭48年）

「海のまほろば」
芸術選奨　第29回（昭53年）文学部門　文部大臣賞

「天の鶴群」
読売文学賞　第39回（昭62年）詩歌俳句賞

「折口信夫伝」

和辻哲郎賞　第14回（平14年）一般部門

「バグダッド燃ゆ」
現代短歌大賞　第29回（平18年）
詩歌文学館賞　第22回（平19年）短歌

「岡野弘彦全歌集」
齋藤茂吉短歌文学賞　第33回（令3年）

迢空賞　第7回（昭48年）
紫綬褒章　（昭63年）
日本芸術院賞　第54回（平9年）第2部
勲三等瑞宝章　（平10年）
日本歌人クラブ大賞　（平25年）
文化功労者　第66回（平25年度）
井上靖記念文化賞　第4回（令2年）特別賞
文化勲章　（令3年度）

岡部 耕大　おかべ・こうだい
昭和20（1945）年〜令和5（2023）年
劇作家

「肥前松浦兄妹心中」
岸田國士戯曲賞　第23回（昭54年）

「女衒」
年鑑代表シナリオ　（昭62年度）

「亜也子―母の桜は散らない桜」
紀伊國屋演劇賞　第23回（昭63年）個人賞

岡松 和夫　おかまつ・かずお
昭和6（1931）年〜平成24（2012）年
小説家

「壁」
文學界新人賞　第9回（昭34年下）

「志賀島」
芥川龍之介賞　第74回（昭50年下）

「異郷の歌」
新田次郎文学賞　第5回（昭61年）

「峠の棲家」
木山捷平文学賞　第2回（平10年）

岡本 綾子　おかもと・あやこ
昭和26（1951）年〜
プロゴルファー

日本プロスポーツ大賞　第15回（昭57年）殊勲賞
日本プロスポーツ大賞　第17回（昭59年）殊勲賞
日本プロスポーツ大賞　第20回（昭62年）大賞

岡本 喜八　おかもと・きはち
大正13（1924）年〜平成17（2005）年
映画監督

「独立愚連隊」
年鑑代表シナリオ　第11回（昭34年度）

「江分利満氏の優雅な生活」
優秀映画鑑賞会ベストテン　第4回（昭38年度）日本

映画 7位

「肉弾」
　年鑑代表シナリオ　第18回（昭41年度）特別賞
　キネマ旬報ベスト・テン　第42回（昭43年度）日本映画 2位
　年鑑代表シナリオ　第20回（昭43年度）
　毎日映画コンクール　（昭43年度）監督賞
　毎日映画コンクール　第23回（昭43年）監督賞
　優秀映画鑑賞会ベストテン　第9回（昭43年度）日本映画 4位

「日本のいちばん長い日」
　キネマ旬報ベスト・テン　第41回（昭42年度）日本映画 3位
　優秀映画鑑賞会ベストテン　第8回（昭42年度）日本映画 2位

「吶喊」
　優秀映画鑑賞会ベストテン　第16回（昭50年度）日本映画 9位

「ダイナマイトどんどん」
　キネマ旬報ベスト・テン　第52回（昭53年度）日本映画 7位

「英霊たちの応援歌—最後の早慶戦」
　優秀映画鑑賞会ベストテン　第20回（昭54年度）日本映画 6位

「近頃なぜかチャールストン」
　キネマ旬報ベスト・テン　第55回（昭56年度）日本映画 10位

「ジャズ大名」
　キネマ旬報ベスト・テン　第60回（昭61年度）日本映画 10位

「大誘拐」
　日刊スポーツ映画大賞・石原裕次郎賞（平3年）石原裕次郎賞

「大誘拐—RAINBOW KIDS」
　キネマ旬報ベスト・テン　第65回（平3年度）日本映画　第2位
　日刊スポーツ映画大賞・石原裕次郎賞　第4回（平3年）石原裕次郎賞
　年鑑代表シナリオ（平3年度）
　優秀映画鑑賞会ベストテン　第32回（平3年度）日本映画　第4位
　日本アカデミー賞　第15回（平4年）最優秀監督賞
　日本アカデミー賞　第15回（平4年）最優秀脚本賞

「Coo 遠い海から来たクー」
　年鑑代表シナリオ（平5年度）

ヨコハマ映画祭　（昭61年）特別賞
紫綬褒章（平1年）
勲四等旭日小綬章（平7年）
日本映画批評家大賞　第5回（平7年度）特別賞
ブルーリボン賞　第48回（平17年度）特別賞
明治大学特別功労賞（平17年）

日本アカデミー賞　第29回（平18年）会長特別賞

岡本 忠成　おかもと・ただなり
　昭和7（1932）年～平成2（1990）年
　アニメーション作家

「チコタン」
　芸術選奨　第22回（昭46年）映画部門 新人賞

「水のたね」
　毎日映画コンクール　第30回（昭50年）大藤信郎賞
　毎日映画コンクール　第20回（昭40年）大藤信郎賞
　毎日映画コンクール　第25回（昭45年）大藤信郎賞

芸術選奨（昭46年）映画部門新人賞
モービル児童文化賞　第24回（平1年）
毎日映画コンクール　第45回（平2年）特別賞

岡本 太郎　おかもと・たろう
　明治44（1911）年～平成8（1996）年
　芸術家、評論家

「忘れられた日本」
　毎日出版文化賞　第15回（昭36年）

「全業績」
　歴程賞　第31回（平5年）

二科展二科賞　第28回（昭16年）
国際建築絵画大賞（フランス）第1回（昭34年）
日本新語・流行語大賞　第3回（昭61年）特別部門 語録賞
フランス芸術文化勲章（平1年）
川崎市名誉市民（平5年）
藤村記念歴程賞　第31回（平5年）

小川 国夫　おがわ・くにお
　昭和2（1927）年～平成20（2008）年
　小説家。日本芸術院会員

「逸民」
　川端康成文学賞　第13回（昭61年）

「悲しみの港」
　伊藤整文学賞　第5回（平6年）小説

「ハシッシ・ギャング」
　読売文学賞　第50回（平10年）小説賞

日本芸術院賞　第56回（平11年）第2部
旭日中綬章（平18年）

小川 紳介　おがわ・しんすけ
　昭和10（1935）年～平成4（1992）年
　記録映画監督

「日本解放戦線三里塚」
　年鑑代表シナリオ（昭45年度）

「三里塚・第二砦の人々」
　マンハイム映画祭（昭46年）ジョセフ・フォン・スタンバーグ賞

「ニッポン国 古屋敷村」

キネマ旬報ベスト・テン　第56回（昭57年度）　日本映画 5位
ベルリン国際映画祭　第34回（昭57年）　国際映画批評家賞

「ニッポン国古屋敷村」
優秀映画鑑賞会ベストテン　第23回（昭57年度）　日本映画 1位

「1000年刻みの日時計 牧野村物語」
キネマ旬報ベスト・テン　第61回（昭62年度）　日本映画 3位

小川 寛興　おがわ・ひろおき
大正14（1925）年～平成29（2017）年
作曲家

「さよならはダンスのあとに」
日本レコード大賞　第7回（昭40年）　作曲賞

「鹿吠えは谷にこだまする」
芸術祭賞　第25回（昭45年）　大衆芸能部門（2部）優秀賞

「童謡〈西部劇〉」
日本童謡賞　第2回（昭47年）

紫綬褒章（昭63年）
勲四等旭日小綬章（平9年）
日本レコード大賞　第39回（平9年）　功労賞
日本レコード大賞　第59回（平29年）　特別功労賞

小川 真由美　おがわ・まゆみ
俳優

「スパイ」
エランドール賞（昭40年）

「華岡青洲の妻」
岸田國士賞（昭45年）

「復讐するは我にあり」
キネマ旬報賞　第25回（昭54年）　助演女優賞

「復讐するは我にあり」「配達されない三通の手紙」
報知映画賞　第4回（昭54年度）　最優秀助演女優賞
日本アカデミー賞　第3回（昭55年）　最優秀助演女優賞

「ドリスとジョージ」
芸術祭賞　（昭56年度）　優秀賞

「白い手」「遺産相続」
日刊スポーツ映画大賞・石原裕次郎賞　第3回（平2年）　助演女優賞

エランドール賞（昭40年度）　新人賞
テレビ大賞　第4回（昭46年度）　優秀タレント賞
日本放送作家協会賞　（昭46年度）　演技者賞

小川 未明　おがわ・みめい
明治15（1882）年～昭和36（1961）年
小説家，児童文学作家。日本芸術院会員

「日本児童文学全集」
産経児童出版文化賞　第1回（昭29年）

野間文芸賞　第5回（昭20年）
日本芸術院賞　第7回（昭25年）　第2部
日本芸術院賞　（昭26年）
文化功労者　（昭28年）

荻野目 慶子　おぎのめ・けいこ
昭和39（1964）年～
俳優

「海潮音」
ヨコハマ映画祭　第2回（昭55年度）　最優秀新人賞
報知映画賞　第5回（昭55年度）　最優秀新人賞

「いつかギラギラする日」
ヨコハマ映画祭　第14回（平4年度）　助演女優賞

「三文役者」
毎日映画コンクール　第56回（平13年）　女優助演賞

テレビ大賞　第18回（昭60年度）　優秀個人賞

荻野目 洋子　おぎのめ・ようこ
昭和43（1968）年～
歌手，俳優

「さよならから始まる物語」
新宿音楽祭　第17回（昭59年）　銀賞
FNS歌謡祭グランプリ　第11回（昭59年）　優秀新人賞

「未来航海」
メガロポリス歌謡祭　第3回（昭59年）　優秀新人エメラルド賞

「ダンシング・ヒーロー」
あなたが選ぶ全日本歌謡音楽祭　第12回（昭61年）　最優秀アイドル賞
日本有線大賞　第19回（昭61年）　有線音楽賞
日本レコード大賞　第59回（平29年）　特別賞

「六本木純情派」
全日本有線放送大賞　第19回（昭61年度）　優秀スター賞
日本歌謡大賞　第17回（昭61年）　放送音楽特別賞
FNS歌謡祭グランプリ　第14回（昭62年）　最優秀ヒット賞
日本有線大賞　第20回（昭62年）　有線音楽賞

「さよならの果実たち」
あなたが選ぶ全日本歌謡音楽祭　第13回（昭62年）　最優秀タレント賞
メガロポリス歌謡祭　第6回（昭62年）　ポップスメガロポリス賞

「北風のキャロル」
FNS歌謡祭グランプリ　第14回（昭62年）　優秀歌謡音楽賞
日本歌謡大賞　第18回（昭62年）　放送音楽プロデューサー連盟賞

「スターダスト・ドリーム」

メガロポリス歌謡祭　第7回（昭63年）　ポップスメガロポリス賞
「ストレンジャーtonight」
　FNS歌謡祭グランプリ　第15回（昭63年）　優秀歌謡音楽賞
「ユア・マイ・ライフ」
　日本テレビ音楽祭　第15回（平1年）　優秀賞
　日本歌謡大賞　第20回（平1年）　放送音楽プロデューサー連盟賞
「公園通りの猫たち」
　ゴールデン・アロー賞　第27回（平1年）　映画賞　新人賞
「湘南ハートブレイク」
　メガロポリス歌謡祭　第8回（平1年）　ポップス大賞
　メガロポリス歌謡祭　第8回（平1年）　ポップスメガロポリス賞
「ギャラリー」
　あなたが選ぶ全日本歌謡音楽祭　第15回（平2年）　最優秀タレント賞
「ダンシング・ヒーロー ジ・アーカイブス」
　日本ゴールドディスク大賞　第32回（平29年度）　特別賞

メガロポリス歌謡祭　第3回（昭59年）　優秀新人エメラルド賞
FNS歌謡祭グランプリ　第11回（昭59年）　優秀新人賞
横浜音楽祭　第11回（昭59年）　新人賞
銀座音楽祭　第14回（昭59年）　銀賞
メガロポリス歌謡祭　第5回（昭61年）　ポップス大賞
横浜音楽祭　第13回（昭61年）　音楽祭特別賞
日本ゴールドディスク大賞　第1回（昭61年）　ベストアルバム賞
日本テレビ音楽祭　第12回（昭61年）　日本テレビ・アイドル賞
日本レコード大賞　第28回〜31回（昭61年〜平成1年）　金賞
日本歌謡大賞　第17回（昭61年）　放送音楽特別賞
FNS歌謡祭グランプリ　第14回・15回（昭62年・63年）　優秀歌謡音楽賞
横浜音楽祭　第14回（昭62年）　音楽祭特別賞
日本テレビ音楽祭　第13回（昭62年）　日本テレビ・アイドル賞
日本レコードセールス大賞　第20回（昭62年）　アーティストセールス　シルバー賞
日本レコード大賞　第29回（昭62年）　優秀アルバム賞
日本歌謡大賞　第18回・20回（昭62年・平成1年）　放送音楽プロデューサー連盟賞
横浜音楽祭　第15回（昭63年）　音楽祭賞
あなたが選ぶ全日本歌謡音楽祭　第14回（平1年）　最優秀タレント賞
メガロポリス歌謡祭　第8回（平1年）　ポップス大賞
横浜音楽祭　第16回（平1年）　音楽祭賞
銀座音楽祭　第19回（平1年）　銀座音楽祭賞

荻村　伊智朗　おぎむら・いちろう
　昭和7（1932）年〜平成6（1994）年
　卓球選手
　朝日賞（昭29年）　体育賞
　朝日賞（昭30年）　体育賞
　朝日賞（昭31年）　体育賞
　朝日賞（昭32年）　体育賞
　朝日賞（昭34年）　体育賞
　朝日賞（昭36年）　体育賞
　五輪オーダー銀章（平3年）
　朝日スポーツ賞（平3年度）
　国際フェアプレー賞（平4年）
　紫綬褒章（平4年）
　日本フェアプレー賞　第4回（平4年）
　アジア・オリンピック評議会特別功労章（平7年）

奥田　瑛二　おくだ・えいじ
　昭和25（1950）年〜
　俳優，映画監督
「海と毒薬」
　毎日映画コンクール　第41回（昭61年）　演技賞　男優主演賞
「千利休 本覚坊遺文」
　日刊スポーツ映画大賞・石原裕次郎賞　第2回（平1年）　主演男優賞
「棒の哀しみ」
　キネマ旬報賞（平6年度）　主演男優賞
　ヨコハマ映画祭　第16回（平6年度）　主演男優賞
　高崎映画祭　第9回（平6年度）　主演男優賞
　日本映画批評家大賞　第4回（平6年度）　男優賞
　毎日映画コンクール　第49回（平6年度）　男優主演賞
「棒の哀しみ」「極道記者2・馬券転生篇」
　キネマ旬報賞　第40回（平6年）　主演男優賞
　ブルーリボン賞　第37回（平6年）　主演男優賞
　毎日映画コンクール　第49回（平6年）　演技賞　男優主演賞
「深い河」
　日本映画批評家大賞　第5回（平7年度）　男優賞
「少女」
　パリ国際映画祭　第17回（平14年）　グランプリ
　AFI映画祭　第16回（平14年）　インターナショナル長編部門　グランプリ
「るにん」
　The Method Fest映画祭　第7回（平15年）　最優秀作品賞
「長い散歩」
　モントリオール世界映画祭　第30回（平18年）　グランプリ・国際映画批評家連盟賞・エキュメニック賞
　日本映画批評家大賞　第16回（平18年度）　監督賞

ベストドレッサー賞　第17回（昭63年）　スポーツ・芸能部門

報知映画賞 第49回(令6年度) 助演男優賞

小国 英雄　おぐに・ひでお
明治37(1904)年～平成8(1996)年
脚本家

「生きる」
年鑑代表シナリオ 第4回(昭27年度)
毎日映画コンクール 第7回(昭27年) 脚本賞

「煙突の見える場所」
年鑑代表シナリオ 第5回(昭28年度)

「七人の侍」
年鑑代表シナリオ 第6回(昭29年度)

「生きものの記録」
年鑑代表シナリオ 第7回(昭30年度)

「隠し砦の三悪人」
年鑑代表シナリオ 第10回(昭33年度)

「悪い奴ほどよく眠る」
年鑑代表シナリオ 第12回(昭35年度)

「椿三十郎」
年鑑代表シナリオ 第14回(昭37年度)

「天国と地獄」
年鑑代表シナリオ 第15回(昭38年度)
毎日映画コンクール 第18回(昭38年) 脚本賞

「赤ひげ」
年鑑代表シナリオ 第17回(昭40年度)

「どですかでん」
年鑑代表シナリオ (昭45年度)

勲四等瑞宝章(平2年)
米国脚本家組合賞 (平25年) ジャン・ルノアール賞

奥村 チヨ　おくむら・ちよ
昭和22(1947)年～
歌手

「恋の奴隷」
日本有線大賞 第2回(昭44年) 努力賞

「恋泥棒」
日本有線大賞 第3回(昭45年) 特別賞
夜のレコード大賞 第2回(昭44年度) 銀賞
日本有線大賞 第3回(昭45年) 特別賞

奥山 和由　おくやま・かずよし
昭和29(1954)年～
映画プロデューサー, 映画監督

「恋文」「カポネ大いに泣く」
日本アカデミー賞 第9回(昭61年) 特別賞 企画賞

「ハチ公物語」
ゴールデングロス賞 第5回(昭62年度) 特別賞
藤本賞 第7回(昭62年)

「外科室」

藤本賞 第11回(平3年) 奨励賞

「遠き落日」
日本映画テレビプロデューサー協会賞 第36回(平4年度)

「RAMPO」
日本アカデミー賞 第18回(平7年) 優秀監督賞・脚本賞
ファンタスポルト映画祭 第16回(平8年) 最優秀監督賞ポルトガル
ソチ国際映画祭(ロシア) 　フィプレッシ賞

「シネマジャパネスク」
日本映画プロフェッショナル大賞 第7回(平9年度) 特別賞

エランドール賞 (平5年度) 協会賞
日本映画批評家大賞 第7回(平9年度) 特別賞
経済界若手経営者賞

小椋 佳　おぐら・けい
昭和19(1944)年～
シンガー・ソングライター

「シクラメンのかほり」
ゴールデン・アロー賞 第13回(昭50年) 音楽賞
FNS歌謡祭グランプリ 第2回(昭50年) グランプリ
日本レコード大賞 第17回(昭50年) 大賞
日本作詩大賞 第8回(昭50年度) 大賞

「夢芝居」
日本レコード大賞 第25回(昭58年) 作詩賞

「泣かせて」
日本作曲大賞 第4回(昭59年) 優秀作曲者賞

「旅先の雨に」
古賀政男記念音楽大賞 第5回(昭59年度) プロ作品優秀賞

日本レコードセールス大賞 第8回(昭50年) LPゴールデン賞
日本レコード大賞 第17回(昭50年) 中山晋平西条八十賞
日本レコードセールス大賞 第9回(昭51年) LPゴールデン賞
日本レコードセールス大賞 第10回(昭52年) LP大賞
日本作曲大賞 第4回(昭59年) 優秀作曲者賞

小栗 康平　おぐり・こうへい
昭和20(1945)年～
映画監督

「泥の河」
日本映画監督協会新人奨励賞 (昭55年度)
芸術選奨 第32回(昭56年) 映画部門 新人賞
キネマ旬報ベスト・テン 第55回(昭56年度) 日本映画 1位
キネマ旬報賞 第27回(昭56年) 日本映画監督賞
ブルーリボン賞 第24回(昭56年) 最優秀作品賞

邦画
　モスクワ映画祭（昭56年）銀賞
　日本アカデミー賞　第5回（昭56年度）　監督賞
　報知映画賞　第6回（昭56年度）　最優秀新人賞
　毎日映画コンクール　第36回（昭56年）　監督賞
　優秀映画鑑賞会ベストテン　第22回（昭56年度）　日本映画1位
　日本アカデミー賞　第5回（昭57年）　最優秀監督賞
「伽倻子のために」
　キネマ旬報ベスト・テン　第58回（昭59年度）　日本映画8位
　ジョルジュ・サドゥール賞　（昭59年）　フランス
　年鑑代表シナリオ　（昭59年度）
　優秀映画鑑賞会ベストテン　第25回（昭59年度）　日本映画8位
「死の棘」
　芸術選奨　第41回（平2年）　映画部門　文部大臣賞
　カンヌ国際映画祭　第43回（平2年）　グランプリ・国際映画批評家連盟賞
　キネマ旬報ベスト・テン　第64回（平2年度）　日本映画3位
　優秀映画鑑賞会ベストテン　第31回（平2年度）　日本映画2位
「眠る男」
　キネマ旬報賞　第42回（平8年）　日本映画監督賞
　モントリオール世界映画祭　第20回（平8年）　審査員特別大賞
　日本アカデミー賞　第20回（平8年度）　会長特別賞
　毎日芸術賞　第38回（平8年）
　ベルリン国際映画祭　第47回（平9年）　芸術映画連盟賞
山路ふみ子映画賞　第20回（平8年）　文化賞
紫綬褒章（平18年）
旭日小綬章（令1年）

桶谷　秀昭　おけたに・ひであき
　昭和7（1932）年〜
　文芸評論家
「ドストエフスキイ」
　平林たい子文学賞　第7回（昭54年）
「保田与重郎」
　芸術選奨　第34回（昭58年）　評論等　文部大臣賞
「昭和精神史」
　毎日出版文化賞　第46回（平4年）
　毎日出版文化賞　（平5年）
「伊藤整」
　伊藤整文学賞　第6回（平7年）　評論
紫綬褒章（平11年）
瑞宝中綬章（平17年）

尾崎　一雄　おざき・かずお
　明治32（1899）年〜昭和58（1983）年
　小説家。日本芸術院会員
「暢気眼鏡」
　芥川龍之介賞　第5回（昭12年上）
「まぼろしの記」
　野間文芸賞　第15回（昭37年）
「あの日この日」
　野間文芸賞　第28回（昭50年）
文化勲章（昭53年度）
文化功労者（昭53年）

尾崎　紀世彦　おざき・きよひこ
　昭和18（1943）年〜平成24（2012）年
　歌手
「また逢う日まで」
　日本レコード大賞　第13回（昭46年）　大賞
　日本歌謡大賞　第2回（昭46年）　大賞
　日本歌謡大賞　第2回（昭46年）　放送音楽賞
　ゴールデン・アロー賞　第9回（昭46年）　音楽賞
　日本レコードセールス大賞　第4回（昭46年）　シルバー賞
　ベストドレッサー賞　第2回（昭48年）　スポーツ・芸能部門
　日本レコード大賞　第54回（平24年）　特別功労賞

尾崎　左永子　おざき・さえこ
　昭和2（1927）年〜
　歌人，作家
「さるびあ街」
　日本歌人クラブ推薦歌集　第4回（昭33年）
「源氏の恋文」
　日本エッセイスト・クラブ賞　第32回（昭59年）
「土曜日の歌集」
　ミューズ賞　第9回（昭63年）
「夕霧峠」
　迢空賞　第33回（平11年）
「薔薇断章」
　詩歌文学館賞　第31回（平28年）　短歌
神奈川文化賞　第47回（平10年）

尾崎　秀樹　おざき・ほつき
　昭和3（1928）年〜平成11（1999）年
　文芸評論家，小説家
「大衆文学論」
　芸術選奨　第16回（昭40年）　評論等　文部大臣賞
　芸術選奨文部大臣賞　第16回（昭40年）　文学・評論部門
「愛をつむぐ」
　日本文芸大賞　第6回（昭61年）
「大衆文学の歴史」

大衆文学研究賞 第3回（平1年） 特別賞
吉川英治文学賞 第24回（平2年）
「少年小説大系（全11巻, 別巻1）」
　巌谷小波文芸賞 第16回（平5年）
「時代を生きる―文学作品にみる人間像」
　日本文芸大賞 第18回（平10年） 特別賞
紫綬褒章（平6年）

尾崎 将司　おざき・まさし
　昭和22(1947)年～
　プロゴルファー
日本プロスポーツ大賞 第4回（昭46年） 殊勲賞
日本プロスポーツ大賞 第7回（昭49年） 殊勲賞
日本プロスポーツ大賞 第21回（昭63年） 殊勲賞
日本プロスポーツ大賞 第22回（平元年） 殊勲賞
日本プロスポーツ大賞 第23回（平2年） 殊勲賞
報知プロスポーツ大賞（平2年）
日本プロスポーツ大賞 第25回（平4年） 殊勲賞
日本プロスポーツ大賞 第28回（平7年） 殊勲賞
徳島県民栄誉賞（平8年）
日本プロスポーツ大賞 第29回（平8年） 大賞
日本ゴルフツアー機構特別賞（平22年）

尾崎 豊　おざき・ゆたか
　昭和40(1965)年～平成4(1992)年
　シンガー・ソングライター
「TOUR 1991 BIRTH」
　日本ゴールドディスク大賞 第7回（平4年） Music Video賞 邦楽
ぴあテン（昭60年度）8位
ぴあテン（昭60年度）もあテン 5位
日本レコード大賞 第27回（昭60年） 優秀アルバム賞
ぴあテン（昭61年度）もあテン 6位
ぴあテン 第21回（平4年度）第3位
日本レコードセールス大賞 第25回（平4年） アルバム部門 シルバー賞
日本レコード大賞 第34回（平4年） 審査員メモリアル賞

長田 弘　おさだ・ひろし
　昭和14(1939)年～平成27(2015)年
　詩人
「私の二十世紀書店」
　毎日出版文化賞 第36回（昭57年）
「心の中にもっている問題」
　富田砕花賞 第1回（平2年）
「記憶のつくり方」
　桑原武夫学芸賞 第1回（平10年）
「森の絵本」
　講談社出版文化賞 第31回（平12年） 絵本賞
「幸いなるかな本を読む人」

詩歌文学館賞 第24回（平21年） 詩
「世界はうつくしいと」
　三好達治賞（平22年）
「奇跡－ミラクル－」
　毎日芸術賞 第55回（平25年度）
路傍の石文学賞 第13回（平3年）

小山内 美江子　おさない・みえこ
　昭和5(1930)年～令和6(2024)年
　脚本家
「ヨルダン難民救援への旅」
　日本文芸大賞 第12回（平4年）
「3年B組金八先生」
　橋田賞 第4回（平7年） 橋田賞
「3年B組金八先生 Part6」
　菊島隆三賞 第4回（平13年）
日本文芸大賞 第2回（昭57年） 脚本賞
ダイヤモンドレディ賞 第5回（平2年）
SJ賞（平7年度）
橋田賞 第4回（平8年）
エイボン女性年度賞（平13年）
山路ふみ子賞 第26回（平14年） 福祉賞
弩堂賞 第8回（平15年）
毎日芸術賞 第46回（平16年） 特別賞
横浜文化賞（平19年）
毎日国際交流賞 第20回（平20年）

長部 日出雄　おさべ・ひでお
　昭和9(1934)年～平成30(2018)年
　小説家
「津軽世去れ節」「津軽じょんから節」
　直木三十五賞 第69回（昭48年上）
「鬼が来た」
　芸術選奨 第30回（昭54年） 文学部門 文部大臣賞
「鬼が来た―棟方志功伝」
　芸術選奨（昭55年） 文部大臣賞
「見知らぬ戦場」
　新田次郎文学賞 第6回（昭62年）
「夢の祭り」
　年鑑代表シナリオ（平1年度）
「桜桃とキリスト」
　大佛次郎賞 第29回（平14年）
　和辻哲郎文化賞 第15回（平15年）
紫綬褒章（平14年）
山路ふみ子賞 第31回（平19年度） 文化賞

大佛 次郎　おさらぎ・じろう
　明治30(1897)年～昭和48(1973)年
　小説家。日本芸術院会員
「帰郷」

日本芸術院賞　第6回（昭24年）　第2部
「パリ燃ゆ」
　朝日文化賞　（昭40年）
「三姉妹」
　菊池寛賞　第17回（昭44年）
「天皇の世紀」
　毎日出版文化賞　第28回（昭49年）

渡辺賞　第3回（昭4年）
朝日賞　（昭39年）文化賞
文化勲章　（昭39年）
文化功労者　（昭39年）

小沢 昭一　おざわ・しょういち
　昭和4（1929）年～平成24（2012）年
　俳優，演出家，芸能研究家

「にあんちゃん」
　ブルーリボン賞　第10回（昭34年）　助演男優賞
「新劇寄席」
　芸術祭賞　第20回（昭40年）　演劇部門　奨励賞
「"エロ事師たち"より・人類学入門」
　キネマ旬報賞　第12回（昭41年度）　主演男優賞
　毎日映画コンクール　第21回（昭41年）　演技賞　男優主演賞
「人類学入門」
　キネマ旬報賞　第12回（昭41年）　男優賞
「ドキュメント『日本放浪芸』」
　日本レコード大賞　第13回（昭46年）　企画賞
「又日本の放浪芸」
　芸術選奨　第24回（昭48年）　大衆芸能部門　新人賞
「又日本の放浪芸」（レコード）
　芸術選奨新人賞　第24回（昭48年度）　大衆芸能部門
「しみじみ日本・乃木大将」「唸る，語る，小沢昭一の世界」
　紀伊國屋演劇賞　第14回（昭54年）　個人賞
「小沢昭一的こころ」
　ギャラクシー賞　（昭58年）　特別賞
　菊池寛賞　第55回（平19年）
　スポニチ文化芸術大賞　第6回（平10年）
「小沢昭一的こころ・元祖蒲田行進曲」
　日本民間放送連盟賞　（昭58年）　娯楽部門最優秀賞
「大系日本歴史と芸能」全14巻
　毎日出版文化賞　第46回（平4年）　特別賞
「ものがたり 芸能と社会」
　新潮学芸賞　第12回（平11年）
「唐来参和」
　紀伊國屋演劇賞　第35回（平12年）　個人賞
「夢は今もめぐりて」
　日本レコード大賞　第43回（平13年）　企画賞
「日本の放浪芸」
　大衆文学研究賞　第18回（平17年）　研究・考証部門

ゴールデン・アロー賞　第12回（昭49年）　話題賞
紫綬褒章　（平6年）
旅の文化賞　第1回（平6年）
坪内逍遙大賞　第6回（平11年）
読売演劇大賞　第8回（平12年）　優秀男優賞
放送文化基金賞　第26回（平12年）　個人・グループ部門
勲四等旭日小綬章　（平13年）
朝日賞　（平17年度）
したまちコメディ映画祭　第1回（平20年）　in台東コメディ栄誉賞
日本映画記者会賞

押井 守　おしい・まもる
　昭和26（1951）年～
　アニメーション作家，映画監督

「うる星やつら 2—ビューティフルドリーマー」
　おおさか映画祭　第10回（昭59年度）　脚本賞
　日本アニメ大賞・アトム賞　第2回（昭59（1984）年）
　日本アニメ大賞　部門別最優秀賞　演出部門最優秀賞
「GHOST IN THE SHELL攻殻機動隊」
　マルチメディアグランプリ　（平8年）
「アヴァロン」
　文化庁メディア芸術祭　第4回（平12年）　デジタルアート（ノンインタラクティブ）部門　優秀賞
「イノセンス」
　日本SF大賞　第25回（平16年）

織部賞　第1回（平9年）

小津 安二郎　おず・やすじろう
　明治36（1903）年～昭和38（1963）年
　映画監督。日本芸術院会員

「お嬢さん」
　キネマ旬報ベスト・テン　第7回（昭5年度）　日本・現代映画　2位
「東京の合唱」
　キネマ旬報ベスト・テン　第8回（昭6年度）　日本映画　3位
「生れてはみたけれど」
　キネマ旬報ベスト・テン　第9回（昭7年度）　日本映画　1位
「出来ごころ」
　キネマ旬報ベスト・テン　第10回（昭8年度）　日本映画　1位
「浮草物語」
　キネマ旬報ベスト・テン　第11回（昭9年度）　日本映画　1位
「東京の宿」
　キネマ旬報ベスト・テン　第12回（昭10年度）　日本

映画 9位
「一人息子」
  キネマ旬報ベスト・テン 第13回(昭11年度) 日本映画 4位
「淑女は何を忘れたか」
  キネマ旬報ベスト・テン 第14回(昭12年度) 日本映画 8位
「戸田家の兄妹」
  キネマ旬報ベスト・テン 第18回(昭16年度) 日本映画 1位
「父ありき」
  キネマ旬報ベスト・テン 第19回(昭17年度) 日本映画 2位
「長屋紳士録」
  キネマ旬報ベスト・テン 第21回(昭22年度) 日本映画 4位
「風の中の牝鶏」
  キネマ旬報ベスト・テン 第22回(昭23年度) 日本映画 7位
「晩春」
  キネマ旬報ベスト・テン 第23回(昭24年度) 日本映画 1位
  年鑑代表シナリオ 第1回(昭24年度)
  毎日映画コンクール 第4回(昭24年) 監督賞
  毎日映画コンクール 第4回(昭24年) 脚本賞
「宗方姉妹」
  キネマ旬報ベスト・テン 第24回(昭25年度) 日本映画 7位
  年鑑代表シナリオ 第2回(昭25年度)
「麦秋」
  キネマ旬報ベスト・テン 第25回(昭26年度) 日本映画 1位
  ブルーリボン賞 第2回(昭26年) 監督賞
  年鑑代表シナリオ 第3回(昭26年度)
  毎日映画コンクール (昭26年度) 日本映画賞
「お茶漬の味」
  年鑑代表シナリオ 第4回(昭27年度)
「東京物語」
  キネマ旬報ベスト・テン 第27回(昭28年度) 日本映画 2位
  年鑑代表シナリオ 第5回(昭28年度)
「早春」
  キネマ旬報ベスト・テン 第30回(昭31年度) 日本映画 6位
  年鑑代表シナリオ 第8回(昭31年度)
「彼岸花」
  キネマ旬報ベスト・テン 第32回(昭33年度) 日本映画 3位
  年鑑代表シナリオ 第10回(昭33年度)
「秋日和」
  キネマ旬報ベスト・テン 第34回(昭35年度) 日本映画 5位
  年鑑代表シナリオ 第12回(昭35年度)
  優秀映画鑑賞会ベストテン 第1回(昭35年度) 日本映画 4位
「秋刀魚の味」
  キネマ旬報ベスト・テン 第36回(昭37年度) 日本映画 8位
  年鑑代表シナリオ 第14回(昭37年度)
  優秀映画鑑賞会ベストテン 第3回(昭37年度) 日本映画 5位

紫綬褒章 (昭33年)
日本芸術院章 第15回(昭33年) 第3部
日本芸術院賞 (昭34年)
芸術選奨 第11回(昭35年) 映画部門
アジア映画祭 (昭36年) 監督賞
ブルーリボン賞 第14回(昭38年) 日本映画文化賞
NHK特別賞 (昭38年)
毎日映画コンクール 第18回(昭38年) 特別賞

小田 和正　おだ・かずまさ
  昭和22(1947)年〜
  ミュージシャン
「今だから」
  銀座音楽祭 第15回(昭60年) ラジオディスクグランプリ
「ラブ・ストーリーは突然に」
  日本レコード大賞 第33回(平3年) ポップス・ロック部門 ゴールドディスク賞
  JASRAC賞 第10回(平4年) 金賞
「Oh! Yeah!」「ラブ・ストーリーは突然に」
  日本レコードセールス大賞 第24回(平3年) シングル部門 ゴールデン賞
  日本ゴールドディスク大賞 第6回(平4年) ベスト5アーティスト賞・ベスト5シングル賞
「KAZUMASA ODA TOUR 2008 今日もどこかで」
  芸術選奨 第59回(平20年度) 文部科学大臣賞
「どーも」
  日本レコード大賞 第53回(平23年) 最優秀アルバム賞

ぴあテン 第20回(平3年度) 第4位
日本レコードセールス大賞 第24回(平3年) アーティストセールス シルバー賞
日本レコードセールス大賞 第24回(平3年) 作詞賞 第2位
日本レコードセールス大賞 第24回(平3年) 作曲賞 第2位
日本レコードセールス大賞 第24回(平3年) 編曲賞 第2位
ぴあテン (平20年度) 第9位
芸術選奨 第59回(平20年度) 大衆芸能部門 文部科学大臣賞

小田島 雄志　おだしま・ゆうし
昭和5(1930)年～
英文学者, 演劇評論家, 翻訳家

「シェイクスピア全集」
　芸術選奨　第31回(昭55年)　評論等　大臣賞

「シェイクスピア全集」(全7巻)
　芸術選奨文部大臣賞　第31回(昭55年度)　評論等部門

パチンコ文化賞　第2回(昭62年)
紫綬褒章（平7年）
文化功労者（平14年）
読売演劇大賞　第18回(平22年度)　芸術栄誉賞

落合 恵子　おちあい・けいこ
昭和20(1945)年～
作家, エッセイスト

「女と戦争シリーズ」(文化放送)
　日本ジャーナリスト会議奨励賞　(昭62年)

「そらをとんだたまごやき」
　産経児童出版文化賞　第41回(平6年)

「子どもたちの戦争」
　産経児童出版文化賞　第45回(平10年)　大賞

日本文芸大賞　第2回(昭57年)　女流文学賞
日本婦人放送者懇談会賞　(平1年)
エイボン女性年度賞　(平10年)　功績賞
ENEOS児童文化賞　第55回(令2年)

落合 博満　おちあい・ひろみつ
昭和28(1953)年～
プロ野球指導者

MVP（パ・リーグ）（昭57年・60年）
日本プロスポーツ大賞　第15回(昭57年)　大賞
日本プロスポーツ大賞　第18回(昭60年)　殊勲賞
日本プロスポーツ大賞　第19回(昭61年)　大賞
秋田県民栄誉章　(昭62年)
正力松太郎賞　(平19年)
日本スポーツ学会大賞　第4回(平24年)
若美町民栄誉賞
東京都民文化栄誉賞

乙羽 信子　おとわ・のぶこ
大正13(1924)年～平成6(1994)年
俳優

「縮図」「欲望」「女の一生」
　ブルーリボン賞　第4回(昭28年)　主演女優賞

「死ぬほど逢いたい」（テレビ）
　芸術祭賞　(昭37年)　奨励賞

「本能」
　ブルーリボン賞　第17回(昭41年)　助演女優賞

「藪の中の黒猫」「強虫女と弱虫男」
　毎日映画コンクール　第23回(昭43年)　演技賞　女優

主演賞

「絞殺」
　ベネチア国際映画祭　(昭54年)　最優秀女優賞

「古都憂愁」「流れる」
　菊田一夫演劇賞　第14回(昭63年)

「濹東綺譚」
　毎日映画コンクール　第47回(平4年)　演技賞　女優助演賞

「午後の遺言状」
　エランドール賞　(平7年度)　特別賞
　キネマ旬報賞　第41回(平7年)　助演女優賞
　日本アカデミー賞　第19回(平8年)　最優秀助演女優賞

菊田一夫演劇賞　第14回(平1年)
紫綬褒章（平1年）
日刊スポーツ映画大賞・石原裕次郎賞　第8回(平7年)　特別賞
毎日映画コンクール　第50回(平7年)　特別賞
エランドール賞　(平8年度)　特別賞
モンテカルロ国際テレビ・フェスティバル最優秀女優賞

小野 喬　おの・たかし
昭和6(1931)年～
元・体操選手。メルボルン五輪・ローマ五輪体操男子種目別鉄棒金メダリスト

朝日賞　（昭31年）　体育賞
朝日賞　（昭35年）　体育賞
朝日体育賞　(昭35年・39年)
朝日賞　（昭37年）　体育賞
朝日賞　（昭39年）　体育賞　第18回オリンピック東京大会
紫綬褒章　(昭63年)
旭日中綬章　(平17年)
文化功労者　第69回(平28年度)
毎日スポーツ賞　第2回

尾上 松緑（2代）　おのえ・しょうろく
大正2(1913)年～平成1(1989)年
歌舞伎俳優, 日本舞踊家。重要無形文化財保持者（歌舞伎立役）

「若き日の信長」
　芸術祭賞　第7回(昭27年)　演劇部門　奨励賞

「舞踊界への業績」
　日本芸術院賞　(昭39年度)

芸術祭賞　(昭27年)　奨励賞
テアトロン賞　(昭38年度)
日本放送協会放送文化賞　第18回(昭41年)
文化功労者　(昭59年)
文化勲章　(昭62年度)
松尾芸能賞　第35回(平26年)　優秀賞　演劇
芸術選奨　第72回(令3年度)　演劇部門　文部科学大臣

新人賞

小幡 欣治　おばた・きんじ
昭和3(1928)年～平成23(2011)年
劇作家, 演出家

「畸型児」
　岸田國士戯曲賞　第2回（昭31年）
「新劇」戯曲賞　第2回（昭31年）
「鶴の港」「菊枕」
　芸術選奨　第25回（昭49年度）　新人賞
「安来節の女」「にぎにぎ」
　菊田一夫演劇賞　第1回（昭50年）
「隣人戦争」
　芸術祭賞　第33回（昭53年度）　団体受賞　大賞
「夢の宴」「恍惚の人」
　菊田一夫演劇賞　第14回（昭63年）　大賞
「熊楠の家」
　菊田一夫演劇賞　第19回（平5年）　特別賞
「神戸北ホテル」
　鶴屋南北戯曲賞　第13回（平22年）

芸術選奨　第25回（昭49年）　演劇部門　新人賞
紫綬褒章　（平7年）
勲四等旭日小綬章　（平13年）
朝日舞台芸術賞　第6回（平18年）　特別賞
読売演劇大賞　第14回（平18年度）　芸術栄誉賞

オール巨人　おーるきょじん
昭和26(1951)年～
漫才師

「ふたりのW成人式」
　芸術選奨　第66回（平27年度）　大衆芸能部門　文部科学大臣賞

NHK上方漫才コンテスト優秀話術賞　（昭51年）
上方お笑い大賞　第5回（昭51年）　銀賞
上方漫才大賞　第11回（昭51年）　新人賞
上方お笑い大賞　第9回（昭55年）　金賞
上方漫才大賞　第16回（昭56年）　奨励賞
花王名人大賞　第2回（昭57年）　名人賞　漫才部門（大阪）
上方漫才大賞　第17回（昭57年）　漫才大賞
花王名人大賞　第3回（昭58年）　名人賞　漫才部門（大阪）
上方漫才大賞　第18回（昭58年）　漫才大賞
花王名人大賞　第4回（昭59年）　名人賞
花王名人大賞　第5回（昭60年）　最優秀名人賞
花王名人大賞　第5回（昭60年）　名人賞
上方お笑い大賞　第14回（昭60年）　大賞
上方漫才大賞　第20回（昭60年）　漫才大賞
花王名人大賞　第6回（昭61年）　名人賞
花王名人大賞　第7回（昭62年）　花王名人大賞
花王名人大賞　第7回（昭62年）　名人賞
上方漫才大賞　第51回（平28年）　大賞
紫綬褒章　（令1年）
日本放送協会放送文化賞　第71回（令1年度）

オール阪神　おーるはんしん
昭和32(1957)年～
漫才師

「ふたりのW成人式」
　芸術選奨　第66回（平27年度）　大衆芸能部門　文部科学大臣賞

NHK上方漫才コンテスト優秀話術賞　（昭51年）
上方お笑い大賞　第5回（昭51年）　銀賞
上方漫才大賞　第11回（昭51年）　新人賞
上方お笑い大賞　第9回（昭55年）　金賞
上方漫才大賞　第16回（昭56年）　奨励賞
花王名人大賞　第2回（昭57年）　名人賞　漫才部門（大阪）
上方漫才大賞　第17回（昭57年）　漫才大賞
花王名人大賞　第3回（昭58年）　名人賞　漫才部門（大阪）
上方漫才大賞　第18回（昭58年）　漫才大賞
花王名人大賞　第4回（昭59年）　名人賞
花王名人大賞　第5回（昭60年）　最優秀名人賞
花王名人大賞　第5回（昭60年）　名人賞
上方お笑い大賞　第14回（昭60年）　大賞
上方漫才大賞　第20回（昭60年）　漫才大賞
花王名人大賞　第6回（昭61年）　名人賞
花王名人大賞　第7回（昭62年）　花王名人大賞
花王名人大賞　第7回（昭62年）　名人賞
上方漫才大賞　第51回（平28年）　大賞
紫綬褒章　（令1年）
日本放送協会放送文化賞　第71回（令1年度）

恩地 日出夫　おんち・ひでお
昭和8(1933)年～令和4(2022)年
映画監督

「戦後最大の誘拐 吉展ちゃん事件」
　テレビ大賞　第12回（昭54年度）
　芸術祭賞　第34回（昭54年度）　テレビドラマ部門　優秀賞
「生きてみたいもう一度 新宿バス放火事件」
　年鑑代表シナリオ　（昭60年度）
「四万十川」
　キネマ旬報ベスト・テン　第65回（平3年度）　日本映画　第10位
　優秀映画鑑賞会ベストテン　第32回（平3年度）　日本映画　第6位
　ベルリン国際映画祭　第42回（平4年）　ユニセフ特別賞
「蕨野行」
　キネマ旬報ベスト・テン　第77回（平15年度）　日本

映画 第8位
芸術選奨 第54回(平15年) 映画部門 文部科学大臣賞
日本映画批評家大賞 (平15年) 作品賞
報知映画賞 第28回(平15年度) 邦画部門 最優秀監督賞

旭日小綬章 (平17年)

海音寺 潮五郎　かいおんじ・ちょうごろう
明治34(1901)年～昭和52(1977)年
小説家

「うたかた草紙」
「サンデー毎日」大衆文芸 第5回(昭4年下) 甲

「風雲」
「サンデー毎日」懸賞小説 創刊10年記念長編大衆文芸 (昭7年) 時代物

「天正女合戦」
直木三十五賞 第3回(昭11年上)

菊池寛賞 第16回(昭43年)
紫綬褒章 (昭47年)
日本放送協会放送文化賞 第24回(昭47年)
文化功労者 (昭48年)
日本芸術院賞 第33回(昭51年) 第2部
大口市名誉市民 (昭52年)

開高 健　かいこう・たけし
昭和5(1930)年～平成1(1989)年
小説家

「裸の王様」
芥川龍之介賞 第38回(昭32年下)

「輝ける闇」
毎日出版文化賞 第22回(昭43年)

「玉,砕ける」
川端康成文学賞 第6回(昭54年)

「破れた繭 耳の物語1」「夜と陽炎 耳の物語2」
日本文学大賞 第19回(昭62年) 文芸部門

菊池寛賞 第29回(昭56年)

加賀 乙彦　かが・おとひこ
昭和4(1929)年～令和5(2023)年
小説家、医師。日本芸術院会員

「フランドルの冬」
芸術選奨 第18回(昭42年) 文学部門 新人賞
芸術選奨 (昭43年) 文部大臣新人賞

「帰らざる夏」
谷崎潤一郎賞 第9回(昭48年)

「宣告」
日本文学大賞 第11回(昭54年)

「湿原」
大佛次郎賞 第13回(昭61年)

「永遠の都」

芸術選奨 第48回(平9年) 文学部門 文部大臣賞
井原西鶴賞 第2回(平11年)

「雲の都」
毎日出版文化賞 第66回(平24年) 特別賞

「『永遠の都』など」
歴史時代作家クラブ賞 第5回(平28年) 特別功労賞

日本芸術院賞 第55回(平10年) 第2部
旭日中綬章 (平17年)
文化功労者 第64回(平23年度)

鹿賀 丈史　かが・たけし
昭和25(1950)年～
俳優

「麻雀放浪記」
ヨコハマ映画祭 第6回(昭59年度) 主演男優賞

「キャバレー」
日本アカデミー賞 (昭62年) 助演男優賞

「木村家の人々」
高崎映画祭 第3回(昭63年度) 主演男優賞

「レ・ミゼラブル」
菊田一夫演劇賞 第24回(平11年) 特別賞

「ジキル&ハイド」「レ・ミゼラブル」
菊田一夫演劇賞 第31回(平17年度) 演劇大賞
ミュージカル・ベストテン (平17年度) 俳優部門 第1位

「ジキル&ハイド」
名古屋演劇ペンクラブ年間賞 (平19年度)

エランドール賞 (昭57年度) 新人賞
くまもと映画祭 第9回(昭59年度) 日本映画男優賞
菊田一夫演劇賞 第24回(平10年) 特別賞

加賀 まりこ　かが・まりこ
昭和18(1943)年～
俳優

「夏」
紀伊國屋演劇賞 第3回(昭43年) 個人賞

「夕暮まで」
ブルーリボン賞 第23回(昭55年) 助演女優賞

「泥の河」「陽炎座」
キネマ旬報賞 第27回(昭56年) 助演女優賞

「夕化粧」
名古屋演劇ペンクラブ年間賞 (平7年)

「洋菓子店コアンドル」「神様のカルテ」
日刊スポーツ映画大賞・石原裕次郎賞 第24回(平23年) 助演女優賞

エランドール賞 (昭38年度) 新人賞
日本映画批評家大賞 第23回(平25年度) ゴールデン・グローリー賞
毎日映画コンクール 第68回(平25年) 田中絹代賞

景山 民夫　かげやま・たみお
　　昭和22(1947)年～平成10(1998)年
　　放送作家, 小説家, エッセイスト
「ONE FINE MESS 世間はスラップスティック」
　　講談社エッセイ賞 第2回(昭61年)
「虎口からの脱出」
　　吉川英治文学新人賞 第8回(昭62年)
「遠い海から来たCOO」
　　直木三十五賞 第99回(昭63年上)
ベストドレッサー賞 第18回(平1年) 学術・文化部門

かこ さとし
　　大正15(1926)年～平成30(2018)年
　　絵本作家、児童文化研究家。加古里子。
「海」
　　児童福祉文化賞 第12回(昭44年度) 出版物部門 奨励賞
「かこ・さとし かがくの本」
　　産経児童出版文化賞 第17回(昭45年)
「とこちゃんはどこ」
　　児童福祉文化賞 第13回(昭45年度) 出版物部門 奨励賞
「あなたのいえわたしのいえ」
　　児童福祉文化賞 第15回(昭47年度) 出版物部門 奨励賞
「遊びの四季」
　　日本エッセイスト・クラブ賞 第23回(昭50年)
「ダムをつくったお父さんたち～国際協力でチラタ発電所ができるまで」
　　土木学会賞 (平1年) 著作賞
「ピラミッド その歴史と科学」
　　吉村証子記念日本科学読物賞 第11回(平3年)
「きつねのきんた」
　　けんぶち絵本の里大賞 第8回(平10年度) びばからす賞
児童福祉文化賞 (昭45年・46年・48年) 奨励賞
久留島武彦文化賞 (昭50年)
高橋五山賞 (昭60年) 特別賞
児童福祉文化賞 第49回(平18年度) 特別部門
菊池寛賞 第56回(平20年)
日本化学会特別功労賞 (平20年度)
神奈川文化賞 (平21年) 文学部門
東燃ゼネラル児童文化賞 (平24年)
福井新聞文化賞 (平26年)

笠原 和夫　かさはら・かずお
　　昭和2(1927)年～平成14(2002)年
　　脚本家
「日本暗殺秘録」「仁義なき戦い」
　　京都市民映画祭 第16回・第20回(昭44年・49年) 脚本賞
「女渡世人 おたの申します」
　　年鑑代表シナリオ (昭46年度)
「仁義なき戦い」
　　キネマ旬報賞 第19回(昭48年) 脚本賞
　　年鑑代表シナリオ (昭48年度)
　　キネマ旬報賞 (昭49年) 脚本賞
「仁義なき戦い一頂上作戦」
　　年鑑代表シナリオ (昭49年度)
「県警対組織暴力」
　　年鑑代表シナリオ (昭50年度)
「二百三高地」
　　年鑑代表シナリオ (昭55年度)
「二百三高地」「大日本帝国」
　　日本アカデミー賞 (昭56年・58年) 優秀脚本賞
「大日本帝国」
　　年鑑代表シナリオ (昭57年度)
映画の日特別功労章 (昭57年)
勲四等瑞宝章 (平10年)
毎日映画コンクール 第58回(平15年) 特別賞
牧野省三賞 第42回(平16年) 特別賞

笠原 淳　かさはら・じゅん
　　昭和11(1936)年～平成27(2015)年
　　小説家
「漂泊の門出」
　　小説現代新人賞 第12回(昭44年上)
「ウォークライ」
　　新潮新人賞 第8回(昭51年)
「杢二の世界」
　　芥川龍之介賞 第90回(昭58年下)

風間 杜夫　かざま・もりお
　　昭和24(1949)年～
　　俳優
「蒲田行進曲」「陽暉楼」「人生劇場」
　　日本アカデミー賞 (昭57年・58年度) 助演男優賞
「蒲田行進曲」
　　日本アカデミー賞 第6回(昭58年) 最優秀助演男優賞
「朝・江戸の酔醒」
　　紀伊國屋演劇賞 第18回(昭58年) 個人賞
「陽暉楼」「人生劇場」
　　日本アカデミー賞 第7回(昭59年) 最優秀助演男優賞
「SFサムライ・フィクション」
　　富川国際ファンタスティック映画祭(韓国) (平10年) ベストオブ富川
「カラオケマン」「一人」「死と乙女」「旅の空」

読売演劇大賞 第11回（平15年） 最優秀男優賞
「ひとり芝居三部作『カラオケマン』『旅の空』『一人』」
　芸術祭賞 第58回（平15年） 演劇部門 大賞
「死と乙女」「カラオケマン」「旅の空」「一人」
　読売演劇大賞 第11回（平16年） 最優秀男優賞
「コーヒーをもう一杯」「霧のかなた」
　紀伊國屋演劇賞 第43回（平20年） 団体賞
「セールスマンの死」「女の一生」「白昼夢」
　菊田一夫演劇賞 第46回（令2年度） 演劇大賞
「セールスマンの死」「ベンガルの虎」「帰ってきたカラオケマン」「女の一生」「白昼夢」
　毎日芸術賞 第63回（令3年度）
エランドール賞 （昭58年度） 新人賞
紀伊國屋演劇賞 （昭58年）
日本アカデミー賞 （昭62年度） 主演男優賞
紫綬褒章 （平22年）
旭日小綬章 （令5年）

笠松 茂　かさまつ・しげる
　昭和22（1947）年～
　元・体操選手。ミュンヘン五輪体操団体総合金メダリスト
朝日賞 （昭45年） 体育賞
朝日賞 （昭47年） 体育賞
朝日賞 （昭49年） 体育賞
中日文化賞 第28回（昭50年）
朝日体育賞 第2回（昭51年度） 第21回オリンピック・モントリオール大会
朝日体育賞 第4回（昭53年度）
紫綬褒章 （平17年）

梶 芽衣子　かじ・めいこ
　昭和22（1947）年～
　俳優
「うらみ節」
　日本有線大賞 第6回（昭48年） 優秀賞
「怨み節」
　全日本有線放送大賞 （昭48年） 話題賞
　夜のレコード大賞 第6回（昭48年度） 話題賞
「曽根崎心中」
　キネマ旬報ベスト・テン 第24回（昭53年度） 主演女優賞
　キネマ旬報賞 第24回（昭53年） 主演女優賞
　ブルーリボン賞 第21回（昭53年） 主演女優賞
　報知映画賞 第3回（昭53年度） 最優秀主演女優賞
　毎日映画コンクール 第33回（昭53年） 演技賞 女優演技賞
「鬼平犯科帳」
　報知映画賞 第20回（平7年度） 最優秀助演女優賞
日本有線大賞 （昭48年） 優秀賞

毎日映画コンクール 第75回（令2年） 田中絹代賞

梶尾 真治　かじお・しんじ
　昭和22（1947）年～
　SF作家
「地球はプレインヨーグルト」
　星雲賞 第10回（昭54年） 日本短編部門
「サラマンダー殲滅」
　日本SF大賞 第12回（平3年）
「恐竜ラウレンティスの幻視」
　星雲賞 第23回（平4年） 日本短編部門
「あしびきデイドリーム」
　星雲賞 第32回（平13年） 日本短編部門
「怨讐星域」
　星雲賞 第47回（平28年） 日本長編部門（小説）
銀河賞 （令5年） 外国人作家部門賞（中国）

梶山 俊夫　かじやま・としお
　昭和10（1935）年～平成27（2015）年
　絵本画家
「ムギと王さま」
　日宣美展 第9回（昭34年）
「詩とジャズのためのレコードアルバム試作No. 1, No.2, No.3」
　日宣美展 第11回（昭36年）
「いちにちにへんとおるバス」
　児童福祉文化賞 第14回（昭46年度） 出版物部門 奨励賞
　講談社出版文化賞 第4回（昭48年） 絵本部門
「かぜのおまつり」「みんなであそぶ わらべうた」
　ブラチスラバ国際絵本原画展（BIB）（チェコ）（昭48年・平成9年） 金のりんご賞
「あほろくの川だいこ」
　小学館絵画賞 第23回（昭49年）
　小学館児童出版文化賞 第23回（昭49年度）
「こんこんさまにさしあげそうろう」
　絵本にっぽん大賞 第5回（昭57年）
シェル美術賞 （昭37年）
市川市民文化賞 第2回（平10年） 奨励賞
日本児童文芸家協会児童文化功労賞 第46回（平19年）

梶山 広司　かじやま・ひろじ
　昭和28（1953）年～
　元・体操選手。モントリオール五輪体操男子団体総合金メダリスト・種目別跳馬銅メダリスト
朝日賞 （昭49年） 体育賞
朝日体育賞 第2回（昭51年度） 第21回オリンピック・モントリオール大会
朝日体育賞 第4回（昭53年度）

樫山 文枝　かしやま・ふみえ
昭和16(1941)年～
俳優。日本芸術院会員

「おはなはん」
　ゴールデン・アロー賞　第4回(昭41年)　特別賞

「三人姉妹」
　芸術祭賞　第27回(昭47年)　演劇部門　優秀賞

「海霧」
　紀伊國屋演劇賞　第43回(平20年)　個人賞

柏原 芳恵　かしわばら・よしえ
昭和40(1965)年～
歌手、俳優。旧芸名は柏原よしえ

「ハロー・グッバイ」
　日本レコード大賞　第23回(昭56年)　ゴールデンアイドル賞　※柏原よしえ名義

「花梨」
　FNS歌謡祭グランプリ　第9回(昭57年)　優秀歌謡音楽賞

「タイニー・メモリー」
　FNS歌謡祭グランプリ　第10回(昭58年)　優秀歌謡音楽賞

「最愛」
　FNS歌謡祭グランプリ　第11回(昭59年)　優秀歌謡音楽賞
　全日本有線放送大賞　第17回(昭59年度)　優秀スター賞

「し・の・び・愛」
　あなたが選ぶ全日本歌謡音楽祭　第11回(昭60年)　審査員奨励賞
　あなたが選ぶ全日本歌謡音楽祭　第11回(昭60年)　金賞

「A・r・i・e・s」
　メガロポリス歌謡祭　第6回(昭62年)　ポップスメガロポリス賞

　ABC歌謡新人グランプリ　第7回(昭55年)　審査員奨励賞　※柏原よしえ名義
　ゴールデン・アロー賞　第19回(昭56年)　グラフ賞　※柏原よしえ名義
　FNS歌謡祭グランプリ　第9～11回(昭57～59年)　優秀歌謡音楽賞
　横浜音楽祭　第11回(昭59年)　音楽祭賞
　日本テレビ音楽祭　第10回(昭59年)　日本テレビ特別賞
　メガロポリス歌謡祭　第6回(昭62年)　ポップスメガロポリス賞

春日 八郎　かすが・はちろう
大正13(1924)年～平成3(1991)年
歌手

「春日八郎演歌100選」
　日本レコード大賞　第15回(昭48年)　企画賞
　日本レコード大賞　第10回(昭43年)　特別賞
　芸術祭賞　第28回(昭48年)　大衆芸能部門(2部)　大賞
　日本レコード大賞　第19回(昭52年)　特別賞
　日本演歌大賞　第3回(昭52年)　演歌特別功労賞
　メガロポリス歌謡祭　第3回(昭59年)　特別賞
　日本演歌大賞　第10回(昭59年)　演歌功労賞
　紫綬褒章　(平1年)
　日本レコード大賞　第33回(平3年)　特別功労賞

粕谷 栄市　かすや・えいいち
昭和9(1934)年～
詩人

「世界の構造」
　高見順賞　第2回(昭46年)

「悪霊」
　藤村記念歴程賞　第27回(平1年)
　歴程賞　第27回(平1年)

「化体」
　詩歌文学館賞　第15回(平12年)　詩

「鄙唄」「転落」
　芸術選奨　第55回(平16年)　文学部門　文部科学大臣賞

「楽園」
　現代詩人賞　第42回(令6年)

片岡 鶴太郎　かたおか・つるたろう
昭和29(1954)年～
タレント、アーティスト

「異人たちとの夏」
　キネマ旬報賞　第34回(昭63年)　助演男優賞
　ブルーリボン賞　第31回(昭63年)　助演男優賞
　報知映画賞　第13回(昭63年度)　最優秀助演男優賞
　毎日映画コンクール　第43回(昭63年)　スポニチグランプリ新人賞

「異人たちとの夏」「妖女の時代」
　日本アカデミー賞　第12回(平1年)　助演男優賞
　日本アカデミー賞　第12回(平1年)　最優秀助演男優賞

「骨」
　産経国際書展　第24回(平19年)　産経新聞社賞

　ゴールデン・アロー賞　第22回(昭59年)　芸能賞
　花王名人大賞　第4回(昭59年)　新人賞
　花王名人大賞　第5回(昭60年)　名人賞
　ゴールデン・アロー賞　第24回(昭61年)　芸能賞
　花王名人大賞　第6回(昭61年)　名人賞
　日本新語・流行語大賞　第3回(昭61年)　流行語部門　大衆賞
　日本放送演芸大賞　第15回(昭61年)　奨励賞
　ゴールデン・アロー賞　(昭62年)　芸能賞
　浅草芸能大賞　第15回(平10年度)　奨励賞

片平 なぎさ　かたひら・なぎさ
昭和34(1959)年～
俳優

「美しい契り」
　新宿音楽祭　第8回(昭50年)　銀賞
　日本レコード大賞　第17回(昭50年)　新人賞

銀座音楽祭　第4回(昭50年)　アイドル賞
エランドール賞　(昭51年度)　新人賞
ABC歌謡新人グランプリ　第2回(昭51年)　シルバー賞

勝　新太郎　かつ・しんたろう
昭和6(1931)年～平成9(1997)年
俳優

「悪名」「座頭市」シリーズ
　キネマ旬報賞　第9回(昭38年度)　主演男優賞

「座頭市」
　ブルーリボン賞　第14回(昭38年度)　大衆賞
　おおさか映画祭　第15回(平1年)　主演男優賞

「座頭市シリーズ」「悪名シリーズ」
　キネマ旬報賞　第9回(昭38年)　男優賞

「顔役」「いのちぼうにふろう」「狐のくれた赤ん坊」「新座頭市・破れ！唐人剣」
　毎日映画コンクール　第26回(昭46年)　演技賞 男優演技賞

「子連れ狼」
　ゴールデン・アロー賞　第10回(昭47年度)　大賞
　くまもと映画祭　第1回(昭50年度)　日本映画監督賞

ゴールデン・アロー賞　第2回(昭39年)　取材協力賞
牧野省三賞　第8回(昭40年)
ゴールデン・アロー賞　第10回(昭47年)　大賞
おおさか映画祭　第18回(平4年度)　話題賞
毎日映画コンクール　第52回(平9年)　特別賞

桂　歌丸　かつら・うたまる
昭和11(1936)年～平成30(2018)年
落語家

「桂歌丸独演会」
　芸術祭賞　(平1年)

「栗橋宿」
　芸術選奨　第55回(平16年)　大衆芸能部門 文部科学大臣賞

芸術祭賞　第44回(平1年)　演芸部門
神奈川文化賞　第45回(平8年)
浅草芸能大賞　第20回(平15年度)　大賞
旭日小綬章　(平19年)
松尾芸能賞　第29回(平20年)　優秀賞 落語

桂　枝雀(2代)　かつら・しじゃく
昭和14(1939)年～平成11(1999)年
落語家

「くしゃみ講釈」「口入れ屋」「鷺とり」
　芸術選奨　第33回(昭57年)　大衆芸能部門 新人賞
　上方お笑い大賞　第6回(昭52年)　金賞
　ゴールデン・アロー賞　第18回(昭55年)　芸能賞
　上方お笑い大賞　第9回(昭55年)　大賞
　日本放送演芸大賞　第10回(昭56年)
　芸術選奨　(昭57年)　文部大臣新人賞
　花王名人大賞　第3回(昭58年)　花王名人大賞
　花王名人大賞　第3回(昭58年)　名人賞 落語部門(大阪)
　上方お笑い大賞　第16回(昭62年)　大賞
　大阪芸術賞　(平9年)

桂　春団治(3代)　かつら・はるだんじ
昭和5(1930)年～平成28(2016)年
落語家

「東西演芸特選会」
　芸術祭賞　第30回(昭50年)　大衆芸能部門(1部) 優秀賞

上方芸能人顕彰　(昭42年)
上方お笑い大賞　第7回(昭53年)　大賞
芸能功労者表彰　(昭55年)
上方お笑い大賞　(昭56年)　功労賞
大阪芸術賞　(平8年)
紫綬褒章　(平10年)
上方お笑い大賞　第31回(平14年)　特別功労賞
旭日小綬章　(平16年)
大阪市民表彰

桂　文枝(6代)　かつら・ぶんし
昭和18(1943)年～
落語家，司会者

「ゴルフ夜明け前」「桂三枝の創作落語125撰」
　芸術祭賞　(昭58年・平15年)　演芸部門 賞大賞

「桂三枝の創作落語125撰ファイナル」
　芸術祭賞　第58回(平15年)　演芸部門 大賞

「妻の旅行」「背なで老いてる唐獅子牡丹」
　芸術選奨　第56回(平17年度)　大衆芸能部門 文部科学大臣賞

テレビ大賞　第8回(昭50年度)　週刊TVガイドデスク賞
上方お笑い大賞　第4回(昭50年)　金賞
花王名人大賞　第1回(昭56年)　名人賞 落語部門(大阪)
上方お笑い大賞　第10回(昭56年)　大賞
花王名人大賞　第2回(昭57年)　花王名人大賞
花王名人大賞　第2回(昭57年)　名人賞 落語部門(大阪)
芸術祭賞　第38回(昭58年)　大衆芸能部門(1部) 大賞
花王名人大賞　第4回(昭59年)　特別功労賞
ギャラクシー賞　第19回(昭56年)　選奨
上方お笑い大賞　第25回(平8年)　秋田実賞

芸術選奨文部科学大臣賞　第56回, 平成17年度(平18年)　大衆芸能部門
紫綬褒章　(平18年)
菊池寛賞　第55回(平19年)
日本放送協会放送文化賞　第62回(平22年度)
旭日小綬章　(平27年)

桂 文珍　かつら・ぶんちん
昭和23(1948)年〜
落語家

「十夜連続独演会」
芸術選奨　第59回(平20年度)　文部科学大臣賞

「居酒屋もへじ」
橋田賞　第26回(平29年度)　橋田賞

上方お笑い大賞　第10回(昭56年)　金賞
花王名人大賞　第3回(昭58年)　最優秀新人賞
花王名人大賞　第3回(昭58年)　新人賞
上方お笑い大賞　第12回(昭58年)　大賞
花王名人大賞　第4回(昭59年)　最優秀名人賞
花王名人大賞　第4回(昭59年)　名人賞
ベストドレッサー賞　第14回(昭60年)　特別賞
花王名人大賞　第5回(昭60年)　名人賞
篠山町民栄誉賞　(昭63年)
芸術選奨　第59回(平20年度)　大衆芸能部門 文部科学大臣賞
紫綬褒章　(平22年)

桂 米朝(3代)　かつら・べいちょう
大正14(1925)年〜平成27(2015)年
落語家

「愛宕山」
芸術祭賞　第24回(昭44年)　大衆芸能部門(1部) 優秀賞

「桂米朝独演会」
芸術祭賞　第25回(昭45年)　大衆芸能部門(1部) 優秀賞

「落語と私」
児童福祉文化賞　第18回(昭50年度)　出版物部門 奨励賞

「はてなの茶碗」
松尾芸能賞　第18回(平9年)　特別賞

ギャラクシー賞　第20回(昭57年)　選奨
芸術祭賞　(昭38年)　奨励賞
上方お笑い大賞　第1回(昭47年)　大賞
ゴールデン・アロー賞　第13回(昭50年)　芸能賞
大阪芸術賞　(昭53年)
芸術選奨　第30回(昭54年)　大衆芸能部門 大臣賞
上方お笑い大賞　第11回(昭57年)　大賞
紫綬褒章　(昭62年)
姫路市民文化賞　第11回(平1年)
キワニス大阪賞　第3回(平4年)
朝日賞　(平7年)

日本放送協会放送文化賞　第48回(平8年)
松尾芸能賞　第18回(平9年)　特別賞 落語
上方お笑い大賞　第30回(平13年)　30周年記念特別賞
文化功労者　(平14年)
文化勲章　(平21年度)
上方演芸の殿堂入り　第14回(平22年)

加藤 郁乎　かとう・いくや
昭和4(1929)年〜平成24(2012)年
俳人, 詩人

「形而情学」
室生犀星詩人賞　第6回(昭41年)

「初昔」
日本文芸大賞　第18回(平10年)　俳句賞

「加藤郁乎俳句集成」
21世紀えひめ俳句賞　第1回(平14年)　富沢赤黄男賞

「市井風流──俳林随筆」
山本健吉文学賞　第5回(平17年)　評論部門

「晩節」
山本健吉文学賞　第11回(平23年)　俳句部門

文化庁長官表彰　(平19年)

加藤 和彦　かとう・かずひこ
昭和22(1947)年〜平成21(2009)年
ミュージシャン, 音楽プロデューサー

「探偵物語」
日本アカデミー賞　(昭59年)　音楽賞

「パッチギ！」
毎日映画コンクール　第60回(平17年度)　音楽賞

FNS歌謡祭グランプリ　第7回(昭55年)　最優秀作曲賞
ベストドレッサー賞　第20回(平3年)　テーマ部門
日本レコード大賞　第51回(平21年)　特別功労賞

加藤 健一　かとう・けんいち
昭和24(1949)年〜
俳優, 演出家

「蒲田行進曲」「審判」
紀伊國屋演劇賞　第17回(昭57年)　個人賞

「第二章」
芸術祭賞　第43回(昭63年)　演劇部門

「パパ、I LOVE YOU！」「審判」
紀伊國屋演劇賞　第29回(平6年)　個人賞

「審判」
芸術祭賞　第49回(平6年)　演劇部門

「詩人の恋」
読売演劇大賞　第11回(平15年度)　優秀男優賞・優秀作品賞・選考委員特別賞

「木の皿」
芸術選奨　第54回(平15年)　演劇部門 文部科学大

臣賞
「バカのカベ〜フランス風〜」「八月のラブソング」
　菊田一夫演劇賞　第38回（平24年度）演劇賞
「母と暮せば」
　毎日映画コンクール　第70回（平27年）男優助演賞
「サンシャイン・ボーイズ」「スカラムーシュ・ジョーンズor七つの白い仮面」
　毎日芸術賞　第64回（令4年度）
紀伊國屋演劇賞　（昭57年・平成2年・平成6年・平成13年）
芸術祭賞　（昭63年・平成6年）
芸術選奨　第40回（平1年）演劇部門 新人賞
読売演劇大賞　第9回（平13年）優秀演出家賞
読売演劇大賞　（平14年）優秀演出家賞・優秀作品賞
読売演劇大賞　第11回（平15年）優秀男優賞
朝日舞台芸術賞　第3回（平16年）
紫綬褒章　（平19年）

加藤　剛　かとう・ごう
　昭和13（1938）年〜平成30（2018）年
　俳優

「上意討ち・拝領妻始末」
　NHK映画賞　（昭42年）助演男優賞
「野鴨」
　紀伊國屋演劇賞　第13回（昭53年）個人賞
「波―わが愛」
　芸術祭賞　（昭57年度）優秀賞
「海とバラと猫と」
　日本文芸大賞　第4回（昭59年）エッセイ賞
「心―わが愛」
　芸術祭賞　第41回（昭61年）演劇部門
「わが愛」
　紀伊國屋演劇賞　第26回（平3年）個人賞
　芸術選奨　第42回（平3年）演劇部門 文部大臣賞
「わが愛 三部作」
　紀伊國屋演劇賞　第26回（平3年）
　芸術選奨　第42回（平3年度）文部大臣賞
「門―わが愛」
　読売演劇大賞　第5回（平9年度）選考委員特別賞
エランドール賞　（昭39年度）新人賞
読売演劇大賞　第5回（平9年）選考委員特別賞
紫綬褒章　（平13年）
旭日小綬章　（平20年）

加藤　澤男　かとう・さわお
　昭和21（1946）年〜
　元・体操選手。メキシコ五輪・ミュンヘン五輪体操男子個人総合金メダリスト

朝日賞　（昭43年）体育賞 第19回オリンピック・メキシコ大会優勝者
朝日賞　（昭47年）体育賞
朝日賞　（昭49年）体育賞
朝日体育賞　第2回（昭51年度）第21回オリンピック・モントリオール大会
紫綬褒章　（平16年）

加藤　楸邨　かとう・しゅうそん
　明治38（1905）年〜平成5（1993）年
　俳人。日本芸術院会員

「まぼろしの鹿」
　蛇笏賞　第2回（昭43年）
「怒濤」
　詩歌文学館賞　第2回（昭62年）俳句
蛇笏賞　第2回（昭43年）
紫綬褒章　（昭49年）
勲三等瑞宝章　（昭63年）
現代俳句協会大賞　第1回（昭63年）
朝日賞　（平3年）

加東　大介　かとう・だいすけ
　明治44（1911）年〜昭和50（1975）年
　俳優

「おかあさん」
　毎日映画コンクール　（昭27年度）助演男優賞
「決闘鍵屋の辻」「おかあさん」
　ブルーリボン賞　第3回（昭27年）助演男優賞
　毎日映画コンクール　第7回（昭27年）演技賞 男優助演賞
「血槍富士」「ここに泉あり」
　ブルーリボン賞　第6回（昭30年）助演男優賞

加藤　武　かとう・たけし
　昭和4（1929）年〜平成27（2015）年
　俳優

「悪魔の手毬唄」「獄門島」
　報知映画賞　第2回（昭52年度）最優秀助演男優賞
「夏の盛りの蟬のように」
　紀伊國屋演劇賞　第49回（平26年）個人賞
「夏の盛りの蟬のように」
　読売演劇大賞　第22回（平26年度）優秀男優賞
読売演劇大賞　第22回（平26年度）芸術栄誉賞

加藤　武司　かとう・たけし
　昭和17（1942）年〜昭和57（1982）年
　体操選手

朝日賞　（昭41年）体育賞
朝日賞　（昭43年）体育賞 第19回オリンピック・メキシコ大会優勝者
朝日賞　（昭45年）体育賞

加藤　登紀子　かとう・ときこ
　昭和18（1943）年〜
　シンガー・ソングライター

「赤い風船」
　日本レコード大賞　第8回(昭41年)　新人賞
「ひとり寝の子守唄」「知床旅情」
　日本レコード大賞　第11回・13回(昭44年・46年)
　　歌唱賞
「知床旅情」
　日本歌謡大賞　第2回(昭46年)　放送音楽賞
　日本有線大賞　第4回(昭46年)　特別賞
　夜のレコード大賞　第4回(昭46年度)　特別賞
「百万本のバラ」
　日本有線大賞　第21回(昭63年)　有線音楽賞
「果てなき大地の上に」
　毎日芸術賞　第64回(令4年度)
全日本有線放送大賞　第4回(昭46年度)　特別賞
日本レコードセールス大賞　第4回(昭46年)　セールス大賞
日本酒大賞　(平1年)
フランス芸術文化勲章シュバリエ章　(平4年)
日本レコード大賞　第47回(平17年)　功労賞

加藤　一二三　　かとう・ひふみ
　　昭和15(1940)年〜
　　棋士
「ひふみん」
　「現代用語の基礎知識」選 ユーキャン新語・流行語大賞　第34回(平29年)　トップテン

将棋栄誉賞　(昭52年)
将棋大賞　第4回(昭52年)　技能賞
将棋大賞　第5回(昭53年)　殊勲賞
将棋大賞　第6回(昭54年)　殊勲賞
将棋大賞　第8回(昭56年)　殊勲賞
将棋栄誉敢闘賞　(昭57年)
将棋大賞　第9回(昭57年)　最優秀棋士賞
将棋大賞　第12回(昭60年)　最多勝利賞・最多対局賞
聖シルベストロ騎士勲章　(昭61年)
特別将棋栄誉賞　(平1年)
紫綬褒章　(平12年)
将棋大賞　第29回(平14年)　東京将棋記者会賞
将棋大賞　第44回(平29年)　特別賞
旭日小綬章　(平30年)
文化功労者　第75回(令4年度)

加藤　道子　　かとう・みちこ
　　大正8(1919)年〜平成16(2004)年
　　声優, 俳優
「魚紋」
　芸術祭賞　第3回(昭23年)　ラジオ部門
　文部大臣賞　(昭23年)
「瓶の中の世界」
　イタリア放送協会賞　(昭30年)
「大根焚き」
　芸術祭賞　(昭52年)　優秀賞
日本放送協会放送文化賞　第16回(昭39年)
芸術祭賞　第29回(昭49年)　大衆芸能部門(1部)　優秀賞
菊池寛賞　(昭49年)　※「日曜名作座」(出演)に対して
日本婦人放送者懇談会大賞　(昭57年)
紫綬褒章　(昭58年)
放送文化基金賞　第13回(昭62年)　個人・グループ部門
勲四等宝冠章　(平4年)
坪内逍遙大賞　第3回(平8年)

加藤　幸子　　かとう・ゆきこ
　　昭和11(1936)年〜令和6(2024)年
　　小説家
「夢の壁」
　芥川龍之介賞　第88回(昭57年下)
「野餓鬼のいた村」
　新潮新人賞　第14回(昭57年)
「尾崎翠の感覚世界」
　芸術選奨　第41回(平2年)　評論等 文部大臣賞
「長江」
　毎日芸術賞　第43回(平13年)

加藤　芳郎　　かとう・よしろう
　　大正14(1925)年〜平成18(2006)年
　　漫画家
「芳郎傑作漫画集」
　文藝春秋漫画賞　第3回(昭32(1957)年)
「まっぴら君」
　日本漫画家協会賞　第28回(平11年)　文部大臣賞
紫綬褒章　(昭61年)
菊池寛賞　第36回(昭63年)
日本放送協会放送文化賞　第40回(昭63年)
勲四等旭日小綬章　(平8年)
東京都文化賞　(平11年度)

角川　春樹　　かどかわ・はるき
　　昭和17(1942)年〜
　　映画プロデューサー, 映画監督, 俳人, 一行詩人
「セーラー服と機関銃」
　藤本真澄賞　第1回(昭56年)
「信長の首」
　芸術選奨　第33回(昭57年)　文学部門 新人賞
　俳人協会新人賞　第6回(昭58年)
「流され王」
　読売文学賞　第35回(昭58年)　詩歌俳句賞
「花咲爺」
　蛇笏賞　第24回(平2年)
「天と地と」

ゴールデングロス賞 第8回（平2年度） マネーメーキング監督賞
ぴあテン 第19回（平2年度） 第10位

「JAPAN」
　加藤郁乎賞 第8回（平17年度）

「海鼠の日」
　山本健吉文学賞 第5回（平17年） 俳句部門

「角川家の戦後」
　山本健吉文学賞 第7回（平19年） 俳句部門

ブルーリボン賞 第19回（昭51年度） 特別賞
日本映画テレビプロデューサー協会賞 （昭52年）
エランドール賞 （昭53年度） 協会賞
芸術選奨 第33回（昭57年度） 文部大臣新人賞
ヨコハマ映画祭 第5回（昭58年度） 特別大賞
おおさか映画祭 第11回（昭60年度） 特別功労賞
くまもと映画祭 第10回（昭60年度） 大賞
玉ねぎ大賞（北見市）（昭62年）

角川 博　かどかわ・ひろし
　昭和28（1953）年〜
　歌手

「嘘でもいいの」
　銀座音楽祭 第6回（昭51年） 専門審査員奨励賞
　新宿音楽祭 第9回（昭51年） 審査員特別奨励賞
　全日本有線放送大賞 第9回（昭51年度） 新人賞
　日本レコード大賞 第18回（昭51年） 新人賞

「許して下さい」
　日本有線大賞 第9回（昭51年） 新人賞

「流氷岬」
　古賀政男記念音楽大賞 第6回（昭60年度）

「夜明け川」
　横浜音楽祭 第17回（平2年） 演歌選奨

あなたが選ぶ全日本歌謡音楽祭 第2回（昭51年） 優秀新人賞
ABC歌謡新人グランプリ 第3回（昭51年） 最優秀歌唱賞・シルバー賞
横浜音楽祭 第3回（昭51年） 新人賞
歌謡ゴールデン大賞・新人グランプリ 第3回（昭51年） 最優秀歌唱賞
日本演歌大賞 第9回（昭58年） 演歌スター賞
メガロポリス歌謡祭 第3回（昭59年） 演歌入賞
横浜音楽祭 第11回（昭59年） ラジオ日本演歌賞
古賀政男記念音楽大賞 第6回（昭60年度） 一般作品最優秀賞
横浜音楽祭 第16回（平1年） 演歌特別選賞

角野 栄子　かどの・えいこ
　昭和10（1935）年〜
　児童文学作家

「ズボン船長さんの話」

旺文社児童文学賞 第4回（昭56年）

「大どろぼうブラブラ氏」
　産経児童出版文化賞 第29回（昭57年） 大賞

「おはいんなさい えりまきに」
　産経児童出版文化賞 第31回（昭59年）

「わたしのママはしずかさん」「ズボン船長さんの話」
　路傍の石文学賞 第6回（昭59年）

「魔女の宅急便」
　アンデルセン賞（昭60年） 国内賞
　IBBYオーナリスト文学賞（昭60年）
　小学館文学賞 第34回（昭60年）
　野間児童文芸賞 第23回（昭60年）
　巌谷小波文芸賞 第34回（平23年）

「あたらしいおふとん」（翻訳）
　日本の絵本賞 第15回（平4年） 絵本にっぽん賞特別賞

「トンネルの森1945」
　産経児童出版文化賞 第63回（平28年） ニッポン放送賞

「イコ トラベリング 1948-」
　紫式部文学賞 第33回（令5年）

紫綬褒章（平12年）
旭日小綬章（平26年）
江戸川区民栄誉賞（平30年）
国際アンデルセン賞（平30年） 作家賞
児童福祉文化賞 第64回（令3年度） 特別部門

角野 卓造　かどの・たくぞう
　昭和23（1948）年〜
　俳優

「ハイキング」
　紀伊國屋演劇賞 第19回（昭59年） 個人賞

「ハイキング」「息子はつらいよ」
　芸術選奨 第35回（昭59年） 演劇部門 新人賞

「おお、星条旗！」「温水夫妻」
　読売演劇大賞 第7回（平11年） 最優秀男優賞

「文学座公演『缶詰』」
　芸術祭賞 第55回（平12年） 演劇部門 優秀賞

「夢の痂」「ゆれる車の音」
　朝日舞台芸術賞 第6回（平18年） 秋元松代賞

橋田賞 第17回（平20年度） 橋田賞
紫綬褒章（平20年）

金井 克子　かない・かつこ
　昭和20（1945）年〜
　歌手，ダンサー

「NHK『歌のグランドショー』」
　ギャラクシー賞 第3回（昭40年） テレビ

「他人の関係」

日本有線大賞 第6回(昭48年) 優秀賞
夜のレコード大賞 第6回(昭48年度) 優秀スター賞
ゴールデン・アロー賞 第5回(昭42年) グラフ賞
全日本有線放送大賞 第6回(昭48年度) 優秀スター賞
日本有線大賞 第6回(昭58年) 優秀賞
日本レコード大賞 第61回(令元年) 功労賞

金井 美恵子　かない・みえこ
昭和22(1947)年〜
小説家, 詩人

「プラトン的恋愛」
泉鏡花文学賞 第7回(昭54年)

「タマや」
女流文学賞 第27回(昭63年)

「カストロの尻」
芸術選奨 第68回(平29年度) 文学部門 文部科学大臣賞

現代詩手帖賞 第8回(昭42年)

金沢 明子　かなざわ・あきこ
昭和29(1954)年〜
歌手

「北国の青春/金沢明子」
芸術祭賞 第34回(昭54年) 大衆芸能部門(1部) 優秀賞

ゴールデン・アロー賞 第16回(昭53年) 芸能賞 新人賞
FNS歌謡祭グランプリ 第6回(昭54年) 特別賞

金子 成人　かねこ・なりと
昭和24(1949)年〜
脚本家

「混声合唱組曲『異聞坊ちゃん』」
芸術祭賞 第38回(昭58年) 音楽部門(放送) 優秀賞

「魚心あれば嫁心」「終わりのない童話」
向田邦子賞 第16回(平9年)

「向田邦子シリーズ」「いねむり紋蔵」
橋田賞 第7回(平10年度) 橋田賞

「たぬきの休日」
日本民間放送連盟賞

「死にたがる子」
放送文化基金賞

日本放送協会放送文化賞 第64回(平24年度)

金子 正明　かねこ・まさあき
昭和15(1940)年〜
元・レスリング選手

朝日賞 (昭41年) 体育賞
朝日賞 (昭42年) 体育賞
朝日賞 (昭43年) 体育賞 第19回オリンピック・メキシコ大会優勝者

紫綬褒章 (平15年)

金子 光晴　かねこ・みつはる
明治28(1895)年〜昭和50(1975)年
詩人

「人間の悲劇」
読売文学賞 第5回(昭28年) 詩歌俳句賞

「IL」
歴程賞 第3回(昭40年)

「風流尸解記」
芸術選奨 第22回(昭46年) 文学部門 文部大臣賞

金田 たつえ　かねだ・たつえ
昭和23(1948)年〜
歌手

「花街の母」
全日本有線放送大賞 第12回(昭54年度) 特別賞
日本レコード大賞 第21回(昭54年) ロングセラー賞
日本有線大賞 第12回(昭54年) 特別賞

「流氷よ吹け母の歳月」
日本レコード大賞 第26回(昭59年) 企画賞

あなたが選ぶ全日本歌謡音楽祭 第5回(昭54年) 特別賞
日本演歌大賞 第6回(昭55年) 演歌スター賞

兼高 かおる　かねたか・かおる
昭和3(1928)年〜平成31(2019)年
旅行家, 評論家, ジャーナリスト

「兼高かおる世界の旅」
芸術選奨 第18回(昭42年) 放送部門 新人賞
芸術選奨 第41回(平2年) 評論等 文部大臣賞

ダイヤモンドレディ賞 第4回(平1年)
ダイヤモンド・パーソナリティ賞 (平2年)

菊池寛賞 第38回(平2年)

紫綬褒章 (平3年)
横浜文化賞 (平11年)
国土交通大臣特別表彰 (平14年)

かまやつ ひろし
昭和14(1939)年〜平成29(2017)年
ミュージシャン

「我が良き友よ」
FNS歌謡祭グランプリ 第2回(昭50年) 最優秀ヒット賞 上期

日本レコード大賞 第54回(平24年) 功労賞
日本レコード大賞 第59回(平29年) 特別功労賞

上岡 龍太郎　かみおか・りゅうたろう
昭和17(1942)年〜令和5(2023)年
タレント。旧芸名は横山パンチ。トリオ名は漫画トリオ

秋田実賞 (昭57年)

上方お笑い大賞　第11回（昭57年）　秋田実賞
上方お笑い大賞　第18回（平1年）　大賞

亀井 勝一郎　かめい・かついちろう
明治40（1907）年〜昭和41（1966）年
文芸評論家

「人間教育」
　池谷信三郎賞　第4回（昭13年上）

読売文学賞　第2回（昭25年）　文芸評論賞
日本芸術院賞　第20回（昭38年）　第2部
菊池寛賞　第13回（昭40年）

加山 雄三　かやま・ゆうぞう
昭和12（1937）年〜
俳優、歌手

「若大将シリーズ」
　ブルーリボン賞　第17回（昭41年）　大衆賞
「君といつまでも」
　日本レコード大賞　第18回（昭51年）　審査委員会選奨

エランドール賞（昭36年度）新人賞
ゴールデン・アロー賞　第4回（昭41年）　大賞
日本レコード大賞　第8回（昭41年）　特別賞
あなたが選ぶ全日本歌謡音楽祭　第2回（昭51年）　特別賞
横浜音楽祭　第3回（昭51年）　地域・特別賞
FNS歌謡祭グランプリ　第7回（昭55年）　特別功労賞
都民文化栄誉賞（昭61年）
神奈川文化賞（平19年）
茅ケ崎市民栄誉賞（平22年）
岩谷時子賞　第1回（平22年）　特別賞
　毎日芸術賞　第52回（平22年度）　特別賞　"芸能活動50周年記念アルバム「若大将50年！」など"
日本レコード大賞　第52回（平22年）　音楽文化賞
日本放送協会放送文化賞　第63回（平23年度）
旭日小綬章（平26年）
浅草芸能大賞　第33回（平28年度）　大賞
文化功労者　第74回（令3年度）
橋田賞　第31回（令4年度）　橋田特別賞

唐 十郎　から・じゅうろう
昭和15（1940）年〜令和6（2024）年
劇作家、演出家、俳優、小説家

「少女仮面」
　岸田國士戯曲賞　第15回（昭45年）
「新劇」岸田戯曲賞　第15回（昭45年）
「海星・河童」
　泉鏡花文学賞　第6回（昭53年）
「佐川君からの手紙」
　芥川龍之介賞　第88回（昭57年下）
「泥人魚」

紀伊國屋演劇賞　第38回（平15年）
読売文学賞　第55回（平15年）　戯曲・シナリオ賞
鶴屋南北戯曲賞　第7回（平16年）

読売演劇大賞　第11回（平15年）　優秀演出家賞
読売演劇大賞　第13回（平17年度）　芸術栄誉賞
李炳注国際文学賞　第3回（平22年）
朝日賞（平24年度）
文化功労者　第74回（令3年度）

柄谷 行人　からたに・こうじん
昭和16（1941）年〜
文芸評論家

「〈意識〉と〈自然〉―漱石試論」
　群像新人文学賞　第12回（昭44年）　評論
「マルクスその可能性の中心」
　亀井勝一郎賞　第10回（昭53年）
「坂口安吾と中上健次」
　伊藤整文学賞　第7回（平8年）　評論
「哲学の起源」
　紀伊国屋じんぶん大賞　第3回（平24年）

バーグルエン哲学・文化賞（令4年）
朝日賞（令4年度）

河合 奈保子　かわい・なおこ
昭和38（1963）年〜
歌手、俳優

「ヤングボーイ」
　FNS歌謡祭グランプリ　第7回（昭55年）　優秀新人賞
　銀座音楽祭　第10回（昭55年）　熱演賞
「スマイル・フォー・ミー」
　日本テレビ音楽祭　第7回（昭56年）　金の鳩賞
　日本レコード大賞　第23回（昭56年）　ゴールデンアイドル賞
「けんかをやめて」
　FNS歌謡祭グランプリ　第9回（昭57年）　優秀歌謡音楽賞
「UNバランス」
　FNS歌謡祭グランプリ　第10回（昭58年）　優秀歌謡音楽賞
「唇のプライバシー」
　FNS歌謡祭グランプリ　第11回（昭59年）　優秀歌謡音楽賞
　日本歌謡大賞　第15回（昭59年）　放送音楽プロデューサー連盟賞
「ラヴェンダー・リップス」
　あなたが選ぶ全日本歌謡音楽祭　第11回（昭60年）　審査員奨励賞
　あなたが選ぶ全日本歌謡音楽祭　第11回（昭60年）　金賞
「十六夜物語」

日本作曲大賞　第7回(昭62年)　優秀作曲者賞
「The Lover in Me・恋人が幽霊」
　ゴールデン・アロー賞　第27回(平2年)　演劇新人賞
あなたが選ぶ全日本歌謡音楽祭　第6回(昭55年)　優秀新人賞
ゴールデン・アロー賞　第18回(昭55年)　グラフ賞
ABC歌謡新人グランプリ　第7回(昭55年)　審査員奨励賞
FNS歌謡祭グランプリ　第7回(昭55年)　優秀新人賞
横浜音楽祭　第7回(昭55年)　新人賞
新宿音楽祭　第13回(昭55年)　銀賞
日本レコード大賞　第22回(昭55年)　新人賞
日本レコード大賞　第23回(昭56年)　ゴールデンアイドル賞
あなたが選ぶ全日本歌謡音楽祭　第9回(昭58年)　最優秀アイドル賞
メガロポリス歌謡祭　第2回(昭58年)　ポップス入賞
あなたが選ぶ全日本歌謡音楽祭　第10回(昭59年)　最優秀歌唱賞
横浜音楽祭　第11回(昭59年)　音楽祭賞
日本テレビ音楽祭　第10回(昭59年)　日本テレビ特別賞
日本レコード大賞　第26回(昭59年)　優秀アルバム賞
横浜音楽祭　第12回(昭60年)　音楽祭賞
横浜音楽祭　第13回(昭61年)　音楽祭賞
日本作曲大賞　第7回(昭62年)　優秀作曲者賞
　ゴールデン・アロー賞　第27回(平1年)　演劇賞 新人賞

川内　康範　　かわうち・こうはん
　大正9(1920)年～平成20(2008)年
　小説家, 作詞家, 評論家, シナリオ作家
「誰よりも君を愛す」
　日本レコード大賞　第2回(昭35年)　大賞
「花と蝶」
　日本作詩大賞　第2回(昭44年度)　大賞
「命あたえて」
　古賀政男記念音楽大賞　第2回(昭56年度)　プロ作品大賞
「おふくろさん」
　ヤングフィスタバル大賞　第1回
「愛怨記」
　福島県文学賞　第1回
勲四等瑞宝章　(平4年)
日本レコード大賞　第41回(平11年)　功労賞
日本レコード大賞　第50回(平20年)　特別功労賞
日本作詩大賞　第41回(平20年度)　特別賞

河上　徹太郎　　かわかみ・てつたろう
　明治35(1902)年～昭和55(1980)年
　文芸評論家。日本芸術院会員

「私の詩と真実」
　読売文学賞　第5回(昭28年)　文芸評論賞
「日本のアウトサイダー」
　新潮社文学賞　第6回(昭34年)
「吉田松陰」
　野間文芸賞　第21回(昭43年)
「有愁日記」
　日本文学大賞　第3回(昭46年)
文学界賞　(昭12年)
サンケイ児童出版文化賞　(昭32年)
日本芸術院賞　第17回(昭35年)　第2部
文化功労者　(昭47年)
岩国市名誉市民

川喜多　かしこ　　かわきた・かしこ
　明治41(1908)年～平成5(1993)年
　映画文化活動家
芸術選奨　第14回(昭38年)　評論等
フランス芸術文化勲章　(昭43年・59年)
紫綬褒章　(昭49年)
イタリア・カバリエーレ勲章　(昭53年)
ブルーリボン賞　第21回(昭53年)　特別賞
勲三等瑞宝章　(昭55年)
菊池寛賞　第29回(昭56年)
国際文化デザイン大賞　第4回(昭58年)
朝日賞　(昭61年)
東京都文化賞　第3回(昭62年)
毎日映画コンクール　第48回(平5年)　特別賞

かわぐち　かいじ
　昭和23(1948)年～
　漫画家
「アクター」
　講談社漫画賞　第11回(昭62年)　一般部門
「沈黙の艦隊」
　講談社漫画賞　第14回(平2年)　一般部門
「ジパング」
　講談社漫画賞　第26回(平14年)　一般部門
「太陽の黙示録」
　小学館漫画賞　第51回(平17(2005)年度)　一般向け部門
　文化庁メディア芸術祭　第10回(平18年度)　マンガ部門 大賞
「空母いぶき」
　小学館漫画賞　第63回(平29年度)　一般向け部門

川口　真　　かわぐち・まこと
　昭和12(1937)年～令和3(2021)年
　作曲家, 編曲家
「真夏のあらし」

日本レコード大賞 第12回(昭45年) 作曲賞
「HANAGUMORI」
　古賀政男記念音楽大賞 第7回(昭61年度) プロ作品
　　優秀賞
「悲しいけれど」
　古賀政男記念音楽大賞 第8回(昭62年度) プロ作品
　　優秀賞
「維新の女」
　日本レコード大賞 第31回(平1年) 編曲賞

日本レコードセールス大賞 第3回(昭45年) 作曲賞
日本レコードセールス大賞 第3回(昭45年) 編曲賞
日本レコード大賞 第12回(昭45年) 作曲賞
日本レコードセールス大賞 第4回(昭46年) 編曲賞
日本レコード大賞 第31回(平1年) 編曲賞
日本レコード大賞 第63回(令3年) 特別功労賞

川口 松太郎　かわぐち・まつたろう
　明治32(1899)年〜昭和60(1985)年
　小説家, 劇作家, 演出家。日本芸術院会員

「鶴八鶴次郎」
　直木三十五賞 第1回(昭10年上)
「しぐれ茶屋おりく」
　吉川英治文学賞 第3回(昭44年)

毎日演劇賞 第11回(昭33年) 個人賞 脚本「銀座馬鹿」をはじめとする新派劇への寄与
菊池寛賞 第11回(昭38年)
文化功労者(昭48年)

川崎 洋　かわさき・ひろし
　昭和5(1930)年〜平成16(2004)年
　詩人, 脚本家

「魚と走る時」
　芸術祭賞(昭32年・41年) 奨励賞
「ジャンボアフリカ」「脚本」
　芸術選奨 第21回(昭45年) 放送部門 大臣賞
「ぼうしをかぶったオニの子」
　旺文社児童文学賞 第2回(昭54年)
「食物小屋」
　無限賞 第8回(昭55年)
「ビスケットの空カン」
　高見順賞 第17回(昭61年)
「日本方言詩集」「かがやく日本語の悪態」
　藤村記念歴程賞 第36回(平10年)

紫綬褒章(平9年)
歴程賞 第36回(平10年)
神奈川文化賞(平12年)

川中 美幸　かわなか・みゆき
　昭和30(1955)年〜
　歌手

「ふたり酒」

全日本有線放送大賞 第13回(昭55年度) 特別賞
日本有線大賞 第13回(昭55年) 有線音楽賞
「あなたひとすじ」
　全日本有線放送大賞 第14回(昭56年度) 優秀スター賞
　日本有線大賞 第14回(昭56年) 有線音楽賞
「あなたひとすじ」「越前岬」「大河の流れ」
　日本レコード大賞 第23回・24回・43回(昭56年・57年・平成13年) 金賞
「越前岬」
　日本有線大賞 第15回(昭57年) 有線音楽賞
「逢えるじゃないかまたあした」
　全日本有線放送大賞 第27回(平6年度) 特別賞
　日本レコード大賞 第36回(平6年) 最優秀歌唱賞
「二輪草」
　全日本有線放送大賞 第31回(平10年) 読売テレビ
　　特別賞
　日本有線大賞 第31回(平10年) 最多リクエスト曲賞
　日本有線大賞 第31回(平10年) 有線音楽優秀賞
「君影草〜すずらん」
　日本有線大賞 第32回(平11年) 有線音楽優秀賞
「川中美幸特別講演」
　芸術祭賞(平23年度) 大衆芸能部門 大賞

日本演歌大賞 第6回(昭55年) 演歌期待賞・演歌の星
横浜音楽祭 第8回(昭56年) ラジオ日本演歌賞
メガロポリス歌謡祭 第1回(昭57年) 演歌入賞
横浜音楽祭 第9回(昭57年) 音楽祭賞
日本演歌大賞 第8回(昭57年) 演歌ベストセラー賞
日本演歌大賞 第8回(昭57年) 演歌スター賞
メガロポリス歌謡祭 第2回(昭58年) 演歌入賞
日本演歌大賞 第9回(昭58年) 演歌スター賞
メガロポリス歌謡祭 第3回(昭59年) 演歌入賞
横浜音楽祭 第11回(昭59年) ラジオ日本演歌賞
日本演歌大賞 第10回(昭59年) 演歌スター賞
メガロポリス歌謡祭 第4回(昭60年) 演歌入賞
横浜音楽祭 第12回(昭60年) ラジオ日本演歌賞
メガロポリス歌謡祭 第5回(昭61年) 演歌入賞
メガロポリス歌謡祭 第7回(昭63年) 演歌メガロポリス賞女性部門
松尾芸能賞 第20回(平11年) 優秀賞 歌謡
日本レコード大賞 第47回(平17年) 大衆賞
芸術祭賞 第66回(平23年度) 大衆芸能部門 大賞(関東参加公演の部)

河野 裕子　かわの・ゆうこ
　昭和21(1946)年〜平成22(2010)年
　歌人

「桜花の記憶」
　角川短歌賞 第15回(昭44年)
「ひるがほ」

現代歌人協会賞　第21回（昭52年）
「桜森」
　　現代短歌女流賞　第5回（昭55年）
「耳掻き」
　　短歌研究賞　第33回（平9年）
「体力」
　　河野愛子賞　第8回（平10年）
「歩く」
　　若山牧水賞　第6回（平13年）
　　若山牧水賞　第6回（平13年）
　　紫式部文学賞　第12回（平14年）
　　紫式部文学賞　第12回（平14年）
「母系」
　　齋藤茂吉短歌文学賞　第20回（平20年）
　　斎藤茂吉短歌文学賞　第20回（平21年）
　　沼空賞　第43回（平21年）
「葦舟」
　　小野市詩歌文学賞　第2回（平22年）
京都市芸術新人賞　（昭56年）
ミューズ女流文学賞　第4回（昭58年）
コスモス賞　（昭62年）
京都あけぼの賞　（平9年）
京都府文化賞　第19回（平13年）　功労賞
京都市文化功労者　（平21年）

川端　康成　　かわばた・やすなり
　　明治32（1899）年〜昭和47（1972）年
　　小説家
「雪国」
　　文芸懇話会賞　第3回（昭12年）
「故園」「夕日」
　　菊池寛賞　第6回（昭18年）
「千羽鶴」
　　日本芸術院賞　第8回（昭26年）　第2部
「山の音」
　　野間文芸賞　第7回（昭29年）
「眠れる美女」
　　毎日出版文化賞　第16回（昭37年）
菊池寛賞　第6回（昭33年）
ゲーテメダル　（昭34年）
フランス芸術文化勲章　（昭35年）
文化勲章　（昭36年度）
文化功労者　（昭36年）
ノーベル文学賞　（昭43年）
鎌倉市名誉市民　（昭44年）

川村　二郎　　かわむら・じろう
　　昭和3（1928）年〜平成20（2008）年
　　文芸評論家，ドイツ文学者。日本芸術院会員
「限界の文学」

　　亀井勝一郎賞　第1回（昭44年）
「銀河と地獄—幻想文学論」
　　芸術選奨　第24回（昭48年）　評論等　新人賞
「内田百閒論」
　　読売文学賞　第35回（昭58年）　評論・伝記賞
「アレゴリーの織物」
　　伊藤整文学賞　第3回（平4年）　評論
紫綬褒章　（平8年）
日本芸術院賞　第56回（平11年）　第2部
旭日中綬章　（平19年）

川村　たかし　　かわむら・たかし
　　昭和6（1931）年〜平成22（2010）年
　　児童文学作家
「山へいく牛」
　　野間児童文芸賞　第16回（昭53年）
「山へいく牛」「新十津川物語」
　　路傍の石文学賞　第2回（昭55年）
「昼と夜のあいだ」
　　日本児童文学者協会賞　第21回（昭56年）
「新十津川物語」
　　産経児童出版文化賞　第36回（平1年）　大賞
　　日本児童文学者協会賞　第29回（平1年）
「天の太鼓」
　　日本児童文芸家協会賞　第19回（平7年）
国際アンデルセン賞　（昭55年）　優良作品賞
紫綬褒章　（平13年）

川村　湊　　かわむら・みなと
　　昭和26（1951）年〜
　　文芸評論家
「異様なるものをめぐって—徒然草論」
　　群像新人文学賞　第23回（昭55年）　評論　優秀作
「南洋・樺太の日本文学」
　　平林たい子文学賞　第23回（平7年）　評論部門
「補陀落　観音信仰への旅」
　　伊藤整文学賞　第15回（平16年）　評論
「牛頭天王と蘇民将来伝説」
　　読売文学賞　第59回（平19年度）　随筆・紀行賞

川本　喜八郎　　かわもと・きはちろう
　　大正14（1925）年〜平成22（2010）年
　　アニメーション作家，人形美術家
「花折り」
　　ママイア国際アニメーション映画祭　（昭33年）　銀賞
「鬼」
　　毎日映画コンクール　第27回（昭47年）　大藤信郎賞
　　アヌシー国際アニメーション映画祭　（昭47年）　佳

作賞・ジャーナリスト賞
メルボルン国際映画祭（昭47年）特別賞
「詩人の生涯」
　毎日映画コンクール　第29回（昭49年）大藤信郎賞
「道成寺」
　毎日映画コンクール　第31回（昭51年）大藤信郎賞
　アヌシー国際アニメーション映画祭（昭52年）エミール・レイノー賞・観客賞
「火宅」
　バルナ国際アニメーション映画祭（昭56年）グランプリ
「三国志」
　テレビ大賞　第17回（昭59年度）特別賞
「いばら姫またはねむり姫」
　毎日映画コンクール　第45回（平2年）大藤信郎賞
「冬の日」
　毎日映画コンクール　第58回（平15年）大藤信郎賞
　文化庁メディア芸術祭　第7回（平15年）アニメーション部門　大賞
「死者の書」
　ザグレブ国際アニメーション映画祭（平17年）国際審査員特別栄誉賞
　文化庁メディア芸術祭　第9回（平17年度）アニメーション部門　優秀賞
　中国国際アニメーション＆デジタルアーツフェスティバル（常州）（平18年）長編グランプリ
　藤本賞　第26回（平18年）特別賞
日本映画技術賞（昭54年）
国際アニメーション協会賞（ASIFA）　第1回（昭60年）
アニメグランプリ1位・アニメージュ賞（昭61年）
アニー賞（米国）（昭63年）
紫綬褒章（昭63年）
上海国際アニメーションフェスティバル審査員特別賞（昭63年）
勲四等旭日小綬章（平7年）
伊藤熹朔賞　第24回（平9年）特別賞
パリ市大勲章（平15年）
チェコ文化功労章（平17年）

河盛　好蔵　　かわもり・よしぞう
　明治35（1902）年〜平成12（2000）年
　フランス文学者，文芸評論家。日本芸術院会員
「フランス文壇史」
　読売文学賞　第13回（昭36年）研究・翻訳賞
「パリの憂愁—ボードレールとその時代」
　大佛次郎賞　第6回（昭54年）
「藤村のパリ」
　読売文学賞　第49回（平9年）随筆・紀行賞
勲三等旭日中綬章（昭48年）
菊池寛賞　第33回（昭60年）
文化功労者（昭61年）
文化勲章（昭63年度）

康　珍化　　かん・ちんふぁ
　1953年〜
　作詞家，シナリオライター
「桃色吐息」
　日本レコード大賞　第26回（昭59年）作詩賞
「タッチ」
　日本アニメ大賞（昭60年）主題歌賞
「ミ・アモーレ」
　FNS歌謡祭グランプリ　第12回（昭60年）グランプリ
　日本レコード大賞　第27回（昭60年）大賞
「泣いてみりゃいいじゃん」
　日本歌謡大賞　第18回（1987年）
FNS歌謡祭グランプリ　第11回（昭59年）最優秀作詞賞
日本レコードセールス大賞　第17回（昭59年）作詩賞
日本レコードセールス大賞　第18回（昭60年）作詩賞

神沢　利子　　かんざわ・としこ
　大正13（1924）年〜
　児童文学作家
「そりになったブナの木」
　児童福祉文化賞　第16回（昭48年度）出版物部門　奨励賞
「あひるのバーバちゃん」
　産経児童出版文化賞　第22回（昭50年）
「流れのほとり」
　日本児童文芸家協会賞　第2回（昭52年）
「いないいないばあや」
　日本児童文学者協会賞　第19回（昭54年）
　日本文学者協会賞　第19回（昭54年）
　野間児童文芸賞　第17回（昭54年）
「ゆきがくる？」
　産経児童出版文化賞　第28回（昭56年）
「むかしむかしおばあちゃんは」
　児童福祉文化賞　第28回（昭60年度）出版物部門　奨励賞
「おやすみなさいまたあした」
　産経児童出版文化賞　第36回（平1年）
「タランの白鳥」
　産経児童出版文化賞　第37回（平2年）大賞
「おめでとうがいっぱい」
　日本童謡賞（平4年）
「神沢利子コレクション」（全5巻）
　巌谷小波文芸賞　第18回（平7年）
　路傍の石文学賞　第18回（平8年）
「鹿よ　おれの兄弟よ」

小学館児童出版文化賞　第53回（平16年）
講談社出版文化賞　第36回（平17年）　絵本賞

モービル児童文化賞　第31回（平8年）

上林　暁　かんばやし・あかつき
明治35（1902）年〜昭和55（1980）年
小説家。日本芸術院会員

「春の坂」
芸術選奨　第9回（昭33年）　文学部門　文部大臣賞

「白い屋形船」
読売文学賞　第16回（昭39年）　小説賞

「ブロンズの首」
川端康成文学賞　第1回（昭49年）

神林　長平　かんばやし・ちょうへい
昭和28（1953）年〜
SF作家

「狐と踊れ」
ハヤカワSFコンテスト　第5回（昭54年）　佳作

「言葉使い師」
星雲賞　第14回（昭58年）　日本短編部門

「スーパー・フェニックス」
星雲賞　第15回（昭59年）　日本短編部門

「敵は海賊・海賊版」
星雲賞　第15回（昭59年）　日本長編部門

「戦闘妖精・雪風」
星雲賞　第16回（昭60年）　日本長編部門

「プリズム」
星雲賞　第18回（昭62年）　日本長編部門

「言壺」
日本SF大賞　第16回（平7年）

「敵は海賊・A級の敵」
星雲賞　第29回（平10年）　日本長編部門

「グッドラック　戦闘妖精・雪風」
星雲賞　第31回（平12年）　日本長編部門

「いま集合的無意識を、」
星雲賞　第44回（平25年）　日本短編部門（小説）

冠　二郎　かんむり・じろう
昭和19（1944）年〜令和6（2024）年
歌手

「さだめ舟」
日本有線大賞　第17回（昭59年）　有線奨励賞

「のぼり竜」
メガロポリス歌謡祭　第9回（平2年）　演歌メガロポリス賞男性部門
横浜音楽祭　第17回（平2年）　演歌選奨

「酒場」
日本演歌大賞　第17回（平3年）　演歌スター賞
日本有線大賞　第24回（平3年）　有線音楽優秀賞

「炎」
日本有線大賞　第25回（平4年）　有線音楽賞
日本有線大賞　第45回（平24年）　有線功労賞

「ふたりの止まり木」
日本有線大賞　第33回（平12年）　有線音楽優秀賞

「酒に酔いたい」
日本有線大賞　第34回（平13年）　最優秀新人賞

「ほろよい酔虎伝」
日本有線大賞　第38回（平17年）　最多リクエスト曲賞

日本演歌大賞　第10回（昭59年）　奨励賞
横浜音楽祭　第15回（昭63年）　演歌特別選奨
メガロポリス歌謡祭　第8回（平1年）　演歌メガロポリス賞男性部門
横浜音楽祭　第16回（平1年）　演歌特別選賞
横浜音楽祭　第18回（平3年）　演歌賞
日本歌謡大賞　第22回（平3年）　放送音楽賞
松尾芸能賞　第23回（平14年）　優秀賞　歌謡

樹木　希林　きき・きりん
昭和18（1943）年〜平成30（2018）年
俳優

「はね駒」
芸術選奨　（昭61年度）　文部大臣賞

「下妻物語」「半落ち」
ヨコハマ映画祭　第26回（平17年）　助演女優賞

「東京タワー　オカンとボクと、時々、オトン」
日刊スポーツ映画大賞・石原裕次郎賞　第20回（平19年）　助演女優賞
日本アカデミー賞　第31回（平20年）　最優秀主演女優賞

「歩いても　歩いても」
キネマ旬報ベスト・テン　（平20年度）　助演女優賞
キネマ旬報賞　第54回（平20年度）　助演女優賞
ナント三大陸映画祭　（平20年）　最優秀女優賞
ブルーリボン賞　第51回（平20年度）　助演女優賞
報知映画賞　第33回（平20年度）　最優秀助演女優賞

「悪人」
日本アカデミー賞　第34回（平23年）　最優秀助演女優賞

「わが母の記」「ツナグ」
日刊スポーツ映画大賞・石原裕次郎賞　第25回（平24年）　助演女優賞

「わが母の記」
日本アカデミー賞　第36回（平25年）　最優秀主演女優賞

「あん」
報知映画賞　第40回（平27年）　主演女優賞

「いとの森の家」

放送文化基金賞 第42回(平28年) 個別分野 演技賞
「万引き家族」
　毎日映画コンクール 第73回(平30年) 女優助演賞
　日本アカデミー賞 第42回(平31年) 最優秀助演女
　　優賞
「万引き家族」「モリのいる場所」「日日是好日」
　日刊スポーツ映画大賞・石原裕次郎賞 第31回(平30
　　年) 助演女優賞
　報知映画賞 第43回(平30年) 助演女優賞
ゴールデン・アロー賞 第16回(昭53年) 話題賞
FNS歌謡祭グランプリ 第5回(昭53年) 特別賞
　芸術選奨 第37回(昭61年) 放送部門 大臣賞
日本婦人放送者懇談会大賞 (昭62年)
スポニチ文化芸術大賞グランプリ 第10回(平13年度)
紫綬褒章 (平20年)
旭日小綬章 (平26年)
東京国際映画祭 第28回(平27年) "ARIGATŌ(あり
　がとう)"賞
キネマ旬報ベスト・テン特別賞 第92回(平30年度)
ジャパン・カッツCut Above Award for
　Outstanding Performance in Film (平30年)
日本レコード大賞 第60回(平30年) 特別功労賞
日本アカデミー賞 第42回(平31年) 会長特別賞

菊島 隆三　きくしま・りゅうぞう
　大正3(1914)年～平成1(1989)年
　シナリオライター, 映画プロデューサー

「野良犬」
　年鑑代表シナリオ 第1回(昭24年度)
「栄光への道」
　年鑑代表シナリオ 第2回(昭25年度)
「黒い潮」
　年鑑代表シナリオ 第6回(昭29年度)
「男ありて」
　年鑑代表シナリオ 第7回(昭30年度)
「男ありて」「六人の暗殺者」
　ブルーリボン賞 第6回(昭30年) 脚本賞
「どたんば」
　芸術祭賞 第11回(昭31年度) 文部大臣賞
「現代の欲望」
　年鑑代表シナリオ 第8回(昭31年度)
「気違い部落」
　ブルーリボン賞 第8回(昭32年) 脚本賞
　年鑑代表シナリオ 第9回(昭32年度)
「悪い奴ほどよく眠る」
　年鑑代表シナリオ 第12回(昭35年度)
「女が階段を上る時」
　年鑑代表シナリオ 第12回(昭35年度)
「筑豊のこどもたち」
　年鑑代表シナリオ 第12回(昭35年度)
「用心棒」
　年鑑代表シナリオ 第13回(昭36年度)
「椿三十郎」
　年鑑代表シナリオ 第14回(昭37年度)
「天国と地獄」
　年鑑代表シナリオ 第15回(昭38年度)
　毎日映画コンクール 第18回(昭38年) 脚本賞
「ある日本人」
　年鑑代表シナリオ 第16回(昭39年度) 特別賞
「赤ひげ」
　年鑑代表シナリオ 第17回(昭40年度)
「謀殺・下山事件」
　年鑑代表シナリオ (昭56年度)
「竹取物語」
　年鑑代表シナリオ (昭62年度)
京都市民映画脚本賞 (昭34年度)
サンケイ国民映画脚本賞 (昭39年度)
エドガーアランポー賞 (米国) (昭40年)
紫綬褒章 (昭55年)
前田晁文化賞 第3回(平1年)
米国脚本家組合賞 (平25年) ジャン・ルノアール賞
勲四等旭日小綬章

菊田 一夫　きくた・かずお
　明治41(1908)年～昭和48(1973)年
　劇作家, 演劇プロデューサー

日本放送協会放送文化賞 第4回(昭27年)
菊池寛賞 第8回(昭35年)
芸術選奨 第11回(昭35年) 演劇部門

菊池 桃子　きくち・ももこ
　昭和43(1968)年～
　俳優

日本レコードセールス大賞 第17回(昭59年) 女性新
　人賞
日本レコード大賞 第26回(昭59年) 新人賞
日本テレビ音楽祭 第11回(昭60年) 日本テレビ・ア
　イドル賞
日本レコードセールス大賞 第18回(昭60年) シング
　ルシルバー賞
エランドール賞 (昭61年度) 新人賞

木坂 涼　きさか・りょう
　昭和33(1958)年～
　詩人, 絵本作家

「ツツッッと」
　現代詩花椿賞 第5回(昭62年)
「金色の網」
　芸術選奨 第47回(平8年) 文学部門 新人賞
「どうする ジョージ!」

木崎 さと子　きざき・さとこ
昭和14(1939)年〜
小説家

「裸足」
　文學界新人賞　第51回(昭55年下)
「青桐」
　芥川龍之介賞　第92回(昭59年下)
「沈める寺」
　芸術選奨　第38回(昭62年)　文学部門　新人賞

岸 惠子　きし・けいこ
昭和7(1932)年〜
俳優, 作家

「亡命記」
　東南アジア映画祭　第2回(昭30年)　最優秀女優賞
「おとうと」
　ブルーリボン賞　第11回(昭35年)　主演女優賞
　毎日映画コンクール　第15回(昭35年)　演技賞 女優主演賞
「夕暮れて」
　ギャラクシー賞　第20回(昭57年)　選奨
「パリの空は茜色」
　日本文芸大賞　第3回(昭58年)　エッセイ賞
「ベラルーシの林檎」
　日本エッセイスト・クラブ賞　第42回(平6年)
「かあちゃん」
　日刊スポーツ映画大賞・石原裕次郎賞　第14回(平13年)　主演女優賞
　日本アカデミー賞　第25回(平14年)　最優秀主演女優賞
テレビ大賞　第12回(昭54年度)　優秀個人賞
日本映画テレビプロデューサー協会賞　(昭54年)　特別賞
エランドール賞　(昭55年度)　特別賞
毎日映画コンクール　第45回(平2年)　田中絹代賞
日本映画批評家大賞　第5回(平7年度)　ゴールデングローリー賞
神奈川文化賞　(平12年)
山路ふみ子映画賞　第25回(平13年)　特別賞
フランス芸術文化勲章オフィシエ章　(平14年)
旭日小綬章　(平16年)
日本放送協会放送文化賞　第57回(平17年度)
フランス芸術文化勲章コマンドール章　(平23年)
菊池寛賞　第65回(平29年)
日本アカデミー賞　第42回(平31年)　会長功労賞
テレビ大賞　　優秀個人賞

産経児童出版文化賞　第62回(平27年)　翻訳作品賞
埼玉文芸賞　第28回(平8年度)

岸 洋子　きし・ようこ
昭和10(1935)年〜平成4(1992)年
歌手

「夜明けのうた」
　日本レコード大賞　第6回(昭39年)　歌唱賞
「希望」
　日本レコード大賞　第12回(昭45年)　歌唱賞
　日本有線大賞　第3回(昭45年)　努力賞
サンレモ音楽賞　(昭43年)
芸術祭賞　第24回(昭44年)　大衆芸能部門(2部)　優秀賞
紺綬褒章　(昭55年)
芸術祭賞　第39回(昭59年)　大衆芸能部門(2部)　優秀賞
酒田市特別功労表彰　(昭63年)

岸田 今日子　きしだ・きょうこ
昭和5(1930)年〜平成18(2006)年
俳優

「人と狼」「薔薇と海賊」
　岸田國士賞　(昭34年)　文学座
「陽気な幽霊」
　テアトロン賞　(昭35年度)
「破戒」「秋刀魚の味」
　ブルーリボン賞　第13回(昭37年)　助演女優賞
「破戒」「秋刀魚の味」「忍びの者」
　毎日映画コンクール　第17回(昭37年)　演技賞 女優助演賞
「学校の怪談2」「八つ墓村」
　ブルーリボン賞　第39回(平8年)　助演女優賞
「妄想の森」
　日本エッセイスト・クラブ賞　第46回(平10年)
「猫町」「遠い日々の人」
　紀伊國屋演劇賞　第34回(平11年)
O夫人児童演劇賞　第5回(平1年)
紫綬褒章　(平6年)
読売演劇大賞　第7回(平11年)　優秀女優賞
読売演劇大賞　第10回(平14年)　優秀女優賞

岸本 加世子　きしもと・かよこ
昭和35(1960)年〜
俳優

「北風よ」
　銀座音楽祭　第7回(昭52年)　アイドル賞
「雪まろげ」
　ゴールデン・アロー賞　第18回(昭55年)　演劇賞 新人賞
「菊次郎の夏」
　日本アカデミー賞　第23回(平12年)　最優秀助演女優賞
「居酒屋もへじ」

橋田賞　第24回（平27年度）　橋田賞
テレビ大賞　第13回（昭55年度）　優秀個人賞
エランドール賞　（昭56年度）　新人賞
放送文化基金賞　第16回（平2年）　特別賞

来生 たかお　きすぎ・たかお
昭和25（1950）年〜
シンガー・ソングライター

「シルエット・ロマンス」
　日本作曲大賞　第2回（昭57年）　中山・西条記念賞
　日本作曲大賞　第2回（昭57年）　優秀作曲者賞
「セカンド・ラブ」
　日本作曲大賞　第3回（昭58年）　大賞
日本レコードセールス大賞　第15回（昭57年）　作曲賞

北 杜夫　きた・もりお
昭和2（1927）年〜平成23（2011）年
小説家。日本芸術院会員

「夜と霧の隅で」
　芥川龍之介賞　第43回（昭35年上）
「楡家の人びと」
　毎日出版文化賞　第18回（昭39年）
「どくとるマンボウ青春記」
　婦人公論読者賞　第7回（昭44年）
「輝ける碧き空の下で　第2部」
　日本文学大賞　第18回（昭61年）　文芸部門
「青年茂吉」「壮年茂吉」「茂吉彷徨」「茂吉晩年」
　大佛次郎賞　第25回（平10年）
海洋文学大賞　第5回（平13年）　特別賞

北大路 欣也　きたおおじ・きんや
昭和18（1943）年〜
俳優

「スルース（探偵）」「フェードル」
　芸術選奨　第24回（昭48年）　演劇部門　新人賞
「探偵」
　芸術選奨　第24回（昭48年）　文部大臣新人賞
「悪名・縄張荒らし」
　京都市民映画祭　（昭49年）　助演男優賞
「青春の門」
　ギャラクシー賞　第14回（昭51年）　選奨
「火まつり」「春の鐘」
　キネマ旬報賞　第31回（昭60年）　主演男優賞
　報知映画賞　第10回（昭60年度）　最優秀主演男優賞
　毎日映画コンクール　第40回（昭60年）　演技賞 男優主演賞
「佐渡島他吉の生涯」
　菊田一夫演劇賞　第28回（平14年）　演劇賞
エランドール賞　（昭38年度）　新人賞
全国労映賞　（昭48年）

ベストドレッサー賞　第3回（昭49年）　スポーツ・芸能部門
松尾芸能賞　第6回（昭60年）　優秀賞 映画・演劇
紫綬褒章　（平19年）
読売演劇大賞　第17回（平21年度）　優秀男優賞
浅草芸能大賞　第28回（平23年度）　大賞
橋田賞　第21回（平24年度）　特別賞
旭日小綬章　（平27年）
日本放送協会放送文化賞　第72回（令2年度）
牧野省三賞　（令4年）
文化功労者　第76回（令5年度）

北方 謙三　きたかた・けんぞう
昭和22（1947）年〜
作家

「眠りなき夜」
　吉川英治文学新人賞　第4回（昭58年）
　日本冒険小説協会大賞　第1回（昭58年）
「過去 リメンバー」
　角川小説賞　第11回（昭59年）
「渇きの街」
　日本推理作家協会賞　第38回（昭60年）　長篇部門
「明日なき街角」
　日本文芸大賞　第5回（昭60年）
「破軍の星」
　柴田錬三郎賞　第4回（平3年）
「楊家将」
　吉川英治文学賞　第38回（平16年）
「水滸伝」
　司馬遼太郎賞　第9回（平18年）
「独り群せず」
　舟橋聖一文学賞　第1回（平19年）
「楊令伝」
　毎日出版文化賞　第65回（平23年）　特別賞
「大水滸伝」
　菊池寛賞　第64回（平28年）

ベストドレッサー賞　第15回（昭61年）　学術・文化部門
日本ミステリー文学大賞　第13回（平21年度）
紫綬褒章　（平25年）
歴史時代作家クラブ賞　第6回（平29年）　特別功労賞
旭日小綬章　（令2年）
毎日芸術賞　第65回（令5年度）

北島 三郎　きたじま・さぶろう
昭和11（1936）年〜
歌手, 俳優

「なみだ船」
　日本レコード大賞　第4回（昭37年）　新人賞
「仁義」

日本有線大賞　第2回（昭44年）　スター賞
「与作」
　日本有線大賞　第11回（昭53年）　有線協会特別賞
「風雪ながれ旅」
　古賀政男記念音楽大賞　第1回（昭55年度）　プロ作品大賞
「北の漁場」
　あなたが選ぶ全日本歌謡音楽祭　第12回（昭61年）　最優秀歌唱賞
　全日本有線放送大賞　第19回（昭61年度）　最優秀歌唱賞
　日本テレビ音楽祭　第12回（昭61年）　歌唱賞
　日本レコード大賞　第28回（昭61年）　最優秀歌唱賞
　日本歌謡大賞　第17回（昭61年）　最優秀放送音楽賞
　日本歌謡大賞　第17回（昭61年）　放送音楽特別賞
「北の大地」
　メガロポリス歌謡祭　第10回（平3年）　演歌大賞男性部門
　日本レコード大賞　第33回（平3年）　歌謡曲・演歌部門　大賞
　日本演歌大賞　第17回（平3年）　特別賞

　夜のレコード大賞　第2回（昭44年度）　優秀スター賞
　日本レコード大賞　第15回（昭48年）　大賞制定15周年記念賞
　アンシェッタ勲章（ブラジル）（昭56年）
　日本演歌大賞　第8回（昭57年）　演歌名人賞
　日本演歌大賞　第8回（昭57年）　演歌スター賞
　日本演歌大賞　第10回（昭59年）　演歌名誉歌手賞
　FNS歌謡祭グランプリ　第13回（昭61年）　特別賞
　横浜音楽祭　第13回（昭61年）　ラジオ日本演歌賞
　日本レコード大賞　第32回（平2年）　歌謡曲・演歌部門　特別賞
　日本赤十字金色有功章（平2年）
　ゴールデン・アロー賞　第29回（平3年）　特別賞
　横浜音楽祭　第18回（平3年）　特別祭賞
　紺綬褒章（平3年）
　日本歌謡大賞　第22回（平3年）　放送音楽賞
　北海道民栄誉賞（平3年）
　ゴールデン・アロー賞　第29回（平4年）　特別賞
　日本レコード大賞　第38回（平8年）　美空ひばりメモリアル選奨
　函館市栄誉賞（平11年）
　日本レコード大賞　第43回（平13年）　功労賞
　日本放送協会放送文化賞　第61回（平21年度）
　NHK放送文化大賞　第61回（平22年）
　松尾芸能賞　第32回（平23年）　大賞　歌謡
　日本レコード大賞　第53回（平23年）　大衆歌謡文化賞
　旭日小綬章（平28年）
　日本作詩大賞　第51回（平30年度）　BSテレビテレビ東京特別賞

北野　武　きたの・たけし
　⇒ビートたけし　を見よ

北林　谷栄　きたばやし・たにえ
　明治44（1911）年〜平成22（2010）年
　俳優
「帰郷」
　芸術祭賞　第13回（昭33年）　ラジオ部門　奨励賞
「キクとイサム」
　ブルーリボン賞　第10回（昭34年）　主演女優賞
　毎日映画コンクール　第14回（昭34年）　演技賞　女優主演賞
「にあんちゃん」
　サンフランシスコ国際映画祭　（昭35年）　助演女優賞
「泰山木の木の下で」
　名古屋演劇ペンクラブ年間賞　（昭47年）
「大誘拐—RAINBOW KIDS」
　キネマ旬報賞　第37回（平3年）　主演女優賞
　毎日映画コンクール　第46回（平3年）　演技賞　女優主演賞
　日本アカデミー賞　第15回（平4年）　最優秀主演女優賞
　キネマ旬報賞（平3年度）　主演女優賞
　日本アカデミー賞　第15回（平4年）　主演女優賞
「蓮以子80歳」
　日本文芸大賞　第17回（平9年）　特別賞
「根岸庵律女」
　読売演劇大賞　第6回（平10年度）　優秀女優賞
「阿弥陀堂だより」
　キネマ旬報賞　第48回（平14年）　助演女優賞
　日本アカデミー賞　第26回（平15年）　最優秀助演女優賞

　ギャラクシー賞　第10回（昭47年）
　紀伊國屋演劇賞　第7回（昭47年）　個人賞
　紫綬褒章（昭53年）
　紀伊國屋演劇賞　第17回（昭57年）　個人賞
　日本放送協会放送文化賞　第39回（昭62年）
　紀伊國屋演劇賞　第32回（平9年）　個人賞
　読売演劇大賞　第6回（平10年）　優秀女優賞
　東京都文化賞　第15回（平11年）
　日本映画批評家大賞　第9回（平11年度）　功労賞
　山路ふみ子映画賞　第26回（平14年）　文化賞
　演劇功労者（平17年）　特別功労者
　日本アカデミー賞　第34回（平23年）　会長特別賞

北原　亜以子　きたはら・あいこ
　昭和13（1938）年〜平成25（2013）年
　作家
「ママは知らなかったのよ」

新潮新人賞　第1回（昭44年）
「粉雪舞う」
　小説現代新人賞　（昭44年）　佳作
「深川澪通り木戸番小屋」
　泉鏡花文学賞　第17回（平1年）
「恋忘れ草」
　直木三十五賞　第109回（平5年上）
「江戸風狂伝」
　女流文学賞　第36回（平9年）
「夜の明けるまで」
　吉川英治文学賞　第39回（平17年）
　歴史時代作家クラブ賞　第2回（平25年）　特別功労賞

北村　和夫　きたむら・かずお
　昭和2（1927）年～平成19（2007）年
　俳優
「花咲くチェリー」
　紀伊國屋演劇賞　第15回（昭55年）　個人賞
　読売演劇大賞　第1回（平5年）　優秀男優賞
「オセロー」文学座公演
　芸術祭賞　第38回（昭58年）　演劇部門　優秀賞
「欲望という名の電車」
　毎日芸術賞　第28回（昭61年）
新劇演技賞　（昭32年）
紫綬褒章　（平1年）
勲四等旭日小綬章　（平9年）
岸田國士賞

北村　けんじ　きたむら・けんじ
　昭和4（1929）年～平成19（2007）年
　児童文学作家
「小さな駅のむくれっ子」
　毎日児童小説　第11回（昭36年）
「ハトと飛んだぼく」
　新美南吉文学賞　第3回（昭45年）
「まぼろしの巨鯨シマ」
　産経児童出版文化賞　第19回（昭47年）
「しいの木のひみつのはなし」
　ひろすけ童話賞　第5回（平6年）
「ギンヤンマ飛ぶ」
　日本児童文学者協会賞　第36回（平8年）
三重県文化奨励賞　（昭52年）
児童文化功労賞　第40回（平13年）
三重県文化賞　第1回（平14年）　大賞
日本児童文芸家協会賞　第28回（平16年）　特別賞

北村　太郎　きたむら・たろう
　大正11（1922）年～平成4（1992）年
　詩人、翻訳家
「犬の時代」

　芸術選奨　第34回（昭58年）　文学部門　文部大臣賞
「笑いの成功」
　藤村記念歴程賞　第24回（昭61年）
　歴程賞　第24回（昭61年）
「港の人」
　読売文学賞　第40回（昭63年）　詩歌俳句賞
日本翻訳大賞　（平5年）　特別賞

喜多村　緑郎　きたむら・ろくろう
　明治4（1871）年～昭和36（1961）年
　新派俳優（女方）。日本芸術院会員、重要無形文化財保持者（新派女方）〔昭和30年〕
「喜多村緑郎日記」
　毎日出版文化賞　第16回（昭37年）
日本放送協会放送文化賞　第6回（昭29年）
毎日演劇賞　第7回（昭29年）　劇団賞
文化功労者　（昭30年）
勲三等旭日中綬章　（昭36年）

吉川　晃司　きっかわ・こうじ
　昭和40（1965）年～
　歌手、俳優
「サヨナラは八月のララバイ」
　メガロポリス歌謡祭　第3回（昭59年）　最優秀新人ダイヤモンド賞
　日本テレビ音楽祭　第10回（昭59年）　新人賞
「すかんぴんウォーク」
　ブルーリボン賞　第27回（昭59年）　新人賞
　毎日映画コンクール　第39回（昭59年）　スポニチグランプリ新人賞
「モニカ」
　全日本有線放送大賞　第17回（昭59年度）　新人賞
「ラ・ヴィアンローズ」
　FNS歌謡祭グランプリ　第11回（昭59年）　優秀新人賞
　銀座音楽祭　第14回（昭59年）　金賞
　銀座音楽祭　第14回（昭59年）　大衆賞
　新宿音楽祭　第17回（昭59年）　金賞
　日本歌謡大賞　第15回（昭59年）　優秀放送音楽新人賞
　日本有線大賞　第17回（昭59年）　最優秀新人賞
　日本有線大賞　第17回（昭59年）　新人賞
あなたが選ぶ全日本歌謡音楽祭　第10回（昭59年）　最優秀新人賞
　ゴールデン・アロー賞　第22回（昭59年）　音楽賞　新人賞
メガロポリス歌謡祭　第3回（昭59年）　最優秀新人ダイヤモンド賞
横浜音楽祭　第11回（昭59年）　最優秀新人賞
東京音楽祭　第13回（昭59年）　外国審査員団賞
日本テレビ音楽祭　第10回（昭59年）　日本テレビ・アイドル賞
日本レコードセールス大賞　第17回（昭59年）　男性新

人賞
日本レコード大賞　第26回（昭59年）　新人賞
日本歌謡大賞　（昭59年）　最優秀新人賞
熊本映画祭　（昭60年）　日本映画男優賞
日本アカデミー賞　第8回（昭60年）　新人俳優賞
エランドール賞　（昭61年度）　新人賞

衣笠 祥雄　きぬがさ・さちお
昭和22（1947）年～平成30（2018）年
プロ野球選手

MVP（セ・リーグ）　（昭59年）
正力松太郎賞　（昭59年）
日本プロスポーツ大賞　第17回（昭59年）　大賞
京都市市民栄誉賞　（昭62年）
広島県民栄誉賞　（昭62年）
国民栄誉賞　（昭62年）
日本プロスポーツ大賞　第20回（昭62年）　殊勲賞
日本新語・流行語大賞　第4回（昭62年）　特別部門　特別賞
中国スポーツ賞　第31回（昭63年）
毎日スポーツ人賞　（平30年度）　功労賞

衣笠 貞之助　きぬがさ・ていのすけ
明治29（1896）年～昭和57（1982）年
映画監督

「狂った一頁」
　キネマ旬報ベスト・テン　第3回（大15年度）　日本映画 4位
「十字路」
　キネマ旬報ベスト・テン　第5回（昭3年度）　日本映画 10位
「忠臣蔵」
　キネマ旬報ベスト・テン　第9回（昭7年度）　日本映画 3位
「鯉名の銀平」
　キネマ旬報ベスト・テン　第10回（昭8年度）　日本映画 9位
「二つ灯篭」
　キネマ旬報ベスト・テン　第10回（昭8年度）　日本映画 4位
「一本刀土俵入」
　キネマ旬報ベスト・テン　第11回（昭9年度）　日本映画 8位
「雪之丞変化」
　キネマ旬報ベスト・テン　第12回（昭10年度）　日本映画 10位
「大阪夏の陣」
　キネマ旬報ベスト・テン　第14回（昭12年度）　日本映画 9位
「或る夜の殿様」
　キネマ旬報ベスト・テン　第20回（昭21年度）　日本映画 3位
「四つの恋の物語」
　キネマ旬報ベスト・テン　第21回（昭22年度）　日本映画 8位
「女優」
　キネマ旬報ベスト・テン　第21回（昭22年度）　日本映画 5位
「地獄門」
　アカデミー賞　（昭29年）　外国語映画賞
　カンヌ国際映画祭　（昭29年）　グランプリ
山路ふみ子賞　第1回（昭52年度）　功労賞
牧野省三賞　第21回（昭54年）

木下 惠介　きのした・けいすけ
大正1（1912）年～平成10（1998）年
映画監督, 脚本家

「我が恋せし乙女」
　キネマ旬報ベスト・テン　第20回（昭21年度）　日本映画 5位
「大曾根家の朝」
　キネマ旬報ベスト・テン　第20回（昭21年度）　日本映画 1位
「女」「肖像」「破戒」
　毎日映画コンクール　第3回（昭23年）　監督賞
「破戒」
　キネマ旬報ベスト・テン　第22回（昭23年度）　日本映画 6位
「お嬢さん乾杯」
　キネマ旬報ベスト・テン　第23回（昭24年度）　日本映画 6位
「破れ太鼓」
　キネマ旬報ベスト・テン　第23回（昭24年度）　日本映画 4位
　年鑑代表シナリオ　第1回（昭24年度）
「カルメン故郷に帰る」
　キネマ旬報ベスト・テン　第25回（昭26年度）　日本映画 4位
　年鑑代表シナリオ　第3回（昭26年度）
　毎日映画コンクール　第6回（昭26年）　脚本賞
「カルメン純情す」
　キネマ旬報ベスト・テン　第26回（昭27年度）　日本映画 5位
　年鑑代表シナリオ　第4回（昭27年度）
「まごころ」
　年鑑代表シナリオ　第5回（昭28年度）
「日本の悲劇」
　キネマ旬報ベスト・テン　第27回（昭28年度）　日本映画 6位
　年鑑代表シナリオ　第5回（昭28年度）
「日本の悲劇」「まごころ」「恋文」

毎日映画コンクール 第8回(昭28年) 脚本賞

「日本の悲劇」「まごころ」「恋文」「愛の砂丘」
　ブルーリボン賞 第4回(昭28年) 脚本賞

「女の園」
　キネマ旬報ベスト・テン 第28回(昭29年度) 日本映画 2位
　年鑑代表シナリオ 第6回(昭29年度)

「二十四の瞳」
　キネマ旬報ベスト・テン 第28回(昭29年度) 日本映画 1位
　ブルーリボン賞 第5回(昭29年) 最優秀作品賞
　年鑑代表シナリオ 第6回(昭29年度)

「二十四の瞳」「女の園」
　ブルーリボン賞 第5回(昭29年) 脚本賞
　毎日映画コンクール 第9回(昭29年) 監督賞
　毎日映画コンクール 第9回(昭29年) 脚本賞

「野菊の如き君なりき」
　キネマ旬報ベスト・テン 第29回(昭30年度) 日本映画 3位
　年鑑代表シナリオ 第7回(昭30年度)

「太陽とバラ」
　キネマ旬報ベスト・テン 第30回(昭31年度) 日本映画 9位
　ゴールデン・グローブ賞 (昭31年) 最優秀外国映画賞
　年鑑代表シナリオ 第8回(昭31年度)

「喜びも悲しみも幾歳月」
　キネマ旬報ベスト・テン 第31回(昭32年度) 日本映画 3位
　年鑑代表シナリオ 第9回(昭32年度)

「楢山節考」
　キネマ旬報ベスト・テン 第32回(昭33年度) 日本映画 1位
　キネマ旬報賞 第4回(昭33年) 日本映画監督賞
　年鑑代表シナリオ 第10回(昭33年度)
　毎日映画コンクール 第13回(昭33年) 監督賞

「笛吹川」
　キネマ旬報ベスト・テン 第34回(昭35年度) 日本映画 4位
　年鑑代表シナリオ 第12回(昭35年度)
　優秀映画鑑賞会ベストテン 第1回(昭35年度) 日本映画 7位

「永遠の人」
　キネマ旬報ベスト・テン 第35回(昭36年度) 日本映画 3位
　年鑑代表シナリオ 第13回(昭36年度)
　優秀映画鑑賞会ベストテン 第2回(昭36年度) 日本映画 7位

「香華」
　キネマ旬報ベスト・テン 第38回(昭39年度) 日本映画 3位
　優秀映画鑑賞会ベストテン 第5回(昭39年度) 日本映画 5位

「なつかしき笛や太鼓」
　キネマ旬報ベスト・テン 第41回(昭42年度) 日本映画 9位

「衝動殺人 息子よ」
　キネマ旬報ベスト・テン 第53回(昭54年度) 日本映画 5位
　優秀映画鑑賞会ベストテン 第20回(昭54年度) 日本映画 2位

「父よ 母よ!」
　優秀映画鑑賞会ベストテン 第21回(昭55年度) 日本映画 7位
　キネマ旬報ベスト・テン 第54回(昭55年度) 日本映画 6位

「この子を残して」
　優秀映画鑑賞会ベストテン 第24回(昭58年度) 日本映画 4位

「新・喜びも悲しみも幾歳月」
　優秀映画鑑賞会ベストテン 第27回(昭61年度) 日本映画 4位

山中貞雄賞 (昭18年)
キネマ旬報賞 (昭33年度) 日本映画監督賞
溝口賞 第3回(昭35年)
　芸術選奨 第15回(昭39年) 映画部門
テレビ大賞 第4回(昭46年度) 特別賞
紫綬褒章 (昭52年)
映画の日特別功労章 第24回(昭54年)
日本カトリック映画賞 (昭55年・58年)
日本映画復興賞 第1回(昭58年)
牧野省三賞 第25回(昭58年)
シンバ・アカデミー映画部門賞 (昭59年)
勲四等旭日小綬章 (昭59年)
日本映画批評家大賞 第1回(平3年) 功労賞
文化功労者 (平3年)
東京都文化賞 第8回(平4年)
ブルーリボン賞 第41回(平10年) 特別賞
毎日映画コンクール 第53回(平10年) 特別賞

木下 順二　きのした・じゅんじ
大正3(1914)年～平成18(2006)年
劇作家

「夕鶴」
　毎日演劇賞 第2回(昭24年) 個人賞 脚本

「風浪」
　岸田演劇賞 第1回(昭29年)

「ドラマの世界」
　毎日出版文化賞 第13回(昭34年)

「日本民話選」

きのした

産経児童出版文化賞 第6回（昭34年）
「無限軌道」
　毎日出版文化賞 第20回（昭41年）
「子午線の祀り」
　読売文学賞 第30回（昭53年） 戯曲賞
「ぜんぶ馬の話」
　読売文学賞 第36回（昭59年） 随筆・紀行賞
「シェイクスピア」「木下順二集」
　毎日芸術賞 第31回（平1年）
「絵巻物語」
　産経児童出版文化賞 第39回（平4年） 大賞
朝日賞 （昭60年）

木下　忠司　きのした・ちゅうじ
　大正5（1916）年〜平成30（2018）年
　作曲家
「女の園」「この広い空のどこかに」
　毎日映画コンクール 第9回（昭29年） 音楽賞
「赤い鳥のこころ」（プロデュース作品）
　国際児童年国連・国際見本市共催ミラノ国際児童映画祭 （昭54年） グランプリ賞
「修羅の群れ」
　おおさか映画祭 第10回（昭59年度） 音楽賞
広告電通賞制作者賞広告映画賞作品 第18回（昭40年度）
日本アカデミー賞 第40回（平29年） 会長功労賞
日本アカデミー賞 第42回（平31年） 特別追悼優秀賞

木の実 ナナ　きのみ・なな
　昭和21（1946）年〜
　俳優, 歌手
「ショーガール」
　ゴールデン・アロー賞 （昭49年度） 演劇新人賞
　芸術選奨 （昭49年度） 文部大臣新人賞
「真夏の夜の夢」
　菊田一夫演劇賞 第1回（昭50年） 新人賞
「雨」
　紀伊國屋演劇賞 第11回（昭51年） 個人賞
「女相撲」
　放送文化基金賞 第18回（平4年） 個別分野賞 演技賞
「ロス・タラントス」
　読売演劇大賞 第8回（平13年） 選考委員特別賞
ぴあテン〔演劇部門〕 （昭53年度） もあテン 8位
松尾芸能賞 第5回（昭59年） 優秀賞 演劇
　ゴールデン・アロー賞 第26回（昭63年） 演劇賞
浅草芸能大賞 第19回（平14年度） 奨励賞

木俣　修　きまた・おさむ
　明治39（1906）年〜昭和58（1983）年
　歌人, 国文学者

「木俣修歌集」
　芸術選奨 第24回（昭48年） 文学部門 文部大臣賞
「雪前雪後」
　現代短歌大賞 第5回（昭57年）
紫綬褒章 （昭48年）
勲三等瑞宝章 （昭54年）
現代短歌大賞 第5回（昭57年）
日本芸術院賞 第39回（昭57年） 第2部 恩賜賞・日本芸術院賞

喜味 こいし　きみ・こいし
　昭和2（1927）年〜平成23（2011）年
　漫才師。コンビ名は夢路いとし・喜味こいし
芸術祭賞 第22回（昭42年） 大衆芸能部門（1部） 奨励賞
上方漫才大賞 第4回（昭44年） 漫才大賞
　ギャラクシー賞 第8回（昭45年）
上方お笑い大賞 第5回（昭51年） 大賞
大阪芸術賞 （昭61年）
花王名人大賞 第7回（昭62年） 特別賞
上方漫才大賞 第22回（昭62年） 漫才大賞 特別賞
日本放送協会放送文化賞 第41回（平1年）
芸術選奨 第43回（平4年） 大衆芸能部門 文部大臣賞
紫綬褒章 （平5年）
勲四等旭日小綬章 （平10年）
上方お笑い大賞 第27回（平10年） 読売テレビ演芸文化賞
上方漫才大賞 第35回（平12年） 特別功労賞
上方お笑い大賞 第30回（平13年） 30周年記念特別賞
菊池寛賞 第51回（平15年）
上方お笑い大賞 第32回（平15年） 特別功労賞
大阪市民文化賞

木村　大作　きむら・だいさく
　昭和14（1939）年〜
　映画撮影監督, 映画監督
「八甲田山」
　三浦賞 （昭52年）
「駅」
　毎日映画コンクール 第36回（昭56年） 撮影賞
「火宅の人」
　日本アカデミー賞 第10回（昭62年） 最優秀撮影賞
「誘拐」
　毎日映画コンクール 第52回（平9年） 撮影賞
　日本アカデミー賞 第21回（平10年） 最優秀撮影賞
「鉄道員」
　日本アカデミー賞 第23回（平12年） 最優秀撮影賞
「劒岳 点の記」
　キネマ旬報ベスト・テン 第83回（平21年度） 日本

映画 第3位
　キネマ旬報賞　第55回(平21年度)　監督賞
　日刊スポーツ映画大賞・石原裕次郎賞　第22回(平21年)　石原裕次郎賞
　日本アカデミー賞　第33回(平22年)　最優秀監督賞
　日本アカデミー賞　第33回(平22年)　最優秀撮影賞
　ブルーリボン賞　第52回(平21年度)　作品賞・新人賞
　山路ふみ子映画賞　第33回(平21年)　文化賞
　毎日映画コンクール　第64回(平21年度)　日本映画優秀賞・撮影賞
　藤本賞　第29回(平22年)
「北のカナリアたち」
　日本アカデミー賞　第36回(平25年)　最優秀撮影賞
「散り椿」
　モントリオール世界映画祭　第42回(平30年)　審査員特別グランプリ

日本映画技術賞　(昭52年度)　奨励賞
紫綬褒章　(平15年)
日本映画ペンクラブ賞　(平21年度)
エランドール賞　(平22年度)　特別賞
旭日小綬章　(平22年)
牧野省三賞　(平26年)
文化功労者　第73回(令2年度)
日本アカデミー賞　第48回(令7年)　会長功労賞

木村 威夫　きむら・たけお
　大正7(1918)年～平成22(2010)年
　映画美術監督, 映画監督, 映画評論家
「或る女」
　毎日映画コンクール　第9回(昭29年)　美術賞
「天平の甍」
　アジア映画祭　(昭55年)　最優秀美術賞
「天平の甍」「ツィゴイネルワイゼン」
　日本アカデミー賞　第4回(昭56年)　最優秀美術賞
「謀殺 下山事件」
　毎日映画コンクール　第36回(昭56年)　美術賞
「海と毒薬」「ウホッホ探検隊」「夢みるように眠りたい」
　毎日映画コンクール　第41回(昭61年)　美術賞
「少年時代」「式部物語」「香港パラダイス」
　日本アカデミー賞　第14回(平3年)　最優秀美術賞
「深い河」
　モントリオール世界映画祭　(平7年)　芸術貢献賞
「夢のまにまに」
　藤本賞　第28回(平21年)

毎日映画コンクール　(昭29年・56年・61年)　美術賞
広告電通賞　(昭32年)
映画評論美術賞　(昭41年)
山路ふみ子賞　第15回(平3年)　文化賞
映画の日特別功労章　(平4年)
勲四等旭日小綬章　(平4年)
日本映画批評家大賞　(平11年)　特別賞
毎日芸術賞　第48回(平18年度)　特別賞
日本アカデミー賞　第34回(平23年)　会長特別賞
映画ペンクラブ特別賞

京 マチ子　きょう・まちこ
　大正13(1924)年～令和1(2019)年
　俳優
「偽れる盛装」「羅生門」
　毎日映画コンクール　第5回(昭25年)　演技賞 女優演技賞
「甘い汗」
　キネマ旬報賞　第10回(昭39年)　女優賞
　毎日映画コンクール　第19回(昭39年)　演技賞 女優主演賞
「黄昏」
　菊田一夫演劇賞　第13回(昭62年)　大賞

紫綬褒章　(昭62年)
勲四等宝冠章　(平6年)
日本アカデミー賞　第18回(平7年)　特別賞
日本映画批評家大賞　第5回(平7年度)　ゴールデングローリー賞
日本アカデミー賞　第40回(平29年)　会長功労賞

清岡 卓行　きよおか・たかゆき
　大正11(1922)年～平成18(2006)年
　詩人, 小説家, 評論家, フランス文学者。日本芸術院会員
「アカシヤの大連」
　芥川龍之介賞　第62回(昭44年下)
「芸術的な握手」
　読売文学賞　第30回(昭53年)　随筆・紀行賞
「初冬の中国で」
　現代詩人賞　第3回(昭60年)
「円き広場」
　芸術選奨　第39回(昭63年度)　文部大臣賞
「ふしぎな鏡の店」
　読売文学賞　第41回(平1年)　詩歌俳句賞
「パリの五月に」
　詩歌文学館賞　第7回(平4年)　詩
「通り過ぎる女たち」
　藤村記念歴程賞　第34回(平8年)
「マロニエの花が言った」
　野間文芸賞　第52回(平11年)
「一瞬」
　現代詩花椿賞　第20回(平14年)
「一瞬」「太陽に酔う」
　毎日芸術賞　第44回(平14年)

紫綬褒章　(平3年)

日本芸術院賞　第51回（平6年）　第2部　恩賜賞・日本芸術院賞
勲三等瑞宝章　（平10年）

金田一　春彦　きんだいち・はるひこ
大正2（1913）年〜平成16（2004）年
国語学者, 邦楽研究家

「十五夜お月さん—本居長世 人と作品」
　芸術選奨　第33回（昭57年）　評論等 文部大臣賞
　毎日出版文化賞　第37回（昭58年）

芸術祭賞　（昭39年）　レコード部門　文部大臣賞
日本放送協会放送文化賞　第28回（昭51年）
紫綬褒章　（昭52年）
勲三等旭日中綬章　（昭61年）
文化功労者　（平9年）
東京都名誉都民　（平13年）
日本レコード大賞　第46回（平16年）　特別功労賞

久我　美子　くが・よしこ
昭和6（1931）年〜令和6（2024）年
俳優

「女の園」「この広い空のどこかに」「悪の愉しさ」「億万長者」
　毎日映画コンクール　第9回（昭29年）　演技賞 女優助演賞

「夕やけ雲」「女囚と共に」「太陽とバラ」
　ブルーリボン賞　第7回（昭31年）　助演女優賞

毎日映画コンクール　第49回（平6年）　田中絹代賞
ゴールデングローリー賞　（平7年）

草野　心平　くさの・しんぺい
明治36（1903）年〜昭和63（1988）年
詩人。日本芸術院会員

「蛙の詩」
　読売文学賞　第1回（昭24年）　詩歌賞

「わが光太郎」
　読売文学賞　第21回（昭44年）　評論・伝記賞

福島県川内村名誉村民　（昭35年）
勲三等瑞宝章　（昭52年）
文化功労者　（昭58年）
文化勲章　（昭62年度）

草笛　光子　くさぶえ・みつこ
昭和8（1933）年〜
俳優

「和宮様御留」「女たちの忠臣蔵」
　菊田一夫演劇賞　第6回（昭55年）

「光の彼方にONLY ONE」
　芸術祭賞　第36回（昭56年）　大衆芸能部門（2部）優秀賞

「シカゴ」（シアター・アプル11月公演）

芸術祭賞　第38回（昭58年）　演劇部門　優秀賞

「私はシャーリー・ヴァレンタイン」
　芸術祭賞　第47回（平4年）　演劇部門

「ウィット」
　読売演劇大賞　第6回（平10年度）　優秀女優賞

「どんど晴れ」
　橋田賞　第16回（平19年度）

「ロスト・イン・ヨンカーズ」
　紀伊國屋演劇賞　第48回（平25年）　個人賞

「新・6週間のダンスレッスン」
　読売演劇大賞　第26回（平30年度）　優秀女優賞

「九十歳。何がめでたい」
　日刊スポーツ映画大賞・石原裕次郎賞　第37回（令6年）　主演女優賞

名古屋演劇ペンクラブ年間賞　（昭45年）
テレビ大賞　第7回（昭49年度）　優秀個人賞
名古屋演劇ペンクラブ年間賞　（平4年）
日本放送協会放送文化賞　第49回（平9年）
紫綬褒章　（平11年）
読売演劇大賞　第10回（平14年）　優秀女優賞
旭日小綬章　（平17年）
読売演劇大賞　第14回（平18年）　優秀女優賞
毎日映画コンクール　第61回（平18年度）　田中絹代賞
橋田賞　第16回（平19年度）　橋田賞
松尾芸能賞　第29回（平20年）　大賞 演劇
菊田一夫演劇賞　第39回（平25年度）　特別賞
山路ふみ子文化財団特別賞　第34回（平30年）
浅草芸能大賞　第35回（平30年度）　大賞
毎日芸術賞　第61回（令元年度）
橋田賞　第31回（令4年度）　橋田特別賞
読売演劇大賞　第30回（令4年度）　芸術栄誉賞
日本アカデミー賞　第45回（令4年）　会長功労賞
文化功労者　第77回（令6年度）
報知映画賞　第49回（令6年度）　特別賞

具志堅　用高　ぐしけん・ようこう
昭和30（1955）年〜
ボクシング解説者, タレント

日本プロスポーツ大賞　第9回（昭51年）　殊勲賞
日本プロスポーツ大賞　第10回（昭52年）　殊勲賞
日本プロスポーツ大賞　第11回（昭53年）　殊勲賞
日本プロスポーツ大賞　第12回（昭54年）　大賞
日本プロスポーツ大賞　第13回（昭55年）　大賞

工藤　栄一　くどう・えいいち
昭和4（1929）年〜平成12（2000）年
映画監督

「十三人の刺客」
　京都市民映画祭　第11回（昭38年）　監督賞

「その後の仁義なき戦い」
　キネマ旬報ベスト・テン　第53回（昭54年度）　日本

映画 10位

「泣きぼくろ」
年鑑代表シナリオ（平3年度）

毎日映画コンクール 第55回（平12年）特別賞

工藤 静香　くどう・しずか
昭和45（1970）年〜
歌手

「くちびるから媚薬」「千流の雫」
日本レコードセールス大賞 第23回（平2年）シングル部門 シルバー賞

「Best of Ballade Empathy」
日本ゴールドディスク大賞 第7回（平5年）アイドル部門 アルバム賞

「きらら」
日本有線大賞 第31回（平10年）有線音楽優秀賞

「瞳の奥」
二科展 第95回（平22年）絵画部門 特選

日本ゴールドディスク大賞 第3回（昭63年度）ベストアルバム賞

日本レコードセールス大賞 第21回（昭63年）シングル部門 ゴールデン賞

銀座音楽祭 第19回（平1年）銀座音楽祭賞

日本ゴールドディスク大賞 第4回（平1年）アルバム賞

日本レコードセールス大賞 第22回（平1年）アーティストセールス ゴールデン賞

日本レコードセールス大賞 第22回（平1年）シングル部門 ゴールデン賞

日本レコードセールス大賞 第22回（平1年）LP部門 シルバー賞

工藤 直子　くどう・なおこ
昭和10（1935）年〜
詩人、児童文学作家

「てつがくのライオン」
日本児童文学者協会新人賞 第16回（昭58年）

「ともだちは海のにおい」
産経児童出版文化賞 第32回（昭60年）

「のはらうた1・2・3」
児童福祉文化賞 第30回（昭62年度）出版物部門

「ともだちは緑のにおい」
芸術選奨 第40回（平1年）文学部門 新人賞

「のはらうたV」
野間児童文芸賞 第46回（平20年）

巖谷小波文芸賞 第27回（平16年）

児童福祉文化賞 第61回（平30年度）特別部門

工藤 夕貴　くどう・ゆうき
昭和46（1971）年〜
俳優

「台風クラブ」
ブルーリボン賞（昭60年）最優秀新人賞

「ミステリー・トレイン」
カンヌ国際映画祭 第42回（平1年）芸術貢献賞

「戦争と青春」
ブルーリボン賞 第34回（平3年）主演女優賞
日本映画批評家大賞 第1回（平3年度）女優賞
報知映画賞 第16回（平3年度）最優秀主演女優賞

「ピクチャー・ブライド」
日本映画批評家大賞 第6回（平8年度）外国映画部門主演女優賞

ゴールデン・アロー賞 第22回（昭59年）放送賞 新人賞

エランドール賞（平3年度）新人賞

マックスファクター・ビューティ・スピリット賞 第2回（平12年）

久保田 万太郎　くぼた・まんたろう
明治22（1889）年〜昭和38（1963）年
小説家、劇作家、演出家、俳人。日本芸術院会員

「三の西」
読売文学賞 第8回（昭31年）小説賞

菊池寛賞 第4回（昭16年）

日本放送協会放送文化賞 第2回（昭25年）

文化勲章（昭32年度）

文化功労者（昭32年）

熊井 啓　くまい・けい
昭和5（1930）年〜平成19（2007）年
映画監督、脚本家

「帝銀事件死刑囚」
優秀映画鑑賞会ベストテン 第5回（昭39年度）日本映画 10位
年鑑代表シナリオ 第16回（昭39年度）

「日本列島」
キネマ旬報ベスト・テン 第39回（昭40年度）日本映画 3位
キネマ旬報賞 第11回（昭40年）脚本賞
ブルーリボン賞 第16回（昭40年）新人賞
日本映画監督協会・NHK映画コンクール新人賞（昭40年）
年鑑代表シナリオ 第17回（昭40年度）
優秀映画鑑賞会ベストテン 第6回（昭40年度）日本映画 6位

「黒部の太陽」
キネマ旬報ベスト・テン 第42回（昭43年度）日本映画 4位
年鑑代表シナリオ 第20回（昭43年度）
優秀映画鑑賞会ベストテン 第9回（昭43年度）日本映画 2位

「地の群れ」
キネマ旬報ベスト・テン 第44回（昭45年度）日本

映画 5位
年鑑代表シナリオ （昭45年度）
優秀映画鑑賞会ベストテン 第11回（昭45年度） 日本映画 7位

「忍ぶ川」
キネマ旬報ベスト・テン 第46回（昭47年度） 日本映画 1位
キネマ旬報賞 第18回（昭47年） 日本映画監督賞・脚本賞
芸術選奨 第23回（昭47年） 映画部門 大臣賞
年鑑代表シナリオ （昭47年度）
毎日映画コンクール 第27回（昭47年） 日本映画賞
優秀映画鑑賞会ベストテン 第13回（昭47年度） 日本映画 1位

「朝やけの詩」
優秀映画鑑賞会ベストテン 第14回（昭48年度） 日本映画 7位

「サンダカン八番娼館・望郷」
キネマ旬報ベスト・テン 第48回（昭49年度） 日本映画 1位
キネマ旬報賞 第20回（昭49年） 日本映画監督賞
優秀映画鑑賞会ベストテン 第15回（昭49年度） 日本映画 1位
ベルリン国際映画祭 （昭50年度） 銀熊賞

「海と毒薬」
ベルリン国際映画祭 （昭49年度） 銀熊賞・審査員特別賞
キネマ旬報ベスト・テン 第60回（昭61年度） 日本映画 1位
キネマ旬報賞 第32回（昭61年） 日本映画監督賞
ブルーリボン賞 第29回（昭61年） 監督賞
年鑑代表シナリオ （昭61年度）
毎日映画コンクール 第41回（昭61年） 監督賞
優秀映画鑑賞会ベストテン 第27回（昭61年度） 日本映画 5位
日本アカデミー賞 第10回（昭62年） 特別賞 企画賞

「天平の甍」
優秀映画鑑賞会ベストテン 第21回（昭55年度） 日本映画 2位

「謀殺・下山事件」
優秀映画鑑賞会ベストテン 第22回（昭56年度） 日本映画 4位

「千利休 本覺坊遺文」
キネマ旬報ベスト・テン 第63回（平1年度） 日本映画 3位
優秀映画鑑賞会ベストテン 第30回（平1年度） 日本映画 2位
ベネチア国際映画祭 （平1年） 銀獅子賞・監督賞

「式部物語」
モントリオール世界映画祭 第14回（平2年） 最優秀芸術貢献賞

「深い河」
キネマ旬報ベスト・テン 第69回（平7年度） 日本映画 第7位
モントリオール世界映画祭 第19回（平7年） エキュメニカル賞
優秀映画鑑賞会ベストテン 第36回（平7年度） 日本映画 第4位

「愛する」
日刊スポーツ映画大賞・石原裕次郎賞 第10回（平9年） 作品賞

「日本の黒い夏『冤罪』」
日本映画批評家大賞 （平13年）
年鑑代表シナリオ （平13年度）

紫綬褒章 （平7年）
ベルリン国際映画祭 第51回（平13年） ベルリナーレ・カメラ賞
勲四等旭日小綬章 （平13年）
山路ふみ子映画賞 第25回（平13年） 福祉賞
信毎賞 第9回（平14年）
毎日映画コンクール 第62回（平19年度） 特別賞
日本アカデミー賞 第31回（平20年） 会長特別賞

神代 辰巳　くましろ・たつみ
昭和2(1927)年～平成7(1995)年
映画監督、シナリオライター

「一条さゆり 濡れた欲情」
キネマ旬報ベスト・テン 第46回（昭47年度） 日本映画 8位
年鑑代表シナリオ （昭47年度）

「一条さゆり 濡れた欲情」「白い指の戯れ」
キネマ旬報賞 第18回（昭47年） 脚本賞

「四畳半襖の裏張」
年鑑代表シナリオ （昭48年度）
キネマ旬報ベスト・テン 第47回（昭48年度） 日本映画 6位

「青春の蹉跌」
キネマ旬報ベスト・テン 第48回（昭49年度） 日本映画 4位
ぴあテン 第3回（昭49年度） 7位

「赫い髪の女」
キネマ旬報ベスト・テン 第53回（昭54年度） 日本映画 4位
ブルーリボン賞　作品賞, 監督賞

「鳴呼！ おんなたち 猥歌」
キネマ旬報ベスト・テン 第55回（昭56年度） 日本映画 5位

「恋文」
キネマ旬報ベスト・テン 第59回（昭60年度） 日本映画 6位

「棒の哀しみ」
キネマ旬報ベスト・テン 第68回（平6年度） 日本映

画 第4位
ブルーリボン賞 第37回(平6年) 監督賞
ブルーリボン賞 第37回(平6年) 最優秀作品賞
高崎映画祭 第9回(平6年度) 監督賞
年鑑代表シナリオ (平6年度)
報知映画賞 第19回(平6年度) 最優秀監督賞
毎日映画コンクール 第49回(平6年) 監督賞
「ワンカップ大関」
　クリオ賞　金賞
「泥の木がじゃあめいているんだね」
　日本シナリオ作家協会シナリオ賞
ヨコハマ映画祭 第7回(昭60年度) 特別大賞
日本映画批評家大賞 (平7年) 監督賞
日本アカデミー賞 第19回(平8年) 会長特別賞

久米 宏一　くめ・こういち
　大正6(1917)年～平成3(1991)年
　童画家
「龍の子太郎」
　産経児童出版文化賞 第8回(昭36年)
　国際アンデルセン賞国内賞 第1回(昭36年)
「北極のムーシカミーシカ」
　国際アンデルセン賞国内賞 第2回(昭38年)
「ヤン」
　産経児童出版文化賞 第15回(昭43年)
「やまんば」「黒潮三郎」
　小学館絵画賞 第25回(昭51年)

久米 宏　くめ・ひろし
　昭和19(1944)年～
　ニュースキャスター, 司会者
ゴールデン・アロー賞 第17回(昭54年) 放送賞
ゴールデン・アロー賞 第24回(昭61年) 放送賞
ベストドレッサー賞 第16回(昭62年) スポーツ・芸能部門
ATP賞(昭62年) 個人賞
放送文化基金賞 第13回(昭62年) 個人・グループ部門
ギャラクシー賞 第27回(平1年) 個人賞
日本新語・流行語大賞 第6回(平1年) 流行語部門 銀賞
SJ特別賞 (平2年)
放送人グランプリ 第3回(平16年)
ギャラクシー賞 第44回(平18年度) ラジオ部門 DJパーソナリティ賞

蔵原 惟繕　くらはら・これよし
　昭和2(1927)年～平成14(2002)年
　映画監督
「愛と死の記録」
　優秀映画鑑賞会ベストテン 第7回(昭41年度) 日本映画 10位
「愛の渇き」
　キネマ旬報ベスト・テン 第41回(昭42年度) 日本映画 7位
　年鑑代表シナリオ 第19回(昭42年度)
「キタキツネ物語」
　ぴあテン 第7回(昭53年度) 7位
「南極物語」
　ゴールデングロス賞 第1回(昭58年度) マネーメーキング監督賞
　ぴあテン 第12回(昭58年度) 9位
　ブルーリボン賞 第26回(昭58年) スタッフ賞
　赤い靴児童文化大賞 第4回(昭58年)
　優秀映画鑑賞会ベストテン 第24回(昭58年度) 日本映画 1位
「道」
　優秀映画鑑賞会ベストテン 第27回(昭61年度) 日本映画 9位
エランドール賞 (昭59年度) 特別賞
紫綬褒章 (平3年)
勲四等旭日小綬章 (平9年)
毎日映画コンクール 第57回(平14年) 特別賞

倉本 聰　くらもと・そう
　昭和9(1934)年～
　脚本家, 劇作家, 演出家
「6羽のかもめ」「あゝ! 新世界」
　ギャラクシー賞 第12回(昭49年)
「うちのホンカン」「ホンカンがんばる」
　毎日芸術賞 第17回(昭50年)
「幻の町」「前略おふくろ様」
　芸術選奨 第27回(昭51年度) 放送部門 文部大臣賞
「駅 STATION」
　キネマ旬報賞 第27回(昭56年) 脚本賞
　毎日映画コンクール 第36回(昭56年) 脚本賞
　日本アカデミー賞 第5回(昭57年) 最優秀脚本賞
「北の国から」
　テレビ大賞 (昭57年)
　路傍の石文学賞 第4回(昭57年)
「北の国から'87初恋」
　小学館文学賞 第36回(昭62年)
「北の国から2002遺言」
　向田邦子賞 第21回(平14年)
テレビ大賞 第8回(昭50年度) 優秀個人賞
ゴールデン・アロー賞 第14回(昭51年) 放送賞
エランドール賞 (昭57年度) 特別賞
山路ふみ子賞 第10回(昭61年度) 特別賞
モンブラン国際文化賞 (平8年)
紫綬褒章 (平12年)
菊池寛賞 第50回(平14年)

北海道新聞文化賞 第56回（平14年）特別賞
北海道功労賞 （平17年）
財界賞（平19年度）特別賞
旭日小綬章 （平22年）
ギャラクシー賞 第55回（平30年）55周年記念賞

久里 洋二　　くり・ようじ
　　昭和3(1928)年〜令和6(2024)年
　　漫画家，アニメーション作家

「久里洋二漫画集」
　文藝春秋漫画賞 第4回（昭33(1958)年）

「人間動物園」
　東フランス国際動物映画祭 （昭38年）特別審査員賞

「人間動物園」「サムライ」
　ベネチア国際映画祭 （昭38年・40年）青銅賞

「ザ・ボタン」
　ロカルノ国際映画祭（昭39年）特別賞

「AOS」「殺人狂時代」
　オーベルハウゼン国際映画祭 （昭40年・42年）優秀作品賞，グランプリ

「殺人狂時代」
　シカゴ映画祭 （昭42年）グランプリ

「人間と世界」
　モントリオール万国博映画祭 （昭42年）銀賞

「二匹のサンマ」「部屋」
　毎日映画コンクール 第22回（昭42年）大藤信郎賞

「クレージーマンガ」
　日本漫画家協会賞 第46回（平29年）大賞 カートゥーン部門

二科会 漫画部 第8回（昭33(1958)年度）（第43回二科展）特選
毎日映画コンクール 第20回（昭40年）大藤信郎賞
クノック国際漫画展グランプリ （昭44年）
紺綬褒章 （昭58年）
紫綬褒章 （平4年）
国際アニメーション映画祭 （平5年）ASIFA賞
東京国際アニメフェア特別功労賞 （平18年）
旭日小綬章 （平23年）
西ドイツ短編映画祭　　アニメ部門最高賞

栗原 小巻　　くりはら・こまき
　　昭和20(1945)年〜
　　俳優

「三人家族」「みつめたり」
　日本放送作家協会賞 第9回（昭44年）女性演技者賞

「そよそよ族の叛乱」
　紀伊國屋演劇賞 第6回（昭46年）個人賞

「忍ぶ川」
　ゴールデン・アロー賞 第10回（昭47年）映画賞
　毎日映画コンクール 第27回（昭47年）演技賞 女優演技賞

「ロミオとジュリエット」
　芸術祭賞 第36回（昭56年）演劇部門 優秀賞

「復活」
　芸術祭賞 第46回（平3年）演劇部門

エランドール賞 （昭42年度）新人賞
テレビ大賞 第2回（昭44年度）優秀タレント賞

栗本 薫　　くりもと・かおる
　　昭和28(1953)年〜平成21(2009)年
　　小説家，文芸評論家，演出家，脚本家，エッセイスト，作詞家，作曲家。別名義・中島梓

「都筑道夫の生活と推理」
　幻影城新人賞 第2回（昭51年）評論部門 佳作

「文学の輪郭」
　群像新人文学賞 第20回（昭52年）評論 ※中島梓名義

「ぼくらの時代」
　江戸川乱歩賞 第24回（昭53年）

「絃の聖域」
　吉川英治文学新人賞 第2回（昭56年）

「グイン・サーガ」
　日本SF大賞 第30回（平21年）特別賞

「〈グイン・サーガ〉シリーズ」
　星雲賞 第41回（平22年）日本長編部門

黒井 千次　　くろい・せんじ
　　昭和7(1932)年〜
　　小説家。日本芸術院会員

「時間」
　芸術選奨 第20回（昭44年）文学部門 新人賞

「群棲」
　谷崎潤一郎賞 第20回（昭59年）

「カーテンコール」
　読売文学賞 第46回（平6年）小説賞

「羽根と翼」
　毎日芸術賞 第42回（平12年）

「一日 夢の柵」
　野間文芸賞 第59回（平18年）

日本芸術院賞 第56回（平11年）第2部
旭日中綬章 （平20年）
文化功労者 第67回（平26年度）

黒岩 重吾　　くろいわ・じゅうご
　　大正13(1924)年〜平成15(2003)年
　　小説家

「ネオンと三角帽子」
　「サンデー毎日」大衆文芸 第54回（昭33年下）

「背徳のメス」

直木三十五賞　第44回（昭35年下）
「小学生浪人」
　小説現代ゴールデン読者賞　第9回（昭49年）
「天の川の太陽」
　吉川英治文学賞　第14回（昭55年）
紫綬褒章　（平3年）
菊池寛賞　第40回（平4年）

黒木 和雄　くろき・かずお
　昭和5（1930）年〜平成18（2006）年
　映画監督
「竜馬暗殺」
　キネマ旬報ベスト・テン　第48回（昭49年度）　日本映画 5位
「祭りの準備」
　キネマ旬報ベスト・テン　第49回（昭50年度）　日本映画 2位
　芸術選奨　第26回（昭50年）　映画部門　新人賞
　優秀映画鑑賞会ベストテン　第16回（昭50年度）　日本映画 8位
「TOMORROW 明日」
　芸術選奨　第39回（昭63年）　映画部門　大臣賞
　サレルノ国際映画祭（イタリア）（平2年）　最優秀監督賞
　キネマ旬報ベスト・テン　第62回（昭63年度）　日本映画 2位
　キネマ旬報賞　第34回（昭63年）　日本映画監督賞
　日刊スポーツ映画大賞・石原裕次郎賞　第1回（昭63年）　監督賞
　年鑑代表シナリオ　（昭63年度）
　報知映画賞　第13回（昭63年度）　最優秀作品賞　邦画部門
　優秀映画鑑賞会ベストテン　第29回（昭63年度）　日本映画 2位
「TOMORROW/明日」「美しい夏キリシマ」
　キネマ旬報賞　（昭63年度・平成15年度）　監督賞
「TOMORROW/明日」「美しい夏キリシマ」「父と暮せば」
　日刊スポーツ映画大賞・石原裕次郎賞　第1回・17回（平1年・16年）　監督賞
「浪人街」
　キネマ旬報ベスト・テン　第64回（平2年度）　日本映画 8位
　優秀映画鑑賞会ベストテン　第31回（平2年度）　日本映画 第10位
「スリ」
　キネマ旬報ベスト・テン　第74回（平12年度）　日本映画 7位
　年鑑代表シナリオ　（平12年度）
「美しい夏キリシマ」
　キネマ旬報ベスト・テン　第77回（平15年度）　日本映画 第1位
　キネマ旬報賞　第49回（平15年）　監督賞
「美しい夏キリシマ」「父と暮せば」
　日刊スポーツ映画大賞・石原裕次郎賞　第17回（平16年）　監督賞
　毎日映画コンクール　第59回（平16年）　監督賞
　毎日映画コンクール　第59回（平16年度）　監督賞
「父と暮せば」
　キネマ旬報ベスト・テン　第78回（平16年度）　日本映画 4位
「紙屋悦子の青春」
　キネマ旬報ベスト・テン　第80回（平18年度）　日本映画 4位
　報知映画賞　第31回（平18年度）　特別賞
エランドール賞　（平17年度）　特別賞
旭日小綬章（平17年）

黒木 瞳　くろき・ひとみ
　昭和35（1960）年〜
　俳優
「化身」
　日本アカデミー賞　第10回（昭61年）　新人賞
「失楽園」
　日刊スポーツ映画大賞・石原裕次郎賞　第10回（平9年）　主演女優賞
　日本アカデミー賞　第21回（平9年度）　主演女優賞
　日本新語・流行語大賞　第14回（平9年）　大賞、トップテン
　報知映画賞　第22回（平9年度）　最優秀主演女優賞
　日本アカデミー賞　第21回（平10年）　最優秀主演女優賞
「破線のマリス」
　日本映画批評家大賞　第10回（平13年）　女優賞
「母の言い訳」
　日本文芸大賞　第23回（平17年）　エッセイ賞
日本アカデミー賞　第10回（昭62年）　新人俳優賞
マドモアゼル・パルファム賞　（平9年）
ベストドレッサー賞　第35回（平18年）　芸術部門

黒澤 明　くろさわ・あきら
　明治43（1910）年〜平成10（1998）年
　映画監督
「静かなり」
　国民映画脚本　第1回（昭16年）　情報局賞
「姿三四郎」
　山中貞雄賞　（昭18年）
「わが青春に悔なし」
　キネマ旬報ベスト・テン　第20回（昭21年度）　日本映画 2位
「素晴らしき日曜日」
　キネマ旬報ベスト・テン　第21回（昭22年度）　日本

映画 6位
　毎日映画コンクール　第2回（昭22年）　監督賞
「酔いどれ天使」
　キネマ旬報ベスト・テン　第22回（昭23年度）　日本映画 1位
「素晴しき日曜日」「わが青春に悔なし」
　毎日映画コンクール　第2回（昭23年）　監督賞
「ジャコマンと鉄」
　年鑑代表シナリオ　第1回（昭24年度）
「酔いどれ天使」「生きる」「赤ひげ」
　毎日映画コンクール　第3回・7回・20回（昭24年・28年・41年）日本映画賞
「静かなる決闘」
　キネマ旬報ベスト・テン　第23回（昭24年度）　日本映画 7位
　年鑑代表シナリオ　第1回（昭24年度）
「野良犬」
　キネマ旬報ベスト・テン　第23回（昭24年度）　日本映画 3位
　芸術祭賞　（昭24年）
　年鑑代表シナリオ　第1回（昭24年度）
「暁の脱走」
　年鑑代表シナリオ　第2回（昭25年度）
「醜聞」
　キネマ旬報ベスト・テン　第24回（昭25年度）　日本映画 6位
「羅生門」
　キネマ旬報ベスト・テン　第24回（昭25年度）　日本映画 5位
　ブルーリボン賞　第1回（昭25年）　脚本賞
　ベネチア国際映画祭　（昭26年）　サン・マルコ金獅子賞
　川喜多賞　第2回（昭59年）
「生きる」
　キネマ旬報ベスト・テン　第26回（昭27年度）　日本映画 1位
　年鑑代表シナリオ　第4回（昭27年度）
　毎日映画コンクール　第7回（昭27年）　脚本賞
「七人の侍」
　キネマ旬報ベスト・テン　第28回（昭29年度）　日本映画 3位
　年鑑代表シナリオ　第6回（昭29年度）
　ぴあテン　第4回（昭50年度）　もあテン 9位
「生きものの記録」
　キネマ旬報ベスト・テン　第29回（昭30年度）　日本映画 4位
　年鑑代表シナリオ　第7回（昭30年度）
「どん底」
　キネマ旬報ベスト・テン　第31回（昭32年度）　日本映画 10位
「蜘蛛巣城」
　キネマ旬報ベスト・テン　第31回（昭32年度）　日本映画 4位
「隠し砦の三悪人」
　キネマ旬報ベスト・テン　第32回（昭33年度）　日本映画 2位
　ブルーリボン賞　第9回（昭33年）　最優秀作品賞
　年鑑代表シナリオ　第10回（昭33年度）
「悪い奴ほどよく眠る」
　キネマ旬報ベスト・テン　第34回（昭35年度）　日本映画 3位
　年鑑代表シナリオ　第12回（昭35年度）
　優秀映画鑑賞会ベストテン　第1回（昭35年度）　日本映画 1位
「用心棒」
　キネマ旬報ベスト・テン　第35回（昭36年度）　日本映画 2位
　年鑑代表シナリオ　第13回（昭36年度）
　優秀映画鑑賞会ベストテン　第2回（昭36年度）　日本映画 3位
「椿三十郎」
　キネマ旬報ベスト・テン　第36回（昭37年度）　日本映画 5位
　年鑑代表シナリオ　第14回（昭37年度）
「天国と地獄」
　キネマ旬報ベスト・テン　第37回（昭38年度）　日本映画 2位
　年鑑代表シナリオ　第15回（昭38年度）
　毎日映画コンクール　第18回（昭38年）　脚本賞
　優秀映画鑑賞会ベストテン　第4回（昭38年度）　日本映画 3位
　毎日映画コンクール　（昭39年）　日本映画賞・脚本賞
「赤ひげ」
　キネマ旬報ベスト・テン　第39回（昭40年度）　日本映画 1位
　キネマ旬報賞　第11回（昭40年）　日本映画監督賞
　ブルーリボン賞　第16回（昭40年）　最優秀作品賞
　年鑑代表シナリオ　第17回（昭40年度）
　優秀映画鑑賞会ベストテン　第6回（昭40年度）　日本映画 1位
「どですかでん」
　キネマ旬報ベスト・テン　第44回（昭45年度）　日本映画 3位
　年鑑代表シナリオ　（昭45年度）
　優秀映画鑑賞会ベストテン　第11回（昭45年度）　日本映画 3位
「デルス・ウザーラ」
　アカデミー賞　（昭50年）　外国語映画賞
　キネマ旬報ベスト・テン　第49回（昭50年度）　外国

映画 5位
ぴあテン 第4回(昭50年度) 8位
優秀映画鑑賞会ベストテン 第16回(昭50年度) 外国映画 1位

「影武者」
カンヌ国際映画祭 (昭55年) パルム・ドール賞
キネマ旬報ベスト・テン 第54回(昭55年度) 日本映画 2位
ぴあテン 第9回(昭55年度) 5位
ブルーリボン賞 第23回(昭55年) 最優秀作品賞 邦画
報知映画賞 第5回(昭55年度) 最優秀作品賞 邦画部門
毎日映画コンクール 第35回(昭55年) 監督賞
優秀映画鑑賞会ベストテン 第21回(昭55年度) 日本映画 1位

「乱」
キネマ旬報ベスト・テン 第59回(昭60年度) 日本映画 2位
ブルーリボン賞 第28回(昭60年) 監督賞
ブルーリボン賞 第28回(昭60年) 最優秀作品賞 邦画
毎日映画コンクール 第40回(昭60年) 監督賞
優秀映画鑑賞会ベストテン 第26回(昭60年度) 日本映画 3位
ドナテルロ賞 (昭61年) 最優秀監督賞
英国アカデミー賞 (昭62年) 外国語映画賞

「夢」
キネマ旬報ベスト・テン 第64回(平2年度) 日本映画 第4位
優秀映画鑑賞会ベストテン 第31回(平2年度) 日本映画 第4位

「八月の狂詩曲」
キネマ旬報ベスト・テン 第65回(平3年度) 日本映画 第3位
山路ふみ子映画賞 第15回(平3年)
優秀映画鑑賞会ベストテン 第32回(平3年度) 日本映画 第3位

「まあだだよ」
キネマ旬報ベスト・テン 第67回(平5年度) 日本映画 第10位
優秀映画鑑賞会ベストテン 第34回(平5年度) 日本映画 第7位

「雨あがる」
日本アカデミー賞 第24回(平13年) 最優秀脚本賞

マグサイサイ賞 (昭40年)
朝日賞 (昭40年) 文化賞
文化功労者 (昭51年)
牧野省三賞 第23回 (昭56年)
レジオン・ド・ヌール勲章オフィシエ章 (昭59年)
川喜多賞 第2回 (昭59年)
文化勲章 (昭60年度)

アカデミー賞 第62回(平1年度) 特別名誉賞
福岡アジア文化賞 第1回(平2年)
ソ連人民友好勲章 (平3年)
ライフ・アチーブメント賞 (平3年) アジア系米人芸術家協会特別賞
D.W.グリフィス賞 (平4年)
高松宮殿下記念世界文化賞 第4回(平4年) 演劇・映像部門
京都賞 第10回(平6年) 精神科学・表現芸術部門
東京都名誉都民 (平8年)
ゴールデン・アロー賞 第36回(平10年) 特別賞
ブルーリボン賞 第41回(平10年) 特別賞
国民栄誉賞 (平10年)
東京国際映画祭 第11回(平10年) 特別功労賞
日刊スポーツ映画大賞・石原裕次郎賞 第11回(平10年) 特別賞
毎日映画コンクール 第53回(平10年) 特別賞
エランドール賞 (平11年度) 特別賞
米国脚本家組合賞 (平25年) ジャン・ルノアール賞

黒土 三男 くろつち・みつお
 昭和22(1947)年〜令和5(2023)年
 脚本家, 映画監督

「とんぼ」「うさぎの休日」
 向田邦子賞 第7回(昭63年)

「オルゴール」
 ぴあテン 第18回(平1年度) 10位

「居酒屋もへじ」
 橋田賞 第20回(平23年度) 橋田賞

黒柳 徹子 くろやなぎ・てつこ
 昭和8(1933)年〜
 俳優。日本芸術院会員

「窓ぎわのトットちゃん」
 新評賞 第12回(昭57年) 第2部門
 日本文芸大賞 第2回(昭57年) ノンフィクション賞
 路傍の石文学賞 第5回(昭58年)
 ヤヌシュ・コルチャク賞 (昭60年) ポーランド

「幸せの背くらべ」
 毎日芸術賞 第38回(平8年)

「幸せの背くらべ」「マスター・クラス」
 読売演劇大賞 第4回(平8年) 大賞・最優秀女優賞

日本放送作家協会賞 第1回(昭36年) 女性演技者賞
テレビ大賞 第9回(昭51年度) 優秀個人賞
日本女性放送者懇談会賞 (昭53年) SJ賞
国際障害者年障害関係功労者内閣総理大臣賞 (昭56年)
全日本ろうあ連盟厚生文化賞 (昭57年)
日本文芸大賞 第2回(昭57年) ノンフィクション賞
日本放送協会放送文化賞 第35回(昭58年)
ダイヤモンド・パーソナリティ賞 (昭60年)

ユニセフ子供生存賞　第1回（昭62年）
外務大臣表彰　（平3年）
東京都文化賞　第7回（平3年）
　橋田賞　第3回（平6年）橋田賞
子どものためのリーダーシップ賞　第1回（平12年）
朝日社会福祉賞　（平13年度）
ギャラクシー賞　第40回（平14年）　岩田糸子賞
ワンダフルサードエイジ賞　（平15年）
勲三等瑞宝章　（平15年）
菊池寛賞　第54回（平18年）
菊田一夫演劇賞　第38回（平24年度）　特別賞
浅草芸能大賞　第32回（平27年度）　大賞
文化功労者　第68回（平27年度）
浅草芸能大賞　第32回（平28年）
東京都名誉都民　（平29年度）
後藤新平賞　（令1年）
石井十次賞　（令2年）
澄和Futurist賞　（令4年）
野間出版文化賞　第5回（令5年）
日本児童文芸家協会児童文化功労賞　第63回（令6年）
放送文化基金賞　第50回（令6年）　放送文化基金50周年記念賞

桑江　知子　くわえ・ともこ
　昭和35（1960）年〜
　歌手

「私のハートはストップモーション」
　FNS歌謡祭グランプリ　第6回（昭54年）　優秀新人賞
　銀座音楽祭　第9回（昭54年）　大衆賞
　新宿音楽祭　第12回（昭54年）　金賞
　全日本有線放送大賞　第12回（昭54年度）　新人賞
　日本レコード大賞　第21回（昭54年）　最優秀新人賞
　日本歌謡大賞　第10回（昭54年）　放送音楽新人賞
　日本有線大賞　第12回（昭54年）　新人賞
　あなたが選ぶ全日本歌謡音楽祭　第5回（昭54年）　優秀新人賞
　ABC歌謡新人グランプリ　第6回（昭54年）　シルバー賞
　横浜音楽祭　第6回（昭54年）　新人賞

桑田　佳祐　くわた・けいすけ
　昭和31（1956）年〜
　ミュージシャン

「葡萄」
　日本レコード大賞　第57回（昭27年）　最優秀アルバム賞
「夏をあきらめて」
　日本レコード大賞　第24回（昭57年）　作曲賞
「匂艶THE NIGHT CLUB」
　日本作曲大賞　第2回（昭57年）　優秀作曲者賞
「いつか何処かで」
　日本作曲大賞　第8回（昭63年）　優秀作曲者賞
「Keisuke Kuwata」
　日本レコード大賞　第30回（昭63年）　優秀アルバム賞
「稲村ジェーン」
　ぴあテン　第19回（平2年度）　第8位
　ブルーリボン賞　第33回（平2年）　スタッフ賞
「真夏の果実」
　日本レコード大賞　第32回（平2年）　ポップス・ロック部門　作曲賞
「世に万葉の花が咲くなり」「孤独の太陽」
　日本レコード大賞　第34回・36回（平4年・6年）　アルバム大賞
「孤独の太陽」
　日本レコード大賞　第36回（平6年）　アルバム大賞
「TSUNAMI」
　日本レコード大賞　第42回（平12年）　大賞
　JASRAC賞　第19回（平13年）　金賞

日本レコード大賞　第24回（昭57年）　作曲賞
銀座音楽祭　第18回（昭63年）　音楽活動部門賞
日本ゴールドディスク大賞　第4回（平2年）
日本レコードセールス大賞　第23回（平2年）
日本レコードセールス大賞　第26回（平5年）　作詞賞　第3位
日本レコードセールス大賞　第26回（平5年）　作曲賞　第2位
日本レコードセールス大賞　第31回（平10年）　アルバム部門　ゴールデン賞
ゴールデン・アロー賞　第38回（平12年度）　音楽賞
日本レコードセールス大賞　第33回（平12年）　作曲賞　シルバー賞
ぴあテン　第30回（平13年度）　第1位
日本レコードセールス大賞　第34回（平13年）　シングル部門　シルバー賞
日本レコードセールス大賞　第34回（平13年）　作詞部門　シルバー賞
日本レコードセールス大賞　第34回（平13年）　作曲部門　シルバー賞
日本レコードセールス大賞　第34回（平13年）　編曲部門　ゴールデン賞
ぴあテン　第31回（平14年度）　第2位
日本レコード大賞　第50回（平20年）　特別賞
茅ヶ崎市民栄誉賞　（平25年）
紫綬褒章　（平26年）
日本ゴールドディスク大賞　第37回（令4年度）　特別賞

薫　くみこ　くん・くみこ
　昭和33（1958）年〜
　児童文学作家，広告デザイナー

「十二歳の合い言葉」
　児童文芸新人賞　第12回（昭58年）
「風と夏と11歳―青奈とかほりの物語」

産経児童出版文化賞 第41回(平6年) フジテレビ賞
「なつのおうさま」
　ひろすけ童話賞 第18回(平19年)

弦 哲也　げん・てつや
昭和22(1947)年〜
作曲家

「おもかげの宿」「哀愁岬」
　古賀政男記念音楽大賞 第2回・第8回(昭56年度・62年度) 入賞
「ふたりぐらし」「女心は港の灯」
　日本作曲大賞 第1回(昭56年) 優秀作曲者賞
「女心は港の灯」
　古賀政男記念音楽大賞 第2回(昭56年度) プロ作品優秀賞
　日本作詩大賞 (昭56年度) 大衆賞
「天城越え」「佐渡の恋唄」「貴船の宿」「鳥取砂丘」「うすゆき草」「歌ひとすじ」
　日本作詩大賞 (昭61年度・平4年度・14年度・15年度・17年度・18年度) 優秀作品賞
「佐渡の恋唄」「二輪草」「君影草〜すずらん」「なにわの女」「花も嵐も」「貴船の宿」「鳥取砂丘」
　日本レコード協会ゴールドシングル賞 (平4年度・10年度・11年度・12年度・14年度・15年度)
「夫婦みち」「二輪草」「君影草〜すずらん」
　日本レコード大賞 (平9年度・10年度・11年度) 優秀作品賞
「二輪草」
　日本レコード協会プラチナシングル賞 (平10年度)
「君影草〜すずらん」
　日本レコード大賞 第41回(平11年度) 吉田正賞
「大河の流れ」「貴船の宿」「おんなの一生〜汗の花」「鳥取砂丘」「釧路湿原」「五能線」「熊野古道」
　日本レコード大賞 (平13年度・14年度・15年度・16年度・17年度・18年度) 金賞
「おんなの一生〜汗の花」「釧路湿原」
　日本作詩大賞 (平15年度・16年度) 大賞
「金沢望郷歌」「五能線」
　日本レコード大賞 第47回(平17年度) 作曲賞
「弦点回帰」
　日本レコード大賞 第47回(平17年度) 企画賞
「手毬花」
　日本レコード大賞 (平18年度) 藤田まさと賞
日本レコード大賞 第41回(平11年) 吉田正賞
日本レコード大賞 (平17年度) 作曲賞

研 ナオコ　けん・なおこ
昭和28(1953)年〜
歌手

「あばよ」
　FNS歌謡祭グランプリ 第3回(昭51年) 最優秀歌謡音楽賞
　日本歌謡大賞 第7回(昭51年) 放送音楽賞
「かもめはかもめ」
　FNS歌謡祭グランプリ 第5回(昭53年) 優秀歌謡音楽賞
　全日本有線放送大賞 第11回(昭53年度) 優秀スター賞
　日本歌謡大賞 第9回(昭53年) 放送音楽賞
　日本有線大賞 第11回(昭53年) 有線音楽賞
「かもめはかもめ」「夏をあきらめて」
　日本有線音楽大賞 第11回・15回(昭53年・57年) 有線音楽賞
「夏をあきらめて」
　FNS歌謡祭グランプリ 第9回(昭57年) 優秀歌謡音楽賞
　全日本有線放送大賞 第15回(昭57年度) 優秀スター賞
　日本レコード大賞 第24回(昭57年) 金賞
　日本有線大賞 第15回(昭57年) 有線音楽賞
テレビ大賞 第6回(昭48年度) 新人賞
あなたが選ぶ全日本歌謡音楽祭 第4回(昭53年) 年間話題賞
日本テレビ音楽祭 第5回(昭54年) 日本テレビ特別賞
あなたが選ぶ全日本歌謡音楽祭 第6回(昭55年) 審査員奨励賞

監物 永三　けんもつ・えいぞう
昭和23(1948)年〜
体操指導者。メキシコ五輪・ミュンヘン五輪・モントリオール五輪体操男子団体総合金メダリスト

朝日賞 (昭43年) 体育賞 第19回オリンピック・メキシコ大会優勝者
朝日賞 (昭45年) 体育賞
朝日賞 (昭47年) 体育賞
朝日賞 (昭49年) 体育賞
朝日体育賞 第2回(昭51年度) 第21回オリンピック・モントリオール大会
朝日体育賞 第4回(昭53年度)
紫綬褒章 (平16年)

小池 光　こいけ・ひかる
昭和22(1947)年〜
歌人

「バルサの翼」
　現代歌人協会賞 第22回(昭53年)
　現代歌人協会賞 第23回(昭54年)
「草の庭」
　寺山修司短歌賞 第1回(平8年)
「静物」
　芸術選奨 第52回(平13年) 文学部門 新人賞
「滴滴集」

「齋藤茂吉短歌文学賞 第16回（平16年）
「滴滴集6」「荷風私鈔」
　短歌研究賞 第40回（平16年）
「茂吉を読む 五十代五歌集」
　前川佐美雄賞 第2回（平16年）
「時のめぐりに」
　迢空賞 第39回（平17年）
「山鳩集」
　小野市詩歌文学賞 第3回（平23年）
「うたの動物記」
　日本エッセイスト・クラブ賞 第60回（平24年）
「思川の岸辺 小池光歌集」
　読売文学賞 第67回（平27年度）詩歌俳句賞
「サーベルと燕」
　現代短歌大賞 第45回（令4年）
　詩歌文学館賞 第38回（令5年）短歌
紫綬褒章（平25年）
旭日小綬章（令2年）

小泉 今日子　こいずみ・きょうこ
　昭和41（1966）年～
　俳優, 歌手
「ひとり街角」
　FNS歌謡祭グランプリ 第9回（昭57年）優秀新人賞
　銀座音楽祭 第12回（昭57年）金賞
　新宿音楽祭 第15回（昭57年）金賞
「素敵なラブリーボーイ」
　日本テレビ音楽祭 第8回（昭57年）新人賞
「半分少女」
　日本レコード大賞 第25回（昭58年）ゴールデンアイドル賞
「快盗ルビイ」
　毎日映画コンクール 第43回（昭63年）演技賞 女優主演賞
「あなたに会えてよかった」
　日本レコード大賞 第33回（平3年）ポップス・ロック部門 作詩賞
「風花」
　報知映画賞 第26回（平13年度）最優秀主演女優賞
「センセイの鞄」
　芸術選奨 第54回（平15年）放送部門 新人賞
「空中庭園」
　ブルーリボン賞 第48回（平17年度）主演女優賞
　高崎映画祭 第20回（平17年）主演女優賞
　日刊スポーツ映画大賞・石原裕次郎賞 第18回（平17年）主演女優賞
「グーグーだって猫である」「トウキョウソナタ」
　キネマ旬報賞 第54回（平20年度）主演女優賞
　芸術選奨 第59回（平20年度）映画部門 文部科学大臣賞
　山路ふみ子映画賞 第32回（平20年）女優賞
　報知映画賞 第33回（平20年度）最優秀主演女優賞
「トウキョウソナタ」「グーグーだって猫である」
　キネマ旬報賞（平20年度）主演女優賞
「毎日かあさん」
　毎日映画コンクール 第66回（平23年度）女優主演賞
「最後から二番目の恋」
　放送文化基金賞 第38回（平24年）個別分野 演技賞
「最後から二番目の恋」「贖罪」
　ギャラクシー賞 第49回（平24年）テレビ部門個人賞
「あまちゃん」
　東京ドラマアウォード（平25年度）助演女優賞
「草枕」
　紀伊國屋演劇賞 第50回（平27年）個人賞
　読売演劇大賞 第23回（平27年度）優秀女優賞
「黄色いマンション 黒い猫」
　講談社エッセイ賞 第33回（平29年）
「海の沈黙」「碁盤斬り」
　ブルーリボン賞 第67回（令6年度）助演女優賞
FNS歌謡祭グランプリ 第9回（昭57年）優秀新人賞
横浜音楽祭 第9回（昭57年）新人賞
ゴールデン・アロー賞 第22回（昭59年）グラフ賞
日本テレビ音楽祭 第10回（昭59年）日本テレビ・アイドル賞
日本レコードセールス大賞 第17回（昭59年）シングルシルバー賞
日本レコード大賞 第27回（昭60年）優秀アルバム賞
横浜音楽祭 第14回（昭62年）音楽祭賞
日本レコードセールス大賞 第20回（昭62年）シングル部門 シルバー賞
ギャラクシー賞 第49回（平23年度）テレビ部門 個人賞
紀伊國屋演劇賞 第50回（平27年）個人賞

郷 ひろみ　ごう・ひろみ
　昭和30（1955）年～
　歌手, 俳優
「男の子女の子」
　日本レコード大賞 第14回（昭47年）新人賞
「小さな体験」
　日本有線大賞 第6回（昭48年）大衆賞
「裸のヴィーナス」
　日本歌謡大賞 第4回（昭48年）放送音楽賞
「誘われてフラメンコ」
　日本テレビ音楽祭 第1回（昭50年）トップ・アイドル賞
「あなたがいたから僕がいた」
　日本レコード大賞 第18回（昭51年）大衆賞
「20才の微熱」

日本テレビ音楽祭 第2回(昭51年) トップ・アイドル賞
「突然、風のように」
　報知映画賞 第2回(昭52年度) 審査員特別賞
「哀愁のカサブランカ」
　銀座音楽祭 第12回(昭57年) ラジオディスクグランプリ
「僕がどんなに君を好きか、君は知らない」
　全日本有線放送大賞 第26回(平5年度) 優秀スター賞
「言えないよ」
　全日本有線放送大賞 第27回(平6年度) 吉田正賞
　日本有線大賞 第27回(平6年) 有線音楽優秀賞
「逢いたくて」
　日本有線大賞 第28回(平7年) 有線音楽優秀賞
「GOLDFINGER '99」
　日本有線大賞 第32回(平11年) 有線音楽優秀賞
日本歌謡大賞 (昭47年) 新人賞
日本レコードセールス大賞 第6回(昭48年) ゴールデン賞
あなたが選ぶ全日本歌謡音楽祭 第1回(昭50年) 女性視聴者賞
あなたが選ぶ全日本歌謡音楽祭 第2回(昭51年) ベストドレッサー賞
日本テレビ音楽祭 第3回(昭52年) トップ・アイドル賞
ゴールデン・アロー賞 第16回(昭53年) 話題賞
ベストドレッサー賞 第7回(昭53年) 特別賞
FNS歌謡祭グランプリ 第5回(昭53年) 特別賞
横浜音楽祭 第5回(昭53年) 音楽祭賞
日本テレビ音楽祭 第4回(昭53年) トップ・アイドル賞
日本テレビ音楽祭 第5回(昭54年) トップ・アイドル賞
日本有線大賞 第14回(昭56年) 有線音楽賞
日本レコード大賞 第41回(平11年) 最優秀歌唱賞

香西 かおり　こうざい・かおり
　　昭和38(1963)年〜
　　歌手
「雨酒場」
　FNS歌謡祭グランプリ 第15回(昭63年) 優秀新人賞
　全日本有線放送大賞 第21回(昭63年度) 新人賞
　日本レコード大賞 第30回(昭63年) 新人賞
　日本演歌大賞 第14回(昭63年) 演歌希望の星賞
　日本有線大賞 第21回(昭63年) 新人賞
　全日本有線放送大賞 第22回(平1年度) 優秀スター賞
　日本演歌大賞 第15回(平1年) 演歌スター賞
　日本有線大賞 第22回(平1年) 有線音楽賞
「恋舟」
　あなたが選ぶ全日本歌謡音楽祭 第15回(平2年) 最優秀歌唱賞
　全日本歌謡音楽祭 (平2年) 最優秀歌唱賞
　全日本有線放送大賞 第23回(平2年度) 審査委員会最優秀賞
　全日本有線放送大賞 第23回(平2年度) 特別賞
　日本演歌大賞 第16回(平2年) 演歌スター賞
　日本歌謡大賞 第21回(平2年) 放送音楽プロデューサー連盟賞
　日本有線大賞 第23回(平2年) 有線音楽賞
「恋舟」「流恋草」「花挽歌」
　日本レコード大賞 第32回・33回・34回(平2年・3年・4年) 歌謡曲・演歌部門 ゴールドディスク賞
「流恋草」
　メガロポリス音楽祭 第10回(平3年) 女性部門 演歌大賞
　メガロポリス歌謡祭 第10回(平3年) 演歌大賞女性部門
　全日本有線放送大賞 第24回(平3年度) 読売テレビ最優秀賞
　日本演歌大賞 第17回(平3年) 大賞
　日本歌謡大賞 第22回(平3年) 最優秀放送音楽賞
　日本有線大賞 第24回(平3年) 大賞
　日本有線大賞 第24回(平3年) 最多リクエスト曲賞
　日本有線大賞 第24回(平3年) 有線音楽優秀賞
　全日本有線放送大賞 第25回(平4年度) 審査委員会最優秀賞
　日本有線大賞 第25回(平4年) 有線音楽優秀賞
　日本演歌大賞 第17回(平3年) 演歌スター賞
　全日本有線放送大賞 第24回(平3年度) 優秀スター賞
　全日本有線放送大賞 第25回(平4年度) 優秀スター賞
「花挽歌」
　日本歌謡大賞 第23回(平4年) 大賞
「無言坂」
　日本レコード大賞 第35回(平5年) 大賞
　日本歌謡大賞 第24回(平5年) 放送音楽特別連盟賞
「恋慕川」
　全日本有線放送大賞 第27回(平6年度) 優秀スター賞
　日本有線大賞 第27回(平6年) 有線音楽優秀賞
「心の糸」
　全日本有線放送大賞 第28回(平7年度) 吉田正賞
「望郷十年」
　日本有線大賞 第32回(平11年) 有線音楽優秀賞
NTV日本民謡大賞 第4回(昭56年) 優秀賞
メガロポリス歌謡祭 第7回(昭63年) 優秀新人賞
メガロポリス歌謡祭 第7回(昭63年) 新人賞
歌謡ゴールデン大賞・新人グランプリ 第15回(昭63年) 審査員奨励賞・シルバー賞
新宿音楽祭 第21回(昭63年) 入賞

メガロポリス歌謡祭　第8回（平1年）　演歌メガロポリス americanos女性部門
横浜音楽祭　第16回（平1年）　フレッシュ演歌賞
銀座音楽祭　第19回（平1年）　特別奨励賞
日本テレビ音楽祭　第15回（平1年）　金の鳩賞
横浜音楽祭　第17回（平2年）　演歌賞
銀座音楽祭　第20回（平2年）　銀座音楽祭賞
横浜音楽祭　第18回（平3年）　音楽祭賞
日本歌謡大賞　第22回（平3年）　放送音楽賞
日本歌謡大賞　第23回（平4年）　放送音楽賞
日本有線大賞　第25回（平4年）　最多リクエスト歌手賞
日本歌謡大賞　第24回（平5年）　放送音楽賞
日本レコード大賞　第42回（平12年）　最優秀歌唱賞
日本レコード大賞　第56回（平26年）　日本作曲家協会奨励賞

上崎 美恵子　こうざき・みえこ
　大正13（1924）年〜平成9（1997）年
　児童文学作家

「ちゃぶちゃっぷんの話」
　産経児童出版文化賞　第23回（昭51年）
「魔法のベンチ」「ちゃぶちゃっぷんの話」
　赤い鳥文学賞　第6回（昭51年）
「だぶだぶだいすき」
　日本児童文芸家協会賞　第9回（昭60年）
「ルビー色のホテル」
　ひろすけ童話賞　第6回（平7年）

幸田 文　こうだ・あや
　明治37（1904）年〜平成2（1990）年
　小説家、随筆家。日本芸術院会員

「黒い裾」
　読売文学賞　第7回（昭30年）　小説賞
「流れる」
　新潮社文学賞　第3回（昭31年）
　日本芸術院賞　第13回（昭31年）　第2部
「闘」
　女流文学賞　第12回（昭48年）

幸田 弘子　こうだ・ひろこ
　昭和7（1932）年〜令和2（2020）年
　俳優、舞台朗読家

「ふたりの女」
　芸術祭賞　第36回（昭56年）　大衆芸能部門（1部）優秀賞
「おんなの四季—冬」
　芸術祭賞　第38回（昭58年）　大衆芸能部門（1部）優秀賞
「冬のわかれ」
　芸術祭賞　第39回（昭59年）　大衆芸能部門（1部）優秀賞
「冬のわかれ」「一葉のゆうべ」
　芸術選奨　第35回（昭59年度）　大衆芸能部門　文部大臣賞
「オンディーヌ」
　イタリア賞
　芸術祭賞　（昭56年・58年・59年）　大衆芸能部門1部優秀賞
　芸術選奨　第35回（昭59年）　大衆芸能部門　大臣賞
　毎日芸術賞　第36回（平6年）
　紫綬褒章　（平8年）
　藤村記念歴程賞　第40回（平14年）
　歴程賞　第40回（平14年）
　旭日小綬章　（平15年）

幸田 露伴　こうだ・ろはん
　慶応3（1867）年〜昭和22（1947）年
　小説家、随筆家、考証家、俳人

　文化勲章　（昭12年度）
　野間文芸賞　第3回（昭18年）

神波 史男　こうなみ・ふみお
　昭和9（1934）年〜平成24（2012）年
　脚本家

「女囚701号さそり」
　年鑑代表シナリオ　（昭47年度）
「狂った果実」
　年鑑代表シナリオ　（昭56年度）
「未完の対局」
　年鑑代表シナリオ　（昭57年度）
「海燕ジョーの奇跡」
　年鑑代表シナリオ　（昭59年度）
「火宅の人」
　年鑑代表シナリオ　（昭61年度）
　日本アカデミー賞　第10回（昭62年）　最優秀脚本賞
　くまもと映画祭　（昭53年）　日本映画脚本賞

河野 多惠子　こうの・たえこ
　大正15（1926）年〜平成27（2015）年
　小説家。日本芸術院会員

「幼児狩り」
　同人雑誌賞　第8回（昭36年）
「蟹」
　芥川龍之介賞　第49回（昭38年上）
「最後の時」
　女流文学賞　第6回（昭42年）
「不意の声」
　読売文学賞　第20回（昭43年）　小説賞
「谷崎文学と肯定の欲望」
　読売文学賞　第28回（昭51年）　評論・伝記賞
「一年の牧歌」

谷崎潤一郎賞　第16回（昭55年）
「みいら採り猟奇譚」
　野間文芸賞　第44回（平3年）
「後日の話」
　伊藤整文学賞　第10回（平11年）　小説
　毎日芸術賞　第41回（平11年）
「半所有者」
　川端康成文学賞　第28回（平13年）

日本芸術院賞　第40回（昭58年）　第2部
日本芸術院賞　（昭59年）
勲三等瑞宝章　（平11年）
文化功労者　（平14年）
文化勲章　（平26年度）

河野 満　こうの・みつる
　昭和21（1946）年〜
　元・卓球選手
朝日賞　（昭42年）　体育賞
朝日賞　（昭44年）　体育賞
朝日体育賞　第3回（昭52年度）

神山 征二郎　こうやま・せいじろう
　昭和16（1941）年〜
　映画監督
「二つのハーモニカ」
　タシケント国際映画祭　（昭51年）　平和委員会賞
　日本映画監督協会新人賞　（昭51年）　奨励賞
「看護婦のオヤジがんばる」
　文化庁優秀映画　（昭55年）　奨励賞
　優秀映画鑑賞会ベストテン　第21回（昭55年度）　日本映画 9位
「ふるさと」
　キネマ旬報ベスト・テン　第57回（昭58年度）　日本映画 10位
　年鑑代表シナリオ　（昭58年度）
　優秀映画鑑賞会ベストテン　第24回（昭58年度）　日本映画 3位
「ふるさと」「春駒のうた」
　タシケント国際映画祭　（昭61年）　優秀作品賞
「春駒のうた」
　優秀映画鑑賞会ベストテン　第27回（昭61年度）　日本映画 6位
「ハチ公物語」
　山路ふみ子映画賞　第11回（昭62年）
　優秀映画鑑賞会ベストテン　第28回（昭62年度）　日本映画 3位
「ハチ公物語」
　ぴあテン　第16回（昭62年度）　10位
「白い手」
　キネマ旬報ベスト・テン　第64回（平2年度）　日本映画 第10位
　日刊スポーツ映画大賞・石原裕次郎賞　第3回（平2年）　監督賞
　優秀映画鑑賞会ベストテン　第31回（平2年度）　日本映画 第7位
「遠き落日」
　アジア太平洋映画祭　第37回（平4年）　監督賞
　山路ふみ子映画賞　第16回（平4年）
「月光の夏」
　優秀映画鑑賞会ベストテン　第34回（平5年度）　日本映画 第6位
「さくら」
　優秀映画鑑賞会ベストテン　第35回（平6年度）　日本映画 第4位
「三たびの海峡」
　優秀映画鑑賞会ベストテン　第36回（平7年度）　日本映画 第6位

藤本賞　（昭58年）　奨励賞
岐阜市民栄誉賞　（平8年）
中日文化賞　第54回（平13年）

高良 留美子　こうら・るみこ
　昭和7（1932）年〜令和3（2021）年
　詩人, 評論家, 小説家
「場所」
　H氏賞　第13回（昭38年）
「水で書かれた物語」
　年鑑代表シナリオ　第17回（昭40年度）
「仮面の声」
　現代詩人賞　第6回（昭63年）
「風の夜」
　丸山豊記念現代詩賞　第9回（平12年）

日本現代詩人会先達詩人　（平23年）
日本現代詩人会名誉詩人　（平26年）

古賀 政男　こが・まさお
　明治37（1904）年〜昭和53（1978）年
　作曲家
「白い小ゆびの歌」
　日本レコード大賞　第2回（昭35年）　作曲賞
「柔」
　日本レコード大賞　第7回（昭40年）　大賞

日本放送協会放送文化賞　第16回（昭39年）
日本レコード大賞　第10回（昭43年）　10周年記念賞
日本レコード大賞　第19回（昭52年）　審査委員会顕彰
FNS歌謡祭グランプリ　第5回（昭53年）　栄誉賞
国民栄誉賞　（昭53年）
日本歌謡大賞　第9回（昭53年）　放送音楽特別功労賞
明治大学名誉音楽博士号　（昭53年）
勲三等瑞宝章　（昭56年）

小金沢 昇司　こがねざわ・しょうじ
昭和33(1958)年～令和6(2024)年
歌手

「ありがとう…感謝」
　日本作曲家協会音楽祭（平25年）ロングヒット賞

新宿音楽祭　第21回（昭63年）入賞
横浜音楽祭　第18回（平3年）演歌選奨
日本新語・流行語大賞　第9回（平4年）大衆部門 銀賞

国分 一太郎　こくぶん・いちたろう
明治44(1911)年～昭和60(1985)年
教育評論家, 児童文学者

「綴方風土記」
　産経児童出版文化賞　第1回（昭29年）

「鉄の町の少年」
　児童文学者協会児童文学賞　第5回（昭30年）

「お母さんから先生への百の質問」正・続
　毎日出版文化賞　第10回（昭31年）

「日本クオレ」
　児童福祉文化賞　第3回（昭35年度）出版物部門

毎日出版文化賞　（昭31年）
児童福祉文化賞　（昭36年）
日本作文の会賞　（昭56年）

小坂 明子　こさか・あきこ
昭和32(1957)年～
シンガー・ソングライター

「あなた」
　ヤマハポピュラーソングコンテスト　第6回（昭48年）グランプリ/新人歌手激励賞
　世界歌謡祭　第4回（昭48年）グランプリ
　新宿音楽祭　第7回（昭49年）審査員特別奨励賞
　サンプラザ音楽祭　第2回（昭49年）グランプリ
　サンプラザ音楽祭　第2回（昭49年）熱演賞
　日本レコードセールス大賞　第7回（昭49年）シルバー賞
　日本レコードセールス大賞　第7回（昭49年）女性新人賞

越路 吹雪　こしじ・ふぶき
大正13(1924)年～昭和55(1980)年
歌手, 俳優

「バス・ストップ」
　テアトロン賞　（昭32年度）

「ワン・レイニー・ナイト・イン・トーキョー」
　日本レコード大賞　第7回（昭40年）歌唱賞

芸術祭賞　第23回（昭43年）大衆芸能部門（2部）奨励賞　「越路吹雪リサイタル」の歌唱
ゴールデン・アロー賞　第9回（昭46年）大賞
芸術祭賞　第26回（昭46年）大衆芸能部門（2部）優秀賞　「越路吹雪ドラマチックリサイタル」の歌唱
芸術選奨　第22回（昭46年）大衆芸能部門 大臣賞　"「越路吹雪ロングリサイタル」の成果"
日本レコード大賞　第14回（昭47年）特別賞
FNS歌謡祭グランプリ　第7回（昭55年）特別功労賞
毎日芸術賞　第22回（昭55年）特別賞

小島 信夫　こじま・のぶお
大正4(1915)年～平成18(2006)年
小説家。日本芸術院会員

「アメリカン・スクール」
　芥川龍之介賞　第32回（昭29年下）

「抱擁家族」
　谷崎潤一郎賞　第1回（昭40年）

「私の作家評伝」
　芸術選奨　第23回（昭47年）評論等 文部大臣賞

「私の作家遍歴」
　日本文学大賞　第13回（昭56年）

「別れる理由」
　野間文芸賞　第35回（昭57年）

「うるわしき日々」
　読売文学賞　第49回（平9年）小説賞

日本芸術院賞　第38回（昭56年）第2部
文化功労者　（平6年）
旭日重光章　（平16年）

五社 英雄　ごしゃ・ひでお
昭和4(1929)年～平成4(1992)年
映画監督

「陽暉楼」
　優秀映画鑑賞会ベストテン　第24回（昭58年度）日本映画 10位
　日本アカデミー賞　第7回（昭59年）最優秀監督賞

日本映画テレビプロデューサー協会賞　（平4年度）
牧野省三賞　第34回（平4年）特別賞
エランドール賞　（平5年度）協会賞
日本シナリオ作家協会シナリオ功労賞　（平6年）

五所 平之助　ごしょ・へいのすけ
明治35(1902)年～昭和56(1981)年
映画監督, 俳人

「からくり娘」
　キネマ旬報ベスト・テン　第4回（昭2年度）日本映画 6位

「村の花嫁」
　キネマ旬報ベスト・テン　第5回（昭3年度）日本映画 6位

「マダムと女房」
　キネマ旬報ベスト・テン　第8回（昭6年度）日本映画 1位

「伊豆の踊子」
　キネマ旬報ベスト・テン　第10回（昭8年度）日本映

画 9位
「生きとし生けるもの」
　キネマ旬報ベスト・テン　第11回(昭9年度)　日本映画 3位
「人生のお荷物」
　キネマ旬報ベスト・テン　第12回(昭10年度)　日本映画 6位
「木石」
　キネマ旬報ベスト・テン　第17回(昭15年度)　日本映画 10位
「新雪」
　キネマ旬報ベスト・テン　第19回(昭17年度)　日本映画 6位
「今ひとたびの」
　キネマ旬報ベスト・テン　第21回(昭22年度)　日本映画 3位
「煙突の見える場所」
　キネマ旬報ベスト・テン　第27回(昭28年度)　日本映画 4位
　ベルリン国際映画祭　(昭28年)　国際平和賞
「大阪の宿」
　キネマ旬報ベスト・テン　第28回(昭29年度)　日本映画 10位
　年鑑代表シナリオ　第6回(昭29年度)
「恐山の女」
　キネマ旬報ベスト・テン　第39回(昭40年度)　日本映画 7位
　優秀映画鑑賞会ベストテン　第6回(昭40年度)　日本映画 8位
「明治はるあき」
　優秀映画鑑賞会ベストテン　第9回(昭43年度)　日本映画 5位

古関 裕而　こせき・ゆうじ
明治42(1909)年～平成1(1989)年
作曲家
「日曜名作座」
　放送文化基金賞　第13回(昭62年)
日本放送協会放送文化賞　第4回(昭27年)
紫綬褒章　(昭44年)
勲三等瑞宝章　(昭54年)
日本レコード大賞　第21回(昭54年)　特別賞
福島市名誉市民　(昭54年)
放送文化基金賞　第13回(昭62年)　個人・グループ部門
日本レコード大賞　第31回(平1年)　日本作曲家協会特別功労賞

伍代 夏子　ごだい・なつこ
昭和36(1961)年～
歌手
「戻り川」
　全日本有線放送大賞　第21回(昭63年度)　最優秀新人賞
　日本有線大賞　第21回(昭63年)　最優秀新人賞
　日本有線大賞　第21回(昭63年)　新人賞
「水無川」
　全日本有線放送大賞　第22回(平1年度)　特別賞
「忍ぶ雨」
　メガロポリス歌謡祭　第9回(平2年)　演歌メガロポリス賞女性部門
　横浜音楽祭　第17回(平2年)　音楽祭賞
　全日本有線放送大賞　第23回(平2年度)　優秀スター賞
　日本演歌大賞　第16回(平2年)　演歌スター賞
　日本有線大賞　第23回(平2年)　有線音楽優秀賞
「忍ぶ雨」「流恋草」「雪中花」
　全日本有線放送大賞　第23回, 24回, 25回(平2年, 3年, 4年)　優秀スター賞
「恋挽歌」
　全日本有線放送大賞　第24回(平3年度)　優秀スター賞
　日本演歌大賞　第17回(平3年)　演歌スター賞
　日本有線大賞　第24回(平3年)　有線音楽優秀賞
「雪中花」
　全日本有線放送大賞　第25回(平4年度)　優秀スター賞
「ひとり酒」
　全日本有線放送大賞　第27回(平6年度)　優秀スター賞
「心の糸」
　全日本有線放送大賞　第28回(平7年度)　吉田正賞
新宿音楽祭　(昭61年)　銀賞
メガロポリス歌謡祭　第10回(平3年)　特別表彰歌手・年間ロングセラー賞
横浜音楽祭　第18回(平3年)　演歌賞
日本歌謡大賞　第22回(平3年)　放送音楽賞
松尾芸能賞　第13回(平4年)　優秀賞 歌謡芸能
日本歌謡大賞　第23回(平4年)　放送音楽賞

後藤 久美子　ごとう・くみこ
昭和49(1974)年～
俳優
「ラブ・ストーリーを君に」
　日刊スポーツ映画大賞・石原裕次郎賞　第1回(昭63年)　新人賞
　くまもと映画祭　第13回(平1年)　ヤングシネマ部門女優賞
ゴールデン・アロー賞　第24回(昭61年)　放送賞
ゴールデン・アロー賞　第25回(昭62年)　話題賞
日本新語・流行語大賞　第4回(昭62年)　流行語部門銅賞
エランドール賞　(昭63年度)　新人賞

後藤 次利　ごとう・つぐとし
昭和27(1952)年～
ベース奏者, 作曲家, 編曲家, 音楽プロデューサー

「TOKIO」
　日本レコード大賞　第22回(昭55年)　編曲賞

「流氷の手紙」
　日本作曲大賞　第7回(昭62年)　優秀作曲賞

FNS歌謡祭グランプリ　第13回(昭61年)　最優秀作曲賞

日本レコードセールス大賞　第19回(昭61年)　作曲賞
日本レコードセールス大賞　第19回(昭61年)　編曲賞
FNS歌謡祭グランプリ　第14回(昭62年)　最優秀作曲賞
日本レコードセールス大賞　第20回(昭62年)　作曲賞 第2位
日本レコードセールス大賞　第20回(昭62年)　編曲賞 第1位
FNS歌謡祭グランプリ　第15回(昭63年)　最優秀作曲賞
日本レコードセールス大賞　第21回(昭63年)　作曲賞 第2位
日本レコードセールス大賞　第21回(昭63年)　編曲賞 第3位
日本レコードセールス大賞　第22回(平1年)　作曲賞 第1位
日本レコードセールス大賞　第22回(平1年)　編曲賞 第2位
日本レコードセールス大賞　第23回(平2年)　作曲賞 第3位
日本レコードセールス大賞　第25回(平4年)　作曲賞 第2位

後藤 俊夫　ごとう・としお
昭和13(1938)年～
映画監督

「こむぎいろの天使」
　カナダ国際児童映画祭(昭53年)　グランプリ

「マタギ」
　芸術選奨　第33回(昭57年)　映画部門 新人賞
　ベルリン国際映画祭(昭57年)　ユニセフ監督賞
　優秀映画鑑賞会ベストテン　第23回(昭57年度)　日本映画7位

「イタズ」
　優秀映画鑑賞会ベストテン　第28回(昭62年度)　日本映画7位

「オーロラの下で」
　日刊スポーツ映画大賞・石原裕次郎賞　第3回(平2年)　石原裕次郎賞
　優秀映画鑑賞会ベストテン　第31回(平2年度)　日本映画 第5位

後藤 竜二　ごとう・りゅうじ
昭和18(1943)年～平成22(2010)年
児童文学作家

「大地の冬のなかまたち」
　野間児童文芸賞　第8回(昭45年)　推奨作品賞

「白赤だすき小○の旗風」
　日本児童文学者協会賞　第17回(昭52年)

「故郷」
　旺文社児童文学賞　第2回(昭55年)

「少年たち」
　日本児童文学者協会賞　第23回(昭58年)

「野心あらためず」
　野間児童文芸賞　第32回(平6年)

「おかあさん、げんきですか。」
　日本絵本賞　第12回(平18年)　大賞
　日本絵本賞　第12回(平18年)　読者賞(山田養蜂場賞)

小林 明子　こばやし・あきこ
昭和33(1958)年～
シンガー・ソングライター

「恋におちて」
　ゴールデン・アロー賞　第23回(昭60年)　音楽賞 新人賞
　日本レコード大賞　第27回(昭60年)　新人作曲奨励賞
　日本有線大賞　第18回(昭60年)　新人賞
　JASRAC賞　第5回(昭62年)　国内

日本レコード大賞　第27回(昭60年)　新人賞
日本ゴールドディスク大賞　第4回(平1年度)　アルバム賞

小林 旭　こばやし・あきら
昭和13(1938)年～
俳優, 歌手

「ついてくるかい」
　日本有線大賞　第4回(昭46年)　特別賞

「純子」
　日本有線大賞　第5回(昭47年)　優秀賞

「昔の名前で出ています」
　夜のレコード大賞　第8回(昭50年度)　功労賞
　全日本有線放送大賞　第10回(昭52年度)　グランプリ
　日本有線大賞　第10回(昭52年)　特別賞

「熱き心に」
　あなたが選ぶ全日本歌謡音楽祭　第12回(昭61年)　特別賞
　メガロポリス歌謡祭　第5回(昭61年)　演歌大賞
　FNS歌謡祭グランプリ　第13回(昭61年)　最優秀歌唱賞
　銀座音楽祭　第16回(昭61年)　ラジオディスクグラ

ンプリ
全日本有線放送大賞 第19回(昭61年度) 審査委員会最優秀賞
日本演歌大賞 第12回(昭61年) 大賞
日本歌謡大賞 第17回(昭61年) 放送音楽特別賞
日本有線大賞 第19回(昭61年) 有線特別功労賞

「惚れた女が死んだ夜は」
日本有線大賞 第30回(平9年) 特別功労賞
あなたが選ぶ全日本歌謡音楽祭 第3回(昭52年) 特別賞
全日本有線放送大賞 第10回(昭52年度)
日本レコード大賞 第19回(昭52年) 特別賞
ゴールデン・アロー賞 第24回(昭61年) 特別賞
"熱き心に"で旭節がロングヒット。30年にわたる幅広い芸能生活"
メガロポリス歌謡祭 第5回(昭61年) 演歌入賞
日本レコード大賞 第28回(昭61年) 特別選奨
日本演歌大賞 第12回(昭61年)
ゴールデン・アロー賞 (昭62年) 特別賞
日本レコード大賞 第37回(平7年) 功労賞
日本レコード大賞 第47回(平17年) 特別賞
日本アカデミー賞 第47回(令6年) 会長功労賞

小林 亜星　こばやし・あせい
昭和7(1932)年～令和3(2021)年
作曲家、タレント

「ピンポンパン体操」
日本レコード大賞 第14回(昭47年) 童謡賞

「北の宿から」
FNS歌謡祭グランプリ 第3回(昭51年) グランプリ
日本レコード大賞 第18回(昭51年) 大賞
日本歌謡大賞 第7回(昭51年)

「夢海峡」
古賀政男記念音楽大賞 第3回(昭57年度) プロ作品優秀賞

ギャラクシー賞 第6回(昭43年)
日本レコード大賞 第18回(昭51年) 中山晋平賞
日本レコード大賞 第57回(平27年) 功労賞
日本レコード大賞 第63回(令3年) 特別功労賞
ギャラクシー賞

小林 薫　こばやし・かおる
昭和26(1951)年～
俳優

「十八歳、海へ」
報知映画賞 第4回(昭54年度) 最優秀新人賞

「それから」
おおさか映画祭 第11回(昭60年度) 助演男優賞
キネマ旬報賞 第31回(昭60年) 助演男優賞

「そろばんずく」
ヨコハマ映画祭 第8回(昭61年度) 助演男優賞

「恋文」「それから」
日本アカデミー賞 第9回(昭61年) 最優秀助演男優賞

「休暇」
ヨコハマ映画祭 第30回(平20年) 主演男優賞

「東京タワー オカンとボクと、時々、オトン」
日本アカデミー賞 第31回(平20年) 最優秀助演男優賞

くまもと映画祭 第11回(昭61年度) 日本映画男優賞

小林 桂樹　こばやし・けいじゅ
大正12(1923)年～平成22(2010)年
俳優

「ここに泉あり」
毎日映画コンクール 第10回(昭30年) 演技賞 男優助演賞

「裸の大将」
毎日映画コンクール 第13回(昭33年) 演技賞 男優主演賞

「黒い画集」
キネマ旬報賞 (昭35年度) 主演男優賞
毎日映画コンクール 第15回(昭35年) 演技賞 男優主演賞

「黒い画集 あるサラリーマンの証言」
キネマ旬報賞 第6回(昭35年) 男優賞

「白と黒」「江分利満氏の優雅な生活」
毎日映画コンクール 第18回(昭38年) 演技賞 男優主演賞

「われ一粒の麦なれど」
ブルーリボン賞 第15回(昭39年) 主演男優賞

「赤ひげ」
テレビ大賞 (昭58年) 個人優秀賞

「あの、夏の日―とんでろ じいちゃん」
毎日映画コンクール 第54回(平11年) 男優主演賞

ブルーリボン賞 第11回(昭35年) 大衆賞
テレビ大賞 第6回(昭48年度) 優秀個人賞
紫綬褒章 (昭60年)
日本放送協会放送文化賞 第38回(昭61年)
橋田賞 第3回(平6年) 橋田賞
勲四等旭日小綬章 (平6年)
橋田賞 第3回(平7年)
山路ふみ子映画賞 第23回(平11年) 功労賞
日本アカデミー賞 第34回(平23年) 会長特別賞

小林 幸子　こばやし・さちこ
昭和28(1953)年～
歌手

「おもいで酒」
FNS歌謡祭グランプリ 第6回(昭54年) 優秀歌謡音

楽賞
  全日本有線放送大賞 第12回(昭54年度) グランプリ
  日本レコード大賞 第21回(昭54年) 最優秀歌唱賞
  日本歌謡大賞 第10回(昭54年) 放送音楽賞
  日本有線大賞 第12回(昭54年) ベストヒット賞
「おもいで酒」「あれから一年たちました」
  日本歌謡大賞 第10回・11回(昭54年・55年) 放送音楽賞
「あれから一年たちました」
  日本歌謡大賞 第11回(昭55年) 放送音楽賞
「あれから一年たちました」「もしかしてPart2」
  日本レコード大賞 第22回・26回(昭55年・59年) 金賞
「とまり木」
  全日本有線放送大賞 第13回(昭55年度) 優秀スター賞
  日本歌謡大賞 第13回(昭55年) 大賞
  日本有線大賞 第13回(昭55年) 有線音楽賞
「もしかしてPART2」
  日本有線大賞 第17回(昭59年) 有線音楽賞
  全日本有線放送大賞 第17回(昭59年度) 優秀スター賞
「夫婦しぐれ」
  あなたが選ぶ全日本歌謡音楽祭 第11回(昭60年) 金賞
「別離」
  古賀政男記念音楽大賞 第7回(昭61年度) プロ作品優秀賞
  日本演歌大賞 第12回(昭61年) 演歌スター賞
  古賀政男記念音楽大賞 第7回(昭61年) 優秀賞 プロ作品優秀賞
「雪椿」
  日本演歌大賞 第13回(昭62年) 演歌スター賞
  全日本有線放送大賞 第21回(昭63年度) 審査委員会最優秀賞
  全日本有線放送大賞 第21回(昭63年度) 特別賞
  日本演歌大賞 第14回(昭63年) 演歌スター賞
  日本演歌大賞 第14回(昭63年) 大衆愛唱歌賞
「福寿草」
  日本演歌大賞 第15回(平1年) 演歌スター賞
「天命燃ゆ」
  横浜音楽祭 第17回(平2年) 演歌賞
「一夜かぎり」
  メガロポリス歌謡祭 第12回(平5年) 特別賞
「場所の記憶」
  葛原妙子賞 第5回(平21年)
  あなたが選ぶ全日本歌謡音楽祭 第5回(昭54年) 最優秀歌唱賞
  横浜音楽祭 第6回(昭54年) 審査委員特別賞
  銀座音楽祭 第9回(昭54年) 特別賞

  日本テレビ音楽祭 第5回(昭54年) 敢闘賞
  日本演歌大賞 第5回(昭54年) 演歌期待賞・演歌の星
  あなたが選ぶ全日本歌謡音楽祭 第6回(昭55年) 審査員奨励賞
  日本演歌大賞 第6回(昭55年) 演歌ベストセラー賞
  日本演歌大賞 第7回(昭56年) 演歌名人賞
  メガロポリス歌謡祭 第1回(昭57年) 演歌入賞
  日本演歌大賞 第8回(昭57年) 演歌スター賞
  メガロポリス歌謡祭 第2回(昭58年) 演歌入賞
  日本演歌大賞 第9回(昭58年) 演歌スター賞
  あなたが選ぶ全日本歌謡音楽祭 第10回(昭59年) 審査員奨励賞
  メガロポリス歌謡祭 第3回(昭59年) 演歌入賞
  日本演歌大賞 第10回(昭59年) 演歌スター賞
  メガロポリス歌謡祭 第4回(昭60年) 演歌入賞
  メガロポリス歌謡祭 第5回(昭61年) 演歌入賞
  メガロポリス歌謡祭 第8回(平1年) テレビ東京開局25周年記念特別賞
  松尾芸能賞 第10回(平1年) 優秀賞 歌謡芸能
  メガロポリス歌謡祭 第12回(平5年) 特別賞
  日本レコード大賞 第42回(平12年) 美空ひばりメモリアル選奨
  藤田まさと賞 第20回(平16年) 大賞
  日本レコード大賞 第47回(平17年) 制定委員会特別表彰
  松尾芸能賞 第27回(平18年) 大賞 歌謡
  芸術祭賞 第63回(平20年度) 大衆芸能部門 優秀賞(関東参加公演の部)

小林 聡美　こばやし・さとみ
  昭和40(1965)年〜
  俳優
「転校生」
  報知映画賞 第7回(昭57年度) 最優秀新人賞
  日本アカデミー賞 (昭58年) 新人俳優賞
「紙の月」
  キネマ旬報ベスト・テン個人賞 第88回(平26年度) 助演女優賞
  キネマ旬報賞 (平26年度) 助演女優賞
  ブルーリボン賞 第57回(平26年度) 助演女優賞
  ヨコハマ映画祭 第36回(平26年度) 助演女優賞

  日本アカデミー賞 第6回(昭58年) 新人俳優賞

小林 純一　こばやし・じゅんいち
  明治44(1911)年〜昭和57(1982)年
  児童文学作家、童謡詩人
「ゆうらんバス」
  日本レコード大賞 第2回(昭35年) 童謡賞
「ダムサイト幻想」
  芸術祭賞 第26回(昭46年) 音楽部門(合唱曲) 優秀賞
「少年詩集・茂作じいさん」

赤い鳥文学賞 第9回(昭54年)
「少年詩集・茂作じいさん」「レコード・みつば ちぶんぶん」
　日本童謡賞 第9回(昭54年)
「茂作じいさん」
　赤い鳥文学賞 第9回(昭54年)
「小林純一・芥川也寸志遺作集 こどものうた」
　日本童謡賞 第25回(平7年) 特別賞

小林 秀雄　こばやし・ひでお
　明治35(1902)年～昭和58(1983)年
　文芸評論家。日本芸術院会員
「ドストエフスキイの生活」
　文学界賞 第1回(昭11年)
「小林秀雄全集」
　日本芸術院賞 第7回(昭25年度)
「ゴッホの手紙」
　読売文学賞 第4回(昭27年) 文芸評論賞
「近代絵画」
　野間文芸賞 第11回(昭33年)
「本居宣長」
　日本文学大賞 第10回(昭53年)

日本芸術院賞 第7回(昭25年) 第2部
文化功労者 (昭38年)
文化勲章 (昭42年度)
菊池寛賞 第21回(昭48年)

小林 まこと　こばやし・まこと
　昭和33(1958)年～
　漫画家
「1・2の三四郎」
　講談社漫画賞 第5回(昭56年)
「What's Michael？」
　講談社漫画賞 第10回(昭61年) 一般部門
「青春少年マガジン1978～1983」
　マンガ大賞 第2回(平21年) 5位

小林 正樹　こばやし・まさき
　大正5(1916)年～平成8(1996)年
　映画監督
「破れ太鼓」
　年鑑代表シナリオ 第1回(昭24年度)
「あなた買います」
　キネマ旬報ベスト・テン 第30回(昭31年度) 日本映画 9位
「人間の条件」
　ベネチア国際映画祭 (昭34年) サン・ジョルジョ賞
　毎日映画コンクール 第16回(昭36年) 監督賞
　毎日芸術賞 第3回(昭36年)
「人間の条件 第1・2部」
　キネマ旬報ベスト・テン 第33回(昭34年度) 日本映画 5位
　年鑑代表シナリオ 第11回(昭34年度)
「人間の条件 第3・4部」
　キネマ旬報ベスト・テン 第33回(昭34年度) 日本映画 10位
「人間の条件 完結篇」
　キネマ旬報ベスト・テン 第35回(昭36年度) 日本映画 4位
　優秀映画鑑賞会ベストテン 第2回(昭36年度) 日本映画 6位
「切腹」
　キネマ旬報ベスト・テン 第36回(昭37年度) 日本映画 3位
　優秀映画鑑賞会ベストテン 第3回(昭37年度) 日本映画 3位
「切腹」「怪談」
　カンヌ国際映画祭 (昭37年・39年) 審査員特別賞
「怪談」
　キネマ旬報ベスト・テン 第38回(昭39年度) 日本映画 2位
　優秀映画鑑賞会ベストテン 第6回(昭40年度) 日本映画 3位
「上意討ち・拝領妻始末」
　キネマ旬報ベスト・テン 第41回(昭42年度) 日本映画 1位
　キネマ旬報賞 第13回(昭42年) 日本映画監督賞
　ベネチア映画祭　批評家連盟賞
「日本の青春」
　キネマ旬報ベスト・テン 第42回(昭43年度) 日本映画 7位
　優秀映画鑑賞会ベストテン 第9回(昭43年度) 日本映画 6位
「いのちぼうにふろう」
　キネマ旬報ベスト・テン 第45回(昭46年度) 日本映画 5位
　優秀映画鑑賞会ベストテン 第12回(昭46年度) 日本映画 6位
「化石」
　キネマ旬報ベスト・テン 第49回(昭50年度) 日本映画 4位
　ブルーリボン賞 (昭50年度) 作品賞
　ブルーリボン賞 第18回(昭50年) 最優秀作品賞 邦画
　毎日映画コンクール (昭50年度) 作品賞
　優秀映画鑑賞会ベストテン 第16回(昭50年度) 日本映画 1位
「東京裁判」
　キネマ旬報ベスト・テン 第57回(昭58年度) 日本映画 4位
　ブルーリボン賞 第26回(昭58年) 最優秀作品賞 邦画
　優秀映画鑑賞会ベストテン 第24回(昭58年度) 日

本映画 5位
「食卓のない家」
　優秀映画鑑賞会ベストテン　第26回（昭60年度）　日本映画 8位
　カンヌ国際映画祭（昭46年）　監督功労賞
　芸術選奨　第26回（昭50年）　映画部門 大臣賞
　紫綬褒章（昭59年）
　勲四等旭日小綬章（平2年）
　日本アカデミー賞　第20回（平8年度）　会長特別賞
　毎日映画コンクール　第51回（平8年）　特別賞
　日本アカデミー賞　第20回（平9年）　会長特別賞

小林 よしのり　こばやし・よしのり
　昭和28（1953）年〜
　漫画家，脚本家
「おぼっちゃまくん」
　小学館漫画賞　第34回（昭63（1988）年度）　児童向け部門
　日本新語・流行語大賞　第11回（平6年）　審査員特選造語賞
　ベストドレッサー賞　第25回（平8年）　学術・文化部門

小松 左京　こまつ・さきょう
　昭和6（1931）年〜平成23（2011）年
　SF作家
「継ぐのは誰か？」
　星雲賞　第2回（昭46年）　日本長編部門
「結晶星団」
　星雲賞　第4回（昭48年）　日本短編部門
「日本沈没」
　日本推理作家協会賞　第27回（昭48年）
　星雲賞　第5回（昭49年）　日本長編部門
　日本推理作家協会賞　第27回（昭49年）
「ヴォミーサ」
　星雲賞　第7回（昭51年）　日本短編部門
「ゴルディアスの結び目」
　星雲賞　第9回（昭53年）　日本短編部門
「さよならジュピター」
　星雲賞　第14回（昭58年）　日本長編部門
「首都消失」
　日本SF大賞　第6回（昭60年）
「日本沈没 第二部」
　星雲賞　第38回（平19年）　日本長編部門
「世界のSFがやって来た!! ニッポンコン・ファイル2007」
　星雲賞　第40回（平21年）　ノンフィクション部門
　大阪文化賞（平2年）
　日本SF大賞　第32回（平23年）　特別功労賞

五味川 純平　ごみかわ・じゅんぺい
　大正5（1916）年〜平成7（1995）年
　小説家
　菊池寛賞　第26回（昭53年）

米谷 ふみ子　こめたに・ふみこ
　昭和5（1930）年〜
　小説家，洋画家，翻訳家
「遠来の客」
　文學界新人賞　第60回（昭60年上）
「過越しの祭」
　芥川龍之介賞　第94回（昭60年下）
　新潮新人賞　第17回（昭60年）
「ファミリー・ビジネス」
　女流文学賞　第37回（平10年）
　関西女流美術賞

小柳 ルミ子　こやなぎ・るみこ
　昭和27（1952）年〜
　歌手，俳優
「わたしの城下町」
　日本レコード大賞　第13回（昭46年）　最優秀新人賞
　日本歌謡大賞　第2回（昭46年）　放送音楽新人賞
　日本有線大賞　第4回（昭46年）　新人賞
　夜のレコード大賞　第4回（昭46年度）　新人賞
「瀬戸の花嫁」
　日本歌謡大賞　第3回（昭47年）　大賞
　日本歌謡大賞　第3回（昭47年）　放送音楽賞
　日本有線大賞　第5回（昭47年）　優秀賞
「瀬戸の花嫁」「花車」
　日本レコード大賞　第14回・17回（昭47年・50年）　歌唱賞
「星の砂」
　FNS歌謡祭グランプリ　第4回（昭52年）　優秀歌唱賞
　日本有線大賞　第10回（昭52年）　有線ヒット賞
「誘拐報道」
　キネマ旬報賞　第28回（昭57年）　助演女優賞
　日本アカデミー賞　第6回（昭58年）　最優秀助演女優賞
「お久しぶりね」
　古賀政男記念音楽大賞　第4回（昭58年度）　プロ作品優秀賞
「今さらジロー」
　FNS歌謡祭グランプリ　第11回（昭59年）　優秀歌謡音楽賞
　日本有線大賞　第17回（昭59年）　有線音楽賞
「白蛇抄」
　日本アカデミー賞　第7回（昭59年）　最優秀主演女優賞
「乾杯」
　古賀政男記念音楽大賞　第6回（昭60年度）　プロ作品

優秀賞
「セイムタイム・ネクストイヤー」
　菊田一夫演劇賞　第14回（昭63年）
ゴールデン・アロー賞　第9回（昭46年）　新人賞
日本レコードセールス大賞　第4回（昭46年）　シルバー賞
日本レコードセールス大賞　第4回（昭46年）　女性新人賞
日本レコードセールス大賞　第5回（昭47年）　セールス大賞
あなたが選ぶ全日本歌謡音楽祭　第1回（昭50年）　ベストドレッサー賞
あなたが選ぶ全日本歌謡音楽祭　第3回（昭52年）　ベストドレッサー賞
横浜音楽祭　第9回（昭57年）　ラジオ日本演歌賞
あなたが選ぶ全日本歌謡音楽祭　第10回（昭59年）　最優秀タレント賞
メガロポリス歌謡祭　第3回（昭59年）　演歌入賞
横浜音楽祭　第11回（昭59年）　音楽祭賞
日本テレビ音楽祭　第10回（昭59年）　優秀賞

小山　ゆう　こやま・ゆう
　昭和23（1948）年〜
　漫画家
「がんばれ元気」
　小学館漫画賞　第22回（昭51（1976）年度）　少年少女向け
「あずみ」
　小学館漫画賞　第43回（平9（1997）年度）　一般向け部門
　文化庁メディア芸術祭　第1回（平9年）　マンガ部門優秀賞

近藤　晋　こんどう・すすむ
　昭和4（1929）年〜平成29（2017）年
　テレビプロデューサー，映画プロデューサー
「紅い花」「ビゴーを知っていますか」
　国際エミー賞　第5回・11回（昭51年・57年）
「踊子」
　ATP賞グランプリ（平5年）
「旅立つ人と」「女医」「ゲームの達人」
　芸術選奨　第50回（平11年）　放送部門　文部大臣賞
ギャラクシー賞（昭50年・57年・平成3年・9年）
芸術祭賞（昭50年・51年・平成6年・10年）　大賞・優秀賞
松尾芸能賞　第1回（昭55年）　優秀賞　企画製作
エランドール賞（昭58年度）　協会賞
映画テレビプロデューサー協会賞（昭58年）
文化基金賞（昭62年・平成5年）
民放連盟優秀作品賞（平5年・6年・9年）
放送文化基金賞　第24回（平10年）　個人・グループ部門

近藤　正臣　こんどう・まさおみ
　昭和17（1942）年〜
　俳優
テレビ大賞　第4回（昭46年度）　タレント新人賞
エランドール賞（昭47年度）　新人賞
日本放送協会放送文化賞　第70回（平30年度）

近藤　真彦　こんどう・まさひこ
　昭和39（1964）年〜
　歌手，レーシングチーム監督
「ギンギラギンにさりげなく」
　FNS歌謡祭グランプリ　第8回（昭56年）　最優秀新人賞
　FNS歌謡祭グランプリ　第8回（昭56年）　優秀新人賞
　銀座音楽祭　第11回（昭56年）　グランプリ
　新宿音楽祭　第14回（昭56年）　金賞
　全日本有線放送大賞　第14回（昭56年度）　最優秀新人賞
　日本レコード大賞　第23回（昭56年）　最優秀新人賞
　日本有線大賞　第14回（昭56年）　最優秀新人賞
「ブルージーンズメモリー」
　日本テレビ音楽祭　第7回（昭56年）　新人賞
「ハイティーン・ブギ」
　全日本有線放送大賞　第15回（昭57年度）　優秀スター賞
　日本テレビ音楽祭　第8回（昭57年）　金の鳩賞
「ふられてBANZAI」
　メガロポリス歌謡祭　第1回（昭57年）　ポップスグランプリ
「ホレたぜ！　乾杯」
　FNS歌謡祭グランプリ　第9回（昭57年）　優秀歌謡音楽賞
　日本レコード大賞　第24回（昭57年）　ゴールデンアイドル賞
　日本歌謡大賞　第13回（昭57年）　放送音楽賞
　日本有線大賞　第15回（昭57年）　有線音楽賞
「ためいき ロ・カ・ビ・リー」
　FNS歌謡祭グランプリ　第10回（昭58年）　優秀歌謡音楽賞
　日本テレビ音楽祭　第9回（昭58年）　敢闘賞
「ヨイショッ！」
　メガロポリス歌謡祭　第4回（昭60年）　ポップスグランプリ
「大将」
　あなたが選ぶ全日本歌謡音楽祭　第11回（昭60年）　ゴールデングランプリ
　あなたが選ぶ全日本歌謡音楽祭　第11回（昭60年）　金賞
　FNS歌謡祭グランプリ　第12回（昭60年）　優秀歌謡音楽賞
　日本歌謡大賞　第16回（昭60年）　大賞
「夢絆」

全日本有線放送大賞 第18回（昭60年度）優秀スター賞
日本テレビ音楽祭 第11回（昭60年）グランプリ

「Baby Rose」
あなたが選ぶ全日本歌謡音楽祭 第12回（昭61年）審査員奨励賞
日本歌謡大賞 第17回（昭61年）放送音楽プロデューサー連盟賞
日本歌謡大賞 第17回（昭61年）放送音楽特別賞

「さすらい」
メガロポリス歌謡祭 第6回（昭62年）ポップス大賞
メガロポリス歌謡祭 第6回（昭62年）ポップスメガロポリス賞
日本テレビ音楽祭 第13回（昭62年）グランプリ
日本テレビ音楽祭 第13回（昭62年）優秀賞

「泣いてみりゃいいじゃん」
日本歌謡大賞 第18回（昭62年）大賞

「愚か者」
あなたが選ぶ全日本歌謡音楽祭 第13回（昭62年）ゴールデングランプリ
FNS歌謡祭グランプリ 第14回（昭62年）グランプリ
FNS歌謡祭グランプリ 第14回（昭62年）優秀歌謡音楽賞
日本レコード大賞 第29回（昭62年）大賞
日本有線大賞 第20回（昭62年）有線音楽賞

「あぁ，グッと」
FNS歌謡祭グランプリ 第15回（昭63年）優秀歌謡音楽賞

「心 ざんばら」
日本レコード大賞 第52回（平22年）最優秀歌唱賞

日本テレビ音楽祭 第6回（昭55年）トップ・アイドル賞
あなたが選ぶ全日本歌謡音楽祭 第7回（昭56年）最優秀新人賞
ゴールデン・アロー賞 第19回（昭56年）音楽賞 新人賞
ABC歌謡新人グランプリ 第8回（昭56年）グランプリ
横浜音楽祭 第8回（昭56年）最優秀新人賞
日本レコードセールス大賞 第14回（昭56年）シングル大賞
日本レコードセールス大賞 第14回（昭56年）男性新人賞
あなたが選ぶ全日本歌謡音楽祭 第8回（昭57年）審査員奨励賞
ゴールデン・アロー賞 第20回（昭57年）音楽賞
メガロポリス歌謡祭 第1回（昭57年）ポップス入賞
銀座音楽祭 第12回（昭57年）特別賞
日本レコードセールス大賞 第15回（昭57年）シングル大賞
あなたが選ぶ全日本歌謡音楽祭 第9回（昭58年）最優秀アイドル賞
日本レコードセールス大賞 第16回（昭58年）シングルゴールデン賞
ゴールデン・アロー賞 第22回（昭59年）話題賞
メガロポリス歌謡祭 第4回（昭60年）ポップス入賞
横浜音楽祭 第12回（昭60年）音楽祭賞
ゴールデン・アロー賞 第25回（昭62年）音楽賞
横浜音楽祭 第14回（昭62年）音楽祭賞
ゴールデン・アロー賞 第25回（昭63年）
日本有線大賞 第21回（昭63年）有線音楽賞
メガロポリス歌謡祭 第8回（平1年）テレビ東京開局25周年記念特別賞
横浜音楽祭 第16回（平1年）音楽祭賞
日本ゴールドディスク大賞 第4回（平1年度）アルバム賞
日本レコード大賞 第52回（平22年）最優秀歌唱賞

近藤 芳美 こんどう・よしみ
大正2（1913）年〜平成18（2006）年
歌人

「黒豹」
沼空賞 第3回（昭44年）

「祈念に」
詩歌文学館賞 第1回（昭61年）短歌

「営為」
現代短歌大賞 第14回（平3年）

「希求」
齋藤茂吉短歌文学賞 第6回（平6年）
斎藤茂吉短歌文学賞 第6回（平7年）

沼空賞 第3回（昭44年）
現代短歌大賞 第14回（平3年）
文化功労者 （平8年）
世羅町名誉町民 （平9年）

今野 寿美 こんの・すみ
昭和27（1952）年〜
歌人

「午後の章」
角川短歌賞 第25回（昭54年）

「世紀末の桃」
現代短歌女流賞 第13回（平1年）

「龍笛」
葛原妙子賞 第1回（平17年）

「かへり水」
日本歌人クラブ賞 第37回（平22年）

崔 洋一 さい・よういち
昭和24（1949）年〜令和4（2022）年
映画監督

「十階のモスキート」
キネマ旬報ベスト・テン 第57回（昭58年度）日本

映画 9位
　ヨコハマ映画祭（昭58年）新人監督賞
　年鑑代表シナリオ（昭58年度）
「十階のモスキート」「性的犯罪」
　毎日映画コンクール　第38回（昭58年）スポニチグランプリ新人賞
「Aサインデイズ」
　ヨコハマ映画祭（平1年）脚本賞
　年鑑代表シナリオ（平1年度）
「月はどっちに出ている」
　おおさか映画祭　第19回（平5年度）作品賞・監督賞
　キネマ旬報ベスト・テン　第67回（平5年度）日本映画 第1位
　キネマ旬報賞　第39回（平5年）日本映画監督賞
　キネマ旬報賞　第39回（平5年）脚本賞
　ブルーリボン賞　第36回（平5年）最優秀作品賞
　ヨコハマ映画祭　第15回（平5年）作品賞・監督賞
　日刊スポーツ映画大賞・石原裕次郎賞　第6回（平5年）監督賞
　年鑑代表シナリオ（平5年度）
　報知映画賞　第18回（平5年度）最優秀監督賞
　報知映画賞　第18回（平5年度）最優秀作品賞
　毎日映画コンクール　第48回（平5年）脚本賞
　優秀映画鑑賞会ベストテン　第34回（平5年度）日本映画 第8位
　高崎映画祭　第8回（平6年）作品賞
　毎日映画コンクール　第48回（平6年）脚本賞
「マークスの山」
　キネマ旬報ベスト・テン　第69回（平7年度）日本映画 第9位
「犬、走る／DOG RACE」
　キネマ旬報ベスト・テン　第72回（平10年度）日本映画 第7位
「豚の報い」
　ロカルノ国際映画祭（平11年）国際シネクラブ連盟賞
「刑務所の中」
　キネマ旬報ベスト・テン　第76回（平14年度）日本映画 第2位
　ブルーリボン賞　第45回（平14年）監督賞
　報知映画賞　第28回（平15年度）邦画部門 最優秀作品賞
　毎日映画コンクール　第58回（平15年）監督賞
「血と骨」
　キネマ旬報ベスト・テン　第78回（平16年度）日本映画 第2位
　キネマ旬報賞　第50回（平16年）脚本賞
　日刊スポーツ映画大賞・石原裕次郎賞　第17回（平16年）作品賞
　報知映画賞　第29回（平16年）監督賞
　日本アカデミー賞　第28回（平17年）最優秀監督賞
　毎日映画コンクール　第59回（平17年）日本映画大賞
「血と骨」「クイール」
　キネマ旬報賞　第50回（平16年）日本映画監督賞
　報知映画賞　第29回（平16年度）邦画部門 最優秀監督賞

キネマ旬報賞（平5年度）日本映画監督賞・脚本賞
青丘文化賞（平5年度）
マザーズ・フォレスト賞（平7年）

三枝　昂之　さいぐさ・たかゆき
昭和19（1944）年～
歌人

「水の覇権」
　現代歌人協会賞　第22回（昭53年）
「甲州百目」
　寺山修司短歌賞　第3回（平10年）
「農鳥」
　若山牧水賞　第7回（平14年）
「昭和短歌の精神史」
　芸術選奨　第56回（平17年度）評論等 文部科学大臣賞
　齋藤茂吉短歌文学賞　第17回（平17年）
　やまなし文学賞　第14回（平18年）研究・評論部門
　角川財団学芸賞　第4回（平18年）
　斎藤茂吉短歌文学賞　第17回（平18年）
　日本歌人クラブ評論賞　第4回（平18年）
　野口賞（平18年）
「啄木」
　現代短歌大賞　第32回（平21年）
「遅速あり」
　迢空賞　第54回（令2年）

芸術選奨　第56回（平17年度）文部科学大臣賞
現代短歌大賞　第32回（平21年）
神奈川文化賞　第59回（平22年）
紫綬褒章（平23年）
旭日小綬章（令3年）

西郷　輝彦　さいごう・てるひこ
昭和22（1947）年～令和4（2022）年
歌手、俳優

「君だけを」「17歳のこの胸に」
　日本レコード大賞　第6回（昭39年）新人賞
「葦火野」
　菊田一夫演劇賞　第15回（平1年）

日本レコード大賞　第15回（昭48年）大賞制定15周年記念賞
日本レコード大賞　第44回（平14年）功労賞
日本レコード大賞　第64回（令4年）特別功労賞

西城 秀樹　さいじょう・ひでき
昭和30(1955)年～平成30(2018)年
歌手、俳優

「ちぎれた愛」「傷だらけのローラ」「若き獅子たち」
　日本レコード大賞　第15回・16回・18回(昭48年・49年・51年)　歌唱賞

「激しい恋」
　日本有線大賞　第7回(昭49年)　大衆賞

「傷だらけのローラ」
　日本歌謡大賞　第5回(昭49年)　放送音楽賞

「ボタンを外せ」
　FNS歌謡祭グランプリ　第4回(昭52年)　優秀歌謡音楽賞

「ブルースカイブルー」
　FNS歌謡祭グランプリ　第5回(昭53年)　最優秀視聴者賞
　FNS歌謡祭グランプリ　第5回(昭53年)　優秀歌謡音楽賞
　日本歌謡大賞　第9回(昭53年)　放送音楽賞

「ブルースカイブルー」「勇気があれば」「聖・少女」「ギャランドゥ」
　日本レコード大賞　第20回・21回・24回・25回(昭53年・54年・57年・58年)　金賞

「ホップ・ステップ・ジャンプ」
　日本テレビ音楽祭　第5回(昭54年)　グランプリ

「YOUNG MAN」
　FNS歌謡祭グランプリ　第6回(昭54年)　グランプリ
　FNS歌謡祭グランプリ　第6回(昭54年)　優秀歌謡音楽賞
　全日本有線放送大賞　第12回(昭54年度)　優秀スター賞
　日本歌謡大賞　第10回(昭54年)　大賞
　日本歌謡大賞　第10回(昭54年)　放送音楽賞
　日本有線大賞　第12回(昭54年)　有線音楽賞

「サンタマリアの祈り」
　FNS歌謡祭グランプリ　第7回(昭55年)　優秀歌謡音楽賞
　日本歌謡大賞　第11回(昭55年)　放送音楽賞

「センチメンタル・ガール」
　日本歌謡大賞　第12回(昭56年)　放送音楽賞

「聖・少女」
　FNS歌謡祭グランプリ　第9回(昭57年)　優秀歌謡音楽賞
　日本テレビ音楽祭　第8回(昭57年)　敢闘賞

「ギャランドゥ」
　FNS歌謡祭グランプリ　第10回(昭58年)　優秀歌謡音楽賞

ゴールデン・アロー賞　第12回(昭49年)　グラフ賞
横浜音楽祭　第1回(昭49年)　音楽祭賞
日本レコードセールス大賞　第7回(昭49年)　シルバー賞
あなたが選ぶ全日本歌謡音楽祭　第1回(昭50年)　ベストアクション賞
日本レコードセールス大賞　第8回(昭50年)　シルバー賞
あなたが選ぶ全日本歌謡音楽祭　第2回(昭51年)　ベストアクション賞
あなたが選ぶ全日本歌謡音楽祭　第3回(昭52年)　ベストアクション賞
あなたが選ぶ全日本歌謡音楽祭　第4回(昭53年)　ベストアクション賞
横浜音楽祭　第5回(昭53年)　音楽祭賞
日本テレビ音楽祭　第4回(昭53年)　日本テレビ特別賞
あなたが選ぶ全日本歌謡音楽祭　第5回(昭54年)　ゴールデングランプリ
ベストドレッサー賞　第8回(昭54年)　スポーツ・芸能部門
横浜音楽祭　第6回(昭54年)　音楽祭賞
銀座音楽祭　第9回(昭54年)　ラジオディスクグランプリ
日本レコードセールス大賞　第12回(昭54年)　シングルゴールデン賞
あなたが選ぶ全日本歌謡音楽祭　第6回(昭55年)　最優秀タレント賞
横浜音楽祭　第7回(昭55年)　音楽祭賞
日本テレビ音楽祭　第6回(昭55年)　敢闘賞
日本テレビ音楽祭　第7回(昭56年)　日本テレビ特別賞
あなたが選ぶ全日本歌謡音楽祭　第8回(昭57年)　審査員奨励賞
メガロポリス歌謡祭　第1回(昭57年)　ポップス入賞
メガロポリス歌謡祭　第2回(昭58年)　ポップス入賞
FNS歌謡祭グランプリ　第10回(昭58年)　10周年記念特別賞
横浜音楽祭　第10回(昭58年)　ラジオ日本25周年特別賞
日本テレビ音楽祭　第10回(昭59年)　日本テレビ特別賞
日本レコード大賞　第60回(平30年)　特別功労賞

財津 和夫　ざいつ・かずお
昭和23(1948)年～
シンガー・ソングライター

「白いパラソル」
　日本作曲大賞　第1回(昭56年)　金賞

「野ばらのエチュード」
　FNS歌謡祭グランプリ　第9回(昭57年)　グランプリ

「今だから」
　銀座音楽祭　第15回(昭60年)　ラジオディスクグランプリ

日本レコードセールス大賞　第14回(昭56年)　作曲賞
FNS歌謡祭グランプリ　第9回(昭57年)

斎藤 耕一　さいとう・こういち
　昭和4(1929)年〜平成21(2009)年
　映画監督、シナリオ作家

「約束」
　キネマ旬報ベスト・テン　第46回(昭47年度)　日本映画 5位
　優秀映画鑑賞会ベストテン　第13回(昭47年度)　日本映画 6位

「約束」「旅の重さ」
　毎日映画コンクール　第27回(昭47年)　監督賞

「旅の重さ」
　キネマ旬報ベスト・テン　第46回(昭47年度)　日本映画 4位
　優秀映画鑑賞会ベストテン　第13回(昭47年度)　日本映画 2位

「津軽じょんがら節」
　キネマ旬報ベスト・テン　第47回(昭48年度)　日本映画 1位
　キネマ旬報賞　第19回(昭48年)　日本映画監督賞
　年鑑代表シナリオ　(昭48年度)
　毎日映画コンクール　(昭48年度)　日本映画大賞
　優秀映画鑑賞会ベストテン　第14回(昭48年度)　日本映画 3位
　芸術選奨　(昭49年)　文部大臣賞

「再会」
　優秀映画鑑賞会ベストテン　第16回(昭50年度)　日本映画 7位

「望郷」
　日本映画批評家大賞　(平5年)　監督賞

紫綬褒章　(平6年)
勲四等旭日小綬章　(平12年)

さいとう・たかを
　昭和11(1936)年〜令和3(2021)年
　劇画家、漫画家

「ゴルゴ13」
　小学館漫画賞　第21回(昭50年度)　青年一般向け
　日本漫画家協会賞　第31回(平14年)　大賞
　小学館漫画賞　第50回(平16年度)　審査委員特別賞

紫綬褒章　(平15年)
旭日小綬章　(平22年)
和歌山県文化表彰文化賞　(平29年度)
手塚治虫文化賞　第23回(平31年)　特別賞
東京都名誉都民　(令1年)

齋藤 史　さいとう・ふみ
　明治42(1909)年〜平成14(2002)年
　歌人。日本芸術院会員

「うたのゆくへ」
　日本歌人クラブ推薦歌集　第1回(昭30年)

「ひたくれなゐ」
　迢空賞　第11回(昭52年)

「渉りかゆかむ」
　読売文学賞　第37回(昭60年)　詩歌俳句賞
　読売文学賞　(昭61年)　詩歌俳句賞

「秋天瑠璃」
　齋藤茂吉短歌文学賞　第5回(平5年)
　詩歌文学館賞　第9回(平6年)　短歌

「斎藤史全歌集」
　現代短歌大賞　第20回(平9年)
　紫式部文学賞　第8回(平10年)

長野県文化功労賞　(昭35年)
迢空賞　第11回(昭52年)
勲三等瑞宝章　(平9年)

斎藤 茂吉　さいとう・もきち
　明治15(1882)年〜昭和28(1953)年
　歌人、精神科医

「柿本人麿」
　帝国学士院賞　(昭15年)

「ともしび」
　読売文学賞　第1回(昭24年)　詩歌賞

文化勲章　(昭26年度)
文化功労者　(昭27年)

斉藤 由貴　さいとう・ゆき
　昭和41(1966)年〜
　俳優、歌手

「雪の断章—情熱—」
　ゴールデン・アロー賞　第23回(昭60年)　映画賞 新人賞
　毎日映画コンクール　第40回(昭60年)　スポニチグランプリ新人賞

「恋する女たち」
　キネマ旬報賞　第60回(昭61年度)　新人女優賞
　芸術選奨　第37回(昭61年)　映画部門 新人賞
　報知映画賞　第11回(昭61年度)　最優秀新人賞

「香港パラダイス」
　シネマ大賞　第19回(平2年)　邦画ベスト・スター賞 第3位
　ヨコハマ映画祭　第12回(平2年)　主演女優賞

「空のかあさま」
　菊田一夫演劇賞　第27回(平13年)　演劇賞

「三度目の殺人」
　ブルーリボン賞　第60回(平29年度)　助演女優賞

「レ・ミゼラブル」
　ゴールデン・アロー賞　第25回(昭62年)　演劇賞 新人賞

日本レコードセールス大賞　第18回(昭60年)　女性新人賞
エランドール賞　(昭62年度)　新人賞
日本アカデミー賞　第10回(昭62年)　新人俳優賞

斎藤 隆介　さいとう・りゅうすけ
　大正6(1917)年〜昭和60(1985)年
　児童文学作家。別名は佐井東隆、大槻大介
「ベロ出しチョンマ」
　小学館文学賞　第17回(昭43年)
「花さき山」
　児童福祉文化賞　第12回(昭44年度)　出版物部門　奨励賞
「ちょうちん屋のままっ子」
　産経児童出版文化賞　第18回(昭46年)
「天の赤馬」
　日本児童文学者協会賞　第18回(昭53年)

佐伯 孝夫　さえき・たかお
　明治35(1902)年〜昭和56(1981)年
　作詞家。別名は青山光男
「白い花のブルース」「磯ぶし源太」
　日本レコード大賞　第3回(昭36年)　作詩賞
「いつでも夢を」
　日本レコード大賞　第4回(昭37年)　大賞
　紫綬褒章　(昭42年)
　日本レコード大賞　第11回(昭44年)　特別賞
　日本レコード大賞　第22回(昭55年)　特別賞

佐伯 亮　さえき・まこと
　昭和13(1938)年〜平成20(2008)年
　作曲家、編曲家。別名は馬場良
「恋の曼珠沙華」
　日本レコード大賞　第4回(昭37年)　編曲賞
「漁火挽歌」
　古賀政男記念音楽大賞　第3回(昭57年度)　プロ作品優秀賞
「演歌みち」「命くれない」「しぐれ川」
　藤田まさと賞　第2回・第3回・7回(昭60年・61年・平成2年)
「恋舟」「流恋草」
　日本レコード大賞　第32回・33回(平2年・3年)　ゴールドディスク賞
　日本作詩大賞　(平42年)　特別賞
　松尾芸能賞　第13回(平4年)　特別賞　歌謡芸能
　日本レコード大賞　第47回(平17年)　功労賞
　日本レコード大賞　第50回(平20年)　特別功労賞

嵯峨 信之　さが・のぶゆき
　明治35(1902)年〜平成9(1997)年
　詩人、編集者
「土地の名―人間の名」
　現代詩花椿賞　第4回(昭61年)
「小詩無辺」

　芸術選奨　第46回(平7年)　文学部門　文部大臣賞
　現代詩人賞　第13回(平7年)

酒井 法子　さかい・のりこ
　昭和46(1971)年〜
　俳優、歌手
「ノ・レ・な・いTeen-age」
　あなたが選ぶ全日本歌謡音楽祭　第13回(昭62年)　最優秀新人賞
　ヤング歌謡大賞新人グランプリ　第14回(昭62年)　グランプリ
　FNS歌謡祭グランプリ　第14回(昭62年)　優秀新人賞
　新宿音楽祭　第20回(昭62年)　金賞
　日本歌謡大賞　第18回(昭62年)　優秀放送音楽新人賞
「渚のファンタジイ」
　メガロポリス歌謡祭　第6回(昭62年)　最優秀新人賞
「夢冒険」
　日本アニメ大賞　第5回(昭63年)　主題歌最優秀賞
「LOVELETTER」
　メガロポリス歌謡祭　第8回(平1年)　ポップスメガロポリス賞
「微笑みを見つけた」
　あなたが選ぶ全日本歌謡音楽祭　第15回(平2年)　最優秀タレント賞
「碧いうさぎ」
　日本有線大賞　第28回(平7年)　有線音楽優秀賞
　ゴールデン・アロー賞　第25回(昭62年)　音楽賞　新人賞
　ヤング歌謡大賞新人グランプリ　第14回(昭62年)　シルバー賞
　横浜音楽祭　第14回(昭62年)　最優秀新人賞
　歌謡ゴールデン大賞・新人グランプリ　第14回(昭62年)
　銀座音楽祭　第17回(昭62年)　新人歌謡ポップス　奨励賞
　銀座音楽祭　第18回(昭63年)　特別奨励賞
　日本テレビ音楽祭　第15回(平1年)　優秀賞

堺 正章　さかい・まさあき
　昭和21(1946)年〜
　タレント、歌手
「さらば恋人」
　日本レコード大賞　第13回(昭46年)　大衆賞
　日本歌謡大賞　第2回(昭46年)　放送音楽賞
　日本有線大賞　第4回(昭46年)　大衆賞
「明日の前に」
　日本テレビ音楽祭　第1回(昭50年)　特別賞
　エランドール賞　(昭45年度)　新人賞
　ゴールデン・アロー賞　第8回(昭45年)　特別賞
　テレビ大賞　第3回(昭45年度)　優秀タレント賞
　ベストドレッサー賞　第11回(昭57年)　スポーツ・芸能部門

芸術選奨　第46回（平7年）　大衆芸能部門　新人賞
菊田一夫演劇賞　第33回（平19年度）　特別賞
日本レコード大賞　第54回（平24年）　功労賞

酒井　政利　さかい・まさとし
　昭和10（1935）年〜令和3（2021）年
　音楽プロデューサー

日本レコードセールス大賞　第6回（昭48年）　ディレクター賞
日本レコードセールス大賞　第7回（昭49年）　ディレクター賞
日本レコードセールス大賞　第8回（昭50年）　ディレクター賞
日本レコードセールス大賞　第9回（昭51年）　ディレクター賞
日本レコードセールス大賞　第10回（昭52年）　ディレクター賞
日本レコードセールス大賞　第11回（昭53年）　ディレクター賞　第2位
日本レコードセールス大賞　第12回（昭54年）　ディレクター賞
日本レコードセールス大賞　第13回（昭55年）　ディレクター賞
文化庁長官表彰　（平17年）
和歌山県文化功労賞　（平30年度）
文化功労者　第73回（令2年度）
日本レコード大賞　第63回（令3年）　特別功労賞

坂上　弘　さかがみ・ひろし
　昭和11（1936）年〜令和3（2021）年
　小説家。日本芸術院会員

「ある秋の出来事」
　中央公論新人賞　（昭34年）
「初めの愛」
　芸術選奨　第31回（昭55年）　文学部門　新人賞
　芸術選奨　（昭56年）　新人賞
「優しい碇泊地」
　芸術選奨　第42回（平3年）　文学部門　文部大臣賞
　読売文学賞　第43回（平3年）　小説賞
「田園風景」
　野間文芸賞　第45回（平4年）
「台所」
　川端康成文学賞　第24回（平9年）
紫綬褒章　（平16年）
旭日中綬章　（令1年）

榊原　郁恵　さかきばら・いくえ
　昭和34（1959）年〜
　タレント

「アルパシーノ＋アランドロン＜あなた＞」
　FNS歌謡祭グランプリ　第4回（昭52年）　優秀新人賞
新宿音楽祭　第10回（昭52年）　銀賞

「夏のお嬢さん」
　日本テレビ音楽祭　第4回（昭53年）　金の鳩賞
「ピーターパン」
　ゴールデン・アロー賞　第19回（昭56年）　演劇賞
ABC歌謡新人グランプリ　第4回（昭52年）　アイドル賞
横浜音楽祭　第4回（昭52年）　新人賞
日本レコード大賞　第19回（昭52年）　新人賞
あなたが選ぶ全日本歌謡音楽祭　第4回（昭53年）　ヤングアイドル賞
ゴールデン・アロー賞　第17回（昭54年）　グラフ賞
ゴールデン・アロー賞　第19回（昭56年）　大賞

阪田　寛夫　さかた・ひろお
　大正14（1925）年〜平成17（2005）年
　小説家、詩人。日本芸術院会員

「マーチング・マーチ」
　日本レコード大賞　第7回（昭40年）　童謡賞
「花子の旅行」（ラジオドラマ）
　久保田万太郎賞　（昭43年）
「うたえバンバン」
　日本童謡賞　（昭48年）
「笑いの喜遊曲」
　芸術祭賞　第28回（昭48年）　音楽部門（合唱曲）　優秀賞
「土の器」
　芥川龍之介賞　第72回（昭49年下）
「トラジイちゃんの冒険」
　野間児童文芸賞　第18回（昭55年）
「夕方のにおい」（詩集）
　赤い靴児童文化大賞　第1回（昭55年）
「ちさとじいたん」
　児童福祉文化賞　第26回（昭58年度）　出版物部門　奨励賞
　絵本にっぽん大賞　第7回（昭59年）
　巖谷小波文芸賞　第9回（昭61年）
「わが小林一三―清く正しく美しく」
　毎日出版文化賞　第38回（昭59年）
「海道東征」
　川端康成文学賞　第14回（昭62年）
「まどさんのうた」
　赤い鳥文学賞　第20回（平2年）　特別賞
「まどさんとさかたさんのことばあそび」
　産経児童出版文化賞　第40回（平5年）　美術賞
聖シルベストロ勲章　（昭45年）
赤い鳥文学賞　（昭51年）　特別賞
日本芸術院賞　第45回（昭63年）　第2部　恩賜賞・日本芸術院賞
勲三等瑞宝章　（平7年）
モービル児童文化賞　第32回（平9年）

坂本 九　さかもと・きゅう
昭和16（1941）年～昭和60（1985）年
歌手

「上を向いて歩こう」
　日本レコード大賞　第66回（令6年）　日本作曲家協会名曲顕彰
　銀座音楽祭　第15回（昭60年）　銀座音楽祭記念賞
　日本作曲大賞　第5回（昭60年）　音楽文化賞

坂本 冬美　さかもと・ふゆみ
昭和42（1967）年～
歌手

「あばれ太鼓」
　FNS歌謡祭グランプリ　第14回（昭62年）　優秀新人賞
　新宿音楽祭　第20回（昭62年）　銀賞
　全日本有線放送大賞　第20回（昭62年度）　新人奨励賞
　日本演歌大賞　第13回（昭62年）　演歌希望の星賞
　日本歌謡大賞　第18回（昭62年）　放送音楽新人賞
　日本有線大賞　第20回（昭62年）　最優秀新人賞
　日本有線大賞　第20回（昭62年）　新人賞

「祝い酒」
　全日本有線放送大賞　第21回（昭63年度）　特別賞
　日本演歌大賞　第14回（昭63年）　演歌スター賞

「男の情話」
　全日本有線放送大賞　第22回（平1年度）　読売テレビ最優秀賞
　全日本有線放送大賞　第22回（平1年度）　優秀スター賞
　日本演歌大賞　第15回（平1年）　大賞
　日本演歌大賞　第15回（平1年）　演歌スター賞
　日本有線大賞　第22回（平1年）　有線音楽賞
　芸術選奨文部大臣新人賞　（平2年度）　大衆芸能部門

「能登はいらんかいね」
　あなたが選ぶ全日本歌謡音楽祭　第15回（平2年）　審査員奨励賞
　メガロポリス歌謡祭　第9回（平2年）　演歌大賞女性部門
　メガロポリス歌謡祭　第9回（平2年）　演歌メガロポリス賞女性部門
　横浜音楽祭　第17回（平2年）　音楽祭賞
　全日本有線放送大賞　第23回（平2年度）　優秀スター賞
　日本演歌大賞　第16回（平2年）　演歌スター賞
　日本歌謡大賞　第21回（平2年）　最優秀放送音楽賞
　日本有線大賞　第23回（平2年）　有線音楽賞

「能登はいらんかいね」「火の国の女」
　全日本有線放送大賞　第23回・24回（平2年・3年）　優秀スター賞
　日本演歌大賞　第16回・17回（平2年・3年）　演歌スター賞

「火の国の女」
　全日本有線放送大賞　第24回（平3年度）　優秀スター賞
　藤田まさと賞　第8回（平3年）
　日本レコード大賞　第33回（平3年）　歌謡曲・演歌部門　最優秀歌唱賞
　日本演歌大賞　第17回（平3年）　演歌スター賞
　日本歌謡大賞　第22回（平3年）　放送音楽プロデューサー連盟賞

「男惚れ」
　日本レコード大賞　第34回（平4年）　歌謡曲・演歌部門　アルバム大賞
　日本歌謡大賞　第23回（平4年）　放送音楽プロデューサー連盟賞

「心の糸」
　全日本有線放送大賞　第28回（平7年度）　吉田正賞

「また君に恋してる」
　日本レコード大賞　第52回（平22年）　特別賞

「Love Songs ～また君に恋してる～」「Love Songs Ⅱ～ずっとあなたが好きでした～」「愛してる…Love Songs Ⅲ」「Love Songs Ⅳ～逢いたくて逢いたくて～」
　日本レコード大賞　第56回（平26年）　企画賞

「ENKA～情歌～」
　毎日芸術賞　第58回（平28年度）　特別賞

メガロポリス歌謡祭　第6回（昭62年）　優秀新人賞
ヤング歌謡大賞新人グランプリ　第14回（昭62年）　審査員奨励賞
ヤング歌謡大賞新人グランプリ　第14回（昭62年）　シルバー賞
横浜音楽祭　第14回（昭62年）　新人特別賞
銀座音楽祭　第17回（昭62年）　新人演歌　奨励賞
メガロポリス歌謡祭　第7回（昭63年）　演歌メガロポリス賞女性部門
銀座音楽祭　第18回（昭63年）　特別奨励賞
メガロポリス歌謡祭　第8回（平1年）　演歌メガロポリス賞女性部門
横浜音楽祭　第16回（平1年）　音楽祭賞
銀座音楽祭　第19回（平1年）　銀座音楽祭賞
松尾芸能賞　第10回（平1年）　新人賞　歌謡芸能
日本テレビ音楽祭　第15回（平1年）　優秀賞
芸術選奨　第41回（平2年）　大衆芸能部門　新人賞
日本レコード大賞　第32回（平2年）　歌謡曲・演歌部門　美空ひばり賞
横浜音楽祭　第18回（平3年）　音楽祭賞
日本歌謡大賞　第22回（平3年）　放送音楽賞
日本歌謡大賞　第23回（平4年）　放送音楽賞
和歌山県文化表彰　（平4年）
浅草芸能大賞　第27回（平22年度）　奨励賞
日本ゴールドディスク大賞　第25回（平22年度）　ザ・ベスト・演歌/歌謡曲・アーティスト
岩谷時子賞　第2回（平23年）
日本レコード大賞　第53回（平23年）　最優秀歌唱賞

日本作詩大賞　第44回（平23年度）　テレビ東京特別賞
橋田賞　第29回（令2年度）　橋田特別賞
関西演歌大賞カラオケコンクール優勝

坂本　龍一　さかもと・りゅういち
昭和27（1952）年～令和5（2023）年
音楽家。グループ名、イエロー・マジック・オーケストラ（Y.M.O.）

「アメリカン・フィーリング」
　日本レコード大賞　第21回（昭54年）　編曲賞
「戦場のメリークリスマス」
　毎日映画コンクール　第38回（昭58年）　音楽賞
「ラストエンペラー」
　アカデミー賞（昭63年）　作曲賞
　シネマ大賞（昭63年度）　映画音楽賞
　グラミー賞　第31回（平1年）　オリジナル映画音楽賞
「ラストエンペラー」「シェルタリング・スカイ」
　ゴールデン・グローブ賞　第45回・48回（昭63年・平成3年）　作曲賞
「（THE）LAST EMPEROR」
　JASRAC賞　第8回（平2年）　国際賞
「エレファンティズム」
　アフリカ映像祭（平15年）　特別賞
「Ryuichi Sakamoto Playing The Piano 2009」
　芸術選奨　第60回（平21年度）　大衆芸能部門　文部科学大臣賞
「センシング・ストリームズ―不可視、不可聴」
　文化庁メディア芸術祭　第18回（平26年）　アート部門　優秀賞
「母と暮せば」
　毎日映画コンクール　第70回（平27年）　音楽賞
ぴあテン（レコード）（昭59年度）9位
英国アカデミー賞（昭59年）　音楽賞
東京都民文化栄誉賞（昭62年）
朝日デジタル・エンターテインメント大賞（平9年）ネットワーク部門個人賞
ぴあテン　第28回（平11年度）　第10位
リオ・ブランコ国家勲章（ブラジル）（平14年）
フランス芸術文化勲章オフィシエ章（平21年）
バークリー日本賞（カリフォルニア大学バークリー校日本研究センター）（平25年）
モンブラン国際文化賞（平28年）
東京国際映画祭　第30回（平29年）"SAMURAI（サムライ）"賞
川喜多賞　第39回（令3年）
日本レコード大賞　第65回（令5年）　特別功労賞
日本アカデミー賞　第47回（令6年）　会長特別賞

佐良　直美　さがら・なおみ
昭和20（1945）年～
歌手

「世界は二人のために」
　日本レコード大賞　第9回（昭42年）　新人賞
「いいじゃないの幸せならば」
　日本レコード大賞　第11回（昭44年）　大賞
「世界は二人のために」
　日本レコード大賞　第15回（昭48年）　大賞制定15周年記念賞

佐久間　良子　さくま・よしこ
昭和14（1939）年～
俳優

「五番町夕霧楼」
　京都市民映画祭（昭38年）　主演女優賞
「湖の琴」
　NHK映画賞（昭41年）　女優賞
「唐人お吉」「松屋のお琴」
　菊田一夫演劇賞　第9回（昭58年）　大賞
「唐人お吉」
　芸術祭賞　第49回（平6年）　演劇部門
　名古屋演劇ペンクラブ年間賞（平9年度）
エランドール賞（昭33年度）　新人賞
松尾芸能賞　第3回（昭57年）　優秀賞　テレビ
文化庁長官表彰（平23年度）

桜田　淳子　さくらだ・じゅんこ
昭和33（1958）年～
歌手、俳優

「わたしの青い鳥」
　日本レコード大賞　第15回（昭48年）　最優秀新人賞
　日本歌謡大賞　第4回（昭48年）　放送音楽新人賞
新宿音楽祭　第6回（昭48年）　銀賞
「十七の夏」
　日本テレビ音楽祭　第1回（昭50年）　トップ・アイドル賞
　日本レコード大賞　第17回（昭50年）　大衆賞
「天使のくちびる」
　FNS歌謡祭グランプリ　第2回（昭50年）　最優秀歌謡音楽賞 下期
　日本歌謡大賞　第6回（昭50年）　放送音楽賞
「夏にご用心」
　日本テレビ音楽祭　第2回（昭51年）　敢闘賞
「しあわせ芝居」
　FNS歌謡祭グランプリ　第4回（昭52年）　優秀歌謡音楽賞
　日本レコード大賞　第20回（昭53年）　金賞
「20歳になれば」
　全日本有線放送大賞　第11回（昭53年度）　優秀スター賞
「アニーよ銃をとれ」
　芸術祭賞　第35回（昭55年）　大衆芸能部門（2部）優

秀賞
「イタズ 熊」
　キネマ旬報賞 第33回（昭62年） 助演女優賞
　報知映画賞 第12回（昭62年度） 最優秀助演女優賞
「女坂」
　菊田一夫演劇賞 第13回（昭62年）
「神様がくれた贈物―シルクロード絹物語」
　日本文芸大賞 第12回（平4年） ルポ賞
「お引越し」
　おおさか映画祭 第19回（平5年度） 助演女優賞
　キネマ旬報賞 第39回（平5年） 助演女優賞
　報知映画賞 第18回（平5年度） 最優秀助演女優賞
　毎日映画コンクール 第48回（平5年） 演技賞 女優助演賞
あなたが選ぶ全日本歌謡音楽祭 第1回（昭50年） ベストアクション賞
横浜音楽祭 第2回（昭50年） 音楽祭賞
日本レコードセールス大賞 第8回（昭50年） セールス大賞
日本レコードセールス大賞 第9回（昭51年） シルバー賞
あなたが選ぶ全日本歌謡音楽祭 第3回（昭52年） ヤングアイドル賞
日本テレビ音楽祭 第3回（昭52年） 特別賞
あなたが選ぶ全日本歌謡音楽祭 第4回（昭53年） 男性視聴者賞
横浜音楽祭 第5回（昭53年） 20周年特別賞
芸術選奨 第37回（昭61年） 大衆芸能部門 新人賞
　「アニーよ銃をとれ」「エドの舞踏会」「十二月」の演技

桜庭 伸幸　さくらば・のぶゆき
　昭和20（1945）年〜平成26（2014）年
　作曲家、編曲家
「望郷じょんから」
　古賀政男記念音楽大賞 第6回（昭60年度） プロ作品大賞
「天城越え」
　日本レコード大賞 第28回（昭61年） 編曲賞
日本レコード大賞 第56回（平26年） 特別功労賞

佐々木 赫子　ささき・かくこ
　昭和14（1939）年〜
　児童文学作家
「あしたは雨」
　日本童話会賞 第8回（昭46年度）
「旅しばいのくるころ」
　児童福祉文化賞 第16回（昭48年度） 出版物部門 奨励賞
「旅しばいの二日間」

　日本児童文学者協会新人賞 第6回（昭48年）
「同級生たち」
　新美南吉児童文学賞 第2回（昭59年）
　日本児童文学者協会賞 第24回（昭59年）
「月夜に消える」
　小学館文学賞 第38回（平1年）

佐々木 譲　ささき・じょう
　昭和25（1950）年〜
　作家
「鉄騎兵、跳んだ」
　オール讀物新人賞 第55回（昭54年下）
「エトロフ発緊急電」
　山本周五郎賞 第3回（平2年）
　日本推理作家協会賞 第43回（平2年） 長篇部門
「武揚伝」
　新田次郎文学賞 第21回（平14年）
「廃墟に乞う」
　直木三十五賞 第142回（平21年下）
日本冒険小説協会大賞 （平2年）
日本ミステリー文学大賞 第20回（平28年度）

佐々木 昭一郎　ささき・しょういちろう
　昭和11（1936）年〜令和6（2024）年
　映像作家、演出家
「都会の二つの顔」
　ラジオテレビ記者会年間最優秀作品賞 （昭38年）
　芸術祭賞 （昭38年） 奨励賞
「コメット・イケヤ」
　イタリア賞 （昭41年） ラジオドラマ部門大賞
「さすらい」
　芸術祭賞 （昭46年度） テレビドラマ部門 大賞
「さすらい」「マザー」
　芸術選奨 第22回（昭46年） 放送部門 新人賞
「マザー」
　モンテカルロ国際テレビ祭 （昭46年） 最優秀作品賞
「紅い花」
　芸術祭賞 （昭51年度） テレビドラマ部門 大賞
「四季・ユートピアノ」
　イタリア賞 （昭55年） RAI賞
　ギャラクシー賞 （昭55年）
「川の流れはバイオリンの音」
　イタリア市民賞 （昭56年）
　芸術祭賞 （昭56年度） テレビドラマ部門 大賞
「アンダルシアの虹」
　プラハ国際テレビ祭 （昭59年） 演出賞
「春・音の光―川（リバー）・スロバキア編」
　芸術選奨 第35回（昭59年） 放送部門 大臣賞
　毎日芸術賞 第26回（昭59年）
「七色村」

バンクーバー・テレビ祭（カナダ）（平2年）特別賞
エミー賞（昭50年・55年）優秀作品賞
テレビ大賞 第9回（昭51年度）優秀個人賞
放送文化基金賞 第11回（昭60年）個人・グループ部門
ソビエト国際テレビ映画祭（平2年）特別賞
チェコスロバキア・テレビ賞（平2年）名誉芸術賞

佐々木 たづ　ささき・たず
昭和7（1932）年〜平成10（1998）年
児童文学作家

「白い帽子の丘」
　児童福祉文化賞 第1回（昭33年度）出版物部門
「ロバータさあ歩きましょう」
　日本エッセイスト・クラブ賞 第13回（昭40年）
　アンデルセン賞（昭54年）特別優良作品賞
「わたし日記を書いたの」
　野間児童文芸賞 第7回（昭44年）推奨作品賞

佐佐木 信綱　ささき・のぶつな
明治5（1872）年〜昭和38（1963）年
歌人、歌学者

「万葉秘林」
　朝日賞（昭5年）文化賞

帝国学士院恩賜賞（大6年）
文化勲章（昭12年度）
文化功労者（昭26年）

佐々木 守　ささき・まもる
昭和11（1936）年〜平成18（2006）年
脚本家、放送作家

「日本春歌考」
　年鑑代表シナリオ 第19回（昭42年度）
「絞死刑」
　キネマ旬報賞 第14回（昭43年）脚本賞
　年鑑代表シナリオ 第20回（昭43年度）
「儀式」
　キネマ旬報賞 第17回（昭46年）脚本賞
　毎日映画コンクール 第26回（昭46年）脚本賞

佐々木 幹郎　ささき・みきろう
昭和22（1947）年〜
詩人、評論家

「中原中也」
　サントリー学芸賞 第10回（昭63年）芸術・文学部門
「蜂蜜採り」
　高見順賞 第22回（平3年）
「アジア海道紀行」
　読売文学賞 第54回（平14年）随筆・紀行賞
「明日」

萩原朔太郎賞 第20回（平24年）
「鏡の上を走りながら」
　大岡信賞 第1回（令2年）

佐佐木 幸綱　ささき・ゆきつな
昭和13（1938）年〜
歌人、国文学者。日本芸術院会員

「群黎」
　現代歌人協会賞 第15回（昭46年）
「金色の獅子」
　詩歌文学館賞 第5回（平2年）短歌
「滝の時間」
　迢空賞 第28回（平6年）
「旅人」
　若山牧水賞 第2回（平9年）
「呑牛」
　齋藤茂吉短歌文学賞 第10回（平10年）
「アニマ」「逆旅」
　芸術選奨 第50回（平11年）文学部門 文部大臣賞
「はじめての雪」
　山本健吉文学賞 第4回（平16年）短歌部門
「ムーンウォーク」
　読売文学賞 第63回（平23年度）詩歌俳句賞

現代短歌大賞 第27回（平16年）
北日本新聞文化賞（令3年）
旭日中綬章（令4年）

笹沢 左保　ささざわ・さほ
昭和5（1930）年〜平成14（2002）年
小説家

「人喰い」
　日本探偵作家クラブ賞 第14回（昭36年）
日本ミステリー文学大賞 第3回（平11年）
エランドール賞（平15年度）特別賞

佐多 稲子　さた・いねこ
明治37（1904）年〜平成10（1998）年
作家

「女の宿」
　女流文学賞（昭37年）
　女流文学賞 第2回（昭38年）
「樹影」
　野間文芸賞 第25回（昭47年）
「時に佇つ」
　川端康成文学賞 第3回（昭51年）
「夏の栞―中野重治をおくる」
　毎日芸術賞 第24回（昭57年）
「月の宴」
　読売文学賞 第37回（昭60年）随筆・紀行賞

朝日賞（昭58年）

朝日賞　(昭59年)

佐田 啓二　さだ・けいじ
大正15(1926)年〜昭和39(1964)年
俳優
「あなた買います」
　キネマ旬報賞 第2回(昭31年) 男優賞
「あなた買います」「台風騒動記」
　ブルーリボン賞 第7回(昭31年) 主演男優賞
　毎日映画コンクール 第11回(昭31年) 演技賞 男優主演賞
ブルーリボン賞 第15回(昭39年) 特別賞
毎日映画コンクール 第19回(昭39年) 特別賞

さだ まさし
昭和27(1952)年〜
シンガー・ソングライター、小説家
「精霊流し」
　日本レコード大賞 第16回(昭49年) 作詩賞
「雨やどり」「秋桜」
　日本レコード大賞 第19回(昭52年) 西条八十賞
「関白宣言」
　日本レコード大賞 第21回(昭54年) 金賞
「天までとどけ」
　FNS歌謡祭グランプリ 第6回(昭54年) 特別主題歌賞
「夢供養」
　日本レコード大賞 第21回(昭54年) ベストアルバム賞
「おばあちゃんのおにぎり」
　ひろすけ童話賞 第13回(平14年)
「夏 長崎から」
　日本レコード大賞 第48回(平18年) 特別賞
「情継(じょうけい)こころをつぐ」
　日本レコード大賞 第50回(平20年) 企画賞
「さだの辞書」
　日本エッセイスト・クラブ賞 第69回(令3年)
銀座音楽祭 第7回(昭52年) ラジオディスクグランプリ
ゴールデン・アロー賞 第17回(昭54年) 音楽賞
ゴールデン・アロー賞 第17回(昭54年) 大賞
ぴあテン(レコード) (昭54年度) 5位
ぴあテン(昭54年度) ぴあテン(コンサート) 5位
日本レコードセールス大賞 第12回(昭54年) シングルシルバー賞
日本レコード大賞 第21回(昭54年) TBS賞
日本歌謡大賞 第10回(昭54年) 放送音楽特別賞
ぴあテン(レコード) (昭55年度) 6位
ぴあテン(昭55年度) ぴあテン(コンサート) 8位
日本レコードセールス大賞 第13回(昭55年) シングルシルバー賞
FNS歌謡祭グランプリ 第16回(平1年) R&N奨励賞
日本レコード大賞 第37回(平7年) 美空ひばりメモリアル選奨
長崎県民栄誉賞 (平8年)
長崎市栄誉市民 (平16年)
日本レコード大賞 第55回(平25年) 特別賞
放送文化基金賞 第42回(平28年) 個人・グループ部門 放送文化
日本放送協会放送文化賞 第72回(令2年度)

五月 みどり　さつき・みどり
昭和14(1939)年〜
歌手、俳優
ゴールデン・アロー賞 第13回(昭50年) 話題賞
メガロポリス歌謡祭 第7回(昭63年) 特別賞
横浜音楽祭 第15回(昭63年) 演歌特別選奨
日本レコード大賞 第49回(平19年) 功労賞

佐藤 愛子　さとう・あいこ
大正12(1923)年〜
小説家
「戦いすんで日が暮れて」
　直木三十五賞 第61回(昭44年上)
「幸福の絵」
　女流文学賞 第18回(昭54年)
「こんなふうに死にたい」
　日本文芸大賞 第8回(昭63年)
「晩鐘」
　紫式部文学賞 第25回(平27年)
「血脈」
　菊池寛賞 第48回(平12年)
日本文芸大賞 第8回(昭63年)
旭日小綬章 (平29年)

佐藤 オリエ　さとう・おりえ
昭和18(1943)年〜
俳優
「薔薇の花束の秘密」
　紀伊國屋演劇賞 第26回(平3年) 個人賞
　芸術祭賞 第46回(平3年) 演劇部門
「テレーズ・ラカン」
　読売演劇大賞 第1回(平5年) 優秀女優賞
「葵上」「班女」「エンジェルス・イン・アメリカ」
　読売演劇大賞 第3回(平7年) 優秀女優賞
エランドール賞 (昭45年度) 新人賞
日本放送作家協会女性演技者賞

佐藤 浩市　さとう・こういち
昭和35(1960)年〜
俳優
「青春の門 筑豊篇」

ブルーリボン賞 第24回（昭56年）新人賞
「トカレフ」
　ヨコハマ映画祭 第16回（平6年度）助演男優賞
「忠臣蔵外伝 四谷怪談」
　日刊スポーツ映画大賞・石原裕次郎賞 第7回（平6年）主演男優賞
　日本アカデミー賞 第18回（平7年）最優秀主演男優賞
「忠臣蔵外伝 四谷怪談」「トカレフ」
　おおさか映画祭 第20回（平6年度）主演男優賞
「ホワイトアウト」
　日本アカデミー賞 第24回（平13年）最優秀助演男優賞
「顔」
　高崎映画祭 第15回（平13年）助演男優賞
「KT」「うつつ」
　ブルーリボン賞 第45回（平14年）主演男優賞
「壬生義士伝」
　日本アカデミー賞 第27回（平16年）最優秀助演男優賞
「クライマーズ・ハイ」
　放送文化基金賞 第32回（平18年）個別分野 出演者賞
「雪に願うこと」
　東京国際映画祭 第18回（平17年）コンペティション部門 最優秀主演男優賞
　毎日映画コンクール 第61回（平18年度）男優主演賞
「風の果て」
　東京ドラマアウォード 第1回（平20年）主演男優賞
「鍵のかかった部屋」
　日刊スポーツ・ドラマグランプリ 第16回（平25年）助演男優賞
「起終点駅 ターミナル」「愛を積むひと」
　報知映画賞 第40回（平27年度）主演男優賞
「64－ロクヨン－」
　日刊スポーツ映画大賞・石原裕次郎賞 第29回（平28年）主演男優賞
　日本アカデミー賞 第40回（平29年）最優秀主演男優賞
「せかいのおきく」「愛にイナズマ」
　ブルーリボン賞 第66回（令5年度）助演男優賞
「ファミリア」「仕掛人・藤枝梅安」「せかいのおきく」「愛にイナズマ」
　ヨコハマ映画祭 第45回（令5年度）助演男優賞
「愛にイナズマ」「せかいのおきく」
　ブルーリボン賞 第66回（令5年度）助演男優賞
「春に散る」「愛にイナズマ」
　芸術選奨 第74回（令5年度）映画部門 文部科学大臣賞

テレビ大賞 第13回（昭55年度）新人賞
ブルーリボン賞 第24回（昭56年度）新人賞
日本アカデミー賞 第5回（昭57年）新人俳優賞
エランドール賞 （昭59年度）新人賞
ベストドレッサー賞 第33回（平16年）芸能部門
三船敏郎賞 （平30年）
TAMA映画祭 第15回（令5年）最優秀男優賞

佐藤 佐太郎　さとう・さたろう
明治42（1909）年～昭和62（1987）年
歌人。日本芸術院会員
「帰潮」
　読売文学賞 第3回（昭26年）詩歌賞
「開冬」
　芸術選奨 第26回（昭50年）文学部門 文部大臣賞
「佐藤佐太郎全歌集」
　現代短歌大賞 第1回（昭53年）
「星宿」
　迢空賞 第18回（昭59年）

紫綬褒章 （昭50年）
日本芸術院賞 第36回（昭54年）第2部
勲四等旭日小綬章 （昭58年）

佐藤 さとる　さとう・さとる
昭和3（1928）年～平成29（2017）年
児童文学作家
「だれも知らない小さな国」
　毎日出版文化賞 第13回（昭34年）
　児童文学者協会新人賞 第9回（昭35年）
　国際アンデルセン賞国内賞 第1回（昭36年）
「だれも知らない小さな国」「おばあさんのひこうき」
　国際アンデルセン賞 第1回・4回（昭36年・42年）国内賞
「おばあさんのひこうき」
　児童福祉文化賞 第9回（昭41年度）出版物部門
　国際アンデルセン賞国内賞 第4回（昭42年）
　児童福祉文化賞 （昭42年）
　野間児童文芸賞 第5回（昭42年）
「本朝奇談 天狗童子」
　赤い鳥文学賞 第37回（平19年）
巌谷小波文芸賞 第11回（昭63年）
神奈川文化賞 （平17年）
エクソンモービル児童文化賞 第42回（平19年）
赤い鳥文学賞 （平19年）
旭日小綬章 （平22年）

佐藤 純弥　さとう・じゅんや
昭和7（1932）年～平成31（2019）年
映画監督

「陸軍残虐物語」
 ブルーリボン賞 第14回(昭38年) 新人賞
「新幹線大爆破」
 キネマ旬報ベスト・テン 第49回(昭50年度) 日本映画 7位
 キネマ旬報賞 第21回(昭50年) 読者選出日本映画監督賞
 年鑑代表シナリオ (昭50年度)
「野性の証明」
 ぴあテン 第7回(昭53年度) 5位
「未完の対局」
 優秀映画鑑賞会ベストテン 第23回(昭57年度) 日本映画 3位
 中国金鶏賞 (昭58年) 特別賞
 モントリオール世界映画祭 第7回(昭59年) グランプリ
「植村直巳物語」
 ブルーリボン賞 第29回(昭61年) スタッフ賞
「敦煌」
 ゴールデングロス賞 第6回(昭63年度) マネーメーキング監督賞
 ブルーリボン賞 第31回(昭63年) 最優秀作品賞 邦画
 優秀映画鑑賞会ベストテン 第29回(昭63年度) 日本映画 1位
 日本アカデミー賞 第12回(平1年) 最優秀監督賞
「おろしや国酔夢譚」
 優秀映画鑑賞会ベストテン 第33回(平4年度) 日本映画 第1位
「男たちの大和 YAMATO」
 ブルーリボン賞 (平17年度) 監督賞
 日刊スポーツ映画大賞・石原裕次郎賞 第19回(平18年) 石原裕次郎賞
「男たちの大和/YAMATO」
 キネマ旬報ベスト・テン 第79回(平17年度) 日本映画 8位
 ブルーリボン賞 第48回(平17年度) 監督賞
 日刊スポーツ映画大賞・石原裕次郎賞 第19回(平18年) 石原裕次郎賞
ブルーリボン賞 (昭38年) 新人賞
旭日小綬章 (平20年)

サトウ ハチロー
 明治36(1903)年～昭和48(1973)年
 詩人、作詞家、児童文学作家
「しかられぼうず」
 芸術選奨 第4回(昭28年) 文学部門 文部大臣賞
「ちいさい秋みつけた」
 日本レコード大賞 第4回(昭37年) 童謡賞
日本放送協会放送文化賞 第14回(昭37年)
紫綬褒章 (昭41年)
勲三等瑞宝章 (昭48年)

佐藤 春夫　さとう・はるお
 明治25(1892)年～昭和39(1964)年
 詩人、小説家。日本芸術院会員
「芬曻行」
 菊池寛賞 第5回(昭17年)
「佐藤春夫全詩集」
 読売文学賞 第4回(昭27年) 詩歌俳句賞
「晶子曼陀羅」
 読売文学賞 第6回(昭29年) 小説賞
文化勲章 (昭35年度)
文化功労者 (昭35年)
新宮市名誉市民

佐藤 B作　さとう・びーさく
 昭和24(1949)年～
 俳優、ボードビリアン
「吉ちゃんの黄色いカバン」
 紀伊國屋演劇賞 第21回(昭61年) 個人賞
「戸惑いの日曜日」
 名古屋演劇ペンクラブ年間賞 (平11年)
「サンシャイン・ボーイズ」
 菊田一夫演劇賞 第47回(令3年度) 演劇賞
喜劇人大賞 第1回(平16年) 特別賞
読売演劇大賞 第29回(令3年度) 優秀男優賞
松尾芸能賞 第45回(令6年) 優秀賞 演劇

佐藤 勝　さとう・まさる
 昭和3(1928)年～平成11(1999)年
 作曲家
「悪い奴ほどよく眠る」「筑豊のこどもたち」「独立愚連隊西へ」
 毎日映画コンクール 第15回(昭35年) 音楽賞
「はだかっ子」「用心棒」
 ブルーリボン賞 第12回(昭36年) 音楽賞
「肉弾」
 毎日映画コンクール 第23回(昭43年) 音楽賞
「幸福の黄色いハンカチ」
 毎日映画コンクール 第32回(昭52年) 音楽賞
「あゝ野麦峠」
 毎日映画コンクール 第34回(昭54年) 音楽賞
 日本アカデミー賞 第3回(昭55年) 最優秀音楽賞
「遙かなる山の呼び声」
 日本アカデミー賞 第4回(昭56年) 最優秀音楽賞
「陽暉楼」「海嶺」
 日本アカデミー賞 第7回(昭59年) 最優秀音楽賞
「わが愛の譜 滝廉太郎物語」

芸術選奨　第44回(平5年)　映画部門　文部大臣賞
毎日映画コンクール　第48回(平5年)　音楽賞

「雨あがる」
　日本アカデミー賞　第24回(平13年)　最優秀音楽賞

日本作曲大賞　第1回(昭56年)　G・クレフ賞
牧野省三賞　第35回(平5年)
紫綬褒章　(平6年)
勲四等旭日小綬章　(平11年)
毎日映画コンクール　第54回(平11年)　特別賞
京都市民映画祭　音楽賞
日本童謡賞
北海道新聞社映画コンクール音楽賞

さとう　宗幸　さとう・むねゆき
　昭和24(1949)年〜
　シンガー・ソングライター

「青葉城恋唄」
　FNS歌謡祭グランプリ　第5回(昭53年)　最優秀新人賞
　FNS歌謡祭グランプリ　第5回(昭53年)　優秀新人賞
　銀座音楽祭　第8回(昭53年)　大衆賞
　全日本有線放送大賞　第11回(昭53年度)　新人賞
　日本レコード大賞　第20回(昭53年)　新人賞
　日本有線大賞　第11回(昭53年)　最優秀新人賞
　日本有線大賞　第11回(昭53年)　新人賞

新宿音楽祭　第11回(昭53年)　銀賞

「欅伝説」
　古関裕而音楽賞　第3回(平9年)　金賞

ABC歌謡新人グランプリ　第5回(昭53年)　最優秀歌唱賞
ABC歌謡新人グランプリ　第5回(昭53年)　シルバー賞
横浜音楽祭　第5回(昭53年)　新人特別賞
歌謡ゴールデン大賞・新人グランプリ　第5回(昭53年)　最優秀歌唱賞
仙台市賛辞の盾　(昭53年)

里中　満智子　さとなか・まちこ
　昭和23(1948)年〜
　漫画家

「ピアの肖像」
　講談社新人漫画賞　第1回(昭39年)

「あした輝く」「姫がいく！」
　講談社出版文化賞　第5回(昭49年)　児童漫画部門

「狩人の星座」
　講談社賞　第6回(昭57年)
　講談社漫画賞　第6回(昭57年)　青年一般部門

日本漫画家協会賞　第35回(平18年)　文部科学大臣賞
文化庁長官表彰　(平22年度)
文化功労者　第76回(令5年度)

里見　弴　さとみ・とん
　明治21(1888)年〜昭和58(1983)年
　小説家。日本芸術院会員

「恋ごころ」
　読売文学賞　第7回(昭30年)　小説賞

「五代の民」
　読売文学賞　第22回(昭45年)　随筆・紀行賞

菊池寛賞　第2回(昭14年)
文化勲章　(昭34年度)
文化功労者　(昭34年)

真田　広之　さなだ・ひろゆき
　昭和35(1960)年〜
　俳優

「リトル・ショップ・オブ・ホラーズ」
　芸術祭賞　第42回(昭62年)　演劇部門

「快盗ルビイ」
　キネマ旬報賞　第34回(昭63年)　主演男優賞
　日刊スポーツ映画大賞・石原裕次郎賞　第1回(昭63年)　助演男優賞
　報知映画賞　第13回(昭63年度)　最優秀主演男優賞

「快盗ルビイ」「皇家戦士」
　くまもと映画祭　(昭63年度)　一般部門　男優賞

「僕らはみんな生きている」
　ブルーリボン賞　第36回(平5年)　主演男優賞
　ヨコハマ映画祭　第15回(平5年)　主演男優賞

「僕らはみんな生きている」「眠らない街・新宿鮫」
　キネマ旬報賞　第39回(平5年)　主演男優賞

「緊急呼出し/エマージェンシー・コール」「写楽」
　ブルーリボン賞　第38回(平7年)　主演男優賞

「緊急呼出し/エマージェンシー・コール」「写楽」「EAST MEETS WEST」
　キネマ旬報賞　第41回(平7年)　主演男優賞
　報知映画賞　第20回(平7年度)　最優秀主演男優賞

「写楽」
　日刊スポーツ映画大賞・石原裕次郎賞　第8回(平7年)　主演男優賞

「写楽」「EAST MEETS WEST」「緊急呼出し」
　報知映画賞　第20回(平7年)　最優秀男優賞

「たそがれ清兵衛」
　芸術選奨　第53回(平14年)　映画部門　文部科学大臣賞
　日刊スポーツ映画大賞・石原裕次郎賞　第15回(平14年)　主演男優賞
　日本アカデミー賞　第26回(平14年度)　主演男優賞
　毎日映画コンクール　第57回(平14年度)　男優主演賞
　日本アカデミー賞　第26回(平15年)　最優秀主演男優賞

「たそがれ清兵衛」「助太刀屋助六」

キネマ旬報賞 第48回(平14年) 主演男優賞
毎日映画コンクール 第57回(平14年) 男優主演賞

「亡国のイージス」
　ブルーリボン賞 第48回(平17年度) 主演男優賞

「SHOGUN 将軍」
　エミー賞 第76回(令6年) 作品賞・主演男優賞
　ゴールデン・グローブ賞 第82回(令7年) テレビドラマ部門 作品賞・主演男優賞

「ゆかいな海賊大冒険」「リトル・ショップ・オブ・ホラーズ」
　ゴールデン・アロー賞 第22回(昭59年) 演劇賞 新人賞

「高校教師」
　ゴールデン・アロー賞 第31回(平5年) 放送賞

おおさか映画祭 第7回・19回(昭56年度・平成5年度) 主演男優賞
エランドール賞 (昭57年度) 新人賞
日本アカデミー賞 第5回(昭57年) 新人俳優賞
キネマ旬報主演男優賞 (昭63年度・平成5年度・7年度・14年度)
ブルーリボン賞 第36回・38回・48回(平5年度・7年・17年度) 主演男優賞
高崎映画祭 第8回・17回(平6年・15年) 主演男優賞
松尾芸能賞 第21回(平12年) 優秀賞 演劇
読売演劇大賞 第8回(平12年) 優秀男優賞
MBE勲章 (平14年)
紫綬褒章 (平30年)
朝日賞 (令6年度)

さねとう あきら
　昭和10(1935)年～平成28(2016)年
　児童文学作家、劇作家

「地べたっこさま」
　日本児童文学者協会新人賞 第5回(昭47年)
　野間児童文芸賞 第10回(昭47年) 推奨作品賞

「ジャンボコッコの伝記」
　小学館文学賞 第28回(昭54年)

「東京石器人戦争」
　産経児童出版文化賞 第33回(昭61年)

「ふりむくなペドロ」
　厚生大臣賞

サンケイ児童出版文化賞 (昭47年) 推せん賞

佐野 元春　さの・もとはる
　昭和31(1956)年～
　シンガー・ソングライター

「THE COMPLETE ALBUM COLLECTION 1980-2004」
　芸術選奨 第72回(令3年度) 大衆芸能部門 文部科学大臣賞

ぴあテン(レコード) (昭57年度) 6位
ぴあテン (昭57年度) もあテン 6位
ぴあテン(レコード) (昭58年度) 7位
ぴあテン (昭58年度) もあテン 10位
ぴあテン(レコード) (昭59年度) 5位
ぴあテン (昭59年度) ぴあテン(コンサート) 10位
ぴあテン (昭59年度) もあテン 5位
日本レコード大賞 第26回・34回(昭59年・平成4年) 優秀アルバム賞
ぴあテン (昭60年度) 9位
ぴあテン (昭60年度) もあテン 4位
ぴあテン (昭61年度) 9位
ぴあテン (昭61年度) もあテン 5位
ぴあテン (昭62年度) 8位
ぴあテン 第21回(平4年度) 第10位

佐野 洋　さの・よう
　昭和3(1928)年～平成25(2013)年
　推理作家

「華麗なる醜聞」
　日本推理作家協会賞 第18回(昭40年)

「推理日記」
　菊池寛賞 第57回(平21年)

日本ミステリー文学大賞 第1回(平9年)

佐野 洋子　さの・ようこ
　昭和13(1938)年～平成22(2010)年
　絵本作家、イラストレーター、エッセイスト

「おじさんのかさ」
　産経児童出版文化賞 (昭50年) 推薦賞

「わたしのぼうし」
　講談社出版文化賞 第8回(昭52年) 絵本部門

「わたしが妹だったとき」
　新美南吉文学賞 (昭57年)

「わたしいる」
　産経児童出版文化賞 第35回(昭63年)

「こんにちは あかぎつね!」
　日本絵本賞 第5回(平11年) 日本絵本賞翻訳絵本賞

「ねえ とうさん」
　日本絵本賞 第7回(平13年) 日本絵本賞
　小学館児童出版文化賞 第51回(平14年)

「神も仏もありませぬ」
　小林秀雄賞 第3回(平16年)

紫綬褒章 (平15年)
巌谷小波文芸賞 第31回(平20年)

佐分利 信　さぶり・しん
　明治42(1909)年～昭和57(1982)年
　映画俳優、映画監督

「執行猶予」
　キネマ旬報ベスト・テン 第24回(昭25年度) 日本

映画 4位
ブルーリボン賞　第1回（昭25年）　新人演出賞
「執行猶予」「帰郷」
　毎日映画コンクール　第5回（昭25年）　演技賞 男優演技賞
「あ、青春」
　キネマ旬報ベスト・テン　第25回（昭26年度）　日本映画 8位
「風雪二十年」
　キネマ旬報ベスト・テン　第25回（昭26年度）　日本映画 6位
「波」「お茶漬の味」「働哭」
　毎日映画コンクール　第7回（昭27年）　演技賞 男優主演賞
「働哭」
　キネマ旬報ベスト・テン　第26回（昭27年度）　日本映画 10位
「働哭」「お茶漬の味」
　毎日映画コンクール　（昭27年度）　男優主演賞
「化石」
　キネマ旬報賞　第21回（昭50年）　主演男優賞
　毎日映画コンクール　第30回（昭50年）　演技賞 男優演技賞
紫綬褒章（昭50年）

皿海 達哉　さらがい・たつや
　昭和17（1942）年～
　児童文学作家、高校教師（福山暁の星女子高校）
「チッチゼミ鳴く木の下で」
　野間児童文芸賞　第15回（昭52年）　推奨作品賞
「坂をのぼれば」
　旺文社児童文学賞　第1回（昭53年）
　産経児童出版文化賞　第26回（昭54年）
「海のメダカ」
　日本児童文学者協会賞　第28回（昭63年）

沢井 信一郎　さわい・しんいちろう
　昭和13（1938）年～令和3（2021）年
　映画監督
「トラック野郎御意見無用」
　年鑑代表シナリオ（昭50年度）
「Wの悲劇」
　キネマ旬報ベスト・テン　第58回（昭59年度）　日本映画 2位
　キネマ旬報賞　第30回（昭59年）　脚本賞
　年鑑代表シナリオ（昭59年度）
　毎日映画コンクール　第39回（昭59年）　脚本賞
　優秀映画鑑賞会ベストテン　第25回（昭59年度）　日本映画 4位
「Wの悲劇」

ぴあテン　第13回（昭59年度）8位
「麻雀放浪記」
　年鑑代表シナリオ（昭59年度）
「早春物語」
　キネマ旬報ベスト・テン　第59回（昭60年度）　日本映画 9位
　日本映画監督協会新人賞　第26回（昭60年度）
「早春物語」「Wの悲劇」
　日本アカデミー賞　第9回（昭61年）　最優秀監督賞
「わが愛の譜 滝廉太郎物語」
　キネマ旬報ベスト・テン　第67回（平5年度）　日本映画 第8位
　日刊スポーツ映画大賞・石原裕次郎賞　第6回（平5年）　石原裕次郎賞
「わが愛の譜・滝廉太郎物語」
　優秀映画鑑賞会ベストテン　第34回（平5年度）　日本映画 第4位
「時雨の時」
　キネマ旬報ベスト・テン　第72回（平10年度）　日本映画 第9位
くまもと映画祭　第9回（昭59年度）　監督賞
山路ふみ子賞　第17回（平5年）　特別賞
紫綬褒章（平18年）

沢木 耕太郎　さわき・こうたろう
　昭和22（1947）年～
　ノンフィクション作家、小説家
「テロルの決算」
　大宅壮一ノンフィクション賞　第10回（昭54年）
「一瞬の夏」
　新田次郎文学賞　第1回（昭57年）
「バーボン・ストリート」
　講談社エッセイ賞　第1回（昭60年）
「深夜特急 第三便 飛光よ、飛光よ」
　JTB紀行文学大賞　第2回（平5年）
「凍（とう）」
　講談社ノンフィクション賞　第28回（平18年）
「キャパの十字架」
　司馬遼太郎賞　第17回（平25年度）
「天路の旅人」
　読売文学賞　第74回（令4年）　随筆・紀行賞
菊池寛賞　第51回（平15年）

沢口 靖子　さわぐち・やすこ
　昭和40（1965）年～
　俳優
「蔵」
　名古屋演劇ペンクラブ年間賞（平9年）
　菊田一夫演劇賞　第24回（平10年）　演劇賞
「科捜研の女」

橋田賞　第23回（平26年度）　橋田賞
ゴールデン・アロー賞　第23回（昭60年）　放送賞 新人賞
ゴールデン・アロー賞　第23回（昭60年）　グラフ賞
テレビ大賞　第18回（昭60年度）　新人賞
エランドール賞　（昭61年度）　新人賞
テレビ大賞　第18回（昭61年）　新人賞
日本アカデミー賞　第9回（昭61年）　新人俳優賞
きもの優情グレース京都大賞　第5回（平2年）
橋田賞　第23回（平27年）

沢田 研二　さわだ・けんじ
昭和23（1948）年～
歌手、俳優

「許されない愛」
　日本レコード大賞　第14回（昭47年）　歌唱賞
　日本有線大賞　第5回（昭47年）　優秀賞

「危険なふたり」
　日本レコード大賞　第15回（昭48年）　大衆賞
　日本歌謡大賞　第4回（昭48年）　大賞
　日本歌謡大賞　第4回（昭48年）　放送音楽賞
　日本有線大賞　第6回（昭48年）　歌唱賞
　夜のレコード大賞　第6回（昭48年度）　優秀スター賞

「時の過ぎゆくままに」
　日本歌謡大賞　第6回（昭50年）　放送音楽賞
　日本有線大賞　第8回（昭50年）　有線スター賞

「巴里にひとり」
　FNS歌謡祭グランプリ　第2回（昭50年）　特別賞 上期

「勝手にしやがれ」
　FNS歌謡祭グランプリ　第4回（昭52年）　優秀歌唱賞
　全日本有線放送大賞　第10回（昭52年度）　優秀スター賞
　日本レコード大賞　第19回（昭52年）　大賞
　日本歌謡大賞　第8回（昭52年）　大賞
　日本歌謡大賞　第8回（昭52年）　放送音楽賞
　日本有線大賞　第10回（昭52年）　大賞

「ダーリング」
　日本有線大賞　第11回（昭53年）　大賞
　日本有線大賞　第11回（昭53年）　有線音楽賞

「LOVE（抱きしめたい）」
　FNS歌謡祭グランプリ　第5回（昭53年）　グランプリ
　FNS歌謡祭グランプリ　第5回（昭53年）　優秀歌謡音楽賞
　全日本有線放送大賞　第11回（昭53年度）　グランプリ
　日本レコード大賞　第20回（昭53年）　最優秀歌唱賞
　日本歌謡大賞　第9回（昭53年）　放送音楽賞

「カサブランカ・ダンディ」
　FNS歌謡祭グランプリ　第6回（昭54年）　優秀歌謡音楽賞
　全日本有線放送大賞　第12回（昭54年度）　優秀スター賞
　日本有線大賞　第12回（昭54年）　有線音楽賞

「ロンリー・ウルフ」
　日本歌謡大賞　第10回（昭54年）　放送音楽賞

「太陽を盗んだ男」
　ゴールデン・アロー賞　第17回（昭54年）　映画賞
　報知映画賞　第4回（昭54年度）　最優秀主演男優賞

「TOKIO」「恋のバッド・チューニング」
　日本有線大賞　第13回（昭55年）　有線音楽賞

「酒場でDABADA」
　FNS歌謡祭グランプリ　第7回（昭55年）　優秀歌謡音楽賞
　日本歌謡大賞　第11回（昭55年）　放送音楽賞

「ス・ト・リ・ッ・パ・ー」
　FNS歌謡祭グランプリ　第8回（昭56年）　優秀歌謡音楽賞
　全日本有線放送大賞　第14回（昭56年度）　優秀スター賞
　日本歌謡大賞　第12回（昭56年）　放送音楽賞・放送音楽特別連盟賞

「おまえにチェック・イン」
　日本テレビ音楽祭　第8回（昭57年）　敢闘賞

「6番目のユ・ウ・ウ・ツ」
　FNS歌謡祭グランプリ　第9回（昭57年）　優秀歌謡音楽賞
　全日本有線放送大賞　第15回（昭57年度）　読売テレビ最優秀賞
　日本歌謡大賞　第13回（昭57年）　放送音楽賞

「きめてやる今夜」
　FNS歌謡祭グランプリ　第10回（昭58年）　優秀歌謡音楽賞
　日本レコード大賞　第25回（昭58年）　特別金賞
　日本歌謡大賞　第14回（昭58年）　放送音楽プロデューサー連盟賞

「晴れのちBLUE BOY」
　日本テレビ音楽祭　第9回（昭58年）　歌唱賞

「リボルバー」
　おおさか映画祭　第14回（昭63年度）　主演男優賞

「土を喰らう十二ヵ月」
　キネマ旬報ベスト・テン個人賞　第96回（令4年度）　主演男優賞
　毎日映画コンクール　第77回（令4年）　男優主演賞

あなたが選ぶ全日本歌謡音楽祭　第1回（昭50年）　年間話題賞
日本レコードセールス大賞　第8回（昭50年）　ゴールデン賞
あなたが選ぶ全日本歌謡音楽祭　第3回（昭52年）　ゴールデングランプリ
あなたが選ぶ全日本歌謡音楽祭　第3回（昭52年）　ベストドレッサー賞
横浜音楽祭　第4回（昭52年）　音楽祭賞

日本レコードセールス大賞　第10回（昭52年）　ゴールデン賞
あなたが選ぶ全日本歌謡音楽祭　第4回（昭53年）　ゴールデングランプリ
あなたが選ぶ全日本歌謡音楽祭　第4回（昭53年）　ベストドレッサー賞
ゴールデン・アロー賞　第16回（昭53年）　大賞・音楽賞
横浜音楽祭　第5回（昭53年）　音楽祭賞
銀座音楽祭　第8回（昭53年）　特別賞
日本レコードセールス大賞　第11回（昭53年）　ゴールデン賞
横浜音楽祭　第6回（昭54年）　音楽祭賞
横浜音楽祭　第7回（昭55年）　音楽祭賞
あなたが選ぶ全日本歌謡音楽祭　第7回（昭56年）　最優秀タレント賞
日本有線大賞　第14回（昭56年）　有線音楽賞
あなたが選ぶ全日本歌謡音楽祭　第8回（昭57年）　最優秀タレント賞
日本レコード大賞　第24回（昭57年）　企画賞　"ザ・タイガースによる一連のLP作品、シングル盤の企画"
メガロポリス歌謡祭　第1回（昭57年）　ポップス入賞
日本レコード大賞　第24回（昭57年）　企画賞
あなたが選ぶ全日本歌謡音楽祭　第9回（昭58年）　最優秀歌唱賞
メガロポリス歌謡祭　第2回（昭58年）　ポップス入賞
FNS歌謡祭グランプリ　第10回（昭58年）　10周年記念特別賞
横浜音楽祭　第10回（昭58年）　ラジオ日本25周年特別賞
メガロポリス歌謡祭　第3回（昭59年）　特別賞

沢村　貞子　さわむら・さだこ
明治41（1908）年〜平成8（1996）年
俳優、随筆家

「赤線地帯」「太陽とバラ」「現代の欲望」「妻の心」
毎日映画コンクール　第11回（昭31年）　演技賞　女優助演賞

「私の浅草」
日本エッセイスト・クラブ賞　第25回（昭52年）

日本放送協会放送文化賞　第31回（昭54年）
日本アカデミー賞　第20回（平9年）　会長特別賞

三遊亭　円生（6代）　さんゆうてい・えんしょう
明治33（1900）年〜昭和54（1979）年
落語家。前名は橘家円童、橘家小円蔵、橘家円好、橘家円窓、橘家円蔵（6代目）
芸術祭賞　第15回（昭35年）　大衆芸能部門　"第28回東横落語会の「首提灯」の話芸"
芸術選奨　第18回（昭42年）　大衆芸能部門　大臣賞　"落語「首提灯」「鹿政談」等の話芸"
芸術祭賞　第27回（昭47年）　大衆芸能部門（1部）　大賞　"「三遊亭円生独演会」における話芸"
ゴールデン・アロー賞　第16回（昭53年）　芸能賞

三遊亭　円楽（5代）　さんゆうてい・えんらく
昭和8（1933）年〜平成21（2009）年
落語家

「第296回三越落語会「藪入り」」
芸術祭賞　第32回（昭52年）　大衆芸能部門（1部）　優秀賞

日本放送演芸大賞　第8回（昭54年）
放送演芸大賞　（昭54年）
花王名人大賞　第1回（昭56年）　名人賞　落語部門（東京）
花王名人大賞　第4回（昭59年）　名人賞
花王名人大賞　第5回（昭60年）　功労賞
芸術祭賞　第43回（昭63年）　演芸部門
浅草芸能大賞　（平18年）
旭日小綬章　（平19年）

椎名　和夫　しいな・かずお
昭和27（1952）年〜
編曲家、音楽プロデューサー、ギタリスト

「DESIRE」
FNS歌謡祭グランプリ　第13回（昭61年）　グランプリ
日本レコード大賞　第28回（昭61年）　大賞

「ひきょう」
古賀政男記念音楽大賞　第10回（平1年度）　プロ作品優秀賞

ジェームス三木　じぇーむすみき
昭和10（1935）年〜
脚本家、作家

「アダムの星」
シナリオコンクール　第18回（昭42年）　準入選

「さらば夏の光よ」
年鑑代表シナリオ　（昭51年度）

「独眼龍政宗」
日本文芸大賞　第7回（昭62年）　脚本賞

「父の詫び状」
プラハ国際テレビ祭グランプリ　（昭62年）

「澪つくし」「独眼竜政宗」
日本文芸大賞　第7回（昭62年）　脚本賞

「善人の条件」
年鑑代表シナリオ　（平1年度）

「八代将軍吉宗」
日本文芸大賞　第16回（平8年）

「憲法はまだか」「存在の深き眠り」
放送文化基金賞　第23回（平9年）　個別分野賞　脚本賞

イエローリボン賞　（昭63年）
エランドール賞　（昭63年度）　特別賞
日本放送協会放送文化賞　第50回（平10年）

塩野 七生　しおの・ななみ
昭和12（1937）年～
作家

「チェーザレ・ボルジア あるいは優雅なる冷酷」
　毎日出版文化賞　第24回（昭45年）

「海の都の物語」
　サントリー学芸賞　第3回（昭56年）　思想・歴史部門

「わが友マキアヴェッリ」
　女流文学賞　第27回（昭63年）

「ローマ人の物語1 ローマは一日にして成らず」
　新潮学芸賞　第6回（平5年）

菊池寛賞　第30回（昭57年）　"「海の都の物語」その他の著作"
司馬遼太郎賞　第2回（平11年）
イタリア国家功労勲章グランデ・ウッフィチャーレ章　（平14年）
文藝春秋読者賞　第63回（平14年）
紫綬褒章　（平17年）
海洋文学大賞　第10回（平18年）　特別賞
文化功労者　第60回（平19年度）
文化勲章　（令5年度）

志賀 直哉　しが・なおや
明治16（1883）年～昭和46（1971）年
小説家。日本芸術院会員

文化勲章　（昭24年度）
文化功労者　（昭26年）

獅子 文六　しし・ぶんろく
明治26（1893）年～昭和44（1969）年
小説家、劇作家、演出家。日本芸術院会員

「海軍」
　朝日文化賞　（昭18年）

日本芸術院賞　第19回（昭37年）　第2部
文化勲章　（昭44年度）
文化功労者　（昭44年）

実相寺 昭雄　じっそうじ・あきお
昭和12（1937）年～平成18（2006）年
映画監督、演出家、著述業

「無常」
　キネマ旬報ベスト・テン　第44回（昭45年度）　日本映画　6位
　ロカルノ国際映画祭　（昭45年）　グランプリ
　優秀映画鑑賞会ベストテン　第11回（昭45年度）　日本映画　4位

「あさき夢みし」
　文化庁優秀映画　（昭47年）

「波の盆」
　芸術祭賞　文部大臣賞

エランドール賞　（平19年度）　特別賞

篠 弘　しの・ひろし
昭和8（1933）年～令和4（2022）年
歌人、評論家

「花の渦」
　短歌研究賞　第16回（昭55年）

「近代短歌論争史 明治・大正編」「近代短歌論争史 昭和編」
　現代短歌大賞　第5回（昭57年）

「至福の旅びと」
　迢空賞　第29回（平7年）

「凱旋門」
　詩歌文学館賞　第15回（平12年）　短歌

「緑の斜面」「篠弘全歌集」
　毎日芸術賞　第48回（平18年度）

「残すべき歌論―二十世紀の短歌論」
　齋藤茂吉短歌文学賞　第23回（平23年）
　斎藤茂吉短歌文学賞　第23回（平24年）

半田良平賞　第6回（昭30年）
紫綬褒章　（平11年）
旭日小綬章　（平17年）
日本放送協会放送文化賞　第65回（平25年度）

篠崎 洋子　しのざき・ようこ
昭和20（1945）年～
バレーボール指導者

朝日賞　（昭37年）　体育賞
朝日賞　（昭39年）　体育賞　第18回オリンピック東京大会
朝日賞　（昭42年）　体育賞

篠田 正浩　しのだ・まさひろ
昭和6（1931）年～
映画監督

「あかね雲」
　キネマ旬報ベスト・テン　第41回（昭42年度）　日本映画　8位
　優秀映画鑑賞会ベストテン　第8回（昭42年度）　日本映画　9位

「心中天網島」
　キネマ旬報ベスト・テン　第43回（昭44年度）　日本映画　1位
　キネマ旬報賞　第15回（昭44年）　日本映画監督賞
　年鑑代表シナリオ　第21回（昭44年度）
　毎日映画コンクール　（昭44年度）　作品賞
　優秀映画鑑賞会ベストテン　第10回（昭44年度）　日本映画　1位

「沈黙」
　キネマ旬報ベスト・テン　第45回（昭46年度）　日本

映画 2位
　ゴールデン・アロー賞　第9回（昭46年）映画賞
　芸術選奨　第22回（昭46年）映画部門 大臣賞
　毎日映画コンクール　第26回（昭46年）監督賞
　優秀映画鑑賞会ベストテン　第12回（昭46年度）日本映画 3位
「はなれ瞽女おりん」
　キネマ旬報ベスト・テン　第51回（昭52年度）日本映画 3位
　年鑑代表シナリオ（昭52年度）
　優秀映画鑑賞会ベストテン　第18回（昭52年度）日本映画 2位
　アジア映画祭　第24回（昭53年）監督賞
「瀬戸内少年野球団」
　キネマ旬報ベスト・テン　第58回（昭59年度）日本映画 3位
　ブルーリボン賞　第27回（昭59年）最優秀作品賞 邦画
　優秀映画鑑賞会ベストテン　第25回（昭59年度）日本映画 1位
「鑓の権三」
　キネマ旬報ベスト・テン　第60回（昭61年度）日本映画 6位
　ベルリン国際映画祭（昭61年）銀熊賞
　優秀映画鑑賞会ベストテン　第27回（昭61年度）日本映画 7位
「舞姫」
　優秀映画鑑賞会ベストテン　第30回（平1年度）日本映画 7位
「少年時代」
　キネマ旬報ベスト・テン　第64回（平2年度）日本映画 第2位
　キネマ旬報賞　第36回（平2年）読者選出日本映画監督賞
　ブルーリボン賞　第33回（平2年）監督賞
　ブルーリボン賞　第33回（平2年）最優秀作品賞
　日刊スポーツ映画大賞・石原裕次郎賞　第3回（平2年）作品賞
　毎日映画コンクール（平2年度）日本映画大賞
　優秀映画鑑賞会ベストテン　第31回（平2年度）日本映画 第1位
　日本アカデミー賞　第14回（平3年）最優秀監督賞
「写楽」
　キネマ旬報ベスト・テン　第69回（平7年度）日本映画 第5位
　日刊スポーツ映画大賞・石原裕次郎賞　第8回（平7年）作品賞
　優秀映画鑑賞会ベストテン　第36回（平7年度）日本映画 第5位
　日本アカデミー賞　第19回（平8年）最優秀編集賞
「梟の城」
　日刊スポーツ映画大賞・石原裕次郎賞　第12回（平11年）石原裕次郎賞
「河原者ノススメ 死穢と修羅の記憶」
　泉鏡花文学賞　第38回（平22年度）
　エランドール賞（平47年度）特別賞
　日本酒功労賞（昭62年）
　牧野省三賞（平28年）
　日本アカデミー賞　第41回（平30年）会長功労賞

司馬　遼太郎　しば・りょうたろう
　大正12(1923)年～平成8(1996)年
　小説家。日本芸術院会員
「ペルシャの幻術師」
　講談倶楽部賞　第8回（昭31年）
「梟の城」
　直木三十五賞　第42回（昭34年下）
「竜馬がゆく」「国盗り物語」
　菊池寛賞　第14回（昭41年）
「殉死」
　毎日芸術賞　第9回（昭42年）
「歴史を紀行する」
　文藝春秋読者賞　第30回（昭43年）
「ひとびとの跫音」
　読売文学賞　第33回（昭56年）小説賞
「街道をゆく22―南蛮のみち1」
　日本文学大賞　第16回（昭59年）学芸部門
「ロシアについて」
　読売文学賞　第38回（昭61年）随筆・紀行賞
「韃靼疾風録」
　大佛次郎賞　第15回（昭63年）
大阪芸術賞（昭42年）
吉川英治文学賞　第6回（昭47年）"「世に棲む日日」（文藝春秋）を中心とした作家活動"
日本芸術院賞　第32回（昭50年）恩賜賞
朝日賞（昭57年）
日本放送協会放送文化賞　第37回（昭60年）
放送文化賞（昭60年）
明治村賞（昭63年）
文化功労者（平3年）
文化勲章（平5年度）
井原西鶴賞　第1回（平8年）
東大阪市名誉市民（平8年）
モンゴル北極星勲章（平10年）

芝木　好子　しばき・よしこ
　大正3(1914)年～平成3(1991)年
　小説家。日本芸術院会員
「青果の市」
　芥川龍之介賞　第14回（昭16年下）
「湯葉」

女流文学者賞 第12回（昭36年）
「夜の鶴」
　小説新潮賞 第12回（昭41年）
「青磁硯」
　女流文学賞 第11回（昭47年）
「隅田川暮色」
　日本文学大賞 第16回（昭59年）　文芸部門
「雪舞い」
　毎日芸術賞 第29回（昭62年）
日本芸術院賞 第38回（昭56年）　第2部 恩賜賞・日本芸術院賞
東京都文化賞 第3回（昭62年）
文化功労者（平1年）

芝田　勝茂　しばた・かつも
　昭和24（1949）年〜
　児童文学作家
「虹へのさすらいの旅」
　児童文芸新人賞 第13回（昭59年）
「ふるさとは，夏」
　産経児童出版文化賞 第38回（平3年）
「ドーム郡シリーズ3 真実の種、うその種」
　日本児童文芸家協会賞 第30回（平18年）

柴田　恭兵　しばた・きょうへい
　昭和26（1951）年〜
　俳優
「ランニング・ショット」
　日本テレビ音楽祭 第13回（昭62年）　日本テレビ特別賞
「あぶない刑事」
　ゴールデングロス賞 第6回（昭63年度）マネーメーキングスター賞
「69 sixty nine」
　高崎映画祭 第19回（平17年）　最優秀助演男優賞
エランドール賞（昭55年度）新人賞
ベストドレッサー賞 第14回（昭60年）　スポーツ・芸能部門
くまもと映画祭 第13回（平1年）大賞

柴田　錬三郎　しばた・れんざぶろう
　大正6（1917）年〜昭和53（1978）年
　小説家
「イエスの裔」
　直木三十五賞 第26回（昭26年下）
吉川英治文学賞 第4回（昭45年）
ベストドレッサー賞 第5回（昭51年）　学術・文化部門

渋沢　孝輔　しぶさわ・たかすけ
　昭和5（1930）年〜平成10（1998）年
　詩人

「われアルカディアにもあり」
　歴程賞 第12回（昭49年）
「廻廊」
　高見順賞 第10回（昭54年）
「蒲原有明論」
　亀井勝一郎賞 第12回（昭55年）
「啼鳥四季」
　芸術選奨 第42回（平3年）　文学部門 文部大臣賞
　読売文学賞 第43回（平3年）　詩歌俳句賞
「行き方知れず抄」
　萩原朔太郎賞 第5回（平9年）
紫綬褒章（平7年）

渋谷　天外（2代）　しぶや・てんがい
　明治39（1906）年〜昭和58（1983）年
　俳優、劇作家、演出家
毎日演劇賞 第9回（昭31年）個人賞 演出
大阪市民文化賞（昭32年）
日本放送協会放送文化賞 第15回（昭38年）
紫綬褒章（昭42年）
菊池寛賞 第16回（昭43年）
勲四等旭日小綬章（昭52年）
松尾芸能賞 第35回（平26年）　優秀賞 演劇

渋谷　実　しぶや・みのる
　明治40（1907）年〜昭和55（1980）年
　映画監督
「母と子」
　キネマ旬報ベスト・テン 第15回（昭13年度）日本映画 3位
「現代人」
　キネマ旬報ベスト・テン 第26回（昭27年度）日本映画 4位
「現代人」「本日休診」
　毎日映画コンクール 第7回（昭27年）　監督賞
「本日休診」
　キネマ旬報ベスト・テン 第26回（昭27年度）日本映画 3位
「勲章」
　キネマ旬報ベスト・テン 第28回（昭29年度）日本映画 8位
「気違い部落」
　キネマ旬報ベスト・テン 第31回（昭32年度）日本映画 6位

島尾　敏雄　しまお・としお
　大正6（1917）年〜昭和61（1986）年
　小説家。日本芸術院会員
「出孤島記」
　戦後文学賞 第1回（昭25年）
「死の棘」

芸術選奨　第11回（昭35年）　文学部門　文部大臣賞
読売文学賞　第29回（昭52年）　小説賞
日本文学大賞　第10回（昭53年）

「硝子障子のシルエット」
　毎日出版文化賞　第26回（昭47年）

「日の移ろい」
　谷崎潤一郎賞　第13回（昭52年）

「湾内の入江で」
　川端康成文学賞　第10回（昭58年）

「魚雷艇学生」
　野間文芸賞　第38回（昭60年）

日本芸術院賞　第37回（昭55年）　第2部

島倉 千代子　しまくら・ちよこ
　昭和13(1938)年〜平成25(2013)年
　歌手

「人生いろいろ」
　日本レコード大賞　第30回（昭63年）　最優秀歌唱賞
　メガロポリス歌謡祭　第8回（平1年）　演歌大賞女性部門

コロムビア全国歌謡コンクール優勝　第5回（昭29年）
日本レコード大賞　第10回（昭43年）　特別賞
日本レコード大賞　第17回（昭50年）　特別賞
日本演歌大賞　第4回（昭53年）　古賀政男特別賞
日本演歌大賞　第5回（昭54年）　特別賞
日本有線大賞　第15回（昭57年）　第15回記念特別賞
日本演歌大賞　第9回（昭58年）　特別名人賞
日本演歌大賞　第10回（昭59年）　演歌功労賞
メガロポリス歌謡祭　第6回（昭62年）　特別賞
ゴールデン・アロー賞　第26回（昭63年）　特別賞
メガロポリス歌謡祭　第8回（平1年）　演歌メガロポリス賞女性部門
日本テレビ音楽祭　第15回（平1年）　日本テレビ特別賞
日本レコード大賞　第36回（平6年）　美空ひばりメモリアル選奨
日本レコード大賞　第39回（平9年）　功労賞
日本赤十字社金色有功章　（平10年）
紫綬褒章　（平11年）
経済界大賞　第25回（平12年）　フラワー賞
日本放送協会放送文化賞　第56回（平16年）
浅草芸能大賞　第22回（平17年度）　大賞
日本レコード大賞　第55回（平25年）　特別功労賞

島崎 藤村　しまざき・とうそん
　明治5(1872)年〜昭和18(1943)年
　小説家、詩人。帝国芸術院会員

「夜明け前」
　朝日賞　（昭10年）　文化賞

島津 保次郎　しまづ・やすじろう
　明治30(1897)年〜昭和20(1945)年
　映画監督

「海の勇者」
　キネマ旬報ベスト・テン　第4回（昭2年度）　日本映画5位

「生活線ABC 全篇」
　キネマ旬報ベスト・テン　第8回（昭6年度）　日本映画10位

「上陸第一歩」
　キネマ旬報ベスト・テン　第9回（昭7年度）　日本映画8位

「嵐の中の処女」
　キネマ旬報ベスト・テン　第9回（昭7年度）　日本映画2位

「その夜の女」
　キネマ旬報ベスト・テン　第11回（昭9年度）　日本映画7位

「隣の八重ちゃん」
　キネマ旬報ベスト・テン　第11回（昭9年度）　日本映画2位

「お琴と佐助」
　キネマ旬報ベスト・テン　第12回（昭10年度）　日本映画3位

「家族会議」
　キネマ旬報ベスト・テン　第13回（昭11年度）　日本映画6位

「浅草の灯」
　キネマ旬報ベスト・テン　第14回（昭12年度）　日本映画10位

「兄とその妹」
　キネマ旬報ベスト・テン　第16回（昭14年度）　日本映画4位

島津 ゆたか　しまず・ゆたか
　昭和22(1947)年〜
　歌手

「花から花へと」
　全日本有線放送大賞　第13回（昭55年度）　特別賞
　日本有線大賞　第13回（昭55年）　有線音楽賞

「片恋酒」
　日本演歌大賞　第10回（昭59年）　有線注目曲

「ホテル」
　あなたが選ぶ全日本歌謡音楽祭　第11回（昭60年）　金賞
　全日本有線放送大賞　第18回（昭60年度）　優秀スター賞
　日本有線大賞　第18回（昭60年）　有線音楽賞

日本演歌大賞　第6回（昭55年）　演歌期待賞・演歌の星
日本演歌大賞演歌期待賞・演歌の星　第6回（昭55年）
メガロポリス歌謡祭　第4回（昭60年）　演歌入賞
メガロポリス歌謡祭　第5回（昭61年）　演歌入賞

島田 歌穂　しまだ・かほ
昭和38（1963）年〜
俳優、歌手

「レ・ミゼラブル」
　芸術選奨　第38回（昭62年）　大衆芸能部門　新人賞

「シー・ラヴス・ミー」
　菊田一夫演劇賞　第21回（平7年）　演劇賞

「テネシー・ワルツ」
　ミュージカル・ベストテン（平17年度）　女優部門
　　第1位

「ベガーズ・オペラ」
　ミュージカル・ベストテン（平18年度）　女優部門
　　第1位

「飢餓海峡」
　紀伊國屋演劇賞　第41回（平18年）　個人賞

ゴールデン・アロー賞　第24回（昭61年）　演劇賞 新人賞　"「イーハトーボの劇列車」「花よりタンゴ」など"

菊田一夫演劇賞　（平1年）　特別賞
美深町（北海道）特別町民（平2年）
グラミー賞（ミュージカル・キャスト・ショー・アルバム）（平3年）
松尾芸能賞　第27回（平18年）　優秀賞 演劇
読売演劇大賞　第14回（平18年度）　優秀女優賞

島田 正吾　しまだ・しょうご
明治38（1905）年〜平成16（2004）年
俳優

「王将」
　大山康晴賞　第6回（平11年）　個人分野

「雨の首ふり坂」「湯葉」「霧の音」
　芸術選奨　第24回（昭48年）　演劇部門　大臣賞

毎日演劇賞　第10回（昭32年）　個人賞 演技
紫綬褒章（昭44年）
勲四等旭日小綬章（昭51年）
長谷川伸賞　第17回（昭57年）
菊田一夫演劇賞　第9回（昭58年）　特別賞
松尾芸能賞　第4回（昭58年）　特別賞 演劇
フランス芸術文化勲章シュバリエ章（平4年）
菊池寛賞　第40回（平4年）
ギャラクシー賞　第32回（平6年）　個人賞
日本放送協会放送文化賞　第46回（平6年）
坪内逍遙大賞　第2回（平7年）
真山青果賞　第18回（平10年）　大賞
東京都文化賞（平10年）
松尾芸能賞　第20回（平11年）　特別顕彰 演劇
浅草芸能大賞　第17回（平12年度）　大賞
東京都名誉都民（平13年）

島田 雅彦　しまだ・まさひこ
昭和36（1961）年〜
小説家

「夢遊王国のための音楽」
　野間文芸新人賞　第6回（昭59年）

「彼岸先生」
　泉鏡花文学賞　第20回（平4年）

「退廃姉妹」
　伊藤整文学賞　第17回（平18年）　小説部門

「カオスの娘」
　芸術選奨　第58回（平19年度）　文学部門　文部科学大臣賞

「虚人の星」
　毎日出版文化賞　第70回（平28年）　文学・芸術部門

「君が異端だった頃」
　読売文学賞　第71回（令1年）　小説賞

紫綬褒章（令4年）

島田 陽子　しまだ・ようこ
昭和28（1953）年〜令和4（2022）年
俳優

「将軍 SHOGUN」
　ゴールデン・アロー賞　第18回（昭55年）　特別賞
　ゴールデン・グローブ賞（昭55年度）　テレビドラマ部門　主演女優賞

「花園の迷宮」
　くまもと映画祭　第13回（平1年）　一般部門　女優賞

エランドール賞（昭49年度）　新人賞
テレビ大賞　第8回（昭50年度）　優秀個人賞
ウーマン・オブ・ザ・イヤー賞（ハリウッド・ラジオ・テレビ協会）（昭55年度）
フランス政府観光局女性親善大使賞　第1回（平3年）

清水 邦夫　しみず・くにお
昭和11（1936）年〜令和3（2021）年
劇作家、演出家、小説家

「彼女と彼」
　年鑑代表シナリオ　第15回（昭38年度）

「祇園祭」
　年鑑代表シナリオ　第20回（昭43年度）

「あらかじめ失われた恋人たちよ」
　年鑑代表シナリオ（昭46年度）

「ぼくらが非情の大河をくだる時」
　岸田國士戯曲賞　第18回（昭47年）

「ぼくらが非情の大河を下るとき」
　「新劇」岸田戯曲賞　第18回（昭49年）

「夜よ、おれを叫びと逆毛で充す青春の夜よ」
　紀伊國屋演劇賞　第11回（昭51年）　個人賞

「戯曲冒険小説」

芸術選奨 第30回（昭54年） 演劇部門 新人賞
「わが魂は輝く水なり―源平北越流誌」
　テアトロ演劇賞 第8回（昭55年度）
　泉鏡花文学賞 第8回（昭55年）
「幸福号出帆」
　年鑑代表シナリオ （昭55年度）
「エレジー」
　読売文学賞 第35回（昭58年） 戯曲賞
「弟よ一姉、乙女から坂本龍馬への伝言」
　テアトロ演劇賞 第18回（平2年度）
　芸術選奨 第41回（平2年） 演劇部門 文部大臣賞
「華やかな川, 囚われの心」
　芸術選奨 第43回（平4年） 文学部門 文部大臣賞
紫綬褒章（平14年）
旭日小綬章（平20年）

清水 健太郎　しみず・けんたろう
昭和27（1952）年～
歌手、俳優
「遠慮するなよ」
　銀座音楽祭 第7回（昭52年） 専門審査員奨励賞
「失恋レストラン」
　FNS歌謡祭グランプリ 第4回（昭52年） 優秀新人賞
　新宿音楽祭 第10回（昭52年） 金賞
　全日本有線放送大賞 第10回（昭52年度） 最優秀新人賞
　日本レコード大賞 第19回（昭52年） 最優秀新人賞
　日本歌謡大賞 第8回（昭52年） 放送音楽新人賞
　日本有線大賞 第10回（昭52年） 最優秀新人賞
　日本有線大賞 第10回（昭52年） 新人賞
「恋人よ」
　日本テレビ音楽祭 第3回（昭52年） 新人賞
「きれいになったね」
　日本テレビ音楽祭 第4回（昭53年） 金の鳩賞
あなたが選ぶ全日本歌謡音楽祭 第3回（昭52年） 優秀新人賞
ABC歌謡新人グランプリ 第4回（昭52年） グランプリ
横浜音楽祭 第4回（昭52年） 新人賞
日本レコードセールス大賞 第10回（昭52年） シルバー賞
日本レコードセールス大賞 第10回（昭52年） 男性新人賞
日本レコード大賞 第19回（昭52年） 最優秀新人賞
エランドール賞（昭53年度） 新人賞

清水 哲男　しみず・てつお
昭和13（1938）年～令和4（2022）年
詩人、評論家
「水甕座の水」

H氏賞 第25回（昭50年）
「東京」
　詩歌文学館賞 第1回（昭61年） 詩
「夕陽に赤い帆」
　萩原朔太郎賞 第2回（平6年）
　晩翠賞 第35回（平6年）
「黄燐と投げ縄」
　三好達治賞 第1回（平18年）
　山本健吉文学賞 第6回（平18年） 詩部門
「換気扇の下の小さな椅子で」
　丸山薫賞 第26回（令1年度）

清水 宏　しみず・ひろし
明治36（1903）年～昭和41（1966）年
映画監督
「風の中の子供」
　キネマ旬報ベスト・テン 第14回（昭12年度） 日本映画 4位
「花ある雑草」
　キネマ旬報ベスト・テン 第16回（昭14年度） 日本映画 9位
「子供の四季」
　キネマ旬報ベスト・テン 第16回（昭14年度） 日本映画 6位
「みかへりの塔」
　キネマ旬報ベスト・テン 第18回（昭16年度） 日本映画 3位
「蜂の巣の子供たち」
　毎日映画コンクール 第3回（昭23年） 特別賞
「蜂の巣の子供達」
　キネマ旬報ベスト・テン 第22回（昭23年度） 日本映画 4位
「小原庄助さん」
　キネマ旬報ベスト・テン 第23回（昭24年度） 日本映画 10位

清水 由貴子　しみず・ゆきこ
昭和34（1959）年～平成21（2009）年
俳優
「お元気ですか」
　FNS歌謡祭グランプリ 第4回（昭52年） 優秀新人賞
　ABC歌謡新人グランプリ 第4回（昭52年） シルバー賞
　FNS歌謡祭グランプリ 第4回（昭52年） 優秀新人賞
　横浜音楽祭 第4回（昭52年） 新人賞
　日本歌謡大賞 第8回（昭52年） 新人賞

志村 けん　しむら・けん
昭和25（1950）年～令和2（2020）年
タレント
テレビ大賞 第9回（昭51年度） 週刊TVガイドデスク賞

FNS歌謡祭グランプリ 第15回(昭63年) 特別賞 ※
　志村けん&田代まさしとだいじょうぶだぁファミリーとして
ゴールデン・アロー賞 第37回(平11年) 芸能賞
浅草芸能大賞 第37回(令2年度) 特別功労賞
東村山市名誉市民 (令2年)

子母沢 寛　しもざわ・かん
明治25(1892)年～昭和43(1968)年
小説家
菊池寛賞 第10回(昭37年)

志茂田 景樹　しもだ・かげき
昭和15(1940)年～
作家、タレント
「やっとこ探偵」
　小説現代新人賞 第27回(昭51年下)
「黄色い牙」
　直木三十五賞 第83回(昭55年上)
「気笛一声」
　日本文芸大賞 第4回(昭59年)
「キリンがくる日」
　日本絵本賞 第19回(平26年) 日本絵本賞読者賞(山田養蜂場賞)
日本文芸家クラブ大賞 第3回(平6年) 特別賞

子門 真人　しもん・まさと
昭和19(1944)年～
歌手
「およげ！たいやきくん」
　FNS歌謡祭グランプリ 第3回(昭51年) 最優秀ヒット賞
　全日本有線放送大賞 第9回(昭51年度) 特別賞
　日本歌謡大賞 第7回(昭51年) 放送音楽特別賞
　日本レコードセールス大賞 第9回(昭51年) セールス大賞

ジュディ・オング
昭和25(1950)年～
歌手、版画家
「魅せられて」
　FNS歌謡祭グランプリ 第6回(昭54年) 最優秀歌唱賞
　FNS歌謡祭グランプリ 第6回(昭54年) 優秀歌謡音楽賞
　全日本有線放送大賞 第12回(昭54年度) 優秀スター賞
　日本レコード大賞 第21回(昭54年) 大賞
　日本有線大賞 第12回(昭54年) 有線音楽賞
　あなたが選ぶ全日本歌謡音楽祭 第5回(昭54年) 審査員奨励賞
　横浜音楽祭 第6回(昭54年) 音楽祭賞
　銀座音楽祭 第9回(昭54年) ラジオディスクグランプリ

春風亭 小朝　しゅんぷうてい・こあさ
昭和30(1955)年～
落語家
日本放送演芸大賞 第9回(昭55年)
花王名人大賞 第1回(昭56年) 新人賞
放送演芸大賞 (昭56年) 落語部門賞・大賞
花王名人大賞 第2回(昭57年) 名人賞 落語部門(東京)
花王名人大賞 第3回(昭58年) 名人賞 落語部門(東京)
芸術祭賞 第39回(昭59年) 大衆芸能部門(1部) 優秀賞 "春風亭小朝独演会"の成果
芸術選奨 第36回(昭60年) 大衆芸能部門 新人賞 "こんばんわ小朝です"「小朝独演会」の芸風
ゴールデン・アロー賞 第25回(昭62年) 芸能賞
浅草芸能大賞 第13回(平8年度) 大賞
芸術選奨 第65回(平26年度) 大衆芸能部門 文部科学大臣賞 "春風亭小朝 in 三座"の成果
紫綬褒章 (令2年)
松尾芸能賞 第43回(令4年) 優秀賞 落語

東海林 さだお　しょうじ・さだお
昭和12(1937)年～
漫画家、エッセイスト
「タンマ君」
　文藝春秋漫画賞 第16回(昭45年)
「ブタの丸かじり」
　講談社エッセイ賞 第11回(平7年)
「アサッテ君」
　日本漫画家協会賞 第30回(平13年) 大賞
文藝春秋漫画賞 第16回(昭45年)
菊池寛賞 第45回(平9年)
紫綬褒章 (平12年)
旭日小綬章 (平23年)

庄野 英二　しょうの・えいじ
大正4(1915)年～平成5(1993)年
児童文学作家、小説家
「ロッテルダムの灯」
　日本エッセイスト・クラブ賞 第9回(昭36年)
「星の牧場」
　産経児童出版文化賞 第11回(昭39年)
　日本児童文学者協会賞 第4回(昭39年)
　野間児童文芸賞 第2回(昭39年)
「雲の中のにじ」
　NHK児童文学賞 第4回(昭41年) 奨励賞
「アルファベット群島」
　赤い鳥文学賞 第7回(昭52年)
大阪府芸術賞 (昭36年)
巌谷小波文芸賞 第13回(平2年)

庄野 潤三　しょうの・じゅんぞう
大正10(1921)年～平成21(2009)年
小説家。日本芸術院会員

「プールサイド小景」
　芥川龍之介賞　第32回（昭29年下）
「静物」
　新潮社文学賞　第7回（昭35年）
「夕べの雲」
　読売文学賞　第17回（昭40年）　小説賞
「紺野機業場」
　芸術選奨　第20回（昭44年）　文学部門　文部大臣賞
「絵合せ」
　野間文芸賞　第24回（昭46年）
「明夫と良二」
　赤い鳥文学賞　第2回（昭47年）
　毎日出版文化賞　第26回（昭47年）
日本芸術院賞　第29回（昭47年）　第2部
ケニオン大学名誉文学博士（オハイオ州）　（昭53年）
勲三等瑞宝章　（平5年）

笙野 頼子　しょうの・よりこ
昭和31(1956)年～
小説家

「極楽」
　群像新人賞　第24回（昭56年）
　群像新人文学賞　第24回（昭56年）　小説
「なにもしてない」
　野間文芸新人賞　第13回（平3年）
「タイムスリップ・コンビナート」
　芥川龍之介賞　第111回（平6年上）
「二百回忌」
　三島由紀夫賞　第7回（平6年）
「幽界森娘異聞」
　泉鏡花文学賞　第29回（平13年）
「金毘羅」
　伊藤整文学賞　第16回（平17年）　小説
「未闘病記―膠原病、『混合性結合組織病』の」
　野間文芸賞　第67回（平26年）

笑福亭 鶴光　しょうふくてい・つるこう
昭和23(1948)年～
落語家、タレント

「うぐいす谷ミュージックホール」
　夜のレコード大賞　第8回（昭50年度）　新人賞
　ゴールデン・アロー賞　第13回（昭50年）　芸能賞　新人賞
　全日本有線放送大賞　第8回（昭50年度）　新人賞
　ギャラクシー賞　第15回（昭52年）　選奨

笑福亭 鶴瓶　しょうふくてい・つるべ
昭和26(1951)年～
落語家、タレント、俳優

「ディア・ドクター」
　キネマ旬報賞　第55回（平21年度）　主演男優賞
　ブルーリボン賞　第52回（平21年度）　主演男優賞
　日刊スポーツ映画大賞・石原裕次郎賞　第22回（平21年）　主演男優賞
「A-Studio」「きらきらアフロ」「スジナシ」「鶴瓶の家族に乾杯」
　ギャラクシー賞　第47回（平21年度）　テレビ部門　個人賞
「しずかちゃんとパパ」
　放送文化基金賞　第48回（令4年）　個別分野　演技賞

上方お笑い大賞　第9回（昭55年）　銀賞
ギャラクシー賞　第29回（平3年）　個人賞
上方お笑い大賞　第29回（平12年）　大賞
日本放送協会放送文化賞　第69回（平29年度）
芸術選奨　第69回（平30年度）　大衆芸能部門　文部科学大臣賞　"笑福亭鶴瓶落語会" ほかの成果

笑福亭 仁鶴　しょうふくてい・にかく
昭和12(1937)年～令和3(2021)年
落語家、タレント

上方お笑い大賞　第3回（昭49年）　大賞
大阪市民表彰　（平6年）　文化功労賞
日本放送協会放送文化賞　第53回（平13年）
放送文化賞　第53回（平14年）

ジョージ川口　じょーじかわぐち
昭和2(1927)年～平成15(2003)年
ジャズ・ドラマー

芸術選奨　第31回（昭55年）　大衆芸能部門　大臣賞
南里文雄賞　第6回（昭55年）
ニューオーリンズ市名誉市民賞　（昭57年）
日本作曲大賞　第5回（昭60年）　音楽文化賞
ジャズディスク大賞　第21回（昭62年）　制作企画賞
紫綬褒章　（昭63年）
勲四等旭日小綬章　（平9年）
日本レコード大賞　第45回（平15年）　日本作曲家協会特別功労賞

白石 一郎　しらいし・いちろう
昭和6(1931)年～平成16(2004)年
小説家

「雑兵」
　講談倶楽部賞　第10回（昭32年下）
「海狼伝」
　直木三十五賞　第97回（昭62年上）
「戦鬼たちの海―織田水軍の将・九鬼嘉隆」
　柴田錬三郎賞　第5回（平4年）
「怒濤のごとく」

白石 かずこ　しらいし・かずこ
　　昭和6(1931)年～令和6(2024)年
　　詩人
「聖なる淫者の季節」
　H氏賞　第21回(昭46年)
「一艘のカヌー、未来へ戻る」
　無限賞　(昭53年)
「砂族」
　歴程賞　第21回(昭58年)
「現れるものたちをして」
　高見順賞　第27回(平8年)
　読売文学賞　第48回(平8年)　詩歌俳句賞
「浮遊する母、都市」
　晩翠賞　第44回(平15年)
「詩の風景・詩人の肖像」
　読売文学賞　第60回(平20年度)　随筆・紀行賞
紫綬褒章　(平10年)
旭日小綬章　(平16年)

白坂 依志夫　しらさか・よしお
　　昭和7(1932)年～平成27(2015)年
　　脚本家
「マンモスタワー」
　芸術祭賞　第13回(昭33年)　テレビ部門　奨励賞
「巨人と玩具」
　年鑑代表シナリオ　第10回(昭33年度)
「大地の子守歌」
　おおさか映画祭　第2回(昭51年)　脚本賞
　年鑑代表シナリオ　(昭51年度)
「曽根崎心中」
　年鑑代表シナリオ　(昭53年度)

白洲 正子　しらす・まさこ
　　明治43(1910)年～平成10(1998)年
　　随筆家、評論家
「能面」
　読売文学賞　第15回(昭38年)　研究・翻訳賞
「かくれ里」
　読売文学賞　第24回(昭47年)　随筆・紀行賞
「魂の叫び声」
　児童福祉文化賞　第21回(昭53年度)　出版物部門　奨励賞
東京都文化賞　(平3年)

城山 三郎　しろやま・さぶろう
　　昭和2(1927)年～平成19(2007)年
　　小説家
「応召と生活」
　「サンデー毎日」大衆文芸　第27回(昭15年下)
「輸出」
　文學界新人賞　第4回(昭32年中)
「総会屋錦城」
　直木三十五賞　第40回(昭33年下)
「硫黄島に死す」「本田宗一郎は泣いている」「私をボケと罵った自民党議員へ」
　文藝春秋読者賞　第25回・53回・64回(昭38年・平成4年・15年)
「落日燃ゆ」
　毎日出版文化賞　第28回(昭49年)
　吉川英治文学賞　第9回(昭50年)
　毎日出版文化賞　(昭50年)
日本放送協会放送文化賞　第33回(昭56年)
神奈川文化賞　(平3年)
菊池寛賞　第44回(平8年)　"「もう、きみには頼まない―石坂泰三の世界」など"
朝日賞　(平14年)

新川 和江　しんかわ・かずえ
　　昭和4(1929)年～令和6(2024)年
　　詩人
「季節の花詩集」
　小学館文学賞　第9回(昭35年)
「ローマの秋・その他」
　室生犀星詩人賞　第5回(昭40年)
「ひきわり麦抄」
　現代詩人賞　第5回(昭62年)
「星のおしごと」
　日本童謡賞　第22回(平4年)
「潮の庭から」
　丸山豊記念現代詩賞　第3回(平6年)
「けさの陽に」
　詩歌文学館賞　第13回(平10年)　詩
「はたはたと頁がめくれ…」
　藤村記念歴程賞　第37回(平11年)
「いつもどこかで」
　産経児童出版文化賞　第47回(平12年)　JR賞
「記憶する水」
　現代詩花椿賞　第25回(平19年)
　丸山薫賞　第15回(平20年)
結城市民栄誉賞　(昭59年)
児童文化功労賞　第37回(平10年)
藤村記念歴程賞　第37回(平11年)
勲四等瑞宝章　(平12年)
結城市名誉市民　(平13年)

吉川英治文学賞　第33回(平11年)
福岡市文学賞　第1回(昭45年)
西日本文化賞　第54回(平7年)　社会文化部門
海洋文学大賞　第2回(平10年)　特別賞

新藤 兼人　しんどう・かねと
　明治45(1912)年～平成24(2012)年
　映画監督、脚本家

「強風」
　国民映画脚本　第2回(昭17年)

「お嬢さん乾杯」
　年鑑代表シナリオ　第1回(昭24年度)

「森の石松」「嫉妬」
　年鑑代表シナリオ　第1回(昭24年度)

「偽れる盛装」
　年鑑代表シナリオ　第2回(昭25年度)
　毎日映画コンクール　第5回(昭25年)　脚本賞

「愛妻物語」
　キネマ旬報ベスト・テン　第25回(昭26年度)　日本映画 10位
　年鑑代表シナリオ　第3回(昭26年度)

「源氏物語」
　年鑑代表シナリオ　第3回(昭26年度)

「原爆の子」
　年鑑代表シナリオ　第4回(昭27年度)

「縮図」
　キネマ旬報ベスト・テン　第27回(昭28年度)　日本映画 10位
　年鑑代表シナリオ　第5回(昭28年度)

「どぶ」
　年鑑代表シナリオ　第6回(昭29年度)

「裸の太陽」
　年鑑代表シナリオ　第10回(昭33年度)

「第五福竜丸」
　キネマ旬報ベスト・テン　第33回(昭34年度)　日本映画 8位
　年鑑代表シナリオ　第11回(昭34年度)

「裸の島」
　キネマ旬報ベスト・テン　第34回(昭35年度)　日本映画 6位
　ブルーリボン賞　第11回(昭35年)　企画賞
　優秀映画鑑賞会ベストテン　第1回(昭35年度)　日本映画 3位
　モスクワ国際映画祭　(昭36年)　グランプリ

「人間」
　キネマ旬報ベスト・テン　第36回(昭37年度)　日本映画 6位
　年鑑代表シナリオ　第14回(昭37年度)

「青べか物語」「しとやかな獣」
　キネマ旬報賞　第8回(昭37年)　脚本賞

「しとやかな獣」「母」
　芸術選奨　第14回(昭38年)　映画部門

「母」
　キネマ旬報ベスト・テン　第37回(昭38年度)　日本映画 8位
　毎日芸術賞　第5回(昭38年)

「鬼婆」
　年鑑代表シナリオ　第16回(昭39年度)
　優秀映画鑑賞会ベストテン　第5回(昭39年度)　日本映画 3位

「傷だらけの山河」
　年鑑代表シナリオ　第16回(昭39年度)

「悪党」
　キネマ旬報ベスト・テン　第39回(昭40年度)　日本映画 9位
　年鑑代表シナリオ　第17回(昭40年度)
　優秀映画鑑賞会ベストテン　第6回(昭40年度)　日本映画 9位

「本能」
　キネマ旬報ベスト・テン　第40回(昭41年度)　日本映画 7位
　年鑑代表シナリオ　第18回(昭41年度)
　優秀映画鑑賞会ベストテン　第7回(昭41年度)　日本映画 5位

「華岡清洲の妻」
　年鑑代表シナリオ　第19回(昭42年度)

「性の起源」
　優秀映画鑑賞会ベストテン　第8回(昭42年度)　日本映画 8位
　年鑑代表シナリオ　第19回(昭42年度)

「藪の中の黒猫」
　年鑑代表シナリオ　第20回(昭43年度)

「かげろう」
　キネマ旬報ベスト・テン　第43回(昭44年度)　日本映画 4位
　年鑑代表シナリオ　第21回(昭44年度)
　優秀映画鑑賞会ベストテン　第10回(昭44年度)　日本映画 8位

「裸の19才」
　年鑑代表シナリオ　(昭45年度)

「裸の十九才」
　キネマ旬報ベスト・テン　第44回(昭45年度)　日本映画 10位
　優秀映画鑑賞会ベストテン　第11回(昭45年度)　日本映画 8位

「軍旗はためく下に」
　年鑑代表シナリオ　(昭47年度)

「讃歌」
　年鑑代表シナリオ　(昭47年度)
　優秀映画鑑賞会ベストテン　第13回(昭47年度)　日本映画 9位

「裸の19歳」
　モスクワ国際映画祭　(昭47年)　金賞

「わが道」

しんとう

キネマ旬報ベスト・テン 第48回(昭49年度) 日本映画 6位
年鑑代表シナリオ (昭49年度)
優秀映画鑑賞会ベストテン 第15回(昭49年度) 日本映画 6位

「ある映画監督の生涯 溝口健二の記録」
　キネマ旬報ベスト・テン 第49回(昭50年度) 日本映画 1位
　キネマ旬報賞 第21回(昭50年) 日本映画監督賞
　年鑑代表シナリオ (昭50年度)
　毎日映画コンクール 第30回(昭50年) 監督賞
　優秀映画鑑賞会ベストテン 第16回(昭50年度) 日本映画 2位

「昭和枯れすすき」
　年鑑代表シナリオ (昭50年度)

「竹山ひとり旅」
　キネマ旬報ベスト・テン 第51回(昭52年度) 日本映画 2位
　年鑑代表シナリオ (昭52年度)
　優秀映画鑑賞会ベストテン 第18回(昭52年度) 日本映画 3位

「事件」
　キネマ旬報賞 第24回(昭53年) 脚本賞
　年鑑代表シナリオ (昭53年度)
　毎日映画コンクール 第33回(昭53年) 脚本賞
　日本アカデミー賞 第2回(昭54年) 最優秀脚本賞

「絞殺」
　年鑑代表シナリオ (昭54年度)

「北斎漫画」
　キネマ旬報ベスト・テン 第55回(昭56年度) 日本映画 8位
　年鑑代表シナリオ (昭56年度)

「地平線」
　優秀映画鑑賞会ベストテン 第25回(昭59年度) 日本映画 9位

「落葉樹」
　年鑑代表シナリオ (昭61年度)
　優秀映画鑑賞会ベストテン 第27回(昭61年度) 日本映画 10位

「さくら隊散る」
　キネマ旬報ベスト・テン 第62回(昭63年度) 日本映画 7位
　年鑑代表シナリオ (昭63年度)
　優秀映画鑑賞会ベストテン 第29回(昭63年度) 日本映画 3位

「さくら隊散る」「濹東綺譚」
　日本映画復興賞 (平1年)

「濹東綺譚」
　キネマ旬報ベスト・テン 第66回(平4年度) 日本映画 第9位
　年鑑代表シナリオ (平4年度)
　優秀映画鑑賞会ベストテン 第33回(平4年度) 日本映画 第8位

「午後の遺言状」
　キネマ旬報ベスト・テン 第69回(平7年度) 日本映画 第1位
　キネマ旬報賞 第41回(平7年) 日本映画監督賞・脚本賞
　ブルーリボン賞 第38回(平7年) 最優秀作品賞
　モスクワ国際映画祭 第19回(平7年) 批評家賞
　山路ふみ子映画賞 第19回(平7年)
　日刊スポーツ映画大賞・石原裕次郎賞 第8回(平7年) 監督賞
　年鑑代表シナリオ (平7年度)
　報知映画賞 第20回(平7年度) 最優秀作品賞
　毎日映画コンクール 第50回(平7年) 監督賞
　優秀映画鑑賞会ベストテン 第36回(平7年度) 日本映画 第1位
　日本アカデミー賞 第19回(平8年) 最優秀監督賞
　日本アカデミー賞 第19回(平8年) 最優秀脚本賞

「生きたい」
　モスクワ国際映画祭 第21回(平11年) グランプリ
　年鑑代表シナリオ (平11年度)

「三文役者」
　キネマ旬報ベスト・テン 第74回(平12年度) 日本映画 第6位
　年鑑代表シナリオ (平12年度)
　藤本賞 第20回(平13年) 特別賞

「一枚のハガキ」
　東京国際映画祭 第23回(平22年) コンペティション部門 審査員特別賞
　キネマ旬報ベスト・テン 第85回(平23年度) 日本映画 第1位
　ブルーリボン賞 第54回(平23年度) 監督賞
　TAMA映画祭 第3回(平23年) 最優秀作品賞
　日刊スポーツ映画大賞・石原裕次郎賞 第24回(平23年) 監督賞・作品賞
　報知映画賞 第36回(平23年) 特別賞
　毎日映画コンクール 第66回(平23年度) 脚本賞
　毎日映画コンクール 第66回(平23年度) 日本映画大賞

朝日賞 (昭50年)
朝日賞 (昭51年)
牧野省三賞 第27回(昭60年)
勲四等旭日小綬章 (昭62年)
エランドール賞 (昭63年度) 特別賞
神奈川文化賞 第43回(平6年)
日本映画ペンクラブ賞 (平7年)
エランドール賞 (平8年度) 特別賞
川喜多賞 第14回(平8年)
文化功労者 (平9年)

スポニチ文化芸術大賞 第8回（平12年）
文化勲章（平14年度）
エランドール賞（平15年度）特別賞
日本アカデミー賞 第26回（平15年）協会栄誉賞
ゴールデングロス賞 第29回（平23年度）ゴールデングロス特別賞 全興連特別激励大賞
菊池寛賞 第59回（平23年）
報知映画賞 第36回（平23年度）特別賞
日刊スポーツ映画大賞・石原裕次郎賞 第25回（平24年）
日本アカデミー賞 第36回（平25年）会長特別賞

新藤 涼子　しんどう・りょうこ
昭和7（1932）年〜令和4（2022）年
詩人

「薔薇ふみ」
　高見順賞 第16回（昭60年）
「薔薇色のカモメ」
　丸山薫賞 第14回（平19年）
「連詩・悪母島の魔術師（マジシャン）」
　藤村記念歴程賞 第51回（平25年）

陣内 孝則　じんない・たかのり
昭和33（1958）年〜
俳優、ロック歌手

「ちょうちん」
　ブルーリボン賞 第30回（昭62年）主演男優賞
　報知映画賞 第12回（昭62年度）最優秀主演男優賞
ベストドレッサー賞 第15回（昭61年）スポーツ・芸能部門
エランドール賞（昭62年度）新人賞

神野 美伽　しんの・みか
昭和40（1965）年〜
歌手

「なみだ川」
　FNS歌謡祭グランプリ 第11回（昭59年）優秀新人賞
　銀座音楽祭 第14回（昭59年）審査員特別賞
　新宿音楽祭 第17回（昭59年）銀賞
　日本有線大賞 第17回（昭59年）新人賞
「男船」
　全日本有線放送大賞 第18回（昭60年度）特別賞
　日本演歌大賞 第11回（昭60年）演歌希望の星賞
　日本有線大賞 第18回（昭60年）敢闘賞
「浪花そだち」
　日本演歌大賞 第13回（昭62年）演歌スター賞
「人生夜汽車」
　横浜音楽祭 第17回（平2年）演歌選奨
「海峡をこえて…名歌彩々」
　日本レコード大賞 第40回（平10年）企画賞
横浜音楽祭 第11回（昭59年）新人賞

日本有線大賞 第17回（昭59年）新人賞
メガロポリス歌謡祭 第4回（昭60年）演歌入賞
横浜音楽祭 第13回（昭61年）音楽祭特別賞
横浜音楽祭 第18回（平3年）演歌賞

新橋 耐子　しんばし・たいこ
昭和19（1944）年〜
俳優

「雨」「山吹」
　紀伊國屋演劇賞 第12回（昭52年）個人賞
「頭痛肩こり樋口一葉」
　読売演劇大賞 第2回（平6年）優秀女優賞
「食いしん坊万歳！ 〜正岡子規青春狂詩曲〜」
　菊田一夫演劇賞 第42回（平28年度）演劇賞
　読売演劇大賞 第25回（平29年度）優秀女優賞

水前寺 清子　すいぜんじ・きよこ
昭和20（1945）年〜
歌手、俳優

「三百六十五歩のマーチ」
　日本レコード大賞 第11回（昭43年）大衆賞

ゴールデン・アロー賞 第3回（昭40年）新人賞
日本レコード大賞 第11回（昭44年）大衆賞
テレビ大賞 第5回（昭47年度）特別賞
日本レコード大賞 第15回（昭48年）大賞制定15周年記念賞
日本演歌大賞 第1回（昭50年）演歌特別賞
日本演歌大賞 第10回（昭59年）演歌スター賞
日本作詩大賞 第47回（平26年度）テレビ東京特別賞
日本レコード大賞 第58回（平28年）功労賞

末吉 暁子　すえよし・あきこ
昭和17（1942）年〜平成28（2016）年
児童文学作家

「星に帰った少女」
　児童文芸新人賞 第6回（昭52年）
　日本児童文学者協会新人賞 第11回（昭53年）
「だっくんあそぼうよシリーズ」
　産経児童出版文化賞 第32回（昭60年）
「ママの黄色い子象」
　野間児童文芸賞 第24回（昭61年）
「雨ふり花さいた」
　小学館児童出版文化賞 第48回（平11年）
「赤い髪のミウ」
　産経児童出版文化賞 第58回（平23年）フジテレビ賞

菅井 きん　すがい・きん
大正15（1926）年〜平成30（2018）年
俳優

「お葬式」
　報知映画賞 第9回（昭59年度）最優秀助演女優賞
　日本アカデミー賞 第8回（昭60年）最優秀助演女

優賞
紫綬褒章（平2年）
勲四等宝冠章（平8年）

菅原 文太　すがわら・ぶんた
昭和8(1933)年～平成26(2014)年
俳優

「仁義なき戦い」
キネマ旬報賞　第19回（昭48年）　男優賞
ゴールデン・アロー賞　第11回（昭48年）　映画賞

「県警対組織暴力」「トラック野郎」
ブルーリボン賞　第18回（昭50年）　主演男優賞

「太陽を盗んだ男」
日本アカデミー賞　第3回（昭55年）　最優秀助演男優賞

「鉄拳」
報知映画賞　第15回（平2年度）最優秀主演男優賞

「わたしのグランパ」
日刊スポーツ映画大賞・石原裕次郎賞　第16回（平15年）　助演男優賞

日本映画テレビプロデューサー協会賞　（昭50年）　特別賞
エランドール賞　（昭51年度）　特別賞
日本アカデミー賞　第38回（平27年）　会長特別賞

菅原 洋一　すがわら・よういち
昭和8(1933)年～
歌手

「誰もいない」
日本レコード大賞　第10回（昭43年）　歌唱賞

「今日でお別れ」
日本レコード大賞　第12回（昭45年）　大賞
日本歌謡大賞　第1回（昭45年）　放送音楽賞
日本有線大賞　第3回（昭45年）　スター賞

「歌い続けて60年 ふり返ればビューティフルメモリー——85才の私からあなたへ—」
日本レコード大賞　第60回（平30年）　企画賞

芸術祭賞　第32回（昭52年）　大衆芸能部門（2部）優秀賞　"第11回菅原洋一リサイタル"の成果"
日本レコード大賞　第20回（昭53年）　日本レコード大賞20周年記念顕彰
加古川市文化賞　第1回（平4年）
日本レコード大賞　第50回（平20年）　功労賞

杉 みき子　すぎ・みきこ
昭和5(1930)年～
児童文学作家

「かくまきの歌」
児童文学者協会新人賞　第7回（昭32年）
日本児童文学者協会新人賞　（昭32年）

「白い道の記憶」
新潟県同人雑誌連盟賞　第3回（昭36年）

「マンドレークの声」
新潟日報短編小説賞　第10回（昭45年）

「人魚のいない海」
北陸児童文学賞　第7回（昭45年）

「小さな雪の町の物語」
小学館文学賞　第21回（昭47年）

「小さな町の風景」
赤い鳥文学賞　第13回（昭58年）

杉 良太郎　すぎ・りょうたろう
昭和19(1944)年～
俳優、歌手

「杉良太郎10月特別公演」
芸術祭賞　第34回（昭54年）　大衆芸能部門（1部）優秀賞

エランドール賞　（昭42年度）　新人賞
ゴールデン・アロー賞　第17回（昭54年）　特別賞
芸術祭賞　（昭54年）　優秀賞
日本演歌大賞　第5回（昭54年）　特別賞
松尾芸能賞　第1回（昭55年）　大賞
日本テレビ音楽祭　第7回（昭56年）　日本テレビ特別賞
ホノルル市名誉市長　（昭63年）
外務大臣表彰　（平1年）
ベトナム友誼勲章　（平9年）
国際協力郵政大臣賞　第1回（平10年）
文部大臣表彰　（平10年）
緑綬褒章　（平20年）
紫綬褒章　（平21年）
文化功労者　第69回（平28年度）

杉井 ギサブロー　すぎい・ぎさぶろー
昭和15(1940)年～
アニメーション作家

「銀河鉄道の夜」
日本カトリック映画賞　第10回（昭60年）
優秀映画鑑賞会ベストテン　第26回（昭60年度）　日本映画　6位

「陽だまりの樹」
文化庁メディア芸術祭　第4回（平12年）　アニメーション部門　優秀賞

「あらしのよるに」
日本アカデミー賞　第30回（平19年）　優秀アニメーション作品賞

「グスコーブドリの伝記」
文化庁メディア芸術祭　第16回（平24年）　アニメーション部門　優秀賞

日本アニメ大賞・アトム賞　第3回（昭60年）　日本アニメ大賞　部門別最優秀賞　演出部門最優秀賞　"主にTVシリーズ「タッチ」の演出に対して"

杉浦 直樹　すぎうら・なおき
昭和6(1931)年〜平成23(2011)年
俳優

「ときめきに死す」
　アジア太平洋映画祭　(昭59年度)　助演男優賞

「今朝の秋」
　ギャラクシー賞　第25回(昭62年)　選奨

「恋ぶみ屋一葉」
　読売演劇大賞　第2回(平6年)　優秀男優賞

「あ・うん」
　菊田一夫演劇賞　第27回(平13年)　演劇賞

名古屋演劇ペンクラブ年間賞　(平4年)
橋田賞　第12回(平15年)　特別賞
旭日小綬章　(平18年)

杉浦 範茂　すぎうら・はんも
昭和6(1931)年〜
イラストレーター、グラフィックデザイナー

「ふるやのもり」
　小学館絵画賞　第28回(昭54年)

「坂をのぼれば」
　産経児童出版文化賞　第26回(昭54年)

「まつげの海のひこうせん」
　絵本にっぽん大賞　第6回(昭58年)

「スプーンほしとおっぱいほし」
　日本絵本賞　第1回(平7年)　日本絵本賞

「ちきゅうはメリーゴーランド」
　造本装幀コンクール展　第36回(平13年度)　ユネスコ・アジア文化センター賞

「くすのきじいさんのむかしむかし〈1〉かみかくし」
　赤い鳥ふるさと絵本賞　第17回(平15年)

芸術選奨　第35回(昭59年)　美術部門　新人賞
紫綬褒章　(平10年)
旭日小綬章　(平17年)
造本装幀コンクール展　第42回(平19年度)　読書推進運動協議会賞・ユネスコアジア文化センター賞

杉田 豊　すぎた・ゆたか
昭和5(1930)年〜平成29(2017)年
絵本作家、グラフィックデザイナー

「帽子のパッケージ」
　日宣美展　第7回(昭32年)　奨励賞

「おはよう」
　フランスOCL13グランプリ　(昭49年)

「ねずみのごちそう」
　ボローニャ国際児童図書展　(昭54年)　グラフィック賞
　産経児童出版文化賞　第26回(昭54年)　美術賞

「うれしい ひ」
　講談社出版文化賞　第11回(昭55年)　絵本賞

「ぼくはとびたい」
　造本装幀コンクール展　(昭56年)　日本印刷工業会会長賞

「みんなうたってる」
　産経児童出版文化賞　第37回(平2年)

ボローニャ国際児童年記念ポスター最優秀賞　(昭54年)
ブルーノ・グラフィック・ビエンナーレ特別賞　(昭59年)
アジアゴ国際切手芸術賞　第27回(平9年)　最優秀賞
日本児童文芸家協会児童文化功労賞　第42回(平15年)

杉村 春子　すぎむら・はるこ
明治39(1906)年〜平成9(1997)年
俳優

「女の一生」
　毎日芸術賞　第10回(昭43年)
　朝日賞　(昭43年)　文化賞　"「女の一生」の全国巡演をはじめとする多年にわたる演劇活動"

「麦秋」「めし」「命美わし」
　ブルーリボン賞　第2回(昭26年)　助演女優賞

「にごりえ」「東京物語」
　毎日映画コンクール　第8回(昭28年)　演技賞　女優助演賞

「ふるあめりかに袖はぬらさじ」
　芸術祭賞　第46回(平3年)　演劇部門
　紀伊國屋演劇賞　第26回(平3年)　個人賞

「ふるあめりかに袖はぬらさじ」「ウェストサイドワルツ」「恋ぶみ屋一葉」
　読売演劇大賞　第2回(平6年)　大賞・最優秀女優賞

「午後の遺言状」
　キネマ旬報ベスト・テン　(平7年度)　主演女優賞
　キネマ旬報賞　第41回(平7年)　主演女優賞
　日刊スポーツ映画大賞・石原裕次郎賞　第8回(平7年)　主演女優賞
　日本映画批評家大賞　第5回(平7年度)　特別女優賞
　毎日映画コンクール　第50回(平7年)　女優主演賞

日本芸術院賞　第4回(昭22年)　第3部
日本放送協会放送文化賞　第10回(昭33年)
文化功労者　(昭49年)
森田たまパイオニア賞　第10回(昭56年)
橋田賞　第1回(平4年)　特別賞
東京都名誉都民　(平4年)
山路ふみ子映画賞　第19回(平7年)　文化賞
毎日映画コンクール　第52回(平9年)　特別賞

杉本 苑子　すぎもと・そのこ
大正14(1925)年〜平成29(2017)年
小説家

「燐の譜」

「サンデー毎日」大衆文芸　第42回（昭27年下）
「孤愁の岸」
　直木三十五賞　第48回（昭37年下）
「滝沢馬琴」
　吉川英治文学賞　第12回（昭53年）
「穢土荘厳」
　女流文学賞　第25回（昭61年）
紫綬褒章　（昭62年）
文化功労者　（平7年）
熱海市名誉市民　（平9年）
日本放送協会放送文化賞　第50回（平10年）
菊池寛賞　第50回（平14年）
文化勲章　（平14年度）

杉本　秀太郎　すぎもと・ひでたろう
　昭和6（1931）年～平成27（2015）年
　評論家、翻訳家。日本芸術院会員
「文学演技」
　芸術選奨　第28回（昭52年）　評論等　新人賞
「洛中生息」
　日本エッセイスト・クラブ賞　第25回（昭52年）
「徒然草」
　読売文学賞　第39回（昭62年）　随筆・紀行賞
「平家物語」
　大佛次郎賞　第23回（平8年）
京都府文化賞　第16回（平10年）　功労賞
旭日中綬章　（平15年）
京都市文化功労者　（平17年）
京都府文化賞　（平27年）　特別功労賞

杉本　真人　すぎもと・まさと
　昭和24（1949）年～
　作曲家、シンガー・ソングライター
「お久しぶりね」
　古賀政男記念音楽大賞　第4回（昭58年度）　プロ作品
　　優秀賞
「乾杯」
　古賀政男記念音楽大賞　第6回（昭60年度）　プロ作品
　　優秀賞
「吾亦紅」
　スポニチ文化芸術大賞　第16回（平19年度）　優秀賞
吉田正賞　（平13年）
日本レコード大賞　第43回（平13年）　吉田正賞

杉森　久英　すぎもり・ひさひで
　明治45（1912）年～平成9（1997）年
　小説家、評論家
「天才と狂人の間」
　直木三十五賞　第47回（昭37年上）
「昭和の謎辻政信伝」

文藝春秋読者賞　第24回（昭38年）
「能登」
　平林たい子文学賞　第13回（昭60年）
「近衛文麿」
　毎日出版文化賞　第41回（昭62年）
勲三等瑞宝章　（平1年）
菊池寛賞　第41回（平5年）
中日文化賞　第46回（平5年）
七尾市名誉市民

スズキ　コージ
　昭和23（1948）年～
　イラストレーター、絵本作家
「エンソくん きしゃにのる」
　小学館絵画賞　第36回（昭62年）
「やまのディスコ」
　絵本にっぽん賞　（平1年）
「おばけドライブ」
　講談社出版文化賞　第35回（平16年）　絵本賞
「ブラッキンダー」
　日本絵本賞　第14回（平20年）　大賞
「旅ねずみ」
　赤い鳥さし絵賞　第22回（平20年）
「ドームがたり」
　日本絵本賞　第23回（平30年）　日本絵本賞

鈴木　清順　すずき・せいじゅん
　大正12（1923）年～平成29（2017）年
　映画監督
「けんかえれじい」
　ぴあテン　第3回（昭49年度）　番外 10位
「ツィゴイネルワイゼン」
　キネマ旬報ベスト・テン　第54回（昭55年度）　日本映画 1位
　キネマ旬報賞　第26回（昭55年）　日本映画監督賞
　芸術選奨　第31回（昭55年）　映画部門 大臣賞
　ブルーリボン賞　第23回（昭55年）　監督賞
　優秀映画鑑賞会ベストテン　第21回（昭55年度）　日本映画 5位
　日本アカデミー賞　第4回（昭56年）　最優秀監督賞
　ベルリン国際映画祭　第31回（昭56年）　審査員特別賞
「陽炎座」
　キネマ旬報ベスト・テン　第55回（昭56年度）　日本映画 3位
「ピストルオペラ」
　ベネチア国際映画祭　（平13年）　偉大なる巨匠に捧げるオマージュの盾
「オペレッタ狸御殿」
　毎日映画コンクール　第60回（平17年度）　日本映画

優秀賞
　ベストドレッサー賞　第14回（昭60年）　学術・文化
　　部門
　紫綬褒章　（平2年）
　勲四等旭日小綬章　（平8年）
　山路ふみ子賞　第29回（平17年）　文化財団特別賞
　川喜多賞　第24回（平18年）
　日本アカデミー賞　第40回（平29年）　会長功労賞

鈴木　忠志　すずき・ただし
　昭和14（1939）年〜
　演出家
「夜と時計」
　紀伊國屋演劇賞　第10回（昭50年）　個人賞
「スウィーニィ・トッド」「バッコスの信女」
　芸術選奨　第32回（昭56年）　演劇部門　新人賞
「世界の果てからこんにちはⅠ」
　読売演劇大賞　第1回（平5年）　優秀演出家賞
フランス芸術文化勲章（平8年）
ロシア・スタニスラフスキー賞　（平16年）
北日本新聞文化賞　（平18年）

鈴木　尚之　すずき・なおゆき
　昭和4（1929）年〜平成17（2005）年
　脚本家
「五番町夕霧楼」
　年鑑代表シナリオ　第15回（昭38年度）
「武士道残酷物語」
　年鑑代表シナリオ　第15回（昭38年度）
「飢餓海峡」
　ブルーリボン賞　第16回（昭40年）　脚本賞
「飢餓海峡」「冷飯とおさんとちゃん」
　年鑑代表シナリオ　第17回（昭40年度）
　毎日映画コンクール　第20回（昭40年）　脚本賞
「湖の琴」
　年鑑代表シナリオ　第18回（昭41年度）
「祇園祭」
　年鑑代表シナリオ　第20回（昭43年度）
「婉という女」
　年鑑代表シナリオ　（昭46年度）
「海軍特別年少兵」
　年鑑代表シナリオ　（昭47年度）
旭日小綬章（平15年）
エランドール賞　（平18年度）　特別賞

鈴木　則文　すずき・のりぶみ
　昭和8（1933）年〜平成26（2014）年
　映画監督、脚本家
「トラック野郎御意見無用」
　年鑑代表シナリオ（昭50年度）
「パンツの穴」
　おおさか映画祭　第10回（昭59年度）　監督賞
「塀の中の懲りない面々」
　年鑑代表シナリオ　（昭62年度）
「文学賞殺人事件　大いなる助走」
　年鑑代表シナリオ　（平1年度）
京都市民映画祭　（昭48年）　監督賞
ヨコハマ映画祭　第6回（昭59年度）　特別大賞
くまもと映画祭　第12回（昭62年度）　特別功労賞
日本アカデミー賞　第38回（平27年）　会長特別賞

鈴木　真砂女　すずき・まさじょ
　明治39（1906）年〜平成15（2003）年
　俳人
「夕蛍」
　俳人協会賞　第16回（昭51年）
「都鳥」
　読売文学賞　第46回（平6年）　詩歌俳句賞
「紫木蓮」
　蛇笏賞　第33回（平11年）

鈴木　義治　すずき・よしはる
　大正2（1913）年〜平成14（2002）年
　絵本作家
「コタンの口笛」
　産経児童出版文化賞　第5回（昭33年）
「レミは生きている」
　産経児童出版文化賞　第6回（昭34年）
「まちのせんたく」「ネコのおしろ」
　小学館絵画賞　第18回（昭44年）
「海と少年―山本和夫少年詩集」
　産経児童出版文化賞　第22回（昭50年）　大賞
「雨のにおい星の声」
　日本の絵本賞　第11回（昭63年）　絵本にっぽん賞
　産経児童出版文化賞　第35回（昭63年）
児童文化功労者賞　第26回（昭59年）

砂田　弘　すなだ・ひろし
　昭和8（1933）年〜平成20（2008）年
　児童文学者
「二つのボール」
「サンデー毎日」大衆文芸　第55回（昭34年上）
「さらばハイウェイ」
　日本児童文学者協会賞　第11回（昭46年）
「砂田弘評論集成」
　日本児童文学者協会賞　第44回（平16年）　特別賞
ジュニア・ノンフィクション文学賞　（昭52年）

すま けい
昭和10(1935)年～平成25(2013)年
俳優

「キネマの天地」
　ブルーリボン賞　第29回(昭61年)　助演男優賞
　報知映画賞　第11回(昭61年度)　最優秀助演男優賞
「人間合格」
　紀伊國屋演劇賞　第27回(平4年)　個人賞
　読売演劇大賞　第11回(平15年)　優秀男優賞

瀬川 瑛子　せがわ・えいこ
昭和23(1948)年～
歌手

「命くれない」
　藤田まさと賞　第3回(昭61年度)
　あなたが選ぶ全日本歌謡音楽祭　第13回(昭62年)　審査員奨励賞
　FNS歌謡祭グランプリ　第14回(昭62年)　優秀歌謡音楽賞
　全日本有線放送大賞　第20回(昭62年度)　グランプリ
　全日本有線放送大賞　第20回(昭62年度)　優秀スター賞
　日本ゴールドディスク大賞　第2回(昭62年)　特別賞
　日本テレビ音楽祭　第13回(昭62年)　優秀賞
　日本レコード大賞　第29回(昭62年)　特別大賞
　日本演歌大賞　第13回(昭62年)　大賞
　日本演歌大賞　第13回(昭62年)　演歌スター賞
　日本有線大賞　第20回(昭62年)　大賞
　日本有線大賞　第20回(昭62年)　ベストヒット曲賞
　日本有線大賞　第20回(昭62年)　有線音楽賞
「憂き世川」
　日本有線大賞　第21回(昭63年)　有線音楽賞
「春の海」
　日本有線大賞　第22回(平1年)　協会選奨

　メガロポリス歌謡祭　第6回(昭62年)　演歌メガロポリス賞女性部門
　横浜音楽祭　第14回(昭62年)　ラジオ日本演歌賞
　銀座音楽祭　第17回(昭62年)　演歌金賞
　メガロポリス歌謡祭　第7回(昭63年)　演歌メガロポリス賞女性部門
　横浜音楽祭　第15回(昭63年)　ラジオ日本演歌賞
　メガロポリス歌謡祭　第8回(平1年)　演歌メガロポリス賞女性部門
　横浜音楽祭　第16回(平1年)　ラジオ日本演歌賞

瀬川 康男　せがわ・やすお
昭和7(1932)年～平成22(2010)年
絵本画家

「やまんばのにしき」
　児童福祉文化賞　第10回(昭42年度)　出版物部門　奨励賞
　小学館絵画賞　第17回(昭43年)
「まぼろしの巨鯨シマ」
　産経児童出版文化賞　第19回(昭47年)
「かちかち山のすぐそばで」
　産経児童出版文化賞　第20回(昭48年)　大賞
「こしおれすずめ」
　児童福祉文化賞　第19回(昭51年度)　出版物部門
「ぼうし」
　講談社出版文化賞　第19回(昭63年)　絵本賞
　絵本にっぽん大賞
「絵巻物語」
　産経児童出版文化賞　第39回(平4年)　大賞
「清盛」
　ブラチスラバ国際絵本原画展(BIB)(チェコ)　第12回(平1年)　金のリンゴ賞
　世界絵本原画展賞グランプリ　第1回(昭42年)
　国際アンデルセン賞画家賞次席　(昭63年度)
　モービル児童文化賞　第13回

関 英雄　せき・ひでお
明治45(1912)年～平成8(1996)年
児童文学作家、批評家

「千葉省三童話全集」
　産経児童出版文化賞　第15回(昭43年)　大賞
「小さい心の旅」
　日本児童文学者協会賞　第12回(昭47年)
「白い蝶の記」「小さい心の旅」
　赤い鳥文学賞　第2回(昭47年)
「体験的児童文学史　前編・大正の果実」
　日本児童文学学会賞　第8回(昭59年)
「体験的児童文学史」
　巌谷小波文芸賞　第8回(昭60年)
　日本児童文学者協会賞　第25回(昭60年)

神奈川文化賞　(昭63年)
勲四等瑞宝章　(平3年)

関 容子　せき・ようこ
昭和10(1935)年～
エッセイスト、ノンフィクション作家

「日本の鶯」
　日本エッセイスト・クラブ賞　第29回(昭56年)
「花の脇役」
　講談社エッセイ賞　第12回(平8年)
　講談社ノンフィクション賞　第18回(平8年)
「芸づくし忠臣蔵」

芸術選奨　第50回（平11年）　評論等　文部大臣賞
読売文学賞　第51回（平11年）　随筆・紀行賞

関川 夏央　せきかわ・なつお
昭和24（1949）年～
作家

「海峡を越えたホームラン」
　講談社ノンフィクション賞　第7回（昭60年）
「『坊っちゃん』の時代」
　日本漫画家協会賞　第22回（平5年）　優秀賞
　手塚治虫文化賞　第2回（平10年）　マンガ大賞
　アッティリオ・ミケルッツィ賞（平16年）　外国部
　　門賞
「昭和が明るかった頃」
　講談社エッセイ賞　第19回（平15年）
司馬遼太郎賞　第4回（平13年）

関口 宏　せきぐち・ひろし
昭和18（1943）年～
司会者、俳優

「星の砂」
　日本作詞大賞　第10回（昭52年度）　作品賞
「サンデーモーニング」
　橋田賞　第23回（平26年度）　特別賞

ギャラクシー賞　第61回（令5年度）　志賀信夫賞

瀬田 貞二　せた・ていじ
大正5（1916）年～昭和54（1979）年
児童文学者、翻訳家、評論家、絵本作家

「ナルニア国ものがたり」
　産経児童出版文化賞　第14回（昭42年）
「こしおれすずめ」
　児童福祉文化賞　第19回（昭51年度）　出版物部門
「きょうはなんのひ？」
　絵本にっぽん賞　第2回（昭54年）
「落穂ひろい」
　毎日出版文化賞　第36回（昭57年）　特別賞
　日本児童文学者協会賞　第23回（昭58年）　特別賞
サンケイ児童出版文化賞　（昭32年・38年・41年）
日本翻訳文化賞　（昭50年）
児童福祉文化賞　（昭52年）　奨励賞

瀬戸内 寂聴　せとうち・じゃくちょう
大正11（1922）年～令和3（2021）年
小説家、尼僧。俗名は瀬戸内晴美

「女子大生・曲愛玲」
　新潮同人雑誌賞　第3回（昭31年）
　同人雑誌賞　第3回（昭31年）
「田村俊子」
　田村俊子賞　第1回（昭36年）
「夏の終り」
　女流文学賞　第2回（昭38年）
「瀬戸内寂聴訳 源氏物語」（全10巻）
　日本文芸大賞　第20回（平12年）
「源氏物語」
　大谷竹次郎賞　第30回（平13年）
　日本文芸大賞　第20回（平12年）
「ひとり」（句文集）
　星野立子賞　第6回（平30年）
「場所」
　野間文芸賞　第54回（平13年）
「風景」
　泉鏡花文学賞　第39回（平23年度）
「花に問え」
　谷崎潤一郎賞　第28回（平4年）
「白道」
　芸術選奨　第46回（平7年）　文学部門　文部大臣賞
京都府文化賞　第11回（平5年）　特別功労賞
徳島県文化賞　（平6年）
ダイヤモンドレディ賞　第13回（平10年）
徳島名誉市民　（平12年）
国際ノニーノ賞（イタリア）　（平18年）
京都市名誉市民　（平19年）
安吾賞　第3回（平20年）
京都創造者大賞　第2回（平20年）
朝日賞　（平29年度）
桂信子賞　第11回（令1年）
文化勲章　（平18年度）
朝日賞　（平29年度）
日本放送協会放送文化賞　第49回（平9年）
文化功労者　（平9年）

妹尾 河童　せのお・かっぱ
昭和5（1930）年～
舞台美術家、エッセイスト

「ミュージックフェアー」
　伊藤熹朔賞　第1回（昭48年度）　テレビ部門
「喜劇・新四谷怪談」
　芸術祭賞　第29回（昭49年）　演劇部門　優秀賞
「ヴォイツェク」「レトナ通りにて」
　紀伊國屋演劇賞　第12回（昭52年）　個人賞　"結城人
　　形座公演「ヴォイツェク」村井志摩子作「レトナ
　　通りにて」における舞台装置"
「ラ・ボエーム」「罠」
　伊藤熹朔賞　第14回（昭61年度）　舞台部門
「ドアをあけると…」
　読売演劇大賞　第5回（平9年）　最優秀スタッフ賞
「少年H」
　毎日出版文化賞　第51回（平9年）　特別賞

伊庭歌劇賞　（昭31年）
芸術祭賞　（昭35年）　テレビ部門　奨励賞

ギャラクシー賞　(昭43年)
芸術祭賞　(昭49年)　演劇部門　優秀賞
サントリー音楽賞　第12回(昭55年度)
グローバル舞台賞　(平3年)
読売演劇大賞　第4回(平8年)　優秀スタッフ賞
兵庫県文化賞　(平9年)
東京都民文化栄誉賞　(平10年)
読売演劇大賞　第5回(平10年)　スタッフ賞

芹沢 光治良　せりざわ・こうじろう
明治29(1896)年～平成5(1993)年
小説家。日本芸術院会員

「ブルジョア」
　「改造」懸賞創作　第3回(昭5年)　1等
「現代大衆文学の性格」(特集)
　文学界賞　第12回(昭12年)　※島木健作ほか3名と共に受賞
「人間の運命」
　芸術選奨　第15回(昭39年)　文学部門　文部大臣賞
　日本芸術院賞　第25回(昭43年)　第2部
勲三等瑞宝章　(昭42年)
フランス芸術文化勲章コマンドール章　(昭49年)

千 昌夫　せん・まさお
昭和22(1947)年～
歌手

「星影のワルツ」
　日本有線大賞　第1回(昭43年)　特別賞
「北国の春」
　日本レコード大賞　第21回(昭54年)　ロングセラー賞
「望郷酒場」
　日本レコード大賞　第24回(昭57年)　ロングセラー賞
「長持祝い唄」
　日本有線大賞　第47回(平26年)　有線音楽優秀賞

日本有線大賞　第1回(昭43年)　特別賞
夜のレコード大賞　第1回(昭43年度)　特別賞
ゴールデン・アロー賞　第15回(昭52年)　話題賞
日本演歌大賞　第3回(昭52年)　演歌話題賞
日本レコード大賞　第21回・24回(昭54年・57年)　ロングセラー賞
日本演歌大賞　第5回(昭54年)　大賞
日本演歌大賞　第6回(昭55年)　演歌スター賞
横浜音楽祭　第9回(昭57年)　ラジオ日本演歌賞
日本演歌大賞　第8回(昭57年)　演歌スター賞
日本演歌大賞　第9回(昭58年)　演歌功労賞
日本演歌大賞　第10回(昭59年)　演歌名誉歌手賞
松尾芸能賞　第33回(平24年)　優秀賞 歌謡
日本レコード大賞　第58回(平28年)　功労賞

千田 是也　せんだ・これや
明治37(1904)年～平成6(1994)年
演出家、俳優、評論家

「オセロ」「ウインザーの陽気な女房たち」
　芸術選奨　第3回(昭27年)　演劇部門
「天使」「襤褸と宝石」
　毎日演劇賞　第5回(昭27年)　個人賞 演出
「タルチュフ」
　テアトロン賞　(昭32年)
「幽霊はここにいる」
　週刊読売演劇賞　(昭33年)
　毎日演劇賞　第11回(昭33年)　個人賞 演出
「千鳥」
　芸術祭賞　第14回(昭34年)　演劇部門
朝日賞　(昭52年)
芸能功労者表彰　(昭54年)
フンボルト大学名誉哲学博士号　(昭57年)

宗 左近　そう・さこん
大正8(1919)年～平成18(2006)年
詩人、評論家、フランス文学者

「炎える母」
　歴程賞　第6回(昭43年)
「火の夜」
　芸術祭賞　第27回(昭47年)　音楽部門(合唱曲)　大賞
「藤の花」
　詩歌文学館賞　第10回(平7年)　詩
チカダ賞　第1回(平16年)
市川市名誉市民　(平16年)
市川市民文化賞　第10回(平18年)

相米 慎二　そうまい・しんじ
昭和23(1948)年～平成13(2001)年
映画監督

「翔んだカップル」
　ヨコハマ映画祭　第2回(昭55年度)　新人監督賞
「セーラー服と機関銃」(完璧版)
　ぴあテン　第11回(昭57年度)　10位
「魚影の群れ」
　キネマ旬報ベスト・テン　第57回(昭58年度)　日本映画 7位
「ラブホテル」「台風クラブ」
　ヨコハマ映画祭　第7回(昭60年度)　作品賞・監督賞
「台風クラブ」
　キネマ旬報ベスト・テン　第59回(昭60年度)　日本映画 4位
　東京国際映画祭　第1回(昭60年)　ヤング・シネマ大賞
　ナント三大陸映画祭　第8回(昭61年)　監督賞
「光る女」
　キネマ旬報ベスト・テン　第61回(昭62年度)　日本映画 9位
「お引越し」

キネマ旬報ベスト・テン　第67回（平5年度）　日本映画　第2位
キネマ旬報賞　第39回（平5年）　読者選出日本映画監督賞
芸術選奨　第44回（平5年）　映画部門　文部大臣賞
高崎映画祭　第8回（平5年度）　最優秀作品賞
優秀映画鑑賞会ベストテン　第34回（平5年度）　日本映画　第3位

「夏の庭 The Friends」
キネマ旬報ベスト・テン　第68回（平6年度）　日本映画　第5位
優秀映画鑑賞会ベストテン　第35回（平6年度）　日本映画　第3位

「あ、春」
キネマ旬報ベスト・テン　第73回（平11年度）　日本映画　第1位
ベルリン国際映画祭　第49回（平11年）　国際映画批評家連盟賞

「風花」
キネマ旬報ベスト・テン　第75回（平13年度）　日本映画　第5位

東京国際映画祭　第1回（昭60年）　ヤングシネマ　ヤングシネマ'85大賞
ヨコハマ映画祭　第23回（平13年度）　審査員特別賞
毎日映画コンクール　第56回（平13年）　特別賞
エランドール賞（平14年度）　特別賞
日本アカデミー賞　第25回（平14年）　会長特別賞

曽野　綾子　　その・あやこ
昭和6（1931）年～令和7（2025）年
小説家。日本芸術院会員

「神の汚れた手」
女流文学賞　第19回（昭55年）

「ほくそ笑む人々」
日本文芸大賞　第18回（平10年）

聖十字架勲章（ローマ法王庁）（昭45年）
ダミアン神父賞（韓国ハンセン病事業連合会）（昭58年）
正論大賞　第3回（昭62年）
ウギョン文化芸術賞（韓国）（平4年）
日本芸術院賞　第49回（平4年）　第2部 恩賜賞・日本芸術院賞
日本放送協会放送文化賞　第46回（平6年）
吉川英治文化賞　第31回（平9年）
財界賞（平9年）　特別賞
読売国際協力賞　第4回（平9年）
文化功労者（平15年）
菊池寛賞　第60回（平24年）

太地　喜和子　　たいち・きわこ
昭和18（1943）年～平成4（1992）年
俳優。旧芸名は志村妙子

「越後つついし親不知」「藪原検校」
紀伊國屋演劇賞　第9回（昭49年）　個人賞

「男はつらいよ 寅次郎夕焼け小焼け」
キネマ旬報賞　第22回（昭51年）　助演女優賞
報知映画賞　第1回（昭51年度）　最優秀助演女優賞

「元禄港歌」「雁の寺」
芸術選奨　第31回（昭55年）　演劇部門　新人賞

エランドール賞（昭44年度）　新人賞
ゴールデン・アロー賞　第30回（平4年）　特別賞
日本シェークスピア賞　第1回（平4年）　女優賞

大地　真央　　だいち・まお
昭和31（1956）年～
俳優

「エニシング・ゴーズ」
名古屋演劇ペンクラブ賞（平3年）

「ローマの休日」
芸術祭賞　第53回（平10年）　演劇部門　大賞

「マイ・フェア・レディ」
菊田一夫演劇賞　第15回（平1年）
菊田一夫演劇賞　第36回（平22年度）　特別賞

月刊ミュージカル・ミュージカルベストテン（平7年度）　1位
松尾芸能賞　第22回（平13年）　優秀賞　演劇
岩谷時子賞　第9回（平30年）　特別賞

大鵬　幸喜　　たいほう・こうき
昭和15（1940）年～平成25（2013）年
力士（第48代横綱）

日本プロスポーツ大賞　第3回（昭45年）　大賞
世界人道主義賞（昭57年）
弟子屈町名誉町民（平3年）
スポーツ功労者（平8年）
北海道民栄誉賞（平12年）
紫綬褒章（平16年）
北海道新聞スポーツ賞　第36回（平17年）　特別賞
江東区名誉区民　第1号（平20年）
文化功労者　第62回（平21年度）
国民栄誉賞（平25年2月25日）

たか　たかし
昭和9（1934）年～
作詞家

「長良川艶歌」

FNS歌謡祭グランプリ　第11回（昭59年）　グランプリ
　日本レコード大賞　第26回（昭59年）　大賞
　日本レコード大賞　第41回（平11年）　作詞賞
「風に立つ」
　日本レコード大賞　第26回（昭59年）　作詞賞
　日本レコード大賞　第41回（平11年）　作詩賞
「火の国の女」
　日本レコード大賞　第33回（平3年）　歌謡曲・演歌部門　作詩賞
　日本作詩大賞　第24回（平3年度）　優秀作品賞
　藤田まさと賞　第8回（平4年）
「火の国の女」「佐渡の恋唄」「うすゆき草」「陽は昇る」
　日本作詩大賞　第24回・25回・38回（平3年・4年・17年）　優秀作品賞
「佐渡の恋唄」
　日本作詩大賞　第25回（平4年度）　優秀作品賞
「恋燦華」
　日本作詩大賞　第32回（平11年度）　優秀作品賞
「凛として」
　日本作詩大賞　第34回（平13年度）　大賞
「うすゆき草」
　日本作詩大賞　第38回（平17年度）　優秀賞
「陽は昇る」
　日本作詩大賞　第38回（平17年度）　優秀賞
「雪が降る」
　日本作詩大賞　第39回（平18年度）　優秀作品賞
「雪国〜駒子・その愛〜」
　日本作詩大賞　第40回（平19年度）　優秀作品賞
「男の火祭り」
　日本作詩大賞　第47回（平26年度）　優秀作品賞
日本レコードセールス大賞　第13回（昭55年）　作詩賞
紫綬褒章　（平15年）

高井 有一　たかい・ゆういち
　昭和7（1932）年〜平成28（2016）年
　小説家。日本芸術院会員
「北の河」
　芥川龍之介賞　第54回（昭40年下）
「夢の碑」
　芸術選奨　第27回（昭51年）　文学部門　文部大臣賞
「この国の空」
　谷崎潤一郎賞　第20回（昭59年）
「夜の蟻」
　読売文学賞　第41回（平1年）　小説賞
「立原正秋」
　毎日芸術賞　第33回（平3年）
「高らかな挽歌」
　大佛次郎賞　第26回（平11年）
「時の潮」
　野間文芸賞　第55回（平14年）

高木 功　たかぎ・いさお
　昭和31（1956）年〜平成6（1994）年
　脚本家
「コミック雑誌なんかいらない！」
　年鑑代表シナリオ　（昭61年度）
　毎日映画コンクール　第41回（昭61年）　脚本賞
「6000フィートの夏」
　オール讀物新人賞　第73回（平5年）
シナリオ功労賞　第22回（平10年）

髙樹 のぶ子　たかぎ・のぶこ
　昭和21（1946）年〜
　小説家。日本芸術院会員
「光抱く友よ」
　芥川龍之介賞　第90回（昭58年下）
「蔦燃（つたもえ）」
　島清恋愛文学賞　第1回（平6年）
「水脈」
　女流文学賞　第34回（平7年）
「透光の樹」
　谷崎潤一郎賞　第35回（平11年）
「光抱く友よ」「HOKKAI」
　芸術選奨　第56回（平17年度）　文学部門　文部科学大臣賞
「トモスイ」
　川端康成文学賞　第36回（平22年）
「小説伊勢物語　業平」
　泉鏡花文学賞　第48回（令2年）
　毎日芸術賞　第62回（令2年度）
西日本文化賞　第60回（平13年）　社会文化部門
紫綬褒章　（平21年）
日本芸術院賞　第73回（平28年度）　日本芸術院賞
文化功労者　第71回（平30年度）

高倉 健　たかくら・けん
　昭和6（1931）年〜平成26（2014）年
　俳優
「幸福の黄色いハンカチ」
　毎日映画コンクール　第32回（昭52年）　演技賞　男優演技賞
「幸福の黄色いハンカチ」「八甲田山」
　キネマ旬報賞　第23回（昭52年）　主演男優賞
ゴールデン・アロー賞　第15回（昭52年）　大賞・映画賞

ブルーリボン賞　第20回（昭52年）　主演男優賞
報知映画賞　第2回（昭52年度）　最優秀主演男優賞
日本アカデミー賞　第1回（昭53年）　最優秀主演男優賞
「動乱」「遙かなる山の呼び声」
　日本アカデミー賞　第4回（昭56年）　最優秀主演男優賞
「駅 STATION」
　日本アカデミー賞　第5回（昭57年）　最優秀主演男優賞
　ゴールデン・アロー賞　第19回（昭56年）　映画賞
「あ・うん」
　アジア太平洋映画祭　第34回（平1年）　主演男優賞
「あなたに褒められたくて」
　日本文芸大賞　第13回（平5年）　エッセイ賞
「鉄道員（ぽっぽや）」
　ブルーリボン賞　第42回（平11年）　主演男優賞
　モントリオール世界映画祭　第23回（平11年）　主演男優賞
　日本アカデミー賞　第23回（平11年度）　主演男優賞
　キネマ旬報賞　第45回（平11年）　主演男優賞
　毎日芸術賞　第41回（平11年）
　日本アカデミー賞　第23回（平12年）　最優秀主演男優賞
「ホタル」
　藤本賞　第21回（平14年）　特別賞
「あなたへ」
　日刊スポーツ映画大賞・石原裕次郎賞　第25回（平24年）　主演男優賞
　報知映画賞　第37回（平24年）　主演男優賞
菊池寛賞　第60回（平24年）
エランドール賞　（昭31年度）　新人賞
アジア映画祭　第22回・24回・27回（昭51年・53年・57年）　主演男優賞
日本映画テレビプロデューサー協会賞　（昭52年）　特別賞
毎日映画コンクール　（昭52年度）　男優演技賞
エランドール賞　（昭53年度）　特別賞
松尾芸能賞　第3回（昭57年）　優秀賞　映画
紫綬褒章　（平10年）
ヨコハマ映画祭　第21回（平11年度）　主演男優賞
映画の日特別功労大章　第51回（平18年）
文化功労者　第59回（平18年度）
報知映画賞　第37回（平24年度）　主演男優賞
文化勲章　（平25年度）
日本アカデミー賞　第37回（平26年）　協会栄誉賞

たかし よいち
　昭和3（1928）年〜平成30（2018）年
　児童文学作家
「埋もれた日本」
　日本児童文学者協会賞　第5回（昭40年）
「竜のいる島」
　産経児童出版文化賞　第24回（昭52年）　大賞
　国際アンデルセン賞　（昭53年）　優良作品賞
「天狗」
　赤い鳥文学賞　第38回（平20年）
西日本文化賞　第51回（平4年）　社会文化部門

高品 格　たかしな・かく
　大正8（1919）年〜平成6（1994）年
　俳優
「麻雀放浪記」
　キネマ旬報賞　第30回（昭59年）　助演男優賞
　ブルーリボン賞　第27回（昭59年）　助演男優賞
　報知映画賞　第9回（昭59年度）　最優秀助演男優賞
　毎日映画コンクール　第39回（昭59年）　演技賞　男優助演賞
　日本アカデミー賞　第8回（昭60年）　最優秀助演男優賞
キネマ旬報賞　（昭59年度）　助演男優賞
ブルーリボン賞　（昭59年度）　助演男優賞
日本アカデミー賞　（昭59年度）　助演男優賞
毎日映画コンクール　（昭59年度）　助演男優賞

高田 宏治　たかだ・こうじ
　昭和9（1934）年〜
　シナリオライター
「新・仁義なき戦い組長最後の日」
　年鑑代表シナリオ　（昭51年度）
「やくざ戦争日本の首領」
　年鑑代表シナリオ　（昭52年度）
「陽暉楼」
　年鑑代表シナリオ　（昭58年度）
　日本アカデミー賞　第7回（昭59年）　最優秀脚本賞
「櫂」
　年鑑代表シナリオ　（昭60年度）
京都市民映画脚本賞　（昭46年）
くまもと映画祭　第2回（昭51年）　日本映画脚本賞
牧野省三賞　第38回（平8年）
日本アカデミー賞　第43回（令2年）　会長功労賞

高田 みづえ　たかだ・みづえ
　昭和35（1960）年〜
　元・歌手
「硝子坂」
　FNS歌謡祭グランプリ　第4回（昭52年）　最優秀新

人賞
　銀座音楽祭　第7回（昭52年）　グランプリ
　新宿音楽祭　第10回（昭52年）　金賞
　全日本有線放送大賞　第10回（昭52年度）　新人賞
　日本レコード大賞　第19回（昭52年）　新人賞
　日本歌謡大賞　第8回（昭52年）　放送音楽新人賞
　日本有線大賞　第10回（昭52年）　新人賞
「私はピアノ」
　FNS歌謡祭グランプリ　第7回（昭55年）　優秀歌謡音楽賞
　日本歌謡大賞　第11回（昭55年）　放送音楽賞
　日本有線大賞　第13回（昭55年）　有線音楽賞
「私はピアノ」「そんなヒロシに騙されて」
　日本レコード大賞　第22回・25回（昭55年・58年）　金賞
あなたが選ぶ全日本歌謡音楽祭　第3回（昭52年）　優秀新人賞
ABC歌謡新人グランプリ　第4回（昭52年）　シルバー賞
横浜音楽祭　第4回（昭52年）　新人特別賞
日本レコードセールス大賞　第10回（昭52年）　女性新人賞
日本テレビ音楽祭　第10回（昭59年）　日本テレビ特別賞

鷹羽　狩行　たかは・しゅぎょう
　昭和15（1930）年〜令和6（2024）年
　俳人。日本芸術院会員
「誕生」
　俳人協会賞　第5回（昭40年）
「平遠」
　芸術選奨　第25回（昭49年）　文学部門　新人賞
「十三星」「翼灯集」
　毎日芸術賞　第43回（平13年）
「十五峯」
　詩歌文学館賞　第23回（平20年）　俳句
　蛇笏賞　第42回（平20年）
天狼賞（昭35年）
文部大臣表彰（平11年）
勲四等旭日小綬章（平14年）
神奈川文化賞（平21年）　文学部門
日本芸術院賞　第71回（平26年度）　第2部　日本芸術院賞

高橋　治　たかはし・おさむ
　昭和4（1929）年〜平成27（2015）年
　小説家, 映画監督
「白鳥事件」（脚本・演出）
　芸術祭賞　第20回（昭40年）　演劇部門　奨励賞
「告発」

　小野宮吉戯曲平和賞　第5回（昭44年）
「派兵」
　泉鏡花記念金沢市民文学賞　第5回（昭52年）
「秘伝」
　直木三十五賞　第90回（昭58年下）
「別れてのちの恋歌」「名もなき道を」
　柴田錬三郎賞　第1回（昭63年）
「星の衣」
　吉川英治文学賞　第30回（平8年）

高橋　源一郎　たかはし・げんいちろう
　昭和26（1951）年〜
　小説家
「さようなら、ギャングたち」
　群像新人長編小説賞　（昭56年）　優秀作
「優雅で感傷的な日本野球」
　三島由紀夫賞　第1回（昭63年）
「日本文学盛衰史」
　伊藤整文学賞　第13回（平14年）　小説
「ミヤザワケンジ・グレーテストヒッツ」
　宮沢賢治賞　第16回（平18年）
「さよならクリストファー・ロビン」
　谷崎潤一郎賞　第48回（平24年度）
日本放送協会放送文化賞　第70回（平30年度）

高橋　たか子　たかはし・たかこ
　昭和7（1932）年〜平成25（2013）年
　小説家
「空の果てまで」
　田村俊子賞　第13回（昭47年）
「誘惑者」
　泉鏡花文学賞　第4回（昭51年）
「ロンリー・ウーマン」
　女流文学賞　第16回（昭52年）
「怒りの子」
　読売文学賞　第37回（昭60年）　小説賞

「恋う」
　川端康成文学賞　第12回（昭60年）
「きれいな人」
　毎日芸術賞　第45回（平15年）

高橋　伴明　たかはし・ばんめい
　昭和24（1949）年〜
　映画監督
「TATTOO〔刺青〕あり」
　キネマ旬報ベスト・テン　第56回（昭57年度）　日本映画　6位

ヨコハマ映画祭 （昭57年） 監督賞
「愛の新世界」
　キネマ旬報ベスト・テン 第68回（平6年度） 日本映画 第9位
　おおさか映画祭 （平7年） 邦画部門監督賞
「光の雨」
　キネマ旬報ベスト・テン 第75回（平13年度） 日本映画 第9位
「夜明けまでバス停で」
　キネマ旬報ベスト・テン 第96回（令4年度） 日本映画 第3位
　キネマ旬報ベスト・テン個人賞 第96回（令4年度） 日本映画監督賞
　毎日映画コンクール 第77回（令4年） 日本映画優秀賞

高橋 英夫　たかはし・ひでお
昭和5（1930）年〜平成31（2019）年
文芸評論家。日本芸術院会員
「批評の精神」
　亀井勝一郎賞 第3回（昭46年）
「役割としての神」
　芸術選奨 第26回（昭50年） 評論等 文部大臣賞
「志賀直哉」
　読売文学賞 第33回（昭56年） 評論・伝記賞
「偉大なる暗闇―師岩元禎と弟子たち」
　平林たい子文学賞 第13回（昭60年） 評論
「時空蒼茫」
　歴程賞 第44回（平18年）
「音楽が聞える」
　やまなし文学賞 第16回（平20年） 研究・評論部門
「母なるもの―近代文学と音楽の場所」
　伊藤整文学賞 第21回（平22年） 評論部門
日本芸術院賞 第53回（平8年） 第2部
旭日中綬章 （平17年）
藤村記念歴程賞 第44回（平18年）

高橋 英樹　たかはし・ひでき
昭和19（1944）年〜
俳優
「国盗り物語」
　ゴールデン・アロー賞 第11回（昭48年） 放送賞
「高橋英樹のおもしろ日本史」
　野村胡堂文学賞 第2回（平26年） 特別賞
ゴールデン・アロー賞 第11回（昭48年） 大賞
エランドール賞 （昭49年度） 特別賞
松尾芸能賞 第21回（平12年） 大賞 演劇
浅草芸能大賞 第29回（平24年度） 大賞
ベストドレッサー賞 第53回（令6年） 特別賞（石津謙介賞）

高橋 睦郎　たかはし・むつお
昭和12（1937）年〜
詩人。日本芸術院会員
「王国の構造」
　歴程賞 第20回（昭57年）
「稽古飲食」
　読売文学賞 第39回（昭62年） 詩歌俳句賞
「兎の庭」
　高見順賞 第18回（昭62年）
「旅の絵」
　現代詩花椿賞 第11回（平5年）
「姉の島」
　詩歌文学館賞 第11回（平8年） 詩
「遊行」
　日本詩歌句大賞 第3回（平19年）
「永遠まで」
　現代詩人賞 第28回（平22年）
「和音羅読」
　鮎川信夫賞 第5回（平26年） 評論集部門
「十年」
　蛇笏賞 第51回（平29年）
　俳句四季大賞 第16回（平29年）
「深きより 二十七の聲」
　毎日芸術賞 第63回（令3年度）
山本健吉賞 第1回（昭62年）
日本文化デザイン賞 （平5年）
紫綬褒章 （平12年）
旭日中綬章 （平24年）
文化功労者 第70回（平29年度）
日本シェイマス・ヒーニー賞 第1回（令4年）
文化勲章 （令6年度）

高橋 留美子　たかはし・るみこ
昭和32（1957）年〜
漫画家
「うる星やつら」
　小学館漫画賞 第26回（昭55（1980）年度） 少年少女向け
　星雲賞 第18回（昭62年） コミック部門
「人魚の森」
　星雲賞 第20回（平1年） コミック部門
「犬夜叉」
　小学館漫画賞 第47回（平13（2001）年度） 少年向け部門
アングレーム国際漫画祭グランプリ 第46回（平31年）
紫綬褒章 （令2年）
フランス芸術文化勲章シュヴァリエ章 （令5年）

高畑 淳子　たかはた・あつこ
昭和29(1954)年～
俳優

「第二章」
　紀伊國屋演劇賞　第23回(昭63年)　個人賞
　芸術祭賞　第43回(昭63年)　演劇部門
「セイムタイム・ネクストイヤー」「悔しい女」
　読売演劇大賞　第9回(平13年)　選考委員特別賞
「越路吹雪物語」
　菊田一夫演劇賞　第29回(平15年)　演劇賞
　読売演劇大賞　第11回(平15年度)　優秀女優賞
　菊田一夫演劇賞　第29回(平16年)
「魂萌え！」
　放送文化基金賞　第33回(平19年)　個別分野 出演者賞
「告知せず」
　橋田賞　第17回(平20年度)　橋田賞
「ええから加減」
　菊田一夫演劇賞　第38回(平24年度)　演劇大賞
「ええから加減」「組曲虐殺」
　読売演劇大賞　第20回(平24年度)　最優秀女優賞
芸術祭賞　(昭63年)
読売演劇大賞　第11回(平15年)　優秀女優賞
橋田賞　第17回(平21年)
紫綬褒章　(平26年)

高畑 勲　たかはた・いさお
昭和10(1935)年～平成30(2018)年
アニメーション映画監督，文筆業

「セロ弾きのゴーシュ」
　おおさか映画祭　第8回(昭57年度)　自主製作賞
「風の谷のナウシカ」「天空の城ラピュタ」
　日本映画復興賞　第4回(昭61年度)　特別賞
「柳川堀割物語」
　毎日映画コンクール　(昭62年)　文化記録映画賞
　優秀映画鑑賞会ベストテン　第28回(昭62年度)　日本映画 9位
「火垂るの墓」
　日本アニメ大賞・アトム賞　第6回(1988年)　日本アニメ大賞 部門別最優秀賞 演出部門最優秀賞
　モスクワ児童映画祭　第1回(昭63年)　グランプリ
　日本カトリック映画賞　第13回(昭63年)
　年鑑代表シナリオ　(昭63年度)
「魔女の宅急便サントラ版」
　日本ゴールドディスク大賞　第4回(平1年度)　アルバム・オブ・ザ・イヤー賞
「おもひでぽろぽろ」
　芸術選奨　第42回(平3年)　映画部門 文部大臣賞
　キネマ旬報ベスト・テン　第65回(平3年度)　日本映画 第9位
　ゴールデングロス賞　第9回(平3年度)　マネーメーキング監督賞
　ぴあテン　第20回(平3年度)　第9位
　山路ふみ子映画賞　第15回(平3年)　特別賞
　年鑑代表シナリオ　(平3年度)
　優秀映画鑑賞会ベストテン　第32回(平3年度)　日本映画 第7位
「平成狸合戦ぽんぽこ」
　優秀映画鑑賞会ベストテン　第35回(平6年度)　日本映画 第5位
　アヌシー国際アニメーション映画祭　(平6年)　長編賞
　キネマ旬報ベスト・テン　第68回(平6年度)　日本映画 第8位
　年鑑代表シナリオ　(平6年度)
　毎日映画コンクール　(平6年)　アニメーション映画賞
　日本アカデミー賞　第18回(平7年)　特別賞
「ホーホケキョとなりの山田くん」
　文化庁メディア芸術祭　第3回(平11年)　アニメーション部門 優秀賞
「かぐや姫の物語」
　キネマ旬報ベスト・テン　第87回(平25年度)　日本映画 第4位
　日本映画批評家大賞　第23回(平25年度)　アニメーション作品賞・監督賞
　毎日映画コンクール　(平25年)　アニメーション映画賞
ゴールデングロス賞　(平3年・6年)　マネーメーキング監督賞
ゴールデングロス賞　第12回(平6年度)　マネーメーキング監督賞
紫綬褒章　(平10年)
ロカルノ国際映画祭　第62回(平21年)　名誉豹賞
アヌシー国際アニメーション映画祭　(平26年)　名誉クリスタル賞
ウィンザー・マッケイ賞(国際アニメ映画協会)　(平27年)
フランス芸術文化勲章オフィシエ章　(平27年)
日本アカデミー賞　第42回(平31年)　会長特別賞

高浜 虚子　たかはま・きょし
明治7(1874)年～昭和34(1959)年
俳人，小説家

文化勲章　(昭29年度)
文化功労者　(昭29年)

高見 順　たかみ・じゅん
明治40(1907)年～昭和40(1965)年
小説家，詩人

「文芸時評」

文学界賞　(昭11年)
「昭和文学盛衰史1・2」
　　毎日出版文化賞　第13回(昭34年)
「いやな感じ」
　　新潮社文学賞　第10回(昭38年)
「死の淵より」
　　野間文芸賞　第17回(昭39年)
文化功労者　(昭40年)

高峰　秀子　　たかみね・ひでこ
　　大正13(1924)年〜平成22(2010)年
　　俳優、随筆家
「二十四の瞳」「女の園」「この広い空のどこかに」
　　ブルーリボン賞　第5回(昭29年)　主演女優賞
　　毎日映画コンクール　第9回(昭29年)　演技賞 女優主演賞
「浮雲」
　　キネマ旬報賞　第1回(昭30年)　女優賞
　　毎日映画コンクール　第10回(昭30年)　演技賞 女優主演賞
「喜びも悲しみも幾歳月」「あらくれ」
　　毎日映画コンクール　第12回(昭32年)　演技賞 女優主演賞
「永遠の人」「名もなく貧しく美しく」
　　毎日映画コンクール　第16回(昭36年)　演技賞 女優主演賞
「わたしの渡世日記」
　　日本エッセイスト・クラブ賞　第24回(昭51年)
ブルーリボン賞　(昭29年度)　主演女優賞
毎日映画コンクール　(昭29年度・30年度・32年度・36年度)　主演女優賞
芸術選奨　第12回(昭36年)　映画部門
紺綬褒章　(昭50年)
ゴールデングローリー賞　(平7年)
日本アカデミー賞　第19回(平8年)　会長功労賞
毎日映画コンクール　第65回(平22年度)　特別賞
日本アカデミー賞　第35回(平24年)　会長特別賞

高峰　三枝子　　たかみね・みえこ
　　大正7(1918)年〜平成2(1990)年
　　俳優
ブルーリボン賞　第19回(昭51年)　助演女優賞
紫綬褒章　(昭60年)
毎日映画コンクール　第40回(昭60年)　特別賞
メガロポリス歌謡祭　第5回(昭61年)　特別賞
日本レコード大賞　第28回(昭61年)　功労賞
日本アカデミー賞　第14回(平3年)　会長特別賞

高柳　誠　　たかやなぎ・まこと
　　昭和25(1950)年〜
　　詩人
「卵宇宙/水晶宮/博物誌」

H氏賞　第33回(昭58年)
「都市の肖像」
　　高見順賞　第19回(昭63年)
「昼間の採譜術」「触感の解析学」「月光の遠近法」
　　藤村記念歴程賞　第35回(平9年)

宝田　明　　たからだ・あきら
　　昭和9(1934)年〜令和4(2022)年
　　俳優
「アニーよ銃をとれ」特別コマ・ミュージカル
　　芸術祭賞　第19回(昭39年)　大衆芸能部門　奨励賞
「ファンタスティックス」
　　文化庁芸術祭　(平24年)　大衆芸能部門　大賞
ゴールデン・アロー賞　第10回(昭47年)　演劇賞
国際アカデミー賞　(平9年)
日本アカデミー賞　第43回(令2年)　会長功労賞

財部　鳥子　　たからべ・とりこ
　　昭和7(1932)年〜令和2(2020)年
　　詩人
「いつも見る死」
　　円卓賞　第2回(昭40年)
「西游記」
　　地球賞　第9回(昭59年)
「中庭幻灯片」
　　現代詩花椿賞　第10回(平4年)
「烏有の人」
　　萩原朔太郎賞　第6回(平10年)
「モノクロ・クロノス」
　　詩歌文学館賞　第18回(平15年)　詩
「氷菓とカンタータ」
　　高見順賞　第46回(平27年)
円卓賞　第2回(昭40年)

太川　陽介　　たがわ・ようすけ
　　昭和34(1959)年〜
　　タレント
「Lui Lui」
　　銀座音楽祭　第7回(昭52年)　大衆賞
　　新宿音楽祭　第10回(昭52年)　銀賞
　　日本レコード大賞　第19回(昭52年)　新人賞
　　ABC歌謡新人グランプリ　第4回(昭52年)　シルバー賞

滝沢　修　　たきざわ・おさむ
　　明治39(1906)年〜平成12(2000)年
　　俳優、演出家
「炎の人」
　　芸術祭賞　第6回(昭26年)　演劇部門
　　芸術祭賞　第44回(平1年)　演劇部門
「楊貴妃」「炎の人」

毎日演劇賞 第4回（昭26年） 個人賞 演技
「原爆の子」
　国際映画平和祭（昭38年）最優秀男優賞
「セールスマンの死」「オットーと呼ばれる日本人」
　毎日芸術賞 第8回（昭41年）
「セールスマンの死」
　ゴールデン・アロー賞 第13回（昭50年） 演劇賞
「その妹」
　紀伊國屋演劇賞 第13回（昭53年） 個人賞
「アンネの日記」「子午線の祀り」
　芸術選奨 第30回（昭54年） 演劇部門 大臣賞
「炎の人—ゴッホ小伝」
　芸術祭賞（平1年）

テアトロン賞（昭40年）
朝日賞（昭41年） 文化賞
日本放送協会放送文化賞 第18回（昭41年）
紫綬褒章（昭52年）
勲三等瑞宝章（昭61年）

滝田 栄　たきた・さかえ
　昭和25（1950）年〜
　俳優

「レ・ミゼラブル」
　菊田一夫演劇賞 第24回（平11年） 特別賞
テレビ大賞 第13回（昭55年度） 優秀個人賞
エランドール賞（昭56年度） 新人賞
菊田一夫演劇賞 第24回（平10年） 特別賞

滝田 洋二郎　たきた・ようじろう
　昭和30（1955）年〜
　映画監督

「連続暴姦」
　ズームアップ映画祭（昭59年度） ナンバー1作品賞
「真昼の切り裂き魔」
　ズームアップ映画祭（昭60年度） ナンバー1監督賞
「コミック雑誌なんかいらない！」
　キネマ旬報ベスト・テン 第60回（昭61年度） 日本映画 2位
　報知映画賞 第11回（昭61年度） 最優秀作品賞 邦画部門
「木村家の人びと」
　キネマ旬報ベスト・テン 第62回（昭63年度） 日本映画 8位
　優秀映画鑑賞会ベストテン 第29回（昭63年度） 日本映画 10位
　くまもと映画祭 第13回（平1年） 一般部門 監督賞
「僕らはみんな生きている」
　キネマ旬報ベスト・テン 第67回（平5年度） 日本映画 第5位
　ブルーリボン賞 第36回（平5年） 監督賞
「陰陽師」
　ぴあテン 第30回（平13年度） 第7位
「おくりびと」
　アカデミー賞 第81回（平20年度） 外国語映画賞
　キネマ旬報ベスト・テン 第82回（平20年度） 日本映画 第1位
　キネマ旬報ベスト・テン 第54回（平20年度） 監督賞
　キネマ旬報ベスト・テン 第54回（平20年度） 読者選出日本映画監督賞
　パーム・スプリングズ国際映画祭 第20回（平20年） 観客賞
　モントリオール世界映画祭 第32回（平20年） グランプリ
　ヨコハマ映画祭 第30回（平20年） 作品賞・監督賞
　ルイ・ヴィトン・ハワイ国際映画祭 第28回（平20年） 観客賞
　芸術選奨 第59回（平20年度） 映画部門 文部科学大臣賞
　全国映連賞（平20年） 日本映画作品賞・監督賞
　中国金鶏百花祭 第17回（平20年） 外国映画部門最優秀作品賞・最優秀監督賞
　東京新聞映画賞 第1回（平20年）
　日刊スポーツ映画大賞・石原裕次郎賞 第21回（平20年） 監督賞
　日刊スポーツ映画大賞・石原裕次郎賞 第21回（平20年） 作品賞
　日本映画批評家大賞 第18回（平20年度） 監督賞
　報知映画賞 第33回（平20年度） 最優秀邦画作品賞
　毎日映画コンクール 第63回（平20年度） 日本映画大賞
　日本アカデミー賞 第32回（平21年） 最優秀監督賞

日本アカデミー賞（平6・14・16年） 監督賞
ベストドレッサー賞 第38回（平21年） 学術・文化部門
富山県県民栄誉賞（平21年）
文化庁長官表彰（平21年）
紫綬褒章（平26年）

滝平 二郎　たきだいら・じろう
　大正10（1921）年〜平成21（2009）年
　版画家、切り絵作家

「花さき山」
　児童福祉文化賞 第12回（昭44年度） 出版物部門 奨励賞
　講談社出版文化賞 第1回（昭45年） ブック・デザイン部門
　児童福祉文化賞（昭45年） 出版物部門・奨励賞
「ちょうちん屋のままっ子」
　産経児童出版文化賞 第18回（昭46年）
「ソメコとオニ」

絵本にっぽん賞　第10回（昭62年）
高橋五山賞　（昭41年）
モービル児童文化賞　第9回（昭49年）

田久保 英夫　たくぼ・ひでお
昭和3（1928）年〜平成13（2001）年
小説家

「深い河」
　芥川龍之介賞　第61回（昭44年上）
「髪の環」
　毎日出版文化賞　第30回（昭51年）
「触媒」
　芸術選奨　第29回（昭53年）　文学部門　文部大臣賞
　芸術選奨文部大臣賞　第29回（昭53年）　文学・評論部門
「海図」
　読売文学賞　第37回（昭60年）　小説賞
「辻火」
　川端康成文学賞　第12回（昭60年）
「木霊集」
　野間文芸賞　第50回（平9年）

竹内 銃一郎　たけうち・じゅういちろう
昭和22（1947）年〜
劇作家, 演出家。前名・竹内純一郎

「あの大鴉, さえも」
　岸田國士戯曲賞　第25回（昭56年）
「TOMORROW 明日」
　年鑑代表シナリオ　（昭63年度）
「月ノ光」
　紀伊國屋演劇賞　第30回（平7年）　個人賞
　読売文学賞　第47回（平7年）　戯曲・シナリオ賞
「月ノ光」「坂の上の家」「みず色の空、そら色の水」「氷の涯」「新・ハロー、グッバイ」
　読売演劇大賞　第3回（平7年）　優秀演出家賞
「今宵かぎりは…」「風立ちぬ」
　芸術選奨　第49回（平10年）　演劇部門　文部大臣賞
　読売演劇大賞　第3回（平7年度）　演出家賞
　紫綬褒章　（平16年）

竹内 まりや　たけうち・まりや
昭和30（1955）年〜
シンガー・ソングライター

「SEPTEMBER」
　FNS歌謡祭グランプリ　第6回（昭54年）　優秀新人賞
　銀座音楽祭　第9回（昭54年）　グランプリ
　新宿音楽祭　第12回（昭54年）　金賞
「SEPTEMBER」「ドリーム・オブ・ユー」
　日本有線大賞　第12回（昭54年）　新人賞
「シングル・アゲイン」
　日本有線大賞　第22回（平1年）　ベストヒット曲賞
「告白」
　日本レコード大賞　第32回（平2年）　ポップス・ロック部門　最優秀ポップスボーカル賞
　日本レコード大賞　第32回（平2年）　ポップス・ロック部門　作詩賞
「Quiet Life」
　日本レコード大賞　第35回（平5年）　アルバム大賞
「Impressions」
　日本ゴールドディスク大賞　第9回（平6年）　グランプリ・アルバム賞　邦楽
「TRAD」
　日本レコード大賞　第56回（平26年）　最優秀アルバム賞
「souvenir the movie」
　芸術選奨　第69回（平30年度）　大衆芸能部門　文部科学大臣賞
　芸術選奨文部科学大臣賞　第69回（平30年度）　大衆芸能部門
横浜音楽祭　第6回（昭54年）　新人賞
銀座音楽祭　（昭54年）　グランプリ
新宿音楽祭　第12回（昭54年）　金賞
日本レコードセールス大賞　第12回（昭54年）　女性新人賞
日本レコード大賞　（昭54年）　新人賞
日本有線大賞　（昭54年）　新人賞
日本レコード大賞　（昭59年・62年）　優秀アルバム賞
ぴあテン　第23回（平6年度）　第7位
岩谷時子賞　第6回（平27年）
日本レコード大賞　第61回（令元年）　特別賞

竹崎 有斐　たけざき・ゆうひ
大正12（1923）年〜平成5（1993）年
児童文学作家

「石切り山の人びと」
　産経児童出版文化賞　第24回（昭52年）
　小学館文学賞　第26回（昭52年）
　日本児童文学者協会賞　第17回（昭52年）
「花吹雪のごとく」
　路傍の石文学賞　第3回（昭56年）
「にげだした兵隊―原一平の戦争」
　野間児童文芸賞　第22回（昭59年）

竹下 景子　たけした・けいこ
昭和28（1953）年〜
俳優

「12年間の嘘」（TV）
　芸術祭賞　（昭57年）　優秀賞
「学校」
　日刊スポーツ映画大賞・石原裕次郎賞　第6回（平5

「忍ばずの女」「樋口一葉」
  名古屋演劇ペンクラブ年間賞（平12年・15年）
「海と日傘」「朝焼けのマンハッタン」
  紀伊國屋演劇賞　第42回（平19年）　個人賞
  エランドール賞（昭53年度）　新人賞
  橋田賞　第6回（平9年）　橋田賞
  日本放送協会放送文化賞　第66回（平26年度）
  日経ソーシャルイニシアチブ大賞　第3回（平27年）
    特別賞

竹下　文子　たけした・ふみこ
  昭和32（1957）年〜
  児童文学作家
「月売りの話」
  日本童話会賞　第14回（昭52年度）
「星とトランペット」
  野間児童文芸賞　第17回（昭54年）　推奨作品賞
「むぎわらぼうし」
  絵本にっぽん賞　第8回（昭60年度）
「黒ねこサンゴロウ〈1・2〉」
  路傍の石文学賞　第17回（平7年）　幼少年文学賞
「ひらけ！　なんきんまめ」
  産経児童出版文化賞　第56回（平21年）　フジテレビ賞
「なまえのないねこ」
  講談社絵本賞　第51回（令2年度）
  日本絵本賞　第25回（令2年）　日本絵本賞

武田　鉄矢　たけだ・てつや
  昭和24（1949）年〜
  俳優、歌手。グループ名・海援隊
「幸福の黄色いハンカチ」
  キネマ旬報賞　第23回（昭52年）　助演男優賞
  日本アカデミー賞（昭52年度）　助演男優賞
  報知映画賞　第2回（昭52年度）　最優秀新人賞
  日本アカデミー賞　第1回（昭53年）　最優秀助演男
    優賞
「3年B組金八先生」
  ゴールデン・アロー賞　第18回（昭55年）　放送賞
  毎日芸術賞　第46回（平16年）　特別賞
「贈る言葉」
  日本レコード大賞　第22回（昭55年）　西条八十賞（作
    詩賞）
「101回目のプロポーズ」
  ゴールデン・アロー賞　第29回（平4年）　放送賞
「夏のクリスマスツリー」
  日本文芸大賞　第12回（平4年）　童話賞
  キネマ旬報賞（昭52年度）　助演男優賞
  報知新聞最優秀新人賞（昭52年度）
  エランドール賞（昭53年度）　新人賞
  テレビ大賞　第12回（昭54年度）　優秀個人賞
  ゴールデン・アロー賞　第29回（平3年）　放送賞
  日本新語・流行語大賞　第8回（平3年）　大衆部門　金賞
    "僕は死にましぇ〜ん"
  福岡教育大学名誉学士（平20年）

竹中　直人　たけなか・なおと
  昭和31（1956）年〜
  俳優、映画監督
「天使のはらわた・赤い眩暈」
  にっかつロマン大賞　第4回（昭63年）　主演男優賞
「無能の人」
  ゴールデン・アロー賞　第29回（平3年）　映画賞
  芸術選奨　第42回（平3年）　映画部門　新人賞
  キネマ旬報ベスト・テン　第65回（平3年度）　日本映
    画　第4位
  ナント三大陸映画祭　第13回（平3年）　審査員特別賞
  ブルーリボン賞　第34回（平3年）　主演男優賞
  ベネチア国際映画祭　第48回（平3年）　国際映画批評
    家連盟賞
  ヨコハマ映画祭（平3年度）　新人監督賞
  芸術選奨文部大臣新人賞　第42回（平3年）　映画
    部門
  日本映画批評家大賞　第1回（平3年度）
  報知映画賞　第16回（平3年度）　最優秀新人賞
  毎日映画コンクール　第46回（平3年）　スポニチグラ
    ンプリ新人賞
  優秀映画鑑賞会ベストテン　第32回（平3年度）　日本
    映画　第8位
「竹中直人の少々おむづかりのご様子」
  キネマ旬報賞　第38回（平4年）　読者賞
「シコふんじゃった。」「死んでもいい」
  日本アカデミー賞　第16回（平5年）　最優秀助演男
    優賞
「119」
  キネマ旬報ベスト・テン　第68回（平6年度）　日本映
    画　第6位
  キネマ旬報賞　第40回（平6年）　読者選出日本映画監
    督賞
  高崎映画祭　第9回（平6年度）　特別賞・新映像感覚
    作品賞
  年鑑代表シナリオ（平6年度）
  優秀映画鑑賞会ベストテン　第35回（平6年度）　日本
    映画　第9位
「EAST MEETS WEST」「GONIN」
  キネマ旬報賞　第41回（平7年）　助演男優賞
「EAST MEETS WEST」
  日本アカデミー賞　第19回（平8年）　最優秀助演男
    優賞
「Shall we ダンス？」
  日本アカデミー賞　第20回（平9年）　最優秀助演男

優賞

「東京日和」
　ぴあテン　第26回（平9年度）　第6位
「三文役者」「連弾」
　日刊スポーツ映画大賞・石原裕次郎賞　第14回（平13年）　主演男優賞
「連弾」
　高崎映画祭　第16回（平13年度）　監督賞
　日刊スポーツ映画大賞・石原裕次郎賞　第14回（平13年）　主演男優賞

ゴールデン・アロー賞　第21回（昭58年）　芸能賞 新人賞
花王名人大賞　第4回（昭59年）　新人賞
ゴールデン・アロー賞　第29回（平3年）　大賞
ゴールデン・アロー賞　第34回（平8年）　大賞
ゴールデン・アロー賞　第34回（平8年）　放送賞
エランドール賞　（平9年度）　特別賞
三船敏郎賞　（令5年）

竹西 寛子　たけにし・ひろこ
　昭和4（1929）年～
　小説家、評論家。日本芸術院会員（文芸）
「往還の記」
　田村俊子賞　第4回（昭39年）
「式子内親王・永福門院」
　平林たい子文学賞　第1回（昭48年）　評論
「鶴」
　芸術選奨　第26回（昭50年）　文学部門 新人賞
「管絃祭」
　女流文学賞　第17回（昭53年）
「兵隊宿」
　川端康成文学賞　第8回（昭56年）
「山川登美子―明星の歌人」
　毎日芸術賞　第27回（昭60年）
「贈答のうた」
　野間文芸賞　第56回（平15年）

日本芸術院賞　第50回（平5年）　第2部
勲三等瑞宝章　（平13年）
早稲田大学芸術功労者　（平13年）
中国文化賞　（平24年）
文化功労者　第65回（平24年度）

武部 本一郎　たけべ・もといちろう
　大正3（1914）年～昭和55（1980）年
　挿絵画家
「アインシュタイン―原子力の父」
　産経児童出版文化賞　第12回（昭40年）
「幸島のサル―25年の観察記録」
　産経児童出版文化賞　第19回（昭47年）
「小さい心の旅」

　産経児童出版文化賞　第19回（昭47年）
星雲賞　第11回（昭55年）　特別賞

武満 徹　たけみつ・とおる
　昭和5（1930）年～平成8（1996）年
　作曲家
「管弦楽のためのソリテュード・ソノール」
　芸術祭賞　第13回（昭33年）　音楽部門（放送）奨励賞
「もず」
　毎日映画コンクール　第16回（昭36年）　音楽賞
「切腹」
　ブルーリボン賞　第13回（昭37年）　音楽賞
　毎日映画コンクール　第17回（昭37年）　音楽賞
「古都」
　ブルーリボン賞　第14回（昭38年）　音楽賞
「テクスチュアズ」
　国際現代作曲家会議　（昭39年）　最優秀作品賞
「暗殺」
　毎日映画コンクール　第19回（昭39年）　音楽賞
「紀ノ川」
　ブルーリボン賞　第17回（昭41年）　音楽賞
「他人の顔」
　毎日映画コンクール　第21回（昭41年）　音楽賞
「心中天網島」
　年鑑代表シナリオ　第21回（昭44年度）
　毎日映画コンクール　第24回（昭44年）　音楽賞
「いのちぼうにふろう」
　毎日映画コンクール　第26回（昭46年）　音楽賞
「青幻記」
　毎日映画コンクール　第28回（昭48年）　音楽賞
「カトレーン」
　芸術祭賞　第30回（昭50年）　音楽部門（放送）大賞
　尾高賞　第24回（昭50年）
「化石」
　毎日映画コンクール　第30回（昭50年）　音楽賞
「愛の亡霊」
　毎日映画コンクール　第33回（昭53年）　音楽賞
「燃える秋」「愛の亡霊」
　日本アカデミー賞　第2回（昭54年）　最優秀音楽賞
「バイオリンとオーケストラのための"遠い呼び声の彼方へ！"」
　尾高賞　第29回（昭55年）
「乱」「食卓のない家」「火まつり」
　日本アカデミー賞　第9回（昭61年）　最優秀音楽賞
「黒い雨」
　日本アカデミー賞　第13回（平2年）　最優秀音楽賞
「写楽」

日本アカデミー賞 第19回（平8年） 最優秀音楽賞
尾高賞 第2回（昭28年）
毎日映画コンクール （昭36年、37年、39年、41年、44年、46年、48年、50年、53年） 音楽賞
ブルーリボン賞 （昭37年、38年、41年） 音楽賞
日本芸術院賞 第36回（昭54年） 第3部
モービル音楽賞 第11回（昭56年）
朝日賞 （昭59年）
フランス芸術文化勲章 （昭60年）
日本アカデミー賞 （昭61年） 音楽賞
京都音楽賞 第3回（昭63年）
国際文化デザイン賞 （平1年）
飛騨古川音楽大賞 第1回（平1年）
ダラム大学名誉音楽博士 （平2年）
リーズ大学名誉音楽博士 （平2年）
毎日芸術賞 第32回（平2年）
国際モーリス・ラベル賞 （平2年）
東京都民文化栄誉賞 （平2年）
サントリー音楽賞 第22回（平3年）
ユネスコIMC賞 （平3年）
国際音楽評議会賞 （平3年）
国際交流基金賞 （平5年）
日本放送協会放送文化賞 第45回（平5年）
グロマイヤー作曲賞 第10回（平6年）
アメリカ映画音楽保存協会（SPFM）功労賞 （平7年）
グレン・グールド賞 （平8年）
コロンビア大学名誉音楽博士号 （平8年）
毎日映画コンクール 第51回（平8年） 特別賞

竹本 正男 たけもと・まさお
大正8（1919）年～平成19（2007）年
体操選手。ローマ五輪体操男子団体金メダリスト・種目別鉄棒銀メダリスト
朝日賞 （昭29年） 体育賞
朝日賞 （昭35年） 体育賞
朝日賞 （昭39年） 体育賞 第18回オリンピック東京大会
朝日賞 （昭41年） 体育賞
紫綬褒章 （昭55年）
浜田市名誉市民 （平4年）
勲三等瑞宝章 （平5年）

竹山 道雄 たけやま・みちお
明治36（1903）年～昭和59（1984）年
ドイツ文学者、評論家。日本芸術院会員
「ビルマの竪琴」
　毎日出版文化賞 第2回（昭23年）
　芸術選奨 第1回（昭25年） 文学部門 文部大臣賞
「妄想とその犠牲」
　文藝春秋記者賞 第14回（昭33年）
読売文学賞 第13回（昭36年） 評論・伝記賞
菊池寛賞 第31回（昭58年）

田坂 具隆 たさか・ともたか
明治35（1902）年～昭和49（1974）年
映画監督
「結婚二重奏」
　キネマ旬報ベスト・テン 第5回（昭3年度） 日本映画 8位
「心の日月 烈日篇・月光篇」
　キネマ旬報ベスト・テン 第8回（昭6年度） 日本映画 2位
「春と娘」
　キネマ旬報ベスト・テン 第9回（昭7年度） 日本映画 8位
「五人の斥候兵」
　キネマ旬報ベスト・テン 第15回（昭13年度） 日本映画 1位
　ベネチア国際映画祭 （昭13年） 大衆文化大臣賞
「路傍の石」
　キネマ旬報ベスト・テン 第15回（昭13年度） 日本映画 2位
「土と兵隊」
　キネマ旬報ベスト・テン 第16回（昭14年度） 日本映画 3位
「爆音」
　キネマ旬報ベスト・テン 第16回（昭14年度） 日本映画 8位
「母子草」
　キネマ旬報ベスト・テン 第19回（昭17年度） 日本映画 4位
「女中ッ子」
　キネマ旬報ベスト・テン 第29回（昭30年度） 日本映画 7位
「陽のあたる坂道」
　ブルーリボン賞 第9回（昭33年） 監督賞
「親鸞 前篇」
　優秀映画鑑賞会ベストテン 第1回（昭35年度） 日本映画 8位
「はだかっ子」
　キネマ旬報ベスト・テン 第35回（昭36年度） 日本映画 8位
　優秀映画鑑賞会ベストテン 第2回（昭36年度） 日本映画 2位
「五番町夕霧楼」
　キネマ旬報ベスト・テン 第37回（昭38年度） 日本映画 3位
　京都市民映画祭 （昭38年） 監督賞
　年鑑代表シナリオ 第15回（昭38年度）
　優秀映画鑑賞会ベストテン 第4回（昭38年度） 日本映画 2位
「冷飯とおさんとちゃん」
　キネマ旬報ベスト・テン 第39回（昭40年度） 日本

映画 6位
優秀映画鑑賞会ベストテン 第6回（昭40年度）日本映画 10位
「湖の琴」
　芸術選奨 第17回（昭41年）映画部門
　キネマ旬報ベスト・テン 第40回（昭41年度）日本映画 4位
　優秀映画鑑賞会ベストテン 第7回（昭41年度）日本映画 9位

牧野省三賞 第10回（昭42年）

田島 征三　たしま・せいぞう
　昭和15（1940）年〜
　絵本作家，画家，版画家，エッセイスト
「ちからたろう」
　世界絵本原画展 第2回（昭44年）金のりんご賞
「ふきまんぷく」
　講談社出版文化賞 第5回（昭49年）絵本部門
「とべバッタ」
　小学館絵画賞 第38回（平1年）
「オオカミのおうさま」
　日本絵本賞 第15回（平21年）日本絵本賞
「つかまえた」
　産経児童出版文化賞 第68回（令3年）美術賞

全国観光ポスター展金賞　（昭36年）特別賞
絵本にっぽん賞　（昭63年）
年鑑イラストレーション作家賞　（平1年）
ENEOS児童文化賞 第56回（令3年）

舘 ひろし　たち・ひろし
　昭和25（1950）年〜
　俳優，歌手
「あぶない刑事」
　ゴールデングロス賞 第6回（昭63年度）マネーメーキングスター賞
「HIROSHI TACHI sings YUJIRO」
　日本レコード大賞 第54回（平24年）企画賞
「終わった人」
　ブルーリボン賞 第61回（平30年度）主演男優賞
　モントリオール世界映画祭 第42回（平30年）最優秀男優賞

くまもと映画祭 第13回（平1年）大賞
旭日小綬章　（令2年）

立花 隆　たちばな・たかし
　昭和15（1940）年〜令和3（2021）年
　ノンフィクション作家，評論家
「特集―田中角栄研究」（共著）
　文藝春秋読者賞 第36回（昭49年）
「田中角栄研究 その金脈と人脈」

　新評賞 第5回（昭50年）
「日本共産党の研究」
　講談社ノンフィクション賞 第1回（昭54年）
「田中角栄と私の9年間」
　文藝春秋読者賞 第45回（昭58年）
「脳死」
　毎日出版文化賞 第41回（昭62年）
「精神と物質」
　新潮学芸賞 第4回（平3年）
「電脳進化論―ギガ・テラ・ペタ」
　大川出版賞 第2回（平5年）
「読書脳」
　毎日出版文化賞 第68回（平26年）書評賞
「武満徹・音楽創造への旅」
　吉田秀和賞 第26回（平28年）

菊池寛賞 第31回（昭58年）
日本放送協会放送文化賞 第49回（平9年）
司馬遼太郎賞 第1回（平10年）
放送文化賞 第49回（平10年）

立松 和平　たてまつ・わへい
　昭和22（1947）年〜平成22（2010）年
　小説家
「遠雷」
　野間文芸新人賞 第2回（昭55年）
「卵洗い」
　坪田譲治文学賞　（平5年）
「毒―風聞・田中正造」
　毎日出版文化賞 第51回（平9年）第1部門（文学・芸術）
「道元の月」
　大谷竹次郎賞 第31回（平14年）
「道元禅師」
　泉鏡花文学賞 第35回（平19年度）
　親鸞賞 第5回（平20年）
「自転車」
　早稲田文学新人賞 第1回

若い作家のためのロータス賞 第2回（昭61年）

田中 絹代　たなか・きぬよ
　明治42（1909）年〜昭和52（1977）年
　俳優，映画監督
「結婚」「女優須磨子の恋」「不死鳥」
　毎日映画コンクール 第2回（昭22年）演技賞 女優演技賞
「夜の女たち」「風の中の牝鶏」
　毎日映画コンクール 第3回（昭23年）演技賞 女優演技賞
「異母兄弟」「女体は哀しく」「地上」
　毎日映画コンクール 第12回（昭32年）演技賞 女優

助演賞
「楢山節考」
　キネマ旬報賞　第4回(昭33年)　女優賞
「おとうと」
　毎日映画コンクール　第15回(昭35年)　演技賞 女優助演賞
「サンダカン八番娼館・望郷」「三婆」
　毎日映画コンクール　第29回(昭49年)　演技賞 女優演技賞
「望郷」
　キネマ旬報賞　第20回(昭49年)　女優賞
「サンダカン八番娼館・望郷」
　ベルリン国際映画祭(昭50年)　最優秀女優賞
毎日映画コンクール　(昭22年度・23年度・49年度)　主演女優賞
毎日映画コンクール　(昭32年度・35年度)　助演女優賞
キネマ旬報賞　(昭33年度・49年度)　主演女優賞
紫綬褒章　(昭45年)
芸術選奨　第25回(昭49年)　映画部門　大臣賞
エランドール賞　(昭50年度)　特別賞
勲三等瑞宝章　(昭52年)

田中 邦衛　たなか・くにえ
　昭和7(1932)年～令和3(2021)年
　俳優
「若者たち」
　毎日映画コンクール　第22回(昭42年)　演技賞 男優主演賞
「緑色のストッキング」
　紀伊國屋演劇賞　第9回(昭49年)　個人賞
「北の国から」
　ゴールデン・アロー賞　第20回(昭57年度)　放送賞
「逃がれの街」「居酒屋兆治」
　ブルーリボン賞　第26回(昭58年)　助演男優賞
「ウホッホ探険隊」
　ブルーリボン賞　第29回(昭61年)　主演男優賞
「学校」「虹の橋」「子連れ狼 その小さき手に」
　日本アカデミー賞　第17回(平6年)　最優秀助演男優賞
ゴールデン・アロー賞　第20回(昭57年)　放送賞
紫綬褒章　(平11年)
橋田賞　第11回(平14年)　特別賞
旭日小綬章　(平18年)
日本アカデミー賞　第45回(令4年)　会長特別賞

田中 久美　たなか・くみ
　昭和42(1967)年～
　歌手
「少女の中の悪魔」

新宿音楽祭　第17回(昭59年)　銀賞
21世紀ヤング歌謡大賞新人グランプリ　第11回(昭59年)　アイドル賞
横浜音楽祭　第11回(昭59年)　審査員特別賞
銀座音楽祭　第14回(昭59年)　銀賞

田中 健　たなか・けん
　昭和26(1951)年～
　俳優, ケーナ奏者
「望郷」
　日刊スポーツ映画大賞・石原裕次郎賞　第6回(平5年)　助演男優賞
　日本映画批評家大賞　第3回(平5年)　男優賞
　報知映画賞　第18回(平5年度)　最優秀主演男優賞
　毎日映画コンクール　第48回(平5年)　演技賞 男優助演賞
エランドール賞　(昭51年度)　新人賞

田中 小実昌　たなか・こみまさ
　大正14(1925)年～平成12(2000)年
　小説家, 翻訳家
「ポロポロ」
　谷崎潤一郎賞　第15回(昭54年)
「浪曲師朝日丸の話」「ミミのこと」
　直木三十五賞　第81回(昭54年上)
噂賞　第2回(昭48年)　小説賞

田中 澄江　たなか・すみえ
　明治41(1908)年～平成12(2000)年
　劇作家, 小説家
「めし」
　年鑑代表シナリオ　第3回(昭26年度)
「我が家は楽し」「少年期」「めし」
　ブルーリボン賞　第2回(昭26年)　脚本賞
「稲妻」
　年鑑代表シナリオ　第4回(昭27年度)
「晩菊」
　年鑑代表シナリオ　第6回(昭29年度)
「夜の河」
　年鑑代表シナリオ　第8回(昭31年度)
「流れる」
　年鑑代表シナリオ　第8回(昭31年度)
「長崎の緋扇」
　芸術祭賞　第26回(昭46年)　音楽部門(放送)　優秀賞
「カキツバタ群落」
　芸術選奨　第24回(昭48年)　文学部門　文部大臣賞
　芸術選奨文部大臣賞　第24回(昭48年)　文学・評論部門
「花の百名山」

読売文学賞 第32回（昭55年） 随筆・紀行賞
「夫の始末」
　紫式部文学賞 第6回（平8年）
　女流文学賞 第35回（平8年）
日本放送協会放送文化賞 第13回（昭36年）
紫綬褒章 （昭52年）
勲四等宝冠章 （昭59年）
東京都名誉都民 （平11年）

田中 千禾夫　たなか・ちかお
　明治38（1905）年〜平成7（1995）年
　劇作家, 演出家。日本芸術院会員

「教育」
　読売文学賞 第6回（昭29年） 戯曲賞
「マリアの首」
　岸田演劇賞 第6回（昭34年）
「マリアの首」「千鳥」
　芸術選奨 第10回（昭34年） 演劇部門
　芸術選奨文部大臣賞 第10回（昭34年） 文学・評論部門
「劇的文体論序説」
　毎日出版文化賞 第32回（昭53年）
読売文学賞 第6回（昭29年） 戯曲賞
日本芸術院賞 第36回（昭54年） 第3部 恩賜賞・日本芸術院賞
日本芸術院賞 第36回（昭54年） 第2部 恩賜賞・日本芸術院賞
勲三等瑞宝章 （昭57年）

田中 登　たなか・のぼる
　昭和12（1937）年〜平成18（2006）年
　映画監督

「マル秘女郎責め地獄」
　日本映画監督協会新人奨励賞 （昭48年）
「実録阿部定」
　キネマ旬報ベスト・テン 第49回（昭50年度） 日本映画 10位
「江戸川乱歩猟奇館 屋根裏の散歩者」
　キネマ旬報ベスト・テン 第50回（昭51年度） 日本映画 10位
「人妻集団暴行致死事件」
　キネマ旬報ベスト・テン 第52回（昭53年度） 日本映画 9位
「人妻集団暴行致死事件」「ピンクサロン・好色五人女」
　日本アカデミー賞 （昭54年） 優秀監督賞

田中 裕子　たなか・ゆうこ
　昭和30（1955）年〜
　俳優

「ええじゃないか」「北斎漫画」
　ゴールデン・アロー賞 第19回（昭56年） 映画賞 新人賞
「北斎漫画」
　ブルーリボン賞 第24回（昭56年） 助演女優賞
　報知映画賞 第6回（昭56年度） 最優秀助演女優賞
「北斎漫画」「ええじゃないか」
　日本アカデミー賞 第5回（昭57年） 最優秀助演女優賞
「天城越え」
　アジア太平洋映画祭 （昭58年） 最優秀女優賞
　キネマ旬報賞 第29回（昭58年） 主演女優賞
　ブルーリボン賞 第26回（昭58年） 主演女優賞
　モントリオール国際映画祭 （昭58年） 最優秀女優賞
　毎日映画コンクール 第38回（昭58年） 演技賞 女優主演賞
「しあわせの国〜青い鳥ぱたぱた？〜」
　モンテカルロ国際テレビ祭 第26回（昭61年）
「お受験」「大阪物語」
　日刊スポーツ映画大賞・石原裕次郎賞 第12回（平11年） 助演女優賞
「ホタル」
　山路ふみ子映画賞 第25回（平13年） 女優賞
「いつか読書する日」
　報知映画賞 第30回（平17年） 女優主演賞
「いつか読書する日」「火火」
　キネマ旬報賞 第51回（平17年度） 主演女優賞
　報知映画賞 第30回（平17年度） 邦画部門 主演女優賞
　毎日映画コンクール 第60回（平17年度） 女優主演賞
「はじまりのみち」「共喰い」
　キネマ旬報ベスト・テン個人賞 第87回（平25年度） 助演女優賞
　キネマ旬報賞 （平25年度） 助演女優賞
テレビ大賞 第14回（昭56年度） 優秀個人賞
エランドール賞 （昭57年度） 新人賞
日本アカデミー賞 第5回（昭57年） 新人俳優賞
ゴールデン・アロー賞 第21回（昭58年） 話題賞
松尾芸能賞 第4回（昭58年） 優秀賞 映画・テレビ
紫綬褒章 （平22年）
毎日映画コンクール 第67回（平24年） 田中絹代賞

田中 陽造　たなか・ようぞう
　昭和14（1939）年〜
　シナリオライター

「嗚呼!!花の応援団」
　年鑑代表シナリオ （昭51年度）
「ツィゴイネルワイゼン」
　年鑑代表シナリオ （昭55年度）
　毎日映画コンクール 第35回（昭55年） 脚本賞
「ツィゴイネルワイゼン」「居酒屋ゆうれい」

キネマ旬報賞 第26回・40回（昭55年度・平6年度）
　脚本賞
「ツィゴイネルワイゼン」「居酒屋ゆうれい」「夏の庭」「ヴィヨンの妻」
　毎日映画コンクール 第35回・49回・64回（昭55年度・平6年度・21年度） 脚本賞
「ツィゴイネルワイゼン」「濡れた海峡」
　キネマ旬報賞 第26回（昭55年） 脚本賞
「陽炎座」
　年鑑代表シナリオ　（昭56年度）
「魔の刻」
　年鑑代表シナリオ　（昭60年度）
「居酒屋ゆうれい」
　ヨコハマ映画祭 第16回（平6年度） 脚本賞
　年鑑代表シナリオ　（平6年度）
「居酒屋ゆうれい」「夏の庭 The Friends」
　キネマ旬報賞 第40回（平6年） 脚本賞
　毎日映画コンクール 第49回（平6年） 脚本賞
「新・居酒屋ゆうれい」
　年鑑代表シナリオ　（平8年度）
「天国までの百マイル」
　年鑑代表シナリオ　（平12年度）
「ヴィヨンの妻〜桜桃とタンポポ〜」
　毎日映画コンクール 第64回（平21年度） 脚本賞
　おおさか映画祭 第20回（平6年度） 脚本賞

田中 好子　たなか・よしこ
　昭和31（1956）年〜平成23（2011）年
　俳優・歌手。元キャンディーズのメンバー
「黒い雨」
　キネマ旬報賞 第35回（平1年） 主演女優賞
　ブルーリボン賞 第32回（平1年） 主演女優賞
　報知映画賞 第14回（平1年度） 最優秀主演女優賞
　キネマ旬報賞 （平2年） 主演女優賞
　ブルーリボン賞 第32回（平2年） 主演女優賞
　高崎映画映画祭 第4回（平2年） 主演女優賞
　日本アカデミー賞 第13回（平2年） 最優秀主演女優賞
「黒い雨」「ゴジラVSビオランテ」
　毎日映画コンクール 第44回（平1年） 演技賞 女優主演賞
　毎日映画コンクール （平2年） 女優主演賞
「秋の駅」
　放送文化基金賞 第19回（平5年） 個別分野賞 演技賞

田辺 聖子　たなべ・せいこ
　昭和3（1928）年〜令和1（2019）年
　小説家
「虹」
　大阪市民文芸賞　（昭31年）
「感傷旅行（センチメンタル・ジャーニイ）」
　芥川龍之介賞 第50回（昭38年下）
「花衣ぬぐやまつわる…」
　女流文学賞 第26回（昭62年）
「ひねくれ一茶」
　吉川英治文学賞 第27回（平5年）
「道頓堀の雨に別れて以来なり」
　泉鏡花賞 第26回（平10年）
　泉鏡花文学賞 第26回（平10年）
　読売文学賞 第50回（平10年） 評論・伝記賞
「姥ざかり花の旅笠」
　蓮如賞 第8回（平15年）
「おちくぼ姫」
　本屋大賞 第20回（令5年） 発掘部門 超発掘本！
大阪芸術賞　（昭51年）
兵庫県文化賞　（昭57年）
日本文芸大賞 第10回（平2年）
菊池寛賞 第42回（平6年）
紫綬褒章　（平7年）
大阪女性基金プリムラ賞　（平9年） 大賞
エイボン女性年度賞　（平10年） 女性大賞
文化功労者　（平12年）
キワニス大阪賞 第5回（平14年）
朝日賞　（平18年度）
朝日賞　（平19年）
日本放送協会放送文化賞 第60回（平20年度）
文化勲章　（平20年度）

谷 甲州　たに・こうしゅう
　昭和26（1951）年〜
　SF作家
「火星軌道一九」
　星雲賞 第18回（昭62年） 日本短編部門
「終わりなき索敵」
　星雲賞 第25回（平6年） 日本長編部門
「白き嶺の男」
　新田次郎文学賞 第15回（平8年）
「日本沈没 第二部」
　星雲賞 第38回（平19年） 日本長編部門
「加賀開港始末」
　舟橋聖一文学賞 第8回（平26年）
「星を創る者たち」
　星雲賞 第45回（平26年） 日本短編部門（小説）
「コロンビア・ゼロ 新・航空宇宙軍史」
　日本SF大賞 第36回（平27年）
星雲賞　（昭62年度）

谷川 浩司　たにがわ・こうじ
　昭和37（1962）年〜
　棋士
「通算600勝達成」

将棋栄誉賞　(平3年)
「通算800勝達成」
　将棋栄誉敢闘賞　(平9年)
「通算1000勝達成」
　特別将棋栄誉賞　(平14年)

将棋大賞　第6回(昭54年)　新人賞
将棋大賞　第7回(昭55年)　技能賞
将棋大賞　第9回(昭57年)　技能賞
将棋大賞　第10回(昭58年)　殊勲賞
神戸市文化特別賞　(昭58年)
将棋大賞　第11回(昭59年)　特別賞
将棋大賞　第13回(昭61年)　最優秀棋士賞
将棋大賞　第15回(昭63年)　最優秀棋士賞
神戸市特別表彰　(昭63年・平成4年・14年)
神戸市政功労者表彰　(平1年)
将棋大賞　第18回(平3年)　最優秀棋士賞
将棋大賞　第19回(平4年)　最優秀棋士賞
関西囲碁将棋記者クラブ賞　第1回(平5年)
将棋ペンクラブ大賞　第6回(平7年)　観戦記部門
将棋大賞　第22回(平7年)　特別賞
神戸文化栄誉賞　第1回(平9年)
兵庫県誉賞　(平9年)
将棋大賞　第25回(平10年)　最優秀棋士賞
将棋大賞　第30回(平15年)　特別賞
将棋大賞　第34回(平18年度)　名局賞
兵庫県文化賞　(平19年)
紫綬褒章　(平26年)

谷川　俊太郎　たにかわ・しゅんたろう
　昭和6(1931)年～令和6(2024)年
　詩人
「よしなしうた」
　現代詩花椿賞　(昭35年)
　現代詩花椿賞　第3回(昭60年)
「月火水木金土日の歌」
　レコード大賞　(昭37年)　作詞賞
「き」
　産経児童出版文化賞　第16回(昭44年)
「マザー・グースのうた」(訳詩集)
　日本翻訳文化賞　(昭50年)
「定義」「夜中に台所でぼくはきみに話しかけたかった」
　高見順賞　第6回(昭50年)
「詩集日々の地図」
　読売文学賞　第34回(昭57年)　詩歌俳句賞
「日々の地図」
　読売文学賞　第35回(昭58年)　詩歌俳句賞
「いつだって今だもん」
　斎田喬戯曲賞　(昭62年)
「いちねんせい」
　小学館文学賞　第37回(昭63年)
「はだか」
　野間児童文芸賞　第26回(昭63年)
「女に」
　丸山豊記念現代詩賞　第1回(平4年)
「世間知ラズ」
　萩原朔太郎賞　第1回(平5年)
「シャガールと木の葉」「谷川俊太郎詩選集」
　二十一世紀鼎鈞双年文学賞　(平17年)　中国
　毎日芸術賞　第47回(平17年度)
「悲しい本」
　産経児童出版文化賞　第52回(平17年)　美術賞
「私」
　詩歌文学館賞　第23回(平20年)　詩
「トロムソコラージュ」
　鮎川信夫賞　第1回(平22年)
「詩に就いて」
　三好達治賞　(平28年)

赤い鳥文学賞　(昭51年)
朝日賞　(平7年)
モービル児童文化賞　第35回(平12年)
モンゴル作家連盟最高勲章　(平20年)
JBBY賞　第1回(平21年)
中坤国際詩歌賞(中国)　(平23年)
国際交流基金賞　(令1年)
日本放送協会放送文化賞　第75回(令5年度)
日本レコード大賞　第66回(令6年)　特別功労賞

谷口　千吉　たにぐち・せんきち
　明治45(1912)年～平成19(2007)年
　映画監督
「銀嶺の果て」
　キネマ旬報ベスト・テン　第21回(昭22年度)　日本映画 7位
「ジャコマンと鉄」
　年鑑代表シナリオ　第1回(昭24年度)
「静かなる決闘」
　年鑑代表シナリオ　第1回(昭24年度)
「暁の脱走」
　キネマ旬報ベスト・テン　第24回(昭25年度)　日本映画 3位
　年鑑代表シナリオ　第2回(昭25年度)

谷崎　潤一郎　たにざき・じゅんいちろう
　明治19(1886)年～昭和40(1965)年
　小説家。帝国芸術院会員
「細雪」
　毎日出版文化賞　第1回(昭22年)
　朝日賞　(昭23年)　文化賞
「瘋癲老人日記」

毎日芸術賞 第4回（昭37年） 大賞
文化勲章 （昭24年度）
文化功労者 （昭26年）

谷村 新司　たにむら・しんじ
昭和23(1948)年～令和5(2023)年
シンガー・ソングライター。グループ名・アリス
「チャンピオン」
　日本レコード大賞 第21回（昭54年） 西条八十賞（作詩賞）
「陽はまた昇る」
　FNS歌謡祭グランプリ 第6回（昭54年） 特別主題歌賞
「群青」
　日本作曲大賞 第1回（昭56年） 音楽文化賞
「忘れていいの」
　FNS歌謡祭グランプリ 第11回（昭59年） 優秀歌謡音楽賞
「40周年特別記念コンサート」
　芸術選奨文部科学大臣賞 第63回（平24年度） 大衆芸能部門
　日本レコードセールス大賞 第13回（昭55年） 作詩賞
　イラク赤新月社ブロンズスターメダル （平4年）
　日本レコード大賞 第35回（平5年） 美空ひばりメモリアル選奨
　日本レコード大賞 第51回（平21年） 特別賞
　芸術選奨 第63回（平24年度） 大衆芸能部門 文部科学大臣賞 "谷村新司 40周年特別記念コンサート～40Vibration～」ほかの成果"
　毎日芸術賞 第54回（平24年度） "「NINE」と日中友好コンサートの成果、震災遺児支援曲「風の子守歌」の作詞など"
　紫綬褒章 （平27年）
　法務大臣特別感謝状 （平31年）
　日本レコード大賞 第65回（令5年） 特別功労賞

田端 義夫　たばた・よしお
大正8(1919)年～平成25(2013)年
歌手
「十九の春」
　日本レコード大賞 第17回（昭50年） 特別賞
　大阪府劇場奨励賞 （昭39年）
　日本レコード大賞 第17回（昭50年） 特別賞
　日本レコード大賞 第20回（昭53年） 日本レコード大賞20周年記念顕彰
　日本レコード大賞 第30回（昭63年） 功労賞
　勲四等瑞宝章 （平1年）
　文化庁長官表彰 （平10年）
　日本作詩大賞 第32回（平11年度） 特別賞
　日本放送協会放送文化賞 第55回（平15年）
　放送文化賞 第55回（平16年）
　日本レコード大賞 第55回（平25年） 特別功労賞

田原 俊彦　たはら・としひこ
昭和36(1961)年～
歌手、俳優
「ハッとして！ GOOD」
　FNS歌謡祭グランプリ 第7回（昭55年） 最優秀新人賞
　銀座音楽祭 第10回（昭55年） グランプリ
　銀座音楽祭 第10回（昭55年） アイドル賞
　新宿音楽祭 第13回（昭55年） 金賞
　日本レコード大賞 第22回（昭55年） 最優秀新人賞
「ハッとして！ Good」
　FNS歌謡祭グランプリ 第7回（昭55年） 優秀新人賞
　日本レコード大賞 第22回（昭55年） 最優秀新人賞
　日本歌謡大賞 第11回（昭55年） 放送音楽新人賞
「哀愁でいと」
　日本テレビ音楽祭 第6回（昭55年） 新人賞
　日本有線大賞 第13回（昭55年） 新人賞
「キミに決定！」
　日本テレビ音楽祭 第7回（昭56年） 金の鳩賞
「グッドラックLOVE」
　FNS歌謡祭グランプリ 第8回（昭56年） 優秀歌謡音楽賞
　日本レコード大賞 第23回（昭56年） ゴールデンアイドル賞
　日本歌謡大賞 第12回（昭56年） 放送音楽賞
　日本有線大賞 第14回（昭56年） 有線音楽賞
「誘惑スレスレ」
　FNS歌謡祭グランプリ 第9回（昭57年） 優秀歌謡音楽賞
　日本歌謡大賞 第13回（昭57年） 放送音楽賞
　日本有線大賞 第15回（昭57年） 有線音楽賞
「誘惑スレスレ」「ピエロ」
　日本レコード大賞 第24回・25回（昭57年・58年） 金賞
「さらば…夏」
　FNS歌謡祭グランプリ 第10回（昭58年） 優秀歌謡音楽賞
　銀座音楽祭 第13回（昭58年） ラジオディスクグランプリ
　日本歌謡大賞 第14回（昭58年） 大賞
「シャワーな気分」
　メガロポリス歌謡祭 第2回（昭58年） ポップスグランプリ
「ACB」
　ゴールデン・アロー賞 第25回（昭62年） 演劇賞
「抱きしめてTONIGHT」
　日本有線大賞 第21回（昭63年） ベストヒット曲賞
　あなたが選ぶ全日本歌謡音楽祭 第6回（昭55年） 最優秀新人賞
　ゴールデン・アロー賞 第18回（昭55年） 音楽賞 新人賞

ABC歌謡新人グランプリ　第7回（昭55年）　服部良一
　特別賞
横浜音楽祭　第7回（昭55年）　新人特別賞
日本レコードセールス大賞　第13回（昭55年）　男性新
　人賞
あなたが選ぶ全日本歌謡音楽祭　第7回（昭56年）　審
　査員奨励賞
横浜音楽祭　第8回（昭56年）　音楽祭賞
日本テレビ音楽祭　第7回（昭56年）　トップ・アイド
　ル賞
日本レコードセールス大賞　第14回（昭56年）　シング
　ルゴールデン賞
あなたが選ぶ全日本歌謡音楽祭　第8回（昭57年）　特
　別賞
メガロポリス歌謡祭　第1回（昭57年）　ポップス入賞
銀座音楽祭　第12回（昭57年）　特別賞
日本テレビ音楽祭　第8回（昭57年）　トップ・アイド
　ル賞
日本レコードセールス大賞　第15回（昭57年）　シング
　ルゴールデン賞
あなたが選ぶ全日本歌謡音楽祭　第9回（昭58年）　最
　優秀タレント賞
ゴールデン・アロー賞　第21回（昭58年）　グラフ賞
メガロポリス歌謡祭　第2回（昭58年）　ポップス入賞
横浜音楽祭　第10回（昭58年）　音楽祭賞
日本テレビ音楽祭　第9回（昭58年）　トップ・アイド
　ル賞
日本レコードセールス大賞　第16回（昭58年）　シング
　ルシルバー賞
日本レコードセールス大賞　第17回（昭59年）　シング
　ルシルバー賞
ベストドレッサー賞　第18回（平1年）　スポーツ・芸
　能部門
銀座音楽祭　第19回（平1年）　特別賞
ゴールデン・アロー賞　第30回（平4年）　第30回記念
　特別表彰　ゴールデンスター賞

玉井　清弘　たまい・きよひろ
　昭和15（1940）年～
　歌人
「風箏」
　芸術選奨　第37回（昭61年）　文学部門　新人賞
「清漣」
　日本歌人クラブ賞　第26回（平11年）
「六白」
　山本健吉文学賞　第2回（平14年）　短歌部門
　短歌四季大賞　第2回
「屋嶋」
　詩歌文学館賞　第29回（平26年）　短歌
　迢空賞　第48回（平26年）
「山水」

齋藤茂吉短歌文学賞　第35回（令5年）
まひる野賞　（昭41年）

玉置　浩二　たまき・こうじ
　昭和33（1958）年～
　ミュージシャン、俳優。グループ名・安全地帯
「ワインレッドの心」
　日本レコード大賞　第26回（昭59年）　作曲賞
　日本作曲大賞　第4回（昭59年）　最優秀作曲賞（特別
　賞）
「悲しみにさよなら」
　日本作曲大賞　第5回（昭60年）　大賞
　日本作曲大賞　第5回（昭60年）　優秀作曲者賞
「無言坂」
　日本レコード大賞　第35回（平5年）　作曲賞
　日本作曲大賞　第4回（昭59年）　最優秀作曲賞
　日本作曲大賞　第5回（昭60年）

田向　正健　たむかい・せいけん
　昭和11（1936）年～平成22（2010）年
　脚本家
「優しい時代」
　放送文化基金賞　第5回（昭54年）　ドラマ部門奨励賞
「リラックス」
　芸術祭賞　（昭57年）　テレビドラマ部門　優秀賞
「橋の上においでよ」
　向田邦子賞　第6回（昭62年）
「街角」
　芸術選奨　第44回（平5年）　放送部門　文部大臣賞
「ひとさらい」
　放送文化基金賞　第21回（平7年）　個別分野賞　脚本賞
「冬の旅」「雲のじゅうたん」
　テレビ大賞
テレビ大賞　第9回（昭51年度）　優秀個人賞
日本映画テレビプロデューサー協会賞　（昭63年）　特
　別賞
エランドール賞　（平1年度）　特別賞
紫綬褒章　（平12年）
旭日小綬章　（平19年）

田村　秋子　たむら・あきこ
　明治38（1905）年～昭和58（1983）年
　俳優
「ママの貯金」
　芸術祭賞　第4回（昭24年）　演劇部門
「ヘッダ・ガブラー」
　毎日演劇賞　第3回（昭25年）　個人賞　演技
「自由学校」「少年期」
　毎日映画コンクール　第6回（昭26年）　演技賞　女優助

演賞

田村 高廣　たむら・たかひろ
昭和3（1928）年～平成18（2006）年
俳優

「大映・兵隊やくざ」
　ブルーリボン賞　第16回（昭40年）　助演男優賞

「泥の河」
　毎日映画コンクール（昭56年度）　男優演技賞

「イタズ 熊」
　芸術選奨　第38回（昭62年）　映画部門　大臣賞

「新版 香華」
　菊田一夫演劇賞　第14回（昭63年）

国民映画新人男優賞　（昭30年）
京都市民映画祭　（昭40年）　助演賞
ホワイトブロンズ助演賞　（昭41年）
日本映画復興賞　第4回（昭62年）　特別賞
菊田一夫演劇賞　第14回（平1年）
紫綬褒章　（平3年）
勲四等旭日小綬章　（平11年）
日本映画批評家大賞　（平13年）
日本アカデミー賞　第30回（平19年）　会長特別賞

田村 孟　たむら・つとむ
昭和8（1933）年～平成9（1997）年
脚本家，小説家。筆名（小説）青木八束

「飼育」
　年鑑代表シナリオ　第13回（昭36年度）

「白昼の通り魔」
　年鑑代表シナリオ　第18回（昭41年度）

「少年」
　日本シナリオ作家協会シナリオ特別賞　第19回（昭42年度）
　年鑑代表シナリオ　第19回（昭42年度）　特別賞
　キネマ旬報賞　第15回（昭44年）　脚本賞
　年鑑代表シナリオ　第21回（昭44年度）
　毎日映画コンクール　第24回（昭44年）　脚本賞

「日本春歌考」
　年鑑代表シナリオ　第19回（昭42年度）

「絞死刑」
　キネマ旬報賞　第14回（昭43年）　脚本賞
　年鑑代表シナリオ　第20回（昭43年度）

「絞死刑」「少年」「儀式」「青春の殺人者」
　キネマ旬報賞　（昭43・44・46・51年度）　脚本賞

「儀式」
　キネマ旬報賞　第17回（昭46年）　脚本賞

「蛇いちごの周囲」
　文學界新人賞　第36回（昭48年）

「青春の殺人者」
　キネマ旬報賞　第22回（昭51年）　脚本賞
　年鑑代表シナリオ　（昭51年度）
　日本映画大賞　第1回　シナリオ最優秀賞

「瀬戸内少年野球団」
　年鑑代表シナリオ　（昭59年度）
　日本アカデミー賞　第8回（昭60年）　優秀脚本賞

田村 隆一　たむら・りゅういち
大正12（1923）年～平成10（1998）年
詩人

「言葉のない世界」
　高村光太郎賞〔詩部門〕　第6回（昭38年）

「詩集1946～1976」
　無限賞　第5回（昭52年）

「奴隷の歓び」
　読売文学賞　第36回（昭59年）　詩歌俳句賞

「ハミングバード」
　現代詩人賞　第11回（平5年）

日本芸術院賞　第54回（平9年）　第2部

タモリ
昭和20（1945）年～
タレント，司会者

「タモリ倶楽部」
　ギャラクシー賞　第50回（平25年）　テレビ部門特別賞

ゴールデン・アロー賞　第19回（昭56年）　芸能賞
テレビ大賞　第14回（昭56年度）　優秀個人賞
ベストドレッサー賞　第10回（昭56年）　スポーツ・芸能部門
ゴールデン・アロー賞　第21回（昭58年）　放送賞
テレビ大賞　第16回（昭58年度）　優秀個人賞
日本放送演芸大賞　第12回（昭58年）
ゆうもあ大賞　（昭61年）
日本新語・流行語大賞　第5回（昭63年）　特別部門　人語一体傑作賞
伊丹十三賞　第2回（平22年）
菊池寛賞　第62回（平26年）
日本放送協会放送文化賞　第68回（平28年度）
ギャラクシー賞　第60回（令4年度）　放送批評懇談会60周年記念賞

田谷 鋭　たや・えい
大正6（1917）年～平成25（2013）年
歌人

「乳鏡」
　現代歌人協会賞　第2回（昭33年）

「紺匂ふ」
　角川短歌賞　第18回（昭47年）

「水晶の座」

日本歌人クラブ賞 第1回（昭49年）
迢空賞 第8回（昭49年）
「母恋」
読売文学賞 第30回（昭53年） 詩歌俳句賞
迢空賞 第8回（昭49年）
紫綬褒章（昭59年）
勲四等旭日小綬章（平2年）

俵 万智　　たわら・まち
昭和37（1962）年～
歌人
「野球ゲーム」
角川短歌賞 第30回（昭59年） 次席
「八月の朝」
角川短歌賞 第32回（昭61年）
「サラダ記念日」
現代歌人協会賞 第32回（昭63年）
「愛する源氏物語」
紫式部文学賞 第14回（平16年）
「プーさんの鼻」
若山牧水賞 第11回（平18年）
「牧水の恋」
宮日出版大賞 第29回（平31年） 特別大賞
「未来のサイズ」
詩歌文学館賞 第36回（令3年） 短歌
迢空賞 第55回（令3年）
ダイヤモンド・パーソナリティー賞 第5回（昭62年）
日本新語・流行語大賞 第4回（昭62年） 新語部門 表現賞
朝日賞（令3年度）
紫綬褒章（令5年）

団 伊玖磨　　だん・いくま
大正13（1924）年～平成13（2001）年
作曲家、指揮者、随筆家。日本芸術院会員
「夕鶴」
毎日演劇賞 第3回（昭25年） 個人賞 音楽
毎日音楽賞（昭27年）
「雪国」「メソポタミア」
ブルーリボン賞 第8回（昭32年） 音楽賞
「パイプのけむり」
読売文学賞 第19回（昭42年） 随筆・紀行賞
「ひかりごけ」（オペラ）
芸術選奨 第23回（昭47年） 音楽部門 大臣賞
伊庭歌劇賞（昭27年）
山田耕筰作曲賞（昭27年）
日本芸術院賞 第22回（昭40年） 第3部
日本放送協会放送文化賞 第41回（平1年）
神奈川文化賞（平2年）
国際交流基金賞（平10年）

文化功労者（平11年）

檀 一雄　　だん・かずお
明治45（1912）年～昭和51（1976）年
小説家
「天明」
野間文芸奨励賞 第4回（昭19年）
「長恨歌」「真説石川五右衛門」
直木三十五賞 第24回（昭25年下）
「火宅の人」
読売文学賞 第27回（昭50年） 小説賞
日本文学大賞 第8回（昭51年）

檀 ふみ　　だん・ふみ
昭和29（1954）年～
俳優、エッセイスト
「優しい時代」「兄とその妹」
芸術選奨新人賞 第29回（昭53年） 放送部門
「逢えばほのぼの」
日本文芸大賞 第3回（昭58年） ノンフィクション賞
「ああ言えばこう食う」
講談社エッセイ賞 第15回（平11年）
テレビ大賞 第7回（昭49年度） 新人賞
エランドール賞（昭50年度） 新人賞
芸術選奨 第29回（昭53年） 放送部門 新人賞
有馬賞 第17回（平10年）

段田 男　　だんだ・だん
昭和42（1967）年～
元・歌手
「玄界灘」
新宿音楽祭 第19回（昭61年） 銀賞
メガロポリス歌謡祭 第5回（昭61年） 優秀新人エメラルド賞
全日本有線放送大賞 第19回（昭61年度） 新人賞
日本演歌大賞 第12回（昭61年） 演歌希望の星賞
日本歌謡大賞 第17回（昭61年） 放送音楽新人賞
ヤング歌謡大賞新人グランプリ 第13回（昭61年） シルバー賞
横浜音楽祭 第13回（昭61年） 新人賞
銀座音楽祭 第16回（昭61年） 奨励賞
日本演歌大賞 第12回（昭61年） 希望の星賞

丹波 哲郎　　たんば・てつろう
大正11（1922）年～平成18（2006）年
俳優
「人間革命」
毎日映画コンクール 第28回（昭48年） 演技賞 男優演技賞
「二百三高地」
ブルーリボン賞 第23回（昭55年） 助演男優賞
日本アカデミー賞 第4回（昭56年） 最優秀助演男

優賞

「十五才 学校Ⅳ」
　日刊スポーツ映画大賞・石原裕次郎賞　第13回（平12年）助演男優賞

日本文芸大賞　第14回（平6年）　特別賞
日本文芸大賞　第15回（平7年）
ゴールデン・アロー賞　第44回（平18年度）　芸能功労賞
映画の日特別功労章　第51回（平18年）
日本アカデミー賞　第30回（平19年）　会長特別賞

ちあき なおみ
　昭和22（1947）年～
　歌手, 俳優

「雨にぬれた慕情」
　日本有線大賞　第2回（昭44年）　期待賞

「四つのお願い」
　日本歌謡大賞　第1回（昭45年）　放送音楽賞
　日本有線大賞　第3回（昭45年）　努力賞

「喝采」
　日本レコード大賞　第14回（昭47年）　大賞

「紅とんぼ」
　藤田まさと賞　（平1年）

「微吟」
　日本レコード大賞　第61回（令元年）　企画賞

日本演歌大賞　第1回（昭50年）　古賀政男特別賞

千秋　実　ちあき・みのる
　大正6（1917）年～平成11（1999）年
　俳優

「花いちもんめ」
　ブルーリボン賞　第28回（昭60年）　主演男優賞
　報知映画賞　第10回（昭60年度）　審査員特別賞
　アジア太平洋映画祭　第31回（昭61年）　主演男優賞
　日本アカデミー賞　第9回（昭61年）　最優秀主演男優賞

毎日映画コンクール　第40回（昭60年）　特別賞　演技特別賞
勲四等瑞宝章　（平1年）

千葉　真一　ちば・しんいち
　昭和14（1939）年～令和3（2021）年
　俳優。別名・サニー千葉

ブルーリボン賞　第22回（昭54年）　スタッフ賞
エランドール賞　（昭37年度）　新人賞
ハワイ国際映画祭マーベリック・アワード　第25回（平17年）
日本アカデミー賞　第45回（令4年）　会長特別賞

ちば てつや
　昭和14（1939）年～
　漫画家。日本芸術院会員

「123と45ロク」
　講談社児童まんが賞　（昭37年）

「おれは鉄兵」
　講談社出版文化賞　第7回（昭51年）　児童漫画部門

「のたり松太郎」
　小学館漫画賞　第23回（昭52（1977）年度）　青年一般向け

日本漫画家協会賞　第30回（平13年）　文部科学大臣賞
紫綬褒章　（平14年）
講談社漫画賞　第33回（平21年）　講談社創業100周年記念特別賞
旭日小綬章　（平24年）
文化功労者　第67回（平26年度）
練馬区名誉区民　（平29年）
手塚治虫文化賞　第22回（平30年）　特別賞
菊池寛賞　第72回（令6年）
文化勲章　（令6年度）

千葉　泰樹　ちば・やすき
　明治43（1910）年～昭和60（1985）年
　映画監督

「花咲く家族」
　キネマ旬報ベスト・テン　第21回（昭22年度）　日本映画 9位

「幸福への招待」
　キネマ旬報ベスト・テン　第21回（昭22年度）　日本映画 10位

「生きている画像」
　キネマ旬報ベスト・テン　第22回（昭23年度）　日本映画 9位

「二人の息子」
　優秀映画鑑賞会ベストテン　第2回（昭36年度）　日本映画 9位

長　新太　ちょう・しんた
　昭和2（1927）年～平成17（2005）年
　絵本作家, 漫画家

「おしゃべりなたまごやき」
　文藝春秋漫画賞　第5回（昭34（1959）年）
　国際アンデルセン賞国内賞　第7回（昭48年）

「星の牧場」
　産経児童出版文化賞　第11回（昭39年）

「はるですよ ふくろうおばさん」
　講談社出版文化賞　第8回（昭52年）　絵本部門

「ぼくのくれよん」
　児童福祉文化賞　第20回（昭52年度）　出版物部門　奨励賞

「キャベツくん」
　絵本にっぽん大賞　第4回（昭56年）

「みんなびっくり」

小学館絵画賞　第33回（昭59年）
「さかさまライオン」
　絵本にっぽん大賞　（昭61年）
「トクとボク」「ヘンテコ動物日記」
　路傍の石幼少年文学賞　第12回（平2年）
「ふゆめがっしょうだん」
　絵本にっぽん賞　第13回（平2年）　大賞
「こんなことってあるかしら？」
　産経児童出版文化賞　第41回（平6年）　美術賞
「ゴムあたまポンたろう」
　日本絵本賞　第4回（平10年）　日本絵本賞
「ないた」
　日本絵本賞　第10回（平16年）　日本絵本賞大賞
国際漫画賞　（昭35年）
巖谷小波文芸賞　第10回（昭62年）
紫綬褒章　（平6年）
エクソンモービル児童文化賞　第37回（平14年）

千代の富士 貢　ちよのふじ・みつぐ
　昭和30（1955）年〜平成28（2016）年
　力士（第58代横綱）。年寄名、九重、陣幕
日本プロスポーツ大賞　第14回（昭56年）　殊勲賞
日本プロスポーツ大賞　第18回（昭60年）　殊勲賞
東京都民文化栄誉賞　（昭61年）
日本プロスポーツ大賞　第19回（昭61年）　殊勲賞
道民栄誉賞　（昭62年）
日本プロスポーツ大賞　第20回（昭62年）　殊勲賞
日本プロスポーツ大賞　第21回（昭63年）　大賞
国民栄誉賞　（平1年）
朝日スポーツ賞　（平1年度）
都民文化栄誉特別章　（平1年）
日本プロスポーツ大賞　第22回（平元年）　大賞
ユネスコ・フェアプレー賞　第2回（平2年）　特別賞
中日スポーツ賞　（平2年）
朝日スポーツ賞　（平2年）
日本プロスポーツ大賞　第23回（平2年）　殊勲賞

陳　舜臣　ちん・しゅんしん
　大正13（1924）年〜平成27（2015）年
　小説家。日本芸術院会員
「枯草の根」
　江戸川乱歩賞　第7回（昭36年）
「青玉獅子香炉」
　直木三十五賞　第60回（昭43年下）
「玉嶺よふたたび」「孔雀の道」
　日本推理作家協会賞　第23回（昭45年）
「実録アヘン戦争」
　毎日出版文化賞　第25回（昭46年）
「敦煌の旅」

大佛次郎賞　第3回（昭51年）
「叛旗―小説・李自成」（姚雪垠著）
　日本翻訳文化賞　第20回（昭58年度）
「茶事遍路」
　読売文学賞　第40回（昭63年）　随筆・紀行賞
「諸葛孔明」
　吉川英治文学賞　第26回（平4年）
「作家としての業績」
　日本芸術院賞　（平6年度）
「琉球の風」
　海洋文学大賞　第7回（平15年）　特別賞
日本放送協会放送文化賞　第36回（昭59年）
朝日賞　（平4年）
日本芸術院賞　第51回（平6年）　第2部 恩賜賞・日本芸術院賞
井上靖文化賞　第3回（平7年）
大阪芸術賞　（平8年）
勲三等瑞宝章　（平10年）

つか こうへい
　昭和23（1948）年〜平成22（2010）年
　劇作家、演出家、小説家
「熱海殺人事件」
　岸田國士戯曲賞　第18回（昭47年）
「新劇」岸田戯曲賞　第18回（昭49年）
「ストリッパー物語」「熱海殺人事件」
　ゴールデン・アロー賞　第14回（昭51年）　演劇賞
「蒲田行進曲」
　直木三十五賞　第86回（昭56年下）
　キネマ旬報賞　第28回（昭57年）　脚本賞
　日本アカデミー賞　第6回（昭58年）　最優秀脚本賞
「飛龍伝'90 殺戮の秋」
　読売文学賞　第42回（平2年）　戯曲賞
ゴールデン・アロー賞　第14回（昭51年度）　演劇賞
紫綬褒章　（平19年）

司　葉子　つかさ・ようこ
　昭和9（1934）年〜
　俳優
「紀ノ川」
　キネマ旬報賞　（昭41年度）　主演女優賞
　ブルーリボン賞　第17回（昭41年）　主演女優賞
　毎日映画コンクール　第21回（昭41年）　演技賞 女優主演賞
「紀ノ川」「ひき逃げ」「沈丁花」
　キネマ旬報賞　第12回（昭41年）　女優賞
紫綬褒章　（平15年）
旭日小綬章　（平22年）
菊田一夫演劇賞　第37回（平23年度）　特別賞
日本アカデミー賞　第43回（令2年）　会長功労賞

塚原 光男　つかはら・みつお
昭和22(1947)年～
体操指導者、元・体操選手。メキシコ・ミュンヘン・モントリオール五輪体操男子団体総合金メダリスト

朝日賞　(昭43年)　体育賞 第19回オリンピック・メキシコ大会優勝者
朝日賞　(昭45年)　体育賞
朝日賞　(昭45年)　体育賞
朝日賞　(昭47年)　体育賞
朝日賞　(昭47年)　体育賞
朝日賞　(昭49年)　体育賞
朝日体育賞　第2回(昭51年度)　第21回オリンピック・モントリオール大会
朝日体育賞　第2回(昭51年度)　第21回オリンピック・モントリオール大会
朝日体育賞　第4回(昭53年度)
紫綬褒章　(平21年)

塚本 邦雄　つかもと・くにお
大正9(1920)年～平成17(2005)年
歌人、小説家、評論家

「日本人霊歌」
　現代歌人協会賞　第3回(昭34年)

「詩歌変」
　詩歌文学館賞　第2回(昭62年)　短歌

「不変律」
　迢空賞　第23回(平1年)

「黄金律」
　齋藤茂吉短歌文学賞　第3回(平3年)
　斎藤茂吉短歌文学賞　第3回(平4年)

「魔王」
　現代短歌大賞　第16回(平5年)

紫綬褒章　(平2年)
現代短歌大賞　第16回(平5年)
勲四等旭日小綬章　(平9年)

津川 雅彦　つがわ・まさひこ
昭和15(1940)年～平成30(2018)年
俳優、映画監督。監督名はマキノ雅彦

「マノン」
　ブルーリボン賞　第24回(昭56年)　助演男優賞

「女の一生」
　ギャラクシー賞　第22回(昭59年)　個人賞

「マルサの女」
　報知映画賞　第12回(昭62年度)　最優秀助演男優賞

「マルサの女」「別れぬ理由」
　キネマ旬報賞　第33回(昭62年)　助演男優賞
　毎日映画コンクール　第42回(昭62年)　演技賞 男優主演賞

「マルサの女」「夜汽車」
　日本アカデミー賞　第11回(昭63年)　最優秀助演男優賞

「忠臣蔵外伝 四谷怪談」
　日刊スポーツ映画大賞・石原裕次郎賞　第7回(平6年)　助演男優賞

「寝ずの番」
　山路ふみ子映画賞　第30回(平18年)　文化賞
　新藤兼人賞　(平18年)
　日本映画批評家大賞　第18回(平18年)　特別監督大賞

「0.5ミリ」
　報知映画賞　第39回(平26年度)　助演男優賞

ゴールデン・アロー賞　第7回(昭44年)　話題賞
テレビ大賞　第18回(昭60年度)　優秀個人賞
おおさか映画祭　第20回(平6年度)　助演男優賞
紫綬褒章　(平18年)
ヨコハマ映画祭　第36回(平26年度)　特別大賞
旭日小綬章　(平26年)
報知映画賞　第39回(平26年度)　助演男優賞
日本放送協会放送文化賞　第67回(平27年度)
国際交流基金賞　第46回(平30年)　特別賞
日本アカデミー賞　第42回(平31年)　会長特別賞
牧野省三賞　(令1年)

塚脇 伸作　つかわき・しんさく
昭和6(1931)年～平成5(1993)年
体操選手。メルボルン五輪体操男子団体銀メダリスト

朝日賞　(昭39年)　体育賞 第18回オリンピック東京大会
朝日体育賞　(昭40年・42年・44年)
朝日賞　(昭41年)　体育賞
文部大臣スポーツ功労賞　(昭41年)
朝日賞　(昭43年)　体育賞 第19回オリンピック・メキシコ大会優勝者

辻 邦生　つじ・くにお
大正14(1925)年～平成11(1999)年
小説家。日本芸術院会員

「廻廊にて」
　近代文学賞　第4回(昭37年)

「安土往還記」
　芸術選奨　第19回(昭43年)　文学部門 新人賞
　芸術選奨文部大臣新人賞　第19回(昭43年)　文芸・評論部門

「背教者ユリアヌス」
　毎日芸術賞　第14回(昭47年)

「西行花伝」
　谷崎潤一郎賞　第31回(平7年)

イタリア共和国功労勲章カバリエーレ・ウフィチアーレ章　(平7年)

辻 真先　つじ・まさき
　昭和7(1932)年～
　小説家, アニメ脚本家, 漫画原作者, エッセイスト

「アリスの国の殺人」
　日本推理作家協会賞　第35回（昭57年）　長篇部門

「ユーカリさん 孤独の人」「吝嗇の人」
　池内祥三文学奨励賞　第13回（昭57年）

「完全恋愛」
　本格ミステリ大賞　第9回（平21年）　小説部門

アニメグランプリ脚本賞　（昭52～57年）
長谷川伸賞　第39回（平16年）
文化庁メディア芸術祭　第11回（平19年度）　功労賞
中日文化賞　第61回（平20年）
日本ミステリー文学大賞　第23回（平31年）

辻 征夫　つじ・ゆきお
　昭和14(1939)年～平成12(2000)年
　詩人, 小説家

「かぜのひきかた」
　歴程賞　第25回（昭62年）

「天使・蝶・白い雲などいくつかの瞑想」「かぜのひきかた」
　藤村記念歴程賞　第25回（昭62年）

「ヴェルレーヌの余白に」
　高見順賞　第21回（平2年）

「河口眺望」
　芸術選奨　第44回（平5年）　文学部門 文部大臣賞
　詩歌文学館賞　第9回（平6年）　詩

「俳諧辻詩集」
　現代詩花椿賞　第14回（平8年）
　萩原朔太郎賞　第4回（平8年）

現代詩花椿賞　第14回（平8年）

津島 佑子　つしま・ゆうこ
　昭和22(1947)年～平成28(2016)年
　小説家

「葎の母」
　田村俊子賞　第16回（昭51年）

「草の臥所」
　泉鏡花文学賞　第5回（昭52年）

「寵児」
　女流文学賞　第17回（昭53年）

「光の領分」
　野間文芸新人賞　第1回（昭54年）

「黙市」
　川端康成文学賞　第10回（昭58年）

「夜の光に追われて」
　読売文学賞　第38回（昭61年）　小説賞

「真昼へ」
　平林たい子文学賞　第17回（平1年）

「風よ、空駆ける風よ」
　伊藤整文学賞　第6回（平7年）　小説

「火の山―山猿記」
　谷崎潤一郎賞　第34回（平10年）
　野間文芸賞　第51回（平10年）

「笑いオオカミ」
　大佛次郎賞　第28回（平13年）

「ナラ・レポート」
　芸術選奨　第55回（平16年）　文学部門 文部科学大臣賞
　紫式部文学賞　第15回（平17年）

「黄金の夢の歌」
　毎日芸術賞　第53回（平23年度）

土本 典昭　つちもと・のりあき
　昭和3(1928)年～平成20(2008)年
　ルポルタージュ作家, 記録映画作家

「ある機関助士」
　芸術祭賞　（昭37年）　日本記録映画部門

「水俣―患者さんとその世界」
　世界環境映画祭　第1回（昭46年）　グランプリ
　年鑑代表シナリオ　（昭46年度）
　優秀映画鑑賞会ベストテン　第12回（昭46年度）　日本映画 1位

「水俣一揆――生を問う人々」
　優秀映画鑑賞会ベストテン　第14回（昭48年度）　日本映画 9位

「不知火海」
　優秀映画鑑賞会ベストテン　第16回（昭50年度）　日本映画 5位

「水俣の図・物語」
　毎日芸術賞　第23回（昭56年）
　優秀映画鑑賞会ベストテン　第22回（昭56年度）　日本映画 5位

山路ふみ子文化賞　第27回（平15年）

土屋 文明　つちや・ぶんめい
　明治23(1890)年～平成2(1990)年
　歌人, 国文学者。日本芸術院会員。号＝蛇床子, 榛南大生

「万葉集私注」
　日本芸術院賞　第9回（昭27年）　第2部

「自流泉」
　日本歌人クラブ推薦歌集　第1回（昭30年）

「青南集」「続青南集」
　読売文学賞　第19回（昭42年）　詩歌俳句賞

「青南後集」
　現代短歌大賞　第8回（昭60年）

文化功労者　（昭59年）

東京都名誉都民（昭61年）
文化勲章（昭61年度）
群馬県名誉県民（昭62年）

筒井 敬介　つつい・けいすけ
大正7(1918)年〜平成17(2005)年
児童文学作家, 劇作家

「お姉さんといっしょ」
　ベネチア国際映画祭（昭32年）教育部門グランプリ
「名付けてサクラ」
　芸術祭賞 第12回（昭32年）ラジオ部門 奨励賞
「婚約未定旅行」
　芸術祭賞 第17回（昭37年）文部大臣奨励賞
「ゴリラの学校」「何にでもなれる時間」
　斎田喬戯曲賞 第8回（昭47年）
「かちかち山のすぐそばで」
　国際アンデルセン賞 第7回（昭48年）国内賞
　国際アンデルセン賞国内賞 第7回（昭48年）
　産経児童出版文化賞 第20回（昭48年）
　産経児童出版文化賞 第20回（昭48年）大賞
「筒井敬介児童劇集」
　巌谷小波文芸賞 第6回（昭58年）

紫綬褒章（昭61年）
勲四等旭日小綬章（平4年）

筒井 ともみ　つつい・ともみ
昭和23(1948)年〜
シナリオライター, 小説家

「それから」
　キネマ旬報賞 第31回（昭60年）脚本賞
　年鑑代表シナリオ（昭60年度）
　キネマ旬報賞（昭61年）脚本賞
「それから」「華の乱」「失楽園」
　日本アカデミー賞（昭61年・平成1年・9年）優秀脚本賞
「119」
　年鑑代表シナリオ（平6年度）
「響子」「小石川の家」
　向田邦子賞 第14回（平7年）
「もうひとつの心臓」
　芸術祭賞（平9年度）優秀賞
「センセイの鞄」
　ギャラクシー賞（平15年度）優秀賞
「阿修羅のごとく」
　日本アカデミー賞 第27回（平16年）最優秀脚本賞

筒井 康隆　つつい・やすたか
昭和9(1934)年〜
小説家, 俳優。日本芸術院会員

「フル・ネルソン」
　星雲賞 第1回（昭45年）日本短編部門
「霊長類 南へ」
　星雲賞 第1回（昭45年）日本長編部門
「ビタミン」
　星雲賞 第2回（昭46年）日本短編部門
「日本以外全部沈没」
　星雲賞 第5回（昭49年）日本短編部門
「俺の血は他人の血」
　星雲賞 第6回（昭50年）日本長編部門
「スタア」
　星雲賞 第7回（昭51年）映画演劇部門
「七瀬ふたたび」
　星雲賞 第7回（昭51年）日本長編部門
「メタモルフォセス群島」
　星雲賞 第8回（昭52年）日本短編部門
「虚人たち」
　泉鏡花文学賞 第9回（昭56年）
「夢の木坂分岐点」
　谷崎潤一郎賞 第23回（昭62年）
「ヨッパ谷への降下」
　川端康成文学賞 第16回（平1年）
「朝のガスパール」
　日本SF大賞 第13回（平4年）
「わたしのグランパ」
　読売文学賞 第51回（平11年）小説賞
「モナドの領域」
　毎日芸術賞 第58回（平28年度）
「筒井康隆、自作を語る」
　星雲賞 第50回（令元年）ノンフィクション部門

ダイヤモンド・パーソナリティ賞（平2年）
日本文化デザイン賞（平3年）
フランス芸術文化勲章シュバリエ章（平9年）
紫綬褒章（平14年）
菊池寛賞 第58回（平22年）
日本芸術院賞 第78回（令3年度）第2部 恩賜賞・日本芸術院賞

筒美 京平　つつみ・きょうへい
昭和15(1940)年〜令和2(2020)年
作曲家

「ブルー・ライト・ヨコハマ」
　日本レコード大賞 第11回（昭44年）作曲賞
「また逢う日まで」
　日本レコード大賞 第13回（昭46年）大賞
「雨がやんだら」
　日本レコード大賞 第13回（昭46年）作曲賞
「甘い生活」
　日本レコード大賞 第16回（昭49年）作曲賞
「飛んでイスタンブール」「東京ららばい」

日本レコード大賞　第20回（昭53年）中山晋平賞
「魅せられて」
　日本レコード大賞　第21回（昭54年）　大賞
　日本レコード大賞　第21回（昭54年）中山晋平賞（作曲賞）
「ブルージーンズメモリー」「半熟期」
　日本作曲大賞　第1回（昭56年）　金賞
「Romanticが止まらない」
　日本作曲大賞　第5回（昭60年）　優秀作曲者賞
「君だけに」
　日本作曲大賞　第7回（昭62年）　優秀作曲者賞
日本レコードセールス大賞　第3回（昭45年）　作曲賞
日本レコードセールス大賞　第4回（昭46年）　作曲賞
日本レコードセールス大賞　第4回（昭46年）　編曲賞
日本レコードセールス大賞　第5回（昭47年）　作曲賞
日本レコードセールス大賞　第5回（昭47年）　編曲賞
日本レコードセールス大賞　第6回（昭48年）　作曲賞
日本レコードセールス大賞　第6回（昭48年）　編曲賞
日本レコードセールス大賞　第7回（昭49年）　作曲賞
日本レコードセールス大賞　第7回（昭49年）　編曲賞
FNS歌謡祭グランプリ　第2回（昭50年）　最優秀作曲賞　下期
日本レコードセールス大賞　第8回（昭50年）　作曲賞
日本レコードセールス大賞　第8回（昭50年）　編曲賞
日本レコードセールス大賞　第9回（昭51年）　作曲賞
日本レコードセールス大賞　第9回（昭51年）　編曲賞
日本レコードセールス大賞　第10回（昭52年）　作曲賞
日本レコードセールス大賞　第11回（昭53年）　作曲賞　第2位
FNS歌謡祭グランプリ　第6回（昭54年）　最優秀作曲賞
FNS歌謡祭グランプリ　第12回（昭54年）　最優秀作曲賞
FNS歌謡祭グランプリ　第8回（昭56年）　最優秀作曲賞
日本レコードセールス大賞　第14回（昭56年）　作曲賞
日本レコードセールス大賞　第15回（昭57年）　作曲賞
日本レコードセールス大賞　第16回（昭58年）　作曲賞
日本レコードセールス大賞　第17回（昭59年）　作曲賞
日本レコードセールス大賞　第18回（昭60年）　作曲賞
日本レコードセールス大賞　第19回（昭61年）　作曲賞
日本レコードセールス大賞　第20回（昭62年）　作曲賞　第1位
紫綬褒章　（平15年）
日本レコード大賞　第59回（平29年）功労賞
日本レコード大賞　第62回（令2年）特別功労賞

堤　清二　つつみ・せいじ
　昭和2（1927）年〜平成25（2013）年
　実業家、詩人、小説家。日本芸術院会員。筆名・辻井喬
「異邦人」
　室生犀星詩人賞　第2回（昭36年）　※辻井喬名義
「いつもと同じ春」

平林たい子文学賞　第12回（昭59年）
「ようなき人の」
　地球賞　第15回（平2年）
「群青、わが黙示」
　高見順賞　第23回（平4年）　※辻井喬名義
「虹の岬」
　谷崎潤一郎賞　第30回（平6年）　※辻井喬名義
「群青、わが黙示」「南冥・旅の終り」「わたつみ・しあわせな日日」
　藤村記念歴程賞　第38回（平12年）　※辻井喬名義
「沈める城」
　親鸞賞　第1回（平12年）
「風の生涯」
　芸術選奨　第51回（平12年）　文学部門　文部科学大臣賞　※辻井喬名義
「命あまさず」
　加藤郁乎賞　第3回（平13年）
「父の肖像」
　野間文芸賞　第57回（平16年）　※辻井喬名義
「鷲がいて」
　現代詩花椿賞　第24回（平18年）　※辻井喬名義
　読売文学賞　第58回（平18年度）　詩歌俳句賞　※辻井喬名義
「自伝詩のためのエスキース」
　現代詩人賞　第27回（平21年）　※辻井喬名義
レジオン・ド・ヌール勲章シュバリエ章（昭45年）
ベストドレッサー賞　第13回（昭59年）　政治・経済部門
レジオン・ド・ヌール勲章オフィシエ章（昭62年）
オーストリア功労勲章大金章（平1年）
モスクワ大学名誉博士号（平5年）
日本芸術院賞　第62回（平17年度）　第2部　恩賜賞・日本芸術院賞　※辻井喬名義
日本芸術院賞　（平18年）恩賜賞
文化功労者　第65回（平24年度）

堤　大二郎　つつみ・だいじろう
　昭和36（1961）年〜
　俳優
「恋人宣言」
　FNS歌謡祭グランプリ　第8回（昭56年）　優秀新人賞
　新宿音楽祭　第14回（昭56年）　審査員特別奨励賞
　あなたが選ぶ全日本歌謡音楽祭　第7回（昭56年）　優秀新人賞
　ABC歌謡新人グランプリ　第8回（昭56年）　シルバー賞
　横浜音楽祭　第8回（昭56年）　新人賞
　日本歌謡大賞　（昭56年）　新人賞

粒来 哲蔵　つぶらい・てつぞう
　昭和3(1928)年〜平成29(2017)年
　詩人。筆名・弓月煌

「舌のある風景」
　晩翠賞　第2回（昭36年）
「孤島記」
　H氏賞　第22回（昭47年）
「望楼」
　高見順賞　第8回（昭52年）
「鳥幻記」
　現代詩人賞　第20回（平14年）
「蛾を吐く」
　読売文学賞　第63回（平23年度）　詩歌俳句賞

勲四等瑞宝章　（平15年）

壺井 栄　つぼい・さかえ
　明治32(1899)年〜昭和42(1967)年
　小説家, 童話作家

「暦」
　新潮社文芸賞　第4回（昭16年）　第1部
「柿の木のある家」
　児童文学者協会児童文学賞　第1回（昭26年）
「母のない子と子のない母と」
　芸術選奨　第2回（昭26年）　文学部門　文部大臣賞
「風」
　女流文学者賞　第7回（昭30年）

坪田 譲治　つぼた・じょうじ
　明治23(1890)年〜昭和57(1982)年
　児童文学作家, 小説家。日本芸術院会員

「子供の四季」
　新潮社文芸賞　第2回（昭14年）　第2部
「坪田譲治全集」
　日本芸術院賞　第11回（昭29年）　第2部
「日本のむかし話」
　産経児童出版文化賞　第3回（昭31年）
「新美南吉童話全集」
　毎日出版文化賞　第14回（昭35年）
　産経児童出版文化賞　第8回（昭36年）
「びわの実学校名作選幼年・少年」
　毎日出版文化賞　第23回（昭44年）
「かっぱとドンコツ」
　産経児童出版文化賞　第17回（昭45年）　大賞
「ねずみのいびき」
　野間児童文芸賞　第12回（昭49年）
「びわの実学校」
　巌谷小波文芸賞　第3回（昭55年）

毎日出版文化賞　（昭35年）
毎日出版文化賞　（昭44年）

朝日賞　（昭48年）　文化賞

津村 節子　つむら・せつこ
　昭和3(1928)年〜
　小説家。日本芸術院会員

「さい果て」
　同人雑誌賞　第11回（昭39年）
「玩具」
　芥川龍之介賞　第53回（昭40年上）
「流星雨」
　女流文学賞　第29回（平2年）
「智恵子飛ぶ」
　芸術選奨　第48回（平9年）　文学部門　文部大臣賞
　芸術選奨　（平10年）　文部大臣賞
「合わせ鏡」
　日本文芸大賞　第19回（平11年）
「異郷」
　川端康成文学賞　第37回（平23年）
「紅梅」
　菊池寛賞　第59回（平23年）

婦人朝日今月の新人賞　（昭33年）
勲四等宝冠章　（平13年）
日本芸術院賞　第59回（平14年）　第2部　恩賜賞・日本芸術院賞
文化功労者　第69回（平28年度）

津本 陽　つもと・よう
　昭和4(1929)年〜平成30(2018)年
　小説家

「深重の海」
　直木三十五賞　第79回（昭53年上）
「夢のまた夢」
　吉川英治文学賞　第29回（平7年）

和歌山県文化賞　（平5年）
紫綬褒章　（平9年）
旭日小綬章　（平15年）
菊池寛賞　第53回（平17年）
歴史時代作家クラブ賞　第1回（平24年）　特別功労賞

鶴田 浩二　つるた・こうじ
　大正13(1924)年〜昭和62(1987)年
　俳優

「同期の桜」
　夜のレコード大賞　第3回（昭45年度）　特別賞
「傷だらけの人生」
　京都市民映画祭　第18回（昭46年）　主演男優賞
　日本レコード大賞　第13回（昭46年）　大衆賞
　日本有線大賞　第4回（昭46年）　大賞
　夜のレコード大賞　第4回（昭46年度）　金賞
「修羅の群れ」

おおさか映画祭 第10回（昭59年度） 主演男優賞
牧野省三賞 第11回（昭43年）
ゴールデン・アロー賞 第9回（昭46年） 特別賞
日本レコードセールス大賞 第4回（昭46年） ゴールデン賞
日本歌謡大賞 （昭46年） 放送音楽特別賞
日本アカデミー賞 第11回（昭63年） 会長特別賞

鶴橋 康夫　つるはし・やすお
昭和15（1940）年～令和5（2023）年
ドラマ演出家、映画監督

「かげろうの死」「五弁の椿・復讐に燃える女の怨念」
　芸術選奨 第32回（昭56年） 放送部門 新人賞

「五辨の椿」「かげろうの死」
　芸術選奨文部大臣新人賞（昭56年） 放送部門

「仮の宿なるを」
　芸術祭賞 第38回（昭58年度） テレビドラマ部門 優秀賞

「刑事たちの夏」
　ギャラクシー賞 （平11年度） 大賞

「魔性～ある女性死刑囚の性と生の絶叫 私は死にたくない！」
　テレビ大賞 （平15年） 最優秀個人賞

「砦なき者」
　芸術選奨 第55回（平16年） 放送部門 文部科学大臣賞
　放送文化基金賞 第31回（平17年）

テレビ大賞 第17回（昭59年度） 優秀個人賞
ギャラクシー賞 第25回（昭62年） 特別賞
放送文化基金賞 第25回（平11年） 個人・グループ部門
紫綬褒章 （平19年）
旭日小綬章 （平25年）

鶴見 修治　つるみ・しゅうじ
昭和13（1938）年～
元・体操選手。ローマ五輪・東京五輪体操男子団体総合金メダリスト

朝日賞 （昭35年） 体育賞
朝日賞 （昭37年） 体育賞
朝日賞 （昭39年） 体育賞 第18回オリンピック東京大会
朝日賞 （昭41年） 体育賞
藍綬褒章 （平10年）

鶴見 俊輔　つるみ・しゅんすけ
大正11（1922）年～平成27（2015）年
評論家、哲学者

「戦時期日本の精神史」
　大佛次郎賞 第9回（昭57年）

「夢野久作」
　日本推理作家協会賞 第43回（平2年） 評論その他の部門

「鶴見俊輔書評集成」
　毎日書評賞 第6回（平20年）

朝日賞 （平6年）
長英賞 第3回（昭53年）
朝日賞 第65回（平6年度）

勅使河原 宏　てしがはら・ひろし
昭和2（1927）年～平成13（2001）年
映画監督、華道家、陶芸家

「おとし穴」
　キネマ旬報ベスト・テン 第36回（昭37年度） 日本映画 7位
　NHK新人監督賞 （昭37年）
　優秀映画鑑賞会ベストテン 第3回（昭37年度） 日本映画 4位

「砂の女」
　カンヌ国際映画祭 （昭39年） 審査員特別賞
　キネマ旬報ベスト・テン 第38回（昭39年度） 日本映画 1位
　キネマ旬報賞 第10回（昭39年） 日本映画監督賞
　ブルーリボン賞 第15回（昭39年） 監督賞
　ブルーリボン賞 第15回（昭39年） 最優秀作品賞
　毎日映画コンクール 第19回（昭39年） 監督賞
　優秀映画鑑賞会ベストテン 第5回（昭39年度） 日本映画 1位

「他人の顔」
　キネマ旬報ベスト・テン 第40回（昭41年度） 日本映画 5位
　優秀映画鑑賞会ベストテン 第7回（昭41年度） 日本映画 2位

「燃えつきた地図」
　キネマ旬報ベスト・テン 第42回（昭43年度） 日本映画 8位
　優秀映画鑑賞会ベストテン 第9回（昭43年度） 日本映画 8位

「サマー・ソルジャー」
　キネマ旬報ベスト・テン 第46回（昭47年度） 日本映画 9位

「利休」
　芸術選奨 第40回（平1年） 映画部門 文部大臣賞
　キネマ旬報ベスト・テン 第63回（平1年度） 日本映画 7位
　モントリオール国際映画祭 第13回（平1年） 最優秀芸術賞・芸術貢献賞
　山路ふみ子映画賞 第13回（平1年） 文化賞
　日刊スポーツ映画大賞・石原裕次郎賞 第2回（平1年） 石原裕次郎賞
　優秀映画鑑賞会ベストテン 第30回（平1年度） 日本映画 4位
　ベルリン国際映画祭 （平2年） 国際アートシネマ協

会賞
「豪姫」
　優秀映画鑑賞会ベストテン　第33回（平4年度）　日本映画　第10位
フランス芸術文化勲章　（昭60年）
紫綬褒章　（平4年）
勲三等瑞宝章　（平9年）
日本アカデミー賞　第25回（平14年）　会長特別賞

手塚 治虫　てづか・おさむ
昭和3（1928）年〜平成1（1989）年
漫画家，アニメーション作家

「漫画生物学」
　小学館児童まんが賞　第3回（昭32年）
「漫画生物学」「ぴいこちゃん」
　小学館漫画賞　第3回（昭32（1957）年度）
「ある街角の物語」
　毎日映画コンクール　第17回（昭37年）　大藤信郎賞
「展覧会の絵」
　毎日映画コンクール　第21回（昭41年）　大藤信郎賞
　アジア映画祭　第14回（昭42年）　特別童画賞
「ジャングル大帝」
　ベネチア国際映画祭　第19回（昭42年）　サンマルコ銀獅子賞
「やさしいライオン」
　児童福祉文化奨励賞　第12回（昭44年）
「火の鳥」
　講談社出版文化賞　第1回（昭45年）　児童漫画部門
「ブラック・ジャック」
　日本漫画家協会賞　第4回（昭50年）　特別賞
「動物つれづれ草」「ブッダ」
　文藝春秋漫画賞　第21回（昭50（1975）年）
「ブラック・ジャック」「三つ目がとおる」
　講談社漫画賞　第1回（昭52年）
「陽だまりの樹」
　小学館漫画賞　第29回（昭58（1983）年度）　青年一般向け部門
「ジャンピング」（監督）
　ザグレブ国際アニメーション映画祭　第6回（昭59年）　グランプリ
「おんぼろフィルム」（監督）
　バルナ国際アニメーション映画祭　第4回（昭60年）　カテゴリー部門最優秀賞
　広島国際アニメーション映画祭　第1回（昭60年）　グランプリ
「アドルフに告ぐ」
　講談社漫画賞　第10回（昭61年）　一般部門
「PLUTO」（原作）
　手塚治虫文化賞　第9回（平17年）　マンガ大賞
　文化庁メディア芸術祭　第9回（平17年度）　マンガ部門　優秀賞
　星雲賞　第41回（平22年）　コミック部門

出版美術家協会賞　（昭33年）
ブルーリボン賞　第13回・17回（昭38年・42年）　教育文化映画賞
芸術祭賞　第17回・21回（昭38年・42年）　奨励賞
講談社漫画賞　第1回・10回（昭52年・61年）
巖谷小波文芸賞　第2回（昭54年）
講談社漫画賞　第9回（昭60年）　特別賞
東京都民文化栄誉賞　（昭60年）
キネマ旬報賞　第14回（昭62年）　読者賞
朝日賞　（昭62年）
朝日賞　（昭63年）
年間最優秀プロデューサー賞　第7回（昭63年度）　特別賞
テレビジョンATP賞　（平1年）　特別賞
星雲賞　第20回（平1年）　特別賞
日本SF大賞　第10回（平1年）　特別賞
日本漫画家協会賞　第19回（平2年）　文部大臣賞

寺内 大吉　てらうち・だいきち
大正10（1921）年〜平成20（2008）年
小説家，スポーツ評論家，僧侶

「逢春門」
　「サンデー毎日」大衆文芸　第47回（昭30年上）
「黒い旅路」
　オール新人杯　第8回（昭31年上）
　オール讀物新人賞　第8回（昭31年）
「はぐれ念仏」
　直木三十五賞　第44回（昭35年下）
「念仏ひじり三国志―法然をめぐる人々」
　毎日出版文化賞　第37回（昭58年）

寺内 タケシ　てらうち・たけし
昭和14（1939）年〜令和3（2021）年
ギタリスト，作曲家。グループ名は寺内タケシとブルージーンズ

「レッツ・ゴー運命」
　日本レコード大賞　第9回（昭42年）　編曲賞
「日本民謡大百科」
　日本レコード大賞　第20回（昭53年）　企画賞

国連平和賞　（昭56年）
ソ連文化功労賞　（昭59年）
スポニチ文化芸術大賞　第8回（平12年）　優秀賞
児童福祉文化賞　第48回（平17年度）　特別部門
茨城県表彰特別功労賞　（平18年）
児童福祉文化賞　（平18年）
神奈川文化賞　（平18年）
緑綬褒章　（平20年）
日本レコード大賞　第53回（平23年）　功労賞
文化庁長官表彰　（平28年）

日本レコード大賞　第63回（令3年）　特別功労賞
寺尾　聰　てらお・あきら
　昭和22（1947）年〜
　俳優，シンガー・ソングライター
「リフレクションズ」
　ぴあテン（レコード）　（昭56年度）　3位
「ルビーの指環」
　FNS歌謡祭グランプリ　第8回（昭56年）　グランプリ
　FNS歌謡祭グランプリ　第8回（昭56年）　グランプリ
　FNS歌謡祭グランプリ　第8回（昭56年）　優秀歌謡音楽賞
　日本テレビ音楽祭　第7回（昭56年）　グランプリ
　日本レコード大賞　第23回（昭56年）　大賞
　日本レコード大賞　第23回（昭56年）　作曲賞
　日本歌謡大賞　第12回（昭56年）　大賞
　日本歌謡大賞　第12回（昭56年）　放送音楽賞
　日本作曲大賞　第1回（昭56年）　金賞
　日本有線大賞　第14回（昭56年）　有線音楽賞
「雨あがる」
　日刊スポーツ映画大賞・石原裕次郎賞　第13回（平12年）　主演男優賞
　日本アカデミー賞　第24回（平13年）　最優秀主演男優賞
「雨あがる」「半落ち」
　日本アカデミー賞　第24回・28回（平12年度・16年度）　主演男優賞
「半落ち」
　ブルーリボン賞　第47回（平16年）　主演男優賞
　日本アカデミー賞　第28回（平17年）　最優秀主演男優賞
「さまよう刃」
　日本映画批評家大賞　第19回（平21年度）　主演男優賞
あなたが選ぶ全日本歌謡音楽祭　第7回（昭56年）　ゴールデングランプリ
ゴールデン・アロー賞　第19回（昭56年）　音楽賞
横浜音楽祭　第8回（昭56年）　音楽祭賞
銀座音楽祭　第11回（昭56年）　ラジオディスクグランプリ
日本レコードセールス大賞　第14回（昭56年）　シングルシルバー賞
日本レコードセールス大賞　第14回（昭56年）　LP大賞
日本レコードセールス大賞　第14回（昭56年）　作曲賞
紫綬褒章　（平20年）
旭日小綬章　（平30年）

寺山　修司　てらやま・しゅうじ
　昭和10（1935）年〜昭和58（1983）年
　劇作家，演出家，歌人，詩人，映画監督
「チェホフ祭」
　作品五十首募集　第2回（昭29年）
　短歌研究新人賞　第2回（昭29年）
「犬神の女」
　久保田万太郎賞　第1回（昭39年）
「初恋・地獄篇」
　年鑑代表シナリオ　第20回（昭43年度）
「書を捨てよ町へ出よう」
　キネマ旬報ベスト・テン　第45回（昭46年度）　日本映画　9位
「書を捨てよ町へ出よう」（映画監督）
　サンレモ国際映画祭　（昭46年）　グランプリ
「ひとの一生かくれんぼ」
　日本作詩大賞　第5回（昭47年度）　作品賞
「たかが人生じゃないの」
　日本作詩大賞　第6回（昭48年度）　作品賞
「田園に死す」
　芸術選奨　第25回（昭49年）　映画部門　新人賞
　年鑑代表シナリオ　（昭49年度）
　優秀映画鑑賞会ベストテン　第15回（昭49年度）　日本映画　9位
　キネマ旬報ベスト・テン　第49回（昭50年度）　日本映画　6位
「ボクサー」
　キネマ旬報ベスト・テン　第51回（昭52年度）　日本映画　8位
「サード」
　年鑑代表シナリオ　（昭53年度）
「さらば箱舟」
　キネマ旬報ベスト・テン　第58回（昭59年度）　日本映画　5位
イタリア賞グランプリ　（昭39年，41年）
芸術祭賞　（昭39年，41年，43年）　奨励賞
芸術祭賞　（昭42年）

テレサ・テン
　1953年〜1995年
　歌手
「空港」
　新宿音楽祭　第7回（昭49年）　審査員特別奨励賞
　日本レコード大賞　第16回（1974年）　新人賞
「つぐない」
　全日本有線放送大賞　第17回（昭59年度）　グランプリ
　日本演歌大賞　第10回（昭59年）　ベストヒット賞
　日本有線大賞　第17回（昭59年）　大賞
　日本有線大賞　第17回（昭59年）　ベストヒット賞
　日本有線大賞　第17回（昭59年）　有線音楽賞
「つぐない」「愛人」「時の流れに身をまかせ」
　全日本有線放送大賞　第17, 18, 19回（1984年，1985年，1986年）　グランプリ
　日本有線放送大賞　第17, 18, 19回（1984年，1985年，

1986年)
「愛人」
　全日本有線放送大賞　第18回(昭60年度)　グランプリ
　日本有線大賞　第18回(昭60年)　大賞
　日本有線大賞　第18回(昭60年)　ベストヒット曲賞
　日本有線大賞　第18回(昭60年)　有線音楽賞
「時の流れに身をまかせ」
　全日本有線放送大賞　第19回(昭61年度)　グランプリ
　日本レコード大賞　第28回(1986年)　金賞
　日本有線大賞　第19回(昭61年)　大賞
　日本有線大賞　第19回(昭61年)　ベストヒット曲賞
　日本有線大賞　第19回(昭61年)　有線音楽賞
「別れの予感」
　日本有線大賞　第20回(昭62年)　有線音楽賞
　全日本有線放送大賞　第21回(昭63年度)　優秀スター賞
　日本有線大賞　第21回(昭63年)　有線音楽賞
サンプラザ音楽祭　第3回(昭49年)　熱演賞
新宿音楽祭　第7回(1974年)　銀賞
日本歌謡大賞　第5回(1974年)　放送音楽新人連盟賞
日本レコード大賞　第37回(平7年)　特別功労賞
日本有線大賞　第28回(平7年)　有線功労賞

十朱 幸代　とあけ・ゆきよ
　昭和17(1942)年～
　俳優
「ゼロの焦点」
　日本放送作家協会賞　(昭46年)　女性演技賞
「おしの」「おたふく物語」
　菊田一夫演劇賞　第2回(昭51年)
「震える舌」
　ブルーリボン賞　第23回(昭55年)　主演女優賞
「花いちもんめ」
　ブルーリボン賞　(昭60年度)　主演女優賞
「櫂」「花いちもんめ」
　ゴールデングロス賞　第3回(昭60年度)　マネーメーキングスター賞
　ブルーリボン賞　第28回(昭60年)　主演女優賞
「夜汽車」「蛍川」
　毎日映画コンクール　第42回(昭62年)　演技賞 女優主演賞
「ハラスのいた日々」「社葬」
　日刊スポーツ映画大賞・石原裕次郎賞　第2回(平1年)　主演女優賞
「マディソン郡の橋」「悪女について」
　菊田一夫演劇賞　第27回(平13年)　演劇大賞
「雪国」
　名古屋演劇ペンクラブ年間賞　(平14年度)
「ブワゾンの匂う女」「あかね空」

松尾芸能賞　第26回(平17年)　演劇大賞
テレビ大賞　第4回(昭46年度)　優秀タレント賞
毎日映画コンクール　第44回(平1年)　田中絹代賞
紫綬褒章　(平15年)
松尾芸能賞　第26回(平17年)　大賞 演劇
旭日小綬章　(平25年)

土井 晩翠　どい・ばんすい
　明治4(1871)年～昭和27(1952)年
　詩人，英文学者。日本芸術院会員
仙台市名誉市民　(昭24年)
文化勲章　(昭25年度)
文化功労者　(昭26年)

戸板 康二　といた・やすじ
　大正4(1915)年～平成5(1993)年
　演劇評論家，小説家。日本芸術院会員
「丸本歌舞伎」
　戸川秋骨賞　第1回(昭24年)
「劇場の椅子」「今日の歌舞伎」
　芸術選奨　第3回(昭27年)　演劇部門
　芸術選奨文部大臣賞　第3回(昭28年)　文学評論部門
「団十郎切腹事件」
　直木三十五賞　第42回(昭34年下)
「グリーン車の子供」
　日本推理作家協会賞　第29回(昭51年)　短篇賞
菊池寛賞　第24回(昭51年)
日本芸術院賞　第33回(昭51年)　第2部
東京都文化賞　第3回(昭62年)
明治村賞　第17回(平3年)

東野 英治郎　とうの・えいじろう
　明治40(1907)年～平成6(1994)年
　俳優，随筆家
「黒い潮」「勲章」
　ブルーリボン賞　第5回(昭29年)　助演男優賞
「夜の河」「あやに愛しき」「夕やけ雲」
　毎日映画コンクール　第11回(昭31年)　演技賞 男優助演賞
「千鳥」
　週刊読売演劇賞　(昭33年)
「秋刀魚の味」「キューポラのある街」
　毎日映画コンクール　第17回(昭37年)　演技賞 男優助演賞
「有福詩人」「教育」
　テアトロン賞　(昭39年度)
「あらいはくせき」
　紀伊國屋演劇賞　第3回(昭43年)　個人賞
「冒険・藤堂作右ヱ門」

毎日芸術賞　第12回（昭45年）
テレビ大賞　第11回（昭53年度）　特別賞
エランドール賞　（昭56年度）特別賞
勲四等旭日小綬章　（昭57年）

戸川 幸夫　とがわ・ゆきお
明治45（1912）年～平成16（2004）年
小説家

「高安犬物語」
新鷹会賞　第1回（昭29年後）
直木三十五賞　第32回（昭29年下）
新鷹会賞　第1回（昭30年）

「戸川幸夫 子どものための動物物語」
産経児童出版文化賞　第15回（昭43年）

「戸川幸夫動物文学全集」
芸術選奨　第28回（昭52年）文学部門　文部大臣賞

「オホーツクの海に生きる」
産経児童出版文化賞　第44回（平9年）　美術賞

サンケイ児童出版文化賞　（昭37年, 昭和43年）
紫綬褒章　（昭55年）
児童文化功労者　（昭60年）
勲三等瑞宝章　（昭61年）

時田 則雄　ときた・のりお
昭和21（1946）年～
歌人, 農場経営

「一片の雲」
角川短歌賞　第26回（昭55年）

「北方論」
現代歌人協会賞　第26回（昭57年）

「凍土漂白」
北海道新聞短歌賞　第2回（昭62年）

「巴旦杏」
短歌研究賞　第35回（平11年）

「ポロシリ」
芸術選奨　第59回（平20年度）　文学部門　文部科学大臣
読売文学賞　第60回（平20年度）　詩歌俳句賞

中城ふみ子賞　第14回（昭53年）
辛夷賞　第25回（昭58年）
十勝文化賞　（平9年）
帯広市産業経済功労賞　（平10年）

時任 三郎　ときとう・さぶろう
昭和33（1958）年～
俳優

「海燕ジョーの奇跡」
報知映画賞　第9回（昭59年度）　最優秀主演男優賞

「永遠の1/2」
キネマ旬報賞　第33回（昭62年）　主演男優賞
ヨコハマ映画祭　第9回（昭63年）　主演男優賞

「24時間タタカエマスカ」
日本新語・流行語大賞　第6回（平1年）　流行語部門　銅賞

エランドール賞　（昭59年度）　新人賞
日本新語・流行語大賞　第6回（平1年）　流行語部門　銅賞

徳岡 孝夫　とくおか・たかお
昭和5（1930）年～
ノンフィクション作家, 翻訳家

「横浜・山手の出来事」
日本推理作家協会賞　第44回（平3年）　評論その他の部門

「五衰の人」
新潮学芸賞　第10回（平9年）

菊池寛賞　第34回（昭61年）

徳川 夢声　とくがわ・むせい
明治27（1894）年～昭和46（1971）年
放送芸能家, 随筆家, 俳優。別号・夢諦軒

「風車」
芸術祭賞　第6回（昭26年）　大衆芸能部門

日本放送協会放送文化賞　第1回（昭24年）
菊池寛賞　第3回（昭30年）
紫綬褒章　（昭32年）
東京都名誉都民　（昭40年）
勲四等旭日小綬章　（昭42年）

徳田 秋声　とくだ・しゅうせい
明治4（1871）年～昭和18（1943）年
小説家。帝国芸術院会員

「勲章」
文芸懇話会賞　第2回（昭11年）

「仮装人物」
菊池寛賞　第1回（昭13年）

徳間 康快　とくま・やすよし
大正10（1921）年～平成12（2000）年
出版人, 映画プロデューサー

「未完の対局」「敦煌」「となりのトトロ」「おろしゃ国酔夢譚」「紅の豚」「もののけ姫」
藤本賞　第2回・8回・12回・17回（昭58年・平成1年・5年・10年）

「敦煌」
ゴールデングロス賞　第6回（昭63年度）　特別賞

ブルガリア共和国マダルスキー・コニク勲二等国家勲章　（昭47年）
ユーゴスラビア共和国国旗勲章金星中綬章　（昭53年）
日本映画テレビプロデューサー協会賞　（昭57年）
藍綬褒章　（昭57年）

エランドール賞（昭58年度）協会賞
山路ふみ子賞 第12回（昭63年）特別賞
エランドール賞（平1年度）協会賞
国際交流基金特別表彰（平3年）
毎日映画コンクール 第50回（平7年）50周年記念特別表彰 功労賞
勲二等瑞宝章（平8年）
毎日映画コンクール（平8年）50周年記念特別功労章
ゴールデングロス賞 第15回（平9年度）ゴールデングロス特別賞 全興連特別功労大賞
ゴールデングロス賞 第18回（平12年度）ゴールデングロス特別賞 ゴールデングロス特別感謝賞
ブルーリボン賞 第43回（平12年）特別賞
毎日映画コンクール 第55回（平12年）特別賞
エランドール賞（平13年度）特別賞
エランドール特別賞（平13年）
ブルーリボン賞 第43回（平13年）特別賞
毎日映画コンクール 第55回（平13年）特別賞

都倉 俊一　とくら・しゅんいち
昭和23（1948）年～
作曲家

「どうにもとまらない」「涙」
　日本レコード大賞 第14回（昭47年）作曲賞

「UFO」
　日本レコード大賞 第20回（昭53年）大賞
　JASRAC賞 第36回（平30年）銅賞
　JASRAC賞 第37回（令元年）銀賞

「サウスポー」
　日本歌謡大賞 第9回

ベストドレッサー賞 第1回（昭47年）スポーツ・芸能部門
日本レコードセールス大賞 第7回（昭49年）作曲賞
FNS歌謡祭グランプリ 第4回（昭52年）最優秀作曲賞
日本レコードセールス大賞 第10回（昭52年）作曲賞
日本レコードセールス大賞 第10回（昭52年）編曲賞
日本レコードセールス大賞 第11回（昭53年）作曲賞第1位
日本レコードセールス大賞 第11回（昭53年）編曲賞第1位
東京音楽祭 第11回（昭57年）世界大会作曲賞
文化功労者 第71回（平30年度）

所 ジョージ　ところ・じょーじ
昭和30（1955）年～
タレント，歌手

「まあだだよ」
　ブルーリボン賞 第36回（平5年）助演男優賞

「全てあげよう」
　日本レコード大賞 第66回（令6年）作曲賞

ゴールデン・アロー賞 第22回（昭59年）放送賞
日本新語・流行語大賞 第1回（昭59年）流行語部門大衆賞

戸田 恵子　とだ・けいこ
昭和32（1957）年～
俳優，声優

「渾身愛三部作」
　紀伊國屋演劇賞 第24回（平1年）個人賞

「歌わせたい男たち」
　読売演劇大賞 第13回（平17年度）最優秀女優賞

「Sing a Song」
　菊田一夫演劇賞 第43回（平29年度）演劇賞

芦原英了賞（昭61年）
日本アニメ大賞・アトム賞 第4回（昭61（1986）年）部門別最優秀賞 声優部門女性声優最優秀賞
朝日舞台芸術賞 第5回（平18年）秋元松代賞

外村 繁　とのむら・しげる
明治35（1902）年～昭和36（1961）年
小説家

「草筏」
　池谷信三郎賞 第5回（昭13年下）

「筏」
　野間文芸賞 第9回（昭31年）

「澪標」
　読売文学賞 第12回（昭35年）小説賞

鳥羽 一郎　とば・いちろう
昭和27（1952）年～
歌手

「兄弟船」
　全日本有線放送大賞 第16回（昭58年度）新人賞

「北斗船」
　メガロポリス歌謡祭 第7回（昭63年）演歌メガロポリス賞

「北の鴎歌」
　メガロポリス歌謡祭 第9回（平2年）演歌メガロポリス賞男性部門

「時代の歌Ⅴ」
　日本レコード大賞 第54回（平24年）企画賞

横浜音楽祭 第10回（昭58年）新人特別賞
メガロポリス歌謡祭 第5回（昭61年）演歌入賞
メガロポリス歌謡祭 第7回（昭63年）演歌メガロポリス賞男性部門
横浜音楽祭 第15回（昭63年）演歌特別選奨
紺綬褒章（平8年）
日本レコード大賞 第40回（平10年）最優秀歌唱賞

富岡 多恵子　とみおか・たえこ
昭和10（1935）年～令和5（2023）年
小説家，詩人。日本芸術院会員

「返礼」

H氏賞　第8回（昭33年）
「物語の明くる日」
　室生犀星詩人賞　第2回（昭36年）
「心中天網島」
　年鑑代表シナリオ　第21回（昭44年度）
「植物祭」
　田村俊子賞　第14回（昭48年）
「冥土の家族」
　女流文学賞　第13回（昭49年）
「立切れ」
　川端康成文学賞　第4回（昭52年）
「中勘助の恋」
　読売文学賞　第45回（平5年）　評論・伝記賞
「ひべるにあ島紀行」
　野間文芸賞　第50回（平9年）
「釈迢空ノート」
　紫式部文学賞　第11回（平13年）
　毎日出版文化賞　第55回（平13年）　第1部門（文学・芸術）
「西鶴の感情」
　伊藤整文学賞　第16回（平17年）　評論
　大佛次郎賞　第32回（平17年）
日本芸術院賞　第60回（平15年）　第2部

冨川　元文　とみかわ・もとふみ
　昭和24（1949）年〜
　シナリオライター
「親切」（NHK）
　芸術祭賞　（昭54年）　優秀賞
「二本の桜」「結婚しない女達のために」
　向田邦子賞　第10回（平3年）
「牛の目ン玉」
芸術選奨　第44回（平5年）　放送部門　新人賞
「うなぎ」
　年鑑代表シナリオ　（平9年度）
「赤い橋の下のぬるい水」
　年鑑代表シナリオ　（平13年度）
テレビ大賞　第14回（昭56年度）　新人賞

冨田　勲　とみた・いさお
　昭和7（1932）年〜平成28（2016）年
　作曲家、編曲家
「たそがれ清兵衛」
　日本アカデミー賞　第26回（平15年）　最優秀音楽賞
テレビ大賞　第6回（昭48年度）　特別賞
米国ベストセーリング・クラシカルアルバム賞　（昭49年）
日本レコード大賞　第17回（昭50年）　企画賞
日本放送協会放送文化賞　第52回（平12年）

勲四等旭日小綬章　（平15年）
エレクトロニクス・アーツ浜松賞　第1回（平19年）
朝日賞　（平23年度）
国際交流基金賞　（平27年）
日本レコード大賞　第58回（平28年）　特別功労賞
日本アカデミー賞　第40回（平29年）　会長特別賞

冨田　靖子　とみた・やすこ
　昭和44（1969）年〜
　俳優
「ときめき海岸物語」
　日本アカデミー賞　（昭59年度）　新人賞
「さびしんぼう」「姉妹坂」
　大阪映画祭　（昭60年度）　主演女優賞
「BU・SU」
　ヨコハマ映画祭　第9回（昭63年）　主演女優賞
「南京の基督」
　東京国際映画祭　第8回（平7年）　インターナショナル・コンペティション　最優秀女優賞
ヨコハマ映画祭　（昭59年度）　主演女優賞
日本アカデミー賞　第8回（昭60年）　新人俳優賞
エランドール賞　（昭63年度）　新人賞
菊田一夫演劇賞　第17回（平4年）

豊田　四郎　とよだ・しろう
　明治38（1905）年〜昭和52（1977）年
　映画監督
「若い人」
　キネマ旬報ベスト・テン　第14回（昭12年度）　日本映画6位
「泣虫小僧」
　キネマ旬報ベスト・テン　第15回（昭13年度）　日本映画7位
「鶯」
　キネマ旬報ベスト・テン　第15回（昭13年度）　日本映画6位
「奥村五百子」
　キネマ旬報ベスト・テン　第17回（昭15年度）　日本映画6位
「小島の春」
　キネマ旬報ベスト・テン　第17回（昭15年度）　日本映画1位
「四つの恋の物語」
　キネマ旬報ベスト・テン　第21回（昭22年度）　日本映画8位
「雁」
　キネマ旬報ベスト・テン　第27回（昭28年度）　日本映画8位
「夫婦善哉」
　キネマ旬報ベスト・テン　第29回（昭30年度）　日本

映画 2位
ブルーリボン賞 第6回（昭30年） 監督賞
「猫と庄造と二人のをんな」
　キネマ旬報ベスト・テン 第30回（昭31年度） 日本映画 4位
「甘い汗」
　キネマ旬報ベスト・テン 第38回（昭39年度） 日本映画 8位
　優秀映画鑑賞会ベストテン 第5回（昭39年度） 日本映画 7位
「恍惚の人」
　キネマ旬報ベスト・テン 第47回（昭48年度） 日本映画 5位
　優秀映画鑑賞会ベストテン 第14回（昭48年度） 日本映画 5位

内藤 やす子　ないとう・やすこ
昭和25（1950）年～
歌手
「想い出ぼろぼろ」
　銀座音楽祭 第6回（昭51年） グランプリ
　新宿音楽祭 第9回（昭51年） 金賞
　全日本有線放送大賞 第9回（昭51年度） 最優秀新人賞
　日本レコード大賞 第18回（昭51年） 最優秀新人賞
　日本歌謡大賞 第7回（昭51年） 放送音楽新人賞
　日本有線大賞 第9回（昭51年） 最優秀新人賞
「想い出ぼろぼろ」「弟よ」
　ゴールデン・アロー賞 第14回（昭51年） 音楽賞 新人賞
「弟よ」
　FNS歌謡祭グランプリ 第3回（昭51年） 最優秀新人賞
「ひきょう」
　メガロポリス歌謡祭 第8回（平1年） ポップスメガロポリス賞
　古賀政男記念音楽大賞 第10回（平1年度） プロ作品優秀賞
　あなたが選ぶ全日本歌謡音楽祭 第2回（昭51年） 優秀新人賞
　ABC歌謡新人グランプリ 第2回（昭51年） 審査員奨励賞
　ABC歌謡新人グランプリ 第2回（昭51年） シルバー賞
　FNS歌謡祭グランプリ 第3回（昭51年） 最優秀新人賞
　日本レコードセールス大賞 第9回（昭51年） 女性新人賞
　日本演歌大賞 第2回（昭51年） 演歌期待賞・演歌の星
　日本演歌大賞 第2回（昭51年） 演歌新人ベストセラー賞
　日本演歌大賞 第2回（昭51年） 演歌スター賞

那珂 太郎　なか・たろう
大正11（1922）年～平成26（2014）年
詩人。日本芸術院会員（詩歌）
「音楽」
　室生犀星詩人賞 第5回（昭40年）
　読売文学賞 第17回（昭40年） 詩歌俳句賞
「空我山房且乗其他」
　芸術選奨 第36回（昭60年） 文学部門 文部大臣賞
「幽明過客抄」
　現代詩人賞 第9回（平3年）
「鎮魂歌」
　藤村記念歴程賞 第33回（平7年）
紫綬褒章（昭62年）
日本芸術院賞 第50回（平5年） 第2部 恩賜賞・日本芸術院賞
勲三等瑞宝章（平7年）

永井 荷風　ながい・かふう
明治12（1879）年～昭和34（1959）年
小説家，随筆家。日本芸術院会員
文化勲章（昭27年度）
文化功労者（昭27年）

中井 貴一　なかい・きいち
昭和36（1961）年～
俳優
「ビルマの竪琴」
　ゴールデングロス賞 第3回（昭60年度） マネーメーキングスター賞
「東京上空いらっしゃいませ」
　おおさか映画祭 第16回（平3年） 主演男優賞
「四十七人の刺客」
　キネマ旬報ベスト・テン 平6年度 助演男優賞
　キネマ旬報賞 第40回（平6年） 助演男優賞
　日本アカデミー賞 第18回（平6年度） 助演男優賞
　報知映画賞 第19回（平6年度） 最優秀助演男優賞
　日本アカデミー賞 第18回（平7年度） 最優秀助演男優賞
「ラブ・レター」「愛を乞うひと」
　ヨコハマ映画祭 第20回（平10年度） 主演男優賞
「壬生義士伝」
　日刊スポーツ映画大賞・石原裕次郎賞 第16回（平15年） 主演男優賞
　日本アカデミー賞 第27回（平16年） 最優秀主演男優賞
「はだしのゲン」
　橋田賞 第16回（平19年度） 橋田賞
「娘の結婚」
　放送文化基金賞 第44回（平30年） 個別分野 演技賞
「記憶にございません！」

ブルーリボン賞　第62回（令1年度）　主演男優賞
報知映画賞　第44回（令元年度）　主演男優賞
テレビ大賞　第15回（昭57年度）　新人賞
日本アカデミー賞　第5回（昭57年）　新人俳優賞
エランドール賞　（昭58年度）　新人賞
松尾芸能賞　第10回（平1年）　優秀賞　テレビ・映画
ベストドレッサー賞　第23回（平6年）　スポーツ・芸能部門
三船敏郎賞　（令1年）
紫綬褒章　（令2年）

永井　龍男　ながい・たつお
明治37（1904）年〜平成2（1990）年
小説家、編集者。日本芸術院会員

「朝霧」
横光利一賞　第2回（昭25年）
「一個その他」
日本芸術院賞　第22回（昭40年）　第2部
野間文芸賞　第18回（昭40年）
「わが切抜帖より」
読売文学賞　第20回（昭43年）　随筆・紀行賞
「コチャバンバ行き」
読売文学賞　第24回（昭47年）　小説賞
「秋」
川端康成文学賞　第2回（昭50年）

菊池寛賞　第20回（昭47年）
文化功労者　（昭48年）
勲二等瑞宝章　（昭49年）
文化勲章　（昭56年度）

永井　路子　ながい・みちこ
大正14（1925）年〜令和5（2023）年
小説家

「三条院記」
「サンデー毎日」懸賞小説　創刊30年記念100万円懸賞小説（昭26年）　歴史小説（2席）
「炎環」
直木三十五賞　第52回（昭39年下）
「氷輪」
女流文学賞　第21回（昭57年）
「雲と風と」
吉川英治文学賞　第22回（昭63年）
「岩倉具視―言葉の皮を剥きながら」
毎日芸術賞　第50回（平20年度）

菊池寛賞　第32回（昭59年）
日本放送協会放送文化賞　第48回（平8年）
鎌倉市名誉市民　（平10年）
古河市名誉市民　（平15年）
和島誠一賞　第7回（平18年）

中岡　京平　なかおか・きょうへい
昭和29（1954）年〜
シナリオライター

「夏の栄光」
城戸賞　第3回（昭52年）　入選
「帰らざる日々」
おおさか映画祭　第4回（昭53年度）　脚本賞
年鑑代表シナリオ　（昭53年度）
「帰らざる日々」「九月の空」
京都映画祭　（昭53年度）　脚本賞
「生きてみたいもう一度　新宿バス放火事件」
年鑑代表シナリオ　（昭60年度）
「蛍川」
年鑑代表シナリオ　（昭62年度）

長岡　輝子　ながおか・てるこ
明治41（1908）年〜平成22（2010）年
俳優、演出家

「大麦入りのチキンスープ」
芸術祭賞　第19回（昭39年）　演劇部門
「メテオール」
紀伊國屋演劇賞　第5回（昭45年）　個人賞
「おしん」
日本放送協会放送文化賞　第35回（昭58年）
「長岡輝子、宮沢賢治を読む」
巖谷小波文芸賞　第14回（平3年）

久保田万太郎賞　（昭44年）
川崎市文化賞　（昭51年）
勲四等瑞宝章　（昭57年）
芸能功労者表彰　（平7年度）
宮沢賢治賞　第8回（平10年）　イーハトーブ賞
児童文化功労賞　第40回（平13年）
菊池寛賞　第51回（平15年）

中上　健次　なかがみ・けんじ
昭和21（1946）年〜平成4（1992）年
作家

「岬」
芥川龍之介賞　第74回（昭50年下）
「枯木灘」
芸術選奨　第28回（昭52年）　文学部門　新人賞
毎日出版文化賞　第31回（昭52年）
「火まつり」
毎日映画コンクール　第40回（昭60年）　脚本賞

和歌山県文化表彰　（平4年）

中川　李枝子　なかがわ・りえこ
昭和10（1935）年〜令和6（2024）年
児童文学作家

「いやいやえん」

児童福祉文化賞　第5回(昭37年度)　出版物部門
NHK児童文学賞　第1回(昭38年)　奨励賞
産経児童出版文化賞　第10回(昭38年)
野間児童文芸賞　第1回(昭38年)　推奨作品賞
厚生大臣賞
「ぐりとぐらのおきゃくさま」
　児童福祉文化賞　第9回(昭41年度)　出版物部門
「子犬のロクがやってきた」
　毎日出版文化賞　第34回(昭55年)
児童福祉文化賞　第51回(平20年度)　特別部門
菊池寛賞　第61回(平25年)
福島県外在住功労者知事表彰　(平25年)
世田谷区名誉区民　(令4年)

長崎 源之助　ながさき・げんのすけ
　大正13(1924)年～平成23(2011)年
　児童文学作家
「トコトンヤレ」「チャコベエ」
　児童文学者協会新人賞　第6回(昭31年)
「ヒョコタンの山羊」
　日本児童文学者協会賞　第8回(昭43年)
「トンネル山の子どもたち」
　日本児童文学者協会賞　第18回(昭53年)
「忘れられた島へ」
　野間児童文芸賞　第18回(昭55年)
「私のよこはま物語」
　赤い靴児童文化大賞　第5回(昭59年)
「長崎源之助全集」
　赤い鳥文学賞　第19回(平1年)　特別賞
横浜文化賞　(平11年)
神奈川文化賞　(平12年)

長崎 俊一　ながさき・しゅんいち
　昭和31(1956)年～
　映画監督
「ロックよ,静かに流れよ」
　ヨコハマ映画祭　第10回(昭63年)　作品賞・監督賞
　キネマ旬報ベスト・テン　第62回(昭63年度)　日本映画　4位
　年鑑代表シナリオ　(昭63年度)
「誘惑者」
　東京国際映画祭　第3回(平1年)　ヤングシネマ　さくらシルバー賞・国際映画批評家連盟賞
「ロマンス」
　年鑑代表シナリオ　(平8年度)

中里 恒子　なかざと・つねこ
　明治42(1909)年～昭和62(1987)年
　小説家。日本芸術院会員
「乗合馬車」
　芥川龍之介賞　第8回(昭13年下)
「歌枕」
　読売文学賞　第25回(昭48年)　小説賞
「わが庵」
　日本芸術院賞　第31回(昭49年)　恩賜賞
「誰袖草」
　女流文学賞　第18回(昭54年)

中島 梓　なかじま・あずさ
　⇒栗本　薫(くりもと・かおる)　を見よ

中島 貞夫　なかじま・さだお
　昭和9(1934)年～令和5(2023)年
　映画監督
「893愚連隊」
　日本映画監督協会新人賞　(昭41年)
　年鑑代表シナリオ　第18回(昭41年度)
「序の舞」
　インド国際映画祭　(昭60年)　監督賞
日本映画記者会賞　(昭42年)
京都市民映画祭　(昭44年)　監督賞
くまもと映画祭　第2回(昭51年度)　大賞
京都市文化功労者　(平13年)
京都府文化功労賞　第20回(平14年)
牧野省三賞　第43回(平18年)
香川県文化功労者　(平24年)
映画の日特別功労章　(平27年)
京都映画大賞　(平30年)
日本アカデミー賞　第43回(令2年)　会長功労賞
毎日映画コンクール　第77回(令4年)　特別賞

長嶋 茂雄　ながしま・しげお
　昭和11(1936)年～
　野球人
日本プロスポーツ大賞　第4回(昭46年)　大賞
ベストドレッサー賞　第5回(昭51年)　特別賞
バチカン有功十字勲章　(昭63年)
正力松太郎賞　(平6年)
東京都民文化栄誉賞　(平6年度)
毎日スポーツ人賞　(平6年度)　ファン賞
日本新語・流行語大賞　第13回(平8年)　大賞,トップテン
財界賞　(平13年)　特別賞
朝日スポーツ賞　(平13年度)
毎日スポーツ人賞　(平13年度)　グランプリ
文化功労者　第58回(平17年度)
国民栄誉賞　(平25年5月5日)
東京都名誉都民　(平26年)
文化勲章　(令3年度)

中島 丈博　なかじま・たけひろ
　昭和10(1935)年～
　脚本家, 映画監督, 小説家
「津軽じょんがら節」
　年鑑代表シナリオ（昭48年度）
「しのび肌 続・四畳半襖の裏張り」
　年鑑代表シナリオ（昭49年度）
「祭りの準備」
　キネマ旬報賞 第21回（昭50年）脚本賞
　年鑑代表シナリオ（昭50年度）
　毎日映画コンクール 第30回（昭50年）脚本賞
「野のきよらにひかりさす」
　モンテカルロ国際テレビ映画祭（昭59年）脚本賞
「郷愁」
　ATG映画脚本賞 第6回（昭60年）
　キネマ旬報ベスト・テン 第62回（昭63年度）日本映画 5位
　年鑑代表シナリオ（昭63年度）
「極楽への招待」「絆」
　芸術選奨 第38回（昭62年）放送部門 大臣賞
「幸福な市民」「海照らし」「恋愛模様」
　向田邦子賞 第8回（平1年）
「おこげ」
　年鑑代表シナリオ（平4年度）
　藤本賞 第12回（平5年）奨励賞
「ラブ・レター」「あ、春」
　毎日映画コンクール 第53回（平10年）脚本賞
「あ、春」
　年鑑代表シナリオ（平11年度）
紫綬褒章（平11年）
旭日小綬章（平19年）

永島 敏行　ながしま・としゆき
　昭和31(1956)年～
　俳優
「サード」
　ブルーリボン賞 第21回（昭53年）新人賞
「サード」「事件」
　ゴールデン・アロー賞 第16回（昭53年）映画賞 新人賞
「サード」「事件」「帰らざる日々」
　報知映画賞 第3回（昭53年度）最優秀新人賞
「遠雷」
　キネマ旬報賞（昭56年度）主演男優賞
　ブルーリボン賞 第24回（昭56年）主演男優賞
　報知映画賞 第6回（昭56年度）最優秀主演男優賞
「遠雷」「幸福」
　キネマ旬報賞 第27回（昭56年）主演男優賞
「悲劇」
　ゴールデン・アロー賞 第21回（昭58年）演劇賞 新人賞
　テレビ大賞 第11回（昭53年度）新人賞
　エランドール賞（昭54年度）新人賞
　テレビ大賞 第11回 新人賞

中島 みゆき　なかじま・みゆき
　昭和27(1952)年～
　シンガー・ソングライター
「この空を飛べたら」「しあわせ芝居」
　日本レコード大賞 第20回（昭53年）西条八十賞
「臨月」
　ぴあテン（レコード）（昭56年度）1位
「すずめ」
　日本作曲大賞 第2回（昭57年）優秀作曲者賞
「寒水魚」
　ぴあテン（レコード）（昭57年度）1位
　日本レコード大賞 第24回（昭57年）ベストアルバム賞
「春なのに」
　日本レコード大賞 第25回（昭58年）作曲賞
「予感」
　ぴあテン（レコード）（昭58年度）2位
「はじめまして」
　ぴあテン（レコード）（昭59年度）2位
「EAST ASIA」
　日本レコード大賞 第34回（平4年）優秀アルバム賞
「宙船」
　日本レコード大賞 第48回（平18年）作詩賞
「糸」
　JASRAC賞 第34回（平28年）銅賞
　JASRAC賞 第35回（平29年）金賞
　JASRAC賞 第37回（令元年）銅賞
　JASRAC賞 第38回（令2年）銅賞
銀座音楽祭 第8回（昭53年）ラジオディスクグランプリ
日本レコードセールス大賞 第11回（昭53年）LPシルバー賞
ぴあテン（レコード）（昭55年度）5位
ぴあテン（昭55年度）もあテン 8位
ぴあテン（昭56年度）ぴあテン（コンサート）8位
ぴあテン（昭56年度）ぴあテン 1位
ぴあテン（昭57年度）ぴあテン（コンサート）6位
ぴあテン（昭57年度）もあテン 2位
日本レコードセールス大賞 第15回（昭57年）シングルシルバー賞
日本作曲大賞 第2回（昭57年）優秀作曲者賞
ぴあテン（昭58年度）ぴあテン（コンサート）10位
ぴあテン（昭58年度）もあテン 5位
ぴあテン（昭59年度）ぴあテン（コンサート）5位

ぴあテン（昭59年度）もあテン 2位
ぴあテン（昭60年度）3位
ぴあテン（昭60年度）もあテン 3位
ぴあテン（昭61年度）4位
ぴあテン（昭61年度）もあテン 4位
ぴあテン（昭62年度）10位
ぴあテン（平1年度）7位
ぴあテン（平1年度）フラッシュ・バック80's 6位
ぴあテン 第19回（平2年度）第10位
ぴあテン 第20回（平3年度）第5位
ぴあテン 第21回（平4年度）第6位
ぴあテン 第22回（平5年度）第9位
ぴあテン 第23回（平6年度）第6位
ぴあテン 第32回（平15年度）第6位
芸術選奨 第56回（平17年度）大衆芸能部門 文部科学大臣賞
紫綬褒章（平21年）
日本放送協会放送文化賞 第76回（令6年度）

中条 きよし　なかじょう・きよし
昭和21（1946）年〜
俳優、歌手、参院議員

「うそ」
　FNS歌謡祭グランプリ 第1回（昭49年）最優秀ホープ賞 上期
　新宿音楽祭 第7回（昭49年）金賞
　日本レコード大賞 第16回（昭49年）大衆賞
　日本歌謡大賞 第5回（昭49年）放送音楽新人賞
　日本有線大賞 第7回（昭49年）新人賞
　夜のレコード大賞 第7回（昭49年度）優秀スター賞
　ゴールデン・アロー賞 第12回（昭49年）音楽賞 新人賞
　FNS歌謡祭グランプリ 第1回（昭49年）最優秀ホープ賞
　横浜音楽祭 第1回（昭49年）最優秀新人賞
　日本レコードセールス大賞 第7回（昭49年）ゴールデン賞
　日本レコードセールス大賞 第7回（昭49年）男性新人賞
　日本演歌大賞 第1回（昭50年）演歌女心賞

中薗 英助　なかぞの・えいすけ
大正9（1920）年〜平成14（2002）年
小説家

「闇のカーニバル」
　日本推理作家協会賞 第34回（昭56年）評論その他の部門
「北京飯店旧館にて」
　読売文学賞 第44回（平4年）小説賞
「鳥居龍蔵伝」
　大佛次郎賞 第22回（平7年）
神奈川文化賞 第45回（平8年）

中田 カウス　なかた・かうす
昭和24（1949）年〜
漫才師。コンビ名は中田カウス・ボタン
上方漫才大賞 第6回（昭46年）新人賞
NHK上方漫才コンテスト優秀話術賞 第2回（昭47年）
上方お笑い大賞 第19回（平2年）審査員奨励賞
上方漫才大賞 第25回（平2年）奨励賞
上方漫才大賞 第26回（平3年）漫才大賞
上方お笑い大賞 第24回（平7年）大賞
上方漫才大賞 第36回（平13年）大賞

中田 整一　なかた・せいいち
昭和16（1941）年〜
ノンフィクション作家, 元・テレビプロデューサー

「満州国皇帝の秘録」
　吉田賞 第35回（平17年度）
　毎日出版文化賞 第60回（平18年）人文・社会部門
「トレイシー 日本兵捕虜秘密尋問所」
　講談社ノンフィクション賞 第32回（平22年）
放送文化基金賞（昭55年）
放送文化基金賞 第14回（昭63年）個人・グループ部門

中田 ボタン　なかた・ぼたん
昭和23（1948）年〜
漫才師。コンビ名は中田カウス・ボタン
上方漫才大賞 第6回（昭46年）新人賞
NHK上方漫才コンテスト優秀話術賞 第2回（昭47年）
上方お笑い大賞 第19回（平2年）審査員奨励賞
上方漫才大賞 第25回（平2年）奨励賞
上方漫才大賞 第26回（平3年）漫才大賞
上方お笑い大賞 第24回（平7年）大賞
上方漫才大賞 第36回（平13年）大賞

中田 喜直　なかだ・よしなお
大正12（1923）年〜平成12（2000）年
作曲家

「ゆうらんバス」
　日本レコード大賞 第2回（昭35年）童謡賞
「ちいさい秋みつけた」
　日本レコード大賞 第4回（昭37年）童謡賞
「美しい訣れの朝」
　芸術祭賞（昭38年）奨励賞
「ダムサイト幻想」
　芸術祭賞 第26回（昭46年）音楽部門（合唱曲）優秀賞
「ちいさな果樹園」
　芸術祭賞 第33回（昭53年）音楽部門（合唱曲）優秀賞
音コン作曲室内楽曲部門（昭24年）第2位
毎日音楽賞（昭24年）
日本童謡賞（昭46年）功労賞

日本童謡賞　(昭50年)
紫綬褒章　(昭61年)
サトウハチロー賞　第1回(平1年)
日本放送協会放送文化賞　第46回(平6年)
日本レコード大賞　第42回(平12年)　日本作曲家協会
　　特別功労賞

仲代 達矢　なかだい・たつや
　昭和7(1932)年〜
　俳優, 演出家

「幽霊」
　新劇演技賞　(昭30年)

「黒い河」
　エランドール賞　(昭32年度)　新人賞

「人間の條件」
　NHK映画賞　第6回(昭36年度)　主演男優賞

「人間の條件 完結篇」「永遠の人」
　毎日映画コンクール　第16回(昭36年)　演技賞 男優
　　主演賞

「切腹」
　ブルーリボン賞　第13回(昭37年)　主演男優賞

「切腹」「椿三十郎」
　キネマ旬報賞　第8回(昭37年)　男優賞

「リチャード三世」「友達」
　紀伊國屋演劇賞　第9回(昭49年)　個人賞

「どん底」「令嬢ジュリー」
　芸術選奨　第26回(昭50年)　演劇部門 大臣賞
　毎日芸術賞　第17回(昭50年)

「ソルネス」
　芸術祭賞　(昭55年)

「影武者」
　毎日映画コンクール　第35回(昭55年)　演技賞 男優
　　演技賞

「影武者」「二百三高地」
　ゴールデン・アロー賞　第18回(昭55年)　大賞・映
　　画賞
　ブルーリボン賞　第23回(昭55年)　主演男優賞

「鬼龍院花子の生涯」
　マニラ映画祭　(昭57年)　主演男優賞

「リチャード三世」
　紀伊國屋演劇賞　第28回(平5年)　個人賞

「ドライビング・ミス・デイジー」
　芸術祭賞　第60回(平17年度)　演劇部門 芸術祭大賞
　　(関東参加公演の部)
　読売演劇大賞　第13回(平17年度)　選考委員特別賞
　日本映画テレビプロデューサー協会賞　(昭55年)　特
　　別賞
　エランドール賞　(昭56年度)　特別賞
　フランス芸術文化勲章シュバリエ章　(平4年)
　日本シェークスピア賞　(平4年)　男優賞

日本放送協会放送文化賞　第47回(平7年)
紫綬褒章　(平8年)
モンブラン国際文化賞　(平11年)
坪内逍遙大賞　第7回(平12年)
勲四等旭日小綬章　(平15年)
松尾芸能賞　第25回(平16年)　大賞 演劇
文化功労者　第60回(平19年度)
山路ふみ子賞　第37回(平25年)　映画功労賞
川喜多賞　第31回(平25年)
朝日賞　(平25年度)
三船敏郎賞　(平27年)
文化勲章　(平27年度)
日本アカデミー賞　第39回(平28年)　協会栄誉賞
読売演劇大賞　第25回(平29年度)　芸術栄誉賞
東京国際映画祭　第32回(令1年)　特別功労賞
菊池寛賞　第69回(令3年)

中谷 千代子　なかたに・ちよこ
　昭和5(1930)年〜昭和56(1981)年
　童画家

「かばくんのふね」
　小学館絵画賞　第14回(昭40年)

「まちのねずみといなかのねずみ」
　講談社出版文化賞　第1回(昭45年)　絵本部門

「かえってきたきつね」
　産経児童出版文化賞　第21回(昭49年)　大賞

「かばくん」
　ドイツ・ユースブック賞

「スガンさんのやぎ」
　シカゴ・トリビューン児童書スプリング・フェス
　　ティバル　優秀賞

長門 裕之　ながと・ひろゆき
　昭和19(1934)年〜平成23(2011)年
　俳優

「にあんちゃん」
　ブルーリボン賞　第10回(昭34年)　主演男優賞

「古都」
　毎日映画コンクール　第18回(昭38年)　演技賞 男優
　　助演賞

ゴールデン・アロー賞　第3回(昭40年)　取材協力賞
シルバースター助演男優賞　(昭41年)
NHK男性演技者賞　(昭41年)
京都新聞福祉賞　(平13年度)　功労賞

なかにし 礼　なかにし・れい
　昭和13(1938)年〜令和2(2020)年
　作詞家, 小説家

「帰らざる海辺」
　日本レコード大賞　第9回(昭42年)　作詩賞

「天使の誘惑」

日本レコード大賞 第10回（昭43年）大賞
「今日でお別れ」
日本レコード大賞 第12回（昭45年）大賞
「昭和おんなブルース」
日本レコード大賞 第12回（昭45年）作詩賞
「石狩挽歌」
日本作詩大賞 第8回（昭50年度）作品賞
「愛してごめんなさい」
日本作詩大賞 第14回（昭56年度）作品賞
「北酒場」
日本レコード大賞 第24回（昭57年）大賞
JASRAC賞 第2回（昭58年）国内
「風の盆恋歌」
古賀政男記念音楽大賞 第10回（平1年度）プロ作品大賞
日本作詩大賞 第22回（平1年度）大賞
「銀座マイウェイ」
日本作詩大賞 第23回（平2年度）優秀作品賞
「長崎ぶらぶら節」
直木三十五賞 第122回（平11年下）
「櫻」
日本作詩大賞 第45回（平24年度）大賞
「なかにし礼と12人の女優たち」
日本レコード大賞 第57回（平27年）企画賞
日本レコードセールス大賞 第1回（昭43年）作詩賞
日本レコードセールス大賞 第2回（昭44年）作詩賞
ゴールデン・アロー賞 第8回（昭45年）音楽賞
日本レコードセールス大賞 第3回（昭45年）作詩賞
日本レコード大賞 第62回（令2年）特別功労賞

中野 浩一　なかの・こういち
昭和30（1955）年〜
スポーツ評論家，元・競輪選手

日本プロスポーツ大賞 第12回（昭54年）殊勲賞
日本プロスポーツ大賞 第13回（昭55年）殊勲賞
日本プロスポーツ大賞 第14回（昭56年）大賞
日本プロスポーツ大賞 第15回（昭57年）殊勲賞
日本プロスポーツ大賞 第16回（昭58年）殊勲賞
日本プロスポーツ大賞 第17回（昭59年）殊勲賞
ゆうもあ大賞（昭61年）
総理大臣顕彰（昭61年）
日本プロスポーツ大賞 第19回（昭61年）殊勲賞
紫綬褒章（平18年）

中野 孝次　なかの・こうじ
大正14（1925）年〜平成16（2004）年
作家，ドイツ文学者

「ブリューゲルへの旅」
日本エッセイスト・クラブ賞 第24回（昭51年）
「麦熟るる日に」

平林たい子文学賞 第7回（昭54年）小説
「ハラスのいた日々」
新田次郎文学賞 第7回（昭63年）
「暗殺者」
芸術選奨 第50回（平11年）文学部門 文部大臣賞
日本新語・流行語大賞 第10回（平5年）流行語部門 銀賞
日本芸術院賞 第60回（平15年）第2部 恩賜賞・日本芸術院賞

中野 重治　なかの・しげはる
明治35（1902）年〜昭和54（1979）年
詩人，小説家，評論家

「日本現代詩大系」
毎日出版文化賞 第5回（昭26年）
「むらぎも」
毎日出版文化賞 第9回（昭30年）
「梨の花」
読売文学賞 第11回（昭34年）小説賞
「甲乙丙丁」
野間文芸賞 第22回（昭44年）
朝日賞（昭52年）

中野 好夫　なかの・よしお
明治36（1903）年〜昭和60（1985）年
評論家，英文学者，平和運動家

「シェイクスピアの面白さ」
毎日出版文化賞 第21回（昭42年）
「蘆花徳冨健次郎」
大佛次郎賞 第1回（昭49年）
朝日賞（昭57年）

中原 誠　なかはら・まこと
昭和22（1947）年〜
棋士

川崎市文化賞 第1回（昭47年）
将棋大賞 第1回（昭48年度）勝率一位賞・連勝賞
将棋大賞 第2回（昭50年）最優秀棋士賞
将棋大賞 第3回（昭51年）最優秀棋士賞
将棋大賞 第4回（昭52年）最優秀棋士賞
将棋大賞 第5回（昭53年）最優秀棋士賞
将棋栄誉賞（昭56年）
将棋大賞 第10回（昭58年）最優秀棋士賞
塩釜市民栄誉賞（昭60年）
将棋栄誉敢闘賞（昭61年）
特別将棋栄誉賞（平4年）
升田幸三賞（平8年）
鳥取県鹿野町名誉町民（平16年）
紫綬褒章（平20年）
将棋大賞 第36回（平21年）特別賞

中原 理恵　なかはら・りえ
昭和33（1958）年～
歌手、女優

「ディスコ・レディー」
　FNS歌謡祭グランプリ　第5回（昭53年）　優秀新人賞
　銀座音楽祭　第8回（昭53年）　専門審査員奨励賞
　日本有線大賞　第11回（昭53年）　新人賞

「東京ららばい」
　全日本有線放送大賞　第11回（昭53年度）　新人賞
　日本レコード大賞　第20回（昭53年）　新人賞
　ABC歌謡新人グランプリ　第5回（昭53年）　審査員奨励賞
　ABC歌謡新人グランプリ　第5回（昭53年）　シルバー賞
　横浜音楽祭　第5回（昭53年）　新人賞
　新宿音楽祭　第11回（昭53年）　銀賞

　ゴールデン・アロー賞　第19回（昭56年）　放送賞
　テレビ大賞　第14回（昭56年度）　優秀個人賞

長渕 剛　ながぶち・つよし
昭和31（1956）年～
歌手、俳優

「逆流」
　日本レコード大賞　第22回（昭55年）　ベストアルバム賞

「LICENSE」
　日本レコード大賞　第29回（昭62年）　アルバム大賞

「乾杯」
　日本レコード大賞　第30回（昭63年）　作曲賞
　日本作曲大賞　第8回（昭63年）　優秀作曲者賞
　JASRAC賞　第7回（平1年）　銀賞
　JASRAC賞　第8回（平2年）　銀賞
　JASRAC賞　第9回（平3年）　金賞
　JASRAC賞　第10回（平4年）　銅賞

「うさぎの休日」
　放送文化基金賞　第15回（平1年）　テレビドラマ番組特別賞

「とんぼ」
　JASRAC賞　第8回（平2年）　銅賞

　銀座音楽祭　第10回（昭55年）　ラジオディスクグランプリ
　ギャラクシー賞　第26回（昭63年）
　日本レコードセールス大賞　第21回（昭63年）　シングル部門　シルバー賞
　日本レコード大賞　第30回・31回（昭63年・平成1年）　優秀アルバム賞
　日本ゴールドディスク大賞　第4回（平1年度）　アルバム賞
　日本レコードセールス大賞　第22回（平1年）　シングル部門　シルバー賞
　日本レコードセールス大賞　第22回（平1年）　作詞賞　第3位
　日本レコードセールス大賞　第23回（平2年）　アルバム部門　シルバー賞

長保 有紀　ながほ・ゆき
昭和34（1959）年～
歌手

「大阪無情」
　全日本有線放送大賞　第20回（昭62年度）　新人賞

「俄か雨」
　日本有線大賞　第24回（平3年）　有線音楽賞

「虞美人草」
　日本有線大賞　第26回（平5年）　有線音楽賞

「ひとり宿」
　日本有線大賞　第27回（平6年）　有線音楽賞

「麗人草」
　日本有線大賞　第29回（平8年）　有線音楽優秀賞

「浪花恋挽歌〜近松純愛物語」
　日本レコード大賞　第40回（平10年）　企画賞

　日本歌謡大賞　第24回（平5年）　放送音楽賞

中村 敦夫　なかむら・あつお
昭和15（1940）年～
俳優、作家、脚本家、情報番組キャスター、政治家

「集団左遷」
　ブルーリボン賞　第37回（平6年）　助演男優賞
　毎日映画コンクール　第49回（平6年）　演技賞　男優助演賞

　ゴールデン・アロー賞　第10回（昭47年）　話題賞
　テレビ大賞　第5回（昭47年度）　優秀タレント賞
　ATP賞　（昭62年）　個人賞
　日本映画テレビプロデューサー協会賞　（平5年度）　特別賞
　旭日中綬章（平22年）

中村 嘉葎雄　なかむら・かつお
昭和13（1938）年～
俳優

「湖の琴」
　ブルーリボン賞　（昭41年度）　男優助演賞

「わが恋わが歌」
　毎日映画コンクール　（昭44年度）　男優助演賞

「ブリキの勲章」「陽炎座」
　日本アカデミー賞　（昭56年度）　助演男優賞

「陽炎座」「ラブレター」
　キネマ旬報賞　第27回（昭56年）　助演男優賞
　報知映画賞　第6回（昭56年）　最優秀助演男優賞

「ブリキの勲章」「陽炎座」「ラブレター」「仕掛人梅安」
　日本アカデミー賞　第5回（昭57年）　最優秀助演男

優賞
テレビ大賞　第17回（昭59年度）　優秀個人賞
日本映画批評家大賞　第5回（平7年度）　ゴールデングローリー賞

中村　勘三郎（18代）　なかむら・かんざぶろう
昭和30（1955）年～平成24（2012）年
歌舞伎俳優。前名は中村勘九郎（5代目）
「四変化弥生の花浅草祭」十月錦秋花形歌舞伎
　芸術祭賞　第33回（昭53年）　演劇部門　優秀賞
「鏡獅子」
　芸術祭賞　第44回（平1年）　演劇部門
「野田版・研辰の討たれ」「三人吉三」「義経千本桜」
　朝日舞台芸術賞　第1回（平14年）　グランプリ・舞台芸術賞
「魚屋宗五郎」「四谷怪談」「寺子屋」
　読売演劇大賞　第2回（平6年）　最優秀男優賞
真山青果賞　（昭59年）　奨励賞
名古屋演劇ペンクラブ年間賞　（昭63年）
十三夜会賞（平1年）
松竹社長賞（平1年）
松尾芸能賞　第10回（平1年）　大賞　演劇
都民文化栄誉賞（平1年）
真山青果賞　第9回（平2年）
浅草芸能大賞　第7回（平2年度）　奨励賞
ザ・ヒットメーカー'97（平9年）
真山青果賞　第18回（平10年）　大賞
日本芸術院賞　第55回（平10年）　第3部
浅草芸能大賞　第16回（平11年度）　大賞
ゴールデン・アロー賞　第39回（平13年）　大賞
ゴールデン・アロー賞　第39回（平13年）　演劇賞
スポニチ文化芸術大賞グランプリ　第9回（平13年）
松尾芸能賞　第23回（平14年）　大賞　演劇・歌舞伎
菊池寛賞　第52回（平16年）
紫綬褒章（平20年）
ジョン・F.ケネディ・センター芸術金賞（平22年）
日本放送協会放送文化賞　第64回（平24年度）
浅草芸能大賞（平25年）　特別功労賞

中村　鴈治郎（2代）　なかむら・がんじろう
明治35（1902）年～昭和58（1983）年
歌舞伎俳優。重要無形文化財保持者（歌舞伎立役）。日本芸術院会員
「炎上」「鰯雲」
　ブルーリボン賞（昭33年度）　助演男優賞
　毎日映画コンクール　第13回（昭33年）　演技賞　男優助演賞
名古屋演劇ペンクラブ年間賞　（昭41年・47年）
上方芸能人顕彰（昭42年）
紫綬褒章（昭43年）

日本放送協会放送文化賞　第20回（昭43年）
日本芸術院賞　第26回（昭44年度）
大阪芸術賞（昭47年）
勲三等瑞宝章（昭49年）
文化功労者（昭55年）

中村　吉右衛門（2代）　なかむら・きちえもん
昭和19（1944）年～令和3（2021）年
歌舞伎俳優。日本芸術院会員。重要無形文化財保持者。前名は中村萬之助
「はばたき」（ラジオ）
　芸術祭賞（昭30年）　奨励賞
「ながい坂」（NTTテレビ）
　優秀タレント賞（昭44年）
「双蝶々曲輪日記・引窓」顔見世大歌舞伎
　芸術祭賞　第39回（昭59年）　演劇部門　優秀賞
「寺子屋」「天衣紛上野初花」
　芸術祭賞　第46回（平3年）　演劇部門
「実盛物語」「平家女護嶋～俊寛」
　読売演劇大賞　第3回（平7年）　優秀男優賞
「通し狂言仮名手本忠臣蔵」
　芸術祭賞　第57回（平14年）　演劇部門　大賞
「元禄忠臣蔵第一部」「秀山祭九月大歌舞伎」
　朝日舞台芸術賞　第6回（平18年度）　舞台芸術賞
「逆櫓」「大老」
　読売演劇大賞　第16回（平20年度）　選考委員特別賞
「鬼平犯科帳」
　橋田賞　第25回（平28年度）　特別賞
毎日演劇賞（昭31年）　特別賞
テレビ大賞　第2回（昭44年度）　優秀タレント賞
芸術選奨　第28回（昭52年）　演劇部門　新人賞
真山青果賞　第3回（昭59年）
日本芸術院賞　第41回（昭59年）　第3部
松尾芸能賞　第12回（平3年）　大賞　演劇
真山青果賞　第14回（平7年）
真山青果賞　第21回（平14年）　大賞
　読売演劇大賞　第10回（平14年）　選考委員特別賞
　読売演劇大賞　第14回（平18年度）　優秀男優賞
　毎日芸術賞　第48回（平18年度）
伝統文化ポーラ賞　第28回（平20年度）　大賞
浅草芸能大賞　第31回（平26年度）　大賞
文化功労者　第70回（平29年度）
日本放送協会放送文化賞　第71回（令1年度）

中村　繁之　なかむら・しげゆき
昭和42（1967）年～
俳優
「カイショウ無いね」
　あなたが選ぶ全日本歌謡音楽祭　第11回（昭60年）

銀賞
　FNS歌謡祭グランプリ　第12回（昭60年）　優秀新人賞
　銀座音楽祭　第15回（昭60年）　銀賞・大衆賞
　新宿音楽祭　第18回（昭60年）　金賞
　21世紀ヤング歌謡大賞新人グランプリ　第12回（昭60年）　グランプリ
　横浜音楽祭　第12回（昭60年）　新人賞
　歌謡ゴールデン大賞・新人グランプリ　第12回（昭60年）

中村　真一郎　なかむら・しんいちろう
　大正7（1918）年〜平成9（1997）年
　作家，文芸評論家，詩人，戯曲家。日本芸術院会員
「頼山陽とその時代」
　芸術選奨　第22回（昭46年）　評論等　文部大臣賞
「この百年の小説」
　毎日出版文化賞　第28回（昭49年）
「夏」
　谷崎潤一郎賞　第14回（昭53年）
「冬」
　日本文学大賞　第17回（昭60年）　文芸部門
「蠣崎波響の生涯」
　藤村記念歴程賞　第27回（平1年）
　読売文学賞　第41回（平1年）　評論・伝記賞
日本芸術院賞　第46回（平1年）　第2部
日本芸術院賞　第46回（平1年）　第2部
勲三等瑞宝章　（平6年）

中村　泰士　なかむら・たいじ
　昭和14（1939）年〜令和2（2020）年
　作曲家，作詞家，歌手
「喝采」
　日本レコード大賞　第14回（昭47年）　大賞
「鷗という名の酒場」
　古賀政男記念音楽大賞　第1回（昭55年度）　プロ作品優秀賞
「小心者」
　日本作詩大賞　第13回（昭55年度）　作品賞
「北酒場」
　日本レコード大賞　第24回（昭57年）　大賞
　日本作曲大賞　第2回（昭57年）　大賞
　日本作曲大賞　第2回（昭57年）　優秀作曲者賞
　JASRAC賞　第2回（昭58年）　国内
「流行歌生誕百周年記念アルバム　むかしは、今」
　日本レコード大賞　第56回（平26年）　企画賞
日本レコードセールス大賞　第4回（昭46年）　作曲賞
JASRAC賞　（昭58年）
日本レコード大賞　第54回（平24年）　功労賞
日本レコード大賞　第62回（令2年）　特別功労賞

中村　玉緒　なかむら・たまお
　昭和14（1939）年〜
　俳優
「ぼんち」「大菩薩峠」
　ブルーリボン賞　第11回（昭35年）　助演女優賞
「越前竹人形」
　毎日映画コンクール　第18回（昭38年）　演技賞　女優助演賞
「橋のない川」
　日刊スポーツ映画大賞・石原裕次郎賞　第5回（平4年）　助演女優賞
京都市民映画祭　（昭33年・34年・35年）　助演女優賞
ゴールデン・アロー賞　第2回（昭39年）　取材協力賞
ギャラクシー賞　第4回（昭41年）
パチンコ文化賞　第2回（昭62年）
ゴールデン・アロー賞　第36回（平10年）　放送賞
マックスファクター・ビューティースピリット賞　第1回（平11年）
エランドール賞　（平12年度）　特別賞
毎日映画コンクール　第62回（平19年度）　田中絹代賞

中村　汀女　なかむら・ていじょ
　明治33（1900）年〜昭和63（1988）年
　俳人
熊本県近代文化功労者　（昭45年）
勲四等宝冠章　（昭47年）
日本放送協会放送文化賞　第29回（昭52年）
熊本市名誉市民　（昭54年）
文化功労者　（昭55年）
日本芸術院賞　第40回（昭58年）　第2部
世田谷区名誉区民　（昭62年）
東京都名誉都民　（昭63年）

仲村　トオル　なかむら・とおる
　昭和40（1965）年〜
　俳優
「ビー・バップ・ハイスクール」
　毎日映画コンクール　第41回（昭61年）　スポニチグランプリ新人賞
「2009ロストメモリーズ」
　大鐘賞（韓国）　（平14年）　助演男優賞
ゴールデン・アロー賞　第25回（昭62年）　映画賞　新人賞
シネマ大賞　（昭62年度）　邦画ベストアイドル賞
エランドール賞　（昭63年度）　新人賞
ゴールデン・アロー賞　第25回（昭63年）　映画新人賞

中村　伸郎　なかむら・のぶお
　明治41（1908）年〜平成3（1991）年
　俳優
「秋日和」

アジア映画祭 第8回(昭36年) 男優助演賞
「朱雀家の滅亡」
　紀伊國屋演劇賞 第2回(昭42年) 個人賞
　名古屋演劇ペンクラブ年間賞 (昭46年)
「授業」
　芸術祭賞 第28回(昭48年) 演劇部門 大賞
　紀伊國屋演劇賞 第17回(昭57年) 特別賞
「おれのことなら放っといて」
　日本エッセイスト・クラブ賞 第34回(昭61年)
「ドン・キホーテより諸国を遍歴する二人の騎士の物語」
　芸術祭賞 第42回(昭62年) 演劇部門
「ドラキュラ伯爵の秋」
　テアトロ演劇賞 第17回(平1年度) 特別賞
紫綬褒章 (昭58年)

中村 登　なかむら・のぼる
　大正2(1913)年〜昭和56(1981)年
　映画監督
「古都」
　優秀映画鑑賞会ベストテン 第4回(昭38年度) 日本映画 8位
「紀ノ川」
　キネマ旬報ベスト・テン 第40回(昭41年度) 日本映画 3位
　優秀映画鑑賞会ベストテン 第7回(昭41年度) 日本映画 3位
「智恵子抄」
　キネマ旬報ベスト・テン 第41回(昭42年度) 日本映画 6位
　優秀映画鑑賞会ベストテン 第8回(昭42年度) 日本映画 7位
「わが恋わが歌」
　優秀映画鑑賞会ベストテン 第10回(昭44年度) 日本映画 10位

中村 八大　なかむら・はちだい
　昭和6(1931)年〜平成4(1992)年
　作曲家、ピアニスト
「黒い花びら」
　日本レコード大賞 第1回(昭34年) 大賞
「こんにちは赤ちゃん」
　日本レコード大賞 第5回(昭38年) 大賞
「上を向いて歩こう」
　JASRAC賞 第1回(昭57年) 外国
　JASRAC賞 第4回(昭61年) 外国
　JASRAC賞 第5回(昭62年) 外国
　日本レコード大賞 第66回(令6年) 日本作曲家協会名曲顕彰
「中村八大作品集 上を向いて歩こう」
　日本レコード大賞 第41回(平11年) 企画賞
ブラジル音楽祭 (昭44年) 最優秀管弦楽編曲賞
日本レコード大賞 第34回(平4年) 日本作曲家協会特別功労賞

中村 雅俊　なかむら・まさとし
　昭和26(1951)年〜
　俳優、歌手
「ふれあい」「飛び出せ青春」
　ゴールデン・アロー賞 第12回(昭49年) 放送賞 新人賞
「盆帰り」
　日本テレビ音楽祭 第2回(昭51年) 特別賞
テレビ大賞 第7回(昭49年度) 新人賞
エランドール賞 (昭50年度) 新人賞
ゴールデン・アロー賞 第20回(昭57年) 特別賞

中村 光夫　なかむら・みつお
　明治44(1911)年〜昭和63(1988)年
　文芸評論家、小説家。日本芸術院会員
「二葉亭四迷論」
　池谷信三郎賞 第1回(昭11年下)
　文学界賞 第4回(昭11年)
「二葉亭四迷伝」
　読売文学賞 第10回(昭33年) 評論・伝記賞
「パリ繁昌記」
　岸田演劇賞 第7回(昭35年)
「汽笛一声」
　読売文学賞 第16回(昭39年) 戯曲賞
「贋の偶像」
　野間文芸賞 第20回(昭42年)
読売文学賞 第3回(昭26年) 文芸評論賞
日本芸術院賞 第23回(昭41年) 第2部
文化功労者 (昭57年)

中村 稔　なかむら・みのる
　昭和2(1927)年〜
　詩人、評論家、弁護士。日本芸術院会員
「鵜原抄」
　高村光太郎賞 第10回(昭42年)
　高村光太郎賞〔詩部門〕 第10回(昭42年)
「羽虫の飛ぶ風景」
　読売文学賞 第28回(昭51年) 詩歌俳句賞
「中村稔詩集」
　芸術選奨 第38回(昭62年) 文学部門 文部大臣賞
「束の間の幻影—銅版画家駒井哲郎の生涯」
　読売文学賞 第43回(平3年) 評論・伝記賞
「浮泛漂蕩」
　藤村記念歴程賞 第30回(平4年)
「私の昭和史」

朝日賞（平16年）
　井上靖文化賞　第12回（平16年）
　毎日芸術賞　第46回（平16年）
「言葉について」
　現代詩人賞　第35回（平29年）
文化功労者　第63回（平22年度）

中村 メイコ　なかむら・めいこ
　昭和9（1934）年〜令和5（2023）年
　俳優、タレント
「夫とふたりきり」
　日本文芸大賞　第20回（平12年）エッセイ奨励賞
日本放送協会放送文化賞　第34回（昭57年）
CBC小嶋賞　第13回（平14年）
徳川夢声市民賞　第2回（平14年）
松尾芸能賞　第26回（平17年）優秀賞 演劇
名誉都民（令5年）

中森 明菜　なかもり・あきな
　昭和40（1965）年〜
　歌手
「少女A」
　FNS歌謡祭グランプリ　第9回（昭57年）優秀新人賞
　銀座音楽祭　第12回（昭57年）専門審査員奨励賞
　新宿音楽祭　第15回（昭57年）審査員特別奨励賞
　全日本有線放送大賞　第15回（昭57年度）新人賞
　日本有線大賞　第15回（昭57年）新人賞
「セカンド・ラブ」
　日本レコード大賞　第25回（昭58年）ゴールデンアイドル賞
「トワイライト」
　日本テレビ音楽祭　第9回（昭58年）金の鳩賞
「禁区」
　全日本有線放送大賞　第16回（昭58年度）読売テレビ最優秀賞
　日本有線大賞　第16回（昭58年）最多リクエスト歌手賞
　日本有線大賞　第16回（昭58年）有線音楽賞
「サザンウィンド」
　メガロポリス歌謡祭　第3回（昭59年）ポップスグランプリ
「十戒」
　FNS歌謡祭グランプリ　第11回（昭59年）最優秀ヒット賞・優秀歌謡音楽賞
　日本テレビ音楽祭　第10回（昭59年）グランプリ
　日本歌謡大賞　第15回（昭59年）最優秀放送音楽賞
　日本有線大賞　第17回（昭59年）最多リクエスト歌手賞・有線音楽賞
「北ウイング」
　全日本有線放送大賞　第17回（昭59年度）審査委員会最優秀賞
　日本レコード大賞　第26回（昭59年）最優秀スター賞
「ミ・アモーレ」
　FNS歌謡祭グランプリ　第12回（昭60年）グランプリ・優秀歌謡音楽賞
　日本レコード大賞　第27回（昭60年）大賞
「SAND BEIGE」
　日本テレビ音楽祭　第11回（昭60年）優秀賞
　全日本有線放送大賞　第18回（昭60年度）読売テレビ最優秀賞
　日本有線大賞　第18回（昭60年）最多リクエスト歌手賞・有線音楽賞
「SOLITUDE」
　あなたが選ぶ全日本歌謡音楽祭　第11回（昭60年）最優秀歌唱賞
　あなたが選ぶ全日本歌謡音楽祭　第11回（昭60年）金賞
　日本歌謡大賞　第16回（昭60年）放送音楽プロデューサー連盟賞
「飾りじゃないのよ涙は」
　FNS歌謡祭グランプリ　第12回（昭60年）最優秀ヒット賞
「ジプシー・クイーン」
　メガロポリス歌謡祭　第5回（昭61年）ポップスグランプリ
「BEST」
　日本ゴールドディスク大賞　第1回（昭61年）The Grand Prix Album of the Year賞 邦楽
「DESIRE」
　FNS歌謡祭グランプリ　第13回（昭61年）グランプリ
　日本テレビ音楽祭　第12回（昭61年）グランプリ
　日本レコード大賞　第28回（昭61年）大賞・ベストアーチスト賞
　日本有線大賞　第19回（昭61年）最多リクエスト歌手賞・有線音楽賞
「Fin」
　全日本有線放送大賞　第19回（昭61年度）最多リクエスト賞
　あなたが選ぶ全日本歌謡音楽祭　第12回（昭61年）ゴールデングランプリ
　日本歌謡大賞　第17回（昭61年）大賞・放送音楽特別賞
「Blonds」
　日本有線大賞　第20回（昭62年）有線音楽賞
「難破船」
　あなたが選ぶ全日本歌謡音楽祭　第13回（昭62年）特別話題賞
　FNS歌謡祭グランプリ　第14回（昭62年）最優秀歌唱賞・優秀歌謡音楽賞
　全日本有線放送大賞　第20回（昭62年度）最多リク

エスト賞・優秀スター賞
日本レコード大賞 第29回（昭62年） 特別大賞
日本歌謡大賞 第18回（昭62年） 最優秀放送音楽賞
日本有線大賞 第20回（昭62年） 最多リクエスト歌手賞

「I MISSED "THE SHOCK"」
FNS歌謡祭グランプリ 第15回（昭63年） 最優秀歌唱・優秀歌謡音楽賞
全日本有線放送大賞 第21回（昭63年度） 優秀スター賞

「TATTOO」
メガロポリス歌謡祭 第7回（昭63年） ポップス大賞・ポップスメガロポリス賞
日本有線大賞 第21回（昭63年） 有線音楽賞

「艶華―Enka―」
日本レコード大賞 第49回（平19年） 企画賞

ゴールデン・アロー賞 第20回（昭57年） 音楽賞 新人賞
ぴあテン（レコード）（昭57年度） 8位
ぴあテン（昭57年度） もあテン 3位
ABC歌謡新人グランプリ 第9回（昭57年） シルバー賞
横浜音楽祭 第9回（昭57年） 最優秀新人賞
メガロポリス歌謡祭 第2回（昭58年） ポップス入賞
横浜音楽祭 第10回（昭58年） 音楽祭賞
日本レコードセールス大賞 第16回（昭58年） シングル大賞
日本レコードセールス大賞 第16回（昭58年） LP賞
日本レコード大賞 第25回（昭58年） ゴールデンアイドル特別賞
あなたが選ぶ全日本歌謡音楽祭 第10回（昭59年） ゴールデングランプリ
ゴールデン・アロー賞 第22回（昭59年） 音楽賞
メガロポリス歌謡祭 第3回（昭59年） ポップス入賞
横浜音楽祭 第11回（昭59年） 音楽祭賞
日本レコードセールス大賞 第17回（昭59年） シングルゴールデン賞
日本レコードセールス大賞 第17回（昭59年） LPゴールデン賞
横浜音楽祭 第12回（昭60年） 音楽祭賞
日本レコードセールス大賞 第18回（昭60年） シングル大賞
日本レコードセールス大賞 第18回（昭60年） LPゴールデン賞
ゴールデン・アロー賞 第24回（昭61年） 音楽賞
メガロポリス歌謡祭 第5回（昭61年） ポップス大賞
FNS歌謡祭グランプリ 第13回（昭61年） 最優秀ヒット賞
横浜音楽祭 第13回（昭61年） 音楽祭賞
日本ゴールドディスク大賞 第1回（昭61年） The Grand Prix Artist of the Year賞 邦楽
日本レコードセールス大賞 第19回（昭61年） アーティストセールス 大賞
日本レコードセールス大賞 第19回（昭61年） シングル部門 大賞
日本レコードセールス大賞 第19回（昭61年） LP部門 大賞
日本歌謡大賞 （昭61年）
横浜音楽祭 第14回（昭62年） 音楽祭賞
銀座音楽祭 第17回（昭62年） 歌謡ポップス金賞
日本ゴールドディスク大賞 第1回（昭62年） アーチスト大賞
日本レコードセールス大賞 第20回（昭62年） アーティストセールス 大賞
日本レコードセールス大賞 第20回（昭62年） シングル部門 ゴールデン賞
日本レコードセールス大賞 第20回（昭62年） LP部門 ゴールデン賞
日本レコードセールス大賞 第22回（平1年） LP部門 シルバー賞
日本ゴールドディスク大賞 第22回（平19年度） ザ・ベスト・演歌/歌謡曲・アーティスト
日本ゴールドディスク大賞 第29回（平26年度） ベスト・演歌/歌謡曲・アーティスト

長山 藍子　ながやま・あいこ
昭和16（1941）年～
俳優

「旅路」
ギャラクシー賞 第5回（昭42年）

「わがババわがママ奮斗記」
芸術祭賞 第54回（平11年） 演劇部門 大賞

「朽ちた手押し車」
山路ふみ子映画賞 第38回（平26年） 特別賞

「冬の女」
名古屋演劇ペンクラブ賞

テレビ大賞 第1回（昭43年度） 助演女優賞

中山 彰規　なかやま・あきのり
昭和18（1943）年～
元・体操選手。メキシコ五輪・ミュンヘン五輪金メダリスト

朝日賞 （昭41年） 体育賞
朝日賞 （昭43年） 体育賞 第19回オリンピック・メキシコ大会優勝者
中日文化賞 第22回（昭44年）
朝日賞 （昭45年） 体育賞
朝日賞 （昭47年） 体育賞
紫綬褒章 （平15年）

中山 義秀　なかやま・ぎしゅう
明治33（1900）年～昭和44（1969）年
小説家。日本芸術院会員

「厚物咲」

芥川龍之介賞　第7回(昭13年上)
「咲庵」
　野間文芸賞　第17回(昭39年)
　日本芸術院賞　第22回(昭40年)　第2部

中山 大三郎　なかやま・だいざぶろう
　昭和16(1941)年〜平成17(2005)年
　作詞家, 作曲家
「ゆうすげの恋」
　古賀政男記念音楽大賞　第7回(昭61年度)　プロ作品大賞
　日本作詩大賞　第19回(昭61年度)　大賞
「人生いろいろ」
　日本レコード大賞　第29回(昭62年)　作詩賞
　日本作詩大賞　第20回(昭62年)　大賞
「北緯五十度」
　古賀政男記念音楽大賞　第9回(昭63年度)　プロ作品優秀賞
「無錫旅情」
　JASRAC賞　第7回(平1年)　銅賞
「珍島物語」
　日本作詩大賞　第29回(平8年度)　大賞
日本レコード大賞　第47回(平17年)　特別功労賞

中山 千夏　なかやま・ちなつ
　昭和23(1948)年〜
　作家
「どんなかんじかなあ」
　日本絵本賞　第11回(平17年)　日本絵本賞
ゴールデン・アロー賞　第7回(昭44年)　放送賞
テレビ大賞　第2回(昭44年度)　優秀タレント賞
日本文芸大賞　第1回(昭56年)　特別賞
月間最優秀外国フィクション賞（イギリス）　(平2年)

中山 美穂　なかやま・みほ
　昭和45(1970)年〜令和6(2024)年
　俳優, 歌手
「C」
　日本レコード大賞　第27回(昭60年)　最優秀新人賞
「Witches」
　FNS歌謡祭グランプリ　第15回(昭63年)　グランプリ
　FNS歌謡祭グランプリ　第15回(昭63年)　優秀歌謡音楽賞
「世界中の誰よりきっと」
　JASRAC賞　第12回(平6年)　金賞
「Love Letter」
　ブルーリボン賞　第38回(平7年)　主演女優賞
　ヨコハマ映画祭　第17回(平7年)　主演女優賞
　報知映画賞　第20回(平7年度)　最優秀主演女優賞
ゴールデン・アロー賞　第23回(昭60年)　音楽賞 新人賞
エランドール賞　(昭62年度)　新人賞
日本ゴールドディスク大賞　第2回(昭62年度)　ベストアルバム賞・ベストアーティスト賞
日本レコードセールス大賞　第20回(昭62年)　シングル部門　シルバー賞
ゴールデン・アロー賞　第26回(昭63年)　音楽賞
FNS歌謡祭グランプリ　第15回(昭63年)
横浜音楽祭　第15回(昭63年)　音楽祭賞
銀座音楽祭　第18回(昭63年)　スター歌謡ポップス金賞
日本レコードセールス大賞　第21回(昭63年)　LP部門　シルバー賞
横浜音楽祭　第17回(平2年)　音楽祭賞
日本レコード大賞　第66回(令6年)　特別功労賞

長山 洋子　ながやま・ようこ
　昭和43(1968)年〜
　歌手
「シャボン」
　FNS歌謡祭グランプリ　第11回(昭59年)　優秀新人賞
　銀座音楽祭　第14回(昭59年)　金賞
　新宿音楽祭　第17回(昭59年)　審査員特別奨励賞
「春はSA・RA・SA・RA」
　メガロポリス歌謡祭　第3回(昭59年)　優秀新人エメラルド賞
「なみだ酒」
　日本歌謡大賞　第24回(平5年)　最優秀放送音楽賞
「蜩」
　全日本有線放送大賞　第26回(平5年度)　優秀スター賞
　日本有線大賞　第26回(平5年)　有線音楽優秀賞
「めおと酒」
　日本有線大賞　第27回(平6年)　有線音楽優秀賞
「捨てられて」
　日本有線大賞　第28回(平7年)　大賞
　日本有線大賞　第28回(平7年)　最多リクエスト曲賞
　日本有線大賞　第28回(平7年)　有線音楽優秀賞
「心の糸」
　全日本有線放送大賞　第28回(平7年度)　吉田正賞
「たてがみ」
　日本有線大賞　第29回(平8年)　有線音楽優秀賞
　日本有線大賞　第30回(平9年)　有線音楽優秀賞
「さだめ雪」
　日本有線大賞　第32回(平11年)　有線音楽優秀賞
「恋酒場」
　日本有線大賞　第33回(平12年)　有線音楽優秀賞
日本歌謡大賞　第24回(平5年)　放送音楽賞
松尾芸能賞　第15回(平6年)　新人賞　歌謡芸能
日本作詩大賞　第43回(平22年度)　テレビ東京特別賞

南木 佳士　なぎ・けいし
昭和26(1951)年～
小説家, 医師

「破水」
　文學界新人賞　第53回(昭56年下)

「ダイヤモンドダスト」
　芥川龍之介賞　第100回(昭63年下)

「草すべり」
　芸術選奨　第59回(平20年度)　文学部門　文部科学大臣賞

「草すべりその他の短編」
　泉鏡花文学賞　第36回(平20年度)

佐久文化賞　第6回(昭63年)

夏木 マリ　なつき・まり
昭和27(1952)年～
俳優, 歌手

「絹の靴下」
　新宿音楽祭　第6回(昭48年)　銀賞

「ナイン」「死神」「スイート・チャリティ」
　芸術選奨　第34回(昭58年)　大衆芸能部門　新人賞

「転落の後に」
　紀伊國屋演劇賞　第21回(昭61年)　個人賞

ゴールデン・アロー賞　第24回(昭61年)　演劇賞
向田邦子賞　(平2年度)
松尾芸能賞　第27回(平18年)　優秀賞　演劇
ベストドレッサー賞　第42回(平25年)　芸能部門

夏目 雅子　なつめ・まさこ
昭和32(1957)年～昭和60(1985)年
俳優

「鬼龍院花子の生涯」
　ブルーリボン賞　第25回(昭57年)　主演女優賞

「魚影の群れ」
　報知映画賞　第8回(昭58年度)　最優秀主演女優賞

ゴールデン・アロー賞　第15回(昭52年)　グラフ賞
テレビ大賞　第10回(昭52年度)　新人賞
エランドール賞　(昭57年度)　新人賞
ブルーリボン賞　第28回(昭60年)　特別賞

名取 裕子　なとり・ゆうこ
昭和32(1957)年～
俳優

「KOYA 澄賢坊覚え書」
　日本映画批評家大賞　第3回(平5年度)　小森和子賞　大賞

「マークスの山」
　日刊スポーツ映画大賞・石原裕次郎賞　第8回(平7年)　助演女優賞

テレビ大賞　第15回(昭57年度)　優秀個人賞
エランドール賞　(昭58年度)　新人賞

フランス政府観光局女性親善大使賞　第1回(平3年)

波乃 久里子　なみの・くりこ
昭和20(1945)年～
俳優

「雁―お玉の行く道」新派名作公演
　芸術祭賞　第27回(昭47年)　演劇部門　優秀賞

「わかれ道」「芝桜」「女人哀詞」「紙屋治兵衛」
　芸術選奨　第29回(昭53年)　演劇部門　新人賞

「大つごもり」「遊女夕霧」
　菊田一夫演劇賞　第16回(平2年)

読売演劇大賞　第17回(平21年度)　優秀女優賞
紫綬褒章　(平23年)
松尾芸能賞　第35回(平26年)　大賞　演劇
旭日小綬章　(平28年)

奈良岡 朋子　ならおか・ともこ
昭和4(1929)年～令和5(2023)年
俳優

「狂気と天才」劇団民藝
　芸術祭賞　第18回(昭38年)　演劇部門　奨励賞

「証人の椅子」
　毎日映画コンクール　第20回(昭40年)　演技賞　女優助演賞

「かもめ」「しあわせな日々」
　紀伊國屋演劇賞　第4回(昭44年)　個人賞

「ゼロの焦点」「五彩の女」「酒場の扉」
　ギャラクシー賞　第8回(昭45年)

「地の群れ」「どですかでん」
　毎日映画コンクール　第25回(昭45年)　演技賞　女優助演賞

「奇跡の人」
　テアトロ演劇賞　(昭51年度)

「放浪記」「南の風」
　菊田一夫演劇賞　第7回(昭56年)

「放浪記」東宝現代劇特別公演
　芸術祭賞　第38回(昭58年)　演劇部門　優秀賞

「ホタル」
　ブルーリボン賞　第44回(平13年)　助演女優賞

「ドライビング・ミス・デイジー」
　芸術祭賞　第60回(平17年度)　演劇部門　芸術祭大賞　(関東参加公演の部)

「ドライビング・ミス・デイジー」「火山灰地」
　毎日芸術賞　第47回(平17年度)
　朝日舞台芸術賞　第5回(平17年)

「坐漁荘の人びと」
　読売演劇大賞　第15回(平19年度)　優秀女優賞

新劇演技賞　(昭40年)
名古屋ペンクラブ年間賞　(昭45年)

日本放送協会放送文化賞　第41回（平1年）
紫綬褒章　（平4年）
勲四等旭日小綬章　（平12年）
読売演劇大賞　第23回（平27年度）　芸術栄誉賞

成田　千空　　なりた・せんくう
　　大正10（1921）年～平成19（2007）年
　　俳人

「人日」
　　俳人協会賞　第28回（昭63年）
「白光」
　　蛇笏賞　第32回（平10年）
「忘年」
　　詩歌文学館賞　第16回（平13年）　俳句
万緑賞　第1回（昭28年）
青森県文化賞　（昭62年）
みなづき賞　第1回（平16年）

成島　東一郎　　なるしま・とういちろう
　　大正14（1925）年～平成5（1993）年
　　映画監督，映画撮影監督

「秋津温泉」
　　三浦賞　（昭37年）
「秋津温泉」「古都」
　　日本映画技術賞　（昭37年・38年）
「古都」
　　ブルーリボン賞　第14回（昭38年）　技術賞
　　毎日映画コンクール　第18回（昭38年）　撮影賞
「青幻記 遠い日の母は美しく」
　　芸術選奨　第24回（昭48年）　映画部門 新人賞
　　キネマ旬報ベスト・テン　第47回（昭48年度）　日本映画 3位
　　優秀映画鑑賞会ベストテン　第14回（昭48年度）　日本映画 1位
ロンドン映画祭製作賞　監督賞
NHK映画賞

成瀬　巳喜男　　なるせ・みきお
　　明治38（1905）年～昭和44（1969）年
　　映画監督

「蝕める春」
　　キネマ旬報ベスト・テン　第9回（昭7年度）　日本映画 6位
「君と別れて」
　　キネマ旬報ベスト・テン　第10回（昭8年度）　日本映画 4位
「夜毎の夢」
　　キネマ旬報ベスト・テン　第10回（昭8年度）　日本映画 3位
「噂の娘」
　　キネマ旬報ベスト・テン　第12回（昭10年度）　日本映画 8位
「妻よ薔薇のやうに」
　　キネマ旬報ベスト・テン　第12回（昭10年度）　日本映画 1位
「四つの恋の物語」
　　キネマ旬報ベスト・テン　第21回（昭22年度）　日本映画 8位
「めし」
　　キネマ旬報ベスト・テン　第25回（昭26年度）　日本映画 2位
　　ブルーリボン賞　第2回（昭26年）　最優秀作品賞
　　毎日映画コンクール　第6回（昭26年）　監督賞
「おかあさん」
　　キネマ旬報ベスト・テン　第26回（昭27年度）　日本映画 7位
「稲妻」
　　キネマ旬報ベスト・テン　第26回（昭27年度）　日本映画 2位
　　ブルーリボン賞　第3回（昭27年）　最優秀作品賞
「稲妻」「おかあさん」
　　ブルーリボン賞　第3回（昭27年）　監督賞
「あにいもうと」
　　キネマ旬報ベスト・テン　第27回（昭28年度）　日本映画 5位
「山の音」
　　キネマ旬報ベスト・テン　第28回（昭29年度）　日本映画 6位
「晩菊」
　　キネマ旬報ベスト・テン　第28回（昭29年度）　日本映画 7位
「浮雲」
　　キネマ旬報ベスト・テン　第29回（昭30年度）　日本映画 1位
　　キネマ旬報賞　第1回（昭30年）　日本映画監督賞
　　ブルーリボン賞　第6回（昭30年）　最優秀作品賞
　　毎日映画コンクール　第10回（昭30年）　監督賞
「流れる」
　　キネマ旬報ベスト・テン　第30回（昭31年度）　日本映画 8位
「女の歴史」
　　優秀映画鑑賞会ベストテン　第4回（昭38年度）　日本映画 10位
「女の中にいる他人」
　　キネマ旬報ベスト・テン　第40回（昭41年度）　日本映画 10位
　　優秀映画鑑賞会ベストテン　第7回（昭41年度）　日本映画 4位
「乱れ雲」
　　キネマ旬報ベスト・テン　第41回（昭42年度）　日本映画 4位
　　優秀映画鑑賞会ベストテン　第8回（昭42年度）　日本

映画 6位
芸術選奨 第4回（昭28年） 映画部門

南條 範夫　なんじょう・のりお
明治41（1908）年～平成16（2004）年
小説家, 経済学者

「マルフーシャ」
　「サンデー毎日」懸賞小説 創刊30年記念100万円懸賞小説（昭26年） 現代小説（2席）※有馬範夫名義

「子守りの殿」
　オール新人杯 第1回（昭27年下）

「あやつり組由来記」
　「サンデー毎日」懸賞小説 大衆文芸30周年記念100万円懸賞（昭30年）

「灯台鬼」
　直木三十五賞 第35回（昭31年上）

「細香日記」
　吉川英治文学賞 第16回（昭57年）

紫綬褒章（昭50年）
勲三等瑞宝章（昭57年）

仁井谷 俊也　にいたに・としや
昭和22（1947）年～平成29（2017）年
作詞家

「ミッドナイト・エクスプレス」
　古賀政男記念音楽大賞 第2回（昭56年度） 一般作品優秀賞

「一夜舟」
　日本作詩大賞 第18回（昭60年度） 新人賞

「酒は男の履歴書だ」
　日本作詩大賞 第24回（平3年度） 新人賞

「面影の都」
　日本有線大賞 第38回（平17年）

「ちょいときまぐれ渡り鳥」
　日本作詩大賞 第47回（平26年度） 大賞

「島根恋旅」
　日本有線大賞 第47回（平26年）

「霧の川」
　日本作詩大賞 第49回（平28年度） 優秀作品賞

古賀政男記念音楽大賞 第5回（昭59年度） 一般作品優秀賞

新沼 謙治　にいぬま・けんじ
昭和31（1956）年～
歌手

「ヘッドライト」
　日本有線大賞 第9回（昭51年） 新人賞

「嫁に来ないか」
　銀座音楽祭 第6回（昭51年） 専門審査員奨励賞
　新宿音楽祭 第9回（昭51年） 金賞
　日本テレビ音楽祭 第2回（昭51年） 新人賞
　日本歌謡大賞 第7回（昭51年） 放送音楽新人賞

「旅先の雨に」
　古賀政男記念音楽大賞 第5回（昭59年度） プロ作品優秀賞

「津軽恋女」
　古賀政男記念音楽大賞 第8回（昭62年度） プロ作品優秀賞

「ふるさとは今もかわらず シンフォニックVer./合唱Ver.」
　日本レコード大賞 第55回（平25年） 企画賞

あなたが選ぶ全日本歌謡音楽祭 第2回（昭51年） 最優秀新人賞
ABC歌謡新人グランプリ 第3回（昭51年） グランプリ
ABC歌謡新人グランプリ 第3回（昭51年） シルバー賞
横浜音楽祭 第3回（昭51年） 最優秀新人賞
日本レコード大賞 （昭51年） 新人賞
日本演歌大賞 第2回（昭51年） 演歌期待賞・演歌の星
日本演歌大賞 第2回（昭51年） 演歌スター賞
日本有線大賞 （昭51年） 新人賞
あなたが選ぶ全日本歌謡音楽祭 第3回（昭52年） ファミリー賞
日本テレビ音楽祭 第3回（昭52年） 特別賞
日本演歌大賞 第3回（昭52年） 演歌スター賞
日本歌謡大賞 （昭52年） 放送音楽賞
古賀政男記念音楽大賞 第5回・8回（昭59年度・62年度） プロ作品

西川 きよし　にしかわ・きよし
昭和21（1946）年～
タレント。コンビ名は横山やすし・西川きよし

「やすし・きよしの漫才独演会」
　芸術祭賞 第35回（昭55年） 大衆芸能部門（1部）優秀賞

上方漫才大賞 第2回（昭42年） 新人賞
上方漫才大賞 第5回（昭45年） 漫才大賞
上方漫才大賞 第12回（昭52年） 漫才大賞
上方お笑い大賞 第8回（昭54年） 大賞
上方漫才大賞 第15回（昭55年） 漫才大賞
花王名人大賞 第1回（昭56年） 花王名人大賞
花王名人大賞 第1回（昭56年） 名人賞 漫才部門（大阪）
上方漫才大賞 第16回（昭56年） 漫才大賞 審査員特別賞
花王名人大賞 第2回（昭57年） 大衆賞
花王名人大賞 第4回（昭59年） 花王名人大賞
上方お笑い大賞 第13回（昭59年） 大賞
ゴールデン・アロー賞 第24回（昭61年） 話題賞

花王名人大賞 第6回(昭61年) 特別賞
日本放送演芸大賞 第15回(昭61年) 特別賞
上方漫才大賞 第31回(平8年) 審査員特別賞
旭日重光章 (平28年)
文化功労者 第73回(令2年度)

錦 三郎　にしき・さぶろう
大正3(1914)年〜平成9(1997)年
歌人、クモ研究家

「蜘蛛百態」
日本エッセイスト・クラブ賞 第12回(昭39年)

「空を飛ぶクモ」
児童福祉文化賞 第17回(昭49年度) 出版物部門 奨励賞
産経児童出版文化賞 第22回(昭50年)
児童福祉文化奨励賞 第17回(昭50年)

斎藤茂吉文化賞 第21回(昭50年)
文部大臣表彰 (平4年)

西木 正明　にしき・まさあき
昭和15(1940)年〜令和5(2023)年
作家

「オホーツク諜報船」
日本ノンフィクション賞 (昭55年度) 新人賞

「凍れる瞳」「端島の女」
直木三十五賞 第99回(昭63年上)

「夢幻の山旅」
新田次郎文学賞 第14回(平7年)

「夢顔さんによろしく」
柴田錬三郎賞 第13回(平12年)

西沢 爽　にしざわ・そう
大正8(1919)年〜平成12(2000)年
作詞家

「おんなの朝」
日本作詩大賞 第4回(昭46年度) 大賞

「京のでこ人形」
日本作詩大賞 第6回(昭48年度) 作品賞

「波止場通りなみだ町」
日本作詩大賞 第13回(昭55年度) 大衆賞

「日本近代歌謡史」全3巻
毎日出版文化賞 第45回(平3年) 特別賞

日本レコード大賞 第22回(昭55年) 日本レコード大賞顕彰 顕彰
紫綬褒章 (昭57年)
日本雑学大賞 第9回(昭62年)
勲四等旭日小綬章 (平6年)
日本レコード大賞 第39回(平9年) 功労賞
日本レコード大賞 第42回(平12年) 日本作曲家協会特別功労賞
日本作詩大賞 第33回(平12年度) 特別賞

西田 敏行　にしだ・としゆき
昭和22(1947)年〜令和6(2024)年
俳優

「私はルビイ」
芸術祭賞 第30回(昭50年) 演劇部門 優秀賞

「写楽考」
紀伊國屋演劇賞 第12回(昭52年) 個人賞

「敦煌」
ゴールデン・アロー賞 第26回(昭63年) 映画賞
日本アカデミー賞 第12回(平1年) 最優秀主演男優賞

「学校」
日刊スポーツ映画大賞・石原裕次郎賞 第6回(平5年) 主演男優賞

「学校」「釣りバカ日誌6」
ゴールデン・アロー賞 第31回(平5年) 映画賞
日本アカデミー賞 第17回(平6年) 最優秀主演男優賞

「葵 徳川三代」
橋田賞 第9回(平12年) 橋田賞

「ゲロッパ!」
報知映画賞 第28回(平15年) 主演男優賞
ブルーリボン賞 第46回(平16年) 主演男優賞
毎日映画コンクール 第58回(平16年) 男優主演賞

「ゲロッパ!」「釣りバカ日誌14」
ブルーリボン賞 第46回(平15年) 主演男優賞
報知映画賞 第28回(平15年度) 邦画部門 最優秀主演男優賞
毎日映画コンクール 第58回(平15年) 男優主演賞

「釣りバカ日誌シリーズ」
日本アカデミー賞 第33回(平22年) 会長功労賞

「探偵はBARにいる」「はやぶさ/HAYABUSA」「ステキな金縛り」
日刊スポーツ映画大賞・石原裕次郎賞 第24回(平23年) 助演男優賞

ゴールデン・アロー賞 第15回(昭52年) 放送賞
テレビ大賞 第10回(昭52年度) 優秀個人賞
ベストドレッサー賞 第7回(昭53年) スポーツ・芸能部門
あなたが選ぶ全日本歌謡音楽祭 第7回(昭56年) 特別賞
ゴールデン・アロー賞 第19回(昭56年) 特別賞
日本テレビ音楽祭 第7回(昭56年) 日本テレビ特別賞
日本レコード大賞 (昭56年) 金賞
松尾芸能賞 第3回(昭57年) 優秀賞 総合
アジア太平洋映画祭 第37回(平4年) 助演男優賞
橋田賞 第9回(平13年)
映画の日特別功労章 第51回(平18年)
紫綬褒章 (平20年)
浅草芸能大賞 第25回(平20年度) 大賞

ブルーリボン賞　第52回（平21年度）　特別賞
日本アカデミー賞　第33回（平22年）　会長功労賞
日本放送協会放送文化賞　第64回（平24年度）
山路ふみ子賞　第41回（平29年）　文化財団特別賞
旭日小綬章　（平30年）
福島県民栄誉賞　（平30年）
日刊スポーツ映画大賞・石原裕次郎賞　第37回（令6年）　特別賞
日本レコード大賞　第66回（令6年）　特別功労賞
日本アカデミー賞　第48回（令7年）　協会栄誉賞

西村 京太郎　にしむら・きょうたろう
昭和5（1930）年～令和4（2022）年
推理作家

「歪んだ朝」
　オール讀物推理小説新人賞　第2回（昭38年）
「天使の傷痕」
　江戸川乱歩賞　第11回（昭40年）
「終着駅殺人事件」
　日本推理作家協会賞　第34回（昭56年）　長篇部門
「十津川警部シリーズ」
　吉川英治文庫賞　第4回（平31年）
日本文芸家クラブ大賞　第6回（平9年）　特別賞
エランドール賞　（平16年度）　特別賞
日本ミステリー文学大賞　第8回（平16年）

西村 晃　にしむら・こう
大正12（1923）年～平成9（1997）年
俳優

「赤い殺意」
　ブルーリボン賞　第15回（昭39年）　助演男優賞
　日本映画記者会賞　第4回（昭39年）　男優賞
　毎日映画コンクール　第19回（昭39年）　演技賞 男優主演賞
「マタギ」
　毎日映画コンクール　第37回（昭57年）　演技賞 男優演技賞
ホワイト・ブロンズ賞　（昭39年度）　助演男優賞
京都市民映画祭　（昭39年度）　助演男優賞
紫綬褒章　（昭62年）

西村 繁男　にしむら・しげお
昭和22（1947）年～
絵本作家

「にちようじ」
　児童福祉文化賞　第22回（昭54年度）　出版物部門
「絵で見る日本の歴史」
　絵本にっぽん大賞　第8回（昭60年）
「ぼくらの地図旅行」
　絵本にっぽん賞　（平1年）
「絵で読む 広島の原爆」
　産経児童出版文化賞　第43回（平8年）
「がたごと がたごと」
　日本絵本賞　第5回（平11年）　日本絵本賞

新田 次郎　にった・じろう
明治45（1912）年～昭和55（1980）年
小説家

「強力伝」
　「サンデー毎日」懸賞小説 創刊30年記念100万円懸賞小説（昭26年）　現代小説（1席）
　直木三十五賞　第34回（昭30年下）
「孤島」
　「サンデー毎日」懸賞小説 大衆文芸30周年記念100万円懸賞（昭30年）
「山犬物語」
　「サンデー毎日」大衆文芸　第47回（昭30年上）
「孤高の人」
　文化庁メディア芸術祭　第14回（平22年度）　マンガ部門　優秀賞
吉川英治文学賞　第8回（昭49年）
紫綬褒章　（昭54年）

蜷川 幸雄　にながわ・ゆきお
昭和10（1935）年～平成28（2016）年
演出家

「近松心中物語」
　菊田一夫演劇賞　第4回（昭53年）
「近松心中物語」（再演）
　芸術祭賞　（昭57年）　大賞
「NINAGAWA・マクベス」「テンペスト」
　芸術選奨　第38回（昭62年）　演劇部門 大臣賞
「1996・待つ」「夏の夜の夢」「近松心中物語—それは恋」「身毒丸」
　読売演劇大賞　第4回（平8年）　最優秀演出家賞
「リア王」「リチャード三世」
　毎日芸術賞　第41回（平11年）
「グリークス」
　紀伊國屋演劇賞　第35回（平12年）　個人賞
「グリークス」「テンペスト」
　読売演劇大賞　第8回（平12年）　最優秀演出家賞
「タイタス・アンドロニカス」
　読売演劇大賞　第12回（平16年度）　優秀演出家賞
「ペリクリーズ」
　朝日舞台芸術賞　第3回（平16年）　グランプリ
「NINAGAWA十二夜」
　菊池寛賞　第53回（平17年）
「NINAGAWA十二夜」「メディア」「幻に心もそぞろ狂おしのわれら将門」「天保十二年のシェイクスピア」
　読売演劇大賞　第13回（平17年度）　大賞・最優秀演

出家賞
「ヘンリー六世」「美しきものの伝説」
　読売演劇大賞 第18回（平22年度）最優秀演出家賞
「あゝ、荒野」「ルート99」
　読売演劇大賞 第19回（平23年度）優秀演出家賞
「2012年・蒼白の少年少女たちによる『ハムレット』」「シンベリン」
　読売演劇大賞 第20回（平24年度）大賞・最優秀演出家賞
日本作曲大賞 第3回（昭58年）音楽文化賞
テアトロ演劇賞 第14回（昭62年）
エディンバラ大学名誉博士号 （平4年）
読売演劇大賞 第4回・8回（平8年度・12年度）最優秀演出家賞
松尾芸能賞 第20回（平11年）大賞
朝日賞 （平11年）
紫綬褒章 （平13年）
CBE勲章 （平14年）
文化功労者 （平16年）
朝日舞台芸術賞 第5回（平18年）特別大賞
花園賞 第4回（平19年）
読売演劇大賞 第17回（平21年度）優秀演出家賞
ジョン・F.ケネディ・センター芸術金賞 （平22年）
文化勲章 （平22年度）

丹羽 文雄　にわ・ふみお
　明治37（1904）年～平成17（2005）年
　小説家。日本芸術院会員
「贅肉」
　中央公論原稿募集 第2回（昭9年7月）
「海戦」
　中央公論社文芸賞 第2回（昭18年）
「蛇と鳩」
　野間文芸賞 第6回（昭28年）
「顔」
　毎日芸術賞 第2回（昭35年）
「一路」
　読売文学賞 第18回（昭41年）小説賞
「親鸞」
　仏教伝道文化賞 （昭44年）
「蓮如」
　野間文芸賞 第36回（昭58年）
菊池寛賞 第22回（昭49年）
文化勲章 （昭52年度）
文化功労者 （昭52年）

根岸 吉太郎　ねぎし・きちたろう
　昭和25（1950）年～
　映画監督
「遠雷」
　芸術選奨 第32回（昭56年）映画部門 新人賞
　キネマ旬報ベスト・テン 第55回（昭56年度）日本映画 2位
　ブルーリボン賞 （昭56年）監督賞
　山路ふみ子映画賞 （昭56年）
　報知映画賞 第6回（昭56年度）最優秀作品賞 邦画部門
　優秀映画鑑賞会ベストテン 第22回（昭56年度）日本映画 9位
「遠雷」「狂った果実」
　ブルーリボン賞 第24回（昭56年）監督賞
「狂った果実」
　にっかつロマンポルノ特別大賞 （昭56年）作品賞・監督賞
　ヨコハマ映画祭 （昭56年）監督賞
　熊本映画祭 （昭56年）監督賞
「ウホッホ探険隊」
　キネマ旬報ベスト・テン 第60回（昭61年度）日本映画 3位
　ブルーリボン賞 第29回（昭61年）最優秀作品賞 邦画
　報知映画賞 第11回（昭61年度）最優秀監督賞
「永遠の1/2」
　キネマ旬報ベスト・テン 第61回（昭62年度）日本映画 4位
　高崎映画祭 第2回（昭62年度）最優秀作品賞・監督賞
「絆」
　キネマ旬報ベスト・テン 第72回（平10年度）日本映画 第10位
「透光の樹」
　キネマ旬報ベスト・テン 第78回（平16年度）日本映画 第10位
「雪に願うこと」
　東京国際映画祭 第18回（平17年）コンペティション部門 東京 サクラ グランプリ
　東京国際映画祭 第18回（平17年）コンペティション部門 最優秀監督賞
　東京国際映画祭 第18回（平17年）コンペティション部門 観客賞
　キネマ旬報ベスト・テン 第80回（平18年度）日本映画 第3位
　キネマ旬報賞 第52回（平18年度）監督賞
　芸術選奨 第57回（平18年度）映画部門 文部科学大臣賞
　山路ふみ子映画賞 第30回（平18年）
　日刊スポーツ映画大賞・石原裕次郎賞 第19回（平18年）監督賞
　報知映画賞 第31回（平18年度）最優秀監督賞
　毎日映画コンクール 第61回（平18年度）監督賞
「サイドカーに犬」
　キネマ旬報ベスト・テン 第81回（平19年度）日本

映画 第6位
「ヴィヨンの妻〜桜桃とタンポポ〜」
　キネマ旬報ベスト・テン　第83回（平21年度）　日本映画第2位
　モントリオール世界映画祭　第33回（平21年）　最優秀監督賞

紫綬褒章　（平22年）

ねじめ 正一　　ねじめ・しょういち
　昭和23（1948）年〜
　詩人，小説家
「ふ」
　H氏賞　第31回（昭56年）
「高円寺純情商店街」
　直木三十五賞　第101回（平1年上）
「ひゃくえんだま」
　けんぶち絵本の里大賞　第4回（平6年）　びばからす賞
「まいごのことり」
　ひろすけ童話賞　第15回（平16年）
「荒地の恋」
　中央公論文芸賞　第3回（平20年）
「商人」
　舟橋聖一文学賞　第3回（平22年）

根津 甚八　　ねず・じんぱち
　昭和22（1947）年〜平成28（2016）年
　俳優
「その後の仁義なき戦い」
　くまもと映画祭　第1回（昭53年度）　日本映画男優賞
「さらば愛しき大地」
　キネマ旬報賞　第28回（昭57年）　主演男優賞
「火男」
　日本演歌大賞　（昭57年）　特別賞

エランドール賞　（昭51年度）　新人賞
日本演歌大賞　第8回（昭57年）　特別賞

野上 龍雄　　のがみ・たつお
　昭和3（1928）年〜平成25（2013）年
　脚本家
「木枯し紋次郎関わりござんせん」
　年鑑代表シナリオ　（昭47年度）
「柳生一族の陰謀」
　年鑑代表シナリオ　（昭53年度）
「葉蔭の露」
　芸術祭賞　（昭54年）　大賞
「必殺4 恨みはらします」
　年鑑代表シナリオ　（昭62年度）
「鬼平犯科帳」
　年鑑代表シナリオ　（平7年度）

京都市民映画祭　（昭47年・50年）　脚本賞

シナリオ功労賞　第22回（平10年）
日本映画批評家大賞　第13回（平15年度）　エメラルド大賞

野上 弥生子　　のがみ・やえこ
　明治18（1885）年〜昭和60（1985）年
　小説家。日本芸術院会員
「迷路」
　読売文学賞　第9回（昭32年）　小説賞
「秀吉と利休」
　女流文学賞　第3回（昭39年）
「森」
　日本文学大賞　第18回（昭61年）　文芸部門

文化功労者　（昭40年）
文化勲章　（昭46年度）
朝日賞　（昭55年）

野口 五郎　　のぐち・ごろう
　昭和31（1956）年〜
　歌手
「告白」
　FNS歌謡祭グランプリ　第1回（昭49年）　最優秀歌謡音楽賞　上期
「哀しみの終わるとき」
　FNS歌謡祭グランプリ　第2回（昭50年）　最優秀歌唱賞　上期
「私鉄沿線」
　日本歌謡大賞　第6回（昭50年）　放送音楽賞
　日本有線大賞　第8回（昭50年）　大賞
　日本有線大賞　第8回（昭50年）　有線スター賞
「私鉄沿線」「針葉樹」
　日本レコード大賞　第17回・18回（昭50年・51年）　歌唱賞
「夕立ちのあとで」
　日本テレビ音楽祭　第1回（昭50年）　敢闘賞
「きらめき」
　日本テレビ音楽祭　第2回（昭51年）　グランプリ
「むさしの詩人」
　日本有線大賞　第9回（昭51年）　有線功労賞
　日本有線大賞　第9回（昭51年）　有線スター賞
「針葉樹」
　日本歌謡大賞　第7回（昭51年）　放送音楽賞
「風の駅」
　FNS歌謡祭グランプリ　第4回（昭52年）　優秀歌唱賞
　日本歌謡大賞　第8回（昭52年）　放送音楽賞
「グッド・ラック」
　FNS歌謡祭グランプリ　第5回（昭53年）　優秀歌謡音楽賞
　日本歌謡大賞　第9回（昭53年）　放送音楽賞
　日本レコード大賞　第20回（昭53年）　金賞
「青春の一冊」

日本歌謡大賞　第10回（昭54年）　放送音楽賞
あなたが選ぶ全日本歌謡音楽祭　第1回（昭50年）　ヤングアイドル賞
横浜音楽祭　第2回（昭50年）　音楽祭賞
日本レコードセールス大賞　第8回（昭50年）　セールス大賞
あなたが選ぶ全日本歌謡音楽祭　第2回（昭51年）　女性視聴者賞
あなたが選ぶ全日本歌謡音楽祭　第3回（昭52年）　ヤングアイドル賞
横浜音楽祭　第4回（昭52年）　音楽祭賞
日本テレビ音楽祭　第3回（昭52年）　敢闘賞
あなたが選ぶ全日本歌謡音楽祭　第4回（昭53年）　女性視聴者賞
芸術祭賞　第33回（昭53年）　大衆芸能部門（2部）優秀賞
横浜音楽祭　第5回（昭53年）　20周年特別賞
日本テレビ音楽祭　第4回（昭53年）　日本テレビ特別賞
日本テレビ音楽祭　第6回（昭55年）　日本テレビ特別賞

野口　冨士男　のぐち・ふじお
明治44（1911）年〜平成5（1993）年
小説家。日本芸術院会員

「徳田秋声伝」
　毎日芸術賞　第7回（昭40年）
「わが荷風」
　読売文学賞　第27回（昭50年）　随筆・紀行賞
「かくてありけり」
　読売文学賞　第30回（昭53年）　小説賞
「なぎの葉考」
　川端康成文学賞　第7回（昭55年）
「感触的昭和文壇史」
　菊池寛賞　第34回（昭61年）

日本芸術院賞　第38回（昭56年）　第2部

野坂　昭如　のさか・あきゆき
昭和5（1930）年〜平成27（2015）年
小説家

「おもちゃのチャチャチャ」
　日本レコード大賞　第5回（昭38年）　童謡賞
「アメリカひじき」「火垂るの墓」
　直木三十五賞　第58回（昭42年下）
「プレイボーイの子守唄」
　「婦人公論」読者賞　第6回（昭43年）
「砂絵呪縛後日怪談」
　小説現代ゴールデン読者賞　第4回（昭46年）
「我が闘争　こけつまろびつ闇を撃つ」
　講談社エッセイ賞　第1回（昭60年）
「同心円」

吉川英治文学賞　第31回（平9年）
「文壇」
　泉鏡花文学賞　第30回（平14年）

ゴールデン・アロー賞　第12回（昭49年）　話題賞
ベストドレッサー賞　第3回（昭49年）　学術・文化部門
パチンコ文化賞　第2回（昭62年）
安吾賞　第4回（平21年）　新潟市特別賞

野沢　尚　のざわ・ひさし
昭和35（1960）年〜平成16（2004）年
脚本家，小説家

「V・マドンナ大戦争」
　城戸賞　第9回（昭58年）　準入賞
「手枕さげて」
　ギャラクシー賞　第25回（昭62年）　奨励賞
「さらば愛しのやくざ」
　年鑑代表シナリオ　（平2年度）
「愛の世界」
　芸術作品賞（平2年度）
「破線のマリス」
　江戸川乱歩賞　第43回（平9年）
「結婚前夜」「眠れる森」
　向田邦子賞　第17回（平10年）
「深紅」
　吉川英治文学新人賞　第22回（平13年）
「反乱のボヤージュ」
　芸術選奨　第52回（平13年）　放送部門　文部科学大臣賞

エランドール賞　（平17年度）　特別賞

野田　高梧　のだ・こうご
明治26（1893）年〜昭和43（1968）年
シナリオライター

「晩春」
　年鑑代表シナリオ　第1回（昭24年度）
「宗方姉妹」
　年鑑代表シナリオ　第2回（昭25年度）
「麦秋」
　年鑑代表シナリオ　第3回（昭26年度）
「お茶漬の味」
　年鑑代表シナリオ　第4回（昭27年度）
「東京物語」
　年鑑代表シナリオ　第5回（昭28年度）
「早春」
　年鑑代表シナリオ　第8回（昭31年度）
「彼岸花」
　年鑑代表シナリオ　第10回（昭33年度）
「秋日和」

年鑑代表シナリオ　第12回（昭35年度）
「秋刀魚の味」
　　年鑑代表シナリオ　第14回（昭37年度）
　　毎日映画コンクール（昭24年）　脚本賞
　　神奈川文化賞　第1回（昭33年）
　　芸術選奨　第11回（昭35年）　映画部門
　　紫綬褒章（昭35年）
　　勲四等旭日小綬章（昭42年）

野田 秀樹　　のだ・ひでき
　　昭和30（1955）年～
　　劇作家, 演出家, 役者。日本芸術院会員
「野獣降臨」
　　岸田國士戯曲賞　第27回（昭58年）
「宇宙蒸発」「白夜の女騎士」「彗星の使者」
　　紀伊國屋演劇賞　第20回（昭60年）　個人賞
「三代目, りちやあど」
　　芸術祭賞　第45回（平2年）
「赤穂浪士」「透明人間の蒸気」
　　テアトロ演劇賞　第19回（平3年）
「キル」
　　菊田一夫演劇賞　第23回（平9年）　演劇賞
「パンドラの鐘」
　　紀伊國屋演劇賞　第34回（平11年）　個人賞
　　芸術選奨　第50回（平11年）　演劇部門　文部大臣賞
「Right Eye」
　　鶴屋南北戯曲賞　第2回（平11年）
「パンドラの鐘」「オイル」
　　読売演劇大賞　第7回・11回（平12年・16年）　作品賞
「野田版 研辰の討たれ」
　　朝日舞台芸術賞　第1回（平13年度）　グランプリ
「野田版 鼠小僧」
　　大谷竹次郎賞　第32回（平15年）
「赤鬼」
　　読売演劇大賞　第12回（平16年度）　最優秀演出家賞
「ロープ」
　　読売文学賞　第58回（平18年度）　戯曲・シナリオ賞
「THE BEE」
　　読売演劇大賞　第15回（平19年度）　最優秀男優賞
　　読売演劇大賞　第15回（平19年度）　最優秀演出家賞
　　毎日芸術賞　第49回（平19年度）
　　朝日舞台芸術賞　第7回（平19年度）　グランプリ
「MIWA」
　　悲劇喜劇賞　第1回（平26年）
　　日本文化デザイン会議賞（平9年）　大賞
　　読売演劇大賞　第11回（平15年）　優秀演出家賞
　　朝日舞台芸術賞　第4回（平16年度）
　　朝日賞（平21年度）
　　名誉大英勲章（OBE勲章）（平21年）　第4位
　　紫綬褒章（平23年）
　　早稲田大学坪内逍遙大賞　第3回（平23年）
　　読売演劇大賞　第27回（令1年度）　優秀演出家賞
　　読売演劇大賞　第29回（令3年度）　優秀演出家賞
　　Distinguished Artist Award（令5年）

野田 昌宏　　のだ・まさひろ
　　昭和8（1933）年～平成20（2008）年
　　テレビプロデューサー, SF作家
「レモンパイお屋敷横丁ゼロ番地」
　　星雲賞　第17回（昭61年）　日本短編部門
「スペースオペラの書き方」
　　星雲賞　第20回（平1年）　ノンフィクション部門
「やさしい宇宙開発入門」
　　星雲賞　第25回（平6年）　ノンフィクション部門
「愛しのワンダーランド」
　　星雲賞　第26回（平7年）　ノンフィクション部門
「『科学小説』神髄 アメリカSFの源流」
　　日本SF大賞　第16回（平7年）　特別賞
「キャプテン・フューチャーの死」
　　星雲賞　第29回（平10年）　海外短編部門
「NHK人間大学 宇宙を空想してきた人々」
　　星雲賞　第30回（平11年）　ノンフィクション部門
　　日本SF大賞　第29回（平20年）　特別賞

野間 宏　　のま・ひろし
　　大正4（1915）年～平成3（1991）年
　　小説家, 評論家, 詩人
「真空地帯」
　　毎日出版文化賞　第6回（昭27年）
「青年の環」
　　河出文化賞（昭45年）
　　谷崎潤一郎賞　第7回（昭46年）
　　ロータス賞（アジア・アフリカ会議）（昭48年）
　　松本治一郎賞（昭52年）
　　朝日賞（昭63年）
　　朝日賞（昭64年）

野村 胡堂　　のむら・こどう
　　明治15（1882）年～昭和38（1963）年
　　小説家, 音楽評論家
　　菊池寛賞　第6回（昭33年）
　　紫綬褒章（昭35年）

野村 芳太郎　　のむら・よしたろう
　　大正8（1919）年～平成17（2005）年
　　映画監督
「次男坊」「愚弟賢兄」「きんぴら先生とお嬢さん」
　　ブルーリボン賞　第4回（昭28年）　新人賞
「張込み」
　　キネマ旬報ベスト・テン　第32回（昭33年度）　日本

映画 8位
「影の車」
　キネマ旬報ベスト・テン　第44回（昭45年度）　日本映画 7位
　優秀映画鑑賞会ベストテン　第11回（昭45年度）　日本映画 6位
「砂の器」
　ゴールデン・アロー賞　第12回（昭49年）　映画賞
　キネマ旬報ベスト・テン　第48回（昭49年度）　日本映画 2位
　キネマ旬報賞　第20回（昭49年）　読者選出日本映画監督賞
　ぴあテン　第3回（昭49年度）　3位
　毎日映画コンクール　第29回（昭49年）　監督賞
　優秀映画鑑賞会ベストテン　第15回（昭49年度）　日本映画 2位
「砂の器」「事件」
　毎日映画コンクール　（昭49年度・昭和53年度）　監督賞
「八つ墓村」
　優秀映画鑑賞会ベストテン　第18回（昭52年度）　日本映画 8位
「鬼畜」
　キネマ旬報ベスト・テン　第52回（昭53年度）　日本映画 6位
　優秀映画鑑賞会ベストテン　第19回（昭53年度）　日本映画 3位
「鬼畜」「事件」
　芸術選奨　第29回（昭53年）　映画部門　大臣賞
　ブルーリボン賞　第21回（昭53年）　監督賞
　ブルーリボン賞　（昭53年度）　監督賞
　毎日映画コンクール　第33回（昭53年）　監督賞
　日本アカデミー賞　第2回（昭54年）　最優秀監督賞
「事件」
　キネマ旬報ベスト・テン　第52回（昭53年度）　日本映画 4位
　優秀映画鑑賞会ベストテン　第19回（昭53年度）　日本映画 1位
「震える舌」
　優秀映画鑑賞会ベストテン　第21回（昭55年度）　日本映画 6位
「疑惑」
　キネマ旬報ベスト・テン　第56回（昭57年度）　日本映画 4位
　年鑑代表シナリオ　（昭57年度）
　毎日映画コンクール　第37回（昭57年）　脚本賞
　優秀映画鑑賞会ベストテン　第23回（昭57年度）　日本映画 8位
日本映画ペンクラブ賞　（昭49年度）
紫綬褒章　（昭60年）
牧野省三賞　第28回（昭61年）

勲四等旭日小綬章　（平5年）
日本映画批評家大賞　（平5年）　功労賞
日本アカデミー賞　第29回（平18年）　会長特別賞

倍賞 千恵子　ばいしょう・ちえこ
　昭和16（1941）年～
　俳優、歌手。日本芸術院会員
「下町の太陽」
　日本レコード大賞　第4回（昭37年）　新人賞
「家族」
　芸術選奨　第21回（昭45年）　映画部門　大臣賞
　毎日映画コンクール　（昭45年度）　女優主演賞
「家族」「男はつらいよ 望郷篇」
　キネマ旬報賞　第16回（昭45年）　女優賞
　毎日映画コンクール　第25回（昭45年）　演技賞 女優主演賞
「お姉ちゃん」「遙かなるわが町」
　ギャラクシー賞　第11回（昭48年）
「男はつらいよシリーズ」
　ブルーリボン賞　第18回（昭50年）　助演女優賞
「屋根の上のヴァイオリン弾き」
　菊田一夫演劇賞　第6回（昭55年）
「遙かなる山の呼び声」
　日本アカデミー賞　（昭55年度）　主演女優賞
　毎日映画コンクール　第35回（昭55年）　演技賞 女優演技賞
　アジア映画祭　第27回（昭57年）　主演女優賞
「遙かなる山の呼び声」「男はつらいよシリーズ」
　報知映画賞　第5回（昭55年度）　最優秀主演女優賞
「駅 STATION」
　キネマ旬報賞　第27回（昭56年）　主演女優賞
「駅 STATION」「男はつらいよ 浪花の恋の寅次郎」
　毎日映画コンクール　第36回（昭56年）　演技賞 女優演技賞
「遙かなる山の呼び声」「男はつらいよ 寅次郎ハイビスカスの花」
　日本アカデミー賞　第4回（昭56年）　最優秀主演女優賞
「PLAN 75」
　ブルーリボン賞　第65回（令4年度）　主演女優賞
　日刊スポーツ映画大賞・石原裕次郎賞　第35回（令4年）　主演女優賞

エランドール賞　（昭37年度）　新人賞
エランドール賞　（昭57年度）　特別賞
東京都民文化栄誉賞　第1回（昭58年）
日本アカデミー賞　第6回（昭58年）　特別賞
毎日映画コンクール　第41回（昭61年）　田中絹代賞
紫綬褒章　（平17年）
日本レコード大賞　第54回（平24年）　功労賞

旭日小綬章（平25年）
山路ふみ子映画賞　第43回（令1年）　特別賞

倍賞 美津子　ばいしょう・みつこ
昭和21（1946）年〜
俳優

「人斬り」
　京都市民映画祭（昭44年）　新人賞

「復讐するは我にあり」
　ブルーリボン賞　第22回（昭54年）　助演女優賞

「陽暉楼」
　報知映画賞　第8回（昭58年度）　最優秀助演女優賞

「恋文」
　ゴールデン・アロー賞　第23回（昭60年）　映画賞
　キネマ旬報賞（昭60年度）　主演女優賞
　日本アカデミー賞　第9回（昭60年度）　主演女優賞

「恋文」「生きてるうちが花なのよ死んだらそれまでよ党宣言」
　キネマ旬報賞　第31回（昭60年）　主演女優賞
　報知映画賞　第10回（昭60年度）　最優秀主演女優賞
　毎日映画コンクール　第40回（昭60年）　演技賞　女優主演賞

「恋文」「友よ静かに瞑れ」
　日本アカデミー賞　第9回（昭61年）　最優秀主演女優賞

「東京夜曲」「うなぎ」
　キネマ旬報賞　第43回（平9年）　助演女優賞
　ブルーリボン賞　第40回（平9年）　助演女優賞
　報知映画賞　第22回（平9年）　最優秀助演女優賞
　毎日映画コンクール　第52回（平9年）　女優助演賞

「うなぎ」
　日本アカデミー賞　第21回（平10年）　最優秀助演女優賞

「秘祭」「ラブ・レター」
　日刊スポーツ映画大賞・石原裕次郎賞　第11回（平10年）　助演女優賞

「ニワトリはハダシだ」
　高崎映画祭　第19回（平16年度）　最優秀主演女優賞

ゴールデン・アロー賞（昭60年度）　映画賞
横浜映画祭（昭61年）　特別賞
高崎映画祭　第1回（昭62年）　最優秀女優賞
毎日映画コンクール　第56回（平13年）　田中絹代賞

萩尾 望都　はぎお・もと
昭和24（1949）年〜
漫画家。日本芸術院会員

「ポーの一族」「11人いる！」
　小学館漫画賞　第21回（昭50年度）　少年少女向け

「スター・レッド」
　星雲賞　第11回（昭55年）　コミック部門

「銀の三角」
　星雲賞　第14回（昭58年）　コミック部門

「X+Y」
　星雲賞　第16回（昭60年）　コミック部門

「残酷な神が支配する」
　手塚治虫文化賞　第1回（平9年）　マンガ優秀賞

「バルバラ異界」
　日本SF大賞　第27回（平18年）

「全作品の業績」
　日本漫画家協会賞　第40回（平23年）　文部科学大臣賞

紫綬褒章（平24年）
朝日賞（平28年度）
JXTG児童文化賞　第52回（平29年）
文化功労者　第72回（令1年度）
旭日中綬章（令4年）
アングレーム国際漫画祭　第51回, フランス（令6年）　特別栄誉賞

萩田 光雄　はぎた・みつお
昭和21（1946）年〜
作曲家、編曲家、音楽プロデューサー

「シクラメンのかほり」
　FNS歌謡祭グランプリ　第2回（昭50年）　グランプリ
　日本レコード大賞　第17回（昭50年）　大賞

「空飛ぶ鯨」
　日本レコード大賞　第17回（昭50年）　編曲賞

「メランコリー」
　日本レコード大賞　第18回（昭51年）　編曲賞

「おんなの夜明け〜第一章〜」
　日本レコード大賞　第55回（平25年）　編曲賞

「迷宮のマリア」
　日本レコード大賞　第66回（令6年）　編曲賞

FNS歌謡祭（昭50年）　最優秀編曲賞
FNS歌謡祭グランプリ　第2回（昭50年）　最優秀編曲賞　上期
FNS歌謡祭グランプリ　第3回（昭51年）　最優秀編曲賞
日本レコードセールス大賞　第9回（昭51年）　編曲賞
日本レコードセールス大賞　第10回（昭52年）　編曲賞
日本レコードセールス大賞　第11回（昭53年）　編曲賞　第3位
日本レコードセールス大賞　第15回（昭57年）　編曲賞
FNS歌謡祭グランプリ　第10回（昭58年）　最優秀編曲賞
日本レコードセールス大賞　第16回（昭58年）　編曲賞
日本レコードセールス大賞　第17回（昭59年）　編曲賞
日本レコードセールス大賞　第18回（昭60年）　編曲賞
日本レコードセールス大賞　第21回（昭63年）　編曲賞　第2位

萩本 欽一　はぎもと・きんいち
昭和16（1941）年〜
コメディアン。コンビ名はコント55号

「欽ちゃんのシネマジャック」
　ブルーリボン賞　第36回（平5年）　特別賞
　日刊スポーツ映画大賞・石原裕次郎賞　第6回（平5年）　特別賞
「シネマジャック」「シネマジャック2」
　エランドール賞（平7年度）特別賞
ゴールデン・アロー賞　第6回（昭43年）　特別賞
ゴールデン・アロー賞　第13回（昭50年）　放送賞
ゴールデン・アロー賞　第13回（昭50年）　大賞
ゴールデン・アロー賞大賞ほか　第13回（昭50年）
ゴールデン・アロー賞　第19回（昭56年）　放送賞
テレビ大賞　第14回（昭56年度）週刊TVガイド創刊20周年記念賞
ゴールデン・アロー賞　第20回（昭57年）　ゴールデン・アロー賞20周年記念特別賞　芸能記者クラブグランプリ
ゴールデン・アロー賞20周年記念芸能記者クラブグランプリ　第20回（昭57年）
モービル児童文化賞　第18回（昭58年）
浅草芸能大賞　第11回（平6年度）　大賞
日本映画テレビプロデューサー協会賞（平6年度）特別賞
まんがの日大賞　第4回（平17年）
したまちコメディ映画祭（平21年）in台東・コメディ栄誉賞

萩原　健一　　はぎわら・けんいち
　昭和25（1950）年〜平成31（2019）年
　俳優、歌手。グループ名はテンプターズ、PYG
「化石の森」
　エランドール賞（昭49年度）　新人賞
「青春の蹉跌」
　キネマ旬報賞　第20回（昭49年）　男優賞
「いつかギラギラする日」
　おおさか映画祭　第18回（平4年度）　主演男優賞
「居酒屋ゆうれい」
　高崎映画祭　第9回（平6年度）　主演男優賞
　報知映画賞　第19回（平6年度）　最優秀主演男優賞
ゴールデン・アロー賞　第32回（平6年）　映画賞
ゴールデン・アロー賞　第12回（昭49年）　放送賞
ゴールデン・アロー賞　第12回（昭49年）　大賞
ベストドレッサー賞　第24回（平7年）　スポーツ・芸能部門
日本レコード大賞　第61回（令元年）　特別功労賞

橋　幸夫　　はし・ゆきお
　昭和18（1943）年〜
　歌手
「潮来笠」
　日本レコード大賞　第2回（昭35年）　新人賞
「いつでも夢を」
　日本レコード大賞　第4回（昭37年）　大賞
「霧氷」
　日本レコード大賞　第8回（昭41年）　大賞
「子連れ狼」
　日本レコード大賞　第14回（昭47年）　大衆賞
　日本有線大賞　第5回（昭47年）　郵政大臣賞
　夜のレコード大賞　第5回（昭47年）　特別賞
「今夜は離さない」
　日本有線大賞　第16回（昭58年）　有線特別賞
ゴールデン・アロー賞　第3回（昭40年）　特別賞
日本レコード大賞　第15回（昭48年）　大賞制定15周年記念賞
日本有線大賞　第16回（昭58年）　有線特別賞
日本レコード大賞　第41回（平11年）　美空ひばりメモリアル選奨
日本レコード大賞　第44回（平14年）　功労賞

橋田　壽賀子　　はしだ・すがこ
　大正14（1925）年〜令和3（2021）年
　脚本家
「夫婦」
　ゴールデン・アロー賞　第16回（昭53年）　放送賞
　テレビ大賞（昭54年）　個人賞
日本放送協会放送文化賞　第30回（昭53年）
テレビ大賞　第11回（昭53年度）優秀個人賞
松尾芸能賞　第3回（昭57年）　大賞　劇作
エランドール賞（昭59年度）　特別賞
菊池寛賞　第32回（昭59年）
紫綬褒章（昭63年）
東京都文化賞　第5回（平1年）
日本映画テレビプロデューサー協会賞（平4年度）特別賞
エランドール賞（平5年度）　特別賞
毎日芸術賞　第35回（平5年）　特別賞
勲三等瑞宝章（平12年）
菊田一夫演劇賞　第30回（平16年）　特別賞
文化功労者　第68回（平27年度）
文化勲章（令2年度）
熱海市名誉市民（令3年）

橋本　忍　　はしもと・しのぶ
　大正7（1918）年〜平成30（2018）年
　脚本家、映画プロデューサー
「羅生門」
　ブルーリボン賞　第1回（昭25年）　脚本賞
「生きる」
　年鑑代表シナリオ　第4回（昭27年度）
　毎日映画コンクール　第7回（昭27年）　脚本賞
「七人の侍」
　年鑑代表シナリオ　第6回（昭29年度）
「生きものの記録」

年鑑代表シナリオ　第7回（昭30年度）
「真昼の暗黒」
　ブルーリボン賞　第7回（昭31年）　脚本賞
　年鑑代表シナリオ　第8回（昭31年度）
「真昼の暗黒」「白扇」
　毎日映画コンクール　第11回（昭31年）　脚本賞
「鰯雲」
　年鑑代表シナリオ　第10回（昭33年度）
「隠し砦の三悪人」
　年鑑代表シナリオ　第10回（昭33年度）
「張込み」
　年鑑代表シナリオ　第10回（昭33年度）
「張込み」「鰯雲」
　ブルーリボン賞　第9回（昭33年）　脚本賞
「張込み」「夜の鼓」「鰯雲」
　毎日映画コンクール　第13回（昭33年）　脚本賞
「張込み」「夜の鼓」「隠し砦の三悪人」
　キネマ旬報賞　第4回（昭33年）　脚本賞
「悪い奴ほどよく眠る」
　年鑑代表シナリオ　第12回（昭35年度）
「黒い画集」
　年鑑代表シナリオ　第12回（昭35年度）
「黒い画集」「いろはにほへと」
　毎日映画コンクール　第15回（昭35年）　脚本賞
「黒い画集」「悪い奴ほどよく眠る」
　キネマ旬報賞　第6回（昭35年）　脚本賞
「切腹」
　ブルーリボン賞　第13回（昭37年）　脚本賞
　年鑑代表シナリオ　第14回（昭37年度）
「白と黒」
　年鑑代表シナリオ　第15回（昭38年度）
「白い巨塔」
　キネマ旬報賞　第12回（昭41年）　脚本賞
　ブルーリボン賞　第17回（昭41年）　脚本賞
　年鑑代表シナリオ　第18回（昭41年度）
　毎日映画コンクール　第21回（昭41年）　脚本賞
「上意討ち」
　年鑑代表シナリオ　第19回（昭42年度）
「上意討ち・拝領妻始末」「日本のいちばん長い日」
　キネマ旬報賞　第13回（昭42年）　脚本賞
「日本のいちばん長い日」
　年鑑代表シナリオ　第19回（昭42年度）
「砂の器」
　年鑑代表シナリオ　第20回（昭43年度）　特別賞
　キネマ旬報賞　第20回（昭49年）　脚本賞
　毎日映画コンクール　第29回（昭49年）　脚本賞
「首」
　年鑑代表シナリオ　第20回（昭43年度）
「人斬り」
　年鑑代表シナリオ　第21回（昭44年度）
「風林火山」
　年鑑代表シナリオ　第21回（昭44年度）
「どですかでん」
　年鑑代表シナリオ　（昭45年度）
「人間革命」
　年鑑代表シナリオ　（昭48年度）
「日本沈没」
　年鑑代表シナリオ　（昭48年度）
「八甲田山」
　年鑑代表シナリオ　（昭52年度）

芸術祭賞　（昭33年）　脚本
日本映画テレビプロデューサー協会賞　（昭52年）　特別賞
エランドール賞　（昭53年度）　特別賞
シナリオ功労賞　（平3年）
勲四等旭日小綬章　（平3年）
日本映画批評家大賞　（平9年）　プラチナ大賞
山路ふみ子賞　第31回（平19年度）　映画功労賞
米国脚本家組合賞　（平25年）　ジャン・ルノアール賞
毎日映画コンクール　第70回（平27年）　特別賞
日本アカデミー賞　第40回（平29年）　会長功労賞
日本アカデミー賞　第42回（平31年）　特別追悼優秀賞
NHK特別賞

橋本　淳　はしもと・じゅん
　昭和14（1939）年～
　作詞家、作曲家
「ブルー・シャトウ」
　日本レコード大賞　第9回（昭42年）　大賞
「亜麻色の髪の乙女」
　JASRAC賞　第21回（平15年）　銅賞
　JASRAC賞　第22回（平16年）　銅賞

日本レコードセールス大賞　第1回（昭43年）　作詩賞
日本レコードセールス大賞　第4回（昭46年）　作詩賞
日本レコードセールス大賞　第5回（昭47年）　作詩賞
日本レコード大賞　第53回（平23年）　功労賞

長谷川　一夫　はせがわ・かずお
　明治41（1908）年～昭和59（1984）年
　俳優
「花の講道館」「獅子の座」「地獄門」
　ブルーリボン賞　第4回（昭28年）　大衆賞
「近松物語」
　京都市民映画祭　（昭29年）　主演男優賞
「東宝歌舞伎」
　菊田一夫演劇賞　第6回（昭55年）　大賞

菊池寛賞　第5回（昭32年）

紫綬褒章　(昭40年)
勲三等瑞宝章　(昭53年)
文部大臣表彰　(昭53年)
芸能功労者表彰　第6回(昭55年)
松尾芸能賞　第2回(昭56年)　特別大賞　映画・演劇
国民栄誉賞　(昭59年)

長谷川 和彦　はせがわ・かずひこ
昭和21(1946)年〜
映画監督

「宵待草」
年鑑代表シナリオ　(昭49年度)

「青春の殺人者」
キネマ旬報ベスト・テン　第50回(昭51年度)　日本映画　1位
キネマ旬報賞　第22回(昭51年)　日本映画監督賞
優秀映画鑑賞会ベストテン　第17回(昭51年度)　日本映画　9位

「太陽を盗んだ男」
キネマ旬報ベスト・テン　第53回(昭54年度)　日本映画　2位
キネマ旬報賞　第25回(昭54年)　読者選出日本映画監督賞
ヨコハマ映画祭　第1回(昭54年度)　作品賞　監督賞
年鑑代表シナリオ　(昭54年度)
報知映画賞　第4回(昭54年度)　最優秀作品賞　邦画部門
毎日映画コンクール　第34回(昭54年)　監督賞
ぴあテン　第8回(昭54年度)　4位

長谷川 伸　はせがわ・しん
明治17(1884)年〜昭和38(1963)年
小説家、劇作家。別筆名は山野芋作、長谷川芋生、浜の里人

菊池寛賞　第4回(昭31年)
朝日賞　(昭36年)　文化賞
日本放送協会放送文化賞　第47回(平7年)

長谷川 町子　はせがわ・まちこ
大正9(1920)年〜平成4(1992)年
漫画家

「サザエさん」
文藝春秋漫画賞　第8回(昭37年)
日本漫画家協会賞　第20回(平3年)　文部大臣賞

紫綬褒章　(昭57年)
東京都文化賞　第4回(昭63年)
勲四等瑞宝章　(平2年)
国民栄誉賞　(平4年)
手塚治虫文化賞　第24回(令2年)　特別賞

畑 正憲　はた・まさのり
昭和10(1935)年〜令和5(2023)年
作家、動物文学者

「われら動物みな兄弟」
日本エッセイスト・クラブ賞　第16回(昭43年)

「子猫物語」
ゴールデングロス賞　第4回(昭61年度)　マネーメーキング特別賞

菊池寛賞　第25回(昭52年)
日本動物学会動物教育賞　第1回(平23年)

畠山 みどり　はたけやま・みどり
昭和14(1939)年〜
歌手

日本演歌大賞　第4回(昭53年)　演歌名人賞
メガロポリス歌謡祭　第8回(平1年)　特別賞
日本レコード大賞　第53回(平23年)　功労賞

服部 克久　はっとり・かつひさ
昭和11(1936)年〜令和2(2020)年
作曲家、編曲家

「花のメルヘン」
日本レコード大賞　第13回(昭46年)　編曲賞

「音楽畑」シリーズ
日本レコード大賞　第32回(平2年)　企画賞
日本レコード大賞　第40回(平10年)　企画賞

IBA最優秀ラジオ・テレビ広告賞　(平9年)
日本レコード大賞　第46回(平16年)　功労賞
日本レコード大賞　第49回(平19年)　特別賞
日本レコード大賞　第62回(令2年)　特別功労賞

服部 良一　はっとり・りょういち
明治40(1907)年〜平成5(1993)年
作曲家、指揮者

日本レコード大賞　第10回(昭43年)　10周年記念賞
紫綬褒章　(昭44年)
日本レコード大賞　第19回(昭52年)　審査委員会顕彰
勲三等瑞宝章　(昭53年)
日本作詩大賞　第16回(昭58年)　特別賞
メガロポリス歌謡祭　第5回(昭61年)　特別賞
日本レコード大賞　第30回(昭63年)　審査委員特別顕彰
歌謡ゴールデン大賞・新人グランプリ　第20回(平5年)　歌謡ゴールデン大賞
国民栄誉賞　(平5年)
日本レコード大賞　第35回(平5年)　特別功労賞
日本歌謡大賞　第24回(平5年)　放送音楽プロデューサー連盟賞　功労賞
日本レコード大賞　第49回(平19年)　特別賞

ハナ 肇　はな・はじめ
昭和5(1930)年〜平成5(1993)年
ジャズ・ドラマー、俳優。グループ名はクレージー・キャッツ

「運がよけりゃ」

ブルーリボン賞　第17回（昭41年）　主演男優賞
「会社物語」
　ブルーリボン賞　第31回（昭63年）　主演男優賞
　毎日映画コンクール　第43回（昭63年）　演技賞　男優主演賞
紫綬褒章（平3年）
日本アカデミー賞　第17回（平6年）　会長特別賞

花柳 章太郎　はなやぎ・しょうたろう
明治27(1894)年～昭和40(1965)年
新派俳優（女方）。重要無形文化財保持者（新派女方）、日本芸術院会員
「残菊物語」
　文部大臣賞　第1回（昭14年）
「天守物語」
　毎日演劇賞　第4回（昭26年）　個人賞　演技
「あぢさゐ」
　毎日演劇賞　第6回（昭28年）　個人賞　演技

日本芸術院賞　第11回（昭29年）　第3部
毎日演劇賞　第7回（昭29年）　劇団賞
菊池寛賞　第9回（昭36年）
朝日賞（昭37年）　文化賞
日本放送協会放送文化賞　第15回（昭38年）
文化功労者（昭39年）
勲三等旭日中綬章（昭40年）

羽仁 進　はに・すすむ
昭和3(1928)年～
映画監督、評論家
「教室の子供たち」
　ブルーリボン賞　第6回（昭30年度）　教育文化映画賞
「不良少年」
　キネマ旬報ベスト・テン　第35回（昭36年度）　日本映画 1位
　キネマ旬報賞　第7回（昭36年）　日本映画監督賞
　マンハイム国際映画祭（昭36年）　金賞
　優秀映画鑑賞会ベストテン　第2回（昭36年度）　日本映画 4位
「彼女と彼」
　キネマ旬報ベスト・テン　第37回（昭38年度）　日本映画 7位
　年鑑代表シナリオ　第15回（昭38年度）
　ベルリン国際映画祭（昭39年）　特別賞
「ブワナ・トシの歌」
　キネマ旬報ベスト・テン　第39回（昭40年度）　日本映画 8位
「手をつなぐ子ら」
　モスクワ国際映画祭（昭40年）　監督賞
「アンデスの花嫁」
　キネマ旬報ベスト・テン　第40回（昭41年度）　日本映画 6位
　優秀映画鑑賞会ベストテン　第7回（昭41年度）　日本映画 7位
「初恋・地獄篇」
　キネマ旬報ベスト・テン　第42回（昭43年度）　日本映画 6位
　年鑑代表シナリオ　第20回（昭43年度）
　オーストラリア十字賞（昭44年）
「ビデオシリーズ『生きる』」
　日本映画ペンクラブ賞（平6年度）

埴谷 雄高　はにや・ゆたか
明治42(1909)年～平成9(1997)年
小説家、評論家
「闇のなかの黒い馬」
　谷崎潤一郎賞　第6回（昭45年）
「死霊」
　日本文学大賞　第8回（昭51年）
藤村記念歴程賞　第28回（平2年）
歴程賞　第28回（平2年）

羽田 澄子　はねだ・すみこ
大正15(1926)年～
記録映画作家
「歌舞伎の魅力―菅丞相・片岡仁左衛門」「早池峰の賦」
　芸術選奨　第33回（昭57年）　映画部門　大臣賞
「早池峰の賦」
　優秀映画鑑賞会ベストテン　第23回（昭57年度）　日本映画 4位
　エイボン女性年度賞（昭59年度）　芸術賞
「痴呆性老人の世界」
　日本映画ペンクラブ賞　第14回（昭60年度）　ノン・シアトリカル映画ベスト5 第1位
　キネマ旬報文化映画ベストテン（昭61年度）　第1位
　優秀映画鑑賞会ベストテン　第27回（昭61年度）　日本映画 8位
　江の島女性映画賞　第1回（平3年）　作品賞
　毎日映画賞
「AKIKO―あるダンサーの肖像」「歌舞伎の魅力 音楽」
　文化庁芸術作品賞　第1回（昭61年）
「安心して老いるために」
　山路ふみ子映画賞　第14回（平2年）　福祉賞
「歌舞伎役者片岡仁左衛門」
　キネマ旬報文化映画作品賞（平4年度）
　日本映画批評家大賞（平4年度）　特別賞
「問題はこれからです」
　キネマ旬報文化映画ベストテン（平11年度）　第1位
「―元始、女性は太陽であった―平塚らいてうの生涯」「山中常盤」

日本映画ペンクラブ賞（平13年・16年）ノンシアトリカル部門第1位
「山中常盤」
　文化庁映画賞　第2回（平16年度）　文化記録映画優秀賞
　高崎映画祭　第20回（平17年）　特別賞
「あの鷹巣町の その後」
　キネマ旬報文化映画ベストテン（平18年度）第1位
「嗚呼 満蒙開拓団」
　キネマ旬報文化映画ベストテン（平20年度）第1位
　日本映画ペンクラブ賞（平20年度）ノンシアトリカル部門第1位
　文化庁映画賞　第7回（平21年度）　文化記録映画大賞
紫綬褒章（昭63年）
日本映画テレビプロデューサー協会賞（平5年度）特別賞
エランドール賞（平6年度）　特別賞
東京女性財団賞（平6年度）
東京都民文化栄誉賞（平7年度）
勲四等宝冠章（平8年）
朝日社会福祉賞（平9年度）
川喜多賞　第16回（平10年）
日本映画ペンクラブ賞（平21年度）
日本アカデミー賞　第33回（平22年）　協会特別賞
円空大賞　第10回（令2年度）　円空賞

馬場 あき子　　ばば・あきこ
　昭和3（1928）年〜
　歌人、文芸評論家。日本芸術院会員
「桜花伝承」
　現代短歌女流賞（昭52年）
「晩花」
　ミューズ女流賞　第16回（昭61年）
「葡萄唐草」
　迢空賞　第20回（昭61年）
「月華の節」
　詩歌文学館賞　第4回（平1年）　短歌
「阿古父」
　読売文学賞　第45回（平5年）　詩歌俳句賞
「飛種」
　齋藤茂吉短歌文学賞　第8回（平8年）
「飛種」「馬場あき子全集」
　毎日芸術賞　第38回（平8年）
「世紀」
　現代短歌大賞　第25回（平14年）
「歌説話の世界」
　紫式部文学賞　第17回（平19年）
「鶴かへらず」
　前川佐美雄賞　第10回（平24年）
川崎市市民文化賞（昭60年）

神奈川文化賞（昭63年）
紫綬褒章（平6年）
朝日賞（平11年）
日本芸術院賞　第59回（平14年）　第2部
文化功労者　第72回（令1年度）
旭日中綬章（令3年）

馬場 のぼる　　ばば・のぼる
　昭和2（1927）年〜平成13（2001）年
　漫画家、絵本作家
「ブウタン」
　小学館漫画賞　第1回（昭30年度）
「きつねの山男」
　産経児童出版文化賞　第11回（昭39年）
「11ぴきのねこ」
　産経児童出版文化賞　第15回（昭43年）
「バクサン」「11ぴきのねことあほうどり」
　文藝春秋漫画賞　第19回（昭48年）
「ぶたたぬききつねねこ」
　児童福祉文化賞　第21回（昭53年度）　出版物部門　奨励賞
「11ぴきのねこマラソン大会」
　ボローニャ国際児童図書展（昭60年）　エルバ大賞
日本漫画家協会賞　第22回（平5年）　文部大臣賞
紫綬褒章（平7年）
読売国際漫画大賞　第18回（平8年）　選考委員特別賞

馬場 当　　ばば・まさる
　大正15（1926）年〜平成23（2011）年
　脚本家
「離婚結婚」
　年鑑代表シナリオ　第3回（昭26年度）
「正義派」
　年鑑代表シナリオ　第9回（昭32年度）
「復讐するは我にあり」
　キネマ旬報賞　第25回（昭54年）　脚本賞
　年鑑代表シナリオ（昭54年度）
　毎日映画コンクール　第34回（昭54年）　脚本賞
　日本アカデミー賞　第3回（昭55年）　最優秀脚本賞
「卍」
　年鑑代表シナリオ（昭58年度）
新潮文学賞　第1回（昭24年）
日本シナリオ大賞　第1回（平13年）

羽生 善治　　はぶ・よしはる
　昭和45（1970）年〜
　棋士（将棋）。国民栄誉賞受賞者（史上初の永世7冠）
将棋栄誉賞（平11年）　通算600勝達成
将棋栄誉敢闘賞（平15年）　通算800勝達成
特別将棋栄誉賞（平19年）　公式戦通算1000勝

将棋大賞 第14回(昭62年) 新人賞
将棋大賞 第15回(昭63年) 敢闘賞
将棋大賞 第16回(平1年) 最優秀棋士賞
将棋大賞 第17回(平2年) 最優秀棋士賞
将棋大賞 第19回(平4年) 敢闘賞
将棋大賞 第20回(平5年) 最優秀棋士賞
将棋大賞 第21回(平6年) 最優秀棋士賞
東京都民文化栄誉賞 (平6年)
将棋大賞 第22回(平7年) 最優秀棋士賞
将棋ペンクラブ大賞 第8回(平8年)
将棋大賞 第23回(平8年) 最優秀棋士賞
将棋大賞 第23回(平8年) 特別賞
内閣総理大臣顕彰 (平8年)
将棋大賞 第24回(平9年) 最優秀棋士賞
将棋大賞 第26回(平11年) 最優秀棋士賞
将棋大賞 第27回(平12年) 最優秀棋士賞
将棋大賞 第28回(平13年) 最優秀棋士賞
将棋大賞 第29回(平14年) 最優秀棋士賞
将棋大賞 第30回(平15年) 最優秀棋士賞
将棋大賞 第32回(平17年) 最優秀棋士賞
将棋大賞 第33回(平18年) 最優秀棋士賞
将棋大賞 第34回(平19年) 優秀棋士賞
菊池寛賞 第56回(平20年)
将棋大賞 第35回(平20年) 最優秀棋士賞
将棋大賞 第36回(平21年) 最優秀棋士賞
将棋大賞 第37回(平22年) 最優秀棋士賞
将棋大賞 第38回(平23年) 最優秀棋士賞
将棋大賞 第39回(平24年) 最優秀棋士賞
将棋大賞 第40回(平25年) 特別賞
将棋大賞 第40回(平25年) 優秀棋士賞
将棋大賞 第41回(平26年) 最優秀棋士賞
将棋大賞 第42回(平27年) 最優秀棋士賞
将棋大賞 第43回(平28年) 最優秀棋士賞
将棋大賞 第44回(平29年) 優秀棋士賞
国民栄誉賞 (平30年2月13日)
紫綬褒章 (平30年)
将棋大賞 第45回(平30年) 最優秀棋士賞
将棋大賞 第50回(令5年) 敢闘賞

浜 圭介　はま・けいすけ
昭和21(1946)年～
作曲家、歌手。旧芸名は牧幸次、大木賢

「街の灯り」
日本レコード大賞 第15回(昭48年) 作曲賞

「雨の慕情」
日本レコード大賞 第22回(昭55年) 大賞

「哀しみ本線日本海」
古賀政男記念音楽大賞 第2回(昭56年度) プロ作品優秀賞

「立待岬」
古賀政男記念音楽大賞 第3回(昭57年度) プロ作品大賞

「ホテル」
日本作曲大賞 第5回(昭60年) 優秀作曲者賞

「望郷じょんから」
古賀政男記念音楽大賞 第6回(昭60年度) プロ作品大賞

紫綬褒章 (平17年)

浜 美枝　はま・みえ
昭和18(1943)年～
俳優、ライフコーディネーター

エランドール賞 (昭37年度) 新人賞
ゴールデン・アロー賞 第5回(昭42年) 話題賞

浜 木綿子　はま・ゆうこ
昭和10(1935)年～
俳優

「悲しき玩具」東宝現代劇
芸術祭賞 第17回(昭37年) 演劇部門 奨励賞

「湯葉」
ゴールデン・アロー賞 第11回(昭48年) 演劇賞

「人生は、ガタゴト列車に乗って…」
菊田一夫演劇賞 第15回(平1年) 大賞

「おふくろ」シリーズ
橋田賞 第3回(平6年) 橋田賞

紫綬褒章 (平12年)
菊田一夫演劇賞 第38回(平24年度) 特別賞

浜田 広介　はまだ・ひろすけ
明治26(1893)年～昭和48(1973)年
児童文学作家

「ひらがな童話集」
児童文化賞 第1回(昭14年) 幼年物

「龍の目の涙」
野間文芸奨励賞 第2回(昭17年)

「ひろすけ童話集」
芸術選奨 第3回(昭27年) 文学部門 文部大臣賞

「浜田広介童話選集」
産経児童出版文化賞 第4回(昭32年)

「あいうえおのほん一字をおぼえはじめた子どものための」
産経児童出版文化賞 第8回(昭36年)

「ないた赤おに」
国際アンデルセン賞国内賞 第2回(昭38年)

浜野 卓也　はまの・たくや
大正15(1926)年～平成15(2003)年
児童文学作家、文芸評論家

「みずほ太平記」
毎日児童小説 第14回(昭39年)

「新美南吉の世界」

新美南吉文学賞　第7回（昭49年）
「やまんばおゆき」
　産経児童出版文化賞　第25回（昭53年）
「とねと鬼丸」
　小学館文学賞　第31回（昭57年）
児童文化功労者賞　第37回（平9年）
日本児童文芸家協会賞　第26回（平14年）　特別賞
勲四等旭日小綬章　（平15年）

浜村 淳　はまむら・じゅん
　昭和10（1935）年～
　DJパーソナリティー、タレント、司会者
上方お笑い大賞　第11回（昭57年）　秋田実賞
徳川夢声市民賞　（平18年）
おおさかシネマフェスティバル特別賞　第4回（平21年）
放送文化基金賞　第37回（平23年）　個人・グループ部門　放送文化

早坂 暁　はやさか・あきら
　昭和4（1929）年～平成29（2017）年
　脚本家、作家、演出家
「アイウエオ」「契りきな」「石狩平野」
　ギャラクシー賞　第6回（昭43年）
「ユタとふしぎな仲間たち」「君は明日を摑めるか」「わが兄はホトトギス」
　芸術祭賞　（昭49年度・50年度・53年度）　優秀賞
「青春の雨」
　年鑑代表シナリオ　（昭50年度）
「青春の門 自立篇」
　年鑑代表シナリオ　（昭52年度）
「修羅の旅して」「続・事件」
　芸術選奨　第30回（昭54年）　放送部門　大臣賞
「すぐれたテレビドラマ脚本の執筆」
　放送文化基金賞　第7回（昭56年）
「花へんろ―風の昭和日記」
　向田邦子賞　第4回（昭60年）
「華日記―昭和いけ花戦国史」
　新田次郎文学賞　第9回（平2年）
「公園通りの猫たち」
　講談社エッセイ賞　第6回（平2年）
「女相撲」
　放送文化基金賞　第18回（平4年）
「きけ、わだつみの声」「千年の恋 ひかる源氏物語」
　日本アカデミー賞　第19回・25回（平8年・14年）　脚本賞
エミー賞　（昭50年）
テレビ大賞　第12回（昭54年度）　優秀個人賞
モンテカルロ国際テレビ祭　（昭54年）　シナリオ賞

エランドール賞　（昭56年度）　特別賞
日本映画テレビプロデューサー協会賞　（昭56年）　特別賞
放送文化基金賞　第7回（昭56年）　個人・グループ部門
日本放送協会放送文化賞　第34回（昭57年）
紫綬褒章　（平6年）
勲四等旭日小綬章　（平12年）
日本アカデミー賞　第41回（平30年）　会長特別賞

早坂 文雄　はやさか・ふみお
　大正3（1914）年～昭和30（1955）年
　作曲家
「古代の舞曲」
　ワインガルトナー賞　（昭13年）
「民衆の敵」
　毎日映画コンクール　第1回（昭21年）　音楽賞
「女優」
　毎日映画コンクール　第2回（昭22年）　音楽賞
「酔いどれ天使」「虹を抱く処女」「富士山頂」
　毎日映画コンクール　第3回（昭23年）　音楽賞
「野良犬」
　毎日映画コンクール　第4回（昭24年）　音楽賞
「七人の侍」「近松物語」
　ブルーリボン賞　第5回（昭29年）　音楽賞
「楊貴妃」（映画音楽）
　芸術選奨　第6回（昭30年）　音楽部門
　毎日映画コンクール　第10回（昭30年）　特別賞 音楽特別賞

林 京子　はやし・きょうこ
　昭和5（1930）年～平成29（2017）年
　小説家
「祭りの場」
　芥川龍之介賞　第73回（昭50年上）
　群像新人文学賞　第18回（昭50年）　小説 当選作
「上海」
　女流文学賞　第22回（昭58年）
「三界の家」
　川端康成文学賞　第11回（昭59年）
「やすらかに今はねむり給え」
　谷崎潤一郎賞　第26回（平2年）
「長い時間をかけた人間の経験」
　野間文芸賞　第53回（平12年）
神奈川文化賞　（平13年）
朝日賞　（平17年度）

木々 高太郎　きぎ・たかたろう
　明治30（1897）年～昭和44（1969）年
　生理学者、推理作家。本名は林髞（はやし・たかし）
「人生の阿呆」

直木三十五賞 第4回(昭11年下)
「私達のからだ」
　児童文化賞 第1回(昭14年) 少年少女物 ※林髞名義
「新月」
　探偵作家クラブ賞 第1回(昭23年) 短篇賞
　日本探偵作家クラブ賞 第1回(昭23年) 短編賞
「錐体外路系の実験生理学的研究」
　福沢賞 (昭26年)
「生命の科学」
　毎日出版文化賞 第11回(昭32年) ※林髞名義

林 哲司　はやし・てつじ
　昭和24(1949)年〜
　作曲家、シンガー・ソングライター
「北ウイング」
　日本作曲大賞 第4回(昭59年) 優秀作曲者賞
「ハチ公物語」
　日本アカデミー賞 (昭62年) 優秀音楽賞
「思い出のビーチクラブ」
　日本作曲大賞 第7回(昭62年) 優秀作曲者賞
　日本作曲大賞 第7回(昭62年) 大賞

日本作曲大賞 第3回・5回・6回(昭58年・60年・61年) 優秀作曲者賞
日本レコードセールス大賞 第17回(昭59年) 作曲賞
JFN音楽祭 (昭60年) 最優秀作曲賞
日本レコードセールス大賞 第18回(昭60年) 作曲賞
日本レコードセールス大賞 第19回(昭61年) 作曲賞
静岡県文化奨励賞(平9年)

林 光　はやし・ひかる
　昭和6(1931)年〜平成24(2012)年
　作曲家
「交響曲ト調」
　芸術祭賞 第8回(昭28年) 音楽部門(放送)
「オーケストラのための変奏曲」「ヴィオラ協奏曲〈悲歌〉」
　尾高賞 第4回・44回(昭31年・平成8年)
「第五福竜丸」「荷車の歌」「人間の壁」
　ブルーリボン賞 第10回(昭34年) 音楽賞
　毎日映画コンクール 第14回(昭34年) 音楽賞
「二つのギターの為のエチュード」
　武井賞 第5回(昭35年)
「火の夜」
　芸術祭賞 第27回(昭47年) 音楽部門(合唱曲) 大賞
「木のうた―混声合唱とピアノのために」
　芸術祭賞 第35回(昭55年) 音楽部門(合唱曲) 優秀賞
「混声合唱・ピアノ・一対の笛のための『鳥の歌』」
　芸術祭賞 第37回(昭57年) 音楽部門(合唱曲) 大賞
「未完の対局」

毎日映画コンクール 第37回(昭57年) 音楽賞
「座・新劇」
　読売演劇大賞 第2回(平6年) 優秀スタッフ賞
「吾輩は猫である」
　サントリー音楽賞 第30回(平10年度)
「一枚のハガキ」
　毎日映画コンクール 第66回(平23年度) 音楽賞
モスクワ国際映画祭 (昭36年) 作曲賞
紫綬褒章 (平8年)

林 真理子　はやし・まりこ
　昭和29(1954)年〜
　小説家
「最終便に間に合えば」「京都まで」
　直木三十五賞 第94回(昭60年下)
「白蓮れんれん」
　柴田錬三郎賞 第8回(平7年)
「みんなの秘密」
　吉川英治文学賞 第32回(平10年)
「アスクレピオスの愛人」
　島清恋愛文学賞 第20回(平25年)

TCC賞 (昭56年) 新人賞
紫綬褒章 (平30年)
菊池寛賞 第68回(令2年)
野間出版文化賞 第4回(令4年)

林家 正雀　はやしや・しょうじゃく
　昭和26(1951)年〜
　落語家。前名は林家茂蔵、林家繁蔵
「真景累ケ淵―水門前の場」
　芸術祭賞 第42回(昭62年) 演芸部門

NHK新人落語コンクール最優秀賞 第8回(昭54年)
芸術祭賞 第47回(平4年) 演芸部門
前田晁文化賞 第7回(平5年)
芸術選奨 第47回(平8年) 大衆芸能部門 新人賞

早田 卓次　はやた・たくじ
　昭和15(1940)年〜
　元・体操選手。東京五輪体操男子種目別つり輪・団体総合金メダリスト
朝日賞 (昭39年) 体育賞 第18回オリンピック東京大会優勝 体操競技男子団体, 体操つり輪
朝日賞 (昭43年) 体育賞 第19回オリンピック・メキシコ大会優勝者
朝日賞 (昭45年) 体育賞
朝日体育賞 第2回(昭51年度) 第21回オリンピック・モントリオール大会
朝日体育賞 第4回(昭53年度)
紫綬褒章 (平14年)

早船 ちよ　はやふね・ちよ
大正3(1914)年〜平成17(2005)年
小説家、児童文学作家、児童文化運動家

「キューポラのある街」
　児童福祉文化賞　第4回(昭36年度)　出版物部門
　日本児童文学者協会賞　第2回(昭37年)

「ポンのヒッチハイク」
　産経児童出版文化賞　第9回(昭37年)

厚生大臣賞(昭37年)

早見 優　はやみ・ゆう
昭和41(1966)年〜
歌手、俳優、タレント

「アンサーソングは哀愁」
　FNS歌謡祭グランプリ　第9回(昭57年)　優秀新人賞

「Love Light」
　新宿音楽祭　第15回(昭57年)　銀賞

「急いで! 初恋」
　メガロポリス歌謡祭　第1回(昭57年)　優秀新人エメラルド賞

「夏色のナンシー」
　日本レコード大賞　第25回(昭58年)　ゴールデンアイドル賞

「ミスターセーラーマン」
　FNS歌謡祭グランプリ　第11回(昭59年)　優秀歌謡音楽賞

「PASSION」
　あなたが選ぶ全日本歌謡音楽祭　第11回(昭60年)　最優秀アイドル賞
　あなたが選ぶ全日本歌謡音楽祭　第11回(昭60年)　金賞

「Love Station」
　あなたが選ぶ全日本歌謡音楽祭　第12回(昭61年)　テレビ朝日賞
　日本歌謡大賞　第17回(昭61年)　放送音楽特別賞

「Caribbean Night」
　メガロポリス歌謡祭　第6回(昭62年)　ポップスメガロポリス賞

「Tokio Express」
　あなたが選ぶ全日本歌謡音楽祭　第13回(昭62年)　テレビ朝日賞

「GET UP」
　メガロポリス歌謡祭　第7回(昭63年)　ポップスメガロポリス賞

ABC歌謡新人グランプリ　第9回(昭57年)　審査員奨励賞
ABC歌謡新人グランプリ　第9回(昭57年)　シルバー賞
銀座音楽祭　第12回(昭57年)　銀賞
日本レコード大賞　第24回(昭57年)　新人賞
メガロポリス歌謡祭　第3回(昭59年)　ポップス入賞
メガロポリス歌謡祭　第4回(昭60年)　ポップス入賞
横浜音楽祭　第12回(昭60年)　音楽祭特別賞
メガロポリス歌謡祭　第5回(昭61年)　ポップス大賞
横浜音楽祭　第13回(昭61年)　音楽祭賞
日本アカデミー賞　第9回(昭61年)　新人俳優賞

原 一男　はら・かずお
昭和20(1945)年〜
映画監督、記録映画作家

「極私的エロス・恋歌1974」
　年鑑代表シナリオ(昭49年度)
　トノンレバン独立国際映画祭(昭50年)　グランプリ

「ゆきゆきて、神軍」
　日本映画監督協会新人賞　第27回(昭61年度)
　キネマ旬報ベスト・テン　第61回(昭62年度)　日本映画　2位
　キネマ旬報賞　第33回(昭62年)　読者選出日本映画監督賞
　ブルーリボン賞　第30回(昭62年)　監督賞
　ベルリン国際映画祭　第37回(昭62年)　カリガリ賞
　ヨコハマ映画祭　第9回(昭62年度)　監督賞
　年鑑代表シナリオ(昭62年度)
　報知映画賞　第12回(昭62年度)　最優秀監督賞
　毎日映画コンクール　第42回(昭62年)　監督賞
　ロッテルダム国際映画賞(昭63年)　批評家賞
　国際ドキュメンタリー映画祭　第10回(昭63年)　グランプリ
　優秀映画鑑賞会ベストテン　第28回(昭62年度)　日本映画　4位
　ぴあテン　第16回(昭62年度)　9位

「全身小説家」
　キネマ旬報ベスト・テン　第68回(平6年度)　日本映画　第1位
　キネマ旬報賞　第40回(平6年)　日本映画監督賞
　高崎映画祭　第9回(平6年度)　監督賞
　年鑑代表シナリオ(平6年度)
　報知映画賞　第19回(平6年度)　最優秀作品賞
　優秀映画鑑賞会ベストテン　第35回(平6年度)　日本映画　第1位
　日本アカデミー賞　第18回(平7年)　特別賞

「ニッポン国vs泉南石綿村」
　東京フィルメックス観客賞　第18回(平29年)

「れいわ一揆」
　毎日映画コンクール　第75回(令2年)　ドキュメンタリー映画賞

「水俣曼荼羅」
　キネマ旬報ベスト・テン　第95回(令3年度)　日本映画　第5位
　毎日映画コンクール　第76回(令3年)　ドキュメンタリー映画賞

山路ふみ子賞　第18回(平6年)　文化財団特別賞
日本映画テレビプロデューサー協会賞(平6年度)

特別賞
エランドール賞（平7年度）特別賞

原 節子　はら・せつこ
大正9(1920)年～平成27(2015)年
俳優

「お嬢さん乾杯」「青い山脈」「晩春」
　毎日映画コンクール　第4回(昭24年)　演技賞 女優演技賞

「めし」「麦秋」
　ブルーリボン賞　第2回(昭26年)　主演女優賞
　毎日映画コンクール　第6回(昭26年)　演技賞 女優演技賞

原 正人　はら・まさと
昭和6(1931)年～令和3(2021)年
映画プロデューサー

「乱」「銀河鉄道の夜」
　日本アカデミー賞　第9回(昭61年)　特別賞 企画賞

エランドール賞　（昭61年度）　協会賞
フランス芸術文化勲章オフィシエ章（平5年）
エランドール賞　（平6年度）　プロデューサー賞
エランドール賞　（平10年度）　プロデューサー賞
藤本賞　第17回(平10年)
淀川長治賞　第10回(平13年)
山路ふみ子賞　第26回(平14年度)　文化財団特別賞
日本映画ペンクラブ賞　第31回(平14年度)
日本アカデミー賞　第45回(令4年)　会長特別賞
日本映画テレビプロデューサー協会賞

原田 真二　はらだ・しんじ
昭和33(1958)年～
ミュージシャン

ぴあテン（レコード）（昭53年度）8位
ぴあテン（昭53年度）ぴあテン（コンサート）10位
日本レコードセールス大賞　第11回(昭53年)　男性新人賞

原田 知世　はらだ・ともよ
昭和42(1967)年～
俳優、歌手

「時をかける少女」
　ゴールデン・アロー賞　第21回(昭58年)　映画賞 新人賞
　ブルーリボン賞　第26回(昭58年)　新人賞
　報知映画賞　第8回(昭58年度)　最優秀新人賞
　毎日映画コンクール　第38回(昭58年)　スポニチグランプリ新人賞

「早春物語」
　全日本有線放送大賞　第18回(昭60年度)　特別賞

「天国にいちばん近い島」「早春物語」
　ゴールデングロス賞　第3回(昭60年度)　マネーメーキングスター賞

「落下する夕方」
　高崎映画祭　第13回(平11年)　主演女優賞

エランドール賞　（昭59年度）　新人賞
日本アカデミー賞　第7回(昭59年)　新人俳優賞

原田 美枝子　はらだ・みえこ
昭和33(1958)年～
俳優

「大地の子守歌」「青春の殺人者」
　キネマ旬報賞　第22回(昭51年)　主演女優賞
　報知映画賞　第1回(昭51年度)　最優秀新人賞
　ゴールデン・アロー賞　第14回(昭51年)　映画賞 新人賞

「火宅の人」
　報知映画賞　第11回(昭61年度)　最優秀助演女優賞

「火宅の人」「プルシアンブルーの肖像」
　日本アカデミー賞　第10回(昭62年)　最優秀助演女優賞

「絵の中のぼくの村」
　キネマ旬報賞　第42回(平8年)　主演女優賞
　山路ふみ子映画賞　第20回(平8年)　女優賞
　報知映画賞　第21回(平8年度)　最優秀主演女優賞

「愛を乞うひと」
　キネマ旬報賞　第44回(平10年)　主演女優賞
　ブルーリボン賞　第41回(平10年)　主演女優賞
　ヨコハマ映画祭　第41回(平10年)　主演女優賞
　報知映画賞　第23回(平10年度)　最優秀主演女優賞
　毎日映画コンクール　第53回(平10年)　女優主演賞
　日本アカデミー賞　第22回(平11年)　最優秀主演女優賞

「雨あがる」
　日本アカデミー賞　第24回(平13年)　最優秀助演女優賞

ゴールデン・アロー賞　第14回(昭51年)　最優秀新人賞
ブルーリボン賞　第19回(昭51年)　新人賞
エランドール賞　（昭52年度）　新人賞
ゴールデン・アロー賞　第36回(平10年)　映画賞
毎日映画コンクール　第55回(平12年)　田中絹代賞
紫綬褒章　（令6年）

原田 康子　はらだ・やすこ
昭和3(1928)年～平成21(2009)年
小説家

「挽歌」
　女流文学者賞　第8回(昭32年)

「蠟涙」
　女流文学賞　第38回(平11年)

「海霧」

吉川英治文学賞 第37回（平15年）
北海道新聞文化賞 （平15年）
北海道文化賞 （平15年）
北海道功労賞 （平16年）

原田 悠里　はらだ・ゆり
昭和29（1954）年〜
歌手

「木曽路の女」
全日本有線放送大賞 第19回（昭61年度）特別賞
日本有線大賞 第19回（昭61年）協会選賞

「安曇野」
全日本有線放送大賞 第20回（昭62年度）優秀スター賞

「津軽の花」
全日本有線大賞 第32回（平11年）ゴールドリクエスト賞

「津軽の花」「夢ひとすじ」
日本レコード大賞 第41回・42回（平11年・12年）優秀作品賞

「三年ぶりの人だから」「おんな坂」「氷見の雪」「沙の川」
日本レコード大賞 第43回・44回・46回・47回（平13年・14年・16年・17年）金賞

ABC歌謡新人グランプリ 第9回（昭57年）審査員奨励賞
ABC歌謡新人グランプリ 第9回（昭57年）シルバー賞
歌謡ゴールデン大賞・新人グランプリ 第9回（昭57年）審査員奨励賞・シルバー賞
新宿音楽祭 第15回（昭57年）敢闘賞
メガロポリス歌謡祭 第8回（平1年）演歌メガロポリス賞女性部門
日本歌謡大賞 第23回（平4年）放送音楽賞
KBC新人歌謡音楽祭 優秀新人賞

原田 芳雄　はらだ・よしお
昭和15（1940）年〜平成23（2011）年
俳優

「祭りの準備」
キネマ旬報賞 第21回（昭50年）助演男優賞

「祭りの準備」「田園に死す」
ブルーリボン賞 第18回（昭50年）助演男優賞

「どついたるねん」
報知映画賞 第14回（平1年度）最優秀助演男優賞

「どついたるねん」「キスより簡単」「夢見通りの人々」「出張」
キネマ旬報賞 第35回（平1年）助演男優賞
毎日映画コンクール 第44回（平1年）演技賞 男優助演賞

「浪人街」「われに撃つ用意あり」

ブルーリボン賞 第33回（平2年）主演男優賞
日刊スポーツ映画大賞・石原裕次郎賞 第3回（平2年）主演男優賞

「寝盗られ宗介」
キネマ旬報賞 第38回（平4年）主演男優賞
日刊スポーツ映画大賞・石原裕次郎賞 第5回（平4年）主演男優賞

「寝盗られ宗介」「スリ」「ざわざわ下北沢」「PARTY7」

「鬼火」
毎日映画コンクール 第52回（平9年）男優主演賞
ヨコハマ映画祭 第19回（平10年）主演男優賞

「スリ」「ざわざわ下北沢」「PARTY7」
キネマ旬報賞 第46回（平12年）主演男優賞

「美しい夏キリシマ」「父と暮せば」「ニワトリはハダシだ」
報知映画賞 第29回（平16年度）邦画部門 最優秀助演男優賞

「大鹿村騒動記」
キネマ旬報賞 第57回（平23年度）主演男優賞
ブルーリボン賞 第54回（平23年度）特別賞
TAMA映画賞 第3回（平23年）特別賞
報知映画賞 第36回（平23年度）特別賞
日本アカデミー賞 第35回（平24年）最優秀主演男優賞

ヨコハマ映画祭 （平1年）助演男優賞
ヨコハマ映画祭 第12回（平2年）特別大賞
日本映画プロフェッショナル大賞 第7回（平10年）主演男優賞
紫綬褒章 （平15年）
日本アカデミー賞 第35回（平24年）会長特別賞

坂東 玉三郎（5代）　ばんどう・たまさぶろう
昭和25（1950）年〜
歌舞伎俳優（女方）、舞台演出家、映画監督。重要無形文化財保持者（歌舞伎女方）。日本芸術院会員

「壇浦兜軍記」
毎日芸術賞 第39回（平9年）

読売演劇大賞 第5回（平9年）最優秀男優賞
ゴールデン・アロー賞 第8回（昭45年）演劇賞
芸術選奨 第21回（昭45年）演劇部門 新人賞
名古屋演劇ペンクラブ年間賞 （昭46年・51年）
ゴールデン・アロー賞 第15回（昭52年）演劇賞
ベストドレッサー賞 第6回（昭52年）スポーツ・芸能部門
松尾芸能賞 第2回（昭56年）優秀賞 演劇
東京都民文化栄誉賞 （昭59年）
フランス芸術文化勲章シュバリエ章 （平3年）
泉鏡花文学賞 （平4年）特別賞
ジャン・コクトー・インターナショナル・スタイル・アワード 第5回（平5年）

モンブラン国際文化賞　（平9年）
菊池寛賞　第57回（平21年）
京都賞　第27回（平23年）　思想・芸術部門
フランス芸術文化勲章コマンドール章　（平25年）
紫綬褒章　（平26年）
日本芸術院賞　第72回（平27年度）　第3部　恩賜賞・日本芸術院賞
松尾芸能賞　第39回（平30年）　大賞　演劇
岩谷時子賞　第10回（令1年）
高松宮殿下記念世界文化賞　第31回（令1年）　演劇・映像部門
文化功労者　第72回（令1年度）

半村　良　　はんむら・りょう
昭和8（1933）年〜平成14（2002）年
小説家

「石の血脈」
星雲賞　第3回（昭47年）　日本長編部門

「産霊山秘録」
泉鏡花文学賞　第1回（昭48年）

「雨やどり」
直木三十五賞　第72回（昭49年下）

「岬一郎の抵抗」
日本SF大賞　第9回（昭63年）

「かかし長屋」
柴田錬三郎賞　第6回（平5年）

日色　ともゑ　　ひいろ・ともえ
昭和16（1941）年〜
俳優

「蝋燭の灯、太陽の光」
読売演劇大賞　第22回（平26年度）　優秀女優賞

ゴールデン・アロー賞　第5回（昭42年）　取材協力賞
テレビ大賞　第11回（昭53年度）　優秀個人賞

東　陽一　　ひがし・よういち
昭和9（1934）年〜
映画監督、脚本家

「やさしいにっぽん人」
キネマ旬報ベスト・テン　第45回（昭46年度）　日本映画　7位
日本映画監督協会新人賞　（昭46年）
年鑑代表シナリオ　（昭46年度）
優秀映画鑑賞会ベストテン　第12回（昭46年度）　日本映画　7位

「サード」
芸術選奨　第29回（昭53年）　映画部門　新人賞
キネマ旬報ベスト・テン　第52回（昭53年度）　日本映画　1位
キネマ旬報賞　第24回（昭53年）　日本映画監督賞
ブルーリボン賞　第21回（昭53年）　最優秀作品賞　邦画
報知映画賞　第3回（昭53年度）　最優秀作品賞　邦画部門
優秀映画鑑賞会ベストテン　第19回（昭53年度）　日本映画　5位
ぴあテン　第7回（昭53年度）　10位

「もう頬づえはつかない」
キネマ旬報ベスト・テン　第53回（昭54年度）　日本映画　8位
優秀映画鑑賞会ベストテン　第20回（昭54年度）　日本映画　7位

「四季・奈津子」
キネマ旬報ベスト・テン　第54回（昭55年度）　日本映画　7位

「セカンド・ラブ」
年鑑代表シナリオ　（昭58年度）

「橋のない川」
キネマ旬報ベスト・テン　第66回（平4年度）　日本映画　第6位
日刊スポーツ映画大賞・石原裕次郎賞　第5回（平4年）　監督賞
年鑑代表シナリオ　（平4年度）
報知映画賞　第17回（平4年度）　最優秀監督賞
毎日映画コンクール　第47回（平4年）　監督賞
優秀映画鑑賞会ベストテン　第33回（平4年度）　日本映画　第2位

「絵の中のぼくの村」
アミアン国際映画祭　第16回（平8年）　最優秀作品賞
キネマ旬報読者ベストテン　（平8年度）
ベルリン国際映画祭　（平8年）　銀熊賞　特別作品賞
芸術選奨　第47回（平8年）　映画部門　文部大臣賞
国際フランダース映画祭　第23回（平8年）　グランプリ
山路ふみ子映画賞　第20回（平8年）

「わたしのグランパ」
モントリオール国際映画祭　第27回（平15年）　最優秀アジア映画賞

「風音」
モントリオール国際映画祭　第28回（平16年）　イノベーション賞

和歌山県文化功労賞　（平8年）
紫綬褒章　（平11年）
旭日小綬章　（平19年）
日本アカデミー賞　第47回（令6年）　会長功労賞

東山　千栄子　　ひがしやま・ちえこ
明治23（1890）年〜昭和55（1980）年
俳優

「桜の園」
芸術選奨　第2回（昭26年）　演劇部門

「かもめ」「女の平和」

毎日演劇賞 第7回(昭29年) 個人賞 演技
勲四等宝冠章 (昭40年)
日本放送協会放送文化賞 第18回(昭41年)
文化功労者 (昭41年)
勲三等宝冠章 (昭49年)
日本芸術実演家団体協議会功労者表彰 第2回(昭51年)

東山 紀之　ひがしやま・のりゆき
昭和41(1966)年～
元俳優、タレント。少年隊のメンバー

「仮面舞踏会」
　日本レコード大賞 第28回(昭61年) 最優秀新人賞
「クリスマス・ボックス」ミュージカル
　芸術祭賞 第56回(平13年) 演劇部門 優秀賞
世界音楽祭 第1回(昭58年) 金賞
日本新語・流行語大賞 第5回(昭63年) 流行語部門 大衆賞 "しょうゆ顔・ソース顔"
ベストドレッサー賞 第22回(平5年) スポーツ・芸能部門
ベストドレッサー賞 第40回(平23年) 芸能部門
橋田賞 第30回(令3年度) 橋田賞

樋口 可南子　ひぐち・かなこ
昭和33(1958)年～
俳優

「戒厳令の夜」
　ゴールデン・アロー賞 第18回(昭55年) 映画賞 新人賞
「浪人街」
　報知映画賞 第15回(平2年度) 最優秀助演女優賞
「四万十川」
　山路ふみ子映画賞 第15回(平3年度) 女優賞
　日本アカデミー賞 第15回(平4年) 優秀主演女優賞
「白戸家の人々」
　ACC CMフェスティバル 第48回(平20年) 演技賞
エランドール賞 (昭56年度) 新人賞
毎日映画コンクール 第46回(平3年) 田中絹代賞

樋口 久子　ひぐち・ひさこ
昭和20(1945)年～
プロゴルファー

日本プロスポーツ大賞 第9回(昭51年) 殊勲賞
日本プロスポーツ大賞 第10回(昭52年) 殊勲賞
日本プロスポーツ功労賞 (平10年)
エイボン女性年度賞 第25回(平15年) スポーツ賞
日本プロスポーツ功労賞 (平15年)
紫綬褒章 (平19年)
さいたま輝き荻野吟子賞 (平20年)
LPGA特別功労賞 (平23年)
日本プロスポーツ功労賞 (平23年)
日本プロスポーツ大賞 第47回(平26年度) 特別賞
文化功労者 第67回(平26年度)

久石 譲　ひさいし・じょう
昭和25(1950)年～
音楽家

「風の谷のナウシカ」「さすがの猿飛」
　日本アニメ大賞・アトム賞 第2回(昭59年) 日本アニメ大賞 部門別最優秀賞 音楽部門最優秀賞
「あの夏、いちばん静かな海。」「ふたり」
　ヨコハマ映画祭 (平3年度) 音楽賞
　毎日映画コンクール 第46回(平3年) 音楽賞
「あの夏、いちばん静かな海。」「仔鹿物語」「ふたり」「福沢諭吉」
　日本アカデミー賞 第15回(平4年) 最優秀音楽賞
「紅の豚」「青春デンデケデケデケ」
　毎日映画コンクール 第47回(平4年) 音楽賞
「青春デンデケデケデケ」
　日本アカデミー賞 第16回(平5年) 最優秀音楽賞
「水の旅人/侍KIDS」「ソナチネ」「はるか、ノスタルジィ」
　日本アカデミー賞 第17回(平6年) 最優秀音楽賞
「もののけ姫」
　芸術選奨 第48回(平9年) 大衆芸能部門 新人賞
　日本レコード大賞 第39回(平9年) 作曲賞
　JASRAC賞 第17回(平11年) 銅賞
「HANA-BI」
　日本アカデミー賞 第22回(平11年) 最優秀音楽賞
「菊次郎の夏」
　日本アカデミー賞 第23回(平12年) 最優秀音楽賞
「千と千尋の神隠し」(BGM)
　毎日映画コンクール 第56回(平13年) 音楽賞
　JASRAC賞 第21回(平15年) 金賞
「サントリーCM〈伊右衛門〉～Oriental Wind」
　ACC広告大賞 第45回(平17年) 最優秀音楽賞
「トンマッコルへようこそ」
　大韓民国映画大賞 第4回(平17年) 最優秀音楽賞
「ハウルの動く城」(BGM)
　ロサンゼルス映画批評家協会賞 (平17年) 最優秀音楽賞
　JASRAC賞 第25回(平19年) 金賞
「叔母さんのポストモダン生活」
　香港電影金像奨(香港アカデミー賞) 第27回(平20年) 最優秀音楽賞
「太王四神記」
　国際映画音楽批評家協会賞 (平20年) オリジナル作曲賞―テレビ部門
「崖の上のポニョ」
　アジア・フィルム・アワード 第3回(平21年) 作

曲賞
　日本アカデミー賞　第32回（平21年）　最優秀音楽賞
「悪人」
　日本アカデミー賞　第34回（平23年）　最優秀音楽賞
「風立ちぬ」
　日本アカデミー賞　第37回（平26年）　最優秀音楽賞
「A Symphonic Celebration - Music from the Studio Ghibli Films of Hayao Miyazaki」
　日本ゴールドディスク大賞　第38回（令5年度）　クラシック・アルバム・オブ・ザ・イヤー
　おおさか映画祭（昭61年・63年・平成3年）音楽賞
　淀川長治賞　第11回（平14年）
　ドーヴィル・アジア映画祭TRIBUTE　第10回（平20年）
　紫綬褒章（平21年）
　信毎賞　第16回（平21年）

久板 栄二郎　ひさいた・えいじろう
　明治31（1898）年～昭和51（1976）年
　劇作家、シナリオライター
「北東の風」
　小野宮吉戯曲賞　第1回（昭12年）
「大曾根家の朝」
　毎日映画コンクール　第1回（昭21年）　脚本賞
「悪い奴ほどよく眠る」
　年鑑代表シナリオ　第12回（昭35年度）
「天国と地獄」
　年鑑代表シナリオ　第15回（昭38年度）
　毎日映画コンクール　第18回（昭38年）　脚本賞
「紀ノ川」
　年鑑代表シナリオ　第18回（昭41年度）

　紫綬褒章（昭46年）

左 幸子　ひだり・さちこ
　昭和5（1930）年～平成13（2001）年
　俳優
「おふくろ」「人生とんぼ返り」
　毎日映画コンクール　第10回（昭30年）　演技賞　女優助演賞
「にっぽん昆虫記」「彼女と彼」
　キネマ旬報賞　第9回（昭38年）　女優賞
　ブルーリボン賞　第14回（昭38年）　主演女優賞
　毎日映画コンクール　第18回（昭38年）　演技賞　女優主演賞
「飢餓海峡」
　毎日映画コンクール　第20回（昭40年）　演技賞　女優主演賞
「女の一生」「春日和」
　毎日映画コンクール　第22回（昭42年）　演技賞　女優助演賞
「遠い一本の道」

　キネマ旬報ベスト・テン　第51回（昭52年度）　日本映画10位
　優秀映画鑑賞会ベストテン　第18回（昭52年度）　日本映画6位
「野のきよら山のきよらに光さす」（NHK）
　モンテカルロ国際テレビ祭（昭58年）　ゴールデンニンフ賞・国際批評家賞

　NHK最優秀主演女優賞（昭38年）
　ベルリン国際映画祭（昭39年）　主演女優賞
　毎日映画コンクール　第56回（平13年）　特別賞
　シカゴ国際映画祭　主演女優賞

ビートたけし
　昭和22（1947）年～
　タレント、映画監督。映画監督時などは北野武名義で活動。コンビ名・ツービート
「戦場のメリークリスマス」
　毎日映画コンクール　第38回（昭58年）　演技賞　男優助演賞
「夜叉」
　ブルーリボン賞　第28回（昭60年）　助演男優賞
「その男、凶暴につき」
　ゴールデン・アロー賞　第27回（平1年）　映画賞
　キネマ旬報ベスト・テン　第63回（平1年度）　日本映画8位
　日刊スポーツ映画大賞・石原裕次郎賞　第2回（平1年）　新人賞
　日本アカデミー賞　第13回（平2年）　話題賞　俳優部門
「その男、凶暴につき」「HANA-BI」
　ゴールデン・アロー賞　第27回・35回（平1年度・9年度）　映画賞
「3-4x10月」
　キネマ旬報ベスト・テン　第64回（平2年度）　日本映画第7位
「あの夏、いちばん静かな海。」
　キネマ旬報ベスト・テン　第65回（平3年度）　日本映画第6位
　キネマ旬報賞　第37回（平3年）　読者選出日本映画監督賞
　ブルーリボン賞　第34回（平3年）　監督賞
　ブルーリボン賞　第34回（平3年）　最優秀作品賞
　報知映画賞　第16回（平3年度）　最優秀監督賞
　優秀映画鑑賞会ベストテン　第32回（平3年度）　日本映画第10位
「3-4x10月」
　日本映画監督協会新人奨励賞　第31回（平3年）
「ソナチネ」
　キネマ旬報ベスト・テン　第67回（平5年度）　日本映画第4位
　年鑑代表シナリオ（平5年度）
「キッズ・リターン」

ブルーリボン賞 第39回（平8年） 監督賞
日刊スポーツ映画大賞・石原裕次郎賞 第9回（平8年） 監督賞
年鑑代表シナリオ （平8年度）
淀川長治賞 第6回（平9年）
日本映画プロフェッショナル大賞 第6回 監督賞

「HANA-BI」
フランス映画批評家組合 最優秀外国映画賞 （平9年度）
ベネチア国際映画祭 第54回（平9年） 金獅子賞
ヨーロッパ映画賞 第10回（平9年） 非ヨーロッパ映画部門
キネマ旬報ベスト・テン 第72回（平10年度） 日本映画 第1位
ぴあテン 第27回（平10年度） 第7位
ブルーリボン賞 第41回（平10年） 主演男優賞
ブルーリボン賞 第41回（平10年） 監督賞
ブルーリボン賞 第41回（平10年） 最優秀作品賞
芸術選奨 第49回（平10年） 映画部門 文部大臣賞
日刊スポーツ映画大賞・石原裕次郎賞 第11回（平10年） 石原裕次郎賞
報知映画賞 第23回（平10年度） 最優秀監督賞
報知映画賞 第23回（平10年度） 最優秀作品賞

「菊次郎の夏」
キネマ旬報ベスト・テン 第73回（平11年度） 日本映画 第7位
ぴあテン 第28回（平11年度） 第9位

「BROTHER」
ゴールデン・アロー賞 第38回（平12年） 大賞

「座頭市」
キネマ旬報ベスト・テン 第77回（平15年度） 日本映画 第7位
キネマ旬報賞 第49回（平15年） 読者選出日本映画監督賞
ベネチア国際映画祭 第60回（平15年） 銀獅子賞
日刊スポーツ映画大賞・石原裕次郎賞 第16回（平15年） 監督賞
日本アカデミー賞 第27回（平16年） 最優秀編集賞

「血と骨」
キネマ旬報賞 第50回（平16年） 主演男優賞
日刊スポーツ映画大賞・石原裕次郎賞 第17回（平16年） 主演男優賞
毎日映画コンクール 第59回（平16年） 男優主演賞

「アウトレイジ ビヨンド」
キネマ旬報ベスト・テン 第86回（平24年度） 日本映画 第3位

「アウトレイジ 最終章」
日刊スポーツ映画大賞・石原裕次郎賞 第30回（平29年） 石原裕次郎賞

NHK漫才コンクール優秀賞 （昭51年）
ゴールデン・アロー賞 第20回（昭57年） 芸能賞
ベストドレッサー賞 第11回（昭57年） 特別賞
日本放送演芸大賞 第11回（昭57年）
花王名人大賞 第3回（昭58年） 大衆賞
ゴールデン・アロー賞 第23回（昭60年） 放送賞
テレビ大賞 第18回（昭60年度） 特別賞
花王名人大賞 第5回（昭60年） 花王名人大賞
日本映画テレビプロデューサー協会賞 （昭60年・平成4年） 特別賞
日本放送演芸大賞 第14回（昭60年）
エランドール賞 （昭61年度） 特別賞
花王名人大賞 第6回（昭61年） 花王名人大賞
エランドール賞 （平4年度） 特別賞
山路ふみ子映画賞 第20回（平8年） 文化財団特別賞
ゴールデン・アロー賞 第35回（平9年） 大賞
ゴールデン・アロー賞 第35回（平9年） 映画賞
浅草芸能大賞 第14回（平9年度） 大賞
東京都民文化栄誉賞 （平10年）
エランドール賞 （平11年度） 特別賞
フランス芸術文化勲章シュバリエ章 （平11年）
日本文化デザイン賞 （平11年）
ゴールデン・アロー賞 第38回（平12年） 映画賞
ゴールデン・アロー賞 第40回（平14年） 40周年記念特別表彰 ゴールデン・スター賞（男優部門）
ガリレオ2000賞（イタリア） （平18年） 文化賞
ベネチア国際映画祭 第1回（平19年） GLORY TO THE FILMMAKER！ 賞
日刊スポーツ映画大賞・石原裕次郎賞 第20回（平19年） 功労賞
フランス芸術文化勲章コマンドール章 （平22年）
シャンパーニュ騎士団オフィシエ章（フランス） （平26年）
東京国際映画祭 第27回（平26年） 日本映画スプラッシュ SAMURAI（サムライ）賞
シャンパーニュ騎士団シャンベラン・ド・ヌール （平27年）
レジオン・ド・ヌール勲章オフィシエ章（フランス） （平28年）
報知映画賞 第42回（平29年度） 特別賞

日夏 耿之介 ひなつ・こうのすけ
明治23（1890）年〜昭和46（1971）年
詩人、英文学者。別号・黄眠、溝五位

「改定増補明治大正詩史」
読売文学賞 第1回（昭24年） 文学研究賞

「日本現代詩大系」
毎日出版文化賞 第5回（昭26年）

「明治浪曼文学史」「日夏耿之介全詩集」
日本芸術院賞 第8回（昭26年） 第2部

飯田市名誉市民 （昭28年）

火野 葦平 ひの・あしへい
明治39（1906）年〜昭和35（1960）年
小説家

「糞尿譚」
　芥川龍之介賞　第6回(昭12年下)
「麦と兵隊」「土と兵隊」「花と兵隊」
　朝日新聞文化賞　(昭15年)
　福岡日日新聞文化賞　(昭15年)
「革命前後」
　日本芸術院賞　第16回(昭34年)　第2部
朝日賞　(昭14年)　文化賞

日野　啓三　ひの・けいぞう
　昭和4(1929)年〜平成14(2002)年
　小説家、評論家。日本芸術院会員
「あの夕陽」
　芥川龍之介賞　第72回(昭49年下)
「此岸の家」
　平林たい子文学賞　第2回(昭49年)　小説
「抱擁」
　泉鏡花文学賞　第10回(昭57年)
「夢の島」
　芸術選奨　第36回(昭60年)　文学部門　文部大臣賞
「砂丘が動くように」
　谷崎潤一郎賞　第22回(昭61年)
「断崖の年」
　伊藤整文学賞　第3回(平4年)　小説
「台風の眼」
　野間文芸賞　第46回(平5年)
「光」
　読売文学賞　第47回(平7年)　小説賞
日本芸術院賞　第56回(平11年)　第2部

日野　皓正　ひの・てるまさ
　昭和17(1942)年〜
　ジャズ・トランペット奏者
「ブルーストラック」
　ジャズ・ディスク大賞　第23回(平1年)　銀賞
「アコースティック・ブギ」
　ジャズ・ディスク大賞　第29回(平7年)　金賞
　ミュージック・ペンクラブ音楽賞(平7年度)　ポピュラー部門最優秀賞
「D・N・A」
　芸術選奨　第52回(平13年)　大衆芸能部門　文部科学大臣賞
「透光の樹」
　毎日映画コンクール　第59回(平16年)　音楽賞
「エッジズ」
　ジャズ・ディスク大賞　第41回(平19年)　銀賞
「寂光」
　ジャズ・ディスク大賞　第42回(平20年)　日本ジャズ賞
ジャズ・ディスク大賞　第6回・8回(昭47年・49年)　日本ジャズ賞
ベストドレッサー賞　第13回(昭59年)　スポーツ・芸能部門
南里文雄賞　第14回(昭63年)
紫綬褒章　(平16年)
旭日小綬章　(令1年)

平　幹二朗　ひら・みきじろう
　昭和8(1933)年〜平成28(2016)年
　俳優
「アンドロマック」
　テアトロン賞　(昭41年)
「ハムレット」「狂気と天才」「結婚物語」
　ゴールデン・アロー賞　第7回(昭44年)　演劇賞
「タンゴ・冬の終わりに」「王女メディア」
　芸術選奨　第35回(昭59年)　演劇部門　大臣賞
「グリークス」「テンペスト」
　読売演劇大賞　第8回(平12年)　最優秀男優賞
「ドレッサー」
　紀伊國屋演劇賞　第40回(平17年)　個人賞
「リア王」「山の巨人たち」
　読売演劇大賞　第16回(平20年度)　最優秀男優賞
　朝日舞台芸術賞　第8回(平20年度)　アーティスト賞
「サド侯爵夫人」「イリアス」
　菊田一夫演劇賞　第36回(平22年度)　演劇大賞
「エレジー」
　芸術祭賞　第66回(平23年度)　演劇部門　優秀賞(関東参加公演の部)
「サド侯爵夫人」「エレジー」
　読売演劇大賞　第19回(平23年度)　優秀男優賞
「鹿鳴館」「唐版滝の白糸」
　毎日芸術賞　第55回(平25年度)
　読売演劇大賞　第21回(平25年度)　優秀男優賞
都民文化栄誉賞　(昭63年)
松尾芸能賞　第16回(平7年)　優秀賞　演劇
紫綬褒章　(平10年)
読売演劇大賞　第6回(平10年)　優秀男優賞
旭日小綬章　(平17年)
松尾芸能賞　第37回(平28年)　大賞　演劇
新劇演技賞

平出　隆　ひらいで・たかし
　昭和25(1950)年〜
　詩人
「胡桃の戦意のために」
　芸術選奨　第34回(昭58年)　文学部門　新人賞
「左手日記例言」

「ベルリンの瞬間」
　JTB紀行文学大賞　第11回（平14年）
「猫の客」
　木山捷平文学賞　第6回（平14年）
「伊良子清白」
　芸術選奨　第54回（平15年）　評論等　文部科学大臣賞
　藤村記念歴程賞　第42回（平16年）

平岩 弓枝　ひらいわ・ゆみえ
　昭和7（1932）年〜令和5（2023）年
　小説家、劇作家
「鏨師」
　直木三十五賞　第41回（昭34年上）
「鏨師」「狂言師」
　新鷹会賞　第10回（昭34年前）
「三味線お千代」「真夜中の招待状」
　菊田一夫演劇賞　第12回（昭61年）　大賞
「花影の花」
　吉川英治文学賞　第25回（平3年）
「西遊記」
　毎日芸術賞　第49回（平19年度）

日本放送協会放送文化賞　第30回（昭53年）
菊田一夫演劇賞　第12回（昭61年度）　大賞
日本文芸大賞　第9回（平1年）
紫綬褒章　（平9年）
菊池寛賞　第46回（平10年）
文化功労者　（平16年）
文化勲章　（平28年度）

平尾 昌晃　ひらお・まさあき
　昭和12（1937）年〜平成29（2017）年
　作曲家、歌手
「霧の摩周湖」「渚のセニョリーナ」
　日本レコード大賞　第9回（昭42年）　作曲賞
「夜空」
　日本レコード大賞　第15回（昭48年）　大賞
「みれん」
　FNS歌謡祭グランプリ　第1回（昭49年）　グランプリ
「港・ひとり唄」
　日本作曲大賞　第1回（昭56年）　優秀作曲者賞

日本レコードセールス大賞　第1回（昭43年）　作曲賞
日本レコードセールス大賞　第4回（昭46年）　作曲賞
ゴールデン・アロー賞　第10回（昭47年）　音楽賞
日本レコードセールス大賞　第5回（昭47年）　作曲賞
日本レコードセールス大賞　第6回（昭48年）　作曲賞
日本レコードセールス大賞　第7回（昭49年）　作曲賞
日本レコードセールス大賞　第8回（昭50年）　作曲賞
日本レコード大賞　第40回（平10年）　功労賞
紫綬褒章　（平15年）

日本放送協会放送文化賞　第65回（平25年度）
日本レコード大賞　第59回（平29年）　特別功労賞

平田 満　ひらた・みつる
　昭和28（1953）年〜
　俳優
「蒲田行進曲」
　キネマ旬報賞　第28回（昭57年）　助演男優賞
　報知映画賞　第7回（昭57年度）　最優秀主演男優賞
　日本アカデミー賞　第6回（昭58年）　最優秀主演男優賞
「こんにちは、母さん」「アート」
　読売演劇大賞　第9回（平13年）　最優秀男優賞
「海をゆく者」「失望のむこうがわ」
　紀伊國屋演劇賞　第49回（平26年）　個人賞

報知映画賞　（昭57年度）　主演男優賞
日本アカデミー賞　第6回（昭58年）　新人俳優賞
読売演劇大賞　第27回（令1年度）　優秀男優賞

平野 謙　ひらの・けん
　明治40（1907）年〜昭和53（1978）年
　文芸評論家
「芸術と実生活」
　芸術選奨　第9回（昭33年）　評論等　文部大臣賞
「文芸時評」
　毎日出版文化賞　第17回（昭38年）
　毎日芸術賞　第11回（昭44年）
「さまざまな青春」「平野謙全集」
　野間文芸賞　第28回（昭50年）

日本芸術院賞　第33回（昭51年）　恩賜賞

平林 たい子　ひらばやし・たいこ
　明治38（1905）年〜昭和47（1972）年
　小説家
「残品」
　「朝日新聞」懸賞小説　大朝短編小説（大15年）
「かういふ女」
　女流文学者賞　第1回（昭22年）
「秘密」
　女流文学賞　第7回（昭43年）

渡辺賞　第3回（昭4年）
日本芸術院賞　第28回（昭46年）　恩賜賞

弘兼 憲史　ひろかね・けんし
　昭和22（1947）年〜
　漫画家
「人間交差点」
　小学館漫画賞　第30回（昭59年度）　青年一般向け部門
「課長島耕作」
　講談社漫画賞　第15回（平3年）　一般部門
「黄昏流星群」

文化庁メディア芸術祭　第4回（平12年）　マンガ部門
優秀賞
日本漫画家協会賞　第32回（平15年）　大賞
「島耕作シリーズ」
講談社漫画賞　第43回（令1年）　講談社創業110周年特別賞

紫綬褒章　（平19年）

広沢 栄　ひろさわ・えい
大正13（1924）年〜平成8（1996）年
シナリオライター

「筑豊のこどもたち」
年鑑代表シナリオ　第12回（昭35年度）
「日本の青春」
年鑑代表シナリオ　第20回（昭43年度）
「わが恋わが歌」
芸術祭賞　第24回（昭44年度）　優秀賞
年鑑代表シナリオ　第21回（昭44年度）
「十三妹（シイサンメイ）中国忍者伝」
年鑑代表シナリオ　第21回（昭44年度）　特別賞

シナリオ功労賞　第17回（平5年）

広瀬 寿子　ひろせ・ひさこ
昭和12（1937）年〜
児童文学作家

「小さなジュンのすてきな友だち」
児童文芸新人賞　第8回（昭54年）
「そして、カエルはとぶ！」
赤い鳥文学賞　第33回（平15年）
「まぼろしの忍者」
日本児童文芸家協会賞　第27回（平15年）
「ぼくらは『コウモリ穴』をぬけて」
産経児童出版文化賞　第55回（平20年）　大賞

弘田 三枝子　ひろた・みえこ
昭和22（1947）年〜令和2（2020）年
歌手

「人形の家」
日本レコード大賞　（昭44年）　歌唱賞
日本有線大賞　第2回（昭44年）　特別賞
「できごと」
ポピュラー・ソング・コンテスト　第2回（昭45年）　グランプリ第1位
世界歌謡祭　第1回（昭45年）　歌唱賞
夜のレコード大賞　第2回（昭44年度）　優秀スター賞
日本レコード大賞　第62回（令2年）　特別功労賞

深作 欣二　ふかさく・きんじ
昭和5（1930）年〜平成15（2003）年
映画監督

「軍旗はためく下に」
キネマ旬報ベスト・テン　第46回（昭47年度）　日本映画2位
年鑑代表シナリオ　（昭47年度）
優秀映画鑑賞会ベストテン　第13回（昭47年度）　日本映画3位
「仁義なき戦い」
ゴールデン・アロー賞　第11回（昭48年）　映画賞
キネマ旬報ベスト・テン　第47回（昭48年度）　日本映画2位
キネマ旬報賞　第19回（昭48年）　読者選出日本映画監督賞
優秀映画鑑賞会ベストテン　第14回（昭48年度）　日本映画6位
「仁義なき戦い　代理戦争」
キネマ旬報ベスト・テン　第47回（昭48年度）　日本映画8位
「仁義なき戦い　頂上作戦」
キネマ旬報ベスト・テン　第48回（昭49年度）　日本映画7位
「仁義の墓場」
キネマ旬報ベスト・テン　第49回（昭50年度）　日本映画8位
「仁義の墓場」「県警対組織暴力」
ブルーリボン賞　第18回（昭50年）　監督賞
「やくざの墓場　くちなしの花」
キネマ旬報ベスト・テン　第50回（昭51年度）　日本映画8位
「柳生一族の陰謀」
年鑑代表シナリオ　（昭53年度）
「復活の日」
ぴあテン　第9回（昭55年度）　4位
優秀映画鑑賞会ベストテン　第21回（昭55年度）　日本映画8位
「蒲田行進曲」
キネマ旬報ベスト・テン　第56回（昭57年度）　日本映画1位
キネマ旬報賞　第28回（昭57年）　日本映画監督賞
キネマ旬報賞　第28回（昭57年）　読者選出日本映画監督賞
ぴあテン　第11回（昭57年度）　2位
ブルーリボン賞　第25回（昭57年）　監督賞
ブルーリボン賞　第25回（昭57年）　最優秀作品賞邦画
報知映画賞　第7回（昭57年度）　最優秀作品賞　邦画部門
毎日映画コンクール　（昭57年度）　監督賞
優秀映画鑑賞会ベストテン　第23回（昭57年度）　日本映画5位
ぴあテン　第12回（昭58年度）　もあテン　4位
日本アカデミー賞　第6回（昭58年）　最優秀監督賞
「蒲田行進曲」「道頓堀川」

毎日映画コンクール　第37回（昭57年）　監督賞
「火宅の人」
　キネマ旬報ベスト・テン　第60回（昭61年度）　日本映画 5位
　キネマ旬報賞　第32回（昭61年）　読者選出日本映画監督賞
　ゴールデングロス賞　第4回（昭61年度）　マネーメーキング監督賞
　年鑑代表シナリオ　（昭61年度）
　優秀映画鑑賞会ベストテン　第27回（昭61年度）　日本映画 1位
　日本アカデミー賞　第10回（昭62年）　最優秀監督賞
　日本アカデミー賞　第10回（昭62年）　最優秀脚本賞
「必殺4 恨みはらします」
　年鑑代表シナリオ　（昭62年度）
「華の乱」
　日刊スポーツ映画大賞・石原裕次郎賞　第1回（昭63年）　作品賞
　優秀映画鑑賞会ベストテン　第29回（昭63年度）　日本映画 8位
「いつかギラギラする日」
　キネマ旬報ベスト・テン　第66回（平4年度）　日本映画　第7位
「忠臣蔵外伝　四谷怪談」
　優秀映画鑑賞会ベストテン　第35回（平6年度）　日本映画 第2位
　芸術選奨　第45回（平6年）　映画部門　文部大臣賞
　おおさか映画祭　第20回（平6年度）　監督賞
　キネマ旬報ベスト・テン　第68回（平6年度）　日本映画 第2位
　日刊スポーツ映画大賞・石原裕次郎賞　第7回（平6年）　監督賞
　日刊スポーツ映画大賞・石原裕次郎賞　第7回（平6年）　作品賞
　年鑑代表シナリオ　（平6年度）
　日本アカデミー賞　第18回（平7年）　最優秀監督賞
　日本アカデミー賞　第18回（平7年）　最優秀脚本賞
　日本アカデミー賞　第18回（平7年）　監督賞・作品賞・脚本賞
「20世紀黙示録・もの食う人びと」
　テレビジョンATP賞　第14回（平9年）
「おもちゃ」
　日刊スポーツ映画大賞・石原裕次郎賞　第12回（平11年）　監督賞
「バトル・ロワイアル」
　キネマ旬報ベスト・テン　第74回（平12年度）　日本映画 第5位
　ブルーリボン賞　第43回（平12年）　最優秀作品賞
山路ふみ子賞　第6回（昭57年）
牧野省三賞　第30回（昭63年）
紫綬褒章　（平9年）
ブルーリボン賞　第45回（平14年）　特別賞
エランドール賞　（平15年度）　特別賞
日本アカデミー賞　第26回（平15年）　会長特別賞
毎日映画コンクール　第58回（平15年）　特別賞

深田　祐介　ふかだ・ゆうすけ
　昭和6(1931)年～平成26(2014)年
　小説家、評論家
「あざやかなひとびと」
　文學界新人賞　第7回（昭33年下）
「新西洋事情」
　大宅壮一ノンフィクション賞　第7回（昭51年）
「炎熱商人」
　直木三十五賞　第87回（昭57年上）
「新東洋事情」
　文藝春秋読者賞　（昭62年）
「大東亜会議の真実」
　山本七平賞　第13回（平16年）
国際報道文化賞（中国）　（平8年）

深町　幸男　ふかまち・ゆきお
　昭和5(1930)年～平成26(2014)年
　テレビディレクター、映画監督
「ドブネズミ色の街」
　モンテカルロ国際テレビ祭　（昭51年）　ウンダ賞
「修羅の旅して」
　モンテカルロ国際テレビ祭　（昭55年）　グランプリ
「あ・うん」
　テレビ大賞　（昭56年）　優秀個人賞
「花へんろ一風の昭和日記」「冬構え」
　芸術選奨　第36回（昭60年）　放送部門　大臣賞
「今朝の秋」
　毎日芸術賞　第29回（昭62年）
テレビ大賞　第13回（昭55年度）　優秀個人賞
放送文化基金賞　第12回（昭61年）　個人・グループ部門
紫綬褒章　（平7年）
勲四等旭日小綬章　（平14年）

福田　清人　ふくだ・きよと
　明治37(1904)年～平成7(1995)年
　小説家、児童文学作家、評論家
「天平の少年」
　産経児童出版文化賞　第5回（昭33年）
「春の目玉」
　国際アンデルセン賞国内賞　第3回（昭40年）
「秋の目玉」
　野間児童文芸賞　第4回（昭41年）
「長崎キリシタン物語」

産経児童出版文化賞 第26回（昭54年）
勲四等旭日小綬章 （昭50年）
波佐見町名誉町民 （昭55年）

福田 恆存　ふくだ・つねあり
大正1(1912)年～平成6(1994)年
評論家、劇作家、演出家、翻訳家。日本芸術院会員

「龍を撫でた男」
　読売文学賞 第4回（昭27年） 戯曲賞

「シェイクスピア全集」
　岸田演劇賞 第2回（昭30年）
　読売文学賞 第19回（昭42年） 研究・翻訳賞

「ハムレット」
　芸術選奨 第6回（昭30年） 演劇部門

「私の国語教室」

読売文学賞 第12回（昭35年） 評論・伝記賞

「総統いまだ死せず」
　日本文学大賞 第3回（昭46年）

菊池寛賞 第28回（昭55年）
日本芸術院賞 第37回（昭55年） 第2部
勲三等旭日中綬章 （昭61年）

藤 圭子　ふじ・けいこ
昭和26(1951)年～平成25(2013)年
歌手。別名・藤圭似子

「圭子の夢は夜ひらく」
　日本歌謡大賞 第1回（昭45年） 大賞

「命預けます」
　日本有線大賞 第3回（昭45年） スター賞
　日本レコード大賞 第12回（昭45年） 大衆賞
　夜のレコード大賞 第3回（昭45年度） 優秀スター賞

ゴールデン・アロー賞 第8回（昭45年） 大賞
日本レコードセールス大賞 第3回（昭45年） セールス大賞
日本演歌大賞 第1回（昭50年） 演歌女心賞
日本演歌大賞 第3回（昭52年） 演歌スター賞
日本レコード大賞 第55回（平25年） 特別功労賞

富司 純子　ふじ・すみこ
昭和20(1945)年～
俳優。旧芸名は藤純子

「緋牡丹博徒・お命戴きます」
　毎日映画コンクール 第26回（昭46年） 演技賞 女優演技賞 ※藤純子名義

「緋牡丹博徒・お命戴きます」「女渡世人 おたの申します」
　キネマ旬報賞 第17回（昭46年） 女優賞 ※藤純子名義

「祇園の姉妹」

菊田一夫演劇賞 第23回（平10年）
名古屋演劇ペンクラブ年間賞 （平12年）

「あ、春」「おもちゃ」
　キネマ旬報賞 （平11年度） 助演女優賞

「おもちゃ」
　日刊スポーツ映画大賞・石原裕次郎賞 第12回（平11年） 主演女優賞
　報知映画賞 第24回（平11年） 助演女優賞

「フラガール」
　日刊スポーツ映画大賞・石原裕次郎賞 第19回（平18年） 助演女優賞

「フラガール」「寝ずの番」「犬神家の一族」
　ブルーリボン賞 第49回（平18年度） 助演女優賞

エランドール賞 （昭40年度） 新人賞 ※藤純子名義
夜のレコード大賞 第2回（昭44年度） 話題賞 ※藤純子名義
毎日映画コンクール （平11年度） 田中絹代賞
紫綬褒章 （平19年）
山路ふみ子賞 第38回（平26年） 功労賞
旭日小綬章 （平27年）

藤 真利子　ふじ・まりこ
昭和30(1955)年～
俳優。

「飢餓海峡」「文子とはつ」
　ゴールデン・アロー賞 第16回（昭53年） 放送賞 新人賞

「薄化粧」
　毎日映画コンクール 第40回（昭60年） 演技賞 女優助演賞
　日本アカデミー賞 助演女優賞

「薄化粧」「危険な女たち」
　ブルーリボン賞 第28回（昭60年） 助演女優賞

「テレーズ・ラカン」
　読売演劇大賞 第1回（平5年） 優秀女優賞

「プワゾンの匂う女」
　菊田一夫演劇賞 第29回（平15年） 演劇賞

ゴールデン・アロー賞 第16回（昭53年） 最優秀新人賞
テレビ大賞 第11回（昭53年度） 新人賞
エランドール賞 （昭54年度） 新人賞

藤枝 静男　ふじえだ・しずお
明治40(1907)年～平成5(1993)年
小説家

「空気頭」
　芸術選奨 第18回（昭42年） 文学部門 文部大臣賞

「愛国者たち」
　平林たい子文学賞 第2回（昭49年）

「田紳有楽」

谷崎潤一郎賞 第12回（昭51年）
「悲しいだけ」
　野間文芸賞 第32回（昭54年）
　中日文化賞 第31回（昭53年）

藤岡 琢也　ふじおか・たくや
　昭和5（1930）年～平成18（2006）年
　俳優
「横堀川」
　ギャラクシー賞 第4回（昭41年）
「丹下左膳・飛燕居合斬り」
　京都市民映画祭（昭41年）男優助演賞
「渡る世間は鬼ばかり」
　橋田賞 第2回（平5年）橋田賞
名古屋演劇ペンクラブ年間賞（平6年）
菊田一夫演劇賞 第27回（平13年）特別賞

藤子・F・不二雄　ふじこ・えふふじお
　昭和8（1933）年～平成8（1996）年
　漫画家。安孫子素雄（藤子不二雄A）と藤子不二雄として活動
「すすめロボケット」「てぶくろてっちゃん」
　小学館漫画賞 第8回（昭37年度）
「ドラえもん」
　日本漫画家協会賞 第2回（昭48年）優秀賞
　小学館漫画賞 第27回（昭56年度）児童向け
　藤本賞 第15回（平8年）奨励賞
　手塚治虫文化賞 第1回（平9年）マンガ大賞
「ドラえもん のび太と竜の騎士」（シナリオ）
　日本アニメ大賞・アトム賞 第5回（昭62年）部門別
　　最優秀賞 脚本部門最優勝賞
ゴールデングロス賞 第7回（平1年度）特別賞
ゴールデングロス賞 第14回（平8年度）ゴールデングロス特別感謝賞
毎日映画コンクール 第51回（平8年）特別賞
日本アカデミー賞 第20回（平9年）会長特別賞

藤子 不二雄A　ふじこ・ふじおえい
　昭和9（1934）年～令和4（2022）年
　漫画家、映画プロデューサー。共同筆名・藤子不二雄ほか
「すすめロボケット」「てぶくろてっちゃん」
　小学館漫画賞 第8回（昭37年度）
「少年時代」
　山路ふみ子映画賞 第14回（平2年）特別賞
　藤本賞 第10回（平3年）特別賞
「まんが道」「愛…しりそめし頃に…」
　手塚治虫文化賞 第18回（平26年）特別賞
日本漫画家協会賞 第34回（平17年）文部科学大臣賞
旭日小綬章（平20年）
氷見市名誉市民（平20年）

藤沢 周平　ふじさわ・しゅうへい
　昭和2（1927）年～平成9（1997）年
　小説家
「溟い海」
　オール讀物新人賞 第38回（昭46年上）
「暗殺の年輪」
　直木三十五賞 第69回（昭48年上）
「白き瓶」
　吉川英治文学賞 第20回（昭61年）
「市塵」
　芸術選奨 第40回（平1年）文学部門 文部大臣賞
菊池寛賞 第37回（平1年）
朝日賞（平5年）
東京都文化賞 第10回（平6年）
紫綬褒章（平7年）
山形県民栄誉賞（平9年）

藤田 敏八　ふじた・としや
　昭和7（1932）年～平成9（1997）年
　映画監督、俳優。前名は藤田繁矢
「非行少年・陽の出の叫び」
　日本映画監督協会新人賞（昭42年）
「八月の濡れた砂」
　キネマ旬報ベスト・テン 第45回（昭46年度）日本映画 10位
　年鑑代表シナリオ（昭46年度）
「妹」
　キネマ旬報ベスト・テン 第48回（昭49年度）日本映画 10位
　優秀映画鑑賞会ベストテン 第15回（昭49年度）日本映画 8位
「赤ちょうちん」
　キネマ旬報ベスト・テン 第48回（昭49年度）日本映画 9位
「帰らざる日々」
　キネマ旬報ベスト・テン 第52回（昭53年度）日本映画 5位
　キネマ旬報賞 第24回（昭53年）読者選出日本映画監督賞
　山路ふみ子映画賞 第2回（昭53年）
　年鑑代表シナリオ（昭53年度）
　優秀映画鑑賞会ベストテン 第19回（昭53年度）日本映画 6位
「海燕ジョーの奇跡」
　年鑑代表シナリオ（昭59年度）
「リボルバー」
　おおさか映画監督賞（昭63年）
　キネマ旬報ベスト・テン 第62回（昭63年度）日本映画 9位
ベストドレッサー賞 第11回（昭57年）学術・文化部門

藤田 まこと　ふじた・まこと
昭和8(1933)年〜平成22(2010)年
俳優

「東海林太郎物語・歌こそ我がいのち」
　芸術祭賞　第39回(昭59年)　演劇部門　優秀賞

「旅役者駒十郎日記　人生まわり舞台」
　芸術祭賞　第42回(昭62年)　演劇部門

「その男ゾルバ」
　芸術選奨　第41回(平2年)　大衆芸能部門　文部大臣賞
　大阪府民劇場賞　(平3年)

京都市民映画祭　(昭50年)　主演男優賞
ベストドレッサー賞　第12回(昭58年)　スポーツ・芸能部門
テレビ大賞　第18回(昭60年度)　優秀個人賞
松尾芸能賞　第12回(平3年)　優秀賞 演劇
紫綬褒章　(平14年)

藤田 まさと　ふじた・まさと
明治41(1908)年〜昭和57(1982)年
作詞家

「恋ひとすじ」
　日本作詩大賞　第3回(昭45年度)　大賞

紫綬褒章　(昭44年)
日本レコード大賞　第15回(昭48年)　特別賞
勲三等瑞宝章　(昭53年)
日本レコード大賞　第20回(昭53年)　特別賞
日本作曲大賞　第2回(昭57年)　音楽文化賞
JASRAC賞　(昭61年)

藤村 志保　ふじむら・しほ
昭和14(1939)年〜
俳優

「破戒」
　ホワイト・ブロンズ賞　(昭37年)　助演女優賞

「脳死をこえて」
　読売女性ヒューマン・ドキュメンタリー大賞　第6回(昭60年)

「二人日和」
　山路ふみ子映画賞　第30回(平18年)　映画功労賞

エランドール賞　(昭39年度)　新人賞
川崎市文化賞　(平10年)
毎日映画コンクール　第53回(平10年)　田中絹代賞
ヨコハマ映画祭　第29回(平19年度)　特別大賞
日本放送協会放送文化賞　第59回(平19年度)
文化庁長官表彰　(平24年)
山路ふみ子賞　第37回(平25年)　特別賞

藤本 義一　ふじもと・ぎいち
昭和8(1933)年〜平成24(2012)年
小説家、放送作家、テレビ司会者

「つばくろの歌」
　芸術祭賞　第12回(昭32年)　脚本賞

「鬼の詩」
　直木三十五賞　第71回(昭49年上)

「蛍の宿」
　日本文芸大賞　第7回(昭62年)

噂賞　第1回(昭47年)
ベストドレッサー賞　第12回(昭58年)　学術・文化部門
関西大賞　第1回(昭61年)
大阪芸術賞　(平10年)

藤山 一郎　ふじやま・いちろう
明治44(1911)年〜平成5(1993)年
歌手、作曲家

日赤特別有功章　(昭27年)
日本放送協会放送文化賞　第9回(昭32年)
社会教育功労賞　(昭34年)
紫綬褒章　(昭48年)
日本レコード大賞　第16回(昭49年)　特別賞
日本レコード大賞　第22回(昭55年)　特別賞
芸能功労者表彰　第7回(昭56年)
勲三等瑞宝章　(昭58年)
東京都文化賞　第5回(平1年)
国民栄誉賞　(平4年)
優良運転者緑十字交通栄誉章

藤山 直美　ふじやま・なおみ
昭和33(1958)年〜
俳優

「夫婦善哉」
　芸術選奨　第47回(平8年)　演劇部門 新人賞

「顔」
　キネマ旬報賞　第46回(平12年)　主演女優賞
　ヨコハマ映画祭　第22回(平12年度)　主演女優賞
　報知映画賞　第25回(平12年度)　最優秀女優賞
　毎日映画コンクール　第55回(平12年)　女優主演賞
　高崎映画祭　第15回(平13年)　主演女優賞

「ええから加減」
　菊田一夫演劇賞　第38回(平24年度)　演劇大賞

「団地」
　上海国際映画祭　(平28年)　最優秀女優賞

「おもろい女」
　芸術祭賞　第73回(平30年度)　演劇部門 大賞(関東参加公演の部)
　芸術選奨　第69回(平30年度)　演劇部門 文部科学大臣賞
　読売演劇大賞　第26回(平30年度)　優秀女優賞

テレビ大賞　第12回(昭54年度)　新人賞
ゴールデン・アロー賞　第30回(平4年)　芸能賞
日本映画テレビプロデューサー賞　(平4年度)　特別賞
エランドール賞　(平5年度)　特別賞

咲くやこの花賞 第10回（平5年） 演劇舞踊部門
松尾芸能賞 第16回（平7年） 優秀賞 演劇
紫綬褒章 （令2年）

藤原 伊織　ふじわら・いおり
昭和23（1948）年～平成19（2007）年
小説家

「ダックスフントのワープ」
　すばる文学賞 第9回（昭60年）

「テロリストのパラソル」
　江戸川乱歩賞 第41回（平7年）
　直木三十五賞 第114回（平7年下）

布施 明　ふせ・あきら
昭和22（1947）年～
歌手、俳優

「積木の部屋」
　FNS歌謡祭グランプリ 第1回（昭49年） 最優秀歌唱賞 上期
　日本レコード大賞 第16回（昭49年） 歌唱賞
　日本有線大賞 第7回（昭49年） 特別賞

「シクラメンのかほり」
　ゴールデン・アロー賞 第13回（昭50年） 音楽賞
　FNS歌謡祭グランプリ 第2回（昭50年） グランプリ
　FNS歌謡祭グランプリ 第2回（昭50年） 最優秀ヒット賞 下期
　全日本有線放送大賞 第8回（昭50年） 優秀スター賞
　日本レコード大賞 第17回（昭50年） 大賞
　日本歌謡大賞 第6回（昭50年） 大賞
　日本歌謡大賞 第6回（昭50年） 放送音楽賞
　日本有線大賞 第8回（昭50年） 有線スター賞
　日本有線大賞 第8回（昭50年） ベストヒット賞
　夜のレコード大賞 第8回（昭50年度） 優秀スター賞

「傾いた道しるべ」
　FNS歌謡祭グランプリ 第2回（昭50年） 最優秀歌唱賞 下期

「Ballade」
　日本レコード大賞 第50回（平20年） 企画賞

ベストドレッサー賞 第1回（昭47年） スポーツ・芸能部門
あなたが選ぶ全日本歌謡音楽祭 第1回（昭50年） ゴールデングランプリ
あなたが選ぶ全日本歌謡音楽祭 第1回（昭50年） ミドルエイジ賞
横浜音楽祭 第2回（昭50年） 音楽賞
銀座音楽祭 第5回（昭50年） ラジオディスク大賞
FNS歌謡祭グランプリ 第5回（昭53年） FNS歌謡祭五周年記念特別賞
日本レコード大賞 第57回（平27年） 功労賞

二葉 百合子　ふたば・ゆりこ
昭和6（1931）年～
浪曲師、歌手、俳優

「岸壁の母」
　FNS歌謡祭グランプリ 第3回（昭51年） 特別賞
　全日本有線放送大賞 第9回（昭51年度） 優秀スター賞
　日本レコード大賞 第18回（昭51年） 審査委員会選奨
　日本有線大賞 第9回（昭51年） 有線ヒット賞

「二葉百合子ひとすじの道…」
　芸術選奨 第45回（平6年） 大衆芸能部門 文部大臣賞

芸術祭賞 第25回（昭45年） 大衆芸能部門（1部） 優秀賞
浪曲革新賞（昭34年）
あなたが選ぶ全日本歌謡音楽祭 第2回（昭51年） 特別賞
日本演歌大賞 第2回（昭51年） 演歌名人賞
日本演歌大賞 第2回（昭51年） 演歌スター賞
日本放送演芸大賞 第5回（昭51年）
松尾芸能賞 第16回（平7年） 特別賞 歌謡芸能
日本レコード大賞 第41回（平11年） 功労賞
旭日小綬章（平18年）

舟木 一夫　ふなき・かずお
昭和19（1944）年～
歌手

「高校三年生」「学園広場」
　日本レコード大賞 第5回（昭38年） 新人賞

「絶唱」
　日本レコード大賞 第8回（昭41年） 歌唱賞

「雨ふりお月さん」
　名古屋演劇ペンクラブ年間賞（平7年）

ゴールデン・アロー賞 第1回（昭38年） 新人賞
松尾芸能賞 第22回（平13年） 大賞
日本レコード大賞 第44回（平14年） 功労賞

舟崎 靖子　ふなざき・やすこ
昭和19（1944）年～
児童文学作家、小説家。別筆名に村上靖子

「うたう足の歌」
　日本レコード大賞（昭39年） 童謡賞

「ひろしのしょうばい」
　産経児童出版文化賞 第25回（昭53年）

「はしって！ アレン」
　産経児童出版文化賞 第28回（昭56年） 美術賞

「とべないカラスととばないカラス」
　赤い鳥文学賞 第14回（昭59年）

「やいトカゲ」
　絵本にっぽん賞 第7回（昭59年）

「亀八」

産経児童出版文化賞　第40回（平5年）
日本児童文学者協会賞　第33回（平5年）

舟崎 克彦　ふなざき・よしひこ
昭和20（1945）年～平成27（2015）年
児童文学作家、絵本作家、挿絵画家

「ぽっぺん先生と帰らずの沼」
　赤い鳥文学賞　第4回（昭49年）
「あのこがみえる」
　ボローニャ国際児童図書展（昭50年）グラフィック大賞
「雨の動物園」
　国際アンデルセン賞（昭50年）優良作品賞
　産経児童出版文化賞　第22回（昭50年）
「ひろしのしょうばい」
　産経児童出版文化賞　第25回（昭53年）
「Qはせかいいち」
　産経児童出版文化賞（昭57年）
「はかまだれ」
　絵本にっぽん賞　第7回（昭59年）
「ぽっぺん先生物語シリーズ」
　路傍の石文学賞　第11回（平1年）
「悪魔のりんご」
　日本絵本賞　第13回（平19年）日本絵本賞

舟橋 聖一　ふなはし・せいいち
明治37（1904）年～昭和51（1976）年
小説家、劇作家。日本芸術院会員

「ある女の遠景」
　毎日芸術賞　第5回（昭38年）
「好きな女の胸飾り」
　野間文芸賞　第20回（昭42年）

彦根市名誉市民（昭39年）
文化功労者（昭50年）

船村 徹　ふなむら・とおる
昭和7（1932）年～平成29（2017）年
作曲家、作詞家。筆名は船生宿、清水透、鬼怒川之男ほか

「王将」
　日本レコード大賞（昭36年）特別賞
「風雪ながれ旅」
　古賀政男記念音楽大賞　第1回（昭55年度）プロ作品大賞
「矢切の渡し」
　FNS歌謡祭グランプリ　第10回（昭58年）グランプリ
　日本レコード大賞　第25回（昭58年）大賞
　JASRAC賞　第3回（昭60年）国内
「紅とんぼ」
　藤田まさと賞（平1年）
「北の大地」
　日本レコード大賞　第33回（平3年）歌謡曲・演歌部門　大賞
「愛惜の譜」
　日本レコード大賞　第43回（平13年）企画賞

紫綬褒章（平7年）
日本放送協会放送文化賞　第51回（平11年）
日本レコード大賞　第43回（平13年）特別選奨
旭日中綬章（平15年）
日本レコード大賞　第50回（平20年）特別顕彰
文化功労者　第61回（平20年度）
大山康晴賞　第16回（平21年）特別賞
日本レコード大賞　第58回（平28年）特別栄誉賞
文化勲章（平28年度）
日本レコード大賞　第59回（平29年）特別功労賞

船山 馨　ふなやま・かおる
大正3（1914）年～昭和56（1981）年
小説家

「笛」「塔」
　野間文芸奨励賞　第5回（昭20年）
「石狩平野」
　小説新潮賞　第14回（昭43年）
「茜いろの坂」
　吉川英治文学賞　第15回（昭56年）

船山 基紀　ふなやま・もとき
昭和26（1951）年～
作曲家、編曲家

「勝手にしやがれ」
　日本レコード大賞　第19回（昭52年）大賞
「勝手にしやがれ」「悪女」「淋しい熱帯魚」
　レコード大賞　第19回・24回・32回（昭52年・57年・平成2年）編曲賞
「勝手にしやがれ」「旅愁～斑鳩にて」
　日本レコード大賞　第19回（昭52年）編曲賞
「LOVE（抱きしめたい）」
　FNS歌謡祭グランプリ　第5回（昭53年）グランプリ
「悪女」
　日本レコード大賞　第24回（昭57年）編曲賞
「Romanticが止まらない」
　日本レコード大賞　第27回（昭60年）編曲賞
「淋しい熱帯魚」
　日本レコード大賞　第31回（平1年）大賞

FNS歌謡祭グランプリ　第5回（昭53年）最優秀編曲賞
日本レコードセールス大賞　第11回（昭53年）編曲賞第2位
日本レコードセールス大賞　第13回（昭55年）編曲賞
FNS歌謡祭グランプリ　第8回（昭56年）最優秀編曲賞
日本レコードセールス大賞　第14回（昭56年）編曲賞
日本レコードセールス大賞　第15回（昭57年）編曲賞
日本レコードセールス大賞　第20回（昭62年）編曲賞

第2位
　FNS歌謡祭グランプリ　第15回（昭63年）　最優秀編
　　曲賞
　FNS歌謡祭グランプリ　第16回（平1年）　最優秀編曲賞
　日本レコードセールス大賞　第22回（平1年）　編曲賞
　　第1位

フランキー堺　　ふらんきーさかい
　昭和4（1929）年～平成8（1996）年
　俳優、ジャズ・ドラマー

「幕末太陽伝」
　キネマ旬報賞　第3回（昭32年）　男優賞
「幕末太陽伝」「倖せは俺等のねがい」
　ブルーリボン賞　第8回（昭32年）　主演男優賞
「私は貝になりたい」
　芸術祭賞（昭33年）　文部大臣賞
「天と結婚」
　芸術祭賞（昭38年）　文部大臣賞（映画）
「もぐらの唄」
　芸術祭賞（昭39年）　企画賞（ドラマ）
「山頭火」
　モンテカルロ国際テレビ祭　第30回（平2年）　シル
　　バー・ニンフ賞
「写楽」
　エランドール賞（平8年度）　特別賞
　日本アカデミー賞　第19回（平8年）　特別賞企画賞
「末は博士か大臣か」
　NHK映画賞　主演男優賞

紫綬褒章（平6年）
藤本賞（平6年度）
毎日映画コンクール　第51回（平8年）　特別賞
日本アカデミー賞　第20回（平9年）　会長特別賞

フランク永井　　ふらんくながい
　昭和7（1932）年～平成20（2008）年
　歌手

「夜霧に消えたチャコ」
　日本レコード大賞　第1回（昭34年）　歌唱賞
「君恋し」
　日本レコード大賞　第3回（昭36年）　大賞
「逢いたくて」「赤ちゃんは王様だ」
　日本レコード大賞　第5回（昭38年）　歌唱賞
「おまえに」
　全日本有線放送大賞　第10回（昭52年度）　特別賞
　日本有線大賞　第13回（昭55年）　特別功労賞

芸術祭賞　第20回（昭40年）　大衆芸能部門　奨励賞
芸術祭賞　第25回（昭45年）　大衆芸能部門（2部）優
　秀賞
芸術選奨　第21回（昭45年）　大衆芸能部門　大臣賞
日本レコード大賞　第15回（昭48年）　大賞制定15周年
　記念賞
日本レコード大賞　第17回（昭50年）　特別賞
日本レコード大賞　第19回（昭52年）　特別賞
日本演歌大賞　第10回（昭59年）　演歌功労賞
日本レコード大賞　第50回（平20年）　特別功労賞
大崎市特別功績者（平21年）

古井　由吉　　ふるい・よしきち
　昭和12（1937）年～令和2（2020）年
　小説家、エッセイスト、翻訳家

「杳子」
　芥川龍之介賞　第64回（昭45年下）
「栖」
　日本文学大賞　第12回（昭55年）
「槿」
　谷崎潤一郎賞　第19回（昭58年）
「中上坂」
　川端康成文学賞　第14回（昭62年）
「仮往生伝試文」
　読売文学賞　第41回（平1年）　小説賞
「白髪の唄」
　毎日芸術賞　第38回（平8年）

古尾谷　雅人　　ふるおや・まさと
　昭和32（1957）年～平成15（2003）年
　俳優

「ヒポクラテスたち」
　ヨコハマ映画祭　第2回（昭55年）　主演男優賞
　報知映画賞　第5回（昭55年度）　最優秀主演男優賞
「宇宙の法則」「パチンコ物語」
　毎日映画コンクール　第45回（平2年）　演技賞　男優主
　　演賞

エランドール賞（昭57年度）　新人賞
ヨコハマ映画祭　第12回（平2年）　主演男優賞

古川　タク　　ふるかわ・たく
　昭和16（1941）年～
　アニメーション作家、漫画家、イラストレーター

「驚き盤」
　アヌシー国際アニメーション映画祭（昭50年）　特
　　別審査員賞
「ザ・タクン・ユーモア」
　文藝春秋漫画賞　第25回（昭54年）
「スピード」
　毎日映画コンクール　第35回（昭55年）　大藤信郎賞
「以心伝心」
　国際アニメーションフェスティバル広島大会　第5回
　　（平6年）　入選
「上京物語」
　芸術祭賞　第3回（平11年）　優秀賞
　文化庁メディア芸術祭　第3回（平11年）　アニメー

ション部門 優秀賞
「TAKUPEDIA」
　日本漫画家協会賞　第53回（令6年）　大賞　カーツーン部門
紫綬褒章　（平16年）
旭日小綬章　（平24年）

古川 勝　ふるかわ・まさる
　昭和11（1936）年～平成5（1993）年
　水泳選手（平泳ぎ）
朝日賞　（昭29年）　体育賞
朝日賞　（昭30年）　体育賞
日本スポーツ賞　（昭30年）
ヘルムス賞　（昭31年）
朝日賞　（昭31年）　体育賞
朝日賞　（昭32年）　体育賞
紫綬褒章　（平5年）

古田 求　ふるた・もとむ
　昭和22（1947）年～
　脚本家
「疑惑」
　年鑑代表シナリオ　（昭57年度）
　毎日映画コンクール　第37回（昭57年）　脚本賞
「薄化粧」
　年鑑代表シナリオ　（昭60年度）
「四万十川」
　年鑑代表シナリオ　（平3年度）
「忠臣蔵外伝 四谷怪談」
　年鑑代表シナリオ　（平6年度）

古橋 廣之進　ふるはし・ひろのしん
　昭和3（1928）年～平成21（2009）年
　水泳選手（自由形）
朝日賞　（昭22年）　体育賞
朝日賞　（昭23年）　体育賞
朝日賞　（昭24年）　体育賞
中日文化賞　第3回（昭25年）
紫綬褒章　（昭58年）
FINA大賞　（平2年）
日本放送協会放送文化賞　第42回（平2年）
文化功労者　（平5年）
オリンピック・オーダー銀章　（平7年）
旭日重光章　（平15年）
中日体育賞　第17回（平15年）　特別賞
朝日スポーツ賞　（平15年度）
東京都名誉都民　（平17年）
文化勲章　（平20年度）
日本スポーツ賞　第59回（平21年）　特別功労賞
毎日スポーツ人賞　（平21年度）　特別功労賞

降旗 康男　ふるはた・やすお
　昭和9（1934）年～令和1（2019）年
　映画監督
「冬の華」
　キネマ旬報ベスト・テン　第52回（昭53年度）　日本映画 8位
「駅 STATION」
　キネマ旬報ベスト・テン　第55回（昭56年度）　日本映画 4位
　キネマ旬報賞　第27回（昭56年）　読者選出日本映画監督賞
　ぴあテン　第10回（昭56年度）　8位
　優秀映画鑑賞会ベストテン　第22回（昭56年度）　日本映画 2位
「あ・うん」
　アジア太平洋映画祭　第34回（平1年）　最優秀作品賞
　キネマ旬報ベスト・テン　第63回（平1年度）　日本映画 10位
　優秀映画鑑賞会ベストテン　第30回（平1年度）　日本映画 5位
「蔵」
　優秀映画鑑賞会ベストテン　第36回（平7年度）　日本映画 第2位
「鉄道員（ぽっぽや）」
　キネマ旬報ベスト・テン　第73回（平11年度）　日本映画 第4位
　キネマ旬報賞　第45回（平11年）　読者選出日本映画監督賞
　ぴあテン　第28回（平11年度）　第7位
　日刊スポーツ映画大賞・石原裕次郎賞　第12回（平11年）　作品賞
　日本アカデミー賞　第23回（平12年）　最優秀監督賞・最優秀脚本賞
「ホタル」
　芸術選奨　第52回（平13年）　映画部門　文部科学大臣賞
　日刊スポーツ映画大賞・石原裕次郎賞　第14回（平13年）　石原裕次郎賞
「あなたへ」
　モントリオール世界映画祭　第36回（平24年）　エキュメニカル審査員賞特別賞
　日刊スポーツ映画大賞・石原裕次郎賞　第25回（平24年）　石原裕次郎賞
「少年H」
　モスクワ国際映画祭　（平25年）　GALA部門特別作品賞
　日刊スポーツ映画大賞・石原裕次郎賞　第26回（平25年）　石原裕次郎賞
山路ふみ子映画賞　第23回（平11年）
牧野省三賞　（平30年）
日本アカデミー賞　第43回（令2年）　会長特別賞

古山 高麗雄　ふるやま・こまお
大正9(1920)年〜平成14(2002)年
小説家

「プレオー8の夜明け」
芥川龍之介賞　第63回(昭45年上)

「小さな市街図」
芸術選奨　第23回(昭47年)　文学部門　新人賞

「セミの追憶」
川端康成文学賞　第21回(平6年)

菊池寛賞　第48回(平12年)

ペギー葉山　ぺぎーはやま
昭和8(1933)年〜平成29(2017)年
歌手

「あなたのために唄うジョニー」
芸術祭賞　第13回(昭33年)　大衆芸能部門　奨励賞

「恋歌一万葉の心を求めて」
日本レコード大賞　(昭55年)　企画賞

高知県名誉県人(昭49年)
横浜音楽祭　第9回(昭57年)　音楽祭特別賞
日本レコード大賞　第33回(平3年)　功労賞
ツムラ・ジャズヴォーカル賞　第8回(平4年)　大賞
芸術選奨　第43回(平4年)　大衆芸能部門　文部大臣賞
紫綬褒章(平7年)
旭日小綬章(平16年)
日本レコード大賞　第54回(平24年)　特別賞
松尾芸能賞　第35回(平26年)　特別賞　音楽
日本放送協会放送文化賞　第66回(平26年度)
日本レコード大賞　第59回(平29年)　特別功労賞

別役 実　べつやく・みのる
昭和12(1937)年〜令和2(2020)年
劇作家、童話作家。日本芸術院会員

「マッチ売りの少女」「赤い鳥の居る風景」
岸田國士戯曲賞　第13回(昭42年)

「新劇」岸田戯曲賞　第13回(昭43年)

「街と飛行船」「不思議の国のアリス」
紀伊國屋演劇賞　第5回(昭45年)　個人賞

「そよそよ族の叛乱」
芸術選奨　第22回(昭46年)　演劇部門　新人賞

「戒厳令」
年鑑代表シナリオ　(昭48年度)

「うしろの正面だあれ」
テアトロ演劇賞　第11回(昭58年度)

「不思議の国のアリスの『帽子屋さんのお茶の会』」
斎田喬戯曲賞　第21回(昭60年)

「ジョバンニの父への旅」「諸国を遍歴する二人の騎士の物語」
芸術選奨　第38回(昭62年)　演劇部門　大臣賞

「諸国を遍歴する二人の騎士の物語」
読売文学賞　第39回(昭62年)　戯曲賞

「やってきたゴドー」
鶴屋南北戯曲賞　第11回(平19年度)

「やってきたゴドー」「犬が西むきゃ尾は東―「にしむくさむらい」後日譚―」
紀伊國屋演劇賞　第42回(平19年)　個人賞

毎日芸術賞　第39回(平9年)　特別賞
朝日賞　(平20年度)
読売演劇大賞　第19回(平23年度)　芸術栄誉賞

辺見 じゅん　へんみ・じゅん
昭和14(1939)年〜平成23(2011)年
ノンフィクション作家、歌人

「男たちの大和」
新田次郎文学賞　第3回(昭59年)

「闇の祝祭」
現代短歌女流賞　第12回(昭63年)

「収容所(ラーゲリ)から来た遺書」
講談社ノンフィクション賞　第11回(平1年)
大宅壮一ノンフィクション賞　第21回(平2年)

「夢、未だ盡きず」
ミズノスポーツライター賞　(平10年度)

短歌愛読者賞　(昭55年)
北日本新聞文化賞　(平17年)

辺見 マリ　へんみ・まり
昭和25(1950)年〜
歌手、女優

「経験」
日本歌謡大賞　第1回(昭45年)　放送音楽新人賞
日本有線大賞　第3回(昭45年)　新人賞
夜のレコード大賞　第3回(昭45年度)　新人賞

ゴールデン・アロー賞　第8回(昭45年)　グラフ賞
日本レコード大賞　第12回(昭45年)　新人賞

北条 秀司　ほうじょう・ひでじ
明治35(1902)年〜平成8(1996)年
劇作家、演出家

「閣下」
新潮社文芸賞　第4回(昭16年)　第2部

「王将終篇」「霧の音」
毎日演劇賞　第4回(昭26年)　個人賞　脚本

「霧の音」
芸術祭賞　第6回(昭26年)　演劇部門　奨励賞

「北条秀司戯曲選集」
芸術選奨　第15回(昭39年)　演劇部門
読売文学賞　第17回(昭40年)　戯曲賞

「春日局」

大谷竹次郎賞 第3回(昭49年度)
日本放送協会放送文化賞 第6回(昭29年)
毎日演劇賞 第8回(昭30年) 個人賞 脚本
菊池寛賞 第21回(昭48年)
文化功労者 (昭62年)

星 由里子　ほし・ゆりこ
昭和18(1943)年〜平成30(2018)年
俳優

「わが心の銀河鉄道 宮沢賢治物語」
　日本アカデミー賞 第20回(平9年) 優秀助演女優賞

「佐渡島他吉の生涯」
　菊田一夫演劇賞 第28回(平14年) 演劇賞

エランドール賞 (昭35年度) 新人賞
ミリオン・パール賞 (昭42年)
日本アカデミー賞 第42回(平31年) 会長特別賞

星野 仙一　ほしの・せんいち
昭和22(1947)年〜平成30(2018)年
野球人

日本新語・流行語大賞 第20回(平15年) トップテン
　"勝ちたいんや！"
沢村賞 (昭49年)
テレビ大賞 第18回(昭60年度) 優秀個人賞
ベストドレッサー賞 第32回(平15年) スポーツ部門
正力松太郎賞 (平15年)
朝日スポーツ賞 (平15年度)
報知プロスポーツ大賞 第28回(平15年) 特別功労賞
日本放送協会放送文化賞 第66回(平26年度)

星野 哲郎　ほしの・てつろう
大正14(1925)年〜平成22(2010)年
作詞家。筆名・星洋、橘まゆみ、結城隆磨

「いつでも君は」
　日本作詩大賞 第1回(昭43年度) 大賞

「艶歌」「扇塚」
　日本レコード大賞 第10回(昭43年) 作詩賞

「三百六十五歩のマーチ」
　日本作詩大賞 第2回(昭44年度) 大衆賞

「ねんがら子守唄」
　日本作詩大賞 第4回(昭46年) 作品賞

「風雪ながれ旅」
　古賀政男記念音楽大賞 第1回(昭55年度) プロ作品大賞

「夫婦坂」
　日本作詩大賞 第17回(昭59年度) 優秀作品賞

「女の海峡物語」
　日本レコード大賞 第28回(昭61年) 企画賞

「雪椿」
　藤田まさと賞 第4回(昭63年)

「北の大地」

「日本レコード大賞 第33回(平3年) 歌謡曲・演歌部門 大賞
日本作詩大賞 第24回(平3年度) 大賞

「女の川」
　日本作詩大賞 第25回(平4年度) 優秀作品賞

「北帰航」
　日本作詩大賞 第29回(平8年度) 優秀作品賞

「君」
　日本作詩大賞 第35回(平14年度) 優秀作品賞

「大器晩成」
　日本作詩大賞 第38回(平17年度) 大賞

海事功労者 (昭46年)
交通文化賞運輸大臣表彰 (昭60年)
紫綬褒章 (昭61年)
東和町名誉町民 (昭63年)
日本レコード大賞 第35回(平5年) 功労賞
日本放送協会放送文化賞 第50回(平10年)
勲三等瑞宝章 (平12年)
日本レコード大賞 第45回(平15年) 特別選奨
日本レコード大賞 第52回(平22年) 特別功労賞

細川 たかし　ほそかわ・たかし
昭和25(1950)年〜
歌手

「心のこり」
　FNS歌謡祭グランプリ 第2回(昭50年) 最優秀新人賞 上期
　銀座音楽祭 第5回(昭50年) 専門審査員奨励賞
　新宿音楽祭 第8回(昭50年) 金賞
　日本テレビ音楽祭 第1回(昭50年) 新人賞
　日本レコード大賞 第17回(昭50年) 最優秀新人賞
　日本歌謡大賞 第6回(昭50年) 放送音楽新人賞
　日本有線大賞 第8回(昭50年) 最優秀新人賞
　日本有線大賞 第8回(昭50年) 優秀新人賞
　夜のレコード大賞 第8回(昭50年度) 銀賞

「北酒場」
　FNS歌謡祭グランプリ 第9回(昭57年) 優秀歌謡音楽賞
　全日本有線放送大賞 第15回(昭57年度) グランプリ
　日本レコード大賞 第24回(昭57年) 大賞
　日本有線大賞 第15回(昭57年) 大賞
　日本有線大賞 第15回(昭57年) ベストヒット賞

「矢切の渡し」
　メガロポリス歌謡祭 第2回(昭58年) 演歌大賞
　FNS歌謡祭グランプリ 第10回(昭58年) グランプリ/優秀歌謡音楽賞
　銀座音楽祭 第13回(昭58年) ラジオディスクグランプリ
　全日本有線放送大賞 第16回(昭58年度) 審査委員

会最優秀賞
　日本テレビ音楽祭　第9回（昭58年）　グランプリ
　日本歌謡大賞　第14回（昭58年）　放送音楽プロ
　　デューサー連盟賞
　日本レコード大賞　第25回（昭58年）　大賞
「浪花節だよ人生は」
　FNS歌謡祭グランプリ　第11回（昭59年）　優秀歌謡
　　音楽賞/最優秀視聴者賞
　日本レコード大賞　第26回（昭59年）　最優秀歌唱賞
　日本歌謡大賞　第15回（昭59年）　放送音楽プロ
　　デューサー連盟賞
「望郷じょんから」
　古賀政男記念音楽大賞　第6回（昭60年度）　プロ作品
　　大賞
　日本テレビ音楽祭　第11回（昭60年）　歌唱賞
　日本演歌大賞　第11回（昭60年）　歌唱賞
　日本歌謡大賞　第16回（昭60年）　放送音楽プロ
　　デューサー連盟賞
　日本有線大賞　第18回（昭60年）　協会選奨
「さだめ川」
　あなたが選ぶ全日本歌謡音楽祭　第12回（昭61年）
　　審査員奨励賞
　日本演歌大賞　第12回（昭61年）　歌唱賞
　日本演歌大賞　第12回（昭61年）　演歌スター賞
　日本歌謡大賞　第17回（昭61年）　放送音楽プロ
　　デューサー連盟賞
　日本歌謡大賞　第17回（昭61年）　放送音楽特別賞
　日本有線大賞　第19回（昭61年）　有線音楽賞
「夢暦」
　FNS歌謡祭グランプリ　第14回（昭62年）　優秀歌謡
　　音楽賞
　日本テレビ音楽祭　第13回（昭62年）　優秀賞
「北緯五十度」
　メガロポリス歌謡祭　第7回（昭63年）　演歌大賞男性
　　部門
　FNS歌謡祭グランプリ　第15回（昭63年）　優秀歌謡
　　音楽賞
　古賀政男記念音楽大賞　第9回（昭63年度）　プロ作品
　　優秀賞
　日本演歌大賞　第14回（昭63年）　大賞
　日本演歌大賞　第14回（昭63年）　演歌スター賞
「北国へ」
　FNS歌謡祭グランプリ　第16回（平1年）　最優秀歌
　　唱賞
　日本演歌大賞　第15回（平1年）　演歌名人位
　日本演歌大賞　第15回（平1年）　演歌スター賞
　日本歌謡大賞　第20回（平1年）　最優秀放送音楽賞
　日本有線大賞　第22回（平1年）　協会選奨
あなたが選ぶ全日本歌謡音楽祭　第1回（昭50年）　優
　　秀新人賞
横浜音楽祭　第2回（昭50年）　最優秀新人賞
日本レコードセールス大賞　第8回（昭50年）　男性新

人賞
あなたが選ぶ全日本歌謡音楽祭　第2回（昭51年）
　　ファミリー賞
ABC歌謡新人グランプリ　第2回（昭51年）　最優秀歌
　　唱賞
ABC歌謡新人グランプリ　第2回（昭51年）　シル
　　バー賞
日本歌謡大賞　第2回（昭51年）　週刊平凡賞
日本演歌大賞　第2回（昭51年）　演歌スター賞
真狩村村民栄誉賞　（昭55年）
FNS歌謡祭グランプリ　第9回（昭57年）　最優秀視聴
　　者賞
横浜音楽祭　第9回（昭57年）　音楽賞
日本演歌大賞　第8回（昭57年）　大賞
日本演歌大賞　第8回（昭57年）　演歌スター賞
メガロポリス歌謡祭　第2回（昭58年）　演歌入賞
横浜音楽祭　第10回（昭58年）　音楽祭賞
日本演歌大賞　第9回（昭58年）　大賞
日本演歌大賞　第9回（昭58年）　演歌スター賞
日本演歌大賞　第10回（昭59年）　演歌名誉歌手賞
メガロポリス歌謡祭　第4回（昭60年）　演歌入賞
横浜音楽祭　第13回（昭61年）　音楽祭賞
メガロポリス歌謡祭　第6回（昭62年）　演歌メガロポ
　　リス賞男性部門
メガロポリス歌謡祭　第7回（昭63年）　演歌メガロポ
　　リス賞男性部門
横浜音楽祭　第15回（昭63年）　音楽祭賞
あなたが選ぶ全日本歌謡音楽祭　第14回（平1年）　審
　　査員奨励賞
横浜音楽祭　第16回（平1年）　ラジオ日本演歌賞
銀座音楽祭　第19回（平1年）　特別賞
日本テレビ音楽祭　第15回（平1年）　優秀賞

細野　晴臣　ほその・はるおみ
昭和22（1947）年～
ミュージシャン、作曲家。「YMO」（イエローマ
ジックオーケストラ）や「はっぴいえんど」のメン
バーとしても活動

「映画を聴きましょう」
　キネマ旬報読者賞（平26年度）
「万引き家族」
　日本アカデミー賞　第42回（平31年）　最優秀音楽賞
FNS歌謡祭グランプリ　第10回（昭58年）　最優秀作
　　曲賞
日本レコードセールス大賞　第16回（昭58年）　作曲賞
芸術選奨　第58回（平19年度）　大衆芸能部門　文部科学
　　大臣賞
朝日賞（令2年度）

堀田　善衞　ほった・よしえ
大正7（1918）年～平成10（1998）年
作家、文芸評論家

「広場の孤独」「漢奸」

芥川龍之介賞　第26回（昭26年下）
「方丈記私記」
　毎日出版文化賞　第25回（昭46年）
「ゴヤ」
　大佛次郎賞　第4回（昭52年）
「ミシェル 城館の人」
　和辻哲郎文化賞　第7回（平7年）一般部門
ロータス賞　（昭53年）
スペイン賢王アルフォンソ十世十字勲章　（昭54年）
朝日賞　（平6年）
日本芸術院賞　第54回（平9年）第2部

堀 ちえみ　ほり・ちえみ
　昭和42（1967）年〜
　タレント
「とまどいの週末」
　FNS歌謡祭グランプリ　第9回（昭57年）優秀新人賞
「待ちぼうけ」
　新宿音楽祭　第15回（昭57年）銀賞
　銀座音楽祭　第12回（昭57年）金賞
「夕暮れ気分」
　日本レコード大賞　第25回（昭58年）ゴールデンアイドル賞
「クレイジーラブ」
　FNS歌謡祭グランプリ　第11回（昭59年）優秀歌謡音楽賞
　あなたが選ぶ全日本歌謡音楽祭　第8回（昭57年）優秀新人賞
　ABC歌謡新人グランプリ　第9回（昭57年）アイドル賞
　ABC歌謡新人グランプリ　第9回（昭57年）シルバー賞
　横浜音楽祭　第9回（昭57年）新人賞
　日本レコード大賞　第24回（昭57年）新人賞
　あなたが選ぶ全日本歌謡音楽祭　第10回（昭59年）最優秀アイドル賞
　メガロポリス歌謡祭　第3回（昭59年）ポップス入賞
　日本新語・流行語大賞　第1回（昭59年）流行語部門大衆賞　"教官！"
　横浜音楽祭　第12回（昭60年）音楽祭特別賞

堀内 孝雄　ほりうち・たかお
　昭和24（1949）年〜
　シンガー・ソングライター。アリスのメンバー
「愛しき日々」
　日本テレビ音楽祭　第13回（昭62年）日本テレビ特別賞
　日本レコード大賞　第29回（昭62年）作曲賞
　日本作曲大賞　第7回（昭62年）優秀作曲者賞
　日本有線大賞　第20回（昭62年）有線音楽賞
「ガキの頃のように」
　メガロポリス歌謡祭　第7回（昭63年）ポップスメガロポリス賞
　日本有線大賞　第21回（昭63年）有線音楽賞
「冗談じゃねえ」
　メガロポリス歌謡祭　第8回（平1年）ポップスメガロポリス賞
　日本歌謡大賞　第20回（平1年）放送音楽プロデューサー連盟賞
　日本作曲大賞　第9回（平1年）優秀作曲者賞
「恋唄綴り」
　あなたが選ぶ全日本歌謡音楽祭　第15回（平2年）ゴールデングランプリ
　メガロポリス歌謡祭　第9回（平2年）ポップスメガロポリス賞
　横浜音楽祭　第17回（平2年）音楽祭賞
　全日本歌謡音楽祭　（平2年）ゴールデングランプリ
　全日本有線放送大賞　第23回（平2年度）優秀スター賞
　日本レコード大賞　第32回（平2年）歌謡曲・演歌部門 大賞
　日本レコード大賞　第32回（平2年）歌謡曲・演歌部門 作曲賞
　日本演歌大賞　第16回（平2年）大賞
　日本演歌大賞　第16回（平2年）演歌スター賞
　日本歌謡大賞　第21回（平2年）大賞
　日本有線大賞　第23回（平2年）大賞
　日本有線大賞　第23回（平2年）有線音楽優秀賞
「恋唄綴り」「愛されてセレナーデ」
　全日本有線放送大賞　第23回（平2年度）グランプリ
「GENTS」
　日本レコード大賞　第33回（平3年）歌謡曲・演歌部門 アルバム大賞
「都会の天使たち」
　全日本有線放送大賞　第25回（平4年度）優秀スター賞
　日本レコード大賞　第34回（平4年）ゴールドディスク賞
　日本歌謡大賞　第23回（平4年）放送音楽特別連盟賞
　日本有線大賞　第25回（平4年）有線音楽優秀賞
「影法師」
　全日本有線放送大賞　第26回（平5年度）優秀スター賞
　日本歌謡大賞　第24回（平5年）大賞
　日本有線大賞　第26回（平5年）有線音楽優秀賞
「東京発」
　日本有線大賞　第28回（平7年）有線音楽優秀賞
「続・竹とんぼ—青春のしっぽ」
　日本有線大賞　第32回（平11年）有線音楽優秀賞
「終止符」
　日本作詩大賞　第34回（平13年度）特別賞
東京音楽祭　第8回（昭54年）世界大会作曲賞

日本レコードセールス大賞 第13回(昭55年) 作曲賞
横浜音楽祭 第15回(昭63年) 音楽祭賞
あなたが選ぶ全日本歌謡音楽祭 第14回(平1年) 最優秀歌唱賞
横浜音楽祭 第16回(平1年) 音楽祭賞
日本テレビ音楽祭 第15回(平1年) 優秀賞
日本歌謡大賞 第22回(平3年) 放送音楽賞
日本歌謡大賞 第23回(平4年) 放送音楽賞
日本歌謡大賞 第24回(平5年) 放送音楽賞
日本レコード大賞 第51回(平21年) 特別賞
松尾芸能賞 第38回(平29年) 優秀賞 歌謡

堀江 淳　ほりえ・じゅん
　昭和35(1960)年～
　シンガー・ソングライター
「メモリーグラス」
　全日本有線放送大賞 第14回(昭56年度) 新人賞
　日本作曲大賞 第1回(昭56年) 優秀作曲者賞
　日本有線大賞 第14回(昭56年) 新人賞

堀川 弘通　ほりかわ・ひろみち
　大正5(1916)年～平成24(2012)年
　映画監督
「裸の大将」
　キネマ旬報ベスト・テン 第32回(昭33年度) 日本映画 9位
「黒い画集 あるサラリーマンの証言」
　アジア映画祭賞 (昭35年)
　キネマ旬報ベスト・テン 第34回(昭35年度) 日本映画 2位
「白と黒」
　優秀映画鑑賞会ベストテン 第4回(昭38年度) 日本映画 6位
「母と子」
　教育映画祭 (昭44年) 最高賞
「アラスカ物語」
　文部省特選 (昭52年)
　優秀映画鑑賞会ベストテン 第18回(昭52年度) 日本映画 7位
「翼は心につけて」
　国際ナイチンゲール賞 (昭53年)
「ムッちゃんの詩」
　優秀映画鑑賞会 (昭60年) 特選
　優秀映画鑑賞会ベストテン 第26回(昭60年度) 日本映画 4位
「花物語」
　優秀映画鑑賞会ベストテン 第30回(平1年度) 日本映画 8位
「エイジアン・ブルー」
　日本映画復興会議賞 (平7年)
「評伝 黒澤明」

Bunkamuraドゥマゴ文学賞 第11回(平13年)
勲四等瑞宝章 (平4年)
日本映画批評家大賞 (平6年) プラチナ賞

堀口 大学　ほりぐち・だいがく
　明治25(1892)年～昭和56(1981)年
　詩人、フランス文学者、翻訳家。日本芸術院会員
「夕の虹」
　読売文学賞 第10回(昭33年) 詩歌俳句賞
「ジャン・コクトー全集」
　日本翻訳文化賞 第24回(昭62年)
勲三等瑞宝章 (昭42年)
文化功労者 (昭45年)
文化勲章 (昭54年度)

本多 秋五　ほんだ・しゅうご
　明治41(1908)年～平成13(2001)年
　文芸評論家。別名・高瀬太郎、北川静雄
「物語戦後文学史」
　毎日出版文化賞 第19回(昭40年)
「古い記憶の井戸」
　読売文学賞 第34回(昭57年) 随筆・紀行賞
「志賀直哉」
　毎日芸術賞 第32回(平2年)

本田 美奈子　ほんだ・みなこ
　昭和42(1967)年～平成17(2005)年
　歌手、俳優
「Temptation」
　あなたが選ぶ全日本歌謡音楽祭 第11回(昭60年) 銀賞
　FNS歌謡祭グランプリ 第12回(昭60年) 最優秀新人賞
　銀座音楽祭 第15回(昭60年) 金賞
　新宿音楽祭 第18回(昭60年) 金賞
　日本レコード大賞 第27回(昭60年) 新人賞
　日本歌謡大賞 第16回(昭60年) 優秀放送音楽新人賞
　日本有線大賞 第18回(昭60年) 新人賞
　全日本有線放送大賞 第18回(昭60年度) 新人賞
「殺意のバカンス」
　メガロポリス歌謡祭 第4回(昭60年) 最優秀新人ダイヤモンド賞
「Help」
　あなたが選ぶ全日本歌謡音楽祭 第12回(昭61年) 最優秀タレント賞
　日本テレビ音楽祭 第12回(昭61年) 金の鳩賞
「Sosotte」
　日本有線大賞 第19回(昭61年) 有線音楽賞
「悲しみSWING」
　FNS歌謡祭グランプリ 第14回(昭62年) 優秀歌謡

音楽賞
「ミス・サイゴン」
　ゴールデン・アロー賞　第30回（平4年）　演劇賞　新人賞
「アメイジング・グレイス」
　日本ゴールドディスク大賞　第20回（平17年度）　クラシック・アルバム・オブ・ザ・イヤー
長崎歌謡祭グランプリ　第8回（昭59年）
ゴールデン・アロー賞　第23回（昭60年）　音楽賞　新人賞
21世紀ヤング歌謡大賞新人グランプリ　第12回（昭60年）　服部良一特別賞
横浜音楽祭　第12回（昭60年）　最優秀新人賞
日本テレビ音楽祭　第11回（昭60年）　新人賞　奨励賞
ゴールデン・アロー賞　第24回（昭61年）　グラフ賞
ゴールデン・アロー賞　第43回（平17年度）　芸能功労賞
日本レコード大賞　第47回（平17年）　特別功労賞

前 登志夫　まえ・としお
　大正15（1926）年〜平成20（2008）年
　歌人、詩人。日本芸術院会員。他の筆名に安騎野志郎がある
「童蒙」
　短歌愛読者賞　第3回（昭51年）
「縄文紀」
迢空賞　第12回（昭53年）
「樹下集」
　詩歌文学館賞　第3回（昭63年）　短歌
「鳥獣虫魚」
　齋藤茂吉短歌文学賞　第4回（平4年）
「青童子」
　読売文学賞　第49回（平9年）　詩歌俳句賞
「鳥総立」
　毎日芸術賞　第46回（平16年）
現代短歌大賞　第26回（平15年）
日本芸術院賞　第61回（平16年）　第2部　恩賜賞・日本芸術院賞

前川 清　まえかわ・きよし
　昭和23（1948）年〜
　歌手。内山田洋とクールファイブのメイン・ボーカルとしても活動
「男と女の破片」
　日本有線大賞　第24回（平3年）　有線音楽賞
　全日本有線放送大賞　第25回（平4年度）　特別賞
　日本有線大賞　第25回（平4年）　有線音楽優秀賞
「別れ曲でも唄って」
　メガロポリス歌謡祭　第12回（平5年）　特別賞
　日本レコード大賞　第35回（平5年）　最優秀歌唱賞
「前川清大辞典」

　日本レコード大賞　第60回（平30年）　企画賞
　日本レコード大賞　第11回（昭44年）　新人賞
　メガロポリス歌謡祭　第6回（昭62年）　演歌メガロポリス賞男性部門
　日本歌謡大賞　第23回（平4年）　放送音楽賞
　日本歌謡大賞　第24回（平5年）　放送音楽賞

前川 康男　まえかわ・やすお
　大正10（1921）年〜平成14（2002）年
　児童文学作家
「川将軍」「村の一番星」
　児童文学者協会新人賞　第2回（昭27年）
「ヤン」
　児童福祉文化賞　第10回（昭42年度）　出版物部門　奨励賞
　産経児童出版文化賞　第15回（昭43年）
「魔神の海」
　日本児童文学者協会賞　第10回（昭45年）
「かわいそうな自動車の話」
　野間児童文芸賞　第19回（昭56年）

紫綬褒章（平3年）
勲四等旭日小綬章（平8年）

馬飼野 康二　まかいの・こうじ
　昭和23（1948）年〜
　作曲家、編曲家
「スマイル・フォー・ミー」
　日本作曲大賞　第1回（昭56年）　優秀作曲者賞
「艶姿ナミダ娘」
　日本作曲大賞　第4回（昭59年）　優秀作曲者賞
「男と女のラブゲーム」
　日本作曲大賞　第7回（昭62年）　優秀作曲者賞
　JASRAC賞　第6回（昭63年）　銅賞

日本レコードセールス大賞　第7回（昭49年）　編曲賞
FNS歌謡祭グランプリ　第4回（昭52年）　最優秀編曲賞
日本レコードセールス大賞　第10回（昭52年）　編曲賞
FNS歌謡祭グランプリ　第11回（昭59年）　最優秀編曲賞
日本レコードセールス大賞　第21回（昭63年）　作曲賞第3位

馬飼野 俊一　まかいの・しゅんいち
　昭和21（1946）年〜
　作曲家、編曲家
「笑って許して」
　日本レコード大賞　第12回（昭45年）　編曲賞
「襟裳岬」
　日本レコード大賞　第16回（昭49年）　大賞
「石狩挽歌」
　東京音楽祭（昭50年）　編曲賞
「北酒場」

日本レコード大賞 第24回（昭57年）大賞
「立待岬」
　古賀政男記念音楽大賞 第3回（昭57年度）プロ作品大賞
「旅先の雨に」
　古賀政男記念音楽大賞 第5回（昭59年度）プロ作品優秀賞
日本レコードセールス大賞 第5回（昭47年）編曲賞
日本レコードセールス大賞 第6回（昭48年）編曲賞
日本レコード大賞 第58回（平28年）功労賞

槙 有恒　まき・ゆうこう
明治27（1894）年〜平成1（1989）年
登山家
「ピッケルの思い出」
　産経児童出版文化賞 第6回（昭34年）

仙台市名誉市民（昭31年）
朝日賞（昭31年）体育賞
文化功労者（昭31年）
勲三等旭日中綬章（昭42年）

マキノ 雅弘　まきの・まさひろ
明治41（1908）年〜平成5（1993）年
映画監督。前名はマキノ正博、マキノ雅弘、マキノ雅裕
「蹴合鶏」
　キネマ旬報ベスト・テン 第5回（昭3年度）日本映画 7位
「浪人街 第一話・美しき獲物」
　キネマ旬報ベスト・テン 第5回（昭3年度）日本映画 1位
「崇禅寺馬場」
　キネマ旬報ベスト・テン 第5回（昭3年度）日本映画 4位
「浪人街 第三話・憑かれた人々」
　キネマ旬報ベスト・テン 第6回（昭4年度）日本映画 3位
「首の座」
　キネマ旬報ベスト・テン 第6回（昭4年度）日本映画 1位
「白夜の饗宴」
　キネマ旬報ベスト・テン 第9回（昭7年度）日本映画 8位
「待ちぼうけの女」
　キネマ旬報ベスト・テン 第20回（昭21年度）日本映画 4位
「『映画渡世』の出版」
　おおさか映画祭 第3回（昭52年度）特別功労賞
京都市民賞（平7年）
牧野省三賞 第15回（昭48年）
くまもと映画祭 第3回（昭52年度）特別功労賞

芸能功労者表彰 第11回（昭60年）
日本アカデミー賞 第17回（平6年）会長特別賞

マキノ 光雄　まきの・みつお
明治42（1909）年〜昭和32（1957）年
映画プロデューサー。前名はマキノ満男、牧野満雄
「米」「純愛物語」「どたんば」「爆音と大地」
　ブルーリボン賞 第8回（昭32年）企画賞
ブルーリボン賞 第8回（昭32年）日本映画文化賞
毎日映画コンクール 第12回（昭32年）特別賞

牧村 三枝子　まきむら・みえこ
昭和28（1953）年〜
歌手
「少女は大人になりました」
　新宿音楽祭 第5回（昭47年）銀賞
「みちづれ」
　全日本有線放送大賞 第12回（昭54年度）特別賞
　日本レコード大賞 第21回（昭54年）ロングセラー賞
　日本有線大賞 第12回（昭54年）有線音楽賞
「演歌師」
　日本レコード大賞 第25回（昭58年）企画賞
「冬仕度」
　日本有線大賞 第17回（昭59年）有線奨励賞
「おんなみれん」
　日本演歌大賞 第12回（昭61年）演歌スター賞
　日本歌謡大賞 第17回（昭61年）放送音楽特別賞
「友禅流し」
　藤田まさと賞 第6回（平2年）
　日本有線大賞 第23回（平2年）有線音楽賞

横浜音楽祭 第6回（昭54年）審査委員特別賞
日本レコード大賞（昭54年）ロングセラー賞
日本演歌大賞 第5回（昭54年）演歌期待賞・演歌の星
日本演歌大賞 第6回（昭55年）演歌スター賞
日本演歌大賞 第10回（昭59年）演歌スター賞
日本演歌大賞 第10回（昭59年）奨励賞
メガロポリス歌謡祭 第4回（昭60年）演歌入賞
横浜音楽祭 第12回（昭60年）ラジオ日本演歌賞
メガロポリス歌謡祭 第5回（昭61年）演歌入賞
松尾芸能賞 第12回（平3年）優秀賞 歌謡芸能

正宗 白鳥　まさむね・はくちょう
明治12（1879）年〜昭和37（1962）年
小説家、劇作家、評論家。帝国芸術院会員。別号・白丁、剣菱
「今年の秋」
　読売文学賞 第11回（昭34年）小説賞

文化勲章（昭25年度）
文化功労者（昭26年）
菊池寛賞 第5回（昭32年）

増位山 太志郎　ますいやま・だいしろう
　昭和23（1948）年～
　歌手、元・力士（大関）。シコ名は増位山大志郎（2代目）、年寄名は小野川昇、三保ケ関昇秋。

「そんな女のひとりごと」
　日本有線大賞　第11回（昭53年）　ベストヒット賞
　日本有線大賞　第11回（昭53年）　有線音楽賞

「夕子のお店」「冬子のブルース」
　日本レコード大賞　第56回（平26年）　企画賞

益田 喜頓　ますだ・きいとん
　明治42（1909）年～平成5（1993）年
　コメディアン、俳優。旧芸名は益田キートン。

　ベストドレッサー賞　第4回（昭50年）　スポーツ・芸能部門
　菊田一夫演劇賞　第1回（昭50年）　特別賞
　紫綬褒章　（昭52年）
　勲四等旭日小綬章　（昭59年）
　演劇功労者　（昭60年）
　菊田一夫演劇賞　第11回（昭60年）　特別賞
　浅草芸能大賞　第4回（昭62年度）　大賞
　函館市栄誉賞　（平2年）

舛田 利雄　ますだ・としお
　昭和2（1927）年～
　映画監督、シナリオライター

「宇宙戦艦ヤマト」
　ぴあテン　第6回（昭52年度）　5位

「さらば宇宙戦艦ヤマト・愛の戦士たち」
　ぴあテン　第7回（昭53年度）　4位

「二百三高地」
　おおさか映画祭　第6回（昭55年度）　監督賞・作品賞
　キネマ旬報賞　第26回（昭55年）　読者選出日本映画監督賞

「社葬」
　キネマ旬報ベスト・テン　第63回（平1年度）　日本映画　9位
　ブルーリボン賞　第32回（平1年）　監督賞
　報知映画賞　第14回（平1年度）　最優秀監督賞
　毎日映画コンクール　第44回（平1年）　監督賞

　牧野省三賞　第33回（平3年）
　紫綬褒章　（平5年）
　勲四等旭日小綬章　（平11年）
　日本アカデミー賞　第41回（平30年）　会長功労賞

増田 みず子　ますだ・みずこ
　昭和23（1948）年～
　小説家

「自由時間」
　野間文芸新人賞　第7回（昭60年）

「シングル・セル」
　泉鏡花文学賞　第14回（昭61年）

「夢虫（ゆめんむし）」
　芸術選奨　第42回（平3年）　文学部門　新人賞

「月夜見」
　伊藤整文学賞　第12回（平13年）　小説

増村 保造　ますむら・やすぞう
　大正13（1924）年～昭和61（1986）年
　映画監督

「巨人と玩具」
　キネマ旬報ベスト・テン　第32回（昭33年度）　日本映画　10位

「妻は告白する」
　アジア映画祭　第9回（昭37年）　監督賞

「華岡青洲の妻」
　キネマ旬報ベスト・テン　第41回（昭42年度）　日本映画　5位
　優秀映画鑑賞会ベストテン　第8回（昭42年度）　日本映画　3位

「遊び」
　年鑑代表シナリオ　（昭46年度）

「大地の子守歌」
　キネマ旬報ベスト・テン　第50回（昭51年度）　日本映画　3位
　ブルーリボン賞　第19回（昭51年）　最優秀作品賞　邦画
　優秀映画鑑賞会ベストテン　第17回（昭51年度）　日本映画　1位

「曽根崎心中」
　キネマ旬報ベスト・テン　第52回（昭53年度）　日本映画　2位
　年鑑代表シナリオ　（昭53年度）
　優秀映画鑑賞会ベストテン　第19回（昭53年度）　日本映画　4位

松浦 寿輝　まつうら・ひさき
　昭和29（1954）年～
　小説家、詩人、映画評論家。日本芸術院会員

「冬の本」
　高見順賞　第18回（昭62年）

「エッフェル塔試論」
　吉田秀和賞　第5回（平7年）

「折口信夫論」
　三島由紀夫賞　第9回（平8年）

「平面論―1880年代西欧」
　渋沢クローデル賞　第13回（平8年）　平山郁夫特別賞

「知の庭園　19世紀パリの空間装置」
　芸術選奨　第50回（平11年）　評論等　文部大臣賞

「花腐し」
　芥川龍之介賞　第123回（平12年上）

「半島」

読売文学賞 第56回(平16年) 小説賞

「あやめ 蝶 ひかがみ」
　木山捷平文学賞 第9回(平17年)

「吃水都市」
　萩原朔太郎賞 第17回(平21年)

「afterward」
　鮎川信夫賞 第5回(平26年) 詩集部門

「明治の表象空間」
　毎日芸術賞 第56回(平26年度) 特別賞

「名誉と恍惚」
　Bunkamuraドゥマゴ文学賞 第27回(平29年) 川本三郎選
　谷崎潤一郎賞 第53回(平29年度)

「人外」
　野間文芸賞 第72回(令1年)

紫綬褒章 (平24年)
日本芸術院賞 第75回(平30年度) 第2部 日本芸術院賞

松浦 理英子　まつうら・りえこ
　昭和33(1958)年〜
　小説家

「葬儀の日」
　文學界新人賞 第47回(昭53年下)

「ナチュラル・ウーマン」
　年鑑代表シナリオ (平6年度)

「親指Pの修業時代」
　女流文学賞 第33回(平6年)

「犬身」
　読売文学賞 第59回(平19年度) 小説賞

「最愛の子ども」
　泉鏡花文学賞 第45回(平29年度)

「ヒカリ文集」
　野間文芸賞 第75回(令4年)

松尾 和子　まつお・かずこ
　昭和10(1935)年〜平成4(1992)年
　歌手

「誰よりも君を愛す」
　日本レコード大賞 第2回(昭35年) 大賞 ※松尾和子とマヒナスターズ として

「再会」
　日本有線大賞 第4回(昭46年) 功労賞

日本レコード大賞 第20回(昭53年) 日本レコード大賞20周年記念顕彰
メガロポリス歌謡祭 第7回(昭63年) 特別賞
横浜音楽祭 第15回(昭63年) 演歌特別選奨
日本レコード大賞 第34回(平4年) 特別功労賞

松岡 享子　まつおか・きょうこ
　昭和10(1935)年〜令和4(2022)年
　児童文学作家、翻訳家、評論家

「くしゃみくしゃみ天のめぐみ」
　児童福祉文化賞 第11回(昭43年度) 出版物部門 奨励賞
　産経児童出版文化賞 第16回(昭44年)

「とこちゃんはどこ」
　児童福祉文化賞 第13回(昭45年度) 出版物部門 奨励賞

「ゆかいなヘンリーくんシリーズ 8冊」
　児童福祉文化賞 第13回(昭45年度) 出版物部門 奨励賞

「アジアの昔話 5」
　児童福祉文化賞 第23回(昭55年度) 出版物部門 奨励賞

「だちょうのくびはなぜながい?」
　日本絵本賞 (平9年) 翻訳絵本賞

子ども文庫功労賞 第3回(昭61年度)
エイボン女性年度賞 (平2年) 教育賞
博報賞 第24回(平5年) 国語教育部門
巖谷小波文芸賞 第22回(平11年)
図書館サポートフォーラム賞 第8回(平18年)
神戸女学院大学名誉教育文化博士号 (平27年)
文化功労者 第74回(令3年度)

松岡 達英　まつおか・たつひで
　昭和19(1944)年〜
　絵本作家

「すばらしい世界の自然」
　児童福祉文化賞 第17回(昭49年度) 出版物部門

「アマゾンのネプチューンカブト」
　絵本にっぽん賞 第4回(昭56年)

「ジャングル」
　児童福祉文化賞 第36回(平5年度) 出版物部門
　吉村証子記念日本科学読物賞 第14回(平6年)

「震度7」
　産経児童出版文化賞 第53回(平18年)

「野遊びを楽しむ 里山百年図鑑」
　小学館児童出版文化賞 第58回(平21年度)

松方 弘樹　まつかた・ひろき
　昭和17(1942)年〜平成29(2017)年
　俳優

「蔵」
　牧野省三賞 第37回(平7年)
　毎日映画コンクール 第50回(平7年) 男優助演賞
　日本アカデミー賞 第19回(平8年) 特別賞企画賞

エランドール賞 (昭35年度) 新人賞
日本アカデミー賞 第41回(平30年) 会長特別賞

松坂 慶子 まつざか・けいこ
昭和27(1952)年～
俳優

「若い人」
エランドール賞 (昭48年度) 新人賞

「愛の水中花」
日本有線大賞 第12回(昭54年) 特別賞

「青春の門」
ブルーリボン賞 (昭56年度) 主演女優賞

「男はつらいよ 浪花の恋の寅次郎」「青春の門 筑豊篇」
報知映画賞 第6回(昭56年度) 最優秀主演女優賞
ブルーリボン賞 第24回(昭56年) 主演女優賞
日本アカデミー賞 第5回(昭57年) 最優秀主演女優賞

「蒲田行進曲」「道頓堀川」
キネマ旬報賞 第28回(昭57年) 主演女優賞
ゴールデン・アロー賞 第20回(昭57年) 映画賞
ゴールデン・アロー賞 第20回(昭57年) 大賞
毎日映画コンクール 第37回(昭57年) 演技賞 女優演技賞
日本アカデミー賞 第6回(昭58年) 最優秀主演女優賞

「蒲田行進曲」「道頓堀川」「死の棘」
キネマ旬報賞 (昭57年度・平成2年度) 主演女優賞

「火宅の人」
ゴールデングロス賞 第4回(昭61年度) マネーメーキングスター賞

「華の乱」
山路ふみ子映画賞 第12回(昭63年) 女優賞

「死の棘」
キネマ旬報賞 第36回(平2年) 主演女優賞
ブルーリボン賞 第33回(平2年) 主演女優賞
日刊スポーツ映画大賞・石原裕次郎賞 第3回(平2年) 主演女優賞
報知映画賞 第15回(平2年度) 最優秀主演女優賞
毎日映画コンクール 第45回(平2年) 演技賞 女優主演賞
日本アカデミー賞 第14回(平3年) 最優秀主演女優賞

「さくや 妖怪伝」「本日またまた休診なり」
毎日映画コンクール 第55回(平12年) 女優助演賞

「火垂るの墓」
毎日映画コンクール 第63回(平20年度) 女優助演賞

「篤姫」
橋田賞 第17回(平20年度) 橋田賞

「西郷どん」
橋田賞 第27回(平30年度) 橋田賞

ゴールデン・アロー賞 第10回(昭47年) 新人賞
テレビ大賞 第5回(昭47年度) タレント新人賞
日本有線大賞 (昭54年) 特別賞
エランドール賞 (昭58年度) 特別賞
フランス政府観光局女性親善大使賞 第1回(平3年)
毎日映画コンクール 第51回(平8年) 田中絹代賞
日本放送協会放送文化賞 第60回(平20年度)
橋田賞 第17回・27回(平21年・31年)
紫綬褒章 (平21年)
松尾芸能賞 第30回(平21年) 優秀賞 演劇

松崎 しげる まつざき・しげる
昭和24(1949)年～
歌手、俳優

「愛のメモリー」
FNS歌謡祭グランプリ 第4回(昭52年) 優秀歌唱賞
全日本有線放送大賞 第10回(昭52年度) 優秀スター賞
日本有線大賞 第10回(昭52年) 有線ヒット賞
世界歌謡祭 第6回(昭50年) 歌唱賞
あなたが選ぶ全日本歌謡音楽祭 第3回(昭52年) 年間話題賞
東京音楽祭 第9回(昭55年) 国内大会大賞

松田 聖子 まつだ・せいこ
昭和37(1962)年～
歌手

「青い珊瑚礁」
銀座音楽祭 第10回(昭55年) 専門審査員奨励賞
新宿音楽祭 第13回(昭55年) 金賞
全日本有線放送大賞 第13回(昭55年度) 新人賞
日本テレビ音楽祭 第6回(昭55年) 新人賞
日本レコード大賞 第22回(昭55年) 新人賞
日本歌謡大賞 第11回(昭55年) 放送音楽新人賞

「風は秋色」
FNS歌謡祭グランプリ 第7回(昭55年) 優秀新人賞
日本有線大賞 第13回(昭55年) 新人賞

「白いパラソル」
日本テレビ音楽祭 第7回(昭56年) 金の鳩賞

「風立ちぬ」
FNS歌謡祭グランプリ 第8回(昭56年) 優秀歌唱音楽賞
日本レコード大賞 第23回(昭56年) ゴールデンアイドル賞
日本歌謡大賞 第12回(昭56年) 放送音楽賞
日本有線大賞 第14回(昭56年) 有線音楽賞

「渚のバルコニー」
全日本有線放送大賞 第15回(昭57年度) 優秀スター賞

「小麦色のマーメイド」「ガラスの林檎」「ピンクのモーツァルト」
日本レコード大賞 第24回・25回・26回(昭57年・58

年・59年）金賞

「野ばらのエチュード」
　FNS歌謡祭グランプリ　第9回（昭57年）　グランプリ/優秀歌謡音楽賞
　日本歌謡大賞　第13回（昭57年）　放送音楽賞
　日本有線大賞　第15回（昭57年）　有線音楽賞

「ガラスの林檎」
　FNS歌謡祭グランプリ　第10回（昭58年）　最優秀歌唱賞/優秀歌謡音楽賞
　日本歌謡大賞　第14回（昭58年）　最優秀放送音楽賞

「ユートピア」
　ぴあテン（レコード）（昭58年度）3位
　日本レコード大賞　第25回（昭58年）　ベストアルバム賞

「瞳はダイヤモンド」
　日本有線大賞　第16回（昭58年）　有線大衆賞
　日本有線大賞　第16回（昭58年）　有線音楽賞

「SUPREME」
　日本レコード大賞　第28回（昭61年）　アルバム大賞

「どっちもどっち」
　日刊スポーツ映画大賞・石原裕次郎賞　第3回（平2年）　話題賞

「きっと、また逢える…」
　日本レコード大賞　第34回（平4年）　ポップス・ロック部門　最優秀歌唱賞

「夢がさめて」
　日本レコード大賞　第55回（平25年）　企画賞　※松田聖子＆クリス・ハート として

　あなたが選ぶ全日本歌謡音楽祭　第6回（昭55年）　優秀新人賞
　ゴールデン・アロー賞　第18回（昭55年）　音楽賞 新人賞
　ぴあテン（レコード）（昭55年度）10位
　ぴあテン（昭55年度）もあテン 9位
　ABC歌謡新人グランプリ　第7回（昭55年）　グランプリ
　横浜音楽祭　第7回（昭55年）　新人特別賞
　松尾芸能賞（昭55年）　新人賞
　あなたが選ぶ全日本歌謡音楽祭　第7回（昭56年）　審査員奨励賞
　横浜音楽祭　第8回（昭56年）　音楽祭賞
　松尾芸能賞　第2回（昭56年）　新人賞 歌謡芸能
　日本テレビ音楽祭　第7回（昭56年）　トップ・アイドル賞
　日本レコードセールス大賞　第14回（昭56年）　シングルゴールデン賞
　あなたが選ぶ全日本歌謡音楽祭　第8回（昭57年）　特別賞
　ぴあテン（レコード）（昭57年度）7位
　ぴあテン（レコード）（昭57年度）10位
　ぴあテン（昭57年度）ぴあテン（コンサート）5位
　ぴあテン（昭57年度）もあテン 5位
　メガロポリス歌謡祭　第1回（昭57年）　ポップス入賞
　横浜音楽祭　第9回（昭57年）　音楽祭賞
　銀座音楽祭　第12回（昭57年）　特別賞
　日本テレビ音楽祭　第8回（昭57年）　トップ・アイドル賞
　日本レコードセールス大賞　第15回（昭57年）　シングルゴールデン賞
　日本レコードセールス大賞　第15回（昭57年）　LPゴールデン賞
　あなたが選ぶ全日本歌謡音楽祭　第9回（昭58年）　ゴールデングランプリ
　ゴールデン・アロー賞　第21回（昭58年）　音楽賞
　ぴあテン（昭58年度）ぴあテン（コンサート）3位
　ぴあテン（昭58年度）もあテン 3位
　横浜音楽祭　第10回（昭58年）　音楽祭賞
　日本テレビ音楽祭　第9回（昭58年）　トップ・アイドル賞
　日本レコードセールス大賞　第16回（昭58年）　シングルゴールデン賞
　日本レコードセールス大賞　第16回（昭58年）　LPゴールデン賞
　ぴあテン（昭59年度）ぴあテン（コンサート）3位
　ぴあテン（昭59年度）もあテン 3位
　日本レコードセールス大賞　第17回（昭59年）　シングルゴールデン賞
　日本レコードセールス大賞　第17回（昭59年）　LP大賞
　ゴールデン・アロー賞　第23回（昭60年）　話題賞
　日本レコードセールス大賞　第18回（昭60年）　シングルシルバー賞
　日本レコードセールス大賞　第18回（昭60年）　LP大賞
　ぴあテン（平1年度）フラッシュ・バック80's 9位
　日刊スポーツ映画大賞・石原裕次郎賞（平2年）　話題賞
　日本レコード大賞　第34回（平4年）　ポップスロック部門　最優秀歌唱賞
　ゴールデン・アロー賞　第40回（平14年）40周年記念特別表彰 ゴールデン・スター賞（女性部門）
　日本レコード大賞　第57回（平27年）　最優秀歌唱賞
　日本レコード大賞　第62回（令2年）　特別賞

松田　寛夫　まつだ・ひろお
　昭和8（1933）年～令和4（2022）年
　脚本家

「女囚701号さそり」
　年鑑代表シナリオ（昭47年度）

「柳生一族の陰謀」
　年鑑代表シナリオ（昭53年度）

「柳生一族の陰謀」「誘拐報道」「社葬」
　日本アカデミー賞（昭54年・58年・平成2年）　優秀脚本賞

「誘拐報道」

年鑑代表シナリオ（昭57年度）
「序の舞」
　年鑑代表シナリオ（昭59年度）
「花いちもんめ」
　年鑑代表シナリオ（昭60年度）
　日本アカデミー賞　第9回（昭61年）最優秀脚本賞
「社葬」
　毎日映画コンクール　第44回（平1年）脚本賞
　おおさか映画祭　第15回（平2年）脚本賞

松田　優作　まつだ・ゆうさく
　昭和25（1950）年～平成1（1989）年
　　俳優、歌手
「家族ゲーム」「探偵物語」
　キネマ旬報賞　第29回（昭58年）主演男優賞
　報知映画賞　第8回（昭58年度）最優秀主演男優賞
「ブラック・レイン」
　ゴールデン・アロー賞　第27回（平1年）特別賞
　報知映画賞　第14回（平1年度）審査員特別賞
　日本アカデミー賞　第13回（平2年）特別賞
　日刊スポーツ映画大賞・石原裕次郎賞　第2回（平1年）
　　特別賞
　ゴールデン・アロー賞　第27回（平2年）特別賞
　日本アカデミー賞　第12回（平2年）特別賞

松平　健　まつだいら・けん
　昭和28（1953）年～
　　俳優
「暴れん坊将軍」
　名古屋演劇ペンクラブ年間賞（平7年）
「用心棒」
　菊田一夫演劇賞　第29回（平15年）演劇賞
「マツケンサンバⅡ」
　日本ゴールドディスク大賞　第19回（平16年度）演
　　歌・歌謡曲部門　アルバム・オブ・ザ・イヤー
　日本レコード大賞　第46回（平16年）特別賞
　エランドール賞（昭55年度）新人賞
　ゴールデン・アロー賞　第42回（平16年）音楽賞
　ぴあテン　第33回（平16年度）第10位
　浅草芸能大賞　第21回（平16年度）大賞
　松尾芸能賞　第46回（令7年）大賞　演劇

松谷　みよ子　まつたに・みよこ
　大正15（1926）年～平成27（2015）年
　　児童文学作家
「貝になった子供」
　児童文学者協会新人賞　第1回（昭26年）
「龍の子太郎」

　講談社児童文学新人賞　第1回（昭35年）
　国際アンデルセン賞国内賞　第1回（昭36年）
　産経児童出版文化賞　第8回（昭36年）
「ちいさいモモちゃん」
　野間児童文芸賞　第2回（昭39年）
　NHK児童文学賞　第3回（昭40年）奨励賞
「やまんばのにしき」
　児童福祉文化賞　第10回（昭42年度）出版物部門　奨
　　励賞
「松谷みよ子全集」
　赤い鳥文学賞　第3回（昭48年）特別賞
「モモちゃんとアカネちゃん」
　赤い鳥文学賞　第5回（昭50年）
「私のアンネ＝フランク」
　日本児童文学者協会賞　第20回（昭55年）
「まちんと」
　ライプツィヒ国際図書デザイン展（平1年）金賞
「アカネちゃんのなみだの海」
　野間児童文芸賞　第30回（平4年）
「あの世からの火」
　小学館文学賞　第43回（平6年）
「松谷みよ子の本」（全10巻、別巻1）
　巌谷小波文芸賞　第20回（平9年）
「山をはこんだ九ひきの竜」
　産経児童出版文化賞　第55回（平20年）美術賞
　児童福祉文化賞（昭43年）奨励賞
　ダイヤモンドレディ賞　第14回（平11年）
　エクソンモービル児童文化賞　第40回（平17年）

松任谷　正隆　まつとうや・まさたか
　昭和26（1951）年～
　　音楽プロデューサー、作曲家、編曲家、キーボード
　　奏者
「青い種子は太陽のなかにある」の音楽
　読売演劇大賞　第23回（平27年度）優秀スタッフ賞
　FNS歌謡祭グランプリ　第9回（昭57年）最優秀編曲賞
　ベストドレッサー賞　第34回（平17年）学術・文化
　　部門

松任谷　由実　まつとうや・ゆみ
　昭和29（1954）年～
　　シンガー・ソングライター。旧名・荒井由実。別
　　名義・呉田軽穂
「守ってあげたい」
　日本作曲大賞　第1回（昭56年）大賞
「水の中のASIAへ」
　日本レコード大賞　第23回（昭56年）ベストアルバ
　　ム賞
「PEARL PIERCE」
　日本レコード大賞　第24回（昭57年）ベストアルバ

「リ・インカーネイション」
　日本レコード大賞　第25回（昭58年）　ベストアルバム賞
「時をかける少女」
　日本作曲大賞　第3回（昭58年）　金賞
「ボイジャー」
　日本作曲大賞　第4回（昭59年）　優秀作曲者賞
「今だから」
　銀座音楽祭　第15回（昭60年）　ラジオディスクグランプリ
「ダイヤモンドダストが消えぬまに」
　日本ゴールドディスク大賞　第2回（昭62年）　The Grand Prix Album of the Year賞　邦楽
「Delight Slight Light KISS」
　日本ゴールドディスク大賞　第3回（昭63年）　The Grand Prix Album of the Year賞　邦楽
「LOVE WARS」
　日本ゴールドディスク大賞　第4回（平1年）　The Grand Prix Album of the Year賞　邦楽
「天国のドア」
　日本ゴールドディスク大賞　第5回（平2年）　The Grand Prix Album of the Year賞　邦楽
「真夏の夜の夢」
　JASRAC賞　第12回（平6年）　銀賞
「宇宙図書館」
　CDショップ大賞　第9回（平28年度）　マエストロ賞

銀座音楽祭　第6回（昭51年）　ラジオディスク大賞
　※荒井由実名義
日本レコードセールス大賞　第9回（昭51年）　LP大賞
ぴあテン（レコード）　（昭56年度）8位
日本作曲大賞　第2回（昭57年）　金賞　※呉田軽穂名義「小麦色のマーメイド」
日本作曲大賞　第2回（昭57年）　優秀作曲者賞
　※呉田軽穂名義「小麦色のマーメイド」
ぴあテン（レコード）　（昭57年度）5位
ぴあテン（昭57年度）もあテン　10位
ぴあテン（レコード）　（昭58年度）6位
ぴあテン（レコード）　（昭58年度）8位
ぴあテン（昭58年度）ぴあテン（コンサート）5位
ぴあテン（昭58年度）もあテン　8位
ぴあテン（レコード）　（昭59年度）4位
ぴあテン（昭59年度）ぴあテン（コンサート）6位
ぴあテン（昭59年度）もあテン　7位
ぴあテン（昭60年度）もあテン　8位
ぴあテン（昭61年度）10位
ぴあテン（昭61年度）もあテン　10位
日本レコードセールス大賞　第20回（昭62年）　LP部門　シルバー賞
ぴあテン（昭63年度）8位
ぴあテン（平1年度）2位
ぴあテン（平1年度）フラッシュ・バック80's 2位
日本レコードセールス大賞　第22回（平1年）　アーティストセールス大賞
日本レコードセールス大賞　第22回（平1年）　LP部門大賞
ぴあテン　第19回（平2年度）　第3位
日本ゴールドディスク大賞　第5回（平2年）　The Grand Prix Artist of the Year賞　邦楽
日本レコードセールス大賞　第23回（平2年）　アルバム部門　ゴールデン賞
日本レコードセールス大賞　第23回（平2年）　アーティストセールス　ゴールデン賞
日本レコード大賞　第32回〜34回（平2〜4年）　優秀アルバム賞
日本レコードセールス大賞　第24回（平3年）　アルバム部門　ゴールデン賞
ぴあテン　第23回（平6年度）　第3位
エカテリーナ大帝1等勲章　（平19年）
紫綬褒章　（平25年）
世田谷区名誉区民　（平29年）
菊池寛賞　第66回（平30年）
日本ゴールドディスク大賞　第37回（令4年度）　特別賞
日本レコード大賞　第64回（令4年）　特別顕彰
文化功労者　第75回（令4年度）
毎日ファッション大賞　第40回（令4年）　話題賞

松原　のぶえ　まつばら・のぶえ
昭和36（1961）年〜
歌手

「おんなの出船」
　全日本有線放送大賞　第12回（昭54年度）　新人賞
　日本レコード大賞　（昭54年）　新人賞
　日本有線大賞　第12回（昭54年）　新人賞
　日本有線大賞　第16回（昭58年）　有線奨励賞
「なみだの桟橋」
　日本テレビ音楽祭　第13回（昭62年）　優秀賞
「蛍」
　日本レコード大賞　第32回（平2年）　歌謡曲・演歌部門　最優秀歌唱賞
「朝顔」
　日本歌謡大賞　（平5年）　放送音楽賞

ABC歌謡新人グランプリ　第6回（昭54年）　優秀歌唱賞
横浜音楽祭　第12回（昭60年）　ラジオ日本演歌賞
古賀政男記念音楽大賞　第7回（昭61年度）　一般作品最優秀賞
メガロポリス歌謡祭　第7回（昭63年）　演歌メガロポリス歌謡女性部門
横浜音楽祭　第15回（昭63年）　演歌特別選奨
日本レコード大賞　第31回（平1年）　美空ひばり賞
日本歌謡大賞　第24回（平5年）　放送音楽賞

松村 和子　まつむら・かずこ
昭和37(1962)年～
歌手

「帰ってこいよ」
- 新宿音楽祭　第13回(昭55年)　銀賞
- FNS歌謡祭グランプリ　第7回(昭55年)　優秀新人賞
- 全日本有線放送大賞　第13回(昭55年度)　新人賞
- 日本有線大賞　第13回(昭55年)　最優秀新人賞
- 日本有線大賞　第13回(昭55年)　新人賞
- ABC歌謡新人グランプリ　第7回(昭55年)　最優秀歌唱賞
- 横浜音楽祭　第7回(昭55年)　新人特別賞
- 松尾芸能賞　第2回(昭56年)　新人賞　大衆芸能

松村 禎三　まつむら・ていぞう
昭和4(1929)年～平成19(2007)年
作曲家

「序奏と協奏曲的アレグロ」
- 音楽コンクール　第24回(昭30年)　作曲管弦楽曲部門第1位

「管弦楽のための前奏曲」
- 尾高賞　第17回(昭43年)

「地の群れ」
- 毎日映画コンクール　第25回(昭45年)　音楽賞

「忍ぶ川」
- 毎日映画コンクール　第27回(昭47年)　音楽賞

「ピアノ協奏曲」
- 芸術祭賞　第28回(昭48年)　音楽部門(放送)　優秀賞

「ピアノ協奏曲第2番」
- 尾高賞　第27回(昭53年)

「篠笛と琵琶のための詩曲」
- 芸術祭賞　第34回(昭54年)　音楽部門(放送)　優秀賞

「沈黙」(オペラ)
- 毎日芸術賞　第35回(平5年)

- 福山賞　(昭49年)
- サントリー音楽賞　第10回(昭53年)
- 紫綬褒章　(平2年)
- 藤堂顕一郎音楽褒賞　第10回(平2年)
- 京都府文化賞　第10回(平4年)　功労賞
- モービル音楽賞　第24回(平6年)
- 京都音楽賞　第9回(平6年)　大賞
- 東京都民文化栄誉賞　第10回(平6年)
- 勲四等旭日小綬章　(平12年)

松本 伊代　まつもと・いよ
昭和40(1965)年～
歌手、タレント

「オトナじゃないの」
- 新宿音楽祭　第15回(昭57年)　銀賞

「センチメンタル・ジャーニー」
- FNS歌謡祭グランプリ　第9回(昭57年)　優秀新人賞
- 日本歌謡大賞　第13回(昭57年)　放送音楽新人賞
- 日本有線大賞　第15回(昭57年)　新人賞

「TVの国からキラキラ」
- メガロポリス歌謡祭　第1回(昭57年)　優秀新人エメラルド賞

「抱きしめたい」
- ゴールデン・アロー賞　第20回(昭57年)　音楽賞　新人賞

「チャイニーズ・キッス」
- 日本レコード大賞　第25回(昭58年)　ゴールデンアイドル賞

- あなたが選ぶ全日本歌謡音楽祭　第8回(昭57年)　優秀新人賞
- ABC歌謡新人グランプリ　第9回(昭57年)　服部良一特別賞
- ABC歌謡新人グランプリ　第9回(昭57年)　シルバー賞
- 銀座音楽祭　第12回(昭57年)　銀賞
- 日本レコード大賞　第24回(昭57年)　新人賞
- メガロポリス歌謡祭　第3回(昭59年)　ポップス入賞

松本 清張　まつもと・せいちょう
明治42(1909)年～平成4(1992)年
小説家

「或る『小倉日記』伝」
- 芥川龍之介賞　第28回(昭27年下)

「顔」
- 日本探偵作家クラブ賞　第10回(昭32年)

「小説帝銀事件」
- 文藝春秋読者賞　第16回(昭34年)

「日本の黒い霧」
- 日本ジャーナリスト会議賞　(昭38年)

「砂漠の塩」
- 婦人公論読者賞　第5回(昭41年)

「留守宅の事件」
- 小説現代ゴールデン読者賞　第3回(昭46年)

- 吉川英治文学賞　第1回(昭42年)
- 菊池寛賞　第18回(昭45年)　"「昭和史発掘」を軸とする意欲的な創作活動"
- 日本放送協会放送文化賞　第29回(昭52年)
- エランドール賞　(昭58年度)　特別賞
- 朝日賞　(平1年)

松本 隆　まつもと・たかし
昭和24(1949)年～
作詞家、作家。「はっぴいえんど」の元ドラマー

「ルビーの指環」
- FNS歌謡祭グランプリ　第8回(昭56年)　グランプリ
- FNS歌謡祭グランプリ　第8回(昭56年)　最優秀作詞賞

日本レコード大賞　第23回(昭56年)　大賞
日本レコード大賞　第23回(昭56年)　作詩賞
「小麦色のマーメイド」
　日本レコード大賞　第24回(昭57年)　作詩賞
「野ばらのエチュード」
　FNS歌謡祭グランプリ　第9回(昭57年)　グランプリ
FNS歌謡祭グランプリ　第9回(昭57年)　最優秀作詞賞
「冬のリヴィエラ」
　日本作詩大賞　第16回(昭58年度)　大賞
「コンサート『風街レジェンド2015』」
　芸術選奨　第66回(平27年度)　大衆芸能部門　文部科学大臣賞
「松本隆作詞活動四十五周年トリビュート　風街であひませう」
　日本レコード大賞　第57回(平27年)　企画賞
日本レコードセールス大賞　第9回(昭51年)　作詩賞
日本レコードセールス大賞　第10回(昭52年)　作詩賞
日本レコードセールス大賞　第11回(昭53年)　作詩賞　第2位
日本レコードセールス大賞　第14回(昭56年)　作詩賞
日本レコードセールス大賞　第15回(昭57年)　作詩賞
日本レコードセールス大賞　第16回(昭58年)　作詩賞
日本レコードセールス大賞　第17回(昭59年)　作詩賞
日本レコードセールス大賞　第18回(昭60年)　作詩賞
日本レコードセールス大賞　第19回(昭61年)　作詩賞
日本レコードセールス大賞　第20回(昭62年)　作詞賞　第2位
日本レコードセールス大賞　第21回(昭63年)　作詞賞　第3位
紫綬褒章　(平29年)
日本レコード大賞　第63回(令3年)　特別賞

松本　白鸚(2代)　まつもと・はくおう

昭和17(1942)年～
歌舞伎俳優。日本芸術院会員。初名は松本金太郎。前名は市川染五郎(6代目)、松本幸四郎(9代目)
「ラ・マンチャの男」
　芸術選奨　第20回(昭44年)　大衆芸能部門　新人賞
日本芸術院賞　第36回(昭54年)　第3部
　ミュージカル・ベストテン　(昭58年)　タレント部門　第1位
　読売演劇大賞　第3回(平7年)　最優秀男優賞
　菊田一夫演劇賞　第23回(平9年)　演劇大賞
　名古屋演劇ペンクラブ年間賞　(平9年)
　菊田一夫演劇賞　第47回(令3年度)　特別賞
「アマデウス」
　毎日芸術賞　第24回(昭57年)
「ラ・マンチャの男」「AMADEUS」

芸術祭賞　(平27年・29年)　演劇部門　大賞
芸術祭賞　(昭33年)　テレビ部門　奨励賞
エランドール賞　(昭39年度)　新人賞
ゴールデン・アロー賞　第3回(昭40年)　大賞
外務大臣表彰　(平3年)
サー・ジョン・ギールグッド賞(英国)　(平5年)　男優賞
日本シェークスピア賞　第2回(平5年)　男優賞
松尾芸能賞　第16回(平7年)　大賞　演劇
真山青果賞　第17回(平10年)　大賞
ゴールデン・アロー賞　第40回(平14年)　大賞
ゴールデン・アロー賞　第40回(平14年)　演劇賞
菊池寛賞　第50回(平14年)
カスティーリャ・ラ・マンチャ自治州政府栄誉賞(スペイン)　(平17年)
紫綬褒章　(平17年)
浅草芸能大賞　第24回(平19年)
日本放送協会放送文化賞　第69回(平29年度)
菊田一夫演劇賞　第47回(令4年)　特別賞
文化勲章　(令4年度)
読売演劇大賞　第31回(令5年度)　芸術栄誉賞

松本　零士　まつもと・れいじ

昭和13(1938)年～令和5(2023)年
漫画家、アニメーション作家
「男おいどん」
　講談社出版文化賞　第3回(昭47年)　児童漫画部門
「宇宙戦艦ヤマト」
　星雲賞　第6回(昭50年)　映画演劇部門
「銀河鉄道999」「戦場まんがシリーズ」
　小学館漫画賞　第23回(昭52(1977)年度)　少年少女向け
「銀河鉄道999」
　日本漫画家協会賞　第7回(昭53年)　特別賞
科学技術庁長官賞科学技術普及啓発功績者表彰　(平10年)
紫綬褒章　(平13年)
北九州市市民文化賞　第34回(平13年)
練馬区名誉区民　(平20年)
旭日小綬章　(平22年)
フランス芸術文化勲章シュバリエ章　(平24年)
児童福祉文化賞　第62回(令元年度)　特別部門
日本SF大賞　第44回(令5年)　功績賞

松山　恵子　まつやま・けいこ

昭和12(1937)年～平成18(2006)年
歌手
日本演歌大賞　第10回(昭59年)　演歌功労賞
日本レコード大賞　第37回(平7年)　功労賞
日本作詩大賞　第37回(平16年度)　特別賞

松山 善三　まつやま・ぜんぞう
大正14(1925)年～平成28(2016)年
映画監督、脚本家

「あなた買います」
年鑑代表シナリオ　第8回(昭31年度)

「人間の条件」
年鑑代表シナリオ　第11回(昭34年度)

「2人の息子」
年鑑代表シナリオ　第13回(昭36年度)

「名もなく貧しく美しく」
キネマ旬報ベスト・テン　第35回(昭36年度)　日本映画 5位
年鑑代表シナリオ　第13回(昭36年度)
優秀映画鑑賞会ベストテン　第2回(昭36年度)　日本映画 1位

「名もなく貧しく美しく」「二人の息子」
ブルーリボン賞　第12回(昭36年)　脚本賞

「名もなく貧しく美しく」「二人の息子」「人間の条件」
毎日映画コンクール　第16回(昭36年)　脚本賞

「われ一粒の麦なれど」
キネマ旬報ベスト・テン　第38回(昭39年度)　日本映画 10位
年鑑代表シナリオ　第16回(昭39年度)
優秀映画鑑賞会ベストテン　第5回(昭39年度)　日本映画 8位

「ふたりのイーダ」
日本映画技術賞　第30回(昭51年度)

「典子は、今」
優秀映画鑑賞会ベストテン　第22回(昭56年度)　日本映画 7位

「虹の橋」
優秀映画鑑賞会ベストテン　第34回(平5年度)　日本映画 9位

「虹の橋」「望郷」
毎日映画コンクール　第48回(平5年)　脚本賞

「JUST HOLD ME」
舞台芸術創作奨励賞　(平8年度)　現代演劇部門特別賞

外務大臣賞　(昭37年)
紫綬褒章　(昭62年)
ゴールデン・グローブ賞　(平7年)
勲四等旭日小綬章　(平7年)
日本アカデミー賞　第40回(平29年)　会長特別賞

松山 千春　まつやま・ちはる
昭和30(1955)年～
シンガー・ソングライター

「長い夜」

日本作曲大賞　第1回(昭56年)　優秀作曲者賞
日本レコードセールス大賞　第12回(昭54年)　LPゴールデン賞
日本レコードセールス大賞　第13回(昭55年)　LPゴールデン賞
日本レコードセールス大賞　第14回(昭56年)　LPゴールデン賞
日本レコードセールス大賞　第15回(昭57年)　LPシルバー賞
日本アカデミー賞　(平3年)　新人賞・助演男優賞

まど・みちお
明治42(1909)年～平成26(2014)年
詩人、童謡詩人

「てんぷらぴりぴり」
野間児童文芸賞　第6回(昭43年)

「まど・みちお詩集」
産経児童出版文化賞　第23回(昭51年)

「植物のうた」
日本児童文学者協会賞　第16回(昭51年)

「風景詩集」
児童福祉文化賞　第22回(昭54年度)　出版物部門

「しゃっくりうた」
小学館文学賞　第35回(昭61年)

「まど・みちお全詩集」
芸術選奨　第43回(平4年)　文学部門　文部大臣賞
産経児童出版文化賞　第40回(平5年)　大賞
路傍の石文学賞　第16回(平6年)　文学賞特別賞

「まどさんとさかたさんのことばあそび」
産経児童出版文化賞　第40回(平5年)　美術賞

「キリンさん」
日本絵本賞　第4回(平10年)　日本絵本賞

「うめぼしリモコン」
丸山豊記念現代詩賞　第11回(平14年)

「せんねんまんねん」
産経児童出版文化賞　第56回(平21年)　美術賞

川崎市文化賞　(昭51年)
児童文化功労者賞　第22回(昭55年)
巌谷小波文芸賞　第4回(昭56年)
ダイエー童謡大賞　第1回(昭60年)
国際アンデルセン賞　(平6年)　作家賞
神奈川文化賞　第47回(平10年)
朝日賞　(平10年)
日本芸術院賞　第59回(平14年)　第2部
児童福祉文化賞　第52回(平21年度)　特別部門

黛 ジュン　まゆずみ・じゅん
昭和23(1948)年～
歌手

「天使の誘惑」

日本レコード大賞　第10回（昭43年）　大賞
ゴールデン・アロー賞　第5回（昭42年）　新人賞
日本レコードセールス大賞　第1回（昭43年）　シルバー賞
日本レコード大賞　第56回（平26年）　功労賞

黛 敏郎　まゆずみ・としろう
　昭和4（1929）年～平成9（1997）年
　作曲家

「帰郷」
　毎日映画コンクール　第5回（昭25年）　音楽賞
「幕末太陽伝」
　毎日映画コンクール　第12回（昭32年）　音楽賞
「幽霊はここにいる」
　毎日演劇賞　第11回（昭33年）　個人賞　音楽
「非行少女」「にっぽん昆虫記」
　毎日映画コンクール　第18回（昭38年）　音楽賞
「東京オリンピック」
　ブルーリボン賞　第16回（昭40年）　音楽賞
　毎日映画コンクール　第20回（昭40年）　音楽賞
国際現代音楽作曲コンクール入選（昭31年・32年・38年）
尾高賞（昭33年・41年）
ギャラクシー賞　第5回（昭42年）
菊池寛賞　第19回（昭46年）
ベストドレッサー賞　第1回（昭47年）　学術・文化部門
仏教伝道文化賞（昭50年）
紫綬褒章（昭61年）

眉村 卓　まゆむら・たく
　昭和9（1934）年～令和1（2019）年
　小説家

「下級アイデアマン」
　ハヤカワSFコンテスト　第1回（昭36年）　佳作
「消滅の光輪」
　星雲賞　第10回（昭54年）　日本長編部門
　泉鏡花文学賞　第7回（昭54年）
「夕焼回転木馬」
　日本文芸大賞　第7回（昭62年）　特別賞
「引き潮のとき」
　星雲賞　第27回（平8年）　日本長編部門
大阪芸術賞（平13年）
日本SF大賞　第40回（令1年）　功績賞

丸谷 才一　まるや・さいいち
　大正14（1925）年～平成24（2012）年
　作家、評論家。日本芸術院会員

「笹まくら」
　河出文化賞　第2回（昭42年）
「年の残り」

芥川龍之介賞　第59回（昭43年上）
「たった一人の反乱」
　谷崎潤一郎賞　第8回（昭47年）
「後鳥羽院」
　読売文学賞　第25回（昭48年）　評論・伝記賞
「忠臣蔵とは何か」
　野間文芸賞　第38回（昭60年）
「樹影譚」
　川端康成文学賞　第15回（昭63年）
「光る源氏の物語」
　芸術選奨　第40回（平1年）　評論等　文部大臣賞
「RAIN IN THE WIND（「横しぐれ」）」
　インディペンデント外国文学年間特別賞（平3年）
「新々百人一首」
　大佛次郎賞　第26回（平11年）
「輝く日の宮」
　泉鏡花文学賞　第31回（平15年）
「ジェイムズ・ジョイス「若い藝術家の肖像」」
　読売文学賞　第61回（平21年）　研究・翻訳賞
鶴岡市名誉市民（平6年）
菊池寛賞　第49回（平13年）
朝日賞（平15年）
文化功労者　第59回（平18年度）
文化勲章（平23年度）

丸山 昇一　まるやま・しょういち
　昭和23（1948）年～
　脚本家

「処刑遊戯」
　年鑑代表シナリオ（昭54年度）
「すかんぴんウォーク」
　年鑑代表シナリオ（昭59年度）
「いつかギラギラする日」
　毎日映画コンクール　第47回（平4年）　脚本賞
「傷だらけの天使」
　年鑑代表シナリオ（平9年度）
「夜を賭けて」
　年鑑代表シナリオ（平14年度）
「一度も撃ってません」
　毎日映画コンクール　第75回（令2年）　脚本賞

三浦 朱門　みうら・しゅもん
　大正15（1926）年～平成29（2017）年
　作家。日本芸術院会員

「箱庭」
　新潮社文学賞　第14回（昭42年）
「武蔵野インディアン」
　芸術選奨　第33回（昭57年）　文学部門　文部大臣賞
聖シルベストロ勲章（昭45年）

日本芸術院賞　第43回(昭61年)　第2部 恩賜賞・日本芸術院賞
正論大賞　第14回(平10年)
文化功労者(平11年)

三浦 哲郎　みうら・てつお
昭和6(1931)年～平成22(2010)年
小説家。日本芸術院会員

「十五歳の周囲」
　同人雑誌賞　第2回(昭30年)
「忍ぶ川」
　芥川龍之介賞　第44回(昭35年下)
「拳銃と十五の短篇」
　野間文芸賞　第29回(昭51年)
「少年讃歌」
　日本文学大賞　第15回(昭58年)
「白夜を旅する人々」
　大佛次郎賞　第12回(昭60年)
「じねんじょ」
　川端康成文学賞　第17回(平2年)
「みちづれ」
　伊藤整文学賞　第2回(平3年)　小説
「みのむし」
　川端康成文学賞　第22回(平7年)
東奥賞(平1年)　特別賞
八戸市名誉市民(平18年)
旭日中綬章(平19年)

三浦 友和　みうら・ともかず
昭和27(1952)年～
俳優

「伊豆の踊子」
　ブルーリボン賞　第18回(昭50年)　新人賞
「台風クラブ」
　ヨコハマ映画祭　第7回(昭60年)　助演男優賞
　報知映画賞　第10回(昭60年度)　最優秀助演男優賞
「日本殉情伝」
　高崎映画祭　第3回(昭63年度)　主演男優賞
「江戸城大乱」「仔鹿物語」「無能の人」
　毎日映画コンクール　第46回(平3年)　演技賞 男優助演賞
「M/OTHER」
　報知映画賞　第24回(平11年)　主演男優賞
　毎日映画コンクール　第54回(平11年)　脚本賞
「M/OTHER」「あ、春」
　報知映画賞　第24回(平11年度)　最優秀主演男優賞
「松ヶ根乱射事件」
　高崎映画祭　第22回(平19年度)　最優秀助演男優賞
「転々」「松ヶ根乱射事件」
　ブルーリボン賞　第50回(平19年度)　助演男優賞
「転々」「松ヶ根乱射事件」「ALWAYS 続・三丁目の夕日」
　キネマ旬報賞　第53回(平19年度)　助演男優賞
「沈まぬ太陽」
　キネマ旬報賞　第55回(平21年度)　助演男優賞
　日刊スポーツ映画大賞・石原裕次郎賞　第22回(平21年)　助演男優賞
「RAILWAYS」
　日本映画批評家大賞　第21回(平23年度)　主演男優賞
「葛城事件」
　高崎映画祭　第31回(平28年度)　最優秀主演男優賞
　報知映画賞　第41回(平28年)　主演男優賞
「クロサギ」
　日刊スポーツ・ドラマグランプリ　第26回(令4年度)　助演男優賞
「ケイコ 目を澄ませて」「線は、僕を描く」「グッバイ・クルエル・ワールド」
　キネマ旬報ベスト・テン個人賞　第96回(令4年度)　助演男優賞
エランドール賞(昭49年度)　新人賞
ゴールデン・アロー賞　第13回(昭50年)　映画賞 新人賞
テレビ大賞　第8回(昭50年度)　新人賞
ゴールデン・アロー賞　第17回(昭54年)　話題賞
紫綬褒章(平24年)
報知映画賞　第41回(平28年度)　主演男優賞

三浦 雅士　みうら・まさし
昭和21(1946)年～
文芸評論家。日本芸術院会員

「メランコリーの水脈」
　サントリー学芸賞　第6回(昭59年)　芸術・文学部門
「小説という植民地」
　藤村記念歴程賞　第29回(平3年)
「身体の零度」
　読売文学賞　第47回(平7年)　評論・伝記賞
「青春の終焉」
　芸術選奨　第52回(平13年)　評論等 文部科学大臣賞
　伊藤整文学賞　第13回(平14年)　評論
紫綬褒章(平22年)
日本芸術院賞　第68回(平23年度)　第2部 恩賜賞・日本芸術院賞

三浦 光雄　みうら・みつお
明治35(1902)年～昭和31(1956)年
映画撮影監督

「今ひとたびの」
　毎日映画コンクール　第2回(昭22年)　撮影賞
「今ひとたびの」「煙突の見える場所」「夫婦善哉」「白夫人の妖恋」

日本映画技術賞　（昭22年度・28年度・30年度・31年度）
「煙突の見える場所」「雁」
　ブルーリボン賞　第4回（昭28年）　技術賞
「白夫人の妖恋」
　毎日映画コンクール　第11回（昭31年）　撮影賞
「白夫人の妖恋」「猫と庄造と二人のをんな」
　ブルーリボン賞　第7回（昭31年）　技術賞

毎日映画コンクール　第11回（昭31年）　特別賞
芸術選奨　第7回（昭31年）　映画部門

三浦　徳子　　みうら・よしこ
　昭和24（1949）年〜令和5（2023）年
　作詞家
「青い珊瑚礁」
　日本作詩大賞　第13回（昭55年度）　大衆賞
「ストリッパー」
　日本作詩大賞　第14回（昭56年度）　作品賞
FNS歌謡祭グランプリ　第7回（昭55年）　最優秀作詞賞
日本レコードセールス大賞　第13回（昭55年）　作詩賞
日本レコードセールス大賞　第14回（昭56年）　作詩賞
日本レコードセールス大賞　第15回（昭57年）　作詩賞
日本レコードセールス大賞　第16回（昭58年）　作詩賞
日本レコード大賞　第65回（令5年）　特別功労賞

三笠　優子　　みかさ・ゆうこ
　昭和24（1949）年〜
　歌手
「夫婦舟」
　日本有線大賞　第14回（昭56年）　有線音楽賞
　日本レコード大賞　第24回（昭57年）　ロングセラー賞
「夫婦川」
　全日本有線放送大賞　第14回（昭56年度）　特別賞
「人生船」
　日本有線大賞　第18回（昭60年）　協会選奨

横浜音楽祭　第8回（昭56年）　ラジオ日本演歌賞
日本有線大賞　第15回（昭57年）　特別賞
横浜音楽祭　第10回（昭58年）　ラジオ日本演歌賞
横浜音楽祭　第12回（昭60年）　ラジオ日本演歌賞
横浜音楽祭　第13回（昭61年）　音楽祭特別賞
横浜音楽祭　第14回（昭62年）　特別表彰
みちのく演歌大賞　第1回（昭63年）　大衆賞
横浜音楽祭　第15回（昭63年）　演歌特別選奨
横浜音楽祭　第16回（平1年）　演歌特別選賞

美川　憲一　　みかわ・けんいち
　昭和21（1946）年〜
　歌手
「柳ヶ瀬ブルース」
　日本有線大賞　第3回（昭45年）　特別賞
「おんなの朝」

日本有線大賞　第4回（昭46年）　スター賞
夜のレコード大賞　第4回（昭46年度）　優秀スター賞
ゴールデン・アロー賞　第28回（平2年）　特別賞
メガロポリス歌謡祭　第10回（平3年）　TXNネットワーク縦貫記念特別賞
日本レコード大賞　第57回（平27年）　功労賞

三木　たかし　　みき・たかし
　昭和20（1945）年〜平成21（2009）年
　作曲家
「思秋期」「津軽海峡冬景色」
　日本レコード大賞　第19回（昭52年）　中山晋平賞
「津軽海峡冬景色」
　FNS歌謡祭グランプリ　第4回（昭52年）　グランプリ
「漁火挽歌」
　古賀政男記念音楽大賞　第3回（昭57年度）　プロ作品優秀賞
「愛人」
　日本作曲大賞　第5回（昭60年）　優秀作曲者賞
「時の流れに身をまかせ」
　日本レコード大賞　第28回（昭61年）　作曲賞
　日本作曲大賞　第6回（昭61年）　大賞
「花の時愛の時」
　日本作曲大賞　第7回（昭62年）　優秀作曲者賞
「追憶」
　古賀政男記念音楽大賞　第8回（昭62年度）　プロ作品大賞
「悲しいけれど」
　古賀政男記念音楽大賞　第8回（昭62年度）　プロ作品優秀賞
「恋人たちの神話」
　日本作曲大賞　第8回（昭63年）　優秀作曲者賞
「風の盆恋歌」
　古賀政男記念音楽大賞　第10回（平1年度）　プロ作品大賞
「花挽歌」
　日本レコード大賞　第34回（平4年）　歌謡曲・演歌部門　作曲賞
「夜桜お七」
　日本レコード大賞　第36回（平6年）　作曲賞

FNS歌謡祭グランプリ　第2回（昭50年）　最優秀作曲賞　上期
日本レコードセールス大賞　第9回（昭51年）　作曲賞
FNS歌謡祭グランプリ　第11回（昭59年）　最優秀作曲賞
紫綬褒章　（平17年）
日本レコード大賞　第47回（平17年）　吉田正賞
日本レコード大賞　第51回（平21年）　特別功労賞

三木 卓　みき・たく
昭和10(1935)年～令和5(2023)年
詩人、小説家。日本芸術院会員

「東京午前三時」
　H氏賞　第17回(昭42年)

「わがキディ・ランド」
　高見順賞　第1回(昭45年)

「鶸」
　芥川龍之介賞　第69回(昭48年上)

「ぽたぽた」
　野間児童文芸賞　第22回(昭59年)

「馭者の秋」
　平林たい子文学賞　第14回(昭61年)

「小噺集」
　芸術選奨　第39回(昭63年)　文学部門　文部大臣賞

「イヌのヒロシ」
　路傍の石文学賞　第19回(平9年)

「路地」
　谷崎潤一郎賞　第33回(平9年)

「裸足と貝殻」
　読売文学賞　第51回(平11年)　小説賞

「北原白秋」
　藤村記念歴程賞　第43回(平17年)
　毎日芸術賞　第47回(平17年度)

「K」
　伊藤整文学賞　第24回(平25年)　小説部門

紫綬褒章　(平11年)
日本芸術院賞　第63回(平18年度)　恩賜賞・日本芸術院賞
旭日中綬章　(平23年)

三木 のり平　みき・のりへい
大正13(1924)年～平成11(1999)年
喜劇俳優

「香華」
　毎日映画コンクール　第19回(昭39年)　演技賞　男優助演賞

「放浪記」「雪之丞変化」
　菊田一夫演劇賞　第16回(平2年)　大賞

「放浪記」
　読売演劇大賞　第2回(平6年)　最優秀演出家賞

菊田一夫演劇賞　第3回(昭52年)　特別賞
紫綬褒章　(昭61年)
読売演劇大賞　第2回(平6年度)　最優秀演出家賞
勲四等旭日小綬章　(平8年)

三國 連太郎　みくに・れんたろう
大正12(1923)年～平成25(2013)年
俳優

「善魔」「海の花火」
　ブルーリボン賞　第2回(昭26年)　新人賞

「大いなる旅路」
　ブルーリボン賞　第11回(昭35年)　主演男優賞
　NHK映画賞　(昭35年)　男優主演賞

「はだかっ子」「飼育」
　毎日映画コンクール　第16回(昭36年)　演技賞　男優助演賞

「にっぽん泥棒物語」
　キネマ旬報賞　第11回(昭40年)　男優賞

「飢餓海峡」「にっぽん泥棒物語」
　毎日映画コンクール　第20回(昭40年)　演技賞　男優主演賞

「飢餓海峡」
　サッシー賞最優秀主演男優賞　(昭41年)　ブラジル

「襤褸の旗」
　毎日映画コンクール　第29回(昭49年)　演技賞　男優演技賞

「復讐するは我にあり」
　キネマ旬報賞　第25回(昭54年)　助演男優賞
　ブルーリボン賞　第22回(昭54年)　助演男優賞
　報知映画賞　第4回(昭54年度)　最優秀助演男優賞

「親鸞・白い道」
　カンヌ国際映画祭　第40回(昭62年)　審査員特別賞

「ドレッサー」
　紀伊國屋演劇賞　第24回(平1年)　個人賞

「利休」
　キネマ旬報賞　第35回(平1年)　主演男優賞
　ブルーリボン賞　第32回(平1年)　主演男優賞
　モントリオール映画祭　(平1年)　最優秀芸術賞
　日本アカデミー賞　第13回(平2年)　最優秀主演男優賞

「利休」「釣りバカ日誌」
　報知映画賞　第14回(平1年度)　最優秀主演男優賞
　毎日映画コンクール　第44回(平1年)　演技賞　男優主演賞

「息子」
　キネマ旬報賞　第37回(平3年)　主演男優賞
　日刊スポーツ映画大賞・石原裕次郎賞　第4回(平3年)　主演男優賞
　日本映画批評家大賞　第1回(平3年)　男優賞

「息子」「釣りバカ日誌4」
　日本アカデミー賞　第15回(平4年)　最優秀主演男優賞

「冬の旅」
　モンテカルロ国際テレビ祭　第32回(平4年)　シルバーニンフ賞(主演男優賞)

「三たびの海峡」
　日本アカデミー賞　第19回(平8年)　最優秀主演男優賞

「釣りバカ日誌シリーズ」

日本アカデミー賞　第33回（平22年）　会長功労賞
ブルーリボン賞　（昭26年）　新人賞
紫綬褒章　（昭59年）
勲四等旭日小綬章　（平5年）
ベストドレッサー賞　第27回（平10年）　スポーツ・芸能部門
映画の日特別功労章　第51回（平18年）
毎日芸術賞　第49回（平19年度）　特別賞
山路ふみ子賞　（平21年）　文化財団特別賞
ブルーリボン賞　第56回（平25年度）　特別賞
日本アカデミー賞　第37回（平26年）　会長特別賞

三沢 あけみ　みさわ・あけみ
昭和20（1945）年〜
歌手

「島のブルース」「私も流れの渡り鳥」
　日本レコード大賞　第5回（昭38年）　新人賞
「渡り鳥」
　日本演歌大賞　第13回（昭62年）　演歌スター賞
　日本有線大賞　第20回（昭62年）　特別奨励賞
「色もよう」
　日本有線大賞　第22回（平1年）　協会選奨
「エンドレスソング」
　日本レコード大賞　第34回（平4年）　優秀アルバム賞
「島のブルース」
　メガロポリス歌謡祭　第11回（平4年）　特別賞
日本演歌大賞　第6回（昭55年）　特別賞
メガロポリス歌謡祭　第6回（昭62年）　演歌メガロポリス賞女性部門
横浜音楽祭　第14回（昭62年）　音楽祭特別賞
メガロポリス歌謡祭　第7回（昭63年）　演歌メガロポリス賞女性部門
横浜音楽祭　第15回（昭63年）　演歌特別選奨
横浜音楽祭　第16回（平1年）　演歌特別選賞
日本レコード大賞　第54回（平24年）　功労賞

三島 由紀夫　みしま・ゆきお
大正14（1925）年〜昭和45（1970）年
小説家、劇作家

「潮騒」
　新潮社文学賞　第1回（昭29年）
「白蟻の巣」
　岸田演劇賞　第2回（昭30年）
「金閣寺」
　読売文学賞　第8回（昭31年）　小説賞
「十日の菊」
　読売文学賞　第13回（昭36年）　戯曲賞
「絹と明察」
　毎日芸術賞　第6回（昭39年）
「サド侯爵夫人」
　芸術祭賞　第20回（昭40年）　演劇部門
　ゴールデン・アロー賞　第4回（昭41年）　話題賞

水上 勉　みずかみ・つとむ
大正8（1919）年〜平成16（2004）年
小説家。日本芸術院会員

「海の牙」
　日本探偵作家クラブ賞　第14回（昭36年）
「雁の寺」
　直木三十五賞　第45回（昭36年上）
「宇野浩二伝」
　菊池寛賞　第19回（昭46年）
「一休」
　谷崎潤一郎賞　第11回（昭50年）
「寺泊」
　川端康成文学賞　第4回（昭52年）
「あひるの靴」
　斎田喬戯曲賞　第16回（昭55年）
「良寛」
　毎日芸術賞　第25回（昭58年）
「虚竹の笛」
　親鸞賞　第2回（平14年）
吉川英治文学賞　第7回（昭48年）
日本芸術院賞　第42回（昭61年）　恩賜賞
東京都文化賞　第8回（平4年）
文化功労者　（平10年）

水木 しげる　みずき・しげる
大正11（1922）年〜平成27（2015）年
漫画家、劇画家

「テレビくん」
　講談社児童漫画賞　第6回（昭41年）
「昭和史」
　講談社漫画賞　第13回（平1年）　一般部門
「のんのんばあとオレ」
　国際マンガ・フェスティバル　（平19年）　最優秀賞
紫綬褒章　（平3年）
日本漫画家協会賞　第25回（平8年）　文部大臣賞
星雲賞　第29回（平10年）　アート部門
日本児童文芸家協会児童文化功労賞　第37回（平10年）
旭日小綬章　（平15年）
手塚治虫文化賞　第7回（平15年）　特別賞
織部賞グランプリ　第5回（平17年）
朝日賞　（平20年度）
調布市名誉市民　（平20年）
文化功労者　第63回（平22年度）

水木 洋子　みずき・ようこ
明治43（1910）年〜平成15（2003）年
脚本家

「女の一生」
　年鑑代表シナリオ　第1回（昭24年度）
「また逢う日まで」
　年鑑代表シナリオ　第2回（昭25年度）
「おかあさん」
　年鑑代表シナリオ　第4回（昭27年度）
「あにいもうと」
　年鑑代表シナリオ　第5回（昭28年度）
「にごりえ」
　年鑑代表シナリオ　第5回（昭28年度）
「山の音」
　年鑑代表シナリオ　第6回（昭29年度）
「浮雲」
　年鑑代表シナリオ　第7回（昭30年度）
「あらくれ」
　年鑑代表シナリオ　第9回（昭32年度）
「純愛物語」
　年鑑代表シナリオ　第9回（昭32年度）
「純愛物語」「キクとイサム」
　北海道新聞映画賞　第4回・6回（昭33年・35年）　最優秀脚本賞
「裸の大将」
　年鑑代表シナリオ　第10回（昭33年度）
「キクとイサム」
　ブルーリボン賞　第10回（昭34年）　脚本賞
　芸術選奨　第10回（昭34年）　映画部門
　　年鑑代表シナリオ　第11回（昭34年度）
　　毎日映画コンクール　第14回（昭34年）　脚本賞
「北限の海女」
　芸術祭賞　（昭34年度）
「おとうと」
　年鑑代表シナリオ　第12回（昭35年度）
「あれが港の灯だ」
　年鑑代表シナリオ　第13回（昭36年度）
「婚期」「もず」「あれが港の灯だ」
　キネマ旬報賞　第7回（昭36年）　脚本賞
「にっぽんのお婆ちゃん」
　年鑑代表シナリオ　第14回（昭37年度）
「怪談」「甘い汗」
　キネマ旬報賞　第10回（昭39年）　脚本賞
「甘い汗」
　年鑑代表シナリオ　第16回（昭39年度）
「怪談」
　年鑑代表シナリオ　第17回（昭40年度）
「五月の肌着」
　日本民間放送連盟賞　（昭46年度）　優秀賞
「灯の橋」
　芸術祭賞　第29回（昭49年）　テレビドラマ部門　大賞
菊池寛賞　復活第1回（昭28年）
日本放送協会放送文化賞　第11回（昭34年）
紫綬褒章　（昭56年）
勲四等宝冠章　（昭62年）
市川市名誉市民　（平16年）

水木　れいじ　　みずき・れいじ
　昭和25（1950）年～
　作詞家
「恋暮色」
　古賀政男記念音楽大賞　第5回（昭59年度）　プロ作品優秀賞
「しゃくなげの雨」
　日本作詩大賞　第30回（平9年度）　優秀作品賞
「涙かさねて」
　日本作詩大賞　第31回（平10年度）　優秀作品賞
「木曽川しぐれ」
　日本作詩大賞　第41回（平20年度）　優秀作品賞
「ときめきのルンバ」
　日本作詩大賞　第42回（平21年度）　大賞
「人生みちづれ」
　日本作詩大賞　第43回（平22年度）　大賞

水島　新司　　みずしま・しんじ
　昭和14（1939）年～令和4（2022）年
　漫画家
「男どアホウ甲子園」「出刃とバット」
　小学館漫画賞　第19回（昭48（1973）年度）
「野球狂の詩」
　講談社出版文化賞　第4回（昭48年）　児童漫画部門
「あぶさん」
　小学館漫画賞　第22回（昭51（1976）年度）　青年一般向け
紫綬褒章　（平17年）
日本漫画家協会賞　第36回（平19年）　文部科学大臣賞
旭日小綬章　（平26年）

水谷　八重子（1代）　　みずたに・やえこ
　明治38（1905）年～昭和54（1979）年
　俳優。日本芸術院会員
「滝の白糸」
　朝日賞　（昭47年）　文化賞
日本放送協会放送文化賞　第4回（昭27年）
毎日演劇賞　第7回（昭29年）　劇団賞
日本芸術院賞　第12回（昭30年）　第3部
菊池寛賞　第5回（昭32年）
紫綬褒章　（昭33年）
文化功労者　（昭46年）
勲三等宝冠章　（昭50年）

水谷 八重子(2代)　みずたに・やえこ
昭和14(1939)年～
俳優。旧芸名は水谷良重。母は初代・水谷八重子。
新派を代表する俳優

「花の吉原百人斬り」
　NHK映画賞　(昭35年)　助演女優賞

「春風物語」「深川不動」
　芸術選奨　第23回(昭47年)　演劇部門　新人賞

「佃の渡し」
　芸術祭賞　第28回(昭48年)　演劇部門　優秀賞
　芸術祭賞　第47回(平4年)　演劇部門

「滝の白糸」「祇園の女」
　菊田一夫演劇賞　第3回(昭52年)

「巷談本牧亭」「佃の渡し」
　芸術選奨　第43回(平4年)　演劇部門　文部大臣賞

松尾芸能賞　第9回(昭63年)　大賞　演劇
都民文化栄誉賞　第11回(平5年)
浅草芸能大賞　(平7年)
紫綬褒章　(平13年)
坪内逍遙大賞　(平14年)
旭日小綬章　(平21年)

水谷 豊　みずたに・ゆたか
昭和27(1952)年～
俳優、歌手

「青春の殺人者」
　キネマ旬報賞　第22回(昭51年)　主演男優賞

「相棒」
　橋田賞　第16回(平19年度)　橋田賞
　橋田賞　第20回(平23年度)　橋田賞

「TIME CAPSULE」
　日本レコード大賞　第50回(平20年)　企画賞

テレビ大賞　第12回(昭54年度)　優秀個人賞
日本テレビ音楽祭　第5回(昭54年)　日本テレビ特別賞
ベストドレッサー賞　第37回(平20年)　特別賞
橋田賞　第20回(平23年度)
浅草芸能大賞　第30回(平25年度)　大賞

水原 弘　みずはら・ひろし
昭和10(1935)年～昭和53(1978)年
歌手、俳優

「黒い花びら」
　日本レコード大賞　第1回(昭34年)　大賞

「君こそ我が命」
　日本レコード大賞　第9回(昭42年)　歌唱賞

ゴールデン・アロー賞　第5回(昭42年)　取材協力賞
日本レコード大賞　第15回(昭48年)　大賞制定15周年記念賞

溝口 健二　みぞぐち・けんじ
明治31(1898)年～昭和31(1956)年
映画監督

「紙人形春の囁き」
　キネマ旬報ベスト・テン　第3回(大15年度)　日本映画7位

「慈悲心鳥」
　キネマ旬報ベスト・テン　第4回(昭2年度)　日本映画7位

「都会交響楽」
　キネマ旬報ベスト・テン　第6回(昭4年度)　日本映画10位

「滝の白糸」
　キネマ旬報ベスト・テン　第10回(昭8年度)　日本映画2位

「祇園の姉妹」
　キネマ旬報ベスト・テン　第13回(昭11年度)　日本映画1位

「浪華悲歌」
　キネマ旬報ベスト・テン　第13回(昭11年度)　日本映画3位

「愛怨峡」
　キネマ旬報ベスト・テン　第14回(昭12年度)　日本映画3位

「あゝ故郷」
　キネマ旬報ベスト・テン　第15回(昭13年度)　日本映画9位

「残菊物語」
　キネマ旬報ベスト・テン　第16回(昭14年度)　日本映画2位

「浪花女」
　キネマ旬報ベスト・テン　第17回(昭15年度)　日本映画4位

「芸道一代男」
　キネマ旬報ベスト・テン　第18回(昭16年度)　日本映画4位

「元禄忠臣蔵 後篇」
　キネマ旬報ベスト・テン　第19回(昭17年度)　日本映画7位

「夜の女たち」
　キネマ旬報ベスト・テン　第22回(昭23年度)　日本映画3位

「西鶴一代女」
　キネマ旬報ベスト・テン　第26回(昭27年度)　日本映画9位
　ベネチア国際映画祭　(昭27年)　国際賞

「祇園囃子」
　キネマ旬報ベスト・テン　第27回(昭28年度)　日本映画9位

「雨月物語」
　ベネチア国際映画祭　(昭28年)　サンマルコ銀獅子

賞第1位
　キネマ旬報ベスト・テン　第27回（昭28年度）　日本映画3位
「近松物語」
　キネマ旬報ベスト・テン　第28回（昭29年度）　日本映画5位
　ブルーリボン賞　第5回（昭29年）　監督賞
　芸術選奨　第5回（昭29年度）
「山椒大夫」
　キネマ旬報ベスト・テン　第28回（昭29年度）　日本映画9位
　ベネチア国際映画祭（昭29年）　サンマルコ銀獅子賞第4位
　芸術選奨　第5回（昭29年）　映画部門
　ブルーリボン賞　第7回（昭31年）　日本映画文化賞
　毎日映画コンクール　第11回（昭31年）　特別賞
　勲四等瑞宝章
　紫綬褒章

美空　ひばり　　みそら・ひばり

　昭和12（1937）年〜平成1（1989）年
　歌手
「哀愁波止場」
　日本レコード大賞　第2回（昭35年）　歌唱賞
「柔」
　日本レコード大賞　第7回（昭40年）　大賞
「雑草の歌」
　FNS歌謡祭グランプリ　第3回（昭51年）　特別賞
「おまえにほれた」
　日本有線大賞　第13回（昭55年）　特別功労賞
「愛燦燦」
　あなたが選ぶ全日本歌謡音楽祭　第12回（昭61年）　朝日新聞社賞
　日本演歌大賞　第12回（昭61年）　特別賞
「川の流れのように」
　日本レコード大賞　第31回（平1年）　金賞
　日本有線大賞　第22回（平1年）　有線音楽賞
「ひばり千夜一夜」
　日本レコード大賞　第53回（平23年）　企画賞
　ブルーリボン賞　第12回（昭36年）　大衆賞
　ゴールデン・アロー賞　第2回（昭39年）　話題賞
　日本歌謡大賞　第2回（昭46年）　放送音楽特別賞
　日本レコード大賞　第15回（昭48年）　大賞制定15周年記念賞
　あなたが選ぶ全日本歌謡音楽祭　第1回（昭50年）　特別賞
　日本演歌大賞　第1回（昭50年）　特別功労賞
　日本レコード大賞　第18回（昭51年）　特別賞
　森田たまパイオニア賞　第6回（昭52年）
　日本レコード大賞　第20回（昭53年）　古賀政男記念賞
　日本演歌大賞　第4回（昭53年）　週刊平凡最多掲載賞
　日本演歌大賞　第7回（昭56年）　35周年記念特別功労賞
　日本演歌大賞　第10回（昭59年）　演歌功労賞
　日本作曲大賞　第6回（昭61年）　音楽文化賞
　あなたが選ぶ全日本歌謡音楽祭　第14回（平1年）　朝日新聞社賞
　ゴールデン・アロー賞　第27回（平1年）　特別功労賞
　FNS歌謡祭グランプリ　第16回（平1年）　特別賞
　銀座音楽祭　第19回（平1年）　特別栄誉賞
　国民栄誉賞（平1年）
　日刊スポーツ映画大賞・石原裕次郎賞　第2回（平1年）　特別賞
　日本ゴールドディスク大賞　第4回（平1年）　日本レコード協会特別栄誉賞
　日本レコードセールス大賞　第22回（平1年）　アーティストセールス　シルバー賞
　日本レコードセールス大賞　第22回（平1年）　LP部門ゴールデン賞
　日本演歌大賞　第15回（平1年）　心の歌
　日本歌謡大賞　第20回（平1年）　特別栄誉賞
　日本作詩大賞　第22回（平1年度）　特別賞
　日本アカデミー賞　第13回（平2年）　会長特別賞
　日本レコード大賞　第43回（平13年）　特別功労賞

三田　和代　　みた・かずよ

　昭和17（1942）年〜
　俳優
「ナイト，マザー　おやすみ，母さん。」
　紀伊國屋演劇賞　第21回（昭61年）　個人賞
「がめつい奴」
　菊田一夫演劇賞　第17回（平3年）
「滝沢家の内乱」
　芸術選奨　第45回（平6年）　演劇部門　文部大臣賞
「紙屋町さくらホテル」
　読売演劇大賞　第5回（平9年）　最優秀女優賞
「夜への長い旅路」
　読売演劇大賞　第8回（平12年）　最優秀女優賞
「秘密はうたう」
　読売演劇大賞　第19回（平23年度）　優秀女優賞
　紫綬褒章（平16年）

箕田　源二郎　　みた・げんじろう

　大正7（1918）年〜平成12（2000）年
　絵本画家、美術教育者
「憲法を考える」
　産経児童出版文化賞　第19回（昭47年）
「算法少女」
　産経児童出版文化賞　第21回（昭49年）
「美術の心をたずねて」
　児童福祉文化賞　第18回（昭50年度）　出版物部門　奨励賞
「やまんばおゆき」

産経児童出版文化賞　第25回(昭53年)
「津波ものがたり」
　吉村証子記念日本科学読物賞　第11回(平3年)

三田 佳子　みた・よしこ
　昭和16(1941)年〜
　俳優
「廓育ち」
　ミリオンパール主演女優賞　(昭39年)
「四畳半物語・娼婦しの」
　京都市民映画祭　(昭41年)　主演女優賞
「京の川」「アーラわが君」「ただいま同居中」
　ギャラクシー賞　第7回(昭44年)
「Wの悲劇」
　キネマ旬報賞　第30回(昭59年)　助演女優賞
「序の舞」「Wの悲劇」
　ブルーリボン賞　第27回(昭59年)　助演女優賞
　毎日映画コンクール　第39回(昭59年)　演技賞 女優助演賞
「春の鐘」「Wの悲劇」
　報知映画賞　第10回(昭60年度)　最優秀助演女優賞
　日本アカデミー賞　第9回(昭61年)　最優秀助演女優賞
「別れぬ理由」
　ブルーリボン賞　第30回(昭62年)　主演女優賞
「雪国」
　芸術祭賞　第44回(平1年)　演劇部門
「てとてと手」
　日本文芸大賞　第10回(平2年)　エッセイ賞
「遠き落日」
　ゴールデングロス賞　第10回(平4年度)　特別賞
　ブルーリボン賞　第35回(平4年)　主演女優賞
　山路ふみ子映画賞　第16回(平4年)　女優賞
　日刊スポーツ映画大賞・石原裕次郎賞　第5回(平4年)　主演女優賞
　日本アカデミー賞　第16回(平5年)　最優秀主演女優賞
「夢千代日記」
　芸術祭賞　第48回(平5年)　演劇部門
エランドール賞　(昭36年度)　新人賞
松尾芸能賞　第7回(昭61年)　優秀賞 映画・演劇
エランドール賞　(昭62年度)　特別賞
ゴールデン・アロー賞　第25回(昭62年)　特別賞
毎日映画コンクール　第42回(昭62年)　田中絹代賞
ベストドレッサー賞　第18回(平1年)　女性部門
牧野省三賞　第34回(平4年)
都民文化栄誉賞　第11回(平5年)
文化庁長官表彰　(平25年度)
旭日小綬章　(平26年)
橘田賞　第24回(平27年度)　特別賞

日本放送協会放送文化賞　第68回(平28年度)

ミッキー吉野　みっきー・よしの
　昭和26(1951)年〜
　ミュージシャン。「ゴールデン・カップス」として活動の後、「ゴダイゴ」を結成
「サントリー・ホワイト/サミー・デイヴィスJr編」
　日本CM大賞　(昭53年)
「SWING GIRLS ORIGINAL SOUNDTRACK」
　日本レコード大賞　第46回(平16年)　企画賞
「スウィングガールズ」
　日本アカデミー賞　第28回(平17年)　最優秀音楽賞
FNS歌謡祭グランプリ　第6回(昭54年)　最優秀編曲賞
日本レコードセールス大賞　第12回(昭54年)　編曲賞

三栗 崇　みつくり・たかし
　昭和14(1939)年〜
　元・体操選手。ローマ五輪・東京五輪体操男子団体総合金メダリスト
朝日賞　(昭35年)　体育賞
朝日賞　(昭37年)　体育賞
朝日賞　(昭39年)　体育賞　第18回オリンピック東京大会
朝日賞　(昭41年)　体育賞

三津田 健　みつだ・けん
　明治35(1902)年〜平成9(1997)年
　俳優
「ドレッサー」
　菊田一夫演劇賞　第6回(昭55年)
「ジョバンニの父への旅」「諸国を遍歴する二人の騎士の物語」
　紀伊國屋演劇賞　第22回(昭62年)　個人賞
「ドン・キホーテより 諸国を遍歴する二人の騎士の物語」
　芸術祭賞　第42回(昭62年)　演劇部門
「鼻」
　読売演劇大賞　第2回(平6年)　優秀男優賞
紫綬褒章　(昭43年)
勲四等旭日小綬章　(昭49年)

皆川 博子　みながわ・ひろこ
　昭和4(1929)年〜
　小説家
「川人」
　学研児童文学賞　第2回(昭45年)　ノンフィクション部門
「アルカディアの夏」
　小説現代新人賞　第20回(昭48年上)
「壁・旅芝居殺人事件」

日本推理作家協会賞 第38回(昭60年) 長篇部門
「恋紅」
　直木三十五賞 第95回(昭61年上)
「薔薇忌」
　柴田錬三郎賞 第3回(平2年)
「死の泉」
　吉川英治文学賞 第32回(平10年)
「開かせていただき光栄です」
　本格ミステリ大賞 第12回(平24年) 小説部門
「インタヴュー・ウィズ・ザ・プリズナー」
　毎日芸術賞 第63回(令3年度)
「風配図 WIND ROSE」
　紫式部文学賞 第34回(令6年)

日本ミステリー文学大賞 第16回(平24年度)
文化功労者 第68回(平27年度)

南 沙織　みなみ・さおり
　昭和29(1954)年〜
　歌手
「17才」
　新宿音楽祭 第4回(昭46年) 金賞
　日本レコード大賞 第13回(昭46年) 新人賞
　日本歌謡大賞 第2回(昭46年) 放送音楽新人賞
　日本有線大賞 第4回(昭46年) ホープ賞
「人恋しくて」
　日本レコード大賞 第17回(昭50年) 歌唱賞

日本レコードセールス大賞 第5回(昭47年) シルバー賞

三波 春夫　みなみ・はるお
　大正12(1923)年〜平成13(2001)年
　歌手。前名は南条文若
「東京五輪音頭」
　日本レコード大賞 第6回(昭39年) 特別賞
「三波春夫リサイタル」
　芸術祭賞 第31回(昭51年) 大衆芸能部門(2部) 優秀賞
「放浪芸の天地」(歌謡生活25周年記念三波春夫リサイタル)
　芸術祭賞 第37回(昭57年) 大衆芸能部門(1部) 優秀賞
「チャンチキおけさ」
　日本演歌大賞 第13回(昭62年) 特別賞
「決定版 三波春夫映像集」
　日本レコード大賞 第65回(令5年) 企画賞

紺綬褒章 (昭40年・47年・50年・52年)
日本演歌大賞 第10回(昭59年) 演歌功労賞
メガロポリス歌謡祭 第4回(昭60年) 特別賞
紫綬褒章 (昭61年)
勲四等旭日小綬章 (平6年)

南野 陽子　みなみの・ようこ
　昭和42(1967)年〜
　俳優
「スケバン刑事」
　毎日映画コンクール 第42回(昭62年) スポニチグランプリ新人賞
「寒椿」「私を抱いてそしてキスして」
　ヨコハマ映画祭 第14回(平4年度) 主演女優賞
ゴールデン・アロー賞 第25回(昭62年) グラフ賞
日本レコードセールス大賞 第20回(昭62年) シングル部門 大賞
エランドール賞 (昭63年度) 新人賞
ゴールデン・アロー賞 第25回(昭63年) グラフ賞
日本レコードセールス大賞 第21回(昭63年) シングル部門 ゴールデン賞
おおさか映画祭 第20回(平6年度) 助演女優賞

三橋 達也　みはし・たつや
　大正12(1923)年〜平成16(2004)年
　俳優
「女の中にいる他人」
　毎日映画コンクール 第21回(昭41年) 演技賞 男優助演賞
「忘れられぬ人々」
　ナント三大陸映画祭 (平12年) 男優賞
　毎日映画コンクール 第56回(平13年) 男優主演賞
山路ふみ子映画功労賞 第25回(平13年)
毎日映画コンクール 第59回(平16年) 特別賞
日本アカデミー賞 第28回(平17年) 会長特別賞

三橋 美智也　みはし・みちや
　昭和5(1930)年〜平成8(1996)年
　歌手
「星屑の町」
　日本レコード大賞 第4回(昭37年) 歌唱賞
三橋美智也リサイタル「ふるさとの歌とはなし」
　芸術祭賞 第27回(昭47年) 大衆芸能部門(2部) 優秀賞
ゴールデン・アロー賞 第16回(昭53年) 特別賞
日本レコード大賞 第20回(昭53年) 日本レコード大賞20周年記念顕彰
日本演歌大賞 第5回(昭54年) 演歌名人賞
メガロポリス歌謡祭 第2回(昭58年) 特別賞
日本演歌大賞 第10回(昭59年) 演歌功労賞
日本レコード大賞 第35回(平5年) 功労賞
日本レコード大賞 第38回(平8年) 特別顕彰

三船 敏郎　みふね・としろう
　大正9(1920)年〜平成9(1997)年
　俳優、映画プロデューサー
「馬喰一代」「女ごころ誰かしる」

ブルーリボン賞 第2回(昭26年) 主演男優賞
「下町」「蜘蛛巣城」「どん底」
　毎日映画コンクール 第12回(昭32年) 演技賞 男優主演賞
「用心棒」「価値ある男」
　ブルーリボン賞 第12回(昭36年) 主演男優賞
「用心棒」「赤ひげ」
　ベネチア国際映画祭 (昭36年・40年) 男優賞
「用心棒」「大阪城物語」
　キネマ旬報賞 第7回(昭36年) 男優賞
「赤ひげ」
　ブルーリボン賞 第16回(昭40年) 主演男優賞
「グラン・プリ」
　ブルーリボン賞 第17回(昭41年) 特別賞
「上意討ち・拝領妻始末」
　ベネチア国際映画祭 第28回(昭42年) フィプレシ賞
芸術選奨 第18回(昭42年) 映画部門 大臣賞
「黒部の太陽」「祇園祭」「山本五十六」
　キネマ旬報賞 第14回(昭43年) 男優賞
「男はつらいよ 知床慕情」
　ブルーリボン賞 第30回(昭62年) 助演男優賞
　毎日映画コンクール 第42回(昭62年) 演技賞 男優助演賞
ブルーリボン賞 第12回(昭36年) 特別賞
ゴールデン・アロー賞 第5回(昭42年) 大賞
UCLAメダル (昭61年)
牧野省三賞 第29回(昭62年)
川喜多賞 第6回(昭63年)
フランス芸術文化勲章 (平1年)
勲三等瑞宝章 (平5年)
日本映画批評家大賞 (平5年) 功労賞
日本アカデミー賞 第18回(平7年) 特別賞
ゴールデン・アロー賞 第35回(平9年) 特別賞
毎日映画コンクール 第52回(平9年) 特別賞

宮 柊二　みや・しゅうじ
　大正1(1912)年〜昭和61(1986)年
　歌人。日本芸術院会員
「宮柊二全歌集」
　毎日出版文化賞 第11回(昭32年)
「多く夜の歌」
　読売文学賞 第13回(昭36年) 詩歌俳句賞
「独石馬」

迢空賞 第10回(昭51年)
新潟日報歌壇賞 (昭37年)
日本芸術院賞 第33回(昭51年) 第2部
紫綬褒章 (昭56年)

宮 史郎　みや・しろう
　昭和18(1943)年〜平成24(2012)年
　歌手。「ぴんからトリオ」のリードボーカル
「女のみち」
　夜のレコード大賞 第5回(昭47年度) 銀賞 ※宮史郎とぴんからトリオ として
　夜のレコード大賞 第6回(昭48年度) 金賞 ※ぴんからトリオ として
「片恋酒」
　全日本有線放送大賞 第17回(昭59年度) 特別賞
　日本演歌大賞 第10回(昭59年) 有線注目曲
　日本レコード大賞 第54回(平24年) 特別功労賞

宮内 勝典　みやうち・かつすけ
　昭和19(1944)年〜
　小説家
「南風」
　文藝賞 第16回(昭54年)
「金色の象」
　野間文芸新人賞 第3回(昭56年)
「焼身」
　芸術選奨 第56回(平17年度) 文学部門 文部科学大臣賞
　読売文学賞 第57回(平17年度) 小説賞
「魔王の愛」
　伊藤整文学賞 第22回(平23年) 小説部門

宮尾 登美子　みやお・とみこ
　大正15(1926)年〜平成26(2014)年
　小説家
「連」
　女流新人賞〔婦人公論〕 第5回(昭37年度) ※前田とみ子名義
「櫂」
　太宰治賞 第9回(昭48年)
「寒椿」
　女流文学賞 第16回(昭52年)
「一絃の琴」
　直木三十五賞 第80回(昭53年下)
「序の舞」
　吉川英治文学賞 第17回(昭58年)
「蔵」
　エランドール賞 (平7年度) 特別賞
「錦」
　親鸞賞 第6回(平22年)

紫綬褒章 (平1年)
エランドール賞 (平8年度) 特別賞
日本酒大賞 第12回(平8年)
勲四等宝冠章 (平10年)
日本放送協会放送文化賞 第51回(平11年)

菊池寛賞　第56回（平20年）
文化功労者　第62回（平21年度）

宮川 一夫　みやがわ・かずお
明治41（1908）年〜平成11（1999）年
映画撮影監督

「西陣の姉妹」「千羽鶴」
　毎日映画コンクール　第7回（昭27年）撮影賞
「千羽鶴」
　ブルーリボン賞　第3回（昭27年）技術賞
「雨月物語」
　芸術選奨　第4回（昭28年）映画部門
「近松物語」「夜の蝶」「おとうと」「刺青」「はなれ瞽女おりん」
　日本映画技術賞　（昭29年度・32年度・35年度・41年度・52年度）
「朱雀門」
　毎日映画コンクール　第12回（昭32年）特別賞　色彩技術賞
「炎上」「弁天小僧」
　ブルーリボン賞　第9回（昭33年）撮影賞
「おとうと」
　ブルーリボン賞　第11回（昭35年）技術賞
　毎日映画コンクール　第15回（昭35年）撮影賞
「浮草」
　NHK映画特別賞　（昭35年）
「おとうと」「用心棒」
　NHK映画コンクール撮影賞　（昭36年・37年）
「はなれ瞽女おりん」
　毎日映画コンクール　第32回（昭52年）撮影賞
　日本アカデミー賞　第1回（昭53年）最優秀技術賞
「瀬戸内少年野球団」
　毎日映画コンクール　第39回（昭59年）撮影賞
　日本アカデミー賞　第8回（昭60年）最優秀撮影賞

牧野省三賞　第13回（昭45年）
市川雷蔵賞　第1回（昭53年）
紫綬褒章　（昭53年）
日本映画ペンクラブ賞　第10回（昭56年度）
京都市文化功労賞　（昭57年）
勲四等旭日小綬章　（昭58年）
京都府文化功労賞　（昭59年）
朝日賞　（昭60年）
ピカソメダル（ユネスコ）　（平1年）
山路ふみ子賞　（平4年）文化賞
川喜多賞　第10回（平4年）
京都府文化賞　第12回（平6年）特別功労賞
毎日映画コンクール　第54回（平11年）特別賞

宮川大助・花子　みやがわ・だいすけ　はなこ
昭和25（1950）年〜/昭和30（1955年）〜
漫才コンビ。夫婦漫才の第一人者

「YESと言おう！」（公演）
　芸術選奨　第61回（平22年度）大衆芸能部門　文部科学大臣賞

上方お笑い大賞　第12回（昭58年）銀賞
上方漫才大賞　第19回（昭59年）新人賞
花王名人大賞　第6回（昭61年）ベスト新人賞
上方漫才大賞　第21回（昭61年）奨励賞
花王名人大賞　第7回（昭62年）名人賞
上方お笑い大賞　第16回（昭62年）金賞
上方漫才大賞　第22回（昭62年）漫才大賞
花王名人大賞　第8回（昭63年）名人賞
咲くやこの花賞　（昭63年）大衆芸能部門
上方お笑い大賞　第18回（平1年）審査員特別賞
上方お笑い大賞　第19回（平2年）大賞
上方漫才大賞　第25回（平2年）漫才大賞
紫綬褒章　（平29年）

宮川 ひろ　みやがわ・ひろ
大正12（1923）年〜平成30（2018）年
児童文学作家

「夜のかげぼうし」
　赤い鳥文学賞　第8回（昭53年）
「ケヤキの下に本日開店です」
　児童福祉文化賞　第23回（昭55年度）出版物部門
「つばき地ぞう」
　新美南吉児童文学賞　第3回（昭60年）
「桂子は風のなかで」
　日本児童文学者協会賞　第30回（平2年）
「さくら子のたんじょう日」
　日本絵本賞　第10回（平16年）日本絵本賞
「きょうはいい日だね」
　ひろすけ童話賞　第16回（平17年）

宮城 まり子　みやぎ・まりこ
昭和2（1927）年〜令和2（2020）年
俳優、記録映画作家

「12月のあいつ」
　芸術祭賞　第13回（昭33年）大衆芸能部門
「ねむの木の詩」
　児童福祉文化賞　第16回（昭48年度）映画部門
　国際赤十字映画祭　第6回（昭49年）銀賞
　優秀映画鑑賞会ベストテン　第15回（昭49年度）日本映画　10位
「ねむの木の詩がきこえる」
　キネマ旬報ベスト・テン　第51回（昭52年度）日本

映画 7位
  ブルーリボン賞 第20回(昭52年) 特別賞
  国際赤十字映画祭 第7回(昭52年) 特別大賞
  日本映画ペンクラブ賞 第6回(昭52年度) 日本映画
    ベスト5 第5位
  毎日芸術賞 第19回(昭52年)
「虹をかける子どもたち」
  国際赤十字映画祭 (昭56年) シダラック賞
「ハローキッズ」
  国際赤十字映画祭 第12回(昭62年) 特別功績賞
「星が見える心…うたとおどりと和楽器と」
  芸術祭賞 第44回(平1年) 演芸部門
テアトロン賞 第4回(昭34年)
吉川英治文化賞 (昭48年)
森田たまパイオニア賞 (昭49年)
ブルーリボン賞 第20回(昭52年度) 特別賞
日本カトリック映画賞 第2回(昭52年)
厚生大臣表彰 (昭53年)
松尾芸能賞 第2回(昭56年) 特別賞 総合
山路ふみ子賞 第6回(昭57年度) 福祉賞
ヘレン・ケラー教育賞 (昭62年)
エイボン女性大賞 (平3年)
辻村賞 (平3年)
ペスタロッチー教育賞 第1回(平4年)
東京都文化賞 第9回(平5年)
博報賞 (平6年)
児童文化功労者賞 第39回(平12年)
呺堂賞 第5回(平12年)
石井十次賞 第13回(平16年)
東京都名誉都民 (平16年)
瑞宝小綬章 (平24年)

宮口 しづえ　みやぐち・しづえ
  明治40(1907)年～平成6(1994)年
  児童文学作家
「ミノスケのスキー帽」
  児童文学者協会新人賞 第7回(昭32年)
  日本児童文学者協会新人賞 (昭32年)
「ゲンと不動明王」
  小川未明文学賞 (昭33年) 奨励賞
「箱火ばちのおじいさん」
  野間児童文芸賞 第12回(昭49年) 推奨作品賞
「宮口しづえ童話全集」
  赤い鳥文学賞 第10回(昭55年)

三宅 義信　みやけ・よしのぶ
  昭和14(1939)年～
  重量挙げ指導者。東京五輪・メキシコ五輪重量挙
  げ男子フェザー級金メダリスト。
朝日賞 (昭34年) 体育賞
朝日賞 (昭36年) 体育賞
朝日賞 (昭37年) 体育賞
朝日賞 (昭38年) 体育賞
朝日賞 (昭39年) 体育賞 第18回オリンピック東京
  大会
朝日賞 (昭43年) 体育賞 第19回オリンピック・メキ
  シコ大会優勝者
紫綬褒章 (平9年)
文化功労者 第70回(平29年度)
第1級防衛功労章

ミヤコ蝶々　みやこちょうちょう
  大正9(1920)年～平成12(2000)年
  漫才師、俳優、司会者。別名は日向すゞ子。
郵政大臣賞 (昭31年)
京都市民映画祭 (昭39年) 女優助演賞
大阪府民劇場賞 (昭39年)
ギャラクシー賞 第8回(昭45年)
大阪芸術賞 (昭45年)
日本放送批評家賞 (昭46年)
日本放送作家協会大衆演芸賞 (昭48年)
日本放送協会放送文化賞 第30回(昭53年)
芸術祭賞 (昭54年) テレビ部門 優秀賞
上方お笑い大賞 第8回(昭54年) 秋田実賞
紫綬褒章 (昭59年)
名古屋演劇ペンクラブ年間賞 (平2年)
上方お笑い大賞 第20回(平3年) 20周年記念特別賞
勲四等宝冠章 (平5年)
大阪舞台芸術賞 (平7年) 特別賞

都 はるみ　みやこ・はるみ
  昭和23(1948)年～
  歌手
「アンコ椿は恋の花」
  日本レコード大賞 第6回(昭39年) 新人賞
「北の宿から」
  FNS歌謡祭グランプリ 第3回(昭51年) グランプリ
    /最優秀歌唱賞
  全日本有線放送大賞 第9回(昭51年度) グランプリ
  日本レコード大賞 第18回(昭51年) 大賞
  日本歌謡大賞 第7回(昭51年) 大賞/放送音楽賞
  日本有線大賞 第9回(昭51年) 大賞/有線スター賞/
    有線ヒット賞
「大阪しぐれ」
  全日本有線放送大賞 第13回(昭55年度) 特別賞
  日本レコード大賞 第22回(昭55年) 最優秀歌唱賞
  日本有線大賞 第13回(昭55年) 有線音楽賞
「浪花恋しぐれ」
  全日本有線放送大賞 第16回(昭58年度) グランプリ
  日本レコード大賞 第25回(昭58年) 特別金賞
  日本有線大賞 第16回(昭58年) 大賞/ベストヒット
    賞/有線音楽賞
日本レコード大賞 第15回(昭48年) 大賞制定15周年

記念賞
日本演歌大賞 第1回（昭50年） 演歌名人賞
あなたが選ぶ全日本歌謡音楽祭 第2回（昭51年） 年間話題賞
ゴールデン・アロー賞 第14回（昭51年） 音楽賞
横浜音楽祭 第3回（昭51年） 音楽祭賞
日本演歌大賞 第2回（昭51年） 大賞/演歌スター賞
日本演歌大賞 第3回（昭52年） 週刊平凡最多掲載賞
FNS歌謡祭グランプリ 第5回（昭53年） FNS歌謡祭五周年記念特別賞
日本演歌大賞 第5回（昭54年） 特別賞
日本演歌大賞 第8回（昭57年） 演歌スター賞/週刊平凡最多掲載賞
あなたが選ぶ全日本歌謡音楽祭 第9回（昭58年） 特別賞
横浜音楽祭 第10回（昭58年） ラジオ日本演歌賞
日本演歌大賞 第9回（昭58年） 特別賞
日本レコード大賞 第26回（昭59年） 特別大衆賞
日本演歌大賞 第10回（昭59年） 特別功労賞/演歌名誉歌手賞
日本歌謡大賞 第15回（昭59年） 放送音楽特別賞
銀座音楽祭 第18回（昭63年） プロデューサー賞
芸術選奨 第55回（平16年） 大衆芸能部門 文部科学大臣賞
京都府文化賞 第24回（平18年） 功労賞

宮﨑 晃 みやざき・あきら
昭和9（1934）年〜平成30（2018）年
映画監督、脚本家

「家族」
　年鑑代表シナリオ （昭45年度）
「家族」「男はつらいよ 望郷篇」
　キネマ旬報賞 第16回（昭45年） 脚本賞
「男はつらいよ」
　年鑑代表シナリオ （昭45年度）
「男はつらいよ 望郷篇」
　毎日映画コンクール 第25回（昭45年） 脚本賞
「故郷」
　年鑑代表シナリオ （昭47年度）
「男はつらいよ 寅次郎忘れな草」
　年鑑代表シナリオ （昭48年度）
　毎日映画コンクール 第28回（昭48年） 脚本賞

宮﨑 駿 みやざき・はやお
昭和16（1941）年〜
アニメーション映画監督

「ルパン三世 カリオストロの城」
　ぴあテン 第9回（昭55年度） もあテン 8位
　ぴあテン 第10回（昭56年度） もあテン 8位
　ぴあテン 第11回（昭57年度） もあテン 6位
　ぴあテン 第12回（昭58年度） もあテン 6位
　ぴあテン 第13回（昭59年度） もあテン 1位
　ぴあテン 第14回（昭60年度） もあテン 2位
　ぴあテン 第15回（昭61年度） もあテン 6位
「風の谷のナウシカ」
　キネマ旬報ベスト・テン 第58回（昭59年度） 日本映画 7位
　キネマ旬報賞 第30回（昭59年） 読者選出日本映画監督賞
　ぴあテン 第13回（昭59年度） 2位
　優秀映画鑑賞会ベストテン 第25回（昭59年度） 日本映画 10位
　ぴあテン 第14回（昭60年度） もあテン 5位
　星雲賞 第16回（昭60年） メディア部門
　ぴあテン 第15回（昭61年度） もあテン 5位
　ぴあテン 第18回（平1年度） フラッシュ・バック80's 4位
　星雲賞 第26回（平7年） コミック部門
「天空の城ラピュタ」
　おおさか映画祭 （昭61年度） 作品賞・監督賞
　キネマ旬報ベスト・テン 第60回（昭61年度） 日本映画 8位
　ぴあテン 第15回（昭61年度） 4位
　毎日映画コンクール 第41回（昭61年） 大藤信郎賞
「風の谷のナウシカ」「天空の城ラピュタ」
　日本映画復興賞 第4回（昭61年度） 特別賞
「となりのトトロ」
　芸術選奨 第39回（昭63年） 映画部門 大臣賞
　日本アニメ大賞・アトム賞 第6回（昭63（1988）年） 日本アニメ大賞 部門別最優秀賞 脚本部門最優秀賞
　毎日映画コンクール 第43回（昭63年） 日本映画大賞/大藤信郎賞
　キネマ旬報ベスト・テン 第62回（昭63年度） 日本映画 1位
　キネマ旬報賞 第34回（昭63年） 読者選出日本映画監督賞
　ぴあテン 第17回（昭63年度） 7位
　山路ふみ子映画賞 第12回（昭63年）
　年鑑代表シナリオ （昭63年度）
　報知映画賞 （昭63年度） 監督賞
　優秀映画鑑賞会ベストテン 第29回（昭63年度） 日本映画 4位
　ぴあテン 第18回（平1年度） フラッシュ・バック80's 10位
　星雲賞 第20回（平1年） メディア部門
「火垂るの墓」
　キネマ旬報ベスト・テン 第62回（昭63年度） 日本映画 6位
「魔女の宅急便」

キネマ旬報ベスト・テン 第63回(平1年度) 日本映画 5位
キネマ旬報賞 第35回(平1年) 読者選出日本映画監督賞
ぴあテン 第18回(平1年度) 5位
優秀映画鑑賞会ベストテン 第30回(平1年度) 日本映画 6位

「紅の豚」
　キネマ旬報ベスト・テン 第66回(平4年度) 日本映画 第4位
　ゴールデングロス賞 第10回(平4年度) マネーメーキング監督賞
　ぴあテン 第21回(平4年度) 第2位
　日刊スポーツ映画大賞・石原裕次郎賞 第5回(平4年) 石原裕次郎賞
　優秀映画鑑賞会ベストテン 第33回(平4年度) 日本映画 第6位

「もののけ姫」
　毎日芸術賞 第39回(平9年)
　ぴあテン 第26回(平9年度) 第1位
　日刊スポーツ映画大賞・石原裕次郎賞 第10回(平9年) 監督賞/石原裕次郎賞
　年鑑代表シナリオ (平9年度)

「もののけ姫」「千と千尋の神隠し」
　淀川長治賞 (平10年・14年)

「千と千尋の神隠し」
　キネマ旬報ベスト・テン 第75回(平13年度) 日本映画 第3位
　キネマ旬報賞 第47回(平13年) 読者選出日本映画監督賞
　ぴあテン 第30回(平13年度) 第1位
　ブルーリボン賞 第44回(平13年) 最優秀作品賞
　メディア芸術祭 (平13年) 大賞・審査委員会特別賞
　山路ふみ子映画賞 第25回(平13年)
　日刊スポーツ映画大賞・石原裕次郎賞 第14回(平13年) 作品賞
　年鑑代表シナリオ (平13年度)
　文化庁メディア芸術祭 第5回(平13年) アニメーション部門 大賞
　報知映画賞 第26回(平13年度) 最優秀監督賞
　毎日映画コンクール 第56回(平13年) 監督賞
　ナショナル・ボード・オブ・レビュー賞 (平14年) アニメ映画賞
　ベルリン国際映画祭 (平14年) 金熊賞
　ロサンゼルス映画批評家協会賞 (平14年) アニメ映画賞
　アニー賞 (平15年) 4部門

「千と千尋の神隠し」「ハウルの動く城」
　ニューヨーク映画批評家協会賞 (平14年・17年) アニメ映画賞

「千と千尋の神隠し」「君たちはどう生きるか」
　アカデミー賞 第75回・96回(平15年・令和6年) 長編アニメーション賞

「ハウルの動く城」
　ベネチア国際映画祭 (平16年) オゼッラ賞
　文化庁メディア芸術祭 第8回(平16年) アニメーション部門 優秀賞
　ゴールデングロス賞 第23回(平17年度) 特別賞 マネーメイキング監督賞

「崖の上のポニョ」
　毎日映画コンクール 第63回(平20年度) 大藤信郎賞

「風立ちぬ」
　キネマ旬報ベスト・テン 第87回(平25年度) 日本映画 第7位

「君たちはどう生きるか」
　キネマ旬報ベスト・テン 第97回(令5年度) 日本映画 第9位
　毎日映画コンクール 第78回(令5年) 大藤信郎賞

日本アニメ大賞・アトム賞 第4回(昭61(1986)年) 選考委員特別賞
ゴールデングロス賞 第7回(平1年度) マネーメーキング監督賞
ブルーリボン賞 (平1年・14年) 特別賞
都民文化栄誉賞 (平1年)
エランドール賞 (平2年度) 特別賞
藤本賞 第11回(平4年) 特別賞
アヌシー国際アニメーション映画祭 (平5年) 長編映画賞
ゴールデングロス賞 第15回(平9年度) ゴールデングロス特別賞 全興連特別功労大賞
日本新語・流行語大賞 第14回(平9年) トップテン "もののけ(姫)"
日本映画ペンクラブ賞 (平10年)
司馬遼太郎賞 第3回(平12年)
ゴールデン・アロー賞 第39回(平13年) 特別賞
ゴールデングロス賞 第19回(平13年度) ゴールデングロス特別賞 マネーメーキング監督賞/全興連特別大賞
フランス国家功労勲章 (平13年)
菊池寛賞 第49回(平13年)
朝日賞 (平13年)
文化庁メディア芸術祭 第5回(平13年) 特別賞
日本アカデミー賞 第25回(平14年) 会長功労賞
ベネチア国際映画祭 (平17年) 栄誉金獅子賞
ゴールデングロス賞 第26回(平20年度) マネーメーキング監督賞
文化功労者 第65回(平24年度)
ゴールデングロス賞 第31回(平25年度) ゴールデングロス特別賞 全興連特別功労大賞
ゴールデングロス賞 第32回(平26年度) ゴールデングロス特別賞 全興連特別賞
川喜多賞 第38回(令2年)

宮部 みゆき　みやべ・みゆき
　昭和35(1960)年～
　小説家
「かまいたち」
　歴史文学賞　第12回(昭62年)　佳作
「我らが隣人の犯罪」
　オール讀物推理小説新人賞　第26回(昭62年)
「魔術はささやく」
　日本推理サスペンス大賞　第2回(平1年)
「本所深川ふしぎ草紙」
　吉川英治文学新人賞　(平4年)
「龍は眠る」
　日本推理作家協会賞　第45回(平4年)　長篇部門
「火車」
　山本周五郎賞　第6回(平5年)
「蒲生邸事件」
　日本SF大賞　第18回(平9年)
「理由」
　直木三十五賞　第120回(平10年下)
「模倣犯」
　芸術選奨　第52回(平13年)　文学部門　文部科学大臣賞
　毎日出版文化賞　第55回(平13年)　特別賞
「名もなき毒」
　吉川英治文学賞　第41回(平19年度)
　本屋大賞　第4回(平19年)　第10位
「ソロモンの偽証」
　本屋大賞　第10回(平25年)　7位
司馬遼太郎賞　第5回(平14年)
菊池寛賞　第70回(令4年)

宮本 輝　みやもと・てる
　昭和22(1947)年～
　小説家
「螢川」
　芥川龍之介賞　第78回(昭52年下)
「泥の河」
　太宰治賞　第13回(昭52年)
「優駿」
　吉川英治文学賞　第21回(昭62年)
「約束の冬」
　芸術選奨　第54回(平15年)　文学部門　文部科学大臣賞
「骸骨ビルの庭」
　司馬遼太郎賞　第13回(平22年)
「流転の海」シリーズ
　毎日芸術賞　第60回(平30年度)
紫綬褒章　(平22年)
旭日小綬章　(令2年)

井上靖記念文化賞　第4回(令2年)

宮本 徳蔵　みやもと・とくぞう
　昭和5(1930)年～平成23(2011)年
　小説家
「浮游」
　新潮新人賞　第7回(昭50年)
「力士漂泊」
　読売文学賞　第38回(昭61年)　随筆・紀行賞
「虎砲記」
　柴田錬三郎賞　第4回(平3年)

宮本 信子　みやもと・のぶこ
　昭和20(1945)年～
　俳優
「お葬式」
　報知映画賞　第9回(昭59年度)　審査員特別賞
「マルサの女」
　キネマ旬報賞　第33回(昭62年)　主演女優賞
　シカゴ国際映画祭　第23回(昭63年)　最優秀女優賞
　日本アカデミー賞　第11回(昭63年)　最優秀主演女優賞
「阪急電車 片道15分の奇跡」
　日本映画批評家大賞　第21回(平23年度)　助演女優賞
　報知映画賞　第36回(平23年度)　助演女優賞
日本新語・流行語大賞　第4回(昭62年)　新語部門金賞
日本放送協会放送文化賞　第65回(平25年度)
紫綬褒章　(平26年)
毎日映画コンクール　第76回(令3年)　田中絹代賞
旭日小綬章　(令4年)

宮脇 俊三　みやわき・しゅんぞう
　大正15(1926)年～平成15(2003)年
　作家、編集者
「時刻表2万キロ」
　日本ノンフィクション賞　第5回(昭53年)
　新評賞　第9回(昭54年)
「時刻表昭和史」
　交通図書賞　(昭55年)
「殺意の風景」
　泉鏡花文学賞　第13回(昭60年)
「韓国・サハリン鉄道紀行」
　JTB紀行文学大賞　第1回
交通文化賞　(昭60年)
菊池寛賞　第47回(平11年)

宮脇 紀雄　みやわき・としお
　明治40(1907)年～昭和61(1986)年
　児童文学作家
「山のおんごく物語」

野間児童文芸賞　第7回（昭44年）
「ねこの名はヘイ」
　日本児童文芸家協会賞　第1回（昭51年）
「おきんの花かんざし」
　産経児童出版文化賞　第24回（昭52年）
「かきの木いっぽんみが三つ」
　産経児童出版文化賞　第27回（昭55年）
児童文化功労者賞　第21回（昭54年）

三善 英史　みよし・えいじ
　昭和29（1954）年〜
　歌手
「雨」
　新宿音楽祭　第5回（昭47年）　銀賞
　日本歌謡大賞　第3回（昭47年）　放送音楽新人賞
　日本有線大賞　第5回（昭47年）　新人賞
　日本レコードセールス大賞　第5回（昭47年）　男性新人賞
　日本レコード大賞　（昭47年）　新人賞

三好 達治　みよし・たつじ
　明治33（1900）年〜昭和39（1964）年
　詩人、翻訳家。日本芸術院会員〔昭和38〕。
「岬千里」「春の岬」
　詩人懇話会賞　第2回（昭14年）
「日本現代詩大系」
　毎日出版文化賞　第5回（昭26年）
「三好達治全詩集」
　読売文学賞　第14回（昭37年）　詩歌俳句賞
　日本芸術院賞　第9回（昭27年）　第2部

武川 忠一　むかわ・ちゅういち
　大正8（1919）年〜平成24（2012）年
　歌人
「氷湖」
　日本歌人クラブ推薦歌集　第6回（昭35年）
「秋照」
　沼空賞　第16回（昭57年）
「翔影」
　詩歌文学館賞　第12回（平9年）　短歌
現代短歌大賞　第30回（平19年）

椋 鳩十　むく・はとじゅう
　明治38（1905）年〜昭和62（1987）年
　作家、児童文学者
「孤島の野犬」
　産経児童出版文化賞　第11回（昭39年）
　国際アンデルセン賞国内賞　第3回（昭40年）
「マヤの一生」
　児童福祉文化賞　第13回（昭45年度）　出版物部門　奨励賞
「ねしょんべんものがたり」
　児童福祉文化賞　第14回（昭46年度）　出版物部門　奨励賞
「マヤの一生」「モモちゃんとあかね」
　赤い鳥文学賞　第1回（昭46年）
「椋鳩十の本」「椋鳩十全集」
　芸術選奨　第33回（昭57年）　文学部門　文部大臣賞
モービル児童文化賞　（昭43年）
学校図書館賞　（昭46年）

向田 邦子　むこうだ・くにこ
　昭和4（1929）年〜昭和56（1981）年
　脚本家、小説家。他の筆名に幸田邦子、幸田みや子がある。
「源氏物語」「阿修羅のごとくⅠ・Ⅱ」「あ，うん」
　ギャラクシー賞　第17回（昭54年）　選奨
「花の名前」「かわうそ」「犬小屋」
　直木三十五賞　第83回（昭55年上）
日本放送協会放送文化賞　第33回（昭56年）

武者小路 実篤　むしゃのこうじ・さねあつ
　明治18（1885）年〜昭和51（1976）年
　小説家、劇作家、随筆家、詩人、画家。帝国芸術院会員〔昭和12〕。他の筆名に無車、不倒翁がある。
菊池寛賞　第2回（昭14年）
文化勲章　（昭26年度）
文化功労者　（昭27年）

村上 元三　むらかみ・げんぞう
　明治43（1910）年〜平成18（2006）年
　小説家、劇作家
「上総風土記」
　直木三十五賞　第12回（昭15年下）
「算盤」
　情報局総裁賞　（昭16年）
日本放送協会放送文化賞　第16回（昭39年）
紫綬褒章　（昭49年）
勲三等瑞宝章　（昭56年）

村上 幸子　むらかみ・さちこ
　昭和33（1958）年〜平成2（1990）年
　歌手
「やがて港は朝」
　古賀記念大賞　（昭58年）
「酒場すずめ」
　古賀記念大賞　（昭59年）
　日本有線大賞　第17回（昭59年）　有線奨励賞
　日本作詩大賞　（昭61年）
日本演歌大賞　第10回（昭59年）　奨励賞
メガロポリス歌謡祭　第7回（昭63年）　演歌メガロポ

リス賞女性部門
横浜音楽祭 第15回(昭63年) 演歌特別選奨
横浜音楽祭 第16回(平1年) 演歌特別選賞

村上 春樹　むらかみ・はるき
昭和24(1949)年～
小説家

「風の歌を聴け」
　群像新人文学賞 第22回(昭54年) 小説
「羊をめぐる冒険」
　野間文芸新人賞 第4回(昭57年)
「西風号の遭難」
　絵本にっぽん賞 (昭59年) 特別賞
「世界の終りとハードボイルド・ワンダーランド」
　谷崎潤一郎賞 第21回(昭60年)
「ねじまき鳥クロニクル」
　読売文学賞 第47回(平7年) 小説賞
「約束された場所で」
　桑原武夫学芸賞 第2回(平11年)
「1Q84(BOOK1, BOOK2)」
　毎日出版文化賞 第63回(平21年) 文学・芸術部門
　本屋大賞 第7回(平22年) 10位
「小澤征爾さんと、音楽について話をする」
　小林秀雄賞 第11回(平24年)

フランツ・カフカ賞 (平18年)
朝日賞 (平18年度)
早稲田大学坪内逍遥大賞 第1回(平19年) 大賞
エルサレム賞(イスラエル) (平21年)
ハワイ大学マノア校名誉博士号 (平24年)
国際交流基金賞 (平24年)
ウェルト文学賞(ドイツ) (平26年)
ハンス・クリスチャン・アンデルセン文学賞(デンマーク) (平28年)
グリンザーネ賞(イタリア) (令1年)
アストゥリアス皇太子賞 (令5年) 文学部門

村上 もとか　むらかみ・もとか
昭和26(1951)年～
漫画家

「岳人列伝」
　講談社漫画賞 第6回(昭57年) 少年部門
「六三四の剣」
　小学館漫画賞 第29回(昭58(1983)年度) 少年向け部門
「龍―RON―」
　小学館漫画賞 第41回(平7(1995)年度) 青年一般向け部門
　文化庁メディア芸術祭 第2回(平10年) マンガ部門 優秀賞
「JIN―仁―」
　手塚治虫文化賞 第15回(平23年) マンガ大賞
「フイチン再見！」
　日本漫画家協会賞 第43回(平26年) 優秀賞

村上 豊　むらかみ・ゆたか
昭和11(1936)年～令和4(2022)年
挿絵画家、童画家

「濡れにぞ濡れし」
　講談社さし絵賞 (昭36年)
「かきの木いっぽんみが三つ」
　産経児童出版文化賞 第27回(昭55年)
「かっぱどっくり」
　小学館絵画賞 第31回(昭57年)
「はかまだれ」
　日本の絵本賞 第7回(昭59年) 絵本にっぽん賞
「銀のつづら」
　ブラチスラバ国際絵本原画展(BIB)(チェコ) (平3年) 金賞
「本朝奇談 天狗童子」
　赤い鳥さし絵賞 第21回(平19年)
菊池寛賞 第46回(平10年)

村上 龍　むらかみ・りゅう
昭和27(1952)年～
小説家

「限りなく透明に近いブルー」
　芥川龍之介賞 第75回(昭51年上)
　群像新人文学賞 第19回(昭51年) 小説
「コインロッカー・ベイビーズ」
　野間文芸新人賞 第3回(昭56年)
「トパーズ」
　タオルミナ映画祭(イタリア) (平4年) 2位
「KYOKO」
　年鑑代表シナリオ (平8年度)
「村上龍映画小説集」
　平林たい子文学賞 第24回(平8年) 小説部門
「イン ザ・ミソスープ」
　読売文学賞 第49回(平9年) 小説賞
「共生虫」
　谷崎潤一郎賞 第36回(平12年)
「半島を出よ」
　毎日出版文化賞 第59回(平17年) 文学・芸術部門
　野間文芸賞 第58回(平17年)
「歌うクジラ」
　毎日芸術賞 第52回(平22年度)
　ダ・ヴィンチ電子書籍アワード (平23年) 文芸部門賞

キューバ文化功労賞 (平8年)
神奈川文化賞 (平18年)

村木 賢吉　むらき・けんきち
　昭和7(1932)年〜令和3(2021)年
　歌手
「おやじの海」
　銀座音楽祭　第9回(昭54年)　特別賞
　全日本有線放送大賞　第12回(昭54年度)　最優秀新
　　人賞
　日本レコード大賞　(昭54年)　企画賞
　日本有線大賞　第12回(昭54年)　評議員奨励賞

村木 与四郎　むらき・よしろう
　大正13(1924)年〜平成21(2009)年
　映画美術監督
「蜘蛛巣城」「どん底」
　ブルーリボン賞　第8回(昭32年)　技術賞
　毎日映画コンクール　第12回(昭32年)　美術賞
「蜘蛛巣城」「聖職の碑」「影武者」「乱」「夢」「虹
の橋」
　日本映画技術賞　第11回・32回・39回・44回(昭32年
　　度・53年度・55年度・60年度・平成2年・5年度)
「海軍特別年少兵」
　毎日映画コンクール　第27回(昭47年)　美術賞
「影武者」
　毎日映画コンクール　第35回(昭55年)　美術賞
「乱」
　日本アカデミー賞　第9回(昭61年)　最優秀美術賞
「八月の狂詩曲」
　日本アカデミー賞　第15回(平4年)　最優秀美術賞
「虹の橋」「まあだだよ」
　日本アカデミー賞　第17回(平6年)　最優秀美術賞
「四十七人の刺客」
　日本アカデミー賞　第18回(平7年)　最優秀美術賞
「雨あがる」
　日本アカデミー賞　第24回(平13年)　最優秀美術賞
紫綬褒章　(平6年)
勲四等旭日小綬章　(平11年)
山路ふみ子映画功労賞　第27回(平15年)
日本アカデミー賞　第33回(平22年)　会長特別賞

村越 化石　むらこし・かせき
　大正11(1922)年〜平成26(2014)年
　俳人
「山間」
　角川俳句賞　第4回(昭33年)
「山国抄」
　俳人協会賞　第14回(昭49年)
「端坐」
　蛇笏賞　第17回(昭58年)
「筒鳥」
　詩歌文学館賞　第4回(平1年)　俳句
「八十路」
　山本健吉文学賞　第8回(平20年)　俳句部門
浜賞　第5回(昭27年)
点字毎日文化賞　第27回(平2年)
紫綬褒章　(平3年)

村瀬 幸子　むらせ・さちこ
　明治38(1905)年〜平成5(1993)年
　俳優
「日本の幽霊」
　芸術祭賞　第20回(昭40年)　演劇部門　奨励賞
「人間の約束」
　毎日映画コンクール　第41回(昭61年)　演技賞　女優
　　助演賞
「有福詩人」
　紀伊國屋演劇賞　第24回(平1年)　個人賞
「八月の狂詩曲」
　日刊スポーツ映画大賞・石原裕次郎賞　第4回(平3
　　年)　主演女優賞
勲四等瑞宝章　(平2年)
山路ふみ子賞　第15回(平3年)　映画功労賞

村田 喜代子　むらた・きよこ
　昭和20(1945)年〜
　小説家。日本芸術院会員〔平成29〕。
「水中の声」
　九州芸術祭文学賞　第7回(昭51年)　小説部門最優
　　秀賞
「鍋の中」
　芥川龍之介賞　第97回(昭62年上)
「白い山」
　女流文学賞　第29回(平2年)
「真夜中の自転車」
　平林たい子文学賞　第20回(平4年)
「蟹女」
　紫式部文学賞　第7回(平9年)
「望潮」
　川端康成文学賞　第25回(平10年)
「龍秘御天歌」
　芸術選奨　第49回(平10年)　文学部門　文部大臣賞
「故郷のわが家」
　野間文芸賞　第63回(平22年)
「ゆうじょこう」
　読売文学賞　第65回(平25年度)　小説賞
「飛族」
　谷崎潤一郎賞　第55回(令1年)
「姉の島」

泉鏡花文学賞 第49回（令3年）
北九州市民文化賞 （昭62年）
西日本文化賞 第57回（平10年）
紫綬褒章 （平19年）

村田 英雄　むらた・ひでお
昭和4(1929)年〜平成14(2002)年
歌手、俳優。前名は京山茶目丸、酒井雲坊。

「王将」
日本レコード大賞 （昭36年） 特別賞

浪曲新人最優秀賞 （昭27年）
桃中軒雲右衛門賞 第1回（昭28年） NHKの新人賞
日本レコード大賞 第20回（昭53年） 日本レコード大賞20周年記念顕彰
メガロポリス歌謡祭 第1回（昭57年） 特別賞
日本演歌大賞 第10回（昭59年） 演歌功労賞
ニューベッドフォード市名誉市民 （平1年）
フェアヘーブン市名誉市民 （平1年）
日本レコード大賞 第38回（平8年） 功労賞
日本レコード大賞 第44回（平14年） 特別功労賞

村田 実　むらた・みのる
明治27(1894)年〜昭和12(1937)年
映画監督、俳優

「日輪」
キネマ旬報ベスト・テン 第3回（大15年度） 日本映画 2位

「結婚二重奏」
キネマ旬報ベスト・テン 第5回（昭3年度） 日本映画 8位

「摩天楼 争闘篇」
キネマ旬報ベスト・テン 第6回（昭4年度） 日本映画 5位

「灰燼」
キネマ旬報ベスト・テン 第6回（昭4年度） 日本映画 2位

「霧笛」
キネマ旬報ベスト・テン 第11回（昭9年度） 日本映画 9位

村松 友視　むらまつ・ともみ
昭和15(1940)年〜
小説家

「時代屋の女房」
直木三十五賞 第87回（昭57年上）

「鎌倉のおばさん」
泉鏡花文学賞 第25回（平9年）

ベストドレッサー賞 第11回（昭57年） 学術・文化部門
日本新語・流行語大賞 第4回（昭62年） 流行語部門 大衆賞 "ワンフィンガー・ツーフィンガー"

室生 犀星　むろう・さいせい
明治22(1889)年〜昭和37(1962)年
詩人、小説家。日本芸術院会員〔昭和23〕。雅号は魚眠洞。

「あにいもうと」
文芸懇話会賞 第1回（昭10年）

「戦死」
菊池寛賞 第3回（昭15年）

「杏っ子」
読売文学賞 第9回（昭32年） 小説賞

「かげろふの日記遺文」
野間文芸賞 第12回（昭34年）

「我が愛する詩人の伝記」
毎日出版文化賞 第13回（昭34年）

渡辺賞 第2回（昭3年）

茂木 草介　もぎ・そうすけ
明治43(1910)年〜昭和55(1980)年
放送作家

「釜ヶ崎」
芸術祭賞 （昭36年度） テレビ部門 文部大臣賞

「執行前三十分」
モナコテレビ祭 （昭36年） 最高脚本賞

「横堀川」
テレビ記者会賞 （昭42年）

サンデー毎日大衆文芸賞 （昭10年）
久保田万太郎賞 第2回（昭40年）
日本放送協会放送文化賞 第18回（昭41年）
毎日芸術賞 第10回（昭43年） "ドラマ「流れ雲」などの作品"
テレビ大賞 第8回（昭50年度） 優秀個人賞
紫綬褒章 （昭53年）

望月 優子　もちずき・ゆうこ
大正6(1917)年〜昭和52(1977)年
俳優。旧芸名は望月美恵子。

「日本の悲劇」
毎日映画コンクール 第8回（昭28年） 演技賞 女優主演賞

「晩菊」
ブルーリボン賞 第5回（昭29年） 助演女優賞

「米」「うなぎとり」
ブルーリボン賞 第8回（昭32年） 主演女優賞

「海を渡る友情」
教育映画祭 （昭35年度） 特別賞

「荷車の歌」
アジア・アフリカ映画祭 第3回（昭39年） バンド

ン賞

桃井 かおり　ももい・かおり
昭和26(1951)年～
俳優、映画監督

「幸福の黄色いハンカチ」
　キネマ旬報賞 第23回(昭52年) 助演女優賞
　ブルーリボン賞 第20回(昭52年) 助演女優賞
　日本アカデミー賞 第1回(昭53年) 最優秀助演女優賞

「もう頬づえはつかない」
　キネマ旬報賞 第25回(昭54年) 主演女優賞
　毎日映画コンクール 第34回(昭54年) 演技賞 女優演技賞

「神様のくれた赤ん坊」「もう頬づえはつかない」「男はつらいよ 翔んでる寅次郎」
　ブルーリボン賞 第22回(昭54年) 主演女優賞

「神様のくれた赤ん坊」「もう頬づえはつかない」
　キネマ旬報賞 (昭54年度) 主演女優賞
　日本アカデミー賞 第3回(昭55年) 最優秀主演女優賞

「疑惑」
　報知映画賞 第7回(昭57年度) 最優秀主演女優賞
　イタリア・カトリカ国際ミステリー映画祭 (昭58年) 最優秀主演女優賞

「木村家の人々」「噛む女」「TOMORROW 明日」
　キネマ旬報賞 第34回(昭63年) 主演女優賞
　ブルーリボン賞 第31回(昭63年) 主演女優賞

「東京夜曲」
　キネマ旬報賞 第43回(平9年) 主演女優賞
　ブルーリボン賞 第40回(平9年) 主演女優賞
　毎日映画コンクール 第52回(平9年) 女優主演賞

「青い花火」
　放送文化基金賞 第25回(平11年) 個別分野賞 女優演技賞

「無花果の顔」
　ウラジオストック国際映画祭 (平19年) 最優秀監督賞・最優秀女優賞
　フライング・ブルーム国際女性映画祭 (平19年) FIPRESCI賞 国際映画批評家連盟賞
　フリブール国際映画祭 第21回(平19年) 国際コンペティション部門特別賞
　ベルリン国際映画祭 第57回(平19年) NETPAC賞 アジア作品賞

「詐欺の子」
　放送文化基金賞 第45回(令元年) 個別分野 演技賞

ゴールデン・アロー賞 第11回(昭48年) 映画賞 新人賞
エランドール賞 (昭49年度) 新人賞
テレビ大賞 第11回(昭53年度) 優秀個人賞
芸術選奨 第30回(昭54年) 映画部門 新人賞
紫綬褒章 (平20年)
毎日映画コンクール 第70回(平27年) 田中絹代賞
旭日小綬章 (令4年)

森 進一　もり・しんいち
昭和22(1947)年～
歌手

「盛り場ブルース」
　日本有線大賞 第1回(昭43年) 大賞
　夜のレコード大賞 第1回(昭43年度) 大賞

「港町ブルース」
　日本レコード大賞 第11回(昭44年) 最優秀歌唱賞
　日本有線大賞 第2回(昭44年) 大賞

「花と蝶」
　日本有線大賞 第3回(昭45年) 優秀賞

「銀座の女」
　日本歌謡大賞 第1回(昭45年) 放送音楽賞

「波止場女のブルース」
　日本レコード大賞 第12回(昭45年) 歌唱賞

「おふくろさん」
　日本レコード大賞 第13回(昭46年) 最優秀歌唱賞

「波止場町」
　日本有線大賞 第5回(昭47年) 歌唱賞

「夜の走り雨」
　日本有線大賞 第6回(昭48年) 歌唱賞

「襟裳岬」
　日本レコード大賞 第16回(昭49年) 大賞
　日本歌謡大賞 第5回(昭49年) 大賞
　日本歌謡大賞 第5回(昭49年) 放送音楽賞
　日本有線大賞 第7回(昭49年) 歌唱賞

「北航路」
　FNS歌謡祭グランプリ 第1回(昭49年) 最優秀歌唱賞 下期

「さざんか」
　日本歌謡大賞 第7回(昭51年) 放送音楽賞

「命あたえて」
　古賀政男記念音楽大賞 第2回(昭56年度) プロ作品大賞

「冬のリヴィエラ」
　日本レコード大賞 第25回(昭58年) 特別金賞

「人を恋うる唄」
　メガロポリス歌謡祭 第3回(昭59年) 演歌大賞

「北の螢」
　FNS歌謡祭グランプリ 第11回(昭59年) 優秀歌謡音楽賞
　日本テレビ音楽祭 第10回(昭59年) 歌唱賞
　日本有線大賞 第17回(昭59年) 有線音楽賞

「女もよう」
　FNS歌謡祭グランプリ 第12回(昭60年) 優秀歌謡

音楽賞
日本有線大賞 第18回（昭60年） 有線功労賞／有線音楽賞
「昭和流れうた」
　古賀政男記念音楽大賞 第6回（昭60年度） プロ作品優秀賞
　日本演歌大賞 第11回（昭60年） 特別賞
「ゆうすげの恋」
　古賀政男記念音楽大賞 第7回（昭61年度） プロ作品大賞
「悲しいけれど」
　FNS歌謡祭グランプリ 第14回（昭62年） 優秀歌謡音楽賞
　古賀政男記念音楽大賞 第8回（昭62年度） プロ作品優秀賞
　日本演歌大賞 第13回（昭62年） 演歌スター賞
「冬の桑港」
　FNS歌謡祭グランプリ 第15回（昭63年） 優秀歌謡音楽賞
「指輪」
　古賀政男記念音楽大賞 第10回（平1年度） プロ作品優秀賞
「劇場の前」
　芸術作品賞（平4年）
日本レコードセールス大賞 第1回（昭43年） ゴールデン賞
ゴールデン・アロー賞 第7回（昭44年） 特別賞
日本レコードセールス大賞 第2回（昭44年） ゴールデン賞
夜のレコード大賞 第2回（昭44年度） 特別功労賞
日本レコードセールス大賞 第3回（昭45年） ゴールデン賞
日本レコードセールス大賞 第4回（昭46年） シルバー賞
日本レコード大賞 第15回（昭48年） 大賞制定15周年記念賞
横浜音楽祭 第1回（昭49年） 音楽祭賞
あなたが選ぶ全日本歌謡音楽祭 第1回（昭50年） ベストドレッサー賞
日本演歌大賞 第2回（昭51年） 大賞
日本演歌大賞 第2回（昭51年） 演歌スター賞
あなたが選ぶ全日本歌謡音楽祭 第3回（昭52年） ファミリー賞
あなたが選ぶ全日本歌謡音楽祭 第4回（昭53年） ミドルエイジ賞
日本レコード大賞 第20回（昭53年） 古賀政男記念賞
日本演歌大賞 第5回（昭54年） 週刊平凡最多掲載賞（話題賞）
日本演歌大賞 第6回（昭55年） 週刊平凡最多掲載賞
日本演歌大賞 第7回（昭56年） 大賞
メガロポリス歌謡祭 第1回（昭57年） 演歌入賞
日本演歌大賞 第8回（昭57年） 演歌スター賞
メガロポリス歌謡祭 第2回（昭58年） 演歌入賞
日本演歌大賞 第9回（昭58年） 演歌スター賞
あなたが選ぶ全日本歌謡音楽祭 第10回（昭59年） 審査員奨励賞
メガロポリス歌謡祭 第3回（昭59年） 演歌入賞
日本演歌大賞 第10回（昭59年） 演歌名誉歌手賞
FNS歌謡祭グランプリ 第12回（昭60年） 特別賞
日本テレビ音楽祭 第11回（昭60年） 日本テレビ特別賞
あなたが選ぶ全日本歌謡音楽祭 第15回（平2年） テレビ朝日賞
メガロポリス歌謡祭 第9回（平2年） 特別賞
旭日小綬章（令3年）

森　澄雄　もり・すみお
　大正8（1919）年〜平成22（2010）年
　俳人。日本芸術院会員〔平成9〕。
「鯉素」
　読売文学賞 第29回（昭52年） 詩歌俳句賞
「四遠」
　蛇笏賞 第21回（昭62年）
「花間」「俳句のいのち」
　毎日芸術賞 第40回（平10年）
紫綬褒章（昭62年）
勲四等旭日小綬章（平5年）
日本芸術院賞 第53回（平8年） 第2部 恩賜賞・日本芸術院賞
勲三等瑞宝章（平13年）
文化功労者 第58回（平17年度）

森　英恵　もり・はなえ
　大正15（1926）年〜令和4（2022）年
　ファッションデザイナー
FEC賞（昭35年）
ニーマン・マーカス賞（昭42年）
森田たまパイオニア賞（昭53年）
ウーマン・オブ・クォリティ賞（昭58年）
フランス芸術文化勲章シュバリエ章（昭59年）
朝日賞（昭62年）
紫綬褒章（昭63年）
朝日賞（昭63年）
レジオン・ド・ヌール勲章シュバリエ章（平1年）
文化功労者（平1年）
東京都文化賞 第11回（平7年）
文化勲章（平8年度）
レジオン・ド・ヌール勲章オフィシエ章（平14年）
毎日ファッション大賞（平16年） 特別賞
東京都名誉都民（平25年）
日本アカデミー賞 第45回（令4年） 会長功労賞

森　昌子　もり・まさこ
　昭和33（1958）年〜
　歌手

「せんせい」
　新宿音楽祭　第5回（昭47年）　金賞
　日本レコード大賞　第14回（昭47年）　新人賞
　日本歌謡大賞　第3回（昭47年）　放送音楽新人賞
　日本有線大賞　第5回（昭47年）　新人賞
　夜のレコード大賞　第5回（昭47年度）　新人賞
「哀しみ本線日本海」
　古賀政男記念音楽大賞　第2回（昭56年度）　プロ作品優秀賞
　日本レコード大賞　第23回（昭56年）　金賞
　日本有線大賞　第14回（昭56年）　奨励賞
「立待岬」
　FNS歌謡祭グランプリ　第9回（昭57年）　優秀歌謡音楽賞
　古賀政男記念音楽大賞　第3回（昭57年度）　プロ作品大賞
「越冬つばめ」
　日本レコード大賞　第25回（昭58年）　最優秀歌唱賞
　あなたが選ぶ全日本歌謡音楽祭　第1回（昭50年）ファミリー賞
　日本演歌大賞　第1回（昭50年）　演歌期待賞・演歌の星
　あなたが選ぶ全日本歌謡音楽祭　第2回（昭51年）ファミリー賞
　日本演歌大賞　第2回（昭51年）　古賀政男特別賞
　日本演歌大賞　第2回（昭51年）　演歌スター賞
　日本演歌大賞　第3回（昭52年）　演歌名人賞
　日本テレビ音楽祭　第7回（昭56年）　日本テレビ特別賞
　日本演歌大賞　第8回（昭57年）　演歌入賞
　メガロポリス歌謡祭　第3回（昭59年）　演歌入賞
　日本演歌大賞　第10回（昭59年）　演歌名誉歌手賞
　横浜音楽祭　第12回（昭60年）　音楽祭賞
　銀座音楽祭　第16回（昭61年）　功労賞
　日本テレビ音楽祭　第12回（昭61年）　日本テレビ特別賞
　松尾芸能賞　第39回（平30年）　優秀賞　歌謡

森 雅之　もり・まさゆき
　明治44（1911）年〜昭和48（1973）年
　俳優
「安城家の舞踏会」
　毎日映画コンクール　第2回（昭22年）　演技賞 男優演技賞
「浮雲」
　キネマ旬報賞　第1回（昭30年）　男優賞
「おとうと」「悪い奴ほどよく眠る」
　毎日映画コンクール　第15回（昭35年）　演技賞 男優助演賞

森 光子　もり・みつこ
　大正9（1920）年〜平成24（2012）年
　俳優
「放浪記」
　芸術祭賞　第16回（昭36年）　演劇部門
　芸術選奨　第32回（昭56年）　演劇部門 大臣賞
　菊田一夫演劇賞　第7回（昭56年）　大賞
　ゴールデン・アロー賞　第28回（平2年）　演劇賞
　菊田一夫演劇賞　第16回（平2年）　特別賞
　毎日芸術賞　第32回（平2年）
　ゴールデン・アロー賞　第32回（平6年）　演劇賞
　読売演劇大賞　第2回（平6年）　優秀女優賞
　浅草芸能大賞　第15回（平10年度）　大賞
　読売演劇大賞　第7回（平11年）　大賞・最優秀女優賞
　菊田一夫演劇賞　第29回（平15年）　特別賞
　名古屋演劇ペンクラブ年間賞　（平16年度）
「おもろい女」
　ゴールデン・アロー賞　第17回（昭54年）　演劇賞
　芸術祭賞　第34回（昭54年）　演劇部門 大賞
「桜月記」「雪まろげ」
　松尾芸能賞　第13回（平4年）

　芸能功労者表彰　（昭50年）
　花王名人大賞　第3回（昭58年）　特別賞
　紫綬褒章　（昭59年）
　日本放送協会放送文化賞　第36回（昭59年）
　エランドール賞　（昭60年度）　特別賞
　東京都民文化栄誉賞　（平2年）
　勲三等瑞宝章　（平4年）
　松尾芸能賞　第13回（平4年）　大賞
　ゴールデン・アロー賞　第32回（平6年）　大賞
　橋田賞　第6回（平9年）　特別賞
　東京都名誉都民　（平10年）
　文化功労者　（平10年）
　喜劇人大賞　第1回（平16年）　名誉功労賞
　朝日舞台芸術賞　第4回（平16年度）　特別賞
　文化勲章　（平16年度）
　エランドール賞　（平18年度）　特別賞
　日本アカデミー賞　第29回（平18年）　協会栄誉賞
　京都市民栄誉賞　（平21年）
　国民栄誉賞　（平21年7月）
　日本レコード大賞　第54回（平24年）　特別功労賞
　日本アカデミー賞　第36回（平25年）　会長特別賞

森内 俊雄　もりうち・としお
　昭和11（1936）年〜令和5（2023）年
　小説家、詩人
「幼き者は驢馬に乗って」
　文學界新人賞　第29回（昭44年下）
「翔ぶ影」
　泉鏡花文学賞　第1回（昭48年）
「氷河が来るまでに」
　芸術選奨　第41回（平2年）　文学部門 文部大臣賞
　読売文学賞　第42回（平2年）　小説賞
「空にはメトロノーム」

山本健吉文学賞　第4回（平16年）　詩部門

森﨑 東　もりさき・あずま
昭和2（1927）年〜令和2（2020）年
映画監督、脚本家

「男はつらいよ」
年鑑代表シナリオ　第21回（昭和44年度）

「女生きてます」
年鑑代表シナリオ　（昭46年度）

「黒木太郎の愛と冒険」
年鑑代表シナリオ　（昭52年度）

「生きてるうちが花なのよ死んだらそれまでよ党宣言」
キネマ旬報ベスト・テン　第59回（昭60年度）　日本映画 7位
年鑑代表シナリオ　（昭60年度）

「ニワトリはハダシだ」
キネマ旬報ベスト・テン　第78回（平16年度）　日本映画 第8位
芸術選奨　第55回（平16年）　映画部門　文部科学大臣賞
東京国際映画祭　第17回（平16年）　コンペティション部門　最優秀芸術貢献賞

「ペコロスの母に会いに行く」
キネマ旬報ベスト・テン　第87回（平25年）　日本映画　第1位
ヨコハマ映画祭　第35回（平25年）　監督賞
山路ふみ子映画賞　第37回（平25年）　福祉賞
毎日映画コンクール　第68回（平25年）　日本映画優秀賞

芸術選奨　第21回（昭45年）　映画部門　新人賞
旭日小綬章　（平17年）

森繁 久彌　もりしげ・ひさや
大正2（1913）年〜平成21（2009）年
俳優

「夫婦善哉」
ブルーリボン賞　第6回（昭30年）　主演男優賞

「夫婦善哉」「渡り鳥いつ帰る」「警察日記」「人生とんぼ帰り」
毎日映画コンクール　第10回（昭30年）　演技賞　男優主演賞

「屋根の上のヴァイオリン弾き」
紀伊國屋演劇賞　第11回（昭51年）　特別賞
菊田一夫演劇賞　第2回（昭51年）　大賞
毎日芸術賞　第18回（昭51年）

「屋根の上のヴァイオリン弾き」「赤ひげ診療譚」
芸術選奨　第29回（昭53年）　大衆芸能部門　大臣賞

「葉っぱのフレディ」
日本レコード大賞　第41回（平11年）　企画賞

NHK和田賞　（昭33年）

日本放送協会放送文化賞　第16回（昭39年）
菊池寛賞　（昭49年）　※「日曜名作座」(出演)に対して
紫綬褒章　（昭50年）
ゴールデン・アロー賞　第14回（昭51年）　特別賞
芸能功労者表彰　（昭54年）
日本文芸家協会大賞　（昭57年）
日本文芸大賞　第2回（昭57年）　特別賞
東京都民文化栄誉賞　第1回（昭58年）
日本アカデミー賞　第6回（昭58年）　特別賞
山路ふみ子賞　（昭59年）　文化賞
文化功労者　（昭59年）
エランドール賞　第60年度）　特別賞
菊田一夫演劇賞　第11回（昭60年）　特別賞
早稲田大学芸術功労者表彰　（昭60年）
交通文化賞　第33回（昭61年）
勲二等瑞宝章　（昭62年）
放送文化基金賞　第13回（昭62年）　個人・グループ部門
文化勲章　（平3年度）
日本アカデミー賞　第15回（平4年）　栄誉賞
日本映画批評家大賞　第5回（平7年度）　ゴールデングローリー賞
日本文芸大賞　第15回（平7年）
東京都名誉都民　（平9年）
喜劇人大賞　第1回（平16年）　名誉功労賞
国民栄誉賞　（平21年12月）
日刊スポーツ映画大賞・石原裕次郎賞　第22回（平21年）　特別賞
日本レコード大賞　第51回（平21年）　特別功労賞
毎日映画コンクール　第64回（平21年度）　特別賞
エランドール賞　（平22年度）　特別賞
日本アカデミー賞　第33回（平22年）　協会栄誉賞

もりた なるお
大正15（1926）年〜平成28（2016）年
小説家、漫画家

「頂」
小説現代新人賞　第23回（昭49下）

「真贋の構図」
オール讀物推理小説新人賞　第19回（昭55年）

「山を貫く」
新田次郎文学賞　第12回（平5年）

二科会　漫画部　第2回（昭27（1952）年度）（第37回二科展）　ほろにが賞
二科会　漫画部　第5回（昭30（1955）年度）（第40回二科展）　二科漫画賞

森田 芳光　もりた・よしみつ
昭和25（1950）年〜平成23（2011）年
映画監督

「ライブ・イン・茅ヶ崎」

「の・ようなもの」
　ヨコハマ映画祭　第3回(昭56年度)　作品賞・新人監督賞
「家族ゲーム」
　キネマ旬報ベスト・テン　第57回(昭58年度)　日本映画　1位
　キネマ旬報賞　第29回(昭58年)　日本映画監督賞・脚本賞
　ブルーリボン賞　第26回(昭58年)　監督賞
　芸術選奨　第34回(昭58年)　映画部門　新人賞
　日本映画監督協会新人賞　第24回(昭58年度)
　ぴあテン　第12回(昭58年度)　6位
　報知映画賞　第8回(昭58年度)　最優秀作品賞　邦画部門
　毎日映画コンクール　第38回(昭58年)　脚本賞
　優秀映画鑑賞会ベストテン　第24回(昭58年度)　日本映画　8位
「それから」
　キネマ旬報ベスト・テン　第59回(昭60年度)　日本映画　1位
　キネマ旬報賞　第31回(昭60年)　日本映画監督賞
　ブルーリボン賞　第28回(昭60年)　スタッフ賞
　山路ふみ子映画賞　第9回(昭60年)
　報知映画賞　第10回(昭60年度)　最優秀監督賞/最優秀作品賞　邦画部門
　優秀映画鑑賞会ベストテン　第26回(昭60年度)　日本映画　2位
「ウホッホ探険隊」
　キネマ旬報賞　第32回(昭61年)　脚本賞
　年鑑代表シナリオ　(昭61年度)
「そろばんずく」「ウホッホ探検隊」
　ヨコハマ映画祭　第8回(昭61年度)　脚本賞
「(ハル)」
　キネマ旬報読者ベストテン　(平8年度)
　ヨコハマ映画祭　第18回(平8年)　脚本賞
　年鑑代表シナリオ　(平8年度)
　報知映画賞　第21回(平8年度)　最優秀監督賞
「39 刑法第三十九条」
　キネマ旬報ベスト・テン　第73回(平11年度)　日本映画　第3位
　毎日映画コンクール　第54回(平11年)　監督賞
「阿修羅のごとく」
　キネマ旬報ベスト・テン　第77回(平15年度)　日本映画　第5位
　ブルーリボン賞　第46回(平15年)　監督賞
　日刊スポーツ映画大賞・石原裕次郎賞　第16回(平15年)　作品賞
　日本アカデミー賞　第27回(平16年)　最優秀監督賞
　ヨコハマ映画祭　第5回(昭58年度)　作品賞・脚本賞
　日本アカデミー賞　第35回(平24年)　会長特別賞

ぴあフィルムフェスティバル　第2回(昭53年)　入選

森谷　司郎　もりたに・しろう
　昭和6(1931)年〜昭和59(1984)年
　映画監督
「首」
　キネマ旬報ベスト・テン　第42回(昭43年度)　日本映画　5位
　芸術選奨　第19回(昭43年)　映画部門　新人賞
　優秀映画鑑賞会ベストテン　第9回(昭43年度)　日本映画　7位
「赤頭巾ちゃん気をつけて」
　年鑑代表シナリオ　(昭45年度)
　優秀映画鑑賞会ベストテン　第11回(昭45年度)　日本映画　5位
「日本沈没」
　優秀映画鑑賞会ベストテン　第14回(昭48年度)　日本映画　10位
「八甲田山」
　キネマ旬報ベスト・テン　第51回(昭52年度)　日本映画　4位
　ぴあテン　第6回(昭52年度)　7位
　ブルーリボン賞　第20回(昭52年)　スタッフ賞
　優秀映画鑑賞会ベストテン　第18回(昭52年度)　日本映画　4位
「海峡」
　年鑑代表シナリオ　(昭57年度)
　優秀映画鑑賞会ベストテン　第23回(昭57年度)　日本映画　9位

森村　誠一　もりむら・せいいち
　昭和8(1933)年〜令和5(2023)年
　作家
「高層の死角」
　江戸川乱歩賞　第15回(昭44年)
「腐蝕の構造」
　日本推理作家協会賞　第26回(昭48年)
「空洞の怨恨」
　小説現代ゴールデン読者賞　第10回(昭49年)
「人間の証明」
　角川小説賞　第3回(昭51年)
「悪道」
　吉川英治文学賞　第45回(平23年度)
熊谷市文化功労者　(平15年)
日本ミステリー文学大賞　第7回(平15年)
ハルビン市名誉市民(中国)　(平27年)

森山　良子　もりやま・りょうこ
　昭和23(1948)年〜
　歌手
「禁じられた恋」
　日本有線大賞　第2回(昭44年)　期待賞
「さとうきび畑」

日本レコード大賞 第44回(平14年) 最優秀歌唱賞
遠藤実歌謡音楽大賞 (平17年)

「涙そうそう」
　日本レコード大賞 第44回(平14年) 作詞賞
　JASRAC賞 第23回(平17年) 銀賞
　日本レコード大賞 第48回(平18年) 特別賞

ゴールデン・アロー賞 第7回(昭44年) 音楽賞
日本レコード大賞 第11回(昭44年) 大衆賞
世界歌謡祭 第4回(昭48年) 歌唱賞
スポニチ文化芸術大賞 第10回(平14年) 優秀賞
芸術選奨 第57回(平18年度) 大衆芸能部門 文部科学大臣賞
毎日芸術賞 第49回(平19年度)
紫綬褒章 (平20年)

もんた よしのり
　昭和26(1951)年〜令和5(2023)年
　シンガー・ソングライター。「もんた＆ブラザーズ」のグループ名で活動。

「ダンシング・オールナイト」
　FNS歌謡祭グランプリ 第7回(昭55年) 優秀歌謡音楽賞/最優秀ヒット賞
　全日本有線放送大賞 第13回(昭55年度) グランプリ
　日本レコード大賞 第22回(昭55年) 中山晋平賞(作曲賞)
　日本有線大賞 第13回(昭55年) 有線音楽賞
　あなたが選ぶ全日本歌謡音楽祭 第6回(昭55年) 特別賞
　横浜音楽祭 第7回(昭55年) 音楽祭賞
　銀座音楽祭 第10回(昭55年) ラジオディスクグランプリ
　日本テレビ音楽祭 第6回(昭55年) 日本テレビ特別賞
　日本レコードセールス大賞 第13回(昭55年) 作曲賞/シングルゴールデン賞
　日本歌謡大賞 第11回(昭55年) 放送音楽特別賞
　報知映画賞 第10回(昭60年度) 最優秀新人賞
　日本レコード大賞 第65回(令5年) 特別功労賞

八木 義德　やぎ・よしのり
　明治44(1911)年〜平成11(1999)年
　小説家。日本芸術院会員

「劉広福」
　芥川龍之介賞 第19回(昭19年上)

「風祭」
　読売文学賞 第28回(昭51年) 小説賞

「何年ぶりかの朝」
　地方出版文化功労賞 第8回(平7年) 特別賞

日本芸術院賞 第44回(昭62年) 第2部 恩賜賞・日本芸術院賞
北海道新聞文化賞 第42回(昭63年) 社会文化賞
勲三等瑞宝章 (平1年)
室蘭市名誉市民 (平1年)

菊池寛賞 第38回(平2年)
早稲田大学芸術功労者 (平4年)

薬師丸 ひろ子　やくしまる・ひろこ
　昭和39(1964)年〜
　俳優、歌手

「翔んだカップル」
　おおさか映画祭 第6回(昭55年度) 主演女優賞

「探偵物語」
　ゴールデングロス賞 第1回(昭58年度) マネーメーキングスター賞

「Wの悲劇」
　ブルーリボン賞 第27回(昭59年) 主演女優賞
　ゴールデングロス賞 第3回(昭60年度) マネーメーキングスター賞

「きらきらひかる」
　高崎映画祭 第7回(平4年度) 主演女優賞

「熱の島で―ヒートアイランド東京」
　放送文化基金賞 第24回(平10年) 個別分野賞 演技賞

「1リットルの涙」
　日刊スポーツ・ドラマグランプリ 第9回(平17年度) 助演女優賞

「ALWAYS 三丁目の夕日」
　ブルーリボン賞 第48回(平17年度) 助演女優賞
　日刊スポーツ映画大賞・石原裕次郎賞 第18回(平17年) 助演女優賞
　報知映画賞 第30回(平17年度) 邦画部門 最優秀助演女優賞
　日本アカデミー賞 第29回(平18年) 最優秀助演女優賞

「ALWAYS 三丁目の夕日」「オペレッタ狸御殿」「レイクサイド マーダーケース」「鉄人28号」
　キネマ旬報賞 第51回(平17年度) 助演女優賞

「あまちゃん」
　放送ウーマン賞 (平25年度)

ヨコハマ映画祭 第2回(昭55年度) 主演女優賞
日本レコードセールス大賞 第15回(昭57年) 女性新人賞
毎日映画コンクール 第78回(令5年) 田中絹代賞

役所 広司　やくしょ・こうじ
　昭和31(1956)年〜
　俳優

「雀色時」
　上海ドラマ大賞 (平4年) 最優秀主演男優賞

「KAMIKAZE TAXI」
　毎日映画コンクール 第50回(平7年) 男優主演賞

「Shall we ダンス？」
　日刊スポーツ映画大賞・石原裕次郎賞 第9回(平8

年）主演男優賞
報知映画賞 第21回（平8年度）最優秀主演男優賞
日本アカデミー賞 第20回（平9年）最優秀主演男優賞
「Shall we ダンス？」「眠る男」
ブルーリボン賞 第39回（平8年）主演男優賞
「Shall we ダンス？」「眠る男」「シャブ極道」
キネマ旬報賞 第42回（平8年）主演男優賞
毎日映画コンクール 第51回（平8年）男優主演賞
「眠る男」
ヨコハマ映画祭 第18回（平8年）主演男優賞
「うなぎ」「失楽園」
キネマ旬報賞 第43回（平9年）主演男優賞
「うなぎ」「失楽園」「バウンス ko GALS」
報知映画賞 第22回（平9年度）最優秀主演男優賞
「うなぎ」「失楽園」「CURE」
ブルーリボン賞 第40回（平9年）主演男優賞
「CURE」
東京国際映画祭 第10回（平9年）インターナショナル・コンペティション 最優秀男優賞
「うなぎ」
日本アカデミー賞 第21回（平10年）最優秀主演男優賞
「砦なき者」
放送文化基金賞 第31回（平17年）個別分野 出演者賞
「象の背中」
マドリード国際映画祭 第1回（平20年）主演男優賞
「キツツキと雨」
ドバイ国際映画祭 第8回（平23年）アジアアフリカ部門最優秀主演男優賞
「三度目の殺人」
日刊スポーツ映画大賞・石原裕次郎賞 第30回（平29年）助演男優賞
毎日映画コンクール 第72回（平29年）男優助演賞
日本アカデミー賞 第41回（平30年）最優秀助演男優賞
「三度目の殺人」「関ヶ原」
報知映画賞 第42回（平29年）助演男優賞
「孤狼の血」
日本アカデミー賞 第42回（平31年）最優秀主演男優賞
「すばらしき世界」
キネマ旬報ベスト・テン個人賞 第95回（令3年度）主演男優賞
「PERFECT DAYS」「ファミリア」「銀河鉄道の父」
キネマ旬報ベスト・テン個人賞 第97回（令5年度）主演男優賞
「PERFECT DAYS」

日本アカデミー賞 第47回（令6年）最優秀主演男優賞
テレビ大賞 第16回（昭58年度）新人賞
エランドール賞（昭59年度）新人賞
ゴールデングロス賞 第15回（平9年度）ゴールデングロス特別賞 ゴールデングロス賞
芸術選奨 第48回（平9年）映画部門 文部大臣賞
ベストドレッサー賞 第36回（平19年）芸能・スポーツ部門
紫綬褒章（平24年）
三船敏郎賞（平26年）
報知映画賞 第42回（平29年度）主演男優賞/助演男優賞
報知映画賞 第43回（平30年度）
川喜多賞 第42回（令6年）

八代 亜紀　やしろ・あき
昭和25(1950)年～令和5(2023)年
歌手
「なみだ恋」
新宿音楽祭 第6回（昭48年）金賞
日本歌謡大賞 第4回（昭48年）放送音楽賞
日本有線大賞 第6回（昭48年）優秀賞
夜のレコード大賞 第6回（昭48年度）銀賞
「愛ひとすじ」
日本歌謡大賞 第5回（昭49年）放送音楽賞
日本有線大賞 第7回（昭49年）大賞
夜のレコード大賞 第7回（昭49年度）優秀スター賞
「おんなの夢」
日本有線大賞 第8回（昭50年）会長特別賞/ベストヒット賞
夜のレコード大賞 第8回（昭50年度）優秀スター賞
「ともしび」
日本歌謡大賞 第6回（昭50年）放送音楽賞
日本有線大賞 第8回（昭50年）有線スター賞
「もう一度逢いたい」
全日本有線放送大賞 第9回（昭51年度）特別賞
日本レコード大賞 第18回（昭51年）最優秀歌唱賞
日本歌謡大賞 第7回（昭51年）放送音楽賞
日本有線大賞 第9回（昭51年）有線スター賞
日本有線大賞 第10回（昭52年）有線ヒット賞
「愛の終着駅」
FNS歌謡祭グランプリ 第4回（昭52年）優秀歌唱賞
全日本有線放送大賞 第10回（昭52年度）優秀スター賞
日本レコード大賞 第19回（昭52年）最優秀歌唱賞
日本歌謡大賞 第8回（昭52年）放送音楽賞/放送音楽特別連盟賞
「みず色の雨」
日本有線大賞 第11回（昭53年）有線音楽賞
「故郷へ」

日本歌謡大賞　第9回（昭53年）　放送音楽賞
「舟唄」
　全日本有線放送大賞　第12回（昭54年度）　優秀スター賞
　日本歌謡大賞　第10回（昭54年）　放送音楽賞
「涙の朝」
　日本有線大賞　第12回（昭54年）　有線音楽賞
「雨の慕情」
　FNS歌謡祭グランプリ　第7回（昭55年）　優秀歌謡音楽賞
　全日本有線放送大賞　第13回（昭55年度）　優秀スター賞
　日本テレビ音楽祭　第6回（昭55年）　グランプリ
　日本レコード大賞　第22回（昭55年）　大賞
　日本歌謡大賞　第11回（昭55年）　大賞／放送音楽賞
　日本有線大賞　第13回（昭55年）　有線音楽賞
「女心は港の灯」
　古賀政男記念音楽大賞　第2回（昭56年度）　プロ作品優秀賞
「日本海」
　日本レコード大賞　第25回（昭58年）　特別金賞
「恋の彩」
　NHK古賀政男記念音楽大賞　（昭58年）
　古賀政男記念音楽大賞　第4回（昭58年度）　プロ作品大賞
「花束（ブーケ）」
　日本有線大賞　第23回（平2年）　有線音楽優秀賞
　日本レコードセールス大賞　第7回（昭49年）　LPシルバー賞
　あなたが選ぶ全日本歌謡音楽祭　第1回（昭50年）　男性視聴者賞
　日本演歌大賞　第1回（昭50年）　演歌特別賞
　あなたが選ぶ全日本歌謡音楽祭　第2回（昭51年）　ベストドレッサー賞
　日本演歌大賞　第2回（昭51年）　演歌ベストセラー賞
　日本演歌大賞　第2回（昭51年）　演歌スター賞
　あなたが選ぶ全日本歌謡音楽祭　第3回（昭52年）　男性視聴者賞
　横浜音楽祭　第4回（昭52年）　音楽祭賞
　日本演歌大賞　第3回（昭52年）　大賞
　あなたが選ぶ全日本歌謡音楽祭　第4回（昭53年）　ファミリー賞
　日本演歌大賞　第4回（昭53年）　演歌ロングセラー賞
　日本演歌大賞　第5回（昭54年）　演歌スター賞
　あなたが選ぶ全日本歌謡音楽祭　第6回（昭55年）　最優秀歌唱賞
　ゴールデン・アロー賞　第18回（昭55年）　音楽賞
　FNS歌謡祭グランプリ　第7回（昭55年）　最優秀視聴者賞
　横浜音楽祭　第7回（昭55年）　音楽祭賞
　日本演歌大賞　第6回（昭55年）　演歌名人賞
　メガロポリス歌謡祭　第1回（昭57年）　演歌入賞
　横浜音楽祭　第9回（昭57年）　音楽祭特別賞
　日本テレビ音楽祭　第8回（昭57年）　特別賞
　日本演歌大賞　第8回（昭57年）　演歌スター賞
　メガロポリス歌謡祭　第2回（昭58年）　演歌入賞
　横浜音楽祭　第10回（昭58年）　ラジオ日本25周年特別賞
　日本演歌大賞　第9回（昭58年）　演歌スター賞
　日本演歌大賞　第10回（昭59年）　演歌名誉歌手賞
　横浜音楽祭　第15回（昭63年）　日本演歌賞
　メガロポリス歌謡祭　第8回（平1年）　演歌メガロポリス賞女性部門
　横浜音楽祭　第16回（平1年）　ラジオ日本演歌賞
　あなたが選ぶ全日本歌謡音楽祭　第15回（平2年）　特別功労賞
　メガロポリス歌謡祭　第9回（平2年）　特別賞
　日本赤十字社金色有功章　（平8年）
　文化庁長官表彰　（平22年度）
　北極星勲章（モンゴル）　（平30年）
　松尾芸能賞　第42回（令3年）　大賞　歌謡
　日本レコード大賞　第66回（令6年）　特別功労賞

矢代　静一　　やしろ・せいいち
　昭和2（1927）年〜平成10（1998）年
　劇作家、演出家
「パレスチナのサボテン」「写楽考」
　紀伊國屋演劇賞　第6回（昭46年）　個人賞
「写楽考」
　読売文学賞　第24回（昭47年）　戯曲賞
「写楽考」「北斎漫画」「淫乱斎英泉」（連作）
　芸術選奨　第28回（昭52年）　演劇部門　大臣賞
　紫綬褒章　（平2年）
　勲四等旭日小綬章　（平9年）

安井　かずみ　　やすい・かずみ
　昭和14（1939）年〜平成6（1994）年
　作詞家、エッセイスト
「おしゃべりな真珠」
　日本レコード大賞　第7回（昭40年）　作詩賞
「経験」
　日本作詩大賞　第3回（昭45年度）　大衆賞
　日本レコードセールス大賞　第1回（昭43年）　作詩賞
　日本レコードセールス大賞　第3回（昭45年）　作詩賞
　日本レコードセールス大賞　第6回（昭48年）　作詩賞
　日本レコードセールス大賞　第7回（昭49年）　作詩賞
　日本レコード大賞　第36回（平6年）　特別功労賞

安岡　章太郎　　やすおか・しょうたろう
　大正9（1920）年〜平成25（2013）年
　小説家。日本芸術院会員
「ハウスガード」

時事文学賞 第1期（昭28年2〜5月）
「悪い仲間」「陰気な愉しみ」
　芥川龍之介賞 第29回（昭28年上）
「海辺の光景」
　芸術選奨 第10回（昭34年）文学部門 文部大臣賞
　野間文芸賞 第13回（昭35年）
「幕が下りてから」
　毎日出版文化賞 第21回（昭42年）
「走れトマホーク」
　読売文学賞 第25回（昭48年）小説賞
「流離譚」
　日本文学大賞 第14回（昭57年）
「僕の昭和史」
　野間文芸賞 第41回（昭63年）
「伯父の墓地」
　川端康成文学賞 第18回（平3年）
「果てもない道中記」
　読売文学賞 第47回（平7年）随筆・紀行賞
「鏡川」
　大佛次郎賞 第27回（平12年）
日本芸術院賞 第32回（昭50年）第2部
朝日賞 （平3年）
勲三等瑞宝章 （平5年）
文化功労者 （平13年）

安彦 良和　やすひこ・よしかず
　昭和22（1947）年〜
　漫画家、アニメーション作家
「ナムジ」
　日本漫画家協会賞 第19回（平2年）優秀賞
「王道の狗」
　文化庁メディア芸術祭 第4回（平12年）マンガ部門
　　優秀賞
「機動戦士ガンダム THE ORIGIN」
　星雲賞 第43回（平24年）コミック部門
アニメグランプリアニメーター第1位 （昭54・55・
　56・57年度）
星雲賞 第12回（昭56年）アート部門
日本アニメ大賞・アトム賞 第1回（昭58（1983）年）
　部門賞 作画監督
日本アカデミー賞 第44回（令3年）協会特別賞

八住 利雄　やすみ・としお
　明治36（1903）年〜平成3（1991）年
　脚本家、劇作家。元・日本シナリオ作家協会理事長
「女の一生」
　年鑑代表シナリオ 第1回（昭24年度）
「また逢う日まで」
　年鑑代表シナリオ 第2回（昭25年度）
「大阪の宿」
　年鑑代表シナリオ 第6回（昭29年度）
「渡り鳥いつ帰る」
　年鑑代表シナリオ 第7回（昭30年度）
「夫婦善哉」
　年鑑代表シナリオ 第7回（昭30年度）
「夫婦善哉」「浮雲日記」「渡り鳥いつ帰る」
　毎日映画コンクール 第10回（昭30年）脚本賞
「浮草日記」
　年鑑代表シナリオ 第7回（昭30年度）
「台風騒動記」
　年鑑代表シナリオ 第8回（昭31年度）
「猫と庄造と二人のをんな」
　年鑑代表シナリオ 第8回（昭31年度）
「爆音と大地」
　年鑑代表シナリオ 第9回（昭32年度）
「爆音と大地」「雪国」「智恵子抄」
　キネマ旬報賞 第3回（昭32年）脚本賞
「無法一代」
　カルロヴィ・ヴァリ国際映画祭（チェコ）（昭32年）
　　最優秀脚本賞
「暗夜行路」
　年鑑代表シナリオ 第11回（昭34年度）
　サンケイ新聞シルバースター （昭35年）脚本賞
「世界大戦争」
　年鑑代表シナリオ 第13回（昭36年度）
映画の日特別功労者 （昭39年）
紫綬褒章 （昭45年）
勲四等旭日小綬章 （昭51年）

八千草 薫　やちぐさ・かおる
　昭和6（1931）年〜令和1（2019）年
　俳優。宝塚歌劇団出身。「岸辺のアルバム」などの
　テレビドラマや映画、舞台など広く活躍
「美しさと哀しみと」
　アジア映画祭 第12回（昭40年）女優助演賞
「岸辺のアルバム」
　テレビ大賞 （昭52年）主演女優賞
「女系家族」「エドの舞踏会」
　菊田一夫演劇賞 第11回（昭60年）
「阿修羅のごとく」
　日刊スポーツ映画大賞・石原裕次郎賞 第16回（平15
　　年）助演女優賞
「ディア・ドクター」
　報知映画賞 第34回（平21年）助演女優賞
　毎日映画コンクール 第64回（平21年度）女優助演賞
テレビ大賞 第10回（昭52年度）優秀個人賞
東京都民文化栄誉賞 （昭62年）
日本放送協会放送文化賞 第42回（平2年）
文化庁長官表彰 （平7年）

紫綬褒章　(平9年)
旭日小綬章　(平15年)
毎日映画コンクール　第58回(平15年)　田中絹代賞
TAMA映画賞　第1回(平21年)　特別賞
山路ふみ子賞　第33回(平21年)　映画功労賞
報知映画賞　第34回(平21年度)　助演女優賞
岩谷時子賞　第3回(平26年)　特別賞
東京都名誉都民　(平27年)
日本アカデミー賞　第40回(平29年)　会長功労賞

柳田　邦男　　やなぎだ・くにお
昭和11(1936)年〜
ノンフィクション作家、評論家

「マッハの恐怖」
　大宅壮一ノンフィクション賞　第3回(昭47年)

「ガン回廊の光と影」
　講談社ノンフィクション賞　第1回(昭54年)

「ガン回廊の炎」
　日本対ガン協会賞　(平2年)

「脳治療革命」
　文藝春秋読者賞　第59回(平10年)

「エリカ　奇跡のいのち」
　日本絵本賞　第10回(平16年)　日本絵本賞翻訳絵本賞

放送文化基金賞　第9回(昭58年)　個人・グループ部門
ボーン上田国際記者賞　(昭60年)
日本放送協会放送文化賞　第38回(昭61年)
菊池寛賞　第43回(平7年)
民間航空再開50周年記念国土交通大臣特別表彰　(平14年)

柳葉　敏郎　　やなぎば・としろう
昭和36(1961)年〜
俳優、歌手。一世風靡セピアのメンバーとしてデビュー。

「さらば愛しのやくざ」
　ブルーリボン賞　第33回(平2年)　助演男優賞

日本アカデミー賞　第10回(昭62年)　新人俳優賞
エランドール賞　(平2年度)　新人賞

柳町　光男　　やなぎまち・みつお
昭和20(1945)年〜
映画監督

「十九歳の地図」
　キネマ旬報ベスト・テン　第53回(昭54年度)　日本映画　7位
　年鑑代表シナリオ　(昭54年度)
　優秀映画鑑賞会ベストテン　第20回(昭54年度)　日本映画　5位

「さらば愛しき大地」
　キネマ旬報ベスト・テン　第56回(昭57年度)　日本映画　2位
　ブルーリボン賞　第25回(昭57年)　スタッフ賞
　年鑑代表シナリオ　(昭57年度)
　優秀映画鑑賞会ベストテン　第23回(昭57年度)　日本映画　6位

「火まつり」
　芸術選奨　第36回(昭60年)　映画部門　大臣賞
　キネマ旬報ベスト・テン　第59回(昭60年度)　日本映画　3位
　優秀映画鑑賞会ベストテン　第26回(昭60年度)　日本映画　5位

「愛について、東京」
　ナント三大際映画祭　(平4年)　最優秀アジア賞
　東京国際映画祭　第5回(平4年)　インターナショナル・コンペティション　審査員特別賞
　キネマ旬報ベスト・テン　第67回(平5年度)　日本映画　7位
　優秀映画鑑賞会ベストテン　第34回(平5年度)　日本映画　5位

「カミュなんて知らない」
　東京国際映画祭　第18回(平17年)　日本映画・ある視点部門　作品賞
　キネマ旬報ベスト・テン　第80回(平18年度)　日本映画　第10位

柳家　小さん(5代)　　やなぎや・こさん
大正4(1915)年〜平成14(2002)年
落語家。重要無形文化財保持者(古典落語)。前名は、柳家栗之助、柳家小きん、柳家小三治(9代目)

「そこつ長屋」
　芸術祭賞　第17回(昭37年)　大衆芸能部門　奨励賞

「真二つ」第22回まわり舞台
　芸術祭賞　第22回(昭42年)　大衆芸能部門　奨励賞

日本放送演芸大賞　第1回(昭46年)
紫綬褒章　(昭55年)
東京都民文化栄誉賞　(昭59年)
勲四等旭日小綬章　(昭60年)
花王名人大賞　第6回(昭61年)　功労賞
日本酒大賞　(昭61年)
日本放送協会放送文化賞　第38回(昭61年)
浅草芸能大賞　第6回(平1年度)　大賞
伝統文化ポーラ賞　第13回(平5年)　大賞
豊島区名誉区民　(平7年)
東京都名誉都民　(平11年)

柳家　小三治(10代)　　やなぎや・こさんじ
昭和14(1939)年〜令和3(2021)年
落語家。重要無形文化財保持者(落語)。前名は柳家小たけ、柳家さん治

「小言念仏」
　日本放送演芸大賞　(昭51年)

「青菜」

芸術選奨　第54回（平15年）　大衆芸能部門　文部科学大臣賞
日本放送演芸大賞　第4回（昭50年）
芸術選奨　第31回（昭55年）　大衆芸能部門　新人賞
紫綬褒章　（平17年）
旭日小綬章　（平26年）
毎日芸術賞　第56回（平26年度）
新宿区名誉区民　（平27年）
朝日賞　（令1年度）

矢野 徹　やの・てつ

大正12（1923）年〜平成16（2004）年
SF作家、翻訳家。別名義・坂田治

「デューン／砂の惑星」
　星雲賞　第5回（昭49年）　海外長編部門　※翻訳者として

「悪徳なんかこわくない」
　星雲賞　第9回（昭53年）　海外長編部門

「ウィザードリィ日記」
　星雲賞　第19回（昭63年）　ノンフィクション部門

チャペック賞　（昭60年）
日本SF大賞　第25回（平16年）　特別賞
星雲賞　第36回（平17年）　特別部門

矢吹 健　やぶき・けん

昭和20（1945）年〜平成27（2015）年
歌手

「あなたのブルース」
　新宿音楽祭　第1回（昭43年）　金賞
　日本レコード大賞　第10回（昭43年）　新人賞
　日本有線大賞　第1回（昭43年）　新人賞
　ALL JAPAN リクエストアワード新人賞　第1回（昭43年度）
　夜のレコード大賞　第1回（昭43年度）　新人賞

山岡 荘八　やまおか・そうはち

明治40（1907）年〜昭和53（1978）年
小説家。別名義・藤野荘三

「約束」
　「サンデー毎日」大衆文芸　第23回（昭13年下）　※藤野庄三名義

「海底戦記」
　野間文芸奨励賞　第2回（昭17年）

「徳川家康」
　中部日本文化賞　（昭33年）
　長谷川伸賞　第2回（昭42年）
　吉川英治文学賞　第2回（昭43年）

山岡 久乃　やまおか・ひさの

大正15（1926）年〜平成11（1999）年
俳優

「眠れる美女」「女と味噌汁」「カモとねぎ」
　毎日映画コンクール　第23回（昭43年）　演技賞　女優助演賞

「近松心中物語」
　芸術祭賞　（昭56年）　大賞

「流水橋」
　菊田一夫演劇賞　第18回（平4年）
　芸術祭賞　第47回（平4年）　演劇部門

「渡る世間は鬼ばかり」
　橋田賞　第2回（平5年）　橋田賞

テレビ大賞　第5回（昭47年度）　優秀タレント賞
紫綬褒章　（平2年）
勲四等宝冠章

　全日本有線放送大賞　第11回（昭53年度）　優秀スター賞
　日本歌謡大賞　第9回（昭53年）　放送音楽賞
　日本レコード大賞　第20回（昭53年）　金賞

「絶体絶命」
　日本有線大賞　第11回（昭53年）　有線音楽賞

「しなやかに歌って」
　FNS歌謡祭グランプリ　第6回（昭54年）　優秀歌謡音楽賞
　日本歌謡大賞　第10回（昭54年）　放送音楽賞
　日本レコード大賞　第21回（昭54年）　金賞

「愛のあらし」
　日本有線大賞　第12回（昭54年）　有線音楽賞

ゴールデン・アロー賞　第12回（昭49年）　特別賞
テレビ大賞　第7回（昭49年度）　週刊TVガイドデスク賞
横浜音楽祭　第1回（昭49年）　音楽祭賞
日本レコードセールス大賞　第7回（昭49年）　シルバー賞
あなたが選ぶ全日本歌謡音楽祭　第1回（昭50年）　年間話題賞
日本レコードセールス大賞　第8回（昭50年）　シルバー賞
あなたが選ぶ全日本歌謡音楽祭　第2回（昭51年）　ミドルエイジ賞
ゴールデン・アロー賞　第14回（昭51年）　放送賞　"ドラマ「赤いシリーズ」"
ゴールデン・アロー賞　第14回（昭51年）　大賞
テレビ大賞　第9回（昭51年度）　優秀個人賞
日本レコードセールス大賞　第9回（昭51年）　ゴールデン賞
あなたが選ぶ全日本歌謡音楽祭　第3回（昭52年）　女性視聴者賞
日本テレビ音楽祭　第3回（昭52年）　トップ・アイドル賞
日本レコードセールス大賞　第10回（昭52年）　ゴールデン賞
あなたが選ぶ全日本歌謡音楽祭　第4回（昭53年）　ベストドレッサー賞

FNS歌謡祭グランプリ 第5回(昭53年) 最優秀視聴者賞
横浜音楽祭 第5回(昭53年) 音楽祭賞
日本テレビ音楽祭 第4回(昭53年) トップ・アイドル賞
日本テレビ音楽祭 第4回(昭53年) 敢闘賞
日本レコードセールス大賞 第11回(昭53年) ゴールデン賞
あなたが選ぶ全日本歌謡音楽祭 第5回(昭54年) 最優秀タレント賞
ゴールデン・アロー賞 第17回(昭54年) 話題賞
FNS歌謡祭グランプリ 第6回(昭54年) 最優秀視聴者賞
横浜音楽祭 第6回(昭54年) 音楽祭賞
日本テレビ音楽祭 第5回(昭54年) トップ・アイドル賞
ぴあテン (昭55年度) ぴあテン(コンサート) 5位
FNS歌謡祭グランプリ 第7回(昭55年) 特別賞
銀座音楽祭 第10回(昭55年) 特別賞
日本テレビ音楽祭 第6回(昭55年) 日本テレビ特別賞
日本レコード大賞 第22回(昭55年) 特別大衆賞
日本歌謡大賞 第11回(昭55年) 放送音楽特別功労賞

山口 洋子 やまぐち・ようこ
昭和12(1937)年〜平成26(2014)年
小説家、作詞家。「よこはま・たそがれ」などを作詞。

「夜空」
日本レコード大賞 第15回(昭48年) 大賞

「うそ」
日本作詩大賞 第7回(昭49年度) 大衆賞

「みれん」
FNS歌謡祭グランプリ 第1回(昭49年) グランプリ

「女心は港の灯」
古賀政男記念音楽大賞 第2回(昭56年度) プロ作品優秀賞
日本作詩大賞 第14回(昭56年度) 大衆賞

「プライベート・ライブ」
吉川英治文学新人賞 第5回(昭59年)

「演歌の虫」「老梅」
直木三十五賞 第93回(昭60年上)

「アメリカ橋」
日本作詩大賞 第31回(平10年度) 大賞

日本レコード大賞 第56回(平26年) 特別功労賞
日本作詩大賞 第47回(平26年度) 作詩家協会特別賞

山崎 努 やまざき・つとむ
昭和11(1936)年〜
俳優

「影武者」
キネマ旬報賞 第26回(昭55年) 助演男優賞
報知映画賞 第5回(昭55年度) 最優秀助演男優賞

「冬のライオン」
紀伊國屋演劇賞 第16回(昭56年) 個人賞

「お葬式」「さらば箱舟」
キネマ旬報賞 第30回(昭59年) 主演男優賞
ブルーリボン賞 第27回(昭59年) 主演男優賞
毎日映画コンクール 第39回(昭59年) 演技賞 男優主演賞

「お葬式」
日本アカデミー賞 第8回(昭60年) 最優秀主演男優賞

「マルサの女」
日本アカデミー賞 第11回(昭63年) 最優秀主演男優賞

「サッポロ生ビール黒ラベルCM」
ACC全日本CMフェスティバル 第40回(平12年) 主演賞

「GO」
ブルーリボン賞 第44回(平13年) 助演男優賞
日刊スポーツ映画大賞・石原裕次郎賞 第14回(平13年) 助演男優賞
日本アカデミー賞 第25回(平14年) 最優秀助演男優賞

「GO」「天国から来た男たち」「女学生の友」
報知映画賞 第26回(平13年度) 最優秀助演男優賞

「GO」「天国から来た男たち」「女学生の友」「Go!」
キネマ旬報賞 第47回(平13年) 助演男優賞

「おくりびと」
日本アカデミー賞 第32回(平21年) 最優秀助演男優賞

エランドール賞 (昭36年度) 新人賞
紫綬褒章 (平12年)
ヨコハマ映画祭 第23回(平14年) 助演男優賞
旭日小綬章 (平19年)

山崎 豊子 やまさき・とよこ
大正13(1924)年〜平成25(2013)年
小説家

「花のれん」
直木三十五賞 第39回(昭33年上)

「ぼんち」
大阪府芸術賞 (昭34年)

「花紋」
婦人公論読者賞 第2回(昭38年)

「花宴」
婦人公論読者賞 第6回(昭43年)

「運命の人」

毎日出版文化賞　第63回（平21年）　特別賞
　　菊池寛賞　第39回（平3年）

山崎　正和　やまざき・まさかず
　　昭和9（1934）年〜令和2（2020）年
　　劇作家、評論家。日本芸術院会員
「世阿弥」
　「新劇」岸田戯曲賞　第9回（昭38年）
「劇的なる日本人」
　　芸術選奨　第22回（昭46年）　評論等　新人賞
「鴎外、闘う家長」
　　読売文学賞　第24回（昭47年）　評論・伝記賞
「実朝出帆」
　　芸術祭賞　第28回（昭48年）　演劇部門　優秀賞
「病みあがりのアメリカ」
　　毎日出版文化賞　第29回（昭50年）
「オイディプス昇天」
　　読売文学賞　第36回（昭59年）　戯曲賞
「柔らかい個人主義の誕生」
　　吉野作造賞　（昭59年）
　大阪文化賞　（平5年）
　紫綬褒章　（平11年）
　文化功労者　第59回（平18年度）
　日本芸術院賞　第67回（平22年度）　第2部　恩賜賞・日本芸術院賞
　文化勲章　（平30年度）

山下　達郎　やました・たつろう
　　昭和28（1953）年〜
　　シンガー・ソングライター、音楽プロデューサー
「MOON GLOW」
　　日本レコード大賞　第22回（昭55年）　ベストアルバム賞
「ハイティーン・ブギ」
　　日本作曲大賞　第2回（昭57年）　優秀作曲者賞
「ARTISAN」
　　日本レコード大賞　第33回（平3年）　ポップス・ロック部門　アルバム大賞
「クリスマス・イブ」
　　日本レコード大賞　第45回（平15年）　特別賞
「山下達郎のTSUTAYAサンデー・ソングブック」
　　放送文化基金賞　第38回（平24年）　個別分野　出演者賞
「OPUS ALL TIME BEST 1975-2012」
　　CDショップ大賞　第5回（平25年）　ベスト盤アルバム賞
「Deserie-Doo Wop Nuggets Vol.1」
　　日本レコード大賞　第60回（平30年）　企画賞
「Your Tender Lips-Doo Wop Nuggets Vol.2」
　　日本レコード大賞　第60回（平30年）　企画賞
「That's My Desire-Doo Wop Nuggets Vol.3」
　　日本レコード大賞　第60回（平30年）　企画賞
　ぴあテン（レコード）　（昭58年度）　10位
　東京音楽祭　第12回（昭58年）　世界大会作曲賞
　日本レコードセールス大賞　第27回（平6年）　アルバム・ディレクター賞　第3位
　芸術選奨　第65回（平26年度）　大衆芸能部門　文部科学大臣賞　"山下達郎 Maniac Tour〜PERFORMANCE 2014〜"の成果"

山下　明生　やました・はるお
　　昭和12（1937）年〜
　　児童文学作家、翻訳家
「うみのしろうま」
　　野間児童文芸賞　第11回（昭48年）　推奨作品賞
「はんぶんちょうだい」
　　小学館文学賞　第24回（昭50年）
「まつげの海のひこうせん」
　　日本の絵本賞　第6回（昭58年）　絵本にっぽん大賞
「海のコウモリ」
　　赤い鳥文学賞　第16回（昭61年）
「カモメの家」
　　日本児童文学者協会賞　第32回（平4年）
　　野間児童文芸賞　第30回（平4年）
　　路傍の石文学賞　第15回（平5年）
「海のやくそく」
　　産経児童出版文化賞　第50回（平15年）　美術賞
　紫綬褒章　（平16年）

山下　泰裕　やました・やすひろ
　　昭和32（1957）年〜
　　柔道家。ロス五輪柔道男子無差別級金メダリスト。東海大学体育学部教授。
　朝日体育賞　第4回（昭53年度）
　朝日体育賞　第7回（昭56年度）
　フランススポーツアカデミーグランプリ　（昭57年）
　朝日体育賞　第9回（昭58年度）
　熊本県民栄誉賞　（昭59年）
　国民栄誉賞　（昭59年）
　朝日体育賞　第10回（昭59年度）
　文部省スポーツ功労者　（平5年）
　ミズノ・スポーツメントール賞　（平8年度）　ゴールド
　紫綬褒章　（平19年）

山城　新伍　やましろ・しんご
　　昭和13（1938）年〜平成21（2009）年
　　俳優、タレント、映画監督
「せんせい」
　　優秀映画鑑賞会ベストテン　第30回（平1年度）　日本

映画 10位
テレビ大賞 第8回(昭50年度) 週刊TVガイドデスク賞
花王名人大賞 第3回(昭58年) 名人賞 諸芸部門

山田 五十鈴　やまだ・いすず
大正6(1917)年～平成24(2012)年
俳優
「現代人」「箱根風雲録」
　ブルーリボン賞 第3回(昭27年) 主演女優賞
　毎日映画コンクール 第7回(昭27年) 演技賞 女優主演賞
「たけくらべ」「石合戦」
　ブルーリボン賞 第6回(昭30年) 助演女優賞
「猫と庄造と二人のをんな」「流れる」
　キネマ旬報賞 第2回(昭31年) 女優賞
「母子像」「猫と庄造と二人のをんな」「流れる」
　ブルーリボン賞 第7回(昭31年) 主演女優賞
　毎日映画コンクール 第11回(昭31年) 演技賞 女優主演賞
「蜘蛛巣城」「どん底」「下町」
　キネマ旬報賞 第3回(昭32年) 女優賞
「香華」「丼池」「明智光秀」
　テアトロン賞 (昭39年)
「たぬき」
　芸術祭賞 第29回(昭49年) 演劇部門 大賞
　毎日芸術賞 第16回(昭49年)
　菊田一夫演劇賞 第8回(昭57年) 大賞
「太夫さん」
　芸術祭賞 第38回(昭58年) 演劇部門 大賞
「太夫さん」「たぬき」
　芸術選奨 第34回(昭58年) 演劇部門 大臣賞
芸術選奨 第8回(昭32年) 映画部門 "「蜘蛛巣城」ほかの演技"
花王名人大賞 第2回(昭57年) 特別賞
京都府文化賞 第8回(平2年) 特別功労賞
松尾芸能賞 第14回(平5年) 大賞 演劇
朝日賞 (平5年)
文化功労者 (平5年)
日本アカデミー賞 第18回(平7年) 特別賞
ダイヤモンドレディ賞 第14回(平11年)
東京都名誉都民 (平12年)
文化勲章 (平12年度)
牧野省三賞 第41回(平12年)
日本アカデミー賞 第36回(平25年) 会長特別賞

山田 詠美　やまだ・えいみ
昭和34(1959)年～
小説家
「ベッドタイムアイズ」
　文藝賞 第22回(昭60年)
「ソウル・ミュージック・ラバーズ・オンリー」
　直木三十五賞 第97回(昭62年上)
「風葬の教室」
　平林たい子文学賞 第17回(平1年)
「トラッシュ」
　女流文学賞 第30回(平3年)
「アニマル・ロジック」
　泉鏡花文学賞 第24回(平8年)
「A2Z」
　読売文学賞 第52回(平12年) 小説賞
「風味絶佳」
　谷崎潤一郎賞 第41回(平17年度)
「ジェントルマン」
　野間文芸賞 第65回(平24年)
「生鮮てるてる坊主」
　川端康成文学賞 第42回(平28年)
日本文芸大賞 第6回(昭61年) 女流文学賞
ベストフットワーカーズ賞 第1回(昭62年)

山田 邦子　やまだ・くにこ
昭和35(1960)年～
タレント
ゴールデン・アロー賞 第20回(昭57年) 芸能賞 新人賞
花王名人大賞 第3回(昭58年) 新人賞
ゴールデン・アロー賞 第27回(平1年) 芸能賞
ゆうもあ大賞 (平1年)
ゴールデン・アロー賞 第27回(平2年) 芸能賞
日本アカデミー賞 第13回(平2年) 新人俳優賞
SJ賞 (平4年)

山田 耕筰　やまだ・こうさく
明治19(1886)年～昭和40(1965)年
作曲家、指揮者。帝国芸術院会員
レジオン・ド・ヌール勲章 (昭11年)
朝日賞 (昭15年) 文化賞
日本放送協会放送文化賞 第1回(昭24年)
文化功労者 (昭29年)
文化勲章 (昭31年度)

山田 太一　やまだ・たいち
昭和9(1934)年～令和5(2023)年
脚本家、小説家
「それぞれの秋」「河を渡ったあの夏の日々」
　芸術選奨 第24回(昭48年) 放送部門 新人賞
「日本の面影」
　向田邦子賞 第2回(昭58年)
「異人たちとの夏」

山本周五郎賞 第1回(昭63年)
日本文芸大賞 第8回(昭63年) 放送作家賞
「少年時代」
　年鑑代表シナリオ（平2年度）
　毎日映画コンクール 第45回(平2年) 脚本賞
　日本アカデミー賞 第14回(平3年) 最優秀脚本賞
「チロルの挽歌」「悲しくてやりきれない」
　毎日芸術賞 第34回(平4年)
「奈良へ行くまで」
　日本民間放送連盟賞 （平10年) ドラマ部門
「本当と嘘とテキーラ」
　菊島隆三賞 （平20年)
「月日の残像」
　小林秀雄賞 第13回(平26年)
テレビ大賞 第10回(昭52年度) 優秀個人賞
エランドール賞 （昭55年度) 特別賞
日本放送協会放送文化賞 第32回(昭55年)
芸術選奨 第33回(昭57年) 放送部門 大臣賞 "テレビドラマ「ながらえば」「終りに見た街」「男たちの旅路—戦場は遙かになりて」等の脚本"
テレビ大賞 第16回(昭58年度) 優秀個人賞
菊池寛賞 第33回(昭60年)
日本文芸大賞 第8回(昭63年) 放送作家賞
都民文化栄誉賞 （平1年)
橋田賞 第16回(平19年度) 特別賞
朝日賞 （平26年度)

山田 信夫 やまだ・のぶお
　昭和7(1932)年～平成10(1998)年
　シナリオライター
「乱れ雲」
　年鑑代表シナリオ 第19回(昭42年度)
「華麗なる一族」
　年鑑代表シナリオ （昭49年度)
「不毛地帯」
　年鑑代表シナリオ （昭51年度)
　毎日映画コンクール 第31回(昭51年) 脚本賞
「野ゆき山ゆき海べゆき」
　年鑑代表シナリオ （昭61年度)
「去っていく男」
　向田邦子賞 第9回(平2年)

山田 風太郎 やまだ・ふうたろう
　大正11(1922)年～平成13(2001)年
　小説家
「達磨峠の殺人」
　「宝石」懸賞小説 第1回(昭21年)
「眼中の悪魔」「虚像淫楽」

　探偵作家クラブ賞 第2回(昭24年) 短篇賞
　日本探偵作家クラブ賞 第2回(昭24年) 短篇賞
菊池寛賞 第45回(平9年)
日本ミステリー文学大賞 第4回(平12年)

山田 正紀 やまだ・まさき
　昭和25(1950)年～
　小説家
「神狩り」
　星雲賞 第6回(昭50年) 日本短編部門
「神々の埋葬」
　角川小説賞 第4回(昭52年)
「地球・精神分析記録」
　星雲賞 第9回(昭53年) 日本長編部門
「宝石泥棒」
　星雲賞 第11回(昭55年) 日本長編部門
「最後の敵」
　日本SF大賞 第3回(昭57年)
「機神兵団」
　星雲賞 第26回(平7年) 日本長編部門
「ミステリ・オペラ」
　日本推理作家協会賞 第55回(平14年) 長篇及び連作短篇集部門
　本格ミステリ大賞 第2回(平14年) 小説部門

山田 洋次 やまだ・ようじ
　昭和6(1931)年～
　映画監督。日本芸術院会員
「運が良けりゃ」
　ブルーリボン賞 第17回(昭41年) 監督賞
「砂の器」
　年鑑代表シナリオ 第20回(昭43年度) 特別賞
　キネマ旬報賞 第20回(昭49年) 脚本賞
　毎日映画コンクール 第29回(昭49年) 脚本賞
「吹けば飛ぶよな男だが」
　キネマ旬報ベスト・テン 第42回(昭43年度) 日本映画 10位
「喜劇・一発大必勝」
　毎日映画コンクール 第24回(昭44年) 監督賞
「続・男はつらいよ」
　毎日映画コンクール 第24回(昭44年) 監督賞
　キネマ旬報ベスト・テン 第43回(昭44年度) 日本映画 9位
「男はつらいよ」（シリーズ全体含む）
　毎日映画コンクール 第24回(昭44年) 監督賞
　日本アカデミー賞 第1回(昭53年) 最優秀監督賞/最優秀脚本賞
　毎日映画コンクール 第34回(昭54年) 特別賞
　ゴールデン・アロー賞 第8回(昭45年) 映画賞
　ブルーリボン賞 第18回(昭50年) 特別賞
　キネマ旬報ベスト・テン 第43回(昭44年度) 日本

映画 6位
年鑑代表シナリオ 第21回(昭44年度)
年鑑代表シナリオ (昭45年度)
菊池寛賞 第20回(昭47年)
ゴールデングロス賞 第14回(平8年度) ゴールデングロス特別感謝賞

「家族」
キネマ旬報ベスト・テン 第44回(昭45年度) 日本映画 1位
キネマ旬報賞 第16回(昭45年) 日本映画監督賞
年鑑代表シナリオ (昭45年度)
毎日映画コンクール 第25回(昭45年) 脚本賞
優秀映画鑑賞会ベストテン 第11回(昭45年度) 日本映画 2位
ゴールデン・アロー賞 第8回(昭45年) 映画賞
毎日芸術賞 第12回(昭45年)
キネマ旬報賞 第16回(昭45年) 脚本賞

「男はつらいよ 望郷篇」
毎日芸術賞 第12回(昭45年)
キネマ旬報賞 第16回(昭45年) 脚本賞
キネマ旬報ベスト・テン 第44回(昭45年度) 日本映画 8位

「男はつらいよ 純情篇」「男はつらいよ 奮闘篇」
毎日映画コンクール 第26回(昭46年) 監督賞

「男はつらいよ 寅次郎恋歌」
毎日映画コンクール 第26回(昭46年) 監督賞
キネマ旬報ベスト・テン 第45回(昭46年度) 日本映画 8位
年鑑代表シナリオ (昭46年度)

「故郷」
キネマ旬報ベスト・テン 第46回(昭47年度) 日本映画 3位
年鑑代表シナリオ (昭47年度)
優秀映画鑑賞会ベストテン 第13回(昭47年度) 日本映画 4位

「男はつらいよ 柴又慕情」
キネマ旬報ベスト・テン 第46回(昭47年度) 日本映画 6位

「男はつらいよ 寅次郎忘れな草」
年鑑代表シナリオ (昭48年度)
毎日映画コンクール 第28回(昭48年) 脚本賞
キネマ旬報ベスト・テン 第47回(昭48年度) 日本映画 9位
毎日映画コンクール 第28回(昭48年) 監督賞

「男はつらいよ 寅次郎夢枕」
毎日映画コンクール 第28回(昭48年) 監督賞

「男はつらいよ 寅次郎子守唄」
年鑑代表シナリオ (昭49年度)

「男はつらいよ 寅次郎相合い傘」
キネマ旬報ベスト・テン 第49回(昭50年度) 日本映画 5位
年鑑代表シナリオ (昭50年度)

「同胞」
キネマ旬報ベスト・テン 第49回(昭50年度) 日本映画 9位
優秀映画鑑賞会ベストテン 第16回(昭50年度) 日本映画 6位

「男はつらいよ 寅次郎夕焼け小焼け」
キネマ旬報ベスト・テン 第50回(昭51年度) 日本映画 2位
年鑑代表シナリオ (昭51年度)

「幸福の黄色いハンカチ」
キネマ旬報ベスト・テン 第51回(昭52年度) 日本映画 1位
キネマ旬報賞 第23回(昭52年) 日本映画監督賞
キネマ旬報賞 第23回(昭52年) 脚本賞
キネマ旬報賞 第23回(昭52年) 読者選出日本映画監督賞
ぴあテン 第6回(昭52年度) 2位
ブルーリボン賞 第20回(昭52年) 監督賞
ブルーリボン賞 第20回(昭52年) 最優秀作品賞 邦画
年鑑代表シナリオ (昭52年度)
報知映画賞 第2回(昭52年度) 最優秀作品賞 邦画部門
毎日映画コンクール 第32回(昭52年) 監督賞
毎日映画コンクール 第32回(昭52年) 脚本賞
優秀映画鑑賞会ベストテン 第18回(昭52年度) 日本映画 1位
日本アカデミー賞 第1回(昭53年) 最優秀監督賞/最優秀脚本賞

「男はつらいよ 寅次郎ハイビスカスの花」
日本アカデミー賞 第4回(昭56年) 最優秀脚本賞
年鑑代表シナリオ (昭55年度)

「遙かなる山の呼び声」
キネマ旬報ベスト・テン 第54回(昭55年度) 日本映画 5位
日本アカデミー賞 第4回(昭56年) 最優秀脚本賞

「男はつらいよ 口笛を吹く寅次郎」
ゴールデングロス賞 第2回(昭59年度) マネーメーキング監督賞

「キネマの天地」
キネマ旬報ベスト・テン 第60回(昭61年度) 日本映画 9位
優秀映画鑑賞会ベストテン 第27回(昭61年度) 日本映画 3位

「男はつらいよ 知床慕情」
キネマ旬報ベスト・テン 第61回(昭62年度) 日本映画 6位
優秀映画鑑賞会ベストテン 第28回(昭62年度) 日本映画 10位

「釣りバカ日誌」

年鑑代表シナリオ（平1年度）

「息子」
　キネマ旬報ベスト・テン　第65回（平3年度）　日本映画　第1位
　キネマ旬報賞　第37回（平3年）　日本映画監督賞
　日刊スポーツ映画大賞・石原裕次郎賞　第4回（平3年）　監督賞/作品賞
　年鑑代表シナリオ　（平3年度）
　報知映画賞　第16回（平3年度）　最優秀作品賞
　毎日映画コンクール　第46回（平3年）　監督賞
　優秀映画鑑賞会ベストテン　第32回（平3年度）　日本映画　第1位

「学校」
　キネマ旬報ベスト・テン　第67回（平5年度）　日本映画　第6位
　ぴあテン　第22回（平5年度）　第5位
　日刊スポーツ映画大賞・石原裕次郎賞　第6回（平5年）　作品賞
　日本アカデミー賞　第17回（平6年）　最優秀監督賞/最優秀脚本賞

「男はつらいよ　寅次郎の縁談」
　日本アカデミー賞　第17回（平6年）　最優秀監督賞/最優秀脚本賞

「学校III」
　キネマ旬報ベスト・テン　第72回（平10年度）　日本映画　第6位
　年鑑代表シナリオ　（平10年度）

「十五才　学校IV」
　キネマ旬報ベスト・テン　第74回（平12年度）　日本映画　第4位
　日刊スポーツ映画大賞・石原裕次郎賞　第13回（平12年）　作品賞
　毎日映画コンクール　第55回（平12年）　脚本賞

「たそがれ清兵衛」
　キネマ旬報ベスト・テン　第76回（平14年度）　日本映画　第1位
　キネマ旬報賞　第48回（平14年）　日本映画監督賞/脚本賞/キネマ旬報賞
　ブルーリボン賞　第45回（平14年）　最優秀作品賞
　日刊スポーツ映画大賞・石原裕次郎賞　第15回（平14年）　監督賞/作品賞
　年鑑代表シナリオ　（平14年度）
　報知映画賞　第27回（平14年度）　邦画部門　最優秀監督賞/最優秀作品賞
　日本アカデミー賞　第26回（平15年）　最優秀監督賞/最優秀脚本賞

「隠し剣　鬼の爪」
　キネマ旬報ベスト・テン　第78回（平16年度）　日本映画　第5位

「武士の一分」
　キネマ旬報ベスト・テン　第80回（平18年度）　日本映画　第5位
　日刊スポーツ映画大賞・石原裕次郎賞　第20回（平19年）　石原裕次郎賞

「母べえ」
　キネマ旬報ベスト・テン　第82回（平20年度）　日本映画　第7位

「小さいおうち」
　キネマ旬報ベスト・テン　第88回（平26年度）　日本映画　第6位

「母と暮せば」
　キネマ旬報ベスト・テン　第89回（平27年度）　日本映画　第9位

「あにいもうと」
　橋田賞　第27回（平30年度）　橋田賞

芸術選奨　第20回（昭44年）　映画部門　大臣賞
ゴールデン・アロー賞　第8回（昭45年度）　映画賞
日本映画テレビプロデューサー協会賞　（昭47年）　特別賞
エランドール賞　（昭48年度）　特別賞
アジア映画祭　第26回（昭55年）　最優秀喜劇賞
都民栄誉賞　（昭57年）
牧野省三賞　第24回（昭57年）
日本アカデミー賞　第6回（昭58年）　特別賞
山路ふみ子賞　第10回・17回・27回（昭61年・平成5年・15年）　映画賞
日本映画復興賞　第4回（昭62年）
ウィーン市ヨハン賞　（平1年）
山路ふみ子賞　第15回（平3年）　福祉賞
ペスタロッチー教育賞　第4回（平7年）
紫綬褒章　（平8年）
朝日賞　（平8年）
上海国際映画祭　第4回（平11年）　最高監督賞
藤本賞　第18回（平11年）　特別賞
勲四等旭日小綬章　（平14年）
松尾芸能賞　第24回（平15年）　大賞　映画
川喜多賞　第21回（平15年）
文化庁優秀映画賞　（平15年）
東京国際映画祭　第17回（平16年）　黒澤明賞
文化功労者　（平16年）
文化勲章　（平24年度）
日本アカデミー賞　第36回（平25年）　協会栄誉賞
東京国際映画祭　第28回（平27年）　"SAMURAI（サムライ）"賞

山中　貞雄　やまなか・さだお
明治42（1909）年～昭和13（1938）年
映画監督、脚本家。共同筆名・梶原金八

「抱寝の長脇差」
　キネマ旬報ベスト・テン　第9回（昭7年度）　日本映画　第8位

「盤嶽の一生」
　キネマ旬報ベスト・テン　第10回（昭8年度）　日本映

画 7位
「鼠小僧次郎吉」
　キネマ旬報ベスト・テン　第10回（昭8年度）　日本映
　　画 8位
「風流活人剣」
　キネマ旬報ベスト・テン　第11回（昭9年度）　日本映
　　画 5位
「雁太郎街道」
　キネマ旬報ベスト・テン　第11回（昭9年度）　日本映
　　画 10位
「国定忠次」
　キネマ旬報ベスト・テン　第12回（昭10年度）　日本
　　映画 5位
「街の入墨者」
　キネマ旬報ベスト・テン　第12回（昭10年度）　日本
　　映画 2位
「人情紙風船」
　キネマ旬報ベスト・テン　第14回（昭12年度）　日本
　　映画 7位

山中 毅　やまなか・つよし
　昭和14（1939）年〜平成29（2017）年
　水泳選手。メルボルン五輪・ローマ五輪銀メダリ
　スト
朝日賞　（昭33年）　体育賞
朝日賞　（昭34年）　体育賞　"水泳400m自由形と800m
　　リレーの世界新記録"
日本スポーツ賞　第9回（昭34年）
ヘルムス賞　（昭36年）
朝日賞　（昭38年）　体育賞　"水泳男子800mリレー世
　　界新記録"

山中 恒　やまなか・ひさし
　昭和6（1931）年〜
　児童文学作家、ノンフィクション作家
「赤毛のポチ」
　児童文学者協会新人賞　第6回（昭31年）
　児童福祉文化賞　第3回（昭35年度）　出版物部門
「天文子守唄」
　日本児童文学者協会賞　第9回（昭44年）
「三人泣きばやし」
　産経児童出版文化賞　第21回（昭49年）
「山中恒児童よみもの選集」
　巌谷小波文芸賞　第1回（昭53年）
「ぼくの町は戦場だった」
　産経児童出版文化賞　第38回（平3年）
「とんでろじいちゃん」
　野間児童文芸賞　第31回（平5年）
エクソンモービル児童文化賞　第38回（平15年）

山根 成之　やまね・しげゆき
　昭和11（1936）年〜平成3（1991）年
　映画監督
「さらば夏の光よ」
　キネマ旬報ベスト・テン　第50回（昭51年度）　日本
　　映画 9位
「さらば夏の光よ」「パーマネントブルー/真夏
　の恋」
　ブルーリボン賞　（昭51年度）　監督賞
「突然、嵐のように」
　キネマ旬報ベスト・テン　第51回（昭52年度）　日本
　　映画 9位
「九月の空」
　ぴあテン　第8回（昭54年度）　もあテン 6位

山藤 章二　やまふじ・しょうじ
　昭和12（1937）年〜令和6（2024）年
　イラストレーター、漫画家。
「鼠小僧次郎吉」「エロトピア」「珍魂商才」
　講談社出版文化賞　第1回（昭45年）　さしえ部門
日宣美展特選　（昭32年）
広告電通賞　（昭35年）
ADC賞　（昭36年）　銅賞
毎日商業デザイン賞　（昭36年）
講談社出版文化賞　第1回（昭45年）　さしえ部門
文藝春秋漫画賞　第17回（昭46（1971）年）
マンガオスカー賞グランプリ　第1回（昭57年）
菊池寛賞　第31回（昭58年）
ベストドレッサー賞　第17回（昭63年）　学術・文化
　部門
スポニチ文化芸術大賞　第9回（平13年）　優秀賞
紫綬褒章　（平16年）

山村 聰　やまむら・そう
　明治43（1910）年〜平成12（2000）年
　俳優、映画監督
「帰郷」「宗方姉妹」「大利根の夜霧」
　毎日映画コンクール　第5回（昭25年）　演技賞 助演賞
「宗方姉妹」
　ブルーリボン賞　第1回（昭25年）　演技賞
「黒い潮」
　ブルーリボン賞　第5回（昭29年）　新人賞
　キネマ旬報ベスト・テン　第28回（昭29年度）　日本
　　映画 4位
「山の音」「黒い潮」
　毎日映画コンクール　第9回（昭29年）　演技賞 男優主
　　演賞
「あれが港の灯だ」「河口」
　ブルーリボン賞　第12回（昭36年）　助演男優賞
「傷だらけの山河」

キネマ旬報賞 第10回(昭39年) 男優賞
「東京物語」
　日本映画批評家大賞 第5回(平7年度) ゴールデングローリー賞
「蟹工船」
　チェコ映画祭 監督賞
紫綬褒章 (昭52年)
勲四等旭日小綬章 (昭58年)

山本 嘉次郎　やまもと・かじろう
明治35(1902)年～昭和49(1974)年
映画監督
「綴方教室」
　キネマ旬報ベスト・テン 第15回(昭13年度) 日本映画 5位
「馬」
　キネマ旬報ベスト・テン 第18回(昭16年度) 日本映画 2位
「ハワイ・マレー沖海戦」
　キネマ旬報ベスト・テン 第19回(昭17年度) 日本映画 1位
「四つの恋の物語」
　キネマ旬報ベスト・テン 第21回(昭22年度) 日本映画 8位
日本放送協会放送文化賞 第17回(昭40年)
紫綬褒章 (昭42年)

山本 健吉　やまもと・けんきち
明治40(1907)年～昭和63(1988)年
文芸評論家。日本芸術院会員
「美しき鎮魂歌」
　戸川秋骨賞 第1回(昭24年)
「古典と現代文学」
　読売文学賞 第7回(昭30年) 文芸評論賞
「芭蕉」
　新潮社文学賞 第2回(昭30年)
　日本芸術院賞 第22回(昭40年) 第2部
「民俗学講座」
　毎日出版文化賞 (昭35年)
「柿本人麻呂」
　読売文学賞 第14回(昭37年) 評論・伝記賞
「最新俳句歳時記」
　読売文学賞 第24回(昭47年) 研究・翻訳賞
「詩の自覚の歴史」
　日本文学大賞 第11回(昭54年)
「いのちとかたち」
　野間文芸賞 第34回(昭56年)
勲三等旭日中綬章 (昭52年)
文化功労者 (昭56年)
文化勲章 (昭58年度)

山本 薩夫　やまもと・さつお
明治43(1910)年～昭和58(1983)年
映画監督
「戦争と平和」
　キネマ旬報ベスト・テン 第21回(昭22年度) 日本映画 2位
「暴力の街」
　キネマ旬報ベスト・テン 第24回(昭25年度) 日本映画 8位
「真空地帯」
　キネマ旬報ベスト・テン 第26回(昭27年度) 日本映画 6位
「浮草日記」
　キネマ旬報ベスト・テン 第29回(昭30年度) 日本映画 9位
「台風騒動記」
　キネマ旬報ベスト・テン 第30回(昭31年度) 日本映画 7位
「荷車の歌」
　キネマ旬報ベスト・テン 第33回(昭34年度) 日本映画 4位
　毎日映画コンクール 第14回(昭34年) 監督賞
「人間の壁」
　毎日映画コンクール 第14回(昭34年) 監督賞
　キネマ旬報ベスト・テン 第33回(昭34年度) 日本映画 6位
「武器なき斗い」
　優秀映画鑑賞会ベストテン 第1回(昭35年度) 日本映画 5位
　キネマ旬報ベスト・テン 第34回(昭35年度) 日本映画 8位
「傷だらけの山河」
　キネマ旬報ベスト・テン 第38回(昭39年度) 日本映画 7位
「にっぽん泥棒物語」
　キネマ旬報ベスト・テン 第39回(昭40年度) 日本映画 4位
　優秀映画鑑賞会ベストテン 第6回(昭40年度) 日本映画 5位
　ブルーリボン賞 第16回(昭40年) 監督賞
「証人の椅子」
　ブルーリボン賞 第16回(昭40年) 監督賞
　キネマ旬報ベスト・テン 第39回(昭40年度) 日本映画 7位
　優秀映画鑑賞会ベストテン 第6回(昭40年度) 日本映画 7位
「白い巨塔」
　キネマ旬報ベスト・テン 第40回(昭41年度) 日本

映画 1位
  キネマ旬報賞 第12回（昭41年） 日本映画監督賞
  ブルーリボン賞 第17回（昭41年） 最優秀作品賞
  芸術祭賞 （昭41年）
  毎日映画コンクール 第21回（昭41年） 監督賞
  優秀映画鑑賞会ベストテン 第7回（昭41年度） 日本映画 1位
「ドレイ工場」
  優秀映画鑑賞会ベストテン 第8回（昭42年度） 日本映画 10位
「ベトナム」
  キネマ旬報ベスト・テン 第43回（昭44年度） 日本映画 7位
  優秀映画鑑賞会ベストテン 第10回（昭44年度） 日本映画 6位
「戦争と人間」
  キネマ旬報ベスト・テン 第44回（昭45年度） 日本映画 2位
  毎日映画コンクール 第25回（昭45年） 監督賞
  優秀映画鑑賞会ベストテン 第11回（昭45年度） 日本映画 1位
「戦争と人間 第二部・愛と悲しみの山河」
  キネマ旬報ベスト・テン 第45回（昭46年度） 日本映画 4位
  優秀映画鑑賞会ベストテン 第12回（昭46年度） 日本映画 9位
「戦争と人間 完結篇」
  キネマ旬報ベスト・テン 第47回（昭48年度） 日本映画 10位
  優秀映画鑑賞会ベストテン 第14回（昭48年度） 日本映画 4位
「華麗なる一族」
  キネマ旬報ベスト・テン 第48回（昭49年度） 日本映画 3位
  優秀映画鑑賞会ベストテン 第15回（昭49年度） 日本映画 5位
「金環蝕」
  キネマ旬報ベスト・テン 第49回（昭50年度） 日本映画 3位
  優秀映画鑑賞会ベストテン 第16回（昭50年度） 日本映画 3位
「天保水滸伝」
  優秀映画鑑賞会ベストテン 第17回（昭51年度） 日本映画 10位
「不毛地帯」
  キネマ旬報ベスト・テン 第50回（昭51年度） 日本映画 4位
  毎日映画コンクール 第31回（昭51年） 監督賞
  優秀映画鑑賞会ベストテン 第17回（昭51年度） 日本映画 2位
「あゝ野麦峠」
  キネマ旬報ベスト・テン 第53回（昭54年度） 日本映画 9位
  優秀映画鑑賞会ベストテン 第20回（昭54年度） 日本映画 1位
「アッシィたちの街」
  優秀映画鑑賞会ベストテン 第22回（昭56年度） 日本映画 6位
「太陽のない街」
  チェコ映画賞

ルムンバ賞 （昭39年）
ブルーリボン賞 第16回（昭40年） 監督賞
ゴールデン・アロー賞 第13回（昭50年） 映画賞

山本 周五郎 やまもと・しゅうごろう
  明治36（1903）年～昭和42（1967）年
  小説家
「須磨寺附近」
  文藝春秋懸賞小説 第1回（大14年）
「樅ノ木は残った」
  毎日出版文化賞 第13回（昭34年）
「ちいさこべえ」
  文化庁メディア芸術祭 第17回（平25年） マンガ部門 優秀賞

山本 譲二 やまもと・じょうじ
  昭和25（1950）年～
  歌手。
「みちのくひとり旅」
  FNS歌謡祭グランプリ 第8回（昭56年） 優秀歌謡音楽賞
  全日本有線放送大賞 第14回（昭56年度） グランプリ
  日本レコード大賞 第23回（昭56年） ロングセラー賞
  日本有線大賞 第14回（昭56年） 有線音楽賞
「海鳴り」
  古賀政男記念音楽大賞 第4回（昭58年度） プロ作品優秀賞
「奥州路」
  古賀政男記念音楽大賞 第5回（昭59年度） プロ作品大賞
「時は流れても」
  メガロポリス歌謡祭 第9回（平2年） 演歌メガロポリス賞男性部門
「夢街道」
  日本レコード大賞 第37回（平7年） 最優秀歌唱賞

横浜音楽祭 第8回（昭56年） ラジオ日本演歌賞
銀座音楽祭 第11回（昭56年） ラジオディスクグランプリ
日本演歌大賞 第7回（昭56年） 演歌期待賞・演歌の星
メガロポリス歌謡祭 第1回（昭57年） 演歌入賞
松尾芸能賞 第3回（昭57年） 特別賞 歌謡芸能
日本作詩大賞 第36回（平15年度） 特別賞

山本 富士子　やまもと・ふじこ
昭和6(1931)年〜
俳優

「白鷺」「彼岸花」
　ブルーリボン賞　第9回(昭33年)　主演女優賞

「女経」「濹東綺譚」
　キネマ旬報賞　第6回(昭35年)　女優賞

「山本富士子アワー にごりえ」
　ギャラクシー賞　第1回(昭38年)　テレビ

ゴールデン・アロー賞　第1回(昭38年)　話題賞
松尾芸能賞　第4回(昭58年)　大賞 演劇
紫綬褒章　(平13年)
日本アカデミー賞　第41回(平30年)　会長功労賞

山本 安英　やまもと・やすえ
明治35(1902)年〜平成5(1993)年
俳優

「夕鶴」
　芸術選奨　第1回(昭25年)　演劇部門
　大阪市民文化祭賞　(昭26年)　名誉賞
　毎日芸術賞　第26回(昭59年)　特別賞

「おんにょろ盛衰記」
　毎日演劇賞　第10回(昭32年)　個人賞 演技

日本放送協会放送文化賞　第3回(昭26年)
朝日賞　(昭49年)　文化賞

山本 有三　やまもと・ゆうぞう
明治20(1887)年〜昭和49(1974)年
小説家、劇作家、参院議員。帝国芸術院会員

文化勲章　(昭40年度)
文化功労者　(昭40年)
三鷹市名誉市民
栃木市名誉市民

山本 陽子　やまもと・ようこ
昭和17(1942)年〜令和6(2024)年
俳優

「おはん」
　菊田一夫演劇賞　第19回(平5年)　演劇賞
　エランドール賞　(昭41年度)　新人賞
　テレビ大賞　第6回(昭48年度)　優秀個人賞

山本 リンダ　やまもと・りんだ
昭和26(1951)年〜
歌手

「どうにもとまらない」
　日本歌謡大賞　第3回(昭47年)　放送音楽賞
　日本有線大賞　第5回(昭47年)　優秀賞
　夜のレコード大賞　第5回(昭47年度)　優秀スター賞
　ゴールデン・アロー賞　第10回(昭47年)　グラフ賞
　ゴールデン・アロー賞　第29回(平3年)　話題賞

歌謡ゴールデン大賞・新人グランプリ　第18回(平3年)　ABCゴールデン大賞
日本レコード大賞　第33回(平3年)　特別賞
本格こだわり賞　第2回(平3年)
ゴールデン・アロー賞　第29回(平4年)　話題賞

山脇 百合子　やまわき・ゆりこ
昭和16(1941)年〜令和4(2022)年
画家、絵本作家

「いやいやえん」
　産経児童出版文化賞　第10回(昭38年)

「ぐりとぐらのおきゃくさま」
　児童福祉文化賞　第9回(昭41年度)　出版物部門

「あひるのバーバちゃん」
　産経児童出版文化賞　第22回(昭50年)

児童福祉文化賞　第51回(平20年度)　特別部門
菊池寛賞　第61回(平25年)

結城 昌治　ゆうき・しょうじ
昭和2(1927)年〜平成8(1996)年
作家

「夜の終る時」
　日本推理作家協会賞　第17回(昭39年)

「軍旗はためく下に」
　直木三十五賞　第63回(昭45年上)

「終着駅」
　吉川英治文学賞　第19回(昭60年)

紫綬褒章　(平6年)

由紀 さおり　ゆき・さおり
昭和23(1948)年〜
歌手、俳優

「手紙」
　日本レコード大賞　第12回(昭45年)　歌唱賞
　日本有線大賞　第3回(昭45年)　努力賞

「恋文」
　日本レコード大賞　第15回(昭48年)　最優秀歌唱賞

「家族ゲーム」
　毎日映画コンクール　第38回(昭58年)　演技賞 女優助演賞

「あの時、この歌—由紀さおり・安田祥子童謡を歌う」
　日本レコード大賞　(昭61年)　企画賞

「続あの時、この歌—由紀さおり・安田祥子童謡を歌う」
　日本ゴールドディスク大賞　第1回(昭61年度)　ベストアルバム賞

「お先にどうぞ」
　日本演歌大賞　第13回(昭62年)　演歌スター賞

「あの時、この歌　第1集〜第10集」

日本レコード大賞（平5年）企画賞
「1969」
　芸術選奨　第62回（平23年度）大衆芸能部門　文部科学大臣賞
　日本レコード大賞　第53回（平23年）企画賞　※由紀さおり＆ピンク・マルティーニ　として
　毎日芸術賞　第53回（平23年度）特別賞
　日本ゴールドディスク大賞　第27回（平24年度）特別賞　※由紀さおり＆ピンク・マルティーニ　として
日本レコードセールス大賞　第2回（昭44年）新人賞
日本演歌大賞　（昭62年）
日本童謡賞　第20回（平2年）特別賞
菊池寛賞　第42回（平6年）
古関裕而記念音楽祭古関裕而音楽賞（平6年）銅賞
スポニチ文化芸術大賞（平7年）優秀賞
児童福祉文化賞　第41回（平10年度）特別部門
紫綬褒章（平24年）
日本ゴールドディスク大賞　第27回（平24年度）ベスト・演歌/歌謡曲・アーティスト
日本放送協会放送文化賞　第67回（平27年度）
松尾芸能賞　第45回（令6年）特別賞　歌謡

雪村 いづみ　ゆきむら・いづみ
　昭和12（1937）年〜
　歌手
「涙」
　世界歌謡祭　第1回（昭45年）歌唱グランプリ
「私は泣かない」
　東京音楽祭　第1回（昭47年）世界大会世界ポピュラー大賞
「旅立て女たち」
　芸術祭賞　第37回（昭57年）大衆芸能部門（2部）優秀賞
「雪村いづみリサイタル」
　芸術祭賞　第38回（昭58年）大衆芸能部門（2部）優秀賞
「クッキング・ガール」
　芸術選奨　第44回（平5年）大衆芸能部門　文部大臣賞
芸術祭賞（昭57年・58年）優秀賞
歌謡ゴールデン大賞・新人グランプリ　第19回（平4年）歌謡ゴールデン大賞
ツムラ・ジャズヴォーカル賞　第9回（平5年）大賞
紫綬褒章（平10年）
日本レコード大賞　第46回（平16年）功労賞
旭日小綬章（平19年）

遊佐 正憲　ゆさ・まさのり
　大正4（1915）年〜昭和50（1975）年
　水泳選手。ロサンゼルス五輪・ベルリン五輪金メダリスト
朝日賞（昭7年）体育賞
朝日賞（昭10年）体育賞
朝日賞（昭11年）体育賞

由美 かおる　ゆみ・かおる
　昭和25（1950）年〜
　俳優
ゴールデン・アロー賞　第4回（昭41年）新人賞
ゴールデン・アロー賞　第5回（昭42年）グラフ賞
ゴールデン・アロー賞　第11回（昭48年）グラフ賞
ベストスリミングビューティ賞　第1回（平13年）
日本ジュエリーベストドレッサー賞　第13回（平13年）
チリ国際音楽賞

夢路 いとし　ゆめじ・いとし
　大正14（1925）年〜平成15（2003）年
　漫才師。コンビ名は、夢路いとし・喜味こいし
芸術祭賞　第22回（昭42年）大衆芸能部門（1部）奨励賞　"お笑いつきづきに" NHK東西漫才大会
上方漫才大賞　第4回（昭44年）漫才大賞
ギャラクシー賞　第8回（昭45年）"「がっちり買いまショー」の司会"
上方お笑い大賞　第5回（昭51年）大賞
大阪芸術賞（昭61年）
花王名人大賞　第7回（昭62年）特別賞
上方漫才大賞　第22回（昭62年）漫才大賞　特別賞
日本放送協会放送文化賞　第41回（平1年）
芸術選奨　第43回（平4年）大衆芸能部門　文部大臣賞
紫綬褒章（平5年）
勲四等旭日小綬章（平10年）
上方お笑い大賞　第27回（平10年）読売テレビ演芸文化賞
上方漫才大賞　第35回（平12年）特別功労賞
上方お笑い大賞　第30回（平13年）30周年記念特別賞
菊池寛賞　第51回（平15年）
上方お笑い大賞　第32回（平15年）特別功労賞
大阪市民文化賞

横山 やすし　よこやま・やすし
　昭和19（1944）年〜平成8（1996）年
　漫才師、タレント。コンビ名は、横山やすし・西川きよし
上方漫才大賞　第2回（昭42年）新人賞
上方漫才大賞　第5回（昭45年）漫才大賞
上方漫才大賞　第12回（昭52年）漫才大賞
上方お笑い大賞　第8回（昭54年）大賞
芸術祭賞　第35回（昭55年）大衆芸能部門（1部）優秀賞　"花王名人劇場第24回公演「やすし・きよしの漫才独演会」における話芸"
上方漫才大賞　第15回（昭55年）漫才大賞
花王名人大賞　第1回（昭56年）花王名人大賞/名人賞漫才部門（大阪）
上方漫才大賞　第16回（昭56年）漫才大賞　審査員特別賞
花王名人大賞　第4回（昭59年）花王名人大賞
上方お笑い大賞　第13回（昭59年）大賞

ゴールデン・アロー賞 （昭61年） 話題賞
花王名人大賞 第6回（昭61年） 特別賞
日本放送演芸大賞 第15回（昭61年） 特別賞
上方漫才大賞 第31回（平8年） 審査員特別賞

横山 隆一　よこやま・りゅういち
明治42（1909）年～平成13（2001）年
漫画家、アニメーション映画作家

「ふくすけ」
　毎日映画コンクール （昭32年） 教育文化映画賞
「勇気（横山隆一漫画集）」
　毎日出版文化賞 第20回（昭41年） 特別賞
「百馬鹿」
　日本漫画家協会賞 （昭54年） 大賞

児童文化賞 第1回（昭14年） 童画
ブルーリボン賞 第8回（昭32年） 特別賞
紫綬褒章 （昭49年）
勲四等旭日小綬章 （昭57年）
日本漫画家協会賞 （平4年） 文部大臣賞
文化功労者 （平6年）
高知市名誉市民 （平8年）

吉 幾三　よし・いくぞう
昭和27（1952）年～
演歌歌手、シンガー・ソングライター、俳優。

「俺ら東京さ行ぐだ」
　FNS歌謡祭グランプリ 第12回（昭60年） 優秀歌謡音楽賞
　日本レコード大賞 第27回（昭60年） 企画賞
　日本有線大賞 第18回（昭60年） 有線音楽賞
「雪国」
　全日本有線放送大賞 第19回（昭61年度） 優秀スター賞
　日本作詩大賞 第19回（昭61年度） 優秀作品賞
　日本有線大賞 第19回（昭61年） 有線音楽賞
　日本レコード大賞 第29回（昭62年） 作曲賞
　JASRAC賞 第6回（昭63年） 銀賞
「海峡」
　全日本有線放送大賞 第20回（昭62年度） 優秀スター賞
「酒よ」
　全日本有線放送大賞 第21回（昭63年度） グランプリ/優秀スター賞
　日本演歌大賞 第14回（昭63年） 演歌スター賞
　全日本有線放送大賞 第22回（平1年度） 優秀スター賞
　JASRAC賞 第8回（平2年） 金賞
「酔歌」
　あなたが選ぶ全日本歌謡音楽祭 第15回（平2年） 審査員奨励賞
　メガロポリス歌謡祭 第9回（平2年） 演歌大賞男性部門/演歌メガロポリス賞男性部門
　全日本有線放送大賞 第23回（平2年度） 優秀スター賞

メガロポリス歌謡祭 第4回（昭60年） 特別賞
メガロポリス歌謡祭 第6回（昭62年） 演歌メガロポリス賞男性部門
日本ゴールドディスク大賞 第2回・3回（昭62年度・63年度） ベストアルバム賞
メガロポリス歌謡祭 第8回（平1年） 演歌メガロポリス賞男性部門
横浜音楽祭 第16回（平1年） 音楽祭賞

吉岡 治　よしおか・おさむ
昭和9（1934）年～平成22（2010）年
作詞家

「おもちゃのチャチャチャ」
　日本レコード大賞 第5回（昭38年） 童謡賞
「真赤な太陽」
　コロムビア・ヒット賞 （昭43年）
「大阪しぐれ」
　日本作詩大賞 第13回（昭55年度） 大賞
「天城越え」
　日本作詩大賞 第19回（昭61年度） 優秀作品賞
「命くれない」
　藤田まさと賞 第3回（昭61年度）
　JASRAC賞 第6回（昭63年） 金賞
　JASRAC賞 第7回（平1年） 金賞
「滝の白糸」
　古賀政男記念音楽大賞 第9回（昭63年度） プロ作品優秀賞
「好色一代女」
　日本レコード大賞 第31回（平1年） 作詩賞
「うたかた」
　日本作詩大賞 第23回（平2年度） 大賞
「ふたりの大阪」
　JASRAC賞 第9回（平3年） 銀賞
「人生海峡」
　日本作詩大賞 第32回（平11年度） 優秀作品賞
「貴船の宿」
　日本作詩大賞 第35回（平14年度） 優秀作品賞
「おんなの一生～汗の花～」
　日本作詩大賞 第36回（平15年度） 大賞
「一葉恋歌」
　日本作詩大賞 第37回（平16年度） 優秀作品賞
「歌ひとすじ」
　日本作詩大賞 第39回（平18年度） 優秀作品賞
「郡上夢うた」
　日本作詩大賞 第42回（平21年度） 優秀作品賞

紫綬褒章 （平15年）
日本レコード大賞 第52回（平22年） 特別功労賞

日本作詩大賞 第43回（平22年度） 特別賞

吉岡 実　よしおか・みのる
大正8（1919）年～平成2（1990）年
詩人、装幀家

「僧侶」
H氏賞 第9回（昭34年）

「サフラン摘み」
高見順賞 第7回（昭51年）

「薬玉」
藤村記念歴程賞 第22回（昭59年）
歴程賞 第22回（昭59年）

詩歌文学館賞 第4回（平1年） 詩

吉川 英治　よしかわ・えいじ
明治25（1892）年～昭和37（1962）年
小説家。

「新・平家物語」
菊池寛賞 復活第1回（昭28年）
朝日賞（昭30年） 文化賞

「忘れ残りの記」
文藝春秋読者賞 第8回（昭30年）

「私本太平記」
毎日芸術賞 第3回（昭36年） 大賞

文化勲章（昭35年度）
文化功労者（昭35年）
毎日芸術大賞（昭37年）

吉田 秋生　よしだ・あきみ
昭和31（1956）年～
漫画家

「吉祥天女」「河よりも長くゆるやかに」
小学館漫画賞 第29回（昭58年度） 少女向け部門

「YASHA—夜叉」
小学館漫画賞 第47回（平13年度） 少女向け部門

「海街diary」
文化庁メディア芸術祭 第11回（平19年度） マンガ部門 優秀賞
マンガ大賞 第1回（平20年） 3位
マンガ大賞2013（平25年）
小学館漫画賞 第61回（平27年度） 一般向け部門

吉田 旺　よしだ・おう
昭和16（1941）年～
作詞家

「喝采」
日本レコード大賞 第14回（昭47年） 大賞
日本作詩大賞 第6回（昭48年度） 作品賞

「ふたりの夜明け」
FNS歌謡祭グランプリ 第7回（昭55年） グランプリ
古賀政男記念音楽大賞 第1回（昭55年度） プロ作品 優秀賞

「立待岬」
古賀政男記念音楽大賞 第3回（昭57年度） プロ作品 大賞

「海鳴り」
古賀政男記念音楽大賞 第4回（昭58年度） プロ作品 優秀賞

「MOON RIVER」
JASRAC賞 第10回（平4年） 外国作品賞

「俺でいいのか」
日本作詩大賞 第52回（令1年度） 優秀作品賞

「なごり歌」
日本作詩大賞 第53回（令2年度） 大賞

「TATSUYA」
日本作詩大賞 第57回（令6年度） 大賞

紫綬褒章（平19年）

吉田 健一　よしだ・けんいち
明治45（1912）年～昭和52（1977）年
評論家、英文学者、小説家

「シェイクスピア」
読売文学賞 第8回（昭31年） 文芸評論賞

「日本について」
新潮社文学賞 第4回（昭32年）

「ヨオロッパの世紀末」
野間文芸賞 第23回（昭45年）

「瓦礫の中」
読売文学賞 第22回（昭45年） 小説賞

吉田 拓郎　よしだ・たくろう
昭和21（1946）年～
シンガー・ソングライター

「TAKURO TOUR 1979」
ぴあテン（レコード）（昭54年度） 3位

日本レコードセールス大賞 第5回（昭47年） シルバー賞
日本有線放送大賞 第5回（昭47年） 特別賞
ぴあテン（レコード）（昭53年度） 9位
ぴあテン（昭53年度） もあテン 3位
ぴあテン（昭54年度） ぴあテン（コンサート） 1位
ぴあテン（昭54年度） もあテン 1位
ぴあテン（レコード）（昭55年度） 9位
ぴあテン（昭55年度） もあテン 5位
ぴあテン（昭60年度） もあテン 10位
日本ゴールドディスク大賞 第37回（令4年度） 特別賞

吉田 正　よしだ・ただし
大正10（1921）年～平成10（1998）年
作曲家

「誰よりも君を愛す」

日本レコード大賞 第2回(昭35年) 大賞
「いつでも夢を」
日本レコード大賞 第4回(昭37年) 大賞
「京ごよみ」
日本レコード大賞 第16回(昭49年) 中山晋平西条八十賞
芸術選奨 第19回(昭43年) 大衆芸能部門 大臣賞
日本レコード大賞 第10回(昭43年) 特別賞
日本レコード大賞 第20回(昭53年) 日本レコード大賞20周年記念顕彰
紫綬褒章 (昭57年)
メガロポリス歌謡祭 第6回(昭62年) 特別賞
日本レコード大賞 第32回(平2年) 功労賞
勲三等旭日中綬章 (平4年)
日本放送協会放送文化賞 第44回(平4年)
国民栄誉賞 (平10年)
日本レコード大賞 第40回(平10年) 特別功労賞

吉田 知子　よしだ・ともこ
昭和9(1934)年〜
小説家
「寓話」
静岡県芸術祭 第1回(昭36年) 創作部門 知事賞
「無明長夜」
芥川龍之介賞 第63回(昭45年上)
「満洲は知らない」
女流文学賞 第23回(昭59年)
「お供え」
川端康成文学賞 第19回(平4年)
「箱の夫」
泉鏡花文学賞 第27回(平11年)
中日文化賞 第53回(平12年)

吉田 比砂子　よしだ・ひさこ
大正13(1924)年〜
児童文学作家、小説家。
「雄介のたび」
講談社児童文学新人賞 第1回(昭35年)
「コーサラの王子」
産経児童出版文化賞 第10回(昭38年)
「マキコは泣いた」
小学館文学賞 第25回(昭51年)
「すっとこどっこい」
日本児童文芸家協会賞 第23回(平11年)
児童文化功労者賞 第37回(平9年)

吉田 日出子　よしだ・ひでこ
昭和19(1944)年〜
俳優
「あたしのビートルズ」「赤目」

紀伊國屋演劇賞 第2回(昭42年) 個人賞
「盟三五大切」「天守物語」
紀伊國屋演劇賞 第11回(昭51年) 個人賞
「ドタ靴はいた青空ブギー」
菊田一夫演劇賞 第12回(昭61年)
「社葬」
報知映画賞 第14回(平1年度) 最優秀助演女優賞
紀伊國屋演劇賞 第11回(昭51年) 個人賞

吉田 喜重　よしだ・よししげ
昭和8(1933)年〜令和4(2022)年
映画監督
「秋津温泉」
キネマ旬報ベスト・テン 第36回(昭37年度) 日本映画 10位
年鑑代表シナリオ 第14回(昭37年度)
「水で書かれた物語」
キネマ旬報ベスト・テン 第39回(昭40年度) 日本映画 10位
年鑑代表シナリオ 第17回(昭40年度)
「エロス+虐殺」
キネマ旬報ベスト・テン 第44回(昭45年度) 日本映画 4位
年鑑代表シナリオ (昭45年度)
「戒厳令」
キネマ旬報ベスト・テン 第47回(昭48年度) 日本映画 7位
優秀映画鑑賞会ベストテン 第14回(昭48年度) 日本映画 8位
「人間の約束」
芸術選奨 第37回(昭61年) 映画部門 大臣賞
キネマ旬報ベスト・テン 第60回(昭61年度) 日本映画 4位
年鑑代表シナリオ (昭61年度)
優秀映画鑑賞会ベストテン 第27回(昭61年度) 日本映画 2位
「小津安二郎の反映画」
芸術選奨 第49回(平10年) 評論等 文部大臣賞
フランス映画批評家連盟文芸賞 (平17年度)
「鏡の女たち」
キネマ旬報ベスト・テン 第77回(平15年度) 日本映画 第6位
メキシコ政府アギーラ・アステカ勲章 (昭60年度)
フランス芸術文化勲章オフィシエ章 (平15年度)
日本アカデミー賞 第42回(平31年) 会長功労賞

吉永 小百合　よしなが・さゆり
昭和20(1945)年〜
俳優
「いつでも夢を」

日本レコード大賞　第4回（昭37年）　大賞
「キューポラのある街」
　ブルーリボン賞　第13回（昭37年）　主演女優賞
「愛と死をみつめて」
　ブルーリボン賞　第15回（昭39年）　大衆賞
「続・夢千代日記」
　ギャラクシー賞　第19回（昭56年）　選奨
「おはん」
　ゴールデングロス賞　第2回（昭59年度）　マネーメーキングスター賞
「おはん」「天国の駅」
　キネマ旬報賞　第30回（昭59年）　主演女優賞
　報知映画賞　第9回（昭59年度）　最優秀主演女優賞
　毎日映画コンクール　第39回（昭59年）　演技賞 女優主演賞
　日本アカデミー賞　第8回（昭60年）　最優秀主演女優賞
　ゴールデン・アロー賞　第22回（昭59年）　映画賞
「映画女優」
　山路ふみ子映画賞　第11回（昭62年）　女優賞
「華の乱」
　日刊スポーツ映画大賞・石原裕次郎賞　第1回（昭63年）　主演女優賞
「つる〈鶴〉」「華の乱」
　日本アカデミー賞　第12回（平1年）　最優秀主演女優賞
「夢一途」
　日本文芸大賞　第9回（平1年）　エッセイ賞
「女ざかり」
　毎日映画コンクール　第49回（平6年）　演技賞 女優主演賞
「第二楽章」
　日本レコード大賞　第39回（平9年）　企画賞
「長崎ぶらぶら節」
　毎日芸術賞　第42回（平12年）　特別賞
　ブルーリボン賞　第43回（平12年）　主演女優賞
　芸術選奨　第51回（平12年）　映画部門 文部科学大臣賞
　日刊スポーツ映画大賞・石原裕次郎賞　第13回（平12年）　主演女優賞
　ブルーリボン賞　第43回（平13年）　主演女優賞
　日本アカデミー賞　第24回（平13年）　最優秀主演女優賞
「北の零年」
　日本アカデミー賞　第29回（平18年）　最優秀主演女優賞
「北のカナリアたち」
　山路ふみ子映画賞　第36回（平24年）　女優賞
　日刊スポーツ映画大賞・石原裕次郎賞　第25回（平24年）　主演女優賞
「ふしぎな岬の物語」
　ゴールデングロス賞　第32回（平26年度）　ゴールデングロス特別賞 全興連話題賞
「こんにちは、母さん」
　ブルーリボン賞　第66回（令5年度）　主演女優賞

エランドール賞　（昭36年度）　新人賞
NHK映画賞　（昭37年）　最優秀新人賞
ゴールデン・アロー賞　第2回（昭39年）　大賞
ゴールデン・アロー賞　第11回（昭48年）　話題賞
キネマ旬報賞　（昭59年度）　主演女優賞
ゴールデン・アロー賞　第22回（昭60年）　映画賞
日本アカデミー賞　第8回（昭60年）　主演女優賞
毎日映画コンクール　第40回（昭60年）　田中絹代賞
ベストドレッサー賞　第16回（昭62年）　女性部門
日本映画テレビプロデューサー協会賞　（昭63年）　特別賞
牧野省三賞　第30回（昭63年）
エランドール賞　（平1年度）　特別賞
ゴールデン・アロー賞　第30回（平4年）　第30回記念特別表彰 芸能記者クラブグランプリ
毎日映画コンクール　（平6年度）　女優主演賞
児童福祉文化賞　第40回（平9年度）　特別部門
経済界大賞　第24回（平10年度）　フラワー賞
児童福祉文化賞　第10回（平10年）
日本放送協会放送文化賞　第54回（平14年）
谷本清平和賞　第15回（平15年）
紫綬褒章　（平18年）
浅草芸能大賞　第26回（平21年度）　大賞
ゴールデングロス賞　第28回（平22年度）　ゴールデングロス特別賞 全興連特別功労大賞
文化功労者　第63回（平22年度）
報知映画賞　第37回（平24年度）　主演女優賞
菊池寛賞　第63回（平27年）

吉野　秀雄　よしの・ひでお
　明治35（1902）年〜昭和42（1967）年
　歌人
「吉野秀雄歌集」
　読売文学賞　第10回（昭33年）　詩歌俳句賞
「やわらかな心」「心のふるさと」
　迢空賞　第1回（昭42年）
「含紅集」
　芸術選奨　第18回（昭42年）　文学部門 文部大臣賞

迢空賞　第1回（昭42年）

吉原　幸子　よしはら・さちこ
　昭和7（1932）年〜平成14（2002）年
　詩人
「幼年連禱」

室生犀星詩人賞　第4回（昭39年）
「オンディーヌ」「昼顔」
　高見順賞　第4回（昭48年）
「失われた時への挽歌─女声合唱とピアノのために」
　芸術祭賞　第39回（昭59年）　音楽部門（放送）　優秀賞
「発光」
　萩原朔太郎賞　第3回（平7年）

吉増 剛造　よします・ごうぞう
　昭和14（1939）年〜
　詩人
「黄金詩篇」
　高見順賞　第1回（昭45年）
「熱風 A Thousand steps」
　歴程賞　第17回（昭54年）
「オシリス，石ノ神」
　現代詩花椿賞　第2回（昭59年）
「螺旋歌」
　詩歌文学館賞　第6回（平3年）　詩
「『雪の島』あるいは『エミリーの幽霊』」
　芸術選奨　第49回（平10年）　文学部門　文部大臣賞
「表紙 omote-gami」
　毎日芸術賞　第50回（平20年度）
「Voix」
　西脇順三郎賞　第1回（令5年）
紫綬褒章　（平15年）
福生市市民栄誉賞　（平23年）
旭日小綬章　（平25年）
文化功労者　第66回（平25年度）
日本芸術院賞　第71回（平26年度）　第2部　恩賜賞・日本芸術院賞
井上靖記念文化賞　第6回（令4年）

吉村 昭　よしむら・あきら
　昭和2（1927）年〜平成18（2006）年
　小説家。日本芸術院会員
「星への旅」
　太宰治賞　第2回（昭41年）
「ふぉん・しいほるとの娘」
　吉川英治文学賞　第13回（昭54年）
「破獄」
　芸術選奨　第35回（昭59年）　文学部門　文部大臣賞
　読売文学賞　第36回（昭59年）　小説賞
「冷い夏，熱い夏」
　毎日芸術賞　第26回（昭59年）
「天狗争乱」
　大佛次郎賞　第21回（平6年）
「破船」

本屋大賞　第19回（令4年）　発掘部門　超発掘本！
菊池寛賞　第21回（昭48年）　"「戦艦武蔵」「関東大震災」など一連のドキュメント作品"
日本芸術院賞　第43回（昭61年）　第2部
都民文化栄誉賞　（平3年）
荒川区民栄誉賞　（平4年）
海洋文学大賞　第4回（平12年）　特別賞

吉村 公三郎　よしむら・こうざぶろう
　明治44（1911）年〜平成12（2000）年
　映画監督、随筆家
「暖流」
　キネマ旬報ベスト・テン　第16回（昭14年度）　日本映画 7位
「西住戦車長伝」
　キネマ旬報ベスト・テン　第17回（昭15年度）　日本映画 2位
「安城家の舞踏会」
　キネマ旬報ベスト・テン　第21回（昭22年度）　日本映画 1位
「わが生涯のかがやける日」
　キネマ旬報ベスト・テン　第22回（昭23年度）　日本映画 5位
「森の石松」
　キネマ旬報ベスト・テン　第23回（昭24年度）　日本映画 9位
「偽れる盛装」
　毎日映画コンクール　第5回（昭25年）　監督賞
　キネマ旬報ベスト・テン　第25回（昭26年度）　日本映画 3位
「源氏物語」
　キネマ旬報ベスト・テン　第25回（昭26年度）　日本映画 7位
「美女と怪龍」
　キネマ旬報ベスト・テン　第29回（昭30年度）　日本映画 10位
「夜の河」
　キネマ旬報ベスト・テン　第30回（昭31年度）　日本映画 2位
「越前竹人形」
　優秀映画鑑賞会ベストテン　第4回（昭38年度）　日本映画 9位
「こころの山脈」
　キネマ旬報ベスト・テン　第40回（昭41年度）　日本映画 8位
　優秀映画鑑賞会ベストテン　第7回（昭41年度）　日本映画 8位
「襤褸の旗」
　キネマ旬報ベスト・テン　第48回（昭49年度）　日本映画 8位
　優秀映画鑑賞会ベストテン　第15回（昭49年度）　日

本映画 7位
紫綬褒章 (昭51年)
勲四等旭日小綬章 (昭57年)
日本映画批評家大賞 (平4年度) 功労賞
毎日映画コンクール 第55回(平12年) 特別賞

吉目木 晴彦　よしめき・はるひこ
昭和32(1957)年〜
小説家

「ジパング」
群像新人文学賞 第28回(昭60年) 小説 優秀作

「ルイジアナ杭打ち」
野間文芸賞 第10回(昭63年) 新人賞
野間文芸新人賞 第10回(昭63年)

「誇り高き人々」
平林たい子文学賞 第19回(平3年)

「寂寥郊野」
芥川龍之介賞 第109回(平5年上)

吉本 ばなな　よしもと・ばなな
昭和39(1964)年〜
小説家。旧筆名・よしもとばなな

「ムーンライト・シャドウ」
泉鏡花文学賞 第16回(昭63年)

「キッチン」
海燕新人文学賞 第6回(昭62年)

「キッチン」「うたかた サンクチュアリ」
芸術選奨 第39回(昭63年) 文学部門 新人賞

「TUGUMI つぐみ」
山本周五郎賞 第2回(平1年)

「アムリタ」
紫式部文学賞 第5回(平7年)

「不倫と南米」
Bunkamuraドゥマゴ文学賞 第10回(平12年)

「デッドエンドの思い出」
本屋大賞 第1回(平16年) 第7位

「ミトンとふびん」
谷崎潤一郎賞 第58回(令4年)

スカンノ文学賞(イタリア) (平5年)
アンダー35賞(イタリア) 第1回(平8年)
銀のマスク賞(イタリア) (平11年)
カプリ賞(イタリア) (平23年)

芳本 美代子　よしもと・みよこ
昭和44(1969)年〜
俳優

「雨のハイスクール」
あなたが選ぶ全日本歌謡音楽祭 第11回(昭60年)
最優秀新人賞/銀賞
FNS歌謡祭グランプリ 第12回(昭60年) 優秀新人賞
銀座音楽祭 第15回(昭60年) 金賞
新宿音楽祭 第18回(昭60年) 審査員特別奨励賞
日本レコード大賞 第27回(昭60年) 新人賞
日本歌謡大賞 第16回(昭60年) 優秀放送音楽新人賞

「白いバスケット・シューズ」
メガロポリス歌謡祭 第4回(昭60年) 優秀新人エメラルド賞

「阿国」
ゴールデン・アロー賞 第28回(平2年度) 演劇新人賞

21世紀ヤング歌謡大賞新人グランプリ 第12回(昭60年) 審査員奨励賞
横浜音楽祭 第12回(昭60年) 新人特別賞
日本テレビ音楽祭 第11回(昭60年) 新人賞 奨励賞
ゴールデン・アロー賞 第28回(平2年) 演劇賞 新人賞

吉屋 信子　よしや・のぶこ
明治29(1896)年〜昭和48(1973)年
小説家

「地の果まで」
「朝日新聞」懸賞小説 大朝創刊40周年記念文芸(大8年)
朝日新聞懸賞小説 (大8年) 大朝創刊40周年記念文芸

「鬼火」
女流文学者賞 第4回(昭27年)

菊池寛賞 第15回(昭42年)
紫綬褒章 (昭45年)

吉行 和子　よしゆき・かずこ
昭和10(1935)年〜
俳優。吉行淳之介の妹。

「才女気質」「にあんちゃん」
毎日映画コンクール 第14回(昭34年) 演技賞 女優助演賞

「愛の亡霊」
日本アカデミー賞 (昭44年) 優秀主演女優賞

「焼跡の女侠」「蜜の味」
紀伊國屋演劇賞 第8回(昭48年) 個人賞

「どこまで演れば気がすむの」
日本エッセイスト・クラブ賞 第32回(昭59年)

毎日映画コンクール 第57回(平14年) 田中絹代賞
読売演劇大賞 第16回(平20年度) 優秀女優賞
日本映画批評家大賞 第23回(平25年度) ゴールデン・グローリー賞
山路ふみ子賞 第41回(平29年) 文化財団特別賞
日本アカデミー賞 第44回(令3年) 特別追悼優秀賞
日本放送協会放送文化賞 第74回(令4年度)

吉行 淳之介　よしゆき・じゅんのすけ
　　大正13(1924)年～平成6(1994)年
　　小説家。父は吉行エイスケ、母はあぐり。妹に吉
　　行和子と理恵。日本芸術院会員。
「驟雨」
　　芥川龍之介賞　第31回(昭29年上)
「不意の出来事」
　　新潮社文学賞　第12回(昭40年)
「星と月は天の穴」
　　芸術選奨　第17回(昭41年)　文学部門　文部大臣賞
「暗室」
　　谷崎潤一郎賞　第6回(昭45年)
「鞄の中身」
　　読売文学賞　第27回(昭50年)　小説賞
「夕暮まで」
　　野間文芸賞　第31回(昭53年)
「人工水晶体」
　　講談社エッセイ賞　第2回(昭61年)
日本芸術院賞　第35回(昭53年)　第2部
ベストドレッサー賞　第8回(昭54年)　学術・文化部門
パチンコ文化賞　第1回(昭61年)

吉行 理恵　よしゆき・りえ
　　昭和14(1939)年～平成18(2006)年
　　詩人、小説家。吉行淳之介・和子の妹。連続テレ
　　ビ小説「あぐり」の原作者。
「私は冬枯れの海にいます」
　　円卓賞　第2回(昭40年)
「夢のなかで」
　　田村俊子賞　第8回(昭42年)
「まほうつかいのくしゃんねこ」
　　野間児童文芸賞　第9回(昭46年)　推奨作品賞
「小さな貴婦人」
　　芥川龍之介賞　第85回(昭56年上)
「黄色い猫」
　　女流文学賞　第28回(平1年)

与田 凖一　よだ・じゅんいち
　　明治38(1905)年～平成9(1997)年
　　児童文学者、詩人
「山羊とお皿」
　　児童文化賞　第1回(昭14年)　童謡
「どこからきたの こねこのぴーた」
　　児童福祉文化賞　第9回(昭41年度)　出版物部門　奨
　　励賞
「与田凖一全集」
　　産経児童出版文化賞　第14回(昭42年)　大賞
「野ゆき山ゆき」
　　野間児童文芸賞　第11回(昭48年)
「金子みすゞ全集」(編)

日本児童文学学会賞　第8回(昭59年)　特別賞
児童福祉文化賞　(昭42年)　奨励賞
赤い鳥文学賞　(昭51年)　特別賞
モービル児童文化賞　第25回(平2年)

依田 義賢　よだ・よしかた
　　明治42(1909)年～平成3(1991)年
　　脚本家
「私の名は情婦」
　　年鑑代表シナリオ　第1回(昭24年度)
「雨月物語」
　　年鑑代表シナリオ　第5回(昭28年度)
「近松物語」
　　年鑑代表シナリオ　第6回(昭29年度)
「異母兄弟」
　　年鑑代表シナリオ　第9回(昭32年度)
　　毎日映画コンクール　第12回(昭32年)　脚本賞
「大阪物語」
　　年鑑代表シナリオ　第9回(昭32年度)
　　毎日映画コンクール　第12回(昭32年)　脚本賞
「荷車の歌」
　　年鑑代表シナリオ　第11回(昭34年度)
「武器なき戦い」
　　年鑑代表シナリオ　第12回(昭35年度)
「武士道残酷物語」
　　年鑑代表シナリオ　第15回(昭38年度)
「溝口健二の人と芸術」
　　毎日出版文化賞　第19回(昭40年)
「天平の甍」
　　年鑑代表シナリオ　(昭55年度)
「千利休 本覺坊遺文」
　　キネマ旬報賞　第35回(平1年)　脚本賞
　　年鑑代表シナリオ　(平1年度)
アジアアフリカ映画祭　(昭39年)　シナリオ賞
京都市文化功労者　(昭47年)
勲四等旭日小綬章　(昭52年)
紫綬褒章　(昭52年)
牧野省三賞　第19回(昭52年)
山路ふみ子賞　第13回(平1年)　映画功労賞
日本アカデミー賞　第15回(平4年)　特別賞

淀川 長治　よどがわ・ながはる
　　明治42(1909)年～平成10(1998)年
　　映画評論家
テレビ大賞　第8回(昭50年度)　特別賞
山路ふみ子賞　(昭55年)
勲四等瑞宝章　(昭59年)
川喜多賞　第4回(昭61年)
日本映画ペンクラブ賞　(昭61年)
朝日賞　(昭63年)

エランドール賞（平4年度）特別賞
日本映画テレビプロデューサー協会賞（平4年）特別賞
ゴールデングローリー賞（平7年）
東京都文化賞　第13回（平8年度）
ゴールデン・アロー賞　第36回（平10年）特別賞
毎日映画コンクール　第53回（平10年）特別賞
エランドール賞（平11年度）特別賞
神戸文化栄誉賞（平11年）

米川　千嘉子　よねかわ・ちかこ
昭和34（1959）年～
歌人

「夏樫の素描」
　角川短歌賞　第31回（昭60年）
「夏空の櫂」
　現代歌人協会賞　第33回（平1年）
「一夏」
　河野愛子賞　第4回（平6年）
「滝と流星」
　若山牧水賞　第9回（平16年）
「衝立の絵の乙女」
　山本健吉文学賞　第8回（平20年）短歌部門
「30首 三崎の棕櫚の木」
　短歌研究賞　第46回（平22年）
「あやはべる」
　迢空賞　第47回（平25年）

米長　邦雄　よねなが・くにお
昭和18（1943）年～平成24（2012）年
棋士

将棋大賞（昭49年・50年・52年・53年・54年・56年）最多対局賞
将棋大賞　第2回（昭50年）技能賞
将棋大賞　第6回（昭54年）最優秀棋士賞
将棋大賞　第11回（昭59年）最優秀棋士賞
将棋大賞　第12回（昭60年）最優秀棋士賞
将棋大賞　第17回（平2年）殊勲賞
日本酒大賞（平3年）
ベストドレッサー賞　第22回（平5年）学術・文化部門
将棋大賞　第21回（平6年）特別賞
将棋大賞（平12年）升田幸三賞
紫綬褒章（平15年）

萬屋　錦之介　よろずや・きんのすけ
昭和7（1932）年～平成9（1997）年
俳優。前名・中村錦之助

「一心太助 天下の一大事」
　ブルーリボン賞　第9回（昭33年）大衆賞　※中村錦之助名義
「武士道残酷物語」
　ブルーリボン賞　第14回（昭38年）主演男優賞　※中村錦之助名義
「真田幸村」
　日本放送作家協会賞（昭42年度）男性演技者賞　※中村錦之助名義
「祇園祭」
　ゴールデン・アロー賞　第6回（昭43年）特別賞　※中村錦之助名義
「柳生一族の陰謀」「赤穂城断絶」
　ゴールデン・アロー賞　第16回（昭53年）映画賞
牧守省三賞　第20回（昭53年）
日本アカデミー賞　第19回（平8年）会長功労賞
毎日映画コンクール　第52回（平9年）特別賞
京都市民映画祭　第5回　主演男優賞

笠　智衆　りゅう・ちしゅう
明治37（1904）年～平成5（1993）年
俳優

「手をつなぐ子等」
　毎日映画コンクール　第3回（昭23年）演技賞　男優演技賞
「命美わし」「我が家は楽し」「麦秋」
　ブルーリボン賞　第2回（昭26年）助演男優賞
「命美わし」「海の花火」
　毎日映画コンクール　第6回（昭26年）演技賞　男優演技賞
「家族」
　毎日映画コンクール　第25回（昭45年）演技賞　男優助演賞
「幻の町」
　NHK放送文化賞　第37回（昭61年）
紫綬褒章（昭42年）
勲四等旭日小綬章（昭50年）
テレビ大賞　第15回（昭57年度）優秀個人賞
ゴールデン・アロー賞　第23回（昭60年）特別賞
日本放送協会放送文化賞　第37回（昭60年）
菊池寛賞　第35回（昭62年）
山路ふみ子映画賞　第11回（昭62年）映画功労賞
東京都文化賞　第4回（昭63年）
熊本県近代文化功労者（平2年）
川喜多賞　第8回（平2年）
毎日映画コンクール　第45回（平2年）特別賞
日本映画テレビプロデューサー協会賞（平5年度）特別賞
エランドール賞（平6年度）特別賞
日本アカデミー賞　第17回（平6年）会長特別賞

竜　鉄也　りゅう・てつや
昭和11（1936）年～平成22（2010）年
シンガー・ソングライター

「奥飛騨慕情」
　全日本有線放送大賞　第13回（昭55年度）最優秀新

人賞
　日本有線大賞　第13回（昭55年）　新人賞
　FNS歌謡祭グランプリ　第8回（昭56年）　最優秀ヒット賞
　日本レコード大賞　第23回（昭56年）　ロングセラー賞
　日本有線大賞　第14回（昭56年）　大賞
　JASRAC賞　第1回（昭57年）　国内
「紬の女」
　日本作曲大賞　第1回（昭56年）　優秀作曲者賞
　松尾芸能賞　第2回（昭56年）　新人賞 歌謡芸能特別
　日本レコードセールス大賞　第14回（昭56年）　シングルシルバー賞
　日本演歌大賞　第7回（昭56年）　演歌ベストセラー賞
　日本演歌大賞　第9回（昭58年）　演歌スター賞
　日本演歌大賞　第10回（昭59年）　演歌スター賞
　日本テレビ音楽祭　第11回（昭60年）　日本テレビ特別賞
　ブラジル政府勲章・サンパウロ名誉市民金のカギ（昭62年）
　日本レコード大賞　第53回（平23年）　特別功労賞

連城　三紀彦　れんじょう・みきひこ
　昭和23（1948）年〜平成25（2013）年
　小説家、僧侶。法名・智順
「変調二人羽織」
　幻影城新人賞　第3回（昭52年）
「戻り川心中」
　日本推理作家協会賞　第34回（昭56年）　短篇部門
「宵待草夜情」
　吉川英治文学新人賞　第5回（昭59年）
「恋文」
　直木三十五賞　第91回（昭59年上）
「隠れ菊」
　柴田錬三郎賞　第9回（平8年）
　キネマ旬報賞　（平2年）　キネマ旬報読者賞
　日本ミステリー文学大賞　第18回（平26年）　特別賞

若尾　文子　わかお・あやこ
　昭和8（1933）年〜
　俳優
「女は二度生まれる」「妻は告白する」
　キネマ旬報賞　第7回（昭36年）　女優賞
　NHK映画賞　（昭36年）
「女は二度生まれる」「妻は告白する」「婚期」
　ブルーリボン賞　第12回（昭36年）　主演女優賞
「清作の妻」「波影」
　ブルーリボン賞　第16回（昭40年）　主演女優賞
　NHK映画賞　（昭40年）
「清作の妻」「波影」「妻の日の愛のかたみに」
　キネマ旬報賞　第11回（昭40年）　女優賞
「波影」「清作の妻」
　日本映画記者会賞　（昭40年）
「不信のとき」「濡れた二人」「積木の箱」
　キネマ旬報賞　第14回（昭43年）　女優賞
　テレビ大賞　第7回（昭49年度）　優秀個人賞
　日本新語・流行語大賞　第5回（昭63年）　流行語部門金賞
　日本映画批評家大賞　第5回（平7年度）　ゴールデングローリー賞
　毎日映画コンクール　第60回（平17年度）　田中絹代賞
　橋田賞　第18回（平21年度）　特別賞
　日本放送協会放送文化賞　第63回（平23年度）
　日本アカデミー賞　第43回（令2年）　会長功労賞

若松　孝二　わかまつ・こうじ
　昭和11（1936）年〜平成24（2012）年
　映画監督
「水のないプール」
　キネマ旬報ベスト・テン　第56回（昭57年度）　日本映画 7位
「われに撃つ用意あり」
　キネマ旬報ベスト・テン　第64回（平2年度）　日本映画 第6位
「寝盗られ宗介」
　キネマ旬報ベスト・テン　第66回（平4年度）　日本映画 第8位
　優秀映画鑑賞会ベストテン　第33回（平4年度）　日本映画 第7位
「実録・連合赤軍　あさま山荘への道程」
　東京国際映画祭　第20回（平19年）　日本映画・ある視点部門 作品賞
　キネマ旬報ベスト・テン　第82回（平20年度）　日本映画 第3位
　ベルリン国際映画祭　第58回（平20年）　最優秀アジア映画賞・国際芸術映画評論連盟賞
　毎日映画コンクール　第63回（平20年度）　監督賞
「キャタピラー」
　キネマ旬報ベスト・テン　第84回（平22年度）　日本映画 第6位
　ヨコハマ映画祭　（平2年）　特別大賞
　ゴールデングロス賞　第30回（平24年度）　ゴールデングロス特別賞 全興連特別功労大賞
　ブルーリボン賞　第55回（平24年度）　特別賞
　日本アカデミー賞　第36回（平25年度）　会長特別賞

若山　富三郎　わかやま・とみさぶろう
　昭和4（1929）年〜平成4（1992）年
　俳優、歌手。別名・城健三朗
「姿三四郎」「悪魔の手毬唄」
　ブルーリボン賞　第20回（昭52年）　助演男優賞
「歌舞伎模様―天保六花撰」
　芸術祭賞　第33回（昭53年）　大衆芸能部門（2部）

大賞
「衝動殺人 息子よ」
　キネマ旬報賞 第25回（昭54年） 主演男優賞
　ブルーリボン賞 第22回（昭54年） 主演男優賞
　毎日映画コンクール 第34回（昭54年） 演技賞 男優演技賞
　日本アカデミー賞 第3回（昭55年） 最優秀主演男優賞
「衝動殺人・息子よ」
　毎日映画コンクール （昭54年度） 主演男優賞
ゴールデン・アロー賞 第16回（昭53年） 演劇賞
テレビ大賞 第11回（昭53年度） 優秀個人賞
芸術祭賞 第33回（昭53年） 大賞
キネマ旬報賞 （昭54年度） 主演男優賞
ブルーリボン賞 （昭54年度） 主演男優賞
ベストドレッサー賞 第9回（昭55年） スポーツ・芸能部門

和田 アキ子　わだ・あきこ
　昭和25（1950）年～
　歌手、タレント
「あの鐘を鳴らすのはあなた」
　日本レコード大賞 第14回（昭47年） 最優秀歌唱賞
「もっと自由に」
　日本テレビ音楽祭 第1回（昭50年） 特別賞
「愛を頑張って」
　日本レコード大賞 第60回（平30年） 企画賞 ※和田アキ子 with BOYS AND MEN 研究生 として
テレビ大賞 第6回（昭48年度） 週刊TVガイドデスク賞
日本レコード大賞 第59回（平29年） 特別賞

和田 夏十　わだ・なつと
　大正9（1920）年～昭和58（1983）年
　脚本家。夫である映画監督・市川崑作品の脚本を手がける
「ビルマの竪琴」
　年鑑代表シナリオ 第8回（昭31年度）
「炎上」
　年鑑代表シナリオ 第10回（昭33年度）
「野火」
　年鑑代表シナリオ 第11回（昭34年度）
「野火」「鍵」
　キネマ旬報賞 第5回（昭34年） 脚本賞
「私は二歳」
　年鑑代表シナリオ 第14回（昭37年度）
「私は二歳」「破戒」
　毎日映画コンクール 第17回（昭37年） 脚本賞
「破戒」
　年鑑代表シナリオ 第14回（昭37年度）
「太平洋ひとりぼっち」
年鑑代表シナリオ 第15回（昭38年度）
アジア映画祭 （昭38年） 脚本賞

和田 勉　わだ・べん
　昭和5（1930）年～平成23（2011）年
　演出家、テレビディレクター、映画監督
「石の庭」「日本の日蝕」「自由への証言」「はらから」「大市民」「小さな世界」
　芸術祭賞 （昭32年・34年・35年・40年・41年・42年） 奨励賞
「日本の日蝕」
　芸術祭賞 第14回（昭34年） テレビ部門 奨励賞
「中央流砂」
　プラハ・テレビコンクール・グランプリ （昭51年）
「天城越え」「心中宵庚申」
　芸術祭賞 第33回・39回（昭53年・59年） 大賞
日本放送作家協会賞 第1回（昭36年）
芸術選奨 第18回（昭42年） 放送部門 大臣賞 "テレビ「文五捕物絵図」ほかの演出"
日本映画テレビプロデューサー協会賞 （昭55年）
エランドール賞 （昭56年度） 協会賞

和田 誠　わだ・まこと
　昭和11（1936）年～令和1（2019）年
　イラストレーター、グラフィックデザイナー、文筆家、映画監督
「殺人 MURDER」
　毎日映画コンクール 第19回（昭39年） 大藤信郎賞
「和田誠肖像画集PEOPLE」
　講談社出版文化賞 第5回（昭49年） ブック・デザイン部門
「あゝ文士劇」「インタビュー」
　講談社出版文化賞 第12回（昭56年） さしえ賞
「ビギン・ザ・ビギン」
　日本ノンフィクション大賞 （昭57年）
「麻雀放浪記」
　キネマ旬報ベスト・テン 第58回（昭59年度） 日本映画 4位
　年鑑代表シナリオ （昭59年度）
　報知映画賞 第9回（昭59年度） 最優秀新人賞
　優秀映画鑑賞会ベストテン 第25回（昭59年度） 日本映画 7位
「快盗ルビイ」
　キネマ旬報ベスト・テン 第62回（昭63年度） 日本映画 10位
　ブルーリボン賞 第31回（昭63年） 監督賞
「銀座界隈ドキドキの日々」
　講談社エッセイ賞 第9回（平5年）
「お楽しみはこれからだ」
　キネマ旬報賞 第40回（平6年） 読者賞
「そらをとんだたまごやき」

産経児童出版文化賞　第41回（平6年）
「ねこのシジミ」
　日本絵本賞　第3回（平9年）　日本絵本賞
「どんなかんじかなあ」
　日本絵本賞　第11回（平17年）　日本絵本賞
「和田誠切抜帖」
　造本装幀コンクール展　第42回（平19年度）　日本書
　　籍出版協会理事長賞

日宣美賞　（昭35年）
毎日出版文化賞　（昭36年）
文春漫画賞　（昭44年）
文藝春秋漫画賞　第15回（昭44（1969）年）
山路ふみ子賞　第8回（昭59年度）　特別賞
菊池寛賞　第42回（平6年）
毎日デザイン賞　（平9年度）
淀川長治賞　第12回（平15年）
日本漫画家協会賞　第44回（平27年）　特別賞
キネマ旬報ベスト・テン個人賞　第93回（令1年度）　
　特別賞
日本アカデミー賞　第43回（令2年）　会長特別賞

和田 芳恵　わだ・よしえ
明治39（1906）年〜昭和52（1977）年
小説家、文芸評論家、編集者

「一葉の日記」
　日本芸術院賞　第13回（昭31年）　第2部
「塵の中」
　直木三十五賞　第50回（昭38年下）
「接木の台」
　読売文学賞　第26回（昭49年）　小説賞
「暗い流れ」
　日本文学大賞　第9回（昭52年）
「雪女」
　川端康成文学賞　第5回（昭53年）

渡瀬 恒彦　わたせ・つねひこ
昭和19（1944）年〜平成29（2017）年
俳優

「事件」
　市川雷蔵賞　第2回（昭54年）
　日本アカデミー賞　第2回（昭54年）　最優秀助演男
　　優賞
「事件」「赤穂城断絶」
　キネマ旬報賞　第24回（昭53年）　助演男優賞
　ブルーリボン賞　第21回（昭53年）　助演男優賞
「事件」「赤穂城断絶」「皇帝のいない八月」
　報知映画賞　第3回（昭53年度）　最優秀助演男優賞
「神様のくれた赤ん坊」「震える舌」
　キネマ旬報賞　第26回（昭55年）　主演男優賞
「おみやさん」

橋田賞　第20回（平23年度）　橋田賞
エランドール賞　（昭45年度）　新人賞
橋田賞　第20回（平24年）
日本アカデミー賞　第41回（平30年）　会長特別賞

渡辺 謙　わたなべ・けん
昭和34（1959）年〜
俳優

「独眼竜政宗」
　ゴールデン・アロー賞　第25回（昭62年）　放送賞
「ラスト サムライ」
　ブルーリボン賞　第46回（平15年）　特別賞
　ゴールデングロス賞　第22回（平16年度）　特別賞　マ
　　ネー・メイキングスター賞
　山路ふみ子映画賞　第28回（平16年）　文化財団特別賞
「明日の記憶」
　キネマ旬報賞　第52回（平18年度）　主演男優賞
　ブルーリボン賞　第49回（平18年度）　主演男優賞
　藤本賞　第26回（平18年）　特別賞
　日刊スポーツ映画大賞・石原裕次郎賞　第19回（平18
　　年）　主演男優賞
　報知映画賞　第31回（平18年度）　最優秀主演男優賞
　日本アカデミー賞　第30回（平19年）　最優秀主演男
　　優賞
「沈まぬ太陽」
　報知映画賞　第34回（平21年度）　主演男優賞
　日本アカデミー賞　第33回（平22年）　最優秀主演男
　　優賞
「Fukushima 50」
　日本アカデミー賞　第44回（令3年）　最優秀助演男
　　優賞

エランドール賞　（昭62年度）　新人賞
ゴールデン・アロー賞　第41回（平15年）　映画賞
ベストドレッサー賞　第35回（平18年）　芸能部門
SARVH賞　（平18年）
淀川長治賞　第15回（平18年）
安吾賞　第4回（平22年）
新潟県民栄誉賞　（平27年）
岩谷時子賞　第7回（平28年）

渡辺 貞夫　わたなべ・さだお
昭和8（1933）年〜
ジャズ・サックス奏者、作曲家

「イベリアン・ワルツ」「サダオ・ワタナベ」
　ジャズ・ディスク大賞　第1回・6回（昭42年・47年）
　　日本ジャズ賞
「渡辺貞夫リサイタル」
　芸術祭賞　第31回（昭51年度）　大衆芸能部門2部　大賞
「カリフォルニア・シャワー」
　ジャズ・ディスク大賞　第12回（昭53年）　制作企画賞
　芸術祭賞　第31回（昭51年）　大衆芸能部門（2部）　大賞

"渡辺貞夫リサイタル"の演奏に対し
南里文雄賞 第2回(昭51年)
ベストドレッサー賞 第9回(昭55年) スポーツ・芸能部門
芸術選奨 第36回(昭60年) 大衆芸能部門 大臣賞
"ブラバスクラブ'85"「ツアー'85」の演奏"
ロサンゼルス市名誉市民 (昭63年)
東京都民文化栄誉賞 (平6年度)
バークリー音楽院名誉博士号 (平7年)
紫綬褒章 (平7年)
ベストドレッサー賞 第30回(平13年) グランドベストドレッサー
日本レコード大賞 第43回(平13年) 功労賞
旭日小綬章 (平17年)
毎日芸術賞 第50回(平20年度) 特別賞

渡辺 茂男 わたなべ・しげお
昭和3(1928)年〜平成18(2006)年
作家、評論家、翻訳家
「寺町三丁目十一番地」
児童福祉文化賞 第11回(昭43年度) 出版物部門
産経児童出版文化賞 第17回(昭45年)
「月夜のじどうしゃ」
講談社出版文化賞 第25回(平6年) 絵本賞
「サマータイム ソング」
産経児童出版文化賞 第46回(平11年) 美術賞

厚生大臣賞 (昭44年)
モービル児童文化賞 (昭55年)

渡辺 淳一 わたなべ・じゅんいち
昭和8(1933)年〜平成26(2014)年
小説家
「死化粧」
新潮同人雑誌賞 第12回(昭40年)
同人雑誌賞 第12回(昭40年)
「光と影」
直木三十五賞 第63回(昭45年上)
「遠き落日」「長崎ロシア遊女館」
吉川英治文学賞 第14回(昭55年)
「静寂(しじま)の声」
文藝春秋読者賞 第48回(昭61年)
「失楽園」
日本新語・流行語大賞 第14回(平9年) 大賞、トップテン
新風賞 第32回(平10年)
エランドール特別賞 第42回(平9年度)
エランドール賞 (平10年度) 特別賞
ザ・ヒットメーカー賞 (平10年)
菊池寛賞 第51回(平15年)
紫綬褒章 (平15年)
「現代用語の基礎知識」選 ユーキャン新語・流行語大賞 第24回(平19年) トップテン "鈍感力"

渡辺 徹 わたなべ・とおる
昭和36(1961)年〜令和4(2022)年
俳優
「功名が辻〜山内一豊の妻」「あかさたな」
菊田一夫演劇賞 第26回(平12年) 演劇賞
ゴールデン・アロー賞 第20回(昭57年) 放送賞 新人賞
日本テレビ音楽祭 第9回(昭58年) 日本テレビ特別賞
エランドール賞 (昭60年度) 新人賞
エランドール賞 (昭62年度) 新人賞

渡辺 はま子 わたなべ・はまこ
明治43(1910)年〜平成11(1999)年
歌手
防衛庁長官賞 (昭45年)
横浜市文化賞 (昭47年)
日本善行会特別賞 (昭47年)
紫綬褒章 (昭48年)
日本レコード大賞 第15回(昭48年) 特別賞
日本顕彰会賞 (昭48年)
神奈川県文化賞 (昭49年)
勲四等宝冠章 (昭56年)
三井警察庁長官賞 (昭56年)
日本レコード大賞 第24回(昭57年) 特別賞
日本レコード大賞 第42回(平12年) 日本作曲家協会特別功労賞

渡辺 真知子 わたなべ・まちこ
昭和31(1956)年〜
シンガー・ソングライター
「かもめが翔んだ日」
日本テレビ音楽祭 第4回(昭53年) 新人賞
日本レコード大賞 第20回(昭53年) 最優秀新人賞
「ブルー」
FNS歌謡祭グランプリ 第5回(昭53年) 優秀新人賞
銀座音楽祭 第8回(昭53年) グランプリ
新宿音楽祭 第11回(昭53年) 金賞
全日本有線放送大賞 第11回(昭53年度) 最優秀新人賞
日本歌謡大賞 第9回(昭53年) 放送音楽新人賞
日本有線大賞 第11回(昭53年) 新人賞
「迷い道」
日本作詩大賞 第11回(昭53年度) 作品賞
あなたが選ぶ全日本歌謡音楽祭 第4回(昭53年) 最優秀新人賞
ゴールデン・アロー賞 第16回(昭53年) 音楽賞 新人賞
ABC歌謡新人グランプリ 第5回(昭53年) グランプリ/シルバー賞
横浜音楽祭 第5回(昭53年) 最優秀新人賞
日本レコードセールス大賞 第11回(昭53年) 女性新

人賞

渡辺 美佐子　わたなべ・みさこ
昭和7(1932)年～
俳優

「果しなき欲望」
　ブルーリボン賞　第9回(昭33年)　助演女優賞

「マリアの首」
　新劇演技賞　(昭34年)

「オッペケペ」「小林一茶」
　紀伊國屋演劇賞　第14回(昭54年)　個人賞

「化粧」(新劇)
　芸術選奨　第33回(昭57年)　演劇部門　大臣賞

「化粧」「もとの黙阿弥」
　ゴールデン・アロー賞　第21回(昭58年)　演劇賞

「ひとり旅一人芝居」
　日本エッセイスト・クラブ賞　第35回(昭62年)

「お買い物」
　放送文化基金賞　第35回(平21年)　個別分野　演技賞

紫綬褒章　(平9年)
読売演劇大賞　第8回(平12年)　優秀女優賞
旭日小綬章　(平16年)
松尾芸能賞　第32回(平23年)　特別賞
菊田一夫演劇賞　第40回(平26年度)　特別賞　"黄昏にロマンス－ロディオンとリダの場合－"のリダの役の演技を含む, 永年の舞台の功績に対して"
日本アカデミー賞　第48回(令7年)　会長功労賞

渡辺 美里　わたなべ・みさと
昭和41(1966)年～
歌手。昭和61(1986)年、シングル「My Revolution」がヒット、代表曲となる。

ぴあテン　(昭61年度)　1位
ぴあテン　(昭61年度)　もあテン　2位
日本ゴールドディスク大賞　第1回(昭61年度)　ベストアーティスト賞
日本レコードセールス大賞　第19回(昭61年)　アーティストセールス　シルバー賞/LP部門　シルバー賞
日本レコード大賞　第28回(昭61年)　優秀アルバム賞
ぴあテン　(昭62年度)　5位
銀座音楽祭　第17回(昭62年)　音楽活動部門金賞
日本ゴールドディスク大賞　第2回・3回(昭62年度・63年度)　ベストアルバム賞
ぴあテン　(昭63年度)　4位
ぴあテン　(平1年度)　4位
ぴあテン　(平1年度)　フラッシュ・バック80's　4位
日本ゴールドディスク大賞　第4回(平1年度)　アルバム賞
ぴあテン　第19回(平2年度)　第6位
ぴあテン　第20回(平3年度)　第6位

渡 哲也　わたり・てつや
昭和16(1941)年～令和2(2020)年
俳優。石原プロモーション代表取締役社長(第2代)

「くちなしの花」
　日本有線大賞　第7回(昭49年)　特別賞
　夜のレコード大賞　第7回(昭49年度)　金賞

「やくざの墓場　くちなしの花」
　毎日映画コンクール　第31回(昭51年)　演技賞　男優演技賞

「わが心の銀河鉄道　宮沢賢治物語」
　キネマ旬報賞　第42回(平8年)　助演男優賞
　ブルーリボン賞　第39回(平8年)　助演男優賞
　ヨコハマ映画祭　第18回(平8年)　特別大賞
　日刊スポーツ映画大賞・石原裕次郎賞　第9回(平8年)　助演男優賞
　報知映画賞　第21回(平8年度)　最優秀助演男優賞

「誘拐」
　日刊スポーツ映画大賞・石原裕次郎賞　第10回(平9年)　主演男優賞

エランドール賞　(昭40年度)　新人賞
ブルーリボン賞　第17回(昭41年)　新人賞
ブルーリボン賞　第19回(昭51年)　主演男優賞
日本演歌大賞　第5回(昭54年)　特別賞
牧野省三賞　第39回(平9年)
橘田賞　第10回(平13年)　特別賞
紫綬褒章　(平17年)
日本放送協会放送文化賞　第59回(平19年度)
旭日小綬章　(平25年)
日刊スポーツ映画大賞・石原裕次郎賞　第33回(令2年)　特別賞
日本アカデミー賞　第44回(令3年)　会長特別賞

人名索引

【あ】

阿井 渉介 ……………… 121
アイアトン, ウィリアム
　　　…………………… 357
相生垣 瓜人 …………… 99
相川 恵里 ……………… 177
iKON …………………… 365
逢坂 冬馬 ……………… 399
あいざき 進也 ………… 97
逢崎 遊 ………………… 406
相沢 啓三 ……………… 282
相沢 正一郎 ‥ 296, 323, 388
相沢 史郎 ……………… 243
相沢 武夫 ……………… 94
相澤 虎之助 …………… 376
アイ・ジョージ ……… 46
会津 信吾 ……………… 180
会津 八一 ……………… 19
会田 きよ子 …………… 93
相田 謙三 ……………… 100
会田 五郎 ………… 44, 69
会田 千衣子 …………… 50
会田 綱雄 ………… 36, 104
相田 洋 ………………… 197
アイナ・ジ・エンド
　　　……… 407, 408, 414
相羽 秋夫 ……………… 171
相場 秀穂 ……………… 22
相葉 雅紀 ……… 396, 409
相羽 好弘 ……………… 55
あいはら 友子 ………… 194
相原 信行 …… 43, 49, **419**
相原 勇 ………………… 184
アイリーン ……………… 193
アヴィルドセン, ジョン・
　G. ……………… 106, 111
アウグスト, ビレ ……… 183
蒼井 碧 ………………… 368
蒼井 まもる …………… 410
蒼井 優 ………………… 298,
　　304, 305, 311, 325,
　　370, 371, 377, 378
葵 わかな ……………… 382
葵生川 玲 ……………… 255
青い三角定規 ………… 83
青江 舜二郎 …………… 37
青江 三奈 ……………… 68,
　　　72, 97, 193, **419**

青垣 進 ………………… 242
青木 雨彦 ……………… 110
青木 功 ……………… 114,
　　120, 126, 266, **419**
青木 健 ………………… 146
青木 研次 ………… 256, 290
青木 光一 ……… 293, **419**
青木 琴美 ………… 307, 346
青木 定雄 ……………… 214
青木 さやか …………… 285
青木 茂 ………………… 5
青木 純一 ……………… 260
青木 淳悟 …… 275, 289, 335
青木 玉 ………………… 214
青木 千枝子 …………… 94
青木 はるみ …………… 133
青木 半治 ……………… 227
青木 正純 ……………… 109
青木 正久 ……………… 139
青木 まゆみ …………… 84
青木 美保 ……………… 150
青木 八束 ……………… 85
青木 雄二 ………… 207, 246
青木 洋子 ……………… 49
青木 龍山 ……………… 294
青木 玲子 ………… 171, 193
青桐 柾夫 ……………… 6
青崎 有吾 ……………… 412
青芝 あきら …………… 114
青芝 キック ……… 98, 125
青芝 フック ……… 98, 125
青芝 まさお …………… 114
青島 顕 ………………… 407
青島 武 ………………… 262
青島 幸男 …………… 68,
　　　127, 227, **419**
青波 杏 ………………… 399
青野 暦 ………………… 393
青野 季吉 ……… 18, 36, 53
青野 聡 ………………… 115,
　　　146, 166, 195
青野 照市 ……………… 103
青羽 悠 ………………… 361
青柳 いづみこ …… 263, 317
青柳 志解樹 …………… 202
青柳 菜摘 ……………… 400
青柳 瑞穂 ……………… 41
青柳 裕介 ……………… 120
青山 和子 ……………… 55
青山 邦彦 ……………… 369
青山 健司 ……………… 121

青山 光二 ………… 62, 268
青山 剛昌 …… 207, 259, 415
青山 杉雨 ……………… 207
青山 潤 ………………… 304
青山 真治 ……………… 261
青山 杉作 ……………… 22
青山 七恵 …… 289, 295, 316
青山 伯 ………………… 47
青山 文平 …… 329, 355, 399
青山 美智子 …… 393, 399
青山 瞑 ………………… 201
青山 宥子 ……………… 232
青山 圭男 ……………… 46
阿嘉 誠一郎 …………… 94
赤井 孝美 ……………… 253
赤井 英和 …… 183, 210, 212
赤井 三尋 ……………… 275
赤石 路代 ……………… 213
赤江 瀑 …………… 73, 145
赤江 行夫 ……………… 31
赤神 諒 ………………… 405
赤川 次郎 …………… 99,
　　　289, 362, **419**
赤川 武助 ……………… 12
赤木 和雄 ……………… 316
赤木 圭一郎 …………… 42
赤木 健介 ……………… 11
赤木 駿介 ……………… 89
赤木 春恵 …………… 171,
　　245, 344, **419**
赤木 正雄 ……………… 80
赤木 由子 ……………… 111
赤座 憲久 …… 47, 182, **419**
赤坂 アカ ……………… 385
赤坂 真理 …… 255, 335, 342
赤坂 三好 ……………… 86
赤﨑 勇 ………………… 334
明石 鉄也 ……………… 4
明石家 さんま ……… 137,
　　155, 156, 158, 165, **420**
赤瀬川 原平 …… 248, **420**
赤瀬川 隼 ……………… 222
赤楚 衛二 ……………… 411
赤染 晶子 ………… 282, 322
あがた 森魚 …………… 83
赤塚 不二夫 …… 55, 84, 420
暁 伸 …………… 114, 193, 207
暁 照夫 ………… 246, 313
赤西 仁 ………………… 306
赤沼 三郎 …………… 6, 9

赤羽 末吉 … 48, 86, 95, **420**	あきやま ただし ……… 223	朝基 まさし ………… 280
赤羽 建美 ……………… 139	秋山 ちえ子 ……………… 26	朝霧 咲 ……………… 405
赤堀 四郎 ………………… 58	秋山 菜津子 ……… 266, 353	あさぎり 夕 ………… 172
赤堀 雅秋 ……………… 343	秋山 正香 ………………… 3	朝倉 勇 ……………… 223
赤松 蕙子 ………………… 95	秋山 瑞人 ……………… 280	浅蔵 五十吉 ………… 234
赤松 健 ………………… 266	秋吉 久美子 … 92, 95, 101,	朝倉 かすみ …… 282, 381
赤松 陽構造 …………… 332	106, 168, 175, 176, **421**	**朝倉 摂** …… 57, 63, 82,
赤松 利市 ……………… 386	秋吉 茂 ………………… 57	157, 178, 200, 346, **424**
赤松 りかこ …………… 406	穐吉 敏子 ……………… 286	浅倉 卓弥 …………… 268
赤山 勇 ………………… 160	**阿久 悠** ………… 79, 92,	朝倉 利夫 …………… 131
阿賀利 善三 …………… 12	102, 103, 107, 108, 113,	浅倉 久志 …………… 328
阿川 佐和子 … 249, 352, 371	124, 125, 130, 133, 136,	朝倉 宏景 …………… 335
阿川 弘之 …………… 22,	137, 150, 170, 178, 239,	朝倉 文夫 ……………… 18
42, 59, 109, 166, 215,	272, 306, 378, 384, **422**	朝倉 祐弥 …………… 282
253, 261, 301, **420**	阿久井 真 …………… 404	浅暮 三文 …………… 275
秋 亜綺羅 ……………… 343	アクセル, ガブリエル	浅茅 陽子 … 101, 102, 106
阿木 翁助 ……………… 139	……………………… 183	朝青龍 明徳 … 273, 294, 301
あき びんご …………… 363	**芥川 比呂志** ………… 25,	浅瀬 明 ……………… 405
亜木 冬彦 ……………… 202	72, 74, 92, **423**	浅田 彰 ……………… 151
阿木 燿子 ……… 102, 108,	芥川 也寸志 … 25, 37, **423**	浅田 次郎 …………… 235,
119, 123, 163, 164, **420**	阿久津 主税 ………… 294	255, 260, 295, 302,
秋 竜山 …………… 76, 98	**アグネス・チャン**	310, 322, 360, 380
秋 玲二 ………………… 46	………………… 87, 88, **423**	浅田 宗一郎 ………… 290
秋尾 沙戸子 …………… 324	暁方 ミセイ ………… 336	朝田 のぼる …… 102, 103
秋川 雅史 ………… 306, 307	明田 鉄男 ……………… 53	浅田 真央 ……… 314, 373
秋草 露路 ………………… 4	明野 照葉 ……… 241, 255	麻田 雅文 …………… 411
秋月 桂太 ……………… 13	曙 太郎 ……………… 214	**浅田 美代子** ………… 87,
秋月 りす ……………… 287	麻 こよみ ……… 219, 397	88, 91, **425**
秋竹 サラダ …………… 374	阿佐 元明 …………… 380	浅田 好未 …………… 247
阿木津 英 …………… 146	浅井 薫 ……………… 116	浅野 晃 ………………… 49
秋津 朗 ……………… 393	淺井 一志 …………… 310	あさの あつこ ……
秋野 和子 …………… 270	浅井 慎平 …………… 132	237, 250, 290
秋野 卓美 ……………… 42	朝井 まかて ………… 309,	**浅野 温子** ……… 147,
秋野 不矩 …………… 253	342, 374, 386, 393	177, 180, 194, **425**
秋野 暢子 …………… 161	朝井 リョウ … 316, 335, 393	浅野 いにお ………… 391
秋葉 四郎 …………… 336	朝稲 日出夫 …… 110, 166	浅野 和之 … 293, 327, 415
秋庭 太郎 ……………… 32	浅尾 大輔 …………… 275	浅野 皓生 …………… 412
秋浜 悟史 …………… 61, 70	麻丘 めぐみ …… 83, **424**	浅野 妙子 …………… 299
秋村 宏 ……………… 336	朝丘 雪路 ……… 272, **424**	浅野 忠信 …………… 243,
穐村 正治 ……………… 14	浅丘 ルリ子 ………… 37,	252, 257, 291, 351, 371
秋本 治 …… 287, 366, 373	67, 68, 71, 95, 96, 141,	**浅野 ゆう子** ……… 111,
秋元 茂 ……………… 223	142, 225, 231, 246, **424**	184, 194, 231, **425**
秋元 順子 …………… 313	朝夏 まなと ………… 385	朝原 雄三 …………… 284
秋元 不死男 …………… 66	浅香 光代 … 162, 306, **424**	朝比奈 秋 …… 405, 406, 411
秋元 松代 …………… 68,	浅賀 美奈子 ………… 181	朝比奈 隆 …………… 221
72, 94, 98, 114, **421**	浅香 唯 ……………… 177	朝比奈 泰彦 ……………… 15
秋元 康 …… 163, 313, 339,	朝海 さち子 …………… 90	朝吹 真理子 ………… 322
346, 352, 359, 365, **421**	浅香山親方(元・大関魁	朝吹 亮二 …………… 167
秋谷 豊 ……………… 223	皇) ………………… 334	朝間 義隆 … 78, 86, 87, 90,
秋山 恵三 ……………… 12	淺川 継太 …………… 322	95, 100, 105, 106, 110,
秋山 駿 … 41, 187, 228, **421**	淺川 純 ……………… 159	111, 122, 128, 196, 217,

243, 257, 269, 270, 277
亜沙美 …………………… 199
浅見 真州 ………………… 285
麻実 れい … 227, 239, 252,
　259, 266, 279, 327, 365
麻宮 騎亜 ………………… 416
浅利 香津代 ……………… 178
浅利 佳一郎 ……………… 115
浅利 慶太 ……………… 101,
　103, 212, 273, **425**
浅利 純子 ………… 214, 227
あさり よしとお ………… 354
アジアン ………………… 300
味尾 長太 ………………… 166
芦川 まこと ……………… 92
芦澤 明子 ………………… 357
芦沢 央 …………………… 406
あした 順子 ……………… 232
芦田 伸介 ………………… 61
あした ひろし …………… 232
芦田 愛菜 ……… 331, 332, 407
芦奈野 ひとし …………… 308
芦原 公 …………………… 94
芦原 すなお ……… 188, 195
芦原 妃名子 ……… 287, 340
芦原 義信 ………………… 247
芦辺 拓 …………………… 399
芦屋 雁之助 …………… 119,
　131, 149, 150, 186, **425**
飛鳥 高 …………………… 47
飛鳥 涼 (ASKA)
　………………… 178, 199, 212
飛鳥井 千砂 ……………… 289
梓 英子 …………………… 63
梓 みちよ …… 52, 92, **425**
あすな ひろし …………… 84
東 恵美子 ………………… 239
東 克樹 …………………… 379
東京太・ゆめ子 ………… 326
あずま きよひこ ………… 366
東 貴博 …………………… 332
東 てる美 ………………… 100
東 直己 …………………… 261
東 八郎 …………………… 162
吾妻 ひでお …………… 120,
　294, 301, 386, **426**
東 浩紀 …………………… 322
我妻 正義 ………… 230, 243
安住 敦 ……………… 63, 81
安住 紳一郎 ……………… 377
阿泉 来堂 ………………… 387

明日海 りお ……………… 390
あせごのまん …………… 289
麻生 久美子 … 244, 250, 305
麻生 香太郎 ……… 143, 185
麻生 詩織 ………………… 185
麻生 太郎 ………………… 109
麻生 祐未 ………………… 182
麻生 よう子 ………… 92, 97
阿多 豊一 ………………… 245
安宅 忍 …………………… 97
能木 昶 …………………… 8
足立 邦夫 ………………… 210
アダチ ケイジ …………… 346
足立 巻一 …………… 89, 134
足立 浩二 ………………… 208
足立 公平 ………………… 59
足立 紳 …………………… 364
安達 千夏 ………………… 242
安達 奈緒子 ……………… 394
あだち 充 ………… 138, 314
足立 康 …………………… 36
安達 靖利 ………………… 63
安達 祐実 …………… 217,
　219, 221, 230
足立 陽 …………………… 348
熱海富士 朔太郎 ………… 410
新しい学校のリーダーズ
　……………………………… 409
安壇 美緒 ……… 368, 405, 406
阿知波 悟美 ……………… 410
アッテンボロー, リチャー
　ド ………………………… 141
渥美 清 ……………… 70,
　71, 78, 87, 100, 128,
　135, 141, 154, 175, 177,
　231, 232, 234, 237, **426**
渥美 饒児 ………………… 146
渥美 二郎 ………… 113,
　118, 119, 163, **426**
渥美 博 …………………… 403
渥美 マリ ………………… 70
Ado ………………………… 403
阿刀田 高 … 115, 222, **427**
穴久保 幸作 ……………… 220
阿南 泰 …………………… 146
姉小路 祐 ………… 181, 195
阿武野 勝彦 ……………… 331
アフロ …………………… 408
阿部 昭 … 47, 85, 99, **427**
阿部 岩夫 ………… 133, 174
阿部 和雄 ………………… 49

阿部 和重 …………… 214,
　248, 281, 322
阿部 謹也 ………………… 126
阿部 賢一 ………………… 411
阿部 弘一 ………………… 229
安部 公房 ………… 21, 37,
　47, 53, 62, 79, 89, **427**
阿部 サダヲ ………… 306,
　370, 413, 414
阿部 智 …………………… 181
あべ 静江 ………………… 88
安部 譲二 ………… 172, 293
阿部 慎一 ………………… 37
安倍 晋三 ………… 274, 347
阿部 慎之助 ……………… 340
阿部 寿美代 ……………… 243
あべ 善太 ………………… 246
阿部 孝 …………………… 60
阿部 智里 ………………… 335
アベ ツカサ … 398, 410, 415
安倍 徹郎 ………………… 134
阿部 道 …………………… 89
阿部 菜穂子 ……………… 363
阿部 夏丸 ………… 230, 277
阿部 はるみ ……………… 400
阿部 日奈子 ……………… 262
阿部 一二三 ……………… 416
あべ 弘士 ………… 223, 250
阿部 寛 ………… 264, 312,
　332, 338, 344, 364, 401
阿部 牧郎 ………… 166, 184
阿部 公彦 ………………… 341
阿部 正路 ………………… 99
安部 真知 ………………… 72
阿部 光子 ………………… 69
阿部 みどり女 …………… 110
安倍 夜郎 ………………… 321
阿部 優蔵 ………………… 75
阿部 豊 ……………… 3, **427**
阿部 陽一 ………………… 188
阿部 よしこ ……………… 154
安倍 能成 ……… 33, 45, 48
阿部 米子 ………………… 206
安倍 律子 ………………… 75
安部 龍太郎 ……………… 335
阿満 利麿 ………………… 159
あまがい りゅうじ ……… 118
天城 光琴 ………………… 400
天沢 退二郎 ………… 105,
　146, 261, **427**
天地 総子 ………………… 58

天地 真理 ‥ 83, 88, 92, **427**	綾部 仁喜 ……… 216	荒木 由美子 …… 108
天沼 春樹 ……………… 237	綾部 美知枝 …… 246, 410	荒木田 家寿 ……… 47
天野 里美 ……………… 193	鮎川 哲也 ……… 42, 268	荒木田 裕子 …… 93, 103
天野 純希 ……………… 302	荒 正人 …………… 89	嵐 320, 326, 352,
天野 忠 ………… 126, 159	新井 英一 ……… 226	359, 365, 384, 390, 391
天野 富勝 ……………… 10	あらい きよこ …… 246	嵐 寛寿郎 …… 67, 91, 429
天野 博江 ………… 61, 72	荒井 洸子 ……… 220	嵐 圭史 …… 157, 206, 319
天野 浩 ……………… 354	新井 茂雄 ……… 8	嵐 徳三郎(7代) …… 219
天埜 裕文 …………… 309	新井 純 ………… 98	嵐 莉菜 ……… 401, 402
天野 喜孝 ………… 145,	洗 潤 ………… 31, 39	嵐山 光三郎 …… 174, 295
151, 158, 165, 308	新井 勝利 ……… 54	新 胡桃 ……………… 387
天海 祐希 ………… 225,	新井 高子 ……… 310	荒田 吉明 …………… 301
264, 285, 292, 299, 314,	新井 千裕 ……… 159	新珠 三千代 ……… 40,
319, 390, 395, 403, 409	新井 豊美 …… 202, 303	45, 193, **429**
天宮 良 ……………… 156	新井 紀子 ……… 376	荒戸 源治郎 ……… 278
雨森 零 ……………… 215	荒井 晴彦 ……… 116,	荒馬 間 ……………… 152
甘利 俊一 …………… 386	122, 128, 147, 148,	荒船 清十郎 …… 109
甘利 はるな ………… 311	153, 167, 174, 175, 202,	荒巻 義雄 …… 84, 405
あまん きみこ …… 67, 140,	236, 243, 249, 269, 277,	荒俣 宏 ………… 172
182, 189, 263, 407, **428**	284, 331, 344, 354, 382	安蘭 けい …… 286, 339
網谷 厚子 …………… 362	新井 春美 ……… 111	有明 夏夫 …… 81, 110
網野 菊 ………… 17,	新井 英樹 ……… 207	有岡 大貴 …………… 408
44, 47, 62, **428**	新井 満 ……… 166, 173	有我 祥吉 …………… 140
網野 善彦 …………… 180	新井 素子 …… 132, 138, 253	有川 浩 ………… 315
あみん ……………… 137	荒井 良二 ……… 237,	有沢 佳映 ……… 350
アームストロング, N.A.	256, 337, 369	有沢 孝紀 …… 245, 258, 265
……………………… 73	荒尾 和彦 ……… 222	アリス ……… 113, 119, 131
安室 奈美恵 ……… 225,	新垣 結衣 …… 305, 306,	有栖川 有栖 …… 275, 399
233, 234, 239, 252,	311, 312, 364, 365, 370	有田 忠郎 …………… 323
258, 313, 372, 378	新川 明 ………… 109	有馬 朗人 ……… 167,
雨上がり決死隊 ……… 207	荒川 キヨシ …… 164	328, 342, 367, 375
雨宮 哲 ……………… 386	荒川 静香 …… 287, 301	有馬 稲子 ……… 55,
雨宮 慶太 …………… 227	荒川 務 ………… 92	125, 177, **429**
雨宮 雅子 ……… 276, 342	荒川 豊蔵 ……… 80	有間 しのぶ ……… 385
飴村 行 ……… 309, 322	新川 直司 ……… 346	有馬 三恵子 ……… 72
飴屋 法水 …………… 349	荒川 弘 ………… 280,	**有馬 頼義** ‥ 15, 26, 39, **429**
アメリカザリガニ …… 246,	333, 334, 340	有村 架純 ……… 357,
253, 273, 280	荒川 悠衛門 …… 400	363, 364, 371, 380, 402
アヤ井 アキコ ……… 382	**荒川 洋治** ……… 99,	有森 也実 …… 162, 168
絢香 ………………… 300	236, 248, 283, 290,	有森 裕子 … 207, 227, 234
アヤカ・ウィルソン …… 318	297, 361, 374, **428**	**有吉 佐和子** ……… 53,
Ayase ……… 409, 415	荒木 あかね ……… 399	62, 69, 109, **429**
綾世 一美 …………… 185	荒木 一郎 ……… 61	RSP ………………… 307
綾瀬 はるか …… 285, 304,	荒木 かずほ …… 76	有賀 リエ …………… 385
311, 318, 319, 325, 351,	荒木 左右 ……… 3	アルケミスト ……… 380
357, 358, 377, 390, 408	荒木 巍 ………… 6	アルコ …… 346, 359, 398
綾辻 行人 ……… 202, 374	**荒木 とよひさ** …… 130,	RCサクセション ‥ 125, 131
綾戸 智絵 …………… 258	170, 192, 239, **428**	アルトマン, ロバート
綾野 剛 …………… 345,	荒木 晴彦 ……… 146	………………… 75, 305
347, 350, 351, 364	荒木 飛呂彦 ‥ 346, 367, 379	アルドリッチ, ロバート
綾小路 きみまろ	荒木 優太 ……… 356	……………………… 135
……… 279, 285, 313		

アルマン 155
[Alexandros] 359
アレン, ウッディ
   .... 161, 162, 168
アローナイツ 97
アロノフスキー, ダーレ
   ン 331
阿波 一郎 13
安房 直子 86,
   134, 196, 216, **429**
泡坂 妻夫 110,
   173, 188, **429**
淡路 恵子 35,
   239, 284, **430**
淡路 仁茂 114
淡島 千景 ·· 20, 29, 32, 37,
   150, 238, 285, 320, **430**
粟津 キヨ 159
粟津 則雄 74, 315
阿波野 青畝 86, 202
淡谷 のり子 145, **430**
杏 332, 337, 351, 386
晏 妮 324
アンガールズ 292
アングルス, ジェフリー
   361
アンゲロプロス, テオ
   117
安斎 あざみ 202
安西 篤子 53, 208
安西 邦夫 221
安西 均 139, 181
安西 ひろこ 258
安西 冬衛 59
安生 正 335
安全地帯 ···· 149, 156, 171
アンダーソン, ジェリー
   80
アンダーソン, ポール・
   トーマス 401
アンダーソン, リンゼイ
   .... 70, 176
アンデルセン 57
安藤 サクラ 325,
   337, 338, 350, 351,
   364, 376, 377, 383,
   388, 402, 408, 414
安藤 しげき 172
安藤 庄平 147
安藤 忠雄 328
安東 次男 47,
   100, 187, 236, **430**

安藤 鶴夫 50
安藤 なつみ 300
安藤 希 257
安藤 広太郎 33
安堂 ホセ 399
安藤 正臣 392
安藤 政信 231, 232
安藤 美姫 307
安東 みきえ ·· 263, 376, 401
安藤 美紀夫 48,
   63, 86, **430**
安藤 元雄 121,
   174, 249, 282, **430**
安藤 桃子 351
安童 夕馬 280
安藤 ゆき 366
安東 能明 322
安藤 礼二 267,
   288, 315, 354
アントニオーニ, ミケラン
   ジェロ ·· 40, 48, 63
安奈 淳 339
アンナ・アン 177
阿武 教子 240, 287
庵野 秀明 ·· 194, 240, 363,
   364, 367, 370, 373, 404
安野 光雅 100,
   105, 140, 308, **431**
安野 モヨコ 293
杏里 119, 185, **431**
アン・ルイス ·· 113, 156, **431**

【い】

李 起昇 152
李 相琴 210
李 成愛 108
李 学仁 246
李 賢晙 386
イ・ボミ 410
李 良枝 173
イ・ヨンスク 235
李 龍德 349, 387
伊井 直行 ···· 138, 181, 254
飯尾 和樹 402
飯尾 憲士 110
飯沢 耕太郎 228
飯沢 匡 26,
   27, 62, 74, 84, 113, **431**

飯島 愛 258
飯嶋 和一 139,
   174, 308, 354, **431**
飯島 耕一 90,
   110, 139, 281, 289, **432**
飯島 澄男 321
飯島 正 ·· 75, 210, 225, **432**
飯島 直子 ···· 232, 237, 240
飯島 晴子 236
飯島 洋一 274
飯塚 朝美 309
飯塚 正夫 373
飯塚 伎 89
飯田 章 89
飯田 高子 93, 103
飯田 栄彦 95, 161
飯田 龍太 65, 120
飯沼 慧 333
飯沼 正明 9
飯野 和好 256
井内 秀治 214
井浦 新 338
井浦 秀夫 300
井江 春代 54
家入 レオ 339
家田 荘子 196
イエロー・マジック・オー
   ケストラ ·· 125, 130, 143
伊岡 瞬 289
伊兼 源太郎 342
五十嵐 かおる 366
五十嵐 久美子 243
五十嵐 浩司 416
五十嵐 匠 256
五十嵐 久人 103
五十嵐 均 216
いがらし みきお
   .... 179, 240, **432**
五十嵐 充 252, 352
五十嵐 康治 108
いがらし ゆみこ 108
五十里 武 214
いかりや 長介 ....
   250, 251, 285
井川 遥 265, 272
井川 比佐志 72, 74,
   75, 82, 114, 155, **432**
井川 博年 ···· 296, 303, 369
井川 正史 105
いきものがかり 326
生恵 幸子 93, 108

いくえみ 綾 …… 253, 320	池田 富保 …………… 3	伊沢 由美子 …… 134
生沢 徹 ……………… 89	池田 直彦 …………… 28	伊澤 理江 ……… 407
生島 治郎 …………… 62	池田 成志 ………… 346	**石井 明美** …… 162,
生島 遼一 ………… 120	池田 憲章 ………… 165	163, 170, **434**
生田 悦子 …………… 67	池田 はるみ ……… 269	石井 あゆみ …… 333
生田 絵梨花 ……… 378	池田 浩彰 …………… 78	石井 杏奈 ……… 357
生田 紗代 ………… 275	池田 宏 …………… 385	石井 岳龍 ……… 413
生田 武志 ………… 254	池田 満寿夫 ……… 104	石井 一孝 ……… 320
生田 斗真 …… 306, 325	池田 三男 …………… 33	石井 和代 ……… 343
生田 みゆき ……… 409	池田 充男 … 163, 252, 300	石井 亀次郎 ……… 40
井口 隆史 ………… 337	池田 弥三郎 ……… 115	伊志井 寛 ………… 27
井口 時男 … 138, 234, 380	池田 雄一 ………… 214	石井 聖岳 ……… 311
井口 文秀 ……… 23, 63	池田 遙邨 ………… 172	石井 計記 ……… 145
井口 泰子 …………… 73	池田 亮 …………… 413	石井 光太 ……… 394
生野 幸吉 …………… 59	池谷 のぶえ ……… 410	石井 慧 ………… 314
以倉 紘平 ………… 209,	池永 天志 ………… 398	石井 庄八 ………… 23
262, 323, 381	池永 陽 …………… 241	いしい しんじ …… 361
池 愛里 …………… 353	**池波 正太郎** …… 28,	石井 妙子 …… 363, 394
池 玲子 ………… 79, 82	31, 41, 105, 173, **433**	石井 隆 …………… 153,
池井 昌樹 ………… 234,	池乃 めだか … 207, 240, 300	160, 202, 203, 216
236, 249, 303, 342	**池端 俊策** ……… 147,	石井 丈裕 ……… 207
池井戸 潤 … 241, 329, 405	148, 249, 311, 390, **433**	石井 龍生 …… 99, 153
池内 紀 ……… 216, 335	池畑 慎之介 ……… 286	石井 竜也 ……… 224
池内 了 …………… 203	池原 楢雄 …………… 12	石井 哲夫 ………… 10
池内 淳子 …… 32, 107,	池辺 葵 …………… 379	石井 輝男 …… 209, 298
137, 245, 252, 265, **432**	池辺 たかね ………… 7	石井 敏弘 ……… 166
池内 広明 ………… 222	池部 良 ……… 152, 194	いしい ひさいち …… 158,
池内 博之 ………… 256	池松 壮亮 …… 350, 351,	280, 300, **434**
池江 璃花子 ……… 391	357, 382, 383, 407, 414	石井 英子 ……… 192
池上 永一 …… 215, 368	池松 俊雄 …………… 96	石井 博 …………… 77
池上 季実子 ………… 95	池宮 彰一郎 … 208, 248	**石井 ふく子** …… 75, 79,
池上 信一 ………… 21	池宮城 秀意 ………… 78	86, 124, 286, 363, **434**
井家上 隆幸 ……… 261	池谷 薫 …………… 317	石井 富士弥 ……… 139
池上 裕子 ………… 361	池脇 千鶴 ………… 250,	石井 正則 ……… 256
池上 遼一 …… 266, 410	251, 263, 264, 344,	石井 睦美 … 297, 330, 356
池谷 裕二 ………… 413	351, 382, 383, 396	**石井 桃子** …… 19, 26, 57,
池沢 理美 ………… 259	井鯉 こま ………… 348	66, 201, 215, 301, **434**
池澤 夏樹 ……… 166,	伊佐 千尋 ………… 111	石井 遊佳 ……… 368
201, 203, 209, 214,	伊坂 幸太郎 ……… 282,	石井 裕也 …… 325, 343,
254, 281, 321, **432**	309, 310, 387	344, 351, 370, 371, 408
池澤 春菜 …… 373, 398	井坂 聡 …………… 231	石井 洋二郎 ……… 308
池田 一郎 …………… 39	射逆 裕二 ………… 282	**石井 好子** …… 50, 159, **434**
池田 亀鑑 …………… 30	**井坂 洋子** ……… 139,	石井 良助 ……… 194
池田 基津夫 ……… 132	216, 276, 369, **433**	石垣 幸代 ……… 270
いけだ けい ……… 401	勇 直子 …………… 164	石垣 智子 ……… 125
池田 源尚 …………… 11	諫山 創 …………… 333	石垣 りん …………… 70
池田 健太郎 …… 89, 112	伊佐山 ひろ子 ……… 82	石上 久美子 ……… 171
池田 澄子 ………… 386	石和 鷹 …… 180, 214, 234	石上 襄次 …………… 3
池田 純義 ………… 110	伊沢 利光 …… 267, 273	石上 三登志 ……… 167
池多 孝春 ………… 163	井沢 満 …………… 190	石川 亜沙美 ……… 288
池田 忠雄 …………… 20	井沢 元彦 ………… 121	石川 逸子 ………… 44

いしかわ えみ ………… 346
石川 えりこ …………… 356
石川 佳純 ……………… 410
石川 九楊 ………… 268, 315
石川 恭子 ……………… 216
石川 欣一 ………………… 22
石川 慶 ………… 383, 408
石川 桂郎 …… 44, 85, 94
石川 耕士 ……………… 279
石川 さゆり ………… 107,
　　108, 113, 124, 136,
　　157, 163, 170, 171,
　　177, 178, 184, 185,
　　192, 306, 307, 371, **435**
石川 信乃 ………………… 39
石川 淳 ………………… 8,
　　30, 41, 121, 126, **436**
石河 穰治 ………………… 10
石川 鈴子 ………………… 6
石川 進 ………………… 61
石川 喬司 ………… 110, 411
石川 忠雄 ……………… 260
石川 忠司 ……………… 180
石川 達三 …… 3, 7, 69, **436**
石川 利光 ………………… 21
石河 内城 ………………… 6
石川 直樹 ……………… 310
石川 秀美 ………… 136,
　　　　137, 157, **436**
石川 ひとみ ‥ 113, 130, **436**
石川 宏千花 …………… 394
石川 不二子 …………… 317
石川 雅規 ……………… 273
石川 雅之 ………… 314, 360
石川 光男 ………………… 51
石川 康晴 ……………… 380
石川 禎浩 ……………… 392
石川 好 ………………… 182
石川 遼 ………… 306,
　　　　307, 308, 314, 321
石川 六郎 ……………… 187
石倉 真帆 ……………… 380
石黒 清介 ……………… 236
石黒 正数 ……………… 379
井茂 圭洞 ……………… 411
石毛 拓郎 ……………… 116
石坂 公成 ………………… 93
石坂 啓 ……………… 253
石坂 浩二 ………… 154,
　　　　319, 371, **436**
石坂 智子 ……………… 124

石坂 昌三 ……………… 230
石坂 洋次郎 ………… 7, 58
石崎 晴央 ………………… 26
石崎 洋司 ………… 337, 343
石沢 英太郎 …………… 105
石沢 富子 ……………… 100
石沢 麻依 ……………… 392
石津 謙介 ……………… 234
石津 ちひろ …………… 283
石塚 喜久三 ……………… 14
石塚 真一 …… 314, 366, 373
石塚 友二 ………………… 13
石田 あき子 ……………… 74
いしだ あゆみ ……… 79,
　　106, 113, 148, 161,
　　　　162, 168, **437**
石田 郁男 ……………… 173
石田 衣良 ………… 235,
　　　　275, 334, 342
石田 英一郎 ……………… 45
石田 英助 ………………… 32
石田 えり ‥‥ 129, 134, 136,
　　168, 175, 176, 183, 197
石田 勝彦 ……………… 249
石田 夏穂 ……………… 393
石田 郷子 ……………… 413
石田 卓也 ……………… 291
石田 敏彦 ……………… 225
石田 波郷 ………… 26, 65
石田 ひかり ………… 197,
　　　198, 203, 205, 219
石田 法嗣 ……………… 291
石田 瑞穂 ………… 342, 362
石田 靖 ……………… 253
石田 幸雄 ……………… 300
石田 佳員 ……………… 366
伊地知 英信 …………… 356
伊秩 弘将 ……………… 252
石堂 淑朗 ………… 42, 50,
　　74, 140, 182, 190, **437**
石野 晶 ……………… 323
石野 真子 ………… 112,
　　　　　113, 119, **437**
石ノ森 章太郎 …… 65,
　　　　172, 246, **437**
石破 茂 ……………… 200
石橋 冠 ………… 277, 306
石橋 幸緒 ……………… 260
石橋 静河 ……………… 370
石橋 徹志 ………… 18, 19
石橋 政嗣 ……………… 158

石橋 正孝 ……………… 369
石橋 凌 ……………… 271
石橋 蓮司 ………… 156,
　　190, 197, 325, **437**
石浜 日出雄 …………… 226
石原 あえか …………… 322
石原 勝記 ………………… 35
石原 謙 ………………… 89
石原 さとみ ………… 277,
　　278, 279, 284,
　　290, 358, 371, 414
石原 悟 ……………… 110
石原 舟月 ……………… 127
石原 信一 ……………… 149
石原 慎太郎 …… 28, 29,
　　73, 98, 228, 254, **438**
石原 てるこ ……… 189, 196
石原 ナオ ……………… 296
石原 伸晃 ……………… 267
石原 大史 ………… 358, 407
石原 藤夫 ………… 158, 172
石原 真理子 …………… 154
石原 八束 ………………… 93
石原 裕次郎 …… 32, 35,
　　52, 64, 129, 130, 168,
　　169, 170, 176, 219, **438**
石原 良純 ……………… 141
石原 吉郎 ………… 53, 86
石原田 憲 ………………… 7
伊島 りすと …………… 261
石松 佳 ……………… 393
石丸 晶子 ……………… 195
石丸 幹二 ……………… 333
石光 真清 ………………… 36
石牟礼 道子 ………… 209,
　　　　260, 267, 349
石本 隆 ………… 30, 35
石本 統吉 ………………… 23
石本 美由起 …………… 88,
　　136, 142, 143, 149,
　　150, 156, 206, **438**
石森 延男 ………… 11,
　　37, 51, 70, **439**
石森 史郎 ……… 59, 81, 82
伊集院 静 ………… 202,
　　215, 269, 348, 398, **439**
井尻 正二 ………………… 45
井代 恵子 ……………… 241
石渡 治 ……………… 179
井土 紀州 ……………… 256
井筒 和幸 ………… 189,
　　231, 291, 292, **439**

イーストウッド, クリント … 210, 211, 224, 225, 257, 284, 291, 298, 305, 318, 350, 363	伊丹 万作 …… 17, **441**	市川 段四郎 …… 320
EAST END×YURI …… 219	板宮 清治 …… 296	市川 段治郎 …… 292
出渕 裕 …… 360	板谷 紀之 …… 129	市川 団蔵(8代) …… 58
和泉 かねよし … 293, 353	板谷 波山 …… 25	市川 中車(8代) …… 38
和泉 修 …… 171, 178, 179	板谷 由夏 …… 291	市川 中車(9代) …… 371
泉 靖一 …… 66	市岡 康子 …… 129, 169	市川 照蔵 …… 19
いずみ たく … 72, 157, **439**	市川 荒次郎 …… 19	市川 信夫 …… 189
和泉 常寛 …… 163	市川 右近 …… 184	市川 宣子 … 304, 324, 343
泉 久恵 …… 189	市川 右太衛門 …… 32, 46, 224, 256, **441**	市川 春子 …… 327, 416
和泉 久史 …… 411	市川 海老蔵(9代)(市川 團十郎11代) … 19, 23, 308	市川 実日子 … 271, 364, 383
泉 秀樹 …… 85	市川 笑三郎 …… 219	市川 睦月 …… 226
泉 ピン子 …… 96, 112, 137, 259, 292, **440**	市川 猿之助(3代) …… 101, 124, 170, 184, 232, 265	市川 由紀乃 …… 365, 384
和泉 雅子 …… 51	市川 猿之助(4代) …… 341, 345, 365	市川 雷蔵(8代) …… 37, 63, 71, **444**
和泉 元弥 …… 254	市川 猿弥 …… 258	市口 政光 …… 49, 55
泉 ゆたか …… 361	市川 亀治郎(2代) …… 272, 299, 313	市古 貞次 …… 194
泉谷 明 …… 100	市川 清 …… 262	一条 栄子 …… 3
泉谷 しげる … 136, 219, **440**	市川 謙一郎 …… 24	一条 久枝 …… 156, 157
出雲 隆 …… 42	市川 紅梅 …… 27	一条 ゆかり …… 165
出雲 蓉 …… 227, 243	市川 崑 …… 40, 42, 43, 48, 51, 57, 58, 87, 100, 101, 102, 128, 141, 146, 148, 154, 155, 160, 167, 263, 312, 318, **441**	市堂 令 …… 164
伊勢 英子 … 175, 304, **440**		逸ノ城 駿 …… 353
伊勢 方信 …… 375		一ノ瀬 義篤 …… 61
伊勢谷 友介 …… 331		一ノ関 圭 …… 366
磯 光雄 …… 315		一ノ関 史郎 …… 52, 58
磯貝 碧蹄館 …… 59	市川 沙央 …… 405, 406	いちのへ 瑠美 …… 415
磯崎 憲一郎 …… 303, 315, 341, 387	市川 朔久子 …… 369	一の宮 あつ子 …… 157
礒崎 純一 …… 380	市川 禎男 …… 37, 45, **442**	市橋 有里 …… 253
磯崎 史郎 …… 188	市川 左団次 …… 27, 239	市橋 一宏 …… 4
磯田 光一 …… 109, 115, 138, 139	市川 里美 …… 116	市原 悦子 …… 55, 92, 190, 272, 332, **444**
磯田 道史 …… 276, 356	市川 寿猿(2代) …… 384	市原 佐都子 …… 388
伊園 旬 …… 295	市川 寿海 …… 19, 38	市原 千佳子 …… 336
磯辺 サタ …… 49, 55	市川 準 …… 190, 209, 211, 224, **443**	市原 隼人 …… 284, 315
磯村 一路 …… 243	市川 春猿 …… 306	一穂 ミチ … 399, 406, 412
磯村 勇斗 …… 402, 407, 408, 413, 414	市川 昭介 … 177, 199, **443**	一丸 …… 207
磯村 尚徳 …… 96	市川 森一 …… 122, 135, 174, 175, 183, **443**	一丸 章 …… 86
磯村 英樹 …… 50	市川 新之助 … 253, 258, 265	市村 薫 …… 195
礎山 晶 …… 394	市川 翠扇 …… 71	市村 正親 …… 124, 142, 206, 245, 272, 299, 320, 409, 415, **444**
井田 誠一 …… 14	市川 染五郎(6代) …… 54, 58, 71	一柳 慧 …… 379
井田 真木子 … 196, 210	市川 染五郎(7代) …… 232, 252, 272, 291, 358	市山 尚三 …… 382
板垣 巴留 …… 379	市川 染五郎(8代) …… 414	市山 隆一 …… 235
板垣 真任 …… 349	市川 團子(5代) …… 415	伊調 馨 …… 287, 340, 366, 367
伊丹 十三 …… 141, 147, 148, 154, 168, 169, 172, 176, 205, **440**	市川 團十郎(12代) … 163, 306, 326, **444**	一龍斎 貞山 …… 186
		一輪亭 花咲 …… 98
		イチロー …… 219, 220, 221, 225, 227, 234, 246, 266, 267, 294, 321
		一路 晃司 …… 323

一路 真輝 … 233, 238, 365	伊藤 清永 …… 234	伊藤 真貴子 …… 240
樹 なつみ …… 214, 240	伊藤 国光 …… 165	伊藤 牧子 …… 80
五木 ひろし …… 79, 87, 88, 92, 97, 102, 103, 107, 113, 124, 125, 130, 131, 136, 137, 142, 143, 149, 150, 156, 157, 163, 170, 171, 177, 184, 185, 206, 245, 279, 286, 320, 359, **445**	**伊藤 桂一** …… 22, 44, 138, 146, 254, **448**	伊藤 正男 …… 234
	伊藤 計劃 … 321, 340, 347	伊藤 雅子 …… 181, 353
	伊東 乾 …… 297	伊藤 正徳 …… 44
	伊東 玄聖 …… 411	伊藤 昌洋 …… 78
	伊藤 健太郎 …… 383	伊藤 正己 …… 253
	伊藤 沙莉 …… 383, 389, 394, 402	伊藤 大 …… 339
		伊藤 松郎 …… 91
	伊藤 佐喜雄 …… 13	いとう みく …… 356, 388, 394, 399
五木 寛之 …… 59, 99, 126, 267, 322, **447**	**伊藤 咲子** … 92, 97, **448**	
	伊藤 繁雄 …… 72	伊東 美咲 …… 290, 291, 292, 294
逸木 裕 …… 362, 399	伊東 静雄 …… 7, 12	
いっこく堂 …… 252	伊東 潤 …… 342	伊藤 瑞希 …… 402
一色 紗英 …… 224, 225, 230, 231	伊藤 純 …… 376	伊藤 通明 …… 310
	伊藤 俊治 …… 166	伊藤 みどり …… 187
一色 さゆり …… 355	伊藤 俊也 … 135, 161, **448**	伊藤 美誠 …… 398
一色 次郎 …… 62	伊東 四朗 …… 193, 198, 305, 345, 403	伊藤 悠 …… 340
一色 伸幸 …… 174, 189, 209, 396		伊藤 遊 …… 283, 343
	伊藤 進一 …… 388	伊藤 悠子 …… 362, 413
一色 まこと …… 227, 314	**伊藤 信吉** …… 99, 115, 209, 228, 241, 269, **448**	伊東 祐治 …… 6
一色 真理 …… 121		伊藤 雄之助 …… 48
一世風靡セピア …… 150	伊藤 真司 …… 269	**伊東 ゆかり** … 64, 163, **449**
イッセー尾形 …… 149, 164, 184, **447**	伊藤 心太郎 …… 359, 365	伊藤 之雄 …… 335
	伊藤 整 … 49, 59, 73, **449**	伊藤 由奈 …… 293
一刀 研二 …… 3	いとう せいこう … 249, 342	**伊藤 蘭** …… 129, 184, 344, **450**
逸見 政孝 …… 212	**伊藤 大輔** …… 3, 4, 44, 45, 51, 78, **449**	
五輪 真弓 …… 124		伊藤 理佐 …… 293, 301
井手 俊郎 …… 18, 21, 24, 26, 29, 31, 50, 59, 74, 134, **447**	伊藤 孝雄 …… 64	伊藤 里菜 …… 414
	伊藤 たかみ … 222, 256, 295	伊藤 礼 …… 196
	伊藤 匠 …… 404	伊東 亘 …… 200
いで はく …… 156, 313, 409, **448**	**伊藤 武郎** …… 100, 264, 270, **449**	到津 伸子 …… 276
		糸賀 美賀子 …… 175
井出 孫六 …… 90, 159	伊東 忠太 …… 15	井戸川 射子 …… 375, 393, 399, 411
井手 雅人 …… 37, 44, 53, 56, 66, 110, 122, 140, 202, **448**	伊藤 つかさ … 129, 130	
	伊藤 光彦 …… 134	糸川 英夫 …… 120
	伊東 信宏 …… 315	井戸木 鴻樹 …… 347
いど あきお …… 95	伊藤 典子 …… 124	糸谷 哲郎 …… 308
糸井 重里 …… 145, 179	伊東 英朗 …… 388	糸永 えつこ …… 283
伊東 蒼 …… 371, 402	伊藤 英明 … 260, 263, 351	いとのり かずこ …… 79
伊藤 朱里 …… 355	伊藤 秀男 … 203, 263	糸屋 鎌吉 …… 160
伊藤 淳史 …… 272, 297	伊藤 秀雄 …… 166	絲山 秋子 …… 275, 281, 288, 361
伊藤 伊那男 …… 375	伊藤 秀裕 …… 216	
伊藤 氏貴 …… 267	いとう ひろし …… 196, 230, 243, 277	伊奈 かっぺい …… 171
伊藤 英治 …… 210		稲泉 連 …… 290
伊藤 永之介 …… 10, 25	伊藤 沆 …… 12	稲賀 繁美 …… 235
伊藤 和子 …… 46, 52	伊藤 博 …… 249	稲垣 一城 …… 47
伊藤 和典 …… 223	伊藤 比呂美 …… 248, 289, 303, 310	稲垣 きくの …… 59
伊藤 一彦 …… 221, 289, 310, 317, 354, 355, 375		稲垣 吾郎 …… 325
	伊藤 麻衣子 …… 143	稲垣 史生 …… 13
伊藤 嘉朔 …… 49		稲垣 足穂 …… 69
伊藤 清 …… 315		

稲垣 友美 …………… 29	井上 貴博 …………… 396	猪又 勝人 …… 20, 21, 23
稲垣 浩 … 17, 18, 123, **450**	**井上 堯之** … 170, 171, **451**	**猪俣 公章** ………… 92,
稲垣 昌子 …………… 57	井上 雄彦 …… 220, 259,	130, 185, **452**
稲垣 理一郎 …… 379, 410	273, 314, 315, 408, 410	井之脇 海 …………… 311
稲川 方人 …… 195, 303	井上 忠夫 …………… 64	伊庭 長之助 ………… 64
稲木 信夫 …………… 242	井上 千津子 ………… 126	井原 敏 …………… 22
稲田 竜吉 …………… 15	井上 剛 …………… 363	伊原 敏郎 …………… 6
因幡 晃 …………… 102	井上 哲夫 …………… 72	井原 まなみ …… 99, 153
稲葉 京子 …………… 296	井上 俊夫 …………… 34	伊原 通夫 …………… 34
稲葉 真弓 …………… 202,	井上 尚弥 …………… 379,	茨 隆太郎 …………… 404
309, 315, 329	404, 410, 416	茨木 和生 …… 262, 362
稲葉 守治 …………… 306	井上 奈奈 …………… 407	井深 大 …………… 207
稲見 一良 …………… 195	井上 ねこ …………… 374	伊吹 和子 …………… 216
稲村 格 …………… 73	井上 望 …… 118, 119	伊吹 有喜 …………… 393
稲本 ミノル ………… 373	**井上 ひさし** ………… 79,	**伊福部 昭** ………… 29,
稲森 いずみ ………… 238	81, 115, 119, 126, 132,	32, 305, **452**
戌井 昭人 …… 348, 362	138, 160, 195, 247,	**井伏 鱒二** …………… 9,
戌井 市郎 …………… 25,	254, 273, 309, 320, **451**	18, 28, 59, 62, 77, **452**
307, 313, **450**	いのうえ ひでのり	**今 いくよ** …… 131, 137,
いぬい とみこ …… 27,	…………… 299, 359	151, 164, 171, 178, **453**
33, 45, 51, 57, 140, **450**	井上 広雄 …………… 4	今 喜多代 …… 61, 80
乾 ルカ …………… 295	伊野上 裕伸 ………… 215	**今 くるよ** …… 131, 137,
乾 緑郎 …………… 322	井上 文太 …………… 326	151, 164, 171, 178, **453**
犬飼 和雄 …………… 66	井上 真央 …………… 299,	伊馬 春部 …………… 53
犬飼 六岐 …………… 255	306, 331, 337	今井 功 …………… 180
犬塚 堯 …… 70, 146	井上 正子 …………… 174	今井 絵理子 ………… 258
犬塚 稔 …………… 305	井上 雅人 …………… 50	**今井 和子** … 64, 108, **453**
犬塚 理人 …………… 375	井上 光晴 …………… 74	今井 恭子 …………… 376
犬童 一心 …………… 249,	井上 美悠紀 ………… 187	今井 杏太郎 ………… 256
277, 290, 291	井上 もんた ………… 249	今井 清隆 …………… 199
犬伏 孝行 …………… 253	**井上 靖** … 6, 7, 8, 18, 33,	今井 邦博 …………… 223
犬丸 一郎 …………… 159	36, 38, 44, 49, 69, 103,	**今井 正** …… 16, 18,
犬丸兄弟 …………… 207	120, 132, 145, 180, **451**	20, 25, 32, 34, 35, 40,
犬山 丈 …………… 268	井上 八千代(4代) … 194	78, 91, 197, 204, **453**
猪野 謙二 …………… 44	井上 由美子 ………… 224,	今井 達夫 …………… 8
猪野 睦 …………… 282	245, 283, 292, 297, 299	今井 朋彦 …… 233, 332
井上 鑑 …………… 130	**井上 陽水** …………… 92,	今井 直次 …………… 206
井上 荒野 … 309, 329, 361	97, 157, **452**	今井 雅之 …… 200, 224
井上 薫 …………… 10	井上 洋介 …………… 58,	今井 政之 …………… 379
井上 和雄 …………… 166	175, 216, 256, **452**	今井 了介 …………… 384
井上 康生 …………… 260	井上 芳雄 …………… 293,	今泉 篤男 …………… 34
井上 こみち ………… 283	307, 339, 359	今泉 みね子 ………… 250
井上 先斗 …………… 412	井上 ヨシマサ …… 339, 346	今泉 吉晴 …… 270, 276
井上 修一 …………… 207	井上 りつ子 ………… 212	**今江 祥智** …………… 91,
井上 順 …………… 409	井上 林子 …………… 324	106, 230, **454**
井上 純之 …………… 111	井上 和香 …………… 279	今尾 哲也 …………… 205
井上 順之 …………… 79	井口 洋夫 …………… 267	いま 寛大 …… 88, 280, 286
井上 章一 …………… 159	猪熊 功 …… 55, 58	今子 正義 …………… 78
井上 頌一 …………… 205	井下 靖央 …………… 238	今津 寛 …………… 200
井上 孝雄 …………… 164	猪瀬 直樹 …………… 167	今瀬 剛一 …………… 303
井上 隆史 …………… 386	猪瀬 博 …………… 201	今田 美桜 …… 402, 413
	猪ノ鼻 俊三 …… 6, 8	

今西 錦司 120
今西 祐行 31, 60, 63,
　70, 122, 187, 196, **455**
今西 寿雄 33
今橋 映子 214
今橋 理子 221
今福 祝 75
今福 龍太 361
今村 章子 159,
　161, 196, 210, **455**
いまむら いづみ ‥ 144, 402
今村 堅洸 157
今村 翔吾 387, 393
今村 昌平 34,
　37, 39, 40, 45, 47, 51,
　53, 54, 59, 60, 63, 64,
　66, 67, 87, 117, 123,
　140, 147, 167, 182, 183,
　190, 236, 237, 238, 243,
　244, 262, 298, 305, **455**
今村 友紀 329
今村 夏子 322,
　　　　　　328, 368, 380
今村 ねずみ 320
今村 昌弘 375
今村 了介 56
今森 光彦 ‥‥ 223, 304, 343
井村 恭一 235
井村 雅代 266
イモ欽トリオ 129, 130
いもと ようこ 382
井森 美幸 157,
　　　　　　　177, 184, 190
井山 裕太 379
伊与原 新 323, 380
伊良 利那 406
入江 喜和 397, 410
入江 相政 104
入江 稔夫 4
入江 悠 357, 414
入江 曜子 180
入沢 康夫 59,
　65, 133, 174, 216,
　235, 269, 296, **456**
入船亭 扇橋 142
入船亭 扇遊 207, 371
イレシュ, ヤロミール
　........................... 123
色川 武大 104,
　110, 133, 173, **457**
岩明 均 213,
　　　　　　234, 327, 340

岩井 克人 276, 411
岩井 謙一 269
岩井 小百合 ‥ 142, 143, **457**
岩井 志麻子 ‥ 248, 255, 267
岩井 俊二 223,
　　　　　　224, 225, 407
岩井 秀人 332, 343
岩井 まつよ 232
岩井 護 66
岩井 三四二 228, 275
岩泉 晶夫 70
巌 弘志 164
岩岡 ヒサエ 333
岩上 峰山 192
岩上 安身 230
岩川 隆 223
岩木 一麻 361
岩城 けい 342
岩城 滉一 106
岩木 誠一郎 375
岩城 武史 104
岩城 裕明 348
岩城 宏之 196
岩口 遼 412
岩国 哲人 247
岩隈 久志 314
岩佐 歩夢 416
岩佐 壮四郎 241
岩佐 なを 222, 362
岩佐 真悠子 285
岩佐 美咲 339
岩阪 恵子 160,
　208, 215, 248, 381, **457**
岩崎 加根子 ‥ 246, 415, **457**
岩崎 京子 39, 73,
　74, 91, 128, 324, **457**
岩崎 恭子 207
岩崎 俊一 347
いわさき ちひろ ‥‥ 31, 45
岩崎 春子 16
岩崎 宏美 96,
　97, 102, 103, 113, 118,
　130, 131, 136, 137, **458**
岩崎 保子 235
岩崎 良美 ‥‥ 124, 125, **458**
岩里 祐穂 320
岩猿 孝広 110
岩重 孝 158
岩下 志麻 45,
　54, 63, 64, 70, 71, 106,
　111, 176, 191, 210, **459**

岩瀬 成子 203,
　311, 350, 356, 394
岩瀬 達哉 283, 388
岩瀬 正雄 255
岩田 和博 307
岩田 功次 403
岩田 剛典 364,
　　　　　　370, 376, 405
岩田 正 262, 296, 329
岩田 恒徳 7
岩田 豊雄 13
岩田 宏 63
岩田 道夫 203
岩館 真理子 207
岩谷 時子 ‥‥ 72, 119, **459**
岩月 悟 302
岩波 茂雄 16
岩成 達也 ‥‥ 127, 181, 316
岩橋 英遠 221
岩橋 邦枝 152,
　202, 215, 336, **459**
岩原 豊子 65
岩淵 喜代子 375
岩渕 鉄哉 167
いわま まりこ 167
岩間 芳樹 128,
　212, 257, **460**
岩松 了 ‥‥ 182, 213, 235
いわむら かずお 154,
　237, 356, **460**
岩本 公水 265
岩本 敏男 128
岩本 ナオ 321
岩山 六太 18, 24

【う】

ウー・ショウイン 177
于 大武 196
ヴァシィ 章絵 295
ヴァルダ, アニェス 60
宇井 あきら 76
有為 エンジェル 195
宇井 伯寿 25
宇井 無愁 9, 11
ウィアー, ピーター 155
ヴィスコンティ, ルキノ
　............................ 67,
　78, 111, 112, 117, 123

ヴィダー, キング ……… 3
ウィタカー, クリス …… 406
ウィデルベルイ, ボー
　……………………… 78
ウィリアムス, G. ……… 27
WINK ………………… 185
w-inds. ……………… 265
植木 正三 …………… 122
植木 等 ……………… 57,
　161, 162, 168, 191, 224,
　305, 306, 311, 312, **460**
植草 圭之助 …………… 16
植草 甚一 ……… 109, 115
宇江佐 真理 ………… 222
上坂 高生 ……………… 28
うえじょう 晶 ……… 400
上杉 香緒里 ………… 225
上杉 昇 ……………… 219
ウェステラ, ベッテ …… 276
上田 篤 ……………… 90
上田 五千石 …………… 66
上田 早夕里 ………… 334
上田 慎一郎 …… 376, 377
植田 紳爾 ……… 212, 265
上田 大輔 …………… 413
上田 岳弘 …………… 342,
　354, 367, 374, 399
上田 としこ …………… 40
上田 誠 ……………… 369
上田 正昭 ……………… 73
植田 まさし ………… 138
上田 三四二 ……… 44, 94,
　140, 145, 159, 173, **460**
上田 美和 …………… 253
上田 桃子 …………… 308
上田 理恵 …………… 173
上武 洋次郎 ……… 55, 69
上津 虞生 ……………… 5
上戸 彩 ……………… 272,
　279, 283, 284, 306, 315
上西 晴治 …………… 208
上野 瞭 ……………… 140
上野 歩 ……………… 215
植野 恵美子 …… 109, 114
上野 樹里 ………… 284,
　291, 304, 312, 313
上野 哲也 …………… 248
上野 登史郎 …………… 33
上野 創 ……………… 276
上野 誠 ……………… 388
上野 雅恵 …………… 287
上野 由岐子 ………… 314

上野本牧亭 ………… 192
上橋 菜穂子 ………… 230,
　256, 276, 283, 355, 411
上畠 菜緒 …………… 380
上原 きみこ ………… 186
上原 謙 ………… 25, 204
上原 浩治 …………… 253
上原 智美 …………… 367
上原 秀樹 …………… 180
上原 ひろみ ………… 299
上原 善広 …………… 324
上間 陽子 …………… 393
上前 淳一郎 ………… 105
植松 三十里 ………… 315
植松 要作 ……………… 45
上村 淳之 …………… 405
植村 花菜 ……… 326, 332
上村 松園 ……………… 18
上村 松篁 …………… 152
植村 鞆音 …………… 304
植村 直己 …………… 95,
　103, 114, 151, **461**
上村 春樹 ……… 98, 103
上村 侑 ……………… 389
上村 渉 ……………… 309
うえやま とち ……… 359
上山 英介 …………… 165
ウェルズ, オースン …… 60
ウエルマン, ウィリアム
　……………………… 4
ヴェンダース, ヴィム
　……… 175, 176, 407, 414
ウエンツ 瑛士 ……… 312
魚住 昭 ……………… 283
魚住 勉 ……………… 177
魚住 直子 … 311, 324, 401
魚豊 …………… 404, 411
ウォーリー木下 …… 410
浮島 吉之 ……………… 5
浮世 夢介 ……………… 7
浮世亭 ケンジ ……… 108
浮世亭 三吾 …………… 84
浮世亭 十吾 …………… 84
浮世亭 ジョージ …… 108
宇崎 竜童 ………… 102,
　108, 251, **461**
宇佐美 彰朗 …………… 76
宇佐美 英治 ………… 134
宇佐美 承 …………… 134
宇佐美 まこと ……… 368
宇佐見 りん …… 381, 386

宇沢 弘文 …………… 240
氏家 暁子 ……………… 28
牛尾 治朗 …………… 132
牛尾 八十八 …………… 7
牛島 憲之 …………… 145
牛原 虚彦 ‥ 3, 4, 148, **461**
牛山 純一 …………… 75,
　79, 101, **461**
有城 達二 ……………… 39
右城 暮石 ……………… 77
臼井 二美男 ………… 366
薄井 ゆうじ ………… 173
臼井 吉見 …………… 30,
　90, 139, **462**
兎束 まいこ ………… 368
宇宿 一成 …………… 323
白澤 みさき ………… 339
宇多 喜代子 ………… 262,
　336, 354, 380
宇田川 優子 ………… 182
歌代 朔 ………… 337, 407
歌田 年 ……………… 380
宇多田 ヒカル ……… 252,
　258, 272, 279,
　313, 365, 378, 415
歌野 晶午 …………… 282
ウータン, カー ……… 243
打海 文三 ……… 209, 268
内川 吉男 …………… 167
打木 村治 …………… 34,
　80, 111, **462**
内澤 旬子 …………… 330
内柴 正人 …………… 287
内田 あかり ………… 185
内田 栄一 …………… 90,
　128, 146, **462**
内田 けんじ ………… 291,
　337, 338, 344
内田 樹 ……………… 304
内田 亨 ……………… 24
内田 吐夢 ……………… 8,
　9, 11, 54, 57, **462**
内田 弘 ……………… 323
内田 稔 ……………… 193
内田 棟 ……………… 366
内田 康夫 …………… 303
内田 也哉子 ………… 312
うちだ 優 …………… 110
内田 裕也 ………… 140,
　160, 161, 162, **462**
内田 洋子 …………… 330

内田 祥三	……………	84
内田 義彦	……………	126
内田 理央	……………	377
内田 麟太郎	……………	237
内館 牧子	……………	205
内野 聖陽	……………	243, 246, 285, 293, 319, 384
内野 真澄	……………	258
内村 航平	……………	321, 360
内村 直也	……………	49
内山 恵司	……………	103, 178
内山 晶太	……………	342
内山 葉杜	……………	388
内山 理名	……………	297
内山田洋とクール・ファイブ	……………	72, 75, 76, 83, 88, 97, 102, 108, 113, 130, 143, 150
宇津井 健	……………	67, 68, 299, **463**
宇津木 健太郎	……………	412
宇津木 妙子	……………	294
宇津木 美都	……………	379
宇月原 晴明	……………	248, 296
ウッチャンナンチャン	……………	177, 184, 198
宇都宮 健児	……………	207
宇都宮 雅代	……………	71, 86
内海 英華	……………	339
内海 桂子	……………	136, 155, 178, 191, **463**
内海 健	……………	386
内海 好江	……………	136, 155, 178, 191, **463**
内海 隆一郎	……………	70
有働 薫	……………	323
海原 お浜	……………	65, 98
海原 かける	……………	98
海原 かなた	……………	259
海原 小浜	……………	65, 98
海原 千里	……………	84
海原 ともこ	……………	240, 293, 314, 340, 372
海原 はるか	……………	259
海原 万里	……………	84
海原 めぐる	……………	98
海原 やすよ	……………	240, 293, 314, 340, 372
宇野 碧	……………	399
宇野 亞喜良	……………	353
宇野 イサム	……………	256, 257
宇能 鴻一郎	……………	44
宇野 浩二	……	10, 19, **463**
宇野 重吉	……………	17, 30, 40, 46, 69, 84, 125, **463**
宇野 祥平	……………	388, 389
宇野 誠一郎	……………	186, **463**
宇野 千代	……………	33, 36, 77, 132, **463**
宇野 信夫	……………	75, 107
宇野 康秀	……………	267
生方 たつゑ	……………	33, 121
冲方 丁	……	280, 323, 336
生方 美久	……………	402
海月 ルイ	……………	241
羽海野 チカ	……………	280, 333, 334, 353
海野 つなみ	……………	359
海辺 鷹彦	……………	146
梅垣 達志	……………	143, 156
梅棹 忠夫	……………	221
梅崎 春生	……………	26, 28, 49, 56, **463**
うめざわ しゅん	……………	404
梅沢 富美男	…	142, 143, **464**
梅沢 浜夫	……………	49
梅沢 昌代	……………	293, 359
楳図 かずお	……	93, 410, 416
梅津 時比古	……………	274
梅田 俊作	……………	147, 237
梅田 智子	……………	74
梅田 晴夫	……………	18
梅田 英俊	……………	55
梅田 佳声	……………	147, 237
梅内 美華子	……………	328, 336
梅野 泰靖	……………	119
梅林 貴久生	……………	164
梅原 克文	……………	229
梅原 猛	……	80, 89, 253
梅原 龍三郎	……………	24
梅原 稜子	……………	228
梅村 清明	……………	120
梅本 利三	……………	41
梅若 万三郎	……………	16, 365
梅若 盛義	……………	200
鵜山 仁	……	177, 252, 266, 279, 319, 320, 359, 391
浦井 健治	……………	293, 320, 353, 365
浦岡 敬一	……………	140
浦上 幹子	……………	163
浦川 智子	……………	177
浦沢 直樹	……………	186, 253, 259, 266, 273, 294, 315, 328
浦山 桐郎	……………	47, 48, 50, 70, 71, 95, 105, 122, 123, **464**
浦山 翔	……………	167
売野 雅勇	……………	149
瓜生 卓造	……………	104
漆原 友紀	……………	300
うるし山 千尋	……………	400
ウルフルズ	……………	232
運上 旦子	……………	121

【え】

永 六輔	……………	40, 52, 92, 136, 163, 170, 258, 272, 305, 345, 415, **464**
榮倉 奈々	……………	324, 325
瑛太	…	313, 318, 319, 345
瑛人	……………	390
永福 一成	……………	333
江頭 憲治郎	……………	416
江上 波夫	……………	201
江川 悦子	……………	394
江川 卓	……………	159
EXILE	……………	286, 293, 307, 313, 320, 326, 346
EXILE ATSUSHI	……………	352
江口 夏実	……………	398
江口 のりこ	……	401, 415
江口 寿史	……………	207
江口 富士枝	……	28, 35, 41
江國 香織	……………	202, 268, 275, 322, 335, 355
AKB48	……………	320, 333, 339, 346, 384
江崎 誠致	……………	33
江崎 雪子	……………	167
江崎 玲於奈	……………	93
江代 充	……	256, 381
STY	……………	365
江角 マキコ	……………	224, 225, 231, 244, 251
江副 信子	……………	230
頴田島 一二郎	……………	7
枝元 萌	……………	403
エック, ニコライ	……………	5
X (現・X JAPAN)	……	185
エディ藩	……………	137

エドアルド ……… 365
江藤 淳 ……… 47, 73, 94
江藤 潤 ……… 101, 106
江藤 正基 ……… 144
江戸川 乱歩 ……… 22
エド・はるみ ……… 314
江戸家 小猫 ……… 384
江戸家 猫八(3代)
　……… 137, 155, **464**
江夏 豊 ……… 69, 161
江波 杏子 ……… 57,
　87, 325, **465**
えなり かずひこ …… 270, 285
えぬえ けい ……… 320
NGT48 ……… 372
榎木 孝明 ……… 154
榎戸 崇泰 ……… 371
榎本 泰子 ……… 247
榎本 好宏 ……… 317
江場 秀志 ……… 153
江橋 節郎 ……… 98
絵原 研一郎 ……… 161
江原 真二郎 ……… 34, 233
海老一 染太郎 ……… 149
海老一 染之助 ……… 149
海老沢 敏 ……… 132
海老沢 泰久 ……… 173, 215
Every Little Thing
　……… 245, 265
エム・ナマエ ……… 182, 277
Aimer ……… 397, 409
柄本 明 ……… 135,
　244, 250, 278, 324,
　325, 331, 358, **465**
江本 孟紀 ……… 145
柄本 佑 ……… 277,
　363, 376, 377, 390, 401
恵本 裕子 ……… 234
江守 徹 ……… 88, 306, **465**
江利 チエミ ……… 52, **465**
L.Lブラザーズ ……… 198
袁犀 ……… 14
円城 塔 …… 303, 323, 328,
　340, 347, 368, 379, 411
円地 文子 ……… 26,
　33, 59, 69, 80, 158, **465**
円鍔 勝三 ……… 180
遠藤 一雄 ……… 165
遠藤 かたる ……… 405
遠藤 要 ……… 325
遠藤 公男 ……… 147

遠藤 憲一 ……… 358
遠藤 周作 …… 28, 36, 59,
　109, 121, 208, 227, **466**
遠藤 純子 ……… 248
遠藤 純男 ……… 120
遠藤 啄郎 ……… 144
遠藤 武文 ……… 315
遠藤 てるよ ……… 45, 111
遠藤 徹 ……… 275
円堂 都司昭 ……… 316
遠藤 みえ子 ……… 407
遠藤 実 ……… 119,
　156, 321, **466**
遠藤 幸雄 …… 43, 49, 55,
　61, 69, 76, 84, 93, **466**

【お】

呉 美保 ……… 350, 351
及川 賢治 ……… 304
及川 貞 ……… 63
及川 章太郎 ……… 256
及川 眠子 … 185, 326, 333
及川 均 ……… 81
及川 光博 ……… 263
生沼 スミエ ……… 65
王 貞治 …… 89, 93, 103,
　109, 253, 301, 314, **466**
旺 なつき ……… 353
扇田 征夫 ……… 6
扇畑 忠雄 ……… 229
逢坂 剛 ……… 121, 160,
　166, 342, 355, 380, **467**
逢坂 みえこ ……… 200
近江 孝彦 ……… 163
近江 靖子 ……… 64
欧陽 菲菲 ……… 79,
　83, 143, **467**
オーエンズ, ディーリア
　……… 393
大池 晶 ……… 131
大池 唯雄 ……… 8, 9
大石 悦子 ……… 343, 393
大石 圭 ……… 209
大石 静 ……… 232, 413
大石 直嗣 ……… 353
大石 直紀 ……… 361
大石 真 ……… 25,
　51, 189, 196, **467**
大石 昌美 ……… 292

大石 円 ……… 206
大石 芳野 ……… 237
大泉 逸郎 ……… 259
大泉 実成 ……… 182
大泉 芽衣子 ……… 261
大泉 洋 ……… 357, 377
大今 良時 ……… 360, 385
大内 延介 ……… 172
大内 仁 ……… 58, 65, 72
大内 曜子 ……… 195
大内 与五郎 ……… 70
大内 義昭 ……… 219
大浦 みずき ……… 286
大江 いくの ……… 188
大江 健三郎 ……… 36,
　52, 62, 85, 133, 138,
　146, 187, 214, **467**
大江 賢次 ……… 4
大江 志乃夫 ……… 152
大江 崇允 ……… 395, 402
おおえ ひで ……… 78
大江 麻衣 ……… 342
大岡 玲 ……… 180
大岡 昇平 …… 21, 44, 77,
　89, 93, 110, 173, **467**
大岡 信 ……… 70,
　77, 120, 180, 181, 209,
　215, 228, 280, **468**
大鋸 一正 ……… 229
大賀 典雄 ……… 138
大方 斐紗子 ……… 409
大川 栄策 …… 142, 143, **468**
大川 とみ ……… 33, 35
大川 橋蔵 ……… 136
大川 婦久美 ……… 246
大河原 邦男 ……… 340
仰木 彬 ……… 227
大木 惇夫 ……… 14
大木 あまり ……… 322
大木 こだま ……… 171,
　200, 207, 233, **468**
大木こだま・ひびき
　……… 293, 300
大木 潤子 ……… 406
大木 ひびき ……… 171,
　200, 207, 233, **468**
大木 実 ……… 202
大木 靖 ……… 35
大儀見 薫 ……… 172
大木本 実 ……… 82
おおぎやなぎ ちか

```
..................  363, 376
大串 章 ................  289
大楠 道代 ............  60,
    122, 128, 244, 257,
    277, 278, 332, 468
大口 玲子 ............  249,
    296, 334, 336, 394
大久保 智曠 ...........  121
大久保 婦久子 .........  260
大久保 房男 ...........  194
大久保 操 .............  77
大倉 百人 .............  170
大栗 道栄 .............  215
大暮 維人 .............  300
大黒 東洋士 ...........  204
大古 誠司 .............  84
大河内 伝次郎 .........  48
大坂 なおみ ...........  379
大崎 清夏 .............  343
大崎 二郎 ........  139, 140
大崎 善生 ........  256, 262
大笹 吉雄 .............  152,
    194, 302, 345, 469
大里 えり .............  150
大沢 在昌 .............  195,
    209, 281, 323, 349
大沢 逸美 ........  143, 469
大沢 啓二 .............  327
大沢 たかお  298, 319, 414
大澤 信亮 .............  302
大路 三千緒 ...........  220
大鹿 卓 .............  7, 13
大鹿 靖明 .............  336
大下 一真 .............  289,
    317, 330, 400
大下 宇陀児 ...........  21
大下 英治 .............  152
大下 容子 .............  409
大島 鎌吉 .............  7
大島 史洋 .............  303,
    317, 362, 387
大島 隆之 .............  413
大嶋 拓 ...............  223
大島 司 ...............  220
大島 渚 ...............  42,
    43, 63, 66, 67, 70, 71,
    78, 111, 112, 141, 154,
    250, 251, 257, 344, 469
大島 昌宏 .............  201
大島 真寿美  202, 335, 381
大島 やすいち .........  151

大島 優子 ........  344, 351
大島 弓子 ...  120, 314, 470
大城 立裕 .........  62, 355
大洲 秋登 .............  223
大杉 重男 .............  208
大杉 漣 ..........  244, 371
大隅 良典 .............  367
大関 行江 .............  80
大空 真弓 .........  37, 186
大空 祐飛 .............  332
太田 愛 ...............  411
太田 愛人 .............  122
太田 幸希 .............  199
太田 省吾 ........  110, 146
太田 じろう ...........  40
大田 ステファニー歓人
    ................  406, 411
太田 大八 .............  37,
    70, 105, 128, 470
太田 正 ............  12, 13
太田 千鶴夫 ...........  5
太田 仁吉 .............  25
大田 創 ......  171, 212, 471
太田 英夫 ........  172, 191
太田 裕美 .............  97,
    102, 103, 107, 119, 471
太田 道子 .............  85
太田 靖久 .............  322
太田 雄貴 .............  314
太田 由希奈 ...........  280
太田 洋子 ...........  9, 22
大高 忍 ...............  346
大鷹 不二雄 ...........  302
大滝 詠一 .....  130, 131, 471
大滝 和子 ........  222, 262
大滝 重直 .............  15
大滝 秀治 .........  76, 100,
    101, 286, 320, 344, 471
太田黒 克彦 ...........  15
大竹 しのぶ  95, 96, 100,
    106, 107, 111, 112, 117,
    123, 162, 168, 198, 203,
    204, 238, 244, 251, 257,
    273, 285, 300, 326, 333,
    364, 372, 378, 410, 471
大竹 伸朗 .............  217
大嶽 青児 .............  303
大竹 英洋 .............  407
大谷 朝子 .............  399
大谷 和夫 ........  118, 199
大谷 晃一 .............  78

大谷 省三 .............  42
大谷 翔平 .............  366,
    379, 398, 404, 405, 410
大谷 竹次郎 ..  20, 30, 472
大谷 友右衛門 (7代)
    ................  19
大谷 直子 ........  122, 134
おおたに ひろこ .......  128
大谷 藤子 .......  6, 24, 73
大谷 美和子  182, 196, 230
大谷 桃子 .............  391
大谷 裕三 .............  254
大谷 羊太郎 ...........  73
大谷 従二 .............  146
大谷 亮介 .............  200
大津 あきら ...........  185
大津 光央 .............  355
大塚 愛 ...............  286
大塚 篤子 ........  189, 330
大塚 敦子 .............  263
大塚 已愛 .............  374
大塚 和 ..........  91, 472
大塚 千弘 .............  327
大塚 寧々 .............  271
大塚 博堂 .............  103
大塚 久雄 .............  207
大塚 博美 .............  33
大塚 布見子 ...........  274
大塚 道子 ...  265, 327, 473
大塚 勇三 .............  473
大束 友紀 .............  285
大塚 亮二 .............  299
大槻 ケンヂ .....  221, 227
大月 みやこ ...........  157,
    170, 171, 177, 178,
    206, 207, 239, 346, 473
大辻 伺郎 .............  84
大辻 隆弘 ...  276, 369, 413
大坪 孝二 .............  181
大坪 砂男 .............  19
大鶴 義丹 .............  188
大寺 龍雄 .............  34
大友 克洋 .............  138,
    145, 151, 225, 340, 473
大友 啓史 .............  332
鳳 啓助 ..........  65, 101
鴻 みのる .............  50
鳳 ゆう太 .............  76
鳳 蘭 ..  131, 164, 198, 226,
    319, 320, 326, 391, 474
鳳 らん太 .............  76
```

大西 民子 …… 133, 202	大原 富枝 …… 14, 33, 41, 73, 235, **476**	大山 志保 …… 301
大西 鉄之祐 …… 158		大山 誠一郎 …… 399
大西 暢夫 …… 324, 330	大原 誠 …… 190	大山 忠作 …… 301
大西 浩仁 …… 259	大原 まり子 …… 194, 200, 221, 247	大山 尚利 …… 289
大西 正文 …… 240		大山 康晴 …… 93, 98, 103, 126, 165, 172, 207, **477**
大西 睦美 …… 83	大原 れいこ …… 175	
大西 幸 …… 254	大原 麗子 …… 60, 83	生頼 範義 …… 126, 360, 367
大野 克夫 …… 108, 113, 306, 372, **474**	大樋 年朗 …… 334	大脇 三千代 …… 297
	大久 秀憲 …… 255	大和田 伸也 …… 83
大野 健一郎 …… 214	大日向 葵 …… 24	大和田 俊之 …… 328
大野 智 …… 312, 338, 351, 364	大平 千枝子 …… 48	岡 潔 …… 43, 49
	大牧 広 …… 355, 381	おか けんた …… 240, 253
大野 新 …… 110	大政 絢 …… 319	岡 鹿之助 …… 84
大野 晋 …… 180	大間知 靖子 …… 137	丘 修三 …… 210
大野 隆也 …… 128	大松 達知 …… 349	岡 慎之助 …… 416
大野 誠夫 …… 146	大水 綾子 …… 405	**岡 千秋** …… 124, 143, 149, 150, 259, **477**
大野 裕之 …… 354	大道 二郎 …… 36	
大野 百花 …… 331	大峯 あきら …… 269, 322, 330, 356	岡 信子 …… 243
大野 靖子 …… 134		岡 典子 …… 405
大野 雄二 … 239, 359, **474**	大村 喜吉 …… 44	岡 八朗 …… 293
大野 林火 …… 70	大村 幸弘 …… 128	岡 仁詩 …… 131
大の里 泰輝 …… 416	大村 智 …… 360	丘 みつ子 …… 67, 75
大場 恵美子 …… 80	おおむら たかじ …… 362	おか ゆうた …… 240, 253
大庭 さち子 …… 10	大村 彦次郎 …… 247	岡 義武 …… 165
大庭 三郎 …… 97	**大村 雅朗** …… 136, **476**	**岡井 隆** …… 140, 181, 222, 247, 249, 281, 303, 317, **477**
大庭 秀雄 …… 20	大村 麻梨子 …… 229	
大場 政夫 …… 80, 84	大村 友貴美 …… 303	岡江 多紀 …… 115
大場 満郎 …… 240	大牟羅 良 …… 36, 37	岡倉 志朗 …… 19
大庭 みな子 …… 65, 94, 133, 159, 181, 188, 228, 275, **474**	大室 幹雄 …… 281	岡倉 禎志 …… 343
	大森 歩 …… 382	岡崎 京子 …… 287
	大森 一樹 …… 122, 123, 168, **476**	岡崎 乾二郎 …… 399
大橋 喜一 … 31, 59, 66, **474**		**岡崎 宏三** …… 106, **477**
大橋 巨泉 …… 71, 79	大森 栄 …… 101	**岡崎 栄** …… 111, 232, **478**
大橋 純子 …… 137, **475**	大森 静佳 …… 349	**岡崎 清一郎** …… 11, 42, 78, 81, **478**
大橋 貴洸 …… 386	大森 淳郎 …… 413	
大橋 ツヨシ …… 246	大森 寿美男 …… 249, 258	岡崎 忠彦 …… 367
大橋 也寸 …… 84	大森 立嗣 … 344, 377, 389	岡崎 恒子 …… 398
大橋 泰彦 …… 174	大森 南朋 … 277, 306, 311	岡崎 ひでたか …… 363
大橋 弥生 …… 31	大森 望 …… 347, 354, 360, 386	岡崎 弘明 …… 188
大橋 芳枝 …… 171		岡崎 守恭 …… 194
大畑 末吉 …… 57	大森 美香 …… 285, 358	岡崎 友紀 …… 75
大濱 普美子 …… 399	大森 実 …… 21	岡崎 義恵 …… 10
大林 恭子 …… 389	大森 嘉之 …… 203, 204	岡崎 祥久 …… 234, 255
大林 清 …… 14	大森兄弟 …… 316	岡沢 ゆみ …… 243
大林 宣彦 …… 106, 134, 154, 155, 175, 176, 183, 203, 217, 274, 370, 371, 377, 388, 389, **475**	大矢 市次郎 …… 27	小笠原 あむ …… 249, 255
	大宅 壮一 …… 55	小笠原 茂介 …… 133
	大矢 弘子 …… 55	小笠原 瀧 …… 349
	大家 増三 …… 81	小笠原 豊樹 …… 341
大原 清秀 …… 153	大藪 郁子 …… 108, 128	小笠原 克 …… 46
大原 興三郎 … 122, 217, **476**	**大山 勝美** …… 58, 106, 135, 238, **476**	岡島 伸吾 …… 222
大原 櫻子 …… 404		

岡嶋 二人 ……… 133, 160
尾形 明子 ……………… 152
岡田 彰布 ……………… 411
緒方 明 …… 256, 257, 291
岡田 暁生 ……… 260, 394
岡田 温司 ……………… 309
岡田 恵美子 …………… 134
緒方 規矩子 …………… 391
緒形 拳 ……………… 58,
　82, 111, 112, 117, 129,
　141, 142, 147, 168,
　192, 312, 318, 319, **478**
岡田 健史 ……… 389, 395
緒方 孝市 ……………… 367
岡田 孝進 ……………… 241
緒方 貞子 ……………… 280
岡田 三郎助 …………… 9
岡田 茂 …… 60, 225, **478**
岡田 淳 ……………… 168,
　175, 223, 401, **479**
岡田 准一 ……… 292, 298,
　350, 351, 357, 384, 395
緒方 晋 ………………… 415
岡田 誠三 ……………… 15
岡田 桑三 ……………… 45
尾形 大作 ……… 136, 137
岡田 隆彦 ……………… 153
岡田 武史 ……………… 327
岡田 武松 ……………… 19
岡田 太郎 ……………… 87
岡田 節人 ……………… 308
岡田 利規 ……………… 290,
　385, 386, 399
尾形 敏朗 ……………… 197
岡田 とみ ……………… 46
緒方 知三郎 …………… 35
岡田 智彦 ……………… 268
岡田 なおこ …… 203, 277
緒形 直人 …………… 175,
　176, 177, 182, **479**
岡田 奈々 ……………… 96,
　97, 100, 102, **479**
岡田 日郎 ……………… 202
岡田 信子 ……………… 115
緒方 昇 ………………… 73
岡田 弘隆 ……………… 172
岡田 将生 ……………… 318,
　319, 324, 325, 377
岡田 麿里 ……………… 408
岡田 万里子 …………… 341
岡田 茉莉子 ‥ 37, 48, **479**

尾形 充弘 ……………… 379
岡田 裕介 …… 74, 395, **479**
岡田 有希子 …………… 149,
　150, 157, **479**
岡田 幸文 ……………… 388
岡田 善雄 ……………… 172
岡田 恵和 ……………… 250,
　264, 265, 350, 371
岡田 義之 ……………… 99
小門 勝二 ……………… 48
岡野 功 ………… 55, 58
岡野 薫子 …… 57, 111, **480**
岡野 和 ………………… 66
岡野 弘彦 ……………… 63,
　86, 109, 166, 235, 296,
　303, 393, 398, **480**
岡野 真紀子 …………… 382
岡野 玲子 …… 179, 266, 301
岡部 金治郎 …………… 15
岡部 桂一郎 …… 276, 302
岡部 耕大 ……………… 116,
　167, 178, **480**
岡部 孝信 ……………… 227
岡部 文夫 ……… 127, 167
岡部 冬彦 ……………… 46
岡部 平太 ……………… 49
岡部 幸明 ……………… 52
岡松 和夫 ……………… 39,
　94, 159, 241, **480**
岡村 いずみ …………… 364
岡村 隆史 ……………… 331
岡村 輝一 ……… 84, 114
岡本 綾 ………………… 285
岡本 綾子 ……………… 138,
　151, 172, **480**
岡本 喜八 ……… 39, 59,
　63, 64, 66, 67, 196, 197,
　204, 209, 291, 298, **480**
岡本 圭人 ……………… 415
岡本 健一 ……………… 378,
　385, 390, 391
岡本 好吉 ……………… 77
岡本 澄子 ……………… 160
岡本 忠成 ……………… 57,
　75, 78, 96, 190, **481**
岡本 太郎 …… 44, 209, **481**
岡本 信人 ……………… 74
岡本 浜江 ……………… 230
岡本 眸 …… 77, 302, 303
岡本 啓 …… 349, 355, 369
岡本 舞子 ……………… 157

岡本 真 ………………… 261
岡本 学 ………………… 334
岡本 真夜 ……………… 225
岡本 真理子 …… 93, 103
岡本 南 ………………… 177
岡本 良雄 ………… 12, 21
オカヤ イヅミ ………… 404
岡安 伸治 ……………… 157
岡山 たづ子 …………… 94
小川 一水 ……………… 287,
　301, 334, 354, 386, 392
小川 糸 ………………… 387
小川 悦司 ……………… 307
小川 絵梨子 …………… 333,
　345, 346, 359
小川 和也 ……………… 295
小川 勝己 ……………… 255
小川 喜一 ……………… 33
小川 国夫 ……………… 159,
　214, 241, 247, **481**
小川 恵 ………………… 343
小川 軽舟 ……… 381, 406
小川 顕太 ……………… 188
小川 哲 ………………… 373,
　375, 399, 400, 404, 406
小川 さやか …………… 388
小川 順子 ……………… 97
小川 紳介 ……………… 74,
　135, 168, **481**
小川 大夢 ……………… 12
小川 隆 ………………… 386
緒川 たまき …… 239, 397
小川 津根子 …………… 235
小川 知子 ……………… 63
小川 智子 ……………… 230
小川 直也 ……… 172, 187
小川 範子 ……………… 178
小川 仁央 ……………… 263
小川 寛興 ……………… **482**
小川 宏 ………………… 79
尾川 正二 ……………… 74
小川 真由美 …………… 57,
　79, 117, 123, 190, **482**
小川 みなみ …………… 243
小川 未明 ‥ 15, 19, 27, **482**
小川 泰弘 ……………… 347
小川 弥生 ……………… 280
小川 洋子 … 188, 274, 281,
　282, 295, 334, 386, 392
緒川 莉々子 …………… 316
小川内 初枝 …………… 268

おき

おぎ ぜんた 356
沖 ななも 139
沖 雅也 70
沖井 千代子 270
沖浦 啓之 340
荻上 直子 324
荻須 高徳 165
沖田 修一 344
沖田 一 19
沖田 ×華 379
沖田 浩之 130, 131
荻田 泰永 407
荻堂 顕 412
奥菜 恵 232
沖中 重雄 76
荻野 アンナ ... 195, 261, 308
沖野 瞭 67
荻野目 慶子 123,
   155, 264, 482
荻野目 洋子 150,
   163, 164, 170, 171, 178,
   184, 185, 192, 372, 482
荻原 賢次 43
荻村 伊智朗 28, 30,
   33, 35, 41, 46, 200, 483
沖本 富美代 177
沖本 美智代 177
沖本 幸子 361
尾久 守侑 412
荻世 いをら 296
荻原 健司 ... 207, 214, 220
荻原 規子 237, 297
荻原 浩 235,
   289, 349, 361, 412
奥 慶一 320
奥泉 光 208,
   209, 315, 348, 374, 411
奥田 亜希子 342
奥田 瑛二 162, 180,
   183, 217, 218, 414, 483
奥田 元宋 152
奥田 鉱一郎 188
奥田 小由女 392
奥田 春美 310
奥田 久司 8
奥田 英朗 261,
   282, 302, 316
奥田 亡羊 310, 400
奥田 真理子 316
奥平 大兼 ... 388, 389, 395
奥谷 博 373

小口 禎三 225
小口 正明 195
奥寺 佐渡子 209,
   223, 249, 337
奥中 康人 308
小国 英雄 23,
   24, 26, 29, 37, 42, 47,
   50, 51, 56, 74, 484
奥野 紗世子 381
奥野 修司 290, 297
奥野 健男 208
奥の山 ジョージ 40
おくはら ゆめ ... 324, 382
小熊 英二 356
小熊 捍 34
奥村 チヨ 72, 484
奥村 土牛 49
奥本 大三郎 126, 367
奥山 和由 168, 484
奥山 景布子 302, 374
奥山 清行 308
奥山 融 225
奥山 俊宏 367
小椋 佳 96,
   97, 108, 149, 484
小倉 貞男 152
小椋 幸子 150
小倉 純二 334
小倉 龍男 10
小倉 千恵 195
オグラ トクー 93
小倉 遊亀 126
小栗 克介 219
小栗 康平 ... 128, 129, 134,
   146, 190, 231, 232, 484
小栗 旬 306,
   311, 389, 395
小栗 虫太郎 10
桶谷 秀昭 ... 138, 221, 485
小此木 聡 209
尾崎 一雄 8,
   47, 94, 114, 485
尾崎 紀世彦 ... 79, 89, 485
尾崎 左永子 147,
   249, 362, 485
尾崎 俊介 343
尾崎 士郎 8
小崎 碇之介 31
尾崎 直道 200
尾崎 奈々 70
尾崎 秀樹 55,

   159, 188, 241, 485
尾崎 将司 80,
   93, 179, 187, 194,
   207, 227, 234, 486
尾崎 昌躬 166
尾崎 也 338
尾崎 真理子 ... 347, 354, 399
尾崎 豊 486
尾崎 諒馬 242
小笹 正子 39
長田 敦司 241
長田 育恵 378, 407
小佐田 定雄 179, 397
長田 新 22
長田 達也 382
長田 紀生 81, 100
長田 典子 387
長田 弘 132,
   256, 317, 341, 486
小山内 圭 397
小山内 弘海 189
小山内 美江子 132,
   201, 225, 285, 486
小山内 龍 11
小佐野 彈 381
長部 日出雄 85,
   115, 166, 182, 267, 486
大佛 次郎 4,
   18, 52, 55, 69, 89, 486
小沢 栄太郎 16, 150
小沢 吉太郎 131
小沢 慧一 413
小沢 聡 82
小沢 昭一 40,
   60, 87, 92, 119, 249,
   259, 292, 306, 487
小澤 征爾 315, 337
小沢 正 60
小沢 冬雄 90
小沢 碧童 41
小沢 真理 227
小澤 實 288, 392, 412
おざわ ゆき 379
小澤 征悦 277
押井 守 287, 487
小塩 節 249
小鹿 進 3
忍足 亜希子 251, 414
緒島 英二 217
押山 清高 415
オズ, フランク 151

おやまた

小津 安二郎 ………… 4, 5, 6, 13, 18, 19, 20, 21, 23, 24, 25, 31, 37, 42, 43, 47, 51, **487**
小月 冴子 ……… 83, 130
オスターグレン 晴子 ……………………… 270
尾瀬 あきら ……… 158
オーセイミ,マリア …… 243
尾関 昌也 ………… 185
小曽根 真 …… 259, 345
織田 明 …………… 344
織田 音也 ………… 108
小田 香 …………… 388
小田 和正 ………… 206, 311, 333, **488**
小田 久郎 …… 221, 394
織田 晃之祐 ……… 122
織田 作之助 ……… 11
小田 滋 …………… 341
織田 正吉 ………… 137
織田 正吾 ………… 31
小田 岳夫 ………… 8
小田 武雄 ………… 26, 28, 31, 33, 36
小田 達也 ………… 177
織田 哲郎 … 192, 199, 219
小田 凱人 …… 410, 416
オダ トモヒト …… 398
小田 実 …………… 235
織田 政雄 ………… 43
小田 雅久仁 …… 316, 405
織田 まり ………… 326
織田 幹雄 ………… 5
織田 みずほ ……… 268
小田 稔 …………… 214
小田 泰正 ………… 127
小田 裕一郎 ……… 130
織田 裕二 … 201, 254, 257
尾高 修也 ………… 81
小田切 敬子 ……… 133
オダギリ ジョー …………… 283, 284, 291
小田切 進 ………… 85
小田切 秀雄 …… 109, 173
小田島 雄志 … 120, 327, **489**
小田原 ドラゴン …… 266
越智 典子 ………… 297
越智 宏倫 ………… 201
落合 英二 ………… 73
落合 恵子 … 132, 243, **489**

落合 聡三郎 ……… 27
落合 信子 ………… 214
落合 博明 ………… 293
落合 弘 …………… 120
落合 博満 ………… 138, 158, 165, **489**
落合 保雄 ………… 197
越智田 一男 ……… 147
OCHA NORMA …… 403
尾辻 克彦 … 121, 139, 167
乙川 優三郎 ……… 228, 262, 268, 341, 354
男闘呼組 …… 176, 177, 178
音羽 菊七 ………… 252
乙羽 信子 ………… 25, 60, 67, 178, 204, 224, 225, 230, 231, **489**
小名木 綱夫 ……… 18
鬼谷 慶子 ………… 416
おニャン子クラブ … 156, 157
小沼 丹 …………… 69
小野 絵里華 ……… 406
おの えりこ ……… 227
小野 かおる ……… 203
小野 兼弘 ………… 228
小野 花梨 ………… 408
小野 紀美子 ……… 99
小野 耕世 …… 301, 353
小野 さとる ……… 143
小野 茂樹 ………… 70
小野 州一 ………… 161
小野 清一郎 ……… 84
小野 誠治 ………… 120
小野 喬 …………… 33, 43, 49, 55, **489**
小野 智華子 ……… 306
小野 竹喬 ………… 103
おの ちゅうこう … 57, 128
小野 十三郎 ……… 89
をの ひなお ……… 404
小野 博通 ………… 209
小野 弥夢 ………… 151
斧 冬二 …………… 36
小野 不由美 ……… 342
小野 正嗣 …… 268, 348
小野 正利 …… 205, 206
尾野 真千子 ……… 326, 338, 343, 345, 370, 395, 402
小野 由紀子 ……… 136
オノ・ヨーコ ……… 125
小野 龍之助 … 95, 167

小野 連司 ………… 77
尾上 克郎 …… 367, 401
尾上 右近 …… 378, 402
尾上 菊五郎(6代) … 17, 19
尾上 菊五郎(7代) … 156, 164, 192, 398
尾上 菊十郎 ……… 299
尾上 菊之丞 ……… 392
尾上 菊之助(5代) … 232, 279, 286, 292, 373, 403, 409
尾上 鯉三 ………… 19
尾上 松緑(2代) … 172, 352, 396, **489**
尾上 多賀之丞(3代) ……………………… 38
尾上 辰之助 ……… 96
尾上 梅幸(7代) …… 17
尾上 梅朝 ………… 35
尾上 松也 ………… 365
小野木 朝子 ……… 73
小野木 学 ………… 74
小野沢 愛子 ……… 65
小野田 勇 ………… 79
小野寺 修 ………… 350
小野寺 史宜 …… 295, 381
小幡 欣治 ……… 31, 92, 97, 178, 213, 300, **490**
小畑 健 …… 253, 280
小畑 友紀 ………… 287
小幡 亮介 ………… 109
尾花 仙朔 …… 146, 362
小花 美穂 ………… 246
小原 勝郎 ………… 33
小原 周子 ………… 368
小原 啄葉 …… 229, 303
小原 武雄 ………… 16
小尾 十三 ………… 15
小尾 美佐 …… 283, 362
大日方 邦子 ……… 301
Official髭男dism …… 384
オフコース ……… 125, 130, 137, 156
小渕 恵三 ………… 253
オブレヒト,テア …… 342
尾美 としのり …… 141
沢瀉 久孝 ………… 58
小山 歩 …………… 268
尾山 篤二郎 ……… 19
小山 正孝 ………… 256
小山田 浩子 …… 322, 341

おりうい　　　　　　　　　754　　　　　　　　人名索引

オリヴィエ, ローレンス
　　　………………… 17
織守 きょうや ……… 355
折口 信夫 ………… 16, 30
オリジナル・ラブ …… 199
折原 一 ……………… 222
織部 泰助 …………… 412
オール巨人 …… 103, 125,
　　131, 137, 144, 151, 158,
　　164, 171, 358, 366, **490**
小流智尼(一条 栄子)
　　………………………… 3
オルドリン, Jr.E.E. …… 73
オール阪神 …… 103, 125,
　　131, 137, 144, 151, 158,
　　164, 171, 358, 366, **490**
オルミ, エルマンノ …… 117
ORANGE RANGE
　　………………… 286, 299
オーロラ輝子 ………… 239
尾鷲 義人 ……………… 185
温 又柔 ………… 316, 363
恩田 侑布子 …………… 361
恩田 陸 …………… 289,
　　　295, 303, 361, 368
恩地 日出夫 ………… 153,
　　　　277, 278, **490**

【か】

カー, アレックス ……… 216
甲斐 京子 …………… 293
甲斐 智枝美 …………… 124
甲斐 智美 …………… 360
甲斐 信枝 …………… 161
甲斐 正人 …………… 372
櫂 未知子 …………… 369
甲斐 幸 ……………… 120
海援隊 ………………… 92
海音寺 潮五郎 ……… 4,
　　　　5, 8, 65, 99, **491**
開高 健 …………… 33,
　　　65, 115, 126, 166, **491**
貝塚 茂樹 …………… 152
開田 裕治 …………… 240
海渡 英祐 ……………… 62
海堂 尊 ……………… 288
海堂 昌之 ……………… 73
海庭 良和 …………… 127
甲斐バンド …………… 113

海宝 直人 …………… 391
カイヤット, アンドレ
　　…………………… 29, 46
カヴァーニ, リリアーナ
　　………………………… 95
ガーウィグ, グレタ …… 408
COWCOW …………… 266
カウフマン, フィリップ
　　………………… 147, 148
帰山 教正 ……………… 54
薫と友樹、たまにムッ
　　ク。………………… 333
加賀 乙彦 …… 62, 85, 115,
　　159, 234, 241, 335, **491**
鹿賀 丈史 …………… 134,
　　　　246, 293, **491**
加賀 まりこ …… 51, 68,
　　123, 128, 331, 344, **491**
加賀美 早紀 …………… 271
各務 三郎 …………… 222
香川 京子 …………… 190,
　　　211, 217, 258, 311
香川 茂 …………… 63, 122
香川 進 …………… 86, 202
香川 照之 …… 257, 270,
　　277, 291, 298, 313, 318,
　　319, 325, 332, 364, 371
香川 ヒサ ……… 209, 303
香川 弘夫 …………… 105
香川 紘子 …………… 236
柿崎 正澄 …………… 293
柿沢 弘治 …………… 126
柿澤 勇人 …………… 410
垣根 涼介 …………… 275,
　　　　282, 289, 406
柿村 将彦 …………… 368
柿本 幸造 ……………… 39
柿本 多映 …… 349, 387, 405
鍵本 肇 ………………… 65
鍵和田 秞子 … 289, 348, 387
賀来 敦子 ……………… 87
賀来 賢人 ……… 390, 394
角田 雅子 …………… 175
角田 光代 …… 229, 274, 282,
　　　295, 302, 328, 335, 348
学天即 ………… 353, 359
Gackt ………………… 281
角幡 唯介 …… 324, 330,
　　335, 343, 354, 373, 375
加倉井 秋を ………… 146
筧 槇二 ……………… 189
梯 久美子 … 297, 361, 369

掛札 昌裕 …………… 182
景山 貴之 …………… 285
景山 民夫 …………… 160,
　　　174, 187, **492**
かこ さとし …………… 95,
　　　297, 308, **492**
鹿児島 寿蔵 …………… 66
伽古屋 圭市 ………… 316
カコヤニス, ミカエル
　　………………………… 57
笠井 潔 ……………… 242
笠井 賢二 ……………… 72
香西 久 ……………… 140
河西 昌枝 ………… 49, 55
笠置 勝一 ……………… 18
笠原 章 ……………… 345
笠原 和夫 … 78, 86, 87, 90,
　　95, 122, 134, 285, **492**
笠原 淳 … 69, 99, 139, **492**
かざま 鋭二 ………… 213
風間 賢二 …………… 242
風間 杜夫 … 140, 141, 144,
　　147, 279, 391, 397, **492**
笠松 茂 ……………… 76,
　　84, 93, 103, 114, **493**
風丸 良彦 …………… 187
風見 章子 …………… 298
風見 慎吾 …………… 143
笠谷 幸生 ……………… 84
風山 瑕生 ……………… 47
カザン, エリア … 29, 46, 248
梶 竜雄 ……………… 104
梶 芽衣子 ……………… 88,
　　111, 112, 225, 389, **493**
梶 よう子 ……… 310, 405
梶井 俊介 …………… 174
香椎 瑞穂 …………… 151
香椎 由宇 …………… 306
梶浦 政務 ……… 110, 167
梶浦 由記 …………… 403
梶尾 真治 …… 120, 200,
　　207, 267, 287, 367, **493**
樫崎 茜 ……………… 311
梶田 隆章 …………… 360
梶永 正史 …………… 341
梶野 悳三 ……………… 17
鹿島 茂 …… 194, 230, 248
加島 祥造 …………… 216
鹿島 丈博 ……… 227, 280
かしまし娘 ……… 61, 293
鹿島田 真希 ………… 242,

　　　　　　　　288, 303, 335
樫本 学ヴ ……………… 273
梶山 俊夫 …… 86, 90, **493**
梶山 広司 ……………… 93,
　　　　　　103, 114, **493**
樫山 文枝 …… 61, 313, **494**
カシュウ タツミ ……… 215
カーシュナー, アービン
　………………………… 123
柏木 伸介 ……………… 361
柏木 ハルコ …………… 379
柏木 義雄 ……………… 290
柏崎 克彦 ……………… 131
柏崎 驍二 ………… 330, 355
柏田 道夫 ……………… 222
柏葉 幸子 … 304, 324, 363
柏原 寛司 ……………… 216
柏原 崇 …………… 231, 250
柏原 兵三 ……………… 62
柏原 眠雨 ……………… 356
柏原 芳恵 ……………… 124,
　　　　　129, 150, 156, **494**
梶原 阿貴 ……………… 401
梶原 さい子 …………… 355
梶原 大暉 ……………… 410
梶原 拓 ………………… 221
梶原 珠子 ……………… 4
和 由布子 ……………… 154
春日 いづみ …………… 381
春日 三球 ……………… 108
春日 太一 ……………… 413
春日 照代 ……………… 108
春日 八郎 ……………… 87,
　　　　　　108, 150, **494**
春日 宏美 ……………… 112
春日 真木子 …… 122, 375
春日井 建 ……………… 255
春日井 梅光 …………… 220
春日野 八千代 ………… 259
カステラーニ, レナート
　………………… 27, 82
霞 流一 ………………… 216
粕谷 栄市 ……………… 77,
　　　181, 255, 281, 412, **494**
粕谷 知世 ……………… 261
加瀬 あつし …………… 253
加勢 大周 ………… 190, 191
加瀬 亮 …… 304, 305, 338
風野 潮 …………… 243, 250
片岡 愛之助 …………… 299,
　　　　　345, 354, 409

片岡 しのぶ …………… 256
片岡 孝夫 …… 71, 164, 232
片岡 球子 ……………… 187
片岡 千恵蔵 ………… 29, 37
片岡 鶴太郎 …………… 149,
　　151, 158, 162, 164,
　　175, 176, 183, 245, **494**
片岡 鉄兵 ……………… 3
片岡 直子 ……………… 229
片岡 仁左衛門(13代)
　………………………… 61, 163
片岡 仁左衛門(15代)
　………………… 359, 409
片岡 秀太郎 …………… 252
片岡 文雄 …………… 99, 242
片岡 真伊 ……………… 411
片岡 弥吉 ……………… 54
片岡 礼子 ………… 263, 271
片桐 はいり …………… 311
かたせ 梨乃 …………… 176
片野 喜章 ……………… 215
片羽 登呂平 …………… 196
片平 なぎさ … 97, 100, **495**
片渕 須直 ……………… 333,
　　　　　363, 364, 379
片山 恭一 ……………… 160
片山 九郎右衛門(10代)
　………………………… 352
片山 健 …… 210, 230, 243
片山 貞美 ……………… 174
片山 慎三 ……………… 402
片山 敬済 ……………… 152
片山 夏子 ……………… 388
堅山 南風 ……………… 69
片山 広子 ……………… 29
片山 万由美 …………… 233
片山 杜秀 ……………… 335
片山 友希 ……………… 395
片山 由美子 …………… 336
硬梨菜 ………………… 410
勝 新太郎 ……………… 51,
　　55, 57, 78, 83, 238, **495**
勝 みなみ ……………… 353
かつお きんや ………… 128
香月 清人 ……………… 120
勝木 康介 ……………… 73
勝木 光 ………………… 353
勝木 保次 ……………… 89
香月 夕花 ……………… 341
勝地 涼 ………………… 298
勝柴 次朗 ……………… 365

勝嶋 啓太 ……………… 375
勝田 安彦 ……………… 213
ガッツ石松 …………… 98
勝沼 精蔵 ……………… 28
勝野 洋 ………………… 100
勝又 浩 ………………… 89
勝目 梓 …………… 89, 126
勝本 清一郎 …………… 44
かつや かおり ………… 330
勝山 海百合 …………… 329
勝山 俊介 ……………… 86
桂 歌丸 ………………… 186,
　　　　278, 285, 313, **495**
桂 吉弥 ………………… 352
桂 吉朝 ………………… 227,
　　　　　265, 266, 293
桂 小すみ ……………… 409
桂 小南 …………… 71, 177
桂 小文枝 ………… 88, 193
桂 五郎 ………………… 108
桂 ざこば ……………… 158,
　　　　　207, 280, 365
桂 三枝 ………………… 96,
　　98, 131, 137, 142, 151,
　　233, 280, 292, 306
桂 枝雀(2代) ………… 108,
　　　124, 125, 131, 136,
　　　　　144, 171, **495**
桂 雀三郎 ……………… 259
桂 雀々 …………… 158, 273
桂 修司 ………………… 302
桂 千穂 …… 128, 196, 223
桂 南喬 ………………… 253
桂 南光 …………… 220, 396
桂 信子 …………… 202, 274
桂 春団治(3代) ………
　　　　　114, 273, **495**
桂 美人 ………………… 303
桂 福団治 ……………… 131
桂 文我 ………………… 279
桂 文枝(6代) …………
　　　　　207, 293, **495**
桂 文治 ………………… 225
桂 文珍 …… 131, 144, 151,
　　　158, 159, 311, 371, **496**
桂 文之助 ……………… 365
桂 文楽 …………… 27, 61
桂 米朝(3代) ………… 84,
　　96, 118, 137, 227,
　　239, 266, 321, **496**
桂 べかこ ………… 119, 179

桂 宮治 …… 403	加藤 登紀子 …… 61, 79, 403, **497**	門脇 陸男 …… 157
桂 ユキ子 …… 49		金井 彰久 …… 98
桂 米之助 …… 144	加藤 富夫 …… 66	金井 克子 ‥ 58, 64, 88, **499**
葛城 哲郎 …… 203	加藤 直之 …… 120, 315, 321, 328, 334, 354, 373, 386, 404, 411, 416	金井 喜久子 …… 79
葛城 ユキ …… 143		金井 直 …… 34, 50
カデロ, マンリオ …… 398		金井 広 …… 223
門井 慶喜 ‥ 275, 361, 368	加藤 紀子 …… 206	金井 美恵子 …… 115, 173, 367, **500**
加藤 あい …… 263	加藤 典洋 …… 237, 241	
加藤 昭 …… 216	加藤 治子 …… 246, 266	金井 夕子 …… 113
加藤 郁乎 ‥‥ 59, 241, **496**	加藤 晴彦 …… 256	金井 雄二 …… 276, 362
加藤 栄次 …… 166	加藤 久 …… 227	金宇 満司 …… 71
加藤 薫 …… 69	加藤 英明 …… 378	金川 太郎 …… 14, 126
加藤 和樹 …… 391	加藤 日出太 …… 3	金栗 四三 …… 35
かとう かずこ …… 134	加藤 秀行 …… 355	**金沢 明子** …… 112, **500**
加藤 和彦 …… 201, **496**	**加藤 一二三** ‥ 138, 373, **498**	金沢 敏子 …… 230
加藤 克巳 …… 74, 160	加藤 洋之 …… 187	金沢 百枝 …… 361
加藤 喜一郎 …… 33	加藤 文男 …… 174	金治 直美 …… 263
加藤 九祚 …… 98	加藤 正人 …… 216, 298	金関 寿夫 …… 195
加藤 恭子 …… 223	加藤 雅彦 …… 203	金田 伊功 …… 321
加藤 きよみ …… 103	加藤 雅也 …… 204, 210	金本 麻理子 …… 304
加藤 喜代美 …… 84	加藤 道夫 …… 17	金森 敦子 …… 249
加藤 久仁生 …… 314	**加藤 道子** …… **498**	金森 穣 …… 378
加藤 敬二 ‥ 212, 213, 265	加藤 三七子 …… 242	金森 久雄 …… 167
加藤 元 …… 316	加藤 陸奥雄 …… 60	金山 寿甲 …… 407
加藤 健一 …… 137, 178, 184, 220, 279, 339, 358, 404, **496**	加藤 明治 …… 42, 57	嘉成 晴香 …… 350
	加藤 元浩 …… 320	金成 陽三郎 …… 227
	加藤 祐司 …… 155	蟹江 ぎん …… 207
加藤 剛 …… 54, 114, 145, 164, 198, 200, 239, **497**	**加藤 幸子** …… 133, 187, 261, **498**	カニエ・ナハ …… 356
		ガニオン, クロード …… 116, 117
加藤 弘一 …… 132	加藤 陽子 …… 324	
加藤 耕一 …… 367	加藤 嘉 …… 141	金内 喜久夫 …… 313
カトウ コトノ …… 372	**加藤 芳郎** ‥‥ 35, 179, **498**	金木 静 …… 99
加藤 澤男 …… 69, 84, 93, 103, **497**	角岡 伸彦 …… 330	金子 鷗亭 …… 194
	角川 源義 …… 82, 94	金子 薫 …… 349, 374
加藤 シヅエ …… 237	角川 歴彦 …… 237, 256	金子 賢 …… 250
加藤 忍 …… 286	**角川 春樹** …… 101, 132, 139, 189, 190, **498**	金子 茂樹 …… 384
加藤 周一 …… 120, 208		金子 修介 …… 224, 234
加堂 秀三 …… 73	**角川 博** …… 102, 103, 150, 185, **499**	金子 正次 ‥ 141, 146, 147
加藤 楸邨 …… 66, 167, 194, **497**		金子 成次 …… 141
	門倉 有希 …… 220, 252	金子 千尋 …… 353
加藤 省吾 …… 40	門田 博光 …… 179	**金子 兜太** …… 229, 267, 269, 315, 322, 354
加藤 治郎 ‥ 158, 174, 249	門田 頼命 …… 155	
加藤 精一 …… 82	**角野 栄子** …… 134, 154, 394, 406, **499**	金子 智一 …… 151
加藤 泰 …… 86		**金子 成人** ‥ 238, 245, **500**
加東 大介 ‥‥ 23, 29, **497**	**角野 卓造** …… 149, 150, 253, 313, **499**	金子 宏 …… 379
加藤 多一 …… 161, 203		**金子 正明** ‥ 61, 65, 69, **500**
加藤 拓 …… 251, 370, 390	香取 慎吾 …… 258	**金子 光晴** ‥ 24, 56, 77, **500**
加藤 拓也 …… 407	香取 秀真 …… 25	金子 遊 …… 367
加藤 武 …… 106, 353, **497**	鹿取 洋子 …… 124, 125	金坂 克子 …… 93, 103
加藤 武司 ‥ 61, 69, 76, **497**	門脇 大祐 …… 335	鐘下 辰男 …… 198, 239
加藤 徹 …… 267	門脇 麦 …… 350, 376, 377	金城 一紀 …… 255

金城 孝祐 ………… 342	上方 柳次 ………… 103	加山 又造 ………… 280
金城 武 ………… 250	上方 柳太 ………… 103	佳山 明 ………… 389
金城 宗幸 ………… 397	上川 隆也 … 225, 232, 237,	**加山 雄三** ‥ 45, 60, 61, 102,
金田 勲衛 ………… 6	244, 251, 258, 264, 278	103, 326, 365, 402, **501**
金田 賢一 …… 117, 128	神川 信彦 ………… 62	香山 美子 ‥ 50, 51, 54, 96
金田 たつえ ‥ 118, 119, **500**	神季 佑多 ………… 256	KARA ………… 334
金田 正一 ………… 72	神木 隆之介 ………… 298,	**唐 十郎** …… 74, 110, 133,
金田 龍之介 …… 137, 286	388, 408, 409	274, 279, 293, 339, **501**
兼高 かおる ‥ 64, 190, **500**	神蔵 器 ………… 262	唐木 淳 ………… 199
金原 ひとみ ‥ 275, 393, 399	上坂 冬子 ………… 56, 208	唐木 順三 …… 28, 59, 73
金本 知憲 ………… 294	神里 雄大 ………… 375	唐沢 寿明 ………… 197,
加野 厚 ………… 94	上地 結衣 …… 373, 416	207, 210, 272, 306
加納 一朗 ………… 146	上地 雄輔 ………… 337	唐沢 なをき ………… 259
叶 弦大 ………… 286	上島 春彦 ………… 388	柄澤 昌幸 ………… 316
嘉納 治五郎 ………… 7	上条 恒彦 ………… 252	烏丸 せつ子 ………… 124
叶 順子 ………… 37	上白石 萌歌 ………… 383	**柄谷 行人** …… 69, 228, **501**
加納 健男 ………… 114	上白石 萌音 ………… 357,	雁屋 哲 ………… 165
加納 朋子 ………… 222	390, 394, 404	狩人 …………… 107, 108
狩野 直喜 ………… 15	神津 凛子 ………… 374	カルーセル麻紀 ……… 414
狩野 昌人 ………… 289	上種 ミズエ ………… 82	カルネ, マルセル
香納 諒一 ………… 248	上司 小剣 ………… 13	……………… 10, 23, 27
叶 和貴子 …… 137, 159	上坪 隆 ………… 154	軽部 潤子 ………… 220
ガーバー, ステファニー	上手 宰 ………… 121	軽部 武宏 ………… 324
………………………… 375	雷門 助六 ………… 164	カルメンマキ ………… 72
蒲谷 鶴彦 ………… 67	上村 吉弥 ………… 192	カルリーノ, ルイス・ジョ
華原 朋美 …… 226, 233	上村 聡史 ‥ 352, 353, 397	ン ………………… 101
賀原 夏子 ………… 157	上村 亮平 ………… 348	枯木 虎夫 ………… 66
川平 慈英 ………… 385	神家 正成 ………… 348	彼末 れい子 ………… 242
鏑木 清方 ………… 28	守山 忍 ………… 335	ガロ ………… 88
鏑木 蓮 ………… 295	神山 裕右 ………… 281	川 三番地 ………… 207
カベポスター ………… 410	カミンズ, ケン ………… 334	河合 香織 ………… 382
夏帆 …… 305, 311, 312	**亀井 勝一郎** ………… 9,	川井 一男 ………… 28
かまいたち ‥ 314, 385, 397	19, 49, 55, **501**	河合 克敏 ………… 253
鎌田 喜八 ………… 42	亀井 俊介 …… 105, 214	河合 莞爾 ………… 336
鎌田 慧 …… 187, 195	亀井 宏 …… 73, 122	川合 玉堂 ………… 12
鎌田 哲哉 ………… 241	亀井 文夫 ………… 16	河合 紗良 ………… 63
鎌田 敏夫 ………… 174,	亀田 佳明 ………… 385	河合 祥一郎 ………… 260
176, 217, 218	亀梨 和也 ‥ 285, 319, 332	**河合 奈保子** ………… 124,
鎌田 尚美 ………… 406	亀野 仁 ………… 386	125, 130, 142, 149, 150,
鎌田 弥恵 ………… 200	亀山 郁夫 …… 267, 302	156, 157, 164, 184, **501**
鎌谷 悠 ………… 389	亀山 千広 ………… 291	河合 隼雄 …… 132, 174
蒲池 香里 ………… 44	亀山 房代 ‥ 227, 240, 246	河合 雅雄 ………… 100
蒲池 猛夫 ………… 151	鴨崎 暖炉 ………… 393	河合 美智子 ………… 245
蒲池 美鶴 ………… 254	鴨下 信一 ………… 218	河合 優実 ………… 395,
釜本 邦茂 ………… 98	鴨下 晃湖 ………… 37	401, 413, 414
かまやつ ひろし ‥ 97, **500**	加門 亮 …… 233, 239	川内 有緒 ‥ 348, 375, 399
神尾 憲一 ………… 333	茅 誠司 ………… 55	**川内 康範** ………… 43,
神尾 水無子 ………… 406	萱野 葵 ………… 235	72, 130, 313, **502**
神尾 葉子 ………… 227	佳山 明生 ………… 143	川勝 篤 ………… 127
上岡 龍太郎 ‥ 137, 186, **500**	香山 彬子 ………… 122	川上 和生 ………… 376
上方 よしお …… 137, 151	香山 滋 ………… 17	川上 喜久子 ………… 3
		川上 健一 ………… 104

かわかみ

川上 皓一 ……………… 122
川上 泰樹 ……………… 404
川上 大輔 ……………… 346
河上 徹太郎 …………… 24,
　38, 41, 65, 77, **502**
川上 のぼる …………… 233
河上 肇 ………………… 16
川上 弘美 ……………… 228,
　248, 254, 255, 261,
　295, 348, 361, 405
川上 未映子 …………… 302,
　315, 317, 318, 323,
　336, 342, 380, 405
川上 洋平 ……………… 415
川喜多 かしこ ………… 51,
　111, 128, 161, 211, **502**
川喜多 長政 …… 27, 111
川口 晶 ………………… 75
川口 敦子 ……………… 164
かわぐち かいじ … 172, 193,
　273, 293, 301, 372, **502**
川口 孝夫 ………… 80, 84
川口 隆夫 ……………… 396
川口 知子 ……………… 42
川口 春奈 ………… 401, 411
川口 晴美 ………… 356, 400
川口 浩 ………………… 32
川口 真 …… 163, 170, **502**
川口 昌男 ……………… 86
川口 松太郎 …………… 7,
　38, 52, 70, **503**
川口 有美子 …………… 324
川口 能活 ……………… 247
川口 好美 ……………… 363
川越 宗一 …… 375, 381, 406
川越 美和 ……………… 185
河崎 秋子 …… 380, 386, 406
川崎 敬一 ……………… 66
川崎 敬三 ……………… 34
川崎 賢子 ……………… 221
川崎 草志 ……………… 262
川崎 長太郎 ……… 104, 120
川崎 展宏 ………… 188, 242
川崎 寿彦 ……………… 166
川崎 のぼる ……… 68, 114
川崎 洋 … 75, 160, 242, **503**
川路 柳虹 ……………… 33
川島 章正 ……………… 318
河島 英五 ……………… 163
川島 喜代詩 …………… 74
河島 ティヤナ ………… 398

川島 透 ………………… 146
川島 なお美 …………… 239
河島 英昭 ……………… 288
川島 雄三 ………… 34, 51
川島 結佳子 …………… 387
河尻 亨一 ……………… 392
河尻 清潭 ……………… 27
河尻 将由 ……………… 383
河津 聖恵 …… 275, 342, 406
川頭 義郎 ……………… 32
河瀬 慈 ………………… 392
河瀬 直美 …… 308, 389
河瀬 七緒 ……………… 328
川田 絢音 ……………… 356
川田 宇一郎 …………… 228
川田 順 …………… 12, 14
川田 順造 …… 90, 174, 398
川田 伸一郎 …………… 382
川田 進 ………………… 90
川田 弥一郎 …………… 201
川田 靖子 ……………… 81
河竹 登志夫 … 64, 121, 247
河谷 拓三 ………… 101, 102
河内 仙介 ……………… 11
川面 真也 ……………… 395
川手 照子 ……………… 352
川出 正樹 ……………… 412
川中 美幸 ……… 125, 131,
　136, 137, 150, 157, 219,
　220, 245, 252, 332, **503**
川西 政明 ……………… 294
河西 美穂 ……………… 268
川野 里子 …… 276, 323, 380
川野 芽生 ……………… 393
河野 裕子 ……………… **503**
川端 克二 ………… 9, 10
河俣 規世佳 …………… 270
川端 裕人 ……………… 411
川端 康成 ………… 8, 14,
　20, 26, 36, 46, 47, **504**
川端 友紀 ……………… 341
川端 龍子 ……………… 41
河林 満 ………………… 188
川原 亜矢子 ……… 183, 190
川原 泉 ………………… 294
川原 和音 …… 346, 359, 379
川原 智 ………………… 65
川原 潤子 ……………… 256
川原 千恵子 …………… 316
川原 正敏 ……………… 193
川原 由美子 …………… 158

川原田 徹 ……………… 196
川淵 三郎 ………… 214, 411
河辺 和夫 ……………… 53
川俣 晃自 ……………… 59
川又 千秋 ………… 132, 151
川村 晃 ………………… 47
川村 栄二 ……………… 192
川村 二郎 ……………… 85,
　139, 201, 247, **504**
川村 たかし …………… 111,
　128, 182, 223, **504**
川村 毅 …………… 160, 339
川村 久志 ……………… 81
河村 幹夫 ……………… 182
川村 湊 ………………… 120,
　281, 302, **504**
河村 隆一 ……………… 239
河村 黎吉 ……………… 23
川本 晶子 ……………… 289
河本 和子 ……………… 187
川本 喜八郎 ……… 82, 91,
　101, 190, 278, 280, **504**
川本 皓嗣 ……………… 201
川本 三郎 ……………… 228,
　263, 270, 274, 284,
　304, 325, 334, 401
川本 俊二 ……………… 195
河本 哲也 ……………… 182
川本 直 ………………… 392
河森 正治 ……………… 321
河盛 好蔵 ……………… 115,
　152, 180, 235, **505**
川除 大輝 ………… 385, 404
河原崎 国太郎 ………… 124
河原崎 権十郎 ………… 232
河原崎 長一郎 ………… 51
KAN ‥ 198, 199, 206, 346
姜 誠 …………………… 276
菅 孝行 ……………… 105
菅 忠道 ……………… 31
康 珍化 ………… 156, 157, **505**
菅 直人 ……………… 234
姜 湖宙 ……………… 412
寛一郎 ……………… 376
神吉 拓郎 ……………… 139
神崎 愛 ………… 112, 128
神崎 信一 ……………… 36
神崎 武雄 ……………… 13
神沢 利子 ……… 106, 116,
　117, 189, 283, 290, **505**
貫地谷 しほり …… 311, 344

観世 清和 ……………… 339
神田 うの ……………… 225
神田 小山陽 …………… 179
神田 沙也加 …………… 372
神田 山裕 ……………… 220
神田 松鯉 ……………… 396
神田 伯山(6代) ……… 415
神田 広美 ……………… 108
神田 正輝 ……………… 156
神田 松之丞 …………… 378
神田 ろ山 ……………… 164
神藤 まさ子 …………… 19
菅野 昭正 ………… 145, 254
神野 三鈴 ………… 339, 385
菅野 美穂 … 243, 271, 272
菅野 よう子 …………… 320
樺 鼎太 ………………… 5
神庭 与作 ……………… 7
上林 暁 …… 36, 53, 89, **506**
神林 長平 ………………… 145,
　　151, 158, 172, 227,
　　247, 260, 347, **506**
上林 猷夫 ……………… 24
カンピオン, ジェーン
　……………………… 217
ガンプ ………………… 410
神戸 俊平 ……………… 140
神戸 浩 ………………… 197
かんべ むさし …… 109, 165
冠 二郎 …… 178, 185, 199,
　265, 272, 293, 339, **506**

【 き 】

キイス, ダニエル ……… 214
きうち かずひろ ……… 179
木内 昇 …………… 322, 348
木内 美歩 ……………… 212
祇園 …………………… 379
木川 かえる ……… 233, 293
樹木 希林 ……………… 112,
　　161, 305, 311, 312,
　　331, 337, 344, 357,
　　365, 376, 377, 383, **506**
木々 高太郎 …………… 8,
　　　　　　　11, 17, **641**
菊川 怜 ……… 272, 274, 277
菊島 隆三 ……………… 18,
　20, 26, 29, 31, 34,
　35, 42, 44, 47, 50, 51,
　53, 56, 128, 167, **507**
菊田 一夫 ………… 43, **507**
菊田 洋之 ……………… 240
菊田 守 ………………… 216
菊池 晃弘 ……………… 266
菊池 俊輔 ……………… 143,
　　185, 286, 313, 326,
　　339, 359, 365, 378, 384
菊地 澄子 ……………… 175
菊地 正士 ……………… 22
菊地 貞三 ……………… 153
菊地 信義 ……………… 146
菊池 日菜子 …………… 408
菊池 浩佑 ……………… 237
菊地 誠 ………………… 74
菊地 勝 ………………… 333
菊池 桃子 …… 150, 161, **507**
菊地 康仁 ……………… 321
菊地 隆三 ……………… 262
菊地 凛子 ……………… 306
喜国 雅彦 ……………… 355
菊村 到 …………… 33, 34
騎西 一夫 ……………… 5
木坂 涼 ……… 167, 228, **507**
木崎 さと子 …………… 121,
　　　　　　145, 166, **508**
木崎 巴 ………………… 215
木崎 みつる …………… 387
木皿 泉 …………… 278, 349
岸 かいせい …………… 365
木地 雅映子 …………… 208
岸 恵子 ………………… 43,
　　118, 139, 190, 216,
　　264, 271, 373, **508**
岸 武雄 …………… 78, 116
貴志 祐介 ……………… 229,
　　235, 289, 315, 323
岸 優太 …………… 396, 408
岸 洋子 …… 55, 76, **508**
岸 善幸 ………………… 370
岸井 成格 ……………… 345
岸井 ゆきの …………… 389,
　　　　　401, 402, 407, 408
岸田 衿子 ……………… 90
岸田 雅魚 ……………… 81
岸田 今日子 …………… 48,
　　231, 243, 252, **508**
岸田 國士 ……………… 3
岸田 将幸 ………… 317, 394
岸田 理生 ………… 153, 178
岸谷 五朗 ……………… 210,
　　　　　　　211, 217, 224
来住野 恵子 …………… 369
岸野 雄一 ……………… 359
岸部 一徳 ……………… 190,
　　197, 210, 211, 319, 351
木島 誠悟 ……………… 350
木島 たまら …………… 241
岸間 信明 ……………… 159
来嶋 靖生 ………… 160, 355
岸本 加世子 ………… 108, 123,
　　124, 128, 257, 358, **508**
岸本 佐知子 …………… 304
岸本 進一 ……………… 230
岸本 真太郎 …………… 291
岸本 忠三 ……………… 247
岸本 惟 ………………… 387
岸本 英夫 ……………… 53
岸本 斉史 ……………… 353
岸本 マチ子 …………… 146
木津川 計 ……………… 245
来生 えつこ …………… 137
来生 たかお … 137, 143, **509**
Kis-My-Ft2 …………… 333
木田 勇 ………………… 126
北 重人 …………… 248, 302
紀田 順一郎 …………… 309
木田 拓雄 ……………… 121
キダ・タロー ………… 352
木田 紀生 ……………… 278
木田 英夫 ……………… 144
喜多 ふあり …………… 309
きだ みのる …………… 17
喜多 美結 ……………… 385
北 杜夫 ………………… 41,
　　　　　53, 159, 241, **509**
喜多 喜久 ……………… 322
喜多 六平太 …………… 25
北大路 欣也 …………… 51,
　　87, 93, 154, 155, 156,
　　273, 332, 338, 402, **509**
北岡 耕二 ……………… 268
北方 謙三 ……………… 152,
　　153, 165, 195, 282, 295,
　　316, 328, 360, 405, **509**
北上 次郎 ……………… 215
北川 朱実 ……………… 349
北川 悦吏子 ……… 251, 258
北川 修 ………………… 77
北川 景子 ………… 357, 409
北川 健次 ……………… 375
北河 大次郎 …………… 322

北川 チハル ……… 276, 382
北川 透 …… 303, 310, 399
北川 冬彦 ……………………… 8
北川 正恭 ………………… 280
北口 榛花 ………… 410, 416
北口 幹二彦 ……………… 207
北久保 弘之 ……………… 259
北小路 健 …………… 73, 154
北沢 陶 …………………… 406
北沢 憲昭 ………………… 187
北沢 典子 …………………… 34
北沢 美勇 …………………… 10
北沢 欣浩 ………………… 151
北島 康介 ………………… 273,
　　　　280, 287, 314
北島 三郎 …… 49, 72, 124,
　　136, 150, 163, 164, 198,
　　199, 233, 332, 378, **509**
喜多嶋 隆 ………………… 127
北島 忠治 …………… 103, 234
北島 行徳 ………………… 243
喜多條 忠 ………………… 372
北爪 葵 …………………… 346
北園 克衛 …………………… 12
北園 孝吉 …………………… 8
北園 丈琉 ………………… 379
北田 スミ子 ……………… 187
北田 卓史 ………………… 48
北辻 一展 ………………… 400
北乃 きい ………… 306, 312
北野 武 …………………… 183,
　　　197, 209, 230, 231,
　　　239, 243, 244, 250,
　　　258, 277, 305, 370, 371
北野 道夫 ………………… 309
北野 都 …………………… 193
北野 勇作 …………… 202, 267
北の湖 敏満 ………… 93, 114
北畑 光男 ………………… 336
北畠 八穂 ………………… 82
北浜 正男 …………………… 13
北林 谷栄 ………………… 40,
　　82, 84, 137, 197, 204,
　　235, 239, 270, 277, **510**
北林 透馬 …………………… 4
北原 亜以子 ……………… 69,
　　180, 209, 235, 289, **510**
北原 じゅん ……… 177, 185
北原 千代 ………………… 368
北原 由紀 ………………… 130
北原 陽一 ………………… 174

北町 一郎 …………………… 7
北見 恭子 ………………… 192
北見 けんいち …………… 138
北見 崇史 ………………… 381
北見 治一 ………………… 174
北見 マキ ………………… 207
きたむら えり …………… 85
北村 薫 …………………… 195,
　　　　316, 355, 405
北村 和夫 … 125, 164, **511**
北村 一輝 ………………… 250
北村 久寿雄 ………………… 6
北村 けいこ ……………… 272
北村 けんじ ……………… 217,
　　　　230, 283, **511**
北村 謙次郎 ……………… 12
北村 小松 …………………… 3
きたむら さとし ………… 290
北村 真 …………………… 406
北村 西望 ………………… 38
北村 想 ………………… 146, 186
北村 匠海 …… 371, 377, 394
北村 太郎 ………………… 138,
　　　　160, 173, **511**
喜多村 緑郎 ‥ 27, 47, **511**
北森 彩子 …………………… 86
北森 鴻 …………………… 248
北山 あさひ ……………… 393
北山 加奈子 ……………… 193
きたやま ようこ ………… 182
吉瀬 美智子 ……… 331, 334
木津川 昭夫 ……………… 236
吉川 晃司 ………………… 148,
　　149, 150, 154, 161, **511**
橘川 有弥 ………………… 236
キッチュ ………………… 164
木戸 織男 …………………… 41
城戸 朱理 …………… 322, 336
城戸 四郎 …………………… 91
貴戸 湊太 ………………… 380
城戸 久枝 ………………… 310
城戸 幡太郎 ……………… 27
城戸 光良 ………………… 229
鬼頭 恭二 …………………… 6
木滑 良久 ………………… 187
衣笠 祥雄 ………………… 151,
　　　　172, 379, **512**
衣笠 貞之助 ………………… 5,
　　　　16, 117, **512**
絹田 村子 ………………… 410
絹谷 幸二 ………………… 398

稀音家 浄観（2代）……… 30
木野 花 …………………… 376
木下 あいら ……………… 410
木下 アリーシア ………… 234
木下 恵介 ………………… 16,
　　17, 18, 21, 23, 24,
　　25, 26, 27, 29, 31,
　　34, 37, 42, 44, 45, 54,
　　79, 117, 141, 244, **512**
木下 小夜子 ……………… 333
木下 順二 ………………… 19,
　　26, 38, 39, 59, 109,
　　145, 157, 186, 203, **513**
木下 千花 ………………… 363
木下 忠司 ………………… **514**
木下 直之 ………………… 208
木之下 のり子 …………… 217
木下 晴香 ………………… 397
木下 斉 …………………… 260
木之下 白蘭 ………………… 8
木下 広居 …………………… 29
木下 古栗 ………………… 295
木下 昌輝 ………………… 335
木下 麦太 ………………… 250
木下 夕爾 …………… 10, 59
木下 龍太郎 ……………… 286
木の実 ナナ ………………… 92,
　　97, 103, 149, 177,
　　205, 259, 272, **514**
木場 勝己 …… 273, 307, 415
木原 敏江 ………………… 151
木原 均 …………………… 18
木原 光知子 ………………… 98
儀間 比呂志 ……………… 77
木俣 修 ‥ 85, 132, 133, **514**
木俣 武 …………………… 11
喜味 こいし ……………… 72,
　　75, 103, 171, 205, 246,
　　259, 266, 279, 280, **514**
君 夕子 …………………… 178
君島 夜詩 ………………… 153
君塚 良一 …………… 257, 306
君津 旭 …………………… 150
君原 健二 …………………… 93
金 時鐘 ………………… 159,
　　　　202, 323, 354
金 守珍 …………… 271, 403
金 承哲 …………………… 387
金 石範 …………… 145, 235
キム・ボラ ……………… 389
キム・ヨンジャ … 258, 279
木村 栄子 …………………… 68

木村 栄文 ………… 95, 124
木村 カエラ …………… 333
木村 一基 ………… 253, 391
木村 毅 ……………… 109
木村 清 ………………… 4
木村 紅美 ……………… 296
木村 敬一 ………… 366, 416
木村 恵介 ……………… 250
木村 憲治 ……………… 84
木村 光一 …………… 137,
　　　184, 213, 285, 378
木村 興治 ‥ 46, 52, 58, 65
木村 幸子 ……………… 111
木村 尚三郎 …………… 95
木村 荘八 ……………… 36
木村 清治 ……………… 6
木村 荘十 …………… 5, 12
木村 大作 …………… 318,
　　　324, 325, 351, **514**
木村 多江 ………… 312, 318
木村 拓哉 …………… 217,
　　　224, 238, 251, 258,
　　　271, 292, 305, 395
木村 威夫 ……… 298, **515**
木村 武 ………………… 44
木村 徹二 ……………… 409
季村 敏夫 ……………… 329
木村 俊夫 ……………… 93
木村 とし子 …………… 21
木村 友衛 ………… 149, 157
木村 友彦 ……………… 341
木村 奈保子 …… 215, 228
木村 治美 ……………… 105
木村 栄 ………………… 9
木村 裕主 ……………… 189
木村 文乃 … 350, 351, 371
木村 政巳 ……………… 4
木村 迪夫 … 196, 275, 317
木村 みどり …………… 8
キムラ 緑子 …………… 239
木村 資生 ……………… 103
木村 八重子 ………… 152
木村 裕一 ……………… 223
木村 友祐 ……………… 316
木村 義雄 ……………… 93
木村 嘉孝 ……………… 81
木村 佳乃 ……… 243, 325
木村 佳史 ……………… 253
木屋 隆安 ……………… 159
キャプラ, フランク …… 8
木山 潔 ……………… 220

木山 捷平 ……………… 47
木山 大作 ……………… 28
キャメロン, ジェームズ
　　　………………… 161,
　　　197, 207, 238, 244
きゃりーぱみゅぱみゅ
　　　………………… 339, 341
ギャロップ …………… 314
キャンディーズ
　　　………… 102, 103, 113
邱 永漢 ……………… 28, 29
キューカー, ジョージ
　　　……………………… 29
℃-ute ……………… 307
ギュネイ, ユルマズ
　　　………………… 154, 155
Q・B・B(久住昌之, 久住
　卓也) ……………… 253
キューブリック, スタン
　リー ……… 82, 89, 175
京 唄子 …………… 65, 101
今 規汰代 …………… 151
京 建輔 ………… 130, 136
京 マチ子 …………… 20,
　　　54, 171, 224, **515**
今日 マチ子 ………… 353
京極 夏彦 …………… 229,
　　　235, 275, 329, 400
経塚 丸雄 …………… 262
京田 陽太 …………… 373
京谷 啓徳 …………… 374
京山 幸枝若(2代)
　　　………………… 390, 403
京山 小圓嬢 ………… 345
清岡 卓行 ……… 69, 109,
　　　153, 173, 180, 202, 215,
　　　229, 247, 267, 269, **515**
清川 虹子 …………… 271
清川 正二 …………… 186
旭堂 小南陵 …… 124, 253
旭堂 南陵 ……… 293, 332
清国 忠雄 …………… 72
清崎 敏郎 …………… 236
清沢 晃 ……………… 127
清武 英利 ……… 350, 375
清谷 閑子 ……………… 5
清原 和博 …………… 165
清原 果耶 …………… 383,
　　　388, 395, 402, 410
ギラーミン, ジョン …… 95
ギリアム, テリー …… 172
Giri Giri☆GIRLS …… 213

桐島 かれん ………… 201
桐島 洋子 ……………… 82
桐竹 勘十郎 ………… 306
桐竹 紋十郎(2代) …… 19
桐谷 健太 … 331, 365, 396
桐野 夏生 …………… 208,
　　　242, 248, 275, 281, 309,
　　　316, 322, 399, 405, 406
木竜 麻生 ……… 376, 377
桐生 悠三 …………… 152
桐生 祐狩 …………… 261
桐生 祥秀 …………… 373
鬼龍院 翔 …………… 352
麒麟 ……………… 286, 293
ギルバート, ルイス … 106
Kiroro ……………… 245
金 鶴泳 ……………… 59
金 聖珉(金 万益) …… 8
キーン, ドナルド …… 46,
　　　145, 152, 234, 315
吟 鳥子 ……………… 398
金 秀吉 ………… 182, 202
金 真須美 …………… 222
金 佑宣 ……………… 182
王 欣太 ……………… 246
キング, ヘンリー ……… 3
King&Prince ………
　　　………… 378, 403, 409
キングコング ……… 266
King Gnu ……… 384, 409
金原亭 馬生 …… 68, 252
銀シャリ ……… 333, 366
金田一 京助 …… 28, 47
金田一 春彦 ‥ 132, 139, **516**
銀林 みのる ………… 215

【く】

クァク・ジェヨン …… 278
九井 諒子 …………… 416
久我 田鶴子 ………… 369
久我 なつみ ………… 290
久我 美子 …………… 27,
　　　32, 218, **516**
久々湊 盈子 …… 262, 387
日下 圭介 ……… 94, 133
日下 三蔵 …………… 386
日下 武史 ……… 108, 191
草上 仁 ………… 187, 240

草刈 民代 …… 231, 237	九谷 桑樹 ……… 11	窪田 新之助 …… 413
草刈 正雄 ……… 95	九段 理江 ……… 393,	久保田 民絵 …… 353
草倉 哲夫 ……… 330	398, 405, 406	久保田 利伸 … 177, 178
草薙 幸二郎 …… 32	朽木 祥 ……… 297,	久保田 登 ……… 400
草彅 剛 ……… 285,	318, 324, 350, 356	窪田 正孝 … 394, 402, 408
300, 389, 395, 396	忽那 汐里 … 331, 332, 351	久保田 万太郎 …… 12,
草彅 渉 ……… 181	工藤 栄一 … 196, 257, **516**	31, 35, **517**
草野 華余子 … 397, 403	宮藤 官九郎 …… 261,	久保田 穣 ……… 303
草野 原々 … 373, 386	262, 263, 264, 270, 271,	久保田 凛香 …… 295
草野 心平 ……… 18,	279, 290, 326, 347, 363	久保寺 健彦 …… 303
69, 172, **516**	工藤 公康 ……… 165	隈 研吾 ……… 411
草野 たき …… 263, 304	**工藤 静香** ……… **517**	**熊井 啓** …… 53, 56, 57,
草野 天平 ……… 39	久藤 達郎 ……… 13	66, 67, 74, 81, 82, 91,
草野 信子 ……… 153	工藤 恒美 ……… 131	123, 160, 161, 162, 183,
草野 仁 ……… 398	工藤 直子 ……… 167,	237, 262, 305, 312, **517**
草原 タカオ …… 109	180, 311, 376, **517**	熊井 三郎 ……… 349
草笛 光子 … 91, 125, 206,	工藤 正廣 ……… 392	熊谷 勲 …… 78, 110
298, 306, 313, 346, 378,	工藤 美代子 …… 196	熊谷 岱蔵 ……… 24
385, 402, 404, 414, **516**	**工藤 夕貴** ……… 149,	熊谷 達也 … 235, 254, 282
草間 時彦 …… 249, 276	196, 197, **517**	熊谷 久虎 ……… 9
草間 靖子 ……… 68	工藤 律子 ……… 363	熊谷 真実 …… 122, 359
草間 彌生 …… 347, 367	久仁 京介 … 170, 359, 365	熊谷 禄朗 …… 105, 122
草水 敏 ……… 379	国枝 栄 ……… 391	熊谷 晋一郎 …… 324
草村 礼子 …… 193, 231	国枝 慎吾 ……… 307,	熊川 哲也 …… 239, 372
草柳 大蔵 ……… 89	314, 360, 379, 404, 411	熊切 和嘉 ……… 351
久志 もと代 …… 26	くにさだ きみ …… 167	熊倉 一雄 …… 246, 327
櫛木 理宇 ……… 335	國武 豊喜 ……… 354	熊坂 和香子 …… 65
櫛桁 一則 ……… 358	国武 万里 ……… 212	**神代 辰巳** …… 81, 82,
具志堅 幸司 … 131, 151	国仲 涼子 …… 265, 270	86, 216, 218, 231, **518**
具志堅 用高 ……… 103,	国弘 威雄 …… 54, 70	熊田 聖亜 ……… 337
109, 114, 120, 126, **516**	国広 富之 …… 107, 117	熊田 千佳慕 …… 182
串田 和美 … 292, 300	国広 正人 ……… 329	熊林 弘高 ……… 326
鯨井 あめ ……… 387	國松 絵梨 ……… 394	クマムシ ……… 359
久栖 博季 ……… 393	国本 武春 … 225, 252, 339	久美 かおり …… 68
葛井 欣士郎 …… 101	国谷 裕子 … 218, 270, 358	玖村 まゆみ …… 328
楠田 枝里子 … 126, 152	久野 綾希子 …… 136	久米 明 ……… 319
楠田 立身 ……… 356	久野 寧 ……… 52	久米 薫 ……… 5
楠田 浩之 …… 37, 312	久保 栄 ……… 10	**久米 宏一** ……… 45,
楠田 芳子 ……… 26	久保 帯人 ……… 287	51, 100, **519**
楠 トシエ ……… 46	久保 喬 …… 57, 86	久米 旺生 ……… 111
楠 みちはる …… 253	窪 美澄 … 329, 336, 399	久米 徹 ……… 5
楠 侑子 ……… 54	久保 亮五 ……… 89	**久米 宏** ……… 118,
葛原 繁 ……… 121	久保内成幸とロマネスク	162, 173, 184, 187, **519**
葛原 妙子 ……… 77	セブン ……… 68	久米 みのる …… 263
楠部 彌弌 ……… 114	窪川 稔 ……… 9	久米 豊 ……… 180
楠見 朋彦 ……… 248	窪塚 洋介 ……… 263,	久米田 康治 …… 307
楠本 喬章 ……… 179	264, 265, 271	雲田 はるこ … 353, 373
久世 光彦 ……… 197,	久保田 香里 …… 317	倉井 眉介 ……… 374
215, 228, 261, 304	久保田 早紀 … 119, 124, 125	倉内 佐知子 …… 229
久世 龍之介 …… 279	久保田 淳 … 387, 392	倉内 保子 ……… 104
久谷 雉 ……… 283	窪田 章一郎 … 121, 174, 222	倉金 章介 ……… 25

倉狩 聡 …………… 342
倉木 麻衣 …………… 259
倉島 斉 …………… 73
倉田 まり子 …… 118, 119
倉田 よしみ …………… 246
倉地 与年子 …… 47, 196
倉野 章子 …………… 226
倉橋 香衣 …………… 379
倉橋 健一 …… 369, 400
倉橋 由美子 …… 44, 166
倉橋 羊村 …………… 274
倉林 誠一郎 …………… 83
蔵原 惟繕 …………… 63,
    141, 271, **519**
蔵原 伸二郎 …… 14, 53
倉光 俊夫 …………… 13
くらもち ふさこ … 233, 373
倉持 裕 …………… 283
倉本 聰 …………… 91, 96,
    100, 102, 128, 129, 134,
    167, 270, 272, 371, **519**
倉本 昌弘 …………… 132
くられ …………… 379
CLAMP …………… 267
久里 洋二 … 38, 57, 64, **520**
くりぃむしちゅー …… 285
栗木 京子 …………… 222,
    276, 295, 303, 342, 374
久里子 亭 …………… 105
栗塚 旭 …………… 60
クリスタルキング …… 125
栗田 勇 …………… 104
栗田 貫一 …………… 178
栗田 宏一 …………… 283
栗田 桃子 …………… 327
栗田 やすし …………… 317
栗田 有起 …………… 268
栗林 佐知 …… 268, 295
栗原 小巻 …………… 63,
    71, 80, 82, 83, 200, **520**
栗原 裕一郎 …………… 316
栗原 良幸 …………… 327
栗本 薫 …………… 110,
    321, 328, **520**
栗本 京子 …………… 274
栗山 民也 …… 225, 226,
    227, 246, 332, 346, 378
栗山 千明 …… 308, 358
栗山 富夫 …………… 154
栗山 英樹 …… 410, 411
GReeeeN …… 307, 320, 326

来栖 良夫 …………… 70
クルーゾー，アンリ＝ジョ
    ルジュ …………… 20, 27
グループタック …………… 190
車谷 長吉 …………… 201,
    208, 242, 254
車谷 弘 …………… 4, 99
胡桃沢 耕史 …………… 139
胡桃沢 ひろ子 …………… 199
クルム伊達 公子 …… 327
呉 智英 …………… 385
呉 孟晋 …………… 411
GLAY …… 239, 245, 252
グレイザー，ジョナサン
    …………… 414
クレイマー，スタンリー
    …………… 43, 48
暮尾 淳 …………… 343
グレート・チキン・パワー
    ズ …………… 219
紅 貴代 …………… 300
グレープ …………… 92
クレマン，ルネ ……
    25, 32, 42, 60
クレール，ルネ … 5, 6, 7, 8
黒井 千次 …… 69, 146,
    215, 247, 254, 295, **520**
黒岩 彰 …… 144, 172
クロイワ・カズ …………… 61
黒岩 重吾 …………… 36,
    41, 121, 201, **520**
黒岩 隆 …………… 369
黒岩 剛仁 …………… 381
黒岩 比佐子 …………… 322
黒岩 祐治 …………… 334
黒岩 龍太 …………… 69
黒鉄 ヒロシ … 240, 246, 266
黒川 鍾信 …………… 276
黒川 紀章 …………… 208
黒川 祥子 …………… 343
黒川 創 …………… 309,
    347, 354, 380
黒川 想矢 …… 408, 414
黒川 卓希 …………… 399
黒川 利雄 …………… 69
黒川 博行 …………… 229,
    348, 387, 412
黒川 洋一 …………… 180
黒木 和雄 …………… 95,
    174, 175, 176, 256,
    277, 284, 290, 298, **521**
黒木 里美 …………… 193

くろき すがや …………… 368
黒木 華 …………… 344,
    351, 357, 364, 395
黒木 瞳 …… 168, 237,
    238, 240, 244, 301, **521**
黒木 三千代 …………… 411
黒木 メイサ … 299, 313, 318
黒郷里 鏡太郎 …………… 50
黒崎 博 …… 318, 326
黒崎 みのり …………… 404
黒澤 明 …………… 13,
    16, 17, 18, 20, 23, 26,
    27, 29, 37, 42, 43, 45,
    45, 46, 47, 50, 51, 56,
    57, 74, 75, 96, 123, 129,
    147, 154, 155, 158, 244,
    245, 247, 250, 264, **521**
黒沢明とロスプリモス
    …………… 68
黒沢 いづ子 …………… 110
黒澤 和子 …………… 376
黒沢 清 …………… 357,
    363, 370, 388, 389
黒沢 年男 …………… 60
黒澤 満 …………… 338
黒島 結菜 …… 389, 402
黒住 祐子 …………… 274
黒瀬 珂瀾 …………… 394
黒田 晶 …………… 255
黒田 硫黄 …………… 273
黒田 喜夫 …………… 42
黒田 宏治郎 …………… 110
黒田 三郎 …………… 29
黒田 俊介 …………… 306
黒田 末寿 …………… 133
黒田 長久 …………… 34
黒田 夏子 …… 335, 393
黒田 杏子 …… 223, 330
黒田 勇樹 …………… 244
黒田 善雄 …………… 179
黒土 三男 … 176, 332, **523**
クローデル，ポール …… 295
黒名 ひろみ …………… 355
黒羽 英二 …… 73, 282
globe …… 233, 245
黒部 節子 …………… 236
黒部 亨 …… 55, 77
黒丸 …………… 307
黒宮 純子 …………… 290
黒柳 徹子 …………… 101,
    132, 218, 232, 233, 271,
    297, 339, 358, 414, **523**

畔柳 二美 26
桑江 知子 ... 118, 119, **524**
くわがき あゆ 399
桑木野 幸司 380
久和崎 康 121
桑島 孝春 360
桑田 今日子 406
桑田 佳祐 220,
　　　　265, 403, **524**
桑田 靖子 142, 143
桑田 義備 49
KUWATA BAND 164
桑野 みゆき 37
桑原 一世 166
桑原 和男 207
桑原 武夫 172
桑原 万寿太郎 29
桑原 幹夫 62
桑原 裕子 374
薫 くみこ ... 140, 304, **524**
郡司 正勝 27

【け】

ケアード, ジョン 313
K 293
桂 銀淑 170, 177,
　　　178, 185, 192, 193, 199
劇団ひとり ... 299, 304, 403
ケツメイシ 293
CHEMISTRY 265
欅坂46 365
けら えいこ 233
ケラリーノ・サンドロヴ
　　イッチ 249,
　　　352, 358, 361, 365, 366
厳 安生 201
玄 月 248
弦 哲也 130, 252, **525**
研 ナオコ 87,
　　　102, 113, 124, **525**
源氏 鶏太 21, 77
軒上 泊 104
ゲンス, インナ・Y. 197
剣持 亘 134
監物 永三 69, 76,
　　　84, 93, 103, 114, **525**
玄侑 宗久 261, 341

【こ】

呉 勝浩 354, 374, 387
古 丁 15
小池 栄子 272,
　　　312, 331, 359, 364, 402
小池 一夫 131
小池 修一郎 199,
　　　　　259, 299, 320
小池 徹平 318, 365
小池 光 116,
　　　229, 260, 282, 289,
　　　337, 354, 400, 406, **525**
小池 昌代 236,
　　　249, 262, 302, 323, 348
小池 真理子 181,
　　　222, 295, 328, 342, 393
小池 水音 387
小池 百合子 .. 294, 367, 391
小泉 綾子 406
小泉 今日子 136,
　　　137, 149, 171, 176, 264,
　　　277, 291, 311, 312, 332,
　　　338, 359, 369, 414, **526**
小泉 清子 299
小泉 孝太郎 265
小泉 純一郎 267
小泉 信三 41
小泉 堯史 350, 351
小泉 文夫 120, 143
小泉 まさみ 137
小泉 吉宏 253
小磯 良子 133
小磯 良平 145
小出 正吾 11, 95
小出 義雄 260
小糸 源太郎 58
小糸 のぶ 13
小祝 百々子 335
康 禹鉉 182
高 恩愛 199
郷 静子 81
高 史明 95
康 伸吉 85
甲 にしき 157
耕 治人 69, 120
郷 ひろみ 88,
　　　97, 102, 106, 112, 113,
　　　115, 219, 252, **526**

高円寺 文雄 7, 8
鴻上 尚史 223, 315
幸川 牧生 41
香西 かおり 177,
　　　178, 185, 192, 193, 199,
　　　206, 213, 226, 259, **527**
神坂 次郎 132
香坂 直 297, 304
香坂 鮪 412
香坂 みゆき 107, 108
上崎 美恵子 100,
　　　　　154, 223, **528**
香里 了子 181
郷司 裕 253
香寿 たつき 320
上月 晃 144
高祖 保 13
幸田 文 ... 28, 30, 85, **528**
合田 彩 223
倖田 來未 292,
　　　　　293, 300, 307
幸田 シャーミン .. 166, 215
甲田 四郎 188, 349
郷田 新 88
香田 晋 185
幸田 弘子 149,
　　　　　219, 269, **528**
幸田 真音 348
郷田 真隆 214
郷田 マモラ 307
合田 道人 415
業田 良家 346
幸田 露伴 9, 14, **528**
河内 桃子 125
神波 史男 81, 128,
　　　134, 146, 160, 168, **528**
河野 健太 299
河野 啓 388
河野 修一郎 77
河野 多惠子 44,
　　　50, 62, 65, 99, 121, 138,
　　　194, 247, 261, 354, **528**
河野 貴子 122
河野 孝典 207
河野 典生 53
河野 宏 71
こうの 史代 287, 294
河野 美砂子 362
河野 美地子 161
河野 道代 315
河野 満 ... 65, 72, 109, **529**

河野 裕子 105,
  242, 262, 268, 310, 317
河野 洋平 145
鴻池 留衣 361
香原 知志 237
郷原 宏 90, 138, 295
神戸 遥真 394, 401
河本 真理 302
神山 征二郎 140,
  141, 169, 190, **529**
神山 典士 349
高良 健吾 325,
  337, 344, 357
高良 留美子 50,
  56, 174, 256, **529**
剛力 彩芽 341, 345
コーエン, イーサン 311
コーエン, ジョエル 311
古賀 逸策 52
古賀 忠昭 310
古賀 珠子 41
古賀 稔彦 ... 187, 207, 398
古賀 政男 58,
  68, 113, 114, **529**
古賀 学 30
古賀 まり子 127
古閑 美保 334
小飼 栄一 131
五街道 雲助(6代)
  .... 345, 415
小風 さち 217
小金井 芦洲 158
小金沢 昇司 177, **530**
Kōki, ... 402
国生 さゆり 175
国分 一太郎 27,
  29, 42, **530**
國分 功一郎 369
国分 太一 305
国分 拓 330
木暮 正夫 105, 168
小暮 政次 222
木暮 実千代 19
苔口 万寿子 146
ゴーゴーガール 87
九重 勝昭 173
九重 佑三子 64
ココリコ 265
古今亭 菊之丞 339
古今亭 志ん橋 155
古今亭 志ん生 32

古今亭 志ん朝(3代)
  ... 79, 93, 118, 212, 258
古今亭 文菊 339
小坂 明子 92, **530**
小坂 恭子 97
小坂 しげる 82
小坂 太郎 90
小堺 一機 165, 169
小坂井 澄 140
小砂川 チト 398
こざき 亜衣 353
古沢 良太 298,
  313, 345, 358
越 美晴 118, 119
小鹿 番 193, 213
小鹿 ミキ 79
越谷 オサム 282
越路 吹雪 58,
  79, 124, **530**
こした てつひろ 200
コージー冨田 258
越沼 初美 133
越野 忠則 200
小芝 風花 351, 413
小柴 昌俊 240
越部 信義 52
小島 功 68
小島 小陸 261
小島 信一 69
小島 泰介 5
小島 環 348
小島 仁八郎 172
小島 信夫 26, 56,
  80, 126, 132, 235, **530**
児島 襄 59, 187
小島 聖 251
小島 秀哉 64
小島 日和 387
小島 康史 196
小島 ゆかり 236, 256,
  296, 349, 361, 381, 411
小島 よしお 306
小島 義史 66
小島 亮人 48
輿水 泰弘 351
越水 利江子 214, 290
五社 英雄 ... 147, 204, **530**
越山 敬達 414
五所 平之助 5,
  6, 16, 26, **530**
五条 瑛 254

古庄 ゆき子 276
コジロー 193
コシンスキー, ジョセフ
  401
コージンツェフ, グリゴーリ
  54
梢 ひとみ 91
小杉 英了 335
小杉 謙后 6
小杉 健治 139, 174
小杉 茂樹 9
コスタ=ガヴラス ... 74, 75
コスナー, ヘンリー 10
コスナー, ケビン .. 197, 198
ゴスペラーズ 265
古関 裕而 **531**
五代 夏夫 53
伍代 夏子 ... 177, 178, 185,
  193, 199, 205, 226, **531**
五大 路子 313
ゴダイゴ 119
小平 邦彦 35
小高 賢 256, 356
小鷹 信光 303
こたき こなみ 262
小瀧 望 391
小竹 陽一朗 209
小谷 心太郎 105
小谷 剛 18
小谷 正雄 126
小谷 真理 221
小谷 実可子 214
小谷 充 88
小田部 羊一 360
こだま 375
児玉 清 332
児玉 泰介 165
児玉 隆也 95
児玉 利和 125, 193
児玉 博 362
小玉 ユキ 333
ゴダール, ジャン=リュック
  54
コーチュリー, ビル 176
小槻 さとし 193
こっちのけんと 415
コッポラ, フランシス・フォード
  .... 82, 123
古手川 祐子 122
小手鞠 るい 382
伍東 和郎 66

後藤 和子 ･･････････････ 61
後藤 加代 ･･････････････ 157
後藤 紀一 ･･････････････ 50
後藤 久美子 ････････ 162,
　　169, 172, 175, **531**
後藤 啓介 ･･････････････ 187
後藤 浩滋 ･･････････････ 224
五島 茂 ･･････････････ 127
後藤 翔如 ･･････････････ 115
後藤 杉彦 ･･････････････ 33
後藤 次利 ･･････････････ **532**
後藤 暢 ･･････････････ 30
後藤 俊夫 ･･ 134, 190, **532**
後藤 富男 ･･････････････ 27
後藤 秀機 ･･････････････ 350
後藤 英子 ･･････････････ 28
後藤 比奈夫 ･･･････ 296, 369
後藤 真孝 ･･････････････ 347
後藤 正治 ･･････････ 189, 223
後藤 みな子 ････････････ 77
五島 美代子 ･･･････････ 33
後藤 明生 ･･････････ 127, 180
後藤 杜三 ･･････････････ 90
後藤 竜二 ･･････････････ 74,
　　105, 140, 217, 297, **532**
後藤 亮 ･･････････････ 59
吾峠 呼世晴 ･･･････ 391, 398
古処 誠二 ･･･････ 367, 374
コトヤマ ････････････ 404
小長井 信昌 ･･････････ 340
小長谷 清実 ･･ 105, 189, 303
コナリ ミサト ･･････････ 385
小西 甚一 ･･････････ 201
小西 紀行 ･･････････ 353
小西 マサテル ･･････ 399
小西 真奈美 ････････ 270,
　　271, 277, 319
小錦 八十吉 ･･････････ 240
五戸 真理枝 ･･････････ 404
古波蔵 保好 ･･････ 84, 128
小橋 博 ･･････ 24, 31, 33
小浜 清志 ･･････････ 174
小浜 ユリ ･･････････ 337
小林 明子 ･･･ 156, 170, **532**
小林 旭 ･･････ 97, 107, 108,
　　162, 163, 164, 239, **532**
小林 亜星 ･･････････ 67,
　　102, 103, 136, **533**
小林 綾子 ･･････････ 142
小林 勇 ･･････････ 31
小林 エリカ ･･････････ 411

小林 薫 ･･････････ 117,
　　154, 161, 312, **533**
小林 和男 ･･････････ 243
小林 克 ･･････････ 290
小林 久三 ･･････････ 89
小林 恭二 ･･････････ 241
小林 桂樹 ･･ 29, 37, 42, 43,
　　51, 54, 87, 218, 251, **533**
小林 健二 ･･････････ 132
小林 広一 ･･････････ 126
小林 康治 ･･････････ 50
小林 古径 ･･････････ 20
小林 定義 ･･････････ 120
小林 幸子 ･･････････ 118,
　　119, 124, 125, 130, 149,
　　163, 177, 178, 184, 193,
　　213, 259, 299, 316, **533**
小林 佐智子 ････････ 216
小林 聡美 ･････････ 135,
　　141, 350, 351, **534**
小林 繁 ･･････････ 120
小林 重三郎 ････････ 34
小林 峻介 ･･････････ 216
小林 純一 ･･ 43, 116, **534**
小林 尋 ･･････････ 405
小林 信吾 ･･････････ 199
小林 清之介 ････････ 91
小林 泰一郎 ････････ 207
小林 孝至 ･･････････ 179
小林 卓司 ･･････････ 301
小林 正 ･･････････ 207
小林 忠 ･･････････ 138
小林 龍雄 ･･････････ 116
小林 恒夫 ･･････････ 29
小林 照幸 ･･････････ 249
小林 斗盦 ･･････････ 287
小林 稔侍 ･･････････ 207,
　　257, 338, 389
小林 信彦 ･･････ 295, 401
小林 則子 ･･････････ 98
小林 治雄 ･･････････ 88
小林 久子 ･･････････ 200
小林 ひさし ････････ 205
小林 秀雄 ･･････････ 19,
　　22, 36, 65, 85, 109, **535**
小林 英樹 ･･････････ 255
小林 仁美 ･･････････ 195
小林 弘 ･･････････ 72, 76
小林 裕 ･･････････ 156
小林 弘忠 ･･････････ 297
小林 まこと ･･ 131, 165, **535**

小林 誠 ･･････････ 315
小林 正樹 ･････ 18, 39, 45,
　　48, 54, 57, 63, 64, 95,
　　96, 141, 231, 237, **535**
小林 正彦 ･･････････ 290
小林 勝 ･･････････ 42
小林 美樹 ･･････････ 92
小林 充 ･･････････ 201
小林 実 ･･････････ 39
小林 深雪 ･･･････ 300, 301
小林 美代子 ･･････････ 77
小林 泰三 ･･････････ 222,
　　340, 373, 392
小林 有吾 ･･････････ 385
小林 豊 ･･････････ 311
小林 ゆり ･･････････ 275
小林 陽太郎 ････････ 207
小林 吉男 ･･････････ 59
小林 よしのり ･･････
　　179, 234, **536**
小林 林之助 ････････ 3
小日向 文世 ･･･ 333, 337
小桧山 博 ･･････ 139, 275
コブクロ ････････････ 307
こぶしファクトリー ･･ 359
小渕 健太郎 ････････ 306
孤蓬 万里 ･･････････ 228
小堀 鴎一郎 ････････ 382
小堀 桂一郎 ････････ 140
小堀 新吉 ･･････････ 110
小堀 誠 ･･････････ 27
駒井 蓮 ･･････････ 395
小牧 璋子 ･･････････ 166
小牧 正英 ･･････････ 17
駒田 晶子 ･･････････ 316
駒田 一 ･･････････ 359
小松 江里子 ････････ 306
小松 左京 ･････ 80, 89,
　　90, 93, 103, 114, 145,
　　158, 308, 321, 334, **536**
小松 重男 ･･････････ 104
小松 滋 ･･････････ 7
小松 真一 ･･････････ 94
小松 伸六 ･･････････ 126
小松 恒夫 ･･････････ 122
小松 菜奈 ･･････････ 351,
　　357, 363, 383
小松 紀夫 ･･････････ 93
小松 久子 ･･････････ 74
小松 弘愛 ･･････････ 127
小松 まこと ････････ 240

小松 光宏 …………… 208	小山 ちれ …………… 220	170, 171, 185, 326, **537**
小松 美羽 …………… 386	小山 光枝 …………… 93	権藤 実 …………… 15
小松沢 陽一 ………… 224	こやま 峰子 ………… 283	近藤 ようこ ………… 353
駒村 吉重 …………… 276	**小山 ゆう** … 103, 240, **537**	近藤 喜文 …………… 224
コマヤスカン ……… 337	小山 祐士 ………… 31, 68	**近藤 芳美** …………… 70,
コマンダンテ ……… 366	小山 有人 …………… 228	160, 195, 216, **538**
五味 太郎 …………… 382	小雪 …………… 278, 283, 284	コント山口君と竹田君
五味 文彦 …………… 194	コリン, マクノートン	…… 155, 158, 164, 171
五味 康祐 …………… 22	…………… 290	コントレオナルド ‥ 142, 151
五味川 純平 …… 109, **536**	コリンズ, M. …………… 73	コンドン, ジェーン … 151
小嶺 忠敏 …………… 260	ゴールド, アリソン・レス	コント55号 ……… 67, 68
小峰 元 …………… 85	リー …………… 250	紺野 あずさ ………… 239
小峰 ひずみ ………… 394	コルピ, アンリ ……… 54	紺野 馨 …………… 214
こみね ゆら ………… 363	是枝 裕和 …………… 284,	**今野 寿美** … 289, 323, **538**
小宮 淳宏 …………… 61	312, 343, 344, 358,	今野 勉 …………… 224, 384
小宮 久美子 ………… 148	364, 376, 377, 383, 407	近野 十志夫 ………… 146
小宮 豊隆 …………… 24	是永 駿 …………… 196	今野 敏 …… 309, 310, 406
小宮 隆太郎 ………… 274	コロッケ ……… 191, 345	紺野 美沙子 …… 140, 221
小宮 亮 …………… 120	古倫不子（初山 滋）… 63	今野 安子 ……… 72, 80
古村 比呂 …………… 169	小和田 敏子 …… 72, 80	今野 雄二 …………… 152
小室 哲哉 …………… 226,	今 官一 …………… 31	こん松 …………… 233
232, 234, 239, 245	今 敏 …………… 271	
小室 等 ……… 124, 204	今 三喜 …………… 28	【さ】
米米CLUB …………… 184,	今 東光 …………… 31	
185, 205, 206, 212	今 日出海 …………… 19	さい ふうめい ……… 259
米谷 ふみ子 …… 152,	今 陽子 …………… 68	**崔 洋一** …………… 140,
153, 241, **536**	金剛 永謹 …………… 365	141, 182, 209, 210, 211,
コメディNo.1 ‥ 76, 84, 119	権藤 萬治 ……… 99, 374	271, 278, 284, 291, **538**
小森 収 …………… 399	コント赤信号 …… 137, 144	THE YELLOW MON-
小森 香子 …………… 317	近藤 東 ………… 4, 12	KEY …………… 365, 384
小森 健太朗 ………… 322	近藤 啓太郎 …… 31, 166	西岸 良平 …………… 131
コモリタ ミノル …… 272	近藤 紘一 …………… 116	斎樹 真琴 …………… 309
古谷田 奈月 … 342, 374, 381	近藤 小織 …………… 114	**三枝 昴之** … 110, 242, 269,
小柳 ゆき ……… 258, 259	近藤 淳 …………… 392	288, 289, 316, 387, **539**
小柳 ルミ子 …………… 79,	近藤 昭二 …………… 153	三枝 浩樹 ……… 369, 375
83, 97, 107, 134, 137,	近藤 次郎 …………… 274	**西郷 輝彦** … 55, 186, **539**
141, 143, 147, 149,	**近藤 晋** …… 124, 250, **537**	最向 涼子 …………… 248
150, 156, 178, **536**	近藤 天 …………… 172	税所 隆介 …………… 228
小柳 玲子 …………… 310	近藤 千裕 …………… 212	西城 正三 ……… 69, 84
小谷野 敦 …………… 267	近藤 富枝 …………… 139	斉条 史郎 …………… 72
小籔 千豊 …………… 300	近藤 信行 …………… 109	西條 奈加 ……… 289, 387
小山 愛子 …………… 385	近藤 日出造 ………… 98	最匠 展子 …………… 167
小山 明子 …………… 71	近藤 弘俊 …………… 62	最相 葉月 …………… 301,
小山 いと子 ……… 6, 19	近藤 史恵 …………… 309	304, 308, 309, 315
小山 勝清 …………… 31	近藤 史人 …………… 276	**西城 秀樹** …………… 92,
小山 薫堂 …………… 309,	近藤 平三郎 ………… 38	97, 102, 107, 113, 118,
311, 318, 354	**近藤 正臣** …… 79, 82, **537**	119, 120, 124, 125,
小山 敬三 …………… 98	近藤 雅子 …………… 55	136, 142, 143, **540**
小山 健 …………… 385	**近藤 真彦** …………… 129,	斎田 喬 …………… 26
小山 甲三 …………… 6	130, 131, 136, 137, 142,	財津 一郎 …………… 92
小山 宙哉 … 327, 333, 353	149, 156, 157, 163, 169,	

財津 和夫 ……… 136, **540**
サイデンステッカー, E.
　G. ………………………… 104
斉藤 朱美 ……………… 201
斎藤 惇夫 ……………… 140
斉藤 詠一 ……………… 374
齋藤 恵美子 ‥ 302, 362, 406
斎藤 夏風 ……………… 323
斎藤 京子 ……………… 193
斎藤 恵子 ……………… 317
斉藤 慶子 ……………… 217
斉藤 玄 ………………… 121
斎藤 耕一 ……………… 82,
　86, 87, 210, 211, **541**
斉藤 こず恵 …………… 91
斎藤 栄 ………………… 59
斉藤 貞郎 ……………… 110
西東 三鬼 ……………… 47
斎藤 純 ………………… 215
齋藤 潤 ………………… 414
斉藤 昌三 ……………… 66
斎藤 真一 ……………… 86
齋藤 愼爾 ……………… 315
斎藤 慎太郎 …………… 367
斉藤 せつ子 …………… 59
斎藤 礎英 ……………… 234
最東 対地 ……………… 362
さいとう・たかを …… 98,
　287, 385, **541**
斎藤 隆夫 ……………… 210
斎藤 孝 ………… 262, 268
斎藤 工 ………………… 357
斎藤 忠男 ……………… 189
斎藤 環 ………………… 388
さいとう ちほ ………… 233
斉藤 恒夫 ……………… 143,
　149, 150, 156, 163, 177
斎藤 直子 ……………… 255
斎藤 信幸 ……………… 100
西東 登 ………………… 53
斎藤 春枝 ……………… 93
斎藤 久志 ………… 230, 243
斉藤 仁 ……… 144, 151, 179
斎藤 紘二 ……………… 303
斎藤 博 …………… 182, 189
斉藤 ひろし …………… 243
斉藤 広志 ……………… 116
斉藤 洋 …………… 175, 343
斎藤 博之 ……… 29, 78, 82
齋藤 史 …………… 105, 152,
　209, 216, 236, 242, **541**

斎藤 文一 ……………… 105
斎藤 真 ………………… 294
斎藤 真理子 …………… 411
斎藤 希史 ……………… 288
斎藤 澪 ………………… 127
斉藤 道雄 ……………… 269
齋藤 貢 ………………… 381
齋藤 美奈子 …………… 269
斎藤 茂吉 …… 18, 22, **541**
斉藤 ゆう子 …………… 142
斉藤 由貴 …………… 155,
　156, 157, 161, 162,
　168, 169, 265, 370, **541**
斎藤 庸一 ……………… 47
斎藤 隆介 …… 66, 111, **542**
斎藤 良輔 ……………… 18,
　20, 21, 23, 24, 34
斉藤 倫 ………………… 356
斎藤 林太郎 …………… 174
斎藤 憐 …… 122, 233, 293
最果 タヒ …… 310, 355, 413
西原 理恵子 …… 240, 294
斎明寺 以玖子 ………… 182
柴門 ふみ ………… 144, 200
サイモン＆ガーファンク
　ル ……………………… 137
佐江 衆一 ………… 41, 187
佐伯 一麦 …… 188, 195, 235,
　281, 302, 341, 347, 380
佐伯 順子 ……………… 241
佐伯 彰一 …… 115, 126, 152
佐伯 二郎 ……………… 7
佐伯 孝夫 ………… 49, **542**
佐伯 達夫 ……………… 58
佐伯 千秋 ……………… 39
佐伯 日菜子 …………… 224
佐伯 洋 ………………… 126
佐伯 亮 …… 136, 205, **542**
佐伯 泰英 ……………… 373
佐伯 裕子 ………… 202, 349
冴桐 由 ………………… 248
三枝 和子 ………… 139, 255
三枝 健起 ………… 148, 161
冴崎 伸 ………………… 342
早乙女 愛 ……………… 100
早乙女 秀 …………… 8, 10
早乙女 太一 …………… 313
早乙女 朋子 …………… 222
早乙女 貢 ………… 66, 181
佐賀 旭 ………………… 400
佐賀 潜 ………………… 47

嵯峨 信之 ……………… 160,
　221, 222, **542**
酒井 朝彦 ……………… 12
坂井 泉水 ……………… 219
酒井 一吉 ……………… 329
坂井 希久子 …………… 309
酒井 くにお ‥ 220, 233, 240
酒井 健亀 ……………… 36
酒井 駒子 ……………… 317
坂井 修一 ……………… 167,
　255, 296, 323
酒井 順子 ………… 281, 283
酒井 澄夫 ……………… 385
堺 誠一郎 ……………… 13
酒井 隆之 ……………… 248
酒井 武雄 ……………… 353
酒井 忠康 ……………… 115
酒井 とおる ‥ 220, 233, 240
坂井 信夫 ……………… 222
酒井 法子 …………… 169,
　170, 171, 192, **542**
酒井 寛 ………………… 182
堺 正章 ………………… 74,
　75, 138, 225, 307, **542**
堺 雅人 ………………… 311,
　312, 313, 331, 338,
　345, 347, 352, 390
酒井 政利 …………… **543**
酒井 美紀 …… 231, 237, 250
酒井 光子 ……………… 119
堺 三保 ………………… 398
酒井 佑子 ……………… 303
酒井 洋子 ……………… 150
酒井 龍輔 ……………… 6
酒井 和歌子 …………… 63
坂上 暁仁 ……………… 416
寒河江 真之助 ………… 50
坂上 泉 …………… 381, 393
阪上 和子 ……………… 84
坂上 琴 ………………… 355
坂上 弘 ……………… 120,
　194, 195, 201, 235, **543**
坂上 道之助 …………… 157
榊 裕之 ………………… 405
榊原 郁恵 …………… 107,
　108, 113, 118, 129, **543**
榊原 澄人 ……………… 294
榊原 直人 ……………… 89
榊原 るみ ……………… 82
榊山 潤 ………………… 11
坂口 安吾 ……………… 18

坂口 謹一郎	………	65
坂口 憲二	……… 270,	294
坂口 健太郎	………	370
坂口 志文	………	386
坂口 周	………	347
坂口 征二	……… 84,	404
坂口 良子	………	265
坂崎 かおる	………	412
阪田 貞之	………	57
坂田 太郎	………	11
坂田 藤十郎(4代)	………	321
坂田 信雄	………	181
坂田 信弘	………	213
阪田 寛夫	……… 58, 89, 122, 145, 166, 173, 189,	**543**
坂田 満	………	229
坂田 好弘	………	98
坂谷 照美	………	174
坂手 洋二	……… 196, 253, 268,	273
阪中 正夫	………	5
阪西 夫次郎	………	9
坂野 比呂志	………	135
坂部 文昭	………	84
坂本 一生	………	214
坂本 九	……… 156, 157, 415,	**544**
阪本 光一	………	173
阪本 佐多生	………	41
坂本 静香	………	219
坂元 純	………	237
阪本 順治	……… 182, 183, 243, 256, 257, 264, 331, 382, 383, 407,	408
坂本 スミ子	………	60
坂本 善三郎	………	229
坂本 太郎	………	138
坂本 つや子	………	195
坂本 長利	………	157
坂本 繁二郎	………	33
坂本 冬美	……… 170, 171, 177, 184, 185, 191, 192, 193, 199, 206, 226, 326, 333, 365, 390,	**544**
坂本 真綾	………	339
坂本 昌行	………	403
坂本 休	………	274
坂元 裕二	……… 306, 326, 331, 370,	405
坂本 頼光	………	415
坂本 龍一	……… 192, 319, 395,	**545**

坂本 遼	……… 39,	42
相楽 亨	………	327
佐良 直美	……… 64, 71, 72,	**545**
相楽 晴子	………	183
相良 守峯	………	158
ザガレンスキー, パメラ	………	363
佐川 亜紀	………	202
佐川 和正	………	372
さがわ みちお	………	23
佐川 光晴	……… 255,	268
佐川 芳枝	………	277
ザガン, レオンティーネ	………	6
佐木 隆三	……… 94,	194
咲坂 伊緒	………	372
鷺沢 萠	……… 166,	201
鷺巣 詩郎	………	313
サキタ ハヂメ	………	332
咲妃 みゆ	………	391
関水 渚	……… 382,	383
崎村 亮介	………	173
ザ・キャビンカンパニー	……… 356, 376,	413
THE GOOD-BYE	……… 142,	143
さくま のりよし	………	226
さくま ゆみこ	……… 250,	317
佐久間 良子	……… 37, 136, 144, 220,	**545**
佐久本 宝	………	370
佐久吉 忠夫	………	289
佐倉 しおり	……… 148, 149,	154
佐倉 淳一	………	323
さくら ちさと	………	403
桜 津多子	………	88
さくら ももこ	……… 186, 192,	199
桜井 淳子	………	212
桜井 和寿	……… 226,	239
桜井 勝美	………	26
桜井 幸子	………	217
桜井 孝雄	………	55
桜井 敏雄	……… 142,	186
桜井 信夫	………	250
桜井 晴也	………	342
桜井 真城	………	412
桜井 正光	………	308
桜井 ユキ	………	390
桜井 よしこ	……… 223,	225
桜川 末子	………	84

桜木 紫乃	……… 268, 342,	387
桜木 俊晃	………	11
桜小路 かのこ	………	314
桜沢 順	………	229
桜塚 やっくん	………	299
桜田 一郎	………	109
桜田 忍	………	89
桜田 淳子	……… 88, 97, 107, 113, 162, 168, 171, 210, 211,	**545**
桜田 常久	……… 11,	12
櫻田 智也	………	393
桜田 ひより	………	414
さくらと一郎	………	97
桜庭 一樹	……… 302,	303
桜庭 ななみ	……… 325,	337
桜庭 伸幸	……… 156,	**546**
サクラ・ヒロ	………	368
桜山 梅夫	………	88
酒見 賢一	……… 181,	254
佐合 五十鈴	………	127
佐々 涼子	……… 336,	387
篠井 英介	……… 198,	410
佐々木 愛	……… 137,	361
佐々木 聰	………	357
ささき あり	………	363
佐々木 赫子	……… 147, 182,	**546**
佐々木 主浩	……… 246, 247,	260
佐々木 基一	………	188
佐々木 蔵之介	……… 339,	352
佐々木 健	………	327
佐々木 健一	……… 138,	350
佐佐木 定綱	………	387
佐々木 譲	……… 115, 188, 267, 316, 362,	**546**
佐々木 昭一郎	……… 79, 101, 147, 148,	**546**
佐々木 二郎	………	62
佐々木 すみ江	………	88
佐々木 精一郎	………	65
佐々木 節子	……… 55,	65
佐々木 惣一	………	24
佐々木 隆興	………	12
佐々木 琢磨	………	404
佐々木 毅	………	386
佐々木 たづ	……… 37, 57, 70,	**547**
佐々木 禎	………	109
佐々木 祝雄	………	37
佐佐木 信綱	……… 4, 9,	**547**
佐々木 則夫	………	341

佐々木 ひとみ 324	佐田 啓二 32, 54, **548**	佐藤 朔 187
佐々木 浩久 216	さだ まさし 118,	佐藤 佐太郎 21,
佐々木 マキ 376	119, 226, 270, 394, **548**	93, 110, 115, 146, **549**
佐々木 守 63,	定井 勇二 401	佐藤 さとる 38,
66, 67, 78, **547**	佐竹 一彦 188	42, 45, 60, 63, 304, **549**
佐々木 幹郎 173,	ザ・たっち 299	佐藤 早苗 247
196, 268, 336, **547**	左館 秀之助 36	サトウ サンペイ 61
佐々木 実 343, 349	佐谷 功 125	佐藤 繁子 189
佐々木 康 217	貞久 秀紀 242, 369	佐藤 茂 235
佐々木 安美 167, 330	さだやす 圭 158	佐藤 雫 380
佐々木 裕司 274	Suchmos 372	佐藤 準 178
佐佐木 幸綱 77,	ザッカー, ジェリー 190	佐藤 順一 389
189, 216, 236, 242,	薩川 昭夫 243	佐藤 純弥 51,
247, 282, 328, **547**	五月 みどり ... 96, 178, **548**	95, 135, 175, 176, 183,
佐々木 洋一 127, 249	佐々 紅華 46	204, 291, 298, **549**
佐佐木 陸 406	薩摩 忠 53	佐藤 正午 139, 355, 368
笹倉 明 121, 181	ZARD 213	佐藤 信介 383, 401
笹沢 左保 44,	佐渡 裕 267	佐藤 紳哉 301
248, 277, **547**	里居 正美 233	佐藤 青南 322
笹沢 美明 14	佐藤 愛子 69,	佐藤 太清 207
佐々田 英則 248	115, 173, 254, 355, **548**	佐藤 多佳子 243,
笹野 高史 298, 305	佐藤 亜紀 195, 267, 399	303, 330, 368
笹原 正三 28, 33	佐藤 明子 33	佐藤 隆 150
笹原 俊雄 45	佐藤 彰 217	佐藤 琢磨 ... 347, 373, 391
笹原 富美雄 72	佐藤 厚志 368, 399	佐藤 健 331,
佐々部 清 ... 269, 270, 284	佐藤 天彦 321, 373	358, 365, 395
笹峰 愛 219	佐藤 文香 406	佐藤 忠男 182,
ささめや ゆき	佐藤 亜有子 229	224, 371, 395
223, 304, 311	佐藤 有恒 100	佐藤 達夫 63
笹本 恒子 354	佐藤 一英 9	佐藤 竜雄 253, 347
笹本 寅 12	佐藤 巌太郎 329	さとう 珠緒 239
笹本 祐一 253,	佐藤 栄作 89, 146	佐藤 誓 365
280, 287, 294, 308, 347	佐藤 鬼房 189, 209	佐藤 哲夫 84
笹本 稜平 275	佐藤 オリエ ... 74, 200, **548**	佐藤 哲也 209
笹本 玲奈 300, 307	沙藤 一樹 235	佐藤 道信 247
笹山 久三 166	佐藤 夏蔦 5	佐藤 得二 50
サザン・オールスターズ	佐藤 清 166	佐藤 富造 131, 193
.... 119,	佐藤 究 361,	佐藤 智加 255
136, 137, 143, 150,	374, 393, 412	佐藤 友祈 366, 385
157, 185, 192, 193, 206,	佐藤 州男 154	佐藤 宣践 65, 88
258, 259, 293, 345, 359	佐藤 慶 78, 125	佐藤 憲胤 281
佐治 乾 53, 100, 110	さとう けいこ 270	サトウ ハチロー
佐治 敬三 84, 253	佐藤 賢一 208,	.... 24, 49, **550**
佐治 賢使 227	248, 348, 386, 406	佐藤 春夫 13,
佐島 佑 342	佐藤 謙一郎 200	22, 26, 43, **550**
佐瀬 稔 153	佐藤 浩市 123,	佐藤 B作 164,
さそう あきら 253	129, 134, 147, 217,	397, 415, **550**
佐相 憲一 275	224, 264, 271, 284, 288,	佐藤 久子 182
笹生 陽子 237	298, 299, 338, 357, 364,	佐藤 秀昭 90
佐多 稲子 50, 80,	370, 377, 407, 408, **548**	佐藤 英敏 326, 333
99, 132, 138, 152, **547**	佐藤 好助 49	佐藤 仁美 237, 238

さわむら

佐藤 弘 …………… 282
佐藤 博治 ………… 23
佐藤 博信 ………… 216
佐藤 文夫 ………… 90
さとう ふみや …… 227
さとう まきこ … 134, 290
佐藤 信 ………… 72, 78
佐藤 真 …………… 203
佐藤 正明 ………… 230
佐藤 雅彦 …… 258, 331
佐藤 正之 … 95, 231, 237
佐藤 雅美 …… 152, 209
佐藤 勝 …………… 45, 130, 210, 211, 251, **550**
佐藤 優 …………… 288, 297, 304, 386
佐藤 真澄 ………… 382
佐藤 まどか ……… 388
佐藤 未央子 ……… 398
佐藤 幹夫 ………… 168
佐藤 道明 ………… 172
佐藤 通雅 …… 336, 400
佐藤 充 …………… 37
佐藤 満 …………… 179
さとう 宗幸 …… 113, **551**
佐藤 モニカ ……… 375
佐藤 康智 ………… 274
佐藤 康光 … 200, 308, 314
佐藤 祐市 ………… 305
佐藤 有記 ………… 325
佐藤 友哉 ………… 302
佐藤 有香 ………… 220
佐藤 洋二郎 ·· 222, 241, 261
佐藤 義美 ………… 27, 95
佐藤 竜一郎 ……… 133
里生 香志 ………… 85
里中 満智子 … 93, 138, **551**
里見 香奈 … 328, 334, 340, 347, 353, 367, 373, 379, 386, 391, 398, 404, 411
里見 紗李奈 ……… 385
里見 弴 …………… 10, 28, 41, 73, **551**
里見 まさと ·· 227, 240, 246
里見 蘭 …………… 309
里村 龍一 …… 156, 157
里谷 多英 ………… 246
THE虎舞竜 …… 212, 213
里利 健子 ………… 4
ザ・ドリフターズ … 75, 79
真田 圭一 ………… 247

真田 ナオキ …… 391, 397
真田 広之 …… 134, 149, 171, 175, 176, 210, 211, 212, 224, 225, 258, 270, 271, 277, 291, 415, **551**
真田 与四男 ……… 13
SUNNY BOY ……… 384
佐貫 亦男 ………… 70
さねとう あきら
………… 82, 116, **552**
実吉 健郎 ………… 48
佐野 浅夫 ………… 83
佐野 亜裕美 ……… 401
佐野 金之助 ……… 38
佐野 源左衛門一文 … 279
佐野 順一郎 ……… 7
佐野 史郎 …… 205, 207
佐野 眞一 …… 236, 317
佐野 哲章 ………… 364
佐野 寿人 ………… 133
佐野 広実 ………… 386
左能 典代 ………… 139
佐野 文哉 ………… 121
佐野 元春 …… 396, **552**
佐野 洋 · 56, 235, 315, **552**
佐野 洋子 ………… 105, 270, 283, **552**
佐波 洋子 ………… 343
佐橋 慶女 ………… 147
佐橋 俊彦 ………… 293
佐飛 通俊 ………… 194
サブ ……………… 236
サファテ, デニス … 373
THE BOOM …… 212, 213
佐分利 信 …………… 20, 23, 95, 96, **552**
THE BLUE HEARTS
………………… 170
左文字 勇策 ……… 5
ザ・ぼんち ……… 114, 119, 124, 131, 378
さまぁ〜ず ……… 279
寒川 光太郎 ……… 10
侍ジャパン ……… 410
皿海 達哉 … 106, 175, **553**
サラモン, マイケル … 165
SALLY ……………… 149
ザ・リリーズ ……… 102
サリngROCK ……… 408
猿岩石 ……… 232, 239
ザルテン, フェリックス
………………… 48

沢 亨二 …………… 5
澤 好摩 …………… 341
澤 大知 …………… 393
沢 哲也 …………… 115
沢 縫之助 ………… 6
澤 穂希 …………… 334
沢 竜二 …… 212, 372
沢 良太 …………… 8
沢井 信一郎 …… 95, 146, 147, 148, 161, 210, **553**
沢木 欣一 …… 222, 229
沢木 耕太郎 ……… 116, 132, 153, 274, 297, 341, 399, **553**
沢口 たまみ ……… 189
沢口 靖子 ………… 155, 156, 161, 246, 351, **553**
沢尻 エリカ ……… 291, 292, 297, 298
沢田 研二 … 88, 97, 107, 108, 112, 113, 117, 118, 119, 125, 130, 136, 142, 143, 150, 401, 402, **554**
沢田 政広 ………… 120
沢田 知可子 … 199, 206
澤田 瞳子 …… 341, 393
沢田 敏男 ………… 294
沢田 としき …… 270, 297
沢田 敏子 ………… 105
澤田 直 …………… 405
澤田 秀雄 ………… 360
沢田 ひろふみ …… 287
沢田 ふじ子 ……… 94
沢田 美喜 ………… 111
沢田 祐二 ………… 246
沢田 ユキオ ……… 385
澤地 久枝 …… 159, 308
澤登 翠 …………… 372
澤西 祐典 ………… 329
沢野 紀美子 ……… 86
澤野 弘之 ………… 359
沢登 貞行 ………… 98
沢松 和子 ………… 98
澤村 伊智 …… 355, 381
沢村 一樹 ………… 328
沢村 精四郎 ……… 68
沢村 貞子 …………… 32, 105, 237, **555**
沢村 宗十郎 … 156, 212
沢村 忠 ………… 69, 89
沢村 田之助 … 232, 258

沢村 豊子 ……………… 397
澤村 拓一 ……………… 334
沢村 光博 ……………… 56
沢村 凛 ………………… 242
佐原 雄二 ……………… 115
三王子 京輔 …………… 242
三条 正人 ……………… 97
三代目 J Soul Brothers
　from EXILE TRIBE
　……………… 352, 359
サンドウィッチマン …… 389
三人奴 …………… 93, 125
三宮 麻由子 …………… 263
三瓶 …………………… 272
三遊亭 円歌(3代) ……… 205
三遊亭 円生(6代) …… 43,
　64, 83, 112, **555**
三遊亭 円楽(5代) …… 120,
　131, 151, 158,
　179, 299, **555**
三遊亭 小円 …………… 68
三遊亭 小円歌 ………… 212
三遊亭 鳳楽 …………… 213
三遊亭 遊馬 …………… 352

【し】

椎名 和夫 ……………… 163,
　164, 185, **555**
椎名 軽穂 ……………… 314
椎名 桔平 …… 230, 250, 251
椎名 高志 ………… 207, 404
椎名 チカ ……………… 366
椎名 誠 ………………… 194
椎名 林檎 ……………… 311
椎名 麟三 ……………… 28
椎野 直弥 ……………… 376
椎野 英之 ……………… 106
椎ノ川 成三 …………… 44
シェファード, ジェーン
　………………………… 107
ジェームス三木 ……… 100,
　166, 182, 228, 238, **555**
ジェロ …………………… 313
シェンゲラーヤ, ゲオル
　ギー ………………… 112
ジェーン・スー ………… 356
塩崎 豪士 ……………… 222
塩沢 兼人 ……………… 186
塩田 明彦 ………… 249, 251

塩田 潮 ………………… 140
塩田 純 ………………… 318
塩田 武士 ……………… 322,
　362, 368, 412
塩谷 賛 ………………… 65
しおたに まみこ ……… 401
塩津 哲生 ……………… 299
塩野 七生 ………… 73, 132,
　173, 210, 247, 411, **556**
塩野 宏 ………………… 360
塩野 米松 ……………… 270
塩谷 瞬 ………………… 298
志織 慶太 ……………… 125
志賀 泉 ………………… 282
志賀 潔 ………………… 15
志賀 かう子 …………… 140
志賀 直哉 ………… 19, **556**
志賀 信夫 ……………… 277
志賀 葉子 ……………… 241
市街地 ギャオ ………… 412
志垣 澄幸 ……………… 400
志垣 太郎 ……………… 86
鹿野 司 …………… 334, 405
志川 節子 ……………… 275
施川 ユウキ …………… 353
時雨 音羽 ……………… 46
重 由美子 ……………… 234
重岡 孝文 ……………… 65
重兼 芳子 ……………… 115
しげの 秀一 …………… 158
重延 浩 ………………… 284
重松 清 ………………… 249,
　255, 323, 348
重松 森雄 ……………… 58
重松 盛人 ……………… 49
重見 利秋 ……………… 5
重光 亨彦 ……………… 230
茂森 あゆみ …………… 252
重森 孝子 ……………… 128
茂山 七五三(2代) ……… 384
茂山 千五郎 …………… 314
茂山 千作(4代) ………… 308
茂山 千之丞 …………… 245
茂山 忠茂 ……………… 236
茂山 忠三郎 ……… 178, 266
シゲリ カツヒコ ……… 376
鍼山親方(元・関脇寺尾)
　………………………… 273
梓崎 優 ………………… 348
獅子 文六 …… 47, 73, **556**
志治 美世子 …………… 304

C.C.ガールズ …………… 205
宍倉 邦枝 ……………… 65
宍戸 開 ………………… 190
しじみとさざえ ……… 198
志図川 倫 ……………… 47
雫井 脩介 ……………… 281
志尊 淳 …………… 377, 382
志田 未来 …… 299, 324, 325
設楽 洋 ………………… 398
設楽 りさ子 …………… 214
志智 双六 ……………… 33
七条 勉 ………………… 17
実石 沙枝子 …………… 399
実川 延若(2代目) ……… 17
実川 延二郎 …………… 38
実相寺 昭雄 …… 304, **556**
JITTERIN'JINN ……… 192
シティボーイズ ……… 164
shito …………………… 415
紫堂 恭子 ……………… 221
司東 利恵 ……………… 200
品川庄司 ……………… 265
品田 雄吉 ……………… 357
品田 悦一 ……………… 323
紫野 貴李 ……………… 323
篠 弘 …………………… 133,
　223, 255, 295, 329, **556**
志野 亮一郎 …………… 81
篠 瑠美子 ……………… 219
篠崎 絵里子 …………… 313
篠崎 洋子 …… 49, 55, 65, **556**
篠塚 ひろむ ……… 280, 372
信多 純一 ……………… 94
篠田 節子 …………… 188, 235,
　236, 316, 322, 355, 381
篠田 桃紅 ……………… 116
篠田 一士 ……………… 121
篠田 正浩 ……………… 70,
　71, 78, 79, 82, 105, 106,
　147, 148, 190, 191, 197,
　224, 250, 322, 364, **556**
篠竹 幹夫 ……………… 194
篠原 篤 …………… 357, 364
篠原 栄太 ……………… 245
篠原 勝之 ………… 317, 354
篠原 健太 …… 321, 385, 392
篠原 信一 ……………… 253
篠原 千絵 ………… 165, 259
篠原 ともえ …………… 232
篠原 一 ………………… 209
篠原 三代平 …………… 301

篠原 芳文 313
篠原 涼子 219,
　　292, 299, 377
篠巻 政利 72
篠山 紀信 234
斯波 四郎 38
芝 祐靖 373
志波 西果 4
芝 憲子 167
柴 幸男 324
斯波 義信 373
司馬 遼太郎 31, 39,
　　58, 62, 81, 94, 126, 132,
　　145, 159, 173, 214, **557**
芝木 好子 12, 44, 59,
　　81, 126, 145, 166, **557**
柴咲 コウ 263,
　　264, 271, 272, 277, 345
柴崎 友香 295,
　　323, 348, 405, 412
柴田 亜衣 287
柴田 愛子 263
柴田 勝家 379, 398
芝田 勝茂 ... 147, 297, **558**
柴田 恭兵 122,
　　159, 175, **558**
柴田 国明 93
柴田 三吉 216, 381
柴田 翔 53
柴田 岳志 371
柴田 哲孝 295, 302
柴田 天馬 24
柴田 南雄 216
柴田 白葉女 140
しばた はつみ 101
柴田 元幸 ... 203, 288, 290
柴田 侑宏 96, 239
柴田 よしき 222
柴田 義之 403
柴田 錬三郎 21,
　　73, 104, **558**
芝谷 幸子 242
柴野 拓美 328
芝野 武男 8
芝山 永治 13
シブがき隊 136,
　　137, 143, 157, 164
渋川 驍 89
渋川 清彦 383
渋木 綾乃 55
渋沢 青花 128

渋沢 孝輔 90,
　　116, 194, 195, 236, **558**
渋澤 龍彦 127, 166
渋野 日向子 385
渋谷 哲平 113
渋谷 天外(2代)
　　............ 32, 67, **558**
渋谷 天外(3代) 352
澁谷 道 336
渋谷 実 10, 23, **558**
渋谷 ヨシユキ 296
シブル, スティーブン・ノ
　　ムラ 371
柴生田 稔 56
志穂美 悦子 95
島 朗 158
島 耕二 12
島 次郎 239, 246
嶋 大輔 137
島 秀雄 221
島尾 敏雄 .. 19, 41, 80, 104,
　　109, 120, 139, 152, **558**
島岡 吉郎 98
嶋岡 晨 249
嶋木 あこ 333
島木 健作 6, 9
島口 大樹 392
島倉 千代子 113,
　　119, 137, 143, 171, 177,
　　178, 185, 220, 292, **559**
島崎 藤村 7, **559**
島崎 ひろ 302
島崎 政太郎 37
島津 亜矢 164
島津 忠夫 310
嶋津 輝 361
島津 秀雄 232
島津 保次郎 .. 5, 6, 7, **559**
島津 ゆたか .. 125, 150, **559**
島添 昭義 120
島田 一男 21
島田 歌穂 162,
　　169, 226, 299, 300, **559**
島田 謹二 74, 187
島田 修二 146, 229
島田 修三 ... 269, 323, 330
島田 正吾 35,
　　87, 142, 144, 205,
　　218, 252, 258, **560**
島田 紳助 ... 124, 125, 131
島田 荘司 309

嶋田 忠 317
島田 虎之介 314
島田 雅彦 146, 201,
　　294, 302, 361, 380, **560**
島田 幸典 275, 362
島田 陽子 91,
　　96, 124, **560**
島田 洋介 61, 80
島田 洋之介 151
島谷 ひとみ .. 252, 265, 272
島野 一 104
島袋 光年 259
島村 喜久治 26
島村 匠 248
島村 達雄 364
島村 利正 115
島村 佳江 107
島本 和彦 353, 360
嶋本 達嗣 222
島本 久恵 59
島本 理生 ... 260, 275, 374
清水 綾子 177
清水 アリカ 188
清水 郁子 108
清水 勲 360
清水 市代 ... 179, 207, 221,
　　227, 234, 240, 247, 253,
　　267, 287, 294, 314, 321
清水 一行 94
清水 えみ子 54
清水 脩 20
清水 香織 164
清水 潔 348, 350
清水 清 175
清水 邦夫 50, 66,
　　78, 90, 103, 118, 121,
　　122, 139, 191, 201, **560**
清水 圭 171, 178, 179
清水 径子 269
清水 健太郎 107,
　　108, 111, 113, **561**
清水 宏次朗 168
清水 茂 375
清水 順一 114
清水 俊二 154
清水 正二郎 28
清水 政二 11
志水 辰夫 160, 261
清水 たみ子 196
清水 哲男 94,
　　160, 216, 381, **561**

清水 徹 ········· 262	爵 青 ··············· 14	俊藤 浩滋 ···· 82, 270, 271
清水 一 ············· 31	釈 由美子 ········· 258	春風亭 一之輔 ···· 358, 409
清水 博子 ····· 235, 261	ジャクソン, ピーター	春風亭 一朝 ···· 345, 384
清水 宏 ···· 13, 17, **561**	················ 334	**春風亭 小朝** ········· 126,
清水 宏保 ········· 246	ジャクソン, マイケル	131, 137, 144, 156,
清水 房雄 ·········· 53,	········ 149, 171, 178	169, 232, 352, 403, **562**
189, 242, 249, 276, 310	JACROW ········· 410	春風亭 小柳枝 ····· 200, 345
清水 マサ ········· 330	SHAZNA ········· 239	春風亭 昇太 ····· 239, 259
清水 真砂子 ······· 210	鯱 城一郎 ··········· 8	春風亭 ぴっかり☆ ····· 396
清水 勝 ············· 51	ジャッキー吉川とブルー・	城 明 ············· 361
清水 まゆみ ········ 40	コメッツ ········· 64	城 小碓 ············· 11
清水 美砂 ···· 204, 210, 232	シャッツバーグ, ジェリー	城 侑 ············· 94
清水 ミチコ ······· 169	················· 87	邵 丹 ············· 398
清水 芽美子 ······· 254	ジャニー喜多川 ····· 273	生源寺 美子 ······· 106
清水 基吉 ·········· 15	ジャニーズ・ジュニア・ス	庄司 薫 ············ 69
清水 有生 ········· 238	ペシャル ······ 97, 102	**東海林 さだお** ········ 76,
清水 由貴子 ···· 108, **561**	ジャニーズWEST ···· 352	223, 240, **562**
清水 良典 ········· 159	シャノン, デイビッド	荘司 重夫 ··········· 6
清水 玲子 ········· 266	················ 263	庄司 総一 ·········· 14
シム・ウンギョン ··· 383, 389	ジャームッシュ, ジム	東海林 太郎 ········ 58
志村 けん ········· 101,	················ 161	正司 敏江 ······· 72, 178
252, 390, **561**	シャラボワ, マリア ····· 294	庄司 直人 ········· 110
志村 正浩 ········· 182	シャ乱Q ······· 226, 233	庄司 陽子 ········· 114
志村 喬 ············ 19	ジャリズム ····· 227, 233	正司 玲児 ······· 72, 178
志村 ふくみ ·· 138, 210, 360	ジャルジャル ······· 320	城島 明彦 ········· 139
志村 雄 ············· 5	シャレル, エリック ····· 6	少女時代 ········· 326
下井 葉子 ········· 165	シャンプーハット ·· 340, 391	翔田 寛 ········· 309
子母沢 寛 ····· 46, **562**	シュー・ピンセイ ·· 212, 213	正田 建次郎 ········ 73
下地 亜記子 ······· 365	十一谷 義三郎 ········ 4	上段 十三 ·········· 81
下嶋 哲朗 ········· 216	羞恥心 ············ 313	昇地 三郎 ········· 341
志茂田 景樹 ········· 99,	十文字 幸子 ······· 281	正道 かほる ········ 210
121, 145, 350, **562**	十文字 貴信 ······· 234	少年隊 ············ 162,
霜月 蒼 ············ 355	朱川 湊人 ··· 268, 275, 289	163, 164, 170, 171, 212
霜月 流 ··········· 411	19 ·············· 252	**庄野 英二** ·········· 45,
下畑 卓 ········ 12, 13	ジュグラリス, マルセル	54, 60, 105, **562**
下村 敦史 ········· 348	················ 217	庄野 潤三 ······· 26, 41,
下村 脩 ··········· 315	JUJU ············ 409	56, 69, 77, 80, 82, **563**
下村 兼史 ·········· 60	ジュディ・オング	城野 隆 ··········· 289
下村 ひろし ······· 105	········· 118, 119, **562**	**笙野 頼子** ········· 126, 195,
下村 正夫 ·········· 25	首藤 瓜於 ········· 254	215, 261, 288, 348, **563**
下村 由理恵 ······· 226	趣里 ······ 383, 407, 409	城之内 早苗 ······· 219
下山 俊三 ·········· 26	シュリンク, ベルンハル	菖蒲 あや ·········· 63
下山 久 ··········· 339	ト ·············· 254	笑福亭 鶴笑 ······· 272
下山田 ひろの ······ 259	シュルヴィッツ, ユリ	笑福亭 三喬 ······· 293
詩森 ろば ····· 365, 371	················ 317	笑福亭 松鶴 ········ 84
子門 真人 ······ 102, **562**	シュレイダー, レナード	笑福亭 松喬 ···· 306, 396
ジャ・ジャンクー ···· 305	················ 116	**笑福亭 鶴光** ··· 96, 97, **563**
謝 珠栄 ··········· 205,	シュレシンジャー, ジョ	笑福亭 鶴三 ······· 144
220, 313, 345	ン ············ 70, 71	**笑福亭 鶴瓶** ········· 125,
ジャオ, クロエ ······ 395	シュレンドルフ, フォル	198, 259, 318, 319,
SHAGGY ········· 177	カー ······ 128, 129, 134	378, 403, **563**
	順 みつき ········· 137	
	ぢゅん子 ········· 366	

笑福亭 仁鶴 …… 93, **563**	白都 真理 …… 118	74, 81, 90, 95, 96, 105, 106, 110, 111, 112, 116, 117, 128, 155, 160, 174, 176, 202, 223, 224, 225, 230, 231, 249, 256, 274, 277, 331, 332, 337, **565**
笑福亭 福笑 …… 246	白鳥 園枝 …… 232	
昭和 こいる …… 258	白鳥 一 …… 411	
昭和 のいる …… 258	白鳥 晴都 …… 402	
ジョエル, ビリー …… 131, 143, 150	不知火 京介 …… 275	
松鶴家 千代菊 …… 212	白根 厚子 …… 394	
松鶴家 千代若 …… 212	白藤 茂 …… 24	真銅 健嗣 …… 284
SHOGUN …… 119	しりあがり 寿 …… 259, 266	真藤 順丈 … 309, 374, 375
ジョージ 朝倉 …… 293	シルビア・グラブ … 313, 403	新藤 次郎 …… 331, 371
ジョージ秋山 …… 114	シルベルマン, セルジュ …… 168	新藤 卓広 …… 335
ジョージ川口 …… 124, 157, **563**	士郎 正宗 …… 165, 207	真藤 恒 …… 158
女子十二楽坊 …… 279	城田 優 …… 372	神藤 恵 …… 326
ショット, フレデリック・L. …… 259	城山 三郎 …… 11, 34, 36, 89, 94, 228, 267, **564**	新藤 涼子 …… 153, 303, 342, **567**
SHOW-YA …… 184	城山 真一 …… 355	新堂 令子 …… 229
ジョンソン, エイドリアン …… 283	新 和男 …… 230	シンドラー, S.D. …… 290
白井 明大 …… 362	深海 弦悟 …… 409	陣内 孝則 …… 165, 168, **567**
白井 カイウ …… 372	新海 誠 … 273, 280, 284, 294, 364, 370, 373, 404	陣内 智則 …… 259, 286
シライ ケイタ …… 372	シンガタ …… 312, 325	新内 仲三郎 …… 186
白井 貴子 …… 93, 103	新川 和江 …… 42, 56, 167, 216, 242, 249, 303, 310, **564**	Jin Nakamura …… 313, 326
白井 鉄造 …… 144		眞並 恭介 …… 356
白井 三香子 …… 134		ジンネマン, フレッド …… 64, 111, 112
白井 弓子 …… 367	新川 帆立 …… 386	新野 剛志 …… 248
白石 綾乃 …… 179	神宮 輝夫 …… 54	じんの ひろあき … 189, 190
白石 一郎 …… 33, 166, 201, 249, **563**	新宮 正春 …… 73	神野 美伽 …… 150, 156, 157, 164, 199, **567**
白石 かおる …… 316	シンクタンク …… 240, 259	榛葉 英治 …… 36
白石 かずこ …… 77, 140, 228, 229, 276, 309, **564**	神護 かずみ …… 380	新橋 耐子 … 108, 365, **567**
白石 一文 …… 316	慎吾ママ …… 260	新橋 遊吉 …… 56
白石 和彌 …… 344, 370, 376, 377, 382	神西 清 …… 8, 22, 36	新保 千代子 …… 50
白石 加代子 … 258, 339, 352	新崎 瞳 …… 412	新保 博久 …… 275
白石 伸三 …… 114	新里 宏太 …… 346	真保 裕一 …… 195, 235, 236, 295
白石 昂 …… 196	晋樹 隆彦 …… 343	
シライシ ユウコ … 392, 398	新城 カズマ …… 301	新房 昭之 …… 340
白石 義夫 …… 4, 24	新庄 耕 …… 335	辛坊 治郎 …… 172
白岩 玄 …… 282	新城 卓 …… 140	新村 出 …… 33
白川 明 …… 157	新庄 剛志 …… 267, 299	
白川 和子 …… 377	新章 文子 …… 39	
白川 静 …… 287	新庄 嘉章 …… 180	**【す】**
白川 尚史 …… 405	人生 幸朗 …… 93, 108	
白河 暢子 …… 115	新谷 かおる …… 151	水前寺 清子 …… 58, 83, 97, 352, **567**
白川 英樹 …… 260	新谷 識 …… 94	葉 紀甫 …… 209
白川 由美 …… 32	陣出 達男 …… 6	末井 昭 …… 350
白坂 依志夫 …… 37, 100, 110, **564**	シンデレラエキスプレス …… 320	末浦 広海 …… 309
白崎 秀雄 …… 60	新藤 栄作 …… 161	末谷 真澄 …… 209
白洲 正子 …… 81, **564**	進藤 英太郎 …… 25	末続 慎吾 …… 280
	新藤 兼人 …… 14, 18, 20, 21, 23, 24, 26, 37, 39, 43, 47, 48, 51, 53, 54, 56, 59, 63, 66, 70,	末次 由紀 …… 321, 333
		末永 雅雄 …… 180
		すえのぶ けいこ …… 300

末弘 喜久 ………… 255	杉浦 日向子 ………… 179	杉山 寧 …………… 93
末松 安晴 ………… 360	杉浦 明平 ………… 80	スクラッチ ………… 253
末弥 純 …………… 179	杉浦 幸雄 ………… 33	祐光 正 …………… 288
末光 篤 …………… 333	杉江 浩平 ………… 252	スコセッシ, マーティン
末吉 暁子 ………… 105,	杉岡 華邨 ………… 260	…………… 95, 101
161, 250, **567**	杉咲 花 ……… 363, 364,	スコット, トニー …… 161
周防 正行 …… 202, 203,	370, 376, 396, 405, 408	スコット, リドリー
204, 211, 230, 231, 232,	杉田 愛子 ………… 131	…………… 126, 145
237, 304, 305, 337, 338	杉田 成道 …… 197, 205	須崎 勝弥 …… 56, 128
周防 柳 …………… 341	杉田 英明 ………… 208	朱雀門 出 ………… 316
須賀 敦子 …… 195, 196	杉田 秀之 ………… 390	図子 英雄 ………… 166
須賀 一惠 ………… 369	杉田 弘子 ………… 32	鐸 静枝 …………… 94
須賀 ケイ ………… 374	杉田 豊 ……… 122, **569**	鈴江 俊郎 ………… 230
菅 啓次郎 ………… 322	杉谷 昭人 …… 195, 310	鈴鹿 央士 … 382, 383, 389
須賀 健太 ………… 305	スギちゃん ………… 340	涼風 真世 …… 258, 307
須賀 しのぶ ……… 361	杉村 隆 …………… 114	鈴木 明夫 ………… 140
菅 浩江 …………… 207,	杉村 春子 ………… 21,	鈴木 昭 …………… 165
214, 261, 267, 392	25, 68, 200, 205, 220,	鈴木 章 …………… 328
須賀 不二男 ……… 157	224, 225, 238, **569**	鈴木 明 …………… 86
菅 竜一 …………… 53	杉村 英孝 ………… 398	鈴木 亜久里 ……… 207
菅井 きん … 148, 154, **567**	杉本 章子 ………… 174	鈴木 杏 …………… 257,
菅井 準一 ………… 42	杉本 彩 …………… 328	258, 277, 366, 390, 391
菅井 竜也 ………… 340	杉本 一男 ………… 296	鈴木 杏樹 …… 212, 224
須貝 等 ……… 158, 172	杉本 苑子 ……… 22, 47,	鈴木 梅太郎 ……… 15
菅澤 敬一 ………… 326	110, 159, 267, 274, **569**	鈴木 エドワード …… 180
姿 美千子 ………… 48	杉本 哲太 ………… 147	鈴木 加成太 ……… 406
菅野 高至 ………… 304	杉本 秀太郎 ……… 104,	鈴木 輝一郎 ……… 215
菅野 完 …………… 369	105, 166, 228, **570**	鈴木 キサブロー
菅野 照代 ………… 59	杉本 英世 ………… 360	…………… 163, 164, 185
菅原 蛸 …………… 336	杉本 裕孝 ………… 355	鈴木 京香 ………… 217,
すがや みつる …… 138	杉本 真維子 ·· 310, 349, 406	237, 250, 251, 270, 271,
須川 栄三 …… 167, 169	杉本 真人 ………… 143,	284, 291, 299, 305, 351
須川 邦彦 ………… 14	156, 265, **570**	鈴木 喜代春 ……… 175
菅原 謙次 …… 114, 219	杉本 美香 ………… 327	鈴木聖美WITHラッツ&
菅原 卓 ……… 27, 49	杉本 美樹 ………… 86	スター ………… 170
菅原 直樹 ………… 378	杉本 深由起 … 223, 363	鈴木 邦彦 ………… 68
菅原 文太 ……… 87, 96,	杉元 怜一 ………… 166	鈴木 庫治 ………… 12
100, 123, 190, 277, **568**	杉森 久英 ………… 47,	鈴木 恵一 ………… 76
菅原 洋一 … 68, 75, 76, **568**	166, 208, **570**	鈴木 慶一 ………… 403
菅原 義正 ………… 373	杉山 愛 …………… 321	鈴木 けいこ ……… 228
杉 市和 …………… 371	杉山 亮 …………… 324	鈴木 桂治 …… 280, 287
杉 みき子 ………… 34,	スギヤマ, カナヨ … 243	鈴木 謙二 ………… 269
82, 140, **568**	杉山 恵治 ………… 181	鈴木 健二 …… 67, 135
杉 良太郎 ………… 63,	すぎやま こういち … 279,	鈴木 光司 ………… 188
118, 119, 124, **568**	286, 372, 378, 390	鈴木 康司 ………… 234
杉井 ギサブロー …… **568**	杉山 公平 ………… 40	スズキ コージ …… 167,
杉浦 佳子 ………… 398	杉山 隆男 …… 160, 230	283, 311, **570**
杉浦 重雄 ………… 8	杉山 宇宙美 ……… 47	鈴木 彩子 ………… 231
杉浦 喬也 ………… 172	杉山 平一 …… 14, 336	鈴木 禎宏 ………… 295
杉浦 直樹 … 265, 278, **569**	杉山 正明 ………… 274	鈴木 聡 …………… 300
杉浦 範茂 …… 116, **569**	杉山 正樹 …… 166, 261	鈴木 智 …………… 250

鈴木 砂羽 …… 217, 218
鈴木 重雄 …………… 17
鈴木 重吉 …………… 4
鈴木 重三 …………… 152
鈴木 淳 …………… 245
鈴木 東海子 ………… 362
鈴木 炤成 …………… 48
鈴木 志郎 …………… 262
鈴木 志郎康 ‥ 66, 310, 349
鈴木 新吾 …………… 81
鈴木 信太郎 ………… 26
鈴木 進 …………… 225
鈴木 聖子 …… 380, 409
鈴木 清剛 …… 236, 248
鈴木 清順 …………… 122,
　　123, 128, 159, 297, **570**
鈴木 誠也 …………… 367
鈴木 大介 …………… 240
鈴木 大拙 …………… 19
鈴木 大地 …………… 179
鈴木 鷹夫 …………… 283
鈴木 隆之 …………… 165
鈴木 卓爾 …………… 236
鈴木 竹雄 …………… 187
鈴木 忠志 …… 98, 129, **571**
鈴木 忠平 …………… 400
鈴木 ちさと ………… 265
鈴木 哲子 …………… 27
鈴木 亨 …………… 243
鈴木 寿雄 …………… 25
鈴木 敏夫 …… 343, 408
鈴木 俊子 …………… 78
鈴木 虎雄 …………… 46
鈴木 直道 …………… 360
鈴木 尚之 …… 50, 56, 57,
　　59, 66, 78, 81, 297, **571**
鈴木 央 …………… 359
鈴木 敦秋 …………… 304
鈴木 のりたけ …… 330, 343
鈴木 則文 …………… 95,
　　167, 182, **571**
鈴木 久雄 …………… 87
鈴木 久尋 …………… 91
鈴木 英夫 …………… 110
鈴木 弘樹 …………… 261
鈴木 弘 …………… 30
鈴木 博 …………… 210
鈴木 浩彦 …………… 140
鈴木 博美 …………… 240
鈴木 博之 …………… 187
鈴木 福 …………… 332

鈴木 文夫 …………… 277
鈴木 文子 …………… 202
鈴木 保奈美 ………… 190
鈴木 ほのか ………… 198
鈴木 真砂女 …………… 100,
　　215, 249, **571**
鈴木 雅次 …………… 69
鈴木 雅之 …………… 365
鈴木 まもる ………… 297
鈴木 瑞穂 …………… 300
鈴木 実 …………… 45
鈴木 六林男 ………… 223
鈴木 恵 …………… 406
鈴木 康弘 …………… 360
鈴木 康文 …………… 146
すずき 大和 ………… 138
鈴木 裕美 …………… 259,
　　306, 307, 326
鈴木 由美子 ………… 186
鈴木 ユリイカ ……
　　160, 174, 393
鈴木 義司 …………… 72
鈴木 善徳 …………… 329
鈴木 良徳 …………… 114
鈴木 義治 …………… 37,
　　39, 70, 95, **571**
鈴木 善久 …………… 392
鈴木 力衛 …………… 34
鈴木 亮平 …………… 354,
　　357, 358, 395, 402, 408
鈴ノ木 ユウ ………… 366
鈴村 和成 …………… 317
鈴村 ふみ …………… 387
雀野 日名子 ………… 309
涼元 悠一 …………… 242
須田 栄 …………… 26
須田 寿 …………… 57
菅田 将暉 …… 351, 363, 367,
　　370, 371, 377, 385, 402
須田 桃子 …………… 356
スタージェス, ジョン
　　………………… 37
スタローン, シルベスター
　　………… 117, 135, 161
スタンバーグ, ジョーゼ
　　フ・フォン …… 3, 4, 5
スティーブンス, ジョー
　　ジ ………………… 18
スティング ………… 178
すとう あさえ ……… 394
須藤 アンナ ………… 412
須藤 斎 …………… 317

須藤 武幸 …………… 138
須藤 久 …………… 86
須藤 洋平 …… 303, 336
須藤 若江 …………… 174
ストラウス, ハロルド
　　………………… 76
ストラーテン, ハルメン・
　　ファン ………… 276
ストーン, オリバー …… 168,
　　169, 176, 204
ストーン, パディ …… 103
SixTONES ………… 390
須永 紀子 …… 330, 392
砂川 しげひさ ……… 80
砂川 捨丸 …………… 65
砂川 文次 …… 362, 392
砂田 明 …………… 125
砂田 重民 …………… 84
砂田 弘 ‥ 39, 78, 283, **571**
砂田 麻美 …………… 331
砂原 浩太朗 ………… 400
砂本 量 …………… 209
図野 象 …………… 406
簾内 敬司 …………… 263
Snow Man …………… 390,
　　397, 403, 409
スーパーマラドーナ …… 372
SPEED …… 232, 239, 244
スピルバーグ, スティーブ
　　ン ………… 95, 111, 129,
　　134, 135, 141, 148, 162,
　　183, 211, 217, 218, 221
スプリングスティーン, ブ
　　ルース ………… 157
すま けい … 162, 206, **572**
須磨 周司 …………… 72
スマイル …………… 327
スマイレージ ……… 326
SMAP ‥ 198, 206, 279, 326
須見 五郎 …………… 29
住井 すゑ …… 23, 26
澄川 喜一 …………… 392
すみだ しんや ……… 346
墨田 ユキ … 203, 204, 217
隅田川 馬石 ………… 396
墨谷 渉 …………… 302
住野 よる …… 362, 407
住谷 春也 …………… 416
須山 静夫 …………… 77
巣山 ひろみ ………… 343
諏訪 哲史 …………… 302
諏訪 敦彦 …… 251, 388

諏訪部 浩一 342

【せ】

聖飢魔II 170
清野 栄一 222
清野 菜名 401, 402
清野 裕子 387
青来 有一 222,
　　　　　　 254, 301, 302
ゼヴィン, ガブリエル
　　........................... 362
瀬尾 育生 223
瀬尾 七重 ... 67, 168, 243
瀬尾 まいこ 381
SEKAI NO OWARI
　　........................... 403
瀬川 瑛子 170,
　　　　 171, 178, 185, 572
瀬川 ことび 248
瀬川 深 302
瀬川 昌昭 75
せがわ まさき 287
瀬川 康男 66,
　　　　 86, 100, 175, 203, 572
瀬川 裕司 263
関 功 70, 74
石 軍 14
関 敬六 177
関 俊介 335
関 千枝子 154
関 英雄 ... 66, 82, 154, 572
関 弘子 131
関 富士子 202
関 正子 46, 52, 58
関 めぐみ 291
関 容子 128,
　　　　　　 230, 248, 572
関川 周 11, 13, 59
関川 夏央 154,
　　　　　 246, 260, 276, 573
関口 篤 63
関口 知宏 306
関口 尚 268
関口 宏 351, 573
関沢 新一 58
関根 恵子 75, 82
関根 忍 84
関根 世津子 91
関根 勤 210

関根 秀雄 7
せきや てつじ 307
関谷 ひさし 52
関山 和夫 54, 101
瀬古 利彦 114, 126
世耕 弘成 386
瀬々 敬久 ... 324, 364, 376
瀬田 貞二 ... 100, 140, 573
摂津 正 321
摂津 茂和 11, 13
瀬戸 朝香 219, 237
瀬戸 英一 27
瀬戸 正人 249
瀬戸 摩純 332
瀬戸 良枝 295
瀬藤 象二 89
瀬戸内 寂聴 31,
　 50, 202, 221, 254, 261,
　　　 301, 328, 367, 573
瀬戸山 美咲 .. 365, 384, 403
せな けいこ 388
瀬奈 じゅん 333
瀬名 秀明 ... 222, 247, 398
瀬野 とし 127
妹尾 河童 ... 108, 235, 573
ゼフィレッリ, フランコ
　　....................... 67, 87
SE7EN 293
SEVENTEEN 409
蝉谷 めぐ実 412
ゼメキス, ロバート 155,
　　　　　　 165, 168, 224
瀬山 寛二 99
世良公則&ツイスト 113
世良 譲 132
芹沢 光治良 4,
　　　　　　 52, 65, 574
芹澤 準 215
芹沢 信雄 187
セロー, コリーヌ 162
千 宗室 84, 240
千 昌夫 68, 107, 108,
　　 119, 137, 150, 339, 574
千街 晶之 282
千家 和也 83
千石 英世 138
ゼンジー北京 151
千住 博 288
ぜんじろう 186
扇田 昭彦 177
千田 是也 23,

　　　　　38, 40, 108, **574**
せんたくばさみ 286
仙頭 直美 237
仙道 敦子 147, 203
センバ 太郎 38
せんべい 233
せんぽん よしこ 123

【そ】

徐 京植 223
宗 久之助 8
宗 左近 66, 222, **574**
早世 ひとみ 130
左右田 謙 7
相馬 遷子 70
相米 慎二 210,
　　　 250, 264, 270, 271, **574**
惣領 冬実 172
添田 知道 14
副田 義也 33
曽我 得二 18
曽我廼家 鶴蝶 144
曽我廼家 文童 226
曽田 正人 233, 293
ソダーバーグ, スティーヴ
　ン 263
袖井 林二郎 95
外岡 秀俊 99
外崎 春雄 389
ソニン 272, 359
曽根 圭介 ... 302, 303, 316
曽根 中生 122
曽野 綾子 121,
　　　　 201, 241, 334, **575**
園 子温 319, 331
薗 広昭 142, 143
園田 勇 72, 103
園田 直 115
園田 義男 72
園田 隆二 214
園部 晃三 188
園部 哲 413
園山 俊二 103
ゾペティ, デビット
　　................. 228, 269
曽宮 一念 39
染井 為人 368
染谷 将太 332,
　　　　　 343, 344, 390

征矢 清 ………… 270
曽山 一寿 ………… 287
反町 隆史 ………… 244
SoulJa ………… 320
ソルティ・シュガー …… 75
ZONE ………… 265
ソン・ウォンピョン
   ………… 387, 399
孫 基禎 ………… 8
宋 恵媛 ………… 413
成 恵卿 ………… 254
宋 敏鎬 ………… 242
村爾 退二郎 ………… 7
成河 ………… 403

【た】

タアモ ………… 353
D・A・I ………… 265
田井 安曇 ………… 323
大 慶太 ………… 88
田井 康夫 ………… 252
ダイアン …… 320, 353, 379
大工原 章 ………… 301
醍醐 麻沙夫 ………… 89
第三舞台 ………… 198
大正 十三造 ………… 41
Da-iCE ………… 397
太地 喜和子 …… 70, 92,
   100, 101, 124, 205, **575**
大地 真央 ………… 186,
   246, 265, 327, **575**
大地 康雄 …… 176, 191
大道 珠貴 ………… 268
太平 サブロー ………… 131,
   137, 151, 158,
   164, 171, 178, 246
太平 シロー ……… 131, 137,
   151, 158, 164, 171, 178
大鵬 幸喜 …… 76, 347, **575**
大松 博文 …… 49, 55
大門 剛明 ………… 316
大門 正明 ………… 91
太陽とシスコムーン …… 252
平 愛梨 ………… 325
平 安寿子 ………… 248
平 忠夫 ………… 81
平 忠彦 ………… 404
平良 とみ ………… 270
平 淑恵 …… 144, 233

平 龍生 ………… 139
タヴィアーニ兄弟 ‥ 168, 169
タヴェルニエ、ベルトラ
   ン ………… 155
ダウンタウン ………
   171, 179, 186
ダウン・タウン・ブギウ
   ギ・バンド ………… 97
田岡 典夫 ……… 13, 115
たか たかし ………… 149,
   150, 265, **575**
タカアンドトシ ………… 306
高井 研一郎 ………… 366
たかい すみひこ ……… 134
互 盛央 ………… 348
高井 有一 …… 56, 99, 146,
   180, 194, 247, 267, **576**
高石 次郎 ………… 39
高岩 淡 …… 225, 338
高内 壮介 ………… 90
たかお 鷹 …… 300, 307
高尾 長良 ………… 335
高尾 光 ………… 261
高岡 修 …… 290, 393
高岡 浩司 ………… 341
高岡 早紀 ………… 217,
   218, 224, 231
高丘 哲次 ………… 381
高岡 良樹 …… 172, 228
高貝 弘也 … 262, 310, 323
高垣 憲正 ………… 329
高木 秋尾 ………… 95
高木 彬光 ………… 19
高木 功 ………… 160,
   162, 208, **576**
高木 恭造 ………… 11
喬木 言吉 ………… 5
高木 史朗 ………… 150
高木 聖鶴 ………… 347
高木 健夫 …… 89, 166
高木 長之助 ………… 88
高木 貞治 ………… 12
高木 徹 …… 269, 290
高木 敏次 ………… 329
高木 俊朗 ………… 93
髙樹 のぶ子 ………… 139,
   222, 248, 288, 322,
   361, 386, **576**
高木 紀子 …… 61, 72
高木 光 ………… 7
高際 和雄 ………… 140

高楠 順次郎 ………… 15
高倉 健 ………… 32,
   106, 107, 111, 128,
   129, 134, 136, 208,
   250, 251, 252, 257, 337,
   338, 339, 347, 351, **576**
高沢 皓司 ………… 249
タカシトシコ ………… 237
たかし よいち ………… 57,
   105, 311, **577**
高品 格 ………… 147,
   148, 154, **577**
高階 杞一 …… 188, 349
高階 秀爾 …… 261, 341
高嶋 健一 ………… 140
高島 俊男 …… 223, 254
高島 春雄 …… 34, 54
高嶋 政伸 … 194, 196, 210
高嶋 政宏 …… 168, 182
高島 裕 ………… 342
高杉 真宙 ………… 371
高杉 良 ………… 250
高瀬 志帆 ………… 398
高瀬 隼子 … 380, 399, 405
高瀬 千図 ………… 146
高瀬 ちひろ ………… 289
高瀬 乃一 ………… 386
髙瀬 久男 … 265, 273, 327
高田 一郎 ………… 92
高田 恭子 ………… 72
高田 宏治 ………… 100,
   105, 140, 147, 153, 232
高田 宏治 ………… **577**
高田 三九三 ………… 46
高田 三郎 ………… 175
高田 聖子 ………… 365
髙田 次郎 ………… 378
高田 敏子 ………… 63
高田 弘 …… 83, 219
高田 ひろお ………… 359
高田 宏 …… 109, 180
高田 幹子 ………… 114
高田 みづえ … 107, 108, **577**
たかだ みゆき ………… 130
高田 美和 ………… 51
高田 裕司 … 98, 103, 109
高田 裕三 ………… 213
高田 亮 …… 350, 384
高千穂 遙 …… 126, 165
高千穂 ひづる ………… 45
高塚 かず子 ………… 216

高塚 和美 213	高橋 健二 29, 65	高橋 義夫 195
髙塚 謙太郎 387	高橋 玄洋 82	高橋 義孝 26
高楼 方子 ... 230, 297, 394	高橋 幸治 51	高橋 よしひろ 165
たかなし しずえ 131	高橋 順子 189,	高橋 善之 238
高梨 裕稔 366	228, 262, 349, 375	高橋 留美子 126,
高梨 康治 ... 346, 352, 372,	高橋 新吉 80, 153	172, 187, 266, **579**
390, 397, 403, 409, 415	高橋 信次 152	高橋 和島 180
高野 悦子 91,	高橋 誠一郎 120	高畑 淳子 178, 266,
117, 128, 175, 257	高橋 節郎 240	279, 306, 313, 339, **580**
高野 和明 ... 261, 329, 335	高橋 たか子 99,	高畑 勲 174, 196,
高野 公男 307	104, 152, 274, **578**	197, 216, 217, 224, **580**
高野 公彦 229,	高橋 丈雄 4, 25	高畑 充希 359,
262, 335, 348, 381	高橋 達三 39	365, 370, 391
高野 秀行 343	高橋 長英 67, 359	高畠 純 330
高野 史緒 335, 416	高橋 徳義 45	高畠 那生 394
高野 文子 280	高橋 とも子 61, 72	貴華 しおり 199
高野 ムツオ 341, 349	高橋 直樹 201	高浜 寛 391
髙野 行央 373	高橋 尚子 ... 246, 260, 294	高浜 虚子 28, **580**
高野 亘 187	高橋 直治 225	高林 左和 127
隆の里 俊英 144	高橋 のぼる 346	高林 陽一 100
貴乃花 光司 200,	高橋 紀恵 220	高林 杏子 209
207, 221, 227, 267	高橋 紀子 70	高原 到 356
鷹羽 狩行 56,	高橋 春男 151	高原 英理 228
89, 261, 310, 348, **578**	高橋 伴明 401, **578**	高原 弘吉 47
高羽 哲夫 225, 230	高橋 英夫 93,	たかべ しげこ 193
高橋 敦史 404	126, 228, 296, 321, **579**	ダ・カーポ 97
高橋 礼華 366	高橋 秀雄 317	高松 秀明 229
高橋 郁子 157, 193	高橋 英樹 87,	高松 英郎 71
高橋 勇夫 165	91, 258, 339, 416, **579**	高松 美咲 410
高橋 一起 139	高橋 秀実 330	たかみ 199
高橋 一生 371,	たかはし ひでやす 340	高見 順 .. 38, 49, 52, **580**
376, 380, 385, 397	高橋 弘希 ... 348, 368, 374	高嶺 剛 183
高橋 巌 286	高橋 裕子 241	高峰 秀子 27, 29,
高橋 巌夫 228	高橋 宏 62	35, 45, 100, 325, **581**
高橋 栄子 52	高橋 宏幸 196	高峰 三枝子 101,
高橋 悦史 67	高橋 文樹 302	155, 164, 197, **581**
高橋 恵美子 40	高橋 文哉 414	高見山 大五郎 109, 321
高橋 治 70,	高橋 真梨子 150	髙村 薫 209,
139, 173, 229, **578**	高橋 道雄 151, 172	241, 315, 367
高橋 和巳 47	高橋 通子 120	高村 倉太郎 298
高橋 克典 230, 321	高橋 三千綱 89, 110	高村 光太郎 12, 19
高橋 克彦 139,	高橋 光子 56	高村 而葉 412
166, 195, 255, 329	高橋 睦郎 134,	高村 典子 177
高橋 兼吉 74	166, 167, 209, 229,	高森 真士 66
高橋 揆一郎 .. 85, 110, 201	323, 369, 392, 416, **579**	高森 登志夫 161
高橋 喜平 42	高橋 元吉 50	高森 美由紀 356
高橋 邦典 276	高橋 八重彦 17	高屋 奈月 266
高橋 啓 349	高橋 有機子 355	髙屋 齋 357
高橋 惠子 305, 319	高橋 幸春 196	高安 国世 146
高橋 源一郎 173,	高橋 洋子 91	髙柳 克弘 401
267, 335, **578**	高橋 陽子 335	髙柳 健次郎 132

高柳 誠 ……………… 139, 174, 236, **581**
高柳 芳夫 …………… 77, 115
高山 聖史 ……………………… 295
高山 邦男 ……………………… 413
高山 厳 …………… 212, 213
高山 鈴江 ……………………… 65
高山 辰雄 ……………………… 138
高山 羽根子 …………………… 386
高山 文彦 ……………………… 256
高山 由紀子 ………… 116, 196
宝 譲 …………………………… 59
宝井 琴調 ……………………… 409
宝井 琴嶺 ……………………… 213
宝井 馬琴 ………… 107, 169, 200, 239
宝田 明 …………… 83, **581**
財部 鳥子 …………… 55, 202, 242, 276, 356, **581**
田川 寿美 …… 205, 206, 265
田川 基成 ……………………… 413
太川 陽介 ………… 108, **581**
滝 いく子 ……………………… 105
多岐 一雄 ……………………… 47
滝 里美 ………………………… 193
高城 修三 ……………………… 104
滝 春一 ………………………… 133
田木 敏智 ……………………… 39
瀧井 孝作 …………… 65, 89
瀧内 公美 ……………………… 382
多岐川 恭 ……………………… 36
滝川 クリステル …………… 347
滝川 虔 ………………………… 6
滝川 さり ……………………… 381
多岐川 裕美 ………………… 100
滝口 明 ……………………… 202
滝口 暉子 ……………………… 88
滝口 雅子 ……………………… 42
滝口 康彦 …………… 36, 39
滝口 悠生 ………… 329, 354, 355, 398, 405
滝沢 一 ……………………… 211
滝沢 修 …………… 22, 61, 96, 114, 118, 186, **581**
滝沢 志郎 …………………… 368
滝沢 荘一 …………………… 290
滝沢 秀明 …… 264, 285, 292
滝沢 美恵子 ……… 180, 181
滝田 栄 …………… 123, 128, 246, **582**
滝田 ゆう …………………… 93

滝田 洋二郎 ……… 161, 162, 211, 311, 312, 318, 321, **582**
滝平 二郎 …………………… **582**
滝本 誠 ……………………… 260
滝本 陽一郎 ……………… 268
たくき よしみつ ………… 195
ダークダックス … 129, 131
田口 犬男 ……………………… 255
田口 清隆 ……………………… 398
田口 哲 ……………………… 13
田口 トモロヲ …………… 238
田口 信教 ……………………… 84
田口 弘 ……………………… 321
田口 正治 …………………… 8
田口 ランディ ………………… 261
田久保 英夫 ………… 69, 99, 109, 152, 235, **583**
田久保 真見 ………………… 365
拓未 司 ……………………… 302
宅見 将典 …………………… 416
TAKURO ……………………… 245
武 正晴 ……………………… 396
武 豊 ……………… 187, 253, 294, 308, 347
武井 咲 …………… 328, 337, 343, 344
武井 共夫 ……………………… 200
武井 秀夫 ……………………… 235
竹内 愛子 ……………………… 144
竹内 一郎 ……………………… 295
竹内 オサム ………………… 379
竹内 京子 …………………… 164
竹内 邦雄 ……………………… 90
竹内 幸子 ……………………… 252
竹内 銃一郎 ……… 127, 174, 221, 226, 245, **583**
竹内 栖鳳 …………………… 9
竹内 てるよ ………………… 11
武内 直子 ……………………… 213
武内 英樹 …………………… 389
竹内 真 …………… 241, 248
武内 雅明 ……………………… 286
竹内 松太郎 ………………… 56
竹内 繭子 …………………… 304
竹内 まりや …… 118, 119, 185, 192, 213, 219, 352, 378, **583**
竹内 もと代 ………………… 270
竹内 康浩 …………………… 400
竹内 結子 ……… 258, 270, 271, 278, 304, 305

竹内 理三 …………………… 234
武内 涼 ……………………… 399
竹内 涼真 ……… 370, 371, 376, 377
武川 哲郎 …………………… 8
竹川 正夫 …………………… 154
竹川 美子 …………………… 306
武川 みづえ ………………… 74
竹崎 有斐 … 105, 147, **583**
武石 勝義 …………………… 406
たけし軍団 ……… 158, 164
竹下 英一 …………………… 69
竹下 景子 ……… 111, 210, 238, 307, **583**
竹下 文子 … 117, 388, **584**
武 敦 …………… 56, 66
武 久美子 …………………… 136
武 浩介 ……………………… 256
武 朔歩 ……………………… 310
武 真治 ………… 219, 251
武 泰淳 …………… 85, 99
武 鉄矢 …… 106, 111, 118, 124, 198, 201, 285, **584**
竹田 昭夫 …………………… 240
武田 信明 …………………… 201
武田 修宏 …………………… 214
武田 秀雄 …………………… 103
竹田 将明 …………………… 308
竹田 真砂子 ……… 133, 328
武田 政子 …………………… 15
武田 道子 …………………… 100
武田 美保 …………………… 266
武田 美穂 …… 203, 256, 297
武田 靖 ……………………… 91
武田 八洲満 ………………… 50
武田 百合子 ………………… 115
竹田 米吉 …………………… 39
竹田 麗央 …………………… 416
武谷 千保美 ………………… 134
武谷 光 ………… 130, 170
武智 三繁 …………………… 267
竹友 藻風 …………………… 17
竹中 郁 ………… 115, 154
竹中 労 ……………………… 195
竹中 直人 ……… 142, 151, 197, 198, 203, 211, 216, 217, 224, 231, 232, 237, 264, 408, **584**
竹中 優子 …………………… 412
竹西 寛子 ……… 93, 110, 127, 152, 208, 274, **585**

竹野 雅人 …………… 215	田島 征三 …… 90, 182, **587**	辰巳 泰子 …………… 189
竹野 昌代 …………… 188	田島 直人 ……………… 8	辰巳 ゆうと …………… 378
竹野内 豊 …………… 225, 278, 331, 402	田島 征彦 … 128, 356, 407	辰巳 ヨシヒロ ………… 321
	田島 列島 …………… 391	辰巳 柳太郎 …………… 142
竹林 美佳 …………… 355	田代 広孝 …………… 202	たつみや 章 …………… 250
武原 英子 ……………… 74	田代 まさし ………… 217	竜山 さゆり …………… 266
武原 はん ……………… 83	田代 万里生 …………… 346	辰吉 丈一郎 ‥ 200, 221, 240
竹原 ピストル ………… 363	田代 美代子 …………… 58	伊達 歩 ………… 170, 171
武部 悦子 …………… 153	田草川 弘 … 294, 297, 304	伊達 一行 …………… 133
武部 勤 …………… 294	多田 茂治 …………… 282	伊達 公子 …………… 207, 221, 227, 234
武部 本一郎 …… 126, **585**	多田 慎也 …………… 339	
武満 徹 ………… 48, 51, 60, 70, 149, 231, **585**	多田 智満子 …… 242, 254	伊達 治一郎 …………… 103
	多田 富雄 …… 208, 256, 310	伊達 得夫 ……………… 50
竹宮 恵子 ……… 114, 120	多田 道太郎 …………… 247	立石 鉄臣 ……………… 45
竹村 こずえ …………… 352	多田 裕計 ……………… 12	立石 晃義 …………… 179
竹村 捷 ……………… 48	唯野 未歩子 …………… 244	立石 泰則 …………… 210
竹邑 祥太 …………… 268	只野 通泰 …………… 286	立石 涼子 …………… 286
竹村 次郎 …………… 102, 103, 124, 177	只野 幸雄 …………… 202	立川 志の輔 …… 186, 306
	多々良 純 …………… 32	立川 志らく …………… 231, 250, 331, 395
竹村 肇 …………… 275	多々羅 四郎 ……………… 4	
竹村 博 ……………… 63	タチ，ジャック ………… 37	立川 談春 …… 310, 415
竹本 葵太夫 …………… 162	達 忠 …………… 110	立野 信之 ……………… 22
竹本 賢三 ……………… 10	舘 信秀 …………… 410	舘野 鴻 …………… 369
竹本 住大夫 …… 345, 354	舘 ひろし …… 175, 377, **587**	建畠 晢 …… 282, 343
竹本 孝之 …………… 130	たちいり ハルコ ……… 144	立松 和平 …………… 121, 235, 302, **587**
竹本 千歳大夫 ………… 396	立木 恵章 …………… 199	
竹本 正男 ……………… 28, 43, 55, 61, **586**	橘 明美 …………… 355	帯刀 収 ……………… 8
	橘 かがり …………… 275	田中 あいみ …………… 403
竹森 一男 ……………… 6	橘 外男 ……………… 9	田中 晶子 …………… 140
武谷 牧子 …………… 222	橘 大五郎 …………… 292	田中 克己 ……………… 12
武山 あきよ …… 170, 171	立花 隆 …… 116, 138, 166, 196, 241, 348, **587**	田中 絹代 …………… 16, 17, 35, 37, 43, 91, 95, **587**
竹山 恭二 …………… 290		
竹山 広 …… 262, 269, 316	橘 ますみ …………… 70	田中 清代 …… 382, 388
竹山 道雄 …………… 17, 19, 44, 138, **586**	立花 水馬 …………… 322	田中 清光 …………… 236
	立花 美哉 …………… 266	田中 邦衛 …… 64, 92, 136, 141, 162, 217, 272, **588**
竹山 洋 …… 211, 256	立花 理佐 …… 169, 170, 171	
竹吉 優輔 …………… 341	立原 えりか …………… 39	田中 久美 ……… 150, **588**
竹脇 無我 ……………… 57	立原 透耶 …………… 392	田中 圭 …………… 377, 382, 384, 398
田郷 虎雄 ……………… 5	立原 正秋 …………… 59	
蛸島 彰子 …… 132, 138	立原 りゅう …… 91, 212	田中 啓一 ……………… 34
太宰 治 ……………… 11	ダチョウ倶楽部 ………… 212	田中 敬子 ……………… 28
田坂 啓 ……………… 95	龍居 由佳里 …………… 278	田中 桂子 …………… 317
田阪 登紀夫 …………… 72	たつき …………… 379	田中 健 …………… 100, 210, 211, **588**
田坂 具隆 …… 5, 10, 11, 37, 46, 50, 51, 60, 64, **586**	立木 義浩 …………… 126	
	ダッシン，ジュールス	田中 健三 …………… 133
田崎 真也 …………… 247	……………… 34	田中 耕一 …………… 274
田崎 広助 ……………… 98	辰沼 広吉 ……………… 33	田中 耕太郎 …………… 43
田崎 隆三 …………… 300	辰野 隆 ……………… 19	田中 貢太郎 …………… 11
田島 啓二郎 …………… 28	巽 聖歌 …… 11, 111	田中 小実昌 …… 115, **588**
多島 健 …………… 133	巽 孝之 …………… 260	田中 聡子 …… 41, 52, 273
田島 伸二 …………… 182	巽 昌章 …………… 303	田中 純 …………… 302

田中 慎弥 …………… 289, 309, 328, 380
田中 澄江 ‥ 21, 23, 26, 31, 85, 121, 228, 229, **588**
田中 貴子 …………… 281
田中 拓也 …………… 336
田中 正 …………… 350
田中 忠道 …………… 72
田中 千禾夫 …………… 26, 39, 40, 109, 115, **589**
田中 哲司 …………… 359
田中 哲弥 …………… 401
田中 利明 …… 30, 33, 35
田中 敏樹 …………… 36
田中 トモミ …………… 174
田中 友幸 …… 95, 204
田中 寅彦 …………… 109
田中 直樹 …………… 271
田中 直隆 …………… 152
田中 希実 …………… 391
田中 伸尚 …………… 330
田中 登 …………… **589**
田中 日佐夫 …………… 145
田中 英寿 …………… 114
田中 英光 …………… 11
田中 博 …………… 86
田中 啓文 … 274, 316, 367
田中 冬二 …………… 14, 47
田中 平六 …………… 8
田中 将大 …………… 347
田中 守 …………… 28
田中 真理 …………… 86
田中 美佐江 …………… 197
田中 美佐子 …… 141, 225
田中 美里 …………… 243
田中 美知太郎 … 69, 114
田中 光敏 …………… 388
田中 美奈子 …… 184, 192
田中 みな実 …………… 392
田中 実 …………… 203
田中 美穂子 …………… 412
田中 泯 …… 270, 277
田中 茂二郎 …………… 412
田中 モトユキ … 314, 353
田中 康夫 …………… 121
田中 泰高 …………… 73
田中 康大 …………… 340
田中 弥生 …………… 295
田中 優子 …………… 260
田中 裕子 …………… 129, 134, 141, 142, 250,
291, 338, 344, **589**
たなか ゆきを …………… 346
田中 陽子 …………… 193
田中 庸介 …………… 400
田中 陽造 …………… 100, 122, 123, 128, 153, 216, 217, 218, 230, 256, 319, **589**
田中 芳樹 …………… 179
田中 好子 …………… 183, 190, 212, **590**
田中 良子 …………… 28
田中 里沙 …………… 416
田中 隆三 …………… 154
田中 亮 …………… 299
田中 良 …………… 38
田中 麗奈 …………… 244, 245, 370, 371
田中館 愛橘 …………… 15
棚木 恒寿 …………… 303
棚田 吾郎 …………… 26
田辺 明雄 …………… 99
田辺 イエロウ …………… 300
田辺 新四郎 …………… 14
田辺 青蛙 …………… 309
田辺 誠一 …………… 271
田辺 聖子 …………… 50, 166, 188, 209, 214, 241, 294, 315, **590**
田辺 闘青火 …………… 5
田辺 南竜 …………… 25
田辺 元 …………… 20
田辺 靖雄 …………… 119
谷 明憲 …………… 204
谷 訪 …………… 28, 30
谷 邦夫 …………… 167
谷 賢一 …………… 388
谷 甲州 …………… 172, 221, 228, 308, 354, 360, **590**
谷 真介 …………… 100
谷 俊彦 …………… 57
谷 隼人 …………… 67
谷 亮子 …………… 287, 307
谷内 こうじ …………… 140
谷内 六郎 …………… 30
谷岡 亜紀 … 216, 303, 388
谷岡 ヤスジ …………… 144
谷川 浩司 …………… 120, 151, 165, 179, 200, 207, 227, 247, 280, **590**
谷川 俊太郎 …………… 94, 133, 153, 175, 202, 209, 221, 288, 310, **591**
谷川 徹三 …………… 34
谷川 直子 …………… 335
谷川 真理 …………… 200
谷口 悟郎 …………… 294
谷口 ジロー …… 200, 246
谷口 千吉 …… 18, 20, **591**
谷口 維紹 …………… 411
谷口 哲秋 …………… 166
谷口 菜津子 …………… 404
谷口 浩美 …………… 200
谷口 基 …………… 348
谷口 幸男 …………… 122
谷口 吉郎 …………… 89
谷崎 潤一郎 …………… 16, 17, 19, 47, **591**
谷崎 由依 …… 303, 373
谷沢 永一 …………… 120
谷田 絹子 …… 49, 55
タニノ クロウ …………… 362
谷村 新司 …………… 130, 213, 339, **592**
谷本 歩実 …………… 287
谷本 正憲 …………… 234
田沼 武能 …………… 386
種田 陽平 …………… 318
種村 季弘 …………… 248
田野 武裕 …………… 133
たのきんトリオ … 124, 136
田畠 恒男 …………… 14
多羽田 敏夫 …………… 341
田畑 智子 …………… 210, 211, 284, 338
田畑 政治 …………… 120
田畑 麦彦 …………… 47
田端 義夫 …… 252, **592**
田原 総一朗 …………… 78
田原 俊彦 …………… 124, 125, 130, 131, 136, 142, 143, 169, 178, 187, 205, **592**
田原 夏彦 …………… 10
田原 弘毅 …………… 248
田原 牧 …………… 349
DA PUMP …………… 378
田隊 勇太 …………… 315
田渕 久美子 …………… 272
田渕 俊夫 …………… 416
Wコロン …………… 326
Wヤング ‥ 88, 93, 98, 114
田部 俊行 …………… 196
多部 未華子 … 291, 324, 327
田部井 淳子 …………… 98

たま

たま		192
玉井 清弘		159, 349, 406, **593**
玉泉 八州男		152
玉尾 皓平		411
玉岡 かおる		399
玉置 宏		164
玉置 玲央		377
玉川 勝太郎		186
珠川 こおり		393
玉川 太福		390
玉川 福太郎		193
玉川 鵬心		269
玉川 侑香		369
玉置 浩二		150, 157, **593**
玉木 潤一郎		40
玉城 徹		81, 116, 262
玉木 宏		304
田牧 大和		302
玉城 ティナ		383
田桝 吉二		28, 30
玉野 和紀		313
玉の海 正夫		69
玉虫 敏子		214
玉村 豊男		201
玉山 鉄二		363
民門 敏雄		29
田宮 二郎		45
田宮 釼		4
田宮 虎彦		21
田宮 博		109
田向 正健		101, 169, 210, 225, **593**
ダムタイプ		220
田村 秋子		19, 20, 21, **593**
田村 英里子		184, 185, 192
田村 和大		368
田村 京子		160
田村 康介		287
田村 三郎		253
たむら しげる		196, 211, 246, 376
田村 高廣		57, 129, 168, 178, 305, **594**
田村 孟		44, 59, 63, 66, 67, 70, 71, 78, 100, 146, **594**
田村 広済		381
田村 穂隆		406
たむら まさき		304
田村 由美		207, 300, 398, 410
田村 竜		243
田村 隆一		50, 145, 209, 235, **594**
田村 亮子		214, 227, 258, 260, 266
為末 大		267, 294
タモリ		129, 132, 142, 144, 352, 402, **594**
田谷 鋭		36, 90, 109, **594**
田谷 力三		149
田山 朔美		296
田山 敏雄		201
田山 雅充		103
田山 力哉		190, 224
ダラボン, フランク		224, 225, 257
タランティーノ, クェンティン		218
ダリル・ホール＆ジョン・オーツ		137
タル, ベーラ		337
タルコフスキー, アンドレイ		114
太朗 想史郎		316
多和田 葉子		194, 201, 254, 274, 275, 328, 329, 334, 335, 380, 405
俵 国一		16
俵 万智		174, 282, 296, 392, 393, **595**
俵 元昭		47
団 伊玖磨		35, 62, **595**
檀 一雄		15, 19, 94, 99, **595**
旦 敬介		341
檀 ふみ		91, 95, 111, 139, 249, **595**
壇 蜜		351
檀 れい		298, 299, 305, 311
団 令子		34
丹下 健三		126
丹下 健太		303
檀上 茂		151
段田 男		163, 164, **595**
段田 安則		286, 300, 378, 403, 404
団藤 重光		66, 227
丹野 郁弓		286
団野 文丈		221
丹波 哲郎		87, 123, 128, 215, 221, 257, 299, 305, **595**

【ち】

ちあき なおみ		83, 97, **596**
千秋 実		155, 161, **596**
地井 武男		82
崔 実		361
千江 豊夫		105
崔 華国		153
チェウニ		265
チェッカーズ		150, 155, 156, 157
千頭 ひなた		275
筑紫 哲也		118, 204, 207, 285, 319
千国 安之輔		116
チグハグコンビ		98
千々岩 雄平		180
千田 翔太		360
千谷 壮之助		33
千鳥		333, 346
知念 栄喜		74
ちねん せいしん		110
知念 里奈		239
千之 赫子		37
茅野 裕城子		222
ちば あきお		103
千葉 香織		209
千葉 一幹		241
千葉 皓史		406
千葉 繁		172
千葉 治平		56
千葉 省三		66
千葉 真一		48, **596**
ちば てつや		103, 108, 320, 379, 415, 416, **596**
千葉 哲也		286
千葉 督太郎		151
千葉 ともこ		387
千葉 真子		234
千葉 雅也		381, 393
千葉 幹夫		270
千葉 泰樹		**596**
千葉 雄大		370
千早 茜		309, 315, 399
千早 梅		15
千原兄弟		220
千藤 幸蔵		172

チミノ, マイケル ‥ 117, 123
千谷 道雄 36
チャウ・シンチー 271
茶木 滋 230
CHAGE&ASKA .....
　　　　　199, 206, 212
チャゼル, デイミアン
　.......................... 357
ちゃっきり娘 114, 119
チャップリン, チャール
　ズ 3, 23, 25, 42, 48
CHARA 206
ちゃらんぽらん ... 158, 253
チャーリー浜 200, 207
チャン, ケリー 274
チャンバラトリオ .. 84, 103
チャンミン 344
朱 旭 225, 232
中条 静夫 107
中尊寺 ゆつ子 194
チュートリアル 286
チュフライ, グレゴリー
　............................ 43
チューリップ 88
チョー・ヨンピル 170
張 赫宙 5
張 競 208, 221
張 芸謀 183
長 孝一郎 20
長 新太 40,
　　86, 105, 147, 283, 596
趙 容弼 178
鳥海 連志 398
帖佐 美行 214
超新星 334
長野 久義 327
千代田 葛彦 53
チョップリン 280
千代の富士 貢 132,
　　158, 165, 172, 179,
　　187, 194, 597
鄭 義信 209, 210,
　　211, 216, 230, 243, 244,
　　250, 269, 271, 284, 313
陳 舜臣 44,
　　66, 73, 77, 98, 173,
　　201, 202, 215, 597
陳 清波 379

【つ】

築地 正子 121, 242
津賀 一宏 380
つか こうへい 90, 102,
　　127, 134, 141, 188, 597
塚尾 桜雅 407
塚越 賢爾 9
塚越 敏 221
塚越 成治 27
司 修 .. 111, 208, 295, 328
司 葉子 60, 333, 597
塚地 武雅 298, 305
塚田 泰三郎 45
塚田 真希 287
塚原 あゆ子 388, 414
塚原 健二郎 42
塚原 直也 240
塚原 光男 69, 76,
　　84, 93, 103, 114, 598
塚本 邦雄 39,
　　167, 181, 196, 209, 598
塚本 耕司 224
塚本 晋也 271,
　　358, 376, 377
塚本 哲也 160, 210
塚本 能交 373
津嘉山 正種 226, 326
津川 泉 175
津川 エリコ 400
津川 絵理子 394
津川 雅彦 71,
　　129, 148, 155, 168,
　　176, 217, 351, 383, 598
塚脇 伸作 ... 55, 61, 69, 598
月岡 祐紀子 265
月形 龍之介 40, 43
月足 亮 201
月亭 かなめ 186
月亭 八方 164, 200
月村 敏行 49
月村 了衛 ... 340, 355, 381
筑紫 聡 12
佃 公彦 89
佃 典彦 297
筑波 久子 34
つくみず 386
九十九 一 129

津坂 治男 105
津沢 寿志 80
辻 章 222
辻 万長 273
辻 邦生 ... 65, 80, 222, 598
辻 沙絵 366
辻 佐保子 132
辻 善之助 24
辻 仁成 181, 228
辻 まこと 53
辻 真先 133,
　　307, 381, 599
辻 征夫 167,
　　189, 208, 216, 229, 599
辻 由美 230
辻 由美子 131
辻 亮一 19
辻井 喬 44,
　　202, 215, 254, 255,
　　281, 288, 295, 296, 316
辻内 智貴 255
辻沢 杏子 150
辻田 克巳 330
辻堂 ゆめ 348, 399
ツジトモ 327
辻原 登 188,
　　241, 255, 281, 294,
　　315, 322, 335, 341, 354
都島 純 6
津島 佑子 ... 104, 110, 116,
　　139, 159, 221, 241, 242,
　　260, 281, 289, 328, 599
辻村 ジュサブロー
　............. 100, 102, 150
辻村 深月 335,
　　349, 355, 375
辻村 もと子 15
辻本 茂雄 286
都築 隆広 255
都築 直子 181, 303
都築 益世 100
都筑 道夫 261, 268
廿楽 順治 336
津田 寛治 271
津田 恭介 138
津田 清子 255
津田 健次郎 416
津田 伸一郎 22
津田 伸二郎 17, 18
津田 左右吉 19
津田 雅彦 404

津田 櫓冬 159
土田 啓四郎 55
土田 和歌子 287
土橋 章宏 357
土本 典昭 ···· 78, 129, **599**
土屋 アンナ ··· 284, 291, 321
土屋 うさぎ 412
土屋 清 86
土屋 太鳳 363, 364
土屋 隆夫 50, 261
土屋 千鶴 401
土屋 文明 22,
  62, 153, 165, **599**
土屋 正夫 249
土家 由岐雄 23, 78
筒井 清忠 288
筒井 敬介 86, **600**
筒井 ともみ 153,
  154, 216, 225, 284, **600**
筒井 真理子 364, 382
筒井 道隆 ··· 190, 217, 218
筒井 康隆 76,
  80, 93, 98, 103, 109,
  127, 166, 181, 207, 248,
  322, 361, 386, 392, **600**
筒美 京平 ···· 79, 119, **600**
堤 真一 239,
  291, 298, 312, 325
堤 清二 152, **601**
堤 大二郎 ··· 130, 131, **601**
堤 千代 11
堤 剛 416
堤 春恵 201
堤 未果 310
堤 泰之 256
堤 幸彦 357
綱淵 謙錠 81
綱本 将也 327
恒川 光太郎 289, 348
津野 海太郎 ··· 274, 308, 380
角田 明 6
角田 喜久雄 3, 36
角田 啓輔 33, 35
角田 忠信 159
角田 房子 152, 174
つの丸 233
椿 径子 12
つばきファクトリー 372
津原 泰水 353, 405
ツービート ··· 118, 131, 137

津布久 晃司 99
つぶやきシロー 239
粒来 哲蔵 44,
  81, 105, 269, 328, **602**
円谷 幸吉 52
tupera tupera ····· 343, 376
壺井 栄 12,
  20, 21, 28, **602**
坪井 忠郎 126
坪井 秀人 386
坪井 宗康 160
坪内 逍遙 4
坪内 祐三 262
坪田 譲治 ··· 10, 26, 31, 41,
  45, 69, 74, 85, 91, **602**
坪野 哲久 77
妻夫木 聡 ······· 265, 270,
  271, 277, 278, 284, 325,
  331, 364, 370, 389, 408
妻屋 大助 39
つみき みほ 190
津村 記久生 289
津村 記久子 309,
  341, 354, 368, 406, 412
津村 節子 53,
  56, 188, 234, 247,
  267, 328, 329, **602**
津村 秀夫 8
津本 陽 110,
  222, 288, **602**
津森 太郎 209
露木 茂 71, 75
露の五郎 158, 220
鶴岡 慧子 407
鶴岡 千代子 111
鶴岡雅義と東京ロマンチ
  カ 68, 97
鶴ケ谷 真一 256
鶴川 建 323
鶴木 不二夫 22
剣 幸 206
鶴田 謙二 260,
  267, 347, 411
鶴田 浩二 67,
  76, 79, 176, **602**
鶴田 知也 8, 29
鶴田 真由 230
鶴田 義行 5
鶴橋 康夫 128,
  148, 169, 284, **603**
つるまいかだ ····· 404, 415
鶴見 虹子 321

鶴見 修治 43,
  49, 55, 61, **603**
鶴見 俊輔 ··· 132, 188, **603**
鶴見 良行 189
つんく♂ 265, 339

【て】

ティ・エン 268
鄭 遇尚 7
ティーアップ 193,
  200, 286, 314
trf ······ 212, 219, 220, 226
DJ OZMA 299
DEEN 213
ディーン・フジオカ 370
出口 典雄 114
出口 裕弘 301
出久根 育 290
出久根 達郎 ·· 202, 203, 347
出崎 哲弥 393
デ・シーカ, ヴィットリ
  オ 20, 45
勅使河原 宏 54,
  60, 182, 183, 271, **603**
勅使河原 貞昭 252
豊嶋 三千春 300
手島 悠介 189
手塚 治虫 ···· 35, 48, 60,
  76, 98, 108, 144, 165,
  172, 187, 294, 328, **604**
手塚 富雄 44
手塚 眞 294, 328
デストロイヤー 87
テツ and トモ 280
デ・パルマ, ブライアン
  .... 168, 231
デ・ボン, ヤン ···· 218, 224
デミ, ジョナサン 197
出水 ぽすか 372
デュヴィヴィエ, ジュリア
  ン ······· 6, 9, 10, 11, 16
デューク・エイセス ···· 265
デュポン, E.A. 3
寺井 尚子 319
寺内 小春 162
寺内 大吉 28,
  31, 41, 139, **604**
寺内 タケシ **604**
寺尾 聰 ···· 129, 130, 131,

257, 264, 284, 291, **605**
寺岡 真三 ……………… 46
寺門 仁 ………………… 56
寺門 秀雄 ……………… 15
寺坂 小迪 ……………… 282
寺沢 大介 ………… 179, 233
寺島 アキ子 …………… 118
寺島 しのぶ …………… 239,
　　259, 273, 277, 278,
　　279, 283, 284, 300,
　　325, 331, 332, 395, 402
寺島 進 ………………… 264
寺島 尚彦 ……………… 64
寺嶋 裕二 ………… 307, 327
寺島 龍一 ……………… 57
寺田 和夫 ……………… 45
寺田 克也 ……………… 274
寺田 透 …………… 73, 104
寺田 信義 ……………… 34
寺田 路恵 ……………… 193
寺田 農 ………………… 67
寺田 美由紀 …………… 289
寺地 はるな …………… 393
寺林 峻 ………………… 121
寺村 輝夫 ……… 40, 44, 134
寺村 朋輝 ……………… 267
寺本 建雄 ……………… 213
寺山 修司 …………… 26,
　　66, 90, 91, 110, **605**
寺脇 康文 ……………… 306
テリー伊藤 ……… 274, 334
照井 良平 ……………… 342
デル・トロ, ギレルモ … 354
テレサ・テン …… 92, 149,
　　150, 156, 157, 163, **605**
テレヘン, トーン ……… 368
田原 …………………… 323
テン・リー …………… 171
天 竜太 ………………… 177
天川 栄人 ……………… 413
天願 大介 ……………… 209,
　　236, 262, 269
典厩 五郎 ……………… 274
天才ピアニスト ……… 415
天井桟敷 ……………… 114
テンダラー ……… 346, 359
でんでん …… 331, 332, 337
天童 荒太 ……………… 229,
　　255, 309, 341
天藤 真 ………………… 115
天童 よしみ … 233, 339, 372

てんぷく集団 …………… 88

【と】

十朱 幸代 ……………… 79,
　　103, 123, 154, 155,
　　168, 183, 265, 292, **606**
土井 たか子 …………… 187
土井 敏邦 ……………… 413
土井 裕泰 ……………… 389
土井 晩翠 ………… 20, **606**
土井 稔 ………………… 62
土居 裕子 ……… 184, 385, 397
土井 陽子 ……………… 186
戸井田 道三 …………… 70
戸板 康二 …………… 23,
　　39, 98, 99, **606**
唐 亜明 ………………… 196
塔 和子 ………………… 242
堂垣 園江 ……… 228, 261
東儀 秀樹 ……… 274, 285
東京キッドブラザース
　　…………………… 114
東京サンシャインボーイ
　　ズ ……………… 197, 206
東京03 ………………… 403
峠 三吉 ………………… 77
桃月庵 白酒 …………… 371
東郷 十三 ……………… 14
東郷 隆 ………………… 281
藤舎 貴生 ……………… 386
東条 元 …………… 9, 10
ドゥス 昌代 …… 203, 256
藤堂 志津子 …… 174, 275
トゥナイト ……… 213, 246
東野 英治郎 ………… 27,
　　32, 48, 68, 76, 112, **606**
東野 光生 ……………… 254
東野辺 薫 ……………… 14
堂場 瞬一 ……………… 255
東畑 精一 ……………… 126
東福寺 保雄 …………… 410
道満 晴明 ……………… 392
百目鬼 恭三郎 ………… 116
堂本 暁子 ……………… 129
堂本 印象 ……………… 46
堂本 光一 ……………… 271,
　　300, 313, 320, 385
桐部 次郎 ……………… 99
堂本 剛 ………………… 244

塔山 郁 ………………… 309
トゥルースデイル, ゲイ
　　リー …………… 204
遠田 潤子 ……………… 316
遠野 遥 …………… 381, 386
遠山 えま ……………… 340
遠山 景織子 … 211, 212, 217
遠山 純生 ……………… 394
遠山 信男 ……………… 249
遠山 光栄 ……………… 34
遠山 陽子 ……………… 400
富樫 雅彦 ……………… 107
富樫 勇樹 ……………… 416
冨樫 義博 ……………… 213
梅野尾 悦子 …………… 109
砥上 裕將 ……………… 387
戸川 猪佐武 …………… 139
登川 直樹 ……………… 224
戸川 昌子 ……………… 47
戸川 幸夫 …… 26, 104, **607**
土岐 八夫 ……………… 125
鴇田 忠元 ……………… 13
時田 則雄 …………… 133,
　　308, 309, **607**
常田 富士男 …………… 165
ときど ………………… 392
時任 三郎 …………… 147,
　　148, 168, 187, **607**
常盤 新平 ……………… 160
常盤 貴子 ……………… 230,
　　232, 238, 251, 258
徳岡 久生 ……………… 223
徳岡 神泉 ……………… 62
徳岡 孝夫 …… 195, 237, **607**
徳川 夢声 ……… 22, 30, **607**
徳田 敦子 ……………… 114
徳田 秋声 ………… 7, 9, **607**
徳田 雄洋 ……………… 196
戸口 茂美 ……………… 50
徳富 蘇峰 ……………… 15
徳永 篤司 ……………… 33
徳永 えり ……………… 325
徳永 進 ………………… 134
徳永 英明 ……………… 326
徳永 友一 ……………… 389
徳野 雅仁 ……………… 120
徳久 広司 ……………… 279
徳間 康快 …………… 175,
　　225, 237, 257, 263, **607**

徳巻 駒子 …………… 199	戸部 銀作 …………… 245	豊川 悦司 …………… 224, 225, 231, 325
毒蝮 三太夫 ………… 184	戸辺 誠 ……………… 328	豊川 誕 ……………… 102
徳見 茜子 ……………… 5	トーマス, ジェレミー …………………… 175	豊島 久真男 ………… 267
徳山 二郎 …………… 173	戸松 淳矩 …………… 289	豊島 将之 ……… 334, 386
徳山 昌守 …………… 267	鳥見 迅彦 ……………… 31	豊田 章男 …………… 354
都倉 俊一 …………… 84, 113, 378, 384, **608**	富岡 英作 …………… 165	豊田 有恒 …………… 411
所 ジョージ ‥ 149, 211, **608**	冨岡 悦子 …………… 393	豊田 行二 ……… 65, 145
土佐 礼子 …………… 308	登美丘 丈 …………… 374	豊田 三郎 ……………… 15
登坂 広臣 ……… 351, 357	富岡 多恵子 …… 36, 44, 70, 90, 104, 208, 235, 261, 262, 274, 288, **608**	豊田 四郎 …… 12, 29, **609**
利倉 隆 ……………… 311		豊田 直巳 …………… 382
利沢 行夫 ……………… 62	冨川 元文 …………… 129, 198, 210, 236, 262, **609**	豊田 久吉 ……………… 5
年森 瑛 ……………… 399		豊田 正子 …………… 160
ドストエフスキー …… 302	富沢 有為男 …………… 8	とよ田 みのる …… 410, 415
戸田 恵梨香 ‥ 318, 338, 384	トミーズ …… 158, 186, 193, 200, 207, 213, 273	豊竹 穣 ……………… 73
戸田 和代 ……… 175, 237		豊竹 呂勢太夫 ……… 378
戸田 杏子 …………… 217	富田 功 ……………… 271	豊永 浩平 ……… 411, 412
戸田 恵子 ………… 186, 293, 372, **608**	**冨田 勲** ……… 87, 333, **609**	豊永 寿人 …………… 33
	富田 宇宙 …………… 404	豊原 清明 ……… 229, 256
十田 撓子 …………… 375	富田 一雄 ……………… 35	Travis Japan ………… 409
戸田 奈津子 ‥ 359, 363, 377	富田 克也 ……… 332, 371	トランボ, ドルトン …… 87
戸田 学 ……………… 286	富田 恵子 …………… 199	とり・みき ………… 221, 227, 247, 416
栩木 伸明 …………… 341	富田 常雄 ……………… 18	
戸塚 修 …… 124, 170, 171	富田 博之 …… 99, 101, 105	ドリアン助川 ………… 382
戸塚 洋二 …………… 287	冨田 洋之 …………… 294	鳥居 ………………… 368
ドック=マイ=ソッド …………………… 15	**冨田 靖子** …… 154, 175, **609**	鳥井 加南子 ………… 145
	富田 芳雄 …… 28, 30, 33	トリオ・ザ・ミミック … 88, 93
トット ……………… 372	冨永 愛 ……………… 281	鳥飼 久裕 …………… 262
百々 登美子 ………… 349	富永 滋人 ……………… 56	鳥越 信 ……… 100, 104
轟 悠 ………………… 273	富永 直樹 …………… 187	西島 伝法 ……… 347, 386
利根 一郎 ……………… 61	富小路 禎子 ………… 236	鳥海 昭子 …………… 153
利根川 進 ……… 152, 196	富本 憲吉 ……………… 46	鳥海 修 ……………… 369
利根川 裕 ……… 145, 194	富安 風生 ……………… 73	AAA ………………… 293
殿内 芳樹 ……………… 21	富安 陽子 …… 196, 330, 394	Dreams Come True …… 199, 206, 212, 213, 226
殿岡 辰雄 ……………… 12	冨山 和子 …………… 230	
殿さまキングス ‥ 88, 92, 97	冨山 太佳夫 ………… 208	鳥山 明 ……………… 131
外塚 喬 ……………… 393	富山 英明 ……… 114, 151	トリュフォー, フランソワ ……… 54, 91, 101
外村 繁 …… 9, 30, 41, **608**	富好 真 ……………… 259	
殿村 菟糸子 ………… 110	友井 羊 ……………… 329	トルシエ, フィリップ …………………… 260
殿山 泰司 ……………… 48	友岡 子郷 ……… 317, 375	
鳥羽 一郎 ………… 143, 178, 245, **608**	ともさかりえ …… 225, 252, 258, 325	トレダノ, エリック …… 344
		泥ノ田 犬彦 ………… 416
鳥羽 欽一郎 …………… 86	友田 多喜雄 …………… 70	どんきほ〜て ……… 179, 193, 233
鳥羽 潤 ……………… 237	友竹 正則 ……… 101, 108	
鳥羽 亮 ……………… 188	友近 ………… 293, 300	とんねるず ………… 156, 157, 163, 164, 177, 199
土橋 寛 ……………… 109	朝永 振一郎 …… 24, 120	
飛 浩隆 …………… 294, 328, 360, 373, 386	朝永 理人 …………… 380	
	伴野 朗 ……… 99, 146	**【な】**
飛沢 宏元 …………… 226	友廣 純 ……………… 393	
飛田 忠順 ……………… 38	戸森 しるこ …… 369, 382	内記 稔夫 …………… 240
飛内 将大 …………… 409		

ナイツ …… 319, 365, 403	中井 秀明 …………… 281	中川 英一 …………… 153
内藤 明 ……………… 274,	中井 英夫 ……………… 89	中川 一徳 …………… 290
282, 356, 381	永井 秀和 ……………… 64	中川 一政 ……………… 98
内藤 篤 ……………… 197	中井 広恵 …………… 165,	永川 幸樹 …………… 235
内藤 濯 ………………… 54	172, 187, 214, 274, 280	中川 佐和子 ………… 255
内藤 国雄 …………… 102	永井 ひろし …………… 68	中川 静子 ……………… 53
内藤 啓子 …………… 376	永井 萠二 ……………… 31	中川 翔子 …………… 299
内藤 剛志 ……… 247, 377	中居 正広 …… 232, 278, 311	中川 真 ……………… 201
内藤 初穂 …………… 297	永井 路子 ………… 21, 53,	中川 宗弥 ……………… 66
内藤 やす子 ………… 102,	133, 145, 174, 309, 611	中川 大志 ……… 383, 407
103, 185, 610	永井 みみ …………… 393	なかがわ ちひろ …… 276,
内藤 泰弘 …………… 321	永井 みゆき ………… 206	318, 330, 407
内藤 裕子 …………… 403	永井 ゆうじ ………… 321	中川 童二 ………… 28, 36
内藤 幸政 ……………… 27	中井 佑治 …………… 254	中川 なをみ ………… 277
内藤 洋子 ………… 57, 61	永井 陽子 …………… 229	中川 信夫 …………… 134
内藤 了 ……………… 348	永井 鱗太郎 …………… 25	中川 ひろたか ……… 283
ナインティナイン … 213, 231	長池 徳二 ……………… 80	中川 ゆき ……………… 51
奈緒 …………… 407, 408	永石 拓 ……………… 208	中河 与一 ……………… 9
直井 明 ……………… 181	なかいま 強 ………… 186	中川 李枝子 …… 48, 50, 51,
中 一弥 ……………… 208	長浦 縁真 …………… 329	60, 121, 311, 341, 611
中 寒二 ………………… 78	長浦 京 ……………… 368	中川家 ……………… 227,
中 勘助 ………………… 52	永栄 潔 ……………… 356	266, 272, 327, 385
仲 寒蟬 ……………… 347	中江 俊夫 ………… 81, 229	中北 千枝子 ………… 23
中 相作 ……………… 412	長江 道太郎 …………… 14	中桐 雅夫 ………… 56, 122
那珂 太郎 ……………… 56,	中江 素子 …………… 256	長倉 三郎 …………… 194
152, 195, 208, 223, 610	中江 裕司 …… 250, 256, 257	永倉 万治 …………… 182
中 千鶴 ……………… 259	中江 有里 …………… 205	長坂 覚 ……………… 111
中 正敏 ……………… 133	中尾 彰 ………………… 29	長坂 秀佳 …………… 180
中 真大 ……………… 387	長尾 宇迦 ……………… 53	長坂 真護 …………… 405
仲 里依紗 …… 312, 325, 331	中尾 さかゑ ………… 197	長崎 健吾 …………… 375
中新井 純子 ………… 324	中尾 佐助 ……………… 42	長崎 謙二郎 …………… 11
永井 愛 ………… 233, 239,	中尾 幸世 …………… 123	長崎 源之助 …………… 31,
254, 256, 352, 372, 378	長尾 三郎 …………… 160	67, 111, 122, 182, 612
永井 明 ……………… 287	長尾 真 ……………… 379	長崎 俊一 … 174, 230, 612
長井 彬 ……………… 127	中尾 ミエ ……………… 51	長崎 尚志 …… 294, 315, 328
永井 一郎 …………… 179	長尾 由多加 ………… 166	中崎 タツヤ …… 207, 366
永井 荷風 ………… 24, 610	中岡 京平 …………… 110,	長崎 夏海 …………… 256
中井 貴一 …………… 134,	153, 167, 611	中崎 英也 …………… 178
135, 140, 154, 184,	中岡 源権 …………… 312	永作 博美 …………… 304,
217, 218, 221, 224, 277,	長岡 秋星 …………… 138	305, 331, 332, 337
284, 306, 378, 383, 610	長岡 輝子 ……………… 55,	中里 恒子 … 9, 85, 115, 612
中井 貴恵 …………… 147	76, 279, 611	中沢 晶子 …………… 196
永井 豪 ……………… 126	長岡 半太郎 …………… 9	長沢 樹 ……………… 329
ながい さつき ……… 352	長岡 弘樹 …………… 309	長沢 一作 ……………… 42
永井 紗耶子 …… 392, 406	永岡 杜人 …………… 315	中沢 けい …… 109, 153
中井 拓志 …………… 235	中上 健次 ……………… 94,	長沢 二郎 ……………… 28
永井 龍男 ……………… 56,	104, 155, 611	中沢 新一 …… 201, 260, 283
65, 80, 81, 94, 132, 611	中上 哲夫 …… 276, 283, 342	中澤 泉汰 …………… 398
長井 龍雪 …………… 333	中上 紀 ……………… 248	中澤 卓也 ……… 372, 390
ながい のりあき …… 165	中川 晃教 …… 273, 365, 366	永沢 俊矢 …………… 230
中井 紀夫 …………… 179	中川 安奈 …………… 175	中澤 日菜子 ………… 341

長沢 雅彦 ……………… 264
長澤 まさみ …………… 284, 285, 290, 291, 331, 357, 358, 371, 383, 389, 395, 402, 409
長沢 美津 ……………… 116
中澤 佑二 ……………… 328
中沢 良夫 ……………… 58
中路 啓太 ……………… 295
中嶋 梓 ………………… 104
中嶋 敦 ………………… 18
中嶋 泉 ………………… 386
永島 暎子 ………… 111, 141
中島 悦子 ………… 316, 355
永嶋 恵美 ……………… 361
中島 一夫 ……………… 255
中島 かずき …………… 276
中嶋 一貴 ……………… 380
長嶋 一茂 ………… 271, 277
中島 河太郎 …… 28, 59, 242
中島 京子 ……………… 322, 348, 355, 387, 392, 400
中島 健蔵 ……………… 104
長嶋 甲兵 ……………… 290
中島 吾郎 ……………… 182
中島 さおり …………… 297
中島 貞夫 ……………… 59, 299, 402, **612**
中嶋 悟 …………… 180, 200
長嶋 茂雄 ……………… 80, 104, 221, 234, 266, 267, 347, 398, **612**
中嶋 しゅう …………… 327
中嶋 俊輔 ……………… 153
永島 慎二 ……………… 80
中島 たい子 …………… 282
中島 丈博 ……………… 86, 90, 95, 96, 168, 174, 184, 202, 244, 249, **613**
中嶋 常幸 ……………… 132, 144, 158, 301, 373
中島 哲也 ……………… 236, 297, 325, 331
永島 敏行 ………… 111, 112, 117, 128, 129, 142, **613**
中嶋 朋子 …… 190, 196, 320
中島 秀人 ……………… 234
中島 洋 ………………… 91
中嶋 博行 ……………… 215
中島 諒人 ……………… 319
中島 美嘉 …… 272, 279, 298

中島 みち ……………… 214
中嶋 美智代 …………… 199
長嶋 南子 ……………… 242
中島 みゆき ………… 131, 137, 143, 150, 157, 292, 365, 372, 384, 390, **613**
長島 三芳 ……………… 23
長嶋 有 …………… 261, 361
中島 ゆたか …………… 91
長島 有里枝 …………… 324
中島 らも ……………… 215
ナカシュ, オリビエ … 344
中条 あやみ ………… 364, 377
中条 きよし ····· 92, 97, **614**
中城 ふみ子 …………… 26
中津留 章仁 ……… 332, 333
永瀬 三吾 ……………… 29
永瀬 拓矢 ……………… 347
長瀬 智也 ……………… 270
永瀬 直矢 ……………… 309
永瀬 正敏 ……………… 197, 203, 204, 370
永瀬 廉 ………………… 395
中曽根 康弘 …………… 151
中薗 英助 ……………… 127, 201, 221, **614**
中薗 ミホ ………… 306, 338
中田 永一 ……………… 337
永田 悦雄 ……………… 403
中田 カウス …………… 80, 193, 200, 227, 266, **614**
中田カウス・ボタン … 293
中田 薫 ………………… 16
永田 和宏 ……………… 236, 241, 243, 269, 274, 282, 303, 343, 369, 399
永田 紅 …………… 262, 407
永田 耕衣 ……………… 196
仲田 定之助 …………… 74
中田 茂男 …………… 65, 69
中田 信一郎 …………… 140
中田 整一 ………… 324, **614**
中田 ダイマル ………… 68, 114, 119
永田 武 ………………… 93
中田 龍雄 ……………… 16
中田 つるじ …………… 103
永田 俊也 ……………… 281
中田 秀夫 ……………… 270
中田 秀人 ……………… 319
中田 英寿 ……………… 240,

246, 253, 301
中田 宏樹 ……………… 207
中田 ボタン …………… 80, 193, 200, 227, 266, **614**
永田 雅一 …………… 27, 45
中田 明成 ………… 108, 280
中田 よう子 …………… 203
中田 喜子 ………… 213, 396
中田 喜直 ………… 43, 49, **614**
中田 ラケット ………… 68, 114, 119
仲代 達矢 …… 34, 45, 48, 92, 96, 123, 124, 213, 286, 293, 344, 345, 358, 360, 364, 372, 396, **615**
中谷 一郎 ……………… 40
中谷 孝雄 ……………… 65
中谷 雄英 ……………… 55
中谷 千代子 …………… 57, 74, 90, **615**
中谷 美紀 ……………… 251, 256, 298, 305, 333, 346
中地 俊夫 ……………… 336
中津 文彦 ……………… 133
中津 燎子 ……………… 90
長塚 京三 ………… 204, 240
長塚 圭史 ……………… 285
永塚 幸司 ……………… 167
中戸 真吾 ……………… 89
長門 裕之 ··· 40, 51, 58, **615**
長門 洋平 ……………… 348
長堂 英吉 ………… 188, 247
中堂 利夫 ……………… 99
ながとし やすなり …… 253
長富 忠裕 ……………… 232
中西 和久 ……………… 200
中西 希亜良 …………… 414
中西 香爾 ……………… 308
中西 悟堂 ……………… 34
中西 重忠 ……………… 360
中西 準子 ……………… 416
中西 進 …… 234, 322, 347
中西 智佐乃 …………… 380
中西 英敏 ……………… 144
中西 翠 ………………… 330
中西 保志 ……………… 212
中西 竜太 ……………… 45
なかにし 礼 …………… 68, 75, 76, 137, 143, 185, 248, 339, **615**
中根 千枝 ……………… 267

中根 誠	330
中野 菊夫	160
中野 浩一	120, 126, 132, 138, 144, 151, 165, **616**
中野 孝次	100, 173, 214, 247, 274, **616**
中野 重治	21, 28, 38, 69, 104, **616**
中野 青史	104
仲野 太賀	395, 396, 401
中野 照子	209
中野 昭慶	176
中野 利子	210
中納 直子	328
永野 のりこ	379
中野 秀人	10
中野 裕之	244
中野 不二男	189
中野文吾プロデュース	119
中野 北溟	247
中野 正昭	403
中野 勝	201
長野 まゆみ	174, 354
中野 三敏	126, 152, 367
中野 実	27
永野 芽郁	377, 382, 395, 403
中野 好夫	62, 89, 132, **616**
中野 良浩	188
中野 隆介	4
中野 良子	91
中野 量太	364, 389
中畑 清	194
永畑 道子	152
中畑 道子	67
中林 亮介	85
中原 朗	167
中原 アヤ	280
中原 杏	300
永原 皓	393
中原 吾郎	36
中原 俊	190, 191
中原 誠	98, 103, 109, 114, 145, 321, **616**
中原 昌也	261, 296
中原 道夫	209
中原 弓彦	83
中原 理恵	113, 129, **617**
長久 真砂子	128
中平 まみ	121
長渕 文音	312, 318
長渕 剛	125, 171, 176, 184, 185, 192, 199, 206, **617**
永渕 康之	247
長保 有紀	**617**
仲間 由紀恵	277, 279, 292
中丸 美絵	237
長嶺 ヤス子	107, 124
中牟田 喜一郎	126
中村 安希	317
中村 彰彦	215, 288
中村 敦夫	83, 217, 218, **617**
中村 歌右衛門(6代)	17, 120
中村 梅之助	212
中村 修	138
中村 岳陵	49
中村 壱太郎	384
中村 嘉葎雄	60, 71, 128, 129, 134, 148, **617**
中村 歌六(5代)	326, 352
中村 勘九郎(5代)	184, 186, 191, 220, 252, 265, 272, 285
中村 勘九郎(6代)	339, 346, 409
中村 勘三郎(17代)	25, 27, 30, 126
中村 勘三郎(18代)	**618**
中村 翫雀	332
中村 鴈治郎(2代)	37, **618**
中村 鴈治郎(3代)	233
中村 勘太郎(2代)	314, 319
中村 吉右衛門(2代)	**618**
中村 吉右衛門(1代)	17, 22, 33
中村 吉右衛門(2代)	71, 107, 198, 200, 273, 299, 352, 365
中村 吉蔵	12
中村 吉之丞	19
中村 公彦	346
中村 錦之助(1代)	37, 51, 68
中村 錦之助(2代)	372
中村 草田男	104, 138
中村 邦生	209
中村 計	369
中村 弦	309
中村 兼三	234
中村 航	268, 282
中村 光至	41
中村 小山三	352
中村 児太郎(5代)	136, 149
中村 児太郎(6代)	415
中村 佐喜子	12
中村 智志	243
中村 芝翫(7代)	20, 64
中村 繁之	156, 157, **618**
中村 七之助(2代)	339, 359, 396
中村 獅童	271, 272, 277, 278, 281, 283, 284, 285
中村 芝のぶ	410
中村 芝雀	313
中村 雀右衛門(4代)	164, 245, 287
中村 修二	354
中村 寿治郎	384
中村 俊介	256
中村 俊輔	260
中村 俊亮	56
中村 史郎	281
中村 真一郎	77, 89, 110, 152, 180, 181, **619**
中村 信二郎	212
中村 晋也	308
中村 進	220
中村 誠二	32
中村 扇雀	25, 124, 184
中村 苑子	216
中村 泰士	83, 124, 137, 143, **619**
中村 啍夫	233
中村 隆英	208
中村 たつ	76
中村 玉緒	43, 51, 55, 61, 204, 245, 256, 305, **619**
仲村 知夏	177, 178
中村 汀女	138, **619**
中村 哲郎	386
仲村 燈	393
中村 東蔵	286
仲村 トオル	162, 169, 175, **619**
中村 時蔵(3代)	20

中村 時蔵 (5代) ‥ 219, 415
中村 敏夫 312
中村 富十郎 (5代) ‥ 83, 219
中村 倫也 382, 392
中村 ノブアキ 391
中村 伸郎 64,
　88, 137, 160, 171, **619**
中村 登 60, **620**
中村 梅雀 200, 232
中村 梅枝 (4代) 390
中村 獏 10
中村 白葉 80
中村 橋之助 (3代)
　............... 205, 226
中村 元 109
中村 八大 40, 52,
　136, 163, 170, 415, **620**
中村 春代 65
中村 光 321
中村 啓 309
中村 紘子 182
中村 福助 38
中村 文則 268,
　　　　　282, 288, 411
中村 正常 4
中村 雅俊 91,
　　　92, 95, 136, **620**
中村 正軌 121
中村 正徳 12
中村 昌義 115
NAKA雅MURA 243
中村 又五郎 ‥ 212, 252, 332
中村 萬之助 30
中村 光夫 7, 21,
　36, 42, 53, 59, 62, **620**
中村 美律子 199,
　　　　　206, 239, 313
中村 光輝 71
中村 稔 63, 99, 166,
　195, 202, 281, 368, **620**
中村 美代子 206
中村 メイコ 292, **621**
中村 恵美 276
中村 祐造 84
中村 幸彦 159
中村 行成 214
中村 佳央 214
中村 喜和 187
中村 義洋 269
中村 米吉 (5代) 397
中村 理聖 348

中村 隆資 181
中本 道代 317, 375
中森 明菜 136, 137,
　143, 149, 150, 156, 157,
　162, 163, 164, 170, 171,
　177, 178, 307, 352, **621**
仲谷 昇 131
ながやす 巧 98
中山 あい子 50
長山 藍子 64,
　　　　　67, 252, **622**
中山 秋夫 276
中山 彰規 61,
　　　69, 76, 84, **622**
中山 可穂 262
中山 義秀 ‥ 9, 52, 56, **622**
永山 絢斗 331
中山 幸太 202
中山 咲 296
長山 さき 368
中山 七里 316
中山 忍 224
中山 純子 95
中山 士朗 216
中山 仁 63
中山 聖子 394
中山 大三郎 163,
　170, 177, 185, 233, **623**
長山 たかのり 233
永山 武臣 ‥ 191, 279, 305
中山 竹通 172
中山 ちゑ 10
中山 千夏 ‥ 71, 126, **623**
中山 智幸 289
中山 雅史 212, 246
中山 正好 391
中山 麻理 67
中山 美穂 156,
　157, 168, 177, 178,
　193, 219, 224, 225, **623**
長山 靖生 328, 381
長山 洋子 149,
　212, 219, 226, 326, **623**
中山 律子 76
長与 千種 171
長与 善郎 38
永吉 京子 286
中脇 初枝 362
南木 佳士 127,
　　173, 308, 309, **624**
渚 ゆう子 76, 79

名木田 恵子 156, 304
なぎら 健壱 313
凪良 ゆう 387, 406
名草 良作 41
奈倉 有里 ‥ 398, 400, 411
名古屋 章 80
梨木 香歩 ‥ 223, 296, 322
梨屋 アリエ 283
那須 佐代子 339
那須 辰造 31
那須 正幹 223,
　　　　　256, 290, 337
那須 凛 397, 415
那須田 稔 60
なすなかにし 307
なだ いなだ 73
灘 康次 172
夏 純子 74
夏川 黎人 8
夏川 草介 323
夏川 結衣 ‥ 265, 311, 325
夏川 りみ 286
夏樹 静子 85, 296
夏木 マリ 142,
　162, 164, 299, 347, **624**
夏樹 陽子 111
夏木 陽介 40, 173
夏原 エヰジ 374
夏原 武 307
夏目 房之介 253
夏目 雅子 107,
　134, 135, 141, 155, **624**
夏八木 勲 337, 338
名東 孝二 208
名取 裕子 135,
　　　　　140, 224, **624**
名取 礼二 165
菜々緒 384
七瀬 なつみ 293
浪花 千栄子 25
名梁 和泉 355
なべ おさみ 96
鍋島 幹夫 249
生井 けい子 98
奈街 三郎 23
奈美 悦子 64
七三 太朗 207
波木 銅 393
波汐 國芳 303, 369
なみの 亜子 342
波乃 久里子 112,

　　　　　　　　193, 352, **624**
波野 千代 33
名村 宏 68
行方 尚史 234
滑川 道夫 42, 126
楢 八郎 22, 24, 26
奈良 裕明 181
奈良井 一 9, 18
奈良岡 朋子 57,
　　72, 75, 131, 264,
　　292, 293, 359, **624**
成相 夏男 44
成田 菊雄 131
成田 きん 207
成田 静司 41
成田 千空 174,
　　　　242, 262, **625**
成田 達志 358
成田 真由美 .. 234, 260, 287
成田 凌 382,
　　　　383, 389, 394
成宮 寛貴 290
成沢 昌茂 21, 39
成島 出 236,
　　　　269, 331, 337, 357
成島 東一郎 .. 86, 87, **625**
成瀬 桜桃子 86
成瀬 国晴 227
成瀬 巳喜男 6,
　　7, 21, 23, 25, 29, **625**
なるみ 266
鳴海 英吉 110
鳴海 章 195
鳴海 宥 209
成海 璃子 305
名和 一男 44
暖 文兵 31
南 寿逸 11
南海 日出子 4
南海キャンディーズ
　　　　　　　　 292, 293
南郷 二郎 3
南郷 達也 199
南条 三郎 8, 9, 10, 16
南条 竹則 209
南条 哲也 14
南條 範夫 21,
　　22, 28, 31, 133, **625**
難波 多慧子 35, 41
難波 利三 81, 146
なんば みちこ 249

南原 詠 393
南原 幹雄 85, 235
南部 忠平 5
南部 英夫 122
南部 陽一郎 114
南里 征典 132

【に】

仁井 甫 127
新妻 聖子 293
新関 良三 33
仁井谷 俊也 352, **626**
新名 智 393
新浪 剛史 301
新沼 謙治 102,
　　103, 107, 149, 170, **626**
新浜 レオン 384
新原 泰佑 415
新美 南吉 45
新村 礼子 206
二階堂 ふみ 344,
　　　　357, 390, 407, 408
二階堂 正宏 114
仁川 高丸 195
仁木 悦子 33, 127
二木 てるみ 57
仁木 英之 296
ニコライビッチ, ソロビエ
　　フ 180
ニコルズ, マイク 67
西 加奈子 .. 348, 355, 405
仁志 耕一郎 335
西 竹一 5
西 尚美 158
西 成彦 281, 374
西内 まりや 352
西浦 一輝 229
西尾 夕紀 219, 220
西岡 研介 310
西岡 寿美子 90
西岡 琢也 .. 134, 189, 269
西岡 善信 218, 270
西荻 弓絵 211
西垣 通 194
にしがき ようこ .. 330, 363
にしかわ おさむ 376
西川 きよし 65, 76,
　　108, 119, 125, 131, 137,

　　151, 162, 164, 233, **626**
西川 清之 59
西川 鯉三郎 49
西川 悟平 386
西川 正治 22
西川 清六 14
西川 たつ 38
西川 信廣 .. 205, 206, 233
西川 のりお 137, 151
西川 弘志 176
西川 ヘレン 162
西川 満 9, 16
西川 峰子 92, 97
西川 美和 .. 278, 295, 298,
　　318, 319, 325, 364, 395
西川 寧 158
錦 三郎 54, **627**
西木 正明 174,
　　　　221, 255, **627**
錦戸 亮 312
にしきの あきら 76
錦見 映理子 374
西倉 一喜 147
錦織 圭 353
西崎 憲 268
西崎 茂 223
西崎 義展 360
西沢 杏子 296
西沢 潤一 187
西沢 正太郎 60
西沢 爽 79, 259, **627**
西澤 保彦 406
西島 和彦 280
西島 大介 287
西島 隆弘 318, 319
西島 秀俊 395, 402
西島 三重子 103
西塚 泰美 180
西田 幾多郎 12
西田 喜代志 47
西田 さゆり 199
西田 敏行 107, 108,
　　115, 129, 130, 136, 177,
　　183, 210, 212, 217, 258,
　　278, 313, 331, 414, **627**
西田 尚美 257
西田 ひかる .. 191, 225, 227
西田 征史 351
西谷 岳文 246
仁科 明子 91
にしな さちこ 337

仁科 芳雄 16
仁科 敏 412
西野 カナ 339, 365
西野 七瀬 402
西原 啓 46
西部 邁 315
にしまき かやこ 167
西村 和子 296
西村 京太郎 50,
　56, 127, 282, 283, **628**
西村 麒麟 411
西村 健 348
西村 賢太 303, 322
西村 晃 54, 135, **628**
西村 皎三 11
西村 三郎 180
西村 繁男 116, **628**
西村 宗 158
西村 登美江 23
西村 知美 163
西村 雅彦 232,
　　　　237, 238, 240, 244
西村 雄一 327
西村 祐見子 263
西村 友里 350
西村 与志木 324
西村 亨 406
西村 亘 80
西本 かおる 375
西本 哲雄 84
西本 智実 321
西本 はるか 247
西本 幸雄 132
西森 博之 259
西矢 椛 398
西山 卯三 60
西山 翠嶂 35
西山 敏夫 37
西山 洋一 249
西脇 順三郎 31
二谷 英明 79, 89
二反長 半 25
仁田 勇 62
新田 恵利 164
新田 次郎 21,
　　　　28, 29, 90, **628**
仁田 義男 36
新田 佳浩 379
仁藤 優子 170, 171
二取 由子 139
蜷川 幸雄 114, 143,

　169, 233, 252, 259, 292,
　293, 327, 328, 339, **628**
二宮 和也 299, 305,
　312, 357, 364, 377, 402
二宮 和弘 88, 103
二宮 隆雄 188
二ノ宮 知子 287
二宮 弘子 150
二宮 正之 189, 254
二宮 由紀子 256, 324
二ノ宮 敬宇 379
仁平 勝 235
弐瓶 勉 359, 367
二瓶 哲也 335
ニーム, ロナルド 87
韮山 圭介 30
楡井 亜木子 202
丹羽 文雄 ... 6, 14, 24, 41,
　　59, 89, 109, 139, **629**
丹羽 保次郎 41
忍者 ... 191, 192, 193, 199

【ぬ】

鵺野 莉紗 400
額賀 澪 355
額田 やえ子 101
貫井 徳郎 322, 323
生見 愛瑠 408
温水 洋一 372
沼沢 伊勢蔵 14
沼田 和子 204
沼田 幸二 59
沼田 茂 34
沼田 真佑 368
沼田 まほかる 335
沼野 充義 267, 274
ヌーン, スティーブ 263

【ね】

ネイビーズアフロ 397
根上 博 7
根岸 英一 328
根岸 吉太郎 128, 129,
　161, 162, 297, 298, **629**
根岸 京子 359
根岸 隆 354

根岸 とし江 114
猫田 勝敏 84, 103
ネザマフィ, シリン 316
ねじめ 正一 127,
　　　181, 283, 309, **630**
根津 甚八 100,
　　　　134, 136, **630**
ねづっち 409
ネプチューン 245
根本 ひろし 150
ネルソン, ラルフ 76

【の】

能条 純一 233
能年 玲奈 338,
　345, 347, 350, 352, 357
野上 龍雄 81,
　　　110, 167, 223, **630**
野上 丹治 36
野上 照代 324,
　　　　351, 358, 388
野上 房雄 36
野上 弥生子 33,
　　53, 80, 120, 159, **630**
野上 洋子 36
野上 竜 50
野川 明美 97
野木 亜紀子 376,
　　　378, 395, 407, 414
野木 京子 303, 411
乃木坂 太郎 287, 415
乃木坂46 ... 339, 372, 378
野北 和義 167
野際 陽子 207, 299
野口 あや子 323
野口 活 4
野口 健二 5
野口 五郎 92, 97,
　102, 107, 108, 113, **630**
野口 鎮雄 252
野口 すみ子 161
野口 武彦 152, 268
野口 冨士男 56, 94,
　109, 121, 126, 159, **631**
野口 みずき 287, 307
野口 泰弘 84
野口 米次郎 13
野坂 昭如 52, 62, 92,
　93, 153, 236, 268, **631**

人名索引　　　　　　　　　　　795　　　　　　　　　　はきわら

野坂 悦子 ………… 276
野崎 有以 ………… 362
野崎 歓 …………… 297
野崎 六助 ………… 202
野澤 錦糸 ………… 326
野沢 節子 ………… 73
野沢 尚 ………… 189,
　235, 245, 263, 290, **631**
野沢 雅子 ……… 410, 416
野島 勝彦 ………… 59
野島 伸司 ………… 272
野尻 克己 ………… 377
野尻 智紀 ………… 404
野尻 抱介 ……… 260, 274,
　280, 308, 315, 321, 340
野城 亮 …………… 368
野末 陳平 ………… 79
ノゾエ 征爾 ……… 336
野副 鉄男 ………… 38
のぞゑ のぶひさ ……… 307
望海 風斗 ………… 403
野田 亜人 ………… 131
野田 宇太郎 ……… 93
野田 栄二 ………… 288
野田 高梧 ………… 18,
　19, 20, 21, 23, 24, 31,
　　37, 42, 43, 47, **631**
野田 サトル … 366, 379, 404
野田 知佑 ………… 240
野田 寿子 ………… 249
野田 秀樹 ……… 140,
　157, 239, 252, 286,
　295, 306, 307, 320, **632**
野田 正彰 ……… 167, 203
野田 昌宏 ……… 165, 187,
　221, 227, 253, 315, **632**
野田 洋次郎 …… 358, 364
野中 英次 ………… 273
野中 広務 ………… 280
野中 マリ子 ……… 150
野中 亮介 ………… 287
野長瀬 正夫 ‥ 14, 100, 117
乃南 アサ … 229, 329, 354
野々井 透 ………… 399
野原 位 …………… 388
野原 広子 ………… 398
野火 鳥夫 ………… 44
NOBU ……………… 372
延江 浩 …………… 208
信時 潔 …………… 14
昇 曙夢 …………… 28

野間 宏 … 22, 77, 173, **632**
野間井 淳 ………… 209
野見 隆明 ………… 337
野水 陽介 ………… 322
野見山 暁治 …… 111, 354
野村 昭子 ………… 326
野村 克也 ……… 321, 391
野村 清 …………… 153
野村 喜和夫 ……… 249,
　　　　275, 336, 387
野村 耕介 ………… 213
野村 小三郎 ……… 239
野村 胡堂 ……… 36, **632**
野村 純一 ………… 188
野村 尚吾 …… 13, 56, 80
野村 昇史 ………… 378
のむら しんぼ …… 172
野村 進 ……… 236, 237
野村 双一 ………… 379
野村 忠宏 ……… 234,
　　　　260, 287, 288
野村 敏雄 ………… 33
能村 登四郎 …… 153, 209
野村 豊和 ……… 84, 88
野村 宏伸 ……… 154, 196
野村 真樹 ………… 75
野村 正樹 ………… 194
野村 又三郎 ……… 286
野村 萬 ……… 384, 386
野村 萬斎 … 238, 240, 243,
　264, 271, 293, 372, 403
野村 万作 … 119, 192, 411
野村 路子 ………… 216
野村 祐人 ……… 217, 218
ノ村 優介 ………… 397
野村 祐輔 ………… 340
能村 庸一 ………… 244
野村 芳太郎 …… 25, 91,
　92, 111, 112, 117, 134,
　135, 162, 297, 298, **632**
野茂 英雄 … 194, 227, 294
野本 弘文 ………… 405
野本 瑠美 ………… 297
野依 良治 ………… 260
ノーラン, クリストファー
　………… 312, 370, 414
乗代 雄介 ……… 354,
　　　　374, 392, 405
法月 綸太郎 ……… 268
乗峯 雅寛 ………… 372
野呂 邦暢 ………… 85

のろし ……………… 307
NON STYLE ……… 300

【は】

梅娘 ……………… 15
倍賞 千恵子 …… 48,
　49, 74, 75, 87, 96,
　123, 125, 128, 129,
　141, 162, 401, 402, **633**
倍賞 美津子 …… 117,
　141, 154, 155, 156, 161,
　237, 238, 244, 264, **634**
BY-SEXUAL ……… 192
灰谷 健次郎 ……… 111
榛原 浩 …………… 374
ハイヒール ……… 164,
　171, 220, 227, 246
ハイリー, ジャック・Jr.
　……………………… 95
パイレーツ ……… 245
パヴリーシン, G.D.
　…………………… 283, 290
Vaundy …………… 409
芳賀 栄子 ………… 65
芳賀 徹 …… 126, 145, 367
葉加瀬 太郎 ……… 281
袴田 吉彦 ………… 211
葉狩 哲 …………… 85
バカリズム …… 371, 409
萩尾 みどり ……… 95
萩尾 望都 … 98, 126, 145,
　158, 240, 301, 366, **634**
萩岡 良博 ………… 412
萩田 光雄 ……… 97, **634**
萩谷 朴 …………… 104
萩野 公介 ………… 353
萩野 延寿 ………… 260
ハキーム, サニブラウン・
　アブデル ……… 360
萩本 欽一 ………… 96,
　129, 136, 210, 211,
　218, 224, 308, **634**
萩元 晴彦 ……… 61, 95
萩山 綾音 ………… 221
萩原 健一 ………… 91,
　92, 218, 219, 227, **635**
萩原 朔太郎 ……… 11
萩原 信介 ………… 161
萩原 亨 …………… 260
萩原 政男 ………… 42

萩原 聖人 … 210, 217, 224
萩原 貢 …… 74
萩原 雄祐 …… 28
萩原 弓佳 …… 370
萩原 葉子 …… 42, 52, 59, 99, 241
萩原 遼 …… 249
パク・ヨンハ …… 293
爆笑問題 …… 239, 245, 290, 390
Buck-Tick …… 177
白鵬 翔 …… 314, 321, 327, 334, 347, 353
パクラ, アラン・J. …… 101, 141
箱崎 晋一郎 …… 143
間 寛平 …… 253
葉治 英哉 …… 215
橋 開石 …… 146, 174
バージ, スチュアート …… 60
橋 幸夫 …… 43, 49, 58, 61, 83, 143, 252, **635**
橋浦 方人 …… 110
橋口 弘次郎 …… 366
橋口 たかし …… 280
橋口 亮輔 …… 223, 225, 262, 312, 357, 358
橋爪 功 …… 307, 326, 333, 365, 372, 378, 384, 385
橋爪 四郎 …… 18
橋爪 勝 …… 5
橋田 壽賀子 …… 112, 136, 147, 212, 286, 392, **635**
はしだのりひことクライマックス …… 79
はしだのりひことシューベルツ …… 72
橋部 敦子 …… 285, 390
羽島 トオル …… 195
元 ちとせ …… 272
橋本 愛 …… 337, 344, 350
はしもと いわお …… 144
橋本 榮治 …… 406, 413
橋本 治 …… 230, 269, 288, 309, 374
橋本 克彦 …… 147
橋本 勝也 …… 302
橋本 環奈 …… 370, 388
橋本 希蘭 …… 296
橋本 鶏二 …… 127
橋本 忍 …… 20, 23, 26, 29, 31, 32, 37, 42, 43, 47, 48, 50, 59, 60, 63, 66, 70, 74, 86, 91, 105, 358, **635**
橋本 淳 … 64, 279, 286, **636**
橋本 聖子 …… 179
橋本 隆雄 …… 345
橋本 長道 …… 329
橋本 一 …… 331
橋本 裕志 …… 396
橋本 美加子 …… 157
橋本 明治 …… 93
橋本 喜典 …… 223, 317, 362, 369
橋本 龍太郎 …… 194
橋本 録多 …… 12
橋谷 有造 …… 347
バース, ランディ …… 158
蓮池 薫 …… 317
葉月 堅 …… 229
葉月 里緒菜 …… 219
蓮田 修吾郎 …… 201
羽住 英一郎 …… 325
蓮見 恭子 …… 323
蓮實 重彦 …… 104, 173, 304, 361
長谷 景治 …… 28, 30
長谷 健 …… 411
長谷 敏司 …… 354, 411
馳 星周 …… 241, 242, 387
長谷川 堯 …… 115
長谷川 郁夫 …… 295, 347
長谷川 潮 …… 297
長谷川 權 …… 187, 268
長谷川 一夫 …… 25, 35, 125, 130, 151, **636**
長谷川 和彦 …… 90, 100, 101, 116, 117, **637**
長谷川 勝利 …… 84
長谷川 京子 …… 281
長谷川 敬 …… 53
長谷川 幸延 …… 13
長谷川 更生 …… 8
長谷川 時雨 …… 12
長谷川 集平 …… 189
長谷川 潤二 …… 173
長谷川 四郎 …… 69
長谷川 伸 …… 30, 46, **637**
長谷川 摂子 …… 243, 283
長谷川 双魚 …… 160
長谷川 卓 …… 120
長谷川 つとむ …… 145
長谷川 毅 …… 302
長谷川 如是閑 …… 18
長谷川 信夫 …… 5
長谷川 信彦 …… 65, 72
長谷川 博己 …… 332, 337, 371, 390
長谷川 博 …… 230
長谷川 法世 …… 126
長谷川 町子 …… 49, 207, 391, **637**
長谷川 まり子 …… 310
長谷川 まりる …… 413
長谷川 素行 …… 77
長谷川 康夫 …… 361, 363
長谷川 裕一 …… 267, 280
長谷川 義史 …… 276, 311
長谷川 よしみ …… 68
長谷川 龍生 …… 110, 160
ハセノバクシンオー …… 275
馳平 啓樹 …… 329
長谷部 慶次 …… 37, 47, 51, 53, 66, 67, 81, 82, 105
長谷部 奈美江 …… 236
長谷部 史親 …… 209
長谷見 昌弘 …… 404
パゾリーニ, ピエル・パオロ …… 70, 71
羽田 圭介 …… 275, 354
秦 恒平 …… 69
秦 新二 …… 209
秦 融 …… 400
畑 正憲 … 66, 104, 161, **637**
羽田 美智子 …… 224
波田 陽区 …… 285
羽田 令子 …… 228, 247
バタイユ, ニコラ …… 72
畑岡 奈紗 …… 366
畠中 恵 …… 261
畠山 愛理 …… 373
畠山 丑雄 …… 355
畠山 重篤 …… 263, 283
畑山 隆則 …… 260
畠山 久尚 …… 48
畠山 理仁 …… 369
畠山 みどり …… 113, **637**
パターソン, リチャード …… 106
畠田 理恵 …… 171
はたち よしこ …… 263
旗手 啓介 …… 375
畠中 洋 …… 238

畑中 良輔 …… 304	花紀 京 …… 88	187, 194, 214, 221,
畑野 智美 …… 322	華城 文子 …… 145	227, 234, 240, 253, 260,
波多野 陸 …… 341	花咲 アキラ …… 165	267, 274, 280, 294, 301,
旗原 理沙子 …… 412	花崎 皐平 …… 323	314, 321, 328, 334, 340,
パダム, ジョン …… 141	花咲 ひみこ …… 320	347, 360, 367, 379, **639**
畑山 博 …… 59, 81	花沢 健吾 …… 340	PUFFY …… 232, 233
パチェコ, ガブリエル	花田 簡輔 …… 200	パーブ佐竹 …… 58
…… 317	花田 清輝 …… 5, 47	パプスト, G.W. …… 5
蜂飼 耳 …… 255, 288	花田 憲子 …… 200	Perfume …… 416
蜂須賀 敬明 …… 362	花原 勉 …… 55	パベンコ, ヘクトール
蜂谷 緑 …… 159	英 太郎 ‥ 25, 27, 149, 150	…… 161
初井 しづ枝 …… 73	花房 秀三郎 …… 227	バーホーベン, ポール
バック, クリス …… 350	花總 まり ‥ 279, 359, 397	…… 204
ハックフォード, テイラー	花巻 かおり …… 309	**浜 圭介** …… 125,
…… 135, 147	花村 萬月 ‥ 181, 241, 368	130, 136, 156, **640**
八光亭 春輔 …… 213	花森 安治 …… 77	浜 たかや …… 182
八田 尚之 …… 5	**花柳 章太郎** …… 22,	**浜 美枝** …… 48, 64, **640**
八反 安未果 …… 252	25, 27, 49, **638**	はま みつを …… 116
服部 克久 …… **637**	花柳 衛彦 …… 213	**浜 木綿子** …… 87,
服部 佳 …… 116	花山 多佳子 ‥ 249, 296, 387	186, 218, 339, **640**
服部 公一 …… 58	放駒 清一郎 …… 104	浜 夕平 …… 22
服部 四郎 …… 145	はなわ …… 279	浜江 順子 …… 316
服部 伸 …… 46	**羽仁 進** ‥ 45, 50, 66, **638**	浜口 隆義 …… 174
服部 慎一郎 …… 411	埴谷 雄高 …… 73,	浜口 喜博 …… 19
服部 担風 …… 22	99, 189, **638**	濱口 竜介 …… 357,
服部 浩子 …… 192, 193	羽生 結弦 ‥ 353, 379, 404	388, 394, 395, 402, 414
服部 正也 …… 80	バーニンガム, ジョン	浜崎 あゆみ …… 252, 258,
服部 まゆみ …… 167	…… 324	259, 260, 265, 272, 279
服部 真里子 …… 355	羽根井 信英 …… 365	浜崎 絵梨 …… 363
服部 樹咲 …… 389, 395	ハネケ, ミヒャエル …… 344	濱田 岳 …… 384
服部 道子 …… 158	羽田 健太郎 …… 177	濱田 ここね …… 344, 351
服部 基 …… 307	**羽田 澄子** …… 134,	浜田 朱里 …… 124
服部 幸応 …… 227	217, 243, **638**	浜田 庄司 …… 69
服部 良一 …… 68,	羽根田 卓也 …… 386	浜田 信也 …… 339
164, 212, 214, **637**	羽田 亨 …… 25	浜田 剛史 …… 165
ハッドン, マーク …… 283	羽根田 康美 …… 248	浜田 寅彦 …… 286
初野 晴 …… 268	**馬場 あき子** …… 160,	**浜田 広介** …… 11,
はつみ かんな …… 68	181, 208, 228, 229,	13, 22, 34, 45, 51, **640**
初山 滋 …… 57, 63	247, 267, 269, 303, **639**	浜田 優 …… 375
ハート, クリス …… 346	馬場 明子 …… 237	浜田 光夫 …… 48
鳩岡 健治 …… 84	馬場 移公子 …… 153	浜田 美穂 …… 88
ハドソン, ヒュー ‥ 134, 135	馬場 恵美子 …… 61	濱田 めぐみ …… 352, 358
パート2 …… 151, 164	**馬場 のぼる** ‥ 30, 88, **639**	はまだ ゆうこう …… 378
鳩山 由紀夫 …… 234, 321	羽場 博行 …… 202	浜田 右二郎 …… 131
ハナ 肇 ‥ 60, 176, 217, **637**	ばば まこと …… 173	浜田 良美 …… 97
花岡 大学 …… 48	**馬場 当** …… 21, 34,	浜田 順子 …… 248
花岡 なつみ …… 359	116, 117, 123, 140, **639**	濱道 拓 …… 387
花形 光 …… 163	帯木 蓬生 …… 222,	葉真中 顕 …… 380, 381
花形 みつる …… 243,	235, 322, 330, 375	浜野 えつひろ …… 243
263, 270, 388	羽原 大介 …… 305	浜野 健三郎 …… 14
はな 寛太 …… 88, 280, 286	羽生 善治 …… 172,	**浜野 卓也** ‥ 134, 270, **640**
		濱野 ちひろ …… 382

浜辺 美波 ……………… 370,
　371, 377, 394, 408, 409
浜辺 祐一 ……………… 249
浜村 幸一 ……………… 197
浜村 淳 ………… 137, **641**
浜村 秀雄 ………………… 30
浜本 浩 …………………… 9
羽村 滋 ………………… 104
葉室 麟 …… 303, 329, 361
早石 修 ………………… 84
早川 阿栗 ……………… 303
早川 一光 ……………… 121
早川 志織 ……………… 216
早川 大介 ……………… 267
早川 千絵 ………… 401, 402
早川 良一郎 …………… 90
早坂 暁 … 67, 95, 105, 117,
　118, 155, 187, 189, **641**
早坂 久子 ………………… 42
早坂 文雄 …… 27, 29, **641**
早崎 慶三 …… 28, 33, 41
林 明子 ………………… 189
林 新 …………………… 380
林 英哲 …………… 232, 372
林 修 …………………… 347
林 海象 ………………… 162
林 香代子 ……………… 131
林 京子 ……… 93, 94, 139,
　146, 188, 254, 288, **641**
林 けんじろう ………… 407
林 健太郎 ……………… 173
林 遣都 ……… 304, 312, 377
林 吾一 ………………… 31
林 翔 ……………… 74, 289
林 譲治 …………… 392, 398
林 正之助 ……………… 178
林 巖 …………………… 11
林 竹二 ………………… 99
林 武 …………………… 65
林 忠明 ………………… 23
林 忠四郎 ……………… 165
林 千代 ………………… 213
林 徹 ………………… 256
林 哲司 ………… 170, **642**
林 望 ……… 196, 210, 341
林 光 ………… 40, **642**
林 宏樹 ………………… 182
林 寛子 ………………… 92
林 房雄 ………………… 16
林 芙美子 ……………… 18
林 文子 ………………… 321

林 真理子 …………… 153,
　222, 242, 386, **642**
林 美智子 ……………… 55
林 光雄 ………………… 202
林 康子 ………………… 136
林 与一 …………… 220, 415
林 洋子 ………………… 308
林 与茂三 ……………… 10
林 隆三 ………………… 148
林 良一 ………………… 50
林田 重男 ……………… 32
林田 重雄 ……………… 35
林田 麻里 ……………… 346
林葉 直子 …………… 145,
　151, 158, 172, 194, 200
林原 めぐみ …………… 186
林部 智史 ……………… 365
林本 光義 ……………… 4
林家 いっ平 …………… 272
林家 菊丸 ……………… 403
林家 こぶ平 …………… 177
林家 三平 ……………… 131
林家 正雀 …………… 172,
　207, 232, **642**
林家 正蔵 …… 67, 96, 292
林家 正楽(3代) …… 384, 409
林家 染二 … 186, 286, 390
林家 染丸(4代) ……… 198,
　220, 300, 319
林家 たい平 …… 306, 378
林家 彦六 ……………… 131
林家 ぺー ……………… 198
早瀬 憩 ………………… 414
早瀬 圭一 ……………… 134
早瀬 乱 ………………… 295
早田 卓次 …………… 55,
　69, 76, 103, 114, **642**
早野 貢司 ……………… 153
早野 寿郎 ……………… 80
早船 ちよ …… 45, 48, **643**
羽山 紀代美 …………… 300
羽山 みずき …………… 365
葉山 嘉樹 ……………… 3
速水 融 ………………… 321
早見 和真 ………… 355, 387
隼美 果奈 ……………… 335
速水 けんたろう ……… 252
速水 拓三 ……………… 139
速水 もこみち … 297, 305
早見 優 …… 136, 156, 157,
　161, 163, 164, 170, **643**

はやみね かおる ‥ 320, 407
原 あつ子 ……………… 118
原 一男 …… 90, 167, 168,
　216, 217, 218, 224, **643**
原 清 …………………… 145
原 恵一 …………… 273, 307
原 研哉 ………………… 281
原 浩 …………………… 387
原 子朗 ………………… 160
原 節子 …… 19, 21, **644**
原 大輔 ………………… 149
はら たいら …………… 152
原 奎一郎 ……………… 21
原 岳人 ………………… 195
原 武史 …………… 310, 315
原 辰徳 …………… 138, 321
原 民喜 ………………… 17
原 トミ子 ……………… 104
原 菜乃華 ……………… 414
原 信夫 ………………… 326
原 秀則 ………………… 172
原 ひろ子 ……………… 182
原 広司 ………………… 173
原 正人 ………… 340, **644**
原 真祐美 ……………… 143
原 泰久 ………………… 346
原 幸雄 ………………… 29
原 彬久 ………………… 363
原 寮 …………………… 181
バラクーダ ……………… 156
原田 糸子 ……………… 64
原田 國男 ……………… 369
原田 重久 ……………… 14
原田 真二 …… 113, **644**
原田 泰治 ……………… 122
原田 大二郎 …………… 74
原田 泰造 ……………… 292
原田 太朗 ……………… 110
原田 朋子 ……………… 367
原田 知世 …………… 141,
　142, 147, 154, 156, **644**
原田 直之 ……………… 130
原田 ひ香 ……………… 302
原田 正純 ………… 180, 345
原田 眞人 …………… 223,
　236, 238, 250, 311,
　312, 350, 357, 358, 395
原田 マハ …………… 336,
　342, 367, 411
原田 美枝子 ………… 100,
　101, 102, 106, 162,

168, 231, 244, 245, 250, 257, 264, **644**
原田 宗典 ……………… 146
原田 康子 ……………… 33, 248, 275, **644**
原田 八束 ……………… 47
原田 悠里 … 136, 163, **645**
原田 芳雄 ………… 95, 96, 183, 190, 203, 204, 238, 257, 284, 331, 337, **645**
原田 龍二 ……………… 231
原田 諒 ………………… 372
針 すなお ……………… 246
ハリガネロック ……… 246
張本 智和 ……………… 373
パリュス あや子 ……… 387
ハーリン, レニー …… 217
波瑠 ……… 370, 373, 396
春 けいこ ……………… 131
春 やすこ ……………… 131
遙 くらら ……… 150, 193
春風 ひとみ …………… 213
はるき 悦巳 …………… 126
春暮 康一 ……………… 411
バルト小石 …………… 239
春名 徹 ………………… 122
榛野 なな恵 …………… 186
晴乃 ピーチク ………… 193
榛野 文美 ……………… 348
春野 百合子 …………… 212
春場 ねぎ ……………… 385
日馬富士 公平 ………… 340
春見 朔子 ……………… 361
春山 希義 ……………… 90
晴山 さおり ‥ 191, 192, 193
バレンタイン, ボビー
 …………………… 294, 301
ハロラン 芙美子 ……… 122
ハロルド作石 …… 193, 273
パワーズ …… 162, 164, 171
ハワード, ロン ………… 291
ハン・ガン …………… 411
伴 淳三郎 ………… 48, 57
番家 一路 ……… 402, 408
半﨑 美子 ……………… 372
榛澤 洋子 ……………… 415
ハンソン, カーティス
 …………………………… 244
半田 浩二 ……………… 193
半田 百合子 ……… 49, 55
半田 義之 ……………… 10

半田 良平 ……………… 17
板東 英二 ……… 183, 190
半藤 一利 … 208, 295, 354
坂東 橘太郎 …………… 177
坂東 竹三郎(5代)
 …………………… 279, 403
坂東 玉三郎(5代) …… 75, 107, 109, 130, 239, 319, 378, **645**
坂東 真砂子 ‥ 215, 229, 268
坂東 三津五郎(7代)
 …………………………… 20
坂東 三津五郎(8代)
 …………………………… 49
坂東 三津五郎(9代)
 …………………………… 70
坂東 三津五郎(10代)
 …………… 299, 320, 346
坂東 巳之助 …………… 403
坂東 八重之助 …… 35, 149
坂東 彌十郎 …………… 415
坂東 八十助(5代)
 …………… 169, 198, 205
伴名 練 ………………… 323
般若 一郎 ……………… 17
Pumpkin ……………… 177
半村 良 ……………… 84, 85, 90, 180, 208, **646**

【ひ】

ピアース, ラリー ……… 57
B&B ……… 108, 114, 124
柊木 陽太 ……………… 414
日色 ともゑ … 64, 112, **646**
火浦 功 ………………… 234
稗田 一穂 ……………… 27
ピエール瀧 …………… 344
日置 俊次 ……………… 296
比嘉 溢 ………………… 280
比嘉 富子 ……………… 182
日垣 隆 ………………… 283
日影 丈吉 ………… 31, 188
日藤 暢年 ……… 144, 158
東 憲司 ………………… 339
東 雅夫 ………………… 329
東 峰夫 ………………… 77
東 陽一 ……… 78, 111, 112, 140, 202, 204, 230, **646**
東川 篤哉 ……………… 329

東国原 英夫 …… 306, 308
東出 昌大 … 338, 344, 350
東野 圭吾 … 152, 248, 289, 335, 341, 349, 405, 412
東村 アキコ ‥ 327, 360, 385
東山 彰良 ……………… 315, 355, 361, 367
東山 魚良 ……………… 268
東山 魁夷 ……………… 73
東山 千栄子 ‥ 22, 27, **646**
東山 紀之 ……………… 214, 334, 396, **647**
東山 麓 ………………… 22
樋勝 朋巳 ……………… 350
日上 秀之 ……………… 375
干刈 あがた …… 145, 160
ひかる 一平 …… 130, 131
光GENJI ……… 169, 170, 171, 177, 178, 184, 185
ひかわ きょうこ ……… 287
氷川 きよし …………… 258, 259, 265, 272, 279, 286, 293, 300, 307, 313, 320, 326, 333, 339, 346, 359, 365, 372, 378, 384, 390, 397, 403, 409
ヒキタ クニオ ………… 295
疋田 哲夫 ……………… 207
挽地 喬子 ……………… 120
引間 徹 ………………… 209
BEGIN ………………… 293
樋口 明雄 ……………… 322
ひぐち アサ …… 301, 307
樋口 可南子 …………… 124, 128, 190, 197, **647**
樋口 京輔 ……………… 249
樋口 敬二 ……………… 86
樋口 覚 ………… 235, 281
樋口 修吉 ……………… 127
樋口 真嗣 ……………… 367, 370, 373, 411
樋口 忠彦 ……………… 132
樋口 直哉 ……………… 288
樋口 久子 ……………… 103, 109, 353, **647**
樋口 広太郎 …… 180, 227
樋口 至宏 ……………… 73
樋口 六華 ……………… 412
日暮 修一 ……………… 253
日暮 雅通 ……………… 406
ビグロー, キャスリン
 …………………………… 325

日下田 実 ………………… 33	ヒデとロザンナ ………… 76	314, 327, 345, 365, **650**
ひこ・田中 ‥ 196, 369, 413	尾藤 イサオ ……………… 119	平井 和正 ………………… 354
ピコ太郎 …………………… 365	ビートたけし …………… 136,	平居 紀一 ………………… 386
ヒサ クニヒコ …………… 84	138, 141, 144, 155,	平井 堅 ……… 267, 272, 286
久 正人 …………………… 392	156, 158, 164, 184, 190,	平井 さち子 ……………… 189
久石 譲 …………………… 239,	239, 244, 272, 284, **648**	平井 伯昌 ………………… 314
252, 279, 306, **647**	一青 窈 ……………… 279, 291	平井 道子 ………………… 144
久板 栄二郎 ………………… 9,	人見 嘉久彦 ………………… 53	平井 美帆 ………………… 394
16, 42, 50, 51, 59, **648**	雛形 あきこ ……………… 225	平石 貴樹 ………………… 139
久生 十蘭 ……………… 10, 21	日向 楓 …………………… 404	平泉 成 …………………… 414
久田 恵 …………………… 189	日向 伸夫 ………………… 11	平出 隆 …………………… 138,
久永 実木彦 ……………… 416	日向 康 …………………… 115	208, 268, 274, 282, **650**
久野 英子 ………………… 98	日夏 耿之介 ……… 20, 21, **649**	平岩 弓枝 ………… 39, 164, 180,
久野 浩平 ………………… 86	ビナード, アーサー …… 262,	195, 241, 302, 367, **651**
久間 十義 ………………… 188	290, 343, 390	平尾 和雄 ………………… 128
久松 静児 ………………… 29	B21スペシャル …………… 184	平尾 誠二 ………………… 366
久丸 修 …………………… 73	日沼 頼夫 ………………… 321	平尾 昌晃 ‥ 83, 88, 92, **651**
ひしい のりこ …………… 100	ビネ, ローラン …………… 349	平岡 直子 ………………… 400
菱岡 憲司 ………………… 405	ひねくれ 渡 ……………… 398	平岡 泰博 ………………… 276
土方 鉄 …………………… 86	火野 葦平 ……… 8, 10, 38, **649**	平岡 祐太 ………………… 291
菱田 信也 ………………… 288	日野 瑛太郎 ……………… 411	平岡 陽明 ………………… 341
菱山 修三 ………………… 9	日野 啓三 …………………… 89,	平川 虎臣 …………………… 6
非常階段 …………… 171, 178	133, 152, 160, 201,	平川 裕弘 ………………… 317
聖 悠紀 ……………… 379, 411	208, 221, 247, **650**	平櫛 田中 ………………… 49
B'z ………………………… 192,	日野 俊太郎 ……………… 329	平沢 逸 …………………… 398
199, 206, 220, 226, 245	火野 正平 ………………… 87	平敷 安常 ………………… 317
Hysteric Blue …………… 252	日野 皓正 …… 152, 265, **650**	平田 オリザ ……………… 223
美盛丸 桜子 ……………… 177	ひの まどか ………… 196, 317	平田 俊子 ………………… 242,
ピーター ……………… 71, 72	日野 美歌 ………………… 143	283, 289, 362
肥田 晧三 ………………… 152	日野原 重明 ……………… 294	平田 満 …………………… 134,
樋田 毅 …………………… 400	日比 逸郎 ………………… 116	135, 141, 266, 353, **651**
火田 良子 ………………… 302	日比 勝敏 ………………… 241	平手 友梨奈 ………… 376, 383
日高 恒太朗 ……………… 289	日比 茂樹 ………………… 147	平戸 敬二 ………………… 193
日高 真也 ………………… 100,	響 たかし ………………… 97	平中 悠一 ………………… 146
128, 146, 160, 167	B.B.クイーンズ …… 191, 192	平沼 亮三 ………………… 30
日高 堯子 ‥‥ 282, 283, 310	ひびの こづえ …………… 397	平野 歩夢 ………………… 404
日高 敏隆 ………………… 269	日比野 コレコ …………… 399	平野 威馬雄 ……………… 39
日高 正人 ………………… 150	日比野 士朗 ……………… 10	平野 共余子 ……………… 250
日高 麟三 ………………… 13	氷室 京介 ………………… 178	平野 啓一郎 ……………… 241,
左 幸子 …………………… 29,	姫田 真左久 ……………… 238	308, 374, 407
51, 57, 64, 264, **648**	姫野 カオルコ ……… 342, 380	平野 啓子 …………… 240, 279
左 とん平 ………………… 87	百田 尚樹 …………… 342, 347	平野 謙 …………………… 49,
PEACH-PIT ……………… 314	桧山 芙二夫 ……………… 94	69, 94, 99, **651**
BIGBANG ………………… 320	檜山 良昭 ………………… 115	平野 純 …………………… 133
ビッグブラザーズ ……… 186	日向 鈴子 ………………… 119	平野 紫耀 ………………… 402
ヒッチコック, アルフレッ	兵動 ……………………… 220	平畑 静塔 …………… 77, 160
ド ………………………… 16	兵藤 裕己 ………………… 228	平林 勇 …………………… 332
ヒップアップ …………… 144	日吉 ミミ ……………… 75, 76	平林 英子 ………………… 85
ビーティ, ウォーレン	BEYOOOOONDS ………… 384	平林 たい子 ………………… 3,
…………………………… 117	平 幹二朗 ………………… 71,	4, 16, 66, 77, **651**
BTS ………………… 397, 403	149, 226, 259, 293,	平林 敏彦 ………………… 289
秀島 大介 ………………… 227		

平林 彪吾 ……………… 6
平原 綾香 ……………… 326
平原 毅 ………………… 182
平松 恵美子 …………… 257
平松 次郎 ……………… 296
平松 剛 ………………… 262
平松 洋子 ………… 336, 392
平本 アキラ …………… 346
平山 郁夫 ……………… 247
平山 周吉 …… 382, 399, 405
平山 秀幸 …… 244, 250, 271
平山 瑞穂 ……………… 282
平山 夢明 ………… 295, 329
ヒル, ジョージ・ロイ
 ……………… 91, 106, 141
Hilcrhyme ……………… 320
蛭田 達也 ……………… 165
比留間 久夫 …………… 181
煕 於志 ………………… 110
ひろ たみを …………… 237
広岡 瞬 ………………… 118
広岡 達朗 …… 115, 138, 144
広岡 千明 ……………… 215
弘兼 憲史 ……………… 151,
 200, 385, **651**
廣川 麻子 ……………… 358
広川 純 ………………… 296
広川 禎孝 ……………… 77
廣川 信隆 ……………… 416
裕川 雅雄 ……………… 67
広川 まさき …………… 283
広木 隆一 ……………… 217
広小路 尚祈 …………… 302
広沢 栄 … 42, 66, 70, **652**
広沢 瓢右衛門 …… 119, 131
ヒロシ＆キーボー
 ……………… 136, 137, 143
広末 哲万 ……………… 304
広末 涼子 ……………… 232,
 238, 239, 250, 279,
 338, 350, 384, 401
広瀬 アリス …………… 401
広瀬 健次郎 …………… 61
広瀬 襄 ………………… 63
広瀬 すず ………… 357, 364,
 370, 377, 384, 385, 408
広瀬 正 ………………… 89
廣瀬 直人 ……………… 317
広瀬 寿子 ……………… 116,
 276, 277, 311, **652**
広瀬 ゆたか …………… 339

廣田 恵介 ……………… 416
広田 佐枝子 …………… 65
弘田 静憲 ……………… 85
広田 雅之 ……………… 59
弘田 三枝子 ……… 72, **652**
広谷 鏡子 ……………… 222
広津 和郎 ……………… 49
広津 桃子 ……………… 127
広中 平祐 ………… 98, 115
広松 彰 ………………… 81
弘也 英明 ……………… 303
広渡 常敏 ……………… 64
日和 聡子 … 269, 335, 362
ぴんから兄弟 …………… 97
ぴんからトリオ …… 83, 88
ピンキーとキラーズ …… 68
ピンク・レディー …… 102,
 107, 108, 112, 113, 125

【ふ】

武 建華 ………………… 270
ファレリー, ピーター
 ………………………… 383
ファン・ボルム ……… 412
フィリップス, トッド
 ………………………… 382
フィールド, トッド …… 407
フィンガー5 …………… 92
フィンチャー, デビッド
 ………………………… 231
Fairies ………………… 333
フェデー, ジャック ‥ 7, 8, 9
フェリーニ, フェデリコ
 ………………………… 34,
 35, 42, 57, 74, 82, 91
フォアマン, ミロス …… 101,
 154, 155, 161
フォックス, シャーロッ
 ト・ケイト …………… 360
フォッシー, ボブ ……… 96
フォード, ジョン
 ……………… 12, 16, 21, 48
フォーリーブス ……… 102
フォルスト, ヴィリ …… 11
フォワード, ロバート・
 L. ……………………… 194
深井 富子 ……………… 65
深浦 康市 ……………… 221
深尾 道典 ………… 66, 67

深尾 吉英 ……………… 84
深作 欣二 ……… 81, 82, 87,
 96, 110, 134, 135, 141,
 160, 161, 162, 167, 168,
 175, 176, 216, 217, 224,
 250, 257, 271, 277, **652**
深作 健太 ……………… 278
深沢 邦朗 ………… 42, 51
深沢 七郎 ………… 121, 127
深沢 幸雄 ……………… 70
Fukase …………… 395, 402
深田 久弥 ……………… 53
深田 恭子 ……………… 244,
 245, 250, 257, 284, 318
深田 晃司 ……………… 363
深田 祐介 ……………… 36,
 100, 133, **653**
深津 絵里 … 190, 264, 278,
 284, 313, 325, 331, 357
深津 篤史 ……………… 243
深津 十一 ……………… 335
深津 尚子 ………… 58, 65
深津 望 ………………… 295
深町 幸男 ……………… 123,
 154, 169, **653**
深見 けん二 … 196, 296, 349
深見 じゅん …………… 200
深水 黎一郎 …………… 329
深緑 野分 ……………… 381
深谷 かほる …………… 373
深谷 隆司 ……………… 208
福 明子 ………………… 318
福井 謙一 ……………… 132
福井 晴敏 … 241, 248, 255
ふくい 舞 ……………… 333
福井 誠 …………… 41, 52
福井 正康 ……………… 61
福王寺 法林 …………… 287
福崎 文吾 ……………… 126
福迫 光英 ……………… 255
福沢 一郎 ……………… 201
福沢 克雄 ……………… 278
福澤 徹三 ……………… 309
福士 蒼汰 ………… 350, 357
福士 俊哉 ……………… 374
福嶋 晃子 ……………… 240
福島 滋雄 ……………… 49
福島 鋳郎 ……………… 80
福島 泰樹 ………… 225, 249
福田 和也 ………… 208, 297
福田 甲子雄 …………… 282

福田 清人	37, 57, 60, **653**	
福田 螢二	85	
福田 こうへい	346, 352, 391	
福田 沙紀	306, 318	
ふくだ さち	127	
福田 繁雄	109	
福田 庄助	60	
福田 新一	137	
福田 隆浩	401	
福田 拓也	375	
福田 恆存	22, 29, 30, 41, 77, 120, **654**	
福田 富昭	58	
福田 豊四郎	31, 39	
福田 英男	104	
福田 博郎	367	
福田 平八郎	46	
福田 麻貴	408	
福田 正己	369	
福田 ますみ	304	
福田 道夫	42	
ふくだ ももこ	361	
福田 靖	332	
福田 雄一	360	
福田 幸広	356	
福田 善之	213, 215	
福富 蓼汀	74	
福名 理穂	400	
福永 武彦	80	
福中 都生子	110	
福永 凌太	410	
福永 令三	31	
福原 愛	354	
福原 遥	414	
福原 充則	375	
福原 義春	201	
福原 麟太郎	47, 49	
福間 香奈	416	
福間 健二	330	
福海 隆	412	
伏本 和代	202	
福本 清三	344, 350, 402	
福本 武久	110	
福本 伸行	246	
福本 友美子	324	
福本 莉子	408	
福山 雅治	325, 326, 402	
福山 庸治	266	
藤 あや子	192, 199, 206, 212, 219, 226, 252
不二 今日子	94	
藤 圭子	75, 76, 97, **654**	
富司 純子	57, 72, 78, 239, 250, 251, 298, **654**	
藤 竜也	92, 101, 414	
藤 正樹	88	
富士 正晴	65	
富士 真奈美	75	
藤 真利子	112, 117, 155, 279, **654**	
藤 水名子	195	
不二 涼介	410	
藤井 風	396	
藤井 健次郎	20	
藤井 ごう	365	
藤井 貞和	249, 269, 289, 296, 328, 386, 399	
藤井 重夫	56	
藤猪 省三	80, 88, 98	
藤井 聡太	373, 379, 398, 404, 411, 416	
藤井 太洋	354, 360, 404	
藤井 隆	258, 259	
藤井 光	342	
藤井 フミヤ	409	
藤井 道人	383	
藤江 じゅん	304	
藤枝 和則	188	
藤枝 静男	62, 99, 115, **654**	
伏尾 美紀	392	
藤岡 琢也	61, 211, 265, **655**	
藤岡 武雄	269	
藤岡 弘	86	
武鹿 悦子	350	
藤川 すみ子	7	
藤川 省自	6	
藤川 なお美	212	
富士川 英郎	62, 63, 152, 187	
富士川 義之	348	
藤木 孝	164, 279	
藤木 直人	270, 284, 341	
藤子・F・不二雄	183, 231, 237, 240, **655**	
藤子 不二雄	49, 131	
藤子 不二雄A	353, **655**	
藤崎 翔	349	
藤崎 聖人	293	
藤崎 康夫	210	
藤沢 志月	391	
藤沢 周	241	
藤沢 周平	77, 85, 160, 180, 208, **655**	
藤沢 とおる	246	
藤沢 衛彦	62	
藤嶋 昭	373	
藤島 康介	320	
藤島 武二	9	
藤島 秀憲	323, 341, 349	
藤代 暁子	75	
藤代 泉	316	
藤代 映二	7	
藤田 昭子	110	
藤田 明	165	
ふじた あさや	200	
藤田 敦史	260	
藤田 和子	200	
藤田 和日郎	200, 240	
藤田 喬平	274	
藤田 繁矢	63	
藤田 俊太郎	353, 365, 391, 397, 410, 415	
藤田 湘子	255	
藤田 晋	294	
藤田 太寅	313	
藤田 貴大	336	
藤田 圭雄	82	
藤田 傳	220	
藤田 敏男	18	
藤田 敏八	78, 110, 111, 138, 146, **655**	
藤田 信勝	31	
藤田 洋	205	
藤田 富美恵	227	
藤田 まこと	145, 155, 171, 191, 198, **656**	
藤田 まさと	75, 137, 163, **656**	
藤田 雅矢	222	
藤田 美津子	11	
藤田 元司	187	
藤田 雄山	227	
藤田 弓子	67, 154	
藤田 宜永	222, 261, 368	
藤谷 美紀	177, 185	
藤谷 美和子	154, 203, 204, 211, 219, 220	
藤波 朱理	416	
藤野 可織	296, 341	

藤野 節子	114	
藤野 千夜	242, 248	
藤野 涼子	357, 358, 364	
藤原 貞朗	315	
藤原 慧	373	
藤原 聡	397	
藤原 辰史	341	
藤間 勘十郎（6代）	27, 46, 138	
藤間 哲郎	300	
藤間 藤子	30	
藤間 紫	119, 199, 213	
藤牧 久美子	237	
藤巻 潤	42	
藤巻 亮太	306	
伏見 丘太郎	56	
伏見 憲明	275	
藤村 耕造	222	
藤村 志保	54, 244, **656**	
藤村 俊二	254	
藤村 正太	50	
藤村 信	94	
藤村 信子	234	
藤村 秀夫	27	
藤本 安騎生	276	
藤本 義一	35, 90, 145, 166, **656**	
藤本 恵子	160	
藤本 俊	93, 103	
藤本 泉	59, 104	
藤本 卓弥	143	
藤本 達夫	41, 49, 52	
藤本 タツキ	391	
藤本 瑆	160	
藤本 直規	181	
藤本 渚	416	
藤本 英男	76	
藤本 佑子	55	
藤本 有紀	358, 401, 403	
冨士本 由紀	215	
藤森 栄一	78	
藤山 一郎	207, **656**	
藤山 寛美	87, 156	
藤山 新太郎	179, 220, 246, 326	
藤山 直美	118, 205, 226, 232, 257, 339, 378, **656**	
藤吉 久美子	135	
藤原 章生	290	
藤原 安紀子	342, 387	
藤原 章寛	410	
藤原 伊織	153, 222, **657**
藤原 繕	277
藤原 一枝	256
藤原 作弥	140
藤原 定	189
藤原 審爾	22, 50
藤原 新平	114
藤原 竜也	245, 252, 257, 259, 277, 279, 332
藤原 智子	290
藤原 智美	201
藤原 浩	226
藤原 誠	83
藤原 正彦	111, 301
藤原 美幸	116
藤原 無雨	387
文月 悠光	323
伏瀬	404
布施 明	84, 92, 96, 97, **657**
布施 博一	230
布施 博	212
布施 杜生	17
二上 達也	132, 194
二木 謙三	30
二葉 あき子	178
双葉 十三郎	263, 284
二葉 百合子	102, 103, 219, 226, **657**
二見 颯一	390
二村 周作	346
淵田 隆雄	59
フットボールアワー	273, 280, 286
筆内 幸子	126
不動 裕理	280, 287, 294
プドフキン, フセヴォロド	4
舟木 一夫	52, 61, 265, **657**
船木 和喜	246
舟木 重信	56
船越 英一郎	365
船越 英二	40
舟越 保武	140
舟崎 靖子	147, 210, **657**
舟崎 克彦	90, **658**
舟津 圭三	194
船戸 与一	181, 202, 255, 348
舟橋 和郎	20
舟橋 聖一	49, 62, **658**
船橋 洋一	243, 343
船村 徹	124, 142, 143, 156, 199, 365, **658**
船山 馨	15, 66, 127, **658**
船山 隆	152
船山 基紀	108, 113, 185, **658**
ブニュエル, ルイス	106
フーパー, トム	331, 337
文挾 夫佐恵	342
風吹 ジュン	197, 251, 383
文沢 隆一	49
冬川 亘	222
冬木 憑	9
冬木 鋭介	81
冬木 薫	146
フライシャー, リチャード	93
ブラウン, ロッド	256
プラス・マイナス	340, 397, 410
ブラックマヨネーズ	273, 280, 333
ブラートフ・ミハイル	290
フラワーショウ	72, 233
フランキー堺	34, 35, 230, 231, 237, **659**
フランク永井	40, 46, 52, 75, 108, 125, **659**
フランケンハイマー, ジョン	71
フリッパーズ・ギター	192
プリマ旦那	346
降矢 なな	413
Foorin	384
プリンセス・プリンセス	185
古井 由吉	73, 121, 139, 166, 180, 228, **659**
古井戸 秀夫	373
古尾谷 雅人	123, 134, 190, **659**
古川 敦史	281
古川 嘉一郎	158
古川 薫	188
古川 勝久	376
古川 勝巳	162
古川 タク	120, 123, **659**
古川 のぼる	215

古川 日出男 ………… 268, 274, 295, 354, 355
古川 真人 ……… 361, 380
古川 勝 ……………… 28, 30, 33, 35, **660**
古川 雄大 …………… 378
ブールギニョン, セルジュ …………………… 51
古澤 巌 ……………… 308
古荘 正朗 …………… 116
古田 敦也 …………… 214, 240, 267, 285, 287, 294
古田 新太 ……… 327, 415
古田 足日 ………… 42, 63
降田 天 ………… 348, 374
古田 敏美 …………… 93
吉田 拡 ……………… 121
古田 求 ……………… 134, 135, 153, 196, 216, **660**
古田 亮 ……………… 322
古舘 曹人 …………… 116
古舘 春一 …………… 359
ブルックス, ジェームズ・L. …………………… 148
FRUITS ZIPPER ……… 409
古時計 ……………… 102
古永 真一 …………… 340
古橋 廣之進 ……… 17, 18, 19, 280, 315, 321, **660**
古畑 種基 …………… 33
降旗 康男 …………… 128, 129, 134, 250, 257, 263, 264, 337, 344, 377, **660**
古厩 智之 ……… 262, 263
古屋 甚一 …………… 73
古谷 綱正 ……… 112, 123
古谷 智子 …………… 400
古谷 三敏 …………… 114
古谷 実 ……………… 233
古山 高麗雄 ………… 73, 80, 215, 254, **661**
ブレイディ みかこ ……………… 369, 380, 381
プレミンジャー, オットー …………………… 57
ブロック, ビル ……… 334
ブロムカンプ, ニール …………………… 325, 334
武論尊 ……………… 266
ふわふわ …………… 365

【へ】

ペ・ヨンジュン ……… 288
ベイス, サニー ……… 157
平成おんな組 ……… 212
BaBe ………… 170, 171
ベイブルース …… 200, 227
平和 日佐丸 ………… 76
平和 ラッパ ………… 76
ペギー葉山 ………… 137, 203, 352, **661**
ペキンパー, サム …… 82
別所 哲也 …………… 367
別所 真紀子 ………… 354
別当 薫 ……………… 202
別府 輝彦 …………… 405
別役 実 ……………… 66, 76, 79, 86, 166, 169, 235, 307, 313, 333, **661**
ペトロフ, アレクサンドル ………… 251, 253
ベニーニ, ロベルト …… 251
ベルイマン, イングマール … 45, 48, 91, 128, 154
ベルトルッチ, ベルナルド ………… 134, 176, 183
ペン, アーサー … 51, 67, 78
ヘンソン, ジム ……… 151
ベントン, ロバート ………………… 123, 128
辺見 じゅん ………… 145, 182, 189, **661**
辺見 マリ …… 75, 76, **661**
辺見 庸 …… 195, 216, 330

【ほ】

侯 孝賢 ……………… 190
BOØWY ……………… 170, 171, 178, 372
ボウイ, デビッド …… 143
Boichi ………… 379, 385
坊木 椎哉 …………… 362
法坂 一広 …………… 329
法条 遥 ……………… 323
北条 秀司 …………… 12, 22, 30, 53, 56, 87, **661**

北条 誠 ……………… 15
北条 裕子 …………… 373
坊屋 三郎 …………… 91
蓬莱 竜太 …………… 317
保刈 瑞穂 …………… 367
ホーガン, ジェイムズ.P. …………………… 347
BO GUMBOS ………… 185
朴 舜起 ……………… 400
ボグダノヴィッチ, ピーター ………… 82, 91
保坂 和志 …………… 209, 222, 235, 341, 374
保坂 知寿 …………… 313
ボーザージ, フランク …………………… 3
星 新一 ……………… 66
星 セント …………… 114
星 敬 ………………… 386
星 輝夫 ……………… 40
星 由里子 …… 42, 273, **662**
ほし よりこ ………… 360
星 ルイス …………… 114
星川 周太郎 ………… 11
星川 清司 ……… 50, 181
保科 昌彦 …………… 275
ほしの あき ………… 299
星野 丑三 …………… 202
星野 一義 …………… 404
星野 源 ……………… 344, 351, 370, 378, 389
星野 慎一 …………… 223
星野 仙一 ………… 155, 280, 281, **662**
星野 高士 …………… 406
星野 哲郎 ………… 68, 124, 199, 293, **662**
星野 智幸 …………… 236, 254, 275, 348, 374
星野 展弥 ……… 41, 46
星野 麥丘人 …… 229, 323
星野 博美 … 262, 328, 398
星野 光徳 …………… 105
星野 泰視 …………… 259
星野 由妃 …………… 185
星野 之宣 ……… 207, 347
星間 船一 …………… 113
穂積 驚 ……………… 31
ホセ=エスペランサ=クルサ …………………… 15
細川 加賀 …………… 122
細川 謙三 …………… 99

細川 伸二 ……… 151, 158
細川 たかし ……… 97, 102, 136, 137, 142, 143, 149, 150, 156, 157, 163, 164, 177, 178, 184, 185, **662**
細川 知栄子あんど芙～みん ……… 193
細川 ちか子 ……… 98
細川 俊夫 ……… 243
細川 俊之 ……… 177
細川 展裕 ……… 371
細川 護煕 ……… 214
細川 隆一郎 ……… 159
細島 雅代 ……… 356
細田 傳造 ……… 336, 356
細田 昌志 ……… 394
細田 守 ……… 298, 301, 308, 320, 321, 328
細谷 治朗 ……… 109
細野 晴臣 … 306, 390, **663**
細野 不二彦 ……… 227
細見 綾子 ……… 89, 116
細見 和之 ……… 388
穂田川 洋山 ……… 323
堀田 あけみ ……… 127
堀田 かつひこ …… 186, 187
堀田 季何 ……… 392
堀田 清美 ……… 37
堀田 けい ……… 363
堀田 哲爾 ……… 172
堀田 真由 ……… 413
ほった ゆみ …… 253, 280
堀田 善衞 ……… 21, 77, 104, 214, 235, **663**
ホッパー, デニス …… 74, 75
ポップコーン ……… 178
保富 康午 ……… 143
ボナ植木 ……… 239
ボニージャックス ……… 49, 156, 320
ボブ・サップ ……… 272
穂村 弘 …… 308, 369, 375
ポラック, シドニー ……… 162
ポランスキー, ロマン ……… 96, 277, 331
堀 晃 ……… 126, 187
堀 和久 ……… 104
堀 淳一 ……… 82
堀 貴秀 ……… 395
堀 辰雄 ……… 13, 19
堀 ちえみ ……… 136,

137, 149, 157, **664**
堀 まどか ……… 334
堀井 一摩 ……… 392
堀井 拓馬 ……… 329
堀井 康明 ……… 252
堀内 岩雄 ……… 52
堀内 敬子 ……… 307
堀内 伸 ……… 31
堀内 純子 …… 140, 168, 210
堀内 孝雄 ……… 178, 184, 185, 192, 193, 199, 212, 265, 372, **664**
堀内 恒夫 ……… 84
堀江 謙一 ……… 52, 93
堀江 沙オリ ……… 181
堀江 淳 ……… **665**
堀江 誠志郎 ……… 29
堀江 貴文 ……… 285, 294
堀江 敏幸 ……… 248, 254, 268, 281, 282, 288, 315, 334, 361
堀江 由朗 ……… 258
堀尾 真紀子 ……… 167
堀尾 幸男 …… 252, 320, 327
堀川 アサコ ……… 296
堀川 惠子 ……… 324, 330, 362, 380, 392
堀川 とんこう ……… 140
堀川 弘通 …… 42, **665**
堀川 理万子 ……… 401
堀北 真希 ……… 292, 297, 298, 306, 338, 347
堀口 一史座 ……… 260
堀口 捨己 ……… 12
堀口 星眠 ……… 100
堀口 大學 … 36, 120, **665**
堀越 謙三 ……… 291
堀越 真 …… 157, 191
堀米 薫 ……… 337
ホリデーガールズ …… 107
堀場 清子 ……… 209
ポルノグラフィティ ……… 252, 272
ポール牧 ……… 205
ボロ ……… 119
ホロヴィッツ, アンソニー ……… 381
ホワイト, A. ……… 27
ホワイト, E.B. ……… 27
ポン・ジュノ … 318, 388, 389
ホンキートンク ……… 371

本郷 功次郎 ……… 40
本郷 隆 ……… 78
ボン・サイト ……… 158
本沢 幸次郎 ……… 22
ホンジャマカ ……… 212
本庶 佑 ……… 347
本上 まなみ ……… 252
本城 美智子 ……… 159
本田 延三郎 ……… 131
本田 一弘 …… 330, 381
本田 奎 ……… 391
本多 光太郎 ……… 9
本多 秋五 ……… 56, 133, 188, **665**
本田 憲子 ……… 49
本多 寿 ……… 202
本田 英郎 ……… 32, 81
本田 博太郎 ……… 118
本多 正識 ……… 200
本田 みち子 ……… 86
本田 美奈子 …… 156, 157, 162, 163, 205, 292, **665**
本田 元弥 ……… 77
本田 靖春 ……… 147
本多 稜 …… 282, 310
ボンダルチュク, セルゲイ ……… 43
ポンテコルヴォ, ジロ ……… 63, 64
本間 千代子 ……… 54
本間 二三雄 …… 76, 93
本間 洋平 ……… 127

【ま】

マイ, ヨーエ ……… 4
Mi-Ke ……… 198, 199
毎熊 克哉 ……… 364
舞城 王太郎 ……… 274
まいた 菜穂 ……… 379
米原 信 ……… 399
MY LITTLE LOVER ……… 226
マイルストン, リュイス ……… 4, 6
前 登志夫 ……… 110, 174, 202, 235, 276, 281, **666**
前川 楓 ……… 373
前川 かずお ……… 58
前川 清 …… 206, 213, **666**

前川 佐美雄 ……… 81	万城 たかし ……… 378	正木 ゆう子 ……… 267,
前川 しんすけ ……… 126	真木 ひでと ……… 125	369, 405, 412
前川 貴行 ……… 388	真木 洋子 ……… 86	真咲 よう子 ……… 136
前川 たけし ……… 172	牧 美也子 ……… 179	正木 嘉美 ……… 158
前川 知大 ……… 319,	槇 有恒 …… 33, 39, **667**	マザースキー, ポール
320, 328, 333, 415	真木 よう子 ·· 343, 344, 351	……… 95, 96
前川 文夫 ……… 39	蒔岡 雪子 ……… 268	マーサ・ナカムラ ·· 369, 387
前川 ほまれ ……… 406	マギー司郎 ……… 306	正宗 白鳥 ·· 20, 33, 38, **667**
前川 康男 ……… 23,	マギー審司 ……… 285	マージェリー, カイラー
74, 128, **666**	牧瀬 里穂 ……… 190,	……… 290
前川 涼 ……… 293	191, 196, 264	マジックナポレオンズ
前田 愛 ……… 132	蒔田 彩珠 ……… 377,	……… 158
前田 敦子 ……… 337	388, 389, 395, 396	真島 ヒロ ……… 320
前田 悦智子 ……… 93, 103	蒔田 さくら子 …… 133, 349	眞島 めいり ……… 394
前田 勝弘 ……… 78	牧田 真有子 ……… 303	真島 利行 ……… 19
真栄田 義功 ……… 289	マキタスポーツ ……… 338	真下 章 ……… 174
前田 恭二 ……… 347	牧野 英一 ……… 20	マーシャル, ペニー ……… 204
眞栄田 郷敦 ……… 395, 413	牧野 英二 ……… 15	**増位山 太志郎** …… 113, **668**
前田 司郎 ·· 310, 315, 352	牧野 修 …… 248, 274, 360	増尾 光枝 ……… 49
前田 新造 ……… 328	牧野 圭一 ……… 65	益川 敏英 ……… 315
前田 青邨 ……… 30	牧野 圭祐 ……… 404	増島 拓哉 ……… 374
前田 哲 ……… 395	牧野 正蔵 ……… 5, 7	**益田 喜頓** ……… 97,
前田 透 ……… 127	牧野 富太郎 ……… 35	98, 157, 169, **668**
前田 俊明 ……… 185	牧野 直隆 ……… 273	増田 四郎 ……… 227
前田 速夫 ……… 281	マキノ ノゾミ ……… 219,	**舛田 利雄** ……… 122,
前田 美波里 …… 320, 410	235, 266, 327, 396	183, 198, **668**
前田 文子 ……… 378	**マキノ 雅弘** ……… 3,	増田 俊也 ·· 295, 336, 337
前田 豊 ……… 69, 158	4, 87, 217, **667**	増田 久雄 ……… 217
前田 陽一 ……… 122	牧野 美加 ……… 412	**増田 みず子** ……… 153,
前田 米蔵 ……… 402	**マキノ 光雄** …… 35, **667**	159, 194, 260, **668**
前田 隆壱 ……… 342	槇原 敬之 ……… 199,	益田 ミリ ……… 416
前田 隆之介 ……… 73	286, 293, 299	ますだおかだ …… 266, 273
まえだくん ……… 415	牧村 一人 …… 295, 316	**増村 保造** ……… 64,
前畑 秀子 ……… 179	**牧村 三枝子** ……… 119,	78, 101, 110, 111, **668**
前原 正治 ……… 66	157, 198, **667**	増本 量 ……… 30
Maozon ……… 365	万城目 学 ……… 406	増山 久明 ……… 274
馬飼野 康二 …… 177, **666**	槇本 楠郎 ……… 10	舛山 六太 ……… 73
馬飼野 俊一 ……… 136,	MARC ……… 245	真田 啓介 ……… 393
137, 149, **666**	幕内 克蔵 ……… 26	又吉 栄喜 …… 121, 222
曲木 磯六 ……… 19	マクティアナン, ジョン	又吉 直樹 …… 354, 360
真壁 仁 ……… 132	……… 183, 190	待川 匙 ……… 412
マカロニえんぴつ ……… 397	マクドナー, マーティン	町田 康 ……… 236,
マーカンド, リチャード	……… 376	254, 261, 262, 289, 309
……… 141	マクドネル, パトリック	町田 そのこ ……… 393
牧 阿佐美 ……… 398	……… 330	町田 尚子 ……… 388
真木 蔵人 ……… 190	マクバーニー, サイモン	町本 広 ……… 13
真木 小太郎 ……… 97	……… 314	町屋 良平 ……… 362,
槇 さわ子 ……… 283	マクメナミー, サラ ……… 297	374, 399, 411, 412
真木 純 ……… 12	マクレラン, エドウィン	松 たか子 ……… 232,
牧 眞司 ……… 360	……… 214	237, 238, 245, 252, 258,
槇 仙一郎 ……… 45	柾 悟郎 ……… 214	264, 279, 284, 292, 307,
	真崎 守 ……… 80	318, 319, 320, 325, 371

松井 邦雄 ……………… 203
松井 今朝子 …………… 302
松井 五郎 ………… 333, 391
松井 周 ………………… 330
松居 スーザン ………… 230
松井 秀喜 … 234, 260, 273,
　　274, 280, 287, 321, 347
松井 大 ………………… 404
松井 博之 ……………… 275
松井 誠 ………………… 278
松井 優征 ……………… 410
松井 由利夫 …………… 212,
　　　　　　　259, 307, 320
松井 るみ ………… 273, 339
松家 仁之 … 335, 367, 374
松浦 亜弥 ………… 265, 278
松浦 幸男 ……………… 26
松浦 誠二 ……………… 149
松浦 寿輝 ……………… 167,
　　228, 254, 281, 288,
　　317, 368, 374, 380, **668**
松浦 均 ………………… 165
松浦 理英子 …… 110, 215,
　　216, 302, 368, 399, **669**
松江 美季 ……………… 246
松江 陽一 ……………… 80
松尾 歩 ………………… 274
松尾 和子 …… 79, 178, **669**
松尾和子とマヒナスター
　　ズ ……………………… 43
松尾 嘉代 ……………… 135
松尾 潔 …… 313, 326, 403
松尾 スズキ …………… 236,
　　　　　　　258, 312, 380
松尾 静明 ……………… 255
松尾 貴史 ……………… 397
松尾 敏男 ……………… 341
松尾 文夫 ……………… 283
松尾 真由美 …………… 269
松尾 光治 ……………… 215
松尾 雄治 ……………… 159
松尾 依子 ……………… 308
松尾 れい子 …………… 251
松岡 依都美 …………… 391
松岡 一枝 ……………… 90
松岡 和子 ……………… 392
松岡 享子 …………… **669**
松岡 弘一 ……………… 384
松岡 修造 ……………… 194
松岡 錠司 ……………… 189,
　　　　　　　190, 202, 312

松岡 達英 … 210, 317, **669**
松岡 直也 ………… 156, 157
松岡 政則 ………… 282, 412
松岡 茉優 ……………… 377,
　　　　　　　382, 383, 408
松岡 義之 ……………… 151
マッカーシー, トム …… 364
松方 弘樹 …… 42, 225, **669**
松金 よね子 …………… 131
松木 秀 ………………… 296
松木 修平 ……………… 85
松樹 剛史 ……………… 261
真継 伸彦 ……………… 50
松木 寛 ………………… 173
松木 麗 ………………… 202
マッケリー, レオ ……… 16
真剣佑 …………………… 370
松坂 慶子 ………… 83, 86,
　　129, 134, 135, 136, 141,
　　161, 190, 197, 231, 257,
　　312, 313, 320, 377, **670**
松坂 大輔 … 252, 253, 308
松坂 桃李 ……………… 331,
　　337, 338, 343, 344,
　　360, 376, 377, 383, 389
松坂 弘 ………………… 310
松崎 キミ代 …… 41, 46, 52
松崎 しげる …… 107, **670**
松崎 鉄之介 ……… 133, 276
松崎 博臣 ……………… 13
松崎 美保 ……………… 248
松崎 陽平 ……………… 105
松崎 与志人 …………… 14
松沢 あさか …………… 263
松重 豊 …………… 305, 384
松下 育男 ……………… 116
松下 洸平 ………… 378, 407
松下 砂稚子 ……… 131, 200
松下 和幹 ……………… 165
松下 千里 ……………… 145
松下 奈緒 … 326, 331, 367
松下 麻理緒 …………… 303
松下 隆一 ……………… 411
松下 竜一 ……………… 134
松下 龍之介 …………… 412
松嶋 菜々子 …………… 245,
　　　　　250, 252, 254, 332
松田 いりの …………… 412
松田 権六 ……………… 103
松田 幸緒 ……………… 355
松田 昭三 …… 74, 86, 100

松田 翔太 … 305, 311, 318
松田 聖子 ……… 124, 125,
　　130, 131, 136, 137, 142,
　　143, 150, 156, 157, 164,
　　190, 206, 272, 359, **670**
松田 奈緒子 …………… 366
松田 紀子 ……………… 103
松田 治広 ……………… 61
松田 寛夫 … 81, 110, 134,
　　146, 153, 161, 183, **671**
松田 博文 ……………… 58
松田 正隆 ………… 230, 241
松田 まどか …………… 257
松田 道雄 ………… 48, 161
松田 素子 ……………… 376
松田 雄一 ……………… 33
松田 優作 …………… 141,
　　　　183, 184, 190, **672**
松田 幸雄 ……………… 59
松田 龍平 ……………… 251,
　　252, 257, 324, 344, 351
松平 健 ……………… 122,
　　　　　　　279, 285, **672**
松平 定知 ……………… 152
松平 盟子 ……………… 195
松平 康隆 ………… 84, 340
松谷 文吾 ……………… 21
松谷 みよ子 ………… 21,
　　45, 54, 57, 86, 95,
　　122, 203, 217, **672**
マッデン, ジョン ……… 250
マッド・アマノ ………… 114
松任谷 正隆 …… 294, **672**
松任谷 由実 …… 102, 130,
　　137, 143, 170, 178, 185,
　　192, 219, 378, 403, **672**
松友 美佐紀 …………… 366
松苗 あけみ …………… 179
松永 K三蔵 ……… 392, 411
松永 伍一 ……………… 73
松中 信彦 ……………… 294
松永 真理 ……………… 274
松永 満雄 ……………… 65
松永 美穂 ……………… 254
松波 太郎 ………… 309, 348
松成 真理子 ……… 276, 394
松野 正子 ……………… 167
松林 桂月 ……………… 38
松原 一枝 ……………… 14
松原 幹 ………………… 8
松原 謙一 ……………… 373

松原 耕二 ……………… 390
松原 俊太郎 …………… 381
松原 新一 ……………… 52
松原 高久 ……………… 307
松原 智恵子 …… 54, 364
松原 敏春 ……………… 205
松原 のぶえ …………… 118,
　157, 178, 185, 192, **673**
松原 みき ……………… 124
松原 由美子 …………… 250
松原 好之 ……………… 115
松村 栄子 ……………… 195
松村 和子 …………… 124,
　　　　125, 130, **674**
松村 勝美 …… 49, 55, 65
松村 邦洋 ……… 205, 219
松村 蒼石 ……………… 86
松村 達雄 ……… 251, 298
松村 禎三 …………… **674**
松村 秀樹 ……………… 159
松村 北斗 ……… 408, 414
松村 緑 ………………… 37
松村 由利子 …… 329, 381
松村 喜雄 ……………… 160
松村 好子 ………… 49, 55
松本 明子 ……………… 225
松本 功 ………………… 196
松本 伊代 ……… 136, **674**
松本 修 ………… 279, 307
松本 薫 ………………… 340
松本 勝明 ……………… 84
松本 清 ………………… 6
松本 邦吉 ……………… 262
松本 圭二 ……………… 296
松本 恵二 ……………… 165
松本 健二 ……………… 288
松本 源之助 …… 149, 184
松本 幸四郎（7代） …… 17
松本 幸四郎（8代）… 19, 32
松本 幸四郎（9代） … 136,
　　　　226, 227, 239,
　　　　272, 306, 359, 372
松本 しげのぶ ………… 391
松本 重治 ……………… 95
松本 潤 ………… 299, 371
松本 仁一 ……………… 237
松本 清張 …………… 22,
　34, 62, 73, 180, **674**
松本 大洋 ……… 333, 359
松本 たかし …………… 24
松本 隆 ……………… 130,

　　　　136, 143, 358, **674**
松本 ちえこ …………… 102
松本 俊明 ……………… 272
松本 俊彦 ……………… 400
松本 富生 ……………… 160
松本 夏実 ……………… 327
松本 典子 ……………… 119,
　　　　150, 156, 157, 162
松本 白鸚（1代） ……… 132
松本 白鸚（2代） …… 397,
　　　　405, 410, **675**
松本 創 ………………… 382
松本 久弥 ……………… 32
松本 ひで吉 …………… 333
松本 英彦 ……… 118, 169
松本 正道 ……………… 318
松素 めぐり …………… 394
松本 雄吉 ……………… 313
松本 祐子 …… 292, 385, 390
松本 侑子 ……… 166, 322
松本 悠里 ……………… 259
松本 竜助 …… 124, 125, 131
松本 礼児 ……………… 177
松本 零士 …………… 84,
　　　　98, 108, 411, **675**
松山 巌 ………… 153, 228
松山 恵子 ……… 286, **675**
松山 ケンイチ … 298, 304,
　305, 318, 319, 331, 364
松山 政路 ……………… 171
松山 善三 …………… 31, 39,
　44, 45, 46, 53, 211, **676**
松山 千春 …………… **676**
松山 英樹 ……………… 334
松雪 泰子 ……… 298, 299
祭 小春 ………… 157, 163
まど・みちお ………… 67,
　100, 116, 161, 201, 210,
　241, 267, 269, 317, **676**
円 広志 ………………… 119
間所 ひさこ …………… 95
的場 文男 ……………… 379
マドンナ ……………… 171
間中 ケイ子 …………… 311
真中 朋久 ……… 269, 323
真中 瞳 ………………… 258,
　　　　263, 264, 271
真部 一男 ……………… 98
真鍋 和子 ……………… 86
真辺 克彦 ……………… 256
真鍋 呉夫 … 201, 202, 323

眞鍋 淑郎 ……………… 398
真鍋 昌平 ……………… 327
眞鍋 卓嗣 ……………… 391
真鍋 正男 ……………… 160
真鍋 昌賢 ……………… 374
真鍋 美恵子 …………… 39
真鍋 元之 ……………… 36
真鍋 理一郎 …………… 43
マニロウ, バリー ……… 156
馬渕 明子 ……………… 208
真帆香 ゆり …………… 177
間宮 祥太朗 …………… 407
マムーリアン, ルーベン
　………………………… 5
真野 響子 ……… 106, 107
真屋 順子 ……………… 107
麻耶 雄嵩 ……………… 329
真山 青果 ………… 11, 12
真山 美保 ……………… 40
眉月 じゅん …………… 372
黛 執 …………………… 276
黛 ジュン …… 64, 68, **676**
黛 敏郎 ……………… 57,
　　　　64, 78, 84, **677**
眉村 卓 ……………… 115,
　　120, 166, 234, 386, **677**
真理 ヨシコ …………… 52
真璃子 …… 162, 163, 164
真利子 哲也 …………… 383
万里村 奈加 …………… 193
毬谷 友子 ……… 177, 206
マル, ルイ ……………… 106
丸井 裕子 ……………… 147
丸内 敏治 …… 189, 196, 256
丸尾 末広 ……………… 321
丸岡 明 ………………… 55
丸岡 大介 ……………… 315
丸川 哲史 ……………… 234
丸川 トモヒロ ………… 354
丸木 位里 ……… 140, 154
丸木 英二 ……………… 65
丸木 俊 ………… 140, 154
マルシア ……………… 184,
　　　　185, 192, 293
まるむし商店 ……… 164, 178
丸谷 才一 ……… 65, 81,
　85, 152, 173, 180, 247,
　260, 274, 275, 334, **677**
丸山 明宏 ……………… 68
丸山 昭 ………………… 266
丸山 薫 ………………… 7

丸山 健二 ……………… 59
丸山 茂樹 ……………… 273
丸山 茂幸 ……………… 19
丸山 昇一 ……………… 116,
　146, 204, 236, 269, 389
丸山 昇一 ………… **677**
丸山 忠久 ……………… 227
丸山 博一 ……………… 137
丸山 弘 ………………… 199
丸山 真男 ……………… 104
丸山 雅仁 ……………… 124
丸山 陽子 ……………… 413
マンガトリオ …………… 68
マンキウィッツ, ジョゼ
　フ・L. ……………… 20, 21
マンケル, ヘニング …… 270
万足 卓 …………………… 51
万田 邦敏 ……………… 269
万田 珠実 ……………… 269
萬田 久子 ……………… 165

【み】

三池 崇史 ……………… 325
美内 すずえ …………… 138
三浦 明博 ……………… 268
三浦 篤 ………………… 302
三浦 綾子 ……………… 50
三浦 和良 ……… 207, 214
三浦 清宏 ……………… 166
三浦 謹之助 …………… 19
三浦 敬三 ……………… 287
三浦 建太郎 …………… 273
三浦 皇成 ……………… 314
三浦 しをん ‥ 295, 335, 380
三浦 朱門 ……… 62,
　　132, 159, **677**
三浦 翔平 ……………… 331
三浦 大輔 ……………… 297
三浦 大知 ……………… 403
三浦 貴大 … 325, 331, 337
三浦 武 ………………… 99
三浦 哲郎 ‥ 29, 41, 99, 139,
　152, 188, 194, 222, **678**
三浦 透子 … 395, 402, 410
三浦 友和 …… 91, 96, 118,
　155, 197, 251, 304, 305,
　318, 364, 401, 402, **678**
三浦 春馬 ……………… 312,
　　318, 344, 366, 395

三浦 英之 ……… 356, 407
三浦 宏規 ……………… 410
三浦 浩樹 ……………… 66
三浦 布美子 …………… 218
三浦 雅士 ……… 145, 196,
　221, 260, 267, 328, **678**
三浦 光雄 …………… 32, **678**
三浦 みつる …………… 144
三浦 恵 ………………… 202
三浦 基 ………………… 366
三浦 康照 ……………… 213
三浦 雄一郎 …………… 76
三浦 徳子 ……………… **679**
彌榮 浩樹 ……………… 328
三重ノ海 剛司 ………… 120
みお ちづる …………… 256
水尾 比呂志 …………… 64
三笠 優子 ……………… 130,
　131, 143, 157, 164,
　171, 178, 185, **679**
三笠宮 寛仁 …………… 98
三ケ月 章 ……………… 308
三ケ田 礼一 …………… 207
三門 忠司 ……………… 206
見上 勝紀 ……………… 41
三上 幸四郎 …………… 405
三上 遼太郎 …………… 194
三上 真一郎 …………… 42
三上 直也 ……… 157, 193
三上 博史 ……… 182, 265
三神 弘 ………………… 133
三神 真彦 ……… 77, 174
美川 きよ ……………… 9
美川 憲一 … 79, 191, **679**
ミキ ……………… 385, 404
美樹 克彦 ……………… 149
三木 聖子 ……………… 102
三木 たかし …… 107, 136,
　163, 170, 185, 293, **679**
三木 孝浩 ……………… 344
三木 卓 ………… 63, 74,
　85, 147, 173, 235, 248,
　288, 249, 295, 341, **680**
三木 のり平 …………… 54,
　　108, 193, 220, **680**
三木 三奈 ……………… 387
三木谷 浩史 …… 288, 386
汀 夏子 ………………… 162
三國 青葉 ……………… 335
三國 一朗 ……… 118, 122
三国 美千子 …… 374, 380

三國 連太郎 …………… 21,
　43, 45, 57, 91, 117,
　183, 186, 190, 197, 204,
　231, 247, 306, 344, **680**
三崎 亜記 ……………… 282
岬 多可子 ……………… 296
三咲 光郎 ……… 241, 262
三沢 あけみ …… 52, 125,
　171, 178, 185, 206, **681**
三品 隆司 ……………… 413
三島 大輔 ……… 143, 149
三島 徳七 ……………… 20
三島 敏夫 ……………… 171
三島 由紀夫 …… 26, 29,
　31, 44, 53, 58, 61, **681**
三島 有紀子 …………… 371
MISIA …… 272, 378, 397
三須 穂乃香 …………… 360
水牛 健太郎 …………… 288
水内 喜久雄 …………… 290
みずかみ かずよ ……… 229
水上 勉 …… 44, 76, 85,
　94, 104, 139, 152, **681**
水上 房子 ……………… 43
水川 あさみ …… 388, 389
水城 昭彦 ……………… 201
観月 ありさ …………… 198
水木 かおる …………… 245
水木 杏子 ……………… 108
水木 しげる …………… 186,
　247, 280, 314, **681**
水木 襄 ………………… 40
水樹 奈々 ……………… 345
水木 洋子 ……………… 18,
　20, 23, 24, 25, 26, 29,
　34, 37, 39, 40, 42, 44,
　45, 47, 53, 54, 56, **681**
水城 嶺子 ……………… 188
水木 れいじ …………… 149,
　　320, 326, **682**
水樹 和佳子 …… 132, 260
水沢 なお ……………… 381
水四 澄子 ……………… 63
水下 暢也 ……………… 381
水島 三一郎 …………… 46
水島 新司 … 88, 103, **682**
水島 努 ………………… 367
水島 毅 ………………… 173
水嶋 ヒロ ……… 324, 325
水島 宏明 ……………… 304
水島 美津江 …………… 296
水城 せとな …………… 340

水田 外史 193
水田 伸生 343
水田 美意子 288
水田 竜子 219, 220
Mr.Children 219, 220, 226, 233, 286
水谷 準 22
水谷 隼 398
水谷 竹秀 330
水谷 俊之 209
水谷 真人 247
水谷 麻里 163, 164
水谷 八重子(1代) 27, 35, 84, **682**
水谷 八重子(2代) 83, 108, 177, 205, 206, 225, **683**
水谷 優子 172
水谷 豊 100, 118, 306, 315, 332, 345, **683**
水玉 螢之丞 214, 227, 360, 367
ミスターマジック
SAKOU & SAYO
.... 151
Mr.マリック 184
水足 蘭秋 4
水庭 れん 405
水沼 真澄 352
水野 久美 371
水野 誠一 260
水野 千依 334
水野 晴郎 208
水野 英子 72
水野 美紀 251
水野 由美 248
水野 るり子 146
水の江 瀧子 319
水橋 晋 236
水橋 文美江 232
水林 章 392
水原 英子 200
水原 紫苑 189, 255, 290, 375, 386, 406
水原 秋桜子 49
水原 秀策 281
水原 弘 40, 64, **683**
水原 涼 329
ミスハワイ 114, 193, 207
みづほ 梨乃 391
三角 恭子 352
三角 みづ紀 289, 342, 349

水村 美苗 187, 222, 268, 317, 334
未須本 有生 349
水森 かおり 293, 300, 307, 352
水森 サトリ 295
水森 英夫 272
Mrs.GREEN APPLE
.... 409, 415
溝口 敦 276
溝口 和洋 187
溝口 健二 6, 8, 9, 11, 17, 25, 27, 32, **683**
溝口 三平 6
溝端 淳平 325
溝畑 宏 328
美空 ひばり 43, 45, 55, 58, 97, 113, 125, 130, 163, 183, 184, 185, 187, 190, **684**
三田 和代 164, 199, 219, 239, 259, **684**
三田 完 254
箕田 源二郎 **684**
三田 純市 96, 212
三田 つばめ 195
美田 徹 203
三田 紀房 293
三田 華子 12
三田 洋 99
三田 誠広 104
三田 悠子 97
三田 佳子 45, 71, 147, 148, 155, 161, 163, 168, 169, 186, 187, 188, 204, 211, 213, 358, **685**
三谷 晃一 276
三谷 幸喜 197, 237, 238, 239, 244, 262, 302, 306, 333, 339, 403
三谷幸喜と東京サンシャインボーイズ 196
三谷 太一郎 334
三田村 志郎 316
三田村 信行 324
道 俊介 33
未知 やすえ 273
道浦 母都子 127
道枝 駿佑 401, 408
道尾 秀介 316, 322, 323
道下 美里 398
道原 かつみ 194

三津 麻子 270
三井 修 209, 283
三井 弘次 35
三井 ゆき 310, 412
三井 葉子 249
光岡 明 127
ミッキー・カーチス 224
ミッキー吉野 **685**
三栗 崇 43, 49, 55, 61, **685**
満島 真之介 338, 409
満島 ひかり 318, 319, 331, 332, 346, 352, 364, 371
光瀬 龍 253
三津田 健 ... 125, 171, **685**
光田 健輔 22
満田 拓也 227
満田 久輝 221
みっつばー 404
光野 道夫 217, 224
みつはし ちかこ 360
三橋 敏雄 181
三林 京子 96, 100
光原 百合 268
光本 恵子 254
光本 幸子 233
光森 裕樹 329
御童 カズヒコ 287
御供 平佶 209
緑 魔子 54, 156, 157
みどり ゆうこ 195
緑川 玄三 13, 14
碧川 道夫 27, 244
見取り図 415
南井 克巳 221
南風 洋子 157, 226
皆川 盤水 209
皆川 博子 85, 153, 160, 188, 242, 335, 392, 412, **685**
皆川 亮二 246
水口 貴文 411
水口 博也 250
水無田 気流 296, 310
湊 かなえ 316, 335, 362
湊谷 弘 65, 72
南 明奈 306
南 勝久 372
南 果歩 183, 190
南こうせつとかぐや姫

.... 88
南 沙織 79, **686**
南 沙良 377
南 直哉 375
三波 伸介 87, 144
三波 利夫 7
南 とめ 197, 225
三並 夏 289
三波 春夫 55,
　　　　157, 170, **686**
南 将之 84
南有二とフルセイズ 76
南 美江 144
南 芳一 145
南 佳孝 119
南 喜陽 88
南川 潤 8, 9
南島 砂江子 235
南田 洋子 51, 58
南野 陽子 168,
　　　　169, 171, 175, **686**
源 純夏 221
源 孝志 382, 409
みなもと 太郎 287
皆吉 爽雨 63
岑 亜紀良 110
嶺 隆 232
峰尾 基三 78
峰岸 徹 67
峯澤 典子 349, 400
峰原 緑子 127
箕浦 康子 164
見延 典子 308
三橋 達也 60,
　　　　264, 284, 291, **686**
三橋 美智也 49,
　　　　112, 119, 143, **686**
三原 修 46
美原 さつき 399
三原 順子 124
三船 和子 178, 212
三船 史郎 82
三船 敏郎 ·· 21, 35, 45, 57,
　　60, 63, 64, 67, 168, 169,
　　　175, 224, 238, 239, **686**
美保 純 135, 136, 141
三益 愛子 40
三村 純也 381
三村 伸太郎 29
三村 千鶴 263
みもと けいこ 181

三本 雅彦 368
宮 静枝 202
宮 柊二 ·· 33, 44, 99, **687**
宮 史郎 149, 150, **687**
宮史郎とぴんからトリオ
　　　　　　　　　　　... 83
宮 琢磨 157
ミヤ 蝶子 144
ミヤ 蝶美 144
宮 英子 289, 342
見矢 百代 66
宮内 勝典 116,
　　　　127, 288, 328, **687**
宮内 淳 122
宮内 婦貴子 160
宮内 悠介 340,
　　　347, 367, 379, 380, 412
宮内 豊 62
宮内 義彦 234
宮尾 登美子 85, 104,
　　　　110, 139, 230, 308, **687**
宮岡 伯人 166
宮川 一郎 292
宮川 一朗太 147
宮川 一夫 25,
　　　75, 154, 203, 251, **688**
宮川 大助 ·· 144, 151, 164,
　　　　171, 178, 186, 193, 326
宮川大助・花子 **688**
宮川 哲夫 61
宮川 花子 ·· 144, 151, 164,
　　　　171, 178, 186, 193, 326
宮川 ひろ 111,
　　　　122, 189, 290, **688**
宮川左近ショウ 84
宮城 音弥 27
宮城 聰 371
宮城 まり子 38,
　　　　106, 130, 186, **688**
宮城谷 昌光 194, 195,
　　　　208, 254, 262, 281, 354
宮口 しづえ 34,
　　　　　91, 122, **689**
宮口 精二 17, 27
三宅 亜依 212
三宅 一生 328
三宅 孝太郎 146
三宅 周太郎 55
三宅 唱 401,
　　　　402, 413, 414
三宅 雪嶺 15
三宅 千代 189

三宅 知子 134
三宅 雅子 166
三宅 裕司 384
三宅 義信 41,
　　　46, 49, 52, 55, 69, **689**
三宅 義行 72
宮古 とく子 91
都 はるみ 55, 97, 102,
　　　103, 108, 119, 125, 136,
　　　142, 143, 150, 285, **689**
みやこし あきこ ·· 330, 407
都田 鼎 4
ミヤコ蝶々 ·· 75, 200, **689**
宮坂 静生 295, 393
宮﨑 あおい 270,
　　　279, 299, 305, 312,
　　　318, 331, 364, 377, 378
宮崎 晃 74,
　　　　75, 81, 86, 87, **690**
宮崎 一郎 13
宮崎 和雄 235
宮崎 清 121
宮崎 吾朗 287
宮崎 純 177
宮崎 慎二 272,
　　　　　279, 286, 293, 299
宮崎 哲弥 392
宮崎 法子 274
宮﨑 駿 147,
　　　148, 158, 162, 165,
　　　174, 175, 176, 183, 187,
　　　204, 227, 236, 237, 238,
　　　240, 254, 262, 263, 264,
　　　265, 266, 291, 311, 312,
　　　344, 350, 388, 408, **690**
宮崎 康二 5
宮崎 美子 257
宮迫 博之 278
宮里 藍 292, 294, 327
宮沢 章夫 209, 216, 321
宮澤 エマ 410
宮澤 隆義 363
宮沢 氷魚 389, 402, 408
宮澤 ひなた 410
宮沢 りえ 176, 183,
　　　185, 221, 270, 271, 277,
　　　278, 284, 286, 300, 314,
　　　346, 350, 351, 354, 357,
　　　358, 363, 364, 370, 372
宮下 恵茉 311
宮下 規久朗 288
宮下 順子 111, 117

宮下 志朗 ……………… 187
宮下 すずか …………… 318
宮下 奈都 ………… 282, 362
宮下 森 ………………… 35
宮下 洋一 ……………… 375
宮島 未奈 ……………… 412
宮島 義勇 ……………… 244
宮田 愛 ………………… 206
宮田 慶子 … 220, 245, 266
宮田 哲男 ……………… 390
宮田 輝 ………………… 64
宮田 俊彦 ……………… 35
宮田 昇 ………………… 374
宮田 毬栄 ……………… 354
宮田 莉朋 ……………… 410
宮津 昭彦 ……………… 236
宮西 建礼 ……………… 416
宮西 達也 ………… 250, 304
宮ノ川 顕 ……………… 316
宮原 昭夫 …………… 59, 81
宮原 厚次 ……………… 151
宮部 金吾 ……………… 16
宮部 みゆき …………… 166,
  202, 209, 240, 242, 260,
  261, 267, 303, 398, **692**
深山 さくら …………… 311
美山 純子 ……………… 226
三山 ひろし …………… 409
宮本 亜門 ………… 205, 221
宮本 恵美子 ………… 49, 55
宮本 かずや …………… 252
宮本 研 ………………… 47
宮本 善一 ……………… 209
宮本 常一 ……………… 45
宮本 恒靖 ……………… 274
宮本 輝 ……………… 104,
  167, 274, 322, 374, **692**
宮本 徳蔵 ……………… 94,
  159, 195, **692**
宮本 信子 ……… 148, 168,
  172, 176, 331, 395, **692**
宮本 宣子 ……………… 359
宮本 典子 ………… 118, 119
宮本 浩次 ……………… 390
宮本 文昭 ……………… 194
宮本 まさ江 ……… 383, 401
宮本 又次 ……………… 63
宮本 裕子 ………… 246, 252
宮本 百合子 …………… 16
宮本 理江子 ……… 312, 337
宮脇 俊三 … 152, 247, **692**

宮脇 紀雄 … 70, 100, **692**
幸 耕平 ………… 177, 397
三吉 彩花 ……………… 338
三善 英史 ………… 83, **693**
三好 一知 ……………… 14
三好 京三 …………… 94, 99
三好 十郎 ……………… 21
三好 治郎 ……………… 3
三好 達治 ……………… 10,
  21, 22, 47, **693**
三芳 悌吉 ………… 25, 100
三好 鉄生 ……………… 136
三好 徹 ………………… 62
三好 豊一郎 …………… 140
三次 マキ ……………… 372
三好 昌子 ……………… 361
三好 三千子 …………… 52
ミラー, ジョージ ……… 357
ミラード, アン ………… 263
ミルクボーイ ………… 404
milet …………………… 415
ミロコ マチコ … 343, 350
三輪 克巳 ……………… 242
三輪 滋 ………………… 105
三輪 裕子 ………… 168, 182

【む】

向井 理 ………… 326, 331
向井 康介 ……… 364, 408
向井 潤吉 ……………… 39
向井 万起男 …………… 317
向井 路琉 ……………… 302
向山 光昭 ……………… 240
武川 忠一 ……………… 133,
  236, 303, **693**
鵡川 昇 ………………… 247
椋 鳩十 … 57, 78, 132, **693**
向田 邦子 ……… 121, **693**
武蔵野 創 ……………… 415
武蔵丸 光洋 …………… 253
武者小路 実篤 … 10, 22, **693**
武双山 正士 …………… 214
むつ 利之 ……………… 186
六浦 光雄 ………… 31, 52
睦月 都 ………………… 412
武藤 嘉文 ……………… 132
武藤 清 ………………… 145
武藤 敬司 ……………… 404

棟方 志功 ……………… 76
棟田 博 ………………… 13
宗任 珊作 ……………… 24
胸宮 雪夫 ……………… 104
宗村 宗二 ……………… 69
Moo.念平 ……………… 193
武良 布枝 ……………… 327
村 治夫 ………………… 57
村井 國夫 … 206, 300, 385
村井 志摩子 …………… 68
村井 宗二 ……………… 196
村尾 靖子 ……………… 311
村岡 桃佳 ………… 379, 404
村上 昭夫 ………… 63, 66
村上 亜土 ……………… 100
村上 修 ………………… 262
村上 克尚 ……………… 367
村上 国治 ……………… 86
村上 元三 ………… 11, **693**
村上 幸子 ……… 178, 185, **693**
村上 三島 ……………… 247
村上 しいこ ……… 297, 356
村上 頌樹 ……………… 410
村上 尋 ………………… 31
村上 節 ………………… 121
村上 隆 ………………… 98
村上 武次郎 …………… 33
村上 勉 ………………… 63
村上 輝夫 ……………… 41
村上 虹郎 ……………… 363
村上 信彦 ……………… 104
村上 春樹 … 115, 133, 153,
  221, 294, 315, 337, **694**
村上 兵衛 ……………… 159
村上 福三郎 …………… 3
村上 雅郁 ……………… 388
村上 雅通 ……………… 256
村上 宗隆 ………… 385, 404
村上 もとか ……………… 138,
  144, 227, 333, **694**
村上 康成 ……………… 270
村上 佑二 ……………… 211
村上 豊 ………… 134, **694**
村上 龍 … 98, 99, 127, 230,
  235, 255, 288, 322, **694**
村川 堅太郎 …………… 39
村川 透 ………………… 364
村川 英 ………………… 248
村木 賢吉 … 118, 119, **695**
村木 潤次郎 …………… 33
村木 与四郎 ……………… **695**

村木 嵐 323	ムロ ツヨシ 376, 386	望月 優大 413
村雲 菜月 405	室井 滋 217, 218, 224, 359	望月 峯太郎 240, 259
村越 化石 90, 140, 181, **695**	室井 光広 173, 215	**望月 優子** ・25, 27, 35, **696**
村越 英文 133	**室生 犀星** 3, 7, 11, 33, 38, **696**	望月 遊馬 413
村崎 太郎 200	室賀 厚 225	望月 洋子 166
村崎 友 282	室田 日出男 101, 204	望月 六郎 237
村雨 貞郎 236	室伏 広治 266, 267, 287, 334	持永 只仁 251
村沢 夏風 181	室伏 重信 138, 165	モーティマー, ヴィッキー 226
村治 佳織 373	室町 修二郎 8	本岡 類 127
村島 彩加 398	室山 まゆみ 158, 346	本木 雅弘 190, 204, 211, 244, 250, 311, 312, 318, 338, 357, 364
村瀬 幸子 162, 186, 197, **695**		
村瀬 範行 307	**【め】**	もとした いづみ 311
村瀬 史憲 413		本林 勝夫 189
村田 喜代子 166, 188, 236, 241, 322, 341, 381, 392, **695**	冥王 まさ子 116	本広 克行 357
	メイガス 405	本宮 哲郎 256
村田 沙耶香 274, 316, 341, 361	MEGUMI 383, 416	本村 敏雄 85
	恵 三朗 379	本谷 有希子 317, 329, 348, 354
村田 雄浩 203, 204, 217, 292	目黒 未奈 259	
	目黒 蓮 401, 402, 408, 413	本山 英世 194
村田 兆治 194		もとやま ゆうほ 210
村田 英雄 137, **696**	目次 ゆきこ 381	モトラ 世理奈 388
村田 等 4	メッセンジャー 280, 293, 300, 307	モニチェリ, マリオ 57
村田 美佐子 239		モーニング娘。............ 245, 252, 258, 265, 272
村田 実 3, 4, **696**	目取真 俊 ... 235, 248, 254	
村田 諒太 340, 373	メンデス, サム 270	物上 敬 12
村田 蓮爾 301		モブ・ノリオ 281, 282
村中 李衣 189, 343	**【も】**	桃井 章 182
村野 四郎 10, 38		**桃井 かおり** 87, 91, 106, 111, 112, 117, 123, 135, 175, 176, 237, 238, 251, 358, 384, **697**
村野 武範 86	茂市 久美子 203	
村野 鉄太郎 117	毛利 菊枝 27	
村野 藤吾 65	毛利 清二 204	
村松 英子 61	毛利 衛 330	ももいろクローバーZ 357, 364
村松 駿吉 11	最上 一平 ... 263, 324, 413	
村松 剛 165	最上 煬介 229	桃ノ雑派 392
村松 友視 133, 138, 235, **696**	茂木 健一郎 290	桃屋 107
	茂木 草介 68, 96, **696**	モラーリ, ジャック 118
村松 誠 253	茂木 宏子 237	森 敦 85, 166
村山 古郷 109	モギー, レオニード 11	森 有正 62
村山 早紀 217	木犀 あこ 368	森 功 375
村山 聖 253	茂田井 武 27	森 一歩 134
村山 修一 19	もたい まさこ 312	森 絵都 203, 223, 243, 276, 368
村山 純子 350, 393	望月 あんね 288	
村山 富士子 99	望月 吾郎 177	森 薫 353
村山 慈明 314	望月 茂 14	森 一彦 133
村山 祐介 394	望月 武 310	森 公美子 352
村山 由佳 208, 275, 316, 393		杜 けあき 206
		森 健 274, 369
ムルナウ, F.W. 3, 4		森健と被災地の子どもたち 336
		森 重文 398

森 進一 ……… 68, 71,
　72, 75, 76, 79, 92, 97,
　102, 107, 113, 119, 125,
　130, 149, 150, 156, 157,
　163, 170, 185, 192, **697**
森 新太郎 ……… 313,
　　　345, 346, 397
森 澄雄 ……… 104,
　　　167, 228, 241, **698**
森 青花 ……… 248
森 荘已池 ……… 14
森 孝雅 ……… 187
森 たけし ……… 172
森 忠明 ……… 196, 243
森 達也 ……… 330
森 哲弥 ……… 262
森 七菜 ……… 394, 395
森 宣子 ……… 39
森 バジル ……… 406
森 英恵 ……… 234, **698**
森 秀樹 ……… 220
森 英俊 ……… 248
森 万紀子 ……… 121
森 祇晶 ……… 172,
　　　179, 194, 200
森 正明 ……… 333
森 昌子 ……… 83, 97,
　102, 108, 130, 136, 143,
　150, 157, 163, 378, **698**
森 真沙子 ……… 115
森 雅裕 ……… 152, 153
森 雅之 ‥ 16, 29, 43, **699**
森 まゆみ ……… 234, 349
森 茉莉 ……… 34, 94
森 美樹 ……… 34
森 三千代 ……… 15
森 光子 ……… 46,
　118, 119, 129, 131,
　144, 191, 193, 205,
　219, 238, 245, 253, 279,
　294, 297, 298, 321, **699**
森 洋子 ……… 180
森 瑤子 ……… 110
森 葉治 ……… 31
森 らいみ ……… 262
森 礼子 ……… 115
森 亘 ……… 280
森井 良 ……… 349
森内 俊雄 ……… 70,
　　　85, 187, 188, **699**
森内 俊之 … 187, 287, 353
森枝 卓士 ……… 363
森尾 舞 ……… 372
森尾 由美 ……… 143
森岡 賢一郎 …‥ 64, 76, 92
森岡 貞香 ……… 202, 255
森岡 利行 ……… 236
森岡 浩之 … 240, 253, 360
森賀 まり ……… 400
森川 成美 ……… 382
森川 ジョージ …‥ 200, 385
森川 平八 ……… 17
森口 豁 ……… 148
森口 博子 ……… 191
森熊 猛 ……… 25
森﨑 東 ……… 70, 75, 78,
　105, 153, 284, 344, **700**
森崎 ウィン ……… 389
森崎 和江 ……… 290
森沢 幸一 ……… 65
森繁 杏子 ……… 194
森繁 久彌 ……… 29,
　102, 103, 112, 132, 141,
　157, 201, 204, 221, 318,
　319, 321, 324, 325, **700**
森下 愛子 ……… 117
森下 広一 ……… 207
森下 卓 ……… 179
森下 裕美 ……… 307
森下 佳子 ……… 345, 409
守島 邦明 ……… 342
森嶋 通夫 ……… 103
森末 慎二 ……… 151, 240
森瀬 一昌 ……… 19
盛田 昭夫 ……… 120
森田 健作 ……… 74
森田 茂 ……… 214
森田 修一 ……… 200
森田 淳悟 ……… 84
森田 誠吾 ……… 153
森田 武雄 ……… 72
森田 龍男 ……… 13
森田 峠 ……… 160, 282
もりた なるお ……… 23,
　30, 89, 121, 208, **700**
森田 富士郎 ……… 325
森田 真生 ……… 363
森田 芳光 … 140, 141, 154,
　155, 160, 161, 230, 231,
　251, 277, 278, 284, **700**
森高 夕次 ……… 346
森谷 司郎 ……… 67,
　　　74, 134, **701**

モリナガ・ヨウ ……… 363
森西 真弓 ……… 213
森埜 こみち ……… 382, 388
森野 萌 ……… 397
森野 米三 ……… 207
森福 都 ……… 229
森見 登美彦 ……… 275,
　　　303, 309, 328, 329
森村 誠一 ……… 69,
　　　85, 275, 329, **701**
森村 南 ……… 228
森本 薫 ……… 20
もりもと 崇 ……… 287
森本 孝徳 ……… 362, 393
森本 等 ……… 89
森本 平三 ……… 10
森屋 寛治 ……… 316
守屋 毅 ……… 159
守屋 多々志 ……… 267
森保 一 ……… 404
森安 秀光 ……… 93
森山 啓 ……… 14
森山 信吾 ……… 172
森山 達也 ……… 157
森山 京 ……… 189,
　　　230, 250, 317
森山 未來 … 284, 291, 332,
　337, 338, 343, 388, 389
森山 良子 ……… 71,
　272, 293, 299, 306, **701**
森若 里子 ……… 170
森脇 健児 ……… 186
森脇 保彦 ……… 131
モレッティ, ナンニ ……… 270
モレノ, ルビー …‥ 210, 211
諸隈 元 ……… 348
もろさわ ようこ ……… 69
両角 良彦 ……… 128
諸田 玲子 ……… 302
諸橋 轍次 ……… 58
諸星 大二郎 ……… 259, 346
もんた よしのり ……… **702**
もんた＆ブラザーズ
　　　　　…‥ 124, 125
モンタルド, ジュリアー
　ノ ……… 82

【や】

矢井田 瞳 ……… 258, 259

矢内 理絵子 ……… 301, 308
やえがし なおこ ……… 290
八百板 洋子 ……… 256
八神 ひろき ……… 307
八木 亜希子 ……… 271
八木 詠美 ……… 387, 411
八木 勝自 ……… 390
八木 圭一 ……… 341
八木 柊一郎 ‥ 47, 171, 225
矢樹 純 ……… 387
八木 忠栄 ……… 282, 355
八木 智哉 ……… 301
八木 秀次 ……… 33
八木 幹夫 ……… 221, 222
八木 康夫 ……… 337
八木 保太郎 ……… 20,
　23, 24, 29, 34, 39,
　53, 54, 70, 168
八木 勇征 ……… 408
八木 義徳 ……… 15,
　99, 166, 187, **702**
柳楽 優弥 ‥ 284, 363, 401
八切 止夫 ……… 53
やく みつる ……… 233
薬師寺 保栄 ……… 221
薬師丸 ひろ子 ……… 137,
　141, 148, 154, 245,
　291, 292, 298, 408, **702**
役所 広司 ‥‥ 142, 147, 225,
　231, 237, 238, 244, 292,
　308, 351, 370, 371, 377,
　383, 395, 407, 414, **702**
矢口 史靖 ‥‥ 236, 249, 291
矢口 高雄 ……… 93
薬丸 岳 ……… 288, 368
矢郷 進 ……… 299
八坂 龍一 ……… 24
矢崎 節夫 ……… 95, 134
矢沢 あい ……… 273
八汐 亜矢子 ……… 286
やしき たかじん ‥ 213, 219
屋敷 伸之 ……… 194
矢島 暁子 ……… 387, 399
矢島 弘一 ……… 365
矢島 渚男 ……… 302, 362
八洲 秀章 ……… 40
矢島 正雄 ……… 151
矢島 稔 ……… 243
矢島 良彰 ……… 357
八代 亜紀 ……… 88,
　92, 97, 102, 103, 107,

108, 113, 124, 125,
　130, 137, 143, 150,
　178, 185, 192, 397, **703**
矢代 静一 ……… 80,
　81, 107, **704**
八代 健志 ……… 395
八代 弥 ……… 373
安 泰 ……… 23, 34
泰 三子 ……… 391, 404
安井 かずみ ……… **704**
安井 昌二 ……… 326
安井 曽太郎 ……… 24
安井 琢磨 ……… 80
安岡 章太郎 ……… 24, 38,
　41, 62, 85, 94, 132, 173,
　194, 195, 221, 254, **704**
保岡 直樹 ……… 300
八杉 将司 ……… 405
椰月 美智子 ……… 304, 388
八杉 竜一 ……… 39
安田 依央 ……… 322
安田 夏菜 ……… 382
安田 浩一 ……… 336, 356
安田 祥子 ……… 219
安田 淳一 ……… 414
安田 剛士 ……… 366
安田 成美 ‥‥ 168, 176, 205
安田 美沙子 ……… 292
安田 峰俊 ……… 382
安田 靫彦 ……… 18
保田 与重郎 ……… 7, 9
保高 徳蔵 ……… 3
安田大サーカス ……… 300
安戸 悠太 ……… 309
安永 蕗子 ……… 196, 209
安彦 良和 ‥‥ 132, 340, **705**
八住 利雄 ‥‥ 18, 20, 26,
　29, 31, 34, 39, 44, **705**
安水 稔和 ……… 236,
　249, 262, 289
安森 敏隆 ……… 317
矢田 亜希子 ……… 263, 271
矢田 香子 ……… 187
八千草 薫 ……… 107,
　157, 277, 278, 319, **705**
八尾 慶次 ……… 394
八束 澄子 ……… 217, 297
梁 雅子 ……… 41
矢内 賢二 ……… 315
柳内 達雄 ……… 37
柳井 正夫 ……… 3

柳井 満 ……… 285
矢内原 美邦 ……… 336
柳川 明彦 ……… 53
柳川 武夫 ……… 100
柳川 強 ……… 311, 313
柳 広司 ……… 316
柳 宣宏 ……… 315
柳沢 嘉一郎 ……… 283
柳沢 きみお ……… 120
柳沢 桂子 ……… 230
柳沢 慎吾 ……… 161
柳澤 美晴 ……… 336
柳田 泉 ……… 44, 56
柳田 国男 ……… 22
柳田 邦男 ……… 82,
　116, 221, **706**
柳田 知怒夫 ……… 26
柳田 英明 ……… 76, 84
柳田 充弘 ……… 334
柳田 悠岐 ……… 360
柳田 由紀子 ……… 394
柳葉 敏郎 ‥ 168, 190, **706**
柳原 可奈子 ……… 306
柳原 慧 ……… 275
柳町 光男 ……… 116,
　134, 154, **706**
柳家 喬太郎 ……… 292, 415
やなぎや けいこ ……… 128
柳家 小菊 ……… 102
柳家 小さん(5代) ……… 80,
　164, 184, **706**
柳家 小三治(10代) ……… 98,
　124, 279, 352, 385, **706**
柳家 小里ん ……… 162
柳家 権太楼(3代)
　……… 265, 332
柳家 さん喬 ‥ 218, 339, 352
柳家 三語楼 ……… 280
柳家 三三 ……… 358
柳貴家 正楽 ……… 220
梁瀬 次郎 ……… 89
簗瀬 進 ……… 200
柳瀬 房子 ……… 237
八並 映子 ……… 74
柳本 光晴 ……… 373, 379
矢野 ……… 220
矢野 アケミ ……… 369
矢野 隆 ……… 309
矢野 徹 ……… 179,
　287, 294, **707**
矢野 利裕 ……… 347

矢野 広美 ………… 93, 103
矢野 峰人 ………… 21
矢野 良子 ………… 131
矢野・兵動 …… 307, 320
矢作 俊彦 ………… 281
八尋 不二 ……… 29, 96
藪内 広之 ………… 272
やぶうち 優 ………… 314
矢吹 健 ………… 68, **707**
矢吹 透 ………… 159
矢吹 寿子 ………… 186
藪田 貞治郎 ………… 55
やぶの てんや … 327, 333
矢部 嵩 ………… 296
矢部 太郎 ………… 379
矢部 長克 ………… 25
矢部 雅之 ………… 282
矢部 美智代 ………… 263
山家 望 ………… 393
山泉 和子 ………… 41
山内 ケンジ …… 356, 399
山内 史朗 ………… 8
山内 晴雄 ………… 252
山内 久司 ………… 87
山内 溥 ………… 165
山内 昌之 ………… 267
山内 由紀人 ………… 145
山内 リエ ………… 16
山内 令南 ………… 329
山尾 玉藻 ………… 362
山尾 悠子 … 373, 374, 379
山岡 荘八 … 9, 13, 66, **707**
山岡 久乃 ………… 67,
   83, 206, 211, **707**
山岡 ミヤ ………… 368
山岡 頼弘 ………… 247
山賀 博之 ………… 179
山県 昭彦 ………… 243
山形 孝夫 ………… 174
山県 昌夫 ………… 65
山形 雄策 … 20, 23, 31, 42
山上 樹実雄 ………… 223
山上 路夫 ………… 333
山川 一作 ………… 133
山川 菊栄 ………… 93
山川 啓介 ………… 163
山川 健一 ………… 104
山川 静夫 … 189, 211, 324
山川 豊 ……… 130, 131,
   178, 193, 199, 206, 293
山岸 一平 ………… 158

山岸 外史 ………… 10
山岸 凉子 …… 144, 307
山際 淳司 ………… 227
山口 昭男 ………… 367
山口 晃 ………… 343
山口 泉 ………… 181
山口 恵以子 ………… 342
山口 衛里 ………… 253
山口 香 ………… 151
山口 勝美 ………… 144
山口 華楊 ………… 132
山口 果林 ………… 82
山口 源二 ………… 3
山口 四郎 ………… 99
山口 進 ………… 394
山口 誓子 …… 159, 173
山口 草堂 ………… 105
山口 崇 ……… 60, 67
山口 つばさ ………… 391
山口 智子 … 218, 221, 224
山口 尚秀 …… 385, 410
山口 仲美 ………… 304
山口 琇也 ………… 293
山口 瞳 ……… 47, 115
山口 蓬春 ………… 58
山口 馬木也 ………… 414
山口 昌男 ………… 228
山口 雅也 ………… 222
山口 美也子 ………… 135
山口 百恵 ……… 91, 92,
   97, 101, 102, 107, 108,
   113, 118, 119, 124, 125
山口 保治 ………… 46
山口 祐一郎 ………… 279
山口 洋子 ……… 88, 92,
   130, 153, 245, 352, **708**
山口 洋三 ………… 416
山口 淑子 ………… 87
山口君と竹田君 ………… 149
山崎 育三郎 ………… 327
山崎 栄治 …… 53, 133
山崎 華瑞 ………… 204
山崎 佳代子 … 348, 381
山崎 公夫 ………… 8
山崎 鏡子 ………… 179
山崎 賢人 ………… 364
山崎 静代 ………… 305
やまさき 十三 … 138, 158
山崎 貴 ………… 291,
   298, 331, 350, 357,
   383, 408, 413, 414, 416

山崎 隆之 ………… 267
山崎 柄根 ………… 203
山崎 努 …… 45, 122, 123,
   131, 147, 148, 154, 176,
   263, 264, 271, 318, **708**
山崎 ていじ ………… 352
山崎 哲 …… 134, 164
山崎 朋子 ………… 86
山崎 豊子 ………… 36,
   194, 315, **708**
山崎 ナオコーラ ………… 282
山崎 一 ………… 391
山崎 弘 ………… 41
山崎 章郎 ………… 196
山崎 正和 …… 50, 79,
   81, 145, 322, 379, **709**
ヤマザキ マリ ……
   327, 359, 416
山崎 充哲 ………… 343
山崎 光夫 …… 152, 241
山﨑 康晃 ………… 360
山崎 裕侍 ………… 407
山崎 裕太 ………… 265
山崎 燿 … 339, 346, 352
山崎 洋子 ………… 159
山崎 陽子 ………… 266
山崎 るり子 …… 255, 283
山里 禎子 ………… 181
やまじ えびね ………… 410
山路 和弘 …… 327, 372
山下 郁夫 ………… 62
山下 カズ子 ………… 132
山下 和美 …… 280, 398
山下 規介 …… 161, 291
山下 佐知子 ………… 200
山下 翔 ………… 381
山下 澄人 …… 335, 361
山下 貴光 ………… 309
山下 達郎 ………… 125,
   199, 338, 352, **709**
山下 智久 … 292, 358, 384
山下 敦弘 …… 305, 376
山下 明生 ………… 86,
   95, 161, 203, **709**
山下 治広 ……… 49, 55
山下 紘加 ………… 355
山下 雅洋 ………… 413
山下 美夢有 … 404, 410
山下 泰裕 ………… 114,
   131, 144, 151, **709**
山下 夕美子 ……… 63, 70

山下 洋輔 …………… 245	234, 255, 287, **711**	山野 浩一 …………… 373
山科 けいすけ … 220, 333	山田 富士郎 …… 195, 262	山埜井 喜美枝 …… 282
山城 新伍 … 96, 144, **709**	山田 正紀 ………… 98, 114,	山野井 妙子 ………… 313
山城 むつみ …… 201, 328	126, 138, 227, 268, **711**	山井 教雄 …………… 200
山勢 松韻 …………… 405	山田 雅人 …………… 186	山野井 泰史 … 273, 313
山瀬 まみ …………… 164	山田 正弘 ……………… 74	山内 鉄也 ……………… 67
山田 あかね ………… 222	山田 みづえ …………… 95	山内 久 … 21, 42, 56, 63,
山田 赤磨 ……………… 24	山田 稔 ………… 126, 237	64, 70, 74, 91, 110, 223
山田 章博 …………… 234	山田 美幸 …………… 398	山内 義雄 ……………… 18
山田 晶 ……………… 165	山田 宗樹 …… 242, 342	山之口 貘 ……………… 39
山田 杏奈 …………… 414	山田 康之 …………… 341	山之口 洋 …………… 242
山田 五十鈴 … 23, 29, 32,	山田 裕貴 …… 401, 414	山野辺 太郎 ………… 375
34, 92, 93, 137, 142, 144,	**山田 洋次** ………… 60,	山原 義人 …………… 240
212, 224, 257, 260, **710**	66, 70, 71, 74, 75,	山吹 静吽 …………… 368
山田 一郎 …………… 126	78, 81, 82, 86, 87, 90,	**山藤 章二** ………… 80,
山田 詠美 ………… 153,	91, 95, 96, 100, 101,	144, 180, **714**
166, 195, 228, 254,	105, 106, 111, 117, 122,	山前 譲 …………… 275
289, 335, 361, **710**	128, 135, 141, 147, 162,	山宮 允 ……………… 21
山田 和 ………… 237, 310	182, 196, 197, 198, 210,	山村 巌 ………………… 6
山田 和也 …… 273, 319	211, 217, 231, 243, 257,	山村 エナミ ………… 326
山田 克郎 ……………… 18	269, 270, 271, 277, 279,	山村 邦次郎 ………… 157
山田 鐘人 … 398, 410, 415	305, 341, 344, 377, **711**	山村 浩二 … 337, 363, 372
山田 邦子 ………… 136,	山田 孝雄 ……………… 35	**山村 聰** …………… 20,
144, 184, 190, **710**	山田 芳夫 …………… 157	27, 45, 54, **714**
山田 慶児 …………… 173	山田 芳裕 …………… 327	山村 輝夫 …………… 189
山田 敬蔵 ……………… 25	山田 蘭 ……………… 381	山村 直樹 ……………… 59
山田 宏一 …………… 370	山田 涼介 …… 364, 370	山村 正夫 …………… 105
山田 耕筰 …… 12, 33, **710**	山田 亮太 …………… 368	山村 美紗 …………… 139
山田 耕大 …… 249, 269	山田 礼子 …………… 186	山室 一広 …………… 188
山田 三郎 ……………… 48	山田 航 ……………… 342	山室 静 ………………… 94
山田 参助 …………… 385	山手 樹一郎 …………… 15	山室 信一 …………… 308
山田 重雄 ……… 93, 103	大和 王子 …………… 282	山本 一力 …… 235, 261
山田 茂 ……………… 288	大和 さくら … 177, 178, 185	山本 一生 …… 310, 392
山田 紳 ……………… 138	大和 悠河 …………… 265	山本 悦子 …… 369, 407
山田 スミ子 ………… 137	大和 和紀 …………… 108	山本 音也 …………… 268
山田 太一 …………… 86,	大和屋 竺 ……… 78, 110	山本 学 ……………… 206
107, 134, 142, 154,	山名 康郎 …………… 296	**山本 嘉次郎** …… 13, **715**
173, 174, 189, 190, 197,	**山中 貞雄** ………… 7, **713**	山本 和夫 … 10, 54, 95, 154
205, 306, 350, 351, **710**	山中 慎介 …………… 347	山本 かずこ ………… 394
山田 隆昭 …………… 236	山中 伸弥 …………… 341	山本 かね子 ………… 160
山田 貴敏 …………… 280	山中 智恵子 ………… 153	山本 寛太 …………… 242
山田 孝之 …………… 283	山中 勉 ……………… 330	山本 喜久男 ………… 140
山田 辰夫 …………… 123	**山中 毅** … 38, 41, 52, **714**	山本 丘人 …………… 109
山田 民雄 ……………… 63	山中 教子 ………… 52, 65	山元 清多 …………… 140
山田 哲人 …………… 360	**山中 恒** …………… 31,	山本 圭 ………… 48, 64
山田 暉子 ……… 49, 65	42, 70, 210, **714**	山本 恵子 …………… 261
山田 智彦 …………… 104	山中 瑶子 …………… 414	山本 兼一 …… 282, 309
山田 信夫 ……… 63, 90,	山中 律雄 …………… 406	**山本 健吉** ……… 28, 47,
100, 101, 160, 191, **711**	山西 惇 …… 409, 410	56, 115, 126, 145, **715**
山田 花子 …………… 240	山根 成之 …… 101, **714**	山本 謙司 …………… 306
山田 風太郎 ………… 18,	山根 康広 …… 212, 213	山本 耕一路 ………… 153

山本 耕史 …………… 290	山本 義隆 …………… 274	湯川 れい子 ‥ 170, 188, 247
山本 薩夫 …………… 16, 40, 57, 60, 74, 75, 91, 95, 96, 101, 117, **715**	山本 リンダ …………… 83, 198, 199, **717**	由岐 京彦 …………… 44
	山脇 静 …………… 23	由紀 さおり …………… 72, 76, 88, 141, 219, 332, 339, 415, **717**
山本 七平 ……… 78, 126	山脇 百合子 …………… 60, 311, 341, **717**	
山本 修一 …………… 173		由紀さおり＆ピンク・マルティーニ …………… 339
山本 周五郎 ……… 38, **716**	夜美 まこと …………… 359	
山本 淳子 …………… 302	鑓田 研一 …………… 15	由起 しげ子 ……… 18, 47
山本 純子 …………… 289	鑓田 清太郎 …………… 269	湯木 博恵 ‥‥ 72, 109, 114
山本 順也 …………… 287	八幡 八郎 …………… 138	行定 勲 …………… 263, 264, 271, 284, 359
山本 譲司 …………… 283	ヤン・イクチュン ‥ 325, 370	
山本 譲二 ……… 130, 131, 136, 143, 149, 226, 279, **716**	ヤン・スギョン …………… 192	雪富 千晶紀 …………… 348
	梁 石日 …………… 242	行成 薫 …………… 335
山本 省三 …………… 324	ヤン・ヨンヒ ‥ 335, 337, 338	雪村 いづみ ‥ 206, 212, **718**
山本 紫朗 …………… 125		幸村 誠 …… 274, 321, 340
山本 卓卓 …………… 400	**【ゆ】**	雪室 俊一 …………… 131
山本 亘 ……… 75, 86		遊佐 正憲 …… 5, 7, 8, **718**
山本 崇一朗 …………… 391	湯浅 克衛 …………… 7	ゆず …………… 346
山本 武 …………… 86	湯浅 実 …………… 259	柚木 麻子 ……… 309, 355
山本 多津 …………… 110	湯浅 政明 …………… 287, 327, 379, 391, 402	柚月 裕子 …………… 309, 341, 361, 375
山本 達郎 …………… 247		
山本 太郎 ‥ 44, 69, 95, 278	湯浅 真尋 …………… 386	柚希 礼音 ……… 320, 333
山本 徹夫 …………… 6	YUI …………… 305	ユースケ・サンタマリア …………… 245, 370
山本 十四尾 …………… 249	由井 鮎彦 …………… 329	
山本 友一 …………… 140	唯川 恵 ……… 261, 309	ゆでたまご …………… 151
山本 豊三 …………… 40	YOU …………… 284	ユニコーン …………… 192
山本 夏彦 ……… 145, 180	柳 美里 …… 209, 228, 248	油野 誠一 …………… 78
山本 則直 …………… 292	優香 …………… 245, 252, 258, 272, 277	湯原 信光 …………… 132
山本 博道 …………… 296		湯原 昌幸 …………… 79
山本 肇 …………… 211	悠喜 あづさ …………… 146	由布川 祝 ……… 10, 12
山本 弘 …… 334, 367, 416	ゆうき えつこ …………… 356	由真 直人 …………… 275
山本 博文 …………… 203	結城 昌治 …………… 53, 73, 153, **717**	由美 かおる …………… 61, 64, 87, **718**
山本 富士子 …………… 37, 42, 51, 52, 142, **717**		
	結城 信一 …………… 121	弓田 弓子 …………… 181
山本 文緒 ……… 255, 393	結城 真一郎 …………… 393	夢路 いとし …………… 72, 75, 103, 171, 205, 246, 259, 266, 279, 280, **718**
山本 昌代 ……… 139, 221	裕木 奈江 ‥ 205, 210, 217	
山本 美希 …………… 346	結木 瞳 …………… 372	
山本 三鈴 …………… 127	結城 真子 …………… 181	夢野 寧子 …………… 405
山本 みち子 …………… 330	結城 孫三郎（12代）…… 397	夢枕 獏 …………… 187, 194, 200, 241, 266, 301, 328, 336, 363, 367, 368
山本 道子 …… 81, 153, 208	結城 昌子 …………… 243	
山本 むつみ …………… 384	ゆうき まさみ …… 179, 193	
山本 安英 …………… 20, 35, 92, 150, **717**	佑木 美紀 …………… 146	湯本 香樹実 ……… 210, 317
	釉木 淑乃 …………… 195	友里 千賀子 …………… 117
山本 康人 …………… 220	祐子と弥生 …………… 130	百合山 羽公 …………… 90
山本 有三 ……… 58, **717**	遊助 …………… 320	尹 相仁 …………… 214
山本 ゆかり …………… 150	優里 …… 397, 403, 409	JUNG …………… 346
山本 幸久 …………… 275	遊川 和彦 …………… 292	
山本 洋子 …………… 330	湯川 秀樹 …………… 15	**【よ】**
山本 陽子 …………… 60, 87, 213, **717**	湯川 弘明 …………… 345	
	湯川 豊 …………… 315	予且 …………… 14
山本 洋祐 …………… 172		

余 貴美子 …………… 244,
　　312, 318, 325, 344
YOASOBI …………… 397
楊 逸 …………… 303, 309
楊 海英 ………………… 328
楊 興新 ………………… 221
葉 祥明 ………………… 237
楊 達 …………………… 6
養老 孟司 ……………… 274
横井 蛙平 ……………… 32
横井 弘 ………………… 339
横井 文子 ……………… 61
横内 謙介 ……………… 202
横尾 忠則 ………… 309, 363
横尾 久男 ……………… 14
横倉 辰次 ……………… 28
横沢 彪 ………………… 142
横沢 祐一 ……………… 119
横関 大 ………………… 322
横田 明子 ……………… 401
横田 あゆ子 …………… 110
横田 喜三郎 …………… 132
横田 順彌 …………… 180,
　　334, 335, 379
横田 忠義 ……………… 84
横田 達之 ……………… 27
横田 創 ………………… 254
横田 増生 ……………… 388
横谷 輝 ………………… 95
横浜 流星 …………… 388,
　　389, 402, 408, 414
横溝 正史 ……………… 17
横光 晃 ………………… 224
横光 利一 ……………… 7
横山 えいじ ……… 200, 253
横山 重 ………………… 10
横山 樹理 ………… 93, 103
横山 菁児 ……………… 206
横山 聖仁郎 …………… 143
横山 大観 ……………… 9
横山 泰三 ……………… 27
横山 たかし ‥ 93, 213, 220
横山 隆志 ……………… 5
横山 拓也 ……………… 415
横山 秀夫 … 242, 255, 342
横山 ひろし ‥ 93, 213, 220
横山 未来子 …………… 310
横山 美智子 …………… 6
横山 充男 ………… 217, 256
横山 満子 ……………… 61
横山 やすし …………… 65,

　　76, 108, 119, 125, 131,
　　151, 164, 233, **718**
横山 悠太 ……………… 347
横山 由和 ……………… 193
横山 隆一 …… 11, 35, **719**
横山ホットブラザーズ
　……… 80, 200, 233, 280
吉 幾三 ……………… 157,
　　177, 185, 192, 193, **719**
吉井 淳二 ……………… 187
吉井 澄雄 ………… 112, 366
吉井 省一 ……………… 384
吉井 忠 …………… 39, 45
吉井 磨弥 ……………… 323
ヨシ笈田 ……………… 251
吉岡 治 ………………… 52,
　　125, 177, 185, 192,
　　199, 279, 326, **719**
吉岡 忍 ………………… 167
吉岡 竜輝 ………… 344, 351
吉岡 秀隆 ……………… 190,
　　203, 224, 231, 298, 312
吉岡 雅春 ……………… 270
芳岡 道太 ……………… 133
吉岡 実 ………………… 39,
　　99, 146, 181, **720**
吉岡 美穂 ……………… 272
吉岡 里帆 ……………… 376,
　　389, 398, 414
吉岡 良一 ……………… 122
吉川 愛 …………… 402, 408
吉川 逸治 ……………… 18
吉川 潮 ………………… 235
吉川 英治 ……………… 24,
　　28, 43, 44, 259, **720**
吉川 忠夫 ……………… 405
吉川 永青 ……………… 322
吉川 ひなの …… 238, 239, 247
吉川 宏志 ……………… 229,
　　296, 362, 380, 381, 412
吉川 良 ………………… 110
吉川 洋一郎 …………… 212
吉識 雅夫 ……………… 138
吉越 浩一郎 …………… 315
吉崎 憲治 ……………… 300
吉崎 健 ………………… 343
吉崎 観音 ……………… 287
吉沢 恵理 ……………… 178
吉沢 京子 ……………… 82
吉澤 健 ………………… 383
吉沢 亮 ………………… 383,
　　388, 389, 396

吉津 佳風 ……………… 409
吉住 小三郎 …………… 35
吉田 秋生 …………… 144,
　　266, 346, 359, **720**
吉田 敦彦 ……………… 145
吉田 五十八 …………… 55
吉田 栄作 ……………… 191
吉田 栄三 ……………… 14
吉田 恵里香 …………… 396
吉田 旺 …………… 83, 124,
　　136, 143, 391, 415, **720**
吉田 和生 ……………… 345
吉田 加南子 …………… 209
吉田 慶治 ……………… 53
吉田 恵輔 ………… 394, 395
吉田 健一 …… 31, 33, 73, **720**
吉田 健至 ……………… 85
吉田 憲司 ……………… 254
吉田 憲治 ……………… 180
吉田 憲二 ……………… 59
吉田 鴻司 ……………… 216
吉田 鋼太郎 ……… 266, 345
吉田 沙保里 ‥ 287, 301, 340
吉田 定一 ……………… 128
吉田 茂 ………………… 158
吉田 修一 …………… 236,
　　268, 301, 302, 322,
　　323, 325, 373, 381
吉田 昌子(高柳 昌子)
　………………………… 103
吉田 漱 ………………… 236
吉田 精一 …………… 28, 36
吉田 節子 ……………… 65
吉田 戦車 ………… 200, 360
吉田 大蔵 ……………… 299
吉田 大八 ………… 338, 344
吉田 拓郎 ……………… 83,
　　119, 403, **720**
吉田 武三 ……………… 6
吉田 正 ………………… 43,
　　49, 68, 171, 247, **720**
吉田 竜夫 ……………… 80
吉田 千亜 ……………… 388
吉田 司 ………………… 174
吉田 輝雄 ……………… 42
吉田 とし ………… 50, 63
吉田 敏浩 ……………… 230
吉田 富三 ……………… 41
吉田 留三郎 …………… 108
吉田 知子 ……………… 73,
　　146, 201, 248, **721**

吉田 直美 295	吉野 耕平 401	122, 182, 183, 204, **725**
吉田 直哉 67, 112	吉野 せい 95	四元 康祐 276
吉田 紀子 299	吉野 治夫 10	四本 裕子 379
吉田 初太郎 4	吉野 光 195	淀 かおる 114, 157
吉田 隼人 362	**吉野 秀雄** ... 36, 62, 63, **722**	淀井 敏夫 267
吉田 比砂子 ... 100, 250, **721**	吉野 弘 77, 189	淀川 長治 96, 161,
吉田 秀和 93, 201, 301	吉野 洋 285	175, 244, 245, 250, **725**
吉田 日出子 64,	芳野 藤丸 143	與那覇 潤 388
103, 164, 183, **721**	吉橋 通夫 182, 290	与那覇 幹夫 342
吉田 秀彦 207	由原 かのん 380	米川 千嘉子 181,
吉田 寛 354	吉原 清隆 295	216, 283, 342, **726**
吉田 文憲 269, 342	**吉原 幸子** 53,	米倉 斉加年 61, 178
吉田 文五郎 14	86, 223, **722**	米倉 ますみ 185
吉田 正俊 94, 174	吉原 真里 405, 407	米倉 よし子 114
吉田 松四郎 90	**吉増 剛造** ... 74, 116, 146,	米倉 涼子 ... 265, 267, 270,
吉田 まゆみ 126	196, 241, 309, 348, **723**	285, 292, 333, 338, 339
吉田 真梨 102, 103	吉俣 良 380	米澤 穂信 329, 349, 393
吉田 真理子 103	**吉村 昭** 59, 85,	米沢 嘉博 327
吉田 瑞穂 99	116, 145, 159, 214, **723**	米津 玄師 378,
吉田 道子 330	吉村 明美 213	384, 390, 397
吉田 求 224	**吉村 公三郎** 12,	米田 仁士 221
吉田 羊 357,	16, 20, 21, 32, 257, **723**	米田 夕歌里 322
358, 360, 363, 397	吉村 実子 54	**米長 邦雄** 120,
吉田 洋一 24	吉村 正一郎 127	151, 158, 214, 221, **726**
吉田 義勝 55	吉村 晴哉 252	米原 万里 ... 215, 237, 269
吉田 喜重 47, 56, 74,	吉村 萬壱 261, 275	米本 浩二 367
160, 161, 162, 243, **721**	吉村 龍一 329	米屋 猛 121
吉田 嘉久 58	**吉目木 晴彦** 152,	四方 章人 163
吉高 由里子 312,	174, 208, **724**	蓬田 やすひろ 315
318, 337, 344	吉本 隆明 276	四方田 犬彦 254,
吉田たち 359, 410	**吉本 ばなな** 173,	256, 269, 343
吉富 有 202	181, 222, 399, **724**	依光 隆 182
吉永 小百合 45,	吉もと 誠 359	**萬屋 錦之介** .. 112, 238, **726**
48, 49, 54, 55, 87,	芳本 美代子 156,	
147, 148, 149, 154,	157, 191, **724**	**【ら】**
155, 173, 175, 176, 180,	吉森 大祐 368	
183, 205, 218, 256, 257,	**吉屋 信子** 22, 62, **724**	羅 怡文 360
264, 298, 319, 325, 337,	**吉行 和子** 40,	雷句 誠 273, 346
338, 350, 358, 408, **721**	88, 147, 271, **724**	ライス, カレル 45
吉永 達彦 261	**吉行 淳之介** 26,	ライデル, マーク 135
吉永 南央 281	55, 59, 73, 94,	ライトヴィジョン 175
吉永 春子 251, 365	109, 120, 160, **725**	ライトマン, アイバン
よしなが ふみ 273,	**吉行 理恵** 55,	 148
321, 327, 385, 397, 398	78, 127, 181, **725**	ライナー, ロブ 168, 169
吉永 みち子 153	吉原 豊司 410	ライン, エイドリアン
芳根 京子 383	夜釣 十六 361	.... 141, 176
吉野 彰 386	**与田 凖一** ... 11, 63, 86, **725**	ラウ, アンドリュー 278
吉野 佳子 68	依田 孝喜 33, 34	羅川 真里茂 220, 340
吉野 圭吾 313	依田 巽 260	RAGFAIR 272
吉野 桂子 204	**依田 義賢** 18, 24, 26,	ラズウェル細木 340
吉野 源三郎 29, 39	34, 35, 39, 42, 50, 106,	

ラッツ＆スター ……… 143
RADWIMPS ………… 384
Love ………………… 326
LoVendoЯ …………… 359
ラム, ケイト …………… 283
ラモス 瑠偉 ……… 214, 221
ラモリス, アルベール
　………………… 45, 46
L'Arc〜en〜Ciel ‥ 245, 254
Lerche ……………… 392
藍銅 ツバメ …………… 393

【り】

リー, アン …………… 298
李 恢成 ……… 69, 77, 215
李 錦玉 ……………… 290
李 琴峰 ……… 367, 386, 392
李 相日 ……………… 297,
　298, 305, 325, 364, 401
リー, ジェニファー …… 350
李 礼仙 ……………… 103
リヴェット, ジャック
　…………………… 204
リカチ ………………… 404
リーガル天才・秀才 …… 179
LiSA ‥ 390, 391, 397, 403
リッター, カール ……… 12
リッチー, ドナルド …… 140
リッチー, マイケル …… 101
リット, マーチン ……… 87
リットマン, リン ……… 148
リード, キャロル ……… 23
リード, トーマス ……… 194
リービ 英雄 ………… 202,
　288, 315, 361, 392
リーフェンシュタール, レ
　ニ …………………… 12
ribbon ………………… 191
龍 瑛宗 ………………… 8
隆 慶一郎 …………… 181
隆 大介 ………… 123, 140
笠 智衆 ‥ 17, 21, 75, 135,
　156, 169, 190, 217, **726**
竜 鉄也 …………… 125,
　130, 136, **726**
龍 秀美 ……………… 255
竜 真知子 …………… 359
竜崎 孝路 …………… 88,
　92, 125, 130, 149

龍胆寺 雄 ……………… 3
柳亭 市馬 …………… 390
柳亭 小燕枝 ………… 149
柳亭 芝楽 …………… 158
寮 美千子 …………… 288
リリイ ………………… 92
リリー・フランキー …… 296,
　301, 312, 344, 351, 364
リーン, デヴィッド
　……………… 17, 51, 78
リン・ファンシェン …… 219
リンチ, デビット ……… 129

【る】

ルヴォー, デヴィッド
　…………………… 213
ルー大柴 …………… 198
ルーカス, ジョージ … 111,
　112, 120, 132, 251
ルージュ, メアリー …… 363
瑠東 東一郎 ………… 407
ルノワール, ジャン … 9, 18
ルビッチ, エルンスト
　……………………… 4
ルメット, シドニー …… 40,
　67, 106, 141
ルメートル, ピエール
　…………………… 355
ルルーシュ, クロード
　……………………… 60
ルロイ, マーヴィン …… 16

【れ】

レイ, サタジット ……… 60
黎 まやこ ……………… 81
レイザーラモンHG
　……………… 292, 293
麗羅 …………………… 85
レインズ, トニー ……… 284
レオナルド熊 ………… 142
レオーネ, セルジオ
　……………… 147, 154
レスター, ジュリアス
　…………………… 256
レスター, リチャード
　…………………… 129
レッツゴー三匹 ‥ 80, 88, 119

レッドフォード, ロバー
　ト ……… 128, 129, 211
RADIO FISH ………… 365
レネ, アラン ……… 54, 63
レノン, ジョン ………… 125
レビンソン, バリー
　………… 147, 148, 183
レベッカ ………… 164, 170
レモンエンジェル ……… 177
レーモンド松屋 ‥ 326, 346
連城 三紀彦 ………… 127,
　146, 228, **727**
蓮仏 美沙子 ………… 304

【ろ】

ローガン, ジョシュア
　……………………… 32
六嶋 由岐子 ………… 243
六田 登 ……………… 193
六花 チヨ …………… 307
ロケット団 …………… 299
ロザーティ, イーヴォ
　…………………… 317
ロージー, ジョセフ …… 82
ロージ, フランチェスコ
　……………………… 64
ロス, ゲイリー ……… 284
ローズ, タバーフ …… 267
ロス, ハーバート …… 111
ロス・インディオス＆シ
　ルヴィア ………… 125
ローゼンバーグ, スチュ
　アート …………… 106
ローチ, ケン ………… 370
ロッセリーニ, ロベルト
　……………………… 18
ろびこ ………………… 391
ロビンソン, フィル・アル
　デン ………… 190, 191
ロビン西 …………… 287
ロボット ……………… 305

【わ】

ワイズ, カーク ……… 204
ワイズ, ロバート ……… 84
ワイダ, アンジェイ
　……………… 40, 123, 129

ワイラー, ウィリアム
　　　　……… 17, 25, 32, 37
ワイルダー, ビリー ‥ 21, 34
和央 ようか ………… 279
ワーカー, アルフレッド
　　　　……………………… 7
若井 けんじ ………… 61
若井 小づえ ………… 98,
　　　144, 171, 178, 179
若井 新一 …………… 349
若合 春侑 ……… 242, 268
若井 はやと ……… 68, 108
若井 はんじ ………… 61
若井 ぽん ……… 68, 108
若井 みどり ………… 98,
　　　144, 171, 178, 179
若泉 久朗 …………… 244
若一 光司 …………… 139
若尾 文子 …… 45, 57, 67,
　　91, 180, 291, 319, **727**
若尾 儀武 …………… 356
若草 恵 ………… 170, 185
若桑 みどり …… 120, 281
若狭 滝 ……………… 19
若島 正 ……………… 274
若城 希伊子 ………… 138
環方 このみ ………… 385
若竹 千佐子 ………… 368
若竹 七海 …………… 342
わかつき めぐみ ……… 194
我妻 栄 ……………… 55
若菜 珪 ……………… 45
若林 一男（若林 カズオ）
　　　　……………………… 22
若林 利代 …………… 82
若林 宏 ……………… 292
若林 正恭 …………… 351
若松 英輔 …………… 375
若松 孝二 ………… 312,
　　　337, 338, **727**
若松 節朗 ……… 257,
　　　319, 389, 395
若松 勉 ……………… 267
若松 若太夫 ………… 179
若村 麻由美 ………… 182,
　　　246, 258, 378
若谷 和子 …………… 54
若山 かずお ………… 150
和歌山 静子 ………… 134
若山 セツ子 ………… 16
若山 富三郎 ……… 106,

112, 117, 123, 126, **727**
脇坂 綾 ……………… 274
脇坂 るみ …………… 311
脇田 晴子 …………… 328
脇谷 紘 ……………… 78
和牛 ………………… 379
和久 峻三 ……… 81, 181
和久井 映見 ………… 197,
　　　203, 204, 217, 285
和久井 健 …………… 391
和合 由依 …………… 398
和合 亮一 …… 249, 296, 381
鷲尾 いさ子 …… 162, 217
鷲尾 雨工 ……………… 7
鷲尾 直広 …………… 340
鷲巣 繁男 ……… 81, 127
鷲田 清一 …………… 328
鷲谷 七菜子 …… 140, 289
鷲谷 花 ……………… 405
輪島 功一 …………… 89
輪島 裕介 …………… 328
和田 アキ子 ‥ 83, 87, **728**
和田 淳 ……………… 410
和田 庵 ……………… 395
和田 英作 …………… 15
和田 頴太 …………… 94
和田 悟朗 …………… 335
和田 茂俊 …………… 281
和田 傳 ……………… 9
和田 毅 …… 273, 280, 287
和田 徹 ……………… 215
和田 夏十 ……… 31, 37,
　　　39, 40, 47, 48, 50, **728**
和田 登 ……………… 60
和田 英昭 …………… 154
和田 英子 …………… 133
和田弘とマヒナスターズ
　　　　…………………… 185
和田 勉 ……… 64, **728**
和田 誠 …………… 54,
　　72, 146, 148, 176, 210,
　　　214, 217, 382, **728**
和田 まさ子 ………… 381
和田 芳恵 ………… 30,
　　　50, 89, 104, 110, **729**
和田 竜 ………… 316, 349
わたせ せいぞう ……… 172
渡瀬 恒彦 ……… 74, 111,
　　112, 117, 122, 332, **729**
渡瀬 夏彦 …………… 203
渡瀬 悠宇 …………… 240

和多田 勝 …………… 144
和達 清夫 …………… 158
渡辺 明 …… 280, 347, 391
渡辺 あや … 305, 324, 326
渡辺 歩 ……………… 383
渡辺 郁子 …………… 23
渡辺 えり子 ……… 140,
　　　171, 231, 237
渡辺 長武 ……… 49, 55
渡辺 一夫 …………… 16
渡辺 一雄 …………… 126
渡辺 和博 …………… 151
渡辺 一史 ……… 276, 283
渡辺 勝也 …………… 362
渡辺 妃生子 ……… 28, 35
渡辺 喜恵子 ………… 39
渡辺 球 ……………… 275
渡辺 京二 …… 115, 322, 374
渡辺 邦男 …………… 35
渡辺 桂子 …………… 150
渡辺 謙 ………… 168, 169,
　　278, 279, 284, 298, 301,
　　305, 319, 325, 395, **729**
渡辺 健一郎 ………… 394
渡辺 謙作 …………… 351
渡邉 このみ ………… 337
渡辺 伍郎 …………… 16
渡辺 貞夫 ………… 101,
　　　126, 156, 267, **729**
渡辺 三郎 …………… 34
渡辺 茂男 …… 66, 216, **730**
渡辺 淳一 ……… 56, 73,
　　121, 240, 243, 274, **730**
渡部 昇一 …………… 100
渡辺 二朗 …………… 151
渡辺 信一郎 ………… 260
渡辺 大知 …………… 325
渡辺 多恵子 …… 193, 273
渡邊 琢磨 …………… 415
渡辺 岳夫 ……… 156, 252
渡辺 保 …… 214, 235, 361
渡辺 徹 …………… 136,
　　　154, 259, **730**
渡辺 捷夫 …………… 13
渡辺 利弥 …………… 69
渡辺 典931 …………… 147
渡辺 はま子 ……… **730**
渡辺 寿 ……………… 153
渡辺 久信 …………… 165
渡辺 浩子 …………… 88
渡辺 広士 …………… 55

渡辺 裕	180
渡辺 博美	185
渡辺 文樹	167
渡辺 真起子	251, 389
渡辺 正男	186
わたなべ まさこ	76
渡辺 雅幸	61
渡辺 真知子	112, 113, **730**
渡辺 松男	242, 276, 336, 398
渡辺 真理子	159
渡辺 満里奈	171
渡辺 美佐	332
渡辺 美佐子	37, 119, 136, 142, 167, 319, 352, **731**
渡辺 美里	164, 170, **731**
渡辺 みどり	221
渡辺 守章	295
渡辺 泰	353
渡辺 優	355
渡辺 容子	228
渡辺 可久	116
渡辺 諒	194
渡辺 航	359
渡辺 渉	8
渡辺 わらん	270
綿貫 民輔	201
綿引 なおみ	261
綿引 まさ	34
渡部 篤郎	231, 351
綿矢 りさ	262, 275
渡 哲也	57, 60, 92, 101, 119, 231, 237, 238, 264, 389, **731**
渡 英子	275
和辻 哲郎	30
WaT	292, 300
鰐淵 晴子	225
ワム！	150
和山 やま	391
笑い飯	280, 293, 327, 353, 415
わらべ	143, 149
童 みどり	290
ONE	366
WANDS	212

Budanova, Anna	353
Labbé, Boris	360, 385
Peeters, Benoît	340
Schuiten, Francois	340

【英字】

Boileau, Laurent	346

作品名索引

【あ】

ああ言えばこう食う ……………… 249, 595
あゝ、荒野 ……………… 370, 371, 377, 629
ああ！この愛なくば ……………………… 123
あゝ！新世界 …………………………… 91, 519
ああ青春 ………………………………………… 21
ああ、そうかね …………………………… 237
ああっ女神さまっ ………………………… 320
嗚呼！懐かしの無声映画〜弁士渡辺錦声91歳 ‥ 232
あゝ野麦峠 ……………… 116, 117, 550, 716
嗚呼!!花の応援団 …………………… 100, 589
アイアムアヒーロー ……………… 340, 364
愛、アムール …………………………… 344
藍色時刻の君たちは ……………………… 406
アイウエオ ………………………… 67, 641
あいうえおのほん一字をおぼえはじめた子ども
　のための …………………………… 45, 640
愛唄―約束のナクヒト― ………… 383, 389
IS（アイエス） ……………………………… 307
愛怨峡 …………………………………… 9, 683
愛を乞うひと …… 243, 244, 250, 371, 610, 644
愛をつむぐ ……………………………… 159, 485
愛を積むひと …………………………… 357, 549
愛が生まれた日 …………………………… 219
愛がすべてだった ………………………… 212
アイ・ガット・マーマン ………………… 205
哀歌とバラッド …………………………… 375
愛がなんだ ……………………… 382, 383, 389
AIKI …………………………………… 269, 271
愛國戦隊・大日本 ………………………… 145
愛、ゴマフアザラ詩 ……………………… 275
愛妻物語 ……………………………… 21, 565
愛されてセレナーデ …………………… 192, 664
逢沢りく …………………………………… 360
愛燦燦 …………………………………… 163, 684
愛しつづけるボレロ …………………… 137, 445
愛して愛して愛しちゃったのよ ………… 58
愛していると言ってくれ ………… 225, 230
哀愁でいと ……………………… 124, 125, 592
哀愁波止場 ……………………………… 43, 684
愛情 ……………………………………… 258, 259
愛少女ポリアンナ物語 …………………… 165
愛…しりそめし頃に… ………………… 353, 655
愛人 ………………… 156, 157, 605, 606, 679
会津士魂 ……………………………… 12, 181
会津八一全歌集 …………………………… 19
アイスランド サガ ……………………… 122
愛する …………………………………… 237, 518
愛する源氏物語 ………………………… 282, 595

アイズ・ワイド・シャット ……………… 250
愛染め高尾 ………………………………… 108
あいたい …………………………………… 365
会いたい …………………………………… 199
会いたかった ………………………… 339, 421
逢いたくて ……………………… 52, 527, 659
逢いたくて逢いたくて …………………… 459
あいちゃんは幻 …………………………… 365
あいつ ……………………………………… 197
アイデア対決・ロボットコンテスト …… 245
アイデン＆ティティ ……………………… 277
愛といのち ………………………………… 87
愛と哀しみの果て ………………………… 162
愛と希望の街 ……………………………… 154
愛と死をみつめて ……………… 54, 55, 722
愛と死の記録 ………………… 59, 475, 519
愛と修羅 ………………………………… 64, 67
愛と人生 …………………………………… 355
愛と青春の旅だち ……………………… 135, 147
愛と追憶の日々 …………………………… 148
愛と誠 …………………… 98, 337, 338, 344
アイドル …………………………………… 415
愛と別れ …………………………………… 63
愛なしで …………………………………… 56
愛にイナズマ ………………… 407, 408, 549
愛について、東京 ………………………… 706
愛に似たもの ……………………………… 309
アイヌ童話集 ……………………………… 47
アイヌモシリの風に吹かれて …………… 323
アイヌ遊侠伝 ……………………………… 59
愛の嵐 ……………………………………… 95
藍ノ色、沁ミル指ニ ……………………… 378
愛の渦 …………………………… 297, 350, 357
愛のうた …………………………………… 307
愛の渇き ……………………………… 63, 519
愛のコリーダ …………………… 101, 154, 470
愛の砂丘 ……………………………… 25, 513
愛の終着駅 ……………………………… 108, 703
愛の新世界 ……………………… 217, 218, 579
愛の亡霊 ……………… 111, 112, 470, 585, 724
愛のむきだし …………………………… 318, 319
愛の夢とか ………………………………… 342
愛の領分 …………………………………… 261
愛の渡し込み ……………………………… 18
逢びき ……………………………………… 17
愛ひとすじ ……………………………… 92, 703
相棒 …………… 306, 325, 332, 351, 358, 371, 683
哀MY展覧会 ……………………………… 138
アイ'ム ホーム …………………………… 253
愛・モラル ……………………………… 142, 143
愛よ愛よ …………………………………… 286
愛ラブSMAP ……………………………… 224
アイ・ラブ・ニッポン …………………… 197
アイ・ラブ・坊っちゃん ………………… 213

アイ・ラヴ・ユー	251	青野季吉日記	53
あいラブ優ちゃん	101	青葉城恋唄	113, 551
アイランド	229	アオハライド	350
アイルランドモノ語り	341	蒼火	302
愛恋無限	9	青ひげ公の城	403
愛は勝つ	198, 199, 206, 346	青べか物語	48, 565
愛は傷つきやすく	76	青銀色	342
アウグスティヌス講話	165	青やからわたったんや	67
アウシュビッツトレイン	160	青柳瑞穂の生涯―真贋のあわいに	263
OUT	242, 259, 269, 270, 271	赤い糸	325
アウトレイジ	325, 438	赤い傘	309
アウトレイジ 最終章	370, 649	赫い髪の女	116, 117, 518
アウトレイジ ビヨンド	337, 338, 649	赤い鴉	31
アウレリャーノがやってくる	302	赤井川家の客間	64
あ・うん	183, 190, 265, 569, 577, 653, 660	緋い記憶	195
阿吽の花	365	赤い絆	107
会えなかった人	329	赤い光弾ジリオン	172
饗庭	241, 243	紅いコーリャン	183
逢えばほのぼの	139, 595	赤い殺意	53, 54, 455, 628
逢えるじゃないかまたあした	219, 220, 438, 503	赤いシリーズ	102
アオアシ	385	赤い血の流れの果て	215
青い家	330	赤い鳥	14
青い馬	42	赤い鳥翔んだ―鈴木スズと父三重吉―	311
青い航跡	99	赤い鳥逃げた	87
青い珊瑚礁	124, 125, 670, 679	赤い鳥の居る風景	66, 661
青い山脈	18, 19, 447, 453, 644	赤い猫	127
青い種子は太陽のなかにある	359, 672	赤い橋の下のぬるい水	262, 456, 609
青いスクラム	60	紅い花	101, 189, 537, 546
葵 徳川三代	258, 627	赤い風船	61, 498
青い鳥	312, 425	赤い帽子の女	136
青い鳥を探す方法	8	赤い帆の舟	86
葵上	226, 352, 548	赤い繭	21, 427
あおいの記憶	53	赤い満月	228, 474
葵の残葉	374	赤い雪	36
青い花火	244, 251, 697	赤へ	361
アオイホノオ	353, 360	赤鬼	286, 632
青い実たべた	164	赤紙配達人～ある兵事係の証言	230
青色讃歌	303	アカギツネとふしぎなスプレー	203
青蚊帳	369	赤朽葉家の伝説	303
青が破れる	362	赤毛のポチ	31, 42, 714
青桐	145, 508	アカコとヒトミと	275
蒼ざめた馬を見よ	59, 447	赤坂真理	288
あおざめた鬼の翳	100	アガサ・クリスティー完全攻略	355
青蝉	229	あかさたな	259, 730
青空大将	82	明石原人	286
青空のゆくえ	291	赤シャツ	266
青砥稿花紅彩画	22	アカシヤの大連	69, 515
青菜	279, 706	赤頭巾ちゃん気をつけて	69, 74, 447, 701
青猫の街	242	赤線地帯	32, 555
青猫屋	229	赤ちゃん教育	297
青のオーケストラ	404	赤ちゃんと僕	220
青の儀式	53	赤ちゃんに乾杯！	162
青の時代	244	赤ちゃんは王様だ	52, 659
蒼の重力	282	暁の宇品 陸軍船舶司令官たちのヒロシマ	392

作品名	ページ
暁の脱走	20, 522, 591
赤と青とエスキース	399
赤と黒	124, 125, 410, 458
赤と白	335
阿賀に生きる	202, 203
茜色に焼かれる	395
茜いろの坂	127, 658
あかね雲	63, 64, 459, 556
あかね空	261, 278, 606
アカネちゃんのなみだの海	203, 440, 672
あかねの空	123
赤ひげ	56, 57, 83, 175, 448, 484, 507, 522, 533, 687
赤ひげ―ひとり	87
赤ひげ診療譚	112, 700
赤兵衛	266
赤目	64, 721
赤目四十八瀧心中未遂	242, 277, 278, 284
赤めだか	310, 365
灯の橋	91, 682
明るいあした	128
明るいほうへ 明るいほうへ	264
明るい墓地	9
明るい夜に出かけて	368
あかるたへ	290
阿川弘之全集	301
秋	5, 94, 242, 611
明夫と良二	80, 82, 563
明香(あきか)ちゃんの心臓〈検証〉東京女子医大病院事件	304
明希子	153
AKIKO―あるダンサーの肖像	154, 638
晶子曼陀羅	26, 550
空き室あり!	246
秋田口の兄弟	9
アキちゃん	387
秋津温泉	47, 48, 479, 625, 721
商う狼―江戸商人 杉本茂十郎―	392
安芸灘の風	326
秋の歌	239
秋の駅	212, 590
秋の踊り	75, 112
秋の茱萸坂	356
秋のソナタ	128
秋の蝶	61
秋の猫	275
秋の目玉	60, 653
秋日和	42, 177, 488, 619, 631
秋・冬の植物	39
秋祭	20
秋山抄	236
AKIRA	151, 473
アクアプラネット	194
悪逆	412
握手	59
悪女	200, 205, 658
悪女について	265, 337, 606
悪女の季節	37, 479
悪女の美食術	297
悪声	361
アクター	172, 502
悪玉伝	374
悪太郎	300
悪党	56, 565
悪道	329, 701
悪童日記	220
悪党芭蕉	295
悪人	301, 302, 324, 325, 331, 465, 506, 648
悪の教典	323, 344
悪の愉しさ	27, 516
アクバール・カンの復讐	10
悪魔の侵略	139
悪魔の手毬唄	105, 106, 442, 497, 727
悪名シリーズ	51, 495
悪夢の骨牌	89
あぐり	238
悪霊	181, 494
アグルーカの行方	343
悪は存在しない	414
朱を奪うもの	69
あげくの果	47
あげは蝶	25
あけるなよこのひき出し	134
赤穂城断絶	111, 112, 726, 729
阿古父	208, 639
朝	77
アーサー・ウェイリー『源氏物語』の翻訳者	317
朝・江戸の酔醒	144, 492
朝起きてぼくは	362
朝を見ることなく	137
朝顔日記	27
あさが来た	358
朝が来る	388, 389, 395
アサカゼ君	61
朝が止まる	322
阿佐ヶ谷姉妹ののほほんふたり暮らし	396
浅草エノケン一座の嵐	180
あさくそのこ子供	10
浅草の灯	9, 559
あさくさばし	17
浅草物語	286, 471
浅田家!	389, 395
アサッテの人	302
朝と昼のてんまつ	256
あさになったのでまどをあけますよ	337
朝のガスパール	207, 600
朝の霧	174
朝の小鳥	67

朝の耳	406
朝の森	381
朝晩（句集）	381
あさひなぐ	353
朝日のような夕日をつれて'87	171
朝日のような夕日をつれて'91	198
麻裳よし	387
あざやかなひとびと	36, 653
朝焼けのマンハッタン	307, 584
あさりちゃん	158, 346
アジア海道紀行	268, 547
足跡姫〜時代錯誤冬幽霊（ときあやまってふゆのゆうれい）〜	372
アジアの嵐	4
アジアの純真	233
味いちもんめ	232, 246
足尾から来た女	350, 351
足柄峠	11
足柄山紅葉色時	30
あぢさゐ	25, 638
紫陽花	36
紫陽花の家・富田良彦の告白	225
足摺岬	286
あした	223, 224, 460
明日〔佐々木幹郎〕	336, 547
明日〔市川森一〕	175
明日をつかめ！貴くん―4745日の記録	96
あした輝く	93, 551
あしたこそ	67
あした、出会った少年―花明かりの街で	290
あした、天気になあれ	306
あしたの家族	390
明日の記憶	289, 298, 305, 729
あしたの幸福	399
明日の幸福	27
あしたのジョー	331
あしたのジョーは死んだのか	110
明日のナージャ（BGM）	320
あしたのニュース	300
あしたの私のつくり方	305, 443
あした、弁当を作る。	413
あしたもよかった	189
明日、私は誰かのカノジョ	404
あしながおじさん	144
足にさはった女	3, 427
あしびきデイドリーム	267, 493
葦火野	186, 539
足元の小宇宙 生命を見つめる植物写真家	352
足下の土	228
阿修羅を棲まわせて	166
阿修羅ガール	274
阿修羅城の瞳	279, 291
阿修羅草紙	399
阿修羅のごとく	277, 278, 284, 600, 701, 705

亜人	370
アースEARTH	311
アスガルド	181
あずさ2号	107
明日 1945年8月8日・長崎	175
安土往還記	65, 598
アストロノート	296
明日なき街角	152, 509
あすなろ白書	200
明日に生きる	57
あすにむかって、容子	217
アスファルト	4
吾妻ひでお〈総特集〉―美少女・SF・不条理ギャグ、そして失踪	340
あずみ	240, 284, 537
安曇野	90, 462, 645
アズミ・ハルコは行方不明	370
明日はお天気	8
遊び	78, 668
遊びの四季	95, 492
遊ぶ幽霊	368
安宅勧進帳	332
恰も魂あるものの如く	394
愛宕山	258, 496
あたしの幸福	6
あたしのビートルズ	64, 721
アダージョ	319
あたしンち	233
温かな素足	173
アタックNo.1 BGM	252
アダマースの饗宴	316
熱海殺人事件	90, 102, 359, 597
新しい浮子 古い浮子	330
あたらしいエクスプロージョン	375
あたらしい子がきて	350
新しい人よ眼ざめよ	138, 467
新しい森	243
あちらにいる鬼	401
熱い読書 冷たい読書	341
あつい胸さわぎ	403
熱き心に	162, 163, 164, 422, 532
敦 山月記・名人伝	293
あったかいんだからぁ♪	359
アッちゃん	46
篤姫	305, 312, 313, 318, 670
アップルシード	165
あつもの	249, 251, 433
厚物咲	9, 622
アディオス号の歌	98, 421
貴椿	262
アテルイ	272, 276
アート	266, 651
あと3回、君に会える	389
アド・バード	194

作品名	頁
あとより恋の責めくれば 御家人南畝(なんぽ)先生	328
アトラス伝説	90
アトランタ・ブギ	231
アトリエ	137
アドリブ	388
アドルフに告ぐ	165, 604
アドレナリンドライブ	249
あとは野となれ大和撫子	379
穴	341
Another アナザー	337, 344
ア ナザ ミミクリ	342
あなしの吹く頃	133
あなた	92, 530
あなた色のマノン	124, 458
あなたへ	337, 339, 344, 471, 577, 660
あなたがいたから僕がいた	526
あなた買います	31, 32, 535, 548, 676
あなたがおおきくなったとき	105
あなたが最期の最期まで生きようと、むき出しで立ち向かったから	336
あなたがしてくれなくても	408
あなたがほしい jete veux	242
あなたがもし奴隷だったら…	256
あなたが私を竹槍で突き殺す前に	387
あなたしかいない	193
あなたと 私と	390
あなたに	226
あなたに会えてよかった	526
あなたにあげる	92
あなたについて わたしについて	165
あなたに褒められたくて	208, 577
あなたの事ですずしい渚	213
あなたの好きなところ	365
あなたのチャンネル利根川裕ズームイン─越後瞽女・小林ハルと竹下玲子	124
あなたの番です	384
あなたの番です－反撃編－	384
あなたのブルース	68, 707
あなたの燃える左手で	405, 406
あなたまでの6人	246, 457
あなたは不屈のハンコ・ハンター	133
アナと雪の女王	350, 351, 357
アナと雪の女王2	389
穴泥	390
穴(あな)らしきものに入る	329
アニー	162
あにいもうと	7, 24, 25, 100, 101, 377, 421, 454, 471, 625, 682, 696, 713
兄おとうと	279
兄帰る	256
あにき	106
兄貴	106, 454
兄とその妹	111, 559, 595
アニバーサリー・ソング	182
アニマ	247, 547
アニマル横町	293
アニマル・ロジック	228, 710
アニマル1	68
アニメ三銃士	172
アニーよ銃をとれ	162, 545, 581
姉飼	275
姉といもうと	361
姉の島	229, 392, 579, 695
あの大鴉、さえも	127, 583
あの鐘を鳴らすのはあなた	83, 728
あの子の子ども	410
あの子の秘密	388
あの頃。	395
あの頃トン子と	361
あのコはだぁれ？	414
あの戦争から遠く離れて 私につながる歴史をたどる旅	310
あの時、この歌	717
あの夏、いちばん静かな海。	197, 647, 648
あの、夏の日―とんでろ じいちゃん	251, 533
アノネ、	353
あの花の咲く丘で、君とまた出会えたら。	414
あの日この日	94, 485
あの日 昭和20年の記憶	292
あの日日たち	61
あの日見た花の名前を僕達はまだ知らない。	333
あの名曲を方言で熱唱！ 新春全日本なまりうたトーナメント	345
あの夕陽	89, 650
あの世からの火	217, 672
アバター	325, 331
至高聖所(アバトーン)	195
あばよ	102, 525
あ、春	244, 249, 250, 251, 575, 613, 654, 678
あばれ太鼓	170, 171, 544
あばれ船	199
あひる	368
あひるの手紙	356
アビー・ロードを夢みて	195
あぶさん	103, 682
AFTER	249
アフタースクール	311, 312
あぶない刑事	175, 177, 558, 587
アフリカで寝る	237
アフリカ鯰	342
アフリカによろり旅	304
アフリカの21世紀 隔離された人々	270
ア・フール	195
あふれる愛に	135, 142
あふれる熱い涙	202
アプローズ	136
安部磯雄の生涯	337
阿部定の犬	98

『アボジ』を踏む ……………………… 235	雨のバラード ……………………………… 79
あほろくの川だいこ …………… 90, 493	雨の慕情 ………… 124, 125, 422, 640, 704
アポロンの地獄 ………………… 70, 71	雨の御堂筋 ……………………… 79, 467
海士 ……………………………………… 41	雨ふり花さいた ………………… 250, 567
甘い汗 ……………… 53, 54, 515, 610, 682	アメリ ………………………………… 270
甘い生活〔映画〕 ………………… 42, 600	アメリカ〔坂井修一〕 ………………… 296
甘い生活〔野口五郎〕 …………………… 600	アメリカ〔飯島耕一〕 ……… 281, 289, 432
あまいぞ！男吾 ……………………… 193	〈アメリカ映画史〉再構築 …………… 394
甘い蜜の部屋 …………………………… 94	アメリカ音楽史—ミンストレル・ショウ、ブルースからヒップホップまで …………… 328
甘い鞭 ………………………………… 351	
亜麻色の髪の乙女 ……… 272, 279, 286, 636	アメリカ国家反逆罪 …………………… 216
天翔ける風に …………………………… 320	アメリカ三度笠 ………………………… 6
天翔ける虹 ……………………………… 252	アメリカ縦断記 ………………………… 126
甘粕正彦 乱心の曠野 ………………… 317	アメリカにおける秋山真之 …………… 74
天城越え ………………………… 112, 141, 142, 163, 435, 525, 546, 589, 719, 728	アメリカの夜 …………………………… 91
	アメリカ橋 ……………………… 245, 708
天城峠 …………………………… 31, 433	アメリカひじき ………………… 62, 631
尼子悲話 ……………………………… 201	あめりか物語 ………………………… 118
アマゾンの大逆流・ポロロッカ ……… 112	アメリカン・スクール ………… 26, 530
あまちゃん ……………… 344, 345, 526, 702	アメリカン・スナイパー ……………… 364
アマデウス ‥ 136, 154, 155, 161, 372, 465, 675	アメリカン・ナルシス ………………… 288
あまのがわ ……………………………… 289	アメリカン・ヒーローの系譜 ………… 214
天の川の太陽 …………………… 121, 521	アメリカン・ブッダ …………………… 398
アマノン国往還記 ……………………… 166	アーモンド ……………………………… 387
海人舟 …………………………………… 31	危うい歳月 ……………………………… 81
あまやどり ……………………………… 343	綾尾内記覚書 …………………………… 39
雨やどり …………………………… 90, 548, 646	あやかし考―不思議の中世へ ………… 281
雨夜酒 ………………………………… 199	亜也子―母の桜は散らない桜 …… 178, 480
アマルフィ 女神の報酬 ……………… 325	怪しい来客簿 …………………… 104, 457
阿弥陀堂だより ……………… 270, 271, 277, 510	妖しのセレス …………………………… 240
アムリタ ………………………… 222, 724	あやつり組由来記 ……………… 28, 626
雨 …… 83, 103, 108, 273, 429, 514, 567, 693	操三番叟 ………………………………… 17
雨あがる …… 257, 264, 523, 551, 605, 644, 695	あやに愛しき ……………………… 32, 606
雨をよぶ灯台 …………………………… 387	あやはべる ……………………… 342, 726
雨女 …………………………………… 241	あやめ 鰈 ひかがみ …………… 288, 669
雨が空から降れば ……………………… 235	あらいはくせき ………………… 68, 606
雨がやんだら …………………………… 600	洗うひと ……………………………… 248
雨酒場 …………………………… 178, 527	あらかじめ失われた恋人たちよ … 78, 560
飴玉が三つ ……………………………… 268	あらかじめ裏切られた革命 …………… 230
雨と犬 ………………………………… 129	あらがね ……………………………… 381
雨の合間 ……………………………… 400	荒木飛呂彦原画展 JOJO 冒険の波紋 … 379
雨のエアポート …………………… 83, 467	あらくれ ………………… 34, 35, 581, 682
雨の大阪 ……………………………… 206	『あらくれ』論 ………………………… 208
雨の樹 ………………………………… 269	ARASHI Anniversary Tour 5×20 FILM "Record of Memories" ……………… 401
雨の首ふり坂 …………………………… 87	
雨の時代 ……………………………… 223	嵐が丘 …………………… 175, 176, 183
雨の自転車 ……………………………… 31	嵐の中の処女 ……………………… 5, 559
天の鶴群 ………………………… 166, 480	あらしのよるに ………………… 223, 568
雨のち雨 …………………………… 248, 457	アラジン ……………………………… 210
雨の東京 ……………………………… 125	アラスカ物語 …………………… 106, 478, 665
雨の夏、三十人のジュリエットが還ってきた …………………………… 319, 320, 474	新たな「方法序説」へ―大江健三郎をめぐって ‥ 363
	あらばしり ……………………………… 262
雨の西麻布 ……………………… 156, 157	アラビアの夜の種族 …………… 268, 274
雨のハイスクール ……………… 156, 724	アラビアのロレンス …………………… 51

作品名	ページ
アラビアン ナイト	273
あらまっ！	283
あらゆる場所に花束が…	261
アーラわが君	71, 685
現れるものたちをして	228, 229, 564
蟻	393
有明海の干潟漁	182
アリア、この夜の裸体のために	275
アリエナクナイ科学ノ教科書 〜空想設定を読み解く31講〜	379
ありがとう〔田島征彦〕	128
ありがとう〔ドラマ〕	83
ありこのおつかい	66, 434
あり子の記	50, 51
在りし日の東洋詩人たち	11
アリージャンス〜忠誠〜	391
アリス・イン・ワンダーランド	339
アリスとテレスのまぼろし工場	408
アリスの国の殺人	133, 599
アリスの恋	95
アリスマ王の愛した魔物	334
蟻と麝香	89
蟻の木の下で	53
ありふれた愛に関する調査	202
ありふれた奇跡	312
RRR	408
或る遺書	34
あるいた雪だるま—初級童話	27
歩いても 歩いても	311, 312, 506
ある映画監督の生涯 溝口健二の記録	95, 96, 566
ある男	374, 401, 402, 408
ある女	343
ある女の遠景	49, 658
ある女のグリンプス	116
或る回復	89
アルカディアの夏	85, 685
ある環境	12
歩きだした日	337
アルキメデスの大戦	383
アルキメデスは手を汚さない	85
歩く〔河野裕子〕	262, 268, 504
歩く〔目次ゆきこ〕	381, 504
歩く、人	270, 271
歩く仏像	276
ある結婚の風景	123
ある決闘	22
アルゴ	338
或る『小倉日記』伝	22, 674
或る「小倉日記」伝—松本清張1周忌特別企画	218
ある子守の詩	101
ある殺し屋	63, 444
アルジェの戦い	63, 64
アルジャーノンに花束を	293, 353, 358
ある少女にまつわる殺人の告白	322
あるスカウトの死	47
ア・ルース・ボーイ	195
或戦線の風景	4
ある綜合商社の挫折—ニューファンドランドの謎	101
アルタッドに捧ぐ	349
アルチュール・エリソンの素描	173
アルトナの幽閉者	352
二澂港	28
ある日本人	53, 507
ある日本の絵描き少年	383
ある晴れた夏の朝	382
アルハンブラの想い出	99
アルビオン	397
RBC特集 報道部発『遅すぎた聖断—検証・沖縄戦への道』	176
或る日の干潟	60
アルファベット群島	105, 562
アルプスに死す	69
アルプスの少女ハイジ	91
ある文人学者の肖像 評伝・富士川英郎	348
ある文民警察官の死〜カンボジアPKO 23年目の告白〜	364
アルボラーダ	296, 457
アルマゲドン	250
ある街角の物語	48, 604
或る醜き美顔術師	3
ある勇気の記録	61
或る夜の殿様	16, 512
あれが港の灯だ	44, 45, 454, 682, 714
アレクサンドル・ブローク 詩学と生涯	398
アレゴリーの織物	201, 504
荒れた粒子	73
荒地	9
荒地の家族	399
荒地の恋	309, 630
荒れ野	374
あれよ星屑	385
淡月	403
合わせ鏡	247, 602
泡の子	412
泡も一途	296
あわれ彼女は娼婦	213
憐れまれた晋作	5
暗渠の宿	303
アングル'77—石の譜	107
アングル'82—ある青年教師の死	135
暗黒街	3
暗黒告知	89
暗黒自治区	386
暗黒声優	386
アンコ椿は恋の花	55, 689
暗殺教室	364
暗殺者	247, 616
暗殺の年輪	85, 655

| 暗室 ················· 73, 140, 437, 725
| 安城家の舞踏会 ················ 16, 699, 723
| 杏っ子 ···························· 33, 696
| 安政写真記 ···························· 4
| アンソーシャル ディスタンス ·············· 393
| あんたが主役 ······················· 112
| アンタッチャブル ····················· 168
| アンダードッグ ················· 388, 389
| アンチ・アクション―日本戦後絵画と女性画家 ·· 386
| アンチゴーヌ ······················· 378
| アンティーク～西洋骨董洋菓子店～ ········ 264
| アンティゴネ ······················· 371
| アンデルセン童話全集 ·················· 57
| アンデルセンの生涯 ··················· 94
| 庵堂三兄弟の聖職 ···················· 309
| 暗闘士 ··························· 295
| 暗闘 スターリン、トルーマンと日本降伏 ····· 302
| 安東次男著作集 ················· 100, 430
| 安堂ロイド ························ 345
| アントキノイノチ ···················· 331
| 安徳天皇漂海記 ····················· 296
| アンドロメダ… ······················ 84
| アンドロメダの涙 久閑野高校天文部の、秋と冬 ··························· 413
| アンドロメディア ···················· 244
| アンナ・カレーニナ ·················· 327
| アンナチュラル ············· 371, 376, 378
| アンナ・ボレーナ ···················· 136
| 安南人の眼 ························ 13
| 安南の六連銭 ······················· 73
| アンネの日記 ··············· 32, 118, 582
| アンネの日 ························ 371
| あんのこと ···················· 413, 414
| あんぱん日記 ······················ 242
| アンフェア the special コード・ブレーキング 暗号解読 ························· 299
| アンフォゲッタブル ·················· 342
| アンマーたちの夏 ···················· 226
| 暗夜行路 ·················· 39, 214, 705
| 暗喩の夏 ························· 139
| 安楽死を遂げるまで ·················· 375
| 安楽処方箋 ························ 152

【い】

| いい子のあくび ····················· 405
| 飯島耕一詩集 ················· 110, 432
| いいじゃないの幸せならば ···· 72, 439, 459, 545
| いいとしを ······················· 404
| いいんじゃない? ···················· 359
| イヴの総て ························ 21
| 家 ······························ 110
| YES・YES・YES ···················· 181

| イエス・キリスト＝スーパースター ·········· 88
| YESと言おう! ················· 326, 688
| イエスの裔 ···················· 21, 558
| イエスの方舟 ················· 154, 155
| 家, ついて行ってイイですか? ············ 358
| 言えないよ ···················· 219, 527
| 家なき子 ····················· 219, 230
| 家のなか・なかの家 ··················· 77
| 家日和 ··························· 302
| イエローキッド ····················· 325
| 硫黄島 ···························· 33
| 硫黄島からの手紙 ··············· 305, 312
| 魚神(いおがみ) ················ 309, 315
| 伊賀越道中双六 ············ 345, 352, 353
| 雷 ······························ 160
| 筏 ·························· 30, 608
| イカ天 ··························· 184
| 逝かない身体―ALS的日常を生きる ········ 324
| 如何なる花束にも無き花を ·············· 386
| 怒り ························ 364, 370
| 怒りの子 ····················· 152, 578
| 錨のない部屋 ······················ 146
| 怒りの葡萄 ···················· 48, 259
| 怒る富士 ························· 206
| いかれころ ··················· 374, 380
| 蟻 (いき) ························· 249
| 生き甲斐の問題 ······················ 6
| イキガミ ····················· 311, 318
| 生きたい ············· 249, 251, 472, 566
| 生きている海 東京湾 ················· 237
| 生きている原点 ······················ 99
| 生きているということ ················· 249
| 生きているパン ······················ 25
| 生きているものはいつも赤い ············ 412
| 生きて帰ってきた男―ある日本兵の戦争と戦後 ··························· 356
| 生きてみたいもう一度 新宿バス放火事件 ················ 153, 490, 611
| 生きてるうちが花なのよ死んだらそれまでよ党宣言 ·········· 153, 154, 155, 634, 700
| 生きてるだけで、愛。 ················· 383
| 生きてるものはいないのか ·············· 310
| 生きとし生けるもの ················ 6, 531
| 生きの足跡 ······················· 153
| イキのいい奴 ······················ 162
| 生き残った子孫たちへ 戦争六篇 ·········· 404
| 生き屏風 ························· 309
| 生身魂 ··························· 122
| 息もできない ······················ 325
| いきものさん ······················ 410
| 生きものたち ······················ 336
| 生きものの記録 ············ 29, 484, 522, 635
| 異郷 ························ 329, 602
| 異形探偵メイとリズ 燃える影 ············ 400

生きようと生きるほうへ ………………… 362	の ……………………………………… 375
異郷の歌 ………………………… 159, 480	石の歌 …………………………………… 105
異形の神 ………………………………… 99	石の記憶 ………………………………… 323
生きられた自我―高橋たか子論 ………… 145	石の血脈 …………………………… 84, 646
イギリスの議会 ………………………… 29	石の下の記録 …………………………… 21
イギリス美術 …………………………… 241	石の壺 …………………………………… 42
イギリス山 ……………………………… 261	石の中の蜘蛛 …………………………… 275
イギリスはおいしい …………………… 196	石のニンフ達 …………………………… 59
生きる〔乙川優三郎〕… 268, 484, 522, 635	石の来歴 ………………………………… 208
生きる〔黒澤明ほか〕… 23, 484, 522, 635	石橋・三ツ臺 …………………………… 299
生きることそれは愛すること …… 145, 430	石原博士のSF研究室 …………………… 172
生きることの意味 ……………………… 95	いしぶみ ………………………………… 74
生きるとは ……………………………… 317	碑 ………………………………………… 71
生きる水 ………………………………… 216	いじめ …………………………………… 366
イグアナくんのおじゃまな毎日 ……… 243	遺書 ……………………………………… 11
いくさの底 ………………………… 367, 374	衣裳哲学 ………………………………… 139
幾星霜 …………………………………… 54	遺書配達人 ……………………………… 75
いくたのこえよみ ……………………… 363	イージー・ライダー ……………… 74, 75
いくたびの櫻 …………………………… 333	異人たちとの夏 …………………… 173,
生玉心中 ………………………………… 19	174, 175, 176, 183, 422, 443, 475, 494, 710
生野幸吉詩集 …………………………… 59	椅子 ……………………………………… 303
行け! 稲中卓球部 …………………… 233	イーストウィックの魔女たち ………… 307
行け広野へと …………………………… 355	EAST MEETS WEST …………………… 551, 584
池田弥三郎著作集 ……………………… 115	伊豆の踊子 ………………… 96, 530, 678
池中玄太80キロ ………………………… 129	和泉式部 ………………………………… 15
池袋ウエストゲートパーク …………… 235	出雲の阿国 …………………………69, 429
池袋の夜 …………………………… 72, 419	出雲蓉舞夢の世界 ……………………… 227
生ける屍の夜 …………………………… 214	伊勢佐木町ブルース ……………… 68, 419
いこかもどろか …………………… 174, 176	磯ぶし源太 ……………………………… 542
違国日記 ………………………………… 414	ISORA …………………………………… 229
異国の髭 ………………………………… 18	潮来笠 ……………………………… 43, 635
イコ トラベリング 1948- ……… 406, 499	イタズ 熊 ……………… 167, 168, 546, 594
往馬 ……………………………………… 262	いたずらうさぎ …………………… 37, 470
遺恨あり 明治十三年最後の仇討 ……… 332	頂 …………………………………… 89, 700
已哉微吟 ………………………………… 310	悼む人 ……………………………… 309, 357
居酒屋 …………………………………… 32	イタリア・ユダヤ人の風景 …………… 288
居酒屋「昭和」 ………………………… 391	ICHI ……………………………………… 311
居酒屋兆治 ………………………… 141, 440, 588	119 ………………………… 216, 217, 584, 600
居酒屋もへじ ・・ 332, 358, 363, 371, 496, 508, 523	1Fリアル あの日、原発の傍らにいた人たち … 396
居酒屋ゆうれい …………………… 216,	一円玉の旅がらす ………………191, 192, 193
217, 218, 219, 224, 589, 590, 635	一応の推定 ……………………………… 296
イサム・ノグチ―宿命の越境者 ……… 256	"一億特攻"への道 〜隊員4000人 生と死の記録
十六夜に ………………………………… 133	〜 ……………………………………… 413
十六夜橋 ………………………………… 209	一月の声に歓びを刻め ………………… 414
漁火挽歌 ……………… 136, 435, 438, 542, 679	一九八一・嫉妬 ………………………… 131
遺産相続 …………………………… 190, 482	1Q84(BOOK1, BOOK2) …………… 315, 694
石合戦 ……………………………… 29, 710	一去集 …………………………………… 53
石上草心の生涯 ………………………… 127	一夏 ……………………………… 216, 726
石狩平野 ……………………… 66, 67, 641, 658	いちげんさん …………………………… 228
石川淳選集 ……………………………… 126	一絃の琴 ……………… 110, 125, 308, 687
〈意識〉と〈自然〉―漱石試論 ……… 69, 501	市子 ……………………………………… 408
石切り山の人びと ………………… 105, 583	一期一会 …………………………… 62, 428
石田波郷全句集 ………………………… 26	いちごの唄 ……………………………… 383
石つぶて―警視庁 二課刑事(でか)の残したも	無花果の森 ……………………………… 328
	一次元の挿し木 ………………………… 412

作品名	ページ
一條大蔵譚（ものがたり）	359
一条さゆり 濡れた欲情	81, 82, 518
一条の光	69
いちど消えたのは	290
一度だけなら	75
〈一〉と〈二〉をめぐる思考—文学・明治四十年前後	275
一度も撃ってません	389, 677
一日一言	24
いちにちにへんとおるバス	86, 493
一日 夢の柵	295, 520
1・2の三四郎	131, 535
一年	15
いちねんせい	175, 591
一年の牧歌	121, 528
一の糸	71
1％の俳句——一挙性・露呈性・写生	328
市場に行こう	265
一木一草	223
一枚摺屋	289
一枚のハガキ	331, 332, 472, 566, 642
一夢庵風流記	181
一面の静寂	375
一文笛	118
一夜かぎり	213, 534
イーちゃんの白い杖	409
一葉の日記	30, 729
一葉のゆうべ	149, 528
1R1分34秒	374
1リットルの涙	292, 702
一路	59, 629
いつか汽笛を鳴らして	81
いつかギラギラする日	204, 482, 635, 653, 677
いつか誰かと朝帰りッ	191
いつか読書する日	290, 291, 589
いつか深い穴に落ちるまで	375
いつかまた逢える	230
いつかみた夏の思い出	164
一休	94, 681
一剣	300
一向僧兵伝	39
一個その他	56, 611
一茶全集	121
一瞬	267, 269, 515
一瞬の風になれ	303
一瞬の夏	132, 553
一生、遊んで暮らしたい	243
一色一生	138
一所懸命	228
いっしょにアんべ！	356
一心太助 天下の一大事	37, 726
イッセー尾形の都市生活カタログ	149, 164, 447
一銭五厘たちの横丁	95
一銭五厘の旗	77
一千兆円の身代金	341
一線譜のこどもたち	118
いっそセレナーデ	452
一朝の夢	310
一丁目ぞめき	343
一直心	94
イッツ・オンリー・トーク	275
イッツ・ダ・ボム	412
一滴の嵐	261
行ってしまった子	30
いつでも君は	68, 662
いつでも夢を	49, 542, 635, 721
一点鐘	276
いつの間にか・写し絵	115
一遍上人一旅の思索者	104
一本刀土俵入	213, 450, 512
逸民	159, 481
いつも心にジャグリング	313
いつもとちがう水よう日	413
いつも見る死	55, 581
いつも夜	85
偽りのないhappy end	395
偽りの春	374
偽れる盛装	20, 21, 515, 565, 723
E.T.	134, 135, 141
イティハーサ	260
ETV2003『アウシュヴィッツ証言者はなぜ自殺したか』	271
射手座	309
凍てつく太陽	380, 381
出縄	110
いでゆ橋	193
糸	365, 372, 384, 389, 390, 613
移動	88
伊東家の食卓	258
異動辞令は音楽隊！	401, 402
伊藤整	221, 485
愛しい嘘〜優しい闇〜	396
愛しき日々	664
愛しき日々よ	155
糸地獄	153
恋しさと せつなさと 心強さと	219
愛しのアイリーン	376
いとしの田中角栄さま	151
愛しのチイパッパ	162, 460
愛しのワンダーランド	227, 632
異都憧憬 日本人のパリ	204
いとの森の家	365, 506
いとみち	395
いないいないばあや	116, 117, 505
いなかっぺ大将	68
田舎の食卓	10
田舎の日曜日	155
いなくなった私へ	348

いなくなれ、群青	389
稲妻	23, 588, 625
イナズマイレブン	327, 333
稲村ジェーン	190, 524
イニシュマン島のビリー	366
犬	386
犬王	402
犬を飼う	200
犬がいた季節	393
犬（影について・その一）	208
犬が西むきゃ尾は東—「にしむくさむらい」後日譚—	307
犬が星見た—ロシア旅行	115
狗神	264
犬神	33
犬神家の一族	100, 101, 102, 298, 442, 471, 474, 654
犬小屋	121, 693
犬侍	24
犬とハモニカ	335
犬のかたちをしているもの	380
犬の時代	138, 511
犬のように死にましょう	139
犬、走る DOG RACE	244
犬婿入り	201
いぬもあるけばぼうにあたる	246
犬も食わねどチャーリーは笑う	401
犬夜叉	266, 579
犬やねこが消えた	415, 457
犬はいつも足元にいて	316
稲の一生	20, 25
いねむり紋蔵	245, 500
井上成美	139, 166, 420
井上雄彦最後のマンガ展	314
井上ひさし生誕77フェスティバル2012	339
イノセンス	287, 487
イノセント・デイズ	355
イノセント・マン	143
イノセントワールド	226
命預けます	75, 76, 654
命あたえて	130, 452, 502, 697
命美わし	21, 569, 726
命、ギガ長ス	380
命くれない	170, 171, 177, 185, 542, 572, 719
いのちとかたち	126, 715
いのちと向きあう—皆の宗・高橋住職の挑戦	278
いのちの饗宴	14
命船	157
いのちぼうにふろう	78, 477, 495, 535, 585
命もいらず名もいらず—西郷隆盛伝	106
祈りの幕が下りる時	349
イーハトーブの赤い屋根	110
イーハトーボの劇列車	125, 162, 213
いばら姫またはねむり姫	190, 505
if	206
ifもしも....	70
異分子の彼女	406
異聞浪人記	36
異邦人	19, 44, 67, 601
異邦人のロンドン	413
異邦の友への手紙—ロラン・バルト『記号の帝国』再考	194
異母兄弟	34, 35, 587, 725
いま、会いにゆきます	284
今ここにある危機とぼくの好感度について	396
いま集合的無意識を、	347, 506
いま、太陽に向かって咲く花	372
今戸の狐	79
今西祐行全集	187, 196, 455
いま二センチ	407
いまにもうるおっていく陣地	255
今ひとたびの	16, 531, 678
今ひとたびの修羅	346
今、ぼくが死んだら	276
いまマネー情報のつかみ方	194
今森光彦の昆虫教室—くらしとかいかた	343
今森光彦の昆虫教室—とりかた・みつけかた	343
今様薩摩歌	32
いまラジオ時代	135
イメージの地層	334
イメージの森のなかへ フェルメールの秘密・レオナルドの謎・ゴッホの魂・ルソーの夢	311
妹	90, 462, 655
妹よ	224
妹背山婦女庭訓	20, 27, 75, 232, 233, 326
いやいやえん	48, 50, 51, 611, 717
いやおうなしに	359
いやしい鳥	296
いやな感じ	49, 581
いやむしろわすれて草	346
いやらしい神	8
異様なるものをめぐって—徒然草論	120, 504
苧麻の家	99, 241
伊良子清白	274, 282, 651
伊良子清白全集	282
いらないものだけ手に入る	397
イラハイ	209
イラン人の心	134
イリアス	327, 650
入沢康夫〈詩〉集成	235
入野	56
いりびと—異邦人—	402
医龍 Team Medical Dragon	287
異類婚姻譚	354
海豚	3
イルクーツク物語	46, 463
イル・ポスティーノ	231, 237
刺青	18, 688

作品名	ページ
『色』と『愛』の比較文化史	241
いろはにほへと	40, 43, 455, 636
いろはにほへとちりぬるを	275
色彩間苅豆	313
祝い酒	177, 452, 544
祝い船	157
岩倉具視―言葉の皮を剥きながら	309, 611
鰯雲	37, 430, 618, 636
いわしのたび	116
岩田正全歌集	329
岩田宏全詩集	63
岩手に生きる―No.12 いのち	101
岩魚	53
岩波茂雄伝	33
岩波の子どもの本	29
いわゆるひとつのチョーサン主義	151
隠花の飾り『記念に…』	161
陰気な愉しみ	24, 705
インク	397
イングリッシュ・ペイシェント	237
インサイド・ヘッド2	414
イン・ザ・ヒーロー	357
イン・ザ・ミソスープ	235, 694
印象派―光と影の画家たち	129
インストール	262
インタヴュー・ウィズ・ザ・プリズナー	392, 686
院長日記	26
インディ・ジョーンズ クリスタル・スカルの王国	311
インディ・ジョーンズ 最後の聖戦	183
インディ・ジョーンズ 魔宮の伝説	147, 148
インディペンデンス イン オオサカ	247
インデペンデンス・デイ	237
印度	5
インドクリスタル	355
インド旋律による四楽章	20
インド ミニアチュール幻想	237
インパラの朝 ユーラシア・アフリカ大陸684日	317
インハンド	384
インビジブル	393
インファナル・アフェア	278
インフルエンサー	372
インヘリタンス―継承―	415
淫乱斎英泉	98, 107, 108, 704
引力とのたたかい―とぶ	70

【う】

作品名	ページ
ヴァイブレータ	277, 278, 284
ヴァージニア・ウルフなんかこわくない？	300
ヴァージニティー	339, 421
ヴァージンロード	108
ヴァリエテ	3
ヴァレンチノ	206
ヴィクティム	249
ヴィクトリア	410, 472
初×婚	404
ウィザードリィ日記	179, 707
Witches	177, 623
ヴィーナス・シティ	214
ウイニング・ボール	115
ヴィヨンの妻～桜桃とタンポポ～	318, 319, 325
ウイルスちゃん	336
ウインザーの陽気な女房たち	23, 574
ヴィンランド・サガ	321, 340
羽羽	369
ウエアハウス circle	333
ウェイトレス	391
上を向いて歩こう	136, 163, 170, 415, 464, 544, 620
ヴェクサシオン	166
ヴェジトピア	355
ウエスト・サイド物語	67
ウェストサイドワルツ	220, 465, 569
ウェディング・シンガー	307
ヴェニスの商人	108, 193
植村直己物語	162, 460
ウエルカム！ スカイブルーへ	203
ヴェルレーヌの余白に	189, 599
ヴェローナの二紳士	359
ウエンカムイの爪	235
ヴォイツェク	108, 573
魚河岸ものがたり	153
ウォークライ	99, 492
ウォー・ゲーム	141
魚心あれば嫁心	238, 500
ウォーターボーイズ	271
ヴォツェック/海と陸	247, 477
ウォッチャー	195
うお伝説	134
ヴォミーサ	103, 536
ウォンテッド	108
浮かれの屑より	198
浮草日記	29, 705, 715
浮草物語	6, 487
浮雲	29, 581, 625, 682, 699
浮雲日記	29, 705
宇喜多の捨て嫁	335
宇喜多秀家八丈島配所の月	239
浮名長者	9
浮橋	202, 460
右京の恋	24
浮世節立花家橘之助・たぬき	93
うぐいす	28
鶯	10, 609
鶯を呼ぶ少年	133

うぐいす谷ミュージックホール	97, 563
受け月	202, 439
雨月荘殺人事件	181
雨月物語	24, 25, 203, 251, 683, 688, 725
動く不動産	195
うさぎ	132
うさぎ色の季節	217
うさぎドロップ	331
うさぎの休日	176, 184, 450, 523, 617
兎の庭	167, 579
有時（うじ）	274
牛家	348
うしおととら	200, 240
牛首村	402
うしとざん	394
牛と土 福島、3・11その後。	356
失われた藍の色	114
失われた原型を求めて	139
失われた時の流れを	184, 191
牛の目ン玉	210, 609
雨情	127
有情	343
うしろの正面だあれ	144, 661
うしろめた屋	236
渦 妹背山婦女庭訓 魂結び	381
うすがみの銀河	406
薄化粧	153, 155, 654
薄紅天女	237
うずらのうーちゃんの話	330
呉淞クリーク	10
雨舌	62
失せる故郷	369
うそ	92, 614, 708
嘘を愛する女	376
嘘神	316
『うそじゃないよ』と谷川くんはいった	203
嘘つきアーニャの真っ赤な真実	269
ウソツキ！ ゴクオーくん	359
うそつきのつき	237
嘘つきみーくんと壊れたまーちゃん	332
嘘でもいいの	102, 499
嘘より、甘い	365
うたう足の歌	64, 657
歌うクジラ	322, 694
歌う潜水艦とピアピア動画	340
うたうとは小さないのちひろいあげ	356
うたかた	192, 719
うたかた サンクチュアリ	173, 724
うたかた草紙	4, 491
〈うた〉起源考	386
歌説話の世界	303, 639
うた魂♪	311
歌に私は泣くだらう 妻・河野裕子 闘病の十年	343
ウタの歌 ONE PIECE FILM RED	403
「うたのことば」に耳をすます	387
うたの動物記	337, 526
歌ひとすじに35年	58
歌姫	305
歌枕	85, 612
歌麿	157, 439
歌わせたい男たち	293, 608
内田百閒論	139, 504
うちのホンカン	96, 100, 519
うちのママが言うことには	207
うちやまつり	243
宇宙へ行きたくて液体燃料ロケットをDIYしてみた 実録なつのロケット団	354
宇宙英雄ローダン・シリーズ	367
宇宙へのパスポート	280
宇宙へのパスポート2 M-V&H-2Aロケット取材日記	287
宇宙へのパスポート3 宇宙開発現場取材	308
宇宙からの証言・地球	148
宇宙兄弟	327, 333, 353
宇宙蒸発	157, 632
宇宙塵	269
うちゅう人田中太郎	253
宇宙戦艦ヤマト	98, 668, 675
宇宙戦艦ヤマト2199星巡る方舟	360
宇宙船サジタリウス	172
宇宙大雑貨	200
宇宙の旅、セミが鳴いて	279
宇宙のはてから宝物	324
宇宙の法則	189, 190, 439, 659
宇宙のみなしご	223
宇宙のみなもとの滝	181
宇宙飛行士エリソン・オニヅカと母	176
宇宙連詩	330
宇宙連邦危機いっぱつ	161
有頂天家族	309
美しい宇宙	154
美しい女	28
美しい顔	373
美しいからだよ	381
美しい彼	396, 402
美しい夏キリシマ	277, 284, 521, 645
美しい私の顔	328
美しき諍い女	204
美しき日本の残像	216
美しきものの伝説	68, 327, 629
美しさと哀しみと	705
美しさはどこにでも	31
鬱ごはん	353
空蝉の家	365
うっちゃれ五所瓦	186
うつつ	270, 271, 549
うつぶし	335
伝染（うつ）るんです。	200

移ろう前衛―中国から台湾への絵画のモダニズムと日本	411
虚ろな革命家たち――連合赤軍 森恒夫の足跡をたどって	400
雨滴集	229
烏頭	358
うなぎ	236, 237, 238, 244, 455, 456, 609, 634, 703
鰻谷	61
うなぎとり	35, 696
鰻屋闇物語	77
ウナ・セラ・ディ東京	459
海原にありて歌へる	14
唸る, 語る, 小沢昭一の世界	119, 487
うぬぼれ刑事	326
宇野浩二伝	76, 681
宇野浩二論	89
姨捨	358
鵜原抄	63, 620
ウホッホ探険隊	160, 161, 162, 588, 629, 701
馬〔映画〕	13
馬〔阪中正夫〕	5
馬〔山本嘉次郎監督〕	715
ウマい！ 安い！ おもしろい！ 全日本どんぶり仰店グランプリ	396
馬追原野	15
馬かける男たち	212, 471
石女	94
厩火事	124
うまれたきょうだい11人	72
生れてはみたけれど	5, 487
『ウーマン アローン』WOMAN ALONE	283
ウーマン・イン・ホワイト	307
ウーマンズ・ビート ドラマスペシャル『溺れる人』	292
ウーマンドリーム	205
海へ	349
海へ帰ろう	137
海へのチチェローネ	89
海をあげる	393
海を感じる時	109, 350, 351
海を越えた者たち	121
海を覗く	406
海をゆく者	353, 651
海を渡る植物群	195
海からきたイワン	122, 476
海霧	275, 313, 494, 644
海越えの花たち	378
海燕ジョーの奇跡	146, 148, 462, 528, 607, 655
海照らし	184, 613
海とオーボエ	128
海と少年―山本和夫少年詩集	95, 571
海と月の迷路	349
海と毒薬	36, 160, 161, 162, 466, 472, 483, 515, 518
海とバラと猫と	145, 497
海と日傘	230, 307, 584
湖（うみ）とファルセット	406
海鳴り	143, 265, 716, 720
海鳴り星	256
海に与える書	16
海に落ちた月の話	344
海に帰る日	251, 461
海にむかう少年	223
海にゆらぐ糸	181, 474
海に夜を重ねて	139
海猫	291
海猫ツリーハウス	316
うみねこの空	57, 450
海のあく日	75
海のアトリエ	401
海のヴァイオリンがきこえる	174
海の上のピアニスト	272, 444
海の扇	14
海の音	375
海の回廊	228
海の牙	44, 681
海の群星	175, 184
海の群列	86
海のコウモリ	161, 709
海の声	365
湖の琴	59, 60, 545, 571, 587, 617
海のごとくに花は咲く	176
海の子供たち	13
うみのしろうま	86, 709
海の仙人	281
海の底のコールタール	33
海の空 空の舟	248
海の沈黙	414, 526
海の中を流るる河	31
海の夏	203
海の廃園	18
海の花火	21, 680, 726
海の花婿	9
うみのほたる	292
海のまつりごと	194
海のまほろば	109, 480
海の見える理髪店	361
海の都の物語	132, 556
海の向こうの血	110
海の眼鏡	339
海のメダカ	175, 553
海の誘惑	53
海の指	360
海辺の家の秘密	189
海辺の映画館―キネマの玉手箱	388, 476
海辺のカフカ	385
海辺の光景	38, 41, 705
海辺の町から	154

海辺の物語	47
海辺の熔岩	39
海街diary	346, 357, 358, 359, 364, 720
海山(句集)	413
海山のあいだ	216
海ゆかば	14
海ゆかば水漬く屍	114, 365
海雪	313, 421
海曜日の女たち	262
海よ眠れ	148
海よ母と子どもらよ	125
海より深き	58
海は見えない	87
海は甦える	107
WOMBS(ウームズ)	367
生むと生まれる それからのこと	332
うむああ木の空	175
梅ちゃん先生	338
うめぼしリモコン	269, 676
埋もれた世界	27
埋もれた日本	57, 577
烏有此譚(うゆうしたん)	323
烏有の人	242, 581
裏へ走り蹴り込め	295
浦上の旅人たち	70, 455
浦上四番崩れ	54
心淋し川	387
裏通りの炎	69
うらない	45
うらなり	295
裏庭の穴	296
ウラミズ	342
怨み節	88, 493
浦安うた日記	275, 474
ウランと白鳥	249, 477
売り言葉	273, 472
瓜子姫の夜・シンデレラの朝	346
瓜と龍蛇	180
うるうの朝顔	405
売る女、脱ぐ女	201
漆伝説	412
うる星やつら	126, 144, 172, 579
ウルトラ高空路	5
ウルトラ忍法帖シリーズ	287
ウルトラマンF	373
ウルトラマンZ	398
ウルトラマン・ティガ	247
ウルトラミラクルラブストーリー	319
うるわしき日々	235, 530
うれしい ひ	122, 569
雨裂	269
熟れてゆく夏	174
噂の女	75, 76
噂の湘南漁師町	378
噂の二人	125, 157, 429
運がよけりゃ	637, 711
運が良けりゃ	60
雲上雲下	374
ウンタマギルー	183
雲天	167
運転士	201
運動する写生―映画の時代の子規	347
雲南守備兵	12
雲南省スー族におけるVR技術の使用例	379
運・不運	11
運命じゃない人	291
運命の歌=万葉集	69
運命の饗宴	16
運命の人	315, 708

【え】

A.I.	263
AI vs.教科書が読めない子どもたち	376
エアガール	396
エア・ギア	300
絵合せ	77, 563
営為	195, 538
永遠に一日	109
永遠に来ないバス	236
永遠の仔	255
永遠の0	350, 357
永遠の蝶々婦人三浦環	228
永遠の1/2	139, 168, 472, 607, 629
永遠の野原	200
永遠の人	44, 45, 513, 581, 615
永遠の都	234, 491
永遠の森 博物館惑星	261, 267
永遠まで	323, 579
英会話スクールNOVA『NOVAの日 同僚編』	225
映画を見ればわかること	263, 270, 284, 304, 401
映画音響論	348
映画字幕六十年	154
栄花物語	193
栄光への5000キロ	71
栄光への脱出	113, 119
栄光への道	20, 507
英国王のスピーチ	331, 337, 339
英国大使の博物誌	182
英語屋さん	21
エイジ	249
エイジアン・ブルー 浮島丸サコン	223
エイズ犯罪 血友病患者の悲劇	223
営巣期	100
映像研には手を出すな！	383, 391
映像の境域―アートフィルム/ワールドシネマ	367

映像の世紀バタフライエフェクト ………	402
映像'02/'03 ………………………………	271
映像'80 ………………………………………	169
H丸伝奇 ………………………………………	7
18/40〜ふたりなら夢も恋も〜 ………	408
A2Z …………………………………… 254,	710
A・B・C… ………………………………	133
エイブ・リンカーン ………………………	39
英文科AトゥZ ………………………………	222
英文学の地下水脈 古典ミステリ研究―黒岩涙香翻案原典からクイーンまで― ………	322
嬰ヘ短調 ……………………………………	47
英雄になりたい男 …………………………	18
英雄ラファシ伝 ……………………………	188
影裏 …………………………………………	368
エイリアン …………………………………	126
エイリアン2 ………………………………	161
エヴァ、帰りのない旅 ……………… 246,	457
エヴァンゲリオン（BGM）………………	313
ヱヴァンゲリヲン新劇場版：序 …………	305
ヱヴァンゲリヲン新劇場版シリーズ ……	404
ええから加減 …………………… 281, 339, 580,	656
ええじゃないか ………………… 129, 134, 456,	589
絵描きと戦争 ………………………………	129
駅 STATION ……………………………… 128, 129, 134, 461, 519, 577, 633,	660
駅程 …………………………………………	362
駅馬車 ………………………………………	12
エクウス〔歌集〕………………………… 328,	336
エクウス（馬）…………… 98, 131, 142, 425,	444
EXILE PRIDE〜こんな世界を愛するため〜…	346
エクソダス―アメリカ国境の狂気と祈り …	394
江口寿史の爆発ディナーショー …………	207
エーゲ海に捧ぐ ……………………………	104
エゴイスト …………………………………	408
Aサインデイズ ………………………… 182,	539
エジソンは夢の途中〜93歳 カネコ式ライフ〜	371
SRサイタマノラッパー2〜女子ラッパー☆傷だらけのライム ……………………………	325
SF作家の倒し方 ……………………………	404
SFする思考 荒巻義雄評論集成 …………	405
SF大将 ………………………………………	247
SFのSは、ステキのS ……………………	373
SFの時代 ……………………………………	110
SFハンドブック ……………………………	200
SFまで10万光年以上 ………………………	367
SFはどこまで実現するか 重力波通信からブラックホール工学まで ……………………	194
エースをねらえ！2 ………………………	179
エスキス ……………………………………	42
エスキモー―極北の文化誌 ………………	166
エスキモーに氷を売れ ……………………	201
S先生のこと ………………………………	343
A-Studio ……………………………… 319,	563
SBCスペシャル『平吉さんの李平（すももだい ら）』 ………………………………………	299
SP野望篇 ……………………………………	331
A3 ……………………………………………	330
蝦夷松を焚く ………………………………	10
エチオピア高原の吟遊詩人―うたに生きる者たち …………………………………………	392
越後瞽女唄冬の旅 …………………………	99
越後つついし親不知 …… 53, 54, 92, 137, 454,	575
越前竹人形 ……………… 51, 177, 429, 619,	723
越境 …………………………………………	116
越境人たちのボランティア ………………	276
越境と覇権 …………………………………	361
EDGES－エッジズ－2022 ………………	403
エッセンス …………………………………	107
越冬つばめ ……………………………… 143,	699
絵で見る ある町の歴史 …………………	263
エデンの東 …………………………………	29
江藤淳は甦える ……………………………	382
江戸お留守居役の日記 ……………………	203
江戸おんな歳時記 …………………………	354
江戸絵画史論 ………………………………	138
江戸怪奇譚〜ムカサリ ……………………	372
江戸川乱歩年譜集成 ………………………	412
江戸後期の詩人たち ………………… 62,	63
江戸城総攻 …………………………………	319
江戸城大乱 …………………………… 197,	678
穢土荘厳 ……………………………… 159,	570
江戸の花鳥画―博物学をめぐる文化とその表象 …………………………………………	221
江戸の女性俳諧師『奥の細道』を行く …	249
エドの舞踏会 …………………… 157, 162,	705
江戸百夢―近世図像学の楽しみ …………	260
江戸風狂伝 …………………………… 235,	511
江戸文学掌記 ………………………… 121,	436
江戸前の男 春風亭柳朝一代記 …………	235
エトロフ発緊急電 …………………… 188,	546
エドワード二世 ……………………… 345,	346
NHKアポロ11号関連番組 天と地と ……	71
NHK『歌のグランドショー』………… 58,	499
NHK紅白歌合戦 ……………………… 64,	205
NHK少年ドラマシリーズのすべて ……	274
NHKスペシャル『映像の世紀』………	225
NHKスペシャル『家族の肖像』シリーズ ……	238
NHKスペシャル『鬼太郎が見た玉砕〜水木しげるの戦争〜』 ……………… 305, 311,	313
NHKスペシャル『こども・輝けいのち』シリーズ …………………………………………	278
NHKスペシャル『戦後50年 その時日本は』シリーズ ………………………………………	225
NHKスペシャルドラマ『失われし時を求めて―ヒロシマの夢』 ……………………………	182
NHKスペシャル『北極圏』………………	184
NHKスペシャル『無縁社会』……………	324
NHKスペシャル『焼け跡のホームランボール』…	271
NHKスペシャル『ワーキングプア〜働いても働

作品名	頁
いても豊かになれない」	299
NHKスペシャル「忘れられた女たち」	182
NHK世界の音楽	71
NHK『戦後60年企画』	292
NHK特集	118, 135
NHK特集『ある総合商社の挫折』	107
NHK特集『戒厳指令 "交信ヲ傍受セヨ"』	112, 118
NHK特集『シーメンス事件』	101
NHK特集『世界の科学者は予見する・核戦争後の地球』	148, 169
NHK特集『旅立とう、いま "こずえさん20歳の青春"』	123
NHK特集『地球汚染』	176
NHK特集『泊まり続ける老人たち』	176
NHK特集『21世紀は警告する』	148
NHK特集『日本の条件・外交』	129
NHK特集『日本の条件・教育』	142
NHK特集『日本の条件・食糧・地球は警告する』	129
NHK特集『日本の戦後』	107
NHK特集『私は日本のスパイだった』	135
NHK特派員報告	54, 79
NHKドラマ『人間模様』	107, 112
NHK人間大学 宇宙を空想してきた人々	253, 632
NHK 100分de名著『アーサー・C・クラークス ペシャル ただの「空想」ではない』	398
NHK 100分de名著『小松左京スペシャル 「神」なき時代の神話』	392
NHK連続テレビ小説	264
NNNドキュメント'11「夢は刈られて 大潟村・モデル農村の40年」	325
NNNドキュメント97	237
NNNワイドニュース	64
Nスタ	396
エノケソ一代記	365
エノケン・ロッパ物語	92
えのすきなねこさん	167
絵の中のぼくの村	230, 231, 644, 646
榎本武揚	64
絵のように 明治文学と美術	347
絵葉書	107, 26
abさんご	335
夷歌	243
えびすとれー	375
恵比寿屋喜兵衛手控え	209
エビータ	136
エピローグ	118
F—エフ	193
FMシアター シリーズ・ベトナムの現代文学『戦争の悲しみ』	292
FMラジオ ショパン—わが魂のポロネーズ	129
FL無宿のテーマ	81
F氏的日常	266
Everyday、カチューシャ	346, 421
江分利満氏の優雅な生活	47, 50, 51, 447, 480, 533
F1地上の夢	173
えへ	43
絵本	21
絵本いっすんぼうし	54
繪本三国志	308
絵本太功記	27
繪本平家物語	308
絵巻物語	203, 514, 572
M	265
Mの悲劇	285
MBSサンデースペシャル 公開らくごドラマ『大阪レジスタンス』	169
エメロンリンス	96
au「三太郎シリーズ」	358
選ばれた種子	10
選べなかった命 出生前診断の誤診で生まれた子	382
エリア・カザン自伝	248
エリア88	151
エリア88 ACT Ⅲ 燃える蜃気楼	165
エリアンの手記—中野富士見中学校事件	164
エリカ 奇跡のいのち	706
エリカについて	406
エリザベス	250
エリザベス・サンダースホーム物語—ママちゃま	144
エリザベート	210, 233, 259, 279, 293, 300, 359
エリザベート—愛と死の輪舞—	320
エリーダ～海の夫人	220
襟裳岬	92, 422, 452, 666, 697
エール	390
エルヴィスが死んだ日の夜	276, 283
L.A.コンフィデンシャル	244, 250
LA心中	248
エル・キャプ	181
エルピス—希望、あるいは災い—	401, 402, 409
エルミタージュの緞帳	243
エレジー	139, 561, 650
エレファント・マン	124, 125, 129, 391
エロ事師たち—人類学入門	60
エロス＋虐殺	74, 721
エロトピア	80, 714
えん	361
艶影	16
艶歌	662
演歌・血液ガッタガタ	156
ENKA～情歌～	365
演歌とは何だろう—春日八郎ショー	87
演歌の虫	153, 708
演歌はぐれ鳥	212
怨歌橋百景	93
『えんがわ』～18年目の春～	326
炎環	53, 611
園芸少年	324
演劇教育の時代	394

| 演劇年表 ………………………………… 205
| 演劇百科大事典 …………………………… 46
| 厭犬伝 ……………………………………… 303
| 冤罪をほどく "供述弱者"とは誰か ………… 400
| "冤罪"の深層〜警視庁公安部で何が〜 ……… 407
| エンジェルス・イン・アメリカ
| …………………… 227, 286, 409, 410, 548
| エンジェルフライト―国際霊柩送還士 ……… 336
| エンジェルリップ ………………………… 246
| 遠樹 ………………………………………… 236
| 炎上 ………… 37, 441, 444, 618, 688, 728
| エンジン …………………………………… 292
| エンソくん きしゃにのる ……………… 167, 570
| 円朝 ………………………………………… 35
| エンディングノート ……………………… 331
| 婉という女 ……………… 41, 78, 454, 476, 571
| 遠藤周作と探偵小説 痕跡と追跡の文学 ……… 387
| エンド・オブ・ライフ …………………… 387
| 煙突の見える場所
| … 24, 25, 423, 484, 531, 678, 679
| エントリーナンバー・24 ……………………… 129
| エンドレス・ワルツ ………………………… 202
| 炎熱商人 ……………………… 133, 148, 653
| 炎風 ………………………………………… 36
| 遠方より …………………………………… 166
| 煙幕 ………………………………………… 295
| 遠雷 … 17, 121, 128, 129, 451, 587, 613, 629
| 遠来の客 ………………………………… 153, 536
| 遠来の客たち ……………………………… 201

【お】

| オアシス …………………………………… 275
| 及川均詩集 ………………………………… 81
| おーい！ 車屋さん ……………………… 199
| おいしい結婚 ……………………………… 197
| おいしいごはんが食べられますように …… 399
| お医者さん ………………………………… 73
| 美味しんぼ ………………………………… 165
| お椅子さん ………………………………… 8
| 追いつかれた者たち ……………………… 387
| 追いつめる ………………………………… 62
| オイディプス王 …………………………… 112
| オイディプス昇天 ……………………… 145, 709
| 置行堀 ……………………………………… 399
| 御いのち ………………………………… 213, 396
| おいピータン!! ………………………… 293, 301
| オイモはときどきいなくなる …………… 401
| オイル ………………………………… 279, 632
| オーイ・わーい・チチチ ………………… 61
| 応為坦録 …………………………………… 139
| 追う男 ……………………………………… 161
| 鷗外、闘う家長 ………………………… 81, 709

| 鷗外の怪談 ……………………………… 352, 397
| 鷗外の坂 …………………………………… 234
| 扇畑忠雄著作集 …………………………… 229
| 王家の紋章 ……………………………… 193, 397
| 王国の構造 ……………………………… 134, 579
| 往古来今 …………………………………… 341
| 黄金を抱いて翔べ ………………………… 344
| 黄金火 ……………………………………… 8
| 黄金狂時代 ………………………………… 3
| 黄金詩篇 ………………………………… 74, 723
| 黄金的窄門 ………………………………… 14
| 黄金の四角地帯 …………………………… 247
| 黄金の庭 …………………………………… 335
| 黄金の夢の歌 …………………………… 328, 599
| 黄金律 …………………………………… 196, 598
| 黄金流砂 …………………………………… 133
| 王様と私 …………………………………… 233
| 王者の道 …………………………………… 323
| 奥州路 …………………………………… 149, 716
| 王将一代 …………………………………… 191
| 王将一代小春しぐれ …………………… 177, 178
| 王将終篇 ………………………………… 22, 661
| 応召と生活 ……………………………… 11, 564
| 王城はいま…アユタヤ王朝秘話 …………… 228
| 王女メデイア …………………………… 149, 650
| 汪精衛 ……………………………………… 13
| 汪兆銘伝 …………………………………… 208
| 黄土色の記憶 ……………………………… 87
| 桜桃とキリスト ………………………… 267, 486
| 黄土の風 …………………………………… 195
| 媼繁昌記 …………………………………… 59
| 応仁四話 …………………………………… 59
| オウバアキル ……………………………… 289
| 王妃の離婚 ………………………………… 248
| 欧米推理小説翻訳史 ……………………… 209
| 逢魔が時のものがたり …………………… 343
| 近江源氏先陣館 …………………………… 17
| 王立宇宙軍 オネアミスの翼 …………… 172, 179
| 王立科学博物館シリーズⅠ ……………… 287
| お江戸の百太郎 乙松、宙に舞う ………… 223
| OL進化論 ………………………………… 287
| OLの愛汁 ラブジュース ………………… 256
| おえんさん ………………………………… 27
| 大商蛭子島 ………………………………… 49
| 大井追っかけ音次郎 ……………………… 265
| 大石東下り ………………………………… 46
| 大いなる幻影 …………………………… 18, 47
| 大いなる西部 ……………………………… 37
| 大いなる旅路 …………………………… 43, 680
| 大いなる不在 ……………………………… 414
| 大江健三郎の『義』 ……………………… 399
| 大江戸釣客伝 …………………………… 328, 336
| 大江山酒呑童子 …………………………… 409
| 大岡昇平全集 ……………………………… 93

大岡昇平論	62
大奥	321, 327, 397, 398, 409
大奥～誕生［有功・家光篇］	338
大女伝説	329
オオカミ王ぎん星	196
オオカミがとぶひ	343
おおかみこどもの雨と雪	338, 344
オオカミのお札	376
狼の義 新 犬養木堂伝	380
狼奉行	195
狼・私たち	44
大川図絵	31
大河原三郎右衛門	13
大きい大将と小さい大将	10
おおきく振りかぶって	301, 307
おおきな ちいさいぞう	134
大きな鳥にさらわれないよう	361
大きな息子	14
尾を喰う蛇	380
多く夜の歌	44, 687
大阪作者	12
大阪しぐれ	125, 689, 719
大坂城 絵で見る日本の城づくり	369
大阪城物語	45, 687
大阪すずめ	206
大阪で生まれた女	119
大阪の女	252
大阪の宿	26, 531, 705
大阪ハムレット	307, 319
大阪物語	34, 35, 249, 250, 251, 443, 452, 589, 725
大阪ロンリネス	403
大桜剣劇団	200
オオサンショウウオ	356
大鹿村騒動記	331, 337, 645
大相撲中継	91
おお、星条旗娘！	253, 499
大曾根家の朝	16, 512, 648
大塚布見子選集	274
大月みやこ特別公演	207
大つごもり	193, 624
大手が来る	188
大寺学校	114, 273
大利根の夜霧	20, 714
大どろぼうブラブラ氏	134, 499
大梟を夫にもった曽祖母	236
大風呂敷と蜘蛛の糸	308
大豆とね子と三人の元夫	396
大鞠家殺人事件	399
大宮踊り	36
大麦入りのチキンスープ	55, 611
大麦畑でつかまえて	299
大向うの人々 歌舞伎座三階人情ばなし	324
大家さんと僕	379
大雪物語	368
丘	255
おかあさん	23, 497, 625, 682
おかあさん、げんきですか。	297, 532
おかあさんといっしょ	232
お母さんの話	20
岡井隆コレクション	222, 477
岡井隆全歌集	303, 477
お買い物	319, 731
お孵（かえ）り	381
おかえりモネ	394, 396
岡鬼太郎伝	69
岡崎清一郎詩集	78, 478
小笠原騒動	101
冒した者	372
おかしな二人	158
お金	200
岡野弘彦全歌集	393, 480
おかみさん	207
岡本太郎生誕100年企画『TAROの塔』	332
丘は花ざかり	23
小川宏ショー	71
オカンのしおむすび	326
沖で待つ	288
おきなわ島のこえ	154
沖縄に生きて	78
オキナワの少年	77, 140, 141, 478
沖縄の心を染める	210
沖縄の反核イモ	167
沖縄物語	128
お吟さま	31
億男	376
屋上への誘惑	262
屋上庭園	293
屋上のウインドノーツ	355
屋上の狂人	300
屋上ミサイル	309
奥底の悲しみ～戦後70年、引揚げ者の記憶～	357
奥地の鶯	59
阿国	191, 724
お国と五平	23
奥飛騨慕情	125, 130, 136, 726
小熊秀雄全集	109
億万長者	27, 516
奥村土牛	166
小倉昌男 祈りと経営―ヤマト「宅急便の父」が闘っていたもの	369
送り火	374
おくりびと	309, 311, 312, 318, 582, 708
オーケストラがやって来た	83, 95, 135
オーケストラの少女	10
オケピ！	262
おこげ	202, 203, 204, 613
お琴と佐助	7, 559

お小人騒動	26		338
お米は生きている	230	お供え	201, 721
おこりんぼの人魚	170	おそ松くん	55, 420
おこんじょうるり	135	おそ松さん	401
お探し物は図書室まで	393	於染久松色読販	339
尾崎翠の感覚世界	187, 498	おそるべき親たち	326, 327
幼き者は驢馬に乗って	70, 699	恐るべき副作用	131
幼な子われらに生まれ	370, 371	恐れを知らぬ川上音二郎一座	307
おさるのもり	277	恐山宿坊	54
小沢昭一の小沢昭一的こころ	135, 306	恐れられた子等	19
小澤征爾さんと、音楽について話をする	337, 694	お台場アイランドベイビー	323
おさん	114, 137, 432	お楽しみはこれからだ	217, 728
おさん茂兵衛	119	おたふく物語	103, 606
おじいさんの台所	147, 238	おたまさんのおかいさん	276
おじいちゃんが、わすれても…	330	オタマジャクシのうんどうかい	277
おじいちゃん わすれないよ	276	小田原の織社	188
おじいちゃんは水のにおいがした	304	おちばおちばとんでいけ	203
おしかくさま	335	落葉日記	208
お師匠さま、整いました！	361	落穂ひろい	140, 573
おしどり	206, 446	落武者	3
おしの	103, 220, 606	お茶漬の味	23, 488, 553, 631
推しの殺人	405	お茶の間郷土劇場	135
伯父の墓地	195, 705	おちょこの傘持つメリー・ポピンズ	103, 415
推し、燃ゆ	386	おちょやん	396
おしゃべり怪談	242	落ちる	36
おしゃべり伝六 一番手柄	225	お月さまいくつ	37
おしゃべりな真珠	704	お月さまをたべたやっこだこ	25
おしゃべりなたまごやき	40, 86, 596	おっこちゃんとタンタンうさぎ	182, 428
Ohジャリーズ!!	98	おっさんずラブ	377
おしゃれ	123	おっさんずラブ−in the sky−	384
オーシャンズ11	333	夫・車谷長吉	375
お受験	250, 589	オットーと呼ばれる日本人	61, 582
お嬢さん	4, 487	夫の始末	228, 229, 589
お嬢さん乾杯	18, 19, 512, 565, 644	夫の骨	387
汚辱の日	16	おっぱいバレー	318, 325
オシリス、石ノ神	146, 723	オッペケペ	119, 731
おし	142, 147, 212, 344, 351, 611	オッペンハイマー	414
OZ	214	オッペンハイマー事件	61
御巣鷹おろし	8	オデカケ	316
おスミの持参金	16	オデッサ	410
小津安二郎	405	お寺はドイツだ！ ～蓮香寺のオリンピック	245
小津安二郎と茅ヶ崎館	230	お父さんが話してくれた宇宙の歴史	203
小津安二郎の反映画	243, 721	お父さん喜美恵と呼んで！	106, 107
Oslo（オスロ）	397	お父さんと伊藤さん	341
オセロ〔映画〕	60, 71	お義父さんと呼ばせて	358
オセロ〔演劇〕	23	お父さんの技術が日本を作った！	237
オセロー〔演劇〕	88	おとうさんのちず	317
オセロ〔演劇〕	107	おとうさんの伝説	161
オセロ〔演劇〕	465, 511	おとうと	42, 43, 325, 441, 508, 588, 682, 688, 699
オセロ〔演劇〕	574	弟	228, 285, 438
遅い目覚めながらも	69	弟よ〔内藤やす子〕	102, 610
お葬式	147, 148, 154, 157, 248, 440, 567, 692, 708	弟よ〔舞台〕	193
遅咲きのヒマワリ～ボクの人生、リニューアル		弟よ一姉、乙女から坂本龍馬への伝言	191, 561

作品名	ページ
おとぎばなし	62
男ありて	29, 507
男おいどん	84, 675
男衆藤太郎	11
おとこ鷹	46
男たちの旅路―シルバー・シート	107
男たちの旅路―戦場は遙かになりて	134
男たちの大和〔辺見じゅん〕	661
男たちの大和/YAMATO	145, 291, 298, 305, 550
男どアホウ甲子園	88, 682
男同志	185
男と女	60
男と女のお話	75, 76
男と女の破片	206, 428, 666
男と女のラブゲーム	177, 666
男泣かせの雨が降る	397
男のコになりたい	169
男の情話	185, 191, 544
男の絶唱	372
男の選択	167
男の紋章	119
男のロマン女のフマン	213
男船	156, 157, 567
男惚れ	206, 544
男はつらいよ	70, 71, 74, 75, 78, 82, 87, 188, 225, 231, 234, 426, 690, 700, 711
男はつらいよ 口笛を吹く寅次郎	147, 712
男はつらいよ 純情篇	78, 712
男はつらいよシリーズ	96, 111, 117, 123, 633
男はつらいよ 知床慕情	168, 687, 712
男はつらいよ 寅次郎相合い傘	95, 96, 424, 712
男はつらいよ 寅次郎あじさいの恋	135, 465
男はつらいよ 寅次郎紅の花	231, 424
男はつらいよ 寅次郎恋歌	78, 712
男はつらいよ 寅次郎子守唄	90, 712
男はつらいよ 寅次郎真実一路	154, 426
男はつらいよ 寅次郎の縁談	217, 713
男はつらいよ 寅次郎ハイビスカスの花	122, 128, 633, 712
男はつらいよ 寅次郎物語	175, 426
男はつらいよ 寅次郎夕焼け小焼け	100, 101, 575, 712
男はつらいよ 寅次郎夢枕	87, 712
男はつらいよ 寅次郎恋愛塾	154, 426
男はつらいよ 寅次郎忘れな草	86, 87, 690, 712
男はつらいよ 翔んでる寅次郎	117, 697
男はつらいよ 浪花の恋の寅次郎	129, 134, 633, 670
男はつらいよ 花も嵐も寅次郎	135, 426
男はつらいよ フーテンの寅	75
男はつらいよ 奮闘篇	78, 712
男はつらいよ 望郷篇	74, 75, 633, 690, 712
男はつらいよ ぼくの伯父さん	190
男は度胸	79
おとし穴	47, 427, 603
オトシブミ	116
音無川	185
大人は、かく戦えり	333, 472
大人はわかってくれない	170
音の語り部キダ・タロー博覧	352
乙女の密告	322
乙女のワルツ	97, 448
乙女日和	163, 164
乙嫁語り	353
踊る大捜査線 THE MOVIE	244, 250
踊る大捜査線 THE MOVIE2 レインボーブリッジを封鎖せよ！	277, 278, 283, 284
おどるでく	215
おどるポンポコリン	191, 192, 199
踊ろう、マヤ	195
お直し	32
小名木川	99
おなじ墓のムジナ	216
おならくらげ	363
鬼	82, 504
お兄ちゃんの選択	218
おにいちゃんのハナビ	325
鬼を飼うゴロ	82
鬼が来た	115, 486
鬼どもの夜は深い	139
鬼にて候	82
鬼のいる社で	90
鬼の詩	90, 656
鬼の筆 戦後最大の脚本家・橋本忍の栄光と挫折	413
鬼の舞	329
オニのやく目玉	233
鬼婆	53, 54, 565
鬼火	22, 32, 106, 236, 237, 238, 330, 452, 645, 724
鬼文	95
鬼平犯科帳	105, 223, 225, 365, 493, 618, 630
鬼はもとより	355
おねいちゃん	189
お姉ちゃん	87, 633
尾根のかなたに～父と息子の日航機墜落事故～（後編）	338
ONODA 一万夜を越えて	395
斧と勾玉	274, 282
おばあさんのひこうき	60, 63, 549
おばあちゃんといっしょ	361
おばあちゃんのおにぎり	270, 548
おばあちゃんの思い出	257
おばかさんの夕食会	252
おばけドライブ	283, 570
オバケのQ太郎	61, 231
おばけのゆらとねこのにゃあ	100
オバタリアン	186

オーパーツ 死を招く至宝	368
お初徳兵衛	345
お初の繭	323
叔母との旅	327
おはなしのえほん	53
おはなはん	61, 494
オバマ・グーグル	368
おはよう！ スパンク	131
おはようパーソナリティ 中村鋭一です	82
おはよう720	96
大原御幸	300
おばらばん	248
お腹召しませ	295, 302
おはん	33, 36, 146, 147, 148, 149, 154, 213, 442, 463, 717, 722
お日柄もよく ご愁傷さま	230
お久しぶりね	143, 536, 570
オービタル・クラウド	354, 360
オービタル・クリスマス	398
お引越し	196, 209, 210, 211, 264, 546, 574
おひめさまはねむりたくないけれど	363
おひるのたびにさようなら	309
おふくろ	29, 640, 648
おふくろさん	79, 502, 697
「おふくろ」シリーズ	218
オブ・ザ・ベースボール	303
オブリビオン～忘却	296
オペラ歌手誕生物語	304
オペラ座の怪人	178, 186, 193
オペラの運命―十九世紀を魅了した『一夜の夢』	260
オペラ・ハット	8
オペレッタ狸御殿	291, 570, 702
覚書幕末の水戸藩	93
覚えてゐるか	336
おぼっちゃまくん	179, 536
溺レる	254, 255
溺れる魚	263
溺れるナイフ	363
溺れる人	271
おまえが棄てた女	56
おまえと暮らせない	146
おまえに	108, 125, 659
おまえにほれた	125, 684
お祭り忍者	191, 192, 193
おみおくりの作法	357
お水の花道	244
お見世出し	282
おみやさん	332, 729
おむら殉愛記	8
思い、思われ、ふり、ふられ	372
思ひ川	19, 463
思川の岸辺 小池光歌集	354, 526
重い車	49
重い障害児のために	71
おもいで酒	119, 533, 534
想い出づくり	129
想い出のカルテット	333
想い出の九十九里浜	198, 199
思い出のビーチクラブ	642
想い出のビーチクラブ	170
おもひでぽろぽろ	196, 197, 580
想い出ぽろぽろ	102, 103, 420, 461, 610
想いで迷子	170
想いのこし	350
面影の郷	185, 446
面影の都	293, 626
おもちゃ	250, 251, 653, 654
人形（おもちゃ）	239, 428
おもちゃのチャチャチャ	52, 631, 719
表紙 omote-gami	309
おもて切り	72, 80
表通りへぬける地図	184
おもろい女	118, 119, 286, 378, 425, 656, 699
おもろい夫婦	61, 101
御役（おやく）	335
親子ジグザグ 第5話―鬼ババの危険なヒミツ	169
父子鷹	46
父子の対話	182
親父と嫁さん	157
親父の一番長い日	118
おやじの海	118, 119, 695
おやじの女	119
おやじの背中	351
おやだぬきとこだぬきのうた	51
親バカ子バカ	87
親バカ天国	76
霊山 OYAMA	310
おやまのがっこう	39
おやまのかばちゃん	32
親指Pの修業時代	215, 669
おゆき	102
於雪―土佐一条家の崩壊	73, 476
泳ぐ機関車	339
泳ぐのに、安全でも適切でもありません	268
およげ！ たいやきくん	102, 562
お嫁に行きたい!!	171, 419
おらおらでひとりいぐも	368
俺ら東京さ行ぐだ	154, 719
おらんだ楽兵	8
檻	42
オリエンタリストの憂鬱	315
折々のうた	120, 228, 468
をりをり よみ耽り	386
オリヲン座からの招待状	304
オリオン座のむこう	219
折口信夫	354
折口信夫論	228, 668

折鶴	173, 429
おりひめとけんぎゅう	82
おりょう	83
オリンピックの身代金	316, 345
オリンポスの果実	11
ALWAYS 三丁目の夕日	291, 297, 298, 702
ALWAYS 続・三丁目の夕日	304, 312, 678
オルガニスト	242
オルゴールのくるくるちゃん	363
オールドリフレイン	353
オレゴンから愛'88	176
俺たち ウォーターボーイズ!!	396
俺たちに明日はない	67
おれたちの熱い季節	105
俺達のさよなら	85
俺たちのロカビリーナイト	156
オレたちひょうきん族	135, 136
折れた竜骨	329
俺でいいのか	720
俺と雌猫のレクイエム	295
俺の家の話	394
おれのことなら放っといて	160, 620
俺の血は他人の血	98, 600
俺の話は長い	384
俺節	205
俺物語!!	346, 359
俺は映画でロックンロールをやるんだ—小松隆志映画に賭ける青春	176
おれは男だ! くにおくん	220
オレは芸人議員だ	180
おれは鉄兵	103, 596
俺は待ってるぜ	271
おれはミサイル	280
orange - オレンジ -	364
オレンジ砂塵	202
おれんじ屋のきぬ子さん	270
愚か者	169, 170, 171, 439, 451, 538
愚か者 傷だらけの天使	243, 244, 469
おろしや国酔夢譚	69, 204, 452, 550, 607
オーロラの下で	190, 532
オロロ畑でつかまえて	235
オロロンの島	46
Oh! わがライン川	154
終わった人	377, 587
お笑い浅草21世紀	286
終わらざる夏	322
終わりなき索敵	221, 590
終わりなき旅	159
終わりに見た街	134, 135
終わりのいろいろなかたち	222
おわりのそこみえ	406
終わりのない童話	238, 500
音楽	56, 610
音楽劇 母さん	385
音楽劇 人形の家	385
音楽の危機《第九》が歌えなくなった日	394
音楽畑	637
をんごく	406
温室の前	239
怨讐星域	367, 493
怨讐の相続人	275
オン・ステージ玉川勝太郎	186
温泉	381
温泉妖精	355
音速平和 sonic peace	296
温暖化の秋 - hot autumn -	399
恩地孝四郎一つの伝記	335
オンディーヌ	86, 528, 723
おんどりと二枚のきんか	74
おんどりのねがい	78
女	17, 512
女生きてます	78, 700
女いっぴき猫ふたり	301
おんな占い	76
女絵地獄	85
女を読む本	228
女が階段を上る時	42, 507
女学者	17
女からの声	146
女騎手	323
婦系図	157
女ごころ誰かしる	21, 686
女心の唄	58
女心は港の灯	130, 525, 704, 708
おんなごろしあぶらの地獄	72
女殺油地獄	38, 202, 203, 204, 211, 212, 385, 448
女坂	33, 171, 465, 546
女ざかり	218, 475, 722
女三の宮	199
女正月	197
おんな城主 直虎	371
女相撲	205, 514, 641
女相続人	300
おんな太閤記	129
女だけの都	9
女たち三百人の裏切りの書	354, 355
女たちのジハード	235
女たちの太平洋戦争	357
女たちの忠臣蔵	118, 125, 516
女たちの物語	351
女渡世人 おたの申します	78, 492, 654
女と味噌汁	67, 707
女に	202, 591
女にさよなら	202
女の秋	307
おんなの朝	79, 627, 679
女のいくさ	50

女の一生 ……………………………… 17, 18, 25, 63, 64, 68, 148, 233, 333, 359, 391, 397, 404, 459, 489, 493, 569, 598, 648, 682, 705
おんなの一生～汗の花～ …………… 279, 719
おんなの渦と淵と流れ …………………… 54
女の駅 ………………………… 170, 171, 473
おんなの絵本 ……………………… 286, 446
おんなの海峡 ………………………… 88, 438
女の声 ……………………………………… 186
女の子がいる場所は ……………………… 410
女の子たち風船爆弾をつくる …………… 411
女の勤行 …………………………………… 53
女の酒 …………………………………… 170
女の園 ………………… 26, 27, 513, 514, 516, 581
女の旅路 …………………………………… 79
女の中にいる他人 ……… 59, 60, 447, 625, 686
女のねがい ………………………………… 88
女の人差し指 …………………………… 162
女のブルース ……………………………… 75
女の平和 ……………………………… 27, 646
女のほそ道 ……………………………… 193
女のまごころ …………………………… 252
おんなの窓 ……………………………… 301
女のみち ……………………………… 83, 88, 687
女の宿 ……………………………… 50, 547
おんなの夢 ……………………………… 97, 703
女ひとり原始部落に入る ………………… 49
女…ひとり旅 ……………………… 205, 206
女もよう ……………………………… 157, 697
女はそれを我慢できない …………… 113, 431
おんなは度胸 …………………………… 205
女は二度生まれる ………………… 45, 727
おんにょろ盛衰記 ………… 35, 171, 717
オンノジ …………………………………… 353
音符 ………………………………………… 202
陰陽師 ………… 264, 266, 271, 301, 367, 582
御宿かわせみ …………………………… 241
ON 猟奇犯罪捜査班・藤堂比奈子 ……… 348

【か】

かあちゃん ………………… 264, 271, 508
母べえ …………………………………… 713
戒 ………………………………………… 268
櫂 …… 85, 153, 154, 155, 308, 577, 606, 687
外圧にゆらぐ日本史 …………………… 173
ガイアの夜明け ………………………… 313
怪異談生きている小平次 ……………… 134
海雨 ……………………………………… 296
開運！なんでも鑑定団 ………………… 251
海援隊 …………………………………… 107
壊音 KAI―ON …………………………… 209

かいかたそだてかたずかん ……………… 243
開化の浮世絵師 清親 …………………… 115
絵画の黄昏―エドゥアール・マネ没後の闘争 ‥ 235
絵画の領分 ……………………………… 145
貝殻 ……………………………………… 14
海峡 ………………… 134, 145, 447, 701, 719
海峡を越えたホームラン ………… 154, 573
海峡を渡るバイオリン ………………… 285
海峡恋歌 ………………………… 219, 220
甲斐京子の夢劇場in ASAKUSA―ダンス・ソング・ドラマ・PART4― ……… 293
海峡に女の唄がきこえる ………… 128, 460
海峡の光 ………………………………… 228
海峡物語 ………………………………… 106
会議は踊る ………………………………… 6
皆勤の徒 ………………………………… 347
海軍 ………………………………… 13, 556
海軍特別年少兵 ……… 81, 82, 454, 571, 695
戒厳令 ………………… 86, 397, 661, 721
戒厳令の夜 ……………………… 124, 647
海光 ……………………………………… 317
海号の歌 ………………………………… 221
邂逅の森 ………………………………… 282
外国人になった日本人 ………………… 116
骸骨山脈 ………………………………… 209
骸骨ビルの庭 …………………… 322, 692
介護入門 ………………………… 281, 282
カイジ …………………………………… 246
カイジ2～人生奪回ゲーム～ …………… 331
海市帖 …………………………………… 14
かいしゃいんのメロディー …………… 246
会社の人事 ……………………………… 122
会社物語 ………………………… 176, 638
会社はこれからどうなるのか ………… 276
海獣の子供 ……………………………… 383
怪獣ルクスビグラの足型を取った男 …… 367
カイショウ無いね ………………… 156, 618
灰燼 ………………………………… 4, 696
会真記 …………………………………… 16
外人部隊 ………………………………… 7
海神別荘 ………………………… 92, 423
海図 ……………………………… 152, 583
ガイズ＆ドールズ ……………………… 403
海星・河童 ……………………… 110, 501
海戦 ……………………………… 14, 629
凱旋門 …………………………… 255, 556
凱旋門と活人画の風俗史―儚きスペクタクルの力 ……………………………………… 374
回漕船 …………………………………… 99
回想の文学 ……………………………… 104
回想の文学座 …………………………… 174
海賊とよばれた男 ……………………… 342
開拓者たち ……………………………… 337
怪談 ……………………… 54, 56, 57, 535, 682

怪談蚊喰鳥	107	蛙の詩	18, 516
快男児押川春浪	180	かえるのけろ	54
外地巡礼「越境的」日本語文学論	374	かえるの子	228
害虫	270, 271	かえるのじいさまとあめんぼおはな	311
懐中時計	69	還れぬ家	341
海潮音	123, 482	火怨	255
海底戦記	13, 707	顔〔映画〕	256, 257, 264, 469, 549, 629, 656
海底の愛人	4	顔〔松本清張〕	34, 469, 549, 629, 656, 674
回転木馬	226	顔〔丹羽文雄〕	41, 469, 549, 629, 656
開冬	93, 549	花王愛の劇場	218
街道をゆく22―南蛮のみち1	145, 557	カオスの娘	302, 560
解答者は走ってください	406	顔に降りかかる雨	208
怪盗ジョーカー	340	蛾を吐く	328, 602
怪盗対名探偵	160	かおばな憑依帖	335
海道東征	166, 543	顔役	78, 495
快盗ルビイ	175, 176, 526, 551, 728	薫ing	203
カイトとルソンの海	401	薫れ茉莉花	10
貝に続く場所にて	392	かか	381, 386
貝になった子供	21, 672	課外授業	110
峡の雲	153	課外授業ようこそ先輩	272
海馬の助走	268	『科学小説』神髄 アメリカSFの源流	227, 632
解氷期	15	科学図説シリーズ	54
怪物	405, 408, 414	科学する詩人ゲーテ	322
怪物の木こり	374	科学のアルバム	100
解剖台	22	科学の学校	27
解剖台を繞る人々	8	〈雅楽〉の誕生―田辺尚雄が見た大東亜の響き	380
海鰻荘綺談	17	科学の歴史	42
乖離する私―中村文則	295	案山子 KAKASHI	263, 264
改良	381	かかし長屋	208, 646
海量	249	かかしのねがいごと	46
廻廊	116, 558	画家たちの原風景	167
海狼伝	166, 563	かかとを失くして	194
カイロの紫のバラ	161, 162	鏡川	254, 705
カーヴァーが死んだことなんてだあれも知らなかった―極小主義者たちの午後	187	鏡獅子	186, 618
カウボーイビバップ	260	鏡の国のアリス	89
カウントダウン・メルトダウン	343	鏡の国の戦争	300
カウント・プラン	229	かがみの孤城	375
花影	44, 467	鏡のなかのアジア	373
花影の花	195, 651	鏡の中のガラスの船	104
帰ってきたカラオケマン	397, 493	かかみ野の空	182, 420
かえってきたきつね	90, 615	かかみ野の土	182, 420
帰ってきた鼻まがり	134	鏡の背面	381
帰ってこいよ	125, 674	加賀見山旧錦絵	164
帰らざる海辺	615	かがやく日本語の悪態	242, 503
帰らざる旅	201	輝く日の宮	274, 275, 677
帰らざる夏	85, 491	輝ける碧き空の下で(第2部)	159, 509
帰らざる日々	110, 111, 112, 611, 613, 655	輝ける闇	65, 491
帰らざる夜想曲	92	かがりちゃん	196, 455
帰らぬ人	32	篝り火の陰に	139
かえりの合図、まってた食卓、そこ、きっと、おふるる世界。	336	香川進全歌集	202
かへり水	323, 538	花間	241, 698
蛙昇天	64	花顔の人―花柳章太郎伝	194, 469
		河岸忘日抄	288
		鍵	40, 441, 728

蠣崎波響の生涯	180, 181, 619
夏姫春秋	195
カキツバタ群落	85, 588
餓鬼道	5
鍵泥棒のメソッド	337, 338, 344
鍵のかかった部屋	338, 549
柿の木のある家	21, 602
ガキの頃のように	428, 664
鍵のない夢を見る	335
柿本人麻呂	47, 715
かぎばあさんシリーズ	189
柿本多映俳句集成	387
画狂人ラプソディ	153
華僑伝	14
限りなき前進	9, 462
限りなく透明に近いブルー	98, 99, 694
岳	314
架空OL日記	371
架空実況放送〈関ヶ原〉	140
架空列車	334
学園広場	52, 657
書く女	300
かくかくしかじか	360
覚悟はいいかそこの女子。	383
隠された声	93
隠された十字架	80
隠し剣 鬼の爪	284, 713
隠し砦の三悪人	37, 484, 522, 636
確証	18
楽人の都・上海	247
学生街の喫茶店	88
客地黄落	290
かくてありけり	109, 631
カクテル・パーティー	62
かくまきの歌	34, 568
岳~みんなの山	314
革命前後	38, 650
革命前夜	361
革命のためのサウンドトラック	188
かくも長き不在	54
楽屋	119
かぐや様は告らせたい〜天才たちの恋愛頭脳戦〜	385
輝夜姫	266
かぐや姫の物語	343, 344, 580
神楽	255
神楽坂ファミリー	241
神楽坂ホン書き旅館	276
隠れ菊	228, 727
かくれ里	81, 564
かくれ宿	157, 473
家系	121
影をめぐるとき	221
藤桔梗	188, 429

景清	30, 365
駆込み女と駆出し男	357, 358
崖にて	393
崖の上のポニョ	311, 312, 318, 647, 691
陰の季節	242
影の告発	50
蔭の棲みか	248
かげの砦	114
影法師	212, 664
影武者	122, 123, 124, 523, 615, 695, 708
かけら	316
駆ける少年	201
かげろう	70, 565
陽炎座	128, 129, 134, 491, 570, 590, 617
かげろうの死	128, 603
かげろふの日記遺文	38, 696
河口	45, 714
河口眺望	208, 216, 599
火口のふたり	382
河口まで	276
過去をもつ人	361, 428
鹿児島本線	193
篭釣瓶花街酔醒	17
囲みの中の歳月	276
過去 メタファー 中国―ある『アフターダーク』論	288
駕篭や捕物帳	226
囲われない批評―東浩紀と中原昌也	308
花綵列島	121
風車〔徳川夢声〕	22, 607
風車〔和田悟朗〕	335, 607
かささぎ	14
カササギ殺人事件	381
我拶(がさつ)もん	406
風成の海碧く	86
累―かさね―	383
かさねちゃんにきいてみな	350
風花	262, 264, 526, 575
風祝	146
かさぶた式部考	72, 421
カサブランカ	320
風祭	99, 702
飾りじゃないのよ涙は	149, 156, 621
火山島	145, 235
傘ん中	272, 422
火山のふもとで	335
火山灰地	10, 292, 624
鰍沢	68, 142
かしこい女じゃないけれど	130
化して荒波	249
樫の木坂四姉妹	327, 473
河岸八町	36
カジムヌガタイ―風が語る沖縄戦	280
化車	336

作品名索引

火車	209, 692
アジアの砂	81
果樹園	202
過剰兵	28
花神	106
春日井梅光 名調子への挑戦	220
上総風土記	11, 693
カストリ・エレジー	246
カストロの尻	367, 500
和宮様御留	109, 125, 429, 516
カスピ海の宝石	208
カスマプゲ	108
霞が関が震えた日	140
ガーゼ	269
風〔はしだのりひことシューベルツ〕	72
風〔壹井栄〕	28, 602
風群（かぜ）	225
火星人先史	132
火星鉄道一九	172
家政婦のミタ	332
『家政婦は見た！』シリーズ	169
風色	86
風をあつめて	332
化石〔映画〕	95, 96, 478, 535, 553, 585
化石の森	73, 438, 635
風さわぐ北のまちから 少女と家族の引き揚げ回想記	407
風, 草原をはしる	182
風立ちぬ	245, 343, 344, 351, 583, 648, 670, 691
風と木の詩	120
風と木の歌 童話集	86
風と共に去りぬ	273, 333
風と花の輪	42
風に添へた手紙	10
風にのれ！ アホウドリ	230
風にむかってマイウェイ	148
風にゆれる雑草	128
かぜのアパート	283
風の歌を聴け	115, 694
風の歌、星の口笛	282
風の陰陽師	324
風のガーデン	312, 313, 319, 478
風の河	174
風の靴	324
風のけはい	127
風の子守歌	339
風の生涯	254, 601
風の空	317
風の大地	213
風の谷のナウシカ	147, 148, 151, 158, 227, 580, 647, 690
風のターン・ロード	166
かぜのでんしゃ	140
風の電話	388
風の中の街	239
風の中の牝鶏	17, 488, 587
風の配分	249
風の果て	304, 549
かぜのひきかた	167, 599
風の盆恋歌	185, 435, 616, 679
風の又三郎	12
風の曼陀羅	202
風の迷走	225
風の夜	256, 529
風のラヴソング	214
風の良寛	274
風の領分	394
風光る	207, 273
風ぼうぼうぼう	283
風街レジェンド2015	358
風よ あらしよ	393
風よ、空駆ける風よ	221, 599
風は思い出をささやいた	57
架線	36
仮想儀礼	316
科捜研の女	351, 553
仮装人物	9, 607
仮想の騎士	255
かぞえてみよう	100, 431
家族	74, 75, 432, 633, 690, 712, 726
家族（句集）	406
家族狩り	229
家族記念日	319
家族ゲーム	127, 140, 141, 440, 672, 701, 717
家族・この密なるもの	148
家族シネマ	228
家族じまい	387
かぞくのくに	335, 337, 338
家族の肖像	111, 112, 117
家族の食卓	200
家族日和'93	205
家族はつらいよ	364
化体	255, 494
固い卵	12
固い薔薇	323
傍聞き	309
片思い	326
片思慕の竹	77
片想いFinally	339, 421
肩書きのない名刺	122
火宅の人	94, 99, 160, 161, 162, 168, 437, 451, 478, 514, 528, 595, 644, 653, 670
片恋酒	149, 150, 559, 687
肩ごしの恋人	261
カタコンベ	281
かたづの！	355
寂兮寥兮	133, 474
蝸牛の少将	59

象られた力	294
刀とヒロシマ―日本映画の中の戦争	197
片羽登呂平詩集	196
傾いた道しるべ	97, 657
傾く首～モディリアーニの折れた絵筆～	313
片翼だけの天使	161
ガダラの豚	215
語りかける季語 ゆるやかな日本	295
語りかける花	210
語りの自己現場	228
ガダルカナル	14
ガダルカナル戦記	122
傍らの男	329
傍の夢物語	286
果断 隠蔽捜査2	309, 310
価値ある男	45, 687
かちかち山のすぐそばで	86, 572, 600
勝烏	31
家畜の朝	275
勝ち過ぎた監督 駒大苫小牧 幻の三連覇	369
渦中であるといふこと―三島由紀夫と日本近代の青春	248
火中蓮	122
花鳥・山水画を読み解く―中国絵画の意味	274
課長島耕作	200, 651
花鳥来	196
閣下	12, 661
勝海舟	92
楽器	329
活気あふれて―長い戦争のあと	237
活劇ウェスタン・リボンの騎士	164
学研の図鑑 スーパー戦隊	404
学校	210, 211, 212, 217, 230, 583, 588, 627, 713
学校Ⅱ	231, 232
学校Ⅲ	243, 244, 472, 713
学校ウサギをつかまえろ	168, 479
郭公抄	209
学校図書館文庫第1期	29
学校の怪談	223, 224
学校の怪談2	231, 508
学校の怪談4	249
学校は死の匂い	381
カッコーの巣の上で	101
喝采	596, 619, 720
喝采〔ちあきなおみ〕	83
喝采〔舞台〕	372
月山	85, 116, 117
褐色の実	34
渇水	188, 407
滑走路	388
がっちり買いまショー	75
かってに志の輔コレクション	186
勝手にしやがれ	108, 422, 474, 554, 658
河童	114, 224
かっぱどっくり	134, 694
かっぱとドンコツ	74, 602
河童のクゥと夏休み	305, 307
カツベン！	382, 383, 389
桂川連理柵	20
葛城	299
桂小文枝音曲芝居噺の世界	193
桂三枝の創作落語125撰ファイナル	495
桂南喬ひとりっきり会創作噺の特集	253
桂春団治	32, 65
活力の造型	38
家庭教師	167
カディスの赤い星	160, 166, 467
家庭用安心坑夫	398
カーテンコール	215, 451, 520
火天の城	282
加藤克巳全歌集	160
カードキャプターさくら	267
蛾と笹舟	14
ガドルフの百合	223
叶えられた祈り	235
カナカナ	223
金沢望郷歌	525
悲しいけれど	170, 428, 503, 679, 698
悲しいだけ	115, 655
かなしいぶらんこ	82
哀しい予感	157, 479
哀しき千両役者～博多淡海父子伝	251
哀しき主―小林秀雄と歴史	214
悲しきYOUNG LOVE	149
悲しくてやりきれない	205, 711
悲しみにさよなら	156, 157, 593
哀しみの終わるとき	97, 630
悲しみの港	214, 481
哀しみ本線日本海	130, 428, 640, 699
彼方から	287
彼方のアストラ	385, 392
かなたの子	335
仮名手本忠臣蔵	17, 71, 136, 162, 314
仮名手本ハムレット	201
カナリア	291
カナリア 西条八十物語	233
カナンまで	90
蟹〔河野多恵子〕	50, 528
蟹〔梅娘〕	15, 528
蟹女	236, 695
蟹と彼と私	308
蟹の町	35
蟹場まで	289
かにみそ	342
カニは横に歩く 自立障害者たちの半世紀	330
香貫	262
金子兜太集	267

作品名	ページ
金子みすゞ物語〜みんなちがってみんないい〜	338
カーネーション	332, 338
兼高かおる世界の旅	64, 71, 169, 190, 500
金田君の宝物	282
カネのない宇宙人 閉鎖危機に揺れる野辺山観測所	383
カネボウヒューマンスペシャル	211
カネボウヒューマンスペシャル『大地の産声が聞こえる〜十五才いちご薄書』	258
彼女を笑う人がいても	397
彼女がその名を知らない鳥たち	370, 377
彼女たちの時代	250
彼女と彼	50, 51, 560, 638, 648
彼女の知らない彼女	309
彼女のプレンカ	248
彼女は頭が悪いから	380
カノジョは嘘を愛しすぎてる	346
鹿野忠雄―台湾に魅せられたナチュラリスト	203
花音	233
かばくんのふね	57, 615
河馬に噛まれる	146, 467
河畔の書	146
鞄の中身	94, 725
荷風と東京	228
カフカ 田舎医者	305
歌舞伎定式舞台図集	38
カブキの日	241
歌舞伎の魅力〜おさん・茂兵衛大経師昔歴にみる	154
歌舞伎の魅力―菅丞相・片岡仁左衛門	134, 638
歌舞伎模様―天保六花撰	112, 727
兜首	9
ガープの世界	141
カブールの園	367
画文集・遠い日の村のうた	189
壁〔安部公房〕	21, 427, 480
壁〔岡松和夫〕	39, 480
壁・旅芝居殺人事件	153, 685
かべちょろ	110
壁とよばれた少年	122
壁の花	31
過保護のカホコ	377
かぼちゃごよみ	196
カポネ大いに泣く	451, 484
釜石の"奇跡" いのちを守る特別授業	345
釜ケ崎	46, 696
鎌倉殿の13人	402, 403
鎌倉のおばさん	235, 696
鎌倉物語	4
蒲田行進曲	127, 134, 135, 136, 137, 141, 492, 496, 597, 651, 652, 670
ガマの油	318
髪をかきあげる	230
神隠しの教室	369
盟三五大切	103, 186, 424, 721
盟(かみかけて)信(しん)が大切	399
KAMIKAZE TAXI	223, 224, 225, 702
上方苦界草紙	196
上方芸能	245
神々の山嶺	241
神々の島のマムダ	230
神々の闘争 折口信夫論	267, 288
神々の深き欲望	66, 67, 456,429
神狩り	98, 711
紙鑑定士の事件ファイル 模型の家の殺人	380
神キチ	316
神様	248
神さまの言うとおり	357
神様の裏の顔	349
神様のお話	11
神様のカルテ	323, 331, 491
神様のくれた赤ん坊	117, 122, 123, 697, 729
神サマの夜	174
神様、もう少しだけ	244
紙漉風土記	33
咬みつきたい	197, 198
神と人との門	10
神鳴り	412
雷のあとに	394
雷の道行Ⅱ	243
雷の道行Ⅲ	252
神の女	66
神の子犬	289, 296
紙の月	335, 350, 351, 357, 534
神の値段	355
髪の花	77
紙のピアノ	279
神の守り人 来訪編・帰還編	276
神の汚れた手	121, 575
髪の環	99, 583
紙ヒコーキ・飛んだ	235
神も仏もありませぬ	283, 552
紙屋悦子の青春	298, 521
紙屋治兵衛	112, 624
紙屋町さくらホテル	239, 684
髪結新三	346, 415
神は見返りを求める	401
カムアウト2016←→1989	365
カムイ	369
噛む女	175, 176, 697
カムカムエヴリバディ	401, 403
カム フロム アウェイ	415
亀井勝一郎論	52
カメオ	392
カメ男	133
かめくん	267
カメくんとイモリくん 小雨ぽっこ	401
がめつい奴	40, 43, 199, 684

作品名	ページ
亀八	210, 657
カメラを止めるな！	376, 377, 383
カメラルポルタージュ『F104と人間開発』	54
ガメラ 大怪獣空中決戦	223, 224, 234
ガメラ2	234, 240
カメレオン	253
カメレオン狂のための戦争学習帳	315
かめれおんの時間	310
仮面学園	257
仮面劇・小栗判官・照手姫	144
仮面の声	174, 529
仮面舞踏会	163, 164, 647
仮面法廷	81
仮面ライダー	83
仮面ライダークウガ	274
蒲生邸事件	240, 692
寡黙なる巨人	310
カモとねぎ	67, 707
かもめ	27, 72, 124, 252, 444, 624, 646
鷗	411
かもめが翔んだ日	113, 730
鷗という名の酒場	124, 422, 435, 619
カモメの家	203, 709
かもめの日	309
『かもめ』評釈	112
火薬と愛の星	274
伽倻子のために	146, 147, 485
榧の木祭り	104
火曜サスペンス劇場	232
歌謡漫才フェスティバル	233
かよこ桜の咲く日	155
カラヴァッジョ	288
カラヴァル―深紅色の少女	375
カラオケ行こ！	414
カラオケマン	492, 493
からかい上手の高木さん	391
唐草物語	127
がらくた博物館	94, 474
カラコルム	32
唐衣の疑問	7
唐島大尉の失踪	3
からすがカアカア鳴いている	128
烏鯉	244
ガラス細工の家	87
硝子坂	107, 108, 577
ガラス障子のシルエット	80, 559
烏に単は似合わない	335
からすのあかちゃん	45
ガラスのうま	270
からすのえんどう	400
ガラスの親指	316, 338
ガラスの麒麟	222
ガラスの十代	170
硝子のジョニー	46
ガラスの城	76
鴉の裔	11
ガラスの動物園	385
カラスの女房	428
硝子のハンマー	289
からすのパンやさん	308
ガラスの林檎	142, 143, 670, 671
身体のいいなり	330
身体の零度	221, 678
カラーパープル	162
カラハリ	58
唐版 滝の白糸	345
唐版滝の白糸	650
カラフル	325
カラマーゾフの妹	335
カラマーゾフの兄弟	302
がらんどう	399
かりあげクン	138
狩人の星座	551
仮往生伝試文	180, 659
雁金屋草紙	206
カリギュラ	307
借りぐらしのアリエッティ	325, 331
仮釈放	239
かりそめの出発	63
雁立	15
仮の場所から	127
仮の水	315
仮の宿なるを	142, 433, 603
仮の世	82
ガリバーの死体袋	255
カリフォルニア・ドールズ	135
刈谷得三郎の私事	127
狩人の星座	138
華竜の宮	334
かりんちゃんと十五人のおひなさま	318
ガールズ＆パンツァー 劇場版	364, 367
ガールズ・ステップ	357
カルテット	364, 370, 371
ガルブレイス『不確実性の時代』を語る	112
カルメン	352
カルメン故郷に帰る	20, 21, 512
カルメン純情す	23, 512
カール物語	125
華麗なる一族	90, 91, 299, 478, 711, 716
華麗なるギャツビー	199
華麗なる醜聞	56, 552
華麗なる千拍手	43
彼をめぐる五人の女	3, 427
枯木灘	104, 611
ガレキのことばで語れ	342
瓦礫の中	73, 720
かれ草色の風をありがとう	134
枯草の根	44, 597

作品名	ページ
枯葉の中の青い炎	281
彼等の昭和—長谷川海太郎・潾二郎・濬・四郎	221
彼は早稲田で死んだ—大学構内リンチ殺人事件の永遠	400
餓狼伝	367
河	86
可愛いデビル	130
可愛くてごめん	415
かわいそうな自動車の話	128, 666
かわうそ	121, 693
河を渡ったあの夏の日々	86, 87, 710
渇き。	351, 357
渇きの街	153, 509
カワサキタン	202
川崎長太郎自選全集	120
川将軍	23, 666
カワセミ	166
カワセミ：青い鳥見つけた	317
河竹登志夫歌舞伎論集	247
かはたれ	297
がわっぱ	82
川っぺりムコリッタ	401
川床にえくぼが三つ	363
川の掟	39
川の終り	69
川の声	173
川の底からこんにちは	325
川の流れはバイオリンの音	129, 546
川のほとりに	242
河野裕子論	362
川べりの道	166
河骨川	335
かはゆき、道賢	405
河よりも長くゆるやかに	144, 720
河原荒草	289
変わらざる喜び	355
河原評判記	19
河原者ノススメ 死穢と修羅の記憶	322, 557
かわり目〜父と娘の15年〜	326
寒靄	209
寒花	239
ガン回廊の光と影	116, 706
ガン回廊の炎	706
考えすぎる人は成功しない	188
かんがえるカエルくん	237, 460
感覚のエデン	399
がんがらがん	126
カンガルー	84
寒雁	90
漢奸	21, 663
寒菊	15
寒菊抄	12
換気扇の下の小さな椅子で	381, 561
歓喜の歌 博物館惑星Ⅲ	392
歓喜の仔	341
寒気氾濫	242
眼球達磨式	393
玩具	56, 602
玩具修理者	222
関係者以外立入り禁止	94
管絃祭	110, 585
鹹湖	36
含紅集	62, 722
かんごかてい	289
監獄裏の詩人たち	228, 449
監獄学園	346
冠婚葬祭	13
関西と関東	63
贋作桜の森の満開の下	206
ガンジー	141
含羞	44
寒峭	181
感傷ストーブ	387
がん消滅の罠 完全寛解の謎	361
感傷旅行〔詩〕	77, 590
寒色	49
感触的昭和文壇史	159, 631
勧進帳	253
肝心の子供	303
関心領域	414
寒水魚	137, 613
関数ドミノ	319, 320
罐製同棲又は陥穽への逃亡	66
寛政見立番付	215
眼前	222
完全なる首長竜の日	322
感染領域	368
乾燥腕	323
乾燥季	47
艦送記	15
カンゾー先生	244, 245, 250, 456, 465
元祖大四畳半大物語	122
歓待	380
神田川	88
干拓団	41
神田ごくら町職人ばなし	416
神田山裕ひとり会	220
癌だましい	329
ガンダム30周年プロジェクト Real G 実物大ガンダム立像	328
菅茶山	187
眼中の悪魔	18, 711
GANTZ	331
寒椿	104, 114, 432, 686, 687
完盗オンサイト	328
関東大震災	85
関東平野	59
ガンと戦った昭和史	160
がんと向き合って	276

カントリージェントルマンへの道	319
神流川	209
雁の寺	44, 124, 575, 681
雁の世	356
乾杯	156, 185, 192, 199, 206, 249, 536, 570, 617
関白宣言	118, 548
がんばっていきまっしょい	243, 244
ガンバとカワウソの冒険	140
がんばれ！ キッカーズ	165
がんばれ元気	103, 537
がんばれ太平洋新しい旅立ち―三つ子15年の成長記録1歳～中学校卒業	124
がんばれ！ ベアーズ	101
看板屋の恋	255
ガンバ！ Fly high	240
韓非子翼	11
甘美なる誘拐	386
幹部候補生	14
奸婦（かんぷ）にあらず	302
漢文脈の近代	288
岸壁の母	657
漢方小説	282
灌木の唄	44
カンボジアに心の井戸を	283
カンボジアの悲劇・虐殺はなぜ起きたか	152
完本 怪談牡丹燈籠	389
完本 紙つぶて	120
雁道	121
甘味中毒	316
寛容	13
管理人	372
官僚たちの夏	319
甘露	329

【き】

鬼一法眼三略巻	25, 30, 156
黄色い家	405
黄色い牙	121, 562
黄色い叫び	333
黄色い猫	181, 725
黄色い部屋	17
黄色い本 ジャック・チボーという名の友人	280
黄色いマンション 黒い猫	369, 526
消えた相続人	139
消えた初恋	398
消えたママ友	398
消える産声～産科病棟で何が起きているのか	297
記憶	336
記憶する水	303, 310, 564
記憶にございません！	383, 610
記憶の遠近法	262
記憶の川で	242
記憶屋	355
祇園祭礼信仰記～金閣寺	313
祇園の女	108
祇園の姉妹	8, 239
祇園花見小路	87
祇園囃子	25
祇園祭	726
祇園祭	66, 67, 68
機械仕掛けの愛	346
機械野郎	85
飢餓海峡	56, 57, 112, 184, 264, 300, 306, 462, 560, 571, 648, 654, 680
聞かせて、おじいちゃん―原爆の語り部・森政忠雄さんの決意	401
飢渇	34
気がつけば騎手の女房	153
帰還学生	13
機関車先生	215, 439
木々を渡る風	249
奇奇奇譚編集部 ホラー作家はおばけが怖い	368
希望	216, 538
帰郷〔ドラマ〕	176
帰郷〔ヨーエ・マイ監督〕	4
帰郷〔ラジオ〕	510
帰郷〔海老沢泰久〕	215
帰郷〔山村聰監督〕	714
帰郷〔浅田次郎〕	360
帰郷〔大庭秀雄監督〕	20, 553
帰郷〔大佛次郎〕	18, 486
帰郷〔中村登監督〕	677
帰郷〔天童よしみ〕	403
帰郷－The Homecoming	345
帰郷者	11
帰郷手帖	99
戯曲冒険小説	118, 560
木喰虫愛憎図	6
菊がさね	220
菊桜	108
菊次郎の夏	257, 508, 647, 649
木靴の樹	117
キクとイサム	39, 40, 453, 454, 510, 682
菊とギロチン	376, 377
菊枕	92, 490
畸型児	31, 490
伎芸天	89
喜劇 愛妻物語	388, 389
喜劇・秋浜悟史	72
喜劇・一発大必勝	71, 711
喜劇男は愛嬌	75
喜劇女は度胸	71, 426
喜劇隣人戦争	114
きけわだつみの声	20
危険な女たち	155, 654

危険な関係	39
危険な情事	176
危険な年ごろ	147, 148, 433
危険なふたり	88, 554
きことわ	322
貴様いつまで女子でいるつもりだ問題	356
樹雨	282, 283
キサラギ	305, 312, 320
木更津キャッツアイ	270
雉子	44
儀式	78, 469, 470, 547, 594
岸田国士シリーズ	220
雉子の声	82
雉はじめて鳴く	391
岸辺	400
岸辺にて	236
岸辺のアルバム	106, 107, 476, 705
岸辺の旅	357
キジムナーフェスタ・2012	339
記者ありき	107
記者たちの水俣病	256
汽車に乗る中野重治	281
汽車の家	22
記述の国家	159
戯場戯語	70
偽書西鶴	268
岸 リトラル	378
岸和田少年愚連隊	230, 231, 439
鬼神の如く 黒田叛臣伝	361
機神兵団	227, 711
傷痕と回帰―〈月とかがり火〉を中心に	85
傷ある翼	69, 465
キスした？ SMAP	224
Kissだけじゃイヤッ！	258
傷だらけの山河	53, 54, 565, 714, 715
傷だらけの人生	79, 602
傷だらけの天使	236, 677
傷ついた野獣	146
夢絆	157, 537
絆〔ダーク・ダックス〕	129, 613, 629
絆―きずな	243
絆〔小杉健治〕	174, 613, 629
絆〔ドラマ・毎日放送〕	83, 613, 629
絆〔ドラマ・NHK〕	168, 613, 629
キスより簡単	183, 645
寄生獣	213, 234, 350
寄生獣 完結編	357
キセキ	320, 326
キセキ―あの日のソビト―	370
奇跡体験！ アンビリバボー 仲間たちとの12年越しの約束SP	390
『奇蹟』の一角	274
奇跡の人	51, 364, 624
奇跡の星	284
奇跡の山	205
季節についての試論	59, 456
季節の花詩集	42, 564
季節の記憶	235
偽装不倫	385
帰属と彷徨―芥川竜之介論	165
木曽路の女	163, 645
木曽路・文献の旅	73
北一輝	115
北ウイング	149, 150, 621, 642
北回帰線	12
北風のランナー	201
北風よ	108, 508
キタキツネ物語	271, 519
帰宅	193
北国へ	185, 663
北国の女の物語	85
北国の町	147
北航路	92, 697
北酒場	136, 137, 143, 616, 619, 662, 666
北赤道海流	63
北朝鮮 核の資源源―「国連捜査」秘録―	376
北朝鮮に消えた友と私の物語	249
北に祈る	17
北の海明り	187
北の海峡	175
北の家族	87
北のカナリアたち	337, 515, 722
北の河	56, 576
北の儀式	90
北の国から	129, 136, 238, 264, 519, 588
『北の国から』シリーズ	169
北の国から'87初恋	162, 167, 168, 519
北の国から'92巣立ち	205
北の国から'92巣立ち後編	204
北の国から2002遺言	272, 277, 519
北の恋唄	88
北の零年	298, 722
北の大地	199, 510, 658, 662
北の大地、南の島。	403
北の鯖蛤	336
北の蛍	422
北の螢	150, 697
北の宿から	102, 103, 422, 533, 689
北の雪虫	279
北原白秋	288, 289, 680
北原白秋ノート	110, 432
北見マキ ミステリー空間	207
北向きの家	236
北村透谷が冬の歌	105
喜多村緑郎日記	47, 511
義太夫狂言の演技	175
奇談の時代	116
吉右衛門日記	33

作品名	ページ
気違い部落	34, 35, 507, 558
気違い部落周游紀行	17
鬼畜	110, 111, 112, 117, 448, 478, 633
帰潮	21, 549
奇ッ怪 小泉八雲から聞いた話	319, 415
亀甲縞	345
吉祥天女	144, 720
キッズ アー オールライト	268
吃水都市	317, 669
キッズ・リターン	230, 231, 648
吉ちゃんの黄色いカバン	164, 550
キッチン	173, 183, 724
キッチンウォーズ	292
キッチンが走る！	345
キッチンのお姫さま	300
きつつきの路	24
キッドナッパーズ	275
きっと、また逢える…	206, 671
きつね	140, 448
きつねどん兵衛	112
きつねにょうぼう	243
狐寝入夢虜	281
狐のくれた赤ん坊	78, 495
きつねのでんわボックス	237
狐の鶏	31
偽帝誅戮	8
汽笛一声〔志茂田景樹〕	145, 620
汽笛一声〔中村光夫〕	53, 620
汽笛は響く	28
来てけつかるべき新世界	369
キテレツ大百科BGM	365
機動警察パトレイバー	193
機動警察パトレイバー2	211
機動警察パトレイバー the Movie	186
義堂周信・絶海中津	104
機動戦士ガンダム THE ORIGIN	340, 705
機動戦士ガンダムSEED（BGM）	293
機動戦士ガンダムZZ	165
機動戦士Zガンダム	158
軌道 福知山線脱線事故 JR西日本を変えた闘い	382
木戸幸一日記	59
きな子〜見習い警察犬の物語〜	331
木に会う	180
木に登る犬	133
絹コーモリ	22
砧をうつ女	77
きぬという道連れ	92
絹と明static	53, 681
絹の変容	188
キネマと恋人	361, 365
キネマの天地	162, 572, 712
祈念に	160, 538
木の上の軍隊	346
昨日、悲別でオンステージ	156
きのう何食べた？	383, 385, 397
きのうの空	261
きのうの夜、おとうさんがおそく帰った、そのわけは	324
紀ノ川	59, 60, 108, 585, 597, 620, 648
木の皿	279, 496
木下順二集	186, 514
紀貫之	77, 468
木の本	161
貴賓室	25
貴婦人の来訪	404
義父のいる風景	258
ギブリーズepisode2	270
気分はもう戦争	138, 473
希望〔岸洋子〕	76, 508
希望〔小島ゆかり〕	256, 508
希望〔杉山平一〕	336, 508
希望の国	337, 338
義母と娘のブルース	377
キマイラ	367
気まぐれコンセプト	300
気まぐれONE WAY BOY	142, 143
木俣修歌集	85, 514
きみを死なせないための物語	398
君を忘れない	231
君が異端だった頃	380, 560
君がいるだけで	205, 206, 212
君が教えてくれたこと	258
君が青春のとき	64
君がそばにいるから	397
きみが忘れた世界のおわり	399
君恋し	46, 659
君こそ我が命	64, 683
君だけを	55, 539
君だけに	170, 171, 601
君たちに明日はない	289
君たちの天分を生かそう	48
君たちはどう生きるか	408, 414, 691
きみといたい、朽ち果てるまで〜絶望の街イタギリにて	362
君といつまでも	459, 501
君と宇宙を歩くために	416
キミに決定！	130, 592
君に届け	314
君の教室が永遠の眠りにつくまで	400
君のクイズ	406
君の膵臓をたべたい	362, 370, 377
君の手がささやいている	220
君の手がささやいている 第二章	245
きみの鳥はうたえる	376, 377
君の名は。	364, 370, 373
きみの横顔を見ていた	415
きみひろくん	394

奇妙な雪	50
君は明日を摑めるか	641
きみはいい子	357
君は今どこに	218
きみは知らないほうがいい	356
キミはどんとくらい	170, 171
きみはペット	280
金日成の国と"よど号"の犯人たち	87
キムラ	249
木村家の人々	174, 175, 176, 491, 697
木村政彦はなぜ力道山を殺さなかったのか	336, 337
TVアニメ「鬼滅の刃」竈門炭治郎 立志編 オリジナルサウンドトラック	397
鬼滅の刃	391, 398
きめてやる今夜	554
キメラ暗殺計画	209
決められた以外のせりふ	74, 423
肝っ玉オッ母ァとその子供たち	27
きものの思想	70
肝、焼ける	282
疑問	169, 171
逆縁	44, 460
ギャグおじさん	76
ギャグゲリラ・バカ田大学祭	107
逆説について	234
逆ソクラテス	387
逆転	111, 478
逆流	125, 617
キャタピラー	325, 727
キャッツ	144, 149, 150, 157, 164, 186, 220, 266, 385
ギャートルズ	103
キャパになれなかったカメラマン ─ベトナム戦争の語り部たち(上下)	317
キャパの十字架	341, 553
キャバレー	137, 320, 491
キャプテン	103
キャプテン翼(BGM)	226
キャプテンの星座	188
ギャラガ	186
ギャラクシー・クエスト	264
キャラクター	402
キャラコさん	10
ギャラリー	192, 483
俠	411
キャンディ・キャンディ	108, 156
CANDIES FINAL CARNIVAL PLUS ONE	113
Q.E.D.証明終了	320
休館日の彼女たち	411
究極超人あ〜る	179
嬉遊曲、鳴りやまず	237
九十歳。何がめでたい	414, 516
99.9−刑事専門弁護士−	364
99.9−刑事専門弁護士− SEASON2	371

99年の愛〜JAPANESE AMERICANS〜	326
90日の恋	71, 424
給水塔と亀	341
窮鼠の眼	36
窮鼠はチーズの夢を見る	389
球体	74
九大生体解剖三十三回忌	107
球体の蛇	415
9.5カラット	157, 452
九年前の祈り	348
欅木	81
救命センターからの手紙	249
救命病棟24時	245
QJKJQ	361
キューティ・ブロンド	372
キューポラのある街	45, 47, 48, 455, 464, 606, 643, 722
凶悪	344
教育	26, 589, 606
教育者	14
教育と愛国〜教科書でいま何が起きているのか	371
教育は死なず	129
驚異の小宇宙：人体Ⅱ脳と心	211
教誨師	377
鏡花恋唄	302
京鹿子娘二人道成寺	286
今日から俺は!! 劇場版	394
京から来た運孤	47
今日からヒットマン	409
兇器	66
狂気と天才	71, 624, 650
京劇─『政治の国』の俳優群像	267
狂言師	39, 651
KYOKO	230, 231, 694
響子	225, 600
今日、恋をはじめます	344
京ごよみ	721
教室の片隅で青春がはじまる	404
郷愁	174, 176, 613
教授と少女と錬金術師	342
狭小邸宅	335
狂人なおもて往生をとぐ	72
狂人日記	173, 457
僑人の檻	66
共生虫	255, 694
共生の思想	208
狂泉物語	127
競漕海域	235
教祖誕生	210, 211, 217
兄弟	244
喬太郎企画ネタ尽きました、お客様決めてください	415
今日でお別れ	75, 76, 568, 616
京都	354

凶徒	50	去年はいい年になるだろう	334
京都の恋	76	清姫曼陀羅―人形遣いが見た夢	232
京都の虹	233	魚仏詩集	73
京都まで	153, 642	魚雷艇学生	152, 559
京都よ，わが情念のはるかな飛翔を支えよ	115	綺羅	222
京の縁結び 縁見屋の娘	361	機雷	127
京のかざぐるま	182	きらきらアフロ	319, 563
京の川	71, 685	きらきらひかる	202, 702
きょうのできごと	284	きらめき	102, 630
今日の日はさようなら	344	きらめく星座	157, 353, 372, 391
強風	14, 565	きらり	396
恐・怖時代	150	きらりん☆レボリューション	300
恐怖の報酬	27	切られお富	124
享保貢象始末	104	嫌われた監督―落合博満は中日をどう変えたのか	400
京舞井上流の誕生	341	嫌われ松子の一生	297, 298, 305
きょうも生きて	39, 42	キリエのうた	407, 408, 414
今日甦る！幻の東京オリンピック	176	吉里吉里人	126, 132, 138, 451
今日よりも	181	きりぎりす	129
恐竜たちは夏に祈る	355	ぎりぎりトライアングル	263, 270
恐竜ラウレンティスの幻視	207, 493	霧子の運命	48, 479
きょうはいい日だね	290, 688	ギリシア人の歎き―悲劇に於ける宿命と自由との関係の考察	80
今日は会社休みます。	351	ギリシア文化の深層	145
きょうはそらにまるいつき	369	きりしとほろ上人伝	35
きょうはなんてうんがいいんだろう	250	桐島，部活やめるってよ	316, 337, 338, 344
きょうはマラカスのひ：クネクネさんのいちにち	350	ギリシャ・ローマ演劇史	33
魚影の群れ	141, 142, 478, 574, 624	キリストの誕生	109, 466
巨岩と花びら	140	切抜帳	381
極限のなかの人間	74	霧の音	22, 87, 661
極光の下に	70	霧の火～樺太真岡郵便局に散った9人の乙女たち	312
極東の地，西の果て	346	切羽（きりは）へ	309
玉兎の望	335	鬼龍院花子の生涯	135, 615, 624
極夜行	373, 375	機龍警察 自爆条項	340
潔く柔く	320	寄留地	110
玉嶺よふたたび	73, 597	麒麟がくる	390
巨鯨の海	342	キリンがくる日	350, 562
漁港の肉子ちゃん	395	キリンの子 鳥居歌集	368
きよしのズンドコ節	272	キリンの洗濯	188
きよしのソーラン節	307	麒麟の翼	337, 338, 344
虚史のリズム	411	キル	220, 239, 307, 632
巨匠	286, 471	ギルド	229
巨食症の明けない夜明け	166	基隆港	39
虚人たち	127, 600	綺麗	143
巨人と玩具	37, 564, 668	きれいな人	274, 578
巨人と少年	197	きれいになったね	113, 561
巨人の風車	50	きれぎれ	254
虚人の星	361, 560	切れた鎖	309
巨石文明	347	岐路	58
拒絶の木	89	記録・土呂久	208
虚像淫楽	18, 711	キロコちゃんとみどりのくつ	230
巨大な祭典	62	疑惑	134, 135, 633, 660, 697
清経入水	69	疑惑の影	16
去年の冬，きみと別れ	376		
去年マリエンバートで	54		

作品名	ページ
疑惑の背景	47
極付印度伝 マハーバーラタ戦記	410
極める	211
金色機械	348
金色の網	228, 507
ギンイロノウタ	316
きんいろの木	196
金色の象	127, 687
銀色の月 小川国夫との日々	343
銀色ラッコのなみだ―北の海の物語	57, 480
銀河宇宙オデッセイ	200
銀河英雄伝説	179, 186
銀河を産んだように	222
金閣を焼かなければならぬ 林養賢と三島由紀夫	386
金閣寺	31, 100, 107, 681
銀河帝国の弘法も筆の誤り	274
銀河鉄道999	108, 123, 410, 675
銀河鉄道の父	368, 407, 703
銀河鉄道の夜	155, 568, 644
銀河と地獄―幻想文学論	85, 504
銀牙―流れ星銀―	165
銀河の魚	211
銀河の水	316
銀河漂流バイファム	151
銀河風帆走	416
金環蝕	95, 96, 716
銀漢の賦	303
禁忌と好色	140, 477
キンキーブーツ	365, 366
緊急特集,代議士100人が一斉に証言する政治とカネのからみ方	101
緊急呼出し/エマージェンシー・コール	224, 225, 551
金魚を飼う女	85
ギンギラギンにさりげなく	130, 537
禁区	143, 621
キングダム	346, 383, 389
キングダム2 遥かなる大地へ	401, 402
キングダム 大将軍の帰還	414
筋骨	21
銀座界隈ドキドキの日々	210, 728
『銀座』と南十字星	89
銀座の歩幅	369
銀座馬鹿	38
菌糸にからむ恋	3
禁じられた遊び	25
禁じられた恋	71, 701
近世芸能興行史の研究	159
近世子どもの絵本集 江戸篇 上方篇	152
近世日本演劇史	6
金属バット殺人事件	153
近代絵画	36, 535
近代芸術家の表象―マネ,ファンタン=ラトゥールと1860年代のフランス絵画	302
近代書史	315
近代短歌論争史 昭和編	133, 556
近代短歌論争史 明治・大正編	133, 556
金田一少年の事件簿	225, 227
近代中国と『恋愛』の発明―西洋の衝撃と日中文学交流	221
近代都市パリの誕生―鉄道・メトロ時代の熱狂	322
近代日本奇想小説史 明治篇	334, 335
近代文学研究叢書	36
近代文学論争	30, 462
禁断のパンダ	302
禁断領域 イックンジュッキの棲む森	399
欽ちゃんのシネマジャック	210, 211, 635
欽ちゃんのドンとやってみよう!	96, 107
金と銀の暦	33
欽どん!良い子悪い子普通の子	129
キン肉マン	151
ギンネム屋敷	121
銀の雨	195
銀の匙 Silver Spoon	340
銀の三角	145, 634
きんのじ	329
銀の峠	13
金の棺	17, 428
金の星子ども劇場	100
銀の夢	203
緊縛	268
きんぴら先生とお嬢さん	25, 632
謹訳 源氏物語	341
ギンヤンマ飛ぶ	230, 511
吟遊	216
吟遊詩人,歌の旅	228
金融腐蝕列島『呪縛』	250, 251
金曜エンタテイメント 天使の歌声~小児病棟の奇跡	278
金曜時代劇『最後の忠臣蔵』	285
金曜時代劇『華岡青洲の妻』	285
金曜スペシャル	87

【く】

作品名	ページ
クアトロ・ラガッツィ 天正少年使節と世界帝国	281
食いしん坊万歳!~正岡子規青春狂詩曲~	365, 372, 567
クイズ日本人の質問	232
クイール	284, 539
〈グイン・サーガ〉シリーズ	321, 328, 520
寓意と象徴の女性像	120
空海頌	9
空海の風景	94
空我山房日乗其他	152, 610

空間〈機能から様相へ〉	173	草枕	359,	526
空間の殺人	6	草迷宮	141,	440
空閑風景	362	草燃える	118,	119
空気頭	62, 654	くじけないで		344
空気集め	242	櫛挽道守		348
空気人形	318	クジャク砦からの歌声		283
空港	92, 605	孔雀の道	73,	597
空芯手帳	387	愚者には見えないラ・マンチャの王様の裸		202
偶然にも最悪な少年	284	愚者の毒		368
偶像南京に君臨す	4	愚者の夜		115
空中アトリエ	74	くしゃみ講釈	136,	495
空中庭園	215, 274, 291, 526	句集 萬の翅		349
空中の茱萸	248, 428	郡上の立百姓		365
空中ブランコ	282	鯨神		44
空白	394, 395	くじらとり		264
空白の五マイル—チベット、世界最大のツアンポー峡谷に挑む	324, 330	鯨のアタマが立っていた		133
		くじらの跳躍		246
空母いぶき	372, 502	釧路湿原	286,	525
空母プロメテウス	77	狗人		33
食うものは食われる夜	288	『ぐずぐず』の理由		328
苦役列車	322, 337, 338	薬子の京		255
食えない魚	209	グスコー・ブドリの伝記		64
愚園路秘帖	11	薬玉	146,	720
クォンタム・ファミリーズ	322	葛の崖		282
九月の空	110, 611, 714	楠三吉の青春	31,	475
九月の町	104	葛の葉		233
釘	80	九頭竜川		201
釘師	44	糞袋		222
グーグーだって猫である	311, 312, 314, 358, 470, 526	百済野		302
		口入れ屋	136,	495
傀儡后	274	くちづけ		344
矩形(くけい)の空	303	くちづけが怖い		68
具現	369	梔子の草湯		85
草筏	9, 608	くちなしの花	92,	731
くさをはむ	324	くちびるに歌を		337
草小路鷹麿の東方見聞録	181	口火は燃える		4
草死なざりき	18	口紅と鏡		77
草虱	282	クチュクチュバーン		261
草すべり	308, 309, 624	朽ちゆく花々		146
岬千里	10, 693	クッキング・ガール	212,	718
草魂(くさだま)	393	クッキングパパ		359
草地	122	くっすん大黒		236
草薙の剣	374	グッドバイ	358,	359
草の上の朝食	209	グッドモーニング		310
草の快楽	140	グッドモーニング・バビロン！	168,	169
草のかんむり	138	GOOD LUCK!!		271
草のつるぎ	85	グッドラック 戦闘妖精・雪風	260,	506
草の庭	229, 525	グッドラックLOVE	130,	592
草の根こぞう仙吉	111	グッナイ・ナタリー・クローバー		412
草の譜	411	グッバイガール		111
草の臥所	104, 599	グッバイ・クルエル・ワールド	401,	678
草のような文字	249	グッモーエビアン！		338
草花丘陵	303	愚弟賢兄	25,	632
草ぶえの詩	122	工藤写真館の昭和		196

Coo 遠い海から来たクー	209, 481
国盗り物語	58, 87, 557, 579
クニマスは生きていた！～"奇跡の魚"はいかにして「発見」されたのか？～	332
クニミツの政	280
クヌギ林のザワザワ荘	196
首	66, 67, 636, 701
クヒオ大佐	318
クヒオ大佐の妻	372
首飾り	215
首挽村の殺人	303
首侍	380
首塚の上のアドバルーン	180
くびすじの欠片	323
首提灯	43, 64
首の座	4, 667
狗賓童子の島	354, 432
窪田空穂研究	303
窪田章一郎全歌集	174
熊谷陣屋	38, 71
熊楠の家	213, 233, 259, 490
熊田千佳慕リトルワールドシリーズ	182
熊と越年者	13
くまとやまねこ	317
熊の結婚	348
熊野古道	300, 525
熊の敷石	254
クマのプーさん	201, 301
組曲虐殺	339, 580
組曲 わすれこうじ	393
KUMIKO	163
久米宏のTVスクランブル	135
くもをさがす	405
雲をつかむ話	334, 335
蜘蛛女のキス	161, 200, 206, 320, 424
くもくん	243
くもさん	34
雲と風と	174, 611
雲と天人	134
雲鳥	336
雲ながるる果てに	24, 25, 423
雲に紛れず	160
天衣粉上野初花	200
雲の縁側	282
雲のじゅうたん	101, 102, 593
蜘蛛の巣	206
蜘蛛巣城	34, 35, 522, 687, 695, 710
雲の中のにじ	60, 562
雲の都	335, 491
雲のむこう、約束の場所	284
蜘蛛百態	54, 627
雲は還らず	17
悔しい女	266, 580
くやしっぽ	147
蔵	220, 224, 225, 230, 231, 246, 425, 553, 660, 669, 687
蔵〔NHK〕	232
洟い海	77, 655
暗い越流	342
暗い流れ	104, 729
クライマーズ・ハイ	299, 311, 312, 549
岳人列伝	138, 694
暗い森を抜けるための方法	208
クラウディアのいのり	311
Cloud クラウド	415
グラウンド	261
くらげの日	187
海月姫～くらげひめ～	327
くらしき百景 最終集	305
暮しの降霊	393
グラジュエイション	118
グラゼニ	346
クラッシャージョウ	144
クラッシャージョウ 最終兵器アッシュ	186
グラッドストン	62
グラディエーター	257
蔵の中	22, 128
グラフィティ	349, 355
グラーフ・ツェッペリンあの夏の飛行船	416
蔵法師助五郎	33
鞍馬天狗	129, 365
鞍馬天狗とは何者か 大仏次郎の戦中と戦後	295
鞍馬天狗の「家」	112
暗闇の丑松	68
眩～北斎の娘～	370, 371, 378
グランツーリスモ	408
グランド・フィナーレ	281
グラン・トリノ	318, 319, 325
グランパのふしぎな薬	140
グラン・プリ	60, 63, 64, 687
グラン・ローヴァ物語	221
グリークス	193, 258, 259, 628, 650
クリスタル・ヴァリーに降りそそぐ灰	329
クリスマス・イヴ	191
クリスマス・イブ	709
クリスマスソング 放射線を浴びたX年後	388
クリスマスの旅	73
クリスマスマーケット～ちいさなクロのおはなし～	413
ぐりとぐらのおきゃくさま	60, 612, 717
クリード チャンプを継ぐ男	364
栗橋宿	285, 495
クリーピー 偽りの隣人	363, 364
クリプトグラム	346
クリフハンガー	217
グリム兄弟	65
久里洋二漫画集	38, 520
グリーン・アイズ	243

グリーン車の子供	99, 606
グリーンブック	383
グリーンマイル	257
グリーン・レクイエム	132
クルー	214
狂い咲きサンダーロード	123
狂ひ凧	49, 463
狂いだすのは三月	105
狂いバチ、迷いバチ	188
狂うひと—「死の棘」の妻・島尾ミホ	361, 369
くるぐる使い	221
ぐるぐるポンちゃん	259
ぐるぐるまわるすべり台	282
狂った果実	128, 129, 528, 629
狂った背景	53
車のいろは空のいろ シリーズ	67, 263, 428
車のいろは空のいろ ゆめでもいい	407
胡桃の戦意のために	138, 650
胡桃ポインタ	262
くるみ割り人形	113, 436
久留米がすりのうた	128, 457
グルメな女と優しい男	288
ぐるりのこと。	312, 318
クール・レディ	157
クレア、冬の音	248
クレイジージャーニー	378
クレイジー・フォー・ユー	212, 213
クレイマー、クレイマー	123, 128
クレオパトラ	372
クレシダ	365
グレースの履歴	409
紅	185
紅荘の悪魔たち	7, 451
くれない族の反乱	148
紅の豚	204, 607, 647, 691
クレープ	217
クレヨンしんちゃん 嵐を呼ぶ アッパレ！戦国大合戦	271, 273
クレヨンの屑	140
G・G・Rグレンギャリー・グレン・ロス	333
紅蓮華	146, 397, 403
黒い雨	59, 182, 183, 190, 437, 444, 453, 456, 585, 590
黒い雨—姪の結婚	141
黒い家	235, 251, 472
黒い海—船は突然、深海へ消えた	407
黒い果実	23
黒い画集 あるサラリーマンの証言	42, 43, 533, 665
くろい、こうえんの	236
黒い言葉の空間	173
黒い小屋	17
黒い潮	26, 27, 507, 606, 714
黒い裾	28, 528
黒い旅路	31, 604
黒い乳房	22
黒いトノサマバッタ	243
くろいの	382, 388
黒い白鳥	42
黒い花びら	40, 464, 620, 683
黒いハンカチーフ	266
黒いピラミッド	374
黒い帽子	12
黒い森の宿	77
クロエ	270, 271
黒革の手帖	292
黒木太郎の愛と冒険	105, 700
クロサギ	307, 402, 678
黒崎くんの言いなりになんてならない	363
黒澤明の世界	122
黒澤明 vs.ハリウッド—『トラ・トラ・トラ！』その謎のすべて	294, 297, 304
黒潮三郎	100, 519
黒凍みの道	93
クローズアップ現代	218, 270, 358
くろ助	70
クロスゲーム	314
クローズド・ノート	304
クロスフェーダーの曖昧な光	309
クロス・ロード	166
クローズ EXPLODE	350
グロテスク	275
黒ネコのタンゴ	75
クロノアイズ	280
クローバー	330
クロハ〜機捜の女性捜査官〜	351
黒パン俘虜記	139
黒豹	70, 538
globe	233
グローブ・ジャングル『虚構の劇団』旗揚げ3部作	315
黒船前夜—ロシア・アイヌ・日本の三国志	322
黒部峡谷	35
黒部の太陽	64, 66, 67, 448, 517, 687
黒よりも濃い紫の国	381
くわんおん	255
軍旗はためく下に	73, 81, 82, 565, 652, 717
群衆	228
軍事郵便	11
勲章	7, 27, 558, 606, 607
群青	130, 592
群生海	322, 330
群青—日本海軍の礎を築いた男	315
群青、わが黙示	202, 255, 601
君子蘭	14
群棲	146, 520
群蝶の空	262
軍用犬	14
群黎	77, 547

【け】

K	341, 680
慶安余聞「中山文四郎」	5
K医学士の場合	5
慶応三年生まれ七人の旋毛曲り	262
経験	75, 76, 661, 704
Keiko	116, 117
螢子	359
稽古飲食	166, 579
圭子の夢は夜ひらく	75, 654
ケイコ 目を澄ませて	401, 402, 408, 678
桂子は風のなかで	189, 688
警察日記	29, 447, 700
刑事コロンボ	91
刑事7人	396
形而情学	59, 496
刑事ジョン・ブック 目撃者	155
刑事たちの夏	251, 603
警視庁捜査一課長	377
警視庁捜査二課・郷間彩香 特命指揮官	341
警視庁物語シリーズ	40
刑事珍道中	128, 468
頃日	216
芸術的な握手	109, 515
芸術の理路	73
警鐘	369
芸づくし忠臣蔵	248, 572
ケイゾウさんは四月がきらいです。	304
景徳鎮	369
軽蔑	54, 337
刑法紀行	66
京包線にて	13
刑務所の中	270, 271, 278, 539
警鈴	261
競輪上人行状記	51
芸歴40周年記念興行 立川談春独演会	415
ケエツブロウよ―伊藤野枝ただいま帰省中	415
ゲオルゲとリルケの研究	44
外科医・有森冴子	190
毛皮のヴィーナス	404
劇画漂流	321
劇場	389
撃壤歌	195
劇場の椅子	23, 606
劇場版 仮面ライダー龍騎 EPISODE FINAL	271
劇場版 機動戦艦ナデシコ The Prince of Darkness	253
劇場版『きのう何食べた?』	402
劇場版「鬼滅の刃」無限列車編	389, 395
劇場版 コード・ブルー ドクターヘリ緊急救命	376
劇場版 呪術廻戦0	401
劇場版 鋼の錬金術師 シャンバラを征く者	291
劇場版「四畳半タイムマシンブルース」	402
劇的紀行 深夜特急'96熱風アジア編	238
劇的なる日本人	79, 709
劇的文体論序説	109, 589
激動の日本	64
逆旅	247, 547
ゲゲゲの鬼太郎	179, 312, 383, 410
ゲゲゲのげ	140
ゲゲゲの女房	326
下下戦記	174
戯作研究	126
今朝の秋	169, 176, 569, 653
けさの陽に	242, 564
けさらんぱさらん	139
消された航跡	181
夏至	255
ケシカスくん	307
夏至祭	222
下宿あり	18
化粧	136, 137, 142, 731
仮生	349
化粧師	271
化身	316, 521
消せない坑への道	296
ケセラセラ	409
ケセルの想像力	356
ケダモノの嵐	192
けちゃっぷ	309
決壊	308
結界師	300
結核の生態	23
月下上海	342
月下の一群	249
月下の棋士	233
月華の節	181, 639
月下美人	110
月光の遠近法	236, 581
月光の囁き	249, 251
結婚	16, 587
結婚しない女達のために	198, 609
結婚前夜	245, 631
結婚披露宴	125
結婚物語	71, 650
決算! 忠臣蔵	382, 389
結晶星団	89, 536
月食	330
月神の統べる森で	250
月世界小説	360
血族	115
GHETTO/ゲットー	225, 226, 227
決闘鍵屋の辻	23, 497
月桃夜	316

ケツノポリス4	293
訣別の森	309
血脈	254, 548
月明に飛ぶ	53
血縁	5
月例三三独演	358
KT	269, 270, 271, 549
ゲーテの叙情詩―研究	104
ゲーテル物語	24
気配	160
g@me.	284
ゲームセンターあらし	138
ゲームの王国	373, 375
ゲームの達人	250, 537
煙が目にしみる	200
けむり水晶	295, 303
煙立阿蘇外輪山	49
煙の王様	48
けむりのゆくえ	90
獣唄	385
獣になれない私たち	378
獣の柱 まとめ*図書館的人生（下）	346
けものフレンズ	379
けものの水	95
けものみち	31, 135
ケヤキの下に本日開店です	122, 688
快楽	85
快樂	406
ゲラゲラポーのうた	352
蹴りたい背中	275
ゲルマニウムの夜	241
ゲロッパ！	277, 278, 627
ケロロ軍曹	287
幻影城	22
幻影の足	323
幻影の蔵	275
幻化	56, 463
幻花	77
玄界灘	163, 595
玄海船歌	313
剣客商売	105
けんかのきもち	263
幻景浅草色付不良少年団（あさくさカラー・ギャング）	288
県警外事課 クルス機関	361
原形式に抗して	214
県警対組織暴力	95, 96, 492, 568, 652
剣劇と庶民劇―日本古典映画のジャンル	197
健康で文化的な最低限度の生活	379
言語起源論の系譜	348
言語についての小説―リービ英雄論	315
言語表現法講義―三島由紀夫私記	237
乾坤の夢	288
検察官の証言	215
玄 三部作歌集	121
幻詩狩り	151
原子野	269
源氏の恋文	147, 485
検事の本懐	341
源氏物語	21, 23, 104, 179, 254, 258, 396, 565, 573, 693, 723
『源氏物語』を江戸から読む	152
源氏物語大成	30
源氏物語と白楽天	234
源氏物語の英訳の研究	121
源氏物語の時代―一条天皇と后たちのものがたり	302
幻住庵	21
拳銃と十五の短篇	99, 678
元首の謀叛	121
原子炉の蟹	127
犬身	302, 669
ゲンセンカン主人	209
玄霜	50
幻想思考理科室	262
幻想と怪奇の時代	309
幻想の重量―葛原妙子の戦後短歌	323
現代浮かれ節考	96
現代演劇の航海	177
現代芸術のエポック・エロイク	195
現代建築・アウシュヴィッツ以後	274
現代思想の遭難者たち	280
現代詩手帖	394
現代児童文学論	42
現代詩文庫	194
現代詩論集成	399
現代人	23, 558, 710
現代日本文芸総覧	85
現代能楽集X『幸福論』～能『道成寺』『隅田川』より	391
現代の映像	75
現代の主役	61
現代の欲望	31, 32, 507, 555
現代文学論	18
現代文学論大系	28
ケンタとジュンとカヨちゃんの国	325
建築有情	115
建築家とアッシリア皇帝	403
幻灯辻馬車	213
幻塔譜	10
ケンとカズ	364
剣と薔薇の夏	289
剣の道殺人事件	188
券売機の恩返し	268
原爆供養塔 忘れられた遺骨の70年	362
原爆亭折ふし	216
原爆の子	22, 23, 565, 582
原爆プレスコード	123
（源平絵巻物語）衣川のやかた	86, 420
県別ふるさとの民話	145

憲法9条の思想水脈 ……………………… 308
憲法はまだか …………………… 238, 555
幻魔大戦 ………………………………… 144
懸命の地 ………………………………… 41
元禄サラリーマン考 朝日文左衛門の日記 …… 162
元禄太平記 ……………………………… 96
元禄忠臣蔵 ………………………… 11, 299
元禄港歌 ………………………… 124, 575
元禄港歌―千年の恋の森― ……………… 365
剣はペンより三銃士 ……………………… 157

【こ】

GO ……………………… 255, 261, 262, 263
Go! ……………………………………… 263
GO ……………………… 263, 264, 271, 708
Go! ……………………………………… 708
小朝独演会 ………………………… 156, 169
恋〔ジョセフ・ロージー監督〕 ……………… 82
恋〔小池真理子〕 ………………………… 222
恋〔星野源〕 ……………………………… 378
恋♡あなた♡し・だ・い! ………… 143, 457
恋・・・一夜 …………………………… 333
恋唄綴り ………………… 192, 193, 428, 664
恋 極道 ………………………………… 236
恋ごころ …………………………… 28, 551
小石川の家 ……………… 214, 225, 232, 600
語彙集 …………………………………… 81
恋する女たち …………… 161, 162, 476, 541
恋するけだもの ………………………… 388
恋するフォーチュンクッキー …… 359, 365, 421
恋するマドリ …………………………… 305
恋せども、愛せども ……………………… 305
恋せぬふたり ……………………… 396, 402
恋空 ………………………………… 305, 312
五・一五事件秘話・チャップリン暗殺計画 …… 122
恋です! 〜ヤンキー君と白杖ガール〜 …… 396
恋と拳闘 ………………………………… 6
恋と誤解された夕焼け …………………… 413
恋とそれとあと全部 ……………………… 407
恋と伯爵と大正デモクラシー …………… 310
恋に唄えば ……………………………… 277
恋におちたシェイクスピア ………… 250, 251
恋におちて ………………… 156, 170, 532
仔犬ダンの物語 ………………………… 277
子犬のロクがやってきた ………… 121, 612
恋の彩 …………………………… 143, 704
鯉のいる村 ………………… 73, 74, 457
恋の季節 …………………………… 68, 439
恋の三重奏 ……………………………… 252
恋のしのび雨 …………………………… 206
恋ノチカラ ……………………………… 264

恋の中国文明史 ………………………… 208
恋の罪 …………………………………… 331
恋の華, 白蓮事件 ……………………… 152
鯉の病院 ………………………………… 73
恋の蛍 …………………………………… 322
恋はじめまして ……………… 149, 150, 479
恋ひとすじ ………………………… 75, 656
恋人宣言 …………………………… 130, 601
恋人たち ………………… 357, 358, 364
恋人たちのいた場所 …………………… 155
恋人といっしょになるでしょう ………… 215
恋人と呼んでみたい …………………… 64
恋人よ ………………………… 108, 124, 561
鯉姫婚姻譚 ……………………………… 393
恋舟 …………………………… 192, 527, 542
恋文 …… 25, 88, 146, 154, 155, 156, 161, 202,
451, 484, 512, 513, 518, 533, 634, 717, 727
恋文日和 ………………………………… 293
恋ぶみ屋一葉 ……………… 220, 465, 569
恋紅 ………………………………… 160, 686
恋暮色 …………………………… 149, 682
「恋ポテ」シリーズ ……………………… 394
恋・みーつけた ………………… 162, 164
恋は雨上がりのように ………………… 372
恋は五・七・五! ……………………… 291
恋忘れ草 …………………………… 209, 511
恋ははかない、あるいは、プールの底のステーキ ……………………………………… 405
コインロッカー・ベイビーズ …… 127, 694
恋う …………………………… 152, 578
かういふ女 ………………………… 16, 651
行為の歌 ………………………………… 127
香雨 ……………………………………… 336
紅雲町のお草 …………………………… 281
公園 …………………………………… 296
高円寺純情商店街 …………… 181, 630
公園通りの猫たち … 184, 189, 197, 438, 483, 641
甲乙丙丁 …………………………… 69, 616
後悔さきにたたず ……………………… 322
後悔と真実の色 ………………………… 323
交換ウソ日記 …………………………… 414
高機動幻想ガンパレード・マーチ ……… 267
後宮小説 ………………………………… 181
号泣する準備はできていた …………… 275
公共広告機構 エイズ予防『見えない連鎖篇』 …… 292
好去好来歌 ……………………………… 316
拘禁 …………………………………… 66
高空10,000メートルのかなたで ……… 122
行軍 ……………………………………… 15
香華 ………… 53, 54, 144, 429, 513, 680, 710
光源〔句集〕 …………………………… 341
高原のDデイ …………………………… 216
高校教師 …………………… 211, 212, 217,552
高校三年生 ……………………………… 52

恍惚の人	178, 490, 610	
黄沙	110	
絞殺	116, 489, 566	
黄砂吹く	288	
孔子	180, 452	
甲子園	86	
絞死刑	66, 67, 469, 547, 594	
格子なき牢獄	11	
小牛の仲間	25	
甲州百目	242, 539	
工場	322	
強情いちご	13	
交渉人 真下正義	291	
好色一代男	136	
好色一代女	185, 719	
荒神	269, 310	
香水	390	
洪水の前	29, 157, 439	
洪水はわが魂に及び	85, 467	
光世紀の世界	158	
高層の死角	69, 701	
幸田露伴	65	
光弾	269	
巷談小夜たぬき	157	
巷談本牧亭	50, 205, 683	
巷談宵宮雨	30, 71	
甲虫村落	86	
校定新美南吉全集	134	
皇帝のいない八月	112, 729	
鋼鉄の足	42	
鋼鉄の騎士	222	
光点	368	
光年	289	
河野愛子論	255	
コウノドリ	358, 366, 371	
こうのとりのゆりかご〜「赤ちゃんポスト」の6年間と救われた92の命の未来〜	345	
紅梅館おとせ	150, 430	
光媒の花	323	
耕治人全詩集	120	
幸福〔アニェス・ヴァルダ監督〕	60	
幸福〔井川博年〕	296, 303	
幸福〔宇野千代〕	77, 463	
幸福〔市川崑監督〕	128, 442, 613	
幸福への旅立ち	247	
幸福へのパラダイム	188	
幸福号出帆	122, 561	
幸福という名の不幸	86	
幸福な市民	184, 613	
幸福な食卓	312	
幸福な葉っぱ	189	
幸福の絵	115, 548	
幸不幸	3, 436	
光芒	47	
幸木	17
功名が辻	299, 304
功名が辻〜山内一豊の妻	259, 730
虹滅記	134
蝙蝠	68
曠野から	90
高安犬物語	26, 607
曠野の記録	13
荒野の決闘	16
曠野の花	36
黄落	238, 239
強力伝	21, 29, 628
交流	14
行路死亡人考	220
降倭記	73
声〔川田順造〕	174
声〔鄭遇尚〕	7
声をきかせて	320
声で読む日本の詩歌166「おーい ぽぽんた」	263
声に出して読みたい日本語	268
聲の形	360
声の生地	310
五右衛門ロック	314
故園	14, 504
氷石	317
郡虎彦	166
氷の海のガレオン	208
氷の微笑	204
氷の轍	371
氷屋来たる	307
凍る大地に、絵は溶けて	400
凍れる瞳	174, 627
木かげの家の小人たち	45, 450
コーカサスの白墨の輪	292
五月九月	384
五月に一	81
五月の花	18
凩の詩	152
木枯し紋次郎関わりござんせん	81, 630
ごきげんいかが？ テディベア	264, 271, 272
こぎとゆかり	112
コギャル寿司	266
呼吸機械〈彼〉と旅をする二十世紀三部作#2	313
コキーユ〜貝殻	249, 251
故郷	4, 81, 82, 432, 532, 690, 712
故郷〜Blue Sky Homeland〜	339
故郷と未来	375
故郷の灯	66
故郷の水へのメッセージ	181, 468
故郷のわが家	322, 695
虚空	268
穀雨のころ	393
虚空の橋	356
国語元年	155

『国語』という思想—近代日本の言語認識 ‥‥ 235	ここに薔薇あらば ‥‥‥‥‥‥‥‥‥‥‥‥ 153
国際会議はたはむれる ‥‥‥‥‥‥‥‥‥‥‥ 8	午後の椅子 ‥‥‥‥‥‥‥‥‥‥‥ 302, 303
極私的エロス・恋歌1974 ‥‥‥‥‥‥‥ 90, 643	午後の曳航 ‥‥‥‥‥‥‥‥‥‥‥‥‥‥ 101
国初聖蹟歌 ‥‥‥‥‥‥‥‥‥‥‥‥‥‥‥ 12	午後の祠り ‥‥‥‥‥‥‥‥‥‥‥‥‥‥ 153
ごくせん ‥‥‥‥‥‥‥‥‥‥ 285, 292, 297	午後の遺言状 ‥ 223, 224, 225, 231, 489, 566, 569
ごくせん THE MOVIE ‥‥‥‥‥‥‥‥‥ 318	こゝろ ‥‥‥‥‥‥‥‥‥‥‥‥‥‥‥‥ 214
国姓爺合戦 ‥‥‥‥‥‥‥‥‥‥‥‥‥‥‥ 58	心—わが愛 ‥‥‥‥‥‥‥‥‥ 164, 200, 497
穀象 ‥‥‥‥‥‥‥‥‥‥‥‥‥‥‥‥‥ 375	心を繋ぐ6ペンス ‥‥‥‥‥‥‥‥‥‥‥ 198
獄窓記 ‥‥‥‥‥‥‥‥‥‥‥‥‥‥‥‥ 283	心を病んだらいけないの？—うつ病社会の処方
告知せず ‥‥‥‥‥‥‥‥‥‥‥‥ 313, 580	箋— ‥‥‥‥‥‥‥‥‥‥‥‥‥‥‥ 388
獄中記 ‥‥‥‥‥‥‥‥‥‥‥‥‥‥‥‥‥ 15	心かさねて ‥‥‥‥‥‥‥‥‥‥‥‥‥ 365
黒鳥 ‥‥‥‥‥‥‥‥‥‥‥‥‥‥‥‥‥ 208	心凍らせて ‥‥‥‥‥‥‥‥ 212, 213, 428
黒鳥共和国 ‥‥‥‥‥‥‥‥‥‥‥‥‥‥‥ 4	こころ酒 ‥‥‥‥‥‥‥‥‥‥‥‥‥‥ 206
極道記者2・馬券転生篇 ‥‥‥‥ 217, 218, 483	心の糸 ‥‥‥‥‥‥‥ 226, 527, 531, 544, 623
国道沿いのファミレス ‥‥‥‥‥‥‥‥‥ 322	こころの王国 童謡詩人・金子みすゞの世界 ‥‥ 224
極道の妻たちⅡ ‥‥‥‥‥‥‥‥‥‥‥‥ 176	心の傷を癒すということ ‥‥‥‥‥‥‥‥ 390
国土の詩の本 ‥‥‥‥‥‥‥‥‥‥‥‥‥ 100	心のこり ‥‥‥‥‥‥‥‥‥‥‥‥ 97, 662
告白〔映画〕 ‥‥‥‥‥‥‥‥ 325, 331, 583, 630	心の写真シリーズ・運動会・由理ちゃん篇 ‥‥ 118
告白〔竹内まりや〕 ‥‥‥‥‥‥ 192, 583, 630	心の旅路 ‥‥‥‥‥‥‥‥‥‥‥‥‥‥‥ 16
告白〔町田康〕 ‥‥‥‥‥‥‥ 289, 583, 630	心の灯—考古学への情熱 ‥‥‥‥‥‥‥‥ 78
告白〔湊かなえ〕 ‥‥‥‥‥‥‥ 316, 583, 630	心の日月 烈日篇・月光篇 ‥‥‥‥‥‥ 5, 586
告白〔野口五郎〕 ‥‥‥‥‥‥‥ 92, 583, 630	心の花 ‥‥‥‥‥‥‥‥‥‥‥‥‥‥‥ 406
告白 あるPKO隊員の死・23年目の真実 ‥‥‥ 375	心のふるさと ‥‥‥‥‥‥‥‥‥‥ 63, 722
告白の連鎖 ‥‥‥‥‥‥‥‥‥‥‥‥‥‥ 254	心の真んなか母がいる ‥‥‥‥‥‥‥‥‥ 300
告発 ‥‥‥‥‥‥‥‥‥‥‥‥‥‥ 70, 578	心破れて ‥‥‥‥‥‥‥‥‥‥‥‥‥‥ 259
告別 ‥‥‥‥‥‥‥‥‥‥‥‥‥‥‥‥ 264	ここは、おしまいの地 ‥‥‥‥‥‥‥‥‥ 375
国宝 ‥‥‥‥‥‥‥‥‥‥‥‥‥‥ 373, 381	ここはとても速い川 ‥‥‥‥‥‥‥‥‥‥ 393
こぐまのたろの絵本 ‥‥‥‥‥‥‥‥‥‥‥ 85	後妻業の女 ‥‥‥‥‥‥‥‥‥‥‥ 364, 472
国民国家と不気味なもの—日露戦後文学の〈う	五彩の女 ‥‥‥‥‥‥‥‥‥‥‥‥ 75, 624
ち〉なる他者像 ‥‥‥‥‥‥‥‥‥‥‥ 392	ゴサインタン—神の座 ‥‥‥‥‥‥‥‥‥ 236
国民の映画 ‥‥‥‥‥‥‥‥‥‥‥‥‥‥ 333	コザ中の町ブルース ‥‥‥‥‥‥‥‥‥‥ 146
獄門島 ‥‥‥‥‥‥‥‥‥‥‥‥‥ 106, 497	誤算 ‥‥‥‥‥‥‥‥‥‥‥‥‥‥‥‥ 303
極楽 ‥‥‥‥‥‥‥‥‥‥‥‥‥‥ 126, 563	虎山へ ‥‥‥‥‥‥‥‥‥‥‥‥‥‥‥ 276
極楽への招待 ‥‥‥‥‥‥‥‥‥‥ 168, 613	小三治ライブ・シリーズ ‥‥‥‥‥‥‥‥ 124
極楽家族 ‥‥‥‥‥‥‥‥‥‥‥‥‥‥‥ 112	こしおれすずめ ‥‥‥‥‥‥‥‥ 100, 572, 573
極楽金魚 ‥‥‥‥‥‥‥‥‥‥‥‥ 64, 453	仔鹿物語 ‥‥‥‥‥‥‥‥‥ 197, 647, 678
極楽征夷大将軍 ‥‥‥‥‥‥‥‥‥‥‥‥ 406	5→9〜私に恋したお坊さん〜 ‥‥‥‥‥‥ 358
コクリコ坂から ‥‥‥‥‥‥‥‥‥‥‥‥ 337	乞食と王子 ‥‥‥‥‥‥‥‥‥‥‥‥‥ 150
黒冷水 ‥‥‥‥‥‥‥‥‥‥‥‥‥‥‥ 275	五色の虹 満州建国大学卒業生たちの戦後 ‥‥‥ 356
黒牢城 ‥‥‥‥‥‥‥‥‥‥‥‥‥‥‥ 393	五色の舟 ‥‥‥‥‥‥‥‥‥‥‥‥‥‥ 353
コクーン歌舞伎 ‥‥‥‥‥‥‥‥‥‥‥‥ 285	越路吹雪 愛の生涯 ‥‥‥‥‥‥‥‥‥‥ 292
Cocoon—修羅の目覚め ‥‥‥‥‥‥‥‥‥ 374	越路吹雪物語 ‥‥‥‥‥‥‥‥‥‥ 279, 580
焦茶色のパステル ‥‥‥‥‥‥‥‥‥‥‥ 133	越路吹雪ロングリサイタル ‥‥‥‥‥‥‥‥ 79
此処 ‥‥‥‥‥‥‥‥‥‥‥‥‥‥‥‥ 386	後日の話 ‥‥‥‥‥‥‥‥‥‥‥‥ 247, 529
孤高のメス ‥‥‥‥‥‥‥‥‥‥‥‥‥ 325	こしの都 ‥‥‥‥‥‥‥‥‥‥‥‥‥‥ 415
凍える牙 ‥‥‥‥‥‥‥‥‥‥‥‥‥‥ 229	小島烏水—山の風流使者伝 ‥‥‥‥‥‥‥ 109
凍える口 ‥‥‥‥‥‥‥‥‥‥‥‥‥‥‥ 59	小島の春 ‥‥‥‥‥‥‥‥‥‥‥‥ 12, 609
凍える FROZEN ‥‥‥‥‥‥‥‥‥‥‥ 403	コシャマイン記 ‥‥‥‥‥‥‥‥‥‥‥‥‥ 8
壺国 ‥‥‥‥‥‥‥‥‥‥‥‥‥‥‥‥‥ 77	五十四の瞳 ‥‥‥‥‥‥‥‥‥‥‥ 390, 391
ことこよそ ‥‥‥‥‥‥‥‥‥‥‥‥‥‥ 374	52ヘルツのクジラたち ‥‥‥‥‥‥‥‥‥ 393
ここに生きる—村の家・村の暮らし ‥‥‥‥ 276	孤愁の岸 ‥‥‥‥‥‥‥‥‥‥ 47, 144, 570
ここに泉あり ‥‥‥‥‥‥‥‥ 29, 453, 497, 533	五十万年の死角 ‥‥‥‥‥‥‥‥‥‥‥‥ 99
ココニイルコト ‥‥‥‥‥‥‥‥ 263, 264, 271	五条霊戦記 GOJOE ‥‥‥‥‥‥‥‥‥‥ 257
ここにいるぜぇ！ ‥‥‥‥‥‥‥‥‥‥‥ 272	ゴジラ ‥‥‥‥‥‥‥‥‥‥‥‥‥ 174, 204

ゴジラS.P〈シンギュラポイント〉	404
ゴジラVSスペースゴジラ	216
ゴジラVSデストロイア	225, 231
ゴジラVSビオランテ	183, 590
ゴジラVSメカゴジラ	217
ゴジラVSモスラ	203, 210
ゴジラ-1.0	408, 413, 414, 416
御神火月夜	193
個人的な体験	52, 467
五衰の人	237, 607
梢にて	256
牛頭天王と蘇民将来伝説	302, 504
GHOST	391
GS美神 極楽大作戦!!	207
ゴースト〜ニューヨークの幻	190
ゴーストバスターズ	148, 154
ゴースト もういちど抱きしめたい	331
ゴーストライター	331
ゴーストライフ	275
秋桜	107, 548
コスモス街道	108
コスモスの知慧	132
子連れ狼	83, 495, 635
子連れ狼 その小さき手に	217, 588
瞽女	86
〈孤絶―角〉	317
御前会議	109
午前午後	81
ご先祖様はどちら様	330
こそあどの森のおとなたちが子どもだったころ	401, 479
こそあどの森の物語	223, 479
子育てごっこ	94, 99, 454
古代感愛集	16
五代の民	73, 551
碁太平記白石噺	212
木霊集	235, 583
コータローまかりとおる!	165
コタンの口笛	37, 439, 571
ごちそうさん	345, 351
コチャバンバ行き	81, 611
胡蝶	289
こちらあみ子	322, 328
こちら葛飾区亀有公園前派出所	287, 366, 373
こちらデスク	112
こちらノーム	173
告解	33
国家と音楽―伊澤修二がめざした日本近代	308
国家の罠	288
国旗	7
国境	347
国境のある家	171
滑稽な巨人 坪内逍遙の夢	274
こっちむいて! みいこ	227

ゴッドファーザー	82
ゴッド・ブレイス物語	181
骨風	354
ゴッホ―さまよえる情熱の魂	155
ゴッホの手紙	22, 535
ゴッホの遺言	255
狐笛のかなた	283
古典世界からキリスト教世界へ	132
古典と現代文学	28, 715
古典とわたし2000	259
古都	51, 585, 615, 620, 625
孤島	28, 628
孤島記	81, 602
鼓動短歌抄	17
孤島の土となるも―BC級戦犯裁判	223
孤島の野犬	57, 693
五等分の花嫁	385, 401
ゴドーを待ちながら	61, 333
孤独から一番遠い場所	313
孤独なアスファルト	50
孤独の太陽	220, 524
今年の秋	38, 667
今年の贈り物	342
今年の恋	48, 479
言壺	227, 506
小言念仏	706
言の葉は、残りて	380
言葉	189
後鳥羽院	85, 677
言葉を離れる	363
言葉使い師	145, 506
言葉について	368, 621
言葉の海へ	109
ことばのたしざん	283
言葉のつえ、ことばのつえ	269
言葉のない世界	50, 594
ことばは人を結び世界をつくる―愛ことば8万キロ	148
コード・ブッダ 機械仏教史縁起	411
コドモアサヒ	11
子供を喰う教師たち	247
子どもたちの階級闘争 ブロークン・ブリテンの無料託児所から	369
子どもたちの戦争	243, 489
子供たちは七つの海を越えた―サンダースホームの1600人	111, 112
子ども闘牛士	154
子どもに愛されたナチュラリスト「シートン」	270
子ども日本風土記	94
こどものおもちゃ	246
コドモのコドモ	311
子供の四季	10, 561, 602
こどものせかい	48
子どもの隣り	161

作品名索引		
こどものとも	34, 42,	51
子どもの涙		223
子どもの舞台美術―舞台装置・小道具・紛装・照明・効果	37,	442
子どもの本のまなざし		210
子供の眼		32
こどもの指につつかれる		335
子供部屋	47,	427
こどもホスピスの奇跡―短い人生の「最期」をつくる―		394
子供より古書が大事と思いたい		230
古都憂愁	178,	489
ことり		334
粉雪		306
GONIN	224,	584
五人の作家による連続公演		125
五人の斥候兵	10,	586
五人のモヨノ	62,	431
こねこちろちゃん		20
こねこムーのおくりもの		167
子猫物語	161,	637
五年の梅		262
五年目のひとり（山田太一スペシャル）		364
この愛に生きて	83,	224
〜この後どうする？ 密着TV〜終わりが始まり		409
五能線	293,	525
近衛文麿	166,	570
この国の空	146, 354,	576
この子たちの夏 1945・ヒロシマ ナガサキ	184, 226,	285
この子の七つのお祝いに		127
この世界の片隅に	363, 364, 370,	379
この空を飛べたら		613
この天の虹		37
この人の闘		222
この百年の小説	89,	619
この広い空のどこかに	26, 27, 514, 516,	581
この街の命に		364
この胸に深々と突き刺さる矢を抜け		316
この胸のときめきを		68
このゆびとーまれ		147
この指とまれ		224
この世この生	145,	461
この世にたやすい仕事はない		354
この世の外へ クラブ進駐軍		284
此の世の果ての殺人		399
この世の喜びよ		399
小箱		386
ご破算！		208
御法度	250, 251, 257,	470
小咄集	173,	680
小早川家の秋	45,	429
小林一茶	115, 119, 451,	731
小林多喜二	91,	454
小林秀雄	41, 47,	421
小林秀雄のこと		254
小林批評のクリティカル・ポイント		201
碁盤斬り	414,	526
五番町夕霧楼	50, 51, 545, 571,	586
コーヒーをもう一杯	313,	493
コーヒーが冷めないうちに		383
木挽町のあだ討ち		406
珈琲時光		291
コーヒーショップで		88
コーヒーと恋愛		404
御符		3
古風なコメディ	124, 125,	463
こぶたとくも		27
小ぶなものがたり		15
五弁の椿	53, 54, 264, 448,	459
五弁の椿・復讐に燃える女の怨念	128,	603
コペンハーゲン	266,	307
虎砲記	195,	692
零れた言葉		160
独楽		359
狛犬の佐助 迷子の巻		343
小間使の日記		168
小町		112
小町風伝	110,	150
コーマルタン界隈		126
古見さんは、コミュ症です。		398
コミック雑誌なんかいらない！	160, 161, 162, 462, 576,	582
コミック・ポテンシャル		286
小麦色のマーメイド	670,	675
米	34, 35, 453, 454, 667,	696
コメットさん	64,	67
コメディーお江戸でござる		238
5メートルほどの果てしなさ		296
ごめん		269
ごめんなさい♡愛してる		143
ごめんねYuji		199
子守唄しか聞こえない		308
子守唄由来		64
子守りの殿	22,	626
こもりびと		396
古文書の面白さ		154
ゴヤ	104,	664
小やぎのかんむり		369
ゴヤのファースト・ネームは	90,	432
小山祐士戯曲選集		68
小指		11
小指の想い出	64,	449
今宵かぎりは	245, 246,	583
今宵、フィッツジェラルド劇場で		305
暦	12,	602
コーラスライン	119, 124, 125, 157,	164

コリアン世界の旅	236, 237
コリオレイナス	306
こりすのぽっこ	40
狐狸物語	11
ゴリラ	44
ゴリラにっき	250
ゴリラーマン	193
コーリング・ユー	393
孤塁 双葉郡消防士たちの3・11	388
コルカタ	323
ゴルゴ13	98, 287, 385, 541
ゴルディアスの結び目	114, 536
ゴルディータは食べて、寝て、働くだけ	323
ゴールデンカムイ	366, 379, 404, 414
ゴールデンスランバー	309, 310
コルトM1851残月	355
ゴールドラッシュ	248
コールマンさん	212
これ描いて死ね	410, 415
これが戦争だ	410
これから―海辺の旅人たち	211
これぞ人生	15
コレット・コラージュ	213
これはあなたの母	140
これは経費で落ちません！	383
五郎ぎつね	25
孤狼の血	361, 376, 377, 383, 703
孤狼の血 LEVEL2	395, 402
転がる香港に苔は生えない	262
ごろごろ	269, 439
殺し屋1	271
コロッケ！	273
コロニアの歌声―ブラジル移民70年	112
コロロギ岳から木星トロヤへ	354
コロンビア・ゼロ 新・航空宇宙軍史	360, 590
強霜（こはじめ）	336
壊れたガラス	233
壊れた魂	392
こわれゆく男	213
婚活1000本ノック	408
婚期	45, 682, 727
ごんぎつね	193
権現の踊り子	261
滾滾	229
コンサートツアー2005	292
金色のガッシュ!!	273
金色の獅子	189, 547
紺紙金泥	133
今昔奇怪録	316
コンジュジ	387
渾身愛三部作	186, 608
昏睡のパラダイス	249
ゴンゾウ～伝説の刑事	313
昆虫記	367
昆虫と植物	51
こんとあき	189
コントとアンジ	348
コントが始まる	396
今度は愛妻家	325
今度私どこか連れていって下さいよ	206
渾沌	406
こんなふうに死にたい	173, 548
こんな夜更けにバナナかよ 筋ジス・鹿野靖明とボランティアたち	276, 283
今日の歌舞伎	23, 606
こんにちは赤ちゃん	52, 426, 464, 620
こんにちわ奥さん	67
こんにちは、母さん	266, 408, 651, 722
こんにちは マイコン	138
コンニャク屋漂流記	328
紺野機業場	69, 563
金春屋ゴメス	289
こんばんわ小朝です	156
こんばんは、父さん	339, 471
コンビニエンスロゴス	187
コンビニ人間	361
コンピュータ新人類の研究	167
金毘羅	288, 563
こんぴら狗	376
コンフィダント・絆	302, 306, 307
コンフィデンスマンJP 英雄編	401
コンフィデンスマンJP プリンセス編	389
コンフィデンスマンJP ロマンス編	383
こんぷれっくす×コンプレックス	371
コンベアーは止まらない	47
今夜すきやきだよ	404
今夜、世界からこの恋が消えても	401, 408
今夜は愛妻家	325, 438
今夜はいつもより星が多いみたいだ	375
今夜は最高！	129, 155
今夜は離さない	143, 635

【さ】

さあ、地獄へ堕ちよう	336
犀	290
最愛	402, 494
最愛の子ども	368, 669
西域更紗	289
サイエンス君の世界旅行	46
塞王の楯	393
綵歌	406
再会〔NHK特集〕	122
再会〔横関大〕	322
再会〔斎藤耕一〕	541
再会（山田太一スペシャル）	264

再会〔松尾和子〕	79, 669	斎藤茂吉の研究―その生と表現	189
再会〔大谷藤子〕	73	斎藤茂吉論	44, 460
再会〔白石義夫〕	24	斎藤緑雨論	126
再会〔飯沢匡〕	431	斎藤林太郎詩集	174
再会酒	359	サイドカーに犬	261, 304, 305, 629
西鶴一代女	203, 683	サイードから風が吹いてくると	393
西鶴の感情	288, 609	在日のはざまで	159
西行花伝	222, 598	才能とパトロン	92
最強！ 都立あおい坂高校野球部	314	さい果て	53, 602
西行の日	94	さいはて慕情	79
最強のふたり	337, 344	裁判官も人である 良心と組織の狭間で	388
歳月	202	裁判長のお弁当	305
西湖	202	裁判の非情と人情	369
西郷札	198	最貧前線	384
西郷と歌娘	23	最北航路	300
細香日記	133, 626	西遊記	302, 651
最高の離婚	345	西遊妖猿伝	259
最後から二番目の恋	332, 337, 338, 526	silent	402
最後にして最初のアイドル	373	サイレントパニック	229
最後の雨	212	幸いなるかな本を読む人	317, 486
最後の一兵まで	12	ザ・ウィズ	150
最後の歌を越えて	248	ザ・ウィンズ・オブ・ゴッド	200
最後のうるう年	335	ザ・ウェルキン	404
最後の億万長者	7	サウスポー	113, 608
最後の岸田國士論	345, 469	サウダーヂ	332
最後の恋	238	ザウルスの車	133
最後の戦犯	311	サウンダー	87
最後の忠臣蔵	325, 337	ザ・エージェント	238
最後の敵	138, 711	沙翁全集	4
最後の吐息	236	紗央里ちゃんの家	296
最後の同窓会	371	堺筋	33
最後の時	62, 528	酒井抱一筆 夏秋草図屏風―追憶の銀色	214
最後の読書	380	坂口安吾と中上健次	228, 501
最後のトロンペット	11	坂口安吾 百歳の異端児	301
最後の人	3	さかさの木	216
最後の一人までが全体である	273	さがしています	343
最後の冒険家	310	さがす	402
最後の息子	236	サーカス	3
最後まで行く	407	サーカスが来た！	105
サイコロ決死隊	109	杯にひとひらの花	243
さいころの政	6	逆瀬川	160
サイゴンから来た妻と娘	116	坂田くんにナイスピッチ	175
祭詩	317	肴	116
彩色	31	さかなの食事	115
最終便に間に合えば	153, 642	魚の祭	209
宰相鈴木貫太郎	140	魚屋宗五郎	220, 618
西條八十	288	坂の上の雲	319, 324, 332, 338
才女気質	40, 724	坂の途中の家	382
再生する光	262	坂野比呂志の総て	135
斎田喬児童劇選集	26	酒場の扉	75, 624
斎藤秀三郎伝	44	酒場ひとり	206, 438
斎藤史全歌集	236, 242, 541	THE♡かぼちゃワイン	144
斎藤茂吉―あかあかと一本の道とほりたり―	323	坂道	134, 135
斎藤茂吉と土屋文明	249	坂道のアポロン	333, 383

坂道の家	358, 465
坂本龍馬	246
坂本龍馬についての一夜	68
盛り場ブルース	68, 697
裂かれる海～辺野古 動き出した基地建設～	351
逆櫓	618
佐川君からの手紙	133, 501
さぎ	39, 457
魁!!クロマティ高校	273
咲き出す少年群	11, 439
佐吉の秩序	411
サギデカ	383
鷺と雪	316
鷺とり	136, 495
詐欺の子	384, 697
ザ・キャラクター	327
砂丘が動くように	160, 650
ザ・空気	372
ザ・空気 ver.2 誰も書いてはならぬ	378
作者を探す六人の登場人物	177
作者の家	121
朔と新	388
作品としての社会科学	126
作品の中の女たち	152
作品, 緑の微笑	66
作文（雑誌）	12
昨夜のカレー、明日のパン	349
さくや 妖怪伝	257, 670
昨夜は鮮か	77
さくら	272, 299, 529
桜	306
櫻	339, 616
桜井敏雄―これがヴァイオリン演歌だ	186
サクラカラー24	101
桜川イワンの恋	254
サクラ～卒業できなかった君へ～	372
さくら隊散る	174, 176, 566
桜田門外ノ変	325, 465
佐久良東雄	14
桜の園	9, 22, 114, 150, 366, 646
櫻の園	189, 190, 191, 271, 318
桜の園〔三谷版〕	339
さくらの谷	394
さくらの花	44, 47, 428
さくらの花でんしゃ	243
桜姫	292
桜病院周辺	296
桜吹雪のホームラン―証言・天才打者 大下弘	184
桜まいり	362
錯乱	41, 433
さくらんぼ	286
サクリファイス	309
柘榴坂の仇討	350
ざくろのような	410

鮭と狐の村	36
酒に酔いたい	265, 506
酒のほそ道	340
叫びとささやき	91
鮭姫	16
酒よ	177, 192, 719
サザエさん	49, 179, 384, 637
さざなみの国	329
ささ笛ひとつ	290
さゝぶね船長	31
細雪	16, 17, 141, 142, 191, 193, 286, 427, 429, 440, 442, 445, 591
『細雪』試論	234
笹森くんのスカート	401
ささやかな日本発掘	41
3×3 EYES（サザン・アイズ）	213
サザンウィンド	150, 621
さざんか	222, 697
さざんかの宿	142, 443, 468
サージウスの死神	281
さして重要でない一日	181
サシバ舞う空	270
ザ・商社	123
砂塵のニケ	378
ザ・スクープ	198
サステナブル	384
ザ・スーパーマリオブラザーズ・ムービー	408
ザ・スペシャル	101
ザ・スペシャル 密約・外務省機密漏えい事件	112
サスペンスロマン・シリーズ（1）死にたがる子	124
さすらい	40, 79, 169, 170, 171, 451, 538, 546
さすらいの航海	106
砂族	140, 564
ザ・タクン・ユーモア	120, 659
さだの辞書	394, 548
さだまさしとゆかいな仲間3	164
さだめ川	163, 663
座談会・明治文学史	44
ザ・中学教師	204
ザ・忠臣蔵	252
殺意 ストリップショウ	390, 391
殺意という名の家畜	53
殺意の演奏	73
殺意のバカンス	156, 157, 665
殺意の風景	152, 692
撮影所三重奏	6
作家前後	145
皐月号	153
殺人狂時代ユリエ	133, 422
殺人の棋譜	59
殺人の駒音	202
殺人犯はそこにいる―隠蔽された北関東連続幼女誘拐殺人事件―	348, 350
殺人ピエロの孤島同窓会	288

作品名	頁
殺人MURDER	54
雑草の観察	34
雑草のくらし	161
ザッツ・エンタテイメント	95
去っていく男	191, 711
薩南示現流	288
殺戮図式	374
37セカンズ	388
ザ・寺山	216
サテリコン	74
サード	110, 111, 112, 605, 613, 646
座頭市	277, 278, 465, 469, 495, 649
座頭市シリーズ	51, 495
さとうきび畑	272, 306, 701
さとうきび畑の唄	278, 285
佐藤佐太郎全歌集	110, 549
佐藤春夫全詩集	22, 550
佐藤義美全集	95
佐渡島他吉の生涯	150, 273, 425, 509, 662
ザ・ドクター	397
里恋ひ記	15
サド侯爵夫人	58, 144, 293, 327, 650, 681
聖の青春	256, 364
里の子日記	90
蛹	309
真田啓介ミステリ論集 古典探偵小説の愉しみ	393
真田十勇士	100, 346
サニー・サイド・アップ	174
サニーのおねがい 地雷ではなく花をください	237
サニー/32	376, 377
鯖	28
サバイバルゲーム	167
サバイブ	355
裁かれた命 死刑囚から届いた手紙	330
サバカン SABAKAN	402, 408
砂漠の青がとける夜	348
さばくのきょうりゅう	182
砂漠の修道院	174
砂漠のような東京で	79, 437
サハリンの薔薇	198
淋しいアメリカ人	82
淋しい熱帯魚	185, 658
淋しいのはお前だけじゃない	135, 443
さびしさは一個の廃墟	412
さびしんぼう	154, 155, 475, 609
ザ☆ピース！	265
ザ・ビューティフル・ゲーム	353, 403
SABU〜さぶ	271
さぶ	171, 279
ザ・ファブル	372
ザ・ファブル 殺さない殺し屋	395
佐武と市捕物控	65, 358, 437
サフラン摘み	99, 720
ザ・ベストテン	112
サーベルと燕	400, 406, 526
ザ・ぽんち芸道46年分の漫才	378
サマーウォーズ	319, 320, 321, 325, 328
さまざまな青春	94, 651
様々な予感	337
サマータイム ソング	730
サマー/タイム/トラベラー	301
サマーフィルムにのって	395
さまよう信念 情報源は見殺しにされた	413
さまよう涙	199
サムとハロルド	186
サム・フランシスの憂鬱（にんま）	310
侍	121, 466
侍タイムスリッパー	414
サムライの子	51, 455
SF サムライ・フィクション	243, 244
鮫	50
醒めた炎―木戸孝允	165
さや侍	337
沙耶のいる透視図	133, 160
狭山の黒い雨	86
さようなら	357
さようならうみねこ	134
さようなら、オレンジ	342
さようならの彼方へ	113
さようなら葉っぱこ	168
さよなら愛	97
さよなら アメリカ	288
さよならアラン	162
さよなら エルマおばあさん	263
さよならをするために	83
さよならくちびる	382, 383
さよならクリストファー・ロビン	335, 578
さよなら、クロ	277
さよなら渓谷	344, 351
さよなら、サイレント・ネイビー――地下鉄に乗った同級生	297
さよならジュピター	145, 536
さよなら人類	192
さよなら絶望先生	307
さよならと言われて	156
さよならドビュッシー	316
さよなら友だち	270
さよなら日本	134
〈さよなら〉の女たち	168, 476
さよならの果実たち	170, 482
さよならバグ・チルドレン	342
さよなら ほやマン	408
さよなら私	350
さよならはダンスのあとに	482
サヨナラは八月のララバイ	150, 511
小夜の物語―花豆の煮えるまで	196, 429
サラ	266
沙羅	95

作品名	ページ
サラエヴォの黒い手	353
サラサラ姫の物語	39
THE LAST MESSAGE 海猿	325, 331
サラダ記念日	174, 595
皿と紙ひこうき	330
サラの柔らかな香車	329
サラバ！	348, 355
さらば あぶない刑事	364
さらば愛しき大地	134, 135, 630, 706
さらば愛しのやくざ	189, 190, 631, 706
さらば恋人	542
さらば征平！ 最後の挑戦	285
さらば友よ	92, 422
さらば…夏	143, 592
さらば夏の光よ	100, 555, 714
さらば、猫の手	263
さらばハイウェイ	78, 571
さらば箱舟	147, 148, 605, 708
さらば八月の大地	346
さらばモスクワ愚連隊	59, 447
サラマンダー殲滅	200, 493
サラリ君	158
サラリーマン・コクテール	5
サラリーマンの金メダル	213
ザリガニの鳴くところ	393
さりぎわの歩き方	289
サル	277
猿	108
百日紅～Miss HOKUSAI～	358
百日紅の花	64
さるすべりランナーズ	290
ザルテン動物文学全集	48
猿丸幻視行	121
猿まわし五人衆	200
さるやんまだ	167
戯れ言の自由	362
されどわれらが日々―	53
ザ・ロイヤルファミリー	387
サロベツ原野の子守唄	272
サロメ	107
澤（さわ）	412
騒がしい子守唄	84, 431
サワコの朝	371
さわこの恋	189
サはサイエンスのサ	334
ざわざわ下北沢	257, 645
沢夫人の貞節	47
沢村忠に真空を飛ばせた男―昭和のプロモーター・野口修 評伝	394
さわるめいろ	350, 388
斬	81
斬、	376, 377
残穢	342
残影の馬	261
散歌	137
讚歌	81, 565
残花	365
三界の家	146, 641
三月の5日間	290
3月のライオン	333, 334, 353
三月ひなのつき	57, 424, 434
残菊物語	11, 473, 638, 683
山姫抄（さんきしょう）	316
残虐記	281
さん喬十八番集成－柳家さん喬独演会－	339
残響散歌	409
サンケイスポーツ『くしゃみ編カラーページ』	225
残月記	405
三絃の誘惑	235
残光	261
暫紅新集	222
三皇の琴 天地を鳴動さす	348
三国志	148, 505
三国志 英雄ここにあり	73
残酷な神が支配する	240, 634
残酷な天使のテーゼ	326, 333
産後思春期症候群	229
3時間ドラマのCM	112
三十石夢の通路	198
三姉妹	69, 487
サンシャイン・ボーイズ	150, 246, 397, 404, 497, 550
サン・ジュアンの木	303
39 刑法第三十九条	249, 250, 251, 701
三十五歳、独身	201
三十五人の小学生	12
三銃士	333
37.5℃の涙	366
三十の反撃	399
38度線	37
30歳まで童貞だと魔法使いになれるらしい	389
30分劇場	54
傘寿まり子	379
三条院記	21, 611
サンショウウオの四十九日	411
散人	48
山水	406, 593
山水楼悲話	5
サンセット大通り	21, 339
山荘 光太郎残影	202
残像少年	173
三代の分割	7
三代目	13
三代目、りちやあど	193, 632
サンダカン八番娼館	86
サンダカン八番娼館・望郷	91, 518, 588
サンタ・マリアの不倫な関係	108
三丁目の夕日	131

作品名	ページ
サンチョ・キホーテの旅	315
サンチョ・パンサの帰郷	53
日曜日の人々（サンデー・ピープル）	368
サンデーモーニング	351, 573
サンデーLIVE!!	396
山塔	38
三等重役	23
サント・ジュヌヴィエーブの丘で	66
三度目の殺人	370, 371, 377, 541, 703
サントリービールペンギン編	135
三人姉妹	84, 131, 352, 463, 473, 494
三人の妻への手紙	20
3年A組―今から皆さんは、人質です―	377
三年坂 火の夢	295
三年寝太郎	171
3年B組金八先生	124, 129, 285, 486, 584
3年B組金八先生『十五歳の母』	118
3年目の浮気	136, 137
三の隣は五号室	361
三の酉	31, 517
サンパウリ夜話	6
三婆	91, 171, 246, 252, 286, 419, 432, 588
三匹の蟹	65, 474
三びきのこねこ	23
残品	3, 651
山風記	53
散歩する侵略者	370, 371, 372
三本木農業高校、馬術部～盲目の馬と少女の実話～	312, 318
サンマイ崩れ	296
秋刀魚の味	47, 48, 488, 508, 606, 632
30000このすいか	363
山脈	19
三文オペラ	5, 112, 233, 444
三文役者	256, 264, 482, 566, 585
山陽の憂鬱	5
サンヨー・シルクロード	118
サンライズ	3
サンリオSF文庫総解説	360
讃労	17
三露	63

【し】

作品名	ページ
刺	26
倖せか	143
幸せがいっぱい	58
幸せ最高ありがとうマジで！	317
しあわせ酒	199
しあわせ芝居	545, 613
しあわせな日々	72, 624
しあわせの王子	38
幸福の黄色いハンカチ	105, 106, 107, 111, 225, 550, 576, 584, 697, 712
しあわせの国青い鳥ぱたぱた	155
幸せの背くらべ	232, 233, 523
倖せは俺等のねがい	35, 659
思案せり我が暗号	242
詩歌変	167, 598
詩歌ポルカマズルカ	115
飼育	36, 44, 45, 467, 469, 594, 680
飼育記	202
十三妹（シイサンメイ）中国忍者伝	70, 652
ジイジ～孫といた夏	285
椎茸と雄弁	22
しいの木のひみつのはなし	217, 511
JSA	204, 264
JFK	204, 211
シェイクスピア	31, 186, 514, 720
シェイクスピア全集	29, 120, 489, 654
シェイクスピアのアナモルフォーズ	254
シェイクスピアの面白さ	62, 616
ジェニーの家	10
ジェニーの肖像	171, 471
ジェノサイド	329, 335
ジェームス・ディーンみたいな女の子	143, 469
ジェームス山の李蘭	127
シェルブールの雨傘	320
ジェロニモの十字架	222
ジェローム・ロビンスが死んだ	308
四遠	167, 698
ジェーン・エア	320
ジェントルマン	335, 710
死を生きた人びと 訪問診療医と355人の患者	382
塩祝申そう 一部/塩祝申そう 二部/鰹群	178
しをかくうま	406
塩、コショウ	320
潮騒	26, 96, 681
潮騒の彼方から	263
鹽壺の匙	201, 208
シオノギ・テレビ劇場	58
塩の行進	381
潮の庭から	216, 564
潮の齢	73
望潮	241, 695
しおまねきと少年	99
死をみつめる心	53
ジオラマ論	166
紫苑物語	30, 436
市街	5
自壊する帝国	297, 304
市街戦	362
詩学創造	145
仕掛人梅安	134, 617
仕掛人・藤枝梅安	105, 549
シカゴ	164, 474, 516

作品名	ページ
然々と	375
しかして塵は一	77
鹿政談	64
しかたなかったと言うてはいかんのです（拡大版）	396
四月の岸辺	386
四月は君の嘘	346
志賀直哉	126, 188, 215, 420, 579, 665
鹿の王	355
志賀島	94, 480
私家版・ユダヤ文化論	304
侍家坊主	31
鹿よ おれの兄弟よ	283, 290, 505
しかられぼうず	24, 550
時間	69, 520
時間ですよ	87
時間のかかる読書	321
時間よ、とまれ	107
死期を誤った梶川	5
色彩	380
色彩のある海図	10
式子内親王伝―面影びとは法然	195
四季蕭蕭	105
色即ぜねれいしょん	325
四季・奈津子	122, 123, 124, 420, 646
式部物語	190, 515, 518
C級さらりーまん講座	220, 333
四季・ユートピアノ	118, 122, 129, 546
ジキル＆ハイド	273, 293, 333, 491
軸足をずらす	381
時空蒼茫	296, 579
ジグザグ トラック家族	237
しくじり先生 俺みたいになるな!!	358
ジグソーステーション	196
シクラメンのかほり	96, 97, 484, 634, 657
しぐれ川	193, 542
しぐれ茶屋おりく	70, 503
時雨の炬燵	233
時雨の宿	239
死刑囚 永山則夫〜獄中28年間の対話	319
死刑台のメロディ	82
死刑の基準―「永山裁判」が遺したもの	324
死刑弁護人	331
事件	110, 111, 112, 117, 468, 472, 566, 613, 633, 729
自己救済のイメージ―大江健三郎論	62
地獄絵	6
地獄谷温泉 無明ノ宿	362
地獄でなぜ悪い	344, 351
〈地獄〉にて	146, 427
地獄の花園	395
地獄の黙示録	123
地獄八景亡者戯	118
地獄番 鬼蜘蛛日誌	309
地獄門	25, 27, 203, 512, 636
地獄は一定すみかぞかし	234
私語辞典	223
子午線の祀り	109, 118, 119, 157, 372, 514, 582
事後と渦中―武田泰淳論	388
しごとば 東京スカイツリー	343
死語のレッスン	343
シコふんじゃった。	202, 203, 204, 211, 584
ジーザス・クライスト＝スーパースター	101, 103, 425
自殺	350
子産	262
時事おやじ2000	259
ジジ きみと歩いた	311
獅子の座	25, 636
獅子の時代	123
シジフオスの朝	269
時事放談	100
死者を再び孕む夢	202
死者たちの群がる風景	133, 456
死者たちの遺言―回天に散った学徒兵の軌跡	148
死者の学園祭	257
屍者の帝国	340, 347
刺繡	289
詩集1947-1965	59
詩集 思い川の馬	269
詩集・かたつむりの詩	196
詩集 かなかな	216
思秋期	458, 679
四十九日のレシピ	344
詩集 時代の明け方	223
四十七人の刺客	208, 217, 218, 224, 442, 610, 695
詩集私有地	126
詩集春鶯囀	81, 478
詩集・小さなぼくの家	100
詩集日々の地図	133, 591
死呪の島	348
史上最大！ アメリカ横断ウルトラクイズ	169
史上最大！ アメリカ横断ウルトラクイズ10周年シリーズ	162
私小説	222
私小説論の成立をめぐって	46
市場と権力 『改革』に憑かれた経済学者の肖像	343, 349
自叙伝	16
辞書になった男	655
市塵	180, 655
詩人・菅原道真―うつしの美学	180, 468
屍人荘の殺人	375
詩人たち	74
詩人中野鈴子の生涯	242
詩人の恋	279, 496
詩人の生涯	91, 505
詩人の妻	138

作品名	ページ
詩人の抵抗と青春―横村浩ノート	121
詩人ハイネ・生活と作品	56
しずかちゃんとパパ	403, 563
静かで、にぎやかな世界〜手話で生きる子どもたち〜	377
静かな雨	282
静かな影絵	55
静かな生活	224
静かなノモンハン	138, 146, 448
しずかな日々	304
静かな水	267
静かなり	13, 521
静かなる愛	11
静かなる決闘	18, 19, 522, 591
静かなるシステム	194
静かなる爆薬	82, 83
静かにきたソリチュード	178
しずかにわたすこがねのゆびわ	160
『静かの海』石、その韻き	249
シスター・アクト〜天使にラブ・ソングを〜	352
沈まぬ太陽	318, 319, 324, 325, 678, 729
沈むさかな	268
沈める寺	166, 508
"She's Rain"（シーズ・レイン）	146
私生活	139
私星伝説	162
至誠天に通ず	201
資生堂企業広告『鳴門山上病院』	232
市井の包み	105
自生の夢	328, 373
死せる魂の幻想	267
視線	105
自然をつくりかえる	42
慈善家―フィランスロピスト	410
自然渋滞	189
自然主義の研究	28, 36
思想改造工場	173
思想としての東京―近代文学史論ノート	109
時代を生きる―文学作品にみる人間像	241, 486
時代おくれ	163
時代と記憶	266
四代目市川団十郎	214
時代屋の女房	133, 696
下積の石	64, 87
したたる太陽	50
舌ながばあさん	270
舌のある風景	44, 602
下町	34, 35, 430, 687, 710
下町銀座	397
下町の青い空	466
下町の太陽	49, 633
下町ホフマン	103
下町ロケット	329
地球（jidama）の上で	343
下谷万年町物語	403
示談書	65
七	5
七月十八日	12
7月24日通りのクリスマス	298
七月の鏡	249
七月のひと房	369, 433
7時25分	192
七段目	265
七人の刑事	61
七人の侍	26, 27, 244, 484, 522, 635, 641
七人みさき	75, 94, 421
質屋	67
質屋の女房	265
視聴率調査機のある2600世帯だけにおくる限定番組	191
十戒	149, 150, 621
シックス・センス	257
69 sixty nine	284, 558
湿原	159, 491
実験	307
執行猶予	19, 20, 552, 553
桎梏の雪	393
失踪者	307
失踪日記	294, 301, 426
漆桶（しっつう）	400
嫉妬	18, 565
疾風伝	188
失望のむこうがわ	353, 651
しっぽのクレヨン	283
失楽園	237, 238, 240, 244, 521, 600, 703, 730
失恋記念日	113, 437
失恋ショコラティエ	340
失恋レストラン	108, 561
実録・阿部定	95
実録アヘン戦争	77, 597
実録・連合赤軍 あさま山荘への道程	312, 372, 727
GTO	244, 245, 246
詩的生活	110
私鉄沿線	97, 630
自転しながら公転する	393
自伝詩のためのエスキース	316, 601
自転車泥棒	20
自伝の世界	152
使徒	73
詩と歩こう	290
自動起床装置	195
時禱集	369, 375
児童百科事典	31
児童文学事典	173
児童文学のなかの障害者	297
児童文学論集第二巻児童文学への問いかけ	95
死と乙女	279, 492, 493
シドニアの騎士	359, 367

しとやかな獣	48, 51, 565
シートン	276
品川猿の告白 Confessions of a Shinagawa Monkey	415
死なす	4
詩七日	283
信濃のおんな	69
脚本〈シナリオ〉通りにはいかない！	257
次男坊	25, 632
死神	142, 624
死神くん	351
死に髪の棲む家	412
死神の精度	282
死化粧	56, 730
死にたくなったら電話して	349
ジニのパズル	361
シネマ・ア・ラ・モード	190, 224
シネマジャック	224, 635
シネマジャック2	224, 635
じねんじょ	188, 678
詩の暗誦について	249
死の泉	242, 686
詩の空間	74
詩の自覚の歴史	115, 715
死の島	80
志の輔らくご in 下北沢 vol.14	306
志の輔らくご in パルコ vol.11	306
志の輔らくご ひとり大劇場	306
志乃ちゃんは自分の名前が言えない	377
死の棘	41, 104, 109, 190, 197, 485, 558, 670
死の中の笑い	134
ジーノの家 イタリア10景	330
東雲楼 女の乱	217
忍ばずの女	218, 584
死の薔薇	150
SHINOBI	291
し・の・び・愛	156, 494
忍びの者	48, 508
しのび肌 続・四畳半襖の裏張り	90, 613
篠弘全歌集	295, 556
忍ぶ雨	88, 193, 531
詩の風景・詩人の肖像	309, 564
忍ぶ川	41, 81, 82, 83, 432, 518, 520, 674, 678
死の淵より	52, 581
詩のボクシング〜鳴り渡れ言葉、一億三千万の胸の奥に	251, 290
自爆	44
芝桜	112, 150, 199, 624
柴の折戸	202
芝楽の会	158
ジパング	152, 229, 273, 502, 724
シービスケット	284
シビル・ウォー アメリカ最後の日	414
渋い夢	316
至福の旅びと	223, 556
ジプシー	198, 474
ジプシー・クイーン	164, 621
事物の声 絵画の詩―アラブ・ペルシャ文学とイスラム美術	208
澁谷道俳句集成	336
自分以外全員他人	406
自分を好きになる方法	348
自分ならざる者を精一杯生きる―町田康論	347
自分の穴の中で	29
じぶんの木	324
自分の戦場	110
じぶんの星	63
ぢべたくちべた	412
シベリア	4
シベリア大紀行・おろしゃ国酔夢譚の世界をゆく	155
シベリヤ虜囚の祈り	166
シベールの日曜日	51
詩法	70
私本太平記	44, 720
島	25, 37, 450
姉妹	26
島唄	212, 213
島木赤彦	159, 461
島耕作シリーズ	385, 652
島々清しゃ	371
島津忠夫著作集	310
島津奔る	248
島と人類	348
島根恋旅	352, 626
島のブルース	52, 206, 681
島はぼくらと	349
四万十川	196, 490, 647, 660
四万十川―あつよしの夏	166
自慢の息子	330
しみじみ日本・乃木大将	115, 119, 451, 487
しみづあたたかをふくむ（句集）	400
じみへん	366
市民ケーン	60
市民の手で原爆の絵を	96
地虫	66, 81
ジムノペディに乱れる	364
志村夏江	76
標のゆりの樹	349
Gメン	407, 408
紫木蓮	249, 571
下妻物語	284, 291, 506
しもばしら	356
下山事件 最後の証言	295
ジャイブ 海風に吹かれて	318
ジャイロ！	267
シャイン	238
小蓮の恋人	210

社会科教材映画大系	21
社会部記者	21
ジャガーになった男	208
ジャガーの眼	353, 415
シャガールと木の葉	288, 591
釈迦	45
惜身命	145, 461
釈尊、救世の法則	228
ジャクソンひとり	399
釈迢空ノート	261, 262, 609
灼熱カバディ	415
遮光	282
ジャコマンと鉄	18, 522, 591
ジャージの二人	312
ジャージー・ボーイズ	350, 351, 365, 366
蛇衆	309
写真美術館へようこそ	228
ジャズエイジ	342
ジャストミート	172
ジャスミンの残り香──「アラブの春」が変えたもの	349
斜線の旅	322
社葬	183, 461, 606, 668, 671, 672, 721
ジャックのあたらしいヨット	297
ジャックの種子	255
しゃっくりうた	161, 676
しゃっくりがいこつ	290
尺骨	160
射禱	269
シャトゥーン	295
遮那王─義経	287
シャニダールの花	344
しゃばけ	261
ジャパゆき梅子	166
ジャパンドⅡ	135
シャブ極道	231, 703
しゃべれども しゃべれども	305
シャボン	149, 623
シャボン玉とんだ宇宙までとんだ	184, 193, 213
邪魔	261
シャーマンと爆弾男	406
三味線お千代	164, 651
軍鶏師と女房たち	19
しゃもぬまの島	380
シャモ馬鹿	133
軍鶏流行	18
写楽	224, 225, 230, 551, 557, 585, 659
写楽考	80, 81, 84, 98, 107, 108, 627, 704
写楽殺人事件	139
ジャリおじさん	217
じゃりん子チエ	126
Shall we ダンス？	230, 231, 237, 584, 702, 703
シャーロック・ホームズの世紀末	208
シャーロック・ホームズの履歴書	182
シャーロック・ホームズ・バイブル 永遠の名探偵をめぐる170年の物語	406
シャワーな気分	143, 592
シャングリラ・フロンティア ～クソゲーハンター、神ゲーに挑まんとす～	410
ジャングル	210, 669
ジャングルブック 少年モーグリBGM	232
ジャンナ	239
ジャンヌ・ダルク	410
上海	139, 641
上海時代	95
上海バンスキング	119, 122
シャンハイムーン	195, 451
ジャンボアフリカ	75, 503
ジャンボコッコの伝記	116, 552
自由	394
銃	268
11人いる！	98, 634
十一人の少年	146
十一世市川団十郎	145
十一ぴきのネコ	186, 451, 463
11ぴきのねことあほうどり	88, 639
驟雨	26, 725
自由への道	83
境界（シュヴェレ）	330
銃を持つ民主主義	283
自由を我等に	5
自由学校	21, 593
週刊こどもニュース	278
十九歳の地図	116, 706
19分25秒	209
秋興	249
宗教なんかこわくない！	230
宗教の深層─聖なるものへの衝動	159
19人を殺した君と 重い障がいのある私の対話	390
十九の春	592
従軍タイピスト	12
銃口・教師竜太の青春	238
周公旦	254
十五才 学校Ⅳ	257, 263, 596, 713
15歳の志願兵	326
十五歳の周囲	29, 678
15の未来派の作品	72
十五峯	310, 578
十五夜お月さん─本居長世 人と作品	132, 139, 516
13階段	261, 278
十三星	261, 578
十三人の刺客	325, 516
十三姫子が菅を刈る	180
十三夜	17
十字架	323
自由時間	153, 668
十七の夏	545
十七八より	354

終止符	265, 664
秋照	133, 693
就職戦線異状なし	197, 204
囚人のうた	121
終身未決囚	26, 429
重戦機エルガイム	151
自由高さH	323
住宅	139
集団左遷	218, 617
終着駅	83, 153, 191, 717
終着駅殺人事件	127, 628
終電車の死美人	29
秋天瑠璃	209, 216, 541
17才	79
17歳のこの胸に	55, 539
十二階	195
十二月	137, 162
十二月感泣集	256
12月のあいつ	38, 688
12歳。	379
十二歳の合い言葉	140, 524
十二さま	86
12人	333
十二人の怒れる男	40, 391
十二人の怒れる男たち	186
12人の優しい日本人	196, 197, 206, 293
12年間の嘘―乳と蜜の流れる地よ	135
十二単衣を着た悪魔	389
十年	369, 579
自由の幻想	106
十八の夏	268
十八歳、海へ	117, 533
重版出来!	366
秋風挽歌	74
ジュウベー	80
襲名犯	341
終夜	385
終油の遺物	21
14歳	304
14才のジゼル	285
14才の母―愛するために生まれてきた~	297, 306
14ひきのやまいも	154, 460
重力	323
重力ピエロ	318, 325
十六歳のマリンブルー	159
樹影	80, 202, 547
樹影譚	173, 677
朱を奪ふもの	465
樹下集	174, 666
シュガシュガルーン	293
手記	10
守教	375
授業	88, 137, 620
修業者の言語―中原中也試論	180

祝婚	173, 461
祝祭	283
祝辞	154, 168, 460
縮図	24, 25, 146, 489, 565
宿題ひきうけ株式会社	63
熟年離婚	292
宿場と女	85
宿命	34
宿命『よど号』亡命者たちの秘密工作	249
じゅげむの夏	413
絑間抄	189
しゅごキャラ!	314
シュージの放浪	166
シューシャインボーイ	326
手術綺談	4
繻子の靴	295
酒仙	209
酒中花	65
十階のモスキート	140, 141, 462, 538, 539
出孤島記	19, 558
出星前夜	308, 432
出張	183, 645
出張の夜	182
出発の周辺	73
シュート!	217, 220, 224
首都消失	158, 536
シュトヘル	340
授乳	274
樹木内侵入臨床士	202
須臾の間に	282
聚落	53
ジュラシック・パーク	210, 211, 217, 221
ジュラシック・ワールド/炎の王国	376
修羅の旅して	117, 118, 641, 653
修羅の伝説	204
修羅の人	62
修羅の群れ	152, 514, 602
修羅の門	193
修羅場の人間学	210
首里	209
ジュリア	111, 112
ジュリアス・シーザー	397
ジュリアに傷心(ハートブレイク)	156
ジュリアン・バトラーの真実の生涯	392
ジュリエット	261
首里の馬	386
しゅるしゅるぱん	363
朱霊	77
棕櫚を燃やす	399
手話狂言―秋の会	171
ジュン	65, 437
純愛物語	34, 35, 453, 454, 667, 682
春夏秋冬帖	63
俊寛	136

瞬間（句集）	288
純喫茶磯辺	312
殉教秘闘	39
春琴	313, 314
殉死	62, 557
純情綺談	6
純情きらり	299
純情クレイジーフルーツ	179
春宵十話	49
純粋病	121
ジューンドロップ	405
潤の街	182
春風亭小朝 in 三座	352
JOY	170, 434
女医	250, 537
咲庵	52, 56, 623
上意討ち	63, 64, 636
上意討ち・拝領妻始末	63, 64, 497, 535, 636, 687
翔影	236, 693
女王陛下の興行師たち	152
笙歌（しょうか）	303
城外	8
小学館あーとぶっく	243
城下の人	36
将棋の子	262
上京ものがたり	294
償勤兵行状記	5
将軍	124
将軍と参謀と兵	13
上下	77
笑撃的電影箱	205
証言記録 兵士たちの戦争	326
上弦の月を喰べる獅子	187, 194
証言・私の昭和史	169
小航海26	105
将国のアルタイル	372
商魂	28
招魂の賦	65
焼残反故	39
情事	110
消失グラデーション	329
庄司直人詩集	110
小詩無辺	221, 222, 542
上州おたくらー私の方言詩集	209, 449
上州巷説ちりめん供養	6
蕭々館日録	261
少女A	136, 621
少女仮面	74, 501
少女禁区	323
少女終末旅行	386
少女たちの羅針盤	331
少女都市からの呼び声	213
少女人形	129
少女の友	11

少女売買 インドに売られたネパールの少女たち	310
焼身	288, 687
松心火	42
子葉声韻	310
小説伊勢物語 業平	386, 576
小説家夏目漱石	173, 468
小説という植民地	196, 678
小説野中兼山	115
小説フランス革命	348
小説吉田学校	139
小説渡辺華山	80
商船テナシチー	6
肖像	17, 512
装束ゑの木	393
正体	414
将太の寿司	233
冗談関係のメモリアル	209
上段の突きを喰らう猪獅子	200
小椿居（せうちんきょ）	323
小伝抄	181
衝動殺人 息子よ	117, 123, 513, 728
庄内士族	14
湘南ハートブレイク	185, 483
小児病棟	123
証人の椅子	56, 57, 448, 624, 715
情熱大陸	299
情熱・熱風・せれなーで	129
娼年	376
少年	63, 70, 71, 162, 469, 594
少年愛の美学	69
少年朝日年鑑―昭和27年版	27
少年アリス	174
少年H	235, 251, 258, 344, 351, 450, 573, 660
少年カニスの旅	243
少年狩り	129, 450
少年期	21, 588, 593
少年工	14
少年讃歌	139, 678
少年詩集・茂作じいさん	116, 534, 535
少年時代	189, 190, 191, 197, 515, 557, 655, 711
少年少女学習百科大事典 理科編	37
少年少女世界伝記全集	48
少年少女つづり方作文全集	42
少年少女日本昆虫記	60
少年少女日本文学選集	34
少年隊ミュージカル	212
少年たち	140, 532
少年と犬	387
少年動物誌	100
少年と子だぬき	42
少年の海	217
少年の果実	6
少年の橋	50

作品名	ページ
少年の日々	210
少年Bが住む家	391
蒸発	85
勝負師伝説 哲也	259
情婦マノン	20
情報人間の時代	74
消滅の光輪	115, 120, 677
縄文紀	110, 666
縄文流	181
賞与日前後	7
勝利者	35, 438
少林サッカー	271
省令第105号室	41
精霊流し	92, 278, 548
昭和男唄	352
昭和おんなブルース	616
昭和が明るかった頃	276, 573
昭和上方笑芸史	212
昭和枯れすすき	95, 97, 566
昭和虞美人草	396
昭和元禄落語心中	353, 373, 377
昭和史〔水木しげる〕	186, 681
昭和史〔中村隆英〕	208
昭和史 戦後篇	295
昭和時代の忘れ物	339
昭和史発掘	62, 73
昭和史 1926-1945	295
昭和短歌の精神史	288, 289, 539
昭和天皇	315
昭和天皇伝	335
昭和時次郎	163, 426
昭和流れうた	156, 157, 448, 466, 698
昭和の犬	342
昭和の放送史	67
昭和の翻訳出版事件簿	374
昭和文学盛衰史 1・2	38, 581
昭和万葉集	120
昭和49年春大沢村	91
女王の教室	292, 299
女王の花	353
女王はかえらない	348
書を読んで羊を失う	256
ジョーカー	382, 383, 389
女学生	97, 479
女学生の友	263, 264, 708
ジョーカー・ゲーム	316, 357
諸葛孔明	202
ショーガール	92, 514
書簡にみる斎藤茂吉	269
女患部屋	22
女経	42, 43, 441, 717
贖罪	332, 526
食肉の帝王 巨富をつかんだ男 浅田満	276
職人	39
触媒	109, 583
植物誌	63
植物少女	405
植物図鑑 運命の恋、ひろいました	370
植物たちの富士登山	175
植物のうた	100, 676
食味風々録	261, 420
女系家族	157, 705
処刑遊戯	116, 677
女工失業時代	4
諸国を遍歴する二人の騎士の物語	166, 169, 171, 661, 685
ショコラの魔法	391
ジョージア 明日があるさ『登場編』	258
女子高生に殺されたい	401
女子大生・曲愛玲	31, 573
女子的生活	377
ショーシャンクの空に	224, 225, 231
ショーシャンクの空に〔ロンドン版〕	352
初秋	332
女囚と共に	32, 516
女囚701号さそり	81, 528, 671
助手席にて、グルグル・ダンスを踊って	222
処女の泉	45
ジョジョリオン―ジョジョの奇妙な冒険 Part8―	346
ジョーズ JAWS	95
女性専科	123
女生徒	11
女性のための小さい会社のつくり方	152
ジョゼと虎と魚たち	277, 284
女中たち	119
触感の解析学	236, 581
しょっぱいドライブ	268
女帝 小池百合子	394
書店主フィクリーのものがたり	362
ショートアイズ	156
書道ガールズ!!わたしたちの甲子園	325
初冬の中国で	153, 515
ショート・サーキット	188
ショート・ストーリーズ	268
ジョニイへの伝言	422
ジョニーは戦場へ行った	87
序の舞	139, 146, 148, 612, 672, 685, 687
ジョバンニの島	351
ジョバンニの父への旅	169, 171, 661, 685
女碑銘	6
ジョー・ヒル	78
ジョー・ブラックをよろしく	250
処方箋	261
ショムニ	244
書物合戦	281
書物捜索	10
書物について―その形而下学と形而上学	262

作品名	ページ
女優	233, 512, 641
女優須磨子の恋	16, 587
女優二代	302, 469
女流作家	9
女郎部唄	24
じょんがら民宿こぼれ話	193
ジョン万次郎漂流記	9, 453
地雷を踏んだらサヨウナラ	256, 257
地雷グリコ	412
白石噺	68
シー・ラヴズ・ミー	226
白樫の樹の下で	329
シラカバと少女	60
白壁の文字は夕陽に映える	84
シーラカンスとぼくらの冒険	337
白木黒木	81
白鷺	37, 717
白洲次郎	319
白鳥麗子でございます！	186
しらぬい	78
シラノ	319
白ゆき姫殺人事件	350
知られざる魯山人	310
しらんぷり	237
尻啖え孫市	71
シリーズ・江戸川乱歩短編集Ⅱ 妖しい愛の物語	364
シリーズ巨大津波	332
シリーズ"宗教2世" 神の子はつぶやく	414
シリーズ・戦争の証言	109
シリーズ特集	87, 91
シリーズ 日本と朝鮮半島2000年」	319
私立探偵フィリップ	172
自立歩行人間型ロボット（P2）	247
尻取遊び	78
尻餅	279
死霊	99, 638
磁力と重力の発見	274
シルエット	260
シルエット・ロマンス	137, 475, 509
シルクロード	50, 120, 123, 148
シルクロードが走るゴビ砂漠	154
知床旅情	79, 498
白赤だすき小○の旗風	105, 532
白蟻の巣	29, 681
白い海	29
白い鬼	302
白い海峡	206, 473
白い風の中に	33
白い紙	316
白い着物の子どもたち	413
白い巨塔	59, 60, 112, 194, 278, 290, 636, 715
白い雲と鉄条網	146
白い罌粟	59
白い衝動	374
白い蝶の記	82, 572
白い手	189, 190, 482, 529
白い虹	111
白い花と鳥たちの祈り	316
白いパラソル	130, 540, 670
白い薔薇の淵まで	262
白いパン	147
白い人	28, 466
白い紐	41
白い部屋で月の歌を	275
白い帽子の丘	37, 547
白い屋形船	53, 506
白い山	188, 695
白い指の戯れ	82, 518
白い夜の宴	64
白いりす	48, 430
しろいろの街の、その骨の体温の	341
素人うなぎ	27
素人庖丁記	174
城へゆく道	86
しろがねの葉	399
ジロがゆく	80
次郎吉懺悔	19
白き瓶	160, 655
白き嶺の男	228, 590
白き山	415
『白き山』全注釈	236
白く長い廊下	201
白くぬれた庭に充てる手紙	413
しろくまのパンツ	343
白駒	342
ジロさんの憂鬱—練馬一家五人殺人事件	164
白と黒	50, 51, 533, 636, 665
白の咆哮	282
白旗の少女	182
死は誰のもの	94
JIN—仁—	319, 326, 333, 694
親愛なるレニー レナード・バーンスタインと戦後日本の物語	405, 407
親愛なる我が総統	353
信篤き国	133
新・居酒屋ゆうれい	230, 590
新薄雪物語	359
新・腕におぼえあり	245
シン・ウルトラマン	401, 408, 411
シン・エヴァンゲリオン劇場版	395, 402
新・お水の花道	264
心音	296
人外	380, 669
新懐胎抄	229
神学生の手記	8
シン・仮面ライダー	408
しんがり 山一證券 最後の12人	350

じんかん	387
真贋	60
新幹線大爆破	95, 550
新幹線のたび〜はやぶさ・のぞみ・さくらで日本縦断〜	337
真贋の構図	121, 700
仁義	72, 509
神器 軍艦「橿原」殺人事件	315
仁義なき戦い	86, 87, 492, 568, 652
仁義なき戦い—頂上作戦	90, 492
仁義の墓場	96, 652
神曲	17
SING/シング	371
真空が流れる	282
新空港物語	224
真空地帯	22, 23, 25, 264, 632, 715
シングル・アゲイン	185, 583
シングル・セル	159, 668
シングルベッド	226
シンクロニシティ	378
真景累ケ淵	38
真景累ケ淵—水門前の場	172, 642
新劇・愉し哀し	69, 463
新劇年代記 全3巻	83
進撃の巨人	333
進撃の巨人BGM	359
新劇寄席	80, 487
新月	17, 642
新月の蜜	289
真剣	184, 185
真剣勝負二刀流開眼	78, 449
信玄の逃げた島	8
信号機の向こうへ	110
しんごうきピコリ	376
人工水晶体	160, 725
深呼吸の必要	284
新極道の妻たち・覚悟しいや	210, 459
シン・ゴジラ	363, 364, 367, 370, 373, 452
新婚さんいらっしゃい！22年のアルバム	204
震災から3年〜伝えつづける〜	351
新作歌舞伎 ファイナルファンタジーX	410
真作譚	166
新座頭市・破れ！唐人剣	78, 495
新・三銃士	326
人日	174, 625
新・執行猶予考	152
真実の合奏	181
真実の瞬間	64
真実の種、うその種	297
真実のゆくえ	313
ジンジャーブレッド・レディ	144, 239
心中天網島	70, 71, 459, 556, 585, 609
深重の海	110, 602
新輯母の歌集	33
心中宵庚申	148, 155, 728
真珠川 Barroco	368
新宿エトランゼ	68
新宿鮫	195
新宿鮫 無間人形	209
新宿純愛物語	169
新宿八犬伝・第1部	160
新宿紫団	6
真珠婚	74
真珠の小箱	135
晨鐘	289
浸蝕	343
信じる機械—The Faith Machine—	352
じんじん	79
新・仁義なき戦い	257
新・仁義なき戦い組長最後の日	100, 577
新々百人一首	247, 677
新生	15
人生案内	5
人生いろいろ	170, 178, 185, 559, 623
新世紀エヴァンゲリオン Genesis 0:1〜0:10	233
新世紀エヴァンゲリオン	240
神聖喜劇	307
人生劇場	8, 147, 492
人生劇場 青春篇	8, 462
人生これおわら	244
人生という作品	328
人生とんぼ帰り	648, 700
人生とんぼ返り	29
人生二勝一敗	245
人生の阿呆	8, 641
人生のアルバム	362
人生の一日	99, 427
人生の検証	187, 421
人生の乞食	4
人生の親戚	187, 467
人生の楽園	272
人生ふたりづれ	272, 424
人生フルーツ	365, 376
人生みちづれ	326, 682
新西洋事情	100, 653
人生論風に	69
人生は、ガタゴト列車に乗って…	186, 465, 640
しんせかい	361
新世界交響楽	42, 478
新世界より	315
親切	118, 609
真説石川五右衛門	19, 595
シンセミア	281
新選組	71, 240
神前酔狂宴	381
真相・消えた女たちの村	191
真相里見八犬伝	274
身体感覚を取り戻す—腰・ハラ文化の再生	262

寝台の方舟	89
ジンタの音	95
しんたろうのまじっく	220, 246
新炭図	12
沈丁花	60, 597
新潮日本古典集成	180
死んでいない者	354
死んでしまう系のぼくらに	355
死んでもいい	202, 203, 204, 211, 472, 584
シンデレラの朝	194
シンデレラマン	291
シンデレラは眠らない	251
神童	253, 305
身毒丸	233, 628
新十津川物語	182, 504
ジンとばあちゃんとだんごの木	318
シンドラーのリスト	217, 218, 224
新トロイア物語	222, 427
新南島風土記	109
新日本風土記	376
新八犬伝	87
審判	76, 137, 220, 233, 307, 471, 496
新版大岡政談 第三篇・解決篇	3, 449
新版 香華	178, 218, 226, 594
新聞記者	383, 389
新聞小説史年表	166
新聞小説史・明治篇	89
新聞配達人	6
新兵群像	10
新・平家物語	24, 28, 720
シンベリン	339, 472, 629
新漫画文学全集	76
新芽	368
人命	35
人命救助法	84
深夜	6
深夜食堂	321
針葉樹林	393
瀋陽の月	226
新・喜びも悲しみも幾歳月	161, 162, 168, 460, 513
信頼――一枚の診療明細書から	141
震雷の人	387
親鸞	322, 447, 629
心理	290, 428
人類学入門	59, 60, 455, 487
人類館	110
人類のヴァイオリン	262
人類の午後	392
人類の誕生	45
新ルパン三世BGM	239, 474
人狼 JIN-ROH	251
親和力	181, 477

【す】

水位	146
水駅	99, 374, 428
水苑	262
すいか	278
酔歌	192, 193, 719
酔蟹	19
随鑑	322
水軍大宝丸	12
水幻記	146
水滸伝	295, 509
水車小屋のネネ	406, 412
水準原点	358
水晶の座	90, 594
水神	322
水声	348
彗星の使者	157, 632
水仙の章	342
水中庭園	104
水中翼船炎上中	375
推定脅威	349
水滴	235
スイート・チャリティ	83, 142, 178, 624
Sweet Home スイートホーム	359
スイート・マイホーム	374
スイート・リトル・ベイビー	248
翠微	223
水平線上にて	153
水平線〔滝口悠生〕	398
水平線〔三井ゆき〕	412
水脈	222, 576
水面鏡	233
水面の星座 水底の宝石	282
水曜日の凱歌	354
水曜日の情事	264
水曜日のダウンタウン おぼん・こぼん THE FINAL	403
推理作家の出来るまで	261
推理小説展望	59
推理日記	315, 552
睡蓮記	310
スウィート・ホーム	211, 224
スウィーニー・トッド	129, 131, 300, 415, 444, 472, 474
スウィングガールズ	284, 291, 685
数学する身体	363
数学の影絵	24
数字であそぼ。	410
末摘花	30
葉紀甫漢詩詞集	209

須賀敦子を読む	315
スカイ・クロラ The Sky Crawlers	312
スカイライト	273, 378
菅江真澄 みちのく漂流	263
姿三四郎	106, 521, 727
スカパー！堺議員シリーズ	377
スカバンの悪だくみ	92, 423
スカラムーシュ・ジョーンズor七つの白い仮面	404, 497
スカーレット	384
スカーレット ピンパーネル	313
菅原伝授手習鑑	332, 359
すかんぴんウォーク	146, 148, 511, 677
過越しの祭	152, 153, 536
好きさ！	177, 178
好きっていいなよ。	357
スキップとローファー	410
透きとおった糸をのばして	263
好きな女の胸飾り	62, 658
杉の村の物語	90
隙間	335
杉森くんを殺すには	413
スキャナー 記憶のカケラをよむ男	363
スクラッチ	407
スクラップ・アンド・ビルド	354
スクラップ・ヘブン	291
スクールオブロック	410
スクルージ	346, 444
末黒野	289
掬われる声、語られる芸 小沢昭一と『ドキュメント 日本の放浪芸』	409
スケアクロウ	87
スケーターズ・ワルツ	399
助太刀屋助六	270, 271, 551
スケッチ	107
SKET DANCE	321
スケバン刑事	168, 686
助六曲輪菊	38
SCORE	225
少しは、恩返しができたかな	299
スコット＆ゼルダ	358
健やかな日常	59
朱雀家の滅亡	64, 620
凄ノ王	126
スーザンを探して	313
筋違い半介	255
スジナシ	319, 563
すじぼり	309
寿司屋の小太郎	277
筋読み	368
鈴	28
鈴を産むひばり	329
鈴木家の嘘	376, 377
鈴木春信	6
鈴木清順論	388
鈴木先生	332
薄田泣菫	37
鈴木主水	21
鈴の送り神修行ダイアリー	413
すずめ	341, 349, 613
雀色時	204, 702
進め！電波少年	219, 225
すずめの戸締まり	404, 408
すずめの涙	170
すすめロボケット	49, 655
鈴本演芸場5月下席夜の部	384
硯	355
図説天文学	20
裾花	349
スタア	103, 600
スタア誕生	29
スター・ウォーズ エピソード1/ファントム・メナス	250, 251
スター・ウォーズ エピソード3/シスの復讐	291
スター・ウォーズ/フォースの覚醒	364
スター・ウォーズ	111, 112, 120
スター・ウォーズ/帝国の逆襲	123, 132
スター・ウォーズ ジェダイの復讐	141
スター千一夜	107
スター誕生	465
スターバト・マーテル	322
菅田将暉TV	377
スターライト・エクスプレス	171
スーダラ伝説	191, 460
スターリン暗殺計画	115
スター・レッド	126, 634
スタンス・ドット	268
スタンド・バイ・ミー	168, 169
STAND BY ME ドラえもん	357
すーちゃん まいちゃん さわ子さん	344
スチール	268
頭痛肩こり樋口一葉	157, 567
ズッコケ三人組	290
ズッコケ三人組のバック・トゥ・ザ・フューチャー	256
ずっとあなたが好きだった	205
すっとこどっこい	250, 721
すっぽん心中	348
スティーブ・ジョブズ	359
スティル・ライフ	166, 433
スティング	91
素敵な宇宙船地球号	264
ステキな金縛り	331, 627
素敵な彼氏	379
素敵なダイナマイトスキャンダル	376
素敵なラブリーボーイ	137, 526
ステージ	254
ステラ・ダラス	3
捨てられて	226, 623

作品名	ページ
ステンドグラスの中の風景	105
崇徳院	300
ストックホルムの密使	230
ストップ！ にいちゃん	52
ストマイつんぼ	33, 476
ストラヴィンスキー	152
ストリッパー	130, 679
ストリッパー物語	102, 384, 597
ストレイ・シープ	121
ストレートニュース	265
ストレンジャー・ザン・パラダイス	161
ストレンジャー～上海の芥川龍之介～	389, 390
ストロベリー・ロード	182
ストロボ・エッジ	357
砂あらし	61
スナイパー時村正義の働き方改革	389, 390
砂田弘評論集成	283, 571
砂時計	28, 287, 463
砂と城	59
砂の器	66, 91, 92, 278, 423, 633, 636, 711
砂の音	116
砂の女	47, 53, 54, 397, 427, 603
砂の関係	55
砂のクロニクル	202
砂の詩学	209
砂の塔	365
スナフキンの手紙	223
砂文	362
スニーカーぶるーす	129
スパイの妻	388, 389
スパーク・プラグ	199
スパゲティコード・ラブ	395
スーパーステーション	155
スーパーステーション『永遠のジャック＆ベティ』	176
スーパー・ドラムス	124
スーパー・フェニックス	151, 506
スーパーマリオくん	385
スーパーマンⅡ 冒険篇	129
素晴らしい一日	248
すばらしい新世界	254, 433
すばらしい世界旅行	135
すばらしい世界旅行・アマゾンシリーズ	118
素晴らしい風船旅行	45, 46
すばらしき世界	395, 703
素晴らしき日曜日	16, 521
スピード	123, 218, 224, 659
スプラッシュ	188
スペクタクルそして豚小屋	336
スペシャリスト	358
スペースオペラの書き方	187, 632
スペース カウボーイ	257
すべて売り物	208
スポイルズ・オブ・ウォー	286
スポケーンの左手	359
スポットライト 世紀のスクープ	364
すまいの四季	31
スマイル・フォー・ミー	130, 501, 666
スマホを落としただけなのに	383
スマホを落としただけなのに 囚われの殺人鬼	389
墨いろ	116
栖	121, 659
住み方の記	60
隅田川花御所染	107
隅田川暮色	145, 558
すみっこのおばけ	256
すみれ色の涙	130, 458
菫濃く	349
スモールワールズ	399
スラップ・ショット	106
スラビークの夕食	68
SLAM DUNK	220
スラムドッグ$ミリオネア	403
スリ	256, 257, 521, 645
スリー・アゲーツ	254
スリーウインターズ	385
スリーピーホロウの座敷ワラシ	289
スリー・ビルボード	376
スリル・ミー	378
ズルイ女	226
する、されるユートピア	375
スルース	87, 88, 509
ズレる？	296
スロウ・カーヴ	281
素浪人忠弥	4, 449
スローなブギにしてくれ	128, 462
スローな武士にしてくれ～京都 撮影所ラプソディー～	382, 383
スワン	387
寸法武者	53

【せ】

作品名	ページ
背	41
世阿弥	50, 279, 709
聖火	157
星界の紋章	240
聖一歌章	303
聖歌隊	10
生活の設計	255
生活の探求	9
青果の市	12, 557
正眼	355
世紀	269, 639
「世紀を刻んだ歌」ヘイ・ジュード～革命のシンボルになった名曲	265
正義の人びと	397

作品名	ページ
正義派	34, 35, 639
世紀末をよろしく	159
世紀末鯨鯢記	188
世紀末と漱石	214
世紀末リーダー伝 たけし！	259
世紀末ロンドン・ラプソディ	188
青玉獅子香炉	66, 597
正義は勝つ	230
星系出雲の兵站	392, 398
聖ゲオルギー勲章	7
青幻記	62, 86, 87, 585
青幻記 遠い日の母は美しく	87, 625
正弦曲線	315
青湖	209
清左衛門残日録	211
清左衛門残日録（第10回）『夢』	211
清作の妻	57, 727
せいざのなまえ	263
青磁砧	81, 558
星宿	146, 549
青春航路ふぇにっくす丸	217
青春デンデケデケデケ	188, 195, 203, 204, 475, 647
青春の雨	95, 464, 641
青春の顔	206
青春の殺人者	100, 101, 102, 594, 637, 644, 683
青春の蹉跌	91, 518, 635
青春の終焉	260, 267, 328, 678
青春の深き淵より	43, 469
青春の門	95, 96, 101, 107, 129, 464, 471, 472, 509, 670
青春の門 自立篇	105, 106, 437, 464, 472, 641
青春の門 筑豊篇	99, 129, 134, 447, 548, 670
星条旗の聞こえない部屋	202
聖少女	62
聖職の碑	110, 111, 112, 117, 472, 695
聖女ジャンヌ・ダーク	52
精神と物質	196, 587
聖水	254
西陲集	105
生成する『非在』—古井由吉をめぐって	145
晴雪賦	15, 429
生鮮てるてる坊主	361, 710
生前予約～現代葬儀事情	238
青層圏	303
生存者ゼロ	335
背高泡立草	380
贅沢な骨	263
生誕	342
生誕100年小津安二郎特集	283
青鳥発見伝	19
性的犯罪	141, 539
青天を衝け	396
晴天の迷いクジラ	336
晴天HOLIDAY	365
青童子	235, 666
『青鞜』の冒険 女が集まって雑誌をつくるということ	349
生徒諸君！	114
聖なる淫者の季節	77, 564
聖なるズー 動物性愛者、種も暴力も超えるセックス	382
聖なる春	228
聖なるロシアを求めて	187
青南後集	153, 599
青南集	62, 599
贅肉	6, 629
青年の環	77, 632
青年茂吉	241, 509
性の起源	63, 565
精薄相談室	71
制服	188
制服の処女	6
西部戦線異状なし	4
静物	41, 260, 525, 563
聖母のいない国—The North American Novel	267
聖母病院の友人たち	140
聖母モモ子の受難	140
セイムタイム・ネクストイヤー	178, 193, 266, 537, 580
税務調査官・窓際太郎の事件簿シリーズ	338
晴夜	234, 236
聖夜	330
西洋骨董洋菓子店	273
西洋シネマ大系—ぼくの採点表	263
西洋の美術	34
西洋の夢幻能—イェイツとパウンド	254
正欲	393, 407
ゼイラム2	227
生理ちゃん	385
星涼	322
精霊の守り人	230
聖☆おにいさん	321
聖闘士星矢（BGM）	206
背負い水	195
世界遺産	285
世界一難しい恋	364
世界ウルルン滞在記	232
（世界記録）	254, 701
世界昆虫記	223
世界児童文学案内	54
世界中の誰よりきっと	219, 623
世界樹の枝で	296
世界少年少女文学全集	29
世界大戦争	44, 705
世界地図、傾く	399
世界でいちばん優しい世界	227
世界童話文学全集	45

世界泥棒	342
世界に一つだけの花	286, 293, 299
世界のSFがやって来た!! ニッポンコン・ファイル2007	321, 536
せかいのおきく	407, 408, 549
世界の終りとハードボイルド・ワンダーランド	153, 694
世界の構造	77, 494
世界のこども	118
世界の子ども	37
世界の車窓から	218
世界の中心で、愛をさけぶ	284, 290, 291
世界のともだち	350, 369
世界の果てのこどもたち	362
世界の果ての魔女学校	337, 343
世界の果てまでイッテQ！	364
世界のバラ	139
世界の翻訳家たち	230
世界・ふしぎ発見！	264
世界ミステリ作家事典〈本格派篇〉	248
世界は五反田から始まった	398
世界は3で出来ている	389
世界は二人のために	64, 545
世界は夜明けを待っている	412
瀬頭	209
セカンド・ガール	110
セカンドバージン	337
セカンド・ラブ	140, 143, 509, 621, 646
石果集	78
隻眼の少女	329
石魂	24
惜春	63
赤色エレジー	83
赤刃（せきじん）	329
責任	412
責任—ラバウルの将軍 今村均	152
関根勤のサブミッション映画館	210
寂寥郊野	208, 724
脊梁山脈	341
石蓮花	380, 381
ゼクエンツ	362
セクシーボイス アンド ロボ	273
セクシュアル	177
女街	167, 456, 480
世間知らず	235
世間知ラズ	209, 591
西郷どん	377, 670
世相あぶり出し	80, 144
セチュアンの善人	131, 252
雪冤	316
Z境（ぜっきょう）	310
絶叫学級	346
説教と話芸	54
絶景ノート	369
Sessue雪洲	177
摂州合邦辻	17
絶唱	61, 657
セッション	357
雪前雪後	133, 514
絶対音楽の美学と分裂する〈ドイツ〉	354
絶対可憐チルドレン	404
絶体絶命でんぢゃらすじーさん	287
絶対服従者（ワーカー）	335
切断荷重	269
切断の時代—20世紀におけるコラージュの美学と歴史	302
Z	74, 75
雪洞にて	70
説得	211
説得—エホバの証人と輸血拒否事件	182
せつない春	225
切腹	47, 48, 535, 585, 615, 636
切腹九人目	36
接吻	312, 375
ゼツメツ少年	348
雪嶺	70
瀬戸内少年野球団	146, 147, 148, 149, 557, 594, 688
瀬戸内ムーンライト・セレナーデ	237, 238
セトウツミ	364
瀬戸大橋時代を創る	135
瀬戸内海がゴミ箱になる日	403
瀬戸の花嫁	83, 536
セトロの海	63
背中の記憶	324
せなかのともだち	370
背なで老いてる唐獅子牡丹	292, 495
銭形平次	36
銭五の海	235
銭の戦争	351
セノーテ	388
ゼブラーマン ゼブラシティの逆襲	325, 331
瀬降り物語	154
セブン	231
7SEEDS	300
狭い広い世界で篇	402
蝉かえる	393
蝉しぐれ［ドラマ］	285
蝉しぐれ［映画］	291
セミの追憶	215, 661
施無畏	315
セーラー服と機関銃 -卒業-	370
セーラー服と機関銃	264, 498, 574
せりふの構造	138
セールスマンの死	27, 61, 96, 98, 150, 206, 391, 397, 403, 404, 493, 582
セレーノに降る雪	220
ゼロ・グラビティ	344
零のかなたへ～THE WINDS OF GOD～	292

ゼロの記録	66, 475
ゼロの焦点	45, 75, 140, 606, 624
ゼロはん	152
セロ弾きのゴーシュ	129, 580
『セロ弾きのゴーシュ』の音楽論	274
0655	331
戦雲の座	56
前衛映画理論と前衛芸術	75, 432
山海記	380
戦火のかなた	18
戦艦武蔵	85
戦鬼たちの海——織田水軍の将・九鬼嘉隆	201, 563
1934年冬——乱歩	215
1900年	134
1980 アイコ 十六歳	127
1980年のブルースハープ	198
一九八六年七月の朝飛行船を見に行った	189
1986年：メビウスの輪	388
1961年：夜に昇る太陽	388
閃光	415
宣告	115, 491
全国歌謡大調査 明治から昭和この100年史上最大のベストテン	123
戦後最大の誘拐・吉展ちゃん事件	117, 118
戦後雑誌発掘	80
戦後詩壇私史	221
戦後政治の証言者たち	363
センサーの影	317
戦死	11, 696
戦時期日本の精神史	132, 603
戦時日中映画交渉史	324
戦場で書く〜作家 火野葦平の戦争〜	345
戦場の小さな天使たち	176
戦場のピアニスト	277, 284
戦場のメリークリスマス	141, 154, 470, 545, 648
戦場まんがシリーズ	108, 675
全身小説家	216, 217, 218, 224, 643
せんせい	83, 699, 709
センセイの鞄	261, 277, 278, 526, 600
潺潺集	70
前線部隊	6
戦争	10
戦争を演じた神々たち	221
戦争を食らう	369
戦争を知っている子供たち	123
戦争と青春	197, 454, 517
戦争と人間	74, 75, 109, 716
戦争と平和	16, 264, 715
戦争―漫画太平洋戦史	84
戦争はあった	390
戦争は終った	63
経済（せんそう）3篇	410
先代萩	19
せんたく	23
洗濯機は俺にまかせろ	235
ゼンダ城の虜	129, 450
センターラインが終わるとき	164
先端で、さすわ ささされるわ そらええわ	317
感傷旅行（センチメンタル・ジャーニイ）	50, 590
戦中と戦後の間	104
戦中派不戦日記	234
船長	198
善で動くべし	235
戦闘機	14
戦闘妖精・雪風	158, 506
セントエルモの光 久閑野高校天文部の、春と夏	413
千と千尋の神隠し	262, 263, 264, 266, 270, 271, 397, 404, 410, 691
千と千尋の神隠しBGM	279, 647
潜入ルポ amazon帝国	388
善人の条件	182, 555
千年〔阿部昭〕	85, 427
1000年刻みの日時計 牧野村物語	168, 482
千年紀地上	323
千年女優	271
千年〔鈴木鷹夫〕	283
千年の恋 ひかる源氏物語	264, 641
千の風になって	307
1000の小説とバックベアード	302
千利休 本覚坊遺文	182, 183, 483, 518, 725
千羽鶴	20, 504, 688
1812年の雪	128
千姫曼荼羅	103
旋風時代	4
ぜんぶ馬の話	145, 514
千本のえんとつ	86
千本松原	78
善魔	21, 680
ぜんまい仕掛けの柱時計	83
千夜一夜	26
前夜の航跡	323
全裸監督	383
戦慄の記憶 インパール	371
前略おふくろ様	100, 101, 519
前略・ミルクハウス	158
線量計と奥の細道	382
占領の囚人たち	409
全聾の作曲家はペテン師だった！ ゴーストライター懺悔実名告白	349
線路工手の唄が聞えた	147
線路の上にいる猫	68
線は、僕を描く	387, 401, 678

【そ】

ソイレント・グリーン	93

象	262, 327	葬列	255
そういう生き物	361	滄浪歌	86, 480
草影	274	続天野忠詩集	159
憎悪の化石	42	続大岡政談 魔像篇第一	4, 449
総会屋錦城	36, 564	続・男はつらいよ	71, 426, 711
草芽枯る	85	続関西名作の風土	78
葬儀の日	110, 669	続・事件	117, 641
創元SF文庫総解説	416	続青南集	62, 599
草原の椅子	344, 351	続たけしくん！ハイ	162
草原の輝き	46, 88, 423	続・日の充実	140
草原―ぼくと子っこ牛の大地	161	続 明暗	187
装甲騎兵ボトムズ ザ・ラスト・レッドショルダー	158	俗名の詩集	216
宗吾と甚兵衛	213	狙撃	68
相思花	254	そこへ行くな	329
壮士再び帰らず	28	祖国	292
早春	12, 31, 488, 631	祖国よ―中国残留婦人の半世紀	235
早春物語	154, 156, 161, 553, 644	粗忽拳銃	248
双調 平家物語	309	そこつ長屋	706
増殖	125	そこどけあほが通るさかい	380
喪神	22	底ぬけ	242
送信	349	そこのみにて光輝く	350, 351
双生児	250	底惚れ	399
創聖のアクエリオン	320	祖さまの草の邑	349
漱石研究年表	89	そして、カエルはとぶ！	276, 652
漱石先生ぞな、もし	208	そして君と歩いていく	388
漱石とその時代	73	そして神戸	88
漱石の夏やすみ	254	そして殺人者は野に放たれる	283
漱石―母に愛されなかった子	328	そして父になる	343, 344, 351
葬送のフリーレン	398, 410, 415	そして、バトンは渡された	381, 395
想像ラジオ	342	そして…めぐり逢い	156, 157, 445
増大派に告ぐ	316	そして、ユリコは一人になった	380
蒼天	56	素心蘭	196
蒼天航路	246	素心臘梅	121
蒼天の鳥	405	そだつのをやめる	400
総統いまだ死せず	77, 654	足下	289
贈答のうた	274, 585	卒業	67
遭難	8	卒業のための犯罪プラン	405
壮年茂吉	241, 509	即今	317
象の棲む街	275	啐啄の嘴	12
象の背中	703	そっと耳を澄ませば	263
ぞうのはなはなぜながい	42	袖口の動物	310
雑兵	33, 563	袖 振り合うも	258
蒼氓	7, 9, 436	ソナチネ	209, 647, 648
蒼氓の大地	196	曾根崎心中	25, 30
草木国土	229	曽根崎心中	110, 111, 112, 493, 564, 668
相聞	42	その妹	112, 114, 582
双龍	3	その男、凶暴につき	183, 184, 190, 648
蒼龍	235	その男、女衒	374
僧侶	39, 720	その男ゾルバ	57, 191, 656
ソウル	270	其面影稲妻草紙	25
ソウル・トリップ	181	その女アレックス	355
ソウルの風景	269	その女、ジルバ	385, 396
ソウル・ミュージック・ラバーズ・オンリー	166, 710	その後のお滝	9
		その姿の消し方	361

作品名	ページ
その時のために	160
そのぬくもりはきえない	311
その場しのぎの男たち	346
その人久慈見習士官	152
その一つのもの	6
その街の今は	295
その街のこども	324, 326
その夜の侍	337
そばかす三次	3
そばかすのフィギュア	214
そばにいるね	320
ソハ、福（フク）ノ倚（ヨ）ルトコロ	403
祖父	12
ソフィアの白いばら	256
ソフィーの選択	141
ソフトバンクモバイル 企業 シリーズ白戸家「選挙シリーズ」	325
ソフトボーイ	331
素朴な疑問シリーズお願いねえおしえて	112
祖母、わたしの明治	140
背いて故郷	160
染丸の会～上方噺はめものの世界	220
そよ風ときにはつむじ風	194
そよそよ族の叛乱	79, 80, 520, 661
空	255
空合	249
空へ	356
空を見なよ	226
空をゆく巨人	375
空からみたヒマラヤ	111
虚魚	393
空飛ぶ広報室	345
空飛ぶタイヤ	319, 376
宙に風花	229
空に星があるように	61
ソラニン	325
空の穴	264
空のかあさま	265, 432, 541
そらのことばが降ってくる 保健室の俳句会	401
空の庭、時の径	330
空の細道	121
空のまどをあけよう	134
空ゆく舟	270
天は赤い河のほとり	259
ソリッド・ステイト・サヴァイヴァー	125
ソリトンの悪魔	229
ソルハ	330
それいけ！ アンパンマン	186
それから	153, 154, 155, 161, 533, 600, 701
それからの二人	104
それからのブンとフン	346
それからの武蔵	129
それぞれの秋	86, 87, 710
それぞれの終楽章	166
それぞれの方舟	194
それでも、生きてゆく	331, 332
それでも、日本人は「戦争」を選んだ	324
それでも「ふるさと」	382
それでもボクはやってない	304, 305, 311, 312
それでも町は廻っている	379
それなりにシリーズ	123
それは誠	405
ソ連兵へ差し出された娘たち	394
ソ連崩壊	203
ゾロ ザ・ミュージカル	327
ソロモンの偽証〔映画〕	357, 358, 364, 692
ソングス・フォー・ジャパン	333
そんごくう	60
存在のすべてを	412
存在の深き眠り	230, 238, 472, 555
孫子の経営訓	188
そんな女のひとりごと	113, 668
そんなに驚くな	403
そんなんじゃねえよ	293
尊王攘夷	3

【た】

作品名	ページ
TAR／ター	407
太あ坊	11
だあれもいない？	189, 428
胎	59
タイアップ屋さん	133
Diamonds（ダイアモンド）	185
大暗黒	10
大映・兵隊やくざ	57, 594
ダイエットの方程式	240
だいおういかのいかたろう	356
タイガー＆ドラゴン	292
タイガーズ・ワイフ	342
戴冠詩人の御一人者	9
対岸の彼女	282, 299
大器晩成	293, 662
大逆事件—死と生の群像	330
第9地区	325, 334
退屈しのぎ	89
大君の通貨—幕末『円ドル戦争』	152
体験的児童文学史	154, 572
太鼓〔池波正太郎〕	28, 433
太鼓〔小名木綱夫〕	18
太鼓たたいて笛ふいて	273, 285, 451, 472
たいこどんどん	96, 171
太古の森の物語	176
第五福竜丸	39, 40, 565, 642
DAICON-3オープニングアニメーション	138
大才子 小津久足—伊勢商人の蔵書・国学・紀行文	405

作品名索引		たいよう

第三新生丸後日譚 ……………………… 6
第三の男 ………………………………… 23
第三の神話 ……………………………… 31
泰山木の木の下で ……………… 84, 510
大事 …………………………………… 50
台児荘 ………………………………… 13
大市民 …………………………… 61, 728
大衆文学の歴史 ………………… 188, 485
大衆文学論 ……………………… 55, 485
大将 …………………………… 156, 157, 537
対称性人類学―カイエ・ソバージュⅤ ……… 283
大正の『日本少年』と『少女の友』 ………… 128
だいじょうぶくん …………………………… 401
だいじょうぶ だいじょうぶ ……………… 230
大丈夫です、友よ ………………………… 244
大正四年の狙撃手（スナイパー）………… 241
大臣日記 ………………………………… 208
大水滸伝 ……………………… 360, 509
体操詩集 ………………………………… 10
タイタニック ………………… 238, 244
大地 ……………………………………… 289
大地の一隅 ……………………………… 47
大地のうた ……………………………… 60
大地の詩 ………………………………… 14
大地の子 …………………… 194, 225, 232
大地の子第二部・流刑／第五部・兄妹 ……… 225
大地の子守歌 …… 100, 101, 102, 564, 644, 668
大地の園〔第1部〜第4部〕 ………… 111, 462
大地の冬のなかまたち ……………… 74, 532
大田楽―日枝赤坂 ……………………… 213
大統領の陰謀 …………………………… 101
だいどころ …………………………… 255
台所 ………………………… 235, 543
ダイナー ……………………………… 329
第七天国 ………………………………… 3
大浪花諸人往来 ……………………… 110
ダイナマイトどんどん ……………… 111, 481
Tiny, tiny ……………………………… 248
第22回ドラマチック歌曲 ………………… 200
第二章 ………………………… 178, 496, 580
大日本帝国 …………………… 134, 492
第二の誕生 …………………………… 116
大脳ケービング ……………………… 159
退廃姉妹 ……………………… 294, 560
第八号転轍器 ………………………… 11
第八東龍丸 …………………………… 121
ダイ・ハード ………………… 183, 190
ダイ・ハード3 …………………………… 224
待避駅 ………………………………… 7
DIVE!! ………………………………… 276
台風家族 ……………………………… 383
台風クラブ ………… 155, 264, 517, 574, 678
台風騒動記 …………… 31, 32, 548, 705, 715
台風の島に生きる ……………………… 100

台風の眼 ……………………… 208, 650
大仏破壊―バーミアン遺跡はなぜ破壊されたのか ……………………………………… 290
太平記 ………………………………… 198
太平記〈よみ〉の可能性―歴史という物語 …… 228
太平洋奇蹟の作戦・キスカ ……………… 56
太平洋序曲 …………………………… 273
太平洋戦争 …………………………… 59
太平洋戦争秘話欧州から愛をこめて ……… 96
太平洋の奇跡―フォックスと呼ばれた男― …… 331
太平洋の生還者 ……………………… 105
太平洋の薔薇 ………………………… 275
太平洋ひとりぼっち …… 50, 51, 438, 441, 728
太平洋ベルトライン …………………… 157
大砲煎餅 ……………………………… 14
大菩薩峠 ………………………… 43, 619
DAI-HONYA …………………………… 221
大名行列 ……………………………… 376
大名倒産 ……………………………… 408
タイムスリップ・コンビナート …… 215, 563
タイムリミット ……………………… 278
題名のない音楽会 …………… 61, 64, 78
ダイヤのA ……………………… 307, 327
ダイヤモンドダスト ……………… 173, 624
ダイヤモンドダストが消えぬまに …… 170, 673
大誘拐 ………………………… 115, 481
大誘拐―RAINBOW KIDS ………………
　　　　　　　　　196, 197, 204, 481, 510
太陽 …………………………………… 333
太陽〔上田岳弘〕 ……………………… 342
太陽を盗んだ男 ………………
　　　　　116, 117, 118, 123, 554, 568, 637
太陽を曳く馬 ………………………… 315
太陽がいっぱい ……………………… 185
太陽がいっぱい〔光GENJI〕 …………… 185
太陽がいっぱい〔ルネ・クレマン監督〕 ……… 42
太陽〔戯曲〕 ………………………… 328
太陽諸島 ……………………………… 405
太陽と死者の記録 …………………… 261
太陽とバラ …………… 31, 32, 513, 516, 555
太陽にほえろ！ ……………………… 136
太陽に酔う ……………………… 267, 515
たいようのいえ ……………………… 353
タイヨウのうた ……………………… 305
太陽の季節 ……………………… 28, 29, 438
太陽の子 てだのふあ ………… 122, 123, 464
太陽の子―日本がアフリカに置き去りにした秘密― ………………………………………… 407
太陽の簒奪者 ………………… 260, 280
太陽の壺 ……………………………… 276
太陽の塔／ピレネーの城 ……………… 275
太陽の棘 ……………………………… 378
太陽の墓場 ……………… 42, 43, 437, 469
太陽の黙示録 ………………… 293, 301, 502
太陽風交点 …………………………… 126

太陽は気を失う	354
太陽はひとりぼっち	48
大陸の細道	47
大理石の男	123
体力	242, 504
大連	181
大老	618
第六大陸	287
TAIWAN	255
台湾生まれ 日本語育ち	363
対話1972	79
ダーウィンが来た！ 生きもの新伝説	319
ダーウィン事変	404
ダ・ヴィンチ・コード	298
DOWNTOWN通信 友だち貸します	196
ダウンタウンヒーローズ	175, 176, 183
逃（TAO）―異端の画家・曹勇の中国大脱出	223
太王四神記VerII―新たなる王の旅立ち―	320
高丘親王航海記	166
高岡良樹の歌物語―朱鷺絶唱	172
高き彼物	259
高瀬舟	446
誰袖草	115, 612
高田の馬場	212
誰がために	291
誰がために医師はいる クスリとヒトの現代論	400
鏨師	39, 651
鷹の子	23
高野交差点	402
鷹の胸	127
高橋新吉全詩集	80
高橋新吉全集	153
高橋元吉詩集	50
鷹日和	189
高群逸枝と柳田国男	104
耕す人	13
だから言わないコッチャナイ	133
高らかな挽歌	247, 576
宝くじ挽歌	26
宝島	177
宝島〔真藤順丈〕	374, 375
宝塚BOYS	306, 307, 313, 327
だから私は推しました	390
多輝子ちゃん	255
滝沢歌舞伎 ZERO 2020 The Movie	395
滝沢家の女たち	137
滝沢家の内乱	219, 684
滝沢馬琴	110, 570
抱きしめたい	136, 271, 674
抱きしめたいの！	177
抱きしめて	192
抱きしめてTONIGHT	178, 592
滝と流星	283, 726
滝の音	276
滝の時間	216, 547
滝の白糸	6, 84, 108, 177, 435, 443, 682, 683, 719
滝山コミューン一九七四	310
ダーク・クリスタル	151
タクシー・ドライバー	101
ダークナイト	312, 318
啄木―ふるさとの空遠みかも	316
たけくらべ	29, 100, 219, 710
たけしのスポーツ大将	156
武田信玄	90
武田泰淳伝	294
竹取物語	167, 442, 507
竹中直人の少々おむづかりのご様子	203, 584
筍流し	81
竹光侍	333
竹叢	302
竹山広全歌集	262, 269
竹山道雄著作集	138
ダゲレオタイプの女	363
タージマハルの衛兵	385
田島列島短編集ごあいさつ	391
他者の在処―芥川の言語論	267
尋ね人の時間	173
黄昏	171, 239, 326, 515
黄昏〔映画〕	135
たそがれ清兵衛	269, 270, 271, 277, 551, 609, 713
黄昏にロマンス―ロディオンとリダの場合―	352
黄昏のストーム・シーディング	180
黄昏の旅	15
黄昏のメルヘン	144
黄昏のロンドンから	105
黄昏〔薬丸岳〕	368
ただいま同居中	71, 685
戦いすんで日が暮れて	69, 548
戦いの時代	44
闘うフィガロ	234
正しい数の数え方	359
正しき地図の裏側より	406
だだだな町、ぐぐぐなおれ	302
タダド	302
畳の上	181
漂ふ舟	216, 457
漂った男	301
多々良島ふたたび	367
立切れ	104, 609
立原正秋	194, 576
立待岬	136, 640, 667, 699, 702
ダッカへ帰る日―故郷を見失ったベンガル人	276
ダック・コール	195
ダックスフントのワープ	153, 657
たっくんのあさがお	350
脱獄情死行	139
奪取	235, 236

作品名	ページ
脱走九年	9
たった一人の反乱	81, 677
韃靼疾風録	173, 557
韃靼の馬	335
タッチ	138, 158, 291, 459, 505
龍の子太郎	45, 519, 672
龍彦親王航海記 澁澤龍彥伝	380
脱・プラトニック	142
巽聖歌作品集	111
TATSUYA	415, 720
ダーティペアの大逆転	165
ダーティペアの大冒険	126
ダディ・ロング・レッグス	339, 404
立川志らくのシネマ徒然草	231, 250
建具職人の千太郎	324, 457
競伊勢物語	32
竪琴	127
TATTOO	178
TATTOOあり	134
たとえば野に咲く花のように―アンドロマケ―	306
タード・オン・ザ・ラン (TURD ON THE RUN)	268
田中さんの青空	313
田中正造の生涯	99
タナトロジー	137
田辺聖子全集	294
田辺聖子長編全集	188
谷川俊太郎詩選集	288, 591
谷崎潤一郎と映画の存在論	398
谷崎文学と肯定の欲望	99, 528
谷間の生霊たち	90
谷間の百合	336
谷村新司 40周年特別記念コンサート～40Vibration～	339
他人の顔	60, 585, 603
他人の関係	88, 499
たぬき	27, 38, 92, 710
狸	121
たぬき〈前・後編〉	137, 142, 144, 710
たぬきの戦場	99
狸の匣	369
狸ビール	196
種の起源	216
種村季弘のネオ・ラビリントス 幻想のエロス	248
たのしい観察―生きもののしらべかた	31
たのしい採集―標本のつくりかた	31
楽しい終末	214, 433
旅芸人の記録	117
旅先の雨に	149, 484, 626, 667
旅路	64, 622
旅路の花	252
旅路のひとよ	68
旅する巨人	236
旅する練習	392
旅立つ家族	410
旅立つ人と	250, 537
旅立つ理由	341
旅日記	269
旅の絵	209, 579
旅の重さ	81, 82, 541
旅の空	492, 493
旅のない	399
旅の文法	381
旅の宿	83
旅人	236, 547
旅役者駒十郎日記人生まわり舞台	171
tough guy！ 2005	291
だぶだぶだいすき	154, 528
たぶらかし	322
Wの悲劇	146, 147, 148, 154, 155, 161, 553, 685, 702
007／ノー・タイム・トゥ・ダイ	395, 402
007／私を愛したスパイ	106
ダブル・キッチン	211, 224
ダブル・ファンタジー	125, 316
タブロイド	245
たぶんみんなは知らないこと	401
玉、砕ける	115, 491
たまごのはなし	401
魂が眠っている 遺された赤紙	338
タマシイ・ダンス	310
たましいの移動	394
魂のランドスケープ	243
騙し絵の牙	402
欺す衆生	381
タマゾン川	343
黙って喰え	335
魂萌え！	306, 580
たまもの	348
タマや	173, 500
玉響	405, 412
たまらなくグッドバイ	355
ダミアンズ、私の獲物	145
民王	358
ターミナル	242
ターミネーター2	197, 207
だむかん	316
ダメおやじ	114
だめよ、デイビッド！	263
タモリ倶楽部	338, 352, 594
太夫さん	30, 142, 144, 397, 710
たゆたふ蠟燭	275
DA.YO.NE	219
たらちね海	13
タランの白鳥	189, 505
ダーリング	112, 113, 554
橡の黄葉	14
タルチュフ	34, 574
だるまさんがころんだ	286

だるまちゃんとてんぐちゃん	308
樽屋おせん	38
誰かいますか	349
誰かが触った	81
誰もいない	68, 568
誰も書かなかったソ連	78
誰も知らない	284
だれも知らない小さな国	38, 42, 45, 549
誰も守ってくれない	325
誰よりも君を愛す	43, 502, 669, 720
太郎	227
たろうの日記	90
タロン・マリア	15
俵屋宗達―琳派の祖の真実	322
タワーリング・インフェルノ	95
タワーレコード 企業シリーズ『神社篇』『牛丼篇』『タクシー篇』	285
ターン	262, 264
断雲	10
断崖	16
断崖の年	201, 650
短歌研究	336
短歌と日本人	247, 477
短歌の友人	308
弾丸迷走	261
TANG タング	402
タンゲくん!!	210
ダンケルク	370
探検家の日々本本	354
タンゴ・イン・ザ・ダーク	368
淡黄	406
だんご3兄弟	258
丹後の藤織り	168
タンゴ・冬の終わりに	149, 162, 300, 359, 650
端坐	140, 695
ダンサー・イン・ザ・ダーク	257, 264
断作戦	254
男子の本懐	129
団十郎切腹事件	39, 606
誕生	56, 578
たんじょうかいのおくりもの	27
探照灯	77
誕生日を知らない女の子 虐待―その後の子どもたち	343
ダンジョン飯	416
だんじり	307
ダンシング・オールナイト	124, 125, 702
ダンシング・ヒーロー	163, 482
ダンシング・ヒーロー ジ・アーカイブス	372, 483
ダンス	412
ダンス・ウィズ・ウルブズ	197, 198, 204
ダンス オブ ヴァンパイア	320, 359
ダンスはへんなほうがいい	412
男性審議会	8
弾性波動	14
断層	21
TANTANたぬき	155
断腸亭にちじょう	410
探偵小説辞典	28
探偵！ナイトスクープ	198, 264
探偵物語	25, 141, 496, 672, 702
探偵はBARにいる	331, 627
炭田の人々	12
壇浦兜軍記	239, 645
タン・ビエットの唄（うた）	313
ダンプかあちゃん	71
短篇集 半分コ	347
短編ミステリの二百年 一～六	399
タンポポ	155, 432
段ボールハウスで見る夢―新宿ホームレス物語	243
ダンボールボートで海岸	275
タンマ君	76, 562
黙市	139, 599

【ち】

血	7
チア男子!!	389
チア☆ダン～女子高生がチアダンスで全米制覇しちゃったホントの話～	377
ちいさい秋みつけた	49, 550, 614
ちいさいえりちゃん	217
小さいおうち	322, 357, 713
小さい心の旅	82, 572, 585
小さい木馬	54
ちいさいモモちゃん	54, 57, 672
小さな愛のうた	117
ちいさなおおきなき	363
小さな神たちの祭り	383
小さな貴婦人	127, 725
小さな巨人	78
小さな恋のものがたり	360
小さな市街図	80, 661
小さな島の明治維新―ドミンゴ松次郎の旅	138
小さなジュンのすてきな友だち	116, 652
小さな世界	64, 728
ちいさな大冒険	232
小さな旅	205
ちいさなトガリネズミ	407
小さな町の大きな挑戦―ダイオキシンと向き合った川辺町の6年	278
小さな町の風景	140, 568
小さな雪の町の物語	82, 568
ちい散歩	319
ちいちゃんのかげおくり	140, 428

黄色軍艦	247
智恵子抄	34, 63, 64, 459, 620, 705
智恵子飛ぶ	234, 602
チェーザレ・ボルジア あるいは優雅なる冷酷	73, 556
チェストかわら版	152
チェーホフ戯曲集	36
チェーホフ祭	26, 605
チェーホフ短編集1+2	327
チェーホフの山	392
チェーホフの猟銃	181
チェリー・イングラム	363
チェンジリング	226
チェンソーマン	391
誓いの休暇	43
ちがうぼくととりかえて	54
ちかえもん	358, 364
地下鉄に乗って	298
近松心中物語—それは恋	114, 131, 233, 628
近松女敵討	178
近松物語	26, 27, 118, 636, 641, 684, 688, 725
地下は天国	131
地球からの発想	86
地球最北に生きる日本人	324
地球頭脳詩篇	296
地球・精神分析記録	114, 711
地球の歩き方 ムー ～異世界（パラレルワールド）の歩き方～	411
地球の科学	48
地球のすがた	45
地球の水辺	209
地球はプレインヨーグルト	120, 493
契り	136, 137, 422, 445
契りきな	67, 641
チキンレース	345
竹山ひとり旅	105, 106, 566
筑豊のこどもたち	42, 507, 550, 652
千曲川	97, 445
ちくま少年図書館	161
筑摩世界文学大系	241
チグリスとユーフラテス	253
チコタン	78, 481
チコちゃんに叱られる！	377, 382, 384
チコのまあにいちゃん	276
千々にくだけて	288
地上	35, 587
地上がまんべんなく明るんで	216, 433
地上楽園の午後	209, 468
縮んだ愛	268
地図から消えた町	154
地図と拳	399, 400
地図のたのしみ	82
千鶴さんの脚	349
遅速あり	387, 539
父	79
父阿部次郎	48
父ありき	13, 488
父親たちの星条旗	298, 305
父帰る	300
父が消えた	121, 420
チ。—地球の運動について—	404, 411
父と暮せば	284, 327, 521, 645
父と子たち	54
乳と卵	302
父 中野好夫のこと	210
月ぬ光いや、馬ぬ走い	411, 412
父のさじ	100
父の肖像	281, 288, 601
父のビスコ	392
父の帽子	34
父の詫び状	169, 213, 555
父・萩原朔太郎	42
地中海	8
地中海からの手紙	39
蟄居記	15
チッチゼミ鳴く木の下で	106
ちっちゃな淑女たち	78
地底の葬列	135
治天ノ君	346
知と愛と	160
血と骨	242, 284, 291, 539, 649
千鳥	40, 444, 574, 589, 606
地に満ちる	355
血の婚礼	88
血のたらちね	310
地の底の記憶	355
血の配達屋さん	381
地のはてから	329
地の炎	56
地の群れ	61, 74, 75, 517, 624, 674
千葉省三童話全集	66, 572
ちはやふる〔映画〕	370, 377
ちはやふる〔漫画〕	321, 333
ちびくろさんぼ	38
ちびまる子ちゃん	186
乳房	217, 439
乳房喪失	26
地べたっこさま	82, 552
チボー家の人々	18
チーム・バチスタの崩壊	288
チャイ・コイ	267
チャイコフスキー・コンクール	182
チャイナタウン	96
チャイニーズ・キッス	674
チャグチャグ馬っこ騒動記	106
チャコの海岸物語	136
チャコベエ	31, 612
茶事遍路	173, 597
チャーシューの月	343

CHA-CHA-CHA	162, 163		ちょいときまぐれ渡り鳥	352, 626
チャップリンとヒトラー	354		蝶	336
チャップリンの殺人狂時代	23		長安牡丹花異聞	229
チャップリンの独裁者	42, 43		超越と実存―「無常」をめぐる仏教史	375
茶の味	284		超音戦士ボーグマン	179
ちゃぷちゃっぷんの話	100, 452, 528		長官	31
チャーリー・ガール	273		長江〔加藤幸子〕	261, 498
チャーリーとチョコレート工場	410		長江〔松崎鉄之介〕	276
血槍富士	29, 462, 497		長江哀歌	305
チャリング・クロス街84番地	193		超高層に懸かる月と、骨と	248
チャールズ・ラム伝	49		超高速! 参勤交代	351, 357
チャンチキおけさ	170, 686		長江デルタ	12
チャンドラー人物事典	222		彫刻の感想	393
チャンネルはそのまま!	384		鳥語降る（ちょうごふる）	400
チャンバラ	406		長恨歌	19, 595
チャンピオン	592		重耳	208
ちゃんめろの山里で	211		寵児	110, 599
チューイングボーン	289		超時空要塞マクロス	144
中陰の花	261		鳥獣戯話	47
仲介者の意志	110		鳥獣虫魚	202, 666
注解する者	317, 477		聴衆の誕生	180
中学生日記	218		長嘯	209
中学生日記―一生で一番ダサイ季節	253		張少子の話	53
中型製氷器についての連続するメモ	127		寵臣	33
中東北から南から―高く跳べ! ぼくらの先生	112		超人ロック	379
中空	262		超絶技巧殺人事件	150
中原の虹	310		朝鮮海峡	81
中国からの引揚げ 少年たちの記憶	273		朝鮮人街道	153
中国共産党、その百年	392		朝鮮と日本に生きる―済州島から猪飼野へ	354
中国・グラスルーツ	147		蝶たちは今…	94
中国の古典文学	111		蝶々、とんだ	256
中国の鳥人	243, 244		ちょうちん	168, 567
中国文学歳時記	180		超ドS 静岡兄弟篇	364
忠次旅日記 信州血笑篇	3, 449		長男の出家	166
ちゅうしゃなんかこわくない	128		長男の嫁	224
抽象	80		町人	13
忠臣蔵	5, 155, 206, 512		蝶の季節	56
忠臣蔵外伝 四谷怪談	216, 217, 218, 224, 549, 598, 653, 660		蝶の羽ばたき、その先へ	388
			蝶のゆくえ	288
忠臣蔵狂詩曲No.5 中村仲蔵 出世階段	402		長編詩・石の賦	160
忠臣蔵とは何か	152, 677		調理場	52
中世のことばと絵―絵巻は訴える	194		鳥類の図鑑	34
中世の美術	18		チョーク	77
中世の文学	28		直線の死角	242
中世の窓から	126		直立歩行	303
中尊寺	21		チョコレート	277
忠太郎月夜唄	191		チョコレートゲーム	160
中東欧音楽の回路	315		チョコレートと青い空	337
中動態の世界―意志と責任の考古学	369		チョッちゃん	169
注文帳	150		ちょっとムカつくけれど，居心地のいい場所	202
注文の多い料理店	197		チョンキンマンションのボスは知っている―アングラ経済の人類学	388
中流図鑑	220			
虫類図譜	53		清河への道	226
ちゅらさん	265		散り椿	383, 515
チューリップの誕生日	202		塵の中	50, 729

| 作品名索引 | | つくみ |

作品	頁
散るぞ悲しき 硫黄島総指揮官・栗林忠道	297
チルソクの夏	284
チルドレン	306, 378
チロルの挽歌	205, 711
チワワちゃん	382, 383
チンギス紀	405
鎮魂夏	99
鎮魂歌〔那珂太郎〕	223, 610
鎮魂歌〔長谷川素行〕	77, 610
鎮魂歌〔馳星周〕	242, 610
鎮魂歌抹殺	80
沈氏の日本夫人	84, 431
チンチン踏切	69
沈底魚	302
珍島物語	233, 623
チン・ドン・ジャン	181
チ・ン・ピ・ラ	146
陳夫人	14
沈黙	59, 78, 79, 203, 466, 556, 674
沈黙の艦隊	193, 502
沈黙の教室	222
沈黙のパレード	402
沈黙のひと	342
沈黙のファイル	235
沈黙のフライバイ	315
沈黙の勇者たち ユダヤ人を救ったドイツ市民の戦い	405

【つ】

作品	頁
ツアー'85	156
追憶	170, 171, 422, 446, 679
ツィゴイネルワイゼン	122, 123, 128, 468, 515, 570, 589, 590
追跡	30
追跡ドキュメント『集団スリ逮捕―執念の報酬』	162
追跡 復興予算19兆円	338
終の信託	337, 338
終の住処	315
終の栖 仮の宿	178
墜落の歌	5
墜落の夏	167
通圓	314
杖	296
つかこうへい三部作(いつも心に太陽を、熱海殺人事件、蒲田行進曲)	125
つかこうへい正伝 1968-1982	361, 363
束の間の幻影―銅版画家駒井哲郎の生涯	195, 620
塚本次郎の夏	107
津軽海峡冬景色	107, 108, 422, 435, 679
津軽恋女	170, 626
津軽じょんから節	85
津軽じょんがら節	86, 87, 465
津軽じょんから節	486
津軽じょんがら節	541, 613
津軽竹山節	79
津軽の山歌物語	175
津軽世去れ節	85, 486
月	407, 408, 414
蒼月(つき)	219
つぎ合わせの器は、ナイフで切られた果物となりえるか?	254
月うるる	415
月を食う	387
つきかげ	415
接木の台	89, 729
築地市場 絵でみる魚市場の一日	363
月しるべ	336
月魄	323
付添人のうた	238
月と蟹	322
月とライカと吸血姫	404
月の宴	152, 547
月ノ浦惣庄公事置書	275
月のかおり	290
月のさなぎ	323
月の道化者	66
月のない晩に	275
月の光	252, 432
月ノ光	221, 226, 583
月の笛	140
つきのふね	243
月の岬	239
月の満ち欠け	368, 401, 408
月の夜声	317
月日の残像	350, 711
月姫降臨	146
月まで三キロ	380
つきよとめがね	48
月夜に消える	182, 546
月夜の雛子	12
月夜のじどうしゃ	216, 452, 730
ツキヨミ/彩り	403
月はどっちに出ている	209, 210, 211, 217, 539
机のなかのひみつ	122
つくえはつくえ	382
筑紫合戦	15
筑紫の歌	8
つくづく赤い風車―小林一茶	226
佃島ふたり書房	202
佃の渡し	205, 206, 683
つぐない	149, 150, 605
継ぐのは誰か?	80, 536
TUGUMI つぐみ	181, 724
つぐみ	190, 191, 443
ツグミ	27, 450

ツグミたちの荒野	147
嚔みの午後	276
月夜見	160, 260, 668
つくられた桂離宮神話	159
創られた「日本の心」神話―「演歌」をめぐる戦後大衆音楽史	328
黄楊の花	202
つけまつける	339
辻俳諧	323
辻火	152, 583
対馬の海に沈む	413
津島 福島は語る・第二章	413
続きと始まり	405, 412
つづきの図書館	324
鼓の女	135
つづり方兄妹	36
綴方風土記	27, 530
鑑縷と宝石	23, 574
鑑縷錦	17
津田梅子	188, 474
蔦屋重三郎―江戸芸術の演出者	173
土	11, 462
土を喰らう十二ヵ月	401, 402, 554
土蜘	339, 396
土と人と星	354, 355
土と兵隊	11, 586, 650
土と炎と人と―清水卯一のわざ	182
土に贖う	386
土の器	89, 543
土の記	367
土のコレクション	283
土の中の子供	288
つちはんみょう	369
筒井康隆、自作を語る	386, 600
ツッツッと	167, 507
筒鳥	181, 695
ツッパラサール学園	131
堤清二『最後の肉声』	362
ツトムとネコのひのようじん	376
つながるような	410
ツナグ	337, 344, 506
TSUNAMI	259, 265, 524
「つなみ」の子どもたち―作文に書かれなかった物語	336
つなみ 被災地のこども80人の作文集	336
椿崎や見なんとて	262
椿三十郎	47, 48, 484, 507, 522, 615
椿の館	296
つばくろの歌	35, 656
翼よ！ あれが巴里の灯だ	34
燕は戻ってこない	399, 406
坪田譲治全集	26, 602
蕾（つぼみ）	307
妻	25
つまをめとらば	355
妻が口をきいてくれません	398
妻が椎茸だったころ	348
妻と戦争	10
妻の女友達	181
妻の心	32, 555
妻の日の愛のかたみに	57, 727
妻の旅行	292, 495
妻よ薔薇のやうに	7, 625
妻は告白する	44, 45, 448, 668, 727
つみきのいえ	314
積木の箱	67, 727
積木の部屋	92, 657
ツミデミック	412
罪な女	22
罪の終わり	361
罪の声	362, 368, 388, 389, 395
つむぎうた（句集）	387
冷い夏, 熱い夏	145, 723
冷たい熱帯魚	331, 332, 337
冷たい水の羊	289
爪と目	341
積恋雪関扉	19
つやのよる ある愛に関わった	351
艶やかな死神	89
ツユクサナツコの一生	416
露乃五郎の会―五郎怪異の世界	158
つよきもの+火いたずら	119
強虫女と弱虫男	67, 489
つらら椿	241
釣り上げては	262
釣りキチ三平	93, 318
ツリーハウス	328
釣りバカ日誌	138, 175, 182, 183, 212, 306, 680, 712
釣りバカ日誌シリーズ	318, 627, 680
釣りバカ日誌2・3	197
釣りバカ日誌4	204, 680
釣りバカ日誌6	217, 627
釣りバカ日誌13 ハマちゃん危機一髪！	270
釣りバカ日誌14	278, 627
釣りバカ日誌15 ハマちゃんに明日はない!?	284
つる〈鶴〉	183, 722
鶴	93, 585
劔岳 点の記	318, 325, 514
鶴沢清造	6
鶴と亀とオレ	364
鶴の声	42
つるのとぶ日	51
鶴の港	92, 490
鶴八鶴次郎	7, 32, 300, 503
橡と石垣	413
つるピカハゲ丸	172
釣瓶の音	24

鶴瓶の家族に乾杯	272, 319, 563
鶴見俊輔伝	380
ツレがうつになりまして。	331
徒然草	166, 570
石蕗の花	127

【て】

出合い	67
ディア・アメリカ 戦場からの手紙	176
ディア・ドクター	318, 319, 325, 563, 705
ディア・ハンター	117, 123
ディア・フレンド	251
ディア・ライアー	245, 444
デイアンドナイト	383
帝一の國	370, 377
ディヴィジョン	316
DNAのパスポート	236
ディオニソス計画	412
定家	339
定義	94, 591
帝銀事件死刑囚	53, 517
テイク・マイ・ピクチャー	133
テイクミーアウト	365
定型の土俵	222
帝国劇場開幕	232
D坂の殺人事件	243
ディストピア西遊記	171
ディストラクション・ベイビーズ	363
てぃだかんかん～海とサンゴと小さな奇跡～	331
啼鳥四季	194, 195, 558
帝都物語	172
泥濘	3
定年・長い余白	212, 460
TBS歌のグランプリ	71
Dーブリッジ・テープ	235
定本木下夕爾詩集	59
定本草野天平詩集	39
定本 森岡貞香歌集	255
定本山之口貘詩集	39
定本 闇	209
定本鷲巣繁男詩集	81
DMAC	209
DAY LABOUR（デイ・レイバー）	248
手をつなぐ子等	17, 441, 450, 726
でかい月だな	295
手形足形	400
手紙	75, 76, 717
手紙2017	365
出来ごころ	6, 487
適切な世界の適切ならざる私	323
できちゃった結婚	264
滴滴集	282, 525

できればムカつかずに生きたい	261
敵は海賊・A級の敵	247, 506
敵は海賊・海賊版	151, 506
手鎖心中	81, 451
出口なし	378
出口のない海	298
女性状無意識	221
てけれっつのぱ	314
デザインのデザイン	281
デジタル・タトゥー	383
具体的（デジタル）な指触り（キータッチ）	302
デジタル・ナルシス―情報科学パイオニアたちの欲望	194
デジタルリセット	393
手塚治虫＝ストーリーマンガの起源	295
テスカトリポカ	393
デス・ゾーン 栗城史多のエベレスト劇場	388
テスタメント	148
テスト・ザ・ネーション	284
デスノート	298
鉄を生みだした帝国―ヒッタイト発掘	128
鉄騎兵, 跳んだ	115, 123, 546
鉄拳	190, 568
鉄拳チンミ	172
徹子の部屋	218, 297
鉄コン筋クリート	298, 312
鉄条網を越えてきた女	167
鉄人ガンマ	220
鉄人28号	291, 702
てつぞうはね	350
でっちあげ―福岡『殺人教師』事件の真相	304
鉄塔家族	281
鉄塔 武蔵野線	215, 238
デッドエンド・スカイ	222
デッドデッドデーモンズデデデデデストラクション	391
デッドマン・ウォーキング	231
デッドライン	381
鉄のしぶきがはねる	330
鉄の町の少年	29, 530
撤兵	8
鉄砲祭前夜	53
徹夜の塊 亡命文学論	267
鉄腕アトム	410
てではなそう きらきら	270
デート～恋とはどんなものかしら～	351, 358
てとテと手	188, 685
デトロイト・メタル・シティ	318
テネシー・ワルツ	310, 560
TENET テネット	389
てのひらを燃やす	349
掌で空は隠せない～1926木本事件～	413
掌の性	8
テーパー・シャンク	295
出刃とバット	88, 682

てぶくろてっちゃん	49, 655	典型	19
デブス	276	点景	133
テーブナビ・整理整頓OL編	244	電鍵	7
テーブルの上のひつじ雲/テーブルの下のミルクティーという名の犬	323	天鼓	8, 86
てまり唄	229	転校生	134, 135, 177, 475, 534
女神(テミス)の教室〜リーガル青春白書〜	409	転校生 さよならあなた	304
てやんでェッ!!	218	天国から来た男たち	263, 264, 708
デュエット	313	天国から来たチャンピオン	117
デュエル・マスターズ	391	天国と地獄	50, 51, 484, 507, 522, 648
デューン/砂の惑星	707	天獄と地国	340
寺内貫太郎一家	91	天国と地獄〜サイコな2人〜	390
地球へ…	114, 120	天国にいちばん近い島	154, 644
寺子屋	200, 220, 618	天国の駅	147, 148, 149, 154, 722
寺田寅彦覚書	126	天国のドア	192, 673
寺泊	104, 681	天国の番人	94
寺町三丁目十一番地	66, 730	天国までの百マイル〔ドラマ〕	256, 264, 590
寺山修司・遊戯の人	261	天才を育てた女房〜世界が認めた数学者と妻の愛〜	377
デルス・ウザーラ	96, 522	天災から日本史を読みなおす	356
テルマエ・ロマエ	327, 338, 344	天才・たけしの元気が出るテレビ!!	156, 198
照見哲平	4	天才と異才の日本科学史	350
テレジンの小さな画家たち	216	天才と狂人の間	47, 570
テレーズ・ラカン	213, 246, 548, 654	天才バカボン	84
てれて Zin Zin	130	天才 柳沢教授の生活	280
テレビで会えない芸人	390	天山を越えて	139
テレビ・デイズ	235	天使	23, 267, 574
テレビ寺子屋	135	天使がいっぱい	232
テロリストのパラソル	222, 657	天使誕生	39
テロルの決算	116, 553	天使・蝶・白い雲などいくつかの瞑想	167, 599
天安門・激動の40年—ソールズベリーの中国	182	天使な小生意気	259
天為	167	天使にラブ・ソングを〜シスター・アクト〜	385
天うらら	245, 432	天使のかいかた	276
田園	66	天使のくちびる	97, 545
田園に死す	90, 91, 96, 605, 645	天使の傷痕	56, 628
田園風景	201, 543	天使のナイフ	288
天外者	388, 395	天使のフライパン	307
天下一浮かれの屑より	319	天使の歩廊 ある建築家をめぐる物語	309
天蓋天涯	310	天使の誘惑	68, 615, 676
天涯の花	252	でんしゃえほん	256, 452
澱河歌の周辺	47, 430	電車男	297
天下御免	79	電車ごっこ停戦	110
天からの贈り物	174	天守物語	22, 103, 107, 253, 638, 721
伝記谷崎潤一郎	80	伝承遊び考	308
天気の子〔映画〕	383, 389	天上華	153
天気の子〔RADWIMPS〕	384	天井桟敷の人々	23
天泣	229	天正女合戦	8, 491
TENGU	302	天上の青	218
天狗	311, 577	天上の花	59
天空戦記シュラト	186	電子立国日本の自叙伝	197, 198, 207
天空の城ラピュタ	162, 165, 580, 690	天使は瞳を閉じて	198
天空の蜂	357	電信柱エレミの恋	319
天空の舟	194	田紳有楽	99, 654
天狗争乱	214, 723	転生したらスライムだった件	404
でんぐりん	210	伝説	132

伝説なき地	181
伝蔵脱走	6
纏足の頃	14
天地人	324
天地に燦(さん)たり	375
天地明察	323
転々	304, 305, 678
電電石縁起	133
でんでんだいこ いのち	230, 454
でんでんむしの競馬	86, 430
テント	261
天と地と	190, 498
10ナンバーズ・からっと	119
天日坊	339
天女の末裔	145
天然コケッコー	233, 305, 312
天の赤馬	111, 542
天の鴉片	146
電脳炎	259
電脳コイル	315
天の腕	303
天皇と接吻	253
天皇の世紀	79, 87, 89, 487
天皇の帽子	19
天皇の料理番	358, 365
天の車	82
天のシーソー	263
てんのじ村	146
天の園	80, 442, 462
天の太鼓	223, 504
天の敵	372
天の蛇―ニコライ・ネフスキーの生涯	98
天平の甍	33, 122, 123, 451, 515, 518, 725
天袋	367
テンプラウェスタン	80
てんぷらぴりぴり	67, 676
天平の少年	37, 653
テンペスト	169, 259, 628, 650
天保十二年のシェイクスピア	
	92, 293, 385, 391, 415, 461, 628
天保水滸伝・笹川の花会	403
天保水滸伝のライター	104
天保六花撰	112
天北の詩人たち	146
てんまのとらやん	78
天明	15, 595
天冥の標	386, 392
天命燃ゆ	193, 534
点滅するものの革命	398
天文子守唄	70, 714
てんやわんや	20, 430
天佑なり―高橋是清・百年前の日本国債	348
転落	281, 494
転落の後に	162, 164, 624

展覧会の絵	60, 604
天理教本部	5
天龍院亜希子の日記	368
天竜流し	378
天路	392
天路の旅人	399, 553

【と】

ドイツ 傷ついた風景	210
ドイツとの対話	134
トイレット	324
トイレの神様	326
トイレの花子さん	225
トイレのピエタ	358, 364
凍(とう)	297, 553
塔	15, 255, 658
闘	85, 528
トゥインクル	256
動員挿話	293
12〈twelve Y.O.〉	241
東海道四谷怪談 北番	300
灯下節	29
動機	255
同期の桜	76, 602
闘牛	18, 33, 451
同級生たち	147, 546
東京〔やしきたかじん〕	219
東京〔清水哲男〕	160, 561
TOKYOアナザー鎮魂曲	81
東京駅之介	302
東京踊り	112
東京踊り・津軽の祭り	83
東京オリンピック	57, 441, 677
東京からおばんです	107
東京キノコ	303
東京兄妹	224
東京原子核クラブ	235
東京見物	58
東京午前三時	63, 680
東京ゴッドファーザーズ	278
東京ゴミ女	256
東京五輪音頭	55, 686
東京裁判	140, 141, 535
東京自叙伝	348
東京島	309
東京上空いらっしゃいませ	190, 191, 610
東京少女	311
東京新大橋雨中図	174
東京セブンローズ	247, 451
東京零年	362, 419
トウキョウソナタ	311, 312, 526

東京ダモイ	295
東京タワー オカンとボクと、時々、オトン	296, 305, 312, 506, 533
東京っ子物語	78
東京デラックス	224, 225
東京都同情塔	405
東京の合唱	5, 487
東京の小芝居	75
東京の空のもとおむれつのにおいは流れる	159, 434
東京の『地霊』	187
東京ノート	223
東京パック	28
東京繁昌記	36
東京日和	238, 585
TOKYO FIST／東京フィスト	224
東京プリズン	335, 342
東京物語	24, 25, 488, 569, 631, 715
東京夜曲	237, 238, 443, 634, 697
東京リベンジャーズ	395, 402
東京卍リベンジャーズ	391
東京リベンジャーズ2 血のハロウィン編 －運命－	407
東京リベンジャーズ2 血のハロウィン編 －決戦－	407
東京路上探険記	167, 420
東京湾ブルース	191
洞窟おじさん	358
峠	24
道化師の蝶	328
峠の棲家	241, 480
峠の春は	295
島幻記	269, 602
道元禅師	302, 587
道元の冒険	79, 81, 451
透光の樹	248, 422, 576, 629, 650
慟哭	23, 553
東国抄	267, 269
慟哭のリア	415, 457
〈盗作〉の文学史 市場・メディア・著作権	316
童子	303
冬至梅	73
同志少年よ、敵を撃て	399
蕩児の家系	70, 468
東芝日曜劇場	75, 205
道成寺	101, 505
道成寺 中之段数蹋 無蹋之崩	333
どうしようもなく辛かったよ	405
同心円	236, 631
唐人お吉	136, 144, 220, 545
とうすけさん 笛をふいて！	122
どうする家康	409
冬青集	362
どうせそろそろ死ぬんだし	412
藤村のパリ	235, 505
灯台鬼	31, 626
到達不能極	374
とうちゃんのかわいいおヨメさん	84
とうちゃんはエジソン	278
道中双六	3
道程	12
饕餮の家	342
冬濤	59
道徳の時間	354
塔と重力	367
Two Trains	311
道頓堀	96
道頓堀川	134, 135, 136, 141, 465, 652, 670
道頓堀の雨に別れて以来なり	241, 590
どうにもとまらない	83, 198, 608, 717
等伯	335
登攀	15
逃避行	92
動物哀歌	63, 66
どうぶつがすき	330
動物つれづれ草	98, 604
どうぶつドドド	369
どうぶつの国	346
動物の声、他者の声 日本戦後文学の倫理	367
どうぶつの修復	387
動物ふしぎ発見	324
逃亡	62
逃亡〔小島泰介〕	5
逃亡〔帚木蓬生〕	235
逃亡『油山事件』戦犯告白録	297
東宝歌舞伎	125, 636
動脈列島	94
童夢	145, 151, 473
濤無限	348
透明海岸から鳥の島まで	343
透明な季節	104
透明なゆりかご	377, 379
透明人間の蒸気	200, 286, 632
東明の浜	166
東名ハイウエイバス・ドリーム号	73
同盟漂流	243
TOMORROW 明日	174, 175, 176, 521, 583, 697
トゥモロー・モーニング	346
「東洋」を踊る崔承喜	386
童謡コンサート	219
唐来参和	259, 487
動乱	128, 577
トゥランドット	46
冬麗	196
蟷螂	7
どえらいでぇ！ミヤちゃん	270
遠いあし音	31
遠いアメリカ	160
遲い宴楽	269, 457

作品名	ページ
遠い馬	70
遠い海から来たCOO	174, 492
遠い崖―アーネスト・サトウ日記抄	260
遠い国からの殺人者	181
遠い島	107
遠い接近	96
遠い他国でひょんと死ぬるや	380
遠い地平	290
遠い翼	33
トオイと正人	249
遠い庭	406
遠いのばらの村	134, 429
遠い日々の人	252, 508
遠い蛍	381
遠いリング	189
十日の菊	44, 681
遠き日の霧	127
遠き山に日は落ちて	235
遠き落日	121, 204, 211, 484, 529, 685, 730
遠くへ行きたい	95, 227, 345
遠くへいく川	203
遠くから来ました	411
遠くて浅い海	295
遠巷説百物語	400
通し狂言 仮名手本忠臣蔵	273
遠音よし遠見よし	375
遠野物語と怪談の時代	329
遠火の馬子唄	31
遠山陽子俳句集成 未刊句集「輪舞（ろんど）」	400
通り過ぎる女たち	229, 515
都会の牧歌	5
十勝平野	208
戸川幸夫動物文学全集	104, 607
トギオ	316
時を歩く人	356
時をかける少女	141, 142, 298, 301, 305, 308, 325, 331, 475, 644, 673
時をきざむ潮	104
刻を曳く	77
時がつくる建築―リノベーションの西洋建築史	367
時が滲む朝	309
時に岸なし	153
時に佇つ	99, 547
時の雨	228
時のアラベスク	167
時の潮	267, 576
時の錘り。	392
時のなかの風景	71
時の流れに身をまかせ	163, 605, 606, 679
朱鷺の墓	71, 424
時の祭り	191
時のむこうへ	343
時のめぐりに	289, 526

作品名	ページ
朱鷺の遺言	249
ときめきのルンバ	320, 682
ドキュメンタリー『ある父の日』	101
ドキュメンタリー―仮の世	79
ドキュメンタリー・青春	67
ドキュメンタリー特集・生命潮流	135
ドキュメンタリー―鉛の霧	91
ドキュメンタリー人間劇場『最后の刻』	204
ドキュメント―今・この時に―ある日突然	71
ドキュメント昭和	96
ドキュメント 戦争広告代理店―情報操作とボスニア紛争	269
ドキュメント太平洋戦争	211
ドキュメント'70	75
ドキュメント'74・'75	91
ドキュメント'76―10年目のクラス討論―沖縄・困惑の中から	101
ドキュメント'77	107
ドキュメント'86『セピア色の証言―張作霖爆殺事件・秘匿写真』	162
ドキュメント'96『列島検証 破壊される海』	232
時は立ちどまらない	351, 352
毒	6
毒―風聞・田中正造	235, 587
徳川家康	66, 707
徳川夢聲の世界	118
独眼竜政宗	166, 169, 450, 555, 729
独坐	181
特撮昆虫記	96
特撮ヒーロー列伝	165
毒殺魔の教室	309
ど腐れ炎上記	28
独酌余滴	256
《特集》CGMの現在と未来：初音ミク、ニコニコ動画、ピアプロの切り拓いた世界	347
特集 独ワイマール憲法の"教訓"	358
特集 ドラマ 僕はあした十八になる	272
特集 ノーベル賞経済学者が見た日本	358
読書脳	348, 587
徳治郎とボク	388
独石馬	99, 687
特捜戦隊デカレンジャー	301
ドクターX～外科医・大門未知子～	338, 351
Dr.コトー診療所	278, 280
Dr.コトー診療所2006	299
徳田秋声全集	295
徳田秋声伝	56, 631
DOCTORS～最強の名医	332
Dr.STONE	379
Dr.スランプ	131
ドクター・デスの遺産―BLACK FILE―	389, 395
どくだみ	52
ドクトル・ジバゴ	372
独白するユニバーサル横メルカトル	295
毒薬と老嬢	186

徳山道助の帰郷	62	どっちにするの	183
独立機関銃隊未だ射撃中	50	どっちもどっち	190, 671
独立愚連隊	39, 480	とってもゴースト	186, 193, 213
独立少年合唱団	256, 257	トットチャンネル	168, 476
髑髏城の七人	371	トットてれび	363, 364, 371
時計	162, 168, 437	トップをねらえ！	194
時計アデュー・リベール	162, 437	トップガン	161, 168
時計館の殺人	202	トップガン マーヴェリック	401, 402, 408
時計仕掛けのオレンジ	89	ドッペルゲンガー	278, 465
時計じかけのオレンジ	82	突変	360
時計屋探偵と二律背反のアリバイ	399	どですかでん	74, 75, 432, 484, 522, 624, 636
時計は生きていた	86	とても自然な、怯え方	104
とげ抜き 新巣鴨地蔵縁起	303, 310	とても小さな物語	199
溶ける、目覚まし時計	303	どてらネコ	144
トコトンヤレ	31, 612	怒濤	167, 497
どこまでドキュメント・映画を食った男	148	怒濤の唄	13
どこまでもいこう	249, 251	怒濤のごとく	249, 563
どこまで演れば気がすむの	147, 724	ドードーが落下する	407
土佐源氏	157	ドードー鳥と孤独鳥	411
屠殺者グラナダに死す	121, 467	とと姉ちゃん	365
屠殺人 ブッチャー	372, 410	トトの世界〜最後の野生児	258
土佐の一本釣り	120	トドメの接吻	377
土佐のおんな節	219	どどめ雪	365
利家とまつ	272	ドナウ河紀行	203
都市空間のなかの文学	132	馴鹿時代今か来向かふ	281, 477
都市幻想	24	隣りの女―現代西鶴物語	129
閉じ込められた女性たち〜孤立出産とグレーゾーン〜	407	隣の国で考えたこと	111
年頃	116	となりの芝生	96
都市生活カタログ	184	隣のずこずこ	368
どしてらば	243	となりのせきのますだくん	203
都市伝説パズル	268	となりのトトロ	174, 175, 176, 179, 187, 607, 690
都市の詩学―場所の記憶と徴候	302	隣の八重ちゃん	6, 559
都市の肖像	174, 581	となり町戦争	282
年の残り	65, 677	とねと鬼丸	134, 641
《図書館戦争》シリーズ	315	殿様と口紅	50
年忘れ爆笑90分！ ビートたけし独演会4	158	殿様と私	307
ドストエフスキー	328	殿、利息でござる！	364, 370
ドストエーフスキイの妻を演じる老女優	178	土漠の花	355
渡世	236, 428	飛びそこない	143
土星マンション	333	飛び出せ青春	92, 620
ドタ靴はいた青空ブギー	164, 721	飛び立つ鳥の季節に	99
戸田家の兄妹	13, 488	鳶鳴けり	174
どたんば	32, 462, 507, 667	扉のむこうの物語	175, 479
土地の名―人間の名	160, 542	どぶ	26, 565
どついたるねん	182, 183, 645	翔ぶ影	85, 699
特許やぶりの女王 弁理士・大鳳未来	393	どぶ川学級	82
ドッグ・デイズ	188	飛ぶ孔雀	373, 374, 379
突撃中隊の記録	15	鳥総立	281, 666
独狐意尚吟	276	飛ぶ夢をしばらく見ない	197
特攻の町知覧	247	トベカベ・ジョッキー	61
ドッジ弾平	200	飛べ麒麟	241
突然、風のように	106, 527	跳べ、ジョー！ B.Bの魂が見てるぞ	104
突然炎のごとく	54	とべ！ 人類II	158

作品名	頁
とべないカラスととばないカラス	147, 657
飛べないシーソー	302
とべバッタ	182, 587
飛べよ、トミー！	95
徒歩7分	352
トマトのきぶん	223
土間の四十八滝	262
とまらない生活	184
とまり木	125, 534
富久	61
ドミノたおし	223
止められるか、俺たちを	376, 377
どーも	333, 488
友絵の鼓	53
友岡子郷俳句集成	317
ともぐい	406
共喰い	328, 344, 351, 589
友子	201
ともしび	15, 18, 541, 703
トモスイ	322, 576
ともだち	11
友達	62, 64, 68, 92, 427, 453, 615
友だち貸します	189
友達ニ出会フノハ良イ事	282
ともだちは緑のにおい	180, 517
朝長	365
友の書	255
伴林光平	13
トモ、ぼくは元気です	304
友よ静かに瞑れ	161, 634
土曜特集ドラマ ネット・バイオレンス～名も知らぬ人々からの暴力	265
土曜の夜と日曜の朝	45
土曜の夜の狼たち	81
土曜日の天使	27
土曜ワイド	258
土曜ワイド劇場	283
トヨタ自動車 カローラフィールダー『小野伸二篇』	271
トライアル＆エラー	295
トライガンマキシマム	321
ドライビング・ミス・デイジー	292, 293, 385, 615, 624
ドライブ・マイ・カー	394, 395, 402
ドライフラワー	403, 409
ドラえもん	118, 131, 147, 231, 240, 655
ドラえもん（BGM）	326, 339
ドラえもん のび太のドラビアンナイト／ドラミちゃん・アララ少年山賊団	197
ドラえもん のび太の南海大冒険	244
ドラゴンクエスト序曲	372, 378, 390
ドラゴン桜	293
ドラゴンといっしょ	243
ドラゴンヘッド	240, 259, 277
ドラゴンボール	410
ドラゴンボールDAIMA	416
ドラゴンボールZ（BGM）	286, 313, 359, 378, 384
寅さんシリーズ	230
寅さん、何考えていたの？ 渥美清・心の旅路	371
トラジイちゃんの冒険	122, 543
寅次郎物語	175, 422
トラック野郎	96, 568
トラック野郎御意見無用	95, 553, 571
トラッシュ	195, 710
とらばいゆ	271
トラフィック	263
ドラマの世界	38, 513
ドラマ24	351
寅や	414
鳥居龍蔵伝	221, 614
鳥が…	64
鶏飼ひのコムミュニスト	6
鳥影	387
トリカゴ	399
鳥がぼくらは祈り、	392
鳥ぐるい抄	36
トリサンナイタ	334, 336
鳥たちの闇のみち	110
砦なき者	284, 292, 603, 703
『鳥人間コンテスト選手権大会』第1回～第11回	169
鳥の歌	223
鳥の演劇祭2	319
鳥の町	50
鳥の見しもの	362
鳥肌が	369
ドリフのズンドコ節	75
鳥辺山心中	35
ドリーム	370, 458
ドリームガール	136
ドリームガールズ	305, 403
ドリーム・ドリーム・ドリーム	142, 143, 457
ドリームメーカー	251
トリフォーの思春期	101
トリリオンゲーム	410
ドール	355
トルシエと若きイレブン	251
トルソ	325
ドレイ工場	66, 716
トレイシー 日本兵捕虜秘密尋問所	324, 614
トレイス	349
奴隷の歓び	145, 594
ドレッサー	125, 148, 186, 293, 650, 680, 685
トロイの女	92, 444
トロイメライ	314
トロイラスとクレシダ	359
泥汽車	188

ドロップ	325
泥と青葉	349
泥人魚	274, 279, 501
泥の河	104, 128, 129, 134, 484, 491, 594, 692
泥棒家族	258
どろぼうのどろぼん	356
泥棒役者	370
トロワグロ	356
泥ん	196
トロンプルイユの星	322
トワイライト	143, 621
とんがり	69
とんがり帽子のメモル	151
ドン・キホーテより諸国を遍歴する二人の騎士の物語	620
呑牛	242, 547
どんぐり	387
トンコ	309
敦煌	38, 175, 176, 177, 183, 451, 550, 607, 627
敦煌の旅	98, 597
鈍獣	290
遁走譜	150
どん底	9, 34, 35, 96, 239, 522, 615, 687, 695, 710
翔んだカップル	120, 574, 702
翔んで埼玉	382, 383, 389
トンデモ本の逆襲	240
トンデモ本の世界	234
とんでろじいちゃん	210, 714
どんどこどん	144
どんと晴れ	306, 516
トンネル山の子どもたち	111, 612
とんび	338, 401
ドン・ファン	17
ドン・ペドロ二世ホテル	65
とんぼ	176, 192, 523, 617
トンヤンクイがやってきた	363

【な】

名井島	374, 375
ないしょのつぼみ	314
ないた	283, 597
ないた赤おに	51, 640
泣いちっちマイハート	143
ナイチンゲールではなく	279
泣いてみりゃいいじゃん	169, 170, 505, 538
ナイトショー	75
ナイトダンサー	195
ナイト・ドクター	396
NIGHT HEAD	219, 224
ナイト, マザー おやすみ, 母さん。	164, 684
不夜島(ナイトランド)	412
NAI NAI 16	136, 137
ないないねこのなくしもの	175
ナイルパーチの女子会	355
90ミニッツ	333
ナイン	142, 286, 624
菜穂子	13
奈緒子	312
直助権兵衛	8
長い間	245
永い言い訳	363, 364
長い命のために	134
長い腕	262
長いお別れ	355
永井荷風	115
長い川のある国	254
長生き競争!	319
長い午後	105
ながい坂	71, 618
長い時間をかけた人間の経験	254, 641
ながいながいペンギンの話	33, 450
ながいながい骨の旅	376
中上坂	166, 659
中勘助全集	52
中勘助の恋	208, 609
中桐雅夫詩集	56
ながさきくんち	128, 470
長崎源之助全集	182, 612
長崎ぶらぶら節	248, 256, 257, 264, 272, 444, 616, 722
長崎ブルース	72, 419
長崎まで	362
長崎ロシア遊女館	121, 730
長崎は今日も雨だった	72
中島敦全集	18
中席	232
永田和宏作品集 I	369
中庭幻灯片	202, 581
中庭に面した席	355
中庭の出来事	303
中野菊夫全歌集	160
中野重治論序説	49
中原中也〔大岡昇平〕	89, 468, 547
中原中也〔佐々木幹郎〕	173, 468, 547
中原中也の『履歴』	247
中原中也論集成	310
長町女腹切	30
中町銀座商店街	126
長嶺ヤス子の『娘道成寺』	124
中村仲蔵	390
中村稔詩集	166, 620
中村幸彦著述集	159
なかよし特急	42, 420

作品名	頁
ながらえば	134, 135, 148
長良川	73
長良川艶歌	149, 150, 438, 445, 477, 575
流るる雲	94
流れ	349
流れ板七人	237
流れ雲	68
流され王	139, 498
流れない川	110
流れのほとり	106, 505
ながれぶし	108
流れもせんで、在るだけの川	356
流れる	30, 31, 32, 178, 447, 489, 528, 588, 625, 710
流れる家	242
流れんな	415
NAGISA なぎさ	257
渚にて	43
渚のシンドバッド	107, 108, 223, 225
渚のセニョリーナ	651
渚の日日	146
渚のファンタジイ	171, 542
凪のお暇	385
なぎの葉考	121, 631
泣きぼくろ	196, 517
凪待ち	382, 383
なきむしせいとく 沖縄戦にまきこまれた少年の物語	407
なきむし はるのくん	263
泣きむし蛍	468
ナキメサマ	387
失くした季節	323
啼く鳥の	159, 474
泣くなルヴィニア	7
なくもんか	318
嘆きのテレーズ	27
泣けない魚たち	230
なごり歌	391, 720
名残七寸五分	115
情けねぇ	199
ナシスの塔の物語	256
梨のつぶての	229
梨の花	38, 616
NASZA(ナシャ) KLASA(クラサ)	339
ナージャとりゅうおう	196
なずな	334
なぜ	252
なぜ君は絶望と闘えたのか	326
なぜシャーロック・ホームズは永遠なのか―コンテンツツーリズム論序説	369
なぜ隣人を殺したか～ルワンダ虐殺と煽動ラジオ放送	243
謎ときサリンジャー――「自殺」したのは誰なのか―	400
謎とき『罪と罰』	159
謎解きはディナーのあとで	329
なぞのイースター島	217, 476
謎の1セント硬貨 真実は細部に宿る in USA	317
謎の円盤UFO	80
「謎」の解像度 ウェブ時代の本格ミステリ	316
謎の香りはパン屋から	412
謎の独立国家ソマリランド	343
なぞの鳥屋敷	154
謎の変奏曲	372
ナターシャ・ピエール・アンド・ザ・グレート・コメット・オブ・1812	378
涙そうそう	293, 306, 702
菜種梅雨	369
雪崩と熊の物語	26
ナチスのキッチン	341
ナチュラル	147, 148
ナチュラル・ウーマン	216, 669
夏	68, 110, 491, 619
夏〔句集〕	188
夏色の軌跡	229
夏色のナンシー	643
夏をあきらめて	524, 525
なつかしの友	45
夏木	330
ナツコ 沖縄密貿易の女王	290, 297
夏ざかりほの字組	422
夏時間の大人たち	236
なつぞら	384
夏空の櫂	181, 726
夏 長崎から	548
なつのいけ	270
夏の鶯	22, 448
夏のうしろ	274, 276
なつのおうさま	304, 525
夏のお嬢さん	113, 543
夏のおどり	112
夏の踊り	75
夏の終り	50, 351, 573
夏のクリスマスツリー	201, 584
夏の盛りの蝉のように	353, 497
夏の栞―中野重治をおくる	132, 547
夏の植物	39
夏の上	241
夏の砂の上	241
夏の辻	349
夏の罪	359
夏の流れ	59
夏の賑わい	153
夏の庭	210, 590
夏の庭 The Friends	217, 218, 575, 590
夏の果て	174
夏の花	17
夏の光に…	123
夏の淵	140, 146
夏の水の半魚人	315

夏の約束	248,	271
夏の夜の夢	233,	628
夏の領域		375
夏花		12
夏光		295
夏祭浪花鑑	299,	409
夏美のホタル	363,	364
夏目アラタの結婚		415
夏目漱石〔改訂版〕		24
夏目漱石を読む		276
夏目漱石の妻	365,	371
夏物語		380
なで肩の狐		251
NANA	273,	298
なな色マジック		172
七転び		275
70年代われらの世界		75
七瀬ふたたび	103,	600
七つの大罪		359
七つばなし百万石		128
ナニカアル		322
何が彼女をさうさせたか		4
なにもしてない	195,	563
何者	335,	364
浪華悲歌	8,	683
ナニワ金融道	207,	246
浪花恋しぐれ	143, 477,	689
浪花盃	163,	445
難波鉦異本		287
浪花の恋の物語	39,	462
浪花節だよ人生は	149, 150, 163,	663
浪花節 流動する語り芸—演者と聴衆の近代		374
浪花夢あかり		192
菜の花の沖		256
那覇の木馬		53
ナビィの恋	250, 256,	257
鍋の中	166,	695
ナホトカ集結地にて		110
ナポレオン		386
ナポレオン狂	115,	427
なまえのないねこ	388,	584
名前のない表札		195
生首		330
なまくら		290
ナマコの眼		189
なまづま		329
生半可な学者		203
なまみこ物語	59,	465
波	23, 33,	553
波―わが愛	112, 200,	497
波影	57,	727
並木家の人々		205
涙	32, 608,	718
なみだ恋	88,	703
なみだ酒	212,	623
涙の朝		704
涙の影		233
涙の太陽		184
なみだの操		92
なみだ船	49,	509
なみだみち		127
波の盆	142,	556
ナミビアの砂漠	413, 415
ナミヤ雑貨店の奇蹟	335,	370
南無一病息災		87
ナムジ		705
名もなき孤児たちの墓		296
名もなき詩	233,	239
名も無き世界のエンドロール		335
名もなき毒	303,	692
名もなき道を	173,	578
名もなく貧しく美しく	44, 45, 46, 581,	676
悩む力 べてるの家の人びと		269
なよたけ		17
なよたけ抄		22
奈良へ行くまで	245,	711
楢山節考		37,
140, 141, 142, 147, 271, 456, 478, 513,	588
ナラ・レポート	281, 289,	599
なりたて中学生		369
ナリン殿下への回想		9
成恵の世界		354
鳴神		64
雷神不動北山桜		96
成瀬は天下を取りにいく		412
NARUTO－ナルト－		353
鳴門崩れ		7
NARUTOナルト疾風伝BGM		
346, 352, 390, 397, 403, 409,	415
なるとの中将		18
なるほど！ ザ・ワールド		225
南海トラフ地震の真実		413
難解な自転車		336
なんか島開拓誌		195
南極		70
南極大陸		35
南極点のピアピア動画		321
南極物語	141, 271,	519
『南京大虐殺』のまぼろし		86
南郷エロ探偵社長		5
南国殉教記		3
汝ふたたび故郷へ帰れず	174,	431
汝、星のごとく		406
軟弱なからし明太子		173
なんで英語やるの？		90
なんとなく、クリスタル		121
何年ぶりかの朝		702
何の扉か		375

| 難破船 …………………… 170, 171, 621
南風 …………………………… 116, 687
南部蟬しぐれ ………………………… 346
南部めくら暦 ………………………… 174
南北夢幻 …………………………… 141
難民たちの新天地 …………………… 122
南溟 …………………………………… 62
南冥・旅の終り ………………… 255, 601

【に】

にあんちゃん … 39, 40, 455, 487, 510, 615, 724
兄ちゃんを見た ……………………… 110
226 …………………………………… 183
新美南吉童話全集 …… 41, 45, 442, 602
匂いガラス …………………………… 161
仁王立ち ……………………………… 104
苦い暦 ………………………………… 104
苦い酒 ………………………………… 222
二階の王 ……………………………… 355
二階の女 ……………………………… 131
似顔絵 ………………………………… 254
二月の勝者 ―絶対合格の教室― …… 398
和栲 …………………………………… 146
にぎにぎ ………………………… 97, 490
賑やかな家 …………………………… 387
にぎやかな湾に背負われた船 ……… 268
肉骨茶 ………………………………… 335
肉触 …………………………………… 255
肉体煇燿 ………………………… 11, 478
肉弾 ………………… 59, 66, 67, 481, 550
肉弾〔映画〕 …………………… 481, 550
荷車の歌 …………… 39, 40, 642, 696, 715, 725
逃げ口上 ……………………………… 268
逃げ上手の若君 ……………………… 410
にげだした兵隊―原一平の戦争 … 147, 583
逃げ水 ………………………………… 46
逃げ水の見える日 …………………… 241
逃げ水は街の血潮 …………………… 381
逃げ道 ………………………………… 309
逃げるは恥だが役に立つ …… 359, 364, 365, 371
二号 …………………………… 26, 431
濁った激流にかかる橋 ……………… 254
ニコライエフスク ……………………… 7
にごりえ ……… 24, 25, 447, 453, 569, 682
にごりえ(山本富士子アワー) …… 51, 717
にごり江 ………………… 157, 246, 424
2355 …………………………………… 331
虹 ……………………………… 56, 590
虹色のバイヨン ……………………… 326
虹へのさすらいの旅 …………… 147, 558
虹を待つ彼女 ………………………… 362
西川鯉三郎創作舞踊発表会 ………… 49

| 錦 ……………………………… 308, 687
錦木 …………………………………… 300
錦鯉 …………………………………… 300
錦の舞衣 ……………………………… 292
西陣心中 ……………………………… 107
西住戦車長伝 …………………… 12, 723
二十世紀 ………………………… 252, 259
20世紀少年 ………………… 266, 273, 315
20世紀少年〈第2章〉最後の希望 …… 325
20世紀少年〈最終章〉ぼくらの旗 …… 325
二十世紀日本語詩を思い出す ……… 386
20世紀の映像 ………………………… 96
20世紀ノスタルジア …………………… 238
20世紀冒険小説読本『日本篇』『海外篇』… 261
西出大三 截金の美 ………………… 161
虹と修羅 ………………………… 69, 465
虹に向って …………………………… 106
虹の彼方 ……………………………… 295
虹のカマクーラ ……………………… 139
西の国の人気者 ………………… 30, 463
西巷説百物語 ………………………… 329
虹の谷の五月 ………………………… 255
虹の橋 ……… 210, 211, 217, 588, 676, 695
西の魔女が死んだ …………………… 223
虹の岬 …………………………… 215, 601
虹の女神 Rainbow Song ……………… 298
西山物語 ……………………………… 32
21世紀少年 …………………………… 315
21世紀まで愛して …………………… 164
21世紀は警告する 1～6 …………… 159
29歳のクリスマス ………… 217, 218, 224
「二重国籍」詩人 野口米次郎 ……… 334
23階の笑い …………………………… 391
二十四の瞳 ………… 26, 27, 244, 513, 581
二重唱 ………………………………… 96
二十代は個性の冒険 ………………… 166
二十七ばん目のはこ ………………… 95
二十年目の恩讐 ……………………… 275
二十年目の収穫 ……………………… 58
24人のビリー・ミリガン ……………… 214
二重らせんの私 ……………………… 230
鰊漁場 ………………………………… 17
ニジンスキーの手 …………………… 73
ニセ医者と呼ばれて ～沖縄・最後の医介輔～ … 332
贋の偶像 ………………………… 62, 620
にせもの ……………………………… 342
2000光年のコノテーション ………… 195
2011年：語られたがる言葉たち ……… 388
2012年・蒼白の少年少女たちによる『ハムレット』……………………… 339, 629
二七七百の夏と冬 …………………… 349
尼僧とキューピッドの弓 …………… 329
ニーチェの馬 ………………………… 337
日劇ステージ・ショウ ……………… 125

日月	296
日常	315
日日是好日	376, 507
日日世は好日	274, 475
にちよういち	116, 628
日曜劇場（TBS）	129
日曜特集新世界紀行『スフィンクスと34人のサムライ』	176
日曜日には愛の胡瓜を	133
日曜日（付随する19枚のパルプ）	412
二丁目通信	323
日輪	3, 262, 696
日輪の翼	251
日活青春路線三部作	92
日光月光	330
日射病	171, 471
日蝕	46, 241
日ソ戦争 帝国日本最後の戦い	411
にっぽん音吉漂流記	122
日本（にっぽん）会議の研究	369
ニッポン国古屋敷村	135, 482
にっぽん昆虫記	47, 51, 264, 455, 648, 677
日本春歌考	63, 469, 547, 594
にっぽん泥棒物語	56, 57, 680, 715
にっぽんのお婆ちゃん	47, 682
日本の黒い夏『冤罪』	262, 264, 518
にっぽんの現場『おばあちゃんの葉っぱビジネス』	299
二等兵お仙ちゃん	18
NINAGAWA十二夜	292, 293, 628
NINAGAWA・マクベス	169, 444, 628
二人道成寺	38
二年生の小さなこいびと	111
二年2組はヒヨコのクラス	63, 70
二番煎じ	345
二番目の男	44
二匹	242
二匹のサンマ	64, 520
二匹の牝犬	54
二百三高地	122, 123, 124, 128, 492, 595, 615, 668
二百回忌	215, 563
『日本アイ・ビー・エム美術スペシャル』シリーズ	169
日本以外全部沈没	93, 600
日本印象	14
日本映画史	224
日本映画における外国映画の影響	140
日本SF精神史【完全版】	381
日本SF精神史—幕末・明治から戦後まで	328
日本SF論争史	260
日本演劇史	6
日本を愛した科学者	223
日本を愛したティファニー	290
日本を捨てた男たち—フィリピンでホームレス—	330
日本海	256, 704
日本海中部地震報道	142
日本解放戦線三里塚	74, 481
日本画 繚乱の季節	145
日本〈汽水〉紀行	283
日本俠花伝	86
日本共産党の研究	116, 587
日本クオレ	42, 530
日本献上記	27
日本現代演劇史 明治・大正篇	152, 469
日本現代詩大系	21, 616, 649, 693
日本語が亡びるとき 英語の世紀の中で	317
日本この100年	64
日本語の歴史	304
日本語ぼこりぼこり	290
日本宰相列伝	159
日本殺人事件	222
日本詩歌の伝統—七と五の詩学	201
日本史異議あり	159
日本史探訪	75
日本児童演劇史	99, 101, 105
日本児童文学史年表	100, 104
日本児童文学全集	27, 482
日本酒物語	136
日本書史	268
日本新劇史	32
日本人とすまい	90
日本人とユダヤ人	78
日本人の精神史研究	55
日本人のへそ	157, 327
日本人はるかな旅	264
日本人漂流ものがたり	29
日本人民共和国	47
日本人霊歌	39, 598
日本神話	73
日本人は何をめざしてきたのか	343, 344
日本探偵作家論	99
日本耽美派文学の誕生	93
日本沈没	86, 90, 93, 396, 536, 636, 701
日本沈没—希望のひと—	396
日本沈没 第二部	308, 536, 590
日本テレビ24時間テレビ 愛は地球を救う	238
日本伝説大系	188
日本童謡史	82
日本特別掃海隊	112
日本と朝鮮半島2000年	318
日本について	33, 720
日本のアウトサイダー	38, 502
日本のいちばん長い日	63, 64, 350, 354, 357, 364, 481, 636
日本の陰謀	203
日本の鴬	128, 572

日本農民詩史	73
日本の面影	141, 142, 148, 710
日本のかあちゃん	68
日本の家郷	208
日本の喜劇人	83
日本の巨大ロボット群像―巨大ロボットアニメ、そのデザインと映像表現―	416
日本の景観	132
日本の現代小説	121
日本の幸福	67
日本の子どもの詩（全47巻）	154
二本の桜	198, 609
日本の児童文学	31
日本の小説の翻訳にまつわる特異な問題―文化の架橋者たちがみた「あいだ」	411
日本の神話と伝説	48, 420
日本の青春	66, 535, 652
日本の太鼓	40, 232
日本の橋	7
日本の悲劇	24, 25, 512, 513, 696
日本のむかし話	31, 602
日本の名作スイッチョねこ	82, 424
日本の離島	45
日本の路地を旅する	324
日本百名山	53
日本文学史序説	120
日本文学盛衰史	267, 578
日本文芸史	201
日本文芸の様式	10
日本文壇史	49, 449
日本方言詩集	242, 503
日本捕虜志	30
日本魅録	277, 291, 298
日本民話選	39, 513
日本蒙昧前史	387
日本留学精神史―近代中国知識人の軌跡	201
日本列島	56, 57, 472, 517
日本烈婦伝	136, 463
二万三千日の幽霊	222
ニムロッド	374
にもかかわらずドン・キホーテ	333
ニューインスピレーション	275
乳鏡	36, 594
入場無料	79
ニューオーリンズ・ブルース	115
ニューギニア山岳戦	15
ニューギニアの自然	64
ニュクスの角灯	391
ニュー・シネマ・パラダイス	183
ニュースコープ	123, 148
ニュースステーション	155, 162, 184
NEWS23	204, 319
ニューヨーク・ディグ・ダグ	387
ニューヨークに行きたい!!	333
ニューヨークのサムライ	94
紐育の波止場	4
ニュールンベルグ裁判〔映画〕	48
ニュルンベルク裁判〔演劇〕	279
女体は哀しく	35, 430, 587
女人哀詞	112, 624
女人浄土	81
女人短歌大系	116
二輪草	245, 503, 525
楡家の人びと	53, 58, 509
楡の下道	99
にれの町	161
鶏が鳴く	341
鶏騒動	10
鶏と女と土方	110
ニワトリはハダシだ	284, 465, 634, 645, 700
人気者で行こう	150
人形の家	314, 652
人形の旅立ち	283
人魚のくつ	39
人魚の森	187, 579
人魚姫 – mermaid –	177
人間	47, 48, 565
にんげんをかえせ・峠三吉全詩集	77
人間を撮る―ドキュメンタリーがうまれる瞬間	317
人間革命	86, 87, 595, 636
人間神様	351
人間狩り	375
人間教育	9, 501
人間キリスト記	10
人間合格	206, 572
人間交差点	151, 651
人間失格	325, 383
人間失格 太宰治と3人の女たち	382
人間蒸発	63, 64, 455
人間でよかった	223
にんげんドキュメント『ただ一撃にかける』	278
人間のいとなみ	166
人間の運命	43, 52, 65, 574
人間の壁	39, 40, 463, 642, 715
人間の条件	39, 40, 45, 109, 429, 535, 615, 676
人間の條件	615
人間の生活	195
人間の戦場 タビデの歪んだ星	278
人間の尊厳と八〇〇メートル	329
人間の悲劇	24, 500
人間の約束	160, 161, 162, 695, 721
人間の歴史	39
人間万事塞翁が丙午	127, 419
人間檻褸	22
ニンジャバットマン	392
忍者無芸帖	300
人情・新文七元結	169

人情岬	163
にんじん	6
妊娠カレンダー	188
忍冬文	110, 174
忍ペンまん丸	240, 432
忍法帖シリーズ	234

【ぬ】

ぬくい山のきつね	263
温水夫妻	253, 499
ぬけがら	292, 297
脱けがら狩り	189
盗まれた欲情	37, 455
ヌードな日	336
ヌードの夜	216
奴碑訓	114
渭田開城記	33
沼地のある森を抜けて	296
沼地の虎	11
塗りこめられた時間	81
ぬるい毒	329
濡れた海峡	122, 590
濡れた心	36
濡れた週末	117
濡れた二人	67, 727
濡れて路上いつまでもしぶき	100
縫わんばならん	361

【ね】

ねえ とうさん	270, 552
ねぇ、ママ	379
ネオンと三角帽子	36, 520
ネカフェナース	368
葱の花と馬	6
ねぎぼうずのあさたろう その1	256
ネクスト・トゥ・ノーマル	403
ネクタイの世界	85
ねこがパンツをはいたなら	167
猫談義	153
猫と庄造と二人のをんな	31, 32, 610, 679, 705, 710
猫と罰	412
ネコのおしろ	70, 571
猫の恩返し	270
猫の客	268, 651
猫の生涯	215
ねこの名はヘイ	100, 693
ねこ、はじめました	385
ネコババのいる町で	180, 181

猫町	252, 508
猫町五十四番地	311
猫は知っていた	33
ねじまき鳥クロニクル	221, 694
ねじれ 医療の光と影を越えて	304
ねづっちのイロイロしてみる60分	409
寝ずの番	298, 598, 654
鼠小僧次郎吉	72, 78, 714
鼠と肋骨	274
ねずみのいびき	91, 602
ねずみ娘	9
熱源	381
捏造の科学者 STAP細胞事件	356
熱帯の風と人と	210
熱帯夜	316
ネットカフェ難民〜漂流する貧困者たち〜	304
NETザ・スペシャル	96
ネットと愛国 在特会の『闇』を追いかけて	336
ネット・バイオレンス〜名も知らぬ人々からの暴力	265
ネットワーク	106
ネットワークでつくる放射能汚染地図	332
熱の島で―ヒートアイランド東京	245, 702
熱風 A Thousand steps	116, 723
寝ても覚めても	323
ネーとなかま	39
寝盗られ宗介	203, 204, 211, 645, 727
ねにもつタイプ	304
ネプチューン	138
眠くなっちゃった	410
眠つてよいか	316
ねむの木の詩がきこえる	106, 478, 688
眠らない街・新宿鮫	210, 551
眠りと夢	27
眠りの前に	139
眠る男	231, 232, 485, 703
眠れない子	189, 196, 467
眠れる美女	47, 67, 225, 504, 707
眠れる森	245, 631
狙いうち	198
狙うて候―銃豪村田経芳の生涯	281
年間テレビベスト作品	277
年刊日本SF傑作選	386
年季奉公	104
年金大崩壊	283
年金の悲劇―老後の安心はなぜ消えたか	283
年月のあしおと	49
念仏ひじり三国志―法然をめぐる人々	139, 604
粘膜蜥蜴	322
粘膜人間の見る夢	309

【の】

野遊びを楽しむ 里山百年図鑑 ………… 317, 669
野いちご ……………………………………… 48
NOVA 書き下ろし日本SFコレクション ‥ 347, 354
ノヴァーリスの引用 ……………………… 209
ノウイットオール ………………………… 406
脳男 …………………………………… 254, 344
農家になろう ……………………………… 337
農業少女 …………………………………… 327
脳死 …………………………………… 166, 587
脳と仮想 …………………………………… 290
農鳥 …………………………………… 269, 539
脳内ボイズンベリー ……………………… 357
脳の発見 …………………………………… 159
脳病院へまゐります。 …………………… 242
能面殺人事件 ……………………………… 19
野餓鬼のいた村 …………………… 133, 498
野上弥生子全集 …………………………… 120
野鴨 …………………………………… 114, 497
逃がれの街 ………………………… 141, 588
ノーカントリー …………………………… 311
野菊の如き君なりき ………………… 29, 513
北の漁場 ……………………… 163, 164, 510
残された夫 ………………………………… 39
残すべき歌論——二十世紀の短歌論 …… 329, 556
野崎村 ……………………………………… 64
野面積 ……………………………………… 276
覗き小平次 ………………………………… 275
望み ………………………………………… 395
野田版研辰の討たれ ……………………… 285
のだめカンタービレ ……………… 287, 304, 410
のだめカンタービレ最終楽章 …………… 318
のたり松太郎 ……………………… 108, 596
後巷説百物語 ……………………………… 275
後の日々 …………………………………… 303
ノックアウトのその後で ………………… 230
ノックする人びと ………………………… 222
のっぺらぼう ……………………………… 324
ノッホホン氏 ……………………………… 98
ノートル・ダムの椅子 …………………… 296
能登はいらんかいね ……… 191, 192, 193, 544
野中広務 差別と権力 …………………… 283
野にかかる虹 ……………………………… 34
no news …………………………………… 275
ノネズミと風のうた ……………………… 230
のの子の復讐ジグジグ …………………… 227
ののちゃん ………………………… 280, 300
ののの ……………………………………… 322
ののはな通信 ……………………………… 380
野の花と小人たち ………………… 105, 431

野の風韻 …………………………………… 167
野のユリ …………………………………… 54
のはらうた ………………………… 167, 311
のはらうた1・2・3 …………………… 517
のはらうたV ……………………………… 517
野原の詩 …………………………………… 202
野ばらのエチュード …… 136, 476, 540, 671, 675
野薔薇の道 ………………………………… 160
ノバルサの果樹園 ………………………… 16
野火 …………………… 21, 39, 40, 358, 441, 467, 728
野ブタ。をプロデュース ………… 282, 292
信虎 ………………………………………… 394
信長 ………………………………… 228, 421
信長 あるいは戴冠せるアンドロギュヌス …… 248
信長協奏曲 ………………………………… 333
信長の首 …………………………… 12, 132, 498
伸予 ………………………………………… 110
ノーペイン ノーゲイン …………………… 229
のぼうの城 ………………………………… 316
ノボさん 小説 正岡子規と夏目漱石 …… 348, 439
ノマドランド ……………………………… 395
野間宏作品集 ……………………………… 173
ノミトビヒヨシマルの独言 ……………… 329
蚤の心臓ファンクラブ …………………… 260
ノモンハン ………………………………… 109
ノモンハン桜 ……………………………… 282
野ゆき山ゆき ……………………… 86, 725
野ゆき山ゆき海べゆき …………… 160, 162, 711
野良犬 ……………………… 18, 19, 507, 522, 641
乗合馬車 …………………………… 9, 612
ノルウェイの森 …………………………… 331
ノルゲ Norge ……………………………… 302
ノ・レ・な・いTeen-age ……… 170, 171, 542
のろい男 俳優・亀岡拓次 ……………… 362
のろまそろま狂言集成 …………………… 94
野分酒場 …………………………………… 180
野分立つ …………………………………… 226
野分のやうに ……………………………… 121
ノワールをまとう女 ……………………… 380
暢気眼鏡 …………………………… 8, 485
ノンちゃん雲に乗る ……………… 19, 434
のんちゃんのり弁 ………………………… 319
のんのんばあとオレ ……………… 198, 681
ノンフィクション劇場『忘れられた皇軍』… 51

【は】

灰色猫のフィルム ………………………… 309
灰色の北壁 ………………………………… 295
ハイエナ …………………………………… 408
廃屋の月 …………………………………… 411
俳諧辻詩集 ………………………… 229, 599

媒介と責任〜石原吉郎のコミュニズム	255
はいからさんが通る	108
ハイキュー!!	359
廃墟	359
背教者ユリアヌス	80, 598
廃墟に乞う	316, 546
ハイキング	149, 150, 499
俳句が文学になるとき	235
俳句のいのち	241, 698
俳句の宇宙	187
俳句の国際性	223
拝啓、父上様	299
拝啓パンクスノットデッドさま	394
売国奴	29
背後の時間	73
廃車	309
『敗者』の精神史	228
背信	125, 213
俳人仲間	89
俳人風狂列伝	85
背水の孤島	332, 333
ハイスクール！奇面組	172
ハイスクールララバイ	129
敗戦後論	241
配達されない三通の手紙	117, 123, 482
ハイティーン・ブギ	136, 137, 537, 709
ハイデラパシャの魔法	139
背徳のメス	41, 45, 520
灰とダイヤモンド	40
ハイヌミカゼ	272
バイ・バイ―11歳の旅立ち	243
ハイパーたいくつ	412
ハイビジョン特集 築地市場大百科	319
ハイビジョン特集 "認罪"〜中国撫順戦犯管理所の6年」	312
ハイビジョンドラマ館『七子と七生〜姉と弟になれる日』	285
灰姫 鏡の国のスパイ	209
パイプのけむり	62, 595
HYBRID	215
ハイブリッド・チャイルド	200
敗北者の群	7
ハイ・ライフ	410
パイレーツ・オブ・カリビアン／デッドマンズ・チェスト	298
パイレーツ・オブ・カリビアン／ワールド・エンド	305
バイロケーション	323
ハウスガード	24, 704
ハウステンボス サマーカーニバル2003『作文篇』	278
パウダー―おしろい―	288
ハウ・ツウ・デイト	198, 474
バウルを探して―地球の片隅に伝わる秘密の歌	348
パウル・クレーの〈忘れっぽい天使〉を だいどころの壁にかけた	388
ハウルの動く城	284, 291, 691
ハウルの動く城（BGM）	306, 647, 691
バウンス ko GALS	236, 237, 238, 703
バウンティフルへの旅	168
蝿のいない町	20
覇王紀	69
破壊	48
破戒	17, 47, 48, 441, 463, 508, 512, 656, 728
葉蔭の露	118, 630
バガージマヌパナス	215
博士の愛した数式	274, 282
博多ア・ラ・モード	346
博多っ子純情	126
バカ塗りの娘	407
鋼の錬金術師	280, 333, 334, 370
バカの壁	274
バカのカベ〜フランス風〜	339, 497
墓場の野師	36
バガボンド	259, 273
袴垂れはどこだ	372
バカヤロー！	176
BARCAROLLE・バカローレ（舟唄）	209
萩家の三姉妹	254, 259
パキちゃんとガン太	58
破局	386
履き忘れたもう片方の靴	209
萩原朔太郎	99, 448
白雨	255
白雲の城	279
爆音と大地	34, 667, 705
白雁	356
白鯨	359
バクサン	88, 639
伯爵夫人	361
白蛇抄	147, 536
白蛇伝	37
白寿	369
麦秋	21, 488, 569, 631, 644, 726
白秋望景	334
薄情	361
爆笑!!ビートたけし独演会2	151
爆笑問題のススメ	290
白色の残像	173
爆心	301, 302
PARKS パークス	370
剝製博物館	85
白扇	32, 636
バグダッド燃ゆ	296, 303, 480
白昼の通り魔	59, 469, 594
白昼夢	391, 397, 493
白鳥	229
白鳥の歌が聴こえますか	170

作品名	頁
白鳥の湖	17
白鳥物語	34
ハクトウワシ	388
白髪の唄	228, 659
幕末気分	268
幕末残酷物語	54
幕末太陽伝	34, 35, 455, 659, 677
幕末ダウンタウン	368
バクマン。	364
薄明のサウダージ	387
薄明の窓	381
白木蓮はきれいに散らない	404
パーク・ライフ	268
はぐれ鴉	405
浮浪雲	112, 114
はぐれ刑事純情派	251
流恋草	199, 206, 527, 531, 542
はぐれ念仏	41, 604
馬喰一代	21, 686
端黒豹紋	146
破軍の星	195, 509
ハゲタカ	299, 306, 311
禿の女歌手	68
バケモノの子	364
ハケンアニメ！	355, 401, 408
ハケンの品格	299, 306
箱入豹	276, 433
箱入り息子の恋	344, 351
波光きらめく果て	162, 472
箱男	413
破獄	145, 154, 723
ハコヅメ〜交番女子の逆襲〜	391, 404
ハコヅメ〜たたかう！ 交番女子〜	403
パゴダツリーに降る雨	296
函館本線	130
パコと魔法の絵本	318
箱庭	62, 677
箱根強羅ホテル	293
箱根八里の半次郎	258, 259
箱根風雲録	23, 710
箱根霊験躄仇討	20
箱の夫	248, 721
箱の中身	200
箱ばちのおじいさん	91, 689
葉桜の季節に君を想うということ	282
破産した男	332
はしか犬	73
橋閒石俳句選集	174
孵、海徳丸	63
ハシッシ・ギャング	241, 481
橋の上から	127
橋の上においでよ	168, 169, 593
橋のない川	70, 202, 204, 454, 619, 646
パシフィック・リム	354

作品名	頁
端島の女	174, 627
はじまらないティータイム	302
ハジマリノウタ	326
はじまりのみち	344, 589
はじまりはいつも雨	199
一（はじめ）	381
はじめちゃんが一番！	193
はじめて好きになった人	391
はじめて出会うコンピュータ科学	196
はじめてであう すうがくの絵本	140, 431
はじめてのおつかい	251
はじめての行事えほん	394
初めての空	255
はじめての雪	282, 547
初めの愛	120, 543
はじめの一歩	200, 385
はじめまして	150, 613
馬車が買いたい！―19世紀パリ・イマジネル	194
覇者の誤算	210
場所	50, 261, 529, 573
芭蕉	28, 56, 715
馬上	361
芭蕉の風景	392
場所の記憶	316, 534
パション	406
バジリスク〜甲賀忍法帖	287
走り者	139, 140
走る男	180
走るジイサン	241
走れUMI	317
走れ玩具	71
走れ白いオオカミ	190
走れ、セナ！	297
走れトマホーク	85, 705
バージンブルー	149
破水	127, 624
バスカヴィル家の犬 シャーロック劇場版	401
バスケット通りの人たち	159
バスストップの消息	222
蓮田善明 戦争と文学	380
バースデーカード	364
バス通り裏	45
Perspective	303
長谷川四郎作品集	69
長谷川伸戯曲集	46
破線のマリス	235, 521, 631
バタアシ金魚	189, 190
はだか	175, 591
はだかっ子	45, 46, 550, 586, 680
裸の王様	33, 491
裸の木	204
裸の島	43, 565
裸の19才	74, 565
裸の大将	37, 149, 533, 665, 682

裸の大将放浪記	150, 425	初恋・地獄篇	66, 605, 638
裸の太陽	37, 423, 565	初恋スキャンダル	158
裸足	121, 508	初恋のきた道	257
裸足で散歩	156	初恋物語	6, 451
裸足と貝殻	248, 680	白光	242, 625
はだしのゲン	141, 252, 306, 610	発光	223, 723
二十歳の朝に	121	八甲田山	105, 106, 107, 111, 423, 514, 576, 636, 701
二十才の微熱	211	初子さん	282
はたはたと頁がめくれ…	249, 564	バッコスの信女	129, 571
旗本退屈男シリーズ	32, 441	バッコスの信女—ホルスタインの雌	388
働かざるもの	242	ハッシュ！	262, 263, 271
はたらくおとこ	285	＃拡散希望	393
八月がくるたびに	78	＃家族募集します	396
8月の家族たち August：Osage County	365, 366	PASSION	156, 643
八月の青い蝶	341	パッシング・ラブ	212, 213
八月の狂詩曲	197, 523, 695	ハッタラはわが故郷	29
八月の鯨	176	パッチギ！	291, 298, 439, 496
8月のクリスマス	291	初蕾	278, 286
八月の御所グラウンド	406	バッテリー	237, 250, 290
八月の濡れた砂	78, 655	バッテリー〔映画〕	304, 312
八月のラブソング	339, 497	ハッとして！ GOOD	124, 125, 592
八月の路上に捨てる	295	BAD LANDS バッド・ランズ	408
八九六四（はちきゅうろくよん）「天安門事件」は再び起きるか	382	発熱頌	262
八号館	12	ハッピーアワー	357
ハチ公物語	168, 169, 484, 529, 642	ハッピーサマーウェディング	258
87分署グラフィティ—エド・マクベインの世界	181	ハッピー・トゥモロー	103
八丈実記	85	ハッピーハウス	181
八代将軍吉宗	228, 555	ハッピーバースデー	134
はちどり	389	ハッピーフライト	311
蜂の巣の子供たち	17, 561	800 TWO LAP RUNNERS	216, 217, 218
パチプロ・コード	316	初昔	241, 496
八幡祭小望月賑	35	果つる底なき	241
はちみつ色のユン	346	PARTY7	257, 645
ハチミツとクローバー	280, 298	果しなき欲望	37, 455, 731
蜂蜜採り	196, 547	果てなき渇きに眼を覚まし	281
パチンコ	407	果てなき大地の上に	403, 498
パチンコ物語	190, 659	果てなき旅	115
バツ＆テリー	151	果てもない道中記	221, 705
ハーツ・アンド・マインズ	96	ハテルマ シキナ—よみがえりの島・波照間	250
8 1/2	57	バテレンの世紀	374
白球アフロ	335	波止	74
白球残映	222	鳩を飼う姉妹	213
髪魚	329	鳩を食べる	201
発狂	3	ハード・コア	376
バック・トゥ・ザ・フューチャー	155, 165, 168	ハドソン川の奇跡	363, 370
バック・トゥ・ザ・フューチャーPART2	190	ハートに火をつけて	184
バックミラーの空漠	42	鳩の撃退法	355
白鍵と黒鍵の間に	407	鳩の時間	381, 457
はつ恋	338	波止場女のブルース	76, 697
初恋	378	波止場乞食と六人の息子たち	47
初恋〜お父さん、チビがいなくなりました	383	波止場しぐれ	157, 435
初恋サンライズ	372	バード・バード	342
		バードメン	296

ハートランド	413
バトル・ロワイアル	257, 263, 264, 653
バトル・ロワイアルⅡ【鎮魂歌】	277, 278
ハート・ロッカー	325
花〔ORANGE RANGE〕	299, 465
花〔映画〕	278, 465
花〔奥田亡羊〕	400, 465
鼻	303, 685
花合せ―演次お役者双六―	302
花いちもんめ〔映画〕	153, 154, 155, 161, 448, 596, 606, 672
花いちもんめ〔演劇〕	226
花いちもんめ〔鳥海昭子〕	153
花いちもんめ〔永島慎二〕	80
花一輪	92
華岡青洲の妻	62, 63, 64, 186, 233, 300, 429, 444, 482, 668
花を抱く	181
涙をたらした神	95
花を運ぶ妹	254, 433
花筐／HANAGATAMI	370, 371, 377, 475
鼻紙写楽	366
花から花へと	125, 559
はな寛太&いま寛太 漫才結成35周年記念公演	286
花嫌い神嫌い	269
花腐し	254, 668
HANAGUMORI	163, 449, 503
Hanako	187
華子	236
花氷	62
花子とアン	351
花衣ぬぐやまつわる…	166, 214, 590
花咲か	91, 457
花咲爺	189, 498
花さかじいさん	34
花ざかりの君たちへ	306
花咲舞が黙ってない	351
花咲くチェリー	125, 511
花石榴	133
話のターミナル	184
噺・はなし・話	306
花・蒸気・隔たり	315
話すことはない	142
花捨て	94
花園の迷宮	159, 560
花田少年史	227
花田少年史 幽霊と秘密のトンネル	305
花みたいな恋をした	402
花と死王	317
バーナード嬢曰く。	353
花と蝶	72, 502, 697
ハナと寺子屋のなかまたち―三八塾ものがたり	317
花ともぐら	75
バーナード・リーチの生涯と芸術―「東と西の結婚」のヴィジョン	295
バナナの花は食べられる	400
花に染む	373
華日記―昭和いけ花戦国史	187, 641
花に問え	202, 573
花・ねこ・子犬・しゃぼん玉	243
花のある雑学	189
花野井くんと恋の病	397
花の講道館	25, 636
花の御所	47
花の素顔	18
花の線画	310
花の名前	121, 693
花の百名山	121, 588
花の下にて春死なむ	248
はなのゆびわ	111
花のように鳥のように	422
華の乱	175, 183, 451, 600, 653, 670, 722
花のれん	36, 708
花の別れ	160
花の脇役	230, 572
花のワルツ	219
花々しき一族	20
花挽歌	206, 527, 679
HANA-BI	243, 244, 647, 648, 649
花火師丹十	14
花火―北条民雄の生涯	256
花ひらくニュー・イングランド	22
花ぶさとうげ	116
花へんろ―風の昭和日記	154, 155, 641, 653
花街の母	119, 500
花豆の煮えるまで	216, 429
はなまるマーケット	245
花まんま	289
ハナミズキ	325
桜・道標	259
BARNUM／バーナム	391
花村凜子の傘	348
花迷宮―上海からきた女	197
花物語	665
花森安治の仕事	182
華やかな川、囚われの心	201, 561
華やかな死体	47
華やかなる鬼女たちの宴	150
花嫁は16才！	225
花嫁は厄年ッ！	299
花よりタンゴ	162
花より男子	227
花より男子ファイナル	311, 312
花より男子2(リターンズ)	299
花よりもなほ	298
はなれ瞽女おりん	105, 106, 111, 125, 213, 429, 459, 557, 688
花はさくら木	294

はにかみの国 石牟礼道子全詩集	267
ハニーレモンソーダ	402
はね駒	161, 506
羽田浦地図	148, 433
羽根と翼	254, 520
翅の伝記	282
パノラマ島綺譚（きだん）	321
母	51, 565
パパ、I LOVE YOU！	220, 496
馬場あき子全集	228, 639
パパイヤのある街	8
母きずな	365
母喰鳥	374
母恋	109, 595
母子草	13, 586
パパさんの庭	182
母と暮せば	357, 358, 364, 378, 497, 545, 713
母と子	10, 558, 665
母と惑星について、および自転する女たちの記録	366
母なる自然のおっぱい	201, 433
母なる証明	318
母なるもの―近代文学と音楽の場所	321, 579
パパにあいたい日もあるさ	210
パパに乾杯	252
パパ抜き	361
母の愛、そして映画あればこそ	208
母の遺産―新聞小説	334
バーバーの肖像	222
母のすりばち	394
ばばの手紙	194
パパのデモクラシー	226, 346
母のない子と子のない母と	20, 602
母の日	10
パパの分量	275
母の耳	249
バーバパパ世界をまわる	333
母よ	195
パパはなんだかわからない	333
バービー	408
バビロニア・ウェーブ	187
バビロンまでは何光年？	392
ハーフ	304
毒蛇（ハブ）	50
パーフェクトワールド	385
パーフェクトワールド 君といる奇跡	376
土生玄碩	13
パブリカ	384
パペットの晩餐会	183
バーボン・ストリート	153, 553
浜田広介童話選集	34, 640
浜の朝日の嘘つきどもと	396
ハミザベス	268
はみだしチャンピオン	130
はみだし野郎の子守唄	80
ハミングバード	209, 594
羽虫の飛ぶ風景	99, 620
ハムレット	30, 54, 71, 227, 266, 279, 423, 444, 650, 654
ハムレットは太っていた！	260
ハーモニー	321
波紋	5, 407
破門	348
破門の記	59
ハヤカワ・ポケット・ミステリ	31
はやくねてよ	223
林京子全集	288
林望のイギリス観察事典	210
林芙美子の昭和	274
早池峰の賦	134, 638
疾風のように	251
はやぶさ/HAYABUSA	331, 627
ハヤブサ消防団	405
バラ色の明日	253
薔薇色のカモメ	303, 567
ばら色のバラ	60
はらから	58, 728
薔薇忌	188, 686
パラサイト・イヴ	222
パラサイト 半地下の家族	388, 389, 395
ハラサキ	368
原島弁護士の処理	139
ハラスのいた日々	173, 183, 606, 616
原節子の真実	363
パラダイス銀河	178
原敬日記	21
原田正純 水俣 未来への遺産	345
薔薇断章	362, 485
腹鼓記	160, 451
バラード・イン・ブルー	115
薔薇とサムライ2 －海賊女王の帰還－	403
薔薇のために	213
パラノ天国	193
薔薇の花束の秘密	200, 424, 548
薔薇の館	72, 423
薔薇ふみ	153, 567
はらりさん	282
パラレルワールド・ラブストーリー	389
ハリウッドを旅するブルース	110
ハリウッド・パワーゲーム―アメリカ映画産業の法と経済	197
ハリガネムシ	275
張込み	37, 264, 632, 636
巴里祭	6
バリ山行	411
礫のロシア	267
バリ島	247
ハリーとトント	95, 96

ハリネズミの願い	368
ハリネズミのプルプルシリーズ	256
パリの女は産んでいる	297
パリの五月に	202, 515
巴里の空の下オムレツのにおいは流れる	50, 434
パリの空は茜色	139, 508
巴里の屋根の下	5
パリの憂愁―ボードレールとその時代	115, 505
パリパリ伝説	158
パリ繁昌記	42, 620
パリ風俗	248
ハリー・ポッターシリーズ	277, 331
ハリー・ポッターと賢者の石	270
ハリー・ポッターと死の秘宝 part1、part2	331
ハリー・ポッターと謎のプリンス	318
ハリー・ポッターと呪いの子	403, 404
ハリー・ポッターと秘密の部屋	277
ハリー・ポッターと炎のゴブレット	298
パリ燃ゆ	52, 487
パリは燃えているか	60
〈ハル〉	230, 231, 701
春	382
玻瑠	39
春色のエアメール	157
春を抱いて眠りたい	346
春・音の光―川(リバー)・スロバキア編	147, 148, 546
はるがいったら	289
春風物語	83, 683
はるかな鐘の音	140
遙かな時代の階段を	225
遙かなノートルダム	62
遙かなり山河―白虎隊異聞	164
はるかなり道頓堀	359
はるかなる黄金帝国	128
遙かなるズリ山	224
はるかなる虹(歌集)	411
遙かなる山の呼び声	123, 128, 550, 577, 633, 712
遙かなるわが町	87, 633
春さがし	320
バルサの翼	116, 525
春、忍び難きを	293
パルタイ	44
バルタザールの遍歴	195
はるですよ ふくろうおばさん	105, 596
ハルとナツ	292
春との旅	325
春とボロ自転車	5
はるなつあきふゆもうひとつ	283
パルナッソスへの旅	296
春なのに	613
春に一番近い町	233
春に散る	407, 549
春になったら	408, 414

春楡の木	328
春のうたがきこえる	116
春の終わりに	397
春の数えかた	269
春の鐘	154, 155, 161, 509, 685
春の草	21
春のこえ	330
春の鼓笛	13
春の坂	36, 506
春の植物	39
春の城	22, 420
春の手品師	202
春の謎	329
春の庭	348
春の岬	10, 693
春の目玉	57, 653
バルバラ異界	301, 634
バルパライソの長い坂をくだる話	375
春妃〜デッサン	208
春日和	64, 648
ハルビン・カフェ	268
パルプ・フィクション	218
ハルマヘラの鬼	26
春・夢綴り	265
春よこい	116
晴れ着ここ一番	258
パレスチナのサボテン	80, 704
晴れた日に	123
パレード	268
晴れ、時々くらげを呼ぶ	387
ハーレムのサムライ	127
ハレルヤ！	307
ハロー・グッバイ	494
ハロー張りネズミ	197
ハワイ・マレー沖海戦	13, 715
パワー系 181	302
ばんえい	87
半落ち	284, 291, 506, 605
挽歌	33, 421, 644
半跏坐	189
晩菊	18, 26, 27, 206, 233, 447, 588, 625, 696
反逆児	44, 45, 449
阪急電車 片道15分の奇跡	331, 692
反偶然の共生空間―愛と正義のジョン・ロールズ	356
パンク・ポンク	144
判決―三十四年目の春	117
万国旗	12
バンコクナイツ	371
反骨―鈴木東民の生涯	187
反骨の考古学者 ROKUJI	383
ハンゴンタン	275
犯罪都市	6
半沢直樹	345, 352, 390

万事快調	393
半七捕物帳・春の雪解	38
播州平野	16
晩春	18, 19, 488, 631, 644
晩春の日に	47
班女	107, 548
晩鐘	355, 362, 548
板上に咲く	411
盤上のアルファ	322
盤上の向日葵	375
盤上の夜	340
半所有者	261, 529
韓素音(ハン・スーイン)の月	222
半生	6
半世界	382, 383
ハンタ(崖)	400
反対方向行き	405
パンタグリュエル物語	16
ハンチバック	405, 406
番茶も出花	238
BANDAGE バンデイジ	325
パンとあこがれ	71
半島	281, 668
晩冬へ	127
半島へ	329
板東英二の撮影隊がやって来た	176
半島へ、ふたたび	317
半島を出よ	288, 694
半島の芸術家たち	8
パンと野いちご 戦火のセルビア、食物の記憶	381
パンとペン 社会主義者・堺利彦と『売文社』の闘い	322
パンドラ・アイランド	281
パンドラの鐘	252, 253, 632
パンドラの匣	318
ハンナとその姉妹	168
反日本語論	104
犯人に告ぐ	281
晩年の抒情	11
反応工程	378
パンのなる海、緋の舞う空	241
パンのみやげ話	51, 439
番場の忠太郎	286
バンビ〜ノ!	307
はんぷくするもの	375
半分、青い。	377
はんぶんちょうだい	95, 709
半分のふるさと	210
反暴力考	393
パンやのくまちゃん	250
パン屋文六の思案〜続・岸田國士一幕劇コレクション〜	352
叛乱	22
反乱のボヤージュ	263, 631
伴侶	152, 459
晩緑	110

【ひ】

ピアチェーレ 風の歌声	330
ピアニシモ	181
ピアニッシモ	283
ピアノ	239
ピアノの森	314
ピアノ・レッスン	217
ピアフ	332, 333, 359, 378, 472
ピアフは歌ふ	375
ぴあんか	189
非衣	160
ぴいこちゃん	35, 604
日出処の天子	144
緋色の記憶	271
比叡を仰ぐ	160
比叡山紀行・道はるかなり阿闍梨二千日を歩く	169
P.S.元気です、俊平	144
BSスペシャル『もうひとつのヒーロー伝説―映像作家・佐藤輝の世界』	218
ピエタ	335
火を入れる	362
美を見し人は―自殺作家の系譜	126
飛花	256
檜垣	285, 371
比較演劇学	64
光っちょるぜよ! ぼくら	256
ピカドン・キジムナー	259
光	221, 370, 650
ひかりあつめて	363
ひかりごけ	191, 595
光抱く友よ	139, 288, 299, 576
光と影	73, 730
光と風と雲と樹と	122, 455
光と風の生涯	74
光に向って咲け―斎藤百合の生涯	159
光の雨	262, 579
光のアラベスク	381
光の犬	367, 374
光のうつしえ 廣島 ヒロシマ 広島	350
光の教会 安藤忠雄の現場	262
光の戦士たち	195
光のそこで白くねむる	412
光のとこにいてね	406
ひかりの途上で	349
ひかりの針がうたふ	394
光の春	146
光の曼陀羅	315
光の山	341
光の領分	116, 599
ヒカリ文集	399, 669

作品名	ページ
光は灰のように	323
光る朝	317
光る女	139, 574
光る崖	106
光る源氏の物語	180, 677
光る大雪	275
ピカルディーの三度	303
ヒカルの碁	253, 280
光れ隻眼0.06—弱視教室の子どもたち	191
彼岸先生	201, 560
彼岸花	37, 488, 631, 717
彼岸花が咲く島	392
彼岸花はきつねのかんざし	318
引揚港博多湾	107
灯消えず	13
ひきがえる	100
引き潮のとき	234, 677
ひき逃げ	60, 597
ひき逃げファミリー	204, 209
引窓	299
緋魚	66
ひきょう	185, 555, 610
秘境シルクロード 熟年ラクダ隊タクラマカン砂漠を行く	285
秘境ブータン	42
ひきわり麦抄	167, 564
火喰鳥を、喰う	387
ピクニック	32
ピグミーチンパンジー	133
蜩ノ記	329, 350, 357
ひげ	62
悲劇	142, 613
悲劇フェードル	164
眉月集	330
ひげよ、さらば	140
飛行絵本	59
非行少女	50, 437, 464, 677
非行少年	53
飛行する沈黙	316
肥後の石工	60, 63, 455
秘祭	244, 634
肱川あらし	372
飛種	228, 229, 639
ビジュアル探検図鑑 小惑星・隕石 46億年の石	413
美術という見世物—油絵茶屋の時代	208
美酒と革囊(かくのう) 第一書房・長谷川巳之吉(みのきち)	295
非情城市	190
美少女戦士セーラームーン	213
美少女戦士セーラームーンBGM	245, 258, 265
微笑する月	167
微少世界	21
微笑の空	310
秘色の天	209
美女と怪竜	29, 452
美女とネズミと神々の島	57
美女と野獣	204, 233, 246, 370, 371
ビスケットの空カン	160, 503
BEASTARS	379
HYSTERIC	256
ヒストリア	368
ヒストリエ	327, 340
ピストルズ	322
ピースヒロシマ実行委員会 Peace Hiroshima「ノーモア」	305
肥前風土記	32
肥前松浦兄妹心中	116, 480
飛族	381, 695
ひたかみ	296
ひたくれなゐ	105, 541
飛騨古系	67
ひたち国際大道芸	345
常陸坊海尊	68, 421
ピーターパン	129, 292, 543
ピーター☆パン	131, 137, 144
ピーター★パン'88	177
陽だまりの彼女	344
陽だまりの樹	144, 568, 604
陽だまりの果て	399
ビタミン	80, 600
ビタミンF	255
左側を歩め	4
左手日記例言	208, 650
左手に告げるなかれ	228
左目に映る星	342
美談の出発	47
ビーチガール	253
ビーチボーイズ	238
ひつきはあかしといへど(日月波安可之等伊倍謄)	91
ビッグコミック	253
ビッグコミックオリジナル	253
ビッグ・パレード	3
ビッグ・フィッシュ	385
ビッグボーナス	275
ピッケルの思い出	39, 667
引っ越し大名!	389
必殺4 恨みはらします	167, 630, 653
必殺仕掛人	82, 478
羊をめぐる冒険	133, 694
羊飼の食卓	122
羊雲離散	70
必死剣鳥刺し	325
ひつじさんとおしくら	29
羊たちの沈黙	197
羊と鋼の森	362, 383
必死の逃亡者	32
ひっそりとして, 残酷な死	195
ぴったんこカン・カン	377

ピッチフォーク・ディズニー	273
秀十郎夜話	36
秀吉と利休	53, 630
秘伝	139, 578
悲田院	41
ひと	381
ひどい句点	361
ひどいどしゃぶり	388
人を恋うる唄	150, 697
ビート・キッズ─Beat Kids	243, 250
人斬り	70, 634, 636
人喰い	44, 547
ヒトクチ漫画	88
人恋紅葉	213
一匙の海	336
ひとさらい	225, 593
PとJK	372
人妻集団暴行致死事件	110, 589
人魂を届けに	410
ひとつとや	160
一坪の大陸	59
ヒトという生きもの	283
ひと夏の経験	92
ひと夏の経験値	234
ひと夏のラブレター	230
人に歴史あり	75, 107
人の香	362
ひとの樹	153
人のセックスを笑うな	282
ひとびとの跫音	126, 557
ひとひらの雪	153
ひとよ	382, 383
ヒトラー、最後の20000年〜ほとんど、何もない〜	365
ひとり	265, 573
一人	104, 492, 493
ひとり薩摩路	307
ひとり芝居─金色夜叉	164
ひとり芝居三部作『カラオケマン』『旅の空』『一人』	279, 493
ひとり芝居 しのだづま考	200
ひとり芝居・白野弁十郎	205
ひとりじゃないの	83, 427
ひとり旅一人芝居	167, 731
ひとりの女に	29
ひとり日和	295
ひとりぼっち─人と人をつなぐ愛の物語─	409
ひとりぼっちの動物園	111
独り舞	367
ひとり街角	136, 526
一人ミュージカル壁の中の妖精	213
ひとり酔いたくて	384
鄙唄	281, 494
ヒナギクのお茶の場合	254

ひなげし	199
ひなげしの花	87, 88, 423
ひなこちゃんと歩く道	277
日夏耿之介全詩集	20, 649
ビニールの城	156, 157, 437
ひねくれ一茶	209, 214, 590
微熱狼少女	195
微熱期	400
ヒネミ	209
ひねもすのたり日記	379
陽のあたる教室	232
陽のあたる坂道	37, 64, 96, 586
火の家	243
日の移ろい	104, 559
悲の器	47
丙午	103
HINOKIO	291
美の巨人たち	258
火の国の女	199, 452, 544, 576
火ノ児の剣	295
火の魚	318, 319, 326
火の島	46
日の充実	140
比置野（ピノッキオ）ジャンバラヤ	140
陽の出の叫び	63
火の鳥	76, 604
桧原村紀聞	104
美の美	91
火の笛	128
火の分析	56
火の炎	23
美の魔力 レーニ・リーフェンシュタールの真実	263
ヒノマルソウル〜舞台裏の英雄たち〜	395
日の御子の国	86
美のヤヌス─テオフィール・トレと19世紀美術批評	208
火の山─山猿記	241, 242, 599
火要鎮	338, 340, 474
日蝕えつきる	368
被爆樹巡礼	415, 457
ビバ！結婚	212
ビー・バップ・ハイスクール	162, 169, 619
BE-BOP-HIGHSCHOOL	179
火花〔映画〕	370
火花〔高山文彦〕	256
火花〔又吉直樹〕	354
ひばり	307
ひばり（雲雀）	114
ひばり伝 蒼穹流謫	315
火火	291, 589
響－HIBIKI－	376, 383
響〜小説家になる方法〜	373, 379
ピーピー兄弟	270
批評と文芸批評と	247

作品名	ページ
ビブリア古書堂の事件手帖	383
ひべるにあ島紀行	235, 609
ヒポクラテスたち	122, 123, 450, 476, 659
悲母像	317
緋牡丹博徒・お命戴きます	78, 654
ひまつぶし	248
火まつり	154, 155, 509, 585, 611, 706
ヒマラヤ・スルジェ館物語	128
ひまわり	320
ひまわりと子犬の7日間	351
ひまわり娘	92, 448
ヒミズ	344
秘密〔映画〕	250, 651
秘密〔東野圭吾〕	248, 651
秘密〔平林たい子〕	66, 651
秘密解除 ロッキード事件	367
秘密結社にご注意を	335
ひみつだから!	324
秘密と嘘	237
ひみつの王国―評伝 石井桃子―	347, 354
ひみつの花園	236
ヒムル、割れた野原	303
姫がいく!	93, 551
姫重態	35
姫とホモソーシャル―半信半疑のフェミニズム映画批評	405
ひめむかし	405
ひめゆりの塔	25, 453
ひもじい月日	26, 465
紐付きの恩賞	50
ヒモの穴	355
ひものはなし	114
百	133, 457
101回目のプロポーズ	198, 584
百羽のツル	60
百円の恋	350, 351, 364
百景	310
白毫	95
百歳人 加藤シヅエ 生きる	237
百三十二番地の貸家	220
百姓入門記	122
百色メガネ	127
百卒長	317
百代の過客	145, 152
百たびの雪	330
百囀(ひゃくてん)	393
白道	221, 573
百乳文	202
百年泥	368
百年の男	225, 433, 478
百年の旅人たち	215
百年の秘密	378
百年の物語	258
百年法	342
100%…SOかもね!	136, 137
白夫人の妖恋	32, 678, 679
百万円と苦虫女	311
100万回生きたねこ	346
白夜を旅する人々	152, 678
白夜の女騎士	157, 632
白蓮れんれん	222, 642
ヒヤシンス	282
百怪・我ガ腸ニ入ル	195
百聞、まだ死なざるや	392
100分de平和論	365
冷飯とおさんとちゃん	56, 57, 571, 586
ピュア	230
ビューティークィーン・オブ・リーナン	286
ビューティフルからビューティフルへ	399
ビューティフル・サンデイ	333
ビューティフルライフ〜ふたりでいた日々	251, 258, 263
ヒューマンドキュメント―岩手に生きるNo.26―翔べ白鳥よ	118
火よ!	276
病院へ行こう	189, 271
病院で死ぬということ	196, 209, 211, 443
氷河が来るまでに	187, 188, 699
氷菓とカンタータ	356, 581
ひょうきんチャンネル	151
評決	141
へうげもの	327
表札など	70
漂砂のうたう	322
表情プロジェクト	371
表層生活	180
秒速10センチの越冬	234
俵太の達者でござるスペシャル	218
氷点	50
評伝 石牟礼道子 渚に立つひと	367
評伝 北一輝	288
評伝 鶴屋南北	373
評伝 野上彌生子―迷路を抜けて森へ	336
評伝 長谷川時雨	215, 460
漂泊家族	34
漂泊者のアリア	188
漂泊の門出	69, 492
漂泊の牙	254
氷壁	36, 451
漂民	8
漂民宇三郎	28, 453
漂流	151
漂流街	241
漂流家族	134
漂流教室	93
漂流物	336
氷輪	133, 611
評話集 勘三郎の死	386

ひよこ太陽	380
ヒョコタンの山羊	67, 612
ヒヨタの存在	19
ひよっこ	371
ヴィヨンの妻～桜桃とタンポポ～	590, 630
平賀源内	11, 126
ひらかな盛衰記	83, 396
ひらがな だいぼうけん	318
ひらがな童話集	11, 640
展く	127
ひらけ！ ポンキッキ	101
平野啓子『語り』の世界	240
平野謙全集	94, 651
平場の月	381
ひらり	205
ビリー・エリオット～リトル・ダンサー～	372
ピリカ、おかあさんへの旅	297
ビリギャル	357, 364
飛龍伝'90 殺戮の秋	188, 597
飛龍伝'94	219
飛竜無双	29
ひるがほ	105, 503
昼顔	86, 723
昼顔の譜	276
昼と夜	120
昼と夜のあいだ	128, 504
ビルの山ねこ	57
びるま	269
ビルマ戦記	189
昼間の採譜術	236, 581
ビルマの竪琴	17, 19, 31, 32, 154, 155, 436, 441, 452, 586, 610, 728
昼も夜も	283
HERO	258, 270, 305
ヒロイン失格	364
ヒーローインタビュー	217, 224
広重ぶるう	405
ヒロシマ（三部作）	337
ヒロシマをのこす 平和記念資料館をつくった人・長岡省吾	382
広島ジャンゴ2022	403
広島・昭和二十年八月六日	299
広島第二県女二年西組	154
広島の女	157
ヒロシマ35年・未ダ補償ナシ	123
ひろすけ童話集	22, 640
ピロスマニ	112
拾った剣豪	81
広場の孤独	21, 663
ヒーローマニア－生活－	363
ビローマン	285, 345, 346
拾われた男	402
鵞	85, 680
火は禱り	387

琵琶湖・長浜 曳山まつり	154
琵琶伝	100
びわの実学校	85, 602
びわの実学校名作選幼年・少年	69, 602
陽はまた昇る	269, 270, 449, 592
ピンクのカーテン	135
びんくの砂袋	400
旻天何人吟	242
ぴんとこな	333
貧乏な椅子	262
貧乏物語	403
ピンポン	270, 271, 277
ピンポンパン体操	83, 533

【ふ】

ふ	127, 630
ファイト先生	52
ファイトマネー	258
ファイナル・ゲーム	159
ファイヤー！	72
武悪	292
ファースト・デイト	149, 150, 479
ファースト・ブルース	215
ファーストラヴ	374
ファニア歌いなさい	129
ファニー・ガール	119
ファニーとアレクサンデル	154
ファミリア	407, 549, 703
ファミリー・ビジネス	241, 536
ファラオの密室	405
ファルスの複層―小島信夫論	138
ファンキー！―宇宙は見える所までしかない	236
ファンシィダンス	179
ファンタジスタ	275
ファンタスティックス	80, 83, 108, 339, 581
不安定な車輪	236
不安と遊撃	42
フィガロの結婚	19, 119
フィクサー	71
フイチンさん	40
不意の声	65, 528
不意の出来事	55, 725
フィリッピーナを愛した男たち	189
フィリップ・マーロウの拳銃	323
フィールド・オブ・ドリームス	190, 191, 197
フィールド・ノート	66
フィルハーモニーの風景	196
フィレンツェに燃える	96
フィロソフィア・ヤポニカ	260
ブーイング！	200
風位	274, 282

作品名	ページ
封印	303
風雲	5, 491
風化する女	296
風狂余韻	187, 430
風景	328, 573
風景詩集	116, 676
風景論	229
風信器	25, 467
風塵地帯	62
風神秘抄	297
風水	133
風雪ながれ旅	124, 510, 658, 662
風雪二十年	21, 553
風船の使者	104
風草	31
風箏	159, 593
風俗十日	9
風俗人形	11
ブウタン	30, 639
風知草	16
瘋癲老人日記	47, 591
風濤	49, 452
風配図 WIND ROSE	412, 686
夫婦	25, 112, 635
夫婦で挑んだ白夜の大岩壁	313
風味絶佳	289, 710
風紋の島	283
風流江戸雀	179
風流尸解記	77, 500
風林火山	35, 70, 450, 636
風浪	26, 513
笛	15, 658
FAIRY TAIL	320
FAIRY TAIL BGM	372
フェイク	268
フェイクスピア	397
フェイク・マッスル	411
フェードル	87, 372, 472, 509
フェニックスの弔鐘	188
ブエノスアイレス午前零時	241, 359
笛吹川	42, 43, 513
笛吹けば人が死ぬ	36
フェリーニのアマルコルド	91
フェリーニのローマ	82
フェルナンド・ペソア伝 異名者たちの迷路	405
フェンス	407, 408
Focus	230, 231
フォーゲットミー, ノットブルー	309
4TEEN〔ドラマ〕	285, 292
4TEEN フォーティーン〔小説〕	275
フォレスト・ガンプ 一期一会	224
ふぉん・しいほるとの娘	116, 723
不穏の華	236
深い河	69, 208, 422, 466, 483, 515, 518, 583
ふがいない僕は空を見た	329, 337, 338
深川年増	114
深川不動	83, 683
深川澪通り木戸番小屋	180, 511
深きより 二十七の聲	392, 579
不可能性としての〈批評〉―批評家 中村光夫の位置	341
ブギウギ	409
不機嫌なジーン	285
不羈者	133
不帰水道	136
武器なき戦い	42, 725
ふきまんぶく	90, 587
福岡ソフトバンクホークス コーチな人々	299
福岡発地域ドラマ 玄海―わたしの海へ	285
ふくさ	59
ふくしま原発作業員日誌 イチエフの真実、9年間の記録	388
Fukushima 50	389, 395, 729
復讐	5
復讐するは我にあり	94, 116, 117, 123, 271, 456, 478, 482, 634, 639, 680
ふくすけ	35, 472, 719
福田村事件	408
福中都生子全詩集	110
ぷくぷく天然かいらんばん	266
ふくろう	362, 472
フクロウ男	268
ふくろうと蝸牛 柳田国男の響きあう風景	281
梟の城	39, 250, 557
袋小路の男	275
花束(ブーケ)	422, 704
父系の指	218, 225
普賢	8, 436
不幸と共存―シモーヌ・ヴェイユ試論	363
フーコン戦記	254
ふざけんな, ミーノ	208
プーサン	27
プーさんの鼻	296, 595
藤	63
ふしぎな鏡の店	180, 515
ふしぎなキャンディーやさん	304
不思議な国イギリス	31
ふしぎなともだち	356
ふしぎな岬の物語	350, 722
ふしぎなゆきだるま	237
不思議の風ふく島	270
不思議の国のアリス	76, 661
不思議の星のアリス	272
プーシキン伝	89
藤沢周平全集	208
フジ三太郎	61
フジセイテツコンサート	67
藤田嗣治『異邦人』の生涯	276

作品	ページ
藤田嗣治 作品をひらく―旅・手仕事・日本	308
不時着	289
不死鳥	5, 16, 587
不実な美女か貞淑な醜女か	215
武士道残酷物語	50, 51, 454, 571, 725, 726
武士の一分	298, 305, 713
武士の家計簿 『加賀藩御算用者』の幕末維新	276
藤の花	222, 574
富士見町アパートメント	326
不熟につき…―藤堂家城代家老の日誌より	190, 191, 198
ブシュパブリシュティ	262
浮上	133
不条理日記	120, 426
腐蝕色彩	81
腐蝕の構造	85, 701
藤原俊成 中世和歌の先導者	387
不信のとき	67, 727
不随の家	222
毒島ゆり子のせきらら日記	365
ふぞろいの林檎たち	142, 238
舞台の面影―演劇写真と役者・写真師	398
舞台はまわる―にっぽん女剣劇物語	162
双生隅田川	101
双子は驢馬に跨がって	374
ふたたび五月が	54
双蝶々	96
ふたつの家のちえ子	159, 161, 455
二つの顔の日本人	86
二つの『鏡地獄』―乱歩と牧野信一における複数の『私』	201
二つの山河	215
2つのハーモニカ	100
二つのボール	39, 571
豚と軍艦	42, 45, 455
ぶた にく	324, 330
豚の胃と腸の料理	94
ブタの丸かじり	223, 562
豚の報い	222, 539
二葉亭四迷伝	36, 620
二葉亭四迷の明治四十一年	260
二葉亭四迷論	7, 620
二葉百合子ひとすじの道…	219, 657
双葉は匂ふ	10
双姫湖のコッポたち	250
補陀落 観音信仰への旅	281, 504
ふたり	67, 196, 197, 198, 206, 475, 647
二人組み	361
ふたり酒	125, 503
二人妻	110
ふたり鷹	151
ふたりだけのひとりぼっち	182
二人だけの舞踏会	31
ふたりっ子	232
二人でお酒を	92, 426
ふたりの愛子	210
ふたりのウルトラマン	409
ふたりの大阪	199, 443, 719
ふたりの女	45, 528
ふたりのW成人式	358, 490
ふたりの ナマケモノ	330
二人の母	218
二人の息子	44, 45, 596, 676
ふたりの約束	142
ふたりの夜明け	124, 445, 477, 720
二人乗り	289
ふたり舟	199
淵に立つ	363, 364
不忠臣蔵	160, 451
ふつうが一番～作家・藤沢周平 父の一言～	365
ふつうに学校にいくふつうの日	290
普通の人々	128, 129
復活	200, 520
復活祭のためのレクイエム	159
復活の朝	203, 472
ブックラボッタと森の時間	395
ブッダ	98, 604
ブッダとシッタカブッタ(3) なぁんでもないよ	253
ぶったまゲリラ	193
ぶっつけ本番	35
ふってきました	311
フットボール鷹	114
仏法僧ナチス陣営に羽搏く	12
物理学とは何だろうか	120
不貞ということ	71
不適切にもほどがある！	408, 413, 414
ふでばこから空	382
葡萄	359, 524
舞踏会の手帖	10
葡萄唐草	160, 639
不当逮捕	147
蒲団と達磨	182
舟唄	124, 704
舟歌	289
船折瀬戸	365
舟形光背	36
船霊	115
ふなひき太良	77
船若寺穴蔵覚書	9
ぷにるはかわいいスライム	415
不人情噺	10
腑抜けども、悲しみの愛を見せろ	304, 305
舟を編む	335, 343, 344, 351
不能犯	376
腐敗の時代	100
浮泛漂蕩	202, 620
普遍街夕焼け通りでする立ちばなし	116

作品名	ページ
不変律	181, 598
〈普遍倫理〉を求めて―吉本隆明「人間の『存在の倫理』」論註	341
不法所持	34
文子とはつ	112, 654
ふみ子の海	189, 305
不眠の都市	276
不滅のあなたへ	385
不毛地帯	100, 101, 194, 471, 711, 716
冬	152, 619
浮游	94, 692
浮遊する母、都市	276, 564
浮遊霊ブラジル	368
冬構え	154, 653
冬枯れの駅	219
冬すでに過ぐ	127
冬薔薇（ふゆそうび）	401
冬の雨	59
冬の色	97
冬の馬	206
冬の海―部落解放への道	83
冬の家族	63, 480
冬のかまきり	189
冬の桜	86
冬の時代	359
冬の七夕	296
冬の旅	75, 341, 460, 593, 680
冬の動物園	153
冬の花	76
冬の花火	285
冬の日	278, 280, 505
冬の骨	296
冬の本	167, 668
冬の魔術師	203
冬のライオン	131, 327, 397, 708
冬のリヴィエラ	143, 675, 697
冬の龍	304
冬のわかれ	149, 528
冬物語	172
冬山	196
武揚伝	267, 546
フライ、ダディ、フライ	291
ブライド	193, 278, 318, 333
ブライトン・ビーチ回顧録	156
フライングゲット	333, 346, 421
フライング・ソーサー 1947	306
ブラウニング・バージョン	293
フラガール	297, 298, 304, 305, 654
BROTHER	264, 649
ブラザー・サン シスター・ムーン	87
フラジャイル	379
プラスイメージ成功法	201
プラスチック高速桜（スピードチェリー）	188
プラスチック・サマー	268
ブラータナー：憑依のポートレート	385
ブラタモリ	352, 384
プラチナ・ブルース	195
ブラッキンダー	311, 570
ブラック＝アングル	144
ブラック・ヴィーナス 投資の女神	355
ブラック・コメディ	164
ブラック・ジャック	108, 231, 604
ブラック・ジャック・キッド	303
ブラック・スワン	331
BLACK BIRD	314
ブラックボックス	392
ブラック・レイン	183, 184, 190, 672
ブラッシュアップライフ	402, 409
フラッシュ・オーバー	249
フラッシュダンス	141
BLOOD THE LAST VAMPIRE	257, 259
プラトニック・セックス	271
プラトーン	168, 169, 176
プラトン的恋愛	115, 500
プラナリア	255
プラネテス	274, 294
プラハからの道化たち	115
プラバスクラブ'85	156
プラハの春モスクワの冬	94
ブラフマンの埋葬	281
フラミンゴの村	329
ふられてBANZAI	137, 537
フランス詩法	26
ブランデーグラス	438
フランドルの冬	62, 491
PLAN 75	401, 402, 633
ブリキの勲章	134, 617
ブリキの太鼓	128, 129, 134
フリースタイルのいろんな話	254
ブリストヴィルの午後	72, 423
プリズナーNo.6	76
プリズム	172, 506
プリズムの夏	268
プリズン・トリック	315
フリーター、家を買う。	325
BLEACH	287
Bridge	255
プリティ・リーグ	204
フリテンくん	138
プリニウス	416
プリプリちぃちゃん!!	372
ふりむけばヨコハマ	184, 185, 452
ブリューゲルへの旅	100, 616
ブリューゲルの『子供の遊戯』	180
不良少年	45, 638
不良少年とレヴューの踊り子	4
俘虜の花道	24
BLUE/ブルー	394, 395
ブルー	113, 730

ふるあめりかに袖はぬらさじ ……… 200, 220, 410, 472, 569	
古い記憶の井戸 …………………… 133, 665	
ぶるうらんど ……………………………… 309	
震える舌 ……… 122, 123, 448, 606, 633, 729	
古川 ………………………………………… 261	
ブルキナ、ファソの夜 ………………………… 229	
ブルグ劇場 ………………………………… 11	
プールサイド小景 …………………… 26, 563	
ふるさと ……………… 87, 140, 141, 445, 529	
ふるさとからくり風土記―八女福島の灯籠人形 …………………………………… 168	
ふるさとのうた …………………………… 61	
ふるさとの歌まつり ………………… 64, 67	
プルシアンブルーの肖像 …………… 168, 644	
ブルーシート ……………………………… 349	
ブルー・シャトゥー ………………… 64, 636	
ブルジョア ………………………………… 4, 574	
ブルージーンズメモリー ………… 130, 537, 601	
ブルースカイブルー ………………… 113, 540	
ブルースマーチ …………………………… 90	
ブルックリン ……………………………… 242	
フルーツ宅配便 ………………………… 384	
フルーツバスケット ……………………… 266	
PLUTO ……………………… 294, 328, 604	
フル・ネルソン ………………………… 76, 600	
フルハウス ……………………………… 228	
ブルーピリオド ………………………… 391	
プルーフ/証明 ………………………… 266	
フルメタル・ジャケット ……………… 175	
ふるやのもり …………………… 116, 569	
ブルーライトヨコスカ ………………… 199	
ブルー・ライト・ヨコハマ ……… 437, 600	
ブルールーム …………………………… 266	
ブルーロック …………………………… 397	
フレア …………………………………… 229	
ふれあい …………………………… 92, 620	
BRAVE HEARTS 海猿 ………………… 337	
プレイボール ……………………………… 103	
プレイヤー ……………………………… 372	
BLAIN VALLEY ………………………… 247	
プレオー8の夜明け ………………… 73, 661	
ブレスレス ……………………………… 196	
ブレードランナー ……………………… 145	
プレバト!! ………………………… 396, 402	
フレベヴリイ・ヒツポポウタムスの唄 … 181	
プレミアムステージ特別企画『9.11』 … 285	
ブレーメンⅡ ……………………………… 294	
不連続殺人事件 …………………………… 18	
不連続体 ………………………………… 120	
フレンチドレッシング ……………… 243, 244	
フロイトのイタリア ……………………… 309	
浮楼 ……………………………………… 294	
ブロオニングの照準 ……………………… 10	

ブロークバック・マウンテン ………… 298	
プロジェクトX ………………………… 258	
フローズン・ビーチ ……………………… 249	
ブロッコリー・レボリューション ……… 399	
ブロードウェイと銃弾 …………………… 372	
プロトコル・オブ・ヒューマニティ …… 411	
プロミスト・ランド ……………… 139, 431	
プロ野球ニュース ……………………… 155	
プロレス少女伝説 ……………………… 196	
ブロンズの首 …………………… 89, 506	
ブロンズの地中海 ……………………… 295	
ブワゾンの匂う女 ……………… 279, 606, 654	
ふわふわの泉 ……………………………… 274	
芬夷行 …………………………… 13, 550	
文学演技 …………………………… 104, 570	
文学を〈凝視する〉 ……………………… 341	
文学五十年 ……………………………… 36	
文学賞殺人事件 大いなる助走 …… 182, 571	
文学の位置―森鷗外試論 ……………… 241	
文学の輪郭 ………………………… 104, 520	
文化の脱走兵 …………………………… 411	
文化の『発見』 …………………………… 254	
ぶんきょうゆかりの文人たち ………… 175	
文芸劇場 ………………………………… 67	
文芸時評 ………………… 49, 69, 580, 651	
文芸時評という感想 ……………… 297, 428	
文五捕物絵図 …………………… 64, 67	
文七元結 ………………………………… 142	
文章読本さん江 ………………………… 269	
文政十一年のスパイ合戦 ……………… 209	
文壇 ……………………………… 268, 631	
文壇栄華物語 …………………………… 247	
奮闘馬石特別編 中村仲蔵通し公演 …… 396	
糞尿譚 ……………………………… 8, 650	
ぶんぶくちゃがま ………………… 175, 452	
文明としての徳川日本 一六〇三‐一八五三年 … 367	
ブンヤ暮らし三十六年 回想の朝日新聞 … 356	

【へ】

ベアテの贈りもの ………………………… 290	
平安京一音の宇宙 ……………………… 201	
兵営の記録 ……………………………… 15	
平遠 ……………………………… 89, 578	
平家蟹異聞 ……………………………… 302	
平家物語 ………………………… 228, 570	
閉鎖病棟 ………………………… 222, 383	
兵士に聞け ……………………………… 230	
米寿 …………………………………… 146	
平心 …………………………………… 303	
ベイスボイル・ブック ………………… 235	
平成狸合戦ぽんぽこ …… 216, 217, 218, 224, 580	

平成転向論 鷲田清一をめぐって 394
平成中村座 285
平成の女道楽 内海英華でございます in 神戸 ... 339
平成マシンガンズ 289
平蔵狩り 355, 467
兵卒の鬣 85
兵隊宿 127, 585
塀の中の懲りない面々 167, 571
ベイビーステップ 353
ベイビーズ・ブレス 400
ベイビーわるきゅーれ ナイスデイズ 414
Hey！ Bep-pin 143
ベイマックス 357
Hey！ ミスター・ポリスマン 436
平和論の進め方についての疑問 120
ヘヴン 315, 323
ベオグラード日誌 348
ベガーズ・オペラ 293, 560
ペギーからお電話!? 266
碧巌 77
碧童句集 41
北京的西瓜 183, 475
北京飯店旧館にて 201, 614
ベクター 233
ベーゲット氏 174
ペケのうた 68
ペコロスの母に会いに行く 344, 419, 700
ペチャブル詩人 349
BECK 273
ベッジ・パードン 333
ヘッダ・ガブラー 20, 366, 378, 593
ベッド・イン 167
ベッドタイムアイズ 153, 710
別離 163, 534
ベティさんの庭 81
ベトナム戦記 126
紅栗 222
ベニスに死す 78
ペーパーイラストレーション 131
ペーパー・ムーン 91
蛇イチゴ 278
蛇いちごの周囲 85, 594
蛇を踏む 228
ベビー・ギャング 46
ヘビと隊長 406
蛇と鳩 24, 629
蛇にピアス 275, 312, 318
蛇沼 368
ヘビーローテーション 339, 346, 352, 421
ヘブライ暦 236
ヘヴンズ ストーリー 324, 325, 465
ペペロンチーノ 396
ヘボンの生涯と日本語 166
部屋 64, 520

ヘヤー・インディアンとその世界 182
ベラクルス 261
ベラルーシの林檎 216, 508
ペリカン 4
ベルを鳴らして 412
ベルサイユのばら 96, 103
ペルシャの幻術師 31, 557
ベルセルク 273
ヘルタースケルター 287
ヘルパー奮戦の記―お年寄りとともに 126
ベルリン・天使の詩 175, 176
ベルリンの東 372
ベルリン美術館・もう一つのドイツ統一 ... 191
ベルリン、わが愛 372
ベルリンは晴れているか 381
伯林―1888年 62
ペレ 183
ペレアスとメリザンド 112
ベロ出しチョンマ 66, 542
へろへろおじさん 376
変格探偵小説入門 348
ベンガルの虎 397, 493
ペンギンの本 243
ペンギンの問題 321
ペンギン・ハイウェイ 328, 329
変幻退魔夜行カルラ舞う！ 186
弁護士朝日岳之助シリーズ 218
弁護士探偵物語 天使の分け前 329
弁護士のくず 300
辺城の人 30
ペンション・恋は桃色 383
変身 47, 205, 307
変身放火論 247
ヘンゼルとグレーテル 27
ヘンゼルとグレーテルの島 146
弁天小僧 37, 444, 688
変な仇討 3
変な気持 281
ヘンな日本美術史 343
PPAP（ペンパイナッポーアッポーペン）... 365
変容 73, 449
ヘンリエッタ 296
ヘンリー五世 17, 378
ヘンリー・ソロー 野生の学舎 361
ヘンリー四世 345, 365
ヘンリー六世 319, 320, 327, 472, 629
返礼 36, 608

【ほ】

ボーイズの歩み 172
ボーイフレンド 172

作品名	ページ
ボイヤウンベ物語	63, 430
忘音	65
邦楽百景	135
放課後	152
蜂窩房	10
帮間の退京	7
忘却のための試論 Un essai pour l'oubli	362
望郷〔ジュリアン・デュヴィヴィエ監督〕	11, 588, 676
望郷〔熊井啓監督〕	91, 588, 676
望郷〔斎藤耕一監督〕	210, 211, 541, 588, 676
望郷、海の星	335
望郷じょんから	156, 157, 546, 640, 663
望郷と海	86
望郷蛮歌 風や天	115, 449
抱月のベル・エポック―明治文学者と新世紀ヨーロッパ	241
冒険小説論 近代ヒーロー像100年の変遷	215
冒険・藤堂作右ヱ門	76, 606
方言札	289
暴行！	100
亡国のイージス	248, 255, 291, 298, 552
蓬歳断想録	323, 330
謀殺・下山事件	128, 507, 518
ぼうし	175, 572
帽子	311, 312, 319, 433, 478
忘失について	381
棒しばり	346
宝珠	105
逢春門	28, 604
方丈記私記	77, 664
豊饒の海	378
『豊饒の海』あるいは夢の折り返し点	187
北条秀司戯曲選集	53, 56, 661
宝石泥棒	126, 711
宝石の国	416
宝石の文学	36
鳳仙花 近く遙かな歌声	124
包帯をまいたイブ	215
穂打ち乙女	53
法治の獣	411
鳳蝶	73
亡兆のモノクローム	268
包丁野郎	70
暴動	50
報道電報検閲秘史 丸亀郵便局の日露戦争	290
報道特集	123
『報道の日2011』記憶と記録そして願い	332
棒になった男	72, 432
忘年	262, 625
棒の哀しみ	216, 217, 218, 483, 518
法の執行停止―森鷗外の歴史小説	260
茫漠山日誌	249
暴風前夜	122
儚々	236
ほうまんの池のカッパ	95, 420
亡命記	24, 508
亡命者	119
抱擁	133, 650
亡羊	310
抱擁家族	56, 80, 530
亡羊記	38
傍流	31
法隆寺	37
暴力街	29
暴力の街	20, 715
忘暦集	90
望楼	105, 602
放浪記	46, 129, 131, 171, 191, 193, 219, 220, 245, 253, 265, 279, 321, 473, 624, 680, 699
放浪時代	3
放浪紳士 チャーリー	106
望楼の春	323
鬼灯市	159
鬼灯の冷徹	398
ほおずきまつり	105
ほかげ	407
ほかならぬ人へ	316
ポカリNEO合唱2020（フル）篇	389
ぼぎわんが、来る	355
北緯五十度	177, 178, 623, 663
北緯43度のコールドケース	392
北欧叙事詩『カレワラ』の光彩―中野北溟の書作による神話世界	247
ぼくが生きてる、ふたつの世界	414
僕が殺した人と僕を殺した人	367
ぼくがラーメンたべてるとき	311
樸簡	216
北斎殺人事件	166
北斎の弟子	121
北斎漫画	98, 107, 108, 128, 129, 134, 453, 566, 589, 704
北斎ミステリー 幕末美術秘話 もう一人の北斎を追え！	377
ボクシング・デイ	311
北辰斜にさすところ	306
北窓集	355
ほくそ笑む人々	241, 575
僕だけがいない街	364
ぼくたちの家族	350, 351, 357
ぼくたちの哲学教室	408
僕たちの祭り	73
ぼくたちのリアル	369
僕たちは世界を変えることができない。But, we wanna build a school in Cambodia.	331
僕って何	104
僕であるための旅	174
ぼくとあいつのラストラン	324
北斗 ある殺人者の回心	342
濹東綺譚	42, 43,

199, 202, 203, 204, 213, 424, 489, 566, 717	
北東の風	9, 648
僕と彼女と彼女の生きる道	278, 285
僕と『彼女』の首なし死体	316
僕と君の大切な話	391
僕の生きる道	271
僕のいた時間	344
ぼくの伯父さん	37
ぼくのお日さま	414
僕の彼女はサイボーグ	311
ぼくのキキのアフリカ・サファリ	140
ぼくの出発	121
僕の昭和史	173, 705
僕の戦場日記	12
ぼくのトイレ	330
僕の東京日記	233
ぼくの鳥の巣絵日記	297
僕の初恋をキミに捧ぐ	307, 318, 325
僕のフェラーリ	237
ぼくのふとんはうみでできている	350
ぼくの見た戦争 2003年イラク	276
北米探偵小説論	202
僕僕先生	296
北冥日記	31
ぼくもいくさに征くのだけれど―竹内浩三の詩と死	290
北洋船団女ドクター航海記	160
僕等がいた	287
ぼくらが非情の大河を下るとき	90, 560
ぼくらのサイテーの夏	237
ぼくらの時代	110, 520
ぼくらの夏は山小屋で	168
ぼくらの七日間戦争	176
ボクら星屑のダンス	323
ぼくらは『コウモリ穴』をぬけて	311, 652
僕らはみんな生きている	209, 210, 211, 551, 582
僕はあした十八になる	264
ぼくはイエローでホワイトで、ちょっとブルー	380, 381
ぼくは王さま	44
僕はお父さんを訴えます	329
僕はこの瞳で嘘をつく	212
僕は上手にしゃべれない	376
ぼくんち	240
母系	310, 317, 504
ポケットモンスター（BGM）	272, 279, 286, 293, 299
ポケットモンスター ―結晶塔の帝王―/ピチューとピカチュウ	257
ポケットモンスター ミュウツーの逆襲/ピカチュウのなつやすみ	244
ポケベルが鳴らなくて	212
「保健室経由、かねやま本館。」シリーズ	394
ほこ×たて	338
星への旅	59, 723
星落ちて、なお	393
星を継ぐもの	347
星を創る者たち	354, 590
星影のワルツ	68, 574
星が見える心…うたとおどりと和楽器と	186, 689
星からの風	146
星からの国際情報―大森実・ロス衛星中継	135
星屑すぴりっと	407
星くずセレナーデ	409
星屑の町	49, 686
星肆	153
星新一 一〇〇一話をつくった人	301, 304, 308, 309, 315
ほしづき草	181
母子像	32, 710
星空点呼 折りたたみ傘を探して	350
星空の秋子	272
星空のトーキョー	265
星空のマリオネット	110
干したから・・・	363
ほしとそらのしたで	134
星と月は天の穴	59, 725
星とトランペット	117, 584
星に帰った少女	105, 567
星に帰れよ	387
星に願いを、そして手を。	361
星ねこさんのおはなし ちいさなともだち	337
星の王子の影とかたちと	297
星の火事	121
星ノ数ホド	353
星の金貨	225
星の子	368, 388
ほしのこえ	273, 280
星の衣	229, 578
星の灰	262
星のパイロット2 彗星狩り	253
星の牧場	54, 562, 596
星 武鹿悦子詩集	350
星降る王国のニナ	404
星々	127
星々の舟	275
帆神―北前船を馳せた男・工楽松右衛門―	399
戊辰鷺女唄	94
ホスト相続しちゃいました	408
ポストマン・ブルース	236
ポセイドン・アドベンチャー	87
細い赤い糸	47
ポーソーとんがりネズミ	270
ボーダー&レス	316
ボタニカル・ライフ	249
ポータブル・パレード	295
ぽたぽた	147, 680
ボタ山であそんだころ	356
ホタル	263, 264, 577, 589, 624, 660

作品名	頁
蛍	71, 183, 192, 673
蛍川	104, 167, 168, 169, 606, 611, 692
ほたる座	248
蛍の河	44, 448
蛍の木	237
蛍の提灯	422
火垂るの墓	62, 174, 179, 292, 312, 580, 631, 670, 690
蛍の宿	166, 656
蛍火	37, 430
蛍火の杜へ	332
牡丹さんの不思議な毎日	304
牡丹灯篭	124, 142
ボタンについて	26
ほっ	219
HOKKAI	288, 576
北海港節	409, 448
北帰行	99
北極のムーシカミーシカ	51, 450, 519
ホック氏の異郷の冒険	146
ほっけえ、きょうてえ	248, 255
ほっけもん	158
墨攻	220
ぼっちゃん	344
『坊っちゃん』の時代	246, 573
ホットアングル	145
ホットスポット 最後の楽園	325
ホットロード	350, 351, 357
ポップコーン	246
ホップ・ステップ・ジャンプ	119, 540
ぽっぺん先生と帰らずの沼	90, 658
北方沙漠	81
北方論	133, 607
鉄道員（ぽっぽや）	235, 250, 251, 252, 257, 460, 472, 514, 577, 660
ポツンと一軒家	390
ボディ・レンタル	229
ぼてこ陣屋	56
ホテル	172, 437, 559, 640
ホテルローヤル	342, 389
舗道に唱ふ	6
仏の城	89
ポトスライムの舟	309
ほとぼりが冷めるまで	388
ポートレート・イン・ナンバー	165
ボーナス・トラック	282
ポニーテールとシュシュ	339, 421
骨	62, 494
骨ノ憂鬱	385
ポーの一族	98, 634
炎	339, 506
焔	374
炎 アンサンディ	352, 353, 365
炎の海―画家・青木繁の愛と死	112
焔の記録	7
炎の人	21, 22, 186, 320, 410, 444, 581
炎の秘密	270
炎のランナー	134, 135
ホノカアボーイ	318, 325
ぼのぼの	179, 432
ボビー・フィッシャーはパサデナに住んでいる	353
墓標なき草原	328
ぽぷらと軍神	85
屠る	89
ボヘミアン	143
ボヘミアン・ラプソディ	377, 383
微笑みを見つけた	192, 542
ホーム・マイホーム	75
炎	403, 506
炎〔LiSA〕	391
焔～ほむら～	410
焔火（ほむらび）	329
ホームレス中学生	318
ホモ・スーペレンス	255
ホラー小説大全	242
ホラ吹きアンリの冒険	261
ポラリスが降り注ぐ夜	386
ほらんばか	61
堀辰雄作品集	19
ホリック xxxHOLiC	408
ボルトとダシャ マンホールチルドレン20年の軌跡	377
ボルトの恋人たち 時の記憶	376
ボルネオ奇談・レシデントの時計	3
暴流の人 三島由紀夫	386
惚れた女が死んだ夜は	239, 533
ホレたぜ！ 乾杯	136, 537
ポロシリ	308, 309, 607
ポロポロ	115, 588
ボロ家の春秋	26, 463
ほろよい酔虎伝	293, 506
ほろよい飲んで、なにしよう？	396
ホワイトアウト	257, 264, 549
凡	236
本格小説	268
本覚坊遺文	132, 452
本格ミステリの現在	242
本が好き、悪口言うのはもっと好き	223
ホンカンがんばる	96, 519
本気のしるし〈劇場版〉	388
本郷菊富士ホテル	139
ぽんこちゃん	40
香港	28, 29
ボン・サイト芸能生活40周年記念リサイタル	158
本日休診	18, 23, 453, 558
本日またまた休診なり	257, 670
本所両国	256
本陣殺人事件	17

ボンソワール・オッフェンバッフ	101
ホンダ神話 教祖のなき後で	230
本棚探偵最後の挨拶	355
ぽんち	43, 619, 708
盆地の空	229
本朝奇談 天狗童子	304, 549, 694
本朝算法縁起	8
本朝廿四孝	378
ホーンテッド・キャンパス	335
盆点前	249
本当と嘘とテキーラ	312, 313, 711
ほんとにあった！ 霊媒先生	333
本能	59, 60, 489, 565
本のお口よごしですが	203
ほんの5g	176
ほんのこども	399
本の都市リヨン	187
本の話	18
ポンのヒッチハイク	48, 643
本の魔法	328
ぽんぽん	91, 454
ほんま云うたら何やけど	293
盆まねき	330
ホーン峰まで	196
本牧イン・ザ・レイン	199
HONMOKUブルース	193, 419
本物の読書家	374
翻訳を産む文学、文学を産む翻訳―藤本和子、村上春樹、SF小説家と複数の訳者たち	398
翻訳とパラテクスト―ユングマン、アイスネル、クンデラ	411
凡庸な芸術家の肖像	173

【ま】

マアおばさんはネコがすき	57
まあだだよ	211, 217, 523, 608, 695
舞いあがれ！	402
舞い落ちる村	303
マイケル・ジャクソン THIS IS IT	318, 319
舞妓さんちのまかないさん	385
まいごのことり	283, 630
まいごのドーナツ	23
まいごのどんぐり	276
迷子の龍は夜明けを待ちわびる	387
舞妓Haaaan!!!	305
舞妓はレディ	357
マイ・シスター・イン・ディス・ハウス	259
マイスモールランド	401, 402
マイ チルドレン！ マイ アフリカ！	205, 206, 220
マイナス因子	215
毎日かあさん	294, 332, 526
毎日が夏休み	224
毎日モーツァルト	299
マイ・バック・ページ	331, 332
舞姫 テレプシコーラ	307
マイ・ファット・フレンド	184
マイ・フェア・レディ	52, 186, 220, 320, 327, 465, 575
マイ・ロマンティック・ヒストリー～カレの事情とカノジョの都合～	346
マインド・ゲーム	284, 287
前田建設ファンタジー営業部	294
前向き！ タイモン	336
魔王	598
魔王〔ドラマ〕	312
魔王〔歌集〕	209
魔王の愛	328, 687
マカロニ	4
マギ	346
マキコは泣いた	100, 721
マキちゃんのえにっき	175, 440
牧野圭一漫画集	65
牧野植物園	398
牧野富太郎	35
マギーの博物館	410
まぎれ野の	196
幕が上がる	357, 364
幕が下りてから	62, 705
幕切れ	121
マークスの山	209, 224, 539, 624
マクバード	64
マグマの歌	303
枕詞はサッちゃん―照れやな詩人、父・阪田寛夫の人生	376
枕草子・校注	104
枕物狂	384
マクロスFrontier	321
負け犬の遠吠え	281, 283
負けないで	219
負けるなBaby！	206
負けるもんか（プロダクト）篇	338
まごころ	24, 25, 512, 513
まごころを君に	76
真コール！	200
まことむすびの事件	164
真菰	242
M/OTHER	251, 678
Mother〔ドラマ〕	326
MOTHER マザー	388, 389, 395
Mother〔歌集〕	413
マザー	79, 546
MOTHER―君わらひたまふことなかれ	219, 220
まさし君	138
マザーズ	351, 358
正宗白鳥	59
マシアス・ギリの失脚	209, 433

マジカル・ヒストリー・ツアー	361	松ケ岡開墾	14
マジックミラー	393	マッカーサーの二千日	95
マーシャと白い鳥：ロシアの民話	290	松風	13, 285
麻雀放浪記	146, 147, 148, 154, 491, 553, 577, 728	松風記	13
麻雀放浪記2020	382	松風の家	308
マーシュ大尉の手記	13	松風一見留	164
魔術師ファウストの転生	145	松ヶ根乱射事件	304, 305, 678
魔性	141, 424	マッキンリーに死す	160
魔女の宅急便	154, 183, 190, 351, 499, 690	マツケンサンバⅡ	672
魔女の息子	275	マッコウの歌 しろいおおきなともだち	250
魔女のユダース	237	M★A★S★H マッシュ	75
魔女見習いをさがして	389	まっすぐに智華子	306
ましろのおと	340	松田さんの181日	341
魔神英雄伝ワタル	186	松田正隆3部作	252
魔神の海	74, 666	マッチ売りの偽書	316
マシンロボ・クロノスの大逆襲	172	マッチ売りの少女	66, 279, 661
マスカレード・ナイト	394	マッチメイク	275
マスク越しのおはよう	407	待ってますわ	75
マスター・クラス	233, 523	待ってよ	362
また逢う日まで	20, 79, 422, 453, 485, 600, 682, 705	マッドマックス 怒りのデス・ロード	357
マタギ	134, 135, 532, 628	松のや露八	193
また君に恋してる	333, 544	マッハの恐怖	82, 706
マタギ物見隊顚末	215	まつぼっくり公園のふるいブランコ	210, 455
まだ恋は始まらない	230	松本源之助の会	149
また七ぎつね自転車にのる	105	松本清張事典 決定版	295
またすぐに会えるから	263	松本清張 点と線	37, 305, 306
まだ空はじゅうぶん明るいのに	362	松屋のお琴	144, 545
股旅	87, 442	松谷みよ子全集	86, 672
又日本の放浪芸	87, 487	祭りに咲いた波の花	104
またね	230	祭りの準備	95, 96, 521, 613, 645
またふたたびの道	69	祭りの場	93, 94, 641
マダムと女房	5, 530	祭りばやしが聞こえる	95
町	238	祭火小夜の後悔	374
街角	210, 211, 593	松は松	202
街かどの夏休み	168	マディソン郡の橋	224, 225, 265, 606
町田くんの世界	366, 382, 383, 410	魔笛	41
町でうわさの天狗の子	321	マテシス	209
街と飛行船	76, 661	惑う朝	202
待ち濡れた女	175	まどさんのうた	189, 543
街の灯り	640	窓、その他	342
街の入墨者	7, 714	窓の灯	289
街の音	323	まど・みちお全詩集	201, 210, 676
街の国際娘	4	マドモアゼル・モーツァルト	213
街の座標	235	真鳥	362
まちのせんたく	70, 571	マトリックス	250, 277
町の底	73	マトリョーシカ	252
まちのねずみといなかのねずみ	74, 615	まどろみの島	342
街の灯	55	まどろむ夜のUFO	229
まちぶせ	102, 130, 436	聖母たちのララバイ	136, 137, 458
マチベン	297, 299	真砂屋のお峰	97
待ちぼうけ	136, 664	真鶴	295
マーチング・マーチ	58, 543	マナスルに立つ	34
		真夏の果実	192, 524
		真夏のsounds good！	339

作品名	ページ
真夏のシンデレラ	408
真夏の方程式	351
真夏の夜の夢	97, 219, 391, 514, 673
マニラ市街戦〜死者12万 焦土への1ヶ月	304
マニラ瑞穂記	353
マネの肖像	201
マネーボール	331
まねやのオイラ 旅ねこ道中	230
魔の刻	153, 590
魔の731部隊	365
マノン	129, 598
真昼なのに昏い部屋	322
正午なり	117
真昼の暗黒	31, 32, 453, 636
真昼の月	232
まひろ体験	158
魂魄風	362
魂込め	248, 254
まぶだち	262, 263
瞼の女 まだ見ぬ海からの手紙	171
馬淵川	39
魔法	81
魔法少女まどか☆マギカ	333, 340
魔法使いが落ちてきた夏	237
まほうつかいのくしゃんねこ	78, 725
まほうつかいのでし	210
魔法のプリンセスミンキーモモ（BGM）	219
魔法のベンチ	100, 528
まほろ駅前多田便利軒	295
まほろ駅前番外地	344
幻をなぐる	295
幻としてわが冬の旅	90
幻に心もそぞろ狂おしのわれら将門	286, 293, 628
幻の朱い実	215, 434
幻の女	248
幻の川	127
まほろしの記	47, 485
幻の声	222
まほろしの鹿	66, 497
幻の詩集 西原正春の青春と詩	330
まほろしの忍者	277, 652
幻のパイレードシープ	170
幻の母	322
幻の光	224, 225
幻の街	212
幻の町	100, 101, 519, 726
まほろば	317
ママとあそぼう！ ピンポンパン	79
ママと僕の四季	88
ママの想いで	18
ママの黄色い子象	161, 567
ママの貯金	19, 593
ママは小学四年生	214
ママは知らなかったのよ	69, 510
間宮兄弟	298, 305
守ってあげたい	130, 672
魔物語	131
護られなかった者たちへ	395, 402
マヤコフスキー事件	341
マヤの一生	78, 693
真山青果	99
繭子ひとり	82
黛家の兄弟	400
迷い家	368
真夜中のあいさつ	91, 476
真夜中のカーボーイ	70, 71
真夜中の子守唄	109
真夜中のシャワー	192, 193
真夜中の招待状	164, 193, 429, 651
真夜中の少年	81
真夜中のドア	124
真夜中のぶるうす	71
マライ戦記	13
マラス 暴力に支配される少年たち	363
マラソン	49, 305
マリアの胃袋	189
マリアの首	39, 40, 61, 589, 731
マリアの父親	195
マリー・アントワネット	300, 307, 378
マリコ	128, 135, 460
マリ子の肖像	236
まり子のチャリティ・テレソン	91
まりちゃんシリーズ	186
マリヤムの秘密の小箱	189
マリリンに逢いたい	176
マルガリータ	323
マルガリータを飲むには早すぎる	127
円き広場	173, 515
マルクスの恋人	248
マルサの女	168, 169, 176, 440, 598, 692, 708
マルサの女2	169, 176, 440
マルシカの金曜日	123
マルス－ゼロの革命－	408
マルタイの女	237, 238
『マルタの鷹』講義	342
マルドゥック・スクランブル	280
マルフーシャ	21, 626
○○トアル風景	336
マル・マル・モリ・モリ！	333
マルモのおきて	332
丸山真男論	241
○六○○猶二人生存ス	353
マレスケの虹	382
マレー鉄道の謎	275
マレーネ	353
マロニエの花が言った	247, 515
マンイーター	289
万延元年のフットボール	62, 467

マン・カインド	404
漫画生物学	35, 604
漫画誕生―日本漫画映画発達史	75
マンガ日本経済入門	172, 437
マンガ日本の古典	240
まんが日本昔ばなし	112
マンガはがきギャラリー	93
まんが道	353, 655
満願	349
芒克詩集	196
マングローブ テロリストに乗っ取られたJR東日本の真実	310
満月の娘たち	376
マンゴー幻想	282
万座	66
漫才ギャング	337
漫才大行進	326
マンザナ、わが町	359
卍	140, 639
満州建国史	15
満洲国グランドホテル	399
満洲は知らない	146, 721
曼陀羅	116
曼荼羅道	268
満天の瞳	346
万の枝	413
萬の翅	341
万引き家族	376, 377, 383, 507, 663
マンホールからこんにちは	196
マンモス―絶滅の謎からクローン化まで―	369
マンモス少年ヤム	196
マンモスの牙	228
万葉開眼	109
万葉学者、墓をしまい母を送る	388
万葉集私注	22, 599
万葉集釈注	249
万葉集注釈	58
万葉と令和をつなぐアキアカネ	394
万葉秘林	4, 547
万両役者の扇	412

【み】

見上げてごらん夜の星を	439
ミ・アモーレ	156, 157, 505, 621
ミー&マイガール	273, 300
三池炭坑爆発・鶴見電車事故に示した報道活動	51
みいら採り猟奇譚	194, 529
ミエと良子のおしゃべり泥棒	155
見えない絵本	189, 470
見えない涙	375
見えない目撃者	389
見えなくなったクロ	51, 467
ミエルヒ	326
澪つくし	156, 555
澪標	41, 608
ミカ	256
みかへりの塔	13, 561
見返り美人を消せ	153
みかづき	368
三日月	300
ミカドの肖像	167
みかん	23
未完の対局	134, 135, 528, 550, 607, 642
未完の手紙	202
未完のファシズム「持たざる国」日本の運命	335
未帰還兵を追って	79
右と左	19
実さえ花さえ	309
岬	94, 611
岬一郎の抵抗	180, 646
岬の気	13
岬の蛍	241
岬のマヨイガ	363, 395
みじかい髪も長い髪も炎	400
短夜	356
三島由紀夫伝説	208
三島由紀夫と大江健三郎	55
『三島由紀夫』とはなにものだったのか	269
三島由紀夫vs東大全共闘～50年目の真実～	389
三島由紀夫論	407
見知らぬ戦場	166, 486
ミシンと金魚	393
みず色の雨	703
水色の季節	68
湖へ	412
みずうみのほうへ	348
水おとこのいるところ	317
水を縫う	393
みづを搬ぶ	275
水鏡	199
みずかみかずよ全詩集いのち	229
水瓶	336
水甕座の水	94, 561
水際	387
見過ごされたシグナル～検証・高速道路トラック事故	297
ミス・サイゴン	205, 206, 207, 213, 444, 666
みすゞ	264
ミスター味っ子	179
Mr.5	409
水たまり	356
ミスター・ルーキー	271, 277
水つき学校	57
ミスティック・リバー	284
水で書かれた物語	56, 529, 721
ミステリ・オペラ	268, 711
ミステリと言う勿れ	398, 402, 410, 414

作品名	ページ
ミステリーの原稿は夜中に徹夜で書こう	115
ミステリ・ライブラリ・インヴェスティゲーション 戦後翻訳ミステリ叢書探訪	412
水と礫（れき）	387
水無川	185, 531
水に棲む猫	237
水に立つ人	341
水の駅	150
水の精 河童百図	244
水のたね	96, 481
水の旅人	209, 211
水の旅人/侍KIDS	217, 475, 647
不見の月	392
水の時計	268
水の中のASIAへ	130, 672
水の中の歳月	121, 430
水の覇権	110, 539
水のはじまり	241
水の花	342
ミズバショウの花いつまでも 尾瀬の自然を守った平野長英	159
水辺逆旅歌	174, 456
水辺の約束	209
水 本の小説	405
水は海に向かって流れる	391
水惑星	295
魅せられて	118, 119, 420, 562, 601
溝口健二論 映画の美学と政治学	363
美空ひばり誕生物語	292
みたいな みたいな 冬の森	297
三鷹の森ジブリ美術館	287
三たびの海峡	231, 529, 680
乱れからくり	110, 429
乱れ雲	63, 625, 711
乱れ花	177, 178, 473
道	34, 35, 112, 519
路	154, 155
斑猫（みちおしえ）	4
迪子とその夫	89
みち潮	28
みちづれ	119, 194, 667, 678
道連れ	235
道との遭遇	414
未知との遭遇	111
みちのく山河行	132
みちのく鉄砲店	303
みちのくのこいのうた	133
みちのくの人形たち	121, 127
みちのくひとり旅	130, 716
みつあみの神様	353
三日芝居	133
三日めのかやのみ	39
みつきの雪	394
ミックス。	370
ミックスルーム	349
光圀伝	336
密航のち洗濯 ときどき作家	413
密告者	81
三越サマーセール『試着室篇』	264
光子の窓	123
ミーツ・ザ・ワールド	399
密室黄金時代の殺人 雪の館と六つのトリック	393
密使と番人	370
ミッション	339
ミッション：インポッシブル	231
ミッション：インポッシブル/ゴースト・プロトコル	337
ミッション：インポッシブル/デッドレコニング PART ONE	414
M：I-2	257
ミッドウェーのラブホテル	167
mit Tuba（ミット・チューバ）	302
ミッドナイトイーグル	304
ミッドナイトスワン	389, 395
ミッドナイト・ホモサピエンス	146
蜜蜂と遠雷	361, 368, 382, 383, 389
ミツバチの世界	29
みつめいたり	67, 520
三つ目がとおる	108, 604
見積無料	246
密約―オブリガート	269
密猟者	10, 94
満つる月の如し 仏師・定朝	341
水戸	303
未闘病記―膠原病、『混合性結合組織病』の	348, 563
水戸黄門	264, 283
水戸大神楽・柳貴家正楽の会	220
MIDORI	230
みどりいせき	406, 411
緑色のストッキング	89, 92, 427, 588
緑色の濁ったお茶あるいは幸福の散歩道	221
ミドリがひろった ふしぎなかさ	111, 480
みどり、その日々を過ぎて。	316
みどりなりけり	242
緑のさる	335
緑の斜面	295, 556
緑の十字架	31
緑の地平線	6
みどりのマキバオー	233
ミトンとふびん	399, 724
皆神山	406
みなしごハッチ	80
皆月	249, 250
水底の歌	89
水底の棺	277
みなと	39
港 じゃんがら 帰り船	352
港の五番町	178, 422, 446
港の人	173, 511

港のヨーコ・ヨコハマ・ヨコスカ	97
港町純情シネマ	122, 443
港町絶唱	124
港町ブルース	72, 697
ミーナの行進	295
水俣—患者さんとその世界	78, 599
みなまた海のこえ	140
水俣が映す世界	180
水俣の図・物語	129, 599
南十字星の女	9
南太平洋—クラ遠洋航海の記録	79
南の風	131, 624
南の風と波	45, 429
南の恋祭り	212
南の島のティオ	203, 433
みにくいあひるのこ	67
みにくいアヒルの子	232
ミネオラ・ツインズ	404
ミネさん	268
ミノスケのスキー帽	34, 689
みのむし	127, 222, 678
みのり	14
見はてぬ夢	198
未必の故意	79, 427
壬生義士伝	255, 277, 284, 549, 610
壬生義士伝〜新選組でいちばん強かった男	264
身分帳	194
見舞籠	74
耳をすませば	224
みみず	246
みみずのカールシェーファー先生の自然の学校	250
耳の悦楽 ラフカディオ・ハーンと女たち	281
ミミのこと	115, 588
耳の笹舟	362
未明の闘争	341
未明の砦	411
身も心も	236
ミモザ館	8
ミモザの林を	160, 457
宮口しづえ童話全集	122, 689
都鳥	215, 571
宮崎信義のうた百首	254
宮沢賢治 銀河への旅	384
宮沢賢治とその展開—氷窒素の世界	105
宮澤賢治の暴力	302
宮柊二全歌集	33, 687
宮戸川	79
深山の桜	348
宮本から君へ	207, 382, 383
みやらび	74
MIU404	388
みゆき	138
ミュージアム	364
ミュージックフェア	58, 135
ミュージック・ブレス・ユー!!	309
ミューズ	255
明恵夢を生きる	174
妙高の秋	115
明星	342
妙薬	261
三好達治全詩集	47, 693
深吉野	276
見よ、飛行機の高く飛べるを	239
未来	102, 458
未来へ	245
未来世紀ブラジル	172
未来の想い出	204
未来のサイズ	393, 595
未来のミライ	383
奇跡—ミラクル—	341, 486
ミラージュ	148
ミラノ 霧の風景	195, 196
ミリオンダラー・ベイビー	291, 298
海松(ミル)	309, 315
ミルクキャンペーン 給食待てない編	238
ミルモでポン!	280
みれん	92, 445, 651, 708
未練ね	193
未練の幽霊と怪物 挫波/敦賀	386
MIWA	346, 632
民衆の敵	16, 200, 371, 378, 453, 641
民族音楽研究ノート	120
民族の祭典	12
みんな誰かを殺したい	282
みんなのいえ	271
みんなのかお	217
みんなの秘密	242, 642
みんなびっくり	147, 596
みんな夢の中	72
閔妃暗殺	174
ミンボーの女	203, 204, 205, 440

【む】

無援の抒情	127
零余子回報	362
むかし男ありけり	148
昔、火星のあった場所	202
むかしがたり	22
昔、そこに森があった	161
昔のくらしの道具事典	290
昔の名前で出ています	97, 108, 532
昔話と日本人の心	132
むかしも今も	131
昔はおれと同い年だった田中さんとの友情	388

無冠	223
麦の花	9
麦の虫	66
槿	139, 659
椋鳩十全集	132, 693
椋鳩十の本	132, 693
無形	411
無碍光	202
無月となのはな	317
Mugen	272
無限遠点	400
無限軌道	59, 514
無限の玄	374
夢幻の山旅	221, 627
無限のしもべ	295
夢現の神獣 未だ醒めず	406
《無限》の地平の《彼方》へ～チェーホフのリアリズム	302
夢幻の扉	329
夢幻花	341
無限抱擁	400
むこうがわ行きの切符	337
むこう岸	382
向田邦子シリーズ	245, 500
向田邦子新春スペシャル	197
向田邦子新春ドラマシリーズ	211
無言坂	213, 452, 527, 593
ムサシ	320
武蔵野	4
武蔵野インディアン	132, 677
六三四の剣	144, 694
むさしの詩人	102, 630
武蔵丸	254
虫	60
蟲	215
蟲師	300
無視線	212
無実の歌	50
虫と歌	327
むしの居どころ	204
虫のいどころ	309
虫の宇宙誌	126
虫のつぶやき聞こえたよ	189
虫封じ□(マス)	322
無錫旅情	185, 623
無常	22, 74, 437, 556
無情の世界	248
霧情のブルース	233
無人駅	339
無人車	209
無人島に生きる十六人	14
息子	196, 197, 198, 204, 680, 713
息子の逸楽	342
息子の部屋	270
息子はつらいよ	149, 499
産霊山秘録	85, 646
むすめごのみ帯取池	38
娘三味線へんろ旅～1400キロ・心を探す道	265
娘道成寺	20
娘の結婚	378, 610
娘よ	149, 425
無想庵物語	180
牟田刑事官事件ファイルシリーズ	218
無駄な抵抗	410
無駄花	387
鞭を持たない馭者	50
夢中さ、きみに。	391
霧朝	8
ムッソリーニを逮捕せよ	189
無敵の犬の夜	406
無敵のハンディキャップ	209, 243
宗方姉妹	20, 488, 631, 714
無能の人	196, 197, 198, 584, 678
霧氷	61, 635
無風帯	6
無辺(むへん)	406
無方	255
無法一代	705
無法松の一生	203, 450
無明長夜	73, 127, 721
ムーミン	75
ムーミンのテーマ	76
夢遊王国のための音楽	146, 560
村上海賊の娘	349
村上国治詩集	86
むらぎも	28, 616
むらさき雨情	212, 213
むらさきのスカートの女	380
村の一番星	23, 666
村の名前	188
村正と正宗	5
室生犀星	50
ムーンウォーク	328, 547
MOON CHILD	278
ムーンライト・イン	392
ムーンライト・シャドウ	173, 724

【め】

明暗	32
明暗二人影	8
鳴禽	393
メイク・イット・ビッグ	150
明月記を読む	381
名月若松城	25, 409
名作劇場—冬の花・悠子 第1回	91

明治演劇史	6	(め) 組のひと	143
明治大阪へぽ侍 西南戦役遊撃壮兵実記	381	愛の世界	191, 198, 472, 631
明治乙女物語	368	盲長屋梅加賀鳶	23
明治キワモノ歌舞伎 空飛ぶ五代目菊五郎	315	めぐりくる夏	337
明治国家と近代美術	247	めぐりの歌	249, 430
明治商売往来	74	目覚めよと人魚は歌う	254
明治初期の文学思想	56	めし	21, 447, 569, 588, 625, 644
明治草	99	MAJOR	227
明治二十四年のオウガア	302	目印はコンビニエンス	222
明治の女性たち	59	メソッド	222
明治の探偵小説	166	メソポタミア	35, 595
明治の柩	259	メゾン・ド・ヒミコ	290, 291
明治の雪	233	めだかの学校	230
明治俳壇史	109	メダカの作品	34
明治百年	67	メタフィジカル・ナイツ	196
明治文学全集	139, 180, 462	目玉とメガネスペシャル～きよし・文珍の爆笑漫才	225
名手名言	189	メタモルフォセス群島	109, 600
明治零年	25	メダリスト	404, 415
明治浪曼文学史	20, 649	メタリック	381
名人	8	メタルマクベス	299, 300
名人劇場	123	メッカへの道	246
鳴泉居	249	メディア	293, 628
迷走地図	141, 440	メディアの興亡	160
名探偵コナン	259, 415	メディアの支配者	290
名探偵コナン (BGM)	306, 372, 474	メテオール	76, 611
名探偵コナン から紅の恋歌 (ラブレター)	370	目で見る学習百科事典	42
名探偵コナン ゼロの執行人	377	メ～テレ開局55周年記念ドラマ 乱反射	377
名探偵コナン 100万ドルの五稜星	414	銘度利加	375
迷探偵コンビ・幽霊シリーズ	136	眼(め)の海	330
名探偵のままでいて	399	眼の神殿―『美術』受容史ノート	187
名探偵夢水清志郎事件ノート	320	目の見えない白鳥さんとアートを見にいく	399
冥途あり	354	目のみえぬ子ら	47, 419
メイド イン ジャパン	345	芽ばえ	83, 424
鳴動	10	メービウスの帯	133
冥土の家族	90, 609	目まいのする散歩	99
冥土めぐり	335	女々しくて	352
冥府から来た女	3	メメントラブドール	412
冥府の蛇	222	MEMORIES	225, 474
伽羅先代萩	38, 156	メランコリーの水脈	145, 678
名門! 第三野球部	186	メリー・ウィドウへの旅	225
盟約の砦	222	メルカトル図法	167
名優・滝沢修と激動昭和	290	メルサスの少年	207
名誉と恍惚	368, 669	メルトダウン ドキュメント福島第一原発事故	336
迷路	33, 630	面	18
迷路の闇	236	免疫の意味論	208
目をさませトラゴロウ	60	メンデルスゾーン～美しくも厳しき人生～	317
夫婦川	130, 679	めんどうみてあげるね	215
夫婦鯉	261	面と向かって	397
夫婦善哉	11, 29, 75, 170, 171, 232, 430, 435, 609, 656, 678, 700, 705	牝鶏となった帖佐久・倫氏	4
メカッピキ ポチ丸	266	めんない千鳥	296
メカニズム作戦	47	メンフィス	352
めがね	39		
女神記	316		
め組の大吾	233		

【も】

作品名	頁
もう、きみには頼まない―石坂泰三の世界	228
もう恋なのか	76
猛スピードで母は	261
妄想銀行	66
妄想の森	243, 508
毛越寺二十日夜祭	90
盲導犬クイールの一生	278
もう一度逢いたい	102, 103, 703
もうひとつの『アンネの日記』	250
もうひとつの心臓	238, 600
もう一人のヒト	74, 431
もう頬づえはつかない	117, 123, 646, 697
盲目	6
毛利元就	238
魍魎の匣	229
モエカレはオレンジ色	408
萌の朱雀	237
燃えよ	396
燃えよ黄の花	39
燃えよ剣	395, 402
炎える母	66, 574
燃える湖	54
最上の船頭	384
茂吉晩年	241, 509
茂吉彷徨	241, 509
茂吉 幻の歌集『萬軍』―戦争と齋藤茂吉	336
もぎりよ今夜も有難う	311
黙阿弥の明治維新	235
目撃者	54
木語	95
黙殺 報じられない"無頼系独立候補"たちの戦い	369
黙示	367, 375
杢二の世界	139, 492
木犀の秋	216
目的補語	73
木馬館	52
木曜スペシャル	101
もぐら泥	124
土竜の唄	346
土竜の唄 FINAL	395
もぐらはすごい	382
モコミ〜彼女ちょっとヘンだけど〜	390
文字を作る仕事	369
文字渦	368, 379
もしくは、リンドバーグの畑	236
もし高校野球の女子マネージャーがドラッカーの『マネジメント』を読んだら	337
もしもあなたなら	199
もしもピアノが弾けたなら	130, 422
モー将軍	255
MOZU	380
もず	45, 63, 239, 430, 585, 682
百舌落とし	380, 467
MOCT（モスト）「ソ連」を伝えたモスクワ放送の日本人	407
持ち重り	406
望月―古式	200
モーツァルト！	273, 293, 307, 327, 378, 397, 415, 444
モーツァルト―美しき光と影	196
モーツァルト 心の軌跡―弦楽四重奏が語るその生涯	166
モーツァルトは子守唄を歌わない	152
木簡 山口昭男句集	367
モッキングバードのいる町	115
勿怪の憑	374
木香薔薇	296
もっとしなやかにもっとしたたかに	116
もっとすごい科学で守ります！	267
もっとも官能的な部屋	249
モテキ	331, 332, 337
本居宣長	109, 535
元彼の遺言状	386
もとの黙阿弥	142, 731
求塚	171
戻駕色相肩	30
戻り川	177, 178, 531
戻り川心中	127, 727
もどり橋	175
モナドの領域	361, 600
モニカ	149, 511
もぬけの考察	405
ものいわぬ農民	36, 37
物語が殺されたあとで	229
物語芸術論	115
ものがたり 芸能と社会	249, 487
物語戦後文学史	56, 665
物語の明くる日	44, 609
物語の外部・構造化の軌跡―武田泰淳論序説	241
物語の身体―中上健次論	138
もの食う人びと	216
モノクロ・クロノス	276, 581
喪の仕事	197, 204
ものすごくおおきなプリンのうえで	324
喪の途上にて	203
もののけ姫	236, 237, 238, 239, 240, 244, 607, 647, 691
もののけ姫BGM	252
物真似―昭和のスター達	207
Mobile・愛	160
もはやこれまで	206
模範郷	361
喪服の子	208

喪服の似合うエレクトラ	285, 472
喪服のノンナ	99
モブサイコ100	366
模倣犯	260, 261, 267, 271, 692
樅ノ木は残った	38, 716
木綿のハンカチーフ	102, 471
桃色吐息	150, 505
ももへの手紙	340
桃栗三年	34
ももさんと7人のパパゲーノ	402
桃太郎像の変容	126
桃太郎の流産	6
モモちゃんとあかね	78, 693
モモちゃんとアカネちゃん	95, 672
モモと時間どろぼう	220
桃と林檎の物語	226
桃山ビート・トライブ	302
もやしもん	314, 360
もらい泣き	279
森	159, 630
森へ	380
森鷗外	26
モリのアサガオ	307
森の石松	18, 565, 723
モリのいる場所	376, 507
森のイングランド―ロビンフッドからチャタレー夫人まで	166
森の絵本	256, 486
もりのおくのおちゃかいへ	330
森の回廊	230
森の伝説	168
森のバロック	201
衛彦の企画による会	213
森 フォレ	397
守札の中身	4
森は生きている	150
もりはみている	407
モーレツ宇宙海賊	347
モロッコ	5
モロッコ流謫	254, 256
門―わが愛	200
門衛の顔	127
モンキーターン	253
紋章	7
MONSTER	253, 259
モンスターズ・インク	271
モンスターズ・ユニバーシティ	344
悶絶!!どんでん返し	105
問題サラリーMAN	207
モンタナの風に抱かれて	244
モンテ・クリスト伯	265
モンテーニュ随想録	7
モンテーニュの書斎『エセー』を読む	367
もんもん	103

| 門―わが愛 | 164, 239, 497 |

【や】

YAIBA	207
八百長	56
八百屋のお告げ	300
夜学生	14
やがて海へと届く	401
やがて魔女の森になる	400
焼絵玻璃	26
焼きたて!!ジャぱん	280
山羊とお皿	11, 725
焼肉ドラゴン	313, 314
柳生一族の陰謀	110, 112, 630, 652, 671, 726
野球狂の詩	88, 682
野球小僧	381
野球刑事	136
矢切の渡し	142, 143, 156, 438, 658, 662
893愚連隊	59, 612
やくざ戦争日本の首領	105, 577
ヤクザと家族 The Family	395, 402
ヤクザと憲法	376
やくざの墓場 くちなしの花	101, 731
役者論語 評註	205
約束	9, 54, 81, 82, 289, 541, 707
約束の旅	168, 433
約束の地	322
約束の土地	129
約束のネバーランド	372
約束の冬	274, 692
やくみつるの三面マンガ	233
八雲が殺した	145
八雲立つ	240
櫓太鼓がきこえる	387
役割としての神	93, 579
焼跡の女侠	88, 724
野菜畑のソクラテス	221, 222
やさしい宇宙開発入門	221, 632
やさしい和尚さん	40
優しい女	50
優しい時代	111, 593, 595
優しい碇泊地	194, 195, 543
やさしいにっぽん人	78, 646
やさしい猫	392, 400
やさしい光	228
やさしいライオン	71, 604
弥次喜多 in DEEP	266
香具師仁義	6
ヤシと女	32
屋嶋	349, 593
YASHA―夜叉	266, 720

作品名	ページ
夜叉	155, 648
夜叉神川	401
野趣	65
野獣降臨	140, 632
野獣の乾杯	8
矢素	160
野心あらためず	217, 532
安来節の女	97, 490
保田与重郎	138, 485
やすらかに今はねむり給え	188, 641
やすらぎの郷	371, 436
野性の証明	112, 550
野性の戦列	146
やせがまん	199
野戦軍楽隊	14
夜葬	362
夜想曲集	359
やちまた	89
野鳥と生きて	34
野鳥の四季	91
薬禍の歳月〜サリドマイド事件・50年〜	358
やっさもっさ	24
やったぜ！じいちゃん	402
ヤッターマン	318
ヤッちゃんの勝ち!!	172
やってきたゴドー	307, 661
やっとこ探偵	99, 562
八つ墓村	231, 423, 508, 633
やどかり	108
宿借りの星	386
宿無し弘文 スティーブ・ジョブズの禅僧	394
宿無団七時雨傘	124
やとのいえ	394
宿屋（やどや）めぐり	309
ヤな覚悟	403
柳影沢蛍火	75
柳寿司物語	21
柳田国男と近代文学	234
柳家三語楼の会	280
屋根裏	268, 273
屋根の上のヴァイオリン弾き	101, 103, 112, 114, 125, 137, 157, 220, 320, 391, 474, 633, 700
ヤノマミ	330
野蛮人	7
野蛮な読書	336
やぶ坂に吹く風	317
藪燕	228
藪の中の家—芥川自死の謎を解く	241
藪の中の黒猫	66, 67, 489, 565
藪原検校	92
破れ太鼓	18, 512, 535
破れた繭 耳の物語1	166, 491
野望と夏草	246
野望の系列	57
やまあいの煙	115
山犬少年	31
山犬物語	28, 628
山へいく牛	111, 504
山を貫く	208, 700
山が近い日	95
山が泣いてる	45
山川登美子—明星の歌人	152, 585
山国抄	90, 695
山崎栄治詩集	133
山下達郎のTSUTAYAサンデー・ソングブック	338, 709
山下達郎 Maniac Tour〜PERFORMANCE 2014〜	352
ヤマタイカ	207
山ではたらく人びと	29
ヤマトシジミの食卓	330
ヤマトナデシコ七変化	319
大和吉野	14
山難	167
山中鹿之介の兄	4
ヤマネコのきょうだい	57, 480
山の上の交響曲	179
山の音	26, 27, 504, 625, 682, 714
山のおんごく物語	70, 692
ヤマの疾風（かぜ）	348
山の巨人たち	314, 650
山の子みや子	343
山の祝灯	242
やまの動物病院	407
山の郵便配達	264
山畠	14
山鳩	30
山姚	229
山びこ学校	23, 453
山彦ものがたり	97
山吹	108, 567
山村浩二 右目と左目でみる夢	372
山本五十六	59, 67, 420, 687
山本かよの妊娠日記	211
山本耕一路全詩集	153
山山	381
山脇京	4
やまんば	100, 519
やまんばのにしき	66, 572, 672
山んば見習いのむすめ	140, 451
闇市	303
闇鏡	296
闇金ウシジマくん	327, 344
闇に香る嘘	348
闇に咲く花	410
闇に抱かれて	134
闇の奥	322
闇の男 野坂参三の百年	216

闇のカーニバル	127,	614
闇の国々		340
闇の将軍	391,	410
闇の信号		82
闇のなかの石		228
闇のなかの黒い馬	73,	638
闇のパープル・アイ		165
闇の守り人		256
闇夜の底で踊れ		374
ヤモリ、カエル、シジミチョウ		355
弥々		206
YAH YAH YAH		212
弥生、三月―君を愛した30年―	389,	395
槍		41
鍵の権三重帷子		30
YAWARA		186
柔	58, 529,	684
柔らかく揺れる		400
やわらかな心	63,	722
柔らかな頬		248
ヤンキー母校に帰る		278
ヤングおー！おー！		79
ヤングボーイ	124,	501
ヤンのいた島		242
楊花（ヤンファ）の歌		399

【ゆ】

遺言		104
憂鬱なハスビーン		295
游影		140
誘拐	237, 514,	731
誘拐児		309
誘拐報道	134, 135, 141, 448, 536,	671
幽界森娘異聞	261,	563
遊廓島心中譚		411
優雅で感傷的な日本野球	173,	578
有閑倶楽部	165,	306
有願春秋抄		12
夕刊タモリこちらデス		129
ユウキ		283
夕霧峠	249,	485
夕暮れて	142,	508
夕ぐれに涙を		310
夕暮れに夜明けの歌を 文学を探しにロシアに行く		400
夕暮まで	109, 123, 491,	725
幽玄F		412
憂国		61
由宇子の天秤		395
幽婚	244,	443
遊魂	80,	465
友罪		376

游子		310
幽囚転転		53
有愁日記	77,	502
優駿	167, 175, 176, 177, 479,	692
憂春		296
遊女		56
友情の海		252
ゆうじょこう	341,	695
遊女夕霧	164, 193,	624
ゆうすげの恋	163,	623, 698
夕鶴	19, 20, 92, 150, 157, 513, 595,	717
ゆうたくんちのいばりいぬ		182
遊動亭円木		255
夕凪の街 桜の国	287, 294,	305
夕の虹	36,	665
夕映え河岸		146
夕日	14, 31,	504
夕陽に赤い帆	216,	561
夕雲雀		356
郵便事業 平成22年用年賀はがき シリーズ		319
郵便屋		215
有福詩人	186, 606,	695
夕べの雲	56,	563
夕蛍	100,	571
幽明過客抄	195,	610
幽明偶輪歌	261,	427
夕焼		63
夕焼け売り		381
夕焼け買い		330
ゆうやけ学校		48
夕やけ雲	32, 516,	606
夕焼け 小焼け		262
ゆうやけにとけていく		413
夕焼けの回転木馬		166
幽☆遊☆白書		213
ゆうらんバス	43, 534,	614
幽霊たちの不在証明		380
幽霊西へ行く		8
幽霊になった男		77
幽霊列車	99,	419
幽霊はここにいる	37, 38, 427, 574,	677
誘惑		113
誘惑者	99, 182, 578,	612
誘惑の夏		212
U.S.A.		378
湯を沸かすほどの熱い愛	363, 364,	370
瑜伽		406
ゆかいな海賊大冒険		149,552
ゆかいな床井くん		382
湯川秀樹論		90
歪んだ朝	50,	628
歪んだ駒跡		127
雪〔ドラマ〕	211,	218
雪〔高祖保〕		13

雪〔松村蒼石〕	86	湯葉	44, 87, 557, 640
ゆきあひの空	317	由熙	173
雪男は向こうからやって来た	335	ゆび一本でカメラマン	223
雪をわたって…第二稿・月のあかるさ	186	ゆびさきの恋	289
雪、おんおん	355	指差すことができない	343
雪女〔森万紀子〕	121	指さす人	242
雪女〔真鍋呉夫〕	201, 202	ゆびぬき小路の秘密	217
雪女〔和田芳恵〕	110	指の音楽	282
雪女〔森万紀子〕	729	指の骨	348
雪形	349	指輪	185, 698
行き方知れず抄	236, 558	UFO	113, 378, 384, 422, 608
雪国	8, 14, 34, 35, 177, 186, 252, 504, 595, 606, 685, 705, 719	UFOりんごと宇宙ネコ	182
		UFOロボグレンダイザー	143, 185
雪国動物記	42	油麻藤の花	6
雪塚	406	ゆみこのりす	31, 455
雪椿	177, 178, 466, 534, 662	由美ちゃんとユミヨシさん―庄司薫と村上春樹の『小さき母』	228
行きて帰る	362, 369		
ゆきと弥助	175	夢灯り	150
雪に願うこと	297, 298, 549, 629	夢洗ひ	361
雪沼とその周辺	281, 282	夢一途	180, 722
雪野	139, 420	夢一夜	306
雪のかえりみち	256	夢色のメッセージ	163
雪の階	374	夢色パティシエール	327
雪の教室	203	夢追川	199
雪の偶然	412	夢追い酒	113, 118, 119, 426
『雪の島』あるいは『エミリーの幽霊』	241, 723	夢を叶えるために脳はある「私という現象」、高校生と脳を語り尽くす	413
雪之丞変化	193, 512, 680		
雪の断章―情熱―	155, 156, 541	夢おんな	177, 178
雪のない冬	90	夢海峡	136, 422, 445, 533
雪の中の三人	397	夢街道	226, 716
雪のはての火	47	夢顔さんによろしく	255, 627
雪の林	290	夢がたり	119
雪の日のおりん	66	夢供養	119, 548
雪の林檎畑	12	夢、クレムリンであなたと	213
雪の練習生	328	夢去りて, オルフェ	162
雪ふりいでぬ	236	夢去りぬ	369
雪ぽっこ物語	106	夢芝居	143, 464, 484
雪舞い	166, 558	夢たち	378
雪まろげ	124, 508, 699	夢千代日記	129, 213, 464, 685
雪虫	268	夢っ娘アカネの三度笠	313
雪やこんこん―湯の花劇場物語	177, 178	夢・桃中軒牛右衛門の	184
ゆきゆきて、神軍	167, 168, 643	夢と共に去りぬ	198
遊行	140, 461, 579	夢のうた	300
雪渡の黒つぐみ	412	夢の宴	178, 490
ユージニア	295	夢の壁	133, 498
輸出	34, 564	夢の木坂分岐点	166, 600
柚木さんちの四兄弟。	391	夢野久作	188, 603
柚子家の法事	61	夢野久作読本	282
ゆずり葉	213	夢の裂け目	378
ユタとふしぎな仲間たち	91, 641	夢の島	142, 152, 650
ゆっくり東京女子マラソン	145	夢の島イニシューマン	252
ユートピア	143, 362, 671	夢の碑	99, 151, 576
ユートピア文学論	274	夢の方位	222
ゆとりですがなにか	363	夢のまた夢	182, 222, 602

夢の祭り	182, 486
夢のまのこと	34, 462
夢飛行	162, 163, 164
「夢冒険」	542
夢見通りの人々	183, 645
夢見る帝国図書館	387
夢みるように眠りたい	162, 515
夢よりももっと現実的なお伽話	181
夢虫	194, 668
ゆらぐ藤浪	31
ゆりあ先生の赤い糸	397, 410
ユリイカ EUREKA	261
ユリイカ抄	50
ゆりかごのうた	349
ゆりかごの死	243
ユリゴコロ	335
ユリシーズ	95
ユリディス	142
百合野通りから	121
ユーリンタウン	320
許されざる者	210, 211, 315, 351
許された子どもたち	389
ゆるゆるオヤジ	259
ゆれる	295, 298
ゆれる車の音	300, 499
ユンカース・カム・ヒア	225

【よ】

夜あけ朝あけ	26
夜明け告げるルーのうた	371, 379
夜明けに消えた	68
夜明けのうた	55, 508
夜明けの音が聞こえる	261
夜明けの風	85
夜明けの序曲	135
夜明けのすべて	413, 414
夜明けのテロリスト	253
夜明け前	7, 559
夜明けまでバス停で	401, 579
ヨイショッ！	157, 537
夜市	289
酔いどれて	185
酔いどれ天使	17, 522, 641
宵待草	90, 637
用意された食卓	356
妖怪	241
妖怪ウォッチ	353
妖怪ウォッチ 誕生の秘密だニャン！	357
妖怪大戦争	298
ようかい体操第一	352
妖怪人間ベム	332

洋菓子店コアンドル	331, 491
楊家将	282, 509
八日目の蝉	302, 331, 332, 337
容疑者Xの献身	289, 312, 318
容疑者の夜行列車	274, 275
容疑者 室井慎次	291
楊貴妃	22, 299, 581, 641
妖鬼妃伝	138
楊貴妃とクレオパトラ	12
妖魚	16
陽暉楼	140, 141, 142, 147, 425, 478, 492, 530, 550, 577, 634
杏子	73, 659
ようこそ	369
ようこそスイング家族	182
ようこそ『東京』へ	166
ようこそ、ヒュナム洞書店へ	412
幼児狩り	44, 528
幼児たちの後の祭り	70
妖獣都市	172
陽春のパッセージ	193
妖女の時代	183, 494
用心棒	44, 45, 46, 175, 279, 507, 522, 550, 672, 687, 688
妖精時代	137, 436
窯談	33
幼年	7
幼年連禱	53, 722
楊令伝	328, 509
ヨオロッパの世紀末	73, 720
世替りや 世替りや	171
予感	143, 195, 613
夜汽車	83, 168, 176, 421, 467, 598, 606
夜霧に消えたチャコ	40, 659
よく聞きなさい、すぐにここを出るのです。	399
浴室	5
沃土	9, 14
翼灯集	261, 578
欲望	25, 63, 489
欲望という名の電車	164, 259, 273, 372, 472, 511
よこがお	382, 383
横須賀ストーリー	420
横須賀線にて	99
横須賀ドブ板通り	110
夜毎の夢	6, 625
ヨコハマ買い出し紀行	308
ヨコハマ, コンチェルト	193
横浜・坂道・未練坂	130
よこはまたそがれ	79, 445
横浜どんたく一富貴楼おくら	137
よこはま物語	37
横浜・山手の出来事	195, 607
横堀川	61, 655, 696
横道世之介	322, 323, 344, 351

作品名	ページ
汚れた英雄	147, 425
汚れた手	64, 68, 108, 346
夜桜	206
夜雨酒	199
吉幾三爆笑ライブ	171
よしおくんがぎゅうにゅうをこぼしてしまったおはなし	304
吉田キグルマレナイト	329
吉田健一	347
吉田松陰	65, 502
吉田秀和全集	93
義経	285, 292
義経腰越状	27
義経千本桜	20, 162, 346, 403, 618
芳年冥府彷徨	248
よしなしうた	153, 591
吉野大夫	127
吉野朝太平記	7
吉野秀雄歌集	36, 722
吉本隆明全詩集	276
四畳半神話大系	327
四畳半の蟬	372
四畳半襖の裏張	86, 518
芳郎傑作漫画集	35, 498
吉原炎上	176
吉原手引草	302
よせばいいのに	119
夜空	88, 445, 651, 708
夜空はいつでも最高密度の青色だ	370, 371
余多歩き 菊池山哉の人と学問	281
与田準一全集	63, 424, 725
四日市公害裁判	83
四日間	174
四日間の奇蹟	268
4つの初めての物語	290
ヨッパ谷への降下	181, 600
よつばと！	366
四谷怪談	220, 618
四谷怪談忠臣蔵	279
淀川にちかい町から	208, 215, 457
淀五郎	67, 96, 384
淀どの日記	44, 178, 452
濁みの騒ぎ	351
夜中に犬に起こった奇妙な事件	283
夜中に台所でぼくはきみに話しかけたかった	94, 591
夜逃げ屋本舗	203, 472
世に棲む日日	81
世に万葉の花が咲くなり	206, 524
四人の悪魔	4
世の中や	94
余白の夜	375
ヨハネスブルグの天使たち	347
よふかしのうた	404
夜更けにスローダンス	115
夜廻り猫	373
読売新聞 企業 シリーズ駅伝・お正月家族	312
よみがえる光琳屋敷	161
よみちにひはくれない	378
黄泉びと知らず	287
余命1ヶ月の花嫁	325
嫁に来ないか	102, 626
寄らば斬るド	80
夜への長い旅路	259, 684
夜を賭けて	269, 271, 677
夜を夢想する小太陽の独言	139, 432
ヨルダン難民救援への旅	201, 486
夜と朝のあいだに	72
夜と陽炎 耳の物語2	166, 491
夜と霧の隅で	41, 509
夜と時計	98, 571
夜に駆ける	409
夜に星を放つ	399
夜の明けるまで	289, 511
夜の蟻	180, 576
よるのおと	376
夜の音	174, 430
夜の斧	349
夜の終り	25, 423
夜の終る時	53, 717
夜の女たち	17, 587, 683
夜のかげぼうし	111, 688
夜の河	31, 32, 203, 588, 606, 723
夜の河にすべてを流せ	275
夜の銀狐	72
夜のくだもの	202
夜の祭典	46
夜の人工の木	229
夜の水平線（句集）	394
夜の蟬	195
夜の小さな標（しるべ）	310
夜の鼓	37, 454, 636
夜の鶴	59, 558
夜の道標	406
夜の薔薇の紅い花びらの下	166
夜の光に追われて	159, 599
夜のピクニック	289
夜のヒットスタジオ	129
夜のひまわり	61
夜の訪問者	97
夜の来訪者	22, 300, 333, 403
夜の笑い	113, 114, 431
夜よ、おれを叫びと逆毛で充す青春の夜よ	103
夜は明けない	41
夜は終わらない	348
夜はクネクネ	142
夜は短し歩けよ乙女	303, 377
鎧伝サムライトルーパー	179, 186
喜びも悲しみも幾歳月	34, 35, 513, 581

喜べ、幸いなる魂よ	399
よろずのことに気をつけよ	328
ヨーロッパ手帖	48
ヨーロッパとの対話	95
余は如何にして服部ヒロシとなりしか	289
弱い者は死ね	73
酔わせてよ今夜だけ	219
弱虫ペダル	359, 395
四十日と四十夜のメルヘン	275, 289
四十年目の復讐	153
四百字のデッサン	111
四万人の目撃者	39, 429
四万二千メートルの果てには	99

【ら】

ライアンの娘	78
雷桜	325, 465
ライオンキング	252, 259
ライオンのおやつ	387
らいおんハート	272
頼山陽	308
頼山陽とその時代	77, 619
ライチョウ	60
雷道	249
ライトゲージ	400
ライトスタッフ	147, 148
ライフ	300
ライフ・イズ・ビューティフル	251
ライブコンサート	446
来訪者	115, 346, 427
ライムライト	25
ライラック	415
ライン・アップ	121
ラインの仮橋	46
ラインの監視	353
ラヴ	61, 226, 474
ラ・ヴィアンローズ	149, 150, 511
ラヴ・イズ・オーヴァー	143, 467
ラ・ヴィータ〜愛と死をみつめて	220
ラヴェンダー・リップス	156, 501
ラヴ・パレード	4
ラヴユー東京	68
ラヴレター——愛と火の精神分析	150
ラ・カージュ・オ・フォール	319, 444
楽阿弥	292
楽園	188, 361, 412, 494
楽園伝説	225
楽園のカンヴァス	336, 342
楽園のつくりかた	278
『楽園の鳥』カルカッタ幻想曲	288
落語現在派宣言Ⅲ	142
落日燃ゆ	89, 94, 101, 564
落首	31
らくだ	320, 396, 471
ラグタイム	410
ラクダイ横丁	21
洛中生息	105, 570
楽天屋	255
落陽	204
落葉樹	160, 566
楽浪の棺	24
収容所(ラーゲリ)から来た遺書	182, 189, 218, 661
ラーゲリより愛を込めて	402
ラジオ	345
ラジオ ディズ	236
ラジオ図書館	203
ラジオと背中	302
ラジオと戦争 放送人たちの「報国」	413
ラヂオの時間	237, 238, 244
羅生門	20, 21, 203, 244, 251, 515, 522, 635
羅生門の鬼	17
(THE) LAST EMPEROR	192, 545
ラストエンペラー	175, 176, 183, 545
ラスト サムライ	278, 284, 291, 729
ラスト・ショー	82
LAST SCENE ラストシーン	269
ラスト♡シンデレラ	344
ラストソング	224
ラスト・フレンズ	312
ラストマイル	414
ラストレター	395
ラス・マンチャス通信	282
螺旋歌	196, 723
螺旋の肖像	202
らせんの素描	196
落花は枝に還らずとも——会津藩士・秋月悌次郎	288
落暉伝	47
らっこの金さん	82, 83
ラニーニャ	248
ラビット・ホール	410
ラビュリントスの日々	167
LOVE〔小説〕	295, 474, 554, 658
LOVE〔中島美嘉〕	279, 474, 554, 658
ラフ	305
ラブカは静かに弓を持つ	405, 406
ラブ・ケミストリー	322
ラブ★コン	280
ラブジェネレーション	238
ラブ・ストーリーを君に	175, 531
ラブ・ストーリーは突然に	206, 488
LOVE(抱きしめたい)	112, 113, 422, 474, 554, 658
ラブひな	266
ラブホテル	153, 574

LOVEマシーン	265
ラブライブ！	359
Love Letter〔岩井俊二監督〕	223, 224, 225, 231, 623
ラブ・レター〔ドラマ〕	277, 610, 613, 634
ラブ・レター〔森崎東監督〕	244
ラブ・レター〔森崎東監督〕	610, 613, 634
ラブレター〔東陽一監督〕	128, 129, 134, 617
螺法四千年記	335
ラ・マンチャの男	71, 108, 144, 226, 227, 239, 252, 272, 359, 397, 474, 675
ラムネの瓶、錆びた炭酸ガスのばくはつ	349
ラメルノエリキサ	355
ららら科学の子	281
ラ・ラ・ランド	377
乱	154, 155, 162, 168, 432, 523, 585, 644, 695
卵宇宙/水晶宮/博物誌	139, 581
乱視読者の英米短篇講義	274
乱世	26
ランタナの咲く頃に	188
ランチの女王	271
ランド	398
乱反射	322
ランプの精（歌集）	374
乱舞の中世	361
乱歩地獄	291
ランボーとアフリカの8枚の写真	317
乱歩と東京	153
ランボー編	142
らんまん	407, 408, 409
襤褸の旗	91, 680, 723

【り】

リア王	252, 314, 415, 628, 650
リア王―或る老人心理劇の記録	82
リア王の悲劇	415
リアス/椿	355
リ・インカーネイション	143, 673
リヴィエラを撃て	209
梨花をうつ	63
リーガル・ハイ	338, 345
力士漂泊	159, 692
利休	182, 183, 190, 603, 680
利休にたずねよ	309
利休の茶	12
陸王	371
陸軍残虐物語	51, 550
陸軍特別攻撃隊	93
陸士よもやま話	159
陸の王者	3, 461
陸の人魚	3, 427
りく平紛失	3
RIKO―女神の永遠	222
リコリス・ピザ	401
離婚	110, 457
離婚結婚	21, 639
離婚弁護士	285
離婚弁護士Ⅱ	292
離人たち	221
リズと青い鳥	377
リズム	203
鯉素	104, 698
リターナー	277
リターンマッチ	223
リーチ先生	367
リチャード三世	92, 213, 252, 339, 615, 628
リチャード二世	266, 390, 391
陸橋からの眺め	115
リトル・ウィメン～若草物語～	385
リトルガールズ	374
リトルクッキーストーリー	205
リトル・ショップ・オブ・ホラーズ	149, 171, 551, 552
リトル・ダンサー	264, 271
リトルナイト・ミュージック	252
リトル・バイ・リトル	275
リトルプリンス	213, 397
リトルプリンセス	150, 479
リバーサイド・チルドレン	348
リバーシブル	192
リバーズ・エッジ	383
リハビリの夜	324
リバー・ランズ・スルー・イット	211
リヒャルト・シュトラウス―その愛と哀しみ	175
リフレクションズ	131, 605
リボルバー	174, 175, 554, 655
リボルバー・リリー	368
LIMIT OF LOVE 海猿	298
リモート	271
リュイ・ブラス	61
理由	242, 267, 475, 692
流〔安東次男〕	236, 430
流〔東山彰良〕	355
Ryuichi Sakamoto Playing The Piano 2009	319
リュウオー―龍王	184
龍を撫でた男	22, 654
柳下亭	8
劉広福	15, 702
竜二	140, 141
竜二 Forever	270
龍神の雨	322
流水橋	206, 707
R.Y.U.S.E.I.	352, 365
流星雨	188, 602

流星の絆	312
龍三と七人の子分たち	357
龍笛	289, 538
竜のいる島	105, 470, 577
龍の目の涙	13, 640
龍秘御天歌	241, 695
流氷の祖国	47
劉邦	354
流木〔歌集〕	348
流木〔詩集〕	133
流密のとき	85
流紋	94
流離譚	132, 181, 705
龍陵会戦	254
竜狼伝	240
龍は眠る	202, 692
量	387
良寛	139, 681
猟奇的な彼女	278
聊斎志異	24
漁師さんの森づくり	263
猟銃	333
涼州賦	195
両神	229
梁塵	167
良心	7
稜線にキスゲは咲いたか	242
りょうちゃんとさとちゃんのおはなし	167
竜馬がゆく	58, 557
龍馬伝	325, 326, 331, 332
竜馬の妻とその夫と愛人	270
料理天国	101
虜愁記	56
虜人日記	94
旅人木	53
リラックス―松原克己の日常生活	134, 135
リリアン	193
リルケとヴァレリー	221
リレキショ	268
臨界（RINKAI）	216
輪廻（RINKAI）	255
隣家の律義者	62
リング	270
臨月	131, 613
林檎殺人事件	112
臨床真理士	309
隣人Ｘ	387
隣人のいない部屋	349
私刑	19
凛として	265, 576
リンネとその使徒たち	180
燐の譜	22, 569

【る】

類	386, 393
ルイジアナ杭打ち	174, 724
ルイズ―父に貰いし名は	134
ルイス・ブニュエル	343
Lui Lui	108, 581
ルーヴル美術館	118
ROOKIES－卒業－	318
流刑地にて	77
ル・ジタン	215
ルージュの蝶々	409
るすばん	231
ルソーと音楽	132
ルソンの谷間	33
ルーツ	107
ルックバック	414, 415
るつぼ	49
るつぼ―セイラムの魔女	164
流転	8, 451
流轉〔前登志夫〕	276
流轉〔有馬朗人〕	342
流転の海	374, 692
流転の王妃・最後の皇弟	278, 283
ルードウィヒ 神々の黄昏	123
ルドルフとスノーホワイト	343
ルドルフともだちひとりだち	175
ルネサンス庭園の精神史―権力と知と美のメディア空間	380
ルバング島の幽霊	85
ルパン三世―カリオストロの城	117
ルパン三世のテーマ'78	359, 474
ルビー色の旅	168
ルビー色のホテル	223, 528
ルビー・チューズディの闇	173
ルビーの指環	129, 130, 605, 674
ルフラン	118, 119
ルポ 外国人『隷属』労働者	356
ルポ 貧困大国アメリカ	310
ルームサービス	286
ルリユールおじさん	304, 440
ルル	246
るろうに剣心［映画］	337, 344, 357
流浪の月	387, 401
ルワンダ中央銀行総裁日記	80
ルンナ姫放浪記	253

【れ】

霊岸	222
霊眼	309
レイクサイド マーダーケース	291, 702
麗子	239
零號琴	386
麗子の足	162
蓮以子80歳	235, 510
零歳の詩人	248
令嬢ジュリー	96, 615
れいぞうこのなつやすみ	297
レイダース 失われたアーク〈聖櫃〉	129
霊長類 南へ	76, 600
レイテ戦記	77, 467
0.1ミリのタイムマシン	317
0.5ミリ	351, 598
零度の犬	282
零の力―JLボルヒスをめぐる断章	173
黎明以前―山県大弐	145
羚羊譚	262
RAILWAYS 愛を伝えられない大人たちへ	331
RAIL WAYS 49歳で電車の運転士になった男の物語	331
『雨の木』(レイン・ツリー)を聴く女たち	133, 467
RAINBOW二舎六房の七人	293
レインマン	183, 307
レヴォリューションNO.3	241
レエニンの月夜	4
レオナルド・ダ・ヴィンチの生涯	82
歴史	11, 462
歴史の教師 植村清二	304
歴史の選択 赤穂浪士 討ち入り組VS討ち入り不参加組	292
れくいえむ	81
レーザー・メス 神の指先	189
レジェンド&バタフライ	414
列	411
REX 恐竜物語	210, 217
列車ダイヤの話	57
レッスンズ	332
RED	359
レッドクリフ PartI	312
レッドクロス～女たちの赤紙～	358
レディ・ジョーカー	241
レトナ通りにて	108, 573
レニー・ブルース	96
レネット 金色の林檎	304
レフトハンド	235
レプリカ	202
レペゼン母	399
レベッカ	313, 327

レ・ミゼラブル	169, 171, 178, 186, 198, 199, 246, 279, 293, 337, 338, 346, 351, 359, 491, 541, 560, 582
レミは生きている	39, 571
Lemon	390, 397
檸檬先生	393
レモンと殺人鬼	399
レモンパイお屋敷横町ゼロ番地	165, 632
れもん白書	126
レールの向こう	355
連	687
恋愛模様	184, 613
恋歌(れんか)	342
れんげ草の恋	130, 458
連合艦隊	128
連鎖	195
連詩・悪母島の魔術師(マジシャン)	342, 567
連弾	262, 264, 585
蓮如	139, 629
連舞	53, 429
レンファント	381
連絡員	13
連嶺	202

【ろ】

浪曲師朝日丸の話	115, 588
朧銀集	242
陋巷の狗	228
老虎残夢	392
老後の資金がありません！	395
労使関係論	174
老人Z	197
老人と海	37, 251, 253
老人と猫	77
老人力	248, 420
老世紀界隈で	269, 449
ロウソクが消えない―ママ・わたし話したいの	142
朗読者	254
朗読ミュージカル"山崎陽子の世界Ⅳ"	266
浪人街	190, 197, 437, 438, 521, 645, 647
浪人街 第一話・美しき獲物	3, 667
浪人街 第三話・憑かれた人々	4, 667
浪人弥一郎	5
老梅	153, 708
老猫のいる家	24
老父	73
老耄章句	249
楼蘭	38, 162, 451
蠟涙	248, 644
蘆花徳冨健次郎	89, 616
六月のさくら	285

六〇〇〇度の愛	288
6000フィートの夏	208, 576
ろくでなし啄木	333
六人の暗殺者	29, 507
6番目のユ・ウ・ウ・ツ	136, 554
六兵衛の盃	235
鹿鳴館	32, 160, 345, 442, 650
鹿鳴館時代	9
鹿鳴館の系譜	139
64（ロクヨン）〔ドラマ〕	358
64－ロクヨン－〔映画〕	364, 370, 549
64（ロクヨン）〔小説〕	342
六六魚	381
6羽のかもめ	91, 519
ローグ・ワン/スター・ウォーズ・ストーリー	364
露光	323
ロザンドの木馬	67
路地	63, 235, 680
ロシアについて	159, 557
ローシー・オペラと浅草オペラ	403
匙（ローシカ）	39
ロシヤ戦争前夜の秋山真之	187
ロシヤ・ソヴェト文学史	28
rose	195
ロス・タラントス	259, 514
ロスチャイルド〔映画〕	7
ロス・チャイルド〔小説〕	303
ロスト・イン・ヨンカーズ	346, 516
ロスメルスホルム	410
顱頂	209
六ケ所村の記録	195
ロッキー	106, 111
ロッキー2	117
ロッキー3	135
ロッキー4 炎の友情	161
ロッキー・ホラー・ショー	162, 164
ロックオペラ モーツァルト	339
ロック母	295
ロックよ、静かに流れよ	174, 176
ロックンロールミシン	248
ロッテルダムの灯	45, 562
六本木純情派	170, 482
六本木心中	156, 431
六本指のゴルトベルク	317
ロデオ・カウボーイ	188
ロード	212, 213
ロード・オブ・ザ・リング/二つの塔	287
ロード・オブ・ザ・リング/王の帰還	284
ロード・トゥ・パーディション	270
ロートレアモン 越境と創造	308
ロバータさあ歩きましょう	57, 547
ロバート・フック ニュートンに消された男	234
ロープ	295, 300, 632
LOFT ロフト	298
路傍	315
路傍の石	10, 586
ロボコン	284
ロボット	252
ローマ人の物語1 ローマは一日にして成らず	210, 556
ロマネスク美術革命	361
ローマの秋・その他	56, 564
ローマの休日	205, 246, 327, 391, 575
ローマの哲人セネカの言葉	274
ロマンス	96, 97, 230, 307, 458, 612
ロマンティック	255
ロミオ&ジュリエット	378
ロミオとインディアナ	309
ロミオとジュリエット	27, 67, 118, 520
ローランの王女	196
龍―RON―	227, 694
ロンサム・ウェスト	273
ロンドン骨董街の人びと	243
ロンリー・ウーマン	104, 578
ロンリー・チャップリン	170
論理の蜘蛛の巣の中で	303

【わ】

ワイド―沖縄	342
ワイルド・スピード ジェットブレイク	395
ワイルド・ソウル	275, 282
ワイルドライフ	293
和韻	262
ワインレッドの心	149, 150, 593
わが愛	198, 429, 497
我が愛する詩人の伝記	38, 696
わが愛の譜 滝廉太郎物語	210, 550, 553
わが兄はホトトギス	112, 641
若い歩み	7
わが庵	89, 612
わが出雲・わが鎮魂	65, 456
若い渓間	14, 476
我が糸は誰を操る	322
わが命つきるとも	64
若い人	7, 83, 609, 670
若い広場	79
わが美わしの友	96
若おかみは小学生！	377
わが懐旧的探偵作家論	105
わが顔	61
わが荷風	94, 631
若き数学者のアメリカ	111
わがキディ・ランド	74, 680
若きハイデルベルヒ	107, 472
若き日の信長	23, 489

| 左列 | 右列 |

わが切抜帖より ……………………… 65, 611
若草色の汽船 ……………………………… 51
わが久保田万太郎 ………………………… 90
わが恋わが歌 …… 70, 71, 459, 617, 620, 652
わが光太郎 ……………………………… 69, 516
わが心の銀河鉄道 宮沢賢治物語 … 231, 476, 662, 731
わが心の遍歴 ……………………………… 38
わが小林一三―清く正しく美しく ……… 145, 543
若さを長持ちさせる法 ………………… 201
わかさぎ武士 ……………………………… 8
わが生涯のかがやける日 ……… 17, 463, 723
わが生涯の大統領―ルーズベルト夫人風雪の60年 …… 101
わが青春に悔なし ……………… 16, 521, 522
若大将50年！ …………………………… 326
若大将シリーズ ………………………… 60, 501
わが谷は緑なりき ………………………… 21
わが魂は輝く水なり―源平北越流誌
 ……………………………… 121, 125, 463, 561
わが父北斎 ……………………………… 75
わが津軽街道 …………………………… 105
我が闘争 こけつまろびつ闇を撃つ … 153, 631
我が友、スミス ………………………… 393
わが友、泥人 …………………………… 303
わが友マキアヴェッリ ………………… 173, 556
我が名はエリザベス …………………… 180
わがノルマンディー …………………… 282, 430
わが俳句交遊記 ………………………… 99
吾輩ハ猫ニナル ………………………… 347
わが母の記 ……………………… 337, 344, 506
わがババわがママ奮斗記 ……………… 252, 622
わが羊に草を与えよ …………………… 188
わがひとに与ふる哀歌 …………………… 7
わが星 …………………………………… 324
若松若太夫―説経節の世界・小栗判官 … 179
わがままいっぱい名取洋之助 ………… 174
わが道 …………………………………… 90, 565
我が道を往く ……………………………… 16
若者たち …………………… 58, 63, 64, 588
若者のすべて …………………………… 224
若者の旗 …………………………………… 74
若者よなぜ泣くか ……………………… 4, 461
若者はゆく―続若者たち ………………… 70
わが家 …………………………………… 358
わが家の湾岸戦争 ……………………… 205
若山牧水 ………………………………… 355
我が家は楽し ……………………… 21, 588, 726
わが夢にみた青春の友 ………………… 220
我が良き友よ …………………………… 97, 500
分からない国 …………………………… 200
わからないままで ……………………… 387
わかれ ……………………………………… 64
別れを告げない ………………………… 411
別れ曲でも唄って ………………… 213, 666

別れてのちの恋歌 ………………… 173, 578
別れても好きな人 ……………………… 125
別れぬ理由 ……………………… 168, 598, 685
別れの鐘の音 …………………………… 92, 445
別れのこよみ …………………………… 212
別れの準備 ……………………………… 181
わかれ道 ……………………… 57, 112, 624
別れる理由 ……………………… 126, 132, 530
吾妹子哀し …………………………… 268
湧井 ……………………………………… 94, 461
わくせいキャベジ動物図鑑 …………… 376
惑星ソラリス ………………………… 114
惑星のハウスダスト …………………… 375
和紙 ……………………………………… 14, 74
鷲 ………………………………………… 12, 66
鷲がいて ……………………… 295, 296, 601
倭人伝断片 ……………………………… 375
ワシントンの街から …………………… 122
ワシントンハイツ―GHQが東京に刻んだ戦後 …… 324
忘れ村のイェンと深海の犬 …………… 342
忘れられた子等 ………………………… 18, 450
忘れられた詩人の伝記 父・大木惇夫の軌跡 …… 354
忘れられた島へ ………………………… 122, 612
忘れられた日本 ………………………… 44, 481
忘れられぬ人々 ………………………… 264, 686
忘れられる過去 ………………………… 283, 428
早稲田の森 ……………………………… 77, 453
和田家の男たち ………………………… 396
私 ………………………………………… 310, 591
私を抱いてそしてキスして …………… 196, 686
私を深く埋めて ……………… 147, 148, 433
わたしが消える ………………………… 386
私が殺した少女 ………………………… 181
私が棄てた女 ……………………… 70, 71, 464
私がモテてどうすんだ ………………… 366
わたし出すわ …………………………… 318
私たちの詩と作文―みんなでやろう …… 37
わたしたちの怪獣 ……………………… 416
私達のからだ …………………………… 11, 642
わたしたちの教科書 …………………… 306
私たちの生活百科事典 ………………… 27
私たちの相談室3 友だちのことでこまることはありませんか？ …… 34
わたしたちの帽子 ……………………… 297
ワタシタチはモノガタリ ……………… 415
わたしちゃん …………………………… 356
わたしといろんなねこ ………………… 382
わたしに××しなさい！ ……………… 340
わたし日記を書いたの ………………… 70, 547
わたしの青い鳥 ………………………… 88, 545
私の浅草 ………………………………… 105, 555
わたしのあのこ あのこのわたし ……… 394
私のアンネ＝フランク ………………… 122, 672
私のいない高校 ………………………… 335

私の男	302, 351
わたしのかあさん	175
私の彼は左きき	424
私のかわいそうなマラート	61
わたしのグランパ	248, 277, 278, 284, 568, 600, 646
私の恋人	354
私の国語教室	41, 654
私の作家評伝	80, 530
私の作家遍歴	126, 530
私の自叙伝	215
私の下町―母の写真	215, 233
私の詩と真実	24, 502
わたしの城下町	79, 536
私の小説	411
私の昭和史	281, 620
私の蜃気楼は消ゆることなく	166
わたしの信州	122
わたしの好きなハンバーガー	268
わたしの、好きな人	297
わたしの空と五・七・五	382
私のチェーホフ	188
わたしの渡世日記	100, 581
わたしの首領	113, 437
私のなかの彼女	348
私の中のシャルトル	189
私の名は情婦	18, 725
私の二十世紀書店	132, 486
私のハードボイルド 固茹で玉子の戦後史	303
私のハートはストップモーション	118, 119, 524
わたしの日付変更線	361
私の批評	412
私の秘密	40
わたしのぼうし	105, 552
わたしのマリコさん	94
私のみたこと聞いたこと	26
私の見た昭和の思想と文学の五十年	173
わたしの夢は舞う	239
わたし、パリにいったの	394
私も流れの渡り鳥	52, 681
私は貝になりたい	38, 40, 311, 312, 429, 659
わたしはカモメ	75
私はシャーリー・ヴァレンタイン	206, 516
わたしは、ダニエル・ブレイク	370
私は泣いています	92
私は泣かない	59, 718
私は二歳	47, 48, 441, 728
私は冬枯れの海にいます	55, 725
私は無人島	412
私は、私と、私が、私を、	414
渡す手	406
わたつみ・しあわせな日日	255, 601
渡辺貞夫リサイタル	729
綿の国星シリーズ	120, 470
渡良瀬	347
渡良瀬川	13
渉りかゆかむ	152, 541
渡り鳥いつ帰る	29, 700, 705
渡り鳥のように	102
渡りの足跡	322
渡る世間は鬼ばかり	211, 212, 238, 245, 259, 326, 363, 396, 434, 440, 655, 707
和時計	45
ワーニャ伯父さん	22, 372
ワバッシュ河の朝	127
ワーホリ任侠伝	295
笑い宇宙の旅芸人	165
笑いオオカミ	260, 599
わらいゴマまわれ！	256
笑いと身体	116
笑いの成功	160, 511
笑の大学	233
嗤う伊右衛門	235, 284
笑う蛙	269, 271
笑う森	412
藁杳	13
「童（わらし）石」をめぐる奇妙な物語	335
わらじ医者京日記	121
笑っていいとも！	142, 352
笑ってコラえて！ 文化祭 吹奏楽の旅 完結編―音入魂スペシャル	285
笑ってチョゴリ！	271
わらの犬	82
藁の服	355
蕨野行	277, 278, 490
蕨野行	444
悪い音楽	393
悪い仲間	24, 705
悪い夏	74, 368
悪い奴ほどよく眠る	42, 43, 484, 507, 522, 550, 636, 648, 699
悪い指	56
ワルシャワをみつめた日本人形―タイカ・キワの45年	148
悪だくみ―「加計（かけ）学園」の悲願を叶えた総理の欺瞞	375
ワールドビジネスサテライト	285
ワルボロ	305
わるもん	374
われアルカディアにもあり	90, 558
我を求めて―中島敦による私小説論の試み	89
われに撃つ用意あり	189, 190, 197, 437, 438, 645, 727
われ一粒の麦なれど	53, 54, 533, 676
吾亦紅（われもこう）	570
われ逝くもののごとく	166
われよりほかに―谷崎潤一郎最後の十二年	216
我ら宇宙の塵	410
我らが隣人の犯罪	166, 692

われら地上に	116
われら動物みな兄弟	66, 637
われらの主役・王貞治物語	101
我等の生涯の最良の年	17
我等の仲間	9
我等の放課後	232
われら闇より天を見る	406
わろてんか	371
湾岸バッド・ボーイ・ブルー	203, 204
湾岸ミッドナイト	253
ワンス・アポン・ア・タイム・イン・アメリカ	147, 154
ワンダー 君は太陽	377
ワンダーブギ	119, 437
ワンちゃん	303
ワン・ツー・スリー・ゴー	55
湾内の入江で	139, 559
ONE PIECE FILM RED	401
ワンマンショー〔音楽番組〕	87
ワンマン・ショー〔戯曲〕	283
ワン・モア・ジャンプ	213
ワン・レイニー・ナイト・イン・トーキョー	58, 530

【英数字】

ACB	169, 592
Alone together	181
A LONG VACATION	130, 131, 471
AMADEUS	675
AMERIKA	279
Ank：a mirroring ape	374
AOI/KOMACHI	279
ARIEL	294
ARMS	246
Around40	313
ARTISAN	199, 709
Automatic	258
Baby Rose	163, 538
BASARA	207
Ｂ・Ｂ	179
be alive	259
BE BLUES！〜青になれ〜	353
Beginner	339, 421
BELOVED	239
BEST	163, 621
BEST FICTION	313
BC講座	56
BH85	248
birth	393
Black Out	230
BLIND TOUCH	273
BLUE GIANT	366, 373
BLUE/ORANGE	327
Body Feels EXIT	225
BOOTLEG	378
BOSS	319
BOXMAN	279
BOY MEETS GIRL	226
Butterfly	293, 333
C	156, 157, 623
CAMERA TALK	192
Can't Stop!!−Loving−	198
CAN YOU CELEBRATE？	239, 245
Can You Keep A Secret？	272
capeta	293
Carry On	286
CATS	226
CAT'S EYE（BGM）	199
CHA-CHA-CHA	434
Chase the Chance	225
CIRCUIT OF RAINBOW	185, 431
CITRUS	397
COCO	319, 320, 474
CRAZY GONNA CRAZY	232
CURE	238, 703
Dance with the invisibles	412
Dancing in the shower	192
DAYBREAK	177, 178
DAYS	366
D.D./Imitation Rain	390
DEAD MAN	336
DEAR BOYS ACT II	307
Dear Bride	365
Dearest	265
Deep	113
DEEP PURPLE	223
dele	377
Delight Slight Light KISS	178, 673
DEPARTURES	239
DESIRE	162, 163, 164, 420, 555, 621
Ｄ・Ｎ・Ａ	265, 650
DOGSTAR	271
Dolls	271
Don't wanna cry	233
DOOR TO DOOR	312
Duty	259
EARTH EATEAR	170
EAST MEETS WEST	224, 225, 231
Endless SHOCK	293, 307
ENDLESS STORY	293
End of the RAINBOW	365
ENKA〜情歌〜	544
Episode.ZERO篇	344
Everything	272
EXIT	293
Eye For Eye	61
FACE	245
Fantôme	365
Fin	162, 163, 621
First Love	252
Flavor Of Life	313
FLOWERS for ALGERNON	178
FOR YOU	230
fragile	265
GENTS	199, 664
Get Along Together	212, 213
GIANT KILLING	327
GIGI	139, 433
"GIGS"CASE OF BOØWY-THE ORIGINAL−	372
Give me up	170

作品名索引	
GOLD〜カミーユとロダン〜	333
Grandeur	397
GYPSY	410, 472
Habit	403
HAMLET	279
HANDS UP！	346
Happily Ever After	391
HAT FACE その顔	339
Heartbreak Café	164
HEAT―灼熱	266
Help	163, 665
Hero	384
HHhH―プラハ、1942年	349
HIT SONG MAKERS 〜栄光のJ-POP伝説	292
HOME 愛しの座敷わらし	344
Home・Town	163
HONEY	245
HOW！ ワンダフル	118, 119
HOWEVER	239, 245
I BELIEVE	226
I Don't Know！	170
I GOT MERMAN	178
I HOPE.	383
IL	56, 500
I LOVE YOU	137
I MISSED "THE SHOCK"	177, 622
Imitation Rain/D.D.	390
Impressions	219, 583
I'm proud	233, 239
In My Life 〜介護の仕事と ビートルズと〜	352
innocent world	219, 220
insider	365
It's the moooonriders	403
I Wish For You	326
J・MOVIE・WARS5『楽園』	258
John Mung―ジョン万次郎	200
Just Business	279
KING GOLF	327
La Chute	385
LADY LOVE	151
La Mère 母	415
LAND	346
LAST DANCE	220
Le Fils 息子	415
Le Père 父	378
Les invisibles	105, 427
Let It Go 〜ありのままで〜	352
LICENSE	171, 617
LIFE	348
Life goes on / We are young	409
Lifetime Respect―女編	307
Lilith	393
LOOSE	226
LOVE EVOLUTION	352
LOVE！ LOVE！ ＆LOVE！	199
LOVE LOVE LOVE	226
Love Notes	265
Love Place	339
LOVERS AGAIN	313
Love Station	163, 643
LOVE WARS	185, 673
MAGIC	212
MAMA, I WANT TO SING	178
ME AND MY GIRL	225
Melty Love	239
Mirroring Memories それは尊き光のごとく	378
MOON GLOW	125, 709
More Kiss	333
MOZU	467
Mr.Garland編	251
my Classics2	326
My Humanity	354
N/A	399
NEVER END	258
NEVER GONNA DANCE	286
NEVER SAY GOODBYE―ある愛の軌跡―	299
next	110
NINE	339, 391
NNNワイドニュース	71
NO WAY BACK/逃走遊戯	225
No way to say	279
NUDE MAN	137
O.G.	410
Oh！ Yeah！	488
ONE FINE MESS 世間はスラップスティック	160, 492
ONE PIECE FILM RED	408
OPUS	167
OPUS/作品	345, 346
ORIGIN	385
Overnight Sensation	226, 232
Papa told me	186
Paradox	265
PEARL PIERCE	137, 672
PERFECT DAYS	407, 414, 703
PERFECT HUMAN	365
Piece	340
PIHOTEK：北極を風と歩く	407
Pretender	397
PW	239
『Q』：A Night At The Kabuki	385
QQQ	381
Quiet Life	213, 583
RAMPO	217, 224, 484
Ready Go！	300
Red	389
RENT	359
Rhizome	360
ROMANCE	390
Romeo&Juliets（ロミオとジュリエットたち）	378
Ryuichi Sakamoto Playing The Piano 2009	545
SAND BEIGE	156, 157, 621
SAW much in LOVE	332
SAY YES	199, 212
Schoolgirl	398
SCIENCE FICTION	415
SCOOP！	364
SEASONS	258, 265
secret base〜君がくれたもの〜	265

作品名索引

SEPTEMBER	118, 119, 583
SHIROH	286
SHOCK	385
short cut	338
SHOW GIRL	177
Sign	286
Sing a Song	372, 608
S/N	220
Snow Labo.S2	403
Snow Mania S1	397
SOLITUDE	156, 621
Someday	320
SOUL KISS	206
souvenir the movie	378, 583
So What？	194
SPACE BATTLESHIP ヤマト	331
SPARK	365
SSSS.GRIDMAN	386
STAR LIGHT	169
STARS	272
Stay With Me―ひとりにしないで	178
STRAY SHEEP	390
stripe blue	170
Summer Madness feat.Afrojack	359
Sunny	359
Sunny Sunny Ann！	346
SUPREME	164, 671
survival dAnce	226
SWEET 19 BLUES	233
TAKURO TOUR 1979	720
tatsuya―最愛なる者の側へ	198
TATTOO	622
Temptation	156, 665
THAT FACE〜その顔	339
THE BEE	306, 307, 632
THE BOY FROM OZ	403
THE COMPLETE ALBUM COLLECTION 1980-2004	396, 552
THE FIRST SLAM DUNK	408, 410
「THE FIRST SLAM DUNK」オリジナルサウンドトラック	409
THE KIDS	372
The Library of Life まとめ＊図書館的人生（上）	339
THE LOVER in ME・恋人が幽霊	184
THE MIRACLE PLANET ON STRINGS（地球大紀行）	212
THE NETHER	384
THE OTHER SIDE/線のむこう側	286
The Swinging Star	206
THE TAP GUY	313
The Wound	353
THE 39 STEPS	320
Ti Amo	313, 326
Tiger is here.	356
Time goes by	245, 252, 352
Timeless	252
TIMELESS 石岡瑛子とその時代	392
TIME THREAD	345
Time to Destination	245
Time Will Tell	258
Tokio Express	170, 643
TOMORROW	225
Tomorrow―陽はまたのぼる	313
Tomorrow never knows	219
Too Young！ ありがとう、素敵な歌たち	203
TOUR 1991 BIRTH	486
TOYD	264
TRAD	352, 583
traveling	279
TREE	199
Triad	150
Uncovered Therapy	412
undo	225
Unfair World	359
UNLOVED	269
VIOLET	391, 415
Virgin Snow	191
Vision	376
VOCALIST	326
Voyage	272
wanna Be A Dreammaker	245
We are	125, 130
WE ARE LITTLE ZOMBIES	383
What If If Only―もしも もしせめて	415
What's Michael？	165, 535
White Love	239, 252
WILL	272
WINDS OF GOD	224
Winter, again	252
Woman	343, 351, 352
WOOD JOB！ 〜神去なあなあ日常〜	351
WOW WAR TONIGHT	232
X+Y	158, 634
Yesterday is … here	220
YOU LOVE US	255
YOUNG MAN	118, 119, 540
You're the Only…	205, 206
1789〜バスティーユの恋人たち〜	365
1969	332, 339, 718
1970 ぼくたちの青春	197
1996・待つ	233, 628
37セカンズ	389
4	339
42〜世界を変えた男〜	344
5×20 All the BEST!! CLIPS 1999-2019	384
5×20 All the BEST!! 1999-2019	384
663114	332
7-8=1	68
9・11	285
9999	384

賞からたどる昭和100年
―文学・映画・芸能

2025年4月25日 第1刷発行

発 行 者／山下浩
編集・発行／日外アソシエーツ株式会社
　　　　　　〒140-0013 東京都品川区南大井6-16-16 鈴中ビル大森アネックス
　　　　　　電話 (03)3763-5241（代表）FAX(03)3764-0845
　　　　　　URL　https://www.nichigai.co.jp/

電算漢字処理／日外アソシエーツ株式会社
印刷・製本／株式会社平河工業社

© Nichigai Associates, Inc. 2025
不許複製・禁無断転載

〈落丁乱丁本はお取り替えいたします〉　《中性紙北越淡クリームキンマリ使用》
ISBN978-4-8169-3043-0　　Printed in Japan, 2025

本書はデジタルデータを有償販売しております。
詳細はお問い合わせください。

百貨店展覧会史
―戦後昭和の世相と文化の記録

志賀健二郎 編
B5・620頁　定価19,800円（本体18,000円＋税10%）　2024.7刊

1945年8月から1989年1月の昭和の終わりまで、東京都心の百貨店（都下、神奈川、千葉、埼玉も一部含む）などで開催された展覧会7,800件の記録を開催年月日順に一覧できる初の資料。美術展だけでなく、戦後復興期の防犯・物価、海外の珍しい事物の紹介、冒険・探検、スポーツ、漫画、芸能、写真、児童画、昆虫、科学、文学、歴史、考古など様々な展覧会を収録。展覧会名・会期・会場・主催などの基礎情報に加え、可能な限り入場料、概要を記載。「百貨店の展覧会―概論」（解説）、「主催者名索引」「事項名索引」付き。

写真レファレンス事典　街並み・風景篇

明治以降に東京で撮影された景観写真が、どの写真集のどこに載っているかを調べることのできる写真索引。

Ⅰ　東京（明治～昭和20年代）

B5・790頁　定価41,800円（本体38,000円＋税10%）　2020.5刊
明治から昭和20年代（戦後復興期）に撮影された、のべ27,000点の写真のデータを収録。

Ⅱ　東京（昭和30年代～平成）

B5・1,130頁　定価41,800円（本体38,000円＋税10%）　2020.5刊
昭和30年代（高度経済成長期）から平成までに撮影された、のべ38,000点の写真のデータを収録。

新撰　芸能人物事典　明治～平成

A5・970頁　定価13,200円（本体12,000円＋税10%）　2010.11刊

明治から平成まで、舞台・映画・ラジオ・テレビで活躍した往年の歌手・役者・芸人・タレント5,400人を収録した人名事典。生没年、経歴、受賞歴などの詳細なプロフィール、伝記図書を掲載。「別名・グループ名索引」付き。

データベースカンパニー
日外アソシエーツ

〒140-0013　東京都品川区南大井 6-16-16
TEL.(03)3763-5241　FAX.(03)3764-0845　https://www.nichigai.co.jp/